5006

OEUVRES

complètes

DE FÉNELON.

TOME VI.

LILLE. — IMPRIMERIE DE L. LEFORT.

OEUVRES

COMPLÈTES

DE FÉNELON

ARCHEVÊQUE DE CAMBRAI.

TOME SIXIÈME.

PARIS,

J. LEROUX ET JOUBY, LIBRAIRES,   GAUME FRÈRES, LIBRAIRES,
Rue des Grands-Augustins, 9.   Rue Cassette, 4.

LILLE. L. LEFORT, IMPRIMEUR-LIBRAIRE.

BESANÇON. OUTHENIN-CHALANDRE FILS.

1850.
1851

ŒUVRES DE FÉNELON.

SUITE DE LA SECONDE CLASSE.

OUVRAGES DE MORALE ET DE SPIRITUALITÉ.

MANUEL DE PIÉTÉ.

DE LA PRIÈRE.

JUSTE IDÉE DE LA PRIÈRE.

La bonne prière n'est autre chose que l'amour de Dieu. La *multitude des paroles*[1] que nous prononçons sont inutiles à l'égard de Dieu; car il connoît, sans avoir besoin de nos paroles, le fond de nos sentimens. La véritable demande est donc celle du cœur, et le cœur ne demande que par ses désirs[2]. Celui qui ne désire pas du fond du cœur fait une prière trompeuse. Quand il passeroit des journées entières à réciter des prières, ou à méditer, ou à s'exciter à des sentimens pieux, il ne prie point véritablement, s'il ne désire pas ce qu'il demande.

O qu'il y a peu de gens qui prient! car où sont ceux qui désirent les véritables biens? Ces biens sont les croix extérieures et intérieures, l'humiliation, le renoncement à sa propre volonté, la mort à soi-même, le règne de Dieu[3] sur les ruines de l'amour-propre. Ne point désirer ces choses, c'est ne prier point : pour prier, il faut les désirer sérieusement, effectivement, constamment, et par rapport à tout le détail de la vie; autrement la prière n'est qu'une illusion semblable à un beau songe, où un malheureux se réjouit, croyant posséder une félicité qui est bien loin de lui. Hélas! combien d'ames pleines d'elles-mêmes, et d'un désir imaginaire de perfection au milieu de toutes leurs imperfections volontaires, qui n'ont jamais prié de cette véritable prière du cœur! Voilà le principe sur lequel saint Augustin disoit : « Qui aime peu, prie peu; qui aime beau-» coup, prie beaucoup. »

PRIÈRE CONTINUELLE.

Au contraire, on ne cesse point de prier quand on ne cesse jamais d'avoir le vrai amour et le vrai désir dans le cœur. L'amour caché au fond de l'ame prie sans relâche, lors même que l'esprit ne peut être dans une actuelle attention : Dieu ne cesse de regarder dans cette ame le désir qu'il y forme lui-même, et dont elle ne s'aperçoit pas toujours. Ce désir en disposition touche le cœur de Dieu : c'est une voix secrète qui attire sans cesse ses miséricordes; c'est cet *Esprit*, qui, comme dit saint Paul[1], *prie en nous par des gémissemens ineffables : il aide notre foiblesse*.

Cet amour sollicite Dieu de nous donner ce qui nous manque, et d'avoir moins d'égard à notre fragilité qu'à la sincérité de nos inten-

---

[1] Orantes.... nolite multum loqui;... scit enim Pater vester quid opus sit vobis, antequam petatis eum. *Matth.* VI. 8 et 9. — [2] Charitas ipsa gemit, ipsa orat. *S. Aug.* Tacebis, si amare destiteris. *Id.* — [3] *Matth.* VI. 10.

[1] Ipse Spiritus postulat pro nobis gemitibus inenarrabilibus : adjuvat infirmitatem nostram. *Rom.* VIII. 26.

tions. Cet amour efface même nos fautes légères, et nous purifie comme un feu consumant ; *il demande en nous et pour nous ce qui est selon Dieu* [1] : car ne sachant pas ce qu'il faut demander, nous demanderions souvent ce qui nous seroit nuisible. Nous demanderions certaines faveurs, certains goûts sensibles et certaines perfections apparentes, qui ne serviroient qu'à nourrir en nous la vie naturelle et la confiance en nos propres forces; au lieu que cet amour, en nous aveuglant, en nous livrant à toutes les opérations de la grâce; en nous mettant dans un état d'abandon pour tout ce que Dieu voudra faire en nous, nous dispose à tous les desseins secrets de Dieu.

Alors nous voulons tout, et nous ne voulons rien. Ce que Dieu voudra nous donner est précisément ce que nous aurons voulu ; car nous voulons tout ce qu'il veut, et nous ne voulons que ce qu'il voudra. Ainsi cet état contient toute prière. C'est une préparation du cœur qui embrasse tout désir. *L'Esprit demande en nous* [2] ce que l'Esprit lui-même veut nous donner. Lors même qu'on est occupé au dehors, et que les engagemens de pure providence nous font sentir une distraction inévitable, nous portons toujours au dedans de nous un feu qui ne s'éteint point, et qui au contraire nourrit une prière secrète, et qui est comme une lampe sans cesse allumée devant le trône de Dieu. *Si nous dormons notre cœur veille* [3]. *Bienheureux ceux que le Seigneur trouvera veillans* [4].

DEUX CHOSES CONSERVENT L'ESPRIT DE PRIÈRE.

Pour conserver cet esprit de prière qui doit nous unir à Dieu, il faut faire deux choses principales : l'une est de le nourrir ; l'autre d'éviter ce qui pourroit nous le faire perdre.

Ce qui peut le nourrir, c'est 1° la lecture réglée ; 2° l'oraison actuelle en certains temps; 3° l'usage des sacremens proportionné à son état ; 4° les retraites, quand on sent qu'on en a besoin, ou qu'elles sont conseillées par les gens expérimentés que l'on consulte ; 5° enfin le recueillement fréquent dans la journée.

Ce qui fait perdre l'esprit de prière doit nous remplir de crainte, et nous tenir dans une exacte précaution. Ainsi il faut fuir 1° les compagnies profanes qui dissipent trop, 2° les plaisirs qui émeuvent les passions, 3° tout ce qui réveille le goût du monde, et les anciennes inclinations qui nous ont été funestes. Le détail de ces deux choses est infini, et on ne peut le marquer ici en général, parce que chaque personne a ses besoins particuliers.

I. DES LECTURES.

Pour nourrir cet esprit de prière, il faut choisir des lectures qui nous instruisent de nos devoirs et de nos défauts ; qui, en nous montrant la grandeur de Dieu, nous enseignent ce que nous lui devons, et nous découvrent combien nous manquons à l'accomplir : car il n'est pas question de faire des lectures stériles, où notre cœur s'épanche et s'attendrisse comme à un spectacle touchant ; il faut que *l'arbre porte des fruits* [1], et on ne peut croire que la racine est vive qu'autant qu'elle le montre par sa fécondité.

Le premier effet du sincère amour, c'est de désirer de reconnoître tout ce qu'on doit faire pour contenter le bien-aimé de notre cœur : faire autrement, c'est s'aimer soi-même sous le prétexte de l'amour de Dieu ; c'est chercher en lui une vaine et trompeuse consolation ; c'est vouloir faire servir Dieu à son propre plaisir, et non se sacrifier à sa gloire. A Dieu ne plaise que ses enfans l'aiment ainsi ! Quoi qu'il en coûte, il faut reconnoître et pratiquer sans réserve tout ce qu'il demande de nous.

II. DE L'ORAISON ET DE LA MÉDITATION.

Pour l'oraison, elle dépend du loisir, de la disposition et de l'attrait de chaque personne. La méditation n'est pas l'oraison, mais elle en est le fondement essentiel [2]. On ne peut approcher de Dieu, vérité suprême, qu'autant qu'on est rempli des vérités qu'il nous a révélées. Il faut donc connoître à fond, non-seulement tous les mystères de Jésus-Christ et toutes les vérités de son Evangile, mais encore tout ce que ces vérités doivent imprimer personnellement en nous pour nous régénérer ; il faut que ces vérités nous pénètrent longtemps, comme la teinture s'imbibe peu à peu dans la laine que l'on veut teindre. Il faut que ces vérités nous deviennent familières, en sorte qu'à force de les voir de près et à toute heure, nous soyons accoutumés à ne juger plus de rien que par elles ; qu'elles soient notre unique lu-

---

[1] *Rom.* VIII. 27. — [2] *Ibid.* 27. — [3] Ego dormio, et cor meum vigilat. *Cant.* V. 2. — [4] Beati servi illi, quos cùm venerit Dominus, invenerit vigilantes. *Luc.* VII. 37.

[1] Omnis arbor bona fructus bonos facit. *Matth.* VII. 17. — [2] In meditatione mea exardescet ignis. *Ps.* XXXVIII. 4.

mière pour juger dans la pratique, comme les rayons du soleil sont notre unique lumière pour apercevoir la figure et la couleur de tous les corps.

Quand ces vérités se sont, pour ainsi dire, incorporées de la sorte en nous, c'est alors que notre raison commence à être réelle et fructueuse : jusque-là ce n'en étoit que l'ombre ; nous pensions voir à fond ces vérités, et nous n'en touchions que l'écorce grossière. Tous nos sentimens les plus tendres et les plus vifs, toutes nos résolutions les plus fermes, toutes nos vues les plus claires et les plus distinctes n'étoient encore qu'un germe vil et informe de ce que Dieu développe en nous. Quand cette lumière commence à nous éclairer, alors on voit dans la vraie lumière de Dieu; alors il n'y a aucune vérité à laquelle on n'acquiesce dans le moment, comme on n'a pas besoin de raisonner pour reconnoître la splendeur du soleil, dès le moment qu'il se lève et frappe nos yeux. Il faut donc que notre union à Dieu dans l'oraison soit toujours fondée sur la méditation exacte des vérités évangéliques; car c'est uniquement par la fidélité à suivre toutes ses volontés, qu'on peut juger de notre amour pour lui.

Il faut même que cette méditation devienne chaque jour de plus en plus profonde et intime. Je dis *profonde*, parce que, quand nous méditons ces vérités humblement, nous enfonçons de plus en plus pour y découvrir de nouveaux trésors : j'ajoute *intime*, parce que, comme nous creusons de plus en plus pour entrer dans ces vérités [1], ces vérités creusent de plus en plus pour entrer jusque dans la substance de notre ame [2]. Alors un seul mot tout simple entre plus avant que des discours entiers. Les mêmes choses qu'on avoit cent fois entendues froidement et sans aucun fruit, nourrissent l'ame d'une manne cachée, et qui a des goûts infinis pendant plusieurs jours. Mais enfin il ne faut pas cesser de se nourrir de certaines vérités dont nous avons été touchés, tandis qu'il leur reste encore quelque suc pour nous ; tandis qu'elles ont encore quelque chose à nous donner, c'est un signe certain que nous avons besoin de recevoir d'elles: elles nous nourrissent même souvent sans aucune instruction précise et distincte ; c'est un je ne sais quoi qui opère plus que tous les raisonnemens. On voit une vérité, on l'aime, on s'y repose ; elle fortifie le cœur [1] ; elle nous détache de nous-mêmes : il y faut demeurer en paix tout aussi long-temps qu'on le peut.

MANIÈRE DE MÉDITER.

Pour la manière de méditer, elle ne doit être ni subtile, ni pleine de grands raisonnemens; il ne faut que des réflexions simples, naturelles, tirées immédiatement du sujet qu'on médite. Il faut méditer peu de vérités, et les méditer à loisir, sans effort, sans chercher des pensées extraordinaires.

On ne doit considérer aucune vérité que par rapport à la pratique. Se remplir d'une vérité sans prendre toutes les mesures nécessaires pour la suivre fidèlement, quoiqu'il en coûte, c'est vouloir *retenir*, comme dit saint Paul [2], *la vérité dans l'injustice ;* c'est *résister* à cette vérité imprimée en nous, et par conséquent au Saint-Esprit [3]. C'est le plus terrible de tous les péchés.

AVIS SUR LES MÉTHODES DE MÉDITER.

Pour la méthode de méditer, on doit la faire dépendre de l'expérience qu'on a là-dessus. Ceux qui se trouvent bien d'une méthode exacte ne doivent point s'en écarter : ceux qui ne peuvent s'y assujétir doivent respecter ce qui sert utilement à tant d'autres, et que tant de personnes pieuses et expérimentées ont tant recommandé. Mais enfin les méthodes sont faites pour aider, et non pour embarrasser ; quand elles n'aident point, et qu'elles embarrassent, il faut les quitter.

La plus naturelle dans les commencemens est de prendre un livre, qu'on quitte quand on se sent recueilli par l'endroit qu'on vient de lire, et qu'on reprend quand cet endroit ne fournit plus rien pour se nourrir intérieurement. En général, il est certain que les vérités que nous goûtons davantage, et qui nous donnent une certaine lumière pratique pour les choses que nous avons à sacrifier à Dieu, sont celles où Dieu nous marque un attrait de grâce qu'il faut suivre sans hésiter. *L'Esprit souffle où il veut* [4]*; où il est, là est aussi la liberté* [5].

Dans la suite on diminue peu à peu en réflexions et en raisonnemens ; les sentimens affectueux, les vues touchantes, les désirs aug-

---

[1] Si vos manseritis in sermone meo. *Joan.* VIII. 32. —
[2] Si...... verba mea in vobis manserint. *Joan.* XV. 7.

[1] Et legem tuam in medio cordis mei. *Ps.* XXXIX 9. —
[2] *Rom.* I. 18. — [3] *Act.* VII. 5. — [4] Spiritus ubi vult spirat. *Joan.* III. 8. — [5] Ubi Spiritus Domini, ibi libertas. *II Cor.* III. 17.

mentent : c'est qu'on est assez instruit et convaincu par l'esprit. Le cœur goûte, se nourrit, s'échauffe, s'enflamme; il ne faut qu'un mot pour occuper long-temps. Enfin l'oraison va toujours croissant par des vues plus simples et plus fixes, en sorte qu'on n'a plus besoin d'une si grande multitude d'objets et de considérations. On est avec Dieu comme avec un ami. D'abord on a mille choses à dire à son ami, et mille à lui demander; mais, dans la suite, ce détail de conversation s'épuise, sans que le plaisir du commerce puisse s'épuiser. On a tout dit; mais, sans se parler, on prend plaisir à être ensemble, à se voir, à sentir qu'on est l'un auprès de l'autre, à se reposer dans le goût d'une douce et pure amitié: on se tait; mais, dans ce silence, on s'entend; on sait qu'on est d'accord en tout, et que les deux cœurs n'en font qu'un; l'un se verse sans cesse dans l'autre.

C'est ainsi que, dans l'oraison, le commerce avec Dieu parvient à une union simple et familière qui est au-delà de tout discours. Mais il faut que Dieu fasse uniquement par lui-même cette sorte d'oraison en nous, et rien ne seroit ni plus téméraire ni plus dangereux que d'oser s'y introduire soi-même. Il faut se laisser conduire pas à pas par quelque personne qui connoisse les voies de Dieu, et qui pose long-temps les fondemens inébranlables d'une exacte instruction et d'une entière mort à soi-même dans tout ce qui regarde les mœurs.

III. DE L'USAGE DES SACREMENS.

Pour les retraites et la fréquentation des sacremens, il faut se régler par les avis de la personne en qui on prend confiance. Il faut avoir égard à ses besoins, à l'effet que la communion produit en nous, et à beaucoup d'autres circonstances propres à chaque personne.

IV. DES RETRAITES.

Les retraites dépendent du loisir et du besoin où l'on se trouve. Je dis du *besoin*, parce qu'il faut être sur la nourriture de l'ame comme sur celle du corps : quand on ne peut supporter un travail sans une certaine nourriture, il faut la prendre; autrement on s'expose à tomber en défaillance. J'ajoute le *loisir*, parce que, excepté ce besoin absolu de nourriture dont nous venons de parler, il faut remplir ses devoirs plutôt que de suivre son goût de ferveur. Un homme qui se doit au public, et qui passeroit le temps destiné à ses fonctions à méditer dans la retraite, manqueroit à Dieu en s'imaginant s'unir à lui. La véritable union à Dieu est de faire sa volonté sans relâche, et malgré tous les dégoûts naturels, dans tous les devoirs les plus ennuyeux et les plus pénibles de son état.

V. DU RECUEILLEMENT ET DU CHOIX DES COMPAGNIES.

Pour les précautions contre la dissipation, les voici en gros : c'est de fuir tous les commerces de suite et de confiance avec des gens dans des maximes contraires à la piété, et surtout quand ces maximes contagieuses nous ont autrefois séduits. Elles rouvriront encore facilement nos plaies; elles ont même une intelligence secrète au fond de notre cœur; nous y avons un conseiller doux et flatteur toujours prêt à nous aveugler et à nous trahir.

Voulez-vous, dit le Saint-Esprit [1], juger d'un homme? observez quels sont ses amis. Comment celui qui aime Dieu, et qui ne veut plus rien aimer que pour lui, auroit-il pour amis intimes ceux qui n'aiment ni ne connoissent point Dieu, et qui regardent son amour comme une foiblesse? Un cœur plein de Dieu, et qui sent sa propre fragilité, peut-il jamais être en repos et à son aise avec des gens qui ne pensent sur rien comme lui, et qui sont à tout moment en état de lui ravir tout son trésor? Le goût de telles gens et le goût que donne la foi sont incompatibles.

Je sais bien qu'on ne peut et qu'on ne doit pas même rompre avec certains amis auxquels on s'est lié par l'estime de leur probité, par leurs services, par l'engagement d'une sincère amitié, ou enfin par la bienséance d'un commerce honnête. On pique jusqu'au vif, d'une manière dangereuse, les amis auxquels on ôte sans mesure une certaine familiarité et une confiance dont ils sont en possession; mais, sans rompre et sans déclarer son refroidissement, on peut trouver des manières douces et insensibles de modérer ce commerce. On les voit en particulier, on les distingue des demi-amis, on leur ouvre son cœur sur certaines choses où la probité et l'amitié mondaine suffisent pour les mettre à portée de donner de sages conseils, et de penser comme nous, quoique nous pensions les mêmes choses qu'eux par des motifs plus purs et plus relevés; enfin, on les sert, et on continue tous les soins d'une amitié cordiale sans livrer son cœur.

Sans cette précaution tout est en péril; et si

[1] *Eccli.* XIII. 20.

on ne prend courageusement, dès les premiers jours, le dessus, pour se rendre, dans sa piété, libre et indépendant de ces amis profanes, c'est une piété qui menace ruine prochaine. Si un homme qui est obsédé par de tels amis est d'un naturel fragile, et si ses passions sont faciles à enflammer, il est certain que ces amis, même les plus sincères, le rentraîneront. Ils sont, si vous voulez, bons, honnêtes, pleins de fidélité, et de tout ce qui rend l'amitié parfaite : n'importe, ils sont empestés pour lui ; plus ils sont aimables, plus ils sont à craindre. Pour ceux qui n'ont point ces qualités estimables, il faut les sacrifier ; trop heureux qu'un tel sacrifice, qui doit coûter si peu, nous vaille une sûreté si précieuse pour notre salut éternel !

CHOISIR LES HEURES POUR VAQUER A DIEU.

Outre qu'il faut donc choisir avec un grand soin les personnes que nous voyons, il faut encore nous réserver les heures nécessaires pour ne voir que Dieu dans la prière. Les gens qui sont dans des emplois considérables ont tant de devoirs indispensables à remplir, qu'il ne leur reste guère de temps pour être avec Dieu, à moins qu'ils ne soient bien appliqués à ménager leur temps. Si peu qu'on ait de pente à s'amuser, on ne trouve plus les heures destinées ni pour Dieu ni pour le prochain. Il faut donc tenir ferme pour se faire une règle. La rigidité à l'observer semble excessive ; mais sans elle tout tombe en confusion : on se dissipe, on se relâche, on perd ses forces, on s'éloigne insensiblement de Dieu, on se livre à tous ses goûts, et on ne commence à s'apercevoir de l'égarement où l'on tombe que quand on y est déjà tombé jusqu'à n'oser plus espérer d'en pouvoir revenir.

Prions, prions. La prière est notre unique salut. *Béni soit le Seigneur, qui n'a retiré de dessus moi ni ma prière ni sa miséricorde*[1]. Pour être fidèle à prier, il faut être fidèle à régler toutes les occupations de sa journée avec une fermeté que rien n'ébranle jamais.

[1] Benedictus Deus, qui non amovit orationem meam et misericordiam suam à me. *Ps.* LXV. 20.

PRÉCIS DES MOYENS

POUR ARRIVER A LA PERFECTION.

EXTRAITS

DE DEUX LETTRES DE FÉNELON.

I.

1° Il n'y a point d'ame qui ne dût être convaincue qu'elle a reçu des grâces pour la convertir et la sanctifier, si elle repassoit dans son cœur toutes les miséricordes qu'elle a reçues. Il n'y a qu'à admirer et à louer Dieu, en se méprisant et se confondant soi-même. Il faut conclure de ces grandes grâces reçues, que Dieu est infiniment libéral, et que nous lui sommes horriblement infidèles.

2° Il faut éviter la dissipation, non par une continuelle contention d'esprit qui casseroit la tête, et qui en useroit les ressorts, mais par deux moyens simples et paisibles : l'un est de retrancher, dans les amusemens journaliers, toutes les sources de dissipation qui ne sont pas nécessaires pour relâcher l'esprit à proportion du vrai besoin ; l'autre est de revenir doucement et avec patience à la présence de Dieu, toutes les fois qu'on s'aperçoit de l'avoir perdue.

3° Il n'est point nécessaire de mettre toujours en acte formel et réfléchi tous les exercices de piété : il suffit d'y avoir l'attention habituelle et générale, avec l'intention droite et sincère de suivre la fin qu'on doit s'y proposer. Les distractions véritablement involontaires ne nuisent point à la volonté qui ne veut y avoir aucune part ; c'est la tendance réelle de la volonté qui fait l'essentiel.

4° Conservez sans scrupule la paix simple que vous trouvez dans votre droiture, en cherchant Dieu seul. L'amour de Dieu donne une paix sans présomption : l'amour-propre donne un trouble sans fruit. Faites chaque chose le moins mal que vous pourrez pour le bien-aimé. Voyez ce qui vous manque sans vous flatter ni décourager ; puis abandonnez-vous à Dieu, travaillant de bonne foi, sans trouble, à vous corriger.

5° Plus vous serez vide de vos propres biens et de vos ressources humaines, plus vous trouverez une lumière et une force intime, qui vous soutiendront au besoin, en vous laissant toujours sentir votre foiblesse, comme si vous alliez tomber à chaque pas. Mais n'attendez point ce secours comme un bien qui vous soit dû : vous mériteriez de le perdre, si vous présumiez de l'avoir. Il faut se croire indigne de tout, et se jeter humblement entre les bras de Dieu.

6° Quand c'est l'amour qui vous attire, laissez-vous à l'amour; mais ne comptez point sur ce qu'il peut y avoir de sensible dans cet attrait, pour vous en faire un appui flatteur : ce seroit tourner le don de Dieu en illusion. Le vrai amour n'est pas toujours celui qu'on sent et qui charme; c'est celui qui humilie, qui détache, qui apetisse l'ame, qui la rend simple, docile, patiente sous les croix, et prête à se laisser corriger.

II.

1° Marchez dans les ténèbres de la foi et dans la simplicité évangélique, sans vous arrêter, ni au goût, ni au sentiment, ni aux lumières de la raison, ni aux dons extraordinaires. Contentez-vous de croire, d'obéir, de mourir à vous-même, selon l'état de vie où Dieu vous a mis.

2° Vous ne devez point vous décourager pour vos distractions involontaires qui ne viennent que de vivacité d'imagination et d'habitude de penser à vos affaires. Il suffit que vous ne donniez point lieu à ces distractions qui arrivent pendant l'oraison, en vous donnant une dissipation volontaire pendant la journée. On s'épanche trop quelquefois; on fait même des bonnes œuvres avec trop d'empressement et d'activité; on suit trop ses goûts et ses consolations : Dieu en punit dans l'oraison. Il faut s'accoutumer à agir en paix, et avec une continuelle dépendance de l'esprit de grâce, qui est un esprit de mort à toutes les œuvres les plus secrètes de l'amour-propre.

3° L'intention habituelle, qui est la tendance du fond vers Dieu, suffit. C'est marcher en la présence de Dieu. Les événemens ne vous trouveroient pas dans cette situation, si vous n'y étiez point. Demeurez-y en paix, et ne perdez point ce que vous avez chez vous, pour courir au loin après ce que vous ne trouveriez point. J'ajoute qu'il ne faut jamais négliger, par dissipation, d'avoir une intention plus distincte : mais l'intention qui n'est pas distincte et développée est bonne.

4° La paix du cœur est un bon signe, quand on veut d'ailleurs de bonne foi obéir à Dieu par amour, avec jalousie contre l'amour-propre.

5° Profitez de vos imperfections pour vous détacher de vous-même, et pour vous attacher à Dieu seul. Travaillez à acquérir les vertus, non pour y chercher une dangereuse complaisance, mais pour faire la volonté du bien-aimé.

6° Demeurez dans votre simplicité, retranchant les retours inquiets sur vous-même, que l'amour-propre fournit sans cesse sous de beaux prétextes. Ils ne feroient que troubler votre paix, et que vous tendre des pièges. Quand on mène une vie recueillie, mortifiée, et de dépendance, par le vrai désir d'aimer Dieu, la délicatesse de cet amour reproche intérieurement tout ce qui le blesse; il faut s'arrêter tout court dès qu'on sent cette blessure et ce reproche au cœur. Encore une fois, demeurez en paix. Je prie Dieu tous les jours à l'autel qu'il vous maintienne en union avec lui, et dans la joie de son Saint-Esprit.

PRIÈRES DU MATIN.

« VENEZ, réjouissons-nous au Seigneur. C'est
» devant Dieu notre Sauveur que notre joie doit
» éclater. Présentons-nous devant sa face; admirons
» sa grandeur, et chantons ses louanges;
» car le Seigneur est le grand Dieu, le grand
» roi élevé au-dessus de toute puissance. Il n'a
» point rejeté son peuple, lui qui tient dans sa
» main toute l'étendue de l'univers, et qui voit
» les fondemens cachés des montagnes. La mer
» est à lui, c'est lui qui l'a faite; ses mains ont
» fondé la terre. Venez, adorons-le : prosternons-nous
» à ses pieds; pleurons devant le
» Seigneur. C'est lui qui nous a faits, c'est lui-même
» qui est notre Seigneur et notre Dieu;
» nous sommes son peuple et son troupeau qu'il
» nourrit dans ses pâturages. Aujourd'hui, si
» vous entendez sa voix, gardez-vous bien d'endurcir
» vos cœurs, de peur de l'irriter, comme
» au jour où le peuple le tenta dans le désert.
» *C'est là*, dit-il, *où vos pères m'ont tenté pour*
» *m'éprouver, et ils virent mes œuvres. Pendant*
» *quarante ans, je me suis tenu tout auprès de*
» *ce peuple, et j'ai dit : Leurs cœurs sont*
» *toujours égarés; ils n'ont point connu mes*
» *voies, selon lesquelles j'ai juré, dans ma*

» *colère, qu'ils n'entreroient point dans mon*
» *repos* [1]. »

Hélas ! Seigneur, faut-il s'étonner de ce que nous n'entrons point dans cet aimable repos de vos enfans? nous avons péché contre toute votre justice, et notre péché s'élève toujours contre nous. La foi n'a point été notre lumière, l'espérance n'a point été notre consolation, l'amour n'a point été notre vie. Nous avons couru après la vanité et le mensonge; nos paroles ont été fausses et malignes; nos actions ont été sans règle; nous avons vécu comme s'il n'y avoit point une autre vie après celle-ci. Chacun n'a aimé que soi, au lieu de ne s'aimer que pour l'amour de vous. Quelle lâcheté! quelle ingratitude! quel abus de la patience de Dieu et du sang de Jésus-Christ !

Examinons notre conscience, et écoutons Dieu au fond de notre cœur, pour nous connoître sans nous flatter.

Je me confesse à Dieu tout-puissant, à la bienheureuse Vierge Marie, à tous les anges, à tous les saints, et à vous, etc., parce que j'ai péché par ma faute, par ma faute, par ma très-grande faute. C'est pourquoi je prie tous les amis de Dieu, du ciel et de la terre, d'intercéder pour m'obtenir la rémission de toutes mes fautes.

O Dieu, j'ai horreur de moi; je déteste tous mes péchés pour l'amour de vous, et parce qu'ils vous déplaisent. O beauté si ancienne et toujours nouvelle! pourquoi faut-il que je commence si tard à vous aimer? Plutôt mourir que de vous offenser le reste de ma vie. Lavez-moi dans le sang de l'Agneau. Fortifiez mon cœur contre toutes les tentations de cette journée. Que je marche en votre présence; que j'agisse dans la dépendance de votre Esprit.

Notre Père qui êtes aux cieux, que votre nom soit sanctifié; que votre royaume nous arrive; que votre volonté soit faite en la terre comme au ciel; donnez-nous aujourd'hui notre pain quotidien; et pardonnez-nous nos offenses comme nous pardonnons à ceux qui nous ont offensés : et ne nous induisez point en tentation; mais délivrez-nous du mal. Ainsi soit-il.

Je vous salue, Marie, pleine de grâce; le Seigneur est avec vous; vous êtes bénie entre toutes les femmes, et béni est le fruit de votre ventre, Jésus. Sainte Marie, mère de Dieu, priez pour nous pécheurs maintenant et à l'heure de notre mort. Ainsi soit-il.

[1] *Ps.* xciv.

Je crois en Dieu, le Père tout-puissant, créateur du ciel et de la terre; et en Jésus-Christ, son fils unique, notre Seigneur; qui a été conçu du Saint-Esprit, né de la Vierge Marie; a souffert sous Ponce Pilate; a été crucifié, mort et enseveli; est descendu aux enfers; le troisième jour est ressuscité d'entre les morts; est monté au ciel; est assis à la droite de Dieu, le Père tout-puissant; de là viendra juger les vivans et les morts. Je crois au Saint-Esprit; la sainte Église catholique, la communion des saints, la rémission des péchés, la résurrection de la chair, la vie éternelle. Ainsi soit-il.

Ayez pitié de nous, Seigneur, Père, Fils, Saint-Esprit; Dieu unique en trois personnes égales.

Fils de Dieu, splendeur de la gloire du Père, et le caractère de sa substance, ayez pitié de nous.

Fils de Dieu, qui portez l'univers par votre parole toute-puissante, ayez pitié de nous.

Fils de Dieu, sans usurpation égal à votre Père, ayez pitié de nous.

Sagesse éternelle pour qui la création de l'univers n'a été qu'un jeu, ayez pitié de nous.

Jésus, l'attente du monde, et le Désiré des nations, ayez pitié de nous.

Jésus, montré de loin par les prophètes, et annoncé par les apôtres jusqu'aux extrémités de la terre, ayez pitié de nous.

Jésus, à qui le Père a donné pour héritage toutes les nations, ayez pitié de nous.

Jésus, commencement et fin de tout; source de nos vertus, et objet de nos désirs, ayez pitié de nous.

Jésus, sauveur de tous les hommes, et surtout des fidèles, ayez pitié de nous.

Jésus, prince de paix, et Père du siècle futur, ayez pitié de nous.

Jésus, auteur et consommateur de notre foi, ayez pitié de nous.

Jésus, pontife compatissant à nos infirmités, mais sans tache, et plus élevé que les cieux, ayez pitié de nous.

Jésus, voie qui nous mène à la vérité, vérité qui nous promet la vie, vie dont nous vivrons à jamais dans le sein du Père, ayez pitié de nous.

Jésus, fontaine d'eau vive qui rejaillit jusqu'à la vie éternelle, ayez pitié de nous.

Jésus, eau pure qui désaltère à jamais les cœurs, et qui éteint tout désir, ayez pitié de nous.

Jésus, lumière qui illumine tout homme venant au monde, ayez pitié de nous.

Jésus, lumière qui se lève sur les peuples assis dans la région de l'ombre de la mort, ayez pitié de nous.

Jésus, pierre angulaire qui porte et qui unit tout l'édifice de la maison de Dieu, ayez pitié de nous.

Jésus, dont la parole est notre doctrine, la vie notre modèle, et la grâce notre unique ressource, ayez pitié de nous.

Jésus, qui enrichissez les hommes du trésor de votre pauvreté, ayez pitié de nous.

Jésus, Dieu visible et familiarisé avec nous pour nous diviniser, ayez pitié de nous.

Jésus, notre pain quotidien au-dessus de toute substance, ayez pitié de nous.

Jésus, pain descendu du ciel pour donner la vie au monde, ayez pitié de nous.

Jésus, véritable manne, qui a tous les goûts pour un cœur pur, ayez pitié de nous.

Jésus, qui n'aviez pas même de quoi reposer votre tête, pendant que vous nourrissiez au désert tant de milliers d'hommes d'un pain miraculeux, ayez pitié de nous.

Jésus, qui guérissiez toutes les langueurs du corps pour préparer la guérison des plaies de nos ames, ayez pitié de nous.

Jésus, qui faisiez voir les aveugles, entendre les sourds, marcher les boiteux, et qui ressuscitiez les morts, pour convertir les pécheurs, ayez pitié de nous.

Jésus, homme de douleurs, rassasié d'opprobres pour nous faire entrer dans votre gloire, ayez pitié de nous.

Jésus, qui avez attiré tout à vous, après que vous avez été élevé sur la croix, ayez pitié de nous.

Jésus, dont la mort nous fait mourir au péché, et dont la résurrection nous fait vivre à la grâce, ayez pitié de nous.

Jésus, monté à la droite du Père, pour y élever nos cœurs, et pour transporter notre conversation au ciel, ayez pitié de nous.

Jésus, qui avez envoyé votre Esprit de vérité pour conduire tous les jours, jusqu'à la consommation du siècle, l'Eglise votre épouse sans ride et sans tache, ayez pitié de nous.

Jésus, qui nous avez faits vos amis, vos enfans, vos membres, pour nous faire régner avec vous sur le même trône, ayez pitié de nous.

Jésus, qui nous entr'ouvrez déjà les portes de la céleste Jérusalem, où Dieu sera lui-même son temple, et où nous n'aurons plus d'autre soleil que vous, ayez pitié de nous.

Jésus, qui nous enivrerez du torrent de vos délices dès que nous verrons la face du Père au séjour de la paix, ayez pitié de nous.

Jésus, qui nous avez acquis par votre croix ce royaume céleste où vous essuierez les larmes de nos yeux, où il n'y aura plus de mort, où les douleurs et les gémissemens s'enfuiront loin de nous, ayez pitié de nous.

Jésus, courage des martyrs, et patience des confesseurs, ayez pitié de nous.

Jésus, société des solitaires au désert, et science des docteurs de l'Église, ayez pitié de nous.

Jésus, époux des vierges, couronne des justes, et pénitence des pécheurs convertis, ayez pitié de nous.

Agneau qui effacez les péchés du monde, ayez pitié de nous.

Seigneur, après nous avoir confondus par la vue de nos misères, consolez-nous par celle de vos miséricordes : faites que nous commencions aujourd'hui à nous corriger, à nous détacher, à fuir les faux biens qui sont pour nous de véritables maux, à ne croire que votre vérité, à n'espérer que vos promesses, à ne vivre que de votre amour. Donnez, et nous vous rendrons ; soutenez-nous contre notre foiblesse. O jour précieux, qui sera peut-être le dernier d'une vie si courte et si fragile ! O heureux jour, s'il nous avance vers celui qui n'aura point de fin !

Saints Anges, à qui nous sommes confiés, conduisez-nous, comme par la main, dans la voie de Dieu, de peur que nos pieds ne heurtent contre quelque pierre.

O Dieu, donnez votre amour aux vivans, et votre paix aux morts.

PRIÈRES DU SOIR.

« Venez, vous tous qui servez le Seigneur,
» bénissez maintenant son saint nom. Venez,
» ô vous qui demeurez dans la maison de Dieu,
» et qui êtes assemblés autour du lieu saint.
» Pendant la nuit, levez vos mains vers le sanc-
» tuaire, et bénissez le Seigneur. Que le Sei-
» gneur, créateur du ciel et de la terre, répan-
» de du haut de Sion sa bénédiction sur vous
» tous [1]. »

[1] *Ps.* cxxiii.

Seigneur, ouvrez-nous les yeux, de peur que nous ne nous endormions dans la mort. Hélas! cette journée n'a-t-elle pas été vide de bonnes œuvres? Elle auroit pu nous mériter l'éternité, et nous l'avons perdue en vains amusemens. Peut-être est-elle la dernière d'une vie indigne de toute miséricorde. O homme insensé! peut-être que cette nuit Jésus-Christ viendra à la hâte pour te redemander cette ame, qui est l'image de Dieu tout-puissant, toute défigurée par le péché. O Seigneur, faites que, pendant notre sommeil même, votre amour veille pour nous, et qu'il fasse la garde autour de notre cœur.

Examinons notre conscience, comme si nous étions assurés d'aller dans ce moment paroitre devant Dieu.

Je suis l'enfant prodigue. Je me suis égaré dans une terre étrangère; j'y ai perdu tout mon héritage; je m'y suis nourri comme les animaux les plus vils et les plus grossiers: me voilà affamé et mendiant. Mais je sais ce que je ferai; je retournerai vers mon père, et je lui dirai: O père, j'ai péché contre le ciel et contre vous. N'êtes-vous pas le bon pasteur, qui laisse tout son troupeau pour courir au milieu du désert après une seule brebis égarée? N'est-ce pas vous qui m'avez appris que tout le ciel est en joie sur un seul pécheur qui fait pénitence? Ne méprisez donc pas un cœur contrit et humilié.

Je me confesse à Dieu tout-puissant, etc.

Notre Père qui êtes aux cieux, etc.

Je vous salue, Marie, etc.

Je crois en Dieu, le Père tout-puissant, etc. *comme ci-dessus*, *page* 11.

Ayez pitié de nous. Seigneur, Père, Fils, Saint-Esprit; Dieu unique en trois personnes égales.

Marie, mère de Dieu, et toujours vierge quoique mère, priez pour nous.

Marie, qui êtes, bien plus qu'Ève, la mère des vivans, priez pour nous.

Marie, qui avez réparé tous les maux que la première femme avoit fait entrer dans le monde, priez pour nous.

Marie, qui nous avez donné le vrai fruit de vie, plus précieux que celui du paradis terrestre, priez pour nous.

Vierge, qu'un prophète montroit de loin mettant au monde le Fils du Très-Haut, priez pour nous.

Marie, qu'un ange descendu du ciel salua avec admiration, comme étant pleine de grâce et élevée au-dessus de toutes les femmes, priez pour nous.

Marie, dont la pudeur virginale fut alarmée à la vue même d'un ange, priez pour nous.

Marie, qui demeurâtes tranquillement abandonnée à Dieu, quoique votre maternité incompréhensible vous exposât au déshonneur et à une punition de mort, priez pour nous.

Marie, qui allâtes d'abord communiquer les dons de Dieu à Elisabeth, votre sainte parente, priez pour nous.

Marie, qu'Elisabeth ne put recevoir sans s'écrier: D'où me vient que la mère de mon Seigneur fasse des pas vers moi? priez pour nous.

Marie, qui disiez dans un saint transport: Voilà que tous les siècles me déclareront bienheureuse, car le Tout-Puissant a fait en moi de grandes choses, priez pour nous.

Marie, qui rendiez gloire à Dieu de ce qu'il avoit abattu les grands et relevé les petits, comblé de biens les pauvres affamés et affamé les riches superbes, priez pour nous.

Marie, qui, voyant l'enfant Jésus annoncé par les anges, montré par l'étoile, adoré par les Mages dans une crèche, conserviez ces choses, les repassant dans votre cœur, priez pour nous.

Marie, qui, étant toujours vierge, voulûtes néanmoins être purifiée comme toutes les femmes communes, priez pour nous.

Marie, qui apprîtes du saint vieillard Siméon que votre Fils seroit l'objet de la contradiction des hommes, et qu'un glaive de douleur perceroit votre ame, priez pour nous.

Marie, qui, en rachetant votre Fils, selon la loi, comprîtes qu'il n'en seroit pas moins sacrifié pour racheter le monde, priez pour nous.

Marie, si prompte à suivre toutes les impressions de la foi, qu'un songe donné à Joseph vous suffit pour vous faire emporter votre divin Enfant en Egypte, priez pour nous.

Marie, qui demeuriez en paix sans consolation ni ressource humaine dans cette terre étrangère, ne sachant pas même jusqu'à quand vous y demeureriez, priez pour nous.

Marie, qui revîntes sans hésiter, comme vous étiez partie, sur un simple songe mystérieux de votre saint époux, priez pour nous.

Marie, qui cherchâtes avec douleur l'enfant Jésus, demeuré au temple à l'âge de douze ans avec les docteurs de la loi, priez pour nous.

Marie, qui reçûtes du saint Enfant une réponse sévère, parce que sa mère ne devoit point se mêler de ses travaux pour la gloire de son Père céleste, priez pour nous.

Marie, à qui fut soumis, pendant tant d'années, celui qui est la sagesse éternelle et la toute-puissance même, priez pour nous.

Marie, qui obtîntes de votre Fils son premier miracle aux noces de Cana, priez pour nous.

Marie, à qui Jésus fit alors une réponse austère, pour apprendre au monde que vous ne deviez point entrer dans le sacré ministère, quoique vous fussiez pleine de grâce, priez pour nous.

Marie, qui mouriez ainsi à toute consolation sensible du côté de votre fils même, priez pour nous.

Marie, fille de David, de Salomon, de tant d'autres rois, qui étiez l'épouse d'un charpentier, priez pour nous.

Marie, qui avez mené une vie simple, obscure et laborieuse dans la pauvreté, votre Fils n'ayant pas même de quoi reposer sa tête, priez pour nous.

Marie, qui ne fîtes ni miracle ni instruction, mais qui fûtes un miracle de grâce et l'instruction de tous les siècles par votre silence, priez pour nous.

Marie, de qui nous disons, comme une femme le crioit à Jésus-Christ : Bienheureuses sont les entrailles qui vous ont portée, et les mamelles qui vous ont nourrie! priez pour nous.

Marie, qui suivîtes tranquillement Jésus à la croix, pendant que tous les apôtres épouvantés, et sans foi aux promesses, étoient en fuite, priez pour nous.

Marie, que Jésus mourant confia à son disciple bien-aimé, pour être comme sa mère, priez pour nous.

Marie, qui reçûtes alors comme un fils ce disciple bien-aimé, et qui en fîtes le plus sublime docteur de l'amour, priez pour nous.

Marie, dont les yeux virent Jésus mourant sur la croix, et dont le cœur fut percé par le glaive que Siméon avoit prédit, priez pour nous.

Marie, avec qui les disciples persévéroient dans l'oraison après l'ascension de votre Fils et la descente du Saint-Esprit sur eux, priez pour nous.

Marie, dont le cœur étoit déjà au ciel avec votre Fils pendant que votre corps étoit encore sur la terre, priez pour nous.

Marie, qui regardez encore la terre avec compassion, quoique vous régniez dans le ciel, priez pour nous.

Marie, qui ne flattez point les pécheurs impénitens et ennemis de la croix de votre Fils, priez pour nous.

Marie, mère de miséricorde pour tous les pécheurs pénitens, priez pour nous.

Seigneur, gardez nos esprits pendant que nous veillons, et nos corps quand nous serons dans le sommeil, afin que nous veillions avec Jésus-Christ, et que nous dormions en paix. Ayez pitié de notre foiblesse. Envoyez vos saints anges, ces esprits de lumière, pour écarter loin de vos enfans l'esprit de ténèbres qui tourne autour de nous, comme un lion rugissant, pour nous dévorer. Faites que nous lui résistions, étant courageux dans la foi. Donnez la pénitence aux pécheurs, la persévérance aux justes, et la paix aux morts.

Que notre prière du soir monte vers vous, Seigneur, et que votre miséricorde descende sur nous.

EXPLICATION DE LA MESSE.

D'ABORD le prêtre et les assistans disent un *Psaume* pour se préparer au sacrifice. Il est bon d'entendre ce *Psaume*, ou de l'avoir traduit en français, afin de s'attacher au sens, et d'exciter dans son cœur les sentimens que ces paroles peuvent inspirer.

Ensuite le prêtre dit le *Confiteor*, pour s'accuser devant Dieu. Il faut s'accuser avant que de monter à l'autel. On doit s'accuser avec lui, et demander à Dieu la pureté de cœur nécessaire pour participer avec fruit à une action si sainte.

Le prêtre, étant à l'autel, dit encore une prière de préparation, où il faut s'unir à lui : puis il dit ce qu'on appelle l'*Introït*, c'est-à-dire le commencement d'un *Psaume*. Autrefois on en disoit un tout entier, mais on n'en dit plus que quelques paroles : ces paroles sont pleines de ferveur et d'onction ; ainsi on ne peut rien faire de plus saint que d'y être attentif.

Immédiatement après, le prêtre vient du côté de l'Epître au milieu de l'autel : il le baise, après avoir imploré la miséricorde du Seigneur, en répétant plusieurs fois le *Kyrie eleison;* ensuite il se tourne pour saluer le peuple, en lui disant : *Le Seigneur soit avec vous.* Cette cérémonie de baiser le milieu de l'autel vient de ce qu'il y a toujours en ce lieu des reliques ; anciennement on élevoit les autels sur les tombeaux des martyrs.

Après le *Kyrie eleison*, et avant de baiser

l'autel, le prêtre, aux jours de fêtes, dit le *Gloria in excelsis*. Le *Gloria in excelsis* est un composé de louanges pour Dieu et pour Jésus-Christ, pendant lequel il faut s'unir à l'Eglise, qui les glorifie, et qui se réjouit à la vue de leur gloire. On ne le dit point dans les temps de pénitence, et il est réservé pour les solennités.

Le prêtre étant revenu au coin de l'Épître, il dit une ou plusieurs oraisons; il faut demander avec lui ce qu'il demande à Dieu. Après l'Ecriture sainte, nous n'avons rien de plus vénérable et de plus touchant que ces oraisons de l'Eglise.

L'Epître se lit immédiatement après. L'Eglise nous veut préparer au sacrifice par l'instruction, et nous remplir de l'esprit de Jésus-Christ par les paroles des apôtres ou des prophètes, avant que de nous donner pour nourriture sa chair et son sang. La parole de Dieu et le corps de Jésus-Christ sont deux nourritures, dont l'une prépare à recevoir l'autre dignement et avec fruit.

Après l'Epître, on lit encore quelques paroles des Psaumes, comme à l'*Introït*. Ces deux endroits-là ont été destinés au chant du peuple fidèle, et à une pieuse joie qu'on doit ressentir en louant Dieu. Il faut se conformer à cette intention de l'Eglise; on doit alors élever son cœur vers le ciel, se joindre au chœur des anges, et tâcher d'imiter leur joie à la vue des bienfaits de Dieu.

Le prêtre vient ensuite au milieu de l'autel; il y fait une admirable prière pour purifier son cœur et ses lèvres avant de prononcer le saint Evangile.

Puis il va le commencer en faisant sur lui le signe de la croix, parce que Jésus-Christ crucifié est l'objet principal que nous présente l'Evangile, et que nous devons porter la croix avec lui pour être dignes de le suivre et de l'écouter. Il faut adorer la sagesse et la vérité même dans toutes les paroles de l'Evangile; Jésus-Christ y parle pour nous : et qui écouterions-nous, si ce n'est *celui qui a des paroles de vie éternelle* [1] ?

L'Evangile est suivi du *Credo*, dans les fêtes considérables, parce que c'est dans ces solennités que le peuple fidèle, plein d'un même esprit, doit renouveler, à la face des saints autels, la profession d'une même foi et l'adoration de tous nos mystères. Nous devons exciter en nous une vive foi, en prononçant cet abrégé de la religion, qui est aussi ancien que l'Eglise.

L'Offertoire étoit anciennement un *Psaume*, qu'on chantoit pendant que les fidèles offroient leurs dons pour le sacrifice. Ces dons étoient grands, et emportoient un temps considérable. Maintenant, le refroidissement de la charité a accourci cette cérémonie ; on ne dit plus que quelques paroles d'un *Psaume*, qu'il faut tâcher d'imprimer dans son cœur. Alors le prêtre offre à Dieu le pain et le vin qu'il va consacrer, et cette offrande doit être accompagnée de celle de nos cœurs.

Après la bénédiction et l'oblation des dons, le prêtre lave encore une fois ses mains, par respect pour les divins mystères qu'il va toucher, et pour marquer la pureté intérieure avec laquelle il faut approcher du Saint des saints. Il dit un *Psaume* très-convenable à cette action, et on ne peut mieux faire que de le suivre pour les paroles et pour les sentimens.

Puis il revient au milieu de l'autel, et y fait une prière où il demande à la sainte Trinité, par tous les mystères de la vie de Jésus-Christ, la grâce de profiter d'un sacrifice si précieux.

Cela fait, il se tourne vers le peuple qu'il exhorte à prier.

Après quoi il dit l'oraison qu'on nomme *Secrète*, dans laquelle le prêtre prie Dieu de recevoir favorablement les offrandes qui lui ont été faites par les fidèles, afin que les dons offerts par chacun d'eux, pour la gloire de son nom, soient utiles à tous pour leur salut.

Immédiatement après, vient la *Préface*, qui est une espèce de conclusion de toutes les prières précédentes. Dans chaque fête solennelle, on y ajoute quelques paroles qui expliquent le mystère : tout y est destiné à élever les cœurs vers Dieu, et à marquer la joie de l'Eglise.

Elle est suivie du *Canon*, qui signifie règle, en grec. Il a été appelé ainsi, parce que c'est la règle et la forme des prières de l'Eglise pour le sacrifice. Cette forme que nous avons est très-ancienne, et pleine des plus grands sentimens de religion : on y voit toutes les demandes que l'Eglise fait par les seuls mérites de Jésus-Christ ; l'intercession des saints apôtres et martyrs y est pourtant très-expresse. Cette partie de la messe se dit tout bas, non pas qu'on veuille la cacher au peuple, que les pasteurs en doivent au contraire instruire, mais c'est que la première partie de la messe n'étant presque composée que du chant des Psaumes et des instructions tirées de l'Evangile et des Epîtres des apôtres, cette seconde partie est destinée à une prière plus recueillie et plus intérieure. Cependant on ne doit pas laisser, quoique chacun

---

[1] Joan. vi. 69.

prie en secret, de s'unir en esprit les uns aux autres, et de se conformer au prêtre qui parle toujours à Dieu au nom de tous. Le prêtre fait souvent des signes de croix sur lui et sur les choses offertes : les hérétiques se moquent de cette cérémonie comme d'une superstition, mais ils devroient se souvenir combien ce signe étoit ordinaire et fréquent dans la plus sainte antiquité. Qu'y a-t-il de plus naturel que de représenter sans cesse Jésus-Christ crucifié, dans une action qui est le mémorial de sa mort douloureuse, et où il se donne lui-même à nous pour renouveler sans cesse son sacrifice?

Quand le prêtre veut consacrer, c'est-à-dire changer le pain et le vin au corps et au sang du Sauveur, il cesse de parler en homme : revêtu de la puissance de Jésus-Christ, il en prend les paroles; c'est Jésus-Christ même qui parle par sa bouche; nous n'en doutons pas, fondés sur le précepte formel de Jésus-Christ même, qui nous a dit : *Faites ceci*, c'est-à-dire, les mêmes choses qu'il a faites. Dès lors, ce n'est plus du pain ni du vin, c'est Jésus-Christ tout entier sous chaque espèce : car encore que l'espèce du pain contienne et signifie sa chair, et celle du vin son sang, et que ces deux espèces séparées représentent la séparation violente qui se fit de son sang et de sa chair sur le Calvaire, nous savons néanmoins que Jésus-Christ ressuscité ne sauroit plus mourir, et que, dans l'état glorieux et impassible où il est, son corps et son sang ne sauroient plus être réellement séparés. Ainsi, qui reçoit l'une des espèces, reçoit tout Jésus-Christ.

Jésus-Christ étant devenu présent, selon sa promesse, le prêtre l'adore en fléchissant le genou, et l'élève pour le montrer au peuple, afin qu'il soit adoré de tous. Dans la suite, toutes les fois qu'il découvre ou couvre le calice, il fait par respect une nouvelle génuflexion. Ayant Jésus-Christ ainsi entre les mains, le prêtre conjure par lui Dieu son père pour les vivans et pour les morts. Nous voyons que tous les siècles de l'Eglise ont fait de même, et nous croyons que la présence de Jésus-Christ intercède pour nous, et rend nos prières très-efficaces.

Ensuite le prêtre, plein de joie à la vue de ce mystère, élève sa voix, et fait solennellement avec tout le peuple cette divine prière que nous tenons de Jésus-Christ même : *Notre Père qui êtes*, etc., prière à laquelle nulle autre ne mérite d'être égalée, et à laquelle nous ne pouvons refuser notre principale confiance sans faire injure à Jésus-Christ.

Quand elle est finie, le prêtre prend l'espèce du pain, et la rompt, pour signifier que le corps de Jésus-Christ a été rompu et immolé pour nous; puis il en met une parcelle dans le calice, pour marquer la réunion de son corps avec son sang dans sa résurrection triomphante.

Ensuite, arrêtant les yeux sur l'espèce du pain, il dit, à la vue de Jésus-Christ, en frappant sa poitrine, les paroles que dit saint Jean-Baptiste lorsqu'il vit le Fils de Dieu : *Agneau de Dieu*, etc.

Cela est suivi de trois prières ferventes pour demander à Dieu le fruit du sacrifice de la communion. Avant de la faire, le prêtre s'en reconnoît indigne, et frappe encore sa poitrine, disant ces paroles touchantes du centenier : *Seigneur, je ne suis pas digne*, etc. Après avoir mangé le pain céleste, il boit le sang précieux. Faut-il s'étonner que Jésus-Christ ait voulu être notre nourriture pour s'incorporer à nous? Il n'a pris notre chair que pour la sanctifier, et pour devenir lui-même en nous un principe de vie éternelle. En s'abaissant sous l'apparence d'un aliment si familier, il ne peut rien perdre de son éternelle majesté; et en frappant ainsi nos sens par cette humiliation extérieure, il exerce notre foi et excite notre tendresse. Ainsi quoiqu'il s'humilie, rien ne l'avilit; tout est digne de lui dans ce sacrement; c'est une suite de ses bontés.

Après la communion du prêtre, vient celle du peuple; car ils doivent tous être faits un avec Jésus-Christ dans ce mystère d'union. Y assister sans y participer, c'est manquer à suivre l'institution de ce sacrement. Malheur, il est vrai, à celui qui, s'en approchant avec une conscience impure, boiroit et mangeroit son jugement! Mais quand on est pur, comme les Chrétiens doivent toujours l'être, on ne peut, ni se dispenser de communier dans la célébration de ce mystère, ni communier dans une autre heure à sa commodité, sans s'écarter de l'intention de Jésus-Christ.

La communion est suivie des deux ablutions, l'une pour faciliter le passage des espèces sacrées, l'autre pour recueillir avec respect les parcelles et les gouttes précieuses qui pourroient rester dans le calice.

Puis le prêtre va dire au côté droit l'antienne de la *Communion*, à laquelle on ajoutoit anciennement le chant d'un psaume comme à l'*Introït*. Après cela, le prêtre revient au milieu de l'autel, qu'il baise, et se tourne pour saluer le peuple; de là, il va encore au côté droit dire une ou plusieurs oraisons pour rendre grâces à Dieu, après quoi il retourne au milieu de l'autel, où il baise encore le lieu des reliques. Cela fait, il salue encore le peuple, et l'avertit que la messe est finie ; il y ajoute sa bénédiction, qu'il donne au nom de Dieu, et après l'avoir invoqué. C'est une coutume de l'ancienne et de la nouvelle alliance, que les prêtres bénissent les peuples, c'est-à-dire qu'ils leur souhaitent les biens du ciel. La piété des derniers temps a introduit la coutume, que le prêtre, avant d'aller quitter ses habits de cérémonie, lit le commencement de l'Evangile de saint Jean, où est marquée en termes si sublimes la divinité de Jésus-Christ, et la grandeur des desseins éternels qui ont fait descendre le Fils de Dieu sur la terre. Toute la religion est comprise dans ces paroles.

INSTRUCTIONS

SUR

LES SACREMENS,

PRINCIPALEMENT SUR LA MANIÈRE DE FRÉQUENTER AVEC FRUIT LES SACREMENS DE PÉNITENCE ET D'EUCHARISTIE.

DU BAPTÊME.

I.

EXPLICATION DES CÉRÉMONIES DU BAPTÊME EN FORME D'INSTRUCTION.

La foi catholique nous enseigne que tous les enfans d'Adam naissent dans le péché de leur premier père ; qu'ils sont enfans de colère, indignes de l'héritage céleste, et enveloppés dans la damnation générale. La même foi nous apprend aussi que c'est pour les retirer de cet état de perte et de mort que Jésus-Christ, sauveur de tous les hommes, a institué le sacrement de Baptême. L'homme est régénéré dans cette fontaine de vie : non-seulement le péché originel y est pleinement effacé, et *il ne reste rien de* l'ancienne *condamnation*, comme dit l'apôtre, dans ceux qui se dépouillent du vieil homme, pour se revêtir du nouveau en Jésus-Christ ; mais encore ils reçoivent une vraie régénération, ils renaissent par la vertu de la grâce ;

ils deviennent enfans adoptifs du Père, frères et cohéritiers du Fils, temples du Saint-Esprit. Comme enfans, ils sont héritiers du royaume éternel et de tous les biens promis. Dans ce sacrement, ils sont marqués d'un caractère spirituel et ineffaçable, qui les distingue comme un peuple bien-aimé, et teint du sang de l'Agneau. Par ce sacrement, ils sont rendus capables de recevoir tous les autres ; car c'est le Baptême qui est la porte du christianisme, et le fondement de tout l'édifice spirituel.

Nous usons, mes très-chers frères, dans l'administration de ce sacrement, de plusieurs cérémonies, qui sont anciennes, touchantes, et propres à nous rappeler un tendre souvenir des principaux mystères de la religion.

1° Nous exorcisons celui qui doit être baptisé, pour faire entendre que le péché originel le tient sous la puissance du démon qui règne dans le siècle corrompu, et pour délivrer la créature de Dieu de la tyrannie de l'esprit de mensonge.

2° Nous ajoutons aux exorcismes des soufflemens, ou exsufflations, pour chasser cet esprit impur et ennemi du salut des hommes, par la vertu du Saint-Esprit comme notre Seigneur Jésus-Christ communiqua cet Esprit aux apôtres en soufflant sur eux.

3. Nous imprimons le signe de la croix au front, à la poitrine et à la main droite de cette personne, pour exprimer que c'est en vertu de la mort douloureuse de Jésus-Christ sur la croix, que nous sommes délivrés de l'esclavage du péché, et que nous entrons dans la liberté des enfans de Dieu. C'est par le Baptême que nous sommes configurés à la mort du Sauveur, c'est-à-dire rendus conformes à Jésus crucifié, et attachés sur la croix avec lui. C'est cette croix qui doit être encore plus dans le fond de notre cœur que devant nos yeux. C'est elle que nous devons vouloir porter humblement et patiemment tous les jours de notre vie, pour l'amour de Dieu, à l'exemple de Jésus-Christ, et en pénitence de nos péchés. C'est cette croix dont nous devons être toujours armés pour le combat des tentations contre le monde, contre la chair, et contre le démon.

4° Nous mettons du sel dans la bouche de cette personne, afin qu'elle conserve, par le sel de la sagesse évangélique, la pureté de la foi, et qu'elle soit préservée de la corruption des mœurs. Le sel de la véritable sagesse lui est donné pour goûter les choses d'en haut ; pour se dégoûter de celles de la terre, et pour ne prononcer que des paroles assaisonnées de justice, de bienséance, de grâce et de vérité.

5° Nous mettons le doigt avec de la salive aux oreilles et aux narines de la personne, pour représenter l'action mystérieuse par laquelle nous voyons, dans l'Evangile, que Jésus-Christ donna la parole à un homme sourd et muet. L'entendement de l'homme est ouvert par la grâce du Baptême, pour pouvoir écouter les paroles de la foi, pour les croire de cœur, et pour les confesser de bouche.

6° Nous donnons à cette personne un parrain et une marraine, pour marquer une naissance nouvelle, où chacun doit avoir de nouveaux parens selon l'esprit, qui aient soin d'instruire et de faire croître le nouveau né en Jésus-Christ.

7° Le parrain et la marraine renoncent pour cette personne à Satan, à ses pompes, à toutes ses œuvres. Cette promesse doit être inviolablement accomplie, quoiqu'elle soit faite par autrui. C'est cette promesse qui nous attire le plus grand des biens. On ne promet pour nous que de renoncer à la vanité et au mensonge, pour nous acquérir un vrai droit au royaume promis. Heureux ceux qui renoncent à des biens si faux et si méprisables, pour posséder le bien éternel et infini! Quiconque est chrétien n'est plus libre d'aimer le monde, ni de chercher les pompes de Satan. On ne sauroit être vainement chrétien sans être humble et par conséquent soumis à Dieu dans l'humiliation. Quiconque est encore rempli de l'ambition et de la vanité mondaine, se rengage dans les liens de Satan, viole les promesses de son baptême, et en foule aux pieds la récompense.

8° La manière dont nous touchons cette personne montre que tout son corps malade a besoin du remède céleste. En effet, depuis le péché d'Adam, qui a passé en nous par sa contagion, la chair de l'homme est révoltée contre l'esprit; elle est sujette à des passions grossières et honteuses contre la raison; ce n'est plus qu'un *corps de mort*, parce que ce n'est plus qu'un *corps de péché*; on ne peut plus soumettre cette chair corrompue à l'esprit, qu'en soumettant l'esprit à Dieu par sa grâce; il faut tâcher de purifier le corps avec l'esprit.

9° On met un linge ou vêtement blanc sur la tête du nouveau baptisé, parce que les enfans ont été et sont encore d'ordinaire vêtus de blanc, et que les personnes, même les plus âgées, qui reçoivent le Baptême, deviennent alors des enfans nouveau-nés en Jésus-Christ. En quelque âge avancé qu'ils puissent recevoir le Baptême, ils sont toujours enfans par cette naissance spirituelle : ils doivent être revêtus de la robe blanche et sans tache de l'innocence, avec laquelle ils puissent se présenter au jour de leur mort devant Jésus-Christ.

10° On met dans la main de cette personne un cierge allumé, pour montrer qu'elle doit être une lampe ardente et lumineuse dans la maison de Dieu, que son cœur doit brûler du feu de l'amour que Jésus-Christ est venu allumer sur la terre, et que l'exemple de ses vertus doit éclairer tous les fidèles.

11° Nous donnons un nouveau nom à cette personne, afin qu'on sache que c'est un homme nouveau, qui est plus attaché à Dieu qu'au monde entier, et à l'Eglise qu'à sa famille; qu'il est prêt à oublier son propre nom, sa patrie et tous ses parens, pour suivre Jésus-Christ jusqu'à la mort de la croix. C'est un nouveau nom qui lui est donné, parce que Dieu fait en lui toutes choses nouvelles. Ce nom est celui d'un saint, qui doit être le patron ou protecteur auprès de Dieu de celui qui le portera. Ce saint est principalement celui dont il doit imiter les vertus, afin que le nom qu'il en reçoit aujourd'hui soit écrit au livre de vie.

II.

AVIS AU PARRAIN ET A LA MARRAINE, APRÈS L'ADMINISTRATION DU SACREMENT DE BAPTÊME.

Vous, parrain, et vous, marraine, vous venez de répondre à Dieu et à la sainte Eglise que vous prendrez soin de l'instruction de cet enfant, pour le remplir de toutes les vérités de la foi catholique, apostolique et romaine, pour le préparer au salut éternel. Il n'est nommé votre filleul, qu'à cause qu'il devient votre fils spirituel en Jésus-Christ, en sorte que vous avez contracté, à la face des saints autels, l'obligation de lui tenir lieu de père et de mère, pour la pureté des mœurs et de la foi. Il est vrai que le père et la mère, qui ont mis cet enfant au monde, ne sont pas déchargés du soin de son éducation chrétienne; mais vous y êtes obligés avec eux, et votre devoir est de suppléer à tout ce qui manqueroit de leur part. Vous devez donc veiller sur l'enfant, pour vous assurer qu'il apprenne exactement toutes les vérités de la foi qui sont contenues dans les trois parties du Catéchisme de ce diocèse, avec les Commandemens de Dieu et de l'Eglise, la vertu de chaque sacrement, et la manière de les recevoir; surtout la préparation nécessaire pour se bien examiner, pour bien confesser ses péchés avec toutes les circonstances nécessaires, pour en concevoir une véritable douleur, et pour éviter les occasions de rechute ; comme aussi les dispositions d'humilité, de recueillement et d'amour avec lesquels on doit communier pour le faire avec fruit. Vous devez aussi faire en sorte que l'enfant sache exactement par cœur l'oraison que Jésus-Christ a enseignée à ses apôtres, afin qu'elle soit à jamais dans la bouche et dans le cœur de tous les fidèles : Notre Père, etc., la salutation de l'ange : Je vous salue, Marie, etc., pour obtenir la puissante intercession de la mère du Fils de Dieu, et pour se nourrir dans une pieuse confiance en cette mère de miséricorde ; enfin le Symbole des apôtres : Je crois en Dieu, etc., qui comprend en abrégé les vérités fondamentales du christianisme, et qui étant toujours appris par cœur, sans être écrit, servoit autrefois comme de marque à laquelle les Chrétiens se reconnoissoient les uns les autres au temps des persécutions.

Vous êtes avertis que vous avez contracté une parenté spirituelle avec cet enfant, avec son père et avec sa mère, en sorte que vous ne pouvez avoir en mariage aucun des trois, et qu'un mariage que vous contracteriez avec l'un d'entre eux seroit nul. Mais cette parenté spirituelle n'est point entre vous, parrain et marraine, ni entre la femme du parrain et le mari de la marraine.

DE LA CONFIRMATION.

Ce sacrement ne se donne qu'une fois. Il imprime aussi un caractère qui est un signe spirituel qui nous distingue comme étant initiés et fortifiés pour la milice spirituelle. Il demande qu'on soit en état de grâce pour le recevoir dignement.

Quoique ce sacrement ne soit pas absolument nécessaire pour le salut, il est néanmoins d'une extrême importance que chacun ne manque pas de le recevoir. C'est le don du Saint-Esprit pour résister aux tentations continuelles de cette vie. Plus nous sommes foibles et attaqués, plus nous avons besoin de recourir à un si puissant secours. Le négliger c'est se rendre indigne d'une grâce si précieuse, et mériter de tomber, comme tombent les ames téméraires qui ne se défient point d'elles-mêmes, et qui négligent les grâces offertes.

Ce sacrement a été institué pour augmenter et affermir en nous la grâce du Baptême, afin que nous n'ayons jamais de honte de confesser Jésus-Christ crucifié, que nous méprisions les railleries des libertins, et même s'il le falloit, les persécutions des ennemis de notre salut ; afin que nous soyons disposés à répandre notre sang dans le martyre pour chacune des vérités de la foi en particulier, et que nous ayons un courage humble, simple et modeste contre toutes les tentations que nous n'aurons pu fuir.

DE LA PÉNITENCE.

Qui est-ce qui conserve sans aucune tache la robe nuptiale reçue au Baptême ? Hélas ! nous portons ce trésor dans des vases d'argile. *Si quelqu'un d'entre nous*, dit saint Jean [1], *ose assurer qu'il est exempt de péché, il se trompe, et la vérité n'est pas en lui.* Les justes mêmes, en cette vie mortelle, quelque saints qu'ils soient, quoique Dieu ne les abandonne pas après les avoir justifiés, quoique l'esprit de Jésus-Christ coule sans cesse en eux, tombent cependant quelquefois pour le moins dans des fautes légères, qui se font tous les jours, et qu'on appelle péchés véniels. C'est tout ensemble avec humilité et vérité qu'ils s'accusent et qu'ils disent : *Notre Père qui êtes aux cieux, pardonnez-nous nos offenses.* C'est par cet aveu humble et sincère qu'ils obtiennent le pardon de leurs péchés de tous les jours ; c'est par l'aumône qu'ils les rachètent ; c'est par le jeûne, ou par le crucifiement de leur chair qu'ils les expient. Mais les fautes de précipitation ou d'inadvertance ne sont rien, en comparaison de celles où l'on veut, de propos délibéré, partager entre Dieu et le monde un cœur que Dieu demande tout entier ; où on ose estimer ce que Jésus-Christ condamne, et vivre autrement qu'il ne le prescrit ; où on détourne les yeux de dessus les commandemens du Tout-Puissant, pour se livrer aux désirs d'une chair corrompue et révoltée. Il est de la justice de Dieu de punir ces crimes, ou dans cette vie, ou après cette vie. Seigneur, s'écrie saint Augustin, brûlez, coupez ici bas les membres que j'ai fait servir à l'iniquité, et épargnez-moi, au jour de l'éternité, ces ténèbres extérieures, ces flammes vengeresses, ce ver rongeur et immortel, dont vous m'avez effrayé. Dieu ne veut pas la mort du pécheur,

[1] I Joan. 1. 8.

pourvu qu'il revienne à lui avec un cœur contrit et humilié. Quelque monstrueux que soient nos crimes par leur nombre et par leur énormité, ne désespérons pas; ce seroit le crime de Caïn et de Judas : la miséricorde de Dieu est plus grande que notre malice. Dieu aime mieux que nous nous punissions nous-mêmes dans le temps, par une pénitence volontaire capable d'apaiser sa justice, que d'être obligé de nous punir dans l'éternité, par des peines infinies qui ne pourroient plus le fléchir. Quelle bonté! s'écrie saint Augustin, quelle miséricorde, quelle patience! Nous péchons, et la vie nous est continuée! nos péchés se multiplient, et Dieu, que nous offensons, ne tranche point le fil de nos jours! Dieu entend tous les jours qu'on blasphème son saint nom; il voit tous les jours sa loi violée par les hommes, celle de ses créatures qu'il a le plus gratifiées, et il ne laisse pas de faire luire son soleil sur les bons et sur les méchans. Il fait plus; de tous côtés il rappelle les pécheurs à leur devoir; il les invite de tous côtés à la pénitence. Au dehors, il appelle par un directeur, par un prédicateur, en laissant le temps de se repentir; au dedans, il appelle par une pensée intime, par un sentiment de consolation, par une impression affligeante. Le bon pasteur laisse nonante-neuf brebis dans le désert, pour aller chercher celle qui s'est égarée. Le Père céleste court au-devant de l'homme pécheur qui vient avouer ses fautes; les anges dans le ciel se réjouissent de sa conversion. Mais prenons garde d'abuser de cette patience si longue, si pleine de miséricorde, de peur d'amasser contre nous un trésor de colère au jour de vengeance et du juste jugement de Dieu. Ah! plutôt que de périr dans notre naufrage, hâtons-nous de prendre la planche que Jésus-Christ a la bonté de nous offrir, et sauvons-nous. Recourons au sacrement de Pénitence; c'est le remède que le Sauveur du monde a institué pour effacer les péchés commis après le Baptême, et pour nous appliquer de nouveau les mérites de sa passion. Adressons-nous aux prêtres qu'il a établis juges de la lèpre du cœur humain, et à qui il a confié le pouvoir de remettre ou de retenir les péchés, avec assurance que ce qu'ils auroient fait sur la terre, en exerçant ce ministère de la réconciliation, seroit ratifié dans le ciel.

EXAMEN DE CONSCIENCE.

Repassons donc d'abord, dans l'amertume de notre cœur, les égaremens de notre vie passée, au moins depuis notre dernière confession.

1° Rendons-nous tous les jours nos devoirs à Dieu qui nous a créés, qui nous conserve, qui répand avec profusion sur la terre nos alimens, nos vêtemens? l'adorons-nous comme notre souverain Seigneur? l'aimons-nous au-dessus de tout, comme un père infiniment aimable? le remercions-nous comme notre bienfaiteur universel? Méditons-nous sa loi, l'aimons-nous, la pratiquons-nous? Notre ingratitude ou notre indifférence à l'égard de Dieu est le plus grand de tous nos péchés : c'est la source de tous les autres. Si nous étions fidèles à nous occuper de Dieu, à l'aimer préférablement à tout, à n'aimer tout ce qu'il a fait que par rapport à lui, je l'ose dire, nous ne pécherions pas, ou nous ne pécherions guère . nous respecterions son nom; nous ne le prendrions point en vain pour appuyer le mensonge, et jamais nous n'abuserions de ses dons pour l'outrager.

2° Pensons-nous au Fils de Dieu fait homme pour nous? Sommes-nous assez instruits des obligations que nous lui avons de s'être livré à la mort pour nous racheter de l'esclavage du péché et du démon? Qu'avons-nous fait jusqu'ici pour lui marquer notre reconnoissance? Croyons-nous toutes les vérités qu'il est venu nous enseigner? Son Evangile fait-il nos délices? en vivons-nous? nos œuvres ne le démentent-elles pas? N'avons-nous jamais négligé d'aller entendre les pasteurs et les prédicateurs qui nous instruisent en son nom? Sommes-nous exacts à nous unir, fêtes et dimanches, aux fidèles assemblés pour le prier, le remercier, chanter ses louanges? nous tenons-nous alors dans les Eglises avec la modestie et la révérence qui sont dues aux lieux que le Seigneur honore plus particulièrement de sa présence? N'est-ce pas en ces jours tout consacrés à son service, que nous nous occupons à un travail mercenaire, et que nous l'offensons davantage?

3° Savons-nous que nos membres sont, même ici bas, les temples du Saint-Esprit, comme nos corps sont les membres de Jésus-Christ? Combien de fois nous est-il arrivé de les profaner, de les faire servir à l'iniquité, de les prostituer? Parures recherchées et indécentes, qui ont servi de pièges au prochain; paroles ou chansons contraires à la pudeur; lectures ou visites dangereuses; yeux immodestes, privautés, etc. qui mènent à l'impureté; autres excès encore plus criminels, dont saint Paul veut que le nom même soit banni d'entre les fidèles, et dont le désir seul est un péché grief. N'avez-vous pas encore fait une idole de votre ventre, par trop de bonne chère et de friandise, mangeant en glouton, buvant en ivrogne? On pèche encore contre le Saint-Esprit en n'écoutant pas sa voix dans le fond du cœur, en ne suivant pas ses inspirations, en faisant le mal opposé au bien qu'il daigne nous suggérer.

4° Croyons-nous que Jésus-Christ n'a fondé qu'une Eglise, dans laquelle quiconque veut être sauvé doit entrer, et hors laquelle il n'y a point de salut? C'est celle où président les souverains pontifes, saint Pierre et ses successeurs dans le siége de Rome, marchant à la tête des autres évêques pour conduire les fidèles. C'est avec cette Eglise que Jésus-Christ demeure, enseigne, baptise et remet les péchés jusqu'à la fin du monde ; c'est contre elle qu'il assure que les portes de l'enfer ne prévaudront jamais. La regardons-nous comme sa fidèle épouse, comme notre sainte mère? respectons-nous ses décisions? lui obéissons-nous avec une parfaite soumission? Jeûnons-nous, faisons-nous abstinence? assistons-nous aux offices, fréquentons-nous les sacremens lorsqu'elle l'ordonne? Evitons-nous les hérétiques et les schismatiques qu'elle condamne? Jetons-nous au feu, ou portons-nous à nos évêques les livres qu'elle proscrit ?

5° N'avons-nous jamais manqué au respect, à l'amour, à l'obéissance, à l'assistance que nous devons à nos parens, ou à nos supérieurs? Pères et mères, maîtres et maîtresses, avez-vous veillé avec soin à l'éducation, à l'instruction et à toute la conduite de vos enfans, de vos inférieurs, de vos domestiques? leur avez-vous donné bon exemple?

6° Quel est notre amour pour le prochain ? quelle idée en avons-nous ? le regardons-nous comme frère, enfant du même Père céleste, destiné comme nous pour vivre ici bas dans le sein de l'Eglise, épouse du Fils de Dieu, et pour jouir avec nous là-haut des biens éternels? Dans cette vie, l'avons-nous aimé autant que nous, sain ou malade, pauvre ou riche, maître ou domestique, ami ou ennemi ; nous réjouissant du bien qui lui arrive ; compatissant à ses peines ; le secourant dans ses besoins, par nos services, par notre bourse, par nos instructions? L'excès de notre amour-propre n'a-t-il point étouffé dans notre cœur ces sentimens d'humanité et de christianisme? A leur place, n'y avons-nous pas laissé croître une hauteur orgueilleuse, le désir de vengeance, la colère, le mépris, l'envie, la jalousie, le noir chagrin, l'antipathie, la fraude et la tromperie? N'avons-nous pas attenté à son honneur par des soupçons ou jugemens téméraires, par des médisances, des calomnies, des faux témoignages? ne l'avons-nous jamais injurié, frappé, blessé? L'amour immodéré des richesses, qui est une espèce d'idolâtrie, ne nous a-t-il jamais portés à désirer ses biens, à les retenir malgré lui, à en jouir sans son aveu, à les lui enlever par vol, usure, gain excessif et illicite?

7° Quelle a été notre fidélité à nos promesses, à nos vœux, à nos règles, à notre oraison, à nos lectures spirituelles, à nos examens? n'avons-nous rien à nous reprocher sur la tiédeur avec laquelle nous approchons des sacremens, et sur le peu de fruit que nous en retirons? quels efforts faisons-nous pour nous corriger de nos défauts? ne présumons-nous pas que Dieu nous sauvera, quoique nous abusions de ses grâces, et que nous ne conformions pas notre volonté à la sienne? Le temps nous est donné pour travailler à notre salut avec crainte et tremblement : nous devrions l'employer entièrement à faire de bonnes œuvres, chacun suivant notre état et condition ; combien en perdons-nous au lit par paresse, à la toilette, au jeu, en lecture de romans, en visites inutiles ?

ACTE DE CONTRITION.

Dites en vous-même, à la vue de vos péchés : O mon Dieu, comment ai-je pu vous oublier et vous offenser ? J'ai mérité d'être exclu à jamais de l'héritage céleste, loin de votre face, et de souffrir tous les tourmens des enfers. O patience de mon Dieu, comment avez-vous pu souffrir et attendre si long-temps une créature si ingrate? O mon amour, comment ai-je pu vivre sans vous aimer? J'ai horreur de mes péchés. Je me jette entre les bras de votre infinie miséricorde. Ayez pitié d'un cœur affligé de vous avoir été infidèle. Lavez-moi dans le sang de votre Fils. Changez, Seigneur, changez encore une fois ce cœur vain et corrompu par toutes ses passions : arrachez-le, Seigneur, et donnez-m'en un autre, un cœur nouveau, un cœur humble, un cœur pur, un cœur selon le vôtre.

BON PROPOS.

Quoi qu'il arrive, ô mon Dieu, je veux mourir à moi-même, et vous aimer au-dessus de tout. Quoi qu'il en coûte, je veux vivre selon votre volonté et non selon la mienne. Quelque violence qu'il faille me faire, je veux être juste, sincère, charitable, reconnoissant, chaste, sobre, renoncer à mes inclinations vicieuses, fuir les mauvaises compagnies, éviter les occasions de retomber dans mes fautes. Commandez donc, Seigneur, commandez tout ce que vous voudrez à votre foible créature, qui vous doit tout ; mais donnez-lui le don d'aimer, et de faire tout ce que vous lui commanderez. Ne permettez pas qu'elle vous soit encore infidèle, et qu'elle abuse de vos grâces.

CONFESSION.

Dans ces dispositions, allez vous prosterner aux pieds du prêtre. Accusez-vous de tous les péchés dont vous vous trouvez coupable : qu'une fausse honte ne vous en fasse recéler aucun ; ce seroit un nouveau péché, et un sacrilége horrible que vous accumuleriez sur votre tête, au lieu du pardon que vous présumiez d'obtenir. Armez-vous de courage à la vue des avantages qui doivent vous revenir d'une confession humble, sincère et entière : vous êtes assuré d'avance que la confusion d'un moment que vous allez essuyer, en découvrant volontairement vos péchés à un prêtre (qui vous doit sur ce point un secret inviolable), va vous en mériter la rémission, mettre votre conscience en repos dès à présent, et vous épargner au jour du jugement l'insupportable confusion de les voir manifester à tout l'univers. Plus vous serez courageux à vous accuser et à vider toute l'infection de votre cœur, plus votre consolation et votre paix seront grandes après. Dites donc tout, jusqu'aux circonstances notables, afin que le confesseur, connoissant parfaitement la profondeur de vos plaies, y apporte les remèdes convenables et salutaires. Si vous craignez d'omettre quelqu'un de vos péchés dans le temps de la confession, déclarez d'abord tous ceux dont vous aurez souvenance, et priez ensuite le confesseur de vous interroger, s'il le juge à propos.

SATISFACTION.

Votre confession étant finie, écoutez la pénitence que le prêtre vous impose. Acceptez-la humblement, en promettant de l'accomplir fidèlement, le plus tôt que faire se pourra. Persuadez-vous que, quelque grande qu'elle vous paroisse, elle ne peut être proportionnée à l'énormité de vos fautes, que par l'union aux souffrances et aux satisfactions que Jésus-Christ a offertes pour nous à son Père. Remerciez Dieu de la grâce qu'il vous fait de pouvoir satisfaire en cette vie, par une peine si légère, à sa justice, qui châtie si rigoureusement dans l'autre vie les mêmes péchés qu'il vient de vous remettre. Soyez encore attentif aux avis que le prêtre vous donnera pour vous préserver à l'avenir contre vos passions qui vous ont fait tomber, surtout contre cette passion favorite qui vit et qui domine en vous. Si c'est l'avarice qui a été votre idole, il vous suggérera de marquer le mépris que vous faites des biens qui passent, en les partageant libéralement avec les pauvres, membres de Jésus-Christ. Si c'est la volupté à qui vous avez rapporté vos actions comme à une divinité, il vous dira de fuir les lieux, de renoncer aux compagnies, de brûler les livres et les tableaux qui l'ont fait naître et qui l'entretiennent ; il ajoutera ce que saint Paul a prêché, que ceux qui sont à Jésus-Christ ont châtié et crucifié leur chair avec ses vices et ses convoitises. N'est-il pas honteux que, sous un chef innocent couronné d'épines, les membres coupables vivent dans la mollesse ? Si les honneurs de ce siècle vous ont enivré, regardez, vous dira-t-il, le Fils de Dieu, égal à son Père, qui s'anéantit jusqu'à souffrir la mort, et la mort de la croix, pour nous détromper des vains honneurs. Ce n'est qu'en mettant bas tout orgueil, et en s'humiliant, qu'on mérite d'être exalté. Aimez à être oublié des hommes et à en être compté pour rien. Dieu saura bien vous élever.

Le prêtre nous recommandera surtout de n'avoir aucune confiance en nos propres forces ; nous retomberions bientôt. Il nous engagera à recourir à Dieu par la prière. Seigneur, c'est en vain que je garderois mes pieds pour me garantir des pièges innombrables qui m'environnent : le danger est en bas, mais la délivrance ne peut venir que d'en haut. C'est là que mes yeux s'élèvent pour vous voir venir. La contagion du monde, ma propre corruption, les plaisirs qui se présentent, les richesses que j'entrevois, les honneurs qu'on me propose, tout est piége, Seigneur, sans vous. C'est vers vous seul que j'élève mes yeux et mon cœur. Je désespère de moi-même ; je n'espère qu'en vous : conservez-moi.

AVIS SUR L'ABSOLUTION.

Le prêtre ne la doit donner qu'aux pénitens qu'il juge bien disposés. Alors elle opère la grâce de la guérison, la rémission des péchés.

Ceux qui conservent de l'inimitié contre leur prochain, sans vouloir se réconcilier; qui ne restituent pas le bien d'autrui, le pouvant faire; qui retombent dans leurs péchés par la mauvaise habitude à laquelle ils sont encore attachés, ne faisant rien pour la déraciner; qui refusent de quitter l'occasion prochaine du péché; qui ignorent les choses qu'ils doivent croire et faire pour arriver au salut; et généralement tous ceux qui ne sont pas véritablement repentans de leurs péchés, ou qui n'ont pas un désir sincère de se corriger et de mieux vivre, peuvent bien s'adresser au prêtre et se confesser; mais ils ne doivent pas souffrir que le prêtre leur donne l'absolution, tandis qu'ils sont dans ces mauvaises dispositions. Ce seroit une profanation sacrilège du sacrement qu'ils ajouteroient par là à leurs autres crimes. Ces sortes de pécheurs doivent alors prier le prêtre de leur différer l'absolution jusqu'à ce que leur cœur soit changé, et qu'ils aient achevé de rompre les liens qui les attachent encore au péché. Le prêtre aura pitié d'eux, leur donnera de bons avis, et tâchera par ses prières, ses jeûnes et ses aumônes, d'attirer sur eux la grâce d'une parfaite conversion.

DE L'EUCHARISTIE.

I.

1° Quoique nos yeux n'aperçoivent dans l'Eucharistie qu'une apparence de pain, la foi néanmoins y découvre, sous cette apparence, le vrai corps de Jésus-Christ qui a été attaché sur la croix pour nous. Il y est avec son sang répandu pour notre salut, avec son âme, et sa divinité. Il y est vivant, immortel, glorieux, tel qu'il est à la droite de son Père. Comme Moïse changea en Egypte l'eau en sang, et une baguette en un serpent; comme Jésus-Christ changea aux noces de Cana l'eau en vin, de même il change le pain et le vin en son corps et en son sang, dès que le prêtre prononce en son nom à la messe les paroles sacramentelles. C'est sa toute-puissance qui fait ce miracle, comme tant d'autres qui ne lui coûtent rien. Il faut sans raisonner croire tout ce qu'il dit. Les paroles des hommes sincères disent ce qui est; mais les paroles toutes-puissantes du Fils de Dieu font ce qu'elles disent.

2° L'Eucharistie est le sacrement de l'amour. Combien Jésus-Christ nous a-t-il aimés, puisqu'il n'a pas dédaigné de se faire notre nourriture de chaque jour? Il veut être notre pain quotidien, en sorte qu'il soit l'aliment le plus familier de nos âmes, comme le pain grossier nourrit nos corps. Le pain des corps ne fait qu'en retarder la mort et la corruption; mais Jésus-Christ, pain de nos âmes, les fera vivre éternellement. C'est *le pain descendu du ciel pour donner la vie au monde*. C'est être ennemi de soi-même, c'est vouloir mourir, que de n'être pas affamé de ce pain. Le Sauveur est là qui vous attend avec ses mains pleines de grâces. C'est l'Agneau égorgé pour les péchés du monde, qui veut être mangé dans ce festin céleste. Venez, enfans de Dieu, vous rassasier de cette chair divine et vous désaltérer dans ce sang, qui efface tous les péchés. Il ne cache les rayons de sa gloire que pour n'éblouir pas vos foibles yeux, et pour vous accoutumer à une plus grande familiarité. Croyez, espérez, aimez: portez le bien-aimé dans vos poitrines, et laissez-le régner à jamais au dedans de vous. Chacun des autres sacremens nous donne la grâce particulière qui est propre à son institution; mais celui-ci nous donne Jésus-Christ même, source de toutes les grâces, auteur et consommateur de notre foi.

3° Par ce sacrement, les hommes, s'ils sont bien disposés, sont incorporés à Jésus-Christ, pour ne faire plus qu'un seul tout avec lui. Cette nourriture, si elle est bien prise, fait que Jésus-Christ vit, parle, agit, souffre et exerce en nous toutes les vertus. Elle nous fait croître chaque jour d'une vie toute divine et cachée avec Jésus-Christ en Dieu. Elle humilie notre esprit, elle mortifie notre chair, elle dompte nos passions brutales, elle nous fortifie contre les tentations, elle nous inspire le recueillement et la prière; elle nous tient unis à Dieu dans une vie toute intérieure; elle nous détache de cette vie si fragile et si courte; elle nous enflamme du désir du règne de Dieu dans le ciel. Elle nous donne une horreur infinie du péché mortel et une crainte filiale qui nous alarme à la vue des fautes même les plus vénielles; elle nous soutient au milieu des croix et des tentations, pour nous faire continuer notre pèlerinage jusqu'à la montagne de Dieu.

4° Mais avant que de manger ce pain des anges, il faut que l'homme s'éprouve, qu'il interroge et qu'il sonde son propre cœur, de peur de se rendre *coupable du corps et du sang du Sauveur*. Quiconque le recevroit dans une conscience impure, avec quelque péché mortel, au lieu de se plonger dans la fontaine d'eau vive, *boiroit et mangeroit son jugement* pour sa perte éternelle : il donneroit à Jésus-Christ le baiser traître de Judas ; il fouleroit aux pieds le sang de la victime, par laquelle seule il peut apaiser la colère de Dieu ; il ne feroit qu'ajouter à tous ses autres péchés les sacrilèges d'une confession sans pénitence et d'une communion indigne.

5° Il seroit inutile de s'abstenir de la communion, de peur de communier indignement. En communiant indignement, on change le pain de vie en poison, et on s'empoisonne soi-même ; mais en ne communiant pas, on se prive de la nourriture, et on se laisse mourir de défaillance dans cette privation. Il faut donc communier, et communier dignement ; il faut tout sacrifier pour se mettre en état de manger avec fruit ce pain quotidien ; il faut renoncer non-seulement aux péchés mortels, aux vices grossiers et qui font horreur, mais encore aux occasions dangereuses d'y tomber. Il faut même renoncer à l'affection volontaire pour les péchés véniels, qui retranchent peu à peu les véritables alimens de l'amour de Dieu au fond du cœur. Comment peut-on nourrir en soi l'amour de Dieu au-dessus de tout, quand on veut demeurer attaché de propos délibéré aux choses qui lui déplaisent, qui contristent son Saint-Esprit, et qui nous mettent en tentation continuelle d'aimer ce que Dieu veut que nous n'aimions pas ? Quand vous aurez fait ce sacrifice sincère à Dieu, vous mangerez en ange le pain des anges. Vous vivrez pour lui ; vous aurez la consolation de le recevoir fréquemment. La véritable manière de communier est de le faire avec une telle pureté de cœur, qu'on puisse le faire tous les jours, selon l'usage des premiers chrétiens.

6° Après la communion, demeurez recueilli en vous-même et intimement uni à Jésus-Christ que vous portez dans votre poitrine comme dans un ciboire. Remerciez-le, écoutez-le ; goûtez la joie de le posséder ; admirez son amour ; priez-le de ne vous quitter jamais.

N'oublions pas de demander à Jésus-Christ de nous accorder la grâce de le recevoir en viatique dans notre dernière maladie. N'attendons pas l'extrémité pour demander ce pain de vie : il doit nous soutenir et nous fortifier dans ce passage si pénible à la nature. Repus du corps et du sang du Fils de Dieu, nous irons paroître avec plus de confiance au tribunal du souverain Juge.

II.

BONHEUR DE L'AME UNIE A JÉSUS-CHRIST DANS LA SAINTE COMMUNION.

Qu'on est riche, quand on porte son trésor au fond de son cœur, et qu'on n'en veut plus d'autre ! Qu'on est heureux dans les croix, lorsqu'on a toujours avec soi son consolateur ! Qu'on est puissant et invincible, malgré ses sensibilités et ses foiblesses, lorsqu'on possède Jésus-Christ au-dedans de soi ! C'est vous, ô mon Dieu, ô mon amour ! c'est vous que je reçois dans le sacrement ; c'est vous qui nourrissez mon ame de votre chair, qui donne la vie au monde, et de votre substance divine, qui est l'éternelle vérité. C'est vous que je tiens, que je goûte, que je possède, que je garde reposant dans ma poitrine, comme votre disciple bien-aimé reposoit sur la vôtre. Je vous ai ; n'ai-je pas tout ? Que me faut-il encore ? que me peut-il manquer ? O Dieu d'amour, vous rassasiez en moi tout désir ! je suis plein, et mon cœur ne peut plus s'ouvrir à aucun aucun autre bien, puisqu'il a le bien infini. Que craindrai-je avec celui qui m'aime et qui peut tout ? Que ne souffrirai-je point pour l'amour de celui qui, après avoir souffert la mort pour moi, vient encore souffrir dans mon cœur, et de si près, toutes mes misères ? Hélas ! qui me donnera une bouche pour louer et un cœur pour sentir ses miséricordes ? O sacrement, où l'amour se cache pour être cherché plus purement ! ô secret merveilleux de l'amour de mon Dieu ! mon cœur tombe en défaillance, en approchant de vous. Qu'ai-je fait pour vous mériter ? Pain des anges ! vous vous donnez aux plus grands pécheurs, et vous ne dédaignez point d'entrer dans les consciences les plus souillées. Que ferai-je pour me donner à vous ? Tout me manque en moi-même pour reconnoître tant de grâces ; mais faites tout. J'avoue mon impuissance et mon indignité ; je manque même de sentimens pour un si aimable mystère. Mais, ô amour ! vous vous plaisez à reluire dans notre boue ; faites donc éclater vos merveilles dans ce cœur corrompu ; aimez-vous-même en moi ; plongez votre créature, pour la renouveler, dans les flammes du Saint-Esprit.

III.

EXHORTATION ADRESSÉE AU DUC DE BOURGOGNE, AU MOMENT DE SA PREMIÈRE COMMUNION.

Le voilà enfin arrivé, Monseigneur, ce jour que vous avez tant désiré et attendu, ce jour qui doit apparemment décider de tous les autres de votre vie jusqu'à celui de votre mort. *Ecce Salvator tuus venit, et merces ejus cum eo.* Il vient à vous sous les apparences de l'aliment le plus familier, afin de nourrir votre ame, comme le pain nourrit tous les jours votre corps. Il ne vous paroîtra qu'une parcelle d'un pain commun; mais la vertu de Dieu y sera cachée, et votre foi saura bien l'y trouver. Dites-lui, comme Isaïe le disoit : *Verè tu es Deus absconditus.* C'est un Dieu caché par amour; il nous voile sa gloire, de peur que nos yeux n'en soient éblouis, et afin que nous puissions en approcher plus familièrement. *Accedite ad eum*, dit un Psaume, *et illuminamini, et facies vestræ non confundentur.* C'est là que vous trouverez la manne cachée, avec les divers goûts de toutes les vertus célestes. Vous mangerez le pain qui est au-dessus de toute substance. Il ne se changera pas en vous, homme vil et mortel; mais vous serez changé en lui pour être un membre vivant du Sauveur. Que la foi et l'amour vous fassent goûter le don de Dieu! *Gustate, et videte quoniam suavis est Dominus.*

DE L'EXTRÊME-ONCTION.

I.

Jésus-Christ a institué ce sacrement pour être le canal des grâces qu'il veut nous faire dans nos grandes maladies, pour nous aider puissamment contre les derniers efforts du tentateur, pour effacer les restes de nos péchés, pour consommer notre sanctification, même pour rétablir la santé de notre corps, autant qu'il est expédient pour notre salut. Ne craignons donc pas que cette sainte onction avance notre mort. Hâtons-nous de la demander, tandis que nous jouissons encore de toute notre raison : c'est le moyen assuré de la recevoir avec beaucoup plus de fruit. C'est dans ce moment qu'il importe de rappeler toute notre foi, notre espérance, notre amour, notre conformité aux ordres du Tout-Puissant, d'en donner même des marques extérieures, autant que la maladie nous le permettra.

1° Assurons notre pasteur qui vient nous donner ce dernier sacrement, que nous croyons fermement tous les articles de la foi et tout ce que notre mère, la sainte Eglise catholique, apostolique et romaine, croit et enseigne. Disons, si nous le pouvons, le symbole des apôtres, qui est l'abrégé de notre foi et la marque qui distinguoit autrefois les Chrétiens. Témoignons que nous sommes prêts à mourir dans cette foi catholique, comme de véritables enfans de l'Eglise, et que nous voulons rendre le dernier soupir dans son sein et recevoir de sa main les sacremens que Jésus-Christ lui a confiés pour nous.

2° Témoignons que toute notre confiance est en notre Seigneur Jésus-Christ, et que nous espérons le royaume du ciel qu'il nous a acquis par son sang.

3° Témoignons que nous aimons Dieu, et que nous désirons de l'aimer encore plus parfaitement, et comme les saints l'aiment sans cesse dans le ciel. Disons : O sagesse, je crois toutes les vérités que vous nous enseignez. O miséricorde! j'espère tous les biens que vous nous promettez. O bonté! je vous aime et ne veux plus rien aimer que pour vous et de votre amour.

4° Disons en nous-même : O mon Dieu! comment ai-je pu vous oublier et vous offenser? O patience de mon Dieu! comment avez-vous pu souffrir et attendre si long-temps une créature si ingrate? O mon amour! comment ai-je pu vivre sans vous aimer? J'ai horreur de mes péchés; je me jette entre les bras de votre infinie miséricorde : ayez pitié d'un cœur affligé de vous avoir été infidèle; lavez-moi dans le sang de votre Fils.

5° Ajoutons tout haut, si nous le pouvons : Je demande pardon à toutes les personnes présentes ou absentes vers lesquelles j'ai manqué, ou par hauteur, ou par promptitude, ou par prévention mal fondée, ou par attachement à mon propre intérêt, ou par quelque autre mauvais motif. Je les conjure de tout oublier pour l'amour de celui qui nous a remis toutes nos offenses.

6° Au reste, soyons bien résolus de faire un meilleur usage de la vie, si Dieu nous rend la santé, et de recevoir la mort comme une grâce qui finit le danger continuel de la vie, si Dieu nous appelle à lui.

7° Ne manquons pas d'offrir à Dieu toutes les douleurs de corps et d'esprit que nous souf-

II.

EXHORTATION AU MALADE, APRÈS QU'IL A REÇU LE SACREMENT DE L'EXTRÊME-ONCTION.

Après avoir reçu le sacrement qui donne la force d'en haut dans le dernier combat contre l'ennemi du salut, il ne vous reste plus qu'à vous dégager l'esprit de toutes les vaines pensées du monde trompeur. La vanité et le mensonge ne doivent plus distraire un chrétien qui se prépare à aller comparoître devant Jésus-Christ. Notre corps est une espèce de prison où notre ame est retenue pour y souffrir, pour y être tentée et pour mériter en résistant à la tentation. Ce monde plein de traverses est un lieu d'exil; le ciel est notre patrie; c'est la terre promise; c'est le port où nous jouirons du repos éternel après la tempête. Heureux ceux qui meurent au Seigneur! la mort n'est qu'un moment de peine qui est le passage au royaume de Dieu : Jésus-Christ a voulu souffrir pour la vaincre, et la vaincre pour nous. Mourons avec lui, et la mort sera pour nous la véritable vie. Comme la vie est un danger continuel, la mort est une grâce qui assure l'effet de toutes les autres. Pourquoi craindre d'aller voir celui que nous aimons et qui nous aime? Pourquoi craindre l'avénement de son règne bienheureux en nous.

Anciennement on avoit coutume d'oindre les corps de ceux qui devoient combattre dans les spectacles publics, afin que leurs membres fussent plus souples et plus agiles dans le combat. C'est ainsi que l'Eglise fait sur ses enfans les onctions mystérieuses du Baptême, de la Confirmation et de l'Ordre, afin qu'ils combattent plus fortement dans les tentations de la vie. Mais voici l'Extrême-Onction, que vous venez de recevoir pour le dernier combat, qui vous prépare la couronne incapable de se flétrir.

Le principal effet de ce sacrement est de fortifier notre ame contre la tentation de langueur, de tristesse et de découragement, où l'infirmité du corps la pourroit jeter. Par la grâce de ce sacrement, l'esprit est soulagé, renouvelé, rendu victorieux de la douleur, pendant que le corps s'appesantit et tend à la corruption.

Le second effet est la rémission des péchés qui peuvent rester encore dans l'ame.

Enfin ce sacrement peut produire la santé du corps, ou son soulagement, si c'est un bien pour l'ame et si les desseins de la Providence y conviennent.

Ranimez votre foi, nourrissez votre cœur de l'espérance; laissez-le enflammer de la charité. Demandez la grâce, sans laquelle on ne peut rien mériter, et souvenez-vous que Jésus-Christ a promis qu'il sera donné à quiconque demandera. Combien désire-t-il de nous accorder sa grâce, puisqu'il nous presse de la lui demander, et qu'il nous prévient par elle, afin que nous la lui demandions! Comment ne nous donneroit-il pas ses secours, après s'être donné lui-même? *Il est riche* en miséricorde *sur tous ceux qui l'invoquent.* Attachez-vous donc à sa croix, pour recevoir avec son sang les grâces qui découlent de ses plaies sacrées. Regardez Jésus, votre sauveur, qui, du haut de cette croix, où son amour l'a attaché, vous tend les bras pour vous recevoir. Vous trouverez en lui une miséricorde encore plus grande que votre misère. Ne vous découragez donc point à la vue de vos péchés; aimez celui qui vous a aimé lors même que vous ne l'aimiez pas, et que vous l'offensiez, et il vous sera remis beaucoup de péchés. Fermez les yeux au monde entier qui n'est plus rien pour vous; ne pensez plus qu'au bien-aimé qui vous recevra à jamais dans son sein. Tous les travaux sont passés; tous les gémissemens sont finis; toutes les douleurs et toutes les misères d'ici-bas s'enfuiront loin de vous à jamais, vous irez au royaume des vivans voir la face du Père céleste, et régner sur le même trône avec Jésus-Christ.

DE L'ORDRE.

Les évêques seuls sont les ministres de ce sacrement. Suivant l'institution de Jésus-Christ, et à l'imitation des apôtres, ils ordonnent les prêtres et les diacres par la prière et l'imposition de leurs mains. Ils font les sous-diacres, les acolytes, les exorcistes, les lecteurs et les portiers, en leur présentant et faisant toucher les instrumens propres à chacun de ces offices. La disposition à tous ces ordres est la tonsure. Quand l'évêque coupe les cheveux et donne l'habit ecclésiastique au clerc, celui-ci déclare qu'il prend le Seigneur pour son partage, et qu'il se dévoue plus parfaitement à son service. Personne ne doit de lui-même prétendre à l'honneur du sacerdoce; mais celui-là seulement qui y est appelé de Dieu, soit par le choix de son évêque, soit par le ministère et le conseil de ceux à qui l'évêque confie le soin d'examiner la vocation d'un chacun. Les évêques sont au-dessus des prêtres, chargés par le Saint-Esprit de gouverner l'Eglise, de l'instruire, de l'édifier. Les prêtres offrent comme eux le sacrifice de la loi nouvelle, et travaillent sous eux au salut des ames. Le reste du clergé, chacun suivant son ordre plus ou moins relevé, est destiné pour servir à l'autel dans le temps du sacrifice, pour catéchiser, et pour aider le prêtre dans ses autres fonctions. La grâce qu'ils reçoivent à l'ordination les engage à être plus humbles, plus détachés des biens de cette vie passagère, à être plus sobres et plus purs que le commun des fidèles. Ils sont, par leur état, comme les médiateurs entre Dieu et les hommes; obligés de vaquer spécialement à l'oraison, et de prier pour les peuples; chargés de travailler à faire honorer Dieu et à sauver les ames.

DU MARIAGE.

Le Mariage a été institué dès l'origine du genre humain, avant sa corruption, et dans la parfaite innocence du paradis terrestre; il nous représente l'union sacrée de Jésus-Christ avec l'Église son épouse. Jésus-Christ a voulu le sanctifier par sa présence aux noces de Cana, où il fit son premier miracle. Il a voulu répandre par ce sacrement une bénédiction abondante sur la source de notre naissance, afin que ceux qui s'unissent dans cet état ne songent qu'à avoir des enfans, et moins à en avoir qu'à en donner à Dieu, qui ressemblent à leur Père céleste. Le lien du Mariage rend les deux personnes inséparables, et la mort seule peut rompre ce lien. L'esprit de Dieu l'a réglé ainsi pour le bien des hommes, afin de réprimer l'inconstance et la confusion qui troubleroient l'ordre des familles et la stabilité nécessaire pour l'éducation des enfans. Ce joug perpétuel est difficile à supporter pour la plupart des hommes légers, inquiets, et remplis de défauts. Chacune des deux personnes a ses imperfections; les naturels sont opposés; les humeurs sont souvent presque incompatibles; à la longue la complaisance s'use; on se lasse les uns des autres dans cette nécessité d'être presque toujours ensemble, et d'agir en toutes choses de concert. Il faut une grande grâce, et une grande fidélité à la grâce reçue, pour porter patiemment ce joug. Quiconque l'acceptera par l'espérance de s'y contenter grossièrement, y sera bientôt mécompté; il sera malheureux, et rendra sa compagne malheureuse. C'est un état de tribulation et d'assujétissement très-pénible, auquel il faut se préparer en esprit de pénitence, quand on s'y croit appelé de Dieu. La grâce du sacrement adoucit ce joug, et donne la force de le porter sans impatience. C'est par cette grâce que les deux personnes se supportent et s'entr'aident avec amour.

Vous, époux, aimez votre épouse comme Jésus-Christ a aimé son Église, qu'il a lavée de son sang, et qui est l'objet de ses complaisances. Chérissez votre épouse comme un autre vous-même, puisque par le Mariage les deux personnes n'en font plus qu'une. Epargnez-la, ménagez-la, conduisez-la avec douceur et tendresse, par persuasion, vous souvenant de l'infirmité de son sexe, suivant l'instruction de l'Apôtre. Communiquez-lui vos affaires avec confiance, puisque les vôtres deviennent les siennes dans cette intime société. Accoutumez-la à l'application, au travail domestique, au détail du ménage, afin qu'elle soit en état d'élever des enfans avec autorité et prudence, dans la crainte de Dieu.

Et vous, épouse, aimez et honorez votre époux comme l'Eglise aime et honore Jésus-Christ son époux. Regardez Jésus-Christ même en lui. Obéissez-lui selon Dieu comme à votre chef, comme à celui qui vous représente Dieu sur la terre. Tâchez de mériter sa confiance par votre douceur, par votre complaisance, par votre modestie, par votre soin pour le soulager. Soyez-vous inviolablement fidèles l'un à l'autre. Ne vous contentez pas de fuir avec horreur tout ce qui ressentiroit l'infidélité, mais évitez avec précaution jusqu'aux plus légers ombrages qui pourroient altérer la confiance dans cette sainte union. Montrez-vous l'un à l'autre une simplicité et une modestie qui vous ôtent réciproquement toute défiance. Que votre état vous force à tenir plus facilement la chair soumise à l'esprit, et non à lui permettre une dangereuse licence.

Puisque les enfants sont les fruits de la bénédiction du Mariage, je prie Dieu qu'il vous en donne qui soient des saints, et qui servent un jour à vous consoler dans votre vieillesse.

RÉFLEXIONS SAINTES

POUR

TOUS LES JOURS DU MOIS.

PREMIER JOUR.

SUR LE PEU DE FOI QU'IL Y A DANS LE MONDE.

Croyez-vous que le Fils de l'homme venant sur la terre y trouvera de la foi ? S. Luc. XVIII. 8.

I. S'IL y venoit maintenant, en trouveroit-il en nous ? Où est notre foi ? où en sont les marques ? Croyons-nous que cette vie n'est qu'un court passage à une meilleure ? Pensons-nous qu'il faut souffrir avec Jésus-Christ, avant que de régner avec lui ? Regardons-nous le monde comme une figure trompeuse, et la mort comme l'entrée dans les véritables biens ? Vivons-nous de la foi ? nous anime-t-elle ? Goûtons-nous les vérités éternelles qu'elle nous présente ? en nourrissons-nous notre âme avec le même soin que nous nourrissons notre corps des aliments qui lui conviennent ? Nous accoutumons-nous à ne regarder toutes choses que selon la foi ? Corrigeons-nous sur elle tous nos jugemens ? Hélas ! bien loin de vivre de la foi, nous la faisons mourir dans notre esprit et dans notre cœur. Nous jugeons en païens ; nous agissons de même. Qui croiroit ce qu'il faut croire, feroit-il ce que nous faisons ?

II. Craignons que le royaume de Dieu ne nous soit ôté, et ne soit donné à d'autres qui en produiront mieux les fruits. Ce royaume de Dieu est la foi, quand elle est régnante et dominante au milieu de nous. Heureux qui a des yeux pour voir ce royaume ! La chair et le sang n'en ont point. La sagesse de l'homme animal est aveugle là-dessus, et veut l'être. Ce que Dieu fait intérieurement lui est un songe. Pour voir les merveilles de ce royaume intérieur, il faut renaître, et pour renaître il faut mourir : c'est à quoi le monde ne peut consentir. Que le monde méprise donc, qu'il condamne, qu'il se moque tant qu'il voudra ; pour nous, mon Dieu, il nous est ordonné de croire et de goûter le don céleste. Nous voulons être du nombre de vos élus, et nous savons que personne ne peut en être, sans conformer sa vie à ce que vous enseignez.

IIe JOUR.

SUR L'UNIQUE CHEMIN DU CIEL.

Efforcez-vous d'entrer par la porte étroite. S. Matth. VII. 8.

I. CE n'est que par la violence qu'on entre dans le royaume de Dieu ; il faut l'emporter d'assaut comme une place assiégée. La porte en est étroite ; il faut mettre à la gêne le corps du péché ; il faut s'abaisser, se plier, se traîner, se faire petit. La grande porte où passe la foule, et qui se présente toute ouverte, mène à la perdition. Tous les chemins larges et unis doivent nous faire peur. Tandis que le monde nous rit, et que notre voie nous semble douce, malheur à nous ! Jamais nous ne sommes mieux pour l'autre vie, que quand nous sommes mal pour celle-ci. Gardons-nous donc bien de suivre la multitude qui marche par une voie large et commode. Il faut chercher les traces du petit nombre, les pas des saints, le sentier escarpé de la pénitence, grimper sur les rochers, gagner les lieux sûrs à la sueur de son visage, et s'attendre que le dernier pas de la vie sera encore un violent effort pour entrer dans la porte étroite de l'éternité.

II. Nous ne sommes prédestinés de Dieu, que pour être conformes à l'image de son Fils, attachés comme lui sur une croix, renonçant comme lui aux plaisirs sensibles, contens comme lui dans les douleurs. Mais quel est notre aveuglement ! Nous voudrions nous détacher de cette croix qui nous unit à notre Maître. Nous ne pouvons quitter la croix, sans quitter Jésus-Christ crucifié. La croix et lui sont inséparables. Vivons donc et mourons avec celui qui est venu nous montrer le véritable chemin du ciel, et ne craignons rien, sinon de ne pas finir notre sacrifice sur le même autel où il a consommé le sien. Hélas ! tous les efforts que nous tâchons de faire en cette vie ne sont que pour nous mettre plus au large, et pour nous éloigner de l'unique chemin du ciel. Nous ne savons ce que nous faisons. Nous ne comprenons pas que le mystère de la grâce joint la béatitude avec les larmes. Tout chemin qui mène à un trône est délicieux, fût-il hérissé d'épines. Tout chemin qui conduit à un précipice est effroyable, fût-il couvert de roses. On souffre dans la voie étroite, mais on espère ; on souffre, mais on voit les cieux ouverts ; on souffre, mais on veut souffrir ; on aime Dieu, et on en est aimé.

IIIᵉ JOUR.

SUR LA VÉRITABLE DÉVOTION.

Celui qui séduit lui-même son cœur n'a qu'une vaine religion. *Ep. de S. Jac.* 1, 26.

I. Que d'abus dans la dévotion ! Les uns la font consister uniquement dans la multiplicité des prières ; les autres dans le grand nombre des œuvres extérieures qui vont à la gloire de Dieu et au soulagement du prochain. Quelques-uns la mettent dans des désirs continuels de faire son salut ; quelques autres dans de grandes austérités. Toutes ces choses sont bonnes ; elles sont même nécessaires jusqu'à un certain degré. Mais on se trompe, si on y place le fond et l'essentiel de la véritable piété. Cette piété, qui nous sanctifie et qui nous dévoue tout entiers à Dieu, consiste à faire tout ce qu'il veut, et à accomplir, précisément dans le temps, dans les lieux et dans les circonstances où il nous met, tout ce qu'il désire de nous. Tant de mouvemens que vous voudrez, tant d'œuvres éclatantes qu'il vous plaira ; vous ne serez payé que pour avoir fait la volonté du souverain Maître. Le domestique qui vous sert feroit des merveilles dans votre maison, que, s'il ne faisoit pas ce que vous souhaitez, vous ne lui tiendriez aucun compte de ses actions, et vous vous plaindriez avec raison de ce qu'il vous serviroit mal.

II. Le dévouement parfait, d'où le terme de dévotion a été formé, n'exige pas seulement que nous fassions la volonté de Dieu, mais que nous la fassions avec amour. Dieu aime qu'on lui donne avec joie ; et, dans tout ce qu'il nous prescrit, c'est toujours le cœur qu'il demande. Un tel maître mérite bien qu'on s'estime heureux d'être à lui. Il faut que ce dévouement se soutienne également partout, dans ce qui nous choque, dans ce qui contrarie nos vues, nos inclinations, nos projets ; et qu'il nous tienne prêts à donner tout notre bien, notre fortune, notre temps, notre liberté, notre vie et notre réputation. Être dans ces dispositions, et en venir aux effets, c'est avoir une véritable dévotion. Mais comme la volonté de Dieu nous est souvent cachée, il y a encore un pas de renoncement et de mort à faire ; c'est de l'accomplir par obéissance, et par une obéissance aveugle, mais sage en son aveuglement, condition imposée à tous les hommes : le plus éclairé d'entre eux, le plus propre à attirer les ames à Dieu, et le plus capable de les y conduire, doit lui-même être conduit.

IVᵉ JOUR.

SUR LES CONVERSIONS LACHES ET IMPARFAITES.

I. Les gens qui étoient éloignés de Dieu se croient bien près de lui dès qu'ils commencent à faire quelques pas pour s'en rapprocher. Les hommes les plus polis et les plus éclairés ont là-dessus la même ignorance et la même grossièreté qu'un paysan qui croiroit être bien à la cour, parce qu'il auroit vu le Roi. On quitte les vices qui font horreur ; on se retranche dans une vie moins criminelle, mais toujours lâche, mondaine et dissipée. On juge alors de soi, non par l'Evangile, qui est l'unique règle qu'on doit prendre, mais par la comparaison qu'on fait de la vie où l'on est avec celle que l'on a menée autrefois. Il n'en faut pas davantage pour se canoniser soi-même, et pour s'endormir d'un profond sommeil sur tout ce qui resteroit à faire pour le salut. Un tel état est peut-être plus suspect qu'un désordre scandaleux. Ce désordre troubleroit la conscience, réveilleroit la foi, et engageroit à faire quelque grand effort ; au lieu que ce changement ne sert qu'à étouffer les remords salutaires, qu'à établir une fausse paix dans le cœur, et qu'à rendre les maux irrémédiables.

II. Je me suis confessé, dites-vous, assez exactement des foiblesses de ma vie passée ; je lis de bons livres ; j'entends la messe modestement, et je prie Dieu, ce me semble, d'assez bon cœur. J'évite au moins les grands péchés ; mais j'avoue que je ne me sens pas assez touché pour vivre comme si je n'étais plus du monde, et pour ne garder plus de mesures avec lui. La religion seroit trop rigoureuse, si elle rejetoit de si honnêtes tempéramens. Tous les raffinemens qu'on nous propose aujourd'hui sur la dévotion vont trop loin, et sont plus propres à décourager qu'à faire aimer le bien. Ce discours est celui d'un chrétien lâche, qui voudroit avoir le paradis à vil prix, et qui ne considère pas ce qui est dû à Dieu, ni ce que sa possession a coûté à ceux qui l'ont obtenue. Un homme de ce caractère est bien loin d'une entière conversion. Il ne connoît apparemment ni l'étendue de la loi de Dieu, ni les devoirs de la pénitence. On peut croire que, si Dieu lui avait confié le soin de composer l'Évangile, il ne l'aurait pas fait tel qu'il est, et nous aurions assurément quelque chose de plus doux pour l'amour-propre. Mais l'Évangile est immuable, et c'est sur lui que nous devons être jugés. Prenez au plus tôt un guide sûr, et ne craignez rien tant que d'être flatté et trompé.

Vᵉ JOUR.

SUR LE BON ESPRIT.

Votre Père céleste donnera son bon esprit à ceux qui le lui demanderont. S. *Luc.* XXI. 13.

I. Il n'y a de bon esprit que celui de Dieu. L'esprit qui nous éloigne du vrai bien, quelque pénétrant, quelque agréable, quelque habile qu'il soit pour nous procurer des biens corruptibles, n'est qu'un esprit d'illusion et d'égarement. Voudroit-on être porté sur un char brillant et magnifique qui mèneroit dans un abîme ? L'esprit n'est fait que pour conduire à la vérité et au souverain bien. Il n'y a de bon esprit que celui de Dieu, parce qu'il n'y a que son esprit qui nous mène à lui. Renonçons au nôtre, si nous voulons avoir le sien. Heureux l'homme qui se dépouille pour être revêtu, qui foule aux pieds sa vaine sagesse pour posséder celle de Dieu !

II. Il y a bien de la différence entre un bel esprit, un grand esprit et un bon esprit. Le bel esprit plaît par son agrément ; le grand esprit excite l'admiration par sa profondeur ; mais il n'y a que le bon esprit qui sauve, et qui rende heureux par sa solidité et par sa droiture. Ne conformez pas vos idées à celles du monde. Méprisez l'esprit autant que le monde l'estime. Ce qu'on appelle esprit est une certaine facilité de produire des pensées brillantes : rien n'est plus vain. On se fait une idole de son esprit, comme une femme, qui croit avoir de la beauté, s'en fait une de son visage. On se mire dans ses pensées. Il faut rejeter non-seulement ce faux éclat de l'esprit, mais encore la prudence humaine qui paroît la plus sérieuse et la plus utile, pour entrer, comme de petits enfants, dans la simplicité de la foi, dans la candeur et dans l'innocence des mœurs, dans l'horreur du péché, dans l'humiliation et dans la sainte folie de la croix.

VIᵉ JOUR.

SUR LA PATIENCE DANS LES PEINES.

Vous posséderez vos ames dans votre patience. S. *Luc.* XXI. 19.

I. L'ame s'échappe à elle-même quand elle s'impatiente, au lieu que, quand elle se soumet sans murmurer, elle se possède en paix et possède Dieu. S'impatienter, c'est vouloir ce qu'on n'a pas, ou ne pas vouloir ce qu'on a. Une ame impatiente est une ame livrée à sa passion, que la raison ni la foi ne retiennent plus. Quelle foiblesse ! quel égarement ! Tant qu'on veut le mal qu'on souffre, il n'est point mal. Pourquoi en faire un vrai mal en cessant de le vouloir ? La paix intérieure réside, non dans les sens, mais dans la volonté. On la conserve au milieu de la douleur la plus amère, tandis que la volonté demeure ferme et soumise. La paix d'ici-bas est dans l'acceptation des choses contraires, et non pas dans l'exemption de les souffrir.

II. A vous entendre gronder et murmurer, il semble que vous soyez l'ame la plus innocente qu'il y ait au monde, et que c'est vous faire une injustice criante, que de ne pas vous laisser rentrer dans le paradis terrestre. Souvenez-vous de tout ce que vous avez fait contre Dieu, et convenez qu'il a raison. Dites-lui avec la même humilité que l'enfant prodigue : *Mon père, j'ai péché contre le ciel et contre vous.* Je sais ce que je dois à votre justice, mais le cœur me manque pour y satisfaire. Si vous vous en remettiez à moi, je me flatterois, je m'épargnerois, et je me trahirois moi-même en me flattant. Mais votre main miséricordieuse exécute elle-même ce qu'apparemment je n'aurois jamais eu le courage de faire. Elle me frappe par bonté. Faites que je porte patiemment ses coups salutaires. C'est le moins que puisse faire le pécheur, s'il est véritablement indigné contre lui-même, que de recevoir la pénitence qu'il n'auroit pas la force de choisir.

VIIᵉ JOUR.

SUR LA SOUMISSION ET LA CONFORMITÉ A LA VOLONTÉ DE DIEU.

Que votre volonté se fasse sur la terre comme dans le ciel. S. *Matth.* VI. 10.

I. Rien ne se fait ici-bas, non plus que dans le ciel, que par la volonté ou par la permission de Dieu ; mais les hommes n'aiment pas toujours cette volonté, parce qu'elle ne s'accorde pas toujours avec leurs désirs. Aimons-la, n'aimons qu'elle, et nous ferons de la terre un ciel. Nous remercierons Dieu de tout, des maux comme des biens, puisque les maux deviennent biens quand il les donne. Nous ne murmurerons plus de la conduite de sa providence ; nous la trouverons sage, nous l'adorerons. O Dieu ! que vois-je dans le cours des astres, dans l'ordre des saisons, dans les événements de la vie, sinon votre volonté qui s'accomplit ? Qu'elle s'accomplisse aussi en moi; que je l'aime; qu'elle m'adoucisse tout; que j'anéantisse la mienne, pour faire régner la vôtre : car enfin c'est à vous, Seigneur, de vouloir, et c'est à moi d'obéir.

II. Vous avez dit, ô Seigneur Jésus, en parlant de vous-même, par rapport à votre Père céleste, que vous faisiez toujours ce qui lui plaisoit [1]. Apprenez-nous jusqu'où cet exemple nous doit mener. Vous êtes notre modèle. Vous n'avez rien fait sur la terre que selon le bon plaisir de votre Père, qui veut bien être nommé le nôtre. Agissez en nous comme en vous-même, selon son bon plaisir. Qu'unis inséparablement à vous, nous ne consultions plus que ses désirs. Non-seulement prier, instruire, souffrir, édifier, mais manger, dormir, converser; que tout se fasse dans la seule vue de lui plaire : alors tout sera sanctifié dans notre conduite; alors tout sera en nous sacrifice continuel, prière sans relâche, amour sans interruption. Quand sera-ce, ô mon Dieu, que nous serons dans cette situation ? Daignez nous y conduire; daignez dompter et assujétir par votre grâce notre volonté rebelle; elle ne sait pas ce qu'elle veut; il n'y a rien de bon que d'être comme vous voulez.

VIIIe JOUR.

SUR LES AVANTAGES DE LA PRIÈRE.

Priez sans interruption. *I Ep. aux Thess.* v. 17.

I. Telle est notre dépendance à l'égard de Dieu, que non-seulement nous devons tout faire pour lui, mais encore que nous devons lui demander les moyens de lui plaire. Cette heureuse nécessité de recourir à lui pour tous nos besoins, bien loin de devoir nous être incommode, doit au contraire faire toute notre consolation. Quel bonheur de lui parler en confiance, de lui ouvrir tout notre cœur, et d'être par la prière dans un commerce intime avec lui ! Il nous invite à le prier. Jugez, dit saint Cyprien, s'il ne nous accordera pas les biens qu'il nous sollicite de lui demander. Prions donc avec foi, et ne perdons pas le fruit de nos prières par une incertitude flottante, qui, comme dit saint Jacques [1], nous fait hésiter. Heureuse l'ame qui se console dans l'oraison par la présence de son bien-aimé ! *Si quelqu'un d'entre vous*, dit saint Jacques [2], *est dans la tristesse, qu'il prie* pour se consoler. Hélas ! malheureux que nous sommes ! nous ne trouvons que de l'ennui dans cette céleste occupation. La tiédeur de nos prières est la source de nos autres infidélités.

II. *Demandez, et il vous sera donné; cherchez, et vous trouverez; frappez, et l'on vous ouvrira* [3]. Si nous n'avions qu'à demander les richesses pour les obtenir, quel empressement, quelle assiduité, quelle persévérance ! Si nous n'avions qu'à chercher pour trouver un trésor, quelles terres ne remuerait-on point ! S'il n'y avoit qu'à heurter pour entrer dans le conseil des rois et dans les plus hautes charges, quels coups redoublés n'entendroit-on pas ! Mais que ne fait-on point pour trouver un faux bonheur ? Quels rebuts, quelles traverses n'endure-t-on pas pour un fantôme de gloire mondaine ! Quelles peines pour de misérables plaisirs dont il ne reste que le remords ! Le trésor des grâces est le seul vrai bien, et le seul qu'on ne daigne pas demander, le seul qu'on se rebute d'attendre. Cependant il faudroit frapper sans relâche; car la parole de Jésus-Christ n'est pas infidèle : c'est notre conduite qui l'est.

IXe JOUR.

SUR L'ATTENTION A LA VOIX DE DIEU.

Seigneur, à qui irons-nous ? vous avez les paroles de la vie éternelle. *S. Jean.* vi. 69.

1. C'est Jésus-Christ qu'il faut écouter. Les hommes ne doivent être écoutés et crus qu'autant qu'ils sont pleins de la vérité et de l'autorité de Jésus-Christ. Les livres ne sont bons qu'autant qu'ils nous apprennent l'Evangile. Allons donc à cette source sacrée. Jésus-Christ n'a parlé, n'a agi, qu'afin que nous l'écoutassions, et que nous étudiassions attentivement le détail de sa vie. Malheureux que nous sommes ! nous courons après nos propres pensées, qui ne sont que vanité, et nous négligeons la vérité même, dont toutes les paroles sont capables de nous faire vivre éternellement. Parlez, ô Verbe divin, ô

---

[1] Joan. viii. 29.

[1] Jac. i. 6. — [2] Ibid. v. 13. — [3] Matth. vii. 7.

parole incréée, et incarnée pour moi ! faites-vous entendre à mon ame. Dites tout ce que vous voudrez ; je veux tout ce qu'il vous plaît.

II. Souvent on dit qu'on voudroit savoir ce qu'on a à faire pour s'avancer dans la vertu ; mais dès que l'esprit de Dieu nous l'enseigne, le courage nous manque pour l'exécuter. Nous sentons bien que nous ne sommes pas ce que nous devrions être : nous voyons nos misères ; elles se renouvellent tous les jours : cependant on croit faire beaucoup en disant qu'on veut se sauver. Comptons pour rien toute volonté qui ne va pas jusqu'à sacrifier ce qui nous arrête dans la voie de Dieu ; ne retenons plus la vérité captive dans nos injustes lâchetés. Écoutons ce que Dieu nous inspire. Éprouvons l'esprit qui nous pousse, pour reconnoître s'il vient de Dieu ; et, après que nous l'aurons reconnu, n'épargnons rien pour le contenter. Le prophète ne demande pas simplement à Dieu qu'il lui enseigne sa volonté, mais qu'il lui enseigne à la faire[1].

Xe JOUR.

SUR LE BON USAGE DES CROIX.

Ceux qui sont à Jésus-Christ ont crucifié leur chair avec leurs vices et leurs convoitises. Galat. v. 17.

1. Plus nous craignons les croix, plus il faut conclure que nous en avons besoin. Ne nous abattons pas, lorsque la main de Dieu nous en impose de pesantes. Nous devons juger de la grandeur de nos maux par la violence des remèdes que le médecin spirituel y applique. Il faut que nous soyons bien misérables, et que Dieu soit bien miséricordieux, puisque, malgré la difficulté de notre conversion, il daigne s'appliquer à nous guérir. Tirons de nos croix mêmes une source d'amour, de consolation et de confiance, disant avec l'Apôtre[2] : Nos peines, qui sont si courtes et si légères, n'ont point de proportion avec ce poids infini de gloire qui en doit être la récompense. Heureux ceux qui pleurent, et qui sèment en versant des larmes, puisqu'ils recueilleront avec une joie ineffable la moisson d'une vie et d'une félicité éternelle !

II. *Je suis attaché à la croix avec Jésus-Christ*, disoit saint Paul[3]. C'est avec le Sauveur que nous sommes attachés à la croix, et c'est lui qui nous y attache par sa grâce. C'est à cause de Jésus que nous ne voulons point quitter la croix, parce qu'il est inséparable d'elle. O corps adorable et souffrant, avec qui nous ne faisons plus qu'une seule et même victime ! en me donnant votre croix, donnez-moi votre esprit d'amour et d'abandon ; faites que je pense moins à mes souffrances qu'au bonheur de souffrir avec vous. Qu'est-ce que je souffre que vous n'ayez souffert ? ou plutôt, qu'est-ce que je souffre, si j'ose me comparer à vous ? O homme lâche ! tais-toi, regarde ton Maître, et rougis. Seigneur, faites que j'aime, et je ne craindrai plus la croix. Alors, si je souffre encore des choses dures et douloureuses, du moins je n'en souffrirai plus que je ne veuille bien souffrir.

XIe JOUR.

SUR LA DOUCEUR ET L'HUMILITÉ.

Apprenez de moi que je suis doux et humble de cœur. S. Matth. xi. 29.

I. O Jésus, c'est vous qui me donnez cette leçon de douceur et d'humilité. Tout autre qui voudroit me l'apprendre me révolteroit. Je trouverois partout de l'imperfection, et mon orgueil ne manqueroit pas de s'en prévaloir. Il faut donc que ce soit vous-même qui m'instruisiez. Mais que vois-je, ô mon cher Maître ? vous daignez m'instruire par votre exemple. Quelle autorité ! je n'ai qu'à me taire, qu'à adorer, qu'à me confondre, qu'à imiter. Quoi ! le Fils de Dieu descend du ciel sur la terre, prend un corps de boue, expire sur une croix pour me faire rougir de mon orgueil ! Celui qui est tout, s'anéantit ; et moi, qui ne suis rien, je veux être, ou du moins je veux qu'on me croie tout ce que je ne suis pas ! O mensonge ! ô folie ! ô impudente vanité ! ô diabolique présomption ! Seigneur, vous ne me dites point : Soyez doux et humble ; mais vous dites que vous êtes *doux et humble*. C'est assez de savoir que vous l'êtes, pour conclure, sur un tel exemple, que nous devons l'être. Qui osera s'en dispenser après vous ? Sera-ce le pécheur, qui a mérité tant de fois par son ingratitude d'être foudroyé par votre justice ?

II. Mon Dieu, vous êtes ensemble doux et humble, parce que l'humilité est la source de la véritable douceur. L'orgueil est toujours hautain, impatient, prêt à s'aigrir. Celui qui se méprise de bonne foi veut bien être méprisé. Celui qui croit que rien ne lui est dû ne se croit jamais

[1] Ps. cxlii. 10. — [2] II Cor. iv. 17. — [3] Gal. ii. 19.

maltraité. Il n'y a point de douceur véritablement vertueuse par tempérament : ce n'est que mollesse, indolence ou artifice. Pour être doux aux autres, il faut renoncer à soi-même. Vous ajoutez, ô mon Sauveur, *doux et humble de cœur*. Ce n'est pas un abaissement qui ne soit que dans l'esprit par réflexion ; c'est un goût de cœur ; c'est un abaissement auquel la volonté consent, et qu'elle aime pour glorifier Dieu ; c'est une destruction de toute confiance en son propre esprit et en son courage naturel, afin de ne devoir sa guérison qu'à Dieu seul. Voir sa misère et en être au désespoir, ce n'est pas être humble ; c'est au contraire un dépit d'orgueil, qui est pire que l'orgueil même.

XIIe JOUR.

SUR LES DÉFAUTS D'AUTRUI.

Portez les fardeaux les uns des autres ; c'est ainsi que vous accomplirez la loi de Jésus-Christ. *Ep. aux Galat.* VI. 22.

I. La charité ne va pas jusqu'à demander de nous que nous ne voyions jamais les défauts d'autrui ; il faudroit nous crever les yeux : mais elle demande que nous évitions d'y être attentifs volontairement sans nécessité, et que nous ne soyons pas aveugles sur le bon, pendant que nous sommes si éclairés sur le mauvais. Il faut toujours nous souvenir de ce que Dieu peut faire, de moment à autre, de la plus vile et de la plus indigne créature ; rappeler les sujets que nous avons de nous mépriser nous-mêmes ; et enfin considérer que la charité embrasse même ce qu'il y a de plus bas, parce qu'elle voit précisément, par la vue de Dieu, que le mépris qu'on a pour les autres a quelque chose de dur et de hautain qui éteint l'esprit de Jésus-Christ. La grâce ne s'aveugle pas sur ce qui est méprisable ; mais elle le supporte, pour entrer dans les secrets desseins de Dieu. Elle ne se laisse aller, ni aux dégoûts dédaigneux, ni aux impatiences naturelles. Nulle corruption ne l'étonne ; nulle impuissance ne la rebute, parce qu'elle ne compte que sur Dieu, et qu'elle ne voit partout, hors de lui, que néant et que péché.

II. De ce que les autres sont foibles, est-ce une bonne raison pour garder moins de mesures avec eux ? Vous, qui vous plaignez qu'on vous fait souffrir, croyez-vous ne faire souffrir personne ? Vous, qui êtes si choqué des défauts du prochain, vous imaginez-vous être parfait ? Que vous seriez étonné, si tous ceux à qui vous pesez venoient tout à coup s'apesantir sur vous ! Mais quand vous trouveriez votre justification sur la terre, Dieu, qui sait tout, et qui a tant de choses à vous reprocher, ne peut-il pas d'un seul mot vous confondre et vous arrêter ? Et ne vous vient-il jamais dans l'esprit de craindre qu'il ne vous demande pourquoi vous n'exercez pas envers votre frère un peu de cette miséricorde, que lui, qui est votre maître, exerce si abondamment envers vous ?

XIIIe JOUR.

SUR L'UNIQUE NÉCESSAIRE.

Vous vous empressez, et vous vous troublez de beaucoup de choses ; une seule est nécessaire. *S. Luc.* x, 41 et 42.

I. Nous croyons avoir mille affaires, et nous n'en avons qu'une. Si celle-là se fait, toutes les autres se trouveront faites ; si elle manque, toutes les autres, quelque succès qu'elles semblent avoir, tomberont en ruine. Pourquoi donc partager tant son cœur et ses soins ? O unique affaire que j'aie sur la terre ! vous aurez désormais mon unique attention. O rayon de la lumière de Dieu ! je ferai à chaque moment sans inquiétude, selon les forces de mon corps, ce que la Providence me mettra en chemin de faire. J'abandonnerai le reste sans douleur, parce que le reste n'est pas mon œuvre.

II. *Père céleste, j'ai achevé l'ouvrage que vous m'aviez donné à faire* [1]. Chacun de nous doit se mettre en état d'en dire autant au jour où il faudra rendre compte. Je dois regarder ce qui se présente à faire chaque jour selon l'ordre de Dieu, comme l'ouvrage dont Dieu me charge, et m'y appliquer d'une manière digne de Dieu, c'est-à-dire avec exactitude et avec paix. Je ne négligerai rien, je ne me passionnerai sur rien ; car il est dangereux, ou de faire l'œuvre de Dieu avec négligence, ou de se l'approprier par amour-propre et par un faux zèle. Alors on fait ses actions par son esprit particulier ; on les fait mal ; on se pique, ou s'échauffe, on veut réussir. La gloire de Dieu est le prétexte qui cache l'illusion. L'amour-propre déguisé en zèle se contriste et se dépite s'il ne peut réussir. O Dieu, donnez-moi la grâce d'être fidèle dans

---

[1] Joan. XVII. 4.

l'action, et indifférent dans le succès. Mon unique affaire est de vouloir votre volonté, et de me recueillir en vous, au milieu même de ce que je fais : la vôtre est de donner à mes foibles efforts tel fruit qu'il vous plaira; aucun, si vous ne voulez.

XIV° JOUR.

SUR LA PRÉPARATION A LA MORT.

Insensé, cette nuit on va te redemander ton ame ! Pour qui sera ce que tu as amassé ? *S. Luc.* XII, 20.

I. On ne peut trop déplorer l'aveuglement des hommes, de ne vouloir pas penser à la mort et de se détourner d'une chose inévitable que l'on pourroit rendre heureuse en y pensant. Rien n'est si terrible que la mort pour ceux qui sont attachés à la vie. Il est étrange que tant de siècles passés ne nous fassent pas juger solidement du présent et de l'avenir, ni prendre de plus grandes précautions. Nous sommes infatués du monde, comme s'il ne devoit jamais finir. La mémoire de ceux qui jouent aujourd'hui les plus grands rôles sur la scène périra avec eux. Dieu permet que tout se perde dans l'abîme d'un profond oubli, et les hommes plus que tout le reste. Les pyramides d'Égypte se voient encore, sans qu'on sache le nom de celui qui les a faites. Que faisons-nous donc sur la terre, et à quoi servira la plus douce vie, si, par des mesures sages et chrétiennes, elle ne nous conduit pas à une plus douce et plus heureuse mort ?

II. *Soyez prêts, parce qu'à l'heure que vous n'y pensez pas, le Fils de l'homme viendra* [1]. Cette parole nous est adressée personnellement, en quelque âge et en quelque rang que nous soyons. Cependant, jusqu'aux gens de bien, tous font des projets qui supposent une longue vie, lors même qu'elle va finir. Si dans l'extrémité d'une maladie incurable on espère encore la guérison, quelles espérances n'a-t-on pas en pleine santé ! Mais d'où vient qu'on espère si opiniâtrement la vie ? C'est qu'on l'aime avec passion. Et d'où vient qu'on veut tant éloigner la mort ? C'est qu'on n'aime point le royaume de Dieu, ni les grandeurs du siècle futur. O hommes pesans de cœur, qui ne peuvent s'élever au-dessus de la terre, où, de leur propre aveu, ils sont misérables ! La véritable manière de se tenir prêt pour le dernier moment, c'est de bien employer tous les autres, et d'attendre toujours celui-là.

XV° JOUR.

SUR LES ESPÉRANCES ÉTERNELLES.

L'œil n'a point vu, ni l'oreille entendu, ni le cœur de l'homme conçu ce que Dieu a préparé à ceux qui l'aiment. *I Ep. aux Cor.* II, 9.

I. Quelle proportion entre ce que nous faisons sur la terre, et ce que nous espérons dans le ciel ? Les premiers chrétiens se réjouissoient sans cesse à la vue de leur espérance ; à tout moment, ils croyoient voir le ciel ouvert. Les croix, les infamies, les supplices, les cruelles morts, rien n'étoit capable de les rebuter. Ils connoissoient la libéralité infinie qui doit payer de telles douleurs ; ils ne croyoient jamais assez souffrir ; ils étoient transportés de joie, lorsqu'ils étoient jugés dignes de quelque profonde humiliation. Et nous, ames lâches, nous ne savons pas souffrir, parce que nous ne savons pas espérer ; nous sommes accablés par les moindres croix, et souvent même par celles qui nous viennent de notre orgueil, de notre imprudence et de notre délicatesse !

II. *Ceux qui sèment dans les larmes recueilleront dans la joie* [1]. Il faut semer pour recueillir. Cette vie est destinée pour semer ; nous jouirons dans l'autre du fruit de nos travaux. L'homme terrestre, lâche et impatient, voudroit recueillir avant que d'avoir semé. Nous voulons que Dieu nous console, et qu'il aplanisse les voies pour nous mener à lui. Nous voudrions le servir, pourvu qu'il nous en coûtât peu. Espérer beaucoup, et ne souffrir guère, c'est à quoi l'amour-propre tend. Aveugles que nous sommes, ne verrons-nous jamais que le royaume du ciel souffre violence, et qu'il n'y a que les ames violentes et courageuses pour se vaincre qui soient dignes de le conquérir [2] ? Pleurons donc ici bas, puisque bienheureux ceux qui pleurent, et malheureux ceux qui rient [3]. Malheur à ceux qui ont leur consolation en ce monde ! viendra le temps où ces vaines joies seront confondues. Le monde pleurera à son tour, et Dieu essuiera toutes les larmes de nos yeux [4].

---

[1] Matth. XXIV. 44.

[1] Ps. CXXV. 5. — [2] Matth. XI. 12. — [3] *Ibid.* v. 5; Luc. VI. 25. — [4] Apoc. XXI. 4.

XVIᵉ JOUR.

SUR NOTRE PAIN QUOTIDIEN.

Donnez-nous aujourd'hui notre pain quotidien.
S. *Luc.* XI. 3.

1. QUEL est-il ce pain, ô mon Dieu? Ce n'est pas seulement le soutien que votre providence nous donne pour les nécessités de la vie ; c'est encore cette nourriture de vérité que vous donnez chaque jour à l'ame ; c'est un pain qui nourrit pour la vie éternelle, qui fait croître, et qui rend l'ame robuste dans les épreuves de la foi. Vous le renouvelez chaque jour. Vous donnez au dedans et au dehors précisément ce qu'il faut à l'ame pour s'avancer dans la vie de la foi et dans le renoncement à elle-même. Je n'ai donc qu'à manger ce pain, et qu'à recevoir en esprit de sacrifice tout ce que vous me donnerez d'amer dans les affaires extérieures et dans le fond de mon cœur ; car tout ce qui m'arrivera dans le cours de la journée est mon pain quotidien, pourvu que je ne refuse pas de le prendre de votre main, et de m'en nourrir.

II. La faim est ce qui donne le goût aux alimens, et ce qui nous les rend utiles. Que n'avons-nous faim et soif de la justice ! Pourquoi nos ames ne sont-elles pas affamées et altérées comme nos corps? Un homme qui est dégoûté, et qui ne peut recevoir les alimens, est malade. C'est ainsi que notre ame languit, en ne recherchant ni le rassasiement, ni la nourriture qui vient de Dieu. L'aliment de l'ame est la vérité et la justice. Connoître le bien, s'en remplir, s'y fortifier, voilà le pain spirituel, le pain céleste qu'il faut manger. Mangeons-en donc ; ayons-en faim. Soyons devant Dieu comme des pauvres qui mendient et qui attendent un peu de pain. Sentons notre foiblesse et notre défaillance : malheureux, si nous en perdons le sentiment ! Lisons, prions avec cette faim de nourrir nos ames, avec cette soif ardente de nous désaltérer de l'eau qui rejaillit jusque dans le ciel. Il n'y a qu'un grand et continuel désir de l'instruction qui nous rend dignes de découvrir les merveilles de la loi de Dieu. Chacun reçoit ce pain sacré selon la mesure de son désir ; et par là on se dispose à recevoir souvent et saintement le pain substantiel de l'Eucharistie, non-seulement corporellement, comme font plusieurs, mais avec l'esprit qui conserve et qui augmente la vie.

XVIIᵉ JOUR.

SUR LA PAIX DE L'AME.

Je vous laisse ma paix, je vous donne ma paix, non comme le monde la donne. S. *Jean.* XIV. 27.

1. TOUS les hommes cherchent la paix, mais ils ne la cherchent pas où elle est. La paix que fait espérer le monde est aussi différente et aussi éloignée de celle qui vient de Dieu, que Dieu lui-même est différent et éloigné du monde ; ou plutôt, le monde promet la paix, mais il ne la donne jamais. Il présente quelques plaisirs passagers ; mais ces plaisirs coûtent plus qu'ils ne valent. Jésus-Christ seul peut mettre l'homme en paix. Il l'accorde avec lui-même ; il lui soumet ses passions ; il borne ses désirs ; il le console par l'espérance des biens éternels ; il lui donne la joie du Saint-Esprit ; il lui fait goûter cette joie intérieure dans la peine même : et comme la source qui la produit est intarissable, et que le fond de l'ame où elle réside est inaccessible à toute la malignité des hommes, elle devient pour le juste un trésor que personne ne lui peut ravir.

II. La vraie paix n'est que dans la possession de Dieu, et la possession de Dieu ici-bas ne se trouve que dans la soumission à la foi et dans l'obéissance à la loi. L'une et l'autre entretiennent au fond du cœur un amour pur et sans mélange. Eloignez de vous tous les objets défendus ; retranchez tous les désirs illicites ; bannissez tout empressement et toute inquiétude ; ne désirez que Dieu, ne cherchez que Dieu, et vous goûterez la paix ; vous la goûterez malgré le monde. Qu'est-ce qui vous trouble? La pauvreté, les mépris, les mauvais succès, les croix intérieures et extérieures? Regardez tout cela, dans la main de Dieu, comme de véritables faveurs qu'il distribue à ses amis, et dont il daigne vous faire part : alors le monde changera de face pour vous, et rien ne vous ôtera votre paix.

XVIIIᵉ JOUR.

SUR LES JOIES TROMPEUSES.

J'ai regardé les ris comme un songe, et j'ai dit à la joie : Pourquoi me trompez-vous? Eccles. II. 2.

I. LE monde se réjouit comme les malades qui sont en délire, ou comme ceux qui rêvent agréablement en dormant. On n'a garde de trouver de la solidité, quand on ne s'attache qu'à une peinture vaine, à une image creuse, à une ombre qui fuit, à une figure qui passe. On ne se réjouit qu'à cause qu'on se trompe, qu'à cause qu'on croit posséder beaucoup, lors même qu'on ne possède rien. Au réveil de la mort, on se trouvera les mains vides, et on sera honteux de sa joie. Malheur donc à ceux qui ont en ce monde une fausse consolation qui les exclut de la véritable! Disons sans cesse à la joie vaine et évaporée que le siècle inspire : *Pourquoi me trompez-vous si grossièrement?* Rien n'est digne de nous donner de la joie, que notre bienheureuse espérance. Tout le reste, qui n'est pas fondé là-dessus, n'est qu'un songe.

II. *Celui qui boira de cette eau aura encore soif*[1]. Plus on boit des eaux corrompues du siècle, plus on est altéré. A mesure qu'on se plonge dans le mal, à mesure il naît des désirs inquiets dans le cœur. La possession des richesses ne fait qu'irriter la soif. L'avarice et l'ambition sont plus mécontentes de ce qu'elles n'ont pas encore, qu'elles ne sont satisfaites de tout ce qu'elles possèdent. La jouissance des plaisirs ne fait qu'amollir l'ame; elle la corrompt, elle la rend insatiable. Plus on se relâche, plus on veut se relâcher. Il est plus facile de retenir son cœur dans un état de ferveur et de pénitence, que de le ramener, ou de le contenir, lorsqu'il est une fois dans la pente du plaisir et du relâchement. Veillons donc sur nous-mêmes. Gardons-nous de boire d'une eau qui augmenteroit notre soif. Conservons notre cœur avec précaution, de peur que le monde et ses vaines consolations ne le séduisent, et ne lui laissent à la fin que le désespoir de s'être trompé.

XIXe JOUR.

SUR LES SAINTES LARMES.

Bienheureux ceux qui pleurent, parce qu'ils seront consolés. S. *Matth.* v. 5.

I. Quel nouveau genre de larmes! dit saint Augustin : elles rendent heureux ceux qui les versent. Leur bonheur consiste à s'affliger, à gémir de la corruption du monde qui nous environne, des piéges dont nous sommes entourés, du fonds inépuisable de corruption qui est

[1] Joan. IV. 13.

au milieu de notre cœur. C'est un grand don de Dieu, que de craindre de perdre son amour, que de craindre de s'écarter de la voie étroite. C'est le sujet des larmes des saints. Quand on est en danger de perdre ce que l'on possède de plus précieux, et de se perdre soi-même, il est difficile de se réjouir. Quand on ne voit que vanité, qu'égarement, que scandale, qu'oubli et que mépris du Dieu qu'on aime, il est impossible de ne se pas affliger. Pleurons donc à la vue de tant de sujets de larmes : notre tristesse réjouira Dieu. C'est lui-même qui nous l'inspire; c'est son amour qui fait couler nos larmes : il viendra lui-même les essuyer.

II. On entend Jésus-Christ qui dit : *Malheur à vous qui riez*[1]! et on veut rire. On l'entend dire : *Malheur à vous, riches, qui avez votre consolation en ce monde!* et on recherche toujours les richesses. Il dit : *Heureux ceux qui pleurent!* et on ne craint rien tant que de pleurer. Il faut pleurer ici bas, non-seulement les dangers de notre condition, mais tout ce qui est vain et déréglé. Pleurons sur nous et sur le prochain. Tout ce que nous voyons au dedans et au dehors n'est qu'affliction d'esprit, que tentation et que péché. Tout mérite les larmes. Le vrai malheur est d'aimer ces choses si peu dignes d'être aimées. Que de raisons de pleurer! C'est le mieux qu'on puisse faire. Heureuses larmes, que la grâce opère, qui nous dégoûtent des choses passagères, et qui font naître en nous le désir des biens éternels!

XXe JOUR.

SUR LA PRUDENCE DU SIÈCLE.

La prudence de la chair est la mort des ames. *Ep. aux Rom.* VIII. 6.

I. La prudence des enfans du siècle est grande, puisque Jésus-Christ nous en assure dans l'Evangile; et elle est même souvent plus grande que celle des enfans de Dieu : mais il se trouve en elle, malgré tout ce qu'elle a d'éclatant et de spécieux, un effroyable défaut, c'est qu'elle donne la mort à tous ceux qui la prennent pour la règle de leur vie. Cette prudence tortueuse et féconde en subtilités est ennemie de celle de Dieu, qui marche toujours dans la droiture et dans la simplicité. Mais que

[1] S. Luc. VI. 21, 24 et 25.

servent aux prudens du siècle tous leurs talens, puisqu'à la fin ils se trouvent pris dans leurs propres piéges? L'apôtre saint Jacques donne à cette prudence le nom de *terrestre*, *d'animale* et de *diabolique* [1] : *terrestre*, parce qu'elle borne ses soins à l'acquisition et à la possession des biens de la terre; *animale*, parce qu'elle n'aspire qu'à fournir aux hommes tout ce qui flatte leurs passions, et à les plonger dans les plaisirs des sens; *diabolique*, parce qu'ayant tout l'esprit et toute la pénétration du démon, elle en a toute la malice. Avec elle, on s'imagine tromper tous les autres, et on ne trompe que soi-même.

II. Aveugles donc tous ceux qui se croient sages, et qui ne le sont pas de la sagesse de Jésus-Christ, seule digne du nom de sagesse? Ils courent, dans une profonde nuit, après des fantômes. Ils sont comme ceux qui, dans un songe, pensent être éveillés, et qui s'imaginent que tous les objets du songe sont réels. Ainsi sont abusés tous les grands de la terre, tous les sages du siècle, tous les hommes enchantés par les faux plaisirs. Il n'y a que les enfans de Dieu qui marchent aux rayons de la pure vérité. Qu'est-ce qu'ont devant eux les hommes pleins de leurs pensées vaines et ambitieuses? Souvent la disgrâce, toujours la mort, le jugement de Dieu et l'éternité. Voilà les grands objets qui s'avancent et qui viennent au-devant de ces hommes profanes : cependant ils ne les voient pas. Leur politique prévoit tout, excepté la chute et l'anéantissement inévitable de tout ce qu'ils cherchent. O insensés! quand ouvrirez-vous les yeux à la lumière de Jésus-Christ, qui vous découvriroit le néant de toutes les grandeurs d'ici bas ?

XXIe JOUR.

SUR LA CONFIANCE EN DIEU.

Il vaut mieux mettre sa confiance dans le Seigneur, que de la mettre dans l'homme. *Ps.* CXVII. 8.

I. Vous vous confiez tous les jours à des amis foibles, à des hommes inconnus, à des domestiques infidèles, et vous craignez de vous fier à Dieu! La signature d'un homme public vous met en repos sur votre bien, et l'Evangile éternel ne vous rassure pas! Le monde vous promet, et vous le croyez; Dieu vous jure, et vous avez de la peine à le croire. Quelle honte pour lui! quel malheur pour vous! Rétablissons tout dans l'ordre. Faisons avec modération ce qui dépend de nous. Attendons sans bornes ce qui dépend de Dieu. Réprimons tout empressement de passion, toute inquiétude déguisée sous le nom de raison ou de zèle. Celui qui en use ainsi s'établit en Dieu, et devient immobile comme la montagne de Sion.

II. La confiance pour le salut doit être encore plus élevée et plus ferme. *Je puis tout en celui qui me fortifie* [1]. Quand je croyois tout pouvoir, je ne pouvois rien ; et maintenant qu'il me semble que je ne puis rien, je commence à pouvoir tout. Heureuse impuissance, qui me fait trouver en vous, ô mon Dieu, tout ce qui me manquoit en moi-même! Je me glorifie dans mon infirmité et dans les malheurs de ma vie, puisqu'ils me désabusent du monde entier et de moi-même. Je dois m'estimer heureux d'être écrasé par une main si miséricordieuse, puisque c'est dans cet anéantissement que je serai revêtu de votre force, caché sous vos ailes, et environné de cette protection spéciale que vous étendez sur vos enfans humbles, qui n'attendent rien que de vous.

XXIIe JOUR.

SUR LA PROFONDEUR DE LA MISÉRICORDE DE DIEU.

Qu'elle est grande la miséricorde du Seigneur! c'est un asile certain pour tous ceux qui se tournent vers elle. *Eccli.* XVII. 28.

I. Que tardons-nous à nous jeter dans la profondeur de cet abîme? Plus nous nous y perdrons avec une confiance pleine d'amour, plus nous serons en état de nous sauver. Donnons-nous à Dieu sans réserve, et ne craignons rien. Il nous aimera, et nous l'aimerons. Son amour, croissant chaque jour, nous tiendra lieu de tout le reste. Il remplira lui seul tout notre cœur, que le monde avoit enivré, agité, troublé, sans le pouvoir jamais remplir : il ne nous ôtera que ce qui nous rend malheureux ; il ne nous fera mépriser que le monde, que nous méprisons peut-être déjà ; il ne nous fera faire que la plupart des choses que nous faisons, mais que nous faisons mal, au lieu que nous les ferons bien, en les rapportant à lui. Tout, jusqu'aux moindres actions d'une vie simple et

---

[1] Jac. III. 15.

[1] Philip. IV. 13.

commune, se tournera en consolation, en mérite et en récompense. Nous verrons en paix venir la mort; elle sera changée pour nous en un commencement de vie immortelle. Bien loin de nous dépouiller, elle nous revêtira de tout, comme dit saint Paul [1], et alors nous verrons la profondeur des miséricordes que Dieu a exercées sur notre ame.

II. Pensez devant Dieu aux effets de cette miséricorde infinie, à ceux dont vous avez déjà connoissance, aux lumières que Jésus-Christ vous a données, aux bons sentimens qu'il vous a inspirés, aux péchés qu'il vous a pardonnés, aux piéges du siècle dont il vous a garanti, aux secours extraordinaires qu'il vous a ménagés. Tâchez de vous attendrir par le souvenir de toutes ces marques précieuses de sa bonté. Ajoutez-y la pensée des croix dont il vous a chargé pour vous sanctifier; car ce sont encore des richesses qu'il a tirées de la profondeur de ses trésors, et vous les devez regarder comme des témoignages signalés de son amour. Que la reconnoissance du passé vous inspire de la confiance pour l'avenir. Soyez persuadée, ame timide, qu'il vous a trop aimée pour ne pas vous aimer encore. Ne vous défiez pas de lui, mais seulement de vous-même. Souvenez-vous qu'il est, comme dit l'Apôtre [2], *le Père des miséricordes et le Dieu de toute consolation*. Il sépare quelquefois ces deux choses; la consolation se retire, mais la miséricorde demeure toujours. Il vous a ôté ce qu'il y avoit de doux et de sensible dans sa grâce, parce que vous aviez besoin d'être humiliée, et d'être punie d'avoir cherché ailleurs de vaines consolations. Ce châtiment est encore une nouvelle profondeur de sa divine miséricorde.

XXIIIe JOUR.

SUR LA DOUCEUR DU JOUG DE JÉSUS-CHRIST.

Mon joug est doux et mon fardeau est léger. S. *Matth.*
XI. 30.

1. Que le nom de joug ne nous effraie point. Nous en portons le poids; mais Dieu le porte avec nous, et plus que nous, parce que c'est un joug qui doit être porté par deux, et que c'est le sien, et non pas le nôtre. Jésus-Christ fait aimer ce joug. Il l'adoucit par le charme intérieur de la justice et de la vérité. Il répand

[1] II Cor. v. 4. — [2] *Ibid.* I. 3.

ses chastes délices sur les vertus, et dégoûte des faux plaisirs. Il soutient l'homme contre lui-même, l'arrache à sa corruption originelle, et le rend fort malgré sa foiblesse. O homme de peu de foi, que craignez-vous? Laissez faire Dieu; abandonnez-vous à lui. Vous combattrez, mais vous remporterez la victoire; et Dieu lui-même, après avoir combattu en votre faveur, vous couronnera de sa propre main. Vous pleurerez; mais vos larmes seront douces, et Dieu lui-même viendra avec complaisance les essuyer. Vous n'aurez plus la permission de vous abandonner à vos passions tyranniques; mais en sacrifiant librement votre liberté, vous en retrouverez une autre inconnue au monde, et plus précieuse que toute la puissance des rois.

II. Quel aveuglement de craindre de trop s'engager avec Dieu! Plongeons-nous dans son sein. Plus on l'aime, plus on aime aussi tout ce qu'il nous fait faire. C'est cet amour qui nous console dans nos pertes, qui adoucit nos croix, qui nous détache de tout ce qu'il est dangereux d'aimer, qui nous préserve de mille poisons, qui nous montre une miséricorde bienfaisante au travers de tous les maux que nous souffrons, qui nous découvre dans la mort même une gloire et une félicité éternelle. Comment pouvons-nous craindre de nous remplir trop de lui? Est-ce un malheur d'être déchargé du joug pesant du monde et de porter le fardeau léger de Jésus-Christ? Craignons-nous d'être trop heureux, trop délivrés de nous-mêmes, des caprices de notre orgueil, de la violence de nos passions, et de la tyrannie du siècle trompeur?

XXIVe JOUR.

SUR LA FAUSSE LIBERTÉ.

Où est l'esprit du Seigneur, là est aussi la liberté.
I Epit. aux Cor. III. 17.

I. L'amour de la liberté est une des plus dangereuses passions du cœur humain; et il arrive de cette passion comme de toutes les autres: elle trompe ceux qui la suivent, et au lieu de la liberté véritable elle leur fait trouver le plus dur et le plus honteux esclavage. Comment nommez-vous ce qui se passe dans le monde? Que n'avez-vous point à souffrir pour ménager l'estime de ces hommes que vous méprisez! Que ne vous en coûte-t-il pas pour maîtriser vos passions quand elles vont trop loin, pour contenter celles à qui vous voulez céder, pour cacher vos peines, pour sauver des apparences embarrassantes et importunes! Est-ce donc là cette liberté que vous aimez tant, et que vous avez tant de peine à sacrifier à Dieu ! Où est-elle ? Montrez-la moi. Je ne vois partout que gêne, que servitude basse et indigne, que nécessité déplorable de se déguiser. On se refuse à Dieu, qui ne nous veut que pour nous sauver ; et on se livre au monde, qui ne nous veut que pour nous tyranniser et pour nous perdre.

II. On s'imagine qu'on ne fait dans le monde que ce qu'on veut, parce qu'on sent le goût de ses passions par lesquelles on est entraîné ; mais compte-t-on les dégoûts affreux, les ennuis mortels, les mécomptes inséparables des plaisirs, les humiliations qu'on a à essuyer dans les places les plus élevées ? Au dehors tout est riant ; au dedans tout est plein de chagrin et d'inquiétude. On croit être libre, quand on ne dépend plus que de soi-même. Folle erreur ! Y a-t-il un état où l'on ne dépende pas d'autant de maîtres qu'il y a de personnes à qui l'on a relation ? Y en a-t-il un où l'on ne dépende pas encore davantage des fantaisies d'autrui que des siennes propres ? Tout le commerce de la vie n'est que gêne, par la captivité des bienséances et par la nécessité de plaire aux autres. D'ailleurs nos passions sont pires que les plus cruels tyrans. Si on ne les suit qu'à demi, il faut à toute heure être aux prises avec elles, et ne respirer jamais un seul moment. Elles se trahissent ; elles déchirent le cœur ; elles foulent aux pieds les lois de l'honneur et de la raison, et ne disent jamais : C'est assez. Si on s'y abandonne tout-à-fait, où ce torrent mènera-t-il ? J'ai horreur de le penser. O mon Dieu, préservez-moi de ce funeste esclavage, que l'insolence humaine n'a pas de honte de nommer une liberté. C'est en vous seul qu'on est libre. C'est votre vérité qui nous délivrera, et qui nous fera éprouver que vous servir c'est régner.

XXV⁰ JOUR.

SUR LA DÉTERMINATION ENTIÈRE A ÊTRE A DIEU.

Seigneur, que voulez-vous que je fasse? Act. IX. 6.

I. C'EST ce que disoit saint Paul, renversé miraculeusement, et converti par la grâce du Sauveur qu'il persécutoit. Hélas ! combien l'avons-nous persécuté par nos infidélités, par nos humeurs, par nos passions, qui ont troublé l'ouvrage de sa miséricorde dans notre cœur ! Enfin il nous a renversés par la tribulation ; il a écrasé notre orgueil ; il a confondu notre prudence charnelle ; il a consterné notre amour-propre. Disons-lui donc avec un acquiescement entier : *Seigneur, que voulez-vous que je fasse ?* Jusqu'ici je ne m'étais tourné vers vous qu'imparfaitement ; j'avois usé de mille remises, et j'avois tâché de sauver et d'emporter du débris de ma conversion tout ce qu'il m'avoit été possible : mais présentement je suis prêt à tout, et vous allez devenir le maître absolu de mon cœur et de ma conduite.

II. Il ne suffit pas cependant que l'offre soit universelle : ce ne seroit rien faire, si elle demeuroit vague et incertaine, sans descendre au détail ni à la pratique. Il y a trop long-temps, dit saint Augustin, que nous traînons une volonté vague et languissante pour le bien. Il ne coûte rien de vouloir être parfait, si on ne fait rien pour la perfection. Il la faut vouloir plus que toutes les choses temporelles les plus chères et les plus vivement poursuivies, et il ne faut pas vouloir faire moins pour Dieu que l'on a fait pour le monde. Sondons notre cœur. Suis-je déterminé à sacrifier à Dieu, mes amitiés les plus fortes, mes habitudes les plus enracinées, mes inclinations dominantes, mes plus agréables amusemens ?

XXVI⁰ JOUR.

SUR LA CAPITULATION QU'ON VOUDROIT FAIRE AVEC DIEU.

Jusques à quand clocherez-vous de deux côtés? III Rois. XVIII. 21. — *Nul ne peut servir deux maîtres. S. Matth.* VI. 24.

I. ON sait bien qu'il faut servir Dieu et l'aimer, si on veut être sauvé ; mais on voudroit bien ôter de son service et de son amour tout ce qu'il y a d'onéreux, et n'y laisser que ce qu'il y a d'agréable. On voudroit le servir, à condition de ne lui donner que des paroles et des cérémonies, et encore des cérémonies courtes, dont on est bientôt lassé et ennuyé. On voudroit l'aimer, à condition qu'on aimeroit avec lui, et peut-être plus que lui, tout ce qu'il n'aime point et qu'il condamne dans les vanités mondaines. On voudroit l'aimer, à condition de ne diminuer en rien cet aveugle amour de nous-mêmes, qui va jusqu'à l'idolâtrie, et qui fait qu'au lieu de nous rapporter à Dieu comme à celui pour qui nous sommes faits, on veut au contraire rapporter Dieu à soi, et ne le rechercher que comme une ressource qui nous console quand les créatures nous manqueront. On voudroit le servir et l'aimer, à condition qu'il sera permis d'avoir honte de son amour, de s'en cacher comme d'une foiblesse, de rougir de lui comme d'un ami indigne d'être aimé, de ne lui donner que quelque extérieur de religion pour éviter le scandale, et de vivre à la merci du monde pour ne rien donner à Dieu qu'avec la permission du monde même. Quel service et quel amour !

II. Dieu n'admet point d'autre pacte avec nous que celui qui a rapport à notre première alliance dans le Baptême, où nous avons promis de renoncer à tout pour être à lui ; et au premier commandement de sa loi, où il exige sans réserve tout notre cœur, tout notre esprit et toutes nos forces. Peut-on en effet aimer Dieu de bonne foi, et avoir tant d'égards pour le monde son ennemi, auquel il a donné de si terribles malédictions ? Peut-on aimer Dieu, et craindre de le trop connoître, de peur d'avoir trop de choses à lui sacrifier ? Peut-on aimer Dieu, et se contenter de ne l'outrager pas, sans se mettre en peine de lui plaire, de le glorifier, et de lui témoigner courageusement, dans les occasions qui se présentent tous les jours, l'ardeur et la sincérité de notre amour ? Dieu ne met ni bornes ni réserves en se donnant à nous, et nous voudrions en apporter mille avec lui ! Est-il sur la terre des créatures assez viles pour se contenter d'être aimées de nous comme nous n'avons pas honte de vouloir que Dieu se contentât d'être aimé ?

XXVIIᵉ JOUR.

SUR LE BON EMPLOI DU TEMPS.

Faisons le bien pendant que nous en avons le temps. *Galat.* vi. 10. — Une nuit viendra pendant laquelle personne ne peut agir. *S. Jean.* ix. 4.

I. LE temps est précieux, mais on n'en connoît pas le prix ; on le connoîtra quand il n'y aura plus lieu d'en profiter. Nos amis nous le demandent comme si ce n'étoit rien, et nous le donnons de même. Souvent il nous est à charge ; nous ne savons qu'en faire, et nous en sommes embarrassés. Un jour viendra qu'un quart-d'heure nous paroîtra plus estimable et plus désirable que toutes les fortunes de l'univers. Dieu, libéral et magnifique dans tout le reste, nous apprend, par la sage économie de sa providence, combien nous devrions être circonspects sur le bon usage du temps, puisqu'il ne nous en donne jamais deux instans ensemble, et qu'il ne nous accorde le second qu'en retirant le premier et qu'en retenant le troisième dans sa main avec une entière incertitude si nous l'aurons. Le temps nous est donné pour ménager l'éternité ; et l'éternité ne sera pas trop longue pour regretter la perte du temps, si nous en avons abusé.

II. Toute notre vie est à Dieu aussi bien que tout notre cœur. L'un et l'autre ne sont pas trop pour lui. Il ne nous les a donnés que pour l'aimer et pour le servir. Ne lui en dérobons rien. Nous ne pouvons pas à tout moment faire de grandes choses ; mais nous en pouvons toujours faire de convenables à notre état. Se taire, souffrir, prier, quand nous ne sommes pas obligés d'agir extérieurement, c'est beaucoup offrir à Dieu. Un contre-temps, une contradiction, un murmure, une importunité, une injustice reçue et soufferte dans la vue de Dieu, valent bien une demi-heure d'oraison ; et on ne perd pas le temps, quand, en le perdant, on pratique la douceur et la patience. Mais pour cela il faut que cette perte soit inévitable, et que nous ne nous la procurions pas par notre faute. Ainsi réglez vos jours, et rachetez le temps, comme dit saint Paul [1], en fuyant le monde et en abandonnant au monde des biens qui ne valent pas le temps qu'ils nous ôtent. Quittez les amusemens, les correspondances inutiles, les épanchemens de cœur qui flattent l'amour-propre, les conversations qui dissipent l'esprit et qui ne conduisent à rien. Vous trouverez du temps pour Dieu, et il n y a de bien employé que celui qui est employé pour lui.

XXVIIIᵉ JOUR.

SUR LA PRÉSENCE DE DIEU.

Marchez en ma présence, et soyez parfait. *Gen.* xvii. 1.

I. VOILA, Seigneur, ce que vous disiez au fidèle Abraham : et en effet, qui marche en votre

---
[1] Ephes. v. 16.

présence et dans la voie de la perfection? On ne s'écarte de cette voie sainte, qu'en vous perdant de vue, et qu'en cessant de vous voir en tout. Hélas! où vais-je lorsque je ne vous vois plus, vous qui êtes ma lumière, et le terme unique où doivent tendre tous mes pas? Vous regarder dans toutes les démarches que l'on fait, c'est le moyen de ne s'égarer jamais. O foi lumineuse au milieu des ténèbres qui nous environnent! O regard plein de confiance et d'amour, qui conduisez l'homme à la perfection! O Dieu, je ne vois que vous; c'est vous seul que je cherche et que je considère dans tout ce que mes yeux semblent regarder! L'ordre de votre providence est ce qui attire mon attention. Mon cœur ne veille que pour vous dans la multitude des affaires, des devoirs, et des pensées qui m'occupent, parce qu'elles ne m'occupent que pour obéir à vos ordres. Ainsi je tâche de réunir toute mon attention en vous, ô souverain et unique objet de mon cœur, lors même que je suis obligé de partager mes soins selon les lois de votre divine volonté. Hé! que pourrois-je regarder dans ces viles créatures, si vous cessiez de m'y appliquer, et si je cessois de vous y voir?

II. J'ai donc résolu de tenir *mes yeux levés vers les montagnes* saintes, *d'où j'attends* toute ma force et *tout mon secours*[1]. C'est en vain que je m'appliquerois uniquement à regarder à mes pieds, pour me délivrer des pièges innombrables qui m'environnent. Le danger vient d'en bas; mais la délivrance ne peut venir que d'en haut: c'est là que mes yeux s'élèvent pour vous voir. Tout est piége pour moi sur la terre, le dedans et le dehors. Tout est piége, Seigneur, sans vous. C'est vers vous seul que se portent mes yeux et mon cœur. Je ne veux voir que vous; je n'espère qu'en vous. Mes ennemis m'assiégent sans cesse; ma propre foiblesse m'effraie: mais vous avez vaincu le monde pour vous et pour moi, et votre force toute puissante soutiendra mon infirmité.

XXIXe JOUR.

SUR L'AMOUR QUE DIEU A POUR NOUS.

Je vous ai aimé d'un amour éternel. *Jerem.* XXXI. 3.

I. Dieu n'a pas attendu que nous fussions quelque chose pour nous aimer: avant tous les siècles, et avant même que nous eussions l'être que nous possédons, il pensoit à nous, et il n'y pensoit que pour nous faire du bien. Ce qu'il avoit médité dans l'éternité il l'a exécuté dans le temps. Sa main bienfaisante a répandu sur nous toute sorte de biens: nos infidélités mêmes, ni nos ingratitudes, presque aussi nombreuses que ses faveurs, n'ont pu encore tarir la source de ses dons, ni arrêter le cours de ses grâces. O amour sans commencement, qui m'avez aimé durant des siècles infinis, et lors même que je ne pouvois le ressentir ni le reconnoître! O amour sans mesure, qui m'avez fait ce que je suis, qui m'avez donné ce que j'ai et qui m'en promettez encore infiniment davantage! O amour sans interruption et sans inconstance, que toutes les eaux amères de mes iniquités n'ont pu éteindre! Ai-je un cœur, ô mon Dieu, si je ne suis pas pénétré de reconnoissance et de tendresse pour vous?

II. Mais que vois-je? Un Dieu qui se donne lui-même, après même avoir tout donné; un Dieu qui me vient chercher jusqu'au néant, parce que mon péché m'a fait descendre jusque là; un Dieu qui prend la forme d'un esclave, pour me délivrer de l'esclavage de mes ennemis, un Dieu qui se fait pauvre, pour m'enrichir; un Dieu qui m'appelle, et qui court après moi quand je le fuis; un Dieu qui expire dans les tourmens, pour m'arracher des bras de la mort et pour me rendre une vie heureuse: et je ne veux souvent ni de lui ni de la vie qu'il me présente! Pour qui prendroit-on un homme qui aimeroit un autre homme comme Dieu nous aime? et de quels anathèmes ne se rend pas digne, après cela, celui qui n'aimera pas le Seigneur Jésus[1]?

XXXe JOUR.

SUR L'AMOUR QUE NOUS DEVONS AVOIR POUR DIEU.

Qu'ai-je à désirer dans le ciel, et que puis-je aimer sur la terre, si ce n'est vous, ô mon Dieu? *Ps.* LXXII. 25.

I. Souvent, quand nous disons à Dieu que nous l'aimons de tout notre cœur, c'est un langage, c'est un discours sans réalité: on nous a appris à parler ainsi dans notre enfance; et nous continuons, quand nous sommes grands, sans savoir bien souvent ce que nous disons. Aimer Dieu, c'est n'avoir point d'autre volonté

---

[1] Ps. CXX. 1.

[1] I Cor. XVI. 22.

que la sienne, c'est observer fidèlement sa sainte loi, c'est avoir horreur du péché. Aimer Dieu, c'est aimer ce que Jésus-Christ a aimé, la pauvreté, les humiliations, les souffrances; c'est haïr ce que Jésus-Christ a haï, le monde, la vanité, les passions. Peut-on croire qu'on aime un objet auquel on ne voudroit pas ressembler? Aimer Dieu, c'est s'entretenir volontiers avec lui, c'est désirer d'aller à lui; c'est soupirer, languir après lui. O le faux amour, que celui qui ne se soucie pas de voir ce qu'il aime!

II. Le Sauveur est venu apporter un feu divin sur la terre, et son désir est que ce feu brûle [1] et consume tout. Cependant les hommes vivent dans une froideur mortelle. Ils aiment un peu de métal, une maison, un nom, un titre en l'air, une chimère qu'ils appellent réputation. Ils aiment une conversation, un amusement qui leur échappe. Il n'y a que Dieu pour qui il ne leur reste point d'amour: tout s'épuise pour les créatures les plus misérables. Ne voudrons-nous jamais goûter le bonheur de l'amour divin? Jusques à quand préférerons-nous d'aimer les créatures les plus empoisonnées? O Dieu! régnez sur nous malgré nos infidélités! Que le feu de votre amour éteigne tout autre feu! Que pouvons-nous voir d'aimable hors de vous, que nous ne trouvions parfaitement en vous, qui êtes la source de tout bien? Accordez-nous la grâce de vous aimer, et nous n'aimerons plus que vous, et nous vous aimerons éternellement.

XXXIe JOUR.

SUR LES SENTIMENS DE L'AMOUR DIVIN.

O Dieu de mon cœur, ô Dieu mon partage pour jamais.
Ps. LXXII. 26.

I. Peut-on vous connoître, ô mon Dieu, et ne vous pas aimer, vous qui surpassez en beauté, en vertu, en grandeur, en pouvoir, en bonté, en libéralité, en magnificence, en toute sorte de perfections, et, ce qui me touche de plus près, en amour pour moi tout ce que les esprits créés peuvent comprendre? Le respect et l'inégalité entre vous et moi devroient, ce semble, m'arrêter; mais vous me permettez, c'est trop peu dire, vous m'ordonnez de vous aimer. Après cela, Seigneur, je ne me connois plus

[1] Luc. XXI. 49.

et je ne me possède plus. O amour sacré, qui avez blessé mon amour, et qui de vos propres traits, vous êtes vous-même blessé pour moi, venez me guérir, ou plutôt venez rendre la blessure que vous m'avez faite encore plus profonde et plus vive. Séparez-moi de toutes les créatures: elles m'incommodent, elles m'importunent: vous seul me suffisez, et je ne veux plus que vous.

II. Quoi! il sera dit que les amans insensés de la terre porteront jusqu'à un excès de délicatesse et d'ardeur leurs folles passions, et on ne vous aimeroit que foiblement et avec mesure! Non, non, mon Dieu, il ne faut pas que l'amour profane l'emporte sur l'amour divin. Faites voir ce que vous pouvez sur un cœur qui est tout à vous. L'accès vous en est ouvert, les ressorts vous en sont connus. Vous savez ce que votre grâce est capable d'y exciter. Vous n'attendez que mon consentement et que l'acquiescement de ma liberté. Je vous donne mille et mille fois l'une et l'autre. Prenez tout: agissez en Dieu; embrasez-moi; consumez-moi. Foible et impuissante créature que je suis, je n'ai rien à vous donner que mon amour. Augmentez-le, Seigneur, et rendez-le plus digne de vous. O si j'étois capable de faire pour vous de grandes choses! O si j'avois beaucoup à vous sacrifier! Mais tout ce que je puis n'est rien. Soupirer, languir, aimer, et mourir pour aimer encore davantage, c'est désormais tout ce que je veux.

MÉDITATIONS SUR DIVERS SUJETS,

TIRÉES

DE L'ÉCRITURE SAINTE.

I.

DE LA VRAIE CONNOISSANCE DE L'ÉVANGILE.

Seigneur, à qui irions-nous, sinon à vous qui avez les paroles de la vie éternelle? *S. Jean.* VI. 69.

Nous ne connoissons point assez l'Evangile; et ce qui nous empêche de l'apprendre, c'est que nous croyons le savoir. Nous en ignorons les maximes, nous n'en pénétrons point l'esprit, nous recherchons curieusement les paroles des hommes, et nous négligeons celles de Dieu.

Une parole de l'Evangile est plus précieuse que tous les autres livres du monde ensemble ; c'est là la source de toute vérité. Avec quel amour, avec quelle foi, avec quelle adoration devrions-nous y écouter Jésus-Christ! Disons-lui donc désormais avec saint Pierre : *Seigneur, à qui irions-nous?* Un moment de recueillement, d'amour et de présence de Dieu, fait plus voir et entendre la vérité, que tous les raisonnemens des hommes.

II.

DU CHANGEMENT DE LA LUMIÈRE EN TÉNÈBRES.

Prenez donc garde que la lumière qui est en vous ne soit que ténèbres. *S. Luc.* XI. 35.

Il n'est pas étonnant que nos défauts nous défigurent aux yeux de Dieu. Mais que nos vertus mêmes ne soient souvent que des imperfections, c'est ce qui doit nous faire trembler. Souvent notre sagesse n'est qu'une politique charnelle et mondaine ; notre modestie, qu'un extérieur composé et hypocrite pour garder les bienséances et nous attirer des louanges ; notre zèle, qu'un effet de l'humeur ou de l'orgueil ; notre franchise, qu'une brusquerie et ainsi du reste. Avec quelle lâcheté sont exécutés en détail les sacrifices que nous faisons à Dieu, et qui paroissent les plus éclatans ! Craignons que la lumière se change en ténèbres.

III.

DES PIÉGES ET DE LA TYRANNIE DU MONDE.

Malheur au monde à cause de ses scandales ! *S. Matth.* XVIII. 7.

Que volontiers, Seigneur, je répète cette terrible parole de Jésus-Christ votre fils et mon sauveur ! Elle est terrible pour le monde à jamais réprouvé ; mais elle est douce et consolante pour ceux qui vous aiment et qui le méprisent. Elle seroit pour moi un coup de foudre, si jamais je me rengageois contre vous dans la servitude du siècle. Ah ! monde aveugle et injuste tyran ! tu flattes pour trahir, tu amuses pour donner le coup de la mort. Tu ris, tu fais rire ; tu méprises ceux qui pleurent ; tu ne cherches qu'à enchanter les sens par une vaine joie qui se tourne en poison : mais tu pleureras éternellement, pendant que les enfans de Dieu seront consolés. O que je méprise tes mépris, et que je crains tes complaisances !

IV.

COMBIEN PEU RENONCENT A L'AMOUR DU MONDE, QUI EST SI DIGNE DE MÉPRIS.

N'aimez point le monde, ni les choses qui sont dans le monde. *I Ep. de S. Jean.* II. 15.

Que ces paroles ont d'étendue ! Le monde est cette multitude aveugle et corrompue que Jésus-Christ maudit dans l'Evangile, et pour lequel il ne veut pas même prier en mourant. Chacun parle contre le monde, et chacun a pourtant le monde dans son cœur. Le monde n'est que l'assemblage des gens qui s'aiment eux-mêmes, et qui aiment les créatures sans rapport à Dieu. Nous sommes donc le monde nous-mêmes, puisqu'il ne faut pour cela que s'aimer et que chercher dans les créatures ce qui n'est qu'en Dieu. Avouons que nous appartenons au monde, et que nous n'avons point l'esprit de Jésus-Christ. Quelle pitié de renoncer en apparence au monde, et d'en conserver les sentimens ! Jalousie pour l'autorité, amour pour la réputation qu'on ne mérite pas, dissipation dans les compagnies, recherche des commodités qui flattent la chair, lâcheté dans les exercices chrétiens, inapplication à étudier les vérités de l'Evangile : voilà le monde. Il vit en nous, et nous voulons vivre en lui, puisque nous désirons tant qu'on nous aime, et que nous craignons qu'on nous oublie. Heureux le saint apôtre, *pour qui le monde étoit crucifié, et qui l'étoit aussi pour le monde* [1].

V.

SUR LA VÉRITABLE PAIX.

Je vous donne la paix, non comme le monde la donne. *S. Jean.* XIV. 27.

Quel bonheur de savoir combien le monde est méprisable ! C'est sacrifier à Dieu peu de chose, que de lui sacrifier ce fantôme. Qu'on

---

[1] Galat. VI. 14.

est foible quand on ne le méprise pas autant qu'il le mérite ! Qu'on est à plaindre quand on croit avoir beaucoup quitté en le quittant ! Tout chrétien y a renoncé par son Baptême : les personnes religieuses et retirées ne font donc que suivre cet engagement avec plus de précaution que les autres. C'est avoir cherché le port en fuyant la tempête. Le monde promet la paix, il est vrai, mais il ne la donne jamais ; il cause quelques plaisirs passagers, mais ces plaisirs coûtent plus qu'ils ne valent. Jésus-Christ seul peut mettre l'homme en paix ; il l'accorde avec lui-même ; il soumet ses passions ; il borne ses désirs ; il le console par son amour ; il lui donne la joie dans la peine même ; ainsi cette joie ne peut lui être ôtée.

VI.

QUE JÉSUS-CHRIST A REFUSÉ DE PRIER POUR LE MONDE.

Je ne prie point pour le monde. S. Jean. XVII. 9.

Jésus-Christ mourant prie pour ses bourreaux, et refuse de prier pour le monde. Que dois-je donc penser de ces hommes qu'on appelle honnêtes gens, et que j'ai appelés mes amis, puisque les persécuteurs et les meurtriers de Jésus-Christ lui sont moins odieux que ces hommes auxquels j'avois livré mon cœur ? Que puis-je attendre de ma foiblesse dans les compagnies où l'on se pique d'oublier Dieu, de traiter la piété de foiblesse et de suivre tous ses désirs ? Puis-je croire que j'aime Dieu et que je ne rougisse point de son Evangile, si j'aime tant la société de ses ennemis, et si je crains de leur déplaire en témoignant que je crains Dieu ? O Seigneur ! soutenez-moi contre les torrens du monde ; rompez mes liens ; éloignez-moi des tabernacles des pécheurs ; unissez-moi avec ceux qui vous aiment.

VII.

SUR LA FUITE DU MONDE.

Malheur au monde à cause de ses scandales ! S. Matth. XVIII. 7.

Le monde porte déjà sur son front la condamnation de Dieu, et il ose s'ériger en juge pour décider de tout. On veut aimer Dieu, et on craint lâchement de déplaire au monde, son irréconciliable ennemi. O âme adultère et infidèle à l'Epoux sacré ! ne savez-vous pas que l'amitié du monde rend ennemi de Dieu ? Malheur donc à ceux qui plaisent au monde, ce juge aveugle et corrompu !

Mais qu'est-ce que le monde ? est-ce un fantôme ? Non, c'est cette foule d'amis profanes qui m'entretiennent tous les jours, qui passent pour honnêtes gens, qui ont de l'honneur, que j'aime et dont je suis aimé, mais qui ne m'aiment point pour Dieu. Voilà mes plus dangereux ennemis. Un ennemi déclaré ne tueroit que mon corps ; ceux-ci ont tué mon âme. Voilà le monde que je dois fuir avec horreur, si je veux suivre Jésus-Christ.

VIII.

SUR LE MÊME SUJET.

Le monde est crucifié pour moi, comme je suis crucifié pour le monde. Galat. VI. 14.

Il ne suffit pas, selon l'Apôtre, que le monde soit crucifié pour nous, il faut que nous le soyons aussi pour lui. On croit être bien loin du monde, parce qu'on est dans une retraite ; mais on parle le langage du monde ; on en a les sentimens, les curiosités ; on veut de la réputation, de l'amitié, de l'amusement ; on a encore des idées de noblesse ; on souffre avec répugnance les moindres humiliations. On veut bien, dit-on, oublier le monde ; mais on ressent dans le fond de son cœur qu'on ne veut pas être oublié par lui. En vain cherche-t-on un milieu entre Jésus-Christ et le monde.

IX.

QUE, DANS LA VOIE DE LA PERFECTION, LES PREMIERS SONT BIEN SOUVENT ATTEINTS ET DEVANCÉS PAR LES DERNIERS.

Ceux qui étoient les premiers seront les derniers, et les derniers seront les premiers. S. Luc. XIII. 30.

Combien d'âmes, qui, dans une vie commune, auront atteint à la perfection, pendant que les épouses du Seigneur ; comblées de grâces, appelées à goûter la manne céleste, auront langui dans une vie lâche et imparfaite ! Combien de pécheurs, qui, après avoir passé tant d'années dans l'égarement et dans l'ignorance de l'Evangile, laisseront tout d'un coup derrière eux, par la ferveur de leur pénitence, les âmes qui avoient goûté, dès leur plus tendre jeunesse, les dons du Saint-Esprit, et que Dieu avoit prévenues de ses plus douces bénédictions! Qu'il sera beau aux derniers de remporter ainsi la couronne, et d'être, par leur exemple, la condamnation des autres ! Mais qu'il sera douloureux aux premiers de devenir les derniers, de se voir derrière ceux dont ils étoient autrefois le modèle, de perdre leurs couronnes, et de les perdre pour quelques amusemens qui les ont retardés ? Je ne saurois voir le recueillement de certaines personnes qui vivent dans le monde, leur désintéressement, leur humilité, sans rougir de voir combien nous, qui ne devrions être occupés que de Dieu, sommes dissipés, vains et attachés à nos commodités temporelles. Hâtons-nous de courir, de peur d'être laissés derrière.

X.

DE L'AMOUR DU PROCHAIN.

Soyez attentifs à vous aimer les uns les autres d'un amour fraternel. *I Ep. de S. Pierre.* I. 22.

CET apôtre veut, par ces paroles, que notre charité soit toujours attentive pour ne pas blesser le prochain. Sans cette attention, la charité, qui est si fragile en cette vie, se perd bientôt. Un mot dit avec hauteur ou avec chagrin, un air sec ou dédaigneux peut altérer les esprits foibles. Il faut ménager des créatures si chères à Dieu, des membres si précieux de Jésus-Christ. Si vous manquez de cette attention, vous manquez aussi de charité ; car on ne peut aimer sans s'appliquer à ceux qu'on aime. Cette attention de charité doit remplir tout, l'esprit et le cœur. Il me semble que j'entends Jésus-Christ vous dire comme à saint Pierre : *Paissez mes brebis.*

XI.

QUE NOUS SOMMES VENUS POUR SERVIR LES AUTRES.

Je ne suis pas venu pour être servi, mais pour servir les autres. *S. Marc.* X. 45.

C'EST ce que doivent dire toutes les personnes qui ont quelque autorité sur d'autres. C'est un pur ministère. Il faut effectivement servir ceux à qui l'on paroît commander, souffrir leurs imperfections, les redresser doucement et avec patience, les attendre dans les voies de Dieu, se faire tout à tous, se croire fait pour eux, s'humilier pour leur adoucir les corrections les plus nécessaires, ne se rebuter jamais, demander à Dieu le changement de leur cœur, qu'on ne peut point obtenir soi-même. Examinez-vous par rapport aux personnes qui vous sont commises, et dont vous êtes chargé devant Dieu.

XII.

DE LA DOUCEUR ET DE L'HUMILITÉ DE CŒUR.

Apprenez de moi que je suis doux et humble de cœur. *S. Matth.* XI. 29.

IL n'y avoit que le Fils de Dieu qui pût nous faire cette divine leçon, lui qui, *étant égal à son Père, s'est anéanti,* comme dit saint Paul [1], *en prenant la forme et la condition d'un esclave.* Que n'a-t-il pas fait pour l'amour de nous ? Que n'a-t-il pas souffert de nous, et que ne souffre-t-il pas encore ? *Il a été mené,* dit Isaïe [2], *comme une victime qu'on va égorger, et on ne l'a pas entendu se plaindre.* Et nous, nous nous plaignons des moindres maux, nous sommes vains, délicats, sensibles.

Il n'y a point de douceur véritable et constante sans humilité. Tandis que nous serons pleins de nous-mêmes, tout nous choquera en autrui. Soyons persuadés que rien ne nous est dû, et alors rien ne nous aigrira. Pensons souvent à nos misères, et nous deviendrons indulgens pour celles d'autrui. Il n'y a point de page dans les Ecritures, dit saint Augustin, où Dieu ne fasse tonner ces grandes et aimables paroles : *Apprenez de moi que je suis doux et humble de cœur.*

[1] Philip. II. 6 et 7. — [2] Is. LIII. 7.

XIII.

DE LA VÉRITABLE GRANDEUR.

Quiconque s'exalte sera humilié, et quiconque s'humilie sera exalté. S. Luc. xiv. 11.

Puisque nous aimons tant l'élévation, cherchons-la où elle est, cherchons celle qui durera toujours. O l'admirable ambition, que celle de régner éternellement avec le Fils de Dieu et d'être assis à jamais sur un même trône avec lui ! Mais quelle ambition, quelle jalousie d'enfant, que de s'empresser pour avoir des noms parmi les hommes, pour parvenir à une réputation encore moins solide que la fumée qui est le jouet du vent ! Faut-il se donner tant de peine pour avoir quelques gens qui se disent nos amis sans l'être, et pour soutenir de vaines apparences ? Aspirons à la véritable grandeur ; elle ne se trouve qu'en s'abaissant sur la terre. Dieu confond le superbe dès cette vie ; il lui attire l'envie, la critique et la calomnie ; il lui cause mille traverses, et enfin il l'humiliera éternellement : et l'humble qui se cache, qui veut être oublié, qui craint d'être recherché du monde, sera, dès cette vie, respecté pour n'avoir pas voulu l'être, et une éternelle gloire sera la récompense de son mépris pour la gloire fausse et méprisable.

XIV.

SUR QUOI NOUS DEVONS FONDER NOTRE JOIE.

Réjouissez-vous, je vous le dis encore, réjouissez-vous : que votre modestie soit connue de tous les hommes, car le Seigneur est proche. Ep. aux Philip. iv. 4 et 5.

C'est le dégoût de nos passions et des vanités du monde qui doit être la source de notre joie. Nous ne devons fonder notre joie que sur l'espérance, et nous ne devons espérer qu'autant que le monde nous déplaît. Ce doit être l'attente de Jésus-Christ, qui va venir nous couronner, qui doit nous rendre modestes et constans : il faut se tenir prêt à le recevoir, être bien aise qu'il vienne : ce sera le juge du monde et notre consolateur. Qu'il est doux d'attendre Jésus-Christ en paix, tandis que les enfans du siècle craignent qu'il arrive ! Ils trembleront, ils frémiront ; et nous, nous verrons venir avec joie et confiance notre aimable délivrance. Heureux état, état digne d'envie ! Que ceux qu'y n'y sont pas encore y aspirent : c'est notre lâcheté et nos amusemens qui nous éloignent de cet état de confiance et de consolation.

XV.

DES EFFETS DE L'EUCHARISTIE EN NOUS.

Celui qui me mange doit vivre pour moi. S. Jean. vi. 55 et 56.

C'est la chair de Jésus-Christ que nous mangeons, mais c'est son esprit qui nous vivifie. La chair seule ne profite de rien, comme il le dit lui-même ; oui, la chair, quoique unie au Verbe, en sorte que saint Jean ne craint point de dire que *le Verbe s'est fait chair*. Il ne l'a unie que pour nous communiquer son esprit plus sensiblement par cette société charnelle qu'il a faite avec nous ; il ne nous la donne à manger que pour nous incorporer à lui, et faire vivre nos âmes de sa vie divine. Pourquoi donc, vivant si souvent de lui, refuserons-nous de vivre pour lui ? Que devient en nous ce pain céleste, cette chair toute divine ? A quoi servent nos communions ? Jésus-Christ vit-il en nous ? Ses sentimens, ses actions se manifestent-elles en notre chair mortelle ? Croissons-nous en Jésus-Christ à force de le manger ? Toujours s'amuser, toujours murmurer contre les moindres croix, toujours ramper sur la terre, toujours chercher de misérables consolations, toujours cacher ses défauts sans les corriger, pendant qu'on ne fait qu'une même chair avec lui !

XVI.

SUR LE MÊME SUJET.

Celui qui me mange doit vivre pour moi. S. Jean. vi. 55 et 56.

Jésus-Christ est toute notre vie ; c'est la vérité éternelle dont nous devons être nourris. quel moyen de prendre un aliment si divin, et de languir toujours ! Ne point croître dans la vertu, n'avoir ni force ni santé, se repaître de mensonge, fomenter dans son cœur des passions dangereuses, être dégoûté des vrais biens, est-ce là la vie d'un chrétien qui mange le pain du ciel ? Jésus-Christ ne veut s'unir et s'incorporer avec nous, que pour vivre dans le fond de nos cœurs; il faut qu'il se manifeste dans notre chair mortelle, que Jésus-Christ paroisse en nous, puisque nous ne faisons qu'une même chose avec lui. *Je vis, mais ce n'est plus moi qui vis* [1], *c'est Jésus-Christ qui vit dans* sa créature, déjà morte à toutes les choses humaines.

XVII.

DE LA CONFIANCE EN DIEU.

Je dors, et mon cœur veille. *Cant.* v. 2.

On dort en paix dans le sein de Dieu, par l'abandon à sa providence, et par un doux sentiment de sa miséricorde. On ne cherche plus rien, et l'homme tout entier se repose en lui. Plus de raisonnemens incertains et inquiets, plus de désirs, plus d'impatience à changer sa place. La place où nous sommes, c'est le sein de Dieu; car c'est Dieu qui nous y a mis de ses propres mains et qui nous y porte entre ses bras. Peut-on se trouver mal où il nous met, et où nous sommes comme un enfant que sa mère tient et embrasse ? Laissons-le faire, reposons-nous sur lui et en lui. Ce repos de confiance, qui éteint tous les mouvemens de la prudence charnelle, c'est la véritable vigilance du cœur. S'abandonner à Dieu sans s'appuyer sur la créature ni sur la nature, c'est faire veiller son cœur tandis qu'on dormira. Ainsi l'amour aura toujours les yeux ouverts avec jalousie, pour ne tendre qu'à son bien-aimé, et nous ne nous endormirons point dans la mort.

XVIII.

QU'IL N'Y A QUE DIEU QUI PUISSE APPRENDRE A PRIER.

Enseignez-nous à prier. *S. Luc.* xi. 1.

Seigneur, je ne sais ce que je dois vous demander. Vous seul savez ce qu'il nous faut; vous m'aimez mieux que je ne sais m'aimer moi-même. O Père ! donnez à votre enfant ce qu'il ne sait pas lui-même demander. Je n'ose demander ni croix ni consolation; je me présente seulement à vous, je vous ouvre mon cœur. Voyez mes besoins, que je ne connois pas, voyez, et faites selon votre miséricorde. Frappez ou guérissez, accablez ou relevez-moi : j'adore toutes vos volontés sans les connoître ; je me tais, je me sacrifie, je m'abandonne. Plus d'autres désirs que ceux d'accomplir votre volonté. Apprenez-moi à prier ; priez vous-même en moi.

XIX.

DE L'AMOUR DE DIEU.

Seigneur, vous savez bien que je vous aime. *S. Jean.* xxi. 16.

Saint Pierre le disoit à notre Seigneur ; mais oserions-nous le dire? Aimons-nous Dieu pendant que nous ne pensons point à lui ? Quel est l'ami à qui nous n'aimons pas mieux parler qu'à lui ? Où nous ennuyons-nous davantage qu'au pied des autels ? Que faisons-nous pour plaire à notre Maître, et pour nous rendre tels qu'il veut? Que faisons-nous pour sa gloire ? Que lui avons-nous sacrifié pour accomplir sa volonté ? La préférons-nous à nos moindres intérêts, aux amusemens les plus indignes ? Où est donc cet amour que nous pensons avoir ? *Malheur* pourtant *à celui qui n'aime pas le Seigneur Jésus* [1] qui nous a tant aimés ! Donnera-t-il son royaume éternel à ceux qui ne l'aiment pas ? Si nous l'aimions, pourrions-nous être insensibles à ses bienfaits, à ses inspirations, à ses grâces ? *Ni la vie, ni la mort, ni le présent, ni l'avenir, ni la puissance, ne pourront désormais nous séparer de la charité de Jésus-Christ* [2].

XX.

SUR LE MÊME SUJET.

Seigneur, vous savez bien que je vous aime. *S. Jean.* xxi. 16.

Vous le saviez mieux que moi, ô mon Dieu, ô mon père, ô mon tout, combien je vous aime. Vous le savez, et je ne le sais pas, car rien ne m'est plus caché que le fond de mon cœur. Je veux vous aimer; je crains de ne pas

---

[1]. Gal. ii. 20.

[1] I Cor. xvi. 22. — [2] Rom. viii. 38 et 39.

vous aimer assez ; je vous demande l'abondance du pur amour. Vous voyez mon désir ; c'est vous qui le faites en moi. Voyez dans votre créature ce que vous y avez mis. O Dieu, qui m'aimez assez pour m'inspirer de vous aimer sans bornes, ne regardez plus le torrent d'iniquités qui m'avoit englouti, regardez votre miséricorde et mon amour.

XXI.

QUE RIEN NE SAUROIT MANQUER A CELUI QUI S'ATTACHE A DIEU.

C'est le Seigneur qui me conduit ; rien ne pourra me manquer. Ps. xxii. 1.

N'AVONS-NOUS point de honte de chercher quelque chose avec Dieu ? Quand nous avons la source de tous biens, nous nous croyons encore pauvres. On cherche dans la piété même les commodités et les consolations temporelles ; on regarde la piété comme un adoucissement aux peines qu'on souffre, et non comme un état de renoncement et de sacrifice ; de là viennent tous nos découragemens. Commençons par nous abandonner à Dieu. En le servant, ne nous mettons jamais en peine de ce qu'il fera pour nous. Un peu plus ou un peu moins souffrir dans une vie si courte, ce n'est pas grand'chose. Que peut-il manquer, lorsque j'ai Dieu ? Oui, Dieu lui-même est le bien infini et l'unique bien. Disparoissez, faux biens de la terre, qui portez indignement ce nom, et qui ne servez qu'à rendre les hommes mauvais ! Rien n'est bon que le Dieu de mon cœur, que je porterai toujours au dedans de moi. Qu'il m'ôte les plaisirs, les richesses, les honneurs, l'autorité, les amis, la santé, la vie : tant qu'il ne se dérobera point lui-même à mon cœur, je serai toujours riche ; je n'aurai rien perdu ; j'aurai conservé ce qui est tout. Le Seigneur m'a cherché dans mes égaremens, m'a aimé quand je ne l'aimois pas, m'a regardé avec tendresse, malgré mes ingratitudes : je suis dans sa main ; il me mène comme il lui plaît. Je sens ma foiblesse et sa force. Avec un tel appui, rien ne me manquera jamais.

XXII.

QUE DIEU DOIT ÊTRE L'UNIQUE PORTION DU CŒUR DE L'HOMME.

O Dieu de mon cœur, et mon éternelle portion. Ps. LXXII. 26.

SEIGNEUR, vous êtes le Dieu de toute la nature ; tout obéit à votre voix : vous êtes l'ame de tout ce qui vit, et même de tout ce qui ne vit point. Vous êtes plus mon ame que celle même que vous avez donnée à mon cœur : Vous êtes plus près de moi que moi-même. Tout est à vous : mon cœur n'y sera-t-il pas, ce cœur que vous avez fait, que vous animez ? Il est à vous, et non à moi.

Mais, ô mon Dieu, vous êtes aussi à moi, car je vous aime. Vous êtes tout pour moi. Je n'ai nul autre bien, ô mon éternelle portion ! Ce ne sont point les consolations d'ici-bas, ni les goûts intérieurs, ni les lumières extraordinaires que je souhaite ; je ne demande aucun de ces dons qui viennent de vous, mais qui ne sont point encore vous-même. C'est de vous-même, et de vous seul, que j'ai faim et soif. Je m'oublie, je me perds ; faites de moi ce qu'il vous plaira, n'importe, je vous aime.

XXIII.

DE QUELLE MANIÈRE DIEU VEUT ÊTRE GLORIFIÉ.

Gloire à Dieu au plus haut des cieux, et paix sur la terre aux hommes de bonne volonté. S. Luc. II. 14.

EN ne cherchant que la gloire de Dieu, notre paix s'y trouvera. Mais la gloire de Dieu ne se trouve point dans toutes les pensées et les actions des hommes. Dieu ne veut être glorifié que par l'anéantissement entier de la nature, et par l'abandon à son esprit. Il ne faut point vouloir sa gloire plus qu'il ne la veut lui-même. Prêtons-nous seulement, comme des instrumens morts, à la conduite de sa providence. Réprimons tout empressement, tout mouvement naturel, toute inquiétude déguisée sous le nom de zèle. Paix dans la bonne volonté. N'avoir plus ni désir ni crainte, et se laisser dans la main de Dieu, c'est là avoir une bonne volonté, conforme à la sienne. Celui qui est ainsi, est immobile comme la montagne de Sion ; il ne sauroit être ébranlé, puisqu'il ne veut que Dieu, et que Dieu fait tout.

XXIV.

DE LA DOUCEUR ET HUMILITÉ DE CŒUR [1].

Apprenez de moi que je suis doux et humble de cœur, et vous trouverez le repos de vos ames. S. *Matth.* XI. 29.

Mon Dieu, je viens m'instruire et m'examiner à vos pieds. Vous êtes ici présent; c'est vous qui m'y attirez par votre grâce. Je n'écoute que vous, je ne crois que vous. Parlez, votre serviteur écoute.

Seigneur, je vous adore; mon cœur n'aime que vous; il ne soupire qu'après vous. Je m'anéantis avec joie devant vous, ô éternelle Majesté : je viens pour recevoir tout de vous, et pour renoncer sans réserve à moi-même.

Envoyez, ô mon Dieu, votre Esprit saint. Qu'il devienne le mien, et que le mien soit détruit à jamais! Je me livre à cet Esprit d'amour et de vérité. Qu'il m'éclaire aujourd'hui, pour m'apprendre à être doux et humble de cœur!

O Jésus, c'est vous qui me donnez cette leçon de douceur et d'humilité. Tout autre qui voudroit me l'apprendre me révolteroit; je trouverois partout de l'imperfection et de l'orgueil. Il faut donc que ce soit vous qui m'instruisiez.

O mon bon Maître, vous daignez m'instruire par votre exemple : quelle autorité! Je n'ai qu'à me taire, qu'à adorer, qu'à me confondre, qu'à imiter. Le Fils de Dieu descend du ciel sur la terre, prend un corps de boue, expire sur la croix, pour me faire rougir de mon orgueil. Celui qui est tout s'anéantit; et moi qui ne suis rien, je veux être, ou du moins je veux qu'on me croie tout ce que je ne suis pas. O mensonge! ô folie! ô impudente vanité! ô diabolique présomption !

Seigneur, vous ne me dites point : Soyez doux et humble; mais vous dites que vous êtes doux et humble. C'est assez de savoir que vous l'êtes, pour conclure que nous devons l'être sur un tel exemple. Qui osera s'en dispenser après vous! Sera-ce le ver de terre? Sera-ce le pécheur qui a mérité tant de fois pour son ingratitude d'être foudroyé par votre justice?

Mon Dieu, vous êtes ensemble *doux* et *humble*, parce que l'humilité est la source de la véritable douceur. L'orgueil est toujours hautain, impatient, prêt à s'aigrir. Celui qui se méprise de bonne foi, veut bien être méprisé. Celui qui croit que rien ne lui est dû, ne se croit jamais maltraité. Il n'y a point de véritable douceur par tempérament, ce n'est que mollesse, indolence, ou artifice. Pour être doux à autrui, il faut renoncer à soi.

Vous ajoutez, ô mon Dieu : Doux et humble *de cœur*. Ce n'est point un abaissement qui ne soit que dans l'esprit par réflexion, c'est un goût du cœur; c'est un abaissement auquel la volonté consent, et qu'elle aime pour glorifier Dieu. C'est un plaisir de voir sa misère, pour s'anéantir devant Dieu, afin de ne devoir sa guérison qu'à lui. C'est une destruction de toute confiance en son esprit et en son courage naturel. Voir sa misère et en être au désespoir, ce n'est pas être humble; au contraire, c'est avoir un dépit d'orgueil qui ne peut consentir à son abaissement.

Enfin vous me promettez, ô Sauveur, que c'est dans cette humilité que je trouverai le repos de mon ame et la paix. Hélas! que j'ai été loin de chercher cette paix! je la cherchois dans des passions folles et turbulentes; je la cherchois dans les vaines imaginations de mon orgueil. L'orgueil est incompatible avec la paix. Il veut toujours ce qu'il n'a pas; il veut toujours passer pour ce qu'il n'est point. Il s'élève sans cesse, et sans cesse Dieu lui résiste, pour le rabaisser par l'envie, par la contradiction des autres hommes, ou par ses propres défauts qu'il ne peut s'empêcher de sentir. Malheureux orgueil, qui ne goûtera jamais la paix des enfans de Dieu, qui sont simples et petits à leurs propres yeux !

Mon Dieu, que vous êtes bon de me faire aimer cette paix! Mais ce n'est pas assez de me la faire aimer et désirer; rendez-m'en digne, en écrasant mon orgueil. Abattez mon esprit autant que mon corps. Que mon orgueil ait encore plus d'oppression et d'accablement que ma poitrine; qu'il ne puisse plus respirer. Achevez, Seigneur, de m'arracher à la société profane de ceux qui ne vous connoissent ni ne vous aiment. Etouffez en moi jusqu'aux derniers restes de la mauvaise honte. Rompez tous mes liens, et formez-en de nouveaux qui m'attachent à vous seul inséparablement.

Que vous ai-je fait pour mériter tant de grâces? J'ai foulé aux pieds les anciennes, j'ai payé d'ingratitude toutes vos bontés d'autrefois. Voilà l'unique mérite que j'ai devant vous. Il n'y a que ma misère qui puisse exciter votre miséricorde. Après cela, hésiterai-je encore

---

[1] Nous donnons ici tout entière cette *Méditation*, dont Fénelon n'a inséré qu'une partie dans les *Réflexions pour tous les jours du mois.* Voyez ci-dessus, p. 32.

entre le monde et vous ? le monde qui veut me perdre, vous qui voulez me sauver. Repousserai-je la croix que vous me présentez avec tant d'amour, pour me délivrer des maux de mon ame, bien plus terribles que ceux de mon corps ?

Ô Seigneur, je m'abandonne à votre miséricorde. Je mériterois d'être livré à votre éternelle justice. Frappez, Seigneur, frappez ; faites de votre vile créature selon votre bon plaisir. Plus de volonté que la vôtre. Je vous louerai dans toutes mes douleurs, je baiserai la main qui me frappe, je me croirai encore épargné. Je suis prêt à tout, à vivre séparé du monde, confessant hautement votre Evangile, ou à mourir sur la croix avec vous, ô Jésus, qui êtes mon amour et ma vie.

MÉDITATIONS POUR UN MALADE.

I.

Je me suis tu, Seigneur, parce que c'est vous qui l'avez fait. Ps. xxxviii. 10.

Est-ce à moi à me plaindre, quand mon Dieu me frappe, et qu'il me frappe par amour, afin de me guérir ? Frappez donc, Seigneur, j'y consens. Que vos coups les plus rigoureux sont doux, puisqu'ils cachent tant de miséricordes ! Hélas ! si vous n'aviez point frappé mon corps, mon ame n'auroit point cessé de se donner à elle-même le coup de la mort. Elle étoit couverte d'ulcères horribles ; vous l'avez vue, vous en avez eu pitié. Vous abattez ce corps de péchés ; vous renversez mes ambitieux projets ; vous me rendez le goût de votre éternelle vérité, que j'avois perdu depuis si long-temps. Soyez donc à jamais béni ! Je baise la main qui m'écrase, et j'adore le bras qui me frappe.

II.

Ayez pitié de moi, Seigneur, parce que je suis infirme. Ps. vi. 3.

Ô mon Dieu, je n'ai point d'autre raison que ma misère pour exciter votre miséricorde. Voyez le besoin que j'ai de votre secours, et donnez-le moi. J'en sens le besoin. Seigneur : heureux de le sentir, si ce sentiment me tient dans la défiance de moi-même ! Vous avez frappé ma chair pour la purifier ; vous avez brisé mon corps pour guérir mon ame. C'est par la douleur salutaire, que vous m'arrachez aux plaisirs corrompus. L'infirmité de ma chair m'afflige, moi qui n'avois point d'horreur de l'infirmité de mon esprit. Il étoit en proie à la vaine ambition, à la fièvre ardente de toutes les passions furieuses. J'étois malade, et je ne croyois pas l'être. Mon mal étoit si grand, que je ne le sentois pas. Je ressemblois à un homme qui a une fièvre chaude, et qui prend l'ardeur de la fièvre pour la force d'une pleine santé. Ô heureuse maladie, qui m'ouvre les yeux et qui change mon cœur !

III.

Il vous a été donné non-seulement de croire en lui, mais aussi de souffrir pour lui. Philip. i. 29.

Ô don précieux, qu'on ne connoît point ! La douleur n'est pas moins précieuse que la foi répandue dans les ames par le Saint-Esprit. Bienheureuse marque de miséricorde, quand Dieu nous fait souffrir ! Mais sera-ce une souffrance forcée et pleine d'impatience ? Non, les démons souffrent ainsi. Celui qui souffre sans vouloir souffrir, ne trouve dans ses peines qu'un commencement des éternelles douleurs. Quiconque se soumet dans la souffrance, la change en un bien infini. Je veux donc, ô mon Dieu, souffrir en paix et avec amour. Ce n'est pas assez de croire vos saintes vérités ; il faut les suivre : elles nous condamnent à la douleur, mais elles nous en découvrent le prix. Ô Seigneur, ranimez ma foi languissante. Qu'on voie reluire en moi la foi et la patience de vos saints ! s'il m'échappe quelque impatience, du moins que je m'en humilie aussitôt, et que je la répare par ma douleur !

IV.

Seigneur, je souffre violence ; répondez pour moi. Cant. d'Ezech. Is. xxxviii. 14.

Vous voyez les maux qui m'accablent. La nature se plaint ; que lui répondrai-je ? Le monde cherche à m'amuser et à me flatter ; comment faut-il que je le repousse ? Que dirai-je, Seigneur? Hélas! il ne me reste de force que pour souffrir et pour me taire. Répondez vous-même : par votre parole toute-puissante, écartez le monde trompeur qui m'a déjà séduit une fois. Soutenez mon cœur, malgré les défaillances de la nature. Je souffre violence par les maux dont vous m'accablez, et par mes passions qui ne sont point encore éteintes. Je souffre, hâtez-vous de me secourir. Délivrez-moi du monde et de moi-même. Délivrez-moi de mes maux par la patience à les souffrir.

V.

Le Seigneur me l'a donné; le Seigneur me l'a ôté. *Job.* I. 12.

VOILA, Seigneur, ce que vous faisiez dire à votre serviteur Job dans l'excès de ses maux. O que vous êtes bon de mettre encore ces paroles dans la bouche et dans le cœur d'un pécheur tel que moi! Vous m'aviez donné la santé, et je vous oubliois; vous me l'ôtez, et je reviens à vous. Précieuse miséricorde, qui m'arrachez les dons de Dieu qui m'éloignaient de lui, pour me donner Dieu même! Seigneur, ôtez tout ce qui n'est point vous, pourvu que je vous aie. Tout est à vous; vous êtes le Seigneur; disposez de tout, biens, honneurs, santé, vie : arrachez tout ce qui me tiendroit lieu de vous.

VI.

Venez à moi, vous tous qui êtes chargés, et je vous soulagerai. *S. Matth.* XI. 28.

DOUCE parole de Jésus-Christ, qui prend sur lui tous les travaux, toutes les lassitudes et toutes les douleurs des hommes! O mon Sauveur, vous voulez donc porter tous mes maux! Vous m'incitez à m'en décharger sur vous. Tout ce que je souffre doit trouver en vous du soulagement. Je joins donc ma croix à la vôtre; portez-la pour moi. Je suis, comme vous étiez, tombant en défaillance, quand on fit porter votre croix par un autre. Je marche après vous, Seigneur, vers le Calvaire, pour y être crucifié. Je veux, quand vous le voudrez, mourir entre vos bras; mais la pesanteur de ma croix m'accable. Je manque de patience . soyez ma patience vous-même; je vous en conjure par votre promesse. Je viens à vous; je n'en puis plus; c'est assez pour mériter votre compassion et votre secours.

VII.

Parlez, Seigneur; votre serviteur vous écoute. *I Rois.* III. 10.

JE me tais, Seigneur, dans mon affliction, je me tais; mais je vous écoute avec le silence d'un ame contrite et humiliée, à qui il ne reste rien à dire dans sa douleur. Mon Dieu, vous voyez mes plaies; c'est vous qui les avez faites; c'est vous qui me frappez. Je me tais; je souffre, et j'adore en silence : mais vous entendez mes soupirs, et les gémissemens de mon cœur ne vous sont point cachés. Je ne veux point m'écouter moi-même; je ne veux écouter que vous, et vous suivre.

VIII.

Mon Père, délivrez-moi de cette heure. *S. Jean.* XII. 72.

QUOIQUE vous me menaciez et me frappiez, ô mon Dieu, vous êtes mon père, vous le serez toujours. Délivrez-moi de cette heure terrible, de ce temps d'amertume et d'accablement. Laissez-moi respirer dans votre sein, et mourir entre vos bras. Délivrez-moi, ou par la diminution de mes maux, ou par l'accroissement de ma patience. Coupez jusqu'au vif, brûlez; mais faites miséricorde; ayez pitié de ma foiblesse. Si vous ne voulez pas me délivrer de ma douleur, délivrez-moi de moi-même, de ma foiblesse, de ma sensibilité et de mon impatience.

IX.

J'ai péché contre toute votre justice. *Dan.* IX. 15 et 16.

J'AI péché contre toutes vos lois. L'orgueil, la mollesse, le scandale, n'ont rien laissé de saint dans la religion, que je n'aie violé. J'ai même fait outrage à votre Saint-Esprit; j'ai foulé aux pieds le sang de l'alliance; j'ai rejeté les anciennes miséricordes qui avoient pénétré mon cœur. J'ai fait tous les maux, Seigneur; j'ai épuisé toutes les iniquités, mais je n'ai pas épuisé votre miséricorde. Au contraire, elle prend plaisir à surmonter ma misère; elle s'élève comme un torrent au-dessus d'une digue. Pour tant de maux vous me rendez tous les biens; vous vous donnez vous-même. O mon Dieu! un si grand pécheur, si comblé de grâces, refusera-t-il de porter sa croix avec votre Fils, qui est la justice et la sainteté même?

X.

Ma force m'a abandonné. *Ps.* xxxvii. 11.

Ma force m'abandonne; je ne sens plus que foiblesse, qu'impatience, que désolation de la nature défaillante, que tentation de murmure et de désespoir. Qu'est donc devenu le courage dont je me piquois, et qui m'inspiroit tant de confiance en moi-même? Hélas! outre tous les maux, j'ai encore à supporter la honte de ma foiblesse et de mon impatience. Seigneur, vous attaquez mon orgueil de tous côtés; vous ne lui laissez aucune ressource. Trop heureux, pourvu que vous m'appreniez, par ces terribles leçons, que je ne suis rien, que je ne puis rien, et que vous seul êtes tout!

XI.

Quand on m'aura élevé de la terre, je tirerai tout à moi. S. Jean. xii. 32.

Vous promîtes, Seigneur, que, quand vous seriez élevé sur la croix, vous attireriez tout à vous. Les nations sont venues adorer l'Homme de douleur; les Juifs mêmes en grand nombre ont reconnu le Sauveur qu'ils avoient crucifié. Voilà votre promesse accomplie aux yeux du monde entier. Mais c'est encore du haut de cette croix que votre vertu toute-puissante attire les ames. O Dieu souffrant! vous m'enlevez au monde trompeur; vous m'arrachez à moi-même et à mes vains désirs, pour me faire souffrir avec vous sur la croix. C'est là qu'on vous appartient, qu'on vous connoît, qu'on vous aime, qu'on se nourrit de votre vérité. Tout le reste, sans croix, n'est qu'une piété en idée. Attachez-moi à vous; que je devienne un des membres de Jésus-Christ crucifié!

XII.

Malheur au monde, à cause de ses scandales! *S. Matth.* xviii. 7.

Le monde dit : Malheur à ceux qui souffrent! mais la foi répond au fond de mon cœur : Malheur au monde qui ne souffre pas! Il sème la terre entière de piéges funestes pour perdre les ames : la mienne y a été long-temps perdue. Hélas! mon Dieu, que vous êtes bon de me tenir, par l'infirmité, loin de ce monde corrompu! Fortifiez-moi par la douleur, pour achever de me déprendre de tout, avant que de m'exposer au scandale de vos ennemis. Que la maladie m'apprenne à connoître combien toutes les douceurs mondaines sont empoisonnées. On me trouve à plaindre dans mes langueurs. O aveugles amis! ne plaignez point celui que Dieu aime, et qu'il ne frappe que par amour! C'étoit, il y a six mois, qu'il étoit à plaindre, lorsqu'une mauvaise prospérité empoisonnoit son cœur, et qu'il étoit si loin de Dieu.

XIII.

Soit que nous vivions, soit que nous mourions, nous sommes au Seigneur. *Rom.* xiv. 8.

O mon Dieu! que m'importe de vivre ou de mourir? La vie n'est rien; elle est même dangereuse, dès qu'on l'aime. La mort ne détruit qu'un corps de boue; elle délivre l'ame de la contagion du corps et de son propre orgueil; des piéges du démon elle la fait passer à jamais dans le règne de la vérité. Je ne vous demande donc, ô mon Dieu, ni santé, ni vie; je vous fais un sacrifice de mes jours. Vous les avez comptés; je ne demande aucun délai. Ce que je demande, c'est de mourir, plutôt que de vivre comme j'ai vécu; c'est de mourir dans la patience et dans l'amour, si vous voulez que je meure. O Dieu, qui tenez dans vos mains les clefs du tombeau pour l'ouvrir ou pour le fermer, ne me donnez point la vie, si je n'en dois être détaché : vivant ou mourant, je ne veux plus être qu'à vous.

ENTRETIENS AFFECTIFS

POUR

LES PRINCIPALES FÊTES DE L'ANNÉE.

I.

POUR L'AVENT.

C'est maintenant, ô mon Dieu, que je veux me recueillir pour adorer en silence les mystères de votre Fils, et pour attendre qu'il naisse au fond de mon cœur. Venez, Seigneur Jésus, venez, Esprit de vérité et d'amour, qui le formâtes dans le sein de la sainte Vierge.

Je vous attends, ô Jésus, comme les prophètes et les patriarches vous ont attendu. Que volontiers je dis avec eux : *O cieux, répandez votre rosée, et que les nues fassent descendre le Juste! que la terre s'entr'ouvre, et qu'elle germe son Sauveur* [1]! Vous êtes déjà venu une fois. Les anciens justes ont vu le Désiré des nations; mais les vôtres ne vous ont point connu. *La lumière a lui au milieu des ténèbres, et les ténèbres ne l'ont pas comprise* [2]. Que tardez-vous? Revenez, Seigneur; revenez frapper la terre ingrate, et juger les hommes aveugles. O Roi, dont les princes de la terre ne sont qu'une foible image, *que votre règne arrive!* Quand viendra-t-il d'en haut sur nous ce règne de justice, de paix et de vérité? Votre Père vous a donné toutes les nations; il vous a donné toute puissance et dans le ciel et sur la terre; et cependant vous êtes méconnu, méprisé, offensé, trahi. Quand sera donc le jugement du monde endurci, et le jour de votre triomphe? Levez-vous, levez-vous, ô Dieu! jugez votre propre cause; brisez l'impie du souffle de vos lèvres; délivrez vos enfans; justifiez-vous en ce grand jour à la face de toutes les nations : c'est votre gloire et non la nôtre que nous cherchons.

Mon Dieu, je vous aime pour vous, et non pour moi. Je souffre; je sèche de tristesse, voyant prévaloir l'iniquité sur la terre, et votre Evangile foulé aux pieds. Je souffre, me sentant malgré moi assujetti à la vanité. Jusques à quand, Seigneur, laisserez-vous votre héritage désolé? Revenez donc, Seigneur Jésus; rendez-nous la lumière de votre visage. Je ne veux tenir à aucune des choses qui m'environnent ici-bas. Elles menacent toutes ruine prochaine. Ces voûtes immenses des cieux s'écrouleront dans les abîmes; cette terre couverte de péchés sera consumée et renouvelée par le feu vengeur. Les astres tomberont; leur lumière s'éteindra; les élémens embrasés se confondront; la nature entière sera bouleversée. A ce spectacle, que l'impie frémisse! Pour moi, je m'écrie, ô Seigneur, avec amour et confiance : Frappez, glorifiez-vous aux dépens de tout ce qui blesse votre sainteté. Frappez sur moi; ne m'épargnez point pour me purifier et pour me rendre digne de vous. Hélas! ce monde insensé n'est occupé que du moment présent qui échappe. Tout ceci va périr, et on veut en jouir comme s'il devoit être éternel. Le ciel et la terre passeront comme la fumée; votre parole seule demeure éternellement. O vérité, on ne vous connoît point. Le mensonge est adoré; il remplit tout le cœur de l'homme. Tout est faux, tout est trompeur. Tout ce qui se voit, tout ce qui se touche, tout ce qui est sensible, tout ce qui est mesuré par le temps, n'est rien. Faut-il que ce vain fantôme soit cru si solide, et que l'immuable vérité passe pour un songe? Hé! Seigneur, pourquoi souffrez-vous cet enchantement? La terre entière est plongée dans le sommeil de la mort : réveillez-la par votre lumière. Pour moi, je ne veux que vous; je n'attends que vous : je regarde la foudre prête à partir de votre main pour écraser les hommes superbes, et pour venger votre patience méprisée. Loin de craindre la mort, je la regarde comme la délivrance de vos enfans. Oui, Seigneur, nous mourrons; le charme funeste se rompra tout à coup. Vous ne serez plus offensé; je vous aimerai; je ne m'aimerai plus moi-même. O que j'aime votre avénement! Déjà, selon votre précepte, je lève ma tête pour aller au-devant de vous. Par le transport de mon amour, je m'élance au-devant du Seigneur, comme votre apôtre Pierre me l'a enseigné. Je suis foible, misérable, fragile, il est vrai; j'ai tout à craindre si vous me jugez dans la rigueur de votre justice, j'en conviens : mais plus je suis fragile, plus je conclus que la vie est un danger, et que la mort est une grâce.

O Seigneur, ôtez le péché; venez régner en moi; arrachez-moi à moi-même, et je serai pleinement à vous. Hé! qu'ai-je à faire sur la terre? Que puis-je désirer dans cette vallée de larmes, où le mal est au comble, et où le bien est si imparfait? Rien que votre volonté ne peut

---

[1] Is. XLV, 8. — [2] Joan. I. 5.

m'y retenir. Je n'aime rien de tout ce que je vois; je ne veux point m'aimer moi-même. Venez, Seigneur, ô mon amour!

II.

POUR LE JOUR DE S. THOMAS.

O mon Dieu, ouvrez-moi les yeux; élargissez mon cœur, pour me faire comprendre et sentir les dons que vous avez mis dans cet apôtre. Esprit qui l'avez envoyé, qui l'avez conduit, qui l'avez rempli, remplissez-moi, inspirez-moi, transformez-moi en une créature nouvelle. O Père des lumières et des miséricordes, vous faites des hommes ce qu'il vous plaît. Ils semblent n'être plus hommes dès que vous parlez. Quel est donc cet homme foible, timide, vil selon le monde, pauvre, grossier, ignorant? où va-t-il? que prétend-il faire? Changer la face des nations les plus éloignées, vaincre par la seule vérité les peuples jusques auxquels les rois conquérans n'ont jamais pénétré par leurs armes, découvrir un nouveau monde, pour y porter une nouvelle loi. Entreprendre de telles choses sur le monde, c'est être bien mort à sa propre sagesse, c'est être bien enivré de la folie de la croix. C'est ainsi, Esprit destructeur, que vous anéantissez dans vos parfaits enfans toute sagesse, tout esprit propre, toute règle humaine, tout moyen raisonnable. Vous appelez ce qui n'est pas, pour confondre ce qui est. Vous vous plaisez à choisir ce qui est le plus vil, pour faire, aux yeux du monde surpris, ce qui est le plus grand et le plus impossible. Vous êtes jaloux de la gloire de votre ouvrage, et vous ne le voulez fonder que sur le néant. Vous creusez jusqu'au néant pour le fonder, comme les hommes sages dans leurs bâtimens creusent jusqu'au rocher ferme. Creusez donc en moi, ô mon Dieu, jusqu'à l'anéantissement de tout moi-même. Esprit destructeur, renversez, mettez tout en désordre; n'épargnez aucun arrangement humain; défaites tout pour tout refaire. Que votre créature soit toute nouvelle, et qu'il ne reste aucune trace de l'ancien plan. Alors, ayant tout effacé, tout défiguré, tout réduit à un pur néant, je deviendrai en vous toutes choses, parce que je ne serai plus en moi rien de fixe. Je n'aurai aucune consistance, mais je prendrai dans votre main toutes les formes qui conviendront à vos desseins. C'est par l'anéantissement de mon être propre et borné, que j'entrerai dans votre immensité divine. O qui le comprendra? ô qui me donnera des ames qui aient le goût et l'attrait de la destruction? Si peu que l'on réserve, on demeure borné. Quelque bonne que paroisse la réserve, quand c'est à l'égard de Dieu qu'on la fait, c'est un larcin; car tout lui est dû, puisque tout vient de lui. Plus les dons sont purs, plus il est jaloux de ne nous les point laisser posséder en propre. Il n'y a donc que l'entière destruction qui nous rende ses vrais instrumens.

Faites de moi, Seigneur, comme de Thomas votre apôtre. Il étoit de ces hommes anéantis, dont il est dit, qu'ils étoient livrés à votre grâce. Il n'étoit rien ni par les richesses, ni par la réputation, ni par les talens, ni même par la vertu : c'étoit l'infirmité même, où vous avez pris plaisir de faire reluire votre force. Il a porté votre nom jusqu'au fond de l'Orient, à ces peuples qui étoient assis dans la région de l'ombre de la mort, et qui n'avoient pas même des yeux pour voir la lumière. Le monde, tout monde qu'il est, critique, malin, scandalisé de tout, indocile, endurci, faux et trompeur jusqu'à se tromper lui-même, dégoûté de la vérité qui lui est odieuse, amateur insensé du mensonge qui le flatte; ce monde n'a pas pu résister à celui qui n'étoit rien par lui-même et qui, par cet anéantissement, étoit tout en Dieu. Dieu parle dans sa chétive créature, et cette parole, qui a fait le monde, le renouvelle. O mon Dieu! je l'entends, et je tressaille de joie au Saint-Esprit en le comprenant. Vous l'avez caché aux grands et aux sages, jamais ils ne l'entendront; mais vous le révélez aux simples et aux petits. Tout consiste à s'apetisser et à s'anéantir. Tandis qu'on est encore quelque chose, on n'est encore rien, on n'est encore propre à rien; ce qui reste même de plus caché, même de meilleur en apparence, résiste à tout ce que Dieu veut faire, et arrête sa main toute-puissante.

Mais quelle étendue cette vérité n'a-t-elle point! Hélas! où est l'ame courageuse qui veut bien n'être rien et qui laisse tout tomber, tout perdre, talens, esprit, amitié, réputation, honneur, vertu propre? Où sont-elles ces ames de foi? On fait comme Thomas incrédule; on veut toucher, on veut s'assurer des dons de Jésus-Christ et de son avancement; mais *bienheureux ceux qui croient sans voir* [1], et qui adorent Dieu en esprit et en vérité par le sacrifice d'holocauste, qui est la perte totale de tout ce qui

[1] Joan. x. 29.

III.

POUR LE JOUR DE NOEL.

Je vous adore, enfant Jésus, nu, pleurant et étendu dans la crèche. Je n'aime plus que votre enfance et votre pauvreté. O qui me donnera d'être aussi pauvre et aussi enfant que vous? O sagesse éternelle, réduite à l'enfance! ôtez-moi ma sagesse vaine et présomptueuse, faites-moi enfant avec vous. Taisez-vous, sages de la terre; je ne veux rien être, je ne veux rien savoir, je veux tout croire, je veux tout souffrir, je veux tout perdre jusqu'à mon propre jugement.

Bienheureux les pauvres, mais les pauvres d'esprit, que Jésus a faits semblables à lui dans sa crèche, et qu'il a dépouillés de leur propre raison! O hommes qui êtes sages dans vos pensées, prévoyans dans vos desseins, composés dans vos discours, je vous crains : votre grandeur m'intimide, comme les enfans ont peur des grandes personnes. Il ne me faut plus que des enfans de la sainte enfance. Le Verbe fait chair, la parole toute puissante du Père se tait, bégaie, pleure, pousse des cris enfantins; et moi je me piquerai d'être sage, et je me complairai dans les arrangemens que fait mon esprit, et je craindrai que le monde n'ait point une assez haute idée de ma capacité! Non, non, je serai de ces heureux enfans qui perdent tout pour tout gagner, qui ne se soucient plus de rien pour eux-mêmes, qui comptent pour rien qu'on les méprise, et qu'on ne daigne point se fier à leur discernement. Le monde sera grand tant qu'il lui plaira; les gens de bien même, à bonne intention et par le zèle des bonnes œuvres, croîtront chaque jour en prudence, en prévoyance, en mesures, en éclat de vertu : pour moi, tout mon plaisir sera de décroître, de m'apetisser, de m'avilir, de m'obscurcir, de me taire, de consentir à être imbécile et à passer pour tel, de joindre à l'opprobre de Jésus crucifié l'impuissance et le bégaiement de Jésus enfant. On aimeroit mieux mourir avec lui dans les douleurs, que de se voir avec lui emmailloté dans le berceau. La petitesse fait plus d'horreur que la mort, parce que la mort peut être soufferte par un principe de courage et de grandeur; mais n'être plus compté pour rien, comme les enfans, et ne pouvoir plus se compter soi-même; retomber dans l'enfance comme certains vieillards décrépits dont les enfans dénaturés se jouent, et voir, d'une vue claire et pénétrante, toute la dérision de cet état : c'est le plus insupportable supplice pour une ame grande et courageuse, qui se consoleroit de tout le reste par son courage et par sa sagesse. O sagesse, ô courage, ô raison, ô vertu propre! vous êtes la dernière chose dont l'ame mourante à elle-même a plus de peine à se dépouiller. Tout le reste qu'on quitte ne tient presque point; ce sont des habits qui se lèvent du bout du doigt, et qui ne tiennent point à nous : mais nous ôter cette sagesse propre, qui fait la vie la plus intime de l'ame, c'est arracher la peau, c'est nous écorcher tout vifs, c'est nous déchirer jusque dans la moelle des os. Hélas! j'entends ma raison qui me dit : Quoi donc! faut-il cesser d'être raisonnable? faut-il devenir comme les fous qu'on est contraint de renfermer? Dieu n'est-il pas la sagesse même? La nôtre ne vient-elle pas de la sienne, et par conséquent ne faut-il pas que nous la suivions? Mais il y a une extrême différence entre être raisonnans et être raisonnables. Nous ne serons jamais si raisonnables que quand nous cesserons d'être si raisonnans. En nous livrant à la pure raison de Dieu, que la nôtre foible et vaine ne peut comprendre, nous serons délivrés de notre sagesse, égarée depuis le péché, incertaine, courte et présomptueuse; ou plutôt nous serons délivrés de nos erreurs, de nos indiscrétions, de nos entêtemens. Plus une personne est morte à elle-même par l'esprit de Dieu, plus elle est discrète sans songer à l'être; car on ne tombe dans l'indiscrétion, que par vivre encore à son propre esprit, à ses vues et à ses inclinations naturelles; c'est qu'on veut, qu'on pense et qu'on parle encore à sa mode. La mort totale de notre propre sens feroit en nous la vraie et la consommée sagesse du Verbe de Dieu. Ce n'est point par un effort de raison au dedans de nous, que nous nous éleverons au-dessus de nous-mêmes; c'est au contraire par l'anéantissement de notre propre être, et surtout de notre propre raison, qui est la partie la plus chère à l'homme, que nous entrerons dans cet être nouveau, où, comme dit saint Paul, Jésus-Christ est fait notre vie, notre justice et notre sagesse. Nous ne nous égarons qu'à force de nous conduire par nous-mêmes. Donc nous ne serons à l'abri de l'égarement qu'à force de nous laisser conduire, d'être petits, simples, livrés à l'Esprit de Dieu, souples et prêts à toute sorte de mouvemens, n'ayant aucune consistance propre, ne résistant à rien, n'ayant plus de volonté, plus de jugement, disant naïvement ce qui nous vient, et n'aimant qu'à céder, après l'avoir dit. C'est ainsi qu'un petit enfant se laisse porter, reporter, lever, coucher; il n'a rien de caché, rien de propre. Alors nous ne serons plus sages, mais Dieu sera sage en nous et pour nous. Jésus-Christ parlera en nous, pendant que nous croirons encore bégayer. O Jésus enfant, il n'y a que les enfans qui puissent régner avec vous.

IV.

POUR LE JOUR DE SAINT JEAN L'ÉVANGÉLISTE.

O Jésus, je désire me reposer avec Jean sur votre poitrine, et me nourrir d'amour en mettant mon cœur sur le vôtre. Je veux être, comme le disciple bien-aimé, instruit par votre amour. Il disoit, ce disciple, pour l'avoir éprouvé, que *l'onction enseigne toutes choses* [1]. Cette onction intérieure de votre esprit instruit dans le silence. On aime, et on sait tout ce qu'il faut savoir; on goûte, et on n'a besoin de rien entendre. Toute parole humaine est à charge et ne fait que distraire, parce qu'on a au dedans la parole substantielle qui nourrit le fond de l'ame. On trouve en elle toute vérité. On ne voit plus qu'une seule chose, qui est la vérité simple et universelle; c'est Dieu, devant qui la créature, ce rien trompeur, disparoît et ne laisse aucune trace de son mensonge.

O amour, vrai docteur des ames, on ne veut point vous écouter : on écoute de beaux discours, on écoute sa propre raison; mais le vrai maître, qui enseigne sans raisonnemens et sans paroles, n'est point écouté. On craint de lui ouvrir son cœur; on ne le lui offre qu'avec réserve; on craint qu'il ne parle et ne demande trop. On voudroit bien le laisser dire, mais à condition de ne prendre ce qu'il diroit que suivant la mesure réglée par notre sagesse : ainsi ce seroit notre sagesse qui jugeroit celui qui doit la juger.

O amour, vous voulez des ames livrées à vos transports, des ames qui ne craignent point, non plus que les apôtres, d'être insensées aux yeux du monde. Il ne suffit pas, ô divin Esprit, de se remplir de vous, il faut en être enivré.

[1] Joan. II. 27.

Que n'apprendroit-on point sans raisonnement, sans science, si on ne consultoit plus que le pur amour, qui veut tout pour lui, qui ne laisse rien à la créature, et qui met seul la vérité du règne de Dieu dans le fond de l'ame! L'amour décide dans tous les cas, et ne s'y trompe point; car il ne donne rien à l'homme, et rapporte tout à Dieu seul. C'est un feu consumant, qui embrase tout, qui dévore tout, qui anéantit tout, qui fait de sa victime le parfait holocauste. O qu'il fait bien connoître Dieu ! car il ne laisse plus voir que lui, mais d'une vue bien différente de celle des hommes, qui ne le considèrent que dans une froide et sèche spéculation. Alors on aime tout ce qu'on voit, et c'est l'amour qui donne des yeux perçans pour le voir. Un moment de paix et de silence fait voir plus de merveilles, que les profondes réflexions de tous les savans.

Mais encore, ô amour, comment est-ce que vous enseignez toutes choses, vous qui n'en pouvez souffrir qu'une seule, et qui fermez les yeux à tout le reste, pour les attacher immuablement à un seul objet? O j'entends ce secret! c'est que la vraie manière de bien savoir tout le reste, pendant cette vie, est de l'ignorer par mépris. On sait de Dieu ce qu'on en peut savoir, en sachant qu'il est tout : on sait de la créature entière tout ce qu'il en faut savoir, en sachant qu'elle n'est rien. Voilà donc la toute-science, inconnue aux savans du siècle, et réservée aux pauvres d'esprit, instruits par l'onction du pur amour : ils pénètrent au fond tout ce qui est créé, en ne daignant pas même y faire attention, ni ouvrir les yeux pour le voir. Qu'importe qu'ils ne sachent point raisonner sur Dieu? Ils savent l'aimer, c'est assez. Bienheureuse science, qui éteint toute curiosité, qui rassasie l'ame de la vérité pure, qui non-seulement lui montre toute la vérité en l'occupant de Dieu, mais qui porte cette vérité simple et unique dans le fond de cette ame, pour n'être plus qu'une même chose avec elle!

Hélas! combien de grands docteurs qui ne voient goutte croyant tout savoir! Ils ne veulent rien ignorer, ni sur la nature des divers êtres, ni sur leurs propriétés, ni sur l'ordre de l'univers, ni sur l'histoire du genre humain, ni sur les ouvrages des hommes, ni sur les arts qu'ils ont inventés, ni sur leurs diverses langues, ni sur les règles de conduite qu'ils ont entre eux. O qu'ils seroient dégoûtés de toutes ces recherches curieuses, s'ils connoissoient bien l'homme! S'amuse-t-on à un ver de terre? et le néant même n'est-il pas encore plus indigne de nous occuper? Hé! que peut-on apprendre de ce qui n'est rien? Il n'y a qu'une seule vérité infinie, qui absorbe tout, et qui ne laisse aucune curiosité hors d'elle : tout le reste n'est que néant, et par conséquent mensonge. Qu'on s'instruise pour le besoin des conditions, c'est bien fait : mais qu'on croie savoir quelque chose quand on ne sait que ce *rien;* qu'on espère en orner son esprit, qu'on cherche à le nourrir et à le satisfaire en l'occupant de la créature vaine et creuse : ô folie! ô ignorance de ceux qui veulent tout savoir!

O Jésus, je n'ai plus d'autre docteur que vous, plus d'autre livre que votre poitrine. Là j'apprends tout en ignorant tout, et en m'anéantissant moi-même. Là je vis de la même vie dont vous vivez dans le sein de votre Père. Je vis d'amour; l'amour fait tout en moi. Ce n'est que pour l'amour que je suis créé; et je ne fais ce que Dieu a prétendu que je fisse en me créant, qu'autant que j'aime. Je sais donc tout, et je ne veux plus savoir que vous. Taisez-vous, monde curieux et sage; j'ai trouvé sur la poitrine de Jésus l'ignorance et la folie de sa croix, en comparaison de laquelle tous vos talens ne sont qu'ordure : méprisez-moi autant que je vous méprise.

V.

POUR LE JOUR DE LA CIRCONCISION.

O Jésus, je vous adore sous le couteau de la circoncision. Que je vous aime dans cette abjection et dans cette foiblesse! Je vous vois tout couvert de honte, mis au rang des pécheurs, assujetti à une loi humiliante, souffrant de vives douleurs, et répandant déjà, dès les premiers jours de votre enfance, les prémices de ce sang qui sera sur la croix le prix du monde entier.

Vous n'entrez donc dans le monde que pour souffrir. Vous y prenez d'abord le nom de Jésus, qui signifie Sauveur; et c'est pour sauver les pécheurs que vous vous mettez au nombre des pécheurs souffrans. Avec quelle consolation, ô enfant Jésus, vois-je couler vos larmes et votre sang! C'est ici le commencement du mystère de douleur et d'ignominie. O précieuse victime! vous croîtrez; mais vous ne croîtrez que pour faire croître avec vous les marques de votre amour. Vous ne retardez votre sacrifice que pour le rendre plus grand et plus rigoureux.

Mais hélas, ô Jésus! que vois-je dans vos douleurs? Est-ce un objet qui doive exciter en moi une compassion tendre? Non, car c'est sur moi, et non sur vous, que je dois pleurer. Je ne puis considérer vos humiliations et vos souffrances, sans apercevoir aussitôt que vous ne vous humiliez et ne souffrez que pour mes besoins. C'est pour expier mes péchés d'orgueil et de mollesse, c'est pour m'enseigner à souffrir et à porter la confusion que je mérite. La nature vaine et lâche frémit à la vue de son Sauveur qui est anéanti et souffrant; elle se sent écrasée par l'autorité de cet exemple : elle demeure sans excuse.

Il faut donc préparer son cœur à la confusion et à l'amertume. Oui, je le veux, ô Jésus! Je prends la croix pour marcher après vous. Qu'on me méprise, on aura raison; le mépris que j'ai pour moi n'est sincère qu'autant qu'il me fait consentir à être méprisé par les autres. Quelle injustice de vouloir que ce qui nous paroît bas et indigne éblouisse notre prochain! Je me livre donc, ô Jésus, à tout opprobre que vous m'enverrez, je n'en refuse aucun, et il n'y en a aucun que je ne mérite. O ver de terre, est-ce à toi que l'honneur est dû? O ame pécheresse, qu'as-tu mérité, sinon d'être la balayure du monde? Puis-je jamais être mis trop bas, moi qui ne suis par ma nature que néant, et par ma propre volonté que péché? Ame vaine, et ingrate à ton Dieu, porte donc sans murmurer la confusion qui est ton partage. Plus d'honneur, plus de bienséance, plus de réputation. Tous ces beaux noms doivent être sacrifiés à un Sauveur rassasié d'opprobres. Qu'as-tu en toi qui ne demande l'humiliation? Est-ce ton orgueil? Hé! c'est ton orgueil même qui te rend encore plus misérable et plus indigne de tout honneur.

Mais hélas, ô Jésus, qu'il y a loin entre les sentimens généraux d'humiliation, et la pratique! On salue la croix de loin, mais de près on en a horreur. Je vous promets maintenant de marcher sur les traces sanglantes que vous me laissez : mais, quand l'opprobre et la douleur de la croix paroîtront, tout mon courage m'abandonnera. Alors quels vains prétextes de bienséances! quelles délicatesses honteuses! quelles jalousies diaboliques! Mon Dieu, je parle magnifiquement de la croix, et je n'en veux connoître que le nom! je la crains, je la fuis, sa vue seule me désole. Qu'avez-vous, ô mon ame? D'où vient que vous murmurez, que vous tombez dans le découragement, que vous allez mendier chez tous vos amis un peu de consolation? Ah! c'est que Dieu m'humilie et me charge de croix. Hé! n'est-ce pas ce que vous lui avez promis d'aimer? Qu'avez-vous donc? qu'est-ce qui vous trouble ? Le Chrétien doit-il être hors de lui quand il a ce qu'il a voulu, et qu'il est fait semblable à Jésus souffrant? O Jésus enfant! donnez-moi la simplicité de votre enfance dans la douleur. Si je pleure, si je gémis, qu'au moins je ne résiste jamais à votre main crucifiante. Coupez jusqu'au vif; brûlez, brûlez : plus je crains de souffrir, plus j'en ai besoin.

VI.

POUR LE JOUR DE L'ÉPIPHANIE.

Mon Dieu, je viens à vous, et je ne me lasse point d'y venir; je n'ai rien en moi, et je trouve tout en vous seul. O que je suis pauvre! ô que vous êtes riche! Mais qu'ai-je besoin d'être riche, puisque vous l'êtes pour moi? J'adore vos richesses éternelles; j'aime ma pauvreté; je me complais à n'être rien devant vous. Donnez-moi aujourd'hui votre Esprit pour contempler votre saint fils Jésus adoré par les Mages. Je l'adore avec eux.

Ces Mages suivent l'étoile sans raisonner; eux qui sont si sages, ils cessent de l'être pour se soumettre à une lumière qui surpasse la leur. Ils comptent pour rien leurs commodités, leurs affaires, les discours du peuple. Que peut-on penser d'eux? Ils vont sans savoir où. Qu'est devenue la sagesse de ces hommes qui gouvernoient les autres? Quelle crédulité ! quelle indiscrétion! quel zèle aveugle et fanatique! C'est ainsi qu'on devoit parler contre eux en les voyant partir. Mais ils ne comptent pour rien, ni le mépris des hommes, ni leur réputation foulée aux pieds, ni même le témoignage de leur propre sagesse qui leur échappe. Ils veulent bien passer pour fous, et n'avoir pas même à leurs propres yeux de quoi se justifier. Ils entreprennent un long et pénible voyage sans savoir ce qu'ils trouveront. Il est vrai qu'ils voient une étoile extraordinaire; mais combien y a-t-il d'autres hommes instruits du cours des astres à qui cette étoile ne paroît avoir rien de surnaturel! Eux seuls sont éclairés et touchés par le fond du cœur. Une lumière intérieure de pure foi les mène plus sûrement que celle de l'étoile. Après cela, il ne faut plus s'étonner s'ils adorent sans peine un pauvre enfant dans une crèche. O qu'ils sont devenus petits, ces grands de la terre ! Que leur sagesse est confondue et anéantie ! Est-ce donc là, ô Mages, ce que vous êtes venus adorer du fond de l'Orient? Quoi, un enfant qui tette et qui pleure! Il me semble que je les entends répondre : C'est la sagesse de Dieu qui aveugle la nôtre. Plus l'objet semble méprisable, plus il est digne de Dieu de nous abaisser jusqu'à l'adorer. O Mages, il faut que vous soyez devenus vous-mêmes bien enfans pour trouver le vrai Dieu dans l'enfant Jésus !

Mais qui me donnera cette sainte enfance, cette divine folie des Mages? Loin de moi la sagesse impie et maudite d'Hérode et de la ville de Jérusalem! On raisonne, on se complaît dans sa sagesse, on se rend juge des conseils de Dieu, on craint même de voir ce qu'on ne peut pas connoître. O sagesse hautaine et profane, je te crains, je t'abhorre; je ne veux plus t'écouter. Il n'y a plus que l'enfance de Jésus que je prétends suivre. Que le monde insensé en dise tout ce qu'il voudra, qu'il s'en scandalise même; malheur au monde à cause de ses scandales! C'est l'opprobre et la folie du Sauveur que j'aime. Je ne tiens plus à rien. Nul respect humain, nulle crainte des railleries et de la censure des faux sages; les gens de bien mêmes, qui sont encore trop humainement enfoncés par sagesse en eux-mêmes, ne m'arrêteront pas. Quand je verrai l'étoile, je leur dirai, comme saint Paul aux fidèles encore trop attachés aux bienséances mondaines et à leur raison : *Vous êtes sages en Jésus-Christ, et nous, nous sommes insensés en lui* [1].

Heureux dessein! mais comment l'accomplir? O vous, Seigneur qui l'inspirez, faites que je le suive; vous qui m'en donnez le désir, donnez-moi aussi le courage de l'exécuter. Plus d'autre lumière que celle d'en haut, plus d'autre raison que celle de sacrifier tous mes raisonnemens. Tais-toi, raison présomptueuse, je ne te puis souffrir. O Dieu, vérité éternelle, souveraine et pure raison, venez être l'unique raison qui m'éclaire dans les ténèbres de la foi.

VII.

SUR LA CONVERSION DE SAINT PAUL.

Je viens à vos pieds, ô Seigneur Jésus, plus abattu que Saul ne le fut aux portes de Damas.

[1] I Cor. IV. 10.

C'est votre main qui me renverse; j'adore cette main, c'est elle qui fait tout. O toute-puissante main, ma joie est de me voir à votre discrétion. Frappez, renversez, écrasez. Je viens, ô mon Dieu, sous cette main terrible et miséricordieuse. En me renversant, éclairez-moi, touchez-moi, convertissez-moi comme Saul. Mon premier cri dans cette chute, c'est de dire : *Seigneur, que voulez-vous que je fasse*[1]*?* O que j'aime ce cri! Il comprend tout, il renferme lui seul toutes les plus parfaites prières et toutes les plus hautes vertus. Avec le maître, point de conditions ni de bornes : *Que voulez-vous que je fasse?* Je suis prêt à tout faire et à ne rien faire, à ne vouloir rien et à vouloir tout, à souffrir sans consolations et à goûter les consolations les plus douces. Je ne vous dis point : O mon Dieu, je ferai de grandes austérités, des renoncemens difficiles, des changemens étonnans dans ma conduite. Ce n'est point à moi à décider ce que je ferai. Ce que je ferai, c'est de vous écouter et d'attendre la loi de vous. Il n'est plus question de ma volonté; elle est perdue dans la vôtre. Dites seulement ce que vous voulez; car je veux tout ce qu'il vous plaît de vouloir. Non-seulement pénitences corporelles, mais humiliations de l'esprit, sacrifices de santé, de repos, d'amitié, de réputation, de consolation intérieure, de paix sensible, de vie temporelle, et même de ce soutien intérieur qui est un avant-goût de l'éternité, tout cela est entre vos mains. Donnez, ôtez, qu'importe? faites, Seigneur, et ne me consultez jamais. Ne me montrez que vos ordres, et ne me laissez qu'à obéir.

Qu'en quelque épreuve amère et douloureuse où vous me mettiez, il ne me reste que cette seule parole : *Que voulez-vous?* Renversez-moi, comme Saul, dans la poussière, à la vue de tout le genre humain; mais renversez-moi en sorte que je ne puisse me relever. Aveuglez-moi comme lui, reprochez-moi mes infidélités; je veux bien qu'on les sache et je dirai volontiers, comme Saul, à la face de toutes les églises : J'ai été infidèle, impie, blasphémateur, persécuteur de Jésus-Christ. Il m'a converti pour ranimer l'espérance des pécheurs les plus endurcis, et pour donner un exemple touchant de la patience avec laquelle il attend les ames les plus égarées. Venez donc me voir, ô vous tous qui oubliez Dieu, qui violez sa loi, qui insultez à la vertu; venez et voyez cette main charitable qui m'aveugle pour m'éclairer, et qui

[1] Act. ix. 6.

me renverse pour me relever. Venez admirer avec moi cette miséricorde qui se plaît à éclater dans l'abîme de mes misères. Seigneur, loin de murmurer dans ma chute, je baise et j'adore la main qui me frappe. Voulez-vous me faire tomber encore plus bas? je le veux si vous le voulez : *Que voulez-vous que je fasse?*

Je sens, ô mon Dieu, la vérité et la force de cette parole : *Il est dur de regimber contre l'aiguillon.* O qu'il est dur de résister à l'attrait intérieur de votre grâce ! *Qui est-ce qui vous a jamais résisté, et qui a pu trouver la paix dans cette résistance*[1]*?* Non-seulement l'impie et le mondain ne goûtent aucune paix, jusqu'à ce qu'ils se tournent vers vous; mais l'ame que vous avez délivrée des liens du péché ne peut jouir de la paix, si elle résiste encore, par quelque réserve ou quelque retardement, à cet aiguillon perçant de votre Esprit qui la pousse au dépouillement, à l'enfance, à la mort intérieure. La prudence résiste; elle assemble mille raisons; elle regarde comme un égarement la bienheureuse folie de la croix. Elle aimeroit mieux les plus affreuses austérités, que cette simplicité et cette petitesse des enfans de Dieu, qui aiment mieux être enfans dans son sein que grands et sages en eux-mêmes. O que ce combat est rude! qu'il agite l'ame! Qu'il lui en coûte pour sacrifier sa raison et tous ses beaux prétextes! Mais sans ce sacrifice, nulle paix, nul avancement; il ne reste que le trouble d'une ame que Dieu presse, et qui craint de voir jusqu'où Dieu la veut mener pour lui arracher tout appui d'amour-propre. O Dieu, je ne veux plus vous résister. Je n'hésiterai plus, je craindrai toujours plus de ne pas faire assez que de faire trop. Je veux être Saul converti. Après ce que vous avez fait pour le persécuteur, il n'y a rien que vous ne puissiez faire d'une ame pécheresse. C'est parce que je suis indigne de tout, que vous prendrez plaisir à faire en moi les plus grandes choses. Mais, grandes ou petites, tout m'est égal, pourvu que je remplisse vos desseins. Je suis souple à tout entre les mains de votre providence. Je finis par où j'ai commencé : *Que voulez-vous que je fasse?* Point d'autre volonté. Gardez-la, ô Dieu d'Israel, cette volonté que vous formez en moi.

[1] Job. ix. 4.

VIII.

SUR LA MÊME FÊTE.

Mon Dieu, je vous rends mille grâces d'avoir mis devant mes yeux Saul persécuteur que vous convertissez, et qui devient l'apôtre des nations. C'est pour la gloire de votre grâce que vous l'avez fait. Vous vous deviez à vous-même un si grand exemple pour consoler tous les pécheurs. Hélas ! quels châtimens n'ai-je point mérités de votre justice ! Je vous ai oublié, ô vous qui m'avez fait, et à qui je dois tout ce que je suis : à l'ingratitude j'ai joint l'endurcissement ; j'ai méprisé vos grâces ; j'ai été insensible à vos promesses ; j'ai abusé de vos miséricordes ; j'ai contristé votre Esprit saint ; j'ai résisté à ses mouvements salutaires ; j'ai dit dans mon cœur rebelle : Non, je ne porterai point le joug du Seigneur. J'ai fui quand vous me poursuiviez ; j'ai cherché des prétextes pour m'éloigner de vous. J'ai craint de voir trop clair et de connoître certaines vérités que je ne voulois pas suivre. Je me suis irrité contre les croix qui servent à me détacher de la vie. J'ai critiqué la vertu, la supportant impatiemment comme étant ma condamnation. J'ai eu honte de paroître bon, et j'ai fait gloire d'être ingrat. J'ai marché dans mes propres voies, au gré de mes passions et de mon orgueil.

O mon Dieu, que me resteroit-il à la vue de tant d'infidélités, sinon d'être saisi d'horreur pour moi-même ? Non, je ne pourrois plus me souffrir ni espérer en vous, si je ne voyois Saul incrédule, blasphémateur, persécutant vos saints, dont vous faites un vase d'élection. Il tombe impie persécuteur, et il se relève l'homme de Dieu. O Père des miséricordes, que vous êtes bon ! La malice de l'homme ne peut égaler votre bonté paternelle. Il est donc vrai que vous avez encore des trésors de grâce et de patience pour moi, pauvre pécheur, qui ai tant de fois foulé aux pieds le sang de votre Fils. Vous n'êtes pas encore lassé de m'attendre, ô Dieu patient, ô Dieu qui craignez de punir trop tôt, ô Dieu qui ne pouvez vous résoudre à frapper ce vase d'argile formé de vos mains. Cette patience qui flattoit mon impatience et ma lâcheté m'attendrit. Hélas ! serai-je donc toujours méchant parce que vous êtes bon ? Est-ce à cause que vous m'aimez tant que je me croirois dispensé de vous aimer ? Non, non, Seigneur, votre patience m'excite : je ne puis plus me voir un seul moment contraire à celui qui me rend le bien pour le mal ; je déteste jusqu'aux moindres imperfections ; je n'en réserve rien : périsse tout ce qui retarde mon sacrifice ! ce n'est plus ce *demain* d'une ame lâche qui fuit toujours sa conversion ; *aujourd'hui, aujourd'hui ;* ce qui me reste de vie n'est pas trop long pour pleurer tant d'années perdues : je dis comme Saul : *Seigneur, que voulez-vous que je fasse ?*

Il me semble que je vous entends me répondre : Je veux que tu m'aimes, et que tu sois heureux en m'aimant : *Aime, et fais ce que tu voudras ;* car, en aimant véritablement, tu ne feras que ce que le pur amour fait faire aux ames détachées d'elles-mêmes ; tu m'aimeras, tu me feras aimer, tu n'auras plus d'autre volonté que la mienne. Par là s'accomplira mon règne ; par là je serai adoré en esprit et en vérité ; par là tu me sacrifieras et les délices de la chair corrompue, et l'orgueil de l'esprit agité par de vains fantômes ; le monde entier ne sera plus rien pour toi ; tu ne voudras plus être rien, afin que je sois moi seul toutes choses. Voilà ce que je veux que tu fasses. Mais comment le ferai-je, Seigneur ? Cette œuvre est au-dessus de l'homme. Ah ! vous me répondez au fond de mon cœur : *Homme de peu de foi,* regarde Saul, et ne doute de rien ; il te dira : *Je puis tout en celui qui me fortifie* [1]. Lui qui ne respiroit que sang et carnage contre les églises, il ne respire plus que l'amour de Jésus-Christ : c'est Jésus-Christ qui vit triomphant dans son apôtre mort à toutes les choses humaines. Le voilà tel que Dieu l'a fait ; la même main te fera tel que tu dois être.

IX.

POUR LE JOUR DE LA PURIFICATION.

O Jésus, vous êtes offert aujourd'hui dans le temple ; et la règle, qui n'est faite que pour les enfans des hommes, est accomplie par le Fils de Dieu.

O divin enfant, souffrez que je me présente avec vous. Je veux être, comme vous, dans les mains pures de Marie et de Joseph ; je ne veux plus être qu'un même enfant avec vous, qu'une même victime. Mais que vois-je ? on vous rachète comme on rachetoit les enfans des pauvres ; deux colombes sont le prix de Jésus. O Roi immortel de tous les siècles ! bientôt vous n'aurez pas même de lieu où vous puissiez re-

---

[1] Philip. iv. 13.

poser votre tête. Vous enrichirez le monde de votre pauvreté, et déjà vous paroissez au temple en qualité de pauvre. Heureux quiconque se fait pauvre avec vous! Heureux qui n'a plus rien et qui ne veut plus rien avoir! Heureux qui a perdu en vous et au pied de votre croix toute possession, qui ne possède plus même son propre cœur, qui n'a plus de volonté propre, qui, loin d'avoir quelque chose, n'est plus à soi-même! O riche et bienheureuse pauvreté! ô trésor inconnu aux faux sages? ô nudité qui est au-dessus de tous les biens les plus éblouissans! Grâce à vous, enfant Jésus, je veux tout perdre, jusqu'à mon propre cœur, jusqu'au moindre désir propre, jusqu'aux derniers restes de ma volonté. Je cours après vous, nu et enfant comme vous l'êtes vous-même.

Je comprends assez par l'horreur que j'ai de moi-même, combien je suis une victime impure et indigne de votre Père. Je n'ose donc m'offrir qu'autant que je ne suis plus moi-même et que je ne fais plus qu'une même chose avec vous. O qui le comprendra? Mais il est pourtant vrai qu'on n'est digne de Dieu qu'autant qu'on en est hors de soi et perdu en lui. Arrachez-moi donc à moi-même. Plus de retours d'amour-propre, plus de désirs inquiets, plus de crainte ni d'espérance pour mon propre intérêt. Le *moi*, à qui je rapportois tout autrefois, doit être anéanti pour jamais. Qu'on me mette haut, qu'on me mette bas, qu'on se souvienne de moi, qu'on m'oublie, qu'on me loue, qu'on me blâme, qu'on se fie à moi ou qu'on me soupçonne même injustement, qu'on me laisse en paix ou qu'on me traverse, qu'importe? ce n'est plus mon affaire. Je ne suis plus à moi pour m'intéresser à tout ce qu'on me fait; je suis à celui qui fait faire toutes ces choses selon son plaisir: sa volonté se fait, et c'est assez. S'il y avoit encore un reste du *moi* pour se plaindre et pour murmurer, mon sacrifice seroit imparfait. Cette destruction de la victime, qui doit anéantir tout être propre, répond à toutes les révoltes de la nature.

Mais ce traitement qu'on me fait est injuste; mais cette accusation est fausse et maligne; mais cet ami est infidèle et ingrat; mais cette perte de biens m'accable; mais cette privation de toute consolation sensible est trop amère; mais cette épreuve où Dieu me met est trop violente; mais les gens de bien, de qui j'attendois du secours, n'ont pour moi que de la sécheresse et de l'indifférence; mais Dieu lui-même me rejette et se retire de moi. Hé bien! ame foible, ame lâche, ame de peu de foi, ne veux-tu pas tout ce que Dieu veut? Es-tu à lui ou à toi? Si tu es encore à toi, tu as raison de te plaindre et de chercher ce qui te convient. Mais si tu ne veux plus être à toi, pourquoi donc t'écouter encore toi-même? Que te reste-t-il encore à dire en faveur de ce malheureux *moi*, auquel tu as renoncé sans réserve et pour toujours? Qu'il périsse, que toute ressource lui soit arrachée, tant mieux; c'est là le sacrifice de vérité; tout le reste n'en est que l'ombre. C'est par là que la victime est consommée et Dieu dignement adoré. O Jésus, avec qui je m'offre, donnez-moi le courage de ne me plus compter pour rien et de ne laisser en moi rien de moi-même!

Vous fûtes racheté par deux colombes; mais ce rachat ne vous délivroit pas du sacrifice de la croix où vous deviez mourir: au contraire, votre présentation au temple étoit le commencement et les prémices de votre offrande au Calvaire. Ainsi, Seigneur, toutes les choses extérieures que je vous donne ne pouvant me racheter, il faut que je me donne moi-même tout entier et que je meure sur la croix. Perdre le repos, la réputation, les biens, la vie, ce n'est encore rien; il faut se perdre soi-même, ne se plus aimer, se livrer sans pitié à votre justice, devenir étranger à soi-même, et n'avoir plus d'autre intérêt que celui de Dieu à qui on appartient.

X.

POUR LE CARÊME.

Mon Dieu, voici un temps d'abstinence et de privation. Ce n'est rien de jeûner des viandes grossières qui nourrissent le corps, si on ne jeûne aussi de tout ce qui sert d'aliment à l'amour-propre. Donnez-moi donc, ô époux des ames, cette virginité intérieure, cette pureté du cœur, cette séparation de toute créature, cette sobriété dont parle votre apôtre, par laquelle on n'use d'aucune créature que pour le seul besoin, comme les personnes sobres usent des viandes pour la nécessité. O bienheureux jeûne, où l'ame jeûne tout entière et tient tous les sens dans la privation du superflu! O sainte abstinence, où l'ame, rassasiée de la volonté de Dieu, ne se nourrit jamais de sa volonté propre! Elle a, comme Jésus-Christ, une autre viande dont elle se nourrit. Donnez-le moi, Seigneur, ce pain qui est au-dessus de toute substance ; ce pain qui apaisera à jamais la faim de mon cœur ; ce pain qui éteint tous les désirs ; ce pain qui est la vraie manne et qui tient lieu de tout.

O mon Dieu, que les créatures se taisent donc pour moi, et que je me taise pour elles en ce saint temps ! Que mon ame se nourrisse dans le silence en jeûnant de tous les vains discours ! Que je me nourrisse de vous seul et de la croix de votre fils Jésus !

Mais quoi, mon Dieu ! faudra-t-il donc que je sois dans une crainte continuelle de rompre ce jeûne intérieur par les consolations que je goûterai au dehors ! Non, non, mon Dieu, vous ne voulez point cette gêne et cette inquiétude. Votre esprit est l'esprit d'amour et de liberté, et non celui de crainte et de servitude. Je renoncerai donc à tout ce qui n'est point de votre ordre pour mon état, à tout ce que j'éprouve qui me dissipe trop, à tout ce que les personnes qui me conduisent à vous jugent que je dois retrancher ; enfin à tout ce que vous retrancherez vous-même par les événemens de votre providence. Je porterai paisiblement toutes ces privations. Voici encore ce que j'ajouterai : c'est que, dans les conversations innocentes et nécessaires, je retrancherai ce que vous me ferez sentir intérieurement qui n'est qu'une recherche de moi-même. Quand je me sentirai porté à faire là-dessus quelque sacrifice, je le ferai gaîment. Mais d'ailleurs, ô mon Dieu, je sais que vous voulez qu'un cœur qui vous aime soit au large. J'agirai avec confiance comme un enfant qui joue entre les bras de sa mère ; je me réjouirai devant le Seigneur ; je tâcherai de réjouir les autres ; j'épancherai mon cœur sans crainte dans l'assemblée des enfans de Dieu. Je ne veux que candeur, innocence, joie du Saint-Esprit. Loin, loin, ô mon Dieu, cette sagesse triste et craintive qui se ronge toujours elle-même, qui tient toujours la balance en main pour peser des atomes, de peur de rompre ce jeûne intérieur ! C'est vous faire injure que de n'agir pas avec vous avec plus de simplicité : cette rigueur est indigne de vos entrailles paternelles. Vous voulez qu'on vous aime uniquement ; voilà sur quoi tombe votre jalousie : mais quand on vous aime, vous laissez agir librement l'amour, et vous voyez bien ce qui vient véritablement de lui.

Je jeûnerai donc, ô mon Dieu, de toute volonté qui n'est pas la vôtre ; mais je jeûnerai par amour, dans la liberté et dans l'abondance de mon cœur. Malheur à l'ame rétrécie et desséchée en elle-même, qui craint tout et qui, à force de craindre, n'a pas le temps d'aimer et de courir généreusement après l'Epoux !

O que le jeûne que vous faites faire à l'ame sans la gêner est un jeûne exact ! Il ne reste rien au cœur que le bien-aimé, et encore il cache souvent le bien-aimé, pour laisser l'ame défaillante et prête à expirer faute de soutien. Voilà le grand jeûne où l'homme voit sa pauvreté toute nue, où il sent un vide affreux qui le dévore et où Dieu même semble lui manquer, pour lui arracher jusqu'aux moindres restes de vie en lui-même. O grand jeûne de la pure foi, qui vous comprendra ? Où est l'ame assez courageuse pour vous accomplir ? O privation universelle ! ô renoncement à soi comme aux choses les plus vaines du dehors ! O fidélité d'une ame qui se laisse poursuivre sans relâche par l'amour jaloux, et qui souffre que tout lui soit ôté ! Voilà, Seigneur, le sacrifice de ceux qui vous adorent en esprit et en vérité ; c'est par ces épreuves qu'on devient digne de vous. Faites, Seigneur ; rendez mon ame vide, affamée, défaillante ; faites selon votre bon plaisir. Je me tais, j'adore, je dis sans cesse : *Que votre volonté se fasse, et non la mienne* [1].

XI.

POUR LE JEUDI SAINT.

Jésus, sagesse éternelle, vous êtes caché dans le sacrement, et c'est là que je vous adore aujourd'hui. O que j'aime ce jour, où vous vous donnâtes vous-même tout entier aux apôtres ! Que dis-je, aux apôtres ? Vous ne vous êtes pas moins donné à nous qu'à eux. Précieux don, qui se renouvelle de jour en jour depuis tant de siècles, et qui durera sans interruption autant que le monde ! O gage des bontés du Père de miséricorde ! ô sacrement de l'amour ! ô pain au-dessus de toute substance ! Comme mon corps se nourrit du pain grossier et corruptible, ainsi mon ame doit se nourrir chaque jour de l'éternelle vérité, qui s'est faite non-seulement chair pour être vue, mais encore pain pour être mangée et pour nourrir les enfans de Dieu.

Hélas ! où êtes vous donc, ô sagesse profonde qui avez formé l'univers ? Qui pourroit croire que vous fussiez sous cette vile apparence ? On ne voit qu'un peu de pain, et on reçoit, avec

---

[1] Luc. XXII. 42.

la chair vivifiante du Sauveur, tous les trésors de la Divinité. O sagesse, ô amour infini ! pour qui faites-vous de si grandes choses ? Pour des hommes grossiers, aveugles, stupides, ingrats, insensibles, incapables de goûter votre don. Où sont les ames qui se nourrissent de votre pure vérité, qui vivent de vous seul, qui vous laissent vivre en elles, et qui se transforment en vous ? Je le comprends, vous voulez faire en sorte que, par ce sacrement, nous n'ayons plus d'autre sagesse que la vôtre, ni d'autre volonté que votre volonté même qui doit vouloir en nous. Cette sagesse divine doit être cachée en nous, comme elle l'est sous les voiles du sacrement. Le dehors doit être simple, foible, méprisable à l'orgueilleuse sagesse des hommes ; le dedans doit être tout mort à soi, tout transformé, tout divin.

Jusqu'ici, ô mon Sauveur, je ne me suis point nourri de votre vérité : je me suis nourri des cérémonies de la religion, de l'éclat de certaines vertus qui élèvent le courage, de la bienséance et de la régularité des actions extérieures, de la victoire que j'avois besoin de remporter sur mon humeur pour ne montrer rien qui ne fût parfait. Voilà le voile grossier du sacrement : mais le fond du sacrement même, mais cette vérité substantielle et au-dessus de toute substance bornée et comprise, où est-elle ? Hélas ! je ne l'ai point cherchée. J'ai songé à régler le dehors, sans changer le dedans. Cette adoration en esprit et en vérité, qui consiste dans la destruction de toute volonté propre pour laisser régner en moi celle de Dieu seul, m'est encore presque inconnue. Ma bouche a mangé ce qui est extérieur et sensible dans le sacrement ; mon cœur n'a point été nourri de cette vérité substantielle. Je vous sers, mon Dieu, mais à ma mode, et selon les vues de ma sagesse. Je vous aime, mais pour mon bien plus que pour votre gloire. Je désire vous glorifier, mais avec un zèle qui n'est point abandonné sans réserve à toute l'étendue de vos desseins. Je veux vivre pour vous, mais renfermé en moi, et je crains de mourir à moi-même. Quelquefois je crois être prêt à tous les plus grands sacrifices, et la moindre perte que vous exigez de moi un moment après, me trouble, me décourage et me scandalise.

O amour, ma misère et mon indignité ne vous rebutent point. C'est sous ce voile méprisable que vous voulez cacher la vertu et la grandeur de votre mystère. Vous voulez faire de moi un sacrement qui exerce la foi des autres et la mienne même. En cet état de foiblesse, je me livre à vous : je ne puis rien, mais vous pouvez tout, et je ne crains point ma foiblesse, sentant si près de moi votre toute-puissance. Verbe de Dieu, soyez sous cette foible créature comme vous êtes sous l'espèce du pain. O parole souveraine et vivifiante ! parlez dans le silence de mon ame : faites taire mon ame même, et qu'elle ne se parle plus intérieurement, pour n'écouter que vous. O pain de vie ! je ne me veux plus nourrir que de vous seul : tout autre aliment me feroit vivre à moi-même, me donneroit une force propre, et me rempliroit de désirs.

Que mon ame meure de la mort des justes, de cette bienheureuse mort qui doit prévenir la mort corporelle ; de cette mort intérieure qui divise l'ame d'avec elle-même, qui fait qu'elle ne se trouve ni ne se possède plus, qui éteint toute ardeur, qui détruit tout intérêt, qui anéantit tout retour sur soi ! O amour ! vous tourmentez merveilleusement. Le même pain descendu du ciel fait mourir et fait vivre ; il arrache l'ame à elle-même, et il la met en paix ; il lui ôte tout et il lui donne tout ; il lui ôte tout en elle, et lui donne tout en Dieu, en qui seul les choses sont pures. O mon amour, ô ma vie, ô mon tout ! je n'ai plus que vous. O mon pain ! je vous mangerai tous les jours, et je ne craindrai que de perdre ma nourriture.

XII.

POUR LE VENDREDI SAINT.

Le mystère de la passion de Jésus-Christ est incompréhensible aux hommes. Il a paru *un scandale aux Juifs, et une folie aux Gentils* [1]. Les Juifs étoient zélés pour la gloire de leur religion ; ils ne pouvoient souffrir l'opprobre de Jésus-Christ. Les Gentils, pleins de leur philosophie, étoient sages, et leur sagesse se révoltoit à la vue d'un Dieu crucifié : c'étoit renverser la raison humaine, que de prêcher ce Dieu sur la croix. Cependant cette croix, prêchée dans tout l'univers, surmonte le zèle superbe des Juifs et la sagesse hautaine des Gentils. Voilà donc à quoi aboutit le mystère de la passion de Jésus-Christ, à confondre non-seulement la sagesse profane des gens du monde, qui, comme les Gentils, regardent la piété comme une folie, si elle n'est toujours revêtue d'un certain éclat ; mais

[1] I Cor. I. 23.

encore le zèle superbe de certaines personnes pieuses, qui ne veulent rien voir dans la religion qui ne soit conforme à leurs fausses idées.

O mon Dieu ! je suis du nombre de ces Juifs scandalisés. Il est vrai, ô Jésus, que je vous adore sur la croix ; mais cette adoration n'est qu'en cérémonie, elle n'est point en vérité. La véritable adoration de Jésus-Christ crucifié consiste à se sacrifier avec lui, à perdre sa raison dans la folie de la croix, à en avaler tout l'opprobre, à vouloir être, si Dieu le veut, un spectacle d'horreur à tous les sages de la terre, à consentir de passer pour insensé comme Jésus-Christ.

Voilà ce qu'on dit volontiers de bouche ; mais voilà ce que le cœur ne dit point. On s'excuse par de vains prétextes ; on frémit, on recule lâchement dès qu'il faut paroître nu et rassasié d'opprobres avec l'Homme de douleurs. O mon Dieu, mon amour, on vous aime pour se consoler ; mais on ne vous aime point pour vous suivre jusqu'à la mort de la croix. Tous vous fuient, tous vous abandonnent, tous vous méconnoissent, tous vous renient. Tant que la raison trouve son compte et son bonheur à vous suivre, on court avec empressement, et l'on se vante comme saint Pierre ; mais il ne faut qu'une question d'une servante pour tout renverser. On veut borner la religion à la courte mesure de son esprit, et dès qu'elle surpasse notre foible raison, elle se tourne en scandale.

Cependant la religion doit être dans la pratique ce qu'elle est dans la spéculation, c'est-à-dire qu'il faut qu'elle aille réellement jusqu'à faire perdre pied à notre raison, et à nous livrer à la folie du Sauveur crucifié. O qu'il est aisé d'être chrétien à condition d'être sage, maître de soi, courageux, grand, régulier et merveilleux en tout ! Mais être chrétien pour être petit, foible, méprisable et insensé aux yeux des hommes, c'est ce qu'on ne peut entendre sans en avoir horreur. Aussi l'on n'est chrétien qu'à demi. Non-seulement on s'abandonne à son vain raisonnement comme les Gentils, mais encore on se fait un honneur de suivre son zèle comme les Juifs. C'est avilir la religion, dit-on, c'est la tourner en petitesse d'esprit : il faut montrer combien elle est grande. Hélas ! elle ne le sera en nous, qu'autant qu'elle nous rendra humbles, dociles, petits et détachés de nous-mêmes.

On voudroit un Sauveur qui vînt pour nous rendre parfaits, pour nous remplir de notre propre excellence, et pour remplir toutes les vues les plus flatteuses de notre sagesse : au contraire, Dieu nous a donné un Sauveur qui renverse notre sagesse, qui nous met avec lui nu sur une infâme croix. O Jésus, c'est là que tout le monde vous abandonne. Il ne faut pas, dit-on, pousser les choses si loin, c'est outrer les vérités chrétiennes, et les rendre odieuses aux yeux du monde. Hé quoi ! ne savons-nous pas que les profanes seront scandalisés, puisque quelques gens de bien même le sont ?

Comment le mystère de la croix ne paroîtroit-il pas excessif à ces sages Gentils, puisqu'il scandalise les Juifs pieux et zélés ? O mon Sauveur, boive qui voudra votre calice d'amertume ; pour moi, je veux boire jusqu'à la lie la plus amère. Je suis prêt à souffrir la douleur, l'ignominie, la dérision, l'insulte des hommes au dehors, et au dedans la tentation et le délaissement du Père céleste ; je dirai, comme vous l'avez dit pour mon instruction : *Que ce calice passe, et s'éloigne de moi ; mais*, malgré l'horreur de la nature, *que votre volonté se fasse, et non la mienne* [1]. Ces vérités sont trop fortes pour les mondains qui ne vous connoissent qu'à demi, et qui ne peuvent vous suivre que dans les consolations du Thabor. Pour moi, je manquerois à l'attrait de votre amour si je reculois. Allons à Jésus ; allons au Calvaire : mon ame est triste jusqu'à la mort ; mais qu'importe, pourvu que je meure percé des mêmes clous et sur la même croix que vous, ô mon Sauveur !

XIII.

POUR LE SAMEDI SAINT.

Ce qui se présente à moi aujourd'hui, c'est Jésus entre la mort qu'il a soufferte et la vie qu'il va reprendre. Sa résurrection ne sera pas moins réelle que sa mort, et sa mort n'est qu'un passage de la misérable vie à la vie bienheureuse. O Sauveur, je vous adore, je vous aime dans le tombeau, je m'y renferme avec vous ; je ne veux plus que le monde me voie, je ne veux plus me voir moi-même ; je descends dans les ténèbres et jusque dans la poussière ; je ne suis plus du nombre des vivans. O monde ! ô hommes ! oubliez-moi, foulez-moi aux pieds ; je suis mort, et la vie qui m'est préparée sera cachée avec Jésus-Christ en Dieu.

---

[1] Luc. XXII. 42.

Ces vérités étonnent ; à peine les gens de bien peuvent-ils les supporter. Que signifie donc *le baptême par lequel*, comme l'Apôtre nous l'assure [1], *nous avons été tous ensevelis avec Jésus-Christ par sa mort ?* Où est-elle cette mort, que le caractère chrétien doit opérer en nous ? où est-elle cette sépulture ? Hélas ! je veux paroître, être approuvé, aimé, distingué ; je veux occuper mon prochain, posséder son cœur, me faire une idole de la réputation et de l'amitié. Dérober à Dieu l'encens grossier qui brûle sur ses autels, n'est rien en comparaison du larcin sacrilége d'une ame qui veut enlever ce qui est dû à Dieu et se faire l'idole des autres créatures.

Mon Dieu, quand cesserai-je de m'aimer, jusqu'à vouloir qu'on ne m'aime et qu'on ne m'estime plus ? A vous seul, Seigneur, la gloire, à vous seul l'amour. Je ne dois plus rien aimer qu'en vous, pour vous, et de votre pur amour : je ne dois plus m'aimer moi-même que par charité, comme on aime un étranger. Ne devrois-je donc pas avoir honte de vouloir être estimé et aimé ? Ce qui est le plus étrange, et ce qui fait voir l'injustice de mon amour-propre, c'est que je ne me contente pas d'un amour de charité. L'oserai-je dire, ô mon Dieu ? ma vaine délicatesse est blessée de n'avoir rien que ce qu'on lui accorde à cause de vous. O injustice ! ô révolte ! ô aveugle et détestable orgueil ! Punissez-le, mon Dieu. Je suis pour vous contre moi ; j'entre dans les intérêts de votre gloire et de votre justice contre ma vanité. O folle créature, idolâtre de toi-même ! qu'as-tu donc, indépendamment de Dieu, qui mérite cette tendresse, cet attachement, cet amour indépendant de la charité. O qu'il faut de charité pour se supporter dans cette injustice, de vouloir que les autres fassent pour nous ce que Dieu nous défend de faire pour nous-mêmes ! Amour que Dieu imprime dans le fond de ses créatures, est-ce là l'usage qu'il en veut tirer ? Ne nous a-t-il faits capables d'aimer, qu'afin que nous nous détournions les uns les autres de l'unique terme du pur amour ? Non, mon Dieu, je ne veux plus qu'on m'aime ; à peine faut-il qu'on me souffre pour l'amour de vous : plus je suis délicat et sensible sur cet amour des autres, plus j'en suis indigne, et dans le besoin d'en être privé.

Il en est, ô Seigneur, de la réputation comme de l'amitié : donnez ou ôtez selon vos desseins ; que cette réputation, plus chère que la vie, devienne comme un linge sali, si vous y trouvez votre gloire : qu'on passe et qu'on repasse sur moi comme sur les morts qui sont dans le tombeau ; qu'on ne me compte rien ; qu'on ait horreur de moi ; qu'on ne m'épargne en rien, tout est bon. S'il me reste encore quelque sensibilité volontaire, quelque vue secrète sur la réputation, je ne suis point mort avec Jésus-Christ, et je ne suis point en état d'entrer dans sa vie ressuscitée.

Ce n'est qu'après l'extirpation de la vie maligne et corrompue du vieil homme, que nous passons dans la vie de l'homme nouveau. Il faut que tout meure, douceurs, consolation, repos, tendresse, amitié, honneur, réputation : tout nous sera rendu au centuple ; mais il faut que tout meure, que tout soit sacrifié. Quand nous aurons tout perdu en vous, ô mon Dieu, nous retrouverons tout en vous. Ce que nous avions en nous avec l'impureté du vieil homme nous sera rendu avec la pureté de l'homme renouvelé, comme les métaux mis au feu ne perdent point leur pure substance, mais sont purifiés de ce qu'ils ont de grossier. Alors, mon Dieu, le même esprit qui gémit et qui prie en nous, aimera en nous plus parfaitement. Combien nos cœurs seront-ils plus grands, plus tendres et plus généreux ! Nous n'aimerons plus en foibles créatures, et d'un cœur resserré dans d'étroites bornes : l'amour infini aimera en nous, notre amour portera le caractère de Dieu même.

Ne songeons donc qu'à nous unir à Jésus-Christ dans son agonie, dans sa mort et dans son tombeau ; ensevelissons-nous dans les ténèbres de la pure foi ; livrons-nous à toutes les horreurs de la mort. Non, je ne veux plus me regarder comme étant de la terre. O monde, oubliez-moi comme je vous oublie, et comme je veux m'oublier moi-même ! Seigneur Jésus, vous n'êtes mort que pour me faire mourir : arrachez-moi la vie ; ne me laissez plus respirer ; ne souffrez aucune réserve, poussez mon cœur à bout ; je ne mets point de bornes à mon sacrifice.

XIV.

POUR LE JOUR DE L'ASCENSION.

Il me semble que j'accompagne avec les disciples Jésus-Christ jusqu'à Béthanie. Là il monte au ciel à mes yeux ; je l'adore, je ne puis me lasser de le regarder, de le suivre

---

[1] Rom. vi. 4.

d'affection, et de goûter au fond de mon cœur les paroles de vie qui sont sorties les dernières de sa bouche sacrée quand il a quitté la terre. O Sauveur, vous ne cessez point d'être avec moi et de me parler! Je sens la vérité de cette promesse : *Voilà que je suis avec vous tous les jours jusqu'à la consommation des siècles* [1]. Vous êtes avec nous non-seulement sur cet autel sensible, où vous appelez tous vos enfans à manger le pain descendu du ciel ; mais vous êtes encore au dedans de nous, sur cet autel invisible, dans cette église et ce sanctuaire inaccessible de nos ames, où se fait l'adoration en esprit et en vérité. Là vous sont offertes les pures victimes ; là sont égorgés tous les désirs propres, tous les retours intéressés sur nous-mêmes, et tous les goûts de l'amour-propre. Là nous mangeons le véritable pain de vie dont votre chair adorable même n'est que la superficie sensible ; là nous sommes nourris de la pure substance de l'éternelle vérité ; là le Verbe fait chair se donne à nous comme notre verbe intérieur, comme notre parole, notre sagesse, notre vie, notre être, notre tout. Si nous l'avons connu selon la chair et par les sens, pour y rechercher un goût sensible, nous ne le connoissons plus de même ; c'est la pure foi et le pur amour qui se nourrissent de la pure vérité de Dieu fait une même chose avec nous. O règne de mon Dieu ! c'est ainsi que vous venez à nous dès cette vie misérable. O volonté du Père ! vous êtes par là accomplie sur la terre comme dans le ciel. O ciel ! pendant qu'il plaît à Dieu de me tenir hors de vous dans ce lieu d'exil, je ne vais point vous chercher plus loin, et je vous trouve sur la terre. Je ne connois ni ne veux d'autre ciel que mon Dieu, et mon Dieu est avec moi au milieu de cette vallée de larmes. Je le porte, je le glorifie en mon cœur ; il vit en moi. Ce n'est pas moi qui vis ; c'est lui qui vit, triomphant dans sa créature de boue, et qui la fait vivre en lui seul. O bienheureuse et éternelle Sion, où Jésus règne avec tous les saints ! que de choses glorieuses sont dites de vous ! Que j'aime ce règne de gloire qui n'aura point de fin ! A vous seul, Seigneur, l'empire, la majesté, la force, la toute-puissance aux siècles des siècles.

Seigneur Jésus, bien loin de m'affliger pour nous de ce que vous n'êtes pas visible sur la terre, je me réjouis de votre triomphe ; c'est votre seule gloire qui m'occupe. Je joins ici-bas ma foible voix avec celle de tous les bienheureux pour chanter le cantique de l'Agneau vainqueur : trop heureux, ô Jésus, de souffrir dans cet exil pour vous glorifier ! Votre présence sensible, il est vrai, est le plus doux de tous les parfums; mais ce n'est pas pour moi que je vous cherche, c'est pour vous. O si me regardois moi-même, qu'est-ce qui pourroit me consoler, dans cette misérable vie, de ne vous avoir point, de vous déplaire par tant de fautes, et de me voir sans cesse en risque de vous perdre éternellement ? Qu'est-ce qui seroit capable d'adoucir mes peines, et de me faire supporter la vie ? Mais j'aime mieux votre volonté que ma sûreté propre.

Je vis donc, puisque vous voulez que je vive. Cette vie, qui n'est qu'une mort, durera autant que vous voudrez. Vous le savez, ô Dieu de mon cœur, que je n'y veux tenir à rien qu'à votre ordre. Je ne suis dans cette terre étrangère qu'à cause que vous m'y tenez. Je vous aime mieux que mon bonheur et que ma gloire. Il vaut mieux vous obéir que jouir de vous ; il vaut mieux souffrir selon vos desseins, que goûter vos délices et voir la lumière de votre visage. En me privant de vous, privez-moi de tout ; dépouillez, arrachez sans pitié ; ne laissez rien à mon ame, ne la laissez pas elle-même à elle-même.

Si la présence du Sauveur a dû nous être ôtée, que doit-il nous rester ? Si Dieu a été jaloux d'une si sainte consolation pour les apôtres, avec quelle indignation détruira-t-il en nous tant d'amusemens qui nous conservent certains restes secrets d'une vie propre ! Quelle consolation sera aussi pure que celle de voir Jésus ? Et par conséquent en reste-t-il quelqu'une dont nous osions encore refuser le sacrifice ? O Dieu, n'écoutez plus ma lâcheté ; dépouillez, écorchez, s'il le faut ; coupez jusqu'au vif. Quand tout sera ôté, ce sera alors que vous resterez seul dans l'ame.

XV.

POUR LE JOUR DE LA PENTECÔTE.

Vous avez commencé, Seigneur, par ôter à vos apôtres ce qui paroissoit le plus propre à les soutenir, je veux dire la présence sensible de Jésus votre fils : mais vous avez tout détruit pour tout établir : vous avez ôté tout pour rendre tout avec usure. Telle est votre méthode.

---

[1] *Matth.* XXVIII. 20.

Vous vous plaisez à renverser l'ordre du sens humain.

Après avoir ôté cette possession sensible de Jésus-Christ, vous avez donné votre Saint-Esprit. O privation, que vous êtes précieuse et pleine de vertu, puisque vous opérez plus que la possession du Fils de Dieu même! O ames lâches! pourquoi vous croyez-vous si pauvres dans la privation, puisqu'elle enrichit plus que la possession du plus grand trésor? Bienheureux ceux qui manquent de tout et qui manquent de Dieu même, c'est-à-dire de Dieu goûté et aperçu! Heureux ceux pour qui Jésus se cache et se retire! L'Esprit consolateur viendra sur eux; il apaisera leur douleur, et aura soin d'essuyer leurs larmes. Malheur à ceux qui ont leur consolation sur la terre, qui trouvent hors de Dieu le repos, l'appui et l'attachement de leur volonté! Ce bon Esprit promis à tous ceux qui le demandent n'est point envoyé sur eux. Le Consolateur envoyé du ciel n'est que pour les ames qui ne tiennent ni au monde ni à elles-mêmes.

Hélas! Seigneur, où est-il donc cet Esprit qui doit être ma vie? il sera l'ame de mon ame. Mais où est-il? je ne le sens, je ne le trouve point. Je n'éprouve dans mes sens que fragilité, dans mon esprit que dissipation et mensonge, dans ma volonté qu'inconstance et que partage entre votre amour et mille vains amusemens. Où est-il donc votre Esprit? Que ne vient-il créer en moi un cœur nouveau selon le vôtre? O mon Dieu, je comprends que c'est dans cette ame appauvrie que votre Esprit daignera habiter, pourvu qu'elle s'ouvre à lui sans mesure. C'est cette absence sensible du Sauveur et de tous ses dons qui attire l'Esprit saint. Venez donc, ô Esprit; vous ne pouvez rien trouver de plus pauvre, de plus dépouillé, de plus nu, de plus abandonné, de plus foible que mon cœur. Venez, apportez-y la paix, non cette paix d'abondance qui coule comme un fleuve, mais cette paix sèche, cette paix de patience et de sacrifice; cette paix amère, mais paix véritable pourtant, et d'autant plus pure, plus intime, plus profonde, plus intarissable, qu'elle n'est fondée que sur le renoncement sans réserve.

O Esprit! ô amour! ô vérité de mon Dieu! ô amour lumière! ô amour, qui enseignez l'ame sans parler, qui faites tout entendre sans rien dire, qui ne demandez rien à l'ame, et qui l'entraînez par le silence à tout sacrifice! O amour qui dégoûtez de tout autre amour, qui faites qu'on se hait, qu'on s'oublie et qu'on s'abandonne! O amour qui coulez au travers du cœur comme la fontaine de vie, qui pourra vous connaître, sinon celui en qui vous serez? Taisez-vous, hommes aveugles, l'amour n'est point en vous. Vous ne savez ce que vous dites; vous ne voyez rien, vous n'entendez rien. Le vrai Docteur ne vous a jamais enseignés.

C'est lui qui rassasie l'ame de la vérité sans aucune science distincte. C'est lui qui fait naître au fond de l'ame les vérités que la parole sensible de Jésus-Christ n'avoit exposées qu'aux yeux de l'esprit. On goûte, on se nourrit, on se fait une même chose avec la vérité. Ce n'est plus elle qu'on voit comme un objet hors de soi; c'est elle qui devient nous-mêmes, et que nous sentons intimement comme l'ame se sent elle-même. O quelle puissante consolation sans chercher à se consoler! On a tout sans rien avoir. Là on trouve en unité le Père, le Fils et le Saint-Esprit; le Père créateur, qui crée en nous tout ce qu'il veut y faire pour nous rendre des enfans semblables à lui; le Fils Verbe de Dieu, qui devient le verbe et la parole intime de l'ame, qui se tait à tout pour ne laisser plus parler que Dieu; enfin l'Esprit, qui souffle où il veut, qui aime le Père et le Fils en nous. O mon amour, qui êtes mon Dieu, aimez-vous, glorifiez-vous vous-même en moi. Ma paix, ma joie, ma vie, sont en vous, qui êtes mon tout, et je ne suis plus rien.

XVI.

POUR LA FÊTE DU S. SACREMENT.

J'adore Jésus-Christ au saint Sacrement où il cache tous les trésors de son amour. O octave trop courte pour célébrer tant de mystères de Jésus anéanti! Je n'y vois qu'amour, que bonté et que miséricorde. Hélas! Seigneur, que voulez-vous? Pourquoi cacher votre majesté éternelle? Pourquoi l'exposer à l'ingratitude des ames insensibles, à l'irrévérence des hommes? Ah! c'est que vous nous aimez, vous nous cherchez, vous vous donnez tout entier à nous. Mais encore de quelle manière faites-vous ce don? sous la figure de l'aliment le plus familier. O mon pain, ô ma vie, ô chair de mon Sauveur, venez exciter ma faim! je ne veux plus me nourrir que de vous.

O Verbe, ô Sagesse, ô Parole, ô Vérité éternelle, vous êtes caché sous cette chair, et cette chair sacrée se cache sous cette apparence grossière du pain. O Dieu caché, je veux vivre caché avec vous pour vivre de votre vie divine. Sous toutes mes misères, mes foiblesses, mes indignités, je cacherai Jésus; je deviendrai le sacrement de son amour : on ne verra que le voile grossier du sacrement, la créature imparfaite et fragile, mais au dedans vivra le vrai Dieu de gloire.

Hélas ! ô Dieu d'amour, quand viendrez-vous donc? Quand est-ce que je vous aimerai? Quand est-ce que vous serez le seul aliment de mon cœur, et mon pain au-dessus de toute substance? Le pain extérieur, cette créature fragile, sera brisé et exposé à toute sorte d'accidens ; mais Jésus, immortel et impassible, sera en elle sans division et sans changement. Vivant de lui, je ne vivrai plus que pour lui, et il vivra tout seul en moi.

Verbe divin, vous parlerez, et mon ame se taira pour vous entendre ; cette simple parole qui a fait le monde se fera entendre de sa créature, et elle fera en tout ce qu'elle exprimera ; elle formera sa nouvelle créature comme elle forma l'univers. Taisez-vous donc, mon ame ; n'écoutez plus rien ici-bas; ne vous écoutez plus vous-même dans ce silence qui est l'anéantissement de l'esprit. Laissez parler le Verbe fait chair; ô qu'il dira de choses ! Il est lui seul toute vérité. Quelle différence entre la créature qui dit en passant quelque vérité, et qui dit ce qui n'est point à elle mais ce qui est comme emprunté de Dieu, et le Fils de Dieu qui est la vérité même! Il est ce qu'il dit; il est la vérité en substance : aussi ne la dit-il point comme nous la disons; il ne la fait point passer devant les yeux de notre esprit successivement et par pensées détachées; il la porte elle-même toute entière dans le fond de notre être; il l'incorpore en nous et nous en elle : nous sommes faits vérité de Dieu. Alors ce n'est point par force de raisonnemens et de science, c'est par simplicité d'amour qu'on est dans la vérité; tout le reste n'est plus qu'ombre et mensonge. On n'a plus besoin de discourir et de se convaincre en détail : c'est l'amour qui imprime toute vérité. D'une seule vue on est saisi du néant de la créature et du tout de Dieu. Cette vue décide tout, elle entraîne tout, elle ne laisse plus rien à l'esprit: on ne voit qu'une seule vérité, et tout le reste disparoît.

O monde insensé et scandaleux, on ne peut plus vous voir ni vous entendre. O amour-propre, vous faites horreur; on se supporte patiemment comme Jésus-Christ supportoit Judas. Tout passe de devant mes yeux ; mais rien ne m'importe, rien n'est mon affaire, sinon l'affaire unique de faire la volonté de Dieu dans le moment présent, et de vouloir sa volonté sur la terre comme on la veut dans le ciel.

O Jésus, voilà le vrai culte que vous attendez. Qu'il est aisé de vous adorer par des cérémonies et des louanges ! mais qu'il y a peu d'ames qui vous rendent ce culte intérieur ! Hélas ! on ne voit partout qu'une religion en figure, qu'une religion judaïque. On voudroit par esprit posséder votre vérité, mais on ne veut point se laisser posséder par elle : on veut participer à votre sacrifice, et jamais se sacrifier avec vous. A moins qu'on ne se perde en vous, jamais on ne sera fait une même chose avec vous. O Dieu caché, que vous êtes inconnu aux hommes ! O amour, on ne sait ce que c'est que d'aimer. Enseignez-le moi, et ce sera m'enseigner toutes les vérités en une seule.

XVII.

POUR LA FÊTE DE SAINTE MAGDELEINE.

Je voudrois, mon Sauveur, comme sainte Magdeleine, vous suivre par amour jusque dans la poussière du tombeau. C'étoit d'elle, Seigneur, que vous fîtes sortir sept démons. Que j'aime à voir que les saints que vous avez tirés de l'état le plus affreux sont ceux qui vous cherchent avec plus de courage et de tendresse ! Tous vos disciples, Seigneur, s'enfuient ; Magdeleine seule, qui a été la proie de tant de démons, arrose votre tombeau de ses larmes ; elle est inconsolable de ne plus trouver votre corps ; elle le demande à tout ce qu'elle trouve ; dans le transport de sa douleur, elle ne mesure point ce qu'elle dit, elle ne sait pas même les paroles qu'elle prononce. Quand l'amour parle, il ne consulte point la raison.

Je cours en pleine liberté, comme vos vrais enfans, à l'odeur de vos parfums. Je cours, ô mon Dieu, avec Magdeleine vers votre tombeau; je cours, sans m'arrêter, à la mort entière de tout moi-même ; je descends jusque dans la poussière ; je m'enfonce dans les ténèbres et dans l'horreur de ce tombeau. Je ne trouve plus, ô Sauveur, aucun reste sensible de votre présence, aucune trace de vos dons. L'époux s'est enfui, tout est perdu ; il ne reste ni époux, ni amour, ni lumière : Jésus est enlevé. O douleur ! ô tentation ! ô désespoir ! Perdre jusqu'à mon amour même! Jésus caché et enseveli au fond de mon cœur ne s'y trouve plus ! Où est-il ? qu'est-il devenu ? Je le demande à toute la nature, et toute la nature est muette ; il ne me reste de mon amour, que le trouble de l'avoir perdu. Où est-il ? Donnez-le-moi, ôtez-moi tout le reste, je l'emporterai. Pauvre ame, qui ne sais rien de ce que tu dis, mais trop heureuse, puisque tu aimes, sans savoir que c'est l'amour qui te fait parler !

O amour, vous voulez des ames qui osent tout, et qui ne se promettent rien, qui ne disent jamais : Je le puis, ou, Je ne le puis pas. On peut tout en vous ; on ne peut rien sans vous. Quiconque aime parfaitement ne se mesure plus sur soi ; il est prêt à tout, et ne tient plus à rien.

XVIII.

POUR LE JOUR DE L'ASSOMPTION.

O mon Dieu, je me présente aujourd'hui à vous avec Marie mère de votre Fils. Donnez-moi des pensées, donnez-moi un cœur qui répondent aux pensées et au cœur de Marie. O Jésus, voilà votre mère qui quitte la terre pour se réunir à jamais à vous. Je la quitte ; avec elle mon cœur s'élève vers le ciel pour n'aimer que vous. O Esprit, qui descendîtes sur cette Vierge pour la rendre féconde, descendez sur moi pour me purifier.

Que vois-je dans Marie pendant les derniers temps de sa vie ? Elle *persévéroit*, dit saint Luc [1], *dans la prière avec les autres femmes*, c'est-à-dire qu'elle ne faisoit au-dehors que ce que les autres faisoient. La perfection, qui étoit sans doute dans la mère du Fils de Dieu, ne consiste donc pas dans des actions extraordinaires et éclatantes. Nous ne voyons ni prophéties, ni miracles, ni instruction des peuples, ni extases ; rien que de simple et de commun. Sa vie étoit toute intérieure : elle *prioit* avec *persévérance*: voilà son occupation où elle se bornoit ; mais, sans se distinguer, elle prioit avec les autres femmes. O combien sa prière devoit-elle être plus pure et plus divine ! Mais ces trésors demeuroient cachés : au dehors on ne voyoit que recueillement, simplicité, vie commune.

Adoration en esprit et en vérité, dont Marie est le modèle, quand est-ce que les hommes vous connoîtront ? Ils vous cherchent où vous n'êtes pas, dans les grands projets, dans les conduites pleines d'austérité. Toutes ces choses ont leur temps, et Dieu y appelle quand il lui plaît ; mais le vrai culte, le pur amour ne dépend point de toutes ces choses. Aimer en silence, ne vouloir que Dieu seul, ne tenir à rien, pas même à ses dons pour se les approprier avec complaisance ; souffrir tout en esprit ; souffrir la vie comme les maux dont elle est pleine, par abandon à Dieu, et dans le dépouillement intérieur, comme Marie vivoit dans cette amère séparation d'avec son Fils ; ne se compter plus pour rien dans toutes les choses qu'on a à faire ou à souffrir ; ne se croire ni capable ni incapable d'aucune chose, mais se laisser mener comme un petit enfant, ou comme Marie se laisse donner par son Fils à Jean pour être conduite par lui ; n'avoir plus rien à soi, et n'être plus à soi-même ; vivre, mourir avec un cœur égal, ou plutôt n'avoir ni cœur ni volonté, mais laisser Dieu uniquement vouloir et s'aimer soi-même sans mesure au dedans de nous : ô vous voilà, adoration pure, simple et parfaite ! c'est de tels adorateurs que le Père cherche.

Mais, hélas ! où les trouvera-t-il ? On craint toujours d'aller trop loin, et de se perdre en se donnant à Dieu. La pure foi ne suffit point aux ames timides et intéressées. Elles veulent voir et posséder des dons sensibles ; s'appuyer, comme dit l'Ecriture, sur un bras de chair ou sur la force de leur sagesse. Marcher comme Abraham, sans savoir où l'on va, est une chose qui révolte les sens et la raison défiante. Hélas ! on veut servir Dieu, mais à condition de régler tous ses pas, d'arranger ses affaires, de se faire un genre de vie doux et commode. On ne veut rien, dit-on. Hé ! ne veut-on pas les commodités de la vie, la consolation de l'amitié, le succès des choses qu'on croit bonnes, la conservation d'une réputation avantageuse ? O Dieu de vérité, faites luire vos plus purs rayons de grâce dans ces ames timides et mercenaires ! Montrez-leur qu'elles veulent tout, quoiqu'elles ne croient rien vouloir. Poussez-les sans relâche de sacrifice en sacrifice. Elles reconnoîtront, à chaque chose qu'il faudra sacrifier, qu'il n'y en avoit aucune à laquelle elles ne se tinssent fortement. Quelles agonies quand Dieu nous prend au mot, et ne fait que prendre ce que nous lui avons tant de fois abandonné ! O abandon, on parle de vous sans vous connoître ! O sacrifice de vérité, vous êtes dans la bouche, et point dans le cœur ! O mon ame, je ne me fie plus à vous ; je ne me fie qu'à Dieu seul, qui m'arrachera à moi-même. O Marie, mère de Jésus, je veux vivre et mourir avec vous dans le pur amour.

---

[1] Act. I. 14.

XIX.

POUR LE JOUR DE SAINT AUGUSTIN.

Que vois-je, Seigneur, en saint Augustin? le comble de sa misère, et puis une miséricorde qui la surpasse. O qu'une ame foible et misérable est consolée à la vue d'un tel exemple! C'est ainsi, ô mon Dieu, que vous aimez à sauver ce qui étoit perdu, à redresser ce qui étoit égaré, à remettre dans votre sein tendre et paternel ce qui étoit loin de vous et livré à ses passions. O aimable saint, vous m'êtes mis devant les yeux pour m'apprendre, dans l'abîme de mes ténèbres, à espérer et à ne me décourager jamais, puisque la source des miséricordes ne tarit point pour les cœurs pénitens; enfin à me supporter moi-même en tout ce que je vois en moi de plus humiliant.

O amour de mon Dieu, que n'avez-vous pas fait dans le cœur d'Augustin! En lui, on avoit vu l'amour aveugle, l'amour égaré, l'amour insensé; ô amour, vous êtes retourné à votre centre vers la vérité et la beauté éternelle: cet amour, qui avoit si longtemps couru après le mensonge, est devenu l'amour parfait: c'est l'amour humble, c'est l'amour qui s'anéantit pour mieux aimer. Augustin ne s'aime plus lui-même, tant il aime Dieu; il ne voit plus rien par son propre esprit; il est abattu, ce grand génie, si fécond, si vif, si étendu, si élevé, si hardi pour contempler les plus hautes vérités. Qu'est-il donc devenu cet homme qui perçoit les plus grandes difficultés, qui raisonnoit si subtilement, qui parloit, qui décidoit avec tant d'assurance? Qu'en reste-t-il? Hélas! je ne vois plus que la simplicité d'un enfant: il suit sans voir, il croit sans comprendre; l'amour simple et anéanti est devenu son unique lumière; il ne cherche plus à connoître par ses propres lumières, mais l'onction de l'amour lui apprend toute vérité; il la trouve renfermée dans le mépris de tout lui-même, et dans l'amour de Dieu qui est l'unique bien. Qui suis-je? s'écrie-t-il. Rien qu'une voix qui crie: Dieu est tout, et il n'y a que lui.

O profonde doctrine! la lumière la plus précieuse est cette lumière éternelle qui anéantit les lumières humaines: c'est cet état d'obscurité, où sans rien voir en l'homme, l'amour parfait voit tout d'une manière divine: c'est ce goût intime de la vérité, qui ne la met plus devant les yeux de la chair et du sang, mais qui la fait habiter au fond de nous-mêmes. O chère science de Jésus, en comparaison de laquelle tout n'est rien, qui vous donnera à moi? qui me donnera à vous? Enseignez-moi, Seigneur, à aimer, et je saurai toutes vos Ecritures. Toutes leurs pages m'enseignent que l'ame qui aime sait tout ce que vous voulez qu'on sache. O amour, instruisez-moi par le cœur, et non par l'esprit. Désabusez-moi de ma vaine raison, de ma prudence aveugle, de tous désirs indignes d'une ame qui vous aime. Que je meure, comme Augustin, à tout ce qui n'est pas vous.

XX.

POUR LA FÊTE DE TOUS LES SAINTS.

L'intention de l'Eglise est d'honorer aujourd'hui tous les saints ensemble. Je les aime, je les invoque, je m'unis à eux, je joins ma voix aux leurs pour louer celui qui les a faits saints. Que volontiers je m'écrie avec cette Eglise céleste: Saint, saint, saint! à Dieu seul la gloire! que tout s'anéantisse devant lui!

Je vois les saints de tous les âges, de tous les tempéramens, de toutes les conditions: il n'y a donc ni âge, ni tempérament, ni condition qui exclue de la sainteté. Ils ont eu au dehors les mêmes obstacles, les mêmes combats que nous; ils ont eu au dedans les mêmes répugnances, les mêmes sensibilités, les mêmes tentations, les mêmes révoltes de la nature corrompue; ils ont eu des habitudes tyranniques à détruire, des rechutes à réparer, des illusions à craindre, des relâchemens flatteurs à rejeter, des prétextes plausibles à surmonter, des amis à craindre, des ennemis à aimer, un orgueil à saper par le fondement, une humeur à réprimer, un amour-propre à poursuivre sans relâche jusque dans les derniers replis du cœur.

Ah! que j'aime à voir les saints, foibles comme moi, toujours aux prises avec eux-mêmes, n'ayant jamais un seul moment d'assuré! J'en vois dans la retraite livrés aux plus cruelles tentations; j'en vois dans les prospérités les plus redoutables et dans le commerce du siècle le plus empesté. O grâce du Sauveur, vous éclatez partout, pour mieux montrer votre puissance, et pour ôter toute excuse à ceux qui vous résistent! Il n'y a ni habitude enracinée, ni tempérament ou violent ou fragile, ni croix accablantes, ni prospérités empoisonnées, qui puissent nous excuser, si nous ne pratiquons pas l'Evangile. Cette foule d'exemples décide: la grâce prend toutes les formes les plus diverses, suivant les divers besoins : elle fait aussi aisément des rois humbles, que des solitaires pénitens et recueillis : tout lui est facile quand nous ne résistons pas à son attrait. J'entends la voix du Seigneur qui dit que Dieu sait changer les pierres mêmes en enfans d'Abraham. O Jésus, ô Parole, mais Parole d'éternelle vérité ! accomplissez donc cette parole en moi, moi pierre dure et insensible, moi qui ne puis être taillé que sous les coups redoublés du marteau, moi rebelle, indocile et incapable de tout bien. O Seigneur, prenez cette pierre ; glorifiez-vous, amollissez mon cœur ; animez-le de votre Esprit ; rendez-le sensible à vos vérités éternelles ; formez en moi un enfant d'Abraham, qui marche sur les vestiges de sa foi.

Dirai-je avec le monde insensé : Je veux bien me sauver, mais je ne prétends pas être un saint? Ah ! qui peut espérer son salut sans la sainteté ? Rien d'impur n'entrera au royaume des cieux ; aucune tache n'y peut entrer ; si légère qu'elle puisse être, il faut qu'elle soit effacée, et que tout soit purifié jusque dans le fond par le feu vengeur de la justice divine, ou en ce monde ou en l'autre : tout ce qui n'est pas dans l'entier renoncement à soi et dans le pur amour qui rapporte tout à Dieu sans retour, est encore souillé. O sainteté de mon Dieu, aux yeux duquel les astres mêmes ne sont pas assez purs! O Dieu juste, qui jugerez toutes nos imparfaites justices! mettez la vôtre au dedans de mes entrailles pour me renouveler ; ne laissez rien en moi de moi-même.

XXI.

POUR LA COMMÉMORATION DES MORTS.

Mon Dieu, je regarde avec consolation cette cérémonie de votre Eglise qui met la mort devant nos yeux. Hélas ! faut-il que nous ayons besoin qu'on nous en rappelle le souvenir ! Tout n'est que mort ici-bas ; le genre humain tombe en ruine de tous côtés à nos yeux ; il s'est élevé un monde nouveau sur les ruines de celui qui nous a vus naître; et ce nouveau monde, déjà vieilli, est prêt à disparoître : chacun de nous meurt insensiblement tous les jours ; l'homme, comme l'herbe des champs, fleurit le matin ; le soir il languit, il se dessèche, il est flétri, il est foulé aux pieds. Le passé n'est qu'un songe ; le présent nous échappe dans le clin d'œil où nous voulons le voir ; l'avenir n'est point à nous, peut-être n'y sera-t-il jamais : et, quand il y seroit, qu'en faudroit-il croire ? Il vient, il s'approche, le voilà, il n'est déjà plus, il est tombé dans cet abîme du passé où tout s'engouffre et s'anéantit.

O Dieu, il n'y a que vous ; vous seul êtes l'être véritable ; tout le reste n'est qu'une image trompeuse de l'être, qu'une ombre qui s'enfuit. O vérité, ô tout ! je me réjouis de ce que je ne suis rien : à vous seul appartient d'être toujours : vous êtes le vivant au siècle des siècles. O hommes aveugles, qui croyez vivre, et qui ne faites que mourir !

Mais cette mort, qui fait frémir toute la nature, la craindrai-je lâchement ? Non, non ; pour les enfants de Dieu, elle est le passage à la vie ; elle ne nous dépouille que de la vanité et de la corruption; c'est elle qui doit nous revêtir des dons éternels. O mort, ô bonne mort ! quand voudras-tu me réunir à ce que j'aime uniquement ? quand viendras-tu me donner le baiser de l'Epoux ? Quand est-ce que les liens de ma servitude seront rompus ? O amour éternel ! ô vérité qui ferez luire un jour sans fin ! ô paix du royaume de Dieu, où Dieu lui-même sera tout en tout ! ô céleste patrie ! ô aimable Sion, où mon cœur enivré se perdra en Dieu ! qui ne vous désire, que désirera-t-il ?

Mais, ô mon Dieu et mon amour, c'est votre gloire, et non mon bonheur, après quoi je soupire ; j'aime mieux votre volonté que ma béatitude : je consens donc, pour l'amour de vous, à demeurer encore loin de vous dans ce lieu d'exil, dans cette vallée de larmes, autant que vous le voudrez. Vous savez que ce n'est point par attachement à la terre ni à ce corps de boue, ce misérable corps de péché, mais par un sacrifice de tout moi-même à votre bon plaisir, que je consens à languir encore ici-bas. Mais faites que je demeure à tout avant que de mourir : éteignez en moi tout désir ; déracinez toute volonté ; arrachez tout intérêt propre : alors je serai mort, et vous vivrez, vous, en moi : alors je ne serai plus moi-même.

O précieuse mort qui doit précéder la naturelle ! O mort, qui est une mort divine et transformée en Jésus-Christ, en sorte que notre vie est cachée avec lui dans le sein du Père céleste ! O mort, après laquelle on est également prêt à mourir ou à vivre ! O mort qui commence sur la terre le royaume du ciel ! O germe de l'être nouveau ! Alors, mon Dieu, je serai dans le monde comme n'y étant pas ; j'y paroîtrai comme ces morts sortis du tombeau, que vous ressusciterez au dernier jour.

INSTRUCTIONS ET AVIS

SUR DIVERS POINTS

DE LA MORALE ET DE LA PERFECTION CHRÉTIENNE.

I.

AVIS A UNE PERSONNE DU MONDE, SUR LE BON EMPLOI DU TEMPS, ET SUR LA SANCTIFICATION DES ACTIONS ORDINAIRES.

Je comprends que ce que vous désirez de moi n'est pas seulement d'établir de grands principes pour prouver la nécessité de bien employer le temps : il y a long-temps que la grâce vous en a persuadé. On est heureux quand on trouve des ames avec qui il y a, pour ainsi dire, plus de la moitié du chemin de fait. Mais que cette parole ne paroisse pas vous flatter ; il en reste encore beaucoup à faire, et il y a bien loin depuis la persuasion de l'esprit, et même la bonne disposition du cœur, jusqu'à une pratique exacte et fidèle.

Rien n'a été plus ordinaire dans tous les temps, et rien ne l'est plus encore aujourd'hui, que de rencontrer des ames parfaites et saintes en spéculation. *Vous les connoîtrez par leurs œuvres et par leur conduite*, dit le Sauveur du monde[1]. Et c'est la seule règle qui ne trompe point, pourvu qu'elle soit bien développée : c'est par là que nous devons juger de nous-mêmes.

Il y a plusieurs temps à distinguer dans votre vie ; mais la maxime qui doit se répandre universellement sur tous les temps, c'est qu'il ne doit point y en avoir d'inutiles ; qu'ils entrent tous dans l'ordre et dans l'enchaînement de notre salut ; qu'ils sont tous chargés de plusieurs devoirs que Dieu y a attachés de sa propre main, et dont il doit nous demander compte : car, depuis les premiers instants de notre être jusqu'au dernier moment de notre vie, Dieu n'a point prétendu nous laisser de temps vide, et qu'on puisse dire qu'il ait abandonné à notre discrétion, ni pour le perdre. L'importance est de connoître ce qu'il désire que nous en fassions. On y parvient, non par une ardeur empressée et inquiète, qui seroit plutôt capable de tout brouiller que de nous éclairer sur nos devoirs, mais par une soumission sincère à ceux qui nous tiennent la place de Dieu ; en second lieu, par un cœur pur et droit qui cherche Dieu dans la simplicité, et qui combat sincèrement toutes les duplicités et les fausses adresses de l'amour-propre à mesure qu'il les découvre : car on ne perd pas seulement le temps en ne faisant rien ou en faisant le mal, mais on le perd aussi en faisant autre chose que ce que l'on devroit, quoique ce que l'on fait soit bon. Nous sommes étrangement ingénieux à nous chercher nous-mêmes perpétuellement ; et ce que les ames mondaines font grossièrement et sans se cacher, les personnes qui ont le désir d'être à Dieu le font souvent plus finement, à la faveur de quelque prétexte, qui, leur servant de voile, les empêche de voir la difformité de leur conduite.

Un moyen général pour bien employer le temps, c'est de s'accoutumer à vivre dans une dépendance continuelle de l'Esprit de Dieu, recevant de moment en moment ce qu'il lui plaît de nous donner ; le consultant dans les doutes où il faut prendre notre parti sur-le-champ ; recourant à lui dans les affoiblissements où la vertu tombe comme en défaillance ; l'invoquant et s'élevant vers lui, lorsque le cœur, entraîné par les objets sensibles, se voit conduit imperceptiblement hors de sa route, se surprend dans l'oubli et dans l'éloignement de Dieu.

[1] Matth. vii. 15.

Heureuse l'ame qui, par un renoncement sincère à elle-même, se tient sans cesse entre les mains de son Créateur, prête à faire tout ce qu'il voudra, et qui ne se lasse point de lui dire cent fois le jour : *Seigneur, que voulez-vous que je fasse* [1] *? Enseignez-moi à faire votre sainte volonté, parce que vous êtes mon Dieu* [2]. Vous montrerez que vous êtes mon Dieu en me l'enseignant, et moi que je suis votre créature en vous obéissant. En quelles mains, grand Dieu, serois-je mieux que dans les vôtres? Hors de là mon ame est toujours exposée aux attaques de ses ennemis, et mon salut toujours en danger. Je ne suis qu'ignorance et que foiblesse; et je tiendrois ma perte assurée, si vous me laissiez à ma propre conduite, disposant à mon gré du temps précieux que vous me donnez pour me sanctifier, et marchant aveuglément dans les voies de mon propre cœur. En cet état que pourrois-je faire à toute heure, qu'un mauvais choix? et que serois-je capable d'opérer en moi, qu'un ouvrage d'amour-propre, de péché et de damnation? Envoyez donc, Seigneur, votre lumière pour guider mes pas : distribuez-moi vos grâces en toutes occasions selon mes besoins, comme on distribue la nourriture aux enfans selon leur âge et selon leur foiblesse. Apprenez-moi, par un saint usage du temps présent que vous me donnez, à réparer le passé, et à ne jamais compter follement sur l'avenir.

Le temps des affaires et des occupations extérieures n'a besoin, pour être bien employé, que d'une simple attention aux ordres de la divine Providence. Comme c'est elle qui nous les prépare et qui nous les présente, nous n'avons qu'à la suivre avec docilité, et soumettre entièrement à Dieu notre humeur, notre volonté propre, notre délicatesse, notre inquiétude, les retours sur nous-mêmes, ou bien l'épanchement, la précipitation, la vaine joie et les autres passions qui viennent à la traverse, selon que les choses que nous avons à traiter nous sont agréables ou incommodes. Il faut bien prendre garde à ne se pas laisser accabler par ce qui vient du dehors, et à ne se pas noyer dans la multitude des occupations extérieures, quelles qu'elles puissent être.

Nous devons tâcher de commencer toutes nos entreprises dans la vue de la pure gloire de Dieu, les continuer sans disssipation, et les finir sans empressement et sans impatience.

Le temps des entretiens et des divertissemens est le plus dangereux pour nous, et peut-être le plus utile pour les autres : on y doit être sur ses gardes, c'est-à-dire plus fidèle en la présence de Dieu. La pratique de la vigilance chrétienne, tant recommandée par notre Seigneur, les aspirations et les élévations d'esprit et de cœur vers Dieu, non-seulement habituelles mais actuelles, autant qu'il est possible, par les vues simples que la foi donne; la dépendance douce et paisible que l'ame garde envers la grâce, qu'elle reconnoît pour le seul principe de sa sûreté et de sa force: tout cela doit être mis alors en usage pour se préserver du poison subtil qui est souvent caché sous les entretiens et les plaisirs, et pour savoir placer avec sagesse ce qui peut instruire et édifier les autres. Cela est nécessaire surtout pour ceux qui ont entre les mains un grand pouvoir, et dont les paroles peuvent faire ou tant de bien ou tant de mal.

Les temps libres sont ordinairement les plus doux et les plus utiles pour nous-mêmes. Nous ne pouvons guère en faire un meilleur emploi que de les consacrer à réparer nos forces (je dis même nos forces corporelles) dans un commerce plus secret et plus intime avec Dieu. La prière est si nécessaire, et est la source de tant de biens, que l'ame qui a trouvé ce trésor ne peut s'empêcher d'y revenir dès qu'elle est laissée à elle-même.

Il y auroit d'autres choses à vous dire sur ces trois sortes de temps; peut-être pourrois-je en dire quelque chose, si les vues qui me frappent présentement ne se perdent pas; en tout cas, c'est une fort petite perte. Dieu donne d'autres vues quand il lui plaît : s'il n'en donne pas, c'est une marque qu'elles ne sont pas nécessaires; et dès qu'elles ne sont pas nécessaires pour notre bien, nous devons être bien aises qu'elles soient perdues.

II.

AVIS A UNE PERSONNE DE LA COUR. — SE PERMETTRE SANS SCRUPULE LES DIVERTISSEMENS ATTACHÉS A SON ÉTAT; LES SANCTIFIER PAR UNE INTENTION PURE.

Vous ne devez point, ce me semble, vous embarrasser sur les divertissemens où vous ne pouvez éviter de prendre part. Il y a bien des gens qui veulent qu'on gémisse de tout, et qu'on se gêne continuellement en excitant en soi le dégoût des amusemens auxquels on est

---

[1] Act. IX. 6. — [2] Ps. CXLII. 10.

assujetti. Pour moi, j'avoue que je ne saurois m'accommoder de cette rigidité. J'aime mieux quelque chose de plus simple, et je crois que Dieu même l'aime beaucoup mieux. Quand les divertissemens sont innocens en eux-mêmes, et qu'on y entre par les règles de l'état où la Providence nous met, alors je crois qu'il suffit d'y prendre part avec modération et dans la vue de Dieu. Dès manières plus sèches, plus réservées, moins complaisantes et moins ouvertes, ne serviroient qu'à donner une fausse idée de la piété aux gens du monde, qui ne sont déjà que trop préoccupés contre elle, et qui croiroient qu'on ne peut servir Dieu que par une vie sombre et chagrine.

Je conclus donc que quand Dieu met dans certaines places qui engagent à être de tout, au lieu où vous êtes, il n'y a qu'à y demeurer en paix sans se chicaner continuellement soi-même sur les motifs secrets qui peuvent insensiblement se glisser dans le cœur. On ne finiroit jamais si on vouloit continuellement sonder le fond de son cœur; et en voulant sortir de soi pour chercher Dieu, on s'occuperoit trop de soi dans ces examens si fréquens. Marchons dans la simplicité du cœur avec la paix et la joie, qui sont les fruits du Saint-Esprit. Qui marche en la présence de Dieu dans les choses les plus indifférentes, ne cesse point de faire l'œuvre de Dieu, quoiqu'il ne paroisse rien faire de solide et de sérieux. Je suppose toujours qu'on est dans l'ordre de Dieu, et qu'on se conforme aux règles de la Providence dans sa condition en faisant ces choses indifférentes.

La plupart des gens, quand ils veulent se convertir ou se réformer, songent bien plus à remplir leur vie de certaines actions difficiles et extraordinaires, qu'à purifier leurs intentions, et à mourir à leurs inclinations naturelles dans les actions les plus communes de leur état : en quoi ils se trompent fort souvent. Il vaudroit beaucoup mieux changer moins les actions, et changer davantage la disposition du cœur qui les fait faire. Quand on est déjà dans une vie honnête et réglée, il est bien plus pressé, pour devenir véritablement chrétien, de changer le dedans que le dehors. Dieu ne se paie ni du bruit des lèvres, ni de la posture du corps, ni des cérémonies extérieures : ce qu'il demande, c'est une volonté qui ne soit plus partagée entre lui et aucune créature; c'est une volonté souple dans ses mains, qui ne désire et ne rejette rien, qui veuille sans réserve tout ce qu'il veut, et qui ne veuille jamais, sous aucun prétexte, rien de tout ce qu'il ne veut pas.

Portez cette volonté toute simple, cette volonté toute pleine de celle de Dieu, partout où sa providence vous conduit. Cherchez Dieu dans ces heures qui paroissent si vides; et elles seront pleines pour vous, puisque Dieu vous y soutiendra. Les amusemens même les plus inutiles se tourneront en bonnes œuvres, si vous n'y entrez que selon la vraie bienséance, et pour vous y conformer à l'ordre de Dieu. Que le cœur est au large quand Dieu ouvre cette voie de simplicité! On marche comme de petits enfans, que la mère mène par la main, et qui se laissent mener sans se mettre en peine du lieu où ils vont. On est content d'être assujetti, on est content d'être libre; on est prêt à parler, on est prêt à se taire. Quand on ne peut dire des choses édifiantes, on dit des riens d'aussi bon cœur; on s'amuse à ce que saint François de Sales appelle des *joyeusetés:* par là on se délasse en délassant les autres.

Vous me direz peut-être que vous aimeriez mieux être occupée de quelque chose de plus sérieux et de plus solide. Mais Dieu ne l'aime pas mieux pour vous, puisqu'il choisit ce que vous ne choisiriez pas. Vous savez que son goût est meilleur que le vôtre. Vous trouveriez plus de consolation dans les choses solides dont il vous a donné le goût; et c'est cette consolation qu'il veut vous ôter; c'est ce goût qu'il veut mortifier en vous, quoiqu'il soit bon et salutaire. Les vertus mêmes ont besoin d'être purifiées dans leur exercice, par les contre-temps que la Providence leur fait souffrir pour les mieux détacher de toute volonté propre. O que la piété, quand elle est prise par le principe fondamental de la volonté de Dieu, sans consulter le goût, ni le tempérament, ni les saillies d'un zèle excessif, est simple, douce, aimable, discrète et sûre dans toutes ses démarches! On vit à peu près comme les autres gens, sans affectation, sans apparence d'austérité, d'une manière sociable et aisée, mais avec une sujétion perpétuelle à tous ses devoirs, mais avec un renoncement sans relâche à tout ce qui n'entre point d'un moment à l'autre dans l'ordre de Dieu sur nous, enfin avec une vue pure de Dieu, à qui on sacrifie tous les mouvemens irréguliers de la nature. Voilà l'adoration en esprit et en vérité que Jésus-Christ et son Père cherchent. Tout le reste n'est qu'une religion en cérémonie, et plutôt l'ombre que la vérité du christianisme.

Vous me demanderez sans doute par quels moyens on peut parvenir à se conserver dans cette pureté d'intention, dans une vie si commune, et qui paroit si amusée. On a bien de la peine, direz-vous, à défendre son cœur contre le torrent des passions et des mauvais exemples du monde, lorsqu'on est à toute heure en garde contre soi-même ; comment pourra-t-on donc espérer de se soutenir, si l'on s'expose avec tant de facilité aux divertissemens qui empoisonnent, ou qui du moins dissipent avec tant de danger une ame chrétienne?

J'avoue le danger, et je le crois encore plus grand qu'on ne sauroit le dire. Je conviens de la nécessité de se précautionner contre tant de piéges; et voici à quoi je voudrois réduire ces précautions.

Premièrement, je crois que vous devez poser pour fondement de tout la lecture et la prière. Je ne parle point ici d'une lecture de curiosité pour vous rendre savante sur les questions de religion; rien n'est plus vain, plus indécent, plus dangereux. Je ne voudrois que des lectures simples, éloignées des moindres subtilités, bornées aux choses d'une pratique sensible et qui soient toutes tournées à nourrir le cœur. Evitez tout ce qui excite l'esprit, et qui fait perdre cette heureuse simplicité qui rend l'ame docile et soumise à tout ce que l'Eglise enseigne. Quand vous ferez vos lectures, non pour savoir davantage, mais pour apprendre mieux à vous défier de vous-même, elles se tourneront toutes à profit. Ajoutez à la lecture la prière, où vous méditerez en profond silence quelque grande vérité de la religion. Vous pouvez le faire en vous attachant à quelque action ou à quelque parole de Jésus-Christ. Après avoir été convaincue de la vérité que vous voudrez considérer, faites-en l'application sérieuse et précise pour la correction de vos défauts en détail ; formez vos résolutions devant Dieu, et demandez-lui qu'il vous anime pour vous faire accomplir ce qu'il vous donne le courage de lui promettre. Quand vous apercevrez que votre esprit s'égarera pendant cet exercice, ramenez-le doucement sans vous inquiéter, et sans vous décourager jamais de l'importunité de ces distractions qui sont opiniâtres. Tandis qu'elles seront involontaires, elles ne pourront vous nuire; au contraire, elles vous serviront plus qu'une prière accompagnée d'une consolation et d'une ferveur toute sensible : car elles vous humilieront, vous mortifieront, et vous accoutumeront à chercher Dieu purement pour lui-même sans mélange d'aucun plaisir. Pourvu que vous soyez fidèle à vous dérober des temps réglés soir et matin pour pratiquer ces choses, vous verrez qu'elles vous serviront de contre-poison contre les dangers qui vous environnent.

Je dis le soir et le matin, parce qu'il faut renouveler de temps en temps la nourriture de l'ame aussi bien que celle du corps, pour empêcher qu'elle ne tombe en défaillance en s'épuisant dans le commerce des créatures. Mais il faut être ferme contre soi et contre les autres pour réserver toujours ce temps. Il ne faut jamais se laisser entraîner aux occupations extérieures, quelque bonnes qu'elles soient, jusqu'à perdre le temps de se nourrir.

La seconde précaution que je crois nécessaire, est de prendre, suivant qu'on est libre et qu'on sent son besoin, certains jours pour se retirer entièrement et pour se recueillir. C'est là qu'on guérit secrètement aux pieds de Jésus-Christ toutes les plaies de son cœur, et qu'on efface toutes les impressions malignes du monde. Cela sert même à la santé ; car, pourvu qu'on sache user simplement de ces courtes retraites, elles ne reposent pas moins le corps que l'esprit.

Troisièmement, je suppose que vous vous bornez aux divertissemens convenables à la profession de piété que vous faites, et au bon exemple que le monde même attend de vous. Car le monde, tout monde qu'il est, veut que ceux qui le méprisent ne se démentent en rien dans le mépris qu'ils ont pour lui, et il ne peut s'empêcher d'estimer ceux par qui il se voit méprisé de bonne foi. Vous comprenez bien que les vrais chrétiens doivent se réjouir de ce que le monde est un censeur si rigoureux ; car ils doivent se réjouir d'être par là dans une nécessité plus pressante de ne rien faire qui ne soit édifiant.

Enfin, je crois que vous ne devez entrer dans les divertissemens de la Cour, que par complaisance et qu'autant qu'on le désire. Ainsi, toutes les fois que vous n'êtes ni appelée ni désirée, il ne faut jamais paroître, ni chercher à vous attirer indirectement une invitation. Par là vous donnerez à vos affaires domestiques et aux exercices de piété tout ce que vous serez libre de leur donner. Le public, ou du moins les gens raisonnables et sans fiel contre la vertu, seront également édifiés, et de vous voir si discrète pour tendre à la retraite quand vous êtes libre, et sociable pour entrer avec condescendance dans les divertissemens permis quand vous y serez appelée.

Je suis persuadé qu'en vous attachant à ces règles, qui sont simples, vous attirerez sur vous une abondante bénédiction. Dieu, qui vous mènera comme par la main dans ces divertissemens, vous y soutiendra. Il s'y fera sentir à vous. La joie de sa présence vous sera plus douce que tous les plaisirs qui vous seront offerts. Vous y serez modérée, discrète et recueillie sans contrainte, sans affectation, sans sécheresse incommode aux autres. Vous serez, suivant la parole de saint Paul, au milieu de ces choses comme n'y étant pas ; et y montrant néanmoins une humeur gaie et complaisante, vous serez toute à tous.

Si vous apercevez que l'ennui vous abat ou que la joie vous évapore, vous reviendrez doucement et sans vous troubler dans le sein du Père céleste, qui vous tend sans cesse les bras. Vous attendrez de lui la joie et la liberté d'esprit dans la tristesse, la modération et le recueillement dans la joie ; et vous verrez qu'il ne vous laissera manquer de rien. Un regard de confiance, un simple retour de votre cœur sur lui vous renouvellera ; et, quoique vous sentiez souvent votre âme engourdie et découragée, dans chaque moment où Dieu vous appliquera à faire quelque chose, il vous donnera la facilité et le courage selon votre besoin. Voilà le pain quotidien que nous demandons à toute heure, et qui ne nous manquera jamais ; car notre Père, bien loin de nous abandonner, ne cherche qu'à trouver nos cœurs ouverts pour y verser des torrens de grâce.

III.

AVIS A UNE PERSONNE DE LA COUR. — ACCEPTER EN ESPRIT DE RÉSIGNATION LES ASSUJETTISSEMENS DE SON ÉTAT.

Les chaînes d'or ne sont pas moins chaînes que les chaînes de fer : on est exposé à l'envie, et l'on est digne de compassion. Votre captivité n'est en rien préférable à celle d'une personne qu'on tiendroit injustement en prison. L'unique chose qui doit vous donner une solide consolation, c'est que Dieu vous ôte votre liberté ; et c'est cette consolation-là même qui soutiendroit dans la prison la personne innocente dont je viens de parler. Ainsi vous n'avez rien au-dessus d'elle qu'un fantôme de gloire, qui, ne vous donnant aucun avantage effectif, vous met en danger d'être éblouie et trompée.

Mais cette consolation de vous trouver, par un ordre de la Providence, dans la situation où vous êtes, est une consolation inépuisable. Avec elle rien ne peut jamais nous manquer ; par elle les chaînes de fer se changent, je ne dis pas en chaînes d'or, car nous avons vu combien les chaînes d'or sont méprisables, mais en bonheur et en liberté. A quoi nous sert cette liberté naturelle dont nous sommes jaloux ? A suivre nos inclinations mal réglées, même dans les choses innocentes ; à flatter notre orgueil qui s'enivre d'indépendance ; à faire notre propre volonté, ce qui est le plus mauvais usage que nous puissions faire de nous-mêmes.

Heureux donc ceux que Dieu arrache à leur propre volonté pour les attacher à la sienne ! Autant que ceux qui s'enchaînent eux-mêmes par leurs passions sont misérables, autant ceux que Dieu prend plaisir à enchaîner de ses propres mains sont-ils libres et heureux. Dans cette captivité apparente ils ne font plus ce qu'ils voudroient : tant mieux ; ils font, depuis le matin jusqu'au soir, contre leur goût, ce que Dieu veut qu'ils fassent ; il les tient comme pieds et mains liés dans les liens de sa volonté ; il ne les laisse jamais un seul moment à eux-mêmes ; il est jaloux de ce *moi* tyrannique qui veut tout pour lui-même ; il mène sans relâche de sujétion en sujétion, d'importunité en importunité, et vous fait accomplir ses plus grands desseins par des états d'ennuis, de conversations puériles et d'inutilité dont on est honteux. Il presse l'âme fidèle, et ne la laisse plus respirer : à peine un importun s'en va, que Dieu en envoie un autre pour avancer son œuvre. On voudroit être libre pour penser à Dieu ; mais on s'unit bien mieux à lui en sa volonté crucifiante, qu'en se consolant par des pensées douces et affectueuses de ses bontés. On voudroit être à soi pour être plus à Dieu ; on ne songe point que rien n'est moins propre pour être à Dieu que de vouloir encore être à soi. Ce *moi* du vieil homme, dans lequel on veut rentrer pour s'unir à Dieu, est mille fois plus loin de lui que la bagatelle la plus ridicule ; car il y a dans ce *moi* un venin subtil qui n'est point dans les amusements de l'enfance.

Il est vrai que l'on doit profiter de tous les momens qui sont libres pour se dégager ; il faut même, par préférence à tout le reste, réserver des heures pour se délasser l'esprit et le corps dans un état de recueillement ; mais pour le reste de la journée, que le torrent emporte malgré nous, il faut se laisser entraîner sans aucun regret. Vous trouverez Dieu dans cet entraînement ; vous l'y trouverez d'une manière d'autant plus pure, que vous n'aurez pas choisi cette manière de le chercher.

La peine que l'on souffre dans cet état de sujétion, est une lassitude de la nature qui voudroit se consoler, et non un attrait de l'esprit de Dieu. On croit regretter Dieu, et c'est soi-même qu'on regrette ; car ce que l'on trouve de plus pénible dans cet état gênant et agité, c'est qu'on ne peut jamais être libre avec soi-même ; c'est le goût du *moi* qui nous reste, et qui demanderoit un état plus calme pour jouir à notre mode de notre esprit, de nos sentimens et de toutes nos bonnes qualités, dans la société de certaines personnes délicates qui seroient propres à nous faire sentir tout ce que le *moi* a de flatteur ; ou bien on voudroit jouir en silence de Dieu et des douceurs de la piété, au lieu que Dieu veut jouir de nous, et nous rompre pour nous accommoder à toutes ses volontés.

Il mène les autres par l'amertume des privations ; pour vous il vous conduit par l'accablement de la jouissance des vaines prospérités : il rend votre état dur et pénible, à force d'y mettre ce que les aveugles croient qui fait la parfaite douceur de la vie. Ainsi il fait deux choses salutaires en vous : il vous instruit par expérience, et vous fait mourir par les choses qui entretiennent la vie corrompue et maligne du reste des hommes. Vous êtes comme ce roi qui ne pouvoit rien toucher qui ne se convertît en or sous sa main ; tant de richesses le rendoient malheureux : pour vous, vous serez heureuse en laissant faire Dieu, et en ne voulant le trouver que dans les choses où il veut être pour vous.

En pensant à la misère de votre faveur, à la servitude où vous gémissez, les paroles de Jésus-Christ à saint Pierre me sont revenues dans l'esprit : *Autrefois tu marchois comme tu voulois ; mais quand tu seras dans un âge plus avancé, un autre plus fort que toi te guidera et te mènera où tu ne voudras pas aller* [1]. Laissez-vous aller et mener, n'hésitez point dans la voie ; vous irez, comme saint Pierre, où la nature jalouse de sa vie et de sa liberté ne veut point aller : vous irez au pur amour, au parfait renoncement, à la mort totale de votre propre volonté, en accomplissant celle de Dieu qui vous mène selon son bon plaisir.

Il ne faut pas attendre la liberté et la retraite pour se détacher de tout, et pour vaincre le vieil homme : la vue d'une situation libre n'est qu'une belle idée ; peut-être n'y parviendrons-nous jamais. Il faut se tenir prêt à mourir dans la servitude de notre état. Si la Providence prévient nos projets de retraite, nous ne sommes point à nous ; et Dieu ne nous demandera que ce qui dépend de nous. Les Israélites dans Babylone soupiroient après Jérusalem ; mais combien y en eut-il qui ne revirent jamais Jérusalem, et qui finirent leur vie à Babylone ! Quelle illusion, s'ils eussent toujours différé, jusqu'à ce temps de leur retour dans leur patrie, à servir fidèlement le vrai Dieu, et à se perfectionner ! Peut-être serons-nous comme ces Israélites.

IV.

AVIS A UNE PERSONNE DE LA COUR. — DES CROIX ATTACHÉES A UN ÉTAT DE GRANDEUR ET DE PROSPÉRITÉ.

Dieu est ingénieux à nous faire des croix. Il en fait de fer et de plomb, qui sont accablantes par elles-mêmes ; il en sait faire de paille, qui semblent ne peser rien, et qui ne sont pas moins difficiles à porter ; il en fait d'or et de pierreries, qui éblouissent les spectateurs, qui excitent l'envie du public, mais qui ne crucifient pas moins que les croix les plus méprisées. Il en fait de toutes les choses qu'on aime le plus, et les tourne en amertume. La faveur attire la gêne et l'importunité ; elle donne ce qu'on ne voudroit point ; elle ôte ce qu'on voudroit.

Un pauvre qui manque de pain a une croix de plomb dans son extrême pauvreté. Dieu sait assaisonner les plus grandes prospérités de misères semblables. On est, dans cette prospérité, affamé de liberté et de consolation, comme ce pauvre l'est de pain : du moins il peut, dans son malheur, heurter à toutes les portes et exciter la compassion de tous les passans : mais les gens en faveur sont des pauvres honteux ; ils n'osent faire pitié, ni chercher quelque soulagement. Il plaît souvent à Dieu de joindre l'infirmité corporelle à cette servitude de l'esprit dans l'état de grandeur. Rien n'est plus utile que ces deux croix jointes ensemble ; elles crucifient l'homme depuis la tête jusques aux pieds : on sent son impuissance et l'inutilité de tout ce qu'on possède. Le monde ne voit point votre croix ; car il ne regarde qu'un peu d'assujettissement adouci par l'autorité, et qu'une légère indisposition qu'il peut soupçonner de délicatesse ; en même temps vous ne voyez

---

[1] Joan. xxi. 18.

dans votre état que l'amertume, la sécheresse, l'ennui, la captivité, le découragement, la douleur, l'impatience. Tout ce qui éblouit de loin les spectateurs disparoît aux yeux de la personne qui possède, et Dieu la crucifie réellement pendant que tout le monde envie son bonheur.

Ainsi la Providence sait nous mettre à toutes sortes d'épreuves dans tous les états. Il ne nous faut point déchoir de cette grandeur, et sans des chutes et des calamités on peut avaler le calice d'amertume; on l'avale jusqu'à la lie la plus amère dans les coupes d'or qui sont servies à la table des rois. Dieu prend plaisir à confondre ainsi la puissance humaine, qui n'est qu'une impuissance déguisée. Heureux qui voit ces choses par les yeux illuminés du cœur, dont parle saint Paul [1] ! La faveur, vous le voyez et vous le sentez, ne donne aucune véritable consolation; elle ne peut rien contre les maux ordinaires de la nature; elle en ajoute beaucoup de nouveaux et de très-cuisans, à ceux de la nature même déjà assez misérable. Les importunités de la faveur sont plus douloureuses qu'un rhumatisme ou qu'une migraine : mais la religion met à profit toutes les charges de la grandeur; elle ne la prend que comme un esclavage, et c'est dans l'amour de cet esclavage qu'elle trouve une liberté d'autant plus véritable qu'elle est plus inconnue aux hommes.

Il ne faut trouver dans la prospérité rien de bon que ce que le monde n'y peut connoître, je veux dire la croix. L'état de faveur n'épargne aucune des peines de la nature : elle en ajoute de grandes; et elle fait encore qu'on ne peut prendre les soulagemens qu'on prendroit si on étoit dans la disgrâce. Au moins dans une disgrâce, pendant la maladie, on verroit qui on voudroit, on n'entendroit aucun bruit : mais dans la haute faveur il faut que la croix soit complète; il faut vivre pour autrui quand on auroit besoin d'être tout à soi; il faut n'avoir aucun besoin, ne rien sentir, ne rien vouloir, n'être incommodé de rien et être poussé à bout par les rigueurs d'une trop bonne fortune. C'est que Dieu veut rendre ridicule et affreux ce que le monde admire le plus. C'est qu'il traite sans pitié ceux qu'il élève sans mesure, pour les faire servir d'exemple. C'est qu'il veut rendre la croix complète, en la plaçant dans la plus éclatante faveur, pour déshonorer la faveur mondaine. Encore une fois, heureux sont ceux qui dans cet état considèrent la main de Dieu qui les crucifie par miséricorde ! Qu'il est beau de faire son purgatoire dans le lieu où les autres cherchent leur paradis. sans pouvoir en espérer d'autre après cette vie si courte et si misérable !

Dans cet état, il n'y a presque rien à faire : Dieu n'a pas besoin que nous lui disions beaucoup de paroles, ni que nous formions beaucoup de pensées; il voit notre cœur, et cela lui suffit; il voit bien notre souffrance et notre soumission. On n'a que faire de répéter de moment en moment à une personne qu'on aime : Je vous aime de tout mon cœur; il arrive même souvent qu'on est long-temps sans penser qu'on l'aime, et on ne l'aime pas moins dans ce temps-là que dans ceux où on lui fait les plus tendres protestations. Le vrai amour repose dans le fond du cœur; il est simple, paisible et silencieux; souvent on s'étourdit soi-même en multipliant les discours et les réflexions. Cet amour sensible n'est que dans une imagination échauffée.

Il n'y a donc, dans la souffrance, qu'à souffrir et à se taire devant Dieu. *Je me suis tu,* dit David [1], *parce que c'est vous qui l'avez fait.* C'est Dieu qui envoie les vapeurs, les fluxions, les tournemens de tête, les défaillances, les épuisemens, les importunités, les sujétions; c'est lui qui envoie la grandeur même avec tous ses supplices et tout son maudit attirail; c'est lui qui fait naître au dedans la sécheresse, l'impatience, le découragement, pour nous humilier par la tentation, et pour nous montrer à nous-mêmes tels que nous sommes. C'est lui qui fait tout; il n'y a qu'à le voir et qu'à l'adorer en tout.

Il ne faut point s'inquiéter pour se procurer une présence artificielle de Dieu et de ces vérités; il suffit de demeurer simplement dans cette disposition de cœur, de vouloir être crucifié; tout au plus une vue simple et sans effort, qu'on renouvellera toutes les fois qu'on en sera averti intérieurement par un certain souvenir, qui est une espèce de réveil du cœur.

Ainsi les peines de la faveur, les douleurs de la maladie, et les imperfections mêmes du dedans, pourvu qu'elles soient portées paisiblement et avec petitesse, sont le contre-poison d'un état qui est par lui-même si dangereux. Dans la prospérité apparente il n'y a rien de bon que la croix cachée. O croix ! ô bonne croix ! je t'embrasse; j'adore en toi Jésus mourant, avec qui il faut que je meure.

---

[1] Ephes. i. 18.

[1] Ps. xxxviii. 10.

V.

AVIS A UNE PERSONNE DE LA COUR, SUR LA PRATIQUE DE LA MORTIFICATION ET DU RECUEILLEMENT [*].

Il ne faut point se faire une règle, ni de suivre toujours l'esprit de mortification et de recueillement qui éloigne du commerce, ni de suivre toujours le zèle qu'on a de porter les âmes à Dieu. Que faut-il donc faire? Se partager entre ces deux devoirs, pour n'abandonner pas ses propres besoins en s'appliquant à ceux d'autrui, et pour ne négliger pas ceux d'autrui en se renfermant dans les siens.

La règle pour trouver ce juste milieu dépend de l'état intérieur et extérieur de chaque personne, et on ne sauroit donner de règle générale sur ce qui dépend des circonstances où se trouve chaque personne en particulier. Il faut se mesurer sur sa foiblesse, sur son besoin de se précautionner, sur son attrait intérieur, sur les marques de providence pour les choses extérieures, sur la dissipation qu'on y éprouve, et sur l'état de sa santé. Il est donc à propos de commencer par les besoins de l'esprit et du corps, et de réserver des heures suffisantes pour l'un et pour l'autre, par l'avis d'une personne pieuse et expérimentée. Pour le reste du temps, il faut encore bien examiner les devoirs de la place où l'on est, les biens solides qu'on y peut faire, et ce que Dieu donne pour y réussir, sans s'abandonner à un zèle aveugle.

Venons aux exemples. Il n'est point à propos de demeurer avec une personne à qui on ne sauroit être utile, pendant qu'on en pourroit entretenir d'autres avec fruit, à moins qu'on n'eût quelque devoir, comme de parenté, d'ancienne amitié ou de bienséance, qui obligeât de demeurer avec la première personne : autrement il faut s'en défaire, après avoir fait ce qui convient pour la traiter honnêtement. La raison de se mortifier ne doit point décider dans ces sortes de cas. On trouvera assez à se mortifier en entretenant contre son goût les personnes dont on ne peut se défaire, et en s'assujettissant à tous les véritables devoirs.

Quand on est à Saint-Cyr, il ne faut ni se communiquer, ni se retirer par des motifs d'amour-propre; mais il suffit de faire simplement ce qu'on croit le meilleur et le plus conforme aux desseins de Dieu, quoique l'amour-propre s'y mêle. Quoi qu'on puisse faire, il se glissera partout. Il faut ne le compter pour rien, et aller toujours sans s'arrêter. Je croirois que, quand vous êtes à Saint-Cyr, vous devez reposer votre corps, soulager votre esprit, et le recueillir devant Dieu le plus long-temps que vous pourrez. Vous êtes si assujettie, si affligée et si fatiguée à Versailles, que vous avez grand besoin d'une solitude libre et nourrissante pour l'intérieur à Saint-Cyr. Je ne voudrois pourtant pas que vous y manquassiez aux besoins pressans de la maison. Mais n'y faites par vous-même que ce qu'il vous sera impossible de faire par autrui.

J'aime mieux que vous souffriez moins, et que vous aimiez davantage. Cherchez à l'église une posture qui n'incommode point votre délicate santé, et qui ne vous empêche point d'être recueillie, pourvu que cette posture n'ait rien d'immodeste, et que le public ne la voie point. Vous aurez toujours assez d'autres mortifications dans votre état. Ni Dieu ni les hommes ne vous en laisseront manquer. Soulagez-vous donc; mettez-vous en liberté; et ne songez qu'à nourrir votre cœur pour être mieux en état de souffrir dans la suite.

Je ne doute nullement que vous ne deviez éviter toutes les choses que vous avez éprouvé qui nuisent à votre santé, comme le soleil, le vent, certains alimens, etc. Cette attention à votre santé vous épargnera sans doute quelques souffrances : mais cela ne va qu'à vous soutenir, et non à vous flatter. D'ailleurs ce régime ne demande point les grandes délicatesses et l'usage de ce qui est délicieux; au contraire, il demande une conduite sobre, simple, et par conséquent mortifiée dans tout le détail. Rien n'est plus faux et plus indiscret que de vouloir choisir toujours ce qui nous mortifie en toutes choses. Par cette règle on ruineroit bientôt sa santé, ses affaires, sa réputation, son commerce avec ses parens et amis, enfin toutes les bonnes œuvres dont la Providence charge.

Le zèle de vous mortifier ne doit jamais ni vous détourner de la solitude, ni vous arracher aux occupations extérieures. Il faut tour à tour et vous montrer et vous cacher, et parler et vous taire. Dieu ne vous a pas mise sous le boisseau, mais sur le chandelier, afin que vous

---

[*] L'ensemble et la suite de ces *Avis* nous font soupçonner qu'ils étoient adressés à madame de Maintenon. On les trouve en partie dans le chap. x des *Divers Sentimens et Avis chrétiens*, édition de 1738 et suiv. Nous les donnons en entier d'après le manuscrit original. (*Édit. de Vers.*)

éclairiez tous ceux qui sont dans la maison. Il faut donc luire aux yeux du monde, quoique l'amour-propre se complaise malgré vous dans cet éclat. Mais vous devez vous réserver des heures pour lire, pour prier, pour reposer votre esprit et votre corps auprès de Dieu.

N'allez point au-devant des croix : vous en chercheriez peut-être que Dieu ne voudroit pas vous donner, et qui seroient incompatibles avec ses desseins sur vous. Mais embrassez sans hésiter toutes celles que sa main vous présentera en chaque moment. Il y a une providence pour les croix, comme pour les choses nécessaires à la vie. C'est le pain quotidien qui nourrit l'ame, et que Dieu ne manque jamais de nous distribuer. Si vous étiez dans un état plus libre, plus tranquille, plus débarrassé, vous auriez plus à craindre une vie trop douce : mais la vôtre aura toujours ses amertumes, tandis que vous serez fidèle.

Je vous supplie instamment de demeurer en paix dans cette conduite droite et simple. En vous ôtant cette liberté, par un certain empressement pour des mortifications recherchées, vous perdriez celles que Dieu est jaloux de vous préparer lui-même, et vous vous nuiriez sous prétexte de vous avancer. Soyez libre, gaie, simple, enfant ; mais enfant hardi, qui ne craint rien, qui dit tout ingénument, qui se laisse mener, qu'on porte entre les bras, en un mot, qui ne sait rien, qui ne peut rien, qui ne prévoit et n'ajuste rien ; mais qui a une liberté et une hardiesse interdite aux grandes personnes. Cette enfance démonte les sages, et Dieu lui-même parle par la bouche de tels enfans.

VI.

AVIS A UNE PERSONNE DU MONDE. — VOIR SES MISÈRES SANS TROUBLE ET SANS DÉCOURAGEMENT : COMMENT IL FAUT VEILLER SUR SOI-MÊME. REMÈDES CONTRE LES TENTATIONS.

Vous comprenez qu'il y a beaucoup de fautes qui sont volontaires à divers degrés, quoiqu'on ne les fasse pas avec un propos délibéré de les faire pour manquer à Dieu. Souvent un ami reproche à son ami une faute dans laquelle cet ami n'a pas résolu expressément de le choquer, mais dans laquelle il s'est laissé aller quoiqu'il n'ignorât point qu'il le choqueroit. C'est ainsi que Dieu nous reproche ces sortes de fautes. Elles sont volontaires ; car encore qu'on ne les fasse pas avec réflexion, on les fait néanmoins avec liberté, et avec une certaine lumière intime de conscience qui suffiroit au moins pour douter et pour suspendre l'action. Voilà les fautes que font souvent les bonnes ames.

Pour les fautes de propos délibéré, il est bien extraordinaire qu'on y tombe quand on s'est entièrement donné à Dieu. Les petites fautes deviennent grandes et monstrueuses à nos yeux à mesure que la pure lumière de Dieu croît en nous ; comme vous voyez que le soleil, à mesure qu'il se lève, nous découvre la grandeur des objets que nous ne faisions qu'entrevoir confusément pendant la nuit. Comptez que, dans l'accroissement de la lumière intérieure, vous verrez les imperfections que vous avez vues jusqu'ici, comme bien plus grandes et plus malignes dans leur fond que vous ne les voyiez jusques à présent ; et que de plus vous verrez sortir en foule de votre cœur beaucoup d'autres misères, que vous n'auriez jamais pu soupçonner d'y trouver. Vous y trouverez toutes les foiblesses dont vous aurez besoin pour perdre toute confiance en votre force : mais cette expérience, loin de vous décourager, servira à vous arracher toute confiance propre, et à démolir, rez-pied, rez-terre, tout l'édifice de l'orgueil. Rien ne marque tant le solide avancement d'une ame, que cette vue de ses misères sans trouble et sans découragement.

Pour la manière de veiller sur soi, sans en être trop occupé, voici ce qui me paroît de pratique. Le sage et diligent voyageur veille sur tous ses pas, et a toujours les yeux ouverts sur l'endroit du chemin qui est immédiatement devant lui : mais il ne retourne point sans cesse en arrière pour compter tous ses pas, et pour examiner toutes ses traces ; il perdroit le temps d'avancer. Une ame que Dieu mène véritablement par la main (car je ne parle point de celles qui apprennent encore à marcher, et qui sont encore à chercher le chemin), doit veiller sur sa voie, mais d'une vigilance simple, tranquille, bornée au présent, et sans inquiétude pour l'amour de soi. C'est une attention continuelle à la volonté de Dieu pour l'accomplir en chaque moment, et non pas un retour sur soi-même pour s'assurer de son état, pendant que Dieu veut que nous en soyons incertains. C'est pourquoi le Psalmiste dit : *Mes yeux sont levés vers le Seigneur, et c'est lui qui délivrera mes pieds des pièges tendus* [1].

Remarquez que pour conduire ses pieds avec

---

[1] Ps. XXIV. 15.

sûreté parmi des chemins semés de piéges, au lieu de baisser les yeux pour examiner tous ses pas, il lève au contraire les yeux vers le Seigneur. C'est que nous ne veillons jamais si bien sur nous, que quand nous marchons avec Dieu présent à nos yeux, comme Dieu l'avoit ordonné à Abraham. Et en effet à quoi doit aboutir toute notre vigilance? A suivre pas à pas la volonté de Dieu. Qui s'y conforme en tout, veille sur soi et se sanctifie en tout. Si donc nous ne perdions jamais la présence de Dieu, jamais nous ne cesserions de veiller sur nous-mêmes, mais d'une vigilance simple, amoureuse, tranquille et désintéressée : au lieu que cette autre vigilance qu'on cherche pour s'assurer, est âpre, inquiète et pleine d'intérêt. Ce n'est pas à notre propre lumière, mais à celle de Dieu, qu'il nous faut marcher. On ne peut voir la sainteté de Dieu sans avoir horreur de ses moindres infidélités. On ne laisse pas d'ajouter à la présence de Dieu et au recueillement les examens de conscience, suivant le besoin qu'on en a, pour ne se relâcher point, et pour faciliter les confessions qu'on a à faire : mais ces examens se font de plus en plus d'une manière simple, facile, et éloignée de tout retour inquiet sur soi. On s'examine, non pour son intérêt propre, mais pour se conformer aux avis qu'on prend, et pour accomplir la pure volonté de Dieu. Au surplus, on s'abandonne entre ses mains; et on est aussi aise de se savoir dans les mains de Dieu, qu'on seroit fâché d'être dans les siennes propres. On ne veut rien voir de tout ce qu'il lui plaît de cacher. Comme on l'aime infiniment plus qu'on ne s'aime soi-même, on se sacrifie à son bon plaisir sans condition; on ne songe qu'à l'aimer et qu'à s'oublier. Celui qui perd ainsi généreusement son ame, la retrouvera pour la vie éternelle.

Au reste, pour les tentations je ne sais que deux choses à faire : l'une, d'être fidèle à la lumière intérieure pour retrancher, sans quartier et sans retardement, tout ce que nous sommes libres de retrancher, et qui peut nourrir ou réveiller la tentation. Je dis tout ce que nous sommes libres de retrancher, parce qu'il ne dépend pas toujours de nous de fuir les occasions. Celles qui sont attachées à l'état où la Providence nous met, ne sont pas censées en notre pouvoir. La seconde règle est de se tourner du côté de Dieu dans la tentation, sans se troubler, sans s'inquiéter pour savoir si on n'y a point donné un demi-consentement, et sans interrompre sa tendance directe à Dieu. On courroit risque de rentrer dans la tentation, en voulant examiner de trop près si on n'y a commis nulle infidélité. Le plus court et le plus sûr est de faire comme un petit enfant à la mamelle : on lui montre une bête horrible; il ne fait que se rejeter et s'enfoncer dans le sein de sa mère, pour ne rien voir.

La pratique de la présence de Dieu est le souverain remède : il soutient, il console, il calme. Il ne faut point s'étonner des tentations, même les plus honteuses. L'Ecriture dit : *Que sait celui qui n'a point été tenté* [1] *?* et encore : *Mon fils, entrant dans la servitude de Dieu, prépare ton ame à la tentation* [2] *?* Nous ne sommes ici-bas que pour être éprouvés par la tentation. C'est pourquoi l'ange disoit à Tobie : *Parce que vous étiez agréable à Dieu, il a été nécessaire que la tentation vous éprouvât* [3].

Tout est tentation sur la terre. Les croix nous tentent en irritant notre orgueil, et les prospérités en le flattant. Notre vie est un combat continuel, mais un combat où Jésus-Christ combat avec nous. Il faut laisser la tentation gronder autour de nous, et ne cesser point de marcher, comme un voyageur, surpris par un grand vent dans une campagne, s'enveloppe dans son manteau, et va toujours malgré le mauvais temps.

Pour le passé, quand on a satisfait un sage confesseur qui défend d'y rentrer, il ne reste plus qu'à jeter toutes ses iniquités dans l'abîme des miséricordes. On a même une certaine joie de sentir qu'on n'est digne que d'une peine éternelle, et qu'on est à la merci des bontés de Dieu, à qui on devra tout, sans pouvoir jamais se devoir rien à soi-même pour son salut éternel. Quand il vient un souvenir involontaire des misères passées, il n'y a qu'à demeurer confondu et anéanti devant Dieu, portant paisiblement devant sa face adorable toute la honte et toute l'ignominie de ses péchés, sans néanmoins chercher à entretenir ni à rappeler ce souvenir.

Concluez que, pour faire tout ce que Dieu veut, il y a bien peu à faire en un certain sens. Il est vrai qu'il y a prodigieusement à faire, parce qu'il ne faut jamais rien réserver, ni résister un seul moment à cet amour jaloux, qui va poursuivant toujours sans relâche, dans les derniers replis de l'ame, jusques aux moindres affections propres, jusques aux moindres attachemens dont il n'est pas lui-même l'auteur. Mais aussi, d'un autre côté, ce n'est point la multitude des vues ni des pratiques dures, ce n'est point la gêne et la contention qui font le

---

[1] Eccli. xxxiv. 9. — [2] Ibid. ii. 1. — [3] Tob. xii. 13.

véritable avancement. Au contraire, il n'est question que de ne rien vouloir, et de tout vouloir sans restriction et sans choix; d'aller gaiement au jour la journée, comme la Providence nous mène; de ne chercher rien, de ne rebuter rien; de trouver tout dans le moment présent; de laisser faire celui qui fait tout, et de laisser sa volonté sans mouvement dans la sienne. O qu'on est heureux en cet état! et que le cœur est rassasié, lors même qu'il paroît vide de tout.

Je prie notre Seigneur qu'il vous ouvre toute l'étendue infinie de son cœur paternel pour y plonger le vôtre, pour l'y perdre, et pour ne faire plus qu'un même cœur du sien et du vôtre. C'est ce que saint Paul souhaitoit aux fidèles, quand il les souhaitoit dans les entrailles de Jésus-Christ.

VII.

DE LA PRÉSENCE DE DIEU : SON UTILITÉ, SA PRATIQUE.

Le principal ressort de notre perfection est renfermé dans cette parole que Dieu dit autrefois à Abraham : *Marchez en ma présence, et vous serez parfait* [1]. La présence de Dieu calme l'esprit, donne un sommeil tranquille et du repos, même pendant le jour, au milieu de tous les travaux ; mais il faut être à Dieu sans aucune réserve. Quand on a trouvé Dieu, il n'y a plus rien à chercher dans les hommes ; il faut faire le sacrifice de ses meilleurs amis : le bon ami est au dedans du cœur; c'est l'Époux, qui est jaloux et qui écarte tout ce reste.

Il ne faut pas beaucoup de temps pour aimer Dieu, pour se renouveler en sa présence, pour élever son cœur vers lui, ou l'adorer au fond de son cœur, pour lui offrir ce que l'on fait et ce que l'on souffre; voilà le vrai *royaume de Dieu au dedans de nous* [2], que rien ne peut troubler.

Quand la dissipation des sens et la vivacité de l'imagination empêchent l'ame de se recueillir d'une manière douce et sensible, il faut du moins se calmer par la droiture de la volonté : alors le désir du recueillement est une espèce de recueillement qui suffit : il faut se retourner vers Dieu, et faire avec droite intention tout ce qu'il veut que l'on fasse. Il faut tâcher de réveiller en soi de temps en temps le désir d'être

[1] Gen. xvii. 1. — [2] Luc. xvii. 21.

à Dieu de toute l'étendue des puissances de notre ame; c'est-à-dire de notre esprit, pour le connoître et pour penser à lui, et de notre volonté pour l'aimer. Désirons aussi que nos sens extérieurs lui soient consacrés dans toutes leurs opérations.

Prenons garde de n'être point trop longtemps occupés volontairement, soit au dehors, soit au dedans, à des choses qui causent une si grande distraction au cœur et à l'esprit, et qui tirent tellement l'un et l'autre hors d'euxmêmes, qu'ils aient peine à y rentrer pour trouver Dieu. Dès que nous sentons que quelque objet étranger nous donne du plaisir ou de la joie, séparons-en notre cœur, et, pour l'empêcher de prendre son repos dans cette créature, présentons-lui aussitôt son véritable objet et son souverain bien qui est Dieu même. Pour peu que nous soyons fidèles à rompre intérieurement avec les créatures, c'est-à-dire à empêcher qu'elles n'entrent jusque dans le fond de l'ame, que notre Seigneur s'est réservé pour y habiter et pour y être respecté, adoré et aimé, nous goûterons bientôt la joie pure que Dieu ne manquera pas de donner à une ame libre et dégagée de toute affection humaine.

Quand nous apercevons en nous quelques désirs empressés pour quelque chose que ce puisse être, et que nous voyons que notre humeur nous porte avec trop d'activité à tout ce qu'il y a à faire, ne fût-ce qu'à dire une parole, voir un objet, faire une démarche; tâchons de nous modérer, et demandons à notre Seigneur qu'il arrête la précipitation de nos pensées et l'agitation de nos actions extérieures, puisque Dieu a dit lui-même que son esprit n'habite point dans le trouble.

Ayons soin de ne prendre pas trop de part à tout ce qui se dit et se fait, et de ne nous en pas trop remplir; car c'est une grande source de distractions. Dès que nous avons vu *ce que Dieu demande de nous dans chaque chose* qui se présente, bornons-nous là, et séparons-nous de tout le reste. Par là nous conserverons toujours le fond de notre ame libre et égal, et nous retrancherons bien des choses inutiles qui embarrassent notre cœur, et qui l'empêchent de se tourner aisément vers Dieu.

Un excellent moyen de se conserver dans la solitude intérieure et dans la liberté de l'esprit, c'est, à la fin de chaque action, de terminer là toutes les réflexions, en laissant tomber les retours de l'amour-propre, tantôt de vaine joie, tantôt de tristesse, parce qu'ils sont un de nos plus grands maux. Heureux à qui il ne demeure rien dans l'esprit que le nécessaire, et qui ne pense à chaque chose que quand il est temps d'y penser! de sorte que c'est plutôt Dieu qui en réveille l'impression par la vue de sa volonté qu'il faut accomplir, que non pas l'esprit lui-même qui se met en peine de les prévenir et de les chercher. Enfin, accoutumons-nous à nous rappeler à nous-mêmes, durant la journée et dans le cours de nos emplois, par une simple vue de Dieu. Tranquillisons par là tous les mouvemens de notre cœur, dès que nous le voyons agité. Séparons-nous de tout plaisir qui ne vient point de Dieu. Retranchons les pensées et les rêveries inutiles. Ne disons point de paroles vaines. Cherchons Dieu au dedans de nous, et nous le trouverons infailliblement, et avec lui la joie et la paix.

Dans nos occupations extérieures, soyons encore plus occupés de Dieu que de tout le reste. Pour les bien faire, il les faut faire en sa présence, et les faire toutes pour lui. A l'aspect de la majesté de Dieu, notre intérieur doit se calmer et demeurer tranquille. Une parole du Sauveur calma autrefois tout d'un coup une mer furieusement agitée : un regard de lui vers nous et de nous vers lui devroit faire encore tous les jours la même chose.

Il faut élever souvent son cœur vers Dieu : il le purifiera, il l'éclairera, il le dirigera. C'étoit la pratique journalière du saint prophète David : *J'avois toujours*, dit-il [1], *le Seigneur devant mes yeux*. Disons encore souvent ces belles paroles du même prophète : *Qui est-ce que je dois chercher dans le ciel et sur la terre, sinon vous, ô mon Dieu? Vous êtes le Dieu de mon cœur, et mon unique partage pour jamais* [2]. Il ne faut point attendre des heures libres où l'on puisse fermer sa porte; le moment qui fait regretter le recueillement peut le faire pratiquer aussitôt. Il faut tourner son cœur vers Dieu d'une manière simple, familière et pleine de confiance. Tous les momens les plus entrecoupés sont bons en tout temps, même en mangeant, en écoutant parler les autres. Des histoires inutiles et ennuyeuses, au lieu de fatiguer, soulagent en donnant des intervalles et la liberté de se recueillir. Ainsi tout tourne à bien pour ceux qui aiment Dieu.

Il faut souvent faire des lectures proportionnées à son goût et à son besoin, mais souvent interrompues pour faire place à l'esprit intérieur qui met en recueillement. Deux mots simples et pleins de l'Esprit de Dieu sont la manne cachée. On oublie les paroles, mais elles opèrent secrètement; l'âme s'en nourrit et en est engraissée.

VIII.

COMMENT IL FAUT AIMER DIEU. — SUR LA FIDÉLITÉ DANS LES PETITES CHOSES [*].

Tous les hommes doivent savoir qu'ils sont indispensablement obligés d'aimer Dieu; il faut qu'ils s'instruisent encore quelle est la manière dont ils doivent l'aimer. Il faut aimer Dieu parce qu'il est notre créateur, et que nous n'avons rien qui ne vienne de sa main libérale. Tout ce qui est en nous, c'est autant de dons qu'il a faits à qui n'est rien, puisque nous ne sommes que néant par nous-mêmes. Non-seulement tout ce qui est en nous, nous le tenons de Dieu, mais tout ce qui nous environne vient de lui, et a été formé par lui. Nous devons l'aimer encore, parce qu'il nous a aimés, mais d'un amour tendre, comme un père qui a pitié de ses enfans, parce qu'il connoît la boue et l'argile dont il les a formés; il nous a cherchés dans nos propres voies, qui sont celles du péché; il a couru comme un pasteur qui se fatigue pour retrouver sa brebis égarée. Il ne s'est pas contenté de nous chercher, mais après nous avoir trouvés, il s'est chargé de nous et de nos langueurs, en prenant la forme humaine. Il est dit qu'il a été obéissant jusqu'à la mort de la croix, et que la mesure de son obéissance a été celle de son amour pour nous.

Après nous être convaincus du devoir d'aimer Dieu, il faut examiner comment on doit l'aimer. Est-ce comme les amis lâches qui veulent partager leur cœur, en donner une partie à Dieu, et réserver l'autre pour le monde et pour les amusemens; qui veulent allier la vérité et le mensonge, Dieu et le monde; qui veulent être à Dieu au pied des autels, et le laisser là pour donner le reste de leur temps au monde; que Dieu ait la superficie, et le monde ce qu'il y a de réel dans leurs affections? Mais Dieu rejette

[1] Ps. XV. 8. — [2] *Ibid.* LXXII. 25 et 26.

[*] La première partie de cet article, jusqu'à ces mots : *S. François de Sales*, etc., a paru pour la première fois dans l'édition de Versailles, d'après une copie très-ancienne. Le reste se trouve dans les *Divers Sentimens et Avis chrétiens*, n. XXIII. On reconnoît aisément, au style de cette pièce, qu'elle est du nombre de celles qui n'ont pas été rédigées par Fénelon lui-même, mais qui sont de simples extraits de ses lettres ou de ses instructions, rédigés par quelqu'un de ses amis.

cette sorte d'amour : c'est un Dieu jaloux, qui ne veut point de réserve; tout n'est pas trop pour lui. Il ordonne de l'aimer, et voici comme il s'explique : *Tu aimeras le Seigneur ton Dieu, de tout ton cœur, de toute ton ame, de toutes tes forces, et de tout ton esprit.* Nous ne pouvons, après cela, croire qu'il se contente d'une religion en cérémonie : si on ne lui donne tout, il ne veut rien.

En effet, n'est-ce pas une ingratitude de n'aimer qu'à demi celui qui nous a aimés de toute éternité? que dis-je? celui qui nous a aimés jusque dans l'abîme du péché? Le monde même, tout corrompu qu'il est, se pique d'avoir horreur de l'ingratitude. Il ne peut souffrir qu'un fils n'ait pas pour son père la reconnoissance qu'il doit à celui qui lui a donné la vie. Mais de quelle vie est-on redevable à un père? D'une vie remplie de misères, d'amertumes, de toutes sortes de véritables maux; d'une vie qui tend à la mort, et qui est ainsi une mort continuelle. Cependant c'est un précepte absolu d'avoir pour nos pères et mères tous les respects imaginables. Et par le même principe, de quelle manière devons-nous être pour Dieu? Il nous a donné une vie qui doit durer autant que lui-même; il nous a créés pour nous rendre parfaitement heureux : il est plus père, dit un Père de l'Eglise, que tous les pères ensemble. Il nous a aimés d'un amour éternel; et qu'a-t-il aimé en nous? car, quand on aime, c'est pour quelque chose bonne que l'on suppose ou que l'on trouve dans l'objet aimé; et qu'a-t-il donc trouvé en nous digne de son amour? Le néant, quand nous n'étions pas; et le péché, quand nous avons été. O quel excès de bonté! Est-il possible que nous n'aimions pas celui qui nous a fait tant de bien, qui nous soutient et qui nous conserve, en sorte que, s'il détournoit un moment sa face, nous retomberions dans le néant dont sa main toute-puissante nous a tirés? Pouvons-nous partager notre cœur, et mettre en comparaison Dieu qui nous promet des biens éternels, et le monde qui nous éblouit, et qui au moment de la mort nous laissera entre les mains d'un Dieu vengeur, d'un Dieu à qui rien ne peut résister, enfin d'un Dieu juste qui nous traitera comme on l'aura traité? Si nous avons servi le monde, il nous renverra à ce maître misérable, pour nous récompenser. La loi par laquelle Dieu nous ordonne de l'aimer, n'a été écrite, dit saint Augustin, que pour nous faire ressouvenir qu'il est monstrueux de l'avoir oublié.

Considérons la bonté de Dieu, qui, sachant nos ingratitudes, et connoissant notre foiblesse, a voulu se servir de toutes sortes de moyens pour nous ramener à lui. Il nous promet des récompenses éternelles si nous l'aimons; il nous menace de châtimens si nous ne l'aimons pas; et c'est même dans ces menaces terribles que nous voyons mieux l'excès de sa miséricorde et de sa clémence : car pourquoi menace-t-il si souvent? C'est pour n'être pas obligé de punir à toute extrémité. Mais prenons garde d'abuser de ses grâces, de sa miséricorde et de sa clémence; profitons de ce temps; craignons de l'irriter; ne faisons point comme ces ames chancelantes, qui disent tous les jours : A demain, à demain. Prenons de fortes résolutions d'être tout à lui; commençons dès aujourd'hui, dès ce moment. Quelle témérité de compter sur ce qui n'est pas en notre pouvoir! L'avenir est un abîme que Dieu nous cache; et quand même il seroit à nous, comptons-nous de telle sorte sur nous-mêmes, que nous prétendions faire l'œuvre de Dieu sans sa grâce? Profitons de celle qu'il nous offre; c'est peut-être celle d'où dépend notre conversion : avec le temps les passions se fortifient de telle sorte qu'il est presque impossible de les assujettir. Faisons notre choix présentement, et écoutons Dieu, qui dit lui-même, par Elie : Jusques à quand, mon peuple, serez-vous partagé entre Baal et moi; décidez quel est le Dieu véritable. Si c'est moi, suivez-moi, et ne tenez plus vos cœurs en suspens : si c'est Baal, suivez-le; suivez le monde, abandonnez-vous à lui; et nous verrons au jour de la mort s'il vous délivrera de mes mains.

Mais il est difficile, dit-on, de n'aimer que Dieu, de quitter absolument toute attache. Hé! quelle difficulté trouvez-vous à aimer celui qui vous a faits ce que vous êtes? C'est de la corruption de notre nature que vient cette répugnance que vous sentez à rendre à votre Créateur ce que vous lui devez. Trouvez-vous qu'il soit doux d'être partagé entre Dieu et le monde; d'être sans cesse entraîné par les passions, et en même temps déchiré par les reproches de sa conscience; de ne pouvoir goûter ce plaisir sans amertume, et d'être dans une continuelle vicissitude? C'est par cet injuste partage, qui fait souffrir sans relâche, qu'on veut adoucir la rigueur que la lâcheté fait trouver dans l'amour divin. Mais, encore une fois, on se trompe en cela grossièrement; car si quelqu'un peut être heureux, même dès cette vie, c'est celui qui aime Dieu. Si l'amour-propre pouvoit être le principe de quelque chose de bon, il devroit nous porter à renoncer à tout le reste, afin d'être à Dieu uniquement. Quand son amour est seul dans une ame, elle goûte la paix d'une bonne conscience; elle est constante et heureuse; il ne lui faut ni grandeur, ni richesse, ni réputation, ni enfin rien de tout ce que le temps emporte sans en laisser aucunes traces. Elle ne veut que la volonté de son bien-aimé; c'est assez qu'elle sache que cette volonté s'accomplit, elle veille incessamment dans l'attente de son époux. La prospérité ne la peut enfler, ni l'adversité l'abattre; c'est dans ce détachement de sa volonté propre que consiste la perfection chrétienne : elle n'est point dans la subtilité du raisonnement. Combien de docteurs vains et pleins d'eux-mêmes se sont égarés dans les choses de Dieu, et en qui se vérifie la parole de saint Paul : *La science enfle;* il n'y a que *la charité* qui *édifie*.

La vertu n'est point non plus dans les longues prières, puisque Jésus-Christ dit lui-même : *Tous ceux qui disent : Seigneur, Seigneur, n'entreront pas au royaume des cieux; et mon Père leur dira : Je ne vous connois point.* Enfin, la dévotion ne consiste point aussi précisément dans les œuvres sans la charité. On ne peut aimer Dieu sans les œuvres, parce que la charité n'est point oisive. Quand elle est en nous, elle nous porte immanquablement à faire quelque chose pour Dieu; et si, par infirmité, nous sommes incapables d'agir, c'est faire quelque chose très-agréable à Dieu que de souffrir. Ce n'est pas encore tout; après être parvenu à aimer Dieu sans partage, il faut s'élever à l'aimer purement pour l'amour de lui, sans vue d'aucun intérêt. Hé! n'en vaut-il pas bien la peine? Si quelque chose mérite d'être aimé ainsi, n'est-ce pas celui qui est infiniment aimable?

Saint François de Sales dit qu'il en est des grandes vertus et des petites fidélités comme du sel et du sucre : le sucre a un goût plus exquis, mais il n'est pas d'un si fréquent usage; au contraire, le sel entre dans tous les alimens nécessaires à la vie. Les grandes vertus sont rares, l'occasion n'en vient guère : quand elle se présente, on y est préparé par tout ce qui précède, on s'y excite par la grandeur du sacrifice, on y est soutenu, ou par l'éclat de l'action que l'on fait aux yeux des autres, ou par la complaisance qu'on a en soi-même dans un effort qu'on trouve extraordinaire. Les petites occasions sont imprévues, elles reviennent à tout moment, elles nous mettent sans cesse aux prises avec notre orgueil, notre paresse, notre hauteur, notre promptitude et notre chagrin; elles vont à rompre notre volonté en tout, et à ne nous laisser aucune réserve. Si on veut y être fidèle, la nature n'a jamais le temps de respirer, et il faut qu'elle meure à toutes ses inclinations. On aimeroit cent fois mieux faire à Dieu certains grands sacrifices, quoique violens et douloureux, à condition de se dédommager par la liberté de suivre ses goûts et ses habitudes dans tous les petits détails. Ce n'est pourtant que par la fidélité dans les petites choses, que la grâce du véritable amour se soutient, et se distingue des faveurs passagères de la nature.

Il en est de la piété comme de l'économie pour les biens temporels : si on n'y prend garde de près, on se ruine plus en faux frais qu'en gros articles de dépense. Quiconque sait mettre à profit, pour le spirituel comme pour le temporel, les petites choses, amasse de grands biens. Toutes les choses qui sont grandes, ne le sont que par l'assemblage des petites qu'on recueille soigneusement. Qui ne laisse rien perdre, s'enrichira bientôt.

D'ailleurs, considérez que Dieu ne cherche pas tant nos actions, que le motif d'amour qui les fait faire, et la souplesse qu'il exige de notre volonté. Les hommes ne jugent presque nos actions que par le dehors : Dieu compte pour rien dans nos actions tout ce qui éclate le plus aux yeux des hommes. Ce qu'il veut, c'est une intention pure, c'est une volonté prête à tout, et souple dans ses mains, c'est un sincère détachement de soi-même. Tout cela s'exerce plus fréquemment, avec moins de danger pour l'orgueil, et d'une manière qui nous éprouve plus rigoureusement dans les occasions communes que dans les extraordinaires. Quelquefois même on tient plus à une bagatelle qu'à un grand intérêt; on aura plus de répugnance à s'arracher un amusement, qu'à faire une aumône d'une très-grande somme.

On se trompe d'autant plus aisément sur les petites choses, qu'on les croit plus innocentes, et qu'on s'imagine y être moins attaché. Cependant, quand Dieu nous les ôte, nous pouvons facilement reconnoître, par la douleur de la privation, combien l'attachement et l'usage étoient excessifs et inexcusables. D'ailleurs, si on néglige les petites choses, on scandalise à toute heure sa famille, son domestique et tout le public. Les hommes ne peuvent s'imaginer que notre piété soit de bonne foi, quand notre conduite paroît en détail lâche et irrégulière. Quelle apparence de croire que nous ferions sans hésiter les plus grands sacrifices, pendant que nous succombons dès qu'il est question des plus petits?

Mais ce qu'il y a de plus dangereux, c'est que l'ame, par la négligence des petites choses, s'accoutume à l'infidélité. Elle contriste le Saint-Esprit, elle se laisse à elle-même, elle compte pour rien de manquer à Dieu. Au contraire, le vrai amour ne voit rien de petit; tout ce qui peut plaire ou déplaire à Dieu lui paroît toujours grand. Ce n'est pas que le vrai amour jette l'ame dans la gêne et dans le scrupule, mais c'est qu'il ne met point de bornes à sa fidélité. Il agit simplement avec Dieu; et comme il ne s'embarrasse point des choses que Dieu ne lui demande pas, il ne veut aussi jamais hésiter un seul instant sur celles que Dieu lui demande, soit grandes, soit petites. Ainsi ce n'est point par gêne qu'on devient alors fidèle et exact dans les moindres choses; c'est par un sentiment d'amour, qui est exempt des réflexions et des craintes des ames inquiètes et scrupuleuses. On est comme entraîné par l'amour de Dieu : on ne veut faire que ce qu'on fait, et on ne veut rien de tout ce qu'on ne fait pas. En même temps que Dieu jaloux presse l'ame, la pousse sans relâche sur les moindres détails, et semble lui ôter toute liberté, elle se trouve au large, et elle jouit d'une profonde paix en lui. O qu'elle est heureuse !

Au reste, les personnes qui ont naturellement moins d'exactitude sont celles qui doivent se faire une loi plus inviolable sur les petites choses. On est tenté de les mépriser; on a l'habitude de les compter pour rien; on n'en considère point assez la conséquence; on ne se représente point assez le progrès insensible que font les passions; on oublie même les expériences les plus funestes qu'on en a faites. On aime mieux se promettre de soi une fermeté imaginaire, et se fier à son courage, tant de fois trompeur, que de s'assujettir à une fidélité continuelle. C'est un rien, dit-on. Oui, c'est un rien, mais un rien qui est tout pour vous; un rien que vous aimez jusqu'à le refuser à Dieu; un rien que vous méprisez en parole pour avoir un prétexte de le refuser : mais dans le fond c'est un rien que vous réservez contre Dieu, et qui vous perdra. Ce n'est point élévation d'esprit que de mépriser les petites choses; c'est au contraire par des vues trop bornées qu'on regarde comme petit ce qui a des conséquences si étendues. Plus on a de peine à se précautionner sur les petites choses, plus il faut y craindre la négligence, se défier de soi-même, et poser des barrières invincibles entre soi et le relâchement : *Qui spernit modica, paulatim decidet* [1].

[1] Eccli. XIX. 1.

Enfin jugez-vous par vous-même. Vous accommoderiez-vous d'un ami qui vous devroit tout, et qui, voulant bien par devoir vous servir dans ces occasions rares qu'on nomme grandes, ne voudroit s'assujettir à avoir pour vous ni complaisance ni égard dans le commerce de la vie ?

Ne craignez point cette attention continuelle aux petites choses. D'abord il faut du courage : mais c'est une pénitence que vous méritez, dont vous avez besoin, qui fera votre paix et votre sûreté; hors de là, rien que trouble et rechute. Dieu vous rendra peu à peu cet état doux et facile. Le vrai amour est attentif, sans gêne et sans contention d'esprit.

IX.

SUR LES CONVERSIONS LACHES [*].

Les gens qui étoient éloignés de Dieu se croient bien près de lui, dès qu'ils commencent à faire quelques pas pour s'en rapprocher. Les gens les plus polis et les plus éclairés ont là-dessus la même grossièreté qu'un paysan, qui croiroit être bien à la cour, parce qu'il auroit vu le roi. On abandonne les vices qui font horreur, on se retranche dans une vie lâche, mondaine et dissipée. On en juge, non par l'Évangile, qui est l'unique règle, mais par la comparaison qu'on fait de cette vie avec celle qu'on a menée autrefois, ou qu'on voit mener à tant d'autres. Il n'en faut pas davantage pour se canoniser soi-même, et pour s'endormir d'un profond sommeil sur tout ce qui resteroit à faire par rapport au salut.

Cependant cet état est peut-être plus funeste qu'un désordre scandaleux. Ce désordre troubleroit la conscience, réveilleroit la foi, et engageroit à faire quelque grand effort : au lieu que ce changement ne sert qu'à étouffer les remords salutaires, qu'à établir une fausse paix dans le cœur, et qu'à rendre les maux irrémédiables en persuadant qu'on se porte bien. Le salut n'est pas seulement attaché à la cessation du mal; il faut encore y ajouter la pratique du bien. Le royaume du ciel est d'un trop grand prix pour être donné à une crainte d'esclave, qui ne s'abstient du mal qu'à cause qu'il n'ose

[*] On a vu plus haut, parmi les *Réflexions pour tous les jours du mois*, un extrait de cette instruction. Nous la publions ici tout entière d'après le manuscrit original. (*Édit. de Vers.*)

le faire. Dieu veut des enfans qui aiment sa bonté, et non des esclaves qui ne le servent que par la crainte de sa puissance. Il faut donc l'aimer, et, par conséquent, faire tout ce qu'inspire le véritable amour. Peut-on aimer Dieu de bonne foi, et aimer avec passion le monde son ennemi, auquel il a donné dans l'Évangile une si rigoureuse malédiction? Peut-on aimer Dieu, et craindre de le trop connoître, de peur d'avoir trop de choses à faire pour lui? Peut-on aimer Dieu, et se contenter de ne l'outrager pas, sans se mettre jamais en peine de lui plaire, de le glorifier, et de lui témoigner courageusement son amour? L'arbre qui ne porte aucun fruit doit être coupé et jeté au feu, selon Jésus-Christ dans l'Évangile [1], comme s'il étoit mort. En effet, quiconque ne porte point les fruits de l'amour divin est mort et desséché jusqu'à la racine.

Y a-t-il de vile créature sur la terre qui se contentât d'être aimée comme on n'a point de honte de vouloir aimer Dieu? On veut l'aimer à condition de ne lui donner que des paroles et des cérémonies, et encore des cérémonies courtes, dont on est bientôt lassé et ennuyé; à condition de ne lui sacrifier aucune passion vive, aucun intérêt effectif, aucune des commodités d'une vie molle. On veut l'aimer à condition qu'on aimera avec lui, et plus que lui, tout ce qu'il n'aime point, et qu'il condamne, dans les vanités mondaines. On veut bien l'aimer à condition de ne diminuer en rien cet aveugle amour de nous-mêmes, qui va jusqu'à l'idolâtrie, et qui fait qu'au lieu de nous rapporter à Dieu comme à celui pour qui nous sommes faits, on veut au contraire rapporter Dieu à soi, et ne le chercher que comme un pis-aller, afin qu'il nous serve et qu'il nous console, quand les créatures nous manqueront. En vérité, est-ce aimer Dieu? N'est-ce pas plutôt l'irriter?

Ce n'est pas tout. On veut encore aimer Dieu, à condition qu'on aura honte de son amour, qu'on le cachera comme une foiblesse; qu'on rougira de lui comme d'un ami indigne d'être aimé; qu'on ne lui donnera que quelques apparences de religion, pour éviter le scandale de l'impiété, et qu'on vivra à la merci du monde, pour n'oser rien donner à Dieu qu'avec sa permission? Voilà l'amour avec lequel on prétend mériter les récompenses éternelles.

Je me suis confessé, dira-t-on, fort exactement des péchés de ma vie passée; je fais quelques lectures; j'entends la messe modestement, et j'y prie Dieu d'assez bon cœur; j'évite tous les grands péchés. D'ailleurs je ne me sens point assez touché pour quitter le monde, et pour ne garder plus de mesure avec lui. La religion est bien rigoureuse si elle rejette de si honnêtes tempéramens. Tous ces raffinemens de dévotion vont trop loin, et sont plus propres à décourager, qu'à faire aimer le bien. Voilà ce que disent des gens qui paroissent d'ailleurs bien intentionnés; mais il est facile de les détromper, s'ils veulent examiner les choses de bonne foi.

Leur erreur vient de ce qu'ils ne connoissent ni Dieu ni eux-mêmes. Ils sont jaloux de leur liberté, et ils craignent de la perdre, en se livrant trop à la piété. Mais ils doivent considérer qu'ils ne sont point à eux-mêmes; ils sont à Dieu, qui, les ayant faits uniquement pour lui, et non pour eux-mêmes, les doit mener comme il lui plaît, avec un empire absolu. Ils se doivent tout entiers à lui sans condition et sans réserve. Nous n'avons pas même, à proprement parler, le droit de nous donner à Dieu; car nous n'avons aucun droit sur nous-mêmes. Mais si nous ne nous laissions pas à Dieu, comme une chose qui est de sa nature toute à lui, nous ferions un larcin sacrilége, qui renverseroit l'ordre de la nature, et qui violeroit la loi essentielle de la créature. Ce n'est donc pas à nous à raisonner sur la loi que Dieu nous impose; c'est à nous à la recevoir, à l'adorer, à la suivre aveuglément. Dieu sait mieux que nous ce qui nous convient. Si nous faisions l'Évangile, peut-être serions-nous tentés de l'adoucir, pour l'accommoder à notre lâcheté : mais Dieu ne nous a pas consultés en le faisant; il nous l'a donné tout fait, et ne nous a laissé aucune espérance de salut que par l'accomplissement de cette souveraine loi, qui est égale pour toutes les conditions. *Le ciel et la terre passeront, et cette parole de vie ou de mort ne passera jamais* : on ne peut en retrancher ni un mot ni la moindre lettre. Malheur aux prêtres qui oseroient en diminuer la force, pour nous l'adoucir! Ce n'est pas eux qui ont fait cette loi; ils n'en sont que les simples dépositaires. Il ne faut donc pas s'en prendre à eux si l'Évangile est une loi sévère. Cette loi est autant redoutable pour eux que pour le reste des hommes, et plus encore pour eux que pour les autres, puisqu'ils répondent et des autres et d'eux-mêmes, pour l'observation de cette loi. Malheur *à l'aveugle qui en conduit un autre; ils tomberont tous deux*, dit le Fils de Dieu [1], *dans le précipice!* Malheur

---

[1] Matth. vii. 19.

[1] Matth. xv. 14.

au prêtre ignorant, ou lâche et flatteur, qui veut élargir la voie étroite! La voie large est celle qui conduit à la perdition. Que l'orgueil de l'homme se taise donc! Il croit être libre, et il ne l'est pas. C'est à lui à porter le joug de la loi, et à espérer que Dieu lui donnera des forces proportionnées à la pesanteur de ce joug.

En effet, celui qui a ce souverain empire sur sa créature pour lui commander, lui donne, par sa grâce intérieure, de vouloir et de faire ce qu'il commande. Il fait aimer son joug; il l'adoucit par le charme intérieur de la justice et de la vérité. Il répand ses chastes délices sur les vertus et dégoûte des faux plaisirs. Il soutient l'homme contre lui-même, l'arrache à sa corruption et le rend fort malgré sa foiblesse. O homme de peu de foi, que craignez-vous donc? laissez faire Dieu; abandonnez-vous à lui: vous souffrirez; mais vous souffrirez avec amour, paix et consolation. Vous combattrez; mais vous remporterez la victoire, et Dieu lui-même, après avoir combattu avec vous, vous couronnera de sa propre main. Vous pleurerez; mais vos larmes seront douces, et Dieu lui-même viendra avec complaisance les essuyer. Vous ne serez plus libre pour vous abandonner à vos passions tyranniques; mais vous sacrifierez librement votre liberté, et vous entrerez dans une liberté nouvelle et inconnue au monde, où vous ne ferez rien que par amour.

De plus considérez quel est votre esclavage dans le monde. Que n'avez-vous point à souffrir pour ménager l'estime de ces hommes que vous méprisez? Que ne vous en coûte-t-il pas pour réprimer vos passions emportées, quand elles vont trop loin; pour contenter celles auxquelles vous voulez céder; pour cacher vos peines; pour soutenir les bienséances importunes? Est-ce donc là cette liberté que vous vantez tant, et que vous avez tant de peine de sacrifier à Dieu? Où est-elle, où est-elle? montrez-la-moi. Je ne vois partout que gêne, que servitude basse et indigne, que nécessité déplorable de se déguiser depuis le matin jusqu'au soir. On se refuse à Dieu, qui ne nous veut que pour nous sauver: on se livre au monde, qui ne nous veut que pour nous tyranniser et pour nous perdre. On s'imagine qu'on ne fait dans le monde que ce qu'on veut, parce qu'on sent le goût de ses passions par lesquelles on est entraîné: mais compte-t-on les dégoûts affreux, les ennuis mortels, les mécomptes inséparables des plaisirs, les humiliations qu'on a à essuyer dans les places les plus élevées? Au dehors tout est riant; au dedans tout est plein de chagrins et d'inquiétudes. On croit être libre quand on ne dépend plus que de ses passions: folle erreur! Y a-t-il au monde un état où l'on ne dépende pas encore davantage des fantaisies d'autrui que des siennes? Tout le commerce de la vie est gêné par les bienséances et par la nécessité de complaire aux autres.

D'ailleurs nos passions sont le plus rude de tous les tyrans: si on ne les suit qu'à demi, il faut à toute heure être aux prises contre elles et ne respirer jamais un seul moment en sûreté. Elles trahissent, elles déchirent le cœur; elles foulent aux pieds la raison et l'honneur; elles ne disent jamais: C'est assez. Quand même on seroit sûr de les vaincre toujours, quelle affreuse victoire! Si au contraire, on s'abandonne au torrent, où vous entraînera-t-il? j'ai horreur de le penser: vous n'oseriez le penser vous-même.

O mon Dieu! préservez-moi de ce funeste esclavage, que l'insolence humaine n'a point de honte de nommer une liberté. C'est en vous qu'on est libre; c'est votre vérité qui nous délivrera. Vous servir, c'est régner.

Mais quel aveuglement de craindre d'aller trop avant dans l'amour de Dieu! plongeons-nous-y: plus on l'aime, plus on aime aussi tout ce qu'il nous fait faire. C'est cet amour qui nous console de nos pertes, qui nous adoucit nos croix, qui nous détache de tout ce qu'il est dangereux d'aimer, qui nous préserve de mille poisons, qui nous montre une miséricorde bienfaisante, au travers de tous les maux que nous souffrons, qui nous découvre dans la mort même une gloire et une félicité éternelle. C'est cet amour qui change tous nos maux en biens; comment pouvons-nous craindre de nous remplir trop de lui? Craignons-nous d'être trop heureux, trop délivrés de nous-mêmes, des caprices de notre orgueil, de la violence de nos passions et de la tyrannie du monde trompeur? Que tardons-nous à nous jeter avec une entière confiance entre les bras du Père des miséricordes et du Dieu de toute consolation? Il nous aimera; nous l'aimerons. Son amour croissant nous tiendra lieu de tout le reste. Il remplira lui seul notre cœur, que le monde a enivré, agité, troublé, sans le pouvoir jamais remplir. Il ne nous fera mépriser que le monde que nous méprisons déjà. Il ne nous ôtera que ce qui nous rend malheureux. Il ne nous fera faire que ce que nous faisons tous les jours: des actions simples et raisonnables, que nous faisons mal, faute de les faire pour lui; il nous les fera faire bien, en nous inspirant de les faire pour lui obéir. Tout, jusqu'aux moindres actions d'une vie simple et commune, se tournera en consolation, en mérite et en récompense. Nous verrons en paix venir la mort : elle sera changée pour nous en un commencement de vie immortelle. Bien loin de nous dépouiller, elle nous revêtira de tout, comme dit saint Paul. O que la religion est aimable !

X.

SUR L'IMITATION DE JÉSUS-CHRIST.

Il faut imiter Jésus : c'est vivre comme il a vécu, penser comme il a pensé, et se conformer à son image, qui est le sceau de notre sanctification.

Quelle différence de conduite ! Le néant se croit quelque chose et le Tout-Puissant s'anéantit. Je m'anéantirai avec vous, Seigneur; je vous ferai un sacrifice entier de mon orgueil et de la vanité qui m'a possédé jusqu'à présent. Aidez ma bonne volonté; éloignez de moi les occasions où je tomberois; *détournez mes yeux afin que je ne regarde point la vanité* [1]; que je ne voie que vous et que je me voie devant vous : ce sera alors que je connoîtrai ce que je suis et ce que vous êtes.

Jésus-Christ naît dans une étable; il est contraint de fuir en Egypte; il passe trente ans de sa vie dans la boutique d'un artisan; il souffre la faim, la soif, la lassitude; il est pauvre, méprisé et abject; il enseigne la doctrine du ciel et personne ne l'écoute : tous les grands et les sages le poursuivent, le prennent, lui font souffrir des tourmens effroyables, le traitent comme un esclave, le font mourir entre deux voleurs après avoir préféré à lui un voleur. Voilà la vie que Jésus-Christ a choisie; et nous, nous avons en horreur toutes sortes d'humiliations, les moindres mépris nous sont insupportables.

Comparons notre vie à celle de Jésus-Christ; souvenons-nous qu'il est le maître et que nous sommes les esclaves; qu'il est tout-puissant et que nous ne sommes que foiblesse; il s'abaisse et nous nous élevons. Accoutumons-nous à penser si souvent à notre misère, que nous n'ayons de mépris que pour nous. Pouvons-nous avec justice mépriser les autres et considérer leurs défauts, quand nous en sommes nous-mêmes remplis? Commençons à marcher par le chemin que Jésus-Christ nous a tracé, puisque c'est le seul qui nous puisse conduire à lui.

Et comment pouvons-nous trouver Jésus-Christ, si nous ne le cherchons dans les états de sa vie mortelle, c'est-à-dire dans la solitude, dans le silence, dans la pauvreté et la souffrance, dans les persécutions et les mépris, dans la croix et les anéantissemens? Les saints le trouvent dans le ciel, dans les splendeurs de la gloire et dans les plaisirs ineffables; mais c'est après être demeurés avec lui en terre dans les opprobres, les douleurs et les humiliations. Etre chrétiens, c'est être imitateurs de Jésus-Christ. En quoi pouvons-nous l'imiter que dans ses humiliations? Rien autre chose ne nous peut approcher de lui. Comme tout-puissant, nous devons l'adorer; comme juste, nous devons le craindre; comme bon et miséricordieux, nous devons l'aimer de toutes nos forces; comme humble, soumis, abject et mortifié, nous devons l'imiter.

Ne prétendons pas de pouvoir arriver par nos propres forces à cet état; tout ce qui est en nous y résiste : mais consolons-nous dans la présence de Dieu. Jésus-Christ a voulu sentir toutes nos foiblesses; il est un pontife compatissant, qui a voulu être tenté comme nous : prenons donc toute notre force en lui, devenu volontairement foible pour nous fortifier : enrichissons-nous par sa pauvreté, et disons avec confiance : *Je puis tout en celui qui me fortifie* [1].

Je veux suivre, ô Jésus, le chemin que vous avez pris; je vous veux imiter, je ne le puis que par votre grâce. O Sauveur abject et humble, donnez-moi la science des véritables Chrétiens et le goût du mépris de moi-même; et que j'apprenne la leçon incompréhensible à l'esprit humain, qui est de mourir à soi-même par la mortification et la véritable humilité !

Mettons la main à l'œuvre, et changeons ce cœur si dur et si rebelle au cœur de Jésus-Christ. Approchons-nous du cœur sacré de Jésus; qu'il anime le nôtre, qu'il détruise toutes nos répugnances. O bon Jésus, qui avez souffert pour l'amour de moi tant d'opprobres et d'humiliations, imprimez-en puissamment l'estime et l'amour dans mon cœur, et faites-m'en désirer les pratiques.

---

[1] Ps. cxviii. 37.

[1] Philip. iv. 13.

XI.

DE L'HUMILITÉ [*].

Tous les saints sont convaincus que l'humilité sincère est le fondement de toutes les vertus; c'est parce que l'humilité est la fille de la pure charité; et l'humilité n'est autre chose que la vérité. Il n'y a que deux vérités au monde, celle du tout de Dieu et du rien de la créature : afin que l'humilité soit véritable, il faut qu'elle nous fasse rendre un hommage continuel à Dieu par notre bassesse, demeurer dans notre place, qui est d'aimer à n'être rien. Jésus-Christ dit qu'il faut être doux et humble de cœur. La douceur est fille de l'humilité, comme la colère est fille de l'orgueil. Il n'y a que Jésus-Christ qui nous puisse donner cette véritable humilité du cœur qui vient de lui : elle naît de l'onction de sa grâce; elle ne consiste point, comme on s'imagine, à faire des actes extérieurs d'humilité, quoique cela soit bon; mais à demeurer à sa place. Celui qui s'estime quelque chose n'est pas véritablement humble; celui qui veut quelque chose pour soi-même ne l'est pas non plus : mais celui qui s'oublie si fort soi-même qu'il ne pense jamais à soi, qui n'a pas un retour sur lui-même; qui au-dedans n'est que bassesse, et n'est blessé de rien, sans affecter la patience au dehors, qui parle de soi comme s'il parleroit d'un autre, qui n'affecte point de s'oublier soi-même lorsqu'il en est tout plein, qui se livre pour la charité sans faire attention si c'est humilité ou orgueil d'en user de la sorte, qui est très-content de passer pour être sans humilité : enfin celui qui est plein de charité, est véritablement humble. Celui qui ne cherche point son intérêt, mais le seul intérêt de Dieu pour le temps et l'éternité, est humble. Plus on aime purement, plus l'humilité est parfaite. Ne mesurons donc point l'humilité sur l'extérieur composé; ne la faisons point dépendre d'une action ou d'une autre, mais de la pure charité. La pure charité dépouille l'homme de lui-même; elle le revêt de Jésus-Christ : c'est en quoi consiste la vraie humilité, qui fait que nous ne vivons plus en nous-mêmes, mais que Jésus-Christ vit en nous.

Nous tendons toujours à être quelque chose; nous faisons souvent du bruit dans la dévotion, après en avoir fait dans les choses que nous avons quittées; et pourquoi ? C'est que l'on veut être distingué en toutes sortes d'états. Mais celui qui est humble ne cherche rien; il lui est égal d'être loué ou méprisé, parce qu'il ne prend rien pour soi-même, et qu'il laisse faire de lui tout ce qu'on veut. En quelque lieu qu'on le mette, il s'y tient; il ne comprend pas même qu'il lui en faille un autre. Il y a bien des personnes qui pratiquent l'humilité extérieure, et qui cependant sont bien éloignées de cette humilité de cœur dont je viens de parler; car l'humilité extérieure, et qui n'a pas sa source dans la pure charité, est une fausse humilité. Plus on croit s'abaisser, plus on est persuadé de son élévation. Celui qui s'aperçoit qu'il s'abaisse, n'est point encore en sa place, qui est au dessous de tout abaissement. Ces personnes qui croient s'abaisser ont beaucoup d'élévation : aussi dans le fond, cette manière d'humilité est souvent une recherche subtile d'élévation. Ces sortes d'humilités n'entreront point dans le ciel, qu'elles ne soient réduites à la pure charité, source de la véritable humilité, seule digne de Dieu, et qu'il prend plaisir de remplir de lui-même. Ceux qui en sont remplis ne peuvent s'humilier ni s'abaisser, à ce qui leur paroît, se trouvant au-dessous de tout abaissement. S'ils vouloient s'abaisser, il faudroit qu'ils s'élevassent auparavant et sortissent par là de l'état qui leur est propre : aussi sont-ils si persuadés que pour s'humilier il faut se mettre au-dessous de ce que l'on est, et sortir de sa place, qu'ils ne croient pas jamais le pouvoir faire. Ils ne se trouvent point humiliés par tous les mépris et toutes les condamnations des hommes; ils ne font que rester en leur place : de même ils ne prennent aucune part à l'applaudissement qu'on pourroit leur donner; ils ne méritent rien, ils n'attendent rien, ils ne prennent part à rien. Ils comprennent qu'il n'y a que le Verbe de Dieu, qui, s'incarnant, s'est abaissé au-dessous de ce qu'il étoit; c'est pourquoi l'Ecriture dit qu'il s'est anéanti; ce qu'elle ne dit de nulle créature.

Plusieurs se méprennent en ce point : soutenant leur humilité par leur propre volonté, et manquant à la résignation et au parfait renoncement d'eux-mêmes, ils offensent la charité divine, croyant favoriser l'humilité, qui néanmoins n'est pas humilité si elle ne s'accommode pas avec la charité. Si l'on avoit de la lumière pour la discerner, on verroit clairement

---

[*] Cet article paroît ici pour la première fois, d'après une copie très-ancienne des *Divers Sentimens et Avis chrétiens*. Il faut appliquer à cet article l'observation que nous avons faite plus haut, à l'occasion de l'article VIII. (*Edit. de Vers.*)

que par où l'on croit s'humilier on s'élève ; qu'en pensant s'anéantir, on cherche sa propre subsistance ; et qu'enfin on goûte et on possède la gloire de l'humilité, comme une vertu insigne, dans les actes de l'humanité que l'on pratique. Le vrai humble ne fait rien, et ne s'oppose à rien ; il se laisse conduire et mener où l'on veut ; il croit que Dieu peut tout faire de lui, ainsi qu'il pourroit tout faire d'une paille : et il y a plus d'humilité à faire ces choses et à s'y rendre, qu'à s'opposer sous prétexte d'humilité aux desseins de Dieu. Celui qui préfère le mépris, par son choix, à l'élévation, n'est point encore véritablement humble quoiqu'il ait le goût de l'humilité. Enfin celui qui se laisse placer et mener où l'on veut, haut et bas, qui ne sent pas cette différence, qui n'aperçoit pas si on le loue ou si on le blâme, ni si ce qu'on dit de lui est à son avantage ou s'il lui est désavantageux, est véritablement humble, quoiqu'il ne le paroisse pas aux yeux des hommes, qui ne jugent pas de la véritable vertu par ce qu'elle est en elle-même, mais bien par les idées qu'ils s'en sont faites.

Le véritable humble est parfaitement obéissant, parce qu'il a renoncé à sa propre volonté ; il se laisse conduire comme l'on veut le mettre, d'une façon ou d'une autre. Il plie à tout, et ne résiste à rien, parce qu'il ne seroit pas humble s'il avoit un choix et une volonté ou un raisonnement sur ce qu'on lui ordonne. Il n'a pas de penchant propre pour aucune chose, mais il se laisse pencher de quelque côté que l'on veut. Il ne veut rien, il ne demande rien, non par pratique de ne rien demander, mais parce qu'il est dans un si profond oubli de soi, et si fort séparé de lui-même, qu'il ne sait pas ce qu'il lui convient le mieux. Le véritable humble est un de ces enfans dont Jésus-Christ a dit que le royaume des cieux leur appartenoit. Un enfant ne sait pas ce qu'il lui faut ; il ne peut rien, il ne pense à rien, mais il se laisse conduire. Abandonnons-nous donc avec courage ; si Dieu ne fait rien de nous, il nous rendra justice, puisque nous ne sommes bons à rien ; et s'il fait de grandes choses, ce sera sa gloire : nous dirons avec Marie qu'il a fait de grandes choses en nous, parce qu'il a regardé notre bassesse.

XII.

SUR LA VIOLENCE QU'UN CHRÉTIEN SE DOIT FAIRE CONTINUELLEMENT.

A qui croyez-vous que parle saint Paul, quand il dit[1] : *Nous sommes fous à cause de Jésus-Christ, et vous êtes prudens en Jésus-Christ ?* C'est à vous, c'est à moi, et ce n'est point aux gens qui ont toute honte levée et qui ne connoissent point Dieu ; oui, c'est à nous qui croyons travailler à notre salut, et qui ne laissons pas de fuir la folie de la croix, et de chercher les moyens de paroître sages aux yeux du monde ; c'est à nous qui ne tremblons point dans la vue de notre foiblesse. Où saint Paul se trouve lui-même foible, nous nous trouvons forts ; et nous ne pouvons disconvenir qu'avec de bonnes intentions nous ne soyons quasi opposés à ce grand apôtre. Cet état ne doit pas nous paroître bon : faisons-y donc réflexion ; et après nous être bien examinés, voyons en quoi nous différons des véritables serviteurs de Dieu.

Soyons imitateurs de Jésus-Christ en devenant les imitateurs de saint Paul [2], qui se donne pour modèle après le premier modèle : plus de complaisance pour le monde, plus de complaisance pour nous, plus d'indulgence pour nos passions, pour nos sens et pour notre langueur spirituelle. Ce n'est point en paroles que consiste la pratique de la vertu ; elles ne suffisent pas pour arriver au royaume de Dieu : c'est dans la force et le courage, et dans la violence que l'on se fait ; violence en toutes rencontres lorsqu'il faut résister au torrent du monde, qui nous empêche de faire le bien, après nous avoir tant de temps fait commettre le mal ; violence quand il faut renoncer à une partie du nécessaire pour ne pas se tromper en croyant avoir renoncé au superflu ; violence quand il faut se mortifier dans l'esprit après s'être mortifié dans le corps, sans croire que Dieu nous en doit de reste ; violence pour augmenter les heures de prières, de lectures et de retraite ; violence pour se trouver toujours parfaitement bien dans l'état où l'on est, sans souhaiter ni plus de commodité, ni plus d'honneur, ni plus de santé, ni d'autre compagnie, pas même de

---

[1] I Cor. IV. 10. — [2] *Ibid.* XI. 1.

gens de bien; enfin violence pour arriver à ce degré d'indifférence absolument nécessaire au chrétien, qui n'a de volonté que celle de Dieu son créateur; qui lui remet les succès de toutes ses affaires, quoiqu'il ne laisse pas d'y travailler; qui agit selon sa condition, mais qui agit sans se troubler; qui prend plaisir à regarder Dieu et qui ne craint point d'en être regardé; qui espère que ce regard sera pour corriger ses défauts, et qui demeure paisible en se voyant à sa merci pour la punition de ses péchés. Voilà où je vous laisse, et où je vous prie de vous tenir, afin que nous puissions et vous et moi, dans le trouble et le tracas de la vie du monde, nous conserver en paix. Grand Dieu, pouvons-nous penser que l'on connaisse en nous quelque chose de la vie de Jésus-Christ? Plus nous craignons de souffrir, plus nous en avons besoin.

XIII.

SUR L'HISTOIRE DU PHARISIEN ET DU PUBLICAIN : CARACTÈRES DE LA JUSTICE PHARISAÏQUE.

Les Publicains ou receveurs d'impôts étoient fort odieux au peuple juif, jaloux de sa liberté, et accoutumé à n'avoir pour roi que Dieu même ou des princes de la nation. Du temps de Jésus-Christ, ils étoient assujettis à la domination romaine, qu'ils supportoient impatiemment. Quand Jésus-Christ représente un Publicain, il met devant les yeux de ceux qu'il instruit ce qu'il y avoit de plus profane et de plus scandaleux. De là vient que Jésus-Christ met ensemble les femmes de mauvaise vie et les Publicains.

Pour les Pharisiens, c'étoit une secte d'hommes réformés, qui pratiquoient scrupuleusement jusques aux moindres circonstances marquées par la lettre de la loi. Leur vie étoit exemplaire, et éclatante en vertus extérieures; mais ils étoient superbes, hautains, jaloux des premiers rangs et de l'autorité, pleins d'eux-mêmes et de leurs bonnes œuvres, dédaigneux et critiques pour autrui, en un mot, aveuglés par la confiance en leur propre justice.

Jésus-Christ fait une histoire qui représente ces deux caractères [1], pour montrer combien le Pharisien est plus loin du vrai royaume de Dieu, que le Publicain qui est chargé d'iniquités. Le Publicain déplore ses vices; le Pharisien raconte ses vertus. Le Publicain n'ose demander des grâces; le Pharisien vante avec complaisance celles qu'il a reçues. Dieu se déclare pour le Publicain : il aime mieux le pécheur humble et confondu à la vue de sa misère, que le juste qui se complaît dans sa justice, et qui tire sa propre gloire des dons de Dieu. S'approprier les dons de Dieu, c'est les tourner contre Dieu même pour flatter son propre orgueil. O dons de Dieu, que vous êtes redoutables à une ame qui se cherche en elle-même! Elle tourne en poison l'aliment de vie éternelle : tout ce qui devroit la faire mourir à la vie d'Adam ne sert qu'à entretenir cette vie. On nourrit l'amour-propre de bonnes œuvres et d'austérités; on se raconte à soi-même secrètement ses mortifications, ses victoires sur son goût, ses actions de justice, de patience, d'humilité, de désintéressement : on croit chercher dans toutes ces choses une consolation spirituelle; et on y cherche un appui pour se confier en soi-même, et pour se rendre un témoignage avantageux de sa propre justice : on veut toujours être en état de se représenter à soi-même ce qu'on fait de bien. Quand ce témoignage intérieur échappe, on est désolé, troublé, consterné; on croit avoir tout perdu. Ce témoignage sensible est l'appui des commençans; c'est le lait des ames tendres et naissantes. Il faut qu'elles le sucent longtemps; il seroit dangereux de les en sevrer. C'est à Dieu seul à retirer peu à peu ce goût, et à y substituer le pain des forts. Mais quand une ame, depuis long-temps instruite et exercée dans le don de la foi, commence à ne sentir plus ce témoignage si doux et si consolant, elle doit demeurer tranquille dans l'épreuve, et ne se point tourmenter pour rappeler ce que Dieu éloigne d'elle. Alors il faut qu'elle s'endurcisse contre elle-même, et qu'elle soit contente, comme le Publicain, de montrer sa misère à Dieu, osant à peine lever les yeux vers lui. C'est dans cet état que Dieu purifie d'autant plus l'ame qu'il lui dérobe la vue de sa pureté.

L'ame est si infectée de l'amour-propre, qu'elle se salit toujours un peu par la vue de sa vertu; elle en prend toujours quelque chose pour elle-même : elle rend grâces à Dieu; mais elle se sait bon gré d'être plutôt qu'une autre la personne sur qui découlent les dons célestes. Cette manière de s'approprier les grâces est très-subtile et très-imperceptible dans certaines ames qui paroissent droites et simples : elles n'aperçoivent pas elles-mêmes le larcin qu'elles font. Ce lar-

[1] Luc. XVIII. 10, 11, etc.

cin est d'autant plus mauvais, que c'est dérober le bien le plus pur, et qui excite par conséquent davantage la jalousie de Dieu. Ces ames ne cessent de s'approprier leurs vertus que quand elles cessent de les voir, et que tout semble leur échapper. Alors elles s'écrient, comme saint Pierre quand il s'enfonçoit dans les eaux: *Sauvez-nous, Seigneur, nous périssons.* Elles ne trouvent plus rien en elles; tout manque. Il n'y a plus dans leur fonds que sujet de condamnation, d'horreur, de haine de soi-même, de sacrifice et d'abandon. En perdant ainsi cette propre justice pharisienne, on entre dans la vraie justice de Jésus-Christ, qu'on n'a garde de considérer comme la sienne propre.

Cette justice pharisienne est bien plus commune qu'on ne s'imagine. Le premier défaut de cette justice consistoit en ce que le Pharisien la mettoit toute dans les œuvres, s'attachant superstitieusement à la rigueur de la lettre de la loi, pour l'observer de point en point sans en chercher l'esprit. Voilà précisément ce que font tant de Chrétiens. On jeûne, on donne l'aumône, on fréquente les sacremens, on va à l'office de l'église, on prie même, sans amour pour Dieu, sans détachement du monde, sans charité, sans humilité, sans renoncement à soi-même: on est content, pourvu qu'on ait devant soi un certain nombre de bonnes œuvres régulièrement faites. C'est être pharisien.

Le second défaut de la justice pharisienne est celui que nous avons déjà remarqué; c'est qu'on veut s'appuyer sur cette justice comme sur sa propre force. Ce qui fait qu'elle console tant, c'est qu'elle donne un grand soutien à la nature. On prend un grand plaisir à se voir juste, à se sentir fort, à se mirer dans sa vertu, comme une femme vaine se plaît à considérer sa beauté dans un miroir. L'attachement à cette vue de nos vertus les salit, nourrit notre amour-propre, et nous empêche de nous détacher de nous-mêmes. De là vient que tant d'ames, d'ailleurs droites et pleines de bons désirs, ne font que tournoyer autour d'elles-mêmes sans avancer jamais vers Dieu. Sous prétexte de vouloir conserver ce témoignage intérieur, elles s'occupent toujours d'elles-mêmes avec complaisance; elles craignent autant de se perdre de vue, que d'autres craindroient de s'écarter de Dieu; elles veulent toujours voir un certain arrangement de vertus composées à leur mode; elles veulent toujours goûter le plaisir d'être agréables à Dieu. Ainsi elles ne se nourrissent que d'un plaisir qui les amollit, et d'une superficie de vertus qui les remplit d'elles-mêmes. Il faudroit les vider, et non pas les remplir; les endurcir contre elles-mêmes, et non pas les accoutumer à cette tendresse sensible qui n'a souvent rien de solide. Cette tendresse est pour elles ce que seroit le lait d'une nourrice pour un homme robuste de trente ans. Cette nourriture affoiblit et appetisse l'ame, au lieu de la fortifier. De plus, c'est que ces ames, trop dépendantes du goût sensible et du calme intérieur, sont en danger de perdre tout au premier orage qui s'élèvera: elles ne tiennent qu'au don sensible; dès que le don sensible se retire, tout tombe sans ressource. Elles se découragent aussitôt que Dieu les éprouve; elles n'ont mis aucune différence entre le goût sensible et Dieu: de là vient que, quand ce goût échappe, elles concluent que Dieu les abandonne. Aveugles, qui quittent l'oraison, comme dit sainte Thérèse, quand l'oraison commence à se purifier par l'épreuve, et à devenir plus fructueuse! Une ame qui vit du pain sec de la tribulation, qui se trouve vide de tout bien, qui voit sans cesse sa pauvreté, son indignité et sa corruption, qui ne se lasse jamais de chercher Dieu, quoique Dieu la repousse, qui le cherche lui seul pour l'amour de lui-même sans se chercher soi-même en Dieu, est bien au-dessus d'une ame qui veut voir sa perfection, qui se trouble dès qu'elle la perd de vue, et qui veut toujours que Dieu la prévienne par de nouvelles caresses.

Suivons Dieu par la route obscure de la pure foi; perdons de vue tout ce qu'il voudra nous cacher; marchons, comme Abraham, sans savoir où tendent nos pas; ne comptons que sur notre misère et sur la miséricorde de Dieu. Seulement allons droit; soyons simples, fidèles, n'hésitant jamais de sacrifier tout à Dieu. Mais gardons-nous bien de nous appuyer sur nos œuvres, ou sur nos sentimens, ou sur nos vertus. Allons toujours à Dieu, sans nous arrêter un moment pour retourner sur nous-mêmes avec complaisance ou avec inquiétude. Abandonnons-lui tout ce qui nous regarde, et songeons à le glorifier sans relâche dans tous les moments de notre vie.

XIV.

REMÈDES CONTRE LA DISSIPATION ET CONTRE LA TRISTESSE.

Il me semble que vous êtes en peine sur deux choses: l'une d'éviter la dissipation, et l'autre de vous soutenir contre la tristesse. Pour la dissipation, vous ne vous en guérirez point par des réflexions forcées. N'espérez pas de faire l'ouvrage de la grâce par les ressorts et les industries de la nature. Contentez-vous de donner votre volonté à Dieu sans réserve, et de n'envisager jamais aucun état douloureux que vous n'acceptiez par l'abandon à la divine Providence. Gardez-vous bien d'aller jamais au devant de ces pensées de croix ; mais quand Dieu permet qu'elles vous viennent, sans que vous les ayez cherchées, ne les laissez jamais passer sans fruit.

Acceptez, malgré les répugnances et les horreurs de la nature, tout ce que Dieu présente à votre esprit, comme une épreuve par laquelle il veut exercer votre foi. Ne vous mettez point en peine de savoir si vous aurez, dans l'occasion, la force d'exécuter ce que vous désirez faire de loin : l'occasion présente aura sa grâce ; mais la grâce du moment auquel vous envisagez ces croix, est de les accepter de bon cœur au temps que Dieu vous les donnera. Le fondement d'abandon posé, marchez tranquillement et en confiance. Pourvu que cette disposition de votre volonté ne soit point changée par des attachemens volontaires à quelque chose contre l'ordre de Dieu, elle subsistera toujours.

Votre imagination sera errante sur mille vains objets ; elle sera même plus ou moins agitée, suivant les lieux où vous serez, et suivant qu'elle aura été plus ou moins ébranlée par des objets plus vifs ou plus languissans. Mais qu'importe ? L'imagination, comme dit sainte Thérèse, est la folle de la maison ; elle ne cesse de faire du bruit et d'étourdir ; l'esprit même est entraîné par elle ; il ne peut s'empêcher de voir les images qu'elle lui présente. Son attention à ces images est inévitable, et cette attention est une distraction véritable : mais, pourvu qu'elle soit involontaire, elle ne sépare jamais de Dieu ; il n'y a que la distraction de la volonté qui fait tout le mal.

Si vous ne voulez jamais la distraction, vous ne serez jamais distraite, et il sera vrai de dire que votre oraison n'aura point défailli. Chaque fois que vous apercevrez votre distraction, vous la laisserez tomber sans la combattre, et vous vous retournerez doucement du côté de Dieu sans aucune contention d'esprit. Quand vous ne vous apercevrez point de votre distraction, elle ne sera pas une distraction du cœur. Dès que vous l'apercevrez, vous lèverez les yeux vers Dieu. La fidélité que vous aurez à rentrer en sa présence, toutes les fois que vous vous apercevrez de votre état, vous méritera la grâce d'une présence plus fréquente ; et c'est, si je ne me trompe, le moyen de rendre bientôt cette présence familière.

Cette fidélité à se détourner promptement des autres objets, toutes les fois qu'on remarque les distractions, ne sera pas long-temps dans une âme sans le don d'un recueillement fréquent et facile. Mais il ne faut pas s'imaginer qu'on puisse entrer dans cet état par ses propres efforts ; cette contention vous rendroit gênée, scrupuleuse, inquiète dans les affaires et dans les conversations où vous avez besoin d'être libre. Vous seriez toujours en crainte que la présence de Dieu ne vous échappe, toujours à courir pour la rattraper ; vous vous envelopperiez dans tous les fantômes de votre imagination. Ainsi la présence de Dieu, qui doit, par sa douceur et par sa lumière, faciliter l'application à tous les autres objets que nous avons besoin de considérer dans l'ordre de Dieu, vous rendroit au contraire toujours agitée et presque incapable des fonctions extérieures de votre état.

Ne soyez donc jamais inquiète de ce que cette présence sensible de Dieu vous aura échappé ; mais surtout gardez-vous bien de vouloir une présence de Dieu raisonnée, et soutenue par beaucoup de réflexions. Contentez-vous, dans le cours de la journée et dans le détail de vos occupations, d'une vue confuse de Dieu ; en sorte que, si on vous demandoit alors quelle est la disposition de votre cœur, fût vrai de dire qu'il tend à Dieu, quoique vous fussiez alors attentive à quelque autre objet. Ne vous mettez point en peine des égaremens de votre esprit que vous ne pouvez retenir. On se distrait souvent par la crainte des distractions, et puis par le regret de les avoir eues.

Que diriez-vous d'un homme qui, dans un voyage, au lieu de marcher toujours sans s'arrêter, passeroit son temps à prévoir les chutes qu'il pourroit faire, et, quand il en auroit fait quelqu'une, à retourner voir le lieu où il seroit tombé ? Marchez, marchez toujours, lui diriez-vous. Je vous dis de même : Marchez sans regarder derrière vous, et sans vous arrêter. *Marchez*, dit l'Apôtre [1], *afin que vous soyez toujours dans une plus grande abondance*. L'abondance de l'amour de Dieu, il est vrai, vous corrigera plus que vos inquiétudes et vos retours empressés sur vous-même.

[1] I Thess. IV, 1.

Cette règle est simple ; mais la nature, accoutumée à faire tout par sentiment et par réflexion, la trouve simple jusqu'à l'excès. On voudroit s'aider soi-même, et se donner plus de mouvement : mais c'est en quoi cette règle est bonne, de ce qu'elle tient dans un état de pure foi, où l'on ne s'appuie que sur Dieu à qui l'on s'abandonne, et où l'on meurt à soi-même en supprimant tout ce qui est de soi. Par là on ne multiplie point les pratiques extérieures, qui pourroient gêner les personnes fort occupées, ou nuire à la santé ; on les tourne toutes à aimer, mais à aimer simplement ; ensuite on ne fait que ce que l'amour fait faire : ainsi on n'est jamais surchargé ; car on ne porte que ce qu'on aime. Cette règle, bien prise, suffit aussi pour guérir la tristesse.

Souvent la tristesse vient de ce que, cherchant Dieu, on ne le sent pas assez pour se contenter. Vouloir le sentir n'est pas vouloir le posséder ; mais c'est vouloir s'assurer, pour l'amour de soi-même, qu'on le possède, afin de se consoler. La nature abattue et découragée a impatience de se voir dans la pure foi ; elle fait tous ses efforts pour s'en tirer, parce que là tout appui lui manque ; elle y est comme en l'air ; elle voudroit sentir son avancement. A la vue de ses fautes, l'orgueil se dépite, et l'on prend ce dépit de l'orgueil pour un sentiment de pénitence. On voudroit, par amour-propre, avoir le plaisir de se voir parfait ; on se gronde de ne l'être pas ; on est impatient, hautain et de mauvaise humeur contre soi et contre les autres. Erreur déplorable ! Comme si l'œuvre de Dieu pouvoit s'accomplir par notre chagrin ! Comme si on pouvoit s'unir au Dieu de paix en perdant la paix intérieure ! *Marthe, Marthe, pourquoi vous troubler sur tant de choses* pour le service de Jésus-Christ ? *Une seule est nécessaire* [1], qui est de l'aimer et de se tenir immobile à ses pieds.

Quand on est bien abandonné à Dieu, tout ce que l'on fait est bien fait, sans faire beaucoup de choses : on s'abandonne avec confiance pour l'avenir ; on veut sans réserve tout ce que Dieu voudra, et l'on ferme les yeux pour ne rien prévoir de l'avenir. Cependant on s'applique dans le présent à accomplir sa volonté ; à chaque jour suffit son bien et son mal. Ce journalier accomplissement de la volonté de Dieu est l'avénement de son règne au dedans de nous, et tout ensemble notre pain quotidien. On seroit infidèle, et coupable d'une défiance

[1] Luc. x. 41 et 42.

païenne, si on vouloit pénétrer dans cet avenir du temps que Dieu nous dérobe : on le lui laisse ; c'est à lui de le faire doux ou amer, court ou long : qu'il fasse ce qui est bon à ses yeux. La plus parfaite préparation à cet avenir, quel qu'il soit, est de mourir à toute volonté propre, pour se livrer totalement à celle de Dieu. Comme la manne avoit tous les goûts, cette disposition générale renferme toutes les grâces et tous les sentimens convenables à tous les états où Dieu pourra nous mettre dans la suite.

Quand on est ainsi prêt à tout, c'est dans le fond de l'abîme que l'on commence à prendre pied ; on est aussi tranquille sur le passé que sur l'avenir. On suppose de soi tout le pis qu'on en peut supposer ; mais on se jette aveuglément dans les bras de Dieu ; on s'oublie, on se perd ; et c'est la plus parfaite pénitence que cet oubli de soi-même : car toute la conversion ne consiste qu'à se renoncer pour s'occuper de Dieu. Cet oubli est le martyre de l'amour-propre ; on aimeroit cent fois mieux se contredire, se condamner, se tourmenter le corps et l'esprit, que de s'oublier. Cet oubli est un anéantissement de l'amour-propre, où il ne trouve aucune ressource. Alors le cœur s'élargit ; on est soulagé en se déchargeant de tout le poids de soi-même dont on s'accabloit ; on est étonné de voir combien la voie est droite et simple. On croyoit qu'il falloit une contention perpétuelle et toujours quelque nouvelle action sans relâche ; au contraire, on aperçoit qu'il y a peu à faire ; qu'il suffit, sans trop raisonner ni sur l'avenir ni sur le passé, de regarder Dieu avec confiance comme un père qui nous mène dans le moment présent comme par la main. Si quelque distraction le fait perdre de vue, sans s'arrêter à la distraction, on se retourne vers Dieu, et il fait sentir ce qu'il veut. Si on fait des fautes, on en fait une pénitence qui est une douleur toute d'amour. On se retourne vers celui de qui on s'étoit détourné. Le péché paroît hideux ; mais l'humiliation qui en revient, et pour laquelle Dieu l'a permis, paroît bonne. Autant que les réflexions de l'orgueil sur nos propres fautes sont amères, inquiètes et chagrines, autant le retour de l'âme vers Dieu après ses fautes est-il recueilli, paisible et soutenu par la confiance.

Vous sentirez par expérience combien ce retour simple et paisible vous facilitera votre correction, plus que tous les dépits sur les défauts qui vous dominent. Soyez seulement fidèle à vous tourner simplement vers Dieu, dès le moment que vous apercevrez votre faute. Vous aurez beau chicaner avec vous-même ; ce n'est point avec vous que vous devez prendre vos mesures. Quand vous vous grondez sur vos misères, je ne vois dans votre conseil que vous seul avec vous-même. Pauvre conseil, où Dieu n'est pas !

Qui vous tendra la main pour sortir du bourbier ? Sera-ce vous ? Hé ! c'est vous-même qui vous y êtes enfoncé, et qui ne pouvez en sortir. De plus, ce bourbier c'est vous-même ; tout le fond de votre mal est de ne pouvoir sortir de vous. Espérez-vous d'en sortir en vous entretenant toujours avec vous-même, et en nourrissant votre sensibilité par la vue de vos foiblesses ? Vous ne faites que vous attendrir sur vous-même par tous ces retours. Mais le moindre regard de Dieu calmeroit bien mieux votre cœur troublé par cette occupation de vous-même. Sa présence opère toujours la sortie de soi-même, et c'est ce qu'il vous faut. Sortez donc de vous-même, et vous serez en paix. Mais comment en sortir ? Il ne faut que se tourner doucement du côté de Dieu, et en former peu à peu l'habitude par la fidélité à y revenir toutes les fois qu'on s'aperçoit de sa distraction.

Pour la tristesse naturelle qui vient de la mélancolie, elle ne vient que du corps ; ainsi les remèdes et le régime la diminuent. Il est vrai qu'elle revient toujours, mais elle n'est pas volontaire. Quand Dieu la donne, on la supporte en paix, comme la fièvre et les autres maux corporels. L'imagination est dans une noirceur profonde, elle est toute tendue de deuil ; mais la volonté, qui ne se nourrit que de pure foi, veut bien éprouver toutes ces impressions : on est en paix, parce qu'on est d'accord avec soi-même, et soumis à Dieu. Il n'est pas question de ce que l'on sent, mais de ce que l'on veut. On veut tout ce qu'on a, on ne veut rien de ce qu'on n'a pas. On ne voudroit pas soi-même se délivrer de ce qu'on souffre, parce qu'il n'appartient qu'à Dieu de distribuer les croix et les consolations. On est dans la joie au milieu des tribulations, comme dit l'Apôtre [1] ; ce n'est pas une joie des sens, c'est une joie de pure volonté.

Les impies, au milieu des plaisirs, ont une joie contrainte, parce qu'ils ne sont jamais contens de leur état ; ils voudroient repousser certains dégoûts et goûter encore certaines douceurs qui leur manquent.

Au contraire, l'âme fidèle a une volonté qui n'est contrainte en rien ; elle accepte librement tout ce que Dieu lui donne de douloureux ; elle le veut, elle l'aime, elle l'embrasse ; elle ne voudroit pas le quitter quand même il ne lui en coûteroit qu'un seul désir, parce que ce désir seroit un désir propre, et contraire à son abandon à la Providence, qu'elle ne veut jamais prévenir en rien.

Si quelque chose est capable de mettre un cœur au large et en liberté, c'est cet abandon. Il répand dans le cœur une *paix plus abondante que les fleuves, et une justice qui est comme les abîmes de la mer ;* c'est l'expression d'Isaïe [1]. Si quelque chose peut rendre un esprit serein, dissiper ses scrupules et ses craintes noires, adoucir la peine par l'onction de l'amour, donner une certaine vigueur dans toutes les actions, et épancher la joie du Saint-Esprit jusque sur le visage et dans les paroles, c'est cette conduite simple, libre et enfantine entre les bras de Dieu. Mais on raisonne trop, et on se gâte à force de raisonner. Il y a une tentation de raisonnement, qu'il faut craindre comme les autres tentations. Il y a une occupation de soi-même, sensible, inquiète, défiante, qui est une tentation d'autant plus subtile, qu'on ne la regarde point comme une tentation, et qu'au contraire on s'y enfonce de plus en plus, parce qu'on la prend pour la vigilance recommandée dans l'Evangile. La vigilance que Jésus-Christ ordonne est une fidèle attention à aimer toujours, et à accomplir la volonté de Dieu dans le moment présent, suivant les signes qu'on en a : mais elle ne consiste pas à se troubler, à se mettre à la torture, à s'occuper sans cesse de soi-même, plutôt que de lever les yeux vers Dieu, notre unique secours contre nous-mêmes.

Pourquoi, sous prétexte de vigilance, s'opiniâtrer à découvrir en nous-mêmes ce que Dieu ne veut pas que nous y découvrions pendant cette vie ? Pourquoi perdre par là le fruit de la foi pure et de la vie intérieure ? Pourquoi se détourner de la présence de Dieu, qu'il veut nous rendre continuelle ? Il n'a pas dit : Soyez toujours vous-même l'objet devant lequel vous marchiez ; mais il a dit : *Marchez devant moi, et soyez parfait* [2].

David, plein de son esprit, a dit : *Je croyois toujours Dieu devant moi* [3] ; et encore : *Mes yeux sont toujours élevés vers le Seigneur, afin qu'il garantisse mes pieds des filets tendus* [4]. Le

---

[1] II Cor. vii. 4.

[1] Is. xlviii. 18. — [2] Gen. xvii. 1. — [3] Ps. xv. 8. — [4] *Ibid.* xxiv. 15.

danger est à ses pieds ; cependant ses yeux sont en haut : il est moins utile de considérer notre danger que le secours de Dieu. De plus on voit tout réuni en Dieu ; on y voit la misère humaine et la bonté divine ; un seul coup-d'œil d'une âme droite et pure, si simple qu'il soit, aperçoit tout dans cette lumière infinie. Mais que pouvons-nous voir dans nos propres ténèbres, sinon nos ténèbres mêmes ?

Ô mon Dieu ! pourvu que je ne cesse de vous voir, je ne cesserai point de me voir dans toutes mes misères, et je me verrai bien mieux en vous qu'en moi-même. La vraie vigilance est de voir en vous votre volonté pour l'accomplir, et non de raisonner à l'infini sur l'état de la mienne. Quand les occupations extérieures m'empêcheront de vous voir seul, en fermant dans l'oraison les avenues de tous mes sens, alors je vous verrai, Seigneur, faisant tout en tous. Je verrai partout avec joie votre volonté s'accomplir et au dedans et au dehors de moi ; je dirai sans cesse *Amen*, comme les bienheureux ; je chanterai toujours dans mon cœur le cantique de la céleste Sion. Je vous bénirai même dans les méchans, qui, par leur volonté mauvaise, ne laissent pas d'accomplir malgré eux la vôtre toute juste, toute sainte, toute puissante. Dans la chaste liberté de l'esprit que vous donnez à vos enfans, j'agirai et je parlerai simplement, gaîment et avec confiance : *Quand même je passerois au travers des ombres de la mort, je ne craindrois rien, parce que vous êtes toujours avec moi* [1]. Je ne chercherai jamais aucun péril ; je n'entrerai jamais dans aucun engagement qu'avec des signes de votre providence, qui y soient ma force et ma consolation. Dans les états mêmes où votre vocation me soutiendra, je donnerai au recueillement, à l'oraison, à la retraite, tous les jours, toutes les heures, tous les momens que vous me laisserez libres : je ne quitterai jamais ce bienheureux état, qu'autant que vous m'appellerez vous-même à quelque fonction extérieure. Alors je sortirai en apparence de vous, mais vous sortirez avec moi ; et, dans cette sortie apparente, vous me porterez dans votre sein ; je ne me chercherai point moi-même dans le commerce des créatures ; je ne craindrai point que le recueillement diminue mon agrément auprès d'elles, et dessèche ma conversation ; car je ne veux plaire aux hommes qu'autant qu'il le faut pour vous plaire.

Si vous voulez vous servir de moi pour votre œuvre sur eux, je me livre ; et, sans réflexion sur moi, je répandrai simplement sur eux tout ce que vous avez fait découler de vos dons sur moi : je ne marcherai point à tâtons, en retombant toujours sur moi-même : quelque périlleuse et dissipante que soit cette fonction, je me comporterai simplement devant vous avec une droite intention, sachant quelle est la bonté du père devant qui je marche ; il ne veut point de subtilité dans les siens.

Si, au contraire, vous ne voulez pas vous servir de moi pour les autres, je ne m'offrirai point ; je n'irai au-devant de rien ; je ferai en paix les autres choses auxquelles vous me bornerez : car, selon l'attrait d'abandon que vous me donnez, je ne désire ni ne refuse rien, je me prête à tout, et consens d'être inutile à tout. Cherché, rebuté, connu, ignoré, applaudi, contredit, que m'importe ? C'est vous, et non pas moi ; c'est vous, et non pas vos dons distingués de vous et de votre amour que je cherche. Tous les états qui sont bons me sont indifférens. *Amen*.

XV.

REMÈDES CONTRE LA TRISTESSE.

Pour ce qui regarde une certaine tristesse qui resserre le cœur et qui l'abat, voici deux règles qu'il me paroît important d'observer. La première est de remédier à cette tristesse par les moyens que la Providence nous fournit ; par exemple, ne se point surcharger d'affaires pénibles, pour ne succomber point sous un fardeau disproportionné ; ménager non-seulement les forces de son corps, mais encore celles de son esprit, en ne prenant point sur soi des choses où l'on compteroit trop sur son courage ; se réserver des heures pour prier, pour lire, pour s'encourager par de bonnes conversations ; même s'égayer, pour délasser tout ensemble l'esprit avec le corps, suivant le besoin.

Il faut encore quelque personne sûre et discrète, à qui on puisse décharger son cœur pour tout ce qui n'est point du secret d'autrui ; car cette décharge soulage et élargit le cœur oppressé. Souvent des peines trop long-temps retenues grossissent jusqu'à crever le cœur. Si elles pouvoient s'exhaler, on verroit qu'elles ne méritent point toute l'amertume qu'elles ont causée. Rien ne tire tant l'âme d'une certaine noirceur profonde, que la simplicité et la

[1] Ps. xxii. 4.

petitesse avec laquelle elle expose son découragement aux dépens de sa gloire, demandant lumière et consolation dans la communication qui doit être entre les enfans de Dieu.

La seconde règle est de porter paisiblement toutes les impressions involontaires de tristesse que nous souffrons, malgré les secours et les précautions que nous venons d'expliquer. Les découragemens intérieurs nous font aller plus vite que tout le reste, dans la voie de la foi, pourvu qu'ils ne nous arrêtent point, et que la lâcheté involontaire de l'âme ne la livre point à cette tristesse qui s'empare, comme par force, de tout l'intérieur. Un pas fait en cet état est toujours un pas de géant : il vaut mieux que mille, faits dans une disposition plus douce et plus consolante. Il n'y a donc qu'à mépriser notre découragement, et qu'à aller toujours, pour rendre cet état de foiblesse plus utile et plus grand que celui du courage et de la force la plus héroïque.

O que ce courage sensible, qui rend tout aisé, qui fait et qui souffre tout, qui se sait bon gré de n'hésiter jamais, est trompeur ! O qu'il nourrit la confiance propre et une certaine élévation de cœur ! Ce courage, qui édifie quelquefois merveilleusement le public, nourrit au dedans une certaine satisfaction et un témoignage qu'on se rend à soi-même, qui est un poison subtil. On a le goût de sa propre vertu, on s'y complaît, on veut la posséder ; on se sait bon gré de sa force.

Une âme affoiblie et humiliée, qui ne trouve plus de ressource en elle, qui craint, qui est troublée, qui est triste jusqu'à la mort, comme Jésus-Christ lorsqu'il étoit dans le jardin, qui s'écrie enfin comme lui sur la croix : *O Dieu, ô mon Dieu, pourquoi m'avez-vous délaissé?* est bien plus purifiée, plus déprise d'elle-même, plus anéantie et plus morte à tout désir propre, que ces âmes fortes qui jouissent en paix des fruits de leur vertu.

Heureuse l'âme que Dieu abat, que Dieu écrase, à qui Dieu ôte toute force en elle-même pour ne se plus soutenir qu'en lui ; qui voit sa pauvreté, qui en est contente ; qui porte, outre les croix du dehors, la grande croix intérieure du découragement, sans laquelle toutes les autres ne pèseroient rien !

XVI.

SUR LA PENSÉE DE LA MORT.

On ne peut trop déplorer l'aveuglement des hommes de ne pas vouloir penser à la mort, et de se détourner d'une chose inévitable que l'on peut rendre heureuse en y pensant souvent. La mort ne trouble que les personnes charnelles : *le parfait amour chasse la crainte* [1]. Ce n'est pas par se croire juste qu'on cesse de craindre : c'est par aimer simplement, et s'abandonner sans retour sur soi à celui qu'on aime. Voilà ce qui rend la mort douce et précieuse. Quand on est mort à soi-même, la mort du corps n'est plus que la consommation de l'œuvre de la grâce.

On évite la pensée de la mort pour ne se pas attrister ; elle ne sera triste que pour ceux qui n'y auront pas pensé. Elle arrivera enfin cette mort, et éclairera celui qui n'aura pas voulu être éclairé pendant sa vie. On aura à la mort une lumière très-distincte de tout ce que nous aurons fait et de tout ce que nous aurions dû faire ; nous verrons clairement l'usage que nous aurions dû faire des grâces reçues, des talens, des biens, de la santé, du temps et de tous les avantages ou malheurs de notre vie.

La pensée de la mort est la meilleure règle que nous puissions prendre pour toutes nos actions et nos projets. Il faut la désirer ; mais il la faut aussi attendre avec la même soumission que nous devons avoir à la volonté de Dieu dans tout le reste. On doit la désirer, puisqu'elle est la consommation de notre pénitence, l'entrée de notre bonheur et notre éternelle récompense.

Il ne faut point dire que l'on veut vivre pour faire pénitence, puisque la mort est la meilleure que nous puissions faire. Nos péchés seront purgés plus purement, et expiés plus efficacement par notre mort, que par toutes nos pénitences. Elle sera aussi douce pour les gens de bien, qu'elle sera amère pour les méchans. Nous la demandons tous les jours dans le *Pater* ; il faut que tous demandent que *le royaume de Dieu leur arrive*. Il faut donc la désirer, puisque la prière n'est que le désir du cœur, et que ce royaume ne peut venir pour nous que par no-

---

[1] I Joan. IV. 18.

tre mort. Saint Paul recommande aux Chrétiens de *se consoler ensemble* [1] dans la pensée de la mort.

XVII.

NÉCESSITÉ DE CONNOITRE DIEU : CETTE CONNOISSANCE EST L'AME ET LE FONDEMENT DE LA SOLIDE PIÉTÉ.

Ce qui manque le plus aux hommes, c'est la connoissance de Dieu. Ils savent, quand ils ont beaucoup lu, une certaine suite de miracles et de marques de providence par les faits de l'histoire ; ils ont fait des réflexions sérieuses sur la corruption et sur la fragilité du monde ; ils se sont même convaincus de certaines maximes utiles pour la réformation de leurs mœurs par rapport au salut : mais tout cet édifice manque de fondement ; ce corps de piété et de christianisme est sans ame. Ce qui doit animer le véritable fidèle, c'est l'idée de Dieu, qui est tout, qui fait tout et à qui tout est dû. Il est infini en tout, en sagesse, en puissance, en amour. Il ne faut donc pas s'étonner si tout ce qui vient de lui tient de ce caractère d'infini, et surpasse la raison humaine. Quand il prépare et arrange quelque chose, ses conseils et ses voies sont, comme dit l'Ecriture, autant au-dessus de nos conseils et de nos voies, que le ciel est au-dessus de la terre. Quand il veut exécuter ce qu'il a résolu, sa puissance ne se montre par aucuns efforts, car il n'y a aucun effet, quelque grand qu'il puisse être, qui lui soit moins facile que les plus communs : il ne lui a pas plus coûté pour tirer du néant le ciel et la terre, tels que nous les voyons, que pour faire couler une rivière dans sa pente naturelle, ou pour laisser tomber une pierre de haut en bas. Sa puissance se trouve tout entière dans sa volonté : il n'a qu'à vouloir, et les choses sont d'abord faites. Si l'Ecriture le représente parlant dans la création, ce n'est pas qu'il ait eu besoin d'une parole qui soit sortie de lui pour faire entendre sa volonté à toute la nature qu'il vouloit produire. Cette parole, que l'Ecriture nous représente, est toute simple et tout intérieure ; c'est la pensée qu'il a eue de faire les choses, et la résolution qu'il en a formée au fond de lui-même. Cette pensée a été féconde ; et, sans sortir de lui, elle a tiré de lui, comme une source de tous les êtres, tous ceux qui composent l'univers. Sa miséricorde, tout de même, n'est autre chose que sa pure volonté : il nous a aimés avant la création du monde ; il nous a vus, il nous a préparé ses biens ; il nous a aimés et choisis dès l'éternité. Quand il nous arrive quelque bien nouveau, il découle de cette ancienne source : Dieu n'a jamais de volonté nouvelle sur nous : il ne change point ; c'est nous qui changeons. Quand nous sommes justes et bons, nous lui sommes conformes et agréables ; quand nous quittons la justice, et que nous cessons d'être bons, nous cessons de lui être conformes et de lui plaire. C'est une règle immuable, de laquelle la créature changeante s'approche et s'écarte successivement. Sa justice contre les méchans et son amour pour les bons ne sont que la même chose : c'est la même bonté qui s'unit avec tout ce qui est bon, et qui est incompatible avec tout ce qui est mauvais. Pour la miséricorde, c'est la bonté de Dieu qui, nous trouvant mauvais, veut nous rendre bons. Cette miséricorde, qui se fait sentir à nous dans le temps, est dans sa source un amour éternel de Dieu pour sa créature. Lui seul donne la vraie bonté. Malheur à l'ame présomptueuse qui espère de la trouver en soi-même ! C'est l'amour que Dieu a pour nous qui nous donne tout.

Mais le plus grand don qu'il nous puisse faire, c'est de nous donner l'amour que nous devons avoir pour lui. Quand Dieu nous aime jusqu'à faire que nous l'aimions, il règne en nous ; il y fait notre vie, et notre paix, et notre bonheur, et nous commençons déjà à vivre de sa vie bienheureuse. Cet amour qu'il a pour nous porte son caractère infini : il n'aime point, comme nous, d'un amour borné et rétréci : quand il aime, toutes les démarches de son amour sont infinies. Il descend du ciel sur la terre pour chercher la créature de boue qu'il aime ; il se fait homme et boue avec elle ; il lui donne sa chair à manger. C'est par de tels prodiges d'amour que l'infini surpasse toutes les affections dont les hommes sont capables. Il aime en Dieu ; et cet amour n'a rien qui ne soit incompréhensible. Le comble de la folie est de vouloir mesurer l'amour infini à une sagesse bornée. Bien loin de perdre quelque chose de sa grandeur dans ces excès d'amour, il y grave le caractère de sa grandeur, en y marquant les saillies et les transports d'un amour infini. O qu'il est grand et aimable dans ses mystères ! Mais nous n'avons point d'yeux pour les voir, et nous manquons de sentiment pour apercevoir Dieu en tout.

---

[1] I Thess. IV. 17. — [2] Is. LV. 6.

XVIII.

SUITE DU MÊME SUJET. — DIEU N'EST POINT AIMÉ, PARCE QU'IL N'EST PAS CONNU.

Il ne faut point s'étonner que les hommes fassent si peu pour Dieu, et que le peu qu'ils font pour lui leur coûte tant : il ne le connoissent point; à peine croient-ils qu'il est. La croyance qu'ils en ont est plutôt une déférence aveugle à l'autorité d'un sentiment public, qu'une conviction vive et distincte de la divinité. On la suppose, parce qu'on n'oseroit l'examiner, et parce qu'on est là-dessus dans une distraction d'indifférence qui vient de ce qu'on est entraîné par ses passions vers d'autres objets. Mais on ne connoît Dieu que comme je ne sais quoi de merveilleux, d'obscur, et d'éloigné de nous : on le regarde comme un être puissant et sévère, qui demande beaucoup de nous, qui gêne nos inclinations, qui nous menace de grands maux, et contre le jugement terrible duquel il faut se précautionner. Voilà ce que pensent ceux qui font des réflexions sérieuses sur la religion ; encore sont-ils en bien petit nombre. On dit : C'est une personne qui craint Dieu : en effet, elle ne fait que le craindre sans l'aimer, comme des enfans craignent le maître qui donne le fouet, comme un mauvais valet craint les coups de celui qu'il sert, quand il le sert par crainte et sans se soucier de ses intérêts. Voudroit-on être traité par un fils ou même par un domestique, comme on traite Dieu ? C'est qu'on ne le connoît pas; car si on le connoissoit, on l'aimeroit. *Dieu est amour*, comme dit saint Jean [1] ; celui qui ne l'aime point ne le connoît point, car comment connoître l'amour sans l'aimer ? Il faut donc conclure que tous ces gens qui ne font encore que craindre Dieu, ne le connoissent point.

Mais qui est-ce, ô mon Dieu, qui vous connoîtra ? Celui qui ne connoîtra plus que vous, qui ne se connoîtra plus lui-même, et à qui tout ce qui n'est point vous sera comme s'il n'étoit pas. Le monde seroit surpris d'entendre parler ainsi, parce que le monde est plein de lui-même, de la vanité, du mensonge, et vide de Dieu. Mais j'espère qu'il y aura toujours des ames qui auront faim de Dieu, et qui goûteront les vérités que je vais dire.

O mon Dieu ! avant que vous fissiez le ciel et la terre il n'y avoit que vous. Vous étiez, car vous n'avez jamais commencé à être ; mais vous étiez seul. Hors vous il n'y avoit rien : vous jouissiez de vous-même, et vous n'aviez besoin de trouver rien hors de vous, puisque c'est vous qui donnez, bien loin de recevoir, à tout ce qui n'est pas vous-même. Par votre parole toute-puissante, c'est-à-dire par votre simple volonté, à qui rien ne coûte, et qui fait tout ce qu'elle veut par son pur vouloir sans succession de temps, et sans aucun travail extérieur, vous fîtes que ce monde qui n'étoit pas, commençât à être. Vous ne fîtes point comme les ouvriers d'ici-bas, qui trouvent les matériaux de leurs ouvrages, qui ne font que les rassembler, et dont l'art consiste à ranger peu à peu, avec beaucoup de peine, ces matériaux qu'ils n'ont pas faits. Vous ne trouvâtes rien de fait, et vous fîtes vous-même tous les matériaux de votre ouvrage. C'est sur le néant que vous travaillâtes. Vous dîtes : Que le monde soit, et il fut. Vous n'eûtes qu'à dire, et tout fut fait.

Mais pourquoi fîtes-vous toutes ces choses ? Elles furent toutes faites pour l'homme, et l'homme fut fait pour vous. Voilà l'ordre que vous établîtes : malheur à l'ame qui le renverse, qui veut que tout soit pour elle, et qui se renferme en soi! C'est violer la loi fondamentale de la création. Non, mon Dieu, vous ne pouvez céder vos droits essentiels de créateur ; ce seroit vous dégrader vous-même. Vous pouvez pardonner à l'ame coupable qui vous a outragé, parce que vous pouvez la remplir de votre pur amour ; mais vous ne pouvez cesser d'être contraire à l'ame qui rapporte vos dons à elle-même, et qui refuse de se rapporter elle-même par un sincère et désintéressé amour à son créateur. Ne faire que vous craindre, ce n'est pas se rapporter à vous, c'est au contraire ne penser à vous que par rapport à soi. Vous aimer dans la seule vue de jouir des avantages qu'on trouve en vous, c'est vous rapporter à soi, au lieu de se rapporter à vous. Que faut-il donc pour se rapporter entièrement au Créateur ? Il faut se renoncer, s'oublier, se perdre, entrer dans vos intérêts, ô mon Dieu, contre les siens propres ; n'avoir plus ni volonté, ni gloire, ni paix que la vôtre, en un mot, c'est vous aimer sans s'aimer soi-même.

O combien d'ames, qui, sortant de cette vie chargées de vertus et de bonnes œuvres, n'auront point cette pureté entière, sans laquelle on ne peut voir Dieu ; et qui, faute d'être trou-

---

[1] I Joan. IV. 8 et 16.

vées dans ce rapport simple et total de la créature à son créateur, auront besoin d'être purifiées par ce feu jaloux qui ne laisse, dans l'autre vie, rien à l'ame de tout ce qui l'attache à elle-même! Elles n'entreront en Dieu, ces ames, qu'après être pleinement sorties d'ellesmêmes dans cette épreuve d'une inexorable justice. Tout ce qui est encore à soi est du domaine du purgatoire. Hélas! combien d'ames qui se reposent sur leurs vertus, et qui ne veulent point entendre ce renoncement sans réserve! Cette parole leur est dure et les scandalise : mais qu'il leur en coûtera pour l'avoir négligée! Elles paieront au centuple les retours sur elles-mêmes et les vaines consolations dont elles n'auront pas eu le courage de se déprendre.

Revenons donc. Telle est la grandeur de Dieu, qu'il ne peut rien faire que pour lui-même et pour sa propre gloire. C'est cette gloire incommunicable dont il est nécessairement jaloux, et qu'il ne peut donner à personne, comme il le dit lui-même [1]. Au contraire, telle est la bassesse et la dépendance de la créature, qu'elle ne peut, sans s'ériger en fausse divinité, et sans violer la loi immuable de sa création, rien faire, rien dire, rien penser, rien vouloir pour elle-même et pour sa propre gloire.

O néant, tu veux te glorifier! Tu n'es qu'à condition de n'être jamais rien à tes propres yeux : tu n'es que pour celui qui te fait être. Il se doit tout à lui-même; tu te dois tout à lui : il ne peut t'en rien relâcher; tout ce qu'il te laisseroit à toi-même sortiroit des règles inviolables de sa sagesse et de sa bonté. Un seul instant, un seul soupir de ta vie donné à ton intérêt propre, blesseroit essentiellement la fin du Créateur dans la création. Il n'a besoin de rien; mais il veut tout, parce que tout lui est dû, et que tout n'est pas trop pour lui. Il n'a besoin de rien, tant il est grand : mais cette même grandeur fait qu'il ne peut rien produire hors de lui qui ne soit tout pour lui-même : c'est son bon plaisir qu'il veut dans sa créature. Il a fait pour moi le ciel et la terre; mais il ne peut souffrir que je fasse volontairement et par choix un seul pas pour une autre fin que celle d'accomplir sa volonté. Avant qu'il eût produit des créatures, il n'y avoit point d'autre volonté que la sienne. Croirons-nous qu'il ait créé des créatures raisonnables pour vouloir autrement que lui? Non, non; c'est sa raison souveraine qui doit les éclairer et être leur raison; c'est sa volonté, règle de tout bien, qui doit vouloir en nous : toutes ces volontés n'en doivent faire qu'une seule par la sienne; c'est pourquoi nous lui disons : *Que votre règne vienne; que votre volonté se fasse.*

Pour mieux comprendre tout ceci, il faut se représenter que Dieu, qui nous a faits de rien, nous refait encore, pour ainsi dire, à chaque instant. De ce que nous étions hier, il ne s'ensuit pas que nous devions être encore aujourd'hui : nous pourrions cesser d'être, et nous retomberions effectivement dans le néant d'où nous sommes sortis, si la même main toute-puissante qui nous en a tirés ne nous empêchoit d'y être replongés. Nous ne sommes rien par nous-mêmes : nous ne sommes que ce que Dieu nous fait être, et seulement pour le temps qu'il lui plaît : il n'a qu'à retirer sa main qui nous porte, pour nous renfoncer dans l'abîme de notre néant; comme une pierre, qu'on tient en l'air, tombe de son propre poids dès qu'on ne la tient plus. Nous n'avons donc l'être et la vie que par le don de Dieu.

De plus, il y a d'autres biens, qui étant d'un ordre encore plus pur et plus élevé, viennent encore plus de lui. La bonne vie vaut encore mieux que la vie; la vertu est d'un plus grand prix que la santé; la droiture du cœur et l'amour de Dieu sont plus au-dessus des dons temporels que le ciel ne l'est au-dessus de la terre. Si donc nous sommes incapables de posséder un seul moment ces dons vils et grossiers sans le secours de Dieu, à combien plus forte raison faut-il qu'il nous donne ces autres dons sublimes de son amour, du détachement de nous-mêmes, et de toutes les vertus.

C'est donc, ô mon Dieu, ne vous point connoître que de vous regarder hors de nous, comme un Etre tout-puissant qui donne des lois à toute la nature, et qui a fait tout ce que nous voyons. C'est ne connoître encore qu'une partie de ce que vous êtes; c'est ignorer ce qu'il y a de plus merveilleux et de plus touchant pour vos créatures raisonnables. Ce qui m'enlève et qui m'attendrit, c'est que vous êtes le Dieu de mon cœur. Vous y faites tout ce qu'il vous plaît. Quand je suis bon, c'est vous qui me rendez tel : non-seulement vous tournez mon cœur comme il vous plaît, mais encore vous me donnez un cœur selon le vôtre. C'est vous qui vous aimez vous-même en moi; c'est vous qui animez mon ame, comme mon ame anime mon corps; vous m'êtes plus présent et plus intime que je le suis à moi-même : ce *moi*, auquel je suis si sensible et que j'ai tant

---

[1] Is XLII. 8.

aimé, me doit être étranger en comparaison de vous : c'est vous qui me l'avez donné ; sans vous il ne seroit rien : voilà pourquoi vous voulez que je vous aime plus que lui.

O puissance incompréhensible de mon Créateur ! O droit du Créateur sur sa créature, que jamais la créature ne comprendra assez ! O prodige d'amour, que Dieu seul peut faire ! Dieu se met, pour ainsi dire, entre moi et moi ; il me sépare d'avec moi-même ; il veut être plus près de moi par le pur amour que je ne le suis de moi-même ; il veut que je regarde ce *moi* comme je regarderois un être étranger ; que je sorte des bornes étroites de ce *moi*, que je le sacrifie sans retour, et que je le rapporte tout entier et sans condition au Créateur de qui je le tiens. Ce que je suis me doit être bien moins cher que celui par qui je suis. Il m'a fait pour lui, et non pour moi-même ; c'est-à-dire pour l'aimer, pour vouloir ce qu'il veut, et non pour m'aimer en cherchant ma propre volonté. Si quelqu'un sent son cœur révolté contre ce sacrifice entier du *moi* à celui qui nous a créés, je déplore son aveuglement, j'ai compassion de le voir esclave de lui-même, et je prie Dieu de l'en délivrer, en lui enseignant à aimer sans intérêt propre !

O mon Dieu ! je vois dans ces personnes scandalisées de votre pur amour, les ténèbres et la rebellion causées par le péché originel. Vous n'aviez point fait le cœur de l'homme avec cette pente de propriété si monstrueuse. Cette rectitude, où l'Ecriture nous apprend que vous l'aviez créé, ne consistoit qu'à n'être point à soi, mais à celui qui nous a faits pour lui. O Père ! vos enfans sont défigurés ; ils ne vous ressemblent plus. Ils s'irritent, ils se découragent, quand on leur parle d'être à vous comme vous êtes à vous-même. En renversant cet ordre si juste, ils veulent follement s'ériger en divinités : ils veulent être à eux-mêmes, faire tout pour eux, ou du moins ne se donner à vous qu'avec des réserves, à certaines conditions, et pour leur propre intérêt. O monstrueuse propriété ! ô droits de Dieu inconnus ! ô ingratitude et insolence de la créature ! Misérable néant ! qu'as-tu à garder pour toi ? qu'as-tu qui t'appartienne ? qu'as-tu qui ne vienne d'en haut, et qui ne doive y retourner ? Tout, jusqu'à ce *moi* si injuste, qui veut partager avec Dieu ses dons, est un don de Dieu qui n'est fait que pour lui : tout ce qui est en toi crie contre toi pour le Créateur. Tais-toi donc, créature, qui te dérobes à ton Créateur, et rends-toi à lui.

Mais hélas, ô mon Dieu ! quelle consolation de penser que tout est votre ouvrage, autant au dedans de moi-même qu'au dehors ! Vous êtes toujours avec moi, quand je fais mal : vous êtes au dedans de moi, me reprochant le mal que je fais, m'inspirant le regret du bien que j'abandonne, et me montrant une miséricorde qui me tend les bras. Quand je fais bien, c'est vous qui m'en inspirez le désir, qui le faites en moi et par moi : c'est vous qui aimez le bien, qui haïssez le mal dans mon cœur, qui priez, qui édifiez le prochain, qui faites l'aumône. Je fais toutes ces choses, mais c'est par vous ; vous me les faites faire ; vous les mettez en moi. Ces bonnes œuvres, qui sont vos dons, deviennent mes œuvres ; mais elles sont toujours vos dons ; elles cessent d'être bonnes œuvres dès que je les regarde comme miennes, et que votre don, qui en fait tout le prix, échappe à ma vue.

Vous êtes donc, et je suis ravi de le pouvoir penser, sans cesse opérant au fond de moi-même : vous y travaillez invisiblement, comme un ouvrier qui travaille aux mines dans les entrailles de la terre ; vous faites tout, et le monde ne vous voit pas ; il ne vous attribue rien : moi-même je m'égarois en vous cherchant par de vains efforts bien loin de moi. Je rassemblois dans mon esprit toutes les merveilles de la nature, pour me former quelque image de votre grandeur ; j'allois vous demander à toutes vos créatures ; et je ne songeois pas à vous trouver au fond de mon cœur, où vous ne cessez d'être. Non, mon Dieu, il ne faut point creuser au fond de la terre, il ne faut point passer au-delà des mers, il ne faut point voler jusque dans les cieux, comme disent vos saints oracles[1], pour vous trouver : vous êtes plus près de nous que nous-mêmes.

O Dieu si grand et tout familier tout ensemble, si élevé au-dessus des cieux, et si proportionné à la bassesse de sa créature ; si immense et si intimement renfermé dans le fond de mon cœur ; si terrible et si aimable ; si jaloux et si facile pour ceux qui vous traitent avec la familiarité du pur amour ; quand est-ce que vos propres enfans cesseront de vous ignorer ? Qui me donnera une voix assez forte pour reprocher au monde entier son aveuglement, et pour lui annoncer avec autorité tout ce que vous êtes ?

Quand on dit aux hommes de vous chercher dans leur propre cœur, c'est leur proposer de

---

[1] Deut. xxx. 12. Rom. x. 6.

vous aller chercher plus loin que les terres les plus inconnues. Qu'y a-t-il de plus éloigné, et de plus inconnu, pour la plupart des hommes vains et dissipés, que le fond de leur propre cœur? Savent-ils ce que c'est que de rentrer jamais en eux-mêmes? En ont-ils jamais tenté le chemin? Peuvent-ils même s'imaginer ce que c'est que ce sanctuaire intérieur, ce fond impénétrable de l'ame où vous voulez être adoré en esprit et en vérité? Ils sont toujours hors d'eux-mêmes, dans les objets de leur ambition ou de leur amusement. Hélas! comment entendroient-ils les vérités célestes, puisque les vérités même terrestres, comme dit Jésus-Christ[1], ne peuvent se faire sentir à eux? Ils ne peuvent concevoir ce que c'est que de rentrer en soi par de sérieuses réflexions : que diroient-ils si on leur proposoit d'en sortir pour se perdre en Dieu?

Pour moi, ô mon Créateur, les yeux fermés à tous les objets extérieurs, qui ne sont que vanité et qu'affliction d'esprit[2], je veux trouver dans le plus secret de mon cœur une intime familiarité avec vous par Jésus votre fils, qui est votre sagesse et votre raison éternelle, devenue enfant, pour rabaisser par son enfance et par la folie de sa croix notre vaine et folle sagesse. C'est là que je veux, quoi qu'il m'en coûte, malgré mes prévoyances et mes réflexions, devenir petit, insensé, encore plus méprisable à mes propres yeux qu'à ceux de tous les faux sages. C'est là que je veux m'enivrer du Saint-Esprit, comme les apôtres, et consentir, comme eux, à être le jouet du monde. Mais qui suis-je pour penser ces choses? Ce n'est plus moi, vile et fragile créature, ame de boue et de péché; c'est vous, ô Jésus, vérité de Dieu, qui les pensez en moi, et qui les accomplirez, pour faire mieux triompher votre grâce par un plus indigne instrument.

O Dieu! on ne vous connoît point; on ne sait qui vous êtes. *La lumière luit au milieu des ténèbres, et les ténèbres ne peuvent la comprendre*[3]. C'est par vous qu'on vit, qu'on respire, qu'on pense, qu'on goûte les plaisirs; et on oublie celui par qui on fait toutes ces choses! On ne voit rien que par vous, lumière universelle, soleil des ames, qui luisez encore plus clairement que celui des corps; et, ne voyant rien que par vous, on ne vous voit point! C'est vous qui donnez tout : aux astres leur lumière, aux fontaines leurs eaux et leur cours, à la terre ses plantes, aux fruits leur saveur, aux fleurs leurs parfums, à toute la nature sa richesse et sa beauté; aux hommes la santé, la raison, la vertu : vous donnez tout; vous faites tout; vous réglez tout. Je ne vois que vous; tout le reste disparoît comme une ombre aux yeux de celui qui vous a vu une fois : et le monde ne vous voit point! Mais hélas! celui qui ne vous voit point n'a jamais rien vu et a passé sa vie dans l'illusion d'un songe; il est comme s'il n'étoit pas, plus malheureux encore, car il eût mieux valu pour lui, comme je l'apprends de votre parole, qu'il ne fût jamais né.

Pour moi, mon Dieu, je vous trouve partout : au dedans de moi-même, c'est vous qui faites tout ce que je fais de bon. J'ai senti mille fois que je ne pouvois par moi-même, ni vaincre mon humeur, ni détruire mes habitudes, ni modérer mon orgueil, ni suivre ma raison, ni continuer de vouloir le bien que j'avois une fois voulu. C'est vous qui donnez cette volonté; c'est vous qui la conservez pure : sans vous je ne suis qu'un roseau agité par le moindre vent. Vous m'avez donné le courage, la droiture, et tous les bons sentimens que j'ai : vous m'avez formé un cœur nouveau qui désire votre justice et qui est altéré de votre vérité éternelle. En me le donnant, vous avez arraché ce cœur du vieil homme, pétri de boue et de corruption, jaloux, vain, ambitieux, inquiet, injuste, ardent pour les plaisirs. Quelque misère qui me reste, hélas! aurois-je pu jamais espérer de me tourner ainsi vers vous, et de secouer le joug de mes passions tyranniques?

Mais voici la merveille qui efface tout le reste. Quel autre que vous pouvoit m'arracher à moi-même, tourner toute ma haine et tout mon mépris contre moi? Ce n'est point moi qui ai fait cet ouvrage; car ce n'est point par soi-même qu'on sort de soi : il a donc fallu un soutien étranger sur lequel je pusse m'appuyer hors de mon propre cœur pour en condamner la misère. Il falloit que ce secours fût étranger; car je ne pouvois le trouver en moi, qu'il falloit combattre : mais il falloit aussi qu'il fût intime, pour arracher le *moi* des derniers replis de mon cœur. C'est vous, Seigneur, qui, portant votre lumière dans ce fond de mon ame, impénétrable à tout autre, m'y avez montré toute ma laideur. Je sais bien qu'en la voyant je ne l'ai pas changée, et que je suis encore difforme à vos yeux; je sais bien que les miens n'ont pu découvrir toute ma difformité; mais du moins j'en vois une partie, et je voudrois découvrir le tout. Je me vois horrible, et je suis en paix; car je ne veux ni flatter mes vices, ni

---

[1] Joan. III. 12. — [2] Eccles. I. 14. — [3] Joan. I. 5.

que mes vices me découragent. Je les vois donc, et je porte sans me troubler cet opprobre. Je suis pour vous contre moi, ô mon Dieu! Il n'y a que vous qui ayez pu me diviser ainsi d'avec moi-même. Voilà ce que vous avez fait au dedans, et vous continuez chaque jour de le faire, pour m'ôter tous les restes de la vie maligne d'Adam, et pour achever la formation de l'homme nouveau. C'est cette seconde création de l'homme intérieur qui se renouvelle de jour en jour.

Je me laisse, ô mon Dieu, dans vos mains. tournez, retournez cette boue, donnez-lui une forme ; brisez-la ensuite; elle est à vous, elle n'a rien à dire : il me suffit qu'elle serve à tous vos desseins, et que rien ne résiste à votre bon plaisir, pour lequel je suis fait. Demandez, ordonnez, défendez : que voulez-vous que je fasse? que voulez-vous que je ne fasse pas ? Elevé, abaissé, consolé, souffrant, appliqué à vos œuvres, inutile à tout, je vous adorerai toujours également, en sacrifiant toute volonté propre à la vôtre : il ne me reste qu'à dire en tout comme Marie [1] : *Qu'il me soit fait selon votre parole !*

Mais pendant que vous faites tout ainsi au dedans, vous n'agissez pas moins au dehors. Je découvre partout, jusque dans les moindres atomes, cette grande main qui porte le ciel et la terre, et qui semble se jouer en conduisant tout l'univers. L'unique chose qui m'a embarrassé, est de comprendre comment vous laissez tant de maux mêlés avec les biens. Vous ne pouvez faire le mal ; tout ce que vous faites est bon ; d'où vient donc que la face de la terre est couverte de crimes et de misères ? Il semble que le mal prévale partout sur le bien. Vous n'avez fait le monde que pour votre gloire, et on est tenté de croire qu'il se tourne à votre déshonneur. Le nombre des méchans surpasse infiniment celui des bons, au dedans même de votre Eglise : toute chair a corrompu sa voie; les bons mêmes ne sont bons qu'à demi, et me font presque autant gémir que les autres. Tout souffre, tout est dans un état violent; la misère égale la corruption. Que tardez-vous, Seigneur, à séparer les biens et les maux ? Hâtez-vous ; donnez gloire à votre nom ; apprenez à ceux qui le blasphèment combien il est grand. Vous vous devez à vous-même de rappeler toutes choses à l'ordre. J'entends l'impie qui dit sourdement que vous avez les yeux fermés à tout ce qui se passe ici-bas [2]. Elevez-vous, élevez-vous, Seigneur ; foulez aux pieds tous vos ennemis.

Mais, ô mon Dieu, que vos jugemens sont profonds ! vos voies sont plus élevées au-dessus des nôtres, que les cieux ne le sont au-dessus de la terre [1]. Nous sommes impatiens, parce que notre vie entière n'est que comme un moment; au contraire, votre longue patience est fondée sur votre éternité, devant qui mille ans sont comme le jour d'hier déjà écoulé [1]. Vous tenez les momens en votre puissance [2], et les hommes ne les connoissent pas : ils s'impatientent ; ils se scandalisent ; ils vous regardent comme si vous succombiez sous l'effort de l'iniquité : mais vous riez de leur aveuglement et de leur faux zèle.

Vous me faites entendre qu'il y a deux genres de maux : les uns, que les hommes ont faits, contre votre loi et sans vous, par le mauvais usage de leur liberté; les autres, que vous avez faits [3] et qui sont des biens véritables, si on les considère par rapport à la punition et à la correction des méchans, à laquelle vous les destinez. Le péché est le mal qui vient de l'homme; la mort, les maladies, les douleurs, la honte et toutes les autres misères, sont des maux que vous tournez en biens, les faisant servir à la réparation du péché. Pour le péché, Seigneur, vous le souffrez, pour laisser l'homme libre et *en la main de son conseil*, selon le terme de vos Ecritures [4]. Mais, sans être auteur du péché, quelles merveilles n'en faites-vous pas pour manifester votre gloire! Vous vous servez des méchans pour corriger les bons, et pour les perfectionner en les humiliant : vous vous servez encore des méchans contre eux-mêmes, en les punissant les uns par les autres. Mais, ce qui est touchant et aimable, vous faites servir l'injustice et la persécution des uns à convertir les autres. Combien y a-t-il de personnes qui vivoient dans l'oubli de vos grâces et dans le mépris de votre loi, et que vous avez ramenées à vous en les détachant du monde par les injustices qu'elles y ont souffertes !

Mais j'aperçois, ô mon Dieu, une autre merveille ; c'est que vous souffrez un mélange de bien et de mal jusque dans le cœur de ceux qui sont le plus à vous : ces imperfections qui restent dans ces bonnes ames, servent à les humilier, à les détacher d'elles-mêmes, à leur faire sentir leur impuissance, à les faire recourir plus ardemment à vous, et à leur faire comprendre

---

[1] Luc. I. 38. — [2] Ezech. VIII. 12.

[1] Is. LV. 9. — [2] II Petr. III. 8. — [3] Act. I. 7. — [4] Amos. III. 6. — [5] Eccli. XV. 14.

que l'oraison est la source de toute véritable vertu. O quelle abondance de biens vous tirez des maux que vous avez permis! Vous ne souffrez donc les maux que pour en tirer de plus grands biens, et pour faire éclater votre bonté toute-puissante par l'art avec lequel vous usez de ces maux. Vous arrangez ces maux suivant vos desseins. Vous ne faites pas l'iniquité de l'homme ; mais, étant incapable de la produire, vous la tournez seulement d'un côté plutôt que d'un autre, selon qu'il vous plaît, pour exécuter vos profonds conseils ou de justice ou de miséricorde.

J'entends la raison humaine qui veut entrer en jugement avec vous, qui veut pénétrer votre secret éternel, et qui dit : Dieu n'avoit pas besoin de tirer le bien du mal; il n'avoit tout d'un coup qu'à ne permettre aucun mal, et qu'à rendre tous les hommes bons : il le pouvoit; il n'avoit qu'à faire pour tous les hommes ce qu'il a fait pour quelques-uns, qu'il a enlevés hors d'eux-mêmes par le charme de sa grâce : pourquoi ne l'a-t-il pas fait?

O mon Dieu, je le sais par votre parole : *Vous ne haïssez rien de ce que vous avez fait* [1] ; *vous ne voulez la perte d'aucun* [2] ; *vous êtes le Sauveur de tous* [3] : mais vous l'êtes des uns plus que des autres. Quand vous jugerez la terre, vous serez victorieux dans vos jugemens ; la créature condamnée ne verra qu'équité dans sa condamnation ; vous lui montrerez clairement que vous avez fait pour la culture de votre vigne tout ce que vous deviez. Ce n'est point vous qui lui manquez ; c'est elle qui se manque et qui se perd elle-même. Maintenant l'homme ne voit point ce détail, car il ne connoît point son propre cœur; il ne discerne ni les grâces qui s'offrent à lui, ni ses propres sentimens, ni sa résistance intérieure. Dans votre jugement vous le développerez tout entier à ses propres yeux : il se verra; il aura horreur de se voir; il ne pourra s'empêcher de voir dans un éternel désespoir ce que vous aurez fait pour lui, et ce qu'il aura fait contre lui-même.

Voilà ce que l'homme n'entend point en cette vie : mais, ô mon Dieu, dès qu'il vous connoît, il doit croire cette vérité sans la comprendre. Il ne peut douter que vous ne soyez, vous par qui toutes choses sont ; il ne peut douter que vous ne soyez la bonté souveraine : donc, il ne lui reste qu'à conclure, malgré toutes les ténèbres qui l'environnent, qu'en faisant grâce aux uns vous faites justice à tous.

Bien plus, vous faites grâce même à ceux qui ressentiront éternellement la rigueur de votre justice. Il est vrai que vous ne leur faites pas toujours d'aussi grandes grâces qu'aux autres; mais enfin vous leur faites des grâces, et des grâces qui les rendront inexcusables quand vous les jugerez, ou plutôt quand ils se jugeront eux-mêmes, et que la vérité imprimée au dedans d'eux-mêmes prononcera leur condamnation. Il est vrai que vous auriez pu faire davantage pour eux ; il est vrai que vous ne l'avez pas voulu : mais vous avez voulu tout ce qu'il falloit, pour n'être point chargé de leur perte ; vous l'avez permise, et vous ne l'avez point faite. S'ils ont été méchans, ce n'est pas que vous ne leur eussiez donné de quoi être bons : ils ne l'ont pas voulu ; vous les avez laissés dans leur liberté. Qui peut se plaindre de ce que vous ne leur avez pas donné une surabondance de grâce? Le maître qui offre à tous ses serviteurs la juste récompense de leurs travaux, n'est-il pas en droit de faire à quelques-uns un excès de libéralité? Ce qu'il donne à ceux-là par-dessus la mesure donne-t-il aux autres le moindre fondement de se plaindre de lui. Par là, Seigneur, vous montrez que *toutes vos voies*, comme dit votre Ecriture [1], *sont vérité et jugement*. Vous êtes bon à tous, mais bon à divers degrés ; et les miséricordes que vous répandez avec une extraordinaire profusion sur les uns, ne sont point une loi rigoureuse que vous vous imposiez pour devoir faire la même largesse à tous les autres.

Tais-toi donc, ô créature ingrate et révoltée! Toi qui penses dans ce moment aux dons de Dieu, souviens-toi que cette pensée est un don de Dieu même : dans le moment où tu veux murmurer de la privation de la grâce, c'est la grâce elle-même qui te rend attentive à la vue des dons de Dieu. Loin de murmurer contre l'auteur de tous les biens, hâte-toi de profiter de ceux qu'il te fait dans ce moment : ouvre ton cœur, humilie ton foible esprit, sacrifie ta vaine et présomptueuse raison. Vase de boue! celui qui t'a fait est en droit de te briser; et, loin de te briser, le voilà qui craint d'être obligé de te rompre : il te menace par miséricorde.

Je veux donc pour toujours, ô mon Dieu, étouffer dans mon cœur tous ces raisonnemens qui me tentent de douter de votre bonté. Je sais que vous ne pouvez jamais être que bon ; je sais que vous avez fait votre ouvrage semblable à

---

[1] Sap. xi. 25. — [2] II Petr. iii. 9. — [3] I Tim. iv. 10.

[1] Ps. xxi. 10, et cx. 7.

vous, droit, juste et bon comme vous l'êtes ; mais vous n'avez pas voulu lui ôter le choix du bien et du mal. Vous lui offrez le bien, c'est assez ; j'en suis sûr, sans savoir précisément par quels moyens : mais l'idée immuable et infaillible que j'ai de vous ne me permet pas d'en douter ; je ne saurois avoir de raison aussi forte pour vous croire en demeure à l'égard d'aucun homme, dont je ne connois point l'intérieur, et dont l'intérieur est inconnu à lui-même, que j'en ai d'inébranlables pour m'assurer que vous ne condamnerez aucun homme dans votre jugement, sans le rendre inexcusable à ses propres yeux. En voilà assez pour me mettre en paix : après cela, si je péris, c'est que je me perdrai moi-même ; c'est que je résisterai, comme les Juifs, au Saint-Esprit, qui est la grâce intérieure.

O Père des miséricordes ! je ne pense plus à philosopher sur la grâce, mais à m'abandonner à elle en silence. Elle fait tout dans l'homme ; mais elle fait tout avec lui et par lui : c'est donc avec elle qu'il faut que j'agisse et que je m'abstienne, que je souffre, que j'attende, que je résiste, que je croie, que j'espère, que j'aime, suivant toutes ses impressions. Elle fera tout en moi ; je ferai tout par elle : c'est elle qui meut le cœur ; mais enfin le cœur est mû, et vous ne sauvez point l'homme sans faire agir l'homme. C'est donc à moi à travailler, sans perdre un moment, pour ne retarder point la grâce qui me pousse sans cesse. Tout le bien vient d'elle ; tout le mal vient de moi. Quand je fais bien, c'est elle qui m'anime ; quand je fais mal, c'est que je lui résiste. A Dieu ne plaise que j'en veuille savoir davantage ! tout le reste ne serviroit qu'à nourrir en moi une curiosité présomptueuse. O mon Dieu, tenez-moi toujours au rang de ces petits à qui vous révélez vos mystères, pendant que vous les cachez aux sages et aux prudens du siècle.

Maintenant, ô grand Dieu, je ne m'arrête plus à cette difficulté qui a souvent frappé mon esprit : D'où vient que Dieu si bon a fait tant d'hommes qu'il laisse perdre ? d'où vient qu'il a fait naître et mourir son propre Fils, en sorte que sa naissance et sa mort sont utiles à un si petit nombre d'hommes ? Je comprends, ô Etre tout-puissant, que tout ce que vous faites ne vous coûte rien. Les choses que nous admirons et qui nous surpassent le plus vous sont aussi faciles et aussi familières que celles que nous admirons moins à force d'y être accoutumés. Vous n'avez pas besoin de proportionner le fruit de votre travail au travail que l'ouvrage vous coûte ; parce que nul ouvrage ne vous coûte jamais ni effort ni travail, et que l'unique fruit que vous pouvez tirer de tous vos ouvrages est l'accomplissement de votre bon plaisir. Vous n'avez besoin de rien ; il n'y a rien que vous puissiez acquérir : vous portez tout au dedans de vous-même ; ce que vous faites au dehors n'y ajoute rien ni pour votre bonheur ni pour votre gloire. Votre gloire ne seroit donc pas moindre quand même aucun homme ne recevroit le fruit de la mort du Sauveur. Vous auriez pu le faire naître pour un seul prédestiné ; un seul eût suffi, si vous n'en eussiez voulu qu'un seul ; car tout ce que vous faites, vous le faites non pour le besoin que vous avez des choses, ou pour leur mérite à votre égard, mais pour accomplir votre volonté toute gratuite, qui n'a nulle autre règle qu'elle-même et votre bon plaisir. Au reste, si tant d'hommes périssent, quoique lavés dans le sang de votre Fils, c'est, encore une fois, que vous les laissez dans l'usage de leur liberté : vous trouvez votre gloire en eux par votre justice, comme vous la trouvez dans les bons par votre miséricorde : vous ne punissez les méchans qu'à cause qu'ils sont méchans malgré vous, quoiqu'ils aient eu de quoi être bons ; et vous ne couronnez les bons qu'à cause qu'ils sont devenus tels par votre grâce : ainsi je vois qu'en vous tout est justice et bonté.

Pour tous les maux extérieurs, j'ai déjà remarqué, ô Sagesse éternelle, ce qui fait que vous les souffrez. Votre providence en tire le plus grands biens. Les hommes foibles et ignorans de vos voies en sont scandalisés ; ils gémissent pour vous, comme si votre cause étoit abandonnée. Peu s'en faut qu'ils ne croient que vous succombez, et que l'impiété triomphe de vous : ils sont tentés de croire que vous ne voyez pas ce qui se passe, ou que vous y êtes insensible. Mais qu'ils attendent encore un peu, ces hommes aveugles et impatiens. L'impie qui triomphe ne triomphe guère ; *il se flétrit comme l'herbe des champs* [1], qui fleurit le matin, et qui le soir est foulée aux pieds : la mort ramène tout à l'ordre. Rien ne vous presse pour accabler vos ennemis : vous êtes patient, comme dit saint Augustin, parce que vous êtes éternel ; vous êtes sûr du coup qui les écrasera ; vous tenez long-temps votre bras levé, parce que vous êtes père, que vous ne frappez qu'à regret, à l'extrémité, et que vous n'ignorez point la pesanteur de votre bras. Que les hom-

[1] Ps XXXVI. 2.

mes impatiens se scandalisent donc : pour moi, je regarde les siècles comme une minute ; car je sais que les siècles sont moins qu'une minute devant vous. Cette suite de siècles, qu'on nomme la durée du monde, n'est qu'une décoration qui va disparoître, qu'une figure qui passe et qui s'évanouit. Encore un peu, ô homme qui ne voyez rien ; encore un peu, et vous verrez ce que Dieu prépare : vous le verrez lui-même tenant sous ses pieds tous ses ennemis. Quoi, vous trouvez cette horrible attente trop éloignée ! Hélas ! elle n'est que trop prochaine pour tant de malheureux. Alors les biens et les maux seront séparés à jamais ; et ce sera, comme dit l'Ecriture [1], *le temps de chaque chose.*

Cependant tout ce qui nous arrive, c'est Dieu qui le fait, et qui le fait afin qu'il tourne à bien pour nous. Nous verrons à sa lumière, dans l'éternité, que ce que nous désirions nous eût été funeste, et que ce que nous voulions éviter étoit essentiel à notre bonheur.

O biens trompeurs, je ne vous nommerai jamais biens, puisque vous ne serviez qu'à me rendre méchant et malheureux ! O croix dont Dieu me charge, et dont la nature lâche se croit accablée, vous que le monde aveugle appelle des maux, vous ne serez jamais des maux pour moi ! Plutôt ne parler jamais, que de parler ce langage maudit des enfans du siècle ! Vous êtes mes vrais biens : c'est vous qui m'humiliez, qui me détachez, qui me faites sentir ma misère, et la vanité de tout ce que je voulois aimer ici-bas. Béni soyez-vous à jamais, ô Dieu de vérité, qui m'avez attaché à la croix avec votre Fils, pour me rendre semblable à l'objet éternel de vos complaisances !

Qu'on ne me dise point que Dieu n'observe pas de si près ce qui se passe parmi les hommes. O aveugles, qui parlez ainsi, vous ne savez pas même ce que c'est que Dieu ! Comme tout ce qui est n'est que par la communication de son être infini, tout ce qui a de l'intelligence ne l'a que par un écoulement de sa raison souveraine, et tout ce qui agit n'agit que par l'impression de sa suprême activité. C'est lui qui fait tout en tout ; c'est lui qui, dans chaque moment de notre vie, fait la respiration de notre cœur, le mouvement de nos membres, la lumière de nos yeux, l'intelligence de notre esprit, l'ame de notre ame : tout ce qui est en nous, vie, actions, pensée, volonté, se fait par l'actuelle impresssion de cette puissance et de cette vie, de cette pensée et de cette volonté éternelle.

Comment donc, ô mon Dieu, pourriez-vous ignorer en nous ce que vous y faites vous-même ? Comment pourriez-vous être indifférent sur les maux qui ne se commettent qu'en vous résistant intérieurement, et sur les biens que nous ne faisons qu'autant que vous prenez plaisir à les faire vous-même en nous ? Cette attention ne vous coûte rien : si vous cessiez de l'avoir, tout périroit ; il n'y auroit plus de créature qui pût ni vouloir, ni penser, ni exister. O combien s'en faut-il que les hommes ne connoissent leur impuissance et leur néant, votre puissance et votre action sans bornes, quand ils s'imaginent que vous seriez fatigué d'être attentif et opérant en tant d'endroits ! Le feu brûle partout où il est ; il faudroit l'éteindre et l'anéantir pour le faire cesser de brûler, tant il est actif et dévorant par sa nature : ainsi en Dieu tout est action, vie et mouvement ; c'est un *feu consumant* [1], comme il le dit lui-même : partout où il est il fait tout ; et, comme il est partout, il fait toutes choses dans tous les lieux. Il fait, comme nous l'avons vu, une création perpétuelle et sans cesse renouvelée pour tous les corps : il ne crée pas moins à chaque instant toutes les créatures libres et intelligentes ; c'est lui qui leur donne la raison, la volonté, la bonne volonté, et les divers degrés de volonté conforme à la sienne ; car il donne, comme dit saint Paul [2], *le vouloir et le faire.*

Voilà donc ce que vous êtes, ô mon Dieu, ou du moins ce que vous faites dans vos ouvrages ; car nul ne peut approcher de cette source de gloire qui éblouit nos yeux, pour comprendre tout ce que vous êtes en vous-même. Mais enfin je conçois clairement que vous faites tout, et que vous vous servez même des maux et des imperfections des créatures pour faire les biens que vous avez résolus. Vous vous cachez sous l'importun pour importuner le fidèle impatient et jaloux de sa liberté dans ses occupations, et qui, par conséquent, a besoin d'être importuné, pour mourir au plaisir d'être libre et arrangé dans ses bonnes œuvres. C'est vous, mon Dieu, qui vous servez des langues médisantes pour déchirer la réputation des innocens, qui ont besoin d'ajouter à leur innocence le sacrifice de leur réputation qui leur étoit trop chère. C'est vous qui, par les mauvais offices et les subtilités malignes des envieux, renversez la fortune et la prospérité de vos serviteurs qui tiennent encore à cette vaine prospérité. C'est vous qui précipitez dans le tombeau les per-

---

[1] Eccles. III. 17.

[1] Hebr. XII. 29. — [2] Philip. II. 13.

sonnes à qui la vie est un danger continuel, et la mort une grâce qui les met en sûreté. C'est vous qui faites de la mort de ces personnes un remède, très-amer à la vérité, mais très-salutaire pour ceux qui tenoient à ces personnes par une amitié trop vive et trop tendre. Ainsi le même coup qui enlève l'un pour le sauver, détache l'autre, et le prépare à sa mort par celle des personnes qui lui étoient les plus chères. Vous répandez ainsi miséricordieusement, ô mon Dieu, de l'amertume sur tout ce qui n'est point vous, afin que notre cœur, formé pour vous aimer et pour vivre de votre amour, soit comme contraint de revenir à vous, sentant que tout appui lui manque dans le reste.

C'est, mon Dieu, que vous êtes tout amour, et par conséquent tout jalousie. O Dieu jaloux! (car c'est ainsi que vous vous nommez vous-même[1]), un cœur partagé vous irrite; un cœur égaré vous fait compassion. Vous êtes infini en tout; infini en amour, comme en sagesse et en puissance. Vous aimez en Dieu; quand vous aimez, vous remuez le ciel et la terre pour sauver ce qui vous est cher. Vous vous faites homme, enfant, le dernier des hommes, rassasié d'opprobres, mourant dans l'infamie et dans les douleurs de la croix; ce n'est pas trop pour l'amour qui aime infiniment. Un amour fini et une sagesse bornée ne peuvent le comprendre. Mais comment le fini pourroit-il comprendre l'infini? il n'a ni des yeux pour le voir, ni un cœur proportionné pour le sentir : le cœur bas et resserré de l'homme, sa vaine sagesse en sont scandalisés, et méconnoissent Dieu dans cet excès d'amour. Pour moi, je le reconnois à ce caractère d'infini : c'est cet amour qui fait tout, même les maux que nous souffrons : c'est par ces maux qu'il nous prépare les vrais biens.

Mais quand rendrons-nous amour pour amour? Quand chercherons-nous celui qui nous cherche, et qui nous porte entre ses bras? C'est dans son sein tendre et paternel que nous l'oublions; c'est par la douceur de ses dons que nous cessons de penser à lui : ce qu'il nous donne à tout moment, au lieu de nous attendrir, nous amuse. Il est la source de tous les plaisirs; les créatures n'en sont que les canaux grossiers : le canal nous fait compter pour rien la source. Cet amour immense nous poursuit en tout, et nous ne cessons d'échapper à ses poursuites. Il est partout, et nous ne le voyons en aucun endroit. Nous croyons être seul quand nous n'avons que lui : il fait tout, et nous ne comptons sur lui

en rien : nous croyons tout désespéré dans les affaires, quand nous n'avons plus d'autre ressource que celle de sa providence; comme si l'amour infini et tout-puissant ne pouvoit rien! O égarement monstrueux! ô renversement de tout l'homme! Non, je ne veux plus parler; la créature égarée irrite ce qui nous reste de raison; on ne peut la souffrir.

O amour, vous la souffrez pourtant; vous l'attendez avec une patience sans fin; et vous paroissez même, par votre excès de patience, flatter ses ingratitudes! Ceux mêmes qui désirent vous aimer ne vous aiment que pour eux, pour leur consolation ou pour leur sûreté. Où sont-ils ceux qui vous aiment pour vous seul? Où sont-ils ceux qui vous aiment parce qu'ils ne sont faits que pour vous aimer? où sont-ils? Je ne les vois point. Y en a-t-il sur la terre? S'il n'y en a point, faites-en. A quoi sert le monde entier si on ne vous aime, mais si on ne vous aime pour se perdre en vous? C'est ce que vous avez voulu en produisant hors de vous ce qui n'est pas vous-même. Vous avez voulu faire des êtres qui, tenant tout de vous, se rapportassent uniquement à vous.

O mon Dieu! ô amour! aimez vous-même en moi; par là vous serez aimé suivant que vous êtes aimable. Je ne veux subsister que pour me consumer devant vous, comme une lampe brûle sans cesse devant vos autels. Je ne suis point pour moi; il n'y a que vous qui êtes pour vous-même : rien pour moi, tout pour vous; ce n'est pas trop. Je suis jaloux de moi pour vous contre moi-même. Plutôt périr que de souffrir que l'amour qui doit tendre à vous retourne jamais sur moi! Aimez, ô amour! aimez dans votre foible créature, aimez votre souveraine beauté. O beauté! ô bonté infinie! ô amour infini! brûlez, consumez, transportez, anéantissez mon cœur; faites-en l'holocauste parfait.

Je ne m'étonne point que les hommes ne vous connoissent pas; plus je vous connois, plus je vous trouve incompréhensible, et trop éloigné de leurs frivoles pensées pour pouvoir être connu dans votre nature infinie. Ce qui fait l'imperfection des hommes fait votre perfection souveraine. Vous ne choisissez jamais personne pour le bien que vous y trouvez; car vous ne trouvez en chaque chose que le bien que vous y avez mis vous-même. Vous ne choisissez pas les hommes, parce qu'ils sont bons; mais ils deviennent bons, parce que vous les avez choisis. Vous êtes si grand que vous n'avez besoin d'aucune raison pour vous déterminer : votre bon plaisir est la raison souveraine; vous faites tout

---

[1] Exod. xx. 5. xxxiv. 14.

pour votre gloire, vous rapportez tout à vous seul. Vous êtes jaloux d'une jalousie implacable, qui ne peut souffrir la moindre réserve d'un cœur que vous voulez tout entier pour vous. Vous, qui défendez la vengeance, vous vous la réservez, et vous punissez éternellement. Vous ménagez avec une condescendance et une patience incroyable les ames lâches qui vivent partagées entre vous et le monde; pendant que vous poussez à bout les ames généreuses qui se donnent à vous jusqu'à ne se compter plus pour rien elles-mêmes. Votre amour est tyrannique; il ne dit jamais : C'est assez; plus on lui donne, plus il demande. Il fait même à l'ame fidèle une espèce de trahison : d'abord il l'attire par ses douceurs; puis il lui devient rigoureux; et enfin il se cache pour lui donner le coup de la mort, en lui ôtant tout appui aperçu. Ô Dieu incompréhensible, je vous adore! Vous m'avez fait uniquement pour vous; je suis à vous, et point à moi.

XIX.

SUR LE PUR AMOUR : SA POSSIBILITÉ, SES MOTIFS.

Dieu *a fait toutes choses pour lui-même*, comme dit l'Écriture [1]; il se doit à lui-même tout ce qu'il fait; et en cela il ne peut jamais rien relâcher de ses droits. La créature intelligente et libre n'est pas moins à lui que la créature sans intelligence et sans liberté. Il rapporte essentiellement et totalement à lui seul tout ce qui est dans la créature sans intelligence, et il veut que la créature intelligente se rapporte de même toute entière et sans réserve à lui seul. Il est vrai qu'il veut notre bonheur; mais notre bonheur n'est ni la fin principale de son ouvrage, ni une fin égale à celle de sa gloire. C'est pour sa gloire même qu'il veut notre bonheur : notre bonheur n'est qu'une fin subalterne, qu'il rapporte à la fin dernière et essentielle, qui est sa gloire. Il est lui-même sa fin unique et essentielle en toutes choses.

Pour entrer dans cette fin essentielle de notre création, il faut préférer Dieu à nous; et ne vouloir plus notre béatitude que pour sa gloire; autrement nous renverserions son ordre. Ce n'est pas l'intérêt propre de notre béatitude qui doit nous faire désirer sa gloire : c'est au contraire le désir de sa gloire qui doit nous faire désirer notre béatitude, comme une chose qu'il lui a plu de rapporter à sa gloire. Il est vrai que toutes les ames justes ne sont pas capables de cette préférence si explicite de Dieu à elles : mais la préférence implicite est au moins nécessaire; et l'explicite, qui est la plus parfaite, ne convient qu'aux ames à qui Dieu donne la lumière et la force de le préférer tellement à elles, qu'elles ne veulent plus leur béatitude que pour sa gloire.

Ce qui fait que les hommes ont tant de répugnance à entendre cette vérité, et que cette parole leur est si dure, c'est qu'ils s'aiment et veulent s'aimer par intérêt propre. Ils comprennent en général et superficiellement qu'il faut aimer Dieu plus que toutes les créatures; mais ils n'entendent point ce que veut dire aimer Dieu plus que soi-même, et ne s'aimer plus soi-même que pour lui. Ils prononcent ces grandes paroles sans peine, parce qu'ils le font sans en pénétrer toute la force; mais ils frémissent dès qu'on leur explique qu'il faut préférer Dieu et sa gloire à nous et à notre béatitude, en sorte que nous aimions sa gloire plus que notre béatitude, et que nous rapportions sincèrement l'une à l'autre, comme la fin subalterne à la principale.

Il seroit étonnant que les hommes eussent tant de peine à entendre une règle si claire, si juste, si essentielle à la créature : mais, depuis que l'homme *s'est arrêté en lui-même*, comme parle saint Augustin, il ne voit plus rien que dans ces bornes étroites de l'amour-propre où il s'est renfermé : il perd de vue à tout moment qu'il est créature, qu'il ne se doit rien, puisqu'il n'est pas lui-même à lui-même, et qu'il se doit sans réserve au bon plaisir de celui par qui seul il est. Dites-lui cette vérité accablante, il n'ose la nier; mais elle lui échappe, et il veut toujours insensiblement revenir à compter avec Dieu pour y trouver son intérêt.

On allègue que Dieu nous a donné une inclination naturelle pour la béatitude, qui est lui-même. En cela il peut avoir voulu faciliter notre union avec lui, et avoir mis en nous une pente pour notre bonheur, comme il en a mis une pour les alimens dont nous avons besoin pour vivre; mais il faut soigneusement distinguer la délectation que Dieu a mise en nous à la vue de lui-même, qui est notre béatitude, d'avec la pente violente que la révolte du premier homme a mise dans nos cœurs pour nous faire centre de nous-mêmes, et pour faire dépendre notre amour pour Dieu de la béatitude que nous cherchons dans cet amour. D'ailleurs, ce n'est d'au-

[1] Prov. xvii. 4.

cune inclination naturelle, nécessaire et indélibérée, qu'il s'agit ici. Peut-on craindre que les hommes tombent dans l'illusion en se dispensant de ce qui est nécessaire et indélibéré? Ces désirs indélibérés, qui sont moins des désirs que des inclinations nécessaires, ne peuvent non plus manquer dans les hommes que la pesanteur dans les pierres. Il n'est question que de nos actes volontaires et délibérés, que nous pouvons faire ou ne faire pas. A l'égard de ces actes libres, le motif de notre propre béatitude n'est pas défendu : Dieu veut bien nous faire trouver notre propre intérêt dans notre union avec lui ; mais il faut que ce motif ne soit que le moindre, et le moins voulu par la créature : il faut vouloir la gloire de Dieu plus que notre béatitude : il ne faut vouloir cette béatitude que pour la rapporter à sa gloire, comme la chose qu'on veut le moins à celle qu'on veut le plus. Il faut que notre intérêt nous touche incomparablement moins que sa gloire. Voilà ce que la créature, attachée à elle-même depuis le péché, a tant de peine à comprendre. Voilà une vérité qui est dans l'essence même de la créature, qui devroit soumettre tous les cœurs, et qui les scandalise néanmoins quand on l'approfondit. Mais qu'on se fasse justice, et qu'on la fasse à Dieu. Nous sommes-nous faits nous-mêmes? Sommes-nous à Dieu ou à nous? Nous a-t-il faits pour nous ou pour lui? A qui nous devons-nous? Est-ce pour notre béatitude propre ou pour sa gloire que Dieu nous a créés? Si c'est pour sa gloire, il faut donc nous conformer à l'ordre essentiel de notre création; il faut vouloir sa gloire plus que notre béatitude, en sorte que nous rapportions toute notre béatitude à sa propre gloire.

Il n'est donc pas question d'une inclination naturelle et indélibérée de l'homme pour la béatitude. Combien y a-t-il de pentes ou inclinations naturelles dans les hommes, qu'ils ne peuvent jamais ni détruire ni diminuer, et qu'ils ne suivent pourtant pas toujours! Par exemple, l'inclination de conserver notre vie est une des plus fortes et des plus naturelles; celle qu'on a pour être heureux ne peut être plus invincible que celle qu'on a pour être. La béatitude n'est que *le mieux être*, comme parle saint Augustin. L'inclination pour être heureux n'est donc qu'une suite de l'inclination qu'on a pour conserver son être et sa vie. Cependant on peut ne pas suivre cette pente dans les actes délibérés. Combien de Grecs et de Romains se sont-ils dévoués librement à une mort certaine? Combien en voyons-nous qui se la sont donnée eux-mêmes, malgré cette inclination violente du fond de la nature?

Encore une fois, il ne s'agit que de nos actes libres d'amour de Dieu, et des motifs qui peuvent y entrer pour la béatitude. Nous venons de voir que le motif de notre intérêt propre pour la béatitude n'est permis qu'autant qu'il est le moins voulu par nous, et qu'il n'est voulu que par rapport au motif principal, qu'il faut vouloir d'une volonté dominante, je veux dire la gloire de Dieu. Il n'est plus question que de comparer deux diverses manières de préférer ainsi Dieu à nous : la première est de l'aimer tout ensemble et comme parfait en lui-même et comme béatifiant pour nous ; en sorte que le motif de notre béatitude, quoique moins fort, soutienne néanmoins l'amour que nous avons pour la perfection divine, et que nous aimerions un peu moins Dieu s'il n'étoit pas béatifiant pour nous. La seconde manière est d'aimer Dieu, qu'on connoît béatifiant pour nous, et duquel on veut recevoir la béatitude parce qu'il l'a promise, mais de ne l'aimer point par le motif du propre intérêt de cette béatitude qu'on en attend, et de l'aimer uniquement pour lui-même à cause de sa perfection; en sorte qu'on l'aimeroit autant, quand même (par supposition impossible) il ne voudroit jamais être béatifiant pour nous. Il est manifeste que le dernier de ces deux amours, qui est le désintéressé, accomplit plus parfaitement le rapport total et unique de la créature à sa fin, qu'il ne laisse rien à la créature, qu'il donne tout à Dieu seul, et par conséquent qu'il est plus parfait que cet autre amour mélangé de notre intérêt avec celui de Dieu.

Ce n'est pas que l'homme qui aime sans intérêt n'aime la récompense ; il l'aime en tant qu'elle est Dieu même, et non en tant qu'elle est son intérêt propre ; il la veut parce que Dieu veut qu'il la veuille : c'est l'ordre, et non pas son intérêt qu'il y cherche : il s'aime, mais il ne s'aime que pour l'amour de Dieu, comme un étranger, et pour aimer ce que Dieu a fait.

Ce qui est évident, c'est que Dieu, infiniment parfait en lui-même, ne suffit pas pour soutenir l'amour de celui qui a besoin d'être animé par le motif de sa propre béatitude, qu'il trouve en Dieu. L'autre n'a pas besoin de ce motif : il ne lui faut, pour aimer ce qui est parfait en soi, qu'en connoître la perfection. Celui qui a besoin du motif de sa béatitude n'est si attaché à ce motif, qu'à cause qu'il sent que son amour seroit moins fort si on lui ôtoit cet appui. Le malade qui ne peut marcher sans bâton ne peut consentir qu'on lui ôte ; il sent sa faiblesse, il craint de tomber, et il a raison; mais il ne doit pas se scandaliser de voir un homme sain et vigoureux qui n'a pas besoin du même soutien. L'homme sain marche plus librement sans bâton ; mais il ne doit jamais mépriser celui qui ne peut s'en passer. Que l'homme qui a encore besoin d'ajouter le motif de sa propre béatitude à celui de la suprême perfection de Dieu pour l'aimer, reconnoisse humblement qu'il y a dans les trésors de la grâce de Dieu une perfection au-dessus de la sienne ; et qu'il rende gloire à Dieu sur les dons qui sont en autrui, sans en être jaloux : qu'en même temps celui qui est attiré à aimer sans intérêt suive cet attrait ; mais qu'il ne juge ni lui ni les autres ; qu'il ne s'attribue rien ; qu'il soit prêt à croire qu'il n'est pas dans l'état où il paroît être ; qu'il soit docile, soumis, défiant de lui-même, et édifié de tout ce qu'il voit de vertueux dans son prochain qui a encore besoin d'un amour mélangé d'intérêt propre. Mais enfin l'amour sans aucun motif d'intérêt propre pour la béatitude est manifestement plus parfait que celui qui est mélangé de ce motif d'intérêt propre.

Si quelqu'un s'imagine que cet amour parfait est impossible et chimérique, et que c'est une vaine subtilité qui peut devenir une source d'illusion, je n'ai que deux mots à lui répondre: Rien n'est impossible à Dieu ; il se nomme lui-même le Dieu jaloux ; il ne nous tient dans le pèlerinage de cette vie que pour nous conduire à la perfection. Traiter cet amour de subtilité chimérique et dangereuse, c'est accuser témérairement d'illusion les plus grands saints de tous les siècles, qui ont admis cet amour, et qui en ont fait le plus haut degré de la vie spirituelle.

Mais si mon lecteur refuse encore de reconnoître la perfection de cet amour, je le conjure de me répondre exactement sur les questions que je vais lui faire. La vie éternelle n'est-elle pas une pure grâce, et le comble de toutes les grâces ? N'est-il pas de foi que le royaume du ciel ne nous est dû que sur la promesse purement gratuite et sur l'application également gratuite des mérites de Jésus-Christ ? Le bienfait ne sauroit être moins gratuit que la promesse sur laquelle il est fondé : c'est ce que nous ne cessons de dire tous les jours à nos frères errans ; nous nous justifions vers eux sur le terme de *mérite*, dont l'Eglise se sert, en protestant que tous nos mérites ne sont point fondés sur un droit rigoureux, mais seulement sur une promesse faite par pure miséricorde. Ainsi la vie éternelle, qui est la fin du décret de Dieu, est ce qu'il y a de plus gratuit : toutes les autres grâces sont données par rapport à celle-là. Cette grâce, qui renferme toutes les autres, n'est fondée sur aucun titre que sur la promesse purement gratuite, et suivie de l'application aussi gratuite des mérites de Jésus-Christ. La promesse elle-même, qui est le fondement de tout, n'est appuyée que sur la pure miséricorde de Dieu, sur son bon plaisir et sur le bon propos de sa volonté. Dans cet ordre des grâces, tout se réduit évidemment à une volonté souverainement libre et gratuite.

Ces principes indubitables étant posés, je fais une supposition. Je suppose que Dieu voulût anéantir mon ame au moment où elle se détachera de mon corps. Cette supposition n'est impossible qu'à cause de la promesse purement gratuite. Dieu auroit donc pu excepter mon ame en particulier de sa promesse générale pour les autres. Qui osera nier que Dieu n'eût pu anéantir mon ame, suivant ma supposition ? La créature, qui n'est point par soi, n'est qu'autant que la volonté arbitraire du Créateur la fait exister : afin qu'elle ne tombe pas dans son néant, il faut que le Créateur renouvelle sans cesse le bienfait de sa création, en la conservant par la même puissance qui l'a créée. Je suppose donc une chose très-possible, puisque je ne suppose qu'une simple exception à une règle purement gratuite et arbitraire. Je suppose que Dieu, qui rend toutes les autres ames immortelles, finira la durée de la mienne au moment de ma mort : je suppose encore que Dieu m'a révélé son dessein. Personne n'oseroit dire que Dieu ne le peut.

Ces suppositions très-possibles étant admises, il n'y a plus de promesse, ni de récompense, ni de béatitude, ni d'espérance de la vie future pour moi. Je ne puis plus espérer ni de posséder Dieu, ni de voir sa face, ni de l'aimer éternellement, ni d'être aimé de lui au-delà de cette vie. Je suppose que je vais mourir ; il ne me reste plus qu'un seul moment à vivre, qui doit être suivi d'une extinction entière et éternelle. Ce moment, à quoi l'emploierai-je ? je conjure mon lecteur de me répondre dans la plus exacte précision. Dans ce dernier instant, me dispenserai-je d'aimer Dieu, faute de pouvoir le regarder comme une récompense ? Renoncerai-je à lui dès qu'il ne sera plus béatifiant pour moi ? Abandonnerai-je la fin essentielle de ma création ? Dieu, en m'excluant de la bienheureuse éternité, qu'il ne me devoit pas, a-t-il pu se dépouiller de ce qu'il se doit essentiellement à lui-même ? A-t-il cessé de faire son ouvrage pour sa pure gloire ? A-t-il perdu le droit de créateur en me créant ? M'a-t-il dispensé des devoirs de la créature, qui doit essentiellement tout ce qu'elle est à celui par qui seul elle est ? N'est-il pas évident que dans cette supposition très-possible je dois aimer Dieu uniquement pour lui-même, sans attendre aucune récompense de mon amour, et avec une exclusion certaine de toute béatitude, en sorte que ce dernier instant de ma vie, qui sera suivi d'un anéantissement éternel, doit être nécessairement rempli par un acte d'amour pur et pleinement désintéressé ?

Mais si celui à qui Dieu ne donne rien pour l'éternité doit tant à Dieu, qu'est-ce que lui doit celui à qui il se donne tout entier lui-même sans fin ? Je vais être anéanti tout à l'heure ; jamais je ne verrai Dieu ; il me refuse son royaume qu'il donne aux autres ; il ne veut ni m'aimer ni être aimé de moi éternellement : je suis obligé néanmoins, en expirant, de l'aimer encore de tout mon cœur et de toutes mes forces ; si j'y manque, je suis un monstre et une créature dénaturée. Et vous, mon lecteur, à qui Dieu prépare, sans vous le devoir, la possession éternelle de lui-même, craindrez-vous comme un raffinement chimérique cet amour dont je dois vous donner l'exemple ? Aimerez-vous Dieu moins que moi, parce qu'il vous aime davantage ? La récompense ne servira-t-elle qu'à vous rendre intéressé dans votre amour ? Si Dieu vous aimoit moins qu'il ne vous aime, il faudroit que vous l'aimassiez sans aucun motif d'intérêt. Est-ce donc là le fruit des promesses et du sang de Jésus-Christ, que d'éloigner les hommes d'un amour généreux et sans intérêt pour Dieu ? A cause qu'il vous offre la pleine béatitude en lui-même, ne l'aimerez-vous qu'autant que vous serez soutenu par cet intérêt infini ? Le royaume du ciel qui vous est offert, pendant que j'en suis exclus, vous est-il un bon titre pour ne vouloir point aimer Dieu sans y chercher le motif de votre propre gloire et de votre propre félicité ?

Ne dites pas que cette félicité est Dieu même. Dieu pourroit, s'il le vouloit, n'être pas plus béatifiant pour vous que pour moi. Il faut que je l'aime, quoiqu'il ne le soit point pour moi ; pourquoi faut-il que vous ne puissiez vous résoudre à l'aimer, sans être soutenu par ce motif, qu'il est béatifiant pour vous ? Pourquoi frémissez-vous au seul nom d'un amour qui ne donne plus ce soutien d'intérêt.

Si la béatitude éternelle nous étoit due de plein droit, et que Dieu, en créant les hommes, fût à leur égard un débiteur forcé pour la vie éternelle, on pourroit nier ma supposition. Mais on ne pourroit la nier sans une impiété manifeste : la plus grande des grâces, qui est la vie éternelle, ne seroit plus grâce : la récompense nous seroit due indépendamment de la promesse : Dieu devroit l'existence éternelle et la félicité à sa créature ; il ne pourroit plus se passer d'elle ; elle deviendroit un être nécessaire. Cette doctrine est monstrueuse. D'un autre côté, ma supposition met en évidence les droits de Dieu, et fait voir des cas possibles, où l'amour sans intérêt seroit nécessaire. S'il ne l'est pas dans les cas de l'ordre établi par la promesse gratuite, c'est que Dieu ne nous juge pas dignes de ces grandes épreuves, c'est qu'il se contente d'une préférence implicite de lui et de sa gloire à nous et à notre béatitude, qui est comme le germe du pur amour dans les cœurs de tous les justes. Mais enfin ma supposition, en comparant l'homme prêt à être anéanti avec celui qui a reçu la promesse de la vie éternelle, fait sentir combien l'amour mélangé d'intérêt est au-dessous du désintéressé.

Témoignages des Païens.

Mais en attendant que les Chrétiens soient capables de bien comprendre les droits infinis de Dieu sur sa créature, je veux tâcher du moins de les faire rentrer dans leur propre cœur, pour y consulter l'idée de ce qu'ils appellent entre eux amitié.

Chacun veut, dans la société de ses amis, être aimé sans motif d'intérêt, et uniquement pour lui-même. Hélas ! si l'homme indigne de tout amour ne peut souffrir d'être aimé par intérêt, comment osons-nous croire que Dieu n'aura pas la même délicatesse ? On est pénétrant jusqu'à l'infini pour démêler jusqu'aux plus subtils motifs d'intérêt, de bienséance, de plaisir ou d'honneur, qui attachent nos amis à nous ; on est au désespoir de n'être aimé d'eux que par reconnoissance, à plus forte raison par d'autres motifs plus choquans : on veut l'être par pure inclination, par estime, par admiration. L'amitié est si jalouse et si délicate, qu'un atôme qui s'y mêle la blesse ; elle ne peut souffrir dans l'ami que le don simple et sans réserve du fond de son amour. Celui qui aime ne veut, dans le transport de sa passion, qu'être aimé pour lui seul, que l'être au-dessus de tout et uniquement, que l'être en sorte que le monde entier lui soit sacrifié, que l'être en sorte qu'on s'oublie et qu'on se compte pour rien, afin d'être tout à lui : telle est la jalousie forcenée et l'injustice extravagante des amours passionnés ; cette jalousie n'est qu'une tyrannie de l'amour-propre.

Il n'y a qu'à se sonder soi-même pour y trouver ce fond d'idolâtrie ; et quiconque ne l'y démêle pas, ne se connoît point encore assez soi-même. Ce qui est en nous l'injustice la plus ridicule et la plus odieuse, est la souveraine justice en Dieu. Rien n'est si ordinaire et si honteux aux hommes que d'être jaloux : mais Dieu, qui ne peut céder sa gloire à un autre, se nomme lui-même le *Dieu jaloux*, et sa jalousie est essentielle à sa perfection. Consultez donc, ô vous qui lisez ceci, la corruption de votre cœur, et que votre jalousie sur l'amitié serve à vous faire entendre les délicatesses infinies de l'amour divin. Quand vous trouvez ces délicatesses dans votre cœur pour l'amitié que vous exigez de vos amis, vous ne les regardez jamais comme des raffinemens chimériques ; au contraire, vous seriez choqué de la grossièreté des amis qui n'auroient point ces délicatesses sur l'amitié. Il n'y a que Dieu à qui vous voulez les défendre : vous ne voulez pas qu'il cherche à être aimé comme vous prétendez que vos amis vous aiment : vous ne pouvez croire que sa grâce puisse lui former en cette vie des adorateurs qui l'aiment comme vous n'avez point de honte de vouloir être aimé : jugez-vous vous-même, et rendez enfin gloire à Dieu.

J'avoue que les hommes profanes, qui ont cette idée de l'amitié pure, ne la suivent pas, et que toutes leurs amitiés sans grâce ne sont qu'un amour-propre subtilement déguisé : mais enfin ils ont cette idée de l'amitié pure. Faut-il qu'ils l'aient quand il ne s'agit que d'aimer la créature vile et corrompue, et que nous soyons les seuls à la méconnoître dès qu'il s'agit d'aimer Dieu ?

Les Païens mêmes ont eu cette pure idée de l'amitié ; et nous n'avons qu'à les lire pour être étonnés que les Chrétiens ne veuillent pas qu'on puisse aimer Dieu par sa grâce, comme les Païens ont cru qu'il falloit s'aimer les uns les autres pour mériter le nom d'amis.

Écoutons Cicéron : « Être impatient, dit-il, » pour les choses qu'on souffre dans l'amitié, » c'est s'aimer soi-même, et non pas son ami.[1] »

Il ajoute, dans la suite, que « l'amitié ne peut » être qu'entre les bons », c'est-à-dire entre ceux qui, suivant ses principes, préfèrent toujours l'honnête à ce que le vulgaire nomme utile ; « autrement, dit-il, l'intérêt étant la » règle et le motif de l'amitié, les moins ver- » tueux, qui ont plus de besoins et de désirs » que les autres, seroient les plus propres à » se lier d'amitié avec autrui, puisqu'ils sont » les plus avides pour aimer ce qui leur est » utile. »

« Nous croyons donc (c'est encore Cicéron » qui parle) qu'il faut rechercher l'amitié, non » par l'espérance des avantages qu'on en tire, » mais parce que tout le fruit de l'amitié est » dans l'amitié même.... Les hommes inté- » ressés sont privés de cette excellente et très- » naturelle amitié qui doit être cherchée par » elle-même et pour elle-même : ils ne profi- » tent point de leurs propres exemples pour » apprendre jusqu'où va la force de l'amitié ; » car chacun s'aime, non pour tirer de soi quel- » que récompense de son amour, mais parce » que chacun est par soi cher à soi-même.... » Que si l'on ne transporte cette même règle » dans l'amitié, on ne trouvera jamais d'ami » véritable : celui-là est notre véritable ami qui » est comme un autre nous-même...... Mais la » plupart des hommes prétendent injustement, » pour ne pas dire avec impudence, un ami » tel qu'ils ne voudroient pas être eux-mêmes, » et en exigent ce qu'ils ne voudroient pas lui » donner. »

Cicéron ne peut pousser plus loin le désintéressement de l'amitié, qu'en voulant que notre ami nous soit cher par lui seul, sans aucun motif, comme nous nous sommes chers à nous-mêmes sans aucune espérance qui nous excite à cet amour. L'amour-propre est sans doute en ce sens le parfait modèle de l'amitié désintéressée.

Horace, quoique épicurien, n'a pas laissé de raisonner sur ce principe pour l'union des amis entre eux, lorsque, parlant des conversations philosophiques qui l'occupoient à la campagne, il dit [1] qu'on examinoit si les hommes sont heureux par les richesses ou par la vertu ; si c'est l'utilité propre ou la perfection en elle-même qui est le motif de l'amitié :

. . . . Utrùmne
Divitiis homines, an sint virtute beati?
Quidve ad amicitias, usus rectumve, trahat nos?

---

[1] *De Amic.* cap. v et seq.

[1] *Serm.* lib. II, *Sat.* VI.

Voilà ce qu'ont pensé les Païens, et les Païens épicuriens, sur l'amitié pour des créatures indignes d'être aimées. C'est sur cette idée d'amitié pure que les théologiens distinguent, à l'égard de Dieu, l'amour qu'ils nomment d'amitié, des autres amours, et les amis de Dieu de ses serviteurs.

Cette idée si pure de l'amitié n'est pas seulement (comme nous l'avons vu) dans Cicéron ; il l'avoit puisée dans la doctrine de Socrate, expliquée dans les livres de Platon. Ces deux grands philosophes, dont l'un rapporte les discours de l'autre dans ses Dialogues, veulent qu'on s'attache à ce qu'ils appellent τὸ καλὸν, qui signifie tout ensemble *le beau et le bon*, c'est-à-dire *le parfait*, par le seul amour du beau, du bon, du vrai, du parfait en lui-même. C'est pourquoi ils disent souvent qu'il ne faut compter pour rien *ce qui se fait,* τὸ γινόμενον, c'est-à-dire *l'être passager*, pour s'unir à *ce qui est*, c'est-à-dire *l'être parfait* et immuable, qu'ils appellent τὸ ἓν, c'est-à-dire *ce qui est*. De là vient que Cicéron, qui n'a fait que répéter leurs maximes, dit que « si nous pouvions
» voir de nos propres yeux la beauté de la
» vertu, nous serions ravis d'amour par son
» excellence [1]. »

Platon fait dire à Socrate, dans son Festin, « qu'il y a quelque chose de plus divin
» dans celui qui aime que dans celui qui est
» aimé. » Voilà toute la délicatesse de l'amour le plus pur. Celui qui est aimé, et qui veut l'être, est occupé de soi ; celui qui aime sans songer à être aimé, a ce que l'amour renferme de plus divin, je veux dire le transport, l'oubli de soi, le désintéressement. « Le beau, dit ce
» philosophe, ne consiste en aucune des choses
» particulières, telles que les animaux, la terre
» ou le ciel ; mais le beau est lui-même par
» lui-même, étant toujours uniforme avec soi.
» Toutes les autres choses belles participent de
» ce beau, en sorte que si elles naissent ou
» périssent, elles ne lui ôtent et ne lui ajoutent
» rien, et qu'il n'en souffre aucune perte : si
» donc quelqu'un s'élève dans la bonne amitié,
» il commence à voir le beau, il touche presque
» au terme. »

Il est aisé de voir que Platon parle d'un amour du beau en lui-même, sans aucun retour d'intérêt. C'est ce beau universel qui enlève le cœur, et qui fait oublier toute beauté particulière. Ce philosophe assure, dans le même Dialogue, que l'amour divinise l'homme, qu'il l'inspire, qu'il le transporte. « Il n'y a personne, dit-il, qui soit tellement mauvais, que
» l'amour n'en fasse un dieu par la vertu, en
» sorte qu'il devient semblable au beau par
» nature ; et comme Homère dit qu'un dieu a
» inspiré quelques héros, c'est ce que l'amour
» donne aux amans formés par lui : ceux qui
» aiment, veulent seuls mourir pour un autre. »
Ensuite Platon cite l'exemple d'Alceste, morte pour faire vivre son époux. Voilà, suivant Platon, ce qui fait de l'homme un dieu ; c'est de préférer par amour autrui à soi-même, jusqu'à s'oublier, se sacrifier, se compter pour rien. Cet amour est, selon lui, une inspiration divine ; c'est le beau immuable qui ravit l'homme à l'homme même, et qui le rend semblable à lui par la vertu.

Telle étoit l'idée de l'amitié chez les Païens. Pythias et Damon, chez Denys le tyran, vouloient mourir l'un pour l'autre ; et le tyran étonné soupira lorsqu'il vit ces deux amis si désintéressés. Cette idée du parfait désintéressement régnoit dans la politique de tous les anciens législateurs. Il falloit préférer à soi les lois, la patrie, parce que la justice le vouloit, et qu'on devoit préférer à soi-même ce qui est appelé le beau, le bon, le juste, le parfait. C'est cet ordre auquel on croyoit devoir rapporter tout, et soi-même autant que tout le reste. Il ne s'agissoit pas de se rendre heureux en se conformant à cet ordre. Il falloit au contraire, pour l'amour de cet ordre, se dévouer, périr, et ne se laisser aucune ressource. C'est ainsi que Socrate, dans le Criton de Platon, aime mieux mourir que s'enfuir, de peur de désobéir aux lois qui le retiennent en prison : c'est ainsi que le même Socrate, dans le Dialogue intitulé *Gorgias*, dépeint un homme qui s'accuse lui-même, et qui se dévoue à la mort plutôt que d'éluder par son silence les lois rigoureuses et l'autorité des magistrats. Tous les législateurs et tous les philosophes qui ont raisonné sur les lois, ont supposé comme un principe fondamental de la société dans la patrie, qu'il faut préférer le public à soi, non par espérance de quelque intérêt, mais par le seul amour désintéressé de l'ordre, qui est la beauté, la justice et la vertu même. C'étoit pour cette idée d'ordre et de justice qu'il falloit mourir, c'est-à-dire, suivant les Païens, perdre tout ce qu'on avoit de réel, être réduit à une ombre vaine, et ne savoir pas même si cette ombre n'étoit pas une fable ridicule des poètes. Les Chrétiens refuseront-ils de donner autant au Dieu infiniment parfait qu'ils connoissent, que ces Païens

---

[1] *De Offic.* lib. I.

croyoient devoir donner à une idée abstraite et confuse de l'ordre, de la justice et de la vertu ?

Platon dit souvent que l'amour du beau est tout le bien de l'homme ; que l'homme ne peut être heureux en soi, et que ce qu'il y a de plus divin pour lui, c'est de sortir de soi par l'amour ; et en effet le plaisir qu'on éprouve dans le transport des passions n'est qu'un effet de la pente de l'âme pour sortir de ses bornes étroites, et pour aimer hors d'elle le beau infini. Quand ce transport se termine au beau passager et trompeur qui reluit dans les créatures, c'est l'amour divin qui s'égare et qui est déplacé : c'est un trait divin en lui-même, mais qui porte à faux : ce qui est divin en soi, devient illusion et folie quand il tombe sur une vaine image du bien parfait, telle que l'être créé, qui n'est qu'une ombre de l'Etre suprême ; mais enfin cet amour qui préfère le parfait infini à soi, est un mouvement divin et inspiré, comme parle Platon. Cette impression est donnée à l'homme dès son origine. Sa perfection est tellement de sortir de soi par l'amour, qu'il veut sans cesse persuader et aux autres et à soi-même qu'il aime sans retour sur soi les amis auxquels il s'attache. Cette idée est si forte, malgré l'amour-propre, qu'on auroit honte d'avouer qu'on n'aime personne sans y mêler quelque motif intéressé. On ne déguise si subtilement tous les motifs d'amour-propre dans les amitiés, que pour s'épargner la honte de paroître se rechercher soi-même dans les autres. Rien n'est si odieux que cette idée d'un cœur toujours occupé de soi : rien ne nous flatte tant que certaines actions généreuses qui persuadent au monde et à nous que nous avons fait le bien pour l'amour du bien en lui-même sans nous y chercher. L'amour-propre même rend hommage à cette vertu désintéressée, par les subtilités avec lesquelles il veut en prendre les apparences ; tant il est vrai que l'homme, qui n'est point par lui-même, n'est pas fait pour se chercher, mais pour être uniquement à celui qui l'a fait ! Sa gloire et sa perfection sont de sortir de soi, de s'oublier, de se perdre, de s'abîmer dans l'amour simple du beau infini.

Cette pensée effraie l'homme amoureux de lui-même et accoutumé à se faire le centre de tout. Cette pensée suffit seule pour faire frémir l'amour-propre, et pour révolter un orgueil secret et intime, qui rapporte toujours insensiblement à soi la fin à laquelle nous devons nous rapporter. Mais cette idée qui nous étonne est le fondement de toute amitié et de toute justice.

Nous ne pouvons ni accorder l'amour-propre avec cette idée, ni l'abandonner ; elle est ce qu'il y a de *plus divin* en nous. On ne peut point dire que cette pensée n'est qu'une imagination creuse. Quand les hommes inventent des chimères, ils les inventent à plaisir et pour se flatter. Rien n'est moins naturel à l'homme injuste, vain, enivré d'orgueil, que de penser ainsi contre son amour-propre. Non-seulement la pratique de cette pensée est un prodige de vertu au-dessus de l'homme, mais encore cette seule pensée est une merveille que nous devons être étonnés de trouver en nous. Ce ne peut être qu'un principe infiniment supérieur à nous qui ait pu nous enseigner à nous élever ainsi entièrement au-dessus de nous-mêmes. Qui est-ce qui peut avoir donné à l'homme malade d'un excès d'amour-propre et d'idolâtrie de soi-même, cette haute pensée de se compter pour rien, de devenir étranger à soi-même, et de ne s'aimer plus que par charité, comme le prochain ? Qui est-ce qui peut lui avoir appris à être jaloux de lui-même contre lui-même, pour un autre objet invisible qui doit à jamais effacer le *moi*, et n'en laisser aucune trace ? Cette seule idée rend *l'homme divin, elle l'inspire, elle met l'infini en lui.*

J'avoue que les Païens, qui ont tant loué la vertu désintéressée, la pratiquoient mal. Personne ne croit plus que moi que tout amour sans grâce, et hors de Dieu, ne peut jamais être qu'un amour-propre déguisé. Il n'y a que l'Etre infiniment parfait qui puisse, comme objet par son infinie perfection, et comme cause par son infinie puissance, nous enlever hors de nous-mêmes, et nous faire préférer ce qui n'est pas nous à notre propre être. Je conviens que l'amour-propre se glorifioit vainement des apparences d'un pur amour chez les Païens ; mais enfin il s'en glorifioit : ceux même que leur orgueil dominoit le plus, étoient charmés de cette belle idée de la vertu et de l'amitié sans intérêt ; ils la portoient au dedans d'eux-mêmes, et ils ne pouvoient ni l'effacer ni l'obscurcir ; ils ne pouvoient ni la suivre ni la contredire. Des Chrétiens la contrediront-ils ? Ne se contenteront-ils pas, comme les Païens, de l'admirer sans la suivre fidèlement ? La vanité même des Païens sur cette vertu montre combien elle est excellente. Par exemple, la louange que toute l'antiquité a donnée à Alceste eût porté à faux, et seroit ridicule, s'il n'eût pas été réellement beau et vertueux à Alceste de mourir pour son époux ; sans ce principe fondamental son action eût été une fureur extravagante, un désespoir affreux. L'antiquité païenne toute entière décide autrement : elle dit avec Platon, que *ce qu'il y a de plus divin est de s'oublier pour ce qu'on aime.*

Alceste est l'admiration des hommes, pour avoir voulu mourir et n'être plus qu'une vaine ombre, afin de faire vivre celui qu'elle aime. Cet oubli de soi, ce sacrifice total de son être, cette perte de tout soi-même pour jamais, est aux yeux de tous les Païens ce qu'il y a de plus divin dans l'homme ; c'est ce qui en fait un dieu ; c'est ce qui le fait presque arriver au terme.

Voilà l'idée de la vertu et de l'amitié pure, imprimée dans le cœur des hommes qui n'ont jamais connu la création, que l'amour-propre aveugloit, et qui étoient aliénés de la vie de Dieu.

XX.

L'OUBLI DE SOI-MÊME N'EMPÊCHE PAS LA RECONNOISSANCE DES BIENFAITS DE DIEU.

L'OUBLI de soi-même, dont on parle souvent, pour les âmes qui veulent chercher Dieu généreusement, n'empêche pas la reconnoissance de ses bienfaits. En voici la raison : c'est que cet oubli ne consiste pas à ne voir jamais rien en soi, mais seulement à ne demeurer jamais renfermé en soi-même, occupé de ses biens ou de ses maux par une vue de propriété ou d'intérêt. C'est cette occupation de nous-mêmes qui nous éloigne de l'amour pur et simple, qui rétrécit notre cœur, et qui nous éloigne de notre vraie perfection, à force de nous la faire chercher avec empressement, avec trouble et avec inquiétude, pour l'amour de nous-mêmes.

Mais quoiqu'on s'oublie, c'est-à-dire qu'on ne recherche plus volontairement son propre intérêt, on ne laisse pas de se voir en bien des occasions. On ne se regarde pas pour l'amour de soi-même ; mais la vue de Dieu qu'on cherche nous donne souvent, comme par contre-coup, certaine vue de nous-mêmes. C'est comme un homme qui en regarde un autre derrière lequel est un grand miroir ; en considérant l'autre il se voit, et se trouve sans se chercher. Ainsi est-ce dans la pure lumière de Dieu que nous nous voyons parfaitement nous-mêmes. La présence de Dieu, quand elle est pure, simple, et soutenue par une vraie fidélité de l'ame et la plus exacte vigilance sur nous-mêmes, est ce grand miroir où nous découvrons jusqu'à la moindre tache de notre ame.

Un paysan renfermé dans son village n'en connoît qu'imparfaitement la misère : mais faites-lui voir de riches palais, une Cour superbe, il conçoit toute la pauvreté de son village et ne peut souffrir ses haillons à la vue de tant de magnificence. C'est ainsi qu'on voit sa laideur et son néant dans la beauté et dans l'infinie grandeur de Dieu.

Mais montrez tant qu'il vous plaira la vanité et le néant de la créature par les défauts des créatures ; faites remarquer la brièveté et l'incertitude de la vie, l'inconstance de la fortune, l'infidélité des amis, l'illusion des grandes places, les amertumes qui y sont inévitables, le mécompte des plus belles espérances, le vide de tous les biens qu'on possède, la réalité de tous les maux qu'on souffre : toutes ces morales, quelque vraies et sensibles qu'elles soient, ne font qu'effleurer le cœur ; elles ne passent point la superficie ; le fond de l'homme n'en est point changé. Il soupire de se voir esclave de la vanité, et ne sort point de cet esclavage. Mais si le rayon de la lumière divine l'éclaire intérieurement, il voit dans l'abîme du bien, qui est Dieu, l'abîme du néant et du mal, qui est la créature corrompue ; il se méprise, il se hait, il se quitte ; il se fuit, il se craint, il se renonce soi-même ; il s'abandonne à Dieu, il se perd en lui. Heureuse perte ! car alors il se trouve sans se chercher. Il n'a plus d'intérêt propre, et tout lui profite : car tout se tourne à bien pour ceux qui aiment Dieu. Il voit les miséricordes qui viennent dans cet abîme de foiblesse, de néant et de péché ; il voit, et il se complaît dans cette vue.

Remarquez que ceux qui ne sont pas encore fort avancés dans le renoncement à eux-mêmes regardent encore ce cours de miséricordes divines par rapport à leur propre avantage spirituel, à proportion qu'ils tiennent encore plus ou moins à eux-mêmes. Or, comme l'entière désappropriation de la volonté est très-rare en cette vie, il n'y a aussi guère d'ames qui ne regardent encore les miséricordes reçues par rapport aux fruits qu'elles en reçoivent pour leur salut ; de façon que ces ames, quoiqu'elles tendent à n'avoir plus aucun intérêt propre, ne laissent pas d'être encore très-sensibles à ce grand intérêt. Elles sont ravies de voir une main toute puissante qui les a arrachées à elles-mêmes, qui les a délivrées de leurs propres désirs, qui a rompu leurs liens lorsqu'elles ne songeoient qu'à s'enfoncer dans leur esclavage, qui les a sauvées, pour ainsi dire, malgré elles-mêmes, et qui a pris plaisir à leur faire autant de bien qu'elles se faisoient de mal.

Des ames entièrement pures et désappropriées, telles que celles des saints dans le ciel, regarderoient avec autant d'amour et de complaisance les miséricordes répandues sur les autres que les miséricordes qu'elles ont reçues elles-mêmes; car, ne se comptant plus pour rien, elles aiment autant le bon plaisir de Dieu, les richesses de sa grâce, et la gloire qu'il tire de de la sanctification d'autrui, que celle qu'il tire de leur propre sanctification. Tout est alors égal, parce que le *moi* est perdu et anéanti, le *moi* n'est pas plus *moi* qu'*autrui* : c'est Dieu seul qui est tout en tous; c'est lui seul qu'on aime, qu'on admire, et qui fait toute la joie du cœur dans cet amour céleste et désintéressé. On est ravi de ses miséricordes, non pour l'amour de soi, mais pour l'amour de lui. On le remercie d'avoir fait sa volonté, et de s'être glorifié lui-même, comme nous lui demandons dans le *Pater* qu'il daigne faire sa volonté et donner gloire à son nom. En cet état, ce n'est plus pour nous que nous demandons, ce n'est plus pour nous que nous remercions. Mais, en attendant cet état bienheureux, l'ame, tenant encore à soi, est attendrie par ce reste de retour sur elle-même. Tout ce qu'il y a encore de ces retours excite une vive reconnoissance : cette reconnoissance est un amour encore un peu mêlé et recourbé sur soi ; au lieu que la reconnoissance des ames perdues en Dieu, telles que celles des saints, est un amour immense, un amour sans retour sur l'intérêt propre, un amour aussi transporté des miséricordes faites aux autres que des miséricordes faites à soi-même ; un amour qui n'admire et ne reçoit les dons de Dieu que pour le pur intérêt de la gloire de Dieu même.

Mais comme rien n'est plus dangereux que de vouloir aller au-delà des mesures de son état, rien ne seroit plus nuisible à une ame qui a besoin d'être soutenue par des sentimens de reconnoissance, que de se priver de cette nourriture qui lui est propre, et de courir après des idées d'une plus haute perfection qui ne lui conviennent pas.

Quand l'ame est touchée du souvenir de tout ce que Dieu a fait pour elle, c'est une marque certaine qu'elle a besoin de ce souvenir, supposé même qu'elle ait dans ce souvenir une certaine joie intéressée sur son bonheur. Il faut laisser cette joie en liberté et dans toute son étendue ; car l'amour, quoique intéressé, sanctifie l'ame ; et il faut attendre patiemment que Dieu lui-même vienne l'épurer. Ce seroit le prévenir, et entreprendre ce qui est réservé à lui seul, que de vouloir ôter à l'homme tous les motifs où l'intérêt propre se mêle avec celui de Dieu. L'homme lui-même ne doit point gêner son cœur là-dessus, ni renoncer avant le temps aux appuis dont son infirmité a besoin. L'enfant qui marche seul avant qu'on le laisse aller tombera bientôt. Ce n'est point à lui à ôter les lisières avec lesquelles sa gouvernante le soutint.

Vivons donc de reconnoissance, tandis que la reconnoissance, même intéressée, servira à nourrir notre cœur. Aimons les miséricordes de Dieu, non-seulement pour l'amour de lui et de sa gloire, mais encore plus pour l'amour de nous et de notre bonheur éternel, tandis que cette vue aura pour nous un certain soutien proportionné à notre état. Si dans la suite Dieu ouvre notre cœur à un amour plus épuré et plus généreux, à un amour qui se perdroit en lui sans retour et qui ne verroit plus que sa gloire, laissons-nous entraîner sans retardement ni hésitation à cet amour si parfait.

Si donc nous aimons les miséricordes de Dieu ; si elles nous ravissent de joie et d'admiration par le seul plaisir de voir Dieu si bon et si grand ; si nous ne sommes plus touchés que de l'accomplissement de sa volonté, de sa gloire qu'il trouve comme il lui plaît, de la grandeur avec laquelle il fait un vase d'honneur de ce qui étoit un vase d'ignominie ; rendons-lui grâces encore plus volontiers, puisque le bienfait est plus grand, et que le plus pur de tous les dons de Dieu est de n'aimer ses dons que pour lui, sans se chercher soi-même.

XXI.

RÉALITÉ DE L'AMOUR PUR. — L'AMOUR INTÉRESSÉ ET L'AMOUR DÉSINTÉRESSÉ ONT LEUR SAISON.

Pourquoi aime-t-on mieux voir les dons de Dieu en soi qu'en autrui, si ce n'est par attachement à soi ? Quiconque aime mieux les voir en soi que dans les autres, s'affligera aussi de les voir dans les autres plus parfaits qu'en soi ; et voilà la jalousie. Que faut-il donc faire ? Il faut se réjouir de ce que Dieu fait sa volonté en nous, et y règne, non pour notre bonheur, ni pour notre perfection en tant qu'elle est la nôtre, mais pour le bon plaisir de Dieu et pour sa pure gloire.

Remarquez là-dessus deux choses : l'une, que tout ceci n'est point une subtilité creuse ; car Dieu, qui veut dépouiller l'ame pour la perfectionner et la poursuivre sans relâche jusqu'au plus pur amour, la fait passer réellement par ces épreuves d'elle-même, et ne la laisse point en repos jusqu'à ce qu'il ait ôté à son amour tout retour et appui en soi. Rien n'est si jaloux, si sévère et si délicat que ce principe du pur amour. Il ne sauroit souffrir mille choses qui nous sont imperceptibles dans un état commun ; et ce que le commun des personnes pieuses appelle subtilité, paroît une chose essentielle à l'ame que Dieu veut déprendre d'elle-même. C'est comme l'or qui se purifie au creuset ; le feu consume tout ce qui n'est pas le pur or. Il faut aussi qu'il se fasse comme une fonte universelle du cœur, pour purifier l'amour divin.

La seconde chose à remarquer, est que Dieu ne poursuit pas ainsi en cette vie toutes les ames. Il y en a un nombre infini de très pieuses qu'il laisse dans quelque retour sur elles-mêmes : ces retours mêmes les soutiennent dans la pratique des vertus, et servent à les purifier jusqu'à un certain point. Rien ne seroit plus indiscret et plus dangereux que de leur ôter cette occupation consolante des grâces de Dieu par rapport à leur propre perfection. Les premières personnes ont une reconnoissance désintéressée ; elles rendent gloire à Dieu de ce qu'il fait en elles pour sa pure gloire : les dernières s'y regardent aussi elles-mêmes, et unissent leur intérêt à celui de Dieu. Si les premières vouloient ôter aux autres ce mélange et cet appui en elles-mêmes par rapport aux grâces, elles feroient le même mal que si on sevroit un enfant qui ne peut encore manger : lui ôter la mamelle, c'est le faire mourir. Il ne faut jamais vouloir ôter à une ame ce qui la nourrit encore, et que Dieu lui laisse pour soutenir son infirmité. C'est détruire la grâce que de vouloir la prévenir. Il ne faut pas aussi que le second genre de personnes condamne les autres, quoiqu'elles ne soient point occupées de leur propre perfection dans les grâces qu'elles reçoivent. Dieu fait en chacun ce qu'il lui plaît : *l'Esprit souffle où il veut* [1] et comme il veut. L'oubli de soi dans la pure vue de Dieu est un état où Dieu peut faire dans une ame tout ce qui lui est le plus agréable. L'importance est que le second genre de personnes ne soit point curieux sur l'état des autres, et que les autres ne veuillent point leur faire connoître les épreuves auxquelles Dieu ne les appelle pas.

XXII.

ÉCOUTER LA PAROLE INTÉRIEURE DE L'ESPRIT SAINT : SUIVRE L'INSPIRATION QUI NOUS APPELLE A UN ENTIER DÉPOUILLEMENT.

Il est certain, par l'Ecriture [1], que l'Esprit de Dieu habite au dedans de nous, qu'il y agit, qu'il y prie sans cesse, qu'il y gémit, qu'il y désire, qu'il y demande ce que nous ne savons pas nous-mêmes demander ; qu'il nous pousse, nous anime, nous parle dans le silence, nous suggère toute vérité, et nous unit tellement à lui que nous ne sommes plus qu'*un même esprit avec Dieu* [2]. Voilà ce que la foi nous apprend ; voilà ce que les docteurs les plus éloignés de la vie intérieure ne peuvent s'empêcher de reconnoître. Cependant, malgré ces principes, ils tendent toujours à supposer, dans la pratique, que la loi extérieure, ou tout au plus une certaine lumière de doctrine et de raisonnement, nous éclaire au dedans de nous-mêmes, et qu'ensuite c'est notre raison qui agit par elle-même sur cette instruction. On ne compte point assez sur le docteur intérieur, qui est le Saint-Esprit, et qui fait tout en nous. Il est l'ame de notre ame : nous ne saurions former ni pensée ni désir que par lui. Hélas! quel est donc notre aveuglement! Nous comptons comme si nous étions seuls dans ce sanctuaire intérieur ; et tout au contraire, Dieu y est plus intimement que nous n'y sommes nous-mêmes.

Vous me direz peut-être : Est-ce que nous sommes inspirés ? Oui, sans doute ; mais non pas comme les prophètes et les apôtres. Sans l'inspiration actuelle de l'esprit de grâce, nous ne pouvons ni faire, ni vouloir, ni croire aucun bien. Nous sommes donc toujours inspirés ; mais nous étouffons sans cesse cette inspiration. Dieu ne cesse point de parler ; mais le bruit des créatures au dehors et de nos passions au dedans, nous étourdit et nous empêche de l'entendre. Il faut faire taire toute créature, il faut se faire taire soi-même, pour écouter dans ce profond silence de toute l'ame cette voix ineffable de l'Epoux. Il faut prêter l'oreille ; car c'est

---

[1] Joan. III. 8.

[1] Rom. VIII. 9 ; et Joan. XIV. 16. — [2] I Cor. VI. 17.

une voix douce et délicate, qui n'est entendue que de ceux qui n'entendent plus tout le reste. Ô qu'il est rare que l'ame se taise assez pour laisser parler Dieu ! Le moindre murmure de nos vains désirs, ou d'un amour-propre attentif à soi, confond toutes les paroles de l'Esprit de Dieu. On entend bien qu'il parle, et qu'il demande quelque chose ; mais on ne sait point ce qu'il dit, et souvent on est bien aise de ne le deviner pas. La moindre réserve, le moindre retour sur soi, la moindre crainte d'entendre trop clairement que Dieu demande plus qu'on ne lui veut donner, trouble cette parole intérieure. Faut-il donc s'étonner si tant de gens, même pieux, mais encore pleins d'amusemens, de vains désirs, de fausse sagesse, de confiance en leurs vertus, ne peuvent l'entendre, et regardent cette parole intérieure comme une chimère de fanatiques? Hélas! que veulent-ils donc dire avec leurs raisonnemens dédaigneux? A quoi serviroit la parole extérieure des pasteurs, et même de l'Ecriture, s'il n'y avoit une parole intérieure du Saint-Esprit même, qui donne à l'autre toute son efficace? La parole extérieure, même de l'Evangile, sans cette parole vivante et féconde de l'intérieur, ne seroit qu'un vain son. C'est *la lettre* qui seule *tue*, et *l'esprit* seul peut nous *vivifier* [1]. Ô Verbe, ô Parole éternelle et toute-puissante du Père, c'est vous qui parlez dans le fond des ames ! Cette parole, sortie de la bouche du Sauveur pendant les jours de sa vie mortelle, n'a eu tant de vertu, et n'a produit tant de fruits sur la terre, qu'à cause qu'elle étoit animée par cette parole de vie qui est le Verbe même. De là vient que saint Pierre dit : *A qui irions-nous ? vous avez les paroles de la vie éternelle* [2]. Ce n'est donc pas seulement la loi extérieure de l'Evangile que Dieu nous montre intérieurement par la lumière de la raison et de la foi : c'est son esprit qui parle, qui nous touche, qui opère en nous, et qui nous anime ; en sorte que c'est cet esprit qui fait en nous et avec nous tout ce que nous faisons de bien, comme c'est notre ame qui anime notre corps et qui en règle les mouvemens.

Il est donc vrai que nous sommes sans cesse inspirés, et que nous ne vivons de la vie de la grâce qu'autant que nous avons cette inspiration intérieure. Mais, mon Dieu, peu de Chrétiens la sentent ; car il y en a bien peu qui ne l'anéantissent par leur dissipation volontaire ou par leur résistance. Cette inspiration ne doit point nous persuader que nous soyons semblables aux prophètes. L'inspiration des prophètes étoit pleine de certitude pour les choses que Dieu leur découvroit, ou leur commandoit de faire ; c'étoit un mouvement extraordinaire, ou pour révéler les choses futures, ou pour faire des miracles, ou pour agir avec toute l'autorité divine. Ici, tout au contraire, l'inspiration est sans lumière, sans certitude ; elle se borne à nous insinuer l'obéissance, la patience, la douceur, l'humilité, et toutes les autres vertus nécessaires à tout Chrétien. Ce n'est point un mouvement divin pour prédire, pour changer les lois de la nature, et pour commander aux hommes de la part de Dieu ; c'est une simple invitation dans le fond de l'ame pour obéir, pour nous laisser détruire et anéantir selon les desseins de l'amour de Dieu. Cette inspiration, prise ainsi dans ses bornes et dans sa simplicité, ne renferme donc que la doctrine commune de toute l'Eglise : elle n'a par elle-même, si l'imagination des hommes n'y ajoute rien, aucun piège de présomption ni d'illusion ; au contraire elle nous tient dans la main de Dieu sous la conduite de l'Eglise, donnant tout à la grâce sans blesser notre liberté, et ne laissant rien ni à l'orgueil ni à l'imagination.

Ces principes posés, il faut reconnoître que Dieu *parle sans cesse en nous* [1]. Il parle dans les pécheurs impénitens ; mais ces pécheurs, étourdis par le bruit du monde et de leurs passions, ne peuvent l'entendre ; sa parole leur est une fable. Il parle dans les pécheurs qui se convertissent : ceux-ci sentent les remords de leur conscience ; et ces remords sont la voix de Dieu qui leur reproche intérieurement leurs vices. Quand ces pécheurs sont bien touchés, ils n'ont pas de peine à comprendre cette voix secrète ; car c'est elle qui les pénètre si vivement. Elle est en eux ce *glaive à deux tranchans*, dont parle saint Paul [2] ; il va *jusqu'à la division de l'ame d'avec elle-même*. Dieu se fait sentir, goûter, suivre ; on entend cette douce voix qui porte jusqu'au fond du cœur un reproche tendre, et le cœur en est déchiré : voilà la vraie et pure contrition. Dieu parle dans les personnes éclairées, savantes, et dont la vie, extérieurement régulière en tout, paroît ornée de beaucoup de vertus ; mais souvent ces personnes, pleines d'elles-mêmes et de leurs lumières, s'écoutent trop pour écouter Dieu. On tourne tout en raison : on se fait des principes de sagesse naturelle, et des méthodes de

---

[1] *I Cor.* III. 6. — [2] *Joan.* VI. 69.

[1] *De Imit. Christi*, lib. III, cap. I, n. 1 ; cap. III, n. 3. — [2] *Hebr.* IV. 12.

prudence, de tout ce qui nous viendroit infiniment mieux par le canal de la simplicité et de la docilité à l'Esprit de Dieu. Ces personnes paroissent bonnes, quelquefois plus que les autres; elles le sont même jusqu'à un certain point: mais c'est une bonté mélangée. On se possède, on veut toujours se posséder selon la mesure de sa raison : on veut être toujours dans la main de son propre conseil ; on est fort et grand à ses propres yeux. O mon Dieu ! je vous rends grâces avec Jésus-Christ [1] de ce que vous cachez vos secrets ineffables à ces grands et à ces sages, tandis que vous prenez plaisir à les révéler aux ames foibles et petites ! Il n'y a que les enfans avec qui vous vous familiarisez sans réserve. Vous traitez les autres à leur mode. Ils veulent du savoir et des vertus hautes ; vous leur donnez des lumières éclatantes, et vous en faites des espèces de héros. Mais ce n'est pas là le meilleur partage. Il y a quelque chose de plus caché pour vos plus chers enfans. Ceux-là reposent avec Jean sur votre poitrine. Pour ces grands, qui craignent toujours de se ployer et de s'appetisser, vous les laissez dans leur grandeur; vous les traitez selon leur gravité. Ils n'auront jamais vos caresses et vos familiarités : il faut être enfant et jouer sur vos genoux pour les mériter. J'ai souvent remarqué qu'un pécheur ignorant et grossier, qui commence à être touché vivement de l'amour de Dieu dans sa conversion, est plus disposé à entendre ce langage intérieur de l'esprit de grâce, que certaines personnes éclairées et savantes, qui ont vieilli dans leur propre sagesse. Dieu, qui ne cherche qu'à se communiquer, ne sait, pour ainsi dire, où poser le pied dans ces ames pleines d'elles-mêmes, et trop nourries de leur sagesse et de leurs vertus : mais *son entretien familier*, comme dit l'Ecriture [2], *est avec les simples*.

Où sont-ils ces simples ? Je n'en vois guère. Dieu les voit, et c'est en eux qu'il se plaît à habiter : *Mon Père et moi*, dit Jésus-Christ [3], *nous y viendrons, et nous y ferons notre demeure*. O qu'une ame livrée à la grâce sans retour sur soi, ne se comptant pour rien, et marchant sans mesure au gré du pur amour qui est le parfait guide, éprouve de choses que les sages ne peuvent ni éprouver ni comprendre ! J'ai été sage (je l'ose dire) comme un autre ; mais alors, croyant tout voir, je ne voyois rien. J'allois tâtonnant par une suite de raisonnemens; mais la lumière ne luisoit point dans mes ténèbres. J'étois content de raisonner.

Mais, hélas ! quand une fois on a fait taire tout ce qui est en nous pour écouter Dieu, on sait tout sans rien savoir ; et on ne peut douter que jusque-là on ait ignoré tout ce qu'on s'imaginoit comprendre. Tout ce qu'on tenoit échappe, et on ne s'en soucie plus : on n'a plus rien à soi; on a tout perdu ; on s'est perdu soi-même. Il y a un je ne sais quoi qui dit au dedans, comme l'épouse du Cantique : *Faites-moi entendre votre voix ; qu'elle raisonne à mes oreilles* [1]. O qu'elle est douce cette voix ! elle fait tressaillir toutes mes entrailles. Parlez, ô mon époux, et que nul autre que vous n'ose parler ! Taisez-vous, mon ame : parlez, ô amour !

Je dis qu'alors *on sait tout sans rien savoir*. Ce n'est pas qu'on ait la présomption de croire qu'on possède en soi toute vérité. Non, non, tout au contraire : on sent qu'on ne voit rien, qu'on ne peut rien et qu'on n'est rien. On le sent, et on est ravi. Mais, dans cette désappropriation sans réserve, on trouve de moment à autre dans l'infini de Dieu tout ce qu'il faut selon le cours de sa providence. C'est là qu'on trouve le pain quotidien de vérité comme de toute autre chose, sans en faire provision. C'est alors que l'onction nous enseigne toute vérité en nous ôtant toute sagesse, toute gloire, tout intérêt, toute volonté propre; en nous tenant contens dans notre impuissance, et au-dessous de toute créature, prêts à céder aux derniers vers de la terre, prêts à confesser nos plus secrètes misères à la face de tous les hommes ; ne craignant dans les fautes que l'infidélité, sans craindre ni le châtiment ni la confusion. En cet état, dis-je, l'Esprit nous enseigne toute vérité ; car toute vérité est comprise éminemment dans ce sacrifice d'amour, où l'ame s'ôte tout pour donner tout à Dieu. Voilà la manne, qui, sans être chaque viande particulière, a le goût de toutes les viandes.

Dans les commencemens, Dieu nous attaquoit par le dehors ; il nous arrachoit peu à peu toutes les créatures que nous aimions trop et contre sa loi. Mais ce travail du dehors, quoique essentiel pour poser le fondement de tout l'édifice, n'en fait qu'une bien petite partie. O que l'ouvrage du dedans, quoique invisible, est sans comparaison plus grand, plus difficile et plus merveilleux ! Il vient un temps où Dieu, après nous avoir bien dépouillés, bien mortifiés par le dehors sur les créatures auxquelles nous tenions, nous attaque par le dedans pour nous arracher à nous-mêmes. Ce n'est plus les

---

[1] *Matth.* XI. 12. — [2] *Prov.* III. 32. — [3] *Joan.* XIV. 23.

[1] *Cant.* II. 14.

objets étrangers qu'il nous ôte : alors il nous arrache le *moi* qui étoit le centre de notre amour. Nous n'aimions tout le reste que pour ce *moi* ; et c'est ce *moi* que Dieu poursuit impitoyablement et sans relâche. Oter à un homme ses habits, c'est le traiter mal ; mais ce n'est rien en comparaison de la rigueur qui l'écorcheroit et qui ne laisseroit aucune chair sur tous ses os. Coupez les branches d'un arbre, bien loin de le faire mourir, vous fortifiez sa sève, il repousse de tous côtés ; mais attaquez le tronc, desséchez la racine, il se dépouille, il languit, il meurt. C'est ainsi que Dieu prend plaisir à nous faire mourir.

Pour la mortification extérieure des sens, il nous la fait faire par certains efforts de courage contre nous-mêmes. Plus les sens sont amortis par ce courage de l'ame, plus l'ame voit sa vertu, et se soutient par son travail. Mais dans la suite Dieu se réserve à lui-même d'attaquer le fond de cette ame, et de lui arracher jusqu'au dernier soupir de toute vie propre. Alors ce n'est plus par la force de l'ame qu'il combat les objets extérieurs ; c'est par la foiblesse de l'ame qu'il la tourne contre elle-même. Elle se voit ; elle a horreur de ce qu'elle voit. Elle demeure fidèle : mais elle ne voit plus sa fidélité. Tous les défauts qu'elle a eus jusqu'alors s'élèvent contre elle ; et souvent il en paroît de nouveaux dont elle ne s'étoit jamais défiée. Elle ne trouve plus cette ressource de ferveur et de courage qui la soutenoit autrefois. Elle tombe en défaillance ; elle est, comme Jésus-Christ, triste jusqu'à la mort. Tout ce qui lui reste, c'est la volonté de ne tenir à rien et de laisser faire Dieu sans réserve. Encore même n'a-t-elle pas la consolation d'apercevoir en elle cette volonté. Ce n'est plus une volonté sensible et réfléchie, mais une volonté simple, sans retour sur elle-même, et d'autant plus cachée qu'elle est plus intime et plus profonde dans l'ame. En cet état, Dieu prend soin de tout ce qui est nécessaire pour détacher cette personne d'elle-même. Il la dépouille peu à peu, en lui ôtant l'un après l'autre tous les habits dont elle étoit revêtue. Les derniers dépouillemens, quoiqu'ils ne soient pas toujours les plus grands, sont néanmoins les plus rigoureux. Quoique la robe soit en elle-même plus précieuse que la chemise, on sent bien plus la perte de la chemise que celle de la robe. Dans les premiers dépouillemens, ce qui reste console de ce qu'on perd ; dans les derniers, il ne reste qu'amertume, nudité et confusion.

On demandera peut-être en quoi consistent ces dépouillemens ; mais je ne puis le dire. Ils sont aussi différens que les hommes sont différens entre eux. Chacun souffre les siens suivant ses besoins et les desseins de Dieu. Comment peut-on savoir de quoi on sera dépouillé, si on ne sait pas de quoi on est revêtu ? Chacun tient à une infinité de choses qu'il ne devineroit jamais. Il ne sent qu'il y est attaché que quand on les lui ôte. Je ne sens mes cheveux que quand on les arrache de ma tête. Dieu nous développe peu à peu notre fond qui nous étoit inconnu ; et nous sommes tout étonnés de découvrir, dans nos vertus mêmes, des vices dont nous nous étions toujours crus incapables. C'est comme une grotte qui paroît sèche de tous côtés, et d'où l'eau rejaillit tout-à-coup par les endroits dont on se défioit le moins.

Ces dépouillemens que Dieu nous demande ne sont point d'ordinaire ce qu'on pourroit s'imaginer. Ce qui est attendu nous trouve préparés, et n'est guère propre à nous faire mourir. Dieu nous surprend par les choses les plus imprévues. Ce sont des riens, mais des riens qui désolent, et qui font le supplice de l'amour-propre. Les grandes vertus éclatantes ne sont plus de saison : elles soutiendroient l'orgueil ; elles donneroient une certaine force et une assurance intérieure et contraire aux desseins de Dieu, qui est de nous faire perdre terre. Alors c'est une conduite simple et unie ; tout est commun. Les autres ne voient rien de grand, et la personne même ne trouve rien de soi que de naturel, de foible et de relâché : mais on aimeroit cent fois mieux jeûner toute sa vie au pain et à l'eau, et pratiquer les plus grandes austérités, que de souffrir tout ce qui se passe au dedans. Ce n'est pas qu'on ait un goût de ferveur pour les austérités ; non, cette ferveur s'est évanouie : mais on trouve, dans la souplesse que Dieu demande pour une infinité de petites choses, plus de renoncemens et plus de mort à soi, qu'il n'y en auroit dans de grands sacrifices. Cependant Dieu ne laisse point l'ame en repos, jusqu'à ce qu'il l'ait rendue souple et maniable en la pliant de tous côtés. Il faut parler trop ingénument, puis il faut se taire ; il faut être loué, puis blâmé, puis oublié, puis examiné de nouveau ; il faut être bas, il faut être haut ; il faut se laisser condamner sans dire un mot qui justifieroit d'abord : une autre fois il faut dire du bien de soi. Il faut consentir à se trouver foible, inquiet, irrésolu sur une bagatelle ; à montrer des dépits de petit enfant ; à choquer ses amis par sécheresse ; à devenir jaloux et défiant, sans nulle raison ; même à dire ses jalousies les plus sottes à ceux contre qui on les éprouve ; à parler avec patience et ingénuité à certaines gens, contre leur goût et contre le sien propre, sans fruit ; à paroître artificieux et de mauvaise foi ; enfin à se trouver soi-même sec, languissant, dégoûté de Dieu, dissipé et si éloigné de tout sentiment de grâce, qu'on est tenté de tomber dans le désespoir. Voilà des exemples de ces dépouillemens intérieurs, qui me viennent maintenant dans l'esprit ; mais il y en a une infinité d'autres que Dieu assaisonne à chacun selon ses desseins.

Qu'on ne me dise point que ce sont des imaginations creuses. Peut-on douter que Dieu n'agisse immédiatement dans les ames ? Peut-on douter qu'il n'y agisse pour les faire mourir à elles-mêmes ? Peut-on douter que Dieu, après avoir arraché les passions grossières, n'attaque au dedans tous les retours subtils de l'amour-propre, surtout dans les ames qui se sont livrées généreusement et sans réserve à l'esprit de grâce ! Plus il veut les purifier, plus il les éprouve intérieurement. Le monde n'a point d'yeux pour voir ces épreuves, ni d'oreilles pour les entendre : mais le monde est aveugle ; sa sagesse n'est que mort ; elle ne peut compatir avec l'esprit de vérité. *Il n'y a que l'Esprit de Dieu*, comme dit l'Apôtre [1], *qui puisse pénétrer les profondeurs de Dieu même.*

Dans les commencemens, on n'est point encore accoutumé à cette conduite du dedans, qui va à nous dépouiller par le fond. On veut bien se taire, être recueilli, souffrir tout, se laisser mener au cours de la Providence, comme un homme qui se laisseroit porter par le courant d'un fleuve ; mais on n'ose encore se hasarder à écouter la voix intérieure pour les sacrifices que Dieu prépare. On est comme l'enfant Samuel, qui n'étoit point encore accoutumé aux communications du Seigneur. Le Seigneur l'appeloit, il croyoit que c'étoit Héli [2]. Héli disoit : Mon enfant, vous avez rêvé, personne ne vous parle. Tout de même on ne sait si c'est quelque imagination qui nous pousseroit trop loin. Souvent le grand-prêtre Héli, c'est-à-dire les conducteurs nous disent que nous avons rêvé, et que nous demeurions en repos. Mais Dieu ne nous y laisse point, et nous réveille jusqu'à ce que nous prêtions l'oreille à ce qu'il veut dire. S'il s'agissoit de visions, d'apparitions, de révélations, de lumières extraordinaires, de miracles, de conduite contraire aux sentimens de l'Eglise, ou auroit raison de ne s'y arrêter pas. Mais quand Dieu nous a menés jusqu'à un certain point de détachement, et qu'ensuite nous avons une conviction intérieure qu'il veut encore certaines choses innocentes, qui ne vont qu'à devenir plus simples, et qu'à mourir plus profondément à nous-mêmes, y a-t-il de l'illusion à suivre ces mouvemens ? Je suppose qu'on ne les suit pas sans un bon conseil. La répugnance que notre sagesse et notre amour-propre ont à suivre ces mouvemens marque assez qu'ils sont de grâce ; car alors on voit bien qu'on n'est retenu contre ces mouvemens, que par quelque sensibilité et quelque retour sur soi-même. Plus on craint de faire ces choses, plus on en a besoin ; car c'est une crainte qui ne vient que de délicatesse, de défaut de souplesse, et d'attachement ou à ses goûts à ou ses vues. Or il faut mourir à tous ses sentimens de vie naturelle. Ainsi tout prétexte de reculer est ôté par la conviction qui est au fond du cœur, qu'elles aideront à nous faire mourir.

La souplesse et la promptitude pour céder à ces mouvemens est ce qui avance le plus les ames. Celles qui ont assez de générosité pour n'hésiter jamais font bientôt un progrès incroyable. Les autres raisonnent, et ne manquent jamais de raisons pour se dispenser de faire ce qu'elles ont au cœur ; elles veulent et ne veulent pas ; elles attendent des certitudes ; elles cherchent des conseils à leur point, qui les déchargent de ce qu'elles craignent de faire ; à chaque pas elles s'arrêtent et regardent en arrière ; elles languissent dans l'irrésolution, et éloignent insensiblement l'Esprit de Dieu. D'abord elles le contristent par leurs hésitations ; puis elles l'irritent par des résistances formelles ; enfin elles l'éteignent par ces résistances réitérées.

Quand on résiste, on trouve des prétextes pour couvrir sa résistance et pour l'autoriser ; mais insensiblement on se dessèche soi-même ; on perd la simplicité ; et, quelque effort qu'on fasse pour se tromper, on n'est point en paix ; il y a toujours dans le fond de la conscience un je ne sais quoi qui reproche qu'on a manqué à Dieu. Mais, comme Dieu s'éloigne, parce qu'on s'est éloigné de lui, l'ame s'endurcit peu à peu. Elle n'est plus en paix ; mais elle ne cherche point la vraie paix ; au contraire, elle s'en éloigne de plus en plus en la cherchant où elle n'est pas. C'est comme un os qui est déboîté, et qui fait toujours une douleur secrète ; mais quoiqu'il soit dans un état violent hors de

---

[1] *I Cor.* ii. 10 et 11. — [2] *I Reg.* iii. 4, etc.

sa place, il ne tend point à y rentrer; tout au contraire, il s'affermit dans sa mauvaise situation. O qu'une ame est digne de pitié lorsqu'elle commence à rejeter les invitations secrètes de Dieu qui demande qu'elle meure à tout ! D'abord ce n'est qu'un atome; mais cet atome devient une montagne, et forme bientôt une espèce de chaos impénétrable entre Dieu et elle. On fait le sourd quand Dieu demande une petite simplicité : on craint de l'entendre; on voudroit bien pouvoir se dire à soi-même qu'on ne l'a pas entendu; on se le dit même, mais on ne se le persuade pas. On s'embrouille, on doute de tout ce qu'on a éprouvé; et les grâces qui avoient le plus servi à nous rendre simples et petits dans la main de Dieu, commencent à paroître comme des illusions. On cherche au dehors des autorités de directeurs pour apaiser les troubles du dedans; on ne manque pas d'en trouver; car il y en a tant qui ont peu d'expérience, même avec beaucoup de savoir et de piété! En cet état, plus on veut se guérir, plus on se fait malade. On est comme un cerf, qui est blessé, et qui porte dans ses flancs le trait dont il est percé; plus il s'agite au travers des forêts pour s'en délivrer, plus il l'enfonce dans son corps. Hélas! *qui est celui qui a résisté à Dieu et qui a eu la paix* [1]. Dieu, qui est lui seul la paix véritable, peut-il laisser tranquille un cœur qui s'oppose à ses desseins? Alors on est comme les personnes qui ont une maladie inconnue. Tous les médecins emploient leur art à les soulager, et rien ne les soulage. Vous les voyez tristes, abattus, languissans : il n'y a ni aliment ni remède qui puisse leur faire aucun bien; ils dépérissent chaque jour. Faut-il s'étonner qu'en s'égarant de son vrai chemin on aille hors de toute route, s'égarant sans cesse de plus en plus?

Mais, direz-vous, les commencemens de tous ces malheurs ne sont rien : il est vrai, mais les suites en sont funestes. On ne vouloit rien réserver dans le sacrifice qu'on faisoit à Dieu; c'est ainsi qu'on étoit disposé en regardant les choses de loin confusément : mais ensuite, quand Dieu nous prend au mot, et accepte en détail nos offres, on sent mille répugnances très-fortes dont on ne se défioit pas. Le courage manque, les vains prétextes viennent flatter un cœur foible et ébranlé : d'abord on retarde, et on doute si on doit suivre; puis on ne fait que la moitié de ce que Dieu demande; on y mêle avec l'opération divine un

certain mouvement propre et des manières naturelles, pour conserver quelque ressource à ce fond corrompu qui ne veut point mourir. Dieu, jaloux, se refroidit. L'ame commence à vouloir fermer les yeux, pour ne pas voir plus qu'elle n'a le courage de faire. Dieu la laisse à sa foiblesse et à sa lâcheté, puisqu'elle veut y être laissée. Mais comprenez combien sa faute est grande. Plus elle a reçu de Dieu, plus elle doit lui rendre. Elle a reçu un amour prévenant et des grâces singulières; elle a goûté le don de l'amour pur et désintéressé, que tant d'ames, d'ailleurs très-pieuses, n'ont jamais senti. Dieu n'a rien ménagé pour la posséder toute entière. Il est devenu l'époux intérieur; il a pris soin de faire tout dans son épouse; mais il est infiniment jaloux : mais ne vous étonnez pas des rigueurs de sa jalousie. De quoi est-il donc si jaloux? Est-ce des talens, des lumières, de la régularité des vertus extérieures? Non; il est condescendant et facile sur toutes ces choses. L'amour n'est jaloux que sur l'amour; toute sa délicatesse ne tombe que sur la droiture de la volonté. Il ne peut souffrir aucun partage du cœur de l'épouse, et il souffre encore moins tous les prétextes dont l'épouse cherche à se tromper pour excuser le partage de son cœur. Voilà ce qui allume le feu dévorant de sa jalousie. Tant que l'amour pur et ingénu vous conduira, ô épouse, l'époux supportera avec une patience sans bornes tout ce que vous ferez d'irrégulier, par mégarde ou par fragilité, sans préjudice de la droiture de votre cœur : mais dès le moment que votre amour refusera quelque chose à Dieu, et que vous voudrez vous tromper vous-même dans ce refus, l'époux vous regardera comme une épouse infidèle qui veut couvrir son infidélité.

Combien d'ames, après de grands sacrifices, tombent dans ces résistances! La fausse sagesse cause presque tous ces malheurs. Ce n'est pas tant pour n'avoir pas assez de courage, que pour avoir trop de raison humaine qu'on s'arrête dans cette course. Il est vrai que Dieu, quand il a appelé les ames à cet état de sacrifice sans réserve, les traite à proportion des dons ineffables dont il les a comblées. Il est insatiable de mort, de perte, de renoncement; il est même jaloux de ses dons, parce que l'excellence de ses dons nourrit en nous secrètement une certaine confiance propre. Il faut que tout soit détruit, que tout périsse. Nous avons tout donné : Dieu veut nous ôter tout; et en effet il ne nous laisse rien. S'il y a encore la moindre

[1] *Job.* ix. 4.

chose à laquelle nous tenions, si bonne qu'elle paroisse, c'est celle-là qu'il vient, le glaive en main, couper jusqu'au dernier repli de notre cœur. Si nous craignons encore par quelque endroit, c'est cet endroit par où il vient nous prendre; car il nous prend toujours par l'endroit le plus foible. Il nous pousse sans nous laisser jamais respirer. Faut-il s'en étonner? Peut-on mourir tandis qu'on respire encore? Nous voulons que Dieu nous donne le coup de la mort; mais nous voudrions mourir sans douleur; nous voudrions mourir à toutes nos volontés par le choix de notre volonté même; nous voudrions tout perdre et retenir tout. Hélas! quelle agonie, quelles angoisses, quand Dieu nous mène jusqu'au bout de nos forces! On est entre ses mains comme un malade dans celles d'un chirurgien qui fait une opération douloureuse; on tombe en défaillance. Mais cette comparaison n'est rien; car, après tout, l'opération du chirugien est pour nous faire vivre, et celle de Dieu pour nous faire réellement mourir.

Pauvres ames! ames foibles! que ces derniers coups vous accablent! L'attente seule vous fait frémir, et retourner en arrière. Combien y en a-t-il qui n'achèvent point de traverser l'affreux désert! A peine deux ou trois verront la terre promise. Malheur à celles de qui Dieu attendoit tout, et qui ne remplissent point leur grâce! Malheur à quiconque résiste intérieurement! Etrange péché, que celui de pécher contre le Saint-Esprit! Ce péché, irrémissible en ce monde et en l'autre, n'est-il pas celui de résister à l'invitation intérieure? Celui qui y résiste pour sa conversion, sera puni en ce monde par le trouble, et en l'autre par les douleurs de l'enfer. Celui qui y résiste pour mourir sans réserve à lui-même, et pour se livrer à la grâce du pur amour, sera puni en ce monde par les remords, et en l'autre par le feu vengeur du purgatoire. Il faut faire son purgatoire en ce monde ou en l'autre, ou par le martyre intérieur du pur amour, ou par les tourmens de la justice divine après la mort. Heureux celui qui n'hésite jamais, qui ne craint que de ne suivre pas assez promptement, qui aime toujours mieux faire trop que trop peu contre lui-même! Heureux celui qui présente hardiment toute l'étoffe dès qu'on lui demande un échantillon, et qui laisse tailler Dieu en plein drap! Heureux celui qui, ne se comptant pour rien, ne met jamais Dieu dans la nécessité de le ménager! Heureux celui que tout ceci n'effraie point.

On croit que cet état est horrible; on se trompe, on se trompe : c'est là qu'on trouve la paix, la liberté, et que le cœur, détaché de tout, s'élargit sans bornes, en sorte qu'il devient immense; rien ne le rétrécit; et, selon la promesse, il devient une même chose avec Dieu même.

O mon Dieu, vous seul pouvez donner la paix qu'on éprouve en cet état-là. Plus l'ame se sacrifie sans ménagement et sans retour sur elle-même, plus elle est libre. Tandis qu'elle n'hésite point à tout perdre et à s'oublier, elle possède tout. Il est vrai que ce n'est point une possession réfléchie, en sorte qu'on se dise à soi-même : Oui, je suis en paix, et je vis heureux; car ce seroit trop retomber sur soi, et se chercher après s'être quitté : mais c'est une image de l'état des bienheureux, qui seront à jamais ravis en Dieu, sans avoir pendant toute l'eternité un instant pour penser à eux-mêmes et à leur bonheur. Ils sont si heureux dans ce transport, qu'ils seront heureux éternellement, sans se dire à eux-mêmes qu'ils jouissent de ce bonheur.

Vous faites, ô Epoux des ames, éprouver dès cette vie aux ames qui ne vous résistent jamais, un avant-goût de cette félicité. On ne veut rien, et on veut tout. Comme il n'y a que la créature qui borne le cœur, le cœur n'étant jamais resserré ni par l'attachement aux créatures, ni par le retour sur lui-même, il entre pour ainsi dire dans votre immensité. Rien ne l'arrête; il perd toujours en vous de plus en plus : mais quoique sa capacité croisse à l'infini, vous le remplissez tout entier; il est toujours rassasié. Il ne dit point : Je suis heureux; car il ne se soucie point de l'être; s'il s'en soucioit, il ne le seroit plus; il s'aimeroit encore. Il ne possède point son bonheur, mais son bonheur le possède. En quelque moment qu'on le prenne, et qu'on lui demande : Voulez-vous souffrir ce que vous souffrez? voudriez-vous avoir ce que vous n'avez pas? il répondra sans hésiter, et sans se consulter soi-même : Je veux souffrir ce que je souffre, et n'avoir point ce que je n'ai pas; je veux tout, je ne veux rien.

Voilà, mon Dieu, la vraie et pure adoration en esprit et en vérité. Vous cherchez de tels adorateurs; mais vous n'en trouvez guère. Presque tous se cherchent eux-mêmes dans vos dons, au lieu de vous chercher tout seul dans la croix et dans le dépouillement. On veut vous conduire, au lieu de se laisser conduire par vous. On se donne à vous pour devenir grand; mais on se refuse dès qu'il faut se laisser appetisser.

On dit qu'on ne tient à rien ; et on est effrayé par les moindres pertes. On veut vous posséder ; mais on ne veut point se perdre pour être possédé par vous. Ce n'est pas vous aimer ; c'est vouloir être aimé par vous. O Dieu, la créature ne sait point pourquoi vous l'avez faite : apprenez-le-lui, et imprimez au fond de son cœur que la boue doit se laisser donner sans résistance toutes les formes qu'il plaît à l'ouvrier.

XXIII.

UTILITÉ DES PEINES ET DES DÉLAISSEMENS INTÉRIEURS. — N'AIMER SES AMIS QU'EN DIEU ET POUR DIEU.

Dieu, qui paroît si rigoureux aux ames, ne leur fait jamais rien souffrir par le plaisir de les faire souffrir. Il ne les met en souffrance que pour les purifier. La rigueur de l'opération vient du mal qu'il faut arracher : il ne feroit aucune incision si tout étoit sain ; il ne coupe que ce qui est mort et ulcéré. C'est donc notre amour-propre corrompu qui fait nos douleurs : la main de Dieu nous en fait le moins qu'elle peut. Jugeons combien nos plaies sont profondes et envenimées, puisque Dieu nous épargne tant, et qu'il nous fait néanmoins si violemment souffrir.

De même qu'il ne nous fait jamais souffrir que pour notre guérison, il ne nous ôte aussi aucun de ses dons que pour nous le rendre au centuple. Il nous ôte par amour tous les dons les plus purs que nous possédons impurement. Plus les dons sont purs, plus il est jaloux, afin que nous les conservions sans nous les approprier et sans nous les rapporter jamais à nous-mêmes. Les grâces les plus éminentes sont les plus dangereux poisons, si nous y prenons quelque appui et quelque complaisance. C'est le péché des mauvais anges. Ils ne firent que regarder leur état et s'y complaire ; les voilà dans l'instant même précipités du ciel et éternels ennemis de Dieu.

Cet exemple fait voir combien les hommes s'entendent peu en péchés. Celui-là est le plus grand de tous ; cependant il est bien rare de trouver des ames assez pures pour posséder purement et sans propriété le don de Dieu. Quand on pense aux grâces de Dieu, c'est toujours pour soi, et c'est l'amour du *moi* qui fait presque toujours une certaine sensibilité qu'on a pour les grâces. On est contristé de se trouver foible ; on est tout animé quand on se trouve fort ; on ne regarde point sa perfection uniquement pour la gloire de Dieu, comme on regarderoit celle d'un autre. On est contristé et découragé quand le goût sensible et quand les grâces aperçues échappent : en un mot, c'est presque toujours de soi et non de Dieu qu'il est question.

De là vient que toutes les vertus aperçues ont besoin d'être purifiées, parce qu'elles nourrissent la vie naturelle en nous. La nature corrompue se fait un aliment très-subtil des grâces les plus contraires à la nature : l'amour-propre se nourrit, non-seulement d'austérités et d'humiliations, non-seulement d'oraison fervente et de renoncement à soi, mais encore de l'abandon le plus pur et des sacrifices les plus extrêmes. C'est un soutien infini que de penser qu'on n'est plus soutenu de rien, et qu'on ne cesse point, dans cette épreuve horrible, de s'abandonner fidèlement et sans réserve. Pour consommer le sacrifice de purification en nous des dons de Dieu, il faut donc achever de détruire l'holocauste ; il faut tout perdre, même l'abandon aperçu par lequel on se voit livré à sa perte.

On ne trouve Dieu seul purement que dans cette perte apparente de tous ses dons, et dans ce réel sacrifice de tout soi-même, après avoir perdu toute ressource intérieure. La jalousie infinie de Dieu nous pousse jusque-là, et notre amour-propre le met, pour ainsi dire, dans cette nécessité, parce que nous ne nous perdons totalement en Dieu, que quand tout le reste nous manque. C'est comme un homme qui tombe dans un abîme ; il n'achève de s'y laisser aller qu'après que tous les appuis du bord lui échappent des mains. L'amour-propre, que Dieu précipite, se prend dans son désespoir à toutes les ombres de grâce, comme un homme qui se noie se prend à toutes les ronces qu'il trouve en tombant dans l'eau.

Il faut donc bien comprendre la nécessité de cette soustraction qui se fait peu à peu en nous de tous les dons divins. Il n'y a pas un seul don, si éminent qu'il soit, qui, après avoir été un moyen d'avancement, ne devienne d'ordinaire pour la suite un piége et un obstacle par les retours de propriété qui salissent l'ame. De là vient que Dieu ôte ce qu'il avoit donné. Mais il ne l'ôte pas pour en priver toujours ; il l'ôte pour le mieux donner, et pour le rendre sans l'impureté de cette appropriation maligne que nous en faisons sans nous en apercevoir. La perte du don sert à en ôter la propriété ; et, la propriété étant ôtée, le don est rendu au centuple. Alors le don n'est plus don de Dieu; il est Dieu même à l'ame. Ce n'est plus don de Dieu; car on ne le regarde plus comme quelque chose de distingué de lui et que l'ame peut posséder : c'est Dieu lui seul immédiatement qu'on regarde, et qui, sans être possédé par l'ame, la possède selon tous ses bons plaisirs.

La conduite la plus ordinaire de Dieu sur les ames est donc de les attirer d'abord à lui pour les détacher du monde et des passions grossières, en leur faisant goûter toutes les vertus les plus ferventes et la douceur du recueillement. Dans ce premier attrait sensible, toute l'ame se tourne à la mortification et à l'oraison. Elle se contrarie sans cesse elle-même en tout; elle se déprend de toutes les consolations extérieures; et celles de l'amitié sont aussi retranchées, parce qu'elle y ressent l'impureté de l'amour-propre qui rapporte les amis à soi. Il ne reste plus que les amis auxquels on est lié par conformité de sentimens, ou ceux qu'on cultive par charité ou par devoir : tout le reste devient à charge; et si on n'en a pas perdu le goût naturel, on se défie encore davantage de leur amitié lorsqu'ils ne sont pas dans le même goût de piété où l'on est.

Il y a beaucoup d'ames qui ne passent jamais cet état de ferveur et d'abondance spirituelle : mais il y en a d'autres que Dieu mène plus loin, et qu'il dépouille par jalousie après les avoir revêtues et ornées. Celles-là tombent dans un état de dégoût, de sécheresse et de langueur où tout leur est à charge. Bien loin d'être sensibles à l'amitié, l'amitié des personnes qu'elles goûtoient le plus autrefois leur devient importune. Une ame en cet état sent que Dieu et tous ses dons se retirent d'elle. C'est pour elle un état d'agonie et une espèce de désespoir : on ne peut se supporter soi-même; tout se tourne à dégoût. Dieu arrache tout, et le goût des amitiés comme tout le reste. Faut-il s'en étonner? il ôte même le goût de son amour et de sa loi. On ne sait plus où l'on en est; le cœur est flétri et presque éteint : il ne sauroit rien aimer. L'amertume d'avoir perdu Dieu, qu'on avoit senti si doux dans sa ferveur, est une absinthe répandue sur tout ce qu'on avoit aimé parmi les créatures. On est comme un malade qui sent sa défaillance faute de nourriture, et qui a horreur de tous les alimens les plus exquis. Alors ne parlez point d'amitié; le nom même en est affligeant, et feroit venir les larmes aux yeux : tout vous surmonte; vous ne savez ce que vous voulez. Vous avez des amitiés et des peines, comme un enfant, dont vous ne sauriez dire de raison, et qui s'évanouissent comme un songe dans le moment que vous en parlez. Ce que vous dites de votre disposition vous paroît toujours un mensonge, parce qu'il cesse d'être vrai dès que vous commencez à le dire. Rien ne subsiste en vous; vous ne pouvez répondre de rien, ni vous promettre rien, ni même vous dépeindre. Vous êtes sur les sentimens intérieurs, comme les filles de la Visitation sur leurs cellules et sur leurs meubles : tout change; rien n'est à vous, et votre cœur moins que tout le reste. On ne sauroit croire combien cette inconstance puérile appetisse et détruit une ame sage, ferme et hautaine dans sa vertu. Parler alors de bon naturel, de tendresse, de générosité, de constance, de reconnoissance pour ses amis, à une ame malade et agonisante, c'est parler de danse et de musique à un moribond. Le cœur est comme un arbre desséché jusqu'à la racine.

Mais attendez que l'hiver soit passé, et que Dieu ait fait mourir tout ce qui doit mourir : alors le printemps ranime tout. Dieu rend l'amitié avec tous les autres dons jusques au centuple. On sent renaître au dedans de soi ses anciennes inclinations pour les vrais amis : on ne les aime plus en soi et pour soi; on les aime en Dieu et pour Dieu, mais d'un amour vif, tendre, accompagné de goût et de sensibilité; car Dieu sait bien rendre la sensibilité pure. Ce n'est pas la sensibilité, mais l'amour-propre, qui corrompt nos amitiés. Alors on se livre sans scrupule à cette chaste amitié, parce que c'est Dieu qui l'imprime; on aime au travers de lui sans en être détourné; c'est lui qu'on aime dans ce qu'il fait aimer.

Dans cet ordre de providence, qui nous lie à certaines gens, Dieu nous donne du goût pour eux; et nous ne craignons point de vouloir être aimés par ces personnes, parce que celui qui imprime ce désir l'imprime très-purement et sans aucun retour de propriété sur nous. On veut être aimé comme on voudroit qu'un autre le fût, si c'étoit l'ordre de Dieu. On s'y cherche pour Dieu, sans complaisance et sans intérêt propre. Dans cette résurrection de l'amitié, comme tout est sans intérêt et sans réflexion sur soi, on voit tous les défauts de son ami et de son amitié, sans se rebuter.

Avant que Dieu ait ainsi purifié les amitiés, les personnes les plus pieuses sont délicates, jalouses, épineuses pour leurs meilleurs amis; parce que l'amour-propre craint toujours de perdre, et veut toujours gagner dans le commerce même qui paroît le plus généreux et le plus désintéressé, s'il ne cherche ni bien ni honneur dans l'ami, du moins il y cherche l'agrément du commerce, la consolation de la confiance, le repos du cœur, qui est la plus grande douceur de la vie, enfin le plaisir exquis d'aimer généreusement et sans intérêt. Otez cette consolation, troublez cette amitié qui semble si pure, l'amour-propre est désolé; il se plaint; il veut qu'on le plaigne; il se dépite; il est hors de lui : c'est pour soi qu'on est fâché; ce qui marque que c'est soi-même qu'on aimoit dans son ami. Mais quand c'est Dieu qu'on y aime, on y tient fortement et sans réserve; et cependant si l'amitié se rompt par ordre de Dieu, tout est paisible au fond de l'ame : elle n'a rien perdu; car elle n'a rien à perdre pour elle à force de s'être perdue elle-même. Si elle s'attriste, c'est pour la personne qu'elle aimoit, en cas que cette rupture lui soit nuisible. La douleur peut être vive et amère, puisque l'amitié étoit très-sensible, mais c'est une douleur paisible et exempte des chagrins cuisans d'un amour intéressé.

Il y a encore une seconde différence à remarquer dans ce changement des amitiés par la grâce. Tandis qu'on est encore en soi, on n'aime rien que pour soi; et l'homme renfermé en lui-même ne peut avoir qu'une amitié bornée suivant sa mesure : c'est toujours un cœur rétréci dans toutes ses affections; et la plus grande générosité mondaine a toujours par quelque endroit des bornes étroites. Si la gloire de bien aimer mène loin, on s'arrêtera tout court dès qu'il arrivera ou qu'on pourra s'imaginer que cette gloire sera blessée. Pour les ames qui sortent d'elles-mêmes, et qui s'oublient véritablement en Dieu, leur amitié est immense comme celui en qui elles aiment. Il n'y a que le retour sur nous qui borne notre cœur; car Dieu lui a donné je ne sais quoi d'infini par rapport à lui. C'est pourquoi l'ame qui ne s'occupe point d'elle-même, et qui se compte en tout pour rien, trouve dans ce rien l'immensité de Dieu même : elle aime sans mesure, sans fin, sans motif humain; elle aime, parce que Dieu, amour immense, aime en elle.

Voilà l'état des apôtres, qui est si bien exprimé par saint Paul. Il sent tout avec une pureté et une vivacité infinie; il porte dans son cœur toutes les églises; l'univers entier est trop borné pour ce cœur : il se réjouit; il s'afflige; il se met en colère; il s'attendrit; son cœur est comme le siége de toutes les plus fortes passions. Il se fait petit; il se fait grand; il a l'autorité d'un père et la tendresse d'une mère; il aime d'un amour de jalousie; il veut être anathème pour ses enfans : tous ces sentimens lui sont imprimés; et c'est ainsi que Dieu fait aimer les autres quand on ne s'aime plus.

XXIV.

CONTRE L'HORREUR NATURELLE DES PRIVATIONS ET DES DÉPOUILLEMENS.

Presque tous ceux qui songent à servir Dieu n'y songent que pour eux-mêmes. Ils songent à gagner, et point à perdre; à se consoler, et point à souffrir; à posséder, et non à être privés; à croître, et jamais à diminuer : et au contraire tout l'ouvrage intérieur consiste à perdre, à sacrifier, à diminuer, à s'appetisser, et à se dépouiller même des dons de Dieu, pour ne tenir plus qu'à lui seul. On est sans cesse comme les malades passionnés pour la santé, qui se tâtent le pouls trente fois par jour, et qui ont besoin qu'un médecin les rassure en leur ordonnant de fréquens remèdes, et en leur disant qu'ils se portent mieux. Voilà presque tout l'usage que l'on fait d'un directeur. On ne fait que tournoyer dans un petit cercle de vertus communes, au-delà desquelles on ne passe jamais généreusement. Le directeur, comme le médecin, flatte, console, encourage, entretient la délicatesse et la sensibilité sur soi-même, il n'ordonne que de petits remèdes bénins et qui se tournent en habitude. Dès qu'on se trouve privé des grâces sensibles, qui ne sont que le lait des enfans, on croit que tout est perdu. C'est une preuve manifeste qu'on tient trop aux moyens, qui ne sont pas la fin, et qu'on veut toujours tout pour soi. Les privations sont le pain des forts; c'est ce qui rend l'ame robuste, qui l'arrache à elle-même, qui la sacrifie purement à Dieu; mais on se désole dès qu'elles commencent. On croit que tout se renverse quand tout commence à s'établir solidement et à se purifier. On veut bien que Dieu fasse de nous ce qu'il voudra, pourvu qu'il en fasse toujours quelque chose de grand et de parfait. Mais si on ne veut point être détruit et anéanti, jamais on ne sera la victime d'holocauste dont il ne reste rien, et que le feu divin consume. On voudroit entrer dans la pure foi, et garder toujours sa propre sagesse; être enfant, et grand à ses propres yeux. Quelle chimère de spiritualité !

XXV.

CONTRE L'ATTACHEMENT AUX LUMIÈRES ET AUX GOUTS SENSIBLES.

Ceux qui ne sont attachés à Dieu qu'autant qu'ils y goûtent de plaisir et de consolation, ressemblent aux peuples qui suivoient Jésus-Christ, non pour sa doctrine, mais pour les pains qu'il multiplioit miraculeusement [1]. Ils disent comme saint Pierre : *Seigneur, nous sommes bien ici, dressons-y trois tabernacles. Mais ils ne savent ce qu'ils disent* [2]. Après s'être enivrés des douceurs du Thabor, ils méconnoissent le Fils de Dieu, et refusent de le suivre sur le Calvaire. Non-seulement ils cherchent des goûts, mais ils veulent encore des lumières; c'est-à-dire que l'esprit est curieux de voir, pendant que le cœur veut être remué par des sentimens doux et flatteurs. Est-ce mourir à soi? Est-ce là le *juste* de saint Paul [3], dont *la foi* est *la vie* et la nourriture.

On voudroit avoir des lumières extraordinaires qui marquassent des dons surnaturels et une communication intime de Dieu. Rien ne flatte tant l'amour-propre. Toutes les grandeurs du monde mises ensemble n'élèvent pas autant un cœur. C'est une vie secrète qu'on donne à la nature dans les dons surnaturels. C'est une ambition d'autant plus raffinée qu'elle est toute spirituelle; on veut sentir, goûter, posséder Dieu et ses dons, voir sa lumière, pénétrer les cœurs, connoître l'avenir, être une ame tout extraordinaire; car le goût des lumières et des sentimens mène peu à peu une ame jusqu'à un désir secret et subtil de toutes ces choses.

L'Apôtre nous *montre une voie plus excellente* [4], pour laquelle il nous inspire une sainte émulation ; il s'agit de la charité, *qui ne cherche point ce qui est à elle* [5] : elle ne veut point être survêtue, pour parler comme l'Apôtre; mais elle se laisse dépouiller. Ce n'est point le plaisir qu'elle aime; c'est Dieu, dont elle veut faire la volonté. Si elle trouve du goût dans l'oraison, elle se sert de ce goût passager, sans s'y arrêter, pour ménager sa propre foiblesse, comme un malade qui relève de maladie se sert d'un bâton pour marcher; mais la convalescence est-elle parfaite, l'homme guéri marche tout seul. Tout de même, l'ame encore tendre et enfantine, que Dieu nourrissoit de lait dans les commencemens, se laisse sevrer quand Dieu veut la nourrir du pain des forts.

Que seroit-ce si nous étions toujours enfans, toujours pendant à la mamelle des célestes consolations ? Il faut *évacuer*, comme parle saint Paul [1], *ce qui est du petit enfant*. Les premières douceurs étoient bonnes pour nous attirer, pour nous détacher des plaisirs grossiers et mondains par d'autres plus purs, enfin pour nous accoutumer à une vie d'oraison et de recueillement : mais goûter un plaisir délicieux qui ôte le sentiment des croix, et jouir d'une ferveur qui fait qu'on vit comme si on voyoit le paradis ouvert, ce n'est point mourir sur la croix et s'anéantir.

Cette vie de lumières et de goûts sensibles, quand on s'y attache jusqu'à s'y borner, est un piége très-dangereux.

1° Quiconque n'a d'autre appui quittera l'oraison, et avec l'oraison Dieu même, dès que cette source de plaisir tarira. Vous savez que sainte Thérèse disoit qu'un grand nombre d'ames quittoient l'oraison quand l'oraison commençoit à être véritable. Combien d'ames, qui, pour avoir eu en Jésus-Christ une enfance trop tendre, trop délicate, trop dépendante d'un lait si doux, reculent en arrière, et abandonnent la vie intérieure dès que Dieu commence à les sevrer! Faut-il s'en étonner? Elles font le sanctuaire de ce qui n'est que le parvis du temple. Elles ne veulent qu'une mort extérieure des sens grossiers, pour vivre en elles-mêmes délicieusement dans leur intérieur. De là viennent tant d'infidélités et de mécomptes parmi les ames mêmes qui ont paru les plus ferventes et les plus détachées. Celles même qui ont le plus parlé de détachement, de mort à soi, de ténèbres de la foi, et de dépouillement, sont souvent les plus surprises et les plus découragées, dès que l'épreuve vient, et que la consolation se retire. O qu'il est bon de suivre la voie marquée par le bienheureux Jean de la Croix, qui veut qu'on croie dans le *non voir*, et qu'on aime sans chercher à sentir !

2° De l'attachement aux goûts sensibles naissent toutes les illusions. Les ames sont grossières en ce point, qu'elles cherchent le sensible pour trouver la sûreté. C'est tout le contraire; c'est le sensible qui donne le change; c'est un appât flatteur pour l'amour-propre. On ne craint point de manquer à Dieu tandis que le plaisir dure. On *dit* alors *dans son abondance : Je ne*

---

[1] *Joan.* VI. 26. — [2] *Marc.* IX. 4 et 5. — [3] *Hebr.* X. 38. — [4] *I Cor.* XII. 31. — [5] *Ibid.* XIII. 5.

[1] *I Cor.* XIII. 11.

serai jamais ébranlé[1], mais on croit tout perdu dès que l'ivresse est passée : ainsi on met son plaisir et son imagination en la place de Dieu. Il n'y a que la pure foi qui préserve de l'illusion. Quand on ne s'appuie sur rien d'imaginé, de senti, de goûté, de lumineux et d'extraordinaire; quand on ne tient qu'à Dieu seul, en pure et nue foi, dans la simplicité de l'Evangile, recevant les consolations qui viennent et ne s'arrêtant à aucune, ne jugeant point et obéissant toujours, croyant facilement qu'on peut se tromper et que les autres peuvent nous redresser, enfin agissant à chaque moment avec simplicité et bonne intention, suivant la lumière de foi actuellement présente, on est dans la voie la plus opposée à l'illusion.

La pratique fera voir mieux que toute autre chose combien cette voie est plus sûre que celle des goûts et des lumières extraordinaires. Quiconque voudra l'essayer, reconnaîtra bientôt que cette voie de pure foi, suivie en tout, est la plus profonde et la plus universelle mort à soi-même. Les goûts et les certitudes intérieures dédommagent l'amour-propre de tout ce qu'il peut sacrifier au dehors : c'est une possession subtile de soi-même qui donne une vie secrète et raffinée. Mais se laisser dépouiller au dehors et au dedans tout ensemble, au dehors par la Providence, et au dedans par la nudité de foi obscure, c'est le total martyre et par conséquent l'état le plus éloigné de l'illusion. On ne se trompe et on ne s'égare qu'en se flattant, qu'en s'épargnant, qu'en réservant quelque vie secrète à l'amour-propre, qu'en mettant quelque chose de déguisé en la place de Dieu. Quand vous laissez tomber toute lumière particulière et tout goût flatteur; quand vous ne voulez qu'aimer Dieu sans vous attacher à le sentir, et que croire la vérité de la foi sans vous attacher à voir, cette nudité si obscure ne laisse aucune prise à la volonté et au sens propre, qui sont les sources de toute illusion.

Ainsi ceux qui veulent se précautionner contre l'illusion, en cherchant à sentir des goûts et à se faire des certitudes, s'exposent par là même à l'illusion : au contraire, ceux qui suivent l'attrait de l'amour dénuant et de la foi pure, sans rechercher des lumières et des goûts pour s'appuyer, évitent ce qui peut causer l'illusion et l'égarement. Vous trouverez dans l'*Imitation de Jésus-Christ*[2], où l'auteur dit que si Dieu vous ôte les douceurs intérieures, votre plaisir doit être de demeurer privé de tout plaisir : O qu'une ame ainsi crucifiée est agréable à Dieu, quand elle ne cherche point à se détacher de la croix, et qu'elle veut bien y expirer avec Jésus-Christ ! On cherche des prétextes, en disant qu'on craint d'avoir perdu Dieu lorsqu'on ne le sent plus. Mais dans la vérité c'est impatience dans l'épreuve ; c'est inquiétude de la nature délicate et attendrie sur elle-même; c'est recherche de quelque appui pour l'amour-propre ; c'est une lassitude dans l'abandon, et une reprise secrète de soi-même après s'être livré à la grâce. Mon Dieu, où sont les ames qui ne s'arrêtent point dans la voie de la mort ? Celles qui auront persévéré jusqu'à la fin seront couronnées.

XXVI.

SUR LA SÉCHERESSE ET LES DISTRACTIONS QUI ARRIVENT DANS L'ORAISON.

On est tenté de croire qu'on ne prie plus Dieu dès qu'on cesse de goûter un certain plaisir dans la prière. Pour se détromper, il faudroit considérer que la parfaite prière et l'amour de Dieu sont la même chose. La prière n'est donc pas une douce sensation, ni le charme d'une imagination enflammée, ni la lumière de l'esprit qui découvre facilement en Dieu des vérités sublimes, ni même une certaine consolation dans la vue de Dieu : toutes ces choses sont des dons extérieurs, sans lesquels l'amour peut subsister d'autant plus purement, qu'étant privé de toutes ces choses, qui ne sont que des dons de Dieu, on s'attachera uniquement et immédiatement à lui-même. Voilà l'*amour de pure foi*, qui désole la nature, parce qu'il ne lui laisse aucun soutien : elle croit que tout est perdu, et c'est par là même que tout est gagné.

Le pur amour n'est que dans la seule volonté : ainsi ce n'est point un amour de sentiment, car l'imagination n'y a aucune part ; c'est un amour qui aime sans sentir, comme la pure foi croit sans voir. Il ne faut pas craindre que cet amour soit imaginaire ; car rien ne l'est moins que la volonté détachée de toute imagination. Plus les opérations sont purement intellectuelles et spirituelles, plus elles ont, non-seulement la réalité, mais encore la perfection que Dieu demande : l'opération en est donc plus parfaite ; en même temps la foi s'y exerce, et l'humilité s'y conserve. Alors l'amour est

---

[1] *Ps.* XXIX. 7. — [2] Lib. III.

chaste ; car c'est Dieu en lui-même et pour lui-même : ce n'est plus ce qu'il fait sentir à quoi on s'attache ; on le suit, mais ce n'est pas à cause des pains multipliés.

Quoi, dira-t-on, toute la piété ne consistera-t-elle que dans une volonté de s'unir à Dieu, qui sera peut-être plutôt une pensée et une imagination, qu'une volonté effective ? Si cette volonté n'est soutenue par la fidélité dans les principales occasions, je croirai qu'elle n'est pas véritable ; car le bon arbre porte de bons fruits, et cette volonté doit rendre attentif pour accomplir la volonté de Dieu : mais elle est compatible en cette vie avec de petites fragilités, que Dieu laisse à l'ame pour l'humilier. Si donc on n'éprouve que de ces fragilités journalières, il faut en tirer le fruit de l'humiliation, sans perdre courage.

Mais enfin la vraie vertu et le pur amour ne sont que dans la volonté seule. N'est-ce pas beaucoup que de vouloir toujours le souverain bien dès qu'on l'aperçoit ; de retourner son intention vers lui dès qu'on remarque qu'elle en est détournée ; de ne vouloir jamais rien par délibération que selon son ordre ; et enfin de demeurer soumis en esprit de sacrifice et d'abandon à lui, lorsqu'on n'a plus de consolation sensible ? Comptez-vous pour rien de retrancher toutes les réflexions inquiètes de l'amour-propre ; de marcher toujours sans voir où l'on va, et sans s'arrêter ; de ne penser jamais volontairement à soi-même, ou du moins de n'y penser jamais que comme on penseroit à une autre personne, pour remplir un devoir de providence dans le moment présent, sans regarder plus loin ? N'est-ce pas là ce qui fait mourir le vieil homme, plutôt que les belles réflexions où l'on s'occupe encore de soi par amour-propre, et plutôt que plusieurs œuvres extérieures sur lesquelles on se rendroit témoignage à soi-même de son avancement ?

C'est par une espèce d'infidélité contre l'attrait de la pure foi, qu'on veut toujours s'assurer qu'on fait bien : c'est vouloir savoir ce qu'on fait ; ce qu'on ne saura jamais, et que Dieu veut qu'on ignore : c'est s'amuser dans la voie pour raisonner sur la voie même. La voie la plus sûre et la plus courte est de se renoncer, de s'oublier, de s'abandonner, et de ne plus penser à soi que par fidélité pour Dieu. Toute la religion ne consiste qu'à sortir de soi et de son amour-propre pour tendre à Dieu.

Pour les distractions involontaires, elles ne distraient point l'amour, puisqu'il est dans la volonté, et que la volonté n'a jamais de distractions quand elle n'en veut point avoir. Dès qu'on les remarque, on les laisse tomber et on se retourne vers Dieu. Ainsi, pendant que les sens extérieurs de l'épouse sont endormis, son cœur veille, son amour ne se relâche point. Un père tendre ne pense pas toujours distinctement à son fils ; mille objets entraînent son imagination et son esprit : mais ces distractions n'interrompent jamais l'amour paternel ; à quelque heure que son fils revienne dans son esprit, il l'aime, et il sent au fond de son cœur qu'il n'a pas cessé un seul moment de l'aimer, quoiqu'il ait cessé de penser à lui. Tel doit être notre amour pour notre père céleste ; un amour simple, sans défiance et sans inquiétude.

Si l'imagination s'égare, si l'esprit est entraîné, ne nous troublons point : toutes ces puissances ne sont pas le vrai homme du cœur, *l'homme caché*, dont parle saint Pierre [1], *qui est dans l'incorruptibilité d'un esprit modeste et tranquille*. Il n'y a qu'à faire un bon usage des pensées libres, en les tournant toujours vers la présence du bien-aimé, sans s'inquiéter sur les autres : c'est à Dieu à augmenter quand il lui plaira cette facilité sensible de conserver sa présence. Souvent il nous l'ôte pour nous avancer ; car cette facilité nous amuse par trop de réflexions : ces réflexions sont des distractions véritables, qui interrompent le regard simple et direct de Dieu, et qui par là nous retirent des ténèbres de la pure foi.

On cherche souvent dans ces réflexions le repos de l'amour-propre, et la consolation dans le témoignage qu'on veut se rendre à soi-même. Ainsi on se distrait par cette ferveur sensible ; et au contraire on ne prie jamais si purement que quand on est tenté de croire qu'on ne prie plus : alors on craint de prier mal ; mais on ne devroit craindre que de se laisser aller à la désolation de la nature lâche, à l'infidélité philosophique, qui veut toujours se démontrer à elle-même ses propres opérations dans la foi ; enfin aux désirs impatiens de voir et de sentir pour se consoler.

Il n'y a point de pénitence plus amère que cet état de pure foi sans soutien sensible : d'où je conclus que c'est la pénitence la plus effective, la plus crucifiante, et la plus exempte de toute illusion. Etrange tentation ! On cherche impatiemment la consolation sensible par la crainte de n'être pas assez pénitent ! Hé ! que ne prend-on pour pénitence le renoncement à la consolation qu'on est si tenté de chercher ?

---

[1] *I Petr.* III. 4.

Enfin il faut se ressouvenir de Jésus-Christ, que son Père abandonne sur la croix : Dieu retire tout sentiment et toute réflexion pour se cacher à Jésus-Christ : ce fut le dernier coup de la main de Dieu qui frappoit l'homme de douleurs; voilà ce qui consomma le sacrifice. Il ne faut jamais tant s'abandonner à Dieu que quand il semble nous abandonner. Prenons donc la lumière et la consolation quand il la répand, mais sans nous y attacher : quand il nous enfonce dans la nuit de la pure foi, alors laissons-nous aller dans cette nuit, et souffrons amoureusement cette agonie. Un moment en vaut mille dans cette tribulation : on est troublé et on est en paix : non-seulement Dieu se cache, mais il nous cache à nous-mêmes, afin que tout soit en foi. On se sent découragé; et cependant on a une volonté immobile qui veut tout ce que Dieu veut de rude : on veut tout, on accepte tout, jusqu'au trouble même par lequel on est éprouvé. Ainsi on est secrètement en paix par cette volonté qui se conserve au fond de l'ame pour souffrir la guerre. Béni soit Dieu qui fait en nous de si grandes choses malgré nos indignités.

XXVII.

AVIS A UNE DAME DE LA COUR. — NE POINT S'ÉTONNER NI SE DÉCOURAGER A LA VUE DE SES DÉFAUTS NI DES DÉFAUTS D'AUTRUI.

On n'a point encore assez approfondi la misère des hommes en général, ni la sienne en particulier, quand on est encore surpris de la foiblesse et de la corruption des hommes. Si on n'attendoit aucun bien des hommes, aucun mal ne nous étonneroit. Notre étonnement vient donc du mécompte d'avoir compté l'humanité entière pour quelque chose, au lieu qu'elle n'est rien, et pis que rien. L'arbre ne doit point surprendre quand il porte ses fruits. Mais on doit admirer Jésus-Christ, en qui nous sommes entrés, comme dit saint Paul, lorsque nous autres sauvageons nous portons en lui, à la place de nos fruits amers, les plus doux fruits de la vertu.

Désabusez-vous de toute vertu humaine qui est empoisonnée de complaisance et de confiance en soi-même. *Ce qui est haut aux yeux des hommes,* dit le Saint-Esprit [1], *est une abomination devant Dieu.* C'est une idolâtrie intérieure dans tous les momens de la vie. Cette idolâtrie, quoique couverte de l'éclat des vertus, est plus horrible que beaucoup d'autres péchés que l'on croit plus énormes. Il n'y a qu'une seule vérité et qu'une seule manière de bien juger, qui est de juger comme Dieu même. Devant Dieu les crimes monstrueux commis par foiblesse, par emportement ou par ignorance, sont moins crimes que les vertus qu'une ame pleine d'elle-même exerce pour rapporter tout à sa propre excellence comme à sa seule divinité; car c'est le renversement total de tout le dessein de Dieu dans la création. Cessons donc de juger des vertus et des vices par notre goût, que l'amour-propre a rendu dépravé, et par nos fausses vues de grandeur. Il n'y a rien de grand que ce qui se fait bien petit devant l'unique et souveraine grandeur. Vous tendez au grand par la pente de votre cœur, et par l'habitude d'y tendre : mais Dieu veut vous rabaisser et vous rappetiser dans sa main; laissez-le faire.

Pour les gens qui cherchent Dieu, ils sont pleins de misères : non que Dieu autorise leurs imperfections; mais parce que leurs imperfections les arrêtent et les empêchent d'aller à Dieu par le plus court chemin. Ils ne peuvent aller vite; car ils sont trop chargés et d'eux-mêmes et de tout ce grand attirail de choses superflues, qu'ils rapportent à eux avec tant d'empressement et de jalousie. Les uns croient aller droit, usant toujours de certains petits détours pour parvenir à leurs fins qui leur semblent permises. Les autres ignorent leur propre cœur, jusqu'à s'imaginer qu'ils ne tiennent plus à rien, quoiqu'ils tiennent encore à tout, et que le moindre intérêt ou la moindre prévention les surmonte. On se flatte sur ses raisons dans le temps qu'on croit peser celles d'autrui au poids du sanctuaire; et par là on devient injuste, ne parlant que de justice et de bonne foi. On se prévient contre les gens dont on est jaloux; la jalousie, cachée dans les derniers replis du cœur, exagère les moindres défauts : on en est plein, on ne peut s'en taire, on s'échappe malgré soi à laisser entrevoir son dégoût et son mépris. De là viennent les critiques déguisées et les mauvais offices qu'on rend sans penser à les rendre. Le cœur, rétréci par l'intérêt propre, se trompe lui-même pour se permettre ce qui lui convient : il est foible, incertain, timide, prêt à ramper, à flatter, à encenser, pour obtenir. Il est si occupé de lui, qu'il ne lui reste ni temps, ni pensée, ni sen-

[1] *Luc.* XVI. 15.

timent pour le prochain. De temps en temps la crainte de Dieu le trouble dans sa fausse paix, et le force de se donner à autrui ; mais il ne s'y donne que par crainte et malgré lui. C'est une impulsion étrangère, passagère et violente : on retombe bientôt au fond de soi-même, où l'on redevient son tout et son dieu même ; tout pour soi ou pour ce qui s'y rapporte, et le reste du monde entier n'est rien. On ne veut être ni ambitieux, ni avare, ni injuste, ni traître : mais ce n'est point l'amour qui rend permanentes et fixes toutes les vertus contraires à ces vices ; c'est au contraire une crainte étrangère qui vient par accès inégaux, et qui suspend tous ces vices propres à l'ame attachée à elle-même.

Voilà de quoi je me plains tant ; voilà ce qui me fait tant désirer une piété de pure foi et de mort sans réserve, qui arrache l'ame à elle-même sans espérance d'aucun retour. On trouve cette perfection trop haute et impraticable: Hé bien ! qu'on retombe donc dans cet amour-propre qui craint Dieu, et qui va toujours tombant et se relevant avec lâcheté jusqu'à la fin de la vie. Tandis qu'on s'aime tant, on ne peut être que plein de misères : on fait meilleure mine que les autres quand on est plus glorieux et plus délicat dans sa gloire ; mais ces dehors n'ont aucun véritable soutien. C'est cette dévotion mélangée d'amour-propre qui infecte ; c'est elle qui scandalise le monde, et que Dieu même vomit. Quand est-ce que nous la vomirons aussi, et que nous irons jusqu'à la source du mal ?

Quand on pousse la piété jusque-là, les gens sont effrayés, et trouvent qu'elle va trop loin. Quand elle ne va point jusque-là, elle est molle, jalouse, délicate, intéressée. Peu de personnes ont assez de courage et de fidélité pour se perdre, s'oublier et s'anéantir elles-mêmes ; par conséquent peu de personnes font à la piété tout l'honneur qu'on devroit lui faire.

Il y a des défauts de promptitude et de fragilité que vous comprenez bien, qui ne sont pas incompatibles avec une piété sincère : mais vous ne comprenez pas aussi clairement que d'autres défauts, qui viennent de foiblesse, d'illusion, d'amour-propre et d'habitude, compatissent avec une véritable intention de plaire à Dieu. A la vérité, cette intention n'est ni assez pure ni assez forte ; mais, quoique foible et imparfaite, elle est sincère dans ses bornes. On est avare ; mais on ne voit point son avarice ; elle est couverte de prétextes spécieux ; elle s'appelle bon ordre, soin de ne rien perdre,
prévoyance des besoins. On est envieux ; mais on ne sent pas en soi cette passion basse et maligne qui se cache ; elle n'oseroit paroître, car elle donneroit trop de confusion ; elle se déguise, et quelquefois elle trompe bien plus la personne qui en est tourmentée, que les autres qui l'examinent de près avec des yeux critiques. On est âpre, délicat, difficultueux, ombrageux sur les affaires. c'est l'intérêt qui fait tout cela ; mais l'intérêt se pare de cent belles raisons. Ecoutez-le ; vous ne finirez point ; il faudra lui avouer qu'il n'a point de tort. Je conclus que les gens de bien, et vous comme les autres, sont pleins d'imperfections mélangées avec leur bonne volonté, parce que leur volonté, quoique bonne, est encore foible, partagée, et retenue par les secrets ressorts de l'amour-propre.

Votre ardeur même contre les défauts d'autrui est un grand défaut. Ce dédain des misères d'autrui est une misère qui ne se connoît pas assez elle-même. C'est une hauteur qui s'élève au-dessus de la bassesse du genre humain ; au lieu que, pour la voir bien, il faudroit la voir de plain-pied. Mon Dieu ! quand n'aurez-vous plus rien à voir ni chez vous ni chez les autres? Dieu tout bien ; la créature tout mal. D'ailleurs les impressions passagères que vous prenez sont trop fortes. Vous les prenez vivement suivant les différentes occasions ; au lieu que vous pourriez prendre de sang-froid certaines vues justes qui seroient fixes, qui conviendroient à tous les événemens particuliers, qui vous donneroient une clef générale de tous les détails, et qui ne seroient guère sujettes à changer.

Vous craignez de tomber dans le mépris de tout le genre humain. En un sens, je voudrois que vous le méprisassiez tout entier autant qu'il est méprisable. La seule lumière de Dieu peut, en croissant, vous donner cette pénétration de l'abîme du mal qui est dans tous les hommes. Mais, en connoissant à fond tout ce mal, il faut connoître aussi le bien que Dieu y mêle. C'est ce mélange de bien et de mal qu'on a de la peine à se persuader. C'est le bon et le mauvais grain que l'ennemi a mis ensemble [1]. Les serviteurs veulent les séparer ; mais le père de famille s'écrie : *Laissez-les croître ensemble jusques au jour de la moisson.*

Le principal est de ne se point décourager à la vue d'un si triste spectacle, et de ne pousser pas la défiance trop loin. Les gens naturelle-

---

[1] *Matth.* XIII. 25, etc.

ment ouverts et confians se resserrent et se défient plus que d'autres quand ils se rebutent par expérience d'avoir de la confiance et de l'ouverture ? ils sont comme les poltrons désespérés, qui sont plus que vaillans. Vous avez beaucoup à vous précautionner de ce côté-là ; car, outre que la place où vous êtes fait passer en revue devant vous les misères de tout le genre humain, d'ailleurs l'envie, la jalousie, la témérité des jugemens, et la malignité des mauvais offices, empoisonnent une infinité de choses innocentes, et exagèrent sans pitié beaucoup de légères imperfections. Tout cela vient en foule attaquer votre patience, votre confiance et votre charité qui en sont fatiguées. Mais tenez bon : Dieu s'est réservé de vrais serviteurs ; s'ils ne font pas tout, ils font beaucoup par comparaison au reste du monde corrompu, et par rapport à leur naturel. Ils reconnoissent leurs imperfections, ils s'en humilient, ils les combattent ; ils s'en corrigent lentement à la vérité, mais enfin ils s'en corrigent. Ils louent Dieu de ce qu'ils font ; ils se condamnent de ce qu'ils ne font pas. Dieu s'en contente ; contentez-vous-en.

Si vous trouvez, comme je le trouve, que Dieu devroit être mieux servi, aspirez donc sans bornes et sans mesures à ce culte de vérité, où il ne reste plus rien à la créature pour elle, et où tout retour est banni comme une infidélité et un intérêt propre. O si vous étiez dans ce bienheureux état, bien loin de supporter impatiemment ceux qui n'y seroient pas, l'étendue immense de votre cœur vous rendroit indulgente et compatissante pour toutes les foiblesses qui rétrécissent les cœurs intéressés. Plus on est parfait, plus on s'apprivoise avec l'imperfection. Les Pharisiens ne pouvoient supporter les Publicains et les femmes pécheresses, avec qui Jésus-Christ étoit avec tant de douceur et de bonté. Quand on ne tient plus à soi, on entre dans cette grandeur de Dieu que rien ne lasse ni ne rebute. Quand serez-vous dans cette liberté et cet élargissement de cœur ? La délicatesse, la sensibilité, qu'on croit qui viennent d'un goût exquis de la vertu, viennent bien davantage de défaut d'étendue et de resserrement en soi-même. Qui n'est plus à soi, est en Dieu tout au prochain : qui est encore à soi, n'est ni à Dieu ni au prochain qu'avec une mesure courte, et courte à proportion de l'attachement qui reste encore à soi-même. Que la paix, la vérité, la simplicité, la liberté, la foi pure, l'amour sans intérêt, fassent de vous l'holocauste !

XXVIII.

EN QUOI CONSISTE LA VRAIE LIBERTÉ DES ENFANS DE DIEU : MOYENS DE L'ACQUÉRIR.

Je crois que la liberté de l'esprit doit avoir de la simplicité. Quand on ne s'embarrasse point par des retours inquiets sur soi-même, on commence à devenir libre de la véritable liberté. Au contraire, la fausse sagesse, qui est toujours tendue, toujours occupée d'elle-même, toujours jalouse de sa propre perfection, souffre une douleur cuisante toutes les fois qu'elle aperçoit en elle la moindre tache.

Ce n'est pas que l'homme simple et détaché de soi-même ne travaille à sa perfection ; il y travaille d'autant plus qu'il s'oublie davantage, et qu'il ne songe aux vertus que pour accomplir la volonté de Dieu. Le défaut qui est en nous la source de tous les autres est l'amour de nous-mêmes, auquel nous rapportons tout, au lieu de rapporter tout à Dieu. Quiconque travaille donc à se désoccuper de soi-même, à s'oublier, à se renoncer, suivant le précepte de Jésus-Christ, coupe d'un seul coup la racine à tous ses vices, et trouve dans ce simple renoncement à soi-même le germe de toutes les vertus.

Alors on entend et on éprouve au dedans de soi la vérité profonde de cette parole de l'Ecriture : *Là où est l'esprit du Seigneur, là est la liberté* [1]. On ne néglige rien pour faire régner Dieu au dedans de soi-même et au dehors ; mais on est en paix au milieu de l'humiliation causée par ses fautes. On aimeroit mieux mourir que de commettre la moindre faute volontairement ; mais on ne craint pas le jugement des hommes pour l'intérêt de sa propre réputation ; ou du moins si on les craint, c'est pour ne pas les scandaliser. D'ailleurs, on se dévoue à l'opprobre de Jésus-Christ, et on demeure en paix pour l'incertitude des événemens. Pour les jugemens de Dieu, on s'y abandonne suivant les divers degrés ou de confiance, ou de sacrifice, ou de désappropriation entière de soi-même. Plus on s'abandonne, plus on trouve la paix ; et cette paix met tellement le cœur au large, qu'on est prêt à tout ; on veut tout et on ne veut rien ; on est simple comme de petits enfans.

[1] *II Cor.* III. 17.

La lumière de Dieu fait sentir jusques aux moindres fautes, mais elle ne décourage point. On marche devant lui; mais si on bronche on se hâte de reprendre sa course, et on ne pense qu'à avancer toujours. O que cette simplicité est heureuse! mais qu'il y a peu d'ames qui aient le courage de ne regarder jamais derrière elles! Semblables à la femme de Lot, elles attirent sur elles la malédiction de Dieu par ces retours inquiets d'un amour-propre jaloux et délicat.

Il faut nous perdre, si nous voulons nous retrouver en Dieu; c'est aux petits que Jésus-Christ déclare qu'appartient son royaume. Ne raisonner point trop, aller au bien par une intention droite dans les choses communes, laisser tomber mille réflexions par lesquelles on s'enveloppe et on s'enfonce en soi-même sous prétexte de se corriger : voilà en gros les principaux moyens d'être libre de la vraie liberté sans négliger ses devoirs.

XXIX.

OBLIGATION DE S'ABANDONNER A DIEU SANS RÉSERVE.

Le salut n'est pas seulement attaché à la cessation du mal : il faut encore y ajouter la pratique du bien. Le royaume du ciel est d'un trop grand prix pour être donné à une crainte d'esclave, qui ne s'abstient du mal qu'à cause qu'il n'ose le faire. Dieu veut des enfans qui aiment sa bonté, et non des esclaves qui ne le servent que par la crainte de sa puissance. Il faut donc l'aimer et par conséquent faire tout ce qu'inspire le véritable amour.

Bien des gens, qui paroissent d'ailleurs bien intentionnés, se trompent à ce sujet : mais il est facile de les détromper s'ils veulent examiner les choses de bonne foi. Leur erreur vient de ce qu'ils ne connoissent ni Dieu ni eux-mêmes. Ils sont jaloux de leur liberté, et ils craignent de la perdre en se livrant trop à la piété; mais ils doivent considérer qu'ils *ne sont point à eux-mêmes* [1]; ils sont à Dieu, qui, les ayant faits uniquement pour lui et non pour eux-mêmes, les doit mener comme il lui plaît, avec un empire absolu. Ils se doivent tout entiers à lui, sans condition et sans réserve. Nous n'avons pas même, à proprement parler, le droit de nous donner à Dieu; car nous n'avons aucun droit sur nous-mêmes : mais si nous ne nous laissions pas à Dieu comme une chose qui est de sa nature tout à lui, nous ferions un larcin sacrilége qui renverseroit l'ordre de la nature et qui violeroit la loi essentielle de la créature.

Ce n'est donc pas à nous à raisonner sur la loi que Dieu nous impose : c'est à nous à la recevoir, à l'adorer, à la suivre aveuglément. Dieu sait mieux que nous ce qui nous convient. Si nous faisions l'Evangile, peut-être serions-nous tentés de l'adoucir pour l'accommoder à notre lâcheté : mais Dieu ne nous a pas consultés en le faisant; il nous l'a donné tout fait, et ne nous a laissé aucune espérance de salut que par l'accomplissement de cette souveraine loi; qui est égale pour toutes les conditions : *Le ciel et la terre passeront; cette parole de vie ou de mort ne passera jamais* [1]. On ne peut en retrancher ni un mot ni la moindre lettre. Malheur aux prêtres qui oseroient en diminuer la force pour nous l'adoucir! Ce n'est pas eux qui ont fait cette loi; ils n'en sont que les simples dépositaires. Il ne faut donc pas s'en prendre à eux si l'Evangile est une loi sévère. Cette loi est autant redoutable pour eux que pour le reste des hommes, et plus encore pour eux que pour les autres, puisqu'ils répondront et des autres et d'eux-mêmes pour l'observation de cette loi. *Malheur à l'aveugle qui en conduit un autre! ils tomberont tous deux*, dit le Fils de Dieu [2], *dans le précipice*. Malheur au prêtre ignorant, ou lâche et flatteur, qui veut élargir la voie étroite! *La voie large est celle qui conduit à la perdition* [3].

Que l'orgueil de l'homme se taise donc. Il croit être libre et il ne l'est pas. C'est à lui à porter le joug de la loi, et à espérer que Dieu lui donnera des forces proportionnées à la pesanteur de ce joug. En effet, celui qui a ce souverain empire sur sa créature pour lui commander, lui donne par sa grâce intérieure de vouloir et de faire ce qu'il commande.

XXX.

BONHEUR DE L'AME QUI SE DONNE ENTIÈREMENT A DIEU. — COMBIEN L'AMOUR DE DIEU ADOUCIT TOUS LES SACRIFICES. — AVEUGLEMENT DES HOMMES QUI PRÉFÈRENT LES BIENS DU TEMPS A CEUX DE L'ÉTERNITÉ.

La perfection chrétienne n'a point les rigueurs, les ennuis et les contraintes que l'on

---

[1] *I Cor.* vi. 19.

[1] *Matth.* xxiv. 35. — [2] *Luc.* vi. 30. — [3] *Matth.* vii. 13.

s'imagine. Elle demande que l'on soit à Dieu du fond du cœur; et dès qu'on est ainsi à Dieu, tout ce qu'on fait pour lui devient facile. Ceux qui sont à Dieu sont toujours contens lorsqu'ils ne sont point partagés; car ils ne veulent que ce que Dieu veut, et veulent faire pour lui tout ce qu'il veut. Ils se dépouillent de tout et trouvent le centuple dans ce dépouillement. La paix de la conscience, la liberté du cœur, la douceur de s'abandonner entre les mains de Dieu, la joie de voir toujours croître la lumière dans son cœur, enfin le dégagement des craintes et des désirs tyranniques du siècle, font ce centuple de bonheur que les véritables enfans de Dieu possèdent au milieu des croix, pourvu qu'ils soient fidèles.

Ils se sacrifient, mais à ce qu'ils aiment le plus; ils souffrent, mais ils veulent souffrir, et ils préfèrent la souffrance à toutes les fausses joies. Leurs corps ont des maux cuisans, leur imagination est troublée, leur esprit tombe en langueur et en défaillance; mais leur volonté est ferme et tranquille dans le fond et le plus intime d'elle-même, et elle dit sans cesse *Amen* à tous les coups dont Dieu la frappe pour la sacrifier.

Ce que Dieu demande de nous, c'est une volonté qui ne soit plus partagée entre lui et aucune créature; c'est une volonté souple dans ses mains, qui ne désire et ne rejette rien, qui veuille sans réserve tout ce qu'il veut, et qui ne veuille jamais, sous aucun prétexte, rien de ce qu'il ne veut pas. Quand on est dans cette disposition, tout est salutaire; et les amusemens les plus inutiles se tournent en bonnes œuvres.

Heureux celui qui se donne à Dieu! il est délivré de ses passions, des jugemens des hommes, de leur malignité, de la tyrannie de leurs maximes, de leur froides et misérables railleries, des malheurs que le monde attribue à la fortune, de l'infidélité et de l'inconstance des amis, des artifices et des piéges des ennemis, de sa propre foiblesse, de la misère et de la briéveté de la vie, des horreurs d'une mort profane, des cruels remords attachés aux plaisirs criminels, et enfin de l'éternelle condamnation de Dieu. Il est délivré de cette multitude innombrable de maux, puisque, mettant sa volonté entre les mains de Dieu, il ne veut plus que ce que Dieu veut; et il trouve ainsi sa consolation dans la foi, et par conséquent l'espérance au milieu de toutes ses peines. Quelle foiblesse seroit-ce donc de craindre de se donner à Dieu, et de s'engager trop avant dans un état si désirable!

Heureux ceux qui se jettent tête baissée et les yeux fermés entre les bras *du Père des miséricordes et du Dieu de toute consolation*, comme parle saint Paul [1]! Alors on ne désire rien tant que de connoître ce que l'on doit à Dieu; et on ne craint rien davantage que de ne voir pas assez ce qu'il demande. Sitôt qu'on découvre une lumière nouvelle dans la foi, on est transporté de joie, comme un avare qui a trouvé un trésor. Le vrai Chrétien, de quelque malheur que la Providence l'accable, veut tout ce qui lui arrive, et ne veut rien de tout ce qui lui manque : plus il aime Dieu, et plus il est content; et la plus haute perfection, loin de le surcharger, rend son joug plus léger.

Quelle folie de craindre d'être trop à Dieu! C'est craindre d'être trop heureux; c'est craindre d'aimer la volonté de Dieu en toutes choses; c'est craindre d'avoir trop de courage dans les croix inévitables, trop de consolation dans l'amour de Dieu, et trop de détachement pour les passions qui rendent misérables.

Méprisons donc les choses de la terre pour être tout à Dieu. Je ne dis pas que nous les quittions absolument; car, quand on est déjà dans une vie honnête et réglée, il n'y a qu'à changer le fond de son cœur en aimant, et nous ferons à peu près les mêmes choses que nous faisions : car Dieu ne renverse point les conditions des hommes, ni les fonctions qu'il y a lui-même attachées; mais nous ferons pour servir Dieu ce que nous faisions pour servir et pour plaire au monde et pour nous contenter nous-mêmes. Il y aura seulement cette différence, qu'au lieu d'être dévorés par notre orgueil, par nos passions tyranniques et par la censure maligne du monde, nous agirons au contraire avec liberté, avec courage, avec espérance en Dieu : la confiance nous animera; l'attente des biens éternels qui s'approchent, pendant que ceux d'ici-bas nous échappent, nous soutiendra au milieu des peines; l'amour de Dieu, qui nous fera sentir celui qu'il a pour nous, nous donnera des ailes pour voler dans sa voie et pour nous élever au-dessus de toutes nos misères. Si nous avons de la peine à le croire, l'expérience nous en convaincra : *Venez, voyez et goûtez*, dit David [2], *combien le Seigneur est doux*.

Jésus-Christ dit à tous les Chrétiens sans exception : *Que celui qui veut être mon disciple porte sa croix, et qu'il me suive* [3]. La voie large conduit à la perdition; il faut suivre la

---

[1] *II Cor.* 1. 3. — [2] *Ps.* xxxiii. 9. — [3] *Matth.* xvi. 24.

voie étroite où le petit nombre entre. Il n'y a que ceux qui se font violence qui emportent le royaume du ciel. Il faut renaître, se renoncer, se haïr, devenir enfant, être pauvre d'esprit, pleurer pour être consolé, et n'être point du monde, qui est maudit à cause de ses scandales. Ces vérités effraient bien des gens, et cela parce qu'ils connoissent simplement ce que la religion fait faire, sans connoître ce qu'elle présente, et qu'ils ignorent l'esprit d'amour qui rend tout léger. Ils ne savent pas qu'elle mène à la plus haute perfection, par un sentier de paix et d'amour, qui en adoucit tous les travaux.

Ceux qui sont à Dieu sans partage sont toujours heureux. Ils éprouvent que *le joug du Seigneur est doux et léger;* qu'on trouve en lui *le repos de l'ame*, et qu'il *soulage ceux qui sont chargés et fatigués*, comme il l'a dit lui-même[1]. Mais malheur à ces ames lâches et timides qui sont partagées entre Dieu et le monde ! Elles veulent et ne veulent pas ; elles sont déchirées tout à la fois par leurs passions et par leurs remords ; elles craignent les jugemens de Dieu et ceux des hommes ; elles ont horreur du mal et honte du bien ; elles ont les peines de la vertu sans en goûter les consolations. O qu'elles sont malheureuses ! Ah ! si elles avoient un peu de courage pour mépriser les vains discours, les froides railleries et les téméraires censures des hommes, quelle paix ne goûteroient-elles pas dans le sein de Dieu !

Qu'il est dangereux pour le salut, qu'il est indigne de Dieu et de nous, qu'il est pernicieux même pour la paix de notre cœur, de vouloir toujours demeurer où l'on est ! La vie entière ne nous est donnée que pour nous avancer à grands pas vers notre patrie céleste. Le monde s'enfuit comme une ombre trompeuse ; l'éternité s'avance déjà pour nous recevoir. Que tardons-nous à nous avancer pendant que la lumière du Père des miséricordes nous éclaire ? Hâtons-nous d'arriver au royaume de Dieu.

Le seul commandement suffit pour faire évanouir en un moment tous les prétextes qu'on pourroit prendre de faire des réserves avec Dieu : *Vous aimerez le Seigneur votre Dieu de tout votre cœur, de toute votre ame, de toutes vos forces et de toutes vos pensées.* Voyez combien de termes joints ensemble par le Saint-Esprit, pour prévenir toutes les réserves que l'homme pourroit vouloir faire au préjudice de cet amour jaloux et dominant. Tout n'est pas trop pour lui ; il ne souffre point de partage ; et il ne permet plus d'aimer hors de Dieu, que ce que Dieu commande lui-même d'aimer pour l'amour de lui. Il faut l'aimer non-seulement de toute l'étendue et de toute la force de son cœur, mais encore de toute l'application de sa pensée. Comment donc pourroit-on croire qu'on l'aime, si on ne peut se résoudre à penser à sa loi, et à s'appliquer de suite à accomplir sa volonté ?

Ceux qui craignent de voir trop clairement ce que cet amour demande, se moquent de croire qu'ils ont cet amour vigilant et appliqué. Il n'y a qu'une seule manière d'aimer Dieu, c'est de ne faire aucun marché avec lui, et de suivre avec un cœur généreux tout ce qu'il inspire. Tous ceux qui vivent dans des retranchemens, mais qui voudroient bien être un peu du monde, courent grand risque d'être de ces tièdes dont il dit qu'il les *vomira*[1]. Dieu supporte impatiemment ces ames lâches qui disent en elles-mêmes : J'irai jusque-là, et jamais plus loin. Appartient-il à la créature de faire la loi à son Créateur ? Que diroit un roi d'un sujet, ou un maître de son domestique, qui ne voudroit le servir qu'à sa mode, qui craindroit de trop s'affectionner pour ses intérêts, et qui auroit honte, aux yeux du public, de s'attacher à lui ? Mais plutôt que dira le Roi des rois, si nous faisons comme ces lâches serviteurs ?

Il faut s'instruire non-seulement de la volonté de Dieu en général, mais encore quelle est sa volonté en chaque chose, avec ce qui lui plaît davantage et qui est le plus parfait. Nous ne sommes véritablement raisonnables qu'autant que nous consultons la volonté de Dieu, pour y conformer la nôtre ; c'est la véritable lumière que nous devons suivre ; toute autre lumière est fausse : c'est une lueur trompeuse, et non une lumière véritable. Aveugles donc tous ceux qui se croient sages, et qui ne le sont pas de la sagesse de Jésus-Christ, seule digne du nom de sagesse ! Ils courent dans une profonde nuit après des fantômes ; ils sont comme ceux qui dans un songe pensent être éveillés, et qui s'imaginent que tous les objets du songe sont réels. Ainsi sont abusés tous les grands de la terre, les sages du siècle, tous les hommes enchantés par les faux plaisirs. Il n'y a que les enfans de Dieu qui marchent aux rayons de la pure vérité. Qu'est-ce que les hommes pleins de leurs pensées vaines et ambitieuses, ont devant eux ? Souvent la disgrâce, toujours la

---

[1] *Matth.* XI. 29 et 30.

[1] *Apoc.* III. 16.

mort, le jugement de Dieu et l'éternité. Voilà les grands objets qui s'avancent et qui viennent au-devant de ces hommes profanes : cependant ils ne les voient pas ; leur politique prévoit tout, excepté la chute et l'anéantissement inévitable de tout ce qu'ils cherchent. O aveugles ! quand ouvrirez-vous les yeux à la lumière de Jésus-Christ, qui vous découvriroit le néant de toutes les grandeurs d'ici-bas ?

Ils sentent qu'ils ne sont pas heureux, et ils espèrent trouver de quoi le devenir par les choses mêmes qui les rendent misérables : ce qu'ils n'ont pas les afflige ; ce qu'ils ont ne les peut remplir. Leurs douleurs sont véritables ; leurs joies sont courtes, vaines et empoisonnées ; elles leur coûtent plus qu'elles ne leur valent. Toute leur vie est une expérience sensible et continuelle de leur égarement : le jugement éternel pend déjà sur leur tête ; leurs fausses joies vont se changer en des pleurs et des hurlemens qui ne finiront jamais. Leur vie est comme une ombre qui va disparoître, ou tout au plus comme une fleur qui s'épanouit le matin, mais qui est le soir flétrie, desséchée et foulée aux pieds. Que sont-ils devenus ces insensés mondains ? On les a vus, au moment de la mort, abattus, tremblans et découragés : ils avouent l'illusion dans laquelle ils ont vécu, et déplorent leur erreur. Ils passent même souvent d'une extrémité à l'autre, et, après avoir été sans respect pour la religion, ils deviennent lâches et superstitieux. N'est-il pas horrible que les hommes veuillent hasarder l'éternité, plutôt que de se gêner dans leurs mauvaises inclinations ? cependant rien de plus ordinaire. Montrez-leur tout ce qu'il vous plaira, la vanité et le néant de la créature ; faites-leur remarquer la brièveté et l'incertitude de la vie, l'inconstance de la fortune, l'infidélité des amis, l'illusion des grandes places, les amertumes qui y sont inévitables, le mécontentement des grands, le mécompte de toutes les plus grandes espérances, le vide de tous les biens qu'on possède, la réalité de tous les maux qu'on souffre ; toutes ces morales, quelque vraies qu'elles soient, ne font qu'effleurer leur cœur ; elles passent par la superficie ; le fond de l'homme n'en est point changé : il soupire de se voir esclave de la vanité, et ne sort point de son esclavage.

Que faut-il donc qu'il fasse pour sortir de cet état pitoyable ? Il faut qu'il prie, afin que Dieu l'éclaire entièrement ; et d'abord il connaîtra l'abîme du bien, qui est Dieu, et l'abîme du mal et du néant, qui est la créature corrompue ; alors il se méprisera et se haïra, il se quittera, il se craindra, il se renoncera soi-même, il s'abandonnera à Dieu, il se perdra en lui. Heureuse perte ! puisqu'il se trouvera par là sans se chercher ; il n'aura plus d'intérêt propre, et tout lui profitera ; car tout tourne à bien pour ceux qui aiment Dieu et qui sont animés de son esprit : ceux qui n'ont pas ce bon esprit sont fort malheureux de ne le point avoir ; celui qui en est privé, ou ne le demande plus, ou le demande mal. Ce n'est point par les lèvres ni par les actions extérieures, c'est par le désir du cœur, et par un profond abaissement de soi-même devant Dieu, qu'on attire au dedans de soi cet esprit de vie, sans lequel les meilleures actions sont mortes. Dieu est si bon, qu'il n'attend que notre désir pour nous combler de ce don qui est lui-même. Le cri, dit-il dans l'Ecriture, ne sera pas encore formé dans votre bouche, que moi, qui le verrai avant que de naître dans votre cœur, je l'exaucerai avant qu'il soit fait. C'est donc la prière du cœur que Dieu exauce ordinairement. On choisit quelque mystère ou quelque grande vérité de la religion, que l'on doit méditer en profond silence ; et, après s'en être convaincu, il faut s'en faire l'application à soi-même, former ses résolutions devant Dieu par rapport à ses devoirs et à ses défauts, lui demander qu'il nous anime pour nous faire accomplir ce qu'il nous donne le courage de lui promettre. Quand nous nous apercevons dans la prière que notre esprit s'égare, il n'y a qu'à le ramener doucement, sans nous décourager jamais de l'importunité de ces distractions qui sont si opiniâtres. Tandis qu'elles sont involontaires, elles ne peuvent nous nuire ; au contraire elles nous serviront plus qu'une prière accompagnée d'une ferveur sensible ; car elles nous humilieront, nous mortifieront, et nous accoutumeront à chercher Dieu purement pour lui-même, sans mélange d'aucun plaisir.

Mais, outre ces prières, pour lesquelles on doit se réserver des temps particuliers ; car les occupations, quelque nécessaires qu'elles soient, ne vont jamais jusqu'à ne nous pas laisser le temps de manger le pain quotidien ; il faut, dis-je, outre ces prières réglées, s'accoutumer à faire de courtes, simples et fréquentes élévations du cœur à Dieu. Un mot d'un Psaume, ou de l'Evangile, ou de l'Ecriture, qui est propre à nous toucher, suffit pour cela. On peut faire ces élévations-là au milieu des gens qui sont avec nous, sans que personne s'en aperçoive. Elles font ordinairement plus de bien que les applications suivies à un sujet particulier. Il est bon, par exemple, de prendre la résolution de faire, tant le matin que l'après-dîner, ces élévations; de penser à Dieu toutes les fois qu'on verra certaines choses ou certaines gens; de prévoir les actions que l'on fera, les repasser; c'est le vrai moyen d'agir en la présence de Dieu, et de se la rendre familière; et cette présence est un vrai moyen de parvenir au mépris du monde.

Car c'est en voyant Dieu qu'on voit le néant du monde, qui s'évanouira dans peu comme la fumée. Toutes les grandeurs et leur attirail s'enfuiront comme un songe; toute hauteur sera aplanie, toute puissance sera écrasée, toute tête superbe sera courbée sous le poids de l'éternelle majesté de Dieu. Dans ce jour où il jugera les hommes, d'un seul regard il effacera tout ce qui brille dans la nuit présente, comme le soleil en se levant efface toutes les étoiles. On ne verra que Dieu partout, tant il sera grand; on cherchera en vain, on ne trouver plus que lui, tant il remplira tout. Que sont-ils devenus, dira-t-on, ces objets qui avoient enchanté notre cœur? qu'en reste-t-il? où étoient leurs places? Hélas! il ne reste pas même les marques du lieu où ils ont été! Ils ont passé comme une ombre que le soleil dissipe; à peine est-il vrai de dire qu'ils ont été; tant il est vrai de dire qu'ils n'ont fait que paroître, et qu'ils ne sont plus.

Mais quand le monde ne devroit point finir, il vous laissera, quoi que vous fassiez : un peu plus tôt ou un peu plus tard; qu'importe? Encore un petit nombre d'années qui s'écouleront rapidement comme l'eau, qui disparoîtront comme un songe, la jeunesse sera passée, le monde se tournera d'un autre côté; il méprisera avec dégoût ceux qui n'auront pas su dans le temps le mépriser lui-même. Ce temps s'approche, il vient, le voilà, hâtons-nous de le prévenir. Aimons l'éternelle beauté qui ne vieillit point et qui empêche de vieillir ceux qui n'aiment qu'elle; méprisons ce monde qui tombe déjà en ruines de toutes parts. Ne voyons-nous pas que depuis tant d'années les personnes qui étoient dans les mêmes places, surprises par la mort, sont tombées dans l'abîme dévorant de l'éternité! Il s'est élevé comme un monde nouveau sur celui qui nous a vus naître. Si peu qu'on vive, il faut chercher d'autres amis, après avoir perdu les anciens; ce n'est plus la même famille où l'on a été élevé, d'autres parens inconnus viennent prendre la place; on voit même disparoître une cour entière, d'autres sont à la place de ceux qu'on admiroit; ils viennent éblouir à leur tour. Que sont devenus tous ces grands acteurs qui remplissoient la scène il y a trente ans? Mais sans remonter si haut, combien y en a-t-il de morts depuis sept ou huit ans? Bientôt nous les suivrons. Est-ce donc ce monde auquel on est si attaché? on n'y fait que passer, on en va sortir : il est lui-même la misère, la vanité, la folie; il n'est qu'un fantôme, une figure qui passe, comme dit saint Paul.

O monde si fragile et insensé! est-ce à toi à t'en faire accroire? Avec quelle audace espères-tu nous imposer, toi vaine et creuse figure, qui passe et qui va disparoître? Tu n'es qu'un songe, et tu veux qu'on te croie! On sent même en te possédant que tu n'es rien de vrai qui remplisse le cœur. N'as-tu point de honte de donner des noms magnifiques aux misères éclatantes par lesquelles tu éblouis ceux qui s'attachent à toi? Dans le moment où tu t'offres à nous avec un visage riant, tu nous causes mille douleurs. Dans le moment tu vas disparoître, et tu oses nous promettre de nous rendre heureux! Heureux seulement celui qui voit son néant à la lumière de Jésus-Christ!

Mais ce qui est terrible, c'est que mille gens s'aveuglent eux-mêmes, fuyant la lumière qui leur découvre ce néant, et qui condamne leurs œuvres de ténèbres. Comme ils veulent vivre en bêtes, ils ne veulent point connoître d'autre vie que celle des bêtes, et ils se dégradent eux-mêmes pour étouffer toute pudeur et tout remords. Ils se moquent de ceux qui pensent sérieusement à l'éternité; ils traitent de foiblesse les sentimens de religion par lesquels on veut éviter d'être ingrat envers Dieu de qui nous tenons tout. Le commerce de telles gens doit être évité, et on doit le fuir avec soin. Il est important de rompre sans retardement avec les personnes que l'on sait être dangereuses; plus on est exposé, et plus on doit veiller sur soi-même, redoubler ses efforts, être fidèle à la lecture des livres de piété, à la prière et à la fréquentation des sacremens sans lesquels on languit exposé à toutes les tentations.

Il est certain que quand nous demandons à Dieu dans le *Pater* le pain quotidien, c'est-à-dire de chaque jour, nous lui demandons l'Eucharistie. Pourquoi donc ne mangeons-nous pas chaque jour, ou du moins très-souvent, ce pain quotidien? Pour nous en rendre dignes, accoutumons-nous peu à peu à nous vaincre, à pratiquer la vertu, à recourir à Dieu par des prières simples et courtes, mais faites de bon cœur. Le goût de ce que nous avons aimé s'évanouira insensiblement; un nouveau goût de grâce s'emparera enfin de notre cœur ; nous serons affamés de Jésus-Christ, qui nous doit nourrir pour la vie éternelle. Plus nous mangerons ce pain sacré, plus notre foi s'augmentera ; nous ne craindrons rien tant que de nous exclure de la sainte table par quelque infidélité ; nos dévotions, bien loin d'être pour nous une occupation qui gêne et qui surcharge, seront au contraire une source de consolation et d'adoucissement à nos croix. Mettons-nous donc en état d'approcher souvent de ce sacrement : sans cela nous mènerons toujours une vie tiède et languissante pour le salut ; nous irons contre le vent à force de rames, et sans avancer. Au lieu que si nous nous nourrissons de la chair de Jésus-Christ et de sa parole, nous serons comme un vaisseau que le vent pousse à pleines voiles. Heureux ceux qui sont en cet état, ou du moins qui le désirent !

XXXI.

PRIÈRE D'UNE AME QUI DÉSIRE SE DONNER A DIEU SANS RÉSERVE.

Mon Dieu, je veux me donner à vous ; donnez-m'en le courage ; fortifiez ma foible volonté qui soupire après vous : je vous tends les bras, prenez-moi : si je n'ai pas la force de me donner à vous, attirez-moi par la douceur de vos parfums ; entraînez-moi après vous par les liens de votre amour. Seigneur, à qui serois-je si je ne suis à vous ? Quel rude esclavage que d'être à soi et à ses passions ! O vraie liberté des enfans de Dieu ! on ne vous connoît pas. Heureux qui a découvert où elle est, et qui ne la cherche plus où elle n'est pas ! Heureux mille fois qui dépend de Dieu en tout pour ne dépendre plus que de lui seul !

Mais d'où vient, ô mon divin Epoux, que l'on craint de rompre ses chaînes ? Les vanités passagères valent-elles mieux que votre éternelle vérité et que vous-même ? peut-on craindre de se donner à vous ? O folie monstrueuse ! ce seroit craindre son bonheur ; ce seroit craindre de sortir de l'Egypte pour entrer dans la Terre-Promise ; ce seroit murmurer dans le désert, et se dégoûter de la manne par le souvenir des ognons d'Egypte.

Ce n'est pas moi qui me donne à vous ; c'est vous, ô mon amour, qui vous donnez tout à moi. Je n'hésite point de vous donner mon cœur. Quel bonheur d'être dans la solitude, et d'y être avec vous, de n'écouter et de ne dire plus ce qui est vain et inutile, pour vous écouter ! O sagesse infinie ! ne me parlerez-vous pas mieux que ces hommes vains ! Vous me parlerez, ô amour de mon Dieu ! vous m'instruirez ; vous me ferez fuir la vanité et le mensonge ; vous me nourrirez de vous ; vous retiendrez en moi toute vaine curiosité. Seigneur, quand je considère votre joug, il me semble trop doux : et est-il donc la croix que je dois porter en vous suivant tous les jours de ma vie ? N'avez-vous point d'autre calice plus amer de votre passion à me faire boire jusqu'à la lie ? Bornez-vous à cette retraite paisible, sous une sainte règle et parmi tant de bons exemples, l'austère pénitence que j'ai méritée par mes péchés ? O amour ! vous ne faites qu'aimer ; vous ne frappez point, vous épargnez ma foiblesse. Craindrois-je après cela de m'approcher de vous ? Les croix de la solitude pourront-elles m'effrayer ? Celles dont le monde accablé doivent faire peur. Quel aveuglement de ne les craindre pas !

O misère infinie, que votre seule miséricorde peut surpasser ! Moins j'ai eu de lumières et de courage, plus j'ai été digne de votre compassion. O Dieu ! je me suis rendu indigne de vous, mais je peux devenir un miracle de votre grâce. Donnez-moi tout ce qui me manque, et il n'y aura rien en moi qui n'exalte vos dons.

XXXII.

NÉCESSITÉ DE RENONCER A SOI-MÊME : PRATIQUE DE CE RENONCEMENT.

Si vous voulez bien comprendre ce que c'est que se renoncer à soi-même, vous n'avez qu'à vous souvenir de la difficulté que vous sentîtes au dedans de vous, et que vous témoignâtes fort naturellement, quand je disois de ne jamais compter pour rien ce *moi* qui nous est si cher. *Se renoncer* c'est se compter pour rien ; et quiconque en sent la difficulté a déjà compris en quoi consiste ce renoncement qui révolte toute la nature. Puisque vous avez senti le coup, il faut qu'il ait trouvé la plaie de votre cœur ; c'est à vous à laisser faire la main toute-puissante de Dieu, qui saura bien vous arracher à vous-même.

Le fond de notre mal est de nous aimer d'un amour aveugle, qui va jusqu'à l'idolâtrie. Tout ce que nous aimons au dehors nous ne l'aimons que pour nous. Il faut se désabuser de toutes ces amitiés généreuses, où l'on paroît s'oublier pour ne penser plus qu'aux intérêts des personnes auxquelles on s'attache. Quand on ne cherche point un intérêt bas et grossier dans le commerce de l'amitié, on y recherche un autre intérêt, qui pour être plus caché, plus délicat, et même plus honnête selon le monde, n'en est que plus dangereux, et plus capable de nous empoisonner en nourrissant mieux l'amour-propre.

On cherche donc dans ces amitiés, qui paroissent et aux autres et à nous-mêmes si généreuses et si désintéressées, le plaisir d'aimer sans intérêt, et de s'élever par ce sentiment noble au-dessus de tous les cœurs foibles et attachés à des intérêts sordides. Outre ce témoignage qu'on veut se rendre à soi-même pour flatter son orgueil, on cherche encore dans le monde la gloire du désintéressement et de la générosité; on cherche à être aimé de ses amis, quoiqu'on ne cherche pas à être servi par eux: on espère qu'ils seront charmés de tout ce que l'on fait pour eux sans retour sur soi; et par là on retrouve le retour sur soi qu'on semble abandonner: car qu'y a-t-il de plus doux et de plus flatteur pour un amour-propre sensé et d'un goût délicat, que de se voir applaudir jusqu'à ne passer plus pour un amour-propre?

On voit une personne qui paroît toute aux autres et point à elle-même, qui fait les délices des honnêtes gens, qui se modère, qui semble s'oublier. L'oubli de soi-même est si grand, que l'amour-propre même veut l'imiter, et ne trouve point de gloire pareille à celle de ne paroître en rechercher aucune. Cette modération et ce détachement de soi, qui seroit la mort de la nature, si c'étoit un sentiment réel et effectif, devient au contraire l'aliment le plus subtil et le plus imperceptible d'un orgueil qui méprise tous les moyens ordinaires de s'élever, et qui veut fouler aux pieds tous les sujets de vanité les plus grossiers qui élèvent le reste des hommes. Mais il est facile de démasquer cet orgueil modeste, quoiqu'il ne paroisse orgueil d'aucun côté, tant il semble avoir renoncé à tout ce qui flatte les autres. Si on le condamne, il supporte impatiemment d'être condamné; si les gens qu'il aime et qu'il sert ne le paient point d'amitié, d'estime et de confiance, il est piqué au vif. Vous le voyez, il n'est pas désintéressé, quoiqu'il s'efforce de le paroître. A la vérité, il ne se paie point d'une monnoie aussi grossière que les autres; il ne lui faut ni louanges fades, ni argent, ni fortune qui consiste en charges et en dignités extérieures: il veut pourtant être payé; il est avide de l'estime des honnêtes gens; il veut aimer afin qu'on l'aime, et qu'on soit touché de son désintéressement; il ne paroît s'oublier que pour mieux occuper de soi tout le monde.

Ce n'est pas qu'il fasse toutes ces réflexions d'une manière développée: il ne dit pas: Je veux tromper tout le monde par mon désintéressement, afin que tout le monde m'aime et m'admire. Non, il n'oseroit se dire à soi-même des choses si grossières et si indignes: mais il se trompe en trompant les autres; il se mire avec complaisance dans son désintéressement, comme une belle femme dans son miroir; il s'attendrit sur soi-même en se voyant plus sincère et plus désintéressé que le reste des hommes; l'illusion qu'il répand sur les autres rejaillit sur lui; il ne se donne aux autres que pour ce qu'il croit être, c'est-à-dire pour désintéressé; et voilà ce qui le flatte le plus.

Si peu qu'on rentre sérieusement au dedans de soi, pour observer ce qui nous attriste et ce qui nous flatte, on reconnoîtra aisément que l'orgueil, suivant qu'il est plus grossier ou plus délicat, a des goûts différens. Mais l'orgueil, quelque bon goût que vous lui donniez, est toujours orgueil, et celui qui paroît le plus modéré et le plus raisonnable est le plus diabolique; car, en s'estimant, il méprise les autres; il a pitié des gens qui se repaissent de sottes vanités; il connoît le vide des grandeurs et des plus hauts rangs; il ne peut supporter les gens qui s'enivrent de leur fortune; il veut par sa modération être au-dessus de la fortune même, et par là se faire un nouveau degré d'élévation pour laisser à ses pieds toute la fausse gloire du genre humain; c'est vouloir, comme Lucifer, devenir semblable au Très-Haut. On veut être une espèce de divinité au-dessus des passions et des intérêts des hommes; et on ne s'aperçoit pas qu'on se met au-dessous des autres hommes par cet orgueil trompeur qui nous aveugle.

Concluons donc qu'il n'y a que l'amour de Dieu qui puisse nous faire sortir de nous. Si la puissante main de Dieu ne nous soutient pas, nous ne saurions où poser le pied pour faire un pas hors de nous-mêmes. Il n'y a point de milieu: il faut rapporter tout à Dieu ou à nous-mêmes. Si nous rapportons tout à nous-mêmes, nous n'avons point d'autre dieu que ce *moi* dont j'ai tant parlé; si au contraire nous rapportons tout à Dieu, nous sommes dans l'ordre;

et alors, ne nous regardant plus que comme les autres créatures, sans intérêt propre et par la seule vue d'accomplir la volonté de Dieu, nous entrons dans ce renoncement à nous-mêmes que vous souhaitez de bien comprendre.

Mais, encore une fois, rien ne boucheroit tant votre cœur à la grâce du renoncement, que cet orgueil philosophique et cet amour-propre déguisé en générosité mondaine, dont vous devez vous défier, à cause de la pente naturelle et de l'habitude que vous y avez. Plus on a par son naturel un fonds de franchise, de désintéressement, de plaisir à faire du bien, de délicatesse de sentimens, de goût pour la probité et pour l'amitié désintéressée, plus on doit se déprendre de soi et craindre de se complaire en ces dons naturels.

Ce qui fait qu'aucune créature ne peut nous tirer de nous-mêmes, c'est qu'il n'y en a aucune qui mérite que nous la préférions à nous. Il n'y en a aucune qui ait ni le droit de nous enlever à nous-mêmes, ni la perfection qui seroit nécessaire pour nous attacher à elle sans retour sur nous, ni enfin le pouvoir de rassasier notre cœur dans cet attachement. De là vient que nous n'aimons rien hors de nous que pour le rapport à nous : nous choisissons, ou selon nos passions grossières et brutales, si nous sommes brutaux et grossiers, ou selon le goût que notre orgueil a de la gloire, si nous avons assez de délicatesse pour ne nous contenter pas de ce qui est grossier et brutal.

Mais Dieu fait deux choses, que lui seul peut faire; l'une de se montrer à nous avec tous ses droits sur sa créature et avec tous les charmes de sa bonté. On sent bien qu'on ne s'est pas fait soi-même, et qu'ainsi on n'est pas fait pour soi; qu'on est fait pour la gloire de celui à qui il a plu de nous faire; qu'il est trop grand pour rien faire que pour lui-même; qu'ainsi toute notre perfection et tout notre bonheur est de nous perdre en lui. Voilà ce qu'aucune créature, quelque éblouissante qu'elle soit, ne peut jamais nous faire sentir pour elle. Bien loin d'y trouver cet infini qui nous remplit et qui nous transporte en Dieu, nous trouvons toujours au contraire, dans les créatures, un vide, une impuissance de remplir notre cœur, une imperfection qui nous laisse toujours retomber en nous-mêmes.

La seconde merveille que Dieu fait, est de remuer notre cœur comme il lui plaît, après avoir éclairé notre esprit. Il ne se contente pas de se montrer infiniment aimable; mais il se fait aimer en produisant par sa grâce son amour dans nos cœurs : ainsi il exécute lui-même en nous ce qu'il nous fait voir que nous lui devons.

Vous direz peut-être que vous voudriez savoir d'une manière plus sensible et plus en détail ce que c'est que *se renoncer :* je vais tâcher de vous satisfaire.

On comprend aisément qu'on doit renoncer aux plaisirs criminels, aux fortunes injustes et aux grossières vanités, parce que le renoncement à toutes ces choses consiste dans un mépris qui les rejette absolument et qui en condamne toute jouissance : mais il n'est pas aussi facile de comprendre le renoncement aux biens légitimement acquis, aux douceurs d'une vie honnête et modeste, enfin aux honneurs qui viennent de la bonne réputation et d'une vertu qui s'élève au-dessus de l'envie.

Ce qui fait qu'on a peine à comprendre qu'il faille renoncer à ces choses, c'est qu'on ne doit pas les rejeter avec horreur, et qu'au contraire il faut les conserver pour en user selon l'état où la divine providence nous met. On a besoin des consolations d'une vie douce et paisible pour se soulager dans les embarras de sa condition; il faut pour les honneurs avoir égard aux bienséances; il faut conserver pour ses besoins le bien qu'on possède. Comment donc renoncer à toutes ces choses, pendant qu'on est occupé du soin de les conserver? C'est qu'il faut, sans passion, faire modérément ce que l'on peut pour conserver ces choses, afin d'en faire un usage sobre, et non pas en vouloir jouir et y mettre son cœur. Je dis un *usage sobre;* parce que, quand on ne s'attache point à une chose avec passion pour en jouir et pour y chercher son bonheur, on n'en prend que ce qu'on ne peut s'empêcher de prendre; comme vous voyez qu'un sage et fidèle économe s'étudie à ne prendre sur le bien de son maître que ce qui lui est précisément nécessaire pour ses véritables besoins. Ainsi la manière de renoncer aux mauvaises choses est d'en rejeter l'usage avec horreur; et la manière de renoncer aux bonnes est de n'en user jamais qu'avec modération pour la nécessité, en s'étudiant à retrancher tous les besoins imaginaires dont la nature avide se veut flatter.

Remarquez qu'il faut renoncer non-seulement aux choses mauvaises, mais encore aux bonnes; car Jésus-Christ a dit sans restriction : *Quiconque ne renonce pas à tout ce qu'il possède, ne peut être mon disciple*[1]. Il faut donc que tout

---

[1] *Luc.* XIV. 3.

chrétien renonce à tout ce qu'il possède, même aux choses les plus innocentes, puisqu'elles cesseroient de l'être s'il n'y renonçoit pas. Il faut qu'il renonce même aux choses qu'il est obligé de conserver avec un grand soin, comme le bien de sa famille, ou comme sa propre réputation, puisqu'il ne doit tenir par le cœur à aucune de toutes ces choses : il ne doit les conserver que pour un usage sobre et modéré, enfin il doit être prêt à les perdre toutes les fois que la Providence voudra l'en priver.

Il doit même renoncer aux personnes qu'il aime le plus, et qu'il est obligé d'aimer : et voici en quoi consiste ce renoncement, c'est de ne les aimer que pour Dieu ; d'user sobrement, et pour le besoin, de la consolation de leur amitié ; d'être prêt à les perdre quand Dieu les ôtera, et de ne vouloir jamais chercher en eux le vrai repos de son cœur. Voilà cette chasteté de la vraie amitié chrétienne qui ne cherche que l'Époux sacré dans l'ami mortel et terrestre. En cet état, on use de la créature et *du monde comme n'en usant point*, suivant le terme de saint Paul[1] : on ne veut point jouir, on use seulement de ce que Dieu donne et qu'il veut qu'on aime ; mais on en use avec la retenue d'un cœur qui n'en use que pour la nécessité, et qui se réserve pour un plus digne objet. C'est en ce sens que Jésus-Christ veut qu'on laisse père et mère, frères, sœurs et amis, et qu'il est venu apporter le glaive au milieu des familles[2].

Dieu est jaloux : si vous tenez par le fond du cœur à quelque créature, votre cœur n'est point digne de lui ; il le rejette comme une épouse qui se partage entre l'époux et l'étranger.

Après avoir renoncé à tout ce qui est autour de nous et qui n'est pas nous-mêmes, il faut enfin venir au dernier sacrifice, qui est celui de tout ce qui est en nous et nous-mêmes. Le renoncement à notre corps est affreux pour la plupart des personnes délicates et mondaines. Ces personnes foibles ne connoissent rien qui soit plus elles-mêmes, pour ainsi dire, que leur corps, qu'elles flattent et qu'elles ornent avec tant de soin : souvent même ces personnes, désabusées des grâces du corps, conservent un amour pour la vie corporelle qui va jusqu'à une honteuse lâcheté, et qui les fait frémir au seul nom de la mort. Je crois que votre courage naturel vous élève assez au-dessus de ces craintes : il me semble que je vous entends dire : Je ne veux ni flatter mon corps, ni hésiter à consentir à sa destruction, quand Dieu voudra le frapper et le mettre en poudre.

Mais, quoiqu'on renonce ainsi à son corps, il reste de grands obstacles pour renoncer à son esprit. Plus on méprise ce corps de boue par un courage naturel, plus on est tenté d'estimer ce qu'on porte au dedans de soi, qui va jusqu'à mépriser le corps. On est pour son esprit, pour sa sagesse et pour sa vertu, comme une jeune femme mondaine est pour sa beauté ; on s'y complaît ; on se sait bon gré d'être sage, modéré, préservé de l'ivresse des autres ; et par là on s'enivre du plaisir même de ne pas paroître enivré de la prospérité : on renonce par une modération pleine de courage à la jouissance de tout ce que le monde a de plus flatteur ; mais on veut jouir de sa modération même. O que cet état est dangereux ! ô que ce poison est subtil ! O que vous manqueriez à Dieu si vous livriez votre cœur à ce raffinement de l'amour-propre ! Il faut donc renoncer à toute jouissance et à toute complaisance naturelle de votre sagesse et de votre vertu.

Remarquez que, plus les dons de Dieu sont purs et excellens, plus Dieu en est jaloux. Il a fait miséricorde au premier homme pécheur, et il a condamné sans miséricorde l'ange rebelle. L'ange et l'homme avoient péché par l'amour d'eux-mêmes ; et comme l'ange étoit parfait, en sorte qu'il étoit tenté de se regarder comme une espèce de divinité, Dieu a puni son infidélité avec une jalousie plus sévère qu'il a puni celle de l'homme.

Concluons donc que Dieu est plus jaloux de ses dons les plus excellens que des choses les plus communes : il veut qu'on ne tienne à rien qu'à lui-même, et qu'on ne s'attache à ses dons, quelque purs qu'ils soient, que suivant son dessein, pour nous unir plus facilement et plus intimement à lui seul. Quiconque envisage avec complaisance et avec un certain plaisir de propriété une grâce, la tourne d'abord en poison. Ne vous appropriez donc jamais non-seulement les choses extérieures, comme la faveur, ou vos talens, mais pas même les dons intérieurs. Votre bonne volonté n'est pas moins un don de miséricorde, que l'être et la vie qui vient de Dieu. Vivez comme à l'emprunt : tout ce qui est à vous et tout ce qui est vous-même n'est qu'un bien prêté : servez-vous en selon l'intention de celui qui le prête ; mais n'en disposez jamais comme d'un bien qui est à vous. C'est cet esprit de désappropriation et de simple usage de soi-même et de notre esprit, pour suivre les mouvemens de Dieu, qui est le seul véritable

---

[1] *I Cor.* xi. 1. — [2] *Matth.* x 34 et 37 ; et xix. 29.

propriétaire de sa créature, en quoi consiste le solide renoncement à nous-mêmes.

Vous me demanderez apparemment quelle doit être en détail la pratique de cette désappropriation et de ce renoncement. Mais je vous répondrai que ce sentiment n'est pas plus tôt dans le fond de la volonté, que Dieu mène lui-même l'ame comme par la main pour l'exercer dans ce renoncement en toutes les occasions de la journée.

Ce n'est point par des réflexions pénibles, et par une contention continuelle, qu'on se renonce; c'est seulement en s'abstenant de se rechercher et de vouloir se posséder à sa mode, qu'on se perd en Dieu.

Toutes les fois qu'on aperçoit un mouvement de hauteur, de vaine complaisance, de confiance en soi-même, de désir de suivre son inclination contre la règle, de recherche de son propre goût, d'impatience contre les foiblesses d'autrui ou contre les ennuis de son propre état, il faut laisser tomber toutes ces choses comme une pierre au fond de l'eau, se recueillir devant Dieu, et attendre à agir jusqu'à ce qu'on soit dans la disposition où le recueillement doit mettre. Que si la dissipation des affaires ou la vivacité de l'imagination empêche l'ame de se recueillir d'une manière facile, douce et sensible, il faut au moins tâcher de se calmer par la droiture de la volonté et par le désir du recueillement. Alors la volonté de ce recueillement est une espèce de recueillement qui suffit pour dépouiller l'ame de sa volonté propre, et pour la rendre souple dans la main de Dieu.

Que s'il vous échappe, dans votre promptitude, quelque mouvement trop naturel, et qui soit de cette propriété maligne dont nous parlons, ne vous découragez pas; suivez toujours votre chemin; portez en paix devant Dieu l'humiliation de votre faute, sans vous laisser retarder dans votre course par le dépit très-cuisant que l'amour-propre vous fait ressentir de votre foiblesse. Allez toujours avec confiance, sans vous laisser troubler par les chagrins d'un orgueil délicat qui ne peut souffrir de se voir imparfait. Votre faute servira, par cette confusion intérieure, à vous faire mourir à vous-même, à vous désapproprier des dons de Dieu, et à vous anéantir devant lui. La meilleure manière de la réparer est de mourir au sentiment de l'amour-propre, et de s'abandonner sans retardement au cours de la grâce, qu'on avoit un peu interrompu par cette infidélité passagère.

Le principal est de renoncer à votre propre sagesse par une conduite simple, et d'être prêt à sacrifier la faveur, l'estime et l'approbation publique, toutes les fois que la conduite de Dieu sur vous vous y engagera. Ce n'est pas qu'il faille se mêler des choses dont Dieu ne vous charge pas, ni vous commettre inutilement en disant des vérités que les personnes bien intentionnées ne sont pas encore capables de porter. Il faut suivre Dieu, et ne le prévenir jamais. Mais aussi, quand il donne le signal, il faut tout quitter et tout hasarder pour le suivre. Hésiter, retarder, s'amollir, affoiblir ce qu'il veut qu'on fasse, craindre de s'exposer trop, vouloir se mettre à l'abri des dégoûts et des contradictions, chercher des raisons plausibles pour se dispenser de faire de certains biens difficiles et épineux, quand on est convaincu en sa conscience que Dieu les attend de nous, et qu'il nous a mis en état de les accomplir : voilà ce qui seroit se reprendre soi-même, après s'être donné sans réserve à Dieu. Je le prie de vous préserver de cette infidélité. Rien n'est si terrible que de résister intérieurement à Dieu; c'est *le péché contre le Saint-Esprit,* dont Jésus-Christ nous assure[1] qu'*il ne sera pardonné ni en ce monde ni en l'autre.*

Les autres fautes que vous ferez dans la simplicité de votre bonne intention se tourneront à profit pour vous, en vous humiliant et en vous rendant plus petit à vos propres yeux. Mais pour ces fautes de résistance à l'Esprit de Dieu par une hauteur et par une sagesse mondaine, qui ne marcheroit pas avec un courage assez simple, et qui voudroit trop se ménager dans l'accomplissement de l'œuvre de Dieu, c'est ce qui éteindroit insensiblement l'esprit de grâce dans votre cœur. Dieu jaloux, et rebuté après tant de grâces, se retireroit et vous livreroit à vous-même : vous ne feriez plus que tournoyer dans une espèce de cercle, au lieu d'avancer à grands pas dans le droit chemin ; vous languiriez dans la vie intérieure, et ne feriez que diminuer, sans que vous puissiez presque vous dire à vous-même la cause secrète et profonde de votre mal.

Dieu vous a donné une ingénuité et une candeur qui lui plaît sans doute beaucoup : c'est sur ce fondement qu'il veut bâtir tout l'édifice. Il veut de vous une simplicité qui sera d'autant plus sa sagesse, que ce ne sera point la vôtre. Il vous veut petit à vos yeux, et souple dans ses mains comme un petit enfant. C'est cette enfance, si contraire à l'esprit de l'homme, et si

---

[1] *Matth.* xii. 32.

recommandée dans l'Évangile, que Dieu veut mettre dans votre cœur, malgré la contagion qui règne dans le monde où elle est si inconnue et si méprisée. C'est même par cette simplicité et cette petitesse qu'il veut guérir en vous tout reste de sagesse hautaine et défiante. Vous devez dire comme David [1] : *Je serai encore plus simple, plus vil et plus petit que je ne l'ai été* depuis le moment que je me suis donné à Dieu.

Pourvu que vous soyez fidèle à lire assez pour nourrir votre cœur et pour vous instruire, que vous vous recueilliez de temps en temps en certains momens dérobés de la journée, qu'enfin vous ayez des temps réglés pour être avec Dieu, vous verrez assez tout ce que vous aurez à faire pour la pratique de toutes les vertus ; les choses se présenteront à vous comme d'elles-mêmes. Si vous êtes simple en la présence de Dieu, il ne vous laissera guère douter.

Mais ce qui peut vous embrouiller, et arrêter les grâces que Dieu verse sur vous comme un torrent, c'est que vous craignez d'aller trop loin dans le bien, et que vous ne laissez pas assez faire Dieu aux dépens de votre sagesse. Surtout ne lui donnez aucunes bornes. Il ne s'agit pas d'entreprendre de grandes choses, que Dieu ne demande peut-être pas de vous en la manière que vous le concevriez, et qui seroient hors de saison ; mais de suivre sans empressement, sans précipitation et sans aucun mouvement propre, les ouvertures que Dieu vous donnera de moment à autre pour déboucher le cœur de vos amies, et pour leur montrer ce qu'elles doivent à Dieu dans leur état. C'est un ouvrage de patience, de foi et d'attention continuelle : il y faut une merveilleuse discrétion ; et il faut bien se garder de suivre là-dessus un certain zèle qui s'échauffe inconsidérément. Mais cette discrétion si nécessaire n'est pas celle qu'on s'imagine : c'est une discrétion qui ne va point, comme celle du monde, à prendre ses mesures avec soi-même, mais seulement à attendre toujours le moment de Dieu, et à tenir sans cesse les yeux sur lui pour ne nous mouvoir qu'à mesure qu'il nous pousse par les ouvertures que sa providence fournit au dehors, et par les lumières qu'il nous communique au dedans. Je ne demande donc pas que vous vous excitiez jamais : au contraire, que vous soyez par vous-même immobile, mais sans résistance ; en sorte que rien ne vous arrête ni ne vous retarde quand Dieu voudra agir par vous.

Je le prie de répandre sur vous la grâce de l'enfant Jésus, avec la paix, la confiance et la joie du Saint-Esprit.

XXXIII.

SUITE DU MÊME SUJET.

Quand j'ai dit que quiconque n'est point attaché à soi-même par la volonté en est détaché véritablement, j'ai songé à prévenir ou à guérir les scrupules qu'on peut avoir par les retours qu'on fait sur soi-même. Les âmes fidèles à se renoncer sont souvent tourmentées par certaines vues d'intérêt propre qu'elles ont en parlant ou en agissant. Elles craignent de n'avoir pas résisté à une vaine complaisance, à un motif de gloire, au goût d'une commodité, à une recherche de soi-même dans les consolations de la vertu. Tout cela fait peur à une ame tendre ; elle s'en accuse. Pour la rassurer, il est bon de lui dire que tout le bien et tout le mal sont dans la volonté. Quand ces retours sur son propre intérêt sont involontaires, ils n'empêchent point qu'on ne soit véritablement détaché de soi.

Mais quand on est réellement détaché de soi, dites-vous, peut-on avoir involontairement ces vues d'intérêt propre qui sont volontaires? A cela je réponds qu'il est rare qu'une ame véritablement détachée d'elle, et attachée à Dieu, se cherche encore pour son propre intérêt de propos délibéré. Mais il est nécessaire, pour la mettre au large, et pour l'empêcher d'être continuellement sur des épines, de savoir une bonne fois que les retours involontaires sur notre propre intérêt ne nous rendent point désagréables à Dieu, non plus que les autres tentations auxquelles on n'a donné aucun consentement. D'ailleurs il faut comprendre que les personnes qui ont une sincère piété, mais qui ne sont point entièrement mortes à la commodité de la vie, ou à la réputation, ou à l'amitié, se laissent un peu aller à se rechercher elles-mêmes sur toutes ces choses. On n'y va pas directement et ouvertement tête baissée, mais on s'y laisse entraîner comme par occasion. On tient encore à soi par toutes ces choses ; et une marque évidente qu'on y tient, c'est que si quelqu'un ébranle ces soutiens de la nature, elle est désolée. Si quelque accident trouble le repos

---

[1] *II Reg.* vi. 22.

de notre vie, menace notre réputation, ou détache de nous les gens dont nous estimons l'amitié, nous sentons alors en nous une vive douleur, qui marque combien l'amour-propre est encore vivant et sensible.

Nous tenons donc encore à nous presque sans nous en apercevoir ; et il n'y a que les occasions de perdre qui nous découvrent le vrai fond de notre cœur. Ce n'est qu'à mesure que Dieu nous les arrache, ou qu'il fait semblant de nous les arracher, que nous en perdons une propriété injuste et maligne, par le sacrifice que nous lui en faisons. Tout ce qu'on appelle usage modéré ne nous assure point de notre détachement comme nous en sommes assurés par une privation tranquille. Il n'y a que la perte, et la perte que Dieu opère lui-même, qui nous désapproprie véritablement.

En cet état de piété sincère, mais encore imparfaite, on a une infinité de ces recherches secrètes de soi-même. Il y a un temps où on ne les voit pas encore distinctement, et où Dieu permet que la lumière intérieure n'aille pas plus loin que la force de sacrifier. Jésus-Christ dit intérieurement ce qu'il disoit à ses apôtres [1] : *J'ai bien d'autres choses à vous découvrir ; mais vous n'êtes pas encore capables de les porter.* On voit en soi de bonnes intentions qui sont véritables ; mais on seroit effrayé si l'on pouvoit voir à combien de choses on tient encore. Ce n'est pas d'une volonté pleine, et avec réflexion, qu'on a ces attachemens ; on ne dit pas en soi-même : Je les ai et je veux les avoir ; mais enfin on les a, et quelquefois même on craint de trop creuser et de les trouver. On sent sa foiblesse, on n'ose pénétrer plus loin. Quelquefois aussi on voudroit trouver tout pour tout sacrifier ; mais c'est un zèle indiscret et téméraire, comme celui de saint Pierre, qui disoit : *Je suis prêt à mourir* [2] ; et une servante lui fit peur. On cherche à découvrir toutes ses foiblesses ; et Dieu nous ménage dans cette recherche. Il nous refuse une lumière trop avancée pour notre état ; il ne permet pas que nous voyions dans notre cœur ce qu'il n'est pas encore temps d'en arracher. C'est un ménagement admirable de la bonté de Dieu, de ne nous solliciter jamais intérieurement à lui sacrifier quelque chose que nous avons aimé et possédé jusqu'ici sans nous en donner une lumière, et de ne nous donner jamais la lumière du sacrifice sans nous en donner la force. Jusque-là nous sommes à l'égard de ce sacrifice comme

les apôtres étoient sur ce que Jésus-Christ leur prédisoit de sa mort ; ils ne comprenoient rien, et leurs yeux étoient fermés à la lumière. Les ames les plus droites et les plus vigilantes contre leurs défauts sont encore dans cet état d'obscurité sur certains détachemens, que Dieu réserve à un état de foi et de mort plus avancé. Il ne faut point vouloir en prévenir le temps, et il suffit de demeurer en paix, pourvu qu'on soit fidèle dans tout ce qu'on connoît. S'il reste quelque chose à connoître, Dieu nous le découvrira.

Cependant c'est un voile de miséricorde dont Dieu nous cache ce que nous ne serions pas encore capables de porter. On a un certain zèle impatient pour sa propre perfection ; on voudroit d'abord voir tout et sacrifier tout ; mais une humble attente sous la main de Dieu et un doux support de soi-même, sans se flatter dans cet état de ténèbres et de dépendance, nous sont infiniment plus utiles pour mourir à nous-mêmes, que tous les efforts inquiets pour avancer notre perfection. Contentons-nous donc de suivre, sans regarder plus loin, toute la lumière qui nous est donnée de moment à autre. C'est le pain quotidien ; Dieu ne le donne que pour chaque jour. C'est encore la manne : celui qui veut en prendre double portion, et faire provision pour le lendemain, s'abuse grossièrement ; elle pourrira dans ses mains, il n'en mangera pas plus que celui qui en a pris seulement pour sa journée.

C'est cette dépendance d'enfant vers son père à laquelle Dieu veut nous plier, même pour le spirituel. Il nous dispense la lumière intérieure, comme une sage mère donneroit à sa jeune fille de l'ouvrage à faire ; elle ne lui en donneroit de nouveau qu'au moment où le premier seroit fini. Avez-vous achevé tout ce que Dieu a mis devant vous ; dans l'instant même il vous présentera un nouveau travail ; car il ne laisse jamais l'ame oisive et sans progrès dans le détachement. Si au contraire vous n'avez point encore fini le premier travail, il vous cache celui qui doit suivre. Un voyageur qui marche dans une vaste campagne fort unie ne voit rien au-delà d'une petite hauteur qui termine l'horizon bien loin de lui. Est-il arrivé à cette hauteur, il découvre d'abord une nouvelle étendue de pays aussi vaste que la première. Ainsi dans la voie du dépouillement et du renoncement à soi-même on s'imagine découvrir tout d'un premier coup d'œil ; on croit qu'on ne réserve rien, et qu'on ne tient ni à soi ni à autre chose ; on aimeroit mieux mourir que d'hésiter à faire

---

[1] *Joan.* XVI. 12. — [2] *Luc.* XXII. 33.

un sacrifice universel. Mais, dans le détail journalier, Dieu nous montre sans cesse de nouveaux pays. On trouve dans son cœur mille choses qu'on auroit juré n'y être pas. Dieu ne nous les montre qu'à mesure qu'il les fait sortir. C'est comme un abcès qui crève ; le moment auquel il crève est l'unique qui fait horreur. Auparavant on le portoit sans le sentir, et on ne croyoit pas l'avoir ; on l'avoit pourtant, et il ne crève qu'à cause qu'on l'avoit. Quand il étoit caché on se croyoit sain et propre ; quand il crève, on sent l'infection du pus. Le moment où il crève est salutaire, quoiqu'il soit douloureux et dégoûtant. Chacun porte au fond de son cœur un amas d'ordure, qui feroit mourir de honte si Dieu nous en montroit tout le poison et toute l'horreur ; l'amour-propre seroit dans un supplice insupportable. Je ne parle pas ici de ceux qui ont le cœur gangrené par des vices énormes ; je parle des ames qui paroissent droites et pures. On verroit une folle vanité qui n'ose se découvrir, et qui demeure toute honteuse dans les derniers replis du cœur. On verroit des complaisances en soi, des hauteurs de l'orgueil, des recherches délicates de l'amour-propre, et mille autres replis intérieurs qui sont aussi réels qu'inexplicables. Nous ne les verrons qu'à mesure que Dieu commencera à les faire sortir. Tenez, vous dira-t-il, voilà la corruption qui étoit dans le profond abîme de votre cœur. Après cela, glorifiez-vous ; promettez-vous quelque chose de vous-même !

Laissons donc faire Dieu, et contentons-nous d'être fidèles à la lumière du moment présent. Elle apporte avec elle tout ce qu'il nous faut pour nous préparer à la lumière du moment qui suit ; et cet enchaînement de grâces, qui entrent, comme les anneaux d'une chaîne, les unes dans les autres, nous prépare insensiblement aux sacrifices éloignés dont nous n'avons pas même la vue. Cette mort à nous-mêmes et à tout ce que nous aimons, qui est encore générale et superficielle dans notre volonté, après en avoir percé la surface, jettera de profondes racines dans le plus intime de cette volonté. Elle pénétrera jusqu'au centre ; elle ne laissera rien à la créature ; elle poussera au dehors, sans relâche, tout ce qui n'est point Dieu.

Au reste, soyez persuadé sur la parole d'autrui, en attendant que l'expérience vous le fasse goûter et sentir, que ce détachement de soi et de tout ce qu'on aime, bien loin de dessécher les bonnes amitiés et d'endurcir le cœur, produit au contraire en Dieu une amitié non-seulement pure et solide, mais toute cordiale, fidèle, affectueuse, pleine d'une douce correspondance ; et on y trouve tous les assaisonnemens de l'amitié que la nature même cherche pour se consoler.

XXXIV.

SUR LA CONFORMITÉ A LA VOLONTÉ DE DIEU.

Pour la conformité à la volonté de Dieu, vous trouvez divers chapitres de l'*Imitation de Jésus-Christ* qui sont merveilleux ; la lecture de saint François de Sales vous nourrira aussi de cette manne. Toute la vertu consiste essentiellement dans la bonne volonté. C'est ce que Jésus-Christ nous fait entendre en disant [1] : *Le royaume de Dieu est au dedans de vous*. Il n'est point question de savoir beaucoup, d'avoir de grands talens, ni même de faire de grandes actions ; il ne faut qu'avoir un cœur et vouloir le bien. Les œuvres extérieures sont les fruits et les suites inséparables auxquelles on reconnoît la vraie piété ; mais la vraie piété, la source de ces œuvres, est toute au fond du cœur. Il y a certaines vertus qui sont pour certaines conditions, et non pour d'autres. Les unes sont convenables en un temps et les autres dans un autre ; mais la bonne volonté est de tous temps et de tous lieux. Vouloir tout ce que Dieu veut, le vouloir toujours, pour tout et sans réserve, voilà ce royaume de Dieu qui est tout intérieur. C'est par là que son *règne arrive*, puisque sa *volonté s'accomplit sur la terre comme dans le ciel*, et que nous ne voulons plus que ce que sa volonté souveraine imprime dans la nôtre. *Heureux les pauvres d'esprit !* heureux ceux qui se dépouillent de tout, et même de leur propre volonté, pour n'être plus à eux-mêmes ! O qu'on est pauvre en esprit et dans le fond de son intérieur, quand on n'est plus à soi-même, et qu'on s'est dépouillé jusqu'à perdre tout droit sur soi !

Mais comment est-ce que notre volonté devient bonne ? En se conformant sans réserve à celle de Dieu. On veut tout ce qu'il veut, on veut rien de tout ce qu'il ne veut pas ; on attache sa volonté foible à la volonté toute-puissante qui fait tout. Par là il ne peut plus rien arriver que ce que Dieu veut ; on est parfaitement satisfait quand sa volonté s'accomplit ; et l'on trouve dans le bon plaisir de Dieu une source

[1] *Luc.* XVII. 21.

inépuisable de paix et de consolation. La vie entière est un commencement de la paix des bienheureux, qui disent éternellement : *Amen, amen.*

On adore, on loue, on bénit Dieu de tout ; on le voit sans cesse en toutes choses, et en toutes choses sa main paternelle est l'unique objet dont on est occupé. Il n'y a plus de maux ; car tout, jusques aux maux même les plus terribles, *se tourne en bien*, comme dit saint Paul [1], *pour ceux qui aiment Dieu*. Peut-on appeler maux les peines que Dieu nous envoie pour nous purifier et nous rendre dignes de lui ? Ce qui nous fait un si grand bien ne peut être un mal.

Jetons donc tous nos soins dans le sein d'un si bon père ; laissons-le faire comme il lui plaira. Contentons-nous de suivre sa volonté en tout, et de mettre la nôtre dans la sienne pour nous en désapproprier. Il n'est pas juste que nous ayons quelque chose à nous, nous qui ne sommes pas à nous-mêmes. L'esclave n'a rien à soi ; à combien plus forte raison la créature, qui n'a de son fonds que le néant et le péché, et en qui tout est don et pure grâce, ne doit-elle rien avoir en propriété. Dieu ne lui a donné une volonté libre et capable de se posséder elle-même, que pour l'engager par ce don à se dépouiller plus généreusement. Nous n'avons rien à nous que notre volonté ; tout le reste n'est point à nous. La maladie enlève la santé et la vie ; les richesses nous sont arrachées par la violence ; les talens de l'esprit dépendent de la disposition du corps. L'unique chose qui est véritablement à nous, c'est notre volonté. Aussi est-ce elle dont Dieu est jaloux ; car il nous l'a donnée, non afin que nous la gardions, et que nous en demeurions propriétaires, mais afin que nous la lui rendions tout entière telle que nous l'avons reçue, et sans en rien retenir. Quiconque réserve le moindre désir ou la moindre répugnance en propriété, fait un larcin à Dieu contre l'ordre de la création. Tout vient de lui, et tout lui est dû.

Hélas ! combien d'ames propriétaires d'elles-mêmes qui voudroient faire le bien et aimer Dieu, mais selon leur goût et par leur mouvement propre ; qui voudroient donner à Dieu des règles dans la manière de les satisfaire et de les attirer à lui ! Elles veulent le servir et le posséder ; mais elles ne veulent pas se donner à lui et se laisser posséder. Quelle résistance Dieu ne trouve-t-il pas dans ces ames, lors même qu'elles paroissent si pleines de zèle et de ferveur ! Il est certain même qu'en un sens leur abondance spirituelle leur devient un obstacle ; car elles ont tout, même jusqu'aux vertus, en propriété et avec une continuelle recherche d'elles-mêmes dans le bien. O qu'une ame bien pauvre, bien renonçante à sa propre vie et à tous ses mouvemens naturels, bien désappropriée de toute volonté pour ne plus vouloir que ce que Dieu lui fait vouloir à chaque moment, selon les règles de son Evangile et selon le cours de sa providence, est au-dessus de toutes ces ames ferventes et lumineuses qui veulent toujours marcher dans les vertus par leur propre chemin !

Voilà le sens profond des paroles de Jésus-Christ prises dans toute leur étendue : *Que celui qui veut être mon disciple, se renonce, et qu'il me suive* [1]. Il faut suivre pas à pas Jésus-Christ, et non pas s'ouvrir une route vers lui. On ne le suit qu'en se renonçant. Qu'est-ce que se renoncer, sinon abandonner tout droit sur soi sans réserve ? Aussi saint Paul nous dit-il [2] : *Vous n'êtes plus à vous*. Non, il ne nous reste plus rien en nous qui nous appartienne. Malheur à qui se reprend après s'être donné !

Je prie le Père des miséricordes et le Dieu de toute consolation de vous arracher votre propre cœur, et de ne pas vous en laisser la moindre parcelle. Il en coûte beaucoup dans une si douloureuse opération : on a bien de la peine à laisser faire Dieu, et à demeurer sous sa main quand il coupe jusqu'au vif. Mais c'est la patience des saints et le sacrifice de la pure foi.

Laissons Dieu faire de nous tout ce qu'il voudra. Jamais aucune résistance volontaire d'un seul moment. Dès que nous apercevons la révolte des sens et de la nature, tournons-nous vers Dieu avec confiance, et soyons pour lui contre la nature lâche et rebelle ; livrons-la à l'Esprit de Dieu qui la fera peu à peu mourir. Veillons en sa présence contre les moindres fautes pour ne jamais contrister le Saint-Esprit, qui est jaloux de tout ce qui se passe dans l'intérieur. Profitons des fautes que nous aurons faites, par un sentiment humble de notre misère, sans découragement et sans lassitude.

Peut-on mieux glorifier Dieu, qu'en se désappropriant de soi-même et de toute volonté, pour le laisser faire selon son bon plaisir ? C'est alors qu'il est véritablement notre Dieu, et que son règne arrive en nous, lorsque indépendamment de tous les secours extérieurs et de toutes

---

[1] *Rom.* VIII. 28.

[1] *Matth.* XVI. 24. *Luc.* XIV. 27 et 33. — [2] *I Cor.* VI. 19.

les consolations intérieures, nous ne regardons plus et au dedans et au dehors que la seule main de Dieu qui fait tout, et que nous ne cessons point d'adorer.

Vouloir le servir en un lieu plutôt qu'en un autre, par une telle voie et non par celle qui y est opposée, c'est vouloir le servir à notre mode, et non à la sienne. Mais être également prêt à tout, vouloir tout et ne vouloir rien, se laisser comme un jouet dans les mains de la Providence, ne mettre point de bornes à cette soumission comme l'empire de Dieu n'en peut souffrir; c'est le servir en se renonçant soi-même; c'est le traiter véritablement en Dieu, et nous traiter en créature qui n'est faite que pour lui.

O que nous serions heureux s'il nous mettoit aux plus rudes épreuves pour lui donner la moindre gloire! A quoi sommes-nous bons, si celui qui nous a faits trouve encore quelque résistance ou quelque réserve dans notre cœur qui est son ouvrage?

Ouvrez donc votre cœur, mais ouvrez-le sans mesure, afin que Dieu et son amour y entrent sans mesure comme un torrent. Ne craignez rien dans le chemin où vous marchez. Dieu vous mènera comme par la main, pourvu que vous ne doutiez pas, et que vous soyez plus rempli de son amour que de crainte par rapport à vous.

XXXV.

RECEVOIR AVEC SOUMISSION CE QUE DIEU FAIT AU DEHORS ET AU DEDANS DE NOUS.

Ce qu'il y a de meilleur à faire, c'est de recevoir également et avec la même soumission toutes les différentes choses que Dieu nous donne dans la journée, et au dehors et au dedans de nous.

Au dehors, il y a des choses désagréables qu'il faut supporter courageusement, et des choses agréables auxquelles il ne faut point arrêter son cœur. On résiste aux tentations des choses contraires en les acceptant, et l'on résiste aux choses flatteuses en refusant de leur ouvrir son cœur. Pour les choses du dedans il n'y a qu'à faire de même. Celles qui sont amères servent à crucifier, et elles opèrent dans l'ame selon toute leur vertu, si nous les recevons simplement avec une acceptation sans bornes, et sans chercher à les adoucir. Celles qui sont douces, et qui nous sont données pour soutenir notre foiblesse par une consolation sensible dans les exercices extérieurs, doivent aussi être acceptées, mais d'une autre façon. Il faut les recevoir, puisque c'est Dieu qui les donne pour notre besoin; mais il faut les recevoir, non pour l'amour d'elles, mais par conformité aux desseins de Dieu. Il faut en user dans le moment, comme on use d'un remède, sans complaisance, sans attachement, sans propriété. Ces dons doivent être reçus en nous, mais ils ne doivent point tenir en nous, afin que, quand Dieu les retirera, leur privation ne nous trouble ni ne décourage jamais. La source de la présomption est dans l'attachement à ces dons passagers et sensibles. On s'imagine ne compter que sur le don de Dieu; mais on compte sur soi, parce qu'on s'approprie le don de Dieu, et qu'on le confond avec soi-même. Le malheur de cette conduite, c'est que toutes les fois qu'on trouve quelque mécompte en soi-même, on tombe dans le découragement. Mais une ame qui ne s'appuie que sur Dieu, n'est point surprise de sa propre misère. Elle se plaît à voir qu'elle ne peut rien, et que Dieu seul peut tout. Je ne me soucie guère de me voir pauvre, sachant que mon père possède des biens infinis qu'il veut me donner. Ce n'est qu'en nourrissant son cœur de la pure confiance en Dieu, qu'on s'accoutume à se passer de la confiance en soi-même.

C'est pourquoi il faut moins compter sur une ferveur sensible, et sur certaines mesures de sagesse que l'on prend avec soi-même pour sa perfection, que sur une simplicité, une petitesse, un renoncement à tout mouvement propre, et une souplesse parfaite pour se laisser aller à toutes les impressions de la grâce. Tout le reste, en établissant des vertus éclatantes, ne feroit que nous inspirer secrètement plus de confiance en nos propres efforts.

Prions Dieu qu'il arrache de notre cœur tout ce que nous voudrions y planter nous-mêmes, et qu'il y plante de ses propres mains l'arbre de vie chargé de fruits.

XXXVI.

SUR L'UTILITÉ ET LE BON USAGE DES CROIX.

On a bien de la peine à se convaincre de la bonté avec laquelle Dieu acable de croix ceux qu'il aime. Pourquoi, dit-on, prendre plaisir à nous faire souffrir? Ne sauroit-il nous rendre bons sans nous rendre misérables? Oui, sans doute, Dieu le pouvoit ; car rien ne lui est impossible. Il tient dans ses mains toutes-puissantes les cœurs des hommes, et les tourne comme il lui plaît, ainsi que la main d'un fontainier donne aux eaux, sur le sommet d'une montagne, la pente qu'il veut. Mais Dieu, qui a pu nous sauver sans croix, n'a pas voulu le faire; de même qu'il a mieux aimé laisser les hommes croître peu à peu, avec tous les embarras et toutes les foiblesses de l'enfance, que de les faire naître avec toute la force d'un âge mûr. Sur cela il est le maître ; nous n'avons qu'à nous taire, et qu'à adorer sa profonde sagesse sans la comprendre. Ce que nous voyons clairement, c'est que nous ne pouvons devenir entièrement bons qu'autant que nous deviendrons humbles, désintéressés, détachés de nous-mêmes, pour rapporter tout à Dieu sans aucun retour sur nous.

L'opération de la grâce qui nous détache de nous-mêmes, et qui nous arrache à notre amour-propre ne peut, sans un miracle de grâce, éviter d'être douloureuse. Dieu, dans l'ordre de la grâce, non plus que dans celui de la nature, ne fait pas tous les jours des miracles. Ce seroit pour la grâce un aussi grand miracle de voir une personne pleine d'elle-même, en un moment morte à tout intérêt propre et à toute sensibilité, que ce seroit un grand miracle de voir un enfant qui se couche enfant, et qui se lèveroit le lendemain grand comme un homme de trente ans. Dieu cache son opération, dans l'ordre de la grâce comme dans celui de la nature, sous une suite insensible d'événemens. C'est par là qu'il nous tient dans les obscurités de la foi. Non-seulement il fait son ouvrage peu à peu, mais il le fait par des voies qui paroissent les plus simples et les plus convenables pour y réussir ; afin que les moyens paroissant propres au succès, la sagesse humaine attribue le succès aux moyens qui sont comme naturels, et qu'ainsi le doigt de Dieu y soit moins marqué : autrement tout ce que Dieu fait seroit un perpétuel miracle qui renverseroit l'état de foi où Dieu veut que nous vivions.

Cet état de foi est nécessaire, non-seulement pour exercer les bons, en leur faisant sacrifier leur raison dans une vie pleine de ténèbres, mais encore pour aveugler ceux qui méritent, par leur présomption, de s'aveugler eux-mêmes. Ceux-ci, voyant les ouvrages de Dieu, ne les comprennent point; ils n'y trouvent rien que de naturel. Ils sont privés de la vraie intelligence, parce qu'on ne la mérite qu'autant qu'on se défie de son propre esprit, et que la sagesse superbe est indigne de découvrir les conseils de Dieu.

C'est donc pour tenir dans l'obscurité de la foi l'opération de la grâce, que Dieu rend cette opération lente et douloureuse. Il se sert de l'inconstance, de l'ingratitude des créatures, des mécomptes et des dégoûts qu'on trouve dans les prospérités, pour nous détacher des créatures et des prospérités trompeuses. Il nous désabuse de nous-mêmes par l'expérience de notre foiblesse et de notre corruption dans une infinité de rechutes. Tout cela paroît naturel, et c'est cette suite de moyens comme naturels qui nous fait brûler à petit feu. On voudroit bien être consumé tout d'un coup par les flammes du pur amour; mais cette destruction si prompte ne nous coûteroit presque rien. C'est par un excès d'amour-propre qu'on voudroit ainsi devenir parfait en un moment et à si bon marché.

Qu'est-ce qui nous révolte contre la longueur des croix? c'est l'attachement à nous-mêmes : et c'est cet attachement que Dieu veut détruire ; car, tandis que nous tenons encore à nous-mêmes, l'œuvre de Dieu ne s'achève point. De quoi pouvons-nous donc nous plaindre? Notre mal est d'être attachés aux créatures, et encore plus à nous-mêmes. Dieu prépare une suite d'événemens qui nous détache peu à peu des créatures, et qui nous arrache enfin à nous-mêmes. Cette opération est douloureuse; mais c'est notre corruption qui la rend nécessaire, et qui est cause de la douleur que nous souffrons. Si notre chair étoit saine, le chirurgien n'y feroit aucune incision. Il ne coupe qu'à proportion que la plaie est profonde, et que la chair est plus corrompue. Si l'opération nous cause tant de douleur, c'est que le mal est grand. Est-ce cruauté au chirurgien de couper jusqu'au vif? Non : tout au contraire, c'est affection, c'est habileté ; il traiteroit ainsi son fils unique.

Dieu nous traite de même. Il ne nous fait jamais aucun mal que malgré lui, pour ainsi dire. Son cœur de père ne cherche point à nous désoler; mais il coupe jusqu'au vif pour guérir l'ulcère de notre cœur. Il faut qu'il nous arrache ce que nous aimons trop, ce que nous aimons mal et sans règle, ce que nous aimons au préjudice de son amour. En cela que fait-il? il nous fait pleurer comme des enfans à qui on ôte le couteau dont ils se jouent, et dont ils pourroient se tuer. Nous pleurons, nous nous décourageons, nous crions les hauts cris; nous sommes prêts à murmurer contre Dieu, comme les enfans se dépitent contre leurs mères. Mais Dieu nous laisse pleurer et nous sauve. Il ne nous afflige que pour nous corriger. Lors même qu'il paroît nous accabler, c'est pour notre bien, c'est pour nous épargner les maux que nous nous ferions à nous-mêmes. Ce que nous pleurons nous auroit fait pleurer éternellement; ce que nous croyons perdu étoit perdu quand nous pensions le posséder : Dieu l'a mis en sûreté pour nous le rendre bientôt dans l'éternité qui s'approche. Il ne nous prive des choses que nous aimons, que pour nous les faire aimer d'un amour pur, solide et modéré, pour nous en assurer l'éternelle jouissance dans son sein, et pour nous faire cent fois plus de bien que nous ne saurions nous en désirer à nous-mêmes.

Il n'arrive rien sur la terre que Dieu n'ait voulu. C'est lui qui fait tout, qui règle tout, qui donne à chaque chose tout ce qu'elle a. Il a compté les cheveux de notre tête, les feuilles de chaque arbre, les grains de sable du rivage, et les gouttes d'eau qui composent les abîmes de l'Océan. En faisant l'univers, sa sagesse a mesuré et pesé jusqu'au dernier atôme. C'est lui qui en chaque moment produit et renouvelle le souffle de vie qui nous anime; c'est lui qui a compté nos jours, qui tient dans ses puissantes mains les clefs du tombeau pour le fermer ou pour l'ouvrir. Ce qui nous frappe le plus n'est rien aux yeux de Dieu : un peu plus ou un peu moins de vie sont des différences qui disparoissent en présence de son éternité. Qu'importe que ce vase fragile, ce corps de boue, soit brisé et réduit en cendres un peu plus tôt ou un peu plus tard?

O que nos vues sont courtes et trompeuses! On est consterné de voir une personne mourir en la fleur de son âge. Quelle horrible perte! dit-on. Mais pour qui est la perte? Que perd celui qui meurt? Quelques années de vanité, d'illusion et de danger pour la mort éternelle. Dieu l'enlève du milieu des iniquités, et se hâte de l'arracher au monde corrompu et à sa propre fragilité. Que perdent les personnes dont il étoit aimé? Elles perdent le poison d'une félicité mondaine; elles perdent un enivrement perpétuel; elles perdent l'oubli de Dieu et d'elles-mêmes où elles étoient plongées; ou plutôt elles gagnent, par la vertu de la croix, le bonheur du détachement. Le même coup, qui sauve la personne qui meurt, prépare les autres à se détacher par la souffrance pour travailler courageusement à leur salut. O qu'il est donc vrai que Dieu est bon, qu'il est tendre, qu'il est compatissant à nos vrais maux lors même qu'il paroît nous foudroyer, et que nous sommes tentés de nous plaindre de sa rigueur!

Quelle différence trouvons-nous maintenant entre deux personnes qui ont vécu il y a cent ans? L'une est morte vingt ans avant l'autre; mais enfin elles sont mortes toutes deux. Leur séparation, qui a paru dans le temps si longue et si rude, ne nous paroît plus maintenant et n'étoit dans la vérité qu'une courte séparation. Bientôt ce qui est séparé sera réuni, et il ne paroîtra aucune trace de cette séparation si courte. On se regarde comme immortel, ou du moins comme devant vivre des siècles. Folie de l'esprit humain! Ceux qui meurent tous les jours suivent de bien près ceux qui sont déjà morts. Celui qui va partir pour un voyage ne doit pas se croire éloigné de celui qui prit les devans il n'y a que deux jours. La vie s'écoule comme un torrent. Le passé n'est plus qu'un songe; le présent, dans le moment que nous croyons le tenir, nous échappe et se précipite dans cet abîme du passé. L'avenir ne sera point d'une autre nature, il passera aussi rapidement. Les jours, les mois, les années se pressent comme les flots d'un torrent se poussent l'un l'autre. Encore quelques momens, encore un peu, dis-je, et tout sera fini. Hélas! que ce qui nous paroît long par l'ennui et par la tristesse, nous paroîtra court quand il finira!

C'est par foiblesse d'amour-propre que nous sommes si sensibles à notre état. Le malade qui dort mal la nuit trouve la nuit d'une longueur sans fin; mais cette nuit est aussi courte que les autres. On exagère par lâcheté toutes ses souffrances : elles sont grandes, mais la délicatesse les augmente encore. Le vrai moyen de les raccourcir, c'est de s'abandonner à Dieu courageusement. Il est vrai qu'on souffre; mais Dieu veut cette souffrance pour nous purifier, et pour nous rendre dignes de lui. Le monde nous rioit, et cette prospérité empoisonnoit notre cœur. Voudroit-on passer toute sa vie jusqu'au moment terrible de la mort dans cette mollesse, dans ces délices, dans cet éclat, dans cette vaine joie, dans ce triomphe de l'orgueil, dans ce goût du monde ennemi de Jésus-Christ, dans cet éloignement de la croix qui seule nous doit sanctifier? Le monde nous tournera le dos, nous oubliera avec ingratitude, nous méconnoîtra, nous mettra au rang des choses qui ne sont plus. Hé bien! faut-il s'étonner que le monde soit toujours monde, injuste, trompeur, perfide? C'est pourtant là ce monde que nous n'avions pas honte d'aimer, et que peut-être nous voudrions pouvoir aimer encore. C'est à ce monde abominable que Dieu nous arrache, pour nous délivrer de sa servitude maudite, et pour nous faire entrer dans la liberté des ames détachées; et c'est là ce qui nous désole. Si nous sommes si sensibles à l'indifférence de ce monde, qui est si méprisable et si digne d'horreur, il faut que nous soyons bien ennemis de nous-mêmes. Quoi, nous ne pouvons souffrir ce qui nous est si bon, et nous regrettons tant ce qui nous est si funeste! Voilà donc la source de nos larmes et de nos douleurs!

O mon Dieu, vous qui voyez le fond de notre misère, vous seul pouvez nous en guérir. Hâtez-vous de nous donner la foi, l'espérance, l'amour, le courage chrétien qui nous manquent. Faites que nous jetions sans cesse les yeux sur vous, ô Père tout-puissant, qui ne donnez rien à vos chers enfans que pour leur salut, et sur Jésus votre Fils, qui est notre modèle dans les souffrances. Vous l'avez attaché sur la croix pour nous; vous l'avez fait l'homme de douleur, pour nous apprendre combien les douleurs sont utiles. Que la nature molle et lâche se taise donc à la vue de Jésus rassasié d'opprobres et écrasé par les souffrances. Relevez mon cœur, ô mon Dieu; donnez-moi un cœur selon le vôtre, qui s'endurcisse contre soi-même, qui ne craigne que de vous déplaire, qui du moins craigne les douleurs éternelles, et non pas celles qui nous préparent votre royaume. Seigneur, vous voyez la foiblesse et la désolation de votre créature : elle n'a plus de ressource en elle-même, tout lui manque. Tant mieux, pourvu que vous ne lui manquiez jamais, et qu'elle cherche en vous avec confiance tout ce qu'elle désespère de trouver dans son propre cœur.

XXXVII.

IL N'Y A QUE LE PUR AMOUR QUI SACHE SOUFFRIR COMME IL FAUT.

On sait qu'il faut souffrir, et qu'on le mérite; cependant on est toujours surpris de la souffrance, comme si on ne croyoit ni la mériter ni en avoir besoin. Il n'y a que le vrai et pur amour qui aime à souffrir, parce qu'il n'y a que le vrai et pur amour qui s'abandonne. La résignation fait souffrir; mais il y a en elle quelque chose qui souffre de souffrir, et qui résiste. La résignation qui ne donne rien à Dieu qu'avec mesure et avec réflexion sur soi, veut bien souffrir; mais elle se tâte souvent, craignant de souffrir mal. A parler proprement, on est comme deux personnes dans la résignation : l'une dompte l'autre, et veille sur elle pour l'empêcher de se révolter. Dans le pur amour, qui est désapproprié et abandonné, l'ame se nourrit en silence de la croix et de l'union à Jésus-Christ crucifié, sans aucun retour sur sa souffrance. Il n'y a qu'une volonté unique, simple, qui se laisse voir à Dieu telle qu'elle est, sans songer à se voir elle-même. Elle ne dit rien; elle ne remarque rien. Que fait-elle? Elle souffre. Est-ce tout? Oui c'est tout; elle n'a qu'à souffrir. L'amour se fait assez entendre sans parler et sans penser. Il fait l'unique chose qu'il a à faire, qui est de ne vouloir rien quand il manque de toute consolation. Une volonté rassasiée de celle de Dieu, pendant que tout le reste lui est ôté, est le plus pur de tous les amours.

Quel soulagement de penser qu'on n'a donc point tant d'inquiétudes à se donner pour s'exciter sans cesse à la patience, et pour être toujours en garde et tendu afin de soutenir le caractère d'une vertu accomplie au dehors! Il suffit d'être petit et abandonné dans la douleur. Ce n'est point courage; c'est quelque chose de moins et de plus : de moins aux yeux du commun des hommes vertueux; de plus aux yeux de la pure foi. C'est une petitesse en soi, qui met l'ame dans toute la grandeur de Dieu. C'est une foiblesse qui désapproprie de toute force et qui donne la toute-puissance de Dieu. *Quand je suis foible*, dit saint Paul [1], *c'est alors que je suis puissant : je puis tout en celui qui me fortifie* [2].

Alors il suffit de se nourrir par quelque courte lecture proportionnée à son état et à son goût, mais souvent interrompue, pour soulager les sens, et pour faire place à l'esprit intérieur qui met en recueillement. Deux mots simples, sans raisonnement, et pleins de l'onction divine, sont la manne cachée. On oublie ces paroles; mais elles opèrent secrètement, et on s'en nourrit; l'ame en est engraissée. Quelquefois on souffre sans savoir presque si l'on souffre : d'autres fois on souffre et on trouve qu'on souffre mal, et on supporte son impatience comme une seconde croix plus pesante que la première; mais rien n'arrête, parce que le vrai amour va

---

[1] *II Cor.* xii. 10. — [2] *Philip.* iv. 13.

toujours, n'allant point pour lui-même et ne se comptant plus pour rien. Alors on est vraiment heureux. La croix n'est plus croix quand il n'y a plus un *moi* pour la souffrir, et qui s'approprie les biens et les maux.

XXXVIII.

LA PAIX INTÉRIEURE NE SE TROUVE QUE DANS UN ENTIER ABANDON A LA VOLONTÉ DE DIEU.

Il n'y aura jamais de paix pour ceux qui résistent à Dieu : s'il y a quelque joie au monde, elle est réservée à la conscience pure : toute la terre est un lieu de tribulation et d'angoisse pour une mauvaise conscience.

O que la paix qui vient de Dieu est différente de celle qui vient du siècle! Elle calme les passions; elle entretient la pureté de la conscience; elle est inséparable de la justice; elle unit à Dieu; elle nous fortifie contre les tentations. Cette pureté de conscience s'entretient par la fréquentation des sacremens. La tentation, si elle ne nous surmonte point, porte toujours son fruit avec elle. La paix de l'ame consiste dans une entière résignation à la volonté de Dieu.

Marthe, Marthe, vous vous inquiétez, et vous vous troublez pour bien des choses; il n'y en a qu'une de nécessaire [1]. Une vraie simplicité, un certain calme d'esprit qui est le fruit d'un entier abandon à tout ce que Dieu veut, une patience et un support pour les défauts du prochain, que la présence de Dieu inspire, une certaine candeur et une certaine docilité d'enfant pour avouer ses fautes, pour vouloir en être repris, et pour se soumettre au conseil des personnes expérimentées, seront des vertus solides, utiles et propres pour vous sanctifier.

La peine que vous avez sur un grand nombre de choses vient de ce que vous n'acceptez pas avec assez d'abandon à Dieu tout ce qui peut vous arriver. Mettez donc toutes choses entre ses mains, et faites-en par avance le sacrifice entier dans votre cœur. Dès le moment que vous ne voudrez plus rien selon votre propre jugement, et que vous voudrez sans réserve tout ce que Dieu voudra, vous n'aurez plus tant de retours inquiets et de réflexions à faire sur ce qui vous regarde; vous n'aurez rien à cacher ni à ménager. Jusque-là vous serez troublé, changeant dans vos vues et dans vos goûts,

[1] *Luc.* x. 41 et 42.

facilement mécontent d'autrui, peu d'accord avec vous-même, plein de réserve et de défiance : votre bon esprit, jusqu'à ce qu'il soit bien humilié et simple, ne servira qu'à vous tourmenter; votre piété, quoique sincère, vous donnera moins de soutien et de consolation que de reproches intérieurs. Si au contraire vous abandonnez tout votre cœur à Dieu, vous serez tranquille et plein de la joie du Saint-Esprit.

Malheur à vous si vous regardez encore l'homme dans l'œuvre de Dieu! Quand il s'agit de choisir un guide il faut compter tous les hommes pour rien. Le moindre respect humain fait tarir la grâce, augmente les irrésolutions. On souffre beaucoup, et on déplaît encore davantage à Dieu.

Ce qui nous oblige à aimer Dieu, c'est qu'il nous a aimés le premier, et aimés d'un amour tendre, comme un père qui a pitié de ses enfans, dont il connoît l'extrême fragilité et la boue dont il les a pétris? Il nous a cherchés dans nos propres voies qui sont celles du péché; il a couru comme un pasteur qui se fatigue pour retrouver sa brebis égarée. Il ne s'est pas contenté de nous chercher; mais, après nous avoir trouvés, il s'est chargé de nous et de nos langueurs; il a été obéissant jusqu'à la mort de la croix. On peut dire de même qu'il nous a aimés jusqu'à la mort de la croix, et que la mesure de son obéissance a été celle de son amour. Quand cet amour remplit bien une ame, elle goûte la paix de la conscience; elle est contente et heureuse; il ne lui faut ni grandeur, ni réputation, ni plaisir, rien de tout ce que le temps emporte sans en laisser aucunes traces; elle ne veut que la volonté de Dieu, et elle veille incessamment dans l'heureuse attente de son époux.

XXXIX.

SUITE DU MÊME SUJET.

Je vous souhaite tous les biens que vous devez chercher dans la retraite : le principal est la paix dans une conduite simple où on ne regarde jamais l'avenir avec trop d'inquiétude. L'avenir est à Dieu, et point à vous : Dieu l'assaisonnera comme il faut, selon vos besoins; mais si vous voulez pénétrer cet avenir par votre propre sagesse, vous n'en tirerez aucun fruit que l'inquiétude et la prévoyance de certains maux inévitables. Songez seulement à profiter de chaque jour ; chaque jour a son bien et son mal, en sorte même que le mal devient souvent un bien, pourvu qu'on laisse faire Dieu et qu'on ne le prévienne jamais par impatience.

Dieu vous donnera alors tout le temps qu'il faudra pour aller à lui. Il ne vous donnera peut-être pas tout celui que vous voudriez pour vous occuper selon votre goût, et pour vivre à vous-même sous prétexte de perfection ; mais vous ne manquerez ni de temps ni d'occasions de renoncer à vous-même et à vos inclinations. Tout autre temps au-delà de celui-là est perdu, quelque bien employé qu'il paroisse. Soyez même persuadé que vous trouverez sur toutes ces choses des facilités convenables à vos vrais besoins ; car autant que Dieu déconcertera vos inclinations, autant soutiendra-t-il votre foiblesse. Ne craignez rien, et laissez-le faire : évitez seulement par une occupation douce, tranquille et réglée, la tristesse et l'ennui, qui sont la plus dangereuse tentation pour votre naturel. Vous serez toujours libre en Dieu, pourvu que vous ne vous imaginiez point d'avoir perdu votre liberté.

XL.

EN QUOI CONSISTE LA SIMPLICITÉ : SA PRATIQUE ET SES DIVERS DEGRÉS.

Il y a une simplicité qui est un défaut, et il y a une simplicité qui est une merveilleuse vertu. La simplicité est souvent un défaut de discernement, et une ignorance des égards qu'on doit à chaque personne. Quand on parle dans le monde d'une personne simple, on veut dire un esprit court, crédule et grossier. La simplicité qui est une vertu, loin d'être grossière, est quelque chose de sublime. Tous les gens de bien la goûtent, l'admirent, sentent quand ils la blessent, la remarquent en autrui, et sentent quand il est nécessaire de la pratiquer ; mais ils auroient de la peine à dire précisément ce que c'est que cette vertu. On peut dire là-dessus que le petit livre *de l'Imitation de Jésus-Christ* dit de la componction du cœur : *Il vaut mieux la pratiquer que de savoir la définir* [1].

La simplicité est une droiture de l'ame qui retranche tout retour inutile sur elle-même et sur ses actions. Elle est différente de la sincérité. La sincérité est une vertu au-dessous de la simplicité. On voit beaucoup de gens qui sont sincères sans être simples : ils ne disent rien qu'ils ne croient vrai ; ils ne veulent passer que pour ce qu'ils sont ; mais ils craignent sans cesse de passer pour ce qu'ils ne sont pas ; ils sont toujours à s'étudier eux-mêmes, à compasser toutes leurs paroles et toutes leurs pensées, et à repasser tout ce qu'ils ont fait dans la crainte d'avoir trop fait ou trop dit. Ces gens-là sont sincères ; mais ils ne sont pas simples : ils ne sont point à leur aise avec les autres, et les autres ne sont point à leur aise avec eux : on n'y trouve rien d'aisé, rien de libre, rien d'ingénu, rien de naturel ; on aimeroit mieux des gens moins réguliers et plus imparfaits, qui fussent moins composés. Voilà le goût des hommes, et celui de Dieu est de même : il veut des ames qui ne soient point occupées d'elles, et comme toujours au miroir pour se composer.

Etre tout occupé des créatures, sans jamais faire aucune réflexion sur soi, c'est l'état d'aveuglement des personnes que le présent et le sensible entraînent toujours : c'est l'extrémité opposée à la simplicité. Etre toujours occupé de soi dans tout ce qu'on a à faire, soit pour les créatures, soit pour Dieu, c'est l'autre extrémité qui rend l'ame sage à ses propres yeux, toujours réservée, pleine d'elle-même, inquiète sur les moindres choses qui peuvent troubler la complaisance qu'elle a en elle-même. Voilà la fausse sagesse, qui n'est, avec toute sa grandeur, guère moins vaine et guère moins folle que la folie des gens qui se jettent tête baissée dans tous les plaisirs. L'une est enivrée de tout ce qu'elle voit au dehors ; l'autre est enivrée de tout ce qu'elle s'imagine faire au dedans ; mais enfin ce sont deux ivresses. L'ivresse de soi-même est encore pire que celle des choses extérieures, parce qu'elle paroît une sagesse, et qu'elle ne l'est pas : on songe moins à en guérir ; on s'en fait honneur ; elle est approuvée ; on y met une force qui élève au-dessus des honneurs et au-dessus du reste des hommes ; c'est une maladie semblable à la frénésie ; on ne la sent pas ; on est à la mort, et on dit : Je me porte bien. Quand on ne fait point de retours sur soi, à force d'être entraîné par les objets extérieurs, on est étourdi ; au contraire, quand on fait trop de retours, c'est une conduite forcée et contraire à la simplicité.

La simplicité consiste en un juste milieu où l'on n'est ni étourdi, ni trop composé : l'ame n'est point entraînée par l'extérieur, en sorte

---

[1] Lib. I, cap. I, n. 3.

qu'elle ne puisse plus faire les réflexions nécessaires : mais aussi elle retranche les retours sur soi qu'un amour-propre inquiet et jaloux de sa propre excellence multiplie à l'infini. Cette liberté d'une ame qui voit immédiatement devant elle pendant qu'elle marche, mais qui ne perd point son temps à trop raisonner sur ses pas, à les étudier, à regarder sans cesse ceux qu'elle a déjà faits, est la véritable simplicité.

Voici donc le progrès de l'ame. Le premier degré est celui où elle se déprend des objets extérieurs pour rentrer au dedans d'elle-même, et pour s'occuper de son état pour son propre intérêt : jusque-là il n'y a encore rien que de naturel ; c'est un amour-propre sage, qui veut sortir de l'enivrement des choses extérieures.

Dans le second degré, l'ame joint à la vue d'elle-même celle de Dieu qu'elle craint. Voilà un foible commencement de la véritable sagesse ; mais elle en est encore enfoncée en elle-même : elle ne se contente pas de craindre Dieu, elle veut être assurée qu'elle le craint ; elle craint de ne le pas craindre ; sans cesse elle revient sur ses propres actes. Ces retours si inquiets et si multipliés sur soi-même sont encore bien éloignés de la paix et de la liberté qu'on goûte dans l'amour simple : mais ce n'est pas encore le temps de goûter cette liberté ; il faut que l'ame passe par ce trouble ; et qui voudroit d'abord la mettre dans la liberté de l'amour simple, courroit risque de l'égarer.

Le premier homme voulut d'abord jouir de lui-même ; c'est ce qui le fit tomber dans l'attachement aux créatures. L'homme revient d'ordinaire par le même chemin qu'il a fait en s'égarant ; c'est-à-dire qu'ayant passé de Dieu aux objets extérieurs, en rentrant d'abord en soi-même, il repasse aussi des objets extérieurs en Dieu en rentrant au fond de son cœur. Il faut donc, dans la conduite ordinaire, laisser quelque temps une ame pénitente aux prises avec elle-même dans une rigoureuse recherche de ses propres misères, avant que de l'introduire dans la liberté des enfans bien-aimés. Tant que l'attrait et le besoin de la crainte dure, il faut nourrir l'ame de ce pain de tribulation et d'angoisse. Quand Dieu commence à ouvrir le cœur à quelque chose de plus pur, il faut suivre, sans perdre le temps et comme pas à pas, l'opération de sa grâce. Alors l'ame commence à entrer dans la simplicité.

Dans le troisième degré, elle n'a plus ces retours inquiets sur elle-même ; elle commence à regarder Dieu plus souvent qu'elle ne se regarde, et insensiblement elle tend à s'oublier pour s'occuper en Dieu par un amour sans intérêt propre. Ainsi l'ame, qui ne pensoit point autrefois à elle-même, parce qu'elle étoit toujours entraînée par les objets extérieurs qui excitoient ses passions, et qui dans la suite a passé par une sagesse qui la rappeloit sans cesse à elle-même, vient enfin peu à peu à un autre état, où Dieu fait sur elle ce que les objets extérieurs faisoient autrefois ; c'est-à-dire qu'il l'entraîne, et la désoccupe d'elle-même, en l'occupant de lui.

Plus l'ame est docile et souple pour se laisser entraîner sans résistance ni retardement, plus elle avance dans la simplicité. Ce n'est pas qu'elle devienne aveugle sur ses défauts, et qu'elle ne sente ses infidélités ; elle les sent plus que jamais ; elle a horreur des moindres fautes ; sa lumière augmente toujours pour découvrir sa corruption : mais cette connoissance ne lui vient plus par des retours inquiets sur elle-même ; c'est par la lumière de Dieu présent qu'elle se voit contraire à sa pureté infinie.

Ainsi elle est libre dans sa course, parce qu'elle ne s'arrête point pour se composer avec art. Encore une fois, cette simplicité merveilleuse ne convient point aux ames qui ne sont point encore purifiées par une solide pénitence ; car elle ne peut être que le fruit du détachement total de soi-même, et d'un amour pour Dieu sans intérêt : mais on y parvient peu à peu : et quoique les ames qui ont besoin de pénitence pour s'arracher aux vanités du monde doivent faire beaucoup de réflexions sur elles-mêmes, je crois néanmoins qu'il faut, suivant les ouvertures que la grâce donne, les empêcher de tomber dans une certaine occupation excessive et inquiète d'elles-mêmes, qui les gêne, qui les trouble, qui les embarrasse et qui les retarde dans leur course. Elles sont enveloppées en elles-mêmes comme un voyageur qui seroit enveloppé de tant de manteaux l'un sur l'autre, qu'il ne pourroit marcher. Les trop grands retours sur soi produisent dans les ames foibles la superstition et le scrupule qui sont pernicieux, et dans les ames qui sont naturellement fortes une sagesse présomptueuse qui est incompatible avec l'esprit de Dieu. Tout cela est contraire à la simplicité, qui est libre, droite, et généreuse jusqu'à s'oublier elle-même pour se livrer à Dieu sans réserve. O qu'une ame délivrée de ces retours bas, intéressés et inquiets, est heureuse ! que ses démarches sont nobles ! qu'elles sont grandes ! qu'elles sont hardies !

Si un homme veut que son ame soit simple et libre avec lui, en sorte qu'il s'oublie lui-même dans ce commerce d'amitié, à combien plus forte raison Dieu, qui est le vrai ami, veut-il que l'ame soit sans retour, sans inquiétude, sans gêne, sans jalousie sur elle-même, sans réserve, dans cette douce et intime familiarité qu'il lui prépare! C'est cette simplicité qui fait la perfection des vrais enfans de Dieu; c'est le but auquel on doit tendre et auquel on doit se laisser conduire. Le grand obstacle à cette bienheureuse simplicité est la folle sagesse du siècle, qui ne veut rien confier à Dieu, qui veut tout faire par son industrie, tout arranger par elle-même, et se mirer sans cesse dans ses ouvrages. Cette sagesse est une folie, selon saint Paul [1]; et la vraie sagesse, qui consiste à se livrer à l'Esprit de Dieu sans retour inquiet sur soi, est une folie aux yeux insensés des mondains.

Quand un Chrétien n'est pas encore pleinement converti, on ne peut cesse lui demander d'être sage : quand il est pleinement converti, il faut commencer à craindre qu'il ne soit trop sage; il faut lui inspirer cette sagesse sobre et tempérée dont parle saint Paul [2] : enfin, s'il veut s'avancer vers Dieu, il faut qu'il se perde pour se retrouver; il faut démonter cette sagesse propre qui sert d'appui à la nature défiante; il faut avaler le calice amer de la folie de la croix, qui tient lieu de martyre aux ames généreuses qui ne sont point destinées à répandre leur sang comme les premiers Chrétiens.

Le retranchement des retours inquiets et intéressés sur soi met l'ame dans une paix et dans une liberté inexplicable : c'est la simplicité. Il est aisé de voir de loin qu'elle doit être merveilleuse; mais la seule expérience peut montrer quelle largeur de cœur elle donne. On est comme un petit enfant dans le sein de sa mère; on ne veut plus et on ne craint plus rien pour soi; on se laisse tourner en tous sens : avec cette pureté de cœur, on ne se met plus en peine de ce que les autres croiront de nous, si ce n'est qu'on évite par charité de les scandaliser : on fait dans le moment toutes ses actions le mieux qu'on peut avec une attention douce, libre, gaie; et on s'abandonne pour le succès. On ne se juge plus soi-même, et on ne craint point d'être jugé, comme saint Paul le dit de lui-même [3].

Tendons donc à cette aimable simplicité. Qu'il nous reste de chemin pour y parvenir! Plus nous en sommes éloignés, plus il nous faut hâter pour avancer à grands pas vers elle. Bien loin d'être simples, la plupart des Chrétiens ne sont pas sincères : ils sont non-seulement composés, mais faux et dissimulés avec le prochain, avec Dieu et avec eux-mêmes; mille petits détours, mille inventions pour donner indirectement des contorsions à la vérité. Hélas! *tout homme est menteur* [1] : ceux mêmes qui sont naturellement droits, sincères, ingénus, et qui ont ce qu'on appelle un naturel simple et aisé en tout, ne laissent pas d'avoir une application délicate et jalouse sur eux-mêmes, qui nourrit secrètement l'orgueil, et qui empêche la vraie simplicité, qui est le renoncement sincère et l'oubli constant de soi-même.

Mais, dira-t-on, comment pourrai-je m'empêcher d'être occupé de moi? c'est une foule de retours sur moi-même qui m'inquiètent, qui me tyrannisent, et qui me causent une très-vive sensibilité. Je ne demande que ce qui est volontaire dans ces retours. Ne soyez jamais volontairement dans les retours inquiets et jaloux, cela suffira; votre fidélité à y renoncer toutes les fois que vous les apercevrez vous en délivrera peu à peu : mais n'allez pas attaquer de front ces pensées, ne cherchez point querelle en vous opiniâtrant pour les combattre; vous les irriteriez. Un effort continuel pour repousser les pensées qui nous occupent de nous et de nos intérêts, seroit une occupation continuelle de nous-mêmes, qui nous distrairoit de la présence de Dieu et des devoirs qu'il veut nous faire accomplir.

Le principal est d'avoir sincèrement abandonné entre les mains de Dieu tous nos intérêts de plaisir, de commodité, de réputation. Quiconque met tout au pis-aller, et qui accepte sans réserve tout ce que Dieu veut lui donner d'humiliations, de peines et d'épreuves, soit au dehors, soit au dedans, commence à s'endurcir contre soi-même : il ne craint point de n'être pas approuvé, et de ne pouvoir éviter la critique des hommes; il n'a plus de délicatesse; ou s'il en a une involontaire, il la méprise et la gourmande; il la traite si rudement, pour n'y avoir aucun égard, qu'elle diminue bientôt. Cet état de pleine acceptation et d'acquiescement perpétuel fait la vraie liberté; et cette liberté produit la simplicité parfaite.

Une ame qui n'a plus d'intérêt, et qui ne se soucie point d'elle, n'a plus que de la candeur; elle va tout droit sans s'embarrasser; sa voie va toujours s'élargissant à l'infini, à mesure que son renoncement et son oubli d'elle-même s'augmentent; sa paix est profonde comme la

---

[1] *I Cor.* I. 20. — [2] *Rom.* XII. 3. — [3] *I Cor.* IV. 3.

[1] *Ps.* CXV. 2.

mer au milieu de ses peines. Mais tandis qu'on tient encore à soi, on est toujours gêné, incertain, enveloppé dans les retours de l'amour-propre. Heureux qui n'est plus à soi !

J'ai déjà remarqué que le monde est du même goût que Dieu pour s'accommoder d'une noble simplicité qui s'oublie elle-même. Le monde goûte dans ses enfans, corrompus comme lui, les manières libres et aisées d'un homme qui ne paroît point occupé de soi ; c'est qu'en effet rien n'est plus grand que de se perdre de vue soi-même. Mais cette simplicité est déplacée dans les enfans du siècle ; car ils ne sont distraits d'eux-mêmes qu'à force d'être entraînés par des objets encore plus vains. Cependant cette simplicité, qui n'est qu'une fausse image de la véritable, ne laisse pas d'en représenter la grandeur. Ceux qui ne peuvent trouver le corps courent après l'ombre, et cette ombre, toute ombre qu'elle est, les charme, parce qu'elle ressemble un peu à la vérité qu'ils ont perdue. Voilà ce qui fait le charme de la simplicité, lors même qu'elle est hors de sa place.

Un homme plein de défauts, qui n'en veut cacher aucun, qui ne cherche jamais à éblouir, qui n'affecte jamais ni talens, ni vertu, ni bonne grâce, qui paroît ne songer pas plus à soi-même qu'à autrui, qui semble avoir perdu le *moi* dont on est si jaloux, et qui est comme étranger à l'égard de soi-même, est un homme qui plaît infiniment malgré ses défauts. C'est que l'homme est charmé par l'image d'un si grand bien. Cette fausse simplicité est prise pour la véritable. Au contraire, un homme plein de talens, de vertus acquises et de grâces extérieures, s'il est trop composé, s'il paroît toujours attentif à lui, s'il affecte les meilleures choses, c'est un personnage dégoûtant, ennuyeux et contre lequel chacun se révolte. Rien n'est donc ni meilleur ni plus grand que d'être simple, c'est-à-dire jamais occupé de soi. Les créatures, à quelque point qu'elles nous mettent, ne nous rendent jamais véritablement simples. On peut, par naturel, être moins jaloux sur certains honneurs, et ne se gêner point dans ses actions par certaines réflexions subtiles et inquiètes ; mais enfin on ne cherche les créatures que pour soi ; et on ne s'y oublie jamais véritablement soi-même ; car on ne s'y attache que pour en jouir, c'est-à-dire les rapporter à soi.

Mais, dira-t-on, faudra-t-il ne jamais songer à soi, ni à aucune des choses qui nous intéressent, et ne parler jamais de nous ? Non, il ne faut point se mettre dans cette gêne : en voulant être simple, on s'éloigneroit de la simplicité, en s'attachant scrupuleusement à la pratique de ne parler jamais de soi, par la crainte de s'en occuper et d'en dire quelques paroles.

Que faut-il donc faire ? ne faire rien de réglé là-dessus, mais se contenter de n'affecter rien. Quand on a envie de parler de soi par recherche de soi-même, il n'y a qu'à mépriser cette vaine démangeaison, en s'occupant simplement ou de Dieu, ou des choses qu'il veut qu'on fasse. Ainsi la simplicité consiste à n'avoir point de mauvaise honte, ni de fausse modestie, non plus que d'ostentation, de complaisance vaine et d'attention sur soi-même. Quand la pensée vient d'en parler par vanité, il n'y a qu'à laisser tomber tout court ce vain retour sur soi-même : quand, au contraire, on a la pensée d'en parler pour quelque besoin, c'est alors qu'il ne faut point trop raisonner ; il n'y a qu'à aller droit au but. Mais que pensera-t-on de moi ? on croira que je me vante sottement : mais je me rendrai suspect en parlant librement sur mon propre intérêt. Toutes ces réflexions inquiètes ne méritent pas de nous occuper un seul moment : parlons généreusement et simplement de nous comme d'autrui quand il en est question. C'est ainsi que saint Paul parle souvent de lui dans ses Épîtres. Pour sa naissance il déclare qu'il est citoyen romain ; il en fait valoir les droits jusqu'à faire peur à son juge. Il dit qu'il n'a rien fait de moins que les plus grands d'entre les apôtres ; qu'il n'a rien appris d'eux pour la doctrine, ni rien reçu pour le ministère ; qu'il est tout aussi bien qu'eux à Jésus-Christ ; qu'il a plus travaillé et plus souffert qu'eux ; qu'il a résisté à Pierre en face, *parce qu'il étoit répréhensible*[1], qu'il a été ravi jusqu'au troisième ciel ; qu'il n'a rien à se reprocher dans sa conscience ; qu'il est un vase d'élection pour éclairer les Gentils ; enfin il dit aux fidèles : *Soyez mes imitateurs comme je le suis de Jésus-Christ*[2]. Qu'il y a de grandeur à parler ainsi simplement de soi ! Saint Paul en dit les choses les plus hautes sans en paroître ni ému, ni occupé de lui ; il les raconte comme on raconteroit une histoire passée depuis deux mille ans. Tous ne doivent pas entreprendre de dire et de faire de même ; mais ce qu'on est obligé de dire de soi, il faut le dire simplement : tout le monde ne peut pas atteindre à cette sublime simplicité, et il faut bien se garder d'y vouloir atteindre avant le temps. Mais quand on a un vrai besoin de parler de soi dans les occa-

---

[1] *Gal.* II. 11. — [2] *I Cor.* XI. 1.

sions communes, il faut le faire tout uniment, et ne se laisser aller ni à une modestie affectée, ni à une honte qui vient de mauvaise gloire. La mauvaise gloire se cache souvent sous un air modeste et réservé : on ne veut pas montrer ce qu'on a de bon ; mais on est bien aise que les autres le découvrent, pour avoir l'honneur tout ensemble et de ses vertus et du soin de les cacher.

Pour juger du besoin qu'on a de penser à soi ou de parler de soi, il faut prendre conseil de la personne qui connoît votre degré de grâce. Par là vous éviterez de vous conduire et de vous juger vous-même ; ce qui est une source de bénédictions. C'est donc à l'homme pieux et éclairé dont nous prenons conseil, à décider si le besoin de parler de soi est véritable ou imaginaire ; son examen et sa décision nous épargneront beaucoup de retours sur nous-mêmes : il examinera aussi si le prochain, à qui nous devons parler, est capable de porter sans scandale cette liberté et cette simplicité à parler de nous avantageusement et sans façon dans le vrai besoin.

Pour les cas imprévus, où l'on n'a pas le loisir de consulter, il faut se donner à Dieu et faire suivant sa lumière présente ce qu'on croit le meilleur, sans hésiter ; car l'hésitation embrouilleroit. Il faut d'abord prendre son parti : quand même on le prendroit mal, le mal se tourneroit à bien par la droite intention ; et Dieu ne nous imputera jamais ce que nous aurons fait faute de conseil en nous abandonnant à la simplicité de son esprit.

Pour toutes les manières de parler contre soi-même, je n'ai garde ni de les blâmer ni de les conseiller. Quand elles viennent par voie de simplicité, de la haine et du mépris que Dieu nous inspire pour nous-mêmes, elles sont merveilleuses ; et c'est ainsi que je les regarde dans un si grand nombre de saints. Mais communément le plus simple et le plus sûr est de ne jamais parler de soi ni en bien ni en mal sans besoin : l'amour-propre aime mieux les injures que l'oubli et le silence. Quand on ne peut s'empêcher de parler mal de soi, on est bien prêt à se raccommoder avec soi-même ; comme les amans insensés qui sont prêts à recommencer leurs folies lorsqu'ils paroissent dans le plus horrible désespoir contre la personne dont ils sont passionnés.

Pour les défauts, nous devons être attentifs à les corriger suivant l'état intérieur où nous sommes. Il y a autant de manières différentes de veiller pour sa correction, qu'il y a de différens états dans la vie intérieure. Chaque travail doit être proportionné à l'état où l'on se trouve ; mais en général il est certain que nous déracinons plus nos défauts par le recueillement, par l'extinction de tout désir et de toute répugnance volontaire, enfin par le pur amour et par l'abandon à Dieu sans intérêt propre, que par les réflexions inquiètes sur nous-mêmes. Quand Dieu s'en mêle, et que nous ne retardons point son action, l'ouvrage va bien vite.

Cette simplicité se répand peu à peu jusque sur l'extérieur. Comme on est intérieurement dépris de soi-même par le retranchement de tous les retours volontaires, on agit plus naturellement. L'art tombe avec les réflexions. On agit sans penser à soi ni à son action, par une certaine droiture de volonté qui est inexplicable à ceux qui n'en ont pas l'expérience. Alors les défauts se tournent à bien, car ils humilient sans décourager. Quand Dieu veut faire par nous quelque œuvre au dehors, ou il ôte ces défauts, ou il les met en œuvre pour ses desseins, ou il empêche que les gens sur qui on doit agir n'en soient rebutés.

Mais enfin, quand on est véritablement dans cette simplicité intérieure, tout l'extérieur en est plus ingénu, plus naturel : quelquefois même il paroît moins simple que certains extérieurs plus graves et plus composés ; mais cela ne paroît qu'aux personnes d'un mauvais goût, qui prennent l'affectation de modestie pour la modestie même, et qui n'ont pas l'idée de la vraie simplicité. Cette vraie simplicité paroît quelquefois un peu négligée et moins régulière ; mais elle a un goût de candeur et de vérité qui fait sentir je ne sais quoi d'ingénu, de doux, d'innocent, de gai, de paisible, qui charme quand on le voit de près et de suite avec des yeux purs.

O qu'elle est aimable cette simplicité ! Qui me la donnera ? Je quitte tout pour elle, c'est la perle de l'Evangile. O qui la donnera à tous ceux qui ne veulent qu'elle ! Sagesse mondaine, vous la méprisez, et elle vous méprise. Folle sagesse, vous succomberez, et les enfans de Dieu détesteront cette *prudence*, *qui n'est que mort*, comme dit son Apôtre [1].

[1] *Rom.* VIII. 6.

XLI.

SUR LES AMITIÉS PARTICULIÈRES : COMBIEN ELLES SONT A CRAINDRE DANS LES COMMUNAUTÉS.

On croit communément qu'il n'y a rien de plus innocent que de se lier d'une amitié étroite avec les personnes en qui on trouve du mérite avec des qualités convenables à notre goût. C'est une nécessité dans la vie, dit-on, que d'avoir quelque personne de confiance à qui on épanche son cœur pour se consoler. Il n'y a que des cœurs durs qui peuvent se passer du plaisir d'une amitié vertueuse et solide.

Mais ces choses, qui sont pleines d'écueils dans tous les autres états, sont singulièrement à craindre dans les communautés; et on doit, quand on se croit appelé à cette vie, se regarder par rapport aux amitiés, tout autrement qu'on ne feroit dans une vie privée et libre au milieu du siècle. En voici les raisons :

Premièrement, on s'est sacrifié à l'obéissance et à la subordination ; ainsi on n'est plus à soi. Si on ne peut disposer ni de son temps, ni de son travail, on doit encore moins disposer de ses attachemens, puisque les attachemens, s'ils étoient suivis, emporteroient et le temps et l'application de l'esprit. Quand vous formez des liaisons que vos supérieurs n'approuvent pas, vous désobéissez, vous entrez insensiblement dans un esprit particulier contraire à l'esprit général de la maison. Vous courez même risque de tomber dans des délicatesses, dans des jalousies, dans des empressemens, dans des ombrages, et dans des excès de chaleur pour les petits intérêts de la personne que vous aimez, que vous auriez honte d'avoir pour vous-même. Les supérieurs ont raison de se défier de votre modération, de votre discrétion, de votre détachement et de vos autres vertus. Ces attachemens particuliers vous rendent souvent indocile sur les vues qu'on auroit, ou de vous écarter absolument, ou de vous donner quelque fonction qui soit cause que vous vous trouviez rarement avec la personne que vous aimez. En voilà assez pour vous aigrir contre vos supérieurs, pour vous rendre l'obéissance amère, et pour vous faire chercher des prétextes de l'éluder. On rompt le silence; on a souvent de petits secrets à dire ; on est ravi de dérober des momens pour s'entretenir contre les règles. Un quart d'heure, où le cœur s'épanche ainsi avec intempérance, fait plus de mal et éloigne davantage de la soumission, que toutes les conversations qu'on pourroit avoir d'ailleurs.

Les supérieurs, voyant ce mal, tâchent d'y remédier, et tous les remèdes les plus charitables qu'ils y emploient passent dans votre esprit pour une défiance et pour une cruauté. Que fais-je ? dit-on ; qu'a-t-on à me reprocher ? j'estime une telle personne pour son mérite; mais je ne la vois guère plus qu'une autre ; je ne la flatte point ; nous ne nous aimons que pour Dieu. On me veut arracher l'unique consolation qui me reste. Avec quelle sévérité me traiteroit-on, si je faisois quelque démarche contre les règles, puisqu'on est impitoyable sur une chose si innocente ?

Les supérieurs voient le mal, et ne peuvent presque l'expliquer. Ils aperçoivent qu'une amitié indiscrète empoisonne insensiblement le cœur, et ils ne savent dans le détail comment prévenir cette contagion. La personne d'abord s'échauffe, puis s'aigrit, et enfin se révolte jusqu'à s'égarer. Les plus beaux commencemens causent ces malheureuses suites.

2° On fait un grand mal aux autres : on leur donne un pernicieux exemple. Chacun se croit permis de former des attachemens particuliers, qui vont insensiblement plus loin qu'on n'avoit cru d'abord. Il s'excite une espèce d'émulation et d'opposition de sentimens entre ceux qui ont des amitiés différentes. De là naissent les petites cabales et les intrigues qui bouleversent les maisons les plus régulières. De plus, il arrive des jalousies entre deux personnes, lorsqu'elles s'attachent à la même : chacun craint que l'autre ne lui soit préférée. Quelle perte de temps! quelle dissipation d'esprit ! quelles folles inquiétudes! quel dégoût de tous les exercices intérieurs ! quel abandon funeste à la vanité! quelle extinction de l'esprit d'humilité et de ferveur! quel trouble même et quel scandale au dehors dans tous ces attachemens indiscrets!

Il faut avouer néanmoins que les communautés sont bien exposées à ce danger ; car ces attachemens sont contagieux. Dès qu'une personne prend cette liberté, c'est le fruit défendu qu'elle fait manger aux autres après en avoir mangé la première. Les autres ne veulent pas avoir moins de consolation et d'appui que cette personne qui cherche à aimer et à se faire aimer.

3° On fait un tort irréparable à la personne qu'on aime trop. On la fait sortir de sa conduite simple, détachée et soumise. On la fait rentrer en elle-même avec complaisance, et dans tous les amusemens les plus flatteurs de l'amour-propre. On lui attire beaucoup de mortifications de la part des supérieurs ; elle les afflige, et elle est affligée par eux. Ils se voient contraints à se défier d'elle, à la soupçonner même quelquefois sur des choses qu'elle n'a point faites, à observer ses moindres démarches, à ne croire point ce qu'elle dit, et à la gêner en beaucoup de petites choses qui la touchent jusqu'au fond du cœur.

Vous qui vous êtes attaché à elle, vous partagez avec elle vos croix et les siennes. Il s'en fait un commerce très-dangereux ; car ayant de part et d'autre le cœur plein d'amertume, vous répandez l'un sur l'autre tout votre fiel. Vous murmurez ensemble contre les supérieurs ; vous vous fortifiez par de vains prétextes contre la simplicité de l'obéissance ; et voilà le malheureux fruit de toutes ces belles amitiés.

D'ailleurs, une seule amitié particulière est capable de troubler l'union générale. Une personne aimée par une autre excite souvent la jalousie et la critique de toute une communauté. On hait cette personne, on la traverse en tout, on ne peut la souffrir, parce qu'elle paroît d'ordinaire fière et dédaigneuse, ou du moins froide et indifférente pour les autres qu'elle n'aime pas. Quand on agit suivant une charité générale, on est généralement aimé, et on édifie tout le monde. Quand, au contraire, on se conduit par des amitiés particulières, suivant son goût, on blesse la charité générale par des différences qui choquent toute une maison.

4° Enfin on se nuit beaucoup à soi-même. Est-ce donc là se renoncer, suivant le précepte de Jésus-Christ ? est-ce là mourir à tout ? est-ce là s'oublier soi-même, et marcher nu après Jésus-Christ ! Au lieu de se crucifier avec lui, on ne cherche qu'à s'amollir, qu'à s'enivrer d'une amitié folle : on perd le recueillement ; on ne goûte plus l'oraison. On est toujours empressé, inquiet, craintif, mystérieux, défiant. Le cœur est plein de ce qu'on aime, c'est-à-dire d'une créature, et non pas de Dieu. On se fait une idole de cette créature, et on veut être aussi la sienne. C'est un amusement perpétuel.

Ne dites point : Je me retiendrai dans cette amitié. Si vous avez cette présomption, vous êtes incapable de vous retenir. Comment vous retiendriez-vous, lorsque vous serez dans une pente si roide, puisque vous ne pouvez pas même vous retenir avant que vous y soyez ? Ne vous flattez donc plus. Le naturel tendre et affectueux, qui fait que vous ne pouvez vous passer de quelque attachement, ne vous permettra aucune modération dans ceux que vous formerez. D'abord ils vous paroitront nécessaires et modérés ; mais bientôt vous sentirez combien il s'en faut que vous ne sachiez gouverner votre cœur, et l'arrêter précisément où il vous plaît.

Je conclus que si vous n'avez aucun attachement particulier, vous ne sauriez trop veiller sur votre cœur, ni le garder avec précaution, pour ne lui permettre jamais de s'échapper dans ces vaines affections, qui sont toujours cuisantes dans leurs suites.

N'aimez point tant une seule personne, et aimez davantage tous ceux que Dieu vous commande d'aimer. O que vous goûterez la paix et le bonheur, si l'amour de Dieu, qui est si bon et si parfait, vous ôte le loisir et le goût de vous amuser à des amitiés badines pour des créatures toujours imparfaites et incapables de remplir nos cœurs !

Mais si vous êtes déjà malade de cette fantaisie, si l'entêtement d'une belle amitié vous occupe, du moins essayez de vous guérir doucement et peu à peu. Ouvrez les yeux : la créature que vous aimez n'est pas sans défaut. N'en avez-vous jamais rien souffert ? Tournez vos affections vers la souveraine bonté, de qui vous ne souffrirez jamais rien. Ouvrez votre cœur à l'amour de l'ordre et de l'obéissance ; goûtez le plaisir pur de la charité qui embrasse tout le monde, et qui ne fait point de jaloux. Aimez l'œuvre de Dieu, l'union et la paix dans la maison où il vous appelle. Si vous avez quelque obligation à cette personne, témoignez-lui de la reconnoissance, mais non pas aux dépens des heures de silence et de vos exercices réguliers. Aimez-la en Dieu, et selon Dieu. Retranchez les confidences indiscrètes et pleines de murmures, les caresses folles, les attendrissemens indécens, les vaines joies, les empressemens affectés, les fréquentes conversations. Que votre amitié soit grave, simple et édifiante en tout. Aimez encore plus Dieu, son œuvre, votre communauté et votre salut, que la personne dont il s'agit.

ORDRE ancien des chapitres de l'ouvrage intitulé : *Divers Sentimens et Avis chrétiens;* avec l'indication des endroits qui leur correspondent dans cette édition [1].

DIVERS SENTIMENS ET AVIS CHRÉTIENS.

ORDRE ANCIEN.		ORDRE NOUVEAU.
I.	Que Dieu est peu connu présentement.	XVII.
II.	De la nécessité de connoître et d'aimer Dieu.	XVIII.
III.	Sur le pur amour.	XIX.
IV.	Avis sur la prière et sur les principaux exercices de piété.	Manuel de piété.
V.	De la conformité à la vie de Jésus-Christ.	X.
VI.	De l'humilité.	Let. spir. à la comtesse de Grammont.
VII.	Sur la prière.	XXVI.
VIII.	Prière pour se donner entièrement à Dieu dans la solitude.	XXXI.
IX.	De la méditation.	Let. spir. à un militaire.
X.	De la mortification.	V.
XI.	Sur le renoncement à soi-même.	XXXII.
XII.	Du détachement de soi-même.	XXXIII.
XIII.	Sur la violence qu'un Chrétien se doit faire continuellement.	XII.
XIV.	Le royaume de Dieu ne se donne qu'à ceux qui font sa volonté.	XXIX.
XV.	Contre les tentations.	VI.
XVI.	De la tristesse.	XV.
XVII.	Sur la dissipation et sur la tristesse.	XIV.
XVIII.	De la confiance en Dieu.	XXXV.
XIX.	Comment il faut veiller sur soi.	VI.
XX.	Que l'esprit de Dieu enseigne au dedans.	XXII.
XXI.	Sur la prière du Pharisien.	XIII.
XXII.	Sur les fautes journalières et le support de soi-même.	VI.
XXIII.	Sur la fidélité dans les petites choses.	VIII.

[1] On a vu dans l'*Avertissement* du tome XVII, n. V, les raisons qui nous ont engagés à donner cette table de comparaison. (*Edit. de Versailles*.)

ORDRE ANCIEN.		ORDRE NOUVEAU.
XXIV.	Des mouvemens passagers de la fidélité et simplicité.	XXXII.
XXV.	Qu'il ne faut juger des vertus ni des vices de soi ou d'autrui selon le goût humain.	XXVII.
XXVI.	Sur l'utilité du silence et du recueillement.	Let. spir. à la comtesse de Grammont.
XXVII.	Horreur des privations et de l'anéantissement entre les dévots mêmes.	XXIV.
XXVIII.	Du bon usage des croix.	XXXVI.
XXIX.	Sur les croix.	A la comt. de Grammont.
XXX.	De la trop grande sensibilité dans les peines.	A la même.
XXXI.	Nécessité de la purification de l'ame par rapport aux dons de Dieu, et spécialement aux amitiés.	XXIII.
XXXII.	Des opérations intérieures de Dieu pour ramener l'homme à sa véritable fin, pour laquelle il nous a créés.	XXII.
XXXIII.	De la perfection chrétienne.	XXX.
XXXIV.	Que la voie de la foi nue et de la pure charité est meilleure et plus sûre que celle des lumières et des goûts.	XXV.
XXXV.	De la simplicité.	XL.
XXXVI.	De la véritable lumière.	Fin du XXX.
XXXVII.	De la présence de Dieu.	VII.
XXXVIII.	Sur la conformité à la volonté de Dieu.	XXXIV.
XXXIX.	Instruction générale pour avoir la paix intérieure.	XXXVIII.
XL.	Sur l'abandon à Dieu.	XXXIX.
XLI.	De la reconnoissance.	XX.
XLII.	Que le seul amour pur sait souffrir comme il faut et aimer les souffrances.	XXXVII.
XLIII.	L'amour désintéressé et l'amour intéressé ont leur saison.	XXI.
XLIV.	De la vraie liberté.	XXVIII.
XLV.	Des divertissemens attachés à l'état des personnes.	II.
XLVI.	Avis à une personne attachée à la Cour.	III.
XLVII.	Des croix qu'il y a dans l'état de prospérité, de faveur et de grandeur.	IV.
XLVIII.	De l'emploi du temps.	I.
XLIX.	Du ménagement du temps.	A la comt. de Grammont.
L.	Du mariage.	Manuel de piété.
LI.	De la mort.	XVI.

ŒUVRES DE FÉNELON.

TROISIÈME CLASSE.

RECUEIL DE MANDEMENTS.

MANDEMENTS.

I.

MANDEMENT POUR LE JUBILÉ

DE L'ANNÉE SAINTE 1701.

Après une traduction de la bulle de notre saint père le pape Clément XI, et la désignation des églises à visiter pour gagner le Jubilé dans le diocèse de Cambrai, monseigneur l'archevêque parle ainsi à son peuple.

FRANÇOIS, par la miséricorde de Dieu et la grâce du saint Siége apostolique, archevêque duc de Cambrai, prince du Saint-Empire, comte du Cambrésis, etc., à tous les fidèles de notre diocèse, salut et bénédiction.

Nous avons trouvé à propos, mes très-chers Frères, de faire publier, le premier dimanche de l'Avent, le Jubilé de l'année sainte, que notre saint père le Pape a bien voulu accorder en faveur de nos diocésains. En vous donnant la traduction de la bulle de Sa Sainteté, nous commençons par désigner les églises qu'il faudra visiter en chaque lieu, etc.

Il ne nous reste, mes très-chers Frères, qu'à vous représenter combien les dons de Dieu sont terribles contre ceux qui les méprisent. Hélas! les jours de bénédictions s'écoulent, et le péché règne toujours. Le ciel verse une rosée abondante, et la terre demeure stérile en fruits dignes de pénitence. Ne reverrons-nous pas encore après le Jubilé les mêmes déréglemens, les mêmes habitudes, les mêmes scandales! Les fidèles courent avec empressement pour obtenir cette grâce; mais ils veulent apaiser Dieu sans se convertir ni se corriger. La religion se tourne en vaine cérémonie. Un pécheur veut payer Dieu des apparences dont il n'oseroit payer un ami offensé. Il donne à Dieu tout le moins qu'il peut dans sa réconciliation. Il semble regretter tout ce qu'il lui donne, et le compter comme perdu. Il se prosterne aux pieds d'un prêtre, et prétend lui faire la loi; il frappe sa poitrine, et flatte ses passions; il avoue sa fragilité, et refuse de se défier de lui-même; sa fragilité sert d'excuse à ses rechutes, et ne lui fait sentir le besoin d'aucune précaution : il veut apaiser Dieu, mais à condition de ne se gêner en rien. « C'est aux pénitens que je parle, disoit saint » Augustin. Que faites-vous? Sachez que vous » ne faites rien. A quoi vous sert cette humi- » liation apparente, sans changement de vie? » *Quid est quod agitis? Scitote, nihil agitis.* » *Quid prodest quia humiliamini, si non mu- » tamini?* [1] »

Faut-il que les Chrétiens retombent dans le judaïsme, et que les cœurs soient loin de Dieu pendant qu'on l'honore des lèvres? C'est parler de pénitence, sans se repentir; c'est réciter des prières, sans prier véritablement; c'est tourner le remède en poison, et rendre le mal incurable.

---

[1] *Serm.* CCCXCII, al. *Homil.* XLIX inter L, n. 6 : t. V, p. 1506.

L'exercice de la foi se réduit à n'oser contredire les mystères incompréhensibles, à l'égard desquels une certaine soumission vague ne coûte rien. Mais les maximes de la pauvreté et de l'humilité évangélique, qui sont révélées comme les mystères, et qui attaquent l'amour-propre, ne souffrent-elles pas en toute occasion une contradiction, et une dérision scandaleuse? On craint le moindre mépris du monde plus que les jugemens de Dieu, et la moindre perte des biens temporels, plus que celle du salut. On a honte de faire le bien, la parole de Dieu ennuie, on est dégoûté du pain descendu du ciel, la table sacrée est déserte; presque personne ne porte sérieusement et avec docilité le joug de la loi divine. O Seigneur, approchons-nous de ces temps où vous avez dit que le Fils de l'homme trouveroit à peine quelque foi sur la terre? Jetez un regard de compassion sur vos enfans. Envoyez votre Esprit, et ils seront créés, et vous renouvellerez la face de la terre. Rallumez le feu de votre amour dont vous avez voulu embraser le monde. Après avoir été justement irrité, ressouvenez-vous de votre miséricorde. Rappelez pour votre gloire ces anciens jours, où votre peuple bien-aimé, n'étant qu'un cœur et qu'une ame sous votre main, usoit de ce monde comme n'en usant pas, et ne se consoloit que dans l'amour de votre beauté éternelle.

Donné à Cambrai le 15 de novembre 1701.

II.

MANDEMENT POUR LE CARÊME

DE L'ANNÉE 1704.

FRANÇOIS, etc., à tous les fidèles de notre diocèse, salut et bénédiction.

Pendant la dernière paix nous avons cru devoir nous appliquer à rappeler nos diocésains à la parfaite observation de la pénitence du Carême, qui est aussi ancienne que l'Eglise, et qu'elle a pratiquée pendant tant de siècles avec une exactitude incomparablement plus rigoureuse qu'en nos jours. Dans cet intervalle de tranquillité publique, nous avions déjà accoutumé les peuples à se priver de l'usage des œufs, que les malheurs de la guerre avoient rendu autrefois nécessaire. Mais une guerre nouvelle a suspendu malgré nous le parfait rétablissement de cette discipline. Nous nous bornâmes l'année dernière à résister aux désirs de ceux qui demandoient qu'on permît la viande. Nous ne crûmes pas devoir autoriser un relâchement d'une si dangereuse conséquence, et qui avoit été inouï dans les Pays-Bas catholiques, même pendant les plus longues guerres et les plus affreuses désolations. Nous savions que les peuples de ce pays, malgré les ravages et les misères incroyables des temps passés, avoient toujours eu le zèle de s'abstenir de manger de la viande pendant tous les Carêmes, étant jaloux de conserver cette glorieuse marque de discipline de l'Eglise catholique, qui les distinguoit des Protestans leurs voisins.

Mais enfin, cette année, l'entière cessation de commerce avec la Hollande prive les Pays-Bas de toutes les provisions de poisson qu'ils avoient accoutumé d'en recevoir; et notre saint père le Pape nous inspire par sa sagesse paternelle une indulgence extraordinaire pour ce cas singulier, autant que notre conscience et la connoissance exacte que nous avons sur les lieux des vrais besoins de notre troupeau nous le permettront.

Des raisons si puissantes nous déterminent à permettre, pendant le Carême prochain, à la partie de notre diocèse qui est sous la domination du Roi Catholique, l'usage de la viande pendant trois jours de chaque semaine, savoir, le dimanche, le mardi et le jeudi. Nous en exceptons néanmoins le jeudi qui arrive le lendemain du mercredi des Cendres, le dimanche des Rameaux, le mardi et le jeudi de la semaine sainte. Quoique nous leur permettions ainsi l'usage de la viande pour certains jours, nous conservons le commandement de l'Eglise dans toute sa force, à l'égard du jeûne, non-seulement pour tous les autres jours, mais encore pour les jours mêmes où ils mangeront de la viande. Plus la nourriture qu'on prend est forte, plus on est en état de garder la règle du jeûne en ne faisant chaque jour qu'un seul repas avec une petite collation.

De plus, nous exhortons les riches à suppléer par des aumônes, au-delà même de celles qu'ils font d'ordinaire, la pénitence qu'ils ne feront point du côté de leur nourriture. Enfin nous conjurons tous les peuples en général de pratiquer quelque autre mortification, qui tienne lieu de celle dont nous les dispensons. Jamais temps n'a montré plus que celui-ci une pressante nécessité d'apaiser la colère de Dieu par des humiliations et par des pénitences extraordinaires. Il faut que sa justice soit bien irritée par les péchés des hommes, puisque nous voyons toutes les nations de la chrétienté dans des guerres semblables à celles qui ont été prédites pour la fin des siècles.

À l'égard de la partie de notre diocèse qui est sous la domination de France, nous lui permettons seulement, et en commun avec la partie qui est sous la domination d'Espagne, l'usage des œufs, exceptant néanmoins les quatre premiers et les quatre derniers jours.

De plus, comme les militaires reviennent à peine d'une longue campagne, et sont à toute heure sur le point de se remettre en marche pour recommencer leurs fatigues, nous leur permettons de manger de la viande cinq jours de chaque semaine, savoir, le dimanche, le lundi, le mardi, le mercredi et le jeudi, exceptant néanmoins le mercredi des Cendres, le jour suivant, et toute la semaine sainte.

Mais nous ne prétendons point comprendre dans cette dispense, par rapport à la viande, aucun des officiers des états-majors des places ; parce que, demeurant tranquillement chez eux dans les villes, ils peuvent encore plus facilement que le peuple se contenter des œufs, qui leur sont permis.

Nous espérons du zèle des peuples soumis à la France dans notre diocèse, qu'ils ne seront nullement jaloux de la condescendance particulière dont nous usons à l'égard de ceux qui obéissent à l'Espagne ; et qu'ils se croiront heureux au contraire de pouvoir, par leur situation plus éloignée de la guerre, faire un peu plus qu'eux pour garder la règle. Selon saint Augustin, ceux-là sont les plus riches en Jésus-Christ, qui ont plus de courage pour supporter la privation ; car il est bien plus avantageux d'être au-dessus des besoins, que d'avoir de quoi y satisfaire. *Illæ se existiment ditiores, quæ fuerint in sustinenda parcitate fortiores. Melius est enim minùs egere, quàm plus habere* [1]. Mais enfin les uns et les autres doivent en cette occasion suivre ce que saint Paul disoit aux premiers fidèles, dont les uns usoient d'une liberté que les autres se refusoient : *Que celui qui mange ne méprise point celui qui ne mange pas ; et que celui qui ne mange pas ne juge point celui qui mange* [2]. Au milieu de ces petites diversités passagères que certaines circonstances causent dans la discipline, tous doivent demeurer dans une parfaite unité de cœur, en attendant que les uns puissent revenir au plus tôt au même point où les autres auront la gloire en Jésus-Christ d'être demeurés fermes.

[1] *Ep.* CCXI, n. 9 : t. II, p. 784. — [2] *Rom.* XIII. 3.

Au reste, mes très-chers Frères, nous avons appris avec douleur qu'un grand nombre d'entre vous, ayant entendu publier dans le pays de la domination d'Espagne un ordre de la puissance séculière, qui étoit borné à la simple police, pour avertir de bonne heure les bouchers, marchands de poisson et autres qui font les provisions publiques, ont cru pouvoir manger aussitôt de la viande tous les samedis, sans attendre que la voix de l'Eglise leur mère les instruisît de sa volonté. Vous devez savoir que c'est l'Eglise seule à laquelle il appartient non-seulement de dispenser, mais encore de publier elle-même ses propres dispenses sur les commandemens qu'elle a faits toute seule. Le commandement du jeûne du Carême est sans doute un des plus anciens et des principaux commandemens que cette sainte mère ait faits à ses enfans pour leur faire pratiquer la pénitence, sans laquelle nul homme ne peut expier ses péchés, vaincre les tentations, et se rendre digne du royaume du ciel.

Comme les ministres de l'autel sont infiniment éloignés de s'ingérer dans aucune affaire qui regarde l'autorité temporelle, et qu'à cet égard ils donneront toujours à tout le reste des sujets des rois l'exemple de la soumission la plus parfaite et du zèle le plus ardent ; aussi les rois vraiment chrétiens et catholiques n'ont garde de décider jamais sur les choses purement spirituelles, telles que les commandemens de l'Eglise pour l'expiation des péchés par la pénitence. Quand ils ont besoin de quelque dispense à cet égard pour leurs personnes sacrées mêmes, ils sont les premiers à se soumettre humblement à l'autorité des pasteurs, pour en donner l'exemple à tous les peuples de leurs Etats. Souvenez-vous donc pour toujours, mes très-chers Frères, que c'est de l'Eglise seule que vous devez apprendre les dispenses qu'elle accorde sur ses propres commandemens.

Donné à Cambrai le dernier jour de l'année 1703.

III.

MANDEMENT POUR LE CARÊME

DE L'ANNÉE 1705.

FRANÇOIS, etc., à tous les fidèles de notre diocèse, salut et bénédiction.

Il y a déjà environ quinze cents ans que Tertullien rapportoit comme une tradition la coutume où étoient les *évêques d'ordonner les jeûnes pour tout le peuple ; et dès lors l'abstinence de certains alimens faisoit une partie de cette pénitence ; portionale jejunium* [1]. C'est suivant cette tradition, qui remonte jusqu'aux apôtres, que les pasteurs doivent répondre à Dieu des mortifications du troupeau pour l'expiation des péchés. Mais nous remarquons avec douleur que la sainte discipline du Carême a été très-dangereusement altérée dans cette frontière par la longueur des guerres. Nos peuples, autrefois si jaloux de conserver cette marque qui les distinguoit des Protestans leurs voisins, semblent avoir oublié cette ancienne ferveur. Ceux qui auroient refusé des dispenses dans leurs plus pressans besoins, en demandent chaque année avec empressement. La pénitence diminue pendant que son besoin augmente. L'iniquité couvre la face de la terre. La main de Dieu est étendue et s'appesantit sur toute la chrétienté. Il semble dire à tant de nations désolées par des guerres sanglantes : *Super quo percutiam vos ultra ?* Que me reste-t-il à frapper ? quelle plaie puis-je encore ajouter ? Mais les hommes, loin d'affliger leurs ames pour apaiser sa colère, ne cherchent qu'à élargir la voie étroite.

Ceux, dit saint Augustin, qui manquent *de véritables raisons* pour obtenir des dispenses, sont ingénieux pour s'éblouir eux-mêmes par de fausses nécessités. *Falsas faciunt, quia veras non inveniunt* [2]. On devroit, dit-il, passer ces *jours d'humiliation dans le gémissement de l'oraison, et dans la mortification du corps.* D'un côté, il faudroit que l'oraison fût *nourrie par le jeûne,* selon le langage de Tertullien. En effet l'oraison étant toute *spirituelle,* elle n'est parfaite qu'à proportion qu'elle sépare l'ame de la chair, pour l'unir à Dieu dans la vie de la foi. D'un autre côté, les hommes sont occupés de leurs corps, comme s'ils n'avoient point d'ame. Ils craignent de laisser jeûner leurs corps, et ils laissent tomber leurs ames en défaillance dans un funeste jeûne de la parole de vie, et de l'Eucharistie, qui est *le pain au-dessus de toute substance.* Ils s'alarment avec lâcheté sur les moindres infirmités de ce corps, dont ils ne peuvent que retarder un peu la corruption ; mais ils ne sentent ni les tentations, ni les maladies mortelles de l'ame, qui est faite pour vivre éternellement.

On allègue contre le Carême la misère publique : raison que la vénérable antiquité n'auroit eu garde d'approuver. Dans ces premiers temps, les riches jeûnoient pour donner aux pauvres ce qu'ils épargnoient dans le jeûne. Saint Augustin disoit à son peuple : Que Jésus-
» Christ, souffrant la faim en la personne du
» pauvre, reçoive de vos mains l'aliment que
» le jeûne vous retranche.... Que la pauvreté
» volontaire du riche devienne l'abondance
» du pauvre a besoin. *Voluntaria copiosi*
» *inopia fiat necessaria inopis copia.* » De là vient que ce Père veut que le jeûne aille jusqu'à *souffrir la faim et la soif.* Il faut, dit-il, que les riches se dégradent, s'appauvrissent, et se *nourrissent comme les pauvres,* pour les secourir.

Mais en nos jours le Carême s'approche-t-il, les pauvres sont ceux qui s'en plaignent le moins, et leur misère sert de prétexte à la délicatesse des riches. Les dispenses ne sont presque pas pour les pauvres : toute leur vie est un Carême perpétuel. Qui est-ce donc qui élève sa voix contre la pénitence ? Les riches qui en ont le plus pressant besoin pour corriger la mollesse de leur vie. Ils ne savent que trop éluder la loi, lors même qu'ils ne peuvent en secouer le joug. La pénitence se tourne chez eux en raffinemens de plaisirs. On dépense en Carême plus que dans les temps de joie et de licence. La volupté même, dit saint Augustin, ne voudroit pas perdre la variété des mets que le Carême a fait inventer. *Ut ipsa faucium concupiscentia nolit Quadragesimam præterire.*

Hélas ! où en sommes-nous ? Arrivons-nous à ces derniers temps où saint Paul assure qu'*ils ne souffriront plus la saine doctrine,* et dont Jésus-Christ même dit : *Croyez-vous que le Fils de l'homme trouvera de la foi sur la terre ?* On se dit chrétien, et on veut se persuader à soi-même qu'on l'est. On va à l'Eglise, et on auroit horreur d'y manquer. Mais on réduit la religion à une pure cérémonie, comme les Juifs. On ne donne rien à Dieu, que ce qui ne coûte presque rien à l'amour-propre. On lui refuse tout ce qui humilie l'esprit, ou qui afflige la chair. On vit comme si on ne croyoit point d'autre vie que celle du corps. Ne craignons pas d'employer une expression de l'Apôtre : *Le ventre* de ces hommes sensuels *est leur dieu.* Cependant ce corps qu'on flatte, qu'on orne, et dont chacun fait son idole, se flétrit comme une fleur qui est épanouie le matin, et qu'on foule aux pieds dès le soir. Il se défigure, il meurt tous les jours : il est le corps de mort et de péché, comme dit l'Apôtre. Hélas ! *le jour de la per-*

---
[1] *De Jejun.* cap. IX : p. 548. — [2] *Serm.* ccx, *de Quadrag.* VI, n. 12 : t. v, p. 932.

dition est *déjà proche, et les temps se hâtent d'arriver.* Voilà la conclusion de saint Augustin. « Plus le jour de la mort est incertain, et » le jour passager de cette vie plein d'amer- » tume, plus nous devons jeûner et prier ; car » nous mourrons demain. » Mais pourquoi, dit Tertullien, le jeûne, qui est très-salutaire aux pécheurs, est-il *si triste* et si *pénible* pour eux ? *Cur enim triste, quod salutare* [1] *?*

Voilà, mes très-chers Frères, ce qui nous a tant fait désirer de maintenir la pénitence du Carême. Nous avons, malgré nous, fait quelque peine à ceux que nous aimons le plus, et dont nous voulons le plus être aimés pour Dieu. Mais nous leur disons, comme l'Apôtre : *Si je vous contriste, eh qui est-ce qui me consolera, si ce n'est celui qui a été contristé par moi ?* N'êtes-vous pas *notre joie et notre couronne en Jésus-Christ ?* Malgré cette fermeté que nous avons crue nécessaire, nous n'avons pas laissé de relâcher beaucoup par rapport à la sainteté d'une discipline apostolique, et par rapport aux péchés innombrables des hommes. La condescendance que nous eûmes l'année dernière paroît encore nécessaire en celle-ci. La cessation du commerce continue. La voix du saint Père, qui nous invite à l'indulgence dans ce cas singulier, nous rassure contre la crainte où nous étions de laisser les pécheurs prescrire contre la loi. Ainsi nous permettons encore pendant le Carême prochain, etc.

La docilité édifiante de tous nos diocésains de la domination de France, qui a éclaté l'année dernière dans l'inégalité que nous avons cru devoir mettre entr'eux et nos diocésains soumis à l'Espagne, ne nous permet pas de douter qu'ils ne veuillent montrer encore le même zèle cette année. Heureux ceux qui ont le courage de donner un grand exemple d'amour pour la loi ! Qu'ils soient à jamais bénis, pour avoir soutenu dans un temps fâcheux une si pure discipline, et pour n'avoir point regardé d'un œil jaloux le soulagement de leurs frères ! Nous espérons que les autres, également zélés pour la règle, se hâteront, dans la suite, de faire autant qu'eux, pour être la bonne odeur de Jésus-Christ.

Donné à Cambrai le 25 janvier 1705.

[1] *De Jejun.*

IV.

MANDEMENT POUR DES PRIÈRES.

1705.

FRANÇOIS, etc., à tous les fidèles de notre diocèse, salut et bénédiction.

Dieu, dit saint Augustin [1], partage les temps entre sa justice et sa miséricorde. Tantôt il brise le genre humain par les guerres, et tantôt il le console par la paix. Mais la nécessité des guerres, ajoute ce Père [2], loin d'adoucir ces grandes calamités, est au contraire ce qu'elles ont de plus rigoureux ; puisqu'il n'y a rien de plus déplorable dans les maux, que de ne pouvoir les éviter par sa sagesse. A la vue de tant de malheurs, dont une guerre presque universelle afflige la chrétienté, ne devons-nous pas conclure, mes très-chers Frères, que les peuples *ont profondément péché ? profundè peccaverunt* [3]. Puisque Dieu, ce père si tendre et si miséricordieux, nous frappe si terriblement, il faut que nous soyons des enfans ingrats et dénaturés qui aient attiré sa colère. Non-seulement, dit le même Père [4], ceux qui ont oublié Dieu, et foulé aux pieds toutes ses lois, doivent trembler sous les coups de sa puissante main, mais encore ceux qui n'ont point à se reprocher un orgueil insolent, une volonté impudente, une insatiable avarice, une injustice cruelle, une scandaleuse impiété, doivent s'humilier avec les méchans pour apaiser la justice divine : *Flagellantur enim simul, non quia simul agunt malam vitam, sed quia simul amant temporalem vitam.* Il est juste qu'ils sentent avec les impies l'amertume de cette vie périssable, puisqu'ils en ont aimé avec eux la fausse douceur. Que nous reste-t-il donc, sinon de nous ranimer par ces paroles du Saint-Esprit :

Et maintenant, dit le Seigneur [5], *convertissez-vous à moi de tout votre cœur dans le jeûne, dans les larmes et dans les gémissemens. Déchirez vos cœurs, et non vos habits. Convertissez-vous au Seigneur votre Dieu ; car il est bon, compatissant, patient, riche en miséricorde, aimant mieux à faire le bien que le mal. Qui sait s'il ne sera pas lui-même changé, pour nous par-*

[1] *De Civit. Dei*, lib. v, cap. XXII : t. VII, p. 139. — [2] *Ibid.* lib. XIX, cap. VII : p. 551. — [3] *Osee.* IX. 9. — [4] *De Civit. Dei*, lib. I, cap. IX : t. VII, p. 8 et 9. — [5] *Is.* II.

donner, et s'il ne laissera point après lui sa bénédiction, pour recevoir nos sacrifices? Sonnez de la trompette au milieu de Sion. Appelez tout le peuple; purifiez-le : assemblez les vieillards; amenez même les enfans qui sucent la mamelle. Que l'époux se lève, que l'épouse quitte son lit nuptial. Entre le vestibule et l'autel, les prêtres et les ministres diront en pleurant : Pardonnez, Seigneur, pardonnez à votre peuple, et n'abandonnez point votre héritage à l'opprobre et à la domination des Gentils. Souffrirez-vous que ces peuples disent de nous : Où est leur Dieu?

Comme nos infidélités ont attiré la guerre, hâtons-nous de ramener la paix par nos prières, et par nos vertus demandons à Dieu qu'il comble de ses grâces la personne du Roi, qu'il bénisse ses armes, qu'il protége sa juste cause, et qu'il dissipe tous les projets de ses ennemis. Faisons même une demande qui ne sera pas moins pour nos ennemis que pour nous. Demandons une paix commune, où personne ne combatte plus que contre les vices, où l'on ne voie plus les hommes verser des larmes que pour leurs péchés, où le ciel ramène sur la terre la beauté des anciens jours, et où tous les enfans de Dieu, sans distinction d'aucun pays, ne soient plus qu'un cœur et une ame.

Pour obtenir ces grâces du Ciel, nous ordonnons qu'on chantera tous les dimanches et toutes les fêtes, à la fin de la messe, pendant tout le reste de cette guerre, dans toutes les églises, tant exemptes que non exemptes, etc.

Donné à Cambrai le 18 d'août 1705.

V

MANDEMENT POUR LE CARÊME

DE L'ANNÉE 1706.

FRANÇOIS, etc., à tous les fidèles de notre diocèse, salut et bénédiction.

Pendant les premiers siècles de l'Eglise, les Chrétiens vivoient de foi, dans le jeûne, dans la prière, dans le silence, dans le travail des mains. Ils usoient de ce monde comme n'en usant pas, parce que c'est une figure qui passe dans le moment où l'on s'imagine en jouir. Leur conversation étoit dans le ciel.

Que si quelqu'un venoit à déchoir de cet heureux état, chacun le regardoit comme un astre tombé du ciel. Aussitôt toute l'Eglise étoit en pleurs et en gémissement pour lui. Ce pécheur, trop heureux de faire pénitence, se tenoit à la porte de la maison de Dieu, frappant sa poitrine, criant miséricorde aux pieds du pasteur, et se jugeoit indigne de la vue du saint autel. Un grand nombre d'années s'écouloit dans cette humiliation, avant qu'il fût rappelé au festin sacré de l'Agneau. Les empereurs même du monde (le grand Théodose en est un merveilleux exemple), loin de faire la loi à l'Eglise en ce point, ne lui étoient pas moins soumis que le reste de ses enfans pour cette discipline salutaire. L'Eglise étoit jalouse de ne souffrir pas que les saints martyrs allant répandre leur sang, accordassent aux pécheurs quelque adoucissement de cette règle rigoureuse. Combien eût-elle été indignée, si elle eût vu les pécheurs eux-mêmes vouloir se rendre les juges de leurs propres péchés, et prétendre lui extorquer des dispenses, pour en éluder l'expiation!

Loin de voir les pécheurs vouloir s'épargner comme des hommes innocens, on voyoit les justes les plus édifians qui se punissoient sans cesse comme coupables. Non-seulement les solitaires dans les déserts pratiquoient une abstinence qui paroissoit miraculeuse, jusque dans la plus extrême vieillesse, et vivoient comme des anges dans des corps mortels, mais encore les fidèles de tous les états sembloient regretter tout ce qu'ils ne pouvoient refuser à leur corps sans le détruire. *La sainte pâleur du jeûne* étoit peinte sur les visages, pour parler comme saint Basile. « J'ai connu à Rome, dit saint Au-
» gustin [1], beaucoup d'hommes qui menoient
» une vie tout ensemble libre et sainte.... J'ai
» appris qu'ils pratiquoient des jeûnes entière-
» ment incroyables. Non-seulement ils se bor-
» noient à manger une seule fois chaque jour à
» l'entrée de la nuit, ce qui est très-ordinaire
» en tous lieux, mais encore ils passoient trois
» jours de suite, ou un plus long temps, sans
» boire ni manger. Cette coutume se trouvoit
» parmi les femmes, aussi bien que parmi les
» hommes. »

C'est ainsi que les amis de Dieu affligeoient leur chair, pour nourrir plus facilement leur esprit dans une prière continuelle. Mais dans ces derniers temps, qui sont devenus *les jours de péché*, plus les hommes péchent, plus ils s'irritent contre la pénitence. Le malade repousse avec indignation la main charitable du médecin qui se présente pour le guérir. Nous

---

[1] *De Moribus Eccles. Cathol.* lib. I, cap. XXXIII, n. 70; t. I, p. 744.

n'oserions le dire, si l'Apôtre ne l'avoit pas dit: ils semblent n'avoir plus d'autre *dieu que leur ventre*. Ils sont (*nous le disons en pleurant*) *les ennemis de la croix de Jésus-Christ;* ils veulent *l'évacuer*. Ils cherchent qu'à se flatter; ils n'écoutent que leur délicatesse; ils se font accroire à eux-mêmes qu'ils ont besoin de vivre dans une mollesse dont les anciens fidèles auroient eu horreur. Ils ne craignent que pour leurs corps, sans se mettre jamais en peine de leurs ames. Avant le Carême ils n'ont que trop de forces pour pécher, et ils ne deviennent infirmes que pendant le Carême, pour secouer le joug de la pénitence. Ils se livrent à l'intempérance qui détruit leur santé, et rejettent la sobriété, qui ne guériroit pas moins leurs corps que leurs ames. On ne trouve plus en eux ni honte ni regret de leurs péchés les plus scandaleux, ni défiance d'eux-mêmes après tant de rechutes, ni précautions sincères contre leur propre fragilité, ni docilité pour l'Eglise, qui voudroit les guérir par la pénitence. On ne remarque plus en eux que la sensualité de la chair avec l'orgueil et la présomption de l'esprit. Ils ne tendent qu'à abolir insensiblement le Carême, sans révérer ni l'exemple de Jésus-Christ, ni une tradition aussi ancienne que les apôtres.

Ils allèguent la pauvreté des peuples. Mais ce discours peut-il être sérieux? Les uns attirent chez eux cette pauvreté par la délicatesse de leurs repas et par leurs excès les plus odieux. Les autres refusent de la diminuer dans leurs familles par une sobriété laborieuse. Il faudroit, dit saint Augustin, *que Jésus-Christ, qui souffre la faim* en la personne du pauvre, reçût le pain dont le riche *se priveroit par son jeûne* [1]. *La pénitence volontaire de l'un feroit la nourriture de l'autre.* Voilà le vrai remède à la pauvreté. Mais hélas! les riches sont ceux qui crient le plus haut contre le Carême. Ils murmurent, comme le peuple juif dans le désert, contre une nourriture trop légère. Ils se servent du prétexte de la misère des pauvres, pour nous obliger à flatter leur sensualité et leur impénitence. Si la misère des pauvres les touchoit véritablement, ils ne songeroient qu'à jeûner, et qu'à garder une plus austère abstinence pour les pouvoir nourrir. Le jeûne et l'aumône iroient d'un pas égal.

Ecoutez saint Augustin, mes très-chers Frères; vous verrez dans ses paroles un portrait naïf de ces mauvais riches, qui croient le Carême impossible, à moins qu'ils n'y puissent trouver commodément de quoi être sensuels jusque dans la pénitence. « Il y a, dit ce Père [1],
» certains observateurs du Carême qui le font
» avec plus de volupté que de religion. DELI-
» CIOSI POTIUS QUAM RELIGIOSI. Ils cherchent bien
» plus de nouveaux plaisirs, qu'ils ne punis-
» sent leurs anciennes sensualités. Par l'abon-
» dance et par la diversité des fruits, dont l'ap-
» prêt leur coûte beaucoup, ils tâchent de sur-
» passer la variété et le goût exquis de leurs
» viandes ordinaires. Ils craindroient de tou-
» cher les vases où l'on a fait cuire de la viande,
» comme s'ils étoient impurs; mais ils ne crai-
» gnent point de souiller leurs propres corps par
» le plaisir impur de leurs repas excessifs. Ils
» jeûnent, non pour diminuer par la sobriété
» leur volupté ordinaire, mais pour exciter da-
» vantage l'avidité de leur appétit, en retardant
» leur nourriture; car aussitôt que leur heure
» arrive, ils se jettent sur leurs repas exquis,
» comme les bêtes sur leurs pâtures. L'abon-
» dance des mets accable leur esprit, et appe-
» santit même leurs corps. Mais de peur que
» l'abondance ne les dégoûte, ils réveillent
» leur appétit par de nouvelles modes de ra-
» goûts étrangers. Enfin ils prennent plus d'a-
» limens qu'ils n'en pourroient digérer même en
» se privant long-temps de toute nourriture...
» Qu'y a-t-il de moins raisonnable, que de pren-
» dre le temps où il faudroit châtier la chair
» avec plus de sévérité, pour lui procurer de
» plus grands plaisirs, en sorte que la délica-
» tesse des hommes aille jusqu'à craindre de
» perdre les ragoûts du Carême! Qu'y a-t-il de
» plus contraire à l'ordre, que de choisir les
» jours d'humiliation, pendant lesquels tous les
» riches devroient se réduire à la nourriture
» des pauvres, pour vivre avec tant de délica-
» tesse, que si on vivoit toujours de la sorte,
» à peine les biens des riches y pourroient-ils
» suffire? »

Nous voyons tous ces maux, mes très-chers Frères. Nous tremblons pour ceux qui ne tremblent pas en les commettant. Nous craignons d'en être complices devant Dieu, par une pernicieuse complaisance, dans le temps même où l'on se plaint de notre sévérité. Nous demandons humblement la lumière du Saint-Esprit pour trouver un juste milieu entre la rigueur et le relâchement. Notre consolation est de rapporter ici le souvenir de cette excellente maxime de saint Augustin [2]. Les pasteurs ne sont pas

---

[1] *Serm.* CCX, *in Quadrag.* VI, n. 12 : t. V, p. 932.

[1] *Serm.* CCX, *in Quadrag.* VI, n. 10 et 11 : p. 931 et 932.
— [2] *De Morib. Eccles. Cathol.* l. 1, c. XXXII, n. 69 : t. 1, p. 711.

moins chargés des hommes malades *qui ont besoin d'être guéris, que de ceux qui* étant guéris *sont sains* et parfaits. « Il faut, ajoute ce Père, » souffrir les déréglemens de la multitude , » pour se mettre à portée de les guérir, et to- » lérer la contagion même, avant que de pou- » voir y remédier. *Perpetienda sunt vitia mul- » titudinis ut curentur; et priùs toleranda quàm » sedanda est pestilentia.* »

C'est dans cet esprit que nous voulons bien encore une fois user d'une extrême condescendance, et faire souffrir, pour ainsi dire , la loi , dans l'espérance de mieux inspirer aux peuples l'amour de la loi même. Nous espérons que les fidèles, touchés de cette tendresse de l'Eglise et de sa patience au-delà de toutes les bornes , ouvriront enfin les yeux. Il est temps qu'ils se ressouviennent que leurs pères auroient généreusement refusé les dispenses que ceux-ci veulent maintenant nous arracher ; tant leurs pères craignoient de perdre leur couronne en Jésus-Christ ; tant ils étoient jaloux de se distinguer des Protestans par cette sainte discipline, qui étoit comme la marque de la catholicité dans les Pays-Bas. C'est uniquement dans l'attente de voir au plus tôt un renouvellement de cette ancienne ferveur, que nous permettons encore, etc.

« Il ne faut point, dit saint Augustin, que » les uns regardent les autres comme plus heu- » reux , parce qu'ils prennent une nourriture » qu'eux-mêmes ne prennent pas ; mais , au » contraire , ils doivent se congratuler eux- » mêmes de ce qu'ils ont une force qui man- » que aux autres. *Nec illis feliciores putent , » quia sumunt quod non sumunt ipsi , sed sibi » potiùs gratulentur, quia valent quod non va- » lent illi.* » Nous ne doutons point que ceux que nous ménageons encore sans mesure ne soient enfin touchés d'une pieuse émulation, et qu'ils ne veuillent faire , pour l'expiation de leurs péchés, ce qu'ils voient faire pendant trois Carêmes à leurs frères dans leur voisinage. Aussi tiendrons-nous ferme à l'avenir pour ramener tout selon la justice à l'égalité, et pour rétablir la discipline apostolique du Carême. Que si quelqu'un a des besoins extraordinaires, il doit se souvenir que c'est à l'Eglise seule qu'il doit avoir recours, pour être dispensé de ses commandemens.

Donné à Cambrai, le 10 février 1706.

VI.

MANDEMENT POUR DES PRIÈRES.

1706.

FRANÇOIS, etc., à tous les fidèles de notre diocèse qui sont sous la domination du Roi Catholique, salut et bénédiction.

Jamais l'Eglise ne fut dans un plus pressant besoin , qu'en la conjecture présente , de demander le secours du Ciel. Toutes les nations chrétiennes sont sous les armes les unes contre les autres : celles qui avoient joui de la plus longue paix sont maintenant exposées aux malheurs d'une sanglante guerre. Nos Pays-Bas, accoutumés depuis si long-temps à être le théâtre de ces grands mouvemens, voient encore aujourd'hui des armées innombrables qui sont prêtes à combattre. Un jeune roi, vraiment catholique par ses mœurs pures, par sa piété sincère, par son zèle pour l'Eglise, expose actuellement sa personne sacrée aux dangers de la guerre pour défendre les royaumes que le titre le plus légitime lui a acquis , et où le désir de tous les peuples l'a appelé. Demandons au Dieu des armées qu'il bénisse celles qui combattent avec tant de justice et de nécessité ; soupirons après une prompte et heureuse fin de tant de maux qui désolent l'Europe. Disons d'un cœur humble et soumis à la puissante main de Dieu : Malheur à nous, parce que nous avons péché. Tâchons d'apaiser la juste colère de Dieu. Attirons enfin pas nos vœux et par nos bonnes œuvres *cette paix opulente*, que Dieu promettoit autrefois à son peuple par la bouche d'un prophète. Souhaitons cette paix, moins pour jouir des prospérités dangereuses de la terre, que pour être plus libres de nous préparer au bienheureux repos de notre patrie céleste.

C'est dans cet esprit que nous ordonnons, conformément à la lettre écrite par Son Altesse électorale de Bavière, au nom de Sa Majesté Catholique, que l'on fera le trente-et-unième de ce mois et les deux jours suivans des prières publiques dans toutes les Eglises , tant collégiales que paroissiales, tant des communautés séculières que des régulières de ce diocèse, qui sont sous la domination d'Espagne, pour demander la prospérité des armes de Sadite Majesté, et pour obtenir une paix constante entre les Chrétiens. Nous voulons que le très-vénérable Sacrement soit exposé dans toutes les églises ledit jour et les deux suivans, depuis six heures du matin jusques à six heures du soir, et que le tout soit terminé par un salut solennel. Dans les villes on fera une procession générale, où tous les corps seront invités, et où tout le clergé tant séculier que régulier se joindra à celui de l'église principale.

Donné à Avesnes, dans le cours de nos visites, le vingt-cinquième mai 1706.

VII.

MANDEMENT POUR DES PRIÈRES.

1706.

FRANÇOIS, etc., à tous les fidèles de notre diocèse, salut et bénédiction.

La guerre, quoique aussi ancienne que le genre humain, devroit nous étonner, comme si elle étoit nouvelle parmi les hommes. Ils sont accablés du poids de leur mortalité, et ils se hâtent de se détruire, comme s'ils ne se trouvoient pas assez mortels. Ils ne veulent qu'être heureux, et ils agissent comme s'ils étoient ennemis de leur bonheur. Ils cherchent toujours la paix, et ils la troublent eux-mêmes. Ils ont inventé un art, auquel ils ont attaché toute leur gloire, pour augmenter les maux presque infinis de l'humanité. Ce spectacle est terrible. La justice d'en-haut les livre à leurs passions, afin qu'ils se punissent eux-mêmes, et qu'ils vengent Dieu de leurs péchés.

Ce qu'il y a de plus déplorable, est de voir qu'en nos jours le sang chrétien est presque le seul qui paroît couler sur la terre, pendant que les nations infidèles jouissent d'un profond repos. Ceux qui devroient n'être qu'un cœur et une ame, ceux qui composent la famille du Père céleste, ceux qu'on devroit reconnoître à la marque de l'amour mutuel, sont tous armés les uns contre les autres.

Mais le comble du malheur pour les guerres, c'est qu'elles sont souvent inévitables. Un jeune prince doux, modéré, courageux, exemplaire dans ses mœurs, vraiment digne de porter le nom de Roi Catholique par son zèle pour l'Eglise, est appelé au trône d'Espagne par le testament du feu roi son oncle, par la demande solennelle de toute la nation espagnole, par les acclamations de tous les peuples d'une si vaste monarchie. Aussitôt des puissances jalouses et conjurées pour le détrôner, mettent en armes toute l'Europe. Le Roi peut-il abandonner la bonne cause de son petit-fils ? Ne faut-il pas espérer que Dieu le protégera dans une défense si juste et si nécessaire ? Prions donc pour demander au Dieu des armées qu'il dissipe cette confédération, et qu'il donne enfin à la chrétienté une paix dont elle fasse un saint usage.

L'Apôtre nous recommande de *faire des prières.... pour les rois et pour tous ceux qui sont dans l'autorité, afin que nous menions une vie paisible et tranquille en toute piété*, etc. [1].

En effet, la paix et le bon ordre de l'Eglise dépendent beaucoup du repos des royaumes chrétiens. Ainsi c'est prier pour nous-mêmes, c'est prier pour toute l'Eglise, que de prier pour les rois fidèles. C'est dans cette vue que saint Augustin disoit [2]. « Pendant que les deux » cités sont mêlées ensemble ici-bas, nous nous » servons de la paix de Babylone même. » La tranquillité du monde sert à l'Eglise pour épargner à ses enfans foibles et fragiles un surcroît de tentation dans le pélerinage de cette vie. A Dieu ne plaise que nous cherchions une paix qui amollisse, qui enivre, qui empoisonne les cœurs. A Dieu ne plaise que nous soyons jamais du nombre de ces hommes dont saint Augustin dit qu'ils font à Dieu des prières et des offrandes pour en obtenir, non la grâce *de guérir leurs passions*, mais une prospérité mondaine *pour les assouvir* [3]. Craignons d'être du nombre de ces lâches et mercenaires Chrétiens *qui usent de Dieu pour jouir du monde*. Joignons-nous à ceux *qui usent de ce monde pour jouir de Dieu* [4]. Ne demandons à Dieu la paix, qu'afin qu'elle ramène la beauté des anciens jours, qu'elle fasse fleurir la pure discipline, et que Jésus-Christ règne encore plus au-dessus des rois que les rois régneront au-dessus des peuples. Demandons, pour la consolation de l'Eglise, la fin de ces *jours de colère, de tribulation et d'angoisse, de ces jours de calamité et de misère, de ces jours de ténèbres et d'obscurité, de ces jours de nuages et de tourbillons, de ces jours où la trompette sonne sur les places fortes* [5] ; enfin où l'Eglise ne peut qu'à demi instruire, exhorter, consoler, corriger. Regardons toutes les nations ennemies avec des yeux de foi et de charité. Désirons-leur le même bien qu'à nous. Prions le souverain Père de

---

[1] *I Tim*. II. — [2] *De Civ. Dei*, lib. XIX, cap. XVII : 1. VII, p. 562. — [3] *Ibid*. lib. XV, cap. VII, n. 1 : p. 385. — [4] *Ibid*. — [5] *Soph*. I. 15.

famille de réunir dans sa maison tous ses enfans, afin qu'ils soient moins touchés de ce qu'ils sont des peuples séparés en divers Etats, que de ce qu'ils sont hommes, chrétiens et enfans de Dieu.

Prions afin que le fer du *glaive soit changé en soc de charrue*; que les armes tombent des mains des peuples; *qu'ils oublient à faire la guerre*; que *chacun soit assis à l'ombre de sa vigne ou de son figuier*; que nul ennemi n'ose les troubler, parce que la bouche du Seigneur des armées aura parlé pour annoncer la paix; que *tous les peuples marchent* ensemble sans jalousie ni défiance, *chacun au nom de son Dieu*; que cette paix dure jusqu'à *la fin des temps et au-delà*, et que *le Seigneur règne à jamais sur eux dans la montagne de Sion* [1].

C'est dans ce dessein d'attirer la bénédiction de Dieu sur les armes du Roi, et d'obtenir une paix prompte et universelle, que nous ordonnons, etc.

Donné à Cambrai, le 21 août 1706.

VIII.

MANDEMENT POUR LE CARÊME

DE L'ANNÉE 1707.

FRANÇOIS, etc., à tous les fidèles de notre diocèse, salut et bénédiction.

Nous avions espéré, mes très-chers Frères, que nous pourrions enfin cette année rétablir la pénitence du Carême. Cette discipline, qui a été si austère, et pratiquée avec tant de ferveur dans toute l'antiquité, n'est plus qu'une ombre de ce qu'elle a été autrefois. Mais plus elle est affoiblie, plus nous devons être jaloux d'en conserver les précieux restes. Saint Augustin montroit aux Manichéens la pureté des mœurs de l'Eglise catholique, en disant qu'un grand nombre de fidèles observoient *un jeûne quotidien, et le continuoient même d'une manière incroyable* [2]. Il assure que beaucoup de Catholiques, même *des femmes*, ne se contentoient pas de jeûner, « en ne prenant aucune nourriture qu'à l'entrée de la nuit; ce qui est, » dit-il, partout très-commun; mais encore » qu'ils ne buvoient ni ne mangeoient rien pendant trois jours de suite, et très-souvent » encore au-delà. » Il ajoute qu'il y avoit des Chrétiens *accoutumés à jeûner* (de ce grand jeûne jusqu'à la nuit) *le mercredi, le vendredi et le samedi, comme le peuple de Rome*, dit-il [1], *le fait souvent*. Il assure qu'*un grand nombre* de ces Chrétiens, *et surtout de solitaires*, jeûnoient cinq jours de la semaine, et le continuoient toute leur vie. « Nous savons, dit» core à Père [2], que quelques fidèles l'ont fait, » c'est-à-dire que, passant au-delà d'une » semaine entière sans prendre aucune nourri» ture, ils approchoient le plus qu'ils pou» voient du nombre de quarante jours; car des » frères très-dignes de foi nous ont assuré qu'un » fidèle est parvenu jusqu'à ce nombre. » Dans ces bienheureux siècles, on voyoit de tous côtés des Chrétiens innocens qui se punissoient comme s'ils eussent été de grands pécheurs. Un solitaire n'avoit besoin dans le désert que d'un palmier et d'une fontaine pour satisfaire à tous ses besoins. Ils ne vivoient que d'alimens secs, et sans les faire cuire.

Voilà, mes très-chers Frères, ce que nos Chrétiens relâchés ne peuvent pas même croire quand ils le lisent, loin d'oser essayer de le mettre en pratique. Avez-vous moins de tentations à vaincre, moins de péchés à expier, moins de récompenses à obtenir? La vie est-elle moins fragile et moins courte, ou l'éternité moins longue? Dieu est-il devenu moins aimable? Devez-vous moins à Jésus-Christ? La nature des corps humains n'est-elle plus la même? Quelle différence reste-t-il donc, sinon que les premiers Chrétiens étoient du nombre de ces *violens qui ravissent le royaume du ciel*, et que nos Chrétiens qui ont dégénéré, n'ayant, comme parle l'Apôtre, d'autre *dieu que leur ventre, se jugent eux-mêmes indignes de la vie éternelle*?

Il n'y a donc rien de plus important que de rétablir cette discipline aussi ancienne que les apôtres. Elle ne fut jamais si nécessaire qu'en *ces jours de péché*. Quand est-ce que nous jeûnerons, comme les Ninivites, sinon en un temps où les crimes énormes de la terre ont attiré la colère du Ciel, et où toutes les nations semblent animées à s'entre-déchirer pour venger la loi de Dieu méprisée? Quand est-ce que nous frapperons nos poitrines pour apaiser Dieu, si ce n'est lorsque son bras est levé sur nous.

Mais les malheurs que la guerre entraîne sont eux-mêmes l'obstacle qui retarde encore l'entier rétablissement d'une discipline si révé-

---

[1] *Mich.* IV. 3. — [2] *De Morib. Eccl. Cathol.* lib. 1, cap. XXXIII, n. 70 : t. 1, p. 744. *Contra Faust.* lib. v, cap. IX : t. VII, p. 200.

[1] *Ad Casul. Ep.* XXXVI, cap. IV, n. 8 : t. II, p. 74. — [2] *Ibid.* cap. XII, n. 27 : t. II, p. 78.

rée de tous les siècles. Malgré tant de raisons pressantes de la rétablir, nous usons encore d'une dernière indulgence dans ces temps de confusion et de désordre. C'est pourquoi nous permettons, etc.

Enfin nous ne saurions trop fortement avertir les riches sur deux points que saint Augustin explique touchant le jeûne. Le premier est que cette mortification se tourne en volupté, par les délicatesses qu'on y introduit : *Negotium ventris agitur, non religionis*[1]. Ce n'est plus une peine imposée au corps par religion ; c'est un raffinement de table, qui tourne en jeu la pénitence même. Le second point est « qu'il ne suffit pas de jeûner. Votre jeûne, » dit ce Père[2], abat votre corps, mais il ne » relève pas celui de votre prochain.... A qui » donnerez-vous ce que vous vous refusez à » vous-même ? Combien ce repas retranché » aujourd'hui peut-il nourrir de pauvres ! » C'est dans cet esprit que nous recommandons à chacun de ceux qui mangeront des œufs pendant ce Carême, en vertu de la présente permission, de donner au moins trois sous en aumônes. Il n'y aura que les pauvres qui soient exempts de donner une si petite somme. D'ailleurs nous exhortons tous ceux qui sont en plus grande commodité, de donner davantage à proportion de leurs moyens. Ces aumônes seront mises entre les mains de la trésorière de l'assemblée de la charité dans les villes où l'on a établi de telles assemblées pour les pauvres malades. Dans tous les autres lieux chacun remettra sa petite somme au pasteur, pour être employée au même usage.

Donné à Cambrai, le 15 février 1707.

IX.

MANDEMENT POUR LE JUBILÉ

DE L'ANNÉE 1707.

FRANÇOIS, etc., à tous les fidèles de notre diocèse, salut et bénédiction.

Saint Augustin dit que la terre est agitée par les guerres, comme la mer l'est par les tempêtes[3]. En effet, le genre humain a ses orages : tels sont les tristes jours où nous voyons que le ciel semble couvert de tous côtés ; tout paroît entraîné malgré soi dans ce tourbillon de guerre universelle. On allègue, dit encore ce Père[1], « que le sage fait des guerres justes. Mais » comme ce sage se souvient qu'il est homme, » sa peine n'en est que plus grande, de se voir » réduit à soutenir des guerres nécessaires..... » Souffrir ou voir ces maux, sans en être affligé, » ce seroit être d'autant plus malheureux, en » se croyant heureux, qu'on auroit perdu jus- » qu'au sentiment de l'humanité.

» Ceux, dit le saint Docteur[2], qui font la » guerre avec tant de fatigues et de dangers » pour vaincre un ennemi, et pour donner un » repos à la république, méritent sans doute » une louange ; mais on acquiert une gloire » bien plus solide, en exterminant la guerre par » les paroles de paix, qu'en exterminant les » ennemis par les armes.... La condition de » ceux qui combattent est nécessaire ; mais la » condition de ceux qui épargnent les combats » est plus heureuse. »

Le saint pontife que la main du Très-Haut a mis malgré lui sur la chaire apostolique, voit d'un lieu si élevé l'affreux spectacle de tant de nations animées à se détruire. Il voit des ruisseaux de sang qui coulent depuis sept années, et ce sang est celui des enfans de Dieu. Le père commun sent ses entrailles déchirées ; il gémit sur la montagne sainte ; il lève des mains pures au ciel ; il tâche d'apaiser Dieu, afin que Dieu apaise les hommes ; il nous envoie un nouveau Jubilé, afin que l'esprit de paix descende sur les cœurs désunis. Joignons, mes très-chers Frères, nos vœux aux siens. Hâtons-nous de demander ce que nous avons un si pressant besoin d'obtenir. Soupirons après cette paix d'ici-bas, puisqu'elle peut servir pour nous préparer à celle de la Jérusalem d'en-haut. Demandons des jours sereins qui soient l'image de ce beau jour, de ce jour sans nuage et sans fin, où nous verrons la lumière dans la source de la lumière même ; de ce jour où nous n'aurons plus d'autre soleil que Dieu et d'autre lumière que l'Agneau ; de ce jour où les douleurs, les gémissemens et les maux s'enfuiront à jamais.

Mais le vrai moyen de finir la guerre causée par nos péchés est de finir les péchés qui la causent. Dieu ne la permet, dit saint Augustin, que *pour humilier les ames et pour exercer leur patience*. C'est le grand bien que nous pouvons tirer de tant de maux. Que chacun *repasse ses années dans l'amertume de son ame* ; que tout

---

[1] *In Psal.* LXXXVI, n. 9 : t. IV, p. 925. — [2] *In Psal.* XLII, n. 8 : p. 270. — [3] *De Civ. Dei.* lib. V, cap. XXII ; t. VII, p. 139.

[1] *De Civ. Dei.* lib. XIX, cap. VII : p. 554. — [2] *Ep.* CCXXIX, *ad Darium*, n. 2 : t. II, p. 836.

enfant prodigue revenu de ses égaremens s'écrie : *O Père, j'ai péché contre le ciel et contre vous!* Gardez-vous bien, mes très-chers Frères, de regarder le Jubilé comme un asile du relâchement contre la pénitence. Le Jubilé, tout au contraire, est un adoucissement de la pénitence extérieure, qui invite les hommes à redoubler la pénitence du cœur. *Déchirez vos cœurs et non pas vos vêtemens*, dit l'Eglise après l'Ecriture. L'Eglise relâche de grandes peines, il est vrai ; mais elle ne dispense point de la douleur d'avoir péché. Au contraire, c'est celui à qui il est le plus remis, qui doit le plus aimer, le plus sentir l'excès de la bonté qui l'épargne, le plus détester son ingratitude, le plus haïr tout ce qu'il a aimé et que Dieu n'aime pas. L'indulgence n'élargit point la voie étroite. Elle ne nous dispense point de suivre Jésus-Christ en portant la croix avec lui, ni de nous renoncer nous-mêmes. Elle soulage seulement notre foiblesse ; elle nous supporte dans notre découragement, en attendant que nous croissions en Jésus-Christ, et que nous soyons devenus *robustes dans la foi.* O vous tous qui êtes fatigués et chargés, venez à Jésus-Christ, il vous soulagera ; venez, *goûtez, et voyez combien le Seigneur est doux !* Du moins ayez le courage d'en faire l'expérience, et bientôt vous direz comme le prophète : *J'ai couru dans la voie de vos commandemens, dès que l'amour a élargi mon cœur.* Qu'on se défie de soi, qu'on se fie à Dieu, qu'on se livre à un bon confesseur, qui, plein de l'esprit de grâce, mène tout à sa fin avec force et douceur. Qu'on ne se confesse que pour se convertir et pour se corriger. Qu'on cherche le confesseur qu'on avoit toujours craint, parce qu'il ne flatte pas, et qu'on craigne celui qu'on cherchoit, s'il est vrai qu'il flatte. Que la grâce du Jubilé se fasse sentir par les fruits, et qu'elle change les mœurs corrompues. Que les pauvres deviennent humbles, exempts de faste et charitables. Que la sanctification du jour du Seigneur répande ses grâces sur tous les autres de la semaine. Que l'ivrognerie, qui exclut du royaume de Dieu, selon l'Apôtre, fasse horreur aux Chrétiens ; que l'impureté ne soit pas même nommée parmi eux. Qu'on se détache d'une vie qui échappe à tout moment ; qu'on se prépare au royaume de Dieu, qui ne finira jamais, et qui sera bientôt le nôtre, si nous le désirons ; qu'enfin l'amour, loin d'être un commandement onéreux, soit l'adoucissement de tous les autres, et qui nous rende nos croix légères par ses consolations.

Profitez donc, mes très-chers Frères, de la grâce qui vous est offerte ; n'endurcissez pas vos cœurs en ce jour de miséricorde. C'est par la pénitence que vous désarmerez la colère de Dieu pour rappeler la paix sur la terre. Venez, vous tous qui avez la bienheureuse soif, *vous puiserez avec joie dans les fontaines du Sauveur.*

Nous avons jugé à propos de ne faire gagner le Jubilé aux peuples de notre diocèse que pendant la quinzaine qui commence précisément le lundi d'après le dimanche de la Passion, et qui finit le dimanche de Pâque, afin que chacun soit plus touché et plus recueilli dans le concours de la grande solennité de Pâque avec la grâce du Jubilé. Ainsi tout le temps du Carême servira à se préparer à ces deux grandes actions réunies dans une seule.

Mais comme les malades peuvent ne vivre pas jusqu'à ce temps-là, et que les militaires peuvent être obligés de partir avant ce terme, nous donnons aux uns et aux autres la consolation de pouvoir gagner le Jubilé dès le commencement du Carême, quand leurs confesseurs les trouveront suffisamment préparés.

Au reste, comme il faut, selon la Bulle, faire quelque aumône, nous réglons que chaque particulier qui ne sera pas dans une impuissance véritable donnera au moins trois sous pour les pauvres malades, exhortant tous ceux qui sont en état de donner davantage de le faire à proportion de leurs facultés. Ils mettront leurs aumônes entre les mains de leurs pasteurs, qui les remettront entre les mains des trésorières de la Charité, s'il y a dans leur lieu des assemblées de charité pour les pauvres ; sinon ils les distribueront eux-mêmes aux pauvres de leurs paroisses selon leur prudence.

La bulle détermine suffisamment les autres choses qu'on doit faire pour gagner le Jubilé. Il ne nous reste qu'à désigner les églises qu'il faudra visiter, et où chacun devra faire ses prières, etc.

Donné à Cambrai, le douzième de mars 1707.

X.

MANDEMENT POUR DES PRIÈRES.

1707.

FRANÇOIS, etc., à tous les fidèles de notre diocèse qui sont sous la domination du Roi, salut et bénédiction.

Nous n'avons jamais eu, mes très-chers Frères, un si pressant besoin de prier pour la tranquillité publique, qu'en ce temps où la paix semble s'éloigner, et où les maux de la guerre augmentent.

Il est vrai, comme le remarque saint Augustin, que si les hommes gardoient les règles du christianisme, ils conserveroient, même au milieu des combats, une sincère *bienveillance* pour les peuples ennemis. *Les bons*, dit ce Père [1], combattroient sans perdre jamais le sentiment de *compassion*, que l'humanité inspire. « La volonté, ajoute ce Père [1], doit garder la » paix, quoique la nécessité réduise à faire la » guerre; car on ne cherche point la paix pour » recommencer la guerre. Au contraire, on fait » la guerre pour s'assurer de la paix. » Mais où est-ce, dit encore ce saint docteur [3], « qu'on » nous donnera une armée composée de soldats » tels que la doctrine de Jésus-Christ les de- » mande? » De plus, une armée qui observe- roit inviolablement cette discipline évangélique auroit le malheur de répandre malgré elle le sang humain. Elle ne seroit assemblée que pour faire, dans l'espérance des biens à venir, des maux présens dont elle auroit horreur. Quelle déplorable nécessité!

Il faut donc demander à Dieu qu'il abrége ces jours de péché, de licence, de scandale et de tentation, où les cœurs même les plus justes, les plus modérés et les plus humains sont entraînés par le torrent, et ne peuvent donner une borne certaine aux maux qu'ils sont contraints de tolérer.

Prions Dieu, mes très-chers Frères, qu'il bénisse les armes du Roi. Ce n'est point pour sa propre cause que ce prince combat. Il se borne à défendre son petit-fils, que la nation espagnole est venue lui demander pour le mettre sur le trône de son oncle, en vertu de son testament. Il ne fait que prêter son secours à la monarchie d'Espagne, sans aucune vue d'ambition pour la sienne. Des intentions si droites nous font espérer pour lui le secours d'en-haut. Que nos ennemis se glorifient de leurs forces; pour nous c'est au nom du Seigneur que nous mettons notre confiance. Quoique la France, après tant de pertes, se montre encore de tous côtés supérieure à ses ennemis; quoique rien ne semble pouvoir épuiser les ressources qu'elle trouve dans son courage, dans sa patience, et dans son zèle pour son Roi, nous levons néanmoins les yeux vers les montagnes, pour voir d'où nous viendra le vrai secours, et nous disons : C'est du Seigneur qu'il nous viendra. C'est en nous humiliant; c'est en nous défiant de nous-mêmes; c'est en apaisant la colère de Dieu, que nous apaiserons la jalousie des nations voisines. Disons à Dieu : *C'est par vous que nous dissiperons les armées de nos ennemis, et c'est en votre nom que nous mépriserons ceux qui s'élèvent contre nous. Je n'espérerai point en mon arc, et ce n'est point mon glaive qui me sauvera* [1]. Demandons à Dieu, mes très-chers Frères, non des triomphes inutiles, non la perte de nos ennemis, puisqu'ils sont nos frères, mais des succès qui amènent une paix solide et constante pour réunir toutes les nations chrétiennes. Demandons ce qu'un prophète a promis au nom du Seigneur. *Je briserai l'arc, le glaive, et la guerre, et je les ferai dormir avec confiance...; et voici ce qui arrivera en ce jour. J'exaucerai*, dit le Seigneur, *j'exaucerai les cieux, et les cieux exauceront la terre, et la terre répandra le blé, le vin et l'huile.... Je dirai : Vous êtes mon peuple, et il répondra : Vous êtes mon Dieu* [1]. Soupirons donc après cette paix de la terre; mais gardons-nous bien d'oublier jamais celle du ciel, pour laquelle seule nous devons demander celle d'ici-bas.

« Si la paix humaine, dit saint Augustin [3], est » si douce pour la conservation temporelle des » hommes mortels, combien plus sera douce » cette paix divine, qui fait le salut éternel des » esprits célestes? Ainsi quand nous entendons » ces paroles : QUE LES CŒURS SOIENT EN HAUT; » prenons garde que notre réponse ne soit pas » un mensonge, et que nous ne répondions » faussement : NOUS LES TENONS ÉLEVÉS AU SEI- » GNEUR. »

A ces causes, etc.

Donné à Cambrai, le 18 d'août 1707.

XI.

MANDEMENT POUR LE CARÊME

DE L'ANNÉE 1708.

FRANÇOIS, etc., à tous les fidèles de notre diocèse, salut et bénédiction.

Saint Augustin, mes très-chers Frères, représente à son peuple que la discipline *du*

---

[1] *Ep.* CXXVIII, n. 14 : t. II, p. 416. — [2] *Ep.* CLXXXIX, n. 6 : p. 699. — [3] *Ep.* CXXVIII, n. 15 : p. 516.

[1] *Ps.* XLIII. 7. — [2] *Osée*, II, 10. — [3] *Ep.* CLXXXIX, n. 6 : p. 699.

Carême est autorisée dans l'ancienne loi, dans les prophètes et dans l'Évangile [1]. Il ajoute que les conciles des Pères.... ont persuadé au monde chrétien qu'il doit se préparer ainsi à la célébration de la Pâque [2]. Saint Ambroise fait remonter le jeûne jusqu'à l'origine du monde. C'est en mangeant le fruit défendu, dit-il, que l'homme fut chassé du paradis terrestre, et c'est par l'abstinence qu'il y rentre : « En jeûnant Moïse » reçut la loi ; Pierre eut la révélation du mys- » tère de la vocation des Gentils au baptême ; » Daniel ferma les gueules des lions, et décou- » vrit les temps à venir [3]. »

Remarquez que dans les siècles où ces Pères parloient, le jeûne étoit très-rigoureux, et très-religieusement observé. Maintenant il est très-radouci, et violé sans scrupule. Autrefois on jeûnoit jusqu'au soleil couché, et on ne prenoit que de vils alimens [4]. Aujourd'hui on élude la règle pour la quantité, en mangeant dans un seul repas presque autant qu'on mange d'ordinaire en deux, et pour la qualité on tourne en délicatesse de ragoûts l'abstinence même.

Mais quoi ! les raisons de jeûner furent-elles jamais plus pressantes qu'en notre temps ?

On doit jeûner pour réprimer les tentations. Et quand est-ce que les hommes furent plus tentés ? Tout est piége, tout est scandale ; la pudeur est tournée en dérision ; le mal s'appelle bien. La loi du monde semble avoir prescrit contre celle de Dieu.

Le jeûne doit donner à la nourriture du pauvre ce qu'il retranche à celle du riche. Mais le monde eut-il jamais tant de pauvres ? Le ravage des guerres appauvrit moins les hommes, que le luxe, le faste et la mollesse. Les pauvres sont abandonnés, parce que les riches sont appauvris eux-mêmes sous le joug des vaines bienséances qui les tyrannisent.

Le jeûne doit servir à expier les péchés du peuple : ainsi plus on a péché, plus on doit jeûner. Mais nos jours ne sont-ils pas *les jours du péché* ? L'ambition et l'avarice ne font plus qu'une seule passion, qui enlève tout pour tout dissiper. Le faste répandu dans les mœurs rend la probité presque impossible. La justice n'est plus qu'un beau nom. L'impiété passe pour force d'esprit. Vous trouvez presque partout, ou le scandale, ou la superstition, ou l'hypocrisie. L'Église n'est plus écoutée ; les pécheurs lui font la loi jusque dans le tribunal de la pénitence.

Enfin le jeûne doit apaiser Dieu. Hélas ! quand est-ce qu'il fut plus irrité contre nous ? Combien y a-t-il d'années que les Chrétiens se déchirent, pendant que les Infidèles vivent en paix. Il semble que Dieu nous punit les uns par les autres. On s'accoutume à cet affreux spectacle ; on le voit sans horreur ; on ne gémit plus pour en obtenir la fin.

Tant de fortes raisons nous faisoient désirer ardemment de rétablir enfin la sainte discipline du Carême, que l'état violent de cette frontière a altérée depuis quelques années. Mais il faut avouer, mes très-chers Frères, que les malheurs de la guerre, qui devroient redoubler la pénitence des peuples, sont précisément ce qui nous contraint d'user encore cette année de quelque relâchement à leur égard pour le Carême. Nous protestons devant Dieu, que c'est pour soulager les véritables pauvres dans ce triste temps, et non pour flatter les riches voluptueux dans leur mollesse, que nous usons encore de condescendance.

C'est dans cet esprit que nous permettons l'usage des œufs à tous nos diocésains, exceptant néanmoins les quatre premiers et les quatre derniers jours du Carême.

De plus, comme les militaires reviennent d'une rude campagne, et sont à toute heure sur le point de se remettre en marche, pour recommencer leurs fatigues, nous leur permettons de manger de la viande cinq jours de la semaine, savoir, le dimanche, le lundi, le mardi, le mercredi et le jeudi, exceptant néanmoins le mercredi des Cendres et toute la semaine sainte.

Mais nous ne prétendons pas comprendre dans cette dispense, par rapport à la viande, aucun des officiers des états-majors des places, parce que, demeurant tranquillement chez eux dans des villes, ils peuvent encore plus facilement que le peuple, se contenter des œufs qui leur sont permis [a].

Au reste, quoique nous permettions à tous nos diocésains l'usage des œufs, et aux militaires celui de la viande en la manière ci-dessus expliquée ; nous conservons néanmoins le commandement de l'Église dans toute sa force à l'égard du jeûne, pour tous les jours du Carême ;

---

[1] *In Psal.* CX, n. 1 : t. IV, p. 1244. — [2] *Ep.* LV, *ad Januar.* n. 27 : t. II, p. 139. — [3] S. AMBR. *Ep.* LXIII, n. 16. : t. II, p. 1026. — [4] S. AUG. *Serm.* CCX ; n. 11 : t. V, p. 932.

[a] Le Mandement du 15 février 1707 est absolument conforme à celui-ci, pour les adoucissements que Fénelon apporte à la loi du Carême. C'est pour cela que nous en avons omis le dispositif.

où la loi de l'Église l'exige. Plus on est dispensé de l'abstinence, et soutenu par une forte nourriture, plus on est en état de ne faire qu'un seul repas, avec une légère collation.

Il faut que les riches entrent dans les sentimens de l'Église en faveur des pauvres, afin que la charité gagne en cette occasion ce que la pénitence semble perdre. Ainsi tous ceux qui mangeront des œufs, et qui peuvent donner trois sous en aumône, les donneront. Nous exhortons tous ceux qui peuvent donner plus abondamment, à faire pour leur salut éternel une partie de ce qu'ils font tous les jours pour le faste du siècle. Nous désirons que les aumônes soient mises entre les mains de la trésorière de l'assemblée de la charité dans les villes où l'on a établi de telles assemblées pour les pauvres malades, afin qu'elles soient distribuées de concert avec les pasteurs, et que, dans tous les autres lieux, chacun donne son aumône au pasteur pour le même usage.

Donné à Cambrai le 14 février 1708.

XII.

MANDEMENT POUR DES PRIÈRES.

1708 *.

FRANÇOIS, etc., à tous les fidèles de notre diocèse qui sont sous la domination du Roi, salut et bénédiction.

Si le monde n'avoit jamais vu la guerre allumée entre les nations voisines, il auroit peine à croire que les hommes pussent s'armer les uns contre les autres. Eux qui sont accablés de leur misère et de leur mortalité, ils augmentent avec industrie les plaies de la nature, et ils inventent de nouvelles morts. Ils n'ont que quelques momens à vivre, et ils ne peuvent se résoudre à laisser couler en paix ces tristes momens. Ils ont devant eux des régions immenses qui n'ont point encore trouvé de possesseur, et ils s'entre-déchirent pour un coin de terre. Ravager, répandre du sang, détruire l'humanité, c'est ce qu'on appelle l'art des grands hommes. Mais les guerres ne sont, dit saint Augustin, que des spectacles, où le démon se joue cruellement du genre humain : *ludi dæmonum*.

Les princes les plus justes et les plus modérés sont réduits à prendre les armes. Malheur d'autant plus déplorable, dit saint Augustin, qu'il est devenu nécessaire ! Dieu même fait entrer la guerre dans ses desseins de miséricorde, comme on fait entrer les poisons les plus mortels dans la composition des remèdes les plus salutaires. Hélas ! quelle doit être l'extrémité de nos maux, puisque nous avons besoin d'un si violent remède ! « Une longue paix, dit saint » Cyprien [1], corrompt la discipline que Dieu » avoit donnée aux hommes. Il faut qu'un châ- » timent céleste vienne réveiller notre foi abat- » tue et comme endormie. » Dieu punit les peuples les uns par les autres, parce que tous ont péché. Il frappe ces grands coups qui ébranlent la terre, dit saint Augustin, pour *dompter l'orgueil* des méchans, et pour *exercer la patience* des bons. Il y a déjà huit ans, mes très-chers Frères, que la main est levée, et on ne la reconnoît pas. Les pécheurs sont abattus sans être convertis. Jamais on ne vit tant de faste et tant de mollesse ; jamais tant de bassesse pour l'intérêt, et tant de hauteur contre la vertu. Le luxe ne vit que d'injustice. L'état violent où chacun se jette sape les fondemens de toute probité, et corrompt le fond des mœurs des nations entières. L'humilité est foulée aux pieds, et la simplicité est tournée en dérision. La curiosité et la présomption sont au comble. L'autorité de l'Église n'est plus qu'un grand nom. Seroit-ce que nous approcherions des derniers temps, où *la charité sera refroidie, l'iniquité abondante, et où le Fils de l'homme trouvera à peine de la foi sur la terre ?* Ne cherchons point ailleurs qu'en nous-mêmes la source de nos maux. Nos péchés sont nos plus grands ennemis. Ils nous attirent tous les autres. Nous combattons contre les autres ; et loin de vaincre ceux-ci, nous nous livrons lâchement à eux. Nous ne pouvons calmer la tempête qui agite toutes les nations chrétiennes, qu'en apaisant la juste colère de Dieu. Il aime à être désarmé par des cœurs contrits et humiliés. Après s'être irrité, il se ressouvient de ses anciennes miséricordes. Demandons-lui, non la destruction de nos ennemis, qui ne cessent jamais d'être nos frères, mais notre réunion avec eux par une bonne paix. Demandons-lui cette paix, non pour flatter nos passions, pour nous attacher aux douceurs trompeuses du pélerinage, et pour nous faire oublier notre véritable patrie, mais au contraire, afin que nous soyons plus libres, plus tranquilles, plus recueillis et plus préparés au royaume de Dieu.

---

* Voyez, au sujet de ce Mandement, la lettre de Fénelon au P. Lami, bénédictin, du 30 nov. 1708. (*Édit. de Vers.*)

[1] *De Lapsis*, p. 182.

Prions pour la prospérité des armes du Roi, afin qu'elles nous procurent, selon ses desseins, un repos qui console l'Eglise aussi bien que les peuples, et qui soit sur la terre une image du repos céleste.

A ces causes, etc.

Donné à Cambrai, le 12 mai 1708.

XIII

MANDEMENT POUR LE CARÊME

DE L'ANNÉE 1709.

François, etc., à tous les fidèles de notre diocèse, salut et bénédiction.

Vous savez, mes très-chers Frères, que nous n'avons point cessé de maintenir dans ce diocèse la loi du Carême, malgré les vives instances qui nous ont été faites depuis quelques années, pour nous obliger à en interrompre l'observation. Il nous a paru que les malheurs de la guerre, loin de devoir ébranler une si sainte discipline, la rendent plus nécessaire que jamais. Les pécheurs doivent-ils cesser de faire pénitence, parce que la colère de Dieu éclate sur eux? Nous éprouvons ce que Jérémie disoit du peuple juif [1]. *Ils ont semé du blé, et ils ont moissonné des épines; ils ont acquis des héritages, et ils leur seront infructueux; c'est la colère du Seigneur qui confondra vos espérances pour les fruits de vos champs.* Faut-il s'étonner que Dieu frappe la terre qu'il voit couverte d'un déluge d'iniquités? « Vous murmurez, » disoit saint Cyprien aux infidèles [2], de ce que » Dieu est irrité, comme si vous méritiez par » vos mauvaises mœurs de recevoir quelque » bien de lui; comme si toutes ces calamités » qui viennent fondre sur vous n'étoient pas » douces et légères en comparaison de vos » crimes. Vous qui vous mêlez de juger les » autres hommes, soyez enfin juge de vous-» même; pénétrez jusque dans les replis cachés » de votre conscience, ou plutôt regardez-vous » vous-même, tel que tout le monde vous voit » à découvert; puisqu'il ne reste plus en vous » ni crainte ni pudeur, qui vous détourne de » pécher, et que vous faites le mal comme si » vous en deviez tirer des louanges. Vous êtes » ou enflé d'orgueil, ou ravisseur du bien d'au-» trui, ou emporté de colère, ou ruiné par le » jeu, ou abruti par l'excès du vin, ou rongé » d'envie, ou infâme par vos impuretés, ou » cruel par votre vengeance; et vous vous éton-» nez de ce que la colère de Dieu croît pour » punir le genre humain, pendant que les pé-» chés qu'il doit punir croissent de jour en jour. » Vous vous plaignez de ce que l'ennemi vous » fait sentir les maux de la guerre, et vous ne » voyez pas que si vous n'aviez au dehors aucun » ennemi, vous deviendriez bientôt vous-même » votre propre ennemi au milieu de la paix. » En effet, le luxe et le faste, qui dérèglent toutes les mœurs et qui confondent toutes les conditions; l'avarice, l'ambition et l'envie, qui rendent tous les hommes incompatibles, ne ruinent pas moins un peuple que la guerre même. Vous n'avez, dit le même Père [1], qu'*une impatience toujours criante et plaintive*, au lieu de *la patience forte, religieuse et tranquille* que Dieu demande à ses enfans : cessez de critiquer témérairement ce qui est au-dessus de vous; et remédiez aux maux publics par une humble correction de vos mœurs qui en sont la véritable cause. Quoi, dit encore ce Père [2], « tant » de coups terribles de la main de Dieu ne vous » rappellent point à la règle et à l'innocence...! » Dieu est tout prêt à finir nos peines; mais » l'indignité des pécheurs l'empêche de nous » secourir.... Ce qui l'irrite le plus est de voir » que tant de châtimens ne peuvent nous con-» vertir. » Il est donc vrai, mes très-chers Frères, que, loin de chercher des adoucissemens au jeûne du Carême, nous devrions l'augmenter à proportion de nos péchés et des maux qu'ils attirent sur nous.

Mais Dieu daigne se contenter de ce que notre bonne volonté lui offre, dans l'impuissance de faire mieux. Les sources du commerce pour le poisson de mer nous sont fermées; la rigueur de l'hiver nous prive des légumes; la campagne désolée manque d'œufs; ce qui a échappé aux ravages de la guerre devient nécessaire et presque insuffisant aux troupes innombrables qui remplissent tout le pays; à la cherté se joint la misère. Nous cédons enfin à une si triste nécessité. L'Eglise, cette mère pleine de tendresse et de compassion, descend jusqu'aux derniers besoins de ses enfans. Elle ne souffre ni relâchement, ni mollesse, ni vains prétextes pour éluder la loi : mais elle a appris de son Epoux que le grand-prêtre dans une pressante nécessité donna à David et aux siens

---

[1] *Jer.* xiii. 3. — [2] *Ad Demetr.* p. 246 et seq.

[1] *Ad Demetr.* — [2] *Ibid.*

les pains consacrés, que les prêtres seuls avoient permission de manger. Elle sait que le Seigneur, qui est *maître du sabbat* [1], ne l'est pas moins du Carême, et qu'on peut dire de l'institution de ce grand jeûne ce que le Fils de Dieu a dit de l'institution du saint repos : *Le sabbat est fait pour l'homme, et non l'homme pour le sabbat* [2]. Telle est la condescendance de l'Eglise. Comment ne relâcheroit-elle pas un peu de sa discipline présente, elle qui, comme dit saint Augustin, juge que la paix qu'elle conserve avec les foibles la dédommage de ce qu'elle souffre certains relâchemens contre la loi ? *Pacis ipsius compensatione sanaretur* [3].

C'est dans cet esprit, mes très-chers Frères, que nous permettons les choses suivantes, etc.

Nous voyons avec une sensible douleur que la plus grande partie des peuples qui n'observeront pas le Carême avec la régularité ordinaire ne pratiqueront que trop par leur misère une abstinence forcée. Leur consolation doit être de la tourner en mérite par une humble patience. « Le jeûne, dit saint Augustin [4], nous repré-
» sente la mortification universelle de nos
» corps. » Ceux mêmes qui ne pourront pas se retrancher l'usage de la viande, doivent se modérer dans la dispense qui leur est accordée, et ne se permettre rien de superflu dans les commodités sensibles. Enfin les peuples qui nous sont confiés peuvent voir, par les égards que nous avons pour leurs besoins, combien nous sommes éloignés d'une sévérité dure et rigoureuse. C'est ce qui doit nous préparer dans leurs cœurs une pleine confiance pour les temps plus heureux, où nous ne manquerons pas de rétablir dans son intégrité cette salutaire pénitence, que les apôtres, instruits par l'exemple de Jésus-Christ même, ont transmise de siècle en siècle jusqu'à nous.

Il faut que les riches entrent dans les sentimens de l'Eglise en faveur des pauvres, afin que la charité gagne en cette occasion ce que la pénitence semble perdre. Ainsi tous ceux qui useront de la présente dispense, et qui peuvent donner trois sous en aumône, les donneront.

Nous exhortons tous ceux qui peuvent donner plus abondamment, à faire pour leur salut éternel une partie de ce qu'ils font tous les jours pour le faste du siècle. Nous désirons que ces aumônes soient mises entre les mains de la trésorière de l'assemblée de la Charité dans les villes où on a établi de telles assemblées pour les pauvres malades, afin qu'elles soient distribuées de concert avec les pasteurs, et que dans tous les autres lieux chacun donne son aumône au pasteur pour le même usage.

Donné à Cambrai, le 3 février 1709.

XIV.

MANDEMENT
POUR DES PRIÈRES PUBLIQUES,

SUR LA STÉRILITÉ.

1709.

FRANÇOIS, etc., à tous les fidèles de notre diocèse, salut et bénédiction.

Nous apprenons, mes très-chers Frères, avec une sensible douleur, qu'on doit craindre une grande stérilité. La terre paroît comme morte : elle ne promet ni fruits ni moisson, et le printemps même ne la ranime point. D'où viennent ces malheurs? Les hommes n'ouvriront-ils jamais les yeux? ne sentiront-ils jamais la main qui les frappe? Ils ont oublié Dieu. Ils se sont oubliés eux-mêmes. Ils ont contraint, pour ainsi dire, leur Père céleste à les oublier. Hélas! voici la neuvième année où l'on voit couler des ruisseaux de sang dans toute la chrétienté! Mais les hommes sont punis, sans être corrigés. Si nous n'apaisons au plus tôt la juste colère de Dieu, au glaive vengeur se joindra la faim, plus cruelle que le glaive même.

Dieu, dit le Psalmiste [1], *a appelé la faim sur la terre; aussitôt elle accourt, et tout appui du pain est brisé.* Voilà, dit Isaïe [2], *le Seigneur dominateur des armées qui ôtera de Jérusalem et de Juda..... toute force du pain. Les enfans,* dit Jérémie [3], *ont demandé où est le pain......, en rendant le dernier soupir dans le sein de leurs mères..... La langue de l'enfant à la mamelle se dessèche de soif dans sa bouche. Les petits ont demandé du pain, et personne ne leur en rompt. Ceux qui vivoient dans la volupté, tombent en défaillance au milieu des chemins. Ceux qui se nourrissoient avec délicatesse, se jettent avec avidité sur l'ordure..... Ceux que le glaive abat sont moins à plaindre que ceux qui périssent de faim; car ceux-ci sont desséchés et consumés par la stérilité de la terre.*

---

[1] *Luc.* VI. 4 et 5. — [2] *Marc.* II, 27. — [3] *Ep.* CLXXXV, ad Bonif. n. 44 : t. II, p. 660. — [4] *De perf. Justit. hom.* cap. VIII, n. 48 : t. X, p. 174.

FÉNELON. TOME VI.

[1] *Ps.* CIV. 16. — [2] *Is.* III. 1. — [3] *Thren.* II. 12; et IV. 4, 5 et 9.

12

« La faim et la soif, dit saint Augustin [1], sont de véritables douleurs, qui nous brûlent, et qui nous consument comme la fièvre, à moins que le remède des alimens ne vienne nous secourir. Mais comme ce remède est tout prêt, ô mon Dieu, à nous soulager par la libéralité de vos dons, et comme le ciel, la terre et l'eau nous servent dans notre infirmité, les hommes donnent à cette calamité le nom de délices. » Non, il n'y a que la main de Dieu qui retarde chaque jour par ses dons la défaillance prochaine du genre humain. *Les montagnes*, dit le Psalmiste [2], *se sont elevées, et les campagnes sont descendues en la place que Dieu leur a marquée..... C'est lui qui fait couler les torrens dans les vallons au pied des montagnes pour désaltérer tous les animaux...... O Dieu, la terre est rassasiée du fruit de vos mains. Elle produit ses herbages pour les animaux qui sont au service de l'homme. La terre est pleine de vos biens. Tout est dans l'attente de la nourriture que vous distribuez à chacun en son temps. Dès que vous donnez, ils recueillent. Ouvrez-vous votre main, tout est comblé de biens. Mais détournez-vous votre face, ils sont dans le trouble. Refusez-vous l'esprit de vie, ils tombent en défaillance, et rentrent dans la poussière.* Pendant que les hommes s'enivrent de vaines espérances, il ne faut qu'une gelée après une fonte de neige, ou qu'un brouillard, suivi d'un rayon de soleil, pour confondre tous leurs projets. Aussitôt *le ciel devient d'airain au-dessus de leurs têtes, et la terre qui les porte est de fer pour eux* [3].

Que reste-t-il donc, sinon d'apaiser Dieu? Sa main est déjà levée sur nous : mais nous savons que dix justes suffisent pour sauver un peuple innombrable; *non delebo propter decem* [4]. O peuples consternés, écoutez ces douces et fortes paroles : *Voyez*, dit Dieu à ses enfans [5], *où est-ce que vous n'avez pas commis des abominations..... ? C'est ce qui a empêché la pluie d'engraisser vos champs.... O enfans, revenez en vous tournant vers moi, et je vous guérirai après vos égaremens..... O Israel....., tes voies et tes pensées ont attiré sur toi tous ces maux. C'est ta malice qui se tourne en amertume, et qui blesse ton cœur.... Mon peuple insensé ne m'a point connu. Mes enfans sont sans sagesse et sans cœur. Ils ne sont sages que pour faire le mal, et ne savent pas faire le bien..... J'ai rassasié vos enfans, et ils ont commis des crimes infâmes.... Quoi donc? est-ce que je ne visiterai point leurs péchés, et que je ne me vengerai point de ces peuples....? Jusques à quand la terre sera-t-elle en deuil, et l'herbe de ses champs sera-t-elle desséchée par la malice des peuples qui l'habitent.....? Ils ont semé du blé, et ils ont moissonné des épines. Ils ont acquis des héritages, et ils n'en jouiront pas. Soyez confondus par les fruits mêmes de vos terres.... Mais après que je les aurai arrachés, je changerai mon cœur pour eux, j'en aurai pitié, et je rétablirai chacun d'eux dans la jouissance de son heritage.*

Telles sont nos espérances pour vous, mes très-chers Frères. Celui qui menace craint de frapper. Il ne nous montre les maux qu'il prépare, qu'afin que nous les détournions de dessus nos têtes. La terre, qui refuse ses biens aux peuples ingrats et impénitens, germera en faveur des peuples humiliés et convertis. Qu'est-ce qu'un cœur contrit ne peut pas sur celui de Dieu? Que si sa justice vouloit nous éprouver par de plus longues peines, au moins nous aurions la consolation de souffrir, avec amour et confiance, ce que les impies souffriroient avec révolte et désespoir. Quelle différence entre ceux que le Père châtie comme ses enfans bien-aimés et qui portent la croix avec Jésus-Christ pour régner bientôt avec lui, et les ennemis qui sont punis sans consolation et sans espérance. Après tout, si vous êtes détachés du monde et si vous vivez de la foi, que pouvez-vous perdre, si ce n'est une vie qui n'est qu'une mort continuelle pour passer à la vie véritable? De quoi pouvez-vous manquer pendant que Dieu ne vous manquera point? Vos maux seront-ils sans consolation, pendant que vous porterez au dedans de vous le véritable consolateur? Les hommes, dit saint Augustin [1], ne peuvent être dépouillés sur la terre que des faux biens, dont ils n'auront pas fait le sacrifice à Dieu. *Hoc enim potuit in terra perire, quod piguit inde transferre.* Pour tout le reste, ils se dédommagent d'une légère perte, par un profit immense et éternel. *Magna sunt lucris levia damna solati* [2]. En quelque extrémité de misère où ils puissent être réduits, seront-ils jamais dans un état où ils ne trouvent plus leur Dieu? *Hoc sanè miserrimum est, si aliquò duci potuerunt, ubi Deum suum non invenerunt* [3]? Croit-on que Dieu cessera d'être père? Croit-on que celui qui prépare à ses enfans le royaume du ciel, leur refusera le pain quotidien sur la terre, quand ils seront péni-

---

[1] *Conf.* lib. x, cap. xxxi, n. 43 : t. 1, p. 185. —
[2] *Ps.* ciii. — [3] *Deut.* xxviii. 23. — [4] *Gen.* xxviii. 32. —
[5] *Jerem.* iii-xii.

[1] *De Civ. Dei.* lib. i, cap. x, n. 2 : t. vii, p. 11. —
[2] *Ibid.* — [3] *Ibid.* cap. xiv : p. 14.

téns, soumis, sobres et laborieux? *O cieux, louez le Seigneur; ô terre, réjouissez-vous; ô montagnes, chantez de joie! Le Seigneur console son peuple, et il aura pitié de ses pauvres. Sion a dit: Le Seigneur m'a abandonnée, et il ne se souvient plus de moi. Quoi! est-ce qu'une mère peut oublier son enfant, et n'avoir aucune pitié de celui qu'elle a porté dans ses entrailles? et quand même elle l'oublieroit, pour moi, je ne vous oublierai jamais*[1]. C'est ainsi, mes très-chers Frères, que parle *le Père de miséricorde et le Dieu de toute consolation*. Ne doutons jamais de sa providence. C'est de nous, et non de lui, qu'il faut se défier. Nous rendrons la terre fertile, quand nous cultiverons dans nos cœurs les vertus, et que nous en arracherons tous les vices.

C'est dans un besoin si pressant que nous ordonnons, etc. Donné à Cambrai, le 20 avril 1709.

XV.

MANDEMENT POUR DES PRIÈRES.

1709.

François etc., à tous les fidèles de notre diocèse qui sont sous la domination du Roi, salut et bénédiction.

Nous avions espéré, mes très-chers Frères, que Dieu s'apaiseroit enfin, et qu'il laisseroit respirer son peuple. Mais sa main est encore levée pour nous frapper. Il est juste que nous souffrions encore, puisqu'on ne cesse point de pécher. Le mensonge et la fraude sont encore sur les lèvres et dans le cœur de presque tous les hommes. La misère, loin de les détacher des faux biens, irrite de plus en plus leur avarice; le faste et le luxe croissent avec la pauvreté. La délicatesse et la volupté la plus raffinée n'ont point de honte de paroître avec la famine; on ne voit que la bassesse la plus honteuse, et que l'orgueil le plus insolent. L'Eglise n'est plus écoutée. Chacun se croit soi-même, au lieu de la croire avec une humble docilité. Les hommes sont écrasés, et ils ne furent jamais moins convertis. Faut-il donc s'étonner si Dieu ne s'apaise point? Il se sert des hommes dans les combats pour les punir les uns par les autres de leurs propres mains. Le ravage des provinces, les batailles sanglantes, le renversement des empires sont le jugement de Dieu sur les peuples coupables, qu'il faut exécuter par les coupables mêmes. Ceux qui pensent le moins à Dieu sont dans sa main, sans l'apercevoir, les instrumens de ses vengeances. Ils s'imaginent exécuter leurs vains projets, et ils ne font que suivre aveuglément une volonté supérieure. « Dieu, dit saint Augustin [1], opère dans les cœurs même des » méchans tout ce qu'il lui plaît.... Le Tout-» Puissant produit au dedans des hommes le » mouvement même de leurs volontés, pour » faire par eux ce qu'il veut qu'ils fassent. » Il envoie à son choix dans les plus puissantes armées ou le courage et la victoire, ou la peur et la fuite. C'est lui qui donne ou l'esprit de sagesse et de force, ou celui d'ivresse et de vertige. *Les nations*, dit le Roi prophète [2], *ont été troublées, et les royaumes ont penché vers leur ruine. Dieu a fait entendre sa voix. La terre a été ébranlée: mais le Seigneur des armées est avec nous. Le Dieu de Jacob nous soutient. Venez, et voyez les œuvres du Seigneur et les prodiges qu'il fait sur la terre: il fait cesser la guerre jusqu'aux extrémités du pays; il brise l'arc, il rompt les armes, il fond les boucliers.* Ecoutez encore le Saint-Esprit [3]: *Dieu dessèche les racines des nations superbes, et il en plante d'autres qui sont humbles*. Cessons donc de chercher dans les hommes les véritables causes de ce qui leur arrive; remontons plus haut. Leur sagesse et leur puissance ne sont qu'empruntées. Dieu commande aux passions, comme aux vents et aux tempêtes. *Tu viendras*, dit-il à la mer [4], *jusqu'ici; tu n'iras pas plus loin, et tu briseras ici l'orgueil de tes flots*. Ou, si nous voulons rentrer en nous-mêmes, ne cherchons que dans nos péchés les sources de nos malheurs. Effaçons l'iniquité par la pénitence, et tous nos maux disparaîtront. Prévenons Dieu, humilions-nous, et il ne nous humiliera point. Mettons notre confiance, non dans nos armes, mais dans nos prières. Aimons Dieu en sorte qu'il nous aime, et nous n'aurons plus d'ennemis. *La douleur*, dit-il [5], *et le gémissement s'enfuiront. C'est moi, c'est moi qui vous consolerai. Eh! qui êtes-vous pour craindre quelque chose d'un homme mortel, du fils d'un homme, qui sèche comme l'herbe des champs? Vous avez oublié le Seigneur votre créateur, qui a tendu les cieux, et qui a fondé la terre. Vous avez craint sans cesse à la vue de la colère de celui*

---

[1] Is. XLIX. 13, 14 et 15.

[1] De Grat. et lib. Arb. cap. XXI, n. 42: t. X, p. 740. — [2] Psal. XLV. 9. — [3] Eccli. X. 18. — [4] Job. XXXVIII. 11. — [5] Is. LI. 11.

qui vous accabloit, et qui se préparoit à vous perdre. Et maintenant qu'est-elle devenue cette colère….? Dieu ne vous exterminera point, et son pain ne vous manquera pas. Craignons Dieu, et nous serons délivrés de toute autre crainte…. *Le Seigneur*, disoit un roi [1], *est mon salut ; qui craindrai-je ? Le Seigneur protége ma vie ; qui m'intimidera ? Pendant que mes ennemis m'environnent pour me nuire et pour me dévorer, ceux mêmes qui viennent pour m'accabler s'affoiblissent et tombent. Si les ennemis ont leur camp autour de moi, mon cœur ne craindra rien ; et si le combat commence, alors j'espérerai.*

C'est avec cette humble confiance, mes très-chers Frères, que nous devons demander à Dieu qu'il bénisse les armes du Roi. Il est moins jaloux de sa gloire et de ses conquêtes, que du soulagement de ses peuples. Prier pour le succès de ses désirs dans cette guerre, c'est pour une heureuse et constante paix. Demandons pour lui, comme il fut demandé pour David, *que la paix vienne de Dieu sur lui, sur sa postérité, sur sa maison et sur son trône à jamais.* Demandons que, comme Salomon [2], il soit *environné de la paix*. Qu'il dise comme Ezéchias : *Que la paix et la vérité règnent en mes jours* [3]. Que Dieu dise pour lui avec complaisance : *Je donnerai en Israel la paix et la tranquillité pendant tous ses jours* [4]. Demandons que *Jérusalem loue le Seigneur*, parce qu'il *affermira ses portes*, qu'il *bénira les enfans nourris dans son sein*, que la paix sera comme la garde de ses frontières, et qu'elle sera *rassasiée des fruits de la terre* [5]. Mais en demandant le soulagement des peuples, demandons aussi leur conversion. Demandons encore plus ardemment la fin de nos péchés que celle de nos peines. La paix qui ne serviroit qu'à nous amollir, qu'à nous enivrer d'orgueil, qu'à nous faire oublier Dieu, seroit un don funeste.

A ces causes, nous ordonnons, etc.

Donné à Cambrai, le 18 juin 1709.

XVI.

MANDEMENT POUR LE CARÊME

DE L'ANNÉE 1710.

François, etc., à tous les fidèles de notre diocèse, salut et bénédiction.

Il faudroit sans doute, mes très-chers Frères, renouveler en nos jours la plus rigoureuse discipline de l'ancienne Eglise sur le Carême, pour la proportionner aux péchés des peuples. Toute chair a corrompu sa voie ; ceux qu'on nomme Chrétiens semblent n'en porter le nom que pour l'avilir : l'esprit qui doit réprimer les passions ne sert qu'à les flattter ; on joint un orgueil de démon à la sensualité des bêtes : le faste croît avec la misère. L'un, malgré sa basse condition, dépense à proportion de ses biens mal acquis. L'autre, enivré de sa condition, dépense, non son propre bien, mais celui d'autrui qu'il emprunte. Tous vivent d'injustice ; tous veulent paroître ce qu'ils ne sont pas. Le commerce est plein de fraude, les procès de chicanes, la conversation de médisances et de moqueries. Les hommes ne disent vrai que quand il n'y a ni commodité ni vanité à mentir. La société cache sous une politesse flatteuse une jalousie, une envie et une critique envenimée. Les hommes ne peuvent ni se passer les uns des autres, ni se supporter. Les riches ne comptent pour rien les pauvres, quoiqu'ils soient hommes autant qu'eux. Les pauvres semblent avoir oublié qu'ils sont hommes autant que les riches. Ils se dégradent et ne cherchent que la vie animale ; encore n'ont-ils pas le courage de la chercher, tant ils sont lâches et paresseux. Ils aiment mieux devoir leur nourriture à la mendicité ou au larcin, qu'à un travail honnête. Ils ne travaillent qu'à demi pendant six jours de la semaine ; et le septième, que Dieu réserve au saint repos pour son culte, ils font un travail que Dieu ne peut bénir, et qui n'est digne de leur rapporter que des ronces et des épines. Le jour du Seigneur est devenu celui du démon ; c'est celui qu'on réserve au péché et au scandale. On n'a point de honte d'y préférer le cabaret à la maison de Dieu, les chansons impudiques aux cantiques sacrés, et les excès les plus brutaux à la pure joie de se nourrir du pain des anges. L'ignorance résiste à toute instruction. Un pasteur dénonce-t-il aux peuples la vengeance divine prête à éclater sur leurs têtes ? *sa parole ne leur semble qu'un jeu : visus est eis quasi ludens loqui* [1]. Pendant l'illusion de la vie la religion n'est pour eux qu'une belle cérémonie, qu'un grand spectacle : à la mort elle devient tout-à-coup, et trop tard, un objet affreux. Il semble que voici le temps réservé au feu vengeur pour la fin des siècles. Dieu cherche, *dix justes*, en faveur desquels il puisse épargner

---

[1] *Ps.* XXVI. 1. — [2] *III Reg.* II. 33. — [3] *IV Reg.* XX. 19. — [4] *I Paralip.* XXII. 9. — [5] *Ps.* CXLVII.

[1] *Genes.* XIX. 14.

toute la multitude innombrable. Oui, dix justes lui suffiroient pour pardonner à tous, et ces dix justes lui manquent pour arrêter son bras. Faut-il donc s'étonner s'il frappe ces grands coups, qui brisent les nations superbes? C'est lui qui envoie le glaive pour l'enivrer de sang; au glaive se joint la famine; à la famine se joint la maladie, qui devient contagieuse. *Que mes yeux*, dit Jérémie[1], *pleurent nuit et jour, et que ma douleur ne se taise point, car la fille de mon peuple est écrasée et couverte d'une horrible plaie. Si je vais dans la campagne, voilà les cadavres des hommes tués; si je rentre dans la ville, voilà les vivans exténués par la faim. Le prophète et le prêtre s'en sont enfuis en terre inconnue. O Dieu, est-ce que vous avez rejeté sans retour votre peuple? Votre ame a-t-elle abandonné Sion avec horreur? Pourquoi donc nous frappez-vous encore*, après dix ans de tribulation qui ont abattu la chrétienté? *N'y a-t-il plus de santé pour nous? Nous avons attendu la paix, et aucun bien n'arrive; nous avons espéré le temps de la guérison, et voici le trouble.* Ce n'est ni dans le conseil des sages, ni dans la force des courageux guerriers que les nations doivent mettre leur confiance; c'est le Seigneur seul qu'il faut désarmer. C'est dans le cilice et sur la cendre qu'il faut lui demander la paix. Que chacun frappe sa poitrine plutôt que l'ennemi. C'est en nous réconciliant avec Dieu, que nous réconcilierons toutes les nations entre elles. L'Europe entière devroit être, comme Ninive, dans la prière, dans les jeûnes et dans les larmes, pour apaiser Dieu.

Mais la juste main qui nous frappe nous a ôté jusqu'aux moyens d'observer religieusement les lois de la pénitence. La terre, pour venger Dieu, refuse aux hommes pécheurs ses fruits dont ils sont indignes de se nourrir. À peine les peuples trouveront-ils pendant ce Carême de quoi soutenir leur vie languissante, en ramassant sans distinction tous les alimens gras et maigres qu'ils pourront trouver. Le prix le plus modique des alimens est devenu une cherté pour les familles épuisées. Dans cette déplorable extrémité, la misère de notre pays ne nous répond que trop de l'abstinence et du jeûne forcé des peuples. Heureux, s'ils tournent par amour en pénitence volontaire cette dure et accablante nécessité! Heureux, si la main qui les afflige, les console et essuie leurs larmes!

« Tout ce que l'homme souffre ici-bas, dit saint
» Augustin[2], s'il sert à le convertir, n'est qu'une
» correction salutaire..... C'est une épreuve
» plutôt qu'une condamnation..... C'est moins
» le signe de la colère, que de la miséricorde de
» Dieu.... Eh! quel seroit l'exercice de notre
» patience, si nous n'avions pas des maux à
» souffrir! Pourquoi donc refuser à souffrir
» en ce monde? Est-ce que nous craignons d'y
» être perfectionnés par la croix? »

Il est juste néanmoins d'avoir égard à ce pressant besoin des peuples. C'est ce qui nous fait encore retarder le rétablissement de la discipline du Carême, et qui nous réduit à permettre les choses suivantes, etc.

Donné à Cambrai, le 24 février 1710.

XVII.

MANDEMENT POUR DES PRIÈRES.

1710.

FRANÇOIS, etc., à tous les fidèles de notre diocèse qui sont sous la domination du Roi, salut et bénédiction.

Dieu, *terrible dans ses conseils sur les enfans des hommes*, n'est point apaisé, mes très-chers Frères. La maladie se joint à la famine et au glaive pour nous punir. *Ceux qui ravagent le pays*, dit Jérémie[1], *couvrent nos campagnes désertes. Le glaive du Seigneur dévore tout d'un bout à l'autre, et nulle chair n'est en repos.* Ecoutez encore le Seigneur; voici ses paroles, ô mon peuple. *Si vous dites: Pourquoi tant de maux viennent-ils sur moi? C'est pour la multitude de vos péchés..... Voilà ton sort, voilà ton partage, selon ta mesure, parce que tu m'as oublié et que tu as mis ta confiance dans le mensonge.... Malheur à toi, Jérusalem! Est-ce que tu ne seras pas purifiée après tant d'épreuves? Jusques à quand faudra-t-il encore que je te frappe*[2]?

Comme toutes les nations ont péché, toutes boivent dans le calice de la colère du Seigneur; aussitôt elles se tournent les unes contre les autres, et s'entre-déchirent pour venger Dieu de leurs iniquités communes. Nous avons espéré la paix, et elle semble s'enfuir devant nous. Le monde ne peut nous la donner, et nous ne paraissons point encore dignes de la faire descendre du ciel sur nous. Nous disons en vain à Dieu: *Dissipez les conseils des nations qui veu-*

---

[1] *Jer.* XIV. 16 et seq. — [2] *De Urb. excid.* cap. VII et VIII; t. VI, p. 627 et 628.

[1] *Jer.* XII. 12. — [2] *Ibid.* XIII. 22 et seq.

lent la guerre : *Dissipa gentes quæ bella volunt* [1]. En vain nous lui rappelons ces aimables paroles : *Paix sur la terre aux hommes de bonne volonté* [2]. Il a mis entre lui et nous un nuage, *afin que notre prière ne passe point* [3]. Les momens qu'il tient en sa puissance ne sont pas venus. Nous ne le voyons point encore *chassant la guerre jusqu'aux extrémités du monde, brisant l'arc, rompant les armes et fondant les boucliers* [4]. Quand sera-ce que le maître des cœurs guérira les jalousies et les défiances des princes et des peuples, pour préparer au monde cette *beauté de la paix*, ces *tabernacles où habite la confiance*, cette *paix opulente* [5], qui est une image de la félicité céleste. Quand est-ce que Dieu fera entendre ces paroles de consolation à son héritage? *J'établirai la paix pour vous visiter, et la justice pour présider au milieu de vous. La voix de l'iniquité ne se fera plus entendre dans votre terre. Le ravage et la ruine disparoîtront de vos frontières. Le salut gardera vos murs, et ma louange défendra vos portes.... Le Seigneur sera lui-même votre jour éternel, et votre Dieu sera votre gloire.... Les temps de votre deuil seront écoulés..... Le moindre homme sera comme mille, et le petit enfant comme la plus forte nation. C'est moi, c'est le Seigneur, qui ferai ceci tout-à-coup en son temps* [6]. Cependant la colère du Seigneur demeure sur nous. Nos peuples *perdent ce qu'ils possèdent* [7] : mais que dis-je? « ont-ils perdu
» la foi? ont-ils perdu les biens de l'homme in-
» térieur, qui est riche devant Dieu? Voilà les
» véritables richesses des Chrétiens, qui ren-
» doient l'Apôtre opulent, quand il disoit : *La
» piété est un grand profit*, etc. » Et qu'importe que les faux biens nous *quittent*; puisque nous les devons *quitter par une prompte mort*. Hélas! où en sommes-nous? Les nations ne peuvent ni se passer de la paix, ni se la donner. Dieu se joue de la plus profonde sagesse des hommes; il prend plaisir à nous faire sentir qu'il n'y a que lui de sage. Il a formé un nœud que nulle main d'homme ne peut défaire; le dénouement ne peut plus venir que d'en-haut.

O Dieu, vous voyez un royaume qui, malgré ses péchés, vous donne encore des adorateurs en esprit et en vérité. Souvenez-vous de saint Louis, que vous avez formé sur le trône selon votre cœur. Soutenez un autre Louis, qui n'est pas moins héritier de sa foi que de sa couronne. Après lui avoir donné tant de fois les victoires de David, donnez-lui la paix de Salomont pour faire fleurir votre Eglise. Daignez bénir ses armes, puisqu'il ne veut combattre que pour faire cesser les combats et pour réunir vos enfans. « Prions, mes très-chers
» Frères, gémissons, répandons des larmes de-
» vant le Seigneur, afin que cette parole de
» l'Apôtre s'accomplisse : *Dieu est fidèle; il ne
» permettra point que vous soyez tentés au-dessus
» de vos forces; mais il donnera une borne à la
» tentation, afin que vous puissiez la soute-
» nir* [1]. »

A ces causes nous ordonnons, etc.

Donné à Cambrai, le 28 avril 1710.

XVIII.

MANDEMENT POUR LE CARÊME

DE L'ANNÉE 1711.

FRANÇOIS, etc., à tous les fidèles de notre diocèse, salut et bénédiction.

L'Eglise gémit, mes très-chers Frères, de ce qu'elle ne peut parvenir ni à nourrir suffisamment les pauvres, ni à modérer les riches dans leur nourriture. Les uns périssent faute du nécessaire, et les autres se détruisent eux-mêmes par un usage avide du superflu. *La nature*, comme dit saint Augustin, *se suffit à elle-même*. La terre, cultivée par des hommes sobres et laborieux, produiroit assez d'alimens pour nourrir sans peine tout le genre humain. La Providence ne manque à personne, mais l'homme se manque à soi-même. Rendez tous les hommes tempérans, modérés, ennemis du faste et de la mollesse, humains et charitables, vous les ferez tous riches sans leur rien donner; vous changerez en un moment cette vallée de larmes en une espèce de paradis terrestre.

C'est pour donner au monde un essai de cet heureux état, que l'Eglise veut que les riches *imitent les pauvres pour leur nourriture*, au moins *pendant les jours d'humilité*. *In diebus humilitatis*, dit saint Augustin [2], *quando pauperum victum victus omnibus imitandus est*. Telle étoit l'idée du jeûne et de l'abstinence dans ces beaux jours, où la religion était encore écoutée et crue par la multitude docile; l'Eglise vou-

---

[1] *Psal.* LXVII. 34. — [2] *Luc.* II. 14. — [3] *Thren.* III. 44. — [4] *Psal.* XLV. 9 et 10. — [5] *Is.* XXXII. 18. — [6] *Is.* LX. et seq. — [7] S. AUG. *de Civ. Dei.* lib. I, cap. X, n. 1 : t. VII, p. 10.

[1] S. AUG. *de Urb. excid.* cap. VIII, n. 9 : t. VI, p. 628. — [2] *Serm.* CCX, *in Quadrag.* VI, n. 11 : t. V, p. 932.

loit enrichir les pauvres, en appauvrissant les riches pendant le Carême. Elle vouloit changer en pain, pour ceux que la faim consume, les mets qui corrompent les mœurs, qui altèrent la santé, et qui abrègent la vie des autres.
» Que Jésus-Christ, qui souffre la faim en la
» personne de votre frère, disoit saint Augus-
» tin [1], se nourrisse de ce que le Chrétien,
» qui jeûne, retranche sur sa nourriture, et que
» la pénitence volontaire du riche fasse le soula-
» gement du pauvre. »

Cette discipline est aussi ancienne que sainte, mes très-chers Frères. Moïse et le prophète Elie, par leur jeûne de quarante jours, annoncèrent de loin celui de Jésus-Christ, dont il n'étoit qu'une figure. C'est par le jeûne dans le désert que le Sauveur, notre modèle, se prépara à vaincre *toute tentation*. *Le corps entier de Jésus-Christ répandu dans tout l'univers*, dit saint Augustin [2], *c'est-à-dire toute l'Eglise*, épouse qui suit pas à pas l'Epoux, a observé ce jeûne depuis les apôtres jusqu'à notre temps. Voilà le précieux héritage de pénitence que nous avons reçu des saints de tous les siècles. Tous les péchés sont entrés dans le monde par l'intempérance. C'est l'abstinence qui y ramène toutes les vertus. Elle facilite le recueillement et la prière; elle accoutume l'homme à la pauvreté et au détachement; elle dompte la chair rebelle; elle nous détrompe des nécessités imaginaires, et nous en délivre. Elle met dans les mains de la charité tout ce qu'elle épargne. Comme l'amour-propre prend tout, et craint de donner, l'amour de Dieu ne craint que de prendre et s'écrie : *On est plus heureux de donner que de recevoir* [3]. L'opulence des impies est toujours pauvre, avide, insatiable et même *mendiante* : *Non sunt ergo illœ divitiœ, sed mendicitas, quia quantò magis abundant, tantò crescit et inopia* [4]. Au contraire la pauvreté des enfans de Dieu est noble et simple, sobre et frugale; elle jeûne de tout pour soi, afin d'être riche, libérale et inépuisable pour nourrir le prochain.

Mais hélas! qu'est devenue cette sobriété? Nous ne voyons plus qu'une intempérance toujours nécessiteuse. Les pauvres se plaignent de ce qu'ils n'ont pas de quoi observer l'abstinence commandée, et ils trouvent néanmoins, jusque dans leur misère, de quoi violer les règles de la sobriété par les excès les plus honteux. Les riches tournent sans pudeur la pénitence en volupté, et le Carême en raffinement pour la table. Les pécheurs nous allèguent pendant le Carême les infirmités qui les mettent dans l'impuissance d'observer cette loi pour leur salut, eux qui pendant les jours de scandale ont montré tant de ressources de santé pour pécher et pour se perdre. Le Carême, presque anéanti par les relâchemens qu'on y a introduits, est néanmoins encore un joug insupportable à la délicatesse et à la sensualité inouie de notre siècle. Ceux qui affectent le plus de hauteur et de force d'esprit sont les plus foibles et les moins courageux contre les passions grossières de la chair. Ils ne veulent point se soumettre à Dieu; mais ils sont esclaves de leur goût, et ils n'ont point de honte de se faire *un dieu de leur ventre : quorum deus venter est*, dit l'Apôtre [1]. Jamais les hommes n'ont eu un si pressant besoin de pénitence qu'en nos jours. L'iniquité abonde, la charité est refroidie. A peine peut-on croire que le Fils de l'homme, revenant pour juger le monde, trouvera quelque reste de foi sur la terre. Les hommes manquent autant à eux-mêmes qu'à Dieu. Leur vie n'est pas moins indigne de leur raison que de leur foi. Le faste et l'ambition rendent les riches inhumains et sans pitié. La misère et le désespoir réduisent les pauvres au larcin et à l'infamie. Nul bien ne peut plus suffire aux riches, sans emprunter des pauvres artisans. Le luxe ne se soutient qu'aux dépens de la veuve et de l'orphelin. Les fausses commodités qu'on a inventées contre la simplicité de nos pères, incommodent ceux mêmes qui ne peuvent plus s'en passer, et ruinent toutes les familles. Le commerce ne roule plus que sur la fraude. La société est pleine de soupçons, de critique envenimée, de moquerie cruelle, de jalousie, de médisance déguisée et de trahison. Plus les besoins croissent, plus on voit croître avec eux l'avidité, l'envie et l'art de nuire pour exclure ses concurrens.

Mais voici une autre espèce de maux réservée à ces derniers temps. La multitude ne sait rien, et décide de tout. Elle refuse de croire l'Eglise, et n'a point de honte de se croire elle-même. Au dehors, nos frères séparés de nous tombent dans une tolérance inconnue à toute la sainte antiquité, qui est une indifférence de religion, et qui aboutit à une irréligion véritable. Au dedans, les novateurs, qui veulent paroître catholiques, ne demeurent unis à l'Eglise que pour éluder ses décrets et pour l'entraîner dans leurs préjugés.

---

[1] *Serm.* CCX, *in Quadrag.* VI, n. 12 : t. V, p. 932. — [2] *Ibid.* n. 8 : p. 930. — [3] *Act.* XX. 35. — [4] S. Aug. *in Psal.* CXXII, n. 11 : t. IV, p. 1402.

[1] *Philip.* III. 19.

Faut-il donc s'étonner si Dieu irrité frappe d'un seul coup toutes les nations chrétiennes, et s'il permet dans sa colère qu'elles s'entre-déchirent depuis plus de dix ans? L'Europe entière, pour venger Dieu, se détruit de ses propres mains; elle se consume par toutes sortes de misères, elle verse de tous côtés le sang humain; et ce sont les Chrétiens qui donnent cet horrible spectacle aux nations infidèles.

C'est dans cette nuit si périlleuse et si remplie de tentations, comme parle saint Augustin, qu'il faut jeûner. » Voici un temps où il nous faudroit des prophètes envoyés miraculeusement pour nous dénoncer les châtimens pendans sur nos têtes. Nous devrions renouveler le grand jeûne de Ninive, pendant lequel tous les hommes, *dans le cilice et sur la cendre*[1], se privoient même du pain et de l'eau, pour détourner la vengeance du Ciel prête à éclater.

Mais qu'est-ce que nous voyons encore? La main de Dieu appesantie sur les peuples leur ôte jusqu'aux moyens de faire une pénitence régulière. Ceux que la misère réduit à un jeûne forcé n'ont pas de quoi garder l'abstinence. La rareté, la cherté des alimens maigres, la misère qui met les peuples dans l'impuissance de les acheter, les ravages soufferts qui ont affamé les villes, en désolant toutes les campagnes, et qui vont recommencer sur cette frontière, tout nous réduit à souffrir le relâchement dans cet extrême besoin de rigueur. Une si triste situation nous fait perdre pour cette année l'espérance de rétablir la discipline du Carême. Trop heureux si nous pouvions, au moins avant mourir, voir des jours de consolation pour les enfans de Dieu, où cette sainte loi refleurisse.

C'est sur ces raisons qu'après avoir consulté les personnes les plus sages, les plus pieuses et les plus expérimentées sur l'état des lieux, nous avons réglé les choses suivantes, etc.

Donné à Cambrai, le 9 février 1711.

XIX.

MANDEMENT POUR DES PRIÈRES.

1711.

FRANÇOIS, etc., à tous les fidèles de notre diocèse qui sont sous la domination du Roi, salut et bénédiction.

Il y a déjà plus de dix ans, mes très-chers Frères, que nous soupirons en vain après une heureuse paix. Elle s'enfuit toujours, pour ainsi dire, devant nous, et elle échappe à nos désirs les plus empressés. Il semble que nous soyons au temps marqué par ces terribles paroles : *Il lui fut donné d'enlever la paix de la terre, afin qu'ils s'entre-tuent*[1]. Hélas! où la trouvera-t-on cette paix que le monde ne peut donner? Elle n'habite plus en aucune terre connue. La guerre est comme une flamme que le vent pousse rapidement de peuple en peuple jusqu'aux extrémités de l'Europe, et l'Asie même va s'en ressentir.

Approchez, nations, dit le Dieu des armées[2], *écoutez. O peuples, soyez attentifs; que la terre avec tout ce qu'elle contient, que l'univers avec tout ce qu'il produit, m'écoute; car l'indignation du Seigneur est sur tous les peuples, et sa fureur sur tant d'hommes armés.... Mon glaive*, qui pend du ciel sur la terre, *est enivré de sang; voilà qu'il va descendre sur l'Idumée*.

Les hommes sont étonnés des maux qu'ils souffrent, et ils ne voient pas que ces maux sont l'ouvrage de leurs propres mains. Ils n'ont point à craindre d'autres ennemis qu'eux-mêmes, ou pour mieux dire que leurs péchés. Quoi! ils se flattent jusqu'à espérer de se rendre heureux par les dons de Dieu, loin de lui, et malgré lui-même! Quoi! ils veulent obtenir de lui la paix pour violer sa loi plus impunément, et pour triompher avec plus de scandale dans l'ingratitude! Quel esprit de vertige! Dieu se doit à lui-même de les frapper et de les confondre.

Voici, dit Jérémie[3], *comment le Seigneur parle : Est-ce que celui qui est tombé ne se relèvera point, et que celui qui est égaré ne reviendra jamais? Pourquoi donc ce peuple est-il loin de moi, au milieu même de Jérusalem, par un égarement contentieux? Ils ont couru après le mensonge, et ne veulent point revenir. J'ai été attentif; j'ai prêté l'oreille : aucun d'eux ne dit ce qui est bon; aucun ne se repent de son péché en disant : Qu'ai-je fait? Tous courent selon leurs passions, comme des chevaux poussés avec violence dans le combat.... Mon peuple n'a point connu le jugement du Seigneur*. Il n'a point senti la juste et puissante main qui le frappe par miséricorde. *Pourquoi dites-vous : Nous sommes sages, et la loi de Dieu est au milieu de nous? La main trompeuse de vos écrivains a véritablement écrit le mensonge.... Depuis le plus petit jusques au plus grand, tous suivent l'avarice.*

---

[1] Jon. II.

[1] Apoc. VI. 4. — [2] Isai. XXXIV. 1 et seq. — [3] Jerem. VIII et seq.

Depuis le prophète jusques au prêtre, tous sont coupables de mensonge.

Ils se vantoient de guérir les plaies de la fille de mon peuple, et cette guérison s'est tournée en ignominie. Ils ont dit: Paix, paix; et la paix ne venoit point. Ces peuples idolâtres d'eux-mêmes sont confondus, ou plutôt ils sont sans confusion, et ils ne savent pas même rougir de ce qui devroit les humilier.... Taisons-nous; car c'est le Seigneur notre Dieu qui nous fait taire, et qui nous présente à boire une eau pleine de fiel, parce que nous avons péché. Nous avons attendu la paix, et il n'est venu aucun bien. Nous avons cru que c'étoit le temps de la guérison, et voilà l'épouvante.

En vain les princes sages, pieux et modérés veulent acheter chèrement la paix et épargner le sang humain. En vain les peuples de l'Europe entière, épuisés, accablés, déchirés les uns par les autres, cherchent à respirer. En vain les sages étudient tous les tempéramens convenables pour guérir les défiances et pour concilier les divers intérêts. La paix est refusée d'en-haut aux hommes, qui en sont encore indignes. C'est au ciel qu'elle se doit faire; c'est le ciel irrité qui en exclut la terre coupable.

Depuis que les hommes murmurent contre les maux innombrables que la guerre traîne après elle, en sont-ils moins fastueux dans leur dépense? Y voit-on moins de mollesse et de vanité? Sont-ils moins jaloux, moins envieux, moins cruels dans leurs moqueries? Sont-ils plus sincères dans leurs discours, plus justes dans leur conduite, plus sages et plus sobres dans leurs mœurs? L'expérience de leurs propres maux les rend-elle moins durs pour ceux d'autrui? Sont-ils moins attachés à cette vie courte, fragile et misérable? Se tournent-ils avec plus de confiance vers Dieu pour désirer son royaume éternel? On demande la paix, est-ce pour essuyer les larmes de la veuve et de l'orphelin? Est-ce pour faire refleurir les lois et la piété? Est-ce pour faire tarir tant de ruisseaux de sang? Est-ce pour donner un peu de pain à tant d'hommes qu'on ne voit périr que par une misère plus meurtrière que le glaive même? Non, c'est pour s'enivrer et pour s'empoisonner plus librement soi-même de mollesse et d'orgueil; c'est pour oublier Dieu, et pour faire de soi-même sa propre divinité dans une plus libre jouissance de tous les faux biens.

En ce temps, où la main de Dieu est appesantie sur tant de nations, il faudroit travailler tous ensemble à une réforme générale des mœurs. Nous devrions, pour apaiser Dieu, renouveler le jeûne de Ninive dans le cilice et sur la cendre. Il faudroit demander la paix de Sion, et non celle de Babylone, la paix qui calme tout par l'amour de Dieu, et non celle qui flatte le délire de notre orgueil. « Si la piété et la cha-
» rité manquent, dit saint Augustin [1], qu'est-
» ce que la tranquillité et que le repos d'une
» vie où l'on est à l'abri de tant de misères,
» sinon une source de dissolutions et d'égare-
» ment qui nous invite à notre perte, et qui la
» facilite. »

O Dieu, daignez regarder du haut de votre sanctuaire céleste le royaume de France, où votre nom est invoqué avec tant de foi depuis tant de siècles. Regardez même toutes les nations qui nous environnent, et qui composent l'héritage de votre Fils. Souvenez-vous de saint Louis et de ses vertus, qui ont fait de lui un modèle des rois. Conservez à jamais sa race. Bénissez les armes de cet autre Louis, qui veut marcher sur les traces de la foi de son père, et qui ne continue malgré lui la guerre que pour assurer au monde une solide paix. *Déconcertez les nations qui veulent la guerre. Dissipa gentes quæ bella volunt.* Déconcertez-les, non pour leur ruine, que nous n'avons garde de vous demander, mais pour leur réunion avec nous, qui feroit la prospérité commune. Surtout voyez les larmes de votre Eglise. Cette guerre divise ses enfans, et rassemble ses ennemis; cette guerre nous menace de tous côtés, et nous craindrions tout pour elle, si les portes de l'enfer pouvoient prévaloir.

A ces causes, etc.

Donné à Cambrai, le 25 avril 1711.

XX.

MANDEMENT POUR LE CARÊME

DE L'ANNÉE 1712.

FRANÇOIS, etc., à tous les fidèles de notre diocèse, salut et bénédiction.

Nous voyons avec douleur, mes très-chers Frères, nos espérances s'éloigner chaque année pour le rétablissement de l'abstinence du Carême. La guerre a altéré dans cette frontière une si sainte discipline, qui nous vient des apôtres mêmes, et dont vos pères furent si jaloux. La continuation de la guerre en retarde

[1] *Epist.* (????), p. 6 : t. II, p. 842.

le rétablissement. Il est vrai que la guerre elle-même demanderoit le jeûne le plus rigoureux et l'abstinence la plus pénible. Quel Carême ne seroit pas dû à ces temps de nuage et de tempête, où Dieu est si justement irrité ! Quelle pénitence austère chacun ne devroit-il pas s'imposer volontairement pour mériter une heureuse paix ! Qui seroit l'homme ennemi du genre humain et de lui-même jusqu'à refuser cette légère peine, pour procurer à lui-même et à sa patrie la fin de tant de maux, et le commencement de tant de biens ? Nous devrions être dans le cilice et sur la cendre, pour *affliger nos ames par le jeûne*, comme les habitans de Ninive. Ne cherchons point hors de nous-mêmes la cause des maux qui nous accablent. Vit-on jamais tant de fraude dans le commerce, tant d'orgueil dans les mœurs, tant d'irréligion au fond des consciences ? Celui-ci préfère de sang froid le plus vil profit au salut éternel : celui-là aime mieux le cabaret que le royaume de Dieu ; il fait plus de cas d'une boisson superflue qui l'abrutit, qui ruine sa famille, qui détruit sa santé, que du torrent des délices éternelles, dont les bienheureux sont à jamais enivrés dans la Jérusalem d'en-haut. Un autre craint moins les tourmens de l'enfer que la fin de ses infâmes débauches. Les ouvriers sont oisifs et libertins pendant six jours de la semaine. Le septième, qui doit être le jour du Seigneur, est devenu celui du démon ; c'est le jour qu'on réserve aux plus honteux scandales. Les gens d'une condition supérieure sont encore plus sensuels, plus injustes, plus révoltés contre Dieu ; ils ne disent la vérité que quand ils ne trouvent aucune vanité à mentir, ni aucun plaisir malin à calomnier. Ils se plaignent de la misère, et ils la redoublent par leurs excès. Ils sont impitoyables pour les pauvres, jaloux, envieux, incompatibles, *haïssans et haïssables* [1] à l'égard des riches. Il ne leur faut que le bonheur d'autrui pour les rendre malheureux. La religion n'est pour eux qu'une vaine cérémonie. Leur avarice est une véritable idolâtrie ; ils n'ont d'autre dieu que leur argent. Chacun raisonne, décide, sape les fondemens de la plus sainte autorité. Ils se vantent *de connoître Dieu, et ils le nient par leurs actions* les plus sérieuses ; *factis autem negant* [2]. Oserons-nous le dire avec l'Apôtre ? ils deviennent *abominables, incrédules, réprouvés pour toute bonne œuvre*. Ils sont chrétiens de nom, et impies de mœurs. Ils ne pensent pas même selon la foi ; car ils méprisent tout ce qu'elle estime, et ils admirent tout ce qu'elle méprise. Ils vivent dans le sein de l'Eglise, non pour lui être dociles, mais pour sauver la bienséance et pour étouffer leurs remords. *O têtes dures contre le joug du Seigneur, ô hommes incirconcis de cœur et d'oreille, vous résistez toujours au Saint-Esprit* [1]. Jusques à quand vivrez-vous sans *Christ, loin de la société d'Israel, étrangers aux saintes alliances, sans espérance des promesses, et sans Dieu en ce monde* [2] ?

Quoi donc ! seroit-ce que nous approchons de ces derniers temps, dont il est dit : *Croyez-vous que le Fils de l'homme trouvera de la foi sur la terre* [3] ? En trouvera-t-il dans les places publiques, où le scandale est impuni ? En trouvera-t-il dans le secret des familles, où l'avarice et l'envie rongent les cœurs, et où chacun vit comme s'il n'espéroit point une meilleure vie ? En trouvera-t-il aux pieds des autels, où les pécheurs se confessent sans se convertir, et où ils mangent avec une conscience impure le pain descendu du ciel pour donner la vie au monde ? Ceux mêmes en qui il paroît rester quelque crainte de Dieu se bornent à vouloir mourir suivant le christianisme, après avoir vécu sans gêne selon le siècle corrompu. Ils veulent, dit saint Augustin [4], « croire en Jésus-Christ par » un raffinement d'amour-propre, pour trouver » quelque adoucissement jusque dans les hor- » reurs de la mort. *Propter removendam mor-* » *tis molestiam, delicatius crederetur in Chris-* » *tum.* » Nous voyons ce déluge d'iniquités, et nous sentons notre impuissance pour changer les cœurs. Il y a déjà près de dix-sept ans que nous parlons en vain à la pierre : il n'en coule aucune fontaine d'eau vive. Que n'avons-nous pas dit au peuple de Dieu en son nom ? Hélas ! nous ne remarquons aucun changement qui puisse nous consoler. Nous disons souvent au Seigneur en secret et avec amertume : Malheur, malheur à nous ! C'est nous, qui affoiblissons votre parole toute-puissante par notre indignité. Suscitez quelque autre pasteur plus digne de vous, qui vous fasse sentir à ce peuple.

Faut-il s'étonner si la paix, ce grand don du ciel, promis *sur la terre aux hommes de bonne volonté* [5], ne descend point sur les peuples ingrats, aveugles et endurcis. Ils ne la veulent que pour tourner les dons de Dieu contre Dieu même, et que pour s'enivrer des douceurs empoisonnées de leur exil, jusques à oublier la céleste patrie. Il faudroit que tout homme fidèle

---

[1] *Tit.* III. 3. — [2] *Ibid.* I. 16.

[1] *Act.* VII. 51. — [2] *Eph.* II. 12. — [3] *Luc.* XVIII. 8. — [4] *De pecc. mer. et rem.* lib. II, cap. XXXI, n. 50 ; t. X, p. 66. — [5] *Luc.* II. 14.

humiliât son esprit et affligeât son corps; que chacun sortît de sa maison et de son propre cœur pour aller sur la sainte montagne; que tout homme frappât sa poitrine; que tous ensemble ne fissent qu'un seul cri qui montât jusqu'au ciel pour attendrir de compassion le cœur de Dieu dans ces jours de juste colère; qu'enfin le Carême fût le temps de conversion, de prière, de faim de la parole sacrée, d'abstinence de tous les alimens qui flattent la chair rebelle, pour nourrir l'esprit de toutes les vertus.

Mais les malheurs présens, qui demandent un tel remède, nous ôtent l'usage du remède même dont ils ont besoin. Ceux que la misère prive de presque tous les alimens sont réduits à user indifféremment de tous ceux que le hasard ou la compassion pourront leur fournir. La rareté, la cherté des alimens maigres, la misère qui met les peuples dans l'impuissance de les acheter, les ravages soufferts qui ont affamé les villes, en désolant toute la campagne, et qui vont recommencer sur cette frontière, tout nous réduit à souffrir le relâchement dans cet extrême besoin de rigueur. Une si triste situation nous fait perdre encore pour cette année l'espérance de rétablir la discipline du Carême. Trop heureux si nous pouvons, au moins avant mourir, voir des jours de consolation pour les enfans de Dieu, où cette sainte loi refleurisse.

C'est sur ces raisons qu'après avoir consulté les personnes les plus sages, les plus pieuses, et les plus expérimentées sur l'état des lieux, nous avons réglé les choses suivantes, etc.

Donné à Cambrai, le 30 janvier 1712.

XXI

MANDEMENT POUR DES PRIÈRES.

1711.

FRANÇOIS, etc., à tous les fidèles de notre diocèse qui sont sous la domination du Roi, salut et bénédiction.

Nous voyons, mes très-chers Frères, dans les anciens monumens, que les Chrétiens furent préservés des malheurs des Juifs dans la ruine de Jérusalem, et que la Providence les épargna encore dans la prise de Rome idolâtre. Tout au contraire, nous voyons aujourd'hui la chrétienté tout entière qui est déchirée par de cruelles guerres, tandis que tant de nations infidèles jouissent d'une profonde paix. C'est que les enfans ingrats et indociles ont irrité leur père, et que *le jugement commence par la maison de Dieu* [1]. Qu'entendons-nous de tous côtés dans toute l'Europe? *Combats et bruits des armes, nation contre nation, royaume contre royaume.* Faut-il s'en étonner? *L'iniquité abonde, la charité se refroidit* [2]. Le Seigneur a fait entendre ces paroles par la bouche d'un de ses prophètes: *Voici le ravage, le renversement, la famine, le glaive. Qui te consolera? Ecoute, ô toi, qui es si rabaissée, si appauvrie et enivrée, mais non pas de vin* [3].

Un autre prophète s'écrie: *Ecoutez, ô vieillards, et vous tous habitans de la terre, prêtez l'oreille. Voyez s'il est arrivé rien de semblable en vos jours ou en ceux de vos pères. Racontez ces prodiges à vos enfans. Que vos enfans les apprennent aux leurs, et que les leurs les transmettent à une postérité encore plus reculée. Ce qui échappe à un insecte est rongé par un autre. Les restes du second sont dévorés par le troisième. La nielle achève de détruire ce que les insectes ont laissé. Réveillez-vous, ô peuples enivrés; pleurez et poussez des cris douloureux* [4].

Bientôt il ne restera plus à nos campagnes désertes de quoi craindre ni la flamme ni le fer de l'ennemi. Ces terres, qui payoient le laboureur de ses peines par de si riches moissons, demeurent hérissées de ronces et d'épines. Les villages tombent; les troupeaux périssent. Les familles errantes, loin de leur ancien héritage, vont sans savoir où elles pourront trouver un asile. Le Seigneur voit ces choses, et il les souffre. Mais que dis-je? C'est lui qui les fait. *Le glaive qui* dévore *tout est un glaive, non de main d'homme; in gladio, non viri* [5]. C'est le glaive du Seigneur, qui pend du ciel sur la terre pour frapper toutes les nations. Il est juste; nous avons péché.

La paix est l'unique remède à tant de larmes et de douleurs; mais la paix où habite-t-elle? d'où peut-elle venir? qui nous la donnera? Princes sages, modérés, victorieux de vous-mêmes, supérieurs par votre sagesse à votre puissance et à votre gloire, compatissans pour les misères de vos peuples, en vain vous courez après cette paix qui vous fuit; en vain vous faites des assemblées pour éteindre le feu qui embrase l'Europe. La paix sera le fruit, non de vos négociations, mais de nos prières. C'est en frappant nos poitrines que nous la ferons.

[1] *I Petr.* IV. 17. — [2] *Matth.* XXIV. 6 et seq. — [3] *Is.* LI. 19 et 21. — [4] *Joel.* I, 2 et seq. — [5] *Is.* XXXI. 8.

Elle viendra, non de la sagesse des profonds politiques, mais de la foi des simples et des petits. Elle est dans nos mains. Aimons le Seigneur comme il nous aime, et la voilà faite. Tous nos maux s'enfuiront dès que nous serons convertis. C'est Dieu, et non les princes de la terre, qu'il faut désarmer. C'est la colère du Seigneur, et non la jalousie des nations, que nous avons besoin d'apaiser.

« Si les hommes, dit saint Augustin [1], pen» soient sagement, ils attribueroient tout ce » qu'ils ont souffert de dur et d'affreux de la » part de leurs ennemis, à une providence qui » a coutume de corriger et d'écraser les mœurs » dépravées des peuples. » Ce Père ajoute [2] : « Vous n'avez point réprimé vos passions hon» teuses, lors même que vous étiez accablés » par vos ennemis; vous avez perdu le fruit de » votre calamité; vous êtes devenus plus mal» heureux, et vous n'en êtes pas demeurés » moins coupables. *Vos nec contriti ab hoste* » *luxuriam repressistis. Perdidistis utilitatem* » *calamitatis; et miserrimi facti estis, et pes» simi permansistis.* » Vous avez enduré les maux sans mérite et sans consolation; vous avez souffert à pure perte, comme les démons, avec un cœur révolté et endurci. « C'est néan» moins, conclut ce Père [3], un reste de misé» ricorde de ce que vous vivez encore; Dieu » vous épargne pour vous avertir de vous cor» riger par la pénitence. *Et tamen quod vivitis,* » *Dei est, qui vobis parcendo admonet, ut cor» rigamini pœnitendo.* »

Ce qui nous met en crainte pour la paix est l'indignité avec laquelle les peuples la désirent. Pendant qu'on lève les mains vers le ciel pour l'obtenir, les hommes se ressouviennent-ils de la sobriété et de la pudeur? Les cabarets ne sont-ils pas remplis de peuples, pendant que la maison du Seigneur est abandonnée? Les chansons impudiques sont-elles moins en la place des cantiques sacrés? L'avarice et l'usure sont-elles moins cruelles contre la veuve et contre l'orphelin? L'envie et la médisance sont-elles moins envenimées? Le luxe est-il moins insolent? Les conditions sont-elles moins confondues? La fraude règne-t-elle moins dans le commerce? Pendant que chacun se plaint de la misère, est-on plus épargnant et plus laborieux? La jeunesse est-elle moins oisive, moins ignorante, moins indocile? Les personnes âgées sont-elles plus détachées de la vie pour se préparer à la mort? Où trouverons-nous des hommes qui veillent, qui prient, qui croient, qui espèrent, qui aiment, qui vivent comme ne comptant point sur une vie si courte et si fragile, qui *usent de ce monde comme n'en usant point*, parce que ce n'est qu'*une figure qui passe* au moment où l'on se flatte d'en jouir?

Mais pourquoi soupirez-vous après la paix? Qu'en voulez-vous faire? « Vous ne cherchez » point dans cette sécurité, dit saint Augustin [1], » une république vertueuse et tranquille, mais » une dissolution impunie; vous qui ayant » été corrompus par la prospérité, n'avez pu » être corrigés par tant de malheurs. *Neque* » *enim in vestra securitate pacatam rempu» blicam, sed luxuriam quæritis impunitam;* » *qui depravati rebus prosperis, nec corrigi* » *potuistis adversis.* » C'est donc vous qui retardez la paix par vos mœurs. C'est vous qui êtes les auteurs des calamités publiques. C'est vous-mêmes qui forcez Dieu, malgré ses bontés paternelles, à vous faire souffrir tous les maux dont vous murmurez.

Mais que vois-je? C'est un nouveau Josaphat, roi du peuple de Dieu, qui, à la vue de tant de maux, *se tourne tout entier vers la prière; totum se contulit ad rogandum Dominum* [2]. Voici les paroles qu'il prononcera en s'humiliant sous la puissante main de Dieu. *Si tous les maux viennent ensemble fondre sur nous,* LE GLAIVE DU JUGEMENT, *la peste et la famine, nous demeurerons debout en votre présence devant cette maison, où votre nom est invoqué. Là nous crierons vers vous dans nos tribulations; vous nous exaucerez, et nous serons sauvés.*

Vous le voyez, mes très-chers Frères, *le glaive* que le Saint-Esprit nous représente comme *n'étant pas de main d'homme; in gladio non viri;* est le même qui est nommé ici *le glaive du jugement, gladius judicii.* Ce n'est point *un glaive* poussé au hasard par l'aveugle fureur du soldat; c'est la justice elle-même qui le conduit; c'est le *jugement* d'en haut qui en règle tous les coups ici-bas; c'est une main invisible, éternelle et toute-puissante qui écrase notre foible orgueil. Que devons-nous en conclure? Faisons tout au plus tôt notre paix avec Dieu, et notre paix avec les hommes se trouvera d'abord toute faite. C'est pour seconder les sincères et pieux désirs d'un grand roi dans une si pressante nécessité, que nous voulons demander à Dieu qu'il dicte lui-même de son

---

[1] *De Civ. Dei*, lib. 1, cap. 4 : t. VII, p. 3. — [2] *Ibid.* cap. XXXIII. p. 30. — [3] *Ibid.* cap. XXXIV.

[1] *De Civ. Dei*, lib. 1, cap. XXXIII : p. 30. — [2] *II Paral.* XX. 3 et 9.

trône céleste une paix qui dissipe tout ombrage, qui calme toute jalousie, qui réunisse tous les cœurs, et qui fasse ressouvenir toutes les nations qu'elles ne sont que les branches d'une même famille. L'Eglise, dans ce temps de péché et de confusion, souffre des maux presque irréparables, et nous espérons que les larmes de l'Epouse toucheront le cœur de l'Epoux.

A ces causes, nous ordonnons, etc.

Donné à Cambrai, le 6 février 1712.

XXII.

MANDEMENT POUR LE CARÊME

DE L'ANNÉE 1713.

FRANÇOIS, etc., à tous les fidèles de notre diocèse, salut et bénédiction.

L'attente d'une prompte paix, mes très-chers Frères, nous faisoit espérer dès cette année le rétablissement de la discipline du Carême. Mais les péchés des peuples retardent encore ces heureux jours. Le Seigneur, justement irrité, tient toujours sur nos têtes *le glaive vengeur de son alliance violée* [1]. Faut-il s'en étonner? Nos peuples sont écrasés sans être convertis. On ne trouve dans les pauvres que lâcheté, découragement, murmure, corruption et fraude. On ne voit dans les riches que mollesse, faste, profusion pour le mal, avarice contre le bien; la société est un jeu ruineux; la conversation n'est que médisance; l'amitié n'est qu'un commerce flatteur et intéressé. La vertu n'est plus qu'un beau langage, que la vanité parle. La religion n'a plus aucune sérieuse autorité dans le détail des mœurs. Nous ne pouvons que trop dire ce que saint Augustin disoit en son temps : « C'est » par nos vices, et non par hasard, que nous » avons fait tant de pertes [2]. »

Nous avons vu à nos portes deux armées innombrables, qui, prêtes à répandre des ruisseaux de sang, ne paroissoient que comme un camp, tant elles étoient voisines. Nos campagnes ravagées sont encore incultes comme les plus sauvages déserts. *Votre terre, ô mon peuple,* dit le Seigneur [3], *sera déserte, et vos villes tomberont en ruine. Vos champs, pendant tous les jours de leur solitude, se plairont à se reposer, et à ne produire aucune moisson, parce que vous ne les avez point laissé reposer* aux jours du saint repos. Hélas! nous avons vu les familles chassées de l'habitation de leurs ancêtres, errer sans ressource, et porter leurs enfans moribonds dans une terre étrangère. Qu'est-ce qui nous a fait tant de maux? c'est nous-mêmes. D'où nous sont-ils venus? de nos seuls péchés. Que n'avons-nous pas encore à craindre de nos mœurs! Dieu juste se doit des exemples. Quand l'apaiserons-nous? *Ceux qui resteront,* dit le Seigneur [1], *sécheront de peine dans leurs iniquités... Je marcherai contre eux....., jusqu'à ce que leur cœur incirconcis rougisse* de leur ingratitude. Hâtons-nous donc, mes très-chers Frères, de faire la paix de ce monde en faisant la nôtre avec Dieu et avec nous-mêmes. « O étonnante » vanité, dit saint Augustin [2], les hommes veu- » lent se rendre heureux ici-bas, et faire ce » bonheur de leurs propres mains; mais la vé- » rité tourne en dérision » leur folle espérance. « La paix même d'ici-bas, dit encore ce Père [3], » tant celle des nations que celle de chaque » homme, est plutôt une consolation qui adou- » cit nos misères, qu'une joie où nous goûtions » un vrai bonheur. » Les biens et les maux de cette vie ne sont rien, par la brièveté et par l'incertitude de cette vie même. Que peut-on penser des faux biens, qui ne servent qu'à rendre les hommes méchans, et que Dieu méprise jusqu'à les prodiguer à ses ennemis qu'il réprouve? Que peut-on croire des maux qui servent à nous rendre bons, et conformes à Jésus-Christ attaché sur la croix? Heureux celui qui souffre dans ce court pélerinage, et que la mort ne surprend point dans l'ivresse d'une trompeuse prospérité!

Il est vrai néanmoins, mes très-chers Frères, que nous devons tâcher de mériter, par une humble correction de nos mœurs, que la paix règne *en nos jours,* et que nous menions *une vie tranquille.* Quand nous serons convertis, Dieu réunira les nations divisées; tous les enfans du Père céleste ne seront plus dans son sein qu'un cœur et qu'une ame. Plus d'ombrages, plus de jalousie; *le glaive sera changé en faux, et la lance en soc de charrue* [4]. Ecoutez le Seigneur : *Si vous suivez ma loi,* dit-il [5], *je répandrai sur vous en leur saison des pluies fécondes. Vos champs se revêtiront de verdure, et vos arbres seront chargés de fruits. Les moissons dureront jusques aux vendanges, et à peine les vendanges seront finies qu'il faudra semer..... J'enverrai*

---

[1] *Levit.* XXVI. 25. — [2] *De Civ. Dei,* lib. II, cap. XXI, n. 3 : t. VII, p. 50. — [3] *Levit.* XXVI. 33 et seq.

[1] *Levit.* XXVI. 39 et 41. — [2] *De Civ. Dei,* lib. XIX, cap. IV, n. 4 : t. VII, p. 545. — [3] *Ibid.* cap. XXVII : p. 571. — [4] *Isai.* II. 4. — [5] *Levit.* XXVI. 3 et seq.

la paix autour de vos frontières. *Vous dormirez, et personne ne vous alarmera..... Le glaive ne passera plus auprès de vos familles. Je jeterai un regard sur vous, et je vous ferai croître. Vous vous multiplierez, et je confirmerai mon alliance en votre faveur.* Mais, encore une fois, nous ne devons ni « craindre les maux que Dieu fait » souffrir aux bons, ni estimer les biens qu'il » donne aux méchans [1]; » si le culte de Dieu n'étoit dans nos cœurs, que pour en obtenir les douceurs de la paix terrestre, une telle religion, dit saint Augustin [2], ne nous rendroit pas *pieux, mais au contraire plus avides et plus avares*. Tous nos vrais biens sont au-delà de cette vie ; c'est *pour l'avenir*, dit saint Augustin [3], *que nous sommes chrétiens*.

Le retardement de la paix éloignant la fin de nos misères, il nous réduit avec douleur, mes très-chers Frères, à retarder aussi le rétablissement de cette salutaire discipline du Carême que nous avons reçue des apôtres, dont nos pères furent si jaloux. Mais, en attendant qu'elle puisse reprendre toute sa force, nous voulons au moins faire deux choses. La première est de nous rapprocher un peu de la règle, en ne donnant à nos diocésains que trois jours dans la semaine l'usage de la viande, au lieu de quatre jours que le malheur des temps nous avoit fait accorder les autres années. La seconde est, qu'en permettant l'usage de la viande aux familles nécessiteuses qui auront un pressant besoin de se sustenter par tous les alimens qu'elles pourront trouver, nous exhortons très-sérieusement tous les riches qui ne sont point dans le cas de cette triste nécessité, de n'abuser point par mollesse d'une dispense qui ne leur convient pas. Nous ne voulons point troubler les consciences par une ordonnance absolue de l'Église ; mais nous représentons aux riches, au nom du souverain pasteur des ames, qu'ils doivent faire ce qu'ils peuvent, pendant que les pauvres n'en sont dispensés qu'autant qu'ils ne le peuvent pas; que le besoin d'apaiser Dieu par la pénitence croît chaque jour; et que rien n'est plus scandaleux, que de voir la sensualité flattée par une dispense que l'Église ne donne qu'à la misère et à l'impuissance. Enfin nous déclarons que nous ne nous abstenons d'exclure de cette dispense les riches de tout le diocèse, et même certains endroits du pays qui ont beaucoup moins souffert que les autres, qu'à cause que nous ne pourrions établir cette différence sans abandonner une certaine uniformité qui paroît nécessaire pour faciliter l'ordre dans les points de discipline, et pour ne faire pas naître dans les esprits scrupuleux une infinité de questions.

C'est sur ces raisons qu'après avoir consulté les personnes les plus sages, les plus pieuses et les plus expérimentées sur l'état des lieux, nous avons réglé les choses suivantes :

1° Tous les peuples pourront manger de la viande trois jours de la semaine pendant le Carême prochain, savoir, le dimanche, le mardi et le jeudi. L'abstinence ne sera d'obligation que le lundi, le mercredi, le vendredi et le samedi [a].

2° Il faut néanmoins excepter le mercredi des Cendres et les trois autres jours suivans, où l'on ne mangera point de viande.

3° L'usage des œufs sera permis tous les jours du Carême à tous les fidèles, excepté le vendredi saint.

4° On ne mangera point de la viande pendant la semaine sainte.

5° Les militaires qui ne sont point officiers pourront manger de la viande tous les jours du Carême, excepté les vendredis et les samedis. Nous avons égard aux grandes fatigues d'où ils sortent, et où ils doivent bientôt rentrer.

6° Quoique nous permettions aussi l'usage de la viande pour certains jours, nous conservons néanmoins dans toute sa force le commandement de l'Église à l'égard du jeûne, pour les jours mêmes où la viande sera permise. Plus la nourriture qu'on prend est forte, plus on est en état de jeûner, en se contentant chaque jour d'un seul repas, avec une légère collation qui sera toujours maigre.

Enfin ceux qui ne pourront pas se retrancher l'usage de la viande doivent se modérer dans la dispense qui leur est accordée, et ne se permettre rien de superflu dans les commodités sensibles. Les peuples qui nous sont confiés peuvent voir, par les égards que nous avons pour leurs besoins, combien nous sommes éloignés d'une sévérité dure et rigoureuse : c'est ce qui doit nous préparer dans leurs cœurs une pleine confiance pour les temps plus heureux, où nous ne manquerons pas de rétablir dans son intégrité cette salutaire pénitence, que les apôtres, instruits par l'exemple de Jésus-Christ

---

[1] *De Civ. Dei*, lib. XX, cap. II : t. VII, p. 574. —
[2] *Ibid.* lib. I, cap. VIII, n. 2 : p. 8. — [3] *In Psal.* XCI, n. 4 : t. IV, p. 981.

[a] Le dispositif du Mandement du 3 février 1709 est semblable à celui-ci, excepté en un seul point. La rigueur de l'hiver avoit détruit les légumes ; on manquoit d'œufs; la guerre empêchoit le commerce du poisson de mer (*voyez ci-dessus p.* 176). Fénelon crut devoir permettre l'usage de la viande quatre jours de la semaine, savoir, le dimanche, le lundi, le mardi et le jeudi.

même, ont transmise de siècle en siècle jusqu'à nous.

Il faut que les riches entrent dans les sentimens de l'Église en faveur des pauvres, afin que la charité gagne en cette occasion ce que la pénitence semble perdre. Ainsi tous ceux qui useront de la présente dispense, et qui peuvent donner trois sous en aumône, les donneront. Nous exhortons tous ceux qui peuvent donner plus abondamment, à faire pour leur salut éternel une partie de ce qu'ils font tous les jours pour le faste du siècle. Nous désirons que ces aumônes soient mises entre les mains de la trésorière de l'assemblée de la charité, dans les villes où on a établi de telles assemblées pour les pauvres malades, afin qu'elles soient distribuées de concert avec les pasteurs, et que, dans tous les autres lieux, chacun donne son aumône aux pasteurs pour le même usage.

Donné à Cambrai le 23 février 1713.

XXIII.

MANDEMENT

QUI AUTORISE L'INSTITUT DES ERMITES DU DIOCÈSE DE CAMBRAI.

FRANÇOIS, par la miséricorde de Dieu, etc., aux Frères ermites de notre diocèse y résidant, salut et bénédiction.

Nous avons vu avec joie l'empressement que vous nous avez témoigné de vous associer tous en congrégation. C'est un moyen très-efficace que Dieu vous a suggéré, pour vous sanctifier dans votre état, remettre votre institut en honneur, et édifier les autres fidèles. Nous ne pouvons que louer votre zèle, et approuver votre dessein. Nous vous érigeons donc en congrégation, sous la protection de Notre Seigneur Jésus-Christ, de saint Jean-Baptiste et saint Antoine, vrais modèles de tous les solitaires; vous enjoignant, au nom de Notre-Seigneur, l'exacte observance des règles que nous vous donnons, conformes à celles qui sont prescrites aux ermites associés en congrégation dans les diocèses de Liège et Namur, voisins du nôtre.

Respectez surtout, comme vos pères, les supérieurs ecclésiastiques que nous établirons, et les visiteurs ermites que vous choisirez. N'admettez à demeurer dans vos ermitages qui que ce soit, sans une permission signée de nous, ou de nos vicaires-généraux, ou de vos supérieurs; et soyez assurés qu'à l'exemple de nosseigneurs nos confrères les évêques voisins, nous ne souffrirons dans notre diocèse aucun ermite qui ne sera pas associé à votre congrégation, ou qui y étant associé, tomberoit (ce qu'à Dieu ne plaise) dans des désordres scandaleux.

Au reste, nous prions Dieu, mes chers Frères, de fortifier en vous la bonne volonté qu'il vous a donnée, et de vous faire la grâce d'y persévérer jusqu'à la mort, afin qu'ayant pratiqué dans le désert les vertus de vos saints protecteurs, vous jouissiez comme eux dans le ciel du souverain bien.

Donné à Cambrai le 1er novembre 1713.

XXIV.

MANDATUM DE RITUALI EDENDO.

FRANCISCUS DE SALIGNAC DE LA MOTHE FENELON, Archiepiscopus Dux Cameracensis, sancti Romani Imperii Princeps, Comes Cameracesii, Parochis, Vicariis et aliis Sacerdotibus nostræ diœcesis, salutem et benedictionem.

Felicis memoriæ decessores nostri illustrissimi ac reverendissimi domini Guillelmus de Berghes, Franciscus Vanderbuck et Gaspar Nemius, Manuali perficiendo omnem operam multa cum laude dederant. Verùm quotidiano pastorum usu jampridem detrita jacent penè omnia quæ excusa erant exemplaria. Unde novam editionem approperari necesse est. Neque tamen est animus Manuale a veteri diversum instituere: imò majorum vestigiis insistere, eorumque placita amplecti juvat. Paucissima tantùm occurrunt quæ temporum diversitati accommodanda esse videntur. Absit verò ut in hoc privatæ opinioni quidquam indulserimus. Insignes siquidem viri ex nostra metropolitana Ecclesia delecti; quorum peritiâ, sagacitate et pietate vicariatus noster hactenus floruit, ea singula patriis moribus aptari studuerunt.

Cæterùm, ut brevitati optandæ consulatur, ab omni eruditione investiganda origine rerum, et ab omni dogmatica dissertatione temperandum esse duximus; hoc unum scilicet assequi studentes, ut singula quæ in praxi passim gerenda sunt, semotâ omni speculatione, in promptu sint, et primâ fronte perspecta habeantur. Reliqua apud theologos, vel historicos, vel rituum indagatores præstò esse pastores norunt.

Porrò in his omnibus quæ sacrum ritum attinant, duæ sunt Augustini regulæ quas religiosè sectari velimus. Altera hæc est : « Omnia.... » quæ neque sanctarum Scripturarum auctori- » tate continentur, nec in concilio episcoporum » statuta inveniuntur, nec consuetudine uni- » versæ Ecclesiæ roborata sunt, sed pro diver- » sorum locorum diversis moribus innumera- » biliter variantur, ita ut vix aut omnino nun- » quam inveniri possint causæ, quas in eis » instituendis homines secuti sunt, ubi facultas » tribuitur, sine ulla dubitatione resecanda » existimo [1]. » En vides, piissime lector, resecanda esse ea omnia quæ tum omni auctoritate, tum omni causâ sperandæ ædificationis omnino carent. Neque verò prætexere licet leviusculas rudis et indocilis vulgi opiniones, aut usus temerarios. Pronum quippe est, plebem imperitam multa, quæ minùs decent, in divinum cultum sensim invehere. Nostrum autem est hunc cultum ad purum excoquere, ne superstitio subrepat, et hæretici malè insultent. Altera hæc est Augustini sententia, quâ priorem temperari oportuit : « Totum hoc genus » rerum liberas habet observationes, nec disci- » plina ulla est in his melior gravi prudentique » christiano, quàm ut eo modo agat, quo agere » viderit Ecclesiam, ad quam fortè devenerit. » Quod enim neque contra fidem neque contra » bonos mores esse convincitur, indifferenter » est habendum, et propter eorum, inter quos » vivitur, societatem servandum est.... Ad » quam fortè Ecclesiam veneris, ejus morem » serva, si cuiquam non vis esse scandalo, » nec quemquam tibi...... Ipsa enim mu- » tatio consuetudinis, etiam quæ adjuvat uti- » litate, novitate perturbat [2]. » Ex quibus profectò liquet hanc esse *saluberrimam* Augustini *regulam*, ut ea, quæ absque ulla ædificationis causa invaluerunt, et in apertam superstitionem redundant, resecta sint, ea verò « quæ non sunt contra fidem neque » contra bonos mores, et habent aliquid ad » exhortationem melioris vitæ, ubicumque in- » stitui videmus, vel instituta cognoscimus, » non solum non improbemus, sed etiam lau- » dando et imitando sectemur [3]. » Quemadmodum enim coercenda est plebis superstitio, ita etiam frangenda videtur recentiorum criticorum audacia, qui ritum asperiori reformatione ita attenuant, ut veluti exsanguis et exsuccus jaceat.

Hinc homines creduli, superstitionis amantes, et aversantes interiorem cultum, quo quisque abnegat semetipsum, et tollit crucem suam, et Christum sequitur, avido ore captant cærimonias, quæ suis cupiditatibus nihil incommodent. « Ipsam religionem, ut ait Augustinus [1], » quam paucissimis et manifestissimis celebra- » tionum sacramentis misericordia Dei esse » liberam voluit, servilibus oneribus premunt, » ut tolerabilior sit conditio Judæorum, qui, » etiamsi tempus libertatis non agnoverunt, » legalibus tamen sarcinis, non humanis præ- » sumptionibus subjiciuntur. » De his sanctus Doctor ita conqueritur [2] : « Sed hoc nimis do- » leo, quod multa, quæ in divinis libris salu- » berrimè præcepta sunt, minùs curantur ; et » tam multis præsumptionibus sic plena sunt » omnia, ut graviùs corripiatur, qui per octavas » suas terram nudo pede tetigerit, quàm qui » mentem vinolentiâ sepelierit. » Cum Augustino libens dixerim [3] « Hoc approbare non pos- » sum, etiamsi multa hujusmodi propter non- » ullarum vel sanctarum vel turbulentarum » personarum scandala devitanda, liberiùs im- » probare non audeo. » Itaque hujusmodi ritus adventitios, qui extra ritum ab Ecclesia in Manualibus comprobatum temerè vagantur, dolentes quidem tolerare cogimur, minimè verò suademus.

Illinc critici fastidiosi homines, dum superstitionem acriùs amputant, vivos piissimi cultûs ramos evellunt. Nimirum dictitant, ea singula, quæ in privatis quibusdam ecclesiis fieri solent, amputanda esse, ut aliena ab universali aut a puriore antiquissimæ Ecclesiæ ritu. Quasi verò universalis Ecclesia hanc rituum varietatem ratam non fecerit : quasi verò Romana Ecclesia, cæterarum omnium mater ac magistra, id nunquam ægrè tulerit : quasi verò non accepta sit apud omnes optima hæc Augustini sententia [4] : « In his rebus in quibus nihil certi sta- » tuit Scriptura divina, mos populi Dei, vel » instituta majorum pro lege tenenda sunt. De » quibus si disputare voluerimus, et ex aliorum » consuetudine alios improbare, orietur inter- » minata luctatio. » Præterea nefas est minoris facere recentiores quàm antiquiores Ecclesiæ ritus. Neque enim Ecclesia senescendo minùs sapit, aut Spiritu promisso sensim destituitur. Profectò non satis catholicè sentit, quisquis non

---

[1] *Ep.* LV, *ad Januar.* n. 35 : 1. II, p. 142. — [2] *Ep.* LIV, *ad Januar.* n. 2, 3 et 6 : p. 124 et 126. — [3] *Ep.* LV, *ad Januar.* n. 34 : p. 141.

[1] *Ep.* LV, *ad Januar.* n. 35 : p. 142. — [2] *Ibid.* — [3] *Ibid.* — [4] *Epist.* XXXVI, *ad Casulan.* n. 5 : p. 68.

fatetur, pari omnino auctoritate pollere ritus in decimo octavo ac ritus in quarto sæculo ab Ecclesia institutos. Immota enim stat hæc Augustini sententia unicuique sæculo æquè aptanda : « Si quid horum tota per orbem frequentat Ecclesia....; quin ita faciendum sit, disputare, » insolentissimæ insaniæ est [1]. »

Itaque pastores singulos gravissimè monemus, et amantissimè adhortamur, ut gemino huic officio se totos impendant, sicuti decet *ministros Christi, et dispensatores mysteriorum Dei*. Scilicet ut diligentissimè observent ea omnia, quæ Ecclesia in Manuali observari jubet; cæteros autem ritus, quos popularis aura inconsultè usurpat, declinent; neque ipsi, obtento quovis pietatis incentivo, quidquam novi et insoliti tentare audeant. Absit verò ut in tanto munere obeundo ab illa aurea Augustini sententia unquam recedant [1] : « Non ergo » asperè, quantum existimo, non duriter, non » modo imperioso ista tolluntur; magis docendo » quàm jubendo, magis monendo quàm minando. Sic enim agendum est cum multitudine : severitas autem exercenda est in peccata » paucorum. Et si quid minamur, cum dolore » fiat, de Scripturis comminando vindictam » futuram, ne nos ipsi in nostra potestate, sed » Deus in nostro sermone timeatur. Ita priùs » monebuntur spirituales, vel spiritualibus » proximi, quorum auctoritate, et lenissimis » quidem, sed instantissimis admonitionibus, » cætera multitudo frangatur. »

Datum Cameraci, die 20 Augusti, anno Domini 1707.

Fr. Ar. D. Cameracensis.

[1] *Epist.* liv, *ad Januar.* n. 6 : p. 126.

[1] *Ep.* xxii, *ad Aurel.* n. 5 : p. 28.

OEUVRES DE FÉNELON.

QUATRIÈME CLASSE.

OUVRAGES DE LITTÉRATURE.

RECUEIL DE FABLES

COMPOSÉES POUR L'ÉDUCATION DE Mgr LE DUC DE BOURGOGNE.

I.

HISTOIRE D'UNE VIEILLE REINE ET D'UNE JEUNE PAYSANNE.

Il étoit une fois une reine si vieille, si vieille, qu'elle n'avoit plus ni dents ni cheveux ; sa tête branloit comme les feuilles que le vent remue ; elle ne voyoit goutte, même avec ses lunettes ; le bout de son nez et celui de son menton se touchoient ; elle étoit rapetissée de la moitié, et toute en un peloton, avec le dos si courbé, qu'on auroit cru qu'elle avoit toujours été contrefaite. Une fée, qui avoit assisté à sa naissance, l'aborda, et lui dit : Voulez-vous rajeunir ? Volontiers, répondit la Reine : je donnerois tous mes joyaux pour n'avoir que vingt ans. Il faut donc, continua la fée, donner votre vieillesse à quelque autre dont vous prendrez la jeunesse et la santé. A qui donnerons-nous vos cent ans ? La Reine fit chercher partout quelqu'un qui voulût être vieux pour la rajeunir. Il vint beaucoup de gueux qui vouloient vieillir pour être riches : mais quand ils avoient vu la Reine tousser, cracher, râler ; vivre de bouillie, être sale, hideuse, puante, souffrante et radoter un peu, ils ne vouloient plus se charger de ses années ; ils aimoient mieux mendier et porter des haillons. Il venoit aussi des ambitieux, à qui elle promettoit de grands rangs et de grands honneurs. Mais que faire de ces rangs ? disoient-ils après l'avoir vue ; nous n'oserions nous montrer étant si dégoûtans et si horribles. Mais enfin il se présenta une jeune fille de village, belle comme le jour, qui demanda la couronne pour prix de sa jeunesse ; elle se nommoit Péronnelle. La Reine s'en fâcha d'abord : mais que faire ? à quoi sert-il de se fâcher ? elle vouloit rajeunir. Partageons, dit-elle à Péronnelle, mon royaume ; vous en aurez une moitié, et moi l'autre : c'est bien assez pour vous qui êtes une petite paysanne. Non, répondit la fille, ce n'est pas assez pour moi : je veux tout. Laissez-moi mon bavolet, avec mon teint fleuri ; je vous laisserai vos cent ans avec vos rides et la mort qui vous talonne. Mais aussi, répondit la Reine, que ferois-je, si je n'avois plus de royaume ? Vous ririez, vous danseriez, vous chanteriez comme moi, lui dit cette fille. En parlant ainsi, elle se mit à rire, à danser et à chanter. La Reine, qui étoit bien loin d'en faire autant, lui dit : Que feriez-vous en ma place ? vous n'êtes point accoutumée à la vieillesse. Je ne sais pas, dit la paysanne, ce que je ferois : mais je voudrois bien l'essayer ; car j'ai toujours ouï dire qu'il est beau d'être reine. Pendant qu'elles étoient en marché, la fée survint, qui dit à la paysanne : Voulez-vous faire votre apprentissage de vieille reine, pour savoir si ce métier vous accommodera ? Pourquoi non ? dit la fille. A l'instant les rides couvrent son front ; ses cheveux blanchissent ; elle devient grondeuse et rechignée ; sa tête branle et toutes ses dents aussi ; elle a déjà cent ans. La fée ouvre une petite boîte, et en tire une foule d'officiers et de courtisans richement vêtus, qui croissent à mesure qu'ils en sortent, et qui rendent mille respects à la nouvelle reine. On lui sert un grand festin : mais elle est dégoûtée, et ne sauroit mâcher ; elle est honteuse et étonnée ; elle ne sait ni que dire ni que faire ; elle tousse à crever ; elle crache sur son menton ; elle a au nez une roupie gluante qu'elle essuie avec sa manche ; elle se regarde au miroir, et se trouve plus laide qu'une guenuche. Cependant la véritable reine étoit dans un coin, qui rioit et qui commençoit à devenir jolie ; ses cheveux revenoient et ses dents aussi ; elle reprenoit un bon teint frais et vermeil ; elle se redressoit avec mille petites façons : mais elle étoit crasseuse, court vêtue, et faite comme un petit torchon qui a traîné dans les cendres. Elle n'étoit pas accoutumée à cet équipage ; et les gardes, la prenant pour quelque servante de cuisine, vouloient la chasser du palais. Alors Péronnelle lui dit : Vous voilà bien embarrassée de n'être plus reine, et moi encore davantage de l'être : tenez, voilà votre couronne ; rendez-moi ma cotte grise. L'échange fut aussitôt fait ; et la Reine de revieillir, et la paysanne de rajeunir. A peine le changement fut fait, que toutes deux s'en repentirent ; mais il n'étoit plus temps. La fée les condamna à demeurer chacune dans sa condition. La Reine pleuroit tous les jours. Dès qu'elle avoit mal au bout du doigt, elle disoit : Hélas ! si j'étois Péronnelle, à l'heure que je parle, je serois logée dans une chaumière et je vivrois de châtaignes ; mais je danserois sous l'orme avec les bergers au son de la flûte. Que me sert d'avoir un beau lit, où je ne fais que souffrir, et tant de gens, qui ne peuvent me soulager. Ce chagrin augmenta ses maux ; les médecins, qui étoient sans cesse douze autour d'elle, les augmentèrent aussi. Enfin elle mourut au bout de deux mois. Péronnelle faisoit une danse ronde le long d'un clair ruisseau avec ses compagnes, quand elle apprit la mort de la Reine : alors elle reconnut qu'elle avoit été plus heureuse que sage d'avoir perdu la royauté. La fée revint la voir, et lui donna à choisir de trois maris : l'un, vieux, chagrin, désagréable, jaloux et cruel, mais riche, puissant et très-grand seigneur, qui ne pourroit ni jour ni nuit se passer de l'avoir auprès de lui ; l'autre, bien fait, doux, commode, aimable et d'une grande naissance, mais pauvre et malheureux en tout ; le dernier, paysan comme elle, qui ne seroit ni beau ni laid, qui ne l'aimeroit ni trop ni peu, qui ne seroit ni riche ni pauvre. Elle ne savoit lequel prendre ; car naturellement elle aimoit fort les beaux habits, les équipages et les grands honneurs. Mais la fée lui dit : Allez, vous êtes une sotte. Voyez-vous ce paysan ? voilà le mari qu'il vous faut. Vous aimeriez trop le second ; vous seriez trop aimée du premier ; tous deux vous rendroient malheureuse : c'est bien assez que le troisième ne vous batte point. Il vaut mieux danser sur l'herbe ou sur la fougère que dans un palais, et être Péronnelle au village, qu'une dame malheureuse dans le beau monde. Pourvu que vous n'ayez aucun regret aux grandeurs, vous serez heureuse avec votre laboureur toute votre vie.

II.

HISTOIRE DE LA REINE GISÈLE ET DE LA FÉE CORYSANTE.

Il étoit une fois une reine nommée Gisèle, qui avait beaucoup d'esprit et un grand royaume. Son palais étoit tout de marbre ; le toit étoit d'argent ; tous les meubles qui sont ailleurs de fer ou de cuivre, étoient couverts de diamans. Cette reine étoit fée ; et elle n'avoit qu'à faire des souhaits, aussitôt tout ce qu'elle vouloit ne manquoit pas d'arriver. Il n'y avoit qu'un seul point qui ne dépendoit pas d'elle ; c'est qu'elle avoit cent ans, et elle ne pouvoit se rajeunir. Elle avoit été plus belle que le jour, et elle étoit devenue si laide et si horrible, que les gens mêmes qui venoient lui faire la cour cherchoient en lui parlant des prétextes pour tourner la tête, de peur de la regarder. Elle étoit toute courbée, tremblante, boiteuse, ridée, crasseuse, chassieuse, toussant et crachant toute la journée avec une saleté qui faisoit bondir le cœur. Elle étoit borgne et presque aveugle ; ses yeux de travers avoient une bordure d'écarlate : enfin elle avoit une barbe grise au menton. En cet état, elle ne pouvoit se regarder elle-même, et elle avoit fait casser tous les miroirs de son palais. Elle n'y pouvoit souffrir aucune jeune personne d'une figure raisonnable. Elle ne se faisoit servir que par des gens borgnes, bossus, boiteux et estropiés. Un jour on présenta à la Reine une jeune fille de quinze ans, d'une merveilleuse beauté, nommée Corysante. D'abord elle se récria : Qu'on ôte cet objet de devant mes yeux. Mais la mère de cette jeune fille lui dit : Madame, ma fille est fée, et elle a le pouvoir de vous donner en un moment toute sa jeunesse et toute sa beauté. La Reine, détournant ses yeux, répondit : Hé bien! que faut-il lui donner en récompense? Tous vos trésors, et votre couronne même, lui répondit la mère. C'est de quoi je ne me dépouillerai jamais, s'écria la Reine; j'aime mieux mourir. Cette offre ayant été rebutée, la Reine tomba malade d'une maladie qui la rendoit si puante et si infecte, que ses femmes n'osoient approcher d'elle pour la servir, et que ses médecins jugèrent qu'elle mourroit dans peu de jours. Dans cette extrémité, elle envoya chercher la jeune fille, et la pria de prendre sa couronne et tous ses trésors, pour lui donner sa jeunesse avec sa beauté. La jeune fille lui dit : Si je prends votre couronne et vos trésors, en vous donnant ma beauté et mon âge, je deviendrai tout-à-coup vieille et difforme comme vous. Vous n'avez pas voulu d'abord faire ce marché, et moi j'hésite à mon tour pour savoir si je dois le faire. La Reine la pressa beaucoup, et comme la jeune fille sans expérience étoit fort ambitieuse, elle se laissa toucher au plaisir d'être reine. Le marché fut conclu. En un moment Gisèle se redressa, et sa taille devint majestueuse; son teint prit les plus belles couleurs; ses yeux parurent vifs; la fleur de la jeunesse se répandit sur son visage; elle charma toute l'assemblée. Mais il fallut qu'elle se retirât dans un village, et sous une cabane, étant couverte de haillons. Corysante, au contraire, perdit tous ses agrémens, et devint hideuse. Elle demeura dans ce superbe palais, et commanda en reine. Dès qu'elle se vit dans un miroir, elle soupira, et dit qu'on n'en présentât jamais aucun devant elle. Elle chercha à se consoler par ses trésors. Mais son or et ses pierreries ne l'empêchoient point de souffrir tous les maux de la vieillesse. Elle vouloit danser, comme elle étoit accoutumée à le faire avec ses compagnes, dans des prés fleuris à l'ombre des bocages; mais elle ne pouvoit plus se soutenir qu'avec un bâton. Elle vouloit faire des festins; maiselle étoit si languissante et si dégoûtée, que les mets les plus délicats lui faisoient mal au cœur. Elle n'avoit même aucune dent, et ne pouvoit se nourrir que d'un peu de bouillie. Elle vouloit entendre des concerts de musique, mais elle étoit sourde. Alors elle regretta sa jeunesse et sa beauté, qu'elle avoit follement quittées pour une couronne et pour des trésors dont elle ne pouvoit se servir. De plus, elle qui avoit été bergère, et qui étoit accoutumée à passer les jours à chanter en conduisant ses moutons, elle étoit à tout moment importunée des affaires difficiles qu'elle ne pouvoit point régler. D'un autre côté, Gisèle, accoutumée à régner, à posséder tous les plus grands biens, avoit déjà oublié les incommodités de la vieillesse; elle étoit inconsolable de se voir si pauvre. Quoi! disoit-elle, serai-je toujours couverte de haillons? A quoi me sert toute ma beauté sous cet habit crasseux et déchiré. A quoi me sert-il d'être belle, pour n'être vue que dans un village par des gens si grossiers? On me méprise; je suis réduite à servir et à conduire des bêtes. Hélas! j'étois reine; je suis bien malheureuse d'avoir quitté ma couronne et tant de trésors! O si je pouvois les ravoir! Il est vrai que je mourrois bientôt; hé bien! les autres reines ne meurent-elles pas? Ne faut-il pas avoir le courage de souffrir et de mourir plutôt que de faire une bassesse pour devenir jeune? Corysante sent que Gisèle regrettoit son premier état, et lui dit qu'en qualité de fée elle pouvoit faire un second échange. Chacune reprit son premier état. Gisèle redevint reine, mais vieille et horrible. Corysante reprit ses charmes et la pauvreté de bergère. Bientôt Gisèle accablée de maux s'en repentit, et déplora son aveuglement. Mais Corysante, qu'elle pressoit de changer encore, lui répondit : J'ai maintenant éprouvé les deux conditions : j'aime mieux être jeune, et manger du pain noir, et chanter tous les jours en gardant mes moutons, que d'être reine comme vous dans le chagrin et dans la douleur.

III.

HISTOIRE D'UNE JEUNE PRINCESSE.

Il y avoit une fois un roi et une reine, qui n'avoient point d'enfans. Ils en étoient si fâchés, si fâchés, que personne n'a jamais été plus fâché. Enfin la Reine devint grosse, et accoucha d'une fille, la plus belle qu'on ait jamais vue. Les fées vinrent à sa naissance; mais elles dirent toutes à la Reine que le mari de sa fille auroit onze bouches, ou que, si elle ne se marioit avant l'âge de vingt-deux ans, elle deviendroit crapaud. Cette prédiction troubla la Reine. La fille avoit à peine quinze ans, qu'il se présenta un homme qui avoit les onze bouches et dix-huit pieds de haut; mais la princesse le trouva si hideux, qu'elle n'en voulut jamais. Cependant l'âge fatal approchoit, et le Roi, qui aimoit mieux voir sa fille mariée à un monstre, que devenir crapaud, résolut de la donner à l'homme à onze bouches. La Reine trouva l'alternative fâcheuse. Comme tout se préparoit pour les noces, la Reine se souvint d'une certaine fée qui avoit été autrefois de ses amies; elle la fit venir, et lui demanda si elle ne pouvoit les empêcher. Je ne le puis, madame, lui répondit-elle, qu'en changeant votre fille en linotte. Vous l'aurez dans votre chambre; elle parlera toutes les nuits, et chantera toujours. La Reine y consentit. Aussitôt la princesse fut couverte de plumes fines, et s'envola chez le Roi; de là elle revint à la Reine, qui lui fit mille caresses. Cependant le Roi fit chercher la princesse; on ne la trouva point. Toute la Cour étoit en deuil. La Reine faisoit semblant de s'affliger comme les autres; mais elle avoit toujours sa linotte; elle s'entretenoit toutes les nuits avec elle. Un jour le Roi lui demanda comment elle avoit eu une linotte si spirituelle; elle lui répondit que c'étoit une fée de ses amies qui la lui avoit donnée. Deux mois se passèrent tristement. Enfin le monstre, lassé d'attendre, dit au Roi qu'il le mangeroit avec toute sa cour, si dans huit jours il ne lui donnoit la princesse; car il étoit ogre. Cela inquiéta la Reine, qui découvrit tout au Roi. On envoya quérir la fée, qui rendit à la princesse sa première forme. Cependant il arriva un prince, qui, outre sa bouche naturelle, en avoit une au bout de chaque doigt de la main. Le Roi auroit bien voulu lui donner sa fille; mais il craignoit le monstre. Le prince, qui étoit devenu amoureux de la princesse, résolut de se battre contre l'ogre. Le Roi n'y consentit qu'avec beaucoup de peine. On prit le jour : lorsqu'il fut arrivé, les champions s'avancèrent dans le lieu du combat. Tout le monde faisoit des vœux pour le prince; mais, à voir le géant si terrible, on trembloit de peur pour le prince. Le monstre portoit une massue de chêne, dont il déchargea un coup sur Aglaor; car c'étoit ainsi que se nommoit le prince : mais Aglaor, ayant évité le coup, lui coupa le jarret de son épée, et l'ayant fait tomber, lui ôta la vie. Tout le monde cria victoire; et le prince Aglaor épousa la princesse avec d'autant plus de contentement, qu'il l'avoit délivrée d'un rival aussi terrible qu'incommode.

IV.

HISTOIRE DE FLORISE.

Une paysanne connoissoit dans son voisinage une fée. Elle la pria de venir à une de ses couches, où elle eut une fille. La fée prit d'abord l'enfant entre ses bras, et dit à la mère : Choisissez; elle sera, si vous voulez, belle comme le jour, d'un esprit encore plus charmant que sa beauté, et reine d'un grand royaume, mais malheureuse; ou bien elle sera laide et paysanne comme vous, mais contente dans sa condition. La paysanne choisit d'abord pour cet enfant la beauté et l'esprit avec une couronne, au hasard de quelque malheur. Voilà la petite fille dont la beauté commence déjà à effacer toutes celles qu'on avoit jamais vues. Son esprit étoit doux, poli, insinuant; elle apprenoit tout ce qu'on vouloit lui apprendre, et le savoit bientôt mieux que ceux qui le lui avoient appris. Elle dansoit sur l'herbe, les jours de fête, avec plus de grâce que toutes ses compagnes. Sa voix étoit plus touchante qu'aucun instrument de musique, et elle faisoit elle-même les chansons qu'elle chantoit. D'abord elle ne savoit point qu'elle étoit belle : mais, en jouant avec ses compagnes sur le bord d'une claire fontaine, elle se vit, elle remarqua combien elle étoit différente des autres, elle s'admira. Tout le pays, qui accouroit en foule pour la voir, lui fit encore plus connoître ses charmes. Sa mère, qui comptoit sur les prédictions de la fée, la regardoit déjà comme une reine, et la gâtoit par ses complaisances. La jeune fille ne vouloit ni filer, ni coudre, ni garder les moutons; elle s'amusoit à cueillir des fleurs, à en parer sa tête, à chanter, et à danser à l'ombre des bois. Le roi de ce pays-là étoit fort puissant, et il n'avoit qu'un fils nommé Rosimond qu'il vouloit marier. Il ne pouvoit jamais se résoudre à entendre parler d'aucune princesse des États voisins, parce qu'une fée lui avoit assuré qu'il trouveroit une paysanne plus belle et plus parfaite que toutes les princesses du monde. Il prit la résolution de faire assembler toutes les jeunes villageoises de son royaume au-dessous de dix-huit ans, pour choisir celle qui seroit la plus digne d'être choisie. On exclut d'abord une quantité innombrable de filles qui n'avoient qu'une médiocre beauté, et on en sépara trente qui surpassoient infiniment toutes les autres. Florise (c'est le nom de notre jeune fille) n'eut pas de peine à être mise dans ce nombre. On rangea ces trente filles au milieu d'une grande salle, dans une espèce d'amphithéâtre, où le Roi et son fils les pouvoient regarder toutes à la fois. Florise parut d'abord, au milieu de toutes les autres, ce qu'une belle anémone paroîtroit parmi des soucis, ou ce qu'un oranger fleuri paroîtroit au milieu des buissons sauvages. Le Roi s'écria qu'elle méritoit sa couronne. Rosimond se crut heureux de posséder Florise. On lui ôta ses habits du village; on lui en donna qui étoient tout bordés d'or. En un instant elle se vit couverte de perles et de diamans. Un grand nombre de dames étoient occupées à la servir. On ne songeoit qu'à deviner ce qui pouvoit lui plaire, pour le lui donner avant qu'elle eût la peine de le demander. Elle étoit logée dans un magnifique appartement du palais, qui n'avoit, au lieu de tapisseries, que de grandes glaces de miroir de toute la hauteur des chambres et des cabinets, afin qu'elle eût le plaisir de voir sa beauté multipliée de tous côtés, et que le prince pût l'admirer en quelque endroit qu'il jetât les yeux. Rosimond avoit quitté la chasse, le jeu, tous les exercices du corps, pour être sans cesse auprès d'elle: et comme le Roi son père étoit mort bientôt après le mariage, c'étoit la sage Florise, devenue Reine, dont les conseils décidoient de toutes les affaires de l'État. La Reine mère du nouveau Roi, nommée Gronipote, fut jalouse de sa belle-fille. Elle étoit artificieuse, maligne, cruelle. La vieillesse avoit ajouté une affreuse difformité à sa laideur naturelle, et elle ressembloit à une furie. La beauté de Florise la faisoit paroître encore plus hideuse, et l'irritoit à tout moment: elle ne pouvoit souffrir qu'une si belle personne la défigurât. Elle craignoit aussi son esprit, et elle s'abandonna à toutes les fureurs de l'envie. Vous n'avez point de cœur, disoit-elle souvent à son fils, d'avoir voulu épouser cette petite paysanne; et vous avez la bassesse d'en faire votre idole: elle est fière comme le roi étoit né dans la place où elle est. Quand le Roi votre père voulut se marier, il me préféra à toute autre, parce que j'étois la fille d'un roi égal à lui. C'est ainsi que vous devriez faire. Renvoyez cette petite bergère dans son village; et songez à quelque jeune princesse dont la naissance vous convienne. Rosimond résistoit à sa mère: mais Gronipote enleva un jour un billet que Florise écrivoit au Roi, et le donna à un jeune homme de la Cour, qu'elle obligea d'aller porter ce billet au Roi, comme si Florise lui avoit témoigné toute l'amitié qu'elle ne devoit avoir que pour le Roi seul. Rosimond, aveuglé par sa jalousie et par les conseils malins que lui donna sa mère, fit enfermer Florise pour toute sa vie dans une haute tour bâtie sur la pointe d'un rocher qui s'élevoit dans la mer. Là, elle pleuroit nuit et jour, ne sachant par quelle injustice le Roi, qui l'avoit tant aimée, la traitoit si indignement. Il ne lui étoit permis de voir qu'une vieille femme à qui Gronipote l'avoit confiée, et qui lui insultoit à tout moment dans cette prison. Alors Florise se ressouvint de son village, de sa cabane et de tous ses plaisirs champêtres. Un jour, pendant qu'elle étoit accablée de douleur, et qu'elle déploroit l'aveuglement de sa mère, qui avoit mieux aimé qu'elle fût belle et reine malheureuse, que bergère laide et contente dans son état, la vieille qui la traitoit si mal vint lui dire que le Roi envoyoit un bourreau pour lui couper la tête, et qu'elle n'avoit plus qu'à se résoudre à la mort. Florise répondit qu'elle étoit prête à recevoir le coup. En effet, le bourreau envoyé par les ordres du Roi, sur les conseils de Gronipote, tenoit un grand coutelas pour l'exécution, quand il parut une femme qui dit qu'elle venoit de la part de cette reine pour dire deux mots en secret à Florise avant sa mort. La vieille la laissa parler à elle, parce que cette personne lui parut une des dames du palais; mais c'étoit la fée qui avoit prédit les malheurs de Florise à sa naissance, et qui avoit pris la figure de cette dame de la Reine-mère. Elle parla à Florise en particulier, en faisant retirer tout le monde. Voulez-vous, lui dit-elle, renoncer à la beauté qui vous a été si funeste? Voulez-vous quitter le titre de reine, reprendre vos anciens habits, et retourner dans votre village? Florise fut ravie d'accepter cette offre. La fée lui appliqua sur le visage un masque enchanté: aussitôt les traits de son visage devinrent grossiers, et perdirent toute leur proportion; elle devint aussi laide qu'elle avoit été belle et agréable. En cet état, elle n'étoit plus reconnoissable, et elle passa sans peine au travers de tous ceux qui étoient venus là pour être témoins de son supplice. Elle suivit la fée, et repassa avec elle dans son pays. On eut beau chercher Florise, on ne la put trouver en aucun endroit de la tour. On alla en porter la nouvelle au Roi et à Gronipote, qui la firent encore chercher, mais inutilement, par tout le royaume. La fée l'avoit rendue à sa mère, qui ne l'eût pas connue dans un si grand changement, si elle n'en eût été avertie. Florise fut contente de vivre laide, pauvre et inconnue dans son village, où elle gardoit des moutons. Elle entendoit tous les jours raconter ses aventures et déplorer ses malheurs. On en avoit fait des chansons qui faisoient pleurer tout le monde; elle prenoit plaisir à les chanter souvent avec ses compagnes, et elle en pleuroit comme les autres : mais elle se croyoit heureuse en gardant son troupeau, et ne voulut jamais découvrir à personne qui elle étoit.

V.

HISTOIRE DU ROI ALFAROUTE ET DE CLARIPHILE.

Il y avoit un roi nommé Alfaroute, qui étoit craint de tous ses voisins et aimé de tous ses sujets. Il étoit sage, bon, juste, vaillant, habile; rien ne lui manquoit. Une fée vint le trouver, et lui dire qu'il lui arriveroit bientôt de grands malheurs, s'il ne se servoit pas de la bague qu'elle lui mit au doigt. Quand il tournoit le diamant de la bague en dedans de sa main, il devenoit d'abord invisible; et dès qu'il le retournoit en dehors, il étoit visible comme auparavant. Cette bague lui fut très-commode, et lui fit grand plaisir. Quand il se défioit de quelqu'un de ses sujets, il alloit dans le cabinet de cet homme, avec son diamant tourné en dedans; il entendoit et il voyoit tous les secrets domestiques sans être aperçu. S'il craignoit les desseins de quelque roi voisin de son royaume, il s'en alloit jusque dans ses conseils les plus secrets, où il apprenoit tout sans être jamais découvert. Ainsi il prévenoit sans peine tout ce qu'on vouloit faire contre lui; il détourna plusieurs conjurations formées contre sa personne, et déconcerta ses ennemis qui vouloient l'accabler. Il ne fut pourtant pas content de sa bague, et il demanda à la fée un moyen de se transporter en un moment d'un pays dans un autre, pour pouvoir faire un usage plus prompt et plus commode de l'anneau qui le rendoit invisible. La fée lui répondit en soupirant : Vous en demandez trop! craignez que ce dernier don ne vous soit nuisible. Il n'écouta rien, et la pressa toujours de le lui accorder. Hé bien! dit-elle, il faut donc, malgré moi, vous donner ce que vous vous repentirez d'avoir. Alors elle lui frotta les épaules d'une liqueur odoriférante. Aussitôt il sentit de petites ailes qui naissoient sur son dos. Ces petites ailes ne paroissoient point sous ses habits : mais quand il avoit résolu de voler, il n'avoit qu'à les toucher avec la main; aussitôt elles devenoient si longues, qu'il étoit en état de surpasser infiniment le vol rapide d'un aigle. Dès qu'il ne vouloit plus voler, il n'avoit qu'à retoucher ses ailes : d'abord elles se rapetissoient, en sorte qu'on ne pouvoit les apercevoir sous ses habits. Par ce moyen, le Roi alloit partout en peu de momens : il savoit tout, et on ne pouvoit concevoir par où il devinoit tant de choses; car il se renfermoit, et paroissoit demeurer presque toute la journée dans son cabinet, sans que personne osât y entrer. Dès qu'il y étoit, il se rendoit invisible par sa bague, étendoit ses ailes en les couchant, et parcouroit des pays immenses. Par là, il s'engagea dans de grandes guerres, où il remporta toutes les victoires qu'il voulut : mais comme il voyoit sans cesse les secrets des hommes, il les connut si méchans et si dissimulés, qu'il n'osoit plus se fier à personne. Plus il devenoit puissant et redoutable, moins il étoit aimé; et il voyoit qu'il n'étoit aimé d'aucun de ceux mêmes à qui il avoit fait les plus grands biens. Pour se consoler, il résolut d'aller dans tous les pays du monde chercher une femme parfaite qu'il pût épouser, dont il pût être aimé, et par laquelle il pût se rendre heureux. Il la chercha long-temps; et comme il voyoit tout sans être vu, il connoissoit les secrets les plus impénétrables. Il alla dans toutes les cours : il trouva partout des femmes dissimulées, qui vouloient être aimées, et qui s'aimoient trop elles-mêmes pour aimer de bonne foi un mari. Il passa dans toutes les maisons particulières : l'une avoit l'esprit léger et inconstant; l'autre étoit artificieuse, l'autre hautaine, l'autre bizarre; presque toutes fausses, vaines, et idolâtres de leur personne. Il descendit jusqu'aux plus basses conditions, et il trouva enfin la fille d'un pauvre laboureur, belle comme le jour, mais simple et ingénue dans sa beauté, qu'elle comptoit pour rien, et qui étoit en effet sa moindre qualité; car elle avoit un esprit et une vertu qui surpassoient toutes les grâces de sa personne. Toute la jeunesse de son voisinage s'empressoit pour la voir; et chaque jeune homme eût cru s'assurer le bonheur de sa vie en l'épousant. Le roi Alfaroute ne put la voir sans en être passionné. Il la demanda à son père, qui fut transporté de joie de voir que sa fille seroit une grande reine. Clariphile (c'étoit son nom) passa de la cabane de son père dans un riche palais, où une cour nombreuse la reçut. Elle n'en fut point éblouie; elle conserva sa simplicité, sa modestie, sa vertu, et elle n'oublia point d'où elle étoit venue, lorsqu'elle fut au comble des honneurs. Le Roi redoubla sa tendresse pour elle, et crut enfin qu'il parviendroit à être heureux. Peu s'en falloit qu'il ne le fût déjà, tant il commençoit à se fier au bon cœur de la Reine. Il se rendoit à toute heure invisible pour l'observer et pour la surprendre, mais il ne découvroit rien en elle qu'il ne trouvât digne d'être admiré. Il n'y avoit plus qu'un reste de jalousie et de défiance qui le troubloit encore un peu dans son amitié. La fée, qui lui avoit prédit les suites funestes de son dernier don, l'avertissoit souvent, et il en fut importuné. Il donna ordre qu'on ne la laissât plus entrer dans le palais, et dit à la Reine qu'il lui défendoit de la recevoir. La Reine promit, avec beaucoup de peine, d'obéir, parce qu'elle aimoit fort cette bonne fée. Un jour la fée, voulant instruire la Reine sur l'avenir, entra chez elle sous la figure d'un officier, et déclara à la Reine qui elle étoit. Aussitôt la Reine l'embrassa tendrement. Le Roi, qui étoit alors invisible, l'aperçut, et fut transporté de jalousie jusqu'à la fureur. Il tira son épée, et en perça la Reine, qui tomba mourante entre ses bras. Dans ce moment, la fée reprit sa véritable figure. Le Roi la reconnut, et comprit l'innocence de la Reine. Alors il voulut se tuer. La fée arrêta le coup, et tâcha de le consoler. La Reine, en expirant, lui dit : Quoique je meure de votre main, je meurs toute à vous. Alfaroute déplora son malheur d'avoir voulu, malgré la fée, un don qui lui étoit si funeste. Il lui rendit la bague, et la pria de lui ôter ses ailes. Le reste de ses jours se passa dans l'amertume et dans la douleur. Il n'avoit point d'autre consolation que d'aller pleurer sur le tombeau de Clariphile.

VI.

HISTOIRE DE ROSIMOND ET DE BRAMINTE.

Il étoit une fois un jeune homme plus beau que le jour, nommé Rosimond, et qui avoit autant d'esprit et de vertu que son frère aîné Braminte étoit mal fait, désagréable, brutal et méchant. Leur mère, qui avoit horreur de son fils aîné, n'avoit des yeux que pour voir le cadet. L'aîné, jaloux, invente une calomnie horrible pour perdre son frère : il dit à son père que Rosimond alloit souvent chez un voisin, qui étoit son ennemi, pour lui rapporter tout ce qui se passoit au logis, et pour lui donner le moyen d'empoisonner son père. Le père, fort emporté, battit cruellement son fils, le mit en sang, puis il le tint trois jours en prison, sans nourriture, et enfin le chassa de sa maison, en le menaçant de le tuer, s'il revenoit jamais. La mère épouvantée n'osa rien dire ; elle ne fit que gémir. L'enfant s'en alla pleurant ; et ne sachant où se retirer, il traversa sur le soir un grand bois : la nuit le surprit au pied d'un rocher ; il se mit à l'entrée d'une caverne sur un tapis de mousse où couloit un clair ruisseau, et il s'y endormit de lassitude. Au point du jour, en s'éveillant, il vit une belle femme, montée sur un cheval gris, avec une housse en broderie d'or, qui paroissoit aller à la chasse. N'avez-vous point vu passer un cerf et des chiens ? lui dit-elle. Il répondit que non. Puis elle ajouta : Il me semble que vous êtes affligé. Qu'avez-vous, lui dit-elle ? Tenez, voilà une bague qui vous rendra le plus heureux et le plus puissant des hommes, pourvu que vous n'en abusiez jamais. Quand vous tournerez le diamant en dedans, vous serez d'abord invisible ; dès que vous le tournerez en dehors, vous paroîtrez à découvert. Quand vous mettrez l'anneau à votre doigt, vous paroîtrez le fils du Roi, suivi de toute une cour magnifique : quand vous le mettrez au quatrième doigt, vous paroîtrez dans votre figure naturelle. Aussitôt le jeune homme comprit que c'étoit une fée qui lui parloit. Après ces paroles, elle s'enfonça dans le bois. Pour lui, il s'en retourna aussitôt chez son père, avec impatience de faire l'essai de sa bague. Il vit et entendit tout ce qu'il voulut sans être découvert. Il ne tint qu'à lui de se venger de son frère, sans s'exposer à aucun danger. Il se montra seulement à sa mère, l'embrassa, et lui dit toute sa merveilleuse aventure. Ensuite, mettant l'anneau enchanté à son petit doigt, il parut tout-à-coup comme le prince, fils du Roi, avec cent beaux chevaux, et un grand nombre d'officiers richement vêtus. Son père fut bien étonné de voir le fils du Roi dans sa petite maison ; il étoit embarrassé, ne sachant quels respects il devoit lui rendre. Alors Rosimond lui demanda combien il avoit de fils. Deux, répondit le père. Je veux les voir ; faites-les venir tout-à-l'heure, lui dit Rosimond : je veux les emmener tous deux à la Cour pour faire leur fortune. Le père timide répondit en hésitant : Voilà l'aîné que je vous présente. Où est donc le cadet ? je le veux voir aussi, dit encore Rosimond. Il n'est pas ici, dit le père. Je l'avois châtié pour une faute, et il m'a quitté. Alors Rosimond lui dit : Il falloit l'instruire, mais non pas le chasser. Donnez-moi toujours l'aîné ; qu'il me suive. Et vous, dit-il, parlant au père, suivez deux gardes qui vous conduiront au lieu que je leur marquerai. Aussitôt deux gardes emmenèrent le père; et la fée dont nous avons parlé l'ayant trouvé dans une forêt, elle le frappa d'une verge d'or, et le fit entrer dans une caverne sombre et profonde, où il demeura enchanté. Demeurez-y, dit-elle, jusqu'à ce que votre fils vienne vous en tirer. Cependant le fils alla à la cour du Roi, dans un temps où le jeune prince s'étoit embarqué pour aller faire la guerre dans une île éloignée. Il avoit été emporté par les vents sur des côtes inconnues, où, après un naufrage, il étoit captif chez un peuple sauvage. Rosimond parut à la Cour, comme s'il eût été le prince qu'on croyoit perdu, et que tout le monde pleuroit. Il dit qu'il étoit revenu par le secours de quelques marchands, sans lesquels il seroit péri. Il fit la joie publique. Le Roi parut si transporté, qu'il ne pouvoit parler; et il ne se lassoit point d'embrasser ce fils qu'il avoit cru mort. La Reine fut encore plus attendrie. On fit de grandes réjouissances dans tout le royaume. Un jour celui qui passoit pour le prince, dit à son véritable frère : Braminte, vous voyez que je vous ai tiré de votre village pour faire votre fortune; mais je sais que vous êtes un menteur, et que vous avez, par vos impostures, causé le malheur de votre frère Rosimond : il est ici caché. Je veux que vous parliez à lui, et qu'il vous reproche vos impostures. Braminte, tremblant, se jeta à ses pieds, et lui avoua sa faute. N'importe, dit Rosimond, je veux que vous parliez à votre frère, et que vous lui demandiez pardon. Il sera bien généreux s'il vous pardonne; il est dans mon cabinet, où je vous le ferai voir tout-à-l'heure. Cependant je m'en vais dans une chambre voisine, pour vous laisser librement avec lui. Braminte entra pour obéir dans le cabinet. Aussitôt Rosimond changea son anneau, passa dans cette chambre, et puis il entra par une autre porte de derrière avec sa figure naturelle dans le cabinet où Braminte fut bien honteux de le voir. Il lui demanda pardon, et lui promit de réparer toutes ses fautes : Rosimond l'embrassa en pleurant, lui pardonna, et lui dit : Je suis en pleine faveur auprès du prince; il ne tient qu'à moi de vous faire périr, ou de vous tenir toute votre vie dans une prison : mais je veux être aussi bon pour vous que vous avez été méchant pour moi. Braminte, honteux et confondu, lui répondit avec soumission, n'osant lever les yeux ni le nommer son frère. Ensuite Rosimond fit semblant de faire un voyage en secret pour aller épouser une princesse d'un royaume voisin : mais, sous ce prétexte, il alla voir sa mère, à laquelle il raconta tout ce qu'il avait fait à la Cour, et lui donna, dans le besoin, quelque petit secours d'argent; car le Roi lui laissoit prendre tout celui qu'il vouloit, mais il n'en prenoit jamais beaucoup. Cependant il s'éleva une furieuse guerre entre le Roi et un autre roi voisin, qui étoit injuste et de mauvaise foi. Rosimond alla à la cour du Roi ennemi, entra, par le moyen de son anneau, dans tous les conseils secrets de ce prince, demeurant toujours invisible. Il profita de tout ce qu'il apprit des mesures des ennemis : il les prévint et les déconcerta en tout; il commanda l'armée contre eux; il les défit entièrement dans une grande bataille, et conclut bientôt avec eux une paix glorieuse, à des conditions équitables. Le Roi ne songeoit qu'à le marier avec une princesse héritière d'un royaume voisin, et plus belle que les Grâces. Mais un jour, pendant que Rosimond étoit à la chasse dans la même forêt où il avoit autrefois trouvé la fée, elle se présenta à lui. Gardez-vous bien, lui dit-elle d'une voix sévère, de vous marier comme si vous étiez le prince; il ne faut tromper personne : il est juste que le prince pour qui l'on vous prend, revienne succéder à son père. Allez le chercher dans une île où les vents que j'enverrai enfler les voiles de votre vaisseau vous mèneront sans peine. Hâtez-vous de rendre ce service à votre maître, contre ce qui pourroit flatter votre ambition, et songez à rentrer en homme de bien dans votre condition naturelle. Si vous ne le faites, vous serez injuste et malheureux; je vous abandonnerai à vos anciens malheurs. Rosimond profita sans peine d'un si sage conseil. Sous prétexte d'une négociation secrète dans un Etat voisin, il s'embarqua sur un vaisseau, et les vents le menèrent d'abord dans l'île où la fée lui avoit dit qu'étoit le vrai fils du Roi. Ce prince étoit captif chez un peuple sauvage, où on lui faisoit garder des troupeaux. Rosimond, invisible, l'alla enlever dans les pâturages où il conduisoit son troupeau; et le couvrant de son propre manteau, qui étoit invisible comme lui, il le délivra des mains de ces peuples cruels : ils s'embarquèrent. D'autres vents, obéissant à la fée, les ramenèrent; ils arrivèrent ensemble dans la chambre du Roi. Rosimond se présenta à lui, et lui dit : Vous m'avez cru votre fils, je ne le suis pas : mais je vous le rends; tenez, le voilà lui-même. Le Roi, bien étonné, s'adressa à son fils, et lui dit : N'est-ce pas vous, mon fils, qui avez vaincu mes ennemis, et qui avez fait glorieusement la paix? ou bien est-il vrai que vous avez fait un naufrage, que vous avez été captif, et que Rosimond vous a délivré? Oui, mon père, répondit-il. C'est lui qui est venu dans le pays où j'étois captif. Il m'a enlevé; je lui dois la liberté, et le plaisir de vous revoir. C'est lui, et non pas moi, à qui vous devez la victoire. Le Roi ne pouvoit croire ce qu'on lui disoit : mais Rosimond, changeant sa bague, se montra au Roi sous la figure du prince; et le Roi épouvanté vit, à la fois, deux hommes qui lui parurent tous deux ensemble son même fils. Alors il offrit, pour tant de services, des sommes immenses à Rosimond, qui les refusa ; il demanda seulement au Roi la grâce de conserver à son frère Braminte une charge qu'il avoit à la Cour. Pour lui, il craignit l'inconstance de la fortune, l'envie des hommes, et sa propre fragilité : il voulut se retirer dans son village avec sa mère, où il se mit à cultiver la terre. La fée, qu'il revit encore dans les bois, lui montra la caverne où son père étoit, et lui dit les paroles qu'il falloit prononcer pour le délivrer; il prononça avec une très-sensible joie ces paroles; il délivra son père, qu'il avoit depuis long-temps impatience de délivrer, et lui donna de quoi passer doucement sa vieillesse. Rosimond fut ainsi le bienfaiteur de toute sa famille, et il eut le plaisir de faire du bien à tous ceux qui avoient voulu lui faire du mal. Après avoir fait les plus grandes choses pour la Cour, il ne voulut d'elle que la liberté de vivre loin de sa corruption. Pour comble de sagesse, il craignit que son anneau ne le tentât de sortir de sa solitude, et ne le rengageât dans les grandes affaires; il retourna dans le bois où la fée lui avoit apparu si favorablement. Il alloit tous les jours auprès de la caverne où il avoit eu le bonheur de la voir autrefois; et c'étoit dans l'espérance de l'y revoir. Enfin, elle s'y présenta encore à lui, et il lui rendit l'anneau enchanté. Je vous rends, lui dit-il, un don d'un si grand prix, mais si dangereux, et duquel il est si facile d'abuser. Je ne me croirai en sûreté que quand je n'aurai plus de quoi sortir de ma solitude avec tant de moyens de contenter toutes mes passions.

Pendant que Rosimond rendoit cette bague, Braminte, dont le méchant naturel n'étoit point corrigé, s'abandonnoit à toutes ses passions, et voulut engager le jeune prince, qui étoit devenu roi, à traiter indignement Rosimond. La fée dit à Rosimond : Votre frère, toujours imposteur, a voulu vous rendre suspect au nouveau roi, et vous perdre : il mérite d'être puni, et il faut qu'il périsse. Je m'en vais lui donner cette bague que vous me rendez. Rosimond pleura le malheur de son frère; puis il dit à la fée : Comment prétendez-vous le punir par un si merveilleux présent? Il en abusera pour persécuter tous les gens de bien, et pour avoir une puissance sans bornes. Les mêmes choses, répondit la fée, sont un remède salutaire aux uns, et un poison mortel aux autres. La prospérité est la source de tous les maux pour les méchans. Quand on veut punir un scélérat, il n'y a qu'à le rendre bien puissant pour le faire périr bientôt. Elle alla ensuite au palais; elle se montra à Braminte sous la figure d'une vieille femme couverte de haillons; elle lui dit : J'ai tiré des mains de votre frère la bague que je lui avois prêtée, et avec laquelle il s'étoit acquis tant de gloire : recevez-la de moi, et pensez bien à l'usage que vous en ferez. Braminte répondit en riant : Je ne ferai pas comme mon frère, qui fut assez insensé pour aller chercher le prince, au lieu de régner en sa place. Braminte, avec cette bague, ne songea qu'à découvrir le secret de toutes les familles, qu'à commettre des trahisons, des meurtres et des infamies, qu'à écouter les conseils du Roi, qu'à enlever les richesses des particuliers. Ses crimes invisibles étonnèrent tout le monde. Le Roi, voyant tant de secrets découverts, ne savoit à quoi attribuer cet inconvénient; mais la prospérité sans bornes et l'insolence de Braminte lui firent soupçonner qu'il avoit l'anneau enchanté de son frère. Pour le découvrir il se servit d'un étranger d'une nation ennemie, à qui il donna une grande somme. Cet homme vint la nuit offrir à Braminte, de la part du Roi ennemi, des biens et des honneurs immenses, s'il vouloit lui faire savoir par des espions tout ce qu'il pourroit apprendre des secrets de son Roi.

Braminte promit tout, alla même dans un lieu où on lui donna une somme très-grande pour commencer sa récompense. Il se vanta d'avoir un anneau qui le rendoit invisible. Le lendemain, le Roi l'envoya chercher, et le fit d'abord saisir. On lui ôta l'anneau, et on trouva sur lui plusieurs papiers qui prouvoient ses crimes. Rosimond revint à la Cour pour demander la grâce de son frère, qui lui fut refusée. On fit mourir Braminte; et l'anneau lui fut plus funeste qu'il ne lui avoit été utile à son frère.

Le Roi, pour consoler Rosimond de la punition de Braminte, lui rendit l'anneau, comme un trésor d'un prix infini. Rosimond affligé n'en jugea pas de même : il retourna chercher la fée dans les bois. Tenez, lui dit-il, votre anneau. L'expérience de mon frère m'a fait comprendre ce que je n'avois pas bien compris d'abord quand vous me le dîtes. Gardez cet instrument fatal de la perte de mon frère. Hélas! il seroit encore vivant; il n'auroit pas accablé de douleur et de honte la vieillesse de mon père et de ma mère; il seroit peut-être sage et heureux, s'il n'avoit jamais eu de quoi contenter ses désirs. O qu'il est dangereux de pouvoir plus que les autres hommes! Reprenez votre anneau : malheur à ceux à qui vous le donnerez! L'unique grâce que je vous demande, c'est de ne le donner jamais à aucune des personnes pour qui je m'intéresse.

VII.

L'ANNEAU DE GYGÈS.

Pendant le règne du fameux Crésus, il y avoit en Lydie un jeune homme bien fait, plein d'esprit, très vertueux, nommé Callimaque, de la race des anciens rois, et devenu si pauvre, qu'il fut réduit à se faire berger. Se promenant un jour sur des montagnes écartées où il rêvoit sur ses malheurs en menant son troupeau, il s'assit au pied d'un arbre pour se délasser. Il aperçut auprès de lui une ouverture étroite dans un rocher. La curiosité l'engage à y entrer. Il trouve une caverne large et profonde. D'abord il ne voit goutte; enfin ses yeux s'accoutument à l'obscurité. Il entrevoit dans une lueur sombre une urne d'or, sur laquelle ces mots étoient gravés : « Ici tu trouveras l'anneau » de Gygès. O mortel, qui que tu sois, à qui les » dieux destinent un si grand bien, montre-» leur que tu n'es pas ingrat, et garde-toi » d'envier jamais le bonheur d'aucun autre » homme. »

Callimaque ouvre l'urne, trouve l'anneau, le prend, et, dans le transport de sa joie, il laissa l'urne, quoiqu'il fût très-pauvre et qu'elle fût d'un grand prix. Il sort de la caverne, se hâte d'éprouver l'anneau enchanté, dont il avoit si souvent entendu parler depuis son enfance. Il voit de loin le roi Crésus qui passoit pour aller de Sardes dans une maison délicieuse sur les bords du Pactole. D'abord il s'approche de quelques esclaves qui marchoient devant, et qui portoient des parfums pour les répandre sur les chemins où le Roi devoit passer. Il se mêle parmi eux après avoir tourné son anneau en dedans, et personne ne l'aperçoit. Il fait du bruit tout exprès en marchant : il prononce même quelques paroles. Tous prêtèrent l'oreille; tous furent étonnés d'entendre une voix, et de ne voir personne. Ils se disoient les uns aux autres : Est-ce un songe ou une vérité? N'avez-vous pas cru entendre parler quelqu'un? Callimaque, ravi d'avoir fait cette expérience, quitte ces esclaves et s'approche du Roi. Il est déjà tout auprès de lui sans être découvert; il monte avec lui sur son char, qui étoit tout d'argent, orné d'une merveilleuse sculpture. La Reine étoit auprès de lui, et ils parloient ensemble des plus grands secrets de l'Etat, que Crésus ne confioit qu'à la Reine seule. Callimaque les entendit pendant tout le chemin.

On arrive dans cette maison dont tous les murs étoient de jaspe; le toit étoit de cuivre fin et brillant comme l'or : les lits étoient d'argent, et tout le reste des meubles de même : tout étoit orné de diamans et de pierres précieuses. Tout le palais étoit sans cesse rempli des plus doux parfums; et pour les rendre plus agréables, on en répandoit de nouveaux à chaque heure du jour. Tout ce qui servoit à la personne du Roi étoit d'or. Quand il se promenoit dans ses jardins, les jardiniers avoient l'art de faire naître les plus belles fleurs sous ses pas. Souvent on changeoit, pour lui donner une agréable surprise, la décoration des jardins, comme on change une décoration de scène. On transportoit promptement, par de grandes machines, les arbres avec leurs racines, et on en apportoit d'autres tout entiers; en sorte que chaque matin le Roi, en se levant, apercevoit ses jardins entièrement renouvelés. Un jour c'étoient des grenadiers, des oliviers, des myrtes, des orangers et une forêt de citronniers. Un autre jour paroissoit tout-à-coup un désert sablonneux avec des pins sauvages, de grands chênes, de vieux sapins qui paroissoient aussi vieux que la terre. Un autre jour on voyoit des gazons fleuris, des prés d'une herbe fine et naissante, tout émaillés de violettes, au travers desquels couloient impétueusement de petits ruisseaux. Sur les rives étoient plantés de jeunes saules d'une tendre verdure, de hauts peupliers qui montoient jusqu'aux nues; des ormes touffus et des tilleuls odoriférans, plantés sans ordre, faisoient une agréable irrégularité. Puis tout-à-coup, le lendemain, tous ces petits canaux disparoissoient; on ne voyoit plus qu'un canal de rivière, d'une eau pure et transparente. Ce fleuve étoit le Pactole dont les eaux couloient sur un sable doré. On voyoit sur ce fleuve des vaisseaux avec des rameurs vêtus des plus riches étoffes couvertes d'une broderie d'or. Les bancs des rameurs étoient d'ivoire; les rames, d'ébène; le bec des proues, d'argent; tous les cordages, de soie; les voiles, de pourpre; et le corps des vaisseaux, de bois odoriférans comme le cèdre. Tous les cordages étoient ornés de festons; tous les matelots étoient couronnés de fleurs. Il couloit quelquefois, dans l'endroit des jardins qui étoit sous les fenêtres de Crésus, un ruisseau d'essence, dont l'odeur exquise s'exhaloit dans tout le palais. Crésus avoit des lions, des tigres et des léopards, auxquels on avoit limé les dents et les griffes, qui étoient attelés à de petits chars d'écailles de tortue garnis d'argent. Ces animaux féroces étoient conduits par un frein d'or et par des rênes de soie. Ils servoient au Roi et à toute la Cour pour se promener dans les vastes routes d'une forêt qui conservoit sous ses rameaux impénétrables une éternelle nuit. Souvent on faisoit aussi des courses avec ces chars le long du fleuve dans une prairie unie comme un tapis verd. Ces fiers animaux couroient si légèrement et avec tant de rapidité, qu'ils ne laissoient pas même sur l'herbe tendre la moindre trace de leurs pas, ni des roues qu'ils traînoient après eux. Chaque jour on inventoit de nouvelles espèces de courses pour exercer la vigueur et l'adresse des jeunes gens. Crésus, à chaque nouveau jeu, attachoit quelque grand prix pour le vainqueur. Aussi les jours couloient dans les délices et parmi les plus agréables spectacles.

Callimaque résolut de surprendre tous les Lydiens par le moyen de son anneau. Plusieurs jeunes hommes de la plus haute naissance avoient couru devant le Roi, qui étoit descendu de son char dans la prairie pour les voir courir. Dans le moment où tous les prétendans eurent achevé leur course, et que Crésus examinoit à qui le prix devoit appartenir, Callimaque se met dans le char du Roi. Il demeure invincible: il pousse les lions, le char vole. On eût cru que c'étoit celui d'Achille, traîné par des coursiers immortels; ou celui de Phébus même, lorsque après avoir parcouru la voûte immense des cieux il précipite ses chevaux enflammés dans le sein des ondes. D'abord on crut que les lions, s'étant échappés, s'enfuyoient au hasard: mais bientôt on reconnut qu'ils étoient guidés par beaucoup d'art, et que cette course surpasseroit toutes les autres. Cependant le char paraissoit vide, et tout le monde demeuroit immobile d'étonnement. Enfin la course est achevée, et le prix remporté, sans qu'on puisse comprendre par qui. Les uns croient que c'est une divinité qui se joue des hommes: les autres assurent que c'est un homme nommé Orodes, venu de Perse, qui avoit l'art des enchantemens, qui évoquoit les ombres des enfers, qui tenoit dans ses mains toute la puissance d'Hécate, qui envoyoit à son gré la Discorde et les Furies dans l'ame de ses ennemis, qui faisoit entendre la nuit les hurlemens de Cerbère et les gémissemens profonds de l'Érèbe, enfin qui pouvoit éclipser la lune et la faire descendre du ciel sur la terre. Crésus crut qu'Orodes avoit mené le char; il le fit appeler. On le trouva qui tenoit dans son sein des serpens entortillés, et qui, prononçant entre ses dents des paroles inconnues et mystérieuses, conjuroit les divinités infernales. Il n'en fallut pas davantage pour persuader qu'il étoit le vainqueur invisible de cette course. Il assura que non; mais le Roi ne put le croire. Callimaque étoit ennemi d'Orodes, parce que celui-ci avoit prédit à Crésus que ce jeune homme lui causeroit un jour de grands embarras, et seroit la cause de la ruine entière de son royaume. Cette prédiction avoit obligé Crésus à tenir Callimaque loin du monde dans un désert, et réduit à une grande pauvreté. Callimaque sentit le plaisir de la vengeance, et fut bien aise de voir l'embarras de son ennemi. Crésus pressa Orodes, et ne put pas l'obliger à dire qu'il avoit couru pour le prix. Mais comme le Roi le menaça de le punir, ses amis lui conseillèrent d'avouer la chose et de s'en faire honneur. Alors il passa d'une extrémité à l'autre; la vanité l'aveugla. Il se vanta d'avoir fait ce coup merveilleux par la vertu de ses enchantemens. Mais, dans le moment où on lui parloit, on fut bien surpris de voir le même char recommencer la même course. Puis le Roi entendit une voix qui lui disoit à l'oreille: Orodes se moque de toi; il se vante de ce qu'il n'a pas fait. Le Roi, irrité contre Orodes, le fit aussitôt charger de fers et jeter dans une profonde prison.

Callimaque, ayant senti le plaisir de contenter ses passions par le secours de son anneau, perdit peu à peu les sentimens de modération et de vertu qu'il avoit eus dans sa solitude et dans ses malheurs. Il fut même tenté d'entrer dans la chambre du Roi, et de le tuer dans son lit. Mais on ne passe point tout d'un coup aux plus grands crimes: il eut horreur d'une action si noire, et ne put endurcir son cœur pour l'exécuter. Mais il partit pour s'en aller en Perse trouver Cyrus: il lui dit les secrets de Crésus qu'il avoit entendus et le dessein des Lydiens de faire une ligue contre les Perses avec les colonies grecques de toute la côte de l'Asie mineure ; en même temps il lui expliqua les préparatifs de Crésus et les moyens de le prévenir. Aussitôt Cyrus part de dessus les bords du Tygre, où il étoit campé avec une armée innombrable, et vient jusqu'au fleuve Halys, où Crésus se présenta à lui avec des troupes plus magnifiques que courageuses. Les Lydiens vivoient trop délicieusement pour ne craindre point la mort. Leurs habits étoient brodés d'or, et semblables à ceux des femmes les plus vaines ; leurs armes étoient toutes dorées ; ils étoient suivis d'un nombre prodigieux de chariots superbes ; l'or, l'argent, les pierres précieuses, éclatoient partout dans leurs tentes, dans leurs vases, dans leurs meubles, et jusque sur leurs esclaves. Le faste et la mollesse de cette armée ne devoient faire attendre qu'imprudence et lâcheté, quoique les Lydiens fussent en beaucoup plus grand nombre que les Perses. Ceux-ci, au contraire, ne montroient que pauvreté et courage : ils étoient légèrement vêtus ; ils vivoient de peu, se nourrissoient de racines et de légumes, ne buvoient que de l'eau, dormoient sur la terre, exposés aux injures de l'air, exerçoient sans cesse leurs corps pour les endurcir au travail ; ils n'avoient pour tout ornement que le fer ; leurs troupes étoient toutes hérissées de piques, de dards et d'épées : aussi n'avoient-ils que du mépris pour des ennemis noyés dans les délices. A peine la bataille mérita-t-elle le nom d'un combat. Les Lydiens ne purent soutenir le premier choc : ils se renversent les uns sur les autres ; les Perses ne font que tuer ; ils nagent dans le sang. Crésus s'enfuit jusqu'à Sardes. Cyrus l'y poursuit sans perdre un moment. Le voilà assiégé dans sa ville capitale. Il succombe après un long siège ; il est pris, on le mène au supplice. En cette extrémité, il prononce le nom de Solon. Cyrus veut savoir ce qu'il dit. Il apprend que Crésus déplore son malheur de n'avoir pas cru ce Grec qui lui avoit donné de si sages conseils. Cyrus, touché de ces paroles, donne la vie à Crésus.

Alors Callimaque commença à se dégoûter de sa fortune. Cyrus l'avoit mis au rang de ses satrapes, et lui avoit donné d'assez grandes richesses. Un autre en eût été content : mais le Lydien, avec son anneau, se sentoit en état de monter plus haut. Il ne pouvoit souffrir de se voir borné à une condition où il avoit tant d'égaux et un maître. Il ne pouvoit se résoudre à tuer Cyrus, qui lui avoit fait tant de bien. Il avoit même quelquefois du regret d'avoir renversé Crésus de son trône. Lorsqu'il l'avoit vu conduit au supplice, il avoit été saisi de douleur. Il ne pouvoit plus demeurer dans un pays où il avoit causé tant de maux, et où il ne pouvoit rassasier son ambition. Il part ; il cherche un pays inconnu : il traverse des terres immenses, éprouve partout l'effet magique et merveilleux de son anneau, élève à son gré et renverse les rois et les royaumes, amasse de grandes richesses, parvient au faîte des honneurs, et se trouve cependant toujours dévoré de désirs. Son talisman lui procure tout, excepté la paix et le bonheur. C'est qu'on ne les trouve que dans soi-même, qu'ils sont indépendans de tous ces avantages extérieurs auxquels nous mettons tant de prix, et que, quand dans l'opulence et la grandeur on perd la simplicité, l'innocence et la modération, alors le cœur et la conscience, qui sont les vrais sièges du bonheur, deviennent la proie du trouble, de l'inquiétude, de la honte et du remords.

VIII.

VOYAGE DANS L'ILE DES PLAISIRS.

Après avoir long-temps vogué sur la mer Pacifique, nous aperçûmes de loin une île de sucre avec des montagnes de compote, des rochers de sucre candi et de caramel, et des rivières de sirop qui couloient dans la campagne. Les habitans, qui étoient fort friands, léchoient tous les chemins, et suçoient leurs doigts après les avoir trempés dans les fleuves. Il y avoit aussi des forêts de réglisse, et de grands arbres d'où tomboient des gaufres que le vent emportoit dans la bouche des voyageurs, si peu qu'elle fût ouverte. Comme tant de douceurs nous parurent fades, nous voulûmes passer en quelque autre pays où l'on pût trouver des mets d'un goût plus relevé. On nous assura qu'il y avoit, à dix lieues de là, une autre île où il y avoit des mines de jambons, de saucisses et de ragoûts poivrés. On les creusoit comme on creuse les mines d'or dans le Pérou. On y trouvoit aussi des ruisseaux de sauces à l'ognon. Les murailles des maisons sont de croûtes de pâté. Il y pleut du vin couvert quand le temps est chargé ; et, dans les plus beaux jours, la rosée du matin est toujours de vin blanc, semblable au vin grec ou à celui de Saint-Laurent. Pour passer dans cette île, nous fîmes mettre sur le port de celle d'où nous voulions partir, douze hommes d'une grosseur prodigieuse, et qu'on avoit endormis : ils souffloient si fort en ronflant, qu'ils remplirent nos voiles d'un vent favorable. A peine fûmes-nous arrivés dans l'autre île, que nous trouvâmes sur le rivage des marchands qui vendoient de l'appétit; car on en manquoit souvent parmi tant de ragoûts. Il y avoit aussi d'autres gens qui vendoient le sommeil. Le prix en étoit réglé tant par heure ; mais il y avoit des sommeils plus chers les uns que les autres, à proportion des songes qu'on vouloit avoir. Les plus beaux songes étoient fort chers. J'en demandai des plus agréables pour mon argent; et comme j'étois las, j'allai d'abord me coucher. Mais à peine fus-je dans mon lit que j'entendis un grand bruit; j'eus peur, et je demandai du secours. On me dit que c'étoit la terre qui s'entr'ouvroit. Je crus être perdu ; mais on me rassura en me disant qu'elle s'entr'ouvroit ainsi toutes les nuits à une certaine heure, pour vomir avec grand effort des ruisseaux bouillans de chocolat moussé, et des liqueurs glacées de toutes les façons. Je me levai à la hâte pour en prendre, et elles étoient délicieuses. Ensuite je me recouchai, et, dans mon sommeil, je crus voir que tout le monde étoit de cristal, que les hommes se nourrissoient de parfums quand il leur plaisoit, qu'ils ne pouvoient marcher qu'en dansant ni parler qu'en chantant, qu'ils avoient des ailes pour fendre les airs, et des nageoires pour passer les mers. Mais ces hommes étoient comme des pierres à fusil : on ne pouvoit les choquer qu'aussitôt ils ne prissent feu. Ils s'enflammoient comme une mèche, et je ne pouvois m'empêcher de rire voyant combien ils étoient faciles à émouvoir. Je voulus demander à l'un d'eux pourquoi il paroissoit si animé : il me répondit, en me montrant le poing, qu'il ne se mettoit jamais en colère.

A peine fus-je éveillé, qu'il vint un marchand d'appétit, me demandant de quoi je voulois avoir faim, et si je voulois qu'il me vendît des relais d'estomacs pour manger toute la journée. J'acceptai la condition. Pour mon argent, il me donna douze petits sachets de taffetas que je mis sur moi, et qui devoient me servir comme douze estomacs, pour digérer sans peine douze grands repas en un jour. A peine eus-je pris les douze sachets, que je commençai à mourir de faim. Je passai ma journée à faire douze festins délicieux. Dès qu'un repas étoit fini, la faim me reprenoit, et je ne lui donnois pas le temps de me presser. Mais comme j'avois une faim avide, on remarqua que je ne mangeois pas proprement : les gens du pays sont d'une délicatesse et d'une propreté exquises. Le soir je fus lassé d'avoir passé toute la journée à table comme un cheval à son ratelier. Je pris la résolution de faire tout le contraire le lendemain, et de ne me nourrir que de bonnes odeurs. On me donna à déjeûner de la fleur d'orange. A dîner ce fut une nourriture plus forte : on me servit des tubéreuses et puis des peaux d'Espagne. Je n'eus que des jonquilles à collation. Le soir, on me donna à souper de grandes corbeilles pleines de toutes les fleurs odoriférantes, et on y ajouta des cassolettes de toutes sortes de parfums. La nuit, j'eus une indigestion pour avoir trop senti tant d'odeurs nourrissantes. Le jour suivant, je jeûnai pour me délasser de la fatigue des plaisirs de la table. On me dit qu'il y avoit en ce pays-là une ville toute singulière, et on me promit de m'y mener par une voiture qui m'étoit inconnue. On me mit dans une petite chaise de bois fort léger et toute garnie de grandes plumes, et on attacha à cette chaise, avec des cordes de soie, quatre grands oiseaux, grands comme des autruches, qui avoient des ailes proportionnées à leurs corps. Ces oiseaux prirent d'abord leur vol. Je conduisis les rênes du côté de l'orient qu'on m'avoit marqué. Je voyois à mes pieds les hautes montagnes, et nous volâmes si rapidement, que je perdois presque l'haleine en fendant le vague de l'air. En une heure nous arrivâmes à cette ville si renommée. Elle est toute de marbre, et elle est grande trois fois comme Paris. Toute la ville n'est qu'une seule maison. Il y a vingt-quatre grandes cours, dont chacune est grande comme le plus grand palais du monde ; et au milieu de ces vingt-quatre cours, il y en a une vingt-cinquième qui est six fois plus grande que chacune des autres. Tous les logemens de cette maison sont égaux, car il n'y a point d'inégalité de condition entre les habitans de cette ville. Il n'y a là ni domestiques ni petit peuple; chacun se sert soi-même, personne n'est servi : il y a seulement des souhaits, qui sont de petits esprits follets et voltigeans, qui donnent à chacun tout ce qu'il désire dans le moment même. En arrivant, je reçus un de ces esprits qui s'attacha à moi, et qui ne me laissa manquer de rien : à peine me donnoit-il le temps de désirer. Je commençois même à être fatigué des nouveaux désirs que cette liberté de me contenter excitoit sans cesse en moi; et je compris, par expérience, qu'il valoit mieux se passer des choses superflues, que d'être sans cesse dans de nouveaux désirs, sans pouvoir jamais s'arrêter à la jouissance tranquille d'aucun plaisir. Les habitans de cette ville étoient polis, doux et obligeans. Ils me reçurent comme si j'avois été l'un d'entre eux. Dès que je voulois parler, ils devinoient ce que je voulois, et le faisoient sans attendre que je m'expliquasse. Cela me surprit, et j'aperçus qu'ils ne parloient jamais entre eux : ils lisent dans les yeux les uns des autres tout ce qu'ils pensent, comme on lit dans un livre; quand ils veulent cacher leurs pensées, ils n'ont qu'à fermer les yeux. Ils me menèrent dans une salle où il y eut une musique de parfums. Ils assemblent les parfums comme nous assemblons les sons. Un certain assemblage de parfums, les uns plus forts, les autres plus doux, fait une harmonie qui chatouille l'odorat, comme nos concerts flattent l'oreille par des sons tantôt graves et tantôt aigus. En ce pays-là, les femmes gouvernent les hommes, elles jugent les procès, elles enseignent les sciences et vont à la guerre. Les hommes s'y fardent, s'y ajustent depuis le matin jusqu'au soir; ils filent, ils cousent, ils travaillent à la broderie, et ils craignent d'être battus par leurs femmes, quand ils ne leur ont pas obéi. On dit que la chose se passoit autrement il y a un certain nombre d'années : mais les hommes, servis par les souhaits, sont devenus si lâches, si paresseux et si ignorans, que les femmes furent honteuses de se laisser gouverner par eux. Elles s'assemblèrent pour réparer les maux de la république. Elles firent des écoles publiques, où les personnes de leur sexe qui avoient le plus d'esprit se mirent à étudier. Elles désarmèrent leurs maris, qui ne demandoient pas mieux que de n'aller jamais aux coups. Elles les débarrassèrent de tous les procès à juger, veillèrent à l'ordre public, établirent des lois, les firent observer, et sauvèrent la chose publique, dont l'inapplication, la légèreté, la mollesse des hommes, auroient sûrement causé la ruine totale. Touché de ce spectacle, et fatigué de tant de festins et d'amusemens, je conclus que les plaisirs des sens, quelque variés, quelque faciles qu'ils soient, avilissent et ne rendent point heureux. Je m'éloignai donc de ces contrées en apparence si délicieuses; et, de retour chez moi, je trouvai dans une vie sobre, dans un travail modéré, dans des mœurs pures, dans la pratique de la vertu, le bonheur et la santé que n'avoient pu me procurer la continuité de la bonne chère et la variété des plaisirs.

IX.

LA PATIENCE ET L'ÉDUCATION CORRIGENT BIEN DES DÉFAUTS.

Une ourse avoit un petit ours qui venoit de naître. Il étoit horriblement laid. On ne reconnoissoit en lui aucune figure d'animal : c'étoit une masse informe et hideuse. L'ourse, toute honteuse d'avoir un tel fils, va trouver sa voisine la corneille, qui faisoit un grand bruit par son caquet sous un arbre. Que ferai-je, lui dit-elle, ma bonne commère, de ce petit monstre? j'ai envie de l'étrangler. Gardez-vous-en bien, dit la causeuse : j'ai vu d'autres ourses dans le même embarras que vous. Allez : léchez doucement votre fils; il sera bientôt joli, mignon, et propre à vous faire honneur. La mère crut facilement ce qu'on lui disoit en faveur de son fils. Elle eut la patience de le lécher long-temps. Enfin il commença à devenir moins difforme, et elle alla remercier la corneille en ces termes : Si vous n'eussiez modéré mon impatience, j'aurois cruellement déchiré mon fils, qui fait maintenant tout le plaisir de ma vie.

O que l'impatience empêche de biens et cause de maux!

X.

LE HIBOU.

Un jeune hibou, qui s'étoit vu dans une fontaine, et qui se trouvoit plus beau, je ne dirai pas que le jour, car il le trouvoit fort désagréable, mais que la nuit, qui avoit de grands charmes pour lui, disoit en lui-même : J'ai sacrifié aux Grâces; Vénus a mis sur moi sa ceinture dans ma naissance; les tendres Amours, accompagnés des Jeux et des Ris, voltigent autour de moi pour me caresser. Il est temps que le blond Hyménée me donne des enfans gracieux comme moi; ils seront l'ornement des bocages et les délices de la nuit. Quel dommage que la race des plus parfaits oiseaux se perdît! heureuse l'épouse qui passera sa vie à me voir! Dans cette pensée, il envoie la corneille demander de sa part une petite aiglonne, fille de l'aigle, reine* des airs. La corneille avoit peine à se charger de cette ambassade : Je serai mal reçue, disoit-elle, de proposer un mariage si mal assorti. Quoi! l'aigle, qui ose regarder fixement le soleil, se marieroit avec vous, qui ne sauriez seulement ouvrir les yeux tandis qu'il est jour! c'est le moyen que les deux époux ne soient jamais ensemble; l'un sortira le jour, et l'autre la nuit. Le hibou, vain et amoureux de lui-même, n'écouta rien. La corneille, pour le contenter, alla enfin demander l'aiglonne. On se moqua de sa folle demande. L'aigle lui répondit : Si le hibou veut être mon gendre, qu'il vienne après le lever du soleil me saluer au milieu de l'air. Le hibou présomptueux y voulut aller. Ses yeux furent d'abord éblouis; il fut aveuglé par les rayons du soleil, et tomba du haut de l'air sur un rocher. Tous les oiseaux se jetèrent sur lui, et lui arrachèrent ses plumes. Il fut trop heureux de se cacher dans son trou, et d'épouser la chouette, qui fut une digne dame du lieu. Leur hymen fut célébré la nuit, et ils se trouvèrent l'un et l'autre très-beaux et très-agréables.

Il ne faut rien chercher au-dessus de soi, ni se flatter sur ses avantages.

XI.

L'ABEILLE ET LA MOUCHE.

Un jour une abeille aperçut une mouche auprès de sa ruche. Que viens-tu faire ici? lui dit-elle d'un ton furieux. Vraiment, c'est bien à toi, vil animal, à te mêler avec les reines de l'air! Tu as raison, répondit froidement la mouche : on a toujours tort de s'approcher d'une nation aussi fougueuse que la vôtre. Rien n'est plus sage que nous, dit l'abeille : nous seules avons des lois et une république bien policée; nous ne broutons que des fleurs odoriférantes; nous ne faisons que du miel délicieux, qui égale le nectar. Ote-toi de ma présence, vilaine mouche importune, qui ne fais que bourdonner et chercher ta vie sur des ordures. Nous vivons comme nous pouvons, répondit la mouche : la pauvreté n'est pas un vice; mais la colère en est un grand. Vous faites du miel qui est doux, mais votre cœur est toujours amer; vous êtes sages dans vos lois, mais emportées dans votre conduite. Votre colère, qui pique vos ennemis, vous donne la mort, et votre folle cruauté vous fait plus de mal qu'à personne. Il vaut mieux avoir des qualités moins éclatantes, avec plus de modération.

XII.

LE RENARD PUNI DE SA CURIOSITÉ.

Un renard des montagnes d'Aragon, ayant vieilli dans la finesse, voulut donner ses derniers jours à la curiosité. Il prit le dessein d'aller voir en Castille le fameux Escurial, qui est le palais des rois d'Espagne, bâti par Philippe II. En arrivant il fut surpris, car il étoit peu accoutumé à la magnificence : jusqu'alors il n'avoit vu que son terrier, et le poulailler d'un fermier voisin, où il étoit d'ordinaire assez mal reçu. Il voit là des colonnes de marbre, là des portes d'or, des bas-reliefs de diamant. Il entra dans plusieurs chambres, dont les tapisseries étoient admirables : on y voyoit des chasses, des combats, des fables où les dieux se jouoient parmi les hommes; enfin l'histoire de don Quichotte, où Sancho, monté sur son grison, alloit gouverner l'île que le duc lui avoit confiée. Puis il aperçut des cages où l'on avoit renfermé des lions et des léopards. Pendant que le renard regardoit ces merveilles, deux chiens du palais l'étranglèrent. Il se trouva mal de sa curiosité.

XIII.

LES DEUX RENARDS.

Deux renards entrèrent la nuit par surprise dans un poulailler; ils étranglèrent le coq, les poules et les poulets : après ce carnage, ils apaisèrent leur faim. L'un, qui étoit jeune et ardent, vouloit tout dévorer; l'autre, qui étoit vieux et avare, vouloit garder quelque provision pour l'avenir. Le vieux disoit : Mon enfant, l'expérience m'a rendu sage; j'ai vu bien des choses depuis que je suis au monde. Ne mangeons pas tout notre bien en un seul jour. Nous avons fait fortune; c'est un trésor que nous avons trouvé, il faut le ménager. Le jeune ré-

---

* On lit *roi* dans toutes les éditions; mais Fénelon a écrit *reine*. La Fontaine, liv. 11, fable VIII, dit : *On fit entendre à l'aigle*, enfin, *qu'*ELLE *avoit tort*; liv. XII, fable XI : *L'aigle*, REINE *des airs*; et l'Académie, jusqu'en 1740, au mot *Aigle*, le fait de tout genre. (*Edit. de Vers.*)

pondoit : Je veux tout manger pendant que j'y suis, et me rassasier pour huit jours : car pour ce qui est de revenir ici, chansons ! il n'y fera pas bon demain ; le maître, pour venger la mort de ses poules, nous assommeroit. Après cette conversation, chacun prend son parti. Le jeune mange tant, qu'il se crève, et peut à peine aller mourir dans son terrier. Le vieux, qui se croit bien plus sage de modérer ses appétits et de vivre d'économie, veut le lendemain retourner à sa proie, et est assommé par le maître.

Ainsi chaque âge a ses défauts : les jeunes gens sont fougueux et insatiables dans leurs plaisirs ; les vieux sont incorrigibles dans leur avarice.

XIV.

LE DRAGON ET LES RENARDS.

Un dragon gardoit un trésor dans une profonde caverne ; il veilloit jour et nuit pour le conserver. Deux renards, grands fourbes et grands voleurs de leur métier, s'insinuèrent auprès de lui par leurs flatteries. Ils devinrent ses confidens. Les gens les plus complaisans et les plus empressés ne sont pas les plus sûrs. Ils le traitoient de grand personnage, admiroient toutes ses fantaisies, étoient toujours de son avis, et se moquoient entre eux de leur dupe. Enfin il s'endormit un jour au milieu d'eux ; ils l'étranglèrent, et s'emparèrent du trésor. Il fallut le partager entre eux : c'étoit une affaire bien difficile, car deux scélérats ne s'accordent que pour faire le mal. L'un d'eux se mit à moraliser : A quoi, disoit-il, nous servira tout cet argent ? un peu de chasse nous vaudroit mieux : on ne mange point du métal ; les pistoles sont de mauvaise digestion. Les hommes sont des fous d'aimer tant ces fausses richesses : ne soyons pas aussi insensés qu'eux. L'autre fit semblant d'être touché de ces réflexions, et assura qu'il vouloit vivre en philosophe comme Bias, portant tout son bien sur lui. Chacun fait semblant de quitter le trésor : mais ils se dressèrent des embûches et s'entredéchirèrent. L'un d'eux en mourant dit à l'autre, qui étoit aussi blessé que lui : Que voulois-tu faire de cet argent ? La même chose que tu voulois en faire, répondit l'autre. Un homme passant apprit leur aventure, et les trouva bien fous. Vous ne l'êtes pas moins que nous, lui dit un des renards. Vous ne sauriez, non plus que nous, vous nourrir d'argent, et vous vous tuez pour en avoir. Du moins, notre race jusqu'ici a été assez sage pour ne mettre en usage aucune monnoie. Ce que vous avez introduit chez vous pour la commodité fait votre malheur. Vous perdez les vrais biens pour chercher les biens imaginaires.

XV.

LE LOUP ET LE JEUNE MOUTON.

Des moutons étoient en sûreté dans leur parc ; les chiens dormoient ; et le berger, à l'ombre d'un grand ormeau, jouoit de la flûte avec d'autres bergers voisins. Un loup affamé vint, par les fentes de l'enceinte, reconnoître l'état du troupeau. Un jeune mouton sans expérience, et qui n'avoit jamais rien vu, entra en conversation avec lui : Que venez-vous chercher ici ? dit-il au glouton. L'herbe tendre et fleurie, lui répondit le loup. Vous savez que rien n'est plus doux que de paître dans une verte prairie émaillée de fleurs, pour apaiser sa faim, et d'aller éteindre sa soif dans un clair ruisseau : j'ai trouvé ici l'un et l'autre. Que faut-il davantage ? J'aime la philosophie qui enseigne à se contenter de peu. Est-il donc vrai, repartit le jeune mouton, que vous ne mangez point la chair des animaux, et qu'un peu d'herbe vous suffit ? Si cela est, vivons comme frères, et paissons ensemble. Aussitôt le mouton sort du parc dans la prairie, où le sobre philosophe le mit en pièces et l'avala.

Défiez-vous des belles paroles des gens qui se vantent d'être vertueux. Jugez-en par leurs actions, et non par leurs discours.

XVI.

LE CHAT ET LES LAPINS.

Un chat, qui faisoit le modeste, étoit entré dans une garenne peuplée de lapins. Aussitôt toute la république alarmée ne songea qu'à s'enfoncer dans ses trous. Comme le nouveau venu étoit au guet auprès d'un terrier, les députés de la nation lapine, qui avoient vu ses terribles griffes, comparurent dans l'endroit le plus étroit de l'entrée du terrier, pour lui demander ce qu'il prétendoit. Il protesta d'une voix douce qu'il vouloit seulement étudier les mœurs de la nation ; qu'en qualité de philosophe il alloit dans tous les pays pour s'informer des coutumes de chaque espèce d'animaux. Les députés, simples et crédules, retournèrent dire à leurs frères que cet étranger, si vénérable par son maintien modeste et par sa majestueuse fourrure, étoit un philosophe, sobre, désintéressé, pacifique, qui vouloit seulement rechercher la sagesse de pays en pays ; qu'il venoit de beaucoup d'autres lieux où il avoit vu de grandes merveilles ; qu'il y auroit bien du plaisir à l'entendre, et qu'il n'avoit garde de croquer les lapins, puisqu'il croyoit en bon Bramin la métempsycose, et ne mangeoit d'aucun aliment qui eût eu vie. Ce beau discours toucha l'assemblée. En vain un vieux lapin rusé, qui étoit le docteur de la troupe, représenta combien ce grave philosophe lui étoit suspect : malgré lui on va saluer le Bramin, qui étrangla du premier salut sept ou huit de ces pauvres gens. Les autres regagnent leurs trous, bien effrayés et bien honteux de leur faute. Alors dom Mitis revint à l'entrée du terrier, protestant, d'un ton plein de cordialité, qu'il n'avoit fait ce meurtre que malgré lui, pour son pressant besoin ; que désormais il vivroit d'autres animaux, et feroit avec eux une alliance éternelle. Aussitôt les lapins entrent en négociation avec lui, sans se mettre néanmoins à la portée de sa griffe. La négociation dure, on l'amuse. Cependant un lapin des plus agiles sort par les derrières du terrier, et va avertir un berger voisin, qui aimoit à prendre dans un lacs de ces lapins nourris de genièvre. Le berger, irrité contre ce chat exterminateur d'un peuple si utile, accourt au terrier avec un arc et des flèches ; il aperçoit le chat qui n'étoit attentif qu'à sa proie ; il le perce d'une de ses flèches ; et le chat expirant dit ces dernières paroles : Quand on a une fois trompé, on ne peut plus être cru de personne ; on est haï, craint, détesté ; et on est enfin attrapé par ses propres finesses.

XVII.

LE LIÈVRE QUI FAIT LE BRAVE.

Un lièvre, qui étoit honteux d'être poltron, cherchoit quelque occasion de s'aguerrir. Il alloit quelquefois par un trou d'une haie dans les choux du jardin d'un paysan, pour s'accoutumer au bruit du village. Souvent même il passoit assez près de quelques mâtins, qui se contentoient d'aboyer après lui. Au retour de ces grandes expéditions, il se croyoit plus redoutable qu'Alcide après tous ses travaux. On dit même qu'il ne rentroit dans son gîte qu'avec des feuilles de laurier, et faisoit l'ovation. Il vantoit ses prouesses à ses compères les lièvres voisins. Il représentoit les dangers qu'il avoit courus, les alarmes qu'il avoit données aux ennemis, les ruses de guerre qu'il avoit faites en expérimenté capitaine, et surtout son intrépidité héroïque. Chaque matin il remercioit Mars et Bellone de lui avoir donné des talens et un courage pour dompter toutes les nations à longues oreilles. Jean lapin, discourant un jour avec lui, lui dit d'un ton moqueur : Mon ami, je te voudrois voir avec cette belle fierté au milieu d'une meute de chiens courans. Hercule fuiroit bien vite, et feroit une laide contenance. Moi, répondit notre preux chevalier, je ne reculerois pas, quand toute la gent chienne viendroit m'attaquer. A peine eut-il parlé, qu'il entendit un petit tournebroche d'un fermier voisin, qui glapissoit dans les buissons assez loin de lui. Aussitôt il tremble, il frissonne, il a la fièvre ; ses yeux se troublent comme ceux de Paris quand il vit Ménélas qui venoit ardemment contre lui. Il se précipite d'un rocher escarpé dans une profonde vallée ; où il pensa se noyer dans un ruisseau. Jean lapin, le voyant faire le saut, s'écria de son terrier : Le voilà ce foudre de guerre ! le voilà cet Hercule qui doit purger la terre de tous les monstres dont elle est pleine !

XVIII.

LE SINGE.

Un vieux singe malin étant mort, son ombre descendit dans la sombre demeure de Pluton, où elle demanda à retourner parmi les vivans. Pluton vouloit la renvoyer dans le corps d'un âne pesant et stupide, pour lui ôter sa souplesse, sa vivacité et sa malice : mais elle fit tant de tours plaisans et badins, que l'inflexible roi des enfers ne put s'empêcher de rire, et lui laissa le choix d'une condition. Elle demanda à entrer dans le corps d'un perroquet. Au moins, disoit-elle, je conserverai par là quelque ressemblance avec les hommes, que j'ai si long-temps imités. Etant singe, je faisois des gestes comme eux ;

et étant perroquet, je parlerai avec eux dans les plus agréables conversations. A peine l'ame du singe fut introduite dans ce nouveau métier, qu'une vieille femme causeuse l'acheta. Il fit ses délices; elle le mit dans une belle cage. Il faisoit bonne chère, et discouroit toute la journée avec la vieille radoteuse, qui ne parloit pas plus sensément que lui. Il joignoit à son nouveau talent d'étourdir tout le monde, je ne sais quoi de son ancienne profession : il remuoit sa tête ridiculement; il faisoit craquer son bec; il agitoit ses ailes de cent façons, et faisoit de ses pattes plusieurs tours qui sentoient encore les grimaces de Fagotin. La vieille prenoit à toute heure ses lunettes pour l'admirer. Elle étoit bien fâchée d'être un peu sourde, et de perdre quelquefois des paroles de son perroquet, à qui elle trouvoit plus d'esprit qu'à personne. Ce perroquet gâté devint bavard, importun et fou. Il se tourmenta si fort dans sa cage, et but tant de vin avec la vieille, qu'il en mourut. Le voilà revenu devant Pluton, qui voulut cette fois le faire passer dans le corps d'un poisson pour le rendre muet : mais il fit encore une farce devant le roi des ombres; et les princes ne résistent guère aux demandes des mauvais plaisans qui les flattent. Pluton accorda donc à celui-ci qu'il iroit dans le corps d'un homme. Mais comme le dieu eut honte de l'envoyer dans le corps d'un homme sage et vertueux, il le destina au corps d'un harangueur ennuyeux et importun, qui mentoit, qui se vantoit sans cesse, qui faisoit des gestes ridicules, qui se moquoit de tout le monde, qui interrompoit toutes les conversations les plus polies et les plus solides, pour dire des riens ou les sottises les plus grossières. Mercure, qui le reconnut dans ce nouvel état, lui dit en riant : Ho! ho! je te reconnois; tu n'es qu'un composé du singe et du perroquet que j'ai vus autrefois. Qui t'ôteroit tes gestes et tes paroles apprises par cœur sans jugement, ne laisseroit rien de toi. D'un joli singe et d'un bon perroquet, on n'en fait qu'un sot homme.

O combien d'hommes dans le monde, avec des gestes façonnés, un petit caquet et un air capable, n'ont ni sens ni conduite!

XIX.

LES DEUX SOURIS.

Une souris ennuyée de vivre dans les périls et dans les alarmes, à cause de Mitis et de Rodilardus, qui faisoient grand carnage de la nation souriquoise, appela sa commère, qui étoit dans un trou de son voisinage. Il m'est venu, lui dit-elle, une bonne pensée. J'ai lu, dans certains livres que je rongeois ces jours passés, qu'il y a un beau pays nommé les Indes, où notre peuple est mieux traité et plus en sûreté qu'ici. En ce pays-là, les sages croient que l'ame d'une souris a été autrefois l'ame d'un grand capitaine, d'un roi, d'un merveilleux fakir, et qu'elle pourra, après la mort de la souris, entrer dans le corps de quelque belle dame ou de quelque grand Pandiar *. Si je m'en souviens bien, cela s'appelle métempsycose. Dans cette opinion, ils traitent tous les animaux avec une charité fraternelle : on voit des hôpitaux de souris, qu'on met en pension, et qu'on nourrit comme personnes de mérite. Allons, ma sœur, partons pour un si beau pays où la police est si bonne, et où l'on fait justice à notre mérite. La commère lui répondit : Mais, ma sœur, n'y a-t-il point de chats qui entrent dans ces hopitaux? Si cela étoit, ils feroient en peu de temps bien des métempsycoses : un coup de dent ou de griffe feroit un roi ou un fakir ; merveille dont nous nous passerions très-bien. Ne craignez point cela, dit la première; l'ordre est parfait dans ce pays-là : les chats ont leurs maisons, comme nous les nôtres, et ils ont aussi leurs hôpitaux d'invalides, qui sont à part. Sur cette conversation, nos deux souris partent ensemble; elles s'embarquent dans un vaisseau qui alloit faire un voyage de long cours, en se roulant le long des cordages le soir de la veille de l'embarquement. On part; elles sont ravies de se voir sur la mer, loin des terres maudites où les chats exerçoient leur tyrannie. La navigation fut heureuse ; elles arrivent à Surate, non pour amasser des richesses, comme les marchands, mais pour se faire bien traiter par les Indous. A peine furent-elles entrées dans une maison destinée aux souris, qu'elles y prétendirent les premières places. L'une prétendoit se souvenir d'avoir été autrefois un fameux Bramin sur la côte de Malabar; l'autre protestoit qu'elle avoit été une belle dame du même pays avec de longues oreilles. Elles firent tant les insolentes, que les souris indiennes ne purent les souffrir. Voilà une guerre civile. On donna sans quartier sur ces

---

* Dans l'édition de Didot et dans celles qui l'ont suivie, on lit *potentat*. L'édition de 1718 porte *Pendiar*, et Fénelon a écrit *Pandiar*. On appelle ainsi les Brames qui s'occupent de l'astronomie. Mais le nom est un peu défiguré; Sonnerat les nomme *Pandjacarers*. (*Édit. de Vers.*)

deux Franguis *, qui vouloient faire la loi aux autres ; au lieu d'être mangées par les chats, elles furent étranglées par leurs propres sœurs.

On a beau aller loin pour éviter le péril ; si on n'est modeste et sensé, on va chercher son malheur bien loin : autant vaudroit-il le trouver chez soi.

XX.

LE PIGEON PUNI DE SON INQUIÉTUDE.

Deux pigeons vivoient ensemble dans un colombier avec une paix profonde. Ils fendoient l'air de leurs ailes, qui paroissoient immobiles par leur rapidité. Ils se jouoient en volant l'un auprès de l'autre, se fuyant et se poursuivant tour à tour. Puis ils alloient chercher du grain dans l'aire du fermier ou dans les prairies voisines. Aussitôt ils alloient se désaltérer dans l'onde pure d'un ruisseau qui couloit au travers de ces prés fleuris. De là ils revenoient voir leurs pénates dans le colombier blanchi et plein de petits trous : ils y passoient le temps dans une douce société avec leurs fidèles compagnes. Leurs cœurs étoient tendres ; le plumage de leurs cous étoit changeant, et peint d'un plus grand nombre de couleurs que l'inconstante Iris. On entendoit le doux murmure de ces heureux pigeons, et leur vie étoit délicieuse. L'un d'eux, se dégoûtant des plaisirs d'une vie paisible, se laissa séduire par une folle ambition, et livra son esprit aux projets de la politique. Le voilà qui abandonne son ancien ami ; il part, il va du côté du Levant. Il passe au-dessus de la mer Méditerranée, et vogue avec ses ailes dans les airs, comme un navire avec ses voiles dans les ondes de Téthys. Il arrive à Alexandrette ; de là il continue son chemin, traversant les terres jusques à Alep. En y arrivant, il salue les autres pigeons de la contrée, qui servent de courriers réglés, et il envie leur bonheur. Aussitôt il se répand parmi eux un bruit, qu'il est venu un étranger de leur nation, qui a traversé des pays immenses. Il est mis au rang des courriers : il porte toutes les semaines les lettres d'un bacha attachées à son pied, et il fait vingt-huit lieues en moins d'une journée. Il est orgueilleux de porter les secrets de l'État, et il a pitié de son ancien compagnon, qui vit sans gloire dans les trous de son colombier. Mais un jour, comme il portoit les lettres du bacha, soupçonné d'infidélité par le Grand-Seigneur, on voulut découvrir par les lettres de ce bacha s'il n'avoit point quelque intelligence secrète avec les officiers du roi de Perse : une flèche tirée perce le pauvre pigeon, qui d'une aile traînante se soutient encore un peu, pendant que son sang coule. Enfin, il tombe, et les ténèbres de la mort couvrent déjà ses yeux : pendant qu'on lui ôte les lettres pour les lire, il expire plein de douleur, condamnant sa vaine ambition, et regrettant le doux repos de son colombier, où il pouvoit vivre en sûreté avec son ami.

XXI.

LE JEUNE BACCHUS ET LE FAUNE.

Un jour le jeune Bacchus, que Silène instruisoit, cherchoit les Muses dans un bocage dont le silence n'étoit troublé que par le bruit des fontaines et par le chant des oiseaux. Le soleil n'en pouvoit, avec ses rayons, percer la sombre verdure. L'enfant de Semélé, pour étudier la langue des dieux, s'assit dans un coin au pied d'un vieux chêne, du tronc duquel plusieurs hommes de l'âge d'or étoient nés. Il avoit même autrefois rendu des oracles, et le temps n'avoit osé l'abattre de sa tranchante faux. Auprès de ce chêne sacré et antique se cachoit un jeune Faune, qui prêtoit l'oreille aux vers que chantoit l'enfant, et qui marquoit à Silène, par un ris moqueur, toutes les fautes que faisoit son disciple. Aussitôt les Naïades et les autres Nymphes du bois sourioient aussi. Ce critique étoit jeune, gracieux et folâtre ; sa tête étoit couronnée de lierre et de pampre ; ses tempes étoient ornées de grappes de raisin ; de son épaule gauche pendoit sur son côté droit, en écharpe, un feston de lierre : et le jeune Bacchus se plaisoit à voir ces feuilles consacrées à sa divinité. Le Faune étoit enveloppé au-dessous de la ceinture par la dépouille affreuse et hérissée d'une jeune lionne qu'il avoit tuée dans les forêts. Il tenoit dans sa main une houlette courbée et noueuse. Sa queue paroissoit derrière, comme se jouant sur son dos. Mais comme Bacchus ne pouvoit souffrir un rieur malin, toujours prêt à se moquer de ses expressions si elles n'étoient pures et élégantes, il lui dit d'un ton fier et impatient : Comment

---

* En Orient on appelle *Frankis* ou *Francs* les Européens. Fénelon a écrit *Franguis*. (*Édit. de Vers.*)

oses-tu te moquer du fils de Jupiter? Le Faune répondit sans s'émouvoir : Hé! comment le fils de Jupiter ose-t-il faire quelque faute ?

XXII.

LE NOURRISSON DES MUSES FAVORISÉ DU SOLEIL.

Le Soleil, ayant laissé le vaste tour du ciel en paix, avoit fini sa course, et plongé ses chevaux fougueux dans le sein des ondes de l'Hespérie. Le bord de l'horizon étoit encore rouge comme la pourpre, et enflammé des rayons ardens qu'il y avoit répandus sur son passage. La brûlante canicule desséchoit la terre ; toutes les plantes altérées languissoient; les fleurs ternies penchoient leurs têtes, et leurs tiges malades ne pouvoient plus les soutenir; les zéphirs mêmes retenoient leurs douces haleines ; l'air que les animaux respiroient étoit semblable à de l'eau tiède. La nuit, qui répand avec ses ombres une douce fraîcheur, ne pouvoit tempérer la chaleur dévorante que le jour avoit causée : elle ne pouvoit verser sur les hommes abattus et défaillans, ni la rosée qu'elle fait distiller quand Vesper brille à la queue des autres étoiles, ni cette moisson de pavots qui font sentir les charmes du sommeil à toute la nature fatiguée. Le Soleil seul, dans le sein de Téthys, jouissoit d'un profond repos : mais ensuite, quand il fut obligé de remonter sur son char attelé par les Heures, et devancé par l'Aurore qui sème son chemin de roses, il aperçut tout l'Olympe couvert de nuages ; il vit les restes d'une tempête qui avoit effrayé les mortels pendant toute la nuit. Les nuages étoient encore empestés de l'odeur des vapeurs soufrées qui avoient allumé les éclairs et fait gronder le menaçant tonnerre ; les vents séditieux, ayant rompu leurs chaînes et forcé leurs cachots profonds, mugissoient encore dans les vastes plaines de l'air ; des torrens tomboient des montagnes dans tous les vallons. Celui dont l'œil plein de rayons anime toute la nature, voyoit de toutes parts, en se levant, le reste d'un cruel orage. Mais, ce qui l'émut davantage, il vit un jeune nourrisson des Muses qui lui étoit fort cher, et à qui la tempête avoit dérobé le sommeil lorsqu'il commençoit déjà à étendre ses sombres ailes sur ses paupières. Il fut sur le point de ramener ses chevaux en arrière, et de retarder le jour, pour rendre le repos à celui qui l'avoit perdu. Je veux, dit-il, qu'il dorme : le sommeil rafraîchira son sang, apaisera sa bile, lui donnera la santé et la force dont il aura besoin pour imiter les travaux d'Hercule, lui inspirera je ne sais quelle douceur tendre qui pourroit seule lui manquer. Pourvu qu'il dorme, qu'il rie, qu'il adoucisse son tempérament, qu'il aime les jeux de la société, qu'il prenne plaisir à aimer les hommes et à se faire aimer d'eux, toutes les grâces de l'esprit et du corps viendront en foule pour l'orner.

XXIII.

ARISTÉE ET VIRGILE.

Virgile, étant descendu aux enfers, entra dans ces campagnes fortunées où les héros et les hommes inspirés des dieux passent une vie bienheureuse sur des gazons toujours émaillés de fleurs et entrecoupés de mille ruisseaux. D'abord le berger Aristée, qui étoit là au nombre des demi-dieux, s'avança vers lui, ayant appris son nom. Que j'ai de joie, lui dit-il, de voir un si grand poète! Vos vers coulent plus doucement que la rosée sur l'herbe tendre ; ils ont une harmonie si douce qu'ils attendrissent le cœur, et qu'ils tirent les larmes des yeux. Vous en avez fait, pour moi et pour mes abeilles, dont Homère même pourroit être jaloux. Je vous dois, autant qu'au Soleil et à Cyrène, la gloire dont je jouis. Il n'y a pas encore long-temps que je les récitai, ces vers si tendres et si gracieux, à Linus, à Hésiode et à Homère. Après les avoir entendus, ils allèrent tous trois boire de l'eau du fleuve Léthé pour les oublier; tant ils étoient affligés de repasser dans leur mémoire des vers si dignes d'eux, qu'ils n'avoient pas faits. Vous savez que la nation des poètes est jalouse. Venez donc parmi eux prendre votre place. Elle sera bien mauvaise, cette place, répondit Virgile; puisqu'ils sont si jaloux. J'aurai de mauvaises heures à passer dans leur compagnie; je vois bien que vos abeilles n'étoient pas plus faciles à irriter que ce chœur des poètes. Il est vrai, reprit Aristée; ils bourdonnent comme les abeilles; comme elles, ils ont un aiguillon perçant pour piquer tout ce qui enflamme leur colère. J'aurai encore, dit Virgile, un autre grand homme à ménager ici ; c'est le divin Orphée. Comment vivez-vous ensemble ? Assez mal, répondit Aristée. Il est encore jaloux de sa femme, comme les trois autres de la gloire des vers;

mais pour vous, il vous recevra bien, car vous l'avez traité honorablement, et vous avez parlé beaucoup plus sagement qu'Ovide de sa querelle avec les femmes de Thrace qui le massacrèrent. Mais ne tardons pas davantage ; entrons dans ce petit bois sacré, arrosé de tant de fontaines plus claires que le cristal : vous verrez que toute la troupe sacrée se lèvera pour vous faire honneur. N'entendez-vous pas déjà la lyre d'Orphée? Ecoutez Linus qui chante le combat des dieux contre les géans. Homère se prépare à chanter Achille, qui venge la mort de Patrocle par celle d'Hector. Mais Hésiode est celui que vous avez le plus à craindre ; car de l'humeur dont il est, il sera bien fâché que vous ayez osé traiter avec tant d'élégance toutes les choses rustiques qui ont été son partage. A peine Aristée eut achevé ces mots, qu'ils arrivèrent dans cet ombrage frais, où règne un éternel enthousiasme qui possède ces hommes divins. Tous se levèrent ; on fit asseoir Virgile, on le pria de chanter ses vers. Il les chanta d'abord avec modestie, et puis avec transport. Les plus jaloux sentirent malgré eux une douceur qui les ravissoit. La lyre d'Orphée, qui avoit enchanté les rochers et les bois, échappa de ses mains, et des larmes amères coulèrent de ses yeux. Homère oublia pour un moment la magnificence rapide de l'Iliade, et la variété agréable de l'Odyssée. Linus crut que ces beaux vers avoient été faits par son père Apollon ; il étoit immobile, saisi, et suspendu par un si doux chant. Hésiode, tout ému, ne pouvoit résister à ce charme. Enfin, revenant un peu à lui, il prononça ces paroles pleines de jalousie et d'indignation : O Virgile, tu as fait des vers plus durables que l'airain et que le bronze ! Mais je te prédis qu'un jour on verra un enfant qui les traduira en sa langue, et qui partagera avec toi la gloire d'avoir chanté les abeilles.

XXIV.

LE ROSSIGNOL ET LA FAUVETTE.

Sur les bords toujours verts du fleuve Alphée, il y a un bocage sacré, où trois Naïades répandent à grand bruit leurs eaux claires, et arrosent les fleurs naissantes : les Grâces y vont souvent se baigner. Les arbres de ce bocage ne sont jamais agités par les vents, qui les respectent ; ils sont seulement caressés par le souffle des doux zéphirs. Les Nymphes et les Faunes y font la nuit des danses au son de la flûte de Pan. Le soleil ne sauroit percer de ses rayons l'ombre épaisse que forment les rameaux entrelacés de ce bocage. Le silence, l'obscurité et la délicieuse fraîcheur y règnent le jour comme la nuit. Sous ce feuillage, on entend Philomèle qui chante d'une voix plaintive et mélodieuse ses anciens malheurs dont elle n'est pas encore consolée. Une jeune fauvette, au contraire, y chante ses plaisirs, et elle annonce le printemps à tous les bergers d'alentour. Philomèle même est jalouse des chansons tendres de sa compagne. Un jour elles aperçurent un jeune berger qu'elles n'avoient point encore vu dans ces bois ; il leur parut gracieux, noble, aimant les Muses et l'harmonie : elles crurent que c'étoit Apollon, tel qu'il fut autrefois chez le roi Admète, ou du moins quelque jeune héros du sang de ce dieu. Les deux oiseaux, inspirés par les Muses, commencèrent aussitôt à chanter ainsi :

« Quel est donc ce berger, ou ce dieu in-
» connu qui vient orner ce bocage ? Il est sen-
» sible à nos chansons ; il aime la poésie : elle
» adoucira son cœur, et le rendra aussi aimable
» qu'il est fier. »

Alors Philomèle continua seule :

« Que ce jeune héros croisse en vertu,
» comme une fleur que le printemps fait éclore !
» qu'il aime les doux jeux de l'esprit ! que les
» grâces soient sur ses lèvres ! que la sagesse
» de Minerve règne dans son cœur ! »

La fauvette lui répondit :

» Qu'il égale Orphée par les charmes de sa
» voix, et Hercule par ses hauts faits ! qu'il
» porte dans son cœur l'audace d'Achille, sans
» en avoir la férocité ! Qu'il soit bon, qu'il soit
» sage, bienfaisant, tendre pour les hommes,
» et aimé d'eux ! Que les Muses fassent naître
» en lui toutes les vertus ! »

Puis les deux oiseaux inspirés reprirent ensemble :

« Il aime nos douces chansons ; elles en-
» trent dans son cœur, comme la rosée tombe
» sur nos gazons brûlés par le soleil. Que les
» dieux le modèrent, et le rendent toujours for-
» tuné ! qu'il tienne en sa main la corne d'a-
» bondance ! que l'âge d'or revienne par lui !
» que la sagesse se répande de son cœur sur
» tous les mortels ! et que les fleurs naissent
» sous ses pas ! »

Pendant qu'elles chantèrent, les zéphirs retinrent leurs haleines ; toutes les fleurs du bocage s'épanouirent ; les ruisseaux formés par es trois fontaines suspendirent leur cours; les Satyres et les Faunes, pour mieux écouter, dressoient leurs oreilles aiguës; Echo redisoit ces belles paroles à tous les rochers d'alentour; et toutes les Dryades sortirent du sein des arbres verts pour admirer celui que Philomèle et sa compagne venoient de chanter.

XXV.

LE DÉPART DE LYCON.

Quand la Renommée, par le son éclatant de sa trompette, eut annoncé aux divinités rustiques et aux bergers de Cynthe le départ de Lycon, tous ces bois si sombres retentirent de plaintes amères. Echo les répétoit tristement à tous les vallons d'alentour. On n'entendoit plus le doux son de la flûte ni celui du hautbois. Les bergers mêmes, dans leur douleur, brisoient leurs chalumeaux. Tout languissoit : la tendre verdure des arbres commençoit à s'effacer; le ciel, jusqu'alors si serein, se chargeoit de noires tempêtes; les cruels aquilons faisoient déjà frémir les bocages comme en hiver. Les divinités même les plus champêtres ne furent pas insensibles à cette perte : les Dryades sortoient des troncs creux des vieux chênes pour regretter Lycon. Il se fit une assemblée de ces tristes divinités autour d'un grand arbre qui élevoit ses branches vers les cieux, et qui couvroit de son ombre épaisse la terre sa mère depuis plusieurs siècles. Hélas! autour de ce vieux tronc noueux et d'une grosseur prodigieuse, les Nymphes de ce bois accoutumées à faire leurs danses et leurs jeux folâtres, vinrent raconter leur malheur. C'en est fait, disoient-elles, nous ne reverrons plus Lycon; il nous quitte; la fortune ennemie nous l'enlève : il va être l'ornement et les délices d'un autre bocage plus heureux que le nôtre. Non, il n'est plus permis d'espérer d'entendre sa voix, ni de le voir tirant de l'arc, et perçant de ses flèches les rapides oiseaux. Pan lui-même accourut, ayant oublié sa flûte; les Faunes et les Satyres suspendirent leurs danses. Les oiseaux mêmes ne chantoient plus : on n'entendoit que les cris affreux des hibous et des autres oiseaux de mauvais présage. Philomèle et ses compagnes gardoient un morne silence. Alors Flore et Pomone parurent tout-à-coup, d'un air riant, au milieu du bocage, se tenant par la main : l'une étoit couronnée de fleurs, et en faisoit naître sous ses pas empreints sur le gazon; l'autre portoit, dans une corne d'abondance, tous les fruits que l'automne répand sur la terre pour payer l'homme de ses peines. Consolez-vous, dirent-elles à cette assemblée de dieux consternés : Lycon part, il est vrai; mais il n'abandonne pas cette montagne consacrée à Apollon. Bientôt vous le reverrez ici cultivant lui-même nos jardins fortunés : sa main y plantera les verts arbustes, les plantes qui nourrissent l'homme, et les fleurs qui font ses délices. O aquilons, gardez-vous de flétrir jamais par vos souffles empestés ces jardins où Lycon prendra des plaisirs innocens. Il préférera la simple nature au faste et aux divertissemens désordonnés; il aimera ces lieux; il les abandonne à regret. A ces mots, la tristesse se change en joie; on chante les louanges de Lycon; on dit qu'il sera amateur des jardins, comme Apollon a été berger conduisant les troupeaux d'Admète : mille chansons divines remplissent le bocage; et le nom de Lycon passe de l'antique forêt jusque dans les campagnes les plus reculées. Les bergers le répètent sur leurs chalumeaux; les oiseaux mêmes, dans leurs doux ramages, font entendre je ne sais quoi qui ressemble au nom de Lycon. La terre se pare de fleurs, et s'enrichit de fruits. Les jardins, qui attendent son retour, lui préparent les grâces du printemps et les magnifiques dons de l'automne. Les seuls regards de Lycon, qu'il jette encore de loin sur cette agréable montagne, la fertilisent. Là, après avoir arraché les plantes sauvages et stériles, il cueillera l'olive et le myrte, en attendant que Mars lui fasse cueillir ailleurs des lauriers.

XXVI.

CHASSE DE DIANE.

Il y avoit dans le pays des Celtes, et assez près du fameux séjour des Druides, une sombre forêt dont les chênes, aussi anciens que la terre, avoient vu les eaux du déluge, et conservoient sous leurs épais rameaux une profonde nuit au milieu du jour. Dans cette forêt reculée étoit une belle fontaine plus claire que le cristal, et qui donnoit son nom au lieu où elle couloit. Diane alloit souvent percer de ses traits des cerfs et des daims dans cette forêt pleine de rochers escarpés et sauvages. Après avoir chassé avec ardeur, elle alloit se plonger dans les pures eaux de la fontaine, et la Naïade se glorifioit de faire les délices de la déesse et de toutes les Nymphes. Un jour Diane chassa en ces lieux un sanglier plus grand et plus furieux que celui de Calydon. Son dos étoit armé d'une soie dure, aussi hérissée et aussi horrible que les piques d'un bataillon. Ses yeux étincelans étoient pleins de sang et de feu. Il jetoit d'une gueule béante et enflammée une écume mêlée d'un sang noir. Sa hure monstrueuse ressembloit à la proue recourbée d'un navire. Il étoit sale et couvert de la boue de sa bauge où il s'étoit vautré. Le souffle brûlant de sa gueule agitoit l'air tout autour de lui, et faisoit un bruit effroyable. Il s'élançoit rapidement comme la foudre; il renversoit les moissons dorées, et ravageoit toutes les campagnes voisines; il coupoit les hautes tiges des arbres les plus durs pour aiguiser ses défenses contre leurs troncs. Ses défenses étoient aiguës et tranchantes comme les glaives recourbés des Perses. Les laboureurs épouvantés se réfugioient dans leurs villages. Les bergers, oubliant leurs foibles troupeaux errans dans les pâturages, couroient vers leurs cabanes. Tout étoit consterné; les chasseurs mêmes, avec leurs dards et leurs épieux, n'osoient entrer dans la forêt. Diane seule, ayant pitié de ce pays, s'avance avec son carquois doré et ses flèches. Une troupe de Nymphes la suit, et elle les surpasse de toute la tête. Elle est dans sa course plus légère que les zéphirs, et plus prompte que les éclairs. Elle atteint le monstre furieux, le perce d'une de ses flèches au-dessous de l'oreille, à l'endroit où l'épaule commence. Le voilà qui se roule dans les flots de son sang : il pousse des cris dont toute la forêt retentit, et montre en vain ses défenses prêtes à déchirer ses ennemis. Les Nymphes en frémissent. Diane seule s'avance, met le pied sur sa tête, et enfonce son dard; puis se voyant rougie du sang de ce sanglier, qui avoit rejailli sur elle, elle se baigne dans la fontaine, et se retire charmée d'avoir délivré les campagnes de ce monstre.

XXVII.

LES ABEILLES ET LES VERS A SOIE.

Un jour les abeilles montèrent jusque dans l'Olympe au pied du trône de Jupiter, pour le prier d'avoir égard au soin qu'elles avoient pris de son enfance, quand elles le nourrirent de leur miel sur le mont Ida. Jupiter voulut leur accorder les premiers honneurs entre tous les petits animaux. Mais Minerve, qui préside aux arts, lui représenta qu'il y avoit une autre espèce qui disputoit aux abeilles la gloire des inventions utiles. Jupiter voulut en savoir le nom. Ce sont les vers à soie, répondit-elle. Aussitôt le père des dieux ordonna à Mercure de faire venir sur les ailes des doux zéphirs des députés de ce petit peuple, afin qu'on pût entendre les raisons des deux partis. L'abeille ambassadrice de sa nation représenta la douceur du miel qui est le nectar des hommes, son utilité, l'artifice avec lequel il est composé; puis elle vanta la sagesse des lois qui policent la république volante des abeilles. Nulle autre espèce d'animaux, disoit l'orateur, n'a cette gloire; et c'est une récompense d'avoir nourri dans un antre le père des dieux. De plus, nous avons en partage la valeur guerrière, quand notre roi anime nos troupes dans les combats. Comment est-ce que ces vers, insectes vils et méprisables, oseroient nous disputer le premier rang? Ils ne savent que ramper, pendant que nous prenons un noble essor, et que de nos ailes dorées nous montons jusque vers les astres. Le harangueur des vers à soie répondit : Nous ne sommes que de petits vers, et nous n'avons ni ce grand courage pour la guerre, ni ces sages lois; mais chacun de nous montre les merveilles de la nature, et se consume dans un travail utile. Sans lois, nous vivons en paix, et on ne voit jamais de guerres civiles chez nous, pendant que les abeilles s'entretuent à chaque changement de roi. Nous avons la vertu de Protée pour changer de forme. Tantôt nous sommes de petits vers composés d'onze petits anneaux entrelacés avec la variété des plus vives couleurs qu'on admire dans les fleurs d'un parterre. Ensuite nous filons de quoi vêtir les hommes les plus magnifiques jusque sur le trône, et de quoi orner les temples des dieux. Cette parure si belle et si durable vaut bien du miel, qui se corrompt bientôt. Enfin, nous nous transformons en fève, mais en fève qui sent, qui se meut, et qui montre toujours de la vie. Après ces prodiges, nous devenons tout-à-coup des papillons avec l'éclat des plus riches couleurs. C'est alors que nous ne cédons plus aux abeilles pour nous élever d'un vol hardi jusque vers l'Olympe. Jugez maintenant, ô père des dieux. Jupiter, embarrassé pour la décision, déclara enfin que les abeilles tiendroient le premier rang, à cause des droits qu'elles avoient acquis depuis les anciens temps. Quel moyen, dit-il, de les dégrader? je leur ai trop d'obligation; mais je crois que les hommes doivent encore plus aux vers à soie.

XXVIII.

L'ASSEMBLÉE DES ANIMAUX POUR CHOISIR UN ROI.

Le lion étant mort, tous les animaux accoururent dans son antre, pour consoler la lionne sa veuve, qui faisoit retentir de ses cris les montagnes et les forêts. Après lui avoir fait leurs complimens, ils commencèrent l'élection d'un roi : la couronne du défunt étoit au milieu de l'assemblée. Le lionceau étoit trop jeune et trop foible pour obtenir la royauté sur tant de fiers animaux. Laissez-moi croître, disoit-il ; je saurai bien régner et me faire craindre à mon tour. En attendant, je veux étudier l'histoire des belles actions de mon père, pour égaler un jour sa gloire. Pour moi, dit le léopard, je prétends être couronné ; car je ressemble plus au lion que tous les autres prétendans. Et moi, dit l'ours, je soutiens qu'on m'avoit fait une injustice, quand on me préféra le lion : je suis fort, courageux, carnassier, tout autant que lui ; et j'ai un avantage singulier, qui est de grimper sur les arbres. Je vous laisse à juger, messieurs, dit l'éléphant, si quelqu'un peut me disputer la gloire d'être le plus grand, le plus fort et le plus brave de tous les animaux. Je suis le plus noble et le plus beau, dit le cheval. Et moi, le plus fin, dit le renard. Et moi, le plus léger à la course, dit le cerf. Où trouverez-vous, dit le singe, un roi plus agréable et plus ingénieux que moi ? Je divertirai chaque jour mes sujets. Je ressemble même à l'homme, qui est le véritable roi de toute la nature. Le perroquet alors harangua ainsi : Puisque tu te vantes de ressembler à l'homme, je puis m'en vanter aussi. Tu ne lui ressembles que par ton laid visage et par quelques grimaces ridicules : pour moi, je lui ressemble par la voix, qui est la marque de la raison et le plus bel ornement de l'homme. Tais-toi, maudit causeur, lui répondit le singe : tu parles, mais non pas comme l'homme ; tu dis toujours la même chose, sans entendre ce que tu dis. L'assemblée se moqua de ces deux mauvais copistes de l'homme, et on donna la couronne à l'éléphant, parce qu'il a la force et la sagesse, sans avoir ni la cruauté des bêtes furieuses, ni la sotte vanité de tant d'autres qui veulent toujours paroître ce qu'elles ne sont pas.

XXIX.

LES DEUX LIONCEAUX.

Deux lionceaux avoient été nourris ensemble dans la même forêt ; ils étoient de même âge, de même taille, de mêmes forces. L'un fut pris dans de grands filets à une chasse du grand Mogol : l'autre demeura dans des montagnes escarpées. Celui qu'on avoit pris fut mené à la Cour, où il vivoit dans les délices : on lui donnoit chaque jour une gazelle à manger ; il n'avoit qu'à dormir dans une loge où on avoit soin de le faire coucher mollement. Un eunuque blanc avoit soin de peigner deux fois le jour sa longue crinière dorée. Comme il étoit apprivoisé, le Roi même le caressoit souvent. Il étoit gras, poli, de bonne mine, et magnifique, car il portoit un collier d'or, et on lui mettoit aux oreilles des pendans garnis de perles et de diamans : il méprisoit tous les autres lions qui étoient dans des loges voisines, moins belles que la sienne, et qui n'étoient pas en faveur comme lui. Ces prospérités lui enflèrent le cœur ; il crut être un grand personnage, puisqu'on le traitoit si honorablement. La Cour où il brilloit lui donna le goût de l'ambition ; il s'imaginoit qu'il auroit été un héros, s'il eût habité les forêts. Un jour, comme on ne l'attachoit plus à sa chaîne, il s'enfuit du palais, et retourna dans le pays où il avoit été nourri. Alors le roi de toute la nation lionne venoit de mourir, et on avoit assemblé les Etats pour lui choisir un successeur. Parmi beaucoup de prétendans, il y en avoit un qui effaçoit tous les autres par sa fierté et par son audace ; c'étoit cet autre lionceau, qui n'avoit point quitté les déserts, pendant que son compagnon avoit fait fortune à la Cour. Le solitaire avoit souvent aiguisé son courage par une cruelle faim, il étoit accoutumé à ne se nourrir qu'au travers des plus grands périls et par des carnages ; il déchiroit et troupeaux et bergers. Il étoit maigre, hérissé, hideux : le feu et le sang sortoient de ses yeux ; il étoit léger, nerveux, accoutumé à grimper, à s'élancer, intrépide, contre les épieux et les dards. Les deux anciens compagnons demandèrent le combat, pour décider qui régneroit. Mais une vieille lionne, sage et expérimentée, dont toute la république respectoit les conseils, fut d'avis de mettre d'abord sur le trône celui qui avoit étudié la politique à la Cour. Bien des gens murmuroient, disant qu'elle vouloit qu'on préférât un personnage vain et voluptueux à un guerrier qui avoit appris, dans la fatigue et dans les périls, à soutenir les grandes affaires. Cependant l'autorité de la vieille lionne prévalut : on mit sur le trône le lion de Cour. D'abord il s'amollit dans les plaisirs; il n'aima que le faste; il usoit de souplesse et de ruse, pour cacher sa cruauté et sa tyrannie. Bientôt il fut haï, méprisé, détesté. Alors la vieille lionne dit : Il est temps de le détrôner. Je savois bien qu'il étoit indigne d'être roi : mais je voulois que vous en eussiez un gâté par la mollesse et par la politique, pour vous mieux faire sentir ensuite le prix d'un autre qui a mérité la royauté par sa patience et par sa valeur. C'est maintenant qu'il faut les faire combattre l'un contre l'autre. Aussitôt on les mit dans un champ clos, où les deux champions servirent de spectacle à l'assemblée. Mais le spectacle ne fut pas long : le lion amolli trembloit, et n'osoit se présenter à l'autre : il fuit honteusement, et se cache; l'autre le poursuit, et lui insulte. Tous s'écrièrent : Il faut l'égorger et le mettre en pièces. Non, non, répondit-il; quand on a un ennemi si lâche, il y auroit de la lâcheté à le craindre. Je veux qu'il vive; il ne mérite pas de mourir. Je saurai bien régner sans m'embarrasser de le tenir soumis. En effet, le vigoureux lion régna avec sagesse et autorité. L'autre fut très-content de lui faire bassement sa cour, d'obtenir de lui quelques morceaux de chair, et de passer sa vie dans une oisiveté honteuse.

XXX.

LES ABEILLES.

Un jeune prince, au retour des zéphyrs, lorsque toute la nature se ranime, se promenoit dans un jardin délicieux; il entendit un grand bruit, et aperçut une ruche d'abeilles. Il s'approche de ce spectacle, qui étoit nouveau pour lui; il vit avec étonnement l'ordre, le soin et le travail de cette petite république. Les cellules commençoient à se former, et à prendre une figure régulière. Une partie des abeilles les remplissoient de leur doux nectar . les autres apportoient des fleurs qu'elles avoient choisies entre toutes les richesses du printemps. L'oisiveté et la paresse étoient bannies de ce petit Etat : tout y étoit en mouvement, mais sans confusion et sans trouble. Les plus considérables d'entre les abeilles conduisoient les autres, qui obéissoient sans murmure et sans jalousie contre celles qui étoient au-dessus d'elles. Pendant que le jeune prince admiroit cet objet qu'il ne connoissoit pas encore, une abeille, que toutes les autres reconnoissoient pour leur reine, s'approcha de lui, et lui dit : La vue de nos ouvrages et de notre conduite vous réjouit; mais elle doit encore plus vous instruire. Nous ne souffrons point chez nous le désordre ni la licence; on n'est considérable parmi nous que par son travail, et par les talens qui peuvent être utiles à notre république. Le mérite est la seule voie qui élève aux premières places. Nous ne nous occupons nuit et jour qu'à des choses dont les hommes retirent toute l'utilité. Puissiez-vous être un jour comme nous, et mettre dans le genre humain l'ordre que vous admirez chez nous! Vous travaillerez par là à son bonheur et au vôtre; vous remplirez la tâche que le destin vous a imposée : car vous ne serez au-dessus des autres que pour les protéger, que pour écarter les maux qui les menacent, que pour leur procurer tous les biens qu'ils ont droit d'attendre d'un gouvernement vigilant et paternel.

XXXI.

LE NIL ET LE GANGE.

Un jour deux fleuves, jaloux l'un de l'autre, se présentèrent à Neptune pour disputer le premier rang. Le dieu étoit sur un trône d'or, au milieu d'une grotte profonde. La voûte étoit de pierres ponces, mêlées de rocailles et de conques marines. Les eaux immenses venoient de tous côtés, et se suspendoient en voûte au-dessus de la tête du dieu. Là paroissoient le vieux Nérée, ridé et courbé comme Saturne; le grand Océan, père de tant de Nymphes; Téthys pleine de charmes; Amphitrite avec le petit Palémon; Ino et Mélicerte, la foule des jeunes Néréides couronnées de fleurs. Protée même y étoit accouru avec ses troupeaux marins, qui, de leurs vastes narines ouvertes, avaloient l'onde amère pour la revomir comme des fleuves rapides qui tombent des rochers escarpés. Toutes les petites fontaines transparentes, les ruisseaux bondissans et écumeux, les fleuves qui arrosent la terre, les mers qui l'environnent, venoient apporter le tribut de leurs eaux dans le sein immobile du souverain père des ondes. Les deux fleuves, dont l'un est le Nil et l'autre le Gange, s'avancent. Le Nil tenoit dans sa main une palme, et le Gange ce roseau indien dont la moelle rend un suc si doux que l'on nomme sucre. Ils étoient couronnés de jonc. La vieillesse des deux étoit également majestueuse et vénérable. Leurs corps nerveux étoient d'une vigueur et d'une noblesse au-dessus de l'homme. Leur barbe, d'un vert bleuâtre, flottoit jusqu'à leur ceinture. Leurs yeux étoient vifs et étincelans, malgré un séjour si humide. Leurs sourcils épais et mouillés tomboient sur leurs paupières. Ils traversent la foule des monstres marins ; les troupeaux de Tritons folâtres sonnoient de la trompette avec leurs conques recourbées ; les Dauphins s'élevoient au-dessus de l'onde qu'ils faisoient bouillonner par les mouvemens de leurs queues, et ensuite se replongeoient dans l'eau avec un bruit effroyable, comme si les abîmes se fussent ouverts.

Le Nil parla le premier ainsi : O grand fils de Saturne, qui tenez le vaste empire des eaux, compatissez à ma douleur ; on m'enlève injustement la gloire dont je jouis depuis tant de siècles : un nouveau fleuve, qui ne coule qu'en des pays barbares, ose me disputer le premier rang. Avez-vous oublié que la terre d'Egypte, fertilisée par mes eaux, fut l'asile des dieux quand les géans voulurent escalader l'Olympe ? C'est moi qui donne à cette terre son prix : c'est moi qui fais l'Egypte si délicieuse et si puissante. Mon cours est immense : je viens de ces climats brûlans dont les mortels n'osent approcher ; et quand Phaéton sur le char du Soleil embrasoit les terres, pour l'empêcher de faire tarir mes eaux, je cachai si bien ma tête superbe, qu'on n'a point encore pu, depuis ce temps-là, découvrir où est ma source et mon origine. Au lieu que les débordemens déréglés des autres fleuves ravagent les campagnes, le mien, toujours régulier, répand l'abondance dans ces heureuses terres d'Egypte, qui sont plutôt un beau jardin qu'une campagne. Mes eaux dociles se partagent en autant de canaux qu'il plaît aux habitans pour arroser leurs terres et pour faciliter leur commerce. Tous mes bords sont pleins de villes, et on en compte jusques à vingt mille dans la seule Egypte. Vous savez que mes catadoupes ou cataractes font une chute merveilleuse de toutes mes eaux de certains rochers en bas, au-dessus des plaines d'Egypte. On dit même que le bruit de mes eaux, dans cette chute, rend sourds tous les habitans du pays. Sept bouches différentes apportent mes eaux dans votre empire ; et le Delta qu'elles forment est la demeure du plus sage, du plus savant, du mieux policé et du plus ancien peuple de l'univers ; il compte beaucoup de milliers d'années dans son histoire, et dans la tradition de ses prêtres. J'ai donc pour moi la longueur de mon cours, l'ancienneté de mes peuples, les merveilles des dieux accomplies sur mes rivages, la fertilité des terres par mes inondations, la singularité de mon origine inconnue. Mais pourquoi raconter tous mes avantages contre un adversaire qui en a si peu ? Il sort des terres sauvages et glacées de Scythes, se jette dans une mer qui n'a aucun commerce qu'avec des barbares ; ces pays ne sont célèbres que pour avoir été subjugués par Bacchus, suivi d'une troupe de femmes ivres et échevelées, dansant avec des thyrses en main. Il n'a sur ses bords ni peuples polis et savans, ni villes magnifiques, ni monumens de la bienveillance des dieux : c'est un nouveau venu qui se vante sans preuve. O puissant dieu, qui commandez aux vagues et aux tempêtes, confondez sa témérité.

C'est la vôtre qu'il faut confondre, répliqua alors le Gange. Vous êtes, il est vrai, plus anciennement connu ; mais vous n'existiez pas avant moi. Comme vous je descends de hautes montagnes, je parcours de vastes pays, je reçois le tribut de beaucoup de rivières, je me rends par plusieurs bouches dans le sein des mers, et je fertilise les plaines que j'inonde. Si je voulois, à votre exemple, donner dans le merveilleux, je dirois, avec les Indiens, que je descends du ciel, et que mes eaux bienfaisantes ne sont pas moins salutaires à l'ame qu'au corps. Mais ce n'est pas devant le dieu des fleuves et des mers qu'il faut se prévaloir de ces prétentions chimériques. Créé cependant quand le monde sortit du chaos, plusieurs écrivains me font naître dans le jardin de délices qui fut le séjour du premier homme. Mais ce qu'il y a de certain, c'est que j'arrose encore plus de royaumes que vous ; c'est que je parcours des terres aussi riantes et aussi fécondes ; c'est que je roule cette poudre d'or si recherchée, et peut-être si funeste au bonheur des hommes ; c'est qu'on trouve sur mes bords des perles, des diamans, et tout ce qui sert à l'ornement des temples et des mortels ; c'est qu'on voit sur mes rives des édifices superbes, et qu'on y célèbre de longues et magnifiques fêtes. Les Indiens, comme les Egyptiens, ont aussi leurs antiquités, leurs métamorphoses, leurs fables ; mais ce qu'ils ont plus qu'eux, ce sont d'illustres gymnosophistes, des philosophes éclairés. Qui de vos prêtres si renommés pourriez-vous comparer au fameux Pilpay? Il a enseigné aux princes les principes de la morale et l'art de gouverner avec justice et bonté. Ses apologues ingénieux ont rendu son nom immortel; on les lit, mais on n'en profite guère dans les états que j'enrichis : et ce qui fait notre honte à tous les deux, c'est que nous ne voyons sur nos bords que des princes malheureux, parce qu'ils n'aiment que les plaisirs et une autorité sans bornes; c'est que nous ne voyons dans les plus belles contrées du monde que des peuples misérables, parce qu'ils sont presque tous esclaves, presque tous victimes des volontés arbitraires et de la cupidité insatiable des maîtres qui les gouvernent ou plutôt qui les écrasent. A quoi me servent donc et l'antiquité de mon origine, et l'abondance de mes eaux, et tout le spectacle des merveilles que j'offre au navigateur? Je ne veux ni les honneurs ni la gloire de la préférence, tant que je ne contribuerai pas plus au bonheur de la multitude, tant que je ne servirai qu'à entretenir la mollesse ou l'avidité de quelques tyrans fastueux et inappliqués. Il n'y a rien de grand, rien d'estimable, que ce qui est utile au genre humain.

Neptune et l'assemblée des dieux marins applaudirent au discours du Gange, louèrent sa tendre compassion pour l'humanité vexée et souffrante. Ils lui firent espérer que, d'une autre partie du monde, il se transporteroit dans l'Inde des nations policées et humaines, qui pourroient éclairer les princes sur leur vrai bonheur, et leur faire comprendre qu'il consiste principalement, comme il le croyoit avec tant de vérité, à rendre heureux tous ceux qui dépendent d'eux, et à les gouverner avec sagesse et modération.

XXXII.

PRIÈRE INDISCRÈTE DE NÉLÉE, PETIT-FILS DE NESTOR.

Entre tous les mortels qui avoient été aimés des dieux, nul ne leur avoit été plus cher que Nestor; ils avoient versé sur lui leurs dons les plus précieux, la sagesse, la profonde connoissance des hommes, une éloquence douce et insinuante. Tous les Grecs l'écoutoient avec admiration; et, dans une extrême vieillesse, il avoit un pouvoir absolu sur les cœurs et sur les esprits. Les dieux, avant la fin de ses jours, voulurent lui accorder encore une faveur, qui fut de voir naître un fils de Pisistrate. Quand il vint au monde, Nestor le prit sur ses genoux; et levant les yeux au ciel : O Pallas! dit-il, vous avez comblé la mesure de vos bienfaits; je n'ai plus rien à souhaiter sur la terre, sinon que vous remplissiez de votre esprit l'enfant que vous m'avez fait voir. Vous ajouterez, j'en suis sûr, puissante déesse, cette faveur à toutes celles que j'ai reçues de vous. Je ne demande point de voir le temps où mes vœux seront exaucés, la terre m'a porté trop long-temps; coupez, fille de Jupiter, le fil de mes jours. Ayant prononcé ces mots, un doux sommeil se répand sur ses yeux, il fut uni avec celui de la mort; et, sans effort, sans douleur, son ame quitta son corps glacé et presque anéanti par trois âges d'homme qu'il avoit vécu.

Ce petit-fils de Nestor s'appeloit Nélée. Nestor, à qui la mémoire de son père avoit toujours été chère, voulut qu'il portât son nom. Quand Nélée fut sorti de l'enfance, il alla faire un sacrifice à Minerve dans un bois proche de la ville de Pylos, qui étoit consacré à cette déesse. Après que les victimes couronnées de fleurs eurent été égorgées, pendant que ceux qui l'avoient accompagné s'occupoient aux cérémonies qui suivoient l'immolation, que les uns coupoient du bois, que les autres faisoient sortir le feu des veines de cailloux, qu'on écorchoit les victimes et qu'on les coupoit en plusieurs morceaux, tous étant éloignés de l'autel, Nélée étoit demeuré auprès. Tout d'un coup il entendit la terre trembler, du creux des arbres sortoient d'affreux mugissemens, l'autel paroissoit en feu, et sur le haut des flammes parut une femme d'un air si majestueux et si vénérable, que Nélée en fût ébloui. Sa figure étoit au-dessus de la forme humaine, ses regards étoient plus perçans que les éclairs; sa beauté n'avoit rien de mou ni d'efféminé : elle étoit pleine de grâce, et marquoit de la force et de la vigueur. Nélée, ressentant l'impression de la divinité, se prosterne à terre : tous ses membres se trouvent agités par un violent tremblement, son sang se glace dans ses veines, sa langue s'attache à son palais et ne peut plus proférer aucune parole; il demeure interdit, immobile et presque sans vie. Alors Pallas lui rend la force, qui l'avoit abandonné. Ne craignez rien, lui dit cette déesse; je suis descendue du haut de l'Olympe pour vous témoigner le même amour que j'ai fait ressentir à votre aïeul Nestor : je mets votre bonheur dans vos mains, j'exaucerai tous vos vœux ; mais pensez attentivement à ce que vous me devez demander. Alors Nélée, revenu de son étonnement, et charmé par la douceur des paroles de la déesse, sentit au dedans de lui la même assurance que s'il n'eût été que devant une personne mortelle. Il étoit à l'entrée de la jeunesse : dans cet âge où les plaisirs qu'on commence à ressentir occupent et entraînent l'ame toute entière, on n'a point encore connu l'amertume, suite inséparable des plaisirs ; on n'a point encore été instruit par l'expérience. O déesse! s'écria-t-il, si je puis toujours goûter la douceur de la volupté, tous mes souhaits seront accomplis. L'air de la déesse étoit auparavant gai et ouvert; à ces mots elle en prit un froid et sérieux : Tu ne comptes, lui dit-elle, que ce qui flatte les sens : hé bien, tu va être rassasié des plaisirs que ton cœur désire, La déesse aussitôt disparut. Nélée quitte l'autel et reprend le chemin de Pylos. Il voit sous ses pas naître et éclore des fleurs d'une odeur si délicieuse, que les hommes n'avoient jamais ressenti un si précieux parfum. Le pays s'embellit, et prend une forme qui charme les yeux de Nélée. La beauté des Grâces, compagnes de Vénus, se répand sur toutes les femmes qui paroissent devant lui. Tout ce qu'il boit devient nectar, tout ce qu'il mange devient ambroisie : son ame se trouve noyée dans un océan de plaisirs. La volupté s'empare du cœur de Nélée, il ne vit plus que pour elle : il n'est plus occupé que d'un seul soin, qui est que les divertissemens se succèdent toujours les uns aux autres, et qu'il n'y ait pas un seul moment où ses sens ne soient agréablement charmés. Plus il goûte les plaisirs, plus il les souhaite ardemment. Son esprit s'amollit et perd toute sa vigueur ; les affaires lui deviennent un poids d'une pesanteur horrible ; tout ce qui est sérieux lui donne un chagrin mortel. Il éloigne de ses yeux les sages conseillers qui avoient été formés par Nestor, et qui étoient regardés comme le plus précieux héritage que ce prince eût laissé à son petit-fils. La raison, les remontrances utiles deviennent l'objet de son aversion la plus vive, et il frémit si quelqu'un ouvre la bouche devant lui pour lui donner un sage conseil. Il fait bâtir un magnifique palais où on ne voit luire que l'or, l'argent et le marbre, où tout est prodigué pour contenter les yeux et appeler le plaisir. Le fruit de tant de soins pour se satisfaire, c'est l'ennui, l'inquiétude. A peine a-t-il ce qu'il souhaite, qu'il s'en dégoûte : il faut qu'il change souvent de demeure, qu'il coure sans cesse de palais en palais, qu'il abatte et qu'il réédifie. Le beau, l'agréable, ne le touchent plus; il lui faut du singulier, du bizarre, de l'extraordinaire : tout ce qui est naturel et simple lui paroît insipide, et il tombe dans un tel engourdissement, qu'il ne vit plus, qu'il ne sent plus que par secousse, par soubresaut. Pylos sa capitale change de face. On y aimoit le travail, on y honoroit les dieux ; la bonne foi régnoit dans le commerce, tout y étoit dans l'ordre ; et le peuple même trouvoit dans les occupations utiles qui se succédoient sans l'accabler, l'aisance et la paix. Un luxe effréné prend la place de la décence et des vraies richesses : tout y est prodigué aux vains agrémens, aux commodités recherchées. Les maisons, les jardins, les édifices publics changent de forme; tout y devient singulier; le grand, le majestueux, qui sont toujours simples, ont disparu. Mais ce qui est encore plus fâcheux, les habitans, à l'exemple de Nélée, n'aiment, n'estiment, ne recherchent que la volupté : on la poursuit aux dépens de l'innocence et de la vertu ; on s'agite, on se tourmente pour saisir une ombre vaine et fugitive de bonheur, et l'on en perd le repos et la tranquillité ; personne n'est content, parce qu'on veut l'être trop, parce qu'on ne sait rien souffrir ni rien entendre. L'agriculture et les autres arts utiles sont devenus presque avilissans : ce sont ceux que la mollesse a inventés qui sont en honneur, qui mènent à la richesse, et auxquels on prodigue les encouragemens. Les trésors que Nestor et Pisistrate avoient amassés sont bientôt dissipés; les revenus de l'Etat deviennent la proie de l'étourderie et de la cupidité. Le peuple murmure, les grands se plaignent, les sages seuls gardent quelque temps le silence ; ils parlent enfin, et leur voix respectueuse se fait entendre à Nélée. Ses yeux s'ouvrent, son cœur s'attendrit. Il a encore recours à Minerve : il se plaint à la déesse de sa facilité à exaucer ses vœux téméraires; il la conjure de retirer ses dons perfides; il lui demande la sagesse et la justice. Que j'étois aveugle! s'écria-t-il : mais je connois mon erreur, je déteste la faute que j'ai faite, je veux la réparer, et chercher dans l'application à mes devoirs, dans le soin de soulager mon peuple, et dans l'innocence et la pureté des mœurs, le repos et le bonheur que j'ai vainement cherchés dans les plaisirs des sens.

———

XXXIII.

HISTOIRE D'ALIBÉE, PERSAN.

Schah-Abbas, roi de Perse, faisant un voyage, s'écarta de toute sa Cour, pour passer dans la campagne sans y être connu, et pour y voir les peuples dans toute leur liberté naturelle. Il prit seulement avec lui un de ses courtisans. Je ne connois point, lui dit le Roi, les véritables mœurs des hommes : tout ce qui nous aborde est déguisé ; c'est l'art, et non pas la nature simple, qui se montre à nous. Je veux étudier la vie rustique, et voir ce genre d'hommes qu'on méprise tant, quoiqu'ils soient le vrai soutien de toute la société humaine. Je suis las de voir des courtisans qui m'observent pour me surprendre en me flattant : il faut que j'aille voir des laboureurs et des bergers qui ne me connoissent pas. Il passa avec son confident, au milieu de plusieurs villages où l'on faisoit des danses ; et il étoit ravi de trouver loin des Cours des plaisirs tranquilles et sans dépense. Il fit un repas dans une cabane ; et comme il avoit grand faim, après avoir marché plus qu'à l'ordinaire, les alimens grossiers qu'il y prit lui parurent plus agréables que tous les mets exquis de sa table. En passant dans une prairie semée de fleurs, qui bordoit un clair ruisseau, il aperçut un jeune homme berger qui jouoit de la flûte, à l'ombre d'un grand ormeau, auprès de ses moutons paissans. Il l'aborde, il l'examine ; il lui trouve une physionomie agréable, un air simple et ingénu, mais noble et gracieux. Les haillons dont le berger étoit couvert ne diminuoient point l'éclat de sa beauté. Le Roi crut d'abord que c'étoit quelque personne de naissance illustre qui s'étoit déguisée : mais il apprit du berger que son père et sa mère étoient dans un village voisin, et que son nom étoit Alibée. A mesure que le Roi le questionnoit, il admiroit en lui un esprit ferme et raisonnable. Ses yeux étoient vifs, et n'avoient rien d'ardent ni de farouche ; sa voix étoit douce, insinuante et propre à toucher ; son visage n'avoit rien de grossier ; mais ce n'étoit pas une beauté molle et efféminée. Le berger, d'environ seize ans, ne savoit point qu'il fût tel qu'il paroissoit aux autres : il croyoit penser, parler, être fait comme tous les autres bergers de son village ; mais, sans éducation, il avoit appris tout ce que la raison fait apprendre à ceux qui l'é-

coutent. Le Roi, l'ayant entretenu familièrement, en fut charmé : il sut de lui sur l'état des peuples tout ce que les rois n'apprennent jamais d'une foule de flatteurs qui les environnent. De temps en temps il rioit de la naïveté de cet enfant qui ne ménageoit rien dans ses réponses. C'étoit une grande nouveauté pour le Roi, que d'entendre parler si naturellement : il fit signe au courtisan qui l'accompagnoit de ne point découvrir qu'il étoit le Roi ; car il craignoit qu'Alibée ne perdît en un moment toute sa liberté et toutes ses grâces, s'il venoit à savoir devant qui il parloit. Je vois bien, disoit le prince au courtisan, que la nature n'est pas moins belle dans les plus basses conditions que dans les plus hautes. Jamais enfant de roi n'a paru mieux né que celui-ci, qui garde les moutons. Je me trouverois trop heureux d'avoir un fils aussi beau, aussi sensé, aussi aimable. Il me paroît propre à tout ; et, si on a soin de l'instruire, ce sera assurément un jour un grand homme : je veux le faire élever auprès de moi. Le Roi emmena Alibée, qui fut bien surpris d'apprendre à qui il s'étoit rendu agréable. On lui fit apprendre à lire, à écrire, à chanter, et ensuite on lui donna des maîtres pour les arts et pour les sciences qui ornent l'esprit. D'abord il fut un peu ébloui de la Cour ; et son grand changement de fortune changea un peu son cœur. Son âge et sa faveur jointes ensemble altérèrent un peu sa sagesse et sa modération. Au lieu de sa houlette, de sa flûte et de son habit de berger, il prit une robe de pourpre, brodée d'or, avec un turban couvert de pierreries. Sa beauté effaça tout ce que la Cour avoit de plus agréable. Il se rendit capable des affaires les plus sérieuses, et mérita la confiance de son maître, qui, connoissant le goût exquis d'Alibée pour toutes les magnificences d'un palais, lui donna enfin une charge très-considérable en Perse, qui est celle de garder tout ce que le prince a de pierreries et de meubles précieux.

Pendant toute la vie du grand Schah-Abbas, la faveur d'Alibée ne fit que croître. A mesure qu'il s'avança dans un âge plus mûr, il se ressouvint enfin de son ancienne condition, et souvent il la regrettoit. O beaux jours, disoit-il en lui-même, jours innocens, jours où j'ai goûté une joie pure et sans péril, jours depuis lesquels je n'en ai vu aucun de si doux, ne vous reverrai-je jamais ? Celui qui m'a privé de vous, en me donnant tant de richesses, m'a tout ôté. Il voulut aller revoir son village ; il s'attendrit dans tous les lieux où il avoit autrefois dansé, chanté, joué de la flûte avec ses compagnons. Il fit quelque bien à tous ses parens et à tous ses amis; mais il leur souhaita pour principal bonheur de ne quitter jamais la vie champêtre, et de n'éprouver jamais les malheurs de la Cour.

Il les éprouva ces malheurs. Après la mort de son bon maître Schah-Abbas, son fils Schah-Sephi succéda à ce prince. Des courtisans envieux et pleins d'artifice trouvèrent moyen de le prévenir contre Alibée. Il a abusé, disoient-ils, de la confiance du feu Roi; il a amassé des trésors immenses, et a détourné plusieurs choses d'un très-grand prix, dont il étoit dépositaire. Schah-Sephi étoit tout ensemble jeune et prince; il n'en falloit pas tant pour être crédule, inappliqué et sans précaution. Il eut la vanité de vouloir paroître réformer ce que le Roi son père avoit fait, et juger mieux que lui. Pour avoir un prétexte de déposséder Alibée de sa charge, il lui demanda, selon le conseil de ces courtisans envieux, de lui apporter un cimeterre garni de diamans d'un prix immense, que le Roi son grand-père avoit accoutumé de porter dans les combats. Schah-Abbas avoit fait autrefois ôter de ce cimeterre tous ces beaux diamans; et Alibée prouva par de bons témoins que la chose avoit été faite par l'ordre du feu Roi, avant que la charge eût été donnée à Alibée. Quand les ennemis d'Alibée virent qu'ils ne pouvaient plus se servir de ce prétexte pour le perdre, ils conseillèrent à Schah-Sephi de lui commander de faire, dans quinze jours, un inventaire exact de tous les meubles précieux dont il étoit chargé. Au bout des quinze jours, il demanda à voir lui-même toutes choses. Alibée lui ouvrit toutes les portes, et lui montra tout ce qu'il avoit en garde. Rien n'y manquoit; tout étoit propre, bien rangé et conservé avec grand soin. Le Roi, bien mécompté de trouver partout tant d'ordre et d'exactitude, étoit presque revenu en faveur d'Alibée, lorsqu'il aperçut au bout d'une grande galerie, pleine de meubles très-somptueux, une porte de fer qui avoit trois grandes serrures. C'est là, lui dirent les courtisans jaloux, qu'Alibée a caché toutes les choses précieuses qu'il vous a dérobées. Aussitôt le Roi en colère s'écria : Je veux voir ce qui est au-delà de cette porte. Qu'y avez-vous mis? montrez-le-moi. A ces mots Alibée se jeta à ses genoux, le conjurant, au nom de Dieu, de ne lui ôter pas ce qu'il avoit de plus précieux sur la terre. Il n'est pas juste, disoit-il, que je perde en un moment ce qui me reste, et qui fait ma ressource, après avoir travaillé tant d'années auprès du Roi votre père. Otez-moi, si vous voulez, tout le reste; mais laissez-moi ceci. Le Roi ne douta point que ce ne fût un trésor mal acquis, qu'Alibée avoit amassé. Il prit un ton plus haut, et voulut absolument qu'on ouvrît cette porte. Enfin Alibée, qui en avoit les clefs, l'ouvrit lui-même. On ne trouva en ce lieu que la houlette, la flûte, et l'habit de berger qu'Alibée avoit porté autrefois, et qu'il revoyoit souvent avec joie, de peur d'oublier sa première condition. Voilà, dit-il, ô grand Roi, les précieux restes de mon ancien bonheur : ni la fortune ni votre puissance n'ont pu me les ôter. Voilà mon trésor, que je garde pour m'enrichir quand vous m'aurez fait pauvre. Reprenez tout le reste; laissez-moi ces chers gages de mon premier état. Les voilà mes vrais biens, qui ne me manqueront jamais. Les voilà ces biens simples, innocens, toujours doux à ceux qui savent se contenter du nécessaire, et ne se tourmenter point pour le superflu. Les voilà ces biens dont la liberté et la sûreté sont les fruits. Les voilà ces biens qui ne m'ont jamais donné un moment d'embarras. O chers instrumens d'une vie simple et heureuse! je n'aime que vous; c'est avec vous que je veux vivre et mourir. Pourquoi faut-il que d'autres biens trompeurs soient venus me tromper, et troubler le repos de ma vie? Je vous les rends, grand Roi, toutes ces richesses qui me viennent de votre libéralité : je ne garde que ce que j'avois quand le Roi votre père vint, par ses grâces, me rendre malheureux.

Le Roi, entendant ces paroles, comprit l'innocence d'Alibée; et, étant indigné contre les courtisans qui l'avoient voulu perdre, il les chassa d'auprès de lui. Alibée devint son principal officier, et fut chargé des affaires les plus secrètes : mais il revoyoit tous les jours sa houlette, sa flûte et son ancien habit, qu'il tenoit toujours prêts dans son trésor, pour les reprendre, dès que la fortune inconstante troubleroit sa faveur. Il mourut dans une extrême vieillesse, sans avoir jamais voulu ni faire punir ses ennemis, ni amasser aucun bien, et ne laissant à ses parens que de quoi vivre dans la condition de bergers, qu'il crut toujours la plus sûre et la plus heureuse.

XXXIV.

LE BERGER CLÉOBULE ET LA NYMPHE PHIDILE.

Un berger rêveur menoit son troupeau sur les rives fleuries du fleuve Achéloüs. Les Faunes et les Satyres, cachés dans les bocages voisins, dansoient sur l'herbe au doux son de sa flûte. Les Naïades, cachées dans les ondes du fleuve, levèrent leurs têtes au-dessus des roseaux pour écouter ses chansons. Achéloüs lui-même, appuyé sur son urne penchée, montra son front, où il ne restoit plus qu'une corne depuis son combat avec le grand Hercule ; et cette mélodie suspendit pour un peu de temps les peines de ce dieu vaincu. Le berger étoit peu touché de voir ces Naïades qui l'admiroient : il ne pensoit qu'à la bergère Phidile, simple, naïve, sans aucune parure, à qui la fortune ne donna jamais d'éclat emprunté, et que les Grâces seules avoient ornée et embellie de leurs propres mains. Elle sortoit de son village, ne songeant qu'à faire paître ses moutons. Elle seule ignoroit sa beauté. Toutes les autres bergères en étoient jalouses. Le berger l'aimoit, et n'osoit le lui dire. Ce qu'il aimoit le plus en elle, c'étoit cette vertu simple et sévère qui écartoit les amans, et qui fait le vrai charme de la beauté. Mais la passion ingénieuse fait trouver l'art de représenter ce qu'on n'oseroit dire ouvertement : il finit donc toutes ses chansons les plus agréables, pour en commencer une qui pût toucher le cœur de cette bergère. Il savoit qu'elle aimoit la vertu des héros qui ont acquis de la gloire dans les combats : il chanta sous un nom supposé ses propres aventures ; car, en ce temps, les héros mêmes étoient bergers, et ne méprisoient point la houlette. Il chanta donc ainsi :

Quand Polynice alla assiéger la ville de Thèbes pour renverser du trône son frère Etéocle, tous les rois de la Grèce parurent sous les armes, et poussoient leurs chariots contre les assiégés. Adraste, beau-père de Polynice, abattoit les troupes de soldats et les capitaines, comme un moissonneur, de sa faux tranchante, coupe les moissons. D'un autre côté, le divin Amphiaraüs, qui avoit prévu son malheur, s'avançoit dans la mêlée, et fut tout-à-coup englouti par la terre, qui ouvrit ses abîmes pour le précipiter dans les sombres rives du Styx. En tombant, il déploroit son infortune, d'avoir eu une femme infidèle. Assez près de là, on voyoit les deux frères fils d'Œdipe qui s'attaquoient avec fureur : comme un léopard et un tigre qui s'entre-déchirent dans les rochers du Caucase, ils se rouloient tous deux dans le sable, chacun paroissant altéré du sang de son frère. Pendant cet horrible spectacle, Cléobule, qui avoit suivi Polynice, combattit contre un vaillant Thébain que le dieu Mars rendoit presque invincible. La flèche du Thébain, conduite par le dieu, auroit percé le cou de Cléobule, qui se détourna promptement. Aussitôt Cléobule lui enfonça son dard jusqu'au fond des entrailles. Le sang du Thébain ruisselle, ses yeux s'éteignent, sa bonne mine et sa fierté le quittent, la mort efface ses beaux traits. Sa jeune épouse, du haut d'une tour, le vit mourant, et eut le cœur percé d'une douleur inconsolable. Dans son malheur je le trouve heureux d'avoir été aimé et plaint : je mourrois comme lui avec plaisir, pourvu que je pusse être aimé de même. A quoi servent la valeur et la gloire des plus fameux combats ; à quoi servent la jeunesse et la beauté, quand on ne peut ni plaire, ni toucher ce qu'on aime ?

La bergère, qui avoit prêté l'oreille à une si tendre chanson, comprit que ce berger étoit Cléobule, vainqueur du Thébain. Elle devint sensible à la gloire qu'il avoit acquise, aux grâces qui brilloient en lui, et aux maux qu'il souffroit pour elle. Elle lui donna sa main et sa foi. Un heureux hymen les joignit : bientôt leur bonheur fut envié des bergers d'alentour et des divinités champêtres. Ils égalèrent par leur union, par leur vie innocente, par leurs plaisirs rustiques, jusque dans une extrême vieillesse, la douce destinée de Philémon et de Baucis.

XXXV.

LES AVENTURES DE MÉLÉSICHTHON.

Mélésichthon, né à Mégare, d'une race illustre parmi les Grecs, ne songea dans sa jeunesse qu'à imiter dans la guerre les exemples de ses ancêtres : il signala sa valeur et ses talens dans plusieurs expéditions ; et comme toutes ses inclinations étoient magnifiques, il y fit une dépense éclatante qui le ruina bientôt. Il fut contraint de se retirer dans une maison de campagne, sur le bord de la mer, où il vivoit dans une profonde solitude avec sa femme Proxinoé.

Elle avoit de l'esprit, du courage, de la fierté. Sa beauté et sa naissance l'avoient fait rechercher par des partis beaucoup plus riches que Mélésichthon; mais elle l'avoit préféré à tous les autres, pour son seul mérite. Ces deux personnes, qui, par leur vertu et leur amitié, s'étoient rendues naturellement heureuses pendant plusieurs années, commencèrent alors à se rendre mutuellement malheureuses, par la compassion qu'elles avoient l'une pour l'autre. Mélésichthon auroit supporté plus facilement ses malheurs, s'il eût pu les souffrir tout seul, et sans une personne qui lui étoit si chère. Proxinoé sentoit qu'elle augmentoit les peines de Mélésichthon. Ils cherchoient à se consoler par deux enfans qui sembloient avoir été formés par les Grâces; le fils se nommoit Mélibée, et la fille Poéménis. Mélibée, dans un âge tendre, commençoit déjà à montrer de la force, de l'adresse et du courage: il surmontoit à la lutte, à la course et aux autres exercices, les enfans de son voisinage. Il s'enfonçoit dans les forêts, et ses flèches ne portoient pas des coups moins assurés que celles d'Apollon; il suivoit encore plus ce dieu dans les sciences et dans les beaux arts, que dans les exercices du corps. Mélésichthon, dans sa solitude, lui enseignoit tout ce qui peut cultiver et orner l'esprit, tout ce qui peut faire aimer la vertu, et régler les mœurs. Mélibée avoit un air simple, doux et ingénu, mais noble, ferme et hardi. Son père jetoit les yeux sur lui, et ses yeux se noyoient de larmes. Poéménis étoit instruite par sa mère dans tous les beaux arts que Minerve a donnés aux hommes: elle ajoutoit aux ouvrages les plus exquis les charmes d'une voix qu'elle joignoit avec une lyre plus touchante que celle d'Orphée. A la voir, on eût cru que c'étoit la jeune Diane sortie de l'île flottante où elle naquit. Ses cheveux blonds étoient noués négligemment derrière sa tête; quelques-uns échappés flottoient sur son cou au gré des vents. Elle n'avoit qu'une robe légère, avec une ceinture qui la relevoit un peu pour être plus en état d'agir. Sans parure, elle effaçoit tout ce qu'on peut voir de plus beau, et elle ne le savoit pas: elle n'avoit même jamais songé à se regarder sur le bord des fontaines; elle ne voyoit que sa famille, et ne songeoit qu'à travailler. Mais le père, accablé d'ennuis, et ne voyant plus aucune ressource dans ses affaires, ne cherchoit que la solitude. Sa femme et ses enfans faisoient son supplice. Il alloit souvent sur le rivage de la mer, au pied d'un grand rocher plein d'antres sauvages: là, il déploroit ses malheurs; puis il entroit dans une profonde vallée, qu'un bois épais déroboit aux rayons du soleil au milieu du jour. Il s'asseyoit sur le gazon qui bordoit une claire fontaine, et toutes les plus tristes pensées revenoient en foule dans son cœur. Le doux sommeil étoit loin de ses yeux: il ne parloit plus qu'en gémissant; la vieillesse venoit avant le temps flétrir et rider son visage: il oublioit même tous les besoins de la vie, et succomboit à sa douleur.

Un jour, comme il étoit dans cette vallée si profonde, il s'endormit de lassitude et d'épuisement: alors il vit en songe la déesse Cérès, couronnée d'épis dorés, qui se présenta à lui avec un visage doux et majestueux. Pourquoi, lui dit-elle en l'appelant par son nom, vous laissez-vous abattre aux rigueurs de la fortune? Hélas! répondit-il, mes amis m'ont abandonné; je n'ai plus de bien: il ne me reste que des procès et des créanciers: ma naissance fait le comble de mon malheur, et je ne puis me résoudre à travailler comme un esclave pour gagner ma vie.

Alors Cérès lui répondit: La noblesse consiste-t-elle dans les biens? Ne consiste-t-elle pas plutôt à imiter la vertu de ses ancêtres? Il n'y a de nobles que ceux qui sont justes. Vivez de peu; gagnez ce peu par votre travail; ne soyez à charge à personne: vous serez le plus noble de tous les hommes. Le genre humain se rend lui-même misérable par sa mollesse et par sa fausse gloire. Si les choses nécessaires vous manquent, pourquoi voulez-vous les devoir à d'autres qu'à vous-même? Manquez-vous de courage pour vous les donner par une vie laborieuse?

Elle dit: et aussitôt elle lui présenta une charrue d'or avec une corne d'abondance. Alors Bacchus parut couronné de lierre, et tenant un thyrse dans sa main: il étoit suivi de Pan, qui jouoit de la flûte, et qui faisoit danser les Faunes et les Satyres. Pomone se montra chargée de fruits, et Flore ornée des fleurs les plus vives et les plus odoriférantes. Toutes les divinités champêtres jetèrent un regard favorable sur Mélésichthon.

Il s'éveilla, comprenant la force et le sens de ce songe divin; il se sentit consolé, et plein de goût pour tous les travaux de la vie champêtre. Il parle de ce songe à Proxinoé, qui entra dans tous ses sentimens. Le lendemain ils congédièrent leurs domestiques inutiles; on ne vit plus chez eux de gens dont leur emploi fût le service de leurs personnes. Ils n'eurent plus ni char ni conducteur. Proxinoé avec Poéménis filoient en menant paître leurs moutons; ensuite elles faisoient leurs toiles et leurs étoffes ; puis elles tailloient et cousoient elles-mêmes leurs habits et ceux du reste de la famille. Au lieu des ouvrages de soie, d'or et d'argent, qu'elles avoient accoutumé de faire avec l'art exquis de Minerve, elles n'exerçoient plus leurs doigts qu'au fuseau ou à d'autres travaux semblables. Elles préparoient de leurs propres mains les légumes qu'elles cueilloient dans leur jardin pour nourrir toute la maison. Le lait de leur troupeau, qu'elles alloient traire, achevoit de mettre l'abondance. On n'achetoit rien ; tout était préparé promptement et sans peine. Tout étoit bon, simple, naturel, assaisonné par l'appétit inséparable de la sobriété et du travail.

Dans une vie si champêtre, tout étoit chez eux net et propre. Toutes les tapisseries étoient vendues ; mais les murailles de la maison étoient blanches, et on ne voyoit nulle part rien de sale ni de dérangé ; les meubles n'étoient jamais couverts de poussière ; les lits étoient d'étoffes grossières, mais propres. La cuisine même avoit une propreté qui n'est point dans les grandes maisons ; tout y étoit bien rangé et luisant. Pour régaler la famille dans les jours de fête, Proxinoé faisoit des gateaux excellens. Elle avoit des abeilles, dont le miel étoit plus doux que celui qui couloit du tronc des chênes creux pendant l'âge d'or. Les vaches venoient d'elles-mêmes offrir des ruisseaux de lait. Cette femme laborieuse avoit dans son jardin toutes les plantes qui peuvent aider à nourrir l'homme en chaque saison, et elle étoit toujours la première à avoir les fruits et les légumes de chaque temps : elle avoit même beaucoup de fleurs, dont elle vendoit une partie, après avoir employé l'autre à orner sa maison. La fille secondoit sa mère, et ne goûtoit d'autre plaisir que celui de chanter en travaillant, ou en conduisant ses moutons dans les pâturages. Nul autre troupeau n'égaloit le sien : la contagion et les loups mêmes n'osoient en approcher. A mesure qu'elle chantoit, ses tendres agneaux dansoient sur l'herbe, et tous les échos d'alentour sembloient prendre plaisir à répéter ses chansons.

Mélésichthon labouroit lui-même son champ; lui-même il conduisoit sa charrue, semoit et moissonnoit : il trouvoit les travaux de l'agriculture moins durs, plus innocens et plus utiles que ceux de la guerre. A peine avoit-il fauché l'herbe tendre de ses prairies, qu'il se hâtoit d'enlever les dons de Cérès, qui le payoient au centuple du grain semé. Bientôt Bacchus faisoit couler pour lui un nectar digne de la table des dieux. Minerve lui donnoit aussi le fruit de son arbre, qui est si utile à l'homme. L'hiver étoit la saison du repos, où toute la famille assemblée goûtoit une joie innocente, et remercioit les dieux d'être si désabusée des faux plaisirs. Ils ne mangeoient de viande que dans les sacrifices, et leurs troupeaux n'étoient destinés qu'aux autels.

Mélibée ne montroit presque aucune des passions de la jeunesse : il conduisoit les grands troupeaux ; il coupoit de grands chênes dans les forêts ; il creusoit de petits canaux pour arroser les prairies; il étoit infatigable pour soulager son père. Ses plaisirs, quand le travail n'étoit pas de saison, étoient la chasse, les courses avec les jeunes gens de son âge, et la lecture, dont son père lui avoit donné le goût.

Bientôt Mélésichton, en s'accoutumant à une vie si simple, se vit plus riche qu'il ne l'avoit été auparavant. Il n'avoit chez lui que les choses nécessaires à la vie ; mais il les avoit toutes en abondance. Il n'avoit presque pas de société que dans sa famille. Ils s'aimoient tous ; ils se rendoient mutuellement heureux : ils vivoient loin des palais des rois, et des plaisirs qu'on achète si cher ; les leurs étoient doux, innocens, simples, faciles à trouver, et sans aucune suite dangereuse. Mélibée et Poéménis furent ainsi élevés dans le goût des travaux champêtres. Ils ne se souvinrent de leur naissance, que pour avoir plus de courage en supportant la pauvreté. L'abondance revenue dans toute cette maison n'y ramena point le faste : la famille entière fut toujours simple et laborieuse. Tout le monde disoit à Mélésichton : Les richesses rentrent chez vous ; il est temps de reprendre votre ancien éclat. Alors il répondoit ces paroles : A qui voulez-vous que je m'attache, ou au faste qui m'avoit perdu, ou à une vie simple et laborieuse qui m'a rendu riche et heureux? Enfin se trouvant un jour dans ce bois sombre où Cérès l'avoit instruit par un songe si utile, il s'y reposa sur l'herbe avec autant de joie qu'il y avoit eu d'amertume dans le temps passé. Il s'endormit ; et la déesse, se montrant à lui comme dans son premier songe, lui dit ces paroles : La vraie noblesse consiste à ne recevoir rien de personne, et à faire du bien aux autres. Ne recevez donc rien que du sein fécond de la terre et de votre propre travail. Gardez-vous bien de quitter jamais, par mollesse ou par fausse gloire, ce qui est la source naturelle et inépuisable de tous les biens.

XXXVI.

LES AVENTURES D'ARISTONOÜS.

Sophronyme, ayant perdu les biens de ses ancêtres par des naufrages et par d'autres malheurs, s'en consoloit par sa vertu dans l'île de Délos. Là, il chantoit sur une lyre d'or les merveilles du dieu qu'on y adore : il cultivoit les Muses, dont il étoit aimé : il recherchoit curieusement tous les secrets de la nature, le cours des astres et des cieux, l'ordre des élémens, la structure de l'univers, qu'il mesuroit de son compas, la vertu des plantes, la conformation des animaux : mais surtout il s'étudioit lui-même et s'appliquoit à orner son ame par la vertu. Ainsi la fortune, en voulant l'abattre, l'avoit élevé à la véritable gloire, qui est celle de la sagesse.

Pendant qu'il vivoit heureux sans biens dans cette retraite, il aperçut un jour sur le rivage de la mer un vieillard vénérable qui lui étoit inconnu ; c'étoit un étranger qui venoit d'aborder dans l'île. Ce vieillard admiroit les bords de la mer, dans laquelle il savoit que cette île avoit été autrefois flottante ; il considéroit cette côte, où s'élevoient, au-dessus des sables et des rochers, de petites collines toujours couvertes d'un gazon naissant et fleuri ; il ne pouvoit assez regarder les fontaines pures et les ruisseaux rapides qui arrosoient cette délicieuse campagne ; il s'avançoit vers les bocages sacrés qui environnent le temple du dieu ; il étoit étonné de voir cette verdure que les aquilons n'osent jamais ternir, et il considéroit déjà le temple, d'un marbre de Paros plus blanc que la neige, environné de hautes colonnes de jaspe. Sophronyme n'étoit pas moins attentif à considérer ce vieillard : sa barbe blanche tomboit sur sa poitrine ; son visage ridé n'avoit rien de difforme : il étoit encore exempt des injures d'une vieillesse caduque ; ses yeux montroient une douce vivacité ; sa taille étoit haute et majestueuse, mais un peu courbée, et un bâton d'ivoire le soutenoit. O étranger, lui dit Sophronyme, que cherchez-vous dans cette île, qui paroît vous être inconnue? Si c'est le temple du dieu, vous le voyez de loin, et je m'offre de vous y conduire ; car je crains les dieux, et j'ai appris ce que Jupiter veut qu'on fasse pour secourir les étrangers.

J'accepte, répondit le vieillard, l'offre que vous me faites avec tant de marques de bonté ; je prie les dieux de récompenser votre amour pour les étrangers. Allons vers le temple. Dans le chemin il raconta à Sophronyme le sujet de son voyage : Je m'appelle, dit-il, Aristonoüs, natif de Clazomène, ville d'Ionie, située sur cette côte agréable qui s'avance dans la mer, et semble s'aller joindre à l'île de Chio, fortunée patrie d'Homère. Je naquis de parens pauvres, quoique nobles. Mon père, nommé Polystrate, qui étoit déjà chargé d'une nombreuse famille, ne voulut point m'élever ; il me fit exposer par un de ses amis de Téos. Une vieille femme d'Erythre, qui avoit du bien auprès du lieu où l'on m'exposa, me nourrit de lait de chèvre dans sa maison : mais comme elle avoit à peine de quoi vivre, dès que je fus en âge de servir, elle me vendit à un marchand d'esclaves qui me mena dans la Lycie. Il me vendit, à Patare, à un homme riche et vertueux, nommé Alcine ; cet Alcine eut soin de moi dans ma jeunesse. Je lui parus docile, modéré, sincère, affectionné et appliqué à toutes les choses honnêtes dont on voulut m'instruire ; il me dévoua aux arts qu'Apollon favorise ; il me fit apprendre la musique, les exercices du corps, et surtout l'art de guérir les plaies des hommes. J'acquis bientôt une assez grande réputation dans cet art, qui est si nécessaire ; et Apollon, qui m'inspira, me découvrit des secrets merveilleux. Alcine, qui m'aimoit de plus en plus, et qui étoit ravi de voir le succès de ses soins pour moi, m'affranchit et m'envoya à Damoclès, roi de Lycaonie, qui, vivant dans les délices, aimoit la vie et craignoit de la perdre. Ce roi, pour me retenir, me donna de grandes richesses. Quelques années après, Damoclès mourut. Son fils, irrité contre moi par des flatteurs, servit à me dégoûter de toutes les choses qui ont de l'éclat. Je sentis enfin un violent désir de revoir la Lycie, où j'avois passé si doucement mon enfance *. J'espérois y retrouver

---

* Au lieu de ce qui est dit ici de Damoclès, on lit dans toutes les éditions antérieures à celle de 1718 l'épisode suivant, que nous avons cru devoir conserver en note. Fénelon le supprima, vraisemblablement parce qu'il le trouvoit trop long, eu égard au plan de la pièce entière.

Alcine, qui m'aimoit de plus en plus, et qui étoit ravi de voir le succès de ses soins pour moi, m'affranchit, et m'envoya à Polycrate, tyran de Samos, qui dans son incroyable félicité craignoit toujours que la fortune, après l'avoir si long-temps flatté, ne le trahît cruellement. Il aimoit la vie, qui étoit pour lui pleine de délices ; il craignoit de la perdre, et vouloit prévenir les moindres apparences de

Alcine qui m'avoit nourri, et qui étoit le premier auteur de toute ma fortune. En arrivant dans ce pays, j'appris qu'Alcine étoit mort après avoir perdu ses biens, et souffert avec maux : ainsi il étoit toujours environné des hommes les plus célèbres dans la médecine.

Polycrate fut ravi que je voulusse passer ma vie auprès de lui. Pour m'y attacher, il me donna de grandes richesses, et me combla d'honneurs. Je demeurai long-temps à Samos, où je ne pouvois assez m'étonner de voir un homme que la fortune sembloit prendre plaisir à servir selon tous ses désirs. Il suffisoit qu'il entreprît une guerre, la victoire suivoit près ; il n'avoit qu'à vouloir les choses les plus difficiles, elles se faisoient d'abord comme d'elles-mêmes. Ses richesses immenses se multiplioient tous les jours; tous ses ennemis étoient abattus à ses pieds; sa santé, loin de diminuer, devenoit plus forte et plus égale. Il y avoit déjà quarante ans que ce tyran tranquille et heureux tenoit la fortune comme enchaînée, sans qu'elle osât jamais se démentir en rien, ni lui causer le moindre mécompte dans tous ses desseins. Une prospérité si inouïe parmi les hommes me faisoit peur pour lui. Je l'aimois sincèrement, et je ne pus m'empêcher de lui découvrir ma crainte : elle fit impression dans son cœur ; car, encore qu'il fût amolli par les délices et enorgueilli de sa puissance, il ne laissoit pas d'avoir quelques sentiments d'humanité, quand on le faisoit ressouvenir des dieux et de l'inconstance des choses humaines. Il souffrit que je lui disse la vérité, et il fut si touché de ma crainte pour lui, qu'enfin il résolut d'interrompre le cours de ses prospérités, par une perte qu'il vouloit se préparer lui-même. Je vois bien, me dit-il, qu'il n'y a point d'homme qui ne doive en sa vie éprouver quelque disgrâce de la fortune: plus on a été épargné d'elle, plus on a à craindre quelque révolution affreuse; moi qu'elle a comblé de biens pendant tant d'années, je dois en attendre des maux extrêmes, si je ne détourne ce qui semble me menacer. Je veux donc me hâter de prévenir les trahisons de cette fortune flatteuse. En disant ces paroles, il tira de son doigt son anneau, qui étoit d'un très-grand prix, et qu'il aimoit fort : il le jeta en ma présence du haut d'une tour dans la mer, et espéra, par cette perte, d'avoir satisfait à la nécessité de subir, du moins une fois en sa vie, les rigueurs de la fortune. Mais c'étoit un aveuglement causé par sa prospérité. Les maux qu'on choisit, et qu'on se fait soi-même, ne sont plus des maux; nous ne sommes affligés que par les peines forcées et imprévues dont les dieux nous frappent. Polycrate ne savoit pas que le vrai moyen de prévenir la fortune, étoit de se détacher par sagesse et par modération de tous les biens fragiles qu'elle donne. La fortune, à laquelle il voulut sacrifier son anneau, n'accepta point ce sacrifice; et Polycrate, malgré lui, parut plus heureux que jamais. Un poisson avoit avalé l'anneau ; le poisson avoit été pris, porté chez Polycrate, préparé pour être servi à sa table ; et l'anneau, trouvé par un cuisinier dans le ventre du poisson, fut rendu au tyran, qui pâlit à la vue d'une fortune si opiniâtre à le favoriser.

Mais le temps s'approchoit où ses prospérités se devoient changer tout-à-coup en des adversités affreuses. Le grand roi de Perse, Darius fils d'Hystaspe, entreprit la guerre contre les Grecs. Il subjugua bientôt toutes les colonies grecques de la côte d'Asie, et des îles voisines, qui sont dans la mer Egée. Samos fut prise, le tyran fut vaincu, et Orante, qui commandoit pour le grand Roi, ayant fait dresser une haute croix, y fit attacher le tyran. Ainsi cet homme, qui avoit joui d'une si haute prospérité, et qui n'avoit pu même éprouver le malheur qu'il avoit cherché, périt tout-à-coup par le plus cruel et le plus infâme de tous les supplices. Ainsi rien ne menace tant les hommes de quelque grand malheur, qu'une trop grande prospérité.

Cette fortune, qui se joue cruellement des hommes les plus élevés, tire aussi de la poussière ceux qui étoient les plus malheureux. Elle avoit précipité Polycrate du haut de sa roue, et elle m'avoit fait sortir de la plus misérable de toutes les conditions, pour me donner de grands biens. Les Perses ne me les ôtèrent point ; au contraire, ils firent grand cas de ma science pour guérir les hommes, et de la modération avec laquelle j'avois vécu pendant que j'étois en faveur auprès du tyran. Ceux qui avoient abusé de sa confiance et de son autorité furent punis de divers supplices. Comme je n'avois jamais fait de mal à personne, et que j'avois au contraire fait tout le bien que j'avois pu faire, je demeurai le seul que les victorieux épargnèrent, et qu'ils traitèrent honorablement. Chacun s'en réjouit, car j'étois aimé, et j'avois joui de la prospérité sans envie, parce que je n'avois jamais montré ni dureté, ni orgueil, ni avidité, ni injustice. Je passai encore à Samos quelques années assez tranquillement, mais je sentis enfin un violent désir de revoir la Lycie, où j'avois passé si doucement mon enfance.

beaucoup de constance les malheurs de sa vieillesse. J'allai répandre des fleurs et des larmes sur ses cendres; je mis une inscription honorable sur son tombeau, et je demandai ce qu'étoient devenus ses enfans. On me dit que le seul qui étoit resté, nommé Orciloque, ne pouvant se résoudre à paroître sans biens dans sa patrie, où son père avoit eu tant d'éclat, s'étoit embarqué dans un vaisseau étranger pour aller mener une vie obscure dans quelque île écartée de la mer. On m'ajouta que cet Orciloque avoit fait naufrage, peu de temps après, vers l'île de Carpathe, et qu'ainsi il ne restoit plus rien de la famille de mon bienfaiteur Alcine. Aussitôt je songeai à acheter la maison où il avoit demeuré, avec les champs fertiles qu'il possédoit autour. J'étois bien aise de revoir ces lieux, qui me rappeloient le doux souvenir d'un âge si agréable et d'un si bon maître : il me sembloit que j'étois encore dans cette fleur de mes premières années où j'avois servi Alcine. A peine eus-je acheté de ses créanciers les biens de sa succession, que je fus obligé d'aller à Clazomène : mon père Polystrate et ma mère Phydile étoient morts. J'avois plusieurs frères qui vivoient mal ensemble; aussitôt que je fus arrivé à Clazomène, je me présentai à eux avec un habit simple, comme un homme dépourvu de biens, en leur montrant les marques avec lesquelles vous savez qu'on a soin d'exposer les enfans. Ils furent étonnés de voir ainsi augmenter le nombre des héritiers de Polystrate, qui devoient partager sa petite succession; ils voulurent même me contester ma naissance, et ils refusèrent devant les juges de me reconnoître. Alors, pour punir leur inhumanité, je déclarai que je consentois à être comme un étranger pour eux; et je demandai qu'ils fussent aussi exclus pour jamais d'être mes héritiers. Les juges l'ordonnèrent, et alors je montrai les richesses que j'avois apportées dans mon vaisseau; je leur découvris que j'étois cet Aristonoüs qui avoit acquis tant de trésors auprès de Damoclès, roi de Lycaonie, et que je ne m'étois jamais marié.

Mes frères se repentirent de m'avoir traité si injustement; et dans le désir de pouvoir être un jour mes héritiers, ils firent les derniers efforts, mais inutilement, pour s'insinuer dans mon amitié. Leur division fut cause que les biens de notre père furent vendus; je les achetai; et ils eurent la douleur de voir tout le bien de notre père passer dans les mains de celui à qui ils n'avoient pas voulu en donner la moindre partie : ainsi ils tombèrent tous dans une affreuse pauvreté. Mais après qu'ils eurent assez senti leur faute, je voulus leur montrer mon bon naturel; je leur pardonnai, je les reçus dans ma maison, je leur donnai à chacun de quoi gagner du bien dans le commerce de la mer; je les réunis tous; eux et leurs enfans demeurèrent ensemble paisiblement chez moi; je devins le père commun de toutes ces différentes familles. Par leur union et par leur application au travail, ils amassèrent bientôt des richesses considérables. Cependant la vieillesse, comme vous le voyez, est venue frapper à ma porte; elle a blanchi mes cheveux et ridé mon visage; elle m'avertit que je ne jouirai pas long-temps d'une si parfaite prospérité. Avant que de mourir, j'ai voulu voir encore une dernière fois cette terre qui m'est si chère, et qui me touche plus que ma patrie même, cette Lycie où j'ai appris à être bon et sage sous la conduite du vertueux Alcine. En y repassant par mer, j'ai trouvé un marchand d'une des îles Cyclades, qui m'a assuré qu'il restoit encore à Délos un fils d'Orciloque, qui imitoit la sagesse et la vertu de son grand-père Alcine. Aussitôt j'ai quitté la route de Lycie, et je me suis hâté de venir chercher, sous les auspices d'Apollon, dans son île, ce précieux reste d'une famille à qui je dois tout. Il me reste peu de temps à vivre : la Parque, ennemie de ce doux repos que les dieux accordent si rarement aux mortels, se hâtera de trancher mes jours; mais je serai content de mourir, pourvu que mes yeux, avant que de se fermer à la lumière, aient vu le petit-fils de mon maître. Parlez maintenant, ô vous qui habitez avec lui dans cette île, le connoissez-vous? pouvez-vous me dire où je le trouverai? Si vous me le faites voir, puissent les dieux en récompense vous faire voir sur vos genoux les enfans de vos enfans jusqu'à la cinquième génération! puissent les dieux conserver toute votre maison dans la paix et dans l'abondance pour fruit de votre vertu!

Pendant qu'Aristonoüs parloit ainsi, Sophronyme versoit des larmes mêlées de joie et de douleur. Enfin il se jette sans pouvoir parler au cou du vieillard, il l'embrasse, il le serre, et il pousse avec peine ces paroles entre-coupées de soupirs : Je suis, ô mon père, celui que vous cherchez : vous voyez Sophronyme, petit-fils de votre ami Alcine : c'est moi; et je ne puis douter, en vous écoutant, que les dieux ne vous aient envoyé ici pour adoucir mes maux. La reconnoissance, qui sembloit perdue sur la terre, se retrouve en vous seul. J'avois ouï dire, dans mon enfance, qu'un homme célèbre et riche, établi en Lycaonie, avoit été nourri chez mon grand-père : mais comme Orciloque mon père, qui est mort jeune, me laissa au berceau, je n'ai su ces choses que confusément. Je n'ai osé aller en Lycaonie dans l'incertitude, et j'ai mieux aimé demeurer dans cette île, me consolant dans mes malheurs par le mépris des vaines richesses, et par le doux emploi de cultiver les muses dans la maison sacrée d'Apollon. La sagesse, qui accoutume les hommes à se passer de peu et à être tranquilles, m'a tenu lieu jusqu'ici de tous les autres biens.

En achevant ces paroles, Sophronyme, se voyant arrivé au temple, proposa à Aristonoüs d'y faire sa prière et ses offrandes. Ils firent au dieu un sacrifice de deux brebis plus blanches que la neige, et d'un taureau qui avoit un croissant sur le front entre les deux cornes : ensuite ils chantèrent des vers en l'honneur du dieu qui éclaire l'univers, qui règle les saisons, qui préside aux sciences, et qui anime le chœur des neuf Muses. Au sortir du temple, Sophronyme et Aristonoüs passèrent le reste du jour à se raconter leurs aventures. Sophronyme reçut chez lui le vieillard, avec la tendresse et le respect qu'il auroit témoignés à Alcine même, s'il eût été encore vivant. Le lendemain ils partirent ensemble, et firent voile vers la Lycie. Aristonoüs mena Sophronyme dans une fertile campagne sur le bord du fleuve Xanthe, dans les ondes duquel Apollon au retour de la chasse, couvert de poussière, a tant de fois plongé son corps et lavé ses beaux cheveux blonds. Ils trouvèrent, le long de ce fleuve, des peupliers et des saules dont la verdure tendre et naissante cachoit les nids d'un nombre infini d'oiseaux qui chantoient nuit et jour. Le fleuve, tombant d'un rocher avec beaucoup de bruit et d'écume, brisoit ses flots dans un canal plein de petits cailloux : toute la plaine étoit couverte de moissons dorées ; les collines, qui s'élevoient en amphithéâtre, étoient chargées de ceps de vignes et d'arbres fruitiers. Là toute la nature étoit riante et gracieuse ; le ciel étoit doux et serein, et la terre toujours prête à tirer de son sein de nouvelles richesses pour payer les peines du laboureur. En s'avançant le long du fleuve, Sophronyme aperçut une maison simple et médiocre, mais d'une architecture agréable, avec de justes proportions. Il n'y trouva ni marbre, ni or, ni argent, ni ivoire, ni meubles de pourpre : tout y est propre, et plein d'agrément et de commodité, sans magnificence. Une fontaine couloit au milieu de la cour, et formoit un petit canal le long d'un tapis vert. Les jardins n'étoient point vastes ; on y voyoit des fruits et des plantes utiles pour nourrir les hommes : aux deux côtés du jardin paroissoient deux bocages, dont les arbres étoient presque aussi anciens que la terre leur mère, et dont les rameaux épais faisoient une ombre impénétrable aux rayons du soleil. Ils entrèrent dans un salon, où ils firent un doux repas des mets que la nature fournissoit dans les jardins, et on n'y voyoit rien de ce que la délicatesse des hommes va chercher si loin et si chèrement dans les villes ; c'étoit du lait aussi doux que celui qu'Apollon avoit le soin de traire pendant qu'il étoit berger chez le roi Admète ; c'étoit du miel plus exquis que celui des abeilles d'Hybla en Sicile, ou du mont Hymette dans l'Attique : il y avoit des légumes du jardin, et des fruits qu'on venoit de cueillir. Un vin plus délicieux que le nectar couloit de grands vases dans des coupes ciselées. Pendant ce repas frugal, mais doux et tranquille, Aristonoüs ne voulut point se mettre à table. D'abord il fit ce qu'il put, sous divers prétextes, pour cacher sa modestie ; mais enfin, comme Sophronyme voulut le presser, il déclara qu'il ne se résoudroit jamais à manger avec le petit-fils d'Alcine, qu'il avoit si long-temps servi dans la même salle. Voilà, lui disoit-il, où ce sage vieillard avoit accoutumé de manger ; voilà où il conversoit avec ses amis ; voilà où il jouoit à divers jeux : voici où il se promenoit en lisant Hésiode et Homère ; voici où il se reposoit la nuit. En rappelant ces circonstances son cœur s'attendrissoit, et les larmes couloient de ses yeux. Après le repas, il mena Sophronyme voir la belle prairie où erroient ses grands troupeaux mugissans sur le bord du fleuve ; puis ils aperçurent les troupeaux de moutons qui revenoient des gras pâturages ; les mères bêlantes et pleines de lait y étoient suivies de leurs petits agneaux bondissans. On voyoit partout les ouvriers empressés, qui animoient le travail pour l'intérêt de leur maître doux et humain, qui se faisoit aimer d'eux, et leur adoucissoit les peines de l'esclavage.

Aristonoüs ayant montré à Sophronyme cette maison, ces esclaves, ces troupeaux, et ces terres devenues si fertiles par une soigneuse culture, lui dit ces paroles : Je suis ravi de vous voir dans l'ancien patrimoine de vos ancêtres ; me voilà content, puisque je vous mets en possession du lieu où j'ai servi si long-temps Alcine. Jouissez en paix de ce qui étoit à lui, vivez heureux, et préparez-vous de loin par votre vigilance une fin plus douce que la sienne. En même temps il lui fait une donation de ce bien, avec toutes les solennités prescrites par les lois ; et il déclare qu'il exclut de sa succession ses héritiers naturels, si jamais ils sont assez ingrats pour contester la donation qu'il a faite au petit-fils d'Alcine son bienfaiteur. Mais ce n'est pas assez pour contenter le cœur d'Aristonoüs. Avant que de donner sa maison, il l'orne toute entière de meubles neufs, simples et modestes à la vérité, mais propres et agréables : il remplit les greniers des riches présens de Cérès, et les celliers d'un vin de Chio, digne d'être servi par la main d'Hébé ou de Ganymède à la table du grand Jupiter ; il y met aussi du vin Praménien, avec une abondante provision de miel d'Hymette et d'Hybla, et d'huile d'Attique, presque aussi douce que le miel même. Enfin il y ajoute d'innombrables toisons d'une laine fine et blanche comme la neige, riche dépouille des tendres brebis qui paissoient sur les montagnes d'Arcadie et dans les gras pâturages de Sicile. C'est en cet état qu'il donne sa maison à Sophronyme : il lui donne encore cinquante talens euboïques, et réserve à ses parens les biens qu'il possède dans la péninsule de Clazomène, aux environs de Smyrne, de Lébède et de Colophon, qui étoient d'un très-grand prix. La donation étant faite, Aristonoüs se rembarque dans son vaisseau pour retourner dans l'Ionie. Sophronyme, étonné et attendri par des bienfaits si magnifiques, l'accompagne jusqu'au vaisseau les larmes aux yeux, le nommant toujours son père et le serrant entre ses bras. Aristonoüs arriva bientôt chez lui par une heureuse navigation : aucun de ses parens n'osa se plaindre de ce qu'il venoit de donner à Sophronyme. J'ai laissé, leur disoit-il, pour dernière volonté dans mon testament, cet ordre, que tous mes biens seront vendus et distribués aux pauvres de l'Ionie, si jamais aucun de vous s'oppose au don que je viens de faire au petit-fils d'Alcine.

Le sage vieillard vivoit en paix, et jouissoit des biens que les dieux avoient accordés à sa vertu. Chaque année, malgré sa vieillesse, il faisoit un voyage en Lycie pour revoir Sophronyme, et pour aller faire un sacrifice sur le tombeau d'Alcine, qu'il avoit enrichi des plus beaux ornemens de l'architecture et de la sculpture. Il avoit ordonné que ses propres cendres, après sa mort, seroient portées dans le même tombeau, afin qu'elles reposassent avec celles de son cher maître. Chaque année au printemps, Sophronyme, impatient de le revoir, avoit sans cesse les yeux tournés vers le rivage de la mer, pour tâcher de découvrir le vaisseau d'Aristonoüs, qui arrivoit dans cette saison. Chaque année il avoit le plaisir de voir venir de loin, au travers des ondes amères, ce vaisseau qui lui étoit si cher, et la venue de ce vaisseau lui étoit infiniment plus douce que toutes les grâces de la nature renaissante au printemps, après les rigueurs de l'affreux hiver.

Une année il ne voyoit point venir, comme les autres, ce vaisseau tant désiré; il soupiroit amèrement; la tristesse et la crainte étoient peintes sur son visage; le doux sommeil fuyoit loin de ses yeux; nul mets exquis ne lui sembloit doux : il étoit inquiet, alarmé du moindre bruit, toujours tourné vers le port; il demandoit à tous momens si on n'avoit point vu quelque vaisseau venu d'Ionie. Il en vit un; mais, hélas! Aristonoüs n'y étoit pas, il ne portoit que ses cendres dans une urne d'argent. Amphiclès, ancien ami du mort, et à peu près du même âge, fidèle exécuteur de ses dernières volontés, apportoit tristement cette urne. Quand il aborda Sophronyme, la parole leur manqua à tous deux, et ils ne s'exprimèrent que par leurs sanglots. Sophronyme ayant baisé l'urne, et l'ayant arrosée de ses larmes, parla ainsi : O vieillard, vous avez fait le bonheur de ma vie, et vous me causez maintenant la plus cruelle de toutes les douleurs : je ne vous verrai plus; la mort me seroit douce pour vous voir et pour vous suivre dans les champs Élysées, où votre ombre jouit de la bienheureuse paix que les dieux justes réservent à la vertu. Vous avez ramené en nos jours la justice, la piété et la reconnoissance sur la terre : vous avez montré dans un siècle de fer la bonté et l'innocence de l'âge d'or. Les dieux, avant que de vous couronner dans le séjour des justes, vous ont accordé ici-bas une vieillesse heureuse, agréable et longue : mais, hélas! ce qui devroit toujours durer n'est jamais assez long. Je ne sens plus aucun plaisir à jouir de vos dons, puisque je suis réduit à en jouir sans vous. O chère ombre! quand est-ce que je vous suivrai? Précieuses cendres, si vous pouvez sentir encore quelque chose, vous ressentirez sans doute le plaisir d'être mêlées à celle d'Alcine. Les miennes s'y mêleront aussi un jour. En attendant, toute ma consolation sera de conserver ces restes de ce que j'ai le plus aimé. O Aristonoüs! ô Aristonoüs! non, vous ne mourrez point, et vous vivrez toujours dans le fond de mon cœur. Plutôt m'oublier moi-même, que d'oublier jamais cet homme si aimable, qui m'a tant aimé, qui aimoit tant la vertu, à qui je dois tout!

Après ces paroles entrecoupées de profonds soupirs, Sophronyme mit l'urne dans le tombeau d'Alcine : il immola plusieurs victimes, dont le sang inonda les autels de gazon qui environnoient le tombeau; il répandit des libations abondantes de vin et de lait; il brûla des parfums venus du fond de l'Orient, et il s'éleva un nuage odoriférant au milieu des airs. Sophronyme établit à jamais, pour toutes les années, dans la même saison, des jeux funèbres en l'honneur d'Alcine et d'Aristonoüs. On y venoit de la Carie, heureuse et fertile contrée; des bords enchantés du Méandre, qui se joue par tant de détours, et qui semble quitter à regret le pays qu'il arrose; des rives toujours vertes du Caystre; des bords du Pactole, qui roule sous ses flots un sable doré; de la Pamphylie, que Cérès, Pomone et Flore ornent à l'envi; enfin des vastes plaines de la Cilicie, arrosées comme un jardin par les torrens qui tombent du mont Taurus, toujours couvert de neige. Pendant cette fête si solennelle, les jeunes garçons et les jeunes filles, vêtus de robes traînantes de lin plus blanches que les lis, chantoient des hymnes à la louange d'Alcine et d'Aristonoüs; car on ne pouvoit louer l'un sans louer aussi l'autre, ni séparer deux hommes si étroitement unis, même après leur mort.

Ce qu'il y eut de plus merveilleux, c'est que, dès le premier jour, pendant que Sophronyme faisoit les libations de vin et de lait, un myrte d'une verdure et d'une odeur exquise naquit au milieu du tombeau, et éleva tout-à-coup sa tête touffue pour couvrir les deux urnes de ses rameaux et de son ombre. Chacun s'écria qu'Aristonoüs, en récompense de sa vertu, avoit été changé par les dieux en un arbre si beau. Sophronyme prit soin de l'arroser lui-même, et de l'honorer comme une divinité. Cet arbre, loin de vieillir, se renouvelle de dix ans en dix ans; et les dieux ont voulu faire voir, par cette merveille, que la vertu, qui jette un si doux parfum dans la mémoire des hommes, ne meurt jamais.

DIALOGUES DES MORTS

COMPOSÉS POUR L'ÉDUCATION DE Mgr LE DUC DE BOURGOGNE.

I.

MERCURE ET CHARON.

Comment ceux qui sont préposés à l'éducation des princes doivent travailler à corriger leurs vices naissans et à leur inspirer les vertus de leur état.

Char. — D'où vient que tu arrives si tard? Les hommes ne meurent-ils plus? Avois-tu oublié les ailes de ton bonnet ou de ton chapeau? T'es-tu amusé à dérober? Jupiter t'avoit-il envoyé loin pour ses amours? As-tu fait le Sosie? Parle donc, si tu veux.

Mer. — J'ai été pris pour dupe; car je croyois mener dans ta barque aujourd'hui le prince Picrochole : c'eût été une bonne prise.

Char. — Quoi, si jeune !

Mer. Oui, si jeune. Il avoit la goutte remontée, et crioit comme s'il eût vu la mort de bien près.

Char. — Hé bien, l'aurons-nous?

Mer. — Je ne me fie plus à lui; il m'a trompé trop souvent. A peine fut-il dans son lit, qu'il oublia son mal et s'endormit.

Char. — Mais ce n'étoit donc pas un vrai mal?

Mer. — C'étoit un petit mal qu'il croyoit grand. Il a donné bien des fois de telles alarmes. Je l'ai vu, avec la colique, qui vouloit qu'on lui ôtât son ventre. Une autre fois saignant du nez, il croyoit que son ame alloit sortir dans son mouchoir.

Char. — Comment ira-t-il à la guerre?

Mer. — Il la fait avec des échecs sans mal et sans douleur; il a déjà donné plus de cent batailles.

Char. — Triste guerre! Il ne nous en revient aucun mort.

Mer. — J'espère néanmoins que s'il peut se défaire du badinage et de la mollesse, il fera grand fracas un jour. Il a la colère et les pleurs d'Achille : il pourroit bien en avoir le courage; il est assez mutin pour lui ressembler. On dit qu'il aime les Muses, qu'il a un Chiron, un Phœnix.....

Char. — Mais tout cela ne fait pas notre compte. Il nous faudroit plutôt un jeune prince brutal, ignorant, grossier, qui méprisât les lettres, qui n'aimât que les armes; toujours prêt à s'enivrer de sang, qui mît sa gloire dans le malheur des hommes. Il rempliroit ma barque vingt fois par jour.

Mer. — Ho! ho! il t'en faut donner de ces princes, ou plutôt de ces monstres affamés de carnage! Celui-ci est plus doux. Je crois qu'il aimera la paix, et qu'il saura faire la guerre. On voit en lui les commencemens d'un grand prince, comme on remarque dans un bouton de rose naissante ce qui promet une belle fleur.

Char. — Mais n'est-il pas bouillant et impétueux ?

Mer. Il l'est étrangement.

Char. — Que veux-tu donc dire avec tes Muses ? Il ne saura jamais rien ; il mettra le désorde partout, et nous enverra bien des ombres plaintives. Tant mieux.

Mer. — Il est impétueux, mais il n'est point méchant ; il est curieux, docile, plein de goût pour les belles choses ; il aime les honnêtes gens, et sait bon gré à ceux qui le corrigent. S'il peut surmonter sa promptitude et sa paresse, il sera merveilleux ; je te le prédis.

Char. — Quoi ! prompt et paresseux ? Cela se contredit. Tu rêves.

Mer. — Non, je ne rêve point. Il est prompt à se fâcher, et paresseux à faire son devoir ; mais chaque jour il se corrige.

Char. — Nous ne l'aurons donc point sitôt ?

Mer. — Non ; ses maux sont plutôt des impatiences que de vraies douleurs. Jupiter le destine à faire long-temps le bonheur des hommes.

II.

HERCULE ET THÉSÉE.

Les reproches que se font ici les deux héros en apprennent l'histoire et le caractère d'une manière courte et ingénieuse.

Thés. — Hercule, tu me surprends : je te croyois dans le haut Olympe à la table des dieux. Le bruit couroit que sur le mont OEta, le feu avoit consumé en toi toute la nature mortelle que tu tenois de ta mère, et qu'il ne te restoit plus que ce qui venoit de Jupiter. Le bruit couroit aussi que tu avois épousé Hébé, qui est de grand loisir depuis que Ganymède verse le nectar en sa place.

Her. — Ne sais-tu pas que ce n'est ici que mon ombre ?

Thés. — Ce que tu vois n'est aussi que la mienne. Mais quand elle est ici, je n'ai rien dans l'Olympe.

Her. — C'est que tu n'es pas, comme moi, fils de Jupiter.

Thés. — Bon ! Éthra ma mère et mon père Egeus n'ont-ils pas dit que j'étois fils de Neptune, comme Alcmène, pour cacher sa faute pendant qu'Amphitryon étoit au siége de Thèbes, lui fit accroire qu'elle avoit reçu une visite de Jupiter ?

Her. — Je te trouve bien hardi de te moquer du dompteur des monstres. Je n'ai jamais entendu raillerie.

Thés. — Mais ton ombre n'est guère à craindre. Je ne vais point dans l'Olympe rire aux dépens du fils de Jupiter immortalisé. Pour des monstres, j'en ai dompté en mon temps aussi bien que toi.

Her. — Oserois-tu comparer tes foibles actions avec mes travaux ? On n'oubliera jamais le lion de Némée, pour lequel sont établis les jeux Néméaques ; l'hydre de Lerne, dont les têtes se multiplioient ; le sanglier d'Erymanthe ; le cerf aux pieds d'airain ; les oiseaux de Stymphale ; l'Amazone dont j'enlevai la ceinture ; l'étable d'Augée ; le taureau que je traînai dans l'Hespérie ; Cacus, que je vainquis ; les chevaux de Diomède, qui se nourrissoient de chair humaine ; Géryon, roi des Espagnes, à trois têtes ; les pommes d'or du jardin des Hespérides ; enfin Cerbère, que je traînai hors des enfers, et que je contraignis de voir la lumière.

Thés. — Et moi, n'ai-je pas vaincu tous les brigands de la Grèce, chassé Médée de chez mon père, tué le Minotaure, et trouvé l'issue du Labyrinthe, ce qui fit établir les jeux Isthmiques ? ils valent bien ceux de Némée. De plus, j'ai vaincu les Amazones qui vinrent assiéger Athènes. Ajoute à ces actions le combat des Lapithes, le voyage de Jason pour la toison d'or, et la chasse du sanglier de Calydon, où j'ai eu tant de part. J'ai osé, aussi-bien que toi, descendre aux enfers.

Her. — Oui, mais tu fus puni de ta folle entreprise. Tu ne pris point Proserpine ; Cerbère, que je traînai hors de son antre ténébreux, dévora à tes yeux ton ami, et tu demeuras captif. As-tu oublié que Castor et Pollux reprirent dans tes mains Hélène leur sœur dans Aphidne ? Tu leur laissas aussi enlever ta pauvre mère Ethra. Tout cela est d'un foible héros. Enfin tu fus chassé d'Athènes ; et te retirant dans l'île de Scyros, Lycomède, qui savoit combien tu étois accoutumé à faire des entreprises injustes, pour te prévenir te précipita du haut d'un rocher. Voilà une belle fin !

Thés. — La tienne est-elle plus honorable ? Devenir amoureux d'Omphale, chez qui tu filois ; puis la quitter pour la jeune Iole, au préjudice de la pauvre Déjanire à qui tu avois donné ta foi ; se laisser donner la tunique trempée dans le sang du centaure Nessus ; devenir furieux jusqu'à précipiter des rochers du mont Œta dans la mer le pauvre Lichas, qui ne t'avoit rien fait, et prier Philoctète en mourant de cacher ton sépulcre, afin qu'on te crût un dieu : cela est-il plus beau que ma mort? Au moins, avant que d'être chassé par les Athéniens, je les avois tirés de leurs bourgs, où ils vivoient avec barbarie, pour les civiliser et leur donner des lois dans l'enceinte d'une nouvelle ville. Pour toi, tu n'avois garde d'être législateur ; tout ton mérite étoit dans tes bras nerveux et dans tes épaules larges.

Her. — Mes épaules ont porté le monde pour soutenir Atlas. De plus mon courage étoit admiré. Il est vrai que j'ai été trop attaché aux femmes ; mais c'est bien à toi à me le reprocher, toi qui abandonnas avec ingratitude Ariadne qui t'avoit sauvé la vie en Crète ! Penses-tu que je n'aie point entendu parler de l'amazone Antiope à laquelle tu fus encore infidèle ? Eglé qui lui succéda ne fut pas plus heureuse. Tu avois enlevé Hélène ; mais ses frères te surent bien punir. Phèdre t'avoit aveuglé jusqu'au point qu'elle t'engagea à faire périr Hippolyte que tu avois eu de l'Amazone. Plusieurs autres ont possédé ton cœur, et ne l'ont pas possédé long-temps.

Thés. — Mais enfin je ne filois pas comme celui qui a porté le monde.

Her. — Je t'abandonne ma vie lâche et efféminée en Lydie ; mais tout le reste est au-dessus de l'homme.

Thés. — Tant pis pour toi, que tout le reste étant au-dessus de l'homme, cet endroit soit si fort au-dessous. D'ailleurs tes travaux, que tu vantes tant, tu ne les as accomplis que pour obéir à Eurysthée.

Her. — Il est vrai que Junon m'avoit assujetti à toutes ses volontés. Mais c'est la destinée de la vertu d'être livrée à la persécution des lâches et des méchans : mais sa persécution n'a servi qu'à exercer ma patience et mon courage. Au contraire, tu as souvent fait des choses injustes. Heureux le monde, si tu ne fusses point sorti du Labyrinthe.

Thés. — Alors je délivrai Athènes du tribut de sept jeunes hommes et d'autant de filles, que Minos lui avoit imposé à cause de la mort de son fils Androgée. Hélas ! mon père Egée, qui m'attendoit, ayant cru voir la voile noire au lieu de la blanche, se jeta dans la mer, et je le trouvai mort en arrivant. Dès lors je gouvernai sagement Athènes.

Her. — Comment l'aurois-tu gouvernée, puisque tu étois tous les jours dans de nouvelles expéditions de guerre, et que tu mis, par tes amours, le feu dans toute la Grèce ?

Thés. — Ne parlons plus d'amours : sur ce chapitre honteux nous ne nous en devons rien l'un à l'autre.

Her. — Je l'avoue de bonne foi ; je te cède même pour l'éloquence : mais, ce qui décide, c'est que tu es dans les enfers à la merci de Pluton que tu as irrité, et que je suis au rang des immortels dans le haut Olympe

III.

LE CENTAURE CHIRON ET ACHILLE.

Peinture vive des écueils d'une jeunesse bouillante, dans un prince né pour commander.

Ach. — A quoi me sert-il d'avoir reçu tes instructions ? Tu ne m'as jamais parlé que de sagesse, de valeur, de gloire, d'héroïsme. Avec tes beaux discours, me voilà devenu une ombre vaine : ne m'auroit-il pas mieux valu passer une longue et délicieuse vie chez le roi Lycomède, déguisé en fille, avec les princesses filles de ce roi?

Chir. — Hé bien, veux-tu demander au destin de retourner parmi ces filles ? Tu fileras ; tu perdras toute ta gloire ; on fera sans toi un nouveau siége de Troie ; le fier Agamemnon, ton ennemi, sera chanté par Homère ; Thersite même ne sera pas oublié : mais pour toi, tu seras enseveli honteusement dans les ténèbres.

Ach. — Agamemnon m'enlever ma gloire ! moi demeurer dans un honteux oubli ! Je ne puis le souffrir, et j'aimerois mieux périr encore une fois de la main du lâche Pâris.

Chir. — Mes instructions sur la vertu ne sont donc pas à mépriser.

Ach. — Je l'avoue ; mais pour en profiter, je voudrois retourner au monde.

Chir. — Qu'y ferois-tu cette seconde fois ?

Ach. — Qu'est-ce que j'y ferois ? j'éviterois la querelle que j'eus avec Agamemnon ; par là j'épargnerois la vie de mon ami Patrocle, et le sang de tant d'autres Grecs que je laissai périr sous le glaive cruel des Troyens, pendant que je me roulois de désespoir sur le sable du rivage comme un insensé.

Chir. — Mais ne t'avois-je pas prédit que ta colère te feroit faire toutes ces folies ?

Ach. — Il est vrai, tu me l'avois dit cent fois ; mais la jeunesse écoute-t-elle ce qu'on lui dit? Elle ne croit que ce qu'elle voit. O si je pouvois redevenir jeune!

Chir. — Tu redeviendrois emporté et indocile.

Ach. — Non, je te le promets.

Chir. — Hé! ne m'avois-tu pas promis cent et cent fois dans mon antre de Thessalie de te modérer quand tu serois au siége de Troie? l'as-tu fait?

Ach. — J'avoue que non.

Chir. — Tu ne le ferois pas mieux quand tu redeviendrois jeune; tu promettrois comme tu promets, et tu tiendrois ta promesse comme tu l'as tenue.

Ach. — La jeunesse est donc une étrange maladie!

Chir. — Tu voudrois pourtant encore en être malade.

Ach. — Il est vrai : mais la jeunesse seroit charmante, si on pouvoit la rendre modérée et capable de réflexions. Toi, qui connois tant de remèdes, n'en as-tu point quelqu'un pour guérir cette fougue, ce bouillon du sang, plus dangereux qu'une fièvre ardente.

Chir. — Le remède est de se craindre soi-même, de croire les gens sages, de les appeler à son secours, de profiter de ses fautes passées pour prévoir celles qu'il faut éviter à l'avenir, et d'invoquer souvent Minerve, dont la sagesse est au-dessus de la valeur emportée de Mars.

Ach. — Hé bien, je ferai tout cela, si tu peux obtenir de Jupiter qu'il me rappelle à la jeunesse florissante où je me suis vu. Fais qu'il te rende aussi la lumière, et qu'il m'assujettisse à tes volontés comme Hercule le fut à celles d'Eurysthée.

Chir. — J'y consens; je vais faire cette prière au père des dieux : je sais qu'il m'exaucera. Tu renaîtras, après une longue suite de siècles, avec du génie, de l'élévation, du courage, du goût pour les muses, mais avec un naturel impatient et impétueux : tu auras Chiron à tes côtés; nous verrons l'usage que tu en feras.

IV.

ACHILLE ET HOMÈRE.

Manière aimable de faire naître dans le cœur d'un jeune prince l'amour des belles lettres et de la gloire.

Ach. — Je suis ravi, grand poète, d'avoir servi à t'immortaliser. Ma querelle contre Agamemnon, ma douleur de la mort de Patrocle, mes combats contre les Troyens, la victoire que je remportai sur Hector, t'ont donné le plus beau sujet de poème qu'on ait jamais vu.

Hom. — J'avoue que le sujet est beau; mais j'en aurois bien pu trouver d'autres. Une preuve qu'il y en a d'autres, c'est que j'en ai trouvé effectivement. Les aventures du sage et patient Ulysse valent bien la colère de l'impétueux Achille.

Ach. — Quoi! comparer le rusé et trompeur Ulysse au fils de Thétys plus terrible que Mars! Va, poète ingrat, tu sentiras....

Hom. — Tu as oublié que les ombres ne doivent point se mettre en colère. Une colère d'ombre n'est guère à craindre. Tu n'as plus d'autres armes à employer que de bonnes raisons.

Ach. — Pourquoi aussi viens-tu me désavouer que tu me dois la gloire de ton plus beau poème? L'autre n'est qu'un amas de contes de vieilles; tout y languit; tout sent son vieillard dont la vivacité est éteinte, et qui ne sait point finir.

Hom. — Tu ressembles à bien des gens, qui, faute de connoître les divers genres d'écrire, croient qu'un auteur ne se soutient pas quand il passe d'un genre vif et rapide, à un autre plus doux et plus modéré. Ils devroient savoir que la perfection est d'observer toujours les divers caractères, de varier son style suivant les sujets, de s'élever ou de s'abaisser à propos, et de donner, par ce contraste, des caractères plus marqués et plus agréables. Il faut savoir sonner de la trompette, toucher la lyre, et jouer même de la flûte champêtre. Je crois que tu voudrois que je peignisse Calypso avec ses nymphes dans sa grotte, ou Nausicaa sur le rivage de la mer, comme les héros et les dieux mêmes combattant aux portes de Troie. Parle de guerre, c'est ton fait, et ne te mêle jamais de décider sur la poésie en ma présence.

Ach. — O que tu es fier, bon homme aveugle! tu te prévaux de ma mort.

Hom. — Je me prévaux aussi de la mienne. Tu n'es plus que l'ombre d'Achille, et moi je ne suis que l'ombre d'Homère.

Ach. — Ah! que ne puis-je faire sentir mon ancienne force à cette ombre ingrate!

Hom. — Puisque tu me presses tant sur l'ingratitude, je veux enfin te détromper. Tu ne m'as fourni qu'un sujet que je pouvois trouver ailleurs : mais moi, je t'ai donné une gloire qu'un autre n'eût pu te donner, et qui ne s'effacera jamais.

Ach. — Comment! tu t'imagines que sans tes vers le grand Achille ne seroit pas admiré de toutes les nations et de tous les siècles?

Hom. — Plaisante vanité! pour avoir répandu plus de sang qu'un autre au siége d'une ville qui n'a été prise qu'après ta mort! Hé! combien y a-t-il de héros qui ont vaincu de grands peuples et conquis de grands royaumes! cependant ils sont dans les ténèbres de l'oubli; on ne sait pas même leurs noms. Les Muses seules peuvent immortaliser les grandes actions. Un roi qui aime la gloire la doit chercher dans ces deux choses : premièrement, il faut la mériter par la vertu, ensuite se faire aimer par les nourrissons des Muses qui peuvent les chanter à toute la postérité.

Ach. — Mais il ne dépend pas toujours des princes d'avoir de grands poètes : c'est par hasard que tu as conçu, long-temps après ma mort, le dessein de faire ton Iliade.

Hom. — Il est vrai; mais quand un prince aime les lettres, il se forme pendant son règne beaucoup de poètes. Ses récompenses et son estime excitent entre eux une noble émulation; le goût se perfectionne. Il n'a qu'à aimer et qu'à favoriser les Muses, elles feront bientôt paroître des hommes inspirés pour louer tout ce qu'il y a de louable en lui. Quand un prince manque d'un Homère, c'est qu'il n'est pas digne d'en avoir un : son défaut de goût attire l'ignorance, la grossièreté et la barbarie. La barbarie déshonore toute une nation, et ôte toute espérance de gloire durable au prince qui règne. Ne sais-tu pas qu'Alexandre, qui est depuis peu descendu ici-bas, pleuroit de n'avoir point un poète qui fît pour lui ce que j'ai fait pour toi? c'est qu'il avoit le goût bon sur la gloire. Pour toi, tu me dois tout, et tu n'as point de honte de me traiter d'ingrat! Il n'est plus temps de s'emporter : ta colère devant Troie étoit bonne à me fournir le sujet d'un poème; mais je ne puis chanter les emportemens que tu aurois ici, et ils ne te feroient point d'honneur. Souviens-toi seulement que la Parque t'ayant ôté tous les autres avantages, il ne te reste plus que le grand nom que tu tiens de mes vers. Adieu. Quand tu seras de plus belle humeur, je viendrai te chanter dans ce bocage certains endroits de l'Iliade; par exemple, la défaite des Grecs en ton absence, la consternation des Troyens dès qu'on te vit paroître pour venger Patrocle, les dieux mêmes étonnés de te voir comme Jupiter foudroyant. Après cela, dis, si tu l'oses, qu'Achille ne doit point sa gloire à Homère.

V.

ULYSSE ET ACHILLE.

Caractères de ces deux guerriers.

Ul. — Bonjour, fils de Thétys, je suis enfin descendu, après une longue vie, dans ces tristes lieux, où tu fus précipité dès la fleur de ton âge.

Ach. — J'ai vécu peu, parce que les destins injustes n'ont pas permis que j'acquisse plus de gloire qu'ils n'en veulent accorder aux mortels.

Ul. — Ils m'ont pourtant laissé vivre long-temps parmi des dangers infinis, d'où je suis toujours sorti avec honneur.

Ach. — Quel honneur, de prévaloir toujours par la ruse! Pour moi, je n'ai point su dissimuler; je n'ai su que vaincre.

Ul. — Cependant j'ai été jugé après ta mort le plus digne de porter tes armes.

Ach. — Bon! tu les as obtenues par ton éloquence, et non par ton courage. Je frémis quand je pense que les armes faites par le dieu Vulcain, et que ma mère m'avoit données, ont été la récompense d'un discoureur artificieux.

Ul. — Sache que j'ai fait plus que toi. Tu es tombé mort devant la ville de Troie, qui étoit encore dans toute sa gloire, et c'est moi qui l'ai renversée.

Ach. — Il est plus beau de périr par l'injuste courroux des dieux après avoir vaincu ses ennemis, que de finir une guerre en se cachant dans un cheval, et en se servant des mystères de Minerve pour tromper ses ennemis.

Ul. — As-tu donc oublié que les Grecs me doivent Achille même? Sans moi, tu aurois passé une vie honteuse parmi les filles du roi Lycomède. Tu me dois toutes les belles actions que je t'ai contraint de faire.

Ach. — Mais enfin je les ai faites, et toi tu n'as rien fait que des tromperies. Pour moi, quand j'étois parmi les filles de Lycomède, c'est que ma mère Thétys, qui savoit que je devois périr au siége de Troie, m'avoit caché pour sauver ma vie. Mais toi, qui ne devois point mourir, pourquoi faisois-tu le fou avec ta charrue quand Palamède découvrit si bien ta ruse? O qu'il y a de plaisir de voir tromper un trompeur! Il mit, t'en souviens-tu, Télémaque dans le champ, pour voir si tu ferois passer la charrue sur ton propre fils.

Ul. — Je m'en souviens; mais j'aimois Pénélope que je ne voulois pas quitter. N'as-tu pas fait de plus grandes folies pour Briséis, quand tu quittas le camp des Grecs, et fus cause de la mort de ton ami Patrocle?

Ach. — Oui; mais, quand j'y retournai, je vengeai Patrocle et je vainquis Hector. Qui as-tu vaincus en ta vie, si ce n'est Irus, ce gueux d'Ithaque?

Ul. — Et les amans de Pénélope, et le cyclope Polyphême?

Ach. — Tu as pris les amans en trahison : c'étoient des hommes amollis par les plaisirs, et presque toujours ivres. Pour Polyphême, tu n'en devrois jamais parler. Si tu eusses osé l'attendre, il t'auroit fait payer bien chèrement l'œil que tu lui crevas pendant son sommeil.

Ul. — Mais enfin j'ai essuyé pendant vingt ans, au siége de Troie et dans mes voyages, tous les dangers et tous les malheurs qui peuvent exercer le courage et la sagesse d'un homme. Mais qu'as-tu jamais eu à conduire? Il n'y avoit en toi qu'une impétuosité folle, et une fureur que les hommes grossiers ont nommée courage. La main du lâche Pâris en est venue à bout.

Ach. — Mais toi, qui te vantes de ta prudence, ne t'es-tu pas fait tuer sottement par ton propre fils Télégone qui te naquit de Circé? Tu n'eus pas la précaution de te faire reconnoître par lui. Voilà un plaisant sage pour me traiter de fou!

Ul. — Va, je te laisse avec l'ombre d'Ajax, aussi brutal que toi, et aussi jaloux de ma gloire.

VI.

ULYSSE ET GRILLUS.

Lorsqu'Ulysse délivra ses compagnons, et qu'il contraignit Circé de leur rendre leur première forme, chacun d'eux fut dépouillé de la figure d'un animal, dont Circé l'avoit revêtu par l'enchantement de sa verge d'or *. Il n'y eut que Grillus, qui étoit devenu pourceau, qui ne put jamais se résoudre à redevenir homme. Ulysse employa inutilement toute son éloquence pour lui persuader qu'il devoit rentrer dans son premier état. Plutarque a parlé de cette fable; et j'ai cru que c'étoit un sujet propre à faire un dialogue, pour montrer que les hommes seroient pires que les bêtes, si la solide philosophie et la vraie religion ne les soutenoient.

Ul. — N'êtes-vous pas bien aise, mon cher Grillus, de me revoir, et d'être en état de reprendre votre ancienne forme?

Grill. — Je suis bien aise de vous voir, favori de Minerve; mais, pour le changement de forme, vous m'en dispenserez, s'il vous plaît.

Ul. — Hélas! mon pauvre enfant, savez-vous bien comment vous êtes fait? Assurément vous n'avez point la taille belle; un gros corps courbé vers la terre, de longues oreilles pendantes, de petits yeux à peine entr'ouverts, un groin horrible, une physionomie très-désavantageuse, un vilain poil grossier et hérissé. Enfin vous êtes une hideuse personne; je vous l'apprends si vous ne le savez pas. Si peu que vous ayez de cœur, vous vous trouverez trop heureux de redevenir homme.

Grill. — Vous avez beau dire, je n'en ferai rien : le métier de cochon est bien plus joli. Il est vrai que ma figure n'est pas fort élégante; mais j'en serai quitte pour ne me regarder jamais au miroir. Aussi bien, de l'humeur dont je suis depuis quelque temps, je n'ai guère à craindre de me mirer dans l'eau, et de m'y reprocher ma laideur : j'aime mieux un bourbier qu'une claire fontaine.

Ul. — Cette saleté ne vous fait-elle point horreur? vous ne vivez que d'ordure; vous vous vautrez dans des lieux infects; vous êtes toujours puant à faire bondir le cœur.

Grill. — Qu'importe? tout dépend du goût. Cette odeur est plus douce pour moi que celle de l'ambre, et cette ordure est du nectar pour moi.

Ul. — J'en rougis pour vous. Est-il possible que vous ayez sitôt oublié tout ce que l'humanité a de noble et d'avantageux?

Grill. — Ne me parlez plus de l'humanité; sa noblesse n'est qu'imaginaire; tous ses maux sont réels, et ses biens ne sont qu'en idée. J'ai un corps sale et couvert d'un poil hérissé, mais je n'ai plus besoin d'habits; et vous seriez plus heureux dans vos tristes aventures, si vous aviez le corps aussi velu que moi, pour vous passer de vêtemens. Je trouve partout ma nourriture, jusque dans les lieux les moins enviés. Les pro-

---

* Voyez Hom. *Odyss*. liv. x. Ce préambule a été omis dans les éditions précédentes. (*Edit. de Vers*.)

cès et les guerres, et tous les autres embarras de la vie, ne sont plus rien pour moi. Il ne me faut ni cuisinier, ni barbier, ni tailleur, ni architecte. Me voilà libre et content à peu de frais. Pourquoi me rengager dans les besoins des hommes?

Ul. — Il est vrai que l'homme a de grands besoins; mais les arts qu'il a inventés pour satisfaire à ses besoins se tournent à sa gloire et font ses délices.

Grill. — Il est plus simple et plus sûr d'être exempt de tous ces besoins, que d'avoir les moyens les plus merveilleux d'y remédier. Il vaut mieux jouir d'une santé parfaite sans aucune science de la médecine, que d'être toujours malade avec d'excellens remèdes pour se guérir.

Ul. — Mais, mon cher Grillus, vous ne comptez donc plus pour rien l'éloquence, la poésie, la musique, la science des astres et du monde entier, celle des figures et des nombres? Avez-vous renoncé à notre chère patrie, aux sacrifices, aux festins, aux jeux, aux danses, aux combats, et aux couronnes qui servent de prix aux vainqueurs? Répondez.

Grill. — Mon tempérament de cochon est si heureux, qu'il me met au-dessus de toutes ces belles choses. J'aime mieux grognoner, que d'être aussi éloquent que vous. Ce qui me dégoûte de l'éloquence, c'est que la vôtre même, qui égale celle de Mercure, ne me persuade ni ne me touche. Je ne veux persuader personne; je n'ai que faire d'être persuadé. Je suis aussi peu curieux de vers que de prose; tout cela est devenu viande creuse pour moi. Pour les combats du ceste, de la lutte et des chariots, je les laisse volontiers à ceux qui sont passionnés pour une couronne, comme les enfans pour leurs jouets: je ne suis plus assez dispos pour remporter le prix; et je ne l'envierai point à un autre moins chargé de lard et de graisse. Pour la musique, j'en ai perdu le goût, et le goût seul décide de tout; le goût qui vous y attache m'en a détaché; n'en parlons plus. Retournez à Ithaque; la patrie d'un cochon se trouve partout où il y a du gland. Allez, régnez, revoyez Pénélope, punissez ses amans: pour moi, ma Pénélope est la truie qui est ici près; je règne dans mon étable, et rien ne trouble mon empire. Beaucoup de rois dans des palais dorés ne peuvent atteindre à mon bonheur; on les nomme fainéans et indignes du trône, quand ils veulent régner comme moi, sans se mettre à la gêne, et sans tourmenter tout le genre humain.

Ul. — Vous ne songez pas qu'un cochon est à la merci des hommes, et qu'on ne l'engraisse que pour l'égorger. Avec ce beau raisonnement vous finirez bientôt votre destinée. Les hommes, au rang desquels vous ne voulez pas être, mangeront votre lard, vos boudins et vos jambons.

Grill. — Il est vrai que c'est le danger de ma profession; mais la vôtre n'a-t-elle pas aussi ses périls et ses alarmes? Je m'expose à la mort par une vie douce dont la volupté est réelle et présente; vous vous exposez de même à une mort prompte par une vie malheureuse, et pour une gloire chimérique. Je conclus qu'il vaut mieux être cochon que héros. Apollon lui-même, dût-il chanter un jour vos victoires, son chant ne vous guériroit point de vos peines, et ne vous garantiroit point de la mort. Le régime d'un cochon vaut mieux.

Ul. — Vous êtes donc assez insensé et assez abruti pour mépriser la sagesse, qui égale presque les hommes aux dieux?

Grill. — Au contraire, c'est par sagesse que je méprise les hommes. C'est une impiété de croire qu'ils ressemblent aux dieux, puisqu'ils sont aveugles, injustes, trompeurs, malfaisans, malheureux et dignes de l'être, armés cruellement les uns contre les autres, et autant ennemis d'eux-mêmes que de leurs voisins. A quoi aboutit cette sagesse que l'on vante tant? elle ne redresse point les mœurs des hommes; elle ne se tourne qu'à flatter et à contenter leurs passions. Ne vaudroit-il pas mieux n'avoir point de raison, que d'en avoir pour exécuter et pour autoriser les choses les plus déraisonnables? Ah! ne me parlez plus de l'homme: c'est le plus injuste, et par conséquent le plus déraisonnable de tous les animaux. Sans flatter notre espèce, un cochon est une assez bonne personne: il ne fait ni fausse monnoie ni faux contrats; il ne se parjure jamais; il n'a ni avarice ni ambition; la gloire ne lui fait point faire de conquête injuste; il est ingénu et sans malice; sa vie se passe à boire, manger et dormir. Si tout le monde lui ressembloit, tout le monde dormiroit aussi dans un profond repos, et vous ne seriez pas ici; Pâris n'auroit jamais enlevé Hélène; les Grecs n'auroient point renversé la superbe ville de Troie après un siége de dix ans; vous n'auriez point erré sur mer et sur terre au gré de la fortune, et vous n'auriez pas besoin de conquérir votre propre royaume. Ne me parlez donc plus de raison; car les hommes n'ont que la folie. Ne vaut-il pas mieux être bête que méchant fou?

Ul. — J'avoue que je ne puis assez m'étonner de votre stupidité.

Grill. — Belle merveille, qu'un cochon soit stupide! Chacun doit garder son caractère. Vous gardez le vôtre d'homme inquiet, éloquent, impérieux, plein d'artifice, et perturbateur du repos public. La nation à laquelle je suis incorporé est modeste, silencieuse, ennemie de la subtilité et des beaux discours : elle va, sans raisonner, tout droit au plaisir.

Ul. — Du moins, vous ne sauriez désavouer que l'immortalité réservée aux hommes n'élève infiniment leur condition au-dessus de celle des bêtes. Je suis effrayé de l'aveuglement de Grillus, quand je songe qu'il compte pour rien les délices des Champs Elysées, où les hommes sages vivent heureux après leur mort.

Grill. — Arrêtez, s'il vous plaît. Je ne suis pas encore tellement cochon, que je renonçasse à être homme, si vous me montriez dans l'homme une immortalité véritable : mais pour n'être qu'une ombre vaine après ma mort, et encore une ombre plaintive, qui regrette jusque dans les Champs Elysées avec lâcheté les misérables plaisirs de ce monde, j'avoue que cette ombre d'immortalité ne vaut pas la peine de se contraindre. Achille, dans les Champs Elysées, joue au palet sur l'herbe; mais il donneroit toute sa gloire, qui n'est plus qu'un songe, pour être l'infâme Thersite au nombre des vivans. Cet Achille, si désabusé de la gloire et de la vertu, n'est plus qu'un fantôme; ce n'est plus lui-même : on n'y reconnoît plus ni son courage ni ses sentimens; c'est un je ne sais quoi, qui ne reste de lui que pour le déshonorer. Cette ombre vaine n'est non plus Achille, que la mienne n'est mon corps. N'espérez donc pas, éloquent Ulysse, m'éblouir par une fausse apparence d'immortalité. Je veux quelque chose de plus réel, faute de quoi, je persiste dans la secte brutale que j'ai embrassée. Montrez-moi que l'homme a en lui quelque chose de plus noble que son corps, et qui est exempt de la corruption; montrez-moi que ce qui pense en l'homme n'est point le corps, et subsiste toujours après que cette machine grossière est déconcertée; en un mot, faites voir que ce qui reste de l'homme après cette vie est un être véritable et véritablement heureux, établissez que les dieux ne sont point injustes, et qu'il y a au-delà de cette vie une solide récompense pour la vertu toujours souffrante ici-bas : aussitôt, divin fils de Laerte, je cours après vous au travers des dangers; je sors content de l'étable de Circé; je ne suis plus cochon; je redeviens homme, et homme en garde contre tous les plaisirs. Par tout autre chemin, vous ne me conduirez jamais à votre but. J'aime mieux n'être que cochon gros et gras, content de mon ordure, que d'être homme foible, vain, léger, malin, trompeur et injuste, qui n'espère d'être après sa mort qu'une ombre triste, et un fantôme mécontent de sa condition.

VII.

CONFUCIUS ET SOCRATE.

Sur la prééminence tant vantée des Chinois.

Conf. — J'apprends que vos Européens vont souvent chez nos Orientaux, et qu'ils me nomment le Socrate de la Chine. Je me tiens honoré de ce nom.

Soc. — Laissons les complimens, dans un pays où ils ne sont plus de saison. Sur quoi fonde-t-on cette ressemblance entre nous?

Conf. — Sur ce que nous avons vécu à peu près dans les mêmes temps, et que nous avons été tous deux pauvres, modérés, pleins de zèle pour rendre les hommes vertueux.

Soc. — Pour moi je n'ai point formé, comme vous, des hommes excellens, pour aller dans toutes les provinces semer la vertu, combattre le vice, et instruire les hommes.

Conf. — Vous avez formé une école de philosophes qui ont beaucoup éclairé le monde.

Soc. — Ma pensée n'a jamais été de rendre le peuple philosophe; je n'ai pas osé l'espérer. J'ai abandonné à toutes ses erreurs le vulgaire grossier et corrompu : je me suis borné à l'instruction d'un petit nombre de disciples d'un esprit cultivé, et qui cherchoient les principes des bonnes mœurs. Je n'ai jamais voulu rien écrire, et j'ai trouvé que la parole étoit meilleure pour enseigner. Un livre est une chose morte qui ne répond point aux difficultés imprévues et diverses de chaque lecteur; un livre passe dans les mains des hommes incapables d'en faire un bon usage; un livre est susceptible de plusieurs sens contraires à celui de l'auteur. J'ai mieux aimé choisir certains hommes, et leur confier une doctrine que je leur fisse bien comprendre de vive voix.

Conf. — Ce plan est beau; il marque des pensées bien simples, bien solides, bien exemptes de vanité. Mais avez-vous évité par là toutes les diversités d'opinions parmi vos disciples? Pour moi, j'ai évité les subtilités de raisonnement, et je me suis borné à des maximes sensées pour la pratique des vertus dans la société.

Soc. — Pour moi, j'ai cru qu'on ne peut établir les vraies maximes qu'en remontant aux premiers principes qui peuvent les prouver, et en réfutant tous les autres préjugés des hommes.

Conf. — Mais enfin, par vos premiers principes, avez-vous évité les combats d'opinions entre vos disciples?

Soc. — Nullement; Platon et Xénophon, mes principaux disciples, ont eu des vues toutes différentes. Les Académiciens formés par Platon se sont divisés entre eux; cette expérience m'a désabusé de mes espérances sur les hommes. Un homme ne peut presque rien sur les autres hommes. Les hommes ne peuvent rien sur eux-mêmes, par l'impuissance où l'orgueil et les passions les tiennent; à plus forte raison les hommes ne peuvent-ils rien les uns sur les autres : l'exemple, et la raison insinuée avec beaucoup d'art, font seulement quelque effet sur un fort petit nombre d'hommes mieux nés que les autres. Une réforme générale d'une république me paroît enfin impossible, tant je suis désabusé du genre humain.

Conf. — Pour moi, j'ai écrit, et j'ai envoyé mes disciples pour tâcher de réduire aux bonnes mœurs toutes les provinces de notre empire.

Soc. — Vous avez écrit des choses courtes et simples, si toutefois ce qu'on a publié sous votre nom est effectivement de vous. Ce ne sont que des maximes, qu'on a peut-être recueillies de vos conversations, comme Platon, dans ses Dialogues, a rapporté les miennes. Des maximes coupées de cette façon ont une sécheresse qui n'étoit pas, je m'imagine, dans vos entretiens. D'ailleurs vous étiez d'une maison royale et en grande autorité dans toute votre nation : vous pouviez faire bien des choses qui ne m'étoient pas permises à moi, fils d'un artisan. Pour moi, je n'avois garde d'écrire, et je n'ai que trop parlé : je me suis même éloigné de tous les emplois de ma république pour apaiser l'envie; et je n'ai pu y réussir, tant il est impossible de faire quelque chose de bon des hommes.

Conf. — J'ai été plus heureux parmi les Chinois : je les ai laissés avec des lois sages, et assez bien policés.

Soc. — De la manière que j'en entends parler sur les relations de nos Européens, il faut en effet que la Chine ait eu de bonnes lois et une exacte police. Il y a grande apparence que les Chinois ont été meilleurs qu'ils ne sont. Je ne veux pas désavouer qu'un peuple, quand il a une bonne et constante forme de gouvernement, ne puisse devenir fort supérieur aux autres peuples moins policés. Par exemple, nous autres Grecs, qui avons eu de sages législateurs et certains citoyens désintéressés qui n'ont songé qu'au bien de la république, nous avons été bien plus polis et plus vertueux que les peuples que nous avons nommés Barbares. Les Egyptiens, avant nous, ont eu aussi des sages qui les ont policés, et c'est d'eux que nous sont venues les bonnes lois. Parmi les républiques de la Grèce, la nôtre a excellé dans les arts libéraux, dans les sciences, dans les armes : mais celle qui a montré le plus longtemps une discipline pure et austère, c'est celle de Lacédémone. Je conviens donc qu'un peuple gouverné par de bons législateurs qui se sont succédé les uns aux autres, et qui ont soutenu les coutumes vertueuses, peut être mieux policé que les autres qui n'ont pas eu la même culture. Un peuple bien conduit sera plus sensible à l'honneur, plus ferme contre les périls, moins sensible à la volupté, plus accoutumé à se passer de peu, plus juste pour empêcher les usurpations et les fraudes de citoyen à citoyen. C'est ainsi que les Lacédémoniens ont été disciplinés; c'est ainsi que les Chinois ont pu l'être dans les siècles reculés. Mais je persiste à croire que tout un peuple n'est point capable de remonter aux vrais principes de la vraie sagesse : il peut garder certaines règles utiles et louables; mais c'est plutôt par l'autorité de l'éducation, par le respect des lois, par le zèle de la patrie, par l'émulation qui vient des exemples, par la force de la coutume, souvent même par la crainte du déshonneur et par l'espérance d'être récompensé. Mais être philosophe, suivre le beau et le bon en lui-même par la simple persuasion, et par le vrai et libre amour du beau et du bon, c'est ce qui ne peut jamais être répandu dans tout un peuple; c'est ce qui est réservé à certaines ames choisies que le Ciel a voulu séparer des autres. Le peuple n'est capable que de certaines vertus d'habitude et d'opinion, sur l'autorité de ceux qui ont gagné sa confiance. Encore une fois, je crois que telle fut la vertu de vos anciens Chinois. De telles gens sont justes dans les choses où on les a accoutumés à mettre une règle de justice, et point en d'autres plus importantes où l'habitude de juger de même leur manque. On sera juste pour son concitoyen, et inhumain contre son esclave; zélé pour sa patrie, et conquérant injuste contre un peuple voisin, sans songer que la terre entière n'est qu'une seule patrie commune, où tous les hommes des divers peuples devroient vivre comme une seule famille. Ces vertus, fondées sur la coutume et sur les préjugés d'un peuple, sont toujours des vertus estropiées, faute de remonter jusqu'aux premiers principes qui donnent dans toute son étendue la véritable idée de la justice et de la vertu. Ces mêmes peuples, qui paroissoient si vertueux dans certains sentimens et dans certaines actions détachées, avoient une religion aussi remplie de fraude, d'injustice et d'impureté, que leurs lois étoient justes et austères. Quel mélange ! quelle contradiction ! Voilà pourtant ce qu'il y a eu de meilleur dans ces peuples tant vantés : voilà l'humanité regardée par sa plus belle face.

Conf. — Peut-être avons-nous été plus heureux que vous : car la vertu a été grande dans la Chine.

Soc. — On le dit ; mais, pour en être assuré par une voie non suspecte, il faudroit que les Européens connussent de près votre histoire, comme ils connoissent la leur propre. Quand le commerce sera entièrement libre et fréquent, quand les critiques européens auront passé dans la Chine pour examiner en rigueur tous les anciens manuscrits de votre histoire, quand ils auront séparé les fables et les choses douteuses d'avec les certaines, quand ils auront vu le fort et le foible du détail des mœurs antiques, peut-être trouvera-t-on que la multitude des hommes a été toujours foible, vaine et corrompue chez vous comme partout ailleurs, et que les hommes ont été hommes dans tous les pays et dans tous les temps.

Conf. — Mais pourquoi n'en croyez-vous pas nos historiens et vos relateurs ?

Soc. — Vos historiens nous sont inconnus ; on n'en a que des morceaux extraits et rapportés par des relateurs peu critiques. Il faudroit savoir à fond votre langue, lire tous vos livres, voir surtout les originaux, et attendre qu'un grand nombre de savans eût fait cette étude à fond, afin que, par le grand nombre d'examinateurs, la chose pût être pleinement éclaircie. Jusque-là, votre nation me paroît un spectacle beau et grand de loin, mais très-douteux et équivoque.

Conf. — Voulez-vous ne rien croire, parce que Fernand Mendez Pinto a beaucoup exagéré ? Douterez-vous que la Chine ne soit un vaste et puissant empire, très-peuplé et bien policé, que les arts n'y fleurissent, qu'on n'y cultive les hautes sciences, que le respect des lois n'y soit admirable ?

Soc. — Par où voulez-vous que je me convainque de toutes ces choses ?

Conf. — Par vos propres relateurs.

Soc. — Il faut donc que je les croie ces relateurs ?

Conf. — Pourquoi non ?

Soc. — Et que je les croie dans le mal comme dans le bien ? répondez, de grâce.

Conf. — Je le veux.

Soc. — Selon ces relateurs, le peuple de la terre le plus vain, le plus superstitieux, le plus intéressé, le plus injuste, le plus menteur, c'est le Chinois.

Conf. — Il y a partout des hommes vains et menteurs.

Soc. — Je l'avoue ; mais à la Chine les principes de toute la nation, auxquels on n'attache aucun déshonneur, sont de mentir et de se prévaloir du mensonge. Que peut-on attendre d'un tel peuple pour les vérités éloignées et difficiles à éclaircir ? Ils sont fastueux dans toutes leurs histoires : comment ne le seroient-ils pas, puisqu'ils sont même si vains et si exagérans pour les choses présentes qu'on peut examiner de ses propres yeux, et où l'on peut les convaincre d'avoir voulu imposer aux étrangers ? Les Chinois, sur le portrait que j'en ai ouï faire, me paroissent assez semblables aux Egyptiens. C'est un peuple tranquille et paisible, dans un beau et riche pays, un peuple vain qui méprise tous les autres peuples de l'univers, un peuple qui se pique d'une antiquité extraordinaire, et qui met sa gloire dans le nombre des siècles de sa durée ; c'est un peuple superstitieux jusqu'à la superstition la plus grossière et la plus ridicule, malgré sa politesse ; c'est un peuple qui a mis toute sa sagesse à garder ses lois, sans oser examiner ce qu'elles ont de bon ; c'est un peuple grave, mystérieux, composé, et rigide observateur de toutes ses anciennes coutumes pour l'extérieur, sans y chercher la justice, la sincérité et les autres vertus intérieures ; c'est un peuple qui a fait de grands mystères de plusieurs choses très-superficielles, et dont la simple explication diminue beaucoup le prix. Les arts y sont fort médiocres, et les sciences n'y étoient presque rien de solide quand nos Européens ont commencé à les connoître.

Conf. — N'avions-nous pas l'imprimerie, la poudre à canon, la géométrie, la peinture, l'architecture, l'art de faire la porcelaine, enfin une manière de lire et d'écrire bien meilleure que celle de vos Occidentaux ? Pour l'antiquité de nos histoires, elle est constante par nos observations astronomiques. Vos Occidentaux prétendent que nos calculs sont fautifs ; mais les observations ne leur sont pas suspectes, et ils avouent qu'elles cadrent juste avec les révolutions du ciel.

Soc. — Voilà bien des choses que vous mettez ensemble, pour réunir tout ce que la Chine a de plus estimable ; mais examinons-les de près l'une après l'autre.

Conf. — Volontiers.

Soc. — L'imprimerie n'est qu'une commodité pour les gens de lettres, et elle ne mérite pas une grande gloire. Un artisan avec des qualités peu estimables, peut être l'auteur d'une telle invention : elle est même imparfaite chez vous, car vous n'avez que l'usage des planches ; au lieu que les Occidentaux ont avec l'usage des planches celui des caractères, dont ils font telle composition qu'il leur plaît en fort peu de temps. De plus il n'est pas tant question d'avoir un art pour faciliter les études, que de l'usage qu'on en fait. Les Athéniens de mon temps n'avoient pas l'imprimerie, et néanmoins on voyoit fleurir chez eux les beaux-arts et les hautes sciences ; au contraire, les Occidentaux, qui ont trouvé l'imprimerie mieux que les Chinois, étoient des hommes grossiers, ignorans et barbares. La poudre à canon est une invention pernicieuse pour détruire le genre humain ; elle nuit à tous les hommes, et ne sert véritablement à aucun peuple : les uns imitent bientôt ce que les autres font contre eux. Chez les Occidentaux, où les armes à feu ont été bien plus perfectionnées qu'à la Chine, de telles armes ne décident rien de part ni d'autre : on a proportionné les moyens de défensive aux armes de ceux qui attaquent ; tout cela revient à une espèce de compensation, après laquelle chacun n'est pas plus avancé que quand on n'avoit que des tours et de simples murailles, avec des piques, des javelots, des épées, des arcs, des tortues et des béliers. Si on convenoit de part et d'autre de renoncer aux armes à feu, on se débarraseroit mutuellement d'une infinité de choses superflues et incommodes : la valeur, la discipline, la vigilance et le génie auroient plus de part à la décision de toutes les guerres. Voilà donc une invention qu'il n'est guère permis d'estimer.

Conf. — Mépriserez-vous aussi nos mathématiciens ?

Soc. — Ne m'avez-vous pas donné pour règle de croire les faits rapportés par nos relateurs ?

Conf. — Il est vrai ; mais ils avouent que nos mathématiciens sont habiles.

Soc. — Ils disent qu'ils ont fait certains progrès, et qu'ils savent bien faire plusieurs opérations ; mais ils ajoutent qu'ils manquent de méthode, qu'ils font mal certaines démonstrations, qu'ils se trompent sur des calculs, qu'il y a plusieurs choses très-importantes dont ils n'ont rien découvert. Voilà ce que j'entends dire. Ces hommes si entêtés de la connoissance des astres, et qui y bornent leur principale étude, se sont trouvés dans cette étude même très-inférieurs aux Occidentaux qui ont voyagé dans la Chine, et qui, selon les apparences, ne sont pas les plus parfaits astronomes de l'Occident. Tout cela ne répond point à cette idée merveilleuse d'un peuple supérieur à toutes les autres nations. Je ne dis rien de votre porcelaine ; c'est plutôt le mérite de votre terre que de votre peuple ; ou du moins si c'est un mérite pour les hommes, ce n'est qu'un mérite de vil artisan. Votre architecture n'a point de belles proportions ; tout y est bas et écrasé ; tout y est confus, et chargé de petits ornemens qui ne sont ni nobles ni naturels. Votre peinture a quelque vie et une grâce je ne sais quelle ; mais elle n'a ni correction de dessin, ni ordonnance ni noblesse dans les figures, ni vérité dans les représentations ; on n'y voit ni paysages naturels, ni histoires, ni pensées raisonnables et suivies ; on n'est ébloui que par la beauté des couleurs et du vernis.

Conf. — Ce vernis même est une merveille inimitable dans tout l'Occident.

Soc. — Il est vrai : mais vous avez cela de commun avec les peuples les plus barbares, qui ont quelquefois le secret de faire en leur pays, par le secours de la nature, des choses que les nations les plus industrieuses ne sauroient exécuter chez elles.

Conf. — Venons à l'écriture.

Soc. — Je conviens que vous avez dans votre écriture un grand avantage pour la mettre en commerce chez tous les peuples voisins qui parlent des langues différentes de la chinoise. Chaque caractère signifiant un objet, de même que nos mots entiers, un étranger peut lire vos écrits sans savoir votre langue, et il peut vous répondre par les mêmes caractères, quoique sa langue vous soit entièrement inconnue. De tels caractères, s'ils étoient partout en usage, seroient comme une langue commune pour tout le genre humain, et la commodité en seroit infinie pour le commerce d'un bout du monde à l'autre. Si toutes les nations pouvoient convenir entre elles d'enseigner à tous leurs enfans ces caractères, la diversité des langues n'arrêteroit plus les voyageurs, il y auroit un lien universel de société. Mais rien n'est plus impraticable que cet usage universel de vos caractères; il y en a un si prodigieux nombre pour signifier tous les objets qu'on désigne dans le langage humain, que vos savans mettent un grand nombre d'années à apprendre à écrire. Quelle nation s'assujettira à une étude si pénible ? Il n'y a aucune science épineuse qu'on n'apprît plus promptement. Que sait-on, en vérité, quand on ne sait encore que lire et écrire ? D'ailleurs, peut-on espérer que tant de nations s'accordent à enseigner cette écriture à leurs enfans? Dès que vous renfermerez cet art dans un seul pays, ce n'est plus rien que de très-incommode : dès lors vous n'avez plus l'avantage de vous faire entendre aux nations d'une langue inconnue, et vous avez l'extrême désavantage de passer misérablement la meilleure partie de votre vie à apprendre à écrire ; ce qui vous jette dans deux inconvéniens, l'un d'admirer vainement un art pénible et infructueux, l'autre de consumer toute votre jeunesse dans cette étude sèche, qui vous exclut de tout progrès pour les connaissances les plus solides.

Conf. — Mais notre antiquité, de bonne foi, n'en êtes-vous pas convaincu ?

Soc. — Nullement : les raisons qui persuadent aux astronomes occidentaux que vos observations doivent être véritables, peuvent avoir frappé de même vos astronomes, et leur avoir fourni une vraisemblance pour autoriser vos vaines fictions sur les antiquités de la Chine. Vos astronomes auront vu que telles choses ont dû arriver en tels et en tels temps, par les mêmes règles qui en persuadent nos astronomes d'Occident; ils n'auront pas manqué de faire leurs prétendues observations sur ces règles pour leur donner une apparence de vérité. Un peuple fort vain et fort jaloux de la gloire de son antiquité, si peu qu'il soit intelligent dans l'astronomie, ne manque pas de colorer ainsi ses fictions; le hasard même peut les avoir un peu aidés. Enfin il faudroit que les plus savans astronomes d'Occident eussent la commodité d'examiner dans les originaux toute cette suite d'observations. Les Égyptiens étoient grands observateurs des astres, et en même temps amoureux de leurs fables pour remonter à des milliers de siècles. Il ne faut pas douter qu'ils n'aient travaillé à accorder ces deux passions.

Conf. — Que conclurez-vous donc sur notre empire ? Il étoit hors de tout commerce avec vos nations où les sciences ont régné; il étoit environné de tous côtés par des nations grossières; il a certainement, depuis plusieurs siècles au-dessus de mon temps, des lois, une police et des arts que les autres peuples orientaux n'ont point eus. L'origine de notre nation est inconnue; elle se cache dans l'obscurité des siècles les plus reculés. Vous voyez bien que je n'ai ni entêtement ni vanité là-dessus. De bonne foi, que pensez-vous sur l'origine d'un tel peuple?

Soc. — Il est difficile de décider juste ce qui est arrivé, parmi tant de choses qui ont pu se faire et ne se faire pas dans la manière dont les terres ont été peuplées. Mais voici ce qui me paroît assez naturel. Les peuples les plus anciens de nos histoires, les peuples les plus puissans et les plus polis, sont ceux de l'Asie et de l'Égypte : c'est là comme la source des colonies. Nous voyons que les Égyptiens ont fait des colonies dans la Grèce, et en ont formé les mœurs. Quelques Asiatiques, comme les Phéniciens et les Phrygiens, ont fait de même sur toutes les côtes de la mer Méditerranée. D'autres Asiatiques de ces royaumes qui étoient sur les bords du Tigre et de l'Euphrate ont pu pénétrer jusque dans les Indes pour les peupler. Les peuples, en se multipliant, auront passé les fleuves et les montagnes, et insensiblement auront répandu leurs colonies jusque dans la Chine : rien ne les aura arrêtés dans ce vaste continent qui est presque tout uni. Il n'y a guère d'apparence que les hommes soient parvenus à la Chine par l'extrémité du Nord qu'on nomme à présent la Tartarie; car les Chinois paroissent avoir été, dès la plus grande antiquité, des peuples doux, paisibles, policés, et cultivant la sagesse, ce qui est le contraire des nations violentes et farouches qui ont été nourries dans les pays sauvages du Nord. Il n'y a guère d'apparence non plus que les hommes soient arrivés à la Chine par la mer : les grandes navigations n'étoient alors ni usitées, ni possibles. De plus, les mœurs, les arts, les sciences et la religion des Chinois se rapportent très-bien aux mœurs, aux arts, aux sciences, à la religion des Babyloniens et de ces autres peuples que nos historiens nous dépeignent. Je croirois donc que quelques siècles avant le vôtre ces peuples asiatiques ont pénétré jusqu'à la Chine; qu'ils y ont fondé votre empire; que vous avez eu des rois habiles et de vertueux législateurs; que la Chine a été plus estimable qu'elle ne l'est aujourd'hui pour les arts et pour les mœurs; que vos historiens ont flatté l'orgueil de la nation; qu'on a exagéré des choses qui méritoient quelque louange; qu'on a mêlé la fable avec la vérité, et qu'on a voulu dérober à la postérité l'origine de la nation, pour la rendre plus merveilleuse à tous les autres peuples.

Conf. — Vos Grecs n'en ont-ils pas fait autant?

Soc. — Encore pis : ils ont leurs temps fabuleux, qui approchent beaucoup du vôtre. J'ai vécu, suivant la supputation commune, environ trois cents ans après vous. Cependant, quand on veut en rigueur remonter au-dessus de mon temps, on ne trouve aucun historien qu'Hérodote, qui a écrit immédiatement après la guerre des Perses, c'est-à-dire environ soixante ans avant ma mort : cet historien n'établit rien de suivi, et ne pose aucune date précise par des auteurs contemporains, pour tout ce qui est beaucoup plus ancien que cette guerre. Les temps de la guerre de Troie, qui n'ont qu'environ six cents ans au-dessus de moi, sont encore des temps reconnus pour fabuleux. Jugez s'il faut s'étonner que la Chine ne soit pas bien assurée de ce grand nombre de siècles que ses histoires lui donnent avant votre temps.

Conf. — Mais pourquoi auriez-vous inclination de croire que nous sommes sortis des Babyloniens?

Soc. — Le voici. Il y a beaucoup d'apparence que vous venez de quelque peuple de la haute Asie qui s'est répandu de proche en proche jusqu'à la Chine, et peut-être même dans les temps de quelque conquête des Indes, qui a mené le peuple conquérant jusque dans les pays qui composent aujourd'hui votre empire. Votre antiquité est grande; il faut donc que votre espèce de colonie se soit faite par quelqu'un de ces anciens peuples, comme ceux de Ninive ou de Babylone. Il faut que vous veniez de quelque peuple puissant et fastueux, car c'est encore le caractère de votre nation. Vous êtes seul de cette espèce dans tous vos pays; et les peuples voisins, qui n'ont rien de semblable, n'ont pu vous donner ces mœurs. Vous avez, comme les anciens Babyloniens, l'astronomie, et même l'astrologie judiciaire, la superstition, l'art de deviner, une architecture plus somptueuse que proportionnée, une vie de délices et de faste, de grandes villes, un empire où le prince a une autorité absolue, des lois fort révérées, des temples en abondance, et une multitude de dieux de toutes les figures. Tout ceci n'est qu'une conjecture, mais elle pourroit être vraie.

Conf. — Je vais en demander des nouvelles au roi Yao, qui se promène, dit-on, avec vos anciens rois d'Argos et d'Athènes dans ce petit bois de myrtes.

Soc. — Pour moi, je ne me fie ni à Cécrops, ni à Inachus, ni à Pélops, pas même aux héros d'Homère, sur nos antiquités.

VIII.

ROMULUS ET RÉMUS.

La grandeur à laquelle on ne parvient que par le crime, ne sauroit donner ni gloire ni bonheur solide.

Rémus. — Enfin vous voilà, mon frère, au même état que moi; cela ne valoit pas la peine de me faire mourir. Quelques années où vous avez régné seul sont finies; il n'en reste rien : et vous les auriez passées plus doucement, si vous aviez vécu en paix, partageant l'autorité avec moi.

Rom. — Si j'avois eu cette modération, je n'aurois ni fondé la puissante ville que j'ai établie, ni fait les conquêtes qui m'ont immortalisé.

Rémus. — Il valoit mieux être moins puissant, et être plus juste et plus vertueux; je m'en rapporte à Minos et à ses deux collègues qui vont vous juger.

Rom. — Cela est bien dur. Sur la terre personne n'eût osé me juger.

Rémus. — Mon sang, dans lequel vous avez trempé vos mains, fera votre condamnation ici-bas, et sur la terre noircira à jamais votre réputation. Vous vouliez de l'autorité et de la gloire. L'autorité n'a fait que passer dans vos mains; elle vous a échappé comme un songe. Pour la gloire, vous ne l'aurez jamais. Avant que d'être grand homme, il faut être honnête homme; et on doit s'éloigner des crimes indignes des hommes, avant que d'aspirer aux vertus des dieux. Vous aviez l'inhumanité d'un monstre, et vous prétendiez être un héros!

Rom. — Vous ne m'auriez pas parlé de la sorte impunément, quand nous tracions notre ville.

Rémus. — Il est vrai; et je ne l'ai que trop senti. Mais d'où vient que vous êtes descendu ici? On disoit que vous étiez devenu immortel.

Rom. — Mon peuple a été assez sot pour le croire.

IX.

ROMULUS ET TATIUS.

Le véritable héroïsme est incompatible avec la fraude et la violence.

Tat. — Je suis arrivé ici un peu plus tôt que toi ; mais enfin nous y sommes tous deux, et tu n'es pas plus avancé que moi, ni mieux dans tes affaires.

Rom. — La différence est grande. J'ai la gloire d'avoir fondé une ville éternelle avec un empire qui n'aura d'autres bornes que celles de l'univers ; j'ai vaincu les peuples voisins ; j'ai formé une nation invincible d'une foule de criminels réfugiés. Qu'as-tu fait qu'on puisse comparer à ces merveilles ?

Tat. — Belles merveilles ! assembler des voleurs, des scélérats, se faire chef de bandits, ravager impunément les pays voisins, enlever des femmes par trahison, n'avoir pour loi que la fraude et la violence, massacrer son propre frère : voilà ce que j'avoue que je n'ai point fait. Ta ville durera tant qu'il plaira aux dieux ; mais elle est élevée sur de mauvais fondemens. Pour ton empire, il pourra aisément s'étendre, car tu n'as appris à tes citoyens qu'à usurper le bien d'autrui ; ils ont grand besoin d'être gouvernés par un roi plus modéré et plus juste que toi. Aussi dit-on que Numa, mon gendre, t'a succédé : il est sage, juste, religieux, bienfaisant. C'est justement l'homme qu'il faut pour redresser ta république et réparer tes fautes.

Rom. — Il est aisé de passer sa vie à juger des procès, à apaiser des querelles, à faire observer une police dans une ville ; c'est une conduite foible et une vie obscure : mais remporter des victoires, faire des conquêtes, voilà ce qui fait les héros.

Tat. — Bon ! voilà un étrange héroïsme, qui n'aboutit qu'à assassiner les gens dont on est jaloux !

Rom. — Comment, assassiner ! je vois bien que tu me soupçonnes de t'avoir fait tuer.

Tat. — Je ne t'en soupçonne nullement, car je n'en doute point ; j'en suis sûr. Il y avoit long-temps que tu ne pouvois plus souffrir que je partageasse la royauté avec toi. Tous ceux qui ont passé le Styx après moi m'ont assuré que tu n'as pas même sauvé les apparences ; nul regret de ma mort, nul soin de la venger, ni de punir mes meurtriers. Mais tu as trouvé ce que tu méritois. Quand on apprend à des impies à massacrer un roi, bientôt ils sauront faire périr l'autre.

Rom. — Hé bien ! quand je t'aurois fait tuer, j'aurois suivi l'exemple de mauvaise foi que tu m'avois donné en trompant cette pauvre fille qu'on nommoit Tarpéia. Tu voulus qu'elle te laissât monter avec tes troupes pour surprendre la roche qui fut de son nom appelée Tarpéienne. Tu lui avois promis de lui donner ce que les Sabins portoient à la main gauche. Elle croyoit avoir les bracelets de grand prix qu'elle avoit vus ; on lui donna tous les boucliers dont on l'accabla sur-le-champ. Voilà une action perfide et cruelle.

Tat. — La tienne, de me faire tuer en trahison, est encore plus noire ; car nous avions juré alliance, et uni nos deux peuples. Mais je suis vengé. Tes sénateurs ont bien su réprimer ton audace et ta tyrannie. Il n'est resté aucune parcelle de ton corps déchiré ; apparemment chacun eut soin d'emporter son morceau sous sa robe. Voilà comment on te fit dieu. Proculus te vit avec une majesté d'immortel. N'es-tu pas content de ces honneurs, toi qui es si glorieux ?

Rom. — Pas trop : mais il n'y a point de remède à mes maux. On me déchire et on m'adore ; c'est une espèce de dérision. Si j'étois encore vivant, je les...

Tat. — Il n'est plus temps de menacer, les ombres ne sont plus rien. Adieu, méchant, je t'abandonne.

X.

ROMULUS ET NUMA POMPILIUS.

Combien la gloire d'un roi sage et pacifique est préférable à celle d'un conquérant.

Rom. — Vous avez bien tardé à venir ici ! votre règne a été bien long !

Numa. — C'est qu'il a été très-paisible. Le moyen de parvenir à une extrême vieillesse, c'est de ne faire mal à personne, de n'abuser point de l'autorité, et de faire en sorte que personne n'ait d'intérêt à souhaiter notre mort.

Rom. — Quand on se gouverne avec tant de modération, on vit obscurément, on meurt sans gloire ; on a la peine de gouverner les hommes : l'autorité ne donne aucun plaisir. Il vaut mieux vaincre, abattre tout ce qui résiste, et aspirer à l'immortalité.

Numa. — Mais votre immortalité, je vous

prie, en quoi consiste-t-elle? J'avois ouï dire que vous étiez au rang des dieux, nourri de nectar à la table de Jupiter : d'où vient donc que je vous trouve ici?

Rom. — A parler franchement, les sénateurs, jaloux de ma puissance, se défirent de moi, et me comblèrent d'honneurs, après m'avoir mis en pièces. Ils aimèrent mieux m'invoquer comme dieu, que de m'obéir comme à leur roi.

Numa. — Quoi donc! ce que Proculus raconta n'est pas vrai?

Rom. — Hé! ne savez-vous pas combien on fait accroire de choses au peuple? Vous en êtes plus instruit qu'un autre, vous qui lui avez persuadé que vous étiez inspiré par la nymphe Égérie. Proculus, voyant le peuple irrité de ma mort, voulut le consoler par une fable. Les hommes aiment à être trompés; la flatterie apaise les plus grandes douleurs.

Numa. — Vous n'avez donc eu pour toute immortalité que des coups de poignard?

Rom. — Mais j'ai eu des autels, des prêtres, des victimes et de l'encens.

Numa. — Mais cet encens ne guérit de rien; vous n'en êtes pas moins ici une ombre vaine et impuissante, sans espérance de revoir jamais la lumière du jour. Vous voyez donc qu'il n'y a rien de si solide que d'être bon, juste, modéré, aimé des peuples; on vit long-temps, on est toujours en paix. A la vérité, on n'a point d'encens, on ne passe point pour immortel; mais on se porte bien, on règne long-temps sans trouble, et on fait beaucoup de bien aux hommes qu'on gouverne.

Rom. — Vous, qui avez vécu si long-temps, vous n'étiez pas jeune quand vous avez commencé à régner.

Numa. — J'avois quarante ans, et ç'a été mon bonheur. Si j'eusse commencé à régner plus tôt, j'aurois été sans expérience et sans sagesse, exposé à toutes mes passions. La puissance est trop dangereuse quand on est jeune et ardent. Vous l'avez bien éprouvé, vous qui avez dans votre emportement tué votre propre frère, et qui vous êtes rendu insupportable à tous vos citoyens.

Rom. — Puisque vous avez vécu si long-temps, il falloit que vous eussiez une bonne et fidèle garde autour de vous.

Numa. — Point du tout; je commençai par me défaire des trois cents gardes que vous aviez choisis et nommés *Célères*. Un homme qui accepte avec peine la royauté, qui ne la veut que pour le bien public, et qui seroit content de la quitter, n'a point à craindre la mort comme un tyran. Pour moi, je croyois faire une grâce aux Romains de les gouverner; je vivois pauvrement pour enrichir le peuple; toutes les nations voisines auroient souhaité d'être sous ma conduite. En cet état faut-il des gardes? Pour moi, pauvre mortel, personne n'avoit d'intérêt à me donner l'immortalité dont le sénat vous jugea digne. Ma garde étoit l'amitié des citoyens, qui me regardoient tous comme leur père. Un roi ne peut-il pas confier sa vie à un peuple qui lui confie ses biens, son repos, sa conservation? La confiance est égale des deux côtés.

Rom. — A vous entendre, on croiroit que vous avez été roi malgré vous. Mais vous avez là-dessus trompé le peuple, comme vous lui avez imposé sur la religion.

Numa. — On m'est venu chercher dans ma solitude de Cures. D'abord j'ai représenté que je n'étois point propre à gouverner un peuple belliqueux, accoutumé à des conquêtes; qu'il leur falloit un Romulus toujours prêt à vaincre. J'ajoutai que la mort de Tatius et la vôtre ne me donnoient pas grande envie de succéder à ces deux rois. Enfin je représentai que je n'avois jamais été à la guerre. On persista à me désirer; je me rendis : mais j'ai toujours vécu pauvre, simple, modéré dans la royauté, sans me préférer à aucun citoyen. J'ai réuni les deux peuples des Sabins et des Romains, en sorte qu'on ne peut plus les distinguer. J'ai fait revivre l'âge d'or. Tous les peuples, non-seulement des environs de Rome, mais encore de l'Italie, ont senti l'abondance que j'ai répandue partout. Le labourage mis en honneur a adouci les peuples farouches, et les a attachés à la patrie, sans leur donner une ardeur inquiète pour envahir les terres de leurs voisins.

Rom. — Cette paix et cette abondance ne servent qu'à enorgueillir les peuples, qu'à les rendre indociles à leur roi, et qu'à les amollir; en sorte qu'ils ne peuvent plus ensuite supporter les fatigues et les périls de la guerre. Si on fût venu vous attaquer, qu'auriez-vous fait, vous qui n'aviez jamais rien vu pour la guerre? il auroit fallu dire aux ennemis d'attendre jusqu'à ce que vous eussiez consulté la nymphe*.

Numa. — Si je n'ai pas su faire la guerre comme vous, j'ai su l'éviter, et me faire respec-

---

* L'original finit ici, et l'édition de 1712 y est conforme. Nous copions ce qui suit de l'édition de 1718 : l'éditeur l'aura sans doute ajouté pour terminer ce Dialogue, qui lui a semblé incomplet. (*Edit. de Vers.*)

ter et aimer de tous mes voisins. J'ai donné aux Romains des lois qui, en les rendant justes, laborieux, sobres, les rendront toujours assez redoutables à ceux qui voudroient les attaquer. Je crains bien encore qu'ils ne se ressentent trop de l'esprit de rapine et de violence auquel vous les aviez accoutumés.

XI.

XERXÈS ET LÉONIDAS.

La sagesse et la valeur rendent les États invincibles, et non pas le grand nombre de sujets, ni l'autorité sans bornes des princes.

Xerx. — Je prétends, Léonidas, te faire un grand honneur. Il ne tient qu'à toi d'être toujours à ma suite sur les bords du Styx.

Léon. — Je n'y suis descendu que pour ne te voir jamais, et pour repousser ta tyrannie. Va chercher tes femmes, tes eunuques, tes esclaves et tes flatteurs ; voilà la compagnie qu'il te faut.

Xerx. — Voyez ce brutal, cet insolent, un gueux qui n'eut jamais que le nom de roi sans autorité, un capitaine de bandits, qui n'ont que la cape et l'épée. Quoi ! tu n'as point de honte de te comparer au grand Roi ? As-tu donc oublié que je couvrois la terre de soldats et la mer de navires ? Ne sais-tu pas que mon armée ne pouvoit, en un repas, se désaltérer sans faire tarir les rivières ?

Léon. — Comment oses-tu vanter la multitude de tes troupes ? Trois cents Spartiates que je commandois aux Thermopyles furent tués par ton armée innombrable sans pouvoir être vaincus ; ils ne succombèrent qu'après s'être lassés de tuer. Ne vois-tu pas encore ici près ces ombres errant en foule, qui couvrent le rivage ? Ce sont les vingt mille Perses que nous avons tués. Demande-leur combien un Spartiate seul vaut d'autres hommes, et surtout des tiens. C'est la valeur, et non pas le nombre, qui rend invincible.

Xerx. — Ton action est un coup de fureur et de désespoir.

Léon. — C'étoit une action sage et généreuse. Nous crûmes que nous devions nous dévouer à une mort certaine, pour t'apprendre ce qu'il en coûte quand on veut mettre les Grecs dans la servitude, et pour donner le temps à toute la Grèce de se préparer à vaincre ou à périr comme nous. En effet, cet exemple de courage étonna les Perses, et ranima les Grecs découragés. Notre mort fut bien employée.

Xerx. — O que je suis fâché de n'être point entré dans le Péloponèse après avoir ravagé l'Attique ! j'aurois mis en cendres ta Lacédémone comme j'y mis Athènes. Misérable, impudent, je t'aurois....

Léon. — Ce n'est plus ici le temps ni des injures ni des flatteries ; nous sommes au pays de la vérité. T'imagines-tu donc être encore le grand Roi ? tes trésors sont bien loin ; tu n'as plus de gardes ni d'armée, plus de faste ni de délices ; la louange ne vient plus chatouiller tes oreilles ; te voilà nu, seul, prêt à être jugé par Minos. Mais ton ombre est encore bien colère et bien superbe ; tu n'étois pas plus emporté quand tu faisois fouetter la mer. En vérité, tu méritois bien d'être fouetté toi-même pour cette extravagance. Et ces fers dorés, t'en souviens-tu ? que tu fis jeter dans l'Hellespont pour tenir les tempêtes dans ton esclavage ? Plaisant homme, pour dompter la mer ! Tu fus contraint bientôt après de repasser à la hâte en Asie dans une barque comme un pêcheur. Voilà à quoi aboutit la folle vanité des hommes qui veulent forcer les lois de la nature et oublier leur propre foiblesse.

Xerx. — Ah ! les rois qui peuvent tout (je le vois bien, mais, hélas ! je le vois trop tard) sont livrés à toutes leurs passions. Hé ! quel moyen, quand on est homme, de résister à sa propre puissance et à la flatterie de tous ceux dont on est entouré ? O quel malheur de naître dans de si grands périls !

Léon. — Voilà pourquoi je fais plus de cas de ma royauté que de la tienne. J'étois roi à condition de mener une vie dure, sobre et laborieuse, comme mon peuple. Je n'étois roi que pour défendre ma patrie, et pour faire régner les lois : ma royauté me donnoit le pouvoir de faire du bien, sans me permettre de faire du mal.

Xerx. — Oui ; mais tu étois pauvre, sans éclat, sans autorité. Un de mes satrapes étoit bien plus grand et plus magnifique que toi.

Léon. — Je n'aurois pas eu de quoi percer le mont Athos comme toi. Je crois même que chacun de tes satrapes voloit dans sa province plus d'or et d'argent que nous n'en avions dans toute notre république. Mais nos armes, sans être dorées, savoient fort bien percer ces hommes lâches et efféminés, dont la multitude innombrable te donnoit une si vaine confiance.

Xerx. — Mais enfin, si je fusse entré d'abord dans le Péloponèse, toute la Grèce étoit dans les fers. Aucune ville, pas même la tienne, n'eût pû me résister.

Léon. — Je le crois comme tu le dis ; et c'est en quoi je méprise la grande puissance d'un peuple barbare, qui n'est ni instruit ni aguerri. Il manque de sages conseils ; ou, si on les lui offre, il ne sait pas les suivre, et préfère toujours d'autres conseils foibles ou trompeurs.

Xerx. — Les Grecs vouloient faire une muraille pour fermer l'isthme ; mais elle n'étoit pas encore faite, et je pouvois y entrer.

Léon. — La muraille n'étoit pas faite, il est vrai : mais tu n'étois pas fait pour prévenir ceux qui la vouloient faire. Ta foiblesse fut plus salutaire aux Grecs que leur force.

Xerx. — Si j'eusse pris cet isthme, j'aurois fait voir.....

Léon. — Tu aurois fait quelque autre faute ; car il falloit que tu en fisses, étant aussi gâté que tu l'étois par la mollesse, par l'orgueil, et par la haine des conseils sincères. Tu étois encore plus facile à surprendre que l'isthme.

Xerx. — Mais je n'étois ni lâche ni méchant, comme tu t'imagines.

Léon. — Tu avois naturellement du courage et de la bonté de cœur. Les larmes que tu répandis à la vue de tant de milliers d'hommes, dont il n'en devoit rester aucun sur la terre avant la fin du siècle, marquent assez ton humanité. C'est le plus bel endroit de ta vie. Si tu n'avois pas été un roi trop puissant et trop heureux, tu aurois été un assez honnête homme.

XII.

SOLON ET PISISTRATE.

La tyrannie est souvent plus funeste aux souverains qu'aux peuples.

Sol. — Hé bien ! tu croyois devenir le plus heureux de tous les mortels en rendant tes concitoyens tes esclaves ; te voilà bien avancé ! Tu as méprisé toutes mes remontrances ; tu as foulé aux pieds toutes mes lois : que te reste-il de ta tyrannie, que l'exécration des Athéniens, et les justes peines que tu vas endurer dans le noir Tartare ?

Pisist. — Mais je gouvernois assez doucement. Il est vrai que je voulais gouverner, et sacrifier tout ce qui étoit suspect à mon autorité.

Sol. — C'est ce qu'on appelle un tyran. Il ne fait point le mal par le seul plaisir de le faire ; mais le mal ne lui coûte rien toutes les fois qu'il le croit utile à l'accroissement de sa grandeur.

Pisist. — Je voulois acquérir de la gloire.

Sol. — Quelle gloire à mettre sa patrie dans les fers, et à passer dans toute la postérité pour un impie qui n'a connu ni justice, ni bonne foi, ni humanité ! Tu devois acquérir de la gloire comme tant d'autres Grecs en servant ta patrie, et non en l'opprimant comme tu as fait.

Pisist. — Mais quand on a assez d'élévation de génie et d'éloquence pour gouverner, il est bien rude de passer sa vie dans la dépendance d'un peuple capricieux.

Sol. — J'en conviens ; mais il faut tâcher de mener justement les peuples par l'autorité des lois. Moi qui te parle, j'étois, tu le sais bien, de la race royale : ai-je montré quelque ambition pour gouverner Athènes ? Au contraire, j'ai tout sacrifié pour mettre en autorité des lois salutaires ; j'ai vécu pauvre ; je me suis éloigné ; je n'ai jamais voulu employer que la persuasion et le bon exemple, qui sont les armes de la vertu. Est-ce ainsi que tu as fait ? Parle.

Pisist. — Non, mais c'est que je songeois à laisser à mes enfans la royauté.

Sol. — Tu as fort bien réussi ; car tu leur as laissé pour tout héritage la haine et l'horreur publique. Les plus généreux citoyens ont acquis une gloire immortelle avec des statues pour avoir poignardé l'un ; l'autre, fugitif, est allé servilement chez un roi barbare implorer son secours contre sa propre patrie. Voilà les biens que tu as laissés à tes enfans. Si tu leur avois laissé l'amour de la patrie et le mépris du faste, ils vivroient encore heureux parmi les Athéniens.

Pisist. — Mais quoi ! vivre sans ambition dans l'obscurité ?

Sol. — La gloire ne s'aquiert-elle que par des crimes ? Il la faut chercher dans la guerre contre les ennemis, dans toutes les vertus modérées d'un bon citoyen, dans le mépris de tout ce qui enivre et qui amollit les hommes. O Pisistrate, la gloire est belle : heureux ceux qui la savent trouver ! mais qu'il est pernicieux de la vouloir trouver où elle n'est pas !

Pisist. — Mais le peuple avoit trop de liberté ; et le peuple trop libre est le plus insupportable de tous les tyrans.

Sol. — Il falloit m'aider à modérer la liberté du peuple en établissant mes lois, et non pas renverser les lois pour tyranniser le peuple. Tu as fait comme un père, qui, pour rendre son fils modéré et docile, le vendroit pour lui faire passer sa vie dans l'esclavage.

Pisist. — Mais les Athéniens sont trop jaloux de leur liberté.

Sol. — Il est vrai que les Athéniens sont jusqu'à l'excès jaloux d'une liberté qui leur appartient : mais toi, n'étois-tu pas encore plus jaloux d'une tyrannie qui ne pouvoit t'appartenir ?

Pisist. — Je souffrois impatiemment de voir le peuple à la merci des sophistes et des rhéteurs, qui prévaloient sur les gens sages.

Sol. — Il valoit mieux encore que les sophistes et les rhéteurs abusassent quelquefois le peuple par leurs raisonnemens et par leur éloquence, que de te voir fermer la bouche des bons et des mauvais conseillers, pour accabler le peuple, et pour n'écouter plus que tes propres passions. Mais quelle douceur goûtois-tu dans cette puissance ? Quel est donc le charme de la tyrannie ?

Pisist. — C'est d'être craint de tout le monde, de ne craindre personne, et de pouvoir tout.

Sol. — Insensé ! tu avois tout à craindre ; et tu l'as bien éprouvé quand tu es tombé du haut de ta fortune, et que tu as eu tant de peine à te relever. Tu le sens encore dans tes enfans. Qui est-ce qui avoit plus à craindre, ou de toi, ou des Athéniens : des Athéniens, qui, portant le joug de la servitude, ne laissoient pas de vivre en paix dans leurs familles et avec leurs voisins ; ou de toi, qui devois toujours craindre d'être trahi, dépossédé, et puni de ton usurpation ? Tu avois donc plus à craindre que ce peuple même captif à qui tu te rendois redoutable.

Pisist. — Je l'avoue franchement, la tyrannie ne me donnoit aucun vrai plaisir : mais je n'aurois pas eu le courage de la quitter. En perdant l'autorité, je serois tombé dans une langueur mortelle.

Sol. — Reconnois donc combien la tyrannie est pernicieuse pour le tyran, aussi bien que pour les peuples : il n'est point heureux de l'avoir, et il est malheureux de la perdre.

XIII.

SOLON ET JUSTINIEN.

Idée juste des lois propres à rendre un peuple bon et heureux.

Just. — Rien n'est semblable à la majesté des lois romaines. Vous avez eu chez les Grecs la réputation d'un grand législateur ; mais si vous aviez vécu parmi nous, votre gloire auroit été bien obscurcie.

Sol. — Pourquoi m'auroit-on méprisé en votre pays ?

Just. — C'est que les Romains ont bien enchéri sur les Grecs pour le nombre des lois et pour leur perfection.

Sol. — En quoi ont-ils donc enchéri ?

Just. — Nous avons une infinité de lois merveilleuses qui ont été faites en divers temps. J'aurai, dans tous les siècles, la gloire d'avoir compilé dans mon Code tout ce grand corps de lois.

Sol. — J'ai ouï dire souvent à Cicéron ici-bas, que les lois des Douze Tables étoient les plus parfaites que les Romains aient eues. Vous trouverez bon que je remarque en passant que ces lois allèrent de Grèce à Rome, et qu'elles venoient principalement de Lacédémone.

Just. — Elles viendront d'où il vous plaira ; mais elles étoient trop simples et trop courtes pour entrer en comparaison avec nos lois, qui ont tout prévu, tout décidé, tout mis en ordre avec un détail infini.

Sol. — Pour moi, je croyois que des lois, pour être bonnes, devoient être claires, simples, courtes, proportionnées à tout un peuple qui doit les entendre, les retenir facilement, les aimer, les suivre à toute heure et à tout moment.

Just. — Mais des lois simples et courtes n'exercent point assez la science et le génie des jurisconsultes ; elles n'approfondissent point assez les belles questions.

Sol. — J'avoue qu'il me paroissoit que les lois étoient faites pour éviter les questions épineuses, et pour conserver dans un peuple les bonnes mœurs, l'ordre et la paix ; mais vous m'apprenez qu'elles doivent exercer les esprits subtils, et leur fournir de quoi plaider.

Just. — Rome a produit de savans jurisconsultes : Sparte n'avoit que des soldats ignorans.

Sol. — J'aurois cru que les bonnes lois sont celles qui font qu'on n'a pas besoin de jurisconsultes, et que tous les ignorans vivent en paix à l'abri de ces lois simples et claires, sans être réduits à consulter de vains sophistes sur le sens des divers textes, ou sur la manière de les concilier. Je conclurois que des lois ne sont guères bonnes quand il faut tant de savans pour les expliquer, et qu'ils ne sont jamais d'accord entre eux.

Just. — Pour accorder tout, j'ai fait ma compilation.

Sol. — Tribonien me disoit hier que c'est lui qui l'a faite.

Just. — Il est vrai, mais il l'a faite par mes ordres. Un empereur ne fait pas lui-même un tel ouvrage.

Sol. — Pour moi, qui ai régné, j'ai cru que la fonction principale de celui qui gouverne les peuples est de leur donner des lois qui règlent tout ensemble le roi et les peuples pour les rendre bons et heureux. Commander des armées et remporter des victoires n'est rien en comparaison de la gloire d'un législateur. Mais pour revenir à votre Tribonien, il n'a fait qu'une compilation des lois de divers temps qui ont souvent varié, et vous n'avez jamais eu un vrai corps de lois faites ensemble par un même dessein pour former les mœurs et le gouvernement entier d'une nation : c'est un recueil de lois particulières pour décider sur les prétentions réciproques des particuliers. Mais les Grecs ont seuls la gloire d'avoir fait des lois fondamentales pour conduire un peuple sur des principes philosophiques, et pour régler toute sa politique et tout son gouvernement. Pour la multitude de vos lois que vous vantez tant, c'est ce qui me fait croire que vous n'en avez pas eu de bonnes, ou que vous n'avez pas su les conserver dans leur simplicité. Pour bien gouverner un peuple, il faut peu de juges et peu de lois. Il y a peu d'hommes capables d'être juges ; la multitude des juges corrompt tout. La multitude des lois n'est pas moins pernicieuse ; on ne les entend plus, on ne les garde plus. Dès qu'il y en a tant, on s'accoutume à les révérer en apparence, et à les violer sous de beaux prétextes. La vanité les fait faire avec faste ; l'avarice et les autres passions les font mépriser. On s'en joue par la subtilité des sophistes, qui les expliquent comme chacun le demande pour son argent : de là naît la chicane, qui est un monstre né pour dévorer le genre humain. Je juge des causes par leurs effets. Les lois ne me paroissent bonnes que dans les pays où l'on ne plaide point, et où des lois simples et courtes ont évité toutes les questions. Je ne voudrois ni dispositions par testament, ni adoptions, ni ex-hérédations, ni substitutions, ni emprunts, ni ventes, ni échanges. Je ne voudrois qu'une étendue très-bornée de terre dans chaque famille, que ce bien fût inaliénable, et que le magistrat le partageât également aux enfans selon la loi après la mort du père. Quand les familles se multiplieroient trop à proportion de l'étendue des terres, j'enverrois une partie du peuple faire une colonie dans quelque île déserte. Moyennant cette règle courte et simple, je me passerois de tout votre fatras de lois, et je ne songerois qu'à régler les mœurs, qu'à élever la jeunesse à la sobriété, au travail, à la patience, au mépris de la mollesse, au courage contre les douleurs et contre la mort. Cela vaudroit mieux que de subtiliser sur les contrats ou sur les tutelles.

Just. — Vous renverseriez par des lois si sèches et si austères tout ce qu'il y a de plus ingénieux dans la jurisprudence.

Sol. — J'aime mieux des lois simples, dures et sauvages, qu'un art ingénieux de troubler le repos des hommes, et de corrompre le fond des mœurs. Jamais on n'a vu tant de lois que de votre temps ; jamais on n'a vu votre empire si lâche, si efféminé, si abâtardi, si indigne des anciens Romains qui ressembloient assez aux Spartiates. Vous-même vous n'avez été qu'un fourbe, un impie, un scélérat, un destructeur des bonnes lois, un homme vain et faux en tout. Votre Tribonien a été aussi méchant, aussi double et aussi dissolu. Procope vous a démasqué. Je reviens aux lois ; elles ne sont lois qu'autant qu'elles sont facilement connues, crues, aimées, suivies, et elles ne sont bonnes qu'autant que leur exécution rend les peuples bons et heureux. Vous n'avez fait personne bon et heureux par votre fastueuse compilation ; d'où je conclus qu'elle mérite d'être brûlée. Mais je vois que vous vous fâchez. La majesté impériale se croit au-dessus de la vérité ; mais son ombre n'est plus qu'une ombre à qui on dit la vérité impunément. Je me retire néanmoins pour apaiser votre bile allumée.

XIV.

DÉMOCRITE ET HÉRACLITE.

Comparaison de Démocrite et d'Héraclite, où l'on donne l'avantage au dernier, comme plus humain.

Dém. — Je ne saurois m'accommoder d'une philosophie triste.

Hérac. — Ni moi d'une gaie. Quand on est sage, on ne voit rien dans le monde qui ne paroisse de travers et qui ne déplaise.

Dém. — Vous prenez les choses d'un trop grand sérieux ; cela vous fera mal.

Hérac. — Vous les prenez avec trop d'enjouement ; votre air moqueur est plutôt celui d'un Satyre que d'un philosophe. N'êtes-vous point touché de voir le genre humain si aveugle, si corrompu, si égaré ?

Dém. — Je suis bien plus touché de le voir si impertinent et si ridicule.

Hérac. — Mais enfin ce genre humain dont vous riez, c'est le monde entier avec qui vous vivez, c'est la société de vos amis, c'est votre famille, c'est vous-même.

Dém. — Je ne me soucie guère de tous les fous que je vois, et je me crois sage en me moquant d'eux.

Hérac. — S'ils sont fous, vous n'êtes guère sage ni bon, de ne les plaindre pas et d'insulter à leur folie. D'ailleurs qui vous répond que vous ne soyez pas aussi extravagant qu'eux ?

Dém. — Je ne puis l'être, pensant en toutes choses le contraire de ce qu'ils pensent.

Hérac. — Il y a des folies de diverses espèces. Peut-être qu'à force de contredire les folies des autres, vous vous jetez dans une extrémité contraire, qui n'est pas moins folle.

Dém. — Croyez-en ce qu'il vous plaira, et pleurez encore sur moi, si vous avez des larmes de reste ; pour moi je suis content de rire des fous. Tous les hommes ne le sont-ils pas ? Répondez.

Hérac. — Hélas ! ils ne le sont que trop ; c'est ce qui m'afflige : nous convenons vous et moi en ce point, que les hommes ne suivent point la raison. Mais moi, qui ne veux pas faire comme eux, je veux suivre la raison qui m'oblige de les aimer ; et cette amitié me remplit de compassion pour leurs égaremens. Ai-je tort d'avoir pitié de mes semblables, de mes frères, de ce qui est, pour ainsi dire, une partie de moi-même ? Si vous entriez dans un hôpital de blessés, ririez-vous de voir leurs blessures ? Les plaies du corps ne sont rien en comparaison de celles de l'ame : vous auriez honte de votre cruauté, si vous aviez ri d'un malheureux qui a la jambe coupée ; et vous avez l'inhumanité de vous moquer du monde entier qui a perdu la raison.

Dém. — Celui qui a perdu une jambe est à plaindre, en ce qu'il ne s'est point ôté lui-même ce membre ; mais celui qui perd la raison la perd par sa faute.

Hérac. — Hé ! c'est en quoi il est plus à plaindre Un insensé furieux, qui s'arracheroit lui-même les yeux, seroit encore plus digne de compassion qu'un autre aveugle.

Dém. — Accommodons-nous ; il y a de quoi nous justifier tous deux. Il y a partout de quoi rire et de quoi pleurer. Le monde est ridicule, et j'en ris. Il est déplorable, et vous en pleurez. Chacun le regarde à sa mode, et suivant son tempérament. Ce qui est certain, c'est que le monde est de travers. Pour bien faire, pour bien penser, il faut faire ; il faut penser autrement que le grand nombre : se régler par l'autorité et par l'exemple du commun des hommes, c'est le partage des sots.

Hérac. — Tout cela est vrai ; mais vous n'aimez rien, et le mal d'autrui vous réjouit. C'est n'aimer ni les hommes, ni la vertu qu'ils abandonnent.

XV.

HÉRODOTE ET LUCIEN.

L'incrédulité est un excès plus funeste que la trop grande crédulité.

Hérod. — Ah ! bon jour, mon ami. Tu n'as plus envie de rire, toi qui as fait discourir tant d'hommes célèbres en leur faisant passer la barque de Charon. Te voilà donc descendu à ton tour sur les bords du Styx ! Tu avois raison de te jouer des tyrans, des flatteurs, des scélérats ; mais de moi....!

Luc. — Quand est-ce que je m'en suis moqué ? Tu cherches querelle.

Hérod. — Dans ton Histoire véritable, et ailleurs, où tu prends mes relations pour des fables.

Luc. — Avois-je tort ? Combien as-tu avancé de choses sur la parole des prêtres et des autres gens qui veulent toujours du mystère et du merveilleux !

Hérod. — Impie ! tu ne croyois pas la religion.

Luc. — Il falloit une religion plus pure et plus sérieuse que celle de Jupiter et de Vénus, de Mars, d'Apollon, et des autres dieux, pour persuader les gens de bon sens. Tant pis pour toi de l'avoir crue.

Hérod. — Mais tu ne méprisois pas moins la philosophie. Rien n'étoit sacré pour toi.

Luc. — Je méprisois les dieux, parce que les poètes nous les dépeignoient comme les plus malhonnêtes gens du monde. Pour les philosophes, ils faisoient semblant de n'estimer que la vertu, et ils étoient pleins de vices. S'ils eussent été philosophes de bonne foi, je les aurois respectés.

Hérod. — Et Socrate, comment l'as-tu traité? Est-ce sa faute, ou la tienne? Parle.

Luc. — Il est vrai que j'ai badiné sur les choses dont on l'accusoit; mais je ne l'ai pas condamné sérieusement.

Hérod. — Faut-il se jouer aux dépens d'un si grand homme sur des calomnies grossières? Mais, dis la vérité, tu ne songeois qu'à rire, qu'à te moquer de tout, qu'à montrer du ridicule en chaque chose, sans te mettre en peine d'en établir aucune solidement.

Luc. — Hé! n'ai-je pas gourmandé les vices? N'ai-je pas foudroyé les grands qui abusent de leur grandeur? N'ai-je pas élevé jusqu'au ciel le mépris des richesses et des délices?

Hérod. — Il est vrai, tu as bien parlé de la vertu, mais pour blâmer les vices de tout le humain : c'étoit plutôt un goût de satire, qu'un sentiment de solide philosophie. Tu louois même la vertu sans vouloir remonter jusqu'aux principes de religion et de philosophie qui en sont les vrais fondemens.

Luc. — Tu raisonnes mieux ici-bas que tu ne faisois dans tes grands voyages. Mais accordons-nous. Hé bien, je n'étois pas assez crédule, et tu l'étois trop.

Hérod. — Ah! te voilà encore toi-même, tournant tout en plaisanterie. Ne seroit-il pas temps que ton ombre eût un peu de gravité?

Luc. — Gravité? j'en suis las, à force d'en avoir vu. J'étois environné de philosophes qui s'en piquoient sans bonne foi, sans justice, sans amitié, sans modération, sans pudeur.

Hérod. — Tu parles des philosophes de ton temps, qui avoient dégénéré : mais.....

Luc. — Que voulois-tu donc que je fisse? que j'eusse vu ceux qui étoient morts plusieurs siècles avant ma naissance? Je ne me souvenois point d'avoir été au siége de Troie, comme Pythagore. Tout le monde ne peut pas avoir été Euphorbe.

Hérod. — Autre moquerie. Et voilà tes réponses aux plus solides raisonnemens! Je souhaite, pour ta punition, que les dieux, que tu n'as pas voulu croire, t'envoient dans le corps de quelque voyageur qui aille dans tous les pays dont j'ai raconté des choses que tu traites de fabuleuses.

Luc. — Après cela, il ne me manqueroit plus que de passer de corps en corps dans toutes les sectes de philosophes que j'ai décriées : par là je serois tour à tour de toutes les opinions contraires dont je me suis moqué. Cela seroit bien joli. Mais tu as dit des choses à peu près aussi croyables.

Hérod. — Va, je t'abandonne, et je me console quand je songe que je suis avec Homère, Socrate, Pythagore, que tu n'as pas épargnés plus que moi; enfin avec Platon, de qui tu as appris l'art des dialogues, quoique tu te sois moqué de sa philosophie.

XVI.

SOCRATE ET ALCIBIADE.

Les meilleures qualités naturelles ne servent souvent qu'à déshonorer, si elles ne sont soutenues par une vertu solide.

Socr. — Te voilà toujours agréable. Qui charmeras-tu dans les enfers?

Alcib. — Et toi, te voilà toujours moqueur. Qui persuaderas-tu ici, toi qui veux toujours persuader quelqu'un?

Socr. — Je suis rebuté de vouloir persuader les hommes, depuis que j'ai éprouvé combien mes discours ont mal réussi pour te persuader la vertu.

Alcib. — Voulois-tu que je vécusse pauvre, comme toi, sans me mêler des affaires publiques?

Socr. — Lequel valoit mieux, ou de ne s'en mêler pas, ou de les brouiller et de devenir l'ennemi de sa patrie?

Alcib. — J'aime mieux mon personnage que le tien. J'ai été beau, magnifique, tout couvert de gloire, vivant dans les délices, la terreur des Lacédémoniens et des Perses. Les Athéniens n'ont pu sauver leur ville qu'en me rappelant. S'ils m'eussent cru, Lysander ne seroit jamais entré dans leur port. Pour toi, tu n'étois qu'un pauvre homme, laid, camus, chauve, qui passoit sa vie à discourir pour blâmer les hommes dans tout ce qu'ils font. Aristophane t'a joué sur le théâtre; tu as passé pour un impie, et on t'a fait mourir.

Socr. — Voilà bien des choses que tu mets ensemble : examinons-les en détail. Tu as été beau, mais décrié pour avoir fait de honteux usages de ta beauté. Les délices ont corrompu ton beau naturel. Tu as rendu de grands services à ta patrie, mais tu lui as fait de grands maux. Dans les biens et dans les maux que tu lui as faits, c'est une vaine ambition et non l'amour de la vertu, qui t'a fait agir, par conséquent il ne t'en revient aucune gloire véritable. Les ennemis de la Grèce, auxquels tu t'étois livré, ne pouvoient se fier à toi, et tu ne pouvois te fier à eux. N'auroit-il pas été plus beau de vivre pauvre dans ta patrie, et d'y souffrir patiemment tout ce que les méchans font d'ordinaire pour opprimer la vertu? Il vaut mieux être laid et sage comme moi, que beau et dissolu comme tu l'étois. L'unique chose qu'on peut me reprocher, est de t'avoir trop aimé, et de m'être laissé éblouir par un naturel aussi léger que le tien. Tes vices ont déshonoré l'éducation philosophique que Socrate t'avoit donnée; voilà mon tort.

Alcib. — Mais ta mort montre que tu étois un impie.

Socr. — Les impies sont ceux qui ont brisé les Hermès. J'aime mieux avoir avalé du poison pour avoir enseigné la vérité, et avoir irrité les hommes qui ne la peuvent souffrir, que de trouver la mort, comme toi, dans le sein d'une courtisane.

Alcib. — Ta raillerie est toujours piquante.

Socr. — Hé! quel moyen de souffrir un homme qui étoit propre à faire tant de biens, et qui a fait tant de maux? Tu viens encore insulter à la vertu.

Alcib. — Quoi! l'ombre de Socrate et la vertu sont donc la même chose! Te voilà bien présomptueux.

Socr. — Compte pour rien Socrate, si tu veux; j'y consens: mais, après avoir trompé mes espérances sur la vertu que je tâchois de t'inspirer, ne viens point encore te moquer de la philosophie, et me vanter toutes tes actions; elles ont eu de l'éclat, mais point de règle. Tu n'as point de quoi rire; la mort t'a fait aussi laid et aussi camus que moi: que te reste-t-il de tes plaisirs?

Alcib. — Ah! il est vrai, il ne m'en reste que la honte et le remords. Mais où vas-tu? Pourquoi donc veux-tu me quitter?

Socr. — Adieu; je ne t'ai suivi, dans tes voyages ambitieux, ni en Sicile, ni à Sparte, ni en Asie; il n'est pas juste que tu me suives dans les Champs-Elysiens, où je vais mener une vie paisible et bienheureuse avec Solon, Lycurgue, et les autres sages.

Alcib. — Ah! mon cher Socrate, faut-il que je sois séparé de toi! Hélas! où irai-je donc?

Socr. — Avec ces ames vaines et foibles dont la vie a été un mélange perpétuel de bien et de mal, et qui n'ont jamais aimé de suite la pure vertu. Tu étois né pour la suivre; tu lui as préféré tes passions. Maintenant elle te quitte à son tour, et tu la regretteras éternellement.

Alcib. — Hélas! mon cher Socrate, tu m'as tant aimé: ne veux-tu plus avoir jamais aucune pitié de moi? Tu ne saurois désavouer, car tu le sais mieux qu'un autre, que le fond de mon naturel étoit bon.

Socr. — C'est ce qui te rend plus inexcusable. Tu étois bien né, et tu as mal vécu. Mon amitié pour toi, non plus que ton beau naturel, ne sert qu'à ta condamnation. Je t'ai aimé pour la vertu: mais enfin je t'ai aimé jusqu'à hasarder ma réputation. J'ai souffert pour l'amour de toi qu'on m'ait soupçonné injustement de vices monstrueux que j'ai condamnés dans toute ma doctrine. Je t'ai sacrifié ma vie aussi bien que mon honneur. As-tu oublié l'expédition de Potidée, où je logeai toujours avec toi? Un père ne sauroit être plus attaché à son fils que je l'étois à toi. Dans toutes les rencontres des guerres j'étois toujours à ton côté. Un jour le combat étant douteux, tu fus blessé; aussitôt je me jetai au-devant de toi pour te couvrir de mon corps, comme d'un bouclier. Je sauvai ta vie, ta liberté, tes armes. La couronne m'étoit due par cette action: je priai les chefs de l'armée de te la donner. Je n'eus de passion que pour ta gloire. Je n'eusse jamais cru que tu eusses pu devenir la honte de ta patrie et la source de tous ses malheurs.

Alcib. — Je m'imagine, mon cher Socrate, que tu n'as pas oublié aussi cette autre occasion, où, nos troupes ayant été défaites, tu te retirois à pied avec beaucoup de peine, et où me trouvant à cheval je m'arrêtai pour repousser les ennemis qui t'alloient accabler. Faisons compensation.

Socr. Je le veux. Si je rappelle ce que j'ai fait pour toi, ce n'est point pour te le reprocher, ni pour me faire valoir; c'est pour montrer les soins que j'ai pris pour te rendre bon, et combien tu as mal répondu à toutes mes peines.

Alcib. — Tu n'as rien à dire contre ma première jeunesse. Souvent, en écoutant tes instructions, je m'attendrissois jusqu'à en pleurer. Si quelquefois je t'échappois étant entraîné par les compagnies, tu courois après moi, comme un maître après son esclave fugitif. Jamais je n'ai osé te résister. Je n'écoutois que toi; je ne craignois que de te déplaire. Il est vrai que je fis une gageure un jour de donner un soufflet à Hipponicus. Je le lui donnai; ensuite j'allai lui demander pardon, et me dépouiller devant lui, afin qu'il me punît avec des verges: mais il me pardonna, voyant que je ne l'avois offensé que par la légèreté de mon naturel enjoué et folâtre.

Socr. — Alors tu n'avois commis que la faute d'un jeune fou ; mais dans la suite tu as fait les crimes d'un scélérat qui ne compte pour rien les dieux, qui se joue de la vertu et de la bonne foi, qui met sa patrie en cendres pour contenter son ambition, qui porte dans toutes les nations étrangères des mœurs dissolues. Va, tu me fais horreur et pitié. Tu étois fait pour être bon, et tu as voulu être méchant ; je ne puis m'en consoler. Séparons-nous. Les trois juges décideront de ton sort ; mais il ne peut plus y avoir ici-bas d'union entre nous deux.

XVII.

SOCRATE ET ALCIBIADE.

Le bon gouvernement est celui où les citoyens sont élevés dans le respect des lois, dans l'amour de la patrie et du genre humain qui est la grande patrie.

Socr. — Vous voilà devenu bien sage à vos dépens, et aux dépens de tous ceux que vous avez trompés. Vous pourriez être le digne héros d'une seconde Odyssée : car vous avez vu les mœurs d'un plus grand nombre de peuples dans vos voyages, qu'Ulysse n'en vit dans les siens.

Alcib. — Ce n'est pas l'expérience qui me manque, mais la sagesse ; mais quoique vous vous moquiez de moi, vous ne sauriez nier qu'un homme n'apprenne bien des choses quand il voyage et qu'il étudie sérieusement les mœurs de tant de peuples.

Socr. — Il est vrai que cette étude, si elle étoit bien faite, pourroit beaucoup agrandir l'esprit : mais il faudroit un vrai philosophe, un homme tranquille et appliqué, qui ne fût point dominé comme vous par l'ambition et par le plaisir ; un homme sans passion et sans préjugé, qui chercheroit tout ce qu'il y auroit de bon en chaque peuple, et qui découvriroit ce que les lois de chaque pays lui ont apporté de bien et de mal. Au retour d'un tel voyage, ce philosophe seroit un excellent législateur. Mais vous n'avez jamais été l'homme qu'il falloit pour donner des lois ; votre talent étoit pour les violer. A peine étiez-vous hors de l'enfance, que vous conseillâtes à votre oncle Périclès d'engager la guerre pour éviter de rendre compte des deniers publics. Je crois même qu'après votre mort vous seriez encore un dangereux garde des lois.

Alcib. — Laissez-moi là, je vous prie ; le fleuve d'oubli doit effacer toutes mes fautes : parlons des mœurs des peuples. Je n'ai trouvé partout que des coutumes, et fort peu de lois. Tous les Barbares n'ont d'autres règles que l'habitude et l'exemple de leurs pères. Les Perses mêmes, dont on a tant vanté les mœurs du temps de Cyrus, n'ont aucune trace de cette vertu. Leur valeur et leur magnificence montrent un assez beau naturel ; mais il est corrompu par la mollesse et par le faste le plus grossier. Leurs rois, encensés comme des idoles, ne sauroient être honnêtes gens, ni connoître la vérité ; l'humanité ne peut soutenir avec modération une puissance aussi désordonnée que la leur. Ils s'imaginent que tout est fait pour eux ; ils se jouent du bien, de l'honneur et de la vie des autres hommes. Rien ne marque tant de barbarie dans une nation, que cette forme de gouvernement ; car il n'y a plus de lois, et la volonté d'un seul homme, dont on flatte toutes les passions, est la loi unique.

Socr. — Ce pays-là ne convenoit guère à un génie aussi libre et aussi hardi que le vôtre. Mais ne trouvez-vous pas aussi que la liberté d'Athènes est dans une autre extrémité ?

Alcib. — Sparte est ce que j'ai vu de meilleur.

Socr. — La servitude des Ilotes ne vous paroît-elle pas contraire à l'humanité ? Remontez hardiment aux vrais principes ; défaites-vous de tous les préjugés : avouez qu'en cela les Grecs sont eux-mêmes un peu barbares. Est-il permis à une partie des hommes de traiter l'autre comme des bêtes de charge ?

Alcib. — Pourquoi non, si c'est un peuple subjugué ?

Soc. — Le peuple subjugué est toujours peuple ; le droit de conquête est un droit moins fort que celui de l'humanité. Ce qu'on appelle conquête devient le comble de la tyrannie et l'exécration du genre humain, à moins que le conquérant n'ait fait sa conquête par une guerre juste, et n'ait rendu heureux le peuple conquis en lui donnant de bonnes lois. Il n'est donc pas permis aux Lacédémoniens de traiter si indignement les Ilotes, qui sont hommes comme eux. Quelle horrible barbarie que de voir un peuple qui se joue de la vie d'un autre, et qui compte pour rien ses mœurs et son repos ! De même qu'un chef de famille ne doit jamais s'entêter pour la grandeur de sa maison, jusqu'à vouloir troubler la paix et la liberté publique de tout le peuple, dont lui et sa famille ne sont qu'un membre ; de même c'est une conduite insensée, brutale et pernicieuse, que le chef d'une nation mette sa gloire à augmenter la puissance de son peuple en troublant le repos et la liberté des peuples voisins. Un peuple n'est pas moins un membre du genre humain, qui est la société générale, qu'une famille est un membre d'une nation particulière. Chacun doit infiniment plus au genre humain, qui est la grande patrie, qu'à la patrie particulière dans laquelle il est né : il est donc infiniment plus pernicieux de blesser la justice de peuple à peuple, que de la blesser de famille à famille contre sa république. Renoncer au sentiment, non-seulement c'est manquer de politesse et tomber dans la barbarie, mais c'est l'aveuglement le plus dénaturé des brigands et des sauvages; c'est n'être plus homme, c'est être anthropophage.

Alcib. — Vous vous fâchez! Il me semble que vous étiez de meilleure humeur dans le monde; vos ironies piquantes avoient quelque chose de plus enjoué.

Soc. — Je ne saurois être enjoué sur des choses si sérieuses. Les Lacédémoniens ont abandonné tous les arts pacifiques, pour ne se réserver que celui de la guerre ; et comme la guerre est le plus grand des maux, ils ne savent que faire du mal; ils s'en piquent; ils dédaignent tout ce qui n'est pas la destruction du genre humain, et tout ce qui ne peut servir à la gloire brutale d'une poignée d'hommes qu'on appelle les Spartiates. Il faut que d'autres hommes cultivent la terre pour les nourrir, pendant qu'ils se réservent pour ravager et pour dépeupler les terres voisines. Ils ne sont pas sobres et austères contre eux-mêmes, pour être justes et modérés à l'égard d'autrui : au contraire, ils sont durs et farouches contre tout ce qui n'est point la patrie, comme si la nature humaine n'étoit pas plus leur patrie que Sparte. La guerre est un mal qui déshonore le genre humain : si on pouvoit ensevelir toutes les histoires dans un éternel oubli, il faudroit cacher à la postérité que des hommes ont été capables de tuer d'autres hommes. Toutes les guerres sont civiles ; car c'est toujours l'homme contre l'homme, qui répand son propre sang, qui déchire ses propres entrailles. Plus la guerre est étendue, plus elle est funeste : donc celle des peuples qui composent le genre humain est encore pire que celle des familles qui troublent une nation. Il n'est donc permis de faire la guerre que malgré soi, à la dernière extrémité, pour repousser la violence de l'ennemi. Comment est-ce que Lycurgue n'a point eu d'horreur de former un peuple oisif et imbécile pour toutes les occupations douces et innocentes de la paix, et de ne lui avoir donné d'autre exercice d'esprit et de corps, que celui de nuire par la guerre à l'humanité!

Alcib. — Votre bile s'échauffe avec raison : mais aimeriez-vous mieux un peuple comme celui d'Athènes, qui raffine jusqu'au dernier excès sur tous les arts destinés à la volupté? Il vaut encore mieux souffrir des naturels farouches et violens, comme ceux de Lacédémone.

Soc. — Vous voilà bien changé! vous n'êtes plus cet homme si décrié dans une ville si décriée : les bords du Styx font de beaux changemens! Mais peut-être que vous parlez ainsi par complaisance ; car vous avez été en toute votre vie un Protée sur les mœurs. Quoi qu'il en soit, j'avoue qu'un peuple qui par contagion de ses mœurs porte le faste, la mollesse, l'injustice et la fraude chez les autres peuples, fait encore pis que celui qui n'a d'autre occupation ni d'autre mérite que celui de répandre du sang ; car la vertu est plus précieuse aux hommes que la vie. Lycurgue est donc louable d'avoir banni de sa république tous les arts qui ne servent qu'au faste et à la volupté, mais il est inexcusable d'en avoir ôté l'agriculture et les autres arts nécessaires pour une vie simple et frugale. N'est-il pas honteux qu'un peuple ne se suffise pas à lui-même, et qu'il lui faille un autre peuple appliqué à l'agriculture pour le nourrir?

Alcib. — Hé bien! je passe condamnation sur ce chapitre. Mais n'aimez-vous pas mieux la sévère discipline de Sparte, et l'inviolable subordination qui y soumet la jeunesse aux vieillards, que la licence effrénée d'Athènes?

Soc. — Un peuple gâté par une liberté excessive est le plus insupportable de tous les tyrans; ainsi l'anarchie n'est le comble des maux, qu'à cause qu'elle est le plus extrême despotisme : la populace soulevée contre les lois est le plus insolent de tous les maîtres. Mais il faut un milieu. Ce milieu est qu'un peuple ait des lois écrites, toujours constantes, et consacrées par toute la nation; qu'elles soient au-dessus de tout ; que ceux qui gouvernent n'aient d'autorité que par elles; qu'ils puissent tout pour le bien, et suivant les lois; qu'ils ne puissent rien contre les lois pour autoriser le mal. Voilà ce que les hommes, s'ils n'étoient pas aveugles et ennemis d'eux-mêmes, établiroient unanimement pour leur félicité. Mais les uns, comme les Athéniens, renversent les lois, de peur de donner trop d'autorité aux magistrats, par qui les lois devroient régner; et les autres, comme les Perses, par un respect superstitieux des lois, se mettent dans un tel esclavage sous ceux qui devroient faire régner les lois, que ceux-ci règnent eux-mêmes, et qu'il n'y a plus d'autre loi réelle que leur volonté absolue. Ainsi les uns et les autres s'éloignent du but, qui est une liberté modérée par la seule autorité des lois, dont ceux qui gouvernent ne devroient être que les simples défenseurs. Celui qui gouverne doit être le plus obéissant à la loi. Sa personne détachée de la loi n'est rien, et elle n'est consacrée qu'autant qu'il est lui-même, sans intérêt et sans passion, la loi vivante donnée pour le bien des hommes. Jugez par là combien les Grecs, qui méprisent tant les Barbares, sont encore dans la barbarie. La guerre du Péloponèse, où la jalousie ambitieuse de deux républiques a mis tout en feu pendant vingt-huit ans, en est une preuve funeste. Vous-même qui parlez ici, n'avez-vous pas flatté tantôt l'ambition triste et implacable des Lacédémoniens, tantôt l'ambition des Athéniens plus vaine et plus enjouée? Athènes avec moins de puissance a fait de plus grands efforts, et a triomphé long-temps de toute la Grèce: mais enfin elle a succombé tout-à-coup, parce que le despotisme du peuple est une puissance folle et aveugle, qui se tourne contre elle-même, et qui n'est absolue et au-dessus des lois que pour achever de se détruire.

Alcib. — Je vois bien qu'Anytus n'a pas eu tort de vous faire boire un peu de ciguë et qu'on devoit encore plus craindre votre politique que votre nouvelle religion.

XVIII.

SOCRATE, ALCIBIADE ET TIMON.

Juste milieu entre la misanthropie de Timon et la philanthropie d'Alcibiade.

Alcib. — Je suis surpris, mon cher Socrate, de voir que vous avez tant de goût pour ce misanthrope, qui fait peur aux petits enfans.

Soc. — Il faut être bien plus surpris de ce qu'il s'apprivoise avec moi.

Tim. — On m'accuse de haïr les hommes, et je ne m'en défends pas; on n'a qu'à voir comment ils sont faits pour juger si j'ai tort. Haïr le genre humain, c'est haïr une méchante bête, une multitude de sots, de fripons, de flatteurs, de traîtres et d'ingrats.

Alcib. — Voilà un beau dictionnaire d'injures. Mais vaut-il mieux être farouche, dédaigneux, incompatible, et toujours mordant? Pour moi, je trouve que les sots me réjouissent, et que les gens d'esprit me contentent. J'ai envie de leur plaire à mon tour, et je m'accommode de tout pour me rendre agréable dans la société.

Tim. — Et moi je ne m'accommode de rien: tout me déplaît; tout est faux, de travers, insupportable; tout m'irrite, et me fait bondir le cœur. Vous êtes un Protée qui prenez indifféremment toutes les formes les plus contraires, parce que vous ne tenez à aucune. Ces métamorphoses, qui ne vous coûtent rien, montrent un cœur sans principes ni de justice ni de vérité. La vertu, selon vous, n'est qu'un beau nom: il n'y en a aucune de fixe. Ce que vous approuvez à Athènes, vous le condamnez à Lacédémone. Dans la Grèce vous êtes grec; en Asie vous êtes perse: ni dieux, ni lois, ni patrie ne vous retiennent. Vous ne suivez qu'une règle, qui est la passion de plaire, d'éblouir, de dominer, de vivre dans les délices, et de brouiller tous les États. Ô ciel! faut-il qu'on souffre sur la terre un tel homme, et que les autres hommes n'aient point de honte de l'admirer! Alcibiade est aimé des hommes, lui qui se joue d'eux, et qui les précipite par ses crimes dans tant de malheurs. Pour moi, je hais et Alcibiade, et tous les sots qui l'aiment; et je serois bien fâché d'être aimé par eux, puisqu'ils ne savent aimer que le mal.

Alcib. — Voilà une déclaration bien obligeante! je ne vous en sais néanmoins aucun mauvais gré. Vous me mettez à la tête de tout le genre humain, et me faites beaucoup d'honneur. Mon parti est plus fort que le vôtre; mais vous avez bon courage, et ne craignez pas d'être seul contre tous.

Tim. — J'aurois horreur de n'être pas seul, quand je vois la bassesse, la lâcheté, la légèreté, la corruption et la noirceur de tous les hommes qui couvrent la terre.

Alcib. — N'en exceptez-vous aucun?

Tim. — Non, non, en vérité; non, aucun, et vous moins qu'aucun autre.

Alcib. — Quoi! pas vous-même? Vous haïssez-vous aussi?

Tim. — Oui, je me hais souvent, quand je me surprends dans quelque foiblesse.

Alcib. — Vous faites très-bien, et vous

n'avez de tort qu'en ce que vous ne le faites pas toujours. Qu'y a-t-il de plus haïssable qu'un homme qui a oublié qu'il est homme, qui hait sa propre nature, qui ne voit rien qu'avec horreur et avec une mélancolie farouche, qui tourne tout en poison, et qui renonce à toute société, quoique les hommes ne soient nés que pour être sociables?

Tim. — Donnez-moi des hommes simples, droits, mais en tout bons et pleins de justice; je les aimerai, je ne les quitterai jamais, je les encenserai comme des dieux qui habitent sur la terre. Mais tant que vous me donnerez des hommes qui ne sont pas hommes, mais des renards en finesse et des tigres en cruauté, qui auront le visage, le corps et la voix humaine, avec un cœur de monstre comme les Sirènes, l'humanité même me les fera détester et fuir.

Alcib. — Il faut donc vous faire des hommes exprès. Ne vaut-il pas mieux s'accommoder aux hommes tels qu'on les trouve, que de vouloir les haïr jusqu'à ce qu'ils s'accommodent à nous? Avec ce chagrin si critique on passe tristement sa vie, méprisé, moqué, abandonné, et on ne goûte aucun plaisir. Pour moi, je donne tout aux coutumes et aux imaginations de chaque peuple; partout je me réjouis, et je fais des hommes tout ce que je veux. La philosophie qui n'aboutit qu'à faire d'un philosophe un hibou, est d'un bien mauvais usage. Il faut en ce monde une philosophie qui aille plus terre à terre. On prend les honnêtes gens par les motifs de la vertu, les voluptueux par leurs plaisirs, et les fripons par leur intérêt. C'est la seule bonne manière de savoir vivre; tout le reste est vision, et bile noire qu'il faudroit purger avec un peu d'ellébore.

Tim. — Parler ainsi, c'est anéantir la vertu, et tourner en ridicule les bonnes mœurs. On ne souffriroit pas un homme si contagieux dans une république bien policée : mais, hélas! où est-elle ici-bas, cette république? O mon pauvre Socrate! la vôtre, quand la verrons-nous? Demain, oui demain je m'y retirerois si elle étoit commencée; mais je voudrois que nous allassions, loin de toutes les terres connues, fonder cette heureuse colonie de philosophes purs dans l'île Atlantique.

Alcib. — Hé! vous ne songez pas que vous vous y porteriez. Il faudroit auparavant vous réconcilier avec vous-même, avec qui vous dites que vous êtes si souvent brouillé.

Tim. — Vous avez beau vous en moquer, rien n'est plus sérieux. Oui, je le soutiens que je me hais souvent, et que j'ai raison de me haïr. Quand je me trouve amolli par les plaisirs, jusqu'à suppporter les vices des hommes, et prêt à leur complaire; quand je sens réveiller en moi l'intérêt, la volupté, la sensibilité pour une vaine réputation parmi les sots et les méchans; je me trouve presque semblable à eux, je me fais mon procès, je m'abhorre, et je ne puis me supporter.

Alcib. — Qui est-ce qui fait ensuite votre accommodement? Le faites-vous tête à tête avec vous-même sans arbitre?

Tim. — C'est qu'après m'être condamné, je me redresse et je me corrige.

Alcib. — Il y a donc bien des gens chez vous! Un homme corrompu et entraîné par les mauvais exemples; un second qui gronde le premier; un troisième qui les raccommode, en corrigeant celui qui s'est gâté.

Tim. — Faites le plaisant tant qu'il vous plaira : chez vous la compagnie n'est pas si nombreuse; car il n'y a dans votre cœur qu'un seul homme toujours souple et dépravé, qui se travestit en cent façons pour faire toujours également le mal.

Alcib. — Il n'y a donc que vous sur la terre qui soyez bon : encore ne l'êtes-vous que dans certains intervalles.

Tim. Non, je ne connois rien de bon, ni digne d'être aimé.

Alcib. — Si vous ne connoissez rien de bon, rien qui ne vous choque et dans les autres et au dedans de vous; si la vie entière vous déplaît, vous devriez vous en délivrer, et prendre congé d'une si mauvaise compagnie. Pourquoi continuer à vivre pour être chagrin de tout, et pour blâmer tout depuis le matin jusqu'au soir? Ne savez-vous pas qu'on ne manque à Athènes ni de cordons coulans, ni de précipices?

Tim. — Je serois tenté de faire ce que vous dites, si je ne craignois de faire plaisir à tant d'hommes qui sont indignes qu'on leur en fasse.

Alcib. — Mais n'auriez-vous aucun regret de quitter personne? Quoi! personne sans exception? Songez-y bien avant que de répondre.

Tim. J'aurois un peu de regret de quitter Socrate; mais...

Alcib. — Hé! ne savez-vous pas qu'il est homme?

Tim. — Non, je n'en suis pas bien assuré : j'en doute quelquefois; car il ne ressemble guère aux autres. Il me paroît sans intérêt, sans ambition, sans artifice. Je le trouve juste, sincère, égal. S'il y avoit au monde dix hommes comme lui, en vérité, je crois qu'ils me réconcilieroient avec l'humanité.

Alcib. — Hé bien! croyez-le donc. Demandez-lui si la raison permet d'être misanthrope au point où vous l'êtes.

Tim. — Je le veux; quoiqu'il ait toujours été un peu trop facile et trop sociable, je ne crains pas de m'engager à suivre son conseil. O mon cher Socrate! quand je vois les hommes, et que je jette ensuite les yeux sur vous, je suis tenté de croire que vous êtes Minerve, qui est venue sous une figure d'homme instruire sa ville. Parlez-moi selon votre cœur; me conseilleriez-vous de rentrer dans la société empestée des hommes, aveugles, méchans et trompeurs?

Soc. — Non, je ne vous conseillerai jamais de vous rengager, ni dans les assemblées du peuple, ni dans les festins pleins de licence, ni dans aucune société avec un grand nombre de citoyens; car le grand nombre est toujours corrompu. Une retraite honnête et tranquille, à l'abri des passions des hommes et des siennes propres, est le seul état qui convienne à un vrai philosophe. Mais il faut aimer les hommes, et leur faire du bien malgré leurs défauts. Il ne faut rien attendre d'eux que de l'ingratitude, et les servir sans intérêt. Vivre au milieu d'eux pour les tromper, pour les éblouir, et pour en tirer de quoi contenter ses passions, c'est être le plus méchant des hommes, et se préparer des malheurs qu'on mérite : mais se tenir à l'écart, et néanmoins à portée d'instruire et de servir certains hommes, c'est être une divinité bienfaisante sur la terre. L'ambition d'Alcibiade est pernicieuse; mais votre misanthropie est une vertu foible, qui est mêlée d'un chagrin de tempérament. Vous êtes plus sauvage que détaché : votre vertu âpre et impatiente ne sait pas assez supporter le vice d'autrui; c'est un amour de soi-même, qui fait qu'on s'impatiente quand on ne peut réduire les autres au point qu'on voudroit. La philanthropie est une vertu douce, patiente et désintéressée, qui supporte le mal sans l'approuver. Elle attend les hommes; elle ne donne rien à son goût, ni à sa commodité. Elle se sert de la connoissance de sa propre foiblesse, pour supporter celle d'autrui. Elle n'est jamais dupe des hommes les plus trompeurs et les plus ingrats, car elle n'espère ni ne veut rien d'eux pour son propre intérêt; elle ne leur demande rien que pour leur bien véritable. Elle ne se lasse jamais dans cette bonté désintéressée; et elle imite les dieux, qui ont donné aux hommes la vie sans avoir besoin de leur encens ni de leurs victimes.

Tim. — Mais je ne hais point les hommes par inhumanité; je ne les hais que malgré moi, parce qu'ils sont haïssables. C'est leur dépravation que je hais, et leurs personnes, parce qu'elles sont dépravées.

Soc. — Hé bien! je le suppose. Mais si vous ne haïssez dans l'homme que le mal, pourquoi n'aimez-vous pas l'homme pour le délivrer de ce mal, et pour le rendre bon? Le médecin hait la fièvre et toutes les autres maladies qui tourmentent les corps des hommes; mais il ne hait point les malades. Les vices sont les maladies des ames : soyez un sage et charitable médecin, qui songe à guérir son malade par amitié pour lui, loin de le haïr. Le monde est un grand hôpital de tout le genre humain, qui doit exciter votre compassion : l'avarice, l'ambition, l'envie et la colère, sont des plaies plus grandes et plus dangereuses dans les ames, que des abcès et des ulcères ne le sont dans les corps. Guérissez tous les malades que vous pourrez guérir, et plaignez tous ceux qui se trouveront incurables.

Tim. — O! voilà, mon cher Socrate, un sophisme facile à démêler. Il y a une extrême différence entre les vices de l'ame et les maladies du corps. Les maladies sont des maux qu'on souffre et qu'on ne fait pas; on n'en est point coupable, on est à plaindre. Mais, pour les vices, ils sont volontaires, ils rendent la volonté coupable. Ce ne sont pas des maux qu'on souffre; ce sont des maux qu'on fait. Ces maux méritent de l'indignation et du châtiment, et non pas de la pitié.

Soc. — Il est vrai qu'il y a deux sortes de maladies des hommes : les unes involontaires et innocentes; les autres volontaires, et qui rendent le malade coupable. Puisque la mauvaise volonté est le plus grand des maux, le vice est la plus déplorable de toutes les maladies. L'homme méchant qui fait souffrir les autres souffre lui-même par sa malice, et il se prépare les supplices que les justes dieux lui doivent : il est donc encore plus à plaindre qu'un malade innocent. L'innocence est une santé précieuse de l'ame : c'est une ressource et une consolation dans les plus affreuses douleurs. Quoi! cesserez-vous de plaindre un homme, parce qu'il est dans la plus funeste maladie, qui est la mauvaise volonté? Si sa maladie n'étoit qu'au pied ou à la main, vous le plaindriez; et vous ne le plaignez pas lorsqu'elle a gangréné le fond de son cœur!

Tim. — Hé bien! je conviens qu'il faut plaindre les méchans, mais non pas les aimer.

Soc. — Il ne faut pas les aimer pour leur malice, mais il faut les aimer pour les en guérir. Vous aimez donc les hommes sans croire les aimer; car la compassion est un amour qui s'afflige du mal de la personne qu'on aime. Savez-vous bien ce qui vous empêche d'aimer les méchans? ce n'est pas votre vertu, mais c'est l'imperfection de la vertu qui est en vous. La vertu imparfaite succombe dans le support des imperfections d'autrui. On s'aime encore trop soi-même pour pouvoir toujours supporter ce qui est contraire à son goût et à ses maximes. L'amour-propre ne veut non plus être contredit pour la vertu que pour le vice. On s'irrite contre les ingrats, parce qu'on veut de la reconnoissance par amour-propre. La vertu parfaite détache l'homme de lui-même, et fait qu'il ne se lasse point de supporter la foiblesse des autres. Plus on est loin du vice, plus on est patient et tranquille pour s'appliquer à le guérir. La vertu imparfaite est ombrageuse, critique, âpre, sévère et implacable. La vertu qui ne cherche plus que le bien est toujours égale, douce, affable, compatissante; elle n'est surprise ni choquée de rien; elle prend tout sur elle, et ne songe qu'à faire du bien.

Tim. — Tout cela est bien aisé à dire, mais difficile à faire.

Soc. — O mon cher Timon! les hommes grossiers et aveugles croient que vous êtes misanthrope parce que vous poussez trop loin la vertu : et moi je vous soutiens que, si vous étiez plus vertueux, vous feriez tout ceci comme je le dis; vous ne vous laisseriez entraîner ni par votre humeur sauvage, ni par votre tristesse de tempérament, ni par vos dégoûts, ni par l'impatience que vous causent les défauts des hommes. C'est à force de vous aimer trop, que vous ne pouvez plus aimer les autres hommes imparfaits. Si vous étiez parfait, vous pardonneriez sans peine aux hommes d'être imparfaits, comme les dieux le font. Pourquoi ne pas souffrir doucement ce que les dieux meilleurs que vous souffrent? Cette délicatesse, qui vous rend si facile à être blessé, est une véritable imperfection. La raison qui se borne à s'accommoder des choses raisonnables, et à ne s'échauffer que contre ce qui est faux, n'est qu'une demi-raison. La raison parfaite va plus loin; elle supporte en paix la déraison d'autrui. Voilà le principe de vertu compatissante pour autrui et détachée de soi-même, qui est le vrai lien de la société.

Alcib. — En vérité, Timon, vous voilà bien confondu avec votre vertu farouche et critique.

C'est s'aimer trop soi-même que de vouloir vivre tout seul uniquement pour soi, et de ne pouvoir souffrir rien de tout ce qui choque notre propre sens. Quand on ne s'aime point tant, on se donne libéralement aux autres.

Soc. — Arrêtez, s'il vous plaît, Alcibiade; vous abuseriez aisément de ce que j'ai dit. Il y a deux manières de se donner aux hommes. La première est de se faire aimer, non pour être l'idole des hommes, mais pour employer leur confiance à les rendre bons. Cette philanthropie est toute divine. Il y en a une autre qui est une fausse monnoie. Quand on se donne aux hommes pour leur plaire, pour les éblouir, pour usurper de l'autorité sur eux en les flattant, ce n'est pas eux qu'on aime, c'est soi-même. On n'agit que par vanité et par intérêt; on fait semblant de se donner, pour posséder ceux à qui on fait accroire qu'on se donne à eux. Ce faux philanthrope est comme un pêcheur qui jette un hameçon avec un appât : il paroît nourrir les poissons, mais il les prend et les fait mourir. Tous les tyrans, tous les magistrats, tous les politiques qui ont de l'ambition, paroissent bienfaisans et généreux; ils paroissent se donner, et ils veulent prendre les peuples; ils jettent l'hameçon dans les festins, dans les compagnies, dans les assemblées publiques. Ils ne sont pas sociables pour l'intérêt des hommes, mais pour abuser de tout le genre humain. Ils ont un esprit flatteur, insinuant, artificieux, pour corrompre les mœurs des hommes comme les courtisanes, et pour réduire en servitude tous ceux dont ils ont besoin. La corruption de ce qu'il y a de meilleur est le plus pernicieux de tous les maux. De tels hommes sont les pestes du genre humain. Au moins l'amour-propre d'un misanthrope n'est que sauvage et inutile au monde; mais celui de ces faux philanthropes est traître et tyrannique. Ils promettent toutes les vertus de la société, et ils ne font de la société qu'un trafic, dans lequel ils veulent tout attirer à eux, et asservir tous les citoyens. Le misanthrope fait plus de peur et moins de mal. Un serpent qui se glisse entre des fleurs est plus à craindre qu'un animal sauvage qui s'enfuit vers sa tanière dès qu'il vous aperçoit.

Alcib. — Timon, retirons-nous; en voilà bien assez; nous avons chacun une bonne leçon; en profitera qui pourra. Mais je crois que nous n'en profiterons guère : vous serez encore furieux contre toute la nature humaine; et moi je vais faire le Protée entre les Grecs et le roi de Perse.

XIX.

PÉRICLÈS ET ALCIBIADE.

Sans la vertu les plus grands talens sont comptés pour rien après la mort.

Pér. — Mon cher neveu, je suis bien aise de te revoir. J'ai toujours eu de l'amitié pour toi.

Alcib. — Tu me l'as bien témoigné dès mon enfance. Mais je n'ai jamais eu tant de besoin de ton secours qu'à présent : Socrate, que je viens de trouver, me fait craindre les trois juges, devant lesquels je vais comparoître.

Pér. — Hélas ! mon cher neveu, nous ne sommes plus à Athènes. Ces trois vieillards inexorables ne comptent pour rien l'éloquence. Moi-même j'ai senti leur rigueur, et je prévois que tu n'en seras pas exempt.

Alcib. — Quoi ! n'y a-t-il pas quelque moyen pour gagner ces trois hommes ? sont-ils insensibles à la flatterie, à la pitié, aux grâces du discours, à la poésie, à la musique, aux raisonnemens subtils, au récit des grandes actions ?

Pér. — Tu sais bien que si l'éloquence avoit ici quelque pouvoir, sans vanité, ma condition devroit être aussi bonne que celle d'un autre ; mais on ne gagne rien ici à parler. Ces traits flatteurs qui enlevoient le peuple d'Athènes, ces tours convaincans, ces manières insinuantes qui prennent les hommes par leurs commodités et par leurs passions, ne sont plus d'usage ici : les oreilles y sont bouchées et les cœurs de fer. Moi qui suis mort dans cette malheureuse guerre du Péloponèse, je ne laisse pas d'en être puni. On devroit bien me pardonner une faute qui m'a coûté la vie ; et même c'est toi qui me la fis faire.

Alcib. — Il est vrai que je te conseillai d'engager la guerre, plutôt que de rendre compte. N'est-ce pas ainsi que l'on fait toujours, quand on gouverne un Etat ? On commence par soi, par sa commodité, sa réputation, son intérêt ; le public va comme il peut : autrement quel seroit le sot qui se donneroit la peine de gouverner, et de veiller nuit et jour pour faire bien dormir les autres ? Est-ce que vos juges d'ici trouvent cela mauvais ?

Pér. — Oui, si mauvais, qu'après être mort de la peste dans cette maudite guerre, où je perdis la confiance du peuple, j'ai souffert ici de grands supplices pour avoir troublé la paix mal à propos. Juge par-là, mon pauvre neveu, si tu en seras quitte à bon marché.

Alcib. — Voilà de mauvaises nouvelles. Les vivans, quand ils sont bien fâchés, disent : Je voudrois être mort ; et moi, je dirois volontiers au contraire : Je voudrois me porter bien.

Pér. — O ! tu n'es plus au temps de cette belle robe traînante de pourpre avec laquelle tu charmois toutes les femmes d'Athènes et de Sparte. Tu seras puni, non-seulement de ce que tu as fait, mais encore de ce que tu m'as conseillé de faire.

XX.

MERCURE, CHARON ET ALCIBIADE.

Caractère d'un jeune prince corrompu par l'ambition et l'amour du plaisir.

Char. — Quel homme mènes-tu là ? il fait bien l'important. Qu'a-t-il plus qu'un autre pour s'en faire accroire ?

Merc. — Il étoit beau, bien fait, habile, vaillant, éloquent, propre à charmer tout le monde. Jamais homme n'a été si souple ; il prenoit toutes sortes de formes comme Protée. A Athènes, il étoit délicat, savant et poli ; à Sparte, dur, austère et laborieux ; en Asie, efféminé, mou et magnifique comme les Perses ; en Thrace, il étoit toujours à cheval, et buvoit comme Silène. Aussi a-t-il tout brouillé et tout renversé dans tous les pays où il a passé.

Char. — Mais ne renversera-t-il point aussi ma barque, qui est vieille et qui fait eau partout ? Pourquoi veux-tu te charger de telle marchandise ? Il valoit mieux le laisser parmi les vivans : il auroit causé des guerres, des carnages, des désolations qui nous auroient envoyé ici bien des ombres. Pour la sienne, elle me fait peur. Comment s'appelle-t-il ?

Merc. — Alcibiade. N'en as-tu point ouï parler ?

Char. — Alcibiade ! Hé ! toutes les ombres qui viennent me rompent la tête à force de m'en entretenir. Il m'a donné bien de la peine avec tous ces morts qu'il a fait périr en tant de guerres. N'est-ce pas lui qui, s'étant réfugié à Sparte, après les impiétés qu'il avoit faites à Athènes, corrompit la femme du roi Agis ?

Merc. — C'est lui-même.

Char. — Je crains qu'il ne fasse de même avec Proserpine ; car il est plus joli et plus flatteur que notre roi Pluton. Mais Pluton n'entend pas raillerie.

Merc. — Je te le livre tel qu'il est. S'il fait autant de fracas aux enfers qu'il en a fait toute sa vie sur la terre, ce ne sera plus ici le royaume du silence. Mais demande-lui un peu comment il fera. Ho! Alcibiade, dis à Charon comment tu prétends faire ici-bas.

Alcib. — Moi, je prétends y ménager tout le monde. Je conseille à Charon de doubler son droit de péage, à Pluton de faire la guerre contre Jupiter pour être le premier des dieux, attendu que Jupiter gouverne mal les hommes, et que l'empire des morts est plus étendu que celui des vivans. Que fait-il là-haut dans son Olympe, où il laisse toutes choses sur la terre aller de travers? Il vaut bien mieux reconnoître pour souverain de toutes les divinités celui qui punit ici-bas les crimes, et qui redresse tout ce que son frère, par son indolence, a laissé gâter. Pour Proserpine, je lui dirai des nouvelles de la Sicile qu'elle a tant aimée; je lui chanterai sur ma lyre les chansons qu'on y a faites en son honneur; je lui parlerai des nymphes avec lesquelles elle cueilloit des fleurs quand Pluton la vint enlever; je lui dirai aussi toutes mes aventures, et il y aura bien du malheur si je ne puis lui plaire.

Merc. — Tu vas gouverner les enfers; je parierois pour toi : Pluton te fera entrer dans son conseil, et s'en trouvera mal. Voilà ce qui me console pour Jupiter mon père, que tu veux faire détrôner.

Alcib. — Pluton s'en trouvera fort bien, et vous le verrez.

Merc. — Tu as donné de pernicieux conseils en ta vie.

Alcib. — J'en ai donné de bons aussi.

Merc. — Celui de l'entreprise de Sicile étoit-il bien sage? les Athéniens s'en sont-ils bien trouvés?

Alcib. — Il est vrai que je donnai aux Athéniens le conseil d'attaquer les Syracusains, non-seulement pour conquérir toute la Sicile et ensuite l'Afrique, mais encore pour tenir Athènes dans ma dépendance. Quand on a affaire à un peuple léger, inégal, sans raison, il ne faut pas le laisser sans affaire; il faut le tenir toujours dans quelque grand embarras, afin qu'il ait sans cesse besoin de vous, et qu'il ne s'avise pas de censurer votre conduite. Mais cette affaire, quoique un peu hasardeuse, n'auroit pas laissé de réussir si je l'eusse conduite. On me rappela à Athènes pour une sottise, pour ces Hermès mutilés. Après mon départ, Lamachus périt comme un étourdi. Nicias étoit un grand indolent, toujours craintif et irrésolu. Les gens qui craignent tant ont plus à craindre que les autres; car ils perdent les avantages que la fortune leur présente, et ils laissent venir tous les inconvéniens qu'ils ont prévus. On m'accusa encore d'avoir par dérision, avec des libertins, représenté dans une débauche les mystères de Cérès. On disoit que j'y faisois le principal personnage, qui étoit celui du sacrificateur : mais tout cela, chansons; on ne pouvoit m'en convaincre.

Merc. — Chansons! D'où vient donc que tu n'osas jamais te présenter, et répondre aux accusations?

Alcib. — Je me serois livré à eux s'il eût été question de toute autre chose; mais comme il s'agissoit de ma vie, je ne l'aurois pas confiée à ma propre mère.

Merc. — Voilà une lâche réponse. N'as-tu point de honte de me la faire? Toi qui savois hasarder ta vie à la merci d'un charretier brutal, dès ta plus tendre enfance, tu n'as point osé mettre ta vie entre les mains des juges pour sauver ton honneur dans un âge mûr! O mon ami, il falloit que tu te sentisses coupable.

Alcib. — C'est qu'un enfant qui joue dans un chemin, et qui ne veut pas interrompre son jeu pour laisser passer une charrette, fait par dépit et par mutinerie ce qu'un homme ne fait point par raison. Mais enfin vous direz ce qu'il vous plaira, je craignis mes envieux, et la sottise du peuple, qui se met en fureur quand il est question de toutes vos divinités.

Merc. — Voilà un langage de libertin, et je parierois que tu t'étois moqué des mystères de Cérès d'Eleusine. Pour mes figures, je n'en doute point, tu les avois mutilées.

Char. — Je ne veux point recevoir dans ma barque cet ennemi des dieux, cette peste du genre humain.

Alcib. — Il faut bien que tu me reçoives; où veux-tu donc que j'aille?

Char. — Retourne à la lumière, pour tourmenter les vivans et faire encore du bruit sur la terre. C'est ici le séjour du silence et du repos.

Alcib. — Hé! de grâce, ne me laisse point errer sur les rives du Styx comme les morts privés de la sépulture : mon nom a été trop grand parmi les hommes pour recevoir un tel affront. Après tout, puisque j'ai reçu les honneurs funèbres, je puis contraindre Charon à me passer dans sa barque. Si j'ai mal vécu, les juges des enfers me puniront; mais pour ce vieux fantasque, je l'obligerai bien....

Char. — Puisque tu le prends sur un ton si haut, je veux savoir comment tu as été inhumé; car on parle de ta mort bien confusément. Les uns disent que tu as été poignardé dans le sein d'une courtisane: Belle mort pour un homme qui fait le grand personnage! D'autres disent qu'on te brûla. Jusqu'à ce que le fait soit éclairci, je me moque de ta fierté; non, tu n'entreras point ici.

Alcib. — Je n'aurai point de peine à raconter ma dernière aventure; elle est à mon honneur, et elle couronne une belle vie. Lysander, sachant combien j'avois fait de mal aux Lacédémoniens en servant ma patrie dans les combats, et en négociant pour elle auprès des Perses, résolut de demander à Pharnabaze de me faire mourir. Ce Pharnabaze commandoit sur la côte d'Asie au nom du grand Roi. Pour moi, ayant vu que les chefs Athéniens se conduisoient avec témérité, et qu'ils ne vouloient pas même écouter mes avis, pendant que leur flotte étoit dans la rivière de la Chèvre près de l'Hellespont, je leur prédis leur ruine, qui arriva bientôt après; et je me retirai dans un lieu de Phrygie que les Perses m'avoient donné pour ma subsistance. Là je vivois content, désabusé de la fortune qui m'avoit tant de fois trompé, et je ne songeois plus qu'à me réjouir. La courtisane Timandra étoit avec moi. Pharnabaze n'osa refuser ma mort aux Lacédémoniens : il envoya son frère Magæus pour me faire couper la tête, et pour brûler mon corps. Mais il n'osa avec tous ses Perses entrer dans la maison où je demeurois : ils mirent le feu tout autour, aucun d'eux n'ayant le courage d'entrer pour m'attaquer. Dès que je m'aperçus de leur dessein, je jetai sur le feu mes habits, toutes les hardes que je trouvai, et même les tapis qui étoient dans la maison : puis je mis mon manteau plié autour de ma main gauche, et, de la droite tenant mon épée nue, je me jetai hors de la maison au travers de mes ennemis, sans que le feu me fît aucun mal; à peine brûla-t-il un peu mes habits. Tous ces barbares s'enfuirent dès que je parus; mais, en fuyant, ils me tirèrent tant de traits, que je tombai percé de coups. Quand ils se furent retirés, Timandra alla prendre mon corps, l'enveloppa, et lui donna la sépulture le plus honorablement qu'elle put.

Merc. — Cette Timandra n'est-elle pas la mère de la fameuse courtisane de Corinthe nommée Laïs?

Alcib. — C'est elle-même. Voilà l'histoire de ma mort et de ma sépulture. Vous reste-t-il quelque difficulté?

Char. — Oui, sans doute, une grande, que je te défie de lever.

Alcib. — Explique-la, nous verrons.

Char. — Tu n'as pu te sauver de cette maison brûlée qu'en te jetant comme un désespéré au travers de tes ennemis; et tu veux que Timandra, qui demeura dans les ruines de cette maison toute en feu, n'ait souffert aucun mal! De plus, j'entends dire à plusieurs ombres que les Lacédémoniens ni les Perses ne t'ont point fait mourir : on assure que tu avois séduit une jeune femme d'une maison très-noble, selon ta coutume; que les frères de cette femme voulurent se venger de ce déshonneur, et te firent brûler.

Alcib. — Quoi qu'il en soit, suivant ce conte même, tu ne peux douter que je n'aie été brûlé comme les autres morts.

Char. — Mais tu n'as pas reçu les honneurs de la sépulture. Tu cherches des subtilités. Je vois bien que tu as été un dangereux brouillon.

Alcib. — J'ai été brûlé comme les autres morts, et cela suffit. Veux-tu donc que Timandra vienne t'apporter mes cendres, ou qu'elle t'envoie un certificat? Mais si tu veux encore contester, je m'en rapporte aux trois juges d'ici-bas. Laisse-moi passer pour plaider ma cause devant eux.

Char. — Bon! tu l'aurois gagnée si tu passois. Voici un homme bien rusé!

Merc. — Il faut avouer la vérité : en passant j'ai vu l'urne où la courtisane avoit, disoit-on, mis les cendres de son amant. Un homme qui savoit si bien enchanter les femmes ne pouvoit manquer de sépulture : il a eu des honneurs, des regrets, des larmes, plus qu'il ne méritoit.

Alcib. — Je prends acte que Mercure a vu mes cendres dans une urne. Maintenant je somme Charon de me recevoir dans sa barque; il n'est plus en droit de me refuser.

Merc. — Je le plains d'avoir à se charger de toi. Méchant homme, tu as mis le feu partout : c'est toi qui as allumé cette horrible guerre dans toute la Grèce. Tu es cause que les Athéniens et les Lacédémoniens ont été vingt-huit ans en armes les uns contre les autres, par mer et par terre.

Alcib. — Ce n'est pas moi qui en suis la cause; il faut s'en prendre à mon oncle Périclès.

Merc. — Périclès, il est vrai, engagea cette funeste guerre, mais ce fut par ton conseil. Ne te souviens-tu pas d'un jour que tu allas heurter à sa porte? Ses gens te dirent qu'il n'avoit pas le temps de te voir, parce qu'il étoit embarrassé pour les comptes qu'il devoit rendre aux

Athéniens de l'administration des revenus de la république. Alors tu répondis : Au lieu de songer à rendre compte, il feroit bien mieux de songer à quelque expédient pour n'en rendre jamais. L'expédient que tu lui fournis fut de brouiller les affaires, d'allumer la guerre, et de tenir le peuple dans la confusion. Périclès fut assez corrompu pour te croire : il alluma la guerre ; il y périt. Ta patrie y est presque périe aussi ; elle y a perdu la liberté. Après cela faut-il s'étonner si Archestrate disoit que la Grèce entière n'étoit pas assez puissante pour supporter deux Alcibiade ? Timon le Misanthrope n'étoit pas moins plaisant dans son chagrin ; il étoit indigné contre tous les Athéniens, dans lesquels il ne voyoit plus de trace de vertu ; te rencontrant un jour dans la rue, il te salua et te prit par la main, en te disant : Courage, mon enfant ! pourvu que tu croisses encore en autorité, tu donneras bientôt à ces gens-ci tous les maux qu'ils méritent.

ALCIB. — Faut-il s'amuser aux discours d'un mélancolique qui haïssoit tout le genre humain ?

MERC. — Laissons là ce mélancolique. Mais le conseil que tu donnas à Périclès, n'est-ce pas le conseil d'un voleur ?

ALCIB. — O mon pauvre Mercure ! ce n'est point à toi à parler de voleur ; on sait que tu en as fait long-temps le métier : un dieu filou n'est pas propre à corriger les hommes sur la mauvaise foi en affaires d'argent.

MERC. — Charon, je te conjure de le passer le plus vite que tu pourras ; car nous ne gagnerions rien avec lui. Prends garde seulement qu'il ne surprenne les trois juges, et Pluton même : avertis-les de ma part que c'est un scélérat capable de faire révolter tous les morts, et de renverser la paix paisible de tous les empires. La punition qu'il mérite, c'est de ne voir aucune femme, et de se taire toujours. Il a trop abusé de sa beauté et de son éloquence. Il a tourné tous ses grands talens à faire du mal.

CHAR. — Je donnerai de bons mémoires contre lui, et je crois qu'il passera fort mal son temps parmi les ombres, s'il n'a plus de mauvaise intrigue à y faire.

XXI.

DENYS, PYTHIAS ET DAMON.

La véritable vertu ne peut aimer que la vertu.

DEN. — Ho ! dieux ! qu'est-ce qui se présente à mes yeux ? c'est Pythias qui arrive ; oui, c'est Pythias lui-même. Je ne l'aurois jamais cru. Ah ! c'est lui ; il vient pour mourir et pour dégager son ami.

PYTH. — Oui, c'est moi. Je n'étois parti que pour payer aux dieux ce que je leur avois voué, régler mes affaires domestiques selon la justice, et dire adieu à mes enfans, pour mourir avec plus de tranquillité.

DEN. — Mais pourquoi reviens-tu ? Quoi donc ! ne crains-tu point la mort ? viens-tu la chercher comme un désespéré, un furieux ?

PYTH. — Je viens la souffrir, quoique je ne l'aie point méritée ; car je ne puis me résoudre à laisser mourir mon ami en ma place.

DEN. — Tu l'aimes donc plus que toi-même ?

PYTH. — Non, je l'aime comme moi ; mais je trouve que je dois périr plutôt que lui, puisque c'est moi que tu as eu intention de faire mourir : il ne seroit pas juste qu'il souffrît, pour me délivrer de la mort, le supplice que tu m'as préparé.

DEN. — Mais tu prétends ne mériter pas plus la mort que lui.

PYTH. — Il est vrai ; nous sommes tous deux également innocens, et il n'est pas plus juste de me faire mourir que lui.

DEN. — Pourquoi dis-tu donc qu'il ne seroit pas juste qu'il mourût au lieu de toi ?

PYTH. — Il est également injuste à toi de faire mourir Damon, ou bien de me faire mourir ; mais Pythias seroit injuste s'il laissoit souffrir à Damon une mort que le tyran n'a préparée qu'à Pythias.

DEN. — Tu ne viens donc, au jour marqué, que pour sauver la vie à ton ami, en perdant la tienne ?

PYTH. — Je viens à ton égard souffrir une injustice qui est ordinaire aux tyrans ; et, à l'égard de Damon, faire une action de justice en le retirant d'un péril où il s'est mis par générosité pour moi.

DEN. — Et toi, Damon, ne craignois-tu pas, dis la vérité, que Pythias ne reviendroit point, et que tu paierois pour lui [*] ?

DAM. — Je ne savois que trop que Pythias reviendroit ponctuellement, et qu'il craindroit bien plus de manquer à sa parole que de perdre la vie. Plût aux dieux que ses proches et ses amis l'eussent retenu malgré lui ! maintenant il

---

[*] Dans l'édition de 1718, on lit : *ne revint point, et de payer pour lui*. Nous copions le manuscrit original. On trouvera ailleurs des locutions semblables ; c'est une preuve que Fénelon a écrit ainsi à dessein. Ce Dialogue fut imprimé pour la première fois en 1700 à la suite des *Aventures d'Aristonoüs* ; on y lit ce passage comme nous le donnons ici. (*Édit. de Vers.*)

seroit la consolation des gens de bien, et j'aurois celle de mourir pour lui.

Den. — Quoi! la vie te déplaît-elle?

Dam. — Oui, elle me déplaît quand je vois un tyran.

Den. — Hé bien! tu ne le verras plus. Je vais te faire mourir tout-à-l'heure.

Pyth. — Excuse le transport d'un homme qui regrette son ami prêt à mourir; mais souviens-toi que c'est moi seul que tu as destiné à la mort. Je viens la souffrir pour dégager mon ami; ne me refuse pas cette consolation dans ma dernière heure.

Den. — Je ne puis souffrir deux hommes qui méprisent la vie et ma puissance.

Dam. Tu ne peux donc souffrir la vertu?

Den. — Non, je ne puis souffrir cette vertu fière et dédaigneuse qui méprise la vie, qui ne craint aucun supplice, qui est insensible aux richesses et aux plaisirs.

Dam. — Du moins tu vois qu'elle n'est point insensible à l'honneur, à la justice et à l'amitié.

Den. — Ça, qu'on emmène Pythias au supplice; nous verrons si Damon continuera à mépriser mon pouvoir.

Dam. — Pythias, en revenant se soumettre à tes ordres, a mérité de toi que tu le laisses vivre; et moi, en me livrant pour lui à ton indignation, je t'ai irrité : contente-toi, fais-moi mourir.

Pyth. — Non, non, Denys; souviens-toi que je suis le seul qui t'a déplu : Damon n'a pu.....

Den. — Hélas! que vois-je? où suis-je? que je suis malheureux et digne de l'être! Non, je n'ai rien connu jusqu'ici : j'ai passé ma vie dans les ténèbres et dans l'égarement. Toute ma puissance m'est inutile pour me faire aimer : je ne puis pas me vanter d'avoir acquis, depuis plus de trente ans de tyrannie, un seul ami dans toute la terre. Ces deux hommes, dans une condition privée, s'aiment tendrement, se confient l'un à l'autre sans réserve, sont heureux en s'aimant, et veulent mourir l'un pour l'autre.

Pyth. — Comment auriez-vous des amis, vous qui n'avez jamais aimé personne? Si vous aviez aimé les hommes, ils vous aimeroient. Vous les avez craints, ils vous craignent, ils vous haïssent.

Den. — Damon, Pythias, daignez me recevoir entre vous deux, pour être le troisième ami d'une si parfaite société; je vous laisse vivre, et je vous comblerai de biens.

Dam. — Nous n'avons pas besoin de tes biens, et pour ton amitié, nous ne pouvons l'accepter que quand tu seras bon et juste. Jusque-là tu ne peux avoir que des esclaves tremblans et de lâches flatteurs. Il faut être vertueux, bienfaisant, sociable, sensible à l'amitié, prêt à entendre la vérité, et savoir vivre dans une espèce d'égalité avec de vrais amis, pour être aimé par des hommes libres.

XXII.

DION ET GÉLON.

Dans un souverain ce n'est pas l'homme qui doit régner, ce sont les lois.

Dion. — Il y a long-temps, ô merveilleux homme! que je désire de te voir; je sais que Syracuse te dut autrefois sa liberté.

Gélon. — Et moi je sais que tu n'as pas eu assez de sagesse pour la lui rendre. Tu n'avois pas mal commencé contre le tyran, quoiqu'il fût ton beau-frère; mais, dans la suite, l'orgueil, la mollesse et la défiance, vices d'un tyran, corrompoient peu à peu tes mœurs. Aussi les tiens mêmes t'ont fait périr.

Dion. — Peut-on gouverner la république sans être exposé aux traîtres et aux envieux?

Gélon. — Oui, sans doute; j'en suis une belle preuve. Je n'étois pas syracusain; quoique étranger, on me vint chercher pour me faire roi; on me fit accepter le diadème; je le portai avec tant de douceur et de modération pour le bonheur des peuples, que mon nom est encore aimé et révéré par les citoyens, quoique ma famille, qui a régné après moi, m'ait déshonoré par ses vices. On les a soufferts pour l'amour de moi. Après cet exemple, il faut avouer qu'on peut commander sans se faire haïr. Mais ce n'est pas à moi qu'il faut cacher tes fautes : la prospérité t'avoit fait oublier la philosophie de ton ami Platon.

Dion. — Hé! quel moyen d'être philosophe, quand on est le maître de tout, et qu'on a des passions qu'aucune crainte ne retient!

Gélon. — J'avoue que les hommes qui gouvernent les autres me font pitié; cette grande puissance de faire le mal est un horrible poison. Mais enfin j'étois homme comme toi, et cependant j'ai vécu dans l'autorité royale jusqu'à une extrême vieillesse, sans abuser de ma puissance.

Dion. — Je reviens toujours là : il est facile d'être philosophe dans une condition privée; mais quand on est au-dessus de tout.....

Gélon. — Hé ! c'est quand on se voit au-dessus de tout qu'on a un plus grand besoin de philosophie pour soi et pour les autres qu'on doit gouverner. Alors il faut être doublement sage, et borner au dedans par sa raison une puissance que rien ne borne au dehors.

Dion. — Mais j'avois vu le vieux Denys, mon beau-père, qui avoit fini ses jours paisiblement dans la tyrannie ; je m'imaginois qu'il n'y avoit qu'à faire de même.

Gélon. — Ne vois-tu pas que tu avois commencé comme un homme de bien qui veut rendre la liberté à sa patrie ? Espérois-tu qu'on te souffriroit dans la tyrannie, puisqu'on ne s'étoit confié à toi qu'afin de renverser le tyran ? C'est un hasard quand les méchans évitent les dangers qui les environnent : encore même sont-ils assez punis par le besoin où ils se trouvent de se précautionner contre ces périls. En répandant le sang humain, en désolant les républiques, ils n'ont aucun moment de repos ni de sûreté ; ils ne peuvent jamais goûter ni le plaisir de la vertu, ni la douceur de l'amitié, ni celle de la confiance et d'une bonne réputation. Mais toi, qui étois l'espérance des gens de bien, qui promettois des vertus sincères, qui avois voulu établir la république de Platon, tu commençois à vivre en tyran, et tu croyois qu'on te laisseroit vivre !

Dion. — Ho bien ! si je retournois au monde, je laisserois les hommes se gouverner eux-mêmes comme ils pourroient. J'aimerois mieux m'aller cacher dans quelque île déserte que de me charger de gouverner une république. Si on est méchant, on a tout à craindre ; si on est bon, on a trop à souffrir.

Gélon. — Les bons rois, il est vrai, ont bien des peines à souffrir ; mais ils jouissent d'une tranquillité et d'un plaisir pur au dedans d'eux-mêmes, que les tyrans ignorent toute leur vie. Sais-tu bien le secret de régner ainsi ? Tu devrois le savoir, car tu l'as souvent ouï dire à Platon.

Dion. — Redis-le-moi de grâce, car la bonne fortune me l'a fait oublier.

Gélon. — Il ne faut pas que l'homme règne ; il faut qu'il se contente de faire régner les lois. S'il prend la royauté pour lui, il la gâte, et se perd lui-même ; il ne doit l'exercer que pour le maintien des lois et le bien des peuples.

Dion. — Cela est bien aisé à dire, mais difficile à faire.

Gélon. — Difficile, il est vrai, mais non pas impossible. Celui qui en parle l'a fait comme il te le dit. Je ne cherchai point l'autorité ; elle me vint chercher ; je la craignis ; j'en connus tous les embarras ; je ne l'acceptai que pour le bien des hommes. Je ne leur fis jamais sentir que j'étois le maître ; je leur fis seulement sentir qu'eux et moi nous devions céder à la raison et à la justice. Une vieillesse respectée, une mort qui a mis toute la Sicile en deuil, une réputation sans tache et éternelle, une vertu récompensée ici-bas par le bonheur des Champs Élysiens, sont le fruit de cette philosophie si long-temps conservée sur le trône.

Dion. — Hélas ! je savois tout ce que tu me dis ; je prétendois en faire autant ; mais je ne me défiois point de mes passions, et elles m'ont perdu. De grâce, souffre que je ne te quitte plus.

Gélon. — Non, tu ne peux être admis parmi ces ames bienheureuses qui ont bien gouverné. Adieu.

XXIII.

PLATON ET DENYS LE TYRAN.

Un prince ne peut trouver de véritable bonheur et de sûreté que dans l'amour de ses sujets.

Den. — Hé ! bonjour, Platon ; te voilà comme je t'ai vu en Sicile.

Plat. — Pour toi, il s'en faut bien que tu sois ici aussi brillant que sur ton trône.

Den. — Tu n'étois qu'un philosophe chimérique ; ta république n'étoit qu'un beau songe.

Plat. — Ta tyrannie n'a pas été plus solide que ma république ; elle est tombée par terre.

Den. — C'est ton ami Dion qui me trahit.

Plat. — C'est toi qui te trahis toi-même. Quand on se fait haïr, on a tout à craindre.

Den. — Mais aussi, quel plaisir de se faire aimer ! Pour y parvenir, il faut contenter les autres. Ne vaut-il pas mieux se contenter soi-même, au hasard d'être haï ?

Plat. — Quand on se fait haïr pour contenter ses passions, on a autant d'ennemis que de sujets ; on n'est jamais en sûreté. Dis-moi la vérité ; dormois-tu en repos ?

Den. — Non, je l'avoue. C'est que je n'avois pas encore fait mourir assez de gens.

Plat. — Hé ! ne vois-tu pas que la mort des uns t'attiroit la haine des autres ; que ceux qui voyoient massacrer leurs voisins attendoient de périr à leur tour, et ne pouvoient se sauver qu'en te prévenant ? Il faut, ou tuer jusqu'au dernier des citoyens, ou abandonner la rigueur des peines, pour tâcher de se faire aimer. Quand les peuples vous aiment, vous n'avez plus besoin de gardes; vous êtes au milieu de votre peuple comme un père qui ne craint rien au milieu de ses propres enfans.

Den. — Je me souviens que tu me disois toutes ces raisons, quand je fus sur le point de quitter la tyrannie pour être ton disciple; mais un flatteur m'en empêcha. Il faut avouer qu'il est bien difficile de renoncer à la puissance souveraine.

Plat. — N'auroit-il pas mieux valu la quitter volontairement pour être philosophe, que d'en être honteusement dépossédé, pour aller gagner sa vie à Corinthe par le métier de maître d'école?

Den. — Mais je ne prévoyois pas qu'on me chasseroit.

Plat. — Hé! comment pouvois-tu espérer de demeurer le maître en un lieu où tu avois mis tout le monde dans la nécessité de te perdre pour éviter ta cruauté!

Den. — J'espérois qu'on n'oseroit jamais m'attaquer.

Plat. — Quand les hommes risquent davantage en vous laissant vivre qu'en vous attaquant, il s'en trouve toujours qui vous préviennent : vos propres gardes ne peuvent sauver leur vie qu'en vous arrachant la vôtre. Mais parle-moi franchement; n'as-tu pas vécu avec plus de douceur dans ta pauvreté de Corinthe que dans ta splendeur de Syracuse?

Den. — A Corinthe, le maître d'école mangeoit et dormoit assez bien; le tyran à Syracuse avoit toujours des craintes et des défiances : il falloit égorger quelqu'un, ravir des trésors, faire des conquêtes. Les plaisirs n'étoient plus plaisirs; ils étoient usés pour moi, et ne laissoient pas de m'agiter avec trop de violence. Dis-moi aussi, philosophe, te trouvois-tu bien malheureux quand je te fis vendre?

Plat. — J'avois dans l'esclavage le même repos que tu goûtois à Corinthe, avec cette différence, que j'avois l'honneur de souffrir pour la vertu par l'injustice du tyran, et que tu étois le tyran honteusement dépossédé de sa tyrannie.

Den. — Va, je ne gagne rien à disputer contre toi; si jamais je retourne au monde, je choisirai une condition privée, ou bien je me ferai aimer par le peuple que je gouvernerai.

XXIV.

PLATON ET ARISTOTE.

Critique de la philosophie d'Aristote; solidité des idées éternelles de Platon.

Arist. — Avez-vous oublié votre ancien disciple? Ne me connaissez-vous plus? J'aurois besoin de votre réminiscence.

Plat. — Je n'ai garde de reconnoître en vous mon disciple. Vous n'avez jamais songé qu'à paroître le maître de tous les philosophes, et qu'à faire tomber dans l'oubli tous ceux qui vous ont précédé.

Arist. — C'est que j'ai dit des choses originales, et que je les ai expliquées fort clairement. Je n'ai point pris le style poétique; en cherchant le sublime, je ne suis point tombé dans le galimatias; je n'ai point donné dans les idées éternelles.

Plat. — Tout ce que vous avez dit étoit tiré de livres que vous avez tâché de supprimer. Vous avez parlé, j'en conviens, d'une manière nette, précise, pure, mais sèche et incapable de faire sentir la sublimité des vérités divines. Pour les idées éternelles, vous vous en moquerez tant qu'il vous plaira; mais vous ne sauriez vous en passer, si vous voulez établir quelques vérités certaines. Quel moyen d'assurer ou de nier une chose d'une autre, à moins qu'il n'y ait des idées de ces deux choses qui ne changent point? Qu'est-ce que la raison, sinon nos idées? Si nos idées changeoient, la raison seroit aussi changeante. Aujourd'hui le tout seroit plus grand que la partie : demain la mode en seroit passée, et la partie seroit plus grande que le tout. Ces idées éternelles, que vous voulez tourner en ridicule, ne sont donc que les premiers principes de la raison, qui demeurent toujours les mêmes. Bien loin que nous puissions juger de ces premières vérités, ce sont elles qui nous jugent, et qui nous corrigent quand nous nous trompons. Si je dis une chose extravagante, les autres hommes en rient d'abord, et j'en suis honteux. C'est que ma raison et celle de mes voisins est une règle au-dessus de moi, qui vient me redresser malgré moi, comme une règle véritable redresseroit une ligne tortue que j'aurois tracée. Faute de remonter aux idées, qui sont les premières et les simples notions de chaque chose, vous n'avez point eu de principes assez fermes, et vous n'alliez qu'à tâtons.

Arist. — Y a-t-il rien de plus clair que ma morale ?

Plat. — Elle est claire, elle est belle, je l'avoue ; votre logique est subtile, méthodique, exacte, ingénieuse : mais votre physique n'est qu'un amas de termes abstraits qui n'expliquent point la nature des corps ; c'est une physique *métaphysiquée*, ou, pour mieux dire, des noms vagues, pour accoutumer les esprits à se payer de mots, et à croire entendre ce qu'ils n'entendent pas. C'est en cette occasion que vous auriez eu grand besoin d'idées claires pour éviter le galimatias que vous reprochez aux autres. Un ignorant sensé avoue de bonne foi qu'il ne sait ce que c'est que la matière première. Un de vos disciples croit dire des merveilles, en disant qu'elle n'est ni quoi, ni quel, ni combien, ni aucune des choses par lesquelles l'être est déterminé. Avec ce jargon un homme se croit grand philosophe, et méprise le vulgaire. Les Epicuriens venus après vous ont raisonné plus sensément que vous sur les figures et sur le mouvement des petits corps qui forment par leur assemblage tous les composés que nous voyons. Au moins c'est une physique vraisemblable. Il est vrai qu'ils n'ont jamais remonté jusqu'à l'idée et à la nature de ces petits corps ; ils supposent, toujours sans preuve, des règles toutes faites, et sans savoir par qui ; puis ils en tirent, comme ils peuvent, la composition de toute la nature sensible. Cette philosophie est imparfaite, il est vrai ; mais enfin elle sert à entendre beaucoup de choses dans la nature. Votre philosophie n'enseigne que des mots ; ce n'est pas une philosophie, ce n'est qu'une langue bizarre. Tirésias vous menace qu'un jour il viendra d'autres philosophes qui vous déposséderont des écoles où vous aurez régné longtemps, et qui feront tomber de bien haut votre réputation.

Arist. — Je voulois cacher mes principes ; c'est ce qui m'a fait envelopper ma physique.

Plat. — Vous y avez si bien réussi, que personne ne vous entend ; ou du moins, si on vous entend, on trouve que vous ne dites rien.

Arist. — Je ne pouvois rechercher toutes les vérités, ni faire toutes les expériences.

Plat. — Personne ne le pouvoit aussi commodément que vous ; vous aviez l'autorité et l'argent d'Alexandre. Si j'avois eu les mêmes avantages, j'aurois fait de belles découvertes.

Arist. — Que ne ménagiez-vous Denys le tyran, pour en tirer le même parti?

Plat. — C'est que je n'étois ni courtisan ni flatteur. Mais vous, qui trouvez qu'on doit ménager les princes, n'avez-vous pas perdu les bonnes grâces de votre disciple par vos entreprises trop ambitieuses ?

Arist. — Hélas ! il n'est que trop vrai. Ici-bas même, il ne daigne plus me reconnoître ; il me regarde de travers.

Plat. — C'est qu'il n'a point trouvé dans votre conduite la pure morale de vos écrits. Dites la vérité ; vous ne ressembliez point à votre Magnanime.

Arist. — Et vous, n'avez-vous point parlé du mépris de toutes les choses terrestres et passagères, pendant que vous viviez magnifiquement ?

Plat. — Je l'avoue, mais j'étois considérable dans ma patrie. J'y ai vécu avec modération et honneur. Sans autorité ni ambition, je me suis fait révérer des Grecs. Le philosophe venu de Stagyre, qui veut tout brouiller dans le royaume de son disciple, est un personnage qui en bonne philosophie doit être fort odieux.

XXV.

ALEXANDRE ET ARISTOTE.

Quelque grandes que soient les qualités naturelles d'un jeune prince, il a tout à craindre s'il n'éloigne les flatteurs, s'il ne s'accoutume de bonne heure à combattre ses passions, et à aimer ceux qui auront le courage de lui dire la vérité.

Arist. — Je suis ravi de voir mon disciple. Quelle gloire pour moi d'avoir instruit le vainqueur de l'Asie !

Alex. — Mon cher Aristote, je te revois avec plaisir. Je ne t'avois point vu depuis que je quittai la Macédoine ; mais je ne t'ai jamais oublié pendant mes conquêtes : tu le sais bien.

Arist. — Te souviens-tu de ta jeunesse, qui étoit si aimable ?

Alex. — Oui, il me semble que je suis encore à Pella ou à Pydne ; que tu viens de Stagyre pour m'enseigner la philosophie.

Arist. — Mais tu avois un peu négligé mes préceptes, quand la trop grande prospérité enivra ton cœur.

Alex. — Je l'avoue : tu sais bien que je suis sincère. Maintenant que je ne suis plus que l'ombre d'Alexandre, je reconnois qu'Alexandre étoit trop hautain et trop superbe pour un mortel.

Arist. — Tu n'avois point pris mon Magnanime pour te servir de modèle.

Alex. — Je n'avois garde : ton Magnanime n'est qu'un pédant; il n'a rien de vrai ni de naturel; il est guindé et outré en tout.

Arist. — Mais n'étois-tu pas outré dans ton héroïsme? Pleurer de n'avoir pas encore subjugué un monde, quand on disoit qu'il y en avoit plusieurs; parcourir les royaumes immenses pour les rendre à leurs rois après les avoir vaincus; ravager l'univers pour faire parler de toi; se jeter seul sur les remparts d'une ville ennemie; vouloir passer pour une divinité! Tu es plus outré que mon Magnanime.

Alex. — Me voilà donc revenu à ton école? Tu me dis toutes mes vérités, comme si nous étions encore à Pella. Il n'auroit pas été trop sûr de me parler si librement sur les bords de l'Euphrate : mais, sur les bords du Styx, on écoute un censeur plus patiemment. Dis-moi donc, mon pauvre Aristote, toi qui sais tout, d'où vient que certains princes sont si jolis dans leur enfance, et qu'ensuite ils oublient toutes les bonnes maximes qu'ils ont apprises, lorsqu'il seroit question d'en faire quelque usage? A quoi sert-il qu'ils parlent dans leur jeunesse comme des perroquets, pour approuver tout ce qui est bon, et que la raison, qui devroit croître en eux avec l'âge, semble s'enfuir dès qu'ils sont entrés dans les affaires?

Arist. — En effet, ta jeunesse fut merveilleuse; tu entretenois avec politesse les ambassadeurs qui venoient chez Philippe; tu aimois les lettres; tu lisois les poètes; tu étois charmé d'Homère; ton cœur s'enflammoit au récit des vertus et des grandes actions des héros. Quand tu pris Thèbes, tu respectas la maison de Pindare; ensuite tu allas, en entrant dans l'Asie, voir le tombeau d'Achille et les ruines de Troie. Tout cela marque un naturel humain et sensible aux belles choses. On vit encore ce beau naturel quand tu confias ta vie au médecin Philippe, mais surtout lorsque tu traitas si bien la famille de Darius, que ce roi mourant se consoloit dans son malheur, pensant que tu serois le père de sa famille. Voilà ce que la philosophie et le beau naturel avoient mis en toi. Mais le reste, je n'ose le dire…

Alex. — Dis, dis, mon cher Aristote; tu n'as plus rien à ménager.

Arist. — Ce faste, ces mollesses, ces soupçons, ces cruautés, ces colères, ces emportemens furieux contre tes amis, cette crédulité pour les lâches flatteurs qui t'appeloient un dieu.

Alex. — Ah! tu dis vrai. Je voudrois être mort après avoir vaincu Darius.

Arist. — Quoi! tu voudrois n'avoir point subjugué le reste de l'Orient.

Alex. — Cette conquête m'est moins glorieuse, qu'il ne m'est honteux d'avoir succombé à mes prospérités, et d'avoir oublié la condition humaine. Mais dis-moi donc? d'où vient qu'on est si sage dans l'enfance, et si peu raisonnable quand il seroit temps de l'être?

Arist. — C'est que dans la jeunesse on est instruit, excité, corrigé par des gens de bien. Dans la suite, on s'abandonne à trois sortes d'ennemis : à sa présomption, à ses passions et aux flatteurs.

XXVI.

ALEXANDRE ET CLITUS.

Funeste délicatesse des grands, qui ne peuvent souffrir d'être avertis de leurs défauts, même par leurs plus fidèles serviteurs.

Clit. — Bonjour, grand roi. Depuis quand es-tu descendu sur ces rives sombres?

Alex. — Ah! Clitus, retire-toi; je ne puis supporter ta vue; elle me reproche ma faute.

Clit. — Pluton veut que je demeure devant tes yeux, pour te punir de m'avoir tué injustement. J'en suis fâché; car je t'aime encore, malgré le mal que tu m'as fait; mais je ne puis plus te quitter.

Alex. — O la cruelle compagnie! Voir toujours un homme qui rappelle le souvenir de ce qu'on a eu tant de honte d'avoir fait!

Clit. — Je regarde bien mon meurtrier; pourquoi ne saurois-tu pas regarder un homme que tu as fait mourir? Je vois bien que les grands sont plus délicats que les autres hommes; ils ne veulent voir que des gens contens d'eux, qui les flattent, et qui fassent semblant de les admirer. Mais il n'est plus temps d'être délicat sur les bords du Styx. Il falloit quitter cette délicatesse en quittant la grandeur royale. Tu n'as plus rien à donner ici, et tu ne trouveras plus de flatteurs.

Alex. — Ah! quel malheur! sur la terre j'étois un dieu; ici je ne suis plus qu'une ombre, et on m'y reproche sans pitié mes fautes.

Clit. — Pourquoi les faisois-tu?

Alex. — Quand je te tuai, j'avois trop bu.

Clit. — Voilà une belle excuse pour un héros et pour un dieu! Celui qui devoit être assez raisonnable pour gouverner la terre entière, perdoit, par l'ivresse, toute sa raison, et se rendoit semblable à une bête féroce. Mais avoue de bonne foi la vérité ; tu étois encore plus enivré par la mauvaise gloire et par la colère que par le vin : tu ne pouvois souffrir que je condamnasse ta vanité qui te faisoit recevoir les honneurs divins, et oublier les services qu'on t'avoit rendus. Réponds-moi ; je ne crains plus que tu me tues.

ALEX. — O dieux cruels, que ne puis-je me venger de vous ! Mais hélas ! je ne puis pas même me venger de cette ombre de Clitus qui vient m'insulter brutalement.

CLIT. — Te voilà aussi colère et aussi fougueux que tu l'étois parmi les vivans. Mais personne ne te craint ici ; pour moi, tu me fais pitié.

ALEX. — Quoi ! le grand Alexandre faire pitié à un homme vil tel que Clitus ! Que ne puis-je ou le tuer ou me tuer moi-même !

CLIT. — Tu ne peux plus ni l'un ni l'autre; les ombres ne meurent point : te voilà immortel, mais autrement que tu ne l'avois prétendu. Il faut te résoudre à n'être qu'une ombre comme moi, et comme le dernier des hommes. Tu ne trouveras plus ici de provinces à ravager, ni de rois à fouler aux pieds, ni de palais à brûler dans ton ivresse, ni de fables ridicules à conter pour te vanter d'être le fils de Jupiter.

ALEX. — Tu me traites comme un misérable.

CLIT. — Non, je te reconnois pour un grand conquérant, d'un naturel sublime, mais gâté par de trop grands succès. Te dire la vérité avec affection, est-ce t'offenser ? Si la vérité t'offense, retourne sur la terre chercher tes flatteurs.

ALEX. — A quoi donc me servira toute ma gloire, si Clitus même ne m'épargne pas ?

CLIT. — C'est ton emportement qui a terni ta gloire parmi les vivans. Veux-tu la conserver pure dans les enfers ? il faut être modeste avec des ombres qui n'ont rien à perdre ni à gagner avec toi.

ALEX. — Mais tu disois que tu m'aimois.

CLIT. — Oui, j'aime ta personne sans aimer tes défauts.

ALEX. — Si tu m'aimes, épargne-moi.

CLIT. — Parce que je t'aime, je ne t'épargnerai point. Quand tu parus si chaste à la vue de la femme et de la fille de Darius, quand tu montras tant de générosité pour ce prince vaincu, tu méritas de grandes louanges ; je te les donne. Ensuite la gloire te fit tourner la tête. Je te quitte, adieu.

XXVII.

ALEXANDRE ET DIOGÈNE.

Combien la flatterie est pernicieuse aux princes.

DIOG. — Ne vois-je pas Alexandre parmi les morts !

ALEX. — Tu ne te trompes pas, Diogène.

DIOG. — Hé, comment ! les dieux meurent-ils?

ALEX. — Non pas les dieux, mais les hommes mortels par leur nature.

DIOG. — Mais crois-tu n'être qu'un simple homme !

ALEX. — Hé ! pourrois-je avoir un autre sentiment de moi-même ?

DIOG. — Tu es bien modeste après ta mort. Rien n'auroit manqué à ta gloire, Alexandre, si tu l'avois été autant pendant ta vie.

ALEX. — En quoi donc me suis-je si fort oublié ?

DIOG. — Tu le demandes, toi qui ; non content d'être fils d'un grand roi, qui s'étoit rendu maître de la Grèce entière, prétendois venir de Jupiter ? On te faisoit la cour, en te disant qu'un serpent s'étoit approché d'Olympias. Tu aimois mieux avoir ce monstre pour père, parce que cela flattoit davantage ta vanité, que d'être descendu de plusieurs rois de Macédoine, parce que tu ne trouvois rien dans cette naissance au-dessus de l'humanité. Ne souffrois-tu pas les basses et honteuses flatteries de la prêtresse de Jupiter-Ammon ? Elle répondit que tu blasphémois en supposant que ton père pouvoit avoir des meurtriers ; tu sus profiter de ses salutaires avis, et tu évitas avec un grand soin de tomber dans la suite dans de pareilles impiétés. O homme trop foible pour supporter les talens que tu avois reçus du Ciel !

ALEX. — Crois-tu, Diogène, que j'aie été assez insensé pour ajouter foi à toutes ces fables ?

DIOG. — Pourquoi donc les autorisois-tu ?

ALEX. — C'est qu'elles m'autorisoient moi-même. Je les méprisois, et je m'en servois parce qu'elles me donnoient un pouvoir absolu sur les hommes. Ceux qui auroient peu considéré le fils de Philippe trembloient devant le fils de Jupiter. Les peuples ont besoin d'être trompés : la vérité est foible auprès d'eux ; le mensonge est tout-puissant sur leur esprit. La seule réponse de la prêtresse, dont tu parles avec dérision, a plus avancé mes conquêtes que mon courage et toutes les ressources de mon esprit. Il faut connoître les hommes, se proportionner à eux, et les mener par les voies par lesquelles ils sont capables de marcher.

Diog. — Les hommes du caractère que tu dépeins sont dignes de mépris, comme l'erreur à laquelle ils sont livrés : et pour être estimé de ces hommes si vils, tu as eu recours au mensonge, qui t'a rendu plus indigne qu'eux.

XXVIII.

DENYS L'ANCIEN ET DIOGÈNE.

Un prince qui fait consister son bonheur et sa gloire à satisfaire ses passions, n'est heureux ni en cette vie ni en l'autre.

Den. — Je suis ravi de voir un homme de ta réputation. Alexandre m'a parlé de toi depuis qu'il est descendu en ces lieux.

Diog. — Pour moi, je n'avois que trop entendu parler de toi sur la terre. Tu y faisois du bruit comme les torrens qui ravagent tout.

Den. — Est-il vrai que tu étois heureux dans ton tonneau ?

Diog. — Une marque certaine que j'y étois heureux, c'est que je ne cherchai jamais rien, et que je méprisai même les offres de ce jeune Macédonien dont tu parles. Mais n'est-il pas vrai que tu n'étois point heureux en possédant Syracuse et la Sicile, puisque tu voulois encore entrer par Rhége dans toute l'Italie ?

Den. — Ta modération n'étoit que vanité et affectation de vertu.

Diog. Ton ambition n'étoit que folie, qu'un orgueil forcené qui ne peut faire justice ni à soi ni aux autres.

Den. — Tu parles bien hardiment.

Diog. — Et toi, t'imagines-tu être encore tyran ici ?

Den. — Hélas ! je ne sens que trop que je ne le suis plus. Je tenois les Syracusains, comme je m'en suis vanté bien des fois, dans des chaînes de diamans ; mais le ciseau des Parques a coupé ces chaînes avec le fil de mes jours.

Diog. — Je t'entends soupirer, et je suis sûr que tu soupirois aussi dans ta gloire. Pour moi, je ne soupirois point dans mon tonneau, et je n'ai que faire de soupirer ici-bas ; car je n'ai laissé, en mourant, aucun bien digne d'être regretté. O mon pauvre tyran, que tu as perdu à être si riche, et que Diogène a gagné à ne posséder rien !

Den. — Tous les plaisirs en foule venoien s'offrir à moi : ma musique étoit admirable ; j'avois une table exquise, des esclaves sans nombre, des parfums, des meubles d'or et d'argent, des tableaux, des statues, des spectacles de toutes les façons, des gens d'esprit pour m'entretenir et pour me louer, des armées pour vaincre tous mes ennemis.

Diog. — Et par-dessus tout cela des soupçons, des alarmes et des fureurs, qui t'empêchoient de jouir de tant de biens.

Den. — Je l'avoue. Mais aussi quel moyen de vivre dans un tonneau ?

Diog. — Hé ! qui t'empêchoit de vivre paisiblement en homme de bien comme un autre dans ta maison, et d'embrasser une douce philosophie ? Mais est-il vrai que tu croyois toujours voir un glaive suspendu sur ta tête au milieu de tous les plaisirs ?

Den. — N'en parlons plus, tu veux m'insulter.

Diog. — Souffriras-tu une autre question aussi forte que celle-là ?

Den. — Il faut bien la souffrir ; je n'ai plus de menaces à te faire pour t'en empêcher ; je suis ici bien désarmé.

Diog. — Avois-tu promis des récompenses à tous ceux qui inventeroient de nouveaux plaisirs ? C'étoit une étrange rage pour la volupté. O que tu t'étois bien mécompté ! Avoir tout renversé dans son pays pour être heureux, et être si misérable et si affamé de plaisirs !

Den. — Il falloit bien tâcher d'en faire inventer de nouveaux, puisque tous les plaisirs ordinaires étoient usés pour moi.

Diog. — La nature entière ne te suffisoit donc pas ? Hé ! qu'est-ce qui auroit pu apaiser tes passions furieuses ? Mais les plaisirs nouveaux auroient-ils pu guérir tes défiances, et étouffer les remords de tes crimes ?...

Den. — Non : mais les malades cherchent comme ils peuvent à se soulager dans leurs maux. Ils essaient de nouveaux remèdes pour se guérir, et de nouveaux mets pour se ragoûter.

Diog. — Tu étois donc dégoûté et affamé tout ensemble ; dégoûté de tout ce que tu avois, affamé de tout ce que tu ne pouvois avoir. Voilà un bel état ; et c'est là ce que tu as pris tant de peine à acquérir et à conserver ! Voilà une belle recette pour se faire heureux. C'est bien à toi de te moquer de mon tonneau, où un peu d'eau, de pain et de soleil, me rendoit content ! Quand on sait goûter ces plaisirs simples de la pure nature, ils ne s'usent jamais, et on n'en manque point ; mais quand on les méprise, on a beau être riche et puissant, on manque de tout, car on ne peut jouir de rien.

Den. — Ces vérités que tu dis m'affligent; car je pense à mon fils que j'ai laissé tyran après moi : il seroit plus heureux si je l'avois laissé pauvre artisan, accoutumé à la modération, et instruit par la mauvaise fortune ; au moins il auroit quelques vrais plaisirs que la nature ne refuse point dans les conditions médiocres.

Diog. — Pour lui rendre l'appétit, il faudroit lui faire souffrir la faim ; et pour lui ôter l'ennui de son palais doré, le mettre dans mon tonneau vacant depuis ma mort.

Den. — Encore ne saura-t-il pas se soutenir dans cette puissance que j'ai eu tant de peine à lui préparer.

Diog. — Hé! que veux-tu que sache un homme né dans la mollesse d'une trop grande prospérité? A peine sait-il prendre le plaisir quand il vient à lui. Il faut que tout le monde se tourmente pour le divertir.

XXIX.

PYRRHON ET SON VOISIN.

Absurdité du pyrrhonisme.

Le Vois. — Bonjour, Pyrrhon. On dit que vous avez bien des disciples, et que votre école a une haute réputation. Voudriez-vous bien me recevoir et m'instruire ?

Pyrr. — Je le veux, ce me semble.

Le Vois. — Pourquoi donc ajoutez-vous, ce me semble? Est-ce que vous ne savez pas ce que vous voulez? Si vous ne le savez pas, qui le saura donc? Et que savez-vous donc, vous qui passez pour un si savant homme ?

Pyrr. — Moi, je ne sais rien.

Le Vois. — Qu'apprend-on donc à vous écouter?

Pyrr. — Rien, rien du tout.

Le Vois. — Pourquoi donc vous écoute-t-on?

Pyrr. — Pour se convaincre de son ignorance. N'est-ce pas savoir beaucoup, que de savoir qu'on ne sait rien ?

Le Vois. — Non, ce n'est pas savoir grand'chose. Un paysan bien grossier et bien ignorant connoît son ignorance, et il n'est pourtant ni philosophe ni habile homme, et il connoît pourtant mieux son ignorance que vous la vôtre; car vous vous croyez au-dessus de tout le genre humain en affectant d'ignorer toutes choses. Cette ignorance affectée ne vous ôte point la présomption, au lieu que le paysan qui connoît son ignorance se défie de lui-même en toutes choses, et de bonne foi.

Pyrr. — Le paysan ne croit ignorer que certaines choses élevées, et qui demandent de l'étude; mais il ne croit pas ignorer qu'il marche, qu'il parle, qu'il vit. Pour moi, j'ignore tout cela, et par principes.

Le Vois. — Quoi ! vous ignorez tout cela de vous ? Beaux principes, de n'en admettre aucun !

Pyrr. — Oui, j'ignore si je vis, si je suis : en un mot, j'ignore toutes choses sans exception.

Le Vois. — Mais ignorez-vous que vous pensez ?

Pyrr. — Oui, je l'ignore.

Le Vois. — Ignorer toutes choses, c'est douter de toutes choses et ne trouver rien de certain, n'est-il pas vrai ?

Pyrr. — Il est vrai, si quelque chose le peut être.

Le Vois. — Ignorer et douter, c'est la même chose ; douter et penser sont encore la même chose : donc vous ne pouvez douter sans penser. Votre doute est donc la preuve certaine que vous pensez : donc il y a quelque chose de certain, puisque votre doute même prouve la certitude de votre pensée.

Pyrr. — J'ignore même mon ignorance. Vous voilà bien attrapé.

Le Vois. — Si vous ignorez votre ignorance, pourquoi en parlez-vous? pourquoi la défendez-vous? pourquoi voulez-vous la persuader à vos disciples, et les détromper de tout ce qu'ils ont jamais cru? Si vous ignorez jusqu'à votre ignorance, il n'en faut plus donner des leçons, ni mépriser ceux qui croient savoir la vérité.

Pyrr. — Toute la vie n'est peut-être qu'un songe continuel. Peut-être que le moment de la mort sera un réveil soudain, où l'on découvrira l'illusion de tout ce que l'on a cru de plus réel, comme un homme qui s'éveille voit disparoître tous les fantômes qu'il croyoit voir et toucher pendant ses songes.

Le Vois. — Vous craignez donc de dormir et de rêver les yeux ouverts? Vous dites de toutes choses, Peut-être : mais ce Peut-être que vous dites est une pensée. Votre songe, tout faux qu'il est, est pourtant le songe d'un homme qui rêve. Tout au moins il est sûr que vous rêvez; car il faut être quelque chose, et quelque chose de pensant, pour avoir des songes. Le néant ne peut ni dormir, ni rêver, ni se tromper, ni ignorer, ni douter, ni dire Peut-être. Vous voilà donc malgré vous condamné à savoir quelque chose, qui est votre rêverie, et à être tout au moins un être rêveur et pensant.

Pyrr. — Cette subtilité m'embarrasse. Je ne veux point d'un disciple si subtil et si incommode dans mon école.

Le Vois. — Vous voulez donc, et vous ne voulez pas? En vérité, tout ce que vous dites et tout ce que vous faites dément votre doute affecté : votre secte est une secte de menteurs. Si vous ne voulez point de moi pour disciple, je veux encore moins de vous pour maître.

XXX.

PYRRHUS ET DÉMÉTRIUS POLIORCÉTES.

La vertu seule fait les héros.

Dém. — Je viens saluer ici le plus grand héros que la Grèce ait eu après Alexandre.

Pyrr. — N'est-ce pas là Démétrius que j'aperçois? Je le reconnois au portrait qu'on m'en a fait ici.

Dém. — Avez-vous entendu parler des grandes guerres que j'ai eues à soutenir?

Pyrr. — Oui; mais j'ai aussi entendu parler de votre mollesse et de votre lâcheté pendant la paix.

Dém. — Si j'ai eu un peu de mollesse, mes grandes actions l'ont assez réparée.

Pyrr. — Pour moi, dans toutes les guerres que j'ai faites j'ai toujours été ferme. J'ai montré aux Romains que je savois soutenir mes alliés; car lorsqu'ils attaquèrent les Tarentins, je passai à leur secours avec une armée formidable, et fis sentir aux Romains la force de mon bras.

Dém. — Mais Fabricius eut enfin bon marché de vous; et on voyoit bien que vos troupes n'étoient pas des meilleures, puisque vos éléphants furent cause de votre victoire. Ils troublèrent les Romains, qui n'étoient pas accoutumés à cette manière de combattre. Mais, dès le second combat, l'avantage fut égal de part et d'autre. Dans le troisième, les Romains remportèrent une pleine victoire; vous fûtes contraint de repasser en Épire, et enfin vous mourûtes de la main d'une femme.

Pyrr. — Je mourus en combattant; mais pour vous, je sais ce qui vous a mis au tombeau; ce sont vos débauches et votre gourmandise. Vous avez soutenu de rudes guerres, je l'avoue, et même vous avez eu de l'avantage; mais, au milieu de ces guerres, vous étiez environné d'un troupeau de courtisanes qui vous suivoient incessamment comme des moutons suivent leur berger. Pour moi, je me suis montré ferme en toutes sortes d'occasions, même dans mes malheurs; et je crois en cela avoir surpassé Alexandre même.

Dém. — Oui! ses actions ont bien surpassé les vôtres aussi. Passer le Danube sur des peaux de boucs; forcer le passage du Granique avec très-peu de troupes contre une multitude infinie de soldats; battre toujours les Perses en plaine et en défilé; prendre leurs villes; percer jusqu'aux Indes; enfin subjuguer toute l'Asie : cela est bien plus grand qu'entrer en Italie, et être obligé d'en sortir honteusement.

Pyrr. — Par ces grandes conquêtes, Alexandre s'attira la mort; car on prétend qu'Antipater, qu'il avoit laissé en Macédoine, le fit empoisonner à Babylone pour avoir tous ses États.

Dém. — Son espérance fut vaine, et mon père lui montra bien qu'il se jouoit à plus fort que lui.

Pyrr. — J'avoue que je donnai un mauvais exemple à Alexandre, car j'avois dessein de conquérir l'Italie. Mais lui, il vouloit se faire roi du monde; et il auroit été bien plus heureux en demeurant roi de Macédoine, qu'en courant par toute l'Asie comme un insensé.

XXXI.

DÉMOSTHÈNE ET CICÉRON.

Parallèle de ces deux orateurs.

Dém. — Il y a longtemps que je souhaitois de vous voir : j'ai entendu parler de votre éloquence; César, qui est arrivé ici depuis peu, m'en a instruit.

Cic. — Il est vrai que ç'a été un de mes plus grands talens.

Dém. — Parlez-m'en en détail, je vous en prie.

Cic. — D'abord j'ai défendu plusieurs gens accusés injustement; j'ai fait bannir Verrès, préteur de Sicile; j'ai parlé pour et contre des lois; j'ai abattu Catilina et son parti; j'ai plaidé pour Sextius, tribun du peuple, qui avoit toujours été pour moi, même pendant mon exil : enfin j'ai couronné ma vie par ces Philippiques si célèbres, qui.....

Dém. — J'entends, qui ont surpassé les miennes : je ne pensois pas que vous eussiez apporté ici votre vanité; mais laissons cela :

comment vous êtes-vous gouverné dans la rhétorique?

Cic. — J'ai fait des ouvrages qui dureront éternellement; j'ai parlé des orateurs les plus célèbres; j'ai.....

Dém. — Je vois bien que vous voulez toujours revenir à vos Oraisons : ne croyez pas me tromper. J'en sais autant qu'un autre; et.....

Cic. — Tout beau : vous me reprenez de ma vanité, et vous vous louez vous-même!

Dém. — Il est vrai; j'ai tort, je l'avoue; je me suis laissé emporter; mais vous avouerez vous-même que vous vous louez un peu trop partout. Y a-t-il rien de plus fade que la louange que vous vous donnez au commencement de la troisième Catilinaire; lorsque vous dites que « puisque l'on a élevé au rang des dieux Romulus, fondateur de la ville de Rome, que ne fera-t-on point à celui qui a conservé cette même ville fondée et augmentée? »

Cic. — Mais, dans le fond, ne falloit-il pas nous vanter, pour nous défendre contre de tels ennemis? Nous avons tous deux eu affaire à des gens très-puissans. Vous aviez Philippe, roi de Macédoine, contre vous; et moi, Marc-Antoine, qui depuis partagea l'empire avec Auguste en deux parties, et qui a eu, sans contredit, la plus belle et la plus florissante.

Dém. — Oui; mais lorsque vous avez parlé contre lui, il n'étoit que triumvir; votre peuple vous regardoit comme une merveille, et vous croyoit. Moi j'ai eu à persuader un peuple foible, superstitieux, incapable de choses sérieuses : de plus, j'ai parlé avec force. Vous, vous avez eu de la force, je l'avoue; mais vous y ajoutiez trop d'ornemens. La véritable éloquence va à cacher son art : ou il faut ne point parler, ou il faut étudier la vraie et la solide éloquence.

XXXII.

CICÉRON ET DÉMOSTHÈNE.

Parallèle de ces deux orateurs; caractères de la véritable éloquence.

Cic. — Quoi! prétends-tu que j'ai été un orateur médiocre?

Dém. — Non pas médiocre; car ce n'est pas sur une personne médiocre que je prétends avoir la supériorité. Tu as été sans doute un orateur célèbre; tu avois de grandes parties; mais souvent tu t'es écarté du point en quoi consiste la perfection.

Cic. — Et toi, n'as-tu point eu de défauts?

Dém. — Je crois qu'on ne peut m'en reprocher aucun pour l'éloquence.

Cic. — Peux-tu comparer la richesse de ton génie à la mienne, toi qui es sec, sans ornement; qui es toujours contraint par des bornes étroites et resserrées; toi qui n'étends aucun sujet; toi à qui on ne peut rien retrancher, tant la manière dont tu traites les sujets, si j'ose me servir de ce terme, est affamée? au lieu que je donne aux miens une étendue qui fait paroître une abondance et une fertilité de génie qui a fait dire qu'on ne pouvoit rien ajouter à mes ouvrages.

Dém. — Celui à qui on ne peut rien retrancher n'a rien dit que de parfait.

Cic. — Celui à qui on ne peut rien ajouter n'a rien omis de tout ce qui pouvoit embellir son ouvrage.

Dém. — Ne trouves-tu pas tes discours plus remplis de traits d'esprit que les miens? Parle de bonne foi, n'est-ce pas là la raison pour laquelle tu t'élèves au-dessus de moi?

Cic. — Je veux bien te l'avouer, puisque tu me parles ainsi. Mes pièces sont infiniment plus ornées que les tiennes; elles marquent bien plus d'esprit, de tour, d'art, de facilité. Je fais paroître la même chose sous vingt manières différentes. On ne pouvoit s'empêcher, en entendant mes Oraisons, d'admirer mon esprit, d'être continuellement surpris de mon art, de s'écrier sur moi, de m'interrompre pour m'applaudir et me donner des louanges. Tu devois être écouté fort tranquillement, et apparemment tes auditeurs ne t'interrompoient pas.

Dém. — Ce que tu dis de nous deux est vrai; tu ne te trompes que dans la conclusion que tu en tires. Tu occupois l'assemblée de toi-même; et moi je ne l'occupois que des affaires dont je parlois. On t'admiroit; et moi j'étois oublié par mes auditeurs, qui ne voyoient que le parti que je voulois leur faire prendre. Tu réjouissois par les traits de ton esprit; et moi je frappois, j'abattois, j'atterrois par des coups de foudre. Tu faisois dire : Ah! qu'il parle bien! et moi je faisois dire : Allons, marchons contre Philippe. On louoit : on étoit trop hors de soi pour me louer quand je haranguois. Tu paroissois orné : on ne découvroit en moi aucun ornement; il n'y avoit dans mes pièces que des raisons précises, fortes, claires, ensuite des mouvemens semblables à des foudres auxquels on ne pouvoit résister. Tu as été un orateur parfait quand tu as été, comme moi, simple, grave, austère, sans art apparent, en un mot, quand tu as été Démosthénique ; et lorsqu'on a senti en tes discours l'esprit, le tour et l'art, alors tu n'étois que Cicéron, t'éloignant de la perfection autant que tu t'éloignois de mon caractère.

XXXIII.

CICÉRON ET DÉMOSTHÈNE.

Différence entre l'orateur et le philosophe.

Cic. — Pour avoir vécu du temps de Platon, et avoir même été son disciple, il me semble que vous avez bien peu profité de cet avantage.

Dém. — N'avez-vous donc rien remarqué dans mes Oraisons, vous qui les avez si bien lues, qui sentit les maximes de Platon et sa manière de persuader?

Cic. — Ce n'est pas ce que je veux dire. Vous avez été le plus grand orateur des Grecs ; mais enfin vous n'avez été qu'orateur. Pour moi, quoique je n'aie jamais connu Platon que dans ses écrits, et que j'aie vécu environ trois cents ans après lui, je me suis efforcé de l'imiter dans la philosophie : je l'ai fait connoître aux Romains, et j'ai le premier introduit chez eux ce genre d'écrire ; en sorte que j'ai rassemblé, autant que j'en ai été capable, en une même personne, l'éloquence et la philosophie.

Dém. — Et vous croyez avoir été un grand philosophe ?

Cic. — Il suffit, pour l'être, d'aimer la sagesse, et de travailler à acquérir la science et la vertu. Je crois me pouvoir donner ce titre sans trop de vanité.

Dém. — Pour orateur, j'en conviens, vous avez été le premier de votre nation ; et les Grecs mêmes de votre temps vous ont admiré : mais pour philosophe, je ne puis en convenir ; on ne l'est pas à si bon marché.

Cic. — Vous ne savez pas ce qu'il m'en a coûté, mes veilles, mes travaux, mes méditations, les livres que j'ai lus, les maîtres que j'ai écoutés, les traités que j'ai composés.

Dém. — Tout cela n'est point la philosophie.

Cic. — Que faut-il donc de plus?

Dém. — Il faut faire ce que vous avez dit de Caton, en vous moquant de lui : étudier la philosophie, non pour en discourir, comme la plupart des hommes, mais pour la réduire en pratique.

Cic. — Et ne l'ai-je pas fait ? n'ai-je pas vécu conformément à la doctrine de Platon et d'Aristote que j'avois embrassée?

Dém. — Laissons Aristote : je lui disputerois peut-être la qualité de philosophe ; et je ne puis avoir grande opinion d'un Grec qui s'est attaché à un roi, et encore à Philippe. Pour Platon, je vous maintiens que vous n'avez jamais suivi ses maximes.

Cic. — Il est vrai que dans ma jeunesse, et pendant la plus grande partie de ma vie, j'ai suivi la vie active et laborieuse de ceux que Platon appelle *politiques ;* mais quand j'ai vu que ma patrie avoit changé de face, et que je ne pouvois plus lui être utile par les grands emplois, j'ai cherché à la servir par les sciences, et je me suis retiré dans mes maisons de campagne pour m'adonner à la contemplation et à l'étude de la vérité.

Dém. — C'est-à-dire que la philosophie a été votre pis-aller, quand vous n'avez plus eu de part au gouvernement et que vous avez voulu vous distinguer par vos études : car vous y avez plus cherché la gloire que la vérité.

Cic. — Il ne faut point mentir : j'ai toujours aimé la gloire comme une suite de la vertu.

Dém. — Dites mieux, beaucoup la gloire et peu la vertu.

Cic. — Sur quel fondement jugez-vous si mal de moi ?

Dém. — Sur vos propres discours. Dans le même temps que vous faisiez le philosophe, n'avez-vous pas prononcé ces beaux discours où vous flattiez César votre tyran, plus bassement que Philippe ne l'étoit par ses esclaves? Cependant on sait comme vous l'aimiez ; il y a bien paru après sa mort, et de son vivant vous ne l'épargniez pas dans vos lettres à Atticus.

Cic. — Il falloit bien s'accommoder au temps, et tâcher d'adoucir le tyran, de peur qu'il ne fît encore pis.

Dém. — Vous parlez en bon rhéteur et en mauvais philosophe. Mais que devint votre philosophie après sa mort? qui vous obligea de rentrer dans les affaires?

Cic. — Le peuple romain, qui me regardoit comme son unique appui.

Dém. — Votre vanité vous le fit croire, et vous livra à un jeune homme dont vous étiez la dupe. Mais enfin revenons au point ; vous avez toujours été orateur et jamais philosophe.

Cic. — Vous, avez-vous jamais été autre chose ?

Dém. — Non, je l'avoue ; mais aussi n'ai-je

jamais fait autre profession : je n'ai trompé personne. J'ai compris de bonne heure qu'il falloit choisir entre la rhétorique et la philosophie, et que chacune demandoit un homme entier. Le désir de la gloire m'a touché ; j'ai cru qu'il étoit beau de gouverner un peuple par mon éloquence, et de résister à la puissance de Philippe, n'étant qu'un simple citoyen fils d'un artisan. J'aimois le bien public et la liberté de la Grèce, mais je l'avoue à présent, je m'aimois encore plus moi-même, et j'étois fort sensible au plaisir de recevoir une couronne en plein théâtre, et de laisser ma statue dans la place publique avec une belle inscription. Maintenant je vois les choses d'une autre manière, et je comprends que Socrate avoit raison quand il soutenoit à Gorgias « que l'éloquence n'étoit pas une si belle chose qu'il pensoit, dût-il arriver à sa fin, et rendre un homme maître absolu dans sa république. » Nous y sommes arrivés, vous et moi ; avouez que nous n'en avons pas été plus heureux.

Cic. — Il est vrai que notre vie n'a été pleine que de travaux et de périls. Je n'eus pas sitôt défendu Roscius d'Amérie, qu'il fallut m'enfuir en Grèce pour éviter l'indignation de Sylla. L'accusation de Verrès m'attira bien des ennemis. Mon consulat, le temps de ma plus grande gloire, fut aussi le temps de mes plus grands travaux et de mes plus grands périls : je fus plusieurs fois en danger de ma vie, et la haine dont je me chargeai alors éclata ensuite par mon exil. Enfin ce n'est que mon éloquence qui a causé ma mort ; et si j'avois moins poussé Antoine, je serois encore en vie. Je ne vous dis rien de vos malheurs, vous les savez mieux que moi ; mais il ne nous en faut prendre, l'un et l'autre, qu'au destin, ou, si vous voulez, à la fortune, qui nous a fait naître dans des temps si corrompus, qu'il étoit impossible de redresser nos républiques, ni même d'empêcher leur ruine.

Dém. — C'est en quoi nous avons manqué de jugement, entreprenant l'impossible ; car ce n'est point notre peuple qui nous a forcés à prendre soin des affaires publiques, et nous n'y étions point engagés par notre naissance. Je pardonne à un prince né dans la pourpre de gouverner le moins mal qu'il peut un Etat que les dieux lui ont confié en le faisant naître d'une certaine race, puisqu'il ne lui est pas libre de l'abandonner, en quelque mauvais état qu'il se trouve : mais un simple particulier ne doit songer qu'à se régler lui-même et gouverner sa famille ; il ne doit jamais désirer les charges publiques, moins encore les rechercher. Si on le force à les prendre, il peut les accepter par l'amour de la patrie ; mais dès qu'il voit qu'il n'a plus la liberté de bien faire, et que ses citoyens n'écoutent plus les lois ni la raison, il doit rentrer dans la vie privée, et se contenter de déplorer les calamités publiques qu'il ne peut détourner.

Cic. — A votre compte, mon ami Pomponius Atticus étoit plus sage que moi, et que Caton même que nous avons tant vanté.

Dém. — Oui, sans doute. Atticus étoit un vrai philosophe. Caton s'opiniâtra mal à propos à vouloir redresser un peuple qui ne vouloit plus vivre en liberté, et vous cédâtes trop facilement à la fortune de César ; du moins vous ne conservâtes pas assez votre dignité.

Cic. — Mais enfin l'éloquence n'est-elle pas une bonne chose et un grand présent des dieux ?

Dém. — Elle est très-bonne en elle-même ; il n'y a que l'usage qui en peut être mauvais, comme de flatter les passions du peuple, ou de contenter les nôtres. Et que faisions-nous autre chose dans nos déclamations amères contre nos ennemis ; moi contre Midias ou Eschine, vous contre Pison, Vatinius ou Antoine ? Combien nos passions et nos intérêts nous ont-ils fait offenser la vérité et la justice ! Le véritable usage de l'éloquence est de mettre la vérité en son jour, et de persuader aux autres ce qui leur est véritablement utile, c'est-à-dire la justice et les autres vertus ; c'est l'usage qu'en a fait Platon, que nous n'avons imité ni l'un ni l'autre.

XXXIV.

MARCUS CORIOLANUS ET F. CAMILLUS.

Les hommes ne naissent pas indépendans, mais soumis aux lois de leur patrie.

Cor. — Hé bien ! vous avez senti comme moi l'ingratitude de la patrie. C'est une étrange chose que de servir un peuple insensé. Avouez-le de bonne foi, et excusez un peu ceux à qui la patience échappe.

Cam. — Pour moi, je trouve qu'il n'y a jamais d'excuse pour ceux qui s'élèvent contre leur patrie. On peut se retirer, céder à l'injustice, attendre des temps moins rigoureux ; mais c'est une impiété que de prendre les armes contre la mère qui nous a fait naître.

Cor. — Ces grands noms de mère et de patrie ne sont que des noms. Les hommes naissent libres et indépendans ; les sociétés, avec toutes leurs subordinations et leurs polices, sont des institutions humaines, qui ne peuvent jamais détruire la liberté essentielle à l'homme. Si la société d'hommes dans laquelle nous sommes nés manque à la justice et à la bonne foi, nous ne lui devons plus rien, nous rentrons dans les droits naturels de notre liberté, et nous pouvons aller chercher quelque autre société plus raisonnable pour y vivre en repos, comme un voyageur passe de ville en ville selon son goût et sa commodité. Toutes ces belles idées de patrie ont été données par des esprits artificieux et pleins d'ambition, pour nous dominer ; les législateurs nous en ont bien fait accroire. Mais il faut toujours revenir au droit naturel qui rend chaque homme libre et indépendant. Chaque homme étant né dans cette indépendance à l'égard des autres, il n'engage sa liberté, en se mettant dans la société d'un peuple, qu'à condition qu'il sera traité équitablement ; dès que la société manque à la condition, le particulier rentre dans ses droits, et la terre entière est à lui aussi bien qu'aux autres. Il n'a qu'à se garantir d'une force supérieure à la sienne, et qu'à jouir de sa liberté.

Cam. — Vous voilà devenu bien subtil philosophe ici-bas ; on dit que vous étiez moins adonné au raisonnement pendant que vous étiez vivant. Mais ne voyez-vous pas votre erreur ? Ce pacte avec une société peut avoir quelque vraisemblance, quand un homme choisit un pays pour y vivre ; encore même est-on en droit de le punir selon les lois de la nation, s'il s'y est agrégé, et qu'il n'y vive pas selon les mœurs de la république. Mais les enfans qui naissent dans un pays ne choisissent point leur patrie : les dieux la leur donnent, ou plutôt les donnent à cette société d'hommes qui est leur patrie, afin que cette patrie les possède, les gouverne, les récompense, les punisse comme ses enfans. Ce n'est point le choix, la police, l'art, l'institution arbitraire, qui assujettit les enfans à un père ; c'est la nature qui l'a décidé. Les pères joints ensemble font la patrie, et ont une pleine autorité sur les enfans qu'ils ont mis au monde. Oseriez-vous en douter ?

Cor. — Oui, je l'ose. Quoiqu'un homme soit mon père, je suis un homme aussi bien que lui, et aussi libre que lui, par la règle essentielle de l'humanité. Je lui dois de la reconnoissance et du respect ; mais enfin la nature ne m'a point fait dépendant de lui.

Cam. — Vous établissez là de belles règles pour la vertu ! Chacun se croira en droit de vivre selon ses pensées ; il n'y aura plus sur la terre ni police, ni sûreté, ni subordination, ni société réglée, ni principes certains de bonnes mœurs.

Cor. — Il y aura toujours la raison et la vertu imprimées par la nature dans le cœur des hommes. S'ils abusent de leur liberté, tant pis pour eux ; mais quoique leur liberté mal prise puisse se tourner en libertinage, il est pourtant certain que par leur nature ils sont libres.

Cam. — J'en conviens. Mais il faut avouer aussi que tous les hommes les plus sages ayant senti l'inconvénient de cette liberté, qui feroit autant de gouvernemens bizarres qu'il y a de têtes mal faites, ont conclu que rien n'étoit si capital au repos du genre humain, que d'assujettir la multitude aux lois établies en chaque lieu. N'est-il pas vrai que c'est là le réglement que les hommes sages ont fait en tous les pays, comme le fondement de toute société ?

Cor. — Il est vrai.

Cam. — Ce réglement étoit nécessaire.

Cor. — Il est vrai encore.

Cam. — Non-seulement il est sage, juste et nécessaire en lui-même, mais encore il est autorisé par le consentement presque universel, ou du moins du plus grand nombre. S'il est nécessaire pour la vie humaine, il n'y a que les hommes indociles et déraisonnables qui le rejettent.

Cor. — J'en conviens ; mais il n'est qu'arbitraire.

Cam. — Ce qui est essentiel à la société, à la paix, à la sûreté des hommes ; ce que la raison demande nécessairement, doit être fondé dans la nature raisonnable même, et n'est point arbitraire. Donc cette subordination n'est point une invention pour mener les esprits foibles ; c'est au contraire un lien nécessaire que la raison fournit pour régler, pour pacifier, pour unir les hommes entre eux. Donc il est vrai que la raison, qui est la vraie nature des animaux raisonnables, demande qu'ils s'assujettissent à des lois et à certains hommes qui sont en la place des premiers législateurs ; qu'en un mot ils obéissent ; qu'ils concourent tous ensemble aux besoins et aux intérêts communs ; qu'ils n'usent de leur liberté que selon la raison, pour affermir et perfectionner la société. Voilà ce que j'appelle être bon citoyen, aimer la patrie, et s'attacher à la république.

Cor. — Vous qui m'accusez de subtilité, vous êtes plus subtil que moi.

Cam. — Point du tout. Rentrons, si vous voulez, dans le détail : par quelle proposition vous ai-je surpris ? La raison est la nature de l'homme. Celle-là est-elle vraie ?

Cor. — Oui, sans doute.

Cam. — L'homme n'est point libre pour aller contre la raison. Que dites-vous de celle-là ?

Cor. — Il n'y a pas moyen de l'empêcher de passer.

Cam. — La raison veut qu'on vive en société, et par conséquent avec subordination. Répondez.

Cor. — Je le crois comme vous.

Cam. — Donc il faut qu'il y ait des règles inviolables de société, que l'on nomme lois ; et des hommes gardiens des lois, qu'on nomme magistrats, pour punir ceux qui les violeront : autrement il y auroit autant de gouvernemens arbitraires que de têtes, et les têtes les plus mal faites seroient celles qui voudroient le plus renverser les mœurs et les lois, pour gouverner, ou du moins se gouverner selon leurs caprices.

Cor. — Tout cela est clair.

Cam. — Donc il est de la nature raisonnable d'assujettir sa liberté aux lois et aux magistrats de la société où l'on vit.

Cor. — Cela est certain. Mais on est libre de quitter cette société.

Cam. — Si chacun est libre de quitter la sienne où il est né, bientôt il n'y aura plus de société réglée sur la terre.

Cor. — Pourquoi ?

Cam. — Le voici : c'est que le nombre des mauvaises têtes étant le plus grand, toutes les mauvaises têtes croiront pouvoir secouer le joug de leur patrie, et aller ailleurs vivre sans règle et sans joug ; ce plus grand nombre deviendra indépendant, et détruira bientôt partout toute autorité. Ils iront même hors de leur patrie chercher des armes contre la patrie même. Dès ce moment il n'y a plus de société de peuple qui soit constante et assurée. Ainsi vous renverseriez les lois et la société, que la raison selon vous demande, pour flatter une liberté effrénée ou plutôt le libertinage des fous et des méchans, qui ne se croient libres que quand ils peuvent impunément mépriser la raison et les lois.

Cor. — Je vois bien maintenant toute la suite de votre raisonnement, et je commence à le goûter.

Cam. — Ajoutez que cet établissement de républiques et de lois étant ensuite autorisé par le consentement et la pratique universelle du genre humain, excepté de quelques peuples brutaux et sauvages, la nature humaine entière, pour ainsi dire, s'est livrée aux lois depuis des siècles innombrables, par une absolue nécessité. Les fous mêmes et les méchans, pourvu qu'ils ne le soient qu'à demi, sentent et reconnoissent ce besoin de vivre en commun, et d'être sujets à des lois.

Cor. — J'entends bien ; et vous voulez que la patrie ayant ce droit qui est sacré et inviolable, on ne puisse s'armer contre elle.

Cam. — Ce n'est pas seulement moi qui le veux ; c'est la nature qui le demande. Quand Volumnia votre mère, et Véturia votre femme vous parlèrent pour Rome, que vous dirent-elles ? que sentites-vous au fond de votre cœur ?

Cor. — Il est vrai que la nature me parloit pour ma mère ; mais elle ne me parloit pas de même pour Rome.

Cam. — Hé bien ! votre mère vous parloit pour Rome, et la nature vous parloit par la bouche de votre mère. Voilà les liens naturels qui nous attachent à la patrie. Pouviez-vous attaquer la ville de votre mère, de tous vos parens, de tous vos amis, sans violer les droits de la nature ? Je ne vous demande là-dessus aucun raisonnement ; c'est votre sentiment sans réflexion que je consulte.

Cor. — Il est vrai ; on agit contre la nature toutes les fois que l'on combat contre sa patrie : mais, s'il n'est pas permis de l'attaquer, du moins avouez qu'il est permis de l'abandonner, quand elle est injuste et ingrate.

Cam. — Non, je ne l'avouerai jamais. Si elle vous exile, si elle vous rejette, vous pouvez aller chercher un asile ailleurs. C'est lui obéir que de sortir de son sein quand elle nous chasse ; mais il faut encore loin d'elle la respecter, souhaiter son bien, être prêt à y retourner, à la défendre et à mourir pour elle.

Cor. — Où prenez-vous toutes ces belles idées d'héroïsme ? Quand ma patrie m'a renoncé, et ne veut plus me rien devoir, le contrat est rompu entre nous ; je la renonce réciproquement, et ne lui dois plus rien.

Cam. — Vous avez déjà oublié que nous avons mis la patrie en la place de nos parens, et qu'elle a sur nous l'autorité des lois ; faute de quoi il n'y auroit plus aucune société fixe et réglée sur la terre.

Cor. — Il est vrai ; je conçois qu'on doit regarder comme une vraie mère cette société qui nous a donné la naissance, les mœurs, la nourriture ;

qui a acquis de si grands droits sur nous par nos parens et par nos amis qu'elle porte dans son sein. Je veux bien qu'on lui doive ce qu'on doit à une mère ; mais....

Cam. — Si ma mère m'avoit abandonné et maltraité, pourrois-je la méconnoître et la combattre ?

Cor. — Non ; mais vous pourriez....

Cam. — Pourrois-je la mépriser et l'abandonner, si elle revenoit à moi, et me montroit un vrai déplaisir de m'avoir maltraité ?

Cor. — Non.

Cam. — Il faut donc être toujours tout prêt à reprendre les sentimens de la nature pour sa patrie, ou plutôt ne les perdre jamais, et revenir à son service toutes les fois qu'elle vous en ouvre le chemin.

Cor. — J'avoue que ce parti me paroît le meilleur ; mais la fierté et le dépit d'un homme qu'on a poussé à bout ne lui laissent pas faire tant de réflexions. Le peuple romain insolent fouloit aux pieds les patriciens ; je ne pus souffrir cette indignité : le peuple furieux me contraignit de me retirer chez les Volsques. Quand je fus là, mon ressentiment et le désir de me faire valoir chez ce peuple ennemi des Romains, m'engagèrent à prendre les armes contre mon pays. Vous m'avez fait voir, mon cher Furius, qu'il auroit fallu demeurer paisible dans mon malheur.

Cam. — Nous avons ici-bas les ombres de plusieurs grands hommes qui ont fait ce que je vous dis. Thémistocle, ayant fait la faute de s'en aller en Perse, aima mieux mourir et s'empoisonner en buvant du sang de taureau, que de servir le roi de Perse contre les Athéniens. Scipion, vainqueur de l'Afrique, ayant été traité indignement à Rome à cause qu'on accusoit son frère d'avoir pris de l'argent dans sa guerre contre Antiochus, se retira à Linternum, où il passa dans la solitude le reste de ses jours, ne pouvant se résoudre ni à vivre au milieu de sa patrie ingrate, ni à manquer à la fidélité qu'il lui devoit : voilà ce que nous avons appris de lui depuis qu'il est descendu dans le royaume de Pluton.

Cor. — Vous citez les autres exemples, et vous ne dites rien du vôtre qui est le plus beau de tous.

Cam. — Il est vrai que l'injustice qu'on m'avoit faite me rendoit inutile. Les autres capitaines mêmes avoient perdu toute autorité ; on ne faisoit plus que flatter le peuple : et vous savez combien il est funeste à un État, que ceux qui le gouvernent se repaissent toujours d'espérances vaines et flatteuses. Tout-à-coup les Gaulois, auxquels on avoit manqué de parole, gagnèrent la bataille d'Allia ; c'étoit fait de Rome s'ils eussent poursuivi les Romains. Vous savez que la jeunesse se renferma dans le Capitole, et que les sénateurs se mirent dans leurs siéges curules où ils furent tués. Il n'est pas nécessaire de raconter le reste, que vous avez ouï dire cent fois. Si je n'eusse étouffé mon ressentiment pour sauver ma patrie, tout étoit perdu sans ressource. J'étois à Ardée quand j'appris le malheur de Rome ; j'armai les Ardéates. J'appris par des espions que les Gaulois, se croyant les maîtres de tout, étoient ensevelis dans le vin et dans la bonne chère. Je les surpris la nuit ; j'en fis un grand carnage. A ce coup les Romains, comme des gens ressuscités qui sortent du tombeau, m'envoient prier d'être leur chef. Je répondis qu'ils ne pouvoient représenter la patrie, ni moi les reconnoître, et que j'attendrois les ordres des jeunes patriciens qui défendoient le Capitole, parce que ceux-ci étoient le vrai corps de la république ; qu'il n'y avoit qu'eux à qui je dusse obéir pour me mettre à la tête de leurs troupes. Ceux qui étoient dans le Capitole m'élurent dictateur. Cependant les Gaulois se consumoient par des maladies contagieuses après un siége de sept mois devant le Capitole. La paix fut faite ; et dans le moment qu'on pesoit l'argent moyennant lequel ils promettoient de se retirer, j'arrive, je rends l'or aux Romains : Nous ne gardons point notre ville, dis-je alors aux Gaulois, avec l'or, mais avec le fer ; retirez-vous. Ils sont surpris, ils se retirent. Le lendemain, je les attaque dans leur retraite, et je les taille en pièces.

XXXV.

F. CAMILLUS ET FABIUS MAXIMUS.

La générosité et la bonne foi sont plus utiles dans la politique que la finesse et les détours.

Fab. — C'est aux trois juges à nous régler pour le rang, puisque vous ne voulez pas me céder ; ils décideront, et je les crois assez justes pour préférer les grandes actions de la guerre Punique, où la république étoit déjà puissante et admirée de toutes les nations éloignées, aux petites guerres de Rome naissante pendant lesquelles on combattoit toujours aux portes de la ville.

CAM. — Ils n'auront pas grande peine à décider entre un Romain qui a été cinq fois dictateur, quoiqu'il n'ait jamais été consul, qui a triomphé quatre fois, qui a mérité le titre de second fondateur de Rome ; et un autre citoyen qui n'a fait que temporiser par finesse, et fuir devant Annibal.

FAB. — J'ai plus mérité que vous le titre de second fondateur ; car Annibal et toute la puissance des Carthaginois, dont j'ai délivré Rome, étoient un mal plus redoutable que l'incursion d'une foule de Barbares que vous avez dissipés. Vous serez bien embarrassé quand il faudra comparer la prise de Veies, qui étoit un village, avec celle de la superbe et belliqueuse Tarente, cette seconde Lacédémone dont elle étoit une colonie.

CAM. — Le siége de Veies étoit plus important aux Romains que celui de Tarente. Il n'en faut pas juger par la grandeur de la ville, mais par les maux qu'elle causoit à Rome. Veies étoit alors à proportion plus forte pour Rome naissante, que Tarente ne le fut dans la suite pour Rome qui avoit augmenté sa puissance par tant de prospérités.

FAB. — Mais cette petite ville de Veies, vous demeurâtes dix ans à la prendre ; ce siége dura autant que celui de Troie : aussi entrâtes-vous dans Rome, après cette conquête, sur un chariot triomphal traîné par quatre chevaux blancs. Il vous fallut même des vœux pour parvenir à ce grand succès ; vous promîtes aux dieux la dixième partie du butin. Sur cette parole ils vous firent prendre la ville ; mais dès qu'elle fut prise, vous oubliâtes vos bienfaiteurs, et vous donnâtes le pillage aux soldats, quoique les dieux méritassent la préférence.

CAM. — Ces fautes-là se font sans mauvaise volonté, dans le transport que cause une victoire remportée. Mais les dames romaines payèrent mon vœu, car elles donnèrent l'or de leurs joyaux pour faire une coupe d'or du poids de huit talens qu'on offrit au temple de Delphes : aussi le sénat ordonna qu'on feroit l'éloge public de chacune de ces généreuses femmes après sa mort.

FAB. — Je consens à leur éloge, et point au vôtre. C'est vous qui avez violé votre vœu ; c'est elles qui l'ont accompli.

CAM. — On ne peut point me reprocher d'avoir jamais manqué volontairement à la bonne foi ; j'en ai donné une belle marque.

FAB. — Je vois déjà venir de loin notre maître d'école tant de fois rebattu.

CAM. — Ne pensez pas vous en moquer ; ce maître d'école me fait grand honneur. Les Falériens avoient, à la mode des Grecs, un homme instruit des lettres pour élever leurs enfans en commun, afin que la société, l'émulation, et les maximes du bien public les rendissent encore plus les enfans de la république que leurs parens ; ce traître me vint livrer toute la jeunesse des Falériens. Il ne tenoit qu'à moi de subjuger ce peuple, ayant de si précieux otages ; mais j'eus horreur du traître et de la trahison. Je ne fis pas comme ceux qui ne sont qu'à demi gens de bien, et qui aiment la trahison, quoiqu'ils détestent le traître : je commandai aux licteurs de déchirer les habits du maître d'école ; je lui fis lier les mains derrière le dos, et je chargeai les enfans mêmes de le ramener en le fouettant jusque dans leur ville. Est-ce aimer la bonne foi ? qu'en croyez-vous, Fabius ? parlez.

FAB. Je crois que cette action est belle, et elle vous relève plus que la prise de Veies.

CAM. — Mais savez-vous la suite ? elle marque bien ce que fait la vertu, et combien la générosité est plus utile pour la politique même, que la finesse.

FAB. — N'est-ce pas que les Falériens, touchés de votre bonne foi, vous envoyèrent des ambassadeurs pour se mettre, eux et leur ville, à votre discrétion, disant qu'ils ne pouvoient rien faire de meilleur pour leur patrie, que de la soumettre à un homme si juste et si ennemi du crime ?

CAM. — Il est vrai ; mais je renvoyai leurs ambassadeurs à Rome, afin que le sénat et le peuple décidassent.

FAB. — Vous craigniez l'envie et la jalousie de vos concitoyens.

CAM. — N'avois-je pas raison ? Plus on pratique la vertu au-dessus des autres, plus on doit craindre d'irriter leur jalousie ; d'ailleurs, je devois cette déférence à la république. Mais enfin on ne voulut point décider : on me renvoya les ambassadeurs, et je finis l'affaire comme je l'avois commencée, par un procédé généreux. Je laissai les Falériens en liberté se gouverner eux-mêmes selon leurs lois ; je fis avec eux une paix juste et honorable pour leur ville.

FAB. — J'ai ouï dire que les soldats de votre armée furent bien irrités de cette paix ; car ils espéroient un grand pillage.

CAM. — Ne devois-je pas préférer la gloire de Rome et mon honneur à l'avarice des soldats ?

FAB. — J'en conviens. Mais revenons à notre question. Vous ne savez peut-être pas que j'ai donné des marques de probité plus fortes que l'affaire de votre maître d'école.

Cam. — Non, je ne le sais point, et je ne saurois me le persuader.

Fab. — J'avois réglé avec Annibal qu'on échangeroit dans les deux armées les prisonniers, et que ceux qui ne pourroient être échangés seroient rachetés deux cent cinquante drachmes pour chaque homme. L'échange achevé, on trouva qu'il y avoit encore, au-delà du nombre des Carthaginois, deux cent cinquante Romains qu'il falloit racheter. Le sénat désapprouve mon traité, et refuse le paiement : j'envoie mon fils à Rome pour vendre mon bien, et je paie à mes dépens toutes ces rançons que le sénat ne vouloit point payer. Vous n'étiez généreux qu'aux dépens de la république ; mais moi je l'ai été sur mon propre compte : vous ne l'avez été que de concert avec le sénat ; je l'ai été contre le sénat même.

Cam. — Il n'est pas difficile à un homme de cœur de sacrifier un peu d'argent pour se procurer tant de gloire. Pour moi, j'ai montré ma générosité en sauvant ma patrie ingrate : sans moi, les Gaulois ne vous auroient pas même laissé une ville de Rome à défendre. Allons trouver Minos, afin qu'il finisse notre contestation et règle nos rangs.

XXXVI.

FABIUS MAXIMUS ET ANNIBAL.

Un général d'armée doit sacrifier sa réputation au salut public.

Ann. — Je vous ai fait passer de mauvais jours et de mauvaises nuits ; avouez-le de bonne foi.

Fab. — Il est vrai ; mais j'ai eu ma revanche.

Ann. — Pas trop ; vous ne faisiez que reculer devant moi, que chercher des campemens inaccessibles sur des montagnes ; vous étiez toujours dans les nues. C'étoit mal relever la réputation des Romains, que de montrer tant d'épouvante.

Fab. — Il faut aller au plus pressé. Après tant de batailles perdues, j'eusse achevé la ruine de la république de hasarder de nouveaux combats. Il falloit relever le courage de nos troupes, les accoutumer à vos armes, à vos éléphans, à vos ruses, à votre ordre de bataille, vous laisser amollir dans les plaisirs de Capoue, et attendre que vous usassiez peu à peu vos forces.

Ann. — Mais cependant vous vous déshonoriez par votre timidité. Belle ressource pour la patrie, après tant de malheurs, qu'un capitaine qui n'ose rien tenter, qui a peur de son ombre comme un lièvre, qui ne trouve point de rochers assez escarpés pour y faire grimper ses troupes toujours tremblantes ! C'étoit entretenir la lâcheté dans votre camp, et augmenter l'audace dans le mien.

Fab. — Il valoit mieux se déshonorer par cette lâcheté, que faire massacrer toute la fleur des Romains, comme Terentius Varro le fit à Cannes. Ce qui aboutit à sauver la patrie, et à rendre les victoires des ennemis inutiles, ne peut déshonorer un capitaine ; on voit qu'il a préféré le salut public à sa propre réputation, qui lui est plus chère que sa vie ; et ce sacrifice de sa réputation doit lui en attirer une grande : encore même n'est-il pas question de sa réputation ; il ne s'agit que des discours téméraires de certains critiques qui n'ont pas de vues assez étendues pour prévoir de loin combien cette manière lente de faire la guerre sera enfin avantageuse. Il faut laisser parler les gens qui ne regardent que ce qui est présent et que ce qui brille. Quand vous aurez, par votre patience, obtenu un bon succès, les gens mêmes qui vous ont le plus condamné seront les plus empressés à vous applaudir. Ils ne jugent que par les succès : ne songez qu'à réussir ; si vous y parvenez, ils vous accableront de louanges.

Ann. — Mais que voulez-vous que pensassent vos alliés ?

Fab. — Je les laissois penser tout ce qui leur plairoit, pourvu que je sauvasse Rome ; comptant que je serois bien justifié sur toutes leurs critiques, après que j'aurois prévalu sur vous.

Ann. — Sur moi ! Vous n'avez jamais eu cette gloire. Une seule fois, j'ai décampé devant vous, et en cela j'ai montré que je savois me jouer de votre science dans l'art militaire ; car avec des feux attachés aux cornes d'un grand nombre de bœufs, je vous donnai le change, et je décampai la nuit, pendant que vous vous imaginiez que j'étois auprès de votre camp.

Fab. — Ces ruses-là peuvent surprendre tout le monde ; mais elles n'ont rien décidé entre nous. Enfin vous ne pouvez désavouer que je vous ai affoibli, que j'ai repris des places, que j'ai relevé de leurs chutes les troupes Romaines ; et, si le jeune Scipion ne m'en eût dérobé la gloire, je vous aurois chassé de l'Italie. Si Scipion en est venu à bout, c'est qu'il y avoit encore une Rome sauvée par la lenteur de Fabius. Cessez donc de vous moquer d'un homme, qui, en reculant un peu devant vous, est cause que vous avez abandonné toute l'Italie, et fait périr Carthage. Il n'est pas question d'éblouir par des commencemens avantageux; l'essentiel est de bien finir.

XXXVII.

RHADAMANTE, CATON LE CENSEUR ET SCIPION L'AFRICAIN.

Les plus grandes vertus sont gâtées par une humeur chagrine et caustique.

RHAD. — Qui es-tu donc, vieux Romain? Dis-moi ton nom. Tu as la physionomie assez mauvaise, un visage dur et rébarbatif. Tu as l'air d'un vilain rousseau; du moins, je crois que tu l'as été pendant ta jeunesse. Tu avois, si je ne me trompe, plus de cent ans quand tu es mort.

CAT. — Point: je n'en avois que quatre-vingt-dix, et j'ai trouvé ma vie bien courte; car j'aimois fort à vivre, et je me portois à merveille. Je m'appelle Caton. N'as-tu point ouï parler de moi, de ma sagesse, de mon courage contre les méchans?

RHAD. — Ho! je te reconnois sans peine sur le portrait qu'on m'avoit fait de toi. Le voilà tout juste, cet homme toujours prêt à se vanter et à mordre les autres. Mais j'ai un procès à régler entre toi et le grand Scipion qui vainquit Annibal. Holà, Scipion, hâtez-vous de venir: voici Caton qui arrive enfin; je prétends juger tout à l'heure votre vieille querelle. Çà, que chacun défende sa cause.

SCIP. — Pour moi, j'ai à me plaindre de la jalousie maligne de Caton; elle étoit indigne de sa haute réputation. Il se joignit à Fabius Maximus, et ne fut son ami que pour m'attaquer. Il vouloit m'empêcher de passer en Afrique. Ils étoient tous deux timides dans leur politique; d'ailleurs Fabius ne savoit que sa vieille méthode de temporiser à la guerre, d'éviter les batailles, de camper dans les nues, d'attendre que les ennemis se consumassent d'eux-mêmes. Caton, qui aimoit par pédanterie les vieilles gens, s'attacha à Fabius, et fut jaloux de moi, parce que j'étois jeune et hardi. Mais la principale cause de son entêtement fut son avarice: il

vouloit qu'on fît la guerre avec épargne, comme il plantoit ses choux et ses oignons. Pour moi, je voulois qu'on fît vivement la guerre, pour la finir bientôt avec avantage; qu'on regardât non ce qu'il en coûteroit, mais les actions que je ferois. Le pauvre Caton étoit désolé; car il vouloit toujours gouverner la république comme sa petite chaumière, et remporter des victoires à juste prix. Il ne voyoit pas que le dessein de Fabius ne pouvoit réussir. Jamais il n'auroit chassé Annibal d'Italie. Annibal étoit assez habile pour y subsister toujours aux dépens du pays, et pour conserver des alliés; il auroit même toujours fait venir de nouvelles troupes d'Afrique par mer. Si Néron n'eût défait Asdrubal avant qu'il pût se joindre à son frère, tout étoit perdu; Fabius le temporiseur eût été mal dans ses affaires. Cependant Rome, pressée de si près par un tel ennemi, auroit succombé à la longue. Mais Caton ne voyoit point cette nécessité de faire une puissante diversion pour transporter à Carthage la guerre qu'Annibal avoit su porter jusqu'à Rome. Je demande donc réparation de tous les torts que Caton a eus contre moi, et des persécutions qu'il a faites à ma famille.

CAT. — Et moi je demande récompense d'avoir soutenu la justice et le bien public contre ton frère Lucius, qui étoit un brigand. Laissons là cette guerre d'Afrique, où tu fus plus heureux que sage. Venons au fait. N'est-ce pas une chose indigne que tu aies arraché à la république un commandement d'armée pour ton frère qui en étoit incapable? Tu promis de le suivre, et de servir sous lui: tu étois son pédagogue. Dans cette guerre contre Antiochus, ton frère fit toutes sortes d'injustices et de concussions. Tu fermois les yeux pour ne les pas voir; la passion fraternelle t'avoit aveuglé.

SCIP. — Mais quoi! cette guerre ne finit-elle pas glorieusement? Le grand Antiochus fut défait, chassé et repoussé des côtes d'Asie. C'est le dernier ennemi qui ait pu nous disputer la suprême puissance. Après lui tous les royaumes venoient tomber les uns sur les autres aux pieds des Romains.

CAT. — Il est vrai qu'Antiochus pouvoit bien les embarrasser, s'il eût cru les conseils d'Annibal; mais il ne fit que s'amuser, que se déshonorer par d'infâmes plaisirs. Il épousa dans sa vieillesse une jeune Grecque. Philopœmen disoit alors que s'il eût été préteur des Achéens, il eût voulu sans peine défaire toute l'armée d'Antiochus en la surprenant dans les cabarets. Ton frère, et toi, Scipion, vous n'eûtes pas grand peine à vaincre des ennemis qui s'étoient déjà ainsi vaincus eux-mêmes par leur mollesse.

Scip. — La puissance d'Antiochus étoit pourtant formidable.

Cat. — Mais revenons à notre affaire. Lucius ton frère n'a-t-il pas enlevé, pillé, ravagé? Oserois-tu dire qu'il a gouverné en homme de bien?

Scip. — Après ma mort, tu as eu la dureté de le condamner à une amende, et de vouloir le faire prendre par des licteurs.

Cat. — Il le méritoit bien; et toi, qui avois....

Scip. — Pour moi, je pris mon parti avec courage. Quand je vis que le peuple se tournoit contre moi, au lieu de répondre à l'accusation, je dis : Allons au Capitole remercier les dieux de ce qu'en un jour semblable à celui-ci, je vainquis Annibal et les Carthaginois. Après quoi je ne m'exposai plus à la fortune; je me retirai à Linternum, loin d'une patrie ingrate, dans une solitude tranquille, et respecté de tous les honnêtes gens, où j'attendis la mort en philosophe. Voilà ce que Caton, censeur implacable, me contraignit de faire. Voilà de quoi je demande justice.

Cat. — Tu me reproches ce qui fait ma gloire. Je n'ai épargné personne pour la justice. J'ai fait trembler tous les plus illustres Romains. Je voyois combien les mœurs se corrompoient de jour en jour par le faste et par les délices. Par exemple, peut-on me refuser d'immortelles louanges pour avoir chassé du sénat Lucius Quintius, qui avoit été consul, et qui étoit frère de T. Q. Flaminius, vainqueur de Philippe, roi de Macédoine, qui eut la cruauté de faire tuer un homme devant un jeune garçon qu'il aimoit, pour contenter la curiosité de cet enfant par un si horrible spectacle.

Scip. — J'avoue que cette action est juste, et que tu as souvent puni le crime. Mais tu étois trop ardent contre tout le monde; et quand tu avois fait une bonne action, tu t'en vantois trop grossièrement. Te souviens-tu d'avoir dit une fois, que Rome te devoit plus que tu ne devois à Rome? Ces paroles sont ridicules dans la bouche d'un homme grave.

Rhad. — Que réponds-tu, Caton, à ce qu'il te reproche?

Cat. — Que j'ai en effet soutenu la république Romaine contre la mollesse et le faste des femmes qui en corrompoient les mœurs; que j'ai tenu les grands dans la crainte des lois; que j'ai pratiqué moi-même ce que j'ai enseigné aux autres; et que la république ne m'a pas soutenu de même contre les gens qui n'étoient mes ennemis qu'à cause que je les avois attaqués pour l'intérêt de la patrie. Comme mon bien de campagne étoit dans le voisinage de celui de Marcus Curius, je me proposai dès ma jeunesse d'imiter ce grand homme pour la simplicité des mœurs; pendant que d'un autre côté je me proposois Démosthène pour mon modèle d'éloquence. On m'appeloit même le Démosthène latin. On me voyoit tous les jours marchant nu avec mes esclaves pour aller labourer la terre. Mais ne croyez pas que cette application à l'agriculture et à l'éloquence me détournât de l'art militaire. Dès l'âge de dix-sept ans, je me montrai intrépide dans les guerres contre Annibal. Bientôt mon corps fut tout couvert de cicatrices. Quand je fus envoyé préteur en Sardaigne, je rejetai le luxe que tous les autres préteurs avoient introduit avant moi; je ne songeai qu'à soulager le peuple, qu'à maintenir le bon ordre, qu'à rejeter tous les présens. Ayant été fait consul, je gagnai en Espagne, au-deçà du Bœtis, une bataille contre les Barbares. Après cette victoire, je pris plus de villes en Espagne que je n'y demeurai de jours.

Scip. — Autre vanterie insupportable. Mais nous la connoissions déjà; car tu l'as souvent faite, et plusieurs morts venus ici depuis vingt ans me l'avoient racontée pour me réjouir. Mais, mon pauvre Caton, ce n'est pas devant moi qu'il faut parler ainsi; je connois l'Espagne et tes belles conquêtes.

Cat. — Il est certain que quatre cents villes se rendirent presque en même temps, et tu n'en as jamais tant fait.

Scip. Carthage seule vaut mieux que tes quatre cents villages.

Cat. — Mais que diras-tu de ce que je fis sous Marcus Acilius, pour aller, au travers des précipices, surprendre Antiochus dans les montagnes entre la Macédoine et la Thessalie?

Scip. — J'approuve cette action, et il seroit injuste de lui refuser des louanges. On t'en doit aussi pour avoir réprimé les mauvaises mœurs. Mais on ne te peut excuser sur ton avarice sordide.

Cat. — Tu parles ainsi, parce que c'est toi qui as accoutumé les soldats à vivre délicieusement. Mais il faut se représenter que je me suis vu dans une république qui se corrompoit tous les jours. Les dépenses y augmentoient sans mesure. On y achetoit un poisson plus cher qu'un bœuf n'avoit été vendu quand j'entrai dans les affaires publiques. Il est vrai que les choses qui étoient au plus bas prix me paroissoient encore trop chères quand elles étoient inutiles. Je disois aux Romains : A quoi vous sert de gouverner les nations, si vos femmes vaines et corrompues vous gouvernent? Avois-je tort de parler ainsi? On vivoit sans pudeur; chacun se ruinoit, et vivoit avec toute sorte de bassesse et de mauvaise foi, pour avoir de quoi soutenir ses folles dépenses. J'étois censeur; j'avois acquis de l'autorité par ma vieillesse et par ma vertu : pouvois-je me taire?

Scip. — Mais pourquoi être encore le délateur universel à quatre-vingt-dix ans? C'est un beau métier à cet âge.

Cat. — C'est le métier d'un homme qui n'a rien perdu de sa vigueur, ni de son zèle pour la république, et qui se sacrifie pour l'amour d'elle à la haine des grands, qui veulent être impunément dans le désordre.

Scip. — Mais tu as été accusé aussi souvent que tu as accusé les autres. Il me semble que tu l'as été jusqu'à cinquante fois, et jusqu'à l'âge de quatre-vingts ans.

Cat. — Il est vrai, et je m'en glorifie. Il n'étoit pas possible que les méchans ne fissent, par des calomnies, une guerre continuelle à un homme qui ne leur a jamais rien pardonné.

Scip. — Ce ne fut pas sans peine que tu te défendis contre les dernières accusations.

Cat. — Je l'avoue; faut-il s'en étonner? Il est bien malaisé de rendre compte de toute sa vie devant des hommes d'un autre siècle que celui où l'on a vécu. J'étois un pauvre vieillard exposé aux insultes de la jeunesse, qui croyoit que je radotois, et qui comptoit pour des fables tout ce que j'avois fait autrefois. Quand je le racontois, ils ne faisoient que bâiller et que se moquer de moi, comme d'un homme qui se louoit sans cesse.

Scip. — Ils n'avoient pas grand tort. Mais enfin pourquoi aimois-tu tant à reprendre les autres? Tu étois comme un chien qui aboie contre tous les passans.

Cat. — J'ai trouvé toute ma vie que j'apprenois beaucoup plus des fous que des sages. Les sages ne le sont qu'à demi, et ne donnent que de faibles leçons; mais les fous sont bien fous, et il n'y a qu'à les voir pour savoir comment il ne faut pas faire.

Scip. — J'en conviens; mais toi, qui étois si sage, pourquoi étois-tu d'abord si ennemi des Grecs; et, dans la suite, pourquoi pris-tu tant de peine, dans ta vieillesse, pour apprendre leur langue?

Cat. — C'est que je craignois que les Grecs nous communiqueroient bien plus leurs arts que leur sagesse, et leurs mœurs dissolues que leur scienc es. Je n'aimois point tous ces joueurs d'instrumens, ces musiciens, ces poètes, ces peintres, ces sculpteurs; tout cela ne sert qu'à la curiosité et à une vie voluptueuse. Je trouvois qu'il valoit mieux garder notre simplicité rustique, notre vie pauvre et laborieuse dans l'agriculture; être plus grossier, et mieux vivre; moins discourir sur la vertu, et la pratiquer davantage.

Scip. — Pourquoi donc appris-tu le grec?

Cat. — A la fin je me laissai enchanter par les Sirènes, comme les autres. Je prêtai l'oreille aux muses grecques. Mais je crains bien que tous ces petits sophistes grecs, qui viennent affamés à Rome pour faire fortune, acheveront de corrompre les mœurs romaines.

Scip. — Ce n'est pas sans sujet que tu le crains; mais tu aurois dû craindre aussi de corrompre les mœurs romaines par ton avarice.

Cat. — Moi avare! j'étois bon ménager; je ne voulois laisser rien perdre; mais je ne dépensois que trop!

Rhad. — Ho! voilà le langage de l'avarice, qui croit toujours être prodigue.

Scip. — N'est-il pas honteux que tu aies abandonné l'agriculture pour te jeter dans l'usure la plus infâme? Tu ne trouvois pas sur tes vieux jours, à ce que j'ai ouï dire, que les terres et les troupeaux rapportassent assez de revenu; tu devins usurier. Est-ce là le métier d'un Censeur qui veut réformer la ville? Qu'as-tu à répondre?

Rhad. — Tu n'oses parler, et je vois bien que tu es coupable. Voici une cause assez difficile à juger. Il faut, mon pauvre Caton, te punir et te récompenser tout ensemble : tu m'embarrasses fort. Voici ma décision. Je suis touché de tes vertus et de tes grandes actions pour ta république : mais aussi quelle apparence de mettre un usurier dans les Champs Elysées? ce seroit un trop grand scandale. Tu demeureras donc, s'il te plaît, à la porte; mais ta consolation sera d'empêcher les autres d'y entrer. Tu contrôleras tous ceux qui se presenteront; tu seras Censeur ici-bas comme tu l'étois à Rome. Tu auras, pour menus plaisirs, toutes les vertus du genre humain à critiquer. Je te livre Lucius Scipion, et L. Quintius, et tous les autres, pour répandre sur eux ta bile : tu pourras même l'exercer sur tous les autres morts, qui viendront en foule de tout l'univers; citoyens Romains, grands capitaines, rois barbares, tyrans des nations, tous seront soumis à ton chagrin et à ta satire. Mais prends garde à Lucius Scipion; car je l'établis pour te censurer à son tour impitoyablement. Tiens, voilà de l'argent pour en prêter à tous les morts qui n'en auront point dans la bouche pour passer la barque de Charon. Si tu prêtes à quelqu'un à usure, Lucius ne manquera pas de m'en avertir, et je te punirai comme les plus infâmes voleurs.

XXXVIII.

SCIPION ET ANNIBAL.

La vertu trouve en elle-même sa récompense par le plaisir pur qui l'accompagne.

Ann. — Nous voici rassemblés, vous et moi, comme nous le fûmes en Afrique un peu avant la bataille de Zama.

Scip. — Il est vrai ; mais la conférence d'aujourd'hui est bien différente de l'autre. Nous n'avons plus de gloire à acquérir, ni de victoires à remporter. Il ne nous reste qu'une ombre vaine et légère de ce que nous avons été, avec un souvenir de nos aventures qui ressemble à un songe. Voilà ce qui met d'accord Annibal et Scipion. Les mêmes dieux qui ont mis Carthage en poudre, ont réduit à un peu de cendre le vainqueur de Carthage que vous voyez.

Ann. — Sans doute, c'est dans votre solitude de Linternum que vous avez appris toute cette belle philosophie.

Scip. — Quand je ne l'aurois pas apprise dans ma retraite, je l'apprendrois ici ; car la mort donne les plus grandes leçons pour désabuser de tout ce que le monde croit merveilleux.

Ann. — La disgrâce et la solitude ne vous ont pas été inutiles pour faire ces sages réflexions.

Scip. — J'en conviens ; mais vous n'avez pas eu moins que moi ces instructions de la fortune. Vous avez vu tomber Carthage ; il vous a fallu abandonner votre patrie ; et après avoir fait trembler Rome, vous avez été contraint de vous dérober à sa vengeance par une vie errante de pays en pays.

Ann. — Il est vrai ; mais je n'ai abandonné ma patrie que quand je ne pouvois plus la défendre, et qu'elle ne pouvoit me sauver du supplice : je l'ai quittée pour épargner sa ruine entière, et pour ne voir point sa servitude. Au contraire, vous avez été réduit à quitter votre patrie au plus haut point de sa gloire, et d'une gloire qu'elle tenoit de vous. Y a-t-il rien de si amer ? Quelle ingratitude !

Scip. — C'est ce qu'il faut attendre des hommes quand on les sert le mieux. Ceux qui font le bien par ambition sont toujours mécontens ; un peu plus tôt, un peu plus tard, la fortune les trahit, et les hommes sont ingrats pour eux. Mais quand on fait le bien par l'amour de la vertu, la vertu qu'on aime récompense toujours assez par le plaisir qu'il y a à la suivre, et elle fait mépriser toutes les autres récompenses dont on est privé.

XXXIX.

ANNIBAL ET SCIPION.

L'ambition ne connoît point de bornes.

Scip. — Il me semble que je suis encore à notre conférence avant la bataille de Zama ; mais nous ne sommes pas ici dans la même situation. Nous n'avons plus de différend ; toutes nos guerres sont éteintes dans les eaux du fleuve d'oubli. Après avoir conquis l'un et l'autre tant de provinces, une a suffi à recueillir nos cendres.

Ann. — Tout cela est vrai ; notre gloire passée n'est plus qu'un songe, nous n'avons plus rien à conquérir ici : pour moi, je m'en ennuie.

Scip. — Il faut avouer que vous étiez bien inquiet et bien insatiable.

Ann. — Pourquoi ? je trouve que j'étois bien modéré.

Scip. — Modéré ! quelle modération ! D'abord les Carthaginois ne songeoient qu'à se maintenir en Sicile, dans la partie occidentale. Le sage roi Gélon, et puis le tyran Denys, leur avoient donné bien de l'exercice.

Ann. — Il est vrai ; mais dès lors nous songions à subjuguer toutes ces villes florissantes qui se gouvernoient en républiques, comme Léonte, Agrigente, Sélinonte.

Scip. — Mais enfin les Romains et les Carthaginois étant vis-à-vis les uns des autres, la mer entre deux, se regardoient d'un œil jaloux, et se disputoient l'île de Sicile, qui étoit au milieu des deux peuples prétendans. Voilà à quoi se bornoit votre ambition.

Ann. — Point du tout. Nous avions encore nos prétentions du côté de l'Espagne. Carthage la Neuve nous donnoit en ce pays-là un empire presque égal à celui de l'ancienne au milieu de l'Afrique.

Scip. — Tout cela est vrai. Mais c'étoit par quelque port pour vos marchandises que vous aviez commencé à vous établir sur les côtes d'Espagne ; les facilités que vous y trouvâtes vous donnèrent peu à peu la pensée de conquérir ces vastes régions.

Ann. — Dès le temps de notre première guerre contre les Romains, nous étions puissans en Espagne, et nous en aurions été bientôt les maîtres sans votre république.

Scip. — Enfin le traité que nous conclûmes avec les Carthaginois les obligeoit à renoncer à tous les pays qui sont entre les Pyrénées et l'Ebre.

Ann. — La force nous réduisit à cette paix honteuse ; nous avions fait des pertes infinies sur terre et sur mer. Mon père ne songea qu'à nous relever après cette chute. Il me fit jurer sur les autels, à l'âge de neuf ans, que je serois jusqu'à la mort ennemi des Romains. Je le jurai ; je l'ai accompli. Je suivis mon père en Espagne ; après sa mort, je commandais l'armée carthaginoise, et vous savez ce qui arriva.

Scip. — Oui, je le sais, et vous le savez bien aussi à vos dépens. Mais si vous fîtes bien du chemin, c'est que vous trouvâtes la fortune qui venoit partout au-devant de vous pour vous solliciter à la suivre. L'espérance de vous joindre aux Gaulois, nos anciens ennemis, vous fit passer les Pyrénées. La victoire que vous remportâtes sur nous au bord du Rhône vous encouragea à passer les Alpes : vous y perdîtes beaucoup de soldats, de chevaux et d'éléphans. Quand vous fûtes passé, vous défîtes sans peine nos troupes étonnées que vous surprîtes à Ticinum. Une victoire en attire une autre, en consternant les vaincus, et en procurant aux vainqueurs beaucoup d'alliés ; car tous les peuples du pays se donnent en foule aux plus forts.

Ann. — Mais la bataille de Trébie, qu'en pensez-vous ?

Scip. — Elle vous coûta peu, venant après tant d'autres. Après cela, vous fûtes le maître de l'Italie. Trasimène et Cannes furent plutôt des carnages que des batailles. Vous perçâtes toute l'Italie. Dites la vérité, vous n'aviez pas d'abord espéré de si grands succès.

Ann. — Je ne savois pas bien jusqu'où je pourrois aller ; mais je voulois tenter la fortune. Je déconcertai les Romains par un coup si hardi et si imprévu. Quand je trouvai la fortune si favorable, je crus qu'il falloit en profiter : le succès me donna des desseins que je n'aurois jamais osé concevoir.

Scip. — Hé bien ! n'est-ce pas ce que je disois ? La Sicile, l'Espagne, l'Italie n'étoient plus rien pour vous. Les Grecs, avec lesquels vous vous étiez ligués, auroient bientôt subi votre joug.

Ann. — Mais, vous qui parlez, n'avez-vous pas fait précisément ce que vous nous reprochez d'avoir été capables de faire ? L'Espagne, la Sicile, Carthage même et l'Afrique ne furent rien : bientôt toute la Grèce, la Macédoine, toutes les îles, l'Egypte, l'Asie, tombèrent à vos pieds ; et vous aviez encore bien de la peine à souffrir que les Parthes et les Arabes fussent libres. Le monde entier étoit trop petit pour ces Romains, qui, pendant cinq cents ans, avoient été bornés à vaincre autour de leur ville les Volsques, les Sabins et les Samnites.

XL.

LUCULLUS ET CRASSUS.

Contre le luxe de la table.

Luc. — Jamais je n'ai vu un souper si délicat et si somptueux.

Cras. — Et moi je n'ai pas oublié que j'en ai fait de bien meilleurs dans votre salle d'Apollon.

Luc. — Point ; je n'ai jamais fait meilleure chère. Mais voulez-vous que je vous parle sur un ton libre et gai ? Ne vous en fâcherez-vous point ?

Cras. — Non ; j'entends raillerie.

Luc. — Quoi ! un souper pendant lequel nous avons eu une comédie Atellane, des pantomimes, plusieurs parasites bien affamés et bien impudens, qui par jalousie ont pensé se battre ; c'est une fête merveilleuse !

Cras. — J'aime le spectacle, et je sais que vous l'aimez aussi ; j'ai voulu vous faire ce plaisir.

Luc. — Mais quoi ! ces grandes murènes, ces poules d'Ionie, ces jeunes paons si tendres, ces sangliers tout entiers, ces olives de Vénafre, ces vins de Massique, de Cécube, de Falerne, de Chio. J'admirai ces tables de citronnier de Numidie, ces lits d'argent couverts de pourpre.

Cras. — Tout cela n'étoit pas trop pour vous.

Luc. — Et ces jeunes garçons si bien frisés qui donnoient à boire ; ils servoient du nectar, et c'étoient autant de Ganymèdes.

Cras. — Eussiez-vous voulu être servi par des eunuques vieux et laids, ou par des esclaves de Sardaigne ? De tels objets salissent un repas.

Luc. — Il est vrai ; mais où aviez-vous pris ce joueur de flûte, et cette jeune Grecque avec sa lyre dont les accords égalent ceux d'Apollon même ; elle étoit gracieuse comme Vénus, et passionnée dans le chant de ses odes comme Sapho.

Cras. — Je savois combien vous avez l'oreille délicate.

Luc. — Mais enfin je reviens d'Asie, où l'on apprend à raffiner sur les plaisirs. Mais pour vous, qui n'êtes pas encore parti pour y aller, comment pouvez-vous en savoir tant ?

Cras. — Votre exemple m'a instruit ; vous donnez du goût à ceux qui vous fréquentent.

Luc. — Mais je ne puis revenir de mon étonnement sur ces synthèses* des plus fines étoffes de Cos, avec des ornemens Phrygiens d'or et d'argent, dont elles étoient bordées : chaque convié avoit la sienne, et on en a encore trouvé de reste pour toutes les ombres. Les trois lits étoient pleins ; la grande compagnie vous plaît-elle ?

Cras. — Je vous ai ouï dire qu'elle ne convient pas, et qu'il vaut mieux être peu de gens bien choisis.

Luc. — Venons au fait. Combien vous coûte ce repas ?

Cras. — Cent cinquante grands sesterces.

Luc. — Vous n'hésitez point à répondre, et vous savez bien votre compte ; ce souper se fit hier au soir, et vous savez déjà à quoi se monte toute la dépense : sans doute elle vous tient au cœur.

Cras. — Il est vrai que je regrette ces dépenses superflues et excessives.

Luc. — Pourquoi donc les faites-vous ?

Cras. — Je ne les fais pas souvent.

Luc. — Si j'étois en votre place, je ne les ferois jamais. Votre inclination ne vous y porte point ; qu'est-ce qui vous y oblige ?

Cras. — Une mauvaise honte, et la crainte de passer chez vous pour avare. Les prodigues prennent toujours la frugalité pour une avarice infâme.

Luc. — Vous avez donc donné un souper magnifique, comme un poltron va au combat en désespéré ?

Cras. — Pas tout-à-fait de même, car je ne prétends pas être avare : je crois même, en bonne foi, que je ne suis pas assez épargnant.

Luc. — Tous les avares en croient autant d'eux-mêmes. Mais enfin pourquoi ne vous êtes-vous pas tenu dans la médiocrité, puisque l'excès de la dépense vous choque tant ?

Cras. — C'est que ne sachant point comment ces sortes de dépenses se font, j'ai pris le parti de ne ménager rien, à condition de n'y retourner pas souvent.

Luc. — Bon ; je vous entends : vous allez épargner pour réparer cette dépense, et vous vous en dédommagerez en Asie en pillant les peuples.

XLI.

SYLLA, CATILINA ET CÉSAR.

Les funestes suites du vice ne corrigent point les princes corrompus.

Syl. — Je viens à la hâte vous donner un avis, César, et je mène avec moi un bon second pour vous persuader : c'est Catilina. Vous le connoissez, et vous n'avez été que trop de sa cabale. N'ayez point de peur de nous ; les ombres ne font point de mal.

Cés. — Je me passerois bien de votre visite ; vos figures sont tristes, et vos conseils le seront peut-être encore davantage. Qu'avez-vous donc de si pressé à me dire ?

Syl. — Qu'il ne faut point que vous aspiriez à la tyrannie.

Cés. — Pourquoi ? N'y avez-vous pas aspiré vous-mêmes ?

Syl. — Sans doute, et c'est pour cela que nous sommes plus croyables quand nous vous conseillions d'y renoncer.

Cés. — Pour moi, je veux vous imiter en tout, chercher la tyrannie comme vous l'avez cherchée, et ensuite revenir comme vous de l'autre monde après sa mort, pour désabuser les tyrans qui viendront en ma place.

Syl. — Il n'est pas question de ces gentillesses et de ces jeux d'esprit ; nous autres ombres nous ne voulons rien que de sérieux. Venons aux faits. J'ai quitté volontairement la tyrannie, et m'en suis bien trouvé. Catilina s'est efforcé d'y parvenir, et a succombé malheureusement. Voilà deux exemples bien instructifs pour vous.

Cés. — Je n'entends point tous ces beaux exemples. Vous avez tenu la république dans les fers, et vous avez été assez malhabile homme pour vous dégrader vous-même. Après avoir

---

* Robes dont on se servoit dans les festins.

quitté la suprême puissance, vous êtes demeuré avili, obscur, inutile, abattu. L'homme fortuné fut abandonné de la fortune. Voilà déjà un de vos deux exemples que je ne comprends point. Pour l'autre, Catilina a voulu se rendre le maître, et a bien fait jusque-là. Il n'a pas su bien prendre ses mesures ; tant pis pour lui. Quant à moi je ne tenterai rien qu'avec de bonnes précautions.

CATIL. — J'avois pris les mêmes mesures que vous : flatter la jeunesse, la corrompre par des plaisirs, l'engager dans des crimes, l'abîmer par la dépense et par les dettes, s'autoriser par des femmes d'un esprit intrigant et brouillon. Pouvez-vous mieux faire ?

CÉS. — Vous dites là des choses que je ne connois point. Chacun fait comme il peut.

CATIL. — Vous pouvez éviter les maux où je suis tombé, et je suis venu vous en avertir.

SYL. — Pour moi, je vous le dis encore ; je me suis bien trouvé d'avoir renoncé aux affaires avant ma mort.

CÉS. — Renoncé aux affaires ! Faut-il abandonner la république dans ses besoins ?

SYL. — Hé ! ce n'est pas ce que je vous dis. Il y a bien de la différence entre la servir ou la tyranniser.

CÉS. — Hé ! pourquoi donc avez-vous cessé de la servir ?

SYL. — Ho ! vous ne voulez pas m'entendre. Je dis qu'il faut servir la patrie jusqu'à la mort, mais qu'il ne faut ni chercher la tyrannie, ni s'y maintenir quand on y est parvenu.

XLII.

CÉSAR ET CATON.

Le pouvoir despotique, loin d'assurer le repos et l'autorité des princes, les rend malheureux, et entraîne inévitablement leur ruine.

CÉS. — Hélas ! mon cher Caton, te voilà en pitoyable état ! L'horrible plaie !

CAT. — Je me perçai moi-même à Utique, après la bataille de Thapse, pour ne point survivre à la liberté. Mais toi, à qui je fais pitié, d'où vient que tu m'as suivi de si près ? Qu'est-ce que j'aperçois ? combien de plaies sur ton corps ! Attends que je les compte. En voilà vingt-trois !

CÉS. — Tu seras bien surpris quand tu sauras que j'ai été percé de tant de coups au milieu du sénat par mes meilleurs amis. Quelle trahison !

CAT. — Non, je n'en suis point surpris. N'étois-tu pas le tyran de tes amis aussi bien que du reste des citoyens ? Ne devoient-ils pas prêter leurs bras à la vengeance de la patrie opprimée ? Il faudroit immoler non-seulement son ami, mais encore son propre frère, à l'exemple de Timoléon, et ses propres enfans, comme fit l'ancien Brutus.

CÉS. — Un de ses descendans n'a que trop suivi cette belle leçon. C'est Brutus que j'aimois tant, et qui passoit pour être mon fils, qui a été le chef de la conjuration pour me massacrer.

CAT. — O heureux Brutus, qui a rendu Rome libre, et qui a consacré ses mains dans le sang d'un nouveau Tarquin, plus impie et plus superbe que celui qui fut chassé par Junius !

CÉS. — Tu as toujours été prévenu contre moi, et outré dans tes maximes de vertu.

CAT. — Qu'est-ce qui m'a prévenu contre toi ? ta vie dissolue, prodigue, artificieuse, efféminée ; tes dettes, tes brigues, ton audace : voilà ce qui a prévenu Caton contre cet homme dont la ceinture, la robe traînante, l'air de mollesse, ne promettoient rien qui fût digne des anciennes mœurs. Tu ne m'as point trompé ; je t'ai connu dès ta jeunesse. O si l'on m'avoit cru....

CÉS. — Tu m'aurois enveloppé dans la conjuration de Catilina pour me perdre.

CAT. — Alors tu vivois en femme, et tu n'étois homme que contre ta patrie. Que ne fis-je point pour te convaincre ? Mais Rome couroit à sa perte, et elle ne vouloit pas connoître ses ennemis.

CÉS. — Ton éloquence me fit peur, je l'avoue, et j'eus recours à l'autorité. Mais tu ne peux désavouer que je me tirai d'affaire en habile homme.

CAT. — Dis en habile scélérat. Tu éblouissois les plus sages par tes discours modérés et insinuans ; tu favorisois les conjurés sous prétexte de ne pousser pas la rigueur trop loin. Moi seul je résistai en vain. Dès lors les dieux étoient irrités contre Rome.

CÉS. — Dis-moi la vérité : tu craignis, après la bataille de Thapse, de tomber entre mes mains ; tu aurois été fort embarrassé de paroître devant moi. Hé ! ne savois-tu pas que je ne voulois que vaincre et pardonner ?

CAT. — C'est le pardon du tyran, c'est la vie même, oui, la vie de Caton due à César, que je craignois. Il valoit mieux mourir que te voir.

Cés. — Je t'aurois traité généreusement, comme je traitai ton fils. Ne valoit-il pas mieux secourir encore la république ?

Cat. — Il n'y a plus de république dès qu'il n'y a plus de liberté.

Cés. — Mais quoi ! être furieux contre soi-même ?

Cat. — Mes propres mains m'ont mis en liberté malgré le tyran, et j'ai méprisé la vie qu'il m'eût offerte. Pour toi, il a fallu que tes propres amis t'aient déchiré comme un monstre.

Cés. — Mais si la vie étoit si honteuse pour un Romain après ma victoire, pourquoi m'envoyer ton fils ? voulois-tu le faire dégénérer ?

Cat. — Chacun prend son parti selon son cœur pour vivre ou pour mourir. Caton ne pouvoit que mourir ; son fils, moins grand que lui, pouvoit encore supporter la vie, et espérer, à cause de sa jeunesse, des temps plus libres et plus heureux. Hélas ! que ne souffrois-je point lorsque je laissai aller mon fils vers le tyran !

Cés. — Mais pourquoi me donnes-tu le nom de tyran ? je n'ai jamais pris le titre de roi.

Cat. — Il est question de la chose, et non pas du nom. De plus, combien de fois te vit-on prendre divers détours pour accoutumer le sénat et le peuple à ta royauté ! Antoine même, dans la fête des Lupercales, fut assez impudent pour te mettre, sous une apparence de jeu, un diadème autour de la tête. Ce jeu parut trop sérieux, et fit horreur. Tu sentis bien l'indignation publique, et tu renvoyas à Jupiter un honneur que tu n'osois accepter. Voilà ce qui acheva de déterminer les conjurés à ta perte. Hé bien, ne savons-nous pas ici-bas d'assez bonnes nouvelles ?

Cés. — Trop bonnes ! Mais tu ne me fais pas justice. Mon gouvernement a été doux ; je me suis comporté en vrai père de la patrie : on en peut juger par la douleur que le peuple témoigna après ma mort. C'est un temps où tu sais que la flatterie n'est plus de saison. Hélas ! ces pauvres gens, quand on leur présenta ma robe sanglante, voulurent me venger. Quels regrets ! quelle pompe au champ de Mars à mes funérailles ! Qu'as-tu à répondre ?

Cat. — Que le peuple est toujours peuple, crédule, grossier, capricieux, aveugle, ennemi de son véritable intérêt. Pour avoir favorisé les successeurs du tyran et persécuté ses libérateurs, qu'est-ce que ce peuple n'a pas souffert ?

On a vu ruisseler le plus pur sang des citoyens par d'innombrables proscriptions. Les Triumvirs ont été plus barbares que les Gaulois mêmes qui prirent Rome. Heureux qui n'a point vu ces jours de désolation ! Mais enfin parle-moi, ô tyran ; pourquoi déchirer les entrailles de Rome ta mère ? Quel fruit te reste-t-il d'avoir mis ta patrie dans les fers ? Est-ce de la gloire que tu cherchois ? N'en aurois-tu pas trouvé une plus pure et plus éclatante à conserver la liberté et la grandeur de cette ville, reine de l'univers, comme les Fabricius, les Fabius, les Marcellus, les Scipions ? Te falloit-il une vie douce et heureuse ? L'as-tu trouvée dans les horreurs inséparables de la tyrannie ? Tous les jours de ta vie étoient pour toi aussi périlleux que celui où tant de bons citoyens immortalisèrent leur vertu en te massacrant. Tu ne voyois aucun vrai Romain dont le courage ne dût te faire pâlir d'effroi. Est-ce donc là cette vie tranquille et heureuse que tu as achetée par tant de peines et de crimes ? Mais que dis-je ? tu n'as pas eu même le temps de jouir du fruit de ton impiété. Parle, parle, tyran ; tu as maintenant autant de peine à soutenir mes regards que j'en aurois eu à souffrir ta présence odieuse quand je me donnai la mort à Utique. Dis, si tu l'oses, que tu as été heureux.

Cés. — J'avoue que je ne l'étois pas ; mais c'étoient tes semblables qui troubloient mon bonheur.

Cat. — Dis plutôt que tu le troublois toi-même. Si tu avois aimé la patrie, la patrie t'auroit aimé. Celui que la patrie aime n'a pas besoin de garde ; la patrie entière veille autour de lui. La vraie sûreté est de ne faire que du bien, et d'intéresser le monde entier à sa conservation. Tu as voulu régner et te faire craindre. Hé bien, tu as régné, on t'a craint ; mais les hommes se sont délivrés et du tyran et de la crainte tout ensemble. Ainsi périssent ceux qui, voulant être craints de tous les hommes, ont eux-mêmes tout à craindre de tous les hommes intéressés à les prévenir et à se délivrer.

Cés. — Mais cette puissance, que tu appelles tyrannique, étoit devenue nécessaire. Rome ne pouvoit plus soutenir sa liberté ; il lui falloit un maître. Pompée commençoit à l'être ; je ne pus souffrir qu'il le fût à mon préjudice.

Cat. — Il falloit abattre le tyran sans aspirer à la tyrannie. Après tout, si Rome étoit assez lâche pour ne pouvoir plus se passer d'un maître, il valoit mieux laisser faire ce crime à un autre. Quand un voyageur va tomber entre les mains des scélérats qui se préparent à le voler, faut-il les prévenir, en se hâtant de faire une action si horrible? Mais la trop grande autorité de Pompée t'a servi de prétexte. Ne sait-on pas ce que tu dis, en allant en Espagne, dans une petite ville où divers citoyens briguoient la magistrature? Crois-tu qu'on ait oublié ce vers grec[*] qui étoit si souvent dans ta bouche? De plus, si tu connoissois la misère et l'infamie de la tyrannie, que ne la quittois-tu?

Cés. — Hé! quel moyen de la quitter? Le sentier par où l'on y monte est rude et escarpé; mais il n'y a point de chemin pour en descendre : on n'en sort qu'en tombant dans le précipice.

Cat. — Malheureux! pourquoi donc y aspirer? pourquoi tout renverser pour y parvenir? pourquoi verser tant de sang, et n'épargner pas le tien même, qui fut encore répandu trop tard? Tu cherches de vaines excuses.

Cés. — Et toi, tu ne me réponds pas : je te demande comment on peut avec sûreté quitter la tyrannie.

Cat. — Va le demander à Sylla, et tais-toi. Consulte ce monstre affamé de sang; son exemple te fera rougir. Adieu; je crains que l'ombre de Brutus ne soit indignée, si elle me voyoit parlant avec toi.

XLIII.

CATON ET CICÉRON.

Comparaison de ces deux philosophes : vertu farouche et austère de l'un; caractère foible de l'autre.

Cat. — Il y a long-temps, grand orateur, que je vous attendois ici. Il y a long-temps que vous y deviez arriver. Mais vous y êtes venu le plus tard qu'il vous a été possible.

Cic. — J'y suis venu après une mort pleine de courage. J'ai été la victime de la république; car depuis les temps de la conjuration de Catilina, où j'avois sauvé Rome, personne ne pouvoit plus être ennemi de la république sans me déclarer aussitôt la guerre.

Cat. — J'ai pourtant su que vous aviez trouvé grâce auprès de César par vos soumissions, que vous lui prodiguiez les plus magnifiques louanges, que vous étiez l'ami intime de tous ses lâches favoris, et que vous leur persuadiez même, dans vos lettres, d'avoir recours à sa clémence pour vivre en paix au milieu de Rome dans la servitude. Voilà à quoi sert l'éloquence.

Cic. — Il est vrai que j'ai harangué César pour obtenir la grâce de Marcellus et de Ligarius.....

Cat. — Hé! ne vaut-il pas mieux se taire que d'employer son éloquence à flatter un tyran? O Cicéron, j'ai su plus que vous; j'ai su me taire et mourir.

Cic. — Vous n'avez pas vu une belle observation que j'ai faite dans mes Offices, qui est que chacun doit suivre son caractère. Il y a des hommes d'un naturel fier et intraitable, qui doivent soutenir cette vertu austère et farouche jusqu'à la mort : il ne leur est pas permis de supporter la vue du tyran; ils n'ont d'autre ressource que celle de se tuer. Il y a une autre vertu plus douce et plus sociable, de certaines personnes modérées, qui aiment mieux la république que leur propre gloire : ceux-là doivent vivre, et ménager le tyran pour le bien public; ils se doivent à leurs citoyens, et il ne leur est pas permis d'achever par une mort précipitée la ruine de la patrie.

Cat. — Vous avez bien rempli ce devoir; et s'il faut juger de votre amour pour Rome par votre crainte de la mort, il faut avouer que Rome vous doit beaucoup. Mais les gens qui parlent si bien devroient ajuster toutes leurs paroles avec assez d'art pour ne se pas contredire eux-mêmes. Ce Cicéron, qui a élevé jusques au ciel César, et qui n'a point eu de honte de prier les dieux de n'envier pas un si grand bien aux hommes, de quel front a-t-il pu dire ensuite que les meurtriers de César étoient les libérateurs de la patrie? Quelle grossière contradiction! quelle lâcheté infâme! Peut-on se fier à la vertu d'un homme qui parle ainsi selon le temps?

Cic. — Il falloit bien s'accommoder aux besoins de la république. Cette souplesse valoit encore mieux que la guerre d'Afrique entreprise par Scipion et par vous contre toutes les règles de la prudence. Pour moi, je l'avois bien prédit (et on n'a qu'à lire mes lettres) que vous succomberiez. Mais votre naturel inflexible et âpre ne pouvoit souffrir aucun tempérament; vous étiez né pour les extrémités.

---

[*] Ce sont deux vers qu'Euripide met dans la bouche d'Etéocle, *Phœn.* act. ii, sc. iii. Les voici, avec la traduction littérale :

Εἴπερ γὰρ ἀδικεῖν χρή, τυραννίδος πέρι
Κάλλιστον ἀδικεῖν, τἆλλα δ'εὐσεβεῖν χρεών.

S'il faut enfin violer la justice, pour posséder un trône il est beau d'être injuste : en toute autre occasion la piété doit conserver ses droits.

Ce trait de César est rapporté par Cicéron, *De Offic.* lib. iii, cap. xxi, n. 82. (*Édit. de Vers.*)

Cat. — Et vous pour tout craindre, comme vous l'avez souvent avoué vous-même. Vous n'étiez capable que de prévoir des inconvéniens. Ceux qui prévaloient vous entraînoient toujours, jusqu'à vous faire dédire de vos premiers sentimens. Ne vous a-t-on pas vu admirer Pompée, et exhorter tous vos amis à se livrer à lui ? Ensuite n'avez-vous pas cru que Pompée mettroit Rome dans la servitude s'il surmontoit César ? Comment, disiez-vous, croira-t-il les gens de bien s'il est le maître, puisqu'il ne veut croire aucun de nous pendant la guerre où il a besoin de notre secours ? Enfin n'avez-vous pas admiré César ? n'avez-vous pas recherché et loué Octave ?

Cic. — Mais j'ai attaqué Antoine. Qu'y a-t-il de plus véhément que mes harangues contre lui, semblables à celles de Démosthène contre Philippe ?

Cat. — Elles sont admirables : mais Démosthène savoit mieux que vous comment il faut mourir. Antipater ne put lui donner ni la mort ni la vie. Falloit-il fuir comme vous fîtes, sans savoir où vous alliez, et attendre la mort des mains de Popilius ? J'ai mieux fait de me la donner moi-même à Utique.

Cic. — Et moi, j'aime mieux n'avoir point désespéré de la république jusqu'à la mort, et l'avoir soutenue par des conseils modérés, que d'avoir fait une guerre foible et imprudente, et d'avoir fini par un coup de désespoir.

Cat. — Vos négociations ne valoient pas mieux que ma guerre d'Afrique ; car Octave, tout jeune qu'il étoit, s'est joué de ce grand Cicéron qui étoit la lumière de Rome. Il s'est servi de vous pour s'autoriser ; ensuite il vous a livré à Antoine. Mais vous, qui parlez de guerre, l'avez-vous jamais su faire ? Je n'ai pas encore oublié votre belle conquête de Pindenisse, petite ville des détroits de la Cilicie ; un parc de moutons n'est guère plus facile à prendre. Pour cette belle expédition il vous falloit un triomphe, si on eût voulu vous en croire ; les supplications ordonnées par le sénat ne suffisoient pas pour de tels exploits. Voici ce que je répondis aux sollicitations que vous me fîtes là-dessus. Vous devez être plus content, disois-je, des louanges du sénat que vous avez méritées par votre bonne conduite, que d'un triomphe ; car le triomphe marqueroit moins la vertu du triomphateur, que le bonheur dont les dieux auroient accompagné ses entreprises. C'est ainsi qu'on tâche d'amuser comme on peut les hommes vains et incapables de se faire justice.

Cic. — Je reconnois que j'ai toujours été passionné pour les louanges ; mais faut-il s'en étonner ? N'en ai-je pas mérité de grandes par mon consulat, par mon amour pour la république, par mon éloquence, enfin par mon amour pour la philosophie ? Quand je ne voyois plus de moyen de servir Rome dans ses malheurs, je me consolois, dans une honnête oisiveté, à raisonner et à écrire sur la vertu.

Cat. — Il valoit mieux la pratiquer dans les périls, qu'en écrire. Avouez-le franchement, vous n'étiez qu'un foible copiste des Grecs ; vous mêliez Platon avec Epicure, l'ancienne Académie avec la nouvelle ; et après avoir fait l'historien sur leurs dogmes dans des dialogues, où un homme parloit presque toujours seul, vous ne pouviez presque jamais rien conclure. Vous étiez toujours étranger dans la philosophie, et vous ne songiez qu'à orner votre esprit de ce qu'elle a de beau. Enfin vous avez toujours été flottant en politique et en philosophie.

Cic. — Adieu, Caton ; votre mauvaise humeur va trop loin. A vous voir si chagrin, on croiroit que vous regrettez la vie. Pour moi, je suis consolé de l'avoir perdue, quoique je n'aie point tant fait le brave. Vous vous en faites trop accroire, pour avoir fait en mourant ce qu'ont fait beaucoup d'esclaves avec autant de courage que vous.

XLIV.

CÉSAR ET ALEXANDRE.

Comparaison d'un tyran avec un prince qui, étant doué des qualités propres à faire un grand roi, s'abandonne à son orgueil et à ses passions.

Alex. — Qui est donc ce Romain nouvellement venu ? Il est percé de bien des coups. Ah ! j'entends qu'on dit que c'est César. Je te salue, grand Romain : on disoit que tu devois aller vaincre les Parthes, et conquérir tout l'Orient ; d'où vient que nous te voyons ici ?

Cés. — Mes amis m'ont assassiné dans le sénat.

Alex. — Pourquoi étois-tu devenu leur tyran, toi qui n'étois qu'un simple citoyen de Rome ?

Cés. — C'est bien à toi à parler ainsi ! N'as-tu pas fait l'injuste conquête de l'Asie ? N'as-tu pas mis la Grèce dans la servitude ?

Alex. — Oui ; mais les Grecs étoient des peuples étrangers et ennemis de la Macédoine. Je n'ai point mis, comme toi, dans les fers ma propre patrie; au contraire, j'ai donné aux Macédoniens une gloire immortelle avec l'empire de tout l'Orient.

Cés. — Tu as vaincu des hommes efféminés, et tu es devenu aussi efféminé qu'eux. Tu as pris les richesses des Perses, et les richesses des Perses t'ont vaincu en te corrompant. As-tu porté jusqu'aux enfers cet orgueil insensé qui te fit croire que tu étois un dieu?

Alex. — J'avoue mes fautes et mes erreurs. Mais est-ce à toi à me reprocher ma mollesse? Ne sait-on pas ta vie infâme en Bithynie, ta corruption à Rome, où tu n'obtins les honneurs que par des intrigues honteuses? Sans tes infamies tu n'aurois jamais été qu'un particulier dans ta république. Il est vrai aussi que tu vivrois encore.

Cés. — Le poison fit contre toi à Babylone ce que le fer a fait contre moi dans Rome.

Alex. — Mes capitaines n'ont pu m'empoisonner sans crime; tes concitoyens, en te poignardant, sont les libérateurs de leur patrie : ainsi nos morts sont bien différentes. Nos jeunesses le sont encore davantage : la mienne fut chaste, noble, ingénue; la tienne fut sans pudeur et sans probité.

Cés. — Ton ombre n'a rien perdu de l'orgueil et de l'emportement qui ont paru dans ta vie.

Alex. — J'ai été emporté par mon orgueil, je l'avoue. Ta conduite a été plus mesurée que la mienne; mais tu n'as point imité ma candeur et ma franchise. Il falloit être honnête homme avant que d'aspirer à la gloire de grand homme. J'ai été souvent foible et vain; mais au moins j'étois meilleur pour ma patrie et moins injuste que toi.

Cés. — Tu fais grand cas de la justice sans l'avoir suivie. Pour moi, je crois que le plus habile homme doit se rendre le maître, et puis gouverner sagement.

Alex. — Je ne l'ai que trop cru comme toi. Éaque, Rhadamante et Minos m'en ont sévèrement repris, et ont condamné mes conquêtes. Je n'ai pourtant jamais cru, dans mes égaremens, qu'il fallût mépriser la justice. Tu te trouves mal de l'avoir violée.

Cés. — Les Romains ont beaucoup perdu en me tuant; j'avois fait des projets pour les rendre heureux.

Alex. — Le meilleur projet eût été d'imiter Sylla, qui, ayant été tyran comme toi, leur rendit la liberté; tu aurois fini ta vie en paix comme lui. Mais tu ne peux me croire, et je t'attends devant les trois juges qui te vont juger.

XLV.

POMPÉE ET CÉSAR.

Rien n'est plus dangereux, dans un état libre, que la corruption des femmes et la prodigalité de ceux qui aspirent à la tyrannie.

Pomp. — Je m'épuise en dépenses pour plaire aux Romains, et j'ai bien de la peine à y parvenir. A l'âge de vingt-cinq ans j'avais déjà triomphé. J'ai vaincu Sertorius, Mithridates, les pirates de Cilicie. Ces trois triomphes m'ont attiré mille envieux. Je fais sans cesse des largesses; je donne des spectacles; j'attire par mes bienfaits des cliens innombrables : tout cela n'apaise point l'envie. Ce chagrin Caton refuse même mon alliance. Mille autres me traversent dans mes desseins. Mon beau-père, que pensez-vous là-dessus? Vous ne dites rien.

Cés. — Je pense que vous prenez de fort mauvais moyens pour gouverner la république.

Pomp. — Comment donc? Que voulez-vous dire? En savez-vous de meilleurs que de donner à pleines mains aux particuliers pour enlever tous les suffrages, et que de tenir tout le peuple par des gladiateurs, par des combats de bêtes farouches, par des mesures de blé et de vin, enfin d'avoir beaucoup de cliens zélés par les sportules* que je donne? Marius, Cinna, Fimbria, tous les autres les plus habiles, n'ont-ils pas pris ce chemin?

Cés. — Tout cela ne va point au but, et vous n'y entendez rien. Catilina étoit de meilleur sens que tous ces gens-là.

Pomp. — En quoi? Vous me surprenez; je crois que vous voulez rire.

Cés. — Non, je ne ris point : je ne fus jamais si sérieux.

Pomp. — Quel est donc votre secret pour apaiser l'envie, pour guérir les soupçons, pour charmer les Patriciens et les Plébéiens?

Cés. — Le voulez-vous savoir? Faites comme moi : je ne vous conseille que ce que je pratique moi-même.

Pomp. — Quoi! flatter le peuple sous une apparence de justice et de liberté? faire le tribun ardent et zélé, le Gracchus?

---

* On appeloit ainsi, chez les Romains, des corbeilles pleines de viandes et de fruits, que les grands donnoient à ceux qui venoient le matin leur faire la cour; on faisoit aussi ce présent en argent, et il conservoit le même nom.

Cés. — C'est quelque chose, mais ce n'est pas tout; il y a quelque chose de bien plus sûr.

Pomp. — Quoi donc? Est-ce quelque enchantement magique, quelque invocation de génie, quelque science des astres.

Cés. — Bon! tout cela n'est rien; ce ne sont que contes de vieilles.

Pomp. — Ho, ho! vous êtes bien méprisant. Vous avez donc quelque commerce avec les dieux, comme Numa, Scipion, et plusieurs autres?

Cés. — Non, tous ces artifices-là sont usés.

Pomp. — Quoi donc enfin? ne me tenez plus en suspens.

Cés. — Voici les deux points fondamentaux de ma doctrine : premièrement, corrompre toutes les femmes pour entrer dans le secret le plus intime de toutes les familles; secondement, emprunter et dépenser toujours sans mesure, ne payer jamais rien. Chaque créancier est intéressé à avancer votre fortune pour ne perdre point l'argent que vous lui devez. Ils vous donnent leurs suffrages; ils remuent ciel et terre pour vous procurer ceux de leurs amis. Plus vous avez de créanciers, plus votre brigue est forte. Pour me rendre maître de Rome, je travaille à être le débiteur universel de toute la ville. Plus je suis ruiné, plus je suis puissant. Il n'y a qu'à dépenser, les richesses vous viennent comme un torrent.

XLVI.

CICÉRON ET AUGUSTE.

Obliger les ingrats, c'est se perdre soi-même.

Aug. — Bon jour, grand orateur. Je suis ravi de vous revoir; car je n'ai pas oublié toutes les obligations que je vous ai.

Cic. — Vous pouvez vous en souvenir ici-bas; mais vous ne vous en souveniez guère dans le monde.

Aug. — Après votre mort même je trouvai un jour un de mes petits-fils qui lisoit vos ouvrages : il craignit que je ne blâmasse cette lecture, et fut embarrassé; mais je le rassurai, en disant de vous : C'étoit un grand homme, et qui aimoit bien sa patrie. Vous voyez que je n'ai pas attendu la fin de ma vie pour bien parler de vous.

Cic. — Belle récompense de tout ce que j'ai fait pour vous élever! Quand vous parûtes, jeune et sans autorité, après la mort de Jules, je vous donnai mes conseils, mes amis, mon crédit.

Aug. — Vous le faisiez moins pour l'amour de moi, que pour contrebalancer l'autorité d'Antoine, dont vous craigniez la tyrannie.

Cic. — Il est vrai, je craignis moins un enfant que cet homme puissant et emporté. En cela je me trompai; car vous étiez plus dangereux que lui. Mais enfin vous me devez votre fortune. Que ne disois-je point au sénat, pendant ce siége de Modène, où les deux consuls Hirtius et Pansa, victorieux, périrent? Leur victoire ne servit qu'à vous mettre à la tête de l'armée. C'étoit moi qui avois fait déclarer la république contre Antoine par mes harangues, qu'on a nommées Philippiques. Au lieu de combattre pour ceux qui vous avoient mis les armes à la main, vous vous unîtes lâchement avec votre ennemi Antoine et avec Lépide, le dernier des hommes, pour mettre Rome dans les fers. Quand ce monstrueux triumvirat fut formé, vous vous demandâtes des têtes les unes aux autres. Chacun, pour obtenir des crimes de son compagnon, étoit obligé d'en commettre. Antoine fut contraint de sacrifier à votre vengeance L. César, son propre oncle, pour obtenir de vous ma tête : vous m'abandonnâtes indignement à sa fureur.

Aug. — Il est vrai; je ne pus résister à un homme dont j'avois besoin pour me rendre maître du monde. Cette tentation est violente, il faut l'excuser.

Cic. — Il ne faut jamais excuser une si noire ingratitude. Sans moi, vous n'auriez jamais paru dans le gouvernement de la république. O que j'ai de regret aux louanges que je vous ai données! Vous êtes devenu un tyran cruel; vous n'étiez qu'un ami trompeur et perfide.

Aug. — Voilà un torrent d'injures. Je crois que vous allez faire contre moi une Philipique plus véhémente que celles que vous avez faites contre Antoine.

Cic. — Non; j'ai laissé mon éloquence en passant les ondes du Styx. Mais la postérité saura que je vous ai fait tout ce que vous avez été, et que c'est vous qui m'avez fait mourir pour flatter la passion d'Antoine. Mais ce qui me fâche le plus, est que votre lâcheté en vous rendant odieux à tous les siècles, me rendra méprisable aux hommes critiques : ils diront que j'ai été la dupe d'un jeune homme qui s'est servi de moi pour contenter son ambition. Obligez les hommes mal nés, il ne vous en revient que de la douleur et de la honte.

XLVII.

SERTORIUS ET MERCURE.

Les fables et les illusions font plus sur la populace crédule, que la vérité et la vertu.

Mer. — Je suis bien pressé de m'en retourner vers l'Olympe; et j'en suis fort fâché, car je meurs d'envie de savoir par où tu as fini ta vie.

Sert. — En deux mots je vous l'apprendrai. Le jeune apprenti et la bonne vieille ne pouvoient me vaincre. Perpenna le traître me fit périr; sans lui j'aurois fait voir bien du pays à mes ennemis.

Merc. — Qui appelles-tu le jeune apprenti et la bonne vieille?

Sert. — Hé! ne savez-vous pas? c'est Pompée et Métellus. Métellus étoit mou, appesanti, incertain, trop vieux et usé; il perdoit les occasions décisives par sa lenteur. Pompée étoit au contraire sans expérience. Avec les Barbares ramassés, je me jouois de ces deux capitaines et de leurs légions.

Mer. — Je ne m'en étonne pas. On dit que tu étois magicien, que tu avois une biche qui venoit dans ton camp te dire tous les desseins de tes ennemis, et tout ce que tu pouvois entreprendre contre eux.

Sert. — Tandis que j'ai eu besoin de ma biche, je n'en ai découvert le secret à personne; mais maintenant, que je ne puis plus m'en servir, j'en dirai tout haut le mystère.

Merc. — Hé bien! étoit-ce quelque enchantement?

Sert. — Point du tout. C'étoit une sottise qui m'a plus servi que mon argent, que mes troupes, que les débris du parti de Marius contre Sylla, que j'avois recueillis dans un coin des montagnes d'Espagne et de Lusitanie. Une illusion faite bien à propos mène loin les peuples crédules.

Merc. — Mais cette illusion n'était-elle pas bien grossière?

Sert. — Sans doute; mais les peuples pour qui elle étoit préparée étoient encore plus grossiers.

Merc. — Quoi! ces barbares croyoient tout ce que tu racontois de ta biche!

Sert. — Tout; et il ne tenoit qu'à moi d'en dire encore davantage; ils l'auroient cru. Avois-je découvert par des coureurs ou des espions la marche des ennemis, c'étoit la biche qui me l'avoit dit à l'oreille. Avois-je été battu, la biche me parloit pour déclarer que les dieux alloient relever mon parti. La biche ordonnoit aux habitants du pays de me donner toutes leurs forces, faute de quoi la peste et la famine devoient les désoler. Ma biche étoit-elle perdue depuis quelques jours, et ensuite retrouvée secrètement, je la faisois tenir bien cachée, et je déclarois par un pressentiment ou sur quelque présage qu'elle alloit revenir; après quoi je la faisois rentrer dans le camp, où elle ne manquoit pas de me rapporter des nouvelles de vous autres dieux. Enfin ma biche faisoit tout, et elle seule réparoit tous mes malheurs.

Merc. — Cet animal t'a bien servi. Mais tu nous servois mal; car de telles impostures décrient les immortels, et font grand tort à tous nos mystères. Franchement tu étois un impie.

Sert. — Je ne l'étois pas plus que Numa avec sa nymphe Egérie, que Lycurgue et Solon avec leur commerce secret des dieux, que Socrate avec son esprit familier, enfin que Scipion avec sa façon mystérieuse d'aller au Capitole consulter Jupiter, qui lui inspiroit toutes ses entreprises de guerre contre Carthage. Tous ces gens-là ont été aussi imposteurs que moi.

Merc. — Mais ils ne l'étoient que pour établir de bonnes lois, ou pour rendre la patrie victorieuse.

Sert. Et moi pour me défendre contre le parti du tyran Sylla, qui avoit opprimé Rome et qui avoit envoyé des citoyens changés en esclaves, pour me faire périr comme le dernier soutien de la liberté.

Merc. — Quoi donc! la république entière, tu ne la regardes que comme le parti de Sylla? De bonne foi, tu étois demeuré seul contre tous les Romains. Mais enfin tu trompois ces pauvres Barbares par des mystères de religion.

Sert. — Il est vrai; mais comment faire autrement avec les sots? Il faut bien les amuser par des sottises, et aller à son but. Si on ne leur disoit que des vérités solides, ils ne les croiroient pas. Racontez des fables; flattez, amusez; grands et petits courent après vous.

XLVIII.

LE JEUNE POMPÉE ET MÉNAS AFFRANCHI DE SON PÈRE.

Caractère d'un homme qui, n'aimant pas la vertu pour elle-même, n'est ni assez bon pour ne vouloir pas profiter d'un crime, ni assez méchant pour vouloir le commettre.

Mén. — Voulez-vous que je fasse un beau coup ?

Pomp. — Quoi donc ? parle. Te voilà tout troublé ; tu as l'air d'une Sibylle dans son antre, qui étouffe, qui écume, qui est forcenée.

Mén. — C'est de joie. O l'heureuse occasion ! Si c'étoit mon affaire, tout seroit déjà achevé. Le voulez-vous ? un mot ; oui ou non.

Pomp. — Quoi ! tu ne m'expliques rien, et tu demandes une réponse ! Dis donc, si tu veux ; parle clairement.

Mén. — Vous avez là Octave et Antoine couchés à cette table dans votre vaisseau ; ils ne songent qu'à faire bonne chère.

Pomp. — Crois-tu que je n'aie pas des yeux pour les voir !

Mén. — Mais avez-vous des oreilles pour m'entendre ? le beau coup de filet ?

Pomp. — Quoi ! voudrois-tu que je les trahisse ? Moi manquer à la foi donnée à mes ennemis ! Le fils du grand Pompée agir en scélérat ! Ah ! Ménas, tu me connois mal.

Mén. — Vous m'entendez encore plus mal ; ce n'est pas vous qui devez faire ce coup. Voilà la main qui le prépare. Tenez votre parole en grand homme, et laissez faire Ménas qui n'a rien promis.

Pomp. — Mais tu veux que je te laisse faire, moi à qui on s'est confié ? Tu veux que je le sache et que je le souffre ? Ah ! Ménas ! mon pauvre Ménas ! pourquoi me l'as-tu dit ? il falloit le faire sans me le dire.

Mén. — Mais vous n'en sauriez rien. Je couperai la corde des ancres ; nous irons en pleine mer : les deux tyrans de Rome sont dans vos mains. Les mânes de votre père seront vengées des deux héritiers de César. Rome sera en liberté. Qu'un vain scrupule ne vous arrête pas ; Ménas n'est pas Pompée. Pompée sera fidèle à sa parole, généreux, tout couvert de gloire ; Ménas l'affranchi, Ménas fera le crime, et le vertueux Pompée en profitera.

Pomp. — Mais Pompée ne peut savoir le crime et le permettre sans y participer. Ah ! malheureux ! tu as tout perdu en me parlant. Que je regrette ce que tu pouvois faire !

Mén. — Si vous le regrettez, pourquoi ne le permettez-vous pas ? Et si vous ne le pouvez, pourquoi le regrettez-vous ? Si la chose est bonne, il faut la vouloir hardiment et n'en faire point de façon ; si elle est mauvaise, pourquoi vouloir qu'elle fût faite, et ne vouloir pas qu'on la fasse ? Vous êtes contraire à vous-même. Un fantôme de vertu vous rend ombrageux, et vous me faites bien sentir la vérité de ce qu'on dit, qu'il faut une ame forte pour oser faire les grands crimes.

Pomp. — Il est vrai, Ménas, je ne suis ni assez bon pour ne vouloir pas profiter d'un crime, ni assez méchant pour oser le commettre moi-même. Je me vois dans un entre-deux qui n'est ni vertu ni vice. Ce n'est pas le vrai bonheur, c'est une mauvaise honte qui me retient. Je ne puis autoriser un traître ; et je n'aurois point d'horreur de la trahison, si elle étoit faite pour me rendre maître du monde.

XLIX.

CALIGULA ET NÉRON.

Dangers du pouvoir absolu dans un souverain qui a la tête foible.

Cal. — Je suis ravi de te voir : tu es une rareté. On a voulu me donner de la jalousie contre toi, en m'assurant que tu m'as surpassé en prodiges ; mais je n'en crois rien.

Nér. — Belle comparaison ! tu étois un fou. Pour moi, je me suis joué des hommes, et je leur ai fait voir des choses qu'ils n'avoient jamais vues. J'ai fait périr ma mère, ma femme, mon gouverneur, mon précepteur ; j'ai brûlé ma patrie. Voilà des coups d'un grand courage qui s'élève au-dessus de la foiblesse humaine. Le vulgaire appelle cela cruauté ; moi je l'appelle mépris de la nature entière et grandeur d'ame.

Cal. — Tu fais le fanfaron. As-tu étouffé comme moi ton père mourant ? As-tu caressé comme moi ta femme en lui disant : Jolie petite tête, que je ferai couper quand il me plaira !

Nér. — Tout cela n'est que gentillesse : pour moi, je n'avance rien qui ne soit solide. Hé ! vraiment j'avois oublié un des beaux endroits de ma vie ; c'est d'avoir fait mourir mon frère Britannicus.

CAL. — C'est quelque chose, je l'avoue. Sans doute tu l'as fait pour imiter la vertu du grand fondateur de Rome, qui, pour le bien public, n'épargna pas même le sang de son frère. Mais tu n'étois qu'un musicien.

NÉR. — Pour toi, tu avois des prétentions plus hautes; tu voulois être dieu, et massacrer tous ceux qui en auroient douté.

CAL. — Pourquoi non? pouvoit-on mieux employer la vie des hommes que de la sacrifier à ma divinité? C'étoient autant de victimes immolées sur mes autels.

NÉR. — Je ne donnois point dans de telles visions; mais j'étois le plus grand musicien et le comédien le plus parfait de l'empire : j'étois même bon poète.

CAL. — Du moins tu le croyois : mais les autres n'en croyoient rien; on se moquoit de ta voix et de tes vers.

NÉR. — On ne s'en moquoit pas impunément. Lucain se repentit d'avoir voulu me surpasser.

CAL. — Voilà un bel honneur pour un empereur romain, que de monter sur le théâtre comme un bouffon, d'être jaloux des poètes, et de s'attirer la dérision publique !

NÉR. — C'est le voyage que je fis dans la Grèce qui m'échauffa la cervelle sur le théâtre et sur toutes les représentations.

CAL. — Tu devois demeurer en Grèce pour y gagner ta vie en comédien, et laisser faire un autre empereur à Rome, qui en soutînt mieux la majesté.

NÉR. — N'avois-je pas ma maison dorée, qui devoit être plus grande que les plus grandes villes ? Oui-da, je m'entendois en magnificence.

CAL. — Si on l'eût achevée, cette maison, il auroit fallu que les Romains fussent allés loger hors de Rome. Cette maison étoit proportionnée au colosse qui te représentoit, et non pas à toi, qui n'étois pas plus grand qu'un autre homme.

NÉR. — C'est que je visois au grand.

CAL. — Non ; tu visois au gigantesque et au monstrueux. Mais tous ces beaux desseins furent renversés par Vindex.

NÉR. — Et les tiens par Chéréas, comme tu allois au théâtre.

CAL. — A n'en point mentir, nous fîmes tous deux une fin assez malheureuse, et dans la fleur de notre jeunesse.

NÉR. — Il faut dire la vérité; peu de gens étoient intéressés à faire des vœux pour nous et à nous souhaiter une longue vie. On passe mal son temps à se croire toujours entre des poignards.

CAL. — De la manière que tu en parles, tu ferois croire que si tu retournois au monde, tu changerois de vie.

NÉR. — Point du tout ; je ne pourrois gagner sur moi de me modérer. Vois-tu bien, mon pauvre ami, et tu l'as senti aussi bien que moi, c'est une étrange chose que de pouvoir tout. Quand on a la tête un peu foible, elle tourne bien vite dans cette puissance sans bornes. Tel seroit sage dans une condition médiocre, qui devient fou quand il est maître du monde.

CAL. — Cette folie seroit bien jolie si elle n'avoit rien à craindre ; mais les conjurations, les troubles, les remords, les embarras d'un grand empire, gâtent le métier. D'ailleurs, la comédie est courte; ou plutôt c'est une horrible tragédie qui finit tout-à-coup. Il faut venir compter ici avec les trois vieillards chagrins et sévères, qui n'entendent point raillerie, et qui punissent comme des scélérats ceux qui se faisoient adorer sur la terre. Je vois venir Domitien, Commode, Caracalla et Héliogabale, chargés de chaînes, qui vont passer leur temps aussi mal que nous.

L.

ANTONIN PIE ET MARC AURÈLE.

M. AUR. O mon père, j'ai grand besoin de venir me consoler avec toi. Je n'eusse jamais cru pouvoir sentir une si vive douleur, ayant été nourri dans la vertu insensible des Stoïciens, et étant descendu dans ces demeures bienheureuses, où tout est si tranquille.

ANT. — Hélas! mon cher fils, quel malheur te jette dans ce trouble ? Tes larmes son bien indécentes pour un Stoïcien. Qu'y a-t-il donc ?

M. AUR. — Ah! c'est mon fils Commode que je viens de voir; il a déshonoré notre nom si aimé du peuple. C'est une femme débauchée qui l'a fait massacrer, pour prévenir ce malheureux, parce qu'il l'avoit mise dans une liste de gens qu'il prétendoit faire mourir.

ANT. — J'ai su qu'il a mené une vie infâme. Mais pourquoi as-tu négligé son éducation ? Tu es cause de son malheur ; il a bien plus à se plaindre de ta négligence qui l'a perdu, que tu n'as à te plaindre de ses désordres.

M. AUR. — Je n'avois pas le loisir de penser

à un enfant : j'étois toujours accablé de la multitude des affaires d'un si grand empire, et des guerres étrangères ; je n'ai pourtant pas laissé d'en prendre quelque soin. Hélas ! si j'eusse été un simple particulier, j'aurois moi-même instruit et formé mon fils ; je l'aurois laissé honnête homme : mais je lui ai laissé trop de puissance pour lui laisser de la modération et de la vertu.

Ant. — Si tu prévoyois que l'empire dût le gâter, il falloit s'abstenir de le faire empereur, et pour l'amour de l'empire qui avoit besoin d'être bien gouverné, et pour l'amour de ton fils qui eût mieux valu dans une condition médiocre.

M. Aur. — Je n'ai jamais prévu qu'il se corromproit.

Ant. — Mais ne devois-tu pas le prévoir ? N'est-ce point que la tendresse paternelle t'a aveuglé ? Pour moi, je choisis en ta personne un étranger, foulant aux pieds tous les intérêts de famille. Si tu en avois fait autant, tu n'aurois pas tant de déplaisir : mais ton fils te fait autant de honte que tu m'as fait d'honneur. Mais dis-moi la vérité ; ne voyois-tu rien de mauvais dans ce jeune homme ?

M. Aur. — J'y voyois d'assez grands défauts ; mais j'espérois qu'il se corrigeroit.

Ant. — C'est-à-dire que tu en voulois faire l'expérience aux dépens de l'empire. Si tu avois sincèrement aimé la patrie plus que ta famille, tu n'aurois pas voulu hasarder le bien public pour soutenir la grandeur particulière de ta maison.

M. Aur. — Pour te parler ingénument, je n'ai jamais eu d'autre intention que celle de préférer l'empire à mon fils ; mais l'amitié que j'avois pour mon fils m'a empêché de l'observer d'assez près. Dans le doute, je me suis flatté, et l'espérance a séduit mon cœur.

Ant. — O quel malheur que les meilleurs hommes soient si imparfaits, et qu'ayant tant de peine à faire du bien, ils fassent souvent sans le vouloir des maux irréparables !

M. Aur. — Je le voyois bien fait, adroit à tous les exercices du corps, environné de sages conseillers qui avoient eu ma confiance, et qui pouvoient modérer sa jeunesse. Il est vrai que son naturel étoit léger, violent, adonné au plaisir.

Ant. — Ne connoissois-tu dans Rome aucun homme plus digne de l'empire du monde ?

M. Aur. — J'avoue qu'il y en avoit plusieurs ; mais je croyois pouvoir préférer mon fils, pourvu qu'il eût de bonnes qualités.

Ant. — Que signifioit donc ce langage de vertu si héroïque, quand tu écrivois à Faustine que si Avidius Cassius étoit plus digne de l'empire que toi et ta famille, il falloit consentir qu'il prévalût, et que ta famille pérît avec toi ? Pourquoi ne suivre point ces grandes maximes, lorsqu'il s'agissoit de te choisir un successeur ? Ne devois-tu pas à la patrie de préférer le plus digne ?

M. Aur. — J'avoue ma faute ; mais la femme que tu m'avois donnée avec l'empire, et dont j'ai souffert les désordres par reconnoissance pour toi, ne m'a jamais permis de suivre la pureté de ces maximes. En me donnant cette femme avec l'empire, tu fis deux fautes. En me donnant ta fille, tu fis la première faute, dont la mienne a été la suite. Tu me fis deux présens, dont l'un gâtoit l'autre, et m'a empêché d'en faire un bon usage. J'avois de la peine à m'excuser en te blâmant ; mais enfin tu me presses trop. N'as-tu pas fait pour ta fille ce que tu me reproches d'avoir fait pour mon fils ?

Ant. — En te reprochant ta faute, je n'ai garde de désavouer la mienne. Mais je t'avois donné une femme qui n'avoit aucune autorité ; elle n'avoit que le nom d'impératrice : tu pouvois et tu devois la répudier, selon les lois, quand elle eut une mauvaise conduite. Enfin il falloit au moins t'élever au-dessus des importunités d'une femme. De plus, elle étoit morte, et tu étois libre quand tu laissas l'empire à ton fils. Tu as reconnu le naturel léger et emporté de ce fils ; il n'a songé qu'à donner des spectacles, qu'à tirer de l'arc, qu'à percer des bêtes farouches, qu'à se rendre aussi farouche qu'elles, qu'à devenir un gladiateur, qu'à égarer son imagination, allant tout nu avec une peau de lion comme s'il eût été Hercule, qu'à se plonger dans des vices qui font horreur, et qu'à suivre tous ses soupçons avec une cruauté monstrueuse. O mon fils, cesse de t'excuser ; un homme si insensé et si méchant ne pouvoit tromper un homme aussi éclairé que toi, si la tendresse n'avoit point affoibli ta prudence et ta vertu.

LI.

HORACE ET VIRGILE.

Caractères de ces deux poètes.

Virg. — Que nous sommes tranquilles et heureux sur ces gazons toujours fleuris, au bord de cette onde si pure, auprès de ce bois odoriférant !

Hor. — Si vous n'y prenez garde, vous allez faire une églogue. Les ombres n'en doivent point faire. Voyez Homère, Hésiode, Théocrite : couronnés de laurier, ils entendent chanter leurs vers ; mais ils n'en font plus.

Virg. — J'apprends avec joie que les vôtres sont encore après tant de siècles les délices des gens de lettres. Vous ne vous trompiez pas quand vous disiez dans vos odes d'un ton si assuré : Je ne mourrai pas tout entier.

Hor. — Mes ouvrages ont résisté au temps, il est vrai ; mais il faut vous aimer autant que je le fais pour n'être point jaloux de votre gloire. On vous place d'abord après Homère.

Virg. — Nos muses ne doivent point être jalouses l'une de l'autre ; leurs genres sont si différens. Ce que vous avez de merveilleux, c'est la variété. Vos odes sont tendres, gracieuses, souvent véhémentes, rapides, sublimes. Vos satires sont simples, naïves, courtes, pleines de sel ; on y trouve une profonde connoissance de l'homme, une philosophie très-sérieuse, avec un tour plaisant qui redresse les mœurs des hommes, et qui les instruit en se jouant. Votre art poétique montre que vous aviez toute l'étendue des connoissances acquises, et toute la force de génie nécessaire pour exécuter les plus grands ouvrages, soit pour le poëme épique, soit pour la tragédie.

Hor. — C'est bien à vous à parler de variété, vous qui avez mis dans vos églogues la tendresse naïve de Théocrite ! Vos Géorgiques sont pleines des peintures les plus riantes ; vous embellissez et vous passionnez toute la nature. Enfin, dans votre Énéide, le bel ordre, la magnificence, la force et la sublimité d'Homère éclatent partout.

Virg. — Mais je n'ai fait que le suivre pas à pas.

Hor. — Vous n'avez point suivi Homère quand vous avez traité les amours de Didon. Ce quatrième livre est tout original. On ne peut pas même vous ôter la louange d'avoir fait la descente d'Énée aux enfers plus belle que n'est l'évocation des ames qui est dans l'Odyssée.

Virg. — Mes derniers livres sont négligés. Je ne prétendois pas les laisser si imparfaits. Vous savez que je voulus les brûler.

Hor. — Quel dommage si vous l'eussiez fait ! C'étoit une délicatesse excessive ; on voit bien que l'auteur des Géorgiques auroit pu finir l'Énéide avec le même soin. Je regarde moins cette dernière exactitude que l'essor du génie, la conduite de tout l'ouvrage, la force et la hardiesse des peintures. A vous parler ingénument, si quelque chose vous empêche d'égaler Homère, c'est d'être plus poli, plus châtié, plus fini, mais moins simple, moins fort, moins sublime ; car d'un seul trait il met la nature toute nue devant les yeux.

Virg. — J'avoue que j'ai dérobé quelque chose à la simple nature, pour m'accommoder au goût d'un peuple magnifique et délicat sur toutes les choses qui ont rapport à la politesse. Homère semble avoir oublié le lecteur pour ne songer qu'à peindre en tout la vraie nature. En cela je lui cède.

Hor. — Vous êtes toujours ce modeste Virgile, qui eut tant de peine à se produire à la cour d'Auguste. Je vous ai dit librement ce que je pense sur vos ouvrages ; dites-moi de même les défauts des miens. Quoi donc ! me croyez-vous incapable de les reconnoître ?

Virg. — Il y a, ce me semble, quelques endroits de vos odes qui pourroient être retranchés sans rien ôter au sujet, et qui n'entrent point dans votre dessein. Je n'ignore pas le transport que l'ode doit avoir ; mais il y a des choses écartées qu'un beau transport ne va point chercher. Il y a aussi quelques endroits passionnés et merveilleux, où vous remarquerez peut-être quelque chose qui manque, ou pour l'harmonie, ou pour la simplicité de la passion. Jamais homme n'a donné un tour plus heureux que vous à la parole, pour lui faire signifier un beau sens avec brièveté et délicatesse ; les mots deviennent tout nouveaux par l'usage que vous en faites. Mais tout n'est pas également coulant ; il y a des choses que je croirois un peu trop tournées.

Hor. — Pour l'harmonie, je ne m'étonne pas que vous soyez si difficile. Rien n'est si doux et si nombreux que vos vers ; leur cadence seule attendrit et fait couler les larmes des yeux.

Virg. — L'ode demande une autre harmonie toute différente, que vous avez trouvée presque toujours, et qui est plus variée que la mienne.

Hor. — Enfin je n'ai fait que de petits ouvrages. J'ai blâmé ce qui est mal ; j'ai montré les règles de ce qui est bien : mais je n'ai rien exécuté de grand comme votre poëme héroïque.

Virg. — En vérité, mon cher Horace, il y a déjà trop longtemps que nous nous donnons des louanges ; pour d'honnêtes gens, j'en ai honte. Finissons.

LII.

PARRHASIUS ET POUSSIN.

Sur la peinture des anciens ; et sur le tableau des funérailles de Phocion par le Poussin.

Parr. — Il y a déjà assez longtemps qu'on nous faisoit attendre votre venue ; il faut que vous soyez mort assez vieux.

Pouss. — Oui, et j'ai travaillé jusque dans une vieillesse fort avancée.

Parr. — On vous a marqué ici un rang assez honorable à la tête des peintres françois : si vous aviez été mis parmi les Italiens, vous seriez en meilleure compagnie. Mais ces peintres, que Vasari nous vante tous les jours, vous auroient fait bien des querelles. Il y a ces deux écoles Lombarde et Florentine, sans parler de celle qui se forma ensuite à Rome : tous ces gens-là nous rompent sans cesse la tête par leurs jalousies. Ils avoient pris pour juges de leurs différends Apelles, Zeuxis et moi : mais nous aurions plus d'affaires que Minos, Eaque et Rhadamante, si nous les voulions accorder. Ils sont même jaloux des anciens, et osent se comparer à nous. Leur vanité est insupportable.

Pouss. — Il ne faut point faire de comparaison, car vos ouvrages ne restent point pour en juger ; et je crois que vous n'en faites plus sur les bords du Styx. Il y fait un peu trop obscur pour y exceller dans le coloris, dans la perspective et dans la dégradation de lumière. Un tableau fait ici-bas ne pourroit être qu'une nuit ; tout y seroit ombre. Pour revenir à vous autres anciens, je conviens que le préjugé général est en votre faveur. Il y a sujet de croire que votre art, qui est du même goût que la sculpture, avoit été poussé jusqu'à la même perfection, et que vos tableaux égaloient les statues de Praxitèles, de Scopas et de Phidias ; mais enfin il ne nous reste rien de vous, et la comparaison n'est plus possible ; par là vous êtes hors de toute atteinte, et vous nous tenez en respect. Ce qui est vrai, c'est que, nous autres peintres modernes, nous devons nos meilleurs ouvrages aux modèles antiques que nous avons étudiés dans les bas-reliefs. Ces bas-reliefs, quoiqu'ils appartiennent à la sculpture, font assez entendre avec quel goût on devoit peindre dans ce temps-là. C'est une demi-peinture.

Parr. — Je suis ravi de trouver un peintre moderne si équitable et si modeste. Vous comprenez bien que quand Zeuxis fit des raisins qui trompoient les petits oiseaux, il falloit que la nature fût bien imitée pour tromper la nature même. Quand je fis ensuite un rideau qui trompa les yeux si habiles du grand Zeuxis, il se confessa vaincu. Voyez jusqu'où nous avions poussé cette belle erreur. Non, non, ce n'est pas pour rien que tous les siècles nous ont vantés. Mais dites-moi quelque chose de vos ouvrages. On a rapporté ici à Phocion que vous aviez fait de beaux tableaux où il est représenté. Cette nouvelle l'a réjoui. Est-elle véritable ?

Pouss. — Sans doute ; j'ai représenté son corps que deux esclaves emportent de la ville d'Athènes. Ils paroissent tous deux affligés, et ces deux douleurs ne se ressemblent en rien. Le premier de ces esclaves est vieux ; il est enveloppé dans une draperie négligée ; le nu des bras et des jambes montre un homme fort et nerveux, c'est une carnation qui marque un corps endurci au travail. L'autre est jeune, couvert d'une tunique qui fait des plis assez gracieux. Les deux attitudes sont différentes dans la même action ; et les deux airs des têtes sont fort variés, quoiqu'ils soient tous deux serviles[*].

Parr. — Bon ; l'art n'imite bien la nature qu'autant qu'il attrape cette variété infinie dans ses ouvrages. Mais le mort......

Pouss. — Le mort est caché sous une draperie confuse qui l'enveloppe. Cette draperie est négligée et pauvre. Dans ce convoi tout est capable d'exciter la pitié et la douleur.

Parr. — On ne voit donc point le mort ?

Pouss. — On ne laisse pas de remarquer sous cette draperie confuse la forme de la tête et de tout le corps. Pour les jambes, elles sont découvertes : on y peut remarquer, non-seulement la couleur flétrie de la chair morte, mais encore la roideur et la pesanteur des membres affaissés. Ces deux esclaves, qui emportent ce corps le long d'un grand chemin, trouvent à côté du chemin de grandes pierres taillées en carré, dont quelques-unes sont élevées en ordre au-dessus des autres, en sorte qu'on croit voir les ruines de quelque majestueux édifice. Le chemin paroît sablonneux et battu.

Parr. — Qu'avez-vous mis aux deux côtés de ce tableau, pour accompagner vos figures principales ?

Pouss. — Au côté droit sont deux ou trois arbres dont le tronc est d'une écorce âpre et

---

[*] On a gravé ce tableau, et celui que Fénelon décrit dans le dialogue suivant. Ils font partie des paysages du Poussin. (*Édit. de Vers.*)

noueuse. Ils ont peu de branches, dont le vert, qui est un peu foible, se perd insensiblement dans le sombre azur du ciel. Derrière ces longues tiges d'arbres, on voit la ville d'Athènes.

Parr. — Il faut un contraste bien marqué dans le côté gauche.

Pouss. — Le voici. C'est un terrain raboteux; on y voit des creux qui sont dans une ombre très-forte, et des pointes de roches fort éclairées. Là se présentent aussi quelques buissons assez sauvages. Il y a un peu au-dessus un chemin qui mène à un bocage sombre et épais : un ciel extrêmement clair donne encore plus de force à cette verdure sombre.

Parr. — Bon; voilà qui est bien. Je vois que vous savez le grand art des couleurs, qui est de fortifier l'une par son opposition avec l'autre.

Pouss. — Au-delà de ce terrain rude se présente un gazon frais et tendre. On y voit un berger appuyé sur sa houlette, et occupé à regarder ses moutons blancs comme la neige, qui errent en paissant dans une prairie. Le chien du berger est couché et dort derrière lui. Dans cette campagne, on voit un autre chemin où passe un chariot traîné par des bœufs. Vous remarquez d'abord la force et la pesanteur de ces animaux, dont le cou est penché vers la terre, et qui marchent à pas lents. Un homme d'un air rustique est devant le chariot; une femme marche derrière, et elle paroît la fidèle compagne de ce simple villageois. Deux autres femmes voilées sont sur le chariot.

Parr. — Rien ne fait un plus sensible plaisir que ces peintures champêtres. Nous les devons aux poètes. Ils ont commencé à chanter dans leurs vers les grâces naïves de la nature simple et sans art; nous les avons suivis. Les ornemens d'une campagne où la nature est belle, font une image plus riante que toutes les magnificences que l'art a pu inventer.

Pouss. On voit au côté droit, dans ce chemin, sur un cheval alezan, un cavalier enveloppé dans un manteau rouge. Le cavalier et le cheval sont penchés en avant; il semble s'élancer pour courir avec plus de vitesse. Les crins du cheval, les cheveux de l'homme, son manteau, tout est flottant et repoussé par le vent en arrière.

Parr. — Ceux qui ne savent que représenter des figures gracieuses n'ont atteint que le genre médiocre. Il faut peindre l'action et le mouvement, animer les figures, et exprimer les passions de l'ame. Je vois que vous êtes bien entré dans le goût de l'antique.

Pouss. — Plus avant on trouve un gazon sous lequel paroît un terrain de sable. Trois figures humaines sont sur cette herbe : il y en a une debout, couverte d'une robe blanche à grands plis flottans; les deux autres sont assises auprès d'elle sur le bord de l'eau, et il y en a une qui joue de la lyre. Au bout de ce terrain couvert de gazon, on voit un bâtiment carré, orné de bas-reliefs et de festons, d'un bon goût d'architecture simple et noble. C'est sans doute un tombeau de quelque citoyen, qui étoit mort peut-être avec moins de vertu, mais plus de fortune que Phocion.

Parr. — Je n'oublie pas que vous m'avez parlé du bord de l'eau. Est-ce la rivière d'Athènes nommée Ilissus?

Pouss. — Oui, elle paroît en deux endroits aux côtés de ce tombeau. Cette eau est pure et claire : le ciel serein qui est peint dans cette eau, sert à la rendre encore plus belle. Elle est bordée de saules naissans et d'autres arbrisseaux tendres dont la fraicheur réjouit la vue.

Parr. — Jusque-là il ne me reste rien à souhaiter. Mais vous avez encore un grand et difficile objet à me représenter; c'est là que je vous attends.

Pouss. — Quoi?

Parr. — C'est la ville. C'est là qu'il faut montrer que vous savez l'histoire, le costume, l'architecture.

Pouss. — J'ai peint cette grande ville d'Athènes sur la pente d'un long coteau, pour la mieux faire voir. Les bâtimens y sont par degrés dans un amphithéâtre naturel. Cette ville ne paroît point grande du premier coup-d'œil : on n'en voit près de soi qu'un morceau assez médiocre; mais le derrière qui s'enfuit découvre une grande étendue d'édifices.

Parr. — Y avez-vous évité la confusion?

Pouss. — J'ai évité la confusion et la symétrie. J'ai fait beaucoup de bâtimens irréguliers; mais ils ne laissent pas de faire un assemblage gracieux, où chaque chose a sa place la plus naturelle. Tout se démêle et se distingue sans peine; tout s'unit et fait corps : ainsi il y a une confusion apparente, et un ordre véritable quand on l'observe de près.

Parr. — N'avez-vous pas mis sur le devant quelque principal édifice?

Pouss. — J'y ai mis deux temples. Chacun a une grande enceinte comme il la doit avoir, où l'on distingue le corps du temple des autres bâtimens qui l'accompagnent. Le temple qui est à la main droite a un portail orné de quatre grandes colonnes de l'ordre corinthien, avec un fronton et des statues. Autour de ce temple on voit des festons pendans : c'est une fête que j'ai voulu représenter suivant la vérité de l'histoire. Pendant qu'on emporte Phocion hors de la ville vers le bûcher, tout le peuple en joie et en pompe fait une grande solennité autour du temple dont je vous parle. Quoique ce peuple paroisse assez loin, on ne laisse pas de remarquer sans peine une action de joie pour honorer les dieux. Derrière ce temple paroît une grosse tour très-haute, au sommet de laquelle est une statue de quelque divinité. Cette tour est comme une grosse colonne.

Parr. — Où est-ce que vous en avez pris l'idée ?

Pouss. — Je ne m'en souviens plus, mais elle est sûrement prise dans l'antique, car jamais je n'ai pris la liberté de rien donner à l'antiquité qui ne fût tiré de ses monumens. On voit aussi auprès de cette tour un obélisque.

Parr. — Et l'autre temple, n'en direz-vous rien ?

Pouss. — Cet autre temple est un édifice rond, soutenu de colonnes ; l'architecture en paroît majestueuse et singulière. Dans l'enceinte on remarque divers grands bâtimens avec des frontons. Quelques arbres en dérobent une partie à la vue. J'ai voulu marquer un bois sacré.

Parr. — Mais venons au corps de la ville.

Pouss. — J'ai cru y devoir marquer les divers temps de la république d'Athènes ; sa première simplicité, à remonter jusque vers les temps héroïques ; et sa magnificence dans les siècles suivans où les arts y ont fleuri. Ainsi j'ai fait beaucoup d'édifices ou ronds ou carrés avec une architecture régulière, et beaucoup d'autres qui sentent cette antiquité rustique et guerrière. Tout y est d'une figure bizarre : on ne voit que tours, que créneaux, que hautes murailles, que petits bâtimens inégaux et simples. Une chose rend cette ville agréable, c'est que tout y est mêlé de grands édifices et de bocages. J'ai cru qu'il falloit mettre de la verdure partout, pour représenter les bois sacrés des temples, et les arbres qui étoient soit dans les gymnases ou dans les autres édifices publics. Partout j'ai tâché d'éviter de faire des bâtimens qui eussent rapport à ceux de mon temps et de mon pays, pour donner à l'antiquité un caractère facile à reconnoître.

Parr. — Tout cela est observé judicieusement. Mais je ne vois point l'Acropolis. L'avez-vous oublié ? ce seroit dommage.

Pouss. — Je n'avois garde. Il est derrière toute la ville sur le sommet de la montagne, laquelle domine tout le coteau en pente. On voit à ses pieds de grands bâtimens fortifiés par des tours. La montagne est couverte d'une agréable verdure. Pour la citadelle, il paroît une assez grande enceinte avec une vieille tour qui s'élève jusque dans la nue. Vous remarquerez que la ville, qui va toujours en baissant vers le côté gauche, s'éloigne insensiblement, et se perd entre un bocage fort sombre dont je vous ai parlé, et un petit bouquet d'autres arbres d'un vert brun et enfoncé*, qui est sur le bord de l'eau.

Parr. — Je ne suis pas encore content. Qu'avez-vous mis derrière toute cette ville ?

Pouss. — C'est un lointain où l'on voit des montagnes escarpées et assez sauvages. Il y en a une, derrière ces beaux temples et cette pompe si riante dont je vous ai parlé, qui est un roc tout nu et affreux. Il m'a paru que je devois faire le tour de la ville cultivé et gracieux, comme celui des grandes villes l'est toujours. Mais j'ai donné une certaine beauté sauvage au lointain, pour me conformer à l'histoire, qui parle de l'Attique comme d'un pays rude et stérile.

Parr. — J'avoue que ma curiosité est bien satisfaite, et je serois jaloux pour la gloire de l'antiquité, si on pouvoit l'être d'un homme qui l'a imitée si modestement.

Pouss. — Souvenez-vous au moins que si je vous ai longtemps entretenu de mon ouvrage, je l'ai fait pour ne vous rien refuser, et pour me soumettre à votre jugement.

Parr. — Après tant de siècles vous avez fait plus d'honneur à Phocion, que sa patrie n'auroit pu lui en faire le jour de sa mort par de somptueuses funérailles. Mais allons dans ce bocage ici près, où il est avec Timoléon et Aristide, pour lui apprendre de si agréables nouvelles.

LIII.

LÉONARD DE VINCI ET POUSSIN.

Description d'un paysage peint par le Poussin.

Léon. — Votre conversation avec Parrhasius fait beaucoup de bruit en ce bas monde ;

---

* C'est ainsi qu'on lit dans l'édition originale. Dans celle de Didot, on a mis *foncé*, sans faire attention que Fénelon suit ici l'Académie, qui, dans toutes les éditions de son Dictionnaire, au mot *couleur*, donne cet exemple, *Couleur enfoncée*. (*Édit. de Vers.*)

on assure qu'il est prévenu en votre faveur, et qu'il vous met au-dessus de tous les peintres italiens. Mais nous ne le souffrirons jamais....

Pouss. — Le croyez-vous si facile à prévenir ? Vous lui faites tort ; vous vous faites tort à vous-même, et vous me faites trop d'honneur.

Léon. — Mais il m'a dit qu'il ne connoissoit rien de si beau que le tableau que vous lui aviez représenté. A quel propos offenser tant de grands hommes pour en louer un seul, qui....

Pouss. — Mais pourquoi croyez-vous qu'on vous offense en louant les autres? Parrhasius n'a point fait de comparaison. De quoi vous fâchez-vous ?

Léon. — Oui vraiment, un petit peintre français qui fut contraint de quitter sa patrie pour aller gagner sa vie à Rome ?

Pouss. — Ho ! puisque vous le prenez par là, vous n'aurez pas le dernier mot. Hé bien ! je quittai la France, il est vrai pour aller vivre à Rome, où j'avois étudié les modèles antiques, et où la peinture étoit plus en honneur qu'en mon pays : mais enfin quoique étranger, j'étois admiré dans Rome. Et vous, qui étiez italien, ne fûtes-vous pas obligé d'abandonner votre pays, quoique la peinture y fût si honorée, pour aller mourir à la cour de François Ier ?

Léon. — Je voudrois bien examiner un peu quelqu'un de vos tableaux sur les règles de peinture que j'ai expliquées dans mes livres. On verroit autant de fautes que de coups de pinceau.

Pouss. — J'y consens. Je veux croire que je ne suis pas aussi grand peintre que vous, mais je suis moins jaloux de mes ouvrages. Je vais vous mettre devant les yeux toute l'ordonnance d'un de mes tableaux : si vous y remarquez des défauts, je les avouerai franchement ; si vous approuvez ce que j'ai fait, je vous contraindrai à m'estimer un peu plus que vous ne faites.

Léon. — Hé bien ! voyons donc. Mais je suis un sévère critique, souvenez-vous-en.

Pouss. — Tant mieux. Représentez-vous un rocher qui est dans le côté gauche du tableau. De ce rocher tombe une source d'eau pure et claire, qui, après avoir fait quelques petits bouillons dans sa chute, s'enfuit au travers de la campagne. Un homme qui étoit venu puiser de cette eau, est saisi par un serpent monstrueux ; le serpent se lie autour de son corps, et entrelace ses bras et ses jambes par plusieurs tours, le serre, l'empoisonne de son venin, et l'étouffe. Cet homme est déjà mort ; il est étendu ; on voit la pesanteur et la roideur de tous ses membres ; sa chair est déjà livide ; son visage affreux représente une mort cruelle.

Léon. — Si vous ne nous présentez point d'autre objet, voilà un tableau bien triste.

Pouss. — Vous allez voir quelque chose qui augmente encore cette tristesse. C'est un autre homme qui s'avance vers la fontaine : il aperçoit le serpent autour de l'homme mort, il s'arrête soudainement ; un de ses pieds demeure suspendu ; il lève un bras en haut, l'autre tombe en bas ; mais les deux mains s'ouvrent, elles marquent la surprise et l'horreur.

Léon. — Ce second objet, quoique triste, ne laisse pas d'animer le tableau, et de faire un certain plaisir semblable à ceux que goûtoient les spectateurs de ces anciennes tragédies où tout inspiroit la terreur et la pitié ; mais nous verrons bientôt si vous avez....

Pouss. — Ah ! ah ! vous commencez à vous humaniser un peu : mais attendez la suite, s'il vous plaît ; vous jugerez selon vos règles quand j'aurai tout dit. Là auprès est un grand chemin, sur le bord duquel paroît une femme qui voit l'homme effrayé, mais qui ne sauroit voir l'homme mort, parce qu'elle est dans un enfoncement, et que le terrain fait une espèce de rideau entre elle et la fontaine. La vue de cet homme effrayé fait en elle un contre-coup de terreur. Ces deux frayeurs sont, comme on dit, ce que les douleurs doivent être : les grandes se taisent, les petites se plaignent. La frayeur de cet homme le rend immobile : celle de cette femme, qui est moindre, est plus marquée par la grimace de son visage ; on voit en elle une peur de femme, qui ne peut rien retenir, qui exprime toute son alarme, qui se laisse aller à ce qu'elle sent : elle tombe assise, elle laisse tomber et oublie ce qu'elle porte ; elle tend les bras et semble crier. N'est-il pas vrai que ces divers degrés de crainte et de surprise font une espèce de jeu qui touche et plaît?

Léon. — J'en conviens. Mais qu'est-ce que ce dessin ! est-ce une histoire ? je ne la connois pas. C'est plutôt un caprice.

Pouss. — C'est un caprice. Ce genre d'ouvrage nous sied fort bien, pourvu que le caprice soit réglé, et qu'il ne s'écarte en rien de la vraie nature. On voit au côté gauche quelques grands arbres qui paroissent vieux, et tels que ces anciens chênes qui ont passé autrefois pour les divinités d'un pays. Leurs tiges vénérables ont une écorce rude et âpre, qui fait fuir un bocage tendre et naissant, placé derrière. Ce bocage a une fraîcheur délicieuse ; on voudroit y être. On s'imagine un été brûlant, qui respecte ce bois sacré. Il est planté le long d'une eau claire, et semble se mirer dedans. On voit d'un côté un vert enfoncé; de l'autre une eau pure, où l'on découvre le sombre azur d'un ciel serein. Dans cette eau se présentent divers objets qui amusent la vue, pour la délasser de tout ce qu'elle a vu d'affreux. Sur le devant du tableau, les figures sont toutes tragiques. Mais dans ce fond tout est paisible, doux et riant : ici on voit de jeunes gens qui se baignent et qui se jouent en nageant ; là, des pêcheurs dans un bateau : l'un se penche en avant, et semble prêt à tomber, c'est qu'il tire un filet ; deux autres, penchés en arrière, rament avec effort. D'autres sont sur le bord de l'eau, et jouent à la mourre* : il paroît dans les visages que l'un pense à un nombre pour surprendre son compagnon, qui paroît être attentif de peur d'être surpris. D'autres se promènent au-delà de cette eau sur un gazon frais et tendre. En les voyant dans un si beau lieu, peu s'en faut qu'on n'envie leur bonheur. On voit assez de loin une femme qui va sur un âne à la ville voisine, et qui est suivie de deux hommes. Aussitôt on s'imagine voir ces bonnes gens, qui, dans leur simplicité rustique, vont porter aux villes l'abondance des champs qu'ils ont cultivés. Dans le même coin gauche paroît au-dessus du bocage une montagne assez escarpée, sur laquelle est un château.

Léon. — Le côté gauche de votre tableau me donne de la curiosité de voir le côté droit.

Pouss. — C'est un petit coteau qui vient en pente insensible jusques au bord de la rivière. Sur cette pente on voit en confusion des arbrisseaux et des buissons sur un terrain inculte. Au-devant de ce coteau sont plantés de grands arbres, entre lesquels on aperçoit la campagne, l'eau et le ciel.

Léon. — Mais ce ciel, comment l'avez-vous fait?

Pouss. — Il est d'un bel azur, mêlé de nuages clairs qui semblent être d'or et d'argent.

Léon. — Vous l'avez fait ainsi, sans doute, pour avoir la liberté de disposer à votre gré de la lumière, et pour la répandre sur chaque objet selon vos desseins.

Pouss. — Je l'avoue ; mais vous devez avouer aussi qu'il paroît par là que je n'ignore point vos règles que vous vantez tant.

Léon. — Qu'y a-t-il dans le milieu de ce tableau au-delà de cette rivière?

Pouss. — Une ville dont j'ai déjà parlé. Elle est dans un enfoncement où elle se perd ; un coteau plein de verdure en dérobe une partie. On voit de vieilles tours, des créneaux, de grands édifices, et une confusion de maisons dans une ombre très-forte ; ce qui relève certains endroits éclairés par une certaine lumière douce et vive qui vient d'en haut. Au-dessus de cette ville paroît ce que l'on voit presque toujours au-dessus des villes dans un beau temps : c'est une fumée qui s'élève, et qui fait fuir les montagnes qui font le lointain. Ces montagnes, de figure bizarre, varient l'horizon, en sorte que les yeux sont contens.

Léon. — Ce tableau, sur ce que vous m'en dites, me paroît moins savant que celui de Phocion.

Pouss. — Il y a moins de science d'architecture, il est vrai ; d'ailleurs on n'y voit aucune connoissance de l'antiquité : mais en revanche la science d'exprimer les passions y est assez grande : de plus, tout ce paysage a des grâces et une tendresse que l'autre n'égale point.

Léon. — Vous seriez donc, à tout prendre, pour ce dernier tableau?

Pouss. — Sans hésiter, je le préfère ; mais vous, qu'en pensez-vous sur ma relation?

Léon. — Je ne connois pas assez le tableau de Phocion pour le comparer. Je vois que vous avez assez étudié les bons modèles du siècle passé et mes livres ; mais vous louez trop vos ouvrages.

Pouss. — C'est vous qui m'avez contraint d'en parler : mais sachez que ce n'est ni dans vos livres ni dans les tableaux du siècle passé que je me suis instruit ; c'est dans les bas-reliefs antiques, où vous avez étudié aussi bien que moi. Si je pouvois un jour retourner parmi les vivans, je peindrois bien la jalousie ; car vous m'en donnez ici d'excellens modèles. Pour moi, je ne prétends vous rien ôter de votre science ni de votre gloire ; mais je vous céderois avec plus de plaisir, si vous étiez moins entêté de votre rang. Allons trouver Parrhasius : vous lui ferez votre critique, il décidera, s'il vous plaît ; car je ne vous cède à vous autres messieurs les modernes, qu'à condition que vous céderez aux anciens. Après que Parrhasius aura prononcé, je serai prêt à retourner sur la terre, pour corriger mon tableau.

---

* Jeu fort commun en Italie, que deux personnes jouent ensemble, en se montrant les doigts en partie levés et en partie fermés, et devinant en même temps le nombre de ceux qui sont levés.

LIV.

LÉGER ET EBROIN.

La vie simple et solitaire n'a point de charmes pour un ambitieux.

Ébr. — Ma consolation dans mes malheurs est de vous trouver dans cette solitude.

Lég. — Et moi je suis fâché de vous y voir; car on y est sans fruit, quand on y est malgré soi.

Ébr. — Pourquoi désespérez-vous donc de ma conversion? Peut-être que vos exemples et vos conseils me rendront meilleur que vous ne pensez. Vous qui êtes si charitable, vous devriez bien dans ce loisir prendre un peu soin de moi.

Lég. — On ne m'a mis ici qu'afin que je ne me mêle de rien : je suis assez chargé d'avoir à me corriger moi-même.

Ébr. — Quoi! en entrant dans la solitude on renonce à la charité?

Lég. — Point du tout; je prierai Dieu pour vous.

Ébr. — Ho! je le vois bien; c'est que vous m'abandonnez comme un homme indigne de vos instructions. Mais vous en répondrez; et vous ne me faites pas justice. J'avoue que j'ai été fâché de venir ici; mais maintenant je suis assez content d'y être. Voici le plus beau désert qu'on puisse voir. N'admirez-vous pas ces ruisseaux qui tombent des montagnes, ces rochers escarpés et en partie couverts de mousse, ces vieux arbres qui paroissent aussi anciens que la terre où ils sont plantés? La nature a ici je ne sais quoi de brut et d'affreux qui plaît, et qui fait rêver agréablement.

Lég. — Toutes ces choses sont bien fades à qui a le goût de l'ambition, et qui n'est point désabusé des choses vaines. Il faut avoir le cœur innocent et paisible pour être sensible à ces beautés champêtres.

Ébr. — Mais j'étois las du monde et de ses embarras, quand on m'a mis ici..

Lég. — Il paroît que vous en étiez fort las, puisque vous en êtes sorti par force!

Ébr. — Je n'aurois pas eu le courage d'en sortir; mais j'en étois pourtant dégoûté.

Lég. — Dégoûté comme un homme qui y retourneroit encore avec joie, et qui ne cherche qu'une porte pour y rentrer. Je connois votre cœur; vous avez beau dissimuler : avouez votre inquiétude; soyez au moins de bonne foi.

Ébr. — Mais, saint prélat, si nous rentrions vous et moi dans les affaires, nous y ferions des biens infinis. Nous nous soutiendrions l'un l'autre pour protéger la vertu; nous abattrions de concert tout ce qui s'opposeroit à nous.

Lég. — Confiez-vous à vous-même tant qu'il vous plaira, sur vos expériences passées; cherchez des prétextes pour flatter vos passions : pour moi, qui suis ici depuis plus de temps que vous, j'y ai eu le loisir d'apprendre à me défier de moi et du monde. Il m'a trompé une fois ce monde ingrat; il ne me trompera plus. J'ai tâché de lui faire du bien; il ne m'a jamais rendu que du mal. J'ai voulu aider une reine bien intentionnée; on l'a décréditée et réduite à se retirer. On m'a rendu ma liberté en croyant me mettre en prison; trop heureux de n'avoir plus d'autre affaire que celle de mourir en paix dans ce désert.

Ébr. — Mais vous n'y songez pas; si nous voulons nous réunir, nous pouvons encore être les maîtres absolus.

Lég. — Les maîtres de quoi? de la mer, des vents et des flots? Non, je ne me rembarque plus après avoir fait naufrage. Allez chercher la fortune; tourmentez-vous, soyez malheureux dès cette vie, hasardez tout, périssez à la fleur de votre âge, damnez-vous pour troubler le monde et pour faire parler de vous; vous le méritez bien, puisque vous ne pouvez demeurer en repos.

Ébr. — Mais quoi! est-il bien vrai que vous ne désirez plus la fortune? l'ambition est-elle bien éteinte dans les derniers replis de votre cœur?

Lég. — Me croiriez-vous si je vous le disois?

Ébr. — En vérité, j'en doute fort. J'aurois bien de la peine; car enfin.....

Lég. — Je ne vous le dirai donc pas; il est inutile de vous parler non plus qu'aux sourds. Ni les peines infinies de la prospérité, ni les adversités affreuses qui l'ont suivie n'ont pu vous corriger. Allez, retournez à la cour; gouvernez; faites le malheur du monde, et trouvez-y le vôtre.

LV.

LE PRINCE DE GALLES ET RICHARD SON FILS.

Caractère d'un prince foible.

Le Pr. — Hélas! mon cher fils, je te revois avec douleur; j'espérois pour toi une vie plus longue, et un règne plus heureux. Qu'est-ce qui a rendu ta mort si prompte? N'as-tu point fait la même faute que moi, en ruinant ta santé par un excès de travail dans la guerre contre les Français?

Rich. — Non, mon père, ma santé n'a point manqué, d'autres malheurs ont fini ma vie.

Le Pr. — Quoi donc? quelque traître a-t-il trempé ses mains dans ton sang? Si cela est, l'Angleterre, qui ne m'a pas oublié, vengera ta mort.

Rich. — Hélas! mon père, toute l'Angleterre a été de concert pour me déshonorer, pour me dégrader, pour me faire périr.

Le Pr. — O ciel! qui l'auroit pu croire? à qui se fier désormais? Mais qu'as-tu donc fait, mon fils? n'as-tu point de tort? dis la vérité à ton père.

Rich. — A mon père! ils disent que vous ne l'êtes pas, et que je suis fils d'un chanoine de Bordeaux.

Le Pr. — C'est de quoi personne ne peut répondre; mais je ne saurois le croire. Ce n'est pas la conduite de ta mère qui leur donne cette pensée; mais n'est-ce point la tienne qui leur fait tenir ce discours?

Rich. — Ils disent que je prie Dieu comme un chanoine, que je ne sais ni conserver l'autorité sur les peuples, ni exercer la justice, ni faire la guerre.

Le Pr. — O mon enfant! tout cela est-il vrai? Il auroit mieux valu pour toi passer ta vie moine à Westminster, que d'être sur le trône avec tant de mépris.

Rich. — J'ai eu de bonnes intentions; j'ai donné de bons exemples; j'ai eu même quelquefois assez de vigueur. Par exemple, je fis enlever et exécuter le duc de Glocestre mon oncle, qui ralliait tous les mécontens contre moi, et qui m'auroit détrôné si je ne l'eusse prévenu.

Le Pr. — Ce coup étoit hardi et peut-être nécessaire, car je connoissois bien mon frère, qui étoit dissimulé, artificieux, entreprenant, ennemi de l'autorité légitime, propre à rallier une cabale dangereuse. Mais, mon fils, ne lui avois-tu donné aucune prise sur toi? D'ailleurs, ce coup étoit-il assez mesuré? l'as-tu bien soutenu?

Rich. — Le duc de Glocestre m'accusoit d'être trop uni avec les Français, anciens ennemis de notre nation: mon mariage avec la fille de Charles VI, roi de France, servit au duc à éloigner de moi les cœurs des Anglais.

Le Pr. — Quoi! mon fils, tu t'es rendu suspect aux tiens par une alliance avec les ennemis irréconciliables de l'Angleterre! et que t'ont-ils donné pour ce mariage? as-tu joint le Poitou et la Touraine à la Guienne, pour unir tous nos Etats de France jusqu'à la Normandie?

Rich. — Nullement; mais j'ai cru qu'il étoit bon d'avoir hors de l'Angleterre un appui contre les Anglais factieux.

Le Pr. — O malheur de l'Etat! ô déshonneur de la maison royale! tu vas mendier le secours de tes ennemis, qui auront toujours un intérêt capital de rabaisser ta puissance! Tu veux affermir ton règne en prenant des intérêts contraires à la grandeur de ta propre nation! Tu ne te contentes pas d'être aimé de tes sujets comme leur père; tu veux être craint comme un ennemi qui s'entend avec les étrangers pour les opprimer! Hélas! que sont devenus ces beaux jours où je mis en fuite le roi de France dans les plaines de Créci, inondées du sang de trente mille Français, et où je pris un autre roi de cette nation aux portes de Poitiers? O que les temps sont changés! Non, je ne m'étonne plus qu'on t'ait pris pour le fils d'un chanoine. Mais qui est-ce qui t'a détrôné?

Rich. — Le comte d'Erby.

Le Pr. — Comment? a-t-il assemblé une armée? a-t-il gagné une bataille?

Rich. — Rien de tout cela. Il étoit en France à cause d'une querelle avec le grand maréchal, pour laquelle je l'avois chassé: l'archevêque de Cantorbéri y passa secrètement, pour l'inviter à entrer dans une conspiration. Il passa par la Bretagne, arriva à Londres pendant que je n'y étois pas, trouva le peuple prêt à se soulever. La plupart des mutins prirent les armes; leurs troupes montèrent jusqu'à soixante mille hommes; tout m'abandonna. Le comte vint me trouver dans un château où je me renfermai; il eut l'audace d'y entrer presque seul: je pouvois alors le faire périr.

Le Pr. — Pourquoi ne le fis-tu pas, malheureux?

Rich. — Les peuples, que je voyois en armes dans toute la campagne, m'auroient massacré.

Le Pr. — Hé! ne valoit-il pas mieux mourir en homme de courage?

Rich. — Il y eut d'ailleurs un présage qui me découragea.

Le Pr. — Qu'étoit-ce?

Rich. — Ma chienne, qui n'avoit jamais voulu caresser que moi seul, me quitta d'abord pour aller en ma présence caresser le comte; je vis bien ce que cela signifioit, et je le dis au comte même.

Le Pr. — Voilà une belle naïveté! Un chien

a donc décidé de ton autorité, de ton honneur, de ta vie, et du sort de toute l'Angleterre ! Alors que fis-tu ?

Rich. — Je priai le comte de me mettre en sûreté contre la fureur de ce peuple.

Le Pr. — Hélas! il ne te manquoit plus que de demander lâchement la vie à l'usurpateur. Te la donna-t-il au moins ?

Rich. — Oui, d'abord. Il me renferma dans la tour, où j'aurois vécu encore assez doucement : mais mes amis me firent plus de mal que mes ennemis ; ils voulurent se rallier pour me tirer de captivité et pour renverser l'usurpateur. Alors il se défit de moi malgré lui ; car il n'avoit pas envie de se rendre coupable de ma mort.

Le Pr. — Voilà un malheur complet. Mon fils est foible et inégal : sa vertu mal soutenue le rend méprisable ; il s'allie avec ses ennemis, et soulève ses sujets; il ne prévoit point l'orage; il se décourage dès qu'il éclate ; il perd les occasions de punir l'usurpateur ; il demande lâchement la vie, et il ne l'obtient pas. O ciel, vous vous jouez de la gloire des princes et de la prospérité des États! Voilà le petit-fils d'Édouard qui a vaincu Philippe et ravagé son royaume ! Voilà mon fils, de moi qui ai pris Jean, et fait trembler la France et l'Espagne.

LVI.

CHARLES VII ET JEAN DUC DE BOURGOGNE.

La cruauté et la perfidie augmentent les périls, loin de les diminuer.

Le Duc. — Maintenant que toutes nos affaires sont finies, et que nous n'avons plus d'intérêt parmi les vivans, parlons, je vous prie, sans passion. Pourquoi me faire assassiner ? Un Dauphin faire cette trahison à son propre sang, à son cousin, qui.....

Charl. — A son cousin qui vouloit tout brouiller, et qui pensa ruiner la France. Vous prétendiez me gouverner comme vous aviez gouverné les deux Dauphins mes frères qui étoient avant moi.

Le Duc. — Mais quoi ! assassiner ! Cela est infâme.

Charl. — Assassiner est le plus sûr.

Le Duc. — Quoi! dans un lieu où vous m'aviez attiré par les promesses les plus solennelles ! J'entre dans la barrière (il me semble que j'y suis encore) avec Noailles frère du captal de Buch : ce perfide Tannegui du Châtel me massacre inhumainement avec ce pauvre Noaille.

Charl. — Vous déclamerez tant qu'il vous plaira ; mon cousin, je m'en tiens à ma première maxime : quand on a affaire à un homme aussi violent et aussi brouillon que vous l'étiez, assassiner est le plus sûr.

Le Duc. — Le plus sûr ! vous n'y songez pas.

Charl. — J'y songe ; c'est le plus sûr, vous dis-je.

Le Duc. — Est-ce le plus sûr de se jeter dans tous les périls où vous vous êtes précipité en me faisant périr ? Vous vous êtes fait plus de mal en me faisant assassiner, que je n'aurois pu vous en faire.

Charl. — Il y a bien à dire. Si vous ne fussiez mort, j'étois perdu, et la France avec moi.

Le Duc. — Avois-je intérêt de ruiner la France? Je voulois la gouverner, et point la détruire ni l'abattre ; il auroit mieux valu souffrir quelque chose de ma jalousie et de mon ambition. Après tout, j'étois de votre sang, assez près de succéder à la couronne ; j'avois un très-grand intérêt d'en conserver la grandeur. Jamais je n'aurois pu me résoudre à me liguer contre la France avec les Anglais ses ennemis; mais votre trahison et mon massacre mirent mon fils, quoiqu'il fût bon homme, dans une espèce de nécessité de venger ma mort, et de s'unir aux Anglais. Voilà le fruit de votre perfidie ; c'étoit de former une ligue de la maison de Bourgogne avec la reine votre mère et avec les Anglais pour renverser la monarchie française. La cruauté et la perfidie, bien loin de diminuer les périls, les augmentent sans mesure. Jugez-en par votre propre expérience : ma mort, en vous délivrant d'un ennemi, vous en fit de bien plus terribles, et mit la France dans un état cent fois plus déplorable. Toutes les provinces furent en feu ; toute la campagne étoit au pillage ; et il a fallu des miracles pour vous tirer de l'abîme où cet exécrable assassinat vous avoit jeté. Après cela, venez encore me dire d'un ton décisif : Assassiner est le plus sûr.

Charl. — J'avoue que vous m'embarrassez par le raisonnement, et je vois que vous êtes bien subtil en politique ; mais j'aurai ma revanche par les faits. Pourquoi croyez-vous qu'il n'est pas bon d'assassiner ? n'avez-vous pas fait assassiner mon oncle le duc d'Orléans ? Alors vous pensiez sans doute comme moi, et vous n'étiez pas encore si philosophe.

Le Duc. — Il est vrai, et je m'en suis mal trouvé, comme vous voyez. Une bonne preuve que l'assassinat est un mauvais expédient, est de voir combien il m'a réussi mal. Si j'eusse laissé vivre le duc d'Orléans, vous n'auriez jamais songé à m'ôter la vie, et je m'en serois fort bien trouvé. Celui qui commence de telles affaires doit prévoir qu'elles finiront par lui; dès qu'il entreprend sur la vie des autres, la sienne n'a plus un quart d'heure d'assuré.

Charl. — Hé bien ! mon cousin, nous avons tous deux tort. Je n'ai pas été assassiné à mon tour comme vous, mais j'ai souffert d'étranges malheurs.

LVII.

LOUIS XI ET LE CARDINAL BESSARION.

Un savant qui n'est pas propre aux affaires, vaut encore mieux qu'un esprit inquiet et artificieux qui ne peut souffrir ni la justice ni la bonne foi.

Louis. Bonjour, monsieur le cardinal. Je vous recevrai aujourd'hui plus civilement que quand vous vîntes me voir de la part du Pape. Le cérémonial ne peut plus nous brouiller; toutes les ombres sont ici pêle-mêle et *incognito*; les rangs sont confondus.

Bess. — J'avoue que je n'ai pas encore oublié votre insulte, quand vous me prîtes par la barbe, dès le commencement de ma harangue.

Louis. — Cette barbe grecque me surprit, et je voulois couper court pour la harangue, qui eût été longue et superflue.

Bess. — Pourquoi cela ! Ma harangue étoit des plus belles : je l'avois composée sur le modèle d'Isocrate, de Lysias, d'Hypéride et de Périclès.

Louis. — Je ne connois point tous ces messieurs-là. Vous aviez été voir le duc de Bourgogne mon vassal, avant que de venir chez moi; il auroit bien mieux valu ne lire pas tant vos vieux auteurs, et savoir mieux les règles du siècle présent : vous vous conduisîtes comme un pédant qui n'a aucune connoissance du monde.

Bess. J'avois pourtant étudié à fond les lois de Dracon, celles de Lycurgue et de Solon, les *Lois* et la *République* de Platon, tout ce qui nous reste des anciens rhéteurs qui gouvernoient le peuple ; enfin les meilleurs scholiastes d'Homère, qui ont parlé de la police d'une république.

—Louis. Et moi je n'ai jamais rien lu de tout cela ; mais je sais bien qu'il ne falloit pas qu'un cardinal, envoyé par le Pape pour faire rentrer le duc de Bourgogne dans mes bonnes grâces, allât le voir avant que de venir chez moi.

Bess. — J'avois cru pouvoir suivre l'*usteron proteron* des Grecs ; je savois même par le Philosophe, que *ce qui est le premier quant à l'intention, est le dernier quant à l'exécution*.

Louis. — Oh laissons là votre Philosophe : venons au fait.

Bess. — Je vois en vous toute la barbarie des Latins, chez qui la Grèce désolée, après la prise de Constantinople, a essayé en vain de défricher l'esprit et les lettres.

Louis. — L'esprit ne consiste que dans le bon sens, et point dans le grec ; la raison est de toutes les langues. Il falloit garder l'ordre, et mettre le seigneur devant son vassal. Les Grecs, que vous vantez tant, n'étoient que des sots, s'ils ne savoient pas ce que savent les hommes les plus grossiers. Mais je ne puis m'empêcher de rire quand je me souviens comment vous voulûtes négocier : dès que je ne convenois pas de vos maximes, vous ne me donniez pour toute raison que des passages de Sophocle, de Lycophron et de Pindare. Je ne sais comment j'ai retenu ces noms, dont je n'avois jamais ouï parler qu'à vous : mais je les ai retenus à force d'être choqué de vos citations. Il étoit question des places de la Somme, et vous me citez un vers de Ménandre ou de Callimaque. Je voulois demeurer uni aux Suisses et au duc de Lorraine contre le duc de Bourgogne; vous me prouviez, par le Gorgias de Platon, que ce n'étoit pas mon véritable intérêt. Il s'agissoit de savoir si le roi d'Angleterre seroit pour ou contre moi, vous m'alléguiez l'exemple d'Epaminondas. Enfin vous me consolâtes de n'avoir jamais guère étudié. Je disois en moi-même : Heureux celui qui ne sait point tout ce que les autres ont dit, et qui sait un peu de ce qu'il faut dire !

Bess. — Vous m'étonnez par votre mauvais goût. Je croyois que vous aviez assez bien étudié : on m'avoit dit que le Roi votre père vous avoit donné un assez bon précepteur, et qu'ensuite vous aviez pris plaisir en Flandre, chez le duc de Bourgogne, à faire raisonner tous les jours des philosophes.

Louis — J'étois encore bien jeune quand je quittai le Roi mon père et mon précepteur : je passai à la cour de Bourgogne, où l'inquiétude et l'ennui me réduisirent à écouter un peu quelques savans. Mais j'en fus bientôt dégoûté;

ils étoient pédants et imbéciles, comme vous; ils n'entendoient point les affaires; ils ne connoissoient point les divers caractères des hommes; ils ne savoient ni dissimuler, ni se taire, ni s'insinuer, ni entrer dans les passions d'autrui, ni trouver des ressources dans les difficultés, ni deviner les desseins des autres; ils étoient vains, indiscrets, disputeurs, toujours occupés de mots et de faits inutiles, pleins de subtilités qui ne persuadent personne, incapables d'apprendre à vivre et de se contraindre. Je ne pus souffrir de tels animaux.

Bess. — Il est vrai que les savans ne sont pas d'ordinaire trop propres à l'action, parce qu'ils aiment le repos des muses; il est vrai aussi qu'ils ne savent guère se contraindre ni dissimuler, parce qu'ils sont au-dessus des passions grossières des hommes, et de la flatterie que les tyrans demandent.

Louis. — Allez, grande barbe, pédant hérissé de grec; vous perdez le respect qui m'est dû.

Bess. — Je ne vous en dois point. Le sage, suivant les Stoïciens et toute la secte du Portique, est plus roi que vous. Vous ne l'avez jamais été que par le rang et par la puissance; vous ne le fûtes jamais, comme le sage, par un véritable empire sur vos passions. D'ailleurs vous n'avez plus qu'une ombre de royauté; d'ombre à ombre, je ne vous cède point.

Louis. Voyez l'insolence de ce vieux pédant!

Bess. — J'aime encore mieux être pédant, que fourbe, tyran et ennemi du genre humain. Je n'ai pas fait mourir mon frère; je n'ai pas tenu en prison mon fils; je n'ai employé ni le poison ni l'assassinat pour me défaire de mes ennemis; je n'ai point eu une vieillesse affreuse, semblable à celle des tyrans que la Grèce a tant détestés. Mais il faut vous excuser; avec beaucoup de finesse et de vivacité, vous aviez beaucoup de choses d'une tête un peu démontée. Ce n'étoit pas pour rien que vous étiez fils d'un homme qui s'étoit laissé mourir de faim, et petit-fils d'un autre qui avoit été renfermé tant d'années. Votre fils même n'a la cervelle guère assurée; et ce sera un grand bonheur pour la France, si la couronne passe après lui dans une branche plus sensée.

Louis. — J'avoue que ma tête n'étoit pas tout-à-fait bien réglée; j'avois des foiblesses, des visions noires, des emportemens furieux: mais j'avois de la pénétration, du courage, de la ressource dans l'esprit, des talens pour gagner les hommes, et pour accroître mon autorité; je savois fort bien laisser à l'écart un pédant inutile à tout, découvrir les qualités utiles dans les sujets les plus obscurs. Dans les langueurs mêmes de ma dernière maladie, je conservai encore assez de fermeté d'esprit pour travailler à faire une paix avec Maximilien. Il attendoit ma mort, et ne cherchoit qu'à éluder la conclusion; par mes émissaires secrets, je soulevai les Gantois contre lui; je le réduisis à faire malgré lui un traité de paix avec moi, où il me donnoit, pour mon fils, Marguerite sa fille avec trois provinces. Voilà mon chef-d'œuvre de politique dans ces derniers jours où l'on me croyoit fou. Allez, vieux pédant, allez chercher vos Grecs, qui n'ont jamais su autant de politique que moi: allez chercher vos savans, qui ne savent que lire et parler de leurs livres, qui ne savent ni agir ni vivre avec les hommes.

Bess. — J'aime encore mieux un savant qui n'est pas propre aux affaires, et qui ne sait que ce qu'il a lu, qu'un esprit inquiet, artificieux et entreprenant, qui ne peut souffrir ni la justice ni la bonne foi, et qui renverse tout le genre humain.

LVIII.

LOUIS XI ET LE CARDINAL BALUE.

Un prince fourbe et méchant rend ses sujets traîtres et infidèles.

Louis. — Comment osez-vous, scélérat, vous présenter encore devant moi après toutes vos trahisons?

Balue. — Où voulez-vous donc que je m'aille cacher? Ne suis-je pas assez caché dans la foule des ombres? Nous sommes tous égaux ici-bas.

Louis. — C'est bien à vous à parler ainsi, vous qui n'étiez que le fils d'un meunier de Verdun!

Bal. — Hé! c'étoit un mérite auprès de vous que d'être de basse naissance: votre compère le prévôt Tristan, votre médecin Coctier, votre barbier Olivier le Diable, étoient vos favoris et vos ministres. Janfredy, avant moi, avoit obtenu la pourpre par votre faveur. Ma naissance valoit à peu près celle de ces gens-là.

Louis. — Aucun d'eux n'a fait des trahisons aussi noires que vous.

Bal. — Je n'en crois rien. S'ils n'avoient pas été de malhonnêtes gens, vous ne les auriez ni bien traités ni employés.

Louis. — Pourquoi voulez-vous que je ne les aie pas choisis pour leur mérite?

BAL. — Parce que le mérite vous étoit toujours suspect et odieux ; parce que la vertu vous faisoit peur, et que vous n'en saviez faire aucun usage ; parce que vous ne vouliez vous servir que d'ames basses et vénales, prêtes à entrer dans vos intrigues, dans vos tromperies, dans vos cruautés. Un homme honnête, qui auroit eu horreur de tromper et de faire du mal, ne vous auroit été bon à rien, à vous qui ne vouliez que tromper et que nuire, pour contenter votre ambition sans bornes. Puisqu'il faut parler franchement dans le pays de vérité, j'avoue que j'ai été un malhonnête homme ; mais c'étoit par là que vous m'aviez préféré à d'autres. Ne vous ai-je pas bien servi avec adresse pour jouer les grands et les peuples ? Avez-vous trouvé un fourbe plus souple que moi pour tous les personnages ?

LOUIS — Il est vrai ; mais en trompant les autres pour m'obéir, il ne falloit pas me tromper moi-même : vous étiez d'intelligence avec le Pape pour me faire abolir la Pragmatique, contre les véritables intérêts de la France.

BAL. — Hé ! vous êtes-vous jamais soucié ni de la France, ni de ses véritables intérêts ? Vous n'avez jamais regardé que les vôtres. Vous vouliez tirer parti du Pape, et lui sacrifier les canons pour votre intérêt : je n'ai fait que vous servir à votre mode.

LOUIS. — Mais vous m'aviez mis dans la tête toutes ces visions, contre l'intérêt véritable de ma couronne même, à laquelle étoit attachée ma véritable grandeur.

BAL. — Point : je voulois que vous vendissiez chèrement cette pancarte crasseuse à la cour de Rome. Mais allons plus loin. Quand même je vous aurois trompé, qu'auriez-vous à me dire ?

LOUIS. — Comment ! à vous dire ? Je vous trouve bien plaisant. Si nous étions encore vivans, je vous remettrois bien en cage.

BAL. — Ho ! j'y ai assez demeuré. Si vous me fâchez, je ne dirai plus mot. Savez-vous bien que je ne crains guère les mauvaises humeurs d'une ombre de roi ? Quoi donc ! vous croyez être encore au Plessis-les-Tours avec vos assassins ?

LOUIS. — Non, je sais que je n'y suis pas, et bien vous en vaut. Mais enfin je veux bien vous entendre pour la rareté du fait. Ça, prouvez-moi par vives raisons que vous avez dû trahir votre maître.

BAL. — Ce paradoxe vous surprend ; mais je m'en vais vous le vérifier à la lettre.

LOUIS. — Voyons ce qu'il veut dire.

BAL. N'est-il pas vrai qu'un pauvre fils de meunier, qui n'a jamais eu d'autre éducation que celle de la cour d'un grand roi, a dû suivre les maximes qui y passoient pour les plus utiles et pour les meilleures d'un commun consentement ?

LOUIS. — Ce que vous dites a quelque vraisemblance.

BAL. — Mais répondez oui ou non sans vous fâcher.

LOUIS. — Je n'ose nier une chose qui paroît si bien fondée, ni avouer ce qui peut m'embarrasser par ses conséquences.

BAL. — Je vois bien qu'il faut que je prenne votre silence pour un aveu forcé. La maxime fondamentale de tous vos conseils, que vous aviez répandue dans toute votre cour, étoit de faire tout pour vous seul. Vous ne comptiez pour rien les princes de votre sang ; ni la Reine, que vous teniez captive et éloignée ; ni le Dauphin, que vous éleviez dans l'ignorance et en prison ; ni le royaume, que vous désoliez par votre politique dure et cruelle, aux intérêts duquel vous préfériez sans cesse la jalousie pour l'autorité tyrannique : vous ne comptiez même pour rien les favoris et les ministres les plus affidés dont vous vous serviez pour tromper les autres. Vous n'en avez jamais aimé aucun ; vous ne vous êtes jamais confié à aucun d'eux que pour le besoin : vous cherchiez à les tromper à leur tour, comme le reste des hommes : vous étiez prêt à les sacrifier sur le moindre ombrage, ou pour la moindre utilité. On n'avoit jamais un seul moment d'assuré avec vous ; vous vous jouiez de la vie des hommes. Vous n'aimiez personne : qui vouliez-vous qui vous aimât ? Vous vouliez tromper tout le monde : qui vouliez-vous qui se livrât à vous de bonne foi et de bonne amitié, et sans intérêt ? Cette fidélité désintéressée, où l'aurions-nous apprise ? la méritiez-vous ? l'espériez-vous ? la pouvoit-on pratiquer auprès de vous et dans votre cour ? Auroit-on pu durer huit jours chez vous avec un cœur droit et sincère ? N'étoit-on pas forcé d'être un fripon dès qu'on vous approchoit ? n'étoit-on pas déclaré scélérat dès qu'on parvenoit à votre faveur, puisqu'on n'y parvenoit jamais que par la scélératesse ? Ne deviez-vous pas vous le tenir pour dit ? Si on avoit voulu conserver quelque bonneur et quelque conscience, on se seroit bien gardé d'être jamais connu de vous : on seroit allé au bout du monde plutôt que de vivre à votre service. Dès qu'on est fripon, on l'est pour tout le monde. Voudriez-vous qu'une ame que vous avez gangrénée, et à qui vous n'avez inspiré que scélératesse pour tout le genre humain, n'ait jamais que vertu pure et sans tache, que fidélité désintéressée et héroïque pour vous seul? Etiez-vous assez dupe pour le penser? Ne comptiez-vous pas que tous les hommes seroient pour vous comme vous pour eux? Quand même on auroit été bon et sincère pour tous les autres hommes, on auroit été forcé de devenir faux et méchant à votre égard. En vous trahissant, je n'ai donc fait que suivre vos leçons, que marcher sur vos traces, que vous rendre ce que vous donniez tous les jours, que faire ce que vous attendiez de moi, que prendre pour principe de ma conduite le principe que vous regardiez comme le seul qui doit animer tous les hommes. Vous auriez méprisé un homme qui auroit connu d'autre intérêt que le sien propre. Je n'ai pas voulu mériter votre mépris; et j'ai mieux aimé vous tromper, que d'être un sot selon vos principes.

Louis. — J'avoue que votre raisonnement me presse et m'incommode. Mais pourquoi vous entendre avec mon frère le duc de Guienne, et avec le duc de Bourgogne, mon plus cruel ennemi?

Bal. — C'est parce qu'ils étoient vos plus dangereux ennemis que je me liai avec eux, pour avoir une ressource contre vous, si votre jalousie ombrageuse vous portoit à me perdre. Je savois que vous compteriez sur mes trahisons et que vous pourriez les croire sans fondement: j'aimois mieux vous trahir pour me sauver de vos mains, que périr dans vos mains sur des soupçons, sans vous avoir trahi. Enfin j'étois bien aise, selon vos maximes, de me faire valoir dans les deux partis, et de tirer de vous dans l'embarras des affaires, la récompense de mes services, que vous ne m'auriez jamais accordée de bonne grâce dans un temps de paix. Voilà ce que doit attendre de ses ministres un prince ingrat, défiant, trompeur, qui n'aime que soi.

Louis. — Mais voici tout de même ce que doit attendre un traître qui vend son roi: on ne le fait pas mourir quand il est cardinal; mais on le tient onze ans en prison, on le dépouille de ses grands trésors.

Bal. — J'avoue mon unique faute: elle fut de ne vous tromper pas avec assez de précaution, et de laisser intercepter mes lettres. Remettez-moi dans l'occasion; je vous tromperai encore selon vos mérites: mais je vous tromperois plus subtilement, de peur d'être découvert.

LIX.

LOUIS XI ET PHILIPPE DE COMMINES.

Les foiblesses et les crimes des rois ne sauroient être cachés.

Louis. — On dit que vous avez écrit mon histoire.

Com. — Il est vrai, sire; et j'ai parlé en bon domestique.

Louis. — Mais on assure que vous avez raconté bien des choses dont je me passerois volontiers.

Com. — Cela peut être; mais en gros j'ai fait de vous un portrait fort avantageux. Voudriez-vous que j'eusse été un flatteur perpétuel, au lieu d'être un historien?

Louis. — Vous deviez parler de moi comme un sujet comblé des grâces de son maître.

Com. — C'eût été le moyen de n'être cru de personne. La reconnoissance n'est pas ce qu'on cherche dans un historien; au contraire, c'est ce qui le rend suspect.

Louis. — Pourquoi faut-il qu'il y ait des gens qui aient la démangeaison d'écrire? Il faut laisser les morts en paix, et ne flétrir point leur mémoire.

Com. — La vôtre étoit étrangement noircie; j'ai tâché d'adoucir les impressions déjà faites; j'ai relevé toutes vos bonnes qualités; je vous ai déchargé de toutes les choses odieuses qu'on vous imputoit sans preuves décisives. Que pouvois-je faire de mieux?

Louis. — Ou vous taire, ou me défendre en tout. On dit que vous avez représenté toutes mes grimaces, toutes mes contorsions lorsque je parlois tout seul, toutes mes intrigues avec de petites gens. On dit que vous avez parlé du crédit de mon prévôt, de mon médecin, de mon barbier et de mon tailleur; vous avez étalé mes vieux habits. On dit que vous n'avez pas oublié mes petites dévotions, surtout à la fin de mes jours; mon empressement à ramasser des reliques; à me faire frotter depuis la tête jusqu'aux pieds, de l'huile de la sainte ampoule, et à faire des pèlerinages où je prétendois toujours avoir été guéri. Vous avez fait mention de ma barrette chargée de petits saints, et de ma petite Notre-Dame de plomb, que je baisois dès que je voulois faire un mauvais coup; enfin de la croix de Saint-Lo, par laquelle je n'osois jurer sans vouloir garder mon serment, parce que j'aurois cru mourir dans l'année si j'y avois manqué. Tout cela est fort ridicule.

Com. — Tout cela n'est-il pas vrai ? Pouvois-je le taire ?

Louis. — Vous pouviez n'en rien dire.

Com. — Vous pouviez n'en rien faire.

Louis. — Mais cela étoit fait, et il ne falloit pas le dire.

Com. — Mais cela étoit fait, et je ne pouvois le cacher à la postérité.

Louis. — Quoi ! ne peut-on pas cacher certaines choses ?

Com. — Hé ! croyez-vous qu'un roi puisse être caché après sa mort comme vous cachiez certaines intrigues pendant votre vie ? Je n'aurois rien sauvé pour vous par mon silence, et je me serois déshonoré. Contentez-vous que je pouvois dire bien pis et être cru : mais je ne l'ai pas voulu faire.

Louis. — Quoi ! l'histoire ne doit-elle pas respecter les rois ?

Com. — Les rois ne doivent-ils pas respecter l'histoire et la postérité, à la censure de laquelle ils ne peuvent échapper ? Ceux qui veulent qu'on ne parle pas mal d'eux n'ont qu'une seule ressource, qui est de bien faire.

LX.

LOUIS XI ET CHARLES DUC DE BOURGOGNE.

Les méchants, à force de tromper et de se défier des autres, sont trompés eux-mêmes.

Louis. — Je suis fâché, mon cousin, des malheurs qui vous sont arrivés.

Ch. — C'est vous qui en êtes cause : vous m'avez trompé.

Louis. — C'est votre orgueil et votre emportement qui vous trompoient. Avez-vous oublié que je vous avertis qu'un homme m'avoit offert de vous faire périr ?

Ch. — Je ne pus le croire ; je m'imaginai que si la chose eût été vraie, vous n'auriez pas eu assez de probité pour m'en avertir, et que vous l'aviez inventée pour me faire peur, en me rendant suspects tous ceux dont je me servois : cette fourberie étoit assez de votre caractère, et je n'avois pas grand tort de vous l'attribuer. Qui n'eût pas été trompé comme moi dans une occasion où vous étiez bon et sincère ?

Louis. — Je conviens qu'il n'étoit pas à propos de se fier souvent à ma sincérité ; mais encore valoit-il mieux se fier à moi qu'au traître Campobache, qui te vendit si cruellement.

Ch. — Voulez-vous que je parle ici franchement, puisqu'il ne s'agit plus de politique chez Pluton ? Nous étions tous deux dans d'étranges maximes ; nous ne connoissions, ni vous ni moi, aucune vertu. En cet état, à force de se défier, on persécute souvent les gens de bien ; puis on se livre par une espèce de nécessité au premier venu ; et ce premier venu est d'ordinaire un scélérat qui s'insinue par la flatterie. Mais, dans le fond, mon naturel étoit meilleur que le vôtre : j'étois prompt, et d'une humeur un peu farouche ; mais je n'étois ni trompeur ni cruel comme vous. Avez-vous oublié qu'à la conférence de Conflans vous m'avouâtes que j'étois un vrai gentilhomme, et que je vous avois bien tenu la parole que j'avois donnée à l'archevêque de Narbonne ?

Louis. — Bon ! c'étoient des paroles flatteuses que je vous dis alors pour vous amuser, et pour vous détacher des autres chefs de la ligue du bien public. Je savois bien qu'en vous louant je vous prendrois pour dupe.

LXI.

LOUIS XI ET LOUIS XII.

La générosité et la bonne foi sont de plus sûres maximes en politique, que la cruauté et la finesse.

L. XI. — Voilà, si je ne me trompe, un de mes successeurs. Quoique les ombres n'aient plus ici-bas aucune majesté, il me semble que celle-ci pourroit bien être quelque roi de France ; car je vois que ces autres ombres la respectent et lui parlent françois. Qui es-tu ? dis-le moi, je te prie.

L. XII. — Je suis le duc d'Orléans, devenu roi sous le nom de Louis XII.

L. XI. — Comment as-tu gouverné mon royaume ?

L. XII. — Tout autrement que toi. Tu te faisois craindre ; je me suis fait aimer. Tu as commencé par charger les peuples ; je les ai soulagés, et j'ai préféré leur repos à la gloire de vaincre mes ennemis.

L. XI. — Tu savois donc bien mal l'art de régner. C'est moi qui ai mis mes successeurs dans une autorité sans bornes ; c'est moi qui ai dissipé les ligues des princes et des seigneurs ; c'est moi qui ai levé des sommes immenses. J'ai découvert les secrets des autres; j'ai su cacher les miens. La finesse, la hauteur et la sévérité sont les vraies maximes du gouvernement. J'ai grand' peur que tu auras tout gâté, et que ta mollesse aura détruit tout mon ouvrage.

L. XII. — J'ai montré, par le succès de mes maximes, que les tiennes étoient fausses et pernicieuses. Je me suis fait aimer; j'ai vécu en paix sans manquer de parole, sans répandre de sang, sans ruiner mon peuple. Ta mémoire est odieuse; la mienne est respectée. Pendant ma vie on m'a été fidèle; après ma mort on me pleure, et on craint de ne retrouver jamais un aussi bon roi. Quand on se trouve si bien de la générosité et de la bonne foi, on doit bien mépriser la cruauté et la finesse.

L. XI. — Voilà une belle philosophie, que tu auras sans doute apprise dans cette longue prison où l'on m'a dit que tu as langui avant que de monter sur le trône.

L. XII. — Cette prison a été moins honteuse que la tienne de Péronne. Voilà à quoi sert la finesse et la tromperie; on se fait prendre par son ennemi. La bonne foi n'exposeroit pas à de si grands périls.

L. XI. — Mais j'ai su par adresse me tirer des mains du duc de Bourgogne.

L. XII. — Oui, à force d'argent, dont tu corrompis ses domestiques, et en le suivant honteusement à la ruine de tes alliés les Liégeois, qu'il te fallut aller voir périr.

L. XI. — As-tu étendu le royaume comme je l'ai fait? J'ai réuni à la couronne le duché de Bourgogne, le comté de Provence et la Guienne même.

L. XII. — Je t'entends: tu savois l'art de te défaire d'un frère pour avoir son partage; tu as profité du malheur du duc de Bourgogne, qui courut à sa perte; tu gagnas le conseiller du comte de Provence pour attraper sa succession. Pour moi, je me suis contenté d'avoir la Bretagne par une alliance légitime avec l'héritière de cette maison, que j'aimois, et que j'épousai après la mort de ton fils. D'ailleurs j'ai moins songé à avoir de nouveaux sujets, qu'à rendre fidèles et heureux ceux que j'avois déjà. J'ai éprouvé même, par les guerres de Naples et de Milan, combien les conquêtes éloignées nuisent à un État.

L. XI. — Je vois bien que tu manquois d'ambition et de génie.

L. XII. — Je manquois de ce génie faux et trompeur qui t'avoit tant décrié, et de cette ambition qui met l'honneur à compter pour rien la sincérité et la justice.

L. XI. — Tu parles trop.

L. XII. — C'est toi qui as souvent trop parlé. As-tu oublié le marchand de Bordeaux établi en Angleterre, et le roi Édouard que tu convias à venir à Paris? Adieu.

LXII.

LE CONNÉTABLE DE BOURBON ET BAYARD.

Il n'est jamais permis de prendre les armes contre sa patrie.

BOURB. — N'est-ce point le pauvre Bayard que je vois, au pied de cet arbre, étendu sur l'herbe et percé d'un grand coup? Oui, c'est lui-même. Hélas! je le plains. En voilà deux qui périssent aujourd'hui par nos armes, Vandenesse et lui. Ces deux Français étoient deux ornemens de leur nation par leur courage. Je sens que mon cœur est encore touché pour sa patrie. Mais avançons pour lui parler. Ah! mon pauvre Bayard, c'est avec douleur que je te vois en cet état.

BAY. — C'est avec douleur que je vous vois aussi.

BOURB. — Je comprends bien que tu es fâché de te voir dans mes mains par le sort de la guerre. Mais je ne veux point te traiter en prisonnier; je te veux garder comme un bon ami, et prendre soin de ta guérison comme si étois mon propre frère: ainsi tu ne dois pas être fâché de me voir.

BAY. — Hé! croyez-vous que je ne sois pas fâché d'avoir obligation au plus grand ennemi de la France? Ce n'est point de ma captivité ni de ma blessure dont je suis en peine. Je meurs: dans un moment la mort va me délivrer de vos mains.

BOURB. — Non, mon cher Bayard, j'espère que nos soins réussiront pour te guérir.

BAY. — Ce n'est point là ce que je cherche, et je suis content de mourir.

BOURB. — Qu'as-tu donc? Est-ce que tu saurois te consoler d'avoir été vaincu et fait prisonnier dans la retraite de Bonnivet? Ce n'est pas ta faute; c'est la sienne: les armes sont journalières. Ta gloire est assez bien établie par tant de belles actions. Les Impériaux ne pourront jamais oublier cette vigoureuse défense de Mézières contre eux.

BAY. — Pour moi, je ne puis jamais oublier que vous êtes ce grand connétable, ce prince du plus noble sang qu'il y ait dans le monde, et qui travaille à déchirer de ses propres mains sa patrie et le royaume de ses ancêtres.

Bourb. — Quoi! Bayard, je te loue, et tu me condamnes! je te plains, et tu m'insultes!

Bay. — Si vous me plaignez, je vous plains aussi; et je vous trouve bien plus à plaindre que moi. Je sors de la vie sans tache; j'ai sacrifié la mienne à mon devoir; je meurs pour mon pays, pour mon roi, estimé des ennemis de la France, et regretté de tous les bons Français. Mon état est digne d'envie.

Bourb. — Et moi je suis victorieux d'un ennemi qui m'a outragé; je me venge de lui; je le chasse du Milanez; je fais sentir à toute la France combien elle est malheureuse de m'avoir perdu en me poussant à bout : appelles-tu cela être à plaindre?

Bay. — Oui, on est toujours à plaindre quand on agit contre son devoir; il vaut mieux périr en combattant pour la patrie, que la vaincre et triompher d'elle. Ah! quelle horrible gloire que celle de détruire son propre pays!

Bourb. — Mais ma patrie a été ingrate après tant de services que je lui avois rendus. Madame m'a fait traiter indignement par un dépit d'amour. Le roi, par foiblesse pour elle, m'a fait une injustice énorme, en me dépouillant de mon bien. On a détaché de moi jusqu'à mes domestiques, Matignon et d'Argouges. J'ai été contraint, pour sauver ma vie, de m'enfuir presque seul : que voulois-tu que je fisse?

Bay. — Que vous souffrissiez toutes sortes de maux, plutôt que de manquer à la France et à la grandeur de votre maison. Si la persécution étoit trop violente, vous pouviez vous retirer; mais il valoit mieux être pauvre, obscur, inutile à tout, que de prendre les armes contre nous. Votre gloire eût été au comble dans la pauvreté et dans le plus misérable exil.

Bourb. — Mais ne vois-tu pas que la vengeance s'est jointe à l'ambition pour me jeter dans cette extrémité? J'ai voulu que le Roi se repentît de m'avoir traité si mal.

Bay. — Il falloit l'en faire repentir par une patience à toute épreuve, qui n'est pas moins la vertu d'un héros que le courage.

Bourb. — Mais le Roi étant si injuste et si aveuglé par sa mère, méritoit-il que j'eusse de si grands égards pour lui?

Bay. — Si le Roi ne le méritoit pas, la France entière le méritoit. La dignité même de la couronne, dont vous êtes un des héritiers, le méritoit. Vous vous deviez à vous-même d'épargner la France, dont vous pouvez être un jour roi.

Bourb. — Hé bien! j'ai tort, je l'avoue; mais ne sais-tu pas combien les meilleurs cœurs ont de peine à résister à leur ressentiment?

Bay. — Je le sais bien; mais le vrai courage consiste à y résister. Si vous connoissez votre faute, hâtez-vous de la réparer. Pour moi, je meurs; et je vous trouve plus à plaindre dans vos prospérités, que moi dans mes souffrances. Quand l'Empereur ne vous tromperoit pas, quand même il vous donneroit sa sœur en mariage, et qu'il partageroit la France avec vous, il n'effaceroit point la tache qui déshonore votre vie. Le connétable de Bourbon rebelle! ah! quelle honte! Écoutez Bayard mourant comme il a vécu, et ne cessant de dire la vérité.

LXIII.

HENRI VII ET HENRI VIII D'ANGLETERRE.

Funestes effets de la passion de l'amour dans un prince.

H. VII. — Hé bien! mon fils, comment avez-vous régné après moi?

H. VIII. — Heureusement et avec gloire pendant trente-huit ans.

H. VII. — Cela est beau! Mais encore, les autres ont-ils été aussi contens de vous que vous le paroissez de vous-même?

H. VIII. — Je ne dis que la vérité. Il est vrai que c'est vous qui êtes monté sur le trône par votre courage et par votre adresse; vous me l'avez laissé paisible : mais aussi que n'ai-je point fait! J'ai tenu l'équilibre entre les deux plus grandes puissances de l'Europe, François Ier et Charles-Quint. Voilà mon ouvrage au dehors. Pour le dedans, j'ai délivré l'Angleterre de la tyrannie papale, et j'ai changé la religion, sans que personne ait osé résister. Après avoir fait un tel renversement, mourir en paix dans son lit, c'est une belle et glorieuse fin.

H. VII. — Mais j'avois ouï dire que le Pape vous avoit donné le titre de Défenseur de l'Église, à cause d'un livre que vous aviez fait contre les sentimens de Luther. D'où vient que vous avez ensuite changé?

H. VIII. — J'ai reconnu combien l'Église romaine étoit injuste et superstitieuse.

H. VII. — Vous a-t-elle traversé dans quelque dessein?

H. VIII. — Oui. Je voulois me démarier. Cette Aragonaise me déplaisoit; je voulois épouser Anne de Boulen. Le pape Clément VII commit le cardinal Campège pour cette affaire. Mais de peur de fâcher l'Empereur, neveu de Catherine, il ne vouloit que m'amuser; Campège demeura près d'un an à aller d'Italie en France.

H. VII. — Hé bien! que fîtes-vous?

H. VIII. — Je rompis avec Rome; je me moquai de ses censures; j'épousai Anne de Boulen, et je me fis chef de l'Église anglicane.

H. VII. — Je ne m'étonne plus si j'ai vu tant de gens qui étoient sortis du monde fort mécontens de vous.

H. VIII. — On ne peut faire de si grands changemens sans quelque rigueur.

H. VII. — J'entends dire de tous côtés que vous avez été léger, inconstant, lascif, cruel et sanguinaire.

H. VIII. — Ce sont les papistes qui m'ont décrié.

H. VII. — Laissons là les papistes; mais venons au fait. N'avez-vous pas eu six femmes, dont vous avez répudié la première sans fondement, fait mourir la seconde, fait ouvrir le ventre à la troisième pour sauver son enfant, fait mourir la quatrième, répudié la cinquième, et choisi si mal la dernière, qu'elle se remaria avec l'amiral peu de jours après votre mort?

H. VIII. — Tout cela est vrai; mais si vous saviez quelles étoient ces femmes, vous me plaindriez au lieu de me condamner : l'Aragonaise étoit laide et ennuyeuse dans sa vertu; Anne de Boulen étoit une coquette scandaleuse; Jeanne Seymour ne valoit guère mieux; N. Howard étoit très-corrompue; la princesse de Clèves étoit une statue sans agrément; la dernière m'avoit paru sage, mais elle a montré après ma mort que je m'étois trompé. J'avoue que j'ai été la dupe de ces femmes.

H. VII. — Si vous aviez gardé la vôtre, tous ces malheurs ne vous seroient jamais arrivés; il est visible que Dieu vous a puni. Mais combien de sang avez-vous répandu! on parle de plusieurs milliers de personnes que vous avez fait mourir pour la religion, parmi lesquelles on compte beaucoup de nobles prélats et de religieux.

H. VIII. — Il l'a bien fallu, pour secouer le joug de Rome.

H. VII. — Quoi! pour soutenir la gageure, pour maintenir votre mariage avec cette Anne de Boulen que vous avez jugée vous-même digne du supplice!

H. VIII. — Mais j'avois pris le bien des églises, que je ne pouvais rendre.

H. VII. — Bon! vous voilà bien justifié de votre schisme par vos mariages ridicules et par le pillage des églises!

H. VIII. — Puisque vous me pressez tant, je vous dirai tout. J'étois passionné pour les femmes, et volage dans mes amours : j'étois aussi prompt à me dégoûter qu'à prendre une inclination. D'ailleurs j'étois né jaloux, soupçonneux, inconstant, âpre sur l'intérêt. Je trouvai que les chefs de l'Église anglicane flattoient mes passions et autorisoient ce que je voulois faire : le cardinal de Wolsey, archevêque d'Yorck, m'encouragea à répudier Cathérine d'Aragon; Cranmer, archevêque de Cantorbéri, me fit faire tout ce que j'ai fait pour Anne de Boulen et contre l'Église romaine. Mettez-vous en la place d'un pauvre prince violemment tenté par ses passions et flatté par les prélats.

H. VII. — Hé bien! ne saviez-vous pas qu'il n'y a rien de si lâche ni de si prostitué que les prélats ambitieux qui s'attachent à la Cour? Il falloit les renvoyer dans leurs diocèses, et consulter des gens de bien. Les laïques sages et bons politiques ne vous auroient jamais conseillé, pour la sûreté même de votre royaume, de changer l'ancienne religion, et de diviser vos sujets en plusieurs communions opposées. N'est-il pas ridicule que vous vous plaigniez de la tyrannie du Pape, et que vous vous fassiez pape en sa place; que vous vouliez réformer l'Église anglicane, et que cette réforme aboutisse à autoriser tous vos mariages monstrueux et à piller tous les biens consacrés? Vous n'avez achevé cet horrible ouvrage qu'en trempant vos mains dans le sang des personnes les plus vertueuses. Vous avez rendu votre mémoire à jamais odieuse, et vous avez laissé dans l'État une source de division éternelle. Voilà ce que c'est que d'écouter de méchans prêtres. Je ne dis point ceci par dévotion, vous savez que ce n'est pas là mon caractère; je ne parle qu'en politique, comme si la religion étoit à compter pour rien. Mais, à ce que je vois, vous n'avez jamais fait que du mal.

H. VIII. — Je n'ai pu éviter d'en faire. Le cardinal Renauld de La Poule* fit contre moi avec les papistes une conspiration. Il fallut bien punir les conjurés pour la sûreté de ma vie.

H. VII. — Hé! voilà le malheur qu'il y a à entreprendre des choses injustes. Quand on les a commencées, on les veut soutenir. On passe pour tyran; on est exposé aux conjurations. On soupçonne des innocens qu'on fait

---

* Plus connu sous le nom du cardinal Polus.

périr; on trouve des coupables, et on les fait tels; car le prince qui gouverne mal met ses sujets en tentation de lui manquer de fidélité. En cet état, un roi est malheureux et digne de l'être; il a tout à craindre; il n'a pas un moment de libre ni d'assuré : il faut qu'il répande du sang; plus il en répand, plus il est odieux et exposé aux conjurations. Mais enfin, voyons ce que vous avez fait de louable.

H. VIII. — J'ai tenu la balance égale entre François 1ᵉʳ et Charles-Quint.

H. VII. — Chose bien difficile ! Encore n'avez-vous pas su faire ce personnage. Wolsey vous jouoit pour plaire à Charles-Quint, dont il étoit la dupe, et qui lui promettoit de le faire pape. Vous avez entrepris de faire des descentes en France, et n'avez eu aucune application pour y réussir. Vous n'avez suivi aucune négociation; vous n'avez su faire ni la paix ni la guerre. Il ne tenoit qu'à vous d'être l'arbitre de l'Europe, et de vous faire donner des places des deux côtés; mais vous n'étiez capable ni de fatigue, ni de patience, ni de modération, ni de fermeté. Il ne vous falloit que vos maîtresses, des favoris, des divertissemens; vous n'avez montré de vigueur que contre la religion, et en exerçant votre cruauté pour contenter vos passions honteuses. Hélas ! mon fils, vous êtes une étrange leçon pour tous les rois qui viendront après vous.

LXIV.

LOUIS XII ET FRANÇOIS Iᵉʳ.

Il vaut mieux être père de la patrie en gouvernant paisiblement son royaume, que de l'agrandir par des conquêtes.

Louis. — Mon cher cousin, dites-moi des nouvelles de la France. J'ai toujours aimé mes sujets comme mes enfans; j'avoue que j'en suis en peine. Vous étiez bien jeune en toute manière quand je vous laissai la couronne. Comment avez-vous gouverné mon pauvre royaume ?

Franç. — J'ai eu quelques malheurs; mais si vous voulez que je vous parle franchement, mon règne a donné à la France bien plus d'éclat que le vôtre.

Louis. — Hé mon Dieu ! c'est cet éclat que j'ai toujours craint. Je vous ai connu dès votre enfance d'un naturel à ruiner les finances, à hasarder tout pour la guerre, à ne rien soutenir avec patience, à renverser le bon ordre au dedans de l'Etat, et à tout gâter pour faire parler de vous.

Franç. — C'est ainsi que les vieilles gens sont toujours préoccupés contre ceux qui doivent être leurs successeurs. Mais voici le fait. J'ai soutenu une horrible guerre contre Charles-Quint empereur et roi d'Espagne. J'ai gagné en Italie les fameuses batailles de Marignan contre les Suisses, et de Cerisoles contre les Impériaux. J'ai vu le roi d'Angleterre ligué avec l'empereur contre la France; et j'ai rendu leurs efforts inutiles. J'ai cultivé les sciences : j'ai mérité d'être immortalisé par les gens de lettres; j'ai fait revivre le siècle d'Auguste au milieu de ma cour. J'y ai mis la magnificence, la politesse, l'érudition et la galanterie : avant moi tout étoit grossier, pauvre, ignorant, gaulois. Enfin je me suis fait nommer le père des lettres.

Louis. — Cela est beau, et je ne veux point en diminuer la gloire; mais j'aimerois encore mieux que vous eussiez été le père du peuple, que le père des lettres. Avez-vous laissé les Français dans la paix et dans l'abondance ?

Franç. — Non; mais mon fils, qui est jeune, soutiendra la guerre, et ce sera à lui à soulager enfin les peuples épuisés. Vous les ménagiez plus que moi; mais aussi vous faisiez foiblement la guerre.

Louis. — Vous l'avez donc faite sans doute avec de grands succès. Quelles sont vos conquêtes ? Avez-vous pris le royaume de Naples ?

Franç. — Non, j'ai eu d'autres expéditions à faire.

Louis — Du moins vous avez conservé le Milanez ?

Franç. — Il m'est arrivé bien des accidens imprévus.

Louis — Quoi donc ? Charles-Quint vous l'a enlevé ? Avez-vous perdu quelque bataille ? Parlez... : vous n'osez tout dire.

Franç. — J'y fus pris dans une bataille à Pavie.

Louis. — Comment ! pris ? Hélas ! en quel abîme s'est-il jeté par de mauvais conseils ! C'est donc ainsi que vous m'avez surpassé à la guerre ! Vous avez replongé la France dans les malheurs qu'elle souffrit sous le roi Jean. O pauvre France, que je te plains ! Je l'avois bien prévu. Hé bien ! je vous entends; il a fallu rendre des provinces entières, et payer des sommes immenses. Voilà à quoi aboutit ce faste, cette hauteur, cette témérité, cette ambition. Et la justice..., comment va-t-elle ?

Franç. — Elle m'a donné de grandes ressources. J'ai vendu les charges de magistrature.

Louis. — Et les juges qui les ont achetées vendront à leur tour la justice ! Mais tant de sommes levées sur le peuple ont-elles été bien employées pour lever et faire subsister les armées avec économie ?

Franç. — Il en a fallu une partie pour la magnificence de ma cour.

Louis. — Je parie que vos maîtresses y ont eu une plus grande part que les meilleurs officiers d'armée : si bien donc que le peuple est ruiné, la guerre encore allumée, la justice vénale, la cour livrée à toutes les folies des femmes galantes, tout l'état en souffrance. Voilà ce règne si brillant qui a effacé le mien. Un peu de modération vous auroit fait bien plus d'honneur.

Franç. — Mais j'ai fait plusieurs grandes choses qui m'ont fait louer comme un héros. On m'appelle le grand roi François.

Louis. — C'est-à-dire que vous avez été flatté pour votre argent, et que vous vouliez être héros aux dépens de l'Etat, dont la seule prospérité devoit faire toute votre gloire.

Franç. — Non, les louanges qu'on m'a données étoient sincères.

Louis. — Hé ! y a-t-il quelque roi si foible et si corrompu à qui on n'ait pas donné autant de louanges que vous en avez reçu ? Donnez-moi le plus indigne de tous les princes, on lui donnera tous les éloges qu'on vous a donnés. Après cela, acheter des louanges par tant de sang et par tant de sommes qui ruinent un royaume !

Franç. — Du moins j'ai eu la gloire de me soutenir avec constance dans mes malheurs.

Louis. — Vous auriez mieux fait de ne vous mettre jamais dans le besoin de faire éclater cette constance : le peuple n'avoit que faire de cet héroïsme. Le héros ne s'est-il point ennuyé en prison ?

Franç. — Oui, sans doute, et j'achetai la liberté bien chèrement.

LXV.

CHARLES-QUINT ET UN JEUNE MOINE DE SAINT-JUST.

On cherche souvent la retraite par inquiétude, plutôt que par un véritable esprit de religion.

Ch. — Allons, mon frère, il est temps de se lever ; vous dormez trop pour un jeune novice qui doit être fervent.

Le M. — Quand voulez-vous que je dorme, sinon pendant que je suis jeune ? Le sommeil n'est point incompatible avec la ferveur.

Ch. — Quand on aime l'Office, on est bientôt éveillé.

Le M. — Oui, quand on est à l'âge de votre Majesté ; mais au mien on dort tout debout.

Ch. — Hé bien ! mon frère, c'est aux gens de mon âge à éveiller la jeunesse trop endormie.

Le M. — Est-ce que vous n'avez plus rien de meilleur à faire ? Après avoir si long-temps troublé le repos du monde entier, ne sauriez-vous me laisser le mien ?

Ch. — Je trouve qu'en se levant ici de bon matin, on est encore bien en repos dans cette profonde solitude.

Le M. — Je vous entends, sacrée Majesté : quand vous vous êtes levé ici de bon matin, vous y trouvez la journée bien longue : vous êtes accoutumé à un plus grand mouvement ; avouez-le sans façon. Vous vous ennuyez de n'avoir ici qu'à prier Dieu, qu'à monter vos horloges, et qu'à éveiller de pauvres novices qui ne sont pas coupables de votre ennui.

Ch. — J'ai ici douze domestiques que je me suis réservés.

Le M. — C'est une triste conversation pour un homme qui étoit en commerce avec toutes les nations connues.

Ch. — J'ai un petit cheval pour me promener dans ce beau vallon orné d'orangers, de myrtes, de grenadiers, de lauriers et de mille fleurs, au pied de ces belles montagnes de l'Estramadure, couvertes de troupeaux innombrables.

Le M. Tout cela est beau ; mais tout cela ne parle point. Vous voudriez un peu de bruit et de fracas.

Ch. — J'ai cent mille écus de pension.

Le M. — Assez mal payés. Le Roi votre fils n'en a guère de soin.

Ch. — Il est vrai qu'on oublie bientôt les gens qui se sont dépouillés et dégradés.

Le M. — Ne comptiez-vous pas là-dessus quand vous avez quitté vos couronnes ?

Ch. — Je voyois bien que cela devoit être ainsi.

Le M. — Si vous avez compté là-dessus, pourquoi vous étonnez-vous de le voir arriver ? Tenez-vous-en à votre premier projet : renoncez à tout ; oubliez tout ; ne désirez plus rien ; reposez-vous, et laissez reposer les autres.

Ch. — Mais je vois que mon fils, après la bataille de Saint-Quentin, n'a pas su profiter de la victoire ; il devroit être déjà à Paris. Le comte d'Egmont lui a gagné une autre bataille à Gravelines ; et il laisse tout perdre. Voilà Calais repris par le duc de Guise sur les Anglais. Voilà ce même duc qui a pris Thionville pour couvrir Metz. Mon fils gouverne mal : il ne suit aucun de mes conseils ; il ne me paie point ma pension ; il méprise ma conduite et les plus fidèles serviteurs dont je me suis servi. Tout cela me chagrine et m'inquiète.

Le M. — Quoi ! n'étiez-vous venu chercher le repos dans cette retraite, qu'à condition que le Roi votre fils feroit des conquêtes, croiroit tous vos conseils, et achèveroit d'exécuter tous vos projets ?

Ch. — Non ; mais je croyois qu'il feroit mieux.

Le M. — Puisque vous avez tout quitté pour être en repos, demeurez-y, quoi qu'il arrive ; laissez faire le Roi votre fils comme il voudra. Ne faites point dépendre votre tranquillité de guerres qui agitent le monde ; vous n'en êtes sorti que pour n'en plus entendre parler. Mais, dites la vérité, vous ne connoissiez guère la solitude quand vous l'avez cherchée ; c'est par inquiétude que vous avez désiré le repos.

Ch. — Hélas ! mon pauvre enfant, tu ne dis que trop vrai ; et Dieu veuille que tu ne te sois point mécompté comme moi en quittant le monde dans ce noviciat !

LXVI.

CHARLES-QUINT ET FRANÇOIS Ier.

La justice et le bonheur ne se trouvent que dans la bonne foi, la droiture et le courage.

Ch. — Maintenant que toutes nos affaires sont finies, nous ne ferions pas mal de nous éclaircir sur les déplaisirs que nous nous sommes donnés l'un à l'autre.

Franç. — Vous m'avez fait beaucoup d'injustices et de tromperies ; je ne vous ai jamais fait de mal que par les lois de la guerre : vous m'avez arraché, pendant que j'étois en prison, l'hommage du comté de Flandre ; le vassal s'est prévalu de la force pour donner la loi à son souverain.

Ch. — Vous étiez libre de ne renoncer pas.

Franç. — Est-on libre en prison ?

Ch. — Les hommes foibles n'y sont pas libres : mais quand on a un vrai courage, on est libre partout. Si je vous eusse demandé votre couronne, l'ennui de votre prison vous auroit-il réduit à me la céder ?

Franç. — Non, sans doute ; j'aurois mieux aimé mourir que de faire cette lâcheté : mais, pour la mouvance du comté de Flandre, je vous l'abandonnai par lassitude, par ennui, par crainte d'être empoisonné, par l'intérêt de retourner dans mon royaume où tout avoit besoin de ma présence, enfin par l'état de langueur qui me menaçoit d'une mort prochaine. Et, en effet, je crois que je serois mort sans l'arrivée de ma sœur.

Ch. — Non-seulement un grand roi, mais un vrai chevalier, aime mieux mourir que de donner une parole, à moins qu'il ne soit résolu de la tenir à quelque prix que ce puisse être. Rien n'est si honteux que de dire qu'on a manqué de courage pour souffrir, et qu'on s'est délivré en promettant de mauvaise foi. Si vous étiez persuadé qu'il ne vous étoit pas permis de sacrifier la grandeur de votre État à la liberté de votre personne, il falloit savoir mourir en prison, mander à vos sujets de ne plus compter sur vous et de couronner votre fils : vous m'auriez bien embarrassé*. Un prisonnier qui a ce courage se met en liberté dans sa prison ; il échappe à ceux qui le tiennent.

Franç. — Ces maximes sont vraies. J'avoue que l'ennui et l'impatience m'ont fait promettre ce qui étoit contre l'intérêt de mon État, et que je ne pouvois exécuter ni éluder avec honneur. Mais est-ce à vous à me faire un tel reproche ? Toute votre vie n'est-elle pas un continuel manquement de parole ? D'ailleurs ma foiblesse ne vous excuse point. Un homme intrépide, il est vrai, se laisse égorger plutôt que de promettre ce qu'il ne peut pas tenir : mais un homme juste n'abuse point de la foiblesse d'un autre homme pour lui arracher, dans sa captivité, une promesse qu'il ne peut ni ne doit exécuter. Qu'auriez-vous fait, si je vous eusse retenu en France,

---

* Dans le temps où Fénelon composa ce dialogue, on ignoroit que François Ier eût eu en effet recours à cet expédient, qui ne contribua pas peu à accélérer sa délivrance. Ce fait important a été publié pour la première fois en 1774, par l'abbé Garnier, continuateur de Velly, qui en fit la découverte dans les *Registres du Parlement de Paris*. (*Hist. de France* : t. XXIV, p. 195, etc.) Il est étonnant que le cardinal Maury, qui attribue ailleurs nous cette découverte à l'abbé Garnier, en ait pris occasion de faire à l'archevêque de Cambrai le reproche si grave de *sacrifier quelquefois l'exactitude historique à la morale*, dont il fait le principal objet de ses leçons. (*Éloge de Fénelon* ; note : vers la fin de la 1re partie.) Est-ce donc *sacrifier l'exactitude historique à la morale*, que de raisonner sur le récit unanime des historiens qui racontent un fait? (*Édit. de Vers.*)

quand vous y passâtes, quelque temps après ma prison, pour aller dans les Pays-Bas? J'aurois pu vous demander la cession du Milanez que vous m'aviez usurpé.

Ch. — Je passois librement en France sur votre parole; vous n'étiez pas venu librement en Espagne sur la mienne.

Franç. — Il est vrai; je conviens de cette différence: mais comme vous m'aviez fait une injustice, en m'arrachant, dans ma prison, un traité désavantageux, j'aurois pu réparer ce tort en vous arrachant à mon tour un autre traité plus équitable; d'ailleurs je pouvois vous arrêter chez moi, jusqu'à ce que vous m'eussiez restitué mon bien, qui étoit le Milanez.

Ch. — Attendez; vous joignez plusieurs choses qu'il faut que je démêle. Je ne vous ai jamais manqué de parole à Madrid; et vous m'en auriez manqué à Paris, si vous m'eussiez arrêté sous aucun prétexte de restitution, quelque juste qu'elle pût être. C'étoit à vous à ne me permettre le passage qu'en me demandant le préliminaire de la restitution: mais comme vous ne l'avez point demandé, vous ne pouviez l'exiger en France sans violer votre promesse. D'ailleurs, croyez-vous qu'il soit permis de repousser la fraude par la fraude? Vous justifiez un malhonnête homme en l'imitant. Dès qu'une tromperie en attire une autre, il n'y a plus rien d'assuré parmi les hommes, et les suites funestes de cet engagement vont à l'infini. Le plus sûr pour vous-même est de ne vous venger du trompeur qu'en repoussant toutes ses ruses sans le tromper.

Franç. — Voilà une sublime philosophie; voilà Platon tout pur. Mais je vois bien que vous avez fait vos affaires avec plus de subtilité que moi; mon tort est de m'être fié à vous. Le connétable de Montmorenci aida à me tromper: il me persuada qu'il falloit vous piquer d'honneur, en vous laissant passer sans condition. Vous aviez déjà promis dès lors de donner l'investiture du duché de Milan au plus jeune de mes trois fils: après votre passage en France, vous réitérâtes encore cette promesse, toutes les fois que vous crûtes avoir besoin de m'en amuser. Si je n'eusse pas cru le connétable, je vous aurois fait rendre le Milanez avant que de vous laisser passer dans les Pays-Bas. Jamais je n'ai pu pardonner ce mauvais conseil de mon favori; je le chassai de ma cour.

Ch. — Plutôt que de rendre le Milanez, j'aurois traversé la mer.

Franç. — Votre santé, la saison, et les périls de la navigation, vous ôtoient cette ressource. Mais enfin, pourquoi me jouer si indignement à la face de toute l'Europe, et abuser de l'hospitalité la plus généreuse?

Ch. — Je voulois bien donner le duché de Milan à votre troisième fils: un duc de Milan de la maison de France ne m'auroit guère plus embarrassé que les autres princes d'Italie. Mais votre second fils, pour lequel vous demandiez cette investiture, étoit trop près de succéder à la couronne; il n'y avoit entre vous et lui que le Dauphin qui mourut. Si j'avois donné l'investiture au second, il se seroit bientôt trouvé tout ensemble roi de France et duc de Milan; par là toute l'Italie auroit été à jamais dans la servitude. C'est ce que j'ai prévu, et c'est ce qui j'ai dû éviter.

Franç. — Servitude pour servitude, ne valoit-il pas mieux rendre le Milanez à son maître légitime, qui étoit moi, que de le retenir dans vos mains sans aucune apparence de droit? Les Français qui n'avoient plus un pouce de terre en Italie, étoient moins à craindre dans le Milanez pour la liberté publique, que la maison d'Autriche revêtue du royaume de Naples et des droits de l'empire sur tous les fiefs qui relèvent de lui en ce pays-là. Pour moi, je dirai franchement, toute subtilité à part, la différence de nos deux procédés. Vous aviez toujours assez d'adresse pour mettre les formes de votre côté, pour me tromper dans le fond: j'avois tout au contraire assez d'honneur pour aller droit dans le fond; mais, par foiblesse, par impatience, ou par légèreté, je ne prenois pas assez de précautions, et les formes étoient contre moi. Ainsi je n'étois trompeur qu'en apparence, et vous l'étiez dans l'essentiel. Pour moi, j'ai été assez puni de mes fautes dans le temps où je les ai faites. Pour vous, j'espère que la fausse politique de votre fils me vengera assez de votre injuste ambition. Il vous a contraint de vous dépouiller pendant votre vie: vous êtes mort dégradé et malheureux, vous qui aviez prétendu mettre toute l'Europe dans les fers. Ce fils achèvera son ouvrage: sa jalousie et sa défiance tyrannique abattra toute vertu et toute émulation chez les Espagnols; le mérite, devenu suspect et odieux, n'osera paroître; l'Espagne n'aura plus ni grand capitaine, ni génie élevé dans les négociations, ni discipline militaire, ni bonne police dans les peuples. Ce roi, toujours caché et toujours impraticable, comme les rois de l'Orient, abattra le dedans de l'Espagne, et soulèvera les nations éloignées qui dépendent de cette monarchie. Ce grand corps tombera de lui-même, et ne servira plus que d'exemple de la vanité des trop grandes fortunes. Un Etat réuni et médiocre, quand il est bien peuplé, bien policé, bien cultivé pour les arts et pour les sciences utiles; quand il est d'ailleurs gouverné selon ses lois avec modération, par un prince qui rend lui-même la justice, et qui va lui-même à la guerre, promet quelque chose de plus heureux qu'une vaste monarchie, qui n'a plus de tête pour réunir le gouvernement. Si vous ne voulez pas m'en croire, attendez un peu; nos arrière-neveux vous en diront des nouvelles.

Ch. — Hélas! je ne prévois que trop la vérité de vos prédictions. La prévoyance de ces malheurs, qui renverseront tous mes ouvrages, m'a découragé, et m'a fait quitter l'empire. Cette inquiétude troubloit mon repos dans ma solitude de Saint-Just.

LXVII.

HENRI III ET LA DUCHESSE DE MONTPENSIER.

Caractère foible et dissimulé de Henri : sa dévotion bizarre.

Henr. — Bonjour, ma cousine. Ne sommes-nous pas raccommodés au moins après notre mort?

La D. — Moins que jamais. Je ne saurois vous pardonner tous vos massacres, et surtout le sang de ma famille cruellement répandu.

Henr. — Vous m'avez fait plus de mal dans Paris avec votre Ligue, que je ne vous en ai fait par les choses que vous me reprochez. Faisons compensation, et soyons bons amis.

La D. — Non, je ne serai jamais amie d'un homme qui a conseillé l'horrible massacre de Blois.

Henr. — Mais le duc de Guise m'avoit poussé à bout. Avez-vous oublié la journée des barricades, où il vint faire le roi de Paris, et me chasser du Louvre? Je fus contraint de me sauver par les Tuileries et par les Feuillans.

La D. — Mais il s'étoit réconcilié avec vous par la médiation de la Reine-mère. On dit que vous aviez communié avec lui, en rompant tous une même hostie, et que vous aviez juré sa conservation.

Henr. — Mes ennemis ont dit bien des choses sans preuve, pour donner plus de crédit à la Ligue. Mais enfin je ne pouvois plus être roi si votre frère n'eût été abattu.

La D. — Quoi! vous ne pouviez plus être roi sans tromper et sans faire assassiner? Quel moyen de maintenir votre autorité? Pourquoi signer l'union? pourquoi la faire signer à tout le monde aux états de Blois? Il falloit résister courageusement; c'étoit la vraie manière d'être roi. La royauté bien entendue consiste à demeurer ferme dans la raison et à se faire obéir.

Henr. — Mais je ne pouvois m'empêcher de suppléer à la force par l'adresse et par la politique.

La D. — Vous vouliez ménager les Huguenots et les Catholiques, et vous vous rendiez méprisable aux uns et aux autres.

Henr. — Non, je ne ménageois point les Huguenots.

La D. — Les conférences de la Reine avec eux, et les soins que vous preniez de les flatter toutes les fois que vous vouliez contre-balancer le parti de l'union, vous rendoient suspect à tous les Catholiques.

Henr. — Mais d'ailleurs ne faisois-je pas tout ce qui dépendoit de moi pour témoigner mon zèle sur la religion?

La D. — Oui, mille grimaces ridicules, et qui étoient démenties par d'autres actions scandaleuses. Aller en masque le mardi gras, et le jour des Cendres à la procession en sac de pénitent avec un grand fouet; porter à votre ceinture un grand chapelet long d'une aune avec des grains qui étoient de petites têtes de mort, et porter en même temps à votre cou un panier pendu à un ruban, qui étoit plein de petits épagneuls, dont vous faisiez tous les ans une dépense de cent mille écus; faire des confréries, des vœux, des pèlerinages, des oratoires; passer sa vie avec des Feuillans, des Minimes, des Hiéronymitains, qu'on fait venir d'Espagne; et de l'autre passer sa vie avec ces infâmes mignons; découper, coller des images, et se jeter en même temps dans les curiosités de la magie, dans l'impiété et dans la politique de Machiavel; enfin courir la bague en femme, faire des repas avec vos mignons, où vous étiez servi par des femmes nues et déchevelées; puis faire le dévot, et chercher partout des ermitages : quelle disproportion! Aussi dit-on que votre médecin Miron assuroit que cette humeur noire qui causoit tant de bizarreries, ou vous feroit mourir bientôt, ou vous feroit tomber dans la folie.

Henr. — Tout cela étoit nécessaire pour ménager les esprits; je donnois des plaisirs aux gens débauchés, et de la dévotion aux dévots, pour les tenir tous.

La D. — Vous les avez fort bien tenus. C'est

ce qui a fait dire que vous n'étiez bon qu'à tondre et à faire moine.

Henr. — Je n'ai pas oublié ces ciseaux que vous montriez à tout le monde, disant que vous les portiez pour me tondre.

La D. — Vous m'aviez assez outragée pour mériter cette insulte.

Henr. — Mais enfin que pouvois-je faire? il falloit ménager tous les partis.

La D. — Ce n'est point les ménager, que de montrer de la foiblesse, de la dissimulation et de l'hypocrisie de tous les côtés.

Henr. — Chacun parle bien à son aise : mais on a besoin de bien des gens quand on trouve tant de gens prêts à se révolter.

La D. — Voyez le roi de Navarre, votre cousin. Vous avez trouvé tout votre royaume soumis; et vous l'avez laissé tout en feu par une cruelle guerre civile : lui, sans dissimulation, massacre ni hypocrisie, a conquis le royaume entier qui refusoit de le reconnoître; il a tenu dans ses intérêts les Huguenots en quittant leur religion; il a attiré tous les Catholiques, et dissipé la Ligue si puissante. Ne cherchez point à vous excuser; les choses ne valent que ce qu'on les fait valoir.

LXVIII.

HENRI III ET HENRI IV.

Différence entre un roi qui se fait craindre et haïr par la cruauté et la finesse, et un roi qui se fait aimer par la sincérité et le désintéressement de son caractère.

H. III. — Hé! mon pauvre cousin, vous voilà tombé dans le même malheur que moi.

H. IV. — Ma mort a été violente comme la vôtre; mais personne ne vous a regretté que vos mignons, à cause des biens immenses que vous répandiez sur eux avec profusion. Pour moi, toute la France m'a pleuré comme le père de toutes les familles. On me proposera, dans la suite des siècles, comme le modèle d'un bon et sage roi. Je commençois à mettre le royaume dans le calme, dans l'abondance et dans le bon ordre.

H. III. — Quand je fus tué à Saint-Cloud, j'avois déjà abattu la ligue; Paris étoit prêt à se rendre : j'aurois bientôt rétabli mon autorité.

H. IV. — Mais quel moyen de rétablir votre réputation si noircie? Vous passiez pour un fourbe, un hypocrite, un impie, un homme efféminé et dissolu. Quand on a une fois perdu la réputation de probité et de bonne foi, on n'a jamais une autorité tranquille et assurée. Vous vous étiez défait des deux Guises à Blois; mais vous ne pouviez jamais vous défaire de tous ceux qui avoient horreur de vos fourberies.

H. III. — Hé! ne savez-vous pas que l'art de dissimuler est l'art de régner?

H. IV. — Voilà les belles maximes que du Guast et quelques autres vous avoient inspirées. L'abbé d'Elbène et les autres Italiens vous avoient mis dans la tête la politique de Machiavel. La Reine votre mère vous avoit nourri dans ces sentimens. Mais elle eut bien sujet de s'en repentir; elle eut ce qu'elle méritoit : elle vous avoit appris à être dénaturé; vous le fûtes contre elle.

H. III. — Mais quel moyen d'agir sincèrement et de se confier aux hommes? Ils sont tous déguisés et corrompus.

H. IV. — Vous le croyez, parce que vous n'avez jamais vu d'honnêtes gens, et vous ne croyez pas qu'il y en puisse avoir au monde. Mais vous n'en cherchiez pas : au contraire, vous les fuyiez, et ils vous fuyoient; ils vous étoient suspects et incommodes. Il vous falloit des scélérats qui vous inventassent de nouveaux plaisirs, qui fussent capables des crimes les plus noirs, et devant lesquels rien ne vous fît souvenir ni de la religion, ni de la pudeur violées. Avec de telles mœurs, on n'a garde de trouver des gens de bien. Pour moi, j'en ai trouvé; j'ai su m'en servir dans mon conseil, dans les négociations étrangères, dans plusieurs charges; par exemple, Sully, Jeannin, d'Ossat, etc.

H. III. — A vous entendre parler, on vous prendroit pour un Caton; votre jeunesse a été aussi déréglée que la mienne.

H. IV. — Il est vrai; j'ai été inexcusable dans ma passion honteuse pour les femmes : mais, dans mes désordres, je n'ai jamais été ni trompeur, ni méchant, ni impie; je n'ai été que foible. Le malheur m'a beaucoup servi; car j'étois naturellement paresseux et trop adonné aux plaisirs. Si je fusse né roi, je me serois peut-être déshonoré : mais la mauvaise fortune à vaincre et mon royaume à conquérir, m'ont mis dans la nécessité de m'élever au-dessus de moi-même.

H. III. — Combien avez-vous perdu de belles occasions de vaincre vos ennemis, pendant que vous vous amusiez sur les bords de la Garonne à soupirer pour la comtesse de Guiche. Vous étiez comme Hercule filant auprès d'Omphale.

H. IV. — Je ne puis le désavouer; mais Coutras, Ivri, Arques, Fontaine-Française, réparent un peu...

H. III — N'ai-je pas gagné les batailles de Jarnac et de Moncontour ?

H. IV. — Oui ; mais le roi Henri III soutint mal les espérances qu'on avoit conçues du duc d'Anjou. Henri IV, au contraire, a mieux valu que le roi de Navarre.

H. III. — Vous croyez donc que je n'ai point ouï parler de la duchesse de Beaufort, de la marquise de Verneuil, de la..... ? Mais je ne puis les compter toutes, tant il y en a eu.

H. IV. — Je n'en désavoue aucune, et je passe condamnation. Mais je me suis fait aimer et craindre : j'ai détesté cette politique cruelle et trompeuse dont vous étiez si empoisonné, et qui a causé tous vos malheurs ; j'ai fait la guerre avec vigueur ; j'ai conclu au dehors une solide paix ; au dedans j'ai policé l'Etat, et je l'ai rendu florissant ; j'ai rangé les grands à leur devoir, et même les plus insolens favoris ; tout cela sans tromper, sans assassiner, sans faire d'injustice, me fiant aux gens de bien, et mettant toute ma gloire à soulager les peuples.

LXIX.

HENRI IV ET LE DUC DE MAYENNE.

Les malheurs font les héros et les bons rois.

HENR. — Mon cousin, j'ai oublié tout le passé, et je suis bien aise de vous voir.

LE DUC. — Vous êtes trop bon, sire, d'oublier mes fautes ; il n'y a rien que je ne voulusse faire pour en effacer le souvenir.

HENR. Promenons-nous dans cette allée entre ces deux canaux ; et, en nous promenant, nous parlerons d'affaires.

LE D. — Je suivrai avec joie Votre Majesté.

HENR. — Hé bien ! mon cousin, je ne suis plus ce pauvre Béarnais qu'on vouloit chasser du royaume. Vous souvenez-vous du temps que nous étions à Arques, et que vous mandiez à Paris que vous m'aviez acculé au bord de la mer, et qu'il faudroit que je me précipitasse dedans pour pouvoir me sauver ?

LE D. — Il est vrai ; mais il est vrai aussi que vous fûtes sur le point de céder à la mauvaise fortune, et que vous auriez pris le parti de vous retirer en Angleterre, si Biron ne vous eût représenté les suites d'un tel parti.

HENR. — Vous parlez franchement, mon cousin, et je ne le trouve point mauvais. Allez, ne craignez rien, et dites tout ce que vous aurez sur le cœur.

LE D. — Mais je n'en ai peut-être déjà que trop dit ; les rois ne veulent point qu'on nomme les choses par leurs noms. Ils sont accoutumés à la flatterie ; ils en font une partie de leur grandeur. L'honnête liberté avec laquelle on parle aux autres hommes les blesse ; ils ne veulent point qu'on ouvre la bouche que pour les louer et les admirer. Il ne faut pas les traiter en hommes ; il faut dire qu'ils sont toujours et partout des héros.

HENR. — Vous en parlez si savamment, qu'il paroît bien que vous en avez l'expérience. C'est ainsi que vous étiez flatté et encensé pendant que vous étiez le roi de Paris.

LE D. — Il est vrai qu'on m'a amusé par beaucoup de vaines flatteries, qui m'ont donné de fausses espérances, et fait faire de grandes fautes.

HENR. — Pour moi, j'ai été instruit par mon malheur. De telles leçons sont rudes ; mais elles sont bonnes, et il m'en restera toute ma vie d'écouter plus volontiers qu'un autre mes vérités. Dites-les moi donc, mon cher cousin, si vous m'aimez.

LE D. — Tous nos mécomptes sont venus de l'idée que nous avions conçue de vous dans votre jeunesse. Nous savions que les femmes vous amusoient partout ; que la comtesse de Guiche vous avoit fait perdre tous les avantages de la bataille de Coutras ; que vous aviez été jaloux de votre cousin le prince de Condé, qui paroissoit plus ferme, plus sérieux, et plus appliqué que vous aux grandes affaires, et qui avoit avec un bon esprit une grande vertu. Nous vous regardions comme un homme mou et efféminé, que la Reine-mère avoit trompé par mille intrigues d'amourettes, qui avoit fait tout ce qu'on avoit voulu dans le temps de la Saint-Barthélemi pour changer de religion, qui s'étoit encore soumis, après la conjuration de La Môle, à tout ce que la Cour voulut. Enfin nous espérions avoir bon marché de vous. Mais en vérité, sire, je n'en puis plus ; me voilà tout en sueur et hors d'haleine. Votre Majesté est aussi maigre et aussi légère que je suis gros et pesant : je ne puis plus la suivre.

HENR. — Il est vrai, mon cousin, que j'ai pris plaisir à vous lasser ; mais c'est aussi le seul mal que je vous ferai de ma vie. Achevez ce que vous avez commencé.

LE D. — Vous nous avez bien surpris, quand nous vous avons vu, à cheval nuit et jour ;

faire des actions d'une vigueur et d'une diligence incroyable, à Cahors, à Eause en Gascogne, à Arques en Normandie, à Ivri, devant Paris, à Arnai-le-Duc et à Fontaine-Française. Vous avez su gagner la confiance des Catholiques sans perdre les Huguenots; vous avez choisi des gens capables et dignes de votre confiance pour les affaires; vous les avez consultés sans jalousie, et avez su profiter de leurs bons avis sans vous laisser gouverner; vous nous avez prévenus partout; vous êtes devenu un autre homme, ferme, vigilant, laborieux, tout à vos devoirs.

Henr. — Je vois bien que ces vérités si hardies que vous me deviez dire se tournent en louanges; mais il faut revenir à ce que je vous ai dit d'abord, qui est que je dois tout ce que je suis à ma mauvaise fortune. Si je me fusse trouvé d'abord sur le trône, environné de pompe, de délices et de flatteries, je me serois endormi dans les plaisirs. Mon naturel penchoit à la mollesse; mais j'ai senti la contradiction des hommes, et le tort que mes défauts me pouvoient faire: il a fallu m'en corriger, m'assujettir, me contraindre, suivre de bons conseils, profiter de mes fautes, entrer dans toutes les affaires: voilà ce qui redresse et forme les hommes.

LXX.

SIXTE-QUINT ET HENRI IV.

Les grands hommes s'estiment malgré l'opposition de leurs intérêts.

Sixt. — Il y a long-temps que j'étois curieux de vous voir. Pendant que nous étions tous deux en bonne santé, cela n'étoit guère possible; la mode des conférences entre les papes et les rois étoit déjà passée en notre temps. Cela étoit bon pour Léon X et François Ier, qui se virent à Bologne, et pour Clément VII, avec le même roi à Marseille, pour le mariage de Catherine de Médicis. J'aurois été ravi d'avoir de même avec vous une conférence; mais je n'étois pas libre, et votre religion ne me le permettoit pas.

Henr. — Vous voilà bien radouci; la mort, je le vois bien, vous a mis à la raison. Dites la vérité, vous n'étiez pas de même du temps que je n'étois encore que ce pauvre Béarnais excommunié.

Sixt. — Voulez-vous que je vous parle sans déguisement? D'abord je crus qu'il n'y avoit qu'à vous pousser à toute extrémité. J'avois par là bien embarrassé votre prédécesseur; aussi le fis-je bien repentir d'avoir osé faire massacrer un cardinal de la sainte Eglise. S'il n'eût fait tuer que le duc de Guise, il en eût eu meilleur marché : mais attaquer la sacrée pourpre, c'étoit un crime irrémissible; je n'avois garde de tolérer un attentat d'une si dangereuse conséquence. Il me parut capital, après la mort de votre cousin, d'user contre vous de rigueur comme contre lui, d'animer la Ligue, et de ne laisser point monter sur le trône de France un hérétique. Mais bientôt j'aperçus que vous prévaudriez sur la Ligue, et votre courage me donna bonne opinion de vous. Il y avoit deux personnes dont je ne pouvois avec aucune bienséance être ami, et que j'aimois naturellement.

Henr. — Qui étoient donc ces deux personnes qui avoient su vous plaire?

Sixt. — C'étoit vous et la reine Elisabeth d'Angleterre.

Henr. — Pour elle, je ne m'étonne pas qu'elle fût selon votre goût. Premièrement elle étoit pape aussi bien que vous, étant chef de l'Eglise anglicane; et c'étoit un pape aussi fier que vous; elle savoit se faire craindre et faire voler les têtes. Voilà sans doute ce qui lui a mérité l'honneur de vos bonnes grâces.

Sixt. — Cela n'y a pas nui; j'aime les gens vigoureux, et qui savent se rendre maîtres des autres. Le mérite que j'ai reconnu en vous et qui m'a gagné le cœur, c'est que vous avez battu la Ligue, ménagé la noblesse, tenu la balance entre les Catholiques et les Huguenots. Un homme qui sait faire tout cela, est un homme, et je ne le méprise point comme son prédécesseur, qui perdoit tout par sa mollesse, et qui ne se relevoit que par des tromperies. Si j'eusse vécu, je vous aurois reçu à l'abjuration sans vous faire languir. Vous en auriez été quitte pour quelques petits coups de baguette, et pour déclarer que vous receviez la couronne de roi Très-Chrétien de la libéralité du Saint-Siége.

Henr. — C'est ce que je n'eusse jamais accepté; j'aurois plutôt recommencé la guerre.

Sixt. — J'aime à vous voir cette fierté. Mais, faute d'être assez appuyé de mes successeurs, vous avez été exposé à tant de conjurations, qu'enfin on vous a fait périr.

Henr. — Il est vrai; mais vous, avez-vous été épargné? La cabale espagnole ne vous a pas mieux traité que moi; le fer ou le poison, cela est bien égal. Mais allons voir cette bonne reine que vous aimez tant; elle a su régner tranquillement, et plus long-temps que vous et moi.

LXXI.

LES CARDINAUX XIMÉNÈS ET DE RICHELIEU.

La vertu vaut mieux que la naissance.

Xim. — Maintenant que nous sommes ensemble, je vous conjure de me dire s'il est vrai que vous avez songé à m'imiter.

Rich. — Point. J'étois trop jaloux de la bonne gloire, pour vouloir être la copie d'un autre. J'ai toujours montré un caractère hardi et original.

Xim. — J'avois ouï dire que vous aviez pris La Rochelle, comme moi Oran ; abattu les Huguenots, comme je renversai les Maures de Grenade pour les convertir ; protégé les lettres, abaissé l'orgueil des grands, relevé l'autorité royale, établi la Sorbonne comme mon université d'Alcala de Hénarès, et même profité de la faveur de la reine Marie de Médicis, comme je fus élevé par celle d'Isabelle de Castille.

Rich. — Il est vrai qu'il y a entre nous certaines ressemblance que le hasard a faites : mais je n'ai envisagé aucun modèle ; je me suis contenté de faire les choses que le temps et les affaires m'ont offertes pour la gloire de la France. D'ailleurs nos conditions étoient bien différentes. J'étois né à la Cour ; j'y avois été nourri : dès ma plus grande jeunesse, j'étois évêque de Luçon et secrétaire d'État, attaché à la Reine et au maréchal d'Ancre. Tout cela n'a rien de commun avec un moine obscur et sans appui, qui n'entre dans le monde et dans les affaires qu'à soixante ans.

Xim. — Rien ne me fait plus d'honneur que d'y être entré si tard. Je n'ai jamais eu de vues d'ambition, ni d'empressement ; je comptois d'achever dans le cloître ma vie déjà bien avancée. Le cardinal de Mendoza, archevêque de Tolède, me fit confesseur de la Reine ; la Reine, prévenue pour moi, me fit successeur de ce cardinal pour l'archevêché de Tolède, contre le désir du Roi, qui vouloit y mettre son bâtard ; ensuite je devins le principal conseil de la Reine dans ses peines à l'égard du Roi. J'entrepris la conversion de Grenade après que Ferdinand en eut fait la conquête. La Reine mourut. Je me trouvai entre Ferdinand et son gendre Philippe d'Autriche. Je rendis de grands services à Ferdinand après la mort de Philippe. Je procurai l'autorité au beau-père. J'administrai les affaires, malgré les grands, avec vigueur. Je fis ma conquête d'Oran, où j'étois en personne, conduisant tout, et n'ayant point là de roi qui eût part à cette action comme vous à La Rochelle et au Pas-de-Suse. Après la mort de Ferdinand, je fus régent dans l'absence du jeune prince Charles. C'est moi qui empêchai les communautés d'Espagne de commencer la révolte qui arriva après ma mort : je fis changer le gouverneur et les officiers du second infant Ferdinand, qui vouloient le faire roi au préjudice de son frère aîné. Enfin je mourus tranquille, ayant perdu toute autorité par l'artifice des Flamands, qui avoient prévenu le roi Charles contre moi. En tout cela je n'ai jamais fait aucun pas vers la fortune ; les affaires me sont venues trouver, et je n'y ai regardé que le bien public. Cela est plus honorable que d'être né à la Cour, fils d'un grand-prévôt, chevalier de l'Ordre.

Rich. — La naissance ne diminue jamais le mérite des grandes actions.

Xim. — Non ; mais puisque vous me poussez, je vous dirai que le désintéressement et la modération valent mieux qu'un peu de naissance.

Rich. — Prétendez-vous comparer votre gouvernement au mien ? Avez-vous changé le système du gouvernement de toute l'Europe ? J'ai abattu cette maison d'Autriche que vous avez servie, mis dans le cœur de l'Allemagne un roi de Suède victorieux, révolté la Catalogne, relevé le royaume de Portugal usurpé par les Espagnols, rempli la chrétienté de mes négociations.

Xim. — J'avoue que je ne dois point comparer mes négociations aux vôtres ; mais j'ai soutenu toutes les affaires les plus difficiles de Castille avec fermeté, sans intérêt, sans ambition, sans vanité, sans foiblesse. Dites-en autant, si vous le pouvez.

LXXII.

LA REINE MARIE DE MÉDICIS ET LE CARDINAL DE RICHELIEU.

Vanité de l'astrologie.

Rich. — Ne puis-je pas espérer, madame, de vous apaiser en me justifiant au moins après ma mort ?

Mar. — Otez-vous de devant moi, ingrat, perfide, scélérat, qui m'avez brouillée avec mon fils, et qui m'avez fait finir une vie misérable hors du royaume. Jamais domestique n'a dû tant de bienfaits à sa maîtresse, et ne l'a traitée si indignement.

Rich. — Je n'aurois jamais perdu votre confiance, si vous n'aviez pas écouté des brouillons. Bérulle, la du Fargis, les Marillac, ont commencé. Ensuite vous vous êtes livrée au P. Chanteloube, à Saint-Germain de Mourgues, et à Fabroni, qui étoient des têtes mal faites et dangereuses. Avec de telles gens, vous n'aviez pas moins de peine à bien vivre avec Monsieur à Bruxelles, qu'avec le Roi à Paris. Vous ne pouviez plus supporter ces beaux conseillers, et vous n'aviez pas le courage de vous en défaire.

Mar. — Je les aurois chassés pour me raccommoder avec le Roi mon fils. Mais il falloit faire des bassesses, revenir sans autorité, et subir votre joug tyrannique : j'aimois mieux mourir.

Rich. — Ce qui étoit le plus bas et le moins digne de vous, c'étoit de vous unir à la maison d'Autriche, dans des négociations publiques, contre l'intérêt de la France. Il auroit mieux valu vous soumettre au Roi votre fils; mais Fabroni vous en détournoit toujours par des prédictions.

Mar. — Il est vrai qu'il m'assuroit toujours que la vie du Roi ne seroit pas longue.

Rich. — C'étoit une prédiction bien facile à faire : la santé du Roi étoit très-mauvaise, et il la gouvernoit très-mal. Mais votre astrologue auroit dû vous prédire que vous vivriez encore moins que le Roi. Les astrologues ne disent jamais tout, et leurs prédictions ne font jamais prendre des mesures justes.

Mar. — Vous vous moquez de Fabroni, comme un homme qui n'auroit jamais été crédule sur l'astrologie judiciaire. N'aviez-vous pas de votre côté le P. Campanelle qui vous flattoit par ses horoscopes.

Rich. — Au moins le P. Campanelle disoit la vérité; car il me promettoit que Monsieur ne régneroit jamais, et que le Roi auroit un fils qui lui succéderoit. Le fait est arrivé, et Fabroni vous a trompée.

Mar. — Vous justifiez par ce discours l'astrologie judiciaire et ceux qui y ajoutent foi; car vous reconnoissez la vérité des prédictions du P. Campanelle. Si un homme instruit comme vous, et qui se piquoit d'être un si fort génie, a été si crédule sur les horoscopes, faut-il s'étonner qu'une femme l'ait été aussi? Ce qu'il y a de vrai et de plaisant, c'est que, dans l'affaire la plus sérieuse et la plus importante de toute l'Europe, nous nous déterminions de part et d'autre, non sur les vraies raisons de l'affaire, mais sur les promesses de nos astrologues. Je ne voulois point revenir, parce qu'on me faisoit toujours attendre la mort du Roi; et vous, de votre côté, vous ne craigniez point de tomber dans mes mains ou dans celles de Monsieur à la mort du Roi, parce que vous comptiez sur l'horoscope qui vous répondoit de la naissance d'un Dauphin. Quand on veut faire le grand homme, on affecte de mépriser l'astrologie; mais quoiqu'on fasse en public l'esprit fort, on est curieux et crédule en secret.

Rich. — C'est une foiblesse indigne d'une bonne tête. L'astrologie est la cause de tous vos malheurs, et a empêché votre réconciliation avec le Roi. Elle a fait autant de mal à la France qu'à vous; c'est une peste dans tous les cours. Les biens qu'elle promet ne servent qu'à enivrer les hommes, et qu'à les endormir par de vaines espérances : les maux dont elle menace ne peuvent point être évités par la prédiction, et rendent par avance une personne malheureuse. Il vaut donc mieux ignorer l'avenir, quand même on pourroit en découvrir quelque chose par l'astrologie.

Mar. — J'étois née italienne, et au milieu des horoscopes. J'avois vu en France des prédictions véritables de la mort du Roi mon mari.

Rich. — Il étoit aisé d'en faire. Les restes d'un dangereux parti songeoient à le faire périr. Plusieurs parricides avoient déjà manqué leur coup. Le danger de la vie du Roi étoit manifeste. Peut-être que les gens qui abusoient de votre confiance n'en savoient que trop de nouvelles. D'ailleurs, les prédictions viennent après coup, et on n'en examine guère la date. Chacun est ravi de favoriser ce qui est extraordinaire.

Mar. — J'aperçois, en passant, que votre ingratitude s'étend jusque sur le pauvre maréchal d'Ancre, qui vous avoit élevé à la Cour. Mais venons au fait. Vous croyez donc que l'astrologie n'a point de fondement? Le P. Campanelle n'a-t-il pas dit la vérité? ne l'a-t-il pas dite contre la vraisemblance? Quelle apparence que le Roi eût un fils après vingt-un ans de mariage sans en avoir? Répondez.

Rich. — Je réponds que le Roi et la Reine étoient encore jeunes, et que les médecins, plus dignes d'être crus que les astrologues, comptoient qu'ils pourroient avoir des enfans. De plus, examinez les circonstances. Fabroni, pour vous flatter, assuroit que le Roi mourroit bientôt sans enfans. Il avoit d'abord bien pris ses avantages; il prédisoit ce qui étoit le plus vraisemblable. Que restoit-il à faire pour le P. Campanelle? Il falloit qu'il me donnât de son côté de grandes espérances; sans cela il n'y a pas de l'eau à boire dans ce métier. C'étoit à lui à dire le contraire de Fabroni, et à soutenir la gageure. Pour moi, je voulois être sa dupe; et, dans l'incertitude de l'événement, l'opinion populaire, qui faisoit espérer un Dauphin contre la cabale de Monsieur, n'étoit pas inutile pour soutenir mon autorité. Enfin il n'est pas étonnant que, parmi tant de prédictions frivoles dont on ne remarque point la fausseté, il s'en trouve une dans tout un siècle qui réussisse par un jeu du hasard. Mais remarquez le bonheur de l'astrologie: il falloit que Fabroni ou Campanelle fût confondu; du moins il auroit fallu donner d'étranges contorsions à leurs horoscopes pour les concilier, quoique le public soit si indulgent pour se payer des plus grossières équivoques sur l'accomplissement des prédictions. Mais enfin, en quelque péril que fût la réputation des deux astrologues, la gloire de l'astrologie étoit en pleine sûreté: il falloit que l'un des deux eût raison; c'étoit une nécessité que le Roi eût des enfans ou qu'il n'en eût pas. Lequel des deux qui pût arriver, l'astrologie triomphoit. Vous voyez par là qu'elle triomphe à bon marché. On ne manque pas de dire maintenant que les principes sont certains, mais que Campanelle avoit mieux pris le moment de la nativité du Roi que Fabroni.

Mar. — Mais j'ai toujours ouï dire qu'il y a des règles infaillibles pour connoître l'avenir par les astres.

Rich. — Vous l'avez ouï dire comme une infinité d'autres choses que la vanité de l'esprit humain a autorisées. Mais il est certain que cet art n'a rien que de faux et de ridicule.

Mar. — Quoi! vous doutez que les cours des astres et leurs influences ne fassent les biens et les maux des hommes?

Rich. — Non, je n'en doute point; car je suis convaincu que l'influence des astres n'est qu'une chimère. Le soleil influe sur nous par la chaleur de ses rayons; mais tous les autres astres, par leur distance, ne sont à notre égard que comme une étincelle de feu. Une bougie, bien allumée, a bien plus de vertu, d'un bout de chambre à l'autre, pour agir sur nos corps, que Jupiter et Saturne n'en ont pour agir sur le globe de la terre. Les étoiles fixes, qui sont infiniment plus éloignées que les planètes, sont encore bien plus hors de portée de nous faire du bien ou du mal.

D'ailleurs les principaux événemens de la vie roulent sur nos volontés libres; les astres ne pourroient agir par leurs influences que sur nos corps, et indirectement sur nos ames, qui seroient toujours libres de résister à leurs impressions, et de rendre les prédictions fausses.

Mar. — Je ne suis pas assez savante, et je ne sais si vous l'êtes assez vous-même pour décider cette question de philosophie; car on a toujours dit que vous étiez plus politique que savant. Mais je voudrois que vous eussiez entendu parler Fabroni sur les rapports qu'il y a entre les noms des astres et leurs propriétés.

Rich. — C'est précisément le foible de l'astrologie. Les noms des astres et des constellations leur ont été donnés sur les métamorphoses et sur les fables les plus puériles des poètes. Pour les constellations, elles ne ressemblent par leur figure à aucune des choses dont on leur a imposé le nom. Par exemple, la Balance ne ressemble pas plus à une balance qu'à un moulin à vent, Le Bélier, le Scorpion, le Sagittaire, les deux Ourses, n'ont aucun rapport raisonnable à ces noms. Les astrologues ont raisonné vainement sur ces noms imposés au hasard, par rapport aux fables des poètes. Jugez s'il n'est pas ridicule de prétendre sérieusement fonder toute une science de l'avenir sur des noms appliqués au hasard, sans aucun rapport naturel à ces fables, dont on ne peut qu'endormir les enfans. Voilà le fond de l'astrologie.

Mar. — Il faut ou que vous soyez devenu bien plus sage que vous ne l'étiez, ou que vous soyez encore un grand fourbe, de parler ainsi contre vos sentimens; car personne n'a jamais été plus passionné que vous pour les prédictions. Vous en cherchiez partout, pour flatter votre ambition sans bornes. Peut-être que vous avez changé d'avis depuis que vous n'avez plus rien à espérer du côté des astres. Mais enfin vous avez un grand désavantage pour me persuader, qui est d'avoir en cela, comme en tout le reste, toujours démenti vos paroles par votre conduite.

Rich. — Je vois bien, Madame, que vous avez oublié mes services d'Angoulême et de Tours, pour ne vous souvenir que de la journée des dupes et du voyage de Compiègne. Pour moi, je ne veux point oublier le respect que je vous dois, et je me retire. Aussi bien ai-je aperçu l'ombre pâle et bilieuse de M. d'Epernon, qui s'approche avec toute sa fierté gasconne. Je serois mal entre vous deux, et je vais chercher son fils le cardinal, qui étoit mon bon ami.

LXXIII.

LE CARDINAL DE RICHELIEU ET LE CHANCELIER OXENSTIERN.

Différence entre un ministre qui agit par vanité et par hauteur, et celui qui agit pour l'amour de la patrie.

Rich. — Depuis ma mort, on n'a point vu, dans l'Europe, de ministre qui m'ait ressemblé.

Ox. — Non, aucun n'a eu tant d'autorité.

Rich. — Ce n'est pas ce que je dis : je parle du génie pour le gouvernement ; et je puis sans vanité dire de moi, comme je le dirois d'un autre qui seroit en ma place, que je n'ai rien laissé qui ait pu m'égaler.

Ox. — Quand vous parlez ainsi, songez-vous que je n'étois ni marchand ni laboureur, et que je me suis mêlé de politique autant que personne ?

Rich. — Vous ! il est vrai que vous avez donné quelques conseils à votre roi ; mais il n'a rien entrepris que sur les traités qu'il a faits avec la France, c'est-à-dire avec moi.

Ox. — Il est vrai ; mais c'est moi qui l'ai engagé à faire ces traités.

Rich. — J'ai été instruit des faits par le P. Joseph ; puis j'ai pris mes mesures sur les choses que Charnacé avoit vues de près.

Ox. — Votre P. Joseph étoit un moine visionnaire. Pour Charnacé il étoit bon négociateur ; mais sans moi on n'eût jamais rien fait. Le grand Gustave, qui manquoit de tout, eut dans les commencemens, il est vrai, besoin de l'argent de la France : mais dans la suite il battit les Bavarois et les Impériaux ; il releva le parti Protestant dans toute l'Allemagne. S'il eût vécu après la victoire de Lutzen, il auroit bien embarrassé la France même, alarmée de ses progrès, et auroit été la principale puissance de l'Europe. Vous vous repentiez déjà, mais trop tard, de l'avoir aidé ; on vous soupçonna même d'être coupable de sa mort.

Rich. — J'en étois aussi innocent que vous.

Ox. — Je le veux croire ; mais il est bien fâcheux pour vous que personne ne mourût à propos pour vos intérêts, qu'aussitôt on ne crût que vous étiez auteur de sa mort. Ce soupçon ne vient que de l'idée que vous aviez donné de vous par le fond de votre conduite, dans laquelle vous avez sacrifié sans scrupule la vie des hommes à votre propre grandeur.

Rich. — Cette politique est nécessaire en certains cas.

Ox. — C'est de quoi les honnêtes gens douteront toujours.

Rich. — C'est de quoi vous n'avez jamais douté non plus que moi. Mais enfin qu'avez-vous tant fait dans l'Europe, vous qui vous vantez jusques à comparer votre ministère au mien ? Vous avez été le conseiller d'un petit roi barbare, d'un Goth chef de bandits, et aux gages du roi de France dont j'étois le ministre.

Ox. — Mon roi n'avoit point une couronne égale à celle de votre maître ; mais c'est ce qui fait la gloire de Gustave et la mienne. Nous sommes sortis d'un pays sauvage et stérile, sans troupes, sans artillerie, sans argent : nous avons discipliné nos soldats, formé des officiers, vaincu les armées triomphantes des Impériaux, changé la face de l'Europe, et laissé des généraux qui ont appris la guerre après nous à tout ce qu'il y a eu de grands hommes.

Rich. — Il y quelque chose de vrai à tout ce que vous dites ; mais, à vous entendre, on croiroit que vous étiez aussi grand capitaine que Gustave.

Ox. — Je ne l'étois pas autant que lui ; mais j'entendois la guerre, et je l'ai fait assez voir après la mort de mon maître.

Rich. — N'aviez-vous pas Torstenson, Bannier, et le duc de Weimar sur qui tout rouloit ?

Ox. — Je n'étois pas seulement occupé des négociations pour maintenir la ligue, j'entrois encore dans tous les conseils de guerre ; et ces grands hommes vous diront que j'ai eu la principale part à toutes les plus belles campagnes.

Rich. — Apparemment vous étiez du conseil quand on perdit la bataille de Nordlingue, qui abattit la ligue.

Ox. — J'étois dans les conseils ; mais c'est au duc de Weimar à vous répondre sur cette bataille qu'il perdit. Quand elle fut perdue, je soutins le parti découragé. L'armée suédoise demeura étrangère dans un pays où elle subsistoit par mes ressources. C'est moi qui ai fait par mes soins un petit Etat conquis, que le duc de Weimar auroit conservé s'il eût vécu, et que vous avez usurpé indignement après sa mort. Vous m'avez vu en France chercher du secours pour ma nation, sans me mettre en peine de votre hauteur, qui auroit nui aux intérêts de votre maître, si je n'eusse été plus modéré et plus zélé pour ma patrie que vous pour la vôtre. Vous vous êtes rendu odieux à votre nation ; j'ai fait les délices et la gloire de la mienne. Je suis retourné dans les rochers sauvages d'où j'étois sorti; j'y suis mort en paix; et toute l'Europe est pleine de mon nom aussi bien que du vôtre. Je n'ai eu ni vos dignités, ni vos richesses, ni votre autorité; ni vos poètes ni vos orateurs pour me flatter. Je n'ai pour moi que la bonne opinion des Suédois, et celle de tous les habiles gens qui lisent les histoires et les négociations. J'ai agi suivant ma religion contre les Impériaux catholiques, qui, depuis la bataille de Prague, tyrannisoient toute l'Allemagne : vous avez, en mauvais prêtre, relevé par nous les Protestans et abattu les Catholiques en Allemagne. Il est aisé de juger entre vous et moi.

Rich. — Je ne pouvois éviter cet inconvénient sans laisser l'Europe entière dans les fers de la maison d'Autriche qui visoit à la monarchie universelle. Mais enfin je ne puis m'empêcher de rire de voir un chancelier qui se donne pour un grand capitaine.

Ox. — Je ne me donne pas pour un grand capitaine, mais pour un homme qui a servi utilement les généraux dans les conseils de guerre. Je vous laisse la gloire d'avoir paru à cheval avec des armes et un habit de cavalier au Pas-de-Suse. On dit même que vous vous êtes fait peindre à Richelieu à cheval avec un buffle, une écharpe, des plumes, et un bâton de commandement.

Rich. — Je ne puis plus souffrir votre insolence.

LXXIV

LES CARDINAUX DE RICHELIEU ET MAZARIN.

Caractères de ces deux ministres. Différence entre la vraie et la fausse politique.

Rich. — Hé! vous voilà, seigneur Jules! On dit que vous avez gouverné la France après moi. Comment avez-vous fait? avez-vous achevé de réunir toute l'Europe contre la maison d'Autriche? avez-vous renversé le parti huguenot que j'avois affoibli? enfin avez-vous achevé d'abaisser les grands?

Maz. — Vous aviez commencé tout cela : mais j'ai eu bien d'autres choses à démêler; il m'a fallu soutenir une régence orageuse.

Rich. — Un roi inappliqué, et jaloux du ministre même qui le sert, donne bien plus d'embarras dans le cabinet, que la foiblesse et la confusion d'une régence. Vous aviez une reine assez ferme, et sous laquelle on pouvoit plus facilement mener les affaires, que sous un roi épineux qui étoit toujours aigri contre moi par quelque favori naissant. Un tel prince ne gouverne ni ne laisse gouverner. Il faut le servir malgré lui; et on ne le fait qu'en s'exposant chaque jour à périr. Ma vie a été malheureuse par celui de qui je tenois toute mon autorité. Vous savez que de tous les rois qui traversèrent le siége de La Rochelle, le Roi mon maître fut celui qui me donna le plus de peine. Je n'ai pas laissé de donner le coup mortel au parti huguenot, qui avoit tant de places de sûreté et tant de chefs redoutables. J'ai porté la guerre jusque dans le sein de la maison d'Autriche. On n'oubliera jamais la révolte de la Catalogne; le secret impénétrable avec lequel le Portugal s'est préparé à secouer le joug injuste des Espagnols; la Hollande soutenue par notre alliance dans une longue guerre contre la même puissance; tous nos alliés du Nord, de l'Empire et de l'Italie, attachés à moi personnellement, comme à un homme incapable de leur manquer; enfin au dedans de l'Etat les grands rangés à leur devoir. Je les avois trouvés intraitables, se faisant honneur de cabaler sans cesse contre tous ceux à qui le Roi confioit son autorité, et ne croyant devoir obéir au Roi même qu'autant qu'il les y engageoit en flattant leur ambition et en leur donnant dans leurs gouvernemens un pouvoir sans bornes.

Maz. — Pour moi, j'étois un étranger; tout étoit contre moi; je n'avois de ressource que dans mon industrie. J'ai commencé par m'insinuer dans l'esprit de la Reine; j'ai su écarter les gens qui avoient sa confiance; je me suis défendu contre les cabales des courtisans, contre le Parlement déchaîné, contre la Fronde, parti animé par un cardinal audacieux et jaloux de ma fortune, enfin contre un prince qui se couvroit tous les ans de nouveaux lauriers, et qui n'employoit la réputation de ses victoires qu'à me perdre avec plus d'autorité : j'ai dissipé tant d'ennemis. Deux fois chassé du royaume, j'y suis rentré deux fois triomphant. Pendant mon abscence même, c'étoit moi qui gouvernois l'Etat. J'ai poussé jusqu'à Rome le cardinal de Retz; j'ai réduit le prince de Condé à se sauver en Flandre; j'ai conclu une paix glorieuse, et j'ai laissé en mourant un jeune Roi en état de donner la loi à toute l'Europe. Tout cela s'est fait par mon génie fertile en expédiens, par la souplesse de mes négociations, et par l'art que j'avois toujours de tenir les hommes dans quelque nouvelle espérance. Remarquez que je n'ai pas répandu une seule goutte de sang.

Rich. — Vous n'aviez garde d'en répandre ; vous étiez trop foible et trop timide.

Maz. — Timide ! hé ! n'ai-je pas fait mettre les trois princes à Vincennes ? M. le Prince eut tout le temps de s'ennuyer dans sa prison.

Rich. — Je parie que vous n'osiez ni le retenir en prison ni le délivrer, et que votre embarras fut la vraie cause de la longueur de sa prison. Mais venons au fait. Pour moi, j'ai répandu du sang ; il l'a fallu pour abaisser l'orgueil des grands toujours prêts à se soulever. Il n'est pas étonnant qu'un homme qui a laissé tous les courtisans et tous les officiers d'armée reprendre leur ancienne hauteur, n'ait fait mourir personne dans un gouvernement si foible.

Maz. — Un gouvernement n'est point foible quand il mène les affaires au but par souplesse, sans cruauté. Il vaut mieux être renard, que lion ou tigre.

Rich. — Ce n'est point cruauté que de punir des coupables dont le mauvais exemple en produiroit d'autres. L'impunité attirant sans cesse des guerres civiles, elle eût anéanti l'autorité du Roi, eût ruiné l'Etat, et eût coûté le sang de je ne sais combien de milliers d'hommes ; au lieu que j'ai rétabli la paix et l'autorité en sacrifiant un petit nombre de têtes coupables : d'ailleurs je n'ai jamais eu d'autres ennemis que ceux de l'Etat.

Maz. — Mais vous pensiez être l'Etat en personne. Vous supposiez qu'on ne pouvoit être bon François sans être à vos gages.

Rich. — Avez-vous épargné le premier prince du sang, quand vous l'avez cru contraire à vos intérêts ? Pour être bien à la Cour, ne falloit-il pas être Mazarin ? Je n'ai jamais poussé plus loin que vous les soupçons et la défiance. Nous servions tous deux l'Etat ; en le servant, nous voulions l'un et l'autre tout gouverner. Vous tâchiez de vaincre vos ennemis par la ruse et par un lâche artifice : pour moi, j'ai abattu les miens à force ouverte, et j'ai cru de bonne foi qu'ils ne cherchoient à me perdre que pour jeter encore une fois la France dans les calamités et dans la confusion d'où je venois de la tirer avec tant de peine. Mais enfin j'ai tenu ma parole ; j'ai été ami et ennemi de bonne foi ; j'ai soutenu l'autorité de mon maître avec courage et dignité. Il n'a tenu qu'à ceux que j'ai poussés à bout d'être comblés de grâces ; j'ai fait toutes sortes d'avances vers eux ; j'ai aimé, j'ai cherché le mérite dès que je l'ai reconnu : je voulois seulement qu'ils ne traversassent pas mon gouvernement, que je croyois nécessaire au salut de la France. S'ils eussent voulu servir le Roi selon leurs talens, sur mes ordres, ils eussent été mes amis.

Maz. — Dites plutôt qu'ils eussent été vos valets ; des valets bien payés à la vérité : mais il falloit s'accommoder d'un maître jaloux, impérieux, implacable sur tout ce qui blessoit sa jalousie.

Rich. — Hé bien ! quand j'aurois été trop jaloux et trop impérieux, c'est un grand défaut, il est vrai ; mais combien avois-je de qualités qui marquent un génie étendu et une ame élevée ! Pour vous, seigneur Jules, vous n'avez montré que de la finesse et de l'avarice. Vous avez bien fait pis aux François, que de répandre leur sang : vous avez corrompu le fond de leurs mœurs ; vous avez rendu la probité gauloise et ridicule. Je n'avois que réprimé l'insolence des grands ; vous avez abattu leur courage, dégradé la noblesse, confondu toutes les conditions, rendu toutes les grâces vénales. Vous craigniez le mérite ; on ne s'insinuoit auprès de vous, qu'en vous montrant un caractère d'esprit bas, souple, et capable de mauvaises intrigues. Vous n'avez même jamais eu la vraie connoissance des hommes ; vous ne pouviez rien croire que le mal, et tout le reste n'étoit pour vous qu'une belle fable : il ne vous falloit que des esprits fourbes, qui trompassent ceux avec qui vous aviez besoin de négocier, ou des trafiquans qui vous fissent argent de tout. Aussi votre nom demeure avili et odieux ; au contraire, on m'assure que le mien croît tous les jours en gloire dans la nation françoise.

Maz. — Vous aviez les inclinations plus nobles que moi, un peu plus de hauteur et de fierté ; mais vous aviez je ne sais quoi de vain et de faux. Pour moi, j'ai évité cette grandeur de travers, comme une vanité ridicule : toujours des poètes, des orateurs, des comédiens ! Vous étiez vous-même orateur, poète, rival de Corneille ; vous faisiez des livres de dévotion sans être dévot : vous vouliez être de tous les métiers, faire le galant, exceller en tout genre. Vous avaliez l'encens de tous les auteurs. Y a-t-il en Sorbonne une porte ou un panneau de vitre, où vous n'ayez fait mettre vos armes ?

Rich. — Votre satire est assez piquante, mais elle n'est pas sans fondement. Je vois bien que la bonne gloire devroit fait fuir certains honneurs que la grossière vanité cherche, et qu'on se déshonore à force de vouloir trop être être honoré. Mais enfin j'aimois les lettres ; j'ai excité l'émulation pour les rétablir. Pour vous, vous n'avez jamais eu aucune attention, ni à l'Eglise, ni aux lettres, ni aux arts, ni à la vertu. Faut-il s'étonner qu'une conduite si odieuse ait soulevé tous les grands de l'Etat et tous les honnêtes gens contre un étranger?

Maz. — Vous ne parlez que de votre magnanimité chimérique : mais pour bien gouverner un Etat, il n'est question ni de générosité, ni de bonne foi, ni de bonté de cœur : il est question d'un esprit fécond en expédiens, qui soit impénétrable dans ses desseins, qui ne donne rien à ses passions, mais tout à l'intérêt, qui ne s'épuise jamais en ressources pour vaincre les difficultés.

Rich. — La vraie habileté consiste à n'avoir jamais besoin de tromper, et à réussir toujours par des moyens honnêtes. Ce n'est que par foiblesse, et faute de connoitre le droit chemin, qu'on prend les sentiers détournés et qu'on a recours à la ruse. La vraie habileté consiste à ne s'occuper point de tant d'expédiens, mais à choisir d'abord par une vue nette et précise celui qui est le meilleur en le comparant aux autres. Cette fertilité d'expédiens vient moins d'étendue et de force de génie, que de défaut de force et de justesse pour savoir choisir. La vraie habileté consiste à comprendre qu'à la longue, la plus grande de toutes les ressources dans les affaires est la réputation universelle de probité. Vous êtes toujours en danger quand vous ne pouvez mettre dans vos intérêts que des dupes ou des fripons : mais quand on compte sur votre probité, les bons et les méchans mêmes se fient à vous; vos ennemis vous craignent bien, et vos amis vous aiment de même. Pour vous, avec tous vos personnages de Protée, vous n'avez su vous faire ni aimer, ni estimer, ni craindre. J'avoue que vous étiez un grand comédien, mais non pas un grand homme.

Maz. — Vous parlez de moi comme si j'avois été un homme sans cœur; j'ai montré en Espagne, pendant que j'y portois les armes, que je ne craignois point la mort. On l'a encore vu dans les périls où j'ai été exposé pendant les guerres civiles de France. Pour vous, on sait que vous aviez peur de votre ombre, et que vous pensiez toujours voir sous votre lit quelque assassin prêt à vous poignarder. Mais il faut croire que vous n'aviez ces terreurs paniques que dans certaines heures.

Rich. — Tournez-moi en ridicule tant qu'il vous plaira : pour moi, je vous ferai toujours justice sur vos bonnes qualités. Vous ne manquiez pas de valeur à la guerre; mais vous manquiez de courage, de fermeté et de grandeur d'ame dans les affaires. Vous n'étiez souple que par foiblesse, et faute d'avoir dans l'esprit des principes fixes. Vous n'osiez résister en face; c'est ce qui vous faisoit promettre trop facilement, et éluder ensuite toutes vos paroles par cent défaites captieuses. Ces défaites étoient pourtant grossières et inutiles; elles ne vous mettoient à couvert qu'à cause que vous aviez l'autorité; et un honnête homme auroit mieux aimé que vous lui eussiez dit nettement : J'ai eu tort de vous promettre, et je me vois dans l'impuissance d'exécuter ce que je vous ai promis, que d'ajouter au manquement de parole des pantalonades pour vous jouer des malheureux. C'est peu que d'être brave dans un combat, si on est foible dans une conversation. Beaucoup de princes capables de mourir avec gloire, se sont déshonorés comme les derniers des hommes par leur mollesse dans les affaires journalières.

Maz. — Il est bien aisé de parler ainsi; mais quand on a tant de gens à contenter, on les amuse comme on peut. On n'a pas assez de grâces pour en donner à tous; chacun d'eux est bien loin de se faire justice. N'ayant pas autre chose à leur donner, il faut bien au moins leur laisser de vaines espérances.

Rich. — Je conviens qu'il faut laisser espérer beaucoup de gens. Ce n'est pas les tromper; car chacun en son rang peut trouver sa récompense, et s'avancer même en certaines occasions au-delà de ce qu'on auroit cru. Pour les espérances disproportionnées et ridicules, s'ils les prennent, tant pis pour eux. Ce n'est pas vous qui les trompez; ils se trompent eux-mêmes, et ne peuvent s'en prendre qu'à leur propre folie. Mais leur donner dans la chambre des paroles dont vous riez dans le cabinet, c'est ce qui est indigne d'un honnête homme, et pernicieux à la réputation des affaires. Pour moi, j'ai soutenu et agrandi l'autorité du Roi, sans recourir à de si misérables moyens. Le fait est convainquant; et vous disputez contre un homme qui est un exemple décisif contre vos maximes.

LXXV.

LOUIS XI ET L'EMPEREUR MAXIMILIEN.

Malheurs où tombe un prince ombrageux et soupçonneux.

Max. — Serons-nous encore après notre mort aussi jaloux l'un de l'autre qu'après la bataille de Guinegate?

Louis. — Non; il n'est plus question de

rien; il n'y a plus ici ni conquête ni mariage qui puisse nous inquieter. Il est vrai que j'ai craint le progrès de votre maison : vous aviez déjà l'Empire; c'étoit bien assez pour des comtes de Hapsbourg en Suisse. Je n'ai pu vous voir joindre à vos Etats d'Allemagne la comté de Bourgogne avec tous les Pays-Bas réunis sur la tête de ma cousine que vous avez épousée, sans craindre cet excès de puissance. Cela n'est-il pas naturel ?

Max. — Sans doute; mais si vous craigniez tant cette puissance, pourquoi l'avez-vous prévenue? Il ne tenoit qu'à vous de marier avec votre Dauphin la princesse que j'ai épousée : elle le souhaitoit ardemment; ses sujets le souhaitoient comme elle; il vous étoit capital d'unir à votre monarchie une puissance qui avoit pensé lui être fatale : vous ne deviez pas perdre l'occasion d'agrandir vos Etats du côté où la frontière étoit trop voisine de Paris, centre de votre royaume. Vous coupiez la racine de toutes les guerres, et vous ne laissiez dans l'Europe aucune puissance qui pût faire le contre-poids de la vôtre.

Louis. — Il est vrai, et j'ai vu tout cela aussi clairement que vous pouvez le voir.

Max. — Hé, qu'est-ce donc qui vous a arrêté? Etiez-vous ensorcelé? Y avoit-il quelque enchantement qui empêchât, malgré toute votre politique raffinée, de faire ce que le génie le plus borné auroit fait? Je vous remercie de cette faute; car elle a fait toute la grandeur de notre maison.

Louis. — L'extrême disproportion d'âge m'empêcha de marier mon fils avec ma cousine : elle avoit neuf ou dix ans plus que lui; mon fils étoit malsain, bossu, et si petit, que c'eût été le perdre.

Max. — Il n'y avoit qu'à les marier, pour mettre les choses en sûreté; vous les eussiez tenus séparés jusqu'à ce que le Dauphin fût devenu plus grand et plus robuste : cependant vous auriez été en possession de tout. Avouez-le de bonne foi; vous ne me dites pas vos véritables raisons; et vous usez encore de dissimulation après votre mort?

Louis. — Oh bien, puisque vous me pressez tant, et que nous sommes ici hors de toute intrigue, je vais vous découvrir tout mon mystère. Je craignois fort un étranger qui épouseroit cette grande héritière, et qui feroit sortir tant de beaux Etats de la maison de France; mais, à parler franchement, je craignois encore davantage un prince de mon sang, sur l'expérience des derniers ducs de Bourgogne. De là vient que je ne voulus écouter aucune proposition sur aucun des princes de la maison royale. Pour mon fils, je le craignois plus qu'aucun autre prince; je n'avois pas oublié toutes les peines dans lesquelles j'avois fait mourir mon père, quoique je n'eusse aucun pays dont je fusse le maître. Je disois en moi-même : Mon fils pourroit me faire bien pis, s'il étoit souverain des deux Bourgognes et des dix-sept provinces des Pays-Bas : il seroit bien plus redoutable pour moi dans ma vieillesse, que le duc Charles de Bourgogne, qui avoit pensé me détrôner : tous mes sujets, qui me haïssoient, se seroient attachés à lui. Il etoit doux, commode, propre à se faire aimer, facile pour écouter toutes sortes de conseils; s'il eût été si puissant, c'étoit fait de moi.

Max. — Je vois bien maintenant ce qui vous a arrêté sur ce mariage; vous avez préféré votre sûreté à l'accroissement de votre monarchie. Mais pourquoi refusâtes-vous encore Jeanne, héritière de Castille et fille du roi Henri IV? Son droit étoit incontestable, et sa tante Isabelle, qui avoit épousé le prince Ferdinand d'Aragon, ne pouvoit lui disputer la couronne. Henri, en mourant, avoit déclaré qu'elle étoit sa fille, et qu'il n'avoit jamais abandonné la Reine sa femme à Bertrand de la Cuéva. Les lois décidoient clairement pour Jeanne; le roi de Portugal son oncle la soutenoit; la plupart des Castillans étoient pour le bon parti : on vous offroit cette princesse pour votre Dauphin; si vous l'eussiez acceptée, Ferdinand et Isabelle n'auroient osé prétendre la succession; la Castille étoit acquise à la France; c'étoit une occupation éloignée pour votre Dauphin; il eût régné loin de vous, et sans impatience de vous succéder. La Castille ne devoit pas vous donner les mêmes inquiétudes que la Flandre et la Bourgogne, qui sont des pairies de votre couronne, et aux portes de Paris. Que ne faisiez-vous ce mariage? Pour ne l'avoir pas fait, vous avez achevé de mettre au comble la grandeur de ma maison; car mon fils a épousé la fille unique de Ferdinad et d'Isabelle; par là, il a uni l'Espagne avec tous nos Etats d'Allemagne et avec tous ceux de la maison de Bourgogne; ce qui met notre puissance fort au-dessus de celle de votre maison.

Louis. — Je n'avois pas prévu le mariage de votre fils, qui est encore plus redoutable que le vôtre pour la liberté de l'Europe. Mais je vous ai dit ce qui m'a déterminé pour tous ces mariages; ce n'est point le ressentiment que j'avois contre la mémoire du duc de Bourgogne qui m'a éloigné d'accepter sa fille. Ce n'est point le désir de réunir par un mariage la Bretagne à la France qui m'a fait penser à Anne de Bretagne : je n'ai pas même songé à marier mon fils pendant ma vie ; je n'ai pensé qu'à me défier de lui, qu'à l'élever dans l'ignorance et dans la timidité, qu'à le tenir renfermé à Amboise le plus long-temps que je pourrois. La couronne de Castille, qu'il auroit eue sans peine, lui auroit donné trop d'autorité en France, où j'étois universellement haï. Vous ne savez pas ce que c'est qu'un père vieux, soupçonneux, jaloux de son autorité, qui a donné à son fils un mauvais exemple contre son père ; son ombre lui fait peur.

Max. — Je vous entends. Vous étiez bien malheureux dans vos alarmes. Quand on a abandonné le chemin de la probité, on ne marche plus qu'entre des précipices dans sa propre famille : on est misérable, et on le mérite.

LXXVI.

FRANÇOIS Ier ET LE CONNÉTABLE DE BOURBON.

Toutes les passions doivent céder à l'amour de la patrie.

Fr. — Bonjour, mon cousin ; hé bien, sommes-nous raccommodés à présent ?

Bourb. — Oui, je n'ai point porté mon inimitié jusques ici.

Fr. — J'avoue que j'ai eu tort, en faisant gagner à ma mère un méchant procès contre vous, et que vous êtes sorti de France par ma faute.

Bourb. — Cette sincérité me fait oublier davantage tous nos anciens démêlés, et je voudrois être encore en vie, pour pouvoir vous demander le pardon que je n'avois pas pourtant mérité.

Fr. — Je vous l'aurois facilement accordé, et j'allois tâcher de vous regagner par toutes sortes de moyens ; mais votre mort me prévint.

Bourb. — Pour moi, j'avoue de bonne foi que je n'avois pas les mêmes sentiments, et que j'aurois voulu devenir prince souverain en Italie. Je me mis pour cela au service de Charles-Quint.

Fr. — Quoi ! ne regrettiez-vous point votre patrie, et n'aviez-vous point envie de la revoir ?

Bourb. L'ambition étoit chez moi la passion dominante, et je voulois m'enrichir : de plus, j'appréhendois que vous ne tinssiez encore pour votre mère, qui avoit été la cause de ma disgrâce.

Fr. — Mais il valoit mieux aller dans vos terres, et demeurer premier prince du sang, éloigné de la Cour, que de commander les armées de l'ennemi capital du chef de votre famille.

Bourb. — Je reconnois à présent ma faute, et j'en suis touché sincèrement.

Fr. — Mais qu'est-ce qui vous fit entreprendre le pillage de Rome ?

Bourb. — Il faut vous découvrir ici tout le mystère. Lorsque je fus entré au service de Charles-Quint, François Sforce étoit duc de Milan ; l'Empereur vouloit s'emparer de ce duché. Le duc n'étoit pas assez fort pour lui résister : il n'y avoit que son chancelier, nommé Moron, homme expérimenté, homme qui découvroit tout, et empêchoit le duc de tomber dans les panneaux qu'on lui tendoit. L'Empereur, croyant qu'on ne pourroit exécuter son entreprise tant que cet homme seroit auprès du duc, le fit prendre, et lui fit faire son procès sur de fausses accusations, par lequel il fut condamné à mort. Comme on le menoit au supplice, il me fit promettre une grande somme d'argent, et me fit dire qu'il me découvriroit des choses importantes si je lui sauvois la vie. Je fus ébloui par ses promesses, et fis retarder l'exécution. Je le fis venir pour me découvrir ces choses d'importance : il me dit que je devois débaucher l'armée de l'Empereur, et ensuite aller piller Florence ou Rome ; ce qui me seroit aisé, parce qu'elle étoit toute composée de Luthériens. Mon ambition me fit trouver ces conseils excellens : je gagnai l'armée, et marchai à Rome, où je fus tué au commencement de l'attaque. Vous savez le reste.

Fr. — Vous étiez donc en même temps orgueilleux et avare ? Voilà de belles passions !

Bourb. — Vous étiez livré à vos passions aussi bien que moi ; car vous aviez des maîtresses, vous désiriez être empereur, et on prétend que vous ne haïssiez pas l'argent. En cette occasion, c'est la pelle qui se moque du fourgon.

Fr. — Nous nous disons l'un à l'autre nos vérités sans rien craindre ; mais nous ne nous en fâchons point.

Bourb. — Pendant que nous vivions nous ne les aurions pas supportées si facilement ; mais la mort ôte une grande partie des défauts.

Fr. — Mais avouez à présent que vous étiez beaucoup mieux connétable et premier prince du sang, que général des armées de Charles-Quint ?

Bourb. — Il est vrai que j'y ai eu de grands

dégoûts; mais pourquoi n'avez-vous pas voulu que je vous aie fait la révérence, après que vous fûtes pris à Pavie?

FR. — Je voulus soutenir la grandeur royale, même dans ma disgrâce, et j'aurois plutôt souffert la mort, que la vue d'un sujet rebelle : mais ici-bas il n'y a plus ni sujets ni princes, ni sujets rebelles ni soumis, ni jeunes ni vieux, ni sains ni malades.

LXXVII.

PHILIPPE II ET PHILIPPE III D'ESPAGNE.

Rien de si pernicieux aux rois que de se laisser entraîner par l'ambition et la flatterie.

PH. II. — Hé bien! mon fils, avez-vous gouverné l'Espagne selon mes maximes?..... Vous n'osez répondre; quoi donc! est-il arrivé quelque grand malheur? Les Maures sont-ils rentrés une seconde fois en Espagne...?

PH. III. — Non, l'Espagne est toute entière.

PH. II. — Quoi donc! les Indes se sont-elles révoltées? parlez.

PH. III. — Non.

PH. II. — Henri IV a-t-il pris le royaume de Naples? j'appréhendois fort ce prince pendant ma vie.

PH. III. — Point du tout.

PH. II. — Je ne saurois comprendre ce qui est arrivé; éclaircissez-moi?

PH. III. — Je suis obligé d'avouer moi-même mon imbécillité; car en suivant vos maximes j'ai ruiné l'Espagne. En voulant abaisser les grands, je leur ai donné de la jalousie; en sorte qu'ils se sont ligués et se sont élevés au-dessus de moi. Cela a fait que je suis tombé dans une si grande foiblesse, que je n'avois presque plus d'autorité. Pendant ce temps-là, le prince Maurice a réduit sous sa puissance la meilleure partie des Pays-Bas, et j'ai été obligé de conclure avec lui un traité honteux, par lequel je lui laissois une partie de la Gueldre, la Hollande, la Zélande, Zutphen, Utrecht, West-Frise, Groningue et Over-Issel, etc.

PH. II. — Hélas! dans quels malheurs avez-vous jeté l'Espagne?

PH. III. — J'avoue qu'ils sont grands; mais ils ne sont arrivés qu'en suivant votre politique. En voulant rabaisser l'orgueil des grands, je l'ai élevé; vous avez vous-même donné commencement à la puissance des Hollandais par le commerce....

PH. II. — Comment?

PH. III. — Lorsque vous conquîtes le Portugal, les Portugais faisoient tout le commerce des Indes : quelque temps après, les Hollandais s'étant révoltés, vous voulûtes les empêcher de venir à Lisbonne. Ne sachant donc que devenir, ils allèrent prendre les marchandises à la source, et enfin ruinèrent le commerce des Portugais.

PH. II. — Pendant ma vie, mes courtisans m'élevoient cela jusqu'aux cieux : je reconnois à présent mes fausses maximes et ma fausse politique, et qu'il n'y a rien de plus pernicieux aux rois que de se laisser entraîner par l'ambition et par la flatterie.

LXXVIII.

ARISTOTE ET DESCARTES.

Sur la philosophie cartésienne, et en particulier sur le système des bêtes machines.

ARIST. — J'avois entendu parler ici de votre nouvelle métaphysique, et je suis bien aise de m'en éclaircir avec vous.

DESC. — J'ai avancé de nouveaux principes, je l'avoue; mais je n'ai rien avancé que de vrai, à ce qu'il me semble.

ARIST. — Expliquez-moi un peu ici ces nouveaux principes?

DESC. — J'ai découvert aux hommes la chose la plus importante qu'on ait découverte et qu'on découvrira . c'est que les animaux ne sont que de simples machines, et de purs ressorts qui sont montés pour toutes les actions qu'on leur voit faire.

ARIST. — Oui; mais nous leur en voyons faire plusieurs qui me paraissent difficiles à expliquer par la machine. Par exemple, lorsqu'un chien suit un lièvre, direz-vous que la machine est ainsi montée?

DESC. — Auparavant que d'en venir à cette question, il faut convenir qu'il y a un Être infini.

ARIST. — Voyons un peu comment vous le pourrez prouver.

DESC. — N'est-il pas vrai que le corps n'est qu'une simple matière?

ARIST. — Oui.

DESC. — De même l'ame n'est qu'une substance qui pense.

ARIST. — Non.

DESC. — Pour joindre donc cette matière et

cette substance immatérielle, il est nécessaire d'un lien : or, ce lien ne peut point être matériel ; donc il est nécessaire qu'il y ait un Être tout-puissant et infini qui lie cette matière et cette substance immatérielle.

Arist. — Pendant ma vie, je voyois bien qu'il falloit qu'il y eût quelque chose comme cela ; mais cette connoissance n'étoit pas si distincte que vous me la rendez à présent.

Desc. — Pour revenir à notre chien, cet Être infini et tout-puissant ne peut-il pas avoir fait des ressorts si délicats, que, touchés par les corpuscules qui sortent incessamment de ce lièvre, ils fassent agir les ressorts, en sorte que cela le tire vers le lièvre.

Arist. — Mais quand ce chien est en défaut, et que ces corpuscules ne viennent plus lui frapper le nez, qu'est-ce qui fait que ce chien cherche de tous côtés, jusqu'à ce qu'il ait retrouvé la voie ?

Desc. — Vous entrez dans de trop petits détails que l'on n'a pas fort approfondis.

Arist. — Cette question vous a embarrassé ; je le vois bien.

Desc. — Mon principe fondamental est que nous ne voyons faire aux bêtes que des mouvemens où l'on n'a besoin que de la machine.

Arist. — Quoi ! quand un chien a perdu son maître, et qu'il est dans un carrefour où il y a trois chemins, après avoir senti les deux premiers inutilement, il prend le troisième sans hésiter ; en vérité, je ne vois pas que la simple machine puisse faire cela.

Desc. — Je vous ai déjà dit que ces détails étoient de si petite conséquence qu'on ne se donne point la peine de les approfondir. Mais venons aux principes : les animaux sont de simples machines, ou bien ils ont une ame matérielle, ou une spirituelle.

Arist. — Pour la machine et l'ame spirituelle, je le nie.

Desc. — Vous revenez donc à l'ame matérielle ?

Arist. — Elle est bien plus probable que la simple machine ; et pour l'ame spirituelle, je crois qu'elle n'a été accordée qu'aux seuls hommes.

Desc. — J'ai gagné un grand point : n'est-il pas vrai que la matière ne pense pas ?

Arist. — Non.

Desc. — Puisque la matière ne pense point, comment voulez-vous donc qu'elle soit une ame, qui n'est faite que pour penser ?

Arist. — Hé bien, ôtons-en la matière.

Desc. — La voilà devenue ame spirituelle.

Arist. — J'avoue que cette forme matérielle n'est qu'un pur galimatias, et que je ne l'ai voulu soutenir que parce que mes écoliers l'enseignent ainsi : mais en revenant à votre Être infini et tout-puissant, nous devons conclure qu'il a pu donner aux animaux une ame spirituelle, et les a pu faire aussi de simples machines ; mais que, comme l'esprit des hommes est borné, il ne peut pas pénétrer jusqu'à cette science.

Desc. — Vous voilà tombé dans la possibilité, et c'est une carrière où il est facile de s'étendre. Dans cette possibilité vous trouverez les choses de raison, les hircocerfs, les hippocentaures, et mille autres figures bizarres.

Arist. — Vous voudriez bien m'éloigner de la métaphysique, et me faire tomber sur les êtres de raison, qui font partie de la logique.

Desc. — Vous tâchez de m'éblouir par vos vaines raisons.

Arist. — Avouez, mon pauvre Descartes, que nous n'entendons guère tous deux ce que nous disons, et que nous plaidons une cause bien embrouillée.

Desc. — Embrouillée ! je prétends qu'il n'y a rien de plus clair que la mienne.

Arist. — Croyez-moi, ne disputons pas davantage ; nous y perdrions tous deux notre latin.

LXXIX.

HARPAGON ET DORANTE.

Contre l'avarice qui fait négliger à un père de famille l'éducation et l'honneur de ses enfans.

Dor. — Non, je ne puis goûter vos raisons ; ce ne sont que de vains prétextes par lesquels vous voulez m'éblouir, et vous délivrer de mes remontrances. Votre manière de vivre n'est pas soutenable.

Harp. — Vous en parlez bien à votre aise, vous qui ne vous êtes point marié, et qui êtes sans suite : j'ai des enfans ; je veux me faire aimer d'eux en leur amassant du bien, et leur donnant moyen de mener une vie heureuse.

Dor. — Vous voulez, dites-vous, vous faire aimer de vos enfans ?

Harp. — Oui, sans doute ; et je leur en donne un sujet bien fort en me refusant pour eux les choses les plus nécessaires.

Dor. — Si vous avez envie de vous faire haïr d'eux, vous ne pouvez pas prendre une plus sûre voie.

Harp. — Ah! il faudroit qu'ils fussent les plus dénaturés des hommes. Un père qui n'envisage qu'eux, qui se compte pour rien, qui renonce à toutes les commodités, à toutes les douceurs de la vie!

Dor. — Seigneur Harpagon, j'ai une autre chose à vous dire; mais je crains de vous fâcher.

Harp. — Non, non; je ne veux pas qu'on me dissimule rien.

Dor. — Vous n'aimez que vos enfans, dites-vous.

Harp. — Je vous en fais vous-même le juge; voyez ce que je fais pour eux.

Dor. — C'est vous qui m'obligez de parler : vous ne les aimez point, seigneur Harpagon; et vous, vous croyez ne vous point aimer.

Harp. — Moi; hé! de quelle manière est-ce que je me traite?

Dor. — Vous n'aimez que vous.

Harp. — O Ciel! pouvois-je attendre cette injustice de mon meilleur ami?

Dor. — Doucement; mon but est de vous détromper par une persuasion qui vous soit utile, et non de vous aigrir. Vous aimez, dites-vous, vos enfans?

Harp. — Si je les aime!

Dor. — Avez-vous eu soin de leur éducation?

Harp. Hélas! je n'étois pas en état de cela; les maîtres étoient d'une cherté épouvantable : à quoi leur auroit servi la science si je les avois laissés sans pain?

Dor. — C'est-à-dire, car il faut convenir de bonne foi de la vérité, que vous les avez laissés dans une grossière ignorance, indigne de gens qui ont une naissance honnête. Vous n'avez eu nul soin de cultiver en eux la vertu; vous n'avez jamais étudié leurs inclinations : s'ils ont de la probité, vous n'y avez aucune part, et c'est un bonheur que vous ne méritez pas.

Harp. — Mais on ne peut leur procurer tous les avantages.

Dor. — Mais on doit au moins songer au plus important de tout, à celui dont rien ne dédommage, à celui qui peut suppléer à tout ce qui manque : cet avantage, c'est la vertu.

Harp. — Il faut être honnête homme; mais il faut avoir de quoi vivre, et rien n'est plus méprisable qu'un homme dans la pauvreté.

Dor. — Un malhonnête homme l'est bien davantage, eût-il toutes les richesses de Crésus.

Harp. — Hé bien! j'ai trop tourné ma tendresse pour mes enfans du côté du bien : prouverez-vous par là que je ne les ai point aimés?

Dor. — Oui, seigneur Harpagon, vous ne les aimez pas; et ce n'est point de les rendre riches que vous êtes occupé.

Harp. — Comment? Je leur conserve tout mon bien, et je n'y ose toucher : tout n'ira-t-il pas à eux après ma mort?

Dor. — Ce n'est pas à eux que vous conservez votre bien, c'est à votre passion. Il y a deux plaisirs, celui de dépenser et celui d'amasser. Vous n'êtes touché que du second; vous vous y abandonnez sans réserve, et vous ne faites que suivre votre goût.

Harp. — Mais encore, s'il vous plaît, à qui ira ma succession?

Dor. — A vos enfans, sans doute; mais lorsque vous ne pourrez plus jouir de vos richesses, lorsque vous en serez séparé par la dure nécessité de la mort, votre volonté n'aura nulle part alors au profit que feront vos enfans; vous leur avez refusé tout ce qui dépendoit de vous, et ils ne seront riches alors que parce que vous ne serez plus le maître de l'empêcher.

Harp. — Et sans mon économie, ce temps-là arriveroit-il jamais pour eux?

Dor. — C'est-à-dire qu'ils se trouveront bien de ce que la passion d'amasser vous a tyrannisé, pourvu que vous ne les ruiniez pas auparavant; car c'est ce que j'appréhende : et c'est ce qui montre encore que vous ne les aimez pas.

Harp. — Jamais homme n'a dit tant de choses aussi peu vraisemblables que vous.

Dor. — Elles n'en sont pas moins vraies; et la preuve en est bien aisée. Y a-t-il rien de plus ruineux que d'emprunter à grosses usures? Vous savez ce que font vos enfans, vous savez ce qui vous est arrivé à vous-même : ils ne font que parce que vous leur refusez les secours les plus nécessaires; s'ils continuent, ils se trouveront, à votre mort, accablés de dettes. Il ne tient qu'à vous de l'empêcher, et vous n'en faites rien. Et vous me venez parler de l'amitié que vous avez pour eux, et de l'envie que vous avez de les rendre heureux! Ah! vous n'aimez que votre argent; vous vivez de la vue de vos coffres-forts; vous préférez ce plaisir à tous les autres dont vous êtes moins touché. Vous paroissez vous épargner tout, et vous ne vous refusez rien; car vous ne vous demandez à vous-même que d'augmenter toujours vos trésors, et c'est ce que vous faites nuit et jour. Allez, vous n'aimez pas plus vos enfans et leurs intérêts que votre réputation, que vous sacrifiez à l'avarice. Ai-je tort de dire que vous n'aimez que vous?

OPUSCULES DIVERS,

FRANÇAIS ET LATINS,

COMPOSÉS POUR L'ÉDUCATION DE Mgr LE DUC DE BOURGOGNE.

I.

LE FANTASQUE.

Qu'est-il donc arrivé de funeste à Mélanthe? Rien au dehors, tout au dedans. Ses affaires vont à souhait : tout le monde cherche à lui plaire. Quoi donc? c'est que sa rate fume. Il se coucha hier les délices du genre humain : ce matin on est honteux pour lui, il faut le cacher. En se levant, le pli d'un chausson lui a déplu ; toute la journée sera orageuse, et tout le monde en souffrira. Il fait peur, il fait pitié : il pleure comme un enfant, il rugit comme un lion. Une vapeur maligne et farouche trouble et noircit son imagination, comme l'encre de son écritoire barbouille ses doigts. N'allez pas lui parler des choses qu'il aimoit le mieux il n'y a qu'un moment : par la raison qu'il les a aimées, il ne les sauroit plus souffrir. Les parties de divertissement qu'il a tant désirées lui deviennent ennuyeuses, il faut les rompre. Il cherche à contredire, à se plaindre, à piquer les autres ; il s'irrite de voir qu'ils ne veulent point se fâcher. Souvent il porte ses coups en l'air, comme un taureau furieux, qui, de ses cornes aiguisées, va se battre contre les vents. Quand il manque de prétexte pour attaquer les autres, il se tourne contre lui-même : il se blâme, il ne se trouve bon à rien, il se décourage ; il trouve fort mauvais qu'on veuille le consoler. Il veut être seul, et ne peut supporter la solitude. Il revient à la compagnie, et s'aigrit contre elle. On se tait ; ce silence affecté le choque. On parle tout bas ; il s'imagine que c'est contre lui. On parle tout haut ; il trouve qu'on parle trop, et qu'on est trop gai pendant qu'il est triste. On est triste ; cette tristesse lui paroît un reproche de ses fautes. On rit ; il soupçonne qu'on se moque de lui. Que faire? Etre aussi ferme et aussi impatient qu'il est insupportable, et attendre en paix qu'il revienne demain aussi sage qu'il étoit hier. Cette humeur étrange s'en va comme elle vient. Quand elle le prend, on diroit que c'est un ressort de machine qui se démonte tout-à-coup : il est comme on dépeint les possédés ; sa raison est comme à l'envers ; c'est la déraison elle-même en personne. Poussez-le, vous lui ferez dire en plein jour qu'il est nuit ; car il n'y a plus ni jour ni nuit pour une tête démontée par son caprice. Quelquefois il ne peut s'empêcher d'être étonné de ses excès et de ses fougues. Malgré son chagrin, il sourit des paroles extravagantes qui lui ont échappé. Mais quel moyen de prévoir ces orages, et de conjurer la tempête ? Il n'y en a aucun ; point de bons almanachs pour prédire ce mauvais temps. Gardez-vous bien de dire : Demain nous irons nous divertir dans un tel jardin. L'homme d'aujourd'hui ne sera point celui de demain ; celui qui vous promet maintenant disparoîtra tantôt : vous ne saurez plus où le prendre pour le faire souvenir de sa parole ; en sa place, vous trouverez un je ne sais quoi qui n'a ni forme ni nom, qui n'en peut avoir, et que vous ne sauriez définir deux instans de suite de la même manière. Etudiez-le bien, puis dites-en tout ce qu'il vous plaira ; il ne sera plus vrai le moment d'après que vous l'aurez dit. Ce je ne sais quoi veut et ne veut pas ; il menace, il tremble ; il mêle des hauteurs ridicules avec des bassesses indignes. Il pleure, il rit, il badine, il est furieux. Dans sa fureur la plus bizarre et la plus insensée, il est plaisant, éloquent, subtil, plein de tours nouveaux, quoiqu'il ne lui reste pas seulement une ombre de raison. Prenez bien garde de ne lui rien dire qui ne soit juste, précis et exactement raisonnable : il sauroit bien en prendre davantage, et vous donner adroitement le change ; il passeroit d'abord de son tort au vôtre, et deviendroit raisonnable pour le seul plaisir de vous convaincre que vous ne l'êtes pas. C'est un rien qui l'a fait monter jusques aux nues ; mais ce rien qu'est-il devenu ? il s'est perdu dans la mêlée ; il n'en est plus question : il ne sait plus ce qui l'a fâché, il sait seulement qu'il se fâche et qu'il veut se fâcher ; encore même ne le sait-il pas toujours. Il s'imagine souvent que tous ceux qui lui parlent sont emportés, et que c'est lui qui se modère ; comme un homme qui a la jaunisse croit que tous ceux qu'il voit sont jaunes, quoique le jaune ne soit que dans ses yeux. Mais peut-être qu'il épargnera certaines personnes auxquelles il doit plus qu'aux autres, ou qu'il paroît aimer davantage. Non ; sa bizarrerie ne connoît personne, elle se prend sans choix à tout ce qu'elle trouve ; le premier venu lui est bon pour se décharger ; tout lui est égal pourvu qu'il se fâche, il diroit des injures à tout le monde. Il n'aime plus les gens, il n'en est point aimé ; on le persécute, on le trahit ; il ne doit rien à qui que ce soit. Mais attendez un moment, voici une autre scène. Il a besoin de tout le monde ; il aime, on l'aime aussi ; il flatte ; il s'insinue, il ensorcelle tous ceux qui ne pouvoient plus le souffrir ; il avoue son tort, il rit de ses bizarreries, il se contrefait ; et vous croiriez que c'est lui-même dans ses accès d'emportement, tant il se contrefait bien. Après cette comédie, jouée à ses propres dépens, vous croyez bien qu'au moins il ne fera plus le démoniaque. Hélas ! vous vous trompez : il le fera encore ce soir, pour s'en moquer demain sans se corriger.

II.

LA MÉDAILLE [*].

JE crois, Monsieur, que je ne dois point perdre de temps pour vous informer d'une chose très-curieuse, et sur laquelle vous ne manquerez pas de faire bien des réflexions. Nous avons en ce pays un savant nommé M. Wanden, qui a de grandes correspondances avec les antiquaires d'Italie. Il prétend avoir reçu par eux une médaille antique, que je n'ai pu voir jusqu'ici, mais dont il a fait frapper des copies qui sont très-bien faites, et qui se répandront bientôt, selon les apparences, dans tous les pays où il y a des curieux. J'espère que dans peu de jours je vous en enverrai une. En attendant, je vais vous en faire la plus exacte description que je pourrai.

D'un côté, cette médaille, qui est fort grande, représente un enfant d'une figure très-belle et très-noble ; on voit Pallas qui le couvre de son égide ; en même temps les trois Grâces sèment son chemin de fleurs ; Apollon, suivi des Muses, lui offre sa lyre ; Vénus paroît en l'air dans son char attelé de colombes, qui laisse tomber sur lui sa ceinture ; la Victoire lui montre d'une main un char de triomphe, et de l'autre lui présente une couronne. Les paroles sont prises d'Horace : *Non sine dîs animosus infans*. Le revers est bien différent. Il est manifeste que c'est le même enfant, car on reconnoît d'abord le même air de tête ; mais il n'a autour de lui que des masques grotesques et hideux, des reptiles venimeux, comme des vipères et des serpens, des insectes, des hibous, enfin des harpies sales, qui répandent de l'ordure de tous côtés, et qui déchirent tout avec leurs ongles crochus. Il y a une troupe de Satyres impudens et moqueurs, qui font les postures les plus bizarres, qui rient, et qui montrent du doigt la queue d'un poisson monstrueux, par où finit le corps de ce bel enfant. Au bas, on lit ces paroles, qui, comme vous savez, sont aussi d'Horace : *Turpiter atrum desinit in piscem*.

Les savans se donnent beaucoup de peine pour découvrir en quelle occasion cette médaille a pu être frappée dans l'antiquité. Quelques-uns soutiennent qu'elle représente Caligula, qui, étant fils de Germanicus, avoit donné dans son enfance de hautes espérances pour le bonheur de l'Empire, mais qui dans la suite devint un monstre. D'autres veulent que tout ceci ait été fait pour Néron, dont les commencemens furent si heureux et la fin si horrible. Les uns et les autres conviennent qu'il s'agit d'un jeune prince éblouissant qui promettoit beaucoup, et dont toutes les espérances ont été trompeuses. Mais il y en a d'autres, plus défians, qui ne croient point que cette médaille soit antique.

---

[*] Cette lettre prétendue de Bayle à Fénelon n'est qu'une fiction imaginée par celui-ci, et dont le but est de prouver qu'avec les plus belles qualités l'homme le plus parfait a son mauvais côté ; d'où il suit que personne ne doit compter sur ses talens, mais que chacun doit travailler sans relâche à combattre ses défauts.

Le mystère que fait M. Wanden pour cacher l'original, donne de grands soupçons. On s'imagine voir quelque chose de notre temps figuré dans cette médaille ; peut-être signifie-t-elle de grandes espérances qui se tourneront en de grands malheurs : il semble qu'on affecte de faire entrevoir malignement quelque jeune prince dont on tâche de rabaisser toutes les bonnes qualités par des défauts qu'on lui impute. D'ailleurs, M. Wanden n'est pas seulement curieux ; il est encore politique, fort attaché au Prince d'Orange, et on soupçonne que c'est d'intelligence avec lui qu'il veut répandre cette médaille dans toutes les cours de l'Europe. Vous jugerez bien mieux que moi, Monsieur, ce qu'il en faut croire. Il me suffit de vous avoir fait part de cette nouvelle, qui fait raisonner ici avec beaucoup de chaleur tous nos gens de lettres, et de vous assurer que je suis toujours votre très-humble et très-obéissant serviteur,

BAYLE.

D'Amsterdam, le 4 mai 1691.

III.

VOYAGE SUPPOSÉ,

EN 1690.

Il y a quelques années que nous fîmes un beau voyage, dont vous serez bien aise que je vous raconte le détail. Nous partîmes de Marseille pour la Sicile, et nous résolûmes d'aller visiter l'Egypte. Nous arrivâmes à Damiette, nous passâmes au Grand-Caire.

Après avoir vu les bords du Nil, en remontant vers le sud, nous nous engageâmes insensiblement à aller voir la mer Rouge. Nous trouvâmes sur cette côte un vaisseau qui s'en alloit dans certaines îles qu'on assuroit être encore plus délicieuses que les îles Fortunées. La curiosité de voir ces merveilles nous fit embarquer ; nous voguâmes pendant trente jours : enfin nous aperçûmes la terre de loin. A mesure que nous approchions, on sentoit les parfums que ces îles répandoient dans toute la mer.

Quand nous abordâmes, nous reconnûmes que tous les arbres de ces îles étoient d'un bois odoriférant comme le cèdre. Ils étoient chargés en même temps de fruits délicieux et de fleurs d'une odeur exquise. La terre même, qui étoit noire, avoit un goût de chocolat, et on en faisoit des pastilles. Toutes les fontaines étoient de liqueurs glacées : là, de l'eau de groseille ; ici, de l'eau de fleur d'orange ; ailleurs, des vins de toutes les façons. Il n'y avoit aucune maison dans toutes ces îles, parce que l'air n'y étoit jamais ni froid ni chaud. Il y avoit partout, sous les arbres, des lits de fleurs, où l'on se couchoit mollement pour dormir ; pendant le sommeil, on avoit toujours des songes de nouveaux plaisirs ; il sortoit de la terre des vapeurs douces qui représentoient à l'imagination des objets encore plus enchantés que ceux qu'on voyoit en veillant : ainsi on dormoit moins pour le besoin que pour le plaisir. Tous les oiseaux de la campagne savoient la musique, et faisoient entre eux des concerts.

Les zéphirs n'agitoient les feuilles des arbres qu'avec règle, pour faire une douce harmonie. Il y avoit dans tout le pays beaucoup de cascades naturelles : toutes ces eaux, en tombant sur des rochers creux, faisoient un son d'une mélodie semblable à celle des meilleurs instrumens de musique. Il n'y avoit aucun peintre dans tout le pays : mais quand on vouloit avoir le portrait d'un ami, un beau paysage, ou un tableau qui représentât quelque autre objet, on mettoit de l'eau dans de grands bassins d'or ou d'argent ; puis on opposoit cette eau à l'objet qu'on vouloit peindre. Bientôt l'eau, se congelant, devenoit comme une glace de miroir, où l'image de cet objet demeuroit ineffaçable. On l'emportoit où l'on vouloit, et c'étoit un tableau aussi fidèle que les plus polies glaces de miroir. Quoiqu'on n'eût aucun besoin de bâtimens, on ne laissoit pas d'en faire, mais sans peine. Il y avoit des montagnes dont la superficie étoit couverte de gazons toujours fleuris. Le dessous étoit d'un marbre plus solide que le nôtre, mais si tendre et si léger, qu'on le coupoit comme du beurre, et qu'on le transportoit cent fois plus facilement que du liége : ainsi on n'avoit qu'à tailler avec un ciseau, dans les montagnes, des palais ou des temples de la plus magnifique architecture ; puis deux enfans emportoient sans peine le palais dans la place où l'on vouloit le mettre.

Les hommes un peu sobres ne se nourrissoient que d'odeurs exquises. Ceux qui vouloient une plus forte nourriture mangeoient de cette terre mise en pastilles de chocolat, et buvoient de ces liqueurs glacées qui couloient des fontaines. Ceux qui commençoient à vieillir alloient se renfermer pendant huit jours dans une profonde caverne, où ils dormoient tout ce temps-là avec des songes agréables : il ne leur étoit permis d'apporter en ce lieu ténébreux aucune lumière. Au bout de huit jours, ils s'éveilloient avec une nouvelle vigueur ; leurs cheveux redevenoient blonds ; leurs rides étoient effacées; ils n'avoient plus de barbe ; toutes les grâces de la plus tendre jeunesse revenoient en eux. En ce pays tous les hommes avoient de l'esprit ; mais ils n'en faisoient aucun bon usage. Ils faisoient venir des esclaves des pays étrangers, et les faisoient penser pour eux ; car ils ne voyoient pas qu'il fût digne d'eux de prendre jamais la peine de penser eux-mêmes. Chacun vouloit avoir des penseurs à gages, comme on a ici des porteurs de chaise pour s'épargner la peine de marcher.

Ces hommes, qui vivoient avec tant de délices et de magnificence, étoient fort sales : il n'y avoit dans tout le pays rien de puant ni de malpropre que l'ordure de leur nez, et ils n'avoient point d'horreur de la manger. On ne trouvoit ni politesse ni civilité parmi eux. Ils aimoient à être seuls ; ils avoient un air sauvage et farouche ; ils chantoient des chansons barbares qui n'avoient aucun sens. Ouvroient-ils la bouche, c'étoit pour dire non à tout ce qu'on leur proposoit. Au lieu qu'en écrivant nous faisons nos lignes droites, ils faisoient les leurs en demi-cercle. Mais ce qui me surprit davantage, c'est qu'ils dansoient les pieds en dedans ; ils tiroient la langue ; ils faisoient des grimaces qu'on ne voit jamais en Europe, ni en Asie, ni même en Afrique, où il y a tant de monstres. Ils étoient froids, timides et honteux devant les étrangers, hardis et emportés contre ceux qui étoient dans leur familiarité.

Quoique le climat soit très-doux et le ciel très-constant en ce pays-là, l'humeur des hommes y est inconstante et rude. Voici un remède dont on se sert pour les adoucir. Il y a dans ces îles certains arbres qui portent un grand fruit d'une forme longue, qui pend du haut des branches. Quand ce fruit est cueilli, on en ôte tout ce qui est bon à manger, et qui est délicieux ; il reste une écorce dure, qui forme un grand creux, à peu près de la figure d'un luth. Cette écorce a de longs filamens durs et fermes, comme des cordes qui vont d'un bout à l'autre. Ces espèces de cordes, dès qu'on les touche un peu, rendent d'elles-mêmes tous les sons qu'on veut. On n'a qu'à prononcer le nom de l'air qu'on demande : ce nom, soufflé sur les cordes, leur imprime aussitôt cet air. Par cette harmonie, on adoucit un peu les esprits farouches et violens. Mais malgré les charmes de la musique, ils retombent toujours dans leur humeur sombre et incompatible.

Nous demandâmes soigneusement s'il n'y avoit point dans le pays des lions, des ours, des tigres, des panthères ; et je compris qu'il n'y avoit dans ces charmantes îles rien de féroce que les hommes. Nous aurions passé volontiers notre vie dans une si heureuse terre ; mais l'humeur insupportable de ses habitans nous fit renoncer à tant de délices. Il fallut, pour se délivrer d'eux, se rembarquer et retourner par la mer Rouge en Égypte, d'où nous retournâmes en Sicile en fort peu de jours ; puis nous vînmes de Palerme à Marseille avec un vent très-favorable.

Je ne vous raconte point ici beaucoup d'autres circonstances merveilleuses de la nature de ce pays, et des mœurs de ses habitans. Si vous en êtes curieux, il me sera facile de satisfaire votre curiosité.

Mais qu'en conclurez-vous? Que ce n'est pas un beau ciel, une terre fertile et riante, ce qui amuse, ce qui flatte les sens, qui nous rendent bons et heureux. N'est-ce pas là au contraire ce qui nous amollit, ce qui nous dégrade, ce qui nous fait oublier que nous avons une ame raisonnable, et négliger le soin et la nécessité de vaincre nos inclinations perverses, et de travailler à devenir vertueux ?

IV.

DIALOGUE.

CHROMIS ET MNASILE.

Jugement sur différentes statues.

Chr. — Ce bocage a une fraîcheur délicieuse ; les arbres en sont grands, le feuillage épais, les allées sombres ; on n'y entend d'autre bruit que celui des rossignols qui chantent leurs amours.

Mnas. — Il y a ici des beautés encore plus touchantes.

Chr. — Quoi donc? veux-tu parler de ces statues? je ne les trouve guère jolies. En voilà une qui a l'air bien grossier.

Mnas. — Elle représente un Faune. Mais n'en parlons pas ; car tu connois un de nos bergers qui en a déjà dit tout ce que l'on en peut dire.

Chr. — Quoi donc ? est-ce cet autre qui est penché au-dessus de la fontaine ?

Mnas. — Non, je n'en parle point ; le berger Lycidas l'a chanté sur sa flûte, et je n'ai garde d'entreprendre de louer après lui.

Chr. — Quoi donc? cette statue qui représente une jeune femme.... ?

Mnas. — Oui. Elle n'a point cet air rustique des deux autres : aussi est-ce une plus grande divinité ; c'est Pomone, ou au moins une Nymphe. Elle tient d'une main une corne d'abondance, pleine de tous les doux fruits de l'automne ; de l'autre elle porte un vase d'où tombent en confusion des pièces de monnoie : ainsi, elle tient en même temps les fruits de la terre, qui sont les richesses de la simple nature, et les trésors auxquels l'art des hommes donne un si haut prix.

Chr. — Elle a la tête un peu penchée; pourquoi cela ?

Mnas. — Il est vrai : c'est que toutes figures faites pour être posées en des lieux élevés, et pour être vues d'en bas, sont mieux au point de vue quand elles sont un peu penchées vers les spectateurs..

Chr. — Mais quelle est donc cette coiffure ? elle est inconnue à nos bergères

Mnat. — Elle est pourtant très-négligée, et elle n'en est pas moins gracieuse. Ce sont des cheveux bien partagés sur le front, qui pendent un peu sur les côtés avec une frisure naturelle, et qui se nouent par derrière.

Chr. — Et cet habit? pourquoi tant de plis ?

Mnas. — C'est un habit qui a le même air de négligence : il est attaché par une ceinture, afin que la Nymphe puisse aller plus commodément dans ces bois. Ces plis flottans font une draperie plus agréable que des habits étroits et façonnés. La main de l'ouvrier semble avoir amolli le marbre pour faire des plis si délicats; vous voyez même le nu sous cette draperie. Ainsi vous trouvez tout ensemble la tendresse de la chair avec la variété des plis de la draperie.

Chr. — Ho! ho! te voilà bien savant ! Mais puisque tu sais tout, dis-moi : cette corne d'abondance est-ce celle du fleuve Achéloüs arrachée par Hercule, ou bien celle de la chèvre Amalthée nourrice de Jupiter sur le mont Ida?

Mnas. — Cette question est encore à décider; cependant je cours à mon troupeau. Bonjour.

V.

JUGEMENT SUR DIFFÉRENS TABLEAUX.

Le premier tableau que j'ai vu à Chantilli est une tête de saint Jean-Baptiste, qu'on donne au Titien, et qui est assez petite. L'air de tête est noble et touchant; l'expression est heureuse. Il paroît que c'est un homme qui a expiré dans la paix et dans la joie du Saint-Esprit ; mais je ne sais si cette tête est assez morte.

Les amours des dieux me parurent d'abord du Titien, tant c'est sa manière ; mais on me dit que ce tableau étoit du Poussin, dans ces temps où, n'ayant pas encore pris un caractère original, il imitoit le Titien. Cet ouvrage ne m'a guère touché.

Il y a une autre pièce du même peintre qui me plait infiniment davantage. C'est un paysage d'une fraîcheur délicieuse sur le devant, et les lointains s'enfuient avec une variété très-agréable. On voit par là combien un horizon de montagnes bizarres est plus beau que les coteaux les plus riches quand ils sont unis. Il y a sur le devant une île, dans une eau claire qui fait plusieurs tours et retours dans des prairies et dans des bocages où on voudroit être, tant ces lieux paroissent aimables. Personne, ce me semble, ne fait des arbres comme le Poussin, quoique son vert soit un peu gris. Je parle en ignorant, et j'avoue que ces paysages me plaisent beaucoup plus que ceux du Titien.

Il y a un Christ avec deux apôtres d'Antonio Moro. C'est un ouvrage médiocre; les airs de tête n'ont rien de noble, et sont sans expression : mais cela est bien peint; c'est une vraie chair.

Le portrait de Moro fait par lui-même est bien meilleur. C'est une grosse tête avec une barbe horrible, une physionomie fantasque, et un habillement qui l'est encore plus. Il est enveloppé d'une robe de chambre noire, qui est ample, et avec tant de gros plis, qu'on croit le voir suer sous tant d'étoffe.

Il y a une Assomption de la Vierge de Van-Dyck, qui ne sert qu'à montrer qu'il n'auroit jamais dû travailler qu'en portraits.

On voit deux tableaux faits avec émulation pour feu M. le Prince : l'un est Andromède par Mignard ; l'autre est de M. le Brun, et représente Vénus avec Vulcain qui lui donne des armes pour Achille. Le premier me paroît foible :

l'autre est plus fort, et il a même un plus beau coloris que la plupart des ouvrages de M. le Brun. Mais ce tableau me paroît peu touchant ; la Vénus même n'est point assez Vénus.

Il y a une Andromède de Jacomo Palme, qui efface bien celle de M. Mignard. Elle est effrayée, et son visage montre tout ce qu'elle doit sentir à la vue du monstre.

Il y a une Vénus de Van-Dyck bien meilleure que celle de M. le Brun. Mars lui dit adieu, elle s'attendrit. Mars est trop grossier, et elle est trop maniérée.

VI.

ELOGE DE FABRICIUS, PAR PYRRUS SON ENNEMI.

Un an après que les Romains eurent vaincu et repoussé Pyrrhus jusqu'à Tarente, on envoya Fabricius pour continuer cette guerre. Celui-ci, ayant été auparavant chez Pyrrhus avec d'autres ambassadeurs, avoit rejeté l'offre que ce prince lui fit de la quatrième partie de son royaume, pour le corrompre. Pendant que les deux armées campoient en présence l'une de l'autre, le médecin de Pyrrhus vint la nuit trouver Fabricius, lui promettant d'empoisonner son maître, pourvu qu'on lui donnât une récompense. Fabricius le renvoya enchaîné à son maître, et fit dire à Pyrrhus ce que son médecin avoit offert contre sa vie. On dit que le Roi répondit avec admiration : C'est ce Fabricius qui est plus difficile à détourner de la vertu, que le soleil de sa course.

VII.

EXPÉDITION DE FLAMINIUS CONTRE PHILIPPE, ROI DE MACÉDOINE.

Titus Quintius Flaminius fut envoyé par le peuple romain contre Philippe, roi de Macédoine, qui dans la chute de la ligue des Achéens étoit devenu le tyran de toute la Grèce. Flaminius, qui vouloit rendre Philippe odieux, et faire aimer le nom romain, passa par la Thessalie avec toutes sortes de précautions, pour empêcher ses troupes de faire aucune violence ni aucun dégât. Cette modération toucha tellement toutes les villes de Thessalie qu'elles lui ouvrirent leurs portes comme à leur allié qui venoit pour les secourir. Plusieurs villes grecques, voyant avec quelle humanité et quelle douceur il avoit traité les Thessaliens, imitèrent leur exemple, et se mirent entre ses mains. Ils le louoient déjà comme le libérateur de toute la Grèce. Mais sa réputation et l'amour des peuples augmentèrent beaucoup quand on le vit offrir la paix à Philippe, à condition que ce roi demeureroit borné à ses Etats, et qu'il rendroit la liberté à toutes les villes grecques. Philippe refusa ces offres ; il fallut décider par les armes. Flaminius donna une bataille où Philippe fut contraint de s'enfuir. Huit mille Macédoniens furent tués, et les Romains en prirent cinq mille. Après cette victoire, Flaminius ne fut pas moins modéré qu'auparavant. Il accorda la paix à Philippe, à condition que le Roi abandonneroit toute la Grèce ; qu'il paieroit la somme de...... talens pour les frais de la guerre ; qu'il n'auroit plus désormais en mer que dix vaisseaux, et qu'il donneroit aux Romains en otage, pour assurance du traité de paix, le jeune Démétrius son fils aîné, qu'on auroit soin d'élever à Rome selon sa naissance. Les Grecs, si heureusement délivrés de la guerre par le secours de Flaminius, ne songèrent plus qu'à goûter les doux fruits de la paix. Ils s'assemblèrent de toutes les extrémités de la Grèce pour célébrer les jeux Isthmiques. Flaminius y envoya un héraut pour publier au milieu de cette grande assemblée que le sénat et le consul Flaminius affranchissoient la Grèce de toute sorte de tributs. Le héraut ne put être entendu la première fois, à cause de la grande multitude qui faisoit un bruit confus.

Le héraut éleva davantage sa voix, et recommença la proclamation. Aussitôt le peuple jeta de grands cris de joie. Les jeux furent abandonnés ; tous accoururent en foule pour embrasser Flaminius. Ils l'appeloient le bienfaiteur, le protecteur et le libérateur de la Grèce. Il partit ensuite pour aller de ville en ville réformer les abus, rétablir la justice et les bonnes lois, rappeler les bannis et les fugitifs, terminer tous les différends, réunir les concitoyens, et réconcilier les villes entr'elles ; enfin, travailler en père commun à leur faire goûter les fruits de la liberté et de la paix. Une conduite si douce gagna tous les cœurs ; ils reçurent avec joie les gouverneurs envoyés par Flaminius, ils allèrent au devant d'eux pour se soumettre. Les rois et les princes opprimés par les Macédoniens, ou par quelque autre puissance voisine, eurent recours à eux avec confiance.

Flaminius, suivant son dessein de protéger les foibles accablés, déclara la guerre à Nabis, tyran des Lacédémoniens ; c'étoit faire plaisir à toute la Grèce. Mais, dans une occasion où il pouvoit prendre le tyran, il le laissa échapper, apparemment pour être plus longtemps nécessaire aux Grecs, et pour mieux affermir par la durée des troubles l'autorité romaine. Il fit même peu de temps après la paix avec Nabis, et lui abandonna la ville de Sparte; ce qui surprit étrangement les Grecs.

VIII.

HISTOIRE D'UN PETIT ACCIDENT ARRIVÉ AU DUC DE BOURGOGNE DANS UNE PROMENADE A TRIANON.

Pendant qu'un jeune prince, d'une course rapide et d'un pied léger, parcourt les sentiers hérissés de buissons, une épine aiguë se fiche dans son pied. Aussitôt le soulier mince est percé, la peau tendre est déchirée, le sang coule : mais à peine le prince sentit la blessure; il vouloit continuer sa course et ses jeux. Mais le sage modérateur a soin de le ramener ; il est porté en carrosse; les chirurgiens accourent en foule; ils délibèrent, ils examinent la plaie, ils ne trouvent en aucun endroit la pointe de l'épine fatale : nulle douleur ne retarde la démarche du blessé; il rit, il est gai. Le lendemain il se promène, il court çà et là; il saute comme un faon. Tout à l'heure, il part ; il verra les bords de la Seine; puis il entrera dans la vaste forêt où Diane sans cesse perce les daims de ses traits.

IX.

HISTOIRE NATURELLE DU VER A SOIE.

Les habits étoient d'abord de feuilles ; puis de peaux d'animaux morts sans violence, de fils tirés des plantes, et d'écorce ; puis de laine : par là on apprit à filer.

Les vers à soie furent long-temps libres aux Indes : puis employés par les filles de l'île de Coos ; mais la soie étoit encore très-chère sous Aurélien. Sous Justinien, les œufs de ces vers furent transportés des Indes à Constantinople.

L'œuf de ver à soie produit un ver au printemps, qui est éclos en trois jours par chaleur humaine. Il est d'abord violet, puis bleu, ensuite couleur de soufre, enfin de cendre. Le ver est enfermé dans une écorce transparente comme une perle. Ce ver affamé a percé son œuf : il est sorti montrant tête et queue. La tête est grosse à proportion du reste, et par le microscope ressemble à celle d'un corbeau. Ses côtés ont des bosses dont les extrémités ont des poils longs et rouges. Dès qu'il vit, il mange de tendres feuilles de mûrier, y fait de petits trous, fait déjà des pelotons de soie de fibres de feuilles rongées : il s'y suspend [1].

Il est composé d'anneaux : au premier, il est blanc; cette couleur se communique insensiblement aux anneaux voisins. Le bas, vers les cuisses, a quelques taches rouges : puis la couleur est cendrée, avec des taches rouges et verdâtres des feuilles, etc. Tout ceci en dix jours jusqu'au premier sommeil.

Après ce premier sommeil, il quitte sa vieille peau, il en paroît une autre blanche; sa tête croît triplement ; il mange trois fois le jour.

Le mûrier blanc a les feuilles plus longues et plus délicates. Cet arbre étoit inconnu autrefois en Italie. En Sicile, les feuilles du mûrier noir font une soie plus ferme. Si vous donnez aux vers à soie laurier, vigne, orme, myrte sauvage, ils meurent. Quelques-uns les ont nourris de laitues.

La partie supérieure devient argentée; le reste de taches fuligineuses et spirales qui s'étendent le long des anneaux. Son crâne prend la couleur d'agate. Il croît, a des taches rouges, devient transparent : on voit les feuilles à travers son corps. — Changement de peau blanche en pourpée : sa vieille peau se déchire : alors il se resserre, pousse entrailles en haut, sa vieille peau se ride, et passe d'anneau en anneau ; cependant léthargie.

Après ce sommeil, paroissent de nouvelles dents : alternativement il dort et mange. La dernière fois, il se tourmente trois jours pour changer de peau. Alors il allonge : il a treize anneaux. Le corps du ver est appuyé sur beaucoup de cuisses : au milieu, quatre paires de cuisses. Il a des ongles aux pieds comme des os : quarante à chaque pied.

Le vent du midi les rend hydropiques et de couleur de safran. Le froid les affoiblit et retarde leur ouvrage.

Le ver commence à tirer de soi comme de l'ambre (comme un fil pendu à une quenouille), l'attache à quelque petit morceau de bois qui accroche le fil, puis s'en retire, et conduit ainsi

---

[1] Histoire du mûrier. Pyrame et Thisbé. (Ovid. *Metam*. lib. III.)

un fil gluant qui s'épaissit à l'air. C'est un rets assez lâche. — Petite trompe d'où sort la soie. — Quelquefois deux vers filent ensemble *la même soie.*

La peau du ver tombe en une minute. Il maigrit. Déjà *les* ailes de papillon sont cachées. *Le* papillon engendre en vieillesse : œufs, environ quatre cents. *Le* papillon, en canicule, vit douze jours : en hiver, un mois. *La* femelle meurt *la* première : *les* poils *ou* plumes tombent : *le corps devient* de couleur de citron.

Les œufs du papillon s'attachent à un linge. On *les conserve* en été dans une cave; en hiver, sous des lits, de peur qu'ils ne se gèlent. Au printemps, on les arrose de vin et d'eau tiède : ils sont couvés sous les aisselles des femmes.

La partie de la soie la plus voisine du ver est la plus délicate; *elle* est trop fine, et ne sert *pas*. Elle ne peut se démêler. Mais ce qui est retors est de cent six pieds. Par dessus, un quart en coton.

FABULOSÆ NARRATIONES.

I.

NYMPHÆ CUJUSDAM VATICINIUM.

NYMPHA venatrix, et in superandis montium jugis cervâ velocior, nostra nemora nuper invisit. Capillos aureos ventis diffundere dabat: altè succincta vestium sinus fluentes infra mammas nodo colligit; nuda genu, nuda lacertis; suræ alutâ tenui vinctæ; summa dignitas oris, simplices munditiæ, inculta venustas, virgineus pudor purpureis in genis suffusus, virilis in membris vigor, nihil tenerum : artus teretes, torosi, et pleni succo, oculi vegeti, vultus, gestus, incessus, habitus corporis ; omnia, etiamsi in composita, decent. Pharetra eburnea pendet ex humero ; arcus aureus, nervus habilis, sagittæ sonantes : flumina, avesque dea volucris antevertit. Dianam ipsam facilè crederes; nec tamen ipsa est, sed una comitum. Continuò candidæ Naïades vitreis speluncis emergunt; pater ipse Scaldis frontem arundine glaucâ vinctam attollit ; deam blandis vocibus certatim compellant omnes. Jucundè confabulantur numina. Venatrix refert se huc commigrasse ut ad hyperboream usque glaciem fulva Dianæ armenta recenseret; se relictis Lyciæ saltibus vastissimas regiones peragrasse, novumque Apollinem ad Sequanæ ripam inter venandum ex improviso sibi occurrisse. Ea est, inquit, viva gratia, is est frontis honos quo Apollo ipse adolevit. Vidi, vidi, in opaca silva ad marginem limpidi fontis, animosum puerum genitum Jove; nec vana fides. Acer gaudet equis, animis exultat, et silvas indagine cingens, feras telis agit. Musarum alumnus, dulce plectrum armis consociat ; alter, alter ille Apollo : veri et æqui amans, bonarum artium studiosus, per omnia φιλόκαλος. Ita Phœbus olim adolescens oculos, manus, ora tulit. O quanta orbi felicitas! ô ætas aurea ! ô fortunate puer, regni deliciæ, modò importuna morositas absit!

II.

ALIBEI PERSÆ HISTORIA *.

DUM aliquando Schah-Abbas, rex Persidis, iter faceret, uno tantùm stipatus comite, invenit in pascuis adolescentem agresti habitu, sed formâ honestâ et liberali, facieque ingenuâ, qui gregem agebat. Hunc blandè et comiter allocutus, cordatum et solertem supra ætatem, supra institutionem judicavit. Juvenis ille, nomine Mahummetes Alibee, quem latuit quisnam esset quocum confabularetur, quid quaque de re sentiret aperuit confidentissimè. Juvenem rudem, et perspicacem et liberum risit imperator; familiariter colloquia commiscuit atque protraxit, innuens comiti ne suam dignitatem adolescenti indicaret: metuebat enim ne rusticus tantam reveritus majestatem, ac pudore præditus, minùs ingenio et linguâ valeret. His artibus, ubi periculum fecit eximiæ indolis et acris ingenii, miratus est quantis naturæ polleret dotibus. Tum comiti : Quis unquam aptior cunctis, quos postulat usus, officiis? Probus, cautus, industrius, strenuus et facetus mihi videtur. Hunc igitur universæ domui et supellectili regiæ præfici volo. Continuò honoribus squalidum juvenem insignit : hic exuit vestem panniculis obsitam; pedum, fistulam peramque deponit ; chlamyde purpureâ et tiarâ sericâ induitur ; Nazar conclamatur. Quoad vixit Schah-Abbas, Mahummetes summâ apud eum

---

* Hæc narratio fusiùs exposita reperitur inter fabulas gallicè elaboratas, suprà p. 223 et seq.

gratiâ floruit. Ubi verò Rex interiit, Schah-Sephi filio ejus invidi obtrectatores calumnias in Mahummeten congesserunt. Commenti sunt illum multa clam subduxisse a promptuario. Schah-Sephi, uti mos est principibus, levis et credulus, virtutem suspectam et exosam facilè habuit. Ab assentatoribus malevolis delusus, quæ fecerat pater hæc nulla esse voluit ; jamque Mahummetem officio deturbare moliebatur. Jube, inquit unus ex aulicis, illum tibi afferre acinacem insignem gemmis, quem avi tui gestavere in præliis. Continuò princeps Mahummeti, ut insidias instrueret, jussit hunc sibi e promptuario acinacem depromere. Schah-Abbas hunc ensem olim gemmis exui jusserat. Id factum esse, antequam sibi præfectura domûs regiæ credita fuisset, Mahummetes testibus comprobavit. Rex verò edixit se quindecim dies Mahummeti concedere, ut omnia ejus ministerio tradita pararet, rationemque redderet. Heus ! inquit die indictâ, ô Mahummetes, aperi mihi omnes januas et armaria ; mihi est animus omnem recensere supellectilem. Illico minister sedulus omnes reseravit fores, et singula Regi exploranda præbuit. Omnia nitentia, ordine disposita et asservata diligentissimè visa sunt. Hæc ex insperato visa Regis animum delinire incœperant : sed ut vidit in extremo porticu januam triplici munitam serâ, suspicatus est, instigante aulicorum invidiâ, Mahummetem ibi multa furtim ablata recondisse. Quænam, inquit, illic reposuisti ? Meas opes, ait minister, quas, oro te per summum numen, ne mihi abripias ; sunt enim justo labore partæ, injustumque foret mihi quod unum cordi est, quod sacrum, hoc violare. Subrisit Schah-Sephi, arbitratus se ministri sui prædam detexisse. Ille verò, reseratis foribus, palàm protulit pedum, peram, fistulam, squalidam et laceram vestem quibus pastor olim usus fuerat. En, inquit, pristinæ sortis dulces exuvias : has neque infantinæ tu, ô princeps, auferetis mihi ; hæc mea est gaza, asservata ut me ditet, cùm tu me pauperem feceris. Cætera tua sint : hæc propria, hæc vera bona, hæc libertatis, innocentiæ, vitæque beatæ instrumenta ad extremum usque spiritum, procul ab aula, mea sint. His auditis, Rex falsa in ministrum crimina indignatus, incorruptam virtutem admirari cœpit, et ad extremam senectutem in gravioribus negotiis Mahummetem ministrum fidelissimum sibi adhibuit.

III.

MERCURII CUM ÆSOPO COLLOQUIUM.

Æsopus ille qui carmine bestias vocales fecit, et quem vicissim bestiæ vocales immortalem fecere ; is, inquam, ille Æsopus jamjam luce iterum donandus, valde sibi metuebat, ne bestiis quas cecinerat, ipse adscriberetur. Tum Mercurius pileo alato, talaribus aureis et potenti virgâ insignis : Parce metu, inquit subridens, neque servitutis asperæ memineris ultrà : tua te manent omnia ; ingenium acre, pectus virtutis amans, anima candida, splendidi mores, sales, joci, veneres, lepores, artes et gratia sermonum vivax. Id unum tibi pervincendum æquo animo, ut gibbosus iterum fias : hoc naturæ vitium, ne tibi sit tædio, fata amica abunde compensant. Rex invictus eris, belli fulmen, pacis decus, hominum deliciæ, præsidium et grande columen ; a Gadibus ad Seras usque laus tua inclarescet : benè ferre magnam disce fortunam. Apage, retulit Æsopus, apage tot tantaque deorum munera, si vertantur mihi ludibrio. Victori Regi ponenda in foro statua, monumentum foret æquè perenne ac ridiculum. O indignum virtutis heroicæ præmium, gibbus æneus ! quanto tolerabilius vile mancipium inclementis heri, et sponsæ rixosæ jugum denuo perferam !

IV.

MULIERIS CUJUSDAM CUM FATO COLLOQUIUM.

Sine te exorem, Fato inquiebat mulier quædam, prolis cupida. Natos, dulces natos, thalami sancti præmia ne deneges. Quinquaginta liberi, reposuit Fatum, te manent. At illa : Hui ! tot educandis impar sum. Sex tantùm habeto. verùm tres stultos et vecordes perferas æquo animo. Atqui strenuos et industrios ut des, jubeo. Si strenui et industrii, subdolos igitur et improbos habeas necesse est. Proh scelus ! impios et perditissimos cruci devovendos domi alerem ! Apage isthæc omnia. Diversa igitur tibi obtingant ; sex nati præstanti corpore, acri ingenio, animâ candidâ, ad unguem facti te senio confectam oblectent ; verùm immaturâ morte peremptos compones. O me miseram, et Hecubâ ipsa miserabiliorem !

O morosa et pervicax mulier! omnia respuis : nunquam parias longè satius est. Fatum ipsum omnipotens sortem quæ tuum animum expleat parere nequit.

V.

LUCTA HERCULIS CUM ACHELOO *.

DEJANIRA puella formosissima quamplures allexerat procos. In his Alcides et Acheloüs cæteros eliminarunt. Ille dicebat se daturum puellæ Jovem socerum, referebat laborum famam, et suæ novercæ mandata superata. Contrà Acheloüs turpe dixit se deum cedere Herculi mortali. Hic dicebat patri Dejaniræ : Ego volvo meas undas cursu obliquo per tua regna; non ero gener ab oris longinquis huc accitus, sed tuus popularis. Quis scit an Hercules sit verè Jovis filius? Etiamsi esset, at certè adulterio natus est. Dum hæc diceret Acheloüs, Alcides torvis oculis jamdudum illum spectabat, nec satis imperabat iræ accensæ. Ait : Melior mihi dextera linguâ. Dummodo pugnando superem, tu vince loquendo. Tum ferox adoritur amnem. Puduit deum immortalem cedere, postquam tantâ jactantiâ minatus fuisset. Ergo Acheloüs rejecit ex humeris glaucam vestem, et brachia opposuit. Alcides illum sparsit pulvere collecto cavis manibus. Vicissim ipse flavescit fulvâ arenâ projectâ a fluvio. Captat modò cervicem, modò crura, omnique ex parte lacessit Acheloüm. Sola gravitas dei tuetur illum : non secus ac moles quam fluctus magno cum murmure oppugnant; manet illa, suoque est pondere tuta. Digrediuntur paululum, rursumque concurrunt ad certamen. Erat cum pede pes junctus; toto pectore pronus Acheloüs, et digitos digitis, et frontem fronte premebat. Non aliter fortes videntur concurrere tauri, cùm juvenca nitidissima pretium pugnæ expetitur ab illis per totum nemus. Spectant armenta, paventque, nescia utri futura sit victoria. Alcides ter nixus a se dimovere pectus amnis; quartò sese expedivit ab ejus amplexu, et solvit ejus brachia suo corpori affixa; impulsu manûs illum amovit a se, tergoque toto pondere inhæsit. Tum Acheloüs visus est oppressus quasi monte humeris imposito ; brachia diffluebant multo sudore. Alcides instat anhelanti, prohibetque resumere vires. Tandem tellus pressa est genibus flexis Acheloi, et infelix arenas ore momordit. Tum inferior viribus recurrit ad dolos : elabitur manibus Herculis mutatus in longum anguem, qui sinuavit corpus in orbes, et movit linguam bisulcam fero cum stridore. Tirynthius risit has artes. Labor fuit meus, inquit, ab ipsis cunis angues superare. O Acheloë, quota pars eris hydræ Lernææ? Simul atque mei comites unum caput amputaverant, pro uno reciso gemina repullulabant. Hanc ego hydram domui, quamvis esset ramosa multitudine capitum, et semper cresceret vulneribus. O Acheloë, quid speras te facturum, tu qui versus es in fictum anguem? His dictis, injecit summo collo digitos validiores vinculis ferreis. Acheloüs angebatur penè suffocatus, quasi gutture presso forcipibus, et enitebatur evellere fauces suas e pollicibus infestis. Adhuc restabat devicto flumini tertia forma tentanda, nempe tauri trucis. In taurum mutatus reluctatur. Tum Alcides injecit brachia torosa in armum lævum ; trahit taurum ruentem, et figit humo cornua dura ; tandem altâ arenâ eum sternit. Dum tenebat manu feroci rigidum cornu, illud infregit et a fronte trunca revellit. Naiades illum refertum pomis et odoro flore sacraverunt copiæ gratissimo numini.

FABULÆ SELECTÆ
JOANNIS DE LA FONTAINE [1].

E LIBRO PRIMO.

FABULA IX.

MUS URBANUS ET MUS RUSTICUS.

Mus urbanus rusticum murem ad epularum reliquias edendas olim invitavit. Pro mensa invenit tapetem stratum. Conjice quantum unâ græcati sunt. Splendidum fuit convivium : at dùm incumbunt dapibus, molestus ad fores strepitus omnia perturbat. Aufugit urbanus, rusticus sequitur. Cessante tumultu, redit uterque. Tum urbanus : Assa exedere nunc licet. Jam satis est, inquit rusticus. Cras pauperem cavum subeas velim. Regios non affecto apparatus ; sed vacat animus, et liber metu comedo. Voluptates metui obnoxias fastidio. Vale.

---

* OVID. Métam. lib. IX.

[1] Voyez ci-après, page 386, une petite pièce latine sur la mort de La Fontaine.

FABULA XI.

HOMO ET IMAGO EJUS.

Stultus, captus amore sui, sibi soli formosus, sine procis libere se deperibat, falsi quæque arguens specula, et insano beatus errore. Ut convalesceret, sors inclytè officiosa objiciebat passim oculis fidos quos matronæ consulunt amicos. Specula domi forisque pendent e mercatorum tabernis, juvenum perulis amantium, virginumque zonis; undique specula. Quid tot inter insidias Narcissus noster? Aufugit timens procul ab urbe, et hominum consortio, in devia usque abruptaque ferarum latibula, sperans se fore tutum a speculorum ludibrio. At limpidus fluit rivus inter saxa: illic se conspicit miser; succenset, veram imaginem ut chimæram horrens, et crudelem fugiens undam; heu! se ignotum ardet, refugitque videre.

FABULA XIII.

LATRONES ET ASINUS.

Pro asino rapto decertabant latrones. Alteri servare, alteri vendere placuit. Dum pugnis se invicem tundunt, advenit tertius asellum occupans. Asinus est provincia jam expilata. Latrones, hinc inde grassantes principes, uti Turca, Transilvanus, aut Hungarus. Duo tantùm quærens, tres inveni : adeo passim suppetit hoc genus. Quartus advolat, qui litem dirimit, invasor.

FABULA XIV.

SIMONIDES.

Pictæ laudes, pactâ mercede, pollicetur Simonides. Res tentata jejuna videtur; namque loco obscuro natus athleta. Ergo poeta, parcè laudato heroe, ad Castorem atque Pollucem transvolat. Prælia locaque præliis memoranda fusè canit. Hoc decus ad præliantes redundare sperans in laudandis Geminis, duas operis partes insumpsit poeta. Merces pacta talentum fuit ; tertiam talenti partem tantùm solvit athleta. Solvant, inquit, Gemini a te laudati, quod summæ deest. Ego verò te cœnare hodie apud me jubeo; splendidè græcabimur. Delecti inter propinquos et familiares convivæ; adscriptus es illis. Annuit Simonides, corde, vultuque ficto acrem premens dolorem, ne gratiam cum præmio carminis amitteret. Horâ condictâ venit ; accumbunt mensis; auro, argento, Corinthio ære renidet, cantu plausuque læta resonat domus; lautis dapibus onerantur mensæ. Interea servulus accurrit. Heus, inquit, Simonides, adstant januæ duo juvenes conspersi pulvere, multoque sudore diffluentes, qui te paucis volunt : citò prodeas. Exilit; videt juvenes, nempe Geminos. Pro carmine grati monemus, inquiunt, ut properes domûs impiæ ruinam effugere. Effugit; continuò ruit tectum ; convivium, convivasque, insuper et athletam opprimit. Hinc latè rumor spargitur, virum diis gratum non impune lædi. Dein qui carmina jubent, præmium duplicant.

FABULA XVII.

HOMO ÆTATIS MEDIÆ.

Homo quidam ætatis mediæ, jamque canescens, nuptias sibi maturandas esse censuit. Affluebat pecuniâ, ac proinde penes illum fuit eligere quam libuerit uxorem. Cunctæ certatim illi blandiuntur; at ille cautus et tardus, deludi metuit. Duæ magis ei arriserunt viduæ, quarum altera florenti ætate, altera jam maturior. Verùm natura marcescens arte refloruit. Utraque ludens circum, hujus comam aptat; nigros anus, canos suâ vice avellit junior ; quæque ut virum suam ad ætatem trahat. Sic illarum operâ, e cano calvus repente factus, tandem sensit injuriam. Valete, inquit, gratiam habeo. Plus lucri quàm dispendii superest. Nuptiarum tædium effugi. Quæ mihi foret nupta, non me mihi, sed sibi obsequi vellet. Ignosco calvitiem; libertatem servans habeo gratiam. Valete.

FABULA XVIII.

VULPES ET CICONIA.

Magno sumptu vulpes aliquando ciconiæ dapes apparavit. Dapes, pulmentum planè liquidum diffusum in patina. Longiori rostro nequidem guttulam hausit ciconia. At contra facilè vulpes sorbebat cibum. Ut fraudem ulcisceretur ciconia, paulò post vulpem invitat. Libenter, inquit vulpes; familiariter amicis utor. Horâ condictâ tectum subit, salutat hospitem. Esurit, vulpino more; opportunè et opiparè, dapes appositas laudat; gaudet, subodorans exquisitas epulas. Dolo appositus fuit cibus, intritus ima in lagena, cujus os angustum, collumque oblongum erat. Huic facilè suum rostrum inserebat ciconia, rictum crassiorem minimè vulpes. Secessit jejuna, caudâ contractâ, auribus demissis; pudibunda ut vulpes quam gallina decepisset.

O subdoli, ad vos hæc scribo; vicissim capiemini.

FABULA XIX.

PUER ET LUDIMAGISTER.

Hæc fabella docet quantùm fuerit insulsa stulti cujusdam admonitio.

Puer, dum ludit ad Sequanæ ripam, incautus in profluentem decidit. Forte fortunâ arrepto salicis ramo, pendulus hæsit. Id ei fuit saluti. Hâc transit ludimagister. Perii, exclamat puer; fer opem. Clamore magister excitus, illum voce gravi, doctâque increpatione, alieno in tempore, puerum mulctat. Nugator, inquit, en quo te conjecit tua dementia! Cura nunc hujusmodi nebulones. Ah miseri parentes, quibus curæ estis! horum sortem doleo. Cùm jam perorasset, ad ripam tandem puerum attrahit.

Hic carpo plures quàm credis, ô lector! Namque hic videre est censores, loquaces, litteratores insulsos. Eheu! quàm ex hoc triplici genere numerosus hinc inde diffluit populus : his Deus annuit miram propagationem. Quocumque in negotio nil nisi verba effutire nôrunt. Hem, amice, me sospitem serva; dein comminaberis.

FABULA XX.

GALLUS ET GEMMA.

Aliquando gallus rostro sustulit unionem in gemmarum scalptoris tabernam. Verus est, ni fallor, inquit, et purus; at minusculum milii granum mihi magis arrideret. Illiterato homini obtigit, hæreditario jure, manuscriptus liber. Continuò illum defert ad librarium vicinum. Liber perrarus est : cedo, inquit; at nummus quantò mihi pluris est!

FABULA XXI.

CRABRONES ET APES.

Opere opificem nosse facile est.

Favi mellis, ignoto domino, primo occupanti deseruntur. Crabrones sibi vindicant; apes obsistunt; vespa litis judex deligitur. Causa valde abstrusa. Testibus constabat circa favos alatam gentem, et oblongam, fuscam et magno fremitu tumultuantem, errasse. Huc usque totum ambiguum. Vespa, impar extricandæ rei, nova inquirit; formicas interrogat; sed frustra. Quorsum hæc tandem, inquit apis? conlata a sex mensibus lis pendens, nil processit; interea mel corrumpitur. Properet judex, amotis tot ambagibus, litem dirimere. Hinc crabrones, nos inde operam demus. Facile erit discernere quis nectareum liquorem fuderit et strinxerit cellas. Refugiunt crabrones, sibi diffidentes tanta in arte. Vespâ judice vincunt apes.

O utinam sic sensu communi, spretâ formulâ legum, dirimerentur lites sine mora, sine sumptu, ut apud Turcas mos invaluit! Voramur, obligurimur, lento absumimur veneno. Tandem ostrea judici, testa cedit contendentibus.

FABULA XXII.

QUERCUS ET ARUNDO.

Arundini dixit olim quercus : Merito naturam culpas; namque te gravat trochilus. Aura vix halatu tenui rugans æquora tuum in ima demittit caput. At contrà mea frons, Caucaso similis, non tantum radiis solis est impervia, sed etiam procellis insultat. Tibi Boreas aura : mihi Zephyrus ventus omnis. Saltem meâ protectus umbrâ si cresceres, tibi minùs incommodi esset à tempestatibus. At sæpius humido in littore Æolico regni nasceris. Noverca erga te mihi natura videtur. Bonæ es indolis, qui sic meam miserearis sortem, inquit arbuscula. Verùm pone curas. Venti tibi plusquam mihi nocent. Flector, non rumpor. Hucusque immotus obstitisti, sed expecta finem. Dùm hæc dicebat, furenti impetu seviit filius acerbior quem peperit junquam Septentrio. Rigida stat arbor; lenta flectitur arundo. Ventus obice vehementior tandem eradicat superbam arborem, quæ cacumine cœlum, radice Tartara pertingit.

LIBER SECUNDUS.

FABULA I.

LECTOR FASTIDIOSUS.

Is sim cui, nascenti uti alumno, Calliope primùm arriserit; totum hoc muneris uni tibi retulerim, Æsope jocosè mendax. Musis semper fuit amica fictio. Pauci quibus annuerint Camœnæ non infacetè ludere fabellis. Metam attingere possibile quidem, sed arduum. Enitor; doctior attingat. Hucusque meo in libello vocibus insuetis confabulati sunt lupus et agnus; quin etiam vocales arbores feci. Quis non crederet hæc esse incantamenta? Hìc interpellabit nigro dente me petens æmulus : Fabulas aniles jactare num te pudet? Itaque jubes, malevole censor, me graviora canere ; en modò canam.

Danai, decenni bello fracti, variis præliis et artibus Trojana circum mœnia frustra tentatis, urbem expugnare desperabant. Tum ligneus equus, excogitatus a Minerva, cavum in alvum subdolum excepit Ulyssem, Diomedemque fortem, atque Ajacem asperum, quos denso cum agmine colossus ingens fusurus erat nocte intra muros, Penates ut incenderent. O inauditum fallaciæ genus! quo diuturnæ obsidionis præmium tulerunt insidiatores.

Jam satis est, inquiet invidus lector; enormis est periodus tua, tu verò anhelus. Equus iste, necnon heroes tui, fabulæ longè incrediliores fabellâ vulpis adulantis corvo. Præterea minimè te decet buccam inflare, et internubila sic evehi. Ergo voci remissiori canam.

Amaryllis sollicita deperibat Alcippum, solas adbibens oves cum canibus sui testes amoris. At explorat omnia Tyrcis; et sequens inter salices, audit puellæ carmina commissa zephyris, quasi hi relaturi essent suspiria ad aures amantis. Atqui siste gradum, inquiet inclytus censor; malè cohærent ultimæ illæ syllabæ; ergo iterum cude ambo hos versus. O carnifex, tace; quandonam absolvere mihi licebit? Periculosum est tentasse tuas demulcere aures. Miseri fastidiosi, quibus nihil jucundè sapit!

FABULA II.

RODILARDUS.

Felis, nomine Rodilardus, tantam murium stragem fecit, ut genus deficere jam videretur. Rarò superstites è cavis prodire usquam ausi, fame conficiebantur. Rodilardus vero miseris habebatur non felis, sed furia. Dum aliquandò procul et summis in tectis domus ipse feminam peteret, habuere comitia sua mures, ut rebus afflictis consulerent. Senior gravis et peritus censuit quamprimum alligandum esse tintinnabulum collo Rodilardi. Sic quoties moveret bellum, ipsos rei gnaros se recepturos in latebras. Hoc unum se nosse perfugium tantis in angustiis. Huic sententiæ omnes accedunt plauduntque : nil utilius visum est. At tintinnabulum alligare, hoc opus, hic labor est. Absit ut demens id audeam, inquit unus et alter; aliò mihi eundum est. Sic rebus infestis solvuntur comitia. Heu! quot vidi collegia, non murium quidem, sed monachorum, sed clericorum, quæ sic incassum habentur! Senatoribus abundat curia, si diliberatione; si facto opus est, cuncti aufugiunt.

FABULA III.

LUPUS ET VULPES, SIMIO JUDICE.

Lupus vulpem famosam furti accusabat; simius delectus judex. Quisque pro se dixit; nec memoriæ hominum proditum unquam fuit, Themidem causam magis intricatam præ manibus habuisse. Pro tribunali sedens judex insudabat operi. Postquam altercati sunt vehementius, discussâ lite, judex ait : Novi vos; jamdudum uterque mulctabitur, nec immeritò ; namque tu, lupe, de ficto damno quereris ; tu, vulpes, veri argueris damni. Sic judex non timuit jura violare, absque formulis plectendo scelestos.

FABULA IV.

DUO TAURI ET RANA.

Duo rivales tauri pro nivea juvenca, ac pro gramineæ ripæ imperio acriter decertabant.

Eheu! imo de pectore suspirat rana sagax. Cur gemis, inquit socia? Num vides, ait, rixam eò deventuram? Victus exulans procul a florenti campo, et juvenescentibus herbis, in palustribus et arundineto ignominiam abscondet. Eheu! quot nostrûm, imo in cœno, duro obteret pede, modò te; sic singulas. O juvenca, dum uris œmulos, innoxii pœnas damus. Hic metus providam indicavit mentem. Victus aufugit ad paludem; gens coaxans obteritur; viginti per singulas horas intereunt. Eheu! quoties delirant reges, plectuntur populi.

FABULA V.

VESPERTILIO ET DUO MUSTELÆ.

In cavum mustelæ, præcipitem incautiùs se dedit vespertilio. In murium gentem irata mustela, hunc vorandum arripit. Ergo, inquit, audes mihi occurrere, cùm sit tuum mihi infestum genus? Numquid sorex aut mus es? ne me deludi speres. Sic est, ut sum mustela. Parce, inquit vespertilio, nunquam murem me præstavi, nedum soricem. Scelesti hæc renuntiarunt; Jupiter beneficus avem me finxit; numquid non cernis alas? Vivat gens alata quæ aerem findit. Sic evasit periculum, annuente his dictis mustelâ. Vix transactâ posterâ die, vespertilio imprudens ruit in cavum alius mustelæ, cui aves invisæ erant. Iterum discrimen capitis urgens. Sæva tecti domina illum ut avem longo rictu vorare properat. Ille verò deos testatur se plecti immeritò. Intuere velim, inquit; hæcne sunt avis signa? Plumæ insunt avi; plumis careo. Soricem me profiteor: vivant sorices; perdat feles Jupiter! Ita subdolâ voce bis necem effugit.

Quamplurimi, mutatâ fasciâ, instans declinaverunt periculum. Sapiens, prout cuique evenit, clamat: Rex aut Fœderati vivant.

FABULA VI.

AVIS SAGITTA PERCUSSA.

Avis, præcordiis penniferâ sagittâ transfixis, miseram sortem moriens deflebat. Quantò acriùs, inquit, casum doleo, quæ mihimet exitio fui! O crudele hominum genus, nostris pennis instruitur fatalis machina ad nostram incertans perniciem. Sed ne derideatis nos, ô durum et immisericors Iapeti genus! vobis ac nobis sors eadem sæpius obtingit. Namque vestrûm pars altera alteri impia arma cudit.

FABULA VII.

CANIS VENATICA, ET EJUS SOCIA.

Mox editura fœtus, nec quo deponeret charum onus prospiciens canis, adeo precibus sollicitavit sociam, ut tandem hæc ei tugurium commodaret. Elapso tempore, rediit socia penates repetens. Hos quindecim dies concede velim, inquit enixa; vix incedere valent catuli. Ut brevi dicam, facilè impetravit. Effluunt quindecim dies; instat socia, tectum et cubile sibi vindicans. Tum scelesta dentes exerens acutos, Præsto sum, ait, meo cum agmine, modò vi possis nos expellere. Atqui catuli jam creverant.

Quæ scelesto dederis, hæc deperdita quereris brevi. Pugnandum est, ut quæ commodasti restituat. Si pedem concesseris tuis in ædibus, mox decem usu capiet.

FABULA VIII.

AQUILA ET SCARABÆUS.

Ad cavum confugientem cuniculum insectabatur aquila. Scarabæi latebra forte vicinior erat, haud tutum perfugium; sed quò tutius iret? Ergo illic se contrahit pavitans. Spreto asilo, aquila in eum irruit. Sic orat supplex scarabæus: O rex avium, hunc miserum me invito rapere tibi facile quidem; verùm ne mihi insultes velim; vitam exoret iste, aut eripe mihi: vicinus, familiaris, cognatus meus est. Jovis ales, nequidem voce prolatâ, alâ scarabæum prosternit, perturbat, stupore ad silentium adigit, tollit cuniculum. Hoc indignè ferens scarabæus, aquilâ absente, nido ejus involat; ova frangit, ova tenella, spem dulcissimam, nec ulli parcit. Rediens aquila, compertâ strage, cœlum clamoribus fatigat; nec scit quò rabiem vertat in ultionem sceleris. Frustra gemit; gemitum auferunt venti. Ergo hoc anno mœrentem matrem agere necesse fuit. Sequenti nidum posuit altiùs; nec eo minus opportunè scarabæus ova illinc dejicit. Sic iterum amici cuniculi necem ulciscitur. Eo luctu per sex menses Echo silvestris ingemuit. Tandem avis quæ flavum fert Ganymedem, a summo deorum patre auxilium petit; credit ova gremio ejus, scilicet tutissimo loco. Ipse enim Jupiter ea fovebit; nimium audax, qui huc ea invaderet. Arte novâ sæviit hostis; in sinum Jovis immittit excrementa. Is vestem excutit; ova desiliunt. Aquila impotens, ubi casum resciverit, minatur ipsi Jovi. Te deseram, inquit, Olympum horridis postponens rupibus. Dum hæc deliramenta effunderet, tacuit, erubuitque Jupiter. In jus vocatur scarabæus : venit, rem narrat; aquila victa lite cecidit. Dum verò partes pacem respuunt, sic visum Jovi, ut aquilarum amores alii assignaret tempestati, nempe quâ scarabæi hiberna occupant, lucemque fugiunt.

FABULA IX.

LEO ET CULEX.

O vile et excrementitium insectum, abi : sic culicem leo increpabat olim. Attamen bellum movit culex. Credisne, inquit, me vereri regiam in te dignitatem? Bos te superat viribus; atqui illum ago quòcumque libet. Vix dixerat, cum signo dato vagatur campis apertis. Mox opportunè involat in collum leonis quem dirè vexat. Quadrupes spumat ; ignei scintillant oculi; rugitus horrendos edit. Vicini pavere ; latitare incipiunt ; tantusque omnium pavor oritur à culice. Abortivum muscæ undequaque regem ferarum cruciat. Modo dorsum, modo nares pungit, modo nares penetrat imas. Tum rabies sine modo æstuat. Subtilis hostis dentes unguesque feræ in ipsum sævientes deridet. Infelix totum se dilaniat ; cauda non sine gravi sonitu ilia concutit ; falsis sæpè ictibus aerem verberat. Tandem defatigatus et defectus viribus jacet. Insectum partâ victoriâ, et signo rursus dato, ad castra se recipit ovans, et jactans gloriam tropæi. Iter faciens incidit in araneæ telam, et illic periit. Quæ fabula nos docet accipe duo : primum, tenuis hostis magno infensior; secundum, qui horrenda evasit pericula, minori succumbit.

FABULA X.

ASINI DUO.

Fustē asinarius, ut sceptro imperator, binos auritos agebat asellos. Unus erat spongiis, alter sale onustus. Qui spongiis, ultro et celeriter; qui sale, ingratus ibat. Montibus, vallibusque peragratis, alacres fluminis vadum adeunt, et tentant, magnis non sine angustiis. Asinarius, in superando vado peritus, asinum spongiis oneratum conscendit, alterum plagis urgens. Hic dum genio indulget, in gurgitem præceps ruit ; dein emergens natando casum evadit facilè ; namque sale liquato grave onus evanuit. Qui spongias ferebat imitans socium, ovino more, alienos passus adæquare studet. Protinus collo tenus demergitur cum asinario, spongiisque simul. Bibunt omnes, bibit præsertim spongia, et fit adeo gravis, ut asinus ripæ insilire non valeat. Tum asinarius, asellum complectens, certæ et proximæ se devovet morti. Nescio quis opem tulit; quis fuerit, nil interest. Abundè est, modò videris, lector, quò ruat inepta imitatio. Hic fabulæ scopus.

FABULA XI.

MUS ET LEO.

Pro modulo, quemque beneficiis devinctum habeas ; te minor sæpe tibi officium præstat. Utrâque sequenti fabulâ id patebit, adeo res argumentis scatet.

Mus ex humo exiliens, incautè fit obviam leonis unguibus. Ferarum rex, regiâ magnanimitate, eum vitâ donavit, nec frustra benignè se gessit. Quis crederet unquam muris auxiliis leonem indigere ? Indiguit tamen ; namque silvâ egressus decidit in laqueum. Rugit, furit, nec se expedire valet. Tum mus officiosè occurrit ; dente rodens vinculum, laqueum discerpsit, unde saluti fuit amico. Longanimitas et industria viribus præpollent.

FABULA XII.

COLUMBA ET FORMICA.

Modo ex minoribus bestiis exemplum sumere libet. Limpido in rivo columba sitim explebat; formica prona in aquam decidit. Hoc in oceano vidisses formicam conantem, sed frustra, ad littus appellere. Columba miserans casum, projicit tenue gramen, quo veluti in promontorio saluti formica consulit. Continuò rusticus, pedibus nudis incedens, arcum tendit in Veneris avem. Jam subsilit, de præda quasi securus;

jam collineans, talo pungitur a formica. Cervicem flectit, ponè se circumspiciens. Tum columba discrimen horrens, procul evolat. Simul evolat cœna rustici.

FABULA XIII.

ASTROLOGUS IN PUTEUM DELAPSUS.

Altum in puteum ruit Astrologus. Dixere continuò : O insulsum caput, dum pedibus providere nescis, quo pacto speculaberis sidera ?

Nec plura dicam ; id sufficit ut quamplures erudiantur. Ferè omnes delectantur his dictis, fata in sideribus inscripta legi posse. At liber, toties ab Homero cæterisque decantatus, quid est ? Apud veteres Fortuna, Providentia apud nos. Cæcæ Fortunæ nulla datur lex, nex scientia : si certâ lege se haberet, immeritò Casus, Fortuna et Sors vocaretur ; namque hæc vocabula quid incertum sonant. Dei omnipotentis, nec quidquam sine consilio moventis, placita, quis detegere poterit ? Quis leget recondita imo in pectore ? Omnia ad arbitrium regit ; unus ipse sibi decretorum conscius. Quasi verò quod futuri altâ caligine pressit Deus, hoc stellis insculpsisset? Quorsum hæc tenderent ? nempe ut distorqueret ingenium hominum qui de sphæra scriptitant, aut ineluctabile fatum ut fugiamus, vel potiùs prospera inter vivamus trepidi, scilicet, et futura mala instantem felicitatem corrumpant? Atqui hæc credere insanum est, nefas est. Volvitur cœlum ; cursum peragunt sidera ; sol illucet orbi, tenebrasque fugat. Hinc colligas tantùm æternâ lege moveri, ut candela lucem variisque tempestatum vicibus orbem recreet, maturet fruges, corpora immissis radiis afficiat. Cæterùm quid inter sortem variam, certumque naturæ motum? O circulatores, veteratores, ô mathematici, ab aula regia procul abite. Unà abeant chimici æquè veraces. At nimis invehor ; redeo ad mathematicum qui justo plus bibit. Arte fallaci assimilantur consectantibus chimæras, dum in fortunarum capitisque discrimine versantur.

FABULA XIV.

LEPUS ET RANÆ.

Lepus in latebra nescio quid meditabatur. Ut quid enim in latebra, nisi meditando, vita degitur? Tædio se dederat ; namque hoc triste animal timore angitur. O infelices, inquit, pavidi ! Nulla unquam buccella quæ dulcem elaboret saporem ; nulla sincera voluptas ; semper et undique hostiles impetus ; semper et trepidatio. Sic vivo miser ; nisi apertis oculis me dormire non sinit malus ille pavor. Emenderis, inquiet quis sapiens : quasi verò pavor emendari possit. Credo equidem hominum genus itidem pavere. Sic secum lepus omnia explorans anxius, diffidens, aura tenuis, umbra, umbraque quid minus febrim incendebat venis. His agitatum et ægrum animal tum fortè levi concitatur strepitu ; satis superque est ut ad cubile evolet. Ripæ stagni transit. Continuo ranæ in aquas desiliunt, et petunt ima gurgitis. Ohe ! inquit, quod cætera mihi, hoc ego ranis ; præsens castra terreo. Unde mihi tanta audacia ? ha, ha ! he, he ! me imminente tremunt hæc animalia : ergo sum belli fulmen. Nec est, jam teneo, ita pavidus quisquam, qui pavidiorem non fuget.

FABULA XV.

GALLUS ET VULPES.

Arboris ramo insidebat gallus subdolus et veterator. Frater, inquit vulpes blandâ voce, cessent rixæ ; fœdus ini mecum, pacem denuntio lubens. Huc delabere, et complectamur nos invicem. At ne moreris, nam mihi quàm longissimum hodie conficiendum est iter. Tu in posterum tuique negotiis incumbi e tuti ; fraternis animis opem laturi sumus. Pro hac pace diem lætam solemnemque transigere decet ; interim te deosculer quæso. Amice, inquit gallus, nihil gratius hoc nuntio meas demulcit aures ; attamen duplo gratius, quod a te gaudium hoc acceperim. Duos conspicio vertagos, qui, ni fallor, huc cursim mittuntur, ut hoc nuntium perferant, alacres advolant, et mox aderunt. Delabor, et nos mutuo amplecti copia erit. Vale, inquit vulpes ; longius iter faciendum mihi est, quàm ut te expectem ; alias de pace dixero. Repente exilit, de dolo minus sibi ipsi gratus ; gallus autem pavidum irridet. O mira voluptas, subdolum dolo capere !

FABULA XVI.

CORVUS IMITANS AQUILAM.

Ovem rapuit aquila ; cujus rei testis corvus viribus inferior ; nec impar fame, actutum idem molitus est. Circuit gregem; inter centum lanigeras eligit pinguissimam, dignamque sacris, ipsis denique diis selectam. Corvus hilaris intuitu vorans aiebat : Quæ tua fuerit nutrix, me latet; at quantum corporis tibi fecisti; hoc cibo fruar. His dictis, in balantem irruit. Ovis caseo gravior; spissum vellus, et impexum ut barba Polyphemi. Corvi ungues ita impliciti fuere ut nunquam ipse evolare potuerit. Accurrit pastor, arripuit miserum, detrusumque in caveam ludibrio tradit pueris. Ergo viribus consilia accommodes; hoc liquido constat. Male erit furi, qui famosos imitari voluerit latrones. Exemplum robustioris periculosum est illicium. Omnes prædatores non summâ sunt potestate præditi. Quo permeat vespa, infelix capitur culex.

FABULA XVII.

PAVO QUERENS JUNONI.

Pavo Junoni magnas agitabat querelas. O dea, inquit, non immeritò queror et murmuro. Quo donatus a te fui, cantus nemini gratus est. Contrà luscinia, infirmum et vile animal, voce canorâ et acutâ pollet, veris decus egregium. O avis invida, tace, respondit Juno. Num te pudet invidisse lusciniæ voci, cùm collo gestas Irim affulgentem mille coloribus variè commissis. Te elatè geris, caudamque explicas, caudam quæ toti officinæ gemmarii æquiparatur. Estne avis usquam gratior? Non singulis singula conveniunt. Quantas tibi concessimus dotes! Sunt qui magnitudine viribusque polleant. Levis est falco, fortis aquila, corvus præsagus, adversa præcinit cornix; omnes suâ sorte beantur. Ergo desine queri, aut formosas adimam plumas.

FABULA XVIII.

FELIS IN MULIEREM VERSA.

Felem suam quidam adamavit, scitam, bellam, facetam, in deliciis habens; namque blandam edebat vocem. Insano quocumque longè ipse insanior erat. Hic itaque modò precibus et fletu, modò carminibus magicis, eo usque processit, ut Fatum exoraret. Ergo felis fit mulier actutum insani conjux. Qui amicitiâ olim, tum amore deperit. Nec unquam tot veneres amanti formosissima puella, quot felina conjux dementi ostendit hero. Sibi blandiuntur invicem, nec quidquam felinum in ea jam ipse reperit. Penitus undequaque mulier videtur insano. Tum sorex tegetem rodens conjugum turbavit amores. (Cui mulier, subitò in pedes exiliens, minatur; sed frustra [1].) Mox iterum fuit mulier : continuò redeunt mures. Iterum atque iterum mulier felino more explorat, nec forma ejus soricibus suspecta erat. Sic natura artem conatusque nostros irridet, simul atque ætate induruerimus. Vas imbutum est; vestis plicata rugabit usque; nec ab assuetis desuetudinem sperare licet. Quidvis facias, non mutabis unquam. Furcâ, loris, fuste, incassum feries; naturam expellas januâ, fenestris recurret.

FABULA XIX.

LEO ET ASINUS VENANTES.

Rex ferarum aliquando venari voluit. Ferias agebat solemnes. Leonis venatio non passeres quidem, at apri immanes, at damæ, at cervi. Ut res bene cederet, arcessit asinum voce Stentori parem, nempe ut lituï suppleat vices. Leo asinum ramis obtectum locavit appositè, simulque jussit eum rudere. Audaciora animalia procul dubio, auditâ voce, desertura domos. Nondum silvarum incolæ assueti erant voci, quæ instar tonitru per aera horrendas egit procellas. Pavor invadit cunctos; cuncti palantes leonis insidiis capiuntur. Numquid, aiebat asinus elatus prosperis, me feliciter usus es? Ita est, inquit leo; probè intonuisti; ni nossem indolem genusque, memet terruisses. Asinus, licet meritò derisus, succensuisset; sed defuit audacia. Quis indecentem asini jactantiam non ægrè tulit?

FABULA XX.

TESTAMENTUM AB ÆSOPO ILLUSTRATUM.

Si quæ vulgo de Æsopo feruntur vera sunt, toti Græciæ oraculum fuit, Areopago ipso sapientior. En hujus rei lepidum exemplum, quod lectorem delectabit.

Quidam tres puellas ingenio sibi invicem adversas genuit. Altera Baccho, altera Veneri, novissima Pluto dedita erat. Lege municipali hic testamento caverat, ut illæ hæredes æquis partibus forent, certam pecuniam assignans

---

[1] La phrase que nous mettons entre parenthèse, d'après La Fontaine, est omise dans le manuscrit de Fénelon.

matri, quam tamen pecuniam puellæ minimè solverent, quamdiu cuique maneret sua pars propria. Defuncto patre, sorores sine mora testamentum resignant. Legitur; quæritur testatoris voluntas et animus; sed frustra. Quo pacto enim intelligeres matri pecuniam, nisi postquam unaquæque sororum partem suam amiserit, non solvendam esse? Ecquis ille modus solvendi, scilicet bonis carere? Et quid sibi vult igitur pater? Res deliberationi subjacet? Jurisperiti, quæstione diu varièque tractatâ, se victos fatentur; suadent puellis, neglecto patris mandato, dividendam esse hæreditatem. Viduæ unaquæque, inquiunt, solvat tertiam pro rata parte beneficii, nisi maluerit mater reditum a viri obitu percipere. Sic pactum est; tripartitæ hæreditas : prima sors attulit villam amœnam, cum scyphis, amphoris lagenisque argenteis; insuper exstant vina, cum servis rei cupedinariæ inservientibus. Alterâ sorte obtigit domus urbis, nitida cum supellectili, eunuchis, puellis quæ comunt, et Phrygio incumbunt operi, vestibus, gemmis magno sumptu comparatis. Tertia dat villas, armenta, pecora, pascua simul, jumenta et operas. Factis partibus, ne cuique sororum sors ingrata obveniret, quæque ut libuit partem elegit sibi, æstimatione omnium priùs factâ. Id actum est Athenis. Omnes benefactum laudant. Unus censuit Æsopus præposteram esse testamenti interpretationem; namque, inquiebat, si viveret pater, ô quantum Atticæ incitiam increparet! Siccine gens acuta, et de ingenio glorians, obtusè testatoris animum investigavit? His dictis, hæreditatem dividit rursum; cuique sororum partem dat minimè convenientem : Venerem sectanti dat scyphos; patulæ, pecora; parcæ, ancillulas ad ornatum. Sic visum Phrygi. Quid enim, inquit, præsentius, ut patrio fundo sorores cedant, plurima cum pecunia divitibus mox nupturæ viris, matrique soluturæ nummos, juxta voluntatem patris? Obstupuit urbs tota audiens, Phrygem unum ingenio præpollentem tot civibus.

LIBER TERTIUS.

FABULA I.

MOLENDINARIUS, EJUS FILIUS, ET ASINUS.

ARTIUM inventionem præoccupaverunt majores natu; sic fabulæ Græcis debentur. Nec tamen ita demessuerunt campum, ut spicas legere nequeamus. Fictio veluti regio partim deserta jacet; hanc explorant auctores. Hujus rei exemplum afferam; id narravit olim Racanno Malherbius [1]. Hi duo Flacci æmuli, lyræ hæredes, Apollinis alumni, vel, ut melius loquar, magistri nostri, aliquando invicem obvii et absque testibus, aperto pectore sic collocuti sunt : Dic velim, inquit Racannus, tu qui jam peritus, qui nosti varios vitæ hominum situs, quemque tandem provectæ ætatis nihil fugit, dic quid mihi satius sit eligere. Ætas matura monet; bona, ingenium, animi dotes, genusque nosti. Quid melius? In patria vitam degere, militare, aulicis adscribi. Fato omnia deliciis et ærumnis condiuntur. Nec bello voluptas, nec conjugis deest timor anxius. Si genio obsequerer, quis foret vitæ finis haud me lateret. At meos, proceres, necnon et plebem vereor. Tum Malherbius : Ergo obsequaris omnibus, si potes. Modò pauca quæ dicturus sum accipe.

Nescio ubi legerim, senem moletrinæ operarium, cum filio quindecim annos, ni fallor, nato, ibat venditum asinum ad nundinas. Verùm ut asinus recreatus otio pluris væniret, pedes ejus vinciunt, suspensum gestant. O rusticum genus et ineptum, inquit cachinnans primus qui forte illac transiit. Quam fabulam parant hi histriones! Asino hi stupidiores certè. Suam fatetur imperitiam pater; projicit asinum, et agit fuste. Bellua, cui gratus fuerat prior incessus, incassum queritur. Bestiam conscendit adolescens; senex penè graditur. Displicuit res mercatoribus facientibus iter. Heus, inquit senior, descendas quamprimum; num te pudet asino vehi habentem senem pedissequum? Te pedes sequi, illum vehi decuit. Continuò ingenuus adolescens delabitur, et pater conscendit. Occurrunt puellæ, quarum una : Absurdum est tenellum puerum sic pedes incedere, hunc hominem inertem sibique confidentem asino gestari; vitulum crederes. Meâ ætate, respondit senex, vituli boves evaserunt.

---

[1] François Malherbe, célèbre poète françois, étant consulté par Racan, son élève et son ami, sur le genre de vie qu'il devoit embrasser après avoir quitté le service, au lieu de lui répondre lui raconta l'apologue que La Fontaine a mis en vers. Cet apologue vient originairement d'Allemagne. Pogge, qui alla au concile de Constance en 1414, en cut connoissance, et l'inséra dans ses *Facéties*. C'est sans doute de cet auteur que La Fontaine l'a tiré. Un écrivain espagnol, Caramuel, a rendu cette même fable en quatre lignes; c'est vraiment un chef-d'œuvre de concision :

« Erant senex, puer, et equus. Si neuter equitat, rident
» homines : si uterque, acclamant : si puer solus, patris im-
» prudentiam ; si senex solus, patris inclementiam accusant :
» et incriminantur, quidquid fieret. »

Voyez la *Notice sur la vie de Malherbe*, en tête de ses *Œuvres*. Paris, Blaise, 1822, in-8°, page xxxij.

Carpe viam, ô puella: Mutua post dicteria patrem pœnituit culpæ, filiumque clunibus asini insidere jubet. Vix paululum ita processerant, cùm viator quidam hunc modum eundi carpens ait : Hi prorsus insaniunt; asinus jam ultimum spiritum trahit, plagis confectus. Cur miseram bestiam opprimunt? Cur non miserantur antiquam hujus servitutem. Nundinis pellem vendent. Ohe , inquit senex, nimium demens qui cunctorum gratiam aucupatur; tentemus tamen si quâ arte id effici queat. Uterque it pedes ; asinus verò superbo incedit gradu. Ha, ha, he, he, inquid viator alius, unde hic mos, ut asinus vacuus eat, herusque eundo desudet? Uter ad laborem nascitur? Suadeo ut in capsa eum foveant. Ne defatigetur bestia calceos exterunt; certè triplex est asinus. Fateor me esse asinum respondit senex. At in posterum nec laudibus nec vituperatione moveor; meo vivam arbitrio. Sic egit, nec temere.

Quod ad te attinet, Marti, Amori, Regi tuo obtemperes; i, redi, advola, otio fruere tuos ad penates. Uxorem duc, impetra beneficia, negotiis vaces maximis, provincia tibi demandetur; nihilo tamen minus carperis morsu invido.

FABULA II.

MEMBRA ET STOMACHUS.

A regia dignitate incipere decuisset. Si spectes officia, regis imago venter. Si quid laboret, languent cæteri artus.

Aliquando omnia membra, dum ægrè ferrent se semper ventris lucro operam dare, ab eo defecerunt, ut nobili otio vitam inertem degerent. Nostro, inquiebant, destitutus auxilio, quo cibo vescetur? Desudamus ut jumenta; quorsum hæc? Nil lucri nobis; totum ei, ut epuletur : otiemur, ejus exemplo. Sic dictum, sic factum; manus cessant prehendere, brachia distendi, crura incedere. Aiunt omnes : Venter suâ vice operetur. At mox erroris omnes pœnituit; mox deficiunt, nec novus fit sanguis in corde; viribus amissis, deliquium patitur corpus. Sic tumultuantes, qui ventrem inertem dixerant, hunc communi saluti plus cæteris invigilantem agnoscunt. Ad reges hæc referas. Fluit refluitque vicissim quod illis datur; cuique laborandum est, ut rex affluat bonis. Ipse omnes alit ; operæ mercedem, opes mercatori, magistratui honorarium, aratori tutum præsidium, stipendium militi, reipublicæ decus et otium subministrat. Hoc probè caverat. Menenius ille, cùm plebs a senatu alienata defecisset. Patricio generi, inquiebant seditiosi, insunt potestas, opes, dignitas atque honores singuli ; vectigalia, tributa, belli pacisque incommoda nobis impendent. Jam mœnibus plebs irata excesserat; aliud quæritabant solum. Tum Menenius, fabulâ membrorum a ventre deficientium, omnes ad officium revocavit.

FABULA III.

LUPUS PASTOR.

Lupus cui minus res bene cesserat in mactandis gregibus, judicavit tandem novas artes tentandas esse. Ergo vulpinâ pelle indutus pastorem simulat, fuste uti pedo munitus; ac ne dolo quid deesset, calamos inflatos ostentans, pileo lubens inscripsisset : Ego sum Lycidas hujus gregis custos. Eo in habitu pedibus anterioribus pedo innixis, sycophanta Lycidas sensim accedit. Tum verus Lycidas, tenero in gramine fusus, altum carpebat somnum; nec procul unà jacebant muti canes atque fistula. Quin etiam plurimas oves dulcis tenebat sopor. Subdolus, dum vult gregem sua ad latibula agere, pedo et voce urget. At vox detexit fraudem. Pastoris vocem imitari ausus, rauco ululatu nemora vallesque personat. Subitò excitantur oves, canis et pastor ipse. Hoc in tumultu lupus impeditus veste, nec fugere nec certare potuit.

Sic semper, quâ minus sibi cavit fallax, hâc proditur fallaciâ. Qui lupus est, lupum se gerat : longè tutius est.

FABULA IV.

RANÆ REGEM POSTULANTES.

Ranæ, democratiam ægrè ferentes, clamoribus impetraverunt à Jove regem qui summæ rerum præesset. Continuò e nubibus rex pacificus delabitur; at decidit tanto cum strepitu, ut gens palustris, vecors et pavida, confugit imas in aquas inter arundineta, juncos et cavos paludis, neque dein sunt ausæ intueri quem putabant horrendum gigantem. Atqui tigillum erat, cujus immota gravitas primam, quæ antro exilire tentavit, terruit actutum. Illa accessit, quamvis tremens; altera sequitur; tertia advolat. Tum certatim tota accurrit cohors, protervè regis dorso insiliens. Id patitur, nec mutit ipse. Mox Jovem iterùm fatigant; saltem qui sese moveat, inquiunt, concede regem. Immisit deorum pater gruem, quæ mactans vorat miseras. Rursus ranæ coaxant questu amaro. Num sperastis, ait Jupiter, me obsecuturum temere deliriis vestris? Primum oportuit pristinis vos regi legibus; verùm id cùm non feceritis, saltem rege modesto frui satius erat. Improbi ingluviem nunc ferte æquo animo, ne deterior irruat.

FABULA V.

VULPES ET HIRCUS.

VULPES incedebat cum hirco magnitudine cornuum insigni. Hic, ingenio hebete, nil prospiciebat; alter acutus, et peritus arte fallendi. Fame compulsi in puteum descendunt, sedantque sitim. Dein vulpes sic allocuta est hircum. Parum est bibisse, nisi hinc exeamus. Attolle pedes et cornua in arduum parietem; tuo dorso adrepens, tandem cornibus suffultus, hinc exiliam. Continuò extraham te. Per meam barbam, inquit hircus, tuam miror solertiam; ego verò, fateor, nunquam id excogitassem. Exilit vulpes, relicto socio, quem docto sermone hortatur, ut æquo animo casum ferat : Si dii te, inquit, sagacitate æquè ac barbâ donassent, non temere descendisses in puteum. Memet expedivi; adnitere nunc ut te eruas. Est mihi negotium quod distineri in via non sinit.

In omnibus respice finem.

FABULA VI.

AQUILA, APER ET FELIS.

AQUILA pullos in summa et cava posuerat arbore; sus fera ad radices; felis medio in trunco sedem eligit : ita nec invicem molestæ, tot familiæ unà degebant. Verùm omnia permiscuit scelerata felis. Adrepit ad aquilam, dicens : Certum est exitium nostrum, natorum saltem (atqui matribus idem est), nec forte mora. Nonne vides tuis sub pedibus improbam suem indesinenter quæ terram egerit, altè effodiens, ni fallor, ut quercum eradicet, ad pullorum catulorumque perniciem. Arboris casu prensi vorabuntur; ne sperent salutem ullam. Saltem si mihi superesset unus, dolor levaretur. Terrore incusso, perfida hinc delabitur ad suem jacentem inter fœtus. Heu, inquit submissâ voce, amica, vicina, te admoneo aquilam, si tantisper exeas, catulos tuos invasuram. Ne evulges arcanum quod credo tibi; in caput meum recideret ira feræ. Hanc in familiam pavore itidem conjecto, felis se recepit domum. Aquila, egredi nusquam ausa, caret cibo ad alendos fœtus; idem sus patitur. O nimium demens utraque! Etenim quæ major pernicies fame? Utraque pertinaciùs domi manet ad tutandos natos. Interea conficiuntur fame porci et aquilæ; exanimes fiunt opima præda gentis felinæ.

Eheu! quid non molitur lingua blanda et perfida, subdolis vocibus? E Pandoræ pyxide majus malum quod emersit, meâ quidem sententiâ, malum quod jure merito horrent cuncti mortales, fuit versutia.

FABULA VII.

EBRIOSUS ET EJUS UXOR.

CUIQUE suum inest vitium, in quod recidat semper : nec timor nec pudor id refringunt. Jam memini fabulæ, quâ ut exemplo nitar. Bacchi sectator assiduus, valetudinem, mentem, fortunasque disperdens, vix medio vitæ curriculo, jam bona obligurierat. Aliquando temulentus, et vapore vini captus, ab uxore effertur. Illic vinum brevi edormivit. Tandem experrectus, reperit circa se funeris apparatum, cereos et vestes pullas. Quid rei est inquit? Num vidua forte esset mea uxor? Tum conjux habitu Furiæ, vocem alienam simulans, et larvata, tumulo compositum adit; feretro incumbit, præbet aquam ebullientem, quam reformidaret ipse Lucifer. Tum se Tartaro detrusum vir fatetur tremens. O spectrum, inquit, qui sis aperi, sodes. Respondit : Proma sum Plutonis regni; umbris extinctorum cibum ministro. Verùm, pergit improvisè maritus : Potum omittis?

FABULA VIII.

PODAGRA ET ARANEA.

POSTQUAM Pluto Podagram atque Araneam evomuit : O natæ, ait illis, æquè horribiles mortalibus vos jactare licet. At prospiciamus quænam cuique conveniat sedes. Hinc videte humiles casas, illinc superbas ædes renidentes auro : hos vobis assigno secessus. En duæ paleæ ; aut convenite, aut jacite sortem. Nihil in casis, inquit Aranea, quod me delectet. Contrà altera cernens medicos errantes vastis in ædibus, ibi lætam degere desperavit; alia sors arridet. Ibi sedem ponit; in digito pedis cujusdam inopis liberè sese diffundit. Nec timeo, inquit, ne Hippocrates suis artibus me invitam hinc abigat. Interim Arachne sedem figit in laqueari, quasi, conducto loco, nunquam hinc migratura ; operatur studiosè, telam texit, capit culices. Advenit ancilla, verrensque, totum opus, heu, scopâ tollit. Iterum tela texta, iterum scopa everrens. Infelix Arachne singulis diebus convasare cogitur. Tentatis omnibus, tandem convenit Podagram. Hæc vicissim agebatur huc illuc suis infortuniis. Modò trahebatur a rustico fendente ligna, modò fodiente terram, interdum ligone versare glebas : Podagra, inquiunt, fessa, proxima sanitati. Tot malis, inquit, conficior ; ergo, soror Arachne, mutemus sortes. Auscultat Arachne; pactum init ; subit casam ; nec jam metuit repentinos scopæ impetus, qui opus diruebant. E regione Podagra rectà invadit antistitem, quem immotum languere jubet. Quis fando numeret cataplasmata ? Nec medicos pudet morbum inveteratum in pejus protrahere. Ita cuique sorte opportunè immutatâ, sors obtigit melior.

FABULA IX.

LUPUS ET CICONIA.

Lupi sunt voraces. Dum epularetur lupus, avidiùs sorbens cibos penè suffocatus est. Adhæsit faucibus os altè immissum. Forte fortunâ lupo, nequidem ululare valenti, occurrit illac transiens ciconia. Eo advocante, hæc advolat. Protinus medica dans operam os extrahit. Dein pro tanto officio mercedem postulat. Mercedem, inquit lupus ? Ludis certè. Parumne tibi videtur meis ex faucibus tuum incolume caput evasisse? Abi, ingrata, abi; ne meos in ungues iterum incidas.

FABULA X.

LEO PROSTRATUS AB HOMINE.

Objiciebatur oculis tabula, in qua pictor ingentem leonem ab homine prostratum delineaverat. Spectatores de hac victoria gloriebantur. Leo huc transiens hanc superbiam refregit : Fateor, inquit ; vobis hic reverà palma conceditur. At pictor, cui mentiri fas erat, vestrum adulatus est genus. O si inter leones ars pingendi floreret, quantò magis vos nostrum superaret genus !

FABULA XI.

VULPES ET UVÆ.

Quædam vulpes, Vasco ut quidam, Normannus ut alii ferunt, fame confecta conspexit summa in vite uvas maturas, ut videbatur, et purpurâ fulgentes. Lubens has vorasset helluo ; verùm summis adnitens viribus eas attingere non valuit. Tum : Acerbæ sunt, inquit, et dignæ calonibus. Nonne id satius fuit, quàm tristem edere querelam ?

FABULA XII.

CYCNUS ET COQUUS.

Pecorosa in villa, in qua abundabant alites, unà degebant olor et anserculus. Ille, ut oculos heri pasceret, hic ut dulcem elaboraret saporem; alter errans in herbis amœnis, alter domini manens assiduè. At uterque fossis domûs innatans modò e regione, modò dissitis in locis, modò aquis immersus, modò hinc emergens, ludebat. Aliquando coquus, mero nimius, cycnum pro ansere arripiens collo, miserum jugulare voluit, ut in jusculo decoqueretur. Canorâ et flebili voce moriturus demulcet aures. Coquus stupens errorem sensit. Ergone, inquit, canorum alitem in ollam immitterem ? Absit, absit ut unquam jugulem qui tam modulatè utitur faucibus !

Ita tot inter discrimina, quæ nostro undequaque imminent capiti, suaviloquentia prodest.

FABULA XIII.

LUPI ET OVES.

Bellum agitatum per mille annos tandem composuere lupi cum ovibus. Utrisque id utile visum fuit; namque dum lupi vorarent oves aberrantes a grege, gregis pastores vicissim luporum detractâ pelle induebantur. Neutris securitas aut copia vel pabulandi, vel cædis faciendæ; uterque trepidis in rebus vix suis fruebatur bonis. Ergo pax initur; dantur obsides, hinc luporum catuli, illinc canes custodes gregis. Commutatione factâ, more pristino a cognitoribus, lapsu temporis catuli adoleverant. Jam cædis appetentes captant tempus opportunum, quo pastores aberant; dilaniant pingues agnos, rictu immani rapiunt in saltus, namque illic clam condixerant sociis. Canes, qui fide datâ nihil sibi timuerant, per somnum repentino impetu conficiuntur. Omnes discerpti fuere; nullus evasit necem.

Hinc colligas, adversùs scelestos bellum sine intermissione gerendum. Pax bona quidem; verùm quænam pax erit cum hoste infido?

FABULA XIV.

LEO SENESCENS.

Leo, qui silvas olim terruerat, tum demum senio confectus, et deflens antiquam fortitudinem, insultatus est a subditis, quorum vires et audaciam debilitas senis auxerat. Accedens equus eum petit ungulâ, dente lupus, bos cornu. Effetus leo tristi in ægrimonia vix rugire valet, nec queritur acerbum fatum. Verùm cernens asinum properantem ad speluncam, ait : O sors nimium crudelis! Certum erat mori; sed mori bis mihi videor a te illisus.

FABULA XV.

PHILOMELA ET PROGNE.

Olim hirundo Progne sedem solitam deserens, procul ab urbibus petiit silvam, ubi Philomela casum miserabili carmine deflebat. O soror, inquit Progne, rectène vales? Jam a mille annis nusquam te vidi : ex quo Thraciæ tyrannum fregisti, non memini te migrasse apud nos. Ergo mentem et consilium aperi. Nunquamne sedem solam et asperam fastidies? Quæ dulcior sedes, respondit Philomela, me manet? Subdit Progne : Quid igitur canora vox unis blandietur feris, vel ad summum quibusdam rusticis? heu; tot egregiæ dotes sic oblivione carpentur? Quin potiùs intra mœnia nostra sis in deliciis omnium. Dum cernis nemora, nonne paribus in silvis barbarum in tuam formam indignè sævientem mente revocas? Atqui tantæ injuriæ acerba recordatio, inquit Philomela, impedit quominus te sequar. Heu, dum video homines, quanto plus memini malorum!

FABULA XVI.

MULIER AQUIS SUFFOCATA.

Nec sum is ille qui dicat : Nihil est; mulier aquis suffocatur. Magnum est malum; namque hic sexus dignus est qui longum sui desiderium faciat, sexus voluptas deliciæque virorum. Neque hæc alieno tempore dicta putes; siquidem hæc fabella narrat mulierem fluctibus immersam interiisse. Conjux, iniquam miserans sortem, quærit cadaver, ut supremis illud cumulet honoribus. Ad ripam fluminis in quo ipsa volvitur undis, incidit in quosdam homines inscios rei. Numquid, ait illis, ullum suspexistis miseræ conjugis vestigium? Nullum, inquit unus, sed inferiùs explora juxta profluentem. Contrà, inquit alter, repete altiùs; versus fontem remea. Adverso enim flumine, victoque rapido fluctuum cursu obstinatè eluctans natabit. Sic juvat feminam cunctis repugnare.

Intempestivius quidem dicax ille erat; sed jure merito hæc de muliebri pervicacia censuit. Utrum autem hæc sit indoles mulierum, necne, perinde mihi est. Quicumque autem ita affectus est, ita affectus erit in ævum; ac extremum usque spiritum contradicet, et si fas esset, ulteriùs.

FABULA XVII.

MUSTELA IN GRANARIUM IRREPENS.

Tenui et macilento corpore mustela granarium ingressa est arctissimo cavo. Gravi morbo afflictata diu, convalescebat. Ibi suæ sortis arbitra, opiparè epulabatur; comedit, rosit. O quantum laridi avidè disperdidit! Ergo jam crassa, pinguis et obesa, septimanâ inter tot dapes elapsâ, strepitum audit, trepidat, ad cavum confugit. Illac remeare non potest; se errasse credit. Tandem circumquaque agitata, Atqui, inquit, is ille est cavus quo nuper huc veni. Tum mus anxiam ita docuit : Cùm advenisses, non tantum corporis feceras. Abdomen tibi impedimento erit. Macilenta venisti, macilenta abeas. Quod tibi, hoc multis vulgo dicitur; sed parcè loqui satius est, ne lusus nostros illorum seriis immiscere videamur.

FABULA XVIII

FELIS ET MUS SENIOR.

Apud quemdam fabularum auctorem legi, Rodilardum, alterum felinæ gentis Alexandrum, murium Attilam, ita vexasse mures, ut Cerberi more cuncta depopulans, terrorem latè incuteret. Murium internecionem molitus erat. Tabulæ levi fulcro appensæ, muscipulæ, venenum, si conferas cum hoc vastatore, lusus inanes. Ubi sensit mures cavis inclusos vagari non audere, sic frustra quæsiturum prædam, scelestus mortuum simulat; capite in terram inverso e summo laqueari sese suspendit, unguibus aduncis vinculo occulto affixus. Gens murium putat hunc pœnas dedisse, lacerasse aliquem, aut damnum fecisse; tandem sceleratum plecti. Unanimi consensu omnes in exequiis se ovaturas promittunt. Jam exerunt rostrum, attollunt caput; dein repetunt cavos; mox remeant sursum; tandem aperte pererrant. At ex improviso eu novum spectaculum : resurgit pendulus, delapsus in pedes tardiores arripit, voransque eas : Varii, inquit, sunt mihi doli; stratagema hoc est : nec cavis, moneo, evadetis incolumes; huc singulæ venietis. Atqui verum dixit; namque magister Mitis iterum deludit hostem. Farinâ dealbat pellem, et sic larvatus sese recondit in mactram tum forté apertam. Id sanè acutum : suam ad perniciem advolat gens incauta. Unus adest decoctus, qui, peritus rei militaris, olim bello caudam amiserat. Procul exclamat : Farinâ conspersum illud nescio quid, nihil fausti portendit; suppositam metuo fraudem. O felium scelestissime, nihil tibi proderit farinam simulare; saccus etiamsi esses, minimè accederem. Optimè dictum a perito mure. Eum non latuit diffidentiam securitatem parere.

LIBER QUARTUS.

FABULA I.

LEO AMANS.

O Galatea, cujus lepor gratiis exemplar fuit; Galatea formosa penitus, durum pectus si exceperis, faveas innocuæ fabellæ lusibus, nec te deterreat leo fortiori superatus amore. O crudelis amor, felix qui celeres pueri sagittas, acres nec stimulos novit, famamque audivit tantùm ! Si verum refugias, fictum saltem fer æquius. Ergo hæc fabella, grati et memoris animi munus, tuos ad pedes prodire audeat.

Quo tempore brutæ animantes vocales fuere, in primis leo cum homine fœdere jungi studuit. Quidni ? Siquidem progenies tunc temporis clara animo, ac mentis acie, eleganti rictu, et flavâ insuper gaudebat comâ. Sic contigit ut leo summo loco natus, errans in gramine, gratam in puellam inciderit. Actutum connubia petit. Verùm pater mitiorem enixe cupierat generum. Durum concedere; negare periculosius. Quin et repulsam, forté conjugium clandestinum ultum fuisset; namque feroces amatores huic puellæ grati. Puella deperire solet amantem crispanti comæ. Pater, non ausus palàm eum excludere, ait : Nata tenera est, et delicata; ungues adunci inter blanditias molles artus læderent; ergo sine, velim, secentur, itidemque dentes; basia ei minus aspera, tibi dulciora ut sint. Tum minimè anxia lubentius sinu fovebit amantem. Leo, insano obcæcatus amore, annuit; dente et ungue spoliatus, similis visus est urbi dirutis propugnaculis. In eum emittunt canes; vix reluctatur; oppressus expirat.

O amor, ô amor, cùm pectus uris, quàm procul abest mens sana !

FABULA II.

PASTOR ET MARE.

Curis vacuam vitam degebat, grege facilem victum suppeditante, vicinus quidam Amphitrites. Exiguæ facultates; at quies secura parvo contentum beavit. Advectæ littori opes arduum pectus tentavere sensim. Jam vendit pecora; nummis negotia ampla molitur; mari committit fortunas omnes : naufragio dispereunt. Ergo iterum pecori invigilat, non quidem, ut olim, pastor multo pecore dives, et proprias oves littoris in gramine pascentes spectans; qui Corydon aut Tyrcis floruit, infelix Petrulus aut Joannulus squalet. Progressu temporis lucratus paululum, emit lanigeras oves; sed aliquando tacentibus auris, et halitum cohibente etiam zephyro, placidum per mare prospectat naves tutò appellentes littus. Appetis, inquit, aurum, ô mare; ne meum speres; alium quemvis decipe.

Quod loquor fictum non est; historiam, non fabulam, narro; ut patefiat obolum pluris esse quàm mille incertos. Suâ sorte animum cujusque explendum. Nec mari, nec cupido gloriæ pectori credendum; eorum blandis consiliis obturandas aures; vix unus palmâ gaudet; mille cæteri se victos deflent. Mira pollicentur mare et fortuna. Eheu, ne credite! venti latronesque advolant.

FABULA III.

MUSCA ET FORMICA.

Musca et formica decertabant utra pluris esset. Proh Jupiter, inquit prima, tantane est cæcitas animi seipsum amantis! Vile et repens animal jactat se parem ætheris natæ! Regias ædes frequento; tuis intersum mensis; si tibi bos mactetur, præguso; dum hæc ignobilis et misera triduo festucâ raptatâ in cavum alitur. Verùm dic velim, ô amica, insidisne unquam capiti regis, aut imperatoris, aut formosæ puellæ? Atqui hoc meum est. Ut libet lacteum deosculor collum; aureis illudo crinibus; candidæ et nitidæ cuti splendorem addo. Artem maximam aucupandi gratias decentes, e muscis mulieres vulgò mutuantur. Nunc insulsè jactans grandia, meas obtunde aures. Dixistine, reposuit parca? Regias ædes frequentas, at invidiosa et molesta. Verùm quod prælibas epulas deorum, quid inde? Numquid hoc reliquiis sapit melius? Capiti regum asinorumque indiscriminatim insides; hoc fateor. Insupra sæpius improbitatis molestæ pœnas dare cogeris. Ais ornatum muliebrem quemdam venustas facere puellas; nec dissentio. Colore nigro me peræque ac te refert. Do ut musca vocetur; nihilo plus hinc tibi tribuere licet : parasiti etiam muscæ vocantur. Ergo desine gloriari; superba fastidia pone. Ex aula muscæ depelluntur; exploratores, similes muscis, capite plectuntur. Fame, frigore, languore et inediâ conficeris, simul atque Phœbus ad alteram orbis partem commigrarit. Tum labore fruar; nec ultrà montes aut valles lustrabo, patiens imbris atque ventorum. Lætam vitam vivere licebit; providâ sagacitate curis expediar. Hinc discis quid vera, quid falsa laus. Vale : tempus inane teris. Sine me labori incumbere; confabulationibus nunquam implerem granaria et forulos.

FABULA IV.

HORTULANUS ET PAGI DOMINUS.

Hortorum cultor studiosus, semi-civis oppidi, semi-rusticus, prope pagum hortos cum prædiis contiguis tenuit olim. Dumeto vivo et spisso agrum sepserat. Ibi læta crescebat oxalis cum lactuca; insuper et unde festiva innecteret serta Phyllidi, gelsimini parum et serpylli copia. Beatam hanc vitam perturbavit lepus. Domino pagi queritur rusticus : Scelestum animal, inquit, singulis diebus olera depascit, protervè insidias omnes deridens; nec fuste aut lapidibus deterreri potest; incantatorem credo. Incantatorem, reposuit dominus : atqui provoco illum. Etiam si esset satanas, Miraltus brevi excludet perfugia; mehercule, bone vir, te protinus expediam. At quandonam? Cras, nec tardiùs. Sic rebus pactis, dominus advenit cum caterva. Agedum, ait, jentemus. Suntne pulli teneli? Ehodum, propiùs accede, puella; te videam, quæso. Quandonam nuptura est? moxne affluent generi? Optime senex, intelligis; tum loculos excuties. His dictis, puellam adit quàm familiariter, unà considet; manum, brachium tangit, præterquam quod decet adtentat animum nugis. Modesta blanditiis repugnat; tandem seni hoc suspectum habetur. Interea in coquina assantur carnes. Unde pernæ, inquit dominus? miræ quidem ut videtur. Tui sunt, ait rusticus. Dominus refert : Munus accipio; ac lubens jentat cum omni stipatu bene dentato, servis, canibus et equis. Domi imperitat, quidlibet audens; epotat cadum, puellæ blanditur. Post jentaculum exoritur venantium tumultus, sonitu concutiunt valles tubæ ac litui. Stupet senex; horti vastantur, et pulvini et quadri insiti, necnon malvæ, porri, et quidquid oleris juscula condiens. Magno sub caule latitabat lepus ; quærunt, insequuntur, aufugit cavo qua sepis latè dehiscit, jussu domini; namque oportuerat ut ex horto via facilis equitibus pateret. Senex mussitabat : Ergone hi sunt optimatum ludi? Sed dicta parvi pendunt. Unâ horâ plus mali importaverunt, quàm centum annis fecissent cuncti regionis lepores.

O parvi principes, jurgia sponte vestra componite, si sapitis ; nec reges litis arbitros advocetis; nec bello, nec finibus intersint unquam.

FABULA V.

ASINUS ET CATELLUS.

Ne ingenium ad aliena invitè trahamus ; nil aptè eleganter quisquam gereret. Rudis et ineptus, quantumvis nitatur, facetus haberi nequit. Pauci, quos æquus amavit Jupiter ; pauci, quibus primo cùm haustu lucis arriserunt gratiæ decentes, infusæ veneres, salesque jocosi. Hoc illis proprium unis.

Id punctum ferre ne speres, instar asini, qui, si fabulæ credas, ut hero gratior et carior esset, ei blanditus est. Oh, oh, inquiebat secum, hic canis , quia lepidus et festivus est , familiariùs ut parem se gerit erga herum ; ego verò fuste molar? Quid agit? porrigit pedem , actutum in deliciis est, eumque deosculantur. Si blanditiæ non pluris constant, atqui hoc ego valeo. Totus in illis fortè conspicit herum hilarem ; tardè et inconsultè accedit , ungulam attollit detritam ; eam heri mento blandè admovet, necnon et canorâ voce molles ornat blanditias. Oh , oh , inquit herus, quænam facetiæ, quodnam melos? heus, ubinam fustis? Fustis advolat; asinus mutat vocem. Hic finis comœdiæ.

FABULA VI.

CONFLICTUS MURIUM CUM MUSTELIS.

Mures, genus invisum mustelarum genti æquè ac felinæ, ni tutarentur angustiis cavorum, animal oblongum, ut opinor, usque ad internecionem eos cæderet. Quodam anno , quo murium progenies multiplicata creverat, rex Ratapo coegit copias, exercitumque e castris eduxit. Contra mustelæ signa conferunt, fama fert victoriam diu hæsisse; agmine, cruore sulci pinguescunt. Verùm undequaque clades major fuit murium ; fusi et devicti sunt , licet accerrimè reluctati fuerint Artapax , Psicarpax et Meridarpax fortissimi duces , qui pulvere conspersi , hostium impetum diu refregerunt. At incassum obnituntur; fato cedere necesse fuit. Tum dux et miles promiscuè terga dederunt. Desiderati sunt duces. Ignobile vulgus cavis facilè se recepit ; at optimates cristis vel ad ornatum vel ad terrorem insigniebantur; idque eis exitio fuit. Neque cavi, neque rimæ ullæ satis patuerunt ut effugerent , dum vulgus minimos subiret cavos ; itaque procerum magna fuit strages.

Caput pennis implexum sibi ipsi impedimento est. Nimia pompa variis in angustiis fugam retardat. Omni in negotio facilè ignobiles sese expediunt ; id non valent principes.

FABULA VII.

SIMIA ET DELPHIN.

Apud Græcos mos invaluit, ut transfretantes, simias histrionumque canes navi secum asportarent. Sic instructi quidam littore in Attico navem fregerunt. Nisi delphines opem tulissent, nemini ulla fuisset spes salutis. Nostro hoc genus amicissimum est , asserit Plinius ; quis negare ausit ? Ergo delphin naufragos pro viribus servat incolumes. Eo in discrimine, et simia, cui profuit vultum hominis ulcumque referre, a delphine penè servata est. Dorso piscis insidebat, instar hominis ; et eâ gravitate, ut crederes clarum hunc qui carmina cecinit olim. Jamque ad littus propemodum vectus erat, cùm fortè delphin sic quærit : Esne Athenis clarissima in urbe natus ? Etiam , inquit , illic permultis notus. Si tibi inciderit negotium, fac periculum gratiæ et industriæ meæ ; namque propinqui summum locum obtinent ; agnatus judex est major. Gratiam habes, inquit delphin ; atqui Piræo frequens ades. Ita per singulos dies ; meus familiaris est , antiquâ necessitudine conjunctus. Hâc vice hallucinata simia portum pro homine sumpsit.

Quot sunt hujusmodi, qui Vallem-Girardi Romam crederent ; et qui garrientes, licet nil nôrint, omnia judicant !

Risit delphin, et detorquens caput, conspectâ simiâ, se turpem bestiam tantùm aquis extraxisse sensit. Ergo immergit iterum, et petit hominem quem eripere queat.

FABULA VIII.

IDOLUM.

Cuidam pagano fuit domi deus ligneus. Genus est deorum, quibus cùm sint aures, tamen surdi sunt. Mira sperabat de idolo ; magno sumptu illud colens, vota, dona, tauros coronis insignitos frequens afferebat. Nusquam idolum tot victimis abundavit ; nec tamen huic emersit lucrum, hæreditas, pecuniæ acervus, aut beneficium ullum. Insuper et procella, sicubi grassaretur, pro parte sua paganus damno obnoxius erat. Interea nihilo secius deus epulabatur. Tum demum indignè ferens spem delusam, vecte idolum fregit, et reperit aurum quo truncus cavus affluebat. Dum te colerem, inquit, num obolo saltem me donasti? Hinc abi, alias aras quæritans. Similis es iis, qui naturâ rudes et vecordes sunt ; nil nisi fuste extuderis. Dum te cumulabam bonis, vacuus et inops mœrebam ; ergo opportunè aliam viam tentavi.

FABULA IX.

GRACULUS.

Pavone mutante, plumas graculus eas suffuratus est, iis sese instruens, et superbè immiscens formoso pavonum gregi, necnon et extentis pennis. Se venustum jactabat verùm fraudem aliquis agnovit. Derisus, illusus, exsibilatus, pennis immisericorditer detractis, a pavonibus expulsus, confugit pudibundus ad pristinos socios, paremque tulit repulsam.

Quot huic similes, graculi bipedes passim occurrunt, spoliis ornati alienis ! Hos vocant plagiarios. Taceo, nec molestum esse volo huic generi : nil meâ interest.

FABULA X.

CAMELUS ET FUSTES ERRANTES IN AQUA.

Qui primùm camelum vidit, fugit monstro attonitus ; alter accessit : tertius capistro belluam vincire ausus est.

Sic insueta usu familiaria fiunt ; quod primo aspectu horrendum et singulare, sensim sine sensu vulgare videtur. Quandoquidem id nunc tractamus, hæc narrem sinas.

Exploratores aderant, qui procul e ripa spectantes quid ignotum innatans aquis, voce erumpente exclamaverunt : Ingens hæc navis est. Paulò post, navis fit navicula incendiaria ; dein phaselus ; vidulus modò ; tandem fustis fluctu circumactus.

Tam plures passim novi, de quibus hæc aptè dixerim : Eminus quid magnum ; cominus nihil sunt.

FABULA XI.

RANA ET MUS.

Qui, ut aiunt, sperat cæteros deludere, ipse se deludit. (Ut melius id aperirem, utinam liceret verborum exoletorum antiquâ vi uti !) Verùm, ut quò incœpi redeam, mus pinguis et obesus, qui nec Adventum, nec Quadragesimam noverat, ad marginem stagni vario lusu genio indulgebat. Accedit rana suâ lingua dicens : Veni domum, epulaberis. Continuò promisit mus, nec fuit necesse ut rogaretur impensiùs. Jactavit tamen rana, ut magis alliceret, balineum salubre, voluptatem itineris, aspectu mira et varia paludis ad ripam. Aliquando, inquit, narrare juvabit dulcibus natis amœnitates regionis, incolarum mores, reipublicæ aquaticæ administrationem. Hoc unum ei curæ fuit. Natabat quidem, sed ægrè sine ope aliena. Huic incommodo sic rana medetur. Pedem muris alligat tenui junco ; ipsa innans paludi, ad ima gurgitis miserum hospitem vinculo deprimere nititur. Nec datam fidem, nec jus gentium violare pudet, inhians largis epulis ; namque exquisitus ei videtur cibus ; jam prædam devorare credit. Ille deos testes invocat ; perfida ridet : ille reluctatur ; hæc enixiùs urget. Eo in conflictu, milvius errans, gyransque summo in aere, despicit miserum aquis fluctuantem. Irruit, arripit murem, vinculum ranamque simul ; duplici prædâ gaudet ; pisce carneque in cœna vescitur.

Dolus acutior ipsi subdolo obest plerumque ; et perfidia in caput auctoris recidit.

FABULA XII.

TRIBUTUM ANIMANTIUM.

Fabula quædam apud antiquos maximè claruit. Qua de causa ? Id me fugit : hinc lector moribus attendat; ego verò fabulam simpliciter narro.

Fama tulit passim Alexandrum genitum e Jove, affectantem totius orbis imperium, jussisse gentes quotquot sunt, nec mora, suis genibus supplices advolvi. Hominum genus, quadrupedum, ab elephante usque ad vermiculum, quin et piscium, aviumque respublicæ accensuntur. Dea centum oribus sonans, novum regis placitum edicit, terrorem latè incutiens. Omne genus belluarum, quæ huc usque uni suæ feritati obsequebantur, tum temporis jugum ferre decreverunt. E latibulis prodeunt, conveniunt vasto in saltu. Posteaquam aliquandiu disceptaverint, tandem placuit tributum pendere, supplicemque legatum mittere simiam. Scripto accepit mandata; de tributo autem præcipua quæstio fuit. Quid muneris? Pecunia exigebatur. Mutuum petunt ab officioso rege, qui suis in finibus fodinarum auri potitus, omnia largè commodavit. Tributi vectores ultro sese præbent mulus et asinus, equus et camelus. Unà viam carpunt, cum legato simia. Cohorti leo fit obviam; atqui hoc malè. Opportunè, inquit, occurrimus; iter faciemus simul, ô comites itineris amantissimi. Ibam seorsim datum munera; at munus quamquam leve, me tamen onerat: singuli vestrûm quartam partem officiosè gerant, nec gravi onere premimini. Ego expeditiùs in latrones, si incesserint, protinus irruam. Leoni petita denegare insolitum est; ergo blandè excipitur, levatur, spretoque filio Jovis magno, cum publico legationis damno opiparè epulatur. Subeunt pratum rivis irrigatum, vernisque consitum floribus. Hac in sede zephyri captabant frigus, et pascebant oves. Repente leo de morbo queritur. Perficite, inquit, legationem; cæco igni malè intus uror, herbasque salubres hic quærere est animus; vos properate. Restituite pecuniam mihi; namque eâ opus est. Explicant sarcinas, et leo ovans exclamat: O dii, quot nummi e meis pullularunt! Plerique parentes adæquant; meum est incrementum. Omnes nummos aut saltem here omnes diripuit. Vectores et simia pudibundi, nec ausi mutire, rursus iter faciunt. Jovis nato magnam jactant querelam; at injuria inulta manet. Quid faceret Alexander? Leo leoni adversus fuisset. Adagium id prohibet: Piratæ confligentes sibi invicem officiunt.

FABULA XIII.

EQUUS ET CERVUS.

Equi ad hominum usum ab initio procreati non fuerunt. Dum glande contenti, prisci beatam vitam agebant, asini, equi et muli in silvis errabant; nec, ut moris est apud nos, videbantur tot clitellæ, tot ephippia, strata ornatûs bellici, rhedæ, pilenta; nec frequentia erant nuptiarum convivia. Tum orta est rixa inter equum et cervum velocem. Dum cursu cervum attingere non posset, exoravit hominem ut industria ejus uteretur. Homo immisit ori frenum; dorso insiluit, nec requies nec mora donec cervus captus interiisset. His gestis, equus gratias agit homini, dicens: Præsto sum ut te adjuvem; vale: redeo ad agrestem et solam sedem. Neque id tu facies unquam, respondit eques; melius erit tibi apud nos. Quis sit tui usus jam teneo. Manedum; beatus eris, nec unquam deerit stramen amplum.

Eheu, quid proficit cibus exquisitior, dum abest libertas? Sensit equus se errasse; at seriùs. Jam equile constructum parabatur; capistro alligatus illic obiit. Felix et sapiens, si ignovisset injuriam! Qualiscumque sit voluptas ultionis, noli hanc emere pretio libertatis, quâ ablatâ cætera vilescunt.

FABULA XIV.

VULPES ET HERMES.

Plerique proceres sunt veluti personæ theatri; vulgus rude et facile suspiciens specie capitur. Hallucinatur asinus fidens nimium oculis; vulpes verò perspicax rem accuratiùs perpendit, et sùs deque exagitat. Simul atque sensit vile nescio quid occuli magnificis sub involucris, impingit dicterium olim ab eo herois hermæ injectum. Hermes cavus erat, et ingens. Vulpes laudans artis gratiam: O formosum caput, inquit, at nullum cerebrum!

O quanti nobiles hac in re hermæ sunt.

FABULA XV.

LUPUS, CAPELLA ET HÆDUS.

Capella, dum it carptum herbam pubescentem, ut depressa distendat ubera, pessulum obdit ostio. Cave, inquit hædo, ne dispereas, reserando januam, nisi pro signo dicatur : Pereat lupus, atque ejus progenies. Forte dum hæc diceret, illas transit lupus, hæc opportune recondens animo; nec rapacem conspexerat capella. Simul atque profectam vidit, vocem mutat, et blande orat ut aperiatur ostium, addens grata verba : Pereat lupus, atque ejus progenies. Sperabat se sine mora ingressurum. At quid fraudis suspicans hædus, rimâ explorat. Ni præbeas, inquit, pedem album, non aperiam. Pes albus (ut vulgo constat) insolitum est in gente luporum. Hic stupefactus tam improvisâ repulsâ, ut venerat sic domum rediit. Quo devenisset tandem sors hædi, si fidisset verbis auditis à lupo ?

Bis cautus nil nimis præcavet sibi.

FABULA XVI.

LUPUS, MATER ET PUER.

Hic lupus in mentem revocat alterum meliori captum dolo; sic periit.

Rustici casa semota erat, et lupus ante januam inhiabat prædæ. Namque viderat immensum gregem, tenellos vitulos, agnos, oves, gallos indicos, exquisita denique opsonia. Jam tamen eum tædebat diutius expectare. At ejulantem audit puerum ; mater increpat : ni taceat, lupo tradetur. Arrectis auribus adstat animal, de felici eventu jam grates agens diis. Verùm mater placans blanditiis natum : Ne plores, inquit ; si venerit, dabit pœnas. Quid rei est, exclamat vorax animal ? Modò polliceri, modò negare. Siccine illudis generi meo ? Ita ut vecors a te habear ? Non ita res erit ; puer aliquanto saltum subeat ad legendas avellanas ! Dum hæc dicebat, exiliunt domo, molossus irruit ; venabulis et furcis lupus confossus jacet. Aiunt : Quidhuc quæsitum venisti ? Continuò rem narrat. Ergo, inquit mater, natum vorasses, furcifer ? Genueram nempe ut ventrem impleret tuum ! Tum verò conficitur lupus. Abscidit caput, pedemque dextrum villicus quidam. Dominus villæ his januæ appensis hanc Belgico-Celticam sententiam scalpsit : « Vos fortes lupi, ne matri credatis, dum clamitantem objurgat puerum. »

FABULA XVII.

SOCRATES ÆDIFICANS.

Socrates olim ædes extruens, audiit amicos carpentes opus suum. Alter cubiculorum angustias, nec tanto viro digna atria ; alter ædium faciem minus ornatam ; cuncti andron gynecæumque inconcinnum judicant. Quæ domus ! cui viro ! Vix gyrari potest in eâ. O utinam, inquit ipse, utut exigua videtur, fidis oppleretur amicis !

Hæc jure merito Socrates falsis injecit amicis ; veri pauciores erant, quàm ut domum totam replerent. Amicum se dicit quisque ; at demens, qui crediderit dantibus verba. Nomine amici nil frequentius ; nil rarius ipsâ amicitiâ.

FABULA XVIII.

SENEX ET EJUS FILII.

Omnis potestas, nisi una et sibi firmissimè cohærens, mox effeta et imbecillis jacet. De hac re Phrygem servum audias velim. Si ejus inventis addo, non ut meum hoc do pravâ æmulatione ; sed ut moribus fabula adeptetur nostris. Tanto incœpto me minorem fateor. Sæpe Phædrus enititur ut præcedentem prævertat ; me verò hæc audere minimum decet. Ergo properemus ad patrem, qui moriens natos arctissimè conjungere studuit.

Quò mors vocabat properans senex, ait : Dulcissimi nati, experimini an hæc jacula in unum fascem compacta frangere queatis ; nodum quo vinciuntur vobis aperiam. Major natu frustra nisus fascem reddit : Incassum, inquit, tentabunt validissimi. Minor sufficitur ; est in procinctu ; tentat, nec feliciùs. Audet denique minimus ; tempus inane, vires impares insumit ; fascis illæsus manet, nec dissiluit ex hac compage hastile ullum. O infirma proles, ait pater ; quæ sit hoc in negotio virtus mea eliciam. Eum ludere putant ; subrident, at malè. Ille dividit jacula, et singula facilè diffringit. En, inquit, concordiæ vires. O nati, amor vos mutuus jungat; nec his dictis finem fecit ad extremum usque spiritum. Ubi verò sensit se brevi moriturum. Quo avi devenere, inquit, ô filii, illuc pergo. Valete ; fidem date, vos caritate fraternâ nunquam discessuros. Ultimum hoc mihi morienti solatium detur ; hæc spes cineres patris allevet. Singuli deflentes promittunt. Omnium datas manus tenet manus jam deficiens. Obit tandem. Hinc occurrit fratribus ampla hæreditas , at difficillimis implicata negotiis. Creditor sortem petens, in bona manus injicit; in jus vocat eos vicinus quidam. Primò triumviratus prosperè repulit injuriam. Verùm quæ rara, sic et brevis inter eos amicitia fuit. Natura conjunxerat ; avaritia sejunxit. Ambitio mala, livor, jurisconsultorum blanda responsa, hæreditatem unà invadunt. Partiuntur inter se bona; altercantur. Ira, clamor, convicia obtundunt aures ; vitilitigant , subterfugiunt. Centum in capitibus quisque causa cadit. Atqui refluunt vicini cum creditoribus ; hi errorem facti, illi indictâ causâ se damnatos fuisse oblatrantes. Fratres discordes huc illuc impulsi in diversa tendunt. Hic litem componere , ille judicis aleam tentare capit. Sic fortunæ dilapsæ pereunt. Tunc demum , at serius illos meminit patris præcaventis eorum mala , et fascis jaculorum, modò conjunctim, modò seorsum tractati.

FABULA XIX.

ORACULUM ET IMPIUS.

Insanorum est mortalium cœlo illudere velle. Quidquid imis pectoribus reconditum latet , deos nequit fugere. Ubivis et quidvis vel ipsa in nocte feceris , hoc præ oculis deorum immortalium fit palàm.

Impius quidam , rogo dignus, qui divina utut credere consueverat, consultum Apollinem profectus est. Simul atque ingressus est ædem sacram, Quod manu teneo , inquit , vivitne annon? Tenebat passerem , paratus quidem ad suffocandum vel emittendum, prout convenisset ad elusionem oraculi. Dolum sensit deus. Aut vivum aut mortuum exhibe , inquit , passerem, nec ultra tende insidias. Tibi malè cederet tentare dolo numina. Procul perspicio , ac ferio.

FABULA XX.

AVARUS, AMISSO THESAURO.

Usu solo bonis potimur. Quæro ab his , quorum sola voluptas est pecuniæ acervos accumulare, qua in re supra cæteros homines beentur? Diogenes in inferis eorum opes æquiparat. Sub luce , avarus instar Diogenis vitam trahit miseram. Quem narrat Æsopus nummos abdentem , ut rei exemplum damus.

Infelix et demens alteram expectabat vitam , ut labore partis frueretur. Nec potiebatur auro; contrà aurum eo potitum est. Humo infoderat pecuniam, amores et gaudium simul; præter nummos nil videns, nil amans, nil dicens, nil sperans, nil meditans diu noctu , nil somnians. Nummi nescio quid ei ipsi sacrum , quod violare nefas. Iens , rediens, ediens , potans , nec leviori momento avertit mentem infixam loco quo latebat carum pignus. Toties oberravit, ut tandem fossor id curiosiùs observaverit. Suspicatus illis jacere nummos, clam diripit. Aliquando avarus anxius vacuam reperit fossam. Lacrymatur, ejulat, se torquet et dilacerat miserè. Quid doles , quæso , sciscitatur illac transiens? Heu , rapta est mea pecunia ! Ubinam ? Juxta hunc lapidem. Num tempore belli huc adductam celare oportuit? Nonne rectiùs fuisset domi tuo in cubiculo servare , quàm transmutare malè tutis sedibus? Singulis horis facilè deprompsisses ad usum. Singulis horis ! ô dii æterni ! siccine fieri potest ? Quâ celeritate defluit argentum , eâne affluit? Atqui intactum erat. Ergo si intactum , cur tantopere doles? pro pecunia absconde saxum ; ejusdem erit pretii.

FABULA XXI.

OCULUS DOMINI.

Ad bovile confugiens cervus, a bobus monitus est ut tutius quæreret perfugium. O fratres, inquit, ne me prodatis; vicissim pinguiora pascua monstrabo; id officii aliquando proderit; nec vos me servasse pœnitebit. Boves arcano se obligant utut. Ille delitescit in angulo , respirat quietè , vires animosque reficit. Ad vesperam , uti mos est diurnus, afferunt recentes herbas; huc illuc concursant servi , et centies circumeunt. Circuit ipse villicus, nec ullus unquam advertit, aut cervum, aut cornua ejus ramosa. Silvarum incola jam bobus grates agit, expectans in stabulo, donec ad Cereris negotia redeuntibus singulis, ipse opportuniùs evadat. Unus boum dixit ei ruminans : Bene est ; attamen qui centum oculis perspicit nondum recensuit cuncta. Hujus adventum valde tibi timeo; donec transierit ne te securum jactes. Tum herus advenit, et gyrans ubique explorat. Quid rei est, inquit servis? Deest fœnum clathris; hoc stramen minimè recens est. Heus, citò ad fœnile pueri advolent; in posterum jumenta meliùs niteant; quàm facilè auferrentur aranearum telæ. Ordine ponantur juga cum collaribus. Dum cuncta observat, præter solita capita vidit caput; cervum agnoscit. Arripiunt venabula ; singuli feriunt miserum, nec lacrymis mortem effugit. Aufertur, sale spargitur. Variis in conviviis hic cibus et vicinos festivos delectat.

Hìc Phædrus eleganter : Nihil est par oculo heri; ego verò lubens addiderim amatoris oculum.

FABULA XXII.

ALAUDA, EJUS PULLI, ET AGRI DOMINUS.

Uni tibi confidas; vulgare proverbium est. En quo modo Æsopo auctore claruit.

Dum frumenta virescunt, alaudæ in iis nidum occultant, eâ circiter anni tempestate quâ cuncta pullulant, Venusque blanda grassatur, cùm monstra imo in mari, tum tigres in silvis, necnon in agris alaudæ. Una, jam medio elapso vere, vernas amoris illecebras inexperta, tum demum in animum induxit ut iterum, naturæ instar, matris impleret partes. Nidum struit, parit ova, incubat et excludit. Quamvis properè, res utut sese habuit. Ubi maturuit vicina seges, antequam pulli nido evolare possent, ipsa trepida, variisque curis distorta, it quæsitum cibos. Explorate, inquit natis; excubias agite. Si herus agri cum filio venerit, (namque adveniet) auscultate, et prout dixerit, evolabimus singuli. Vix alauda natos reliquerat, cùm herus unàque filius adveniunt : Matura est, inquit, seges; i convocatum amicos, ut allatis falculis cras summo mane suâ operâ nos adjuvent. Rediens alauda familiam trepidam invenit. Una ait : Jussit herus simul atque aurora illuxerit, cras arcessant amicos laboris consortes. Nisi plus dixerit, inquit alauda, nil opus est immutare sedes ; verùm cras attentiùs auscultate mandata. Interea alacres his vescimini. Pastu refecti, mater natique unà dormiunt. Prima lux dealbat cœlum ; amici absunt; alauda evolat. Herus pro more agrum circuit. Jam, ait, hæc frumenta succidere oportuit. Peccant amici; at graviùs peccat qui iis in officiosis nimium fidens, sibi ipsi deest. Heus nate, adi propinquos, idem rogans. Hâc vice pulli pavidiores aiunt : O mater, dixit : Arcesse propinquos, nunc, nunc. Etiamnum, ait mater, ô nati quiescite. Nec res eam fefellit; advenit nemo. Tertiùm herus frumenta invisens, Insanè erramus, ait, dum alienam opem expectantes, nostræ incuriæ damnum ferimus. Quis amicior propinquiorne mihi meipso? Hoc animo reconde, fili, et audi quid sit agendum. Arreptis falculis, nos nostrique cras petamus agrum ; atqui hæc via brevior ; opus absolvemus quando per vires licebit. Ubi id consilii sensit alauda, Hâc vice, inquit natis, hinc migrate ociùs. Tum pulli, absque tubæ signo, fugam maturantes volitant, cursitant, præcipitesque ruunt.

LIBER QUINTUS.

FABULA I.

LIGNATOR ET MERCURIUS.

Ad D. C. D. B [1].

Tuo quod arrideret ingenio, opus arte excudi summâ; supplex suffragium rogavi tuum. Ergo respuis nimis tersum sermonem, ambitiosaque ornamenta jubes ut recidam : tibi adhæreo; quod non sponte fluit invenustum est. Scriptorem semper grandiloquentiæ intentum fastidio; nec tamen arceas sales et lepores; hos amas, nec ego et odi. Verùm ad metam in quam collineat Æsopus, et ego pro modulo collineo. Nec per me stabit quin his versibus et delectem et moneam. Atqui hoc non est levioris momenti. Minimè fidens viribus, nec clavâ Herculeâ in pravos mores invehi valens, melius rem seco ridiculo quàm acri. Eo deflectit ingenium. An sit par operi, necne, id me latet. Interdum narro quid faciat superbia demens li-

[1] Le chevalier de Bouillon.

vori conjuncta; namque hi duo cardines quibus volvuntur mores nostræ ætatis. Ita vile animal mole bovem æquare visum est. Vice mutuâ, virtuti vitium, sanæ menti dementiam objicio, agnos rapaci lupo, muscam formicæ. Eo in opere centuplicem comœdiam contexui, cujus scena totus est orbis. Homines, dii, brutæ animantes suas partes agunt, et Jupiter ipse. Nunc qui verbis ejus puellas alloquitur, nuntius prodeat. Nec tamen hìc tractamus hodie hujusmodi fabellas.

Quo victitabat instrumentum lignator amiserat. Dum securim frustra quærit, miserabili voce gemit. Nec ut propola esset instrumentorum copia fuit; hoc uno potitus. Lacrymis faciem irrigat. O securis mea, inquiebat, ô securis dulcissima, restitue hanc mihi, Jupiter! iterum a te meme creatum putem. Jovem exoravit; advolat Mercurius. Non amissa est, ait deus, agnoscesne tuam? Namque in vicinia, nil fallor, hanc reperi. Simul auream monstrat: Mea non est, ait. Aureæ argentea sufficitur; iterum rejicit. Denique lignea datur : Atqui hæc mea est, inquit; ultimâ contentus ero. Tribus potieris, ait Mercurius; fides tua remunerabitur. Eo modo lubens accipiam, inquit rusticus. Continuò rem fama latè perfert; lignatores ex industria et secures amittere, et restitutionem molestis clamoribus petere incipiunt. Quem præ cæteris audiat, anceps hæret Jupiter; Mercurius iterum vociferantes adit ; singulis auream monstrat. Singuli se vecordes putassent, nisi dixissent : Mea est. Tum Jovis filius non modò eos aurea non donat, sed etiam hâc verticem vehementer ferit.

Nunquam mentiri, suo et parvo beatum vivere, longè securius. Quanti student mendaciis opes captare! Quorsum hæc? Jupiter minimè fallitur.

FABULA II.

OLLA LUTEA, ET OLLA FERREA.

Vas ferreum fictile invitavit ad iter unà faciendum. Fictile excusatione usus est, nimirum se, si saperet, adhæsurum focis; namque præ summa fragilitate minima sibi præcavenda; leviori denique in casu nequidem fragmen sui superstiturum. Tibi verò, inquit, cujus cutis paulò durior est, nil obstat quominus proficiscaris. Te protegam, ait ferreum. Si quid durius tuam imminet in perniciem, medium me inseram; refringam ictum. Officium promissum dementem persuasit. Socius ferreus surgit ad dextrum latus. Tripedes enixè claudicant; at quocumque in assultu, in se invicem alliduntur. Damnum tulit fictile; nondum centum passibus confectis, a socio diffringitur, nec infortunium queri licet.

Impari socio ne te adjungas, nisi fictilis fatum subire velis.

FABULA III.

PISCICULUS ET PISCATOR.

Modò dii incolumitatem dederint, pisciculus piscis evadet. Hâc spe dimittere illum, hoc insanum duco; incertum namque est, an iterum capiendi sit copia.

Ad ripam fluminis cyprium exiguum ceperat piscator; et hoc saltem ad numerum, inquit, prædæ inhians. En primitias ad parandum convivium; vidulo immittendus est. Cyprius ille tenuis suâ voce dixit : Quid tibi proficiam, cùm vix dimidiam præstem buccellam? Sine me adolescere; iterum retibus capiar; prædives aliquis vectigalium redemptor magno me pretio emet; nunc verò centum pares vix patinam instruerent : verùm quæ patina? crede dictis, malè instructa quidem. Malè instructa, reposuit piscator, quantum libuerit, ô lepide piscis; qui oratorem agis elegantem, incassum oras ; vesperâ fricturum in sartaginem te injiciam.

Parvum jam partum, amplioribus speratis, utpote certum incerto præstat.

FABULA IV.

AURICULÆ LEPORIS.

Cornutum animal leonem cùm læsisset, hic, ne recideret eodem, interdixit finibus regni omni animali cornigero. Actutum capræ, arietes, tauri, celeriter emigrant. Lepus verò advertens aurium umbram timuit, ne earum amplitudo in cornuum suspicionem traheretur ab inquisitore. Inquisitor eas cornua assereret. Vale, vicine Grille, inquit; hinc abeo. Aures cornua forent, quamvis breviores essent auribus struthionis. Necdum metu liber essem, ait Grillo. Quid tu? cornua hæc? Me insanum putas? Hæ sunt aures a Deo fictæ. Atqui cornua habebuntur, instat pavidum animal; verùm etiam monocerotis cornua. Quidquid contrà afferam, oratio et argumenta uti deliria ludibrio erunt.

FABULA V.

VULPES CURTA.

Vulpes jam senior et subdola, pullorum plurimâ strage insignis, quem procul vulpino habitu facilè nosses, in laqueum tandem inciderat. Forte fortunâ sese expediit, at non integra ; namque cauda illic pro pignore data, curta et pudibunda, aufugit. Ut parium numero opprobrium dilueret, vulpium concione habitâ, sic ait : Cui bono pondus inutile? Quid prodest hæc cauda cœnosas passim verrens semitas? Mea quidem sententia si stetis, singuli amputent. Optimè censes, inquit unus inter cæteros ; verùm te vertas paulisper : tum solvetur quæstio : Tantis vociferationibus irrisa est curta vulpes, ut nequidem audiri posset. Argumentis assequi caudæ amputationem, verba futilia tempusque inane : ita mos ille perstitit.

FABULA VI.

ANUS CUM ANCILLULIS.

Anui erant duæ ancillulæ mirificè nentes ; quibuscum, si conferas Sorores tergeminas, hæ lanam intricantes videbuntur. Pensum distribuere ambabus una erat cura vetulæ. Simul atque Thetys e sinu depellebat Phœbum capillis aureis, volvebantur orbiculi fusi. Nec mora, nec requies. Auroré bigas agente, continuò Gallus canebat. Continuò anus, obsita pannis squalidis, accendens lucernam, rectà adibat lectum ubi ancillulæ alto mergebantur somno. Altera oculum semiapertum volvit ; altera lacertum distendit oscitans. Utraque dolens injuriam dentibus infrendit. O galle, scelestum animal, pœnas dabis ! Stant dicto ; jugulatur ales molestus diei nuntius. Nec sortem meliorem fecit hæc cædes. Quinimo vix ambæ decubuerant, cùm anus, ne præteriisset hora condicta, ut lemures per totam vagatur domum.

Sic crebrò dum te e negotio expedire studes, in aliud sollicitiùs te implicas. Hujus rei testes adhibeo ancillulas, re malè gestâ, auxiores. Anus pro gallo eas urget molestiùs. E Charybdi decidunt in Scyllam.

FABULA VII.

SATYRUS ET RUSTICUS.

Ima in spelunca, et quidem horrida sentibus, Satyrus natique unà jusculum deglutiebant, cratere dentibus admorso. Viridi in musco cernere erat hunc, conjugem, liberosque, absque tapete aut veste ullâ sedentes, et fame voraces. Imbre se subducturus frigens rusticus ingreditur ; quamvis inexpectatus, ad hauriendum jusculum invitatur. Nec plus vice simplici rogare opus fuit. Continuo halitu digitos refovet ; postea delicatè in cibum appositum insufflat. Stupet Satyrus. Hospes, quorsùm hæc, inquit ? Quo halitu jusculum refrigeratur, eodem refoventur digiti ! Perge quo cœpisti ; nec dii irati sinant me tecum sub eodem tecto cubare. Apage retro, quorum os frigidum calidumque halat.

FABULA VIII.

EQUUS ET LUPUS.

Ea tempestate quâ tepentibus zephyris pubescunt gramina, et animalia desertis sedibus victum quæritant, lupus quidam, asperitate hiemis famis impatiens, incidit in equum, quem vernas in herbas compulerat herus. Quantum exultaverit animis, dictum puta. Ampla venatio, inquit : ô si uncino meo pendula esset ! Tu, si vervex esses, quidni ? certa præda fores mihi ! Nunc te ut occupem dolo utendum est ; ergo dolo uti est animus. His dictis, tacitè subrepit, discipulum Hippocratis se profitetur ; se herbarum hujus prati vim medicam per singula nosse jactat ; variis se mederi morbis tutò posse, nec hallucinari asseverat. Si velit equus morbum aperire, se gratis hunc sanaturum ; namque si medicæ arti fas est credere, equus liberè et sine capistro errans in pratis, minus firmam indicat valetudinem. Ulcus, inquit equus, pedi meo subest. Ullum est, reposuit doctor, membrum morbis magis obnoxium. Dominam equorum gentem curare mihi apud omnes laus est ; insuper chirurgus sum. Scelestus opportunum tempus captabat, ut morbidum invaderet. Hic dolum suspicans, ex improviso calcitrat, dentes maxillasque elidens. Bene est, inquit mœrens lupus ; atqui hoc commerui. Singuli suæ arti incumbant. Me lanium, herbarum peritum agere minimè decuit.

FABULA IX.

ARATOR CUM FILIIS.

Operi incumbite, indulgite labori; fundus, certiores divitiæ.

Ubi sensit dives arator se morti proximum, arcessivit natos, semotisque testibus, sic allocutus est: Cavete ne væneat unquam agellus acceptus ab avis; illic thesaurus latet; locus me fugit quidem; at reperietis, modò non desit animus. Succisis frumentis properate, humum versate, fodite, proscindite, nec intactus locus supersit; iterum atque iterum frangite minutatim ipsas glebulas. Extincto patre, nati susdeque agellum exagitant; labente anno longè plures fruges attulit. Nummi verò nusquam reperti sunt. Felix et sapiens pater, qui filiis vitam laboriosam ut præcipuas opes moriens reliquit!

FABULA X.

MONS PARIENS.

Mons parturiens tantos ciebat clamores, ut cuncti, acciti ululatibus, putaverint hunc procul dubio pariturum urbem ampliorem Lutetiâ. Soricem enixus est.

Dum mente revolvo hanc fabellam, verbis mendacem, veramque sensu, audire mihi videor poëtam insonantem: Cantabo bellum gestum à Titanibus adversùs Altisonantem. Quanta pollicetur! Quid verò præstat? Ventos inanes.

FABULA XI.

FORTUNA ET PUER.

In margine alti putei jacebat sopore captus puer, qui tum in collegio litteris operam dabat. Omnia huic ætati lectulus et culcita mollis. Hic situs vir gravis ex altitudine viginti ulnarum ruisset. Opportunè et auspicatò hac transiit Fortuna ipsa, blandèque eum excitavit his verbis: Scite puer, te sospito; aliàs plus sapias velim. Si prolapsus fuisses, id imputaretur mihi, et immeritò; namque tu unus in culpa fores. Num tuæ stultitiæ id debet dari, an morositati meæ? Sic locuta evolat.

Mihi verò placent hæc dicta. Nil malè cedit, quin statim Fortuna culpetur, quasi singulis se dederit vadem. De omni casu ut auctor in jus vocatur. Imprudens, incautus, sibi malè consulens, illâ incusatâ, se purgatum putat. Ut brevi dicam, semper Fortuna peccat.

FABULA XII.

MEDICI DUO.

Medicus Tantopejus invisebat ægrotum, quem adibat et sociùs Tantomelius. Quamvis ille assereret jacentem migraturum ad avos, hic speravit convaliturum. Dum in adversas irent sententias, et Tantopejus prævaleret socio, ægrotus naturæ tributum pependit. Uterque de hoc morbo sibi plaudebat jactantiùs. Alter: Interiit, et præcaveram. Alter: Si meo curassem arbitrio, convaluisset.

FABULA XIII.

GALLINA OVA PARIENS AUREA.

Amittit omnia, omnibus inhians avarus. Abundè id patebit exemplo gallinæ ovum aureum, si fabulæ credas, per singulos dies parientis. Thesaurum extis ejus inhærentem suspicatus est. Jugulavit, dissecavit; nil nisi cæteris gallinis commune reperit. Sibi ipsi certiores diripuit fortunas.

O præclarum in avaros documentum! Novissimis temporibus quot visi sunt, qui opibus augeri dum nimis properè studuere, in pauperiem se detruserunt!

FABULA XIV.

ASINUS GESTANS RELIQUIAS.

Sanctorum reliquiis onustus asinus se coli putabat. His clarus, jactantiùs incedebat, sibi arrogans thus et cantica. Nescio quis errorem intellexit, et ait: O asine, insanam depone superbiam; non tu, sed effigies sacra colitur; huic uni debetur honos. Ignari magistratûs toga salutatur.

FABULA XV.

CERVUS ET CANES IN VINEA.

Alta et frondosâ vineâ, qualis plerumque luxuriat quibusdam in regionibus, protectus cervus incolumitatem quærebat. Venatores hâc vice canes aberrasse existimant; ergo revocant canes. Cervus, ô indignum facinus! beneficii immemor, morsu carpit vitem sibi beneficam. Audiunt, redeunt, depellunt; eo tandem moriturus redit. Hanc pœnam, inquit, commerui. O ingrati, hoc exemplum vobis prosit! Continuò procumbit; canum turba satiatur; frustra plorat coram venatoribus qui expirantem circumdant.

Vera hæc est imago eorum qui asylum ipsum quo mortem evaserunt, violant.

FABULA XVI.

SERPENS ET LIMA.

Fertur serpentem vicinum horologiorum opificis (heu quàm misero exitiosa vicinia!) officinam subiit, et victum quæritans, nil præter limam ex acie, quam rodere cœpit. Lima placidè dixit: Heu rudis et imperite, quid agis? Te duriorem aggrederis. Serpenticule demens, antequam e mea mole detrahas oboli quartam partem, dentes tuos comminuam; temporis edacitatem tantùm metuo.

Hæc ad vos, ô infima ingenia, genus imbecillum et inutile! Frustra desudatis ad carpendum alienum opus. Num speratis vos morsu livido contumeliosè affecturos pulchra tot carmina? Ænea, chalybea, adamantina vobis sunt.

FABULA XVII.

LEPUS ET PERDIX.

Nunquam irrideas miseros; quis enim constantem sibi felicitatem partam autumat? Uno vel altero exemplo fabellis sapiens Æsopus nos edocuit. Idem narrare lubet.

Lepus et perdix eodem in agro accolæ tranquillam, ut videbatur, vitam degebant. At subitò irruente canum turbâ, lepus perfugium quærere coactus fuit. Ad latebram confugit; deludit aberrantes canes, Brifaldumque ipsum At se ipsum prodidit; namque e membris æstuantibus emittuntur spiritus odorati. Miraldus olfacit; et secum cogitans conjicit Leporem adesse; acriter insequitur. Veridicus Rustaldus asserit leporem iterum profectum esse. Ad cubile redit moriturus infelix. Insultat perdix, his verbis: Jactabas perniciem tuam; ubinam sunt pedes? Dum ridet, suâ vice captatur illa. Confidit alis, ut instans effugiat discrimen; at misera a sævis unguibus accipitris non sibi caverat.

FABULA XVIII.

AQUILA ET BUBO.

Aquila et bubo, rixis sedatis, se invicem amplexi sunt. Alter regiam, alter bubonis fidem obligavit, neutrum socii pullos voratum. Nôrisne meos, inquit Minervæ avis? Nullatenus, respondit aquila. Tantò pejus, reponit lucifuga; ideo illis timeo admodum; summo versantur in periculo; tu rex nil observare dignaris; reges, ut dii, quidquid dixeris, omnia adæquant. Dulcissimi valete alumni, hic si vos reperit. Illos, ait aquila, aut describe aut monstra mihi, ut intactos usquequaque servem. Tum bubo: Elegantes sunt nati mei, belli, venusti, sciti supra coæquales omnes: eos hoc signo facilè noveris; ergo nec oblitus signi funestam apud me Parcam inducas. Favente numine, Bubo genuerat pullos. Dum ipse ibat quæsitum prædam, imminente nocte, fortè aquila, in angulo rupis abruptæ vel domûs semicollapsæ (utrum sit nescio) conspexit monstra deformia, truci asperoque vultu, furiali voce. Hos, inquit, non genuit amicus noster: voremus igitur. Deglutivit totam familiam, neque enim cibis utitur modicis. Pullorum pedes invenit tantùm bubo reversus, heu, cari pignoris tristes reliquiæ? Queritur, et obsecrat deos, ut scelestum tanti luctûs auctorem plectant. Quidam interpellans ait: Tibimet imputes casum; quin potiùs culpes legem, quâ cuncti sui similem, scitum, bellum, venustum putant. Sic natos aquilæ depingebas naviter; num aliquo saltem lineamento id referebant?

FABULA XIX.

LEO AD BELLUM PROFECTURUS.

Leo inceptum moliens, de re militari concilium convocavit; arcessivit cuncta animalia;

singulis probatum est incœptum. Singula pro ingenio assensere : machinas bellicas inferre dorso pollicitus est elephas, pro more prœliaturus ; ursus accingitur ad irruptionem : vulpes negotia subdolè orditur ; simia mimicis lusibus hostem distinet. Nescio quis dixit : Procul abigantur asini tardi et graves, leporesque pavidi. Minimè, inquit rex, atque his suæ partes erunt ; si abessent, eorum opera desideraretur. Asini vox instar tubæ terrorem incutiet ; nuntium aget lepus.

Rex solers et perspicax singulis subditis commodè uti apprimè callet ; singulas dotes accuratè perpendit : cordatis nil est inutile.

FABULA XX.

URSUS ET DUO SOCII.

Socii duo, nummorum egentes, pellioni ursi adhuc vivi pellem vendiderant, occisuri, ut aiebant, quamprimum. Ursinæ gentis regem esse jactabant : hinc lucrum maximum emersurum emptori ; namque qui illâ indutus foret, algere nunquam posset, asperiori hieme ; sufficeret ad instruenda duo pallia. Dindenius oves, quàm hi ursum, minoris fecisset. Jamque ut suam, suâ quidem, non belluæ sententiâ, hanc dictitabant confidentiùs. Ad summum intra biduum rem tradere pollicentur ; paciscuntur de pretio ; prædam quæritant ; occurrit ursus ; en quasi fulmine icti aufugiunt. Evanescit pactum ; id dissolvere necesse fuit ; de fœnore ab urso exigendo nequidem verbum. Alter adrepit arboris cacumini ; alter marmore frigidior cernuus in faciem ruit, exanimem se simulat, halitum cohibet ; namque audierat ursum perrarò sævire in corpus exsangue, immotum, et spiratione carens. Atqui dolo imperitus ursus malè delusus est. Jacens corpus ei videtur exanime ; ne fraus subrepat, hoc versat iterum atque iterum ; nares admovet naribus si forte halitum sentiat. Cadaver est inquit ; jam fœtet ; abeo. His dictis, vicinam petit silvam. Alter mercatorum ab arbore delabitur, sociumque adit : Quàm frustra, inquit, illæsus pavisti? agedum de pelle feræ quid censes? quid tibi adeo proximus in aurem mussitavit, pede te subigens? Alter reposuit : Ne sospitis ursi pellem præmaturè in posterum vendam, monuit.

FABULA XXI.

ASINUS INDUENS LEONIS PELLEM.

Leonina pelle indutus asinus, quamvis imbecillum animal, cunctæ viciniæ terrorem incussit. Extrema auricula forte elapsa, dolum erroremque detexit. Tum Martinus officio functus est. Fraudis inscii stupebant, quod Martinus ad pistrinum leones ageret.

Hujus fabulæ documentum elucet compluribus in viris, qui magnam sibi famam conciliant : in cultu urbano penè omnis eorum fortitudo sita est.

LIBER SEXTUS.

FABULA I.

PASTOR ET LEO.

Quod primo aspectu videntur non sunt fabulæ ; his vilius animal nos edocet. Nuda morum præcepta fastidiuntur ; fabellæ jocis præcepta suaviùs insinuantur ; fictis et docere et placere studeas ; hâc viâ incedentes plerique clari auctores scripsêre ; nec fusè nec ornatè dicere libuit ; nequidem verbum superfluum recidere potuisses. Adeo brevitati studuit Phædrus, ut id vitio apud quosdam ductum fuerit. Breviùs et Æsopus scripsit : at laconicè loqui plus cæteris Græcus quidam [1] affectat ; quatuor versibus ad summum fabulam includit : bene an male, hoc peritis cedo ; in eo genere hunc Æsopumque conferre placet. Alter venatorem, alter pastorem inducit. Facetiis tantùm obiter eventum condiens, communem utriusque metam attigi. His propemodum verbis narrat Æsopus :

Pastor, cùm ex ovium numero aliquam amissam quæreret, furem deprehendere nisus

---

[1] La Fontaine l'appelle *Gabrias*. Le vrai nom de cet auteur est *Babrias* ou *Babrius*. On ne connoissoit, jusqu'ici, qu'un abrégé de ses fables, fait par Ignatius Magister au neuvième siècle. Mais en 1842, M. Minoïde Minas, chargé d'une mission scientifique, par M. Villemain, ministre de l'instruction publique, trouva, dans la bibliothèque d'un couvent du mont Athos, un manuscrit qui contient la plus grande partie des fables composées par Babrius. M. Boissonade les publia, au nombre de cxxiii, et y joignit une traduction latine. *Paris, Firmin Didot*, 1844, grand in-8°. On en a fait depuis un choix pour les classes, in-12. Celle-ci, intitulée : *Le Chasseur poltron*, est la 92e de l'édition originale.

est : juxta speluncam tetendit laqueos ad captandos lupos ; namque hoc genus in suspicionem venerat. O summe deorum, inquit, si scelestum me præsente capi jubes his laqueis, ut hâc voluptate fruar, inter viginti vitulum egregium eligens mactabo tibi. Dum hæc diceret, ex antro leo immanis erumpit. Pastor latitans et semianimis ait : Heu, quantùm fugit mortales quid optare oporteat! ut furem dissipantem oves capiam, vitulum pinguem vovi, ô Jupiter ; modò abeat, bovem destino aris.

Sic præcipuus auctor ; nunc ad imitatorem transeamus.

FABULA II.

LEO ET VENATOR.

Miles gloriosus, quem venatio oblectabat, generosum canem amissum, a leone voratum fuisse suspicatus, ait pastori : Indica mihi ubinam latro latitet ; e vestigio injuriam ulciscar. Ad clivum hujus montis, inquit pastor. Pro tributo menstruo vervecem trado feræ ; hâc lege, rus ut libet totum securus pererro. Dum sic colloquebantur, prodit et advolat leo. Repente declinat gloriosus miles : O Jupiter, ait, quò evadam præbe refugium.

Animosum pectus si velis experiri, cominus et sub oculis periculum tenta. Qui nuper discrimini occurrebat, mutatâ mente et voce, obvium effugit.

FABULA III.

PHŒBUS ET BOREAS.

Boreas et Phœbus viatorem, qui tempestatis inclementiæ præcavens, forte fortunâ bonis se munierat vestibus, spectabat. Namque jam autumnus aderat, quo viatores cœlo diffidere oportet. Tum modò udum, modò sudum cœlum est ; modò Iris fasciâ multicolore monet viatores chlamydem sumant ; quamobrem hi menses a Latinis ambigui vocati fuêre. Is igitur, ad imbrem paratus, chlamyde assutâ alteri panno gaudebat ; atqui chlamys ipsa crassa et solida erat. Hic, inquit Boreas, se cunctis casibus præmunitum putat ; atqui non providit me vehementi afflatu globulos omnes laxaturum ; ut lubebit mihi, chlamys evolabit ; atqui id spectare satis ludicrum. Visne, inquit Phœbo. Parce verbis, ait Phœbus ; pignore certemus uter nostrûm citiùs equitis humeros nudaverit ? Tu incipe ; meum jubar a te obnubilari sino. Nec plura dixit. Continuò artis sufflatoriæ peritus, vaporibus se totum ut follem adimplet ; horrendum edit strepitum ; sibilat, perflat, procellas suscitat ; complura tecta innocua diffringit ; lintres demergit aquis : horum omnium causa fuit una chlamys. Cavit eques ne ventus grassaretur intra vestis sinus ; hoc saluti fuit. Ventus sæviit incassum ; quo Boreas vehementiùs perflat, eo tenaciùs viator obstat ; frustra exagitantur collare atque sinus. Elapso sponsionis spatio, sol fugavit nubes, recreat, penitusque equitem afficit, sub cnere chlamydis exsudantem exspoliari cogit ; nec tamen totâ usus est efficaciâ.

Vim superant dulces blanditiæ.

FABULA IV.

JUPITER ET VILLICUS.

Locanda fuere olim Jovis prædia. Mercurius rem edicit ; quamplurimi se sistunt, audiunt ; multas post circuitiones, pretium dant rei. Alter agrum asperum, tractatuque difficilem queritur ; alter similia jactat. Dum hi hærentes pendent, tertius audacior, ac minor sapientiâ, pollicitus est summam ampliorem, modò Jupiter imperium cœli concederet, ad arbitrium variaret calorem frigusque, udum, sudum, atque brumam ; oscitanti omnia parerent. Annuit Jupiter ; initur pactum. Tempestatum regem se gerit villicus ; pluit, ventos ciet ; sibi uni cœlum temperat novum ; id tamen confinibus, uti Americanis, ignotum fuit. Id lucro vertitur iis ; namque hic annus uber Cereris et Bacchi frugum retulit copiam. Locatori sors mala obtigit. Anno sequenti, omnia immutat ; cœli temperationem diversè destinat : nec melius agro cedit. At contrà vicinis afflluunt fruges. Quid tunc ? Jovem adit iterum ; inconsultum se fatetur. Dominum benignum se habuit deorum pater.

Hinc providentiam supernam, quid nobis congruat, nobismet meliùs nosse, inferas.

FABULA V.

PARVULUS GALLUS, FELIS ET MUSCULUS.

Tiruncrlus sorex, et imperitus, incautè summum subiit periculum. Sic matri casum edixit : Superatis montibus qui hanc regionem cingunt, iter carpebam ut mus adolescens, qui tum primum indulget genio. Mihi objiciuntur duo animalia : quorum alterum mite, benignum blandumque videtur; alterum turbulentum et inquietum; vox aspera et acuta; vertici caro supercrescens; quasi lacerti, quibus in aerem sese immittit ut evolet; cauda instar cristæ sese explicans. Atqui gallus erat, quem sorex matri depinxerat, quasi animal ex America transvectum. Lacertis, inquit, ilia concutit, tanto cum strepitu, ut quamvis deorum munere audaciâ polleam, pavidus aufugerim, maledicta in monstrum congerens. Ni impedisset, adissem officiosè alterum animal, comitate gratum. Uti nos villosum est, et maculosum; caudâ oblongâ, vultu modesto et habitu; fulget tamen oculorum acies. Genti murinæ amicissimum crediderim; namque aures nostris similes. Adibam lubens, cùm sonitu claro alter me in fugam converterit. O nate, inquit mater, is blandus est felis, qui fictâ modestiâ sævum in nostrum genus odium tegit. Alterum animal ulli nostrûm nocuit nunquam. Quinimo aliquando hoc fortè vescemur. Verùm felis nos sibi prædam destinat. Ergo ex vultu neminem unquam definias.

FABULA VI.

VULPES, SIMIA ET ANIMANTIA.

Extincto leone quodam regionis rege, animalium habita sunt comitia, ut regem sufficerent. E theca corona depromitur; in tabulariis reconditam draco custodierat. Dum cunctorum capitibus aptare tentant, nemini convenit : his caput exilius; illis crassius; nonnullis cornutum. Tentavit et simia ludens, sibique imponens coronam minicis lusibus circum, præstigiis variisque nugis lasciviens, quasi in circulum transmeabat. Hanc artem tanti fecerunt animalia, ut rex ipse fuerit delectus. Cuncti reverentur ut dominum. Unam vulpem assensisse pænituit, nec tamen quid censeret aperuit. Post verba officiosa, regi dixit : Latebram omnibus ignotam novi solus, ni fallor. Quidquid thesauri latet, jure regio ad te pertinet. Rex opibus jam inhiat; ne prævertatur advolat. Dolus erat, quo captus, a vulpe ex verbis comitiorum dicente, hæc audiit : Qui teipsum regere nescis, cæteris præesse num te puderet? E solio expulsus est; ac pro certo habitum est, paucis regnandi vim insitam esse.

FABULA VII.

MULUS CLAROS NATALES VENDITANS.

Mulus summo loco ortum se prædicabat; matrem equam indesinenter jactans, de hac multa præclara narrabat. Huc venerat, transierat illuc, id fecerat. Hinc natus se historiis commendandum putavit. Medicum vehere dedignatus esset; senescens ad molendinam detrusus est : tunc patris asini recordatus est.

Adversa, si stultum resipiscere cogant, maximè prosunt.

FABULA VIII.

SENEX ET ASINUS.

Senex asino vectus, ut conspexit pratum floribus amœnum, et gramine virens, immisit jumentum. Illuc bellua irruens per tenue gramen, sese volutat, defricat, et scabit; saltat, rudit, carpit morsu, tondetque vireta. Tum hostis ex insidiis advolat. Fugæ nos demus, inquit senex. Qua de causa, reponit salax animal? Num binas clitellas, duplex onus dorso imponet? Nequaquam, inquit senex fugiens. Ad hoc asinus : Ergo quid meâ refert cui serviam? Evadens me pasci sinas. Palam edico; herus est verus hostis.

FABULA IX.

CERVUS SE IN AQUIS INTUENS.

In speculo limpidi fontis cervus olim se conspexit. Ramosa cornua laudans, crura fusis exiliora, quæ in aquis sensim evanescebant, indignè tulit. Quæ proportio pedum cum capite, inquiebat, mœsto animo pedum umbram intuens?

Nemorum cacumina fronte ferio; pedes me deturpant. Hæc locutus ea vertago disturbatur; sibi fugà consulit; in silvas desilit; cornua, damnosum decus, impedit cursum, quo pedes celeres incolumitatem præstare studebat. Tum, mente immutatâ, culpavit munus quotannis a natura datum.

Formosum magni facimus, flocci utile; formosum sæpe exitio fuit. Pedes veloces cervus fastidivit, nociva cornua mirans.

FABULA X.

LEPUS ET TESTUDO.

Quid prodest cursus, nisi opportunè curras? Id testantur lepus et testudo.

Vis spondere, inquid hæc, uter hanc priùs attigerit metam? Priùs? Ad deliras, respondit velox animal; quatuor ellebori granis, ô amica, sananda es. Atqui sana insanave tamen spondeo. Ergo paciscuntur; pignora pone metam deponunt. Quid fuerint pignora, quis arbiter, id minimè refert. Lepori quatuor ad summum erant conficiendi passus; hos autem intelligo quibus exilit dum canes per saltus invios errantes deludit. Tempus satis superque ei suppetebat ad pastum, somnum, explorationem venti; testitudinem senatoriâ gravitate incedere sinit. Illa verò lentè festinat summo nisu. Is verò hanc victoriam parvi facit, nec sibi ducit laudi hanc sponsionem; immò maturè proficisci eum puduisset. Pascit, quiescit, lusu distinetur, oblitus negotii. Ubi sensit tandem æmulam fore voti compotem, sagittâ citiùs advolat; sed frustra: testudo eum antevertit. Nonne, inquit, meritò spopondi? Quid juvat pedum pernicitas? Mene te vincere? Quid igitur si domiporta fores?

FABULA XI.

ASINUS DOMINOS MUTANS.

Asinus hortulani Fato querebatur. Auroram antevenio, inquit. Galli quantumvis primo mane cantant, ego jam laborem præoccupo; at quare? ut herbas ad forum deveham; scilicet egregia insomniæ causa? Fatum, querelâ permotum, alium assignat dominum jumento, quod ex hortulano ad coriarium transmigrat. Pellium gravitas et fœtor mox insulsum animal molestant. Atqui, inquit, jam pristinum desidero herum; namque, ut memini, si cervicem flexisset tantisper, caulium frusta arripere copia erat, sine ullo meo dispendio. Hîc verò nil lucri; imò plagæ frequentes. Ergo iterum mutatâ sorte, carbonarii familiæ adscribitur. Rursus querela. Tandem Fatum succensuit: Vile, inquit, hoc animal, uti centum reges me sollicitum detinet; quasi verò mihi curæ is unus! Num putat sibi uni suam displicere sortem?

Sic meritò aiebat Fatum. Omnes ita affecti sunt; nemo suâ sorte beatus, et instans videtur pejor. Votis deos lacessimus; singulis petita Jupiter annuat, nihilo secius sacræ obtundentur aures.

FABULA XII.

SOL ET RANÆ.

Tyranni nuptiis dum populi læti atras crateris immergunt curas, uni Æsopo insanire videntur. Cur, inquit, tam effrena lætitia?

Aliquando Sol uxorem ducere statuit. Continuò stagnorum incolæ unâ voce sortem deflevere suam. Heu, quid spei nobis, si liberos genuerit? Sic Fatum orant: Vix unum perferre Solem potuimus; sex exhaurient lacus atque maria; simul natantium genus exstinguent. Valete, ô paludes, juncique; gens nostra disperiit, nec ultra innabit nisi undæ stygiæ. Quamvis imbecillum genus ranarum, ut mihi videtur, sagax fuit sententia.

FABULA XIII.

RUSTICUS ET SERPENS.

Narrat Æsopus rusticum, beneficum quidem sed improvidum, obambulando prædium per brumam, conspexisse anguem jacentem in nive, rigentem, gelidum, torpentem, immotum, nec victurum quartâ parte horæ. Rusticus hunc aufert domum; nil secum reputans quid grati animi pro tanto merito sperare fas sit, explicat anguem ante focum, refovet, revocat animum. Vix animal torpens sensit benignum calorem, et jam cum anima redit ira teterrima. Arrigit caput, sibilat, sinuoso corpore orbem volvit; repentino impetu nititur in beneficum dominum, auctoremque salutis. O monstrum ingrati animi, ait rusticus! Hoccine laboris est præmium? Occides. His dictis, excandescens, arripit securim, gemino ictu tripartito augue, truncus, cauda, caputque coalescere tentant, at frustra.

Sis beneficus, laudo. Erga quem? caveas : immemorem beneficii mori miserum jubeo.

FABULA XIV.

LEO ÆGROTANS ET VULPES.

Jussu ferarum regis ægrotantis in spelunca, edictum est clientibus ut singula genera per legatos dominum ægrum invisant. Pollicetur ipse legatos comitatumque se benignè excepturum. Fide datâ, subscribit leo : Datur commeatus liber a dente, liber ab unguibus. Atqui regis edictum executioni mandatur; legati cujusque generis illum adeunt. Cùm verò gens vulpina domi remansisset, hanc quædam vulpes facti rationem reddidit : Impressa pulveri vestigia pedum ægrotum invisentium, cuncta adversa sunt speluncæ; nulla aversa reditum indicant : hoc suspicionem nobis injicit. Ergo rex concedat veniam ; de commeatu gratias agimus; tutum puto. Quo huc ingrediar prospicio quidem, qua egrediar minimè.

FABULA XV.

AUCEPS, ACCIPITER ET ALAUDA.

IMPROBORUM injurias sæpe nostris excusamus. Eâ lege regitur orbis : Vis ignosci tibi, ignosce.

Rusticus speculo captabat aviculas; imago fulgens allicit alaudam. Continuò asterias arvis involans sublimis, e summo aere irruit in tenuem avem, quæ modò licet moritura canebat. Jamque illa perfidam machinam evaserat, cùm rapacis unguem infestum sensit. Dum ipse miseræ plumas detrahendo distinetur, reti involutus capitur. Auceps, inquit, voce nativâ, mitte me; nil unquam tibi nocui. Quasi verò, respondit auceps, hæc plus nocuerit tibi !

FABULA XVI.

EQUUS ET ASINUS.

HIC operæ pretium est sibi invicem subsidio esse; si forte vicinus obeat, onus in te regeritur.

Unà incedebant asinus et equus inurbanus; hic ephippia tantùm gestabat; ille sarcinis onustus, viribus defectus erat. Rogat equum ut tantisper fessum allevet, sin minus, inquit, citra portas urbis confectus occumbam. Nec iniqua est petitio; namque dimidiam oneris partem lusoriè feres. Negat, oppedit equus. Verùm socio labori succumbente, et jam exanimi, sensit tardiùs se multum errasse, dum asini clitellas pellemque insuper portare cogitur.

FABULA XVII.

CANIS, DIMISSA PRÆDA, UMBRAM CAPTANS.

QUISQUE nostrûm decipimur. Heu, quot insani vanas captant umbras ! horum prorsus turba innumera. Cani cujus Æsopus meminit, hos commendo. Is prædæ imagine falsâ delusus, speciem rei antetulit, et fere demersus est. Intumuit subitò amnis; vix ripam repetere potuit, umbrâ corporeque privatus.

FABULA XVIII.

AURIGA CŒNO DETENTUS.

RUSTICUS vehens curru fœnum, alter ille Phaëton currum cœno immersum sensit. Procul ab hominibus, omni ope destitutus erat. Id accidit ruri in angulo Armoricæ regionis, prope Corisopitum, quò Fatum miseros ærumnis discruciandos abigit. Dii a nobis hanc pœnam avertant ! Igitur carrucarius succensit, execratur sortem, pejerat, increpat demens cavos itineris, equos, currum, semet. Tandem deum laboribus clarum invocat. O Hercules, inquit, fer opem. Si quondam orbem humeris fulcisti, hinc me extrahere potes strenuâ manu. Sic precatus, hanc e nube vocem excepit. Vult Hercules quemque niti ; dein opitulatur. Perspice unde fiat mora; amove a rotarum circuitu hoc lutum grave, quo axis obducitur; arripe ferrum; contere silicem obstantem currui; orbitam imple. Numquid peregisti? Etiam, inquit rusticus. Nunc opem feram, ait vox : sume flagellum. Jam sumpsi... Quid rei? Currus movetur ad arbitrium ! Laus Herculi. Tunc vox : En cernis quàm facilè hinc te extraxerint equi. Ne tibi desis; non deerunt numina.

FABULA XIX.

CIRCULATOR.

Nunquam orbi defuit circulatorum genus; hanc artem quamplurimi semper coluere. Modò hic theatro spectandus Acheronta provocat; modò alter, affixis ante fores chartis, edicit se Ciceroni præcellere. Horum nescio quis se ita loquentem jactabat, ut rusticum infrunitum, vecordem, disertum facere posset. Ita est hercle, inquit; stolidum, bardum, bestiam, asinum huc adducite; magistrum, et quidem togatum, præbebo illum. Id ubi rescivit princeps, rhetorem accersiri jubet. Stat, inquit, meo in equili Arcadum jumentorum generosa proles; hunc facundum efficias volo. Nil tibi arduum, respondit sycophanta. Dantur nummi; hâc tamen lege, ut intra decennium asinus subselliis insidens argutiis famam captet. Sin minus, circulator patibulo necandus foret, rhetoricâ asininisque auribus dorso affixis. Quis aulicorum ait : Jam miserè cupio te prospicere in cruce pendulum. Ni fallor, multa erit gratia et dignitas oris., necnon et corporis præstantia. Hinc memineris velim artis quâ polles, concionem habeas, at non movendis animis idoneam, et quæ deinceps furibus plectendis sit forma dicendi. Sic reposuit veterator : Atqui intra decennium aut rex, aut asinus, aut egomet, quis nostrûm occidet.

Meritò ac sapienter dictum; namque stultum est sibi decem annos incolumitatis arrogare. Sani licet et florentes ætate, per singula decennia unus trium morti debetur.

FABULA XX.

DISCORDIA.

Ubi deos invicem abalienasset dea Discordia, magnasque de pomo lites sursum exagitasset, ex Olympo depulsa est. Adiit homines, a quibus festivè excepta fuit, cum fratribus Ita et Non, atque patre Tuum et Meum. Dignata est nostram orbis terræ partem alteri anteferre; namque alteri sunt incolæ rustici, rudes, qui connubia absque sacerdote et notario ineuntes, Discordiam minimè norunt. Ut ubique passim officio fungi posset (famâ explorante) ipsa sedula et velox, ut adesset rixis, pacem antevertebat; scintillâ incendium inextinguibile suscitans. Tum demum occepit conqueri Fama, deam errabundam sedem certam nunquam posuisse; in ea quærenda tempus inane teri, frustràque desudandum. Sedem deligeret, sedem unde exciretur in singulas domos, die condictâ. Verùm tunc monialium conventus non erat; ergo difficultas sic perempta est. Hymenæi sedes ei assignata fuit.

FABULA XXI.

TENELLA VIDUA.

Amissus defletur sponsus; primò magni ejulatus; dein solatium; mœror temporis alis evolat; tempus revocat ludos. O quantum a vidua quæ flevit annum, distat vidua sponso recens exanimi; nunquam eamdem crederes. Hæc fugat, illa allicit; hæc gemebunda ficto aut vero indulget dolori; semper idem questus. Asserit nil posse lenire mœrorem; asserit, at falsò, ut patebit hâc fabulâ, aut potiùs verâ descriptione.

Novæ nuptæ sponsus extremam agebat animam. Lateri adhærens conjux exclamabat : Expecta, te sequar; meaque anima tuæ affixa jam evolat. Sponsus solus e vita migrat. Puellæ pater, vir cautus et sagax, contra doloris impetum minimè reluctatus est. Postremò his alloquiis ei blanditur : O nata, jamdiu nimium defles; quid extinctis cineribus prodest forma fletibus deturpata? Dum suppetunt vivi, mortui ne sint tibi curæ. Nec tamen jubeo has ærumnas repentinis immutari nuptiis; at elapso tempore, sinas alium tibi sistere sponsum, lepidum, liberali formâ, ætate florentem, extincto longè digniorem quem depereas. Heu, inquit illa continuò, nubam soli claustro. Iterum pater dolori cedit, et sic mensis transigitur. Altero mense per singulos dies illa vestes, lintea, comas sensim adornat. Luctus in munditiem vertitur, usquedum accedant elegantiores ornatus. Redit amorum turba volitans ad columbarium; joci, risusque, et saltatio, suas denique obtinent vices. Serò, mane, in fontem Juventæ demergitur. Nec caros olim cineres pater jam metuit. Eo tacente, Ubinam, inquit nata, juvenis sponsus quem pollicitus es?

EPILOGUS.

Ex meta cursûs nostri ; diuturniora me terrent opera? Materiam ne exhaurias; imò flores tantùm decerpendi. Jam tempus est me reficere animam atque halitum, ut ad alia excurram. Tyrannus Amor me ad nova fert incœpta ; morem geram. Ad Psychen redeo. Hortaris, ô Damon, ut ærumnas gaudiaque describam. Volo ? forsan tenuis evehitur musa. Felix , modò hæc sit suprema Cupidinis cura pectori inflicta meo !

LIBER SEPTIMUS.

FONTANUS AD DOMINAM MONTESPANAM.

Fabularum adinventio numinis donum fuit : cui id debetur, debentur et aræ : singuli quotquot sumus hujus artis auctorem ut deum colamus. O ! illecebræ captant aures, animam rapiunt suspensam : narratione simplici pectus ingeniumque agunt ad arbitrium. O Olympa, fabulæ similis , si quondam deorum mensis meæ accubuit musa, hæc dona benignis oculis aspice , et jocos quibus indulsi genio gratos habeas velim. Tempus , quod cuncta alterit, in hoc opusculo, tuo parcet nomini ; sic annorum injuria superior evadam. Quicumque sibi ipsi superstes esse velit scriptor, tua petat suffragia. Tu meis carminibus pretium dices ; nec est in ullo dicendi genere lepos vel tenuis mica salis quæ te lateat : tu veneres gratiasque decentes nosti : blanda vox, vultus ipse silens pectora demulcet. O quam lubens musa fusius hæc grata diceret ! At melioribus hæc reservantur ingeniis ; nobilioris musæ laus te manet. Sat mihi dummodo extremum opus tuo muniatur nomine. Ergo fave libello quo redivivum me futurum spero quondam. Te favente, hæc carmina toto orbe passim legenda sunt. Nec tantum munus ego unquam commerui ; at id postula ipsa fabula. Scis quantâ gratiâ polleat mendacium : si tibi hic arriserit, pro merito templum ponam. Sed erravi : templa uni tibi ponere decet.

FABULA I.

ANIMALIA PESTE LABORANTIA.

Malum terrificum , malum à numine excogitatum , ut mortalium scelera ulcisceretur, lues (namque sua nomine dicenda est), lues, quæ intra unam diem Acheronta ditasset, grassabatur in animalia. Omnia morbo correpta; non omnia occidebant. Nulla remedia dabant operam , ut animam ægram et languidam reficerent. Nullus cibus gratum elaborabat saporem. Nec lupus, nec vulpes dulci prædæ insidiabantur. Turtures sibi invicem erant terriculæ : nusquam amor; ergo nusquam blanda gaudia. Leo, concione habita , dixit : Deos iratos credo hoc exitium immisisse terris, ut scelerum pœnas demus. Qui plus nostrûm peccavit numinis iræ sese devoveat. Forsan hoc piaculo cæteri convalescent. Atqui historia monet eo in casu hujus modi piacula felicem exitum habuisse. Ergo ne nobismet adulemur, atque ut severè scrutemur quidquid vitii pectori inest , ego pro me dicam : Aliquando, voraci indulgens appetentiæ, vervecum copiam dicerpsi. Quid in me peccaverant? nil prorsus. Quin et ipsum pastorem voravi. Siquidem res id postulat ut me devoveam , præstò sum. At cæteri sua vice peccata dicant; namque jure merito scelestior pœnas dabit. O domine, inquit vulpes, benignus es præterquam quod decet. Scrupulosius religione tuus animus angitur. Vili ovium plebeculâ vesci ; quid in hoc peccasti? Atqui vorando dignatus es greges insigni honore. Pastor vero haud dubiè nil pertulit immeritus , cum fuerit unus e tyrannis qui in animalia iniquo potiuntur imperio. His dictis applaudunt assentatores. Nemo ausus est perscrutari graviora ursorum, tigridum , cæterarumque ferarum scelera. Quisquis ad rixas promptior, etiam canes . coronæ judicum visi sunt sancti et innocui. Tandem sic ait asinus : Ad oram prati monachorum dum errarem olim , fame , occasione datâ , tenero gramine , ipso suadente diabolo, ut memini, ad linguæ mensuram, herbam totondi ; atqui id injuriâ, ut verum loquar. Continuo omnes exclamant : Tollatur asinus. Lupus veterator nec illiteratus, concione probavit diris devovendum impurum animal, depile et scabie exesum , ex quo fons omnium malorum. Levissima noxa habita est summum nefas. Alienam herbam carpere; proh! scelus horrendum, dignum pœnâ capitali! Nec impunè evasit miser. Prout in secunda aut in adversa fortunâ versaris, coram judice purgaveris, aut evictus mulctaberis asperrimè.

FABULA II.

VIR MALE CONJUGATUS.

Pulchro semper bonum societur; cras uxorem ducam. Verùm multoties disjunguntur; paucissimæ animæ formosæ, formosis inhærentes corporibus, utrumque adunant. Unde, veniam concedas, uxorem minimè ducam.

Complures novi hymenæos; nullus animum inflexit. Attamen plerique homines summum adeunt periculum; ideo plerosque facti pœnitet. Cujusdam memini, qui cùm pœniteret, id unum superesse judicavit: repudiavit scilicet sponsam, rixis, avaritiæ, zelotypiæ deditam. Nil rectum ei videbatur; maturiùs cubabant, surgebant tardiùs. Atqui hoc minùs appositè, hoc alieno in loco; dein istud decentiùs; semper quid aliud; nunquam bene. Servi urebantur; nec jam sponsus sui compos erat. Vir meus nil prospicit; bona decoquit miserè; vagatur, quiescit iners. Eò tandem perductus est sponsus, ut fessus hâc larvâ, illam ad propinquos rus remiserit. Tum facta est socia quarumdam Phyllidum, quæ cum subulcis gallinas Indicas agunt. Post aliquos menses, ubi vir speravit hanc resipuisse, ad se revocat. Quidnam rei, inquit, agebas ruri? quam degebas vitam? Arridebatne dulce et innocuum rusticandi otium? Satis, ait illa; sed angebar servorum desidiâ; greges negligunt. Atqui exprobrabam acriter; unde mihi conflatum est iniquum odium. Continuò sponsus: Heu, molesta et morosa mulier, cùm præ ægritudine animi ferre nequeas servos summo mane abeuntes, et redeuntes sub noctem, quo pacto te perferent servi quos vexabis per totam diem? Quid spei marito, qui tecum diu noctuque victurus esset? Villam repete ociùs; vale. Si unquam te revocavero, faxint dii ut dem pœnas in ripa Stygia, binâ tui simili Furiâ me semper infestante.

FABULA III.

MUS EREMITA.

Orientalium historia narrat quemdam murem civilibus curis defessum, procul à tumultu in cavum casei Hollandici secessisse. Latè silebat regio deserta. Novus eremita hinc inde grassans facilem victum comparabat. Dente ac pede potitus est cibis tectoque. Quid ultra opus est? Pinguescit brevi. Deus sibi devotis bona largitur quamplurima. Aliquando legati murinæ gentis adierunt pium eximiumque fratrem, ut saltem vel exiguam eleemosynam erogaret. Peregrè profecti erant ad regiones longinquas, adversus felinam genus opem oraturi. Namque Ratapolis urgebatur ab hoste, libero commeatu carens. Absque viatico proficisci coacti fuerant, præ summa reipublicæ profligatæ inopia. Modico contenti fuissent auxilio; certum enim erat subsidium intra quatuor aut ad summum quinque dies adventurum. O amici, inquit severus eremita, quid me tangunt hujus mundi curæ? Quid vestræ calamitati opitulari potest solitarius? Unis precibus numinis opem vobis demereri jam mihi superest; vobis affuturum spero. His dictis, januam clausit. Hoc mure immisericorde quemdam putas me designasse? Monachum? Minimè; at dervidem. Monachum semper fratribus beneficum et charitate promptum piè credo.

FABULA IV.

ARDEA.

Aliquando, nescio quò properabat Ardea longis cruribus, longo rostro, longâ cervice. Ripam fluminis lustrabat. Uti solet, sudâ tempestate, unda pellucida erat. Cyprius atque lucius socii, huc illuc lascivo lusu natitabant; ardea facilè prædâ potita fuisset. Pisces ad ripam insiliebant incautè; ales cepisset expeditè. At fastidienti visum est satiùs expectare famem. Diætam observabat, et statutis horis vescebatur. Paulò post ingruit fames; ales ripæ accedens, conspicit in aquarum superficie tincas emergentes ex imis latebris. Verùm cibus displicuit; quid gustui suavius sperabat, superbè respuens cuncta, instar muris Horatiani [1]. Mene ardeam, inquit, tincas! Mene tam vile opsonium! Ecquid aliis videor! Spretâ tincâ, restat gobius. Gobius, inquit, Ardeæ! ô lepida cœna! Nequidem rostrum recludere dignarer. Absit, nec dii sinant. Viliori cibo inhiavit tandem; res enim ita se habuit, ut careret omnino piscibus. Fame oppressa, inventâ cochleâ, se felicem duxit.

[1] Hor. Sat. II, vi.

Ne simus ita fastidiosi; solertiores faciles se præbent in negotiis. Dum nimio inhias lucro, omnia amittere periclitaris. Cave ne quidquam fastidias, modò circiter quod tuum est redeat tibi. Quamplurimi hac in re decipiuntur. Non ardeis, sed vobis, ô homines, id dictum sit. Atqui alteram e genere vestro desumptam fabellam audite.

FÁBULA V.

PUELLA.

Puella superba sperabat sponsum juvenem, scitum, venustum, elegantem; nec frigidum, nec zelotypiâ ferventem (atqui hæc duo memoranda sanè); insuper divitem, nobilem, ingeniosum. At nullibi affluunt omnia. Illi collocandæ haud defuit Fatum. Accedunt proci insignes; hos minoris facit puella. Mene, inquit, hoc vile genus! Hoc mihi destinare! Delirant; pudet me; misereor. En quid egregium! Hujus ingenio deerant gratiæ: nil facetum prorsus; illi nasus turpis : modò hoc, modò illud arguitur. Namque hujuscemodi delicatæ omnia respuunt. Exactis divitibus, prodeunt mediocris fortunæ viri. Illa deridet. Benigna sum, inquit, quæ æquo animo excipio tales. Existimant me angi multum ut nubam; verùm cælibem hilaremque vitam dego. Dum puella his dictis sibi indulget, forma deteritur annis; amatores abeunt. Unus et alter effluit annus; nec sine mœstitia. Advolat ægritudo animi; quotidie elapsos sensit risus, jocos, deinde amores; vultus sensim turpatur. Frustra accurrunt varia fucorum genera; frustra reluctatur tempori, prædoni famoso, qui surripit veneres. Domus collapsa restituitur; ô si faciem fatiscentem restituere fas esset! Mutâ voce quoties aiebat speculum : Viro nubere propera. Nescio quæ cupido eamdem edebat vocem. Hæc enim hujusmodi cupidinis immunes sunt superbiores puellæ. Præter omnium expectationem, hæc nupsit tandem ignobili imbecillique viro, quem vix captare potuit suis artibus.

FABULA VI.

VOTA.

Apud Mogolum erant Genii jocosi, servorum fungentes officio. Domum mundam, equos nitidos, hortos virentes faciunt suâ industriâ. Si quod fecerint attractaveris, corrumpis omnia. Unus horum olim ad Gangem hortos cujusdam civis coluit. Silentio, solerter ac naviter operam dabat hero, heræ, maximeque hortis adamatis. O quantùm Zephyri amici Genii, benigno afflatu, incœpto faverint, quis dicat? Genius, indesinenter operi intentus, dominorum fuit deliciæ. Ut amorem significaret, nihil obstante levitate ingenitâ, hoc in hospitio sedem fixisset lubens. Verùm cæteri Genii ita egerunt cum duce gentis, ut hunc sive ex consilio, sive temerè, aliò transtulerit. Jussit eum transmigrare ad Arctum gelidam, ut domum opertam nive regeret; ex Indo Lapo factus est. Valefaciens Genius, sic ait : Nescio quâ culpâ hinc abigor. Breve mihi superest tempus; fortè mensis, fortè septimana. Hâc morâ utimini; dum licet, tria exoptate; tria namque præstare queo. Quid exoptare, nec novum, nec arduum hominibus. Hi primò appetunt abundantiam; continuò arca nummis, horrea frumento, vino cellaria redundant; copia opprimit domum. Quis locus tantas opes caperet? qui rationum libri? quæ cura? quantum temporis insumptum? Uterque ærumnis conficitur. Fures subrepunt; nobiles mutuantur; rex ipse exigit pecuniæ summam. Præ nimia opulentia miseri fiunt. Molestas aufer opes, clamat uterque; beati egeni! His opibus præstat pauperies. Abite, nummi, abite; tuoque, dea, cordatorum pia mater, ô mediocritas aurea, gratum quæ foves otium, huc redi. His dictis, tectum subit mediocritas; cui loco cessere reliqua. Duobus optatis, nihil sibi profecerant. Ita se habent qui miserè cupiendo sese enecant. Atqui rebus suis consulere, quàm inhiare chimæris, satiùs esset. Cum utroque risit Genius. Sed ne dilaberetur incassum donum Genii, eum jam proficiscentem, rogarunt prudentiam, veras opes scilicet, quæ nunquam dominum vexant.

FABULA VII.

LEO CUM AULICIS.

Rex leo quondam animo instituit, singulas quibus inperitabat ferarum gentes recensere. Ergo clientes subditosque cujusque generis ad se legatos mittere jussit. Epistola sigillo regio munita circumfertur. Hæc habuit : Regem mense integro clientes excepturum in aula, magnum apparari convivium, ludosque mimicos in primam diem. Hâc munificentiâ princeps suis suam indicabat potentiam. In regiam eos vocat. Quæ regia? Ossuarium, cujus fœtor nauseam provocat. Nares reclusit ursus; rectiùs egisset rictus non distorquendo. Displicuit; rex offensus fastidiosum ad Plutonis regna detrusit. Huic asperitati applausit simia; iram, ungues, speluncam regis putidam adulatoriis laudibus extulit; flores et succinum, si conferas, allium redolent. Verùm insulsa adulatio malè accepta pœnas dedit. Rex ille leoninæ gentis, Caligulæ consimilis fuit. Vulpi vicinæ ait : Quid olfacis? Dic, nec simula. Illa verò : Excusatam me habeas, quippe quæ rheumate oppressam, carentemque olfactu. Ita se expedit.

Hoc tibi sit documento. Si gratiam inire cupis in aula, nec insulsus adulator, nec censor ingenuus adsis; interdum mentem aperire vites.

FABULA VIII.

VULTURES ET COLUMBI.

Mars olim aerem perturbavit, nescio quâ inter aves contentione ortâ. Non erant illud avium genus quas secum ver diducit, et quæ sub umbra virenti, exemplo voceque canorâ, veneres pectus in nostrum revocant; non aves quas ipsa Cytherea currui adjungit. Sed vultures rostro adunco, unguibus acutis, de cane mortuo inter se decertaverunt. Imber cruentus, nec mentior, decidit. Singula si vellem dicere, vox deficeret. Duces heroesque quamplures occubuere. Rupe in acria jam Prometheo gliscebat spes pœnæ amovendæ. Conatus hinc inde spectare gratum fuisset; at miserabile visu quot cecidere strenui! Fortitudo, peritia, solertia, dolus, nil defuit. Utraque manus, acta furore, omnia tentavit, ut stragem faceret quamplurimam; singula elementa ministrant innumeros cives immanibus umbrarum regnis. Atqui cæcus furor miseratione affecit aliam gentem collo versicolori, pectore amori dedito fidoque. Proxenetam se gessit ut bellum componeret. A columbis legati missi ita egerunt cum vulturibus, ut cessarent a præliis; pactis induciis pax initur tandem. Verùm genti bene meritæ id fuit exitio; ferum et acre genus in columbas beneficas sæviit usque ad internecionem. Vicis, pagis, campisque nusquam apparent columbæ. Heu dementes, quæ hostes improbos pace recreaverunt!

Scelestos sibi invicem infestos habe; hinc securitas orbi. Ni bella succendas, pax nulla cum eis speranda tibi. Atqui hæc per transennam; jam taceo.

FABULA IX.

CARRUCA ET MUSCA.

Clivoso in itinere, arenis resperso atque salebroso, undique soli ferventi objecto, sex equi acres carrucam trahebant. Mulieres, monachi, senes descenderant. Exsudant, anhelant, fatiscunt equi. Advolat musca, bombo sperans equos concitare. Hunc, illum pungit, creditque machinam ingentem suis impelli viribus. Medio in temone, aurigæ naso insidet. Dum carrucam insedentem, viatoresque sedentes spectat, id sibi laudi apponit. Ergo it, redit, ardelionum more. Crederes tribunum militum, qui huc illuc agit singulos ordines in prælium, et victoriam maturat. Musca quæritur se unam communi negotio operam dare; præter se neminem stimulare equos ad iniquum superandum iter. Monachus officium recitabat, alienore quidem tempore. Mulier canebat; scilicet is erat cantilenis locus! Sic murmurabat singulorum auribus inepta musca. Carruca tandem multis exhaustis laboribus clivum superat. Continuo musca : Nunc, ait, reficiamus halitum; meâ industriâ devenimus in hanc planitiem. O equi, referte gratiam; solvite præmium. Ita complures affectant anxium vitæ genus, ac negotiis sese obtrudunt; ubique ut necessarii accersiri volunt : quantò satius arcendi forent.

FABULA X.

MULIER ET VAS LACTEUM.

Tenui cum culcita capiti impositum, vas fictile lacte plenum Petronilla urbem deferebat, sperans se facturam iter absque ullo casu. Levis et altè succincta properabat unâ tantùm induta veste calceisque humilibus sibi aptatis. Rustica sic præcincta jam secum cogitabat lactis pretium; pecuniam locatam, centum ova emenda, triplicemque gallinam incubantem ovis. Suâ industriâ rem facere proximè certa erat. Facile est, inquit, in propatulo domus enutrire pullos gallinaceos; nec vulpes dolosa ita depopulabitur, ut pretio pullorum porcum alere nequeam; furfuris paululum porcum saginabit. Atqui jam adultus et pinguis erat, quando illum emi. Pro mercando redibunt nummi. Quid obstat quominus nostra in stabula deducam bovem fœtam cum vitulo; nec enim hos pluris faciunt. Eum exsultim ludentem spectabo. Ipsa Petronilla ludibunda exsultat; continuo lac effunditur; simul evanescunt vitulus, juvenca, sus, pulli. Misera mœstis oculis spectans gazam disperditam, ne det pœnas culpæ, excusationibus sponsum exorare nititur. Hinc fabula ab histrionibus acta in theatris, cui nomen Vas lacteum. Quis mente non aberrat? quis chimæras non sibi fingit? Picrocholus, Pyrrhus, rustica nostra, denique omnes, cordati et insani promiscuè vigilando somniant. Nil dulciùs quidquam; gratum delirium animam rapit. Tum omnia nostra, dignitates summæ, venustæque mulieres. Ubi solus otior, fortissimos ad pugnam provoco. Aberrare libet; regem Persarum disturbo è solio; rex ipse deligor charus populis; diademata meo capiti accumulantur. Si verò, nescio quo casu, ad me ipsum redire cogar, uti antea Joannes servulus resto.

FABULA XI.

PAROCHUS ET MORTUUS.

Mortuus quò sepeliendus erat, mœsto ibat gradu. Pastor ovans ibat hunc sepultum quamprimum posset. Pilento vectus involutusque rite mortuus, jacebat in feretro, ubi hiberna æstivaque transigere moris est. Instabat Pastor pro more decantans pias orationes, psalmos, versiculos, lectiones atque responsa. Quiesce, inquit mortuo; donaberis omni modo ritu; tantùm merces adsit. Joannes Coartus cupidis oculis mortuo incubans, quasi quis inhiasset suæ prædæ, vultu non verbis hæc dicebat: O mi mortue, hæc argento, hæc cerâ, hæc minimis sumptibus de tuo exigam. Hæc spes erat emendi cadum generosissimi vini totius viciniæ. Fratris filia munditiis satis elegans, necnon et famula, hinc vestes accepturæ erant. His delectato Pastore, salebroso in itinere currus evertitur. Pastor illisus mortuo, extremam agit animam, obtrito capite. Plumbo conditus dominus Pastorem ad tartara raptat, atque unà incedunt.

Ita se habet hominum vita; singuli quotquot sumus, Coartum pastorem agimus, suo lætantem mortuo, aut fabellam rusticæ vas lacteum gestantis.

FABULA XII.

HOMO SECTANS FORTUNAM, ET HOMO FORTUNAM IN LECTULO EXPECTANS.

Quis Fortunam non prosequitur? O quàm vellem ex edito loco spectare molestam hominum turbam, qui cæco impetu varia per regna hanc Sortis filiam expetunt, vanæ imaginis vani captatores! Ubi felix imminet instans, aufugit inconstans dea. Horum misereor, namque miseratio, non ira, insanis debetur. Hic inquiunt, caules serebat olim; nunc Papa factus est. Nonne hunc æquiparo? Longè pluris te æstimes. Verùm quid prodest virtus? Fortuna cæca est. Præterea pontificia dignitas plus damni quàm lucri affert. O otium, otium, vera gaza, quam dii sibi reservarunt; hoc suis Fortuna negat. Ne quæres hanc deam; occurret tibi: id moris est huic sexui.

Socii duo in pago vitam degentes prædiolis potiebantur. Alter Fortunæ inhians alteri dixit aliquando: Hanc deseramus sedem; nemo propheta est in patria; aucupemur aliò beatam sortem. Quæras, ut libuerit, inquit alter; ego verò nec cœlum clementius, nec fata meliora volo. Genio indulge; obsequere anxio animo; mox redibis vacuus. Te dormiens expecto. Cupidus vir ille, iter faciens pervenit quò dea maximè sedem fixit; sedes nempe aula regia. Hic ibidem sedem statuit; surgenti, decumbenti adest principi; adest molliori tempore. Nunquam, nusquam abest; nihil assequitur. Heu, quidnam rei est, inquit? aliò quæram opes. Hic tamen degit, namque huc modò, modò illuc ingredientem doleo illam; cur et mihi non obtigit morosa? Olim hoc mihi quàm dictum bene, aulicorum ambitiosos mores ægrè ferendos. O aulici valete, valete aulici? Fallacem pergite, sequimini umbram. Atqui Suratæ, ut ferunt, colitur Fortuna; illuc migro. Ait, et conscendit navim. O mortales, pectora ænea! illi lorica fuit certè adamantina, qui primus hanc tentavit viam, iratumque non horruit mare. Hic multoties desideravit lares rusticos; piratis, ventis, fluctibus, scopulis, ipsâ maris quiete exagitatus. Sic mortem præmaturam accitum e longinquis oris duro cum labore quæsivero; sedenti propriis in laribus non instet citò? Pervenit ad Indos; audit Fortunam in Japonia sua munera largiri : advolat. Jam mare lassum refugit illum vehere. Hic unus tandem fuit peregrinationis fructus, hæc scilicet agrestium populorum sententia : A natura edoctus, mane apud tuos. Nec Japo faustior Indis. Quare eum pœnituit rusticos deseruisse penates. Ingratas repudiat peregrinationes; patriam repetiit; penates conspicit procul, et obortis lacrymis ait : Felix qui rus incolit suum, uni sibi imperare studens; nec unquam expertus est quid aula, quid mare, quid tua regna, ô Fortuna, cujus honores opesque nostris illudunt oculis, arte fallaci! In posterum resipiscam; nihil molior amplius. Hæc obtrectans Fortunæ, in eam incidit sedentem januæ amici alto in somno stertentis.

FABULA XIII.

DUO GALLI.

Duo galli tranquillam vitam degebant : una gallina advenit; en bellum accensum. O amor, evertisti Trojam! Hinc acerba odia; hinc Xanthus et deorum tinctus cruore. Diutina gallorum efferbuit pugna. It latè rumor totam per viciniam; gens cristata ad spectaculum advolat; complures Helenæ pennis insignes in præmium cessere victoris. Victus abit gemens; exulat, delitescit in latebra; deflet laudem deperditam, amoresque simul. O amores, quibus ferus rivalis, insultans cladi, præ oculis potitus est! Ipsa, ipsa, quam sub oculis fovet æmulus, odia animosque in dies stimulat. Ergo exacuit rostrum; auras et ilia concutit demens; ventos lacessit, æmulamque imo pectore concitat rabiem. Neque his opus fuit. Victor involitans tectis, victoriamque decantans, auditur a vulture. Valete, ô amores atque triumphi! Tanta feris unguibus discerpta est superbia. Tandem Fato referente vices, pristinus rivalis pristinos gallinæ renovat amores. Proh, quantus garritus! namque feminarum gregem nactus est!

His Fortuna sæva delectatur ludis. Victor superbus exitium machinatur sibi. Victoriâ partâ, Fato diffidamus, rei nostræ caventes.

FABULA XIV.

INGRATUS ET INJUSTUS HOMINUM IN FORTUNAM ANIMUS.

Mari comparavit opes negotiator quidam. Quamplurimis peregrinationibus ventos delusit. Gurgiti, nec syrtis, nec scopulo ulli tributum pependit. Omnes mercium fasces evasere, favente Fato. In cunctos socios Atropos atque Neptunus sua jura sibi arrogarunt, dum Fortunæ cura fuit hunc mercatorem tutò devehendi ad portum. Nec ulla fraus ingruit ab institoribus aut fœderatis. Apud illum væneunt tabacum, saccharum, casia, et porcellana vasa, quanti lubet. Luxu atque dementiâ hominum adauctæ sunt opes; ut brevi dicam, rem fecit. In ædibus amplis sonat nil nisi nummi aurei; canes, equos alit; pilento vehitur. Dies jejunii nuptiarum conviviis æquiparantur. Amicus quidam, dum lautas considerat dapes, ait : Unde hæ epulæ? Ex industria, inquit. Id debeo mihi uni, curis, industriæ, ingenio opportunè tentanti omnia et pecuniam apprimè locanti. Lucro demulctus, et parta iterum Fortunæ committit; neque tunc quidquam prosperè cessit. Is casus imprudentiæ apponitur. Navis, malè gravata saburrâ, fracta est procellis; altera, minus instructa armis, rapta est prædonibus. Nec mercium vendendarum copia datur; decreverant luxus insanique mores. Infidi institores suffurati erant. Ipse genialiter vivens, summisque impensis, dapibus et damnosæ ædificationi indulserat; ita repente bona dilabuntur. Egenti et squalido occurrit amicus. Unde hoc, inquit? Heu, Fortuna morosa in me sæviit. Leni dolorem, ait amicus; si Fortuna velat te esse felicem, at saltem resipisce.

Nescio an huic consilio assensus fuerit; verùm scio quemque prospera industriæ suæ, adversa iniquæ Fortunæ tribuere. Nec quidquam est usu frequentius : quod bene, nobis; quod malè, Fortunæ adscribimus. Fatum semper, nunquam homo errat.

FABULA XV.

MULIERES FATIDICÆ.

Sæpius e casu oritur opinio, ex opinione fama. Exempla cujusque sortis, ut id pateat, suppetunt. Apud homines quid occurrit? Nil nisi præventio mentis, animus pervicax, factiones variæ, nemo æqui bonique consulens. Torrens est; quid ages? sine hunc efflui. Ita res fuit, et erit.

Mulier quædam Lutetiæ Pythonissam agebat. De re quacumque consulebatur. Si quis amisisset vilem panniculum, aut arsisset puellam, si maritus vivax gravis esset sponsæ, si cui mater morosa aut conjux querula; Pythonissam adibat singuli, ut optata præsagiret. Pollebat dolis, eruditis vocibus, plurimâ impudentiâ, interdum favebat casus; hæc omnia conspirabant. Hinc sæpe exclamatum est: O miraculum! Denique etsi crassâ et supinâ ignorantiâ esset, oraculum habebatur. Oraculum summis in ædibus sedem fixerat. Illic, absque ullo alio reditu, hæc mulier nummis implet crumenam. His artibus marito magistratum comparat, emit ædes. In conclavi subtegulaneo mox alia sufficitur saga, ad quam mulieres, puellæ, servi, proceres, urbs denique tota pro more confluxit, fata ut scirent sua. Ita subtegulaneum penetrale fit Sybillinum antrum. Prior mulier hanc loco dederat famam; posterior illa frustra renituit. Mene sagam? Ridetis certè. Num litteras novi? Nequidem elementa didici unquam. Atqui vana hæc argumenta fuere. Ergo oportuit futura canere, et coacervare nummos. Duo advocati minus lucri fecissent. Supellex et compositio rei domesticæ existimationi faverunt. Quatuor sedeculæ claudicantes, manubrium scopæ, omnia denique redolebant artem magicam. Si femina vera cecinisset in conclavi aulæis instructo, irrisa fuisset. Fama loco inhæserat. Prior saga se desertam sensit.

Insigni affixa est fama: sæpe in foro adverti inconcinnè togatum magnas opes nactum. Vulgus suspiciebat magistrum,... quem longa stipabat clientûm caterva. Quare hoc? sciscitare, si velis.

FABULA XVI.

FELIS, MUSTELA ET CUNICULUS.

Adolescentis cuniculi cavum invaserat aliquando mustela: namque subdola est. Absente domino, omnia fuere pervia. Ergo suos transtulit penates, dum ille thymo ac rore perfusus auroræ gratiam iniret. Postquam cuniculus morsu carpsisset gramina, circumquaque exultim ludens, imas sedes repetiit. Tum fortè fenestræ mustela rostrum inseruit. O dii indigetes, quid cerno? inquit infelix ille, patrio expulsus lare. Heus scelesta, actutum abeas. Ni facias, ibo accitum cunctos viciniæ mures. Domina rostro acuto hæc reposuit: Terra primo occupanti. Scilicet egregia belli causa, nempe cavus quo ipse nisi contractus et reptans se condere posset. Etiamsi, aiebat illa, hæc regna ampla forent, dic, si vales, quo jure sint concessa Joanni filio aut consobrino, vel Petri, vel Guillelmi, potius quàm Paulo aut mihi? Cuniculus apposuit jura legesque. Vi legum, inquit, adeptus sum ditionem dominiumque hujus sedis. Petro avo, Simoni patri, mihi denique Joanni jure hæreditario obvenit. Numquid lex primi occupantis sanctior videtur? Parcamus conviciis; visne, arbitrum deligamus Raminagrobisium. Felis erat ille pio fervore inter eremitas clarus; felis mitis, et benignitatem summam præ se ferens; felis modesto vultu, purisque moribus, villosis ornatus infulis, pinguis et obesus, arbiter peritus ethicorum. Hoc judice a cuniculo accepto, adeunt partes regem villis insignem. Accedite, filii, inquit, accedite huc; obsurduerunt aures, senectutis injuriâ. Tum uterque incautiùs accessit. Simul atque litigantes proximè positos sensit, utroque pede diris unguibus irruit. Sic discerptis partibus, lis composita est.

Hæc similia videntur rixis exiguorum principum, qui suas ut controversias dirimant, potentiores reges adeunt.

FABULA XVII.

CAPUT ET CAUDA SERPENTIS.

Axcri duæ partes insunt homini infensæ, caput et cauda. Utraque apud Parcas inclaruit; unde olim inter eas magna fuit de primatu contentio. Caput hucusque prœcesserat; cauda Olympo ita querebatur: Hujus ad arbitrium quamplurimas leucas conficio; num sperat me semper ei obsecuturam? Hallucinatur. Sororem illi, non famulam dii me assignarunt; eodem sanguine cretas, eâdem sorte gaudere decet. Nec minus inest mihi vis nociva, venenumque præsens. En vota mea: Jubete me vice meâ sororem anteire; dux ero solers, ne querelæ sit locus. Crudeli obsequio deus morem gessit. Heu, quoties obsequium deorum nobis obfuit! Insanis hominum votis quare non obturant aures? Tum faciliùs exorato numine, dux ille novus, in luce meridiana quasi in furno cæcutiens, modò impegit in marmor, modò in turbam prætereuntem, modò in arbores. Ita undas ad Stygias sororem deduxit.

Væ regnis eo in errore versantibus!

FABULA XVIII.

ANIMAL IN LUNA.

Dum philosophus quidam asserit sensus esse fallaces, alter contrà numquam eos fefellisse jurat. Rectè uterque. Jure merito quidem aiunt philosophi, homines sensibus ad judicandum inductos, erraturos semper. Verum, si emendetur objecti imago ratione distantiæ, medii ambientis, organi, denique machinæ quâ utimur ad spectandum, nulla erit sensuum deceptio. Natura hæc sapienter ordinavit; aliquando de his fusè dicam. Solem specto; quænam est figura ejus? Corpus illud immensum hinc videtur tripedale; at sede in sua cominus illud si intueres, ô quantus naturæ oculus! Distantiâ conjicio magnitudinem; angulo lateribusque quasi in manu illud dimetior. Vulgus credit solem esse planum; in globum hoc sidus effingo. Immotum sisto, tellus circum movetur. Ut brevi dicam, oculis meis contradico penitus; nec illudentes oculi sanæ menti officiunt. Mens passim a specie veri verum seponit. Non obsequor oculis forté minus caustis, nec auri tardiusculæ ad renuntiandos sonos quos hausit. Baculus fractus in aqua, rectus est mea in mente. Ratio præest, remque definit imperiosè. Sic oculi passim mendaces, nunquam mendacio mentem prævertunt. His si fidem adhibeam, errore communi, in orbe Lunæ videre est faciem mulieris. Num id verum est? Minimè. Unde igitur hæc species? Loca salebrosa sic illudunt oculis. Nullibi facies Lunæ plana est; hic montibus aspera, illic planitie polita est. Hinc fit ut umbræ lux immixta delineet modò hominem, modò bovem, modò elephantem. Quid simile nuper evenit in Anglia. Perspicilibus positis, novum apparuit animal in hoc sidere. Omnes exclamant: O miraculum! Tanta supernè mutatio facta magnos portendebat eventus. Forté tot regum acerba bella sic prænuntiata fuerant. Accurrit rex ipse, rex harum artium nobilium fautor. Ipse in Luna monstrum intuetur. Sorex latens pone vitrum horrida præcinebat bella; rident cuncti. O gens beata!

Quandonam et Francis licebit his indulgere studiis? Laureas messes Mars nobis demetit; hostium et terga dare, et declinare prælia; nostrum lacessere: namque victoria, amans Ludovici, vestigiis ejus inhæret. Hujus factis apud posteros clari erimus. Necdum Musæ nos deseruerunt; pacis gaudia in bello suppetunt; ergo pax sine luctu desideratur. Hâc fruitur Carolus[1]. Foret ille in re militari fortis et peritus; nunc Anglos aliis demulcet jocis grato in otio. Verùm ô quanta thura incenderentur huic numini, si tantos sedaret tumultus! Quid dignius sagaci ingenio? Nonne placidum Augusti regnum trepida Julii fulminantis facta adæquavit? O gens beata, quandonam pace licebit, et nos vicissim decoris artibus operam dare?

E LIBRO OCTAVO.

FABULA I.

MORS ET MORIBUNDUS.

Sapientem ex improviso Mors nunquam occupat; seipsum admonet, ad profectionem semper expeditus. Tempus illud, eheu, totam amplectitur vitam! Computa series annorum, menses, horas et momenta; omnia hæc fatali tributo debentur; hæc est ditio Mortis. Primum instans quo regum nati luce fruuntur, interdum vitam eripit. Objice summum genus, opes, formam, virtutes animi, ipsamque juventutis florem; Mors absque pudore omnia diripit. Aliquando orbis ipse ditabit eam. Nihil est quod plus nos fugiat, quod plus instet nobis imparatis.

Sæculo peracto, senex moriens querebatur Mortem immaturam adventare. Ab intestato, inquit, et imparatum, actutum me vitâ migrare cogis; æquumne est ita festinanter mori? Expecta paulisper; unà profisci suadet uxor. Adhuc superest mihi abnepos quem fortunis ornare cupio; sine me ædes meas perficere. O dea crudelis, quantùm instas! Tum illa reposuit: O senex, non te ex improviso adorior. Immeritò meam culpas impatientiam; numquid centum annos natus es? Ubinam Lutetiæ duos, in Gallia decem invenies coætaneos? Oportuisset, inquis, te admonitum iri, ut promp-

[1] Charles II, roi d'Angleterre, étoit resté neutre dans la guerre qui se termina par la paix de Nimègue, en 1678.

tius obsequereris : invenissem hæredem scriptum, nepotem bonis affluentem, ædes absolutas. Nonne admonitus fuisti dum fatiscebant hebetes sensus, genuaque lababant, exhaustis primigeniis spiritibus? Nec ultra gustat palatum; obsurduit auris ; omnia te deficiunt; frustra tibi candidi nitent soles ; bona nec jam tua desideras. Omnes coæquales aut extinctos, aut morientes, aut ægrotos exhibui. Numquid hæc fuit admonitio? Senex, silens proficiscere. Quid reipublicæ interest utrum testeris, an non?.

Mors rectè dicebat. Vellem homines e vita quasi ex convivio surgere, hospiti grates agendo, collectisque sarcinulis. Quanto enim spatio se decedentem quis morari potest? Murmuras, ô senex? Aspice juvenes fungentes fato, decoram quidem, at certam et crudelem oppetentes mortem. Frustra insanientem increpo. Ais me invehi inconsultiùs ; qui proximè mortuum refert, morti reluctatur pertinaciùs.

FABULA II.

QUÆSTOR ET SUTOR.

A summo mane usque ad vesperam decantabat sutor. Mirus aspectu, mirus auditu canoram vocem modulabatur, quoquam septem Sapientium beatior. E regione vicinus prædives, cantu somnoque carebat ; ærario præfectus erat. Si forte sub primam lucem interdum dormitabat, sutoris cantu excitatus, continuò querebatur de providentia superna, minus sollicita de rebus nostris, cùm somnus uti cibaria in foro nusquam væniret. Cantorem arcessit domum splendidam : Quid tibi lucri est annui, inquit, ô bone Gregori? Annui? Ædepol, non ita computo, respondet voce mimicâ festivus sutor ; neque ea fuit unquam agendi ratio. Rarò diei accumulo diem ; satis superque est modò extremum annum attingam ; unicuique diei suus obvenit victus.—Ergo quid lucri diurni?—Modò plus, modò minus. At quæstum alioqui satis amplum imminuunt festi dies, quibus annus intervertitur ; festorum otio ingruit pauperies. Huic ille nocet præ multitudine ; et pastor sanctis recentibus ad calcem homiliæ nos semper molestat. Risit quæstor candorem opificis. Hodie, inquit, te solio insidere volo. Centum hosce accipe nummos. Verùm serva cautissimè quàm poteris, ne deficiant ubi maximè opus foret. Tum visus est sutor sibi videre omnes gazas quas ad usum hominum tellus a centum

annis protulit. Domum repetit ; in cella subterranea recondit nummos, simulque gaudia. Nec ultra cecinit, amissâ voce, comparatisque ærumnarum causis. Diffugiunt somni leves ; hospites subeunt curæ, suspiciones terroresque inepti. Diu explorabat ; noctu, fele transeunte, felem arguebat furti. Tandem miser adit divitem, quem tum minimè cantu excitabat. Tibi tui sint, inquit, infausti nummi ; restitue somnos faciles, dulcemque cantum.

FABULA III.

LEO, LUPUS ET VULPES.

Leo senio et podagrâ confectus, senectuti suæ mederi jussit suos subditos. Regibus quid impossibile abnuere, error insanus est. Is cûjusque generis medicos convocat ; namque singulis artibus vacant. Undique confluunt medici, undique pharmaci. Dum cursitant cœteri, vulpes hoc officio abstinet, et intra septa otiatur. Hinc lupus gratiam regis aucupatur ; decumbente rege absentem rodit amicum. Continuò rex jubet vulpem in latebris fumo suffocari, ni illicò advolet. Accitur ; sistitur. Ubi sensit hæc in se ingessisse negotia lupum : Metuo, inquit regi, ne quis minimè sincerus hæc malo animo ad te retulerit, moramque duxerit contemptui : verùm iter feceram, vota soluturus pro tua salute. Quin etiam vidi in via gnaros peritosque medicos. Iis indicavi morbum quo fatiscens tibi ipsi nec immeritò times. Cares nativo calore, cui officit provecta ætas. Pellem ex lupo recens detractam, adhuc calentem, et exhalantem fumum indue ; naturæ labanti medicamen egregium. Ergo lupus, velim, tua erit vestis. Hæc placuit sententia. Lupi detrahitur pellis ; frustatim conciditur ; hinc cœna regi, hinc vestis quâ refovetur.

O aulici, desinite invicem obesse ; innocuè blandimini. Apud vos ultio quadruplo uberior est, gratiis habitis. Multimodi lividi cavillatores suâ vice carpuntur ; eo in curriculo contenditis, quo ignoscitur nemini.

HISTORIÆ.

I.

APOLLONIUS TYANÆUS.

Sub finem vitæ Tiberii imperatoris, aut saltem Caligulâ jam imperium capessente, prodiit media in Antiochia famosus quidam planus, nomine Apollonius, quem apostolis et Christo ipso conferre ausi sunt Gentiles. Natus est parentibus claris, et antiquâ stirpe Tyanæ in Cappadocia. Præditus erat eleganti ingenio, memoriâ promptâ, facundiâ in græcè dicendo jucundissimâ, formâ denique præstanti, adeo ut omnium in se oculos converteret. Anno ætatis decimo quarto, sursum a patre missus, rhetoricæ operam dedit. Mox verò philosophiæ studiosus, sectam Pythagoræ prætulit cæteris, cujus dogmata sexdecim tantùm annos natus palàm asseruit. Animalium carnes respuit utpote crassiores, et quæ tardius efficerent ingenium. Quapropter herbis et oleribus vesci solebat. Nec tamen vinum, a quo temperabat penitus, damnavit; sed ut tranquillitati mentis nocivum abjecit. Nudis pedibus absque sandaliis incedebat, lineisque vestibus indutus, ne animalium spoliis abuteretur. Comam promissam nutriebat, et in æde Æsculapii commorabatur, simulans hunc deum se fovere ut suum alumnum, juvenisque gratiâ ægrotos sanare. Hinc factum est ut undique ad illum minùs valentes convenirent. Ita opes sprevit, ut fratri natu majori facultatum dimidiam partem, reliquis verò propinquis alteram cesserit. Tum inops cœlibem vitam aggressus est, nec tamen flagitii occulti suspicionem declinavit omnino. Per quinquennium siluit, et peragravit Pamphyliæ atque Ciliciæ fines. Tantâ erat auctoritate apud populos, ut solo aspectu tumultus civiles sedaret, gestu et litteris quàm paucissimis, quid sentiret significans. Postquam ita siluisset, Antiochiam commigravit. Ibi affirmativè omnia edocebat. *Certissimè*, inquiebat, *novi;* aut, *Scitote*, aut, *Liquidò constat. Non quœro verun aliorum philosophorum more. Quæsivi olim adolescens; nunc tempus est edocendi.* His artibus, rudes sibi conciliabat animos. Mox iter incœpit ut inviseret Brachmanes Indorum, et ex itinere Magos Persidis. Ninive quidam nomine Damis ei ut magistro adhæsit, eumque secutus gesta magistri diligentissimè conscripsit. Quod ex eis superest, a philosopho Philostrato ducentis post annis collectum accepimus. Quisquis ad aperturam libri inspexerit, sanè intelliget quàm fabulosa hæc sint, nec digna quæ comparentur Evangelio.

II.

NOSTRADAMUS.

Nostradamus, Salonæ in Provincia natus, suadente avo materno, astrologiæ inani studio deceptus est. Adolescens in academiis Monspeliensi, Tolosensi et Burdigalensi, medicæ arti operam dedit. In patriam reversus, Centurias in lucem edidit anno 1555, quarum laus ita increbuit, ut rex Henricus II, tantùm mathematicum a comite Tendensi ad se mittendum jusserit. Illum muneribus donatum misit Blesiam, ut puerorum regiorum futuros eventus ex siderum ac natalitiorum inspectione præsagiret. Aliquantò post, Carolus IX, Provinciam perlustrans, Nostradamum benignè exceptum donisque auctum clariorem effecit. Anno ætatis sexagesimo secundo, mortem obiit. Eruditio fuit modica, maxima ostentatio. Immeritus passim laudatur auctor ille planus, qui multa ænigmaticè, absque ordine locorum, temporum, aut hominum congerens, leves hominum mentes delusit. Casu quædam ambigua et vaga certis eventibus adaptantur, maximè adjuvante hominum industriâ, qui fabulis oblectari volunt.

III.

CARDINALIS ODETUS COLIGNÆUS.

Odetus Colignæus, Gaspardi classium præfecti frater natu minor, summo cum studio magistrorum in liberalibus disciplinis et humanioribus litteris institutus, in spem Ecclesiæ, cujus ministerio dicatus fuerat, adolevit. Ingenium perspicax et facetum, facies hilaris et venusta, facilitas morum pergrata omnibus. Quisquis eruditus eum fautorem habuit. Clemens VII, in colloquio Massiliensi cum Francisco rege, adolescentem in cardinalium collegium cooptavit. Verùm præclarus adolescens, fratri Gaspardo, quem Calvinus suis erroribus imbuerat, plus justo obsequens, a recto tramite deflexit. Ita in hæresim lapsus, suæ sectæ tuendæ operam navavit. A Pio IV purpurâ privatus uxorem duxit, ovantibus hæreticis, quod cardinalis, cœlibatu spreto, nuptias præposuisset. In Anglia exulans a patria obiit anno 1571, dignus certè meliore fato, si Ecclesian catholicam non deseruisset. Conjux, ut pacta matrimonialia sibi solverentur, sponsi propinquis in jus vocatis, causâ excidit.

IV.

JACOBUS ALBONIUS [*]:

JACOBUS Albonius, ex antiquo, ut aiunt, Comitum in Delphinatu genere, patrem habuit N. qui Lugdunensi provinciæ præfuit. Adolescens Henrico Aurelianensi duci gratus et charus, insigni apud eum regem factum gratiâ floruit. Domi mollis, iners, libidini sine modo obtemperans, fastu regali equorum servorumque numero, splendido ornatu, pretiosissimis aulæis, victûs munditie lautisque dapibus præ cæteris enituit. Militiæ peritiam ac fortitudinem singularem demonstravit, ita ut Luculli aut Demetrii Poliorcetis mores referret, sibi ipsi pro locis ac temporibus valde dissimilis. In Italiæ bello laudem satis amplam adeptus, in Rentiaco prælio marescalli Franciæ quem vitâ functus Biezius reliquerat locum meruit. Paulò post, San-Quintiniacensi infelici pugnâ captus, ad pacem componendam Regem inter et Imperatorem ad suum commodum operam dedit. Verùm Henrici morte in luctuosissimos tumultus Gallia præceps ruit. Tum Albonius fœdere cum rege Navarræ ac duce Guisio inito, etiam invitâ Reginâ, unus e triumviris qui patriæ ac religioni tuendæ consulerent, subitò evasit. Nec mora, in conflictu Drocensi, acie catholicorum jam inclinata jam fusis equitum turmis, quæ Monmorentium circumsteterant, Monmorentius ipse captus erat. Perduelles hæretici victoriâ gaudebant, nisi Albonius cum duce Guisio, qui semper fuit alter ab illo, aciem restituisset. Tum, vice versâ, profligati hostes, et Condæus ipse captus ad triumphum. Verùm Albonius, sub finem pugnæ, acriùs et inconsultiùs in manum hostium impetu facto, solus instanti agmini obstitit; tum nobilis quidam, cujus bona publicata Albonius suis adjunxerat, telo contorto marescallum interemit.

[*] Vulgò le maréchal de Saint-André : periit anno 1562. (Edit.)

V.

ORIGO POMPÆ SOLENNIS APUD VALENCENAS QUOTANNIS AGITATÆ.

HÆC fuit institutio pompæ, quam Valencenenses quotannis agitant. Anno Domini millesimo octavo, exitiosa lues ita grassabatur, ut totum penè hominum genus demeteret. Corruit acervatim miserabile vulgus. Unà pereunt optimates immaturâ morte; rapiuntur juvenes animosi et innuptæ puellæ. Deïparæ Virginis ædem exterriti cives adeunt, eamque donis ac votis lacessunt. Nec mora, funiculus mysticè innexus e cœlo sensim delabens, trans mœnia urbis splendenti tramite circulum descibit. Intra hunc circulum, subitò convalescunt ægri, et sospitantur omnes. Miraculo permoti cives, quà funiculus ille salubris per agros mœnia cinxerat, hanc pompam duci voluerunt. Hæc religio, posteris tradita, etiamnum viget; hinc frequens populorum Belgii concursus. Festâ fronde et floribus odoratis viæ sternuntur; aulæis decorantur domorum limina. Primo longoque ordine procedunt viginti quatuor artificiorum sodalia, quorum vexilla volitant; subsequuntur confraternitates variæ, quarum vestigiis inhærent monachi diversorum ordinum, veste et colore distincti. Proximè eminent capsæ circiter centum viginti, quibus sanctorum reliquiæ, sacra pignora, conduntur; aliæ aureæ, aliæ argenteæ, quas magistratus togâ induti, nudis pedibus, obstipo capite, humeris suppositis gestant. Extremo ordine, clerus hymnos pro more decantat. Antecedit præsulem insignem infulis, cui assistunt quinque abbates, mitrâ et pastorali baculo conspicui. Hinc et inde densissima irruentium hominum agmina; flexi poplites, oculi in cœlum sublati, manus junctæ, vultus hilares, ora benedictionibus præsulis inhiant. E fenestris prodeunt capita pendula, quæ deorsum avidis oculis pompam depascuntur, scilicet alacres pueri, nitidæ virgines, venerandæ matresfamilias, patres longævi, quibus canities decor et dignitas. Ubi pompa trans mœnia in campum apertum devenit, præsul tentorio carbasino protectus, et sedens cum presbyterio, monachum concionantem per horam audiit. Postquam cucullatus fusè perorasset, pompa omnis ante profectionem jam abundè epulata, ne in itinere faciendo deficeret, iterum convivari cœpit. Abbates ipsi, mitrâ, cappâ, sandaliis et chirothecis auro pictis ornati, genio indulgent; vina læti coronant, scyphos collidunt, epotant crateres; præsuli sibique invicem propinant: emicat genialis æmulatio. Quibus studiosè peractis, omnes ordines, exceptis præsule et abbatibus, per agros extra suburbium, duarum leucarum spatio iter fecere. Concentu pio valles quas Scaldis interluit collesque insonant. Redeunti turbæ, illudunt variæ monstrorum formæ. Hàc prosiliunt dæmones cornuti, et villis horridis ferina membra imitantes; illac miratur vulgus draconem squamiferum atque ignivomum, cui pedibus insultat victor Michael. Complures angeli et sancti, huc et illuc passim concursant. Beata Virgo, asino vecta, puerum Jesum ulnis complectens, petit Ægyptum, sponsusque ponè sequens jumentum agit. Hæc inter pia et ludicra ædem Deiparæ, unde processerant, ovantes subeunt. Pulsantur campanæ; tympana concita astra feriunt. Exstruuntur mensæ in atriis præfecti; apponuntur dapes opiparæ; instaurantur læta pergræcantium certamina. Hic est ritus solennis quo Valencenæ urbs beata salutem olim sibi cœlitus concessam grato animo commemorat.

VI.

IN FONTANI MORTEM.

Heu! fuit vir ille facetus, Æsopus alter, nugarum laude Phædro superior, per quem brutæ animantes, vocales factæ, humanum genus edocuere sapientiam. Heu! Fontanus interiit. Proh dolor! interiere simul Joci dicaces, lascivi Risus, Gratiæ decentes, doctæ Camenæ. Lugete, ô quibus cordi est ingenuus lepos, natura nuda et simplex, incompta et sine fuco elegantia! Illi, illi uni per omnes doctos licuit esse negligentem. Politiori stilo quantùm præstitit aurea negligentia! Tam charo capiti quantum debetur desiderium! Lugete, Musarum alumni. Vivunt tamen, æternumque vivent carmini jocoso commissæ veneres, dulces nugæ, sales attici, suadela blanda atque parabilis; neque Fontanum recentioribus juxta temporum seriem, sed antiquis, ob amœnitates ingenii adscribimus. Tu verò, lector, si fidem deneges, codicem aperi. Quid sentis? Ludit Anacreon. Sive vacuus, sive quid uritur Flaccus, hic fidibus canit. Mores hominum atque ingenia fabulis Terentius ad vivum depingit; Maronis molle et facetum spirat hoc in opusculo. Heu! quandonam mercuriales viri quadrupedum facundiam æquiparabunt.

VII.

FENELONII AD SERENISSIMUM BURGUNDIÆ DUCEM

EPISTOLA.

Quam eleganter latinè scriptites, dulcissime Princeps, a Floro nostro teste locuplete, mihi renuntiatum est. Nihil mihi sanè jucundius unquam hoc nuntio fuit: cui quidem eo lubentiùs fidem adhibui, quod pergratum mihi fuerit ac verisimile. Totis oculis, toto pectore hausi, quod animum tuæ laudis cupidum explet. Quare age, ô amantissime Musarum alumne; macte virtute; Parnassi juga conscende: tibi Phœbi chorus omnis assurget. Antequam aulæ repetendæ mihi sit copia, te grammaticæ ambagibus ac spinis extricatum vellem; eò collimant vota omnia. Interim litterario munusculo te donem sinas; dialogus est Francisci primi et Caroli quinti: quem si perlegere te non tædet, non insulsum intellexero. Redde, quæso, vices. Quantulacumque charta, quæ Terentii sales, Ciceronisve facetum dicendi genus sapiat, me totumque Belgium incredibili voluptate afficiet. Vale

DISCOURS DE LA POÉSIE ÉPIQUE

ET DE L'EXCELLENCE DU POÈME DE TÉLÉMAQUE.

Origine et fin de la poésie.

Si l'on pouvoit goûter la vérité toute nue, elle n'auroit pas besoin, pour se faire aimer, des ornemens que lui prête l'imagination : mais sa lumière pure et délicate ne flatte pas assez ce qu'il y a de sensible en l'homme ; elle demande une attention qui gêne trop son inconstance naturelle. Pour l'instruire, il faut lui donner, non-seulement des idées pures qui l'éclairent, mais encore des images sensibles qui le frappent et qui l'arrêtent dans une vue fixe de la vérité. Voilà la source de l'éloquence, de la poésie, et de toutes les sciences qui sont du ressort de l'imagination. C'est la foiblesse de l'homme qui rend ces sciences nécessaires. La beauté simple et immuable de la vertu ne le touche pas toujours. Il ne suffit point de lui montrer la vérité ; il faut la peindre aimable [1].

Nous examinerons le poème de Télémaque selon ces deux vues, d'instruire et de plaire ; et nous tâcherons de faire voir que l'auteur a instruit plus que les anciens, par la sublimité de sa morale, et qu'il a plu autant qu'eux, en imitant toutes leurs beautés.

Deux sortes de poésies héroïques.

Il y a deux manières d'instruire les hommes pour les rendre bons : la première, en leur montrant la difformité du vice et ses suites funestes ; c'est le dessein principal de la *tragédie* : la seconde, en leur découvrant la beauté de la vertu et sa fin heureuse ; c'est le caractère propre à l'*épopée* ou poème épique. Les passions qui appartiennent à l'une, sont la terreur et la pitié ; celles qui conviennent à l'autre, sont l'admiration et l'amour. Dans l'une, les acteurs parlent ; dans l'autre, le poète fait la narration.

Définition et division de la poésie épique.

On peut définir le poème épique, *une fable racontée par un poète, pour exciter l'admiration, et inspirer l'amour de la vertu, en nous représentant l'action d'un héros favorisé du ciel, qui exécute un grand dessein, en triomphant de tous les obstacles qui s'y opposent.* Il y a donc trois choses dans l'épopée, *l'action,* la *morale* et la *poésie.*

I. DE L'ACTION EPIQUE.

Qualités de l'action épique.

L'action doit être *grande, une, entière, merveilleuse,* mais cependant *vraisemblable,* et *d'une certaine durée.* Le Télémaque a toutes ces qualités. Comparons-le avec les deux modèles de la poésie épique, Homère et Virgile, et nous en serons convaincus.

Dessein de l'Odyssée.

Nous ne parlerons que de l'Odyssée, dont le plan a plus de conformité avec celui du Télémaque. Dans ce poème, Homère introduit un roi sage, revenant d'une guerre étrangère, où il avoit donné des preuves éclatantes de sa prudence et de sa valeur : des tempêtes l'arrêtent en chemin, et le jettent dans divers pays, dont il apprend les mœurs, les lois, la politique. De là naissent naturellement une infinité d'incidens et de périls. Mais sachant combien son absence causoit de désordres dans son royaume, il surmonte tous ces obstacles, méprise tous les plaisirs de la vie ; l'immortalité même ne le touche point ; il renonce à tout, pour soulager son peuple et revoir sa famille [1].

Sujet de l'Énéide.

Dans l'Énéide [2], un héros pieux et vaillant, échappé des ruines d'un Etat puissant, est destiné par les dieux pour en conserver la religion, et pour établir un empire plus grand et plus glorieux que le premier. Ce prince, choisi pour roi par les restes infortunés de ses concitoyens, erre long-temps avec eux dans plusieurs pays, où il apprend tout ce qui est nécessaire à un roi, à un législateur, à un pontife. Il trouve encore enfin un asile dans les terres

---

[1] Omne tulit punctum, qui miscuit utile dulci,
Lectorem delectando, pariterque monendo.
Hor. *de Art. poet.* v. 343.

[1] Voyez le P. Le Bossu, *Traité du poème épique,* liv. 1, chap. x. — [2] *Ibid.* chap. xi.

éloignées, d'où ses ancêtres étoient sortis ; il défait plusieurs ennemis puissans qui s'opposent à son établissement, et jette les fondemens d'un empire qui devoit être un jour le maître de l'univers.

Plan du Télémaque.

L'action du Télémaque unit ce qu'il y a de grand dans l'un et dans l'autre de ces deux poëmes. On y voit un jeune prince, animé par l'amour de la patrie, aller chercher son père, dont l'absence causoit le malheur de sa famille et de son royaume. Il s'expose à toutes sortes de périls ; il se signale par des vertus héroïques ; il renonce à la royauté et à des couronnes plus considérables que la sienne; et parcourant plusieurs terres inconnues, apprend tout ce qu'il faut pour gouverner un jour, selon la prudence d'Ulysse, la piété d'Enée, et la valeur de de tous les deux ; en sage politique, en prince religieux, en héros accompli.

L'action doit être une.

L'action de l'épopée doit être une. Le poème épique n'est pas une histoire, comme la Pharsale de Lucain et la Guerre Punique de Silius Italicus ; ni la vie toute entière d'un héros, comme l'Achilléide de Stace : l'unité du héros ne fait pas l'unité de l'action. La vie de l'homme est pleine d'inégalités ; il change sans cesse de dessein, ou par l'inconstance de ses passions, ou par les accidens imprévus de la vie. Qui voudroit décrire tout l'homme, ne formeroit qu'un tableau bizarre, un contraste de passions opposées, sans liaison et sans ordre. C'est pourquoi l'épopée n'est pas la louange d'un héros qu'on propose pour modèle, mais le récit d'une action grande et illustre qu'on donne pour exemple.

Des épisodes.

Il en est de la poésie comme de la peinture ; l'unité de l'action principale n'empêche pas qu'on n'y insère plusieurs incidens particuliers. Le dessein est formé dès le commencement du poème : le héros en vient à bout en surmontant toutes les difficultés. C'est le récit de ces obstacles qui fait les épisodes : mais tous ces épisodes dépendent de l'action principale, et sont tellement liés avec elle, et si unis entre eux, que le tout ensemble ne présente qu'un seul tableau, composé de plusieurs figures dans une belle ordonnance et dans une juste proportion.

L'unité de l'action du Télémaque, et la continuité des épisodes.

Je n'examine point ici s'il est vrai qu'Homère noie quelquefois son action principale dans la longueur et le nombre de ses épisodes ; si son action est double ; s'il perd souvent de vue ses principaux personnages. Il suffit de remarquer que l'auteur du Télémaque a imité partout la régularité de Virgile, en évitant les défauts qu'on impute au poète grec. Tous les épisodes de notre auteur sont continus, et si habilement enclavés les uns dans les autres, que le premier amène celui qui suit. Ses principaux personnages ne disparoissent point; et les transitions qu'il fait de l'épisode à l'action principale font toujours sentir l'unité du dessein. Dans les six premiers livres, où Télémaque parle, et fait le récit de ses aventures à Calypso, ce long épisode, à l'imitation de celui de Didon, est raconté avec tant d'art, que l'unité de l'action principale est demeurée parfaite. Le lecteur y est en suspens, et sent, dès le commencement, que le séjour de ce héros dans cette île, et ce qui s'y passe, n'est qu'un obstacle qu'il faut surmonter. Dans le XIII° et XIV° livre, où Mentor instruit Idoménée, Télémaque n'est pas présent, il est à l'armée; mais c'est Mentor, un des principaux personnages du poème, qui fait tout en vue de Télémaque, et pour l'instruire après son retour du camp. C'est encore un grand art, dans notre auteur, de faire entrer dans son poème, des épisodes qui ne sont pas des suites de sa fable principale, sans rompre ni l'unité ni la continuité de l'action. Ces épisodes y trouvent place, non-seulement comme des instructions importantes pour un jeune prince (ce qui est le grand dessein du poète), mais parce qu'il les fait raconter à son héros dans le temps d'une inaction, pour en remplir le vide. C'est ainsi qu'Adoam instruit Télémaque des mœurs et des lois de la Bétique, pendant le calme d'une navigation ; et Philoctète lui raconte ses malheurs, tandis que ce jeune prince est au camp des alliés, en attendant le jour du combat.

L'action doit être entière.

L'action épique doit être entière. Cette intégrité suppose trois choses : la cause, le nœud et le dénouement.

La cause de l'action doit être digne du héros, et conforme à son caractère. Tel est le dessein du Télémaque. Nous l'avons déjà vu.

Du nœud.

Le nœud doit être naturel, et tiré du fond de l'action. Dans l'Odyssée, c'est Neptune qui le forme ; dans l'Enéide, c'est la colère de Junon ; dans le Télémaque, c'est la haine de Vénus. Le nœud de l'Odyssée est naturel, parce que naturellement il n'y a point d'obstacle qui soit plus à craindre pour ceux qui vont sur mer, que la mer même[1]. L'opposition de Junon dans l'Enéide, comme ennemie des Troyens, est une belle fiction : mais la haine de Vénus contre un jeune prince qui méprise la volupté par amour de la vertu, et dompte ses passions par le secours de la sagesse, est une fable tirée de la nature, qui renferme en même temps une morale sublime.

Le dénouement.

Le dénouement doit être aussi naturel que le nœud. Dans l'Odyssée, Ulysse arrive parmi les Phéaciens, leur raconte ses aventures ; et ces in-

[1] Voyez le P. Le Bossu, liv. II, chap. XIII.

sulaires, amateurs du merveilleux, et charmés de ses récits, lui fournissent un vaisseau pour retourner chez lui : le dénouement est simple et naturel. Dans l'Énéide, Turnus est le seul obstacle à l'établissement d'Énée ; ce héros, pour épargner le sang de ses Troyens et celui des Latins, dont il sera bientôt roi, vide la querelle par un combat singulier[1] : ce dénouement est noble. Celui du Télémaque est tout ensemble naturel et grand. Ce jeune héros, pour obéir aux ordres du Ciel, surmonte son amour pour Antiope, et son amitié pour Idoménée, qui lui offroit sa couronne et sa fille. Il sacrifie les passions les plus vives, et les plaisirs même les plus innocens, au pur amour de la vertu. Il s'embarque pour Ithaque sur des vaisseaux que lui fournit Idoménée, à qui il avoit rendu tant de services. Quand il est près de sa patrie, Minerve le fait relâcher dans une petite île déserte, où elle se découvre à lui. Après l'avoir accompagné à son insu au travers des mers orageuses, des terres inconnues, des guerres sanglantes, et de tous les maux qui peuvent éprouver le cœur de l'homme, la Sagesse le conduit enfin dans un lieu solitaire : c'est là qu'elle lui parle, qu'elle lui annonce la fin de ses travaux, et sa destinée heureuse ; puis elle le quitte. Sitôt qu'il va rentrer dans le bonheur et le repos, la divinité s'éloigne, le merveilleux cesse, l'action héroïque finit. C'est dans la souffrance que l'homme se montre héros, et qu'il a besoin d'un appui tout divin. Ce n'est qu'après avoir souffert, qu'il est capable de marcher seul, de se conduire lui-même, et de gouverner les autres. Dans le poème du Télémaque, l'observation des plus petites règles de l'art est accompagnée d'une profonde morale.

Qualités générales du nœud et du dénouement du poème épique.

Outre le nœud et le dénouement général de l'action principale, chaque épisode a son nœud et son dénouement propre ; ils doivent avoir toutes les mêmes conditions. Dans l'épopée, on ne cherche point les intrigues surprenantes des romans modernes. La surprise seule ne produit qu'une passion très-imparfaite et passagère. Le sublime est d'imiter la simple nature ; préparer les événemens d'une manière si délicate, qu'on ne les prévoie pas ; les conduire avec tant d'art, que tout paroisse naturel. On n'est point inquiet, suspendu, détourné du but principal de la poésie héroïque, qui est l'instruction, pour s'occuper d'un dénouement fabuleux et d'une intrigue imaginaire : cela est bon, quand le seul dessein est d'amuser ; mais dans un poème épique, qui est une espèce de philosophie morale, ces intrigues sont des jeux d'esprit au-dessous de sa gravité et de sa noblesse.

L'action doit être merveilleuse.

Si l'auteur du Télémaque a évité les intrigues des romans modernes, il ne s'est pas jeté non plus dans le merveilleux que quelques-uns reprochent aux anciens. Il ne fait ni parler des chevaux, ni marcher des trépieds, ni travailler des statues. Ce n'est pas que ce merveilleux choque la raison, quand on suppose qu'il est l'effet d'une puissance divine qui peut tout. Les anciens ont introduit les dieux dans leurs poèmes, non-seulement pour exécuter, par leur entremise, de grands événemens, et unir la vraisemblance et le merveilleux ; mais pour apprendre aux hommes, que les plus vaillans et les plus sages ne peuvent rien sans le secours des dieux. Dans notre poème, Minerve conduit sans cesse Télémaque. Par là, le poète rend tout possible à son héros, et fait sentir que, sans la sagesse divine, l'homme ne peut rien. Ce n'est pas là tout son art : le sublime est d'avoir caché la déesse sous une forme humaine. C'est non-seulement le vraisemblable, mais le naturel qui s'unit ici au merveilleux ; tout est divin, et tout paroît humain. Ce n'est pas encore tout : si Télémaque avoit su qu'il étoit conduit par une divinité, son mérite n'auroit pas été si grand ; il en auroit été trop soutenu. Les héros d'Homère savent presque toujours ce que les immortels font pour eux. Notre poète, en dérobant à son héros le merveilleux de la fiction, exerce sa vertu et son courage.

Quoique l'action doive être *vraisemblable*, il n'est pas nécessaire qu'elle soit *vraie*. C'est que le but du poème épique n'est pas de faire l'éloge ou la critique d'aucun homme en particulier, mais d'instruire et de plaire par le récit d'une action qui laisse le poète en liberté de feindre des caractères, des personnages, et des épisodes à son gré, propres à la morale qu'il veut insinuer.

La vérité de l'action n'est pas contraire au poème épique, pourvu qu'elle n'empêche point la variété des caractères, la beauté des descriptions, l'enthousiasme, le feu, l'invention, et les autres parties de la poésie ; et pourvu que le héros soit fait pour l'action, et non pas l'action pour le héros. On peut faire un poème épique d'une action véritable, comme d'une action fabuleuse.

La proximité des temps ne doit pas gêner un poète dans le choix de son sujet, pourvu qu'il y supplée par la distance des lieux, ou par des événemens probables et naturels, dont le détail a pu échapper aux historiens, et qu'on suppose ne pouvoir être connus que des personnages qui agissent. C'est ainsi qu'on peut faire un poème épique et une fable excellente d'une action de Henri IV ou de Montézuma, parce que l'essentiel de l'action épique, comme dit le P. Le Bossu, n'est pas qu'elle soit vraie ou fausse, mais qu'elle soit morale, et qu'elle signifie des vérités importantes.

De la durée du poème épique.

La *durée* du poème épique est plus longue que celle de la tragédie. Dans l'un, on raconte le triomphe successif de la vertu qui surmonte tout : dans l'autre, on montre les maux inopinés que causent les passions. L'action de l'un doit avoir, par conséquent, une plus grande étendue que celle de l'autre. L'épopée peut renfermer les actions de plusieurs années, mais, selon les critiques, le temps de l'action principale, depuis l'endroit où le poète commence sa narration, ne peut être plus long qu'une année, comme le temps d'une action tragique doit être au plus d'un jour. Aristote et Horace n'en disent rien pourtant. Homère et Virgile n'ont observé

---

[1] Voyez le P. Le Bossu, liv. II, chap. XIII.

aucune règle fixe là-dessus. L'action de l'Iliade toute entière se passe en cinquante jours ; celle de l'Odyssée, depuis l'endroit où le poète commence sa narration, n'est que d'environ deux mois ; celle de l'Enéide est d'un an. Une seule campagne suffit à Télémaque, depuis qu'il sort de l'île de Calypso, jusqu'à son retour en Ithaque. Notre poète a choisi le milieu, entre l'impétuosité et la véhémence avec laquelle le poète grec court vers sa fin, et la démarche majestueuse et mesurée du poète latin, qui paroît quelquefois lent, et semble trop allonger sa narration.

De la narration épique.

Quand l'action du poème épique est longue[1] et n'est pas continue, le poète divise sa fable en deux parties : l'une, où le héros parle, et raconte ses aventures passées ; l'autre où le poète seul fait le récit de ce qui arrive ensuite à son héros. C'est ainsi qu'Homère ne commence sa narration, qu'après qu'Ulysse est parti de l'île d'Ogygie ; et Virgile, la sienne, qu'après qu'Enée est arrivé à Carthage. L'auteur du Télémaque a parfaitement imité ces deux grands modèles : il divise son action, comme eux, en deux parties. La principale contient ce qu'il raconte, et elle commence où Télémaque finit le récit de ses aventures à Calypso. Il prend peu de matière ; mais il la traite amplement. Dix-huit livres[*] y sont employés. L'autre partie est beaucoup plus ample pour le nombre des incidens et pour le temps ; mais elle est beaucoup plus resserrée pour les circonstances : elle ne contient que les six premiers livres. Par cette division de ce que notre poète raconte, et de ce qu'il fait raconter à Télémaque, il rappelle toute la vie du héros, il en rassemble tous les événemens, sans blesser l'unité de l'action principale, et sans donner une trop grande durée à son poème. Il joint ensemble la variété et la continuité des aventures ; tout est mouvement, tout est action dans son poème. On ne voit jamais ses personnages oisifs, ni son héros disparoître.

II. DE LA MORALE.

On peu recommander la vertu par les exemples et par les instructions, par les mœurs et par les préceptes. C'est ici où notre auteur surpasse de beaucoup tous les autres poètes.

Des mœurs.

On doit à Homère la riche invention d'avoir personnalisé les attributs divins, les passions humaines, et les causes physiques ; source féconde de belles fictions, qui animent et vivifient tout dans la poésie. Mais sa religion se réduit à un tissu de fables qui ne nous représentent la divinité que sous des images peu propres à la faire aimer et respecter.

L'on sait le goût qu'avoit toute l'antiquité sacrée et profane, grecque et barbare, pour les paraboles et les allégories. Les Grecs tiroient leur mythologie de l'Egypte. Or les caractères hiéroglyphiques étoient chez les Egyptiens la principale, pour ne pas dire la plus ancienne manière d'écrire ; ces hiéroglyphes étoient des figures d'hommes, d'oiseaux, d'animaux, de reptiles, et des diverses productions de la nature, qui désignoient, comme des emblèmes, les attributs divins et les qualités des esprits. Ce style symbolique étoit fondé sur une très ancienne opinion que l'univers n'est qu'un tableau représentatif des perfections divines; que le monde visible n'est qu'une copie imparfaite du monde invisible ; et qu'il y a par conséquent une analogie cachée entre l'original et les portraits, entre les êtres spirituels et corporels, entre les propriétés des uns et celles des autres.

Cette manière *de peindre la parole, et de donner du corps aux pensées*, fut la véritable source de la mythologie et de toutes les fictions poétiques ; mais dans la succession des temps, surtout lorsqu'on traduisit le style hiéroglyphique en style alphabétique et vulgaire, les hommes ayant oublié le sens primitif de ces symboles, tombèrent dans l'idolâtrie la plus grossière. Les poètes dégradèrent tout en se livrant à leur imagination. Par le goût du merveilleux, ils firent de la théologie et des traditions anciennes un véritable chaos, et un mélange monstrueux de fictions et de toutes les passions humaines. Les historiens et les philosophes des siècles postérieurs, comme Hérodote, Diodore de Sicile, Lucien, Pline, Cicéron, qui ne remontoient pas jusqu'à l'idée de cette théologie allégorique, prenoient tout au pied de la lettre, et se moquoient également des mystères de leur religion et de la fable. Mais quand on consulte chez les Perses, les Phéniciens, les Grecs et les Romains, ceux qui nous ont laissé quelques fragmens imparfaits de l'ancienne théologie, comme Sanchoniathon et Zoroastre, Eusèbe, Philon et Manethon, Apulée, Damascius, Horus-Apollon, Origène, saint Clément d'Alexandrie, ils nous enseignent tous que ces caractères hiéroglyphiques et symboliques désignoient les mystères du monde invisible, les dogmes de la plus profonde théologie, *le ciel et les visages des dieux*.

La fable phrygienne inventée par Esope, ou selon quelques-uns par Socrate même, nous annonce d'abord qu'il ne faut pas s'attacher à la lettre, puisque les acteurs qu'on fait parler et raisonner, sont des animaux privés de parole et de raison : pourquoi ne s'attacher qu'à la lettre, dans la fable égyptienne et dans la mythologie d'Homère ? La fable phrygienne exalte la nature de la brute, en lui donnant de l'esprit et des vertus. La fable égyptienne paroît, à la vérité, dégrader la nature divine en lui donnant du corps et des passions. Mais on ne sauroit lire Homère avec attention, sans être convaincu que l'auteur étoit pénétré de plusieurs grandes vérités qui sont diamétralement opposées à la religion insensée que la lettre de sa fiction nous présente. Ce poète établit pour principe, dans plusieurs endroits de ses poèmes, que c'est une folie de croire que les dieux ressemblent aux hommes, et qu'ils passent avec inconstance d'une passion à une autre[1] ; que tout ce que les dieux possèdent est éternel, et tout ce que nous avons passe et se détruit[2] ; que l'état des ombres après la mort est un

---

[1] Voyez le P. LE BOSSU, liv. II, chap. XVIII.

[*] Ce *Discours* a été fait pour l'édition de 1717, qui étoit divisée en XXIV livres. *Edit.*

[1] *Odyss.* liv. III. — [2] *Ibid.* liv. V.

état de punition, de souffrance et d'expiation ; mais que l'ame des héros ne s'arrête point dans les enfers, qu'elle s'envole vers les astres et qu'elle est assise à la table des dieux, où elle jouit d'une immortalité heureuse ; qu'il y a un commerce continuel entre les hommes et les habitans du monde invisible ; que sans la divinité, les mortels ne peuvent rien [1] ; que la vraie vertu est une force divine qui descend du ciel, qui transforme les hommes les plus brutaux, les plus cruels et les plus passionnés, et qui les rend humains, tendres et compatissans [2]. Quand je vois ces vérités sublimes dans Homère, inculquées, détaillées, insinuées par mille exemples différens et par mille images variées, je ne saurois croire qu'il faille entendre ce poète à la lettre dans d'autres endroits, où il paroît attribuer à la divinité suprême, des préjugés, des passions et des crimes.

Je sais que plusieurs modernes, à l'imitation de Pythagore et de Platon, ont condamné Homère d'avoir ravalé ainsi la nature divine, et ont déclamé avec beaucoup d'esprit et de force contre l'absurdité qu'il y a de représenter les mystères de la théologie par des actions impies attribuées aux puissances célestes, et d'enseigner la morale par des allégories dont la lettre ne montre que le vice. Mais, sans blesser les égards qu'on doit avoir pour le jugement et le goût de ces critiques, ne peut-on pas leur représenter avec respect, que cette colère contre le goût allégorique de l'antiquité, peut être portée trop loin ?

Au reste, je ne prétends pas justifier Homère dans le sens outré de ses aveugles admirateurs ; il vivoit dans un temps où les anciennes traditions sur la théologie orientale commençoient déjà à être oubliées. Nos modernes ont donc quelque sorte de raison, de ne pas faire grand cas de la théologie d'Homère ; et ceux qui veulent le justifier tout-à-fait, sous prétexte d'une allégorie perpétuelle, montrent qu'ils ne connoissent point assez l'esprit de ces véritables anciens, en comparaison de qui le chantre d'Ilion n'est lui-même qu'un moderne.

Sans continuer plus long-temps cette discussion, on se contentera de remarquer que l'auteur du Télémaque, en imitant ce qu'il y a de beau dans les fables du poète grec, a évité deux grands défauts qu'on lui impute. Il personnalise comme lui les attributs divins, et en fait des divinités subalternes : mais il ne les fait jamais paroître qu'en des occasions qui méritent leur présence ; il ne les fait jamais parler ni agir que d'une manière digne d'elles. Il unit avec art *la poésie d'Homère et la philosophie de Pythagore* : il ne dit rien que ce que les païens auroient pu dire ; et cependant il a mis dans leurs bouches ce qu'il y a de plus sublime dans la morale chrétienne, et a montré par là que cette morale est écrite en caractères ineffaçables dans le cœur de l'homme, et qu'il les y découvriroit infailliblement, s'il suivoit la voix de la pure et simple raison, pour se livrer totalement à cette vérité souveraine et universelle, qui éclaire tous les esprits comme le soleil éclaire tous les corps, et sans laquelle toute raison particulière n'est que ténèbres et égarement.

Les idées que notre poète nous donne de la divinité sont non-seulement dignes d'elle, mais infiniment aimables pour l'homme. Tout inspire la confiance et l'amour, une piété douce, une adoration noble et libre, due à la perfection absolue de l'Etre infini ; et non pas un culte superstitieux, sombre et servile, qui saisit et abat le cœur, lorsqu'on considère Dieu seulement comme un puissant législateur qui punit avec rigueur le violement de ses lois.

Ses idées de la divinité.

Il nous représente Dieu comme amateur des hommes, mais dont l'amour et la bonté pour nous ne sont pas abandonnés aux décrets aveugles d'une destinée fatale, ni mérités par les pompeuses apparences d'un culte extérieur, ni sujets aux caprices bizarres des divinités païennes ; mais toujours réglés par la loi immuable de la sagesse, qui ne peut qu'aimer la vertu, et traiter les hommes, non selon le nombre des animaux qu'ils immolent, mais des passions qu'ils sacrifient.

Des mœurs des héros d'Homère.

On peut justifier plus aisément les caractères qu'Homère donne à ses héros, que ceux qu'il donne à ses dieux. Il est certain qu'il peint les hommes avec simplicité, force, variété et passion. L'ignorance où nous sommes des coutumes d'un pays, des cérémonies de sa religion, du génie de sa langue ; le défaut qu'ont la plupart des hommes de juger de tout par le goût de leur siècle et de leur nation, l'amour du faste et de la fausse magnificence, qui a gâté la nature pure et primitive : toutes ces choses peuvent nous tromper, et nous dégoûter mal à propos de ce qui étoit le plus estimé dans l'ancienne Grèce.

Il y a, selon Aristote, deux sortes d'épopées, l'une *pathétique*, l'autre *morale* : l'une, où les grandes passions règnent ; l'autre, où les grandes vertus triomphent. L'Iliade et l'Odyssée peuvent être des exemples de ces deux espèces. Dans l'une, Achille est représenté naturellement avec tous ses défauts ; tantôt comme emporté, jusqu'à ne conserver aucune dignité dans sa colère ; tantôt comme furieux, jusqu'à sacrifier sa patrie à son ressentiment. Quoique le héros de l'Odyssée soit plus régulier que le jeune Achille bouillant et impétueux, cependant le sage Ulysse est souvent faux et trompeur. C'est que le poète peint les hommes avec simplicité, et selon ce qu'ils sont d'ordinaire. La valeur se trouve souvent alliée avec une violence furieuse et brutale ; la politique est presque toujours jointe avec le mensonge et la dissimulation. Peindre d'après nature, c'est peindre comme Homère.

Sans vouloir critiquer les vues différentes de l'Iliade et de l'Odyssée, il suffit d'avoir remarqué en passant leurs différentes beautés, pour faire admirer l'art avec lequel notre auteur réunit dans son poème ces deux sortes d'épopées, la pathétique et la morale. On voit un mélange et un contraste admirable de vertus et de passions dans ce merveilleux tableau. Il n'offre rien de trop grand ; mais il nous représente également l'excellence et la bassesse de l'homme. Il est dangereux de nous

---

[1] *Odyss.* liv. IV. — [2] *Iliad.* liv. XXIV.

montrer l'une sans l'autre, et rien n'est plus utile, que de nous faire voir les deux ensemble; car la justice et la vertu parfaites demandent qu'on s'estime et se méprise, qu'on s'aime et se haïsse. Notre poète n'élève pas Télémaque au-dessus de l'humanité; il le fait tomber dans les foiblesses qui sont compatibles avec un amour sincère de la vertu; et ses foiblesses servent à le corriger, en lui inspirant la défiance de soi-même et de ses propres forces. Il ne rend pas son imitation impossible, en lui donnant une perfection sans tache; mais il excite notre émulation, en mettant devant les yeux l'exemple d'un jeune homme qui, avec les mêmes imperfections que chacun sent en soi, fait les actions les plus nobles et les plus vertueuses. Il a uni ensemble, dans le caractère de son héros, le courage d'Achille, la prudence d'Ulysse et le naturel tendre d'Énée. Télémaque est colère comme le premier, sans être brutal; politique comme le second, sans être fourbe; sensible comme le troisième, sans être voluptueux.

J'avoue qu'on trouve une grande variété dans les caractères d'Homère. Le courage d'Achille et celui d'Hector, la valeur de Diomède et celle d'Ajax, la prudence de Nestor et celle d'Ulysse, l'amour d'Hélène et celui de Briséis, la fidélité d'Andromaque et celle de Pénélope, ne se ressemblent point. On trouve un jugement et une finesse admirable dans les caractères du poète grec. Mais que ne trouve-t-on pas en ce genre dans le Télémaque, dans les caractères si variés et toujours si bien soutenus de Sésostris et de Pygmalion, d'Idoménée et d'Adraste, de Protésilas et de Philoclès, de Calypso et d'Antiope, de Télémaque et de Boccoris? J'ose dire même qu'il se trouve dans ce poème salutaire, non-seulement une variété de nuances des mêmes vertus et des mêmes passions, mais une telle diversité de caractères opposés, qu'on rencontre dans cet ouvrage l'anatomie entière de l'esprit et du cœur humain : c'est que l'auteur connoissoit l'*homme* et *les hommes*. Il avoit étudié l'un au dedans de lui-même, et les autres au milieu d'une florissante Cour. Il partageoit sa vie entre la solitude et la société; il vivoit dans une attention continuelle à la vérité qui nous instruit au dedans, et ne sortoit de là que pour étudier les caractères, afin de guérir les passions des uns, ou de perfectionner les vertus des autres. Il savoit s'accommoder à tous pour les approfondir tous, et prendre toutes sortes de formes sans changer jamais son caractère essentiel.

II. Des préceptes et des instructions morales.

Une autre manière d'instruire, c'est par les préceptes. L'auteur du Télémaque joint ensemble les grandes instructions avec les exemples héroïques, la morale d'Homère avec les mœurs de Virgile. Sa morale a cependant trois qualités qui ne se trouvent au même degré dans aucun des anciens, soit poètes, soit philosophes. Elle est *sublime* dans ses principes, *noble* dans ses motifs, *universelle* dans ses usages.

Qualité de la morale du Télémaque. — 1° Elle est sublime dans ses principes.

1° Sublime dans ses principes. Elle vient d'une profonde connoissance de l'homme : on l'introduit dans son propre fonds; on lui développe les ressorts secrets de ses passions, les replis cachés de son amour-propre, la différence des vertus fausses d'avec les solides. De la connoissance de l'homme, on remonte à celle de Dieu même. L'on fait sentir partout, que l'Être infini agit sans cesse en nous pour nous rendre bons et heureux; qu'il est la source immédiate de toutes nos lumières et de toutes nos vertus; que nous ne tenons pas moins de lui la raison que la vie; que sa vérité souveraine doit être notre unique lumière, et sa volonté suprême régler tous nos amours; que faute de consulter cette sagesse universelle et immuable, l'homme ne voit que des fantômes séduisans; faute de l'écouter, il n'entend que le bruit confus de ses passions; que les solides vertus ne nous viennent que comme quelque chose d'étranger qui est mis en nous; qu'elles ne sont pas les effets de nos propres efforts, mais l'ouvrage d'une puissance supérieure à l'homme, qui agit en nous quand nous n'y mettons point d'obstacle, et dont nous ne distinguons pas toujours l'action, à cause de sa délicatesse. L'on nous montre enfin que sans cette puissance première et souveraine, qui élève l'homme au-dessus de lui-même, les vertus les plus brillantes ne sont que des raffinemens d'un amour-propre qui se renferme en soi-même, se rend sa divinité, et devient en même temps l'idolâtre et l'idole. Rien n'est plus admirable que le portrait de ce philosophe que Télémaque voit aux enfers, et dont tout le crime étoit d'avoir été amoureux de sa propre vertu.

C'est ainsi que la morale de notre auteur tend à nous faire oublier nous-mêmes, pour tout rapporter à l'Être souverain, et nous en rendre les adorateurs; comme le but de sa politique est de nous faire préférer le bien public au bien particulier, et de nous faire aimer le genre humain. On sait les systèmes de Machiavel, d'Hobbes, et de deux auteurs plus modérés, Puffendorf et Grotius. Les deux premiers établissent pour seules maximes dans l'art de gouverner, la finesse, les artifices, les stratagèmes, le despotisme, l'injustice et l'irréligion. Les deux derniers auteurs ne fondent leur politique, que sur des maximes de gouvernement qui même n'égalent ni celles de la République de Platon, ni celles des Offices de Cicéron. Il est vrai que ces deux écrivains modernes ont travaillé dans le dessein d'être utiles à la société, et qu'ils ont rapporté presque tout au bonheur de l'homme considéré selon le civil. Mais l'auteur du Télémaque est original, en ce qu'il a uni la politique la plus parfaite avec les idées de la vertu la plus consommée. Le grand principe sur lequel tout roule, est que le monde entier n'est qu'une même république dont Dieu est le père commun, et chaque peuple comme une grande famille. De cette belle et lumineuse idée naissent ce que les politiques appellent les *lois de nature*, et *des nations*, équitables, généreuses, pleines d'humanité. On ne regarde plus chaque pays comme indépendant des autres; mais le genre humain comme un tout indivisible : on ne se borne plus à l'amour de sa patrie; le cœur s'étend, devient immense, et, par une amitié universelle, embrasse tous les hommes. De là naissent l'amour des étrangers, la confiance mutuelle entre les nations voisines, la bonne foi, la justice et la paix parmi les princes de l'univers, comme entre les particuliers de chaque Etat. Notre auteur nous montre encore que la gloire de la royauté est de gouverner les hommes pour les rendre bons et heureux ; que l'autorité du prince n'est jamais mieux affermie, que lorsqu'elle est appuyée sur l'amour des peuples, et que la véritable richesse de l'Etat consiste à retrancher tous les faux besoins de la vie, pour se contenter du nécessaire, et des plaisirs simples et innocens. Par là, il fait voir que la vertu contribue, non-seulement à préparer l'homme pour une félicité future, mais qu'elle rend la société actuellement heureuse dans cette vie, autant qu'elle le peut être.

2° La morale du Télémaque est noble dans ses motifs.

2° La morale du Télémaque est noble dans ses motifs. Son grand principe est qu'il faut préférer l'amour du *beau* à l'amour du *plaisir*, comme disent Socrate et Platon ; *l'honnête à l'agréable*, selon l'expression de Cicéron. Voilà la source des sentimens nobles, de la grandeur d'ame, et de toutes les vertus héroïques. C'est par ces idées pures et élevées, qu'il détruit, d'une manière infiniment plus touchante que par la dispute, la fausse philosophie de ceux qui *font du plaisir le seul ressort du cœur humain*. Notre poète montre, par la belle morale qu'il met dans la bouche de ses héros, et les actions généreuses qu'il leur fait faire, ce que peut l'amour pur de la vertu sur un cœur noble. Je sais que cette vertu héroïque passe parmi les ames vulgaires pour un fantôme, et que les gens d'imagination se sont déchaînés contre cette vérité sublime et solide, par plusieurs pointes d'esprit frivoles et méprisables. C'est que ne trouvant rien au dedans d'eux qui soit comparable à ces grands sentimens, ils concluent que l'humanité en est incapable. Ce sont des nains, qui jugent de la force des géans par la leur. Les esprits qui rampent sans cesse dans les bornes étroites de l'amour-propre, ne comprendront jamais le pouvoir et l'étendue d'une vertu qui élève l'homme au-dessus de lui-même. Quelques philosophes, qui ont fait d'ailleurs de belles découvertes dans la philosophie, se sont laissé entraîner par leurs préjugés, jusqu'à ne point distinguer assez entre l'amour de l'ordre et l'amour du plaisir, et à nier que la volonté puisse être remuée aussi fortement *par la vue claire de la vérité*, que *par le goût naturel du plaisir*.

On ne peut lire attentivement Télémaque, sans revenir de ces préjugés. L'on y voit les sentimens généreux d'une ame noble qui ne conçoit rien que de grand ; d'un cœur désintéressé qui s'oublie sans cesse ; d'un philosophe qui ne se borne ni à sa nation, ni à rien de particulier, mais qui rapporte tout au bien commun du genre humain, et tout le genre humain à l'Etre suprême.

3° La morale du Télémaque est universelle dans ses usages.

3° La morale du Télémaque est universelle dans ses usages, étendue, féconde, proportionnée à tous les temps, à toutes les nations et à toutes les conditions. On y apprend les devoirs d'un prince, qui est tout ensemble roi, guerrier, philosophe et législateur. On y voit l'art de conduire des nations différentes ; la manière de conserver la paix au au-hors avec ses voisins, et cependant d'avoir toujours au dedans du royaume une jeunesse aguerrie prête à le défendre ; d'enrichir ses Etats, sans tomber dans le luxe ; de trouver le milieu entre les excès d'un pouvoir despotique et les désordres de l'anarchie : on y donne des préceptes pour l'agriculture, pour le commerce, pour les arts, pour la police, pour l'éducation des enfans. Notre auteur fait entrer dans son poème, non-seulement les vertus héroïques et royales, mais celles qui sont propres à toutes sortes de conditions. En formant le cœur de son prince, il n'instruit pas moins chaque particulier de ses devoirs.

L'Iliade a pour but de montrer les funestes suites de la désunion parmi les chefs d'une armée : l'Odyssée nous fait voir ce que peut, dans un roi, la prudence jointe avec la valeur : dans l'Enéide on dépeint les actions d'un héros pieux et vaillant. Mais toutes ces vertus particulières ne font pas le bonheur du genre humain. Télémaque va bien au-delà de tous ces plans, par la grandeur, le nombre et l'étendue de ses vues morales ; de sorte qu'on peut dire avec le philosophe critique d'Homère[1] : « Le don le plus utile que les Muses aient fait aux » hommes, c'est le Télémaque ; car si le bonheur » du genre humain pouvoit naître d'un poème, il » naîtroit de celui-là. »

III. DE LA POESIE.

C'est une belle remarque du chevalier Temple, que la poésie doit réunir ce que la musique, la peinture et l'éloquence ont de force et de beauté. Mais comme la poésie ne diffère de l'éloquence, qu'en ce qu'elle peint avec enthousiasme, on aime mieux dire que la poésie emprunte son harmonie de la musique, sa passion de la peinture, sa force et sa justesse de la philosophie.

L'harmonie du style dans le Télémaque.

Le style du Télémaque est poli, net, coulant, magnifique. Il a toute la richesse d'Homère, sans avoir son abondance de paroles : il ne tombe jamais dans les redites ; quand il parle des mêmes choses, il ne rappelle point les mêmes images. Toutes ces périodes remplissent l'oreille par leur nombre et leur cadence. Rien ne choque ; point de mots durs, point de termes abstraits, ni de tours affectés. Il ne parle jamais pour parler, ni simplement pour plaire : toutes ses paroles font penser, et toutes ses pensées tendent à nous rendre bons.

---

[1] L'abbé TERRASSON, *Dissertation critique sur l'Iliade*.

Excellence des peintures du Télémaque.

Les images de notre poète sont aussi parfaites que son style est harmonieux. Peindre, c'est non-seulement décrire les choses, mais en représenter les circonstances d'une manière si vive et si touchante, qu'on s'imagine les voir. L'auteur du Télémaque peint les passions avec art : il avoit étudié le cœur de l'homme, et en connoissoit tous les ressorts. En lisant son poème, on ne voit plus que ce qu'il fait voir, on n'entend plus que ceux qu'il fait parler : il échauffe, il remue, il entraîne; on sent toutes les passions qu'il décrit.

Des comparaisons et descriptions du Télémaque.

Les poètes se servent ordinairement de deux sortes de peintures, les comparaisons et les descriptions. Les comparaisons du Télémaque sont justes et nobles. L'auteur n'élève pas trop l'esprit au-dessus de son sujet par des métaphores outrées ; il ne l'embarrasse pas non plus par une trop grande foule d'images. Il a imité tout ce qu'il y a de grand et de beau dans les descriptions des anciens, les combats, les jeux, les naufrages, les sacrifices, etc., sans s'étendre sur les minuties qui font languir la narration, sans rabaisser la majesté du poème épique par la description des choses basses et au-dessous de la dignité de l'ouvrage. Il descend quelquefois dans le détail ; mais il ne dit rien qui ne mérite attention, et qui ne contribue à l'idée qu'il veut donner ; il suit la nature dans toutes ses variétés. Il savoit bien que tout discours doit avoir ses inégalités, tantôt sublime sans être guindé, tantôt naïf sans être bas. C'est un faux goût, de vouloir toujours embellir. Ses descriptions sont magnifiques, mais naturelles, simples, et cependant agréables. Il peint non-seulement d'après nature, mais ses tableaux sont aimables : il unit ensemble la vérité du dessin et la beauté du coloris, la vivacité d'Homère et la noblesse de Virgile. Ce n'est pas tout : les descriptions de ce poème sont non-seulement destinées à plaire, mais elles sont toutes instructives. Si l'auteur parle de la vie pastorale, c'est pour recommander l'aimable simplicité des mœurs : s'il décrit des jeux et des combats, ce n'est pas seulement pour célébrer les funérailles d'un ami ou d'un père, c'est pour choisir un roi qui surpasse tous les autres dans la force de l'esprit ou du corps, et qui soit également capable de soutenir les fatigues de l'un et de l'autre: s'il nous représente les horreurs d'un naufrage, c'est pour inspirer à son héros la fermeté de cœur, et l'abandon aux dieux dans les plus grands périls. Je pourrois parcourir toutes ses descriptions, et y trouver de semblables beautés. Je me contenterai de remarquer que, dans cette nouvelle édition, la sculpture de la redoutable égide que Minerve envoya à Télémaque, est pleine d'art et renferme cette morale sublime, que le bouclier d'un prince et le soutien d'un Etat, sont les bonnes mœurs, les sciences et l'agriculture; qu'un roi armé par la sagesse cherche toujours la paix, et trouve des ressources fécondes contre tous les maux de la guerre, dans un peuple instruit et laborieux, dont l'esprit et le corps sont également accoutumés au travail.

Philosophie du Télémaque.

La poésie tire sa force et sa justesse de la philosophie. Dans le Télémaque on voit partout une imagination riche, vive, agréable, et néanmoins un esprit juste et profond. Ces deux qualités se rencontrent rarement dans un auteur. Il faut que l'ame soit dans un mouvement presque continuel pour inventer, pour passionner, pour imiter ; et en même temps dans une tranquillité parfaite pour juger en produisant, et choisir, entre mille pensées qui se présentent, celle qui convient. Il faut que l'imagination souffre une espèce de transport et d'enthousiasme, pendant que l'esprit, paisible dans son empire, la retient et la tourne où il veut. Sans cette passion qui anime tout, les discours deviennent froids, languissans, abstraits, historiques ; sans ce jugement qui règle tout, ils sont sans justesse et sans vraie beauté.

Comparaison de la poésie du Télémaque avec Homère et Virgile.

Le feu d'Homère, surtout dans l'Iliade, est impétueux et ardent comme un tourbillon de flamme, qui embrase tout : le feu de Virgile a plus de clarté que de chaleur ; il luit toujours vivement et également : celui du Télémaque échauffe et éclaire tout ensemble, selon qu'il faut persuader ou passionner. Quand cette flamme éclaire, elle fait sentir une douce chaleur qui n'incommode point. Tels sont les discours de Mentor sur la politique, et de Télémaque sur le sens des lois de Minos, etc. Ces idées pures remplissent l'esprit de leur paisible lumière : là l'enthousiasme et le feu poétique seroient nuisibles, comme les rayons trop ardens du soleil qui éblouissent. Quand il n'est plus question de raisonner, mais d'agir ; quand on a vu clairement la vérité ; quand les réflexions ne viennent que d'irrésolution, alors le poète excite un feu et une passion qui détermine, et qui emporte une ame affoiblie, qui n'a pas le courage de se rendre à la vérité. L'épisode des amours de Télémaque, dans l'île de Calypso, est plein de ce feu.

Ce mélange de lumière et d'ardeur distingue notre poète d'Homère et de Virgile. L'enthousiasme du premier lui fait quelquefois oublier l'art, négliger l'ordre, et passer les bornes de la nature. C'est la force et l'essor de son grand génie qui l'entraînoit malgré lui. La pompeuse magnificence, le jugement et la conduite de Virgile dégénèrent quelquefois en une régularité trop compassée, où il semble plutôt historien que poète. Ce dernier plaît beaucoup plus aux poètes philosophes et modernes, que le premier. N'est-ce pas qu'ils sentent qu'on peut imiter plus facilement par art le grand jugement du poète latin, que le beau feu du poète grec, que la *nature* seule peut donner ?

Notre auteur doit plaire à toutes sortes de poètes, tant à ceux qui sont philosophes, qu'à ceux qui n'admirent que l'enthousiasme. Il a uni les lumières de l'esprit avec les charmes de l'imagination ; il prouve la vérité en philosophe ; il fait aimer la vérité prouvée, par les sentimens qu'il excite. Tout est solide, vrai, convenable à la persuasion ; ni jeux d'esprit, ni pensées brillantes qui n'ont d'autre but que de faire admirer l'auteur. Il a suivi ce grand précepte de Platon, qui dit qu'en écrivant on doit toujours se cacher, disparoître, se faire oublier, pour ne produire que les vérités qu'on veut persuader, et les passions qu'on veut purifier.

Dans le Télémaque tout est raison; tout est sentiment. C'est ce qui le rend un poème de toutes les nations et de tous les siècles. Tous les étrangers en sont également touchés. Les traductions qu'on en a faites en des langues moins délicates que la langue française, n'effacent point ces beautés originales. La savante apologiste d'Homère * nous assure que le poète grec perd infiniment par une traduction; qu'il n'est pas possible d'y faire passer la force, la noblesse et l'ame de sa poésie. Mais on ose dire que le Télémaque conservera toujours, en toutes sortes de langues, sa force, sa noblesse, son ame, et ses beautés essentielles. C'est que l'excellence de ce poème ne consiste pas dans l'arrangement heureux et harmonieux des paroles, ni même dans les agrémens que lui prête l'imagination; mais dans un goût sublime de la vérité, dans des sentimens nobles et élevés, et dans la manière naturelle, délicate et judicieuse de les traiter. De pareilles beautés sont de toutes les langues, de tous les temps, de de tous les pays, et touchent également les bons esprits et les grandes ames, dans tout l'univers.

Première objection contre le Télémaque.

On a formé plusieurs objections contre le Télémaque: 1° Qu'il n'est pas en vers.

Réponse.

La versification, selon Aristote, Denys d'Halicarnasse et Strabon, n'est pas essentielle à l'épopée. On peut l'écrire en prose, comme on écrit des tragédies sans rimes; on peut faire des vers sans poésie, et être tout poétique sans faire des vers; on peut imiter la versification par art; mais il faut naître poète. Ce qui fait la poésie, n'est pas le nombre fixe et la cadence réglée des syllabes; mais le sentiment qui anime tout, la fiction vive, les figures hardies, la beauté et la variété des images. C'est l'enthousiasme, le feu, l'impétuosité, la force; un je ne sais quoi dans les paroles et les pensées, que la nature seule peut donner. On trouve toutes ces qualités dans le Télémaque *. L'auteur a donc fait ce que Strabon dit de Cadmus, Phérécide, Hécatée: « Il a imité parfaitement la poésie, en rom» pant seulement la mesure; mais il a conservé » toutes les autres beautés poétiques. »

> Notre âge retrouve un Homère
> Dans ce poème salutaire,
> Par la vertu même inventé;
> Les nymphes de la double cime
> Ne l'affranchirent de la rime,
> Qu'en faveur de la vérité [1].

De plus, je ne saisis la gêne des rimes et la régularité scrupuleuse de notre construction européenne, jointes à ce nombre fixe et mesuré de pieds, ne diminueroient pas beaucoup l'essor et la passion de la poésie héroïque. Pour bien émouvoir les passions, on doit souvent retrancher l'ordre et la liaison. Voilà pourquoi les Grecs et les Romains, qui peignoient tout avec vivacité et goût, usoient des inversions de phrase; leurs mots n'avoient point de place fixe; ils les arrangeoient comme ils vouloient. Les langues de l'Europe sont un composé du latin et des jargons de toutes les nations barbares qui renversèrent l'empire Romain. Ces peuples du Nord glaçoient tout, comme leur climat, par une froide régularité de syntaxe. Ils ne comprenoient point cette belle variété de longues et de brèves, qui imite si bien les mouvemens délicats de l'ame: ils prononçoient tout avec le même froid, et ne connurent d'abord d'autre harmonie dans les paroles, qu'un vain tintement de finales monotones. Quelques Italiens, quelques Espagnols ont tâché d'affranchir leur versification de la gêne des rimes. Un poète anglais y a réussi merveilleusement, et a commencé même avec succès d'introduire les inversions de phrases dans sa langue. Peut-être que les Français reprendront un jour cette noble liberté des Grecs et des Romains.

Seconde objection contre le Télémaque.

Quelques-uns, par une ignorance grossière de la noble liberté du poème épique, ont reproché au Télémaque qu'il est plein d'anachronismes.

Réponse.

L'auteur de ce poème n'a fait qu'imiter le prince des poètes latins, qui ne pouvoit ignorer que Didon n'étoit pas contemporaine d'Énée. Le Pygmalion du Télémaque, frère de cette Didon; Sésostris, qu'on dit avoir vécu vers le même temps, etc. ne sont pas plus des fautes que l'anachronisme de Virgile. Pourquoi condamner un poète de manquer quelquefois à l'ordre des temps, puisque c'est une beauté de manquer quelquefois à l'ordre de la nature? Il ne seroit pas permis de contredire un point d'histoire d'un temps peu éloigné. Mais dans l'antiquité reculée, dont les annales sont si incertaines, et enveloppées de tant d'obscurités, il est permis d'accommoder les traditions anciennes à son sujet. C'est l'idée d'Aristote, confirmée par Horace. Quelques historiens ont écrit que Didon étoit chaste, Pénélope impudique, qu'Hélène n'a jamais vu Troie, ni Énée l'Italie. Homère et Virgile n'ont pas fait difficulté de s'écarter de l'histoire, pour rendre leurs fables plus instructives. Pourquoi ne sera-t-il pas permis à l'auteur du Télémaque, pour l'instruction d'un jeune prince, de rassembler les héros de l'antiquité, Télémaque, Sésostris, Nestor, Idoménée, Pygmalion, Adraste, pour unir dans un même tableau les différens caractères des princes bons et mauvais, dont il falloit imiter les vertus et éviter les vices?

Troisième objection contre le Télémaque.

On trouve à redire que l'auteur du Télémaque ait inséré l'histoire des amours de Calypso et d'Eu-

---

* Madame Dacier.
[1] Ode à Messieurs de l'Académie, par M. DE LA MOTTE. 1re ode.

charis dans son poème, et plusieurs descriptions semblables, qui paroissent, dit-on, trop passionnées.

Réponse.

La meilleure réponse à cette objection est l'effet qu'avoit produit le Télémaque dans le cœur du jeune prince pour qui il avoit été écrit. Les personnes d'une condition commune n'ont pas le même besoin d'être précautionnées contre les écueils auxquels l'élévation et l'autorité exposent ceux qui sont destinés à régner. Si notre poëte avoit écrit pour un homme qui eût dû passer sa vie dans l'obscurité, ces descriptions lui auroient été moins nécessaires. Mais pour un jeune prince, au milieu d'une Cour où la galanterie passe pour politesse, où chaque objet réveille infailliblement le goût des plaisirs, et où tout ce qui l'environne n'est occupé qu'à le séduire ; pour un tel prince, dis-je, rien n'étoit plus nécessaire que de lui présenter, avec cette aimable pudeur, cette innocence et cette sagesse qu'on trouve dans le Télémaque, tous les détours séduisans de l'amour insensé ; que de lui peindre ce vice dans son beau imaginaire, pour lui faire sentir ensuite sa difformité réelle ; et que de lui montrer l'abime dans toute sa profondeur, pour l'empêcher d'y tomber, et l'éloigner même des bords d'un précipe si affreux. C'étoit donc une sagesse digne de notre auteur, de précautionner son élève contre les folles passions de la jeunesse, par la fable de Calypso, et de lui donner, dans l'histoire d'Antiope, l'exemple d'un amour chaste et légitime. En nous représentant ainsi cette passion, tantôt comme une foiblesse indigne d'un grand cœur, tantôt comme une vertu digne d'un héros, il nous montre que l'amour n'est pas au-dessous de la majesté de l'épopée, et réunit par là dans son poème les passions tendres des romans modernes, avec les vertus héroïques de la poésie ancienne.

Quatrième objection contre le Télémaque.

Quelques-uns croient que l'auteur du Télémaque épuise trop son sujet, par l'abondance et la richesse de son génie. Il dit tout, et ne laisse rien à penser aux autres. Comme Homère, il met la nature toute entière devant les yeux. On aime mieux un auteur qui, comme Horace, renferme un grand sens en peu de mots, et donne le plaisir d'en développer l'étendue.

Réponse.

Il est vrai que l'imagination ne peut rien ajouter aux peintures de notre poëte ; mais l'esprit, en suivant ses idées, s'ouvre et s'étend. Quand il s'agit seulement de peindre, ses tableaux sont parfaits, rien n'y manque ; quand il faut instruire, ses lumières sont fécondes, et nous y développons une vaste étendue de pensées. Il ne laisse rien à imaginer ; mais il donne infiniment à penser. C'est ce qui convenoit au caractère du prince pour qui seul l'ouvrage a été fait. On démêloit en lui, au travers de l'enfance, une imagination féconde et heureuse, un génie élevé et étendu, qui le rendoient sensible aux beaux endroits d'Homère et de Virgile. Ce fut ce qui inspira à l'auteur le dessein d'un poème qui renfermeroit également les beautés de l'un et de l'autre poète. Cette affluence de belles images étoit nécessaire pour occuper l'imagination et former le goût du prince. On voit assez que ces beautés n'auroient pas plus coûté à supprimer qu'à produire, qu'elles coulent avec autant de dessein que d'abondance, pour répondre aux besoins du prince et aux vues de l'auteur.

Cinquième objection contre le Télémaque.

On a objecté que le héros et la fable de ce poème n'ont point de rapport à la nation française : Homère et Virgile ont intéressé les Grecs et les Romains, en choisissant des actions et des acteurs dans les histoires de leur pays.

Réponse.

Si l'auteur n'a pas intéressé particulièrement la nation française, il a fait plus, il a intéressé tout le genre humain. Son plan est encore plus vaste que celui de l'un et de l'autre des deux poëtes anciens : il est plus grand d'instruire tous les hommes ensemble, que de borner ses préceptes à un pays particulier. L'amour-propre veut qu'on rapporte tout à soi, et se trouve même dans l'amour de la patrie ; mais une ame généreuse doit avoir des vues plus étendues.

D'ailleurs, quel intérêt la France n'a-t-elle point pris à un ouvrage qui lui avoit formé un prince si propre à la gouverner un jour, selon ses besoins et ses désirs, en père des peuples et en héros chrétien ? Ce qu'on a vu de ce prince donnoit l'espérance et les prémices de cet avenir. Les voisins de la France y prenoient déjà part, comme à un bonheur universel. La fable du prince *grec* devenoit l'histoire du prince *français*.

L'auteur avoit un dessein plus grand, que celui de plaire à sa nation : il vouloit la servir à son insu, en contribuant à lui former un prince qui, jusque dans les jeux de son enfance, paroissoit né pour la combler de bonheur et de gloire. Cet auguste enfant aimoit les fables et la mythologie. Il falloit profiter de son goût, lui faire voir dans ce qu'il estimoit le solide et le beau, le simple et le grand ; et lui imprimer, par des faits touchans, les principes généraux qui pouvoient le précautionner contre les dangers de la plus haute naissance et de la puissance suprême. Dans ce dessein, un héros grec et un poème d'après Homère et Virgile, les histoires des pays, des temps et des faits étrangers, étoient d'une convenance parfaite, et peut-être unique, pour mettre l'auteur en pleine liberté de peindre avec vérité et force tous les écueils qui menacent les souverains dans toute la suite des siècles.

Il arrive, par une conséquence naturelle et nécessaire, que ces vérités universelles peuvent quelquefois paroître avoir du rapport aux histoires du temps et aux situations actuelles ; mais ce ne sont jamais que des rapports généraux, indépendans de toute application particulière : il falloit bien que les fictions destinées à former l'enfance du jeune prince, renfermassent des préceptes pour tous les momens de sa vie.

Cette convenance des moralités générales à toutes sortes de circonstances, fait admirer la fécondité, la profondeur et la sagesse de l'auteur ; mais elle n'excuse pas l'injustice de ses ennemis, qui ont voulu trouver dans son Télémaque certaines allégories odieuses, et changer les desseins les plus sages et les plus modérés en des satires outrageantes contre tout ce qu'il respectoit le plus. On avoit renversé les caractères, pour y trouver des rapports imaginaires, et pour empoisonner les intentions les plus pures. L'auteur devoit-il supprimer ces maximes fondamentales d'une morale et d'une politique si saine et si convenable, parce que la manière la plus sage de les dire ne pouvoit les mettre à couvert des interprétations de ceux qui ont le goût d'une basse malignité ?

Notre illustre auteur a donc réuni dans son poème les plus grandes beautés des anciens. Il a tout l'enthousiasme et l'abondance d'Homère, toute la magnificence et la régularité de Virgile. Comme le poète grec, il peint tout avec force, simplicité et vie ; avec variété dans la fable, et diversité dans les caractères : ses réflexions sont morales, ses descriptions vives, son imagination féconde ; partout ce beau feu que la nature seule peut donner. Comme le poète latin, il garde parfaitement l'unité d'action, l'uniformité des caractères, l'ordre et les règles de l'art ; son jugement est profond, et ses pensées élevées ; tandis que le naturel s'unit au noble, et le simple au sublime : partout l'art devient nature. Mais le héros de notre poète est plus parfait que ceux d'Homère et de Virgile ; sa morale est plus pure, et ses sentimens plus nobles. Concluons de tout ceci que l'auteur du Télémaque a montré, par ce poème, que la nation française est capable de toute la délicatesse des Grecs, et de tous les grands sentimens des Romains. L'éloge de l'auteur est celui de sa nation.

LES AVENTURES DE TÉLÉMAQUE [1].

EXPLICATION DES ABRÉVIATIONS QUI SE TROUVENT DANS LES VARIANTES.

A désigne le manuscrit original. — B la première copie, où l'auteur a fait plus de sept cents corrections et additions. — C la seconde copie, revue par lui, avec encore quelques corrections. — P la première édition complète, faite sur les manuscrits. Paris, 1717, 2 vol. in-12. — H l'édition de Hollande, 1734, in-fol. et in-4°. — D l'édition de Didot, qui fait partie des OEuvres de Fénelon, 1787, in-4°. — *Edit.* marque la conformité de ces trois éditions dans le passage cité. — *m.* manque. — *aj.* ajouté. — *f. du cop.* faute du copiste.

LIVRE PREMIER.

Télémaque, conduit par Minerve, sous la figure de Mentor, est jeté par une tempête dans l'île de Calypso. Cette déesse, inconsolable du départ d'Ulysse, fait au fils de ce héros l'accueil le plus favorable; et concevant aussitôt pour lui une violente passion, elle lui offre l'immortalité, s'il veut demeurer avec elle. Pressé par Calypso de faire le récit de ses aventures, il lui raconte son voyage à Pylos et à Lacédémone, son naufrage sur la côte de Sicile, le danger qu'il y courut d'être immolé aux mânes d'Anchise, le secours que Mentor et lui donnèrent à Aceste, roi de cette contrée, dans une incursion de barbares, et la reconnoissance que ce prince leur en témoigna, en leur donnant un vaisseau phénicien pour retourner dans leur pays.

Calypso ne pouvoit se consoler du départ d'Ulysse. Dans sa douleur, elle se trouvoit malheureuse d'être immortelle. Sa grotte ne raisonnoit plus de son chant [2] : les nymphes qui la servoient n'osoient lui parler. Elle se promenoit souvent seule sur les gazons fleuris dont un printemps éternel bordoit son île : mais ces beaux lieux, loin de modérer sa douleur, ne faisoient que lui rappeler le triste souvenir d'Ulysse, qu'elle y avoit vu tant de fois auprès d'elle. Souvent elle demeuroit immobile sur le rivage de la mer, qu'elle arrosoit de ses larmes; et elle étoit sans cesse tournée vers le côté où le vaisseau d'Ulysse, fendant les ondes, avoit disparu à ses yeux. Tout-à-coup elle aperçut les débris d'un navire qui venoit de faire naufrage, des bancs de rameurs mis en pièces, des rames écartées çà et là sur le sable, un gouvernail, un mât, des cordages flottans sur la côte : puis elle découvre de loin deux hommes, dont l'un paroissoit âgé; l'autre, quoique jeune, ressembloit à Ulysse. Il avoit sa douceur et sa fierté, avec sa taille et sa démarche majestueuse. La déesse comprit que c'étoit Télémaque, fils de ce héros. Mais, quoique les dieux surpassent de loin en connoissance tous les hommes, elle ne put découvrir qui étoit cet homme vénérable dont Télémaque étoit accompagné : c'est que les dieux supérieurs cachent aux inférieurs tout ce qu'il leur plaît; et Minerve, qui accompagnoit Télémaque sous la figure de Mentor, ne vouloit pas être connue de Calypso. Cependant Calypso se réjouissoit d'un naufrage qui mettoit dans son île le fils d'Ulysse, si semblable à son père. Elle s'avance vers lui; et sans faire semblant de savoir qui il est : D'où vous vient, lui dit-elle, cette témérité d'aborder en mon île? Sachez, jeune étranger, qu'on ne vient point impunément dans mon empire. Elle tâchoit de couvrir sous ces paroles menaçantes la joie de son cœur, qui éclatoit malgré elle sur son visage.

Télémaque lui répondit : O vous, qui que vous soyez, mortelle ou déesse (quoiqu'à vous voir on ne puisse vous prendre que pour une divinité), seriez-vous insensible au malheur d'un fils, qui, cherchant son père à la merci des vents et des flots, a vu briser son navire contre vos rochers? Quel est donc votre père

---

Var. — [1] Le manuscrit original et la première copie ne portent point de titre; mais l'auteur a laissé de la place pour en mettre un. — [2] du doux chant de sa voix. A.

que vous cherchez? reprit la déesse. Il se nomme Ulysse, dit Télémaque; c'est un des rois qui ont, après un siège de dix ans, renversé la fameuse Troie. Son nom fut célèbre dans toute la Grèce et dans toute l'Asie, par sa valeur dans les combats, et plus encore par sa sagesse dans les conseils. Maintenant, errant dans toute l'étendue des mers, il a parcouru [1] tous les écueils les plus terribles. Sa patrie semble fuir devant lui. Pénélope sa femme, et moi qui suis son fils, nous avons perdu l'espérance de le revoir. Je cours, avec les mêmes dangers que lui, pour apprendre où il est. Mais que dis-je? peut-être qu'il est maintenant enseveli dans les profonds abîmes de la mer. Ayez pitié de nos malheurs; et si vous savez, ô déesse, ce que les destinées ont fait pour sauver ou pour perdre Ulysse, daignez en [2] instruire son fils Télémaque.

Calypso, étonnée et attendrie de voir dans une si vive jeunesse tant de sagesse et d'éloquence, ne pouvoit rassasier ses yeux en le regardant; et elle demeuroit en silence. Enfin elle lui dit: Télémaque, nous vous apprendrons ce qui est arrivé à votre père. Mais l'histoire en est longue: il est temps de vous délasser de tous vos travaux. Venez dans ma demeure, où je vous recevrai comme mon fils: venez; vous serez ma consolation dans cette solitude; et je ferai votre bonheur, pourvu que vous sachiez en jouir.

Télémaque suivoit la déesse accompagnée [3] d'une foule de jeunes nymphes, au-dessus desquelles elle s'élevoit de toute la tête, comme un grand chêne dans une forêt élève ses branches épaisses au-dessus de tous les arbres qui l'environnent. Il admiroit l'éclat de sa beauté, la riche pourpre de sa robe longue et flottante, ses cheveux noués par derrière négligemment mais avec grâce, le feu qui sortoit de ses yeux, et la douceur qui tempéroit cette vivacité. Mentor, les yeux baissés, gardant un silence modeste, suivoit Télémaque.

On arriva à la porte de la grotte de Calypso, où Télémaque fut surpris de voir, avec une apparence de simplicité rustique, des objets propres à charmer les yeux [4]. Il est vrai qu'on n'y voit ni or, ni argent, ni marbre, ni colonnes, ni tableaux, ni statues: mais [5] cette grotte étoit taillée dans le roc, en voûte pleine de rocailles et de coquilles; elle étoit tapissée d'une jeune vigne qui étendoit ses branches souples également de tous côtés. Les doux zéphyrs conservoient en ce lieu, malgré les ardeurs du soleil, une délicieuse fraîcheur: des fontaines, coulant avec un doux murmure sur des prés semés d'amaranthes et de violettes, formoient en divers lieux des bains aussi purs et aussi clairs que le cristal: mille fleurs naissantes émailloient les tapis verts dont la grotte étoit environnée. Là on trouvoit un bois de ces arbres touffus qui portent des pommes d'or, et dont la fleur, qui se renouvelle dans toutes les saisons, répand le plus doux de tous les parfums; ce bois sembloit couronner ces belles prairies, et formoit une nuit que les rayons du soleil ne pouvoient percer. Là on n'entendoit jamais que le chant des oiseaux, ou le bruit d'un ruisseau, qui, se précipitant du haut d'un rocher, tomboit à gros bouillons pleins d'écume, et s'enfuyoit au travers de la prairie.

La grotte de la déesse étoit sur le penchant d'une colline. De là on découvroit la mer, quelquefois claire et unie comme une glace, quelquefois follement irritée contre les rochers, où elle se brisoit en gémissant, et élevant ses vagues comme des montagnes. D'un autre côté on voyoit une rivière où se formoient des îles bordées de tilleuls fleuris et de hauts peupliers qui portoient leurs têtes superbes jusque dans les nues. Les divers canaux qui formoient ces îles, sembloient se jouer dans la campagne: les uns rouloient leurs eaux claires avec rapidité; d'autres avoient une eau paisible et dormante; d'autres, par de longs détours, revenoient sur leurs pas, comme pour remonter vers leur source, et sembloient ne pouvoir quitter ces bords enchantés. On apercevoit de loin des collines et des montagnes qui se perdoient dans les nues, et dont la figure bizarre formoit un horizon à souhait pour le plaisir des yeux. Les montagnes voisines étoient couvertes de pampre vert qui pendoit en festons: le raisin, plus éclatant que la pourpre, ne pouvoit se cacher sous les feuilles, et la vigne étoit accablée sous son fruit [1]. Le figuier, l'olivier, le grenadier, et tous les autres arbres, couvroient la campagne, et en faisoient un grand jardin.

Calypso, ayant montré à Télémaque toutes ces beautés naturelles, lui dit: Reposez-vous; vos habits sont mouillés, il est temps que vous

---

VAR. — [1] L'auteur a écrit ainsi. Le copiste a mis *il parcouru*: comme cela étoit fautif, Fénelon, en revoyant la copie D, a effacé le second jambage de l'*u*, et barré le premier pour en faire un *t*; ce qui donne la leçon vulgaire, *il parcourt*. — [2] daignez instruire. A. — [3] environnée. A. B. Édit. — [4] rustique, tout ce qui peut charmer les yeux. On n'y voyoit ni or, etc. A. B. — [5] mais *m*. A, *aj*. D.

VAR. — [1] sous les feuilles épaisses de la vigne accablée sous son fruit. A.

en changiez : ensuite nous nous reverrons; et je vous raconterai des histoires dont votre cœur sera touché. En même temps elle le fit entrer avec Mentor dans le lieu le plus secret et le plus reculé d'une grotte voisine de celle où la déesse demeuroit. Les nymphes avoient eu soin d'allumer en ce lieu un grand feu de bois de cèdre, dont la bonne odeur se répandoit de tous côtés ; et elles y avoient laissé des habits pour les nouveaux hôtes.

Télémaque, voyant qu'on lui avoit destiné une tunique d'une laine fine dont la blancheur effaçoit celle de la neige, et une robe de pourpre avec une broderie d'or, prit le plaisir qui est naturel à un jeune homme, en considérant cette magnificence.

Mentor lui dit d'un ton grave [1] : Est-ce donc là, ô Télémaque, les pensées qui doivent occuper le cœur du fils d'Ulysse? Songez plutôt à soutenir la réputation de votre père, et à vaincre la fortune qui vous persécute. Un jeune homme qui aime à se parer vainement, comme une femme, est indigne de la sagesse et de la gloire : la gloire n'est due qu'à un cœur qui sait souffrir la peine et fouler aux pieds les plaisirs.

Télémaque répondit en soupirant : Que les dieux me fassent périr plutôt que de souffrir que la mollesse et la volupté s'emparent de mon cœur ! Non, non, le fils d'Ulysse ne sera jamais vaincu par les charmes d'une vie lâche et efféminée. Mais quelle faveur du ciel nous a fait trouver, après notre naufrage, cette déesse ou cette mortelle qui nous comble de biens ?

Craignez, repartit Mentor, qu'elle ne vous accable de maux; craignez ses trompeuses douceurs plus que les écueils qui ont brisé votre navire : le naufrage et la mort sont moins funestes [2] que les plaisirs qui attaquent la vertu. Gardez-vous bien de croire ce qu'elle vous racontera. La jeunesse est présomptueuse ; elle se promet tout d'elle-même : quoique fragile, elle croit pouvoir tout, et n'avoir jamais rien à craindre; elle se confie légèrement et sans précaution. Gardez-vous d'écouter les paroles douces et flatteuses de Calypso, qui se glisseront comme un serpent sous les fleurs [3] ; craignez le poison caché : défiez-vous de vous-même; et attendez toujours mes conseils.

Ensuite ils retournèrent auprès de Calypso, qui les attendoit. Les nymphes, avec leurs cheveux tressés, et des habits blancs, servirent d'abord un repas simple, mais exquis pour le goût et pour la propreté. On n'y voyoit aucune autre viande que celle des oiseaux qu'elles avoient pris dans des filets, ou des bêtes qu'elles avoient percées de leurs flèches à la chasse : un vin plus doux que le nectar couloit des grands vases d'argent dans des tasses d'or couronnées de fleurs. On apporta dans des corbeilles tous les fruits que le printemps promet, et que l'automne répand sur la terre. En même temps, quatre jeunes nymphes se mirent à chanter. D'abord elles chantèrent le combat des dieux contre les géants, puis les amours de Jupiter et de Sémélé, la naissance de Bacchus et son éducation conduite par le vieux Silène, la course d'Atalante et d'Hippomène, qui fut vainqueur par le moyen des pommes d'or venues du jardin des Hespérides : enfin la guerre de Troie fut aussi chantée; les combats d'Ulysse et sa sagesse furent élevés jusqu'aux cieux. La première des nymphes, qui s'appeloit Leucothée, joignit les accords de sa lyre aux douces voix [1] de toutes les autres. Quand Télémaque entendit le nom de son père, les larmes, qui coulèrent le long de ses joues, donnèrent un nouveau lustre à sa beauté. Mais comme Calypso aperçut qu'il ne pouvoit manger, et qu'il étoit saisi de douleur, elle fit signe aux nymphes. A l'instant on chanta le combat des Centaures avec les Lapithes, et la descente d'Orphée aux enfers pour en retirer [2] Eurydice.

Quand le repas fut fini, la déesse prit Télémaque, et lui parla ainsi : Vous voyez, fils du grand Ulysse, avec quelle faveur je vous reçois. Je suis immortelle : nul mortel ne peut entrer dans cette île sans être puni de sa témérité ; et votre naufrage même ne vous garantiroit pas de mon indignation, si d'ailleurs je ne vous aimois. Votre père a eu le même bonheur que vous; mais, hélas ! il n'a pas su en profiter. Je l'ai gardé long-temps dans cette île : il n'a tenu qu'à lui d'y vivre avec moi dans un état immortel ; mais l'aveugle passion de retourner dans sa misérable patrie [3] lui fit rejeter tous ces avantages. Vous voyez tout ce qu'il a perdu pour Ithaque [4], qu'il n'a pu revoir. Il voulut me quitter : il partit; et je fus vengée par la tempête : son vaisseau, après avoir été le jouet des vents, fut enseveli dans les ondes. Profitez d'un si triste exemple. Après son naufrage, vous n'avez plus rien à espérer, ni pour

---

VAR. — [1] grave et sévère. A. — [2] affreux. A. B. — [3] se glisseront avec plaisir dans votre cœur. A.

VAR. — [1] de sa lyre à ces douces voix. A. B. — [2] en retirer sa chère Eurydice. A. — [3] l'aveugle passion de revoir sa patrie. A. B. — [4] pour revoir Ithaque, qu'il ne reverra jamais. A. — pour revoir Ithaque qu'il n'a pu revoir. B.

le revoir, ni pour régner jamais dans l'île d'Ithaque après lui : consolez-vous de l'avoir perdu, puisque vous trouvez ici une divinité prête à vous rendre heureux, et un royaume qu'elle vous offre.

La déesse ajouta à ces paroles de longs discours pour montrer[1] combien Ulysse avoit été heureux auprès d'elle : elle raconta ses aventures dans la caverne du cyclope Polyphême, et chez Antiphates roi des Lestrigons : elle n'oublia pas ce qui lui étoit arrivé dans l'île de Circé fille du Soleil, ni[1] les dangers qu'il avoit courus entre Scylle et Charybde. Elle représenta la dernière tempête que Neptune avoit excitée contre lui quand il partit d'auprès d'elle. Elle voulut faire entendre qu'il étoit péri dans ce naufrage, et elle supprima son arrivée dans l'île des Phéaciens.

Télémaque, qui s'étoit d'abord abandonné trop promptement à la joie d'être si bien traité de Calypso, reconnut enfin son artifice, et la sagesse des conseils que Mentor venoit de lui donner. Il répondit en peu de mots : O déesse, pardonnez à ma douleur : maintenant je ne puis que m'affliger; peut-être que dans la suite j'aurai plus de force pour goûter la fortune que vous m'offrez : laissez-moi en ce moment pleurer mon père; car vous savez mieux que moi combien il mérite d'être pleuré.

Calypso n'osa d'abord le presser davantage : elle feignit même d'entrer dans sa douleur, et de s'attendrir pour Ulysse. Mais pour mieux connoître les moyens de toucher le cœur du jeune homme[2], elle lui demanda comment il avoit fait naufrage, et par quelles aventures il étoit sur ces[3] côtes. Le récit de mes malheurs, dit-il, seroit trop long. Non, non, répondit-elle; il me tarde de les savoir, hâtez-vous de me les raconter. Elle le pressa long-temps. Enfin il ne put lui résister, et il parla ainsi :

J'étois parti d'Ithaque pour aller demander aux autres rois revenus du siége de Troie des nouvelles de mon père. Les amans de ma mère Pénélope furent surpris de mon départ : j'avois pris soin de le leur cacher, connoissant leur perfidie. Nestor, que je vis à Pylos, ni Ménélas, qui me reçut avec amitié dans Lacédémone, ne purent m'apprendre si mon père étoit encore en vie. Lassé de vivre toujours en suspens et dans l'incertitude, je me résolus d'aller dans la Sicile, où j'avois ouï dire que mon père avoit été jeté par les vents. Mais le sage Mentor, que vous voyez ici présent, s'opposoit à ce téméraire dessein : il me représentoit, d'un côté, les Cyclopes, géants monstrueux qui dévorent les hommes; de l'autre, la flotte d'Énée et des Troyens, qui étoient sur ces côtes. Ces Troyens, disoit-il, sont animés contre tous les Grecs; mais surtout ils répandroient avec plaisir le sang du fils d'Ulysse. Retournez, continuoit-il, en Ithaque : peut-être que votre père, aimé des dieux, y sera aussitôt que vous. Mais si les dieux ont résolu sa perte, s'il ne doit jamais revoir sa patrie, du moins il faut que vous alliez le venger, délivrer votre mère, montrer votre sagesse à tous les peuples, et faire voir en vous à toute la Grèce un roi aussi digne de régner que le fut jamais Ulysse lui-même.

Ces paroles étoient salutaires, mais je n'étois pas assez prudent pour les écouter; je n'écoutois[1] que ma passion. Le sage Mentor[2] m'aima jusqu'à me suivre dans un voyage téméraire que j'entreprenois contre ses conseils[3]; et les dieux permirent que je fisse une faute qui devoit servir à me corriger de ma présomption.

Pendant qu'il parloit, Calypso regardoit Mentor. Elle étoit étonnée : elle croyoit sentir en lui quelque chose de divin; mais elle ne pouvoit démêler ses pensées confuses : ainsi elle demeuroit pleine de crainte et de défiance à la vue de cet inconnu. Alors[4] elle appréhenda de laisser voir son trouble. Continuez, dit-elle à Télémaque, et satisfaites ma curiosité. Télémaque reprit ainsi :

Nous eûmes assez long-temps un vent favorable pour aller en Sicile; mais ensuite une noire tempête déroba le ciel à nos yeux, et nous fûmes enveloppés dans une profonde nuit. A la lueur des éclairs, nous aperçûmes d'autres vaisseaux exposés au même péril; et nous reconnûmes bientôt que c'étoient les vaisseaux d'Énée : ils n'étoient pas moins à craindre pour nous que les rochers. Alors je compris, mais trop tard, ce que l'ardeur d'une jeunesse imprudente m'avoit empêché de considérer attentivement. Mentor parut dans ce danger, non seulement ferme et intrépide, mais encore plus gai[5] qu'à l'ordinaire : c'étoit lui qui m'encourageoit; je sentois qu'il m'inspiroit une force invincible. Il donnoit tranquillement tous les ordres, pendant que le pilote étoit troublé. Je lui disois : Mon cher Mentor, pourquoi ai-je refusé de suivre vos conseils! ne suis-je pas malheureux d'avoir voulu me croire moi-même,

---

VAR. — [1] raconter. A. — [2] ni m. A; aj. B. — [3] de tout cher son cœur. A. B. — [4] ses côtes. Edit.

VAR — [1] n'écoutai. B. C. Edit. f. du cop. — [2] et le sage Mentor. A. — [3] et les dieux..... ma présomption. m. A. aj. B. — [4] mais. A. — [5] mais plus gai. A.

dans un âge où l'on n'a ni prévoyance de l'avenir, ni expérience du passé, ni modération pour ménager le présent? O si jamais nous échappons de cette tempête, je me défierai de moi-même comme de mon plus dangereux ennemi : c'est vous, Mentor, que je croirai toujours.

Mentor, en souriant, me répondoit : Je n'ai garde de vous reprocher la faute que vous avez faite; il suffit que vous la sentiez, et qu'elle vous serve à être une autre fois plus modéré dans vos désirs. Mais quand le péril sera passé, la présomption reviendra peut-être. Maintenant il faut se soutenir par le courage. Avant que de se jeter dans le péril, il faut le prévoir et le craindre; mais, quand on y est, il ne reste plus qu'à le mépriser. Soyez donc le digne fils d'Ulysse; montrez un cœur plus grand que tous les maux qui vous menacent.

La douceur et le courage du sage Mentor me charmèrent : mais je fus encore bien plus surpris quand je vis avec quelle adresse il nous délivra des Troyens. Dans le moment où le ciel commençoit à s'éclaircir, et où les Troyens, nous voyant de près, n'auroient pas manqué de nous reconnoître, il remarqua un de leurs vaisseaux qui étoit presque semblable au nôtre, et que la tempête avoit écarté[1]. La poupe en étoit couronnée de certaines fleurs : il se hâta de mettre sur notre poupe des couronnes de fleurs semblables; il les attacha lui-même avec des bandelettes de la même couleur que celles des Troyens; il ordonna à tous nos rameurs de se baisser le plus qu'ils pourroient le long de leurs bancs, pour n'être point reconnus des ennemis. En cet état, nous passâmes au milieu de leur flotte : ils poussèrent des cris de joie en nous voyant, comme en revoyant des compagnons[2] qu'ils avoient crus perdus. Nous fûmes même contraints, par la violence de la mer, d'aller assez long-temps avec eux : enfin nous demeurâmes un peu derrière; et, pendant que les vents impétueux les poussoient vers l'Afrique, nous fîmes les derniers efforts pour aborder à force de rames sur la côte voisine de Sicile.

Nous y arrivâmes en effet. Mais ce que nous cherchions n'étoit guère moins funeste que la flotte qui nous faisoit fuir : nous trouvâmes sur cette côte de Sicile d'autres Troyens ennemis des Grecs. C'étoit là que régnoit le vieux Aceste sorti de Troie. A peine fûmes-nous arrivés sur ce rivage, que les habitans crurent que nous étions, ou d'autres peuples de l'île armés pour les surprendre, ou des étrangers qui venoient s'emparer de leurs terres. Ils brûlent notre vaisseau; dans le premier emportement, ils égorgent tous nos compagnons; ils ne réservent que Mentor et moi pour nous présenter à Aceste, afin qu'il pût savoir de nous quels étoient nos desseins, et d'où nous venions. Nous entrons dans la ville les mains liées derrière le dos; et notre mort n'étoit retardée que pour nous faire servir de spectacle à un peuple cruel, quand on sauroit que nous étions Grecs.

On nous présenta d'abord à Aceste, qui, tenant son sceptre d'or en main, jugeoit les peuples, et se préparoit à un grand sacrifice. Il nous demanda, d'un ton sévère, quel étoit notre pays et le sujet de notre voyage. Mentor se hâta de répondre, et lui dit : Nous venons des côtes de la grande Hespérie, et notre patrie n'est pas loin de là. Ainsi il évita de dire que nous étions Grecs. Mais Aceste, sans l'écouter davantage, et nous prenant pour des étrangers qui cachoient leur dessein, ordonna qu'on nous envoyât dans une forêt voisine, où nous servirions en esclaves sous ceux qui gouvernoient ses troupeaux.

Cette condition me parut plus dure que la mort. Je m'écriai : O roi! faites-nous mourir plutôt que de nous traiter si indignement; sachez que je suis Télémaque, fils du sage Ulysse, roi des Ithaciens. Je cherche mon père dans toutes les mers : si je ne puis le trouver, ni retourner dans ma patrie, ni éviter la servitude, ôtez-moi la vie, que je ne saurois supporter.

A peine eus-je prononcé ces mots, que tout le peuple ému s'écria qu'il falloit faire périr le fils de ce cruel Ulysse, dont les artifices avoient renversé la ville de Troie. O fils d'Ulysse! me dit Aceste, je ne puis refuser votre sang aux mânes de tant de Troyens que votre père a précipités sur les rivages du noir Cocyte : vous, et celui qui vous mène, vous périrez. En même temps un vieillard de la troupe proposa au Roi de nous immoler sur le tombeau d'Anchise. Leur sang, disoit-il, sera agréable à l'ombre de ce héros; Énée même, quand il saura un tel sacrifice, sera touché de voir combien vous aimez ce qu'il avoit de plus cher au monde.

Tout le peuple applaudit à cette proposition, et on ne songea[1] plus qu'à nous immoler. Déja on nous menoit sur le tombeau d'Anchise[2]. On y avoit dressé deux autels, où le feu sacré

VAR. — [1] un de leurs vaisseaux presque semblable à celui des nôtres que la tempête avoit écarté, et dont la poupe étoit..... A. D. — [2] voyant les compagnons. B. C. P. H. ƒ. du cop. revoyant les..... D.

VAR. — [1] songe. A. — [2] d'Anchise, où l'on avoit dressé. A.

étoit allumé; le glaive qui devoit nous percer étoit devant nos yeux; on nous avoit couronnés de fleurs, et nulle compassion ne pouvoit garantir notre vie : c'étoit fait de nous, quand Mentor demanda tranquillement à parler au Roi. Il lui dit

O Aceste ! si le malheur du jeune Télémaque, qui n'a jamais porté les armes contre les Troyens, ne peut vous toucher, du moins que votre propre intérêt vous touche. La science que j'ai acquise des présages et de la volonté des dieux me fait connoître qu'avant que trois jours soient écoulés vous serez attaqué par des peuples barbares, qui viennent comme un torrent du haut des montagnes pour inonder votre ville et pour ravager tout votre pays. Hâtez-vous de les prévenir; mettez vos peuples sous les armes ; et ne perdez pas un moment pour retirer au dedans de vos murailles les riches troupeaux que vous avez dans la campagne. Si ma prédiction est fausse, vous serez libre de nous immoler dans trois jours; si au contraire elle est véritable, souvenez-vous qu'on ne doit pas ôter la vie à ceux de qui on la tient.

Aceste fut étonné de ces paroles que Mentor lui disoit avec une assurance qu'il n'avoit jamais trouvée en aucun homme. Je vois bien, répondit-il, ô étranger, que les dieux, qui vous ont si mal partagé pour tous les dons de la fortune, vous ont accordé une sagesse qui est plus estimable que toutes les prospérités. En même temps il retarda le sacrifice, et donna avec diligence les ordres nécessaires pour prévenir l'attaque dont Mentor l'avoit menacé. On ne voyoit de tous côtés que des femmes tremblantes, des vieillards courbés, de petits enfans les larmes aux yeux, qui se retiroient dans la ville. Les bœufs mugissans et les brebis bêlantes venoient en foule, quittant les gras pâturages, et ne pouvant trouver assez d'étables pour être mis à couvert. C'étoit de toutes parts des cris[1] confus de gens qui se poussoient les uns les autres, qui ne pouvoient s'entendre, qui prenoient dans ce trouble un inconnu pour leur ami, et qui couroient sans savoir où tendoient leurs pas. Mais les principaux de la ville, se croyant plus sages que les autres, s'imaginoient que Mentor étoit un imposteur, qui avoit fait une fausse prédiction pour sauver sa vie.

Avant la fin du troisième jour, pendant qu'ils étoient pleins de ces pensées, on vit sur le penchant des montagnes voisines un tourbillon de poussière[1] ; puis on aperçut une troupe innombrable de barbares armés : c'étoient les Himériens, peuples féroces, avec les nations qui habitent sur les monts Nébrodes, et sur le sommet d'Acratas, où règne un hiver que les zéphirs n'ont jamais adouci. Ceux qui avoient méprisé la prédiction[2] de Mentor perdirent leurs esclaves et leurs troupeaux. Le Roi dit à Mentor : J'oublie que vous êtes des Grecs; nos ennemis deviennent nos amis fidèles. Les dieux vous ont envoyés[3] pour nous sauver : je n'attends pas moins de votre valeur que de la sagesse de vos conseils[4] ; hâtez-vous de nous secourir.

Mentor montre dans ses yeux une audace qui étonne les plus fiers combattans. Il prend un bouclier, un casque, une épée, une lance ; il range les soldats d'Aceste ; il marche à leur tête, et s'avance en bon ordre vers les ennemis. Aceste, quoique plein de courage, ne peut dans sa vieillesse le suivre que de loin. Je le suis de plus près, mais je ne puis égaler sa valeur. Sa cuirasse ressembloit, dans le combat, à l'immortelle égide. La mort couroit de rang en rang partout sous ses coups. Semblable à un lion de Numidie que la cruelle faim dévore, et qui entre dans un troupeau de foibles brebis, il déchire, il égorge, il nage dans le sang ; et les bergers, loin de secourir le troupeau, fuient, tremblans, pour se dérober à sa fureur.

Ces barbares, qui espéroient de surprendre la ville, furent eux-mêmes surpris et déconcertés. Les sujets d'Aceste, animés par l'exemple et par les ordres de Mentor, eurent une vigueur dont ils ne se croyoient point capables. De ma lance je renversai le fils du roi de ce peuple ennemi. Il étoit de mon âge, mais il étoit plus grand que moi ; car ce peuple venoit d'une race de géans qui étoient de la même origine que les Cyclopes. Il méprisoit un ennemi aussi foible que moi : mais, sans m'étonner de sa force prodigieuse, ni de son air sauvage et brutal, je poussai ma lance contre sa poitrine, et je lui fis vomir[5], en expirant, des torrens d'un sang noir. Il pensa m'écraser. Dans sa chute, le bruit de ses armes retentit jusques aux montagnes. Je pris ses dépouilles, et je revins trouver Aceste[6]. Mentor, ayant achevé de mettre les ennemis en désordre, les tailla en

VAR. — [1] bruits. c. *Edit. f. du cop.*

VAR. — [1] de poussière. On aperçut une troupe de barbares armés. Ceux qui, etc. A. — [2] la sage prédiction. E. B. — [3] vous envoient. A. — [4] de vos paroles. A. — [5] je lui fis vomir, avec des torrens d'un sang noir et fumant, son ame cruelle. En tombant il pensa m'écraser A. — [6] Je revins à Aceste avec les armes du mort que j'avois enlevées. A. B.

pièces, et poussa les fuyards jusque dans les forêts.

Un succès si inespéré fit regarder Mentor comme un homme chéri et inspiré des dieux. Aceste, touché de reconnoissance, nous avertit qu'il craignoit tout pour nous, si les vaisseaux d'Énée revenoient en Sicile : il nous en donna un pour retourner [1] sans retardement en notre pays, nous combla de présens, et nous pressa de partir pour prévenir tous les malheurs [2] qu'il prévoyoit ; mais il ne voulut nous donner ni un pilote ni des rameurs de sa nation, de peur qu'ils ne fussent trop exposés sur les côtes de la Grèce. Il nous donna des marchands phéniciens, qui, étant en commerce avec tous les peuples du monde, n'avoient rien à craindre, et qui devoient ramener le vaisseau à Aceste quand ils nous auroient laissés à [3] Ithaque. Mais les dieux, qui se jouent des desseins des hommes, nous réservoient à d'autres dangers.

LIVRE II.

Suite du récit de Télémaque. Le vaisseau tyrien qu'il montoit ayant été pris par une flotte de Sésostris, Mentor et lui sont faits prisonniers, et conduits en Egypte. Richesses et merveilles de ce pays : sagesse de son gouvernement. Télémaque et Mentor sont traduits devant Sésostris, qui renvoie l'examen de leur affaire à un de ses officiers appelé Méthophis. Par ordre de cet officier, Mentor est vendu à des Ethiopiens qui l'emmènent dans leur pays, et Télémaque est réduit à conduire un troupeau dans le désert d'Oasis. Là Termosiris, prêtre d'Apollon, adoucit la rigueur de son exil, en lui apprenant à imiter le dieu, qui, étant contraint de garder les troupeaux d'Admète, roi de Thessalie, se consoloit de sa disgrâce en polissant les mœurs sauvages des bergers. Bientôt Sésostris, informé de tout ce que Télémaque faisoit de merveilleux dans les déserts d'Oasis, le rappelle auprès de lui, reconnoît son innocence, et lui promet de le renvoyer à Ithaque. Mais la mort de ce prince replonge Télémaque dans de nouveaux malheurs ; il est emprisonné dans une tour sur le bord de la mer, d'où il voit Bocchoris, nouveau roi d'Egypte, périr dans un combat contre ses sujets révoltés et secourus par les Phéniciens.

LES Tyriens, par leur fierté, avoient irrité contre eux le grand roi Sésostris, qui régnoit en Egypte, et qui avoit conquis tant de royaumes. Les richesses qu'ils ont acquises par le commerce et la force de l'imprenable ville de Tyr, située dans la mer, avoient enflé le cœur de ces peuples. Ils avoient refusé de payer à Sésostris le tribut qu'il leur avoit imposé en revenant de ses conquêtes ; et ils avoient fourni des troupes à son frère, qui avoit voulu, à son retour, le massacrer au milieu des réjouissances d'un grand festin. Sésostris avoit résolu, pour abattre leur orgueil, de troubler leur commerce [1] dans toutes les mers. Ses vaisseaux alloient de tous côtés cherchant les Phéniciens. Une flotte égyptienne nous rencontra, comme nous commencions à perdre de vue les montagnes de la Sicile. Le port et la terre sembloient fuir derrière nous, et se perdre dans les nues. En même temps nous voyons approcher les navires des Egyptiens, semblables à une ville flottante. Les Phéniciens les reconnurent, et voulurent s'en éloigner : mais il n'étoit plus temps ; leurs voiles étoient meilleures que les nôtres ; le vent les favorisoit ; leurs rameurs étoient en plus grand nombre : ils nous abordent, nous prennent, et nous emmènent prisonniers en Egypte.

En vain je leur représentai que nous n'étions [2] pas Phéniciens ; à peine daignèrent-ils m'écouter : ils nous regardèrent comme des esclaves dont les Phéniciens trafiquoient ; et ils ne songèrent qu'au profit d'une telle prise [3]. Déjà nous remarquons les eaux de la mer qui blanchissent par le mélange de celles du Nil, et nous voyons la côte d'Egypte presque aussi basse que la mer. Ensuite nous arrivons à l'île de Pharos, voisine de la ville de No : de là nous remontons le Nil jusques à Memphis.

Si la douleur de notre captivité ne nous eût rendus insensibles à tous les plaisirs, nos yeux auroient été charmés de voir cette fertile terre d'Egypte, semblable à un jardin délicieux arrosé d'un nombre infini de canaux. Nous ne pouvions jeter les yeux sur les deux rivages sans apercevoir des villes opulentes, des maisons de campagne agréablement situées, des terres qui se couvroient tous les ans d'une moisson dorée sans se reposer jamais, des prairies pleines de troupeaux, des laboureurs qui étoient accablés sous le poids des fruits que la terre épanchoit de son sein [4], des bergers qui faisoient répéter les doux sons de leurs flûtes et de leurs chalumeaux à tous les échos d'alentour.

Heureux, disoit Mentor, le peuple qui est conduit par un sage roi ! il est dans l'abondance ; il vit heureux, et aime celui à qui il doit tout son bonheur. C'est ainsi, ajoutoit-il,

---

VAR. — [1] pour retourner en notre pays. A. B. — [2] tous les malheurs ; mais il ne voulut. A. — [3] en. A.

VAR. — [1] de ruiner leur commerce, et de le troubler dans toutes les mers. A. — [2] que je n'étois pas. A. B. — [3] d'une telle prise. Nous arrivons à l'île de Pharos. De là nous remontons, etc. A. — [4] des fruits qu'ils avoient semés. A.

ô Télémaque, que vous devez régner, et faire la joie de vos peuples, si jamais les dieux vous font posséder le royaume de votre père. Aimez vos peuples comme vos enfans ; goûtez le plaisir d'être aimé d'eux ; et faites qu'ils ne puissent jamais sentir la paix et la joie sans se ressouvenir que c'est un bon roi qui leur a fait ces riches présens. Les rois qui ne songent qu'à se faire craindre, et qu'à abattre leurs sujets pour les rendre plus soumis, sont les fléaux du genre humain. Ils sont craints comme ils le veulent être ; mais ils sont haïs, détestés ; et ils ont encore plus à craindre de leurs sujets, que leurs sujets n'ont à craindre d'eux.

Je répondois à Mentor : Hélas ! il n'est pas question de songer aux maximes suivant [1] lesquelles on doit régner : il n'y a plus d'Ithaque pour nous ; nous ne reverrons jamais ni notre patrie, ni Pénélope : et quand même Ulysse retourneroit plein de gloire dans son royaume, il n'aura jamais la joie de m'y voir ; jamais je n'aurai celle de lui obéir pour apprendre à commander. Mourons, mon cher Mentor ; nulle autre pensée ne nous est plus permise : mourons, puisque les dieux n'ont aucune pitié de nous.

En parlant ainsi, de profonds soupirs entrecoupoient toutes mes paroles. Mais Mentor, qui craignoit les maux avant qu'ils arrivassent, ne savoit plus ce que c'étoit que de les craindre dès qu'ils étoient arrivés. Indigne fils du sage Ulysse ! s'écrioit-il, quoi donc ! vous vous laissez vaincre à votre malheur ! Sachez que vous reverrez un jour l'île d'Ithaque et Pénélope. Vous verrez même dans sa première gloire celui [2] que vous n'avez point connu, l'invincible Ulysse, que la fortune ne peut abattre, et qui, dans ses malheurs, encore plus grands que les vôtres, vous apprend à ne vous décourager jamais. O s'il pouvoit apprendre, dans les terres éloignées où la tempête l'a jeté, que son fils ne sait imiter ni sa patience ni son courage, cette nouvelle l'accableroit de honte, et lui seroit plus rude que tous les malheurs qu'il souffre depuis si long-temps.

Ensuite Mentor me faisoit remarquer la joie et l'abondance répandue dans toute la campagne d'Egypte, où l'on comptoit jusqu'à vingt-deux mille villes. Il admiroit la bonne police de ces villes ; la justice exercée en faveur du pauvre contre le riche ; la bonne éducation des enfans, qu'on accoutumoit à l'obéissance, au travail, à la sobriété, à l'amour des arts ou des lettres ; l'exactitude pour toutes les cérémonies de religion ; le désintéressement, le désir de l'honneur, la fidélité pour les hommes, et la crainte pour les dieux, que chaque père inspiroit à ses enfans. Il ne se lassoit point d'admirer ce bel ordre. Heureux, me disoit-il sans cesse, le peuple qu'un sage roi conduit ainsi ! mais encore plus heureux le roi qui fait le bonheur de tant de peuples, et qui trouve le sien dans sa vertu ! Il [1] tient les hommes par un lien cent fois plus fort que celui de la crainte, c'est celui de l'amour. Non-seulement on lui obéit, mais encore on aime à lui obéir. Il règne dans tous les cœurs : chacun, bien loin de vouloir s'en défaire, craint de le perdre, et donneroit sa vie pour lui.

Je remarquois ce que disoit Mentor, et je sentois renaître mon courage au fond de mon cœur, à mesure que ce sage ami me parloit. Aussitôt que nous fûmes arrivés à Memphis, ville opulente et magnifique, le gouverneur ordonna que nous irions jusqu'à Thèbes pour être présentés au roi Sésostris, qui vouloit examiner les choses par lui-même, et qui étoit fort animé contre les Tyriens. Nous remontâmes donc encore le long du Nil, jusqu'à cette fameuse Thèbes à cent portes, où habitoit ce grand roi. Cette ville nous parut d'une étendue immense, et plus peuplée que les plus florissantes villes de Grèce. La police y est parfaite pour la propreté des rues, pour le cours des eaux, pour la commodité des bains, pour la culture des arts et pour la sûreté publique. Les places sont ornées de fontaines et d'obélisques ; les temples sont de marbre, et d'une architecture simple, mais majestueuse. Le palais du prince est lui seul comme une grande ville : on n'y voit que colonnes de marbre, que pyramides et obélisques, que statues colossales, que meubles d'or et d'argent massif.

Ceux qui nous avoient pris dirent au Roi que nous avions été trouvés dans un navire phénicien. Il écoutoit chaque jour, à certaines heures réglées, tous ceux de ses sujets qui avoient, ou des plaintes à lui faire, ou des avis à lui donner. Il ne méprisoit ni ne rebutoit personne, et ne croyoit être roi que pour faire du bien à tous ses sujets, qu'il aimoit comme ses enfans. Pour les étrangers, il les recevoit avec bonté, et vouloit les voir, parce qu'il croyoit qu'on apprenoit toujours quelque chose d'utile en s'instrui-

---

Var. — [1] avec lesquelles. A. — [2] celui que vos yeux n'ont jamais vu. A.

Var. — [1] Il est plus que craint, car il est aimé. Non-seulement on lui obéit, mais encore on aime à lui obéir. Il est le roi de tous les cœurs. A. B.

sant des mœurs et des maximes [1] des peuples [2] éloignés. Cette curiosité du Roi fit qu'on nous présenta à lui. Il étoit sur un trône d'ivoire, tenant en main un sceptre d'or. Il étoit déjà vieux, mais agréable, plein de douceur et de majesté : il jugeoit tous les jours les peuples, avec une patience et une sagesse qu'on admiroit sans flatterie. Après avoir travaillé toute la journée à régler les affaires et à rendre une exacte justice, il se délassoit le soir à écouter des hommes savans, ou à converser avec les plus honnêtes gens, qu'il savoit bien choisir pour les admettre dans sa familiarité. On ne pouvoit lui reprocher en toute sa vie que d'avoir triomphé avec trop de faste des rois qu'il avoit vaincus, et de s'être confié à un de ses sujets que je vous dépeindrai tout-à-l'heure.

Quand il me vit, il fut touché de ma jeunesse et de ma douleur ; il me demanda ma patrie et mon nom. Nous fûmes étonnés de la sagesse qui parloit par sa bouche. Je lui répondis : O grand roi ! vous n'ignorez pas le siége de Troie, qui a duré dix ans, et sa ruine, qui a coûté tant de sang à toute la Grèce. Ulysse mon père a été un des principaux rois qui ont ruiné cette ville : il erre sur toutes les mers, sans pouvoir retrouver l'île d'Ithaque, qui est son royaume. Je le cherche ; et un malheur semblable au sien fait que j'ai été pris. Rendez-moi à mon père et à ma patrie. Ainsi puissent les dieux vous conserver à vos enfans, et leur faire sentir la joie de vivre sous un si bon père !

Sésostris continuoit à me regarder d'un œil de compassion : mais, voulant savoir si ce que je disois étoit vrai, il nous renvoya à un de ses officiers, qui fut chargé de savoir de ceux qui avoient pris notre vaisseau si nous étions effectivement ou Grecs ou Phéniciens. S'ils sont Phéniciens, dit le Roi, il faut doublement les punir, pour être nos ennemis, et plus encore pour avoir voulu nous tromper par un lâche mensonge : si au contraire ils sont Grecs, je veux qu'on les traite favorablement, et qu'on les renvoie dans leur pays sur un de mes vaisseaux : car j'aime la Grèce ; plusieurs Egyptiens y ont donné des lois. Je connois la vertu d'Hercule ; la gloire d'Achille est parvenue jusqu'à nous ; et j'admire ce qu'on m'a raconté de la sagesse du malheureux Ulysse : tout mon plaisir est de secourir la vertu malheureuse.

L'officier auquel le Roi renvoya l'examen de notre affaire avoit l'ame aussi corrompue et aussi artificieuse que Sésostris étoit sincère et généreux. Cet officier se nommoit Méthophis ; il nous interrogea pour tâcher de nous surprendre ; et comme il vit que Mentor répondoit avec plus de sagesse que moi, il le regarda avec aversion et avec défiance : car les méchans s'irritent contre les bons. Il nous sépara ; et depuis ce moment je ne sus point [1] ce qu'étoit devenu Mentor. Cette séparation fut un coup de foudre pour moi. Méthophis espéroit toujours qu'en nous questionnant séparément il pourroit nous faire dire des choses contraires : surtout il croyoit m'éblouir par ses promesses flatteuses, et me faire avouer ce que Mentor lui auroit caché. Enfin il ne cherchoit pas de bonne foi la vérité ; mais il vouloit trouver quelque prétexte de dire au Roi que nous étions des Phéniciens, pour nous faire ses esclaves. En effet, malgré notre innocence, et malgré la sagesse du Roi, il trouva le moyen de le tromper.

Hélas ! à quoi les rois sont-ils exposés ! les plus sages mêmes sont souvent surpris. Des hommes artificieux et intéressés les environnent. Les bons se retirent, parce qu'ils ne sont ni empressés ni flatteurs ; les bons attendent qu'on les cherche, et les princes ne savent guère les aller chercher : au contraire, les méchans sont hardis, trompeurs, empressés à s'insinuer et à plaire, adroits à dissimuler, prêts à tout faire contre l'honneur et la conscience pour contenter les passions de celui qui règne. O qu'un roi est malheureux d'être exposé aux artifices des méchans ! Il est perdu s'il ne repousse la flatterie, et s'il n'aime ceux qui disent hardiment la vérité. Voilà les réflexions que je faisois dans mon malheur ; et je rappelois tout ce que j'avois ouï dire à Mentor. Cependant Méthophis m'envoya vers les montagnes du désert d'Oasis [2], avec ses esclaves, afin que je servisse avec eux à conduire ses grands troupeaux.

En cet endroit Calypso interrompit Télémaque, disant : Hé bien ! que fîtes-vous alors, vous qui aviez préféré en Sicile la mort à la servitude ? Télémaque répondit : Mon malheur croissoit toujours ; je n'avois plus la misérable consolation de choisir entre la servitude et la mort : il fallut être esclave, et épuiser pour ainsi dire toutes les rigueurs de la fortune. Il ne me restoit plus aucune espérance, et je ne pouvois pas même dire un mot pour travailler à me

---

VAR. — [1] manières. B. c. *Edit. f. du cop.* — [2] des autres peuples éloignés. A.

VAR. — [1] je ne sus ce qu'étoit. A. — [2] d'Oasis, m. A aj. B.

délivrer. Mentor m'a dit depuis qu'on l'avoit vendu à des Ethiopiens, et qu'il les avoit suivis en Ethiopie.

Pour moi, j'arrivai dans des déserts affreux : on y voit des sables brûlans au milieu des plaines. Des neiges qui ne se fondent jamais font un hiver perpétuel sur le sommet des montagnes ; et on trouve seulement, pour nourrir les troupeaux, des pâturages parmi des rochers, vers le milieu du penchant [1] de ces montagnes escarpées : les vallées y sont si profondes, qu'à peine le soleil y peut faire luire ses rayons.

Je ne trouvai d'autres hommes, en ce pays, que des bergers aussi sauvages que le pays même. Là, je passois les nuits à déplorer mon malheur, et les jours à suivre un troupeau, pour éviter la fureur brutale d'un premier esclave, qui, espérant d'obtenir sa liberté, accusoit sans cesse les autres pour faire valoir à son maître son zèle et son attachement à ses intérêts. Cet esclave se nommoit Buthis. Je devois succomber en cette occasion : la douleur me pressant, j'oubliai un jour mon troupeau, et je m'étendis sur l'herbe auprès d'une caverne où j'attendois la mort, ne pouvant plus supporter mes peines.

En ce moment je remarquai que toute la montagne trembloit : les chênes et les pins sembloient descendre du sommet de la montagne ; les vents retenoient leurs haleines ; une voix mugissante sortit de la caverne, et me fit entendre ces paroles : Fils du sage Ulysse, il faut que tu deviennes, comme lui, grand par la patience : les princes qui ont toujours été heureux ne sont guère dignes de l'être ; la mollesse les corrompt, l'orgueil les enivre. Que tu seras heureux, si tu surmontes tes malheurs, et si tu ne les oublies jamais ! Tu reverras Ithaque, et ta gloire montera jusqu'aux astres. Quand tu seras le maître des autres hommes, souviens-toi que tu as été foible, pauvre et souffrant comme eux ; prends plaisir à les soulager ; aime ton peuple ; déteste la flatterie ; et sache que tu ne seras grand qu'autant que tu seras modéré, et courageux pour vaincre tes passions.

Ces paroles divines entrèrent jusqu'au fond de mon cœur ; elles y firent renaître la joie et le courage. Je ne sentis point cette horreur qui fait dresser les cheveux sur la tête, et qui glace le sang dans les veines, quand les dieux se communiquent aux mortels ; je me levai tranquille : j'adorai à genoux, les mains levées vers le ciel, Minerve, à qui je crus devoir cet oracle. En même temps, je me trouvai un nouvel homme ; la sagesse éclairoit mon esprit ; je sentois une douce force pour modérer toutes mes passions, et pour arrêter l'impétuosité de ma jeunesse. Je me fis aimer de tous les bergers du désert ; ma douceur, ma patience, mon exactitude, apaisèrent enfin le cruel Buthis, qui étoit en autorité sur les autres esclaves, et qui avoit voulu d'abord me tourmenter.

Pour mieux supporter l'ennui de la captivité et de la solitude, je cherchai des livres ; car j'étois accablé de tristesse [1], faute de quelque instruction qui pût nourrir mon esprit et le soutenir. Heureux, disois-je, ceux qui se dégoûtent des plaisirs violens, et qui savent se contenter des douceurs d'une vie innocente ! Heureux ceux qui se divertissent en s'instruisant, et qui se plaisent à cultiver leur esprit par les sciences ! En quelque endroit que la fortune ennemie les jette, ils portent toujours avec eux de quoi s'entretenir ; et l'ennui, qui dévore les autres hommes, au milieu même des délices, est inconnu à ceux qui savent s'occuper par quelque lecture. Heureux ceux qui aiment à lire, et qui ne sont point, comme moi, privés de la lecture !

Pendant que ces pensées rouloient dans mon esprit, je m'enfonçai dans une sombre forêt, où j'aperçus tout-à-coup un vieillard qui tenoit dans sa main un livre. Ce vieillard avoit un grand front chauve et un peu ridé ; une barbe blanche pendoit jusqu'à sa ceinture ; sa taille étoit haute et majestueuse ; son teint étoit encore frais et vermeil, ses yeux vifs et perçans, sa voix douce, ses paroles simples et aimables. Jamais je n'ai vu un si vénérable vieillard. Il s'appeloit Termosiris, et il étoit prêtre d'Apollon, qu'il servoit [2] dans un temple de marbre que les rois d'Egypte avoient consacré à ce dieu dans cette forêt. Le livre qu'il tenoit étoit un recueil d'hymnes en l'honneur des dieux. Il m'aborde avec amitié ; nous nous entretenons. Il racontoit si bien les choses passées, qu'on croyoit les voir ; mais il les racontoit courtement, et jamais ses histoires ne m'ont lassé. Il prévoyoit l'avenir par la profonde sagesse qui lui faisoit connoître les hommes et les desseins dont ils sont capables. Avec tant de prudence, il étoit gai, complaisant ; et la jeunesse la plus enjouée n'a point autant de

VAR. — [1] vers le milieu de ces montagnes escarpées. A.

VAR. — [1] et j'étois accablé d'ennui. A. D. — [2] qu'il servoit m. A. aj. D.

grâces, qu'en avoit cet homme dans une vieillesse si avancée : aussi aimoit-il les jeunes gens quand ils étoient dociles, et qu'ils avoient le goût de la vertu.

Bientôt il m'aima tendrement, et me donna des livres pour me consoler : il m'appeloit, Mon fils. Je lui disois souvent : Mon père, les dieux, qui m'ont ôté Mentor, ont eu pitié de moi ; ils m'ont donné en vous un autre soutien. Cet homme, semblable à Orphée ou à Linus, étoit sans doute inspiré des dieux : il me récitoit les vers qu'il avoit faits, et me donnoit ceux de plusieurs excellens poètes favorisés des Muses. Lorsqu'il étoit revêtu de sa longue robe d'une éclatante blancheur, et qu'il prenoit en main sa lyre d'ivoire [1], les tigres, les lions et les ours venoient le flatter et lécher ses pieds ; les Satyres sortoient des forêts pour danser autour de lui ; les arbres mêmes paroissoient émus ; et vous auriez cru que les rochers attendris alloient descendre du haut des montagnes au charme de ses doux accens. Il ne chantoit que la grandeur des dieux, la vertu des héros, et la sagesse des hommes qui préfèrent la gloire aux plaisirs.

Il me disoit souvent que je devois prendre courage, et que les dieux n'abandonneroient ni Ulysse, ni son fils. Enfin il m'assura que je devois, à l'exemple d'Apollon, enseigner aux bergers à cultiver les Muses. Apollon, disoit-il, indigné de ce que Jupiter par ses foudres troubloit le ciel dans les plus beaux jours, voulut s'en venger sur les Cyclopes qui forgeoient les foudres, et il les perça de ses flèches. Aussitôt le mont Etna cessa de vomir des tourbillons de flammes ; on n'entendit plus les coups des terribles marteaux qui, frappant l'enclume, faisoient gémir les profondes cavernes de la terre et les abîmes de la mer : le fer et l'airain, n'étant plus polis par les Cyclopes, commençoient à se rouiller. Vulcain furieux sort de sa fournaise [2] ; quoique boiteux, il monte en diligence vers l'Olympe ; il arrive, suant et couvert d'une noire poussière, dans l'assemblée des dieux ; il fait des plaintes amères. Jupiter s'irrite contre Apollon, le chasse du ciel, et le précipite sur la terre. Son char vide faisoit de lui-même son cours ordinaire, pour donner aux hommes les jours et les nuits avec le changement régulier des saisons. Apollon, dépouillé de tous ses rayons, fut contraint de se faire berger, et de garder les troupeaux du roi Admète. Il jouoit de la flûte ; et tous les autres bergers venoient à l'ombre des ormeaux, sur le bord d'une claire fontaine, écouter ses chansons. Jusque-là ils avoient mené une vie sauvage et brutale ; ils ne savoient que conduire leurs brebis, les tondre, traire leur lait, et faire des fromages : toute la campagne étoit comme un désert affreux.

Bientôt Apollon montra à tous ces bergers lés [1] arts qui peuvent rendre leur vie agréable. Il chantoit les fleurs dont le printemps se couronne, les parfums qu'il répand, et la verdure qui naît sous ses pas. Puis il chantoit les délicieuses nuits de l'été, où les zéphirs rafraîchissent les hommes, et où la rosée désaltère la terre. Il mêloit aussi dans ses chansons les fruits dorés dont l'automne récompense les travaux des laboureurs, et le repos de l'hiver, pendant lequel la jeunesse folâtre danse auprès du feu. Enfin [2] il représentoit les forêts sombres qui couvrent les montagnes, et les creux vallons, où les rivières, par mille détours, semblent se jouer au milieu des riantes prairies. Il apprit ainsi aux bergers quels sont les charmes de la vie champêtre, quand on sait goûter ce que la simple nature a de gracieux [3]. Bientôt les bergers, avec leurs flûtes, se virent plus heureux que les rois ; et leurs cabanes attiroient en foule les plaisirs purs qui fuient les palais dorés. Les jeux, les ris, les grâces suivoient partout les innocentes bergères. Tous les jours étoient [4] des jours de fête : on n'entendoit plus que le gazouillement des oiseaux, ou la douce haleine des zéphirs qui se jouoient dans les rameaux des arbres, ou le murmure d'une onde claire qui tomboit de quelque rocher, ou les chansons que les Muses inspiroient aux bergers qui suivoient Apollon. Ce dieu leur enseignoit à remporter le prix de la course, et à percer de flèches les daims et les cerfs. Les dieux mêmes devinrent jaloux des bergers : cette vie leur parut plus douce que toute leur gloire ; et ils rappelèrent Apollon dans l'Olympe.

Mon fils, cette histoire doit vous instruire. Puisque vous êtes dans l'état où fut Apollon, défrichez cette terre sauvage ; faites fleurir comme lui le désert ; apprenez à tous ces bergers quels sont les charmes de l'harmonie ; adoucissez les cœurs farouches ; montrez-leur l'aimable vertu ; faites-leur sentir combien il est doux de jouir, dans la solitude, des plaisirs innocens que rien ne peut ôter aux bergers. Un jour, mon fils, un jour les peines et les

---

VAR. — [1] d'or. A. — [2] de sa fournaise embrasée. A. B.

VAR. — [1] les douceurs d'une vie rustique. A. — [2] Tantôt. A. — [3] merveilleux. A. D. — [4] étoient des fêtes. c. Edit. f. du cop.

soucis cruels, qui environnent les rois, vous feront regretter sur le trône la vie pastorale.

Ayant ainsi parlé, Termosiris me donna une flûte si douce, que les échos de ces montagnes, qui la firent entendre de tous côtés, attirèrent bientôt autour de nous tous les bergers voisins. Ma voix avoit une harmonie divine ; je me sentois ému, et comme hors de moi-même, pour chanter les grâces dont la nature a orné la campagne. Nous passions les jours entiers et une partie des nuits à chanter ensemble. Tous les bergers, oubliant leurs cabanes et leurs troupeaux, étoient suspendus et immobiles autour de moi pendant que je leur donnois des leçons : il sembloit que ces déserts n'eussent plus rien de sauvage ; tout y étoit devenu doux et riant ; la politesse des habitans sembloit adoucir la terre.

Nous nous assemblions souvent pour offrir des sacrifices dans ce temple d'Apollon où Termosiris étoit prêtre. Les bergers y alloient couronnés de lauriers en l'honneur du dieu : les bergères y alloient aussi [1], en dansant, avec des couronnes de fleurs, et portant sur leurs têtes, dans des corbeilles, les dons sacrés. Après le sacrifice, nous faisions un festin champêtre ; nos plus doux mets étoient le lait de nos chèvres et de nos brebis, que nous avions soin de traire nous-mêmes, avec les fruits fraîchement cueillis de nos propres mains, tels que les dattes, les figues et les raisins : nos sièges étoient les gazons ; les arbres touffus nous donnoient une ombre plus agréable que les lambris dorés des palais des rois.

Mais ce qui acheva de me rendre fameux parmi nos bergers, c'est qu'un jour un lion affamé vint se jeter sur mon troupeau : déjà il commençoit un carnage affreux ; je n'avois en main que ma houlette ; je m'avance hardiment. Le lion hérisse sa crinière, me montre ses dents et ses griffes, ouvre une gueule sèche et enflammée ; ses yeux paroissent pleins de sang et de feu ; il bat ses flancs avec sa longue queue. Je le terrasse : la petite cotte de maille dont j'étois revêtu, selon la coutume des bergers d'Egypte, l'empêcha de me déchirer. Trois fois je l'abbattis ; trois fois il se releva ; il poussoit des rugissemens qui faisoient retentir toutes les forêts [2]. Enfin je l'étouffai entre mes bras ; et les bergers, témoins de ma victoire, voulurent que je me revêtisse de la peau de ce terrible lion.

Le bruit de cette action, et celui du beau changement de tous nos bergers, se répandit dans toute l'Egypte ; il parvint même jusqu'aux oreilles de Sésostris. Il sut qu'un de ces deux captifs, qu'on avoit pris pour des Phéniciens, avoit ramené l'âge d'or dans ces déserts presque inhabitables. Il voulut me voir : car il aimoit les Muses ; et tout ce qui peut instruire les hommes touchoit son grand cœur. Il me vit ; il m'écouta avec plaisir ; il découvrit que Méthophis l'avoit trompé par avarice : il le condamna à une prison perpétuelle, et lui ôta toutes les richesses qu'il possédoit injustement. O qu'on est malheureux, disoit-il, quand on est au-dessus du reste des hommes ! souvent on ne peut voir la vérité par ses propres yeux : on est environné de gens qui l'empêchent d'arriver jusqu'à celui qui commande ; chacun est intéressé à le tromper ; chacun, sous une apparence de zèle, cache son ambition. On fait semblant d'aimer le Roi, et on n'aime que les richesses qu'il donne : on l'aime si peu, que pour obtenir ses faveurs on le flatte et on le trahit.

Ensuite Sésostris me traita avec une tendre amitié, et résolut de me renvoyer en Ithaque avec des vaisseaux et des troupes pour délivrer Pénélope de tous ses amans. La flotte étoit déjà prête ; nous ne songions qu'à nous embarquer. J'admirois les coups de la fortune, qui relève tout-à-coup ceux qu'elle a le plus abaissés. Cette expérience me faisoit espérer qu'Ulysse pourroit bien revenir enfin dans son royaume après quelque longue souffrance. Je pensois aussi en moi-même que je pourrois encore revoir Mentor, quoiqu'il eût été emmené dans les pays les plus inconnus de l'Ethiopie. Pendant que je retardois un peu mon départ, pour tâcher d'en savoir des nouvelles, Sésostris, qui étoit fort âgé, mourut subitement, et sa mort me plongea dans de nouveaux malheurs [1].

Toute l'Egypte parut inconsolable dans cette perte ; chaque famille croyoit avoir perdu son meilleur ami, son protecteur, son père. Les vieillards, levant les mains au ciel, s'écrioient : Jamais l'Egypte n'eut un si bon roi ! jamais elle n'en aura de semblable ! O dieux ! il falloit ou ne le montrer point aux hommes, ou ne le leur ôter jamais : pourquoi faut-il que nous survivions au grand Sésostris ! Les jeunes gens disoient : L'espérance de l'Egypte est détruite : nos pères ont été heureux de passer leur vie

---

VAR. — [1] les bergères y alloient en dansant, avec des couronnes de fleurs. Après le sacrifice, etc. A. — [2] Trois fois il se releva ; il poussoit des rugissemens qui faisoient retentir toutes les forêts : trois fois je l'abbattis. A. B.

VAR. — [1] dans toutes mes malheurs. A.

sous un si bon roi ; pour nous, nous ne l'avons vu que pour sentir sa perte. Ses domestiques pleuroient nuit et jour. Quand on fit les funérailles du Roi, pendant quarante jours tous les peuples les plus reculés y accoururent en foule : chacun vouloit voir encore une fois le corps de Sésostris ; chacun vouloit en conserver l'image ; plusieurs voulurent être mis avec lui dans le tombeau.

Ce qui augmenta encore la douleur de sa perte, c'est que son fils Boccoris n'avoit ni humanité pour les étrangers, ni curiosité pour les sciences, ni estime pour les hommes vertueux, ni amour de la gloire. La grandeur de son père avoit contribué à le rendre si indigne de régner. Il avoit été nourri dans la mollesse et dans une fierté brutale ; il comptoit pour rien les hommes, croyant qu'ils n'étoient faits que pour lui, et qu'il étoit d'une autre nature qu'eux : il ne songeoit qu'à contenter ses passions, qu'à dissiper les trésors immenses que son père avoit ménagés avec tant de soin, qu'à tourmenter les peuples, et qu'à sucer le sang des malheureux ; enfin qu'à suivre les conseils flatteurs des jeunes insensés [1] qui l'environnoient, pendant qu'il écartoit avec mépris tous les sages vieillards qui avoient eu la confiance de son père. C'étoit un monstre, et non pas un roi. Toute l'Egypte gémissoit ; et quoique le nom de Sésostris, si cher aux Egyptiens, leur fît supporter la conduite lâche et cruelle de son fils, le fils couroit à sa perte ; et un prince si indigne du trône ne pouvoit longtemps régner.

Il ne me fut plus permis d'espérer mon retour en Ithaque. Je demeurai dans une tour sur le bord de la mer auprès de Péluse, où notre embarquement devoit se faire, si Sésostris ne fût pas mort. Méthophis avoit eu l'adresse de sortir de prison, et de se rétablir auprès du nouveau roi : il m'avoit fait renfermer dans cette tour, pour se venger de la disgrâce que je lui avois causée. Je passois les jours et les nuits dans une profonde tristesse : tout ce que Termosiris m'avoit prédit, et tout ce que j'avois entendu dans la caverne, ne me paroissoit plus qu'un songe ; j'étois abîmé dans la plus amère douleur. Je voyois les vagues qui venoient battre le pied de la tour où j'étois prisonnier : souvent je m'occupois à considérer des vaisseaux agités par la tempête, qui étoient en danger de se briser contre les rochers sur lesquels la tour étoit bâtie. Loin de plaindre ces hommes menacés du naufrage, j'enviois leur sort. Bientôt, disois-je en moi-même, ils finiront les malheurs de leur vie, ou ils arriveront en leur pays. Hélas ! je ne puis plus espérer ni l'un ni l'autre.

Pendant que je me consumois ainsi en regrets inutiles, j'aperçus comme une forêt de mâts de vaisseaux. La mer étoit couverte de voiles que les vents enfloient ; l'onde étoit écumante sous les coups des rames innombrables. J'entendois de toutes parts des cris confus ; j'apercevois sur le rivage une partie des Egyptiens effrayés qui couroient aux armes, et d'autres qui sembloient aller au-devant de cette flotte qu'on voyoit arriver. Bientôt je reconnus que ces vaisseaux étrangers étoient les uns de Phénicie, et les autres de l'île de Chypre ; car mes malheurs commençoient à me rendre expérimenté sur ce qui regarde la navigation. Les Egyptiens me parurent divisés entre eux : je n'eus aucune peine à croire que l'insensé [1] Boccoris avoit, par ses violences, causé une révolte de ses sujets, et allumé la guerre civile. Je fus, du haut de cette tour, spectateur d'un sanglant combat. Les Egyptiens qui avoient appelé à leur secours les étrangers, après avoir favorisé leur descente, attaquèrent les autres Egyptiens, qui avoient le Roi à leur tête. Je voyois ce roi qui animoit les siens par son exemple ; il paroissoit comme le dieu Mars : des ruisseaux de sang couloient autour de lui ; les roues de son char étoient teintes d'un sang noir, épais et écumant : à peine pouvoient-elles passer sur des tas de corps morts écrasés. Ce jeune roi, bien fait, vigoureux, d'une mine haute et fière, avoit dans ses yeux la fureur et le désespoir : il étoit comme un beau cheval qui n'a point de bouche ; son courage le poussoit au hasard, et la sagesse ne modéroit point sa valeur. Il ne savoit ni réparer ses fautes, ni donner des ordres précis, ni prévoir les maux qui le menaçoient, ni ménager les gens dont il avoit le plus grand besoin. Ce n'étoit pas qu'il manquât de génie ; ses lumières égaloient son courage : mais il n'avoit jamais été instruit par la mauvaise fortune ; ses maîtres avoient empoisonné par la flatterie son beau naturel. Il étoit enivré de sa puissance et de son bonheur ; il croyoit que tout devoit céder à ses désirs fougueux : la moindre résistance enflammoit sa colère. Alors il ne raisonnoit plus ; il étoit comme hors de lui-même : son orgueil furieux en faisoit une bête farouche ; sa bonté naturelle

VAR. — [1] jeunes fous. A.

VAR. — [1] l'insensé roi Boccoris. A. B.

et sa droite raison l'abandonnoient en un instant : ses plus fidèles serviteurs étoient réduits à s'enfuir ; il n'aimoit plus que ceux qui flattoient ses passions. Ainsi il prenoit toujours des partis extrêmes contre ses véritables intérêts, et il forçoit tous les gens de bien à détester sa folle conduite.

Long-temps sa valeur le soutint contre la multitude de ses ennemis ; mais enfin il fut accablé. Je le vis périr : le dard d'un Phénicien perça sa poitrine.[1] Les rênes lui échappèrent des mains ; il tomba de son char sous les pieds des chevaux. Un soldat de l'île de Chypre lui coupa la tête ; et, la prenant par les cheveux, il la montra comme en triomphe à toute l'armée victorieuse.

Je me souviendrai toute ma vie d'avoir vu cette tête qui nageoit dans le sang ; ces yeux fermés et éteints ; ce visage pâle et défiguré ; cette bouche entr'ouverte, qui sembloit vouloir encore achever des paroles commencées ; cet air superbe et menaçant, que la mort même n'avoit pu effacer. Toute ma vie il sera peint devant mes yeux ; et, si jamais les dieux me faisoient régner, je n'oublierois point, après un si funeste exemple, qu'un roi n'est digne de commander, et n'est heureux dans sa puissance, qu'autant qu'il la soumet à la raison. Hé ! quel malheur, pour un homme destiné à faire le bonheur public, de n'être le maître de tant d'hommes que pour les rendre malheureux !

LIVRE III.

Suite du récit de Télémaque. Le successeur de Boccoris rendant tous les prisonniers phéniciens, Télémaque est emmené avec eux sur le vaisseau de Narbal, qui commandoit la flotte tyrienne. Pendant le trajet, Narbal lui dépeint la puissance des Phéniciens, et le triste esclavage auquel ils sont réduits par le soupçonneux et cruel Pygmalion. Télémaque, retenu quelque temps à Tyr, observe attentivement l'opulence et la prospérité de cette grande ville. Narbal lui apprend par quels moyens elle est parvenue à un état si florissant. Cependant Télémaque étant sur le point de s'embarquer pour l'île de Chypre, Pygmalion découvre qu'il est étranger, et veut le faire prendre : mais Astarbé, maîtresse du tyran, le sauve, pour faire mourir à sa place un jeune homme dont le mépris l'avoit irritée. Télémaque s'embarque enfin sur un vaisseau chyprien, pour retourner à Ithaque par l'île de Chypre.

Calypso écoutoit avec étonnement des paroles si sages. Ce qui la charmoit le plus étoit de voir que Télémaque[1] racontoit ingénument les fautes qu'il avoit faites par précipitation, et en manquant de docilité pour le sage Mentor : elle trouvoit une noblesse et une grandeur étonnante dans ce jeune homme[2] qui s'accusoit lui-même, et qui paroissoit avoir si bien profité de ses imprudences pour se rendre sage, prévoyant et modéré. Continuez, disoit-elle, mon cher Télémaque ; il me tarde de savoir comment vous sortîtes de l'Egypte, et où vous avez retrouvé le sage Mentor, dont vous aviez senti la perte avec tant de raison.

Télémaque reprit ainsi son discours : Les Egyptiens les plus vertueux et les plus fidèles au Roi étant les plus foibles, et voyant le Roi mort, furent contraints de céder aux autres : on établit un autre roi nommé Termutis[3]. Les Phéniciens, avec les troupes de l'île de Chypre, se retirèrent après avoir fait alliance avec le nouveau roi. Celui-ci[4] rendit tous les prisonniers phéniciens ; je fus compté comme étant de ce nombre. On me fit sortir de la tour ; je m'embarquai avec les autres ; et l'espérance commença à reluire au fond de mon cœur. Un vent favorable remplissoit déjà nos voiles, les rameurs fendoient les ondes écumantes, la vaste mer étoit couverte de navires ; les mariniers poussoient des cris de joie ; les rivages d'Egypte s'enfuyoient loin de nous ; les collines et les montagnes s'aplanissoient peu à peu. Nous commencions à ne voir plus que le ciel et l'eau, pendant que le soleil, qui se levoit, sembloit faire sortir du sein de la mer ses feux étincelans : ses rayons doroient le sommet des montagnes que nous découvrions encore un peu sur l'horizon ; et tout le ciel, peint[5] d'un sombre azur, nous promettoit une heureuse navigation.

Quoiqu'on m'eût renvoyé comme étant phénicien, aucun des Phéniciens avec qui j'étois ne me connoissoit. Narbal, qui commandoit dans le vaisseau où l'on me mit, me demanda mon nom et ma patrie. De quelle ville de Phénicie êtes-vous ? me dit-il. Je ne suis point phénicien[6], lui dis-je ; mais les Egyptiens m'avoient pris sur la mer dans un vaisseau de Phénicie : j'ai demeuré captif[7] en Egypte comme un Phénicien ; c'est sous ce nom que j'ai long-temps souffert ; c'est sous ce nom qu'on m'a délivré. De quel pays êtes-vous[8]

Var. — [1] Il tomba de son char, que les chevaux traînoient toujours ; et ne pouvant plus tenir les rênes, il fut mis sous les pieds des chevaux. A. B.

Var. — [1] que le jeune Télémaque. A. B. — [2] ce prince. A. B. — [3] Termutis m. A. B. aj. C. — [4] Il rendit. A. B. — [5] peint m. A. aj. B. — [6] Je ne suis point de Phénicie. A. B. D. — [7] long-temps captif. A. B. — [8] es-tu donc ? reprit Narbal. Je lui parlai ainsi. A.

donc ! reprit Narbal. Alors je lui parlai ainsi : Je suis Télémaque, fils d'Ulysse, roi d'Ithaque en Grèce. Mon père s'est rendu fameux entre tous les rois qui ont assiégé la ville de Troie : mais les dieux ne lui ont pas accordé de revoir sa patrie. Je l'ai cherché en plusieurs pays; la fortune me persécute comme lui : vous voyez un malheureux qui ne soupire qu'après le bonheur de retourner parmi les siens, et de trouver son père.

Narbal me regardoit avec étonnement, et il crut apercevoir en moi je ne sais quoi d'heureux qui vient des dons du ciel, et qui n'est point dans le commun [1] des hommes. Il étoit naturellement sincère et généreux; il fut touché de mon malheur, et me parla avec une confiance que les dieux lui inspirèrent pour me sauver d'un grand péril.

Télémaque, je ne doute point, me [2] dit-il, de ce que vous me dites, et je ne saurois en douter; la douleur et la vertu peintes sur votre visage ne me permettent pas de me défier de vous : je sens même que les dieux, que j'ai toujours servis, vous aiment, et qu'ils veulent que je vous aime aussi comme si vous étiez mon fils. Je vous donnerai un conseil salutaire; et pour récompense je ne vous demande que le secret. Ne craignez point, lui dis-je, que j'aie aucune peine à me taire sur les choses que vous voudrez me confier : quoique je sois si jeune, j'ai déjà vieilli dans l'habitude de ne dire jamais mon secret, et encore plus de ne trahir jamais, sous aucun prétexte, le secret d'autrui. Comment avez-vous pu, me dit-il, vous accoutumer au secret dans une si grande jeunesse? Je serai ravi d'apprendre par quel moyen vous avez acquis cette qualité, qui est le fondement de la plus sage conduite, et sans laquelle tous les talens sont inutiles.

Quand Ulysse, lui dis-je, partit pour aller au siege de Troie, il me prit sur ses genoux et entre ses bras (c'est ainsi qu'on me l'a raconté) : après m'avoir baisé tendrement, il me dit ces paroles, quoique je ne pusse les entendre : O mon fils ! que les dieux me préservent de te revoir jamais; que plutôt le ciseau de la Parque tranche le fil de tes jours lorsqu'il est à peine formé, de même que le moissonneur tranche de sa faux une tendre fleur qui commence à éclore; que mes ennemis te puissent écraser aux yeux de ta mère et aux miens, si tu dois un jour te corrompre et abandonner la vertu ! O mes amis ! continua-t-il, je vous laisse ce fils qui m'est si cher; ayez soin de son enfance : si vous m'aimez, éloignez de lui la pernicieuse flatterie; enseignez-lui à se vaincre; qu'il soit comme un jeune arbrisseau encore tendre, qu'on plie pour le redresser. Surtout n'oubliez rien pour le rendre juste, bienfaisant, sincère, et fidèle à garder un secret. Quiconque est capable de mentir est indigne d'être compté au nombre des hommes; et quiconque ne sait pas se taire est indigne de gouverner.

Je vous rapporte ces paroles, parce qu'on a eu soin de me les répéter souvent, et qu'elles ont pénétré jusqu'au fond de mon cœur : je me les redis souvent à moi-même. Les amis de mon père eurent soin de m'exercer de bonne heure au secret : j'étois encore dans la plus tendre enfance, et ils me confioient déjà toutes les peines qu'ils ressentoient, voyant ma mère exposée à un grand nombre de téméraires qui vouloient l'épouser. Ainsi on me traitoit dès lors comme un homme raisonnable et sûr : on m'entretenoit secrètement des plus grandes affaires; on m'instruisoit de tout ce qu'on avoit résolu pour écarter ces prétendans. J'étois ravi qu'on eût en moi cette confiance : [1] par là je me croyois déjà un homme fait. Jamais je n'en ai abusé; jamais il ne m'a échappé une seule parole qui pût découvrir le moindre secret. Souvent les prétendans tâchoient de me faire parler, espérant qu'un enfant, qui pourroit avoir vu ou entendu quelque chose d'important, ne sauroit pas se retenir; mais je savois bien leur répondre sans mentir, et sans leur apprendre ce que je ne devois pas dire.

Alors Narbal me dit : Vous voyez, Télémaque, la puissance des Phéniciens; ils sont redoutables à toutes les nations voisines, par leurs innombrables vaisseaux : le commerce, qu'ils font jusques aux colonnes d'Hercule, leur donne des richesses qui surpassent celles des peuples les plus florissans. Le grand roi Sésostris, qui n'auroit jamais pu les vaincre par mer, eut bien de la peine à les vaincre par terre, avec ses armées qui avoient conquis tout l'Orient; il nous imposa un tribut que nous n'avons pas long-temps payé : les Phéniciens se trouvoient trop riches et trop puissans pour porter patiemment le joug de la servitude; nous reprîmes notre liberté. La mort ne laissa pas à Sésostris le temps de finir la guerre contre nous. Il est vrai que nous avions tout à craindre de sa sagesse encore plus que de sa

VAR. — [1] le reste. A. — [2] me m. A. aj. B.

VAR. — [1] par là..... homme fait. m. A. aj. B.

puissance : mais, sa puissance passant dans les mains de son fils, dépourvu de toute sagesse, nous conclûmes que nous n'avions plus rien à craindre. En effet, les Égyptiens, bien loin de rentrer les armes à la main dans notre pays pour nous subjuguer encore une fois, ont été contraints de nous appeler à leur secours pour les délivrer de ce roi impie et furieux. Nous avons été leurs libérateurs. Quelle gloire ajoutée à la liberté et à l'opulence des Phéniciens !

Mais pendant que nous délivrons les autres, nous sommes esclaves nous-mêmes. O Télémaque ! craignez de tomber dans les mains[1] de Pygmalion, notre roi : il les a trempées, ces mains cruelles[2], dans le sang de Sichée, mari de Didon sa sœur. Didon, pleine du désir[3] de la vengeance, s'est sauvée[4] de Tyr avec plusieurs vaisseaux. La plupart de ceux qui aiment la vertu et la liberté l'ont suivie : elle a fondé sur la côte d'Afrique une superbe ville qu'on nomme Carthage. Pygmalion, tourmenté par une soif insatiable des richesses, se rend de plus en plus misérable, et odieux à ses sujets. C'est un crime à Tyr que d'avoir de grands biens ; l'avarice le rend défiant, soupçonneux, cruel ; il persécute les riches, et il craint les pauvres. C'est un crime encore plus grand à Tyr d'avoir de la vertu ; car Pygmalion suppose que les bons ne peuvent souffrir ses injustices et ses infamies : la vertu le condamne ; il s'aigrit et s'irrite contre elle[5]. Tout l'agite, l'inquiète, le ronge ; il a peur de son ombre ; il ne dort ni nuit ni jour : les dieux, pour le confondre, l'accablent de trésors dont il n'ose jouir. Ce qu'il cherche pour être heureux est précisément ce qui l'empêche de l'être. Il regrette tout ce qu'il donne ; il craint toujours de perdre ; il se tourmente pour gagner. On ne le voit presque jamais ; il est seul, triste, abattu, au fond de son palais : ses amis mêmes n'osent l'aborder, de peur de lui devenir suspects. Une garde terrible tient toujours des épées nues et des piques levées autour de sa maison. Trente chambres qui communiquent les unes aux autres, et dont chacune a une porte de fer avec six gros verrous, sont le lieu où il se renferme : on ne sait jamais dans laquelle de ces chambres il couche ; et on assure qu'il ne couche jamais deux nuits de suite dans la même, de peur d'y être égorgé. Il ne connoît ni les doux plaisirs, ni l'amitié encore

plus douce[1] : si on lui parle de chercher la joie, il sent qu'elle fuit loin de lui, et qu'elle refuse d'entrer dans son cœur. Ses yeux creux sont pleins d'un feu âpre et farouche ; ils sont sans cesse errans de tous côtés : il prête l'oreille au moindre bruit, et se sent tout ému ; il est pâle, défait, et les noirs soucis sont peints sur son visage toujours ridé. Il se tait, il soupire, il tire de son cœur de profonds gémissemens ; il ne peut cacher les remords qui déchirent ses entrailles. Les mets les plus exquis le dégoûtent. Ses enfans, loin d'être son espérance, sont le sujet de sa terreur : il en a fait ses plus dangereux ennemis. Il n'a eu toute sa vie aucun moment d'assuré ; il ne se conserve qu'à force de répandre le sang de tous ceux qu'il craint. Insensé, qui ne voit pas que sa cruauté, à laquelle il se confie, le fera périr ! Quelqu'un de ses domestiques, aussi défiant que lui, se hâtera de délivrer le monde de ce monstre.

Pour moi, je crains les dieux : quoi qu'il m'en coûte, je serai fidèle au roi qu'ils m'ont donné : j'aimerois mieux qu'il me fît mourir, que de lui ôter la vie, et même que de manquer à le défendre. Pour vous, ô Télémaque, gardez-vous bien de lui dire que vous êtes le fils d'Ulysse : il espéreroit qu'Ulysse, retournant à Ithaque, lui paieroit quelque grande somme pour vous racheter, et il vous tiendroit en prison.

Quand nous arrivâmes à Tyr, je suivis le conseil de Narbal[2], et je reconnus la vérité de tout ce qu'il m'avoit raconté. Je ne pouvois comprendre qu'un homme pût se rendre aussi misérable que Pygmalion me le paroissoit. Surpris d'un spectacle si affreux et si nouveau pour moi, je disois en moi-même : Voilà un homme qui n'a cherché qu'à se rendre heureux : il a cru y parvenir par les richesses, et par une autorité absolue : il possède tout ce qu'il peut désirer[3] ; et cependant il est misérable par ses richesses et par son autorité même. S'il étoit berger, comme je l'étois naguère, il seroit aussi heureux que je l'ai été ; il jouiroit des plaisirs innocens de la campagne, et en jouiroit sans remords ; il ne craindroit ni le fer ni le poison ; il aimeroit les hommes, il en seroit aimé : il n'auroit point ces grandes richesses, qui lui sont aussi inutiles que du sable, puisqu'il n'ose y toucher ; mais il jouiroit librement des fruits de la terre, et ne souffriroit aucun véritable besoin. Cet homme paroît faire

---

VAR. — [1] les cruelles mains. A. B. — [2] ces mains, dans le sang. A. — [3] pleine d'horreur et de vengeance. A. B. — [4] s'est enfuie. A. — [5] C'est un crime encore plus grand..... s'irrite contre elle *m*. A. *aj.* B'

VAR. — [1] plus douce encore. A. — [2] son conseil. A. — [3] il fait tout ce qu'il veut ; et cependant. A.

tout ce qu'il veut ; mais il s'en faut bien qu'il ne le fasse : il fait tout ce que veulent ses passions féroces [1] ; il est toujours entraîné par son avarice, par sa crainte, par ses soupçons. Il paroît maître de tous les autres hommes ; mais il n'est pas maître de lui-même, car il a autant de maîtres et de bourreaux qu'il a de désirs violens.

Je raisonnois ainsi de Pygmalion sans le voir ; car on ne le voyoit point, et on regardoit seulement avec crainte ces hautes tours, qui étoient nuit et jour entourées de gardes, où il s'étoit mis lui-même comme en prison, se renfermant avec ses trésors. Je comparois ce roi invisible avec Sésostris si doux, si accessible, si affable, si curieux de voir les étrangers, si attentif à écouter tout le monde, et à tirer du cœur des hommes la vérité qu'on cache aux rois. Sésostris, disois-je, ne craignoit rien, et n'avoit rien à craindre ; il se montroit à tous ses sujets comme à ses propres enfans : celui-ci craint tout, et a tout à craindre. Ce méchant roi est toujours exposé à une mort funeste, même dans son palais inaccessible, au milieu de ses gardes ; au contraire, le bon roi Sésostris étoit en sûreté au milieu de la foule des peuples, comme un bon père dans sa maison, environné de sa famille.

Pygmalion donna ordre de renvoyer les troupes de l'île de Chypre qui étoient venues secourir les siennes à cause de l'alliance qui étoit entre les deux peuples. Narbal prit cette occasion de me mettre en liberté : il me fit passer en revue parmi les soldats chypriens : car le Roi étoit ombrageux jusque dans les moindres choses. Le défaut des princes trop faciles et inappliqués est de se livrer avec une aveugle confiance à des favoris artificieux et corrompus. Le défaut de celui-ci étoit au contraire de se défier des plus honnêtes gens : il ne savoit point discerner les hommes droits et simples qui agissent sans déguisement ; aussi n'avoit-il jamais vu de gens de bien, car de telles gens ne vont point chercher un roi si corrompu. D'ailleurs, il avoit vu, depuis qu'il étoit sur le trône, dans les hommes dont il s'étoit servi, tant de dissimulation, de perfidie, et de vices affreux déguisés sous les apparences de la vertu, qu'il regardoit tous les hommes, sans exception, comme s'ils eussent été masqués. Il supposoit qu'il n'y a aucune sincère vertu sur la terre [2] : ainsi il regardoit tous les hommes comme étant à peu près égaux. Quand il trouvoit un homme faux et corrompu, il ne se donnoit point la peine d'en chercher un autre, comptant qu'un autre ne seroit pas meilleur. Les bons lui paroissoient pires que les méchans les plus déclarés, parce qu'il les croyoit aussi méchans et plus trompeurs.

Pour revenir à moi, je fus confondu [1] avec les Chypriens, et j'échappai à la défiance pénétrante du Roi. Narbal trembloit, dans la crainte que je ne fusse découvert : il lui en eût coûté la vie, et à moi aussi. Son impatience de nous voir partir étoit incroyable : mais les vents contraires nous retinrent assez long-temps à Tyr.

Je profitai de ce séjour pour connoître les mœurs des Phéniciens, si célèbres dans toutes les nations connues. J'admirois l'heureuse situation de cette grande ville, qui est au milieu de la mer, dans une île. La côte voisine est délicieuse par sa fertilité, par les fruits exquis qu'elle porte, par le nombre des villes et des villages qui se touchent presque, enfin par la douceur de son climat : car les montagnes mettent cette côte à l'abri des vents brûlans du midi ; elle est rafraîchie par le vent du nord qui souffle [2] du côté de la mer. Ce pays est au pied du Liban, dont le sommet fend les nues et va toucher les astres ; une glace éternelle couvre son front ; des fleuves pleins de neige tombent, comme des torrens, des pointes des rochers qui environnent sa tête. Au-dessous on voit une vaste forêt de cèdres antiques, qui paroissent aussi vieux que la terre où ils sont plantés, et qui portent leurs branches épaisses jusque vers les nues. Cette forêt a sous ses pieds de gras pâturages dans la pente de la montagne. C'est là qu'on voit errer les taureaux qui mugissent, les brebis qui bêlent, avec leurs tendres agneaux qui bondissent sur l'herbe fraîche : là coulent mille divers ruisseaux d'une eau claire, qui distribuent l'eau partout. Enfin on voit au-dessous de ces pâturages le pied de la montagne qui est comme un jardin : le printemps et l'automne y règnent ensemble pour y joindre les fleurs et les fruits. Jamais ni le souffle empesté du midi, qui sèche et qui brûle tout, ni le rigoureux aquilon, n'ont osé effacer les vives couleurs qui ornent ce jardin.

C'est auprès de cette belle côte que s'élève dans la mer l'île où est bâtie la ville de Tyr. Cette grande ville semble nager au-dessus des eaux, et être la reine de toute la mer. Les marchands y abordent de toutes les parties du

---

VAR. — [1] féroces m. A. aj. B. — [2] ainsi il regardoit..... et plus trompeurs. m. A. aj. B.

VAR. — [1] je fus donc confondu. A. — [2] qui vient. A.

monde, et ses habitans sont eux-mêmes les plus fameux marchands qu'il y ait dans l'univers. Quand on entre dans cette ville, on croit d'abord que ce n'est point une ville qui appartienne à un peuple particulier, mais qu'elle est la ville commune de tous les peuples, et le centre de leur commerce. Elle a deux grands môles, semblables à deux bras [1], qui s'avancent dans la mer, et qui embrassent un vaste port où les vents ne peuvent entrer. Dans ce port on voit comme une forêt de mâts de navires ; et ces navires sont si nombreux, qu'à peine peut-on découvrir la mer qui les porte. Tous les citoyens s'appliquent au commerce, et leurs grandes richesses ne les dégoûtent jamais du travail nécessaire pour les augmenter. On y voit de tous côtés le fin lin d'Egypte, et la pourpre tyrienne deux fois teinte, d'un éclat merveilleux ; cette double teinture est si vive, que le temps ne peut l'effacer : on s'en sert pour les laines fines, qu'on rehausse d'une broderie d'or et d'argent. Les Phéniciens font le commerce de tous les peuples jusqu'au détroit de Gadès, et ils ont même pénétré dans le vaste océan qui environne toute la terre. Ils ont fait aussi de longues navigations sur la mer Rouge ; et c'est par ce chemin qu'ils vont chercher, dans des îles inconnues, de l'or, des parfums, et divers animaux qu'on ne voit point ailleurs.

Je ne pouvois rassasier mes yeux du spectacle magnifique de cette grande ville où tout étoit en mouvement. Je n'y voyois point, comme dans les villes de la Grèce, des hommes oisifs et curieux, qui vont chercher des nouvelles dans la place publique, ou regarder les étrangers qui arrivent sur le port. Les hommes y sont occupés à décharger leurs vaisseaux, à transporter leurs marchandises ou à les vendre ; à ranger leurs magasins, et [2] à tenir un compte exact de ce qui leur est dû par les négocians étrangers. Les femmes ne cessent jamais ou de filer les laines, ou de faire des desseins de broderie, ou de plier les riches étoffes.

D'où vient, disois-je à Narbal, que les Phéniciens se sont rendus les maîtres du commerce de toute la terre, et qu'ils s'enrichissent ainsi aux dépens de tous les autres peuples ? Vous le voyez, me répondit-il ; la situation de Tyr est heureuse pour le commerce [3]. C'est notre patrie qui a la gloire d'avoir inventé la navigation : les Tyriens furent les premiers, s'il en faut croire ce qu'on raconte de la plus obscure antiquité [1], qui domptèrent les flots long-temps avant l'âge de Tiphys et des Argonautes tant vantés dans la Grèce ; ils furent, dis-je, les premiers qui osèrent se mettre dans un frêle vaisseau à la merci des vagues et des tempêtes, qui sondèrent les abîmes [2] de la mer, qui observèrent les astres loin de la terre, suivant la science des Egyptiens et des Babyloniens, enfin qui réunirent tant de peuples que la mer avoit séparés. Les Tyriens sont industrieux, patiens, laborieux, propres [3], sobres et ménagers ; ils ont une exacte police ; ils sont parfaitement d'accord entr'eux ; jamais peuple n'a été plus constant, plus sincère, plus fidèle, plus sûr, plus commode à tous les étrangers. Voilà, sans aller chercher d'autres causes, ce qui leur donne l'empire de la mer, et qui fait fleurir dans leurs ports un si utile commerce. Si la division et la jalousie se mettoient entr'eux ; s'ils commençoient à s'amollir dans les délices et dans l'oisiveté ; si les premiers de la nation [4] méprisoient le travail et l'économie ; si les arts cessoient d'être en honneur dans leur ville ; s'ils manquoient de bonne foi vers les étrangers ; s'ils altéroient tant soit peu les règles d'un commerce libre, s'ils négligeoient leurs manufactures, et s'ils cessoient de faire les grandes avances qui sont nécessaires pour rendre leurs marchandises parfaites, chacune dans son genre [5], vous verriez bientôt tomber cette puissance que vous admirez.

Mais expliquez-moi, lui disois-je, les vrais moyens d'établir un jour à Ithaque un pareil commerce. Faites, me répondit-il, comme on fait ici : recevez bien et facilement tous les étrangers ; faites-leur trouver dans vos ports la sûreté, la commodité, la liberté entière ; ne vous laissez jamais entraîner ni par l'avarice ni par l'orgueil. Le vrai moyen de gagner beaucoup est de ne vouloir jamais trop gagner, et de savoir perdre à propos. Faites-vous aimer par tous les étrangers ; souffrez même quelque chose d'eux ; craignez d'exciter leur jalousie par votre hauteur : soyez constant dans les règles du commerce ; qu'elles soient simples et faciles ; accoutumez vos peuples à les suivre inviolablement ; punissez sévèrement la fraude, et même la négligence ou le faste des marchands, qui ruinent le commerce en ruinant les hommes qui le font. Surtout n'entreprenez jamais de gêner le commerce pour le tourner

---

VAR. — [1] qui sont comme deux bras. A. — [2] et m. A. aj. B. — [3] la navigation. A. B.

VAR. — [1] obscure antiquité, qui osèrent se mettre A. — [2] qui domptèrent l'orgueil de la mer. A. — [3] propres m. A. aj. B. — [4] les premiers d'entr'eux. A. — [5] d'un commerce libre, vous verriez, etc. A.

selon vos vues. Il faut que le prince ne s'en mêle point, de peur de le gêner, et qu'il en laisse tout le profit à ses sujets qui en ont la peine; autrement il les découragera : il en tirera assez d'avantages par les grandes richesses qui entreront dans ses États. Le commerce est comme certaines sources : si vous voulez détourner leurs cours, vous les faites tarir. Il n'y a que le profit et la commodité qui attirent les étrangers chez vous; si vous leur rendez le commerce moins commode et moins utile, ils se retirent insensiblement, et ne reviennent plus, parce que d'autres peuples, profitant de votre imprudence, les attirent chez eux, et les accoutument à se passer de vous. Il faut même vous avouer que depuis quelque temps la gloire de Tyr est bien obscurcie. O si vous l'aviez vue, mon cher Télémaque, avant le règne de Pygmalion, vous auriez été bien plus étonné! Vous ne trouvez plus maintenant ici que les tristes restes d'une grandeur qui menace ruine. O malheureuse Tyr! en quelles mains es-tu tombée! autrefois la mer t'apportoit le tribut de tous les peuples de la terre.

Pygmalion craint tout, et des étrangers et de ses sujets. Au lieu d'ouvrir, suivant notre ancienne coutume, ses ports à toutes les nations les plus éloignées, dans une entière liberté, il veut savoir le nombre des vaisseaux qui arrivent, leur pays, les noms des hommes qui y sont, leur genre de commerce, la nature et le prix de leurs marchandises, et le temps qu'ils doivent demeurer ici. Il fait encore pis; car il use de supercherie pour surprendre les marchands, et pour confisquer leurs marchandises. Il inquiète les marchands qu'il croit les plus opulens; il établit, sous divers prétextes, de nouveaux impôts. Il veut entrer lui-même dans le commerce; et tout le monde craint d'avoir quelque affaire avec lui. Ainsi le commerce languit; les étrangers oublient peu à peu le chemin de Tyr, qui leur étoit autrefois si doux : et, si Pygmalion ne change de conduite, notre gloire et notre puissance seront bientôt transportées à quelque autre peuple mieux gouverné que nous.

Je demandai ensuite à Narbal comment les Tyriens s'étoient rendus si puissans sur la [1] mer : car je voulois n'ignorer rien de tout ce qui sert au gouvernement d'un royaume. Nous avons, me répondit-il, les forêts du Liban qui fournissent le bois des vaisseaux; et nous les réservons avec soin pour cet usage : on n'en coupe jamais que pour les besoins publics. Pour la construction des vaisseaux, nous avons l'avantage d'avoir des ouvriers habiles. Comment, lui disois-je, avez-vous pu faire pour trouver ces ouvriers?

Il me répondoit : Ils se sont formés peu à peu dans le pays. Quand on récompense bien ceux qui excellent dans les arts, on est sûr d'avoir bientôt des hommes qui les mènent à leur dernière perfection; car les hommes qui ont le plus de sagesse et de talent ne manquent point de s'adonner aux arts auxquels les grandes récompenses sont attachées. Ici on traite avec honneur tous ceux qui réussissent dans les arts et dans les sciences utiles à la navigation. On considère un bon géomètre; on estime fort un habile astronome; on comble de biens un pilote qui surpasse les autres dans sa fonction : on ne méprise point un bon charpentier; au contraire, il est bien payé et bien traité. Les bons rameurs mêmes ont des récompenses sûres, et proportionnées à leurs services; on les nourrit bien; on a soin d'eux quand ils sont malades; en leur absence on a soin de leurs femmes et de leurs enfans; s'ils périssent dans un naufrage, on dédommage leurs familles; on renvoie chez eux ceux qui ont servi un certain temps. Ainsi on en a autant qu'on en veut : le père est ravi d'élever son fils dans un si bon métier; et, dès sa plus tendre jeunesse, il se hâte de lui enseigner à manier la rame, à tendre les cordages, et à mépriser les tempêtes. C'est ainsi qu'on mène les hommes, sans contrainte, par la récompense et par le bon ordre. L'autorité seule ne fait jamais bien; la soumission des inférieurs ne suffit pas : il faut gagner les cœurs, et faire trouver aux hommes leur avantage pour les choses où l'on veut se servir de leur industrie.

Après ce discours, Narbal me mena visiter tous les magasins, les arsenaux, et tous les métiers qui servent à la construction des navires. Je demandois le détail des moindres choses, et j'écrivois tout ce que j'avois appris, de peur d'oublier quelque circonstance utile.

Cependant Narbal, qui connoissoit Pygmalion, et qui m'aimoit, attendoit avec impatience mon départ, craignant que je fusse découvert par les espions du Roi, qui alloient nuit et jour par toute la ville : mais les vents ne nous permettoient point encore de nous embarquer. Pendant que nous étions occupés à visiter curieusement le port, et à interroger divers marchands, nous vîmes venir à nous un officier de Pygmalion, qui dit à Narbal : Le Roi vient d'apprendre d'un des capitaines de vais-

VAR. — [1] la *m*. A. *aj.* B.

seaux qui sont revenus d'Égypte avec vous, que vous avez mené d'Égypte un étranger qui passe pour Chyprien : le Roi veut qu'on l'arrête, et qu'on sache certainement de quel pays il est ; vous en répondrez sur votre tête. Dans ce moment je m'étois un peu éloigné pour regarder de plus près les proportions que les Tyriens avoient gardées dans la construction d'un vaisseau presque neuf, qui étoit, disoit-on, par cette proportion si exacte de toutes ses parties, le meilleur voilier qu'on eût jamais vu dans le port ; et j'interrogeois l'ouvrier qui avoit réglé ces proportions.

Narbal, surpris et effrayé, répondit : Je vais chercher [1] cet étranger, qui est de l'île de Chypre. Quand il eut perdu de vue cet officier, il courut vers moi pour m'avertir du danger où j'étois. Je ne l'avois que trop prévu, me dit-il, mon cher Télémaque ! nous sommes perdus ! Le Roi, que sa défiance tourmente jour et nuit, soupçonne que vous n'êtes pas de l'île de Chypre ; il ordonne [2] qu'on vous arrête : il veut me faire périr si je ne vous mets entre ses mains. Que ferons-nous ? O dieux, donnez-nous la sagesse pour nous tirer de ce péril. Il faudra, Télémaque, que je vous mène au palais du Roi. Vous soutiendrez que vous êtes Chyprien, de la ville d'Amathonte, fils d'un statuaire de Vénus. Je déclarerai que j'ai connu autrefois votre père ; et peut-être que le Roi, sans approfondir davantage, vous laissera partir. Je ne vois plus d'autre moyen de sauver votre vie et la mienne.

Je répondis à Narbal : Laissez périr un malheureux que le destin veut perdre. Je sais mourir, Narbal ; et je vous dois trop pour vouloir vous entraîner dans mon malheur. Je ne puis me résoudre à mentir ; je ne suis pas Chyprien, et je ne saurois dire que je le suis. Les dieux voient ma sincérité : c'est à eux à conserver ma vie par leur puissance, s'ils le veulent [3] ; mais je ne veux point la sauver par un mensonge.

Narbal me répondoit : Ce mensonge, Télémaque, n'a rien qui ne soit innocent ; les dieux mêmes ne peuvent le condamner : il ne fait aucun mal à personne ; il sauve la vie à deux innocens ; il ne trompe le Roi que pour l'empêcher de faire un grand crime. Vous poussez trop loin [4] l'amour de la vertu et la crainte de blesser la religion.

Il suffit, lui disois-je, que le mensonge soit mensonge, pour n'être pas digne d'un homme qui parle en présence des dieux, et qui doit tout à la vérité. Celui qui blesse la vérité offense les dieux, et se blesse soi-même, car il parle contre sa conscience. Cessez, Narbal, de me proposer ce qui est indigne de vous et de moi. Si les dieux ont pitié de nous, ils sauront bien nous délivrer : s'ils veulent nous laisser périr, nous serons en mourant les victimes de la vérité, et nous laisserons aux hommes l'exemple de préférer la vertu sans tache à une longue vie : la mienne n'est déjà que trop longue, étant si malheureuse. C'est vous seul, ô mon cher Narbal, pour qui mon cœur s'attendrit. Falloit-il que votre amitié pour un malheureux étranger vous fût si funeste !

Nous demeurâmes long-temps dans cette espèce de combat : mais enfin nous vîmes arriver un homme qui couroit hors d'haleine ; c'étoit un autre officier du Roi, qui venoit de la part d'Astarbé. Cette femme étoit belle comme une déesse ; elle joignoit aux charmes du corps tous ceux de l'esprit ; elle étoit enjouée, flatteuse, insinuante. Avec [1] tant de charmes trompeurs elle avoit, comme les Sirènes, un cœur cruel et plein de malignité ; mais elle savoit cacher ses sentimens corrompus, par un profond artifice. Elle avoit su gagner le cœur de Pygmalion par sa beauté, par son esprit, par sa douce voix, et par l'harmonie de sa lyre. Pygmalion, aveuglé par un violent amour pour elle, avoit abandonné la reine Topha, son épouse. Il ne songeoit qu'à contenter toutes les passions de l'ambitieuse Astarbé : l'amour de cette femme ne lui étoit guère moins funeste que son infâme avarice. Mais quoiqu'il eût tant de passion pour elle, elle n'avoit pour lui que du mépris et du dégoût ; elle cachoit ses vrais sentimens ; et elle faisoit semblant de ne vouloir vivre que pour lui, dans le même temps où elle ne pouvoit le souffrir.

Il y avoit à Tyr un jeune Lydien nommé Malachon, d'une merveilleuse beauté, mais mou, efféminé, noyé dans les plaisirs. Il ne songeoit qu'à conserver la délicatesse de son teint, qu'à peigner ses cheveux blonds flottans sur ses épaules, qu'à se parfumer, qu'à donner un tour gracieux aux plis de sa robe, enfin qu'à chanter ses amours sur sa lyre. Astarbé le vit, elle l'aima, et devint furieuse. Il la méprisa, parce qu'il étoit passionné pour une autre femme. D'ailleurs il craignit de s'exposer à la

---

VAR. — [1] Je cherche. A. B. — [2] il veut. A. — [3] s'ils le veulent. m. A. aj. B. — [4] Vous poussez trop loin, Télémaque, l'amour, etc. A.

VAR. — [1] Avec une apparence de douceur, elle avoit un cœur cruel. A.

cruelle jalousie du Roi. Astarbé, se sentant méprisée, s'abandonna à son ressentiment. Dans son désespoir, elle s'imagina qu'elle pouvoit faire passer Malachon pour l'étranger que le Roi faisoit chercher, et qu'on disoit qui étoit venu avec Narbal. En effet, elle le persuada à Pygmalion, et corrompit tous ceux qui auroient pu le détromper. Comme il n'aimoit point les hommes vertueux, et qu'il ne savoit point les discerner, il n'étoit environné que de gens intéressés, artificieux, prêts à exécuter ses ordres injustes et sanguinaires. De telles gens craignoient l'autorité d'Astarbé, et ils lui aidoient à tromper le Roi, de peur de déplaire à cette femme hautaine qui avoit toute sa confiance. Ainsi Malachon [1], quoique connu pour Lydien [2] dans toute la ville, passa pour le jeune étranger que Narbal avoit emmené d'Égypte : il fut mis en prison.

Astarbé, qui craignit que Narbal n'allât parler au Roi, et ne découvrît son imposture, envoyoit en diligence à Narbal cet officier, qui lui dit ces paroles : Astarbé vous défend de découvrir au Roi quel est votre étranger; elle ne vous demande que le silence, et elle saura bien faire en sorte que le Roi soit content de vous : cependant hâtez-vous de faire embarquer avec les Chypriens le jeune étranger que vous avez emmené d'Égypte, afin qu'on ne le voie plus dans la ville. Narbal, ravi de pouvoir ainsi sauver sa vie et la mienne, promit de se taire; et l'officier, satisfait d'avoir obtenu ce qu'il demandoit, s'en retourna rendre compte à Astarbé de sa commission.

Narbal et moi, nous admirâmes la bonté des dieux, qui récompensoient notre sincérité, et qui ont [3] un soin si touchant de ceux qui hasardent tout pour la vertu. Nous regardions avec horreur un roi livré à l'avarice et à la volupté. Celui qui craint avec tant d'excès d'être trompé, disions-nous, mérite de l'être, et l'est presque toujours grossièrement. Il se défie des gens de bien, et il s'abandonne à des scélérats : il est le seul qui ignore ce qui se passe. Voyez Pygmalion; il est le jouet d'une femme sans pudeur. Cependant les dieux se servent du mensonge des méchans pour sauver les bons, qui aiment mieux perdre la vie que de mentir.

En même temps nous aperçûmes que les vents changeoient, et qu'ils devenoient favorables aux vaisseaux de Chypre. Les dieux se déclarent, s'écria Narbal; ils veulent, mon cher Télémaque, vous mettre en sûreté : fuyez cette terre cruelle et maudite! Heureux qui pourroit vous suivre jusque dans les rivages les plus inconnus! heureux qui pourroit vivre et mourir avec vous! Mais un destin sévère m'attache à cette malheureuse patrie; il faut souffrir avec elle : peut-être faudra-t-il être enseveli dans ses ruines; n'importe, pourvu que je dise toujours la vérité, et que mon cœur n'aime que la justice. Pour vous, ô mon cher Télémaque, je prie les dieux, qui vous conduisent comme par la main, de vous accorder le plus précieux de tous leurs dons, qui est la vertu pure et sans tache, jusqu'à la mort. Vivez, retournez en Ithaque, consolez Pénélope, délivrez-la de ses téméraires amans. Que vos yeux puissent voir, que vos mains [1] puissent embrasser le sage Ulysse; et qu'il trouve en vous un fils qui égale sa sagesse! Mais, dans votre bonheur, souvenez-vous du malheureux Narbal, et ne cessez jamais de m'aimer.

Quand il eut achevé ces paroles, je l'arrosai [2] de mes larmes sans lui répondre : de profonds soupirs m'empêchoient de parler; nous nous embrassions en silence. Il me mena jusqu'au vaisseau; il demeura sur le rivage; et, quand le vaisseau fut parti, nous ne cessions de nous regarder tandis que nous pûmes nous voir.

VAR. — [1] que vos deux yeux..... que vos deux mains. A. — [2] je l'arrosois. A. B. C. L'auteur avoit écrit d'abord : *Pendant qu'il me parloit ainsi, je l'arrosois*, etc. Il a effacé les premiers mots, pour y substituer, *Quand il eut achevé ces paroles;* mais en même temps il n'a pas songé à mettre au passé, *je l'arrosai.* Tous les éditeurs, depuis 1717, n'ont pas balancé à faire cette correction.

VAR. — [1] Ainsi le jeune Malachon. A. — [2] pour Crétois. A. L'auteur a oublié d'effacer ce mot, et de le remplacer par *Lydien*, comme il l'a fait plus haut, ce qui fait qu'on lit *Crétois* dans les éditions antérieures à 1717. — [3] qui avoient. A.

LIVRE IV.

Calypso interrompt Télémaque pour le faire reposer. Mentor le blâme en secret d'avoir entrepris le récit de ses aventures, et cependant lui conseille de l'achever, puisqu'il l'a commencé. Télémaque, selon l'avis de Mentor, continue son récit. Pendant le trajet de Tyr à l'île de Chypre, il voit en songe Vénus et Cupidon l'inviter au plaisir : Minerve lui apparoît aussi, le protégeant de son égide, et Mentor l'exhortant à fuir de l'île de Chypre. A son réveil, les Chypriens, noyés dans le vin, sont surpris par une furieuse tempête, qui eût fait périr le navire, si Télémaque lui-même n'eût pris en main le gouvernail, et commandé les manœuvres. Enfin on arrive dans l'île. Peintures des mœurs voluptueuses de ses habitans, du culte rendu à Vénus, et des impressions funestes que ce spectacle produit sur le cœur de Télémaque. Les sages conseils de Mentor, qu'il retrouve tout-à-coup en ce lieu, le délivrent d'un si grand danger. Le Syrien Hasaël, à qui Mentor avoit été vendu, ayant été contraint par les vents de relâcher à l'île de Chypre, comme il alloit en Crète pour y étudier les lois de Minos, rend à Télémaque son sage conducteur, et s'embarque avec eux pour l'île de Crète. Ils jouissent, dans ce trajet, du beau spectacle d'Amphitrite traînée dans son char par des chevaux marins.

CALYPSO, qui avoit été jusqu'à ce moment immobile, et transportée de plaisir en écoutant les aventures de Télémaque, l'interrompit pour lui faire prendre quelque repos. Il est temps, lui dit-elle, que vous alliez goûter la douceur du sommeil après tant de travaux. Vous n'avez rien à craindre ici ; tout vous est favorable. Abandonnez-vous donc à la joie; goûtez la paix [1] et tous les autres dons des dieux, dont vous allez être comblé. Demain, quand l'Aurore avec ses doigts de roses entr'ouvrira les portes dorées de l'orient, et que les chevaux du soleil, sortant de l'onde amère, répandront les flammes du jour pour chasser devant eux toutes les étoiles du ciel, nous reprendrons, mon cher Télémaque, l'histoire de vos malheurs. Jamais votre père n'a égalé votre sagesse et votre courage : ni Achille vainqueur d'Hector, ni Thésée revenu des enfers, ni même le grand Alcide qui a purgé la terre de tant de monstres, n'ont fait voir [2] autant de force et de vertu que vous. Je souhaite qu'un profond sommeil vous rende [3] cette nuit courte. Mais, hélas ! qu'elle sera longue pour moi ! qu'il me tardera de vous revoir, de vous entendre, de vous faire redire ce que je sais déjà, et de vous demander ce que je ne sais pas encore ! Allez, mon cher Télémaque, avec le sage Mentor, que les dieux vous ont rendu; allez dans cette grotte écartée, où tout est préparé pour votre repos. Je prie Morphée de répandre ses plus doux charmes sur vos paupières appesanties, de faire couler une vapeur divine dans tous vos membres fatigués, et de vous envoyer des songes légers, qui, voltigeant autour de vous, flattent vos sens par les images les plus riantes, et repoussent loin de vous tout ce qui pourroit vous réveiller trop promptement.

La déesse conduisit elle-même Télémaque dans cette grotte séparée de la sienne. Elle n'étoit ni moins rustique, ni moins agréable. Une fontaine, qui couloit dans un coin, y faisoit un doux murmure qui appeloit le sommeil. Les nymphes y avoient préparé deux lits d'une molle verdure, sur lesquels elles avoient étendu deux grandes peaux, l'une de lion pour Télémaque, et l'autre d'ours pour Mentor.

Avant que de laisser fermer ses yeux au sommeil, Mentor parla ainsi à Télémaque : Le plaisir de raconter vos histoires vous a entraîné; vous avez charmé la déesse en lui expliquant [1] les dangers dont votre courage et votre industrie vous ont tiré : par là vous n'avez fait qu'enflammer davantage son cœur, et que préparer une plus dangereuse captivité. Comment espérez-vous qu'elle vous laisse maintenant sortir de son île, vous qui l'avez enchantée par le récit de vos aventures ? L'amour d'une vaine gloire vous a fait parler sans prudence [2]. Elle s'étoit engagée à vous raconter des histoires, et à vous apprendre quelle a été la destinée d'Ulysse; elle a trouvé moyen de parler long-temps sans rien dire, et elle vous a engagé à lui expliquer tout ce qu'elle désire savoir : tel est l'art des femmes flatteuses et passionnées. Quand est-ce, ô Télémaque, que vous serez assez sage pour ne parler jamais par vanité, et que vous saurez taire tout ce qui vous est avantageux, quand il n'est pas utile à dire ? Les autres admirent votre sagesse dans un âge où il est pardonnable d'en manquer : pour moi, je ne puis vous pardonner rien [3] : je suis le seul qui vous connois, et qui vous aime assez pour vous avertir de toutes vos fautes. Combien êtes-vous encore éloigné de la sagesse de votre père !

Quoi donc [4] ! répondit Télémaque, pouvois-je refuser à Calypso de lui raconter mes mal-

---

VAR. — [1] Abandonnez-vous donc à la joie, à la paix, et à tous, etc. A. — [2] n'ont montré. A. — [3] rende cette nuit courte pour vous. A. B.

VAR. — [1] lui racontant. A. — [2] sans prudence. Quand est-ce, ô Télémaque, etc. A. — [3] rien vous pardonner. A. — [4] Mais quoi donc. A.

heurs? Non, reprit Mentor, il falloit les lui raconter : mais vous deviez le faire en ne lui disant que ce qui pouvoit lui donner de la compassion. Vous pouviez dire que vous aviez été, tantôt errant, tantôt captif en Sicile, et puis en Égypte. C'étoit lui dire assez : et tout le reste n'a servi qu'à augmenter le poison qui brûle déjà son cœur. Plaise aux dieux que le vôtre puisse s'en préserver! Mais que ferai-je donc? continua Télémaque, d'un ton modéré et docile. Il n'est plus temps, repartit Mentor, de lui cacher ce qui reste de vos aventures : elle en sait assez pour ne pouvoir être trompée sur ce qu'elle ne sait pas encore ; votre réserve ne serviroit qu'à l'irriter. Achevez donc demain de lui raconter tout ce que les dieux ont fait en votre faveur, et apprenez une autre fois à parler plus sobrement de tout ce qui peut vous attirer quelque louange. Télémaque reçut avec amitié un si bon conseil, et ils se couchèrent.

Aussitôt que Phébus eut répandu ses premiers rayons sur la terre, Mentor, entendant la voix de la déesse qui appeloit ses nymphes dans le bois, éveilla Télémaque. Il est temps, lui dit-il, de vaincre le sommeil. Allons retrouver Calypso : mais défiez-vous de ses douces paroles ; ne lui ouvrez jamais votre cœur ; craignez le poison flatteur de ses louanges. Hier elle vous élevoit au-dessus de votre sage père, de l'invincible Achille, du fameux Thésée, d'Hercule devenu immortel. Sentîtes-vous combien cette louange est excessive? Crûtes-vous ce qu'elle disoit? Sachez qu'elle ne le croit pas elle-même : elle ne vous loue qu'à cause qu'elle vous croit foible, et assez vain pour vous laisser tromper par des louanges disproportionnées à vos actions.

Après ces paroles, ils allèrent au lieu où la déesse les attendoit. Elle sourit en les voyant, et cacha, sous une apparence de joie, la crainte et l'inquiétude qui troubloient son cœur ; car elle prévoyoit que Télémaque, conduit par Mentor, lui échapperoit de même qu'Ulysse. Hâtez-vous, dit-elle, mon cher Télémaque, de satisfaire ma curiosité : j'ai cru, pendant toute la nuit, vous voir partir de Phénicie et chercher une nouvelle destinée dans l'île de Chypre. Dites-nous donc quel fut ce voyage, et ne perdons pas un moment. Alors on s'assit sur l'herbe semée de violettes, à l'ombre d'un bocage épais.

Calypso ne pouvoit s'empêcher de jeter sans cesse des regards tendres et passionnés sur Télémaque, et de voir avec indignation que Mentor observoit jusqu'au moindre mouvement de ses yeux. Cependant toutes les nymphes en silence se penchoient pour prêter l'oreille, et faisoient une espèce de demi-cercle pour mieux voir et pour mieux écouter [1] : les yeux de toute l'assemblée étoient immobiles et attachés sur le jeune homme. Télémaque, baissant les yeux, et rougissant avec beaucoup de grâce, reprit ainsi la suite [2] de son histoire :

A peine le doux souffle d'un vent favorable avoit rempli nos voiles, que la terre de Phénicie disparut à nos yeux. Comme j'étois avec les Chypriens, dont j'ignorois les mœurs, je résolus de me taire, de remarquer tout, et d'observer toutes les règles de la discrétion pour gagner leur estime. Mais pendant mon silence un sommeil doux et puissant vint me saisir : mes sens étoient liés et suspendus ; je goûtois une paix et une joie profonde qui énivroit mon cœur.

Tout-à-coup je crus voir Vénus qui fendoit les nues dans son char volant conduit par deux colombes. Elle avoit cette éclatante beauté, cette vive jeunesse, ces grâces tendres, qui parurent en elle quand elle sortit de l'écume de l'Océan, et qu'elle éblouit les yeux de Jupiter même. Elle descendit tout-à-coup d'un vol rapide jusqu'auprès de moi, me mit en souriant la main sur l'épaule, et, me nommant par mon nom, prononça ces paroles : Jeune Grec, tu vas entrer dans mon empire ; tu arriveras bientôt dans cette île fortunée où les plaisirs, les ris et les jeux folâtres naissent sous mes pas. Là, tu brûleras des parfums sur mes autels ; là, je te plongerai dans un fleuve de délices. Ouvre ton cœur aux plus douces espérances, et garde-toi bien de résister à la plus puissante de toutes les déesses, qui veut te rendre heureux.

En même temps j'aperçus l'enfant Cupidon, dont les petites ailes s'agitant le faisoient voler autour de sa mère. Quoiqu'il eût sur son visage la tendresse, les grâces et l'enjouement de l'enfance, il avoit je ne sais quoi dans ses yeux perçans qui me faisoit peur. Il rioit en me regardant ; son ris étoit malin, moqueur et cruel. Il tira de son carquois d'or la plus aiguë de ses flèches, il banda son arc, et alloit me percer, quand Minerve se montra soudainement pour me couvrir de son égide. Le visage de cette déesse n'avoit point cette beauté molle et cette langueur passionnée que j'avois remarquée dans le visage et dans la posture de Vénus. C'étoit au contraire une beauté simple, négligée, mo-

VAR. — [1] pour mieux écouter et pour mieux voir. D. C. *Edit. f. du cop.* — [2] le fil. A.

deste; tout étoit grave, vigoureux, noble, plein de force et de majesté. La flèche de Cupidon, ne pouvant percer l'égide, tomba par terre. Cupidon, indigné, en soupira amèrement; il eut honte de se voir vaincu. Loin d'ici, s'écria Minerve, loin d'ici, téméraire enfant! tu ne vaincras jamais que des ames lâches, qui aiment mieux tes honteux plaisirs, que la sagesse, la vertu et la gloire. A ces mots, l'Amour irrité s'envola; et Vénus remontant vers l'Olympe, je vis long-temps son char avec ses deux colombes dans une nuée d'or et d'azur; puis elle disparut. En baissant [1] mes yeux vers la terre, je ne retrouvai plus Minerve.

Il me sembla que j'étois transporté dans un jardin délicieux, tel qu'on dépeint les Champs-Élysées. En ce lieu je reconnus Mentor, qui me dit : Fuyez cette cruelle terre, cette île empestée, où l'on ne respire que la volupté. La vertu la plus courageuse y doit trembler, et ne se peut sauver qu'en fuyant. Dès que je le vis, je voulus me jeter à son cou pour l'embrasser; mais je sentois que mes pieds ne pouvoient se mouvoir, que mes genoux se déroboient sous moi, et que mes mains, s'efforçant de saisir Mentor, cherchoient une ombre vaine qui m'échappoit toujours. Dans cet effort je m'éveillai, et je sentis que ce songe mystérieux étoit un avertissement divin. Je me sentis plein de courage contre les plaisirs, et de défiance contre moi-même pour détester la vie molle des Chypriens. Mais ce qui me perça le cœur fut que je crus que Mentor avoit perdu la vie, et qu'ayant passé les ondes du Styx, il habitoit l'heureux séjour des ames justes.

Cette pensée me fit répandre un torrent de larmes. On me demanda pourquoi je pleurois. Les larmes, répondis-je, ne conviennent que trop à un malheureux étranger qui erre sans espérance de revoir sa patrie. Cependant tous les Chypriens qui étoient dans le vaisseau s'abandonnoient à une folle joie. Les rameurs, ennemis du travail, s'endormoient sur leurs rames; le pilote, couronné de fleurs, laissoit le gouvernail, et tenoit en sa main une grande cruche de vin qu'il avoit presque vidée : lui et tous les autres, troublés par la fureur de Bacchus, chantoient, en l'honneur de Vénus et de Cupidon, des vers qui devoient faire horreur à tous ceux qui aiment la vertu.

Pendant qu'ils oublioient ainsi les dangers de la mer, une soudaine tempête troubla le ciel et la mer. Les vents déchaînés mugissoient avec fureur dans les voiles; les ondes noires battoient les flancs du navire, qui gémissoit sous leurs coups. Tantôt nous montions sur le dos des vagues enflées; tantôt la mer sembloit se dérober sous le navire, et nous précipiter dans l'abîme. Nous apercevions auprès de nous des rochers contre lesquels les flots irrités se brisoient avec un bruit horrible. Alors je compris par expérience ce que j'avois souvent ouï dire à Mentor, que les hommes mous et abandonnés aux plaisirs manquent de courage dans les dangers. Tous nos Chypriens abattus pleuroient comme des femmes; je n'entendois que des cris pitoyables, que des regrets sur les délices de la vie, que de vaines promesses aux dieux pour leur faire des sacrifices, si on pouvoit arriver au port. Personne ne conservoit assez de présence d'esprit, ni pour ordonner les manœuvres, ni pour les faire. Il me parut que je devois, en sauvant ma vie, sauver celle des autres. Je pris le gouvernail en main, parce que le pilote, troublé par le vin comme une Bacchante [1], étoit hors d'état de connoître le danger du vaisseau : j'encourageai les matelots effrayés; je leur fis abaisser les voiles : ils ramèrent vigoureusement; nous passâmes au travers des écueils, et nous vîmes de près toutes les horreurs de la mort [2].

Cette aventure parut comme un songe à tous ceux qui doivent la conservation de leurs vies; ils me regardoient avec étonnement. Nous arrivâmes dans l'île de Chypre [3] au mois du printemps qui est consacré à Vénus. Cette saison, disent les Chypriens, convient à cette déesse; car elle semble ranimer toute la nature, et faire naître les plaisirs comme les fleurs.

En arrivant dans l'île, je sentis un air doux qui rendoit les corps lâches et paresseux, mais qui inspiroit une humeur enjouée et folâtre. Je remarquai que la campagne, naturellement fertile et agréable, étoit presque inculte; tant les habitants étoient ennemis du travail. Je vis de tous côtés des femmes et de jeunes filles, vainement parées, qui alloient en chantant les louanges de Vénus, se dévouer à son temple. La beauté, les grâces, la joie, les plaisirs éclatoient également sur leur visage : mais les grâces y étoient affectées; on n'y voyoit point une noble simplicité, et une pudeur aimable qui fait le plus grand charme de la beauté. L'air de

---

VAR. — [1] En rebaissant. A.

VAR. — [1] le pilote semblable à une Bacchante. A. — [2] les horreurs de la mort. Enfin nous arrivâmes dans l'île de Chypre. Cette aventure, etc. A. — [3] dans le mois d'avril, consacré à Vénus. A.

mollesse, l'art de composer leurs visages, leur parure vaine, leur démarche languissante, leurs regards qui sembloient chercher ceux des hommes, leur jalousie entre elles pour allumer de grandes passions; en un mot, tout ce que je voyois dans ces femmes me sembloit vil et méprisable : à force de vouloir plaire, elles me dégoûtoient.

On me conduisit au temple de la déesse : elle en a plusieurs dans cette île; car elle est particulièrement adorée à Cythère, à Idalie et à Paphos. C'est à Cythère que je fus conduit. Le temple est tout de marbre : c'est un parfait péristyle; les colonnes sont d'une grosseur et d'une hauteur qui rendent cet édifice très-majestueux; au-dessus de l'architrave et de la frise sont à chaque face de grands frontons, où l'on voit en bas-reliefs toutes les plus agréables aventures de la déesse. A la porte du temple est sans cesse une foule de peuples qui viennent faire leurs offrandes. On n'égorge jamais dans l'enceinte du lieu sacré aucune victime; on n'y brûle point, comme ailleurs, la graisse des génisses et des taureaux; on ne [1] répand jamais leur sang : on présente seulement devant l'autel les bêtes qu'on offre, et on n'en peut offrir aucune qui ne soit jeune, blanche, sans défaut et sans tache. On les couvre de bandelettes de pourpre brodées d'or; leurs cornes sont dorées, et ornées de bouquets des fleurs les plus odoriférantes. Après qu'elles ont été présentées devant l'autel, on les renvoie dans un lieu écarté, où elles sont égorgées pour les festins des prêtres de la déesse.

On offre aussi toute sorte de liqueurs parfumées, et du vin plus doux que le nectar. Les prêtres sont revêtus de longues robes blanches, avec des ceintures d'or, et des franges de même au bas de leurs robes. On brûle nuit et jour, sur les autels, les parfums les plus exquis de l'Orient, et ils forment une espèce de nuage qui monte vers le ciel. Toutes les colonnes du temple sont ornées de festons pendans; tous les vases qui servent aux sacrifices sont d'or; un bois sacré de myrte environne le bâtiment. Il n'y a que de jeunes garçons et de jeunes filles d'une rare beauté qui puissent présenter les victimes aux prêtres, et qui osent allumer le feu des autels. Mais l'impudence et la dissolution déshonorent un temple si magnifique.

D'abord, j'eus horreur de tout ce que je voyois; mais insensiblement je commençois à m'y accoutumer. Le vice ne m'effrayoit plus [1], toutes les compagnies m'inspiroient je ne sais quelle inclination pour le désordre : on se moquoit de mon innocence, ma retenue et ma pudeur servoient de jouet à ces peuples effrontés. On n'oublioit rien pour exciter toutes mes passions, pour me tendre des pièges, et pour réveiller en moi le goût des plaisirs. Je me sentois affoiblir tous les jours; la bonne éducation que j'avois reçue ne me soutenoit presque plus; toutes mes bonnes résolutions s'évanouissoient. Je ne me sentois plus la force de résister au mal qui me pressoit de tous côtés; j'avois même une mauvaise honte de la vertu. J'étois comme un homme qui nage dans une rivière profonde et rapide : d'abord il fend les eaux, et remonte contre le torrent; mais si les bords sont escarpés, et s'il ne peut se reposer sur le rivage, il se lasse enfin peu à peu; sa force l'abandonne, ses membres épuisés s'engourdissent, et le cours du fleuve l'entraîne. Ainsi, mes yeux commençoient à s'obscurcir, mon cœur tomboit en défaillance; je ne pouvois plus rappeler ni ma raison, ni le souvenir des vertus de mon père. Le songe où je croyois avoir vu le sage Mentor descendu aux Champs-Élysées achevoit de me décourager : une secrète et douce langueur s'emparoit de moi; j'aimois déjà le poison flatteur qui se glissoit de veine en veine, et qui pénétroit jusqu'à la moelle de mes os. Je poussois néanmoins encore de profonds soupirs; je versois des larmes amères; je rugissois comme un lion, dans ma fureur. O malheureuse jeunesse! disois-je : ô dieux, qui vous jouez cruellement des hommes, pourquoi les faites-vous passer par cet âge, qui est un temps de folie et de fièvre ardente! O que ne suis-je couvert de cheveux blancs, courbé, et proche du tombeau, comme Laërte mon aïeul! La mort me seroit plus douce que la faiblesse honteuse où je me vois.

A peine avois-je ainsi parlé que ma douleur s'adoucissoit, et que mon cœur, enivré d'une folle passion, secouoit presque toute pudeur; puis je me voyois replongé dans un abîme de remords. Pendant ce trouble, je courois errant çà et là dans le sacré bocage, semblable à une biche qu'un chasseur a blessée : elle court au travers des vastes forêts pour soulager sa douleur; mais la flèche qui l'a percée dans le flanc la suit partout; elle porte partout avec elle le trait meurtrier. Ainsi je courois en vain pour

VAR. — [1] on n'y répand, C. *Edit. f. du cop.*

VAR. — [1] ne me faisoit plus aucune peur. A.

m'oublier moi-même, et rien n'adoucissoit la plaie de mon cœur.

En ce moment j'aperçus assez loin de moi, dans l'ombre épaisse de ce bois, la figure du sage Mentor; mais son visage me parut si pâle, si triste et si austère, que je ne pus en ressentir aucune joie. Est-ce donc vous, m'écriai-je, ô mon cher ami, mon unique espérance? est-ce vous? quoi donc! est-ce vous-même? une image trompeuse ne vient-elle point abuser mes yeux? est-ce vous, Mentor? n'est-ce point votre ombre encore sensible à mes maux? n'êtes-vous point au rang des ames heureuses qui jouissent de leur vertu, et à qui les dieux donnent des plaisirs purs dans une éternelle paix aux Champs-Élysées? Parlez, Mentor; vivez-vous encore? Suis-je assez heureux pour vous posséder? ou bien n'est-ce qu'une ombre de mon ami? En disant ces paroles je courois vers lui, tout transporté, jusqu'à perdre la respiration; il m'attendoit tranquillement sans faire un pas vers moi. O dieux, vous le savez, quelle fut ma joie quand je sentis que mes mains[1] le touchoient! Non, ce n'est pas une vaine ombre! je le tiens! je l'embrasse, mon cher Mentor! C'est ainsi que je m'écriai. J'arrosai son visage d'un torrent de larmes; je demeurois attaché à son cou sans pouvoir parler. Il me regardoit tristement avec des yeux pleins d'une tendre compassion.

Enfin je lui dis : Hélas! d'où venez-vous? eu quels dangers ne m'avez-vous point laissé pendant votre absence! et que ferois-je maintenant sans vous? Mais, sans répondre à mes questions : Fuyez! me dit-il d'un ton terrible; fuyez! hâtez-vous de fuir! Ici la terre ne porte pour fruit que du poison; l'air qu'on respire est empesté; les hommes contagieux ne se parlent que pour se communiquer un venin mortel. La volupté lâche et infâme, qui est le plus horrible des maux sortis de la boîte de Pandore, amollit tous les cœurs, et ne souffre ici aucune vertu. Fuyez! que tardez-vous? ne regardez pas même derrière vous en fuyant; effacez jusques au moindre souvenir de cette île exécrable.

Il dit, et aussitôt je sentis comme un nuage épais qui se dissipoit sur mes yeux, et qui me laissoit voir la pure lumière : une joie douce et pleine d'un ferme courage renaissoit dans mon cœur. Cette joie étoit bien différente de cette autre joie molle et folâtre dont mes sens avoient été d'abord empoisonnés : l'une est une joie d'ivresse et de trouble, qui est entrecoupée de passions furieuses et de cuisans remords; l'autre est une joie de raison, qui a quelque chose de bienheureux et de céleste; elle est toujours pure et égale, rien ne peut l'épuiser; plus on s'y plonge, plus elle est douce; elle ravit l'ame sans la troubler. Alors je versai des larmes de joie, et je trouvois que rien n'étoit si doux que de pleurer ainsi. O heureux, disois-je, les hommes à qui la vertu se montre dans toute sa beauté! peut-on la voir sans l'aimer! peut-on l'aimer sans être heureux!

Mentor me dit : Il faut que je vous quitte; je pars dans ce moment; il ne m'est pas permis de m'arrêter. Où allez-vous donc? lui répondis-je. en quelle terre inhabitable ne vous suivrai-je point? ne croyez pas pouvoir m'échapper; je mourrai plutôt sur vos pas. En disant ces paroles, je le tenois serré de toute ma force. C'est en vain, me dit-il, que vous espérez de me retenir. Le cruel Méthophis me vendit à des Éthiopiens ou Arabes. Ceux-ci, étant allés à Damas en Syrie pour leur commerce, voulurent se défaire de moi, croyant en tirer une grande somme d'un nommé Hasaël, qui cherchoit un esclave grec pour connoître les mœurs de la Grèce, et pour s'instruire de nos sciences.

En effet, Hasaël m'acheta chèrement. Ce que je lui ai appris de nos mœurs lui a donné la curiosité de passer dans l'île de Crète pour étudier les sages lois de Minos. Pendant notre navigation, les vents nous ont contraints de relâcher dans l'île de Chypre. En attendant un vent favorable, il est venu faire ses offrandes au temple : le voilà qui en sort; les vents nous appellent; déjà nos voiles s'enflent. Adieu, cher Télémaque : un esclave qui craint les dieux doit suivre fidèlement son maître. Les dieux ne me permettent plus d'être à moi : si j'étois à moi, ils le savent, je ne serois qu'à vous seul. Adieu : souvenez-vous des travaux d'Ulysse et des larmes de Pénélope; souvenez-vous des justes dieux. O dieux, protecteurs de l'innocence, en quelle terre suis-je contraint de laisser Télémaque!

Non, non, lui dis-je, mon cher Mentor, il ne dépendra pas de vous de me laisser ici : plutôt mourir que de vous voir partir sans moi. Ce maître syrien est-il impitoyable? est-ce une tigresse dont il a sucé les mamelles dans son enfance? voudra-t-il vous arracher d'entre mes bras? Il faut qu'il me donne la mort, ou qu'il souffre que je vous suive. Vous m'exhortez vous-même à fuir, et vous ne voulez pas que je fuie en suivant vos pas! Je vais parler à Hasaël; il aura peut-être pitié de ma jeunesse et de mes

VAR. — [1] mes bras. A. B.

larmes : puisqu'il aime la sagesse, et qu'il va si loin la chercher, il ne peut point avoir un cœur féroce et insensible. Je me jetterai à ses pieds, j'embrasserai ses genoux, je ne le laisserai point aller, qu'il ne m'ait accordé de vous suivre. Mon cher Mentor, je me ferai esclave avec vous; je lui offrirai de me donner à lui : s'il me refuse, c'est fait de moi [1], je me délivrerai de la vie.

Dans ce moment Hasaël appela Mentor; je me prosternai devant lui. Il fut surpris de voir un inconnu en cette posture. Que voulez-vous ? me dit-il. La vie, répondis-je; car je ne puis vivre, si vous ne souffrez que je suive Mentor, qui est à vous. Je suis le fils du grand Ulysse, le plus sage des rois de la Grèce qui ont renversé la superbe ville de Troie, fameuse dans toute l'Asie. Je ne vous dis point ma naissance pour me vanter, mais seulement pour vous inspirer quelque pitié de mes malheurs. J'ai cherché mon père par toutes les mers, ayant avec moi cet homme, qui étoit pour moi un autre père. La fortune, pour comble de maux, me l'a enlevé; elle l'a fait votre esclave : souffrez que je le sois aussi. S'il est vrai que vous aimiez la justice, et que vous alliez en Crète pour apprendre les lois du bon roi Minos, n'endurcissez point votre cœur contre mes soupirs et contre mes larmes. Vous voyez le fils d'un roi, qui est réduit à demander la servitude comme son unique ressource. Autrefois j'ai voulu mourir en Sicile pour éviter l'esclavage; mais mes premiers malheurs n'étoient que de foibles essais des outrages de la fortune : maintenant je crains de ne pouvoir être reçu parmi vos esclaves. O dieux, voyez mes maux; ô Hasaël, souvenez-vous de Minos, dont vous admirez la sagesse, et qui nous jugera tous deux dans le royaume de Pluton.

Hasaël, me regardant avec un visage doux et humain, me tendit la main, et me releva. Je n'ignore pas, me dit-il, la sagesse et la vertu d'Ulysse; Mentor m'a raconté souvent quelle gloire il a acquise parmi les Grecs; et d'ailleurs la prompte renommée a fait entendre son nom à tous les peuples de l'Orient. Suivez-moi, fils d'Ulysse; je serai votre père, jusqu'à ce que vous ayez retrouvé celui qui vous a donné la vie. Quand même je ne serois pas touché de la gloire de votre père, de ses malheurs et des vôtres, l'amitié que j'ai pour Mentor m'engageroit à prendre soin de vous. Il est vrai que je l'ai acheté comme esclave; mais je le garde comme un ami fidèle : l'argent qu'il m'a coûté m'a acquis le plus cher et le plus précieux ami que j'aie sur la terre. J'ai trouvé en lui la sagesse; je lui dois tout ce que j'ai d'amour pour la vertu. Dès ce moment il est libre; vous le serez aussi : je ne vous demande, à l'un et à l'autre, que votre cœur.

En un instant, je passai de la plus amère douleur à la plus vive joie que les mortels puissent sentir. Je me voyois sauvé d'un horrible danger; je m'approchois de mon pays; je trouvois un secours pour y retourner; je goûtois la consolation d'être auprès d'un homme qui m'aimoit déjà par le pur amour de la vertu; enfin je trouvois tout, en retrouvant Mentor pour ne le plus quitter.

Hasaël s'avance sur le sable [1] du rivage : nous le suivons : on entre dans le vaisseau; les rameurs fendent les ondes paisibles : un zéphir léger se joue de nos voiles, il anime tout le vaisseau, et lui donne un doux mouvement. L'île de Chypre disparoît bientôt. Hasaël, qui avoit impatience de connoître mes sentimens, me demanda ce que je pensois des mœurs de cette île. Je lui dis ingénument en quel danger ma jeunesse avoit été exposée, et le combat que j'avois souffert au dedans de moi. Il fut touché de mon horreur pour le vice, et dit ces paroles : O Vénus, je reconnois votre puissance et celle de votre fils : j'ai brûlé de l'encens sur vos autels; mais souffrez que je déteste l'infâme mollesse des habitans de votre île, et l'impudence brutale avec laquelle ils célèbrent vos fêtes.

Ensuite il s'entretenoit avec Mentor de cette première puissance qui a formé le ciel et la terre; de cette lumière simple, infinie et immuable, qui se donne à tous sans se partager; de cette vérité souveraine et universelle qui éclaire tous les esprits, comme le soleil éclaire tous les corps. Celui, ajoutoit-il, qui n'a jamais vu cette lumière pure est aveugle comme un aveugle-né : il passe sa vie dans une profonde nuit, comme les peuples que le soleil n'éclaire point pendant plusieurs mois de l'année; il croit être sage, et il est insensé [2]; il croit tout voir, et il ne voit rien; il meurt, n'ayant jamais rien vu; tout au plus il aperçoit [3] de sombres et fausses lueurs, de vaines ombres, des fantômes qui n'ont rien de réel. Ainsi sont tous les hommes, entraînés par le plaisir des sens et par le charme de l'imagina-

---

VAR. — [1] c'est fait; je me délivrerai de la vie.

VAR. — [1] sur le bord. C. P. II. *f. du cop.* — [2] il est fou. A. — [3] tout au plus il n'aperçoit que de sombres et fausses lueurs, que de vaines ombres, que des fantômes, etc. A.

tion. Il n'y a point sur la terre de véritables hommes, excepté ceux qui consultent, qui aiment, qui suivent cette raison éternelle : c'est elle qui nous inspire, quand nous pensons bien; c'est elle qui nous reprend, quand nous pensons mal. Nous ne tenons pas moins d'elle la raison que la vie. Elle est comme un grand océan de lumière; nos esprits sont comme de petits ruisseaux qui en sortent, et qui y retournent pour s'y perdre.

Quoique je ne comprisse point encore parfaitement la profonde sagesse de ces discours, je ne laissois pas d'y goûter je ne sais quoi de pur et de sublime : mon cœur en étoit échauffé; et la vérité me sembloit reluire dans toutes ces paroles. Ils continuèrent à parler de l'origine des dieux, des héros, des poètes, de l'âge d'or, du déluge, des premières histoires du genre humain, du fleuve d'oubli où se plongent les ames des morts, des peines éternelles préparées aux impies dans le gouffre noir du Tartare, et de cette heureuse paix dont jouissent les justes dans les Champs-élysées, sans crainte de pouvoir la perdre.

Pendant qu'Hasaël et Mentor parloient, nous aperçûmes des dauphins couverts d'une écaille qui paroissoit d'or et d'azur [1]. En se jouant, ils soulevoient les flots avec beaucoup d'écume. Après eux venoient des Tritons, qui sonnoient de la trompette avec leurs conques recourbées. Ils environnoient le char d'Amphitrite, traîné par des chevaux marins plus blancs que la neige, et qui, fendant l'onde salée, laissoient loin derrière eux un vaste sillon dans la mer. Leurs yeux étoient enflammés, et leurs bouches étoient fumantes. Le char de la déesse étoit une conque d'une merveilleuse figure; elle étoit d'une blancheur plus éclatante que l'ivoire, et les roues étoient d'or. Ce char sembloit voler sur la face des eaux paisibles [2]. Une troupe de Nymphes couronnées de fleurs nageoient en foule derrière le char; leurs beaux cheveux pendoient sur leurs épaules, et flottoient au gré du vent. La déesse tenoit d'une main un sceptre d'or pour commander aux vagues, de l'autre elle portoit sur ses genoux le petit dieu Palémon son fils pendant à sa mamelle. Elle avoit un visage serein, et une douce majesté qui faisoit fuir [3] les vents séditieux et toutes les noires tempêtes. Les Tritons conduisoient les chevaux, et tenoient les rênes dorées. Une grande voile de pourpre flottoit dans l'air au-dessus du char; elle étoit à demi enflée par le souffle d'une multitude de petits zéphirs qui s'efforçoient de la pousser par leurs haleines. On voyoit au milieu des airs Éole empressé, inquiet et ardent. Son visage ridé et chagrin, sa voix menaçante, ses sourcils épais et pendans, ses yeux pleins d'un feu sombre et austère, tenoient en silence les fiers aquilons, et repoussoient tous les nuages. Les immenses baleines et tous les monstres marins, faisant avec leurs narines un flux et reflux de l'onde amère, sortoient à la hâte de leurs [1] grottes profondes, pour voir la déesse.

LIVRE V.

Suite du récit de Télémaque. Richesse et fertilité de l'île de Crète : mœurs de ses habitans, et leur prospérité sous les sages lois de Minos. Télémaque, à son arrivée dans l'île, apprend qu'Idoménée, qui en étoit roi, vient de sacrifier son fils unique, pour accomplir un vœu indiscret; que les Crétois, pour venger le sang du fils, ont réduit le père à quitter leur pays; qu'après de longues incertitudes, ils sont actuellement assemblés afin d'élire un autre roi. Télémaque, admis dans cette assemblée, y remporte les prix à divers jeux, et résout avec une rare sagesse plusieurs questions morales et politiques proposées aux concurrens par les vieillards, juges de l'île. Le premier de ces vieillards, frappé de la sagesse de ce jeune étranger, propose à l'assemblée de le couronner roi; et la proposition est accueillie de tout le peuple avec de vives acclamations. Cependant Télémaque refuse de régner sur les Crétois, préférant la pauvre Ithaque à la gloire et à l'opulence du royaume de Crète. Il propose d'élire Mentor, qui refuse aussi le diadème. Enfin l'assemblée pressant Mentor de choisir pour toute la nation, il rapporte ce qu'il vient d'apprendre des vertus d'Aristodème, et décide aussitôt l'assemblée à le proclamer roi. Bientôt après, Mentor et Télémaque s'embarquent sur un vaisseau crétois, pour retourner à Ithaque. Alors Neptune, pour consoler Vénus irritée, suscite une horrible tempête, qui brise leur vaisseau. Ils échappent à ce danger en s'attachant aux débris du mât, qui poussé par les flots les fait aborder à l'île de Calypso.

Après que nous eûmes admiré ce spectacle, nous commençâmes à découvrir les montagnes de Crète, que nous avions encore assez de peine à distinguer des nuées du ciel et des flots de la mer. Bientôt nous vîmes le sommet du mont Ida, qui s'élève au-dessus des autres montagnes de l'île, comme un vieux cerf dans une forêt porte son bois rameux au-dessus des têtes des jeunes faons dont il est suivi. Peu à peu nous vîmes plus distinctement les côtes de cette

---

VAR. — [1] lesquels en se jouant soulevoient les flots. A. — [2] paisibles. *m.* A. *aj.* D. — [3] enfuir. A.

VAR. — [1] des grottes profondes. A. D.

île, qui se présentoient à nos yeux comme un amphithéâtre. Autant que la terre de Chypre nous avoit paru négligée et inculte, autant celle de Crète se montroit fertile et ornée de tous les fruits par le travail de ses habitans. De tous côtés nous remarquions des villages bien bâtis, des bourgs qui égaloient des villes, et des villes superbes. Nous ne trouvions aucun champ [1] où la main du diligent laboureur ne fût imprimée; partout la charrue avoit laissé de creux sillons: les ronces, les épines, et toutes les plantes qui occupent inutilement la terre, sont inconnues en ce pays. Nous considérions avec plaisir les creux vallons où les troupeaux de bœufs mugissoient dans les gras herbages le long des ruisseaux; les moutons paissans sur le penchant d'une colline; les vastes campagnes couvertes de jaunes épis, riches dons de la féconde Cérès; enfin les montagnes ornées de pampre, et de grappes d'un raisin déjà coloré qui promettoit aux vendangeurs les doux présens de Bacchus pour charmer [2] les soucis des hommes.

Mentor nous dit qu'il avoit été autrefois en Crète; et il nous expliqua ce qu'il en connoissoit. Cette île, disoit-il, admirée de tous les étrangers, et fameuse par ses cent villes, nourrit sans peine tous ses habitans, quoiqu'ils soient innombrables. C'est que la terre ne se lasse jamais de répandre ses biens sur ceux qui la cultivent: son sein fécond ne peut s'épuiser. Plus il y a d'hommes dans un pays, pourvu qu'ils soient laborieux, plus ils jouissent de l'abondance. Ils n'ont jamais besoin d'être jaloux les uns des autres: la terre, cette bonne mère, multiplie ses dons selon le nombre de ses enfans qui méritent ses fruits par leur travail. L'ambition et l'avarice des hommes sont les seules sources de leur malheur: les hommes veulent tout avoir, et ils se rendent malheureux par le désir du superflu; s'ils vouloient vivre simplement, et se contenter de satisfaire aux vrais besoins, on verroit partout l'abondance, la joie, la paix et l'union.

C'est ce que Minos, le plus sage et le meilleur de tous les rois, avoit compris. Tout ce que vous verrez de plus merveilleux dans cette île est le fruit de ses lois. L'éducation qu'il faisoit donner aux enfans rend les corps sains et robustes: on les accoutume d'abord à une vie simple, frugale et laborieuse; on suppose que toute volupté amollit le corps et l'esprit; on ne leur propose jamais d'autre plaisir, que celui d'être invincibles par la vertu, et d'acquérir beaucoup de gloire. On ne met pas seulement ici le courage à mépriser la mort dans les dangers de la guerre, mais encore à fouler aux pieds les trop [1] grandes richesses et les plaisirs honteux. Ici on punit trois vices qui sont impunis chez les autres peuples: l'ingratitude, la dissimulation et l'avarice.

Pour le faste et la mollesse, on n'a jamais besoin de les réprimer; car ils sont inconnus en Crète. Tout le monde y travaille, et personne ne songe à s'y enrichir; chacun se croit assez payé de son travail par une vie douce et réglée, où l'on jouit en paix et avec abondance de tout ce qui est véritablement nécessaire à la vie. On n'y souffre ni meubles précieux, ni habits magnifiques, ni festins délicieux, ni palais dorés. Les habits sont de laine fine et de belles couleurs, mais tout unis et sans broderie. Les repas y sont sobres; on y boit peu de vin: le bon pain en fait la principale partie, avec les fruits que les arbres offrent comme d'eux-mêmes, et le lait des troupeaux. Tout au plus on y mange un peu de grosse viande sans ragoût; encore même a-t-on soin de réserver ce qu'il y a de meilleur dans les grands troupeaux de bœufs pour faire fleurir l'agriculture. Les maisons y sont propres, commodes, riantes, mais sans ornemens. La superbe architecture n'y est pas ignorée; mais elle est réservée pour les temples des dieux: et les hommes n'oseroient avoir des maisons semblables à celles des immortels. Les grands biens des Crétois sont la santé, la force, le courage, la paix et l'union des familles, la liberté de tous les citoyens, l'abondance des choses nécessaires, le mépris des superflues, l'habitude du travail et l'horreur de l'oisiveté, l'émulation pour la vertu, la soumission aux lois et la crainte des justes dieux.

Je lui demandai en quoi consistoit l'autorité du Roi; et il me répondit: Il peut tout sur les peuples; mais les lois peuvent tout sur lui. Il a une puissance absolue pour faire le bien, et les mains liées dès qu'il veut faire le mal. Les lois lui confient les peuples comme le plus précieux de tous les dépôts, à condition qu'il sera le père de ses sujets. Elles veulent qu'un seul homme serve, par sa sagesse et par sa modération, à la félicité de tant d'hommes; et non pas que tant d'hommes servent, par leur misère et par leur servitude lâche, à flatter l'orgueil et

---

VAR. — [1] nous ne trouvions ni vallon ni montagne, où la main, etc. A. — [2] qui charment. A.

VAR. — [1] mais à fouler aux pieds les grandes richesses, etc. A.

la mollesse d'un seul homme. Le Roi ne doit rien avoir au-dessus des autres, excepté ce qui est nécessaire, ou pour le soulager dans ses pénibles fonctions, ou pour imprimer aux peuples le respect de celui qui doit soutenir les lois. D'ailleurs, le Roi doit être plus sobre, plus ennemi de la mollesse, plus exempt de faste et de hauteur, qu'aucun autre. Il ne doit point avoir plus de richesses et de plaisirs, mais plus de sagesse, de vertu et de gloire, que le reste des hommes. Il doit être au dehors le défenseur de la patrie, en commandant les armées; et au dedans, le juge des peuples, pour les rendre bons, sages et heureux. Ce n'est point pour lui-même que les dieux l'ont fait roi; il ne l'est que pour être l'homme des peuples : c'est aux peuples qu'il doit tout son temps, tous ses soins, toute son affection; et il n'est digne de la royauté, qu'autant qu'il s'oublie lui-même pour se sacrifier au bien public. Minos n'a voulu que ses enfans régnassent après lui, qu'à condition qu'ils régneroient suivant ces maximes : il aimoit encore plus son peuple que sa famille. C'est par une telle sagesse, qu'il a rendu la Crète si puissante et si heureuse; c'est par cette modération, qu'il a effacé la gloire de tous les conquérans qui veulent faire servir les peuples à leur propre grandeur, c'est-à-dire à leur vanité; enfin, c'est par sa justice, qu'il a mérité d'être aux enfers le souverain juge des morts.

Pendant que Mentor faisoit ce discours, nous abordâmes dans l'île. Nous vîmes le fameux labyrinthe, ouvrage des mains de l'ingénieux Dédale, et qui étoit une imitation du grand labyrinthe que nous avions vu en Egypte. Pendant que nous considérions ce curieux édifice, nous vîmes le peuple qui couvroit le rivage, et qui accouroit en foule dans un lieu assez voisin du bord de la mer. Nous demandâmes la cause de leur empressement; et voici ce qu'un Crétois, nommé Nausicrate, nous raconta :

Idoménée, fils de Deucalion et petit-fils de Minos, dit-il, était allé, comme les autres rois de la Grèce, au siége de Troie. Après la ruine de cette ville, il fit voile pour revenir en Crète; mais la tempête fut si violente, que le pilote de son vaisseau, et tous les autres qui étoient expérimentés dans la navigation, crurent que leur naufrage étoit inévitable. Chacun avoit la mort devant les yeux; chacun voyoit les abîmes ouverts pour l'engloutir; chacun déploroit son malheur, n'espérant pas même le triste repos des ombres qui traversent le Styx après avoir reçu la sépulture. Idoménée, levant les yeux et les mains vers le ciel, invoquoit Neptune : O puissant dieu, s'écrioit-il, toi qui tiens l'empire des ondes, daigne écouter un malheureux! Si tu me fais revoir l'île de Crète, malgré la fureur des vents, je t'immolerai la première tête qui se présentera à mes yeux.

Cependant son fils, impatient de revoir son père, se hâtoit d'aller au-devant de lui pour l'embrasser : malheureux, qui ne savoit pas que c'étoit courir à sa perte! Le père, échappé à la tempête, arrivoit dans le port désiré; il remercioit Neptune d'avoir écouté ses vœux : mais bientôt il sentit combien ses vœux lui étoient funestes. Un pressentiment de son malheur lui donnoit un cuisant repentir de son vœu indiscret; il craignoit d'arriver parmi les siens [1], et il appréhendoit de revoir ce qu'il avoit de plus cher au monde. Mais la cruelle Némésis, déesse impitoyable, qui veille pour punir les hommes, et surtout les rois orgueilleux, poussoit d'une main fatale et invisible Idoménée. Il arrive; à peine ose-t-il lever les yeux : il voit son fils; il recule, saisi d'horreur. Ses yeux cherchent, mais en vain, quelque autre tête moins chère qui puisse lui servir de victime.

Cependant le fils se jette à son cou, et est tout étonné que son père réponde si mal à sa tendresse; il le voit fondant en larmes. O mon père, dit-il, d'où vient cette tristesse? Après une si longue absence, êtes-vous fâché de vous revoir dans votre royaume, et de faire la joie de votre fils! Qu'ai-je fait? vous détournez vos yeux de peur de me voir! Le père, accablé de douleur, ne répondoit rien. Enfin, après de profonds soupirs, il dit : O Neptune, que t'ai-je promis! à quel prix m'as-tu garanti du naufrage! rends-moi aux vagues et aux rochers qui devoient, en me brisant, finir ma triste vie; laisse vivre mon fils! O dieu cruel! tiens, voilà mon sang, épargne le sien. En parlant ainsi, il tira son épée pour se percer; mais ceux qui étoient auteur de lui arrêtèrent sa main.

Le vieillard Sophronyme, interprète des volontés des dieux, lui assura qu'il pouvoit contenter Neptune sans donner la mort à son fils. Votre promesse, disoit-il, a été imprudente : les dieux ne veulent point être honorés par la cruauté; gardez-vous bien d'ajouter à la faute de votre promesse celle de l'accomplir contre les lois de la nature : offrez cent taureaux plus

VAR. — [1] parmi les siens; il baissoit les yeux, il appréhendoit, etc. A.

blancs que la neige à Neptune ; faites couler leur sang autour de son autel couronné de fleurs ; faites fumer un doux encens en l'honneur de ce dieu.

Idoménée écoutoit ce discours, la tête baissée, et sans répondre : la fureur étoit allumée dans ses yeux ; son visage, pâle et défiguré, changeoit à tout moment de couleur ; on voyoit ses membres tremblans. Cependant son fils lui disoit : Me voici, mon père ; votre fils est prêt à mourir pour apaiser le dieu ; n'attirez pas sur vous sa colère : je meurs content, puisque ma mort vous aura garanti de la vôtre. Frappez, mon père ; ne craignez point de trouver en moi un fils indigne de vous, qui craigne de mourir.

En ce moment, Idoménée, tout hors de lui, et comme déchiré par les Furies infernales, surprend tous ceux qui l'observent [1] de près ; il enfonce son épée dans le cœur de cet enfant : il la retire toute fumante et pleine de sang, pour la plonger dans ses propres entrailles ; il est encore une fois retenu par ceux qui l'environnent. L'enfant tombe dans son sang ; ses yeux se couvrent des ombres de la mort ; il les entr'ouvre à la lumière ; mais à peine l'a-t-il trouvée, qu'il ne peut plus la supporter. Tel qu'un beau lis au milieu des champs, coupé dans sa racine par le tranchant de la charrue, languit et ne se soutient plus ; il n'a point encore perdu cette vive blancheur et cet éclat qui charme les yeux ; mais la terre ne le nourrit plus, et sa vie est éteinte : ainsi le fils d'Idoménée, comme une jeune et tendre fleur, est cruellement moissonné dès son premier âge. Le père, dans l'excès de sa douleur, devient insensible ; il ne sait où il est, ni ce qu'il a fait, ni ce qu'il doit faire ; il marche chancelant vers la ville, et demande son fils.

Cependant le peuple, touché de compassion pour l'enfant, et d'horreur pour l'action barbare du père, s'écrie que les dieux justes l'ont livré aux Furies. La fureur leur fournit des armes ; ils prennent des bâtons et des pierres ; la Discorde souffle dans tous les cœurs un venin mortel. Les Crétois, les sages Crétois, oublient la sagesse qu'ils ont tant aimée ; ils ne reconnoissent plus le petit-fils du sage Minos. Les amis d'Idoménée ne trouvent plus de salut [2] pour lui, qu'en le ramenant vers ses vaisseaux : ils s'embarquent avec lui ; ils fuient à la merci des ondes. Idoménée, revenant à soi, les remercie de l'avoir arraché d'une terre qu'il a arrosée du sang de son fils, et qu'il ne sauroit plus habiter. Les vents les conduisent vers l'Hespérie, et ils vont fonder un nouveau royaume dans le pays des Salentins.

Cependant les Crétois, n'ayant plus de roi pour les gouverner, ont résolu d'en choisir un qui conserve dans leur pureté les lois établies. Voici les mesures qu'ils ont prises pour faire ce choix. Tous les principaux citoyens des cent villes sont assemblés ici. On a déjà commencé par des sacrifices ; on a assemblé tous les sages les plus fameux des pays voisins, pour examiner la sagesse de ceux qui paroîtront dignes de commander. On a préparé des jeux publics, où tous les prétendans combattront [1] ; car on veut donner pour prix la royauté à celui qu'on jugera vainqueur de tous les autres, et pour l'esprit et pour le corps. On veut un roi dont le corps soit fort et adroit, et dont l'ame soit ornée de la sagesse et de la vertu. On appelle ici tous les étrangers.

Après nous avoir raconté toute cette histoire étonnante, Nausicrate nous dit : Hâtez-vous donc, ô étrangers, de venir dans notre assemblée : vous combattrez avec les autres ; et si les dieux destinent la victoire à l'un de vous [2], il régnera en ce pays. Nous le suivîmes, sans aucun désir de vaincre, mais par la seule curiosité de voir une chose si extraordinaire.

Nous arrivâmes à une espèce de cirque très-vaste, environné d'une épaisse forêt : le milieu du cirque étoit une arène préparée pour les combattans ; elle étoit bordée par un grand amphithéâtre d'un gazon frais sur lequel étoit assis et rangé un peuple innombrable. Quand nous arrivâmes, on nous reçut avec honneur ; car les Crétois sont les peuples du monde qui exercent le plus noblement et avec le plus de religion l'hospitalité. On nous fit asseoir, et on nous invita à combattre. Mentor s'en excusa sur son âge, et Hasaël sur sa faible santé. Ma jeunesse et ma vigueur m'ôtoient toute excuse ; je jetai néanmoins un coup d'œil sur Mentor pour découvrir sa pensée, et j'aperçus qu'il souhaitoit que je combattisse. J'acceptai donc l'offre qu'on me faisoit : je me dépouillai de mes habits ; on fit couler des flots d'huile douce et luisante sur tous les membres de mon corps ; et je me mêlai [3] parmi les combattans. On dit de tous côtés que c'étoit le fils d'Ulysse, qui étoit venu pour tâcher de remporter les prix ; et plusieurs Crétois, qui avoient été à Ithaque pendant mon enfance, me reconnurent.

VAR. — [1] qui l'observoient. A. — [2] d'autre salut. A.

VAR. — [1] combattent. B. C. Edit. f. du cop. — [2] l'un de vous deux. A. B. — [3] et, couvert de poussière, je me mêlai, etc. A

Le premier combat fut celui de la lutte. Un Rhodien d'environ trente-cinq ans surmonta tous les autres qui osèrent se présenter à lui. Il étoit encore dans toute la vigueur de la jeunesse : ses bras étoient nerveux et bien nourris; au moindre mouvement qu'il faisoit, on voyoit tous ses muscles : il étoit également souple et fort. Je ne lui parus pas digne d'être vaincu; et, regardant avec pitié ma tendre jeunesse, il voulut se retirer : mais je me présentai à lui. Alors nous nous saisîmes l'un l'autre; nous nous serrâmes à perdre la respiration. Nous étions épaule contre épaule, pied contre pied, tous les nerfs tendus, et les bras entrelacés comme des serpens, chacun s'efforçant d'enlever de terre son ennemi. Tantôt il essayoit de me surprendre en me poussant du côté droit; tantôt il s'efforçoit de me pencher du côté gauche. Pendant qu'il me tâtoit ainsi, je le poussai avec tant de violence, que ses reins plièrent : il tomba sur l'arène, et m'entraîna sur lui. En vain il tâcha de me mettre dessous; je le tins immobile sous moi; tout le peuple cria : Victoire au fils d'Ulysse! Et j'aidai au Rhodien confus à se relever.

Le combat du ceste fut plus difficile. Le fils d'un riche citoyen de Samos avoit acquis une haute réputation dans ce genre de combats. Tous les autres lui cédèrent; il n'y eut que moi qui espérai la victoire. D'abord il me donna dans la tête, et puis dans l'estomac, des coups qui me firent vomir le sang, et qui répandirent sur mes yeux un épais nuage. Je chancelai; il me pressoit, et je ne pouvois plus respirer : mais je fus ranimé par la voix de Mentor, qui me crioit : O fils d'Ulysse, seriez-vous vaincu? La colère me donna de nouvelles forces; j'évitai plusieurs coups dont j'aurois été accablé. Aussitôt que le Samien m'avoit porté un faux coup, et que son bras s'allongeoit en vain, je le surprenois dans cette posture penchée : déjà il reculoit, quand je haussai mon ceste pour tomber sur lui avec plus de force : il voulut esquiver, et perdant l'équilibre, il me donna le moyen de le renverser. A peine fut-il étendu par terre, que je lui tendis la main pour le relever. Il se redressa lui-même, couvert de poussière et de sang : sa honte fut extrême; mais il n'osa renouveler le combat.

Aussitôt on commença les courses des chariots, que l'on distribua au sort. Le mien se trouva le moindre pour la légèreté des roues et pour la vigueur des chevaux. Nous partons : un nuage de poussière vole, et couvre le ciel. Au commencement, je laissai les autres passer devant moi. Un jeune Lacédémonien, nommé Crantor, laissoit d'abord tous les autres derrière lui. Un Crétois, nommé Polyclète, le suivoit de près. Hippomaque, parent d'Idoménée, qui aspiroit à lui succéder, lâchant les rênes à ses chevaux fumans de sueur, étoit tout penché sur leurs crins flottans; et le mouvement des roues de son chariot étoit si rapide, qu'elles paroissoient immobiles commes les ailes d'un aigle qui fend les airs. Mes chevaux s'animèrent, et se mirent peu à peu en haleine; je laissai loin derrière moi presque tous ceux qui étoient partis avec tant d'ardeur. Hippomaque, parent d'Idoménée, poussant trop ses chevaux, le plus vigoureux s'abattit, et ôta, par sa chute, à son maître l'espérance de régner. Polyclète, se penchant trop sur ses chevaux, ne put se tenir ferme dans une secousse; il tomba : les rênes lui échappèrent, et il fut trop heureux de pouvoir en tombant éviter la mort. Crantor [1], voyant avec des yeux pleins d'indignation que j'étois tout auprès de lui, redoubla son ardeur : tantôt il invoquoit les dieux, et leur promettoit de riches offrandes; tantôt il parloit à ses chevaux pour les animer : il craignoit que je ne passasse entre la borne et lui; car mes chevaux, mieux ménagés que les siens, étoient en état de le devancer : il ne lui restoit plus d'autre ressource que celle de me fermer le passage [2]. Pour y réussir, il hasarda de se briser contre la borne; il y brisa effectivement sa roue. Je ne songeai qu'à faire promptement le tour, pour n'être pas engagé dans son désordre; et il me vit un moment après au bout de la carrière. Le peuple s'écria encore une fois : Victoire au fils d'Ulysse! c'est lui que les dieux destinent à régner sur nous.

Cependant les plus illustres et les plus sages d'entre les Crétois nous conduisirent dans un bois antique et sacré, reculé de la vue des hommes profanes, où les vieillards que Minos avoit établis juges du peuple et gardes des lois, nous assemblèrent. Nous étions les mêmes qui avions combattu dans les jeux; nul autre ne fut admis. Les sages ouvrirent le livre où toutes les lois de Minos sont recueillies. Je me sentis saisi de respect et de honte, quand j'approchai de ces vieillards que l'âge rendoit vénérables, sans leur ôter la vigueur de l'esprit. Ils étoient assis avec ordre, et immobiles dans leurs places : leurs cheveux étoient blancs; plusieurs n'en avoient presque plus. On voyoit reluire sur

---

VAR. — [1] Pisistrate. A. C'est le nom que Fénelon avoit donné d'abord au premier combattant, et qu'il a oublié de changer en cet endroit. — [2] de me boucher le passage. Pour e boucher, il hasarda, etc. A.

leurs visages graves une sagesse douce et tranquille ; ils ne se pressoient point de parler ; ils ne disoient que ce qu'ils avoient résolu de dire. Quand ils étoient d'avis différens, ils étoient si modérés à soutenir ce qu'ils pensoient de part et d'autre, qu'on auroit cru qu'ils étoient tous d'une même opinion. La longue expérience des choses passées, et l'habitude du travail leur donnoit de grandes vues sur toutes choses : mais ce qui perfectionnoit le plus leur raison, c'étoit le calme de leur esprit délivré des folles passions et des caprices de la jeunesse. La sagesse toute seule agissoit en eux, et le fruit de leur longue vertu étoit d'avoir si bien dompté leurs humeurs, qu'ils goûtoient sans peine le doux et noble plaisir d'écouter la raison. En les admirant, je souhaitais que ma vie pût s'accourcir pour arriver tout-à-coup à une si estimable vieillesse. Je trouvois la jeunesse malheureuse d'être si impétueuse, et si éloignée de cette vertu si éclairée et si tranquille.

Le premier d'entre ces vieillards ouvrit le livre des lois de Minos. C'étoit un grand livre qu'on tenoit d'ordinaire renfermé dans une cassette d'or avec des parfums. Tous ces vieillards le baisèrent avec respect ; car ils disent qu'après les dieux, de qui les bonnes lois viennent, rien ne doit être si sacré aux hommes, que les lois destinées à les rendre bons, sages et heureux. Ceux qui ont dans leurs mains les lois pour gouverner les peuples doivent toujours se laisser gouverner eux-mêmes par les lois. C'est la loi, et non pas l'homme qui doit régner. Tel est le discours de ces sages. Ensuite, celui qui présidoit proposa trois questions, qui devoient être décidées par les maximes de Minos.

La première question est de savoir quel est le plus libre de tous les hommes. Les uns répondirent que c'étoit un roi qui avoit sur son peuple un empire absolu, et qui étoit victorieux de tous ses ennemis. D'autres soutinrent que c'étoit un homme si riche, qu'il pouvoit contenter tous ses désirs. D'autres dirent que c'étoit un homme qui ne se marioit point, et qui voyageoit pendant toute sa vie en divers pays, sans être jamais assujetti aux lois d'aucune nation. D'autres s'imaginèrent que c'étoit un barbare qui, vivant de sa chasse au milieu des bois, étoit indépendant de toute police et de tout besoin. D'autres crurent que c'étoit un homme nouvellement affranchi, parce qu'en sortant des rigueurs de la servitude il jouissoit plus qu'aucun autre des douceurs de la liberté. D'autres enfin s'avisèrent de dire que c'étoit un homme mourant, parce que la mort le délivroit de tout, et que tous les hommes ensemble n'avoient plus aucun pouvoir sur lui. Quand mon rang fut venu, je n'eus pas de peine à répondre, parce que je n'avois pas oublié ce que Mentor m'avoit dit souvent. Le plus libre de tous les hommes, répondis-je, est celui qui peut être libre dans l'esclavage même. En quelque pays et en quelque condition qu'on soit, on est très-libre, pourvu qu'on craigne les dieux, et qu'on ne craigne qu'eux. En un mot, l'homme véritablement libre est celui qui, dégagé de toute crainte et de tout désir, n'est soumis qu'aux dieux et à sa raison. Les vieillards s'entre-regardèrent en souriant, et furent surpris de voir que ma réponse fût [1] précisément celle de Minos.

Ensuite on proposa la seconde question en ces termes : Quel est le plus malheureux de tous les hommes ? Chacun disoit ce qui lui venoit dans l'esprit. L'un disoit : C'est un homme qui n'a ni biens, ni santé, ni honneur. Un autre disoit : C'est un homme qui n'a aucun ami. D'autres soutenoient que c'est un homme qui a des enfants ingrats et indignes de lui. Il vint un sage de l'île de Lesbos, qui dit : Le plus malheureux de tous les hommes est celui qui croit l'être ; car le malheur dépend moins des choses qu'on souffre, que de l'impatience avec laquelle on augmente son malheur. A ces mots toute l'assemblée se récria ; on applaudit, et chacun crut que ce sage Lesbien remporteroit le prix sur cette question. Mais on me demanda ma pensée, et je répondis, suivant les maximes de Mentor : Le plus malheureux de tous les hommes est un roi qui croit être heureux en rendant les autres hommes misérables : il est doublement malheureux par son aveuglement : ne connoissant pas son malheur, il ne peut s'en guérir ; il craint même de le connoitre. La vérité ne peut percer la foule des flatteurs pour aller jusqu'à lui. Il est tyrannisé par ses passions ; il ne connoit point ses devoirs ; il n'a jamais goûté le plaisir de faire le bien, ni senti les charmes de la pure vertu. Il est malheureux, et digne de l'être : son malheur augmente tous les jours ; il court à sa perte, et les dieux se préparent à le confondre par une punition éternelle. Toute l'assemblée avoua que j'avois vaincu le sage Lesbien, et les vieillards déclarèrent que j'avois rencontré le vrai sens de Minos.

Pour la troisième question, on demanda lequel des deux est préférable : d'un côté, un roi

VAR. — [1] étoit. A.

conquérant et invincible dans la guerre ; de l'autre, un roi sans expérience de la guerre, mais propre à policer sagement les peuples dans la paix. La plupart répondirent que le roi invincible dans la guerre étoit préférable. A quoi sert, disoient-ils, d'avoir un roi qui sache [1] bien gouverner en paix, s'il ne sait pas défendre le pays quand la guerre vient ? Les ennemis le vaincront, et réduiront son peuple en servitude. D'autres soutenoient, au contraire, que le roi pacifique seroit [2] meilleur, parce qu'il craindroit la guerre, et l'éviteroit par ses soins. D'autres disoient qu'un roi conquérant travailleroit à la gloire de son peuple aussi bien qu'à la sienne, et qu'il rendroit ses sujets maîtres des autres nations ; au lieu qu'un roi pacifique les tiendroit dans une honteuse lâcheté.

On voulut savoir mon sentiment. Je répondis ainsi : Un roi qui ne sait gouverner que dans la paix ou dans la guerre, et qui n'est pas capable de conduire son peuple dans ces deux états, n'est qu'à demi roi. Mais si vous comparez un roi qui ne sait que la guerre, à un roi sage qui, sans savoir la guerre, est capable de la soutenir dans le besoin par ses généraux, je le trouve préférable à l'autre. Un roi entièrement tourné à la guerre voudroit toujours la faire : pour étendre sa domination et sa gloire propre, il ruineroit ses peuples. A quoi sert-il à un peuple, que son roi subjugue d'autres nations, si on est malheureux sous son règne ? D'ailleurs, les longues guerres entraînent toujours après elles beaucoup de désordres ; les victorieux mêmes se dérèglent pendant ces temps de confusion. Voyez ce qu'il en coûte à la Grèce pour avoir triomphé de Troie ; elle a été privée de ses rois pendant plus de dix ans. Lorsque [3] tout est en feu par la guerre, les lois, l'agriculture, les arts languissent. Les meilleurs princes mêmes, pendant qu'ils ont une guerre à soutenir, sont contraints de faire le plus grand des maux, qui est de tolérer la licence, et de se servir des méchans. Combien y a-t-il de scélérats qu'on puniroit pendant la paix, et dont on a besoin de récompenser l'audace dans les désordres de la guerre ! Jamais aucun peuple n'a eu un roi conquérant, sans avoir beaucoup à souffrir de son ambition. Un conquérant, enivré de sa gloire, ruine presque autant sa nation victorieuse que les nations vaincues. Un prince qui n'a point les qualités nécessaires pour la paix, ne peut faire goûter à ses sujets les fruits d'une guerre heureusement finie : il est comme un homme qui défendroit son champ contre son voisin, et qui [1] usurperoit celui du voisin même, mais qui ne sauroit ni labourer ni semer, pour recueillir aucune moisson. Un tel homme semble né pour détruire, pour ravager, pour renverser le monde, et non pour rendre un peuple heureux par un sage gouvernement.

Venons maintenant au roi pacifique. Il est vrai qu'il n'est pas propre à de grandes conquêtes ; c'est-à-dire qu'il n'est pas né pour troubler le bonheur de son peuple, en voulant vaincre les autres peuples que la justice ne lui a pas soumis : mais, s'il est véritablement propre à gouverner en paix, il a toutes les qualités nécessaires pour mettre son peuple en sûreté contre ses ennemis. Voici comment : Il est juste, modéré et commode à l'égard de ses voisins ; il n'entreprend jamais contre eux rien [2] qui puisse troubler sa paix ; il est fidèle dans ses alliances. Ses alliés l'aiment, ne le craignent point, et ont une entière confiance en lui. S'il a quelque voisin inquiet, hautain et ambitieux, tous les autres rois voisins, qui craignent ce voisin inquiet, et qui n'ont aucune jalousie du roi pacifique, se joignent à ce bon roi pour l'empêcher d'être opprimé. Sa probité, sa bonne foi, sa modération, le rendent l'arbitre de tous les États qui environnent le sien. Pendant que le roi entreprenant est odieux à tous les autres, et sans cesse exposé à leurs ligues, celui-ci a la gloire d'être comme le père et le tuteur de tous les autres rois. Voilà les avantages qu'il a au dehors. Ceux dont il jouit au dedans sont encore plus solides [3]. Puisqu'il est propre à gouverner en paix, je dois supposer qu'il gouverne par les plus sages lois. Il retranche le faste, la mollesse, et tous les arts qui ne servent qu'à flatter les vices [4] ; il fait fleurir les autres arts qui sont utiles aux véritables besoins de la vie : surtout il applique ses sujets à l'agriculture. Par là il les met dans l'abondance des choses nécessaires. Ce peuple laborieux, simple dans ses mœurs, accoutumé à vivre de peu, gagnant facilement sa vie par la culture de ses terres, se multiplie à l'infini. Voilà dans ce royaume un peuple innombrable, mais un peuple sain, vigoureux, robuste, qui n'est point amolli par les voluptés, qui est exercé à la vertu, qui n'est point attaché [5] aux douceurs d'une vie lâche et délicieuse, qui sait mépriser la mort, qui aimeroit mieux mourir que per-

VAR. — [1] qui sait. A. — [2] étoit. A. — [3] Pendant que. A.

VAR. — [1] qui m. A. aj. B. — [2] aucun dessein. A. B. — [3] plus merveilleux. A. — [4] ces vices. A. — [5] qui ne tient point. A.

dre ¹ cette liberté qu'il goûte sous un sage roi appliqué à ne régner ² que pour faire régner la raison. Qu'un conquérant voisin attaque ce peuple, il ne le trouvera peut-être pas assez accoutumé à camper, à se ranger en bataille, ou à dresser des machines pour assiéger une ville ³; mais il le trouvera invincible par sa multitude, par son courage, par sa patience dans les fatigues, par son habitude de souffrir la pauvreté, par sa vigueur dans les combats, et par une vertu que les mauvais succès mêmes ne peuvent abattre. D'ailleurs, si le roi n'est point assez expérimenté pour commander lui-même ses armées, il les fera commander par des gens qui en seront capables; et il saura s'en servir sans perdre son autorité. Cependant il tirera du secours de ses alliés; ses sujets aimeront mieux mourir que de passer sous la domination d'un autre roi violent et injuste: les dieux mêmes combattront pour lui. Voyez quelles ressources il aura au milieu des plus grands périls. Je conclus donc que le roi pacifique qui ignore la guerre est un roi très-imparfait, puisqu'il ne sait point remplir une de ses plus grandes fonctions, qui est de vaincre ses ennemis; mais j'ajoute qu'il est néanmoins infiniment supérieur au roi conquérant qui manque des qualités nécessaires dans la paix, et qui n'est propre qu'à la guerre.

J'aperçus dans l'assemblée beaucoup de gens qui ne pouvoient goûter cet avis ⁴; car la plupart des hommes, éblouis par les choses éclatantes, comme les victoires et les conquêtes, les préfèrent à ce qui est simple, tranquille et solide, comme la paix et la bonne police des peuples. Mais tous les vieillards déclarèrent que j'avois parlé comme Minos.

Le premier de ces vieillards s'écria: Je vois l'accomplissement d'un oracle d'Apollon, connu dans toute notre île. Minos avoit consulté le dieu, pour savoir combien de temps sa race régneroit, suivant les lois qu'il venoit d'établir. Le dieu lui répondit: Les tiens cesseront de régner quand un étranger entrera dans ton île pour y faire régner tes lois. Nous avions craint que quelque étranger viendroit faire la conquête de l'île de Crète; mais le malheur d'Idoménée, et la sagesse du fils d'Ulysse, qui entend mieux que nul autre mortel les lois de Minos, nous montrent le sens de l'oracle. Que tardons-nous à couronner celui que les destins nous donnent pour roi?

¹ Aussitôt les vieillards sortent de l'enceinte du bois sacré; et le premier, me prenant par la main, annonce au peuple déjà impatient, dans l'attente d'une décision, que j'avois remporté le prix. A peine acheva-t-il de parler, qu'on entendit ² un bruit confus de toute l'assemblée. Chacun pousse des cris de joie. Tout le rivage et toutes les montagnes voisines retentissent de ce cri: Que le fils d'Ulysse, semblable à Minos, règne sur les Crétois!

J'attendis un moment, et je faisois signe de la main pour demander qu'on m'écoutât. Cependant Mentor me disoit à l'oreille: Renoncez-vous à votre patrie? l'ambition de régner vous fera-t-elle oublier Pénélope, qui vous attend comme sa dernière espérance, et le grand Ulysse, que les dieux avoient résolu de vous rendre? Ces paroles percèrent mon cœur, et me soutinrent contre le vain désir ³ de régner.

Cependant un profond silence de toute cette tumultueuse assemblée me donna le moyen de parler ainsi: O illustres Crétois, je ne mérite point de vous commander. L'oracle qu'on vient de rapporter marque bien que la race de Minos cessera de régner quand un étranger entrera dans cette île, et y fera régner les lois de ce sage roi; mais il n'est pas dit que cet étranger régnera. Je veux croire que je suis cet étranger marqué par l'oracle. J'ai accompli la prédiction; je suis venu dans cette île; j'ai découvert le vrai sens des lois, et je souhaite que mon explication serve à les faire régner avec l'homme que vous choisirez. Pour moi, je préfère ma patrie, la pauvre, la petite île d'Ithaque ⁴, aux cent villes de Crète, à la gloire et à l'opulence de ce beau royaume. Souffrez que je suive ce que les destins ont marqué. Si j'ai combattu dans vos jeux, ce n'étoit pas dans l'espérance de régner ici; c'étoit pour mériter votre estime et votre compassion; c'étoit afin que vous me donnassiez les moyens de retourner promptement au lieu de ma naissance. J'aime mieux obéir à mon père Ulysse, et consoler ma mère Pénélope, que régner sur tous les peuples de l'univers. O Crétois, vous voyez le fond de mon cœur: il faut que je vous quitte; mais la mort seule pourra finir ma reconnoissance. Oui, jusques au dernier soupir, Télémaque aimera les Crétois, et s'intéressera à leur gloire comme à la sienne propre.

Var. — ¹ que de perdre. v. c. *Edit. f. du cop.* — ² un sage roi qui règne. A. — ³ ou à assiéger une ville. A. — ⁴ cet avis; mais tous les vieillards, etc. A.

Var. — ¹ *Commencement du* livre vi, *dans la division en* xxiv *livres.* — ² A peine acheva-t-il de parler, qu'on entend, etc. A. — ³ contre le désir. A. — ⁴ ma patrie, la petite île d'Ithaque. A. la pauvre petite île d'Ithaque. *Edit. f. du cop.*

A peine eus-je parlé qu'il s'éleva dans toute l'assemblée un bruit sourd, semblable à celui des vagues de la mer qui s'entre-choquent dans une tempête. Les uns disoient : Est-ce quelque divinité sous une figure humaine ? D'autres soutenoient qu'ils m'avoient vu en d'autres pays, et qu'ils me reconnoissoient. D'autres s'écrioient : Il faut le contraindre de régner ici. Enfin, je repris la parole, et chacun se hâta de se taire, ne sachant si je n'allois point accepter ce que j'avois refusé d'abord. Voici les paroles que je leur dis :

Souffrez, ô Crétois, que je vous dise ce que je pense. Vous êtes le plus sage de tous les peuples ; mais la sagesse demande, ce me semble, une précaution qui vous échappe. Vous devez choisir [1], non pas l'homme qui raisonne le mieux sur les lois, mais celui qui les pratique avec la plus constante vertu. Pour moi, je suis jeune, par conséquent sans expérience, exposé à la violence des passions, et plus en état de m'instruire en obéissant, pour commander un jour, que de commander maintenant. Ne cherchez donc pas un homme qui ait vaincu les autres dans ces jeux d'esprit et de corps, mais qui se soit vaincu lui-même ; cherchez un homme qui ait vos lois écrites dans le fond de son cœur, et dont toute la vie soit la pratique de ces lois [2] ; que ses actions plutôt que ses paroles vous le fassent choisir.

Tous les vieillards, charmés de ce discours, et voyant toujours croître les applaudissements de l'assemblée, me dirent : Puisque les dieux nous ôtent l'espérance de vous voir régner au milieu de nous, du moins aidez-nous à trouver un roi qui fasse régner nos lois. Connoissez-vous quelqu'un qui puisse commander avec cette modération ? Je connois, leur dis-je d'abord, un homme de qui je tiens tout ce que vous avez estimé en moi ; c'est sa sagesse, et non pas la mienne, qui vient de parler ; il m'a inspiré toutes les réponses que vous venez d'entendre.

En même temps toute l'assemblée jeta les yeux sur Mentor, que je montrois, le tenant par la main. Je racontois les soins qu'il avoit eus de mon enfance, les périls dont il m'avoit délivré, les malheurs qui étoient venus fondre sur moi dès que j'avois cessé de suivre ses conseils.

D'abord on ne l'avoit point regardé, à cause de ses habits simples et négligés, de sa contenance modeste, de son silence presque continuel, de son air froid et réservé. Mais quand on s'appliqua à le regarder, on découvrit dans son visage je ne sais quoi de ferme et d'élevé ; on remarqua la vivacité de ses yeux, et la vigueur avec laquelle il faisoit jusqu'aux moindres actions. On le questionna ; il fut admiré : on résolut de le faire roi. Il s'en défendit sans s'émouvoir : il dit qu'il préféroit les douceurs d'une vie privée à l'éclat de la royauté ; que les meilleurs rois étoient malheureux en ce qu'ils ne faisoient presque jamais les biens qu'ils vouloient faire, et qu'ils faisoient souvent, par la surprise des flatteurs, les maux qu'ils ne vouloient pas. Il ajouta que si la servitude est misérable, la royauté ne l'est pas moins, puisqu'elle est une servitude déguisée. Quand on est roi, disoit-il, on dépend de tous ceux dont on a besoin pour se faire obéir. Heureux celui qui n'est point obligé de commander ! Nous ne devons qu'à notre seule patrie, quand elle nous confie l'autorité, le sacrifice de notre liberté [1] pour travailler au bien public.

Alors les Crétois, ne pouvant revenir de leur surprise, lui demandèrent quel homme ils devoient choisir. Un homme, répondit-il, qui vous connoisse bien, puisqu'il faudra qu'il vous gouverne, et qui craigne de vous gouverner. Celui qui désire la royauté ne la connoît pas ; et comment en remplira-t-il les devoirs, ne les connoissant point ? Il la cherche pour lui ; et vous devez désirer un homme qui ne l'accepte que pour l'amour de vous.

Tous les Crétois furent dans un étrange étonnement de voir deux étrangers qui refusaient la royauté, recherchée par tant d'autres ; ils voulurent savoir avec qui ils étoient venus. Nausicrate, qui les avoit conduits depuis le port jusques au cirque où l'on célébroit les jeux, leur montra Hasaël avec lequel Mentor et moi nous étions venus de l'île de Chypre. Mais leur étonnement fut encore bien plus grand, quand ils surent que Mentor avoit été esclave d'Hasaël ; qu'Hasaël, touché de la sagesse et de la vertu de son esclave, en avoit fait son conseil et son meilleur ami ; que cet esclave mis en liberté étoit le même qui venoit de refuser d'être roi ; et qu'Hasaël était venu de Damas en Syrie, pour s'instruire des lois de Minos, tant l'amour de la sagesse remplissoit son cœur.

Les vieillards dirent à Hasaël : Nous n'osons vous prier de nous gouverner, car nous jugeons

---

VAR. — [1] Vous devez votre choix, non pas à l'homme qui raisonne le mieux sur les lois, mais à celui, etc. A. — [2] de vos lois. A.

VAR. — [1] On ne doit qu'à sa seule patrie, quand elle vous confie l'autorité, le sacrifice de sa liberté, etc. A.

que vous avez les mêmes pensées que Mentor. Vous méprisez trop les hommes pour vouloir vous charger de les conduire : d'ailleurs vous êtes trop détaché des richesses et de l'éclat de la royauté, pour vouloir acheter cet éclat par les peines attachées au gouvernement des peuples. Hasaël répondit : Ne croyez pas, ô Crétois, que je méprise les hommes. Non, non : je sais combien il est grand de travailler à les rendre bons et heureux; mais ce travail est rempli de peines et de dangers. L'éclat qui y est attaché est faux, et ne peut éblouir que des ames vaines. La vie est courte; les grandeurs irritent plus les passions, qu'elles ne peuvent les contenter : c'est pour apprendre à me passer de ces faux biens, et non pas pour y parvenir, que je suis venu de si loin. Adieu : je ne songe qu'à retourner dans une vie paisible et retirée, où la sagesse nourrisse mon cœur, et où les espérances qu'on tire de la vertu, pour une autre meilleure vie après la mort, me consolent dans les chagrins de la vieillesse. Si j'avois quelque chose à souhaiter, ce ne seroit pas d'être roi, ce seroit de ne me séparer jamais de ces deux hommes que vous voyez.

Enfin les Crétois s'écrièrent, parlant à Mentor : Dites-nous, ô le plus sage et le plus grand de tous les mortels, dites-nous donc qui est-ce que nous pouvons choisir pour notre roi : nous ne vous laisserons point aller, que vous ne nous ayez appris le choix que nous devons faire. Il leur répondit : Pendant que j'étais dans la foule des spectateurs, j'ai remarqué un homme qui ne témoignoit aucun empressement : c'est un vieillard assez vigoureux. J'ai demandé quel homme c'étoit; on m'a répondu qu'il s'appeloit Aristodème. Ensuite j'ai entendu qu'on lui disoit que ses deux enfants étoient au nombre de ceux qui combattoient; il a paru n'en avoir aucune joie : il a dit que pour l'un il ne lui souhaitoit point les périls de la royauté, et qu'il aimoit trop la patrie pour consentir que l'autre régnât jamais. Par là j'ai compris que ce père aimoit d'un amour raisonnable l'un de ses enfants qui a de la vertu, et qu'il ne flattoit point l'autre dans ses dérèglements. Ma curiosité augmentant, j'ai demandé quelle a été la vie de ce vieillard. Un de vos citoyens m'a répondu : Il a longtemps porté les armes, et il est couvert de blessures; mais sa vertu sincère et ennemie de la flatterie l'avoit rendu incommode à Idoménée. C'est ce qui empêcha ce roi de s'en servir dans le siége de Troie : il craignit un homme qui lui donneroit de sages conseils qu'il ne pourroit se résoudre à suivre; il fut même jaloux de la gloire que cet homme ne manqueroit pas d'acquérir bientôt; il oublia tous ses services; il le laissa ici pauvre, méprisé des hommes grossiers et lâches[1] qui n'estiment que les richesses, mais content dans sa pauvreté. Il vit gaîment dans un endroit écarté de l'île, où il cultive son champ de ses propres mains. Un de ses fils travaille avec lui; ils s'aiment tendrement; ils sont heureux. Par leur frugalité et par leur travail, ils se sont mis dans l'abondance des choses nécessaires à une vie simple. Le sage vieillard donne aux pauvres malades de son voisinage tout ce qui lui reste au-delà de ses besoins et de ceux de son fils. Il fait travailler tous les jeunes gens; il les exhorte, il les instruit; il juge tous les différents de son voisinage; il est le père de toutes les familles. Le malheur de la sienne est d'avoir un second fils qui n'a voulu suivre aucun de ses conseils. Le père, après l'avoir longtemps souffert pour tâcher de corriger de ses vices, l'a enfin chassé : il s'est abandonné à une folle ambition et à tous les plaisirs.

Voilà, ô Crétois, ce qu'on m'a raconté : vous devez savoir si ce récit est véritable. Mais si cet homme est tel qu'on le dépeint, pourquoi faire des jeux? pourquoi assembler tant d'inconnus? Vous avez au milieu de vous un homme qui vous connoît et que vous connoissez; qui sait la la guerre; qui a montré son courage non-seulement contre les flèches et contre les dards, mais contre l'affreuse pauvreté; qui a méprisé les richesses acquises par la flatterie; qui aime le travail; qui sait combien l'agriculture est utile à un peuple; qui déteste le faste; qui ne se laisse point amollir par un amour aveugle de ses enfans; qui aime la vertu de l'un, et qui condamne le vice de l'autre; en un mot, un homme qui est déjà le père du peuple. Voilà votre roi, s'il est vrai que vous désiriez de faire régner chez vous les lois du sage Minos.

Tout le peuple s'écria : Il est vrai, Aristodème est tel que vous le dites; c'est lui qui est digne de régner. Les vieillards le firent appeler : on le chercha dans la foule, où il étoit confondu avec les derniers du peuple. Il parut tranquille. On lui déclara qu'on le faisait roi. Il répondit : Je n'y puis consentir qu'à trois conditions : la première, que je quitterai la royauté dans deux ans, si je ne vous rends meilleurs que vous n'êtes, et si vous résistez aux lois; la seconde, que je serai libre de continuer une vie simple et frugale; la troisième,

VAR. — [1] des hommes lâches. A.

que mes enfants n'auront aucun rang, et qu'après ma mort on les traitera sans distinction, selon leur mérite, comme le reste des citoyens.

A ces paroles, il s'éleva dans l'air mille cris de joie. Le diadème fut mis par le chef des vieillards gardes des lois, sur la tête d'Aristodème. On fit des sacrifices à Jupiter et aux autres grands dieux. Aristodème nous fit des présens, non pas avec la magnificence ordinaire aux rois, mais avec une noble simplicité. Il donna à Hazael les lois de Minos écrites de la main de Minos même; il lui donna aussi un recueil de toute l'histoire de Crète, depuis Saturne et l'âge d'or; il fit mettre dans son vaisseau des fruits de toutes les espèces qui sont bonnes en Crète et inconnues dans la Syrie, et lui offrit tous les secours dont il pourrait avoir besoin.

Comme nous pressions notre départ, il nous fit préparer un vaisseau avec un grand nombre de bons rameurs et d'hommes armés; il y fit mettre des habits pour nous et des provisions. A l'instant même il s'éleva un vent favorable pour aller à Ithaque : ce vent, qui étoit contraire à Hasaël, le contraignit d'attendre. Il nous vit partir : il nous embrassa comme des amis qu'il ne devoit jamais revoir. Les dieux sont justes, disoit-il, ils voient une amitié qui n'est fondée que sur la vertu : un jour ils nous réuniront; et ces champs fortunés, où l'on dit que les justes jouissent après la mort d'une paix éternelle [1], verront nos ames se rejoindre pour ne se séparer jamais. O si mes cendres pouvoient aussi être recueillies avec les vôtres!... En prononçant ces mots, il versoit des torrens de larmes, et les soupirs étouffoient sa voix. Nous ne pleurions pas moins que lui : et il nous conduisit au vaisseau.

Pour Aristodème, il nous dit : C'est vous qui venez de me faire roi; souvenez-vous des dangers où vous m'avez mis. Demandez aux dieux qu'ils m'inspirent la vraie sagesse, et que je surpasse autant en modération les autres hommes, que je les surpasse en autorité. Pour moi, je les prie de vous conduire heureusement dans votre patrie, d'y confondre l'insolence de vos ennemis et de vous y faire vivre en paix Ulysse régnant avec sa chère Pénélope. Télémaque, je vous donne un bon vaisseau plein de rameurs et d'hommes armés; ils pourront vous servir contre ces hommes injustes qui persécutent votre mère. O Mentor, votre sagesse, qui n'a besoin de rien, ne me laisse rien à désirer pour vous. Allez tous deux, vivez heureux ensemble; souvenez-vous d'Aristodème : et si jamais les Ithaciens ont besoin des Crétois, comptez sur moi jusqu'au dernier soupir de ma vie. Il nous embrassa; et nous ne pûmes, en le remerciant, retenir nos larmes.

Cependant le vent qui enfloit nos voiles nous promettoit une douce navigation. Déjà le mont Ida n'étoit plus à nos yeux que comme une colline; tous les rivages disparoissoient; les côtes du Péloponèse sembloient s'avancer dans la mer pour venir au-devant de nous. Tout-à-coup une noire tempête enveloppa le ciel, et irrita toutes les ondes de la mer. Le jour se changea en nuit, et la mort se présenta à nous. O Neptune, c'est vous qui excitâtes, par votre superbe trident, toutes les eaux de votre empire! Vénus, pour se venger de ce que nous l'avions méprisée jusque dans son temple de Cythère, alla trouver ce dieu; elle lui parla avec douleur; ses beaux yeux étoient baignés de larmes : du moins c'est ainsi que Mentor, instruit des choses divines, me l'a assuré. Souffrirez-vous, Neptune, disoit-elle, que ces impies se jouent impunément de ma puissance? Les dieux mêmes la sentent; et ces téméraires mortels ont osé condamner tout ce qui se fait dans mon île. Ils se piquent d'une sagesse à toute épreuve, et ils traitent l'amour de folie. Avez-vous oublié que je suis née dans votre empire? Que tardez-vous à ensevelir dans vos profonds abîmes ces deux hommes que je ne puis souffrir?

A peine avoit-elle parlé, que Neptune souleva les flots jusqu'au ciel : Vénus rit, croyant notre naufrage inévitable. Notre pilote, troublé, s'écria qu'il ne pouvoit plus résister aux vents qui nous poussoient avec violence vers des rochers : un coup de vent rompit notre mât; et, un moment après, nous entendîmes les pointes des rochers qui entr'ouvroient le fond du navire. L'eau entre de tous côtés; le navire s'enfonce; tous nos rameurs poussent de lamentables cris vers le ciel. J'embrasse Mentor, et je lui dis : Voici la mort; il faut la recevoir avec courage. Les dieux ne nous ont délivrés de tant de périls, que pour nous faire périr aujourd'hui. Mourons, Mentor, mourons. C'est une consolation pour moi de mourir avec vous; il seroit inutile de disputer notre vie contre la tempête.

Mentor me répondit : Le vrai courage trouve toujours quelque ressource. Ce n'est pas assez d'être prêt à recevoir tranquillement la mort; il faut, sans la craindre, faire tous ses efforts pour la repousser. Prenons, vous et moi, un de ces grands bancs de rameurs. Tandis que cette multitude d'hommes timides et troublés regrette la vie, sans chercher les moyens de la

---

VAR. — [1] d'une éternelle paix. A.

conserver, ne perdons pas un moment pour sauver la nôtre. Aussitôt il prend une hache, il achève de couper le mât qui étoit déjà rompu, et qui, penchant dans la mer, avoit mis le vaisseau sur le côté; il jette le mât hors du vaisseau, et s'élance dessus au milieu des ondes furieuses; il m'appelle par mon nom, et m'encourage pour le suivre. Tel qu'un grand arbre que tous les vents conjurés attaquent, et qui demeure immobile sur ses profondes racines, en sorte que la tempête ne fait qu'agiter ses feuilles; de même Mentor, non-seulement ferme et courageux, mais doux et tranquille, sembloit commander aux vents et à la mer. Je le suis : et qui auroit pu ne le pas suivre, étant encouragé par lui?

Nous nous conduisons nous-mêmes sur ce mât flottant. C'étoit un grand secours pour nous, car nous pouvions nous asseoir dessus; et, s'il eût fallu nager sans relâche, nos forces eussent été bientôt épuisées. Mais souvent la tempête faisoit tourner cette grande pièce de bois, et nous nous trouvions enfoncés dans la mer : alors nous buvions l'onde amère, qui couloit de notre bouche, de nos narines et de nos oreilles. nous étions contraints de disputer contre les flots, pour rattraper le dessus de ce mât. Quelquefois aussi une vague haute comme une montagne venoit passer sur nous; et nous nous tenions fermes, de peur que dans cette violente secousse, le mât, qui étoit notre unique espérance, ne nous échappât.

Pendant que nous étions dans cet état affreux, Mentor, aussi paisible qu'il l'est maintenant sur ce siége de gazon, me disoit : Croyez-vous, Télémaque, que votre vie soit abandonnée aux vents et aux flots? Croyez-vous qu'ils puissent vous faire périr sans l'ordre des dieux? Non, non : les dieux décident de tout. C'est donc les dieux, et non pas la mer, qu'il faut craindre. Fussiez-vous au fond des abîmes, la main de Jupiter pourroit vous en tirer. Fussiez-vous dans l'Olympe, voyant les astres sous vos pieds, Jupiter pourroit vous plonger au fond de l'abîme, ou vous précipiter dans les flammes du noir Tartare. J'écoutois et j'admirois ce discours, qui me consoloit un peu; mais je n'avois pas l'esprit assez libre pour lui répondre. Il ne me voyoit point; je ne pouvois le voir. Nous passâmes toute la nuit, tremblans de froid et demi-morts, sans savoir où la tempête nous jetoit. Enfin les vents commencèrent à s'apaiser; et la mer mugissante ressembloit à une personne qui, ayant été longtemps irritée, n'a plus qu'un reste de trouble et d'émotion, étant lasse de se mettre en fureur; elle grondoit sourdement, et ses flots n'étoient presque plus que comme les sillons qu'on trouve dans un champ labouré.

Cependant l'aurore vint ouvrir au soleil les portes du ciel, et nous annonça un beau jour. L'orient étoit tout [1] en feu; et les étoiles, qui avoient été si long-temps cachées, reparurent, et s'enfuirent à l'arrivée de Phébus. Nous aperçûmes de loin la terre, et le vent nous en approchoit : alors [2] je sentis l'espérance renaître dans mon cœur. Mais nous n'aperçûmes aucun de nos compagnons : selon les apparences, ils perdirent courage, et la tempête les submergea tous [3] avec le vaisseau. Quand nous fûmes auprès de la terre, la mer nous poussoit contre des pointes de rochers qui nous eussent brisés; mais nous tâchions de leur présenter le bout de notre mât : et Mentor faisoit de ce mât ce qu'un sage pilote fait du meilleur gouvernail. Ainsi nous évitâmes ces rochers affreux, et nous trouvâmes enfin une côte douce et unie, où, nageant sans peine, nous abordâmes sur le sable. C'est là que vous nous vîtes, ô grande déesse qui habitez cette île; c'est là que vous daignâtes nous recevoir.

LIVRE VI [4].

Calypso, ravie d'admiration par le récit de Télémaque, conçoit pour lui une violente passion, et met tout en œuvre pour exciter en lui le même sentiment, Elle est puissamment secondée par Vénus, qui amène Cupidon dans l'île, avec ordre de percer de ses flèches le cœur de Télémaque. Celui-ci, déjà blessé sans le savoir, souhaite, sous divers prétextes, de demeurer dans l'île, malgré les sages remontrances de Mentor. Bientôt il sent pour la nymphe Eucharis une folle passion, qui excite la jalousie et la colère de Calypso. Elle jure par le Styx, que Télémaque sortira de son île, et presse Mentor de construire un vaisseau pour le reconduire à Ithaque. Tandis que Mentor entraîne Télémaque vers le rivage pour s'embarquer, Cupidon va consoler Calypso, et oblige les nymphes à brûler le vaisseau. A la vue des flammes, Télémaque ressent une joie secrète; mais le sage Mentor, qui s'en aperçoit, le précipite dans la mer, et s'y jette avec lui, pour gagner, à la nage, un autre vaisseau alors arrêté auprès de l'île de Calypso.

Quand Télémaque eut achevé ce discours, toutes les nymphes, qui avoient été immobiles, les yeux attachés sur lui, se regardèrent les unes les autres. Elles se disoient avec étonnement : Quels sont donc ces deux hommes si

VAR. — [1] tout *m.* A. *aj.* B. — [2] alors *m.* A. *aj.* B. — [3] tous *m.* A. *aj.* C. — [4] LIVRE VII.

chéris des dieux? a-t-on jamais ouï parler d'aventures si merveilleuses? Le fils d'Ulysse le surpasse déjà en éloquence, en sagesse et en valeur. Quelle mine! quelle beauté! quelle douceur! quelle modestie! mais quelle noblesse et quelle grandeur! Si nous ne savions qu'il est fils d'un mortel, on le prendroit aisément pour Bacchus, pour Mercure, ou même pour le grand Apollon. Mais quel est ce Mentor, qui paroît un homme simple, obscur, et d'une médiocre condition? Quand on le regarde de près, on trouve en lui je ne sais quoi au-dessus de l'homme.

Calypso écoutoit ces discours avec un trouble qu'elle ne pouvoit cacher : ses yeux errans alloient sans cesse de Mentor à Télémaque, et de Télémaque à Mentor. Quelquefois elle vouloit que Télémaque recommençât cette longue histoire de ses aventures; puis tout-à-coup elle s'interrompoit elle-même. Enfin, se levant brusquement, elle mena Télémaque seul dans un bois de myrte, où elle n'oublia rien pour savoir de lui si Mentor n'étoit point une divinité cachée sous la forme d'un homme. Télémaque ne pouvoit le lui dire ; car Minerve, en l'accompagnant sous la figure de Mentor, ne s'étoit point découverte à lui à cause de sa grande jeunesse. Elle ne se fioit pas encore assez à son secret pour lui confier ses desseins. D'ailleurs elle vouloit l'éprouver par les plus grands dangers; et, s'il eût su que Minerve étoit avec lui, un tel secours l'eût trop soutenu; il n'auroit eu aucune peine à mépriser les accidens les plus affreux. Il prenoit donc Minerve pour Mentor ; et tous les artifices de Calypso furent inutiles pour découvrir ce qu'elle désiroit savoir.

Cependant toutes les nymphes, assemblées autour de Mentor, prenoient plaisir à le questionner. L'une lui demandoit les circonstances de son voyage d'Ethiopie ; l'autre vouloit savoir ce qu'il avoit vu à Damas ; une autre lui demandoit s'il avoit connu autrefois Ulysse avant le siége de Troie. Il répondoit à toutes avec douceur; et ses paroles, quoique simples, étoient pleines de grâces.

Calypso ne les laissa pas long-temps dans cette conversation; elle revint : et, pendant que ses nymphes se mirent à cueillir des fleurs en chantant pour amuser Télémaque, elle prit à l'écart Mentor pour le faire parler. La douce vapeur du sommeil ne coule pas plus doucement dans les yeux appesantis et dans tous les membres fatigués d'un homme abattu, que les paroles flatteuses de la déesse s'insinuoient pour enchanter le cœur de Mentor; mais elle sentoit toujours je ne sais quoi qui repoussoit tous ses efforts, et qui se jouoit de ses charmes. Semblable à un rocher escarpé qui cache son front dans les nues, et qui se joue de la rage des vents, Mentor, immobile dans ses sages desseins, se laissoit presser par Calypso. Quelquefois même il lui laissoit espérer qu'elle l'embarrasseroit par ses questions, et qu'elle tireroit la vérité du fond de son cœur. Mais, au moment où elle croyoit satisfaire sa curiosité, ses espérances s'évanouissoient : tout ce qu'elle s'imaginoit tenir lui échappoit tout-à-coup ; et une réponse courte de Mentor la replongeoit dans ses incertitudes. Elle passoit ainsi les journées, tantôt flattant Télémaque, tantôt cherchant les moyens de le détacher de Mentor, qu'elle n'espéroit plus de faire parler. Elle employoit ses plus belles nymphes à faire naître les feux de l'amour dans le cœur du jeune Télémaque ; et une divinité plus puissante qu'elle, vint à son secours pour y réussir:

Vénus, toujours pleine de ressentiment du mépris que Mentor et Télémaque avoient témoigné pour le culte qu'on lui rendoit dans l'île de Chypre, ne pouvoit se consoler de voir que ces deux téméraires mortels eussent échappé aux vents et à la mer dans la tempête excitée par Neptune. Elle en fit des plaintes amères à Jupiter : mais le père des dieux, souriant sans vouloir lui découvrir que Minerve, sous la figure de Mentor, avoit sauvé le fils d'Ulysse, permit à Vénus de chercher les moyens de se venger de ces deux hommes. Elle quitte l'Olympe; elle oublie les doux parfums qu'on brûle sur ses autels à Paphos, à Cythère et à Idalie; elle vole dans son char attelé de colombes; elle appelle son fils ; et, la douleur répandant sur son visage de nouvelles grâces, elle parla ainsi :

Vois-tu, mon fils, ces deux hommes qui méprisent ta puissance et la mienne? Qui voudra désormais nous adorer? Va, perce de tes flèches ces deux cœurs insensibles : descends avec moi dans cette île; je parlerai à Calypso. Elle dit ; et fendant les airs dans un nuage tout doré, elle se présenta à Calypso, qui, dans ce moment, étoit seule au bord d'une fontaine assez loin de sa grotte.

Malheureuse déesse, lui dit-elle, l'ingrat Ulysse vous a méprisée; son fils, encore plus dur que lui, vous prépare un semblable mépris; mais l'Amour vient lui-même pour vous venger. Je vous le laisse : il demeurera parmi vos nymphes, comme autrefois l'enfant Bacchus fut nourri par les nymphes de l'île de

Naxos. Télémaque le verra comme un enfant ordinaire ; il ne pourra s'en défier, et sentira bientôt son pouvoir. Elle dit ; et, remontant dans ce nuage doré d'où elle étoit sortie, elle laissa après elle une odeur d'ambroisie dont tous les bois de Calypso furent parfumés.

L'Amour demeura entre les bras de Calypso. Quoique déesse, elle sentit la flamme qui couloit déjà dans son sein. Pour se soulager, elle le donna aussitôt à la nymphe qui étoit alors auprès d'elle, nommée Eucharis. Mais, hélas ! dans la suite, combien de fois se repentit-elle de l'avoir fait ! D'abord rien ne paroissoit plus innocent, plus doux, plus aimable, plus ingénu et plus gracieux, que cet enfant. A le voir enjoué, flatteur, toujours riant, on auroit cru qu'il ne pouvoit donner que du plaisir : mais à peine s'étoit-on fié à ses caresses, qu'on y sentoit je ne sais quoi d'empoisonné. L'enfant malin et trompeur ne caressoit que pour trahir ; et il ne rioit jamais que des maux cruels qu'il avoit faits, ou qu'il vouloit faire. Il n'osoit approcher de Mentor, dont la sévérité l'épouvantoit ; et il sentoit que cet inconnu étoit invulnérable, en sorte qu'aucune de ses flèches n'auroit pu le percer. Pour les nymphes, elles sentirent bientôt les feux que cet enfant trompeur allume ; mais elles cachoient avec soin la plaie profonde qui s'envenimoit dans leurs cœurs.

Cependant Télémaque, voyant cet enfant qui se jouoit avec les nymphes, fut surpris de sa douceur et de sa beauté. Il l'embrasse, il le prend tantôt sur ses genoux, tantôt entre ses bras ; il sent en lui-même une inquiétude dont il ne peut trouver la cause. Plus il cherche à se jouer innocemment, plus il se trouble et s'amollit. Voyez-vous ces nymphes ? disoit-il à Mentor : combien sont-elles différentes de ces femmes de l'île de Chypre, dont la beauté étoit choquante à cause de leur immodestie ! Ces beautés [1] immortelles montrent une innocence, une modestie, une simplicité qui charme. Parlant ainsi, il rougissoit sans savoir pourquoi. Il ne pouvoit s'empêcher de parler ; mais à peine avoit-il commencé, qu'il ne pouvoit continuer ; ses paroles étoient entre-coupées, obscures, et quelquefois elles n'avoient aucun sens.

Mentor lui dit : O Télémaque, les dangers de l'île de Chypre n'étoient rien, si on les compare à ceux dont vous ne vous défiez pas maintenant. Le vice grossier fait horreur ; l'impudence brutale donne de l'indignation ; mais la beauté modeste est bien plus dangereuse : en l'aimant, on croit n'aimer que la vertu ; et insensiblement on se laisse aller aux appas trompeurs d'une passion qu'on n'aperçoit que quand il n'est presque plus temps de l'éteindre. Fuyez, ô mon cher Télémaque, fuyez ces nymphes, qui ne sont si discrètes que pour vous mieux tromper ; fuyez les dangers de votre jeunesse : mais surtout fuyez cet enfant que vous ne connoissez pas. C'est l'Amour, que Vénus, sa mère, est venue apporter dans cette île, pour se venger du mépris que vous avez témoigné pour le culte qu'on lui rend à Cythère : il a blessé le cœur de la déesse Calypso ; elle est passionnée pour vous : il a brûlé toutes les nymphes qui l'environnent ; vous brûlez vous-même, ô malheureux jeune homme, presque sans le savoir.

Télémaque interrompoit souvent Mentor, en [1] lui disant : Pourquoi [2] ne demeurerions-nous pas dans cette île ? Ulysse ne vit plus ; il doit être depuis long-temps enseveli dans les ondes : Pénélope, ne voyant revenir ni lui ni moi, n'aura pu résister à tant de prétendans : son père Icare l'aura contrainte d'accepter un nouvel époux. Retournerai-je à Ithaque pour la voir engagée dans de nouveaux liens, et manquant à la foi qu'elle avait donnée à mon père ? Les Ithaciens ont oublié Ulysse. Nous ne pourrions y retourner que pour chercher une mort assurée, puisque les amans de Pénélope ont occupé toutes les avenues du port, pour mieux assurer notre perte à notre retour.

Mentor répondoit : Voilà l'effet d'une aveugle passion. On cherche avec subtilité toutes les raisons qui la favorisent, et on se détourne de peur de voir toutes celles qui la condamnent. On n'est plus ingénieux que pour se tromper et pour étouffer ses remords. Avez-vous oublié tout ce que les dieux ont fait pour vous ramener dans votre patrie ? Comment êtes-vous sorti de la Sicile ? Les malheurs que vous avez éprouvés en Egypte ne sont-ils pas tournés tout-à-coup en prospérités ? Quelle main inconnue vous a enlevé à tous les dangers qui menaçoient votre tête dans la ville de Tyr ? Après tant de merveilles, ignorez-vous encore ce que les destinées vous ont préparé ? Mais que dis-je ? vous en êtes indigne. Pour moi, je pars, et je saurai bien sortir de cette île. Lâche fils d'un père si sage et si généreux ! menez ici une vie molle et sans honneur au milieu des femmes ; faites, malgré les dieux, ce que votre père crut indigne de lui.

VAR. — [1] Mais ces beautés, etc. A.

VAR. — [1] en m. A. C. aj. B. — [2] Mais pourquoi. A.

Ces paroles de mépris percèrent Télémaque jusqu'au fond du cœur. Il se sentoit attendrir pour Mentor ; sa douleur étoit mêlée de honte ; il craignoit l'indignation et le départ de cet homme si sage à qui il devoit tant : mais une passion naissante, et qu'il ne connoissoit pas lui-même, faisoit qu'il n'étoit plus le même homme. Quoi donc! disoit-il à Mentor, les larmes aux yeux, vous ne comptez pour rien l'immortalité qui m'est offerte par la déesse? Je compte pour rien, répondoit[1] Mentor, tout ce qui est contre la vertu et contre les ordres des dieux. La vertu vous rappelle dans votre patrie pour revoir Ulysse et Pénélope ; la vertu vous défend de vous abandonner à une folle passion. Les dieux, qui vous ont délivré de tant de périls pour vous préparer une gloire égale à celle de votre père, vous ordonnent de quitter cette île. L'Amour seul, ce honteux tyran, peut vous y retenir. Hé! que feriez-vous d'une vie immortelle, sans liberté, sans vertu, sans gloire ? Cette vie seroit encore plus malheureuse, en ce qu'elle ne pourroit finir.

Télémaque ne répondoit à ce discours que par des soupirs. Quelquefois il auroit souhaité que Mentor l'eût arraché malgré lui de cette île ; quelquefois il lui tardoit que Mentor fût parti, pour n'avoir plus devant ses yeux cet ami sévère qui lui reprochoit sa foiblesse. Toutes ces pensées contraires agitoient tour à tour son cœur, et aucune n'y étoit constante : son cœur étoit comme la mer, qui est le jouet de tous les vents contraires. Il demeuroit souvent étendu et immobile sur le rivage de la mer ; souvent dans le fond de quelque bois sombre, versant des larmes amères, et poussant des cris semblables aux rugissemens d'un lion. Il étoit devenu maigre ; ses yeux creux étoient pleins d'un feu dévorant : à le voir pâle, abattu et défiguré, on auroit cru que ce n'étoit point Télémaque. Sa beauté, son enjouement, sa noble fierté s'enfuyoient loin de lui. Il périssoit tel qu'une fleur, qui, étant épanouie le matin, répandoit ses doux parfums dans la campagne, et se flétrit peu à peu vers le soir ; ses vives couleurs s'effacent ; elle languit, elle se dessèche, et sa belle tête se penche, ne pouvant plus se soutenir : ainsi le fils d'Ulysse étoit aux portes de la mort.

Mentor, voyant que Télémaque ne pouvoit résister à la violence de sa passion, conçut un dessein plein d'adresse pour le délivrer d'un si grand danger. Il avoit remarqué que Calypso aimoit éperdument Télémaque, et que Télémaque n'aimoit pas moins la jeune nymphe Eucharis ; car le cruel Amour, pour tourmenter les mortels, fait qu'on n'aime guère la personne dont on est aimé. Mentor résolut d'exciter la jalousie de Calypso. Eucharis devoit emmener Télémaque dans une chasse. Mentor dit à Calypso : J'ai remarqué dans Télémaque une passion pour la chasse, que je n'avois jamais vue en lui ; ce plaisir commence à le dégoûter de tout autre : il n'aime plus que les forêts et les montagnes les plus sauvages. Est-ce vous, ô déesse, qui lui inspirez cette grande ardeur?

Calypso sentit un dépit cruel en écoutant ces paroles, et elle ne put se retenir. Ce Télémaque, répondit-elle, qui a méprisé tous les plaisirs de l'île de Chypre, ne peut résister à la médiocre beauté d'une de mes nymphes. Comment ose-t-il se vanter d'avoir fait tant d'actions merveilleuses, lui dont le cœur s'amollit lâchement par la volupté, et qui ne semble né que pour passer une vie obscure au milieu des femmes ? Mentor, remarquant avec plaisir combien la jalousie troubloit le cœur de Calypso, n'en dit pas davantage, de peur de la mettre en défiance de lui ; il lui montroit seulement un visage triste et abattu. La déesse lui découvroit ses peines[1] sur toutes les choses qu'elle voyoit, et elle faisoit sans cesse des plaintes nouvelles. Cette chasse, dont Mentor l'avoit avertie, acheva de la mettre en fureur. Elle sut que Télémaque n'avoit cherché qu'à se dérober aux autres nymphes pour parler à Eucharis. On proposoit[2] même déjà une seconde chasse, où elle prévoyoit qu'il feroit comme dans la première. Pour rompre les mesures de Télémaque, elle déclara qu'elle en vouloit être. Puis tout-à-coup, ne pouvant plus modérer son ressentiment, elle lui parla ainsi :

Est-ce donc ainsi, ô jeune téméraire, que tu es venu dans mon île pour échapper au juste naufrage que Neptune te préparoit, et à la vengeance des dieux ? N'es-tu entré dans cette île, qui n'est ouverte à aucun mortel, que pour mépriser ma puissance et l'amour que je t'ai témoigné ? O divinités de l'Olympe et du Styx, écoutez une malheureuse déesse ! Hâtez-vous de confondre ce perfide, cet ingrat, cet impie. Puisque tu es encore plus dur et plus injuste que ton père, puisses-tu souffrir des maux encore plus longs et plus cruels que les siens !

VAR. — [1] répondit. D. C. *Edit. f. du cop.*

VAR. — [1] La déesse lui faisoit ses plaintes. A. — [2] On parloit même déjà d'une seconde chasse. A.

Non, non, que jamais tu ne revoies ta patrie, cette pauvre et misérable Ithaque, que tu n'as point eu honte de préférer à l'immortalité! ou plutôt que tu périsses, en la voyant de loin, au milieu de la mer; et que ton corps, devenu le jouet des flots, soit rejeté, sans espérance de sépulture, sur le sable de ce rivage! Que mes yeux le voient mangé par les vautours! Celle que tu aimes le verra aussi : elle le verra; elle en aura le cœur déchiré, et son désespoir fera mon bonheur!

En parlant ainsi, Calypso avoit les yeux rouges et enflammés : ses regards ne s'arrêtoient jamais en aucun endroit; ils avoient je ne sais quoi de sombre et de farouche. Ses joues tremblantes étoient couvertes de taches noires et livides; elle changeoit à chaque moment de couleur. Souvent une pâleur mortelle se répandoit sur tout son visage : ses larmes ne couloient plus comme autrefois avec abondance : la rage et le désespoir sembloient en avoir tari la source, et à peine en couloit-il quelqu'une sur ses joues. Sa voix étoit rauque, tremblante et entre-coupée. Mentor observoit tous ses mouvemens, et ne parloit plus à Télémaque. Il le traitoit comme un malade désespéré qu'on abandonne; il jetoit souvent sur lui des regards de compassion.

Télémaque sentoit combien il étoit coupable et indigne de l'amitié de Mentor. Il n'osoit lever les yeux, de peur de rencontrer ceux de son ami, dont le silence même le condamnoit. Quelquefois il avoit envie d'aller se jeter à son cou, et de lui témoigner combien il étoit touché de sa faute : mais il étoit retenu, tantôt par une mauvaise honte, et [1] tantôt par la crainte d'aller plus loin qu'il ne vouloit pour se tirer du péril; car le péril lui sembloit doux, et il ne pouvoit encore se résoudre à vaincre sa folle passion.

Les dieux et les déesses de l'Olympe, assemblés dans un profond silence, avoient les yeux attachés sur l'île de Calypso, pour voir qui seroit victorieux, ou de Minerve ou de l'Amour. L'Amour, en se jouant avec les nymphes, avoit mis tout en feu dans l'île. Minerve, sous la figure de Mentor, se servoit de la jalousie, inséparable de l'amour, contre l'Amour même. Jupiter avoit résolu d'être le spectateur de ce combat, et de demeurer neutre.

Cependant Eucharis, qui craignoit que Télémaque ne lui échappât, usoit de mille artifices pour le retenir dans ses liens. Déjà elle alloit partir avec lui pour la seconde chasse, et elle étoit vêtue comme Diane. Vénus et Cupidon avoient répandu sur elle de nouveaux charmes; en sorte que ce jour-là sa beauté effaçoit celle de la déesse Calypso même. Calypso, la regardant de loin, se regarda en même temps dans la plus claire de ses fontaines; et elle eut honte de se voir. Alors elle se cacha au fond de sa grotte, et parla ainsi toute seule :

Il ne me sert donc de rien d'avoir voulu troubler ces deux amans, en déclarant que je veux être de cette chasse! En serai-je? irai-je la faire triompher, et faire servir ma beauté à relever la sienne? Faudra-t-il que Télémaque, en me voyant, soit encore plus passionné pour son Eucharis? O malheureuse! qu'ai-je fait? Non, je n'y irai pas, ils n'y iront pas eux-mêmes, je saurai bien les en empêcher. Je vais trouver Mentor; je le prierai d'enlever Télémaque : il le remmènera à Ithaque. Mais que dis-je? et que deviendrai-je quand Télémaque sera parti? Où suis-je? Que reste-t-il à faire? O cruelle Vénus! Vénus, vous m'avez trompée! ô perfide présent que vous m'avez fait! Pernicieux enfant! Amour empesté! je ne t'avois ouvert mon cœur, que dans l'espérance de vivre heureuse avec Télémaque; et tu n'as porté ce cœur que trouble et que désespoir! Mes nymphes sont révoltées contre moi. Ma divinité ne me sert plus qu'à rendre mon malheur éternel. O si j'étois libre de me donner la mort pour finir mes douleurs! Télémaque, il faut que tu meures, puisque je ne puis mourir! Je me vengerai de tes ingratitudes : ta nymphe le verra, et je te percerai à ses yeux. Mais je m'égare. O malheureuse Calypso! que veux-tu? faire périr un innocent que tu as jeté toi-même dans cet abîme de malheurs? C'est moi qui ai mis le flambeau fatal dans le sein du chaste Télémaque. Quelle innocence! quelle vertu! quelle horreur du vice! quel courage contre les honteux plaisirs! Falloit-il empoisonner son cœur? Il m'eût quittée! Hé bien! ne faudra-t-il pas qu'il me quitte, ou que je le voie, plein de mépris pour moi, ne vivant plus que pour ma rivale? Non, non, je ne souffre que ce que j'ai bien mérité. Pars, Télémaque, va-t-en au-delà des mers : laisse Calypso sans consolation, ne pouvant supporter la vie, ni trouver la mort : laisse-la inconsolable, couverte de honte, désespérée, avec ton orgueilleuse Eucharis.

Elle parloit ainsi seule dans sa grotte : mais tout-à-coup elle sort impétueusement. Où êtes-vous, ô Mentor? dit-elle. Est-ce ainsi que vous

---

VAR. — [1] et m. A. aj. B.

soutenez Télémaque contre le vice auquel il succombe ? Vous dormez, pendant que l'Amour veille contre vous. Je ne puis souffrir plus long-temps cette lâche indifférence que vous témoignez. Verrez-vous toujours tranquillement le fils d'Ulysse déshonorer son père, et négliger sa haute destinée ? Est-ce à vous ou à moi que ses parens ont confié sa conduite ? C'est moi qui cherche les moyens de guérir son cœur ; et vous, ne ferez-vous rien ? Il y a, dans le lieu le plus reculé de cette forêt, de grands peupliers propres à construire un vaisseau ; c'est là qu'Ulysse fit celui dans lequel il sortit de cette île. Vous trouverez au même endroit une profonde caverne, où sont tous les instrumens nécessaires pour tailler et pour joindre toutes les pièces d'un vaisseau.

A peine eut-elle dit [1] ces paroles, qu'elle s'en repentit. Mentor ne perdit pas un moment : il alla dans cette caverne, trouva les instrumens, abattit les peupliers, et mit en un seul jour un vaisseau en état de voguer. C'est que la puissance et l'industrie de Minerve n'ont besoin d'un grand temps pour achever les plus grands ouvrages.

Calypso se trouva dans une horrible peine d'esprit : d'un côté, elle vouloit voir si le travail de Mentor s'avançoit ; de l'autre, elle ne pouvoit se résoudre à quitter la chasse, où Eucharis auroit été en pleine liberté avec Télémaque. La jalousie ne lui permit jamais de perdre de vue les deux amans : mais elle tâchoit de tourner la chasse du côté où elle savoit que Mentor faisoit le vaisseau. Elle entendoit les coups de hache et de marteau : elle prêtoit l'oreille ; chaque coup la faisoit frémir. Mais dans le moment même, elle craignoit que cette rêverie ne lui eût dérobé quelque signe ou quelque coup d'œil de Télémaque à la jeune nymphe.

Cependant Eucharis disoit à Télémaque d'un ton moqueur [2] : Ne craignez vous point que Mentor ne vous blâme d'être venu à la chasse sans lui ? O que vous êtes à plaindre de vivre sous un si rude maître ! Rien ne peut adoucir son austérité : il affecte d'être ennemi de tous les plaisirs ; il ne peut souffrir que vous en goûtiez aucun ; il vous fait un crime des choses les plus innocentes. Vous pouviez dépendre de lui, pendant que vous étiez hors d'état de vous conduire vous-même ; mais après avoir montré tant de sagesse, vous ne devez plus vous laisser traiter en enfant.

Ces paroles artificieuses perçoient le cœur de Télémaque, et le remplissoient de dépit contre Mentor, dont il vouloit secouer le joug. Il craignoit de le revoir, et ne répondit rien à Eucharis, tant il étoit troublé. Enfin, vers le soir, la chasse s'étant passée de part et d'autre dans une contrainte perpétuelle, on revint par un coin de la forêt assez voisin du lieu où Mentor avoit travaillé tout le jour. Calypso aperçut de loin le vaisseau achevé : ses yeux se couvrirent à l'instant d'un épais nuage, semblable à celui de la mort. Ses genoux tremblans se déroboient sous elle : une froide sueur courut par tous les membres de son corps : elle fut contrainte de s'appuyer sur les nymphes qui l'environnoient ; et Eucharis lui tendant la main pour la soutenir, elle la repoussa en jetant sur elle un regard terrible.

Télémaque, qui vit ce vaisseau, mais qui ne vit point Mentor, parce qu'il s'étoit déjà retiré, ayant fini son travail, demanda à la déesse à qui étoit ce vaisseau, et à quoi on le destinoit. D'abord elle ne put répondre ; mais enfin elle dit : C'est pour renvoyer Mentor que je l'ai fait faire ; vous ne serez plus embarrassé par cet ami sévère, qui s'oppose à votre bonheur, et qui seroit jaloux si vous deveniez immortel.

Mentor m'abandonne ! c'est fait de moi ! s'écria Télémaque. O [1] Eucharis, si Mentor me quitte, je n'ai plus que vous. Ces paroles lui échappèrent dans le transport de sa passion. Il vit le tort qu'il avoit eu en les disant ; mais il n'avoit pas été libre de penser au sens de ses paroles. Toute la troupe étonnée demeura dans le silence. Eucharis, rougissant et baissant les yeux, demeuroit derrière, toute interdite, sans oser se montrer. Mais pendant que la honte étoit sur son visage, la joie étoit au fond de son cœur. Télémaque ne se comprenoit plus lui-même, et ne pouvoit croire qu'il eût parlé si indiscrètement. Ce qu'il avoit fait lui paroissoit comme un songe, mais un songe dont il demeuroit confus et troublé.

Calypso, plus furieuse qu'une lionne à qui on a enlevé ses petits, couroit au travers de la forêt, sans suivre aucun chemin, et ne sachant où elle alloit. Enfin, elle se trouva à l'entrée de sa grotte, où Mentor l'attendoit. Sortez de mon île, dit-elle, ô étrangers, qui êtes venus troubler mon repos : loin de moi ce jeune insensé ! Et vous, imprudent vieillard, vous sentirez ce que peut le courroux d'une déesse, si vous ne l'arrachez d'ici tout-à-l'heure. Je ne

VAR. — [1] A peine lui eut-elle dit, etc. A. — [2] comme en se moquant. A.

VAR. — [1] O m. A. aj. B.

veux plus le voir; je ne veux plus souffrir qu'aucune de mes nymphes lui parle [1], ni le regarde. J'en jure par les ondes du Styx, serment qui fait trembler les dieux mêmes. Mais apprends, Télémaque, que tes maux ne sont pas finis : ingrat, tu ne sortiras de mon île, que pour être en proie à de nouveaux malheurs. Je serai vengée ; tu regretteras Calypso, mais en vain. Neptune, encore irrité contre ton père, qui l'a offensé en Sicile, et sollicité par Vénus, que tu as méprisée dans l'île de Chypre, te prépare d'autres tempêtes. Tu verras ton père, qui n'est pas mort; mais tu le verras sans le connoître [2]. Tu ne te réuniras avec lui en Ithaque, qu'après avoir été le jouet de la plus cruelle fortune. Va : je conjure les puissances célestes de me venger. Puisses-tu au milieu des mers, suspendu aux pointes d'un rocher, et frappé de la foudre, invoquer en vain Calypso, que ton supplice comblera de joie !

Ayant dit ces paroles, son esprit agité étoit déjà prêt à prendre des résolutions contraires. L'amour rappela dans son cœur le désir de retenir Télémaque. Qu'il vive, disoit-elle en elle-même, qu'il demeure ici ; peut-être qu'il sentira enfin tout ce que j'ai fait pour lui. Eucharis ne sauroit, comme moi, lui donner l'immortalité. O trop aveugle Calypso ! tu t'es trahie toi-même par ton serment : te voilà engagée ; et les ondes du Styx, par lesquelles [3] tu as juré, ne te permettent plus aucune espérance. Personne n'entendoit ces paroles : mais on voyoit sur son visage les furies peintes ; et tout le venin empesté du noir Cocyte sembloit s'exhaler de son cœur.

Télémaque en fut saisi d'horreur. Elle le comprit ; car qu'est-ce que l'amour jaloux ne devine pas? et l'horreur de Télémaque redoubla les transports de la déesse. Semblable à une Bacchante, qui remplit l'air de ses hurlemens, et qui en fait retentir les hautes montagnes de Thrace, elle court au travers des bois avec un dard en main, appelant toutes ses nymphes, et menaçant de percer toutes celles qui ne la suivront pas. Elles courent en foule, effrayées de cette menace. Eucharis même s'avance les larmes aux yeux, et regardant de loin Télémaque, à qui elle n'ose plus parler. La déesse frémit en la voyant auprès d'elle ; et, loin de s'apaiser par la soumission de cette nymphe, elle ressent une nouvelle fureur, voyant que l'affliction augmente la beauté d'Eucharis.

Cependant Télémaque étoit demeuré seul avec Mentor. Il embrasse ses genoux (car il n'osoit l'embrasser autrement, ni le regarder); il verse un torrent de larmes ; il veut parler, la voix lui manque ; les paroles lui manquent encore davantage : il ne sait ni ce qu'il doit faire, ni ce qu'il fait, ni ce qu'il veut. Enfin il s'écrie : O mon vrai père ! ô Mentor ! délivrez-moi de tant de maux ! Je ne puis ni vous abandonner, ni vous suivre. Délivrez-moi de tant de maux, délivrez-moi de moi-même; donnez-moi la mort.

Mentor l'embrasse, le console, l'encourage, lui apprend à se supporter lui-même, sans flatter sa passion, et lui dit : Fils du sage Ulysse, que les dieux ont tant aimé, et qu'ils aiment encore, c'est par un effet de leur amour, que vous souffrez des maux si horribles. Celui qui n'a point senti sa foiblesse et la violence de ses passions, n'est point encore sage ; car il ne se connoît point encore, et ne sait point se défier de soi. Les dieux vous ont conduit comme par la main jusqu'au bord de l'abîme, pour vous en montrer toute la profondeur, sans vous y laisser tomber. Comprenez maintenant ce que vous n'auriez jamais compris si vous ne l'aviez éprouvé. On vous auroit parlé [1] des trahisons de l'Amour, qui flatte pour perdre, et qui, sous une apparence de douceur, cache les plus affreuses amertumes. Il est venu cet enfant plein de charmes, parmi les ris, les jeux et les grâces. Vous l'avez vu ; il a enlevé votre cœur, et vous avez pris plaisir à le lui laisser enlever. Vous cherchiez des prétextes pour ignorer la plaie de votre cœur : vous cherchiez à me tromper, et à vous flatter vous-même ; vous ne craigniez rien. Voyez le fruit de votre témérité : vous demandez maintenant la mort, et c'est l'unique espérance qui vous reste. La déesse troublée ressemble à une furie infernale; Eucharis brûle d'un feu plus cruel que toutes les douleurs de la mort ; toutes ces nymphes jalouses sont prêtes à s'entre-déchirer : et voilà ce que fait le traître Amour, qui paroît si doux! Rappelez tout votre courage. A quel point les dieux vous aiment-ils, puisqu'ils vous ouvrent un si beau chemin pour fuir l'Amour, et pour revoir votre chère patrie ! Calypso elle-même est contrainte de vous chasser. Le vaisseau est tout prêt ; que tardons-nous à quitter cette île, où la vertu ne peut habiter ?

VAR. — [1] ni lui parle. A. — [2] sans le connoître, et sans pouvoir te faire connoître à lui. A. — [3] par qui. A.

VAR. — [1] parlé *en vain* : P. II. D. Ces deux mots ne sont point dans les manuscrits : on les trouve pour la première fois dans l'édition de La Haye, chez Moetjens, 1703. C'est de là qu'ils ont passé dans les suivantes, et même dans la copie C ; mais ils y sont surajoutés, et d'une autre main.

En disant ces paroles, Mentor le prit par la main, et l'entraînoit vers le rivage. Télémaque suivoit à peine, regardant toujours derrière lui. Il considéroit Eucharis, qui s'éloignoit de lui. Ne pouvant voir son visage, il regardoit ses beaux cheveux noués, ses habits flottants, et sa noble démarche. Il auroit voulu pouvoir baiser les traces de ses pas. Lors même qu'il la perdit de vue, il prêtoit encore l'oreille, s'imaginant entendre sa voix. Quoique absente, il la voyoit; elle étoit peinte et comme vivante devant ses yeux : il croyoit même parler à elle, ne sachant plus où il étoit, et ne pouvant écouter Mentor.

Enfin, revenant à lui comme d'un profond sommeil, il dit à Mentor : Je suis résolu de vous suivre, mais je n'ai pas encore dit adieu à Eucharis. J'aimerois mieux mourir, que de l'abandonner ainsi avec ingratitude. Attendez que je la revoie encore une dernière fois pour lui faire un éternel adieu. Au moins souffrez que je lui dise : O nymphe, les dieux cruels, les dieux jaloux de mon bonheur me contraignent de partir; mais ils m'empêcheront plutôt de vivre, que de me souvenir à jamais de vous. O mon père ! ou laissez-moi cette dernière consolation, qui est si juste, ou arrachez-moi la vie dans ce moment. Non, je ne veux ni demeurer dans cette île, ni m'abandonner à l'amour. L'amour n'est point dans mon cœur; je ne sens que de l'amitié et de la reconnoissance pour Eucharis. Il me suffit de le lui dire [1] encore une fois, et je pars avec vous sans retardement.

Que j'ai pitié de vous! répondoit [2] Mentor : votre passion est si furieuse que vous ne la sentez pas. Vous croyez être tranquille, et vous demandez la mort! Vous osez dire que vous n'êtes point vaincu par l'amour, et vous ne pouvez vous arracher à la nymphe que vous aimez! Vous ne voyez, vous n'entendez qu'elle; vous étez aveugle et sourd à tout le reste. Un homme que la fièvre rend frénétique dit : Je ne suis point malade. O aveugle Télémaque! vous étiez prêt à renoncer à Pénélope qui vous attend, à Ulysse que vous verrez, à Ithaque où vous devez régner, à la gloire et à la haute destinée que les dieux vous ont promise par tant de merveilles qu'ils ont faites en votre faveur : vous renonciez à tous ces biens pour vivre déshonoré auprès d'Eucharis ! Direz-vous encore que l'amour ne vous attache point à elle ? Qu'est-ce donc qui vous trouble ? pourquoi voulez-vous mourir ? pourquoi avez-vous parlé devant la déesse avec tant de transport ? Je ne vous accuse point de mauvaise foi ; mais je déplore votre aveuglement. Fuyez, Télémaque, fuyez ! on ne peut vaincre l'amour qu'en fuyant. Contre un tel ennemi, le vrai courage consiste à craindre et à fuir; mais à fuir sans délibérer, et sans se donner à soi-même le temps de regarder jamais derrière soi. Vous n'avez pas oublié les soins que vous m'avez coûtés depuis votre enfance, et les périls dont vous êtes sorti par mes conseils : ou croyez-moi, ou souffrez que je vous abandonne. Si vous saviez combien il m'est douloureux de vous voir courir à votre perte ! Si vous saviez tout ce que j'ai souffert pendant que je n'ai osé vous parler ! la mère qui vous mit au monde souffrit moins dans les douleurs de l'enfantement. Je me suis tu ; j'ai dévoré ma peine ; j'ai étouffé mes soupirs, pour voir si vous reviendriez à moi. O mon fils ! mon cher fils ! soulagez mon cœur ; rendez-moi ce qui m'est plus cher que mes entrailles ; rendez-moi Télémaque, que j'ai perdu ; rendez-vous à vous-même. Si la sagesse en vous surmonte l'amour, je vis, et je vis heureux ; mais si l'amour vous entraîne malgré la sagesse, Mentor ne peut plus vivre.

Pendant que Mentor parloit ainsi, il continuoit son chemin vers la mer; et Télémaque, qui n'étoit pas encore assez fort pour le suivre de lui-même, l'étoit déjà assez pour se laisser mener sans résistance. Minerve, toujours cachée sous la figure de Mentor, couvrant invisiblement Télémaque de son égide, et répandant autour de lui un rayon divin, lui fit sentir un courage qu'il n'avoit point encore éprouvé depuis qu'il étoit dans cette île. Enfin, ils arrivèrent dans un endroit de l'île où le rivage de la mer étoit escarpé ; c'étoit un rocher toujours battu par l'onde écumante. Ils regardèrent de cette hauteur si le vaisseau que Mentor avoit préparé étoit encore dans la même place; mais ils aperçurent un triste spectacle.

L'Amour étoit vivement piqué de voir que ce vieillard inconnu non-seulement étoit insensible à ses traits, mais encore lui enlevoit Télémaque : il pleuroit de dépit, et il alla trouver Calypso errante dans les sombres forêts. Elle ne put le voir sans gémir, et elle sentit qu'il rouvrit toutes les plaies de son cœur. L'Amour lui dit : Vous êtes déesse, et vous

---

VAR. — [1] de lui dire adieu encore une fois. D. C. *Edit.* Le copiste B. avoit mis : *Il me suffit de lui dire encore une fois,* etc. La phrase n'ayant pas de sens, l'auteur ajouta *adieu,* leçon moins bonne que celle de l'original, qu'il n'avoit point alors sous les yeux. — [2] répondit. C. *Edit. f. du cop.*

vous laissez vaincre par un foible mortel qui est captif dans votre île! pourquoi le laissez-vous sortir? O malheureux Amour, répondit-elle, je ne veux plus écouter tes pernicieux conseils : c'est toi qui m'as tirée d'une douce et profonde paix, pour me précipiter dans un abîme de malheurs. C'en est fait ; j'ai juré par les ondes du Styx que je laisserois partir Télémaque. Jupiter même, le père des dieux, avec toute sa puissance, n'oseroit contrevenir à ce redoutable serment. Télémaque sort de mon île : sors aussi, pernicieux enfant : tu m'as fait plus de mal que lui !

L'Amour, essuyant ses larmes, fit un souris moqueur et malin. En vérité, dit-il, voilà un grand embarras ! laissez-moi faire ; suivez votre serment ; ne vous opposez point au départ de Télémaque. Ni vos nymphes ni moi n'avons juré par les ondes du Styx de le laisser partir. Je leur inspirerai le dessein de brûler ce vaisseau que Mentor a fait avec tant de précipitation. Sa diligence, qui nous a surpris, sera inutile. Il sera surpris lui-même à son tour ; et il ne lui restera plus aucun moyen de vous arracher Télémaque.

Ces paroles flatteuses firent glisser l'espérance et la joie jusqu'au fond des entrailles de Calypso. Ce qu'un zéphir fait par sa fraîcheur sur le bord d'un ruisseau, pour délasser les troupeaux languissans que l'ardeur de l'été consume, ce discours le fit pour apaiser le désespoir de la déesse. Son visage devint serein, ses yeux s'adoucirent, les noirs soucis qui rongeoient son cœur s'enfuirent pour un moment loin d'elle : elle s'arrêta, elle sourit [1], elle flatta le folâtre Amour ; et, en le flattant, elle se prépara de nouvelles douleurs.

L'Amour, content de l'avoir persuadée, alla pour persuader aussi les nymphes, qui étoient errantes et dispersées sur toutes les montagnes, comme un troupeau de moutons que la rage des loups affamés a mis en fuite loin du berger. L'Amour les rassemble, et leur dit : Télémaque est encore en vos mains ; hâtez-vous de brûler ce vaisseau que le téméraire Mentor a fait pour s'enfuir. Aussitôt elles allument des flambeaux ; elles accourent sur le rivage ; elles frémissent ; elles poussent des hurlemens ; elles secouent leurs cheveux épars, comme des Bacchantes. Déjà la flamme vole ; elle dévore le vaisseau, qui est d'un bois sec et enduit de résine ; des tourbillons de fumée et de flamme s'élèvent dans les nues.

Télémaque et Mentor aperçoivent ce feu de dessus le rocher, et entendent les cris des nymphes. Télémaque fut tenté de s'en réjouir, car son cœur n'étoit pas encore guéri ; et Mentor remarquoit que sa passion étoit comme un feu mal éteint, qui sort de temps en temps de dessous la cendre, et qui repousse de vives étincelles. Me voilà donc, dit Télémaque, rengagé dans mes liens ! il ne nous reste plus aucune espérance de quitter cette île.

Mentor vit bien que Télémaque alloit retomber dans toutes ses foiblesses, et qu'il n'y avoit pas un seul moment à perdre. Il aperçut de loin au milieu des flots un vaisseau arrêté qui n'osoit approcher de l'île, parce que tous les pilotes connoissoient que l'île de Calypso étoit inaccessible à tous les mortels. Aussitôt le sage Mentor, poussant Télémaque, qui étoit assis sur le bord du rocher, le précipite dans la mer, et s'y jette avec lui. Télémaque, surpris de cette violente chute, but l'onde amère, et devint le jouet des flots. Mais revenant à lui, et voyant Mentor qui lui tendoit la main pour lui aider à nager, il ne songea plus qu'à s'éloigner de l'île fatale.

Les nymphes, qui avoient cru les tenir captifs, poussèrent des cris pleins de fureur, ne pouvant plus empêcher leur fuite. Calypso, inconsolable, rentra dans sa grotte, qu'elle remplit de ses hurlemens. L'Amour, qui vit changer son triomphe en une honteuse défaite, s'éleva au milieu de l'air en secouant ses ailes, et s'envola dans le bocage d'Idalie, où sa cruelle mère l'attendoit. L'enfant, encore plus cruel, ne se consola qu'en riant avec elle de tous les maux qu'il avoit faits.

A mesure que Télémaque s'éloignoit de l'île, il sentoit avec plaisir renaître son courage, et son amour pour la vertu. J'éprouve, s'écrioit-il parlant à Mentor, ce que vous me disiez, et que je ne pouvois croire, faute d'expérience : on ne surmonte le vice qu'en le fuyant. O mon père, que les dieux m'ont aimé en me donnant votre secours ! Je méritois d'en être privé, et d'être abandonné à moi-même. Je ne crains plus ni mer, ni vents, ni tempêtes ; je ne crains plus que mes passions. L'amour est lui seul plus à craindre que tous les naufrages.

VAR. — [1] elle rit. A.

LIVRE VII [1].

Mentor et Télémaque s'avancent vers le vaisseau phénicien arrêté auprès de l'île de Calypso : ils sont accueillis favorablement par Adoam, frère de Narbal, commandant de ce vaisseau. Adoam, reconnaissant Télémaque, lui promet aussitôt de le conduire à Ithaque. Il lui raconte la mort tragique de Pygmalion, roi de Tyr, et d'Astarbé, son épouse ; puis l'élévation de Baléazar, que le tyran son père avoit disgracié à la persuasion de cette femme. Télémaque, à son tour, fait le récit de ses aventures depuis son départ de Tyr. Pendant un repas qu'Adoam donne à Télémaque et à Mentor, Achitoas, par les doux accords de sa voix et de sa lyre, assemble autour du vaisseau les Tritons, les Néréides, toutes les autres divinités de la mer, et les monstres marins eux-mêmes. Mentor, prenant une lyre, en joue avec tant d'art, qu'Achitoas jaloux laisse tomber la sienne de dépit. Adoam raconte ensuite les merveilles de la Bétique. Il décrit la douce température de l'air et toutes les richesses de ce pays, dont les peuples mènent la vie la plus heureuse dans une parfaite simplicité de mœurs.

Le vaisseau qui étoit arrêté, et vers lequel ils s'avançoient, étoit un vaisseau phénicien qui alloit dans l'Epire. Ces Phéniciens avoient vu Télémaque au voyage d'Egypte ; mais ils n'avoient garde de le reconnoître au milieu des flots. Quand Mentor fut assez près du vaisseau pour faire entendre sa voix [2] il s'écria d'une voix forte, en élevant sa tête au-dessus de l'eau : Phéniciens, si secourables à toutes les nations, ne refusez pas la vie à deux hommes qui l'attendent de votre humanité. Si le respect des dieux vous touche, recevez-nous dans votre vaisseau ; nous irons partout où vous irez. Celui qui commandoit répondit : Nous vous recevrons avec joie ; nous n'ignorons pas ce qu'on doit faire pour des inconnus qui paroissent si malheureux. Aussitôt on les reçoit dans le vaisseau.

A peine y furent-ils entrés [3], que, ne pouvant plus respirer, ils demeurèrent immobiles ; car ils avoient nagé long-temps et avec effort pour résister aux vagues. Peu à peu ils reprirent leurs forces : on leur donna d'autres habits, parce que les leurs étoient appesantis par l'eau qui les avoit pénétrés, et qui couloit de tous côtés [4]. Lorsqu'ils furent en état de parler, tous ces Phéniciens, empressés autour d'eux, vouloient savoir leurs aventures. Celui qui commandoit leur dit : Comment avez-vous pu entrer dans cette île d'où vous sortez ? Elle est, dit-on, possédée par une déesse cruelle, qui ne souffre jamais qu'on y aborde. Elle est même bordée de rochers affreux, contre lesquels la mer va follement combattre, et on ne pourroit en approcher sans faire naufrage. Aussi est-ce par un naufrage, répondit Mentor [1], que nous y avons été jetés. Nous sommes Grecs ; notre patrie est l'île d'Ithaque, voisine de l'Épire, où vous allez. Quand même vous ne voudriez pas relâcher en Ithaque, qui est sur votre route, il nous suffiroit que vous nous menassiez dans l'Épire ; nous y trouverons des amis qui auront soin de nous faire faire le court trajet qui nous restera, et nous vous devrons à jamais la joie de revoir ce que nous avons de plus cher au monde.

Ainsi c'étoit Mentor qui portoit la parole ; et Télémaque, gardant le silence, le laissoit parler : car les fautes qu'il avoit faites dans l'île de Calypso augmentèrent beaucoup sa sagesse. Il se défioit de lui-même ; il sentoit le besoin de suivre toujours les sages conseils de Mentor ; et quand il ne pouvoit lui parler pour lui demander ses avis, du moins il consultoit ses yeux, et tâchoit de deviner toutes ses pensées.

Le commandant phénicien, arrêtant ses yeux sur Télémaque, croyoit se souvenir de l'avoir vu ; mais c'étoit un souvenir confus qu'il ne pouvoit démêler. Souffrez, lui dit-il, que je vous demande si vous vous souvenez de m'avoir vu autrefois, comme il me semble que je me souviens de vous avoir vu. Votre visage ne m'est point inconnu, il m'a d'abord frappé ; mais je ne sais où je vous ai vu : votre mémoire aidera peut-être la mienne.

Alors [2] Télémaque lui répondit avec un étonement mêlé de joie : Je suis, en vous voyant, comme vous êtes à mon égard : je vous ai vu, je vous reconnois ; mais je ne puis me rappeler si c'est en Egypte ou à Tyr. Alors ce Phénicien, tel qu'un homme qui s'éveille le matin, et qui rappelle peu à peu de loin le songe fugitif qui a disparu [3] à son réveil, s'écria tout-à-coup : Vous êtes Télémaque, que Narbal prit en amitié lorsque nous revînmes d'Égypte. Je suis son frère, dont il vous aura sans doute

---

Var. — [1] Livre viii. — [2] se faire entendre. c Edit. f. du cop. — [3] A peine ils furent entrés. — [4] de toutes parts. c Edit. f. du cop.

Var. — [1] Mentor répondit : Nous y avons été jetés. b. c. Edit. Le copiste b. ayant omis ces mots : *Aussi est-ce par un naufrage* ; on lisoit : *sans faire naufrage, répondit Mentor, que nous y avons été jetés*. Comme la phrase ne présentoit aucun sens, l'auteur corrigea : *Mentor répondit*, etc., moins bien que son premier texte, que l'on trouve dans toutes les éditions avant 1717. — [2] Alors m. c. Edit. f. du cop. — [3] qui disparoît. A.

parlé souvent. Je vous laissai entre ses mains après l'expédition d'Égypte : il me fallut aller au-delà de toutes les mers dans la fameuse Bétique, auprès des colonnes d'Hercule. Ainsi je ne fis que vous voir, et il ne faut pas s'étonner si j'ai eu tant de peine à vous reconnoître d'abord.

Je vois bien, répondit Télémaque, que vous êtes Adoam. Je ne fis presque alors [1] que vous entrevoir; mais je vous ai connu par les entretiens de Narbal. O quelle joie de pouvoir apprendre par vous des nouvelles d'un homme qui me sera toujours si cher! Est-il toujours à Tyr? ne souffre-t-il point quelque cruel traitement du soupçonneux et barbare Pygmalion? Adoam répondit en l'interrompant : Sachez, Télémaque, que la fortune favorable vous confie à un homme qui prendra toutes sortes de soins de vous. Je vous ramènerai dans l'île d'Ithaque avant que d'aller en Épire, et le frère de Narbal n'aura pas moins d'amitié pour vous, que Narbal même.

Ayant parlé ainsi, il remarqua que le vent qu'il attendoit commençoit à souffler; il fit lever les ancres, mettre les voiles, et fendre la mer à force de rames. Aussitôt il prit à part Télémaque et Mentor pour les entretenir.

Je vais, dit-il, regardant Télémaque, satisfaire votre curiosité. Pygmalion n'est plus : les justes dieux en ont délivré la terre. Comme il ne se fioit à personne, personne ne pouvoit se fier à lui. Les bons se contentoient de gémir, et de fuir ses cruautés, sans pouvoir se résoudre à lui faire aucun mal; les méchans ne croyoient pouvoir assurer leurs vies qu'en finissant la sienne : il n'y avoit point de Tyrien qui ne fût chaque jour en danger d'être l'objet de ses défiances. Ses gardes mêmes étoient plus exposés que les autres : comme sa vie étoit entre leurs mains, il les craignoit plus que tout le reste des hommes; sur [2] le moindre soupçon, il les sacrifioit à sa sûreté. Ainsi, à force de chercher sa sûreté, il ne pouvoit plus la trouver. Ceux qui étoient les dépositaires de sa vie étoient dans un péril continuel par sa défiance [3], et ils ne pouvoient se tirer d'un état si horrible, qu'en prévenant, par la mort du tyran, ses cruels soupçons.

L'impie Astarbé, dont vous avez ouï parler si souvent, fut la première à résoudre la perte du Roi. Elle aima passionnément un jeune Tyrien fort riche, nommé Joazar; elle espéra de le mettre sur le trône. Pour réussir dans ce dessein, elle persuada au Roi que l'aîné de ses deux fils, nommé Phadaël, impatient de succéder à son père, avoit conspiré contre lui : elle trouva de faux témoins pour prouver la conspiration. Le malheureux roi fit mourir son fils innocent. Le second, nommé Baléazar [1], fut envoyé à Samos, sous prétexte d'apprendre les mœurs et les sciences de la Grèce; mais en effet parce qu'Astarbé fit entendre au Roi qu'il falloit l'éloigner, de peur qu'il ne prît des liaisons avec les mécontens. A peine fut-il parti, que ceux qui conduisoient le vaisseau, ayant été corrompus par cette femme cruelle, prirent leurs mesures pour faire naufrage pendant la nuit; ils se sauvèrent en nageant jusqu'à des barques étrangères qui les attendoient, et ils jetèrent le jeune prince au fond de la mer.

Cependant les amours d'Astarbé n'étoient ignorés que de Pygmalion, et il s'imaginoit qu'elle n'aimeroit jamais que lui seul. Ce prince si défiant étoit ainsi plein d'une aveugle confiance pour cette méchante femme : c'étoit l'amour qui l'aveugloit jusqu'à cet excès. En même temps l'avarice lui fit chercher des prétextes pour faire mourir Joazar, dont Astarbé étoit si passionnée; il ne songeoit qu'à ravir les richesses de ce jeune homme.

Mais pendant que Pygmalion étoit en proie à la défiance, à l'amour et à l'avarice, Astarbé se hâta de lui ôter la vie. Elle crut qu'il avoit peut-être découvert quelque chose de ses infâmes amours avec ce jeune homme. D'ailleurs, elle savoit que l'avarice seule suffiroit pour porter le Roi à une action cruelle contre Joazar; elle conclut qu'il n'y avoit pas un moment à perdre pour le prévenir. Elle voyoit les principaux officiers du palais prêts à tremper leurs mains dans le sang du Roi; elle entendoit parler tous les jours de quelque nouvelle conjuration; mais elle craignoit de se confier à quelqu'un par qui elle seroit trahie. Enfin, il lui parut plus assuré d'empoisonner Pygmalion.

Il mangeoit le plus souvent tout seul avec elle, et apprêtoit lui-même tout ce qu'il devoit manger, ne pouvant se fier qu'à ses propres mains. Il se renfermoit dans le lieu le plus reculé de son palais, pour mieux cacher sa défiance, et pour n'être jamais observé quand il prépareroit [3] ses repas : il n'osoit plus chercher aucun des plaisirs de la table; il ne pouvoit se résoudre à manger d'aucune des choses qu'il ne

VAR. — [1] Je ne fis que vous entrevoir. A. — [2] et sur. C. Edit. f. du cop. — [3] par sa défiance m. A. aj. B.

VAR. — [1] Dinoas. A. C'est le nom que l'auteur avoit d'abord donné au fils de Pygmalion, et qu'il a oublié de changer ici. — [2] préparoit. B. Edit. prenoit. C. f. du cop.

savoit pas apprêter lui-même. Ainsi, non-seulement toutes les viandes cuites avec des ragoûts par des cuisiniers [1], mais encore le vin, le pain, le sel, l'huile, le lait, et tous les autres alimens ordinaires, ne pouvoient être de son usage : il ne mangeoit que des fruits qu'il avoit cueillis lui-même dans son jardin, ou des légumes qu'il avoit semés, et qu'il faisoit cuire. Au reste, il ne buvoit jamais d'autre eau que celle qu'il puisoit lui-même dans une fontaine qui était renfermée dans un endroit de son palais, dont il gardoit toujours la clef. Quoiqu'il parût si rempli de confiance pour Astarbé, il ne laissoit pas de se précautionner contre elle ; il la faisoit toujours manger et boire avant lui de tout ce qui devoit servir à son repas, afin qu'il ne pût point être empoisonné sans elle, et qu'elle n'eût aucune espérance de vivre plus long-temps que lui. Mais elle prit du contre-poison, qu'une vieille femme, encore plus méchante qu'elle, et qui étoit la confidente de ses amours, lui avoit fourni : après quoi elle ne craignit plus d'empoisonner le Roi.

Voici comment elle y parvint. Dans le moment où ils alloient commencer leur repas, cette vieille dont j'ai parlé fit tout-à-coup du bruit à une porte. Le Roi, qui croyoit toujours qu'on alloit le tuer, se trouble, et court à cette porte pour voir si elle est [2] assez bien fermée. La vieille se retire : le Roi demeure interdit, et ne sachant ce qu'il doit croire de ce qu'il a entendu : il n'ose pourtant ouvrir la porte pour s'éclaircir. Astarbé le rassure, le flatte, et le presse de manger ; elle avoit déjà jeté du poison dans sa coupe d'or pendant qu'il étoit allé à la porte. Pygmalion, selon sa coutume, la fit boire la première ; elle but sans crainte, se fiant au contre-poison. Pygmalion but aussi, et peu de temps après il tomba dans une défaillance.

Astarbé, qui le connoissoit capable de la tuer sur le moindre soupçon, commença à déchirer ses habits, à arracher ses cheveux, et à pousser des cris lamentables ; elle embrassoit le Roi mourant ; elle le tenoit serré entre ses bras ; elle l'arrosoit d'un torrent de larmes, car les larmes ne coûtoient rien à cette femme artificieuse. Enfin, quand elle vit que les forces du Roi étoient épuisées, et qu'il étoit comme agonisant, dans la crainte qu'il ne revînt, et qu'il ne voulût la faire mourir avec lui, elle passa des caresses et des plus tendres marques d'amitié à la plus horrible fureur ; elle se jeta sur lui, et l'étouffa. Ensuite elle arracha de son doigt l'anneau royal, lui ôta le diadème, et fit entrer Joazar, à qui elle donna l'un et l'autre. Elle crut que tous ceux qui avoient été attachés à elle ne manqueroient pas de suivre sa passion, et que son amant seroit proclamé roi. Mais ceux qui avoient été les plus empressés à lui plaire étoient des esprits bas et mercenaires, qui étoient incapables d'une sincère affection : d'ailleurs, ils manquoient de courage [1], et craignoient les ennemis qu'Astarbé s'étoit attirés ; enfin ils craignoient encore plus la hauteur, la dissimulation et la cruauté de cette femme impie : chacun, pour sa propre sûreté, désiroit qu'elle pérît.

Cependant tout le palais est plein d'un tumulte affreux ; on entend partout les cris de ceux qui disent : Le Roi est mort. Les uns sont effrayés ; les autres courent aux armes : tous paroissent en peine des suites, mais ravis de cette nouvelle. La renommée la fait voler de bouche en bouche dans toute la grande ville de Tyr, et il ne se trouve pas un seul homme qui regrette le Roi ; sa mort est la délivrance et la consolation de tout le peuple.

Narbal, frappé d'un coup si terrible, déplora en homme de bien le malheur de Pygmalion, qui s'étoit trahi lui-même en se livrant à l'impie Astarbé, et qui avoit mieux aimé être un tyran [2] monstrueux, que d'être, selon le devoir d'un roi, le père de son peuple. Il songea au bien de l'État, et se hâta de rallier tous les gens de bien, pour s'opposer à Astarbé, sous laquelle on auroit vu un règne encore plus dur que celui qu'on voyoit finir.

[3] Narbal savoit que Baléazar ne fut point noyé quand on le jeta dans la mer. Ceux qui assurèrent à Astarbé qu'il étoit mort parlèrent ainsi croyant qu'il l'étoit : mais à la faveur de la nuit, il s'étoit sauvé en nageant ; et des marchands [4] de Crète, touchés de compassion, l'avoient reçu dans leurs barques. Il n'avoit pas osé retourner dans le royaume de son père, soupçonnant qu'on avoit voulu le faire périr, et craignant autant la cruelle jalousie de Pygmalion que les artifices d'Astarbé. Il demeura long-temps errant et travesti sur les bords de la mer, en Syrie, où les marchands [5] crétois l'avoient laissé ; il fut même obligé de garder un troupeau pour gagner sa vie. Enfin, il trouva moyen de faire savoir à Narbal l'état où

Var. — [1] cuites par des cuisiniers. A. — [2] étoit. A.

Var. — [1] ils manquoient de courage : ils craignoient la hauteur, etc. A. — [2] un tyran terrible et monstrueux. A. B. — [3] Baléazar ne fut point noyé quand on le jeta dans la mer, et ceux qui assurèrent à Astarbé qu'il étoit mort, le firent croyant qu'il l'étoit. A. — [4] des pêcheurs. A. B. — [5] les pêcheurs. A. B.

il étoit ; il crut pouvoir confier son secret et sa vie à un homme d'une vertu si éprouvée. Narbal, maltraité par le père, ne laissa pas d'aimer le fils, et de veiller pour ses intérêts : mais il n'en prit soin que pour l'empêcher de manquer jamais à ce qu'il devoit à son père, et [1] il l'engagea à souffrir patiemment sa mauvaise fortune.

Baléazar avoit mandé à Narbal : Si vous jugez que je puisse vous aller trouver, envoyez-moi un anneau d'or, et je comprendrai aussitôt qu'il sera temps de vous aller joindre. Narbal ne jugea point à propos, pendant la vie de Pygmalion, de faire venir Baléazar ; il auroit tout hasardé pour la vie du prince et pour la sienne propre : tant il étoit difficile de se garantir des recherches rigoureuses de Pygmalion. Mais aussitôt que ce malheureux roi eut fait une fin digne de ses crimes, Narbal se hâta d'envoyer l'anneau d'or à Baléazar. Baléazar partit aussitôt, et arriva aux portes de Tyr dans le temps que toute la ville étoit en trouble pour savoir qui succéderoit à Pygmalion. Baléazar fut [2] aisément reconnu par les principaux Tyriens et par tout le peuple. On l'aimoit, non pour l'amour du feu roi son père, qui étoit haï universellement, mais à cause de sa douceur et de sa modération. Ses longs malheurs mêmes lui donnoient je ne sais quel éclat qui relevoit toutes ses bonnes qualités, et qui attendrissoit tous les Tyriens en sa faveur.

Narbal assembla les chefs du peuple, les vieillards qui formoient le conseil, et les prêtres de la grande déesse de Phénicie. Ils saluèrent Baléazar comme leur roi, et le firent proclamer par des hérauts. Le peuple répondit par mille acclamations de joie. Astarbé les entendit du fond du palais, où elle étoit renfermée avec son lâche et infâme Joazar. Tous les méchans dont elle s'étoit servie pendant la vie de Pygmalion l'avoient abandonnée ; [3] car les méchans craignent les méchans, s'en défient, et ne souhaitent point de les voir en crédit. Les hommes corrompus connoissent combien leurs semblables abuseroient de l'autorité, et quelle seroit leur violence. Mais pour les bons, les méchans s'en accommodent mieux, parce qu'au moins ils espèrent de trouver en eux de la modération et de l'indulgence. Il ne restoit plus autour d'Astarbé que certains complices de ses crimes les plus affreux, et qui ne pouvoient attendre que le supplice.

On força le palais : ces scélérats n'osèrent pas résister long-temps, et ne songèrent qu'à s'enfuir. Astarbé, déguisée en esclave, voulut se sauver dans la foule ; mais un soldat la reconnut : elle fut prise, et on eut bien de la peine à empêcher qu'elle ne fût déchirée par le peuple en fureur. Déjà on avoit commencé à la traîner dans la boue ; mais Narbal la tira des mains de la populace. Alors elle demanda à parler à Baléazar, espérant de l'éblouir par ses charmes, et de lui faire espérer qu'elle lui découvriroit des secrets importans. Baléazar ne put refuser de l'écouter. D'abord elle montra, avec sa beauté, une douceur et une modestie capables de toucher les cœurs les plus irrités. Elle flatta Baléazar par les louanges les plus délicates et les plus insinuantes ; elle lui représenta combien Pygmalion l'avoit aimée ; elle le conjura par ses cendres d'avoir pitié d'elle ; elle invoqua les dieux, comme si elle les eût sincèrement adorés ; elle versa des torrens de larmes ; elle se jeta aux genoux du nouveau roi : mais ensuite elle n'oublia rien pour lui rendre suspects et odieux tous ses serviteurs les plus affectionnés. Elle accusa Narbal d'être entré dans une conjuration contre Pygmalion, et d'avoir essayé de suborner les peuples pour se faire roi au préjudice de Baléazar : elle ajouta qu'il vouloit empoisonner ce jeune prince. Elle inventa de semblables calomnies contre tous les autres Tyriens qui aiment la vertu ; elle espéroit de trouver dans le cœur de Baléazar la même défiance et les mêmes soupçons qu'elle avoit vus dans celui du roi son père. Mais Baléazar, ne pouvant plus souffrir la noire malignité de cette femme, l'interrompit, et appela des gardes. On la mit en prison ; les plus sages vieillards furent commis pour examiner toutes ses actions.

On découvrit avec horreur qu'elle avoit empoisonné et étouffé Pygmalion : toute la suite de sa vie parut un enchaînement continuel de crimes monstrueux. On alloit la condamner au supplice qui est destiné à punir les grands crimes dans la Phénicie ; c'est d'être brûlé à petit feu : mais quand elle comprit qu'il ne lui restoit plus aucune espérance, elle devint semblable à une Furie sortie de l'enfer ; elle avala du poison qu'elle portoit toujours sur elle, pour se faire mourir, en cas qu'on voulût lui faire souffrir de longs tourments. Ceux qui la gardèrent aperçurent qu'elle souffroit une violente douleur : ils voulurent la secourir ; mais elle ne voulut jamais leur répondre, et elle fit

VAR. — [1] et m. A. aj. B. — [2] Il fut. c. Edit. f. du cop. — [3] c'est que les méchans craignent les méchans, s'en défient, et ne souhaitent point de les voir en autorité, parce qu'ils connoissent combien ils en abuseroient, et quelle seroit leur violence. A.

signe qu'elle ne vouloit aucun soulagement. On lui parla des justes dieux qu'elle avoit irrités : au lieu de témoigner la confusion et le repentir que ses fautes méritoient, elle regarda le ciel avec mépris et arrogance, comme pour insulter aux dieux. La rage et l'impiété étoient peintes sur son visage mourant [1] : on ne voyoit plus aucun reste de cette beauté qui avait fait le malheur de tant d'hommes. Toutes ses graces étoient effacées : ses yeux éteints rouloient dans sa tête, et jetoient des regards farouches; un mouvement convulsif agitoit ses lèvres, et tenoit sa bouche ouverte d'une horrible grandeur; tout son visage, tiré et rétréci, faisoit des grimaces hideuses; une pâleur livide et une froideur mortelle avoit saisi tout son corps. Quelquefois elle sembloit se ranimer, mais ce n'étoit que pour pousser des hurlements. Enfin elle expira, laissant remplis d'horreur et d'effroi tous ceux qui la virent. Ses mânes impies descendirent sans doute dans ces tristes lieux où les cruelles Danaïdes puisent éternellement de l'eau dans des vases percés; où Ixion tourne à jamais sa roue; où Tantale, brûlant de soif, ne peut avaler l'eau qui s'enfuit de ses lèvres; où Sisyphe roule inutilement un rocher qui retombe sans cesse; et où Tityc sentira éternellement, dans ses entrailles toujours renaissantes, un vautour qui les ronge.

Baléazar, délivré de ce monstre, rendit graces aux dieux par d'innombrables sacrifices. Il a commencé son règne par une conduite toute opposée à celle de Pygmalion. Il s'est appliqué à faire refleurir le commerce, qui languissoit tous les jours de plus en plus : il a pris les conseils de Narbal pour les principales affaires, et n'est pourtant point gouverné par lui; car il veut tout voir par lui-même : il écoute tous les différents avis qu'on veut lui donner, et décide ensuite sur ce qui lui paroît le meilleur. Il est aimé des peuples. En possédant les cœurs, il possède plus de trésors que son père n'en avoit amassés par son avarice cruelle; car il n'y a aucune famille qui ne lui donnât tout ce qu'elle a de bien, s'il se trouvoit dans une pressante nécessité : ainsi, ce qu'il leur laisse est plus à lui que s'il le leur ôtoit. Il n'a pas besoin de se précautionner pour la sûreté de sa vie; car il a toujours autour de lui la plus sûre garde, qui est l'amour des peuples. Il n'y a aucun de ses sujets qui ne craigne de le perdre, et qui ne hasardât sa propre vie pour conserver celle d'un si bon roi. Il vit heureux, et tout son peuple est heureux avec lui : il craint de charger trop ses peuples; ses peuples craignent de ne lui offrir pas une assez grande partie de leurs biens : il les laisse dans l'abondance; et cette abondance ne les rend ni indociles ni insolents; car ils sont laborieux, adonnés au commerce, fermes à conserver la pureté des anciennes lois. La Phénicie est remontée au plus haut point de sa grandeur et de sa gloire. C'est à son jeune roi qu'elle doit tant de prospérités.

Narbal gouverne sous lui. O Télémaque, s'il vous voyoit maintenant, avec quelle joie vous combleroit-il de présents ! Quel plaisir seroit-ce pour lui de vous renvoyer magnifiquement dans votre patrie ! Ne suis-je pas heureux de faire ce qu'il voudroit pouvoir faire lui-même, et d'aller dans l'île d'Ithaque mettre sur le trône le fils d'Ulysse, afin qu'il y règne aussi sagement que Baléazar règne à Tyr ?

Après qu'Adoam eut parlé ainsi, Télémaque, charmé de l'histoire que ce Phénicien venoit de raconter, et plus encore des marques d'amitié qu'il en recevoit dans son malheur, l'embrassa tendrement. Ensuite Adoam lui demanda par quelle aventure il étoit entré dans l'île de Calypso. Télémaque lui fit, à son tour, l'histoire de son départ de Tyr; de son passage dans l'île de Chypre; de la manière dont il avoit retrouvé Mentor; de leur voyage en Crète; des jeux publics pour l'élection d'un roi après la fuite d'Idoménée; de la colère de Vénus; de leur naufrage; du plaisir avec lequel Calypso les avoit reçus; de la jalousie de cette déesse contre une de ses nymphes; et l'action de Mentor, qui avoit jeté son ami dans la mer, dès qu'il vit [1] le vaisseau phénicien.

Après ces entretiens, Adoam fit servir un magnifique repas; et, pour témoigner une plus grande joie, il rassembla tous les plaisirs dont on pouvoit jouir. Pendant le repas, qui fut servi par de jeunes Phéniciens vêtus de blanc et couronnés de fleurs, on brûla les plus exquis parfums de l'Orient. Tous les bancs de rameurs étoient pleins de joueurs de flûtes. Achitoas les interrompit par les doux accords de sa voix et de sa lyre, dignes d'être entendus à la table des dieux, et de ravir les oreilles d'Apollon même. Les Tritons, les Néréides, toutes les divinités qui obéissent à Neptune, les monstres marins mêmes, sortoient de leurs grottes humides et profondes pour venir en foule autour du vaisseau, charmés par cette mélodie. Une troupe de jeunes Phéniciens d'une rare beauté, et vê-

---

VAR. — [1] agonisant. A.

VAR. — [1] dans le moment qu'il vit. A.

tus de fin lin plus blanc que la neige, dansèrent long-temps les danses de leur pays, puis celles d'Égypte, et enfin celles de la Grèce. De temps en temps des trompettes faisoient retentir l'onde jusqu'aux rivages éloignés. Le silence de la nuit, le calme de la mer, la lumière tremblante de la lune répandue sur la face des ondes, le sombre azur du ciel semé de brillantes étoiles, servoient à rendre ce spectacle encore plus beau.

Télémaque, d'un naturel vif et sensible, goûtoit tous ces plaisirs ; mais il n'osoit y livrer son cœur. Depuis qu'il avoit éprouvé avec tant de honte, dans l'île de Calypso, combien la jeunesse est prompte à s'enflammer, tous les plaisirs, même les plus innocens, lui faisoient peur; tout lui étoit suspect. Il regardoit Mentor ; il cherchoit sur son visage et dans ses yeux ce qu'il devoit penser de tous ces plaisirs.

Mentor étoit bien aise de le voir dans cet embarras, et ne faisoit pas semblant de le remarquer. Enfin, touché de la modération de Télémaque, il lui dit en souriant : Je comprends ce que vous craignez : vous êtes louable de cette crainte ; mais il ne faut pas la pousser trop loin. Personne ne souhaitera jamais plus que moi que vous goûtiez des plaisirs, mais des plaisirs qui ne vous passionnent ni ne vous amollissent point.[1] Il vous faut des plaisirs qui vous délassent, et que vous goûtiez en vous possédant, mais non pas des plaisirs qui vous entraînent. Je vous souhaite des plaisirs doux et modérés, qui ne vous ôtent point la raison, et qui ne vous rendent jamais semblable à une bête en fureur. Maintenant il est à propos de vous délasser de toutes vos peines. Goûtez avec complaisance pour Adoam les plaisirs qu'il vous offre ; réjouissez-vous, Télémaque, réjouissez-vous. La sagesse n'a rien d'austère ni d'affecté : c'est elle qui donne les vrais plaisirs; elle seule les sait assaisonner pour les rendre purs et durables; elle sait mêler les jeux et les ris avec les occupations graves et sérieuses; elle prépare le plaisir par le travail, et elle délasse du travail par le plaisir. La sagesse n'a point de honte de paroître enjouée quand il le faut.

En disant ces paroles, Mentor prit une lyre, et en joua avec tant d'art, qu'Achitoas, jaloux, laissa tomber la sienne de dépit ; ses yeux s'allumèrent[2], son visage troublé changea de couleur : tout le monde eût aperçu sa peine et sa honte, si la lyre de Mentor n'eût[3] enlevé l'ame de tous les assistans. A peine osoit-on respirer, de peur de troubler le silence, et de perdre quelque chose de ce chant divin : on craignoit toujours qu'il finiroit trop tôt. La voix de Mentor n'avoit aucune douceur efféminée; mais elle étoit flexible, forte, et elle passionnoit jusqu'aux moindres choses.

Il chanta d'abord les louanges de Jupiter, père et roi des dieux et des hommes, qui d'un signe de sa tête ébranle l'univers. Puis il représenta Minerve qui sort de sa tête, c'est-à-dire la sagesse, que ce dieu forme au-dedans de lui-même, et qui sort de lui pour instruire les hommes dociles. Mentor chanta ces vérités d'une voix si touchante, et avec tant de religion[1], que toute l'assemblée crut être transportée au plus haut de l'Olympe, à la face de Jupiter, dont les regards sont plus perçans que son tonnerre. Ensuite il chanta le malheur du jeune Narcisse, qui, devenant follement amoureux de sa propre beauté, qu'il regardoit sans cesse au bord d'une fontaine, se consuma lui-même de douleur, et fut changé en une fleur qui porte son nom. Enfin, il chanta aussi la funeste mort du bel Adonis, qu'un sanglier déchira, et que Vénus, passionné pour lui, ne put ranimer en faisant au ciel des plaintes amères.

Tous ceux qui l'écoutèrent ne purent retenir leurs larmes, et chacun sentoit je ne sais quel plaisir en pleurant. Quand il eut cessé de chanter, les Phéniciens étonnés se regardoient les uns les autres. L'un disoit : C'est Orphée ; c'est ainsi qu'avec une lyre il apprivoisoit les bêtes farouches, et enlevoit les bois et les rochers ; c'est ainsi qu'il enchanta Cerbère, qu'il suspendit les tourmens d'Ixion et des Danaïdes, et qu'il toucha l'inexorable Pluton, pour tirer des enfers la belle Euridice. Un autre s'écrioit : Non, c'est Linus, fils d'Apollon. Un autre répondoit : Vous vous trompez, c'est Apollon lui-même. Télémaque n'étoit guère moins surpris que les autres, car il n'avoit jamais cru[2] que Mentor sût, avec tant de perfection, chanter et jouer de la lyre.

Achitoas, qui avoit eu le loisir de cacher sa jalousie, commença à donner des louanges à Mentor ; mais il rougit en le louant, et il ne put achever son discours. Mentor, qui voyoit son trouble, prit la parole, comme s'il eût voulu l'interrompre, et tâcha de le consoler, en lui donnant toutes les louanges qu'il méritoit. Achitoas ne fut point consolé ; car il sentit que

---

VAR. — [1] ni ne vous amollissent. Il vous faut des plaisirs que vous possédiez, et non pas des plaisirs qui vous possèdent et qui vous entraînent. A. — [2] s'allumoient. C. *Edit. f. du cop.* — [3] n'eût dans ce moment même enlevé, etc. A.

VAR. — [1] d'un ton si religieux et si sublime. A. B. — [2] il n'avoit jamais su. A. Il ignoroit. *Edit. correction du marquis de Fénélon.*

Mentor le surpassoit encore plus par sa modestie, que par les charmes de sa voix.

Cependant Télémaque dit à Adoam : Je me souviens que vous m'avez parlé d'un voyage que vous fîtes dans la Bétique depuis que nous fûmes partis d'Egypte. La Bétique est un pays dont on raconte tant de merveilles qu'à peine peut-on les croire. Daignez m'apprendre si tout ce qu'on en dit est vrai. Je serai fort aise, répondit Adoam, de vous dépeindre ce fameux pays, digne de votre curiosité, et qui surpasse tout ce que la renommée en publie. Aussitôt il commença ainsi :

Le fleuve Bétis coule dans un pays fertile, et sous un ciel doux, qui est toujours serein. Le pays a pris le nom du fleuve [1], qui se jette dans le grand Océan, assez près des colonnes d'Hercule, et de cet endroit où la mer furieuse, rompant ses digues, sépara autrefois la terre de Tharsis d'avec la grande Afrique. Ce pays semble avoir conservé les délices de l'âge d'or. Les hivers y sont tièdes, et les rigoureux aquilons n'y soufflent jamais. L'ardeur de l'été y est toujours tempérée par les zéphirs rafraîchissans, qui viennent adoucir l'air vers le milieu du jour. Ainsi toute l'année n'est qu'un heureux hymen du printemps et de l'automne, qui semblent se donner la main. La terre, dans les vallons et dans les campagnes unies, y porte chaque année une double moisson [2]. Les chemins y sont bordés de lauriers, de grenadiers, de jasmins, et d'autres arbres toujours verts et toujours fleuris. Les montagnes sont couvertes de troupeaux, qui fournissent des laines fines, recherchées de toutes les nations connues. Il y a plusieurs mines d'or et d'argent dans ce beau pays; mais les habitants, simples et heureux dans leur simplicité, ne daignent pas seulement compter l'or et l'argent parmi leurs richesses; ils n'estiment que ce qui sert véritablement aux besoins de l'homme.

Quand nous avons commencé à faire notre commerce chez ces peuples, nous avons trouvé l'or et l'argent parmi eux employés aux mêmes usages que le fer; par exemple, pour des socs de charrue. Comme ils ne faisoient aucun commerce au-dehors, ils n'avoient besoin d'aucune monnoie. Ils sont presque tous bergers ou laboureurs. On voit en ce pays peu d'artisans : car ils ne veulent souffrir que les arts qui servent aux véritables nécessités des hommes ; encore même la plupart des hommes en ce pays,

étant adonnés à l'agriculture ou à conduire des troupeaux, ne laissent pas d'exercer les arts nécessaires pour [1] leur vie simple et frugale.

Les femmes filent cette belle laine [2], et en font des étoffes fines d'une merveilleuse blancheur : elles font le pain, apprêtent à manger; et ce travail leur est facile, car on vit en ce pays de fruits ou de lait, et rarement de viande. Elles emploient [3] le cuir de leurs moutons à faire une légère chaussure pour elles, pour leurs maris, et pour leurs enfans; elles font des tentes, dont les unes sont de peaux cirées et les autres d'écorces d'arbres ; elles [4] font et lavent tous les habits de la famille, et tiennent les maisons dans un ordre et une propreté admirable. Leurs habits sont aisés à faire; car, en ce doux climat, on ne porte qu'une pièce d'étoffe fine et légère, qui n'est point taillée, et que chacun met à longs plis autour de son corps pour la modestie, lui donnant la forme qu'il veut.

Les hommes n'ont d'autres arts à exercer, outre la culture des terres et la conduite des troupeaux, que l'art de mettre le bois et le fer en œuvre; encore même ne se servent-ils guère du fer, excepté pour les instrumens nécessaires au labourage. Tous les arts qui regardent l'architecture leur sont inutiles; car ils ne bâtissent jamais de maison. C'est, disent-ils, s'attacher trop à la terre, que de s'y faire une demeure qui dure beaucoup plus que nous; il suffit de se défendre des injures de l'air. Pour tous les autres arts estimés chez les Grecs, chez les Egyptiens, et chez tous les autres peuples bien policés, ils les détestent, comme des inventions de la vanité et de la mollesse.

Quand on leur parle des peuples qui ont l'art de faire des bâtimens superbes, des meubles d'or et d'argent, des étoffes ornées de broderies et de pierres précieuses, des parfums exquis, des mets délicieux, des instrumens dont l'harmonie charme, ils répondent en ces termes : Ces peuples sont bien malheureux d'avoir employé tant de travail et d'industrie à se corrompre eux-mêmes ! Ce superflu amollit, enivre, tourmente ceux qui le possèdent : il tente ceux qui en sont privés, de vouloir l'acquérir par l'injustice et par la violence. Peut-on nommer bien, un superflu qui ne sert qu'à rendre les

---

VAR. — [1] de ce fleuve. C. P. II. *f. du cop.* — [2] une double moisson. Les montagnes, etc. A.

VAR. — [1] à leur vie. B. C. *Edit. f. du cop.* — [2] Les femmes filent cette laine, font des étoffes fines, et d'une merveilleuse blancheur. A. — [3] Elles font du cuir de leurs moutons une légère chaussure. A. — [4] elles lavent tous les habits de la famille, tiennent les maisons dans un ordre et une propreté admirable, et font tous les habits de la famille. Ils sont aisés à faire, etc. A.

hommes mauvais! Les hommes de ces pays sont-ils plus sains et [1] plus robustes que nous? vivent-ils plus long-temps? sont-ils plus unis entr'eux? mènent-ils une vie plus libre, plus tranquille, plus gaie? Au contraire, ils doivent être jaloux les uns des autres, rongés par une lâche et noire envie, toujours agités par l'ambition, par la crainte, par l'avarice, incapables des plaisirs purs et simples, puisqu'ils sont esclaves de tant de fausses nécessités dont ils font dépendre tout leur bonheur.

C'est ainsi, continuoit Adoam, que parlent ces hommes sages, qui n'ont appris la sagesse qu'en étudiant la simple nature. Ils ont horreur de notre politesse; et il faut avouer que la leur est grande dans leur aimable simplicité. Ils vivent tous ensemble sans partager les terres; chaque famille est gouvernée par son chef, qui en est le véritable roi. Le père de famille est en droit de punir chacun de ses enfans ou petits-enfans qui fait une mauvaise action; mais, avant que de le punir, il prend les avis du reste de la famille. Ces punitions n'arrivent presque jamais; car l'innocence des mœurs, la bonne foi, l'obéissance, et l'horreur du vice, habitent dans cette heureuse terre. Il semble qu'Astrée, qu'on dit qui est retirée dans le ciel, est encore ici-bas cachée parmi ces hommes. Il ne faut point de juges parmi eux, car leur propre conscience les juge. Tous les biens sont communs: les fruits des arbres, les légumes de la terre, le lait des troupeaux, sont des richesses si abondantes, que des peuples si sobres et si modérés n'ont pas besoin de les partager. Chaque famille, errante dans ce beau pays, transporte ses tentes d'un lieu en un autre, quand elle a consumé les fruits et épuisé les pâturages de l'endroit où elle s'étoit mise. Ainsi, ils n'ont point d'intérêts à soutenir les uns contre les autres, et ils s'aiment tous d'une amour fraternelle [2] que rien ne trouble. C'est le retranchement des vaines richesses et des plaisirs trompeurs, qui leur conserve cette paix, cette union et cette liberté. Ils sont tous libres et tous égaux. On ne voit parmi eux aucune distinction, que celle qui vient de l'expérience des sages vieillards, ou de la sagesse extraordinaire de quelques jeunes hommes qui égalent les vieillards consommés en vertu. La fraude, la violence, le parjure, les procès, les guerres ne font jamais entendre leur voix cruelle et empestée,

dans ce pays chéri des dieux. Jamais le sang humain n'a rougi cette terre; à peine y voit-on couler celui des agneaux. Quand on parle à ces peuples des batailles sanglantes, des rapides conquêtes, des renversemens d'Etats qu'on voit dans les autres nations, ils ne peuvent assez s'étonner. Quoi! disent-ils, les hommes ne sont-ils pas assez mortels, sans se donner encore les uns aux autres une mort précipitée? La vie est si courte! et il semble qu'elle leur paroisse trop longue! Sont-ils sur la terre pour se déchirer les uns les autres, et pour se rendre mutuellement malheureux?

Au reste, ces peuples de la Bétique ne peuvent comprendre qu'on admire tant les conquérans qui subjuguent les grands empires. Quelle folie, disent-ils, de mettre son bonheur à gouverner les autres hommes, dont le gouvernement donne tant de peine, si on veut les gouverner avec raison et suivant la justice! Mais pourquoi prendre plaisir à les gouverner malgré eux? C'est tout ce qu'un homme sage peut faire, que de vouloir [1] s'assujettir à gouverner un peuple docile dont les dieux l'ont chargé, ou un peuple qui le prie d'être comme son père et son pasteur. Mais gouverner les peuples contre leur volonté, c'est se rendre très-misérable, pour avoir le faux honneur de les tenir dans l'esclavage. Un conquérant est un homme que les dieux, irrités contre le genre humain, ont donné à la terre dans leur colère, pour ravager les royaumes, pour répandre partout l'effroi, la misère, le désespoir, et pour faire autant d'esclaves qu'il y a d'hommes libres. Un homme qui cherche la gloire ne la trouve-t-il pas assez en conduisant avec sagesse ce que les dieux ont mis dans ses mains? Croit-il ne pouvoir mériter des louanges, qu'en devenant violent, injuste, hautain, usurpateur et tyrannique sur tous ses voisins? Il ne faut jamais songer à la guerre, que pour défendre sa liberté. Heureux celui [2] qui, n'étant point esclave d'autrui, n'a point la folle ambition de faire d'autrui son esclave! Ces grands conquérans, qu'on nous dépeint avec tant de gloire, ressemblent à ces fleuves débordés qui paroissent majestueux, mais qui ravagent toutes les fertiles campagnes qu'ils devroient seulement arroser.

Après qu'Adoam eut fait cette peinture de la Bétique, Télémaque, charmé, lui fit diverses questions curieuses. Ces peuples, lui dit-il,

---

VAR. — [1] et *m.* A. *aj.* B. — [2] d'un amour fraternel. *Edit.* Depuis long-temps, l'usage veut *amour* au masculin ; on trouve cependant de bons auteurs du siècle de Louis XIV qui ont employé ce mot au féminin.

VAR. — [1] que ce s'assujettir. C. P. II. *f. du cop.* — [2] celui *m.* A. *aj.* B.

boivent-ils du vin? Ils n'ont garde d'en boire, reprit Adoam, car ils n'ont jamais voulu en faire. Ce n'est pas qu'ils manquent de raisins; aucune terre n'en porte de plus délicieux; mais ils se contentent de manger le raisin comme les autres fruits, et ils craignent le vin comme le corrupteur des hommes. C'est une espèce de poison, disent-ils, qui met en fureur; il ne fait pas mourir l'homme, mais il le rend bête. Les hommes peuvent conserver leur santé et leur force [1] sans vin; avec le vin, ils courent risque de ruiner leur santé, et de perdre les bonnes mœurs.

Télémaque disoit ensuite : Je voudrois bien savoir quelles lois règlent les mariages dans cette nation [2]. Chaque homme, répondoit Adoam, ne peut avoir qu'une femme, et il faut qu'il la garde tant qu'elle vit. L'honneur des hommes, en ce pays, dépend autant de leur fidélité à l'égard de leurs femmes, que l'honneur des femmes dépend, chez les autres peuples, de leur fidélité pour leurs maris. Jamais peuple ne fut si honnête, ni si jaloux de la pureté. Les femmes y sont belles et agréables, mais simples, modestes et laborieuses. Les mariages y sont paisibles, féconds, sans tache. Le mari et la femme semblent plus n'être qu'une seule personne en deux corps différens. Le mari et la femme partagent ensemble tous les soins domestiques; le mari règle toutes les affaires du dehors : la femme se renferme dans son ménage; elle soulage son mari; elle paroît n'être faite que pour lui plaire; elle gagne sa confiance, et [3] le charme moins par sa beauté que par sa vertu. Ce vrai charme de leur société dure autant que leur vie. La sobriété, la modération et les mœurs pures de ce peuple lui donnent une vie longue et exempte de maladies. On y voit des vieillards de cent et de six vingts ans, qui ont encore de la gaîté et de la vigueur.

Il me reste, ajoutoit Télémaque, à savoir comment ils font pour éviter la guerre avec les autres peuples voisins. La nature, dit Adoam, les a séparés des autres peuples d'un côté par la mer, et de l'autre par de hautes montagnes [4] du côté du nord. D'ailleurs, les peuples voisins les respectent à cause de leur vertu. Souvent les autres peuples, ne pouvant s'accorder entre eux, les ont pris pour juges de leurs différens, et leur ont confié les terres et les villes qu'ils disputoient entre eux. Comme cette sage nation

n'a jamais fait aucune violence, personne ne se défie d'elle. Ils rient quand on leur parle des rois qui ne peuvent régler entre eux les frontières de leurs Etats. Peut-on craindre, disent-ils, que la terre manque aux hommes? il y en aura toujours plus qu'ils n'en pourront cultiver. Tandis qu'il restera des terres libres et incultes [1], nous ne voudrions pas même défendre les nôtres contre des voisins qui viendroient [2] s'en saisir. On ne trouve, dans tous les habitans de la Bétique, ni orgueil, ni hauteur, ni mauvaise foi, ni envie d'étendre leur domination. Ainsi leurs voisins n'ont jamais rien à craindre d'un tel peuple, et ils [3] ne peuvent espérer de s'en faire craindre; c'est pourquoi ils les laissent en repos. Ce peuple abandonneroit son pays, ou se livreroit à la mort, plutôt que d'accepter la servitude : ainsi il est autant difficile à subjuguer, qu'il est incapable de vouloir subjuguer les autres. C'est ce qui fait une paix profonde entre eux et leurs voisins.

Adoam finit ce discours en racontant de quelle manière les Phéniciens faisoient leur commerce dans la Bétique. Ces peuples, disoit-il, furent étonnés [4] quand ils virent venir, au travers des ondes de la mer, des hommes étrangers qui venoient de si loin. Ils nous laissèrent fonder une ville dans l'île de Gadès; ils nous reçurent même chez eux avec bonté, et nous firent part de tout ce qu'ils avoient, sans vouloir de nous aucun paiement. De plus, ils nous offrirent de nous donner libéralement tout ce qu'il leur resteroit de leurs laines, après qu'ils en auroient fait leur provision pour leur usage : et en effet, ils nous en envoyèrent un riche présent. C'est un plaisir pour eux, que de donner [5] aux étrangers leur superflu.

Pour leurs mines, ils n'eurent aucune peine à nous les abandonner; elles leur étoient inutiles. Il leur paroissoit que les hommes n'étoient guère sages d'aller chercher par tant de travaux, dans les entrailles de la terre, ce qui ne peut les rendre heureux, ni satisfaire à aucun vrai besoin. Ne creusez point, nous disoient-ils, si avant dans la terre : contentez-vous de la labourer; elle vous donnera de véritables biens qui vous nourriront; vous en tirerez des fruits qui valent mieux que l'or et

---

VAR. — [1] leurs forces. c. Edit. f. du cop. — [2] de cette nation. A. — [3] et met, moins par sa beauté que par sa vertu, un charme dans leur société, qui dure autant que leur vie. A. — [4] de hautes montagnes. D'ailleurs, etc.

VAR. — [1] et incultes m. A. aj. B. — [2] voudroient. A. — [3] ils m. A. aj. B. — [4] Ce peuple, disoit-il, fut tout étonné, quand ils virent venir, au travers des ondes de la mer, des hommes étrangers qui venoient de si loin. Ils nous reçurent avec bonté, et nous firent part de tout ce qu'ils avoient, sans vouloir de nous aucun paiement. Ils nous offrirent tout ce qui leur resteroit, etc. A. — [5] de donner libéralement aux étrangers. A.

l'argent, puisque les hommes ne veulent de l'or et de l'argent que pour en acheter les alimens qui soutiennent leur vie.

Nous avons souvent voulu leur apprendre la navigation, et mener les jeunes hommes de leur pays dans la Phénicie; mais ils n'ont jamais voulu que leurs enfans apprissent à vivre comme nous. Ils apprendroient, nous disoient-ils, à avoir besoin de toutes les choses qui vous sont devenues nécessaires : ils voudroient les avoir; ils abandonneroient la vertu pour les obtenir [1] par de mauvaises industries. Ils deviendroient comme un homme qui a de bonnes jambes, et qui, perdant l'habitude de marcher, s'accoutume enfin au besoin d'être toujours porté comme un malade. Pour la navigation, ils l'admirent à cause de l'industrie de cet art; mais ils croient que c'est un art pernicieux. Si ces gens-là, disent-ils, ont suffisamment en leur pays ce qui est nécessaire à la vie, que vont-ils chercher en un autre? Ce qui suffit aux besoins de la nature ne leur suffit-il pas? Ils mériteroient de faire naufrage, puisqu'ils cherchent la mort au milieu des tempêtes, pour assouvir l'avarice [2] des marchands, et pour flatter les passions des autres hommes.

Télémaque étoit ravi d'entendre ce discours d'Adoam, et il se réjouissoit qu'il y eût encore au monde un peuple [3], qui, suivant la droite nature, fût si sage et si heureux tout ensemble. O combien ces mœurs, disoit-il, sont-elles éloignées des mœurs vaines et ambitieuses des peuples qu'on croit les plus sages! Nous sommes tellement gâtés, qu'à peine pouvons-nous croire que cette simplicité si naturelle puisse être véritable. Nous regardons les mœurs de ce peuple comme une belle fable, et il doit regarder les nôtres comme un songe monstrueux.

VAR — [1] pour les obtenir. Ils deviendroient, etc. A. — [2] pour assouvir leur avarice. Télémaque étoit ravi, etc. A. — [3] encore un peuple au monde, etc. A

LIVRE VIII [1].

Vénus, toujours irritée contre Télémaque, demande sa perte à Jupiter; mais les destins ne permettant pas qu'il périsse, la déesse va solliciter de Neptune les moyens de l'éloigner d'Ithaque, où le conduisoit Adoam. Aussitôt Neptune envoie au pilote Achamas une divinité trompeuse, qui lui enchante les sens et le fait entrer à pleines voiles dans le port de Salente, au moment où il croyoit arriver à Ithaque. Idoménée, roi de Salente, fait à Télémaque et à Mentor l'accueil le plus affectueux : il se rend avec eux au temple de Jupiter, où il avoit ordonné un sacrifice pour le succès d'une guerre contre les Manduriens. Le sacrificateur, consultant les entrailles des victimes, fait tout espérer à Idoménée, et l'assure qu'il devra son bonheur à ses deux nouveaux hôtes.

PENDANT que Télémaque et Adoam s'entretenoient de la sorte, oubliant le sommeil, et n'apercevant pas que la nuit étoit déjà au milieu de sa course, une divinité ennemie et trompeuse les éloignoit d'Ithaque, que leur pilote Achamas cherchoit en vain. Neptune, quoique favorable aux Phéniciens, ne pouvoit supporter plus long-temps que Télémaque eût échappé à la tempête qui l'avoit jeté contre les rochers de l'île de Calypso. Vénus étoit encore plus irritée de voir ce jeune homme qui triomphoit, ayant vaincu l'Amour et tous ses charmes. Dans le transport de sa douleur, elle quitta Cythère, Paphos, Idalie, et tous les honneurs qu'on lui rend dans l'île de Chypre : elle ne pouvoit plus demeurer dans ces lieux où Télémaque avoit méprisé son empire. Elle monte vers l'éclatant Olympe, où les dieux étoient assemblés auprès du trône de Jupiter. De ce lieu, ils aperçoivent les astres qui roulent sous leurs pieds; ils voient le globe de la terre comme un petit amas de boue; les mers immenses ne leur paroissent que comme des gouttes d'eau dont ce morceau de boue est un peu détrempé : les plus grands royaumes ne sont à leurs yeux qu'un peu de sable qui couvre la surface de cette boue; les peuples innombrables et les plus puissantes armées ne sont que comme des fourmis qui se disputent les unes aux autres un brin d'herbe sur ce morceau de boue. Les immortels rient des affaires les plus sérieuses qui agitent les foibles mortels [2], et elles leur paroissent des jeux d'enfans. Ce que les hommes appellent grandeur, gloire, puissance, profonde

VAR. — [1] LIVRE IX. — [2] humains. Edit. correction du marq. de Fén.

politique [1], ne paroît à ces suprêmes divinités que misère et foiblesse.

C'est dans cette demeure, si élevée au-dessus de la terre, que Jupiter a posé son trône immobile : ses yeux percent jusque dans l'abîme, et éclairent jusque dans les derniers replis des cœurs : ses regards doux et sereins répandent le calme et la joie dans tout l'univers. Au contraire, quand il secoue sa chevelure, il ébranle le ciel et la terre. Les dieux mêmes, éblouis des rayons de gloire qui l'environnent, ne s'en approchent qu'avec tremblement.

Toutes les divinités célestes étoient dans ce moment auprès de lui. Vénus se présenta avec tous les charmes qui naissent dans son sein ; sa robe flottante avoit plus d'éclat que toutes les couleurs dont Iris se pare au milieu des sombres nuages, quand elle vient promettre aux mortels effrayés la fin des tempêtes et leur annoncer le retour du beau temps. Sa robe étoit nouée par cette fameuse ceinture sur laquelle paroissent [2] les graces ; les cheveux de la déesse étoient attachés par derrière négligemment avec [3] une tresse d'or. Tous les dieux furent surpris de sa beauté, comme s'ils ne l'eussent jamais vue ; et leurs yeux en furent éblouis, comme ceux des mortels le sont [4], quand Phébus, après une longue nuit, vient les éclairer par ses rayons. Ils se regardoient les uns les autres avec étonnement, et leurs yeux revenoient toujours sur Vénus ; mais ils aperçurent que les yeux de cette déesse étoient baignés de larmes, et qu'une douleur amère étoit peinte sur son visage.

Cependant elle s'avançoit vers le trône de Jupiter, d'une démarche douce et légère, comme le vol rapide d'un oiseau qui fend l'espace immense des airs. Il la regarda avec complaisance ; il lui fit un doux souris ; et, se levant, il l'embrassa. Ma chère fille, lui dit-il, quelle est votre peine ? Je ne puis voir vos larmes sans en être touché : ne craignez point de m'ouvrir votre cœur ; vous connoissez ma tendresse et ma complaisance.

Vénus lui répondit d'une voix douce, mais entrecoupée de profonds soupirs : O père des dieux et des hommes, vous qui voyez tout, pouvez-vous ignorer ce qui fait ma peine ? Minerve ne s'est pas contentée d'avoir renversé jusqu'aux fondemens la superbe ville de Troie, que je défendois, et de s'être vengée de Pâris, qui avoit préféré ma beauté à la sienne ; elle conduit par toutes les terres et par toutes les mers le fils d'Ulysse, ce cruel destructeur de Troie. Télémaque est accompagné par Minerve ; c'est ce qui empêche qu'elle ne paroisse ici en son rang avec les autres divinités. Elle a conduit ce jeune téméraire dans l'île de Chypre pour m'outrager. Il a méprisé ma puissance ; il n'a pas daigné seulement brûler de l'encens sur mes autels : il a témoigné avoir horreur des fêtes que l'on célèbre en mon honneur ; il a fermé son cœur à tous mes plaisirs. En vain Neptune, pour le punir à ma prière, a irrité les vents et les flots contre lui : Télémaque, jeté par un naufrage horrible dans l'île de Calypso, a triomphé de l'Amour même, que j'avois envoyé dans cette île pour attendrir le cœur de ce jeune Grec. Ni sa jeunesse, ni les charmes de Calypso et de ses nymphes, ni les traits enflammés de l'Amour, n'ont pu surmonter les artifices de Minerve. Elle l'a arraché de cette île : me voilà confondue ; un enfant triomphe de moi !

Jupiter, pour consoler Vénus, lui dit : Il est vrai, ma fille, que Minerve défend le cœur de ce jeune Grec contre toutes les flèches de votre fils, et qu'elle lui prépare une gloire que jamais jeune homme n'a méritée. Je suis fâché qu'il ait méprisé vos autels ; mais je ne puis le soumettre à votre puissance. Je consens, pour l'amour de vous, qu'il soit encore errant par mer et par terre, qu'il vive loin de sa patrie, exposé à toutes sortes de maux et de dangers ; mais les destins ne permettent, ni qu'il périsse, ni que sa vertu succombe dans les plaisirs dont vous flattez les hommes. Consolez-vous donc, ma fille ; soyez contente de tenir dans votre empire tant d'autres héros et tant d'immortels.

En disant ces paroles, il fit à Vénus un souris plein de grâce et de majesté. Un éclat de lumière, semblable aux plus perçans éclairs, sortit de ses yeux. En baisant Vénus avec tendresse, il répandit une odeur d'ambroisie dont tout l'Olympe fut parfumé. La déesse ne put s'empêcher d'être sensible à cette caresse du plus grand des dieux : malgré ses larmes et sa douleur, on vit la joie se répandre sur son visage ; elle baissa son voile pour cacher la rougeur de ses joues, et l'embarras où elle se trouvoit. Toute l'assemblée des dieux applaudit aux paroles de Jupiter ; et Vénus, sans perdre un moment, alla trouver Neptune pour concerter avec lui les moyens de se venger de Télémaque.

Elle raconta à Neptune ce que Jupiter lui

VAR. — [1] puissance, ne paroît, etc. A. — [2] sont représentées. A. — [3] par A. — [4] le sont *m*. A. *aj*. B.

avoit dit. Je savois déjà, répondit Neptune, l'ordre immuable des destins : mais si nous ne pouvons abîmer Télémaque dans les flots de la mer, du moins n'oublions rien pour le rendre malheureux, et pour retarder son retour à Ithaque. Je ne puis consentir à faire périr le vaisseau phénicien dans lequel il est embarqué. J'aime les Phéniciens, c'est mon peuple ; nulle autre nation de l'univers [1] ne cultive comme eux mon empire. C'est par eux que la mer est devenue le lien de la société de tous les peuples de la terre. Ils m'honorent par [2] de continuels sacrifices sur mes autels ; ils sont justes, sages, et laborieux dans le commerce ; ils répandent partout la commodité et l'abondance. Non, déesse, je ne puis souffrir qu'un de leurs vaisseaux fasse naufrage : mais je ferai que le pilote perdra sa route, et qu'il s'éloignera d'Ithaque où il veut aller.

Vénus, contente de cette promesse, rit avec malignité, et retourna dans son char volant sur les prés fleuris d'Idalie, où les Grâces, les Jeux et les Ris témoignèrent leur joie de la revoir, dansant autour d'elle sur les fleurs qui parfument ce charmant séjour.

Neptune envoya aussitôt une divinité trompeuse, semblable aux songes, excepté que les songes ne trompent que pendant le sommeil, au lieu que cette divinité enchante les sens des hommes [3] qui veillent. Ce dieu malfaisant, environné d'une foule innombrable de Mensonges ailés qui voltigent autour de lui, vint répandre une liqueur subtile et enchantée sur les yeux du pilote Achamas, qui considéroit attentivement à la clarté de la lune le cours des étoiles, et le rivage d'Ithaque, dont il découvroit déjà assez près de lui les rochers escarpés. Dans ce même moment, les yeux du pilote ne lui montrèrent plus rien de véritable. Un faux ciel et une terre feinte [4] se présentèrent à lui. Les étoiles parurent comme si elles avoient changé leur course [5], et qu'elles fussent revenues sur leurs pas ; tout l'Olympe sembloit se mouvoir par des lois nouvelles. La terre même étoit changée : une fausse Ithaque se présentoit toujours au pilote pour l'amuser, tandis qu'il s'éloignoit de la véritable. Plus il s'avançoit vers cette image trompeuse du rivage de l'île, plus cette image reculoit ; elle fuyoit toujours devant lui, et il ne savoit que croire de cette fuite. Quelquefois il s'imaginoit entendre déjà le bruit qu'on fait dans un port. Déjà il se préparoit, selon l'ordre qu'il en avoit reçu, à aller aborder secrètement dans une petite île qui est auprès de la grande, pour dérober aux amans de Pénélope, conjurés contre Télémaque, le retour de celui-ci [1]. Quelquefois il craignoit les écueils dont cette côte de la mer est bordée ; et il lui sembloit entendre l'horrible mugissement des vagues qui vont se briser contre ces écueils : puis tout-à-coup il remarquoit que la terre paroissoit encore éloignée. Les montagnes n'étoient à ses yeux, dans cet éloignement, que comme de petits nuages qui obscurcissent quelquefois l'horizon pendant que le soleil se couche. Ainsi Achamas étoit étonné ; et l'impression de la divinité trompeuse, qui charmoit ses yeux, lui faisoit éprouver un certain saisissement qui lui avoit été jusqu'alors inconnu. Il étoit même tenté de croire qu'il ne veilloit pas, et qu'il étoit dans l'illusion d'un songe. Cependant Neptune commanda au vent d'orient de souffler pour jeter le navire sur les côtes de l'Hespérie. Le vent obéit avec tant de violence, que le navire arriva bientôt sur le rivage que Neptune avoit marqué.

Déjà l'aurore annonçoit le jour ; déjà les étoiles, qui craignent les rayons du soleil, et qui en sont jalouses, alloient cacher dans l'Océan leurs sombres feux, quand le pilote s'écria : Enfin, je n'en puis plus douter, nous touchons presque à l'île d'Ithaque ! Télémaque, réjouissez-vous ; dans une heure vous pourrez revoir Pénélope, et peut-être trouver Ulysse remonté sur son trône ! A ce cri, Télémaque, qui étoit immobile dans les bras du sommeil, s'éveille, se lève, monte au gouvernail, embrasse le pilote, et de ses yeux encore à peine ouverts regarde fixement la côte voisine. Il gémit, ne reconnoissant point les rivages de sa patrie. Hélas ! où sommes-nous ? dit-il ; ce n'est point la ma chère Ithaque ! Vous vous êtes trompé, Achamas ; vous connoissez mal cette côte, si éloignée de votre pays. Non, non, répondit Achamas, je ne puis me tromper en considérant [2] les bords de cette île. Combien de fois suis-je entré dans votre port ! j'en connois jusques aux moindres rochers ; le rivage de Tyr n'est guère mieux dans ma mémoire. Reconnoissez cette montagne qui avance ; voyez ce rocher qui s'élève comme une tour ; n'entendez-vous pas la vague qui se rompt contre ces

---

VAR. — [1] de l'univers *m. c. Edit. f. du cop.* — [2] par *m.* A. *aj.* B. — [3] de ceux. B. C. *Edit.* Le copiste B. avoit écrit : *les sens qui veillent*: l'auteur, pour faire un sens, ajouta *de ceux*. — [4] Un autre ciel se présente à lui. A. — [5] leurs cours. C. *Edit. f. du cop.*

VAR. — [1] de ce jeune prince. A. — [2] me tromper pour reconnoître. A.

autres rochers lorsqu'ils semblent [1] menacer la mer par leur chute? Mais ne remarquez-vous pas le temple de Minerve qui fend la nue? Voilà la forteresse, et la maison d'Ulysse votre père.

Vous vous trompez, ô Achamas, répondit Télémaque; je vois au contraire une côte assez relevée, mais unie; j'aperçois une ville qui n'est point Ithaque. O dieux! est-ce ainsi que vous vous jouez des hommes?

Pendant qu'il disoit ces paroles, tout-à-coup les yeux d'Achamas furent changés. Le charme se rompit; il vit le rivage tel qu'il étoit véritablement, et reconnut son erreur. Je l'avoue, ô Télémaque, s'écria-t-il : quelque divinité ennemie avoit enchanté mes yeux; je croyois voir Ithaque, et son image toute entière se présentoit à moi; mais dans ce moment elle disparoît comme un songe. Je vois une autre ville; c'est sans doute Salente, qu'Idoménée, fugitif de Crète, vient de fonder dans l'Hespérie : j'aperçois des murs qui s'élèvent, et qui ne sont pas encore achevés; je vois un port qui n'est pas encore entièrement fortifié.

Pendant qu'Achamas remarquoit les divers ouvrages nouvellement faits dans cette ville naissante, et que Télémaque déploroit son malheur, le vent que Neptune faisoit souffler les fit entrer à pleines voiles dans une rade où ils se trouvèrent à l'abri, et tout auprès du port.

Mentor, qui n'ignoroit ni la vengeance de Neptune, ni le cruel artifice de Vénus, n'avoit fait que sourire de l'erreur d'Achamas. Quand ils furent dans cette rade, Mentor dit à Télémaque : Jupiter vous éprouve; mais il ne veut pas votre perte : au contraire, il ne vous éprouve que pour vous ouvrir le chemin de la gloire. Souvenez-vous des travaux d'Hercule; ayez toujours devant vos yeux ceux de votre père. Quiconque ne sait pas souffrir n'a point un grand cœur. Il faut, par votre patience et par votre courage, lasser la cruelle fortune qui se plaît à vous persécuter. Je crains moins pour vous les plus affreuses disgrâces de Neptune, que je ne craignois les caresses flatteuses de la déesse qui vous retenoit dans son île. Que tardons-nous? entrons dans ce port : voici un peuple ami; c'est chez les Grecs que nous arrivons : Idoménée, si maltraité par la fortune, aura pitié des malheureux. Aussitôt ils entrèrent dans le port de Salente, où le vaisseau phénicien fut reçu sans peine, parce que les Phéniciens sont en paix et en commerce avec tous les peuples de l'univers.

Télémaque regardoit avec admiration cette ville naissante, semblable à une jeune plante, qui, ayant été nourrie par la douce rosée de la nuit, sent, dès le matin, les rayons du soleil qui viennent l'embellir; elle croît, elle ouvre ses tendres boutons, elle étend ses feuilles vertes, elle épanouit ses fleurs odoriférantes avec mille couleurs nouvelles; à chaque moment qu'on la voit, on y trouve un nouvel éclat. Ainsi fleurissoit la nouvelle ville d'Idoménée sur le rivage de la mer; chaque jour, chaque heure, elle croissoit avec magnificence, et elle montroit de loin aux étrangers qui étoient sur la mer, de nouveaux ornemens d'architecture qui s'élevoient jusques au ciel. Toute la côte retentissoit des cris des ouvriers et des coups de marteau : les pierres étoient suspendues en l'air par des grues avec des cordes. Tous les chefs animoient le peuple au travail dès que l'aurore paroissoit; et le roi Idoménée, donnant partout les ordres lui-même, faisoit avancer les ouvrages avec une incroyable diligence.

A peine le vaisseau phénicien fut arrivé, que les Crétois donnèrent à Télémaque et à Mentor toutes les marques d'amitié sincère. On se hâta d'avertir Idoménée de l'arrivée du fils d'Ulysse. Le fils d'Ulysse! s'écria-t-il; d'Ulysse, ce cher ami! de ce sage héros! par qui nous avons enfin renversé la ville de Troie! Qu'on le mène ici [1], et que je lui montre combien j'ai aimé son père! Aussitôt on lui présente Télémaque, qui lui demande l'hospitalité, en lui disant son nom.

Idoménée lui répondit avec un visage doux et riant : Quand même on ne m'auroit pas dit qui vous êtes, je crois que je vous aurois reconnu. Voilà Ulysse lui-même; voilà ses yeux pleins de feu, et dont le regard étoit si ferme; voilà son air, d'abord froid et réservé, qui cachoit tant de vivacité et de grâces; je reconnois même ce sourire fin, cette action négligée, cette parole douce, simple et insinuante, qui persuadoit sans qu'on eût le temps de s'en défier. Oui, vous êtes le fils d'Ulysse; mais vous serez aussi le mien. O mon fils, mon cher fils! quelle aventure vous mène sur ce rivage? Est-ce pour chercher votre père? Hélas! je n'en ai aucune nouvelle. La fortune nous a persécutés lui et moi : il a eu le malheur de ne pouvoir retrouver sa patrie, et j'ai eu celui de retrouver la mienne pleine de la colère des dieux contre moi. Pendant qu'Idoménée disoit ces paroles, il

VAR. — [1] qui semblent. A. D.

VAR. — [1] Qu'on me l'emmène, et que je lui montre combien j'ai aimé son père! Aussitôt on lui présente Télémaque, et il lui dit avec un visage doux, etc. A.

regardoit fixement Mentor, comme un homme dont le visage ne lui étoit pas inconnu, mais dont il ne pouvoit retrouver le nom.

Cependant Télémaque lui répondoit les larmes aux yeux : O roi, pardonnez-moi la douleur que je ne saurois vous cacher dans un temps où je ne devrois vous témoigner [1] que de la joie et de la reconnoissance pour vos bontés. Par le regret que vous témoignez [2] de la perte d'Ulysse, vous m'apprenez vous-même à sentir le malheur de ne pouvoir trouver mon père. Il y a déjà long-temps que je le cherche dans toutes les mers. Les dieux irrités ne me permettent ni de le revoir, ni de savoir s'il a fait naufrage, ni de pouvoir retourner à Ithaque, où Pénélope languit dans le désir d'être délivrée de ses amans. J'avois cru vous trouver dans l'île de Crète : j'y ai su votre cruelle destinée, et je ne croyois pas devoir jamais approcher de l'Hespérie, où vous avez fondé [3] un nouveau royaume. Mais la fortune, qui se joue des hommes, et qui me tient errant dans tous les pays loin d'Ithaque, m'a enfin jeté sur vos côtes. Parmi tous les maux qu'elle m'a faits, c'est celui que je supporte plus volontiers. Si elle m'éloigne de ma patrie, du moins elle me fait connoître le plus généreux [2] de tous les rois.

A ces mots, Idoménée embrassa tendrement Télémaque; et, le menant dans son palais, lui dit : Quel est donc ce prudent vieillard qui vous accompagne? il me semble que je l'ai souvent vu autrefois. C'est Mentor, répliqua Télémaque, Mentor ami d'Ulysse, à qui il avoit confié mon enfance. Qui pourroit vous dire tout ce que je lui dois!

Aussitôt Idoménée s'avance, et tend la main à Mentor : Nous nous sommes vus, dit-il, autrefois. Vous souvenez-vous du voyage que vous fîtes en Crète, et des conseils que vous me donnâtes? Mais alors l'ardeur de la jeunesse et le goût des vains plaisirs m'entraînoient. Il a fallu que mes malheurs m'aient instruit, pour m'apprendre ce que je ne voulois pas croire. Plût aux dieux que je vous eusse cru, ô sage vieillard ! Mais je remarque avec étonnement que vous n'êtes presque point changé depuis tant d'années; c'est la même fraîcheur de visage, la même taille droite, la même vigueur : vos cheveux seulement ont un peu blanchi.

Grand roi, répondit Mentor, si j'étois flatteur, je vous dirois de même que vous avez conservé cette fleur de jeunesse qui éclatoit sur sur votre visage avant le siége de Troie; mais j'aimerois mieux vous déplaire, que de blesser la vérité. D'ailleurs je vois, par votre sage discours, que vous n'aimez pas la flatterie, et qu'on ne hasarde rien en vous parlant avec sincérité. Vous êtes bien changé, et j'aurois eu de la peine à vous reconnoître. J'en conçois clairement la cause ; c'est que vous avez beaucoup souffert dans vos malheurs : mais vous avez bien gagné en souffrant, puisque vous avez acquis la sagesse. On doit se consoler aisément des rides qui viennent sur le visage, pendant que le cœur s'exerce et se fortifie dans la vertu. Au reste, sachez que les rois s'usent toujours plus que les autres hommes. Dans l'adversité, les peines de l'esprit et les travaux du corps les font vieillir avant le temps. Dans la prospérité, les délices d'une vie molle les usent bien plus encore, que tous les travaux de la guerre. Rien n'est si malsain, que les plaisirs où l'on ne peut se modérer. De là vient que les rois, et en paix et en guerre, ont toujours des peines et des plaisirs qui font venir la vieillesse avant l'âge où elle doit venir naturellement. Une vie sobre, modérée, simple, exempte d'inquiétudes et de passions, réglée et laborieuse, retient dans les membres d'un homme sage la vive jeunesse, qui, sans ces précautions, est toujours prête à s'envoler sur les ailes du temps.

Idoménée, charmé du discours de Mentor, l'eût écouté long-temps, si on ne fût venu l'avertir pour un sacrifice qu'il devoit faire à Jupiter. Télémaque et Mentor le suivirent, environnés d'une grande foule de peuple, qui considéroit avec empressement et curiosité ces deux étrangers. Les Salentins se disoient [1] les uns aux autres : Ces deux hommes sont bien différens! Le jeune a je ne sais quoi de vif et d'aimable; toutes les grâces de la beauté et de la jeunesse sont répandues sur son visage et sur tout son corps : mais cette beauté n'a rien de mou ni d'efféminé; avec cette fleur si tendre de la jeunesse, il paroît vigoureux, robuste, endurci au travail. Mais cet autre, quoique bien plus âgé, n'a encore rien perdu de sa force : sa mine paroît d'abord moins haute, et son visage moins gracieux ; mais, quand on le regarde de près, on trouve dans sa simplicité des marques de sagesse et de vertu, avec une noblesse qui étonne. Quand les dieux sont descendus sur la terre pour se communiquer aux

---

VAR. — [1] marquer. *Édit. correction du marq. de Fén.* — [2] vous me témoignez. B. C. *Édit. f. du cop.* — [3] formé. A. — [4] le plus sage et le plus généreux. A.

VAR. — [1] Ils se disoient. A.

mortels, sans doute qu'ils ont pris de telles figures d'étrangers et de voyageurs.

Cependant on arrive dans le temple de Jupiter, qu'Idoménée, du sang de ce dieu, avoit orné avec beaucoup de magnificence. Il étoit environné d'un double rang de colonnes de marbre jaspé ; les chapiteaux étoient d'argent. Le temple étoit tout incrusté de marbre, avec des bas-reliefs qui représentoient Jupiter changé en taureau, le ravissement d'Europe, et son passage en Crète au travers des flots : ils sembloient respecter Jupiter, quoiqu'il fût sous une forme étrangère. On voyoit ensuite la naissance et la jeunesse de Minos ; enfin, ce sage roi donnant, dans un âge plus avancé, des lois à toute son île pour la rendre à jamais florissante. Télémaque y remarqua aussi les principales aventures du siège de Troie, où Idoménée avoit acquis la gloire d'un grand capitaine. Parmi ces représentations de combats, il chercha son père ; il le reconnut, prenant les chevaux de Rhésus que Diomède venoit de tuer ; ensuite disputant avec Ajax les armes d'Achille devant tous les chefs de l'armée grecque assemblés ; enfin sortant du cheval fatal pour verser le sang de tant de Troyens.

Télémaque le reconnut d'abord à ces fameuses actions, dont il avoit souvent ouï parler, et que Nestor même lui avoit racontées. Les larmes coulèrent de ses yeux. Il changea de couleur ; son visage parut troublé. Idoménée l'aperçut, quoique Télémaque se détournât pour cacher son trouble. N'ayez point de honte, lui dit Idoménée, de nous laisser voir combien vous êtes touché de la gloire et des malheurs de votre père.

Cependant le peuple s'assembloit en foule sous les vastes portiques formés par le double rang de colonnes qui environnoient le temple. Il y avoit deux troupes de jeunes garçons et de jeunes filles qui chantoient des vers à la louange du dieu qui tient dans ses mains la foudre. Ces enfans choisis de la figure la plus agréable, avoient de longs cheveux flottans sur leurs épaules. Leurs têtes étoient couronnées de roses, et parfumées ; ils étoient tous vêtus de blanc. Idoménée faisoit à Jupiter un sacrifice de cent taureaux, pour se le rendre favorable dans une guerre qu'il avoit entreprise contre ses voisins. Le sang des victimes fumoit de tous côtés : on le voyoit ruisseler dans les profondes coupes d'or et d'argent.

Le vieillard Théophane, ami des dieux et prêtre du temple, tenoit, pendant le sacrifice, sa tête couverte d'un bout de sa robe de pourpre : ensuite il consulta les entrailles des victimes qui palpitoient encore ; puis s'étant mis sur le trépied sacré : O dieux, s'écria-t-il, quels sont donc ces deux étrangers que le ciel envoie en ces lieux ? Sans eux, la guerre entreprise nous seroit funeste, et Salente tomberoit en ruine avant que d'achever d'être élevée sur ses fondemens. Je vois un jeune héros que la sagesse mène par la main. Il n'est pas permis à une bouche mortelle d'en dire davantage.

En disant ces paroles, son regard étoit farouche et ses yeux étincelans ; il sembloit voir d'autres objets que ceux qui paroissoient devant lui ; son visage étoit enflammé ; il étoit troublé et hors de lui-même ; ses cheveux étoient hérissés, sa bouche écumante, ses bras levés et immobiles. Sa voix émue étoit plus forte qu'aucune voix humaine ; il étoit hors d'haleine, et ne pouvoit tenir renfermé au-dedans de lui l'esprit divin qui l'agitoit.

O heureux Idoménée ! s'écria-t-il encore, que vois-je ! quels malheurs évités ! quelle douce paix au dedans ! Mais au dehors quels combats ! quelles victoires ! O Télémaque ! tes travaux surpasseront [1] ceux de ton père ; le fier ennemi gémit dans la poussière sous ton glaive ; les portes d'airain, les inaccessibles remparts tombent à tes pieds. O grande déesse, que son père.... O jeune homme, tu verras enfin.... A ces mots, la parole meurt dans sa bouche, et il demeure, comme malgré lui, dans un silence plein d'étonnement.

Tout le peuple est glacé de crainte. Idoménée, tremblant, n'ose lui demander qu'il achève. Télémaque même, surpris, comprend à peine ce qu'il vient d'entendre ; à peine peut-il croire qu'il ait entendu ces hautes prédictions. Mentor est le seul que l'esprit divin n'a point étonné. Vous entendez, dit-il à Idoménée, le dessein des dieux. Contre quelque nation que vous ayez à combattre, la victoire sera dans vos mains, et vous devrez au jeune fils de votre ami le bonheur de vos armes. N'en soyez point jaloux ; profitez seulement de ce que les dieux vous donnent par lui.

Idoménée, n'étant pas encore revenu de son étonnement, cherchoit en vain des paroles ; sa langue demeuroit immobile. Télémaque, plus prompt, dit à Mentor : Tant de gloire promise ne me touche point ; mais que peuvent donc signifier ces dernières paroles, Tu verras [2]... ?

Var. — [1] surpassent, B. C. *Edit. f. du cop.* — [2] Tu reverras. A. B. C. Tous les éditeurs ont fait cette correction. L'auteur avoit mis plus haut : *O jeune homme, tu reverras* ; et plus bas : *vous-même que je dois revoir* : il a effacé *re* dans *reverras* et *revoir*, et il a oublié de le biffer ici.

est-ce mon père, ou seulement Ithaque? Hélas! que n'a-t-il achevé! il m'a laissé plus en doute que je n'étois. O Ulysse! ô mon père, seroit-ce vous, vous-même que je dois voir? seroit-il vrai? Mais je me flatte. Cruel oracle! tu prends plaisir à te jouer d'un malheureux; encore une parole, et j'étois au comble du bonheur.

Mentor lui dit: Respectez ce que les dieux découvrent, et n'entreprenez point de découvrir ce qu'ils veulent cacher. Une curiosité téméraire mérite d'être confondue. C'est par une sagesse pleine de bonté, que les dieux cachent aux foibles hommes leur destinée dans une nuit impénétrable. Il est utile de prévoir ce qui dépend de nous, pour le faire; mais il n'est pas moins utile d'ignorer ce qui ne dépend pas de nos soins, et ce [1] que les dieux veulent faire de nous. Télémaque, touché de ces paroles, se retint avec beaucoup de peine.

Idoménée, qui étoit revenu de son étonnement, commença de son côté à louer le grand Jupiter, qui lui avoit envoyé le jeune Télémaque et le sage Mentor, pour le rendre victorieux de ses ennemis. Après qu'on eut fait un magnifique repas, qui suivit le sacrifice, il parla ainsi en particulier [2] aux deux étrangers.

J'avoue que je ne connoissois point encore assez l'art de régner quand je revins en Crète, après le siège de Troie. Vous savez, chers amis, les malheurs qui m'ont privé de régner dans cette grande île, puisque vous m'assurez que vous y avez été depuis que j'en suis parti. Encore trop heureux si les coups les plus cruels de la fortune ont servi à m'instruire, et à me rendre plus modéré! Je traversai les mers comme un fugitif que la vengeance des dieux et des hommes poursuit: toute ma grandeur passée ne servoit qu'à me rendre ma chute plus honteuse et plus insupportable. Je vins réfugier mes dieux pénates sur cette côte déserte, où je ne trouvai que des terres incultes, couvertes de ronces et d'épines, des forêts aussi anciennes que la terre, des rochers presque inaccessibles où se retiroient les bêtes farouches. Je fus réduit à me réjouir de posséder, avec un petit nombre de soldats, et de compagnons qui avoient bien voulu me suivre dans mes malheurs, cette terre sauvage, et d'en faire ma patrie, ne pouvant plus espérer de revoir jamais cette île fortunée où les dieux m'avoient fait naître pour y régner. Hélas! disois-je en moi-même, quel changement! Quel exemple terrible ne suis-je point pour les rois! il faudroit me montrer à tous ceux qui règnent dans le monde, pour les instruire par mon exemple. Ils s'imaginent n'avoir rien à craindre, à cause de leur élévation au-dessus du reste des hommes: hé! c'est leur élévation même qui fait qu'ils ont tout à craindre? J'étois craint de mes ennemis, et [1] aimé de mes sujets; je commandois à une nation puissante et belliqueuse: la renommée avoit porté mon nom dans les pays les plus éloignés: je régnois dans une île fertile et délicieuse; cent villes me donnoient chaque année un tribut de leurs richesses: ces peuples me reconnoissoient pour être du sang de Jupiter né dans leur pays; ils m'aimoient comme le petit-fils du sage Minos, dont les lois les rendent si puissans et si heureux. Que manquoit-il à mon bonheur, sinon d'en savoir jouir avec modération? Mais mon orgueil et la flatterie que j'ai écoutée, ont renversé mon trône. Ainsi tomberont tous les rois qui se livreront à leurs désirs et aux conseils des esprits flatteurs.

Pendant le jour je tâchois de montrer un visage gai et plein d'espérance, pour soutenir le courage de ceux qui m'avoient suivi. Faisons, leur disois-je, une nouvelle ville, qui nous console de tout ce que nous avons perdu. Nous sommes environnés de peuples qui nous ont donné un bel exemple pour cette entreprise. Nous voyons Tarente qui s'élève assez près de nous. C'est Phalante, avec ses Lacédémoniens, qui a fondé ce nouveau royaume. Philoctète donne le nom de Pétilie à une grande ville qu'il bâtit sur la même côte. Métaponte est encore une semblable colonie. Ferons-nous moins que tous ces étrangers errans comme nous? La fortune ne nous est pas plus rigoureuse.

Pendant que je tâchois d'adoucir par ces paroles les peines de mes compagnons, je cachois au fond de mon cœur une douleur mortelle. C'étoit une consolation pour moi, que la lumière du jour me quittât, et que la nuit vînt m'envelopper de ses ombres, pour déplorer en liberté ma misérable destinée. Deux torrens de larmes amères couloient de mes yeux; et le doux sommeil leur étoit inconnu. Le lendemain, je recommençois mes travaux avec une nouvelle ardeur. Voilà, Mentor, ce qui fait que vous m'avez trouvé si vieilli.

Après qu'Idoménée eut achevé de raconter ses peines, il demanda à Télémaque et à Men-

---

VAR. — [1] ce *m.* A. *aj.* B. — [2] en particulier *m.* A. *aj.* B.

VAR. — [1] et *m.* A. *aj.* B.

tor leur secours dans la guerre où il se trouvoit engagé. Je vous renverrai, leur [1] disoit-il, à Ithaque, dès que la guerre sera finie. Cependant je ferai partir [2] des vaisseaux vers [3] toutes les côtes les plus éloignées, pour apprendre des nouvelles d'Ulysse. En quelque endroit des terres connues que la tempête ou la colère de quelque divinité l'ait jeté, je saurai bien l'en retirer. Plaise aux dieux qu'il soit encore vivant! Pour vous, je vous renverrai avec les meilleurs vaisseaux qui aient jamais été construits dans l'île de Crète; ils sont faits du bois coupé sur le véritable mont Ida, où Jupiter naquit. Ce bois sacré ne sauroit périr dans les flots; les vents et les rochers le craignent et le respectent. Neptune même, dans son plus grand courroux, n'oseroit soulever les vagues contre lui. Assurez-vous donc que vous retournerez heureusement à Ithaque sans peine, et qu'aucune divinité ennemie ne pourra plus vous faire errer sur tant de mers; le trajet est court et facile. Renvoyez le vaisseau phénicien qui vous a portés jusqu'ici, et ne songez qu'à acquérir la gloire d'établir le nouveau royaume d'Idoménée pour réparer tous ses malheurs. C'est à ce prix, ô fils d'Ulysse, que vous serez jugé digne de votre père. Quand même les destinées rigoureuses l'auroient déjà fait descendre dans le sombre royaume de Pluton, toute la Grèce charmée croira le revoir en vous.

A ces mots, Télémaque interrompit Idoménée : Renvoyons, dit-il, le vaisseau phénicien. Que tardons-nous à prendre les armes pour attaquer vos ennemis? ils sont devenus les nôtres. Si nous avons été victorieux en combattant dans la Sicile pour Aceste, Troyen et ennemi de la Grèce, [4] ne serons-nous pas encore plus ardens et plus favorisés des dieux quand nous combattrons pour un des héros grecs qui ont renversé la ville de Priam? L'oracle que nous venons d'entendre ne nous permet pas d'en douter.

VAR. — [2] leur *m*. A. *aj*. B. — [2] j'enverrai. A. — [3] dans. A. — [4] faut-il douter que nous ne soyons encore plus ardens, et plus favorisés des dieux, quand nous combattrons pour un des héros grecs qui ont renversé l'impie ville de Priam? A. la suite *aj*. B.

LIVRE IX [1].

Idoménée fait connoître à Mentor le sujet de la guerre contre les Manduriens, et les mesures qu'il a prises contre leurs incursions. Mentor lui montre l'insuffisance de ces moyens, et lui en propose de plus efficaces. Pendant cet entretien, les Manduriens se présentent aux portes de Salente, avec une nombreuse armée composée de plusieurs peuples voisins, qu'ils avoient mis dans leurs intérêts. A cette vue, Mentor sort précipitamment de Salente, et va seul proposer aux ennemis les moyens de terminer la guerre sans effusion de sang. Bientôt Télémaque le suit, impatient de connoître l'issue de cette négociation. Tous deux offrent de rester comme otages auprès des Manduriens, pour répondre de la fidélité d'Idoménée aux conditions de paix qu'il propose. Après quelque résistance, les Manduriens se rendent aux sages remontrances de Mentor, qui fait aussitôt venir Idoménée pour conclure la paix en personne. Ce prince accepte sans balancer toutes les conditions proposées par Mentor. On se donne réciproquement des otages, et l'on offre en commun des sacrifices pour la confirmation de l'alliance; après quoi Idoménée rentre dans la ville avec les rois et les principaux chefs alliés des Manduriens.

MENTOR, regardant d'un œil doux et tranquille Télémaque, qui étoit déjà plein d'une noble ardeur pour les combats, prit ainsi la parole : Je suis bien aise, fils d'Ulysse, de voir en vous une si belle passion pour la gloire; mais souvenez-vous que votre père n'en a acquis une si grande parmi les Grecs, au siège de Troie, qu'en se montrant le plus sage et le plus modéré d'entre eux. Achille, quoique invincible et invulnérable, quoique sûr de porter [2] la terreur et la mort partout où il combattoit, n'a pu prendre la ville de Troie : il est tombé lui-même aux pieds des murs de cette ville, et elle a triomphé du vainqueur [3] d'Hector. Mais Ulysse, en qui la prudence conduisoit la valeur, a porté la flamme et le fer au milieu des Troyens; et c'est à ses mains qu'on doit la chute de ces hautes et superbes tours, qui menacèrent pendant dix ans toute la Grèce conjurée. Autant que Minerve est au-dessus de Mars, autant une valeur discrète et prévoyante surpasse-t-elle un courage bouillant et farouche. Commençons donc par nous instruire des circonstances de cette guerre qu'il faut soutenir. Je ne refuse aucun péril : mais je crois, ô Idoménée, que vous devez nous expliquer premièrement si votre guerre est juste; ensuite,

VAR. — [1] LIVRE X. — [2] quoiqu'il portât. A. B. — [3] du meurtrier. A. B.

contre qui vous la faites ; et enfin, quelles sont vos forces pour en espérer un heureux succès.

Idoménée lui répondit : Quand nous arrivâmes sur cette côte, nous y trouvâmes un peuple sauvage qui erroit dans les forêts [1] vivant de sa chasse et des fruits que les arbres portent d'eux-mêmes. Ces peuples, qu'on nomme les Manduriens, furent épouvantés, voyant nos vaisseaux et nos armes ; ils se retirèrent dans les montagnes. Mais comme nos soldats furent curieux de voir le pays, et voulurent poursuivre des cerfs, ils rencontrèrent ces sauvages fugitifs. Alors les chefs de ces sauvages leur dirent : Nous avons abandonné les doux rivages de la mer pour vous les céder ; il ne nous reste que des montagnes presque inaccessibles ; du moins est-il juste que vous nous y laissiez en paix et en liberté. Nous vous trouvons errans, dispersés, et plus foibles que nous ; il ne tiendroit qu'à nous de vous égorger, et d'ôter même à vos compagnons la connoissance de votre malheur : mais nous ne voulons point tremper nos mains dans le sang de ceux qui sont hommes aussi bien que nous. Allez ; souvenez-vous que vous devez la vie à nos sentimens d'humanité. N'oubliez jamais que c'est d'un peuple que vous nommez grossier et sauvage, que vous recevez cette leçon de modération et de générosité.

Ceux d'entre les nôtres qui furent ainsi renvoyés par ces barbares revinrent dans le camp, et racontèrent ce qui leur étoit arrivé. Nos soldats en furent émus ; ils eurent honte de voir que les Crétois dussent la vie à cette troupe d'hommes fugitifs, qui leur paroissoient ressembler plutôt à des ours qu'à des hommes : ils s'en allèrent à la chasse en plus grand nombre que les premiers, et avec toutes sortes d'armes. Bientôt ils rencontrèrent les sauvages et les attaquèrent. Le combat fut cruel. Les traits voloient de part et d'autre, comme la grêle tombe dans une campagne pendant un orage. Les sauvages furent contraints de se retirer dans leurs montagnes escarpées, où les nôtres n'osèrent s'engager.

Peu de temps après, ces peuples envoyèrent vers moi deux de leurs plus sages vieillards, qui venoient me demander la paix. Ils m'apportèrent des présens : c'étoit des peaux des bêtes farouches qu'ils avoient tuées, et des fruits du pays. Après m'avoir donné leurs présens, ils parlèrent ainsi :

O roi, nous tenons, comme tu vois, dans une main l'épée, et dans l'autre une branche d'olivier. (En effet, ils tenoient l'une et l'autre dans leurs mains.) Voilà la paix et la guerre : choisis : Nous aimerions mieux la paix ; c'est pour l'amour d'elle, que nous n'avons point eu de [1] honte de te céder le doux rivage de la mer, où le soleil rend la terre fertile, et produit tant de fruits délicieux. La paix est plus douce que tous ces fruits : c'est pour elle que nous nous sommes retirés dans ces hautes montagnes toujours couvertes de glace et de neige, où l'on ne voit jamais ni les fleurs du printemps, ni les riches fruits de l'automne. Nous avons horreur de cette brutalité qui, sous de beaux noms d'ambition et de gloire, va follement ravager les provinces, et répand le sang des hommes, qui sont tous frères. Si cette fausse gloire te touche, nous n'avons garde de te l'envier : nous te plaignons, et nous prions les dieux de nous préserver d'une fureur semblable. Si les sciences que les Grecs apprennent avec tant de soin, et si la politesse dont ils se piquent, ne leur inspirent que cette détestable injustice, nous nous croyons trop heureux de n'avoir point ces avantages. Nous ferons gloire d'être toujours ignorans et barbares [2], mais justes, humains, fidèles, désintéressés, accoutumés à nous contenter de peu, et à mépriser la vaine délicatesse qui fait qu'on a besoin d'avoir beaucoup. Ce que nous estimons, c'est la santé, la frugalité, la liberté, la vigueur de corps et d'esprit ; c'est l'amour de la vertu, la crainte des dieux, le bon naturel pour nos proches [3], l'attachement à nos amis, la fidélité pour tout le monde, la modération dans la prospérité, la fermeté dans les malheurs, le courage pour dire toujours hardiment la vérité, l'horreur de la flatterie. Voilà quels sont les peuples que nous t'offrons pour voisins et pour alliés. Si les dieux irrités t'aveuglent jusqu'à te faire refuser la paix, tu apprendras, mais trop tard, que les gens qui aiment par modération la paix sont les plus redoutables dans la guerre.

Pendant que ces vieillards me parloient ainsi, je ne pouvois me lasser de les regarder. Ils avoient la barbe longue et négligée, les cheveux plus courts, mais blancs ; les sourcils épais, les yeux vifs, un regard et une conte-

---

VAR. — [1] qui vivoit dans les forêts, de sa chasse et des fruits que les arbres portent d'eux-mêmes. Ils furent épouvantés, etc. A.

VAR. — [1] de M. A. aj. B. — [2] toujours barbares, mais justes, etc. A. — [3] ses proches, l'attachement à ses amis, etc. A.

nance ferme, une parole grave et pleine d'autorité, des manières simples et ingénues. Les fourrures qui leur servoient d'habits, étant nouées sur l'épaule, laissoient voir des bras plus nerveux et des muscles mieux nourris que ceux de nos athlètes. Je répondis à ces deux envoyés, que je désirois la paix. Nous réglâmes ensemble de bonne foi plusieurs conditions ; nous en [1] prîmes tous les dieux à témoins ; et je renvoyai ces hommes chez eux avec des présens.

Mais les dieux, qui m'avoient chassé du royaume de mes ancêtres, n'étoient pas encore lassés de me persécuter. Nos chasseurs, qui ne pouvoient pas être si tôt avertis de la paix que nous venions de faire, rencontrèrent le même jour une grande troupe de ces barbares qui accompagnoient leurs envoyés lorsqu'ils [2] revenoient de notre camp : ils les attaquèrent avec fureur, en tuèrent une partie, et poursuivirent le reste dans les bois. Voilà la guerre rallumée. Ces barbares croient qu'ils ne peuvent plus se fier ni à nos promesses ni à nos sermens.

Pour être plus puissans contre nous, ils appellent à leur secours les Locriens, les Apuliens, les Lucaniens, les Brutiens, les peuples de Crotone, de Nérite, de Messapie [3] et de Brindes. Les Lucaniens viennent avec des chariots armés de faux tranchantes. Parmi les Apuliens, chacun est couvert de quelque peau de bête farouche qu'il a tuée ; ils portent des massues pleines de gros nœuds et garnies de pointes de fer ; ils sont presque de la taille des géans, et leurs corps se rendent si robustes, par les exercices pénibles auxquels ils s'adonnent, que leur seule vue épouvante. Les Locriens, venus de la Grèce, sentent encore leur origine, et sont plus humains que les autres ; mais ils ont joint à l'exacte discipline des troupes grecques la vigueur des Barbares, et l'habitude de mener une vie dure, ce qui les rend invincibles. Ils portent des boucliers légers, qui sont faits d'un tissu d'osier, et couverts de peaux ; leurs épées sont longues. Les Brutiens sont légers à la course comme les cerfs et comme les daims. On croiroit que l'herbe même la plus tendre n'est point foulée sous leurs pieds ; à peine laissent-ils dans le sable quelque trace de leurs pas. On les voit tout-à-coup fondre sur les ennemis, et puis disparoître avec une égale rapidité. Les peuples de Crotone sont adroits à tirer des flèches. Un homme ordinaire parmi les Grecs ne pourroit bander un arc tel qu'on en voit communément chez les Crotoniates ; et si jamais ils s'appliquent à nos jeux, ils y remporteront les prix. Leurs flèches sont trempées dans le suc de certaines herbes venimeuses, qui viennent, dit-on, des bords de l'Averne, et dont le poison est mortel. Pour ceux de Nérite, de Brindes et de Messapie, ils n'ont en partage que la force du corps et une valeur sans art. Les cris qu'ils poussent jusqu'au ciel, à la vue de leurs ennemis, sont affreux. Ils se servent assez bien de la fronde, et ils obscurcissent l'air par une grêle de pierres lancées ; mais ils combattent sans ordre. Voilà, Mentor, ce que vous désiriez de savoir : vous connoissez maintenant l'origine de cette guerre, et quels sont nos ennemis.

Après cet éclaircissement, Télémaque, impatient de combattre, croyoit n'avoir plus qu'à prendre les armes. Mentor le retint encore, et parla ainsi à Idoménée : D'où vient donc que les Locriens mêmes, peuples sortis de la Grèce, s'unissent aux Barbares contre les Grecs ? D'où vient que tant de colonies grecques fleurissent sur cette côte de la mer, sans avoir les mêmes guerres à soutenir que vous ? O Idoménée, vous dites que les dieux ne sont pas encore las de vous persécuter ; et moi, je dis qu'ils n'ont pas encore achevé de vous instruire. Tant de malheurs que vous avez soufferts ne vous ont pas encore appris ce qu'il faut faire pour prévenir la guerre. Ce que vous racontez vous-même de la bonne foi de ces barbares suffit pour montrer que vous auriez pu vivre en paix avec eux ; mais la hauteur et la fierté attirent les guerres les plus dangereuses. Vous auriez pu leur donner des otages, et en prendre d'eux. Il eût été facile d'envoyer avec leurs ambassadeurs quelques-uns de vos chefs pour les reconduire avec sûreté. Depuis cette guerre renouvelée, vous auriez dû encore les apaiser, en leur représentant qu'on les avoit attaqués faute de savoir l'alliance qui venoit d'être jurée. Il falloit leur offrir toutes les sûretés qu'ils auroient demandées, et établir des peines rigoureuses contre tous ceux de vos sujets qui auroient manqué à l'alliance. Mais qu'est-il arrivé depuis ce commencement de guerre ?

Je crus, répondit Idoménée, que nous n'aurions pu, sans bassesse, rechercher ces barbares, qui assemblèrent à la hâte tous leurs hommes en âge de combattre, et qui implorèrent le secours de tous les peuples voisins, auxquels ils nous rendirent suspects et odieux. Il

---

VAR. — [1] en m. A. B. aj. C. — [2] comme ils revenoient. — [3] de Messapie m. A. B. C. aj. par D. avec raison ; puisque, plus bas, Fénelon comprend ces peuples dans l'énumération de ceux qu'il a déjà nommés, et dont il décrit les armes et la manière de combattre.

me parut que le parti le plus assuré étoit de s'emparer promptement de certains passages dans les montagnes, qui étoient mal gardés. Nous les prîmes sans peine, et par là nous nous sommes mis en état de désoler ces barbares. J'y ai fait élever des tours, d'où nos troupes peuvent accabler de traits tous les ennemis qui viendroient des montagnes dans notre pays. Nous pouvons entrer dans le leur, et ravager, quand il nous plaira, leurs principales habitations. Par ce moyen, nous sommes en état de résister, avec des forces inégales, à cette multitude innombrable d'ennemis qui nous environnent. Au reste, la paix entre eux et nous est devenue très-difficile. Nous ne saurions leur abandonner ces tours sans nous exposer à leurs incursions, et ils les regardent comme des citadelles dont nous voulons nous servir pour les réduire en servitude.

Mentor répondit ainsi à Idoménée : Vous êtes un sage roi, et vous voulez qu'on vous découvre la vérité sans aucun adoucissement. Vous n'êtes point comme ces hommes foibles qui craignent de la voir, et qui, manquant de courage pour se corriger, n'emploient leur autorité qu'à soutenir les fautes qu'ils ont faites. Sachez donc que ce peuple barbare vous a donné une merveilleuse leçon quand il est venu vous demander la paix. Etoit-ce par foiblesse qu'il la demandoit? Manquoit-il de courage, ou de ressources contre vous? Vous voyez bien que non, puisqu'il est si aguerri, et soutenu par tant de voisins redoutables. Que n'imitiez-vous sa modération? Mais une mauvaise honte et une fausse gloire vous ont jeté dans ce malheur. Vous avez craint de rendre l'ennemi trop fier ; et vous n'avez pas craint de le rendre trop puissant, en réunissant tant de peuples contre vous par une conduite hautaine et injuste. A quoi servent ces tours que vous vantez tant, sinon à mettre tous vos voisins dans la nécessité de périr. ou de vous faire périr vous-même, pour se préserver d'une servitude prochaine ? Vous n'avez élevé ces tours, que pour votre sûreté ; et c'est par ces tours que vous êtes dans un si grand péril. Le rempart le plus sûr d'un Etat est la justice, la modération, la bonne foi, et l'assurance où sont vos voisins que vous êtes incapable d'usurper leurs terres. Les plus fortes murailles peuvent tomber par divers accidens imprévus ; la fortune est capricieuse et inconstante dans la guerre ; mais l'amour et la confiance de vos voisins, quand ils ont senti [1] votre modération, font que votre Etat ne peut être vaincu, et n'est presque jamais attaqué. Quand même un voisin injuste l'attaqueroit, tous les autres, intéressés à sa conservation, prennent aussitôt les armes pour le défendre. Cet appui de tant de peuples, qui trouvent leurs véritables intérêts à soutenir les vôtres, vous auroit rendu bien plus puissant que ces tours, qui vous rendent vos maux irrémédiables. Si vous aviez songé d'abord à éviter la jalousie de tous vos voisins, votre ville naissante fleuriroit dans une heureuse paix, et vous seriez l'arbitre de toutes les nations de l'Hespérie.

Retranchons-nous maintenant à examiner comment on peut réparer le passé par l'avenir [1]. Vous avez commencé à me dire qu'il y a sur cette côte diverses colonies grecques. Ces peuples doivent être disposés à vous secourir. Ils n'ont oublié ni le grand nom de Minos fils de Jupiter, ni vos travaux au siége de Troie, où vous vous êtes signalé tant de fois entre les princes grecs pour la querelle commune de toute la Grèce. Pourquoi ne songez-vous pas à mettre ces colonies dans votre parti?

Elles sont toutes, répondit Idoménée, résolues à demeurer neutres. Ce n'est pas qu'elles n'eussent quelque inclination à me secourir ; mais le trop grand éclat que cette ville a eu dès sa naissance les a épouvantées. Ces Grecs, aussi bien que les autres peuples [2], ont craint que nous n'eussions des desseins sur leur liberté. Ils ont pensé qu'après avoir subjugué les Barbares des montagnes nous pousserions plus loin notre ambition. En un mot, tout est contre nous. Ceux mêmes qui ne nous font pas une guerre ouverte désirent notre abaissement, et la jalousie ne nous laisse aucun allié.

Etrange extrémité! reprit Mentor : pour vouloir paroître trop puissant, vous ruinez votre puissance ; et, pendant que vous êtes au dehors l'objet de la crainte et de la haine de vos voisins, vous vous épuisez au dedans par les efforts nécessaires pour soutenir une telle guerre. O malheureux, et doublement malheureux Idoménée, que le malheur même n'a pu instruire qu'à demi ! aurez-vous encore besoin d'une seconde chute pour apprendre à prévoir les maux qui menacent les plus grands rois ? Laissez-moi faire, et racontez-moi seulement en détail quelles sont donc ces villes grecques qui refusent votre alliance.

Var. — [1] qui ont senti votre modération, font qu'un Etat, etc. A.

Var. — [1] par l'avenir réparer le passé. A. — [2] peuples *m.* A. *aj.* B.

La principale, lui répondit Idoménée, est la ville de Tarente; Phalante [1] l'a fondée depuis trois ans. Il ramassa dans la Laconie un grand nombre de jeunes hommes nés des femmes qui avoient oublié leurs maris absens pendant la guerre de Troie. Quand les maris revinrent, ces femmes ne songèrent qu'à les apaiser et qu'à désavouer leurs fautes. Cette nombreuse jeunesse, qui étoit née hors du mariage, ne connoissant plus ni père ni mère, vécut avec une licence sans bornes. La sévérité des lois réprima leurs désordres. Ils se réunirent sous Phalante, chef hardi, intrépide, ambitieux, et qui sait gagner les cœurs par ses artifices. Il est venu sur ce rivage avec ces jeunes Lacôniens; ils ont fait de Tarente une seconde Lacédémone. D'un autre côté, Philoctète, qui a eu une si grande gloire au siège de Troie en y portant les flèches d'Hercule, a élevé dans ce voisinage les murs de Pétilie, moins puissante à la vérité, mais plus sagement gouvernée que Tarente. Enfin, nous avons ici près la ville de Métaponte, que le sage Nestor a fondée avec ses Pyliens.

Quoi! reprit Mentor, vous avez Nestor dans l'Hespérie, et vous n'avez pas su l'engager dans vos intérêts! Nestor qui vous a vu tant de fois combattre contre les Troyens, et dont vous aviez l'amitié! Je l'ai perdue, répliqua Idoménée, par l'artifice de ces peuples qui n'ont rien de barbare que le nom : ils ont eu l'adresse de lui persuader que je voulois me rendre le tyran de l'Hespérie. Nous le détromperons, dit Mentor. Télémaque le vit à Pylos, avant qu'il fût venu fonder sa colonie, et avant que nous eussions entrepris nos grands voyages pour chercher Ulysse : il n'aura pas encore oublié ce héros, ni les marques de tendresse qu'il donna à son fils Télémaque. Mais le principal est de guérir sa défiance : c'est par les ombrages donnés à tous vos voisins, que cette guerre s'est allumée; et c'est en dissipant ces vains ombrages, que cette guerre peut s'éteindre. Encore un coup, laissez-moi faire.

A ces mots, Idoménée, embrassant Mentor, s'attendrissoit et ne pouvoit parler. Enfin il prononça à peine ces paroles : O sage vieillard envoyé par les dieux pour réparer toutes mes fautes! j'avoue que je me serois irrité contre tout autre qui m'auroit parlé aussi librement que vous; j'avoue qu'il n'y a que vous seul qui puissiez m'obliger à rechercher la paix. J'avois résolu de périr ou de vaincre tous mes ennemis; mais il est juste de croire vos sages conseils plutôt que ma passion. O heureux Télémaque, qui ne pourrez jamais vous égarer comme moi, puisque vous avez un tel guide! Mentor, vous êtes le maître; toute la sagesse des dieux est en vous. Minerve même ne pourroit donner de plus salutaires conseils. Allez, promettez, concluez, donnez tout ce qui est à moi; Idoménée approuvera tout ce que vous jugerez à propos de faire.

Pendant qu'ils raisonnoient ainsi, on entendit tout-à-coup un bruit confus de chariots, de chevaux hennissans, d'hommes qui poussoient des hurlemens épouvantables, et de trompettes qui remplissoient l'air d'un son belliqueux. On s'écrie : Voilà les ennemis, qui ont fait un grand détour pour éviter les passages gardés! les voilà qui viennent assiéger Salente! Les vieillards et les femmes paroissoient consternés. Hélas! disoient-ils, falloit-il quitter notre chère patrie, la fertile Crète, et suivre un roi malheureux au travers de tant de mers, pour fonder une ville qui sera mise en cendres comme Troie! On voyoit de dessus les murailles nouvellement bâties, dans la vaste campagne, briller au soleil les casques, les cuirasses et les boucliers des ennemis; les yeux en étoient éblouis. On voyoit aussi les piques hérissées qui couvroient la terre, comme elle est couverte par une abondante moisson que Cérès prépare dans [1] les campagnes d'Enna en Sicile, pendant les chaleurs de l'été, pour récompenser le laboureur de toutes ses peines. Déjà on remarquoit les chariots armés de faux tranchantes; on distinguoit facilement chaque peuple venu à cette guerre.

Mentor monta sur une haute tour pour les mieux découvrir. Idoménée et Télémaque le suivirent de près. A peine y fut-il arrivé, qu'il aperçut d'un côté Philoctète, et de l'autre Nestor avec Pisistrate son fils. Nestor étoit facile à reconnoître à sa vieillesse vénérable. Quoi donc! s'écria Mentor, vous avez cru, ô Idoménée, que Philoctète et Nestor se contentoient de ne vous point secourir; les voilà qui ont pris les armes contre vous; et, si je ne me trompe, ces autres troupes qui marchent en si bon ordre avec tant de lenteur, sont les troupes lacédémoniennes, commandées par Phalante. Tout est contre vous; il n'y a aucun voisin de cette côte dont vous n'ayez fait un ennemi, sans vouloir le faire.

Var. — [1] L'auteur a écrit tantôt *Phalantus*, tantôt *Phalante* : dans l'édition de 1717 et suiv. on a mis partout *Phalante*, pour l'uniformité.

Var. — [1] dans la Sicile. A.

En disant ces paroles, Mentor descend à la hâte de cette tour; il s'avance vers une porte de la ville du côté par où les ennemis s'avançoient : il la fait ouvrir; et Idoménée, surpris de la majesté avec laquelle il fait ces choses, n'ose pas même lui demander quel est son dessein. Mentor fait signe de la main, afin que personne ne songe à le suivre. Il va au-devant des ennemis, étonnés de voir un seul homme qui se présente à eux. Il leur montra [1] de loin une branche d'olivier en signe de paix; et, quand il fut à portée de se faire entendre, il leur demanda d'assembler tous les chefs. Aussitôt les chefs s'assemblèrent; et il parla ainsi :

O hommes généreux, assemblés de tant de nations qui fleurissent dans la riche Hespérie, je sais que vous n'êtes venus ici que pour l'intérêt commun de la liberté. Je loue votre zèle; mais souffrez que je vous représente un moyen facile de conserver la liberté et la gloire de tous vos peuples, sans répandre le sang humain. O Nestor, sage Nestor, que j'aperçois dans cette assemblée, vous n'ignorez pas combien la guerre est funeste à ceux mêmes qui l'entreprennent avec justice et sous la protection des dieux. La guerre est le plus grand des maux dont les dieux affligent les hommes. Vous n'oublierez jamais ce que les Grecs ont souffert pendant dix ans devant la malheureuse Troie. Quelles divisions entre les chefs! quels caprices de la fortune! quels carnages des Grecs par la main d'Hector! quels malheurs dans toutes les villes les plus puissantes, causés par la guerre, pendant la longue absence de leurs rois! Au retour, les uns ont fait naufrage [2] au promontoire de Caphareée; les autres ont trouvé une mort funeste dans le sein même de leurs épouses. O dieux, c'est dans votre colère que vous armâtes les Grecs pour cette éclatante [3] expédition! O peuples hespériens! je prie les dieux de ne vous donner jamais une victoire si funeste. Troie est en cendres, il est vrai; mais il vaudroit mieux pour les Grecs, qu'elle fût encore dans toute sa gloire, et que le lâche Pâris jouît encore en paix de ses infâmes amours avec Hélène. Philoctète, si long-temps malheureux et abandonné dans l'île de Lemnos, ne craignez-vous point de retrouver de semblables malheurs dans une semblable guerre? Je sais que les peuples de la Laconie ont senti aussi les troubles causés par la longue absence des princes, des capitaines et des soldats qui allèrent contre les Troyens. O Grecs, qui avez passé dans l'Hespérie, vous n'y avez tous passé que par une suite des malheurs [1] qui ont été les suites de la guerre de Troie !

Après avoir parlé ainsi, Mentor s'avança vers les Pyliens; et Nestor, qui l'avoit reconnu, s'avança aussi pour le saluer. O Mentor, lui dit-il, c'est avec plaisir que je vous revois. Il y a bien des années que je vous vis, pour la première fois, dans la Phocide; vous n'aviez que quinze ans, et je prévis dès lors que vous seriez aussi sage que vous l'avez été dans la suite. Mais [2] par quelle aventure avez-vous été conduit en ces lieux? Quels sont donc les moyens que vous avez de finir cette guerre? Idoménée nous a contraints de l'attaquer. Nous ne demandions que la paix; chacun de nous avoit un intérêt pressant de la désirer; mais nous ne pouvions plus trouver aucune sûreté avec lui. Il a violé toutes ses promesses à l'égard de ses plus proches voisins [3]. La paix avec lui ne seroit point une paix; elle lui serviroit seulement à dissiper notre ligue, qui est notre unique ressource. Il a montré à tous les peuples son dessein ambitieux de les mettre dans l'esclavage, et il ne nous a laissé aucun moyen de défendre notre liberté, qu'en tâchant de renverser son nouveau royaume [4]. Par sa mauvaise foi, nous sommes réduits à le faire périr, ou à recevoir de lui le joug de la servitude. Si vous trouvez quelque expédient pour faire en sorte qu'on puisse se confier à lui, et s'assurer d'une bonne paix, tous les peuples que vous voyez ici quitteront volontiers les armes, et nous avouerons avec joie que vous nous surpassez en sagesse.

Mentor lui répondit : Sage Nestor, vous savez qu'Ulysse m'avoit confié son fils Télémaque. Ce jeune homme, impatient de découvrir la destinée de son père, passa chez vous à Pylos, et vous le reçûtes avec tous les soins qu'il pouvoit attendre d'un fidèle ami de son père; vous lui donnâtes même votre fils pour le conduire. Il entreprit ensuite de longs voyages sur la mer; il a vu la Sicile, l'Égypte, l'île de Chypre, celle de Crète. Les vents, ou plutôt les dieux, l'ont jeté sur cette côte comme il vouloit retourner à Ithaque. Nous sommes arrivés ici tout à propos pour vous épargner les horreurs d'une cruelle guerre. Ce n'est plus Idoménée, c'est le fils du sage Ulysse, c'est moi qui vous ré-

---

VAR. — [1] Il leur montre. A. — [2] les uns ont fait naufrage; les autres, etc. A. — [3] glorieuse. A. B.

VAR. — [1] que causa la guerre de Troie. A. — [2] Par quelle aventure avez-vous été conduit en ces lieux? mais quels sont, etc. A. — [3] ses plus proches voisins. Il a montré à tous les autres son dessein ambitieux, etc. A. — [4] son nouveau royaume. Si vous trouvez, etc. A.

ponds de toutes les choses qui vous seront promises.

Pendant que Mentor parloit ainsi avec Nestor, au milieu des troupes confédérées, Idoménée et Télémaque, avec tous les Crétois armés, les regardoient du haut des murs de Salente; ils étoient attentifs pour remarquer comment les discours de Mentor seroient reçus; et ils auroient voulu pouvoir entendre les sages entretiens de ces deux vieillards. Nestor avoit toujours passé pour le plus expérimenté et le plus éloquent de tous les rois de la Grèce. C'étoit lui qui modéroit, pendant le siége de Troie, le bouillant courroux d'Achille, l'orgueil d'Agamemnon, la fierté d'Ajax et le courage impétueux de Diomède. La douce persuasion couloit de ses lèvres comme un ruisseau de miel [1] : sa voix seule se faisoit entendre à tous ces héros; tous se taisoient dès qu'il ouvroit la bouche; et il n'y avoit que lui qui pût apaiser dans le camp la farouche discorde. Il commençoit à sentir les injures de la froide vieillesse; mais ses paroles étoient encore pleines de force et de douceur : il racontoit les choses passées, pour instruire la jeunesse par ses expériences; mais il les racontoit avec grâce, quoique avec un peu de lenteur. Ce vieillard, admiré de toute la Grèce, sembla avoir perdu toute son éloquence et toute sa majesté dès que Mentor parut avec lui. Sa vieillesse paroissoit flétrie et abattue auprès de celle de Mentor, en qui les ans sembloient avoir respecté la force et la vigueur du tempérament. Les paroles de Mentor, quoique graves et simples, avoient une vivacité et une autorité qui commençoit à manquer à l'autre. Tout ce qu'il disoit étoit court, précis et nerveux. Jamais il ne faisoit aucune redite; jamais il ne racontoit que le fait nécessaire pour l'affaire qu'il falloit décider. S'il étoit obligé de parler plusieurs fois d'une même chose, pour l'inculquer, ou pour parvenir à la persuasion, c'étoit toujours par des tours nouveaux et par des comparaisons sensibles. Il avoit même je ne sais quoi de complaisant et d'enjoué, quand il vouloit se proportionner aux besoins des autres, et leur insinuer quelque vérité. Ces deux hommes si vénérables furent un spectacle touchant à tant de peuples assemblés.

Pendant que tous les alliés ennemis de Salente se jetoient en foule [2] les uns sur les autres pour les voir de plus près, et pour tâcher d'entendre leurs sages discours, Idoménée et tous les siens s'efforçoient de découvrir, par leurs regards avides et empressés, ce que signifioient leurs gestes et l'air de leurs visages.

[1] Cependant Télémaque, impatient, se dérobe à la multitude qui l'environne : il court à la porte par où Mentor étoit sorti; il se la fait ouvrir avec autorité. Bientôt Idoménée, qui le croit à ses côtés, s'étonne de le voir qui court au milieu de la campagne, et qui est déjà auprès de Nestor. Nestor le reconnoît, et se hâte, mais d'un pas pesant et tardif, de l'aller recevoir. Télémaque saute à son cou, et le tient serré entre ses bras sans parler. Enfin il s'écrie : O mon père! je ne crains pas de vous nommer ainsi; le malheur de ne retrouver [2] point mon véritable père, et les bontés que vous m'avez fait sentir, me donnent le droit de me servir d'un nom si tendre : mon père, mon cher père, je vous revois! ainsi puissé-je voir Ulysse! Si quelque chose pouvoit me consoler d'en être privé, ce seroit de trouver en vous un autre lui-même.

Nestor ne put, à ces paroles, retenir ses larmes; et il fut touché d'une secrète joie, voyant celles qui couloient avec une merveilleuse grâce sur les joues de Télémaque. La beauté, la douceur et la noble assurance de ce jeune inconnu, qui traversoit sans précaution tant de troupes ennemies, étonna tous les alliés. N'est-ce pas, disoient-ils, le fils de ce vieillard qui est venu parler à Nestor? Sans doute, c'est la même sagesse dans les deux âges les plus opposés de la vie [3]. Dans l'un, elle ne fait encore que fleurir; dans l'autre, elle porte avec abondance les fruits les plus mûrs.

Mentor, qui avoit pris plaisir à voir la tendresse avec laquelle Nestor venoit de recevoir Télémaque, profita de cette heureuse disposition. Voilà, lui dit-il, le fils d'Ulysse, si cher à toute la Grèce, et si cher à vous-même, ô sage Nestor! le voilà, je vous le livre comme un otage, et comme le gage le plus précieux qu'on puisse vous donner de la fidélité des promesses d'Idoménée. Vous jugez bien que je ne voudrois pas que la perte du fils suivît celle du père, et que la malheureuse Pénélope pût reprocher à Mentor qu'il a sacrifié son fils à l'ambition du nouveau roi de Salente. Avec ce gage, qui est venu de lui-même s'offrir, et que les dieux, amateurs de la paix, vous envoient, je commence, ô peuples assemblés de tant de nations, à vous faire des propositions pour établir à jamais une paix solide.

VAR. — [1] de lait. A. — [2] en foule. m. Edit.

VAR. — [1] LIVRE XI. — [2] trouver. A. — [3] dans les caracteres de différens âges. A.

A ce nom de paix, on entend un bruit confus de rang en rang. Toutes ces différentes nations frémissoient de courroux, et croyoient perdre tout le temps où l'on retardoit le combat; ils s'imaginoient qu'on ne faisoit tous ces discours, que pour ralentir leur fureur, et pour faire échapper leur proie. Surtout les Manduriens souffroient impatiemment qu'Idoménée espérât de les tromper encore une fois. Souvent ils entreprirent d'interrompre Mentor; car ils craignoient que ses discours pleins de sagesse ne détachassent leurs alliés. Ils commençoient à se défier de tous les Grecs qui étoient dans l'assemblée. Mentor, qui l'aperçut, se hâta d'augmenter cette défiance, pour jeter la division dans les esprits de tous ces peuples.

J'avoue, disoit-il, que les Manduriens ont sujet de se plaindre, et de demander quelque réparation des torts qu'ils ont soufferts; mais il n'est pas juste aussi que les Grecs, qui font sur cette côte des colonies, soient suspects et odieux aux anciens peuples du pays. Au contraire, les Grecs doivent être unis entre eux, et se faire bien traiter par les autres; il faut seulement qu'ils soient modérés, et qu'ils n'entreprennent jamais d'usurper les terres de leurs voisins. Je sais qu'Idoménée a eu le malheur de vous donner des ombrages; mais il est aisé de guérir toutes vos défiances. Télémaque et moi, nous nous offrons à être des otages qui vous répondent de la bonne foi d'Idoménée. Nous demeurerons entre vos mains jusqu'à ce que les choses qu'on vous promettra soient fidèlement accomplies. Ce qui vous irrite, ô Manduriens, s'écria-t-il, c'est que les troupes des Crétois ont saisi les passages de vos montagnes par surprise, et que par là ils sont en état d'entrer malgré vous, aussi souvent qu'il leur plaira, dans le pays où vous vous êtes retirés, pour leur laisser le pays uni qui est sur le rivage de la mer. Ces passages, que les Crétois ont fortifiés par de hautes tours pleines de gens armés, sont donc le véritable sujet de la guerre. Répondez-moi; y en a-t-il encore quelque autre?

Alors le chef des Manduriens s'avança, et parla ainsi: Que n'avons-nous pas fait pour éviter cette guerre! Les dieux nous sont témoins que nous n'avons renoncé à la paix que quand la paix nous a échappé sans ressource, par l'ambition inquiète des Crétois, et par l'impossibilité où ils nous ont mis de nous fier à leurs sermens. Nation insensée! qui nous a réduits malgré nous à l'affreuse nécessité de prendre un parti de désespoir contre elle, et de ne pouvoir plus chercher notre salut que dans sa perte! Tandis qu'ils conserveront ces passages, nous croirons toujours qu'ils veulent usurper nos terres, et nous mettre en servitude. S'il étoit vrai qu'ils ne songeassent plus qu'à vivre en paix avec leurs voisins, ils se contenteroient de ce que nous leur avons cédé sans peine, et ils ne s'attacheroient pas à conserver des entrées dans un pays contre la liberté duquel ils ne formeroient aucun dessein ambitieux. Mais vous ne les connoissez pas, ô sage vieillard. C'est par un grand malheur, que nous avons appris à les connoître. Cessez, ô homme aimé des dieux, de retarder une guerre juste et nécessaire, sans laquelle l'Hespérie ne pourroit jamais espérer une paix constante. Ô nation ingrate, trompeuse et cruelle, que les dieux irrités ont envoyée auprès de nous pour troubler notre paix, et pour nous punir de nos fautes! Mais après nous avoir punis, ô dieux! vous nous vengerez; vous ne serez pas moins justes contre nos ennemis, que contre nous.

A ces paroles, toute l'assemblée parut émue; il sembloit que Mars et Bellone alloient de rang en rang rallumant dans les cœurs la fureur des combats, que Mentor tâchoit d'éteindre. Il reprit ainsi la parole:

Si je n'avois que des promesses à vous faire, vous pourriez refuser de vous y fier; mais je vous offre des choses certaines et présentes. Si vous n'êtes pas contens d'avoir pour otages Télémaque et moi, je vous ferai donner douze des plus nobles et des plus vaillans Crétois. Mais[1] il est juste aussi que vous donniez de votre côté des otages; car Idoménée, qui désire sincèrement la paix, la désire sans crainte et sans bassesse. Il désire la paix, comme vous dites vous-mêmes que vous l'avez désirée, par sagesse et par modération, mais non par l'amour d'une vie molle, ou par foiblesse à la vue des dangers dont la guerre menace les hommes[2]. Il est prêt à périr ou à vaincre; mais il aime mieux la paix, que la victoire la plus éclatante. Il auroit honte de craindre d'être vaincu; mais il craint d'être injuste, et il n'a point de honte de vouloir réparer ses fautes. Les armes à la main, il vous offre la paix: il ne veut point en imposer les conditions avec hauteur; car il ne fait aucun cas d'une paix forcée. Il veut une paix dont tous les partis soient contens, qui finisse toutes les jalousies, qui apaise tous les ressentimens, et qui guérisse toutes les défiances. En un mot, Idoménée est dans[3] les sentimens où je suis sûr

VAR. — [1] mais *m.* B. C. — [2] les hommes *m. aj.* B. — [3] dans tous les. A.

que vous voudriez qu'il fût. Il n'est question que de vous en persuader. La persuasion ne sera pas difficile, si vous voulez m'écouter avec un esprit dégagé et tranquille.

Écoutez donc, ô peuples remplis de valeur, et vous, ô chefs si sages et si unis, écoutez ce que je vous offre de la part d'Idoménée. Il n'est pas juste qu'il puisse entrer dans les terres de ses voisins; il n'est pas juste aussi [1] que ses voisins puissent entrer dans les siennes. Il consent que les passages qu'on a fortifiés par de hautes tours soient gardés par des troupes neutres. Vous Nestor, et vous Philoctète, vous êtes Grecs d'origine; mais en cette occasion vous vous êtes déclarés contre Idoménée : ainsi vous ne pouvez être suspects d'être trop favorables à ses intérêts. Ce qui vous touche, c'est l'intérêt commun de la paix et de la liberté de l'Hespérie. Soyez vous-mêmes les dépositaires et les gardiens de ces passages qui causent la guerre. Vous n'avez pas moins d'intérêt à empêcher que les anciens peuples d'Hespérie ne détruisent Salente, nouvelle colonie des Grecs, semblable à celles que vous avez fondées, qu'à empêcher qu'Idoménée n'usurpe les terres de ses voisins. Tenez l'équilibre entre les uns et les autres. Au lieu de porter le fer et le feu chez un peuple que vous devez aimer, réservez-vous la gloire d'être les juges et les médiateurs. Vous me direz que ces conditions vous paroîtroient merveilleuses, si vous pouviez vous assurer qu'Idoménée les accompliroit de bonne foi; mais je vais vous satisfaire.

Il y aura, pour sûreté réciproque, les otages dont je vous ai parlé, jusqu'à ce que tous les passages soient mis en dépôt dans vos mains. Quand le salut de l'Hespérie entière, quand celui de Salente même et d'Idoménée sera à votre discrétion, serez-vous contens ? De qui pourrez-vous désormais vous défier ? Sera-ce de vous-mêmes ? Vous n'osez vous fier à Idoménée; et Idoménée est si incapable de vous tromper, qu'il veut se fier à vous. Oui, il veut vous confier [2] le repos, la liberté, la vie de tout son peuple et de lui-même. S'il est vrai que vous ne désiriez qu'une bonne paix, la voilà qui se présente à vous, et qui vous ôte tout prétexte de reculer. Encore une fois, ne vous imaginez pas que la crainte réduise Idoménée à vous faire ces offres; c'est la sagesse et la justice qui l'engagent à prendre ce parti, sans se mettre en peine si vous imputerez à foiblesse ce qu'il fait par vertu. Dans les commencemens il a fait des fautes, et il met sa gloire à les reconnoître par les offres dont il vous prévient. C'est foiblesse, c'est vanité [1], c'est ignorance grossière de son propre intérêt, que d'espérer de pouvoir cacher ses fautes en affectant de les soutenir avec fierté et avec hauteur. Celui qui avoue ses fautes à son ennemi, et qui offre de les réparer, montre par là qu'il est devenu incapable d'en commettre, et que l'ennemi a tout à craindre d'une conduite si sage et si ferme, à moins qu'il ne fasse la paix. Gardez-vous bien de souffrir qu'il vous mette à son tour dans le tort. Si vous refusez la paix et la justice qui viennent à vous, la paix et la justice seront vengées. Idoménée, qui devoit craindre de trouver les dieux irrités contre lui, les tournera pour lui contre vous. Télémaque et moi nous combattrons pour la bonne cause. Je prends tous les dieux du ciel et des enfers à témoins des justes propositions que je viens de vous faire.

En achevant ces mots, Mentor leva son bras, pour montrer à tant de peuples le rameau d'olivier qui étoit dans sa main le signe pacifique. Les chefs, qui le regardoient de près, furent étonnés et éblouis du feu divin qui éclatoit dans ses yeux. Il parut avec une majesté et une autorité qui est au-dessus de tout ce qu'on voit dans les plus grands d'entre les mortels. Le charme de ses paroles douces et fortes enlevoit les cœurs; elles étoient semblables à ces paroles enchantées qui tout-à-coup, dans le profond silence de la nuit, arrêtent au milieu de l'Olympe la lune et les étoiles, calment la mer irritée, font taire les vents et les flots, et suspendent le cours des fleuves rapides. Mentor étoit, au milieu de ces peuples furieux, comme Bacchus lorsqu'il étoit environné des tigres qui, oubliant leur cruauté, venoient, par la puissance de sa douce voix, lécher ses pieds et se soumettre par leurs caresses. D'abord il se fit un profond silence dans toute l'armée. Les chefs se regardoient les uns les autres, ne pouvant résister à cet homme, ni comprendre qui il étoit. Toutes les troupes, immobiles, avoient les yeux attachés sur lui. On n'osoit parler [2], de peur qu'il n'eût encore quelque chose à dire, et qu'on ne l'empêchât d'être entendu. Quoiqu'on ne trouvât rien à ajouter aux choses qu'il avoit dites, ses paroles avoient paru courtes [3], et on auroit souhaité

VAR. — [1] c'est vanité ridicule. A. — [2] s'écrier A. — [3] qu'il avoit dites, on auroit souhaité, etc. B. C. *Edit*. Le copiste D. avoit omis *paru courtes, et on auroit*, de sorte qu'on lisoit : *ses paroles avoient souhaité*, etc. L'auteur, pour faire un sens, effaça *ses paroles*, et mit *on auroit souhaité*. Nous rétablissons la leçon de l'original.

VAR. — [1] aussi *m*. A. *aj*. D. — [2] vous fier. A.

qu'il eût parlé plus long-temps. Tout ce qu'il avoit dit demeuroit comme gravé dans tous les cœurs. En parlant, il se faisoit aimer, il se faisoit croire; chacun étoit avide, et comme suspendu, pour recueillir jusqu'aux moindres paroles qui sortoient de sa bouche.

Enfin, après un assez long silence, on entendit un bruit sourd qui se répandoit peu à peu. Ce n'étoit plus ce bruit confus des peuples qui frémissoient dans leur indignation; c'étoit, au contraire, un murmure doux et favorable. On découvroit déjà sur les visages je ne sais quoi de serein et de radouci. Les Manduriens, si irrités, sentoient que les armes leur tomboient des mains. Le farouche Phalante, avec ses Lacédémoniens, fut surpris de trouver ses entrailles de fer attendries. Les autres commencèrent à soupirer après cette heureuse paix qu'on venoit leur montrer. Philoctète, plus sensible qu'un autre par l'expérience de ses malheurs, ne put retenir ses larmes. Nestor, ne pouvant parler, dans le transport où ce discours [1] venoit de le mettre, embrassa tendrement Mentor sans pouvoir parler; et tous ces peuples à la fois, comme si c'eût été un signal, s'écrièrent aussitôt [2] : O sage vieillard, vous nous désarmez! la paix! la paix!

Nestor, un moment après, voulut commencer un discours; mais toutes les troupes, impatientes, craignirent qu'il ne voulût représenter quelque difficulté. La paix! la paix! s'écrièrent-elles [3] encore une fois. On ne put leur imposer silence, qu'en faisant crier avec eux par tous les chefs de l'armée : La paix! la paix!

Nestor, voyant bien qu'il n'étoit pas libre de faire un discours suivi, se contenta de dire : Vous voyez, ô Mentor, ce que peut la parole d'un homme de bien. Quand la sagesse et la vertu parlent, elles calment toutes les passions. Nos justes ressentimens se changent en amitié, et en désir d'une paix durable. Nous l'acceptons telle que vous nous l'offrez. En même temps, tous les chefs tendirent les mains en signe de consentement.

Mentor courut vers la porte de la ville pour la faire ouvrir, et pour mander à Idoménée de sortir de Salente [4] sans précaution. Cependant Nestor embrassoit Télémaque, disant : O aimable fils du plus sage de tous les Grecs, puissiez-vous être aussi sage et plus heureux que lui! N'avez-vous rien découvert sur sa destinée? Le souvenir de votre père, à qui vous ressemblez, a servi à étouffer notre indignation. Phalante, quoique dur et farouche, quoiqu'il n'eût jamais vu Ulysse, ne laissa pas d'être touché de ses malheurs et de ceux de son fils. Déjà on pressoit Télémaque de raconter ses aventures, lorsque Mentor revint avec Idoménée et toute la jeunesse crétoise qui le suivoit.

A la vue d'Idoménée, les alliés sentirent que leur courroux se rallumoit; mais les paroles de Mentor éteignirent ce feu prêt à éclater. Que tardons-nous, dit-il, à conclure cette sainte alliance, dont les dieux seront les témoins et les défenseurs? Qu'ils la vengent, si jamais quelque impie ose la violer; et que tous les maux horribles de la guerre, loin d'accabler les peuples fidèles et innocens, retombent sur la tête parjure et exécrable de l'ambitieux qui foulera aux pieds les droits sacrés de cette alliance. Qu'il soit détesté des dieux et des hommes; qu'il ne jouisse jamais du fruit de sa perfidie; que les Furies infernales, sous les figures les plus hideuses, viennent exciter sa rage et son désespoir; qu'il tombe mort sans aucune espérance de sépulture; que son corps soit la proie des chiens et des vautours; et qu'il soit aux enfers, dans le profond abîme du Tartare, tourmenté à jamais plus rigoureusement que Tantale, Ixion et les Danaïdes! Mais plutôt, que cette paix soit inébranlable comme les rochers d'Atlas qui soutient le ciel; que tous les peuples la révèrent, et goûtent ses fruits, de génération en génération; que les noms de ceux qui l'auront jurée soient avec amour et vénération dans la bouche de nos derniers neveux; que cette paix, fondée sur la justice et sur la bonne foi, soit le modèle de toutes les paix qui se feront à l'avenir chez toutes les nations de la terre; et que tous les peuples qui voudront se rendre heureux en se réunissant, songent à imiter les peuples de l'Hespérie!

A ces paroles, Idoménée et les autres rois jurent la paix aux conditions marquées. On donne de part et d'autre douze otages. Télémaque veut être du nombre des otages donnés par Idoménée; mais on ne peut consentir que Mentor en soit; parce que les alliés veulent qu'il demeure auprès d'Idoménée, pour répondre de sa conduite et de celle de ses conseillers, jusqu'à l'entière exécution des choses promises. On immola, entre la ville et l'armée ennemie cent génisses blanches comme la neige, et au-

---

VAR. — [1] dans le transport où le discours de Mentor venoit de le mettre, embrassa tendrement Mentor. B. c. l'embrassa tendrement. *Edit.* Cette variante provient de ce que le copiste B a écrit *le discours*, au lieu de *ce :* Fénelon, en revoyant cette copie, ajouta *de Mentor*; et les éditeurs ont supprimé à la ligne suivante le mot *Mentor*, pour en éviter la répétition. — [2] aussitôt *m.* A. *aj.* B. — [3] s'écrièrent-ils. A. — [4] de la ville. A.

tant de taureaux de même couleur, dont les cornes étoient dorées et ornées de festons. On entendoit retentir, jusque dans les montagnes voisines, le mugissement affreux des victimes qui tomboient sous le couteau sacré. Le sang fumant ruisseloit de toutes parts. On faisoit couler avec abondance un vin exquis pour les libations. Les aruspices consultoient les entrailles qui palpitoient encore. Les sacrificateurs brûloient sur les autels un encens qui formoit un épais nuage, et dont la bonne odeur parfumoit toute la campagne.

Cependant les soldats des deux partis, cessant de se regarder d'un œil ennemi, commençoient à s'entretenir sur leurs aventures. Ils se délassoient déjà de leurs travaux, et goûtoient par avance les douceurs de la paix. Plusieurs de ceux qui avoient suivi Idoménée au siége de Troie reconnurent ceux de Nestor qui avoient combattu dans la même guerre. Ils s'embrassoient avec tendresse, et se racontoient mutuellement tout ce qui leur étoit arrivé depuis qu'ils avoient ruiné la superbe ville qui étoit l'ornement de toute l'Asie. Déjà ils se couchoient sur l'herbe, se couronnoient de fleurs, et buvoient ensemble le vin qu'on apportoit de la ville dans de grands vases, pour célébrer une si heureuse journée.

Tout-à-coup Mentor dit aux rois et aux capitaines assemblés : Désormais, sous divers noms et sous divers chefs, vous ne ferez plus qu'un seul peuple. C'est ainsi que les justes dieux, amateurs des hommes, qu'ils ont formés, veulent être le lien éternel de leur parfaite concorde. Tout le genre humain n'est qu'une famille dispersée sur la face de toute la terre. Tous les peuples sont frères, et doivent s'aimer comme tels. Malheur à ces impies qui cherchent une gloire cruelle dans le sang de leurs frères, qui est leur propre sang ! La guerre est quelquefois nécessaire, il est vrai ; mais c'est la honte du genre humain, qu'elle soit inévitable en certaines occasions. O rois, ne dites point qu'on doit la désirer pour acquérir de la gloire : la vraie gloire ne se trouve point hors de l'humanité. Quiconque préfère sa propre gloire aux sentimens de l'humanité est un monstre d'orgueil, et non pas un homme : il ne parviendra même qu'à une fausse gloire ; car la vraie ne se trouve que dans la modération et dans la bonté. On pourra le flatter pour contenter sa vanité folle ; mais on dira toujours de lui en secret, quand on voudra parler sincèrement : Il a d'autant moins mérité la gloire, qu'il l'a désirée avec une passion injuste. Les hommes ne doivent point l'estimer, puisqu'il a si peu estimé les hommes, et qu'il a prodigué leur sang par une brutale vanité. Heureux le roi qui aime son peuple, qui en est aimé, qui se confie en ses voisins, et qui a leur confiance ; qui, loin de leur faire la guerre, les empêche de l'avoir entre eux, et qui fait envier à toutes les nations étrangères le bonheur qu'ont ses sujets de l'avoir pour roi ! Songez donc à vous rassembler de temps en temps, ô vous qui gouvernez les puissantes villes de l'Hespérie. Faites de trois ans en trois ans une assemblée générale, où tous les rois qui sont ici présens se trouvent pour renouveler l'alliance par un nouveau serment, pour raffermir l'amitié promise, et pour délibérer sur tous les intérêts communs. Tandis que vous serez unis, vous aurez au dedans de ce beau pays la paix, la gloire et l'abondance ; au dehors vous serez toujours invincibles. Il n'y a que la Discorde, sortie de l'enfer pour tourmenter les hommes insensés [1], qui puisse troubler la félicité que les dieux vous préparent.

Nestor lui répondit : Vous voyez, par la facilité avec laquelle nous faisons la paix, combien nous sommes éloignés de vouloir faire la guerre par une vaine gloire ou par l'injuste avidité de nous agrandir au préjudice de nos voisins. Mais que peut-on faire quand on se trouve auprès d'un prince violent, qui ne connoît point d'autre loi que son intérêt, et qui ne perd aucune occasion d'envahir les terres des autres Etats ? Ne croyez pas que je parle d'Idoménée ; non, je n'ai plus de lui cette pensée ; c'est Adraste, roi des Dauniens, de qui nous avons tout à craindre. Il méprise les dieux, et croit que tous les hommes qui sont sur la terre ne sont nés que pour servir à sa gloire par leur servitude. Il ne veut point de sujets dont il soit le roi et le père ; il veut des esclaves et des adorateurs ; il se fait rendre les honneurs divins. Jusqu'ici l'aveugle fortune a favorisé ses plus injustes entreprises. Nous nous étions hâtés de venir attaquer Salente, pour nous défaire du plus foible de nos ennemis, qui ne concevoit qu'à s'établir dans cette côte, afin de [2] tourner ensuite nos armes contre cet autre ennemi plus puissant. Il a déjà pris plusieurs villes de nos alliés. Ceux de Crotone ont perdu contre lui deux batailles. Il se sert de toutes sortes de moyens pour contenter son ambition : la force et l'artifice, tout lui est égal,

VAR. — [1] insensés *m. c. p. n. f. du cop.* — [2] pour tourner. A.

pourvu qu'il accable ses ennemis. Il a amassé de grands trésors; ses troupes sont disciplinés et aguerries; ses capitaines sont expérimentés; il est bien servi; il veille lui-même sans cesse sur tous ceux qui agissent par ses ordres. Il punit sévèrement les moindres fautes, et récompense avec libéralité les services qu'on lui rend. Sa valeur soutient et anime celle de toutes ses troupes. Ce seroit un roi accompli, si la justice et la bonne foi règloient sa conduite; mais il ne craint ni les dieux, ni le reproche de sa conscience. Il compte même pour rien la réputation; il la regarde comme un vain fantôme qui ne doit arrêter que les esprits foibles. Il ne compte pour un bien solide et réel, que l'avantage de posséder de grandes richesses, d'être craint, et de fouler à ses pieds tout le genre humain. Bientôt son armée paroîtra sur nos terres; et si l'union de tant de peuples ne nous met en état de lui résister, toute espérance de liberté nous sera ôtée. C'est l'intérêt d'Idoménée, aussi bien que le nôtre, de s'opposer à ce voisin, qui ne peut souffrir rien de libre dans son voisinage. Si nous étions vaincus, Salente seroit menacée du même malheur. Hâtons-nous donc tous ensemble de le prévenir.

Pendant que Nestor parloit ainsi, on s'avançoit vers la ville, car Idoménée avoit prié tous les rois et tous les principaux chefs d'y entrer pour y passer la nuit.

LIVRE X [1].

Les alliés proposent à Idoménée d'entrer dans leur ligue contre les Dauniens. Ce prince y consent, et leur promet des troupes. Mentor le désapprouve de s'être engagé si légèrement dans une nouvelle guerre, au moment où il avoit besoin d'une longue paix pour consolider, par de sages établissemens, sa ville et son royaume à peine fondés. Idoménée reconnoît sa faute; et, aidé des conseils de Mentor, il amène les alliés à se contenter d'avoir dans leur armée Télémaque avec cent jeunes Crétois. Sur le point de partir, et faisant ses adieux à Mentor, Télémaque ne peut s'empêcher de témoigner quelque surprise de la conduite d'Idoménée. Mentor profite de cette occasion pour faire sentir à Télémaque combien il est dangereux d'être injuste en se laissant aller à une critique rigoureuse contre ceux qui gouvernent. Après le départ des alliés, Mentor examine en détail la ville et le royaume de Salente, l'état de son commerce et toutes les parties de l'administration. Il fait faire à Idoménée de sages réglemens pour le commerce et pour la police; il lui fait partager le peuple en sept classes, dont il distingue les rangs par la diversité des habits. Il retranche le luxe et les arts inutiles, pour appliquer les artisans aux arts nécessaires, au commerce, et surtout à l'agriculture, qu'il remet en honneur: enfin il ramène tout à une noble et frugale simplicité. Heureux effets de cette réforme.

CEPENDANT toute l'armée des alliés dressoit ses tentes, et la campagne étoit déjà couverte de riches pavillons de toutes sortes de couleurs, où les Hespériens fatigués attendoient le sommeil. Quand les rois, avec leur suite, furent entrés dans la ville, ils parurent étonnés qu'en si peu de temps on eût pu faire tant de bâtimens magnifiques, et que l'embarras d'une si grande guerre n'eût point empêché cette ville naissante de croître et de s'embellir tout-à-coup.

On admira la sagesse et la vigilance d'Idoménée, qui avoit fondé un si beau royaume; et chacun concluoit que, la paix étant faite avec lui, les alliés seroient bien puissans s'il entroit dans leur ligue contre les Dauniens. On proposa à Idoménée d'y entrer; il ne put rejeter une si juste proposition, et il promit des troupes. Mais comme Mentor n'ignoroit rien de tout ce qui est nécessaire pour rendre un Etat florissant, il comprit que les forces d'Idoménée ne pouvoient pas être aussi grandes qu'elles le paroissoient; il le prit en particulier, et lui parla ainsi :

Vous voyez que nos soins ne vous ont pas

VAR. — [1] LIVRE XII.

été inutiles. Salente est garantie des malheurs qui la menaçoient. Il ne tient plus qu'à vous d'en élever jusqu'au ciel la gloire, et d'égaler la sagesse de Minos, votre aïeul, dans le gouvernement de vos peuples. Je continue à vous parler librement, supposant que vous le voulez et que vous détestez toute flatterie. Pendant que ces rois ont loué votre magnificence, je pensois en moi-même à la témérité de votre conduite. A ce mot de témérité, Idoménée changea de visage, ses yeux se troublèrent, il rougit, et peu s'en fallut qu'il n'interrompît Mentor pour lui témoigner son ressentiment. Mentor lui dit d'un ton modeste et respectueux, mais libre et hardi : Ce mot de témérité vous choque, je le vois bien : tout autre que moi auroit eu tort de s'en servir; car il faut respecter les rois, et ménager leur délicatesse, même en les reprenant. La vérité par elle-même les blesse assez, sans y ajouter des termes forts; mais j'ai cru que vous pourriez souffrir que je vous parlasse sans adoucissement pour vous découvrir votre faute. Mon dessein a été de vous accoutumer à entendre nommer les choses par leur nom, et à comprendre que quand les autres vous donneront des conseils sur votre conduite, ils n'oseront jamais vous dire tout ce qu'ils penseront [1]. Il faudra, si vous voulez n'y être point trompé, que vous compreniez toujours plus qu'ils ne vous diront sur les choses qui vous seront désavantageuses. Pour moi, je veux bien adoucir mes paroles selon votre besoin [2]; mais il vous est utile qu'un homme sans intérêt et sans conséquence vous parle en secret un langage dur. Nul autre n'osera jamais vous le parler : vous ne verrez la vérité qu'à demi, et sous de belles enveloppes.

A ces mots, Idoménée, déjà revenu de sa première promptitude, parut honteux de sa délicatesse. Vous voyez, dit-il à Mentor, ce que fait l'habitude d'être flatté. Je vous dois le salut de mon nouveau royaume; il n'y a aucune vérité que je ne me croie heureux d'entendre de votre bouche; mais ayez pitié d'un roi que la flatterie avoit empoisonné, et qui n'a pu, même dans ses malheurs, trouver des hommes assez généreux pour lui dire la vérité. Non, je n'ai jamais trouvé personne qui m'ait assez aimé pour vouloir me déplaire en me disant la vérité tout entière.

En disant ces paroles, les larmes lui vinrent aux yeux, et il embrassoit tendrement Mentor. Alors ce sage vieillard lui dit : C'est avec douleur que je me vois contraint de vous dire des choses dures; mais puis-je vous trahir en vous cachant la vérité? Mettez-vous en ma place. Si vous avez été trompé jusqu'ici, c'est que vous avez bien voulu l'être; c'est que vous avez craint des conseillers trop sincères. Avez-vous cherché les gens les plus désintéressés, et les plus propres à vous contredire? Avez-vous pris soin de faire parler les hommes les moins empressés à vous plaire, les plus désintéressés dans leur conduite, les plus capables de condamner vos passions et vos sentimens injustes? Quand vous avez trouvé des flatteurs, les avez-vous écartés? vous en êtes-vous défié? Non, non, vous n'avez point fait ce que font ceux qui aiment la vérité, et qui méritent de la connoître. Voyons si vous aurez maintenant le courage [1] de vous laisser humilier par la vérité qui vous condamne.

Je disois donc que ce qui vous attire tant de louanges ne mérite que d'être blâmé. Pendant que vous aviez au dehors tant d'ennemis qui menaçoient votre royaume encore mal établi, vous ne songiez au dedans de votre nouvelle ville qu'à y faire des ouvrages magnifiques. C'est ce qui vous a coûté tant de mauvaises nuits, comme vous me l'avez avoué vous-même. Vous avez épuisé vos richesses; vous n'avez songé ni à augmenter votre peuple, ni à cultiver les terres fertiles de cette côte. Ne falloit-il pas regarder ces deux choses comme les deux fondemens essentiels de votre puissance : avoir beaucoup de bons hommes, et des terres bien cultivées pour les nourrir? Il falloit une longue paix dans ces commencemens, pour favoriser la multiplication de votre peuple. Vous ne deviez songer qu'à l'agriculture et à l'établissement des plus sages lois. Une vaine ambition vous a poussé jusques au bord du précipice. A force de vouloir paroître grand, vous avez pensé ruiner votre véritable grandeur. Hâtez-vous de réparer ces fautes; suspendez tous vos grands ouvrages; renoncez à ce faste qui ruineroit votre nouvelle ville; laissez en paix respirer vos peuples; appliquez-vous à les mettre dans l'abondance, pour faciliter les mariages. Sachez que vous n'êtes roi qu'autant que vous avez des peuples à gouverner, et que votre puissance doit se mesurer, non par l'étendue des terres que vous occuperez, mais par le

---

VAR. — [1] ce qu'ils penseront, et il faudra. A — [2] selon votre besoin. A ces mots, Idoménée, etc. A.

VAR. — [1] le courage de faire mieux, et de vous laisser humilier, etc. A.

nombre des hommes qui habiteront ces terres, et qui seront attachés à vous obéir. Possédez une bonne terre, quoique médiocre en étendue; couvrez-la de peuples innombrables, laborieux et disciplinés; faites que ces peuples vous aiment : vous êtes plus puissant, plus heureux, plus rempli de gloire, que tous les conquérans qui ravagent tous les royaumes.

Que ferai-je donc à l'égard de ces rois? répondit Idoménée; leur avouerai-je ma foiblesse? Il est vrai que j'ai négligé l'agriculture, et même le commerce qui m'est si facile sur cette côte : je n'ai songé qu'à faire une ville magnifique. Faudra-t-il donc, mon cher Mentor, me déshonorer dans l'assemblée de tant de rois, et découvrir mon imprudence? S'il le faut, je le veux; je le ferai sans hésiter, quoi qu'il m'en coûte; car vous m'avez appris qu'un vrai roi, qui est fait pour ses peuples, et qui se doit tout entier à eux, doit préférer le salut de son royaume à sa propre réputation.

Ce sentiment est digne du père des peuples, reprit Mentor; c'est à cette bonté, et non à la vaine magnificence de votre ville, que je reconnois en vous le cœur d'un vrai roi. Mais il faut ménager votre honneur, pour l'intérêt même de votre royaume. Laissez-moi faire; je vais faire entendre à ces rois que vous êtes engagé à rétablir Ulysse, s'il est encore vivant, ou du moins son fils, dans la puissance royale, à Ithaque, et que vous voulez en chasser par force tous les amans de Pénélope. Ils n'auront pas de peine à comprendre que cette guerre demande des troupes nombreuses. Ainsi, ils consentiront que vous ne leur donniez d'abord qu'un foible secours contre les Dauniens.

A ces mots, Idoménée parut comme un homme qu'on soulage d'un fardeau accablant. Vous sauvez, cher ami, dit-il à Mentor, mon honneur, et la réputation de cette ville naissante, dont vous cacherez l'épuisement à tous mes voisins. Mais quelle apparence de dire que je veux envoyer des troupes à Ithaque pour y rétablir Ulysse, ou du moins Télémaque son fils, pendant que Télémaque lui-même est engagé à aller à la guerre contre les Dauniens?

Ne soyez point en peine, répliqua Mentor; je ne dirai rien que de vrai. Les vaisseaux que vous enverrez pour l'établissement de votre commerce iront sur la côte d'Epire; ils feront à la fois deux choses : l'une, de rappeler sur votre côte les marchands étrangers, que les trop grands impôts éloignent de Salente; l'autre, de chercher des nouvelles d'Ulysse. S'il est encore vivant, il faut qu'il ne soit pas loin de ces mers qui divisent la Grèce d'avec l'Italie; et on assure qu'on l'a vu chez les Phéaciens. Quand même il n'y auroit plus aucune espérance de le revoir, vos vaisseaux rendront un signalé service à son fils : ils répandront dans Ithaque et dans tous les pays voisins la terreur du nom du jeune Télémaque, qu'on croyoit mort comme son père. Les amans de Pénélope seront étonnés d'apprendre qu'il est prêt à revenir avec le secours d'un puissant allié. Les Ithaciens n'oseront secouer le joug. Pénélope sera consolée, et refusera toujours de choisir un nouvel [1] époux. Ainsi vous servirez Télémaque, pendant qu'il sera en votre place avec les alliés de cette côte d'Italie contre les Dauniens.

A ces mots, Idoménée s'écria : Heureux le roi qui est soutenu par de sages conseils! Un ami sage et fidèle vaut mieux à un roi, que des armées victorieuses. Mais doublement heureux le roi qui sent son bonheur, et qui en sait profiter par le bon usage des sages conseils! car souvent il arrive qu'on éloigne de sa confiance les hommes sages et vertueux dont on craint la vertu, pour prêter l'oreille à des flatteurs dont on ne craint point la trahison. Je suis moi-même tombé dans cette faute, et je vous raconterai tous les malheurs qui me sont venus par un faux ami, qui flattoit mes passions dans l'espérance que je flatterois à mon tour les siennes.

Mentor fit aisément entendre aux rois alliés qu'Idoménée devoit se charger des affaires de Télémaque, pendant que celui-ci iroit avec eux. Ils se contentèrent d'avoir dans leur armée le jeune fils d'Ulysse avec cent jeunes Crétois qu'Idoménée lui donna pour l'accompagner; c'étoit la fleur de la jeune noblesse que ce roi avoit emmenée de Crète. Mentor lui avoit conseillé de les envoyer dans cette guerre. Il faut, disoit-il, avoir soin, pendant la paix, de multiplier le peuple; mais, de peur que toute la nation ne s'amollisse, et ne tombe dans l'ignorance de la guerre, il faut envoyer dans les guerres étrangères la jeune noblesse. Ceux-là suffisent pour entretenir toute la nation dans une émulation de gloire, dans l'amour des armes, dans le mépris des fatigues et de la mort même, enfin dans l'expérience de l'art militaire.

Les rois alliés partirent de Salente contens d'Idoménée et charmés de la sagesse de Mentor : ils étoient pleins de joie de ce qu'ils emmenoient avec eux Télémaque. Celui-ci ne put

VAR. — [1] nouvel *m*. A. *aj*. B.

modérer sa douleur quand il fallut se séparer de son ami. Pendant que les rois alliés faisoient leurs adieux, et juroient à Idoménée qu'ils garderoient avec lui une éternelle alliance, Mentor tenoit Télémaque serré entre ses bras, et se sentoit arrosé de ses larmes. Je suis insensible, disoit Télémaque, à la joie d'aller acquérir de la gloire, et je ne suis touché que de la douleur de notre séparation. Il me semble que je vois encore ce temps infortuné, où les Égyptiens m'arrachèrent d'entre vos bras, et m'éloignèrent de vous sans me laisser aucune espérance de vous revoir.

Mentor répondoit à ces paroles avec douceur, pour le consoler. Voici, lui disoit-il, une séparation bien différente : elle est volontaire, elle sera courte ; vous allez chercher la victoire. Il faut, mon fils, que vous m'aimiez d'un amour moins tendre et plus courageux : accoutumez-vous à mon absence ; vous ne m'aurez pas toujours : il faut que ce soit la sagesse et la vertu, plutôt que la présence de Mentor, qui vous inspirent ce que vous devez faire.

En disant ces mots, la déesse, cachée sous la figure de Mentor, couvroit Télémaque de son égide ; elle répandoit au dedans de lui l'esprit de sagesse et de prévoyance, la valeur intrépide et la douce modération, qui se trouvent si rarement ensemble. Allez, disoit Mentor, au milieu des plus grands périls, toutes les fois qu'il sera utile que vous y alliez. Un prince se déshonore encore plus en évitant les dangers dans les combats [1], qu'en n'allant jamais à la guerre. Il ne faut point que le courage de celui qui commande aux autres puisse être douteux. S'il est nécessaire à un peuple de conserver son chef ou son roi, il lui est encore plus nécessaire de ne le voir point dans une réputation douteuse sur la valeur. Souvenez-vous que celui qui commande doit être le modèle de tous les autres ; son exemple doit animer toute l'armée. Ne craignez donc aucun danger [2], ô Télémaque, et périssez dans les combats plutôt que de faire douter de votre courage. Les flatteurs qui auront le plus d'empressement pour vous empêcher de vous exposer au péril dans les occasions nécessaires, seront les premiers à dire en secret que vous manquez de cœur, s'ils vous trouvent facile à arrêter dans ces occasions.

Mais aussi n'allez pas chercher les périls sans utilité. La valeur ne peut être une vertu, qu'autant qu'elle est réglée par la prudence : autrement, c'est un mépris insensé de la vie, et une ardeur brutale. La valeur emportée n'a rien de sûr : celui qui ne se possède point dans les dangers est plutôt fougueux que brave ; il a besoin d'être hors de lui pour se mettre au-dessus de la crainte, parce qu'il ne peut la surmonter par la situation naturelle de son cœur. En cet état, s'il ne fuit pas, du moins il se trouble ; il perd la liberté de son esprit, qui lui seroit nécessaire [1] pour donner de bons ordres, pour profiter des occasions, pour renverser les ennemis, et pour servir sa patrie. S'il a toute l'ardeur d'un soldat, il n'a point le discernement d'un capitaine. Encore même n'a-t-il pas le vrai courage d'un simple soldat ; car le soldat doit conserver dans le combat la présence d'esprit et la modération nécessaire pour obéir. Celui qui s'expose témérairement trouble l'ordre et la discipline des troupes, donne un exemple de témérité, et expose souvent l'armée entière à de grands malheurs. Ceux qui préfèrent leur vaine ambition à la sûreté de la cause commune, méritent des châtimens, et non des récompenses.

Gardez-vous donc bien, mon cher fils, de chercher la gloire avec impatience. Le vrai moyen de la trouver est d'attendre tranquillement l'occasion favorable. La vertu se fait d'autant plus révérer, qu'elle se montre plus simple, plus modeste, plus ennemie de tout faste. C'est à mesure que la nécessité de s'exposer au péril augmente, qu'il faut aussi de nouvelles ressources de prévoyance et de courage qui aillent toujours croissant. Au reste, souvenez-vous qu'il ne faut s'attirer l'envie de personne. De votre côté, ne soyez point jaloux du succès des autres. Louez-les pour tout ce qui mérite quelque louange ; mais louez avec discernement : disant le bien avec plaisir, cachez le mal, et n'y pensez qu'avec douleur. Ne décidez point devant ces anciens capitaines qui ont toute l'expérience que vous ne pouvez avoir : écoutez-les avec déférence, consultez-les ; priez les plus habiles de vous instruire ; et n'ayez point de honte d'attribuer à leurs instructions tout ce que vous ferez de meilleur. Enfin, n'écoutez jamais les discours par lesquels on voudra exciter votre défiance et votre jalousie contre les autres chefs. Parlez-leur avec confiance et ingénuité. Si vous croyez qu'ils aient manqué à votre égard, ouvrez-leur votre cœur, expli-

---

VAR. — [1] les dangers à la guerre, qu'en n'y allant jamais. A. — [2] Exposez-vous donc, ô Télémaque, et périssez dans les combats, plutôt que de vous exposer à la malignité de ceux qui pourroient douter de votre courage. Mais aussi n'allez pas, etc. A.

VAR. — [1] nécessaire pour profiter des occasions, etc. A.

quez-leur toutes vos raisons. S'ils sont capables de sentir la noblesse de cette conduite, vous les charmerez, et vous tirerez d'eux tout ce que vous aurez sujet d'en attendre. Si au contraire ils ne sont pas assez raisonnables pour entrer dans vos sentimens, vous serez instruit par vous-même de ce qu'il y aura en eux d'injuste à souffrir ; vous prendrez vos mesures pour ne vous plus commettre jusqu'à ce que la guerre finisse, et vous n'aurez rien à vous reprocher. Mais surtout ne dites jamais à certains flatteurs, qui sèment la division, les sujets de peine que vous croirez avoir contre les chefs de l'armée où vous serez.

Je demeurerai ici, continua Mentor, pour secourir Idoménée dans le besoin où il est de travailler au bonheur de ses peuples [1], et pour achever de lui faire réparer les fautes que ses mauvais conseils et les flatteurs lui ont fait commettre dans l'établissement de son nouveau royaume.

Alors Télémaque ne put s'empêcher de témoigner à Mentor quelque surprise, et même quelque mépris, pour la conduite d'Idoménée. Mais Mentor l'en reprit d'un ton sévère. Etes-vous étonné, lui dit-il, de ce que les hommes les plus estimables sont encore hommes, et montrent encore quelques restes des foiblesses de l'humanité parmi les piéges innombrables et les embarras inséparables de la royauté ? Idoménée, il est vrai, a été nourri dans des idées de faste et de hauteur ; mais quel philosophe pourroit se défendre de la flatterie, s'il avoit été en sa place ? Il est vrai qu'il s'est laissé trop prévenir par ceux qui ont eu sa confiance ; mais les plus sages rois sont souvent trompés, quelques précautions qu'ils prennent pour ne l'être pas. Un roi ne peut se passer de ministres qui le soulagent et en qui il se confie, puisqu'il ne peut tout faire. D'ailleurs, un roi connoît beaucoup moins que les particuliers les hommes qui l'environnent : on est toujours masqué auprès de lui ; on épuise toutes sortes d'artifices pour le tromper. Hélas ! cher Télémaque, vous ne l'éprouverez que trop ! On ne trouve point dans les hommes ni les vertus ni les talens qu'on y cherche. On a beau les étudier et les approfondir, on s'y mécompte tous les jours. On ne vient jamais à bout de faire, des meilleurs hommes, ce qu'on auroit besoin d'en faire pour le bien public. Ils ont leurs entêtemens, leurs incompatibilités, leurs jalousies. On ne les persuade, ni on ne les corrige guère.

Plus on a de peuples à gouverner, plus il faut de ministres, pour faire par eux ce qu'on ne peut faire soi-même ; et plus on a besoin d'hommes à qui on confie l'autorité, plus on est exposé à se tromper dans de tels choix. Tel critique aujourd'hui impitoyablement les rois, qui gouverneroit demain beaucoup moins bien qu'eux, et qui feroit les mêmes fautes, avec d'autres infiniment plus grandes, si on lui confioit la même puissance. La condition privée, quand on y joint un peu d'esprit pour bien parler, couvre tous les défauts naturels, relève des talens éblouissans, et fait paroître un homme digne de toutes les places dont il est éloigné. Mais c'est l'autorité qui met tous les talens à une rude épreuve, et qui découvre de grands défauts.

La grandeur est comme certains verres qui grossissent tous les objets. Tous les défauts paroissent croître dans ces hautes places, où les moindres choses ont de grandes conséquences, et où les plus légères fautes ont de violens contre-coups. Le monde entier est occupé à observer un seul homme à toute heure, et à le juger en toute rigueur. Ceux qui le jugent n'ont aucune expérience de l'état où il est. Ils n'en sentent point les difficultés, et ils ne veulent plus qu'il soit homme, tant ils exigent de perfection de lui. Un roi, quelque bon et sage qu'il soit, est encore homme. Son esprit a des bornes, et sa vertu en a [1] aussi. Il a de l'humeur, des passions, des habitudes dont il n'est pas tout-à-fait le maître. Il est obsédé par des gens intéressés et artificieux ; il ne trouve point les secours qu'il cherche. Il tombe chaque jour dans quelque mécompte, tantôt par ses passions et tantôt par celles de ses ministres. À peine a-t-il réparé une faute, qu'il retombe dans une autre. Telle est la condition des rois les plus éclairés et les plus vertueux.

Les plus longs et les meilleurs règnes sont trop courts et trop imparfaits, pour réparer à la fin ce qu'on a gâté, sans le vouloir, dans les commencemens. La royauté porte avec elle toutes ces misères : l'impuissance humaine succombe sous un fardeau si accablant. Il faut plaindre les rois, et les excuser. Ne sont-ils pas à plaindre d'avoir à gouverner tant d'hommes, dont les besoins sont infinis, et qui donnent tant de peines à ceux qui veulent les bien gou-

---

VAR. — [1] *ses peuples. Je vous attendrai. O mon cher Télémaque, souvenez-vous*, A. B. *la suite page* 477. Le reste a été ajouté dans la copie C : c'est la dernière addition que l'auteur ait faite à son ouvrage. Les quatre premières lignes, depuis *et pour achever* jusqu'à *nouveau royaume*, sont à la marge du manuscrit, et d'une autre main.

VAR. — [1] *a manque, suppléé par les éditeurs.*

verner? Pour parler franchement, les hommes sont fort à plaindre d'avoir à être gouvernés par un roi qui n'est qu'homme semblable à eux; car il faudroit des dieux pour redresser les hommes. Mais les rois ne sont pas moins à plaindre, n'étant qu'hommes, c'est-à-dire foibles et imparfaits, d'avoir à gouverner cette multitude innombrable d'hommes corrompus et trompeurs.

Télémaque répondit avec vivacité : Idoménée a perdu, par sa faute, le royaume de ses ancêtres en Crète; et, sans vos conseils, il en auroit perdu un second à Salente.

J'avoue, reprit Mentor, qu'il a fait de grandes fautes; mais cherchez dans la Grèce, et dans tous les autres pays les mieux policés, un roi qui n'en ait point fait d'inexcusables. Les plus grands hommes ont, dans leur tempérament et dans le caractère de leur esprit, des défauts qui les entraînent; et les plus louables sont ceux qui ont le courage de connoître et de réparer leurs égaremens. Pensez-vous qu'Ulysse, le grand Ulysse votre père, qui est le modèle des rois de la Grèce, n'ait pas aussi ses foiblesses et ses défauts? Si Minerve ne l'eût conduit pas à pas, combien de fois auroit-il succombé dans les périls et dans les embarras où la fortune s'est jouée de lui! Combien de fois Minerve l'a-t-elle retenu ou redressé, pour le conduire toujours à la gloire par le chemin de la vertu! N'attendez pas même, quand vous le verrez régner avec tant de gloire à Ithaque, de le trouver sans imperfections; vous lui en verrez, sans doute. La Grèce, l'Asie, et toutes les îles des mers, l'ont admiré malgré ces défauts; mille qualités merveilleuses les font oublier. Vous serez trop heureux de pouvoir l'admirer aussi, et de l'étudier sans cesse comme votre modèle.

Accoutumez-vous donc, ô Télémaque, à n'attendre des plus grands hommes, que ce que l'humanité est capable de faire. La jeunesse, sans expérience, se livre à une critique présomptueuse, qui la dégoûte de tous les modèles qu'elle a besoin de suivre, et qui la jette dans une indocilité incurable. Non-seulement vous devez aimer, respecter, imiter votre père, quoiqu'il ne soit point parfait; mais encore vous devez avoir une haute estime pour Idoménée, malgré tout ce que j'ai repris en lui. Il est naturellement sincère, droit, équitable, libéral, bienfaisant; sa valeur est parfaite; il déteste la fraude quand il la connoît, et qu'il suit librement la véritable pente de son cœur. Tous ses talens extérieurs sont grands, et proportionnés à sa place. Sa simplicité à avouer son tort; sa douceur, sa patience pour se laisser dire par moi les choses les plus dures; son courage contre lui-même pour réparer publiquement ses fautes, et pour se mettre par là au-dessus de toute la critique des hommes, montrent une ame véritablement grande. Le bonheur, ou le conseil d'autrui, peuvent préserver de certaines fautes un homme très-médiocre; mais il n'y a qu'une vertu extraordinaire qui puisse engager un roi, si long-temps séduit par la flatterie, à réparer son tort. Il est bien plus glorieux de se relever ainsi, que de n'être jamais tombé. Idoménée a fait les fautes que presque tous les rois font; mais presque aucun roi ne fait, pour se corriger, ce qu'il vient de faire. Pour moi, je ne pouvois me lasser de l'admirer dans les momens mêmes où il me permettoit de le contredire. Admirez-le aussi, mon cher Télémaque : c'est moins pour sa réputation que pour votre utilité, que je vous donne ce conseil.

[1] Mentor fit sentir à Télémaque, par ce discours, combien il est dangereux d'être injuste, en se laissant aller à une critique rigoureuse contre les autres hommes, et surtout contre ceux qui sont chargés des embarras et des difficultés du gouvernement. Ensuite il lui dit : Il est temps que vous partiez; adieu : je vous attendrai. O mon cher Télémaque, souvenez-vous que ceux qui craignent les dieux n'ont rien à craindre des hommes. Vous vous trouverez dans les plus extrêmes périls; mais sachez que Minerve ne vous abandonnera point.

A ces mots, Télémaque crut sentir la présence de la déesse, et il eût même reconnu que c'étoit elle qui parloit pour le remplir de confiance, si la déesse n'eût rappelé l'idée de Mentor, en lui disant : N'oubliez pas, mon fils, tous les soins que j'ai pris, pendant votre enfance, pour vous rendre sage et courageux comme votre père. Ne faites rien qui ne soit digne de ses grands exemples, et des maximes de vertu que j'ai tâché de vous inspirer.

Le soleil se levoit déjà, et doroit le sommet des montagnes, quand les rois sortirent de Salente pour rejoindre leurs troupes. Ces troupes, campées autour de la ville, se mirent en marche sous leurs commandans. On voyoit de tous côtés briller le fer des piques hérissées; l'éclat des boucliers éblouissoit les yeux; un nuage de poussière s'élevoit jusqu'aux nues. Idoménée,

VAR. — [1] Les six lignes qui suivent, jusqu'à *adieu :* sont à la marge du manuscrit, et d'une autre main.

avec Mentor, conduisoit dans la campagne les rois alliés, et s'éloignoit des murs de la ville. Enfin, ils se séparèrent, après s'être donné de part et d'autre les marques d'une vraie amitié; et les alliés ne doutèrent plus que la paix ne fût durable, lorsqu'ils connurent la bonté du cœur d'Idoménée, qu'on leur avoit représenté bien différent de ce qu'il étoit : c'est qu'on jugeoit de lui, non par ses sentimens naturels, mais par les conseils flatteurs et injustes auxquels il s'étoit livré.

Après que l'armée fut partie, Idoménée mena Mentor dans tous les quartiers de la ville. Voyons, disoit Mentor, combien vous avez d'hommes et dans la ville et dans la campagne voisine; faisons-en le dénombrement [1]. Examinons aussi combien vous avez de laboureurs parmi ces hommes. Voyons combien vos terres portent, dans les années médiocres, de blé, de vin, d'huile, et des autres choses utiles : nous saurons par cette voie si la terre fournit de quoi nourrir tous ses habitans, et si elle produit encore de quoi faire un commerce utile de son superflu avec les pays étrangers. Examinons aussi combien vous avez de vaisseaux et de matelots; c'est par là qu'il faut juger de votre puissance. Il alla visiter le port, et entra dans chaque vaisseau. Il s'informa des pays où chaque vaisseau alloit pour le commerce; quelles marchandises il y apportoit; celles qu'il prenoit au retour; quelle étoit la dépense du vaisseau pendant la navigation; les prêts que les marchands se faisoient les uns aux autres; les sociétés qu'ils faisoient entre eux, pour savoir si elles étoient équitables et fidèlement observées; enfin, les hasards des naufrages et les autres malheurs du commerce, pour prévenir la ruine des marchands, qui, par l'avidité du gain, entreprennent souvent des choses qui sont au-delà de leurs forces.

Il voulut qu'on punît sévèrement toutes les banqueroutes, parce que celles qui sont exemptes de mauvaise foi ne le sont presque jamais de témérité. En même temps il fit des règles pour faire en sorte qu'il fût aisé de ne faire jamais banqueroute. Il établit des magistrats à qui les marchands rendoient compte de leurs effets, de leurs profits, de leur dépense et de leurs entreprises. Il ne leur étoit jamais permis de risquer le bien d'autrui, et ils ne pouvoient même risquer que la moitié du leur. De plus, ils faisoient en société les entreprises qu'ils ne pouvoient faire seuls; et la police de ces sociétés étoit inviolable, par la rigueur des peines imposées à ceux qui ne les suivroient pas. D'ailleurs, la liberté du commerce étoit entière : bien loin de le gêner par des impôts, on promettoit une récompense à tous les marchands qui pourroient attirer à Salente le commerce de quelque nouvelle nation.

Ainsi les peuples y accoururent bientôt en foule de toutes parts. Le commerce de cette ville étoit semblable au flux et au reflux de la mer. Les trésors y entroient comme les flots viennent l'un sur l'autre. Tout y étoit apporté et tout y en sortoit librement. Tout ce qui entroit étoit utile; tout ce qui sortoit laissoit, en sortant, d'autres richesses en sa place. La justice sévère présidoit dans le port au milieu de tant de nations. La franchise, la bonne foi, la candeur, sembloient, du haut de ces superbes tours, appeler les marchands des terres les plus éloignées : chacun de ces marchands, soit qu'il vînt des rives orientales où le soleil sort chaque jour du sein des ondes, soit qu'il fût parti de cette grande mer où le soleil, lassé de son cours, va éteindre ses feux, vivoit paisible et en sûreté [3] dans Salente comme dans sa patrie.

Pour le dedans de la ville, Mentor visita tous les magasins, toutes les boutiques d'artisans et toutes les places publiques. Il défendit toutes les marchandises de pays étrangers qui pouvoient introduire le luxe et la mollesse. Il régla les habits, la nourriture, les meubles, la grandeur et l'ornement des maisons, pour toutes les conditions différentes. Il bannit tous les ornemens d'or et d'argent; et il dit à Idoménée : Je ne connois qu'un seul moyen pour rendre votre peuple modeste dans sa dépense, c'est que vous lui en donniez vous-même l'exemple. Il est nécessaire que vous ayez une certaine majesté dans votre extérieur; mais votre autorité sera assez marquée par vos gardes et par les principaux officiers qui vous environnent. Contentez-vous d'un habit de laine très-fine, teinte en pourpre; que les principaux de l'Etat, après vous, soient vêtus de la même laine, et que toute la différence ne consiste que dans la couleur et dans une légère broderie d'or que vous aurez sur le bord de votre habit. Les différentes couleurs serviront à distinguer les différentes conditions, sans avoir besoin ni d'or, ni d'argent, ni de pierreries.

Réglez les conditions par la naissance. Met-

VAR. — [1] le dénombrement. Examinons aussi combien vous avez de vaisseaux, etc. A

VAR. — [1] paisiblement en sûreté. B. C. f. du cop. et en sûreté. Édit.

tez au premier rang ceux qui ont une noblesse plus ancienne et plus éclatante. Ceux qui auront le mérite et l'autorité des emplois seront assez contens de venir après ces anciennes et illustres familles, qui sont dans une si longue possession des premiers [1] honneurs. Les hommes qui n'ont pas la même noblesse leur céderont sans peine, pourvu que vous ne les accoutumiez point à se méconnoître dans une trop prompte et trop haute fortune, et que vous donniez des louanges à la modération de ceux qui seront modestes dans la prospérité. La distinction la moins exposée à l'envie est celle qui vient d'une longue suite d'ancêtres. Pour la vertu, elle sera assez excitée, et on aura assez d'empressement à servir l'Etat, pourvu que vous donniez des couronnes et des statues aux belles actions, et que ce soit un commencement de noblesse pour les enfans de ceux qui les auront faites.

Les personnes du premier rang, après vous, seront vêtues de blanc, avec une frange d'or au bas de leurs habits; ils auront au doigt un anneau d'or, et au cou une médaille d'or avec votre portrait. Ceux du second rang seront vêtus de bleu; ils porteront une frange d'argent, avec l'anneau, et point de médaille; les troisièmes, de vert, sans anneau et sans frange, mais avec la médaille d'argent; les quatrièmes, d'un jaune d'aurore; les cinquièmes, d'un rouge pâle ou de rose; les sixièmes, de gris-de-lin; et les septièmes, qui seront les derniers du peuple, d'une couleur mêlée de jaune et de blanc. Voilà les habits de sept conditions différentes pour les hommes libres. Tous les esclaves seront vêtus de gris-brun. Ainsi, sans aucune dépense, chacun sera distingué suivant sa condition, et on bannira de Salente tous les arts qui ne servent qu'à entretenir le faste. Tous les artisans qui seroient employés à ces arts pernicieux, serviront ou aux arts nécessaires, qui sont en petit nombre, ou au commerce, ou à l'agriculture. On ne souffrira jamais aucun changement, ni pour la nature des étoffes, ni pour la forme des habits; car il est indigne que des hommes, destinés à une vie sérieuse et noble, s'amusent à inventer des parures affectées, ni qu'ils permettent que leurs femmes, à qui ces amusemens seroient moins honteux, tombent jamais dans cet excès.

Mentor, semblable à un habile jardinier qui retranche dans ses arbres fruitiers le bois inutile, tâchoit ainsi [2] de retrancher le faste inutile qui corrompoit les mœurs : il ramenoit toutes choses à une noble et frugale simplicité. Il régla de même la nourriture des citoyens et des esclaves. Quelle honte, disoit-il, que les hommes les plus élevés fassent consister leur grandeur dans les ragoûts, par lesquels ils amollissent leurs ames [1], et ruinent insensiblement la santé de leurs corps! Ils doivent faire consister leur bonheur dans leur modération, dans leur autorité pour faire du bien aux autres hommes, et dans la réputation que leurs bonnes actions doivent leur procurer. La sobriété rend la nourriture la plus simple très-agréable. C'est elle qui donne, avec la santé la plus vigoureuse, les plaisirs les plus purs et les plus constans. Il faut donc borner vos repas aux viandes les meilleures, mais apprêtées sans aucun ragoût. C'est un art pour empoisonner les hommes, que celui d'irriter leur appétit au-delà de leur vrai besoin.

Idoménée comprit bien qu'il avoit eu tort de laisser les habitans de sa nouvelle ville amollir et corrompre leurs mœurs, en violant toutes les lois de Minos sur la sobriété; mais le sage Mentor lui fit remarquer que les lois mêmes, quoique renouvelées, seroient inutiles, si l'exemple du Roi ne leur donnoit une autorité qui ne pouvoit venir d'ailleurs. Aussitôt Idoménée régla sa table, où il n'admit que du pain excellent, du vin du pays, qui est fort et agréable, mais en fort petite quantité, avec des viandes simples, telles qu'il en mangeoit avec les autres Grecs au siége de Troie. Personne n'osa se plaindre d'une règle que le Roi s'imposoit lui-même; et chacun se corrigea de la profusion et de la délicatesse où l'on commençoit à se plonger pour les repas.

Mentor retrancha ensuite la musique molle et efféminée, qui corrompoit toute la jeunesse. Il ne condamna pas avec une moindre sévérité [2] la musique bachique, qui n'enivre guère moins que le vin, et qui produit des mœurs pleines d'emportement et d'impudence. Il borna toute la musique aux fêtes dans les temples, pour y chanter les louanges des dieux et des héros qui ont donné l'exemple des plus rares vertus. Il ne permit aussi que pour les temples les grands ornemens d'architecture, tels que les colonnes, les frontons, les portiques; il donna des modèles d'une architecture simple et gracieuse, pour faire, dans un médiocre espace, une maison gaie et commode

---

Var. — [1] premiers *m.* A. *aj.* B. — [2] ainsi *m.* A. *aj.* B.

Var. — [1] leur ame..... leur corps. A. — [2] Il ne condamna pas moins la musique bachique, etc. A.

pour une famille nombreuse ; en sorte qu'elle fût tournée à un aspect sain, que les logemens en fussent dégagés les uns des autres, que l'ordre et la propreté s'y conservassent facilement, et que l'entretien fût de peu de dépense [1]. Il voulut que chaque maison un peu considérable eût un salon et un petit péristyle, avec de petites chambres pour toutes les personnes libres. Mais il défendit très-sévèrement la multitude superflue et la magnificence des logemens. Ces divers modèles de maisons, suivant la grandeur des familles, servirent à embellir à peu de frais une partie de la ville, et à la rendre régulière ; au lieu que l'autre partie, déjà achevée suivant le caprice et le faste des particuliers, avoit, malgré sa magnificence, une disposition moins agréable et moins commode. [2] Cette nouvelle ville fut bâtie en très-peu de temps, parce que la côte voisine de la Grèce fournit de bons architectes, et qu'on fit venir un très-grand nombre de maçons de l'Epire et de plusieurs autres pays, à condition qu'après avoir achevé leurs travaux ils s'établiroient autour de Salente, y prendroient des terres à défricher, et serviroient à peupler la campagne.

La peinture et la sculpture parurent à Mentor des arts qu'ils n'est pas permis d'abandonner ; mais il voulut qu'on souffrît dans Salente peu d'hommes attachés à ces arts. Il établit une école où présidoient des maîtres d'un goût exquis, qui examinoient les jeunes élèves. Il ne faut, disoit-il, rien de bas et de faible dans ces arts qui ne sont pas absolument nécessaires. Par conséquent on n'y doit admettre que des jeunes gens d'un génie qui promette beaucoup, et qui tendent à la perfection. Les autres sont nés pour les arts moins nobles, et ils seront employés plus utilement aux besoins ordinaires de la république. Il ne faut, disoit-il, employer les sculpteurs et les peintres, que pour conserver la mémoire des grands hommes et des grandes actions. C'est dans les bâtimens publics, ou dans les tombeaux, qu'on doit conserver des représentations de tout ce qui a été fait avec une vertu extraordinaire pour le service de la patrie. Au reste, la modération et la frugalité de Mentor n'empêchèrent pas qu'il n'autorisât tous les grands bâtimens destinés aux courses de chevaux et de chariots, aux combats de lutteurs, à ceux du ceste, et à tous les autres exercices qui cultivent les corps pour les rendre plus adroits et plus vigoureux.

Il retrancha un nombre prodigieux de marchands qui vendoient des étoffes façonnées des pays éloignés, des broderies d'un prix excessif, des vases d'or et d'argent avec des figures de dieux, d'hommes et d'animaux ; enfin, des liqueurs et des parfums. Il voulut même que les meubles de chaque maison fussent simples, et faits de manière à durer long-temps ; en sorte que les Salentins, qui se plaignoient hautement de leur pauvreté, commencèrent à sentir combien ils avoient de richesses superflues : mais c'étoit des richesses trompeuses qui les appauvrissoient, et ils devenoient effectivement riches à mesure qu'ils avoient le courage de s'en dépouiller. C'est s'enrichir, disoient-ils eux-mêmes, que de mépriser de telles richesses, qui épuisent l'Etat, et que de diminuer ses besoins, en les réduisant aux vraies nécessités de la nature.

Mentor se hâta de visiter les arsenaux et tous les magasins, pour savoir si les armes, et toutes les autres choses nécessaires à la guerre, étoient en bon état ; car il faut, disoit-il, être toujours prêt à faire la guerre, pour n'être jamais réduit au malheur de la faire. Il trouva que plusieurs choses manquoient partout. Aussitôt on assembla des ouvriers pour travailler sur le fer, sur l'acier et sur l'airain. On voyoit s'élever, des fournaises ardentes, des tourbillons de fumée et de flammes semblables à ces feux souterrains que vomit le mont Etna. Le marteau résonnoit sur l'enclume, qui gémissoit sous les coups redoublés. Les montagnes voisines et les rivages de la mer en retentissoient ; on eût cru être dans cette île où Vulcain, animant les Cyclopes, forge des foudres pour [1] le père des dieux ; et par une sage prévoyance, on voyoit dans une profonde paix tous les préparatifs de la guerre.

Ensuite Mentor sortit de la ville avec Idoménée, et trouva une grande étendue de terres fertiles qui demeuraient incultes : d'autres n'étoient cultivées qu'à demi, par la négligence et par la pauvreté des laboureurs, qui, manquant d'hommes [2] et de bœufs, manquaient aussi de courage et de forces de corps pour mettre l'agriculture dans sa perfection. Mentor, voyant cette campagne désolée, dit au Roi : La terre ne demande ici qu'à enrichir ses habitans ; mais les habitans manquent à la

---

VAR. — [1] peu de dépense. Ces divers modèles, etc. A. — [2] Cette nouvelle ville..... à peupler la campagne. m. A. aj. B.

VAR. — [1] forge des foudres au père des dieux. A. — [2] manquant d'hommes, manquoient aussi, etc. B. C. P. D. f. du cop. manquant d'hommes et de bestiaux, etc. H.

terre. Prenons donc tous ces artisans superflus qui sont dans la ville, et dont les métiers ne serviroient qu'à dérégler les mœurs, pour leur faire cultiver ces plaines et ces collines. Il est vrai que c'est un malheur, que tous ces hommes exercés à des arts qui demandent une vie sédentaire ne soient point exercés au travail ; mais voici un moyen d'y remédier. Il faut partager entre eux les terres vacantes, et appeler à leur secours des peuples voisins, qui feront sous eux le plus rude travail. Ces peuples le feront, pourvu qu'on leur promette des récompenses convenables sur les fruits des terres mêmes qu'ils défricheront : ils pourront, dans la suite, en posséder une partie, et être ainsi incorporés à votre peuple, qui n'est pas assez nombreux. Pourvu qu'ils soient laborieux et dociles aux lois, vous n'aurez point de meilleurs sujets, et ils accroîtront votre puissance. Vos artisans de la ville, transplantés dans la campagne, élèveront leurs enfans au travail et au goût de la vie champêtre [2]. De plus, tous les maçons des pays étrangers, qui travaillent à bâtir votre ville, se sont engagés à défricher une partie de vos terres, et à se faire laboureurs : incorporez-les à votre peuple dès qu'ils auront achevé leurs ouvrages de la ville. Ces ouvriers sont ravis de s'engager à passer leur vie sous une domination qui est maintenant si douce. Comme ils sont robustes et laborieux, leur exemple servira pour exciter au travail les habitans transplantés de la ville à la campagne, avec lesquels ils seront mêlés. Dans la suite, tout le pays sera peuplé de familles vigoureuses et adonnés à l'agriculture.

Au reste, ne soyez pont en peine de la multiplication de ce peuple ; il deviendra bientôt innombrable, pourvu que vous facilitiez les mariages. La manière de les faciliter est bien simple : presque tous les hommes ont l'inclination de se marier ; il n'y a que la misère qui les en empêche. Si vous ne les chargez point d'impôts, ils vivront sans peine avec leurs femmes et leurs enfans ; car la terre n'est jamais ingrate, elle nourrit toujours de ses fruits ceux qui la cultivent soigneusement ; elle ne refuse ses biens qu'à ceux qui craignent de lui donner leurs peines. Plus les laboureurs ont d'enfans, plus ils sont riches, si le prince ne les appauvrit pas ; car leurs enfans, dès leur plus tendre jeunesse, commencent à les secourir. Les plus jeunes conduisent les moutons dans les pâturages ; les autres, qui sont plus grands, mènent déjà les grands troupeaux ; les plus âgés labourent avec leur père. Cependant la mère de toute la famille prépare un repas simple à son époux et à ses chers enfans, qui doivent revenir fatigués du travail de la journée ; elle a soin de traire ses vaches et ses brebis, et on voit couler des ruisseaux de lait ; elle fait un grand feu, autour duquel toute la famille innocente et paisible prend plaisir à chanter tout le soir en attendant le doux sommeil : elle prépare des fromages, des châtaignes, et des fruits conservés dans la même fraîcheur que si on venoit de les cueillir. Le berger revient avec sa flûte, et chante à la famille assemblée les nouvelles chansons qu'il a apprises dans les hameaux voisins. Le laboureur rentre avec sa charrue ; et ses bœufs fatigués marchent, le cou penché, d'un pas lent et tardif, malgré l'aiguillon qui les presse. Tous les maux du travail finissent avec la journée. Les pavots que le sommeil, par l'ordre des dieux, répand sur la terre, apaisent tous les noirs soucis par leurs charmes [1], et tiennent toute la nature dans un doux enchantement ; chacun s'endort, sans prévoir les peines du lendemain.

Heureux ces hommes sans ambition, sans défiance, sans artifice, pourvu que les dieux leur donnent un bon roi qui ne trouble point leur joie innocente ! Mais quelle horrible inhumanité, que de leur arracher, pour des desseins pleins de faste et d'ambition, les doux fruits de leur terre, qu'ils ne tiennent que de la libérale nature et de la sueur de leur front ! La nature seule tireroit de son sein fécond tout ce qu'il faudroit pour un nombre infini d'hommes modérés et laborieux ; mais c'est l'orgueil et la mollesse de certains hommes, qui en mettent tant d'autres dans une affreuse pauvreté.

Que ferai-je [2], disoit Idoménée, si ces peuples que je répandrai dans ces fertiles campagnes négligent de les cultiver ?

Faites, lui répondoit Mentor, tout le contraire de ce qu'on fait communément. Les princes avides et sans prévoyance ne songent qu'à charger d'impôts ceux d'entre leurs sujets qui sont les plus vigilans et les plus industrieux pour faire valoir leurs biens ; c'est qu'ils espèrent en être payés plus facilement : en même temps, ils chargent moins ceux que la paresse rend plus misérables. Renversez ce mauvais

VAR. — [1] de la vie champêtre. Dans la suite, etc. A.

VAR. — [1] les noirs soucis, et charme, et tiennent, etc. A. *Les éditeurs avant 1717 ont corrigé*, et charment. — [2] Mais que ferai-je ? A.

ordre, qui accable les bons, qui récompense le vice, et qui introduit une négligence aussi funeste au Roi même qu'à tout l'Etat. Mettez des taxes, des amendes, et même, s'il le faut, d'autres peines rigoureuses, sur ceux qui négligeront leurs champs, comme vous puniriez des soldats qui abandonneroient leurs postes dans la guerre : au contraire, donnez des grâces et des exemptions aux familles qui, se multipliant, augmentent à proportion la culture de leurs terres. Bientôt les familles se multiplieront, et tout le monde s'animera au travail; il deviendra même honorable. La profession de laboureur ne sera plus méprisée, n'étant plus accablée de tant de maux. On reverra la charrue en honneur, maniée par des mains victorieuses [1] qui auroient défendu la patrie. Il ne sera pas moins beau de cultiver l'héritage reçu de ses ancêtres, pendant une heureuse paix, que de l'avoir défendu généreusement pendant les troubles de la guerre. Toute la campagne refleurira : Cérès se couronnera d'épis dorés; Bacchus, foulant à ses pieds les raisins, fera couler, du penchant des montagnes, des ruisseaux de vin plus doux que le nectar : les creux vallons retentiront des concerts des bergers, qui, le long des clairs ruisseaux [2], joindront leurs voix avec leurs flûtes, pendant que leurs troupeaux bondissans paîtront sur l'herbe et parmi les fleurs, sans craindre les loups.

Ne serez-vous pas trop heureux, ô Idoménée, d'être la source de tant de biens, et de faire vivre, à l'ombre de votre nom, tant de peuples dans un si aimable repos? Cette gloire n'est-elle pas plus touchante que celle de ravager la terre, de répandre partout, et presque autant chez soi, au milieu même des victoires, que chez les étrangers vaincus, le carnage, le trouble, l'horreur, la langueur, la consternation, la cruelle faim et le désespoir?

O heureux le roi assez aimé des dieux, et d'un cœur assez grand, pour entreprendre d'être ainsi les délices des peuples, et de montrer à tous les siècles, dans son règne, un si charmant spectacle! La terre entière, loin de se défendre de sa puissance par des combats, viendroit à ses pieds le prier de régner sur elle.

Idoménée lui répondit : Mais quand les peuples seront ainsi dans la paix et dans l'abondance, les délices les corrompront, et ils tourneront contre moi les forces que je leur aurai données.

Ne craignez point, dit Mentor, cet inconvénient; c'est un prétexte qu'on allègue toujours pour flatter les princes prodigues qui veulent accabler leurs peuples d'impôts. Le remède est facile. Les lois que nous venons d'établir pour l'agriculture rendront leur vie laborieuse; et, dans leur abondance, ils n'auront que le nécessaire, parce que nous retranchons tous les arts qui fournissent le superflu. Cette abondance même sera diminuée par la facilité des mariages et par la grande multiplication des familles. Chaque famille, étant nombreuse, et ayant peu de terre, aura besoin de la cultiver par un travail sans relâche. C'est la mollesse et l'oisiveté qui rendent les peuples insolens et rebelles. Ils auront du pain, à la vérité, et assez largement; mais ils n'auront que du pain, et des fruits de leur propre terre, gagnés à la sueur de leur visage.

Pour tenir votre peuple dans cette modération, il faut régler, dès à présent, l'étendue de terre que chaque famille pourra posséder. Vous savez que nous avons divisé tout votre peuple en sept classes, suivant les différentes conditions : il ne faut permettre à chaque famille, dans chaque classe, de pouvoir posséder que l'étendue de terre absolument nécessaire pour nourrir le nombre de personnes dont elle sera composée. Cette règle étant inviolable, les nobles ne pourront point faire des acquisitions sur les pauvres : tous auront des terres; mais chacun en aura fort peu, et sera excité par là à la bien cultiver. Si, dans une longue suite de temps, les terres manquoient ici, on feroit ici des colonies qui augmenteroient la puissance de cet Etat.

Je crois même que vous devez prendre garde à ne laisser jamais le vin devenir trop commun dans votre royaume. Si on a planté trop de vignes, il faut qu'on les arrache : le vin est la source des plus grands maux parmi les peuples; il cause les maladies, les querelles, les séditions, l'oisiveté, le dégoût du travail, le désordre des familles. Que le vin soit donc réservé comme une espèce de remède, ou comme une liqueur très-rare, qui n'est employée que pour les sacrifices ou pour les fêtes extraordinaires. Mais n'espérez point de faire observer une règle si importante, si vous n'en donnez vous-même l'exemple.

D'ailleurs il faut faire garder inviolablement les lois de Minos pour l'éducation des enfans. Il faut établir des écoles publiques, où l'on

---

VAR. — [1] victorieuses des ennemis de la patrie. A. — [2] chanteront sur leurs flûtes leurs peines et leurs plaisirs, pendant que, etc. A.

enseigne la crainte des dieux, l'amour de la patrie, le respect des lois, la préférence de l'honneur aux plaisirs et à la vie même. Il faut avoir des magistrats qui veillent sur les familles et sur les mœurs des particuliers. Veillez vous-même, vous qui n'êtes roi, c'est-à-dire pasteur du peuple, que pour veiller nuit et jour sur votre troupeau : par là vous préviendrez un nombre infini de désordres et de crimes ; ceux que vous ne pourrez prévenir, punissez-les d'abord sévèrement. C'est une clémence, que de faire d'abord des exemples qui arrêtent le cours de l'iniquité. Par un peu de sang répandu à propos, on en épargne beaucoup par la suite [1], et on se met en état d'être craint, sans user souvent de rigueur.

Mais quelle détestable maxime, que de ne croire trouver sa sûreté que dans l'oppression de ses peuples ! Ne les point faire instruire, ne les point conduire à la vertu, ne s'en faire jamais aimer, les pousser par la terreur jusqu'au désespoir, les mettre dans l'affreuse nécessité ou de ne pouvoir jamais respirer librement, ou de secouer le joug de votre tyrannique domination ; est-ce là le vrai moyen de régner sans trouble ? est-ce là le vrai chemin qui mène à la gloire ?

Souvenez-vous que les pays où la domination du souverain est plus absolue, sont ceux où les souverains sont moins puissans. Ils prennent, ils ruinent tout, ils possèdent seuls tout l'Etat ; mais aussi tout l'Etat languit : les campagnes sont en friche et presque désertes ; les villes diminuent chaque jour ; le commerce tarit. Le Roi qui ne peut être roi tout seul, et qui n'est grand que par ses peuples, s'anéantit lui-même peu à peu par l'anéantissement insensible des peuples dont il tire ses richesses et sa puissance. Son Etat s'épuise d'argent et d'hommes : cette dernière perte est la plus grande et la plus irréparable. Son pouvoir absolu fait autant d'esclaves qu'il a de sujets. On le flatte, on fait semblant de l'adorer, on tremble au moindre de ses regards ; mais attendez la moindre révolution : cette puissance monstrueuse, poussée jusqu'à un excès trop violent, ne sauroit durer ; elle n'a aucune ressource dans le cœur des peuples ; elle a lassé et irrité tous les corps de l'Etat ; elle contraint tous les membres de ce corps de soupirer après un changement. Au premier coup qu'on lui porte, l'idole se renverse, se brise [2], et est foulée aux pieds. Le mépris, la haine, le ressentiment, la défiance, en un mot toutes les passions se réunissent contre une autorité si odieuse. Le Roi qui, dans sa vaine prospérité, ne trouvoit pas un seul homme assez hardi [1] pour lui dire la vérité, ne trouvera, dans son malheur, aucun homme qui daigne ni l'excuser, ni le défendre contre ses ennemis.

Après ce discours, Idoménée, persuadé par Mentor, se hâta de distribuer les terres vacantes, de les remplir de tous les artisans inutiles, et d'exécuter tout ce qui avoit été résolu [2]. Il réserva seulement pour les maçons les terres qu'il leur avoit destinées, et qu'ils ne pouvoient cultiver qu'après la fin de leurs travaux dans la ville.

[3] Déjà la réputation du gouvernement doux et modéré d'Idoménée attire en foule de tous côtés des peuples qui viennent s'incorporer au sien, et chercher leur bonheur sous une si aimable domination. Déjà ces campagnes, si long-temps couvertes de ronces et d'épines, promettent de riches moissons et des fruits jusqu'alors inconnus. La terre ouvre son sein au tranchant de la charrue, et prépare ses richesses pour récompenser le laboureur : l'espérance reluit de tous côtés. On voit dans les vallons et sur les collines les troupeaux de moutons qui bondissent sur l'herbe, et les grands troupeaux de bœufs et de génisses qui font retentir les hautes montagnes de leurs mugissemens : ces troupeaux servent à engraisser les campagnes. C'est Mentor qui a trouvé le moyen d'avoir ces troupeaux. Mentor conseilla à Idoménée de faire avec les Peucètes, peuples voisins, un échange de toutes les choses superflues qu'on ne vouloit plus souffrir dans Salente, avec ces troupeaux, qui manquoient aux Salentins.

En même temps la ville et les villages d'alentour étoient pleins d'une belle jeunesse qui avoit langui long-temps dans la misère, et qui n'avoit osé se marier, de peur d'augmenter leurs maux. Quand ils virent qu'Idoménée prenoit des sentimens d'humanité, et qu'il vouloit être leur père, ils ne craignirent plus la faim et les autres fléaux par lesquels le ciel afflige la terre. On n'entendoit plus que des cris de joie, que les chansons des bergers et des laboureurs qui célébroient leurs hyménées. On auroit cru voir le dieu Pan avec une foule de Satyres et de Faunes mêlés parmi les nymphes, et dansant au son de la flûte à l'ombre

---

Var. — [1] pour la suite m. A. aj. B. — [2] se brise m. A. aj. B.

Var. — [1] un seul homme qui osât lui dire la vérité. A. — [2] Il réserva.... .. si aimable domination. m. A. aj. B. — [3] Livre XIII.

des bois. Tout étoit tranquille et riant ; mais la joie étoit modérée, et les plaisirs ne servoient qu'à délasser des longs travaux ; ils en étoient plus vifs et plus purs.

Les vieillards, étonnés de voir ce qu'ils n'avoient osé espérer dans la suite d'un si long âge, pleuroient par un excès de joie mêlée de tendresse ; ils levoient leurs mains tremblantes vers le ciel. Bénissez, disoient-ils, ô grand Jupiter, le roi qui vous ressemble, et qui est le plus grand don que vous nous ayez fait. Il est né pour le bien des hommes, rendez-lui tous les biens que nous recevons de lui. Nos arrière-neveux, venus de ces mariages qu'il favorise, lui devront tout, jusqu'à leur naissance ; et il sera véritablement le père de tous ses sujets. Les jeunes hommes, et les jeunes filles qu'ils épousoient, ne faisoient éclater leur joie qu'en chantant les louanges de celui de qui cette joie si douce leur étoit venue. Les bouches, et encore plus les cœurs, étoient sans cesse remplis de son nom. On se croyoit heureux de le voir ; on craignoit de le perdre : sa perte eût été la désolation de chaque famille.

Alors Idoménée avoua à Mentor qu'il n'avoit jamais senti de plaisir aussi touchant, que celui d'être aimé, et de rendre tant de gens heureux. Je ne l'aurois jamais cru, disoit-il : il me sembloit que toute la grandeur des princes ne consistoit qu'à se faire craindre ; que le reste des hommes étoit fait pour eux ; et tout ce que j'avois ouï dire des rois qui avoient été l'amour et les délices de leurs peuples me paroissoit une pure fable ; j'en reconnois maintenant la vérité. Mais il faut que je vous raconte comment on avoit empoisonné mon cœur, dès ma plus tendre enfance, sur l'autorité des rois. C'est ce qui a causé tous les malheurs de ma vie. [1] Alors Idoménée commença cette narration :

VAR. — [1] Alors et les quatre mots suivans m. A. aj. B.

LIVRE XI.

Idoménée raconte à Mentor la cause de tous ses malheurs, son aveugle confiance en Protésilas, et les artifices de ce favori, pour le dégoûter du sage et vertueux Philoclès : comment, s'étant laissé prévenir contre celui-ci, au point de le croire coupable d'une horrible conspiration, il envoya secrètement Timocrate pour le tuer, dans une expédition dont il étoit chargé. Timocrate, ayant manqué son coup, fut arrêté par Philoclès, auquel il dévoila toute la trahison de Protésilas. Philoclès se retira aussitôt dans l'île de Samos, après avoir remis le commandement de sa flotte à Polymène, conformément aux ordres d'Idoménée. Ce prince découvrit enfin les artifices de Protésilas ; mais il ne put se résoudre à le perdre, et continua même de se livrer aveuglément à lui, laissant le fidèle Philoclès pauvre et déshonoré dans sa retraite. Mentor fait ouvrir les yeux à Idoménée sur l'injustice de cette conduite ; il l'oblige à faire conduire Protésilas et Timocrate dans l'île de Samos, et à rappeler Philoclès pour le remettre en honneur. Hegésippe, chargé de cet ordre, l'exécute avec joie. Il arrive avec les deux traîtres à Samos, où il revoit son ami Philoclès content d'y mener une vie pauvre et solitaire. Celui-ci ne consent qu'avec beaucoup de peine à retourner parmi les siens ; mais, après avoir reconnu que les dieux le veulent, il s'embarque avec Hégésippe, et arrive à Salente, où Idoménée, entièrement changé par les sages avis de Mentor, lui fait l'accueil le plus honorable, et concerte avec lui les moyens d'affermir son gouvernement.

PROTÉSILAS, qui est un peu plus âgé que moi, fut celui de tous les jeunes gens que j'aimai le plus. Son naturel vif et hardi étoit selon mon goût : il entra dans mes plaisirs ; il flatta mes passions ; il me rendit suspect un autre jeune homme que j'aimois aussi, et qui se nommoit Philoclès. Celui-ci avoit la crainte des dieux, et l'ame grande, mais modérée ; il mettoit la grandeur, non à s'élever, mais à se vaincre, et à ne rien faire de bas. Il me parloit librement sur mes défauts ; et lors même qu'il n'osoit me parler, son silence et la tristesse de son visage me faisoient assez entendre ce qu'il vouloit me reprocher. Dans les commencemens cette sincérité me plaisoit ; et je lui protestois souvent que je l'écouterois avec confiance toute ma vie, pour me préserver des flatteurs. Il me disoit tout ce que je devois faire pour marcher sur les traces de mon aïeul Minos, et pour rendre mon royaume heureux. Il n'avoit pas une aussi profonde sagesse que vous, ô Mentor ; mais ses maximes étoient bonnes : je le reconnois maintenant. Peu à peu les artifices de Protésilas, qui étoit jaloux et plein d'ambition, me dégoûtèrent de Philoclès. Celui-ci étoit sans empressement, et laissoit l'autre prévaloir; il se contentoit de me dire toujours la vérité lorsque je voulois l'entendre. C'étoit mon bien, et non sa fortune, qu'il cherchoit.

Protésilas me persuada insensiblement que c'étoit un esprit chagrin et superbe qui critiquoit toutes mes actions; qui ne me demandoit rien, parce qu'il avoit la fierté de ne vouloir rien tenir de moi, et d'aspirer à la réputation d'un homme qui est au-dessus de tous les honneurs : il ajouta que ce jeune homme, qui me parloit si librement sur mes défauts, en parloit aux autres avec la même liberté; qu'il laissoit assez entendre qu'il ne m'estimoit guère; et qu'en rabaissant ainsi ma réputation, il vouloit, par l'éclat d'une vertu austère, s'ouvrir le chemin à la royauté.

D'abord je ne pus croire que Philoclès voulût me détrôner : il y a dans la véritable vertu une candeur et une ingénuité que rien ne peut contrefaire, et à laquelle on ne se méprend point, pourvu qu'on y soit attentif. Mais la fermeté de Philoclès contre mes foiblesses commençoit à me lasser. Les complaisances de Protésilas, et son industrie inépuisable pour m'inventer de nouveaux plaisirs, me faisoient sentir encore plus impatiemment l'austérité de l'autre.

Cependant Protésilas, ne pouvant souffrir que je ne crusse pas tout ce qu'il me disoit contre son ennemi, prit le parti de ne m'en parler plus, et de me persuader par quelque chose de plus fort que toutes les paroles. Voici comment il acheva de me tromper : il me conseilla d'envoyer Philoclès commander les vaisseaux qui devoient attaquer ceux de Carpathie; et, pour m'y déterminer, il me dit : Vous savez que je ne suis pas suspect dans les louanges que je lui donne : j'avoue qu'il a du courage et du génie pour la guerre; il vous servira mieux qu'un autre, et je préfère l'intérêt de votre service à tous mes ressentimens contre lui.

Je fus ravi de trouver cette droiture et cette équité dans le cœur de Protésilas, à qui j'avois confié l'administration de mes plus grandes affaires. Je l'embrassai dans un transport de joie, et je me crus trop heureux d'avoir donné toute ma confiance à un homme qui me paroissoit ainsi au-dessus de toute passion et de tout intérêt. Mais, hélas! que les princes sont dignes de compassion! Cet homme me connoissoit mieux que je ne me connoissois moi-même : il savoit que les rois sont d'ordinaire défians et inappliqués : défians, par l'expérience continuelle qu'ils ont des artifices des hommes corrompus dont ils sont environnés; inappliqués, parce que les plaisirs les entraînent, et qu'ils sont accoutumés à avoir des gens chargés de penser pour eux, sans qu'ils en prennent eux-mêmes la peine. Il comprit donc qu'il [1] n'auroit pas grande peine à me mettre en défiance et en jalousie contre un homme qui ne manqueroit pas de faire de grandes actions, surtout l'absence lui donnant une entière facilité de lui tendre des pièges.

Philoclès, en partant, prévit ce qui lui pouvoit arriver. Souvenez-vous, me dit-il, que je ne pourrai plus me défendre; que vous n'écouterez que mon ennemi; et qu'en vous servant au péril de ma vie je courrai risque de n'avoir d'autre récompense que votre indignation. Vous vous trompez, lui dis-je : Protésilas ne parle point de vous comme vous parlez de lui; il vous loue, il vous estime, il vous croit digne des plus importans emplois : s'il commençoit à me parler contre vous, il perdroit ma confiance. Ne craignez rien, allez, et ne songez qu'à me bien servir. Il partit, et me laissa dans une étrange situation.

Il faut vous l'avouer, Mentor; je voyois clairement combien il m'étoit nécessaire d'avoir plusieurs hommes que je consultasse, et que rien n'étoit plus mauvais, ni pour ma réputation, ni pour le succès des affaires, que de me livrer à un seul. J'avois éprouvé que les sages conseils de Philoclès m'avoient garanti de plusieurs fautes dangereuses où la hauteur de Protésilas m'auroit fait tomber. Je sentois bien qu'il y avoit dans Philoclès un fonds de probité et de maximes équitables, qui ne se faisoit point sentir de même dans Protésilas; mais j'avois laissé prendre à Protésilas un certain ton décisif auquel je ne pouvois presque plus résister. J'étois fatigué de me trouver toujours entre deux hommes que je ne pouvois accorder; et, dans cette lassitude, j'aimois mieux, par foiblesse, hasarder quelque chose aux dépens des affaires, et respirer en liberté. Je n'eusse osé me dire à moi-même une si honteuse raison du parti que je venois de prendre; mais cette honteuse raison, que je n'osois développer, ne laissoit pas d'agir secrètement au fond de mon cœur, et d'être le vrai motif de tout ce que je faisois.

Philoclès surprit les ennemis, remporta une pleine victoire, et se hâtoit de revenir pour prévenir les mauvais offices qu'il avoit à craindre : mais Protésilas, qui n'avoit pas encore eu

---

VAR. — [1] il ne lui seroit pas difficile de. *Edit. correction du marquis de Fénelon.*

le temps de me tromper, lui écrivit que je désirois qu'il fît une descente dans l'île de Carpathie, pour profiter de la victoire. En effet, il m'avoit persuadé que je pourrois facilement faire la conquête de cette île; mais il fit en sorte que plusieurs choses nécessaires manquèrent à Philoclès dans cette entreprise, et il l'assujettit à certains ordres qui causèrent divers contre-temps dans l'exécution.

Cependant il se servit d'un domestique très-corrompu que j'avois auprès de moi, et qui observoit jusqu'aux moindres choses pour lui en rendre compte, quoiqu'ils parussent ne se voir guère et n'être jamais d'accord en rien. Ce domestique, nommé Timocrate, me vint dire un jour, en grand secret, qu'il avoit découvert une affaire très-dangereuse. Philoclès, me dit-il, veut se servir de votre armée navale pour se faire roi de l'île de Carpathie: les chefs des troupes sont attachés à lui; tous les soldats sont gagnés par ses largesses, et plus encore par la licence pernicieuse où il laisse vivre les troupes: il est enflé de sa victoire. Voilà une lettre qu'il écrit à un de ses amis sur son projet de se faire roi, on n'en peut plus douter après une preuve si évidente.

Je lus cette lettre; et elle me parut de la main de Philoclès. Mais on avoit parfaitement imité son écriture; et c'étoit Protésilas qui l'avoit faite avec Timocrate. Cette lettre me jeta dans une étrange surprise: je la relisois sans cesse, et ne pouvois me persuader qu'elle fût de Philoclès; repassant dans mon esprit troublé toutes les marques touchantes qu'il m'avoit données de son désintéressement et de sa bonne foi. Cependant que pouvois-je faire? quel moyen de résister à une lettre où je croyois être sûr de reconnoître l'écriture de Philoclès?

Quand Timocrate vit que je ne pouvois plus résister à son artifice, il le poussa plus loin. Oserai-je, me dit-il en hésitant, vous faire remarquer un mot qui est dans cette lettre? Philoclès dit à son ami qu'il peut parler en confiance à Protésilas sur une chose qu'il ne désigne que par un chiffre: assurément Protésilas est entré dans le dessein de Philoclès, et ils se sont raccommodés à vos dépens. Vous savez que c'est Protésilas qui vous a pressé d'envoyer Philoclès contre les Carpathiens. Depuis un certain temps il a cessé de vous parler contre lui, comme il le faisoit souvent autrefois. Au contraire, il le loue, il l'excuse en toute occasion: ils se voyoient depuis quelque temps avec assez d'honnêteté. Sans doute Protésilas a pris avec Philoclès des mesures pour partager avec lui la conquête de Carpathie. Vous voyez même qu'il a voulu qu'on fît cette entreprise contre toutes les règles, et qu'il s'expose à faire périr votre armée navale, pour contenter son ambition. Croyez-vous qu'il voulût servir ainsi à celle de Philoclès, s'ils étoient encore mal ensemble? Non, non, on ne peut plus douter que ces deux hommes ne soient réunis pour s'élever ensemble à une grande autorité, et peut-être pour renverser le trône [1] où vous régnez. En vous parlant ainsi, je sais que je m'expose à leur ressentiment, si, malgré mes avis sincères, vous leur laissez encore votre autorité dans les mains: mais qu'importe, pourvu que je vous dise la vérité?

Ces dernières paroles de Timocrate firent une grande impression sur moi: je ne doutai plus de la trahison de Philoclès, et je me défiai de Protésilas comme de son ami. Cependant Timocrate me disoit sans cesse: Si vous attendez que Philoclès ait conquis l'île de Carpathie, il ne sera plus temps d'arrêter ses desseins, hâtez-vous de vous en assurer pendant que vous le pouvez. J'avois horreur de la profonde dissimulation des hommes; je ne savois plus à qui me fier. Après avoir découvert la trahison de Philoclès, je ne voyois plus d'homme sur la terre dont la vertu pût me rassurer. J'étois résolu de faire au plus tôt périr ce perfide; mais je craignois Protésilas, et je ne savois comment faire à son égard. Je craignois de le trouver coupable, et je craignois aussi de me fier à lui. Enfin, dans mon trouble, je ne pus m'empêcher de lui dire que Philoclès m'étoit devenu suspect. Il en parut surpris; il me représenta sa conduite droite et modérée; il m'exagéra ses services; en un mot, il fit tout ce qu'il falloit pour me persuader qu'il étoit trop bien avec lui. D'un autre côté, Timocrate ne perdoit pas un moment pour me faire remarquer cette intelligence, et pour m'obliger à perdre Philoclès pendant que je pouvois encore m'assurer de lui. Voyez, mon cher Mentor, combien les rois sont malheureux, et exposés à être le jouet des autres hommes, lors même que les autres hommes paroissent tremblans à leurs pieds.

Je crus faire un coup d'une profonde politique, et déconcerter Protésilas, en envoyant secrètement à l'armée navale Timocrate pour faire mourir Philoclès. Protésilas poussa jusqu'au bout sa dissimulation, et me trompa

---

Var. — [1] réunis pour monter ensemble sur le trône, et peut-être pour renverser celui où vous régnez. A.

d'autant mieux, qu'il parut plus naturellement comme un homme qui se laissoit tromper. Timocrate partit donc, et trouva Philoclès assez embarrassé dans sa descente : il manquoit de tout; car Protésilas, ne sachant si la lettre supposée pourroit faire périr son ennemi, vouloit avoir en même temps une autre ressource prête, par le mauvais succès d'une entreprise dont il m'avoit fait tant espérer, et qui ne manqueroit pas de m'irriter contre Philoclès. Celui-ci soutenoit cette guerre si difficile, par son courage, par son génie, et par l'amour que les troupes avoient pour lui. Quoique tout le monde reconnût dans l'armée que cette descente étoit téméraire et funeste pour les Crétois, chacun travailloit à la faire réussir, comme s'il eût vu sa vie et son bonheur attachés au succès. Chacun étoit content de hasarder sa vie à toute heure, sous un chef si sage et si appliqué à se faire aimer.

Timocrate avoit tout à craindre en voulant faire périr ce chef au milieu d'une armée qui l'aimoit avec tant de passion; mais l'ambition furieuse est aveugle. Timocrate ne trouvoit rien de difficile pour contenter Protésilas, avec lequel il s'imaginoit me gouverner absolument après la mort de Philoclès. Protésilas ne pouvoit souffrir un homme de bien dont la seule vue étoit un reproche secret de ses crimes, et qui pouvoit, en m'ouvrant les yeux, renverser ses projets.

Timocrate s'assura de deux capitaines qui étoient sans cesse auprès de Philoclès; il leur promit de ma part de grandes récompenses, et ensuite il dit à Philoclès qu'il étoit venu pour lui dire de ma part des choses secrètes qu'il ne devoit lui confier qu'en présence de ces deux capitaines. Philoclès se renferma avec eux et avec Timocrate. Alors Timocrate donna un coup de poignard à Philoclès. Le coup glissa, et n'enfonça guère avant. Philoclès, sans s'étonner, lui arracha le poignard, s'en servit contre lui et contre les deux autres. En même temps il cria : on accourut; on enfonça la porte; on dégagea Philoclès des mains de ces trois hommes, qui, étant troublés, l'avoient attaqué foiblement: Ils furent pris, et on les auroit d'abord déchirés, tant l'indignation de l'armée étoit grande, si Philoclès n'eût arrêté la multitude. Ensuite il prit Timocrate en particulier, et lui demanda avec douceur ce qui l'avoit obligé à commettre une action si noire. Timocrate, qui craignoit qu'on ne le fît mourir, se hâta de montrer l'ordre que je lui avois donné par écrit de tuer Philoclès; et, comme les traîtres sont toujours lâches, il ne songea qu'à sauver sa vie, en découvrant à Philoclès toute la trahison de Protésilas.

Philoclès, effrayé de voir tant de malice dans les hommes, prit un parti plein de modération : il déclara à toute l'armée que Timocrate étoit innocent; il le mit en sûreté, le renvoya en Crète, déféra le commandement de l'armée à Polymène, que j'avois nommé, dans mon ordre écrit de ma main, pour commander quand on auroit tué Philoclès. Enfin, il exhorta les troupes à la fidélité qu'elles me devoient, et passa pendant la nuit dans une légère barque, qui le conduisit dans l'île de Samos, où il vit tranquillement dans la pauvreté et dans la solitude, travaillant à faire des statues pour gagner sa vie, ne voulant plus entendre parler des hommes trompeurs et injustes, mais surtout des rois, qu'il croit les plus malheureux et les plus aveugles de tous les hommes.

En cet endroit Mentor arrêta Idoménée : Hé bien! dit-il, fûtes-vous long-temps à découvrir la vérité? Non, répondit Idoménée; je compris peu à peu les artifices de Protésilas et de Timocrate : ils se brouillèrent même; car les méchans ont bien de la peine à demeurer unis. Leur division acheva de me montrer le fond de l'abîme où ils m'avoient jeté. Hé bien! reprit Mentor, ne prîtes-vous point le parti de vous défaire de l'un et de l'autre? Hélas! répondit [1] Idoménée, est-ce, mon cher Mentor, que vous ignorez la foiblesse et l'embarras des princes? Quand ils sont une fois livrés à des hommes corrompus et hardis qui ont l'art de se rendre nécessaires, ils ne peuvent plus espérer aucune liberté. Ceux qu'ils méprisent le plus sont ceux qu'ils traitent le mieux et qu'ils comblent de bienfaits. J'avois horreur de Protésilas, et je lui laissois toute l'autorité. Etrange illusion! je me savois bon gré de le connoître, et je n'avois pas la force de reprendre l'autorité que je lui avois abandonnée. D'ailleurs, je le trouvois commode, complaisant, industrieux pour flatter mes passions, ardent pour mes intérêts. Enfin j'avois une raison pour m'excuser en moi-même de ma foiblesse : c'est que je ne connoissois point de véritable vertu : faute d'avoir su choisir des gens de bien qui conduisissent mes affaires, je croyois qu'il n'y en avoit point sur la terre, et que la probité étoit un beau fantôme. Qu'importe, disois-je, de faire un grand éclat pour sortir des mains d'un homme corrompu, et pour tomber dans celles

Var. — [1] reprit. A. B.

de quelque autre qui ne sera ni plus désintéressé ni plus sincère que lui. Cependant l'armée navale commandée par Polymène revint. Je ne songeai plus à la conquête de l'île de Carpathie; et Protésilas ne put dissimuler si profondément, que je ne découvrisse combien il étoit affligé de savoir que Philoclès étoit en sûreté dans Samos.

Mentor interrompit encore Idoménée, pour lui demander s'il avoit continué, après une si noire trahison, à confier toutes ses affaires à Protésilas. J'étois, lui répondit Idoménée, trop ennemi des affaires, et trop inappliqué, pour pouvoir me tirer de ses mains : il auroit fallu renverser l'ordre que j'avois établi pour ma commodité, et instruire un nouvel homme; c'est ce que je n'eus jamais la force d'entreprendre. J'aimai mieux fermer les yeux pour ne pas voir les artifices de Protésilas. Je me consolois seulement en faisant entendre à certaines personnes de confiance que je n'ignorois pas [1] sa mauvaise foi. Ainsi je m'imaginois n'être trompé qu'à demi, puisque je savois que j'étois trompé. Je faisois même de temps en temps sentir à Protésilas que je supportois son joug avec impatience. Je prenois souvent plaisir à le contredire, à blâmer publiquement quelque chose qu'il avoit fait, à décider contre son sentiment; mais, comme il connoissoit ma hauteur et ma paresse, il ne s'embarrassoit point de tous mes chagrins. Il revenoit opiniâtrément à la charge; il usoit tantôt de manières pressantes, tantôt de souplesse et d'insinuation : surtout quand il s'apercevoit que j'étois peiné contre lui, il redoubloit ses soins pour me fournir de nouveaux amusemens propres à m'amollir, ou pour m'embarquer dans quelque affaire où il eût occasion de se rendre nécessaire et de faire valoir son zèle pour ma réputation.

Quoique je fusse en garde contre lui, cette manière de flatter mes passions m'entraînoit toujours : il savoit mes secrets; il me soulageoit dans mes embarras; il faisoit trembler tout le monde par mon autorité. Enfin je ne pus me résoudre à le perdre [2]. Mais, en le maintenant dans sa place, je mis tous les gens de bien hors d'état de me représenter mes véritables intérêts. Depuis ce moment on n'entendit plus dans mes conseils aucune parole libre; la vérité s'éloigna de moi; l'erreur, qui prépare la chute des rois, me punit d'avoir sacrifié Philoclès à la cruelle ambition de Protésilas : ceux mêmes qui avoient le plus de zèle pour l'Etat et pour ma personne se crurent dispensés de me détromper, après un si terrible exemple. Moi-même, mon cher Mentor, je craignois que la vérité ne perçât le nuage, et qu'elle ne parvînt jusqu'à moi malgré les flatteurs; car, n'ayant plus la force de la suivre, sa lumière m'étoit importune. Je sentois en moi-même qu'elle m'eût causé de cruels remords, sans pouvoir me tirer d'un si funeste engagement. Ma mollesse, et l'ascendant que Protésilas avoit pris insensiblement sur moi, me plongeoient dans une espèce de désespoir de rentrer jamais en liberté. Je ne voulois ni voir un si honteux état, ni le laisser voir aux autres. Vous savez, cher Mentor, la vaine hauteur et la fausse gloire dans laquelle on élève les rois : ils ne veulent jamais avoir tort. Pour couvrir une faute, il en faut faire cent. Plutôt que d'avouer qu'on s'est trompé, et que de se donner la peine de revenir de son erreur, il faut se laisser tromper toute sa vie. Voilà l'état des princes foibles et inappliqués : c'étoit précisément le mien, lorsqu'il fallut que je partisse pour le siége de Troie.

En partant, je laissai Protésilas maître des affaires; il les conduisit en mon absence avec hauteur et inhumanité. Tout le royaume de Crète gémissoit sous sa tyrannie : mais personne n'osoit me rapporter l'oppression des peuples; on savoit que je craignois de voir la vérité, et que j'abandonnois à la cruauté de Protésilas tous ceux qui entreprenoient de parler contre lui. Mais moins on osoit éclater, plus le mal étoit violent. [1] Dans la suite il me contraignit de chasser le vaillant Mérione, qui m'avoit suivi avec tant de gloire au siége de Troie. Il en étoit devenu jaloux, comme de tous ceux que j'aimois et qui montroient quelque vertu.

Il faut que vous sachiez, mon cher Mentor, que tous mes malheurs sont venus de là. Ce n'est pas tant la mort de mon fils qui causa la révolte des Crétois, que la vengeance des dieux irrités contre mes foiblesses, et la haine des peuples, que Protésilas m'avoit attirée. Quand je répandis le sang de mon fils, les Crétois, lassés d'un gouvernement rigoureux, avoient épuisé toute leur patience; et l'horreur de cette dernière action ne fit que montrer au dehors ce qui étoit depuis long-temps dans le fond des cœurs.

VAR. — [1] pas *m.* A. *aj.* B. — [2] je ne pus songer à le détruire. A.

VAR. — [1] Dans la suite, etc. *jusqu'à la fin de l'alinéa*; *m.* A. *aj.* B.

Timocrate me suivit au siége de Troie, et rendoit compte secrètement par ses lettres à Protésilas de tout ce qu'il pouvoit découvrir. Je sentois bien que j'étois en captivité; mais je tâchois de n'y penser pas, désespérant d'y remédier. Quand les Crétois, à mon arrivée, se révoltèrent, Protésilas et Timocrate furent les premiers à s'enfuir. Ils m'auroient sans doute abandonné, si je n'eusse été contraint de m'enfuir presque aussitôt qu'eux. Comptez, mon cher Mentor, que les hommes insolens pendant la prospérité sont toujours foibles et tremblans dans la disgrâce. La tête leur tourne aussitôt que l'autorité absolue leur échappe. On les voit aussi rampans qu'ils ont été hautains; et c'est en un moment qu'ils passent d'une extrémité à l'autre.

Mentor dit à Idoménée : Mais d'où vient donc que, connoissant à fond ces deux méchans hommes, vous les gardez encore auprès de vous comme je les vois ? Je ne suis pas surpris qu'ils vous aient suivi, n'ayant rien de meilleur à faire pour leurs intérêts; je comprends même que vous avez fait une action généreuse de leur donner un asile dans votre nouvel établissement : mais pourquoi vous livrer encore à eux après tant de cruelles expériences ?

Vous ne savez pas, répondit Idoménée, combien toutes les expériences sont inutiles aux princes amollis et inappliqués qui vivent sans réflexion. Ils sont mécontens de tout, et ils n'ont le courage de rien redresser. Tant d'années d'habitude étoient des chaînes de fer qui me lioient à ces deux hommes; et ils m'obsédoient à toute heure. Depuis que je suis ici, ils m'ont jeté dans toutes les dépenses excessives que vous avez vues; ils ont épuisé cet état naissant; ils m'ont attiré cette guerre qui alloit m'accabler sans vous. J'aurois bientôt éprouvé à Salente les mêmes malheurs que j'ai sentis en Crète; mais vous m'avez enfin ouvert les yeux, et vous m'avez inspiré le courage qui me manquoit pour me mettre hors de servitude. Je ne sais ce que vous avez fait en moi; mais, depuis que vous êtes ici, je me sens un autre homme.

Mentor demanda ensuite à Idoménée quelle étoit la conduite de Protésilas dans ce changement des affaires. Rien n'est plus artificieux, répondit Idoménée, que ce qu'il a fait depuis votre arrivée. D'abord il n'oublia rien pour jeter indirectement quelque défiance dans mon esprit. Il ne disoit rien contre vous; mais je voyois diverses gens qui venoient m'avertir que ces deux étrangers étoient fort à craindre. L'un, disoient-ils, est le fils du trompeur Ulysse; l'autre est un homme caché et d'un esprit profond : ils sont accoutumés à errer de royaume en royaume; qui sait s'ils n'ont point formé quelque dessein sur celui-ci ? Ces aventuriers racontent eux-mêmes qu'ils ont causé de grands troubles dans tous les pays où ils ont passé : voici un Etat naissant et mal affermi ; les moindres mouvemens pourroient le renverser.

Protésilas ne disoit rien; mais il tâchoit de me faire entrevoir le danger et l'excès de toutes ces réformes que vous me faisiez entreprendre. Il me prenoit par mon propre intérêt. Si vous mettez, me disoit-il, les peuples dans l'abondance, ils ne travailleront plus; ils deviendront fiers, indociles, et seront toujours prêts à se révolter : il n'y a que la foiblesse et la misère qui les rende souples, et qui les empêche de résister à l'autorité. Souvent il tâchoit de reprendre son ancienne autorité pour m'entraîner; et il la couvroit d'un prétexte de zèle pour mon service. En voulant soulager les peuples, me disoit-il, vous rabaissez la puissance royale; et par là vous faites au peuple même un tort irréparable, car il a besoin qu'on le tienne bas pour son propre repos.

A tout cela je répondois que je saurois bien tenir les peuples dans leur devoir en me faisant aimer d'eux ; en ne relâchant rien de mon autorité, quoique je les soulageasse [1]; en punissant avec fermeté tous les coupables ; enfin, en donnant aux enfants une bonne éducation, et à tout le peuple une exacte discipline, pour le tenir dans une vie simple, sobre et laborieuse. Hé quoi ! disois-je, ne peut-on pas [2] soumettre un peuple sans le faire mourir de faim ? Quelle inhumanité ! quelle politique brutale ! Combien voyons-nous de peuples traités doucement, et très-fidèles à leurs princes ! Ce qui cause les révoltes, c'est l'ambition et l'inquiétude des grands d'un Etat, quand on leur a donné trop de licence, et qu'on a laissé leurs passions s'étendre sans bornes; c'est la multitude des grands et des petits qui vivent dans la mollesse, dans le luxe et dans l'oisiveté; c'est la trop grande abondance d'hommes adonnés à la guerre, qui ont négligé toutes les occupations utiles qu'il faut prendre dans les temps de paix; enfin, c'est le désespoir des peuples maltraités, c'est la dureté, la hauteur des rois, et leur mollesse, qui les rend incapables de veiller sur tous les membres de l'Etat pour prévenir les troubles.

VAR. — [1] je les soulageasse, enfin, en donnant, etc. A. — [2] pas *m*. A. *aj*. B.

Voilà ce qui cause les révoltes, et non pas le pain qu'on laisse manger en paix au laboureur, après qu'il l'a gagné à la sueur de son visage.

Quand Protésilas a vu que j'étois inébranlable dans ces maximes, il a pris un parti tout opposé à sa conduite passée : il a commencé à suivre ces maximes qu'il n'avoit pu détruire; il a fait semblant de les goûter, d'en être convaincu, de m'avoir obligation de l'avoir éclairé là-dessus. Il va au-devant de tout ce que je puis souhaiter pour soulager les pauvres; il est le premier à me représenter leurs besoins, et à crier contre les dépenses excessives. Vous savez même qu'il vous loue, qu'il vous témoigne de la confiance, et qu'il n'oublie rien pour vous plaire. Pour Timocrate, il commence à n'être plus si bien avec Protésilas; il a songé à se rendre indépendant : Protésilas en est jaloux; et c'est en partie par leurs différends que j'ai découvert leur perfidie.

Mentor, souriant, répondit ainsi à Idoménée : Quoi donc! vous avez été foible jusqu'à vous laisser tyranniser pendant tant d'années par deux traîtres dont vous connoissiez la trahison! Ah! vous ne savez pas, répondit Idoménée, ce que peuvent les hommes artificieux sur un roi foible et inappliqué qui s'est livré à eux pour toutes ses affaires. D'ailleurs je vous ai déjà dit que Protésilas entre maintenant dans toutes vos vues pour le bien public. Mentor reprit ainsi le discours d'un air grave : Je ne vois que trop combien les méchans prévalent sur les bons auprès des rois; vous en êtes un terrible exemple. Mais vous dites que je vous ai ouvert les yeux sur Protésilas; et ils sont encore fermés pour laisser le gouvernement de vos affaires à cet homme indigne de vivre. Sachez que les méchans ne sont point des hommes incapables de faire le bien; ils le font indifféremment, de même que le mal, quand il peut servir à leur ambition. Le mal ne leur coûte rien à faire, parce qu'aucun sentiment de bonté ni aucun principe de vertu ne les retient; mais aussi ils font le bien sans peine, parce que leur corruption les porte à le faire pour paroître bons, et pour tromper le reste des hommes. A proprement parler, ils ne sont pas capables de la vertu, quoiqu'ils paroissent la pratiquer; mais ils sont capables d'ajouter à tous leurs autres vices le plus horrible des vices, qui est l'hypocrisie. Tant que vous voudrez absolument faire le bien, Protésilas sera prêt à le faire avec vous, pour conserver l'autorité; mais si peu qu'il sente en vous de facilité à vous relâcher, il n'oubliera rien pour vous faire retomber dans l'égarement, et pour reprendre en liberté son naturel trompeur et féroce. Pouvez-vous vivre avec honneur et en repos, pendant qu'un tel homme vous obsède à toute heure, et que vous savez le sage et le fidèle Philoclès pauvre et déshonoré dans l'île de Samos?

Vous reconnoissez bien, ô Idoménée, que les hommes trompeurs et hardis qui sont présens entraînent les princes foibles; mais vous devriez ajouter que les princes ont encore un autre malheur qui n'est pas moindre; c'est celui d'oublier facilement la vertu et les services d'un homme éloigné. La multitude des hommes qui environnent les princes est cause qu'il n'y en a aucun qui fasse une impression profonde sur eux : ils ne sont frappés que de ce qui est présent, et qui les flatte; tout le reste s'efface bientôt. Surtout la vertu les touche peu, parce que la vertu, loin [1] de les flatter, les contredit et les condamne dans leurs foiblesses. Faut-il s'étonner s'ils ne sont point aimés, puisqu'ils ne sont point aimables, et qu'ils n'aiment rien, que leur grandeur et leur plaisir?

[2] Après avoir dit ces paroles, Mentor persuada à Idoménée qu'il falloit au plus tôt chasser Protésilas et Timocrate, pour rappeler Philoclès. L'unique difficulté qui arrêtoit le Roi, c'est qu'il craignoit la sévérité de Philoclès. J'avoue, disoit-il, que je ne puis m'empêcher de craindre un peu son retour, quoique je l'aime et que je l'estime. Je suis depuis ma tendre jeunesse accoutumé à des louanges, à des empressemens et à des complaisances, que je ne saurois espérer de trouver dans cet homme. Dès que je faisois quelque chose qu'il n'approuvoit pas, son air triste me marquoit assez qu'il me condamnoit. Quand il étoit en particulier avec moi, ses manières étoient respectueuses et modérées, mais sèches.

Ne voyez-vous pas, lui répondit Mentor, que les princes gâtés par la flatterie trouvent sec et austère tout ce qui est libre et ingénu [3]. Ils vont même jusqu'à s'imaginer qu'on n'est pas zélé pour leur service, et qu'on n'aime pas leur autorité, dès qu'on n'a point l'ame servile, et qu'on n'est pas prêt à les flatter dans l'usage le plus injuste de leur puissance. Toute parole libre et généreuse leur paroît hautaine, critique et séditieuse. Ils deviennent si délicats, que tout ce qui n'est point flatteur les blesse et

---

VAR. — [1] bien loin. A. — [2] LIVRE XIV. — [3] et ingénu. Ils deviennent si délicats, etc. A.

les irrite. Mais allons plus loin. Je suppose que Philoclès est effectivement sec et austère . son austérité ne vaut-elle pas mieux que la flatterie pernicieuse de vos conseillers? Où trouverez-vous un homme sans défauts? et le défaut de vous dire trop hardiment la vérité n'est-il pas celui que vous devez le moins craindre? que dis-je? n'est-ce pas un défaut nécessaire pour corriger les vôtres, et pour vaincre ce dégoût de la vérité où la flatterie vous a fait tomber? Il vous faut un homme qui n'aime que la vérité et vous, qui vous aime mieux que vous ne savez vous aimer vous-même; qui vous dise la vérité malgré vous; qui force tous vos retranchemens : et cet homme nécessaire, c'est Philoclès. Souvenez-vous qu'un prince est trop heureux quand il naît un seul homme sous son règne avec cette générosité; qu'il est le plus précieux trésor de l'Etat; et que la plus grande punition qu'il doit craindre des dieux, est de perdre un tel homme, s'il s'en rend indigne faute de savoir s'en servir.

Pour les défauts des gens de bien, il faut les savoir connoître, et ne laisser pas de se servir d'eux. Redressez-les; ne vous livrez jamais aveuglément à leur zèle indiscret; mais écoutez-les favorablement; honorez leur vertu; montrez au public que vous savez la distinguer; [1] surtout gardez-vous bien d'être plus long-temps comme vous avez été jusqu'ici. Les princes gâtés comme vous l'étiez, se contentent de mépriser les hommes corrompus, ne laissent pas de les employer avec confiance et de les combler de bienfaits : d'un autre côté, ils se piquent de connoître aussi les hommes vertueux; mais ils ne leur donnent que de vains éloges, n'osant ni leur confier les emplois, ni les admettre dans leur commerce familier, ni répandre des bienfaits sur eux.

Alors Idoménée dit qu'il étoit honteux d'avoir tant tardé à délivrer l'innocence opprimée, et à punir ceux qui l'avoient trompé. Mentor [2] n'eut même aucune peine à déterminer le Roi à perdre son favori; car aussitôt qu'on est parvenu à rendre les favoris suspects et importuns à leurs maîtres, les princes, lassés et embarrassés, ne cherchent plus qu'à s'en défaire : leur amitié s'évanouit, les services sont oubliés; la chute des favoris ne leur coûte rien, pourvu qu'ils ne les voient plus.

Aussitôt le Roi ordonna en secret à Hégésippe, qui étoit un des principaux officiers de sa maison, de prendre Protésilas et Timocrate, de les conduire en sûreté dans l'île de Samos, de les y laisser, et de ramener Philoclès de ce lieu d'exil. Hégésippe, surpris de cet ordre, ne put s'empêcher de pleurer de joie. C'est maintenant, dit-il au Roi, que vous allez charmer vos sujets. Ces deux hommes ont causé tous vos malheurs et tous ceux de vos peuples : il y a vingt ans qu'ils font gémir tous les gens de bien, et qu'à peine ose-t-on même gémir, tant leur tyrannie est cruelle; ils accablent tous ceux qui entreprennent d'aller à vous par un autre canal que le leur. Ensuite Hégésippe découvrit au Roi un grand nombre de perfidies et d'inhumanités commises par ces deux hommes, dont le Roi n'avoit jamais entendu parler, parce que personne n'osoit les accuser. Il lui raconta même ce qu'il avoit découvert d'une conjuration secrète pour faire périr Mentor. Le Roi eut horreur de tout ce qu'il voyoit.

Hégésippe se hâta d'aller prendre Protésilas dans sa maison : elle étoit moins grande, mais plus commode et plus riante, que celle du Roi; l'architecture étoit de meilleur goût; Protésilas l'avoit ornée avec une dépense tirée du sang des misérables. Il étoit alors dans un salon de marbre auprès de ses bains, couché négligemment sur un lit de pourpre avec une broderie d'or; il paroissoit las et épuisé de ses travaux; ses yeux et ses sourcils montroient je ne sais quoi d'agité, de sombre et de farouche. Les plus grands de l'État étoient autour de lui, rangés sur des tapis, composant leurs visages sur celui de Protésilas, dont ils observoient jusqu'au moindre clin d'œil. A peine ouvroit-il la bouche, que tout le monde se récrioit pour admirer ce qu'il alloit dire. Un des principaux de la troupe lui racontoit avec des exagérations ridicules ce que Protésilas lui-même avoit fait pour le Roi. Un autre lui assuroit que Jupiter, ayant trompé sa mère, lui avoit donné la vie, et qu'il étoit fils du père des dieux. Un poète venoit de lui chanter des vers où il assuroit que Protésilas, instruit par les Muses, avoit égalé Apollon pour tous les ouvrages d'esprit. Un autre poète, encore plus lâche et plus impudent, l'appeloit, dans ses vers, l'inventeur des beaux-arts, et le père des peuples, qu'il rendoit heureux; il le dépeignoit tenant en main la corne d'abondance.

Protésilas écoutoit toutes ces louanges d'un air sec, distrait et dédaigneux, comme un homme qui sait bien qu'il en mérite encore de

---

Var. — [1] et surtout gardez-vous bien d'être comme les princes qui, se contentant de mépriser les hommes corrompus, ne laissent pas de les employer avec confiance et de les combler de bienfaits; et qui, se piquant de connoître aussi les hommes vertueux, ne leur donnent que de vains éloges. A. — [2] Mentor, etc. *jusqu'à la fin de l'alinéa*, m. A. af. B.

plus grandes, et qui fait trop de grâce de se laisser louer. Il y avoit un flatteur qui prit la liberté de lui parler à l'oreille, pour lui dire quelque chose de plaisant contre la police que Mentor tâchoit d'établir. Protésilas sourit; toute l'assemblée se mit aussitôt à rire, quoique la plupart ne pussent point encore savoir ce qu'on avoit dit. Mais Protésilas reprenant bientôt son air sévère et hautain, chacun rentra dans la crainte et dans le silence. Plusieurs nobles cherchoient le moment où Protésilas pourroit se tourner vers eux et les écouter : ils paroissoient émus et embarrassés ; c'est qu'ils avoient à lui demander des grâces : leur posture suppliante parloit pour eux; ils paroissoient aussi soumis qu'une mère aux pieds des autels, lorsqu'elle demande aux dieux la guérison de son fils unique. Tous paroissent contens, attendris, pleins d'admiration pour Protésilas, quoique tous eussent contre lui, dans le cœur, une rage implacable.

Dans ce moment Hégésippe entre, [1] saisit l'épée de Protésilas, et lui déclare, de la part du Roi, qu'il va l'emmener dans l'île de Samos. A ces paroles, toute l'arrogance de ce favori tomba, comme un rocher qui se détache du sommet d'une montagne escarpée. Le voilà qui se jette tremblant et troublé aux pieds d'Hégésippe; il pleure, il hésite, il bégaie, il tremble; il embrasse les genoux de cet homme, qu'il ne daignoit pas, une heure auparavant, honorer d'un de ses regards. Tous ceux qui l'encensoient, le voyant perdu sans ressource, changèrent leurs flatteries en des insultes sans pitié.

Hégésippe ne voulut lui laisser le temps ni de faire ses derniers adieux à sa famille, ni de prendre certains écrits secrets. Tout fut saisi et porté au Roi. Timocrate fut arrêté dans le même temps : et sa surprise fut extrême ; car il croyoit qu'étant brouillé avec Protésilas il ne pouvoit être enveloppé dans sa ruine. Ils partent dans un vaisseau qu'on avoit préparé. On arrive à Samos. Hégésippe y laisse ces deux malheureux ; et, pour mettre le comble à leur malheur, il les laisse ensemble. Là, ils se reprochent avec fureur, l'un à l'autre, les crimes qu'ils ont faits, et qui sont cause de leur chute : ils se trouvent sans espérance de revoir jamais Salente, condamnés à vivre loin de leurs femmes et de leurs enfans; je ne dis pas loin de leurs amis, car ils n'en avoient point. On les menoit dans une terre inconnue, où ils ne devoient plus avoir [1] d'autre ressource pour vivre, que leur travail, eux qui avoient passé tant d'années dans les délices et dans le faste. Semblables à deux bêtes farouches, ils étoient toujours prêts à se déchirer l'un l'autre.

Cependant Hégésippe demanda en quel lieu de l'île demeuroit Philoclès. On lui dit qu'il demeuroit assez loin de la ville, sur une montagne où une grotte lui servoit de maison. Tout le monde lui parla avec admiration de cet étranger. Depuis qu'il est dans cette île, lui disoit-on, il n'a offensé personne : chacun est touché de sa patience, de son travail, de sa tranquillité ; n'ayant rien, il paroît toujours content. Quoiqu'il soit ici loin des affaires, sans biens et sans autorité, il ne laisse pas d'obliger ceux qui le méritent, et il a mille industries pour faire plaisir à tous ses voisins.

Hégésippe s'avance vers cette grotte, il la trouve vide et ouverte ; car la pauvreté et la simplicité des mœurs de Philoclès faisoient qu'il n'avoit, en sortant, aucun besoin de fermer sa porte. Une natte de jonc grossier lui servoit de lit. Rarement il allumoit du feu, parce qu'il ne mangeoit rien de cuit : il se nourrissoit, pendant l'été, de fruits nouvellement cueillis, et, en hiver, de dattes et de figues sèches. Une claire fontaine, qui faisoit une nappe d'eau en tombant d'un rocher, le désaltéroit. Il n'avoit dans sa grotte que les instrumens nécessaires à la sculpture, et quelques livres qu'il lisoit à certaines heures, non pour orner son esprit, ni pour contenter sa curiosité, mais pour s'instruire en se délassant de ses travaux, et pour apprendre à être bon. Pour la sculpture, il ne s'y appliquoit que pour exercer son corps, fuir l'oisiveté, et gagner sa vie sans avoir besoin de personne.

Hégésippe, en entrant dans la grotte, admira les ouvrages qui étoient commencés. Il remarqua un Jupiter, dont le visage serein étoit si plein de majesté, qu'on le reconnoissoit aisément pour le père des dieux et des hommes. D'un autre côté paroissoit Mars avec une fierté rude et menaçante. Mais ce qui étoit de plus touchant, c'étoit une Minerve qui animoit les arts; son visage étoit noble et doux, sa taille grande et libre : elle étoit dans une action si vive, qu'on auroit pu croire qu'elle alloit marcher.

Hégésippe, ayant pris plaisir à voir ces statues, sortit de la grotte, et vit de loin, sous un

---

VAR. — [1] saisit son épée, et lui déclare qu'il va l'emmener dans l'île de Samos. A ces paroles, toute l'arrogance de Protésilas tomba, etc. A.

VAR. — [1] où ils n'auroient d'autre ressource. A.

grand arbre, Philoclès qui lisoit sur le gazon : il va vers lui ; et Philoclès, qui l'aperçoit, ne sait que croire. N'est-ce point là, dit-il en lui-même, Hégésippe, avec qui j'ai si long-temps vécu en Crète? Mais quelle apparence qu'il vienne dans une île si éloignée? Ne seroit-ce point son ombre qui viendroit après sa mort des rives du Styx? Pendant qu'il étoit dans ce doute, Hégésippe arriva si proche de lui, qu'il ne put s'empêcher de le reconnoître et de l'embrasser. Est-ce donc vous, dit-il, mon cher et ancien ami? quel hasard, quelle tempête vous a jeté sur ce rivage? pourquoi avez-vous abandonné l'île de Crète? est-ce une disgrâce semblable à la mienne qui vous a arraché à notre patrie?

Hégésippe lui répondit : Ce n'est point une disgrâce ; au contraire, c'est la faveur des dieux qui me mène ici. Aussitôt il lui raconta la longue tyrannie de Protésilas ; ses intrigues avec Timocrate ; les malheurs où ils avoient précipité Idoménée ; la chute de ce prince ; sa fuite sur les côtes d'Italie, la fondation de Salente ; l'arrivée de Mentor et de Télémaque ; les sages maximes dont Mentor avoit rempli l'esprit du Roi, et la disgrâce des deux traîtres. Il ajouta qu'il les avoit menés à Samos, pour y souffrir l'exil qu'ils avoient fait souffrir à Philoclès ; et il finit en lui disant qu'il avoit ordre de le conduire à Salente, où le Roi, qui connoissoit son innocence, vouloit lui confier ses affaires et le combler de biens.

Voyez-vous, lui répondit Philoclès, cette grotte, plus propre à cacher des bêtes sauvages, qu'à être habitée par des hommes? j'y ai goûté depuis tant d'années plus de douceur et de repos, que dans les palais dorés de l'île de Crète. Les hommes ne me trompent plus ; car je ne vois plus les hommes, je n'entends plus leurs discours flatteurs et empoisonnés : je n'ai plus besoin d'eux ; mes mains, endurcies au travail, me donnent facilement la nourriture simple qui m'est nécessaire : il ne me faut, comme vous voyez, qu'une légère étoffe pour me couvrir. N'ayant plus de besoins, jouissant d'un calme profond et d'une douce liberté, dont la sagesse de mes livres m'apprend à faire un bon usage, qu'irois-je encore chercher parmi les hommes jaloux, trompeurs et inconstans? Non, non, mon cher Hégésippe, ne m'enviez point mon bonheur. Protésilas s'est trahi lui-même, voulant trahir le Roi et me perdre. Mais il ne m'a fait aucun mal ; au contraire, il m'a fait le plus grand des biens, il m'a délivré du tumulte et de la servitude des affaires : je lui dois ma chère solitude et tous les plaisirs innocens que j'y goûte.

Retournez, ô[1] Hégésippe, retournez vers le Roi ; aidez-lui à supporter les misères de la grandeur, et faites auprès de lui ce que vous voudriez que je fisse. Puisque ses yeux, si long-temps fermés à la vérité, ont été enfin ouverts par cet homme sage que vous nommez Mentor, qu'il le retienne auprès de lui. Pour moi, après mon naufrage, il ne me convient pas de quitter le port[2] où la tempête m'a heureusement jeté, pour me remettre à la merci des flots. O que les rois sont à plaindre ! ô que ceux qui les servent sont dignes de compassion ! S'ils sont méchans, combien font-ils souffrir les hommes ! et quels tourmens leur sont préparés dans le noir Tartare ! S'ils sont bons, quelles difficultés n'ont-ils pas à vaincre ! quels piéges à éviter ! quels maux à souffrir ! Encore une fois, Hégésippe, laissez-moi dans mon heureuse pauvreté.

Pendant que Philoclès parloit ainsi avec beaucoup de véhémence, Hégésippe le regardoit avec étonnement. Il l'avoit vu autrefois en Crète, lorsqu'il[3] gouvernoit les plus grandes affaires, maigre, languissant et épuisé ; c'est que son naturel ardent et austère le consumoit dans le travail ; il ne pouvoit voir sans indignation le vice impuni ; il vouloit dans les affaires une certaine exactitude qu'on n'y trouve jamais : ainsi ses emplois détruisoient sa santé délicate. Mais, à Samos, Hégésippe le voyoit gras et vigoureux ; malgré les ans, la jeunesse fleurie s'étoit renouvelée sur son visage ; une vie sobre, tranquille et laborieuse lui avoit fait comme un nouveau tempérament.

Vous êtes surpris de me voir si changé, dit alors Philoclès en souriant ; c'est ma solitude qui m'a donné cette fraîcheur et cette santé parfaite : mes ennemis m'ont donné ce que je n'aurois jamais pu trouver dans la plus grande fortune. Voulez-vous que je perde les vrais biens pour courir après les faux, et pour me replonger dans mes anciennes misères ? Ne soyez pas plus cruel que Protésilas ; du moins ne m'enviez pas le bonheur que je tiens de lui.

Alors Hégésippe lui représenta, mais inutilement, tout ce qu'il crut propre à le toucher. Êtes-vous donc, lui disoit-il, insensible au plaisir de revoir vos proches et vos amis, qui soupirent après votre retour, et que la seule espérance de vous embrasser comble de joie ? Mais

VAR. — [1] ô *m.* A. *aj.* B. — [2] Pour moi, il ne me convient plus, après le naufrage, de quitter le port, etc. A. — [3] pendant qu'il. A.

vous, qui craignez les dieux, et qui aimez votre devoir, comptez-vous pour rien de servir votre roi, de l'aider dans tous les biens qu'il veut faire, et de rendre tant de peuples heureux? Est-il permis de s'abandonner à une philosophie sauvage, de se préférer à tout le reste du genre humain, et d'aimer mieux son repos que le bonheur de ses concitoyens? Au reste, on croira que c'est par ressentiment, que vous ne voulez plus voir le Roi. S'il vous a voulu faire du mal, c'est qu'il ne vous a point connu : ce n'étoit pas le véritable, le bon, le juste Philoclès qu'il a voulu faire périr ; c'étoit un homme bien différent de vous qu'il vouloit punir. Mais maintenant qu'il vous connoît, et qu'il ne vous prend plus pour un autre, il sent toute son ancienne amitié revivre dans son cœur : il vous attend ; déjà il vous tend les bras pour vous embrasser ; dans son impatience, il compte les jours et les heures. Aurez-vous le cœur assez dur pour être inexorable à votre Roi et à tous vos plus tendres amis?

Philoclès, qui avoit d'abord été attendri en reconnoissant Hégésippe, reprit son air austère en écoutant ce discours. Semblable à un rocher contre lequel les vents combattent en vain, et où toutes les vagues vont se briser en gémissant, il demeuroit immobile ; et les prières ni les raisons ne trouvoient aucune ouverture pour entrer dans son cœur. Mais, au moment où Hégésippe commençoit à désespérer de le vaincre, Philoclès, ayant consulté les dieux, découvrit, par le vol des oiseaux, par les entrailles des victimes, et par divers autres présages, qu'il devoit suivre Hégésippe. Alors il ne résista plus, il se prépara à partir ; mais ce ne fut pas sans regretter le désert où il avoit passé tant d'années. Hélas! disoit-il, faut-il que je vous quitte, ô aimable grotte, où le sommeil paisible venoit toutes les nuits me délasser des travaux du jour! Ici les Parques me filoient, au milieu de ma pauvreté, des jours d'or et de soie. Il se prosterna, en pleurant, pour adorer la naïade qui l'avoit si long-temps désaltéré par son onde claire ; et les nymphes qui habitoient dans toutes les montagnes voisines. Écho entendit ses regrets, et, d'une triste voix, les répéta à toutes les divinités champêtres.

Ensuite Philoclès vint à la ville avec Hégésippe pour s'embarquer. Il crut que le malheureux Protésilas, plein de honte et de ressentiment, ne voudroit point le voir : mais il se trompoit ; car les hommes corrompus n'ont aucune pudeur, et ils sont toujours prêts à toutes sortes de bassesses. Philoclès se cachoit modestement, de peur d'être vu par ce misérable ; il craignoit d'augmenter sa misère en lui montrant la prospérité d'un ennemi qu'on alloit élever sur ses ruines. Mais Protésilas cherchoit avec empressement Philoclès ; il vouloit lui faire pitié, et l'engager à demander au Roi qu'il pût retourner à Salente. Philoclès étoit trop sincère pour lui promettre de travailler à le faire rappeler ; car il savoit mieux que personne combien son retour eût été pernicieux : mais il lui parla fort doucement, lui témoigna de la compassion, tâcha de le consoler, l'exhorta à apaiser les dieux par des mœurs pures et par une grande patience dans ses maux. Comme il avoit appris que le Roi avoit ôté à Protésilas tous ses biens injustement acquis, il lui promit deux choses, qu'il exécuta fidèlement dans la suite : l'une, fut de prendre soin de sa femme et de ses enfants, qui étoient demeurés à Salente, dans une affreuse pauvreté, exposés à l'indignation publique ; l'autre étoit d'envoyer à Protésilas, dans cette île éloignée, quelque secours d'argent pour adoucir sa misère.

Cependant les voiles s'enflent d'un vent favorable. Hégésippe, impatient, se hâte de faire partir Philoclès. Protésilas les voit embarquer : ses yeux demeurent attachés et immobiles sur le rivage ; ils suivent le vaisseau qui fend les ondes, et que le vent éloigne toujours. Lors même qu'il ne peut plus le voir, il en repeint encore l'image dans son esprit. Enfin, troublé, furieux, livré à son désespoir, il s'arrache les cheveux, se roule sur le sable, reproche aux dieux leur rigueur, appelle en vain à son secours la cruelle mort, qui, sourde à ses prières, ne daigne le délivrer de tant de maux, et qu'il n'a pas le courage de se donner lui-même.

Cependant le vaisseau, favorisé de Neptune et des vents, arriva bientôt à Salente. On vint dire au Roi qu'il entroit déjà dans le port : aussitôt il courut au-devant de Philoclès avec Mentor ; il l'embrassa tendrement, lui témoigna un sensible regret de l'avoir persécuté avec tant d'injustice. Cet aveu, bien loin de paroître une foiblesse dans un roi, fut regardé par tous les Salentins comme l'effort d'une grande ame, qui s'élève au-dessus de ses propres fautes, en les avouant avec courage pour les réparer. Tout le monde pleuroit de joie de revoir l'homme de bien qui avoit toujours aimé le peuple, et d'entendre le Roi parler avec tant de sagesse et de bonté. Philoclès, avec un air respectueux et modeste, recevoit les caresses du Roi, et avoit impatience de se dérober aux acclamations du peuple ; il suivit le Roi au palais. Bientôt Mentor et lui furent dans la même confiance que s'ils avoient passé leur vie ensemble, quoiqu'ils ne se fussent jamais vus; c'est que les dieux, qui ont refusé aux méchans des yeux pour connoître les bons, ont donné aux bons de quoi se connoître les uns les autres. Ceux qui ont le goût de la vertu ne peuvent être ensemble sans être unis par la vertu [1] qu'ils aiment.

Bientôt Philoclès demanda au Roi de se retirer, auprès de Salente, dans une solitude, où il continua à vivre pauvrement comme il avoit vécu à Samos. Le Roi alloit avec Mentor le voir presque tous les jours dans son désert. C'est là qu'on examinoit les moyens d'affermir les lois, et de donner une forme solide au gouvernement pour le bonheur public.

Les deux principales choses qu'on examina furent l'éducation des enfans, et la manière de vivre pendant la paix. Pour les enfans, Mentor disoit : Ils appartiennent moins à leurs parens, qu'à la république; ils sont les enfans du peuple, ils en sont l'espérance et la force; il n'est pas temps de les corriger quand ils se sont corrompus. C'est peu de les exclure des emplois, lorsqu'on voit qu'ils s'en sont rendus indignes; il vaut bien mieux prévenir le mal, que d'être réduit à le punir. Le Roi, ajoutoit-il, qui est le père de tout son peuple, est encore plus particulièrement le père de toute la jeunesse, qui est la fleur de toute la nation. C'est dans la fleur qu'il faut préparer les fruits : que le Roi ne dédaigne donc pas de veiller sur l'éducation qu'on donne aux enfans; qu'il tienne ferme pour faire observer les lois de Minos, qui ordonnent qu'on élève les enfans dans le mépris de la douleur et de la mort; qu'on mette l'honneur à fuir les délices et les richesses; que l'injustice et le mensonge, l'ingratitude [2] et la mollesse passent pour des vices infâmes; qu'on leur apprenne, dès leur tendre enfance, à chanter les louanges des héros qui ont été aimés des dieux, qui ont fait des actions généreuses pour leurs patries, et qui ont fait éclater leur courage dans les combats; que le charme de la musique saisisse leurs âmes pour rendre leurs mœurs douces et pures; qu'ils apprennent à être tendres pour leurs amis, fidèles à leurs alliés, équitables pour tous les hommes, même pour leurs plus cruels ennemis; qu'ils craignent moins la mort et les tourmens, que le moindre reproche de leurs consciences. Si, de bonne heure, on remplit les enfans de ces grandes maximes, et qu'on les fasse entrer dans leur cœur par la douceur du chant, il y en aura peu qui ne s'enflamment de l'amour de la gloire et de la vertu.

Mentor ajoutoit qu'il étoit capital d'établir des écoles publiques [1] pour accoutumer la jeunesse aux plus rudes exercices du corps, et [2] pour éviter la mollesse et l'oisiveté, qui corrompent les plus beaux naturels; il vouloit une grande variété de jeux et de spectacles qui animassent tout le peuple, mais surtout qui exerçassent les corps pour les rendre adroits, souples et [3] vigoureux : il ajoutait des prix pour exciter une noble émulation. Mais ce qu'il souhaitoit le plus pour les bonnes mœurs, c'est que les jeunes gens se mariassent de bonne heure, et que leurs parens, sans aucune vue d'intérêt, leur laissassent choisir des femmes agréables de corps et d'esprit, auxquelles ils pussent s'attacher.

Mais pendant qu'on préparait ainsi les moyens de conserver la jeunesse pure, innocente, laborieuse, docile, et passionnée pour la gloire, Philoclès, qui aimoit la guerre, disoit à Mentor : En vain vous occuperez les jeunes gens à tous ces exercices, si vous les laissez languir dans une paix continuelle, où ils n'auront aucune expérience de la guerre, ni aucun besoin de s'éprouver sur la valeur. Par là vous affoiblirez insensiblement la nation; les courages s'amolliront; les délices corrompront les mœurs : d'autres peuples belliqueux n'auront aucune peine à les vaincre; et, pour avoir voulu éviter les maux que la guerre entraîne après elle, ils tomberont dans une affreuse servitude.

Mentor lui répondit : Les maux de la guerre sont encore plus horribles que vous ne pensez. La guerre épuise un Etat, et le met toujours en danger de périr, lors même qu'on remporte les plus grandes victoires. Avec quelques avantages qu'on la commence, on n'est jamais sûr de la finir sans être exposé aux plus tragiques renversemens de fortune. Avec quelque supériorité de forces qu'on s'engage dans un combat, le moindre mécompte, une terreur panique, un rien vous arrache la victoire qui étoit déjà dans vos mains, et la transporte chez vos ennemis. Quand même on tiendroit dans son camp la victoire comme enchaînée, on se détruit soi-même en détruisant ses ennemis; on dépeuple son pays; on laisse les terres presque incultes; on trouble le commerce; mais, ce qui est bien

---

VAR. — [1] par ce qu'ils aiment. A. — [2] l'ingratitude m. A. rj. B.

VAR. — [1] L'auteur a ajouté entre les lignes : palestres, gymnases. A — [2] et [3] et m. A. aj. B.

pis, on affoiblit les meilleures lois, et on laisse corrompre les mœurs : la jeunesse ne s'adonne plus aux lettres; le pressant besoin fait qu'on souffre une licence pernicieuse dans les troupes; la justice, la police, tout souffre de ce désordre. Un roi qui verse le sang de tant d'hommes, et qui cause tant de malheurs pour acquérir un peu de gloire, ou pour étendre les bornes de son royaume, est indigne de la gloire qu'il cherche, et mérite de perdre ce qu'il possède, pour avoir voulu usurper ce qui ne lui appartient pas.

Mais voici le moyen d'exercer le courage d'une nation en temps de paix. Vous avez déjà vu les exercices du corps que nous établissons, les prix qui exciteront l'émulation, les maximes de gloire et de vertu dont on remplira les ames des enfans, presque dès le berceau, par le chant des grandes actions des héros; ajoutez à ces secours celui d'une vie sobre et laborieuse. Mais ce n'est pas tout : aussitôt qu'un peuple allié de votre nation aura une guerre, il faut y envoyer la fleur de votre jeunesse, surtout ceux en qui on remarquera le génie de la guerre, et qui seront les plus propres à profiter de l'expérience. Par là vous conserverez une haute réputation chez vos alliés : votre alliance sera recherchée, on craindra de la perdre : sans avoir la guerre chez vous et à vos dépens, vous aurez toujours une jeunesse aguerrie et intrépide. Quoique vous ayez la paix chez vous, vous ne laisserez pas ¹ de traiter avec de grands honneurs ceux qui auront le talent de la guerre : car le vrai moyen d'éloigner la guerre et de conserver une longue paix, c'est de cultiver les armes; c'est d'honorer les hommes qui excellent ² dans cette profession; c'est d'en avoir toujours qui s'y soient exercés dans les pays étrangers, et qui connoissent les forces, la discipline militaire et les manières de faire la guerre des peuples voisins ; c'est d'être également incapable et de faire la guerre par ambition, et de la craindre par mollesse. Alors étant toujours prêt à la faire pour la nécessité, on parvient à ne l'avoir presque jamais.

Pour les alliés, quand ils sont prêts à se faire la guerre les uns aux autres, c'est à vous à vous rendre médiateur. Par là vous acquérez une gloire solide et plus sûre que celle des conquérans; vous gagnez l'amour et l'estime des étrangers; ils ont tous besoin de vous : vous régnez sur eux par la confiance, comme vous régnez sur vos sujets par l'autorité; vous devenez ¹ le dépositaire des secrets, l'arbitre des traités, le maître des cœurs; votre réputation vole dans tous les pays les plus éloignés : votre nom est comme un parfum délicieux qui s'exhale ² de pays en pays chez les peuples les plus reculés ³. En cet état, qu'un peuple voisin vous attaque contre les règles de la justice, il vous trouve aguerri, préparé; mais, ce qui est bien plus fort, il vous trouve aimé et ⁴ secouru; tous vos voisins s'alarment pour vous, et sont persuadés que votre conservation fait la sûreté publique. Voilà un rempart bien plus assuré que toutes les murailles des villes, et que toutes les places les mieux fortifiées; voilà la véritable gloire. Mais qu'il y a peu de rois qui sachent la chercher, et qui ne s'en éloignent point ! Ils courent après une ombre trompeuse, et laissent derrière eux le vrai honneur, faute de le connoître.

Après que Mentor eut parlé ainsi, Philoclès étonné le regardoit; puis il jetoit les yeux sur le Roi, et étoit charmé de voir avec quelle avidité Idoménée recueilloit au fond de son cœur toutes les paroles qui sortoient, comme un fleuve de sagesse, de la bouche de cet étranger.

Minerve, sous la figure de Mentor, établissoit ainsi dans Salente toutes les meilleures lois et les plus utiles maximes du gouvernement, moins pour faire fleurir le royaume d'Idoménée, que pour montrer à Télémaque, quand il reviendroit, un exemple sensible de ce qu'un sage gouvernement peut faire pour rendre les peuples heureux, et pour donner à un bon roi une gloire durable.

VAR. — ¹ vous demeurez. B. C. P. H. *f. du cop.* — ² qui s'exhale de tous côtés. En cet état, etc. A. — ³ éloignés. B. — ⁴ et *m.* A. *aj.* B.

VAR. — ¹ ne laissez pas. A. — ² excellens. B. C. P. H. *f. du cop.* B. Il avoit oublié le mot *qui*; l'auteur, en revoyant cette copie, ajouta une *s* à *excellent*. Nous suivons l'original avec D.

LIVRE XII [1].

Télémaque, pendant son séjour chez les alliés, gagne l'affection de leurs principaux chefs, et celle même de Philoctète, d'abord indisposé contre lui à cause d'Ulysse son père. Philoctète lui raconte ses aventures, et l'origine de sa haine contre Ulysse; il lui montre les funestes effets de la passion de l'amour, par l'histoire tragique de la mort d'Hercule. Il lui apprend comment il obtint de ce héros les flèches fatales, sans lesquelles la ville de Troie ne pouvoit être prise; comment il fut puni d'avoir trahi le secret de la mort d'Hercule, par tous les maux qu'il eut à souffrir dans l'île de Lemnos; enfin comment Ulysse se servit de Néoptolème, pour l'engager à se rendre au siége de Troie, où il fut guéri de sa blessure par les fils d'Esculape.

CEPENDANT Télémaque montroit son courage dans les périls de la guerre. En partant de Salente, il s'appliqua à gagner l'affection des vieux capitaines, dont la réputation et l'expérience étoient au comble. Nestor, qui l'avoit déjà vu à Pylos, et qui avoit toujours aimé Ulysse, le traitoit comme s'il eût été son propre fils. Il lui donnoit les instructions qu'il appuyoit de divers exemples; il lui racontoit toutes les aventures de sa jeunesse, et tout ce qu'il avoit vu faire de plus remarquable aux héros de l'âge passé. La mémoire de ce sage vieillard, qui avoit vécu trois âges d'homme, étoit comme une histoire des anciens temps gravée sur le marbre ou sur l'airain.

Philoctète n'eut pas d'abord la même inclination que Nestor [2] pour Télémaque : la haine qu'il avoit nourrie si long-temps dans son cœur contre Ulysse l'éloignoit de son fils; et il ne pouvoit voir qu'avec peine tout ce qu'il sembloit que les dieux préparoient en faveur de ce jeune homme, pour le rendre égal aux héros qui avoient renversé la ville de Troie. Mais enfin la modération de Télémaque vainquit tous les ressentimens de Philoctète; il ne put se défendre d'aimer cette vertu douce et modeste. Il prenoit souvent Télémaque, et lui disoit : Mon fils (car je ne crains plus de vous nommer ainsi), votre père et moi, je l'avoue, nous avons été long-temps ennemis l'un de l'autre : j'avoue même qu'après que nous eûmes fait tomber la superbe ville de Troie, mon cœur n'étoit point encore apaisé; et, quand je vous ai vu, j'ai senti de la peine à aimer la vertu dans le fils d'Ulysse. Je me le suis souvent reproché. Mais enfin la vertu, quand elle est douce, simple, ingénue et modeste, surmonte tout. Ensuite Philoctète [1] s'engagea insensiblement à lui raconter ce qui avoit allumé dans son cœur tant de haine contre Ulysse.

Il faut, dit-il, reprendre mon histoire de plus haut. Je suivois partout le grand Hercule, qui a délivré la terre de tant de monstres, et devant qui les autres héros n'étoient que comme sont les foibles roseaux auprès d'un grand chêne, ou comme les moindres oiseaux en présence de l'aigle. Ses malheurs et les miens vinrent d'une passion qui cause tous les désastres les plus affreux; c'est l'amour. Hercule, qui avoit vaincu tant de monstres, ne pouvoit vaincre cette passion honteuse; et le cruel enfant Cupidon se jouoit de lui. Il ne pouvoit se ressouvenir, sans rougir de honte, qu'il avoit autrefois oublié sa gloire jusqu'à filer auprès d'Omphale, reine de Lydie, comme le plus lâche et le plus efféminé de tous les hommes; tant il avoit été entraîné par un amour aveugle. Cent fois il m'a avoué que cet endroit de sa vie avoit terni sa vertu, et presque effacé la gloire de tous ses travaux.

Cependant [2], ô dieux! telle est la foiblesse et l'inconstance des hommes, ils se promettent tout d'eux-mêmes, et ne résistent à rien. Hélas! le grand Hercule retomba dans les piéges de l'Amour qu'il avoit si souvent détesté; il aima Déjanire. Trop heureux s'il eût été constant dans cette passion [3] pour une femme qui fut son épouse! Mais bientôt la jeunesse d'Iole, sur le visage de laquelle les grâces étoient peintes, ravit [4] son cœur. Déjanire brûla de jalousie, elle se ressouvint de cette fatale tunique que le centaure Nessus lui avoit laissée, en mourant, comme un moyen assuré de réveiller l'amour d'Hercule toutes les fois qu'il paroîtroit la négliger pour en aimer quelque autre. [5] Cette tunique, pleine de sang venimeux du centaure, renfermoit le poison des flèches dont ce monstre avoit été percé. Vous savez que les flèches d'Hercule, qui tua ce perfide centaure, avoient été trempées dans le sang de l'hydre de Lerne, et que ce sang empoisonnoit ces flèches, en sorte que toutes les blessures qu'elles faisoient étoient incurables.

Hercule, s'étant revêtu de cette tunique, sentit bientôt le feu dévorant qui se glissoit jus-

---

VAR. — [1] LIVRE XV. — [2] que Nestor *m.* A. *aj.* B.

VAR. — [1] Ensuite Philoctète lui déclara qu'il étoit résolu de lui raconter, etc. A. — [2] Cependant il retomba, etc. A. — [3] dans cet amour. A. — [4] enlevèrent. A : ravirent. B : *tous les éditeurs ont corrigé* ravit. — [5] Hélas! cette tunique, etc. A.

que dans la moelle de ses os ; il poussoit des cris horribles, dont le mont Œta résonnoit, et faisoit retentir toutes les profondes vallées ; la mer même en paroissoit émue : les taureaux les plus furieux [1], qui auroient mugi dans leurs combats, n'auroient pas fait un bruit aussi affreux. Le malheureux Lichas, qui lui avoit apporté de la part de Déjanire cette tunique, ayant osé s'approcher de lui, Hercule, dans le transport de sa douleur, le prit, le fit pirouetter comme un frondeur fait avec sa fronde tourner la pierre qu'il veut jeter loin de lui. Ainsi Lichas, lancé du haut de la montagne par la puissante main d'Hercule, tomboit [2] dans les flots de la mer, où il fut changé tout-à-coup en un rocher qui garde encore la figure humaine, et qui, étant toujours battu par les vagues irritées, épouvante de loin les sages pilotes.

Après ce malheur de Lichas, je crus que je ne pouvois plus me fier à Hercule ; je songeois à me cacher dans les cavernes les plus profondes. Je le voyois déraciner sans peine d'une main [3] les hauts sapins et les vieux chênes qui, depuis plusieurs siècles, avoient méprisé les vents et les tempêtes. De l'autre main il tâchoit en vain d'arracher de dessus son dos la fatale tunique ; elle s'étoit collée sur sa peau, et comme incorporée à ses membres. A mesure qu'il la déchiroit, il déchiroit aussi sa peau et sa chair ; son sang ruisseloit et trempoit la terre. Enfin sa vertu surmontant sa douleur, il s'écria : Tu vois, ô mon cher Philoctète, les maux que les dieux me font souffrir : ils sont justes ; c'est moi qui les ai offensés ; j'ai violé l'amour conjugal. Après avoir vaincu tant d'ennemis, je me suis lâchement laissé vaincre par l'amour d'une beauté étrangère ; je péris ; et je suis content de périr pour apaiser les dieux. Mais, hélas ! cher ami, où est-ce que tu fuis ? L'excès de la douleur m'a fait commettre, il est vrai, contre ce misérable Lichas, une cruauté que je me reproche : il n'a pas su quel poison il me présentoit ; il n'a point mérité ce que je lui ai fait souffrir : mais crois-tu que je puisse oublier l'amitié que je te dois, et vouloir t'arracher la vie ? Non, non, je ne cesserai point d'aimer Philoctète. Philoctète recevra dans son sein mon ame prête à s'envoler : c'est lui qui recueillera mes cendres. Où es-tu donc, ô mon cher Philoctète ! Philoctète, la seule espérance qui me reste ici-bas ?

A ces mots, je me hâte de courir vers lui ; il me tend les bras, et veut m'embrasser ; mais il se retient, dans la crainte d'allumer dans mon sein le feu cruel dont il est lui-même brûlé. Hélas ! dit-il, cette consolation même ne m'est plus permise. En parlant ainsi, il assemble tous ces arbres qu'il vient d'abattre ; il en fait un bûcher sur le sommet de la montagne ; il monte tranquillement sur le bûcher ; il étend la peau du lion de Némée, qui avoit si long-temps couvert ses épaules [1] lorsqu'il alloit d'un bout de la terre à l'autre abattre les monstres et délivrer les malheureux ; il s'appuie sur sa massue, et il m'ordonne d'allumer le feu du bûcher. Mes mains, tremblantes et saisies d'horreur, ne purent lui refuser ce cruel office ; car la vie n'étoit plus pour lui un présent des dieux, tant elle étoit funeste ! Je craignis même que l'excès de ses douleurs ne le transportât jusqu'à faire quelque chose d'indigne de cette vertu qui avoit étonné l'univers. Comme il vit que la flamme commençoit à prendre au bûcher : C'est maintenant, s'écria-t-il, mon cher Philoctète, que j'éprouve ta véritable amitié ; car tu aimes mon honneur plus que ma vie. Que les dieux te le rendent ! Je te laisse ce que j'ai de plus précieux sur la terre, ces flèches trempées dans le sang de l'hydre de Lerne. Tu sais que les blessures qu'elles font sont incurables ; par elles tu seras invincible, comme j'ai été, et aucun mortel n'osera combattre contre toi. Souviens-toi que je meurs fidèle à notre amitié, et n'oublie jamais combien tu m'as été cher. Mais, s'il est vrai que tu sois touché de mes maux, tu peux me donner une dernière consolation : promets-moi de ne découvrir jamais à aucun mortel ni ma mort ni le lieu où tu auras caché mes cendres. Je le lui promis ; hélas ! je le jurai même, en arrosant son bûcher de mes larmes. Un rayon de joie parut dans ses yeux : mais tout-à-coup un tourbillon de flammes qui l'enveloppa étouffa sa voix, et le déroba presque à ma vue. Je le voyois encore un peu néanmoins au travers des flammes, avec un visage aussi serein que s'il eût été couronné de fleurs et couvert de parfums, dans la joie d'un festin délicieux, au milieu de tous ses amis.

Le feu consuma bientôt tout ce qu'il y avoit de terrestre et de mortel en lui. Bientôt il ne lui resta rien de tout ce qu'il avoit reçu, dans sa naissance, de sa mère Alcmène ; mais il conserva, par l'ordre de Jupiter, cette nature

---

VAR. — [1] mille bœufs qui auroient mugi ensemble n'auroient pas, etc. A. — [2] tomba. *Edit. sans autorité.* — [3] Je le voyois qui d'une main déracinoit sans peine les hauts sapins, etc. A.

VAR. — [1] couvert ses épaules ; il s'appuie, etc. A. — [2] un peu m. A. aj. B.

subtile et immortelle, cette flamme céleste qui est le vrai principe de vie, et qu'il avoit reçue du père des dieux. Ainsi il alla avec eux, sous les voûtes dorées du brillant Olympe, boire le nectar, où les dieux lui donnèrent pour épouse l'aimable Hébé, qui est la déesse de la jeunesse, et qui versoit le nectar dans la coupe du grand Jupiter, avant que Ganymède eût reçu cet honneur.

Pour moi, je trouvai une source inépuisable de douleurs dans ces flèches qu'il m'avait données pour m'élever au-dessus de tous les héros. Bientôt les rois ligués entreprirent de venger Ménélas de l'infâme Pâris, qui avait enlevé Hélène, et de renverser l'empire de Priam. L'oracle d'Apollon leur fit entendre qu'ils ne devaient point espérer de finir heureusement cette guerre, à moins qu'ils n'eussent les flèches d'Hercule.

Ulysse, votre père, qui étoit toujours le plus éclairé et le plus industrieux dans tous les conseils, se chargea de me persuader d'aller avec eux au siège de Troie, et d'y apporter ces flèches qu'il croyoit que j'avois. Il y avoit déjà long-temps qu'Hercule ne paroissoit plus sur la terre : on n'entendoit plus parler d'aucun nouvel exploit de ce héros ; les monstres et les scélérats recommençoient à paroître impunément. Les Grecs ne savoient que croire de lui : les uns disoient qu'il étoit mort ; d'autres soutenoient qu'il étoit allé sous l'Ourse glacée dompter les Scythes. Mais Ulysse soutint qu'il étoit mort, et entreprit de me le faire avouer. Il me vint trouver dans un temps où je ne pouvois encore me consoler d'avoir perdu le grand Alcide. Il eut une extrême peine à m'aborder ; car je ne pouvois plus voir les hommes ; je ne pouvois souffrir qu'on m'arrachât de ces déserts du mont Œta, où j'avois vu périr mon ami ; je ne songeois qu'à me repeindre l'image de ce héros, et qu'à pleurer à la vue de ces tristes lieux. Mais là douce et puissante persuasion étoit sur les lèvres de votre père : il parut presque aussi affligé que moi, il versa des larmes ; il sut gagner insensiblement mon cœur et attirer ma confiance ; il m'attendrit pour les rois grecs qui alloient combattre pour une juste cause, et qui ne pouvoient réussir sans moi. Il ne put jamais néanmoins m'arracher le secret de la mort d'Hercule, que j'avois juré de ne dire jamais ; mais il ne doutoit point qu'il ne fût mort, et il me pressoit de lui découvrir le lieu où j'avois caché ses cendres.

Hélas ! j'eus horreur de faire un parjure, en lui disant un secret que j'avois promis aux dieux de ne dire jamais ; mais j'eus la foiblesse d'éluder mon serment, n'osant le violer ; les dieux m'en ont puni : je frappai du pied la terre à l'endroit où j'avois mis les cendres d'Hercule. Ensuite j'allai joindre les rois ligués, qui me reçurent avec la même joie qu'ils auroient reçu Hercule même. Comme je passois dans l'île de Lemnos, je voulus montrer à tous les Grecs ce que mes flèches pouvoient faire. Me préparant à percer un daim qui s'élançoit dans un bois, je laissai, [1] par mégarde, tomber la flèche de l'arc sur mon pied, et elle me fit une blessure que je ressens encore. Aussitôt j'éprouvai les mêmes douleurs qu'Hercule avoit souffertes ; je remplissois nuit et jour l'île de mes cris : un sang noir et corrompu, coulant de ma plaie, infectoit l'air, et répandoit dans le camp des Grecs une puanteur capable de suffoquer les hommes les plus vigoureux. Toute l'armée eut horreur de me voir dans cette extrémité ; chacun conclut que c'étoit un supplice qui m'étoit envoyé par les justes dieux.

Ulysse, qui m'avoit engagé dans cette guerre, fut le premier à m'abandonner. J'ai reconnu, depuis, qu'il l'avoit fait parce qu'il préféroit l'intérêt commun de la Grèce, et la victoire [2], à toutes les raisons d'amitié ou de bienséance particulière. On ne pouvoit plus sacrifier dans le camp, tant l'horreur de ma plaie, son infection et la violence de mes cris troubloient toute l'armée. Mais au moment où je me vis abandonné de tous les Grecs par le conseil d'Ulysse, cette politique me parut pleine de la plus horrible inhumanité et de la plus noire trahison. Hélas ! j'étois aveugle, et je ne voyois pas qu'il étoit juste que les plus sages hommes fussent contre moi, de même que les dieux que j'avois irrités.

Je demeurai, presque pendant tout le siège de Troie, seul, sans secours, sans espérance, sans soulagement, livré à d'horribles douleurs, dans cette île déserte et sauvage, où je n'entendois que le bruit des vagues de la mer qui se brisoient contre les rochers. Je trouvai, [3] au milieu de cette solitude, une caverne vide dans un rocher qui élevoit vers le ciel deux pointes semblables à deux têtes : de ce rocher sortoit une fontaine claire. Cette caverne étoit la retraite des bêtes farouches, à la fureur desquelles j'étois exposé nuit et jour. J'amassai quelques feuilles pour me coucher. Il ne me

VAR. — [1] par mégarde, je laissai, etc. A. — [2] et la victoire qu'on cherchoit, à toutes les raisons d'amitié, etc. A. — [3] Je trouvé, dans cette solitude. A.

restoit, pour tout bien, qu'un pot de bois grossièrement travaillé, et quelques habits déchirés, dont j'enveloppois ma plaie pour arrêter le sang, et dont je me servois aussi pour la nettoyer. Là, abandonné des hommes, et livré à la colère des dieux, je passois mon temps à percer de mes flèches les colombes et les autres oiseaux qui voloient autour de ce rocher. Quand j'avois tué quelque oiseau pour ma nourriture, il falloit que je me traînasse contre terre avec douleur pour aller ramasser ma proie : ainsi mes mains me préparoient de quoi me nourrir.

Il est vrai que les Grecs, en partant, me laissèrent quelques provisions; mais elles durèrent peu. J'allumois du feu avec des cailloux. Cette vie, toute affreuse qu'elle est, m'eût paru douce loin des hommes ingrats et trompeurs, si la douleur ne m'eût accablé, et si je n'eusse sans cesse repassé dans mon esprit ma triste aventure. Quoi! disois-je, tirer un homme de sa patrie, comme le seul homme qui puisse venger la Grèce, et puis l'abandonner dans cette île déserte pendant son sommeil! car ce fut pendant mon sommeil que les Grecs partirent. Jugez quelle fut ma surprise, et [1] combien je versai des larmes à mon réveil, quand je vis les vaisseaux fendre les ondes. Hélas! cherchant de tous côtés dans cette île sauvage et horrible, je ne trouvai que la douleur. Dans cette île, il n'y a ni port, ni commerce, ni hospitalité, ni hommes qui y abordent volontairement. On n'y voit que les malheureux [2] que les tempêtes y ont jetés, et on n'y peut espérer de société que par des naufrages : encore même ceux qui venoient en ce lieu n'osoient me prendre pour me ramener; ils craignoient la colère des dieux et celle des Grecs.

Depuis dix ans je souffrois la honte, la douleur, la faim; je nourrissois une plaie qui me dévoroit; l'espérance même étoit éteinte dans mon cœur. Tout-à-coup, revenant de chercher des plantes médicinales pour ma plaie, j'aperçus dans mon antre un jeune homme beau, gracieux, mais fier, et d'une taille de héros. Il me sembla que je voyois Achille, tant il en avait les traits, les regards et la démarche : son âge [3] seul me fit comprendre que ce ne pouvait être lui. Je remarquai sur son visage tout ensemble la compassion et l'embarras : il fut touché de voir avec quelle peine et quelle lenteur je me traînois; les cris perçans et douloureux dont je faisois retentir les échos de tout ce rivage attendrirent son cœur.

O étranger! lui dis-je d'assez loin, quel malheur t'a conduit dans cette île inhabitée? je reconnois l'habit grec, cet habit qui m'est encore si cher. O qu'il me tarde d'entendre ta voix, et de trouver sur tes lèvres cette langue que j'ai apprise dès l'enfance, et que je ne puis plus parler à personne depuis si long-temps dans cette solitude! Ne sois point effrayé de voir un homme si malheureux; tu dois en avoir pitié.

A peine Néoptolème m'eut dit, Je suis Grec, que je m'écriai : O douce parole, après tant d'années de silence et de douleur sans consolation! O mon fils! quel malheur, quelle tempête, ou plutôt quel vent favorable t'a conduit ici pour finir mes maux? Il me répondit : Je suis de l'île de Scyros, j'y retourne; on dit que je suis fils d'Achille : tu sais tout.

Des paroles si courtes ne contentaient pas ma curiosité; je lui dis : O fils d'un père que j'ai tant aimé! cher nourrisson de Lycomède, comment viens-tu donc ici? d'où viens-tu? Il me répondit qu'il venoit du siége de Troie. Tu n'étois pas, lui dis-je, de la première expédition. Et toi, me dit-il, en étois-tu? Alors je lui répondis : Tu ne connois, je le vois bien, ni le nom de Philoctète, ni ses malheurs. Hélas! infortuné que je suis! mes persécuteurs m'insultent dans ma misère : la Grèce ignore ce que je souffre; ma douleur augmente. Les Atrides m'ont mis en cet état : que les dieux le leur rendent.

Ensuite je lui racontai de quelle manière les Grecs m'avoient abandonné. Aussitôt qu'il eut écouté mes plaintes, il me fit les siennes. Après la mort d'Achille, me dit-il.... D'abord je l'interrompis, en lui disant : Quoi! Achille est mort? Pardonne-moi, mon fils, si je trouble ton récit par les larmes que je dois à ton père. Néoptolème me répondit : Vous me consolez en m'interrompant; qu'il m'est doux de voir Philoctète pleurer mon père!

Néoptolème, reprenant son discours, me dit : Après la mort d'Achille, Ulysse et Phénix me vinrent chercher, assurant qu'on ne pouvoit sans moi renverser la ville de Troie. Ils n'eurent aucune peine à m'emmener; car la douleur de la mort d'Achille, et le désir d'hériter de sa gloire dans cette célèbre guerre, m'engageaient assez à les suivre. J'arrive à Sigée; l'armée s'assemble autour de moi : chacun jure qu'il revoit Achille : mais, hélas! il n'étoit plus. Jeune et sans expérience, je

---

VAR. — [1] et m. A. aj. B. — [2] On n'y voit que ceux que les tempêtes, etc. A. — [3] l'âge seul. A.

croyois [1] pouvoir tout espérer de ceux qui me donnoient tant de louanges. D'abord [2] je demande aux Atrides les armes de mon père ; ils me répondent cruellement : Tu auras le reste de ce qui lui appartenoit ; mais pour ses armes, elles sont destinées à Ulysse. Aussitôt je me trouble, je pleure, je m'emporte ; mais Ulysse, sans s'émouvoir, me disait : Jeune homme, tu n'étois pas avec nous dans les périls de ce long siége ; tu n'as pas mérité de telles armes ; et tu parles déjà trop fièrement ; jamais tu ne les auras. Dépouillé injustement par Ulysse, je m'en retourne dans l'île de Scyros, moins indigné contre Ulysse que contre les Atrides. Que quiconque est leur ennemi puisse être l'ami des dieux ! O Philoctète, j'ai tout dit.

Alors je demandai à Néoptolème comment Ajax Télamonien n'avoit pas empêché cette injustice. Il est mort, me répondit-il. Il est mort ! m'écriai-je ; et Ulysse ne meurt point ! au contraire, il fleurit dans l'armée ! Ensuite je lui demandai des nouvelles d'Antiloque fils du sage Nestor, et de Patrocle si chéri par Achille. Ils sont morts aussi, me dit-il. Aussitôt je m'écriai encore : Quoi, morts ! Hélas ! que me dis-tu ? La cruelle guerre moissonne les bons, et épargne les méchans. Ulysse est donc en vie ? Thersite l'est aussi sans doute ? Voilà ce que font les dieux ; et nous les louerions encore !

Pendant que j'étois dans cette fureur contre votre père, Néoptolème continuait à me tromper ; il ajouta ces tristes paroles : Loin de l'armée grecque, où le mal prévaut sur le bien, je vais vivre content dans la sauvage île de Scyros. Adieu : je pars. Que les dieux vous [3] guérissent ! Aussitôt je lui dis : O mon fils, je te conjure, par les mânes de ton père, par ta mère, par tout ce que tu as de plus cher sur la terre, de ne me laisser pas seul dans ces maux que tu vois. Je n'ignore pas combien je te serai à charge ; mais il y auroit de la honte à m'abandonner : jette-moi [4] à la proue, à la poupe, dans la sentine même, partout où je t'incommoderai le moins. Il n'y a que les grands cœurs qui sachent combien il y a de gloire à être bon. Ne me laisse point en un désert où il n'y a aucun vestige d'homme ; mène-moi dans ta patrie, ou dans l'Eubée, qui n'est pas loin du mont Œta, de Trachine, et des bords agréables du fleuve Sperchius : rends-moi à mon père. Hélas ! je crains qu'il ne soit mort !

Je lui avois mandé de m'envoyer un vaisseau : ou il est mort, ou bien [1] ceux qui m'avoient promis de lui le dire [2] ne l'ont pas fait. J'ai recours à toi, ô mon fils ! souviens-toi de la fragilité des choses humaines. Celui qui est dans la prospérité doit craindre d'en abuser, et secourir les malheureux.

Voilà ce que l'excès de la douleur me faisoit dire à Néoptolème ; il me promit de m'emmener. Alors je m'écriai encore : O heureux jour ! ô aimable Néoptolème, digne de la gloire de son père ! Chers compagnons de ce voyage, souffrez que je dise adieu à cette triste demeure. Voyez où j'ai vécu, comprenez ce que j'ai souffert : nul autre n'eût pu le souffrir ; mais la nécessité m'avoit instruit, et elle apprend aux hommes ce qu'ils ne pourroient jamais savoir autrement. Ceux qui n'ont jamais souffert ne savent rien ; ils ne connoissent ni les biens ni les maux : ils ignorent les hommes ; ils s'ignorent eux-mêmes. Après avoir parlé ainsi, je pris mon arc et mes flèches. Néoptolème me pria de souffrir qu'il les baisât, ces armes si célèbres, et consacrées par l'invincible Hercule. Je lui répondis : Tu peux tout ; c'est toi, mon fils, qui me rends aujourd'hui la lumière, ma patrie, mon père accablé de vieillesse, mes amis, moi-même : tu peux toucher ces armes, et te vanter d'être le seul d'entre les Grecs qui ait mérité de les toucher. Aussitôt Néoptolème entre dans ma grotte pour admirer mes armes.

Cependant une douleur cruelle me saisit, elle me trouble, je ne sais plus ce que je fais, je demande un glaive tranchant pour couper mon pied ; je m'écrie : O mort tant désirée ! que ne viens-tu ? O jeune homme ! brûle-moi tout-à-l'heure comme je brûlai le fils de Jupiter. O terre ! ô terre ! reçois un mourant qui ne peut plus se relever. De ce transport de douleur, je tombe soudainement, selon ma coutume, dans un assoupissement profond ; une grande sueur commença à me soulager ; un sang noir et corrompu coula de ma plaie. Pendant mon sommeil, il eût été facile à Néoptolème d'emporter mes armes et de partir ; mais il étoit fils d'Achille, et n'étoit pas né pour tromper. En m'éveillant, je reconnus son embarras : il soupiroit comme un homme qui ne sait pas dissimuler, et qui agit contre son cœur. [3] Me veux-tu surprendre ? lui dis-je : qu'y a-t-il

Var. — [1] je crois. A. — [2] D'abord m. A. aj. B. — [3] te guérissent. A. — [4] jette-moi dans la proue, dans la poupe, etc. A.

Var. — [1] ou ceux, etc. A. — [2] de lui dire ma misère. Édit. contre tous les Mss. — [3] Me veux-tu donc surprendre ? lui dis-je : qu'y a-t-il ? Il faut, me répondit-il, que tu me suives au siége de Troie. A.

donc? Il faut, me répondit-il, que vous me suiviez au siége de Troie. Je repris aussitôt : Ah! qu'as-tu dit, mon fils? Rends-moi cet arc; je suis trahi! ne m'arrache pas la vie. Hélas! il ne répond rien; il me regarde tranquillement; rien ne le touche. O rivages! ô promontoires de cette île! ô bêtes farouches! ô rochers escarpés! c'est à vous que je me plains; car je n'ai que vous à qui je puisse me plaindre : vous êtes accoutumés à mes gémissemens. Faut-il que je sois trahi par le fils d'Achille! il m'enlève l'arc sacré d'Hercule; il veut me traîner dans le camp des Grecs pour triompher de moi; il ne voit pas que c'est triompher d'un mort, d'une ombre, d'une image vaine. O s'il m'eût attaqué dans ma force!... mais, encore à présent, ce n'est que par surprise. Que ferai-je? Rends, mon fils, rends : sois semblable à ton père, semblable à toi-même. Que dis-tu?... Tu ne dis rien! O rocher sauvage! je reviens à toi, nu, misérable, abandonné, sans nourriture; je mourrai seul dans cet antre : n'ayant plus mon arc pour tuer des bêtes, les bêtes me dévoreront; n'importe. Mais, mon fils, tu ne parois pas méchant : quelque conseil te pousse; rends mes armes, va-t'en.

Néoptolème, les larmes aux yeux, disoit tout bas : Plût aux dieux que je ne fusse jamais parti de Scyros! Cependant je m'écrie : Ah! que vois-je? n'est-ce pas Ulysse? Aussitôt j'entends sa voix, et il me répond : Oui, c'est moi. Si le sombre royaume de Pluton se fût entr'ouvert, et que j'eusse vu le noir Tartare, que les dieux mêmes craignent d'entrevoir [1], je n'aurois pas été saisi, je l'avoue, d'une plus grande horreur. Je m'écriai encore : O terre de Lemnos! je te prends à témoin! O soleil, tu le vois, et tu le souffres! Ulysse me répondit sans s'émouvoir : Jupiter le veut, et je l'exécute. Oses-tu, lui disois-je, nommer Jupiter? Vois-tu ce jeune homme qui n'étoit pas né pour la fraude, et qui souffre en exécutant ce que tu l'obliges de faire? Ce n'est pas pour vous tromper, me dit Ulysse, ni pour vous nuire, que nous venons; c'est pour vous délivrer, vous guérir, vous donner la gloire de renverser Troie, et vous ramener dans votre patrie. C'est vous, et non pas Ulysse, qui êtes l'ennemi de Philoctète.

Alors je dis à votre père tout ce que la fureur pouvoit m'inspirer. Puisque tu m'as abandonné sur ce rivage, lui disois-je, que ne m'y laisses-tu en paix? Va chercher la gloire des combats et tous les plaisirs; jouis de ton bonheur avec les Atrides. laisse-moi ma misère et ma douleur. Pourquoi m'enlever? Je ne suis plus rien; je suis déjà mort. Pourquoi ne crois-tu pas encore aujourd'hui, comme tu le croyois autrefois, que je ne saurois partir; que mes cris et l'infection de ma plaie troubleroient les sacrifices? O Ulysse, auteur de mes maux, que les dieux puissent te!..... Mais les dieux ne m'écoutent point; au contraire, ils excitent mon ennemi. O terre de ma patrie, que je ne reverrai jamais!.... O dieux, s'il en reste encore quelqu'un d'assez juste pour avoir pitié de moi, punissez, punissez Ulysse; alors je me croirai [1] guéri.

Pendant que je parlois ainsi, votre père, tranquille, me regardoit avec un air de compassion, comme un homme qui, loin d'être irrité, supporte et excuse le trouble d'un malheureux que la fortune a irrité [2]. Je le voyois [3] semblable à un rocher, qui, sur le sommet d'une montagne, se joue de la fureur des vents, et laisse épuiser leur rage, pendant qu'il demeure immobile. Ainsi votre père, demeurant dans le silence, attendoit que ma colère fût épuisée; car il savoit qu'il ne faut attaquer les passions des hommes, pour les réduire à la raison, que quand elles commencent à s'affoiblir par une espèce de lassitude. Ensuite il me dit ces paroles : O Philoctète, qu'avez-vous fait de votre raison et de votre courage? voici le moment de s'en servir. Si vous refusez de nous suivre pour remplir les grands desseins de Jupiter sur vous, adieu; vous êtes indigne d'être le libérateur de la Grèce et le destructeur de Troie. Demeurez à Lemnos; ces armes, que j'emporte, me donneroient une gloire qui vous étoit destinée. Néoptolème, partons; il est inutile de lui parler : la compassion pour un seul homme ne doit pas nous faire abandonner le salut de la Grèce entière.

Alors je me sentis comme une lionne à qui on vient d'arracher ses petits; elle remplit les forêts de ses rugissemens. O caverne, disois-je, jamais je ne te quitterai; tu seras mon tombeau! O séjour de ma douleur, plus de nourriture, plus d'espérance! qui me donnera un glaive pour me percer? O si les oiseaux de proie pouvoient m'enlever!.... Je ne les percerai plus de mes flèches! O arc précieux, arc consacré par les mains du fils de Jupiter! O cher Hercule, s'il te reste encore quelque sentiment,

---

Var. — [1] craignent de voir. A.

Var. — [1] je me croirois. A. — [2] a aigri. Edit. correct. du marq. de Fén. — [3] Je le voyois m. A. aj. B.

n'es-tu pas indigné ? Cet arc n'est plus dans les mains de ton fidèle ami ; il est dans les mains impures et trompeuses d'Ulysse. Oiseaux de proie, bêtes farouches, ne fuyez plus cette caverne, mes mains n'ont plus de flèches. Misérable, je ne puis vous nuire, venez m'enlever[1] ! ou plutôt que la foudre de l'impitoyable Jupiter m'écrase !

Votre père, ayant tenté tous les autres moyens pour me persuader, jugea enfin que le meilleur étoit de me rendre mes armes ; il fit signe à Néoptolème, qui me les rendit aussitôt. [2] Alors je lui dis : Digne fils d'Achille, tu montres que tu l'es. Mais laisse-moi percer mon ennemi. Aussitôt je voulus tirer une flèche contre votre père ; mais Néoptolème m'arrêta, en me disant : La colère vous trouble, et vous empêche de voir l'indigne action que vous voulez faire. Pour Ulysse, il paroissoit aussi tranquille contre mes flèches, que contre mes injures. Je me sentis touché de cette intrépidité et de cette patience. J'eus honte d'avoir voulu, dans ce premier transport, me servir de mes armes pour tuer celui qui me les avoit fait rendre ; mais, comme mon ressentiment n'étoit pas encore apaisé, j'étois inconsolable de devoir mes armes à un homme que je haïssois tant. Cependant Néoptolème me disoit : Sachez que le divin Hélénus, fils de Priam, étant sorti de la ville de Troie par l'ordre et par l'inspiration des dieux, nous a dévoilé l'avenir. La malheureuse Troie tombera, a-t-il dit ; mais elle ne peut tomber qu'après qu'elle aura été attaquée par celui qui tient les flèches d'Hercule : cet homme ne peut guérir que quand il sera devant les murailles de Troie ; les enfans d'Esculape le guériront.

En ce moment je sentis mon cœur partagé : j'étois touché de la naïveté de Néoptolème, et de la bonne foi avec laquelle il m'avoit rendu mon arc ; mais je ne pouvois me résoudre à voir encore le jour, s'il falloit céder à Ulysse ; et une mauvaise honte me tenoit en suspens. Me verra-t-on, disois-je en moi-même, avec Ulysse et avec les Atrides ? Que croira-t-on de moi ?

Pendant que j'étois dans cette incertitude, tout-à-coup j'entends une voix plus qu'humaine : je vois Hercule dans un nuage éclatant ; il étoit environné de rayons de gloire. Je reconnus facilement ses traits un peu rudes [3], son corps robuste, et ses manières simples ; mais il avoit une hauteur et une majesté qui n'avoient jamais paru si grandes [1] en lui quand il domptoit les monstres. Il me dit : Tu entends, tu vois Hercule. J'ai quitté le haut Olympe pour t'annoncer les ordres de Jupiter. Tu sais par quels travaux j'ai acquis l'immortalité : il faut que tu ailles avec le fils d'Achille, pour marcher sur mes traces dans le chemin de la gloire. Tu guériras ; tu perceras de mes flèches Pâris auteur de tant de maux. Après la prise de Troie, tu enverras de riches dépouilles à Péan ton père, sur le mont Œta ; ces dépouilles seront mises sur mon tombeau comme un monument de la victoire due à mes flèches. Et toi, ô fils d'Achille ! je te déclare que tu ne peux vaincre sans Philoctète, ni Philoctète sans toi. Allez donc comme deux lions qui cherchent ensemble leur proie. J'enverrai Esculape à Troie pour guérir Philoctète. Surtout, ô Grecs, aimez et observez la religion : le reste meurt ; elle ne meurt jamais.

Après avoir entendu ces paroles, je m'écriai : O heureux jour, douce lumière, tu te montres enfin après tant d'années ! Je t'obéis, je pars après avoir salué ces lieux. Adieu, cher antre. Adieu, nymphes de ces prés humides. Je n'entendrai plus le bruit sourd des vagues de cette mer. Adieu, rivage où tant de fois j'ai souffert les injures de l'air. Adieu, promontoire où Echo répéta tant de fois mes gémissemens. Adieu, douces fontaines qui me fûtes si amères. Adieu, ô terre de Lemnos ; laisse-moi partir heureusement, puisque je vais où m'appelle la volonté des dieux et de mes amis !

Ainsi nous partîmes : nous arrivâmes au siége de Troie. Machaon et Podalyre, par la divine science de leur père Esculape, me guérirent, ou du moins me mirent dans l'état où vous me voyez. Je ne souffre plus ; j'ai retrouvé toute ma vigueur : mais je suis un peu boiteux. Je fis tomber Pâris comme un timide faon de biche qu'un chasseur perce de ses traits. Bientôt Ilion fut réduite [2] en cendres ; vous savez le reste. J'avois néanmoins encore je ne sais quelle aversion pour le sage Ulysse, par le souvenir de mes maux ; et sa vertu ne pouvoit apaiser ce ressentiment : mais la vue d'un fils qui lui ressemble, et que je ne puis m'empêcher d'aimer, m'attendrit le cœur pour le père même.

VAR. — [1] si grandes *m.* A. *aj. n.* — [2] réduit. A.

VAR. — [1] me dévorer. *Edit. sans autorité.* — [2] qui me les rendit. Aussitôt je lui dis. A. — [3] un peu grossiers. A.

LIVRE XIII [1].

Télémaque, pendant son séjour chez les alliés, trouve de grandes difficultés pour se ménager parmi tant de rois jaloux les uns des autres. Il entre en différend avec Phalante, chef des Lacédémoniens, pour quelques prisonniers faits sur les Dauniens, et que chacun prétendoit lui appartenir. Pendant que la cause se discute dans l'assemblée des rois alliés, Hippias, frère de Phalante, va prendre les prisonniers pour les emmener à Tarente. Télémaque irrité attaque Hippias avec fureur, et le terrasse dans un combat singulier. Mais bientôt, honteux de son emportement, il ne songe qu'au moyen de le réparer. Cependant Adraste, roi des Dauniens, informé du trouble et de la consternation occasionnés dans l'armée des alliés par le différend de Télémaque et d'Hippias, va les attaquer à l'improviste. Après avoir surpris cent de leurs vaisseaux, pour transporter ses troupes dans leur camp, il y met d'abord le feu, commence l'attaque par le quartier de Phalante, tue son frère Hippias; et Phalante lui-même tombe percé de coups. A la première nouvelle de ce désordre, Télémaque, revêtu de ses armes divines, s'élance hors du camp, rassemble autour de lui l'armée des alliés, et dirige les mouvemens avec tant de sagesse, qu'il repousse en peu de temps l'ennemi victorieux. Il eût même remporté une victoire complète, si une tempête survenue n'eût séparé les deux armées. Après le combat, Télémaque visite les blessés, et leur procure tous les soulagemens dont ils peuvent avoir besoin. Il prend un soin particulier de Phalante, et des funérailles d'Hippias, dont il va lui-même porter les cendres à Phalante, dans une urne d'or.

PENDANT que Philoctète avait raconté ainsi ses aventures, Télémaque étoit [2] demeuré comme suspendu et immobile. Ses yeux étoient attachés sur ce grand homme qui parloit. Toutes les passions différentes qui avoient agité Hercule, Philoctète, Ulysse, Néoptolème, paroissoient tour à tour sur le visage naïf de Télémaque, à mesure qu'elles étoient représentées dans la suite de cette narration. Quelquefois il s'écrioit, et interrompoit Philoctète sans y penser; quelquefois il paroissoit rêveur comme un homme qui pense profondément à la suite des affaires. Quand Philoctète dépeignit l'embarras de Néoptolème, qui ne savoit point dissimuler, Télémaque parut dans le même embarras; et dans ce moment on l'auroit pris pour Néoptolème.

Cependant l'armée des alliés marchoit en bon ordre contre Adraste, roi des Dauniens, qui méprisoit les dieux, et qui ne cherchoit qu'à tromper les hommes. Télémaque trouva de grandes difficultés pour se ménager parmi tant de rois jaloux les uns des autres. Il falloit ne se rendre suspect à aucun, et se faire aimer de tous. Son naturel étoit bon et sincère, mais peu caressant; il ne s'avisoit guère de ce qui pouvoit faire plaisir aux autres : il n'étoit point attaché aux richesses, mais il ne savoit point donner. Ainsi, avec un cœur noble et porté au bien, il ne paroissoit ni obligeant, ni sensible à l'amitié, ni libéral, ni reconnoissant des soins qu'on prenoit pour lui, ni attentif à distinguer le mérite. Il suivoit son goût sans réflexion. Sa mère Pénélope l'avoit nourri, malgré Mentor, dans une hauteur et une fierté qui ternissoient tout ce qu'il y avoit de plus aimable en lui. Il se regardoit comme étant d'une autre nature que le reste des hommes; les autres ne lui sembloient mis sur la terre par les dieux, que pour lui plaire [1], pour le servir, pour prévenir tous ses désirs, et pour rapporter tout à lui comme à une divinité. Le bonheur de le servir étoit, selon lui, une assez haute récompense pour ceux qui le servoient. Il ne falloit jamais rien trouver d'impossible quand il s'agissoit de le contenter; et les moindres retardemens irritoient son naturel ardent.

Ceux qui l'auroient vu ainsi dans son naturel auroient jugé qu'il étoit incapable d'aimer autre chose que lui-même, qu'il n'étoit insensible qu'à sa gloire et à son plaisir; mais cette indifférence pour les autres et cette attention continuelle sur lui-même ne venoient que du transport continuel où il étoit jeté par la violence de ses passions. [2] Il avoit été flatté par sa mère dès le berceau, et il étoit un grand exemple du malheur de ceux qui naissent dans l'élévation. Les rigueurs de la fortune, qu'il sentit dès sa première jeunesse, n'avoient pu modérer cette impétuosité et cette hauteur. Dépourvu de tout, abandonné, exposé à tant de maux, il n'avoit rien perdu de sa fierté; et se relevoit toujours, comme la palme souple se relève sans cesse d'elle-même, quelque effort qu'on fasse pour l'abaisser.

Pendant que Télémaque étoit avec Mentor, ces défauts ne paroissoient point, et ils se diminuoient tous les jours. Semblable à un coursier fougueux qui bondit dans les vastes prairies, que ni les rochers escarpés, ni les précipices, ni les torrens n'arrêtent, qui ne connoît que la voix et la main d'un seul homme capable de le dompter, Télémaque, plein d'une noble ardeur, ne pouvoit être retenu que par le seul Mentor.

VAR. — [1] LIVRE XVI. — [2] avoit. A. B.

VAR. — [1] pour lui plaire, le servir, prévenir tous ses désirs, et rapporter tout à lui, etc. A. — [2] De plus il avoit été flatté. A.

Mais aussi un de ses regards l'arrêtoit tout-à-coup dans sa plus grande impétuosité : il entendoit d'abord ce que signifioit ce regard ; il rappeloit d'abord [1] dans son cœur tous les sentimens de la vertu. La sagesse [2] rendoit en un moment son visage doux et serein. Neptune, quand il élève son trident, et qu'il menace les flots soulevés, n'apaise point plus soudainement les noires tempêtes.

Quand Télémaque se trouva seul, toutes ces [3] passions, suspendues comme un torrent arrêté par une forte digue, reprirent leur cours : il ne put souffrir l'arrogance des Lacédémoniens, et de Phalante qui étoit à leur tête. Cette colonie, qui étoit venue fonder Tarente, étoit composée de jeunes hommes nés pendant le siége de Troie, qui n'avoient eu aucune éducation : leur naissance illégitime, le déréglement de leurs mères, la licence dans laquelle ils avoient été élevés, leur donnoit je ne sais quoi de farouche et de barbare. Ils ressembloient plutôt à une troupe de brigands, qu'à une colonie grecque.

Phalante, en toute occasion, cherchoit à contredire Télémaque ; souvent il l'interrompoit dans les assemblées, méprisant ses conseils comme ceux d'un jeune homme sans expérience : il en faisoit des railleries, le traitant de foible et d'efféminé ; il faisoit remarquer aux chefs de l'armée ses moindres fautes. Il tâchoit de semer partout la jalousie, et de rendre la fierté de Télémaque odieuse à tous les alliés.

Un jour, Télémaque ayant fait sur les Dauniens quelques prisonniers, Phalante prétendit que ces captifs devoient lui appartenir, parce que c'étoit lui, disoit-il, qui, à la tête de [4] ses Lacédémoniens, avoit défait cette troupe d'ennemis ; et que Télémaque, trouvant les Dauniens déjà vaincus et mis en fuite, n'avoit eu d'autre peine que celle de leur donner la vie et de les mener dans le camp. Télémaque soutenoit, au contraire, que c'étoit lui qui avoit empêché Phalante d'être vaincu, et qui avoit remporté la victoire sur les Dauniens. Ils allèrent tous deux défendre leurs causes dans l'assemblée des rois alliés. Télémaque s'y emporta jusqu'à menacer Phalante ; ils se fussent battus sur-le-champ, si on ne les eût arrêtés.

Phalante avoit un frère nommé Hippias, célèbre dans toute l'armée par sa valeur, par sa force et par son adresse. Pollux, disoient les Tarentins, ne combattoit pas mieux du ceste ; Castor n'eût pu le surpasser pour conduire un cheval ; il avoit presque la taille et la force d'Hercule. Toute l'armée le craignoit ; car il étoit encore plus querelleur et plus brutal, qu'il n'étoit fort et vaillant. Hippias, ayant vu avec quelle hauteur Télémaque avoit menacé son frère, va à la hâte prendre les prisonniers pour les emmener à Tarente, sans attendre le jugement de l'assemblée. Télémaque, à qui on vint le dire en secret, sortit en frémissant de rage. Tel qu'un sanglier écumant, qui cherche le chasseur par lequel il a été blessé, on le voyoit errer dans le camp, cherchant des yeux son ennemi, et branlant le dard dont il le vouloit percer. Enfin il le rencontre ; et, en le voyant, sa fureur se redouble. Ce n'étoit plus ce sage Télémaque, instruit par Minerve sous la figure de Mentor ; c'étoit un frénétique, ou un lion furieux.

Aussitôt il crie à Hippias : Arrête, ô le plus lâche de tous les hommes ! arrête ; nous allons voir si tu pourras m'enlever les dépouilles de ceux que j'ai vaincus. Tu ne les conduiras point à Tarente ; va, descends tout-à-l'heure dans les rives sombres du Styx. Il dit, et il lança son dard ; mais il le lança avec tant de fureur, qu'il ne put mesurer son coup ; le dard ne toucha point Hippias. Aussitôt Télémaque prend son épée, dont la garde étoit d'or, et que Laërte lui avoit donnée, quand il partit d'Ithaque, comme un gage de sa tendresse. Laërte s'en étoit servi avec beaucoup de gloire, pendant qu'il étoit jeune ; elle avoit été teinte du sang de plusieurs fameux capitaines des Epirotes, dans une guerre où Laërte fut victorieux. A peine Télémaque eut tiré cette épée, qu'Hippias, qui vouloit profiter de l'avantage de sa force, se jeta pour l'arracher des mains du jeune fils d'Ulysse. L'épée se rompt dans leurs mains ; ils se saisissent et se serrent l'un l'autre. Les voilà comme deux bêtes cruelles [1] qui cherchent à se déchirer ; le feu brille dans leurs yeux ; ils se raccourcissent ; ils s'allongent, ils s'abaissent, ils se relèvent, ils s'élancent, ils sont altérés de sang. Les voilà aux prises, pied contre pied, main contre main : ces deux corps entrelacés sembloient n'en faire qu'un. Mais Hippias, d'un âge plus avancé, sembloit [2] devoir accabler Télémaque, dont la tendre jeunesse étoit moins nerveuse. Déjà Télémaque,

---

VAR. — [1] aussitôt. *Edit. correct. du marq. de Fén.* — [2] Sa sagesse. P. La sagesse de Mentor. H. D. *sans autorité.* — [3] ses. *Edit. contre les Mss.* — [4] des Lacédémoniens. B. C. *Edit.* On lit dans l'original : *à la tête ses Lacédémoniens ;* nous suppléons *de*, avec les premiers éditeurs.

VAR. — [1] deux lions. A. — [2] paroissoit. *Edit. correct. du marq. de Fén.*

hors d'haleine, sentoit ses genoux chancelans. Hippias, le voyant ébranlé, redoubloit ses efforts. C'étoit fait du fils d'Ulysse; il alloit porter la peine de sa témérité et de son emportement, si Minerve, qui veilloit de loin sur lui, et qui ne le laissoit dans cette extrémité de péril que pour l'instruire, n'eût déterminé la victoire en sa faveur.

Elle ne quitta point le palais de Salente; mais elle envoya Iris, la prompte messagère des dieux. Celle-ci, volant d'une aile légère, fendit les espaces immenses des airs, laissant après elle une longue trace de lumière qui peignoit un nuage de mille diverses[1] couleurs. Elle ne se reposa que sur le rivage de la mer où étoit campée l'armée innombrable des alliés : elle voit de loin la querelle, l'ardeur et les efforts des deux combattans; elle frémit à la vue du danger où étoit le jeune Télémaque; elle s'approche, enveloppée d'un nuage clair qu'elle avoit formé de vapeurs subtiles. Dans le moment où Hippias, sentant toute sa force, se crut victorieux, elle couvrit le jeune nourrisson de Minerve de l'égide que la sage déesse lui avoit confiée. Aussitôt Télémaque, dont les forces étoient épuisées, commence à se ranimer. A mesure qu'il se ranime, Hippias se trouble; il sent je ne sais quoi de divin qui l'étonne et qui l'accable. Télémaque le presse et[2] l'attaque, tantôt dans une situation, tantôt dans une autre; il l'ébranle, il ne lui laisse aucun moment pour se rassurer; enfin il le jette à terre et tombe sur lui. Un grand chêne du mont Ida, que la hache a coupé par mille coups dont toute la forêt a retenti, ne fait pas un plus horrible bruit en tombant; la terre en gémit; tout ce qui l'environne en est ébranlé.

Cependant la sagesse étoit revenue avec la force au-dedans de Télémaque. A peine Hippias fut-il tombé sous lui, que le fils d'Ulysse comprit[3] la faute qu'il avoit faite d'attaquer ainsi le frère d'un des rois alliés qu'il étoit venu secourir : il rappela en lui-même, avec confusion, les sages conseils de Mentor : il eut honte de sa victoire, et comprit[4] combien il avoit mérité d'être vaincu. Cependant Phalante, transporté de fureur, accouroit au secours de son frère : il eût percé Télémaque d'un dard qu'il portoit, s'il n'eût craint de percer aussi Hippias, que Télémaque tenoit sous lui dans la poussière. Le fils d'Ulysse eût pu sans peine ôter la vie à son ennemi; mais sa colère étoit apaisée, et il ne songeoit plus qu'à réparer sa faute en montrant de la modération. Il se lève en disant : O Hippias ! il me suffit de vous avoir appris à ne mépriser jamais ma jeunesse; vivez : j'admire votre force et votre courage. Les dieux m'ont protégé; cédez à leur puissance : ne songeons plus qu'à combattre ensemble contre les Dauniens.

Pendant que Télémaque parloit ainsi, Hippias se relevoit couvert de poussière et de sang, plein de honte et de rage. Phalante n'osoit ôter la vie à celui qui venoit de la donner si généreusement à son frère; il étoit en suspens et hors de lui-même. Tous les rois alliés accoururent : ils mènent d'un côté Télémaque, de l'autre Phalante et Hippias, qui, ayant perdu sa fierté, n'osoit lever les yeux. Toute l'armée ne pouvoit assez s'étonner que Télémaque, dans un âge si tendre, où les hommes n'ont point encore toute leur force, eût pu renverser Hippias, semblable[1] en force et en grandeur à ces géans, enfans de la terre, qui osèrent[2] autrefois chasser de l'Olympe les immortels.

Mais le fils d'Ulysse étoit bien éloigné de jouir du plaisir de cette victoire. Pendant qu'on ne pouvoit se lasser de l'admirer, il se retira dans sa tente, honteux de sa faute, et ne pouvant plus se supporter lui-même. Il gémissoit de sa promptitude; il reconnoissoit combien il étoit injuste et déraisonnable dans ses emportemens; il trouvoit je ne sais quoi de vain, de foible et de bas, dans cette hauteur démesurée[3]. Il reconnoissoit que la véritable grandeur n'est que dans la modération, la justice, la modestie et l'humanité : il le voyoit; mais il n'osoit espérer de se corriger après tant de rechutes; il étoit aux prises avec lui-même, et on l'entendoit rugir comme un lion furieux.

Il demeura deux jours renfermé seul dans sa tente, ne pouvant se résoudre à se rendre dans aucune société, et se punissant soi-même. Hélas! disoit-il, oserai-je revoir Mentor? Suis-je le fils d'Ulysse, le plus sage et le plus patient des hommes? Suis-je venu porter la division et le désordre dans l'armée des alliés? est-ce leur sang ou celui des Dauniens leurs ennemis, que je dois répandre? J'ai été téméraire; je n'ai pas même su lancer[4] mon dard; je me suis exposé dans un combat avec Hippias à forces inégales; je n'en devois[5] attendre que la mort, avec la honte d'être vaincu. Mais qu'importe?

VAR. — [1] différentes. A. — [2] et m. A. aj. B. — [3] qu'il comprit. A. — [4] comprit bien qu'il avoit, etc. B. C. f. du cop. vit bien P. H. comprit qu'il avoit, etc. D.

VAR. — [1] qui étoit semblable. A. — [2] qui tentèrent autrefois de chasser. Edit. correct du marq. de Fén. — [3] démesurée et injuste. A. B. — [4] j'ai oublié de lancer. A. — je ne devois. A.

je ne serois plus; non, je ne serois plus ce téméraire Télémaque, ce jeune insensé, qui ne profite d'aucun conseil : ma honte finiroit avec ma vie. Hélas! si je pouvois au moins espérer de ne plus faire ce que je suis désolé d'avoir fait? trop heureux! trop heureux! mais peut-être qu'avant la fin du jour je ferai et voudrai faire encore les mêmes fautes [1] dont j'ai maintenant tant de honte et d'horreur. O funeste victoire! ô louanges que je ne puis souffrir, et qui sont de cruels reproches de ma folie!

Pendant qu'il étoit seul inconsolable, Nestor et Philoctète le vinrent trouver. Nestor voulut lui remontrer le tort qu'il avoit; mais ce sage vieillard, reconnoissant bientôt la désolation du jeune homme, changea ses graves remontrances en des paroles de tendresse, pour adoucir son désespoir.

Les princes alliés étoient arrêtés par cette querelle; et ils ne pouvoient marcher vers les ennemis, qu'après avoir réconcilié Télémaque avec Phalante et Hippias. On craignoit à toute heure que les troupes des Tarentins n'attaquassent les cent jeunes Crétois qui avoient suivi Télémaque dans cette guerre : tout étoit dans le trouble pour la faute du seul Télémaque; et Télémaque, qui voyoit tant de maux présens et de périls pour l'avenir, dont il étoit l'auteur, s'abandonnoit à une douleur amère. Tous les princes étoient dans un extrême embarras : ils n'osoient faire marcher l'armée, de peur que dans la marche les Crétois de Télémaque et les Tarentins de Phalante ne combattissent les uns contre les autres. On avoit bien de la peine à les retenir au dedans du camp, où ils étoient gardés de près. Nestor et Philoctète alloient et venoient sans cesse de la tente de Télémaque à celle de l'implacable Phalante, qui ne respiroit que la vengeance. La douce éloquence de Nestor et l'autorité du grand Philoctète ne pouvoient modérer ce cœur farouche, qui étoit encore sans cesse irrité par les discours pleins de rage de son frère Hippias. Télémaque étoit bien plus doux; mais il étoit abattu par une douleur que rien ne pouvoit consoler.

Pendant que les princes étoient dans cette agitation, toutes les troupes étoient consternées; tout le camp paroissoit comme une maison désolée qui vient de perdre un père de famille, l'appui de tous ses proches et la douce espérance de ses petits-enfans. Dans ce désordre et cette consternation de l'armée, on entend tout-à-coup un bruit effroyable de chariots, d'armes, de hennissemens de chevaux, de cris d'hommes, les uns vainqueurs et animés au carnage, les autres ou fuyans, ou mourans, ou blessés. Un tourbillon de poussière forme un épais nuage qui couvre le ciel et qui enveloppe tout le camp. Bientôt à la poussière se joint une fumée épaisse qui troubloit l'air, et qui ôtoit la respiration. On entendoit [1] un bruit sourd, semblable à celui des tourbillons de flamme que le mont Etna vomit du fond de ses entrailles embrasées, lorsque Vulcain, avec ses Cyclopes, y forge des foudres pour le père des dieux. L'épouvante saisit les cœurs.

Adraste, vigilant et infatigable, avoit surpris les alliés; il leur avoit caché sa marche, et il étoit instruit de la leur. Pendant deux nuits, il avoit fait une incroyable diligence pour faire le tour d'une montagne presque inaccessible, dont les alliés avoient saisi tous les passages. Tenant ces défilés, ils se croyoient en pleine sûreté, et prétendoient même pouvoir, par ces passages qu'ils occupoient, tomber sur l'ennemi derrière la montagne, quand quelques troupes qu'ils attendoient leur seroient venues. Adraste, qui répandoit l'argent à pleines mains pour savoir le secret de ses ennemis, avoit appris leur résolution; car Nestor et Philoctète, ces deux capitaines d'ailleurs si sages et si expérimentés, n'étoient pas assez secrets dans leurs entreprises. Nestor, dans ce déclin de l'âge, se plaisoit trop à raconter ce qui pouvoit lui attirer quelque louange : Philoctète naturellement parloit moins; mais il étoit prompt; et, si peu qu'on excitât sa vivacité, on lui faisoit dire ce qu'il avoit résolu de taire. Les gens artificieux avoient trouvé la clef de son cœur, pour en tirer les plus importans secrets. On n'avoit qu'à l'irriter : alors, fougueux et hors de lui-même, il éclatoit par des menaces; il se vantoit d'avoir des moyens sûrs de parvenir à ce qu'il vouloit. Si peu qu'on parût douter de ces moyens, il se hâtoit de les expliquer inconsidérément; et le secret le plus intime échappoit du fond de son cœur. Semblable à un vase précieux, mais fêlé, d'où s'écoulent toutes les liqueurs les plus délicieuses [2], le cœur de ce grand capitaine ne pouvoit rien garder. Les traîtres, corrompus par l'argent d'Adraste, ne manquoient pas de se jouer de la foiblesse de ces deux rois. Ils flattoient sans cesse Nestor par de vaines louanges; ils lui rappeloient ses victoires passées, admiroient sa prévoyance, ne se lassoient jamais d'applaudir.

VAR. — [1] et voudrai faire les mêmes choses. A.

VAR. — [1] On entendoit..... pour le père des dieux. m. A. aj. n. — [2] les plus délicieuses liqueurs. A.

D'un autre côté, ils tendoient des piéges continuels à l'humeur impatiente de Philoctète; ils ne lui parloient que de difficultés, de contre-temps, de dangers, d'inconvéniens, de fautes irrémédiables. Aussitôt que ce naturel prompt étoit enflammé, sa sagesse l'abandonnoit, et il n'étoit plus le même homme.

Télémaque, malgré les défauts que nous avons vus, étoit bien plus prudent pour garder un secret : il y étoit accoutumé par ses malheurs, et par la nécessité où il avoit été dès son enfance de cacher ses desseins [1] aux amans de Pénélope. Il savoit taire un secret sans dire aucun mensonge : il n'avoit point même un certain air réservé et mystérieux qu'ont d'ordinaire les gens secrets; il ne paroissoit point chargé du poids du secret qu'il devoit garder; on le trouvoit toujours libre, naturel, ouvert comme un homme qui a son cœur sur ses lèvres. Mais en disant tout ce qu'on pouvoit dire sans conséquence, il savoit s'arrêter précisément et sans affectation aux choses qui pouvoient donner quelque soupçon et entamer son secret : par là son cœur étoit impénétrable et inaccessible. Ses meilleurs amis mêmes ne savoient que ce qu'il croyoit utile de leur découvrir pour en tirer [2] de sages conseils, et il n'y avoit que le seul Mentor pour lequel il n'avoit aucune réserve. Il se confioit à d'autres amis, mais à divers degrés, et à proportion de ce qu'il avoit éprouvé leur amitié et leur sagesse.

Télémaque avoit souvent remarqué que les résolutions du conseil se répandoient un peu trop dans le camp; il en avoit averti Nestor et Philoctète. Mais ces deux hommes si expérimentés ne firent pas assez d'attention à un avis si salutaire : la vieillesse n'a plus rien de souple, la longue habitude la tient comme enchaînée; elle n'a presque [3] plus de ressource contre ses défauts. Semblables aux arbres dont le tronc rude et noueux s'est durci par le nombre des années, et ne peut plus se redresser, les hommes, à un certain âge, ne peuvent presque plus se plier eux-mêmes contre certaines habitudes qui ont vieilli avec eux, et qui sont entrées jusque dans la moelle de leurs os. Souvent ils les connoissent, mais trop tard; ils en gémissent [4] en vain : et la tendre jeunesse est le seul âge où l'homme peut encore tout sur lui-même pour se corriger.

Il y avoit dans l'armée un Dolope, nommé Eurymaque, flatteur insinuant, sachant s'accommoder [1] à tous les goûts et à toutes les inclinations des princes, inventif et industrieux pour trouver de nouveaux moyens de leur plaire. A l'entendre, rien n'étoit jamais difficile. Lui demandoit-on son avis, il devinoit celui qui seroit le plus agréable. Il étoit plaisant, railleur contre les foibles, complaisant pour ceux qu'il craignoit, habile pour assaisonner une louange délicate qui fût bien reçue des hommes les plus modestes. Il étoit grave avec les graves, enjoué avec ceux qui étoient d'une humeur enjouée : il ne lui coûtoit rien de prendre toutes sortes de formes. Les hommes sincères et vertueux, qui sont toujours les mêmes, et qui s'assujettissent aux règles de la vertu, ne sauroient jamais être aussi agréables aux princes que leurs passions dominent.

Eurymaque savoit la guerre; il étoit capable d'affaires : c'étoit un aventurier qui s'étoit donné à Nestor, et qui avoit gagné sa confiance. Il tiroit du fond de son cœur, un peu vain et sensible aux louanges, tout ce qu'il en vouloit savoir. Quoique Philoctète ne se confiât point à lui, la colère et l'impatience faisoient en lui ce que la confiance faisoit dans Nestor. Eurymaque n'avoit qu'à le contredire; en l'irritant, il découvroit tout. Cet homme avoit reçu de grandes sommes d'Adraste pour lui mander tous les desseins des alliés. Ce roi des Dauniens avoit dans l'armée un certain nombre de transfuges qui devoient l'un après l'autre s'échapper du camp des alliés et retourner au sien. A mesure qu'il y avoit quelque affaire importante à faire savoir à Adraste, Eurymaque faisoit partir un de ces transfuges. La tromperie ne pouvoit pas être facilement découverte, parce que ces transfuges ne portoient point de lettres. Si on les surprenoit, on ne trouvoit rien qui pût rendre Eurymaque suspect. Cependant Adraste prévenoit toutes les entreprises des alliés. A peine une résolution étoit-elle prise dans le conseil, que les Dauniens faisoient précisément ce qui étoit nécessaire pour en empêcher le succès. Télémaque ne se lassoit point d'en chercher la cause, et d'exciter la défiance de Nestor et de Philoctète : mais son soin étoit inutile; ils étoient aveuglés.

On avoit résolu, dans le conseil, d'attendre les troupes nombreuses qui devoient venir, et on avoit fait avancer secrètement pendant la nuit cent vaisseaux pour conduire plus promp-

---

VAR. — [1] de se cacher. B. C. *Édit*. Le copiste B avoit omis *ses desseins;* l'auteur, en revoyant cette copie, ajouta *se* avant *cacher*, pour faire un sens. Nous suivons l'original. — [2] pour avoir. A. — [3] presque m. A. *oj*. B. — [4] souvent ils les connoissent, et en gémissent, mais trop tard : ils gémissent en vain. A.

VAR. — [1] s'accommodant. A

tement ces troupes, depuis une côte de mer très-rude, où elles devoient arriver, jusqu'au lieu où l'armée campoit. Cependant on se croyoit en sûreté, parce qu'on tenoit avec des troupes les détroits de la montagne voisine, qui est une côte presque inaccessible de l'Apennin. L'armée étoit campée sur les bords du fleuve Galèse, assez près de la mer. Cette campagne délicieuse est abondante en pâturages et en tous les fruits qui peuvent nourrir une armée. Adraste étoit derrière la montagne, et on comptoit qu'il ne pouvoit passer; mais comme il sut que les alliés étoient encore foibles, qu'ils attendoient un grand secours [1], que les vaisseaux attendoient l'arrivée des troupes qui devoient venir, et que l'armée étoit divisée par la querelle de Télémaque avec Phalante, il se hâta de faire un grand tour. Il vint en diligence jour et nuit sur le bord de la mer, [2] et passa par des chemins qu'on avoit toujours crus absolument impraticables. Ainsi la hardiesse et le travail obstiné surmontent les plus grands obstacles; ainsi il n'y a presque rien d'impossible à ceux qui savent oser et souffrir; ainsi ceux qui s'endorment, comptant que les choses difficiles sont impossibles, méritent d'être surpris et accablés.

Adraste surprit au point du jour les cent vaisseaux qui appartenoient aux alliés. Comme ces vaisseaux étoient mal gardés, et qu'on ne se défioit de rien, il s'en saisit sans résistance, et s'en servit pour transporter ses troupes, avec une incroyable diligence, à l'embouchure du Galèse; puis [3] il remonta très-promptement [4] le long du fleuve. Ceux qui étoient dans les postes avancés autour du camp, vers la rivière, crurent que ces vaisseaux leur amenoient les troupes qu'on attendoit; on poussa d'abord de grands cris de joie. Adraste et ses soldats descendirent avant qu'on pût les reconnoître : ils tombent sur les alliés, qui ne se défient de rien; ils les trouvent dans un camp tout ouvert, sans ordre, sans chefs, sans armes.

Le côté du camp qu'il attaqua d'abord fut celui des Tarentins, où commandoit Phalante. Les Dauniens y entrèrent avec tant de vigueur, que cette jeunesse lacédémonienne, étant surprise, ne put résister. Pendant qu'ils cherchent leurs armes, et qu'ils s'embarrassent les uns les autres dans cette confusion, Adraste fait mettre le feu au camp. Aussitôt la flamme s'élève des pavillons, et monte jusqu'aux nues : le bruit du feu est semblable à celui d'un torrent qui inonde toute une campagne, et qui entraîne par sa rapidité les grands chênes avec leurs profondes racines, les moissons, les granges, les étables et les troupeaux. Le vent pousse impétueusement la flamme de pavillon en pavillon, et bientôt tout le camp est comme une vieille forêt qu'une étincelle de feu a embrasée.

Phalante, qui voit le péril de plus près qu'un autre, ne peut y remédier. Il comprend que toutes les troupes vont périr dans cet incendie, si on ne se hâte d'abandonner le camp; mais il comprend aussi combien le désordre de cette retraite est à craindre devant un ennemi victorieux : il commence à faire sortir sa jeunesse lacédémonienne encore à demi désarmée. Mais Adraste ne les laisse point respirer : d'un côté, une troupe d'archers adroits perce de flèches innombrables les soldats de Phalante; de l'autre, des frondeurs jettent une grêle de grosses pierres. Adraste lui-même, l'épée à la main, marchant à la tête d'une troupe choisie des plus intrépides Dauniens, poursuit, à la lueur du feu, les troupes qui s'enfuient. Il moissonne par le fer tranchant tout ce qui a échappé au feu; il nage dans le sang, et il ne peut s'assouvir de carnage : les lions et les tigres n'égalent point sa furie quand ils égorgent les bergers avec leurs troupeaux. Les troupes de Phalante succombent, et le courage les abandonne : la pâle Mort, conduite par une Furie infernale dont la tête est hérissée de serpens, glace le sang de leurs veines; leurs membres engourdis se roidissent, et leurs genoux chancelans leur ôtent [1] même l'espérance de la fuite.

Phalante, à qui la honte et le désespoir donnent [2] encore un reste de force et de vigueur, élève les mains et les yeux vers le ciel; il voit tomber à ses pieds son frère Hippias, sous les coups de la main foudroyante d'Adraste. Hippias, étendu par terre [3], se roule dans la poussière; un sang noir et bouillonnant sort comme un ruisseau, de la profonde blessure qui lui traverse le côté; ses yeux se ferment à la lumière; son ame furieuse s'enfuit avec tout son sang. Phalante lui-même, tout couvert du sang de son frère, et ne pouvant le secourir, se voit enveloppé par une foule d'ennemis qui s'efforcent de le renverser; son bouclier est percé de mille traits; il est blessé en plusieurs endroits

---

VAR. — [1] qu'il leur venoit un grand secours, que les vaisseaux attendoient les troupes qui devoient arriver. Edit. correct. du marq. de Fén. — [2] et passa..... surpris et accablés. m. A. aj. B. — [3] puis remontant sur les bords du fleuve, ceux qui étoient, etc. A. — [4] puis il remonta en diligence le long, etc. B.

VAR. — [1] leur ôte. A. — [2] donne. A. — [3] par terre m. A. aj. B.

de son corps; il ne peut plus rallier ses troupes fugitives : les dieux le voient, et ils n'en ont aucune pitié.

[1] Jupiter, au milieu de toutes les divinités célestes, regardoit du haut de l'Olympe ce carnage des alliés. En même temps il consultoit les immuables destinées, et voyoit tous les chefs dont la trame devoit ce jour-là être tranchée par le ciseau de la Parque. Chacun des dieux étoit attentif pour découvrir sur le visage de Jupiter quelle seroit sa volonté. Mais le père des dieux et des hommes leur dit d'une voix douce et majestueuse : Vous voyez en quelle extrémité sont réduits les alliés; vous voyez Adraste qui renverse tous ses ennemis : mais ce spectacle est bien trompeur; la gloire et la prospérité des méchans est courte : Adraste, impie, et odieux par sa mauvaise foi, ne remportera point une entière victoire. Ce malheur n'arrive aux alliés, que pour leur apprendre à se corriger, et à mieux garder le secret de leurs entreprises. Ici la sage Minerve prépare une nouvelle gloire à son jeune Télémaque, dont elle fait ses délices. Alors Jupiter cessa de parler. Tous les dieux en silence continuoient à regarder le combat.

Cependant Nestor et Philoctète furent avertis qu'une partie du camp étoit déjà brûlée; que la flamme, poussée par le vent, s'avançoit toujours; que leurs troupes étoient en désordre, et que Phalante ne pouvoit plus soutenir l'effort des ennemis. A peine ces funestes paroles frappent leurs oreilles, et déjà ils courent [2] aux armes, assemblent les capitaines, et ordonnent qu'on se hâte de sortir du camp pour éviter cet incendie.

Télémaque, qui étoit abattu et inconsolable, oublie sa douleur : il prend ses armes, dons précieux de la sage Minerve, qui, paroissant sous la figure de Mentor, fit semblant de les avoir reçues d'un excellent ouvrier de Salente, mais qui les avoit fait faire à Vulcain dans les cavernes fumantes du mont Etna.

Ces armes étoient polies comme une glace, et brillantes comme les rayons du soleil. [3] On y voyoit Neptune et Pallas qui disputoient entre eux à qui auroit la gloire de donner son nom à une ville naissante. Neptune de son trident frappoiseaux de proie. Puis on remarquoit le berger qui portoit l'enfant sur la montagne de Cythéron, entre la Béotie et la Phocide. Cet enfant sembloit crier et sentir sa déplorable destinée. Il avoit je ne sais quoi de naïf, de tendre et de gracieux, qui rend l'enfance si aimable. Le berger qui le portoit sur des rochers affreux, paroissoit le faire à regret, et être touché de compassion : des larmes couloient de ses yeux. Il étoit incertain et embarrassé; puis il perçoit les pieds de l'enfant avec son épée, les traversoit d'une branche d'osier, et le suspendoit à un arbre, ne pouvant se résoudre ni à le sauver contre l'ordre de son maître, ni à le livrer à une mort certaine : après quoi il partit, de peur de voir mourir ce petit innocent qu'il aimoit.

Cependant l'enfant alloit mourir faute de nourriture : déjà ses pieds, par lesquels tout son corps étoit suspendu, étoient enflés et livides. Phorbas, berger de Polybe, roi de Corinthe, qui faisoit paître dans ce désert les grands troupeaux du Roi, entendit les cris de ce petit enfant; il accourt, il le détache, il le donne à un autre berger, afin qu'il le porte à la reine Mérope, qui n'a point d'enfans : elle est touchée de sa beauté; elle le nomme OEdipe, à cause de l'enflure de ses pieds percés, et le nourrit comme son propre fils, le croyant un enfant envoyé des dieux. Toutes ces diverses actions paroissoient chacune en leurs places.

Ensuite on voyoit OEdipe déjà grand, qui ayant appris que Polybe n'étoit pas son père, alloit de pays en pays pour découvrir sa naissance. L'oracle lui déclara qu'il trouveroit son père dans la Phocide. Il y va : il y trouve le peuple agité par une grande sédition; dans ce trouble il tue Laïus son père sans le connoître. Bientôt on le voit encore qui se présente à Thèbes; il explique l'énigme du Sphinx. Il tue le monstre; il épouse la reine Jocaste, sa mère, qu'il ne connoit point, et qui croit OEdipe fils de Polybe. Une horrible peste, signe de la colère des dieux, suit de près un mariage si détestable. Là Vulcain avoit pris plaisir à représenter les enfans qui expiroient dans le sein de leurs mères, tout un peuple languissant, la mort et la douleur peintes sur les visages. Mais ce qui étoit de plus affreux, étoit de voir OEdipe, qui, après avoir long-temps cherché le sujet du courroux des dieux, découvre qu'il en est lui-même la cause. On voyoit sur le visage de Jocaste la honte et la crainte d'éclaircir ce qu'elle ne vouloit pas connoître; sur celui d'OEdipe, l'horreur et le désespoir : il s'arrache les yeux, et il paroit conduit comme un aveugle par sa fille Antigone : on voit qu'il reproche aux dieux les crimes dans lesquels ils l'ont laissé tomber. Ensuite on le voit s'exiler lui-même pour se punir, et ne pouvant plus vivre avec les hommes.

En partant il laissoit son royaume aux deux fils qu'il avoit eus de Jocaste, Etéocle et Polynice, à condition qu'ils règneroient tour à tour chacun leur année; mais la discorde des frères paroissoit encore plus horrible que les malheurs d'OEdipe. Etéocle paroissoit sur le trône, refusant d'en des-

---

VAR. — [1] Livre XVII. — [2] qu'ils courent. A. *Edit*.
[3] Au lieu de la dispute entre Neptune et Pallas, jusqu'à ces mots *renverser l'empire de Priam*, on lit dans l'original l'histoire d'OEdipe, telle que nous la donnons ici :

Dessus étoit gravée la fameuse histoire du siége de Thèbes : on voyoit d'abord le malheureux Laïus, qui, ayant appris par la réponse de l'oracle d'Apollon, que son fils qui venoit de naître seroit le meurtrier de son père, livra aussitôt l'enfant à un berger pour l'exposer aux bêtes sauvages et aux

poit la terre, et on en voyoit sortir un cheval fougueux : le feu sortoit de ses yeux, et l'écume de sa bouche; ses crins flottoient au gré du vent; ses jambes souples et nerveuses se replioient avec vigueur et légèreté. Il ne marchoit

cendre pour y faire monter à son tour Polynice. Celui-ci, ayant eu recours à Adraste, roi d'Argos, dont il épousa la fille Argia, s'avançoit vers Thèbes avec des troupes innombrables. On voyoit partout des combats autour de la ville assiégée. Tous les héros de la Grèce étoient assemblés dans cette guerre, et elle ne paroissoit pas moins sanglante que celle de Troie.
On y reconnoissoit l'infortuné mari d'Eriphyle. C'étoit le célèbre devin Amphiaraüs, qui prévit son malheur, et qui ne sut s'en garantir : il se cache pour n'aller point au siége de Thèbes, sachant qu'il ne peut espérer de revenir de cette guerre, s'il s'y engage. Eriphyle étoit la seule à qui il eût osé confier son secret ; Eriphyle son épouse, qu'il aimoit plus que sa vie, et dont il se croyoit tendrement aimé. Séduite par un collier qu'Adraste, roi d'Argos, lui donna, elle trahit son époux Amphiaraüs; on la voyoit qui découvroit le lieu où il s'étoit caché. Adraste le menoit malgré lui à Thèbes. Bientôt, en y arrivant, il paroissoit englouti dans la terre qui s'entr'ouvroit tout-à-coup pour l'abîmer.
Parmi tant de combats où Mars exerçoit sa fureur, on remarquoit avec horreur celui des deux frères Étéocle et Polynice : il paroissoit sur leurs visages je ne sais quoi d'odieux et de funeste. Le crime de leur naissance étoit comme écrit sur leurs fronts. Il étoit facile de juger qu'ils étoient dévoués aux Furies infernales et à la vengeance des dieux. Les dieux les sacrifioient pour servir d'exemple à tous les frères de la suite de tous les siècles, et pour montrer ce que fait l'impie Discorde, quand elle peut séparer des cœurs qui doivent être si étroitement unis. On voyoit ces deux frères pleins de rage, qui s'entre-déchiroient; chacun oublioit de défendre sa vie pour arracher celle de son frère : ils étoient tous deux sanglans, percés de coups mortels, tous deux mourans, sans que leur fureur pût se ralentir; tous deux tombés par terre, et prêts à rendre le dernier soupir : mais ils se traînoient encore l'un contre l'autre pour avoir le plaisir de mourir dans un dernier effort de cruauté et de vengeance. Tous les autres combats paroissoient suspendus par celui-là. Les deux armées étoient consternées et saisies d'horreur à la vue de ces deux monstres. Mars lui-même détournoit ses yeux cruels pour ne pas voir un tel spectacle. Enfin on voyoit la flamme du bûcher sur lequel on mettoit les corps de ces deux frères dénaturés. Mais, ô chose incroyable! la flamme se partageoit en deux; la mort même n'avoit pu finir la haine implacable qui étoit entre Étéocle et Polynice; ils ne pouvoient brûler ensemble, et leurs cendres encore sensibles aux maux qu'ils s'étoient faits l'un à l'autre, ne purent jamais se mêler. Voilà ce que Vulcain avoit représenté avec un art divin sur les armes que Minerve avoit données à Télémaque.
Le bouclier représentoit Cérès dans les campagnes d'Enna, etc.

point, il sautoit à force de reins, mais avec tant de vitesse, qu'il ne laissoit aucune trace de ses pas; on croyoit l'entendre hennir.
De l'autre côté, Minerve donnoit aux habitans de sa nouvelle ville l'olive, fruit de l'arbre qu'elle avoit planté. Le rameau auquel pendoit son fruit, représentoit la douce paix avec l'abondance, préférable aux troubles de la guerre dont ce cheval étoit l'image. La déesse demeuroit victorieuse par ses dons simples et utiles, et la superbe Athènes portoit son nom.
On voyoit aussi Minerve assemblant autour d'elle tous les beaux arts, qui étoient des enfans tendres et ailés : ils se réfugioient autour d'elle, étant épouvantés des fureurs brutales de Mars qui ravage tout, comme les agneaux bêlans se réfugient sous leur mère [1] à la vue d'un loup affamé qui, d'une gueule béante et enflammée, s'élance pour les dévorer. Minerve, d'un visage dédaigneux et irrité, confondoit, par l'excellence de ses ouvrages, la folle témérité d'Arachné, qui avoit osé disputer avec elle pour la perfection des tapisseries. On voyoit cette malheureuse, dont tous les membres exténués se défiguroient et se changeoient en araignée.
Auprès de cet endroit [2] paroissoit encore Minerve, qui, dans la guerre des géans, servoit de conseil à Jupiter même, et soutenoit tous les autres dieux étonnés. Elle étoit aussi [3] représentée, avec sa lance et son égide, sur les bords du Xanthe et du Simoïs, menant Ulysse par la main, ranimant les troupes fugitives des Grecs, soutenant les efforts des plus vaillans capitaines troyens, et du redoutable Hector même; enfin, introduisant Ulysse dans cette fatale machine qui devoit en une seule nuit renverser l'empire de Priam.
D'un autre côté, ce bouclier représentoit Cérès dans les fertiles campagnes d'Enna, qui sont au milieu de la Sicile. On voyoit la déesse qui rassembloit les peuples épars çà et là cherchant leur nourriture par la chasse, ou cueillant les fruits sauvages qui tomboient des arbres. Elle montroit à ces hommes grossiers l'art d'adoucir la terre, et de tirer de son sein fécond leur nourriture. Elle leur présentoit une charrue, et y faisoit atteler des bœufs. On voyoit la terre s'ouvrir en sillons par le tranchant de la charrue; puis on apercevoit les moissons dorées qui couvroient ces fertiles campagnes : le moissonneur, avec sa faux, coupoit les doux

VAR. — [1] autour de leur mère. *Edit. correct. du marq. de Fén.* — [2] D'un autre côté. D. — [3] Enfin elle étoit représentée. D.

fruits de la terre, et se payoit de toutes ses peines. Le fer, destiné ailleurs à tout détruire, ne paroissoit employé, en ce lieu, qu'à préparer l'abondance, et qu'à faire naître tous les plaisirs.

Les nymphes, couronnées de fleurs, dansoient ensemble dans une prairie, sur le bord d'une rivière, auprès d'un bocage : Pan jouoit de la flûte ; les Faunes et les Satyres folâtres sautoient dans un coin. Bacchus y paroissoit aussi couronné de lierre, appuyé d'une main [1] sur son thyrse, et tenant de l'autre une vigne ornée de pampre et de plusieurs grappes de raisin. C'étoit une beauté molle, avec je ne sais quoi de noble [2], de passionné et de languissant : il étoit tel qu'il parut à la malheureuse Ariadne, lorsqu'il la trouva seule, abandonnée, et [3] abîmée dans la douleur, sur un rivage inconnu.

Enfin on voyoit de toutes parts un peuple nombreux, des vieillards qui alloient porter dans les temples les prémices de leurs fruits ; de jeunes hommes qui revenoient vers leurs épouses, lassés du travail de la journée : les femmes alloient au-devant d'eux, menant par la main leurs petits enfans qu'elles caressoient. On voyoit aussi des bergers qui paroissoient chanter, et quelques-uns dansoient au son du chalumeau. Tout représentoit la paix, l'abondance, les délices ; tout paroissoit riant et heureux. On voyoit même dans les pâturages les loups se jouer au milieu des moutons : le lion et le tigre, ayant quitté leur férocité, étoient paisiblement avec les tendres agneaux [4] ; un petit berger les menoit ensemble sous sa houlette ; et cette aimable peinture rappeloit tous les charmes de l'âge d'or.

Télémaque, s'étant revêtu de ces armes divines [5], au lieu de prendre son baudrier [6] ordinaire, prit la terrible égide que Minerve lui avoit envoyée [7], en la confiant à Iris, prompte messagère des dieux. Iris lui avoit enlevé son baudrier [8] sans qu'il s'en aperçût, et lui avoit donné en la place cette égide redoutable aux dieux mêmes.

En cet état, il court hors du camp pour en éviter les flammes ; il appelle à lui, d'une voix forte, tous les chefs de l'armée, et cette voix ranime déjà tous les alliés éperdus. Un feu divin étincelle dans les yeux du jeune guerrier. Il paroît toujours doux, toujours libre et tranquille, toujours appliqué à donner les ordres, comme pourroit faire un sage vieillard appliqué à régler sa famille et à instruire ses enfans. Mais il est prompt et rapide dans l'exécution : semblable à un fleuve impétueux qui non-seulement roule avec précipitation ses flots écumeux, mais qui entraîne encore dans sa course les plus pesans vaisseaux dont il est chargé.

Philoctète, Nestor, les chefs des Manduriens et des autres nations, sentent dans le fils d'Ulysse je ne sais quelle autorité à laquelle il faut que tout cède : l'expérience des vieillards leur manque ; le conseil et la sagesse sont ôtés à tous les commandans [1] ; la jalousie même, si naturelle aux hommes, s'éteint dans les cœurs : tous se taisent ; tous admirent Télémaque ; tous se rangent pour lui obéir, sans y faire de réflexion, et comme s'ils y eussent été accoutumés. Il s'avance, et monte sur une colline, d'où il observe la disposition des ennemis : puis tout-à-coup il juge qu'il faut se hâter de les surprendre dans le désordre où ils se sont mis [2] en brûlant le camp des alliés. Il fait le tour en diligence, et tous les capitaines les plus expérimentés le suivent. Il attaque les Dauniens par derrière, dans un temps où ils croyoient l'armée des alliés enveloppée dans les flammes de l'embrasement. Cette surprise les trouble ; ils tombent sous la main de Télémaque, comme les feuilles, dans les derniers jours de l'automne, tombent des forêts, quand un fier aquilon, ramenant l'hiver, fait gémir les troncs des vieux arbres et en agite toutes les branches. La terre est couverte des hommes que Télémaque fait tomber [3]. De son dard il perça le cœur d'Iphiclès, le plus jeune des enfans d'Adraste [4] ; celui-ci osa se présenter contre lui au combat, pour sauver la vie de son père, qui pensa être surpris par Télémaque. Le fils d'Ulysse et Iphiclès étoient tous deux beaux, vigoureux, pleins d'adresse et de courage, de la même taille, de la même douceur, du même âge ; tous deux chéris de leurs parens : mais Iphiclès étoit comme une fleur qui s'épanouit dans un champ, et qui doit être coupée par le tranchant de la faux du moissonneur [5]. Ensuite Télémaque renverse Euphorion, le plus célèbre de tous les Lydiens venus en Étrurie. Enfin, son glaive

VAR. — [1] appuyé sur son thyrse, et tenant d'une main une vigne. A. — [2] de noble m. A. aj. B. — [3] et m. A. aj. B. — [4] les loups se jouer avec les moutons : le lion et le tigre, ayant quitté leur férocité, paissoient avec les troupeaux. A. paissoient avec les tendres agneaux. B. — [5] Télémaque, ayant pris ces armes divines. A. — [6] et [8] bouclier. Edit. contre les Mss. — [7] et qu'Iris la messagère des dieux lui avoit laissée. Iris, etc. A.

VAR. — [1] les commandans m. A. aj. B — [2] le désordre où ils sont en brûlant le camp. Il fait, etc. A. — [3] renverse. Edit. correct. du marq. de Fén. — [4] d'Adraste, qui osa. A. — [5] de la charrue. A.

perce Cléomènes, nouveau marié, qui avoit promis à son épouse de lui porter les riches dépouilles des ennemis, et qui ne devoit jamais la revoir.

Adraste frémit de rage, voyant la mort de son cher fils, celle de plusieurs capitaines, et la victoire qui échappe de ses mains. Phalante, presque abattu à ses pieds, est comme une victime à demi égorgée qui se dérobe au couteau sacré, et qui s'enfuit loin de l'autel. Il ne falloit plus à Adraste qu'un moment pour achever la perte du Lacédémonien. Phalante, noyé dans son sang et dans celui des soldats qui combattent avec lui, entend les cris de Télémaque qui s'avance pour le secourir. En ce moment la vie lui est rendue; un nuage qui couvroit déjà ses yeux se dissipe. Les Dauniens, sentant cette attaque imprévue, abandonnent Phalante pour aller repousser un plus dangereux ennemi. Adraste est tel qu'un tigre à qui des bergers assemblés arrachent sa proie qu'il étoit prêt à dévorer. Télémaque le cherche dans la mêlée et veut finir tout-à-coup la guerre, en délivrant les alliés de leur implacable ennemi.

Mais Jupiter ne vouloit pas donner au fils d'Ulysse une victoire si prompte et si facile : Minerve même vouloit qu'il eût à souffrir des maux plus longs, pour mieux apprendre à gouverner les hommes. L'impie Adraste fut donc conservé par le père des dieux, afin que Télémaque eût le temps d'acquérir plus de gloire et plus de vertu. Un nuage que Jupiter assembla dans les airs sauva les Dauniens; un tonnerre effroyable déclara la volonté des dieux : on auroit cru que les voûtes éternelles du haut Olympe alloient s'écrouler sur les têtes des foibles mortels; les éclairs fendoient la nue de l'un à l'autre pole; et dans l'instant [1] où ils éblouissoient les yeux par leurs feux perçans, on retomboit dans les affreuses ténèbres de la nuit: Une pluie abondante qui tomba dans l'instant servit encore à séparer les deux armées.

Adraste profita du secours des dieux, sans être touché de leur pouvoir, et mérita, par cette ingratitude, d'être réservé à une plus cruelle vengeance. Il se hâta de faire passer ses troupes entre le camp à demi brûlé et un marais qui s'étendoit jusqu'à la rivière; il le fit avec tant d'industrie et de promptitude, que cette retraite montra combien il avoit de ressource et de présence d'esprit. Les alliés, animés par Télémaque, vouloient le poursuivre; mais, à la faveur de cet orage, il leur échappa, comme un oiseau d'une aile légère échappe aux filets des chasseurs.

Les alliés ne songèrent plus qu'à rentrer dans leur camp, et qu'à réparer leurs pertes. En rentrant dans le camp [1], ils virent ce que la guerre a de plus lamentable : les malades et les blessés, n'ayant pu se traîner hors des tentes, n'avoient pu se garantir du feu; ils paroissoient à demi brûlés, poussant vers le ciel, d'une voix plaintive et mourante, des cris douloureux. Le cœur de Télémaque en fut percé : il ne put s'empêcher de retenir ses larmes; il détourna plusieurs fois ses yeux, étant saisi d'horreur et de compassion; il ne pouvoit voir sans frémir ces corps encore vivans, et dévoués à une longue et cruelle mort; ils paroissoient semblables à la chair des victimes qu'on a brûlées sur les autels, et dont l'odeur se répand de tous côtés.

Hélas! s'écrioit Télémaque, voilà donc les maux que la guerre entraîne après elle! Quelle fureur aveugle pousse les malheureux mortels! ils ont si peu de jours à vivre sur la terre! ces jours sont si misérables! pourquoi précipiter une mort déjà si prochaine? pourquoi ajouter tant de désolations affreuses à l'amertume dont les dieux ont rempli cette vie si courte? Les hommes sont tous frères, et ils s'entre-déchirent : les bêtes farouches sont moins cruelles qu'eux [2]. Les lions ne font point la guerre aux lions, ni les tigres aux tigres, ils n'attaquent que les animaux d'espèce différente : l'homme seul, malgré sa raison, fait ce que les animaux sans raison ne firent jamais. Mais encore, pourquoi ces guerres? N'y a-t-il pas assez de terre dans l'univers pour en donner à tous les hommes plus qu'ils n'en peuvent cultiver? Combien y a-t-il de terres désertes! le genre humain ne sauroit les remplir. Quoi donc! une fausse gloire [3], un vain titre de conquérant qu'un prince veut acquérir, allume la guerre dans des pays immenses! Ainsi un seul homme, donné au monde par la colère des dieux, [4] sacrifie brutalement tant d'autres hommes à sa vanité : il faut que tout périsse, que tout nage dans le sang, que tout soit dévoré par les flammes, que ce qui échappe au fer et au feu ne puisse échapper à la faim, encore plus cruelle, afin qu'un seul homme, qui se joue de la nature humaine

---

VAR. — [1] dans le moment. *Edit. correct. du marq. de Fén.*

VAR. — [1] En y rentrant,..... les blessés manquant de force pour se traîner. *Edit. correct. du marq. de Fén.* — [2] qu'eux m. A. aj. B. — [3] une vaine gloire, un titre de conquérant. A. — [4] en sacrifie brutalement tant d'autres à sa vanité. *Edit. correct. du marq. de Fén.*

entière, trouve dans cette destruction générale son plaisir et sa gloire! Quelle gloire monstrueuse! Peut-on trop abhorrer et trop mépriser des hommes qui ont tellement oublié l'humanité? Non, non : bien loin d'être des demi-dieux, ce ne sont pas même des hommes ; et ils doivent être en exécration à tous les siècles dont ils ont cru être admirés. O que les rois doivent prendre garde aux guerres qu'ils entreprennent! Elles doivent être justes : ce n'est pas assez ; il faut qu'elles soient nécessaires pour le bien public. Le sang d'un peuple ne doit être versé que pour sauver ce peuple dans les besoins extrêmes. Mais les conseils flatteurs, les fausses idées de gloire, les vaines jalousies, l'injuste avidité qui se couvre de beaux prétextes, enfin les engagemens insensibles entraînent presque toujours les rois dans des guerres où ils se rendent malheureux, où ils hasardent tout sans nécessité, et où ils font autant de mal à leurs sujets qu'à leurs ennemis. Ainsi raisonnoit Télémaque.

Mais il ne se contentoit pas de déplorer les maux de la guerre ; il tâchoit de les adoucir. On le voyoit aller dans les tentes secourir lui-même les malades et les mourans ; il leur donnoit de l'argent et des remèdes ; il les consoloit et les encourageoit, par des discours pleins d'amitié ; il envoyoit visiter ceux qu'il ne pouvoit visiter lui-même.

Parmi les Crétois qui étoient avec lui, il y avoit deux vieillards, dont l'un se nommoit Traumaphile, et l'autre Nosophuge. Traumaphile avoit été au siége de Troie avec Idoménée, et avoit appris des enfans d'Esculape l'art divin de guérir les plaies. Il répandoit dans les blessures les plus profondes et les plus envenimées une liqueur odoriférante, qui consumoit les chairs mortes et corrompues, sans avoir besoin de faire aucune incision, et qui formoit promptement de nouvelles chairs plus saines et plus belles que les premières.

Pour Nosophuge, il n'avoit jamais vu les enfans d'Esculape ; mais il avoit eu, par le moyen de Mérione, un livre sacré et mystérieux qu'Esculape avoit donné à ses enfans. D'ailleurs Nosophuge étoit ami des dieux ; il avoit composé des hymnes en l'honneur des enfans de Latone ; il offroit tous les jours le sacrifice d'une brebis blanche et sans tache à Apollon, par lequel il étoit souvent inspiré. A peine avoit-il vu un malade, qu'il connoissoit à ses yeux, à la couleur de son teint, à la conformation de son corps et à sa respiration, la cause [1] de sa maladie. Tantôt il donnoit des remèdes qui faisoient suer, et il montroit, par le succès des sueurs, combien la transpiration, facilitée ou diminuée, déconcerte ou rétablit toute la machine du corps ; tantôt [2] il donnoit, pour les maux de langueur, certains breuvages qui fortifioient [3] peu à peu les parties nobles, et qui rajeunissoient les hommes en adoucissant leur sang. Mais il assuroit [4] que c'étoit faute de vertu et de courage, que les hommes avoient si souvent besoin de la médecine. C'est une honte, disoit-il, pour les hommes, qu'ils aient tant de maladies ; car les bonnes mœurs produisent la santé. Leur intempérance, disoit-il encore [5], change en poisons mortels les alimens destinés à conserver la vie. Les plaisirs, pris sans modération, abrègent plus les jours des hommes, que les remèdes ne peuvent les prolonger. Les pauvres sont moins souvent malades faute de nourriture, que les riches ne le deviennent pour en prendre trop. Les alimens qui flattent trop le goût, et qui font manger au-delà du besoin, empoisonnent au lieu de nourrir. Les remèdes sont eux-mêmes de véritables maux qui usent la nature, et dont il ne faut se servir que dans les pressans besoins. Le grand remède, qui est toujours d'un usage utile, c'est la sobriété, c'est la tempérance dans tous les plaisirs, c'est la tranquillité de l'esprit, c'est l'exercice du corps. Par là on fait un sang doux et tempéré [6], et on dissipe toutes les humeurs superflues. Ainsi le sage Nosophuge étoit moins admirable par ses remèdes, que par le régime qu'il conseilloit pour prévenir les maux et pour rendre les remèdes inutiles.

Ces deux hommes étoient envoyés par Télémaque [7] visiter tous les malades de l'armée. Ils en guérirent beaucoup par leurs remèdes ; mais ils en guérirent bien davantage par le soin qu'ils prirent [8] pour les faire servir à propos ; car ils s'appliquoient à les tenir proprement, à empêcher le mauvais air par cette propreté, et à leur faire garder un régime de sobriété exacte dans leur convalescence. Tous les soldats, touchés des ces secours, rendoient grâces aux dieux d'avoir envoyé Télémaque dans l'armée des alliés.

Ce n'est pas un homme, disoient-ils, c'est sans doute quelque divinité bienfaisante sous une figure humaine. Du moins, si c'est un homme, il ressemble moins au reste des hom-

---

VAR. — [1] la source. A. — [2] tantôt m. A. aj. B. — [3] qui rétablissoient. A. — [4] Mais il assuroit souvent que. A. — [5] encore m. A. aj. B. — [6] et m. A. aj. B. — [8] pour visiter. Edit. correct. du marq. de Fén. —, [8] qu'ils en prirent. A.

mes qu'aux dieux ; il n'est sur la terre que pour faire du bien ; il est encore plus aimable par sa douceur et par sa bonté, que par sa valeur. O si nous pouvions l'avoir pour roi ! Mais les dieux le réservent pour quelque peuple plus heureux qu'ils chérissent, et chez lequel ils veulent renouveler l'âge d'or.

Télémaque, pendant qu'il alloit la nuit visiter les quartiers du camp, par précaution contre les ruses d'Adraste, entendoit ces louanges, qui n'étoient point suspectes de flatterie [1], comme celles que les flatteurs donnent souvent en face aux princes, supposant qu'ils n'ont ni modestie, ni délicatesse, et qu'il n'y a qu'à les louer sans mesure pour s'emparer de leur faveur. Le fils d'Ulysse ne pouvoit goûter que ce qui étoit vrai ; il ne pouvoit souffrir d'autres louanges que celles qu'on lui donnoit en secret loin de lui, et qu'il avoit véritablement méritées. Son cœur n'étoit pas insensible à celles-là : il sentoit ce plaisir si doux et si pur que les dieux ont attaché à la seule vertu, et que les méchans, faute de l'avoir éprouvé, ne peuvent ni concevoir ni croire ; mais il ne s'abandonnoit point à ce plaisir : aussitôt revenoient en foule dans son esprit toutes les fautes qu'il avoit faites ; il n'oublioit point sa hauteur naturelle, et son indifférence pour les hommes ; il avoit une honte secrète d'être né si dur, et de paroître si humain. Il renvoyoit à la sage Minerve toute la gloire qu'on lui donnoit, et qu'il ne croyoit pas mériter.

C'est vous, disoit-il, ô grande déesse, qui m'avez donné Mentor pour m'instruire et pour corriger mon mauvais naturel ; c'est vous qui me donnez la sagesse de profiter de mes fautes pour me défier de moi-même ; c'est vous qui retenez mes passions impétueuses ; c'est vous qui me faites sentir le plaisir de soulager les malheureux : sans vous je serois haï et digne de l'être ; sans vous je ferois des fautes irréparables ; je serois comme un enfant qui, ne sentant pas sa foiblesse, quitte sa mère et tombe dès le premier pas.

Nestor et Philoctète étoient étonnés de voir Télémaque devenu si doux, si attentif à obliger les hommes, si officieux, si secourable, si ingénieux pour faire prévenir tous les besoins : ils ne savoient que croire ; ils ne reconnoissoient plus en lui le même homme. Ce qui les surprit davantage fut le soin qu'il prit des funérailles d'Hippias ; il alla lui-même retirer son corps sanglant et défiguré, de l'endroit où il étoit caché sous un monceau de corps morts ; il versa sur lui des larmes pieuses ; il dit : O grande ombre, tu le sais maintenant combien j'ai estimé ta valeur ! il est vrai que ta fierté m'avoit irrité ; mais tes défauts venoient d'une jeunesse ardente ; je sais combien cet âge a besoin qu'on lui pardonne. Nous eussions dans la suite été sincèrement unis ; j'avois tort de mon côté. O dieux, pourquoi me le ravir avant que j'aie pu le forcer de m'aimer ?

Ensuite Télémaque fit laver le corps dans des liqueurs odoriférantes ; puis on prépara par son ordre un bûcher. Les grands pins, gémissant sous les coups de haches, tombent en roulant du haut des montagnes. Les chênes, ces vieux enfans de la terre, qui sembloient menacer le ciel ; les hauts peupliers ; les ormeaux, dont les têtes sont si vertes et si ornées d'un épais feuillage ; les hêtres, qui sont l'honneur des forêts, viennent tomber sur le bord du fleuve Galèse. Là s'élève avec ordre un bûcher qui ressemble à un bâtiment régulier ; la flamme commence à paroître, un tourbillon de fumée monte jusqu'au ciel.

Les Lacédémoniens s'avancent d'un pas lent et lugubre, tenant leurs piques renversées et leurs yeux baissés ; la douleur amère est peinte sur ces visages si farouches, et les larmes coulent abondamment. Puis on voyoit venir Phérécide, vieillard moins abattu par le nombre des années, que par la douleur de survivre à Hippias, qu'il avoit élevé depuis son enfance. Il levoit vers le ciel ses mains, et ses yeux noyés de larmes. Depuis la mort d'Hippias, il refusoit toute nourriture ; le doux sommeil n'avoit pu appesantir ses paupières, ni suspendre un moment sa cuisante peine : il marchoit d'un pas tremblant, suivant la foule, et ne sachant où il alloit. Nulle parole ne sortoit de sa bouche, car son cœur étoit trop serré ; c'étoit un silence de désespoir et d'abattement ; mais, quand il vit le bûcher allumé, il parut tout-à-coup furieux, et il s'écria : O Hippias, Hippias, je ne te verrai plus ! Hippias n'est plus, et je vis encore ! O mon cher Hippias, c'est moi [1] qui t'ai donné la mort ; c'est moi qui t'ai appris à la mépriser ! Je croyois que tes mains fermeroient mes yeux, et que tu recueillerois mon dernier soupir. O

VAR. — [1] suspectes de flatterie. Comme il n'en vouloit point d'autres, son cœur étoit ému de celles-là : il sentoit, etc. A.

VAR. — [1] c'est moi cruel, moi impitoyable, qui t'ai appris à mépriser la mort. B. C. *Édit*. Le copiste n avoit écrit : *O mon cher Hippias ! c'est moi qui t'ai appris à la mépriser ;* l'auteur ne voyant pas de sens complet, chercha à rétablir le passage, et suppléa les mots *cruel, moi impitoyable*, etc. qu'on y lit maintenant. Nous revenons à sa première leçon, qui l'emporte par le naturel.

dieux cruels, vous prolongez ma vie pour me faire voir la mort d'Hippias! O cher enfant que j'ai nourri, et qui m'a coûté tant de soins, je ne te verrai plus; mais je verrai ta mère, qui mourra de tristesse en me reprochant ta mort; je verrai ta jeune épouse frappant sa poitrine, arrachant ses cheveux; et j'en serai cause! O chère ombre, appelle-moi sur les rives du Styx; la lumière m'est odieuse : c'est toi seul, mon cher Hippias, que je veux revoir. Hippias! Hippias! ô mon cher Hippias! je ne vis encore que pour rendre à tes cendres le dernier devoir.

Cependant on voyoit le corps du jeune Hippias étendu, qu'on portoit dans un cercueil orné de pourpre, d'or et d'argent. La mort, qui avoit éteint ses yeux, n'avoit pu effacer toute sa beauté, et les grâces étoient encore à demi peintes [1] sur son visage pâle. On voyoit flotter autour de son cou, plus blanc que la neige, mais penché sur l'épaule, ses longs cheveux noirs, plus beaux que ceux d'Atys ou de Ganymède, qui alloient être réduits en cendres. On remarquoit dans le côté la blessure profonde, par où tout son sang s'étoit écoulé, et qui l'avoit fait descendre dans le royaume sombre de Pluton.

Télémaque, triste et abattu, suivoit de près le corps, et lui jetoit des fleurs. Quand on fut arrivé au bûcher, le jeune fils d'Ulysse ne put voir la flamme pénétrer les étoffes qui enveloppoient le corps, sans répandre de nouvelles larmes. Adieu, dit-il, ô magnanime Hippias! car je n'ose te nommer mon ami : apaise-toi, ô ombre qui as mérité tant de gloire! Si je ne t'aimois, j'envierois ton bonheur; tu es délivré des misères où nous sommes encore, et tu en es sorti par le chemin le plus glorieux. Hélas! que je serois heureux de finir de même! Que le Styx n'arrête point ton ombre; que les Champs-Élysées lui soient ouverts; que la renommée conserve ton nom dans tous les siècles, et que tes cendres reposent en paix!

A peine eut-il dit ces paroles entremêlées de soupirs, que toute l'armée poussa un cri : on s'attendrissoit sur Hippias, dont on racontoit les grandes actions; et la douleur de sa mort rappelant toutes ses bonnes qualités, faisoit oublier les défauts qu'une jeunesse impétueuse et une mauvaise éducation lui avoient donnés. Mais on étoit encore plus touché des sentimens tendres de Télémaque. Est-ce donc là, disoit-on, ce jeune Grec si fier, si hautain, si dédaigneux, si intraitable? Le voilà devenu doux, humain, tendre. Sans doute Minerve, qui a tant aimé son père, l'aime aussi; sans doute elle lui a fait le plus précieux don que les dieux puissent faire aux hommes, en lui donnant, avec sa sagesse, un cœur sensible à l'amitié.

Le corps étoit déjà consumé par les flammes. Télémaque lui-même arrosa de liqueurs parfumées les cendres encore fumantes; puis il les mit dans une urne d'or qu'il couronna de fleurs, et il porta cette urne à Phalante. Celui-ci étoit étendu, percé de diverses blessures; et, dans son extrême foiblesse, il entrevoyoit [1] près de lui les portes sombres des enfers.

Déjà Traumaphile et Nosophuge, envoyés par le fils d'Ulysse, lui avoient donné tous les secours de leur art : ils rappeloient peu à peu son ame prête à s'envoler; de nouveaux esprits le ranimoient insensiblement [2], une force douce et pénétrante, un baume de vie s'insinuoit de veine en veine jusqu'au fond de son cœur, une chaleur agréable [3] le déroboit aux mains glacées de la mort. En ce moment, la défaillance cessant, la douleur succéda; il commença à sentir la perte de son frère, qu'il n'avoit point été jusqu'alors en état de sentir. Hélas! disoit-il, pourquoi prend-on de si grands soins de me faire vivre? ne me vaudroit-il pas mieux mourir, et suivre mon cher Hippias? Je l'ai vu périr tout auprès de moi! O Hippias, la douceur de ma vie, mon frère, tu n'es plus! je ne pourrai donc plus ni te voir, ni t'entendre, ni t'embrasser, ni te dire mes peines, ni te consoler dans les tiennes! O dieux ennemis des hommes! il n'y a plus d'Hippias pour moi! est-il possible? Mais n'est-ce point un songe? Non, il n'est que trop vrai. O Hippias, je t'ai perdu : je t'ai vu mourir : et il faut que je vive encore autant qu'il sera nécessaire pour te venger; je veux immoler à tes mânes le cruel Adraste teint de ton sang.

Pendant que Phalante parloit ainsi, les deux hommes divins tâchoient d'apaiser sa douleur, de peur qu'elle n'augmentât ses maux, et n'empêchât l'effet des remèdes. Tout-à-coup il aperçoit Télémaque qui se présente à lui. D'abord son cœur fut combattu par deux passions contraires. Il conservoit un ressentiment de tout ce qui s'étoit passé entre Télémaque et Hippias; la douleur de la perte d'Hippias rendoit ce ressentiment encore plus vif : d'un autre côté [4], il ne

---

VAR. — [1] à demi peintes *m*. A. *aj*. B.

VAR. — [1] il entrevoyoit déjà les portes. A. — [2] de nouveaux esprits naissoient insensiblement dans son cœur. A. — [3] une chaleur agréable ranimoit ses membres. A. — [4] mais il ne pouvoit ignorer. A.

pouvoit ignorer qu'il devoit la conservation de sa vie à Télémaque, qui l'avoit tiré sanglant et à demi mort des mains d'Adraste. Mais, quand il vit l'urne d'or où étoient renfermées les cendres si chères de son frère Hippias, il versa un torrent de larmes; il embrassa d'abord [1] Télémaque sans pouvoir lui parler, et lui dit enfin d'une voix languissante et [2] entrecoupée de sanglots :

Digne fils d'Ulysse, votre vertu me force à vous aimer; je vous dois ce reste de vie qui va s'éteindre : mais je vous dois quelque chose qui m'est bien plus cher. Sans vous, le corps de mon frère auroit été la proie des vautours; sans vous, son ombre, privée de la sépulture, seroit malheureusement errante [3] sur les rives du Styx, et toujours repoussée par l'impitoyable Charon. Faut-il que je doive tant à un homme que j'ai tant haï ! O dieux, récompensez-le, et délivrez-moi d'une vie si malheureuse ! Pour vous, [4] ô Télémaque, rendez-moi les derniers devoirs que vous avez rendus à mon frère, afin que rien ne manque à votre gloire.

A ces paroles, Phalante demeura épuisé et abattu d'un excès de douleur. Télémaque se tint auprès de lui sans oser lui parler, et attendant qu'il reprît ses forces. Bientôt Phalante, revenant de cette défaillance, prit l'urne des mains de Télémaque, la baisa plusieurs fois, l'arrosa de ses larmes, et dit : O chères, ô précieuses cendres, quand est-ce que les miennes seront renfermées avec vous dans cette même urne? O ombre d'Hippias, je te suis dans les enfers : Télémaque nous vengera tous deux.

Cependant le mal de Phalante diminua de jour en jour par les soins des deux hommes qui avoient la science d'Esculape. Télémaque étoit sans cesse avec eux auprès du malade, pour les rendre plus attentifs à avancer sa guérison; et toute l'armée admiroit bien plus la bonté de cœur avec laquelle il secouroit son plus grand ennemi, que la valeur et la sagesse qu'il avoit montrées, en sauvant, dans la bataille, l'armée des alliés.

En même temps, Télémaque se montroit infatigable dans les plus rudes travaux de la guerre : il dormoit peu, et son sommeil étoit souvent interrompu, ou par les avis qu'il recevoit à toutes les heures de la nuit comme du jour, ou par la visite de tous les quartiers du camp, qu'il ne faisoit jamais deux fois de suite aux mêmes heures, pour mieux surprendre ceux qui n'étoient pas assez vigilans. Il revenoit souvent dans sa tente couvert de sueur et de poussière : sa nourriture étoit simple ; il vivoit comme les soldats, pour leur donner l'exemple de la sobriété et de la patience. L'armée ayant peu [1] de vivres dans ce campement, il jugea nécessaire d'arrêter les murmures des soldats, en souffrant lui-même volontairement les mêmes incommodités qu'eux. Son corps, loin de s'affoiblir dans une vie si pénible, se fortifioit et s'endurcissoit chaque jour : il commençoit à n'avoir plus ces grâces si tendres qui sont comme la fleur de la première jeunesse; son teint devenoit plus brun et moins délicat, ses membres moins mous et plus nerveux.

LIVRE XIV [2].

Télémaque, persuadé par divers songes que son père Ulysse n'est plus sur la terre, exécute le dessein, qu'il avoit conçu depuis longtemps, de l'aller chercher dans les enfers. Il se dérobe du camp, pendant la nuit, et se rend à la fameuse caverne d'Achérontia. Il s'y enfonce courageusement, et arrive bientôt au bord du Styx, où Charon le reçoit dans sa barque. Il va se présenter devant Pluton, qui lui permet de chercher son père dans les enfers. Il traverse d'abord le Tartare, où il voit les tourmens que souffrent les ingrats, les parjures, les impies, les hypocrites, et surtout les mauvais rois. Il entre ensuite dans les Champs-Elysées, où il contemple avec délices la félicité dont jouissent les hommes justes, et surtout les bons rois, qui, pendant leur vie, ont sagement gouverné les hommes. Il est reconnu par Arcésius, son bisaïeul, qui l'assure qu'Ulysse est vivant, et qu'il reprendra bientôt l'autorité dans Ithaque, où son fils doit régner après lui. Arcésius donne à Télémaque les plus sages instructions sur l'art de régner. Il lui fait remarquer combien la récompense des bons rois, qui ont principalement excellé par la justice et par la vertu, surpasse la gloire de ceux qui ont excellé par la valeur. Après cet entretien, Télémaque sort du ténébreux empire de Pluton, et retourne promptement au camp des alliés.

Cependant Adraste, dont les troupes avoient été considérablement affoiblies dans le combat, s'étoit retiré derrière la montagne d'Aulon, pour attendre divers secours, et pour tâcher de surprendre encore une fois ses ennemis : semblable à un lion affamé, qui, ayant été repoussé d'une bergerie, s'en retourne dans les sombres forêts, et rentre dans sa caverne, où il aiguise ses dents et ses griffes, attendant le moment favorable pour égorger tous les troupeaux.

VAR. — [1] d'abord m. A. aj. B. — [2] et m. A. aj. B. — [3] erroit malheureusement. A. B. — [4] Et vous, Télémaque. A.

VAR. — [1] manquant de vivres. c. f. du cop. — [2] LIVRE XVIII.

Télémaque, ayant pris soin de mettre une exacte discipline dans tout le camp, ne songea plus qu'à exécuter un dessein qu'il avoit conçu, et qu'il cacha à tous les chefs de l'armée. Il y avoit déjà long-temps qu'il étoit agité, pendant toutes les nuits, par des songes qui lui représentoient son père Ulysse. Cette chère image [1] revenoit toujours sur la fin de la nuit, avant que l'aurore vînt chasser du ciel, par ses feux naissans, les inconstantes étoiles, et de dessus la terre, le doux sommeil, suivi des songes voltigeans. Tantôt il croyoit voir Ulysse nu, dans une île fortunée, sur la rive d'un fleuve, dans une prairie ornée de fleurs, et environné de nymphes qui lui jetoient des habits pour se couvrir; tantôt il croyoit l'entendre parler dans un palais tout éclatant d'or et d'ivoire, où des hommes couronnés de fleurs l'écoutoient avec plaisir et admiration. Souvent Ulysse lui apparoissoit tout-à-coup dans des festins, où la joie éclatoit parmi les délices, et où l'on entendoit les tendres accords d'une voix avec une lyre plus douce que la lyre d'Apollon et que les voix de toutes les Muses.

Télémaque, en s'éveillant, s'attristoit de ces songes si agréables. O mon père, ô mon cher père Ulysse, s'écrioit-il, les songes les plus affreux me seroient plus doux! Ces images de félicité me font comprendre que vous êtes déjà descendu dans le séjour des ames bienheureuses que les dieux récompensent de leur vertu par une éternelle tranquillité. Je crois voir les Champs-Elysées. O qu'il est cruel de n'espérer plus! Quoi donc! ô mon cher père, je ne vous verrai jamais! jamais je n'embrasserai celui qui m'aimoit tant, et que je cherche avec tant de peine! jamais je n'entendrai parler cette bouche d'où sortoit la sagesse! jamais je ne baiserai ces mains, ces chères mains, ces mains victorieuses qui ont abattu tant d'ennemis! elles ne puniront point les insensés amans de Pénélope, et Ithaque ne se relevera jamais de sa ruine! O dieux ennemis de mon père! vous m'envoyez ces songes funestes pour arracher toute espérance de mon cœur; c'est m'arracher la vie. Non, je ne puis plus vivre dans cette incertitude. Que dis-je? hélas! je ne suis que trop certain que mon père n'est plus. Je vais chercher son ombre jusque dans les enfers. Thésée y est bien descendu; Thésée, cet impie qui vouloit outrager les divinités infernales; et moi, j'y vais conduit par la piété. Hercule y descendit : je ne suis pas Hercule; mais il est beau d'oser l'imiter. Orphée a bien touché, par le récit de ses malheurs, le cœur de ce dieu qu'on dépeint [1] comme inexorable : il obtint de lui qu'Eurydice retournât [2] parmi les vivans. Je suis plus digne de compassion qu'Orphée; car ma perte est plus grande. Qui pourroit comparer une jeune fille, semblable à cent autres [1], avec le sage Ulysse, admiré de toute la Grèce: Allons; mourons, s'il le faut. Pourquoi craindre la mort quand on souffre tant dans la vie! O Pluton, ô Proserpine, j'éprouverai bientôt si vous êtes aussi impitoyables qu'on le dit! O mon père! après avoir parcouru en vain les terres et les mers pour vous trouver, je vais enfin [3] voir si vous n'êtes point dans la sombre demeure des morts. Si les dieux me refusent de vous posséder sur la terre et à la lumière du soleil, peut-être ne me refuseront-ils pas de voir au moins votre ombre dans le royaume de la nuit.

En disant ces paroles, Télémaque arrosoit son lit de ses larmes : aussitôt il se levoit, et cherchoit, par la lumière, à soulager la douleur cuisante que ces songes lui avoient causée; mais c'étoit une flèche qui avoit percé son cœur, et qu'il portoit partout avec lui. Dans cette peine, il entreprit de descendre aux enfers par un lieu célèbre, qui n'étoit pas éloigné du camp. On l'appeloit Achérontia, à cause qu'il y avoit en ce lieu une caverne affreuse, de laquelle [4] on descendoit sur les rives de l'Achéron, par lequel les dieux mêmes craignent de jurer. La ville étoit sur un rocher, posée comme un nid sur le haut d'un arbre : au pied de ce rocher on trouvoit la caverne, de laquelle les timides mortels n'osoient approcher; les bergers avoient soin d'en détourner leurs troupeaux. La vapeur soufrée du marais Stygien, qui s'exhaloit sans cesse par cette ouverture, empestoit l'air. Tout autour il ne croissoit ni herbe ni fleurs; on n'y sentoit jamais les doux zéphirs, ni les grâces naissantes du printemps, ni les riches dons de l'automne : la terre aride y languissoit; on y voyoit seulement quelques arbustes dépouillés et quelques cyprès funestes. Au loin même, tout à l'entour, Cérès refusoit aux laboureurs ses moissons dorées; Bacchus sembloit en vain y promettre ses doux fruits; les grappes de raisin se desséchoient au lieu de mûrir. Les Naïades tristes ne faisoient point couler une onde pure; leurs flots étoient tou-

---

VAR. — [1] Cette image d'Ulysse. A.

VAR. — [1] qu'on dit qui est inexorable. A. — [2] retourneroit..... — [3] à tant d'autres. Edit. contre les Mss. — [4] je vais voir. A. — [5] par où l'on descendoit. A.

jours amers et troublés. Les oiseaux[1] ne chantoient jamais dans cette terre hérissée de ronces et d'épines, et n'y trouvoient aucun bocage pour se retirer : ils alloient chanter leurs amours sous un ciel plus doux. Là, on n'entendoit que le croassement des corbeaux et la voix lugubre des hiboux : l'herbe même y étoit amère, et les troupeaux qui la paissoient ne sentoient point la douce joie qui les fait bondir. Le taureau fuyoit la génisse ; et le berger, tout abattu, oublioit sa musette et sa flûte.

De cette caverne sortoit, de temps en temps, une fumée noire et épaisse, qui faisoit une espèce de nuit au milieu du jour. Les peuples voisins redoubloient alors leurs sacrifices pour apaiser les divinités infernales ; mais souvent les hommes, à la fleur de leur âge et dès leur plus tendre jeunesse, étoient les seules victimes que ces divinités cruelles prenoient plaisir à immoler par une funeste contagion.

C'est là que Télémaque résolut de chercher le chemin de la sombre[2] demeure de Pluton. Minerve, qui veilloit sans cesse sur lui, et qui le couvroit de son égide, lui avoit rendu Pluton favorable. Jupiter même, à la prière de Minerve, avoit ordonné à Mercure, qui descend chaque jour aux enfers pour livrer à Charon un certain nombre de morts, de dire au roi des ombres qu'il laissât entrer le fils d'Ulysse dans son empire.

Télémaque se dérobe du camp pendant la nuit ; il marche à la clarté de la lune, et il invoque cette puissante divinité, qui étant dans le ciel le brillant astre de la nuit, et sur la terre la chaste Diane, est aux enfers la redoutable Hécate. Cette divinité écouta favorablement ses vœux, parce que son cœur étoit pur, et qu'il étoit conduit par l'amour pieux qu'un fils doit à son père. A peine fut-il auprès de l'entrée de la caverne, qu'il entendit l'empire souterrain mugir. La terre trembloit sous ses pas ; le ciel s'arma d'éclairs et de feux qui sembloient tomber sur la terre. Le jeune fils d'Ulysse sentit son cœur ému, et tout son corps étoit couvert d'une sueur glacée ; mais son courage se soutint : il leva les yeux et les mains au ciel. Grands dieux, s'écria-t-il, j'accepte ces présages que je crois heureux ; achevez votre ouvrage ! Il dit, et, redoublant ses pas, il se présente hardiment.

Aussitôt la fumée épaisse qui rendoit l'entrée de la caverne funeste à tous les animaux, dès qu'ils[1] en approchoient, se dissipa ; l'odeur empoisonnée cessa pour un peu de temps. Télémaque entre seul ; car quel autre mortel eût osé le suivre ! Deux Crétois, qui l'avoient accompagné jusqu'à une certaine distance de la caverne, et auxquels il avoit confié son dessein, demeurèrent tremblans et à demi morts assez loin de là, dans un temple, faisant des vœux, et n'espérant plus de revoir Télémaque.

Cependant le fils d'Ulysse, l'épée à la main, s'enfonce dans les ténèbres horribles. Bientôt il aperçoit une foible et sombre lueur, telle qu'on la voit pendant la nuit sur la terre : il remarque les ombres légères qui voltigent autour de lui ; et il les écarte avec son épée ; ensuite[2] il voit les tristes bords du fleuve marécageux dont les eaux bourbeuses et dormantes ne font que tournoyer. Il découvre sur ce rivage une foule innombrable de morts privés de la sépulture, qui se présentent en vain à l'impitoyable Charon. Ce dieu, dont la vieillesse éternelle est toujours triste et chagrine[3], mais pleine de vigueur, les menace, les repousse, et admet d'abord dans la barque le jeune Grec. En entrant, Télémaque entend les gémissemens d'une ombre qui ne pouvoit se consoler.

Quel est donc, lui dit-il, votre malheur ? qui étiez-vous sur la terre ? J'étois, lui répondit cette ombre, Nabopharsan, roi de la superbe Babylone. Tous les peuples de l'Orient trembloient au seul bruit de mon nom ; je me faisois adorer par les Babyloniens, dans un temple de marbre, où j'étois représenté par une statue d'or, devant laquelle on brûloit nuit et jour les plus précieux parfums de l'Ethiopie. Jamais personne n'osa me contredire sans être aussitôt puni : on inventoit chaque jour de nouveaux plaisirs pour me rendre la vie plus délicieuse. J'étois encore jeune et robuste ; hélas ! que de prospérités ne me restoit-il pas encore à goûter sur le trône ? Mais une femme que j'aimois, et qui ne m'aimoit pas, m'a bien fait sentir que je n'étois pas dieu ; elle m'a empoisonné : je ne suis plus rien. On mit hier, avec pompe, mes cendres dans une urne d'or ; on pleura ; on s'arracha les cheveux ; on fit semblant de vouloir se jeter dans les flammes de mon bûcher, pour mourir avec moi ; on va encore gémir au pied du superbe tombeau où l'on a mis mes cendres : mais personne ne me regrette ; ma mémoire est en horreur même dans ma famille ; et ici bas, je souffre déjà d'horribles traitemens[4].

VAR. — [1] Nul oiseau ne chantoit dans cette terre hérissée de ronces et d'épines, et ne trouvoit de bocages, etc. A. — [2] sombre *m*. A. *aj*. D.

VAR. — [1] qui en approchoient. A. — [2] bientôt. A. — [3] et chagrine, les menace. A. — [4] injures. A.

Télémaque, touché de ce spectacle, lui dit : Etiez-vous véritablement heureux pendant votre règne ? sentiez-vous cette douce paix sans laquelle le cœur demeure toujours serré et flétri au milieu des délices ? Non, répondit le Babylonien ; je ne sais même ce que vous voulez dire. Les sages vantent cette paix comme l'unique bien : pour moi, je ne l'ai jamais sentie ; mon cœur étoit sans cesse agité de désirs nouveaux, de crainte et d'espérance. Je tâchois de m'étourdir moi-même par l'ébranlement de mes passions ; j'avois soin d'entretenir cette ivresse pour la rendre continuelle : le moindre intervalle de raison tranquille m'eût été trop amer. Voilà la paix dont j'ai joui ; toute autre me paroît une fable et un songe : voilà les biens que je regrette.

En parlant ainsi, le Babylonien pleuroit comme un homme lâche qui a été amolli par les prospérités, et qui n'est point accoutumé à supporter constamment un malheur. Il avoit auprès de lui quelques esclaves qu'on avoit fait mourir pour honorer ses funérailles : Mercure les avoit livrés à Charon avec leur roi, et leur avoit donné une puissance absolue sur ce roi qu'ils avoient servi sur la terre. Ces ombres d'esclaves ne craignoient plus l'ombre de Nabopharsan ; elles la tenoient enchaînée, et lui faisoient les plus cruelles indignités. L'un lui disoit : N'étions-nous pas hommes aussi bien que toi ? comment étois-tu assez insensé pour te croire un dieu ? et ne falloit-il pas te souvenir que tu étois de la race des autres hommes ? Un autre, pour lui insulter, disoit : Tu avois raison de ne vouloir pas qu'on te prît pour un homme ; car tu étois un monstre sans humanité. Un autre lui disoit : Hé bien ! où sont maintenant tes flatteurs ? Tu n'as plus rien à donner, malheureux ! tu ne peux plus faire aucun mal ; te voilà devenu esclave de tes esclaves mêmes : les dieux ont été [1] lents à faire justice ; mais enfin ils la font.

A ces dures paroles, Nabopharsan se jetoit le visage contre terre, arrachant ses cheveux dans un excès de rage et de désespoir. Mais Charon disoit eux esclaves : Tirez-le par sa chaîne ; relevez-le malgré lui : il n'aura pas même la consolation de cacher sa honte ; il faut que toutes les ombres du Styx en soient témoins, pour justifier les dieux, qui ont souffert si long-temps que cet impie régnât sur la terre. Ce n'est encore là, ô Babylonien, que le commencement de tes douleurs ; prépare-toi à être jugé par l'inflexible Minos, juge des enfers.

Pendant ce discours du terrible Charon, la barque touchoit déjà le rivage de l'empire de Pluton : toutes les ombres accouroient pour considérer cet homme vivant qui paroissoit au milieu de ces morts dans la barque : mais, dans le moment où Télémaque mit pied à terre, elles s'enfuirent, semblables aux ombres de la nuit que la moindre clarté du jour dissipe. Charon, montrant au jeune Grec un front moins ridé et des yeux moins farouches qu'à l'ordinaire, lui dit : Mortel chéri des dieux, puisqu'il t'est donné d'entrer dans ce royaume de la nuit, inaccessible aux autres vivans, hâte-toi d'aller où les destins t'appellent ; va, par ce chemin sombre, au palais de Pluton, que tu trouveras sur son trône ; il te permettra d'entrer dans les lieux dont il m'est défendu [1] de te découvrir le secret.

Aussitôt Télémaque s'avance à grands pas : il voit de tous côtés voltiger des ombres, plus nombreuses que les grains de sable qui couvrent les rivages de la mer ; et, dans l'agitation de cette multitude infinie, il est saisi d'une horreur divine, observant le profond silence de ces vastes lieux. Ses cheveux se dressent sur sa tête quand il aborde le noir séjour de l'impitoyable Pluton ; il sent ses genoux chancelans ; la voix lui manque ; et c'est avec peine qu'il peut prononcer au dieu ces paroles : Vous voyez, ô terrible divinité, le fils du malheureux Ulysse ; je viens vous demander si mon père est descendu dans votre empire, ou s'il est encore errant sur la terre.

Pluton étoit sur un trône d'ébène : son visage étoit pâle et sévère ; ses yeux, creux et étincelans ; son front [2], ridé et menaçant : la vue d'un homme vivant lui étoit odieuse, comme la lumière offense les yeux des animaux qui ont accoutumé de ne sortir de leurs retraites que pendant [3] la nuit. A son côté paroissoit Proserpine, qui attiroit seule ses regards, et qui sembloit un peu adoucir son cœur : elle jouissoit d'une beauté toujours nouvelle ; mais elle paroissoit avoir joint à ces grâces divines je ne sais quoi de dur et de cruel de son époux.

Aux pieds du trône étoit la Mort, pâle et dévorante, avec sa faux tranchante qu'elle aiguisoit sans cesse. Autour d'elle voloient les noirs soucis, les cruelles défiances ; les vengeances, toutes dégouttantes de sang, et cou-

---

Var. — [1] sont lents. Edit. contre les Mss.

Var. — [1] dont il ne m'est pas permis. A. — [2] son visage. A. B. son front. C. mais de la main du marq. de Fén. : les éditeurs depuis 1717 ont adopté cette correction, qui paroît nécessaire. — [3] pendant m. A. aj. B.

vertes de plaies ; les haines injustes ; l'avarice, qui se ronge elle-même ; le désespoir, qui se déchire de ses propres mains ; l'ambition forcenée, qui renverse tout ; la trahison, qui veut se repaître de sang, et qui ne peut jouir des maux qu'elle a faits ; l'envie, qui verse son venin mortel autour d'elle, et qui se tourne en rage, dans l'impuissance où elle est de nuire ; l'impiété, qui se creuse elle-même un abîme sans fond, où elle se précipite sans espérance ; les spectres hideux ; les fantômes, qui représentent les morts pour épouvanter les vivans ; les songes affreux ; les insomnies, aussi cruelles que les tristes songes. Toutes ces images funestes environnoient le fier Pluton, et remplissoient le palais où il habite. Il répondit à Télémaque d'une voix basse qui fit gémir le fond de l'Érèbe :

Jeune mortel, les destinées t'ont fait violer cet asile sacré des ombres ; suis ta haute destinée : je ne te dirai point où est ton père ; il suffit que tu sois libre de le chercher. Puisqu'il a été roi sur la terre, tu n'as qu'à parcourir, d'un côté, l'endroit du noir Tartare où les mauvais rois sont punis ; de l'autre, les Champs-Elysées, où les bons rois sont récompensés. Mais tu ne peux aller d'ici dans les Champs-Elysées, qu'après avoir passé par le Tartare ; hâte-toi d'y aller, et de sortir de mon empire.

A l'instant Télémaque semble voler dans ces espaces vides et immenses ; tant il lui tarde de savoir s'il verra son père, et de s'éloigner de la présence horrible du tyran qui tient en crainte les vivans et les morts. Il aperçoit bientôt assez près de lui le noir Tartare : il en[1] sortoit une fumée noire et épaisse, dont l'odeur empestée donneroit la mort, si elle se répandoit dans la demeure des vivans. Cette fumée couvroit un fleuve de feu, et des tourbillons[2] de flamme, dont le bruit, semblable à celui des torrens les plus impétueux quand ils s'élancent des plus hauts rochers dans le fond des abîmes, faisoit qu'on ne pouvoit rien entendre distinctement dans ces tristes lieux.

Télémaque, secrètement animé par Minerve, entre sans crainte dans ce gouffre. D'abord il aperçut un grand nombre d'hommes qui avoient vécu dans les plus basses conditions, et qui étoient punis pour avoir cherché les richesses par des fraudes, des trahisons et des cruautés. Il y remarqua beaucoup d'impies hypocrites, qui, faisant semblant d'aimer la religion, s'en étoient servis comme d'un beau prétexte pour contenter leur ambition, et pour se jouer des hommes crédules : ces hommes, qui avoient abusé de la vertu même, quoiqu'elle soit[1] le plus grand don des dieux, étoient punis comme les plus scélérats de tous les hommes. Les enfans qui avoient égorgé leurs pères et leurs mères, les épouses qui avoient trempé leurs mains dans le sang de leurs époux, les traîtres qui avoient livré leurs patries après avoir violé tous les sermens, souffroient des peines moins cruelles que ces hypocrites. Les trois juges des enfers l'avoient ainsi voulu ; et voici leur raison : c'est que les hypocrites ne se contentent pas d'être méchans comme le reste des impies ; ils veulent encore passer pour bons, et font, par leur fausse vertu, que les hommes n'osent plus se fier à la véritable. Les dieux, dont ils se sont joués, et qu'ils ont rendus méprisables aux hommes, prennent plaisir à employer toute leur puissance pour se venger de leurs insultes[2].

Auprès de ceux-ci paroissoient d'autres hommes que le vulgaire ne croit guère coupables, et que la vengeance divine poursuit impitoyablement : ce sont les ingrats, les menteurs, les flatteurs qui ont loué le vice ; les critiques malins qui ont tâché de flétrir la plus pure vertu ; enfin, ceux qui ont jugé témérairement des choses sans les connoître à fond, et qui par là ont nui à la réputation des innocens. Mais, parmi toutes les ingratitudes, celle qui étoit punie comme la plus noire, c'est celle où l'on tombe[3] contre les dieux. Quoi donc ! disoit Minos, on passe pour un monstre quand on manque de reconnoissance pour son père, ou pour son ami de qui on a reçu quelque secours ; et on fait gloire d'être ingrat envers les dieux, de qui on tient la vie et tous les biens qu'elle renferme ! Ne leur doit-on pas sa naissance plus qu'au père même[4] de qui on est né ? Plus tous ces crimes sont impunis et excusés sur la terre, plus ils sont dans les enfers l'objet d'une vengeance implacable à qui rien n'échappe.

Télémaque, voyant les trois juges qui étoient assis et qui condamnoient un homme, osa leur demander quels étoient ses crimes. Aussitôt le condamné, prenant la parole, s'écria : Je n'ai jamais fait aucun mal ; j'ai mis tout mon plaisir à faire du bien ; j'ai été magnifique, libéral, juste, compatissant : que peut-on donc me

VAR. — [1] d'où il sortoit. A. — [2] torrens. A.

VAR. — [1] qui est le plus grand don. A — [2] leur insulte. A. *Edit.* — [3] celle qui se commet envers les dieux *Edit. contre les Mss.* — [4] qu'au père et à la mère. B. C. *Edit.* Le copiste B avoit mis, *qu'au père mère :* l'auteur, pour rétablir le sens, ajouta, *et à la avant mère.* Nous suivons l'original.

reprocher? Alors Minos lui dit : On ne te reproche rien à l'égard des hommes ; mais ne devois-tu pas moins aux hommes qu'aux dieux ? Quelle est donc cette justice dont tu te vantes ? Tu n'as manqué à aucun devoir[1] vers les hommes, qui ne sont rien ; tu as été vertueux : mais tu as rapporté toute ta vertu à toi-même, et non aux dieux qui te l'avoient donnée ; car tu voulois jouir du fruit de ta propre vertu, et te renfermer en toi-même : tu as été ta divinité. Mais les dieux, qui ont tout fait, et qui n'ont rien fait que pour eux-mêmes, ne peuvent renoncer à leurs droits : tu les as oubliés, ils t'oublieront ; ils te livreront à toi-même, puisque tu as voulu être à toi, et non pas à eux. Cherche donc maintenant, si tu le peux, ta consolation dans ton propre cœur. Te voilà à jamais séparé des hommes, auxquels tu as voulu plaire ; te voilà seul avec toi-même, qui étois ton idole : apprends qu'il n'y a point de véritable vertu sans le respect et l'amour des dieux, à qui tout est dû. Ta fausse vertu, qui a long-temps ébloui les hommes faciles à tromper, va être confondue. Les hommes, ne jugeant des vices et des vertus, que par ce qui les choque ou les accommode, sont aveugles et sur le bien et sur le mal : ici, une lumière divine renverse tous leurs jugemens superficiels ; elle condamne souvent ce qu'ils admirent, et justifie ce qu'ils condamnent.

A ces mots ce philosophe, comme frappé d'un coup de foudre, ne pouvoit se supporter soi-même. La complaisance qu'il avoit eue autrefois à contempler sa modération, son courage et ses inclinations généreuses, se change en désespoir. La vue de son propre cœur, ennemi des dieux, devient son supplice : il se voit, et ne peut cesser de se voir ; il voit la vanité des jugemens des hommes, auxquels il a voulu plaire dans toutes ses actions : il se fait une révolution universelle de tout ce qui est au dedans de lui, comme si on bouleversoit toutes ses entrailles ; il ne se trouve plus le même : tout appui lui manque dans son cœur ; sa conscience, dont le témoignage lui avoit été si doux, s'élève contre lui, et lui reproche amèrement[2] l'égarement et l'illusion de toutes ses vertus, qui n'ont point eu le culte de la divinité pour principe et pour fin : il est troublé, consterné, plein de honte, de remords et de désespoir. Les Furies ne le tourmentent point, parce qu'il leur suffit de l'avoir livré à lui-même, et que son propre cœur venge assez les dieux méprisés. Il cherche les lieux les plus sombres pour se cacher aux autres morts[1], ne pouvant se cacher à lui-même ; il cherche les ténèbres, et ne peut les trouver : une lumière importune le[2] poursuit partout ; partout les rayons perçans de la vérité vont venger la vérité qu'il a négligé de suivre. Tout ce qu'il a aimé lui devient odieux, comme étant la source de ses maux, qui ne peuvent jamais finir. Il dit en lui-même : O insensé ! je n'ai donc connu ni les dieux, ni les hommes, ni moi-même ! Non, je n'ai rien connu, puisque je n'ai jamais aimé l'unique et véritable bien : tous mes pas ont été des égaremens ; ma sagesse n'étoit que folie ; ma vertu n'étoit qu'un orgueil impie et aveugle : j'étois moi-même mon idole.

Enfin, Télémaque aperçut les rois qui étoient condamnés[3] pour avoir abusé de leur puissance. D'un côté, une Furie vengeresse leur présentoit un miroir, qui leur montroit toute la difformité de leurs vices : là, ils voyoient et ne pouvoient s'empêcher de voir leur vanité grossière et avide des plus ridicules louanges ; leur dureté pour les hommes, dont ils auroient dû faire la félicité ; leur insensibilité pour la vertu ; leur crainte d'entendre la vérité ; leur inclination pour les hommes lâches et flatteurs ; leur inapplication, leur mollesse, leur indolence, leur défiance déplacée[4], leur faste, et leur excessive magnificence fondée sur la ruine des peuples ; leur ambition pour acheter un peu de vaine gloire par le sang de leurs citoyens ; enfin, leur cruauté qui cherche chaque jour de nouvelles délices parmi les larmes et le désespoir de tant de malheureux. Ils se voyoient sans cesse dans ce miroir[5] : ils se trouvoient plus horribles et plus monstrueux que ni la Chimère vaincue par Bellérophon, ni l'hydre de Lerne abattue par Hercule, ni Cerbère même, quoiqu'il vomisse, de ses trois gueules béantes, un sang noir et venimeux, qui est capable d'empester toute la race des mortels vivans sur la terre.

En même temps, d'un autre côté, une autre Furie leur répétoit avec insulte toutes les louanges que leurs flatteurs leur avoient données pendant leur vie, et leur présentoit un autre miroir, où ils se voyoient tels que la flatterie les avoit dépeints : l'opposition de ces deux peintures, si contraires, étoit le supplice de leur vanité. On remarquoit que les plus méchans d'entre ces rois étoient ceux à qui on

---

VAR. — [1] à rien. A. — [2] lui reproche avec fureur. A.

VAR. — [1] morts m. A. aj. B. — [2] le suit. Edit. contre les Mss. — [3] qui étoient dans les supplices. A. — [4] déplacée m. A. aj. B. — [5] dans ce miroir, plus horribles, etc. A.

avoit donné les plus magnifiques louanges pendant leur vie, parce que les méchans sont plus craints que les bons, et qu'ils exigent sans pudeur les lâches flatteries des poètes et des orateurs de leur temps.

On les entend gémir dans ces profondes ténèbres, où ils ne peuvent voir que les insultes et les dérisions qu'ils ont à souffrir : ils n'ont rien autour d'eux qui ne les repousse, qui ne les contredise, qui ne les confonde. Au lieu que, sur la terre, ils se jouoient de la vie des hommes, et prétendoient que tout étoit fait pour les servir ; dans le Tartare, ils sont livrés à tous les caprices de certains esclaves qui leur font sentir à leur tour une cruelle servitude : ils servent avec douleur, et il ne leur reste aucune espérance de pouvoir jamais adoucir leur captivité ; ils sont sous les coups de ces esclaves, devenus leurs tyrans impitoyables, comme une enclume est sous les coups des marteaux des Cyclopes, quand Vulcain les presse de travailler dans les fournaises ardentes du mont Etna.

Là, Télémaque aperçut des visages pâles, hideux et consternés. C'est une tristesse noire qui ronge ces criminels ; ils ont horreur d'eux-mêmes, et ils ne peuvent non plus se délivrer de cette horreur, que de leur propre nature. Ils n'ont point besoin d'autre châtiment de leurs fautes, que leurs fautes mêmes : ils les voient sans cesse dans toute leur énormité ; elles se présentent à eux comme des spectres horribles ; elles les poursuivent. Pour s'en garantir, ils cherchent une mort plus puissante que celle qui les a séparés de leurs corps. Dans le désespoir où ils sont, ils appellent à leur secours une mort qui puisse éteindre tout sentiment et toute connoissance en eux ; ils demandent aux abîmes de les engloutir, pour se dérober aux rayons vengeurs de la vérité qui les persécute : mais ils sont réservés à la vengeance qui distille sur eux goutte à goutte, et qui ne tarira jamais. La vérité qu'ils ont craint de voir fait leur supplice ; ils la voient, et n'ont des yeux que pour la voir s'élever [1] contre eux ; sa vue les perce, les déchire, les arrache à eux-mêmes : elle est comme la foudre ; sans rien détruire au dehors, elle pénètre jusqu'au fond des entrailles. Semblable à un métal dans une fournaise ardente, l'ame est comme fondue par ce feu vengeur ; il ne laisse aucune consistance, et il ne consume rien : il dissout jusqu'aux premiers principes de la vie, et on ne peut mourir. On est arraché à soi ; on n'y peut plus trouver ni appui ni repos pour un seul instant : on ne vit [1] plus que par la rage qu'on a contre soi-même, et par une perte de toute espérance qui rend forcené.

Parmi ces objets, qui faisoient dresser les cheveux de Télémaque sur sa tête, il vit plusieurs des anciens rois de Lydie, qui étoient punis pour avoir préféré les délices d'une vie molle au travail, qui doit être inséparable de la royauté pour le soulagement des peuples.

Ces rois se reprochoient les uns aux autres leur aveuglement. L'un disoit à l'autre, qui avoit été son fils : Ne vous avois-je pas recommandé souvent, pendant ma vieillesse et avant ma mort, de réparer les maux que j'avois faits par ma négligence ? Le fils répondoit : O malheureux père ! c'est vous qui m'avez perdu ! c'est votre exemple qui m'a accoutumé [2] au faste, à l'orgueil, à la volupté, à la dureté pour les hommes ! En vous voyant régner avec tant de mollesse, avec tant de lâches flatteurs autour de vous [3], je me suis accoutumé à aimer la flatterie et les plaisirs. J'ai cru que le reste des hommes étoit, à l'égard des rois, ce que les chevaux et les autres bêtes de charge sont à l'égard des hommes, c'est-à-dire des animaux dont on ne fait cas qu'autant qu'ils rendent de service, et qu'ils donnent de commodités. Je l'ai cru ; c'est vous qui me l'avez fait croire ; et maintenant je souffre tant de maux pour vous avoir imité. A ces reproches, ils ajoutoient les plus affreuses malédictions, et paroissoient animés de rage pour s'entre-déchirer.

Autour de ces rois voltigeoient encore, comme des hiboux dans la nuit, les cruels soupçons, les vaines alarmes, les défiances, qui vengent les peuples de la dureté de leurs rois, la faim insatiable des richesses, la fausse gloire toujours tyrannique, et la mollesse lâche qui redouble tous les maux qu'on souffre, sans pouvoir jamais donner de solides plaisirs.

On voyoit plusieurs de ces rois sévèrement punis, non pour les maux qu'ils avoient faits, mais pour les biens qu'ils auroient dû faire. Tous les crimes des peuples, qui viennent de la négligence avec laquelle on fait observer les lois, étoient imputés aux rois [4], qui ne doivent régner qu'afin que les lois règnent par leur ministère. On leur imputoit aussi tous les désordres qui viennent du faste, du luxe, et de tous les autres excès qui jettent les hommes

---

Var. — [1] pour la voir qui s'élève. A.

Var. — [1] on n'y tient plus. A. — [2] qui m'a inspiré le faste, etc. *Edit. correction du marq. de Fén.* — [3] entouré de lâches flatteurs. A. — [4] aux rois. On leur imputoit aussi. A.

dans un état violent, et dans la tentation de mépriser les lois pour acquérir du bien. Surtout on traitoit rigoureusement les rois qui, au lieu d'être de bons et vigilans pasteurs des peuples, n'avoient songé qu'à ravager le troupeau comme des loups dévorans.

Mais, ce qui consterna davantage Télémaque, ce fut de voir, dans cet abîme de ténèbres et de maux, un grand nombre de rois qui avoient passé sur la terre pour des rois assez bons. Ils avoient été condamnés aux peines du Tartare, pour s'être laissés gouverner par des hommes méchans et artificieux. Ils étoient punis pour les maux qu'ils avoient laissé faire par leur autorité. De plus, la plupart de ces rois n'avoient été ni bons ni méchans, tant leur foiblesse avoit été grande; ils n'avoient jamais craint de ne connoître point la vérité; ils n'avoient point eu le goût de la vertu, et n'avoient pas mis leur plaisir à faire du bien.

[1] Lorsque Télémaque sortit de ces lieux, il se sentit soulagé, comme si on avoit ôté une montagne de dessus sa poitrine : il comprit, par ce soulagement, le malheur de ceux qui y étoient renfermés sans espérance d'en sortir jamais. Il étoit effrayé de voir combien les rois étoient plus rigoureusement tourmentés que les autres coupables. Quoi ! disoit-il, tant de devoirs, tant de périls, tant de piéges, tant de difficulté de connoître la vérité pour se défendre contre les autres et contre soi-même ; enfin, tant de tourmens horribles dans les enfers, après avoir été si agité, si envié, si traversé dans une vie courte! O insensé celui qui cherche à régner ! Heureux celui qui se borne à une condition privée et paisible, où la vertu lui est moins difficile !

En faisant ces réflexions, il se troubloit au-dedans de lui-même : il frémit, et tomba dans une consternation qui lui fit sentir quelque chose du désespoir de ces malheureux qu'il venoit de considérer. Mais à mesure qu'il s'éloigna de ce triste séjour des ténèbres, de l'horreur et du désespoir, son courage commença peu à peu à renaître : il respiroit, et entrevoyoit déjà de loin la douce et pure lumière du séjour des héros.

C'est dans ce lieu [2] qu'habitoient tous les bons rois qui avoient jusqu'alors gouverné sagement les hommes : ils étoient séparés du reste des justes. Comme les méchans princes souffroient, dans le Tartare, des supplices infiniment plus rigoureux que les autres coupables d'une condition privée, aussi les bons rois jouissoient, dans les Champs-Elysées [1], d'un bonheur infiniment plus grand que celui du reste des hommes qui avoient aimé la vertu sur la terre.

Télémaque s'avança vers ces rois, qui étoient dans des bocages odoriférans, sur des gazons toujours renaissans et fleuris : mille petits ruisseaux d'une onde pure arrosoient ces beaux lieux, et y faisoient sentir [2] une délicieuse fraîcheur ; un nombre infini d'oiseaux faisoient résonner ces bocages de leur doux chant. On voyoit tout ensemble les fleurs du printemps qui naissoient sous les pas, avec les plus riches fruits de l'automne qui pendoient des arbres. Là, jamais on ne ressentit les ardeurs de la furieuse Canicule ; là, jamais les noirs aquilons n'osèrent souffler, ni faire sentir les rigueurs de l'hiver. Ni la guerre altérée de sang, ni la cruelle envie qui mord d'une dent venimeuse, et qui porte [3] des vipères entortillées dans son sein et autour de ses bras, ni les jalousies, ni les défiances, ni la crainte, ni les vains désirs n'approchent jamais de cet heureux séjour de la paix. Le jour n'y finit point, et la nuit, avec ses sombres voiles, y est inconnue : une lumière pure et douce se répand autour des corps de ces hommes justes, et les environne de ses rayons comme d'un vêtement. Cette lumière n'est point semblable [4] à la lumière sombre qui éclaire les yeux des misérables mortels, et qui n'est que ténèbres ; c'est plutôt une gloire céleste qu'une lumière : elle pénètre plus subtilement les corps les plus épais, que les rayons du soleil ne pénètrent le plus pur cristal : elle n'éblouit jamais ; au contraire, elle fortifie les yeux, et porte [5] dans le fond de l'ame je ne sait quelle sérénité : c'est d'elle seule que ces hommes bienheureux sont nourris ; elle sort d'eux et elle y entre ; elle les pénètre et s'incorpore à eux [6] comme les alimens s'incorporent à nous. Ils la voient, ils la sentent, ils la respirent ; elle fait naître en eux une source intarissable de paix et de joie : ils sont plongés dans cet abîme de joie [7] comme les poissons dans la mer. Ils ne veulent plus [8] rien ; ils ont tout sans rien avoir, car ce goût de lumière pure apaise la faim de leur cœur ; tous leurs désirs sont rassasiés, et leur plénitude les élève au-dessus de tout ce que les hommes vides et

VAR. — [1] LIVRE XIX. — [2] Là habitoient. A. B.

VAR. — [1] Champs-élysiens A. — [2] sentir *m.* A. *aj.* B. — [3] et qui porte *m.* A. *aj.* B. — [4] semblable à celle qui éclaire. A. — [5] et nourrit. A. — [6] s'incorpore en eux. Ils la voient, etc. A. — [7] de délices. *Édit. correction du marq. de Fén.* — [8] plus *m.* A. *aj.* B.

affamés cherchent sur la terre : toutes les délices qui les environnent ne leur sont rien, parce que le comble de leur félicité, qui vient du dedans, ne leur laisse aucun sentiment pour tout ce qu'ils voient de délicieux au dehors. Ils sont [1] tels que les dieux, qui, rassasiés de nectar et d'ambrosie, ne daigneroient pas se nourrir des viandes grossières qu'on leur présenteroit à la table la plus exquise des hommes mortels. Tous les maux s'enfuient loin de ces lieux tranquilles : la mort, la maladie, la pauvreté, la douleur, les regrets, les remords, les craintes, les espérances mêmes, qui coûtent souvent autant de peines [2] que les craintes; les divisions, les dégoûts, les dépits ne peuvent y avoir aucune entrée.

Les hautes montagnes de Thrace, qui de leur front couvert de neige et de glace depuis l'origine du monde, fendent les nues, seroient renversées de leurs fondemens posés au centre de la terre, que les cœurs de ces hommes justes ne pourroient pas même être émus. Seulement ils ont pitié des misères qui accablent les hommes vivans dans le monde; mais c'est une pitié douce et paisible qui n'altère en rien leur immuable félicité. Une jeunesse éternelle, une félicité sans fin, une gloire toute divine est peinte sur leurs visages : mais leur joie n'a rien de folâtre ni d'indécent; c'est une joie douce, noble, pleine de majesté; c'est un goût sublime de la vérité et de la vertu qui les transporte. Ils sont, sans interruption, à chaque moment [3], dans le même saisissement de cœur où est une mère qui revoit son cher fils qu'elle avait cru mort; et cette joie, qui échappe bientôt à la mère, ne s'enfuit jamais du cœur de ces hommes; jamais elle ne languit un instant; elle est toujours nouvelle pour eux : ils ont le transport de l'ivresse, sans en avoir le trouble et l'aveuglement.

Ils s'entretiennent ensemble de ce qu'ils voient et de ce qu'ils goûtent : ils foulent à leurs pieds les molles délices et les vaines grandeurs de leur ancienne condition qu'ils déplorent; ils repassent avec plaisir ces tristes mais courtes années où ils ont eu besoin de combattre contre eux-mêmes et contre le torrent des hommes corrompus, pour devenir bons; ils admirent le secours des dieux qui les ont conduits, comme par la main, à la vertu, au travers [4] de tant de périls. Je ne sais quoi de divin coule sans cesse au travers de leurs cœurs, comme un torrent de la divinité même qui s'unit à eux; ils voient, ils goûtent; ils sont heureux, et sentent qu'ils le seront toujours. Ils chantent tous ensemble les louanges des dieux, et ils ne font tous ensemble qu'une seule voix, une seule pensée, un seul cœur : une même [1] félicité fait comme un flux et reflux dans ces ames unies.

Dans ce ravissement divin, les siècles coulent plus rapidement que les heures parmi les mortels; et cependant mille et mille siècles écoulés n'ôtent rien à leur félicité toujours nouvelle et toujours entière [2]. Ils règnent tous ensemble, non sur des trônes que la main des hommes peut renverser, mais en eux-mêmes, avec une puissance immuable; car ils n'ont plus besoin d'être redoutables par une puissance empruntée d'un peuple vil et misérable. Ils ne portent plus ces vains diadèmes dont l'éclat cache tant de craintes et de noirs soucis : les dieux mêmes les ont couronnés de leurs propres mains, avec des couronnes que rien ne peut flétrir.

Télémaque, qui cherchoit son père, et qui avoit craint de le trouver dans ces beaux lieux, fut si saisi de ce goût de paix et de félicité, qu'il eût voulu y trouver Ulysse, et qu'il s'affligeait d'être contraint lui-même de retourner ensuite dans la société des mortels. C'est ici, disoit-il, que la véritable vie se trouve, et la nôtre n'est qu'une mort. Mais ce qui l'étonnoit étoit d'avoir vu tant de rois punis dans le Tartare, et d'en voir si peu dans les Champs-Élysées [3]. Il comprit qu'il y a peu de rois assez fermes et assez courageux pour résister à leur propre puissance, et pour rejeter la flatterie de tant de gens qui excitent toutes leurs passions. Ainsi, les bons rois sont très-rares; et la plupart sont si méchans, que les dieux ne seroient pas justes, si, après avoir souffert qu'ils aient abusé de leur puissance pendant la vie, ils ne les punissoient après leur mort.

Télémaque, ne voyant point son père Ulysse parmi tous ces rois, chercha du moins des yeux le divin Laërte, son grand-père. Pendant qu'il le cherchait inutilement, un vieillard vénérable et plein de majesté s'avança vers lui. Sa vieillesse ne ressembloit point à celle des hommes que le poids des années accable sur la terre; on voyoit seulement qu'il avoit été vieux avant sa mort : c'étoit un mélange de tout ce que la vieillesse a de grave, avec toutes les grâces de la jeunesse; car ces grâces renaissent même

VAR. — [1] au dehors. Tels, etc. A. — [2] de peines *m*. A. *aj*. B. — [3] dans tous les momens. A. — [4] au milieu. *Edit. correction du marq. de Fén.*

VAR. — [1] une seule félicité. — [2] et toujours toute entière. A. — [3] Champs-élysiens. A.

dans les vieillards les plus caducs, au moment où ils sont introduits dans les Champs-Elysées [1]. Cet homme s'avançoit avec empressement, et regardoit Télémaque avec complaisance, comme une personne qui lui étoit fort chère. Télémaque, qui ne le reconnoissoit point, étoit en peine et en suspens.

Je te pardonne, ô mon cher fils, lui dit le vieillard, de ne me point reconnoître; je suis Arcésius, père de Laërte. J'avois fini mes jours un peu avant qu'Ulysse, mon petit-fils, partît pour aller au siége de Troie; alors tu étois encore un petit enfant entre les bras de ta nourrice: dès lors j'avois conçu de toi de grandes espérances; elles n'ont point été trompeuses, puisque je te vois descendu dans le royaume de Pluton pour chercher ton père, et que les dieux te soutiennent dans cette entreprise. O heureux enfant, les dieux t'aiment, et te préparent une gloire égale à celle de ton père! O heureux moi-même de te revoir! Cesse de chercher Ulysse en ces lieux; il vit encore, et il est réservé pour relever notre maison dans l'île d'Ithaque. Laërte même, quoique le poids des années l'aient abattu, jouit encore de la lumière, et attend que son fils revienne lui fermer les yeux. Ainsi les hommes passent comme les fleurs qui s'épanouissent le matin, et qui le soir sont flétries et foulées aux pieds. Les générations des hommes s'écoulent comme les ondes d'un fleuve rapide; rien ne peut arrêter le temps, qui entraîne après lui tout ce qui paraît le plus immobile. Toi-même, ô mon fils! mon cher fils! toi-même, qui jouis maintenant d'une jeunesse si vive et si féconde en plaisirs, souviens-toi que ce bel âge n'est qu'une fleur qui sera presque aussitôt séchée qu'éclose. [2] Tu te verras changer insensiblement: les grâces riantes, les doux plaisirs, la force, la santé, la joie, s'évanouiront comme un beau songe; il ne t'en restera qu'un triste souvenir: la vieillesse languissante et ennemie des plaisirs viendra rider ton visage, courber ton corps, affaiblir tes membres [3], faire tarir dans ton cœur la source de la joie, te dégoûter du présent, te faire craindre l'avenir, te rendre insensible à tout, excepté à la douleur. Ce temps te paroît éloigné: hélas! tu te trompes, mon fils; il se hâte, le voilà qui arrive: ce qui vient avec tant de rapidité n'est pas loin de toi; et le présent qui s'enfuit est déjà bien loin, puisqu'il s'anéantit dans le moment que nous parlons, et ne peut plus se rapprocher. Ne compte donc jamais, mon fils, sur le présent; mais soutiens-toi dans le sentier rude et âpre de la vertu, par la vue de l'avenir. Prépare-toi, par des mœurs pures et par l'amour de la justice, une place dans cet heureux séjour de la paix.

Tu [1] verras enfin bientôt ton père reprendre l'autorité dans Ithaque. Tu es né pour régner après lui; mais, hélas! ô mon fils, que la royauté est trompeuse! Quand on la regarde de loin, on ne voit que grandeur [2], éclat et délices; mais de près, tout est épineux. Un particulier peut, sans déshonneur, mener une vie douce et obscure. Un roi ne peut, sans se déshonorer, préférer une vie douce et oisive aux fonctions pénibles du gouvernement: il se doit à tous les hommes qu'il gouverne; il ne lui est jamais permis d'être à lui-même [3]: ses moindres fautes sont d'une conséquence infinie, parce qu'elles causent le malheur des peuples, et quelquefois pendant plusieurs siècles: il doit réprimer l'audace des méchans, soutenir l'innocence, dissiper la calomnie. Ce n'est pas assez pour lui de ne faire aucun mal; il faut qu'il fasse tous les biens possibles dont l'État a besoin. Ce n'est pas assez de faire le bien par soi-même; il faut encore empêcher tous les maux que d'autres feroient, s'ils n'étoient retenus. Crains donc, mon fils, crains une condition si périlleuse: arme-toi de courage contre toi-même, contre tes passions, et contre les flatteurs.

En disant ces paroles, Arcésius paroissoit animé d'un feu divin, et montroit à Télémaque un visage plein de compassion pour les maux qui accompagnent la royauté. Quand elle est prise, disoit-il, pour se contenter soi-même, c'est une monstrueuse tyrannie; quand elle est prise pour remplir ses devoirs et pour conduire un peuple innombrable comme un père conduit ses enfans, c'est une servitude accablante qui demande un courage et une patience héroïque. Aussi est-il certain que ceux qui ont régné avec une sincère vertu possèdent ici tout ce que

---

VAR. — [1] Champs-élysiens. A. — [2] Tu verras changer insensiblement les grâces riantes et les doux plaisirs qui t'accompagnent. La force, etc. n. c. Tu te verras changé insensiblement: les grâces riantes et les doux plaisirs qui t'accompagnent, etc. Edit. L'auteur avoit écrit Tu verras, ayant omis te, nécessaire pour le sens. En revoyant la copie D, il ne fit point attention à sa première ponctuation, et il ajouta et (les doux plaisirs) qui t'accompagnent, comme portent les éditions depuis 1717. Nous suivons sa première leçon, qui est préférable, en suppléant te. — [3] tes membres tremblans. A.

VAR. — [1] Tu es né pour régner après ton père Ulysse, que tu verras enfin bientôt le maître dans Ithaque. Tu es né pour régner: mais, hélas, etc. A. — [2] on ne voit qu'autorité, éclat, etc. A. — [3] même m. A. aj. D.

la puissance des dieux peut donner pour rendre une félicité complète!

Pendant qu'Arcésius parloit de la sorte, ces[1] paroles entroient jusqu'au fond du cœur de Télémaque : elles s'y gravoient, comme un habile ouvrier, avec son burin, grave sur l'airain des figures ineffaçables qu'il veut montrer aux yeux de la plus reculée postérité. Ces sages paroles étoient comme une flamme subtile qui pénétroit dans les entrailles du jeune Télémaque ; il se sentoit ému et embrasé ; je ne sais quoi de divin sembloit fondre son cœur au dedans de lui. Ce qu'il portoit dans la partie la plus intime de lui-même le consumoit secrètement ; il ne pouvoit ni le contenir, ni le supporter, ni résister à une si violente impression : c'étoit[2] un sentiment vif et délicieux, qui étoit mêlé d'un tourment capable d'arracher la vie.

Ensuite Télémaque commença à respirer plus librement. Il reconnut dans le visage d'Arcésius une grande ressemblance avec Laërte ; il croyoit même se ressouvenir confusément d'avoir vu en Ulysse, son père, des traits de cette même ressemblance, lorsque Ulysse partit pour le siége de Troie. Ce ressouvenir attendrit son cœur ; des larmes douces et mêlées de joie coulèrent de ses yeux : il voulut embrasser une personne si chère ; plusieurs fois il l'essaya inutilement : cette ombre vaine échappa à ses embrassemens, comme un songe trompeur se dérobe à l'homme qui croit en jouir. Tantôt la bouche altérée de cet homme dormant[3] poursuit une eau fugitive ; tantôt ses lèvres s'agitent pour former des paroles que sa langue engourdie ne peut proférer ; ses mains s'étendent avec effort, et ne prennent rien : ainsi Télémaque ne peut contenter sa tendresse ; il voit Arcésius, il l'entend, il lui parle, il ne peut le toucher. Enfin il lui demande qui sont ces hommes qu'il voit autour de lui.

Tu vois, mon fils, lui répondit le sage vieillard, les hommes qui ont été l'ornement de leurs siècles, la gloire et le bonheur du genre humain. Tu vois le petit nombre de rois qui ont été dignes de l'être, et qui ont fait avec fidélité la fonction des dieux sur la terre. Ces autres que tu vois assez près d'eux, mais séparés par ce petit nuage, ont une gloire beaucoup moindre : ce sont des héros à la vérité ; mais la récompense de leur valeur et de leurs expéditions militaires ne peut être comparée avec celle des rois sages, justes et bienfaisans.

Parmi ces héros, tu vois Thésée, qui a le visage un peu triste : il a ressenti le malheur d'être trop crédule pour une femme artificieuse, et il est encore affligé d'avoir si injustement demandé à Neptune la mort cruelle de son fils Hippolyte : heureux s'il n'eût point été si prompt et si facile à irriter ! Tu vois aussi Achille appuyé sur sa lance, à cause de cette blessure qu'il reçut au talon, de la main du lâche Pâris, et qui finit sa vie. S'il eût été aussi sage, juste et modéré, qu'il étoit intrépide, les dieux lui auroient accordé un long règne ; mais ils ont eu pitié des Phtiotes et des Dolopes, sur lesquels il devoit naturellement régner après Pélée : ils n'ont pas voulu livrer tant de peuples à la merci d'un homme fougueux, et plus facile à irriter que la mer la plus orageuse. Les Parques ont accourci[1] le fil de ses jours ; il a été comme une fleur à peine éclose que le tranchant de la charrue coupe, et qui tombe avant la fin du jour où l'on l'avoit vu naître. Les dieux n'ont voulu s'en servir, que comme des torrents et des tempêtes, pour punir les hommes de leurs crimes ; ils ont fait servir Achille à abattre les murs de Troie, pour venger le parjure de Laomédon et les injustes amours de Pâris. Après avoir employé ainsi cet instrument de leurs vengeances, ils se sont apaisés, et ils ont refusé aux larmes de Thétis de laisser plus long-temps sur la terre ce jeune héros, qui n'y était propre qu'à troubler les hommes, qu'à renverser les villes et les royaumes.

Mais vois-tu cet autre avec ce visage farouche ! c'est Ajax, fils de Télamon et cousin d'Achille : tu n'ignores pas sans doute quelle fut sa gloire dans les combats ? Après la mort d'Achille, il prétendit qu'on ne pouvoit donner ses armes à nul autre qu'à lui ; ton père ne crut pas les lui devoir céder : les Grecs jugèrent en faveur d'Ulysse. Ajax se tua de désespoir ; l'indignation et la fureur sont encore peintes sur son visage. N'approche pas de lui, mon fils ; car il croiroit que tu voudrois lui insulter dans son malheur, et il est juste de le plaindre : ne remarques-tu pas qu'il nous regarde avec peine, et qu'il entre brusquement dans ce sombre bocage, parce que nous lui sommes odieux ? Tu vois de cet autre côté Hector, qui eût été invincible si le fils de Thétis n'eût point été au monde dans le même temps[2]. Mais voilà Agamemnon qui passe, et qui porte encore sur lui les marques de la perfidie de Clytemnestre. O

VAR. — [1] ses. *Édit. contre les Mss.* — [2] c'étoit une douleur douce et paisible, un sentiment, etc. A. — [3] Sa bouche altérée poursuit. A.

VAR. — [1] ont tranché. A. — [2] au monde. Mais voilà, etc.

mon fils! je frémis en pensant [1] aux malheurs de cette famille de l'impie Tantale. La division des deux frères Atrée et Thyeste a rempli cette maison d'horreur et de sang. Hélas! combien un crime en attire-t-il d'autres! Agamemnon, revenant, à la tête des Grecs, au siége de Troie, n'a pas eu le temps de jouir en paix de la gloire qu'il avoit acquise. Telle est la destinée de presque tous les conquérans. Tous ces hommes que tu vois ont été redoutables dans la guerre; mais ils n'ont point été aimables et vertueux : aussi ne sont-ils que dans la seconde demeure des Champs-Elysées [2].

Pour ceux-ci, ils ont régné avec justice, et ont aimé leurs peuples : ils sont les amis des dieux ; pendant qu'Achille et Agamemnon, pleins de leurs querelles et de leurs combats, conservent encore ici leurs peines et leurs défauts naturels. Pendant qu'ils regrettent en vain la vie qu'ils ont perdue, et qu'ils s'affligent de n'être plus que des ombres impuissantes et vaines, ces rois justes, étant purifiés par la lumière divine dont ils sont nourris, n'ont plus rien à désirer pour leur bonheur. Ils regardent avec compassion les inquiétudes des mortels ; et les plus grandes affaires qui agitent les hommes ambitieux leur paroissent comme des jeux d'enfans : leurs cœurs sont rassasiés de la vérité et de la vertu, qu'ils puisent dans la source. Ils n'ont plus rien à souffrir ni d'autrui, ni d'eux-mêmes ; plus de désirs, plus de besoins, plus de craintes : tout est fini pour eux, excepté leur joie, qui ne peut finir.

Considère, mon fils, cet ancien roi Inachus qui fonda le royaume d'Argos. Tu le vois avec cette vieillesse si douce et si majestueuse : les fleurs naissent sous ses pas ; sa démarche légère ressemble au vol d'un oiseau ; il tient dans sa main une lyre d'ivoire [3], et, dans un transport éternel, il chante les merveilles des dieux. Il sort de son cœur et de sa bouche un parfum exquis ; l'harmonie de sa lyre et de sa voix raviroit les hommes et les dieux. Il est ainsi récompensé pour avoir aimé le peuple qu'il assembla dans l'enceinte de ses nouveaux murs, et auquel il donna des lois.

De l'autre côté, tu peux voir, entre ces myrtes, Cécrops Egyptien, qui le premier régna dans Athènes, ville consacrée à la sage déesse dont elle porte le nom. Cécrops, apportant des lois utiles de l'Egypte, qui a été pour la Grèce la source des lettres et des bonnes mœurs, adoucit les naturels farouches des bourgs de l'Attique, et les unit par les liens de la société. Il fut juste, humain, compatissant ; il laissa les peuples dans l'abondance, et sa famille dans la médiocrité ; ne voulant point que ses enfans eussent l'autorité après lui, parce qu'il jugeoit que d'autres en étoient plus dignes.

Il faut que je te montre aussi, dans cette petite vallée, Erichthon, qui inventa l'usage de l'argent pour la monnoie : il le fit en vue de faciliter le commerce entre les îles de la Grèce ; mais il prévit l'inconvénient attaché à cette invention. Appliquez-vous, disoit-il à tous les peuples, à multiplier chez vous les richesses naturelles, qui sont les véritables : cultivez la terre pour avoir une grande abondance de blé, de vin, d'huile et de fruits ; ayez des troupeaux innombrables qui vous nourrissent de leur lait, et qui vous couvrent de leur laine : par là vous vous mettrez en état de ne craindre jamais la pauvreté. Plus vous aurez d'enfans, plus vous serez riches, pourvu que vous les rendiez laborieux ; car la terre est inépuisable, et elle augmente sa fécondité à proportion du nombre de ses habitans qui ont soin de la cultiver : elle les paie tous libéralement de leurs peines ; au lieu qu'elle se rend avare et ingrate pour ceux qui la cultivent négligemment. Attachez-vous donc principalement aux véritables richesses qui satisfont aux vrais besoins de l'homme. Pour l'argent monnoyé, il ne faut en faire aucun cas, qu'autant qu'il est nécessaire, ou pour les guerres inévitables qu'on a à soutenir au dehors, ou pour le commerce des marchandises nécessaires qui manquent dans votre pays : encore seroit-il à souhaiter qu'on laissât tomber le commerce à l'égard [1] de toutes les choses qui ne servent qu'à entretenir le luxe, la vanité et la mollesse.

Ce sage Erichthon disoit souvent : Je crains bien, mes enfans, de vous avoir fait un présent funeste en vous donnant l'invention de la monnoie. Je prévois qu'elle excitera l'avarice, l'ambition, le faste ; qu'elle entretiendra une infinité d'arts pernicieux, qui ne vont qu'à amollir et à corrompre les mœurs ; qu'elle vous dégoûtera de l'heureuse simplicité, qui fait tout le repos et toute la sûreté de la vie ; qu'enfin elle vous fera mépriser l'agriculture, qui est le fondement de la vie humaine et la source de tous les vrais biens : mais les dieux sont témoins que j'ai eu le cœur pur en vous donnant cette invention utile en elle-même. [2] Enfin, quand Erich-

---

VAR. — [1] passant. A. *lapsus calami.* — [2] Champs-élysiens. A. — [3] d'or. A.

VAR. — [1] pour toutes les choses. A. — [2] Mais enfin. A.

thon aperçut que l'argent corrompoit les peuples, comme il l'avoit prévu, il se retira de douleur sur une montagne sauvage, où il vécut pauvre et éloigné des hommes, jusqu'à une extrême vieillesse, sans vouloir se mêler du gouvernement des villes.

Peu de temps après lui, on vit paroître dans la Grèce le fameux Triptolème, à qui Cérès avoit enseigné l'art de cultiver les terres, et de les couvrir tous les ans d'une moisson dorée. Ce n'est pas que les hommes ne connussent déjà le blé et la manière de le multiplier en le semant : mais ils ignoroient la perfection du labourage ; et Triptolème, envoyé par Cérès, vint, la charrue en main, offrir les dons de la déesse à tous les peuples qui auroient assez de courage pour vaincre leur paresse naturelle, et pour s'adonner à un travail assidu. Bientôt Triptolème apprit aux Grecs à fendre la terre, et à la fertiliser en déchirant son sein : bientôt les moissonneurs ardens et infatigables firent tomber, sous leurs faucilles tranchantes, les jaunes épis qui couvroient les campagnes : les peuples mêmes, sauvages et farouches, qui couroient épars çà et là dans les forêts d'Epire et d'Etolie pour se nourrir de gland, adoucirent leurs mœurs, et se soumirent à des lois, quand ils eurent appris à faire croître des moissons et à se nourrir de pain. Triptolème fit sentir aux Grecs le plaisir qu'il y a à ne devoir ses richesses qu'à son travail, et à trouver dans son champ tout ce qu'il faut pour rendre la vie commode et heureuse. Cette abondance si simple et si innocente, qui est attachée à l'agriculture, les fit souvenir des sages conseils d'Erichthon. Ils méprisèrent l'argent et toutes les richesses artificielles, qui ne sont richesses qu'en imagination [1], qui tentent les hommes de chercher des plaisirs dangereux, et qui les détournent du travail, où ils trouveroient tous les biens réels, avec des mœurs pures, dans une pleine liberté. On comprit donc qu'un champ fertile et bien cultivé est le vrai trésor d'une famille assez sage pour vouloir vivre frugalement comme ses pères ont vécu. Heureux les Grecs, s'ils étoient demeurés fermes dans ces maximes, si propres à les rendre puissans [1], libres, heureux, et dignes de l'être par une solide vertu ! Mais hélas ! ils commencent à admirer les fausses richesses, ils négligent peu à peu les vraies, et ils dégénèrent de cette merveilleuse simplicité.

O mon fils, tu règneras un jour ; alors souviens-toi de ramener les hommes à l'agriculture, d'honorer cet art, de soulager ceux qui s'y appliquent, et de ne point souffrir que les hommes vivent ni oisifs, ni occupés à des arts qui entretiennent le luxe et la mollesse. Ces deux hommes, qui ont été si sages sur la terre, sont ici chéris des dieux. Remarque, mon fils, que leur gloire surpasse autant celle d'Achille et des autres héros qui n'ont excellé que dans les combats, qu'un doux printemps est au-dessus de l'hiver glacé, et que la lumière du soleil est plus éclatante que celle de la lune.

Pendant qu'Arcésius parloit de la sorte, il aperçut que Télémaque avoit toujours les yeux arrêtés du côté d'un petit bois de lauriers, et d'un ruisseau bordé de violettes, de roses, de lis, et de [2] plusieurs autres fleurs odoriférantes, dont les vives couleurs ressembloient à celles d'Iris, quand elle descend du ciel sur la terre pour annoncer à quelque mortel les ordres des dieux. C'étoit le grand roi Sésoostris, que Télémaque reconnut dans ce beau lieu ; il étoit mille fois plus majestueux qu'il ne l'avoit jamais été sur son trône d'Egypte. Des rayons d'une lumière douce sortoient de ses yeux, et ceux de Télémaque en étoient éblouis. A le voir, on eût cru qu'il étoit enivré de nectar ; tant l'esprit divin l'avoit mis dans un transport au-dessus de la raison humaine, pour récompenser ses vertus.

Télémaque dit à Arcésius : Je reconnois, ô mon père, Sésostris, ce sage roi d'Egypte, que j'y ai vu il n'y a pas long-temps. Le voilà, répondit Arcésius ; et tu vois, par son exemple, combien les dieux sont magnifiques à récompenser les bons rois. Mais il faut que tu saches que toute cette félicité n'est rien en comparaison de celle qui lui étoit destinée, si une trop grande prospérité ne lui eût fait oublier les règles de la modération et de la justice. La passion de rabaisser l'orgueil et l'insolence des Tyriens l'engagea à prendre leur ville. Cette conquête lui donna le désir d'en faire d'autres : il se laissa séduire par la vaine gloire des conquérans ; il subjugua, ou, pour mieux dire, il ravagea toute l'Asie. A son retour en Egypte, il trouva que son frère s'était emparé de la royauté, et avoit altéré, par un gouvernement injuste, les meilleures lois du pays [1]. Ainsi ses grandes conquêtes ne servirent qu'à troubler son royaume. Mais ce qui le rendit plus inexcusable, c'est qu'il fut enivré de sa

---

VAR. — [1] qui ne sont richesses que par l'imagination des hommes, qui les tentent de chercher, etc. A. — [2] puissans, heureux, amateurs de la liberté et de la vertu. A.

VAR. — [1] de m. A. aj. B. — [2] lois du pays. Voilà ce que les conquérans font contre leurs Etats, en voulant usurper, etc. A.

propre gloire : il fit atteler à un char les plus superbes d'entre les rois qu'il avait vaincus. Dans la suite, il reconnut sa faute, et eut honte d'avoir été si inhumain. Tel fut le fruit de ses victoires. Voilà ce que les conquérans font contre leurs États et contre eux-mêmes, en voulant usurper ceux de leurs voisins. Voilà ce qui fit déchoir un roi d'ailleurs si juste et si bienfaisant ; et c'est ce qui diminue la gloire que les dieux lui avoient préparée.

Ne vois-tu pas cet autre, mon fils, dont la blessure paroît si éclatante ? C'est un roi de Carie, nommé Dioclides, qui se dévoua pour son peuple dans une bataille, parce que l'oracle avoit dit que, dans la guerre des Cariens et des Lyciens, la nation dont le roi périroit seroit victorieuse.

Considère cet autre ; c'est un sage législateur, qui, ayant donné à sa nation des lois propres à les rendre bons et heureux, leur fit jurer qu'ils ne violeroient aucune de ces lois pendant son absence ; après quoi il partit, s'exila lui-même de sa patrie, et mourut pauvre dans une terre étrangère, pour obliger son peuple, par ce serment, à garder à jamais des lois si utiles.

Cet autre, que tu vois, est Ennésyme, roi des Pyliens et un des ancêtres du sage Nestor. Dans une peste qui ravageoit la terre, et qui couvroit de nouvelles ombres les bords de l'Achéron, il demanda aux dieux d'apaiser leur colère, en payant, par sa mort, pour tant de milliers d'hommes innocens. Les dieux l'exaucèrent, et lui firent trouver ici la vraie royauté, dont toutes celles de la terre ne sont que de vaines ombres.

Ce vieillard, que tu vois couronné de fleurs, est le fameux Bélus : il régna en Egypte, et il épousa Anchinoé, fille du dieu Nilus, qui cache la source de ses eaux, et qui enrichit les terres qu'il arrose par ses inondations. Il eut deux fils : Danaüs, dont tu sais l'histoire, et Egyptus, qui donna son nom à ce beau royaume. Bélus se croyoit plus riche par l'abandonce où il mettoit son peuple, et par l'amour de ses sujets pour lui, que par tous les tributs qu'il auroit pu leur imposer. Ces hommes, que tu crois morts, vivent, mon fils ; et c'est la vie qu'on traîne misérablement sur la terre qui n'est qu'une mort : les noms seulement sont changés. Plaise aux dieux de te rendre assez bon pour mériter cette vie heureuse, que rien ne peut plus finir ni troubler ! Hâte-toi, il en [1] est temps, d'aller chercher ton père. Avant que de le trouver, hélas ! que tu verras répandre de sang ! Mais quelle gloire t'attend dans les campagnes de l'Hespérie ! Souviens-toi des conseils du sage Mentor ; pourvu que tu les suives, ton nom sera grand parmi tous les peuples et dans tous les siècles.

Il dit ; et aussitôt il conduisit Télémaque vers la porte d'ivoire, par où l'on peut sortir du ténébreux empire de Pluton. Télémaque, les larmes aux yeux, le quitta sans pouvoir l'embrasser ; et, sortant de ces sombres lieux, il retourna en diligence vers le camp des alliés, après avoir rejoint, sur le chemin, les deux jeunes Crétois qui l'avoient accompagné jusques auprès de la caverne, et qui n'espéroient plus de le revoir.

LIVRE XV [1].

Télémaque, dans une assemblée des chefs de l'armée, combat la fausse politique qui leur inspiroit le dessein de surprendre Venuse, que les deux partis étoient convenus de laisser en dépôt entre les mains des Lucaniens. Il ne montre pas moins de sagesse à l'occasion de deux transfuges, dont l'un, nommé Acante, étoit chargé par Adraste de l'empoisonner ; l'autre, nommé Dioscore, offroit aux alliés la tête d'Adraste. Dans le combat qui s'engage ensuite, Télémaque excite l'admiration universelle par sa valeur et sa prudence : il porte de tous côtés la mort sur son passage, en cherchant Adraste dans la mêlée. Adraste, de son côté, le cherche avec empressement, environné de l'élite de ses troupes, qui fait un horrible carnage des alliés et de leurs plus vaillans capitaines. A cette vue, Télémaque indigné s'élance contre Adraste, qu'il terrasse bientôt, et qu'il réduit à lui demander la vie. Télémaque l'épargne généreusement ; mais comme Adraste, à peine relevé, cherchoit à le surprendre de nouveau, Télémaque le perce de son glaive. Alors les Dauniens tendent les mains aux alliés en signe de réconciliation, et demandent, comme l'unique condition de paix, qu'on leur permette de choisir un roi de leur nation.

CEPENDANT les chefs de l'armée s'assemblèrent pour délibérer s'il falloit s'emparer de Venuse. C'étoit une ville forte, qu'Adraste avoit autrefois usurpée sur ses voisins, les Apuliens-Peucètes. Ceux-ci étoient entrés contre lui dans la ligue, pour demander justice sur cette invasion. Adraste, pour les apaiser, avoit mis cette ville en dépôt entre les mains des Lucaniens : mais il avoit corrompu par argent et la garnison lucanienne, et celui qui la commandoit ; de façon [2]

VAR. — [1] Il est temps. B. C. Edit. ƒ. du cop.

VAR. — [1] LIVRE XX. — [2] de manière. C. d'une autre main. Edit.

que la nation des Lucaniens avoit moins d'autorité effective que lui dans Venuse ; et les Apuliens, qui avoient consenti que la garnison lucanienne gardât Venuse, avoient été trompés dans cette négociation.

Un citoyen de Venuse, nommé Démophante, avoit offert secrètement aux alliés de leur livrer, la nuit, une des portes de la ville. Cet avantage étoit d'autant plus grand, qu'Adraste avoit mis toutes ses provisions de guerre et de bouche dans un château voisin de Venuse, qui ne pouvoit se défendre si Venuse étoit [1] prise. Philoctète et Nestor avoient déjà opiné qu'il falloit profiter d'une si heureuse occasion. Tous les chefs, entraînés par leur autorité, et éblouis par l'utilité d'une si facile entreprise, applaudissaient à ce sentiment; mais Télémaque, à son retour, fit les derniers efforts pour les en détourner.

Je n'ignore pas, leur dit-il, que si jamais un homme a mérité d'être surpris et trompé, c'est Adraste, lui qui a si souvent trompé tout le monde. Je vois bien qu'en surprenant Venuse, vous ne feriez que vous mettre en possession d'une ville qui vous appartient, puisqu'elle est aux Apuliens, qui sont un des peuples de votre ligue. J'avoue que vous le pourriez faire avec d'autant plus d'apparence de raison, qu'Adraste, qui a mis cette ville en dépôt, a corrompu le commandant et la garnison, pour y entrer quand il le jugera à propos. Enfin, je comprends, comme vous, que, si vous preniez Venuse, vous seriez maîtres, dès le lendemain, du château où sont tous les préparatifs de guerre qu'Adraste y a assemblés [2], et qu'ainsi vous finiriez en deux jours cette guerre si formidable. Mais ne vaut-il pas mieux périr, que [3] de vaincre par de tels moyens ? Faut-il repousser la fraude par la fraude ? Sera-t-il dit que tant de rois, ligués pour punir l'impie Adraste de ses tromperies, seront trompeurs comme lui ? S'il nous est permis de faire comme Adraste, il n'est point coupable, et nous avons tort de vouloir le punir. Quoi ! l'Hespérie entière, soutenue de tant de colonies grecques et de héros revenus du siége de Troie, n'a-t-elle point d'autres armes contre la perfidie et les parjures d'Adraste, que la perfidie et le parjure ? Vous avez juré, par les choses les plus sacrées, que vous laisseriez Venuse en dépôt dans les mains des Lucaniens. La garnison lucanienne, dites-vous, est corrompue par l'argent d'Adraste. Je le crois comme vous :

mais cette garnison est toujours à la solde des Lucaniens; elle n'a point refusé de leur obéir; elle a gardé, du moins en apparence, la neutralité. Adraste ni les siens ne sont jamais entrés dans Venuse : le traité subsiste; votre serment n'est point oublié des dieux. Ne gardera-t-on les paroles données, que quand on manquera de prétextes plausibles pour les violer ? Ne sera-t-on fidèle et religieux pour les sermens, que quand on n'aura rien à gagner en violant sa foi ? Si l'amour de la vertu et la crainte des dieux ne vous touchent plus, au moins soyez touchés de votre réputation et de votre intérêt. Si vous montrez au monde cet exemple pernicieux, de manquer de parole, et de violer votre serment pour terminer une guerre, quelles guerres n'exciterez-vous point par cette conduite impie ! Quel voisin ne sera pas contraint de craindre tout de vous, et de vous détester ? qui pourra désormais, dans les nécessités les plus pressantes, se fier à vous ? Quelle sûreté pourrez-vous donner quand vous voudrez être sincères, et qu'il vous importera de persuader à vos voisins votre sincérité ? Sera-ce un traité solennel ? vous en aurez foulé un aux pieds. Sera-ce un serment ? hé ! ne saura-t-on pas que vous comptez les dieux pour rien, quand vous espérez tirer du parjure quelque avantage ? La paix n'aura donc pas plus de sûreté que la guerre à votre égard. Tout ce qui viendra de vous sera reçu comme une guerre, ou feinte, ou déclarée : vous serez les ennemis perpétuels [1] de tous ceux qui auront le malheur d'être vos voisins ; toutes les affaires qui demandent de la réputation de probité, et de la confiance, vous deviendront impossibles : vous n'aurez plus de ressource pour faire croire ce que vous promettrez. Voici, ajouta Télémaque, un intérêt encore plus puissant qui doit vous frapper, s'il vous reste quelque sentiment de probité et quelque prévoyance sur vos intérêts [2] : c'est qu'une conduite si trompeuse attaque par le dedans toute votre ligue, et va la ruiner; votre parjure va faire triompher Adraste.

A ces paroles, toute l'assemblée émue lui demandoit comment il osoit dire qu'une action qui donneroit une victoire certaine à la ligue pouvoit la ruiner. Comment, leur répondit-il, pourrez-vous vous confier les uns aux autres, si une fois vous rompez l'unique lien de la société et de la confiance, qui est la bonne foi ? Après que vous aurez posé pour maxime, qu'on

---

VAR. — [1] pris. A. — [2] de tous les préparatifs d'Adraste, et ainsi, etc. A. — [3] que de vaincre. B. C. P. H. *f. du cop.*

VAR. — [1] l'ennemi perpétuel. A. — [2] quelque sentiment et quelque prévoyance : c'est, etc. A.

peut violer les règles de la probité et de la fidélité pour un grand intérêt, qui d'entre vous pourra se fier à un autre, quand cet autre pourra trouver un grand avantage à lui manquer de parole et à le tromper? Où en serez-vous? Quel est celui d'entre vous qui ne voudra point prévenir les artifices de son voisin par les siens [1]? Que devient une ligue de tant de peuples, lorsqu'ils sont convenus entre eux, par une délibération commune, qu'il est permis de surprendre son voisin et de violer la foi donnée? Quelle sera votre défiance mutuelle, votre division, votre ardeur à vous détruire les uns les autres! Adraste n'aura plus besoin de vous attaquer [2]; vous vous déchirerez assez vous-mêmes; vous justifierez ses perfidies.

O rois sages et magnanimes, ô vous qui commandez avec tant d'expérience sur des peuples innombrables, ne dédaignez pas d'écouter les conseils d'un jeune homme! Si vous tombiez dans les plus affreuses extrémités où la guerre précipite quelquefois les hommes, il faudroit vous relever par votre vigilance et par les efforts de votre vertu; car le vrai courage ne se laisse jamais abattre. Mais si vous aviez une fois rompu la barrière de l'honneur et de la bonne foi, cette perte est irréparable; vous ne pourriez plus rétablir ni la confiance nécessaire au succès de toutes les affaires importantes, ni ramener les hommes aux principes de la vertu, après que vous leur auriez appris à les mépriser. Que craignez-vous? N'avez-vous pas assez de courage pour vaincre sans tromper? Votre vertu, jointe aux forces de tant de peuples, ne vous suffit-elle pas? Combattons, mourons, s'il le faut, plutôt que de vaincre si indignement. Adraste, l'impie Adraste est dans nos mains, pourvu que nous ayons horreur d'imiter sa lâcheté et sa mauvaise foi.

Lorsque Télémaque acheva ce discours, il sentit que la douce persuasion avoit coulé de ses lèvres, et avoit passé jusqu'au fond des cœurs. Il remarqua un profond silence dans l'assemblée; chacun pensoit, non à lui ni aux grâces de ses paroles, mais à la force de la vérité qui se faisoit sentir dans la suite de son raisonnement: l'étonnement étoit peint sur les visages. Enfin, on entendit un murmure sourd qui se répandoit peu à peu dans l'assemblée [3]: les uns regardoient les autres, et n'osoient parler les premiers; on attendoit que les chefs de l'armée se déclarassent; et chacun avoit de la peine à retenir ses sentimens. Enfin, le grave Nestor prononça ces paroles:

Digne fils d'Ulysse, les dieux vous ont fait parler; et Minerve, qui a tant de fois inspiré votre père, a mis dans votre cœur le conseil sage et généreux que vous avez donné. Je ne regarde point votre jeunesse; je ne considère que Minerve dans tout ce que vous venez de dire. Vous avez parlé pour la vertu; sans elle les plus grands avantages sont de vraies pertes; sans elle on s'attire bientôt la vengeance de ses ennemis, la défiance de ses alliés, l'horreur de tous les gens de bien, et la juste colère des dieux. Laissons donc Venuse entre les mains des Lucaniens, et ne songeons plus qu'à vaincre Adraste par notre courage.

Il dit, et toute l'assemblée applaudit à ces sages paroles; mais, en applaudissant, chacun étonné tournoit les yeux vers le fils d'Ulysse, et on croyoit voir reluire en lui la sagesse de Minerve, qui l'inspiroit.

Il s'éleva bientôt une autre question dans le conseil des rois, où il n'acquit pas moins de gloire. Adraste, toujours cruel et perfide, envoya dans le camp un transfuge nommé Acante, qui devoit empoisonner les plus illustres [1] chefs de l'armée: surtout il avoit ordre de ne rien épargner pour faire mourir le jeune Télémaque, qui étoit déjà la terreur des Dauniens. Télémaque, qui avoit trop de courage et de candeur pour être enclin à la défiance, reçut sans peine avec amitié ce malheureux, qui avoit vu Ulysse en Sicile, et qui lui racontoit les aventures de ce héros. Il le nourrissoit, et tâchoit de le consoler dans son malheur; car Acante se plaignoit d'avoir été trompé et traité indignement par Adraste. Mais c'étoit nourrir et réchauffer dans son sein une vipère venimeuse toute prête à faire une blessure mortelle.

On surprit un autre transfuge, nommé Arion, qu'Acante envoyoit vers Adraste pour lui apprendre l'état du camp des alliés, pour lui assurer qu'il empoisonneroit, le lendemain, les principaux rois avec Télémaque, dans un festin que celui-ci leur devoit donner. Arion pris avoua sa trahison. On soupçonna qu'il étoit d'intelligence avec Acante, parce qu'ils étoient bons amis; mais Acante, profondément dissimulé et intrépide, se défendoit avec tant d'art, qu'on ne pouvoit le convaincre, ni découvrir le fond de la conjuration.

Plusieurs des rois furent d'avis qu'il falloit;

VAR. — [1] les siennes. A. D. — [2] de vous détruire: vous vous détruirez assez, etc. A. — [3] dans l'assemblée m. A. aj. B.

VAR. — [1] les plus célèbres. A.

dans le doute[1], sacrifier Acante à la sûreté publique. Il faut, disoient-ils, le faire mourir; la vie d'un seul homme n'est rien[2] quand il s'agit d'assurer celle de tant de rois. Qu'importe qu'un innocent périsse, quand il s'agit de conserver ceux qui représentent les dieux au milieu des hommes ?

Quelle maxime inhumaine! quelle politique barbare! répondoit Télémaque. Quoi! vous êtes si prodigues du sang humain, ô vous qui êtes établis les pasteurs des hommes, et qui ne commandez sur eux que pour les conserver, comme un pasteur conserve son troupeau! Vous êtes donc les loups cruels, et non pas les pasteurs; du moins vous n'êtes pasteurs, que pour[3] tondre et pour écorcher le troupeau, au lieu de le conduire dans les pâturages. Selon vous, on est coupable dès qu'on est accusé; un soupçon mérite la mort; les innocens sont à la merci des envieux et des calomniateurs : à mesure que la défiance tyrannique croîtra dans vos cœurs, il faudra aussi vous égorger plus de victimes.

Télémaque disait ces paroles avec une autorité et une véhémence qui entraînoit les cœurs, et qui couvroit de honte les auteurs d'un si lâche conseil. Ensuite, se radoucissant, il leur dit : Pour moi, je n'aime pas assez la vie pour vouloir vivre à ce prix; j'aime mieux qu'Acante soit méchant, que si je l'étais; et qu'il m'arrache la vie par une trahison, que si je le faisois périr injustement, dans le doute. Mais écoutez, ô vous qui, étant établis rois, c'est-à-dire juges des peuples, devez savoir juger les hommes avec justice, prudence et modération; laissez-moi interroger Acante en votre présence.

Aussitôt il interroge cet homme sur son commerce avec Arion ; il le presse sur une infinité de circonstances ; il fait[4] semblant plusieurs fois de le renvoyer à Adraste comme un transfuge digne d'être puni, pour observer s'il auroit peur d'être ainsi renvoyé, ou non ; mais le visage et la voix d'Acante demeurèrent tranquilles : et Télémaque en conclut qu'Acante[5] pouvoit n'être pas innocent. Enfin, ne pouvant tirer la vérité du fond de son cœur, il lui dit : Donnez-moi votre anneau, je veux l'envoyer à Adraste. A cette demande de son anneau, Acante pâlit, et fut embarrassé. Télémaque, dont les yeux étaient toujours attachés sur lui, l'aperçut ; il prit cet anneau. Je m'en vais, lui dit-il, l'envoyer à Adraste par les mains d'un Lucanien[1] nommé Polytrope, que vous connoissez, et qui paroîtra y aller secrètement de votre part. Si nous pouvons découvrir par cette voie votre intelligence avec Adraste, on vous fera périr impitoyablement par les tourmens les plus cruels ; si, au contraire, vous avouez dès à présent votre faute, on vous la pardonnera, et on se contentera de vous envoyer dans une île de la mer, où vous ne manquerez de rien. Alors Acante avoua tout ; et Télémaque obtint des rois qu'on lui donneroit la vie, parce qu'il la lui avait promise. On l'envoya dans une des îles Echinades, où il vécut en paix.

Peu de temps après, un Daunien d'une naissance obscure, mais d'un esprit violent et hardi, nommé Dioscore, vint la nuit dans le camp des alliés leur offrir d'égorger dans sa tente le roi Adraste. Il le pouvoit, car on est maître de la vie des autres quand on ne compte plus pour rien la sienne. Cet homme ne respiroit que la vengeance, parce que Adraste lui avoit enlevé sa femme, qu'il aimoit éperdument, et qui étoit égale en beauté à Vénus même. Il étoit résolu, ou de faire périr Adraste et de reprendre sa femme, ou de périr lui-même. Il avoit des intelligences secrètes pour entrer la nuit dans la tente du Roi, et pour être favorisé dans son entreprise par plusieurs capitaines dauniens ; mais il croyoit avoir besoin que les rois alliés attaquassent en même temps le camp d'Adraste, afin que, dans ce trouble, il pût plus facilement se sauver, et enlever sa femme. Il étoit content de périr, s'il ne pouvoit l'enlever après avoir tué le Roi[2].

Aussitôt que Dioscore eut expliqué aux rois son dessein, tout le monde se tourna vers Télémaque, comme pour lui demander une décision. Les dieux, répondit-il, qui nous ont préservés des traîtres, nous défendent de nous en servir. Quand même nous n'aurions pas assez de vertu pour détester la trahison, notre seul intérêt suffiroit pour la rejeter : dès que nous l'aurons autorisée par notre exemple, nous mériterons qu'elle se tourne contre nous : dès ce moment, qui d'entre nous sera en sûreté ? Adraste pourra bien éviter le coup qui le me-

---

VAR. — [1] furent d'avis de sacrifier Acante, dans le doute, à la sûreté publique. A. — [2] n'est rien pour sauver celle de tant de rois. A. — [3] que pour écorcher le troupeau. A. égorger. Edit. correction du marq. de Fén. — [4] Il fit semblant. A. — [5] demeurèrent tranquilles. Enfin, etc. Edit. En 1717 et dans les éditions suivantes, on a omis ces mots : et Télémaque en conclut qu'Acante, parce que l'auteur avoit laissé le sens imparfait. Les éditeurs de 1699 ont suppléé, pouvoit n'être pas coupable, et le marquis de Fénelon a ajouté ces quatre mots dans la copie C ; ensuite une autre main a substitué innocent à coupable : nous suivons cette leçon, qui paroît meilleure.

VAR. — [1] d'un Locanien artificieux. A. — [2] Que s'il ne pouvoit l'enlever après avoir tué le Roi, il étoit content de périr. A. Mais il étoit content, etc. B.

nace, et le faire retomber sur les rois alliés. La guerre ne sera plus une guerre ; la sagesse et la vertu ne seront plus d'aucun usage : on ne verra plus que perfidie, trahison et assassinats[1]. Nous en ressentirons nous-mêmes les funestes suites, et nous le mériterons, puisque nous aurons autorisé le plus grand des maux. Je conclus donc qu'il faut renvoyer le traître à Adraste. J'avoue que ce roi ne le mérite pas; mais toute l'Hespérie et toute la Grèce, qui ont les yeux sur nous, méritent que nous tenions cette conduite pour en être estimés. Nous nous devons à nous-mêmes, et plus encore aux justes dieux[2], cette horreur de la perfidie.

Aussitôt on envoya Dioscore à Adraste, qui frémit du péril où il avoit été, et qui ne pouvoit assez s'étonner de la générosité de ses ennemis; car les méchans ne peuvent comprendre la pure vertu. Adraste admiroit, malgré lui, ce qu'il venoit de voir, et n'osoit le louer. Cette action noble des alliés rappeloit un honteux souvenir de toutes ses tromperies et de toutes ses cruautés. Il cherchoit à rabaisser la générosité de ses ennemis, et étoit honteux de paroître ingrat, pendant qu'il leur devoit la vie : mais les hommes corrompus s'endurcissent bientôt contre tout ce qui pourroit les toucher. Adraste, qui vit que la réputation des alliés augmentoit tous les jours, crut qu'il étoit pressé de faire contre eux quelque action éclatante : comme il n'en pouvoit faire aucune de vertu, il voulut du moins tâcher de remporter quelque grand avantage sur eux par les armes, et il se hâta de combattre.

Le jour du combat étant venu, à peine l'aurore ouvroit au soleil les portes de l'orient, dans un chemin semé de roses, que le jeune Télémaque, prévenant par ses soins la vigilance des plus vieux capitaines, s'arracha d'entre les bras du doux sommeil, et mit en mouvement tous les officiers. Son casque, couvert de crins flottans, brilloit déjà sur sa tête, et sa cuirasse sur son dos éblouissoit les yeux de toute l'armée : l'ouvrage de Vulcain avoit, outre sa beauté naturelle, l'éclat de l'égide qui y étoit cachée. Il tenoit sa lance d'une main; de l'autre il montroit les divers postes qu'il falloit occuper. Minerve avoit mis dans ses yeux un feu divin, et sur son visage une majesté fière qui promettoit déjà la victoire. Il marchoit ; et tous les rois, oubliant leur âge et leur dignité, se sentoient entraînés par une force supérieure qui leur faisoit suivre ses pas. La foible jalousie ne peut[1] plus entrer dans les cœurs; tout cède à celui que Minerve conduit invisiblement par la main. Son action n'avoit rien d'impétueux ni de précipité; il étoit doux, tranquille, patient, toujours prêt à écouter les autres et à profiter de leurs conseils ; mais actif, prévoyant, attentif aux besoins les plus éloignés, arrangeant toutes choses à propos, ne s'embarrassant de rien, et n'embarrassant point les autres ; excusant les fautes, réparant les mécomptes, prévenant les difficultés, ne demandant jamais rien de trop à personne, inspirant partout la liberté et la confiance. Donnoit-il un ordre, c'étoit dans les termes les plus simples et les plus clairs. Il le répétoit pour mieux instruire celui qui devoit l'exécuter; il voyoit dans ses yeux s'il l'avoit bien compris; il lui faisoit ensuite expliquer familièrement comment il avoit compris ses paroles, et le principal but de son entreprise. Quand il avoit ainsi éprouvé le bon sens de celui qu'il envoyoit, et qu'il l'avoit fait entrer dans ses vues, il ne le faisoit partir qu'après lui avoir donné quelque marque d'estime et de confiance pour l'encourager. Ainsi, tous ceux qu'il envoyoit étoient pleins d'ardeur pour lui plaire et pour réussir : mais ils n'étoient point gênés par la crainte qu'il leur imputeroit les mauvais succès; car il excusoit toutes les fautes qui ne venoient point de mauvaise volonté.

L'horizon paroissoit rouge et enflammé par les premiers rayons du soleil; la mer étoit pleine des feux du jour naissant. Toute la côte étoit couverte d'hommes, d'armes, de chevaux et de chariots en mouvement : c'étoit un bruit confus, semblable à celui des flots en courroux, quand Neptune excite, au fond de ses abîmes, les noires tempêtes. Ainsi Mars commençoit, par le bruit des armes et par l'appareil frémissant de la guerre, à semer la rage dans tous les cœurs. La campagne étoit pleine de piques hérissées, semblables aux épis qui couvrent les sillons fertiles dans le temps des moissons. Déjà s'élevoit un nuage de poussière qui déroboit peu à peu aux yeux des hommes la terre et le ciel. La confusion[2], l'horreur, le carnage, l'impitoyable mort, s'avançoient.

A peine les premiers traits étoient jetés, que Télémaque, levant les yeux et les mains vers le ciel, prononça ces paroles : O Jupiter, père des dieux et des hommes, vous voyez de notre côté la justice et la paix que nous n'avons

---

VAR. — [1] et assassinats. Je conclus donc, etc. A. — [2] à nous-mêmes; enfin nous devons aux justes dieux, etc. A.

VAR. — [1] ne pouvoit. A. — [2] La nuit. A.

point eu honte de chercher. C'est à regret que nous combattons ; nous voudrions épargner le sang des hommes ; nous ne haïssons point cet ennemi même, quoiqu'il soit cruel, perfide et sacrilége. Voyez et décidez entre lui et nous : s'il faut mourir, nos vies sont dans vos mains : s'il faut délivrer l'Hespérie et abattre le tyran, ce sera votre puissance, et la sagesse de Minerve, votre fille, qui nous donnera la victoire ; la gloire vous en sera due. C'est vous qui, la balance en main, réglez le sort des combats : nous combattons pour vous ; et, puisque vous êtes juste, Adraste est plus votre ennemi que le nôtre. Si votre cause est victorieuse, avant la fin du jour le sang d'une hécatombe entière ruissellera sur vos autels.

Il dit, et à l'instant il poussa [1] ses coursiers fougueux et écumans dans les rangs les plus pressés des ennemis. Il rencontra d'abord Périandre, Locrien, couvert d'une peau de lion qu'il avoit tué dans la Cilicie, pendant qu'il y avoit voyagé : il étoit armé, comme Hercule, d'une massue énorme ; sa taille et sa force le rendoient semblable aux géans. Dès qu'il vit Télémaque, il méprisa sa jeunesse et la beauté de son visage. C'est bien à toi, dit-il, jeune efféminé, à nous disputer la gloire des combats ! va, enfant, va parmi les ombres chercher ton père. En disant ces paroles, il lève sa massue noueuse, pesante, armée de pointes de fer ; elle paroît comme un mât de navire : chacun craint le coup de sa chute. Elle menace la tête du fils d'Ulysse ; mais il se détourne du coup, et s'élance sur Périandre avec la rapidité d'un aigle qui fend les airs. La massue, en tombant, brise une roue d'un char auprès de celui de Télémaque. Cependant le jeune Grec perce d'un trait Périandre à la gorge ; le sang qui coule à gros bouillons de sa large plaie étouffe sa voix : ses chevaux fougueux, ne sentant plus sa main défaillante,[2] et les rênes flottant sur leur cou, s'emportent çà et là : il tombe de dessus son char, les yeux déjà fermés à la lumière, et la pâle mort étant déjà peinte sur son visage défiguré. Télémaque eut pitié de lui ; il donna aussitôt son corps à ses domestiques, et garda, comme une marque de sa victoire, la peau du lion avec la massue.

Ensuite [3] il cherche Adraste dans la mêlée ; mais, en le cherchant, il précipite dans les enfers une foule de combattans : Hilée, qui avoit attelé à son char deux coursiers semblables à ceux du soleil, et nourris dans les vastes prairies qu'arrose l'Aufide ; Démoléon, qui, dans la Sicile, avoit autrefois presque égalé Erix dans les combats du ceste ; Crantor, qui avoit été hôte et ami d'Hercule, lorsque ce fils de Jupiter, passant dans l'Hespérie, y ôta la vie à l'infâme Cacus ; Ménécrate, qui ressembloit, disoit-on, à Pollux dans la lutte ; Hippocoon Salapien, qui imitoit l'adresse et la bonne grace de Castor pour mener un cheval ; le fameux chasseur Eurymède, toujours teint du sang des ours et des sangliers qu'il tuoit dans les sommets couverts de neige du froid Apennin, et qui avoit été, disoit-on, si cher à Diane, qu'elle lui avoit appris elle-même à tirer des flèches ; Nicostrate, vainqueur d'un géant qui vomissoit le feu dans les rochers du mont Gargan ; Cléanthe, qui devoit épouser la jeune Pholoé, fille du fleuve Liris. Elle avoit été promise par son père à celui qui la délivreroit d'un serpent ailé qui étoit né sur les bords du fleuve, et qui devoit la dévorer dans peu de jours, suivant la prédiction d'un oracle. Ce jeune homme, par un excès d'amour, se dévoua pour tuer le monstre ; il réussit : mais il ne put goûter le fruit de sa victoire ; et pendant que Pholoé, se préparant à un doux hyménée, attendoit impatiemment Cléanthe, elle apprit qu'il avoit suivi Adraste dans les combats, et que la Parque avoit tranché cruellement ses jours. Elle remplit de ses gémissemens les bois et les montagnes qui sont auprès du fleuve ; elle noya ses yeux de larmes, arracha ses beaux cheveux blonds [1], oublia les guirlandes de fleurs qu'elle avoit accoutumé de cueillir, et accusa le ciel d'injustice. Comme elle ne cessoit de pleurer nuit et jour, les dieux, touchés de ses regrets, et pressés par les prières du fleuve, mirent fin à sa douleur. A force de verser des larmes, elle fut tout-à-coup changée en une fontaine, qui, coulant dans le sein du fleuve, va joindre ses eaux à celles du dieu son père : mais l'eau de cette fontaine est encore amère ; l'herbe du rivage ne fleurit jamais ; et on ne trouve d'autre ombrage, que celui des cyprès, sur ces tristes bords.

Cependant Adraste, qui apprit que Télémaque répandoit de tous côtés la terreur, le cherchoit avec empressement. Il espéroit de vaincre facilement le fils d'Ulysse dans un âge encore si tendre, et il menoit autour de lui trente Dauniens d'une force, d'une adresse et d'une audace extraordinaires, auxquels il avoit

---

VAR. — [1] il pousse. A. — [2] sa main défaillante, s'emportent çà et là, les rênes flottant sur leur cou : il tombe, etc. A. — [3] Aussitôt. A.

VAR. — [1] blonds. m. A. aj. B.

promis de grandes récompenses, s'ils pouvoient, dans le combat, faire périr Télémaque, de quelque manière que ce pût être. S'il l'eût rencontré dans ce commencement du combat, sans doute ces trente hommes, environnant le char de Télémaque, pendant qu'Adraste l'auroit attaqué de front, n'auroient eu aucune peine à le tuer : mais Minerve les fit égarer.

Adraste crut voir et entendre Télémaque dans un endroit de la plaine enfoncé, au pied d'une colline, où il y avoit une foule de combattans ; il court, il vole, il veut se rassasier de sang : mais, au lieu de Télémaque, il aperçoit le vieux Nestor, qui, d'une main tremblante, jetoit au hasard quelques traits inutiles. Adraste,[1] dans sa fureur, veut le percer ; mais une troupe de Pyliens se jeta autour de Nestor. Alors une nuée de traits obscurcit l'air et couvrit tous les combattans ; on n'entendoit que les cris plaintifs des mourans, et le bruit des armes de ceux qui tomboient dans la mêlée ; la terre gémissoit sous un monceau de morts ; des ruisseaux de sang couloient de toutes parts. Bellone et Mars, avec les Furies infernales, vêtues de robe toutes dégouttantes de sang, repaissoient leurs yeux cruels de ce spectacle, et renouveloient sans cesse la rage dans les cœurs. Ces divinités ennemies des hommes[2] repoussoient loin des deux partis la piété généreuse, la valeur modérée, la douce humanité. Ce n'étoit plus, dans cet amas confus d'hommes acharnés les uns sur les autres, que massacre, vengeance désespoir et fureur brutale ; la sage et invincible Pallas elle-même, l'ayant vu, frémit et recula d'horreur.

Cependant Philoctète, marchant à pas lents, et tenant dans ses mains les flèches d'Hercule, se hâtoit d'aller au secours de Nestor. Adraste, n'ayant pu atteindre le divin vieillard, avoit lancé ses traits sur plusieurs Pyliens, auxquels il avoit fait mordre la poudre. Déjà il avoit abattu Ctésilas, si léger à la course qu'à peine il imprimoit la trace de ses pas dans le sable, et qu'il devançoit en son pays les plus rapides flots de l'Eurotas et l'Alphée. A ses pieds étoient tombés Eutyphron, plus beau qu'Hylas, aussi ardent chasseur qu'Hippolyte ; Ptérélas, qui avoit suivi Nestor au siége de Troie, et qu'Achille même avoit aimé à cause de son courage et de sa force ; Aristogiton, qui, s'étant baigné, disoit-on, dans les ondes du fleuve Achéloüs, avoit reçu secrètement de ce dieu la vertu de prendre toutes sortes de formes. En effet, il étoit si souple et si prompt dans tous ses mouvemens, qu'il échappoit aux mains les plus fortes : mais Adraste, d'un coup de lance, le rendit immobile ; et son ame s'enfuit d'abord avec son sang.

Nestor, qui voyoit tomber ses plus vaillans capitaines sous la main du cruel Adraste, comme les épis dorés, pendant la moisson, tombent sous la faux tranchante d'un infatigable moissonneur, oublioit le danger où il exposoit inutilement sa vieillesse. Sa sagesse l'avoit quitté ; il ne songeoit plus qu'à suivre des yeux Pisistrate son fils, qui, de son côté, soutenoit avec ardeur le combat pour éloigner le péril de son père. Mais le moment fatal étoit venu où Pisistrate devoit faire sentir à Nestor combien on est souvent malheureux d'avoir trop vécu.

Pisistrate porta un coup de lance si violent contre Adraste, que le Daunien devoit succomber : mais il l'évita ; et pendant que Pisistrate, ébranlé du faux coup qu'il avoit donné, ramenoit sa lance, Adraste le perça d'un javelot au milieu du ventre. Ses entrailles commencèrent d'abord à sortir avec un ruisseau de sang ; son teint se flétrit comme une fleur que la main d'une nymphe a cueillie dans les prés : ses yeux étoient déjà presque éteints, et sa voix défaillante. Alcée, son gouverneur, qui étoit auprès de lui, le soutint comme il alloit tomber, et n'eut le temps que de le mener entre les bras de son père. Là, il voulut parler, et donner les dernières marques de sa tendresse ; mais en ouvrant la bouche, il expira.

Pendant que Philoctète répandoit autour de lui le carnage et l'horreur pour repousser les efforts d'Adraste, Nestor tenoit serré entre ses bras le corps de son fils : il remplissoit l'air de ses cris, et ne pouvoit souffrir la lumière. Malheureux, disoit-il, d'avoir été père, et d'avoir vécu si long-temps ! Hélas ! cruelles destinées, pourquoi n'avez-vous pas fini ma vie, ou à la chasse du sanglier de Calydon, ou au voyage de Colchos, ou au premier siége de Troie ? Je serois mort avec gloire et sans amertume. Maintenant je traîne une vieillesse douloureuse, méprisée et impuissante ; je ne vis plus que pour les maux ; je n'ai plus de sentiment que pour la tristesse. O mon fils ! ô mon fils ! ô cher Pisistrate ! quand je perdis ton frère Antiloque, je t'avois pour me consoler : je ne t'ai plus ; je n'ai plus rien, et rien ne me consolera ; tout est fini pour moi. L'espérance, seul adoucissement des peines des hommes, n'est plus un

---

VAR. — [1] Dans sa fureur, il veut le percer. A. — [2] de l'homme. A.

bien qui me regarde. Antiloque, Pisistrate, ô chers enfans, je crois que c'est aujourd'ui que je vous perds tous deux ; la mort de l'un rouvre la plaie que l'autre avoit faite au fond de mon cœur. Je ne vous verrai plus ! qui fermera mes yeux ? qui recueillera mes cendres ? O Pisistrate ? tu es mort, comme ton frère, en homme courageux ; il n'y a que moi qui ne puis mourir.

En disant ces paroles, il voulut se percer lui-même d'un dard qu'il tenoit ; mais on arrêta sa main : on lui arracha le corps de son fils ; et comme cet infortuné vieillard tomboit en défaillance, on le porta dans sa tente, où, ayant un peu repris ses forces, il voulut retourner au combat ; mais on le retint malgré lui.

Cependant Adraste et Philoctète se cherchoient ; leurs yeux étoient étincelans comme ceux d'un lion et d'un léopard qui cherchent à se déchirer l'un l'autre dans les campagnes qu'arrose le Caïstre. Les menaces, la fureur guerrière, et la cruelle vengeance, éclatent dans leurs yeux farouches ; ils portent une mort certaine partout où ils lancent leurs traits ; tous les combattans les regardent avec effroi. Déjà ils se voient l'un l'autre, et Philoctète tient en main une de ces flèches terribles qui n'ont jamais manqué leur coup dans ses mains, et dont les blessures sont irrémédiables : mais Mars, qui favorisoit le cruel et intrépide Adraste, ne put souffrir qu'il pérît si tôt ; il vouloit, par lui, prolonger les horreurs de la guerre et multiplier les carnages. Adraste étoit encore dû à la justice des dieux pour punir les hommes et pour verser leur sang.

Dans le moment où Philoctète veut l'attaquer, il est blessé lui-même par un coup de lance que lui donne Amphimaque, jeune Lucanien, plus beau que le fameux Nirée, dont la beauté ne cédoit qu'à celle d'Achille parmi tous les Grecs qui combattirent au siège de Troie. A peine Philoctète eut reçu le coup, qu'il tira sa flèche contre Amphimaque ; elle lui perça le cœur. Aussitôt ses beaux yeux noirs s'éteignirent, et furent couverts des ténèbres de la mort : sa bouche, plus vermeille que les roses dont l'aurore naissante sème l'horizon, se flétrit ; une pâleur affreuse ternit ses joues ; ce visage si tendre et si gracieux se défigura tout-à-coup[1]. Philoctète lui-même en eut pitié. Tous les combattans gémirent, en voyant ce jeune homme tomber dans son sang, où il se rouloit, et ses cheveux, aussi beaux que ceux d'Apollon, traînés dans la poussière.

Philoctète, ayant vaincu Amphimaque, fut contraint de se retirer du combat ; il perdoit son sang et ses forces ; son ancienne blessure même, dans l'effort du combat, sembloit prête à se rouvrir et à renouveler ses douleurs : car les enfans d'Esculape, avec leur science divine, n'avoient pu le guérir entièrement. Le voilà prêt à tomber dans un monceau de corps sanglans qui l'environnent. Archidame, le plus fier et le plus adroit de tous les Œbaliens qu'il avoit menés avec lui pour fonder Pétilie, l'enlève du combat dans le moment où Adraste l'auroit abattu sans peine à ses pieds. Adraste ne trouve plus rien qui ose lui résister ni retarder sa victoire. Tout tombe, tout s'enfuit ; c'est un torrent qui, ayant surmonté ses bords, entraîne, par ses vagues furieuses, les moissons, les troupeaux, les bergers et [1] les villages.

Télémaque entendit de loin les cris des vainqueurs, et il vit le désordre des siens, qui fuyoient devant Adraste, comme une troupe de cerfs timides traverse les vastes campagnes, les bois, les montagnes ; les fleuves mêmes les plus rapides, quand ils sont poursuivis par des chasseurs. Télémaque gémit ; l'indignation paroît dans ses yeux : il quitte les lieux où il a combattu long-temps avec tant de danger et de gloire. Il court pour soutenir les siens ; il s'avance tout couvert du sang d'une multitude d'ennemis qu'il a étendus sur la poussière. De loin, il pousse un cri qui se fait entendre aux deux armées.

Minerve avoit mis je ne sais quoi de terrible dans sa voix, dont les montagnes voisines retentirent. Jamais Mars, dans la Thrace, n'a fait entendre plus fortement sa cruelle voix, quand il appelle les Furies infernales, la guerre et la mort. Ce cri de Télémaque porte le courage et l'audace dans le cœur des siens ; il glace d'épouvante les ennemis : Adraste même a honte de se sentir troublé. Je ne sais combien de funestes présages le font frémir ; et ce qui l'anime est plutôt un désespoir, qu'une valeur tranquille. Trois fois ses genoux tremblans commencèrent à se dérober sous lui ; trois fois il recula sans songer à ce qu'il faisoit. Une pâleur de défaillance et une sueur froide se répandit dans tous ses membres ; sa voix enrouée et hésitante ne pouvoit achever aucune parole ; ses yeux, pleins d'un feu sombre et étincelant, paroissoient sortir de sa tête ; on le voyoit,

VAR. — [1] tout-à-coup se défigure. A.

VAR. — [1] et m. A. aj. B.

comme Oreste, agité par les Furies; tous ses mouvemens étoient convulsifs [1]. Alors il commença à croire qu'il y a des dieux; il s'imaginoit les voir irrités, et entendre une voix sourde qui sortoit du fond de l'abîme pour l'appeler dans le noir Tartare : tout lui faisoit sentir une main céleste et invisible, suspendue sur sa tête, qui alloit s'appesantir pour le frapper. L'espérance étoit éteinte au fond de son cœur; son audace se dissipoit, comme la lumière du jour disparoit quand le soleil se couche dans le sein des ondes, et que la terre s'enveloppe des ombres de la nuit.

L'impie Adraste, trop long-temps souffert sur la terre, trop long-temps, si les hommes n'eussent eu besoin d'un tel châtiment; l'impie Adraste touchoit enfin à sa dernière heure. Il court forcené au-devant de son inévitable destin; l'horreur, les cuisans remords, la consternation, la fureur, la rage, le désespoir, marchent avec lui. A peine voit-il Télémaque, qu'il croit voir l'Averne qui s'ouvre, et les tourbillons de flammes qui sortent du noir Phlégéton prêtes à le dévorer. Il s'écrie, et sa bouche demeure ouverte sans qu'il puisse prononcer aucune parole : tel qu'un homme dormant, qui, dans un songe affreux, ouvre la bouche, et fait des efforts pour parler; mais la parole lui manque toujours, et il la cherche en vain. D'une main tremblante et précipitée Adraste lance son dard contre Télémaque. Celui-ci, intrépide [2] comme l'ami des dieux, se couvre de son bouclier; il semble que la Victoire, le couvrant de ses ailes, tient déjà une couronne suspendue au-dessus de sa tête : le courage doux et paisible reluit dans ses yeux; on le prendroit pour Minerve même, tant il paroît sage et mesuré au milieu des plus grands périls. Le dard lancé par Adraste est repoussé par le bouclier. Alors Adraste se hâte de tirer son épée, pour ôter au fils d'Ulysse l'avantage de lancer son dard à son tour. Télémaque, voyant Adraste l'épée à la main, se hâte de la mettre aussi, et laisse son dard inutile.

Quand on les vit ainsi tous deux combattre de près, tous les autres combattans, en silence, mirent bas les armes pour les regarder attentivement, et on attendit de leur combat la décision [3] de toute la guerre. Les deux glaives, brillans comme les éclairs d'où partent les foudres, se croisent plusieurs fois, et portent des coups inutiles sur les armes polies, qui en retentissent. Les deux combattans s'allongent, se replient, s'abaissent, se relèvent tout-à-coup, et enfin se saisissent. Le lierre, en naissant au pied d'un ormeau, n'en serre pas plus étroitement le tronc dur et noueux par ses rameaux entrelacés jusqu'aux plus hautes branches de l'arbre, que ces deux combattans se serrent l'un l'autre. Adraste n'avoit encore rien perdu de sa force; Télémaque n'avoit pas encore toute la sienne. Adraste fait plusieurs efforts pour surprendre son ennemi et pour l'ébranler. Il tâche de saisir l'épée du jeune Grec, mais en vain : dans le moment où il la cherche, Télémaque l'enlève de terre, et le renverse sur le sable. Alors cet impie, qui avoit toujours méprisé les dieux, montre [1] une lâche crainte de la mort; il a honte de demander la vie, et il ne peut s'empêcher de témoigner qu'il la désire : il tâche d'émouvoir la compassion de Télémaque. Fils d'Ulysse, dit-il, enfin c'est maintenant que je connois les justes dieux; ils me punissent comme je l'ai mérité : il n'y a que le malheur qui ouvre les yeux des hommes pour voir la vérité; je la vois, elle me condamne. Mais qu'un roi malheureux vous fasse souvenir de votre père qui est loin d'Ithaque, et touche votre cœur.

Télémaque, qui, le tenant sous ses genoux, avoit le glaive déjà levé pour lui percer la gorge, répondit aussitôt : Je n'ai voulu que la victoire et la paix des nations que je suis venu secourir; je n'aime point à répandre le sang. Vivez donc, ô Adraste; mais vivez pour réparer vos fautes : rendez tout ce que vous avez usurpé; rétablissez le calme et la justice sur la côte [2] de la grande Hespérie, que vous avez souillée par tant de massacres et de trahisons : vivez, et devenez un autre homme. Apprenez, par votre chute, que les dieux sont justes; que les méchans sont malheureux; qu'ils se trompent en cherchant la félicité dans la violence, dans l'inhumanité et dans le mensonge; et qu'enfin rien n'est si doux ni si heureux, que la simple et constante vertu. Donnez-nous pour otage votre fils Métrodore, avec douze des principaux de votre nation.

A ces paroles, Télémaque laisse relever Adraste, et lui tend la main, sans se défier de sa mauvaise foi; mais aussitôt Adraste lui lance un second dard fort court, qu'il tenoit caché. Le dard étoit si aigu, et lancé avec tant d'adresse, qu'il eût percé les armes de Télémaque,

---

VAR. — [1] convulsifs. Il croyoit avoir les dieux irrités, etc. A. — [2] intrépide et paisible. A. — [3] la destinée. A.

VAR. — [1] montra. A. — [2] sur les bords..... que vous avez souillés. A.

si elles n'eussent été divines. En même temps Adraste se jette derrière un arbre pour éviter la poursuite du jeune Grec [1]. Alors celui-ci s'écrie : Dauniens, vous le voyez, la victoire est à nous ; l'impie ne se sauve que par la trahison. Celui qui ne craint point les dieux, craint la mort ; au contraire, celui qui les craint, ne craint qu'eux.

En disant ces paroles, il s'avance vers les Dauniens, et fait signe aux siens, qui étoient de l'autre côté de l'arbre, de couper chemin au perfide Adraste. Adraste craint d'être surpris, fait semblant de retourner sur ses pas, et veut renverser les Crétois qui se présentent à son passage ; mais tout-à-coup Télémaque, prompt comme la foudre que la main du père des dieux lance du haut de l'Olympe sur les têtes coupables, vient fondre sur son ennemi ; il le saisit d'une main victorieuse ; il le renverse comme le cruel aquilon abat les tendres moissons qui dorent la campagne. Il ne l'écoute plus, quoique l'impie ose encore une fois essayer d'abuser de la bonté de son cœur : il enfonce son glaive, et le précipite dans les flammes du noir Tartare, digne châtiment de ses crimes.

[2] A peine Adraste fut mort, que tous les Dauniens, loin de déplorer leur défaite et la perte de leur chef, se réjouirent de leur délivrance ; ils tendirent les mains aux alliés en signe de paix et de réconciliation. Métrodore, fils d'Adraste, que son père avoit nourri dans des maximes de dissimulation, d'injustice et d'inhumanité, s'enfuit lâchement. Mais un esclave, complice de ses infamies et de ses cruautés, qu'il avoit affranchi et comblé de biens, et auquel seul il se confia dans sa fuite, ne songea qu'à le trahir pour son propre intérêt : il le tua par derrière pendant qu'il fuyoit, lui coupa la tête, et la porta dans le camp des alliés, espérant une grande récompense d'un crime qui finissoit la guerre. Mais on eut horreur de ce scélérat, et on le fit mourir. Télémaque, ayant vu la tête de Métrodore, qui étoit un jeune homme d'une merveilleuse beauté, et d'un naturel excellent, que les plaisirs et les mauvais exemples avoient corrompu, ne put retenir ses larmes. Hélas ! s'écria-t-il, voilà ce que fait le poison de la prospérité d'un jeune prince : plus il a d'élévation et de vivacité, plus il s'égare et s'éloigne de tout sentiment de vertu. Et maintenant je serois peut-être de même, si les malheurs où je suis né, grâces aux dieux, et les instructions de Mentor ne m'avoient appris à me modérer.

Les Dauniens assemblés demandèrent, comme l'unique condition de paix, qu'on leur permît de faire un roi de leur nation, qui pût effacer, par ses vertus, l'opprobre dont l'impie Adraste avoit couvert la royauté. Ils remercioient les dieux d'avoir frappé le tyran ; ils venoient en foule baiser la main de Télémaque, qui avoit été trempée dans le sang de ce monstre ; et leur défaite étoit pour eux comme un triomphe. Ainsi tomba en un moment, sans aucune ressource, cette puissance qui menaçoit toutes les autres dans l'Hespérie, et qui faisoit trembler tant de peuples. Semblable à ces terrains qui paroissent fermes et immobiles, mais que l'on sape peu à peu par dessous : longtemps on se moque du foible travail qui en attaque les fondemens ; rien ne paroît affoibli, tout est uni, rien ne s'ébranle ; cependant tous les soutiens souterrains [1] sont détruits peu à peu, jusqu'au moment où tout-à-coup le terrain s'affaisse et ouvre un abîme. Ainsi une puissance injuste et trompeuse, quelque prospérité qu'elle se procure par ses violences, creuse elle-même un précipice sous ses pieds. La fraude de l'inhumanité sapent [2] peu à peu tous les plus solides fondemens de l'autorité illégitime : on l'admire, on la craint, on tremble devant elle, jusqu'au moment où elle n'est déjà plus ; elle tombe de son propre poids, et rien ne peut la relever, parce qu'elle a détruit de ses propres mains les vrais soutiens de la bonne foi et de la justice, qui attirent l'amour et la confiance.

Var. — [1] souterrains *m. Edit.* — [2] sape. A.

Var. — [1] la poursuite de Télémaque. A. — [2] Livre XXI.

LIVRE XVI.

Les chefs de l'armée s'assemblent pour délibérer sur la demande des Dauniens. Télémaque, après avoir rendu les derniers devoirs à Pisistrate, fils de Nestor, se rend à l'assemblée, où la plupart sont d'avis de partager entr'eux le pays des Dauniens, et offrent à Télémaque pour sa part la fertile contrée d'Arpine. Bien loin d'accepter cette offre, Télémaque fait voir que l'intérêt commun des alliés est de laisser aux Dauniens leurs terres, et de leur donner pour roi Polydamas, fameux capitaine de leur nation, non moins estimé pour sa sagesse que pour sa valeur. Les alliés consentent à ce choix, qui comble de joie les Dauniens. Télémaque persuade ensuite à ceux-ci de donner la contrée d'Arpine à Diomède, roi d'Étolie, qui étoit alors poursuivi avec ses compagnons par la colère de Vénus qu'il avoit blessée au siége de Troie. Les troubles étant ainsi terminés, tous les princes ne songent plus qu'à se séparer pour s'en retourner chacun dans son pays.

Les chefs de l'armée s'assemblèrent, dès le lendemain, pour accorder un roi aux Dauniens. On prenoit plaisir à voir les deux camps confondus par une amitié si inespérée, et les deux armées qui n'en faisoient qu'une. Le sage Nestor ne put se trouver dans ce conseil, parce que la douleur, jointe à la vieillesse, avoit flétri son cœur, comme la pluie abat et fait languir, le soir, une fleur qui étoit, le matin, pendant la naissance de l'aurore, la gloire et l'ornement des vertes campagnes. Ses yeux étoient devenus deux fontaines de larmes qui ne pouvoient tarir : loin d'eux s'enfuyoit le doux sommeil, qui charme les plus cuisantes peines. L'espérance, qui est la vie du cœur de l'homme, étoit éteinte en lui. Toute nourriture étoit amère à cet infortuné vieillard ; la lumière même lui étoit odieuse : son ame ne demandoit plus qu'à quitter son corps[1], et qu'à se plonger dans l'éternelle nuit de l'empire de Pluton. Tous ses amis lui parloient en vain : son cœur, en défaillance, étoit dégoûté de toute amitié, comme un malade est dégoûté des meilleurs alimens. A tout ce qu'on pouvoit lui dire de plus touchant, il ne répondoit que par des gémissemens et des sanglots. De temps en temps on l'entendoit dire : O Pisistrate, Pisistrate ! Pisistrate, mon fils, tu m'appelles ! Je te suis : Pisistrate, tu me rendras la mort douce. O mon cher fils ! je ne désire plus pour tout bien, que de te revoir sur les rives du Styx. Il passoit des heures entières sans prononcer aucune parole, mais gémissant, et [1] levant les mains et les yeux noyés de larmes vers le ciel.

Cependant les princes assemblés attendoient Télémaque, qui étoit auprès du corps de Pisistrate : il répandoit sur son corps des fleurs à pleines mains ; il y ajoutoit des parfums exquis, et versoit des larmes amères. O mon cher compagnon, disoit-il, je n'oublierai jamais de t'avoir vu à Pylos, de t'avoir suivi à Sparte, de t'avoir retrouvé sur les bords de la grande Hespérie ; je te dois mille soins : je t'aimois, tu m'aimois aussi. J'ai connu ta valeur ; elle auroit surpassé celle de plusieurs Grecs fameux. Hélas ! elle t'a fait périr avec gloire, mais elle a dérobé au monde une vertu naissante qui eût égalé celle de ton père : oui, ta sagesse et ton éloquence, dans un âge mûr, auroit été semblable à celle de ce vieillard, admiré [2] de toute la Grèce. Tu avois déjà cette douce insinuation à laquelle on ne peut résister quand il parle, ces manières naïves de raconter, cette sage modération qui est un charme pour apaiser les esprits irrités, cette autorité qui vient de la prudence et de la force des bons conseils. Quand tu parlois, tous prêtoient l'oreille, tous étoient prévenus, tous avoient envie de trouver que tu avois raison : ta parole, simple et sans faste, couloit doucement dans les cœurs, comme la rosée sur l'herbe naissante. Hélas ! tant de biens que nous possédions, il y a quelques heures, nous sont enlevés à jamais. Pisistrate, que j'ai embrassé ce matin, n'est plus ; il ne nous en reste qu'un douloureux souvenir. Au moins si tu avois fermé les yeux de Nestor avant que nous eussions fermé les tiens, il ne verroit pas ce qu'il voit, il ne seroit pas le plus malheureux de tous les pères.

Après ces paroles, Télémaque fit laver la plaie sanglante qui étoit dans le côté de Pisistrate ; il le fit étendre dans un lit de pourpre, où sa tête penchée[3], avec la pâleur de la mort, ressembloit à un jeune arbre, qui, ayant couvert la terre de son ombre, et poussé vers le ciel des[4] rameaux fleuris, a été entamé par le tranchant de la cognée d'un bûcheron : il ne tient plus à sa racine ni à la terre, mère féconde qui nourrit les tiges dans son sein ; il languit, sa verdure s'efface ; il ne peut plus

---

Var. — [1] qu'à mourir. A.

Var. — [1] et m. A. aj. B. — [2] l'admiration. B. C. Edit. L'auteur avoit d'abord mis, qui a été l'admiration : ensuite il a effacé qui a été, et ion, en substituant un é à l'a du mot admiration. Mais comme il oublia de biffer l' au commencement de ce mot, le copiste B a lu et écrit l'admir.: Fénelon, pour faire un sens ajouta ation ; leçon suivie depuis 1747. Nous suivons l'original. — [3] penchée sur l'épaule. A. — [4] ses. B. C. Edit. f. du cop.

se soutenir, il tombe : ses rameaux, qui cachoient le ciel, traînent sur la poussière, flétris et desséchés ; il n'est plus qu'un tronc abattu et dépouillé de toutes ses grâces. Ainsi Pisistrate, en proie à la mort, étoit déjà emporté par ceux qui devoient le mettre dans le bûcher fatal. Déjà la flamme montoit vers le ciel. Une troupe de Pyliens, les yeux baissés et pleins de larmes, leurs armes renversées, le conduisoient lentement. Le corps est bientôt brûlé : les cendres sont mises dans une urne d'or ; et Télémaque, qui prend soin de tout, confie cette urne, comme un grand trésor, à Callimaque, qui avoit été le gouverneur de Pisistrate. Gardez, lui dit-il, ces cendres, tristes mais précieux restes de celui que vous avez aimé ; gardez-les pour son père : mais attendez à les lui donner, quand il aura assez de force pour les demander ; ce qui irrite la douleur en un temps, l'adoucit en un autre.

Ensuite Télémaque entra dans l'assemblée des rois ligués, où chacun garda le silence pour l'écouter dès qu'on l'aperçut ; il rougit, et on ne pouvoit le faire parler. Les louanges qu'on lui donna par des acclamations publiques, sur tout ce qu'il venoit de faire, augmentèrent sa honte ; il auroit voulu se pouvoir cacher ; ce fut la première fois qu'il parut embarrassé et incertain. Enfin on lui demanda comme une grâce qu'on ne lui donnât plus aucune louange. Ce n'est pas, dit-il, que je ne les aime, surtout quand elles sont données par de si bons juges de la vertu ; mais c'est que je crains de les aimer trop : elles corrompent les hommes ; elles les remplissent d'eux-mêmes ; elles les rendent vains et présomptueux. Il faut les mériter et les fuir : les meilleures louanges ressemblent aux fausses. Les plus méchans de tous les hommes, qui sont les tyrans, sont ceux qui se sont fait le plus louer par des flatteurs. Quel plaisir y a-t-il à être loué comme eux ? Les bonnes louanges sont celles que vous me donnerez en mon absence, si je suis assez heureux pour en mériter. Si vous me croyez véritablement bon, vous devez croire aussi que je veux être modeste et craindre la vanité. épargnez-moi donc, si vous m'estimez, et ne me louez pas comme un homme amoureux des louanges.

Après avoir parlé ainsi, Télémaque ne répondit plus rien à ceux qui continuoient de l'élever jusques dans le ciel ; et, par un air d'indifférence, il arrêta bientôt les éloges qu'on lui donnoit. On commença à craindre de le fâcher en le louant : ainsi les louanges finirent ; mais l'admiration augmenta. Tout le monde sut la tendresse qu'il avoit témoignée à Pisistrate, et les soins qu'il avoit pris de lui rendre les derniers devoirs. Toute l'armée fut plus touchée de ces marques de la bonté de son cœur, que de tous les prodiges de sagesse et de valeur qui venoient d'éclater en lui. Il est sage, il est vaillant, se disoient-ils en secret les uns aux autres ; il est l'ami des dieux, et le vrai héros de notre âge ; il est au-dessus de l'humanité : mais tout cela n'est que merveilleux, tout cela ne fait que nous étonner. Il est humain [1], il est bon, il est ami fidèle et tendre ; il est compatissant, libéral, bienfaisant, et tout entier à ceux qu'il doit aimer : il est les délices de ceux qui vivent avec lui ; il s'est défait de sa hauteur, de son indifférence et de sa fierté : voilà ce qui est d'usage ; voilà ce qui touche les cœurs ; voilà ce qui nous attendrit pour lui, et qui nous rend sensibles à toutes ses vertus ; voilà ce qui fait que nous donnerions tous nos vies pour lui.

A peine ces discours furent-ils finis, qu'on se hâta de parler de la nécessité de donner un roi aux Dauniens. La plupart des princes qui étoient dans le conseil opinoient qu'il falloit partager entre eux ce pays, comme une terre conquise. On offrit à Télémaque, pour sa part, la fertile contrée d'Arpine [2] qui porte deux fois l'an les riches dons de Cérès, les doux présens de Bacchus, et les fruits toujours verts de l'olivier consacré à Minerve. Cette terre, lui disoit-on, doit vous faire oublier la pauvre Ithaque avec ses cabanes, et les rochers affreux de Dulichie, et les bois sauvages de Zacinthe. Ne cherchez plus ni votre père, qui doit être péri dans les flots au promontoire de Capharée, par la vengeance de Nauplius et par la colère de Neptune ; ni votre mère, que ses amans possèdent depuis votre départ ; ni votre patrie, dont la terre n'est point favorisée du ciel comme celle que nous vous offrons.

Il écoutoit patiemment ces discours ; mais les rochers de Thrace et de Thessalie ne sont pas plus sourds et plus insensibles aux plaintes des amans désespérés, que Télémaque l'étoit à ces offres. Pour moi, répondoit-il, je ne suis touché ni des richesses, ni des délices : qu'importe de posséder une plus grande étendue de terre, et de commander à un plus grand nombre d'hommes ? on n'en a que plus d'embarras, et moins de liberté : la vie est

---

VAR. — [1] Il est homme, il est bon, il est ami, il est tendre, il est compatissant, il est bienfaisant. A. — [2] d'Arpos. A.

assez pleine de malheurs pour les hommes les plus sages et les plus modérés, sans y ajouter encore la peine de gouverner les autres hommes indociles, inquiets, injustes, trompeurs et ingrats. Quand on veut être le maître des hommes pour l'amour de soi-même, n'y regardant que sa propre autorité, ses plaisirs et sa gloire, on est impie, on est tyran, on est le fléau du genre humain. Quand, au contraire, on ne veut gouverner les hommes que selon les vraies règles, pour leur propre bien, on est moins leur maître que leur tuteur; on n'en a que la peine, qui est infinie, et on est bien éloigné de vouloir étendre plus loin son autorité. Le berger qui ne mange point le troupeau, qui le défend des loups en exposant sa vie, qui veille nuit et jour pour le conduire dans les bons pâturages, n'a point d'envie d'augmenter le nombre de ses moutons et d'enlever ceux du voisin : ce seroit augmenter sa peine. Quoique je n'aie jamais gouverné, ajoutoit Télémaque, j'ai appris, par les lois, et par les hommes sages qui les ont faites, combien il est pénible de conduire les villes et les royaumes. Je suis donc content de ma pauvre Ithaque : quoiqu'elle soit petite et pauvre, j'aurai assez de gloire, pourvu que j'y règne avec justice, piété et courage; encore même n'y régnerai-je que trop tôt. Plaise aux dieux que mon père, échappé à la fureur des vagues, y puisse régner jusqu'à la plus extrême vieillesse, et que je puisse apprendre long-temps sous lui comment il faut vaincre ses passions pour savoir modérer celles de tout un peuple!

Ensuite Télémaque dit : Ecoutez, ô princes assemblés ici, ce que je crois vous devoir dire pour votre intérêt. Si vous donnez aux Dauniens un roi juste, il les conduira avec justice, il leur apprendra combien il est utile de conserver la bonne foi, et de n'usurper jamais [1] le bien de ses voisins : c'est ce qu'ils n'ont jamais pu comprendre sous l'impie Adraste. Tandis qu'ils seront conduits par un roi sage et modéré, vous n'aurez rien à craindre d'eux : ils vous devront ce bon roi que vous leur aurez donné; ils vous devront la paix et la prospérité dont ils jouiront : ces peuples, loin de vous attaquer, vous béniront sans cesse; et le roi et le peuple, tout sera l'ouvrage de vos mains. Si au contraire vous voulez partager leur pays entre vous, voici les malheurs que je vous prédis : ce peuple, poussé au désespoir, recommencera la guerre; il combattra justement pour sa liberté, et les dieux ennemis de la tyrannie combattront avec lui. Si les dieux s'en mêlent, tôt ou tard vous serez confondus, et vos prospérités se dissiperont comme la fumée; le conseil et la sagesse seront ôtés à vos chefs, le courage à vos armées, l'abondance à vos terres. Vous vous flatterez; vous serez téméraires dans vos entreprises; vous ferez taire les gens de bien qui voudront dire la vérité : vous tomberez tout-à-coup, et on dira de vous : Est-ce donc là ces peuples florissans qui devoient faire la loi à toute la terre? et maintenant ils fuient devant leurs ennemis; ils sont le jouet des nations qui les foulent aux pieds : voilà ce que les dieux ont fait; voilà ce que méritent les peuples injustes, superbes et inhumains. De plus, considérez que, si vous entreprenez de partager entre vous cette conquête, vous réunissez contre vous tous les peuples voisins : votre ligue, formée pour défendre la liberté commune de l'Hespérie contre l'usurpateur Adraste, deviendra odieuse; et c'est vous-mêmes que tous les peuples accuseront, avec raison, de vouloir usurper la tyrannie universelle.

Mais je suppose que vous soyez victorieux et des Dauniens, et de tous les autres peuples, cette victoire vous détruira; voici comment. Considérez que cette entreprise vous désunira tous : comme elle n'est point fondée sur la justice, vous n'aurez point de règle pour borner entre vous les prétentions de chacun; chacun voudra que sa part de la conquête soit proportionnée à sa puissance; nul d'entre vous n'aura assez d'autorité parmi les autres pour faire paisiblement ce partage [1] : voilà la source d'une guerre dont vos petits-enfants ne verront pas la fin. Ne vaut-il pas bien mieux être juste et modéré, que de suivre son ambition avec tant de péril, et au travers de tant de malheurs inévitables? La paix profonde, les plaisirs doux et innocents qui l'accompagnent, l'heureuse abondance, l'amitié de ses voisins, la gloire qui est inséparable de la justice, l'autorité qu'on acquiert en se rendant par sa bonne foi l'arbitre de tous les peuples étrangers, ne sont-ce pas des biens plus désirables que la folle vanité d'une conquête injuste? O princes! ô rois! vous voyez que je vous parle sans intérêt : écoutez donc celui qui vous aime assez pour vous contredire, et pour vous déplaire en vous représentant la vérité.

Pendant que Télémaque parloit ainsi, avec une autorité qu'on n'avoit jamais vue en nul

---

VAR. — [1] jamais sur ses voisins. A.

VAR. — [1] faire le partage paisiblement. A.

autre, et que tous les princes, étonnés et en suspens, admiroient la sagesse de ses conseils, on entendit un bruit confus qui se répandit dans tout le camp, et qui vint jusqu'au lieu où se tenoit l'assemblée. Un étranger, dit-on, est venu aborder sur ces côtes avec une troupe d'hommes armés : cet inconnu est d'une haute mine ; tout paroît héroïque en lui ; on voit aisément qu'il a long-temps souffert, et que son grand courage l'a mis au-dessus de toutes ses souffrances. D'abord les peuples du pays, qui gardent la côte, ont voulu le repousser comme un ennemi qui vient faire une irruption ; mais, après avoir tiré son épée avec un air intrépide, il a déclaré qu'il sauroit se défendre si on l'attaquoit, mais qu'il ne demandoit que la paix et l'hospitalité. Aussitôt il a présenté un rameau d'olivier, comme suppliant. On l'a écouté ; il a demandé à être conduit ¹ vers ceux qui gouvernent dans cette côte de l'Hespérie, et on l'emmène ici pour le faire parler aux rois assemblés.

A peine ce discours fut-il achevé, qu'on vit entrer cet inconnu avec une majesté qui surprit toute l'assemblée. On auroit cru facilement que c'étoit le dieu Mars, quand il assemble sur les montagnes de la Thrace ses ² troupes sanguinaires. Il commença à parler ainsi :

O vous, pasteurs des peuples, qui êtes sans doute assemblés ici pour défendre la patrie contre ses ennemis, ou pour faire fleurir les plus justes lois, écoutez un homme que la fortune a persécuté. Fassent les dieux que vous n'éprouviez jamais de semblables malheurs ! Je suis Diomède, roi d'Etolie, qui blessai Vénus au siége de Troie. La vengeance de cette déesse me poursuit dans tout l'univers. Neptune, qui ne peut rien refuser à la divine fille de la mer, m'a livré à la rage des vents et des flots, qui ont brisé ³ plusieurs fois mes vaisseaux contre les écueils. L'inexorable Vénus m'a ôté toute espérance de revoir mon royaume, ma famille, et cette douce lumière d'un pays où je commençai à voir le jour en naissant. Non, je ne reverrai jamais tout ce qui m'a été le plus cher au monde. Je viens, après tant de naufrages, chercher sur ces rives inconnues un peu de repos, et une retraite assurée. Si vous craignez les dieux, et surtout Jupiter, qui a soin des étrangers ; si vous êtes sensibles à la compassion, ne me refusez pas, dans ces vastes pays, quelque coin de terre infertile, quelques déserts ¹, quelques sables, ou quelques rochers escarpés, pour y fonder, avec mes compagnons, une ville qui soit du moins une triste image de notre patrie perdue. Nous ne demandons qu'un peu d'espace ² qui vous soit inutile. Nous vivrons en paix avec vous dans une étroite alliance ; vos ennemis seront les nôtres ; nous entrerons dans tous vos intérêts : nous ne demandons que la liberté de vivre selon nos lois.

Pendant que Diomède parloit ainsi, Télémaque, ayant les yeux attachés sur lui, montra sur son visage toutes les différentes passions. Quand Diomède commença à parler de ses longs malheurs, il espéra que ³ cet homme si majestueux seroit son père. Aussitôt qu'il eut déclaré qu'il étoit Diomède, le visage de Télémaque se flétrit comme une belle fleur que les noirs aquilons viennent de ⁴ ternir par leur souffle cruel. Ensuite les paroles de Diomède, qui se plaignoit de la longue colère d'une divinité, l'attendrirent ⁵ par le souvenir des mêmes disgrâces souffertes par son père et par lui ; des larmes mêlées de douleur et de joie coulèrent sur ses joues, et il se jeta tout-à-coup sur Diomède pour l'embrasser.

Je suis, dit-il, le fils d'Ulysse que vous avez connu, et qui ne vous fut point inutile quand vous prîtes les chevaux fameux de Rhésus. Les dieux l'ont traité sans pitié comme vous. Si les oracles de l'Erèbe ne sont pas trompeurs, il vit encore : mais, hélas ! il ne vit point pour moi. J'ai abandonné Ithaque pour le chercher ; je ne puis revoir maintenant ni Ithaque, ni lui ; jugez par mes malheurs de la compassion que j'ai pour les vôtres. C'est l'avantage qu'il y a à être malheureux, qu'on sait compatir aux peines d'autrui ⁶. Quoique je ne sois ici qu'étranger, je puis, grand Diomède, (car, malgré les misères qui ont accablé ma patrie dans mon enfance, je n'ai pas été assez mal élevé pour ignorer quelle est votre gloire dans les combats), je puis, ô le plus invincible de tous les Grecs après Achille, vous procurer quelque secours. Ces princes que vous voyez sont humains ; ils savent qu'il n'y a ni vertu, ni vrai courage, ni gloire solide, sans l'humanité. Le malheur ajoute un nouveau lustre à la gloire des hommes ; il leur manque quelque chose quand ils n'ont jamais été malheureux ; il manque dans leur vie des exemples de patience et de fermeté ; la vertu souffrante attendrit tous les

VAR. — ¹ mené. A. — ² les troupes. A. — ³ qui m'ont brisé plusieurs fois contre les écueils. A.

VAR. — ¹ quelques sables déserts. A. — ² d'espace inutile. A. — ³ que ce seroit son père. A. — ⁴ de m. A. B. C. suppléé par tous les éditeurs. — ⁵ l'attendrit. A. B. C. faute corrigée par tous les éditeurs. — ⁶ peines des autres. A.

cœurs qui ont quelque goût pour la vertu. Laissez-nous donc le soin de vous consoler : puisque les dieux vous mènent à nous, c'est un présent qu'ils nous font, et nous devons nous croire heureux de pouvoir adoucir vos peines.

Pendant qu'il parloit, Diomède étonné le regardoit fixement, et sentoit son cœur tout ému. Ils s'embrassoient comme s'ils avoient été long-temps liés d'une amitié étroite. O digne fils du sage Ulysse ! disoit Diomède, je reconnois en vous la douceur de son visage, la grâce de ses discours, la force de son éloquence, la noblesse de ses sentiments, la sagesse de ses pensées.

Cependant Philoctète embrasse aussi le grand fils de Tydée ; ils se racontent leurs tristes aventures. Ensuite Philoctète lui dit : Sans doute vous serez bien aise de revoir le sage Nestor ; il vient de perdre Pisistrate, le dernier de ses enfants ; il ne lui reste plus dans la vie, qu'un chemin de larmes qui le mène vers le tombeau. Venez le consoler : un ami malheureux est plus propre qu'un autre à soulager son cœur. Ils allèrent aussitôt dans la tente de Nestor, qui reconnut à peine Diomède, tant la tristesse abattoit son esprit et ses sens. D'abord Diomède pleura avec lui, et leur entrevue fut [1] pour le vieillard un redoublement de douleur ; mais peu à peu la présence de cet ami apaisa son cœur. On reconnut aisément que ses maux étoient un peu suspendus par le plaisir de raconter ce qu'il avoit souffert, et d'entendre à son tour ce qui étoit arrivé à Diomède.

Pendant qu'ils s'entretenoient, les rois assemblés avec Télémaque examinoient ce qu'ils devoient faire. Télémaque leur conseilloit de donner à Diomède le pays d'Arpine [2], et de choisir pour roi des Dauniens Polydamas, qui étoit de leur nation. Ce Polydamas étoit un fameux capitaine, qu'Adraste, par jalousie, n'avoit jamais voulu employer, de peur qu'on n'attribuât à cet homme habile les succès dont il espéroit d'avoir seul toute la gloire. Polydamas l'avoit souvent averti, en particulier, qu'il exposoit trop sa vie et le salut de son Etat dans cette guerre contre tant de nations conjurées ; il l'avoit voulu engager à tenir une conduite plus droite et plus modérée avec ses voisins. Mais les hommes qui haïssent la vérité haïssent aussi les gens qui ont la hardiesse de la dire ; ils ne sont touchés ni de leur sincérité, ni de leur zèle, ni de leur désintéressement.

Une prospérité trompeuse endurcissoit le cœur d'Adraste contre les plus salutaires conseils ; en ne les suivant pas, il triomphoit tous les jours de ses ennemis : la hauteur, la mauvaise foi, la violence, mettoient toujours la victoire dans son parti ; tous les malheurs dont Polydamas l'avoit si long-temps menacé n'arrivoient point. Adraste se moquoit d'une sagesse timide qui prévoyoit [1] toujours des inconvénients ; Polydamas lui étoit insupportable : il l'éloigna de toutes les charges ; il le laissa languir dans la solitude et dans la pauvreté.

D'abord Polydamas fut accablé de cette disgrâce ; mais elle lui donna ce qui lui manquoit, en lui ouvrant les yeux sur la vanité des grandes fortunes : il devint sage à ses dépens ; il se réjouit d'avoir été malheureux ; il apprit peu à peu à se taire, à vivre de peu, à se nourrir tranquillement de la vérité, à cultiver en lui les vertus secrètes, qui sont encore plus estimables que les éclatantes ; enfin à se passer des hommes. Il demeura au pied du mont Gargan, dans un désert, où un rocher en demi-voûte lui servoit de toit. Un ruisseau, qui tomboit de la montagne, apaisoit sa soif ; quelques arbres lui donnoient leurs fruits : il avoit deux esclaves qui cultivoient un petit champ ; il travailloit lui-même avec eux de ses propres mains : la terre le payoit de ses peines avec usure, et ne le laissoit manquer de rien. Il avoit non-seulement [2] des fruits et des légumes en abondance, mais encore toutes sortes de fleurs odoriférantes. Là il déploroit le malheur des peuples que l'ambition insensée d'un roi entraîne à leur perte ; là il attendoit chaque jour que les dieux justes, quoique patiens, fissent tomber Adraste. Plus sa prospérité croissoit, plus il croyoit voir de près sa chute irrémédiable ; car l'imprudence heureuse dans ses fautes, et la puissance montée jusqu'au dernier excès d'autorité absolue, sont les avant-coureurs du renversement des rois et des royaumes. Quand il apprit la défaite et la mort d'Adraste, il ne témoigna aucune joie ni de l'avoir prévue, ni d'être délivré de ce tyran ; il gémit seulement, par la crainte de voir les Dauniens dans la servitude.

Voilà l'homme que Télémaque proposa pour le faire régner. Il y avoit déjà quelque temps qu'il connoissoit son courage et sa vertu ; car Télémaque, selon les conseils de Mentor, ne cessoit de s'informer partout des qualités bonnes et mauvaises de toutes les personnes qui étoient

---

VAR. — [1] fut un redoublement de douleur ; mais peu à peu la présence de cet ami apaisa le cœur du vieillard. A. — [2] d'Arpos. A.

VAR. — [1] prévoit. A. — [2] les fruits et les légumes en abondance, mais encore toutes les fleurs odoriférantes. A.

dans quelque emploi considérable, non-seulement parmi [1] les nations alliées qu'il servoit en cette guerre, mais encore chez les ennemis. Son principal soin étoit de découvrir et d'examiner partout les hommes qui avoient quelque talent ou une vertu particulière.

Les princes alliés eurent d'abord quelque répugnance à mettre Polydamas dans la royauté. Nous avons éprouvé, disoient-ils, combien un roi des Dauniens, quand il aime la guerre, et qu'il la sait faire, est redoutable à ses voisins. Polydamas est un grand capitaine, et il peut nous jeter dans de grands périls. Mais Télémaque leur répondoit : Polydamas, il est vrai, sait la guerre; mais il aime la paix; et voilà les deux choses qu'il faut souhaiter. Un homme qui connoît les malheurs, les dangers et les difficultés de la guerre, est bien plus capable de l'éviter, qu'un autre qui n'en a aucune expérience. Il a appris à goûter le bonheur d'une vie tranquille; il a condamné les entreprises d'Adraste; il en a prévu les suites funestes. Un prince foible [2], ignorant, et sans expérience, est plus à craindre pour vous, qu'un homme qui connoîtra et qui décidera tout par lui-même. Le prince foible et ignorant ne verra que par les yeux d'un favori passionné, ou d'un ministre flatteur, inquiet et ambitieux : ainsi ce prince aveugle s'engagera à la guerre sans le vouloir faire. Vous ne pourrez jamais vous assurer de lui, car il ne pourra être sûr de lui-même ; il vous manquera de parole; il vous réduira bientôt à cette extrémité, qu'il faudra ou que vous le fassiez périr, ou qu'il vous accable. N'est-il pas plus utile, plus sûr, et en même temps plus juste et plus noble, de répondre plus fidèlement à la confiance des Dauniens, et de leur donner un roi digne de commander ?

Toute l'assemblée fut persuadée par ce discours. On alla proposer Polydamas aux Dauniens, qui attendoient une réponse avec impatience. Quand ils entendirent le nom de Polydamas, ils répondirent : Nous reconnoissons bien maintenant que les princes alliés veulent agir de bonne foi avec nous, et faire une paix éternelle, puisqu'ils nous veulent donner pour roi un homme si vertueux et si capable de nous gouverner. Si on nous eût proposé un homme lâche, efféminé et mal instruit, nous aurions cru qu'on ne cherchoit qu'à nous abattre, et qu'à corrompre la forme de notre gouvernement; nous aurions conservé en secret un vif ressentiment d'une conduite si dure et si artificieuse : mais le choix de Polydamas nous montre une véritable candeur. Les alliés, sans doute, n'attendent rien de nous, que de juste et de noble, puisqu'ils nous accordent un roi qui est incapable de faire rien contre la liberté et contre la gloire de notre nation : aussi pouvons-nous protester, à la face des justes dieux, que les fleuves remonteront vers leur source avant que nous cessions d'aimer des peuples si bienfaisans. Puissent nos derniers neveux se souvenir [1] du bienfait que nous recevons aujourd'hui, et renouveler, de génération en génération, la paix de l'âge d'or dans toute la côte de l'Hespérie !

Télémaque leur proposa ensuite de donner à Diomède les campagnes d'Arpine [2], pour y fonder une colonie. Ce nouveau peuple, leur disoit-il, vous devra son établissement dans un pays que vous n'occupez point. Souvenez-vous que tous les hommes doivent s'entr'aimer; que la terre est trop vaste pour eux; qu'il faut bien avoir des voisins; et qu'il vaut mieux en avoir qui vous soient obligés de leur établissement. Soyez touchés des malheurs d'un roi qui ne peut retourner dans son pays. Polydamas et lui étant unis ensemble par les liens de la justice et de la vertu, qui sont les seuls durables, vous entretiendront dans une paix profonde, et vous rendront redoutables à tous les peuples voisins qui penseroient à s'agrandir. Vous voyez, ô Dauniens, que nous avons donné à votre terre et à votre nation un roi capable d'en élever la gloire jusqu'au ciel : donnez aussi, puisque nous vous le demandons, une terre qui vous est inutile, à un roi qui est digne de toute sorte de secours.

Les Dauniens répondirent qu'ils ne pouvoient rien refuser à Télémaque, puisque c'étoit lui qui leur avoit procuré Polydamas pour roi. Aussitôt ils partirent pour l'aller chercher dans son désert, et pour le faire régner sur eux. Avant [3] que de partir, ils donnèrent les fertiles plaines d'Arpine [4] à Diomède, pour y fonder un nouveau royaume. Les alliés en furent ravis, parce que cette colonie des Grecs [5] pourroit secourir puissamment le parti des alliés, si jamais les Dauniens vouloient renouveler les usurpations dont Adraste avoit donné le mauvais exemple. Tous les princes ne songèrent plus qu'à se

---

VAR. — [1] dans. A. — [2] Un prince foible et ignorant est plus à craindre. A.

VAR. — [1] Puissent se ressouvenir nos derniers neveux. P. II. Puissent nos derniers neveux se ressouvenir. C. D. — [2] d'Arpos. A. — [3] avant partir. A. — [4] d'Arpos. A. — [5] fortifioit considérablement le parti, etc A.

LIVRE XVII [1].

Télémaque, de retour à Salente, admire l'état florissant de la campagne; mais il est choqué de ne plus retrouver dans la ville la magnificence qui éclatoit partout avant son départ. Mentor lui donne les raisons de ce changement: il lui montre en quoi consistent les solides richesses d'un État, et lui expose les maximes fondamentales de l'art de gouverner. Télémaque ouvre son cœur à Mentor sur son inclination pour Antiope, fille d'Idoménée. Mentor loue avec lui les bonnes qualités de cette princesse, l'assure que les dieux la lui destinent pour épouse; mais que maintenant il ne doit songer qu'à partir pour Ithaque. Idoménée, craignant le départ de ses hôtes, parle à Mentor de plusieurs affaires embarrassantes, qu'il avoit à terminer, et pour lesquelles il avoit encore besoin de son secours. Mentor lui trace la conduite qu'il doit suivre, et persiste à vouloir s'embarquer au plus tôt avec Télémaque. Idoménée essaie encore de le retenir en excitant la passion de ce dernier pour Antiope. Il les engage dans une partie de chasse, dont il veut donner le plaisir à sa fille. Elle y eût été déchirée par un sanglier, sans l'adresse et la promptitude de Télémaque, qui perça de son dard l'animal. Idoménée, ne pouvant plus retenir ses hôtes, tombe dans une tristesse mortelle. Mentor le console, et obtient enfin son consentement pour partir. Aussitôt on se quitte, avec les plus vives démonstrations d'estime et d'amitié.

Le jeune fils d'Ulysse brûloit d'impatience de retrouver Mentor à Salente, et de s'embarquer avec lui pour revoir Ithaque, où il espéroit que son père seroit arrivé. Quand il s'approcha de Salente, il fut bien étonné de voir toute la campagne des environs, qu'il avoit laissée presque inculte et déserte, cultivée comme un jardin, et pleine d'ouvriers diligens : il reconnut l'ouvrage de la sagesse de Mentor. Ensuite, entrant dans la ville, il remarqua qu'il y avoit beaucoup moins d'artisans pour les délices de la vie, et beaucoup moins de magnificence. Il [2] en fut choqué; car il aimoit naturellement toutes les choses qui ont de l'éclat et de la politesse. Mais d'autres pensées occupèrent aussitôt son cœur; il vit de loin venir à lui Idoménée avec Mentor : aussitôt son cœur fut ému de joie et de tendresse. Malgré tous les succès qu'il avoit eus dans la guerre contre Adraste, il craignoit que Mentor ne fût pas content de lui; et, à mesure qu'il s'avançoit, il cherchoit dans les yeux de Mentor pour voir s'il n'avoit rien à se reprocher.

D'abord Idoménée embrassa Télémaque comme son propre fils ; ensuite Télémaque se jeta au cou de Mentor, et l'arrosa de ses larmes. Mentor lui dit : Je suis content de vous : vous avez fait de grandes fautes ; mais elles vous ont servi à vous connoître, et à vous défier de vous-même. Souvent on tire plus de fruit de ses fautes, que de ses belles actions. Les grandes actions enflent le cœur, et inspirent une présomption dangereuse ; les fautes font rentrer l'homme en lui-même, et lui rendent la sagesse qu'il avoit perdue dans les bons succès. Ce qui vous reste à faire ; c'est de louer les dieux, et de ne vouloir pas que les hommes vous louent. Vous avez fait de grandes choses ; mais, avouez la vérité, ce n'est guère vous par qui elles ont été faites : n'est-il pas vrai qu'elles vous sont venues comme quelque chose d'étranger qui étoit mis en vous ? n'étiez-vous pas capable de les gâter par votre promptitude et par votre imprudence ? Ne sentez-vous pas que Minerve vous a comme transformé en un autre homme au-dessus de vous-même, pour faire par vous ce que vous avez fait ? elle a tenu tous vos défauts en suspens, comme Neptune, quand il apaise les tempêtes, suspend les flots irrités.

Pendant qu'Idoménée [1] interrogeoit avec curiosité les Crétois qui étoient revenus de la guerre, Télémaque écoutoit [2] ainsi les sages conseils de Mentor. Ensuite il regardoit de tous côtés avec étonnement, et disoit à Mentor : Voici un changement dont je ne comprends pas bien [3] la raison. Est-il arrivé quelque calamité à Salente pendant mon absence ? d'où vient qu'on n'y remarque plus cette magnificence qui éclatoit partout avant mon départ ? Je ne vois plus ni or, ni argent, ni pierres précieuses ; les habits sont simples ; les bâtimens qu'on fait sont moins vastes et moins ornés ; les arts languissent ; la ville est devenue une solitude.

Mentor lui répondit en souriant : Avez-vous remarqué l'état de la campagne autour de la ville ? Oui, reprit Télémaque ; j'ai vu partout le labourage en honneur, et les champs défrichés. Lequel vaut mieux, ajouta Mentor, ou une ville superbe en marbre, en or et en argent, avec une campagne négligée et stérile ; ou une campagne cultivée et fertile, avec une

---

Var. — [1] Livre XXII. — [2] Télémaque A.

Var. — [1] Pendant qu'Idoménée parloit aux Crétois. A. — [2] écoutoit ces sages conseils, etc. A. — [3] bien m. A. aj. B.

ville médiocre et modeste dans ses mœurs? Une grande ville fort peuplée d'artisans occupés à amollir les mœurs par les délices de la vie, quand elle est entourée d'un royaume pauvre et mal cultivé, ressemble à un monstre dont la tête est d'une grosseur énorme, et dont tout le corps, exténué et privé de nourriture, n'a aucun rapport avec cette tête. C'est le nombre du peuple et l'abondance des alimens qui font [1] la vraie force et la vraie richesse d'un royaume. Idoménée a maintenant un peuple innombrable, et infatigable dans le travail, qui remplit toute l'étendue de son pays. Tout son pays n'est plus qu'une seule ville; Salente n'en est que le centre.[2] Nous avons transporté de la ville dans la campagne les hommes qui manquoient à la campagne, et qui étoient superflus dans la ville. De plus, nous avons attiré dans ce pays beaucoup de peuples étrangers. Plus ces peuples se multiplient, plus ils multiplient les fruits de la terre par leur travail; cette multiplication, si douce et si paisible, augmente plus un [3] royaume qu'une conquête. On n'a rejeté de cette ville que les arts superflus, qui détournent les pauvres de la culture de la terre pour les vrais besoins, et qui corrompent les riches en les jetant dans le faste et dans la mollesse; mais [4] nous n'avons fait aucun tort aux beaux arts, ni aux hommes qui ont un vrai génie pour les cultiver. Ainsi Idoménée est beaucoup plus puissant qu'il ne l'étoit quand vous admiriez sa magnificence. Cet éclat éblouissant cachoit une foiblesse et une misère qui eussent bientôt renversé son empire: maintenant il a un plus grand nombre d'hommes, et il les nourrit plus facilement. Ces hommes, accoutumés au travail, à la peine et au mépris de la vie, par l'amour des bonnes lois, sont tous prêts à combattre pour défendre ces terres cultivées de leurs propres mains. Bientôt cet État, que vous croyez déchu, sera la merveille de l'Hespérie.

Souvenez-vous, ô Télémaque, qu'il y a deux choses pernicieuses, dans le gouvernement des peuples, auxquelles on n'apporte presque jamais aucun remède: la première est une autorité injuste et trop violente dans les rois; la seconde est le luxe, qui corrompt les mœurs.

Quand les rois s'accoutument à ne connoître plus d'autres lois que leurs volontés absolues [5], et qu'ils ne mettent plus de frein à leurs passions, ils peuvent tout: mais, à force de tout pouvoir, ils sapent les fondemens de leur puissance; ils n'ont plus de règle certaine, ni de maximes de gouvernement; chacun à l'envi les flatte; ils n'ont plus de peuple; il ne leur reste que des esclaves [1], dont le nombre diminue chaque jour. Qui leur dira la vérité? qui donnera des bornes à ce torrent? Tout cède; les sages s'enfuient, se cachent, et gémissent. Il n'y a qu'une révolution soudaine et violente qui puisse ramener dans son cours naturel [2] cette puissance débordée: souvent même le coup qui pourroit la modérer l'abat sans ressource. Rien ne menace tant d'une chute funeste, qu'une autorité qu'on pousse trop loin: elle est [3] semblable à un arc trop tendu, qui se rompt enfin tout-à-coup si on ne le relâche: mais qui est-ce qui osera le relâcher? Idoménée étoit gâté jusqu'au fond du cœur par cette autorité si flatteuse: il avoit été renversé de son trône; mais il n'avoit pas été détrompé. Il a fallu que les dieux nous aient envoyés ici, pour le désabuser de cette puissance aveugle et outrée qui ne convient point à des hommes; encore a-t-il fallu des espèces de miracles pour lui ouvrir les yeux.

L'autre mal, presque incurable, est le luxe. Comme la trop grande autorité empoisonne les rois, le luxe empoisonne toute une nation. On dit que le luxe sert à nourrir les pauvres aux dépens des riches; comme si les pauvres ne pouvoient pas gagner leur vie plus utilement, en multipliant les fruits de la terre, sans amollir les riches par des raffinemens de volupté. Toute une nation s'accoutume à regarder comme les nécessités de la vie les choses les plus superflues: ce sont tous les jours de nouvelles nécessités qu'on invente, et on ne peut plus se passer des choses qu'on ne connoissoit point trente ans auparavant. Ce luxe s'appelle bon goût, perfection des arts, et politesse de la nation. Ce vice, qui en attire tant [4] d'autres, est loué comme une vertu; il répand sa contagion depuis le Roi jusqu'aux derniers de la lie du peuple. Les proches parens du Roi veulent imiter sa magnificence; les grands, celle des parens du Roi; les gens médiocres veulent égaler les grands, car qui est-ce qui se fait justice? les petits veulent passer pour médiocres: tout le monde fait plus qu'il ne peut; les uns par faste, et pour se prévaloir de leurs richesses; les autres par mauvaise honte, et

---

VAR. — [1] qui fait. A. — [2] Nous avons..... peuples étrangers. m. A. aj. B. — [3] son. A. — [4] mais..... les cultiver. m. A. aj. B. — [5] absolues m. A. aj. B.

VAR. — [1] des esclaves. Qui leur dira. A. — [2] cette puissance débordée, dans son cours naturel. A. — [3] elle est m. A. aj. B. — [4] une infinité d'autres. B. C. Edit. Le copiste B a omis tant; c'est ce qui a occasionné la correction de l'auteur: nous suivons l'original.

pour cacher leur pauvreté. Ceux mêmes qui sont assez sages pour condamner un si grand désordre, ne le sont pas assez pour oser lever la tête les premiers, et pour donner des exemples contraires. Toute une nation se ruine, toutes les conditions se confondent. La passion d'acquérir du bien pour soutenir une vaine dépense corrompt les ames les plus pures : il n'est plus question que d'être riche ; ¹ la pauvreté est une infamie. Soyez savant, habile, vertueux ; instruisez les hommes ; gagnez des batailles ; sauvez la patrie ; sacrifiez tous vos intérêts ; vous êtes méprisé si vos talens ne sont relevés par le faste. Ceux mêmes qui n'ont pas de bien veulent paroître en avoir ; ils en dépensent comme s'ils en avoient : on emprunte, on trompe, on use de mille artifices indignes pour parvenir. Mais qui remédiera à ces maux ? Il faut changer le goût et les habitudes de toute une nation ; il faut lui donner de nouvelles lois. Qui le pourra entreprendre, si ce n'est un roi philosophe, qui sache, par l'exemple de sa propre modération, faire honte à tous ceux qui aiment une dépense fastueuse, et encourager les sages, qui seront bien aises d'être autorisés dans une honnête frugalité !

Télémaque, écoutant ce discours, étoit comme un homme qui revient d'un profond sommeil : il sentoit la vérité de ces paroles ; et elles se gravoient dans son cœur, comme un savant sculpteur imprime les traits qu'il veut sur le marbre, en sorte qu'il lui donne de la tendresse, de la vie et du mouvement. Télémaque ne répondoit rien ; mais, repassant tout ce qu'il venoit d'entendre, il parcouroit des yeux les choses qu'on avoit changées dans la ville. Ensuite il disoit à Mentor :

Vous avez fait d'Idoménée le plus sage de tous les rois ; je ne le connois plus, ni lui ni son peuple. J'avoue même que ce que vous avez fait ici est infiniment plus grand que les victoires que nous venons de remporter. Le hasard et la force ont beaucoup de part aux succès de la guerre ² ; il faut que nous partagions la gloire des combats avec nos soldats : mais tout votre ouvrage vient d'une seule tête ; il a fallu que vous ayez travaillé seul contre un roi, et contre tout son peuple, pour les corriger. Les succès de la guerre sont toujours funestes et odieux : ici tout est l'ouvrage d'une sagesse céleste ; tout est doux, tout est pur, tout est aimable ; tout marque une autorité qui est au-dessus de l'homme. Quand les hommes veulent de la gloire, que ne la cherchent-ils dans cette application à faire du bien ? O ¹ qu'ils s'entendent mal en gloire, d'en espérer une solide en ravageant la terre et en répandant le sang humain !

Mentor montra sur son visage une joie sensible de voir Télémaque si désabusé des victoires et des conquêtes, dans un âge où il étoit si naturel qu'il fût enivré de la gloire ² qu'il avoit acquise.

Ensuite Mentor ajouta : Il est vrai que tout ce que vous voyez ici est bon et louable ; mais sachez qu'on pourroit faire des choses encore meilleures. Idoménée modère ses passions, et s'applique à gouverner son peuple avec justice ; mais il ne laisse pas de faire encore bien des fautes, qui sont des suites malheureuses de ses fautes anciennes. Quand les hommes veulent quitter le mal, le mal semble encore les poursuivre long-temps : il leur reste de mauvaises habitudes, un naturel affoibli, des erreurs invétérées, et des préventions presque incurables. Heureux ceux qui ne se sont jamais égarés ! ils peuvent faire le bien plus parfaitement. Les dieux, ô Télémaque, vous demanderont plus qu'à Idoménée, parce que vous avez connu la vérité dès votre jeunesse, et que vous n'avez jamais été livré aux séductions d'une trop grande prospérité.

Idoménée, continuoit Mentor, est sage et éclairé ; mais il s'applique trop au détail, et ne médite pas assez le gros de ses affaires pour former des plans ³. L'habileté d'un roi, qui est au-dessus des autres hommes, ne consiste pas à faire tout par lui-même : c'est une vanité grossière que d'espérer d'en venir à bout, ou de vouloir persuader au monde qu'on en est capable. Un roi doit gouverner en choisissant et en conduisant ceux qui gouvernent sous lui : il ne faut pas qu'il fasse le détail, car c'est faire la fonction de ceux qui ont à travailler sous lui ; il doit seulement s'en faire rendre compte, et en savoir assez pour entrer dans ce compte avec discernement. C'est merveilleusement gouverner, que de choisir, et d'appliquer selon leurs talens les gens qui gouvernent ⁴. Le suprême et le parfait gouvernement consiste à gouverner ceux qui gouvernent : il faut les observer, les éprouver, les modérer, les corriger, les animer,

VAR. — ¹ la pauvreté..... s'ils en avoient. m. A. aj. B. — ² aux succès de la guerre. Ces succès sont toujours funestes, etc. A.

VAR. — ¹ O m. A. aj. B. — ² dont il étoit environné. A. — ³ pour former des plans m. A. aj. B. — ⁴ les gens qui gouvernent, de les observer, de les corriger, de les modérer, de leur inspirer une bonne conduite. Vouloir, etc. A.

les élever, les rabaisser, les changer de places, et les tenir toujours dans sa main.

Vouloir examiner tout par soi-même, c'est défiance, c'est petitesse, c'est [1] se livrer à une jalousie pour les détails qui consument le temps et la liberté d'esprit nécessaires pour les grandes choses. Pour former de grands desseins, il faut avoir l'esprit libre et reposé; il faut penser à son aise, dans un entier dégagement de toutes les expéditions d'affaires épineuses. Un esprit épuisé par le détail est comme la lie du vin, qui n'a plus ni force ni délicatesse. Ceux qui gouvernent par le détail sont toujours déterminés par le présent, sans étendre leurs vues sur un avenir éloigné; ils sont toujours entraînés par l'affaire du jour où ils sont; et cette affaire étant seule à les occuper, elle les frappe trop [2], elle rétrécit leur esprit; car on ne juge sainement des affaires, que quand on les compare toutes ensemble, et qu'on les place toutes dans un certain ordre, afin qu'elles aient de la suite et de la proportion. Manquer à suivre cette règle dans le gouvernement, c'est ressembler à un musicien qui se contenteroit de trouver des sons harmonieux, et qui ne se mettroit point en peine de les unir et de les accorder pour en composer une musique douce et touchante. C'est ressembler aussi à un architecte qui croit avoir tout fait pourvu qu'il assemble de grandes colonnes, et beaucoup de pierres bien taillées, sans penser à l'ordre et à la proportion des ornemens de son édifice. Dans le temps qu'il fait un salon, il ne prévoit pas qu'il faudra faire un escalier convenable; quand il travaille au corps du bâtiment, il ne songe ni à la cour, ni au portail. Son ouvrage n'est qu'un assemblage confus de parties magnifiques, qui ne sont point faites les unes pour les autres: cet ouvrage, loin de lui faire honneur, est un monument qui éternisera sa honte: car [3] l'ouvrage fait voir que l'ouvrier n'a pas su penser avec assez d'étendue pour concevoir à la fois le dessein général de tout son ouvrage : c'est un caractère d'esprit court et subalterne. Quand on est né avec ce génie borné au détail, on n'est propre qu'à exécuter sous autrui. N'en doutez pas, ô mon cher Télémaque, le gouvernement d'un royaume demande une certaine harmonie comme la musique, et de justes proportions comme l'architecture.

Si vous voulez que je me serve encore de la comparaison de ces arts, je vous ferai entendre combien les hommes qui gouvernent par le détail sont médiocres. Celui qui, dans un concert, ne chante que certaines choses, quoiqu'il les chante parfaitement, n'est qu'un chanteur; celui qui conduit tout le concert, et qui en règle à la fois toutes les parties, est le seul maître de musique. Tout de même celui qui taille des colonnes, ou qui élève un côté d'un bâtiment, n'est qu'un maçon; mais celui qui a pensé tout l'édifice, et qui en a toutes les proportions dans sa tête, est le seul architecte. Ainsi ceux qui travaillent, qui expédient, qui font le plus d'affaires, sont ceux qui gouvernent le moins: ils ne sont que les ouvriers subalternes. Le vrai génie qui conduit l'État, est celui qui ne faisant rien fait tout faire, qui pense, qui invente, qui [1] pénètre dans l'avenir, qui retourne dans le passé; qui arrange, qui proportionne, qui prépare de loin; qui se roidit sans cesse pour lutter contre la fortune, comme un nageur contre le torrent de l'eau; qui est attentif nuit et jour pour ne laisser rien au hasard. Croyez-vous, Télémaque, qu'un grand peintre travaille assidument depuis le matin jusqu'au soir, pour expédier plus promptement ses ouvrages? Non; cette gêne [2] et ce travail servile éteindroient tout le feu de son imagination : il ne travailleroit plus de génie : il faut que tout se fasse irrégulièrement et par saillies, suivant que son génie le mène, et que son esprit l'excite. Croyez-vous qu'il passe son temps à broyer des couleurs et à préparer des pinceaux? Non, c'est l'occupation de ses élèves. Il se réserve le soin [3] de penser; il ne songe qu'à faire des traits hardis qui donnent [4] de la noblesse, de la vie et de la passion à ses figures. Il a dans la tête les pensées et les sentimens des héros qu'il veut représenter; il se transporte dans leurs siècles, et dans toutes les circonstances où ils ont été. A cette espèce d'enthousiasme il faut qu'il joigne une sagesse qui le retienne; que tout soit vrai, correct, et proportionné l'un à l'autre. Croyez-vous, Télémaque, qu'il faille moins d'élévation de génie et d'effort de pensée pour faire un grand roi, que pour faire un bon peintre? Concluez donc que l'occupation d'un roi doit être de penser, de former de grands projets, et de choisir les hommes propres à les exécuter sous lui [5].

Télémaque lui répondit : Il me semble que

VAR. — [1] c'est une jalousie pour les détails médiocres qui consume le temps, etc. A. B. — [2] frappe trop; car on ne juge, etc. A. — [3] car il fait voir que cet ouvrier. A. car il fait voir que l'ouvrier. Édit. correct. du marq. de Fén.

VAR. — [1] qui prévoit l'avenir. A. — [2] cette gêne et cette sujétion éteindroit. A. — [3] le soin m. A. aj. B. — [4] qui donnent de la douceur, de la noblesse, etc. A. — [5] de penser, et de choisir ceux qui travaillent. A.

je comprends tout ce que vous me dites; mais si les choses alloient ainsi, un roi seroit souvent trompé, n'entrant point par lui-même dans le détail. C'est vous-même qui vous trompez, repartit Mentor : ce qui empêche qu'on ne soit trompé, c'est la connoissance générale du gouvernement. Les gens qui n'ont point de principes dans les affaires, et qui n'ont point le vrai discernement des esprits, vont toujours comme à tâtons; c'est un hasard quand ils ne se trompent pas; ils ne savent pas même précisément ce qu'ils cherchent, ni à quoi ils doivent tendre; ils ne savent que se défier, et se défient plutôt des honnêtes gens qui les contredisent, que des trompeurs qui les flattent. Au contraire, ceux qui ont des principes pour le gouvernement, et qui se connoissent en hommes, savent ce qu'ils doivent [1] chercher en eux, et les moyens d'y parvenir; ils reconnoissent assez, du moins en gros, si les gens dont ils se servent sont des instrumens propres à leurs desseins [2], et s'ils entrent dans leurs vues pour tendre au but qu'ils se proposent. D'ailleurs, comme ils ne se jettent point dans des détails accablans, ils ont l'esprit plus libre pour envisager d'une seule vue le gros de l'ouvrage, et pour observer s'il s'avance vers la fin principale. S'ils sont trompés, du moins ils ne le sont guère dans l'essentiel. D'ailleurs ils sont au-dessus des petites jalousies qui marquent un esprit borné et une ame basse : ils comprennent qu'on ne peut éviter d'être trompé dans les grandes affaires, puisqu'il faut s'y servir des hommes, qui sont si souvent trompeurs. On perd plus dans l'irrésolution où jette la défiance, qu'on ne perdroit à se laisser un peu tromper. On est trop heureux quand on n'est trompé que dans des choses médiocres; les grandes ne laissent pas de s'acheminer, et c'est la seule chose dont un grand homme doit être en peine. Il faut réprimer sévèrement la tromperie, quand on la découvre; mais il faut compter sur quelque tromperie, si l'on ne veut point être véritablement trompé. [3] Un artisan, dans sa boutique, voit tout de ses propres yeux, et fait tout de ses propres mains; mais un roi, dans un grand État, ne peut tout faire ni tout voir. Il ne doit faire que les choses que nul autre ne peut faire sous lui; il ne doit voir que ce qui entre dans la décision des choses importantes.

Enfin Mentor dit à Télémaque : Les dieux vous aiment, et vous préparent un règne plein de sagesse. Tout ce que vous voyez ici est fait moins pour la gloire d'Idoménée, que pour votre instruction. Tous ces sages établissemens que vous admirez dans Salente ne sont que l'ombre de ce que vous ferez un jour à Ithaque, si vous répondez par vos vertus à votre haute destinée. Il est temps que nous songions à partir d'ici; Idoménée tient un vaisseau prêt pour notre retour.

Aussitôt Télémaque ouvrit son cœur à son ami, mais avec quelque peine, sur un attachement qui lui faisoit regretter Salente. Vous me blâmerez peut-être, lui dit-il, de prendre trop facilement des inclinations dans les lieux où je passe; mais mon cœur me feroit de continuels reproches, si je vous cachois que j'aime Antiope, fille d'Idoménée. Non, mon cher Mentor, ce n'est point une passion aveugle comme celle dont vous m'avez guéri dans l'île de Calypso : j'ai bien reconnu la profondeur de la plaie que l'Amour m'avoit faite auprès d'Eucharis; je ne puis encore prononcer son nom sans être troublé; le temps et l'absence n'ont pu l'effacer. Cette expérience funeste m'apprend à me défier de moi-même. Mais pour Antiope, ce que je sens n'a rien de semblable : ce n'est point amour passionné; c'est goût, c'est estime; c'est persuasion que je serois heureux, si je passois ma vie avec elle. Si jamais les dieux me rendent mon père, et qu'il me permette [1] de choisir une femme, Antiope sera mon épouse. Ce qui me touche en elle, c'est son silence, sa modestie, sa retraite, son travail assidu, son industrie pour les ouvrages de laine et de broderie, son application à conduire toute la maison de son père depuis que sa mère est morte, son mépris des vaines parures, l'oubli et [2] l'ignorance même qui paroît en elle de sa beauté. Quand Idoménée lui ordonne de mener les danses des jeunes Crétoises au son des flûtes, on la prendroit pour la riante Vénus, qui est accompagnée des Grâces. Quand il la mène avec lui à la chasse dans les forêts, elle paroît majestueuse et adroite à tirer de l'arc, comme Diane au milieu de ses nymphes : elle seule ne le sait pas, et tout le monde l'admire. Quand elle entre dans les temples des dieux, et qu'elle porte sur sa tête les choses sacrées dans des corbeilles, on croiroit qu'elle est elle-même la divinité qui habite dans les temples. Avec quelle crainte et quelle religion l'avons-

VAR. — [1] ce qu'ils doivent vouloir, et les moyens, etc. A. — [2] leur dessein. A. — [3] Un artisan..... choses importantes. m. A. aj. B.

VAR. — [1] qu'ils me permettent. c. *Edit. f. du cop.* — [2] ou. A.

nous vue offrir des sacrifices, et fléchir la colère des dieux, quand il a fallu [1] expier quelque faute ou détourner quelque funeste présage ! Enfin, quand on la voit avec une troupe de femmes, tenant en sa main une aiguille d'or, on croit que c'est Minerve même qui a pris sur la terre une forme humaine, et qui inspire aux hommes les beaux arts ; elle anime les autres à travailler ; elle leur adoucit le travail et l'ennui par les charmes de sa voix, lorsqu'elle chante toutes les merveilleuses histoires des dieux ; et elle surpasse la plus exquise peinture par la délicatesse de ses broderies. Heureux l'homme qu'un doux hymen unira avec elle ! il n'aura à craindre que de la perdre et de lui survivre.

Je prends ici, mon cher Mentor, les dieux à témoins que je suis tout prêt à partir : j'aimerai Antiope tant que je vivrai ; mais elle ne retardera pas d'un moment mon retour à Ithaque. Si un autre la devoit posséder, je passerois le reste de mes jours avec tristesse et amertume ; mais enfin je la quitterois. Quoique je sache que l'absence peut me la faire perdre, je ne veux ni lui parler, ni parler à son père de mon amour ; car je ne dois en parler qu'à vous seul, jusqu'à ce qu'Ulysse, remonté sur son trône, m'ait déclaré qu'il y consent. Vous pouvez reconnoître par là, mon cher Mentor, combien cet attachement est différent de la passion dont vous m'avez vu aveuglé pour Eucharis.

Mentor répondit à Télémaque : Je conviens de cette différence. Antiope est douce, simple et sage ; ses mains ne méprisent point le travail ; elle prévoit de loin ; elle pourvoit à tout ; elle sait se taire, et agir de suite sans empressement ; elle est à toute heure occupée, et ne s'embarrasse jamais, parce qu'elle fait chaque chose à propos : le bon ordre de la maison de son père est sa gloire ; elle en est plus ornée que de sa beauté. Quoiqu'elle ait soin de tout, et qu'elle soit chargée de corriger, de refuser, d'épargner (choses qui font haïr presque toutes les femmes), elle s'est rendue aimable à toute la maison : c'est qu'on ne trouve en elle ni passion, ni entêtement, ni légèreté, ni humeur, comme dans les autres femmes. D'un seul regard elle se fait entendre, et on craint de lui déplaire ; elle donne des ordres précis ; elle n'ordonne que ce qu'on peut exécuter ; elle reprend avec bonté, et en reprenant elle encourage. Le cœur de son père se repose sur elle, comme un voyageur abattu par les ardeurs du soleil se repose à l'ombre sur l'herbe tendre. Vous avez raison, Télémaque ; Antiope est un trésor digne d'être cherché [1] dans les terres les plus éloignées. Son esprit, non plus que son corps, ne se pare jamais de vains ornemens ; son imagination, quoique vive, est retenue par sa discrétion : elle ne parle que pour la nécessité ; et si elle ouvre la bouche, la douce persuasion et les grâces naïves coulent de ses lèvres. Dès qu'elle parle, tout le monde se tait, et elle en rougit : peu s'en faut qu'elle ne supprime ce qu'elle a voulu dire, quand elle aperçoit qu'on l'écoute si attentivement. A peine l'avons-nous entendue parler.

Vous souvenez-vous, ô Télémaque, d'un jour que son père la fit venir ? Elle parut, les yeux baissés, couverte d'un grand voile ; elle ne parla que pour modérer la colère d'Idoménée, qui vouloit faire punir rigoureusement un de ses esclaves : d'abord elle entra dans sa peine ; puis elle le calma ; enfin elle lui fit entendre ce qui pouvoit excuser ce malheureux ; et, sans faire sentir au Roi qu'il s'étoit trop emporté, elle lui inspira des sentimens de justice et de compassion. Thétis, quand elle flatte le vieux Nérée, n'apaise pas avec plus de douceur les flots irrités. Ainsi Antiope, sans prendre aucune autorité, et sans se prévaloir de ses charmes, maniera un jour le cœur de son époux, comme elle touche maintenant sa lyre, quand elle en veut tirer les plus tendres accords. Encore une fois, Télémaque, votre amour pour elle est juste ; les dieux vous la destinent : vous l'aimez d'un amour raisonnable ; il faut attendre qu'Ulysse vous la donne. Je vous loue de n'avoir point voulu lui découvrir vos sentimens ; mais sachez que, si vous eussiez pris quelque détour pour lui apprendre vos desseins, elle les auroit rejetés, et auroit cessé de vous estimer. Elle ne se promettra jamais à personne ; elle se laissera donner par son père ; elle ne prendra jamais pour époux, qu'un homme qui craigne les dieux, et qui remplisse toutes les bienséances. Avez-vous observé, comme moi, qu'elle se montre encore moins, et qu'elle baisse plus les yeux depuis votre retour ? Elle sait tout ce qui vous est arrivé d'heureux dans la guerre ; elle n'ignore ni votre naissance, ni vos aventures, ni tout ce que les dieux ont mis en vous : c'est ce qui la rend si modeste et si réservée. Allons,

---

VAR. — [1] la voyons-nous offrir des sacrifices,..... quand il faut expier, etc. B. C. D. Cette leçon vient du copiste B, qui ayant écrit *la voyons-nous*, au lieu de *l'avons-nous vue*, a obligé l'auteur à mettre *il faut*. Nous suivons l'original, avec P. H., en suppléant *vue*, qui est omis dans A.

VAR. — [1] recherché. *Edit.* contre les Mss.

Télémaque, allons vers Ithaque; il ne me reste plus qu'à vous faire trouver votre père, et qu'à vous mettre en état d'obtenir une femme digne de l'âge d'or : fût-elle bergère dans la froide Algide, au lieu qu'elle est fille du roi de Salente, vous seriez trop heureux de la posséder.

[1] Idoménée, qui craignoit le départ de Télémaque et de Mentor, ne songeoit qu'à le retarder; il représenta à Mentor qu'il ne pouvoit régler sans lui un différend, qui s'étoit élevé entre Diophanes, prêtre de Jupiter Conservateur, et Héliodore, prêtre d'Apollon, sur les présages qu'on tire du vol des oiseaux et des entrailles des victimes.

Pourquoi, lui répondit Mentor, vous mêleriez-vous des choses sacrées? laissez-en la décision aux Étruriens, qui ont la tradition des plus anciens oracles, et qui sont inspirés pour être les interprètes des dieux : employez seulement votre autorité à étouffer ces disputes dès leur naissance. Ne montrez ni partialité ni prévention; contentez-vous d'appuyer la décision quand elle sera faite : souvenez-vous qu'un roi doit être soumis à la religion, et qu'il ne doit jamais entreprendre de la régler. La religion vient des dieux, elle est au-dessus des rois. Si les rois se mêlent de la religion, au lieu de la protéger, ils la mettront en servitude. Les rois sont si puissans, et les autres hommes sont si foibles, que tout sera en péril d'être altéré au gré des rois, si on les fait entrer dans les questions qui regardent les choses sacrées. Laissez donc en pleine liberté la décision aux amis des dieux, et bornez-vous à réprimer ceux qui n'obéiroient pas à leur jugement quand il aura été prononcé.

Ensuite Idoménée se plaignit de l'embarras où il était sur un grand nombre de procès entre divers particuliers, qu'on le pressoit de juger. Décidez, lui répondoit Mentor, toutes les questions nouvelles qui vont à établir des maximes générales de jurisprudence, et à interpréter les lois; mais ne vous chargez jamais de juger les causes particulières. Elles viendroient toutes en foule vous assiéger : vous seriez l'unique juge de tout votre peuple; tous les autres juges, qui sont sous vous, deviendroient inutiles; vous seriez accablé, et les petites affaires vous déroberoient aux grandes, sans que vous pussiez suffire à régler le détail des petites. Gardez-vous donc bien de vous jeter dans cet embarras; renvoyez les affaires des particuliers aux juges ordinaires : ne faites que ce que nul autre ne peut faire pour vous soulager; vous ferez alors les véritables fonctions du roi.

On me presse encore, disoit Idoménée, de faire certains mariages. Les personnes d'une naissance distinguée qui m'ont suivi dans toutes les guerres, et qui ont perdu de très-grands biens en me servant, voudroient trouver une espèce de récompense en épousant certaines filles riches; je n'ai qu'un mot à dire pour leur procurer ces établissemens. Il est vrai, répondit Mentor, qu'il ne vous en coûteroit qu'un mot; mais ce mot lui-même vous coûteroit trop cher. Voudriez-vous ôter aux pères et aux mères la liberté et la consolation de choisir leurs gendres, et par conséquent leurs héritiers? Ce seroit mettre toutes les familles dans le plus rigoureux esclavage; vous vous rendriez responsable de tous les malheurs domestiques de vos citoyens. Les mariages ont assez d'épines, sans leur donner encore cette amertume. Si vous avez des serviteurs fidèles à récompenser, donnez-leur des terres incultes; ajoutez-y des rangs et des honneurs proportionnés à leur condition et à leurs services; ajoutez-y, s'il le faut, quelque argent pris par vos épargnes sur les fonds destinés à votre dépense : mais ne payez jamais vos dettes en sacrifiant les filles riches malgré leur parenté.

Idoménée passa bientôt de cette question à une autre. Les Sybarites, disoit-il, se plaignent de ce que nous avons usurpé des terres qui leur appartiennent, et de ce que nous les avons données, comme des champs à défricher, aux étrangers que nous avons attirés depuis peu ici. Céderai-je à ces peuples? Si je le fais, chacun croira qu'il n'a qu'à former des prétentions sur nous. Il n'est pas juste, répondit Mentor, de croire les Sybarites dans leur propre cause; mais il n'est pas juste aussi de vous croire dans la vôtre. Qui croirons-nous donc? repartit Idoménée. Il ne faut croire, poursuivit Mentor, aucune des deux parties; mais il faut prendre pour arbitre un peuple voisin qui ne soit suspect d'aucun côté : tels sont les Sipontins; ils n'ont aucun intérêt contraire aux vôtres.

Mais suis-je obligé, répondoit Idoménée, à croire quelque arbitre? ne suis-je pas roi? Un souverain est-il obligé à se soumettre à des étrangers sur l'étendue de sa domination? Mentor reprit ainsi le discours : Puisque vous voulez tenir ferme, il faut que vous jugiez que votre droit est bon : d'un autre côté, les Sybarites ne relâchent rien; ils soutiennent que leur droit est certain. Dans cette opposition de sen-

---

VAR. — [1] LIVRE XXIII.

timens, il faut qu'un arbitre, choisi par les parties, vous accommode, ou que le sort des armes décide ; il n'y a point de milieu. Si vous entriez dans une république où il n'y eût ni magistrats ni juges, et où chaque famille se crût en droit de se faire justice à elle-même, par la violence, sur toutes ses prétentions contre ses voisins, vous déploreriez le malheur d'une telle nation, et vous auriez horreur de cet affreux désordre, où toutes les familles s'armeroient les unes contre les autres. Croyez-vous que les dieux regardent avec moins d'horreur le monde entier, qui est la république universelle, si chaque peuple, qui n'y est que comme une grande famille, se croit en plein droit de se faire, par violence, justice à soi-même, sur toutes ses prétentions contre les autres peuples voisins? Un particulier qui possède un champ, comme l'héritage de ses ancêtres, ne peut s'y maintenir que par l'autorité des lois et par le jugement du magistrat; il seroit très-sévèrement puni comme un séditieux, s'il vouloit conserver par la force ce que la justice lui a donné. Croyez-vous que les rois puissent employer d'abord la violence pour soutenir leurs prétentions, sans avoir tenté toutes les voies de douceur et d'humanité? La justice n'est-elle pas encore plus sacrée et plus inviolable pour les rois, par rapport à des pays entiers, que pour les familles, par rapport à quelques champs labourés? Sera-t-on injuste et ravisseur, quand on ne prend que quelques arpens de terre? sera-t-on juste, sera-t-on héros, quand on prend des provinces? Si on se prévient, si on se flatte, si on s'aveugle dans les petits intérêts de particuliers, ne doit-on pas encore plus craindre de se flatter et de s'aveugler sur les grands intérêts d'Etat? Se croira-t-on soi-même dans une matière où l'on a tant de raisons de se défier de soi? ne craindra-t-on point de se tromper, dans des cas où l'erreur d'un seul homme a des conséquenses affreuses? L'erreur d'un roi qui se flatte sur ses prétentions cause souvent des ravages, des famines, des massacres, des pestes, des dépravations de mœurs, dont les effets funestes s'étendent jusque dans les siècles les plus reculés. Un roi qui assemble toujours tant de flatteurs autour de lui, ne craindra-t-il point d'être flatté en ces occasions? S'il convient de quelque arbitre pour terminer le différend, il montre son équité, sa bonne foi, sa modération. Il publie les solides raisons sur lesquelles sa cause est fondée. L'arbitre choisi est un médiateur amiable, et non un juge de rigueur. On ne se soumet pas aveu-

glément à ses décisions; mais on a pour lui une grande déférence : il ne prononce pas une sentence en juge souverain ; mais il fait des propositions, et on sacrifie quelque chose par ses conseils, pour conserver la paix. Si la guerre vient, malgré tous les soins qu'un roi prend pour conserver la paix, il a du moins pour lui le témoignage de sa conscience, l'estime de ses voisins, et la juste protection des dieux. Idoménée, touché de ce discours, consentit que les Sipontins fussent médiateurs entre lui et les Sybarites.

Alors le Roi, voyant que tous les moyens de retenir les deux étrangers lui échappoient, essaya de les arrêter par un lien plus fort. Il avoit remarqué que Télémaque aimoit Antiope; et il espéra de le prendre par cette passion. Dans cette vue, il la fit chanter plusieurs fois pendant des festins. Elle le fit pour ne désobéir pas à son père, mais avec tant de modestie et de tristesse, qu'on voyoit bien la peine qu'elle souffroit en obéissant. Idoménée alla jusqu'à vouloir qu'elle chantât la victoire remportée sur les Dauniens et sur Adraste : mais elle ne put se résoudre à chanter les louanges de Télémaque; elle s'en défendit avec respect, et son père n'osa la contraindre. Sa voix douce et touchante pénétroit le cœur du jeune fils d'Ulysse; il étoit tout ému. Idoménée, qui avoit les yeux attachés sur lui, jouissoit du plaisir de remarquer son trouble. Mais Télémaque ne faisoit pas semblant d'apercevoir les desseins du Roi ; il ne pouvoit s'empêcher, en ces occasions, d'être fort touché ; mais la raison étoit en lui au-dessus du sentiment ; et ce n'étoit plus ce même Télémaque qu'une passion tyrannique avoit autrefois captivé dans l'île de Calypso. Pendant qu'Antiope chantoit, il gardoit un profond silence; dès qu'elle avoit fini, il se hâtoit de tourner la conversation sur quelque autre matière.

Le Roi, ne pouvant par cette voie réussir dans son dessein, prit enfin la résolution de faire une grande chasse, dont il voulut, contre la coutume, donner le plaisir à sa fille. Antiope pleura, ne voulant point y aller ; mais il fallut exécuter l'ordre absolu de son père. Elle monte un cheval écumant, fougueux, et semblable à ceux que Castor domptoit pour les combats: elle le conduit sans peine : une troupe de jeunes filles la suit avec ardeur; elle paroît au milieu d'elles comme Diane dans les forêts. Le Roi la voit, et il ne peut se lasser de la voir ; en la voyant, il oublie tous ses malheurs passés. Télémaque la voit aussi, et il est encore plus touché de la modestie d'Antiope, que de son adresse et de toutes ses grâces.

Les chiens poursuivoient un sanglier d'une grandeur énorme, et furieux comme celui de Calydon : ses longues soies étoient dures et hérissées comme des dards; ses yeux étincelans étoient pleins de sang et de feu; son souffle se faisoit entendre de loin, comme le bruit sourd des vents séditieux, quand Eole les rappelle dans son antre pour apaiser les tempêtes ; ses défenses, longues et crochues comme la faux tranchante des moissonneurs, coupoient le tronc des arbres. Tous les chiens qui osoient en approcher étoient déchirés; les plus hardis chasseurs, en le poursuivant, craignoient de l'atteindre. Antiope, légère à la course comme les vents, ne craignit point de l'attaquer de près ; elle lui lance un trait qui le perce au-dessus de l'épaule. Le sang de l'animal farouche ruisselle, et le rend plus furieux; il se tourne vers celle qui l'a blessé. Aussitôt le cheval d'Antiope, malgré sa fierté, frémit et recule ; le sanglier monstrueux s'élance contre lui, semblable aux pesantes machines qui ébranlent les murailles des plus fortes villes. Le coursier chancelle, et est abattu : Antiope se voit par terre, hors d'état d'éviter le coup fatal de la défense du sanglier animé contre elle. Mais Télémaque, attentif au danger d'Antiope, étoit déjà descendu de cheval. Plus prompt que les éclairs, il se jette entre le cheval abattu et le sanglier qui revient pour venger son sang; il tient dans ses mains un long dard, et l'enfonce presque tout entier dans le flanc de l'horrible animal, qui tombe plein de rage.

A l'instant Télémaque en coupe la hure, qui fait encore peur quand on la voit de près, et qui étonne tous les chasseurs. Il la présente à Antiope : elle en rougit; elle consulte des yeux son père, qui, après avoir été saisi de frayeur, est transporté de joie de la voir hors du péril, et lui fait signe qu'elle doit accepter ce don. En le prenant, elle dit à Télémaque : Je reçois de vous avec reconnoissance un autre don plus grand, car je vous dois la vie. A peine eut-elle parlé, qu'elle craignit d'avoir trop dit ; elle baissa les yeux ; et Télémaque, qui vit son embarras, n'osa lui dire que ces paroles : Heureux le fils d'Ulysse d'avoir conservé une vie si précieuse! mais plus heureux encore s'il pouvoit passer la sienne auprès de vous ! Antiope, sans lui répondre, rentra brusquement dans la troupe de ses jeunes compagnes, où elle remonta à cheval.

Idoménée auroit, dès ce moment, promis sa fille à Télémaque ; mais il espéra d'enflammer davantage sa passion en le laissant dans l'incertitude, et crut même le retenir encore à Salente par le désir d'assurer son mariage. Idoménée raisonnoit ainsi en lui-même ; mais les dieux se jouent de la sagesse des hommes. Ce qui devoit retenir Télémaque fut précisément ce qui le pressa de partir : ce qu'il commençoit à sentir le mit dans une juste défiance de lui-même. Mentor redoubla ses soins pour lui inspirer un désir impatient de s'en retourner à Ithaque; et il pressa en même temps Idoménée[1] de le laisser partir : le vaisseau étoit déjà prêt. Car Mentor, qui régloit tous les moments de la vie de Télémaque, pour l'élever à la plus haute gloire, ne l'arrêtoit en chaque lieu, qu'autant qu'il le falloit pour exercer sa vertu, et pour lui faire acquérir de l'expérience. Mentor avoit eu soin de faire préparer le vaisseau dès l'arrivée de Télémaque.

Mais Idoménée, qui avoit eu beaucoup de répugnance à le voir préparer, tomba dans une tristesse mortelle, et dans une désolation à faire pitié, lorsqu'il vit que ses deux hôtes, dont il avoit tiré tant de secours, alloient l'abandonner. Il se renfermoit dans les lieux les plus secrets de sa maison : là il soulageoit son cœur en poussant des gémissemens et en versant des larmes; il oublioit le besoin de se nourrir : le sommeil n'adoucissoit plus ses cuisantes peines; il se desséchoit, il se consumoit par ses inquiétudes. Semblable à un grand arbre qui couvre la terre de l'ombre de ses rameaux épais, et dont un ver commence à ronger la tige dans les canaux déliés où la sève coule pour sa nourriture; cet arbre, que les vents n'ont jamais ébranlé, que la terre féconde se plaît à nourrir dans son sein, et que la hache du laboureur a toujours respecté [2], ne laisse pas de languir sans qu'on puisse découvrir la cause de son mal; il se flétrit, il se dépouille de ses feuilles qui sont sa gloire [3]; il ne montre plus qu'un tronc couvert d'une écorce entr'ouverte, et des branches sèches : tel parut Idoménée dans sa douleur.

Télémaque attendri n'osoit lui parler : il craignoit le jour du départ, il cherchoit des prétextes pour le retarder; et il seroit demeuré long-temps dans cette incertitude, si Mentor

---

VAR. — [1] *A la place de ce qui précède, depuis l'alinéa* Idoménée, qui craignoit, etc. p. 552, *on lit seulement ce qui suit dans l'original :* Ces paroles enflammèrent le cœur de Télémaque d'un désir impatient de s'en retourner à Ithaque : il pressa Idoménée de le laisser partir, etc. *Le reste est ajouté dans* B. — [2] la hache du laboureur n'a jamais frappé. A. — [3] qui sont sa gloire et ses ornemens. A

ne lui eût dit : Je suis bien aise de vous voir si changé. Vous étiez né dur et hautain ; [1] votre cœur ne se laissoit toucher que de vos commodités et de vos intérêts ; mais vous êtes enfin devenu homme, et vous commencez, par l'expérience de vos maux, à compatir à ceux des autres. Sans cette compassion, on n'a ni bonté, ni vertu, ni capacité pour gouverner les hommes : mais il ne faut pas la pousser trop loin, ni tomber dans une amitié foible. Je parlerois volontiers à Idoménée pour le faire consentir à notre départ, et je vous épargnerois l'embarras d'une conversation si fâcheuse ; mais je ne veux point que la mauvaise honte et la timidité [2] dominent votre cœur. Il faut que vous vous accoutumiez à mêler le courage et la fermeté avec une amitié tendre et sensible. Il faut craindre d'affliger les hommes sans nécessité ; il faut entrer dans leur peine, quand on ne peut éviter de leur en faire, et adoucir le plus qu'on peut le coup qu'il est impossible de leur épargner entièrement. C'est pour chercher cet adoucissement, répondit Télémaque, que j'aimerois mieux qu'Idoménée apprît notre départ par vous que par moi.

Mentor lui dit aussitôt : Vous vous trompez, mon cher Télémaque ; vous êtes né comme les enfans des rois nourris dans la pourpre, qui veulent que tout se fasse à leur mode, et que toute la nature obéisse à leurs volontés, mais qui n'ont la force de résister à personne en face. Ce n'est pas qu'ils se soucient des hommes, ni qu'ils craignent par bonté de les affliger ; mais c'est que, pour leur propre commodité, ils ne veulent point voir autour d'eux des visages tristes et mécontens. Les peines et les misères des hommes ne les touchent point, pourvu qu'elles ne soient pas sous leurs yeux ; s'ils en entendent parler, ce discours les importune et les attriste. Pour leur plaire, il faut toujours dire que tout va bien : et pendant qu'ils sont dans leurs plaisirs, ils ne veulent rien voir ni entendre qui puisse interrompre leurs joies. Faut-il reprendre, corriger, détromper quelqu'un, résister aux prétentions et aux passions injustes d'un homme importun ; ils en donneront toujours la commission à quelque autre personne : plutôt que de parler eux-mêmes avec une douce fermeté dans ces occasions, ils se laisseroient plutôt arracher les graces les plus injustes ; ils gâteroient leurs affaires les plus importantes, faute de savoir décider contre le sentiment de ceux auxquels ils ont affaire tous les jours. Cette foiblesse qu'on sent en eux, fait que chacun ne songe qu'à s'en prévaloir : on les presse, on les importune, on les accable, et on réussit en les accablant. D'abord on les flatte et on les encense pour s'insinuer ; mais dès qu'on est dans leur confiance, et qu'on est auprès d'eux dans des emplois de quelque autorité, on les mène loin, on leur impose le joug : ils en gémissent, ils veulent souvent le secouer ; mais ils le portent toute leur vie. Ils sont jaloux de ne paroître point gouvernés, et ils le sont toujours : ils ne peuvent même se passer de l'être ; car ils sont semblables à ces foibles tiges de vigne qui, n'ayant par elles-mêmes aucun soutien, rampent toujours autour du tronc de quelque grand arbre. Je ne souffrirai point, ô Télémaque, que vous tombiez dans ce défaut, qui rend un homme imbécile pour le gouvernement. Vous qui êtes tendre [1] jusqu'à n'oser parler à Idoménée, vous ne serez plus touché de ses peines dès que vous serez sorti de Salente ; ce n'est point sa douleur qui vous attendrit, c'est sa présence qui vous embarrasse. Allez parler vous-même à Idoménée ; apprenez en cette occasion à être tendre et ferme tout ensemble : montrez-lui votre douleur de le quitter ; mais montrez-lui aussi d'un ton décisif la nécessité de votre départ.

Télémaque n'osoit ni résister à Mentor, ni aller trouver Idoménée ; il étoit honteux de sa crainte, et n'avoit pas le courage de la surmonter : il hésitoit ; il faisoit deux pas, et revenoit incontinent pour alléguer à Mentor quelque nouvelle raison de différer. Mais le seul regard de Mentor lui ôtoit la parole, et faisoit disparoître tous ses beaux prétextes. Est-ce donc là, disoit Mentor en souriant, ce vainqueur des Dauniens, ce libérateur de la grande Hespérie, ce fils du sage Ulysse, qui doit être après lui l'oracle de la Grèce ! Il n'ose dire à Idoménée qu'il ne peut plus retarder son retour dans sa patrie, pour revoir son père ! O peuples d'Ithaque, combien serez-vous malheureux un jour, si vous avez un roi que la mauvaise honte domine, et qui sacrifie les plus grands intérêts à ses foiblesses sur les plus petites choses ! Voyez, Télémaque, quelle différence il y a entre la valeur dans les combats et le courage dans les affaires : vous n'avez point craint les armes d'Adraste, et vous craignez la tristesse d'Idoménée. Voilà ce qui déshonore les princes qui

Var. — [1] ne vous laissant toucher. A. — [2] la facilité. A.

Var. — [1] Vous qui êtes si tendre pour n'oser parler à Idoménée, vous ne serez plus touché de ces maux, dès que vous serez sorti de Salente : ce n'est point sa peine qui vous attendrit, etc. A.

ont fait les plus grandes actions : après avoir paru des héros dans la guerre, ils se montrent les derniers des hommes dans les occasions communes, où d'autres se soutiennent avec vigueur.

Télémaque, sentant la vérité de ces paroles, et piqué de ce reproche, partit brusquement sans s'écouter lui-même. Mais à peine commença-t-il à paroître dans le lieu où Idoménée étoit assis, les yeux baissés, languissant et abattu de tristesse, qu'ils se craignirent l'un l'autre : ils n'osoient se regarder ; ils s'entendoient sans se rien dire, et chacun craignoit que l'autre ne rompît le silence : ils se mirent tous deux à pleurer. Enfin Idoménée, pressé d'un excès de douleur, s'écria : A quoi sert de rechercher la vertu, si elle récompense si mal ceux qui l'aiment ? Après m'avoir montré ma faiblesse, on m'abandonne ! hé bien ! je vais retomber dans tous mes malheurs : qu'on ne me parle plus de bien gouverner ; non, je ne puis le faire ; je suis las des hommes ! Où voulez-vous aller, Télémaque ? Votre père n'est plus ; vous le cherchez inutilement. Ithaque est en proie à vos ennemis ; ils vous feront périr, si vous y retournez. Demeurez ici [1] ; vous serez mon gendre et mon héritier ; vous régnerez après moi. Pendant ma vie même, vous aurez ici un pouvoir absolu ; ma confiance en vous sera sans bornes. Que si vous êtes insensible à tous ces avantages, du moins laissez-moi Mentor, qui est toute ma ressource. Parlez ; répondez-moi : n'endurcissez pas votre cœur ; ayez pitié du plus malheureux de tous les hommes. Quoi ! vous ne dites rien ! Ah ! je comprends combien les dieux me sont cruels ; je le sens encore plus rigoureusement qu'en Crète, lorsque je perçai mon propre fils.

Enfin Télémaque lui répondit d'une voix troublée et timide : Je ne suis point à moi ; les destinées me rappellent dans ma patrie. Mentor, qui a la sagesse des dieux, m'ordonne en leur nom de partir. Que voulez-vous que je fasse ? Renoncerai-je à mon père, à ma mère, à ma patrie, qui me doit être encore plus chère qu'eux ? Étant né pour être roi, je ne suis pas destiné à une vie douce et tranquille, ni à suivre mes inclinations. [2] Votre royaume est plus riche et plus puissant que celui de mon père ; mais je dois préférer ce que les dieux me destinent, à ce que vous avez la bonté de m'offrir. Je me croirois heureux si j'avois Antiope pour épouse, sans espérance de votre royaume ; mais, pour m'en rendre digne, il faut que j'aille où mes devoirs m'appellent, et que ce soit mon père qui vous la demande pour moi. Ne m'avez-vous pas promis de me renvoyer à Ithaque ? N'est-ce pas sur cette promesse que j'ai combattu pour vous contre Adraste avec les alliés ? Il est temps que je songe à réparer mes malheurs domestiques. Les dieux, qui m'ont donné à Mentor, ont aussi donné Mentor au fils d'Ulysse pour lui faire remplir ses destinées. Voulez-vous que je perde Mentor, après avoir perdu tout le reste ? Je n'ai plus ni biens, ni retraite, ni père, ni mère, ni patrie assurée ; il ne me reste qu'un homme sage et vertueux, qui est le plus précieux don de Jupiter : jugez vous-même si je puis y renoncer, et [1] consentir qu'il m'abandonne. Non, je mourrois plutôt. Arrachez-moi la vie ; la vie n'est rien : mais ne m'arrachez pas Mentor.

A mesure que Télémaque parloit, sa voix devenoit plus forte, et sa timidité disparoissoit. Idoménée ne savoit que répondre, et ne pouvoit demeurer d'accord de ce que le fils d'Ulysse lui disoit. Lorsqu'il ne pouvoit plus parler, du moins il tâchoit, par ses regards et par ses gestes, de faire pitié. Dans ce moment, il vit paroître Mentor, qui lui dit ces graves paroles :

Ne vous affligez point : nous vous quittons ; mais la sagesse qui préside aux conseils des dieux demeurera sur vous : croyez seulement que vous êtes trop heureux que Jupiter nous ait envoyés ici pour sauver votre royaume, et pour vous ramener de vos égaremens. Philoclès, que nous vous avons rendu, vous servira fidèlement : la crainte des dieux, le goût de la vertu, l'amour des peuples, la compassion pour les misérables, seront toujours dans son cœur. Ecoutez-le, servez-vous de lui avec confiance et sans jalousie. Le plus grand service que vous puissiez en tirer est de l'obliger à vous dire tous vos défauts sans adoucissement. Voilà en quoi consiste le plus grand courage d'un bon roi, que de chercher de vrais amis qui lui fassent remarquer ses fautes. Pourvu que vous ayez ce courage, notre absence ne vous nuira point, et vous vivrez heureux : mais si la flatterie, qui se glisse comme un serpent, retrouve un chemin jusqu'à votre cœur, pour vous mettre en défiance contre les conseils désintéressés, vous êtes perdu. Ne vous laissez point abattre mollement à la douleur ; mais efforcez-vous de

---

VAR. — [1] Demeurez ici ; régnez avec moi ; du moins laissez-moi, etc. A. — [2] Votre royaume.. .. demande pour moi m. A. aj. B.

VAR. — [1] et m'abandonner à moi-même. Non, je mourrois plutôt. Arrachez-moi la vie ; ce n'est rien : mais, etc. A.

suivre la vertu. J'ai dit à Philoclès tout ce qu'il doit faire pour vous soulager, et pour n'abuser jamais de votre confiance ; je puis vous répondre de lui : les dieux vous l'ont donné comme ils m'ont donné à Télémaque. Chacun doit suivre courageusement sa destinée ; il est inutile de s'affliger. Si jamais vous aviez besoin de mon secours, après que j'aurai rendu Télémaque à son père et à son pays, je reviendrois vous voir. Que pourrois-je faire qui me donnât un plaisir plus sensible ? Je ne cherche ni biens ni autorité sur la terre ; je ne veux qu'aider ceux qui cherchent la justice et la vertu. Pourrois-je oublier jamais la confiance et l'amitié que vous m'avez témoignée ?

A ces mots, Idoménée fut tout-à-coup changé ; il sentit son cœur apaisé, comme Neptune de son trident apaise les flots en courroux[1] et les plus noires tempêtes : il restoit seulement en lui une douleur douce et paisible ; c'étoit plutôt une tristesse et un sentiment tendre, qu'une vive douleur. Le courage, la confiance, la vertu, l'espérance du secours des dieux, commencèrent à renaître au dedans de lui.

Hé bien ! dit-il, mon cher Mentor, il faut donc tout perdre et ne point se décourager ! Du moins souvenez-vous d'Idoménée quand vous serez arrivés à Ithaque, où votre sagesse vous comblera de prospérités. N'oubliez pas que Salente fut votre ouvrage, et que vous y avez laissé un roi malheureux qui n'espère qu'en vous. Allez, digne fils d'Ulysse ; je ne vous retiens plus ; je n'ai garde de résister aux dieux, qui m'avoient prêté un si grand trésor. Allez aussi, Mentor, le plus grand et le plus sage de tous les hommes (si toutefois l'humanité peut faire ce que j'ai vu en vous, et si vous n'êtes point une divinité sous une forme empruntée pour instruire les hommes foibles et ignorants), allez conduire le fils d'Ulysse, plus heureux de vous avoir que d'être le vainqueur d'Adraste. Allez tous deux : je n'ose plus parler, pardonnez mes soupirs. Allez, vivez, soyez heureux ensemble [2] ; il ne me reste plus rien au monde, que le souvenir de vous avoir possédés ici. O beaux jours ! trop heureux jours ! jours dont je n'ai pas assez connu le prix ! jours trop rapidement écoulés ! vous ne reviendrez jamais ! jamais mes yeux ne reverront ce qu'ils voient.

Mentor prit ce moment pour le départ ; il embrassa Philoclès, qui l'arrosa de ses larmes sans pouvoir parler. Télémaque voulut prendre Mentor par la main pour le tirer de celle d'Idoménée ; mais Idoménée, prenant le chemin du port, se mit entre Mentor et Télémaque : il les regardoit ; il gémissoit ; il commençoit des paroles entrecoupées, et n'en pouvoit achever aucune.

Cependant on entend des cris confus sur le rivage couvert de matelots : on tend les cordages [1] ; le vent favorable se lève. Télémaque et Mentor, les larmes aux yeux, prennent congé du Roi, qui les tient long-temps serrés entre ses bras, et qui les suit des yeux aussi loin qu'il le peut.

LIVRE XVIII [2].

Pendant la navigation, Télémaque s'entretient avec Mentor sur les principes d'un sage gouvernement, et en particulier sur les moyens de connoître les hommes, pour les chercher et les employer selon leurs talens. Pendant cet entretien, le calme de la mer les oblige à relâcher dans une île où Ulysse venoit d'aborder. Télémaque le rencontre, et lui parle sans le reconnoître ; mais, après l'avoir vu s'embarquer, il ressent un trouble secret dont il ne peut concevoir la cause. Mentor le lui explique, et l'assure qu'il rejoindra bientôt son père : puis il éprouve encore sa patience, en retardant son départ, pour faire un sacrifice à Minerve. Enfin la déesse elle-même, cachée sous la figure de Mentor, reprend sa forme, et se fait connoître. Elle donne à Télémaque ses dernières instructions, et disparoît. Alors Télémaque se hâte de partir, et arrive à Ithaque, où il retrouve son père chez le fidèle Eumée.

Déjà les voiles s'enflent, [3] on lève les ancres ; la terre semblent s'enfuir. Le pilote expérimenté aperçoit de loin la montagne de Leucate, dont la tête se cache dans un tourbillon de frimas glacés, et les monts Acrocérauniens, qui montrent encore un front orgueilleux au ciel, après avoir été si souvent écrasés par la foudre.

Pendant cette navigation, Télémaque disoit à Mentor : Je crois maintenant concevoir les maximes de gouvernement que vous m'avez expliquées. D'abord elles me paroissoient comme un songe ; mais peu à peu elles se démêlent dans mon esprit ; et s'y présentent clairement : comme tous les objets paroissent

---

Var. — [1] les flots séditieux. A. — [2] ensemble m. A. aj. b.

Var. — [1] on tend les cordages ; on lève les voiles ; le vent favorable commence à les enfler. Télémaque et Mentor ont pris congé du Roi, qui les accompagnés jusques au port, et qui les suit des yeux. A. — [2] Livre XXIV. — [3] Cependant on lève les ancres. A. Cependant les voiles s'enflent..... Le pilote expérimenté aperçoit déjà de loin, etc. B.

sombres et en confusion, le matin, aux premières lueurs de l'aurore; mais [1] ensuite ils semblent sortir comme d'un chaos, quand la lumière, qui croit insensiblement, [2] leur rend, pour ainsi dire, leurs figures et leurs couleurs naturelles. Je suis très-persuadé que le point essentiel du gouvernement est de bien discerner les différents caractères d'esprits, pour les choisir et pour [3] les appliquer selon leurs talens; mais il me reste à savoir comment on peut se connoître en hommes.

Alors Mentor lui répondit: Il faut étudier les hommes pour les connoître; et pour les connoître il en faut voir souvent, et traiter avec eux. Les rois [4] doivent converser avec leurs sujets, les faire parler, les consulter, les éprouver par de petits emplois dont ils leur fassent rendre compte, pour voir s'ils sont capables de plus hautes fonctions. Comment est-ce, mon cher Télémaque, que vous avez appris, à Ithaque, à vous connoître en chevaux? c'est à force d'en voir et de remarquer leurs défauts et leurs perfections avec des gens expérimentés. Tout de même, parlez souvent des bonnes et des mauvaises qualités des hommes, avec d'autres hommes sages et vertueux, qui aient long-temps étudié leurs caractères; vous apprendrez insensiblement comment ils sont faits, et ce qu'il est permis d'en attendre. Qu'est-ce qui vous a appris à connoître les bons et les mauvais poètes? c'est la fréquente lecture, et la réflexion avec des gens qui avoient le goût de la poésie. Qu'est-ce qui vous a acquis du discernement sur la musique? c'est la même application à observer les divers musiciens. Comment peut-on espérer de bien gouverner les hommes si on ne les connoît pas? et comment les connoîtra-t-on, si on ne vit jamais avec eux? Ce n'est pas vivre avec eux, que de les voir tous en public, où l'on ne dit de part et d'autre que des choses indifférentes et préparées avec art: il est question de les voir en particulier, de tirer du fond de leurs cœurs [5] toutes les ressources secrètes qui y sont, de les tâter de tous côtés, de les sonder [6] pour découvrir leurs maximes. Mais, pour bien juger des hommes, il faut commencer par savoir ce qu'ils doivent être; il faut savoir ce que c'est que vrai et solide mérite, pour discerner ceux qui en ont d'avec ceux qui n'en ont pas.

[1] On ne cesse de parler de vertu et de mérite, sans savoir ce que c'est précisément que le mérite et la vertu. Ce ne sont que de beaux noms, que des termes vagues, pour la plupart des hommes, qui se font honneur d'en parler à toute heure. Il faut avoir des principes certains de justice, de raison, de vertu, pour connoître ceux qui sont raisonnables et vertueux. Il faut savoir les maximes d'un bon et sage gouvernement, pour connoître les hommes qui ont ces maximes, et ceux qui s'en éloignent par une fausse subtilité. En un mot, pour mesurer plusieurs corps, il faut avoir une mesure fixe; pour juger, il faut tout de même avoir des principes constants auxquels tous nos jugemens se réduisent [2]. Il faut savoir précisément quel est le but de la vie humaine, et quelle fin on doit se proposer en gouvernant les hommes. Ce but unique et essentiel est de ne vouloir jamais l'autorité et la grandeur pour soi; [3] car cette recherche ambitieuse n'iroit qu'à satisfaire un orgueil tyrannique: mais on doit se sacrifier, dans les peines infinies du gouvernement, pour rendre les hommes bons et heureux. Autrement on marche à tâtons et au hasard pendant toute la vie: on va comme un navire en pleine mer, qui n'a point de pilote, qui ne consulte point les astres, et à qui toutes les côtes voisines sont inconnues; il ne peut faire que naufrage.

Souvent les princes, faute de savoir en quoi consiste la vraie vertu, ne savent point ce qu'ils doivent chercher dans les hommes. La vraie vertu a pour eux quelque chose d'âpre [4]; elle leur paroît trop austère et indépendante; elle les effraie et les aigrit: ils se tournent vers la flatterie. Dès lors ils ne peuvent plus trouver ni de sincérité ni de vertu [5]; dès lors ils courent après un vain fantôme de fausse gloire, qui les rend indignes de la véritable. Ils s'accoutument bientôt à croire qu'il n'y a point de vraie vertu sur la terre. car les bons connoissent bien les méchants; mais les méchants ne connoissent point les bons, et ne peuvent pas croire qu'il y en ait. De tels princes ne savent que se défier de tout le monde également: ils se cachent; ils se renferment; ils sont jaloux sur les moindres choses; ils craignent les hommes, et se font craindre d'eux [6]. Ils fuient la lumière; ils n'osent paroître dans leur naturel.

VAR. — [1] et qu'ensuite. A. — [2] les distingue, et leur rend leurs couleurs naturelles. A. — [3] pour m. A. aj. B. — [4] il en faut voir, et traiter avec eux. Ceux qui gouvernent doivent, etc. A. — [5] leur cœur. A. — [6] de sonder leurs maximes. A.

VAR. — [1] On ne cesse..... à toute heure. m. A. aj. B. — [2] auxquels tout se réduise. A — [3] pour soi, ce qui ne va qu'à satisfaire un orgueil tyrannique; mais à se sacrifier, etc. A. — [4] quelque chose d'âpre, d'austère et d'indépendant qui les effraie: ils se tournent, etc. A. — [5] ni de vertu. Ils s'accoutument à croire qu'il n'y en a point de vraie sur la terre. A. — [6] et se font craindre d'eux. m. A. aj. B.

Quoiqu'ils ne veuillent point être connus, ils ne laissent pas de l'être; car la curiosité maligne de leurs sujets pénètre et devine tout. Mais ils ne connoissent personne : les gens intéressés qui les obsèdent sont ravis de les voir inaccessibles [1]. Un roi inaccessible aux hommes l'est aussi à la vérité : on noircit par d'infâmes rapports, et on écarte de lui, tout ce qui pourroit lui ouvrir les yeux. Ces sortes de rois passent leur vie dans une grandeur sauvage et farouche; ou, craignant sans cesse d'être trompés, ils le sont toujours inévitablement, et méritent de l'être. Dès qu'on ne parle qu'à un petit nombre de gens, on s'engage à recevoir toutes leurs passions et tous leurs préjugés [2] : les bons mêmes ont leurs défauts et leurs préventions. De plus, on est à la merci des rapporteurs, nation basse et maligne, qui se nourrit de venin, qui empoisonne les choses innocentes, qui grossit les petites, qui invente le mal plutôt que de cesser de nuire; qui se joue, pour son intérêt, de la défiance et de l'indigne curiosité d'un prince foible et ombrageux.

Connoissez donc, ô mon cher Télémaque, connoissez les hommes; examinez-les, faites-les [3] parler les uns sur les autres; éprouvez-les peu à peu, ne vous livrez à aucun. Profitez de vos expériences, lorsque vous aurez été trompé dans vos jugements : car vous serez trompé quelquefois; et les méchants sont trop profonds pour ne pas surprendre les bons par leurs déguisements. Apprenez par là à ne juger promptement de personne ni en bien ni en mal ; l'un et l'autre est très-dangereux : ainsi vos erreurs passées vous instruiront très-utilement. Quand vous aurez trouvé des talents et de la vertu dans un homme, servez-vous-en avec confiance : car les honnêtes gens veulent qu'on sente leur droiture; ils aiment mieux de l'estime et de la confiance, que des trésors. Mais ne les gâtez pas en leur donnant un pouvoir sans bornes : tel eût été toujours vertueux, qui ne l'est plus, parce que son maître lui a donné trop d'autorité et trop de richesses. Quiconque est assez aimé des dieux pour trouver dans tout un royaume deux ou trois vrais amis, d'une sagesse et d'une bonté constante, trouve bientôt par eux d'autres personnes qui leur ressemblent, pour remplir les places inférieures. Par les bons auxquels on se confie, on apprend ce qu'on ne peut pas discerner par soi-même [1] sur les autres sujets.

Mais faut-il, disoit Télémaque, se servir des méchans quand ils sont habiles, comme je l'ai ouï dire souvent? On est souvent, répondoit Mentor, dans la nécessité de s'en servir. Dans une nation agitée et en désordre, on trouve souvent des gens injustes et artificieux qui sont déjà [2] en autorité; ils ont des emplois importans qu'on ne peut leur ôter; ils ont acquis la confiance de certaines personnes puissantes qu'on a besoin de ménager : il faut les ménager eux-mêmes, ces hommes scélérats, parce qu'on les craint, et qu'ils peuvent tout bouleverser. Il faut bien s'en servir pour un temps, mais il faut aussi avoir en vue de les rendre peu à peu inutiles. Pour la vraie et intime confiance, gardez-vous bien de la leur donner jamais; car ils peuvent en abuser, et vous tenir ensuite malgré vous par votre secret; chaîne plus difficile à rompre que toutes les chaînes de fer. Servez-vous d'eux pour des négociations passagères; traitez-les bien; engagez-les par leurs passions mêmes à vous être fidèles; car vous ne les tiendrez que par là : mais ne les mettez point dans vos délibérations les plus secrètes. Ayez toujours un ressort prêt pour les remuer à votre gré; mais ne leur donnez jamais la clef de votre cœur ni de vos affaires. Quand votre [3] État devient paisible, réglé, conduit par des hommes sages et droits dont vous êtes sûr; peu à peu les méchans, dont vous étiez contraint de vous servir, deviennent inutiles. Alors il ne faut pas cesser de les bien traiter; car il n'est jamais permis d'être ingrat, même pour les méchans : mais, en les traitant bien, il faut tâcher de les rendre bons [4]; il est nécessaire de tolérer en eux certains défauts qu'on pardonne à l'humanité : il faut néanmoins peu à peu relever l'autorité, et réprimer les maux qu'ils feroient ouvertement si on les laissoit faire. Après tout, c'est un mal que le bien se fasse par les méchans, et, quoique ce mal soit souvent inévitable, il faut tendre néanmoins peu à peu [5] à le faire cesser. Un prince sage, qui ne veut que le bon ordre et la justice, parviendra, avec le temps, à se passer des hommes corrompus et trompeurs; il en trouvera assez de bons qui auront une habileté suffisante.

Mais ce n'est pas assez de trouver de bons sujets dans une nation, il est nécessaire d'en former de nouveaux. Ce doit être, répondit Té-

---

VAR. — [1] de les voir inaccessibles, de noircir par d'infames rapports, et d'écarter tout ce qui pourroit leur ouvrir les yeux. Ils passent leur vie, etc. A. — [2] leurs préjugés. On est à la merci, etc. A. — [3] les m. A. aj. B.

VAR. — [1] sur les autres sujets m. A. aj. B. — [2] qui sont déjà m. A. aj. B. — [3] un État. A. — [4] les rendre bons; et tolérant en eux. A. — [5] peu à peu m. A. aj. B.

lémaque, un grand embarras. Point du tout, reprit Mentor, l'application que vous avez à chercher les hommes habiles et vertueux, pour les élever, excite et anime tous ceux qui ont du talent et du courage; chacun fait des efforts. Combien y a-t-il d'hommes qui languissent dans une oisiveté obscure, et qui deviendroient de grands hommes, si l'émulation et l'espérance du succès les animoient au travail! Combien y a-t-il d'hommes que la misère, et l'impuissance de s'élever par la vertu, tentent de s'élever par le crime! Si donc vous attachez les récompenses et les honneurs au génie et à la vertu, combien de sujets se formeront d'eux-mêmes! Mais combien en formerez-vous en les faisant monter de degré en degré, depuis les derniers emplois jusques aux premiers! Vous exercerez les talens; vous éprouverez l'étendue de l'esprit et la sincérité de la vertu. Les hommes qui parviendront aux plus hautes places auront été nourris sous vos yeux [1] dans les inférieures. Vous les aurez suivis toute leur vie, de degré en degré; vous jugerez d'eux, non par leurs paroles, mais par toute la suite de leurs actions.

Pendant que Mentor raisonnoit ainsi avec Télémaque [2], ils aperçurent un vaisseau phéacien qui avoit relâché dans une petite île déserte et sauvage bordée de rochers affreux. En même temps les vents se turent, les plus doux zéphirs mêmes semblèrent retenir leurs haleines; toute la mer devint unie comme une glace; les voiles abattues ne pouvoient plus animer le vaisseau; l'effort des rameurs, déjà fatigués, étoit inutile; il fallut aborder en cette île, qui étoit plutôt un écueil, qu'une terre [3] propre à être habitée par des hommes. En un autre temps moins calme, on n'auroit pu y aborder sans un grand péril.

Les Phéaciens, qui attendoient le vent, ne paroissoient pas moins impatiens que les Salentins de continuer leur navigation. Télémaque s'avance vers eux sur ces rivages escarpés. [4] Aussitôt il demande au premier homme qu'il rencontre, s'il n'a point vu Ulysse, roi d'Ithaque, dans la maison du roi Alcinoüs.

Celui auquel il s'étoit adressé par hasard n'étoit pas Phéacien : c'étoit un étranger inconnu, qui avoit un air majestueux, mais triste et abattu; il paroissoit rêveur, et à peine écoutat-il d'abord la question de Télémaque; mais enfin il lui répondit : Ulysse, vous ne vous trompez pas, a été reçu chez le roi Alcinoüs [1], comme en un lieu où l'on craint Jupiter, et où l'on exerce l'hospitalité; mais il n'y est plus, et vous l'y chercheriez inutilement : il est parti pour revoir Ithaque, si les dieux apaisés souffrent enfin qu'il puisse jamais saluer ses dieux pénates.

A peine cet étranger eut prononcé tristement ces paroles, qu'il se jeta dans un petit bois épais [2] sur le haut d'un rocher, d'où il regardoit tristement la mer, fuyant les hommes qu'il voyoit, et paroissant affligé de ne pouvoir partir. Télémaque le regardoit fixement; plus il le regardoit, plus il étoit ému et étonné. Cet inconnu, disoit-il à Mentor, m'a répondu comme un homme qui écoute à peine ce qu'on lui dit, et qui est plein d'amertume. Je plains les malheureux depuis que je le suis; et je sens que mon cœur s'intéresse pour cet homme, sans savoir pourquoi. Il m'a assez mal reçu [3]; à peine a-t-il daigné m'écouter et me répondre : je ne puis cesser néanmoins de souhaiter la fin de ses maux.

Mentor, souriant, répondit : Voilà à quoi servent les malheurs de la vie; ils rendent les princes modérés, et sensibles aux peines des autres. Quand ils n'ont jamais goûté que le doux poison des prospérités, ils se croient des dieux; ils veulent que les montagnes s'aplanissent pour les contenter; ils comptent pour rien les hommes; ils veulent se jouer de la nature entière. Quand ils entendent parler de souffrance, ils ne savent ce que c'est; c'est un songe pour eux; ils n'ont jamais vu la distance du bien et du mal. L'infortune seule peut leur donner de l'humanité, et changer leur cœur de rocher en un cœur humain : alors ils sentent qu'ils sont hommes, et qu'ils doivent [4] ménager les autres hommes qui leur ressemblent. Si un inconnu vous fait tant de pitié, parce qu'il est, comme vous, errant sur ce rivage, combien devrez-vous avoir plus de compassion pour le peuple d'Ithaque, lorsque vous le verrez un jour souffrir, ce peuple que les dieux vous auront confié comme on confie un troupeau à un berger; et que ce peuple sera peut-être malheureux par votre ambition, ou par votre faste, ou par votre imprudence! car les peuples ne souffrent que par les fautes des rois, qui devroient veiller pour les empêcher de souffrir.

VAR. — [1] sous vos yeux. Vous les aurez suivis toute leur vie; vous jugerez d'eux, etc. A. — [2] avec Télémaque m. A. B. aj. C. — [3] qu'une île. A. — [4] Le premier qu'il trouve, il lui demande s'il n'a point vu Ulysse, roi d'Ithaque, dans la maison du Roi. A.

VAR. — [1] *La place du nom est en blanc dans* A. *aj.* B. — [2] bois épais, qui étoit sur le haut, etc. — [3] mal reçu, et je ne puis cesser, etc. A. — [4] et qu'il faut ménager. A.

Pendant que Mentor parloit ainsi, Télémaque étoit plongé dans la tristesse [1] et dans le chagrin. Il lui répondit enfin avec un peu d'émotion : Si toutes ces choses sont vraies, l'état d'un roi est bien malheureux. Il est l'esclave de tous ceux auxquels il paroît commander : il est fait pour eux; il se doit tout entier à eux; il est chargé de tous leurs besoins; il est l'homme de tout le peuple, et de chacun en particulier. Il faut qu'il s'accommode à leurs foiblesses, qu'il les corrige en père, qu'il les rende sages et heureux. L'autorité qu'il paroît avoir n'est point la sienne; il ne peut rien faire ni pour sa gloire ni pour son plaisir : son autorité est celle des lois; il faut qu'il leur obéisse pour en donner l'exemple à ses sujets. A proprement parler, il n'est que le défenseur des lois pour les faire régner; il faut qu'il veille et qu'il travaille pour les maintenir : il est l'homme le moins libre et le moins tranquille de son royaume; [2] c'est un esclave qui sacrifie son repos et sa liberté pour la liberté et la félicité publique.

Il est vrai, répondoit Mentor, que le roi n'est roi que pour avoir soin de son peuple, comme un berger de son troupeau, ou comme un père de sa famille : mais trouvez-vous, mon cher Télémaque, qu'il soit malheureux d'avoir du bien à faire à tant de gens? Il corrige les méchans par des punitions; il encourage les bons par des récompenses; il représente les dieux en conduisant ainsi à la vertu tout le genre humain. N'a-t-il pas assez de gloire à faire garder les lois? Celle de se mettre au-dessus des lois est une gloire fausse qui ne mérite que de l'horreur et du mépris. S'il est méchant, il ne peut être que malheureux, car il ne sauroit trouver aucune paix dans ses passions et dans sa vanité : s'il est bon, il doit goûter le plus pur et le plus solide de tous les plaisirs à travailler pour la vertu, et à attendre des dieux une éternelle récompense.

[3] Télémaque, agité au dedans par une peine secrète, sembloit n'avoir jamais compris ces maximes, quoiqu'il en fût rempli, et qu'il les eût lui-même enseignées aux autres. Une humeur noire lui donnoit, contre ses véritables sentimens, un esprit de contradiction et de subtilité pour rejeter les vérités que Mentor expliquoit. Télémaque opposoit à ces raisons l'ingratitude des hommes. Quoi! disoit-il, prendre tant de peine pour se faire aimer des hommes qui ne vous aimèrent peut-être jamais, et pour faire du bien à des méchans qui se serviront de vos bienfaits pour vous nuire!

Mentor lui répondoit patiemment [1] : Il faut compter sur l'ingratitude des hommes, et ne laisser pas de leur faire du bien; il faut les servir moins pour l'amour d'eux que pour l'amour des dieux, qui l'ordonnent. Le bien qu'on fait n'est jamais perdu : si les hommes l'oublient, les dieux s'en souviennent, et le récompensent. De plus, si la multitude est ingrate, il y a toujours des hommes vertueux qui sont touchés de votre vertu. La multitude même, quoique changeante [2] et capricieuse, ne laisse pas de faire tôt ou tard une espèce de justice à la véritable vertu.

Mais voulez-vous empêcher l'ingratitude des hommes? ne travaillez point uniquement à les rendre puissans, riches, redoutables par les armes, heureux par les plaisirs : cette gloire, cette abondance et ces délices les corromperont; ils n'en seront que plus méchans, et par conséquent plus ingrats; [3] c'est leur faire un présent funeste; c'est leur offrir un poison délicieux. Mais appliquez-vous à redresser leurs mœurs, à leur inspirer la justice, la sincérité, la crainte des dieux, l'humanité, la fidélité, la modération, le désintéressement : en les rendant bons, vous les empêcherez d'être ingrats; vous leur donnerez le véritable bien, qui est la vertu; et la vertu, si elle est solide, les attachera toujours à celui qui la leur aura inspirée. [4] Ainsi, en leur donnant les véritables biens, vous vous ferez du bien à vous-même, et vous n'aurez point à craindre leur ingratitude. Faut-il s'étonner que les hommes soient ingrats pour des princes qui ne les ont jamais exercés qu'à l'injustice, qu'à l'ambition sans bornes, qu'à la jalousie contre leurs voisins, qu'à l'inhumanité, qu'à la hauteur, qu'à la mauvaise foi? Le prince ne doit attendre d'eux, que ce qu'il leur a appris à faire. Si au contraire il travailloit, par ses exemples et par son autorité, à les rendre bons, il trouveroit le fruit de son travail dans leur vertu, ou du moins il trouveroit dans la sienne et dans l'amitié des dieux de quoi se consoler [5] de tous les mécomptes.

A peine ce discours fut-il achevé, que Télémaque s'avança avec empressement vers les

---

VAR. — [1] dans la tristesse. Il lui répondit enfin : Si toutes ces choses, etc. A. — [2] c'est un esclave..... publique. m. A. aj. B. — [3] Télémaque, agité..... que Mentor expliquoit. m. A. aj. B.

VAR. — [1] patiemment m. A. aj. B. — [2] quoique changeante, ne laisse pas de faire une espèce de justice, etc. A. — [3] c'est leur faire..... délicieux. m. A. aj. B. — [4] Ainsi..... leur ingratitude. m. A. aj. B. — [5] de quoi se consoler. La suite jusqu'à la fin de l'alinéa p. 562 : vous me demandez des nouvelles. m. A. aj. B.

Phéaciens du vaisseau qui étoit arrêté sur le rivage. Il s'adressa à un vieillard d'entre eux, pour lui demander d'où ils venoient, où ils alloient, et s'ils n'avoient point vu Ulysse. Le vieillard répondit : Nous venons de notre île, qui est celle des Phéaciens ; nous allons chercher des marchandises vers l'Épire. Ulysse, comme on vous l'a déjà dit, a passé dans notre patrie ; mais il en est parti. Quel est, ajouta aussitôt Télémaque, cet homme si triste qui cherche les lieux les plus déserts en attendant que votre vaisseau parte? C'est, répondit le vieillard, un étranger qui nous est inconnu : mais on dit qu'il se nomme Cleomènes ; qu'il est né en Phrygie ; qu'un oracle avoit prédit à sa mère, avant sa naissance, qu'il seroit roi, pourvu qu'il ne demeurât point dans sa patrie, et que, s'il y demeuroit, la colère des dieux se feroit sentir aux Phrygiens par une cruelle peste. Dès qu'il fut né, ses parens le donnèrent à des matelots, qui le portèrent dans l'île de Lesbos. Il y fut nourri en secret aux dépens de sa patrie, qui avoit un si grand intérêt de le tenir éloigné. Bientôt il devint grand, robuste, agréable, et adroit à tous les exercices du corps ; il s'appliqua même, avec beaucoup de goût et de génie, aux sciences et aux beaux-arts. Mais on ne put le souffrir dans aucun pays : la prédiction faite sur lui devint célèbre ; on le reconnut bientôt partout où il alla ; partout les rois craignoient qu'il ne leur enlevât leurs diadèmes. Ainsi il est errant depuis sa jeunesse, et il ne peut trouver aucun lieu du monde où il lui soit libre de s'arrêter. Il a souvent passé chez des peuples fort éloignés du sien ; mais à peine est-il arrivé dans une ville, qu'on y découvre sa naissance et l'oracle qui le regarde. Il a beau se cacher, et choisir en chaque lieu quelque genre de vie obscure ; ses talens éclatent, dit-on, toujours malgré lui, et pour la guerre, et pour les lettres, et pour les affaires les plus importantes : il se présente toujours en chaque pays quelque occasion imprévue qui l'entraîne, et qui le fait connoître au public.

C'est son mérite qui fait son malheur ; il le fait craindre, et l'exclut de tous les pays où il veut habiter. Sa destinée est d'être estimé, aimé, admiré partout, mais rejeté de toutes les terres connues. Il n'est plus jeune, et cependant il n'a pu encore trouver aucune côte, ni de l'Asie, ni de la Grèce, où l'on ait voulu le laisser vivre en quelque repos. Il paroît sans ambition, et il ne cherche aucune fortune ; il se trouveroit trop heureux que l'oracle ne lui eût jamais promis la royauté. Il ne lui reste aucune espérance de revoir jamais sa patrie ; car il sait qu'il ne pourroit porter que le deuil et les larmes dans toutes les familles. La royauté même, pour laquelle il souffre, ne lui paroît point désirable ; il court malgré lui après elle, par une triste fatalité, de royaume en royaume ; et elle semble fuir devant lui, pour se jouer de ce malheureux jusqu'à sa vieillesse. Funeste présent des dieux, qui trouble tous ses plus beaux jours, et qui ne lui causera que des peines dans l'âge où l'homme infirme n'a plus besoin que de repos ! Il s'en va, dit-il, chercher vers la Thrace quelque peuple sauvage et sans lois, qu'il puisse assembler, policer et gouverner pendant quelques années ; après quoi, l'oracle étant accompli, on n'aura plus rien à craindre de lui dans les royaumes les plus florissans : il compte de se retirer alors en liberté dans un village de Carie, où il s'adonnera à l'agriculture, qu'il aime passionnément. C'est un homme sage et modéré, qui craint les dieux, qui connoît bien les hommes, et qui sait vivre en paix avec eux, sans les estimer. Voilà ce qu'on raconte de cet étranger dont vous me demandez des nouvelles.

Pendant cette conversation, Télémaque retournoit souvent ses yeux vers la mer, qui commençoit à être agitée. Le vent soulevoit les flots, qui venoient battre les rochers, les blanchissant de leur écume. Dans ce moment le vieillard dit à Télémaque : Il faut que je parte ; mes compagnons ne peuvent m'attendre. En disant ces mots, il court au rivage : on s'embarque ; on n'entend que cris confus sur ce rivage, par l'ardeur des mariniers impatients de partir.

Cet inconnu, qu'on nommoit Cléomènes, avoit erré [1] quelque temps dans le milieu de l'île, montant sur le sommet de tous les rochers, et considérant de là les espaces immenses des mers avec une tristesse profonde. Télémaque ne l'avoit point perdu de vue, et il ne cessoit d'observer ses pas [2]. Son cœur étoit attendri pour un homme vertueux, errant, malheureux, destiné aux plus grandes choses, et servant de jouet à une rigoureuse fortune, loin de sa patrie. Au moins, disoit-il en lui-même, peut-être reverrai-je Ithaque ; mais ce Cléomènes ne peut jamais revoir la Phrygie.

Var. — [1] de leur écume. Le vaisseau phéacien levoit déjà ses voiles, que le vent enfloit ; on entendoit de cris confus sur ce rivage, par l'ardeur des mariniers qui avoient impatience de partir. Cet inconnu, à qui Télémaque avoit parlé, avoit erré quelque temps, etc. A. — [2] d'observer ses pas. Enfin cet homme, voyant son vaisseau prêt, descendit de ces rochers escarpés, etc. A.

L'exemple d'un homme encore plus malheureux qui lui adoucissoit la peine de Télémaque. Enfin cet homme, voyant son vaisseau prêt, étoit descendu de ces rochers escarpés avec autant de vitesse et d'agilité, qu'Apollon dans les forêts de Lycie, ayant noué ses cheveux blonds, passe au travers des précipices pour aller percer de ses flèches les cerfs et les sangliers. Déjà cet inconnu est dans le vaisseau, qui fend l'onde amère, et qui s'éloigne de la terre. Alors [1] une impression secrète de douleur saisit le cœur de Télémaque; il s'afflige sans savoir pourquoi; les larmes coulent de ses yeux, et rien ne lui est si doux que de pleurer.

En même temps, il aperçoit sur le rivage tous les mariniers de Salente, couchés sur l'herbe et profondément endormis. Ils étoient las et abattus : le doux sommeil s'était insinué dans leurs membres, et tous les humides pavots de la nuit avoient été répandus sur eux en plein jour par la puissance de Minerve. Télémaque est étonné de voir cet assoupissement universel des Salentins, pendant que les Phéaciens avoient été si attentifs et si diligens pour profiter du vent favorable. Mais il est encore plus occupé à regarder le vaisseau phéacien prêt à disparaître au milieu des flots, qu'à marcher vers les Salentins pour les éveiller; [2] un étonnement et un trouble secret tient ses yeux attachés vers ce vaisseau déjà parti, dont il ne voit plus que les voiles qui blanchissent un peu dans l'onde azurée. Il n'écoute pas même Mentor qui lui parle; et il est tout hors de lui-même, dans un transport semblable à celui des Ménades, lorsqu'elles tiennent le thyrse en main, et qu'elles font retentir de leurs cris insensés les rives de l'Hèbre, avec les monts Rhodope et Ismare.

Enfin, il revient un peu de cette espèce d'enchantement; et les larmes recommencent à couler de ses yeux. Alors Mentor lui dit : Je ne m'étonne point, mon cher Télémaque, de vous voir pleurer; la cause de votre douleur, qui vous est inconnue, ne l'est pas à Mentor : c'est la nature qui parle, et qui se fait sentir; c'est elle qui attendrit votre cœur. L'inconnu qui vous a donné une si vive émotion est le grand Ulysse [1] : ce qu'un vieillard phéacien vous a raconté de lui, sous le nom de Cléomènes, n'est qu'une fiction faite pour cacher plus sûrement le retour de votre père dans son royaume. Il s'en va tout droit à Ithaque; déjà il est bien près du port, et il revoit enfin ces lieux si longtemps désirés. Vos yeux l'ont vu, comme on vous l'avoit prédit autrefois, mais sans le connoître : bientôt vous le verrez, et vous le connoîtrez, et il vous connoîtra; mais maintenant les dieux ne pouvoient permettre votre reconnoissance hors d'Ithaque. Son cœur n'a pas été moins ému que le vôtre; il est trop sage pour se découvrir à nul mortel dans un lieu où il pourroit être exposé à des trahisons et aux insultes des [1] cruels amans de Pénélope. Ulysse, votre père, est le plus sage de tous les hommes; son cœur est comme un puits profond; on ne sauroit y puiser son secret. Il aime la vérité, et ne dit jamais rien qui la blesse : mais il ne la dit que pour le besoin; et la sagesse, comme un sceau, tient toujours ses lèvres fermées à toute parole inutile. Combien [2] a-t-il été ému en vous parlant! combien s'est-il fait de violence pour ne se point découvrir! que n'a-t-il pas souffert en vous voyant! Voilà ce qui le rendoit triste et abattu.

Pendant ce discours, Télémaque, attendri et troublé, ne pouvoit retenir un torrent de larmes; les sanglots l'empêchèrent même longtemps [3] de répondre; enfin il s'écria : Hélas! mon cher Mentor, je sentois bien dans cet inconnu je ne sais quoi qui m'attiroit à [4] lui et qui remuoit toutes mes entrailles. Mais pourquoi ne m'avez-vous pas dit, avant son départ, que c'étoit Ulysse, puisque vous le connoissiez? Pourquoi l'avez-vous laissé partir sans lui parler, et sans faire semblant de le connoître? Quel est donc ce mystère? Serai-je toujours malheureux? Les dieux irrités me veulent-ils tenir comme Tantale altéré, qu'une onde trompeuse amuse, s'enfuyant de ses lèvres [5]? Ulysse, Ulysse; m'avez-vous échappé pour jamais? Peut-être ne le verrai-je plus! Peut-être que les amans de Pénélope le feront tomber dans les embûches qu'ils me préparoient! Au moins, si je le suivois, je mourrois avec lui! O Ulysse! ô Ulysse, si la tempête ne vous rejette point encore contre quelque écueil (car j'ai tout à craindre de la fortune ennemie), je tremble de peur que vous n'arriviez à Ithaque avec un sort aussi funeste qu'Agamemnon à Mycènes. Mais pourquoi, cher Mentor, m'avez-vous envié mon bonheur? Maintenant je l'embrasserois; je serois déjà avec lui dans le port d'Ithaque; nous combattrions pour vaincre tous nos ennemis.

VAR. — [1] Alors m. A. aj. B. — [2] je ne sais quoi tient ses yeux. A. — [3] le grand Ulysse. Il s'en va à Ithaque; déjà, etc. A.

VAR. — [1] de ces cruels. A. — [2] Combien de fois a-t-il été ému en vous parlant! combien de fois s'est-il interrompu lui-même pour ne se point découvrir! A. — [3] long-temps m. A. aj. B. — [4] en lui. A. — [5] de ses lèvres avides? A.

Mentor lui répondit en souriant : [1] Voyez, mon cher Télémaque, comment les hommes sont faits : vous voilà tout désolé, parce que vous avez vu votre père sans le reconnoître. Que n'eussiez-vous pas donné hier pour être assuré qu'il n'étoit pas mort? Aujourd'hui, vous en êtes assuré par vos propres yeux; et cette assurance, qui devroit vous combler de joie, vous laisse dans l'amertume! Ainsi le cœur malade des mortels compte toujours pour rien ce qu'il a le plus désiré, dès qu'il le possède, et est ingénieux pour se tourmenter sur ce qu'il ne possède pas encore. C'est pour exercer votre patience, que les dieux vous tiennent ainsi en suspens : Vous regardez ce temps comme perdu; sachez que c'est le plus utile de votre vie, car [2] ces peines servent à vous exercer dans la plus nécessaire de toutes les vertus pour ceux qui doivent commander. Il faut être patient pour devenir maître de soi et des autres [3] hommes : l'impatience, qui paroît une force et une vigueur de l'ame, n'est qu'une foiblesse et une impuissance de souffrir la peine. Celui qui ne sait pas attendre et souffrir, est comme celui qui ne sait pas se taire sur un secret; l'un et l'autre manque de fermeté pour se retenir : comme un homme qui court dans un chariot, et qui n'a pas la main assez ferme pour arrêter, quand il le faut, ses coursiers fougueux; ils n'obéissent plus au frein, ils se précipitent; et l'homme foible auquel ils échappent, est brisé dans sa chute. Ainsi l'homme impatient est entraîné, par ses désirs indomptés et farouches, dans un abîme de malheurs : plus sa puissance est grande, plus son impatience lui est funeste; il n'attend rien, il ne se donne le temps de rien mesurer; il force toutes choses pour se contenter; il rompt les branches pour cueillir le fruit avant qu'il soit mûr; il brise les portes, plutôt que d'attendre qu'on les lui ouvre; il veut moissonner quand le sage laboureur sème : tout ce qu'il a fait à la hâte et à contre-temps [4], est mal fait, et ne peut avoir de durée, non plus que ses désirs volages. Tels sont les projets insensés d'un homme qui croit pouvoir tout, et qui se livre à ses désirs impatiens [5] pour abuser de sa puissance. C'est pour vous apprendre à être patient, mon cher Télémaque, que les dieux exercent tant votre patience [6], et semblent se jouer de vous dans la vie errante où ils vous tiennent toujours incertain. Les biens que vous espérez se montrent à vous, et s'enfuient comme un songe léger que le réveil fait disparoître, pour vous apprendre que les choses mêmes qu'on croit tenir dans ses mains échappent dans l'instant. Les plus sages leçons d'Ulysse ne vous seront pas aussi utiles que sa longue absence, et que [1] les peines que vous souffrez en le cherchant.

Ensuite Mentor voulut mettre la patience de Télémaque à une dernière épreuve encore plus forte. Dans le moment où le jeune homme alloit [2] avec ardeur presser les matelots pour hâter le départ, Mentor l'arrêta tout-à-coup, et l'engagea à faire sur le rivage un grand sacrifice à Minerve. Télémaque fait avec docilité ce que Mentor veut. On dresse deux autels de gazon. L'encens fume, le sang des victimes coule. Télémaque pousse des soupirs tendres vers le ciel; il reconnoît la puissante protection de la déesse.

A peine le sacrifice est-il achevé, qu'il suit Mentor dans les routes sombres d'un petit bois voisin. Là, il aperçoit tout-à-coup que le visage de son ami prend [3] une nouvelle forme : les rides de son front s'effacent, comme les ombres disparoissent, quand l'Aurore, de ses doigts de rose, ouvre les portes de l'orient, et enflamme tout l'horizon; ses yeux creux et austères [4] se changent en des yeux bleus d'une douceur céleste et pleins d'une flamme divine; sa barbe grise et négligée disparoît; des traits nobles et fiers, mêlés de douceur et de grâces, se montrent aux yeux de Télémaque ébloui. Il reconnoît un visage de femme, avec un teint plus uni qu'une fleur tendre : on y voit la blancheur des lis mêlés de roses naissantes : sur ce visage fleurit une éternelle jeunesse, avec une majesté simple et négligée. Une odeur d'ambrosie se répand de ses habits [5] flottans; ses habits éclatent [6] comme les vives couleurs dont le so-

VAR. — [1] Voyez...... ne possède pas encore. m. A. aj. B. — [2] car il vous exerce dans, etc. A. — [3] et des autres : l'impatience, qui paroît une force et une vigueur de l'ame, n'est qu'une foiblesse. Celui qui, etc. A. — [4] et à contre-temps m. A. aj. B. — [5] impatiens m. A. aj. B. — [6] votre patience. Les biens que, etc. A.

VAR. — [1] que m. A. aj. B. — [2] pressoit avec ardeur les matelots. B. — [3] Au lieu de ce qui précède, depuis Ensuite Mentor voulut mettre, &c., on lit dans l'original : Télémaque écoutoit ces paroles avec amertume : il regardoit la mer, et ne voyoit plus le vaisseau phéacien; puis il reportoit ses yeux baignés de larmes sur Mentor qui parloit. Mais tout-à-coup il aperçut que le visage de Mentor prenoit une nouvelle forme : les rides de son front s'effaçoient, etc. le reste aj. B. — [4] ses yeux creux et austères se changeoient..... sa barbe grise et négligée disparut : des traits nobles..... se montrèrent aux yeux de Télémaque ébloui. Il reconnut un visage de femme..... on y voyoit la blancheur des lis mêlés de roses naissantes. Sur ce visage fleurissoit une eternelle jeunesse, avec une majesté simple et négligée; une odeur d'ambrosie se répandoit de ses habits flottans. A. — [5] de ses cheveux. Edit. corret. du marq. de Fén. — [6] ses habits éclatoient comme les vives couleurs .... Cette divinité ne touchoit pas du pied la terre; elle couloit légèrement..... elle

leil, en se levant, peint les sombres voûtes du ciel, et les nuages qu'il vient dorer. Cette divinité ne touche pas du pied à terre; elle coule légèrement dans l'air comme un oiseau le fend de ses ailes : elle tient de sa puissante main une lance brillante, capable de faire trembler les villes et les nations les plus guerrières; Mars même en seroit effrayé. Sa voix est douce et modérée, mais forte et insinuante; toutes ses paroles sont des traits de feu qui percent le cœur de Télémaque, et qui lui font ressentir je ne sais quelle douleur délicieuse. Sur son casque paroît l'oiseau triste d'Athènes, et sur sa poitrine brille la redoutable égide. A ces marques, Télémaque reconnoît Minerve.

O déesse, dit-il, c'est donc vous-même qui avez daigné conduire le fils d'Ulysse pour l'amour de son père! Il vouloit en dire davantage; mais la voix lui manqua; ses lèvres s'efforçoient en vain d'exprimer les pensées qui sortoient avec impétuosité du fond de son cœur : la divinité présente l'accabloit, et il étoit comme un homme qui, dans un songe, est oppressé jusqu'à perdre la respiration, et qui, par l'agitation pénible de ses lèvres, ne peut former aucune voix.

Enfin Minerve prononça ces paroles : Fils d'Ulysse, écoutez-moi pour la dernière fois. Je n'ai instruit aucun mortel avec autant de soin que vous; je vous ai mené par la main au travers des naufrages, des terres inconnues, des guerres sanglantes, et de tous les maux qui peuvent éprouver le cœur de l'homme. Je vous ai montré, par des expériences sensibles, les vraies et les fausses maximes par lesquelles on peut régner. Vos fautes ne vous ont pas été moins utiles que vos malheurs : car quel est l'homme qui peut gouverner sagement s'il n'a jamais souffert, et s'il n'a jamais profité des souffrances où ses fautes l'ont précipité?

Vous avez rempli, comme votre père, les terres et les mers de vos tristes aventures. Allez, vous êtes maintenant digne de marcher sur ses pas. Il ne vous reste plus qu'un court et facile trajet jusques à Ithaque, où il arrive dans ce moment : combattez avec lui; obéissez-lui comme le moindre de ses sujets; donnez-en l'exemple aux autres. Il vous donnera pour épouse Antiope, et vous serez heureux avec elle, pour avoir moins cherché la beauté, que la sagesse et la vertu.

Lorsque vous règnerez, mettez toute votre gloire à renouveler l'âge d'or : écoutez tout le monde; croyez peu de gens; gardez-vous bien de vous croire trop vous-même : craignez de vous tromper, mais ne craignez jamais de laisser voir aux autres que vous avez été trompé.

Aimez les peuples; n'oubliez rien pour en être aimé. La crainte est nécessaire quand l'amour manque; mais il la faut toujours employer à regret, comme les remèdes les plus violens et les plus dangereux [1].

Considérez toujours de loin toutes les suites de ce que vous voudrez entreprendre; prévoyez les plus terribles inconvéniens, et sachez que le vrai courage consiste à envisager tous les périls, et à les mépriser quand ils deviennent nécessaires. Celui qui ne veut pas les voir n'a pas assez de courage pour en supporter [2] tranquillement la vue : celui qui les voit tous, qui évite tous ceux qu'on peut éviter, et qui tente les autres sans s'émouvoir, est le seul sage et magnanime.

Fuyez la mollesse, le faste, la profusion; mettez votre gloire dans la simplicité; que vos vertus et vos bonnes actions soient les ornemens de votre personne et de votre palais; qu'elles soient la garde qui vous environne, et que tout le monde apprenne de vous en quoi consiste le vrai honneur. N'oubliez jamais que les rois ne règnent point pour leur propre gloire, mais pour le bien des peuples. Les biens qu'ils font s'étendent jusque dans les siècles les plus éloignés : les maux qu'ils font se multiplient de génération en génération, jusqu'à la postérité la plus reculée. [3] Un mauvais règne fait quelquefois la calamité de plusieurs siècles.

Surtout soyez en garde contre votre humeur : c'est un ennemi que vous porterez partout avec vous jusques à la mort; il entrera dans vos conseils, et vous trahira, si vous l'écoutez. L'humeur fait perdre les occasions les plus importantes; elle donne des inclinations et des aversions d'enfant, au préjudice des plus grands intérêts; elle fait décider les plus grandes affaires par les plus petites raisons; elle obscurcit tous les talens, rabaisse le courage, rend un homme inégal, foible, vil et insupportable. Défiez-vous de cet ennemi.

Craignez les dieux, ô Télémaque; cette

---

tenoit de sa puissante main..... Mars même en auroit été effrayé. Sa voix étoit douce..... toutes ses paroles étoient des traits de feu qui perçoient le cœur de Télémaque, et qui lui faisoient ressentir je ne sais quelle douleur délicieuse. Sur son casque paroissoit l'oiseau triste d'Athènes, et sur sa poitrine brilloit la redoutable égide. A ces marques, Télémaque reconnut Minerve. A.

VAR. — [1] les remèdes violens et dangereux. A. — [2] en porter. A. — [3] Un mauvais règne..... jusqu'à la fin de l'alinéa, de cet ennemi. m. A. aj. D.

crainte est le plus grand trésor du cœur de l'homme : avec elle vous viendront la sagesse, la justice, la paix, la joie, les plaisirs purs, la vraie liberté, la douce abondance, la gloire sans tache.

Je vous quitte, ô fils d'Ulysse; mais ma sagesse ne vous quittera point, pourvu que vous sentiez toujours que vous ne pouvez rien sans elle. Il est temps que vous appreniez à marcher tout seul. Je ne me suis séparée de vous, en Phénicie [1] et à Salente, que pour vous ac-

coutumer à être privé de cette douceur, comme on sèvre les enfans lorsqu'il est temps de leur ôter le lait pour leur donner des alimens solides.

A peine la déesse eut achevé ce discours, qu'elle s'éleva dans les airs, et s'enveloppa d'un nuage d'or et d'azur, où elle disparut. Télémaque, soupirant, étonné et hors de lui-même, se prosterna à terre, levant les mains au ciel; puis il alla éveiller ses compagnons, se hâta de partir, arriva à Ithaque, et reconnut son père chez le fidèle Eumée.

Var. — [1] en Egypte. *Edit. corrigé dans* c *d'une main étrangère.*

DIALOGUES

SUR L'ÉLOQUENCE EN GÉNÉRAL, ET SUR CELLE DE LA CHAIRE EN PARTICULIER.

PREMIER DIALOGUE *.

Contre l'affectation de bel esprit dans les sermons. Le but de l'éloquence est d'instruire les hommes et de les rendre meilleurs : l'orateur n'atteindra pas ce but, s'il n'est désintéressé.

A. Hé bien! monsieur, vous venez donc d'entendre le sermon où vous vouliez me mener tantôt? Pour moi, je me suis contenté du prédicateur de notre paroisse.

B. Je suis charmé du mien; vous avez bien perdu, monsieur, de n'y être pas. J'ai arrêté une place pour ne manquer aucun sermon du Carême. C'est un homme admirable : si vous l'aviez une fois entendu, il vous dégoûteroit de tous les autres.

A. Je me garderai donc bien de l'aller entendre, car je ne veux point qu'un prédicateur me dégoûte des autres; au contraire, je cherche un homme qui me donne un tel goût et une telle estime pour la parole de Dieu, que j'en sois plus disposé à l'écouter partout ailleurs. Mais puisque j'ai tant perdu, et que vous êtes plein de ce beau sermon, vous pouvez, monsieur, me dédommager : de grâce, dites-nous quelque chose de ce que vous avez retenu.

B. Je défigurerois ce sermon par mon récit : ce sont cent beautés qui échappent; il faudroit être le prédicateur même pour vous dire....

A. Mais encore? Son dessein, ses preuves, sa morale, les principales vérités qui ont fait le corps de son discours? Ne vous reste-t-il rien dans l'esprit? est-ce que vous n'étiez pas attentif?

B. Pardonnez-moi, jamais je ne l'ai été davantage.

C. Quoi donc! vous voulez vous faire prier?

* Les interlocuteurs sont désignés par les lettres A, B, C.

B. Non; mais c'est que ce sont des pensées si délicates, et qui dépendent tellement du tour et de la finesse de l'expression, qu'après avoir charmé dans le moment elles ne se retrouvent pas aisément dans la suite. Quand même vous les retrouveriez, dites-les dans d'autres termes, ce n'est plus la même chose, elles perdent leur grâce et leur force.

A. Ce sont donc, monsieur, des beautés bien fragiles; en les voulant toucher on les fait disparoître. J'aimerois bien mieux un discours qui eût plus de corps et moins d'esprit; il feroit une forte impression, on retiendroit mieux les choses. Pourquoi parle-t-on, sinon pour persuader, pour instruire, et pour faire en sorte que l'auditeur retienne?

C. Vous voilà, monsieur, engagé à parler.

B. Hé bien! disons donc ce que j'ai retenu. Voici le texte : *Cinerem tanquam panem manducabam*, « Je mangeois la cendre comme mon pain. » Peut-on trouver un texte plus ingénieux pour le jour des Cendres? Il a montré que, selon ce passage, la cendre doit être aujourd'hui la nourriture de nos ames; puis il a enchâssé dans son avant-propos, le plus agréablement du monde, l'histoire d'Artémise sur les cendres de son époux. Sa chute à son *Ave Maria* a été pleine d'art. Sa division étoit heureuse; vous en jugerez. Cette cendre, dit-il, quoiqu'elle soit un signe de pénitence, est un principe de félicité; quoiqu'elle semble nous humilier, elle est une source de gloire; quoiqu'elle représente la mort, elle est un remède qui donne l'immortalité. Il a repris cette division en plusieurs manières, et chaque fois il donnoit un nouveau lustre à ses antithèses. Le reste du discours n'étoit ni moins poli, ni moins brillant : la diction étoit pure, les pensées nouvelles, les périodes nombreuses; chacune finissoit par quelque trait surprenant. Il nous a fait des peintures morales où chacun se trouvoit : il a fait une anatomie des passions du cœur humain, qui égale les Maximes de M. de La Rochefoucauld. Enfin, selon moi, c'étoit un ouvrage achevé. Mais vous, monsieur, qu'en pensez-vous ?

A. Je crains de vous parler sur ce sermon, et de vous ôter l'estime que vous en avez : on doit respecter la parole de Dieu, profiter de toutes les vérités qu'un prédicateur a expliquées, et éviter l'esprit de critique, de peur d'affoiblir l'autorité du ministère.

B. Non, monsieur, ne craignez rien. Ce n'est point par curiosité que je vous questionne : j'ai besoin d'avoir là-dessus de bonnes idées ; je veux m'instruire solidement, non-seulement pour mes besoins, mais encore pour ceux d'autrui, car ma profession m'engage à prêcher. Parlez-moi donc sans réserve, et ne craignez ni de me contredire, ni de me scandaliser.

A. Vous le voulez, il faut vous obéir. Sur votre rapport même, je conclus que c'étoit un méchant sermon.

B. Comment cela ?

A. Vous l'allez voir. Un sermon où les applications de l'Écriture sont fausses, où une histoire profane est rapportée d'une manière froide et puérile, où l'on voit régner partout une vaine affectation de bel-esprit, est-il bon ?

B. Non, sans doute : mais le sermon que je vous rapporte ne me semble point de ce caractère.

A. Attendez, vous conviendrez de ce que je dis. Quand le prédicateur a choisi pour texte ces paroles, *Je mangeois la cendre comme mon pain*, devoit-il se contenter de trouver un rapport de mots entre ce texte et la cérémonie d'aujourd'hui ? Ne devoit-il pas commencer par entendre le vrai sens de son texte, avant que de l'appliquer au sujet ?

B. Oui, sans doute.

A. Ne falloit-il donc pas reprendre les choses de plus haut, et tâcher d'entrer dans toute la suite du Psaume ? N'étoit-il pas juste d'examiner si l'interprétation dont il s'agissoit étoit contraire au sens véritable, avant que de la donner au peuple comme la parole de Dieu ?

B. Cela est vrai : mais en quoi peut-elle y être contraire ?

A. David, ou quel que soit l'auteur du Psaume CI, parle de ses malheurs en cet endroit. Il dit que ses ennemis lui insultoient cruellement, le voyant dans la poussière, abattu à leurs pieds, réduit (c'est ici une expression poétique) à se nourrir d'un pain de cendres et d'une eau mêlée de larmes. Quel rapport des plaintes de David, renversé de son trône et persécuté par son fils Absalon, avec l'humiliation d'un Chrétien qui se met des cendres sur le front pour penser à la mort, et pour se détacher des plaisirs du monde ?

N'y avoit-il point d'autre texte à prendre dans l'Ecriture ? Jésus-Christ, les apôtres, les prophètes, n'ont-ils jamais parlé de la mort et de la cendre du tombeau, à laquelle Dieu réduit notre vanité ? Les Ecritures ne sont-elles pas pleines de mille figures touchantes sur cette vérité ? les paroles mêmes de la Genèse, si propres, si naturelles à cette cérémonie, et choisies par l'Eglise même, ne seront-elles donc pas dignes du choix d'un prédicateur ? Appréhendera-t-il, par une fausse délicatesse, de redire souvent un texte que le Saint-Esprit et l'Eglise ont voulu répéter sans cesse tous les ans ? Pourquoi donc laisser cet endroit, et tant d'autres de l'Ecriture, qui conviennent, pour en chercher un qui ne convient pas ? C'est un goût dépravé, une passion aveugle de dire quelque chose de nouveau.

B. Vous vous échauffez trop, monsieur : il est vrai que ce texte n'est point conforme au sens littéral.

C. Pour moi, je veux savoir si les choses sont vraies, avant que de les trouver belles. Mais le reste ?

A. Le reste du sermon est du même genre que le texte. Ne le voyez-vous pas, monsieur ? A quel propos faire l'agréable dans un sujet si effrayant, et amuser l'auditeur par le récit profane de la douleur d'Artémise, lorsqu'il faudroit tonner et ne donner que des images terribles de la mort ?

B. Je vous entends, vous n'aimez pas les traits d'esprit. Mais sans cet agrément que deviendroit l'éloquence ? Voulez-vous réduire tous les prédicateurs à la simplicité des missionnaires ? Il en faut pour le peuple ; mais les honnêtes gens ont les oreilles plus délicates, et il est nécessaire de s'accommoder à leur goût.

A. Vous me menez ailleurs : je voulois achever de vous montrer combien ce sermon est mal conçu ; il ne me restoit qu'à parler de la division, mais je crois que vous comprenez assez vous-même ce qui me la fait désapprouver. C'est un homme qui donne trois points pour sujet de tout son discours. Quand on divise, il faut diviser simplement, naturellement : il faut que ce soit une division qui se trouve toute faite dans le sujet même ; une division qui éclaircisse, qui range les matières, qui se retienne aisément, et qui aide à retenir tout le reste ; enfin une division qui fasse voir la grandeur du sujet et de ses parties. Tout au contraire, vous voyez ici un homme qui entreprend d'abord de vous éblouir, qui vous débite trois épigrammes ou trois énigmes, qui les tourne et retourne avec subtilité ; vous croyez voir des tours de passe-passe. Est-ce là un air sérieux et grave, propre à vous faire espérer quelque chose d'utile et d'important ? Mais revenons à ce que vous disiez : vous demandez si je veux donc bannir l'éloquence de la chaire ?

B. Oui ; il me semble que vous allez là.

A. Ha ! voyons : qu'est-ce que l'éloquence ?

B. C'est l'art de bien parler.

A. Cet art n'a-t-il point d'autre but que celui de bien parler ? les hommes en parlant n'ont-ils point quelque dessein ? parle-t-on pour parler ?

B. Non, on parle pour plaire et pour persuader.

A. Distinguons, s'il vous plaît, monsieur, soigneusement ces deux choses : on parle pour persuader, cela est constant ; on parle aussi pour plaire, cela n'arrive que trop souvent. Mais quand on tâche de plaire, on a un autre but plus éloigné, qui est néanmoins le principal. L'homme de bien ne cherche à plaire que pour inspirer la justice et les autres vertus en les rendant aimables ; celui qui cherche son intérêt, sa réputation, sa fortune, ne songe à plaire que pour gagner l'inclination et l'estime des gens qui peuvent contenter son avarice ou son ambition : ainsi cela même se réduit encore à une manière de persuasion que l'orateur cherche ; il veut plaire pour flatter, et il flatte pour persuader ce qui convient à son intérêt.

B. Enfin vous ne pouvez disconvenir que les hommes ne parlent souvent que pour plaire. Des orateurs païens ont eu ce but. Il est aisé de voir dans les discours de Cicéron, qu'il travailloit pour sa réputation : qui ne croira la même chose d'Isocrate et de Démosthène ?

Tous les anciens panégyristes songeoient moins à faire admirer leurs héros, qu'à se faire admirer eux-mêmes ; ils ne cherchoient la gloire d'un prince, qu'à cause de celle qui leur devoit revenir à eux-mêmes pour l'avoir bien loué. De tout temps cette ambition a semblé permise chez les Grecs et chez les Romains : par cette émulation, l'éloquence se perfectionnoit, les esprits s'élevoient à de hautes pensées et à de grands sentiments ; par là on voyoit fleurir les anciennes républiques : le spectacle que donnoit l'éloquence, et le pouvoir qu'elle avoit sur les peuples, la rendirent admirable, et ont poli merveilleusement les esprits. Je ne vois pas pourquoi on blâmeroit cette émulation, même dans des orateurs chrétiens, pourvu qu'il ne parût dans leurs discours aucune affectation indécente, et qu'ils n'affoiblissent en rien la morale évangélique. Il ne faut point blâmer une chose qui anime les jeunes gens, et qui forme les grands prédicateurs.

A. Voilà bien des choses, monsieur, que vous mettez ensemble : démêlons-les, s'il vous plaît, et voyons avec ordre ce qu'il en faut conclure ; surtout évitons l'esprit de dispute ; examinons cette matière paisiblement, en gens qui ne craignent que l'erreur, et mettons tout l'honneur à nous dédire dès que nous apercevons que nous serons trompés.

B. Je suis dans cette disposition, ou du moins je crois y être ; et vous me ferez plaisir de m'avertir si vous voyez que je m'écarte de cette règle.

A. Ne parlons point d'abord des prédicateurs, ils viendront en leur temps : commençons par les orateurs profanes, dont vous avez cité ici l'exemple. Vous avez mis Démosthène avec Isocrate ; en cela vous avez fait tort au premier : le second est un froid orateur, qui n'a songé qu'à polir ses pensées et qu'à donner de l'harmonie à ses paroles ; il n'a eu qu'une idée basse de l'éloquence, et il l'a presque toute mise dans l'arrangement des mots. Un homme qui a employé selon les uns dix ans, et selon les autres quinze, à ajuster les périodes de son Panégyrique, qui est un discours sur les besoins de la Grèce, étoit d'un secours bien foible et bien lent pour la république contre les entreprises du roi de Perse. Démosthène parloit bien autrement contre Philippe. Vous pouvez voir la comparaison que Denys d'Halicarnasse fait des deux orateurs, et les défauts essentiels qu'il remarque dans Isocrate. On ne voit dans celui-ci que des discours fleuris et efféminés, que des périodes faites avec un travail infini pour amuser l'oreille ; pendant que Démosthène émeut, échauffe et entraîne les cœurs : il est trop vivement touché des intérêts de sa patrie pour s'amuser à tous les jeux d'esprit d'Isocrate ; c'est un raisonnement serré et pressant, ce sont des sentimens généreux d'une ame qui ne conçoit rien que de grand, c'est un discours qui croît et qui se fortifie à chaque parole par des raisons nouvelles, c'est un enchaînement de figures hardies et touchantes ; vous ne sauriez le lire sans voir qu'il porte la république dans le fond de son cœur : c'est la nature qui parle elle-même dans ses transports ; l'art est si achevé, qu'il n'y paroît point ; rien n'égala jamais sa rapidité et sa véhémence. N'avez-vous pas vu ce qu'en dit Longin dans son *Traité du Sublime.*

B. Non : n'est-ce pas ce traité que M. Boileau a traduit ? est-il beau ?

B. Je ne crains pas de dire qu'il surpasse à mon gré la *Rhétorique* d'Aristote. Cette *Rhétorique,* quoique très-belle, a beaucoup de préceptes secs, et plus curieux qu'utiles dans la pratique ; ainsi elle sert bien plus à faire remarquer les règles de l'art à ceux qui sont déjà éloquens, qu'à inspirer l'éloquence et à former de vrais orateurs : mais le *Sublime* de Longin joint aux préceptes beaucoup d'exemples qui les rendent sensibles. Cet auteur traite le sublime d'une manière sublime, comme le traducteur l'a remarqué ; il échauffe l'imagination, il élève l'esprit du lecteur, il lui forme le goût, et lui apprend à distinguer judicieusement le bien et le mal dans les orateurs célèbres de l'antiquité.

B. Quoi ! Longin est si admirable ! Hé ! ne vivoit-il pas du temps de l'empereur Aurélien et de Zénobie ?

A. Oui ; vous savez leur histoire.

B. Ce siècle n'étoit-il pas bien éloigné de la politesse des précédens ? Quoi ! vous voudriez qu'un auteur de ce temps-là eût le goût meilleur qu'Isocrate ? En vérité, je ne puis le croire.

A. J'en ai été surpris moi-même : mais vous n'avez qu'à le lire ; quoiqu'il fût d'un siècle fort gâté, il s'étoit formé sur les anciens, et il ne tient presque rien des défauts de son temps. Je dis presque rien, car il faut avouer qu'il s'applique plus à l'admirable qu'à l'utile, et qu'il ne rapporte guère l'éloquence à la morale ; en cela il paroît n'avoir pas les vues solides qu'avoient les anciens Grecs, surtout les philosophes : encore même faut-il lui pardonner un défaut dans lequel Isocrate, quoique d'un meilleur siècle, lui est beaucoup inférieur ; surtout ce défaut est excusable dans un traité particulier, où il parle, non de ce qui instruit les hommes, mais de ce qui les frappe et qui les saisit. Je vous parle de cet auteur, parce qu'il vous servira beaucoup à comprendre ce que je veux dire : vous y verrez le portrait admirable qu'il fait de Démosthène, dont il rapporte des endroits très-sublimes ; et vous y trouverez aussi ce que je vous ai dit des défauts d'Isocrate. Vous ne sauriez mieux faire, pour connoître ces deux auteurs, si vous ne voulez pas prendre la peine de les connoître par eux-mêmes en lisant leurs ouvrages. Laissons donc Isocrate, et revenons à Démosthène et à Cicéron.

B. Vous laissez Isocrate, parce qu'il ne vous convient pas.

A. Parlons donc encore d'Isocrate, puisque vous n'êtes pas persuadé ; jugeons de son éloquence par les règles de l'éloquence même, et par le sentiment du plus éloquent écrivain de l'antiquité : c'est Platon ; l'en croirez-vous, monsieur ?

B. Je le croirai s'il a raison ; je ne jure sur la parole d'aucun maître.

A. Souvenez-vous de cette règle ; c'est ce que je demande : pourvu que vous ne vous laissiez point dominer par certains préjugés de notre temps, la raison vous persuadera bientôt. N'en croyez donc ni Isocrate ni Platon ; mais jugez de l'un et de l'autre par des principes clairs. Vous ne sauriez disconvenir que le but de l'éloquence ne soit de persuader la vérité et la vertu.

B. Je n'en conviens pas, c'est ce que je vous ai déjà nié.

A. C'est donc ce que je vais vous prouver. L'éloquence, si je ne me trompe, peut être prise en trois manières : 1° comme l'art de persuader la vérité et de rendre les hommes meilleurs ; 2° comme un art indifférent, dont les méchans se peuvent servir aussi bien que les bons, et qui peut persuader l'erreur, l'injustice, autant que la justice et la vérité ; 3° enfin comme un art qui peut servir aux hommes intéressés à plaire, à s'acquérir de la réputation et à faire fortune. Admettez une de ces trois manières.

B. Je les admets toutes, qu'en conclurez-vous ?

A. Attendez, la suite vous le montrera ; contentez-vous, pourvu que je ne vous dise rien que de clair, et que je vous mène à mon but. De ces trois manières d'éloquence, vous approuverez sans doute la première.

B. Oui, c'est la meilleure.

A. Et la seconde, qu'en pensez-vous ?

B. Je vous vois venir, vous voulez faire un sophisme. La seconde est blâmable par le mauvais usage que l'orateur y fait de l'éloquence pour persuader l'injustice et l'erreur. L'éloquence d'un méchant homme est bonne en elle-même ; mais la fin à laquelle il la rapporte est pernicieuse. Or, nous devons parler des règles de l'éloquence, et non de l'usage qu'il en faut faire ; ne quittons point, s'il vous plaît, ce qui fait notre véritable question.

A. Vous verrez que je ne m'en écarte pas, si vous voulez bien me continuer la grace de m'écouter. Vous blâmez donc la seconde manière ;

et pour ôter toute équivoque, vous blâmez ce second usage de l'éloquence.

B. Bon, vous parlez juste ; nous voilà pleinement d'accord.

A. Et le troisième usage de l'éloquence, qui est de chercher à plaire par des paroles, pour se faire par là une réputation et une fortune, qu'en dites-vous ?

B. Vous savez déjà mon sentiment, je n'en ai point changé. Cet usage de l'éloquence me paroît honnête ; il excite l'émulation, et perfectionne les esprits.

A. En quel genre doit-on tâcher de perfectionner les esprits ? Si vous aviez à former un État ou une république, en quoi voudriez-vous y perfectionner les esprits ?

B. En tout ce qui pourroit les rendre meilleurs. Je voudrois faire de bons citoyens, pleins de zèle pour le bien public. Je voudrois qu'ils sussent en guerre défendre la patrie, en paix faire observer les lois, gouverner leurs maisons, cultiver ou faire cultiver leurs terres, élever leurs enfans à la vertu, leur inspirer la religion, s'occuper au commerce selon les besoins du pays, et s'appliquer aux sciences utiles à la vie. Voilà, ce me semble, le but d'un législateur.

A. Vos vues sont très-justes et très-solides. Vous voudriez donc des citoyens ennemis de l'oisiveté, occupés à des choses très-sérieuses, et qui tendissent toujours au bien public ?

B. Oui, sans doute.

A. Et vous retrancheriez tout le reste ?

B. Je le retrancherois.

A. Vous n'admettriez les exercices du corps que pour la santé et la force ? Je ne parle point de la beauté du corps, parce qu'elle est une suite naturelle de la santé et de la force pour les corps qui sont bien formés.

B. Je n'admettrois que ces exercices-là.

A. Vous retrancheriez donc tous ceux qui ne serviroient qu'à amuser, et qui ne mettroient point l'homme en état de mieux supporter les travaux réglés de la paix et les fatigues de la guerre ?

B. Oui, je suivrois cette règle.

A. C'est sans doute par le même principe que vous retrancheriez aussi (car vous me l'avez dit) tous les exercices de l'esprit qui ne serviroient point à rendre l'ame saine, forte, belle, en la rendant vertueuse ?

B. J'en conviens. Que s'ensuit-il de là ? Je ne vois pas encore où vous voulez aller, vos détours sont bien longs.

A. C'est que je veux chercher les premiers principes, et ne laisser derrière moi rien de douteux. Répondez, s'il vous plaît.

B. J'avoue qu'on doit à plus forte raison suivre cette règle pour l'ame, l'ayant établie pour le corps.

A. Toutes les sciences et tous les arts qui ne vont qu'au plaisir, à l'amusement et à la curiosité, les souffririez-vous ? Ceux qui n'appartiendroient ni aux devoirs de la vie domestique, ni aux devoirs de la vie civile, que deviendroient-ils ?

B. Je les bannirois de ma république.

A. Si donc vous souffriez les mathématiciens, ce seroit à cause des mécaniques, de la navigation, de l'arpentage des terres, des supputations qu'il faut faire, des fortifications des places, etc. Voilà leur usage qui les autoriserait. Si vous admettiez les médecins, les jurisconsultes, ce seroit pour la conservation de la santé et de la justice. Il en seroit de même des autres professions dont nous sentons le besoin. Mais pour les musiciens, que feriez-vous ? ne seriez-vous pas de l'avis de ces anciens Grecs qui ne séparoient jamais l'utile de l'agréable ? Eux qui avoient poussé la musique et la poésie, jointes ensemble, à une si haute perfection, ils vouloient qu'elles servissent à élever les courages, à inspirer les grands sentimens. C'étoit par la musique et par la poésie qu'ils se préparoient aux combats ; ils alloient à la guerre avec des musiciens et des instrumens. De là encore les trompettes et les tambours qui les jetoient dans un enthousiasme et dans une espèce de fureur qu'ils appeloient divine. C'étoit par la musique et par la cadence des vers qu'ils adoucissoient les peuples féroces. C'étoit par cette harmonie qu'ils faisoient entrer, avec le plaisir, la sagesse dans le fond des cœurs des enfans : on leur faisoit chanter les vers d'Homère, pour leur inspirer agréablement le mépris de la mort, des richesses et des plaisirs qui amollissent l'ame ; l'amour de la gloire, de la liberté et de la patrie. Leurs danses mêmes avoient un but sérieux à leur mode, et il est certain qu'ils ne dansoient pas pour le seul plaisir : nous voyons, par l'exemple de David, que les peuples orientaux regardoient la danse comme un art sérieux, semblable à la musique et à la poésie. Mille instructions étoient mêlées dans leurs fables et dans leurs poèmes : ainsi, la philosophie la plus grave et la plus austère ne se montroit qu'avec un visage riant. Cela paraît encore par les danses mystérieuses des prêtres, que les païens avoient mêlées dans leurs cérémonies pour les fêtes des dieux. Tous ces arts qui consistent ou dans les sons mélodieux, ou dans les mouvemens du corps, ou dans les paroles, en un mot, la musique, la danse, l'éloquence, la poésie, ne furent inventés que pour exprimer les passions, et pour les inspirer en les exprimant. Par là on voulut imprimer de grands sentimens dans l'âme des hommes, et leur faire des peintures vives et touchantes de la beauté de la vertu et de la difformité du vice : ainsi tous ces arts, sous l'apparence du plaisir, entroient dans les desseins les plus sérieux des anciens pour la morale et pour la religion. La chasse même étoit l'apprentissage pour la guerre. Tous les plaisirs les plus touchans renfermoient quelque leçon de vertu. De cette source vinrent dans la Grèce tant de vertus héroïques, admirées de tous les siècles. Cette première instruction fut altérée, il est vrai, et elle avoit en elle-même d'extrêmes défauts. Son défaut essentiel étoit d'être fondée sur une religion fausse et pernicieuse. En cela les Grecs se trompoient, comme tous les sages du monde, plongés alors dans l'idolâtrie : mais s'ils se trompoient pour le fond de la religion et pour le choix des maximes, ils ne se trompoient pas pour la manière d'inspirer la religion et la vertu ; tout y étoit sensible, agréable, propre à faire une vive impression.

B. Vous disiez tout-à-l'heure que cette première institution fut altérée ; n'oubliez pas, s'il vous plaît, de nous l'expliquer.

A. Oui, elle fut altérée. La vertu donne la véritable politesse ; mais bientôt, si on n'y prend garde, la politesse amollit peu à peu. Les Grecs asiatiques furent les premiers à se corrompre ; les Ioniens [1] devinrent efféminés ; toute cette côte d'Asie fut un théâtre de volupté [2]. La Crète, malgré les sages lois de Minos, se corrompit de même : vous savez les vers que cite saint Paul [3]. Corinthe fut fameuse par son luxe et par ses dissolutions. Les Romains, encore grossiers, commencèrent à trouver de quoi amollir leur vertu rustique. Athènes ne fut pas exempte de cette contagion ; toute la Grèce en fut infectée. Le plaisir, qui ne devoit être que le moyen d'insinuer la sagesse, prit la place de la sagesse même. Les philosophes réclamèrent. Socrate s'éleva, et montra à ses citoyens égarés que le plaisir, dans lequel ils s'arrêtoient, ne devoit être que le chemin de la vertu. Platon, son disciple, qui n'a pas eu honte de composer ses écrits des discours de son maître, retranche de sa république tous les tons de la musique, tous les mouvemens de la tragédie, tous les récits des poèmes, et les endroits d'Homère qui ne vont pas à inspirer l'amour des bonnes lois. Voilà le jugement que firent Socrate et Platon sur les poètes et sur les musiciens : n'êtes-vous pas de leur avis ?

B. J'entre tout-à-fait dans leur sentiment ; il ne faut rien d'inutile. Puisqu'on peut mettre le plaisir dans les choses solides, il ne le faut point chercher ailleurs. Si quelque chose peut faciliter la vertu, c'est de la mettre d'accord avec le plaisir : au contraire, quand on les sépare, on tente violemment les hommes d'abandonner la vertu ; d'ailleurs, tout ce qui plaît sans instruire amuse et amollit. Hé bien ! ne trouvez-vous pas que je suis devenu philosophe en vous écoutant ? Mais allons jusqu'au bout, car nous ne sommes pas encore d'accord.

A. Nous le serons bientôt, monsieur. Puisque vous êtes si philosophe, permettez-moi de vous faire encore une question. Voilà les musiciens et les poètes assujettis à n'inspirer que la vertu ; voilà les citoyens de votre république exclus des spectacles où le plaisir seroit sans instruction. Mais que feriez-vous des devins ?

B. Ce sont des imposteurs, il faut les chasser.

A. Mais ils ne font point de mal. Vous croyez bien qu'ils ne sont pas sorciers : ainsi ce n'est pas l'art diabolique que vous craignez en eux.

B. Non, je n'ai garde de le craindre, car je n'ajoute aucune foi à tous leurs contes ; mais ils font un assez grand mal d'amuser le public. Je ne souffre point dans ma république des gens oisifs qui amusent les autres, et qui n'aient point d'autre métier que celui de parler.

A. Mais ils gagnent leur vie par là ; ils amassent de l'argent pour eux et pour leurs familles.

B. N'importe ; qu'ils prennent d'autres métiers pour vivre : non-seulement il faut gagner sa vie, mais il la faut gagner par des occupations utiles au public. Je dis la même chose de tous ces misérables qui amusent les passans par leurs discours et par leurs chansons : quand ils ne mentiroient jamais, quand ils ne diroient rien de déshonnête, il faudroit les chasser ; l'inutilité seule suffit pour les rendre coupables : la police devroit les assujettir à prendre quelque métier réglé.

A. Mais ceux qui représentent des tragédies, les souffrirez-vous ? Je suppose qu'il n'y ait ni amour profane, ni immodestie mêlée dans ces

---

[1] *Motus doceri gaudet Ionicos.* Hor. lib. III, *Od.* VI, v. 24. — [2] Les Fables Milésiennes. — [3] *Tit.* I. 12.

tragédies ; de plus, je ne parle pas ici en chrétien : répondez-moi seulement en législateur et en philosophe.

B. Si ces tragédies n'ont pas pour but d'instruire en donnant du plaisir, je les condamnerois.

A. Bon ; en cela vous êtes précisément de l'avis de Platon, qui veut qu'on ne laisse point introduire dans sa république des poèmes et des tragédies qui n'auront pas été examinés par les gardes des lois [1], afin que le peuple ne voie et n'entende jamais rien qui ne serve à autoriser les lois et à inspirer la vertu. En cela vous suivez l'esprit des auteurs anciens, qui vouloient que la tragédie roulât sur deux passions, savoir, la terreur que doivent donner les suites funestes du vice, et la compassion qu'inspire la vertu persécutée et patiente : c'est l'idée qu'Eripide et Sophocle ont exécutée.

B. Vous me faites souvenir que j'ai lu cette dernière règle dans l'*Art poétique* de M. Boileau.

A. Vous avez raison : c'est un homme qui connoît bien, non-seulement le fond de la poésie, mais encore le but solide auquel la philosophie, supérieure à tous les arts, doit conduire le poète.

B. Mais enfin, où me menez-vous donc ?

A. Je ne vous mène plus ; vous allez tout seul : vous voilà heureusement au terme. Ne m'avez-vous pas dit que vous ne souffrez point dans votre république des gens oisifs qui amusent les autres, et qui n'ont point d'autre métier que celui de parler ? N'est-ce pas sur ce principe que vous chassez tous ceux qui représentent des tragédies, si l'instruction n'est mêlée au plaisir ? Sera-t-il permis de faire en prose ce qui ne le sera pas en vers ? Après cette sévérité, comment pourriez-vous faire grâce aux déclamateurs qui ne parlent que pour montrer leur bel esprit ?

B. Mais les déclamateurs dont nous parlons ont deux desseins qui sont louables.

A. Expliquez-les.

B. Le premier est de travailler pour eux-mêmes : par là ils se procurent des établissemens honnêtes. L'éloquence produit la réputation, et la réputation attire la fortune dont ils ont besoin.

A. Vous avez déjà répondu vous-même à votre objection. Ne disiez-vous pas qu'il faut non-seulement gagner sa vie, mais la gagner par des occupations utiles au public ? Celui qui représenteroit des tragédies sans y mêler l'instruction gagneroit sa vie ; cette raison ne vous empêcheroit pourtant pas de le chasser de votre république. Prenez, lui diriez-vous, un métier solide et réglé ; n'amusez pas les citoyens. Si vous voulez tirer d'eux un profit légitime, travaillez à quelque bien effectif, ou à les rendre vertueux. Pourquoi ne direz-vous pas la même chose de l'orateur ?

B. Nous voilà d'accord : la seconde raison que je voulois vous dire explique tout cela.

A. Comment ? dites-nous-la donc, s'il vous plaît.

B. C'est que l'orateur travaille même pour le public.

A. En quoi ?

B. Il polit les esprits ; il leur enseigne l'éloquence.

A. Attendez : si j'inventois un art chimérique, ou une langue imaginaire, dont on ne pût tirer aucun avantage, servirois-je le public en lui enseignant cet art ou cette langue ?

B. Non, parce qu'on ne sert les autres qu'autant qu'on leur enseigne quelque chose d'utile.

A. Vous ne sauriez donc prouver solidement qu'un orateur sert le public en lui enseignant l'éloquence, si vous n'aviez déjà prouvé que l'éloquence sert elle-même à quelque chose. A quoi servent les beaux discours d'un homme, si ces discours, tout beaux qu'ils sont, ne font aucun bien au public ? Les paroles, comme dit saint Augustin [1], sont faites pour les hommes, et non pas les hommes pour les paroles. Les discours servent, je le sais bien, à celui qui les fait ; car ils éblouissent les auditeurs, ils font beaucoup parler de celui qui les a faits, et on est d'assez mauvais goût pour le récompenser de ses paroles inutiles. Mais cette éloquence mercenaire et infructueuse au public doit-elle être soufferte dans l'Etat que vous policez ? Un cordonnier au moins fait des souliers, et ne nourrit sa famille que d'un argent gagné en servant le public pour de véritables besoins. Ainsi, vous le voyez, les plus vils métiers ont une fin solide : et il n'y aura que l'art des orateurs qui n'aura pour but que d'amuser les hommes par des paroles ! Tout aboutira donc, d'un côté, à satisfaire la curiosité et à entretenir l'oisiveté de l'auditeur ; de l'autre, à contenter la vanité et l'ambition de celui qui parle ! Pour l'honneur de votre république, monsieur, ne souffrez jamais cet abus.

---

[1] *De Legibus.*

[1] *De Doct. Christ.* lib. IV, n. 24 : t. III, p. 73.

B. Hé bien ! je reconnois que l'orateur doit avoir pour but d'instruire, et de rendre les hommes meilleurs.

A. Souvenez-vous bien de ce que vous m'accordez là ; vous en verrez les conséquences.

B. Mais cela n'empêche pas qu'un homme s'appliquant à instruire les autres ne puisse être bien aise en même temps d'acquérir de la réputation et du bien.

A. Nous ne parlons point encore ici comme chrétiens ; je n'ai besoin que de la philosophie seule contre vous. Les orateurs, je le répète, sont donc, selon vous, des gens qui doivent instruire les autres hommes, et les rendre meilleurs qu'ils ne sont : voilà donc d'abord les déclamateurs chassés. Il en faudra même souffrir les panégyristes qu'autant qu'ils proposeront des modèles dignes d'être imités, et qu'ils rendront la vertu aimable par leurs louanges.

B. Quoi ! un panégyrique ne vaudra donc rien, s'il n'est plein de morale ?

A. Ne l'avez-vous pas conclu vous-même ? Il ne faut parler que pour instruire ; il ne faut louer un héros que pour apprendre ses vertus au peuple, que pour l'exciter à les imiter, que pour montrer que la gloire et la vertu sont inséparables : ainsi, il faut retrancher d'un panégyrique toutes les louanges vagues, excessives, flatteuses ; il n'y faut laisser aucune de ces pensées stériles qui ne concluent rien pour l'instruction de l'auditeur ; il faut que tout tende à lui faire aimer la vertu. Au contraire, la plupart des panégyristes semblent ne louer les vertus que pour louer les hommes qui les ont pratiquées et dont ils ont entrepris l'éloge. Faut-il louer un homme ? ils élèvent les vertus qu'il a pratiquées au-dessus de toutes les autres. Mais chaque chose a son tour : dans une autre occasion, ils déprimeront les vertus qu'ils ont élevées, en faveur de quelque autre sujet qu'ils voudront flatter. C'est par ce principe que je blâmerai Pline. S'il avoit loué Trajan pour former d'autres héros semblables à celui-là, ce seroit une vue digne d'un orateur. Trajan, tout grand qu'il est, ne devroit pas être la fin de son discours ; Trajan ne devroit être qu'un exemple proposé aux hommes pour les inviter à être vertueux. Quand un panégyriste n'a que cette vue basse de louer un seul homme, ce n'est plus que la flatterie qui parle à la vanité.

B. Mais que répondrez-vous sur les poèmes qui sont faits pour louer des héros ? Homère a son Achille, Virgile son Énée : voulez-vous condamner ces deux poètes ?

A. Non, monsieur ; mais vous n'avez qu'à examiner les desseins de leurs poèmes. Dans l'Iliade, Achille est, à la vérité, le premier héros ; mais sa louange n'est pas la fin principale du poème. Il est représenté naturellement avec tous ses défauts ; ces défauts mêmes sont un des sujets sur lesquels le poète a voulu instruire la postérité. Il s'agit dans cet ouvrage d'inspirer aux Grecs l'amour de la gloire que l'on acquiert dans les combats, et la crainte de la désunion comme de l'obstacle à tous les grands succès. Ce dessein de morale est marqué visiblement dans tout ce poème. Il est vrai que l'Odyssée représente dans Ulysse un héros plus régulier et plus accompli ; mais c'est par hasard ; c'est qu'en effet un homme dont le caractère est la sagesse, tel qu'Ulysse, a une conduite plus exacte et plus uniforme qu'un jeune homme tel qu'Achille, d'un naturel bouillant et impétueux : ainsi Homère n'a songé, dans l'un et dans l'autre, qu'à peindre fidèlement la nature. Au reste, l'Odyssée renferme de tous côtés mille instructions morales pour tout le détail de la vie ; et il ne faut que lire, pour voir que le peintre n'a peint un homme sage, qui vient à bout de tout par sa sagesse, que pour apprendre à la postérité les fruits que l'on doit attendre de la piété, de la prudence et des bonnes mœurs. Virgile, dans l'Énéide, a imité l'Odyssée pour le caractère de son héros : il l'a fait modéré, pieux, et par conséquent égal à lui-même. Il est aisé de voir qu'Énée n'est pas son principal but ; il a regardé en ce héros le peuple romain, qui en devoit descendre. Il a voulu montrer à ce peuple que son origine étoit divine, que les dieux lui avoient préparé de loin l'empire du monde ; et par là il a voulu exciter ce peuple à soutenir, par ses vertus, la gloire de sa destinée. Il ne pouvoit jamais y avoir chez les païens une morale plus importante que celle-là. L'unique chose sur laquelle on peut soupçonner Virgile est d'avoir un peu trop songé à sa fortune dans ses vers, et d'avoir fait aboutir son poème à la louange, peut-être un peu flatteuse, d'Auguste et de sa famille. Mais je ne voudrois pas pousser la critique si loin.

B. Quoi ! vous ne voulez pas qu'un poète ni un orateur cherche honnêtement sa fortune ?

A. Après notre digression sur les panégyriques, qui ne sera pas inutile, nous voilà revenus à notre difficulté. Il s'agit de savoir si les orateurs doivent être désintéressés.

B. Je ne saurois le croire : vous renversez toutes les maximes communes.

A. Ne voulez-vous pas que dans votre république il soit défendu aux orateurs de dire autre chose que la vérité ? Ne prétendez-vous pas qu'ils parleront toujours pour instruire, pour corriger les hommes, et pour affermir les lois ?

B. Oui, sans doute.

A. Il faut donc que les orateurs ne craignent et n'espèrent rien de leurs auditeurs pour leur propre intérêt. Si vous admettez des orateurs ambitieux et mercenaires, s'opposeront-ils à toutes les passions des hommes ? S'ils sont malades de l'avarice, de l'ambition, de la mollesse, en pourront-ils guérir les autres ? S'ils cherchent les richesses, seront-ils propres à en détacher autrui ? Je sais qu'on ne doit pas laisser un orateur vertueux et désintéressé manquer des choses nécessaires : aussi cela n'arrive-t-il jamais, s'il est vrai philosophe, c'est-à-dire tel qu'il doit être pour redresser les mœurs des hommes. Il mènera une vie simple, modeste, frugale, laborieuse ; il lui faudra peu : ce peu ne lui manquera point, dût-il de ses propres mains le gagner ; le surplus ne doit pas être sa récompense, et n'est pas digne de l'être. Le public lui pourra rendre des honneurs et lui donner de l'autorité ; mais s'il est dégagé des passions et désintéressé, il n'usera de cette autorité que pour le bien public, prêt à la perdre toutes les fois qu'il ne pourra la conserver qu'en dissimulant et en flattant les hommes. Ainsi l'orateur, pour être digne de persuader les peuples, doit être un homme incorruptible ; sans cela, son talent et son art se tourneroient en poison mortel contre la république même : de là vient que, selon Cicéron, la première et la plus essentielle des qualités d'un orateur est la vertu. Il faut une probité qui soit à l'épreuve de tout, et qui puisse servir de modèle à tous les citoyens ; sans cela on ne peut paroître persuadé, ni par conséquent persuader les autres.

B. Je conçois bien l'importance de ce que vous me dites : mais, après tout, un homme ne pourra-t-il pas employer son talent pour s'élever aux honneurs ?

A. Remontez toujours aux principes. Nous sommes convenus que l'éloquence et la profession de l'orateur sont consacrées à l'instruction et à la réformation des mœurs du peuple. Pour le faire avec liberté et avec fruit, il faut qu'un homme soit désintéressé ; il faut qu'il apprenne aux autres le mépris de la mort, des richesses, des délices ; il faut qu'il inspire la modestie, la frugalité, le désintéressement, le zèle du bien public, l'attachement inviolable aux lois ; il faut que tout cela paroisse autant dans ses mœurs, que dans ses discours. Un homme qui songe à plaire pour sa fortune, et qui par conséquent a besoin de ménager tout le monde, peut-il prendre cette autorité sur les esprits ? Quand même il diroit tout ce qu'il faut dire, croiroit-on ce que diroit un homme qui ne paroitroit pas le croire lui-même ?

B. Mais il ne fait rien de mal en cherchant une fortune dont je suppose qu'il a besoin.

A. N'importe : qu'il cherche par d'autres voies le bien dont il a besoin pour vivre ; il y a d'autres professions qui peuvent le tirer de la pauvreté : s'il a besoin de quelque chose, et qu'il soit réduit à l'attendre du public, il n'est pas encore propre à être orateur. Dans votre république, choisiriez-vous pour juges des hommes pauvres, affamés ? Ne craindriez-vous pas que le besoin les réduiroit à quelque lâche complaisance ? Ne prendriez-vous pas plutôt des personnes considérables, et que la nécessité ne sauroit tenter ?

B. Je l'avoue.

A. Par la même raison, ne choisiriez-vous pas pour orateurs, c'est-à-dire pour maîtres qui doivent instruire, corriger et former les peuples, des gens qui n'eussent besoin de rien, et qui fussent désintéressés ? et s'il y en avoit d'autres qui eussent du talent pour ces sortes d'emplois, mais qui eussent encore des intérêts à ménager, n'attendriez-vous pas à employer leur éloquence, jusqu'à ce qu'ils auroient leur nécessaire, et qu'ils ne seroient plus suspects d'aucun intérêt en parlant aux hommes ?

B. Mais il me semble que l'expérience de notre siècle montre assez qu'un orateur peut parler fortement de morale sans renoncer à sa fortune. Peut-on voir des peintures morales plus sévères que celles qui sont en vogue ? On ne s'en fâche point, on y prend plaisir ; et celui qui les fait ne laisse pas de s'élever dans le monde par ce chemin.

A. Les peintures morales n'ont point d'autorité pour convertir, quand elles ne sont soutenues ni de principes ni de bons exemples. Qui voyez-vous convertir par là ? On s'accoutume à entendre cette description ; ce n'est qu'une belle image qui passe devant les yeux ; on écoute ces discours comme on liroit une satire ; on regarde celui qui parle comme un homme qui joue bien une espèce de comédie ; on croit bien plus ce qu'il fait que ce qu'il dit. Il est intéressé, ambitieux, vain, attaché à une vie molle ; il ne quitte aucune des choses qu'il dit qu'il faut quitter : on le laisse dire pour la cérémonie ; mais on croit, on fait comme lui. Ce qu'il y a de pis est qu'on s'accoutume par là à croire que cette sorte de gens ne parle pas de bonne foi : cela décrie leur ministère ; et quand d'autres parlent après eux avec un zèle sincère, on ne peut se persuader que cela soit vrai.

B. J'avoue que vos principes se suivent, et qu'ils persuadent, quand on les examine attentivement : mais n'est-ce point par pur zèle de piété chrétienne que vous dites toutes ces choses ?

A. Il n'est pas nécessaire d'être chrétien pour penser tout cela : il faut être chrétien pour le bien pratiquer, car la grâce seule peut réprimer l'amour-propre ; mais il ne faut être que raisonnable pour reconnoître ces vérités-là. Tantôt je vous citois Socrate et Platon, vous n'avez pas voulu déférer à leur autorité ; maintenant que la raison commence à vous persuader, et que vous n'avez plus besoin d'autorités, que direz-vous, si je vous montre que ce raisonnement est le leur ?

B. Le leur ! est-il possible ? J'en serai fort aise.

A. Platon fait parler Socrate avec un orateur, nommé Gorgias, et avec un disciple de Gorgias, nommé Calliclès. Ce Gorgias étoit un homme très-célèbre ; Isocrate, dont nous avons tant parlé, fut son disciple. Ce Gorgias fut le premier, dit Cicéron, qui se vanta de parler éloquemment de tout ; dans la suite, les rhéteurs grecs imitoient cette vanité. Revenons au dialogue de Gorgias et de Calliclès. Ces deux hommes discouroient élégamment sur toutes choses, selon la méthode du premier ; c'étoient de ces beaux esprits qui brillent dans les conversations, et qui n'ont d'autre emploi que celui de bien parler : mais il paroît qu'ils manquoient de ce que Socrate cherchoit dans les hommes, c'est-à-dire des vrais principes de la morale et des règles d'un raisonnement exact et sérieux. Après que l'auteur a bien fait sentir le ridicule de leur caractère d'esprit, il vous dépeint Socrate, qui, semblant se jouer, réduit plaisamment les deux orateurs à ne pouvoir dire ce que c'est que l'éloquence. Ensuite Socrate montre que la rhétorique, c'est-à-dire l'art de ces orateurs-là, n'est pas un art véritable : il appelle l'art « une discipline réglée, » qui apprend aux hommes à faire quelque » chose qui soit utile à les rendre meilleurs » qu'ils ne sont. » Par là il montre qu'il n'appelle arts que les arts libéraux, et que ces arts dégénèrent toutes les fois qu'on les rapporte à une autre fin qu'à former les hommes à la vertu. Il prouve que les rhéteurs n'ont point ce but-là ; il fait voir même que Thémistocle et Périclès ne l'ont point eu, et par conséquent n'ont point été de vrais orateurs. Il dit que ces hommes célèbres n'ont songé qu'à persuader aux Athéniens de faire des ports, des murailles, et de remporter des victoires. Ils n'ont, dit-il, rendu leurs citoyens que riches, puissans, belliqueux, et ils en ont été ensuite maltraités : en cela ils n'ont eu que ce qu'ils méritoient. S'ils les avoient rendus bons par leur éloquence, leur récompense eût été certaine. Qui fait les hommes bons et vertueux est sûr, après son travail, de ne trouver point des ingrats, puisque la vertu et l'ingratitude sont incompatibles. Il ne faut point vous rapporter tout ce qu'il dit sur l'inutilité de cette rhétorique, parce que tout ce que je vous en ai dit comme de moi-même est tiré de lui ; il vaut mieux vous raconter ce qu'il dit sur les maux que ces vains rhéteurs causent dans une république.

B. Je comprends bien que ces rhéteurs étoient à craindre dans les républiques de la Grèce, où ils pouvoient séduire le peuple et s'emparer de la tyrannie.

A. En effet, c'est principalement de cet inconvénient que parle Socrate ; mais les principes qu'il donne en cette occasion s'étendent plus loin. Au reste, quand nous parlons ici, vous et moi, d'une république à policer, il s'agit non-seulement des Etats où le peuple gouverne, mais encore de tout Etat soit populaire, soit gouverné par plusieurs chefs, soit monarchique ; ainsi je ne touche pas à la forme du gouvernement : en tous pays les règles de Socrate sont d'usage.

B. Expliquez-les donc, s'il vous plaît.

A. Il dit que, l'homme étant composé de corps et d'esprit, il faut cultiver l'un et l'autre. Il y a deux arts pour l'esprit, et deux arts pour le corps. Les deux de l'esprit sont la science des lois et la jurisprudence. Par la science des lois, il comprend tous les principes de philosophie pour régler les sentiments et les mœurs des particuliers et de toute la république. La jurisprudence est le remède dont on se doit servir pour réprimer la mauvaise foi et l'injustice des citoyens ; c'est par elle qu'on juge les procès et qu'on punit les crimes. Ainsi, la science des lois doit servir à prévenir le mal, et la jurisprudence à le corriger. Il y a deux arts semblables pour les corps : la gymnastique, qui les exerce, qui les rend sains, proportionnés, agiles, vigoureux, pleins de force et de bonne grâce (vous savez, monsieur, que les anciens se servoient merveilleusement de cet art que nous avons perdu); puis la médecine, qui guérit les corps lorsqu'ils ont perdu la santé. La gymnastique est pour le corps ce que la science des lois est pour l'ame; elle forme, elle perfectionne. La médecine est aussi pour le corps ce que la jurisprudence est pour l'ame; elle corrige, elle guérit. Mais cette institution si pure s'est altérée, dit Socrate. A la place de la science des lois, on a mis la vaine subtilité des sophistes, faux philosophes qui abusent du raisonnement, et qui, manquant des vrais principes pour le bien public, tendent à leurs fins particulières. A la jurisprudence, dit-il encore, a succédé le faste des rhéteurs, gens qui ont voulu plaire et éblouir : au lieu de la jurisprudence, qui devoit être la médecine de l'ame, et dont il ne falloit se servir que pour guérir les passions des hommes, on voit de faux orateurs qui n'ont songé qu'à leur réputation. A la gymnastique, ajoute encore Socrate, on a fait succéder l'art de farder les corps, et de leur donner une fausse et trompeuse beauté : au lieu qu'on ne doit chercher qu'une beauté simple et naturelle, qui vient de la santé et de la proportion de tous les membres; ce qui ne s'acquiert et ne s'entretient que par le régime et l'exercice. A la médecine on a fait succéder l'invention des mets délicieux et de tous les ragoûts qui excitent l'appétit des hommes; et au lieu de purger l'homme plein d'humeurs pour lui rendre la santé, et par la santé l'appétit, on force la nature, on lui fait un appétit artificiel par toutes les choses contraires à la tempérance. C'est ainsi que Socrate remarquoit le désordre des mœurs de son temps; et il conclut en disant que les orateurs, qui, dans la vue de guérir les hommes, devoient leur dire, même avec autorité, des vérités désagréables, et leur donner ainsi des médecines amères, ont au contraire fait pour l'ame comme les cuisiniers pour le corps. Leur rhétorique n'a été qu'un art de faire des ragoûts pour flatter les hommes malades : on ne s'est mis en peine que de plaire, que d'exciter la curiosité et l'admiration; les orateurs n'ont parlé que pour eux. Il finit en demandant où sont les citoyens que ces rhéteurs ont guéris de leurs mauvaises habitudes, où sont les gens qu'ils ont rendus tempérans et vertueux. Ne croyez-vous pas entendre un homme de notre siècle qui voit ce qui s'y passe, et qui parle des abus présens? Après avoir entendu ce païen, que direz-vous de cette éloquence qui ne va qu'à plaire et qu'à faire de belles peintures, lorsqu'il faudroit, comme il le dit lui-même brûler, couper jusqu'au vif, et chercher sérieusement la guérison par l'amertume des remèdes et par la sévérité du régime? Mais jugez de ces choses par vous-même : trouveriez-vous bon qu'un médecin qui vous traiteroit s'amusât, dans l'extrémité de votre maladie, à débiter des phrases élégantes et des pensées subtiles? Que penseriez-vous d'un avocat qui, plaidant la cause où il s'agiroit de tout le bien de votre famille, ou de votre propre vie, feroit le bel-esprit et rempliroit son plaidoyer de fleurs et d'ornemens, au lieu de raisonner avec force et d'exiter la compassion des juges? L'amour du bien et de la vie fait assez sentir ce ridicule-là; mais l'indifférence où l'on vit pour les bonnes mœurs et pour la religion fait qu'on ne le remarque point dans les orateurs, qui devroient être les censeurs et les médecins du peuple. Ce que vous avez vu qu'en pensoit Socrate doit nous faire honte.

B. Je vois bien maintenant, selon vos principes, que les orateurs devroient être les défenseurs des lois, et les maîtres des peuples pour leur enseigner la vertu; mais l'éloquence du barreau chez les Romains n'allait pas jusque là.

A. C'étoit sans doute son but, monsieur : les orateurs devoient protéger l'innocence et les droits des particuliers, lorsqu'ils n'avoient point d'occasion de représenter dans leurs discours les besoins généraux de la république; de là vient que cette profession fut si honorée, et que Cicéron nous donne une si haute idée du véritable orateur.

B. Mais voyons donc de quelle manière ces orateurs doivent parler; je vous supplie de m'expliquer vos vues là-dessus.

A. Je ne vous dirai pas les miennes; je continuerai à vous parler selon les règles que les anciens nous donnent. Je ne vous dirai même que les principales choses, car vous n'attendez pas que je vous explique par ordre le détail presque infini des préceptes de la rhétorique; il y en a beaucoup d'inutiles; vous les avez lus dans les livres où ils sont amplement exposés : contentons-nous de parler de ce qui est le plus important. Platon, dans son dialogue où il fait parler Socrate avec Phèdre, montre que le grand défaut des rhéteurs est de chercher l'art de persuader avant que d'avoir appris, par les principes de la philosophie, quelles sont les choses qu'il faut tâcher de persuader aux hommes. Il veut que l'orateur ait commencé par l'étude de l'homme en général; qu'après il se soit appliqué à la connoissance des hommes en particulier, auxquels il doit parler. Ainsi il faut savoir ce que c'est que l'homme, sa fin, ses intérêts véritables; de quoi il est composé, c'est-à-dire de corps et d'esprit; la véritable manière de le rendre heureux; quelles sont ses passions, les excès qu'elles peuvent avoir, la manière de les régler, comment on peut les exciter utilement pour lui faire aimer le bien; les règles qui sont propres à le faire vivre en paix et à entretenir la société. Après cette étude générale vient la particulière : il faut connoître les lois et les coutumes de son pays, le rapport qu'elles ont avec le tempérament des peuples, les mœurs de chaque condition, les éducations différentes, les préjugés et les intérêts qui dominent dans le siècle où l'on vit, le moyen d'instruire et de redresser les esprits. Vous voyez que ces connoissances comprennent toute la philosophie la plus solide. Ainsi Platon montre par là qu'il n'appartient qu'au philosophe d'être véritable orateur : c'est en ce sens qu'il faut expliquer tout ce qu'il dit, dans le dialogue de Gorgias, contre les rhéteurs, c'est-à-dire contre cette espèce de gens qui s'étoient fait un art de bien parler et de persuader, sans se mettre en peine de savoir par principes ce qu'on doit tâcher de persuader aux hommes. Ainsi tout le véritable art, selon Platon, se réduit à bien savoir ce qu'il faut persuader, et à bien connoître les passions des hommes, et la manière de les émouvoir pour arriver à la persuasion. Cicéron a presque dit les mêmes choses. Il semble d'abord vouloir que l'orateur n'ignore rien, parce que l'orateur peut avoir besoin de parler de tout, et qu'on ne parle jamais bien, dit-il après Socrate, que de ce qu'on sait bien. Ensuite il se réduit, à cause des besoins pressans et de la brièveté de la vie, aux connoissances les plus nécessaires. Il veut au moins qu'un orateur sache bien toute cette partie de la philosophie qui regarde les mœurs, ne lui permettant d'ignorer que les curiosités de l'astrologie et des mathématiques : surtout il veut qu'il connoisse la composition de l'homme et la nature de ses passions, parce que l'éloquence a pour but d'en mouvoir à propos les ressorts. Pour la connoissance des lois, il la demande à l'orateur, comme le fondement de tous ses discours; seulement il permet qu'il n'ait pas passé sa vie à approfondir toutes les questions de la jurisprudence pour le détail des choses, parce qu'il peut, dans le besoin, recourir aux profonds jurisconsultes pour suppléer ce qui lui manqueroit de ce côté-là. Il demande, comme Platon, que l'orateur soit bon dialecticien; qu'il sache définir, prouver, démêler les plus subtils sophismes. Il dit que c'est détruire la rhétorique de la séparer de la philosophie; que c'est faire, des orateurs, des déclamateurs puérils sans jugement. Non-seulement il veut une connoissance exacte de tous les principes de la morale, mais encore une étude particulière de l'antiquité. Il recommande la lecture des anciens Grecs; il veut qu'on étudie les historiens, non-seulement pour leur style, mais encore pour les faits de l'histoire; surtout il exige l'étude des poètes, à cause du grand rapport qu'il y a entre les figures de la poésie et celles de l'éloquence. En un mot, il répète souvent que l'orateur doit se remplir l'esprit de choses avant que de parler. Je crois que je me souviendrai de ses propres termes, tant je les ai relus, et tant ils m'ont fait d'impression; vous serez surpris de tout ce qu'il demande. L'orateur, dit-il, doit avoir la subtilité des dialecticiens, la science des philosophes, la diction presque des poètes, la voix et les gestes des plus grands acteurs. Voyez quelle préparation il faut pour tout cela.

C. Effectivement, j'ai remarqué, en bien des occasions, que ce qui manque le plus à certains orateurs, qui ont d'ailleurs beaucoup de talens, c'est le fond de science : leur esprit paroît vide; on voit qu'ils ont eu bien de la peine à trouver de quoi remplir leurs discours; il semble même qu'ils ne parlent pas parce qu'ils sont remplis de vérités, mais qu'ils cherchent les vérités à mesure qu'ils veulent parler.

A. C'est ce que Cicéron appelle ces gens qui vivent au jour la journée, sans nulle provision : malgré tous leurs efforts, leurs discours paroissent toujours maigres et affamés. Il n'est pas temps de se préparer trois mois avant que de faire un discours public : ces préparations particulières, quelque pénibles qu'elles soient, sont nécessairement très-imparfaites, et un habile homme en remarque bientôt le faible; il faut avoir passé plusieurs années à faire un fonds abondant. Après cette préparation générale, les préparations particulières coûtent peu : au lieu que, quand on ne s'applique qu'à des actions détachées, on est réduit à payer de phrases et d'antithèses; on ne traite que des lieux communs, on ne dit rien que de vague, on coud des lambeaux qui ne sont point faits les uns pour les autres; on ne montre point les vrais principes des choses, on se borne à des raisons superficielles et souvent fausses; on n'est pas capable de montrer l'étendue des vérités, parce que toutes les vérités générales ont un enchaînement nécessaire, et qu'il les faut connoître presque toutes pour en traiter solidement une en particulier.

C. Cependant la plupart des gens qui parlent en public acquièrent beaucoup de réputation sans autre fonds que celui-là.

A. Il est vrai qu'ils sont applaudis par des femmes et par le gros du monde, qui se laissent aisément éblouir ; mais cela ne va jamais qu'à une certaine vogue capricieuse, qui a besoin même d'être soutenue par quelque cabale. Les gens qui savent les règles et qui connoissent le but de l'éloquence n'ont que du dégoût et du mépris pour ces discours en l'air ; ils s'y ennuient beaucoup.

C. Vous voudriez qu'un homme attendît bien tard à parler en public : sa jeunesse seroit passée avant qu'il eût acquis le fonds que vous lui demandez, et il ne seroit plus en âge de l'exercer.

A. Je voudrois qu'il s'exerçât de bonne heure, car je n'ignore pas ce que peut l'action ; mais je ne voudrois pas que, sous prétexte de s'exercer, il se jetât d'abord dans les emplois extérieurs qui ôtent la liberté d'étudier. Un jeune homme pourroit de temps en temps faire des essais ; mais il faudroit que l'étude des bons livres fût long-temps son occupation principale.

C. Je crois ce que vous dites. Cela me fait souvenir d'un prédicateur de mes amis, qui vit, comme vous disiez, au jour la journée : il ne songe à une matière que quand il est engagé à la traiter ; il se renferme dans son cabinet, il feuillète la Concordance, Combéfis, Polyanthea, quelques sermonnaires qu'il a achetés, et certaines collections qu'il a faites de passages détachés et trouvés comme par hasard.

A. Vous comprenez bien que tout cela ne sauroit faire un habile homme. En cet état on ne peut rien dire avec force, on n'est sûr de rien, tout a un air d'emprunt et de pièces rapportées, rien ne coule de source. On se fait grand tort à soi-même d'avoir tant d'impatience de se produire.

B. Dites-nous donc, avant que de nous quitter, quel est, selon vous, le grand effet de l'éloquence.

A. Platon dit qu'un discours n'est éloquent qu'autant qu'il agit dans l'âme de l'auditeur : par là vous pouvez juger sûrement de tous les discours que vous entendez. Tout discours qui vous laissera froid, qui ne fera qu'amuser votre esprit, et qui ne remuera point vos entrailles, votre cœur, quelque beau qu'il paroisse, ne sera point éloquent. Voulez-vous entendre Cicéron parler comme Platon en cette matière ? Il vous dira que toute la force de la parole ne doit tendre qu'à mouvoir les ressorts cachés que la nature a mis dans le cœur des hommes. Ainsi consultez-vous vous-même pour savoir si les orateurs que vous écoutez font bien. S'ils font une vive impression sur vous, s'ils rendent votre âme attentive et sensible aux choses qu'ils disent, s'ils vous échauffent et vous enlèvent au-dessus de vous-même, croyez hardiment qu'ils ont atteint le but de l'éloquence. Si, au lieu de vous attendrir, ou de vous inspirer de fortes passions, ils ne font que vous plaire et que vous faire admirer l'éclat et la justesse de leurs pensées et de leurs expressions, dites que ce sont de faux orateurs.

B. Attendez un peu, s'il vous plaît ; permettez-moi de vous faire encore quelques questions.

A. Je voudrois pouvoir attendre, car je me trouve bien ici ; mais j'ai une affaire que je ne puis remettre. Demain je reviendrai vous voir, et nous achèverons cette matière plus à loisir.

B. Adieu donc, monsieur, jusqu'à demain.

SECOND DIALOGUE.

Pour atteindre son but, l'orateur doit *prouver*, *peindre*, *toucher*. Principes sur l'art oratoire, sur la méthode d'apprendre et de débiter par cœur les sermons, sur la méthode des divisions et sous-divisions. L'orateur doit bannir sévèrement du discours les ornemens frivoles.

B. Vous êtes un aimable homme d'être revenu si ponctuellement ; la conversation d'hier nous a laissés en impatience d'en voir la suite.

C. Pour moi, je suis venu à la hâte de peur d'arriver trop tard, car je ne veux rien perdre.

A. Ces sortes d'entretiens ne sont pas inutiles : on se communique mutuellement ses pensées ; chacun dit ce qu'il a lu de meilleur. Pour moi, messieurs, je profite beaucoup à raisonner avec vous, vous souffrez mes libertés.

B. Laissez là le compliment : pour moi je me fais justice, et je vois bien que sans vous je serois encore enfoncé dans plusieurs erreurs. Achevez, je vous prie, de m'en tirer.

A. Vos erreurs, si vous me permettez de parler ainsi, sont celles de la plupart des honnêtes gens qui n'ont point approfondi ces matières.

B. Achevez donc de me guérir : nous aurons mille choses à dire, ne perdons point de temps, et sans préambule venons au fait.

A. De quoi parlions-nous hier quand nous nous séparâmes? De bonne foi, je ne m'en souviens plus.

C. Vous parliez de l'éloquence, qui consiste toute à émouvoir.

B. Oui : j'avois peine à comprendre cela ; comment l'entendez-vous ?

A. Le voici. Que diriez-vous d'un homme qui persuaderoit sans prouver ? Ce ne seroit pas là le vrai orateur ; il pourroit séduire les autres hommes, ayant l'invention de les persuader sans leur montrer que ce qu'il leur persuaderoit seroit la vérité. Un tel homme seroit dangereux dans la république ; c'est ce que nous avons vu dans les raisonnemens de Socrate.

B. J'en conviens.

A. Mais que diriez-vous d'un homme qui prouveroit la vérité d'une manière exacte, sèche, nue, qui mettroit ses argumens en bonne forme, ou qui se serviroit de la méthode des géomètres dans ses discours publics, sans y ajouter rien de vif et de figuré ? seroit-ce un orateur ?

B. Non, ce ne seroit qu'un philosophe.

A. Il faut donc, pour faire un orateur, choisir un philosophe, c'est-à-dire un homme qui sache prouver la vérité, et ajouter à l'exactitude de ses raisonnemens la beauté et la véhémence d'un discours varié pour en faire un orateur.

B. Oui, sans doute.

A. Et c'est en cela que consiste la différence de la conviction de la philosophie, et de la persuasion de l'éloquence.

B. Comment dites-vous ? Je n'ai pas bien compris.

A. Je dis que le philosophe ne fait que convaincre, et que l'orateur, outre qu'il convainc, persuade.

B. Je n'entends pas bien encore. Que reste-t-il à faire quand l'auditeur est convaincu ?

A. Il reste à faire ce que feroit un orateur plus qu'un métaphysicien en vous montrant l'existence de Dieu. Le métaphysicien vous fera une démonstration simple qui ne va qu'à la spéculation : l'orateur y ajoutera tout ce qui peut exciter en vous des sentimens, et vous faire aimer la vérité prouvée ; c'est ce qu'on appelle persuasion.

B. J'entends à cette heure votre pensée.

A. Cicéron a eu raison de dire qu'il ne falloit jamais séparer la philosophie de l'éloquence : car le talent de persuader sans science et sans sagesse est pernicieux ; et la sagesse, sans art de persuader, n'est point capable de gagner les hommes et de faire entrer la vertu dans les cœurs. Il est bon de remarquer cela en passant, pour comprendre combien les gens du dernier siècle se sont trompés. Il y avoit, d'un côté, des savans à belles-lettres qui ne cherchoient que la pureté des langues et les livres poliment écrits ; ceux-là, sans principes solides de doctrine, avec leur politesse et leur érudition, ont été la plupart libertins. D'un autre côté, on voyoit des scolastiques secs et épineux, qui proposoient la vérité d'une manière si désagréable et si peu sensible, qu'ils rebutoient presque tout le monde. Pardonnez-moi cette digression ; je reviens à mon but. La persuasion a donc au-dessus de la simple conviction, que non-seulement elle fait voir la vérité, mais qu'elle la dépeint aimable, et qu'elle émeut les hommes en sa faveur : ainsi, dans l'éloquence, tout consiste à ajouter à la preuve solide les moyens d'intéresser l'auditeur, et d'employer ses passions pour le dessein qu'on se propose. On lui inspire l'indignation contre l'ingratitude, l'horreur contre la cruauté, la compassion pour la misère, l'amour pour la vertu, et le reste de même. Voilà ce que Platon appelle agir sur l'âme de l'auditeur et émouvoir ses entrailles. L'entendez-vous maintenant ?

B. Oui, je l'entends : et je vois bien par là que l'éloquence n'est point une invention frivole pour éblouir les hommes par des discours brillans ; c'est un art très-sérieux, et très-utile à la morale.

A. De là vient ce que dit Cicéron, qu'il a vu bien des gens diserts, c'est-à-dire qui parloient avec agrément et d'une manière élégante ; mais qu'on ne voit presque jamais de vrai orateur, c'est-à-dire d'homme qui sache entrer dans le cœur des autres, et qui les entraîne.

B. Je ne m'en étonne plus, et je vois bien qu'il n'y a presque personne qui tende à ce but. Je vous avoue que Cicéron même, qui posa cette règle, semble s'en être écarté souvent. Que dites-vous de toutes les fleurs dont il a orné ses harangues ? Il me semble que l'esprit s'y amuse, et que le cœur n'en est point ému.

A. Il faut distinguer, monsieur. Les pièces de Cicéron encore jeune, où il ne s'intéresse que pour sa réputation, ont souvent ce défaut : il paroît bien qu'il est plus occupé du désir d'être admiré, que de la justice de sa cause. C'est ce qui arrivera toujours lorsqu'une partie emploiera, pour plaider sa cause, un homme qui ne se soucie de son affaire que pour remplir sa profession avec éclat : aussi voyons-nous que la plaidoierie se tournoit souvent chez les Romains en déclamation fastueuse. Mais, après tout, il faut avouer qu'il y a dans ces harangues, même les plus fleuries, bien de l'art pour persuader et pour émouvoir. Ce n'est pourtant pas par cet endroit qu'il faut voir Cicéron pour le bien connoître ; c'est dans les harangues qu'il a faites, dans un âge plus avancé, pour les besoins de la république : alors l'expérience des grandes affaires, l'amour de la liberté, la crainte des malheurs dont il étoit menacé, lui faisoient faire des efforts dignes d'un orateur. Lorsqu'il s'agit de soutenir la liberté mourante, et d'animer toute la république contre Antoine son ennemi, vous ne le voyez plus chercher des jeux d'esprit et des antithèses : c'est là qu'il est véritablement éloquent ; tout y est négligé, comme il dit lui-même, dans l'*Orateur*, qu'on le doit être lorsqu'il s'agit d'être véhément : c'est un homme qui cherche simplement dans la seule nature tout ce qui est capable de saisir, d'animer et d'entraîner les hommes.

C. Vous nous avez parlé souvent des jeux d'esprit ; je voudrois bien savoir ce que c'est précisément ; car je vous avoue que j'ai peine à distinguer, dans l'occasion, les jeux d'esprit d'avec les autres ornemens du discours : il me semble que l'esprit se joue dans tous les discours ornés.

A. Pardonnez-moi : il y a, selon Cicéron même, des expressions dont tout l'ornement naît de leur force et de la nature du sujet.

C. Je n'entends point tous ces termes de l'art ; expliquez-moi, s'il vous plaît, familièrement à quoi je pourrai d'abord reconnoître un jeu d'esprit et un ornement solide.

A. La lecture et la réflexion pourront vous l'apprendre ; il y a cent manières différentes de jeux d'esprit.

C. Mais encore : de grâce, quelle en est la marque générale ? est-ce l'affectation ?

A. Ce n'est pas toute sorte d'affectation ; mais c'est celle de vouloir plaire et montrer son esprit.

C. C'est quelque chose : mais je voudrois encore des marques plus précises pour aider mon discernement.

A. Hé bien ! en voici une qui vous contentera peut-être. Nous avons déjà dit que l'éloquence consiste, non-seulement dans la preuve, mais encore dans l'art d'exciter les passions. Pour les exciter, il faut les peindre ; ainsi je crois que toute l'éloquence se réduit à prouver, à peindre et à toucher. Toutes les pensées brillantes qui ne vont point à une de ces trois choses ne sont que jeu d'esprit.

C. Qu'appelez-vous peindre ? Je n'entends point tout votre langage.

A. Peindre, c'est non-seulement décrire les choses, mais en représenter les circonstances d'une manière si vive et si sensible, que l'auditeur s'imagine presque les voir. Par exemple, un froid historien qui raconteroit la mort de Didon, se contenteroit de dire : Elle fut si accablée de douleur après le départ d'Énée, qu'elle ne pût supporter la vie ; elle monta au haut de son palais, elle se mit sur un bûcher et se tua elle-même. En écoutant ces paroles vous apprenez le fait, mais vous ne le voyez pas. Écoutez Virgile, il le mettra devant vos yeux. N'est-il pas vrai que, quand il ramasse toutes les circonstances de ce désespoir, qu'il vous montre Didon furieuse avec un visage où la mort est déjà peinte, qu'il la fait parler à la vue de ce portrait et de cette épée, votre imagination vous transporte à Carthage ; vous croyez voir la flotte des Troyens qui fuit le rivage, et la Reine que rien n'est capable de consoler : vous entrez dans tous les sentimens qu'eurent alors les véritables spectateurs. Ce n'est plus Virgile que vous écoutez ; vous êtes trop attentif aux dernières paroles de la malheureuse Didon pour penser à lui. Le poète disparoît ; on ne voit plus que ce qu'il fait voir, on n'entend plus que ceux qu'il fait parler. Voilà la force de l'imitation et de la peinture. De là vient qu'un peintre et un poète ont tant de rapport : l'un peint pour les yeux, l'autre pour les oreilles ; l'un et l'autre doivent porter les objets dans l'imagination des hommes. Je vous ai cité un exemple tiré d'un poète, pour vous faire mieux entendre la chose ; car la peinture est encore plus vive et plus forte dans les poètes que dans les orateurs. La poésie ne diffère de la simple éloquence, qu'en ce qu'elle peint avec enthousiasme et par des traits plus hardis. La prose a ses peintures, quoique plus modérées : sans ces peintures on ne peut échauffer l'imagination de l'auditeur ni exciter ses passions. Un récit simple ne peut émouvoir : il faut non-seulement instruire les auditeurs des faits, mais les leur rendre sensibles, et frapper leurs sens par une représentation parfaite de la manière touchante dont ils sont arrivés.

C. Je n'avois jamais compris tout cela. Je

vois bien maintenant que ce que vous appelez peinture est essentiel à l'éloquence; mais vous me feriez croire qu'il n'y a point d'éloquence sans poésie.

A. Vous pouvez le croire hardiment. Il en faut retrancher la versification, c'est-à-dire le nombre réglé de certaines syllabes, dans lequel le poète renferme ses pensées. Le vulgaire ignorant s'imagine que c'est là la poésie : on croit être poète quand on a parlé ou écrit en mesurant ses paroles. Au contraire, bien des gens font des vers sans poésie; et beaucoup d'autres sont pleins de poésie sans faire de vers : laissons donc la versification. Pour tout le reste, la poésie n'est autre chose qu'une fiction vive qui peint la nature. Si on n'a ce génie de peindre, jamais on n'imprime les choses dans l'ame de l'auditeur; tout est sec, languissant et ennuyeux. Depuis le péché originel, l'homme est tout enfoncé dans les choses sensibles; c'est là son grand mal : il ne peut être long-temps attentif à ce qui est abstrait. Il faut donner du corps à toutes les instructions qu'on veut insinuer dans son esprit; il faut des images qui l'arrêtent : de là vient que, sitôt après la chute du genre humain, la poésie et l'idolâtrie, toujours jointes ensemble, firent toute la religion des anciens. Mais ne nous écartons pas. Vous voyez bien que la poésie, c'est-à-dire la vive peinture des choses, est comme l'ame de l'éloquence.

C. Mais si les vrais orateurs sont poètes, il me semble aussi que les poètes sont orateurs; car la poésie est propre à persuader.

A. Sans doute, ils ont le même but; toute la différence consiste en ce que je vous ai dit. Les poètes ont, au-dessus des orateurs, l'enthousiasme, qui les rend même plus élevés, plus vifs et plus hardis dans leurs expressions. Vous vous souvenez bien de ce que je vous ai rapporté tantôt de Cicéron?

C. Quoi! n'est-ce pas....?

A. Que l'orateur doit avoir la diction presque des poètes ; ce *presque* dit tout.

C. Je l'entends bien à cette heure; tout cela se débrouille dans mon esprit. Mais revenons à ce que vous nous avez promis.

A. Vous le comprendrez bientôt. A quoi peut servir dans un discours tout ce qui ne sert point à une de ces trois choses, la preuve, la peinture et le mouvement?

C. Il servira à plaire.

A. Distinguons, s'il vous plaît : ce qui sert à plaire pour persuader est bon. Les preuves solides et bien expliquées plaisent sans doute; les mouvemens vifs et naturels de l'orateur ont beaucoup de grâces; les peintures fidèles et animées charment. Ainsi les trois choses que nous admettons dans l'éloquence plaisent; mais elles ne se bornent pas à plaire. Il est question de savoir si nous approuverons les pensées et les expressions qui ne vont qu'à plaire, et qui ne peuvent point avoir d'effet plus solide; c'est ce que j'appelle jeu d'esprit. Souvenez-vous donc bien, s'il vous plaît, toujours, que je loue toutes les grâces du discours qui servent à la persuasion; je ne rejette que celles où l'orateur, amoureux de lui-même, a voulu se peindre et amuser l'auditeur par son bel-esprit, au lieu de le remplir uniquement de son sujet. Ainsi je crois qu'il faut condamner non-seulement tous les jeux de mots, car ils n'ont rien que de froid et de puéril, mais encore tous les jeux de pensées, c'est-à-dire toutes celles qui ne servent qu'à briller, puisqu'elles n'ont rien de solide et de convenable à la persuasion.

C. J'y consentirois volontiers. Mais n'ôteriez-vous pas, par cette sévérité, les principaux ornemens du discours?

A. Ne trouvez-vous pas que Virgile et Homère sont des auteurs assez agréables? croyez-vous qu'il y en ait de plus délicieux? Vous n'y trouverez pourtant pas ce qu'on appelle des jeux d'esprit : ce sont des choses simples, la nature se montre partout, partout l'art se cache soigneusement; vous n'y trouvez pas un seul mot qui paroisse mis pour faire honneur au bel-esprit du poète; il met toute sa gloire à ne point paroître, pour vous occuper des choses qu'il peint, comme un peintre songe à vous mettre devant les yeux les forêts, les montagnes, les rivières, les lointains, les bâtimens, les hommes, leurs aventures, leurs actions, leurs passions différentes, sans que vous puissiez remarquer les coups du pinceau : l'art est grossier et méprisable dès qu'il paroît. Platon, qui avoit examiné tout cela beaucoup mieux que la plupart des orateurs, assure qu'en écrivant on doit toujours se cacher, se faire oublier, et ne produire que les choses et les personnes qu'on veut mettre devant les yeux du lecteur. Voyez combien ces anciens-là avoient des idées plus hautes et plus solides que nous.

B. Vous nous avez assez parlé de la peinture; dites-nous quelque chose des mouvemens : à quoi servent-ils?

A. A en imprimer dans l'esprit de l'auditeur qui soient conformes au dessein de celui qui parle.

B. Mais ces mouvemens, en quoi les faites-vous consister?

A. Dans les paroles, et dans les actions du corps.

B. Quel mouvement peut-il y avoir dans les paroles?

A. Vous l'allez voir. Cicéron rapporte que les ennemis mêmes de Gracchus ne purent s'empêcher de pleurer lorsqu'il prononça ces paroles : « Misérable ! où irai-je ? quel asile me reste-t-il ? » Le Capitole ? il est inondé du sang de mon » frère. Ma maison ? j'y verrois une malheu- » reuse mère fondre en larmes et mourir de » douleur. » Voilà des mouvemens. Si on disoit cela avec tranquillité, il perdroit sa force.

B. Le croyez-vous?

A. Vous le croirez aussi bien que moi, si vous l'essayez. Voyons-le : « Je ne sais où aller » dans mon malheur ; il ne me reste aucun » asile. Le Capitole est le lieu où l'on a ré- » pandu le sang de mon frère ; ma maison est » un lieu où je verrois ma mère pleurer de dou- » leur. » C'est la même chose. Qu'est devenue cette vivacité? où sont ces paroles coupées qui marquent si bien la nature dans les transports de la douleur? La manière de dire les choses fait voir la manière dont on les sent, et c'est ce qui touche davantage l'auditeur. Dans ces endroits-là, non-seulement il ne faut point de pensées, mais on en doit retrancher l'ordre et les liaisons ; sans cela la passion n'est plus vraisemblable, et rien n'est si choquant qu'une passion exprimée avec pompe et par des périodes réglées. Sur cet article je vous renvoie à Longin ; vous y verrez des exemples de Démosthène qui sont merveilleux.

B. J'entends tout cela : mais vous nous avez fait espérer l'explication de l'action du corps, je ne vous en tiens pas quitte.

A. Je ne prétends pas faire ici toute une rhétorique, je n'en suis pas même capable ; je vous dirai seulement quelques remarques que j'ai faites. L'action des Grecs et des Romains étoit bien plus violente que la nôtre ; nous le voyons dans Cicéron et dans Quintilien : ils battoient du pied, ils se frappoient même le front. Cicéron nous représente un orateur qui se jette sur la partie qu'il défend, et qui déchire ses habits pour montrer aux juges les plaies qu'il avoit reçues au service de la république. Voilà une action véhémente ; mais cette action est réservée pour des choses extraordinaires. Il ne parle point d'un geste continuel. En effet, il n'est point naturel de remuer toujours les bras en parlant : il faut remuer les bras parce qu'on est animé ; mais il ne faudroit pas, pour paroître animé, remuer les bras. Il y a des choses même qu'il faudroit dire tranquillement sans se remuer.

B. Quoi ! vous voudriez qu'un prédicateur, par exemple, ne fît point de geste en quelques occasions ? cela paroîtroit bien extraordinaire.

A. J'avoue qu'on a mis en règle ou du moins en coutume, qu'un prédicateur doit s'agiter sur tout ce qu'il dit presque indifféremment : mais il est bien aisé de montrer que souvent nos prédicateurs s'agitent trop, et que souvent aussi ils ne s'agitent pas assez.

B. Ha ! je vous prie de m'expliquer cela, car j'avois toujours cru, sur l'exemple de N.., qu'il n'y avoit que deux ou trois sortes de mouvemens de mains à faire dans tout un sermon.

A. Venons au principe. A quoi sert l'action du corps? n'est-ce pas à exprimer les sentimens et les passions qui occupent l'ame?

B. Je le crois.

A. Le mouvement du corps est donc une peinture des pensées de l'ame.

B. Oui.

A. Et cette peinture doit être ressemblante. Il faut que tout y représente vivement et naturellement les sentimens de celui qui parle et la nature des choses qu'il dit. Je sais bien qu'il ne faut pas aller jusqu'à une représentation basse et comique.

B. Il me semble que vous avez raison, et je vois déjà votre pensée. Permettez-moi de vous interrompre, pour vous montrer combien j'entre dans toutes les conséquences de vos principes. Vous voulez que l'orateur exprime par une action vive et naturelle ce que ses paroles n'exprimeroient que d'une manière languissante. Ainsi, selon vous, l'action même est une peinture.

A. Sans doute. Mais voici ce qu'il en faut conclure ; c'est que, pour bien peindre, il faut imiter la nature, et voir ce qu'elle fait quand on la laisse faire et que l'art ne la contraint pas.

B. J'en conviens.

A. Voyons donc. Naturellement fait-on beaucoup de gestes quand on dit des choses simples et où nulle passion n'est mêlée ?

B. Non.

A. Il faudroit donc n'en faire point en ces occasions dans les discours publics, ou en faire très-peu ; car il faut que tout y suive la nature. Bien plus, il y a des choses où l'on exprimeroit mieux ses pensées par une cessation de tout mouvement. Un homme plein d'un grand sentiment demeure un moment immobile ; cette espèce de saisissement tient en suspens l'ame de tous les auditeurs.

B. Je comprends que ces suspensions bien employées seroient belles, et puissantes pour toucher l'auditeur : mais il me semble que vous réduisez celui qui parle en public à ne faire pour le geste que ce que feroit un homme qui parleroit en particulier.

A. Pardonnez-moi : la vue d'une grande assemblée, et l'importance du sujet qu'on traite, doivent sans doute animer beaucoup plus un homme, que s'il étoit dans une simple conversation. Mais, en public comme en particulier, il faut qu'il agisse toujours naturellement : il faut que son corps ait du mouvement quand ses paroles en ont, et que son corps demeure tranquille quand ses paroles n'ont rien que de doux et de simple. Rien ne me semble si choquant et si absurde, que de voir un homme qui se tourmente pour me dire des choses froides : pendant qu'il sue, il me glace le sang. Il y a quelque temps que je m'endormis à un sermon. Vous savez que le sommeil surprend aux sermons de l'après midi : aussi ne prêchoit-on anciennement que le matin à la messe après l'évangile. Je m'éveillai bientôt, et j'entendis le prédicateur qui s'agitoit extraordinairement : je crus que c'étoit le fort de sa morale.

B. Hé bien ! qu'étoit-ce donc ?

A. C'est qu'il avertissoit ses auditeurs que, le dimanche suivant, il prêcheroit sur la pénitence. Cet avertissement fait avec tant de violence me surprit, et m'auroit fait rire si le respect du lieu et de l'action ne m'eût retenu. La plupart de ces déclamateurs sont pour le geste comme pour la voix : leur voix a une monotonie perpétuelle, et leur geste une uniformité qui n'est ni moins ennuyeuse, ni moins éloignée de la nature, ni moins contraire au fruit qu'on pourroit attendre de l'action.

B. Vous dites qu'ils n'en ont pas assez quelquefois.

A. Faut-il s'en étonner ? Ils ne discernent point les choses où il faut s'animer ; ils s'épuisent sur des choses communes, et sont réduits à dire foiblement celles qui demanderoient une action véhémente. Il faut avouer même que notre nation n'est guère capable de cette véhémence ; on est trop léger, et on ne conçoit pas assez fortement les choses. Les Romains, et encore plus les Grecs, étoient admirables en ce genre ; les Orientaux y ont excellé, particulièrement les Hébreux. Rien n'égale la vivacité et la force, non-seulement des figures qu'ils employoient dans leurs discours, mais encore des actions qu'ils faisoient pour exprimer leurs sentimens, comme de mettre de la cendre sur leurs têtes, de déchirer leurs habits et de se couvrir de sacs dans la douleur. Je ne parle point des choses que les prophètes faisoient pour figurer plus vivement les choses qu'ils vouloient prédire, à cause qu'elles étoient inspirées de Dieu : mais, les inspirations divines à part, nous voyons que ces gens-là s'entendoient bien autrement que nous à exprimer leur douleur, leur crainte et leurs autres passions. De là venoient sans doute ces grands effets de l'éloquence que nous ne voyons plus.

B. Vous voudriez donc beaucoup d'inégalité dans la voix et le geste ?

A. C'est là ce qui rend l'action si puissante, et qui la faisoit mettre par Démosthène au-dessus de tout. Plus l'action et la voix paroissoient simples et familières dans les endroits où l'on ne fait qu'instruire, que raconter, que s'insinuer ; plus préparent-elles de surprise et d'émotion pour les endroits où elles s'élèveront à un enthousiasme soudain. C'est une espèce de musique : toute la beauté consiste dans la variété des tons, qui haussent ou qui baissent selon les choses qu'ils doivent exprimer.

B. Mais, si l'on vous en croit, nos principaux orateurs mêmes sont bien éloignés du véritable art. Le prédicateur que nous entendîmes ensemble il y a quinze jours ne suit pas cette règle ; il ne paroît pas même s'en mettre en peine. Excepté les trente premières paroles, il dit tout d'un même ton ; et toute la différence qu'il y a entre les endroits où il veut s'animer, et ceux où il ne le veut pas, c'est que dans les premiers il parle encore plus rapidement qu'à l'ordinaire.

A. Pardonnez-moi, monsieur : sa voix a deux tons, mais ils ne sont guère proportionnés à ses paroles. Vous avez raison de dire qu'il ne s'attache point à ces règles, je crois qu'il n'en a pas même senti le besoin. Sa voix est naturellement mélodieuse ; quoique très-mal ménagée, elle ne laisse pas de plaire : mais vous voyez bien qu'elle ne fait dans l'ame aucune des impressions touchantes qu'elle feroit si elle avoit toutes les inflexions qui expriment les sentimens. Ce sont de belles cloches dont le son est clair, plein, doux et agréable, mais, après tout, des cloches qui ne signifient rien, qui n'ont point de variété, ni par conséquent d'harmonie et d'éloquence.

B. Mais cette rapidité de discours a pourtant beaucoup de grâces.

A. Elle en a sans doute : et je conviens que, dans certains endroits vifs, il faut parler plus vite; mais parler avec précipitation, et ne pouvoir se retenir, est un grand défaut. Il y a des choses qu'il faut appuyer. Il en est de l'action et de la voix comme des vers : il faut quelquefois une mesure lente et grave qui peigne les choses de ce caractère, comme il faut quelquefois une mesure courte et impétueuse pour signifier ce qui est vif et ardent. Se servir toujours de la même action et de la même mesure de voix, c'est comme qui donneroit le même remède à toutes sortes de malades. Mais il faut pardonner à ce prédicateur l'uniformité de la voix et d'action; car outre qu'il a d'ailleurs des qualités très-estimables, de plus ce défaut lui est nécessaire. N'avons-nous pas dit qu'il faut que l'action de la voix accompagne toujours les paroles? Son style est tout uni, il n'a aucune variété : d'un côté rien de familier, d'insinuant et de populaire; de l'autre rien de vif, de figuré et de sublime : c'est un cours réglé de paroles qui se pressent les unes les autres; ce sont des déductions exactes, des raisonnemens bien suivis et concluans, des portraits fidèles; en un mot, c'est un homme qui parle en termes propres, et qui dit des choses très-sensées. Il faut même reconnoître que la chaire lui a de grandes obligations; il l'a tirée de la servitude des déclamateurs, il l'a remplie avec beaucoup de force et de dignité. Il est très-capable de convaincre : mais je ne connois guère de prédicateur qui persuade et qui touche moins. Si vous y prenez garde, il n'est pas même fort adroit; car, outre qu'il n'a aucune manière insinuante et familière, ainsi que nous l'avons déjà remarqué ailleurs, il n'a rien d'affectueux, de sensible. Ce sont des raisonnemens qui demandent de la contention d'esprit. Il ne reste presque rien de tout ce qu'il a dit, dans la tête de ceux qui l'ont écouté : c'est un torrent qui a passé tout d'un coup, et qui laisse son lit à sec. Pour faire une impression durable, il faut aider les esprits en touchant les passions : les instructions sèches ne peuvent guère réussir. Mais ce que je trouve le moins naturel en ce prédicateur, est qu'il donne à ses bras un mouvement continuel, pendant qu'il n'y a ni mouvement ni figure dans ses paroles. A un tel style il faudroit une action commune de conversation, ou bien il faudroit à cette action impétueuse un style plein de saillies et de véhémence; encore faudroit-il, comme nous l'avons dit, ménager mieux cette véhémence, et la rendre moins uniforme. Je conclus que c'est un grand homme qui n'est point orateur. Un missionnaire de village, qui sait effrayer et faire couler des larmes, frappe bien plus au but de l'éloquence.

B. Mais quel moyen de connoître en détail les gestes et les inflexions de voix conformes à la nature?

A. Je vous l'ai déjà dit, tout l'art des bons orateurs ne consiste qu'à observer ce que la nature fait quand elle n'est point retenue. Ne faites point comme ces mauvais orateurs qui veulent toujours déclamer et ne jamais parler à leurs auditeurs : il faut au contraire que chacun de vos auditeurs s'imagine que vous parlez à lui en particulier. Voilà à quoi servent les tons naturels, familiers et insinuans. Il faut à la vérité qu'ils soient toujours graves et modestes; il faut même qu'ils deviennent puissans et pathétiques dans les endroits où le discours s'élève et s'échauffe. N'espérez pas exprimer les passions par le seul effort de la voix; beaucoup de gens, en criant et en s'agitant, ne font qu'étourdir. Pour réussir à peindre les passions, il faut étudier les mouvemens qu'elles inspirent. Par exemple, remarquez ce que font les yeux, ce que font les mains, ce que fait tout le corps, et quelle est sa posture; ce que fait la voix d'un homme quand il est pénétré de douleur, ou surpris à la vue d'un objet étonnant. Voilà la nature qui se montre à vous, vous n'avez qu'à la suivre. Si vous employez l'art, cachez-le si bien par l'imitation, qu'on le prenne pour la nature même. Mais, à dire le vrai, il en est des orateurs comme des poètes qui font des élégies ou d'autres vers passionnés. Il faut sentir la passion pour la bien peindre; l'art, quelque grand qu'il soit, ne parle point comme la passion véritable. Ainsi vous serez toujours un orateur très-imparfait, si vous n'êtes pénétré des sentimens que vous voulez peindre et inspirer aux autres; et ce n'est pas par spiritualité que je dis ceci, je ne parle qu'en orateur.

B. Je comprends cela. Mais vous nous avez parlé des yeux; ont-ils leur éloquence?

A. N'en doutez pas. Cicéron et tous les autres anciens l'assurent. Rien ne parle tant que le visage, il exprime tout : mais, dans le visage, les yeux font le principal effet; un seul regard jeté bien à propos pénètre dans le fond des cœurs.

B. Vous me faites souvenir que le prédicateur dont nous parlions a d'ordinaire les yeux fermés : quand on le regarde de près, cela choque.

A. C'est qu'on sent qu'il lui manque une des choses qui devroient animer son discours.

B. Mais pourquoi le fait-il?

A. Il se hâte de prononcer, et il ferme les yeux, parce que sa mémoire travaille trop.

B. J'ai bien remarqué qu'elle est fort chargée : quelquefois même il reprend plusieurs mots pour retrouver le fil du discours. Ces reprises sont désagréables, et sentent l'écolier qui sait mal sa leçon : elles feroient tort à un moindre prédicateur.

A. Ce n'est pas la faute du prédicateur, c'est la faute de la méthode qu'il a suivie après tant d'autres. Tant qu'on prêchera par cœur et souvent, on tombera dans cet embarras.

B. Comment donc, voudriez-vous qu'on ne prêchât point par cœur? Jamais on ne feroit des discours pleins de force et de justesse.

A. Je ne voudrois pas empêcher les prédicateurs d'apprendre par cœur certains discours extraordinaires; ils auroient assez de temps pour se bien préparer à ceux-là; encore pourroient-ils s'en passer.

B. Comment cela? Ce que vous dites paroît incroyable.

A. Si j'ai tort, je suis prêt à me rétracter : examinons cela sans prévention. Quel est le principal but de l'orateur? n'avons-nous pas vu que c'est de persuader? et, pour persuader, ne disions-nous pas qu'il faut toucher en excitant les passions?

B. J'en conviens.

A. La manière la plus vive et la plus touchante est donc la meilleure.

B. Cela est vrai : qu'en concluez-vous?

A. Lequel des deux orateurs peut avoir la manière la plus vive et la plus touchante, ou celui qui apprend par cœur, ou celui qui parle sans réciter mot à mot ce qu'il a appris?

B. Je soutiens que c'est celui qui a appris par cœur.

A. Attendez, posons bien l'état de la question. Je mets d'un côté un homme qui compose exactement tout son discours, et qui l'apprend par cœur jusqu'à la moindre syllabe : de l'autre je suppose un homme savant qui se remplit de son sujet, qui a beaucoup de facilité de parler (car vous ne voulez pas que les gens sans talent s'en mêlent); un homme enfin qui médite fortement tous les principes du sujet qu'il doit traiter, et dans toute leur étendue; qui s'en fait un ordre dans l'esprit, qui prépare les plus fortes expressions par lesquelles il veut rendre son sujet sensible, qui range toutes ses preuves, qui prépare un certain nombre de figures touchantes. Cet homme sait sans doute tout ce qu'il doit dire, et la place où il doit mettre chaque chose : il ne lui reste pour l'exécution qu'à trouver les expressions communes qui doivent faire le corps du discours. Croyez-vous qu'un tel homme ait de la peine à les trouver?

B. Il ne les trouvera pas si justes et si ornées, qu'il les auroit trouvées à loisir dans son cabinet.

A. Je le crois. Mais, selon vous-même, il ne perdra qu'un peu d'ornement; et vous savez ce que nous devons penser de cette perte, selon les principes que nous avons déjà posés. D'un autre côté, que ne gagnera-t-il pas pour la liberté et pour la force de l'action, qui est le principal! Supposant qu'il se soit beaucoup exercé à écrire, comme Cicéron le demande, qu'il ait lu tous les bons modèles, qu'il ait beaucoup de facilité naturelle et acquise, qu'il ait un fonds abondant de principes et d'érudition, qu'il ait bien médité tout son sujet, qu'il l'ait bien rangé dans sa tête; nous devons conclure qu'il parlera avec force, avec ordre, avec abondance. Ses périodes n'amuseront pas tant l'oreille : tant mieux; il en sera meilleur orateur. Ses transitions ne seront pas si fines : n'importe; outre qu'il peut les avoir préparées sans les apprendre par cœur, de plus ces négligences lui seront communes avec les plus éloquens orateurs de l'antiquité, qui ont cru qu'il falloit par là imiter souvent la nature, et ne montrer pas une trop grande préparation. Que lui manquera-t-il donc? Il fera quelque petite répétition; mais elle ne sera pas inutile : non-seulement l'auditeur de bon goût prendra plaisir à y reconnoître la nature, qui reprend souvent ce qui la frappe davantage dans un sujet; mais cette répétition imprimera plus fortement les vérités : c'est la véritable manière d'instruire. Tout au plus trouvera-t-on dans son discours quelque construction peu exacte, quelque terme impropre, ou censuré par l'Académie, quelque chose d'irrégulier, ou, si vous voulez, de foible et de mal placé, qui lui aura échappé dans la chaleur de l'action. Il faudroit avoir l'esprit bien petit pour croire que ces fautes-là fussent grandes; on en trouvera de cette nature dans les plus excellens originaux. Les plus habiles d'entre les anciens les ont méprisées. Si nous avions d'aussi grandes vues qu'eux, nous ne serions guère occupés de ces minuties. Il n'y a que les gens qui ne sont pas propres à discerner les grandes choses, qui s'amusent à celles-là. Pardonnez ma liberté : ce n'est qu'à cause que je vous crois bien différent de ces esprits-là, que je vous en parle avec si peu de ménagement.

B. Vous n'avez pas besoin de précaution avec moi ; allons jusqu'au bout sans nous arrêter.

A. Considérez donc, monsieur, en même temps les avantages d'un homme qui n'apprend point par cœur : il se possède, il parle naturellement, il ne parle point en déclamateur ; les choses coulent de source ; ses expressions (si son naturel est riche pour l'éloquence) sont vives et pleines de mouvement ; la chaleur même qui l'anime lui fait trouver des expressions et des figures qu'il n'auroit pu préparer dans son étude.

B. Pourquoi ? Un homme s'anime dans son cabinet, et peut y composer des discours très-vifs.

A. Cela est vrai ; mais l'action y ajoute encore une plus grande vivacité. De plus, ce qu'on trouve dans la chaleur de l'action est tout autrement sensible et naturel ; il a un air négligé, et ne sent point l'art comme presque toutes les choses composées à loisir. Ajoutez qu'un orateur habile et expérimenté proportionne les choses à l'impression qu'il voit qu'elles font sur l'auditeur ; car il remarque fort bien ce qui entre et ce qui n'entre pas dans l'esprit, ce qui attire l'attention, ce qui touche les cœurs, et ce qui ne fait point ces effets. Il reprend les mêmes choses d'une autre manière, il les revêt d'images et de comparaisons plus sensibles ; ou bien il remonte aux principes d'où dépendent des vérités qu'il veut persuader ; ou bien il tâche de guérir les passions, qui empêchent ces vérités de faire impression. Voilà le véritable art d'instruire et de persuader ; sans ces moyens on ne fait que des déclamations vagues et infructueuses. Voyez combien l'orateur qui ne parle que par cœur est loin de ce but. Représentez-vous un homme qui n'oseroit dire que sa leçon : tout est nécessairement compassé dans son style ; et il lui arrive ce que Denys d'Halicarnasse remarque qui est arrivé à Isocrate, sa composition est meilleure à être lue qu'à être prononcée. D'ailleurs, quoi qu'il fasse, ses inflexions de voix sont uniformes et toujours un peu forcées : ce n'est point un homme qui parle, c'est un orateur qui récite ou qui déclame ; son action est contraire, ses yeux trop arrêtés marquent que sa mémoire travaille, et il ne peut s'abandonner à un mouvement extraordinaire sans se mette en danger de perdre le fil de son discours. L'auditeur voyant l'art si à découvert, bien loin d'être saisi et transporté hors de lui-même, comme il le faudroit, observe froidement tout l'artifice du discours.

B. Mais les anciens orateurs ne faisoient-ils pas ce que vous condamnez.

A. Je crois que non.

B. Quoi ! vous croyez que Démosthène et Cicéron ne savoient point par cœur ces harangues si achevées que nous avons d'eux ?

A. Nous voyons bien qu'ils les écrivoient ; mais nous avons plusieurs raisons de croire qu'ils ne les apprenoient point par cœur mot à mot. Les discours mêmes de Démosthène, tels qu'ils sont sur le papier, marquent bien plus la sublimité et la véhémence d'un grand génie accoutumé à parler fortement des affaires publiques, que l'exactitude et la politesse d'un homme qui compose. Pour Cicéron, on voit, en divers endroits de ses harangues, des choses nécessairement imprévues. Mais rapportons-nous-en à lui-même sur cette matière. Il veut que l'orateur ait beaucoup de mémoire. Il parle même de la mémoire artificielle comme d'une invention utile : mais tout ce qu'il en dit ne marque point que l'on doive apprendre mot à mot par cœur ; au contraire, il paraît se borner à vouloir qu'on range exactement dans sa tête toutes les parties de son discours, et que l'on prémédite les figures et les principales expressions qu'on doit employer, se réservant d'y ajouter sur-le-champ ce que le besoin et la vue des objets pourroit inspirer : c'est pour cela même qu'il demande tant de diligence et de présence d'esprit dans l'orateur.

B. Permettez-moi de vous dire que tout cela ne me persuade point ; je ne puis croire qu'on parle si bien quand on parle sans avoir réglé toutes ses paroles.

C. Et moi je comprends bien ce qui vous rend si incrédule ; c'est que vous jugez de ceci par une expérience commune. Si les gens qui apprennent leurs sermons par cœur prêchoient sans cette préparation, ils prêcheroient apparemment fort mal. Je ne m'en étonne pas : ils ne sont pas accoutumés à suivre la nature ; ils n'ont songé qu'à apprendre à écrire, et encore à écrire avec affectation ; jamais ils n'ont songé à apprendre à parler d'une manière noble, forte et naturelle. D'ailleurs la plupart n'ont pas assez de fonds de doctrine pour se fier à eux-mêmes. La méthode d'apprendre par cœur met je ne sais combien d'esprits bornés et superficiels en état de faire des discours publics avec quelque éclat : il ne faut qu'assembler un certain nombre de passages et de pensées ; si peu qu'on ait de génie et de secours, on donne, avec du temps, une forme polie à cette matière. Mais, pour le reste, il faut une méditation sérieuse des premiers principes, une connoissance étendue des mœurs, la lecture de l'antiquité, de la force de raisonnement et d'action. N'est-ce pas là, monsieur, ce que vous demandez de l'orateur qui n'apprend point par cœur ce qu'il doit dire?

A. Vous l'avez très-bien expliqué. Je crois seulement qu'il faut ajouter que quand ces qualités ne se trouveront pas éminemment dans un homme, il ne laissera pas de faire de bons discours, pourvu qu'il ait de la solidité d'esprit, un fonds raisonnable de science, et quelque facilité de parler. Dans cette méthode, comme dans l'autre, il y auroit divers degrés d'orateurs. Remarquez encore que la plupart des gens qui n'apprennent point par cœur ne se préparent pas assez : il faudroit étudier son sujet par une profonde méditation, préparer tous les mouvemens qui peuvent toucher, et donner à tout cela un ordre qui servît même à mieux remettre les choses dans leur point de vue.

B. Vous nous avez déjà parlé plusieurs fois de cet ordre; voulez-vous autre chose qu'une division? N'avez-vous pas encore sur cela quelque opinion singulière?

A. Vous pensez vous moquer; je ne suis pas moins bizarre sur cet article que sur les autres.

B. Je crois que vous le dites sérieusement.

A. N'en doutez pas. Puisque nous sommes en train, je m'en vais vous montrer combien l'ordre manque à la plupart des orateurs.

B. Puisque vous aimez tant l'ordre, les divisions ne vous déplaisent pas.

A. Je suis bien éloigné de les approuver.

B. Pourquoi donc? ne mettent-elles pas l'ordre dans un discours?

A. D'ordinaire elles y en mettent un qui n'est qu'apparent. De plus elles dessèchent et gênent le discours; elles le coupent en deux ou trois parties, qui interrompent l'action de l'orateur et l'effet qu'elle doit produire : il n'y a plus d'unité véritable, ce sont deux ou trois discours différens qui ne sont unis que par une liaison arbitraire. Le sermon d'avant-hier, celui d'hier et celui d'aujourd'hui, pourvu qu'ils soient d'un dessein suivi, comme les desseins d'Avent, font autant ensemble un tout et un corps de discours, que les trois points d'un de ces sermons font un tout entre eux.

B. Mais, à votre avis, qu'est-ce donc que l'ordre? Quelle confusion y auroit-il dans un discours qui ne seroit point divisé?

A. Croyez-vous qu'il y ait beaucoup plus de confusion dans les harangues de Démosthène et de Cicéron, que dans les sermons du prédicateur de votre paroisse?

B. Je ne sais : je croirois que non.

A. Ne craignez pas de vous engager trop : les harangues de ces grands hommes ne sont pas divisées comme les sermons d'à présent. Non-seulement eux, mais encore Isocrate, dont nous avons tant parlé, et les autres anciens orateurs, n'ont point pris cette règle. Les Pères de l'Eglise ne l'ont point connue. Saint Bernard, le dernier d'entre eux, marque souvent des divisions; mais il ne les suit pas, et il ne partage point ses sermons. Les prédications ont été encore long-temps après sans être divisées, et c'est une invention très-moderne qui nous vient de la scolastique.

B. Je conviens que l'école est un méchant modèle pour l'éloquence; mais quelle forme donnoit-on donc anciennement à un discours?

A. Je m'en vais vous le dire. On ne divisoit pas un discours : mais on y distinguoit soigneusement toutes les choses qui avoient besoin d'être distinguées; on assignoit à chacune sa place, et on examinoit attentivement en quel endroit il falloit placer chaque chose pour la rendre plus propre à faire impression. Souvent une chose qui, dite d'abord, n'auroit paru rien, devient décisive lorsqu'elle est réservée pour un autre endroit où l'auditeur sera préparé par d'autres choses à en sentir toute la force. Souvent un mot qui a trouvé heureusement sa place y met la vérité dans tout son jour. Il faut laisser quelquefois une vérité enveloppée jusqu'à la fin : c'est Cicéron qui nous l'assure. Il doit y avoir partout un enchaînement de preuves; il faut que la première prépare à la seconde, et que la seconde soutienne la première. On doit d'abord montrer en gros tout un sujet, et prévenir favorablement l'auditeur par un début modeste et insinuant, par un air de probité et de candeur. Ensuite on établit les principes; puis on pose les faits d'une manière simple, claire et sensible, appuyant sur les circonstances dont on devra se servir bientôt après. Des principes, des faits, on tire les conséquences; et il faut disposer le raisonnement de manière que toutes les preuves s'entr'aident pour être facilement retenues. On doit faire en sorte que le discours aille toujours croissant, et que l'auditeur sente de plus en plus le poids de la vérité : alors il faut déployer les images vives et les mouvemens propres à exciter les passions. Pour cela il faut connoître la liaison que les passions ont entre elles; celles qu'on peut exciter d'abord plus facilement, et qui peuvent servir à émouvoir les autres; celles enfin qui peuvent produire les plus grands effets, et par lesquelles il faut terminer le discours. Il est souvent à propos de faire à la fin une récapitulation qui recueille en peu de mots toute la force de l'orateur, et qui remette devant les yeux tout ce qu'il a dit de plus persuasif. Au reste, il ne faut pas garder scrupuleusement cet ordre d'une manière uniforme; chaque sujet a ses exceptions et ses propriétés. Ajoutez que, dans cet ordre même, on peut trouver une variété presque infinie. Cet ordre, qui nous est à peu près marqué par Cicéron, ne peut pas, comme vous le voyez, être suivi dans un discours coupé en trois, ni observé dans chaque point en particulier. Il faut donc un ordre, monsieur, mais un ordre qui ne soit point promis et découvert dès le commencement du discours. Cicéron dit que le meilleur, presque toujours, est de le cacher, et d'y mener l'auditeur sans qu'il s'en aperçoive. Il dit même en termes formels, car je m'en souviens, qu'il doit cacher jusqu'au nombre de ses preuves, en sorte qu'on ne puisse les compter, quoiqu'elles soient distinctes par elles-mêmes, et qu'il ne doit point y avoir de division du discours clairement marquée. Mais la grossièreté des derniers temps est allée jusqu'à ne point connoître l'ordre d'un discours, à moins que celui qui le fait n'en avertisse dès le commencement et qu'il ne s'arrête à chaque point.

C. Mais les divisions ne servent-elles pas pour soulager l'esprit et la mémoire de l'auditeur? C'est pour l'instruction qu'on le fait.

A. La division soulage la mémoire de celui qui parle. Encore même un ordre naturel, sans être marqué, feroit mieux cet effet; car la véritable liaison des matières conduit l'esprit. Mais pour les divisions, elles n'aident que les gens qui ont étudié, et que l'école a accoutumé à cette méthode; et si le peuple retient mieux la division que le reste, c'est qu'elle a été plus souvent répétée. Généralement parlant, les choses sensibles et de pratique sont celles qu'il retient le mieux.

B. L'ordre que vous proposez peut être bon sur certaines matières; mais il ne convient pas à toutes; on n'a pas toujours des faits à poser.

A. Quand on n'en a point on s'en passe; mais il n'y a guère de matières où l'on en manque. Une des beautés de Platon est de mettre d'ordinaire, dans le commencement de ses ouvrages de morale, des histoires et des traditions qui sont comme le fondement de toute la suite du discours. Cette méthode convient bien davantage à ceux qui prêchent la religion; car tout y est tradition, tout y est histoire, tout y est antiquité. La plupart des prédicateurs n'instruisent pas assez, et ne prouvent que foiblement, faute de remonter à ces sources.

B. Il y a déjà long-temps que vous nous parlez; j'ai honte de vous arrêter davantage : cependant la curiosité m'entraîne. Permettez-moi de vous faire encore quelques questions sur les règles du discours.

A. Volontiers : je ne suis pas encore las, et il me reste un moment à donner à la conversation.

B. Vous voulez bannir sévèrement du discours tous les ornemens frivoles : mais apprenez-moi, par des exemples sensibles, à les distinguer de ceux qui sont sont solides et naturels.

A. Aimez-vous les fredons dans la musique? N'aimez-vous pas mieux ces tons animés qui peignent les choses et qui expriment les passions?

B. Oui, sans doute. Les fredons ne font qu'amuser l'oreille, ils ne signifient rien, ils n'excitent aucun sentiment. Autrefois notre musique en étoit pleine; aussi n'avoit-elle rien que de confus et de foible. Présentement on a commencé à se rapprocher de la musique des anciens. Cette musique est une espèce de déclamation passionnée; elle agit fortement sur l'ame.

A. Je savois bien que la musique, à laquelle vous êtes fort sensible, me serviroit à vous faire entendre ce qui regarde l'éloquence; aussi faut-il qu'il y ait une espèce d'éloquence dans la musique même : on doit rejeter les fredons dans l'éloquence aussi bien que dans la musique. Ne comprenez-vous pas maintenant ce que j'appelle discours fredonnés, certains jeux de mots qui reviennent toujours comme des refrains, certains bourdonnemens de périodes languissantes et uniformes? Voilà la fausse éloquence, qui ressemble à la mauvaise musique.

B. Mais encore, rendez-moi cela un peu plus sensible.

A. La lecture des bons et des mauvais orateurs vous formera un goût plus sûr que toutes les règles : cependant il est aisé de vous satisfaire en vous rapportant quelques exemples. Je n'en prendrai point dans notre siècle, quoiqu'il soit fertile en faux ornemens. Pour ne blesser personne, revenons à Isocrate; aussi bien est-ce le modèle des discours fleuris et périodiques qui sont maintenant à la mode. Avez-vous lu cet éloge d'Hélène qui est si célèbre?

B. Oui, je l'ai lu autrefois.

A. Comment vous parut-il?

B. Admirable : je n'ai jamais vu tant d'esprit, d'éloquence, de douceur, d'invention et de délicatesse. Je vous avoue qu'Homère, que je lus ensuite, ne me parut point avoir les mêmes traits d'esprit. Présentement que vous m'avez marqué le véritable but des poètes et des orateurs, je vois bien qu'Homère est autant au-dessus d'Isocrate, que son art est caché, et que celui de l'autre paroît. Mais enfin je fus alors charmé d'Isocrate, et je le serois encore si vous ne m'aviez détrompé. M.*** est l'Isocrate de notre temps ; et je vois bien qu'en montrant le foible de cet orateur, vous faites le procès de tous ceux qui recherchent cette éloquence fleurie et efféminée.

A. Je ne parle que d'Isocrate. Dans le commencement de cet éloge, il relève l'amour que Thésée avoit eu pour Hélène ; et il s'imagine qu'il donnera une haute idée de cette femme, en dépeignant les qualités héroïques de ce grand homme qui en fut passionné : comme si Thésée, que l'antiquité a toujours dépeint foible et inconstant dans ses amours, n'auroit pas pu être touché de quelque chose de médiocre. Puis il vient au jugement de Pâris. Junon, dit-il, lui promettoit l'empire de l'Asie, Minerve la victoire dans les combats, Vénus la belle Hélène. Comme Pâris ne put (poursuit-il) dans ce jugement regarder les visages de ces déesses à cause de leur éclat, il ne put juger que du prix des trois choses qui lui étoient offertes : il préféra Hélène à l'empire et à la victoire. Ensuite il loue le jugement de celui au discernement duquel les déesses mêmes s'étoient soumises. Je m'étonne [1], dit-il encore en faveur de Pâris, que quelqu'un le trouve imprudent d'avoir voulu vivre avec celle pour qui tant de demi-dieux voulurent mourir.

C. Je m'imagine entendre nos prédicateurs à antithèses et à jeux d'esprit. Il y a bien des Isocrates !

A. Voilà leur maître. Tout le reste de cet éloge est plein des mêmes traits ; il est fondé sur la longue guerre de Troie, sur les maux que souffrirent les Grecs pour ravoir Hélène, et sur la louange de la beauté qui est si puissante sur les hommes. Rien n'y est prouvé sérieusement ; il n'y a en tout cela aucune vérité de morale : il ne juge du prix des choses que par les passions des hommes. Mais non-seulement ses preuves sont foibles, de plus son style est tout fardé et amolli. Je vous ai rapporté cet endroit, tout profane qu'il est, à cause qu'il est très-célèbre, et que cette mauvaise manière est maintenant fort imitée. Les autres discours les plus sérieux d'Isocrate se sentent beaucoup de cette mollesse de style, et sont pleins de ces faux brillans.

B. Je vois bien que vous ne voulez point de ces tours ingénieux, qui ne sont ni des raisons solides et concluantes, ni des mouvemens naturels et affectueux. L'exemple même d'Isocrate que vous apportez, quoiqu'il soit sur un sujet frivole, ne laisse pas d'être bon ; car tout ce clinquant convient encore bien moins aux sujets sérieux et solides.

A. Revenons, monsieur, à Isocrate. Ai-je donc eu tort de parler de cet orateur comme Cicéron nous assure qu'Aristote en parloit ?

B. Qu'en dit Cicéron ?

A. Qu'Aristote voyant qu'Isocrate avoit transporté l'éloquence de l'action et de l'usage à l'amusement et à l'ostentation, et qu'il attiroit par là les plus considérables disciples, il lui appliqua un vers de Philoctète, pour marquer combien il étoit honteux de se taire et d'entendre ce déclamateur. En voilà assez, il faut que je m'en aille.

B. Vous ne vous en irez point encore, monsieur. Vous ne voulez donc point d'antithèses ?

A. Pardonnez-moi : quand les choses qu'on dit sont naturellement opposées les unes aux autres, il faut en marquer l'opposition. Ces antithèses là sont naturelles, et font sans doute une beauté solide ; alors c'est la manière la plus courte et la plus simple d'exprimer les choses. Mais chercher un détour pour trouver une batterie de mots, cela est puéril. D'abord les gens de mauvais goût en sont éblouis ; mais dans la suite ces affectations fatiguent l'auditeur. Connoissez-vous l'architecture de nos vieilles églises qu'on nomme gothiques?

B. Oui, je la connois, on la trouve partout.

A. N'avez-vous pas remarqué ces roses, ces points, ces petits ornemens coupés et sans dessein suivi, enfin tous ces colifichets dont elle est pleine ? Voilà en architecture ce que les antithèses et les autres jeux de mots sont dans l'éloquence. L'architecture grecque est bien plus simple ; elle n'admet que des ornemens majestueux et naturels ; on n'y voit rien que de grand, de proportionné, de mis en place. Cette architecture qu'on appelle gothique nous est venue des Arabes. Ces sortes d'esprits étant

---

[1] Θαυμάζω δ'εἴ τις οἴεται κακῶς βεβουλεῦσθαι τὸν μετὰ ταύτης ζῆν ἑλόμενον, ἧς ἕνεκα πολλοὶ τῶν ἡμιθέων ἀποθνῄσκειν ἠθέλησαν.

fort vifs, et n'ayant ni règle ni culture, ne pouvoient manquer de se jeter dans de fausses subtilités ; de là leur vint ce mauvais goût en toutes choses. Ils ont été sophistes en raisonnemens, amateurs de colifichets en architecture, et inventeurs de pointes en poésie et en éloquence. Tout cela est du même génie.

B. Cela est fort plaisant. Selon vous, un sermon plein d'antithèses et d'autres semblables ornemens est fait comme une église bâtie à la gothique.

A. Oui, c'est précisément cela.

B. Encore une question, je vous en conjure, et puis je vous laisse.

A. Quoi ?

B. Il me semble qu'il est bien difficile de traiter en style noble les détails ; et cependant il faut le faire quand on veut être solide, comme vous demandez qu'on le soit. De grâce, un mot là-dessus.

A. On a tant de peur dans notre nation d'être bas, qu'on est d'ordinaire sec et vague dans les expressions. Veut-on louer un saint, on cherche des phrases magnifiques ; on dit qu'il étoit admirable, que ses vertus étoient célestes, que c'étoit un ange, et non pas un homme : ainsi tout se passe en exclamations, sans preuve et sans peinture. Tout au contraire les Grecs se servoient peu de tous ces termes généraux qui ne prouvent rien ; mais ils disoient beaucoup de faits. Par exemple, Xénophon, dans toute la Cyropédie, ne dit pas une fois que Cyrus étoit admirable, mais il le fait partout admirer. C'est ainsi qu'il faudroit louer les saints en montrant le détail de leurs sentimens et de leurs actions. Nous avons là-dessus une fausse politesse, semblable à celle de certains provinciaux, qui se piquent de bel-esprit : ils n'osent rien dire qui ne leur paroisse exquis et relevé ; ils sont toujours guindés, et croiroient se trop abaisser en nommant les choses par leurs noms. Tout entre dans les sujets que l'éloquence doit traiter. La poésie même, qui en est le genre le plus sublime, ne réussit qu'en peignant les choses avec toutes leurs circonstances. Voyez Virgile représentant les navires troyens qui quittent le rivage d'Afrique, ou qui arrivent sur la côte d'Italie ; tout le détail y est peint. Mais il faut avouer que les Grecs poussoient encore plus loin le détail ; et suivoient plus sensiblement la nature. A cause de ce grand détail, bien des gens, s'ils l'osaient, trouveroient Homère trop simple. Par cette simplicité si originale, et dont nous avons tant perdu le goût, ce poète a beaucoup de rapport avec l'Écriture ; mais l'Écriture le surpasse autant qu'il a surpassé tout le reste de l'antiquité pour peindre naïvement les choses. En faisant un détail, il ne faut rien présenter à l'esprit de l'auditeur qui ne mérite son attention, et qui ne contribue à l'idée qu'on veut lui donner. Ainsi il faut être judicieux pour le choix des circonstances, mais il ne faut point craindre de dire tout ce qui sert ; et c'est une politesse mal entendue que de supprimer certains endroits utiles, parce qu'on ne les trouve pas susceptibles d'ornemens ; outre qu'Homère nous apprend assez, par son exemple, qu'on peut embellir en leur manière tous les sujets. D'ailleurs il faut reconnoître que tout discours doit avoir ses inégalités : il faut être grand dans les grandes choses ; il faut être simple sans être bas dans les petites ; il faut tantôt de la naïveté et de l'exactitude, tantôt de la sublimité et de la véhémence. Un peintre qui ne représenteroit jamais que des palais d'une architecture somptueuse ne feroit rien de vrai, et lasseroit bientôt. Il faut suivre la nature dans ses variétés : après avoir peint une superbe ville, il est souvent à propos de faire voir un désert et des cabanes de bergers. La plupart des gens qui veulent faire de beaux discours cherchent sans choix également partout la pompe des paroles : ils croient avoir tout fait, pourvu qu'ils aient fait un amas de grands mots et de pensées vagues ; ils ne songent qu'à charger leurs discours d'ornemens ; semblables aux méchans cuisiniers, qui ne savent rien assaisonner avec justesse, et qui croient donner un goût exquis aux viandes en y mettant beaucoup de sel et de poivre. La véritable éloquence n'a rien d'enflé ni d'ambitieux ; elle se modère, et se proportionne aux sujets qu'elle traite et aux gens qu'elle instruit ; elle n'est grande et sublime que quand il faut l'être.

B. Ce mot que vous nous avez dit de l'Écriture sainte me donne un désir extrême que vous m'en fassiez sentir la beauté : ne pourrons-nous point vous avoir demain à quelque heure ?

A. Demain, il me sera difficile ; je tâcherai pourtant de venir le soir. Puisque vous le voulez, nous parlerons de la parole de Dieu ; car jusqu'ici nous n'avons parlé que de celle des hommes.

B. Adieu, monsieur ; je vous conjure de nous tenir parole. Si vous ne venez pas, nous vous irons chercher.

TROISIÈME DIALOGUE:

En quoi consiste la véritable éloquence. Combien celle des livres saints est admirable. Importance et manière d'expliquer l'Ecriture sainte. Moyens de se former à la prédication. Quelle doit être la matière ordinaire des instructions. Sur l'éloquence et le style des Pères. Sur les panégyriques.

C. Je doutois que vous vinssiez, et peu s'en est fallu que je n'allasse chez M.

A. J'avois une affaire qui me gênoit; mais je me suis débarrassé heureusement.

C. J'en suis fort aise, car nous avons grand besoin d'achever la matière entamée.

B. Ce matin j'étois au sermon à ***, et je pensois à vous. Le prédicateur a parlé d'une manière édifiante, mais je doute que le peuple entendît bien ce qu'il disoit.

A. Souvent cela arrive. J'ai vu une femme d'esprit qui disoit que les prédicateurs parlent latin en français. La plus essentielle qualité d'un prédicateur est d'être instructif. Mais il faut être bien instruit pour instruire les autres : d'un côté, il faut entendre parfaitement toute la force des expressions de l'Écriture; de l'autre, il faut connoître précisément la portée des esprits auxquels on parle : cela demande une science fort solide et un grand discernement. On parle tous les jours au peuple, de l'Écriture, de l'Église, des deux lois, des sacrifices, de Moïse, d'Aaron, de Melchisédech, des prophètes, des apôtres; et on ne se met point en peine de leur apprendre ce que signifient toutes ces choses, et ce qu'ont fait ces personnes-là. On suivroit vingt ans bien des prédicateurs sans apprendre la religion comme on la doit savoir.

B. Croyez-vous qu'on ignore les choses dont vous parlez?

A. Pour moi, je n'en doute pas. Peu de gens les entendent assez pour profiter des sermons.

B. Oui, le peuple grossier les ignore.

C. Hé bien! le peuple, n'est-ce pas lui qu'il faut instruire?

A. Ajoutez que la plupart des honnêtes gens sont peuple à cet égard-là. Il y a toujours les trois quarts de l'auditoire qui ignorent ces premiers fondemens de la religion, que le prédicateur suppose qu'on sait.

B. Mais voudriez-vous que, dans un bel auditoire, un prédicateur allât expliquer le catéchisme?

A. Je sais qu'il y faut apporter quelque tempérament; mais on peut, sans offenser ses auditeurs, rappeler les histoires qui sont l'origine et l'institution de toutes les choses saintes. Bien loin que cette recherche de l'origine fût basse, elle donneroit à la plupart des discours une force et une beauté qui leur manquent. Nous avions déjà fait hier cette remarque en passant, surtout pour les mystères. L'auditoire n'est ni instruit ni persuadé, si on ne remonte à la source. Comment, par exemple, ferez-vous entendre au peuple ce que l'Église dit si souvent après saint Paul, que Jésus-Christ est notre pâque, si on n'explique quelle étoit la pâque des Juifs, instituée pour être un monument éternel de la délivrance d'Égypte, et pour figurer une délivrance bien plus importante qui étoit réservée au Sauveur. C'est pour cela que je vous disois que presque tout est historique dans la religion. Afin que les prédicateurs comprennent bien cette vérité, il faut qu'ils soient savans dans l'Écriture.

B. Pardonnez-moi si je vous interromps à l'occasion de l'Écriture. Vous nous disiez hier qu'elle est éloquente. Je fus ravi de vous l'entendre dire, et je voudrois bien que vous m'apprissiez à en connoître les beautés. En quoi consiste cette éloquence? Le latin m'y paroît barbare en beaucoup d'endroits; je n'y trouve point de délicatesse de pensées. Où est donc ce que vous admirez?

A. Le latin n'est qu'une version littérale, où l'on a conservé par respect beaucoup de phrases hébraïques et grecques. Méprisez-vous Homère parce que nous l'avons traduit en mauvais français?

B. Mais le grec lui-même (car il est original pour presque tout le Nouveau Testament) me paroît fort mauvais.

A. J'en conviens. Les apôtres, qui ont écrit en grec, savoient mal cette langue, comme les autres Juifs hellénistes de leur temps : de là vient ce que dit saint Paul, *Imperitus sermone, sed non scientiâ.* Il est aisé de voir que saint Paul avoue qu'il ne sait pas bien la langue grecque, quoique d'ailleurs il leur explique exactement la doctrine des saintes Écritures.

B. Mais les apôtres n'eurent-ils pas le don des langues?

A. Ils l'eurent sans doute, et il passa même jusqu'à un grand nombre de simples fidèles : mais, pour les langues qu'ils savoient déjà par des voies naturelles, nous avons sujet de croire que Dieu les leur laissa parler comme ils les parloient auparavant. Saint Paul, qui étoit de Tarse, parloit naturellement le grec corrompu des Juifs hellénistes : nous voyons qu'il a écrit en cette manière. Saint Luc paroît l'avoir su un peu mieux.

C. Mais j'avois toujours compris que saint Paul vouloit dire dans ce passage qu'il renonçoit à l'éloquence, et qu'il ne s'attachoit qu'à la simplicité de la doctrine évangélique. Oui sûrement, et je l'ai ouï dire à beaucoup de gens de bien, que l'Écriture sainte n'est point éloquente. Saint Jérôme fut puni pour être dégoûté de sa simplicité et pour aimer mieux Cicéron. Saint Augustin paroît, dans ses Confessions, avoir commis la même faute. Dieu n'a-t-il pas voulu éprouver notre foi, non-seulement par l'obscurité, mais encore par la bassesse du style de l'Écriture, comme par la pauvreté de Jésus-Christ ?

A. Monsieur, je crains que vous n'alliez trop loin. Qui croiriez-vous plutôt, ou de saint Jérôme puni pour avoir trop suivi dans sa retraite le goût des études de sa jeunesse, ou de saint Jérôme consommé dans la science sacrée et profane, qui invite Paulin dans une épître à étudier l'Écriture sainte, et qui lui promet plus de charmes dans les prophètes qu'il n'en a trouvé dans les poètes ? Saint Augustin avoit-il plus d'autorité dans sa première jeunesse, où la bassesse apparente du style de l'Écriture, comme il le dit lui-même, le dégoûtoit, que quand il a composé ses livres *de la Doctrine chrétienne* ? Dans ces livres il dit souvent [1] que saint Paul a eu une éloquence merveilleuse, et que ce torrent d'éloquence est capable de se faire sentir, pour ainsi dire, à ceux même qui dorment. Il ajoute qu'en saint Paul la sagesse n'a point cherché la beauté des paroles, mais que la beauté des paroles est allée au-devant de la sagesse. Il rapporte de grands endroits des Épîtres, où il fait voir tout l'art des orateurs profanes surpassé. Il excepte seulement deux choses dans cette comparaison : l'une, dit-il, que les orateurs profanes ont cherché les ornemens de l'éloquence, et que l'éloquence a suivi naturellement saint Paul et les autres écrivains sacrés ; l'autre est que saint Augustin témoigne ne savoir pas assez les délicatesses de la langue grecque pour trouver dans les Écritures saintes le nombre et la cadence des périodes qu'on trouve dans les écrivains profanes. J'oubliois de vous dire qu'il rapporte cet endroit du prophète Amos [1] : *Malheur à vous qui êtes opulens dans Sion, et qui vous confiez à la montagne de Samarie !* Il assure que le prophète a surpassé, en cet endroit, tout ce qu'il y a de merveilleux dans les orateurs païens.

C. Mais comment entendez-vous ces paroles de saint Paul, *Non in persuasibilibus humanæ sapientiæ verbis?* Ne dit-il pas aux Corinthiens qu'il n'est point venu leur annoncer Jésus-Christ avec la sublimité du discours et de la sagesse ; qu'il n'a su parmi eux que Jésus, mais Jésus crucifié; que sa prédication a été fondée, non sur les discours persuasifs de la sagesse humaine, mais sur les effets sensibles de l'esprit et de la puissance de Dieu, afin, continue-t-il, que votre foi ne soit point fondée sur la sagesse des hommes, mais sur la puissance divine? Que signifient donc ces paroles, monsieur? Que pouvoit-il dire de plus fort pour rejeter cet art de persuader que vous établissez ici? Pour moi, je vous avoue que j'ai été édifié, quand vous avez blâmé tous les ornemens affectés que la vanité cherche dans les discours : mais la suite ne soutient pas un si pieux commencement. Vous allez faire de la prédication un art tout humain, et la simplicité apostolique en sera bannie.

A. Vous êtes mal édifié de mon estime pour l'éloquence ; et moi je suis fort édifié du zèle avec lequel vous m'en blâmez. Cependant, monsieur, il n'est pas inutile de nous éclaircir là-dessus. Je vois beaucoup de gens de bien qui, comme vous, croient que les prédicateurs éloquens blessent la simplicité évangélique. Pourvu que nous nous entendions, nous serons bientôt d'accord. Qu'entendez-vous par simplicité ? qu'entendez-vous par éloquence ?

C. Par simplicité, j'entends un discours sans art et sans magnificence ; par éloquence, j'entends au contraire un discours plein d'art et d'ornemens.

A. Quand vous demandez un discours simple, voulez-vous un discours sans ordre, sans liaison, sans preuves solides et concluantes, sans méthode pour instruire les ignorans ? voulez-vous un prédicateur qui n'ait rien de pathétique, et qui ne s'applique point à toucher les cœurs ?

C. Tout au contraire, je demande un discours qui instruise et qui touche.

A. Vous voulez donc qu'il soit éloquent, car nous avons déjà vu que l'éloquence n'est que

---

[1] *De Doct. christ.* lib. IV, n. 11 et seq. t. III, p. 68 et seq.

[1] *De Doct. christ.* lib. IV, n. 17 : p. 71. *Amos.* VI. 1.

l'art d'instruire et de persuader les hommes en les touchant.

C. Je conviens qu'il faut instruire et toucher; mais je voudrais qu'on le fît sans art et par la simplicité apostolique.

A. Voyons donc si l'art et la simplicité apostolique sont incompatibles. Qu'entendez-vous par art?

C. J'entends certaines règles que l'esprit humain a trouvées, et qu'il suit dans le discours, pour le rendre plus beau et plus poli.

A. Si vous n'entendez par art que cette invention de rendre un discours plus poli pour plaire aux auditeurs, je ne dispute point sur les mots, et j'avoue qu'il faut ôter l'art des sermons ; car cette vanité, comme nous l'avons vu, est indigne de l'éloquence, à plus forte raison du ministère apostolique. Ce n'est que sur cela que j'ai tant raisonné avec M. B. Mais si vous entendez par art et par éloquence ce que tous les habiles d'entre les anciens ont entendu, il ne faudra pas raisonner de même.

C. Comment l'entendoient-ils donc?

A. Selon eux, l'art de l'éloquence consiste dans les moyens que la réflexion et l'expérience ont fait trouver pour rendre un discours propre à persuader la vérité et à en exciter l'amour dans le cœur des hommes ; et c'est cela même que vous voulez trouver dans un prédicateur. Ne m'avez-vous pas dit, tout à cette heure, que vous voulez de l'ordre, de la méthode pour instruire, de la solidité de raisonnement, et des mouvemens pathétiques, c'est-à-dire qui touchent et qui remuent les cœurs? L'éloquence n'est que cela. Appelez-la comme vous voudrez.

C. Je vois bien maintenant à quoi vous réduisez l'éloquence. Sous cette forme sérieuse et grave, je la trouve digne de la chaire, et nécessaire même pour instruire avec fruit. Mais comment entendez-vous le passage de saint Paul contre l'éloquence. Je vous en ai déjà dit les paroles ; n'est-il pas formel?

A. Permettez-moi de commencer par vous demander une chose.

C. Volontiers.

A. N'est-il pas vrai que saint Paul raisonne admirablement dans ses Epîtres? Ses raisonnemens contre les philosophes païens et contre les Juifs, dans l'Epître aux Romains, ne sont-ils pas beaux? Ce qu'il dit sur l'impuissance de la loi pour justifier les hommes, n'est-il pas fort?

C. Oui, sans doute.

A. Ce qu'il dit dans l'Epître aux Hébreux sur l'insuffisance des anciens sacrifices, sur le repos promis par David aux enfans de Dieu, outre celui dont ils jouissoient dans la Palestine depuis Josué, sur l'ordre d'Aaron et sur celui de Melchisédech, et sur l'alliance spirituelle et éternelle qui devoit nécessairement succéder à l'alliance charnelle que Moïse avoit apportée pour un temps, tout cela n'est-il pas d'un raisonnement subtil et profond?

C. J'en conviens.

A. Saint Paul n'a donc pas voulu exclure du discours la sagesse et la force du raisonnement.

C. Cela est visible par son propre exemple.

A. Pourquoi croyez-vous qu'il ait voulu plutôt en exclure l'éloquence que la sagesse?

C. C'est parce qu'il rejette l'éloquence dans le passage dont je vous demande l'explication.

A. N'y rejette-t-il pas aussi la sagesse? Sans doute : ce passage est encore plus décisif contre la sagesse et le raisonnement humain que contre l'éloquence. Il ne laisse pourtant pas lui-même de raisonner et d'être éloquent. Vous convenez de l'un, et saint Augustin vous assure de l'autre.

C. Vous me faites parfaitement bien voir la difficulté : mais vous ne m'éclaircissez point. Comment expliquez-vous cela?

A. Le voici : Saint Paul a raisonné, saint Paul a persuadé ; ainsi il étoit, dans le fond, excellent philosophe et orateur. Mais sa prédication, comme il le dit dans le passage en question, n'a été fondée ni sur le raisonnement ni sur la persuasion humaine ; c'étoit un ministère dont toute la force venoit d'en haut. La conversion du monde entier devoit être, selon les prophéties, le grand miracle du christianisme. C'étoit ce royaume de Dieu qui venoit du ciel, et qui devoit soumettre au vrai Dieu toutes les nations de la terre. Jésus-Christ crucifié annoncé aux peuples devoit attirer tout à lui, mais attirer tout par l'unique vertu de sa croix. Les philosophes avoient raisonné sans convertir les hommes et sans se convertir eux-mêmes ; les Juifs avoient été les dépositaires d'une loi qui leur montroit leurs maux sans leur apporter le remède : tout étoit sur la terre convaincu d'égarement et de corruption. Jésus-Christ vient avec sa croix, c'est-à-dire qu'il vient pauvre, humble et souffrant pour nous, pour imposer silence à notre raison vaine et présomptueuse : il ne raisonne point comme les philosophes, mais il décide avec autorité par ses miracles et par sa grâce ; il montre qu'il est au-dessus de tout : pour confondre la fausse sagesse des hommes, il leur oppose la folie et le scandale de sa croix, c'est-à-dire l'exemple de ses profondes humiliations. Ce que le monde croit une folie, ce qui le scandalise le plus, est ce qui le doit ramener à Dieu. L'homme a besoin d'être guéri de son orgueil et de son amour pour les choses sensibles. Dieu le prend par là, il lui montre son Fils crucifié. Ses apôtres le prêchent, marchant sur ses traces. Ils n'ont recours à nul moyen humain ; ni philosophie, ni éloquence, ni politique, ni richesse, ni autorité. Dieu, jaloux de son œuvre, n'en veut devoir le succès qu'à lui-même : il choisit ce qui est foible, il rejette ce qui est fort, afin de manifester plus sensiblement sa puissance. Il tire tout du néant pour convertir le monde, comme pour le former. Ainsi cette œuvre doit avoir ce caractère divin, de n'être fondée sur rien d'estimable selon la chair. C'eût été affoiblir et évacuer, comme dit saint Paul, la vertu miraculeuse de la croix, que d'appuyer la prédication de l'Evangile sur les secours de la nature. Il falloit que l'Evangile, sans préparation humaine, s'ouvrît lui-même les cœurs, et qu'il apprît au monde, par ce prodige, qu'il venoit de Dieu. Voilà la sagesse humaine confondue et réprouvée. Que faut-il conclure de là ? Que la conversion des peuples et l'établissement de l'Eglise ne sont point dus aux raisonnemens et aux discours persuasifs des hommes. Ce n'est pas qu'il n'y ait eu de l'éloquence et de la sagesse dans la plupart de ceux qui ont annoncé Jésus-Christ : mais ils ne se sont point confiés à cette sagesse et à cette éloquence ; mais ils ne l'ont point recherchée comme ce qui devoit donner de l'efficace à leurs paroles. Tout a été fondé, comme dit saint Paul, non sur les discours persuasifs de la philosophie humaine, mais sur les effets de l'esprit et de la vertu de Dieu, c'est-à-dire sur les miracles qui frappoient les yeux et sur l'opération intérieure de la grâce.

C. C'est donc, selon vous-même, évacuer la croix du Sauveur, que de se fonder sur la sagesse et sur l'éloquence humaine en prêchant.

A. Oui, sans doute : le ministère de la parole est tout fondé sur la foi. Il faut prier, il faut purifier son cœur, il faut attendre tout du ciel, il faut s'armer du glaive de la parole de Dieu et ne compter point sur la sienne : voilà la préparation essentielle. Mais quoique le fruit intérieur de l'Evangile ne soit dû qu'à la pure grâce et à l'efficace de la parole de Dieu, il y a pourtant certaines choses que l'homme doit faire de son côté.

C. Jusqu'ici vous avez bien parlé ; mais vous allez, je le vois bien, rentrer dans vos premiers sentimens.

A. Je ne pense pas en être sorti. Ne croyez-vous pas que l'ouvrage de notre salut dépend de la grâce ?

C. Oui, cela est de foi.

A. Vous reconnoissez néanmoins qu'il faut de la prudence pour choisir certains genres de vie et pour fuir les occasions dangereuses. Ne voulez-vous pas qu'on veille et qu'on prie ? Quand on aura veillé et prié, aura-t-on évacué le mystère de la grâce ? Non, sans doute. Nous devons tout à Dieu ; mais Dieu nous assujettit à un ordre extérieur de moyens humains. Les apôtres n'ont point cherché la vaine pompe et les grâces frivoles des orateurs païens ; ils ne se sont point attachés aux raisonnemens subtils des philosophes, qui faisoient tout dépendre de ces raisonnemens dans lesquels ils s'évaporoient, comme dit saint Paul ; ils se sont contentés de prêcher Jésus-Christ avec toute la force et toute la magnificence du langage de l'Ecriture. Il est vrai qu'ils n'avoient besoin d'aucune préparation pour ce ministère, parce que le Saint-Esprit, descendu visiblement sur eux, leur donnoit à l'heure même des paroles. La différence qu'il y a donc entre les apôtres et leurs successeurs, est que leurs successeurs, n'étant pas inspirés miraculeusement comme eux, ont besoin de se préparer et de se remplir de la doctrine et de l'esprit des Ecritures pour former leurs discours. Mais cette préparation ne doit jamais tendre à parler moins simplement que les apôtres. Ne serez-vous pas content pourvu que les prédicateurs ne soient pas plus ornées dans leurs discours que saint Pierre, saint Paul, saint Jacques, saint Jude et saint Jean ?

C. Je conviens que je le dois être ; et j'avoue que l'éloquence ne consistant, comme vous le dites, que dans l'ordre et dans la force des paroles par lesquelles on persuade et on touche, elle ne me scandalise plus comme elle le faisoit. J'avois toujours pris l'éloquence pour un art entièrement profane.

A. Deux sortes de gens en ont cette idée : les faux orateurs ; et nous avons vu combien ils s'égarent en cherchant l'éloquence dans une vaine pompe de paroles : les gens de bien qui ne sont pas assez instruits ; et pour ceux-là, vous voyez que, renonçant par humilité à l'éloquence comme à un faste de paroles, ils cherchent néanmoins l'éloquence véritable, puisqu'ils s'efforcent de persuader et de toucher.

C. J'entends maintenant tout ce que vous dites. Mais revenons à l'éloquence de l'Ecriture.

A. Pour la sentir, rien n'est plus utile que d'avoir le goût de la simplicité antique : surtout la lecture des anciens Grecs sert beaucoup à y réussir. Je dis des anciens ; car les Grecs que les Romains méprisoient tant avec raison, et qu'ils appeloient *Græculi*, avoient entièrement dégénéré. Comme je vous le disois hier, il faut connoître Homère, Platon, Xénophon, et les autres des anciens temps ; après cela l'Ecriture ne vous surprendra plus. Ce sont presque les mêmes coutumes, les mêmes narrations, les mêmes images des grandes choses, les mêmes mouvemens. La différence qui est entre eux est tout entière à l'honneur de l'Ecriture : elle les surpasse tous infiniment en naïveté, en vivacité, en grandeur. Jamais Homère même n'a approché de la sublimité de Moïse dans ses cantiques, particulièrement le dernier, que tous les enfans des Israélites devoient apprendre par cœur. Jamais nulle ode grecque ou latine n'a pu atteindre à la hauteur des Psaumes. Par exemple, celui qui commence ainsi, *Le Dieu des dieux, le Seigneur a parlé, et il a appelé la terre*[1], surpasse toute imagination humaine. Jamais Homère, ni aucun autre poëte, n'a égalé Isaïe peignant la majesté de Dieu, aux yeux duquel les royaumes ne sont qu'un grain de poussière, l'univers qu'une tente qu'on dresse aujourd'hui et qu'on enlèvera demain : tantôt ce prophète a toute la douceur et toute la tendresse d'une églogue dans les riantes peintures qu'il fait de la paix ; tantôt il s'élève jusqu'à laisser tout au-dessous de lui. Mais qu'y a-t-il, dans l'antiquité profane, de comparable au tendre Jérémie déplorant les maux de son peuple, ou à Nahum voyant de loin en esprit tomber la superbe Ninive sous les efforts d'une armée innombrable ? On croit voir cette armée, on croit entendre le bruit des armes et des chariots ; tout est dépeint d'une manière vive qui saisit l'imagination : il laisse Homère loin derrière lui. Lisez encore Daniel dénonçant à Balthasar la vengeance de Dieu toute prête à fondre sur lui ; et cherchez, dans les plus sublimes originaux de l'antiquité, quelque chose qu'on puisse comparer à ces endroits-là. Au reste, tout se soutient dans l'Ecriture, tout y garde le caractère qu'il doit avoir, l'histoire, le détail des lois, les descriptions, les endroits véhémens, les mystères, les discours de morale. Enfin il y a autant de différence entre les poëtes profanes et les prophètes, qu'il y en a entre le véritable enthousiasme et le faux. Les uns, véritablement inspirés, expriment sensiblement quelque chose de divin ; les autres, s'efforçant de s'élever au-dessus d'eux-mêmes, laissent toujours voir en eux la foiblesse humaine. Il n'y a que le second livre des Machabées, le livre de la Sagesse surtout à la fin, et celui de l'Ecclésiastique surtout au commencement, qui se sentent de l'enflure du style que les Grecs, alors déjà déchus, avoient répandu dans l'Orient, où leur langue s'étoit établie avec leur domination. Mais j'aurois beau vouloir vous parler de ces choses, il faut les lire pour les sentir.

B. Il me tarde d'en faire l'essai. On devroit s'appliquer à cette étude plus qu'on ne fait.

C. Je m'imagine bien que l'Ancien Testament est écrit avec cette magnificence et ces peintures vives dont vous nous parlez. Mais vous ne dites rien de la simplicité des paroles de Jésus-Christ.

A. Cette simplicité de style est tout-à-fait du goût antique ; elle est conforme et à Moïse et aux prophètes, dont Jésus-Christ prend assez souvent les expressions : mais, quoique simple et familier, il est sublime et figuré en bien des endroits. Il seroit aisé de montrer en détail, les livres à la main, que nous n'avons point de prédicateur en notre siècle qui ait été aussi figuré dans ses sermons les plus préparés, que Jésus-Christ l'a été dans ses prédications populaires. Je ne parle point de ses discours rapportés par saint Jean, où presque tout est sensiblement divin ; je parle de ses discours les plus familiers écrits par les autres évangélistes. Les apôtres ont écrit de même : avec cette différence, que Jésus-Christ, maître de sa doctrine, la distribue tranquillement ; il dit ce qu'il lui plaît, et il le dit sans aucun effort ; il parle du royaume et de la gloire céleste comme de la maison de son Père. Toutes ces grandeurs qui nous étonnent lui sont naturelles ; il y est né, et il ne dit que ce qu'il voit, comme il nous l'assure lui-même. Au contraire, les apôtres succombent sous le poids des vérités qui leur sont révélées ; ils ne peuvent exprimer tout ce qu'ils conçoivent, les paroles leur manquent : de là viennent ces transpositions, ces expressions confuses, ces liaisons de discours qui ne peuvent finir. Toute cette irrégularité de style marque dans saint Paul et dans les autres apôtres, que l'esprit de Dieu entraînoit le leur : mais, nonobstant tous ces petits désordres pour la diction, tout y est noble, vif et touchant. Pour l'Apocalypse, on y trouve la même magnificence et le même enthousiasme que dans

---

[1] *Ps.* XLIX.

les prophètes : les expressions sont souvent les mêmes, et quelquefois ce rapport fait qu'ils s'aident mutuellement à être entendus. Vous voyez donc que l'éloquence n'appartient pas seulement aux livres de l'Ancien Testament, mais qu'elle se trouve aussi dans le Nouveau.

C. Supposé que l'Ecriture soit éloquente, qu'en voulez-vous conclure ?

A. Que ceux qui doivent la prêcher peuvent, sans scrupule, imiter ou plutôt emprunter son éloquence.

C. Aussi en choisit-on les passages qu'on trouve les plus beaux.

A. C'est défigurer l'Ecriture, que de ne la faire connoître aux Chrétiens que par des passages détachés. Ces passages, tout beaux qu'ils sont, ne peuvent seuls faire sentir toute leur beauté, quand on n'en connoît point la suite ; car tout est suivi dans l'Ecriture, et cette suite est ce qu'il y a de plus grand et de plus merveilleux. Faute de la connoître on prend ces passages à contre-sens ; on leur fait dire tout ce qu'on veut, et on se contente de certaines interprétations ingénieuses, qui, étant arbitraires, n'ont aucune force pour persuader les hommes et pour redresser leurs mœurs.

B. Que voudriez-vous donc des prédicateurs ? qu'ils ne fissent que suivre le texte de l'Ecriture ?

A. Attendez : au moins je voudrois que les prédicateurs ne se contentassent pas de coudre ensemble des passages rapportés ; je voudrois qu'ils expliquassent les principes et l'enchaînement de la doctrine de l'Ecriture ; je voudrois qu'ils en prissent l'esprit, le style et les figures ; que tous leurs discours servissent à en donner l'intelligence et le goût. Il n'en faudroit pas davantage pour être éloquent : car ce seroit imiter le plus parfait modèle de l'éloquence.

B. Mais pour cela il faudroit donc, comme je vous disois, expliquer de suite le texte.

A. Je ne voudrois pas y assujettir tous les prédicateurs. On peut faire des sermons sur l'Ecriture, sans expliquer l'Ecriture de suite. Mais il faut avouer que ce seroit toute autre chose, si les pasteurs, suivant l'ancien usage, expliquoient de suite les saints livres au peuple. Représentez-vous quelle autorité auroit un homme qui ne diroit rien de sa propre invention, et qui ne feroit que suivre et expliquer les pensées et les paroles de Dieu même. D'ailleurs il feroit deux choses à la fois : en expliquant les vérités de l'Ecriture, il en expliqueroit le texte, et accoutumeroit les Chrétiens à joindre toujours le sens et la lettre. Quel avantage pour les accoutumer à se nourrir de ce pain sacré ! Un auditoire qui auroit déjà entendu expliquer toutes les principales choses de l'ancienne loi, seroit bien autrement en état de profiter de l'explication de la nouvelle, que ne le sont la plupart des Chrétiens d'aujourd'hui. Le prédicateur dont nous parlions tantôt a ce défaut parmi de grandes qualités, que ses sermons sont de beaux raisonnemens sur la religion, et qu'ils ne sont point la religion même. On s'attache trop aux peintures morales, et on n'explique pas assez les principes de la doctrine évangélique.

B. C'est qu'il est bien plus aisé de peindre les désordres du monde, que d'expliquer solidement le fond du christianisme. Pour l'un, il ne faut que de l'expérience du commerce du monde, et des paroles : pour l'autre, il faut une sérieuse et profonde méditation des saintes Ecritures. Peu de gens savent assez toute la religion pour la bien expliquer. Tel fait des sermons qui sont beaux, qui ne sauroit faire un catéchisme solide, encore moins une homélie.

A. Vous avez mis le doigt sur le but. Aussi la plupart des sermons sont-ils des raisonnemens de philosophes. Souvent on ne cite l'Ecriture qu'après coup, par bienséance ou pour l'ornement. Alors ce n'est plus la parole de Dieu, c'est la parole et l'invention des hommes.

C. Vous convenez bien que ces gens-là travaillent à évacuer la croix de Jésus-Christ.

A. Je vous les abandonne. Je me retranche à l'éloquence de l'Ecriture, que les prédicateurs évangéliques doivent imiter. Ainsi nous sommes d'accord, pourvu que vous n'excusiez pas certains prédicateurs zélés, qui, sous prétexte de simplicité apostolique, n'étudient solidement ni la doctrine de l'Ecriture, ni la manière merveilleuse dont Dieu nous y a appris à persuader les hommes : ils s'imaginent qu'il n'y a qu'à crier, et qu'à parler souvent du diable et de l'enfer. Sans doute, il faut frapper les peuples par des images vives et terribles ; mais c'est dans l'Ecriture qu'on apprendroit à faire ces grandes impressions. On y apprendroit aussi admirablement la manière de rendre les instructions sensibles et populaires, sans leur faire perdre la gravité et la force qu'elles doivent avoir. Faute de ces connoissances, on ne fait souvent qu'étourdir le peuple : il ne lui reste dans l'esprit guère de vérités distinctes, et les impressions de crainte même ne sont pas durables. Cette simplicité qu'on affecte n'est quelquefois qu'une ignorance et une grossièreté qui tente Dieu. Rien ne peut excuser ces gens-là, que la droiture de leurs intentions. Il faudroit avoir long-temps étudié et médité les saintes Ecritures, avant que de prêcher. Un prêtre qui les sauroit bien solidement, et qui auroit le talent de parler, joint à l'autorité du ministère et du bon exemple, n'auroit pas besoin d'une longue préparation pour faire d'excellens discours : on parle aisément des choses dont on est plein et touché. Surtout une matière comme celle de la religion fournit de hautes pensées, et excite de grands sentimens : voilà ce qui fait la vraie éloquence. Mais il faudroit trouver, dans un prédicateur, un père qui parlât à ses enfans avec tendresse, et non un déclamateur qui prononçat avec emphase. Ainsi il seroit à souhaiter qu'il n'y eût communément que les pasteurs qui donnassent la pâture aux troupeaux selon leurs besoins. Pour cela il ne faudroit d'ordinaire choisir pour pasteurs que des prêtres qui eussent le don de la parole. Il arrive au contraire deux maux : l'un, que les pasteurs muets ou qui parlent sans talent sont peu estimés ; l'autre, que la fonction de prédicateur volontaire attire dans cet emploi je ne sais combien d'esprits vains et ambitieux. Vous savez que le ministère de la parole a été réservé aux évêques pendant plusieurs siècles, surtout en Occident. Vous connoissez l'exemple de saint Augustin, qui, contre la règle commune, fut engagé, n'étant encore que prêtre, à prêcher, parce que Valérius, son prédécesseur, étoit un étranger qui ne parloit pas facilement : voilà le commencement de cet usage en Occident. En Orient on commença plus tôt à faire prêcher les prêtres : les sermons que saint Chrysostôme, n'étant que prêtre, fit à Antioche, en sont une marque.

C. Je suis persuadé de cela comme vous. Il ne faudroit communément laisser prêcher que les pasteurs; ce seroit le moyen de rendre à la chaire la simplicité et l'autorité qu'elle doit avoir : car les pasteurs qui joindroient à l'expérience du travail et de la conduite des ames, la science des Ecritures, parleroient d'une manière bien plus convenable aux besoins de leurs auditeurs; au lieu que les prédicateurs qui n'ont que la spéculation entrent bien moins dans les difficultés, ne se proportionnent guère aux esprits, et parlent d'une manière plus vague. Outre la grâce attachée à la voix du pasteur, voilà des raisons sensibles pour préférer ses sermons à ceux des autres. A quel propos tant de prédicateurs jeunes, sans expérience, sans science, sans sainteté? Il vaudroit bien mieux avoir moins de sermons, et en avoir de meilleurs.

B. Mais il y a beaucoup de prêtres qui ne sont point pasteurs, et qui prêchent avec beaucoup de fruit. Combien y a-t-il même de religieux qui remplissent dignement les chaires !

C. J'en conviens : aussi voudrois-je les faire pasteurs. Ce sont ces gens-là qu'il faudroit établir malgré eux dans les emplois à charge d'ames. Ne cherchoit-on pas autrefois parmi les solitaires ceux qu'on vouloit élever sur le chandelier de l'Eglise ?

A. Mais ce n'est pas à nous à régler la discipline : chaque temps a ses coutumes selon les conjonctures. Respectons, monsieur, toutes les tolérances de l'Eglise ; et, sans aucun esprit de critique, achevons de former selon notre idée un vrai prédicateur.

C. Il me semble que je l'ai déjà tout entière sur les choses que vous avez dites.

A. Voyons ce que vous en pensez.

C. Je voudrois qu'un homme eût étudié solidement pendant sa jeunesse tout ce qu'il y a de plus utile dans la poésie et dans l'éloquence grecque et latine.

A. Cela n'est pas nécessaire. Il est vrai que, quand on a bien fait ces études, on en peut tirer un grand fruit pour l'intelligence même de l'Ecriture, comme saint Basile l'a montré dans un traité qu'il a fait exprès sur ce sujet [1]. Mais, après tout, on peut s'en passer. Dans les premiers siècles de l'Eglise, on s'en passoit effectivement. Ceux qui avoient étudié ces choses lorsqu'ils étoient dans le siècle, en tiroient de grands avantages pour la religion lorsqu'ils étoient pasteurs; mais on ne permettroit pas à ceux qui les ignoroient de les apprendre lorsqu'ils étoient déjà engagés dans l'étude des saintes lettres [2]. On étoit persuadé que l'Ecriture suffisoit : de là vient ce que vous voyez dans les *Constitutions apostoliques*, qui exhortent les fidèles à ne lire point les auteurs païens. Si vous voulez de l'histoire, dit ce livre [3], si vous voulez des lois, des préceptes moraux, de l'éloquence, de la poésie, vous trouvez tout dans les Ecritures. En effet, on n'a pas besoin, comme nous l'avons vu, de chercher ailleurs ce qui peut former le goût et le jugement pour l'éloquence même. Saint Augustin [4] dit que plus on est pauvre de son propre fonds,

---

[1] S. Basile, *de la lecture des livres des Païens.* Hom. XXII; Op. t. II, p. 173. — [2] S. Aug. *de Doct. christ.* lib. II, n. 58 : t. III, p. 42. — [3] Lib. I, cap. VI. — [4] S. Aug. *de Doct. christ.* lib. IV, n. 8 : p. 67.

plus on doit s'enrichir dans ces sources sacrées, et qu'étant par soi-même petit pour exprimer de si grandes choses, on a besoin de croître par cette autorité de l'Ecriture. Mais je vous demande pardon de vous avoir interrompu. Continuez, s'il vous plaît, monsieur.

C. Hé bien ! contentons-nous de l'Ecriture. Mais n'y ajouterons-nous pas les Pères ?

A. Sans doute : ils sont les canaux de la tradition ; c'est par eux que nous découvrons la manière dont l'Eglise a interprété l'Ecriture dans tous les siècles.

C. Mais faut-il s'engager à expliquer toujours tous les passages suivant les interprétations qu'ils leur ont données ? Il me semble que souvent l'un donne un sens spirituel, et l'autre un autre tout différent : lequel choisir ? car on n'auroit jamais fait, si on vouloit les dire tous.

A. Quand on dit qu'il faut toujours expliquer l'Ecriture conformément à la doctrine des Pères, c'est-à-dire à leur doctrine constante et uniforme. Ils ont donné souvent des sens pieux qui n'ont rien de littéral, ni de fondé sur la doctrine des mystères et des figures prophétiques. Ceux-là sont arbitraires ; et alors on n'est pas obligé de les suivre, puisqu'ils ne se sont pas suivis les uns les autres. Mais, dans les endroits où ils expliquent les sentimens de l'Eglise sur la doctrine de la foi, ou sur les principes des mœurs, il n'est pas permis d'expliquer l'Ecriture en un sens contraire à leur doctrine. Voilà comment il faut reconnoître leur autorité.

C. Cela me paroît clair. Je voudrois qu'un prêtre, avant que de prêcher, connût le fond de leur doctrine pour s'y conformer. Je voudrois même qu'on étudiât leurs principes de conduite, leurs règles de modération, et leur méthode d'instruire.

A. Fort bien, ce sont nos maîtres. C'étoient des esprits très-élevés, de grandes ames pleines de sentimens héroïques, des gens qui avoient une expérience merveilleuse des esprits et des mœurs des hommes, qui avoient acquis une grande autorité, et une grande facilité de parler. On voit même qu'ils étoient très-polis, c'est-à-dire parfaitement instruits de toutes les bienséances, soit pour écrire, soit pour parler en public, soit pour converser familièrement, soit pour remplir toutes les fonctions de la vie civile. Sans doute, tout cela devoit les rendre fort éloquens, et fort propres à gagner les hommes. Aussi trouve-t-on dans leurs écrits une politesse, non-seulement de paroles, mais de sentimens et de mœurs, qu'on ne trouve point dans les écrivains des siècles suivans. Cette politesse, qui s'accorde très-bien avec la simplicité, et qui les rendoit gracieux et insinuans, faisoit de grands effets pour la religion. C'est ce qu'on ne sauroit trop étudier en eux. Ainsi, après l'Ecriture, voilà les sources pures des bons sermons.

C. Quand un homme auroit acquis ce fonds, et que ses vertus exemplaires auroient édifié l'Eglise, il seroit en état d'expliquer l'Evangile avec beaucoup d'autorité et de fruit. Par les instructions familières et par les conférences dans lesquelles on l'auroit exercé de bonne heure, il auroit acquis une liberté et une facilité suffisantes pour bien parler. Je comprends encore que de tels gens étant appliqués à tout le détail du ministère, c'est-à-dire à administrer les sacremens, à conduire les ames, à consoler les mourans et les affligés, ils ne pourroient point avoir le temps d'apprendre par cœur des sermons fort étudiés : il faudroit que la bouche parlât selon l'abondance du cœur, c'est-à-dire qu'elle répandît sur le peuple la plénitude de la science évangélique et les sentimens affectueux du prédicateur. Sur ce que vous disiez hier des sermons qu'on apprend par cœur, j'ai eu hier la curiosité d'aller chercher un endroit de saint Augustin que j'avois lu autrefois : en voici le sens. Il prétend que les prédicateurs doivent parler d'une manière encore plus claire et plus sensible que les autres gens, parce que, la coutume et la bienséance ne permettant pas de les interroger, ils doivent craindre de ne se proportionner pas assez à leurs auditeurs. C'est pourquoi, dit-il, ceux qui apprennent leur sermon mot à mot, et qui ne peuvent répéter et éclaircir une vérité jusqu'à ce qu'ils remarquent qu'on l'a comprise, se privent d'un grand fruit. Vous voyez bien par là que saint Augustin se contentoit de préparer les choses dans son esprit, sans mettre dans sa mémoire toutes les paroles de ses sermons. Quand même les règles de la vraie éloquence demanderoient quelque chose de plus, celles du ministère évangélique ne permettroient pas d'aller plus loin. Pour moi, je suis, il y a long-temps, de votre avis là-dessus. Pendant qu'il y a tant de besoins pressans dans le christianisme, pendant que le prêtre, qui doit être l'homme de Dieu, préparé à toute bonne œuvre, devroit se hâter de déraciner l'ignorance et les scandales du champ de l'Eglise, je trouve qu'il est fort indigne de lui qu'il passe sa vie dans son cabinet à arrondir des périodes, à retoucher des portraits, et à inventer des divisions : car, dès qu'on s'est mis sur le pied de ces sortes de prédicateurs, on n'a plus le temps de faire autre chose, on ne fait plus d'autre étude ni d'autre travail ; encore même, pour se soulager, se réduit-on souvent à redire toujours les mêmes sermons. Quelle éloquence que celle d'un homme dont l'auditeur sait par avance toutes les expressions et tous les mouvemens ! Vraiment, c'est bien là le moyen de surprendre, d'étonner, d'attendrir, de saisir et de persuader les hommes ! Voilà une étrange manière de cacher l'art et de faire parler la nature ! Pour moi, je le dis franchement, tout cela me scandalise. Quoi ! le dispensateur des mystères de Dieu sera-t-il un déclamateur oisif, jaloux de sa réputation, et amoureux d'une vaine pompe ? n'osera-t-il parler de Dieu à son peuple sans avoir rangé toutes ses paroles et appris en écolier sa leçon par cœur ?

A. Votre zèle me fait plaisir. Ce que vous dites est véritable. Il ne faut pourtant pas le dire trop fortement ; car on doit ménager beaucoup de gens de mérite et même de piété, qui, déférant à la coutume, ou préoccupés par l'exemple, se sont engagés de bonne foi dans la méthode que vous blâmez avec raison. Mais j'ai honte de vous interrompre si souvent. Achevez, je vous prie.

C. Je voudrois qu'un prédicateur expliquât toute la religion, qu'il la développât d'une manière sensible, qu'il montrât l'institution des choses, qu'il en marquât la suite et la tradition, qu'en montrant ainsi l'origine et l'établissement de la religion il détruisît les objections des libertins sans entreprendre ouvertement de les attaquer, de peur de scandaliser les simples fidèles.

A. Vous dites très-bien ; car la véritable manière de prouver la vérité de la religion est de la bien expliquer. Elle se prouve elle-même, quand on en donne la vraie idée. Toutes les autres preuves, qui ne sont pas tirées du fond et des circonstances de la religion même, lui sont comme étrangères. Par exemple, la meilleure preuve de la création du monde, du déluge et des miracles de Moïse, c'est la nature de ces miracles et la manière dont l'histoire en est écrite : il ne faut, à un homme sage et sans passion, que les lire pour en sentir la vérité.

C. Je voudrois encore qu'un prédicateur expliquât assidument et de suite au peuple, outre tout le détail de l'Evangile et des mystères, l'origine et l'institution des sacremens, les traditions, les disciplines, l'office et les cérémonies de l'Eglise : par là, on prémuniroit les fidèles contre les objections des hérétiques ; on les mettroit en état de rendre raison de leur foi, et de toucher même ceux d'entre les hérétiques qui ne sont point opiniâtres. Toutes ces instructions affermiroient la foi, donneroient une haute idée de la religion, et feroient que le peuple profiteroit pour son édification de tout ce qu'il voit dans l'église ; au lieu qu'avec l'instruction superficielle qu'on lui donne, il ne comprend presque rien de tout ce qu'il voit, et il n'a même qu'une idée très-confuse de ce qu'il entend dire au prédicateur. C'est principalement à cause de cette suite d'instructions que je voudrois que des gens fixes, comme les pasteurs, prêchassent dans chaque paroisse. J'ai souvent remarqué qu'il n'y a ni art ni science dans le monde que les maîtres n'enseignent de suite par principes et avec méthode : il n'y a que la religion qu'on n'enseigne point de cette manière aux fidèles. On leur donne dans l'enfance un petit catéchisme sec, et qu'ils apprennent par cœur sans en comprendre le sens ; après quoi ils n'ont plus pour instruction que des sermons vagues et détachés. Je voudrois, comme vous le disiez tantôt, qu'on enseignât aux Chrétiens les premiers élémens de leur religion, et qu'on les menât avec ordre jusqu'aux plus hauts mystères.

A. C'est ce que l'on faisoit autrefois. On commençoit par les catéchèses, après quoi les pasteurs enseignoient de suite l'Evangile par des homélies. Cela faisoit des Chrétiens très-instruits de toute la parole de Dieu. Vous connoissez le livre de saint Augustin *de Catechizandis rudibus.* Vous connoissez aussi le *Pédagogue* de saint Clément, qui est un ouvrage fait pour faire connoître aux Païens qui se convertissoient, les mœurs de la philosophie chrétienne. C'étoient les plus grands hommes qui étoient employés à ces instructions : aussi produisoient-elles des fruits merveilleux, et qui nous paroissent maintenant presque incroyables.

C. Enfin, je voudrois que le prédicateur, quel qu'il fût, fît ses sermons de manière qu'ils ne lui fussent point fort pénibles, et qu'ainsi il pût prêcher souvent. Il faudroit que tous ses sermons fussent courts, et qu'il pût, sans s'incommoder et sans lasser le peuple, prêcher tous les dimanches après l'Evangile. Apparemment ces anciens évêques, qui étoient fort âgés et chargés de tant de travaux, ne faisoient pas autant de cérémonie que nos prédicateurs pour parler au peuple au milieu de la messe qu'ils disoient eux-mêmes solennellement tous les dimanches. Maintenant, afin qu'un prédicateur ait bien fait, il faut qu'en sortant de chaire il soit tout en eau, hors d'haleine, et incapable d'agir le reste du jour. La chasuble, qui n'étoit point alors échancrée à l'endroit des épaules comme à présent, et qui pendoit en rond également de tous les côtés, les empêchoit apparemment de remuer autant les bras que nos prédicateurs les remuent. Ainsi leurs sermons étoient courts, et leur action grave et modérée. Hé bien! monsieur, tout cela n'est-il pas selon vos principes? N'est-ce pas là l'idée que vous nous donnez des sermons?

A. Ce n'est pas la mienne, c'est celle de l'antiquité. Plus j'entre dans le détail, plus je trouve que cette ancienne forme des sermons étoit la plus parfaite. C'étoient de grands hommes, des hommes non-seulement fort saints, mais très-éclairés sur le fond de la religion et sur la manière de persuader les hommes, qui s'étoient appliqués à régler toutes ces circonstances : il y a une sagesse merveilleuse cachée sous cet air de simplicité. Il ne faut pas s'imaginer qu'on ait pu dans la suite trouver rien de meilleur. Vous avez, monsieur, expliqué tout cela parfaitement bien, et vous ne m'avez laissé rien à dire; vous développez bien mieux ma pensée que moi-même.

B. Vous élevez bien haut l'éloquence et les sermons des Pères.

A. Je ne crois pas en dire trop.

B. Je suis surpris de voir qu'après avoir été si rigoureux contre les orateurs profanes qui ont mêlé des jeux d'esprit dans leurs discours, vous soyez si indulgent pour les Pères, qui sont pleins de jeux de mots, d'antithèses et de pointes fort contraires à toutes vos règles. De grace, accordez-vous avec vous-même, développez-nous tout cela : par exemple, que pensez-vous du style de Tertullien?

A. Il y a des choses très-estimables dans cet auteur; la grandeur de ses sentimens est souvent admirable : d'ailleurs il faut le lire pour certains principes sur la tradition, pour les faits d'histoire, et pour la discipline de son temps. Mais pour son style, je n'ai garde de le défendre : il a beaucoup de pensées fausses et obscures, beaucoup de métaphores dures et entortillées. Ce qui est mauvais en lui est ce que la plupart des lecteurs y cherchent le plus. Beaucoup de prédicateurs se gâtent par cette lecture; l'envie de dire quelque chose de singulier les jette dans cette étude. La diction de Tertullien, qui est extraordinaire et pleine de faste, les éblouit. Il faudroit donc bien se garder d'imiter ses pensées et son style; mais on devroit tirer de ses ouvrages ses grands sentimens et la connoissance de l'antiquité.

B. Mais saint Cyprien, qu'en dites-vous? n'est-il pas aussi bien enflé?

A. Il l'est sans doute : on ne pouvoit guère être autrement dans son siècle et dans son pays. Mais quoique son style et sa diction sentent l'enflure de son temps et la dureté africaine, il a pourtant beaucoup de force et d'éloquence : on voit partout une grande âme, une âme éloquente, qui exprime ses sentimens d'une manière noble et touchante : on y trouve en quelques endroits des ornemens affectés, par exemple dans l'Epître à Donat, que saint Augustin cite [1] néanmoins comme une épître pleine d'éloquence. Ce Père dit que Dieu a permis que ces traits d'une éloquence affectée aient échappé à saint Cyprien, pour apprendre à la postérité combien l'exactitude chrétienne a châtié dans tout le reste de ses ouvrages ce qu'il y avoit d'ornemens superflus dans le style de cet orateur, et qu'elle l'a réduit dans les bornes d'une éloquence plus grave et plus modeste. C'est, continue saint Augustin, ce dernier caractère marqué dans toutes les lettres suivantes de saint Cyprien, qu'on peut aimer avec sûreté, et chercher suivant les règles de la plus sévère religion, mais auquel on ne peut parvenir qu'avec beaucoup de peine. Dans le fond, l'Epître de saint Cyprien à Donat, quoique trop ornée, au jugement même de saint Augustin, mérite d'être appelée éloquente : car encore qu'on y trouve, comme il dit, un peu trop de fleurs semées, on voit bien néanmoins que le gros de l'épître est très-sérieux, très-vif, et très-propre à donner une haute idée du christianisme à un païen qu'on veut convertir. Dans les endroits où saint Cyprien s'anime fortement, il laisse là tous les jeux d'esprit; il prend un tour véhément et sublime.

B. Mais saint Augustin dont vous parlez, n'est-ce pas l'écrivain du monde le plus accoutumé à se jouer des paroles? Le défendez-vous aussi?

A. Non, je ne le défendrai point là-dessus. C'est le défaut de son temps, auquel son esprit vif et subtil lui donnoit une pente naturelle. Cela montre que saint Augustin n'a pas été un orateur parfait; mais cela n'empêche pas qu'avec ce défaut il n'ait eu un grand talent pour la persuasion. C'est un homme qui raisonne avec une force singulière, qui est plein d'idées nobles, qui connoit le fond du cœur de

---

[1] *De Doct. christ.* lib. IV, n. 31 : p. 76.

l'homme, qui est poli et attentif à garder dans tous ses discours la plus étroite bienséance, qui s'exprime enfin presque toujours d'une manière tendre, affectueuse et insinuante: Un tel homme ne mérite-t-il pas qu'on lui pardonne le défaut que nous reconnoissons en lui ?

C. Il est vrai que je n'ai jamais trouvé qu'en lui seul une chose que je vais vous dire ; c'est qu'il est touchant, lors même qu'il fait des pointes. Rien n'en est plus rempli que ses Confessions et ses Soliloques. Il faut avouer qu'ils sont tendres et propres à attendrir le lecteur.

A. C'est qu'il corrige le jeu d'esprit, autant qu'il est possible, par la naïveté de ses mouvemens et de ses affections. Tous ses ouvrages portent le caractère de l'amour de Dieu ; non-seulement il le sentoit, mais il savoit merveilleusement exprimer au dehors les sentimens qu'il en avoit. Voilà la tendresse qui fait une partie de l'éloquence. D'ailleurs nous voyons que saint Augustin connoissoit bien le fond des véritables règles. Il dit qu'un discours, pour être persuasif, doit être simple, naturel, que l'art y doit être caché, et qu'un discours qui paroît trop beau met l'auditeur en défiance. Il y applique ces paroles que vous connoissez : *Qui sophisticè loquitur odibilis est* [1]. Il traite aussi avec beaucoup de science l'arrangement des choses, le mélange des divers styles, les moyens de faire toujours croître le discours, la nécessité d'être simple et familier, même pour les tons de la voix, et pour l'action en certains endroits, quoique tout ce qu'on dit soit grand quand on prêche la religion ; enfin la manière de surprendre et de toucher. Voilà les idées de saint Augustin sur l'éloquence. Mais voulez-vous voir combien dans la pratique il avoit l'art d'entrer dans les esprits, et combien il cherchoit à émouvoir les passions, selon le vrai but de la rhétorique ? lisez ce qu'il rapporte lui-même [2] d'un discours qu'il fit au peuple à Césarée de Mauritanie pour faire abolir une coutume barbare. Il s'agissoit d'une coutume ancienne qu'on avoit poussée jusqu'à une cruauté monstrueuse, c'est tout dire. Il s'agissoit d'ôter au peuple un spectacle dont il étoit charmé ; jugez vous-même de la difficulté de cette entreprise. Saint Augustin dit qu'après avoir parlé quelque temps, ses auditeurs s'écrièrent et lui applaudirent : mais il jugea que son discours ne persuaderoit point, tandis qu'on s'amuseroit à lui donner des louanges. Il ne conta donc pour rien le plaisir et l'admiration de l'auditeur, et il ne commença à espérer que quand il vit couler des larmes. En effet, ajoute-t-il, le peuple renonça à ce spectacle, et il y a huit ans qu'il n'a point été renouvelé. N'est-ce pas là un vrai orateur ? Avons-nous des prédicateurs qui soient en état d'en faire autant ? Saint Jérôme a encore ses défauts pour le style ; mais ses expressions sont mâles et grandes. Il n'est pas régulier ; mais il est bien plus éloquent que la plupart des gens qui se piquent de l'être. Ce seroit juger en petit grammairien, que de n'examiner les Pères que par la langue et le style. (Vous savez bien qu'il ne faut pas confondre l'éloquence avec l'élégance et la pureté de la diction.) Saint Ambroise suit aussi quelquefois la mode de son temps : il donne à son discours les ornemens qu'on estimoit alors. Peut-être même que ces grands hommes, qui avoient des vues plus hautes que les règles communes de l'éloquence, se conformoient au goût du temps pour faire écouter avec plaisir la parole de Dieu, et pour insinuer les vérités de la religion. Mais après tout, ne voyons-nous pas saint Ambroise, nonobstant quelques jeux de mots, écrire à Théodose avec une force et une persuasion inimitables ? Quelle tendresse n'exprime-t-il pas quand il parle de la mort de son frère Satyre ! Nous avons même, dans le Bréviaire Romain, un discours de lui sur la tête de saint Jean [1], qu'Hérode respecte et craint encore après sa mort : prenez-y garde, vous en trouverez la fin sublime. Saint Léon est enflé, mais il est grand. Saint Grégoire pape étoit encore dans un siècle pire ; il a pourtant écrit plusieurs choses avec beaucoup de force et de dignité. Il faut savoir distinguer ce que le malheur du temps a mis dans ces grands hommes, comme dans tous les autres écrivains de leurs siècles, d'avec ce que leur génie et leurs sentimens leur fournissoient pour persuader leurs auditeurs.

C. Mais quoi ! tout étoit donc gâté, selon vous, pour l'éloquence, dans ces siècles si heureux pour la religion ?

A. Sans doute : peu de temps après l'empire d'Auguste l'éloquence et la langue latine même n'avoient fait que se corrompre. Les Pères ne sont venus qu'après ce déclin : ainsi il ne faut pas les prendre pour des modèles sûrs en tout ; il faut même avouer que la plupart des sermons que nous avons d'eux sont leurs moins forts ouvrages. Quand je vous montrois tantôt, par le témoignage des Pères, que l'Écriture est

---

[1] *De Doct. christ.* lib. II, n. 48 : p. 38. — [2] *Ibid.* lib. IV, n. 53 : p. 87.

[1] *De Virginib.* lib. III, cap. VI : t. II, p. 181 et 182.

éloquente, je songeois en moi-même que c'étoient des témoins dont l'éloquence est bien inférieure à celle que vous n'avez crue que sur leur parole. Il y a des gens d'un goût si dépravé, qu'ils ne sentiront pas les beautés d'Isaïe, et qu'ils admireront saint Pierre Chrysologue, en qui, nonobstant le beau nom qu'on lui a donné, il ne faut chercher que le fond de la piété évangélique sous une infinité de mauvaises pointes. Dans l'Orient, la bonne manière de parler et d'écrire se soutint davantage : la langue grecque s'y conserva presque dans sa pureté. Saint Chrysostôme la parloit fort bien. Son style, comme vous savez, est diffus : mais il ne cherche point de faux ornemens, tout tend à la persuasion ; il place chaque chose avec dessein, il connoît bien l'Écriture sainte et les mœurs des hommes, il entre dans des cœurs, il rend les choses sensibles, il a des pensées hautes et solides, et il n'est pas sans mouvemens : dans son tout : on peut dire que c'est un grand orateur. Saint Grégoire de Nazianze est plus concis et plus poétique, mais un peu moins appliqué à la persuasion. Il a néanmoins des endroits fort touchans; par exemple, son adieu à Constantinople, et l'éloge funèbre de saint Basile. Celui-ci est grave, sentencieux, austère même dans la diction. Il avoit profondément médité tout le détail de l'Évangile ; il connoissoit à fond les maladies de l'homme, et c'est un grand maître pour le régime des ames. On ne peut rien voir de plus éloquent que son Épître à une Vierge qui étoit tombée : à mon sens, c'est un chef-d'œuvre. Si on n'a un goût formé sur tout cela, on court risque de prendre dans les Pères ce qu'il y a de moins bon, et de ramasser leurs défauts dans les sermons que l'on compose.

C. Mais combien a duré cette fausse éloquence que vous dites qui succéda à la bonne ?

A. Jusqu'à nous.

C. Quoi! jusqu'à nous ?

A. Oui, jusqu'à nous : et nous n'en sommes pas encore autant sortis que nous le croyons; vous en comprendrez bientôt la raison. Les Barbares qui inondèrent l'empire Romain mirent partout l'ignorance et le mauvais goût. Nous venons d'eux; et quoique les lettres aient commencé à se rétablir dans le quinzième siècle, cette résurrection a été lente. On a eu de la peine à revenir à la bonne voie ; et il y a encore bien des gens fort éloignés de la connoître. Il ne faut pas laisser de respecter non-seulement les Pères, mais encore les auteurs pieux qui ont écrit dans ce long intervalle : on y apprend la tradition de leur temps, et on y trouve plusieurs autres instructions très-utiles. Je suis tout honteux de décider ici ; mais souvenez-vous, messieurs, que vous l'avez voulu, et que je suis tout prêt à me dédire, si on me fait apercevoir que je me suis trompé. Il est temps de finir cette conversation.

C. Nous ne vous mettons point en liberté que vous n'ayez dit votre sentiment sur la manière de choisir un texte.

A. Vous comprenez bien que les textes viennent de ce que les pasteurs ne parloient jamais autrefois au peuple de leur propre fonds; ils ne faisoient qu'expliquer les paroles du texte de l'Écriture. Insensiblement on a pris la coutume de ne plus suivre toutes les paroles de l'Évangile : on n'en explique plus qu'un seul endroit, qu'on nomme le texte du sermon. Si donc on ne fait pas une explication exacte de toutes les parties de l'Évangile, il faut au moins en choisir les paroles qui contiennent les vérités les plus importantes et les plus proportionnées au besoin du peuple. Il faut les bien expliquer; et d'ordinaire, pour bien faire entendre la force d'une parole, il faut en expliquer beaucoup d'autres qui la précèdent et qui la suivent ; il n'y faut chercher rien de subtil. Qu'un homme a mauvaise grâce de vouloir faire l'inventif et l'ingénieux, lorsqu'il devroit parler avec toute la gravité et l'autorité du Saint-Esprit, dont il emprunte les paroles !

C. Je vous avoue que les textes forcés m'ont toujours déplu. N'avez-vous pas remarqué qu'un prédicateur tire d'un texte tous les sermons qu'il lui plaît ? Il détourne insensiblement la matière pour ajuster son texte avec le sermon qu'il a besoin de débiter, cela se fait surtout dans les Carêmes. Je ne puis l'approuver.

B. Vous ne finirez pas, s'il vous plaît, sans m'avoir encore expliqué une chose qui me fait de la peine. Après cela je vous laisse aller.

A. Hé bien ! voyons si je pourrai vous contenter : j'en ai grande envie, car je souhaite fort que vous employiez votre talent à faire des sermons simples et persuasifs.

B. Vous voulez qu'un prédicateur explique de suite et littéralement l'Écriture sainte.

A. Oui, cela seroit admirable.

B. Mais d'où vient donc que les Pères ont fait autrement ? Ils sont toujours, ce me semble, dans les sens spirituels. Voyez saint Augustin, saint Grégoire, saint Bernard : ils trouvent des mystères sur tout, ils n'expliquent guère la lettre.

A. Les Juifs du temps de Jésus-Christ étoient

devenus fertiles en sens mystérieux et allégoriques. Il paroît que les Thérapeutes, qui demeuroient principalement à Alexandrie, et que Philon dépeint comme des Juifs philosophes, mais qu'Eusèbe prétend être les premiers Chrétiens, étoient tout adonnés à ces explications de l'Écriture. C'est dans la même ville d'Alexandrie que les allégories ont commencé à avoir quelque éclat parmi les Chrétiens. Le premier des Pères qui s'est écarté de la lettre a été Origène : vous savez le bruit qu'il a fait dans l'Église. La piété inspire d'abord ces interprétations; elles ont quelque chose d'ingénieux, d'agréable et édifiant. La plupart des Pères, suivant le goût des peuples de ce temps, et apparemment le leur propre, s'en sont beaucoup servis; mais ils recouroient toujours fidèlement au sens littéral, et au prophétique, qui est littéral en sa manière, dans toutes les choses où il s'agissoit de montrer les fondemens de la doctrine. Quand les peuples étoient parfaitement instruits de ce que la lettre leur devoit apprendre, les Pères leur donnoient ces interprétations spirituelles pour les édifier et les consoler. Ces explications étoient fort au goût surtout des Orientaux, chez qui elles ont commencé; car ils sont naturellement passionnés pour le langage mystérieux et allégorique. Cette variété de sens leur faisoit un plaisir sensible, à cause des fréquens sermons et des lectures presque continuelles de l'Écriture qui étoient en usage dans l'Église. Mais parmi nous, où les peuples sont infiniment moins instruits, il faut courir au plus pressé, et commencer par le littéral, sans manquer de respect pour les sens pieux qui ont été donnés par les Pères : il faut avoir du pain avant que de chercher des ragoûts. Sur l'explication de l'Écriture on ne peut mieux faire que d'imiter la solidité de saint Chrysostôme. La plupart des gens de notre temps ne cherchent point les sens allégoriques, parce qu'ils ont déjà assez expliqué tout le littéral; mais ils abandonnent le littéral parce qu'ils n'en conçoivent pas la grandeur, et qu'ils le trouvent sec et stérile par rapport à leur manière de prêcher. On trouve toutes les vérités et tout le détail des mœurs dans la lettre de l'Écriture sainte; et on l'y trouve, non-seulement avec une autorité et une beauté merveilleuse, mais encore avec une abondance inépuisable : en s'y attachant, un prédicateur auroit toujours sans peine un grand nombre de choses nouvelles et grandes à dire. C'est un mal déplorable de voir combien ce trésor est négligé par ceux mêmes qui l'ont tous les jours entre les mains. Si on s'attachoit à cette méthode ancienne de faire des homélies, il y auroit deux sortes de prédicateurs. Les uns, n'ayant ni la vivacité ni le génie poétique, expliqueroient simplement l'Écriture sans en prendre le tour noble et vif : pourvu qu'ils le fissent d'une manière solide et exemplaire, ils ne laisseroient pas d'être d'excellens prédicateurs; ils auroient ce que demande saint Ambroise, une diction pure, simple, claire, pleine de poids et de gravité, sans y affecter l'élégance, ni mépriser la douceur et l'agrément. Les autres, ayant le génie poétique, expliqueroient l'Écriture avec le style et les figures de l'Écriture même, et ils seroient par là des prédicateurs achevés. Les uns instruiroient d'une manière forte et vénérable; les autres ajouteroient à la force de l'instruction la sublimité, l'enthousiasme et la véhémence de l'Écriture, en sorte qu'elle seroit, pour ainsi dire, toute entière et vivante en eux autant qu'elle peut l'être dans des hommes qui ne sont point miraculeusement inspirés d'en haut.

B. Hu! monsieur, j'oubliois un article important : attendez, je vous prie; je ne vous demande plus qu'un mot.

A. Faut-il censurer encore quelqu'un?

B. Oui, les panégyristes. Ne croyez-vous pas que, quand on fait l'éloge d'un saint, il faut peindre son caractère, et réduire toutes ses actions et toutes ses vertus à un point?

A. Cela sert à montrer l'invention et la subtilité de l'orateur.

B. Je vous entends; vous ne goûtez pas cette méthode.

A. Elle me paroît fausse pour la plupart des sujets. C'est forcer les matières, que de les vouloir toutes réduire à un seul point. Il y a un grand nombre d'actions dans la vie d'un homme qui viennent de divers principes, et qui marquent des qualités très-différentes. C'est une subtilité scolastique, et qui marque un orateur très-éloigné de bien connoître la nature, que de vouloir rapporter tout à une seule cause. Le vrai moyen de faire un portrait bien ressemblant est de peindre un homme tout entier; il faut le mettre devant les yeux des auditeurs, parlant et agissant : en décrivant le cours de sa vie, il faut appuyer principalement sur les endroits où son naturel et sa grâce paroissent davantage; mais il faut un peu laisser remarquer ces choses à l'auditeur. Le meilleur moyen de louer le saint, c'est de raconter ses actions louables. Voilà ce qui donne du corps et de la force à un éloge; voilà ce qui instruit; voilà ce qui touche. Souvent les auditeurs s'en retournent sans savoir la vie du saint dont ils ont entendu parler une heure : tout au plus ils ont entendu beaucoup de pensées sur un petit nombre de faits détachés et marqués sans suite. Il faudroit au contraire peindre le saint au naturel, le montrer tel qu'il a été dans tous les âges, dans toutes les conditions et dans les principales conjonctures où il a passé. Cela n'empêcheroit point qu'on ne remarquât son caractère; on le feroit même bien mieux remarquer par ses actions et par ses paroles, que par des pensées et des desseins d'imagination.

B. Vous voudriez donc faire l'histoire de la vie du saint, et non pas son panégyrique.

A. Pardonnez-moi, je ne ferois point une narration simple. Je me contenterois de faire un tissu des faits principaux : mais je voudrois que ce fût un récit concis, pressé, vif, plein de mouvemens; je voudrois que chaque mot donnât une haute idée des saints, et fût une instruction pour l'auditeur. A cela j'ajouterois toutes les réflexions morales que je croirois les plus convenables. Ne croyez-vous pas qu'un discours fait de cette manière auroit une noble et aimable simplicité? Ne croyez-vous pas que les vies des saints en seroient mieux connues, et les peuples plus édifiés? Ne croyez-vous pas même, selon les règles de l'éloquence que nous avons posées, qu'un tel discours seroit plus éloquent que tous ces panégyriques guindés qu'on voit d'ordinaire?

B. Je vois bien maintenant que ces sermons-là ne seroient ni moins instructifs, ni moins touchans, ni moins agréables que les autres. Je suis content, monsieur, en voilà assez; il est juste que vous alliez vous délasser. Pour moi, j'espère que votre peine ne sera pas inutile; car je suis résolu de quitter tous les recueils modernes et tous les *pensieri* italiens. Je veux étudier fort sérieusement toute la suite et tous les principes de la religion dans ses sources.

C. Adieu, monsieur : pour tout remercîment, je vous assure que je vous croirai.

A. Bonsoir, messieurs : je vous quitte avec ces paroles de saint Jérôme à Népotien [1] : « Quand vous enseignerez dans l'église, n'ex-
» citez point les applaudissemens, mais les gé-
» missemens du peuple. Que les larmes de vos
» auditeurs soient vos louanges. Il faut que les
» discours d'un prêtre soient pleins de l'Écri-
» ture sainte. Ne soyez pas un déclamateur,
» mais un vrai docteur des mystères de Dieu. »

[1] *Ep.* xxxiv : t. iv, part. 2, p. 262.

DIVERS OPUSCULES LITTÉRAIRES.

DISCOURS

PRONONCÉ

PAR M. L'ABBÉ DE FÉNELON,

POUR SA RÉCEPTION A L'ACADÉMIE FRANÇAISE
A LA PLACE DE M. PELLISSON,

Le mardi 31 mars 1693.

J'aurois besoin, messieurs, de succéder à l'éloquence de monsieur Pellisson aussi bien qu'à sa place, pour vous remercier de l'honneur que vous me faites aujourd'hui, et pour réparer dans cette compagnie la perte d'un homme si estimable.

Dès son enfance il apprit d'Homère, en le traduisant presque tout entier, à mettre dans les moindres peintures et de la vie et de la grâce; bientôt il fit sur la jurisprudence un ouvrage où l'on ne trouva d'autre défaut que celui de n'être pas conduit jusqu'à sa fin. Par de si beaux essais, il se hâtoit, messieurs, d'arriver à ce qui passa pour son chef-d'œuvre; je veux dire l'Histoire de l'Académie. Il y montra son caractère, qui étoit la facilité, l'invention, l'élégance, l'insinuation, la justesse, le tour ingénieux. Il osoit heureusement, pour parler comme Horace. Ses mains faisoient naître les fleurs de tous côtés; tout ce qu'il touchoit étoit embelli. Des plus viles herbes des champs, il savoit faire des couronnes pour les héros; et la règle si nécessaire aux autres de ne toucher jamais que ce qu'on peut orner ne sembloit pas faite pour lui. Son style noble et léger ressembloit à la démarche des divinités fabuleuses, qui couloient dans les airs sans poser le pied sur la terre. Il racontoit (vous le savez mieux que moi, messieurs), avec un tel choix des circonstances, avec une si agréable variété, avec un tour si propre et si nouveau jusque dans les choses les plus communes, avec tant d'industrie pour enchaîner les faits les uns dans les autres, avec tant d'art pour transporter le lecteur dans le temps où les choses s'étoient passées, qu'on s'imagine y être, et qu'on s'oublie dans le doux tissu de ses narrations.

Tout le monde y a lu avec plaisir la naissance de l'Académie. Chacun, pendant cette lecture, croit être dans la maison de M. Conrart, qui en fut comme le berceau. Chacun se plaît à remarquer la simplicité, l'ordre, la politesse, l'élégance, qui régnoient dans ses premières assemblées, et qui attirèrent les regards d'un puissant ministre; ensuite les jalousies et les ombrages qui troublèrent ces beaux commencemens; enfin l'éclat qu'eut cette compagnie par les ouvrages des premiers académiciens. Vous y reconnoissez l'illustre Racan, héritier de l'harmonie de Malherbe; Vaugelas, dont l'oreille fut si délicate pour la pureté de la langue; Corneille, grand et hardi dans ses caractères où est marquée une main de maître; Voiture, toujours accompagné de grâces les plus riantes et les plus légères. On y trouve le mérite et la vertu joints à l'érudition et à la délicatesse, la naissance et les dignités avec le goût exquis des lettres. Mais je m'engage insensiblement au-delà de mes bornes: en parlant des morts je m'approche trop des vivans, dont je blesserois la modestie par mes louanges.

Pendant cet heureux renouvellement des lettres, monsieur Pellisson présente un beau spectacle à la postérité. Armand, cardinal de Richelieu, changeoit alors la face de l'Europe, et, recueillant les débris de nos guerres civiles, posoit les vrais fondemens d'une puissance supérieure à toutes les autres. Pénétrant dans le secret de nos ennemis, et impénétrable pour celui de son maître, il remuoit de son cabinet les plus profonds ressorts dans les cours étrangères pour tenir nos voisins toujours divisés.

Constant dans ses maximes, inviolable dans ses promesses, il faisoit sentir ce que peuvent la réputation du gouvernement et la confiance des alliés. Né pour connoître les hommes et pour les employer selon leurs talens, il les attachoit par le cœur à sa personne et à ses desseins pour l'État. Par ces puissans moyens il portoit chaque jour des coups mortels à l'impérieuse maison d'Autriche, qui menaçoit de son joug tous les pays chrétiens. En même temps il faisoit au dedans du royaume la plus nécessaire de toutes les conquêtes, domptant l'hérésie tant de fois rebelle. Enfin, ce qu'il trouva le plus difficile, il calmoit une cour orageuse, où les grands, inquiets et jaloux, étoient en possession de l'indépendance. Aussi le temps, qui efface les autres noms, fait croître le sien; et à mesure qu'il s'éloigne de nous, il est mieux dans son point de vue. Mais, parmi les plus pénibles veilles, il sut se faire un doux loisir pour se délasser par le charme de l'éloquence et de la poésie. Il reçut dans son sein l'Académie naissante : un magistrat éclairé et amateur des lettres en prit après lui la protection : Louis y a ajouté l'éclat qu'il répand sur tout ce qu'il favorise de ses regards; à l'ombre de son grand nom, on ne cesse point ici de rechercher la pureté et la délicatesse de notre langue.

Depuis que des hommes savans et judicieux ont remonté aux véritables règles, on n'abuse plus, comme on le faisoit autrefois, de l'esprit et de la parole; on a pris un genre d'écrire plus simple, plus naturel, plus court, plus nerveux, plus précis. On ne s'attache plus aux paroles que pour exprimer toute la force des pensées; et on n'admet que les pensées vraies, solides, concluantes pour le sujet où l'on se renferme. L'érudition, autrefois si fastueuse, ne se montre plus que pour le besoin; l'esprit même se cache, parce que toute la perfection de l'art consiste à imiter si naïvement la simple nature, qu'on la prenne pour elle. Ainsi on ne donne plus le nom d'esprit à une imagination éblouissante; on le réserve pour un génie réglé et correct qui tourne tout en sentiment, qui suit pas à pas la nature toujours simple et gracieuse, qui ramène toutes les pensées aux principes de la raison, et qui ne trouve beau que ce qui est véritable. On a senti même en nos jours que le style fleuri, quelque doux et quelque agréable qu'il soit, ne peut jamais s'élever au-dessus du genre médiocre, et que le vrai genre sublime, dédaignant tous les ornemens empruntés, ne se trouve que dans le simple.

On a enfin compris, messieurs, qu'il faut écrire comme les Raphaël, les Carraches et les Poussin ont peint, non pour rechercher de merveilleux caprices et pour faire admirer leur imagination en se jouant du pinceau, mais pour peindre d'après nature. On a reconnu aussi que les beautés du discours ressemblent à celles de l'architecture. Les ouvrages les plus hardis et les plus façonnés du gothique ne sont pas les meilleurs. Il ne faut admettre dans un édifice aucune partie destinée au seul ornement; mais visant toujours aux belles proportions, on doit tourner en ornement toutes les parties nécessaires à soutenir un édifice.

Ainsi on retranche d'un discours tous les ornemens affectés qui ne servent ni à démêler ce qui est obscur, ni à peindre vivement ce qu'on veut mettre devant les yeux, ni à prouver une vérité par divers tours sensibles, ni à remuer les passions, qui sont les seuls ressorts capables d'intéresser et de persuader l'auditeur; car la passion est l'ame de la parole. Tel a été, messieurs, depuis environ soixante ans le progrès des lettres, que monsieur Pellisson auroit dépeint pour la gloire de notre siècle s'il eût été libre de continuer son Histoire de l'Académie.

Un ministre, attentif à attirer à lui tout ce qui brilloit, l'enleva aux lettres et le jeta dans les affaires : alors quelle droiture, quelle probité, quelle reconnoissance constante pour son bienfaiteur ! Dans un emploi de confiance il ne songea qu'à faire du bien, qu'à découvrir le mérite et à le mettre en œuvre. Pour montrer toute sa vertu il ne lui manquoit que d'être malheureux. Il le fut, messieurs : dans sa prison éclatèrent son innocence et son courage; la Bastille devint une douce solitude où il faisoit fleurir les lettres.

Heureuse captivité ! liens salutaires, qui réduisirent enfin sous le joug de la foi cet esprit trop indépendant ! Il chercha pendant ce loisir, dans les sources de la tradition, de quoi combattre la vérité, mais la vérité le vainquit, et se montra à lui avec tous ses charmes. Il sortit de sa prison honoré de l'estime et des bontés du Roi : mais, ce qui est bien plus grand, il en sortit étant déjà dans son cœur humble enfant de l'Église. La sincérité et le désintéressement de sa conversion lui en firent retarder la cérémonie, de peur qu'elle ne fût récompensée par une place que ses talens pouvoient lui attirer, et qu'un autre moins vertueux que lui auroit recherchée.

Depuis ce moment il ne cessa de parler, d'écrire, d'agir, de répandre les grâces du prince, pour ramener ses frères errans. Heureux fruit des plus funestes erreurs ! Il faut avoir senti, par sa propre expérience, tout ce qu'il en coûte dans ce passage des ténèbres à la lumière, pour avoir la vivacité, la patience, la tendresse, la délicatesse de charité, qui éclatent dans ses écrits de controverse.

Nous l'avons vu, malgré sa défaillance, se trainer encore au pied des autels jusqu'à la veille de sa mort, pour célébrer, disoit-il, sa fête et l'anniversaire de sa conversion. Hélas! nous l'avons vu, séduit par son zèle et par son courage, nous promettre, d'une voix mourante, qu'il achèveroit son grand ouvrage sur l'Eucharistie. Oui, je l'ai vu les larmes aux yeux, je l'ai entendu; il m'a dit tout ce qu'un Catholique nourri depuis tant d'années des paroles de la foi peut dire pour se préparer à recevoir les sacremens avec ferveur. La mort, il est vrai, le surprit, venant sous l'apparence du sommeil : mais elle le trouva dans la préparation des vrais fidèles.

Au reste, messieurs, ses travaux pour la magistrature et pour les affaires de religion que le Roi lui avoit confiées ne l'empêchoient pas de s'appliquer aux belles-lettres, pour lesquelles il étoit né. Sa plume fut d'abord choisie pour écrire le règne présent. Avec quelle joie verrons-nous, messieurs, dans cette histoire, un prince qui, dès sa plus grande jeunesse, achève, par sa fermeté, ce que le grand Henri son aïeul osa à peine commencer. Louis étouffe la rage du duel altéré du plus noble sang des Français; il relève son autorité abattue, règle ses finances, discipline ses troupes. Tandis que d'une main il fait tomber à ses pieds les murs de tant de villes fortes aux yeux de tous ses ennemis consternés, de l'autre il fait fleurir, par ses bienfaits, les sciences et les beaux arts dans le sein tranquille de la France.

Mais que vois-je, messieurs ? une nouvelle conjuration de cent peuples qui frémissent autour de nous pour assiéger, disent-ils, ce grand royaume comme une seule place. C'est l'hérésie, presque déracinée par le zèle de Louis, qui se ranime et qui rassemble tant de puissances. Un prince ambitieux ose, dans son usurpation, prendre le nom de libérateur : il réunit les Protestans et il divise les Catholiques.

Louis seul, pendant cinq années, remporte des victoires et fait des conquêtes de tous côtés sur cette ligue qui se vantoit de l'accabler sans peine et de ravager nos provinces; Louis seul soutient, avec toutes les marques les plus naturelles d'un cœur noble et tendre, la majesté de tous les rois en la personne d'un roi indignement renversé du trône. Qui racontera ces merveilles, messieurs ?

Mais qui osera dépeindre Louis dans cette dernière campagne, encore plus grand par sa patience que par sa conquête ? Il choisit la plus inaccessible place des Pays-Bas : il trouve un rocher escarpé, deux profondes rivières qui l'environnent, plusieurs places fortifiées dans une seule, au dedans une armée entière pour garnison; au dehors la face de la terre couverte de troupes innombrables d'Allemands, d'Anglais, de Hollandais, d'Espagnols, sous un chef accoutumé à risquer tout dans les batailles. La saison se dérègle, on voit une espèce de déluge au milieu de l'été, toute la nature semble s'opposer à Louis. En même temps il apprend qu'une partie de sa flotte, invincible par son courage, mais accablée par le nombre des ennemis, a été brûlée, et il supporte l'adversité comme si elle lui étoit ordinaire. Il paroît doux et tranquille dans les difficultés, plein de ressources dans les accidens imprévus; humain envers les assiégés jusqu'à prolonger un siége si périlleux pour épargner une ville qui lui résiste et qu'il peut foudroyer. Ce n'est ni en la multitude de ses soldats aguerris, ni en la noble ardeur de ses officiers, ni en son propre courage, ressource de toute l'armée, ni en ses victoires passées, qu'il met sa confiance ; il la place encore plus haut, dans un asile inaccessible, qui est le sein de Dieu même. Il revient enfin victorieux, les yeux baissés sous la puissante main du Très-Haut, qui donne et qui ôte la victoire comme il lui plaît; et, ce qui est plus beau que tous les triomphes, il défend qu'on le loue.

Dans cette grandeur simple et modeste, qui est au-dessus, non-seulement des louanges, mais encore des événemens, puisse-t-il, messieurs, puisse-t-il ne se confier jamais qu'en la vertu, n'écouter que la vérité, ne vouloir que la justice, être connu de ses ennemis (ce souhait comprend tout pour la félicité de l'Europe); devenir l'arbitre des nations après avoir guéri leur jalousie, faire sentir toute sa bonté à son peuple dans une paix profonde, être long-temps les délices du genre humain, et ne régner sur les hommes que pour faire régner Dieu au-dessus de lui !

Voilà, messieurs, ce que monsieur Pellisson auroit éternisé dans son Histoire; l'Académie a fourni d'autres hommes dont la voix est assez forte pour le faire entendre aux siècles les plus reéculés. Mais une matière si vaste vous invite tous à écrire : travaillez donc tous à l'envi, messieurs, pour célébrer un si beau règne. Je ne saurois mieux témoigner mon zèle à cette compagnie que par un souhait si digne d'elle.

RÉPONSE

DE M. BERGERET,

DIRECTEUR DE L'ACADÉMIE.

Monsieur,

Le public, qui sait combien l'Académie française a perdu à la mort de monsieur Pellisson, n'a pas plus tôt ouï nommer le successeur qu'elle lui donne, qu'en même temps il l'a louée de la justice de son choix et de savoir si heureusement réparer ses plus grandes pertes.

Celle-ci n'est pas une perte particulière qui ne regarde que nous; toute la république des lettres y est intéressée, et nous pouvons nous assurer que tous ceux qui les aiment regretteront notre illustre confrère.

Les ouvrages qu'il a faits, en quelque genre que ce soit, ont toujours eu l'approbation publique, qui n'est point sujette à la flatterie, et qui ne se donne qu'au mérite.

Ses poésies, soit galantes, soit morales, soit héroïques, soit chrétiennes, ont chacune le caractère naturel qu'elles doivent avoir, avec un tour et un agrément que lui seul pouvoit leur donner.

C'est lui aussi qui, pour faire naître dans les autres et pour y perpétuer, à la gloire de notre nation, l'esprit et le feu de la poésie qui brilloit en lui, a toujours donné, depuis vingt ans, le prix des vers qui a été distribué par l'Académie.

Tout ce qu'il a écrit en prose sur les matières les plus différentes a été généralement estimé.

L'Histoire de l'Académie française, par où il a commencé, laisse dans l'esprit de tous ceux qui la lisent, un désir de voir celle du Roi qu'il a depuis écrite, et que dès lors on le jugea capable d'écrire.

Le panégyrique du Roi, qu'il prononça dans la place où j'ai l'honneur d'être, fut aussitôt traduit en plusieurs langues, à l'honneur de la nôtre.

La belle et éloquente préface qu'il a mise à la tête des Œuvres de Sarazin, si connue et si estimée, a passé pour un chef-d'œuvre en ce genre-là.

Sa paraphrase sur les Institutes de Justinien est écrite d'une pureté et d'une élégance dont on ne croyoit pas jusqu'alors que cette matière fût capable.

Il y a, dans les prières qu'il a faites pour dire pendant la messe, un feu divin et une sainte onction qui marquent tous les sentimens d'une véritable piété.

Ses ouvrages de controverse, éloignés de toutes sortes d'emportemens, ont une certaine tendresse qui gagne le cœur de ceux dont il veut convaincre l'esprit, et la foi y est partout inséparable de la charité.

Il avoit fort avancé un grand ouvrage pour défendre la vérité du mystère de l'Eucharistie contre les faux raisonnemens des hérétiques : c'est sur un ouvrage si catholique et si saint que la mort est venue le surprendre. Heureux d'avoir expiré le cœur plein de ces pensées et de ces sentimens !

Le plus grand honneur que l'Académie française lui pouvoit faire après tant de réputation qu'il s'est acquise, c'étoit, monsieur, de vous nommer pour être son successeur, et de faire connoître au public que pour bien remplir la place d'un académicien comme lui, elle a jugé qu'il en falloit un comme vous.

Je sais bien que c'est faire violence à votre modestie que de parler ici de votre mérite : mais c'est une obligation que l'Académie s'est imposée elle-même de justifier publiquement son choix ; et je dois vous dire, en son nom, que nulle autre considération que celle de votre mérite personnel ne l'a obligée à vous donner son suffrage.

Elle ne l'a point donné à l'ancienne et illustre noblesse de votre maison, ni à la dignité et à l'importance de votre emploi, mais seulement aux grandes qualités qui vous y ont fait appeler.

On sait que vous aviez résolu de vous cacher toujours au monde, et qu'en cela votre modestie a été trompée par votre charité ; car il est vrai que vous étant consacré tout entier aux missions apostoliques, où vous ne pensiez qu'à suivre les mouvemens d'une charité chrétienne, vous avez fait paroître, sans y penser, une éloquence véritable et solide, avec tous les talents acquis et naturels qui sont nécessaires pour la former.

Et quoique, ni dans vos discours, ni dans vos écrits, il n'y eût rien qui ressentît les lettres profanes, on ne pouvoit pas douter que vous n'en eussiez une parfaite connoissance, au-dessus de laquelle vous saviez vous élever par la hauteur des mystères dont vous parliez pour la conversion des hérétiques et pour l'édification des fidèles.

Ce ministère tout apostolique, par lequel vous vous éloigniez de la Cour, a été principalement ce qui a porté le Roi à vous y appeler, ayant jugé que vous étiez d'autant plus capable de bien élever de jeunes princes, que vous aviez fait voir plus de charité pour le salut des peuples; et, dans cette pensée, il vous a joint à ce sage gouverneur dont la solide vertu a mérité qu'il ait été choisi pour un si grand emploi.

Le public apprit avec joie la part qui vous y étoit donnée, parce qu'il sait que vous avez toutes les vertus nécessaires pour faire connoître aux jeunes princes leurs véritables obligations, et pour leur dire, de la manière la plus touchante, que rien ne peut leur être plus glorieux que d'aimer les peuples et d'en être aimés.

L'obligation de vous acquitter d'une fonction si importante fit aussitôt briller en vous toutes ces rares qualités d'esprit dont on n'avoit vu qu'une partie dans vos exercices de piété : une vaste étendue de connoissances en tout genre d'érudition, sans confusion et sans embarras ; un juste discernement pour en faire l'application et l'usage ; un agrément et une facilité d'expression qui vient de la clarté et de la netteté des idées ; une mémoire dans laquelle, comme dans une bibliothèque qui vous suit partout, vous trouvez à propos les exemples et les faits historiques dont vous avez besoin ; une imagination de la beauté de celle qui fait les plus grands hommes dans tous les arts, et dont on sait, par expérience, que la force et la vivacité vous rendent les choses aussi présentes qu'elles le sont à ceux mêmes qui les ont devant les yeux.

Ainsi vous possédez avec avantage tout ce qu'on pouvoit souhaiter, non-seulement pour former les mœurs des jeunes princes, ce qui est, sans comparaison, le plus important, mais encore pour leur polir et leur orner l'esprit ; ce que vous faites avec d'autant plus de succès, que, par une douceur qui vous est propre, vous avez su leur rendre le travail aimable, et leur faire trouver du plaisir dans l'étude.

L'expérience ne pouvoit être plus heureuse qu'elle l'a été jusqu'ici, puisque ces jeunes princes, si dignes de leur naissance, la plus auguste du monde, sont avancés dans la connoissance des choses qu'ils doivent savoir, bien au-delà de ce qu'on pouvoit attendre ; et ils font déjà l'honneur de leur âge, l'espérance de l'Etat et le désespoir de nos ennemis.

Celui de ces jeunes princes que la Providence a destiné à monter un jour sur le trône est un de ces génies supérieurs qui ont un empire naturel sur les autres, et qui, dans l'ordre même de la raison, semblent être nés pour leur commander.

On peut dire que la nature lui a prodigué tous ses dons : vivacité d'esprit, beauté d'imagination, facilité de mémoire, justesse de discernement ; et c'est par là qu'il est admiré chaque jour des courtisans les plus sages, principalement dans les reparties vives et ingénieuses qu'il fait à toute heure sur les différens sujets qui se présentent.

Jusqu'où n'ira point un si heureux naturel, aidé et soutenu d'une excellente éducation ! Il est déjà si au-dessus de son âge, qu'en ne jugeant des choses que par les choses mêmes, on ne croiroit jamais que les traductions qu'il a faites fussent les ouvrages d'un jeune prince de dix ans ; tant il y a de bon sens, de justesse et de style.

Quel sujet d'espérance et de joie pour tous ceux qui suivent les lettres, de voir ce jeune prince qui se plaît ainsi à les cultiver lui-même, et qui, dans un âge si tendre, semble déjà vouloir partager avec César la gloire que ce conquérant s'est acquise par ses écrits !

Vous saurez, monsieur, vous servir heureusement d'une si belle inclination pour lui parler en faveur des lettres, pour lui en faire voir l'importance et la nécessité dans la politique, pour lui dire que c'est en aimant les lettres, qu'un prince les fait fleurir dans ses Etats, qu'il y fait naître de grands hommes pour tous les grands emplois, et qu'il a toujours l'avantage de vaincre ses ennemis par le discours et par la raison ; ce qui n'est pas moins glorieux, et souvent beaucoup plus utile que de les vaincre par la force et par la valeur.

Vous lui parlerez aussi quelquefois de l'Académie française. Vous lui ferez entendre qu'encore qu'elle semble n'être occupée que sur les mots, il faut pour cela qu'elle connoisse distinctement les choses dont les mots sont les signes ; qu'il n'y a que les esprits naturellement grossiers qui n'ont aucun soin du langage ; que de tout temps les hommes se sont distingués les uns des autres par la parole, comme ils sont tous distingués des animaux par la raison ; et qu'enfin l'établissement de cette compagnie, dans le dessein de cultiver la langue, a été l'un des plus grands soins du plus grand ministre que la France ait jamais eu, parce qu'il comprenoit parfaitement combien les choses dépendent souvent des paroles et des expressions, jusque là même que les choses les plus saintes et les plus augustes perdent beaucoup de la vénération qui leur est due quand elles sont exprimées dans un mauvais langage.

Ce seroit donc un grand avantage pour notre siècle, au-dessus de tous ceux qui l'ont précédé, si l'Académie française, comme il y a lieu de l'espérer, pouvoit fixer le langage que nous parlons aujourd'hui et l'empêcher de vieillir.

Ce seroit avoir servi utilement l'Eglise et l'État, si, avec le secours d'un Dictionnaire que le public verra dans peu de mois, la langue n'étoit plus sujette à changer, et si les grandes actions du Roi, qui, pour être trop grandes, perdent beaucoup de leur éclat par la faiblesse de l'expression, n'en perdoient plus rien dans la suite par le changement du langage.

Il est vrai que, quoi qu'il arrive de notre langue, la gloire de Louis le Grand ne périra jamais. Le monde entier en est le dépositaire; et les autres nations ne sauroient écrire leur propre histoire sans parler de ses vertus et de ses conquêtes.

On ne peut pas douter que sa dernière campagne ne soit déjà écrite dans chacune des langues de tant d'armées différentes, qui s'étoient jointes pour le combattre, et qui l'ont vu triompher.

Il n'est pas non plus possible que l'histoire la plus étrangère et la plus ennemie ne parle avec éloge, je ne dis pas seulement des grands avantages que nous avons remportés, je dis même de la perte que nous avons faite : car si les vents ont été contraires au projet le plus sage, le mieux pensé, le plus digne d'un roi protecteur des rois, et si quelques-uns de nos vaisseaux ont péri faute de trouver un port, ça été après être sortis glorieusement d'un combat où ils devoient être accablés par le nombre, et après l'avoir soutenu avec tant de courage, tant de fermeté, tant de valeur, que la plus insigne victoire mériteroit d'être moins louée.

Le prodige de la prise de Namur peut-il aussi manquer d'être écrit dans toutes ses admirables circonstances? Déjà long-temps avant que ce grand événement étonnât le monde, nos ennemis, qui le croyoient impossible, avoit dit tout ce qui se pouvoit dire pour le faire admirer encore davantage après qu'il seroit arrivé. Ils avoient eux-mêmes publié partout que Namur étoit une place imprenable; ils souhaitoient que la France fût assez téméraire pour en entreprendre le siége; et quand ils y virent le Roi en personne, ils crurent que ce sage prince n'agissoit plus avec la même sagesse. Ils se réjouirent publiquement d'un si mauvais conseil, qui ne pouvoit avoir, selon eux, qu'un malheureux succès pour nous.

C'étoit le raisonnement d'un prince qui passe pour un des plus grands politiques du monde, aussi bien que de tous les autres princes qui commandoient sous lui l'armée ennemie. Et il faut leur rendre justice : quand ils raisonnoient ainsi sur l'impossibilité de prendre Namur, ils raisonnoient selon les règles. Ils avoient pour eux toutes les apparences, la situation naturelle de la place, les nouvelles defenses que l'art y avoit ajoutées, une forte garnison au dedans, une puissante armée au dehors, et encore des secours extraordinaires qu'ils n'avoient point espérés : car il sembloit que les saisons déréglées et les élémens irrités fussent entrés dans la ligue; les eaux des pluies avoient changé les campagnes en marais, et la terre dans la saison des fleurs n'étoit couverte que de frimas. Cependant, malgré tant d'obstacles, ce Namur imprenable a été pris sur son rocher inaccessible, et à la vue d'une armée de cent mille hommes.

Peut-on douter après cela que nos ennemis mêmes ne parlent de cette conquête avec tous les sentimens d'admiration qu'elle mérite? Et puisqu'ils ont dit tant de fois qu'il étoit impossible de prendre cette place, il faut bien maintenant qu'ils disent pour leur propre honneur qu'elle a été prise par une puissance extraordinaire qui tient du prodige, et à laquelle ne peuvent résister ni les hommes ni les élémens.

Mais de toutes les merveilles de ce fameux siège, la plus grande est sans doute la constance héroïque et inconcevable avec laquelle le Roi en a soutenu et surmonté tous les travaux. Ce n'étoit pas assez pour lui de passer les jours à cheval, il veilloit encore une grande partie de la nuit; et après avoir commandé à ses principaux officiers d'aller prendre du repos, lui seul recommençoit tout de nouveau à travailler. Roi, ministre d'Etat et général d'armée tout ensemble, il n'avoit pas un seul moment sans une affaire de la dernière importance, ouvrant lui-même les lettres, faisant les réponses, donnant tous les ordres, et entrant encore dans tous les détails de l'exécution.

Quelle ample matière à cette agissante vertu qui lui est naturelle, avec laquelle il suffit tellement à tout, que jusqu'à présent l'Etat n'a rien encore souffert par la perte des ministres ! Ils disparoissent et quittent les plus grandes places sans laisser après eux le moindre vide : tout se suit, tout se fait comme auparavant, parce que c'est toujours Louis le Grand qui gouverne.

Il revient enfin, après cette heureuse conquête, au milieu de ses peuples ; il revient faire cesser les craintes et les alarmes où ils étoient d'avoir appris qu'il entroit chaque jour si avant dans les périls, qu'un jeune prince de son sang avoit été blessé à ses côtés.

A peine fut-il de retour que les ennemis voulurent profiter de son éloignement : mais ils connurent bientôt que son armée, toute pleine de l'ardeur qu'il lui avoit inspirée, étoit une armée invincible.

Peut-on avoir une preuve plus illustre et plus éclatante que le combat de Steinkerque ? Le temps, le lieu, favorisoient les ennemis, et déjà ils nous avoient enlevé quelques pièces de canon, quand nos soldats, indignés de cette perte, courant sur eux l'épée à la main, renversèrent toutes les défenses, entrèrent dans leurs rangs, y portèrent l'épouvante et la mort, prirent tout ce qu'ils avoient de canon, et remportèrent enfin une victoire d'autant plus glorieuse, que les ennemis avoient cru d'abord l'avoir gagnée.

Tous ces merveilleux succès sont marqués dans l'histoire comme les effets naturels de la sage conduite du Roi et des héroïques vertus par lesquelles il se fait aimer de ses sujets, d'un amour qui, en combattant pour lui, va toujours jusqu'à la fureur : mais lui-même, par un sentiment de piété et de religion, en a rapporté toute la gloire à Dieu ; il a voulu que Dieu seul en ait été loué ; et il n'a pas même permis que, suivant la coutume, les compagnies soient allées le complimenter sur de si grands événemens. Je dois craindre après cela de m'exposer à en dire davantage, et j'ajouterai seulement que plus ce grand prince fuit la louange, plus il fait voir qu'il en est digne.

MÉMOIRE

SUR LES

OCCUPATIONS DE L'ACADÉMIE FRANÇAISE.

Pour obéir à ce qui est porté dans la délibération du 23 novembre 1713, je proposerai ici mon avis sur les travaux qui peuvent être les plus convenables à l'Académie, par rapport à son institution et à ce que le public attend d'un corps si célèbre. Pour le faire avec quelque ordre, je diviserai ce que j'ai à dire en deux parties : la première regardera l'occupation de l'Académie pendant qu'elle travaille encore au Dictionnaire ; la deuxième, l'occupation qu'elle peut se donner lorsque le Dictionnaire sera entièrement achevé.

PREMIÈRE PARTIE.

Occupation de l'Académie pendant qu'elle travaille encore au Dictionnaire.

Je suis persuadé qu'il faut continuer le travail du Dictionnaire, et qu'on ne peut y donner trop de soin ni trop d'application, jusqu'à ce qu'il ait reçu toute la perfection dont peut être susceptible le Dictionnaire d'une langue vivante, c'est-à-dire sujette à de continuels changemens.

Mais c'est une occupation véritablement digne de l'Académie. Les mauvaises plaisanteries des ignorans, et sur le temps qu'on y emploie, et sur les mots que l'on y trouve, n'empêcheront pas que ce ne soit le meilleur et le plus parfait ouvrage qui ait été fait en ce genre-là jusqu'à présent. Je crois que cela ne suffit pas encore, et que pour rendre ce grand ouvrage aussi utile qu'il le peut être, il faut y joindre un recueil très-ample et très-exact de toutes les remarques que l'on peut faire sur la langue française, et commencer dès aujourd'hui à y travailler. Voici les raisons de mon avis.

Le Dictionnaire le plus parfait ne contient jamais que la moitié d'une langue : il ne présente que les mots et leur signification ; comme un clavecin bien accordé ne fournit que des touches, qui expriment, à la vérité, la juste valeur de chaque son, mais qui n'enseignent ni l'art de les employer, ni les moyens de juger de l'habileté de ceux qui les emploient.

Les Français naturels peuvent trouver, dans l'usage du monde et dans le commerce des bonnêtes gens, ce qui leur est nécessaire pour bien parler leur langue; mais les étrangers ne peuvent le trouver que dans des remarques.

C'est ce qu'ils attendent de l'Académie; et c'est peut-être la seule chose qui manque à notre langue pour devenir la langue universelle de toute l'Europe, et, pour ainsi dire, de tout le monde. Elle a fourni une infinité d'excellens livres en toutes sortes d'arts et de sciences. Les étrangers de tout pays, de tout âge, de tout sexe, de toute condition, se font aujourd'hui un honneur et un mérite de la savoir. C'est à nous à faire en sorte que ce soit pour eux un plaisir de l'apprendre.

On le peut aisément par le moyen de ces remarques, qui seront également solides dans leurs décisions, et agréables par la manière dont elles seront écrites.

Et certainement rien n'est plus propre à redoubler dans les étrangers l'amour qu'ils ont déjà pour notre langue, que la facilité qu'on leur donnera de se la rendre familière, et l'espérance qu'ils auront de trouver en un seul volume la solution de toutes les difficultés qui les arrêtent dans la lecture de nos bons auteurs.

J'en ai souvent fait l'expérience avec des Espagnols, des Italiens, des Anglais, et des Allemands même : ils étoient ravis de voir qu'avec un secours médiocre ils parvenoient d'eux-mêmes à entendre nos poètes français plus facilement qu'ils n'entendent ceux mêmes qui ont écrit dans leur propre langue, et qu'ils se croient cependant obligés d'admirer, quoiqu'ils avouent qu'ils n'en ont qu'une intelligence très-imparfaite.

M. Prior, Anglais, dont l'esprit et les lumières sont connus de tout le monde, et qui est peut-être, de tous les étrangers, celui qui a le plus étudié notre langue, m'a parlé cent fois de la nécessité du travail que je propose, et de l'impatience avec laquelle il est attendu.

Voici, à ce qu'il me semble, les moyens de l'entreprendre avec succès.

Il faudroit convenir que tous les académiciens qui sont à Paris seroient obligés d'apporter par écrit ou d'envoyer chaque jour d'assemblée une question sur la langue, telle qu'ils jugeroient à propos, sans même se mettre en peine de savoir si elle aura déjà été traitée par le P. Bouhours, par Ménage, ou par d'autres.

On en doit seulement excepter celles de Vaugelas qui ont été revues par l'Académie, aux sages décisions de laquelle il se faut tenir. Ceux qui apporteront leurs questions pourront à leur choix, ou les proposer eux-mêmes, ou les remettre à M. le secrétaire perpétuel, pour être par lui proposées; et elles le seront selon l'ordre dans lequel chacun sera arrivé à l'assemblée.

Les questions des absens seront remises à M. le secrétaire perpétuel, et par lui proposées après toutes les autres et dans l'ordre qu'il jugera à propos.

On emploiera depuis trois heures jusqu'à quatre au travail du Dictionnaire, et depuis quatre jusqu'à cinq à examiner les questions : les décisions seront rédigées au bas de chaque question, ou par celui qui l'aura proposée s'il le désire, ou par M. le secrétaire perpétuel, ou par ceux qu'il voudra prier de le soulager dans ce travail.

La meilleure manière de trouver aisément des questions et d'en rendre l'examen doublement utile, ce sera de les chercher dans nos bons livres en faisant attention à toutes les façons de parler qui le mériteront, ou par leur élégance, ou par leur irrégularité, ou par la difficulté que les étrangers peuvent avoir à les entendre; et en cela je ne propose que l'exécution du vingt-cinquième article de nos statuts.

Les académiciens qui sont dans les provinces ne seront point exempts de ce travail, et seront obligés d'envoyer tous les mois ou tous les trois mois à M. le secrétaire perpétuel autant de questions qu'il y aura eu de jours d'assemblée. On tirera de ce travail des avantages très-considérables : ce sera pour les étrangers un excellent commentaire sur tous nos bons auteurs, et pour nous-mêmes un moyen sûr de développer le fond de notre langue, qui n'est pas encore parfaitement connu.

De ces remarques mises en ordre, on pourra aisément former le plan d'une nouvelle Grammaire française; et elle sera peut-être la seule bonne qu'on ait vue jusqu'à présent.

Elles seront encore très-utiles pour conserver le mérite du Dictionnaire : car il s'établit tous les jours des mots nouveaux dans notre langue; ceux qui y sont établis perdent leur ancienne signification et en acquièrent de nouvelles. Il est impossible de faire une édition du Dictionnaire à chaque changement; et cependant ces changemens le rendroient défectueux en peu d'années, si l'on ne trouve le moyen d'y suppléer par ces remarques, qui seront, pour ainsi dire, le journal de notre langue et le dépôt éternel de tous les changemens que fera l'usage.

Je ne dois point omettre que ce nouveau genre d'occupation rendra nos assemblées plus vives et plus animées, et par conséquent y attirera un plus grand nombre d'académiciens, à qui la longue et pesante uniformité de notre ancien travail ne laisse pas de paroître ennuyeuse. Le public même prendra part à nos exercices, et travaillera, pour ainsi dire, avec nous; la cour et la ville nous forniront des questions en grand nombre, indépendamment de celles qui se trouvent dans les livres : donc l'intérêt que chacun prendra à la question qu'il aura proposée produira dans les esprits une émulation qui est capable de porter notre langue à un degré de perfection où elle n'est point encore arrivée. On en peut juger par le progrès que la géométrie et la musique ont fait dans ce royaume depuis trente ans.

Il faudra imprimer régulièrement au commencement de chaque trimestre le travail de tout ce qui aura été fait dans le trimestre précédent : la révision de l'ouvrage et le soin de l'impression pourront être remis à deux ou trois commissaires que l'Académie nommera tous les trois mois pour soulager M. le secrétaire perpétuel.

Chacun de ces volumes, dont il faut espérer que la lecture sera très-agréable et le prix très-modique, se distribuera aisément, non-seulement par toute la France, mais par toute l'Europe; et l'on ne sera pas long-temps sans en reconnoître l'utilité.

Et pour éviter l'ennui que trop d'uniformité jette toujours dans les meilleures choses, il sera à propos de varier le style de ces remarques, en les proposant en forme de lettre, de dialogue ou de question, suivant le goût et le génie de ceux qui les proposeront.

SECONDE PARTIE.

Occupation de l'Académie après que le Dictionnaire sera achevé.

Mon avis est que l'Académie entreprenne d'examiner les ouvrages de tous les bons auteurs qui ont écrit en notre langue, et qu'elle en donne au public une édition accompagnée de trois sortes de notes :

1° Sur le style et le langage;

2° Sur les pensées et les sentimens;

3° Sur le fond et sur les règles de l'art de chacun de ces ouvrages.

Nous avons, dans les remarques de l'Académie sur le Cid, et dans ses observations sur quelques odes de Malherbe, un modèle très-parfait de cette sorte de travail; et l'Académie ne manque ni de lumières ni du courage nécessaire pour l'imiter.

Il ne faut pas toutefois espérer que cela se fasse avec la même ardeur que dans les premiers temps, ni que plusieurs commissaires s'assemblent régulièrement, comme ils faisoient alors, pour examiner un même ouvrage, et en faire ensuite leur rapport dans l'assemblée générale : ainsi il faut que chacun des académiciens, sans en excepter ceux qui sont dans les provinces, choisisse selon son goût l'auteur qu'il voudra examiner, et qu'il apporte ou qu'il envoie ses remarques par écrit aux jours d'assemblée.

Le public ne jugera pas indigne de l'Académie un travail qui a fait autrefois celui d'Aristote, de Denys d'Halicarnasse, de Démétrius, d'Hermogène, de Quintilien et de Longin; et peut-être que par là nous mériterons un jour de la postérité la même reconnoissance que nous conservons aujourd'hui pour ces grands hommes qui nous ont si utilement instruits sur les beautés et les défauts des plus fameux ouvrages de leur temps.

D'ailleurs rien ne sauroit être plus utile pour exécuter le dessein que l'Académie a toujours eu de donner au public une Rhétorique et une Poétique. L'article XXVI de nos statuts porte en termes exprès que ces ouvrages seront composés sur les observations de l'Académie : c'est donc par ces observations qu'il faut commencer, et c'est ce que je propose.

S'il ne s'agissoit que de mettre en français les règles d'éloquence et de poésie que nous ont données les Grecs et les Latins, il ne nous resteroit plus rien à faire. Ils ont été traduits en notre langue, et sont entre les mains de tout le monde; et la Poétique d'Aristote n'étoit peut-être pas si intelligible de son temps pour les Athéniens qu'elle l'est aujourd'hui pour les Français depuis l'excellente traduction que nous en avons, et qui est accompagnée des meilleurs notes qui aient peut-être jamais été faites sur aucun auteur de l'antiquité.

Mais s'il s'agissoit d'appliquer ces préceptes à notre langue, de montrer comment on peut être éloquent en français, et comment on peut, dans la langue de Louis le Grand, trouver le même sublime et les mêmes grâces qu'Homère et Démosthène, Cicéron et Virgile, avoient trouvés dans la langue d'Alexandre et dans celle d'Auguste.

Or cela ne se fera pas en se contentant d'assurer, avec une confiance peut-être mal fondée, que nous sommes capables d'égaler et même de surpasser les anciens. Ce n'est en effet que par la lecture de nos bons auteurs, et par un examen sérieux de leurs ouvrages, que nous pouvons connoître nous-mêmes et faire ensuite sentir aux autres ce que peut notre langue et ce qu'elle ne peut pas, et comment elle veut être maniée pour produire les miracles qui sont les effets ordinaires de l'éloquence et de la poésie.

Chaque langue a son génie, son éloquence, sa poésie, et, si j'ose ainsi parler, ses talents particuliers.

Les Italiens ni les Espagnols ne feront jamais peut-être de bonnes tragédies ni de bonnes épigrammes, ni les Français de bons poëmes épiques ni de bons sonnets.

Nos anciens poëtes avoient voulu faire des vers sur les mesures d'Horace, comme Horace en avait fait sur les mesures des Grecs : cela ne nous a pas réussi, et il a fallu inventer des mesures convenables aux mots dont notre langue est composée.

Depuis cent ans l'éloquence de nos orateurs pour la chaire et pour le barreau a changé de forme trois ou quatre fois. Combien de styles différens avons-nous admirés dans les prédicateurs avant que d'avoir éprouvé celui du P. Bourdaloue, qui a effacé tous les autres, et qui est peut-être arrivé à la perfection dont notre langue est capable dans ce genre d'éloquence!

Il seroit inutile d'entrer dans un plus grand détail; il suffit de dire en un mot que les plus importans et les plus utiles préceptes que nous ont laissés les anciens, soit pour l'éloquence, ou pour la poésie, ne sont autre chose que les sages et judicieuses réflexions qu'ils avoient faites sur les ouvrages de leurs plus célèbres écrivains.

Voilà le travail que j'estime être le seul digne de l'Académie après que le Dictionnaire sera achevé, et je proposerai la manière de le conduire avec ordre et avec facilité au cas qu'elle en fasse le même jugement que moi.

Je demande cependant qu'à l'exemple de l'ancienne Rome on me permette de sortir un peu de mon sujet, et de dire mon avis sur une chose qui n'a point été mise en délibération, mais que je crois très-importante à l'Académie.

Je dis donc qu'avant toutes choses nous devons songer très-sérieusement à rétablir dans la compagnie une discipline exacte, qui y est très-nécessaire, et qui peut-être n'y a jamais été depuis son établissement.

Sans cela, nos plus beaux projets et nos plus fermes résolutions s'en iront en fumée, et n'auront point d'autre effet que de nous attirer les railleries du public.

Il n'y a point de compagnies, de toutes celles qui s'assemblent sous l'autorité publique dans le royaume, qui n'aient leurs lois et leurs statuts, et elles ne se maintiennent qu'en les observant.

Eschine disoit à ses concitoyens qu'il faut qu'une république périsse lorsque les lois n'y sont point observées, ou qu'elle a des lois qui se détruisent l'une l'autre; et il seroit aisé de montrer que l'Académie est dans ces deux cas.

Il faut donc remédier à ce désordre, qui entraîneroit infailliblement la ruine de l'Académie : mais, pour le faire avec succès, et pour pouvoir, même en nous faisant des lois, conserver l'indépendance et la liberté que nous procure la glorieuse protection dont nous sommes honorés, je suis d'avis que l'Académie commence par députer au Roi pour demander à Sa Majesté la permission de se réformer elle-même, d'abroger ses anciens statuts, d'en faire de nouveaux, selon qu'elle le jugera convenable.

Qu'elle demande aussi la permission de nommer pour ce travail des commissaires en tel nombre qu'elle trouvera à propos, et qu'elle supplie Sa Majesté de vouloir bien lui faire l'honneur de marquer elle-même un ou deux de ceux qu'elle aura le plus agréable qui soient nommés.

LETTRE A M. DACIER,

SECRÉTAIRE PERPÉTUEL DE L'ACADÉMIE FRANÇAISE,

SUR LES

OCCUPATIONS DE L'ACADÉMIE.

1714.

Je suis honteux, monsieur, de vous devoir depuis si long-temps une réponse : mais ma mauvaise santé et mes embarras continuels ont causé ce retardement. Le choix que l'Académie a fait de votre personne pour l'emploi de son secrétaire perpétuel m'a donné une véritable joie. Ce choix est digne de la compagnie et de vous : il promet beaucoup au public pour les belles-lettres. J'avoue que la demande que vous me faites au nom d'un corps auquel je dois tant, m'embarrasse un peu : mais je vais parler au hasard, puisqu'on l'exige. Je le ferai avec une grande défiance de mes pensées, et une sincère déférence pour ceux qui daignent me consulter.

I.

DU DICTIONNAIRE.

Le Dictionnaire auquel l'Académie travaille mérite sans doute qu'on l'achève. Il est vrai que l'usage, qui change souvent pour les langues vivantes, pourra changer ce que ce Dictionnaire aura décidé.

> Nedum sermonum stet honos et gratia vivax.
> Multa renascentur quæ jam cecidere, cadentque
> Quæ nunc sunt in honore, vocabula, si volet usus,
> Quem penes arbitrium est et jus et norma loquendi [1].

Mais ce Dictionnaire aura divers usages. Il servira aux étrangers, qui sont curieux de notre langue, et qui lisent avec fruit les livres excellens en plusieurs genres qui ont été faits en France. D'ailleurs les Français les plus polis peuvent avoir quelquefois besoin de recourir à ce Dictionnaire par rapport à des termes sur lesquels ils doutent. Enfin, quand notre langue sera changée, il servira à faire entendre les livres dignes de la postérité qui sont écrits en notre temps. N'est-on pas obligé d'expliquer maintenant le langage de Villehardouin et de Joinville ? Nous serions ravis d'avoir des dictionnaires grecs et latins faits par les anciens mêmes. La perfection des dictionnaires est même un point où il faut avouer que les modernes ont enchéri sur les anciens. Un jour on sentira la commodité d'avoir un Dictionnaire qui serve de clef à tant de bons livres. Le prix de cet ouvrage ne peut manquer de croître à mesure qu'il vieillira.

II.

PROJET DE GRAMMAIRE.

Il seroit à désirer, ce me semble, qu'on joignît au Dictionnaire une Grammaire française : elle soulageroit beaucoup les étrangers, que nos phrases irrégulières embarrassent souvent. L'habitude de parler notre langue nous empêche de sentir ce qui cause leur embarras. La plupart même des Français auroient quelquefois besoin de consulter cette règle : ils n'ont appris leur langue que par le seul usage, et l'usage a quelques défauts en tous lieux. Chaque province a les siens ; Paris n'en est pas exempt. La cour même se ressent un peu du langage de Paris, où les enfants de la plus haute condition sont d'ordinaire élevés. Les personnes les plus polies ont de la peine à se corriger sur certaines façons de parler qu'elles ont prises pendant leur enfance en Gascogne, en Normandie, ou à Paris même, par le commerce des domestiques.

Les Grecs et les Romains ne se contentoient pas d'avoir appris leur langue naturelle par le simple usage ; ils l'étudioient encore dans un âge mûr par la lecture des grammairiens, pour remarquer les règles, les exceptions, les étymologies, les sens figurés, l'artifice de toute la langue et ses variations.

Un savant grammairien court risque de composer une Grammaire trop curieuse et trop remplie de préceptes. Il me semble qu'il faut se borner à une méthode courte et facile. Ne donnez d'abord que les règles les plus générales ; les exceptions viendront peu à peu. Le grand point est de mettre une personne le plus tôt qu'on peut dans l'application sensible des règles par un fréquent usage : ensuite cette personne prend plaisir à remarquer le détail des règles qu'elle a suivies d'abord sans y prendre garde.

Cette Grammaire ne pourroit pas fixer une langue vivante ; mais elle diminueroit peut-être les changemens capricieux par lesquels la mode règne sur les termes comme sur les habits. Ces changemens de pure fantaisie peuvent embrouiller et altérer une langue, au lieu de la perfectionner.

III.

PROJET D'ENRICHIR LA LANGUE.

Oserai-je hasarder ici, par un excès de zèle, une proposition que je soumets à une compagnie si éclairée ? Notre langue manque d'un grand nombre de mots et de phrases : il me semble même qu'on l'a gênée et appauvrie, depuis environ cent ans, en voulant la purifier. Il est vrai qu'elle étoit encore un peu informe, et trop *verbeuse*. Mais le vieux langage se fait regretter, quand nous le retrouvons dans Marot, dans Amyot, dans le cardinal d'Ossat, dans les

---

[1] HORAT. de *Art. poet.* v. 69-72.
La gloire du langage est bien plus passagère.
Des mots presque oubliés reverront la lumière,
Et d'autres que l'on prise auront un jour leur fin :
L'usage est de la langue arbitre souverain.   DARU.

ouvrages les plus enjoués, et dans les plus sérieux : il avoit je ne sais quoi de court, de naïf, de hardi, de vif et de passionné. On a retranché, si je ne me trompe, plus de mots qu'on en à introduit. D'ailleurs je voudrois n'en perdre aucun, et en acquérir de nouveaux. Je voudrois autoriser tout terme qui nous manque, et qui a un son doux, sans danger d'équivoque.

Quand on examine de près la signification des termes, on remarque qu'il n'y en a presque point qui soient entièrement synonymes entre eux. On en trouve un grand nombre qui ne peuvent désigner suffisamment un objet, à moins qu'on n'y ajoute un second mot : de là vient le fréquent usage des circonlocutions. Il faudroit abréger en donnant un terme simple et propre pour exprimer chaque objet, chaque sentiment, chaque action. Je voudrois même plusieurs synonymes pour un seul objet : c'est le moyen d'éviter toute équivoque, de varier les phrases, et de faciliter l'harmonie, en choisissant celui de plusieurs synonymes qui sonneroit le mieux avec le reste du discours.

Les Grecs avoient fait un grand nombre de mots composés, comme *pantocrator*, *glaucopis*, *eucnemides*, etc. Les Latins, quoique moins libres en ce genre, avoient un peu imité les Grecs, *lanifica*, *malesuada*, *pomifer*, etc. Cette composition servoit à abréger, et à faciliter la magnificence des vers. De plus ils rassembloient sans scrupule plusieurs dialectes dans le même poëme, pour rendre la versification plus variée et plus facile.

Les Latins ont enrichi leur langue des termes étrangers qui manquoient chez eux. Par exemple, ils manquoient des termes propres pour la philosophie, qui commença si tard à Rome : en apprenant le grec, ils en empruntèrent les termes pour raisonner sur les sciences. Cicéron, quoique très-scrupuleux sur la pureté de sa langue, emploie librement les mots grecs dont il a besoin. D'abord le mot grec ne passoit que comme étranger ; on demandoit permission de s'en servir, puis la permission se tournoit en possession et en droit.

J'entends dire que les Anglais ne se refusent aucun des mots qui leur sont commodes : ils les prennent partout où ils les trouvent chez leurs voisins. De telles usurpations sont permises. En ce genre, tout devient commun par le seul usage. Les paroles ne sont que des sons dont on fait arbitrairement les figures de nos pensées. Ces sons n'ont en eux-mêmes aucun prix. Ils sont autant au peuple qui les emprunte, qu'à celui qui les a prêtés. Qu'importe qu'un mot soit né dans notre pays, ou qu'il nous vienne d'un pays étranger ? La jalousie seroit puérile, quand il ne s'agit que de la manière de mouvoir ses lèvres et de frapper l'air.

D'ailleurs nous n'avons rien à ménager sur ce faux point d'honneur. Notre langue n'est qu'un mélange de grec, de latin et de tudesque, avec quelques restes confus de gaulois. Puisque nous ne vivons que sur ces emprunts, qui sont devenus notre fonds propre, pourquoi aurions-nous une mauvaise honte sur la liberté d'emprunter, par laquelle nous pouvons achever de nous enrichir ? Prenons de tous côtés tout ce qu'il nous faut pour rendre notre langue plus claire, plus précise, plus courte et plus harmonieuse ; toute circonlocution affoiblit le discours.

Il est vrai qu'il faudroit que des personnes d'un goût et d'un discernement éprouvé choisissent les termes que nous devrions autoriser. Les mots latins paroîtroient les plus propres à être choisis : les sons en sont doux ; ils tiennent à d'autres mots qui ont déjà pris racine dans notre fonds ; l'oreille y est déjà accoutumée. Ils n'ont plus qu'un pas à faire pour entrer chez nous : il faudroit leur donner une agréable terminaison. Quand on abandonne au hasard, ou au vulgaire ignorant, ou à la mode des femmes, l'introduction des termes, il en vient plusieurs qui n'ont ni la clarté ni la douceur qu'il faudroit désirer.

J'avoue que si nous jetions à la hâte et sans choix dans notre langue un grand nombre de mots étrangers, nous ferions du français un amas grossier et informe des autres langues d'un génie tout différent. C'est ainsi que les alimens trop peu digérés, mettent, dans la masse du sang d'un homme, des parties hétérogènes qui l'altèrent au lieu de le conserver. Mais il faut se ressouvenir que nous sortons à peine d'une barbarie aussi ancienne que notre nation.

Sed in longum tamen ævum
Manserunt, hodieque manent, vestigia ruris.
Serus enim Græcis admovit acumina chartis,
Et post Punica bella quietus quærere cœpit
Quid Sophocles, et Thespis et Æschylus utile ferrent [1].

[1] Horat. *Epist.* lib. II, *Ep.* I, v. 159-163.

Notre rusticité céda bientôt aux graces ;
Mais on pourroit encore en retrouver des traces ;
Car ce ne fut qu'au temps où les Carthaginois
Par nos armes vaincus fléchirent sous nos lois,
Que des écrits des Grecs admirateur tranquille
Le Romain lut les vers de Sophocle et d'Eschyle.   Daru.

On me dira peut-être que l'Académie n'a pas le pouvoir de faire un édit avec une affiche en faveur d'un terme nouveau; le public pourroit se révolter. Je n'ai pas oublié l'exemple de Tibère, maître redoutable de la vie des Romains ; il parut ridicule en affectant de se rendre le maître du terme de *monopolium* [1]. Mais je crois que le public ne manqueroit point de complaisance pour l'Académie, quand elle le ménageroit. Pourquoi ne viendrions-nous pas à bout de faire ce que les Anglais font tous les jours ?

Un terme nous manque, nous en sentons le besoin : choisissez un son doux et éloigné de toute équivoque, qui s'accommode à notre langue, et qui soit commode pour abréger le discours. Chacun en sent d'abord la commodité : quatre ou cinq personnes le hasardent modestement en conversation familière, d'autres le répètent par le goût de la nouveauté, le voilà à la mode. C'est ainsi qu'un sentier qu'on ouvre dans un champ devient bientôt le chemin le plus battu, quand l'ancien chemin se trouve raboteux et moins court.

Il nous faudroit, outre les mots simples et nouveaux, des composés et des phrases où l'art de joindre les termes qu'on n'a pas coutume de mettre ensemble fît une nouveauté gracieuse.

Dixeris egregiè, notum si callida verbum
Reddiderit junctura novum [2].

C'est ainsi qu'on a dit *velivolum* [3] en un seul mot composé de deux; et en deux mots mis l'un auprès de l'autre, *remigium alarum* [4], *lubricus aspici* [5]. Mais il faut en ce point être sobre et précautionné, *tenuis cautusque serendis* [6]. Les nations qui vivent sous un ciel tempéré goûtent moins que les peuples des pays chauds les métaphores dures et hardies.

Notre langue deviendroit bientôt abondante, si les personnes qui ont la plus grande réputation de politesse s'appliquoient à introduire les expressions ou simples ou figurées dont nous avons été privés jusqu'ici.

[1] Suet. *Tiber.* n. 71. Dion. lib. lvii.
[2] Horat. *de Art. poet.* v. 47.
Le choix du lieu, du temps, absout la hardiesse.
Pour rajeunir un mot glissez-le avec adresse. Daru.
[3] Virg. *Æneid.* lib. i, v. 228. — [4] *Æneid.* lib. vi, v. 191. — [5] Hor. *Od.* lib. i, *Od.* xix, v. 8. — [6] Hor. *de Art. poet.* v. 45.

IV.

PROJET DE RHÉTORIQUE.

Une excellente Rhétorique seroit bien au-dessus d'une grammaire et de tous les travaux bornés à perfectionner une langue. Celui qui entreprendroit cet ouvrage y rassembleroit tous les plus beaux préceptes d'Aristote, de Cicéron, de Quintilien, de Lucien, de Longin, et des autres célèbres auteurs : leurs textes, qu'il citeroit, seroient les ornemens du sien. En ne prenant que la fleur de la plus pure antiquité, il feroit un ouvrage court, exquis et délicieux.

Je suis très-éloigné de vouloir préférer en général le génie des anciens orateurs à celui des modernes. Je suis très-persuadé de la vérité d'une comparaison qu'on a faite : c'est que, comme les arbres ont aujourd'hui la même forme et portent les mêmes fruits qu'ils portoient il y a deux mille ans, les hommes produisent les mêmes pensées. Mais il y a deux choses que je prends la liberté de représenter. La première est que certains climats sont plus heureux que d'autres pour certains talens, comme pour certains fruits. Par exemple, le Languedoc et la Provence produisent des raisins et des figues d'un meilleur goût que la Normandie et que les Pays-Bas. De même les Arcadiens étoient d'un naturel plus propre aux beaux arts que les Scythes. Les Siciliens sont encore plus propres à la musique que les Lapons. On voit même que les Athéniens avoient un esprit plus vif et plus subtil que les Béotiens. La seconde chose que je remarque, c'est que les Grecs avoient une espèce de longue tradition qui nous manque ; ils avoient plus de culture pour l'éloquence que notre nation n'en peut avoir. Chez les Grecs tout dépendoit du peuple, et le peuple dépendoit de la parole. Dans leur forme de gouvernement, la fortune, la réputation, l'autorité, étoient attachées à la persuasion de la multitude ; le peuple était entraîné par les rhéteurs artificieux et véhémens ; la parole était le grand ressort en paix et en guerre : de là viennent tant de harangues qui sont rapportées dans les histoires, et qui nous sont presque incroyables, tant elles sont loin de nos mœurs. On voit, dans Diodore de Sicile, Nicias et Gylippe qui entraînent tour à tour les Syracusains : l'un leur fait d'abord accorder la vie aux prisonniers athéniens ; et l'autre, un moment après, les détermine à faire mourir ces mêmes prisonniers.

La parole n'a aucun pouvoir semblable chez

nous ; les assemblées n'y sont que des cérémonies et des spectacles. Il ne rous reste guère de monumens d'une forte éloquence, ni de nos anciens parlemens, ni de nos états-généraux, ni de nos assemblées de notables ; tout se décide en secret dans le cabinet des princes, ou dans quelque négociation particulière : ainsi notre nation n'est point excitée à faire les mêmes efforts que les Grecs pour dominer par la parole. L'usage public de l'éloquence est maintenant presque borné aux prédicateurs et aux avocats.

Nos avocats n'ont pas autant d'ardeur pour gagner le procès de la rente d'un particulier, que les rhéteurs de la Grèce avoient d'ambition pour s'emparer de l'autorité suprême dans une république. Un avocat ne perd rien, et gagne même de l'argent, en perdant la cause qu'il plaide. Est-il jeune ? il se hâte de plaider avec un peu d'élégance pour acquérir quelque réputation, et sans avoir jamais étudié ni le fond des lois ni les grands modèles de l'antiquité. A-t-il quelque réputation établie ? il cesse de plaider, et se borne aux consultations, où il s'enrichit. Les avocats les plus estimables sont ceux qui exposent nettement les faits, qui remontent avec précision à un principe de droit, et qui répondent aux objections suivant ce principe. Mais où sont ceux qui possèdent le grand art d'enlever la persuasion et de remuer les cœurs de tout un peuple ?

Oserai-je parler avec la même liberté sur les prédicateurs ? Dieu sait combien je révère les ministres de la parole de Dieu ; mais je ne blesse aucun d'entre eux personnellement, en remarquant en général qu'ils ne sont pas tous également humbles et détachés. De jeunes gens sans réputation se hâtent de prêcher : le public s'imagine voir qu'ils cherchent moins la gloire de Dieu que la leur, et qu'ils sont plus occupés de leur fortune que du salut des âmes. Ils parlent en orateurs brillans plutôt qu'en ministres de Jésus-Christ et en dispensateurs de ses mystères. Ce n'est point avec cette ostentation de paroles que saint Pierre annonçoit Jésus crucifié dans ces sermons qui convertissoient tant de milliers d'hommes.

Veut-on apprendre de saint Augustin les règles d'une éloquence sérieuse et efficace? Il distingue, après Cicéron, trois divers genres suivant lesquels on peut parler. Il faut, dit-il [1], parler d'une façon abaissée et familière, pour instruire, *submissè* ; il faut parler d'une façon douce, gracieuse et insinuante, pour faire aimer la vérité, *temperatè* ; il faut parler d'une façon grande et véhémente quand on a besoin d'entraîner les hommes et de les arracher à leurs passions, *granditer*. Il ajoute qu'on ne doit user des expressions qui plaisent, qu'à cause qu'il y a peu d'hommes assez raisonnables pour goûter une vérité qui est sèche et nue dans un discours. Pour le genre sublime et véhément, il ne veut point qu'il soit fleuri : *Non tam verborum ornatibus comtum est, quàm violentum animi affectibus..... Fertur quippe impetu suo, et elocutionis pulchritudinem, si occurrerit, vi rerum rapit, non curâ decoris assumit* [1]. « Un homme, dit encore ce Père [2], » qui combat très-courageusement avec une » épee enrichie d'or et de pierreries, se sert de » ces armes parce qu'elles sont propres au com-» bat, sans penser à leur prix. » Il ajoute que Dieu avoit permis que saint Cyprien eût mis des ornemens affectés dans sa lettre à Donat, « afin que la postérité pût voir combien la pu-» reté de la doctrine chrétienne l'avoit corrigé » de cet excès, et l'avoit ramené à une élo-» quence plus grave et plus modeste [3]. » Mais rien n'est plus touchant que les deux histoires que saint Augustin nous raconte pour nous instruire de la manière de prêcher avec fruit.

Dans la première occasion il n'étoit encore que prêtre. Le saint évêque Valère le faisoit parler pour corriger le peuple d'Hippone de l'abus des festins trop libres dans les solennités [4]. Il prit en main le livre des Écritures ; il y lut les reproches les plus véhémens. Il conjura ses auditeurs, par les opprobres, par les douleurs de Jésus-Christ, par sa croix, par son sang, de ne se perdre point eux-mêmes, d'avoir pitié de celui qui leur parloit avec tant d'affection, et de se souvenir du vénérable vieillard Valère, qui l'avoit chargé, par sa tendresse pour eux, de leur annoncer la vérité. « Ce ne » fut point, dit-il, en pleurant sur eux que je » les fis pleurer ; mais, pendant que je parlois, » leurs larmes prévinrent les miennes. J'avoue » que je ne pus point alors me retenir. Après » que nous eûmes pleuré ensemble, je com-» mençai à espérer fortement leur correction. » Dans la suite il abandonna le discours qu'il

---

[1] Il est moins paré du charme des expressions, que véhément par les mouvemens de l'ame.... Car sa propre force l'entraîne ; et si l'élégance du langage s'offre à lui, il la saisit par la grandeur du sujet, sans se mettre en peine de l'ornement. Ibid. n. 42 : p. 81.

[2] *Ibid.* p. 82. — [3] *De Doct. christ.* lib. IV, n. 31 : t. III, p. 76. — [4] *Ep.* XXIX, *ad Alip.* t. II, p. 48 et seq.

[1] *De Doct. christ.* lib. IV, n. 34 et 38 : t. III, p. 78 et 79.

avoit préparé, parce qu'il ne lui paroissoit plus convenable à la disposition des esprits. Enfin il eut la consolation de voir ce peuple docile et corrigé dès ce jour-là.

Voici l'autre occasion où ce Père enleva les cœurs. Ecoutons ses paroles [1] : « Il faut bien se
» garder de croire qu'un homme a parlé d'une
» façon grande et sublime, quand on lui a
» donné de fréquentes acclamations et de grands
» applaudissemens. Les jeux d'esprit du plus
» bas genre, et les ornemens du genre tempé-
» ré, attirent de tels succès : mais le genre su-
» blime accable par son poids, et ôte même la
» parole ; il réduit aux larmes. Pendant que
» je tâchois de persuader au peuple de Césarée
» en Mauritanie, qu'il devoit abolir un combat
» des citoyens...., où les parens, les frères,
» les pères et les enfans, divisés en deux partis,
» combattoient en public pendant plusieurs
» jours de suite, en un certain temps de l'an-
» née, et où chacun s'efforçoit de tuer celui
» qu'il attaquoit : je me servis, selon toute
» l'étendue de mes forces, des plus grandes
» expressions, pour déraciner des cœurs et des
» mœurs de ce peuple une coutume si cruelle
» et si invétérée. Je ne crus néanmoins avoir
» rien gagné, pendant que je n'entendis que
» leurs acclamations ! mais j'espérai quand je
» les vis pleurer. Les acclamations montroient
» que je les avois instruits, et que mon discours
» leur faisoit plaisir ; mais leurs larmes marquè-
» rent qu'ils étoient changés. Quand je les vis
» couler, je crus que cette horrible coutume,
» qu'ils avoient reçue de leurs ancêtres, et qui
» les tyrannisoit depuis si long-temps, seroit
» abolie..... Il y a déjà environ huit ans, ou
» même plus, que ce peuple, par la grâce de
» Jésus-Christ, n'a entrepris rien de semblable. »

Si saint Augustin eût affoibli son discours par les ornemens affectés du genre fleuri, il ne seroit jamais parvenu à corriger les peuples d'Hippone et de Césarée.

Démosthène a suivi cette règle de la véritable éloquence. « O Athéniens, disoit-il [2], ne croyez
» pas que Philippe soit comme une divinité à
» laquelle la fortune soit attachée. Parmi les
» hommes qui paroissent dévoués à ses intérêts,
» il y en a qui le haïssent, qui le craignent,
» qui en sont envieux.... Mais toutes ces choses
» demeurent comme ensevelies par votre len-
» teur et votre négligence.... Voyez, ô Athé-
» niens, en quel état vous êtes réduits : ce mé-
» chant homme est parvenu jusqu'au point de
» ne vous laisser plus le choix entre la vigilance
» et l'inaction. Il vous menace ; il parle, dit-
» on, avec arrogance ; il ne peut plus se con-
» tenter de ce qu'il a conquis sur vous ; il étend
» de plus en plus chaque jour ses projets pour
» vous subjuguer ; il vous tend des pièges de
» tous les côtés, pendant que vous êtes sans
» cesse en arrière et sans mouvement. Quand
» est-ce donc, ô Athéniens, que vous ferez ce
» qu'il faut faire ? quand est-ce que nous ver-
» rons quelque chose de vous ? quand est-ce
» que la nécessité vous y déterminera ? Mais
» que faut-il croire de ce qui se fait actuelle-
» ment ? Ma pensée est qu'il n'y a, pour des
» hommes libres, aucune plus pressante néces-
» sité que celle qui résulte de la honte d'avoir
» mal conduit ses propres affaires. Voulez-vous
» achever de perdre votre temps ! Chacun ira-
» t-il encore çà et là dans la place publique,
» faisant cette question, *N'y a-t-il aucune nou-*
» *velle ?* Eh ! que peut-il y avoir de plus nou-
» veau, que de voir un homme de Macédoine qui
» dompte les Athéniens et qui gouverne toute la
» Grèce ? Philippe est mort, dit quelqu'un. Non,
» dit un autre, il n'est que malade. Eh ! que
» vous importe, puisque, s'il n'étoit plus, vous
» vous feriez bientôt un autre Philippe ? »

Voilà le bon sens qui parle, sans autre ornement que sa force. Il rend la vérité sensible à tout le peuple ; il le réveille, il le pique, il lui montre l'abîme ouvert. Tout est dit pour le salut commun ; aucun mot n'est pour l'orateur. Tout instruit et touche ; rien ne brille.

Il est vrai que les Romains suivirent assez tard l'exemple des Grecs pour cultiver les belles-lettres.

Graiis ingenium, Graiis dedit ore rotundo
Musa loqui, præter laudem nullius avaris.
Romani pueri longis rationibus assem, etc. [1].

Les Romains étoient occupés des lois, de la guerre, de l'agriculture et du commerce d'argent. C'est ce qui faisoit dire à Virgile :

Excudent alii spirantia molliùs æra, etc.

Tu regere imperio populos, Romane, memento [2].

[1] Horat. *de Art. poet.* v. 323-325.
Les Grecs avoient reçu de la faveur des cieux
Le flambeau du génie et la langue des dieux.
Ce peuple aime la gloire, et l'aime avec ivresse :
Mais Rome aux vils calculs élève sa jeunesse. Dart.

[2] *Æneid.* vi, v. 848-852.
D'autres avec plus d'art, ou d'une habile main,
Feront vivre le marbre et respirer l'airain....
Toi, Romain, souviens-toi de régir l'univers. Delille.

---

[1] *De Doct. christ.* lib. iv, n. 53 : p. 87. — [2] Ire Philip.

Salluste fait un beau portrait des mœurs de l'ancienne Rome, en avouant qu'elle négligeoit les lettres :

Prudentissimus quisque negotiosus maximè erat. Ingenium nemo sine corpore exercebat. Optimus quisque facere quàm dicere, sua ab aliis benefacta laudari quàm ipse aliorum narrare malebat [1].

Il faut néanmoins avouer, suivant le rapport de Tite-Live, que l'éloquence nerveuse et populaire étoit déjà bien cultivée à Rome dès le temps de Manlius. Cet homme, qui avoit sauvé le Capitole contre les Gaulois, vouloit soulever le peuple contre le gouvernement : *Quousque tandem*, dit-il, [2] *ignorabitis vires vestras, quas natura ne belluas quidem ignorare voluit? Numerate saltem quot ipsi sitis.... Tamen acriùs crederem vos pro libertate quàm illos pro dominatione certaturos..... Quousque me circumspectabitis? Ego quidem nulli vestrûm deero* [3], etc. Ce puissant orateur enlevoit tout le peuple pour se procurer l'impunité, en tendant les mains vers le Capitole qu'il avoit sauvé autrefois. On ne put obtenir sa mort de la multitude, qu'en le menant dans un bois sacré d'où il ne pouvoit plus montrer le Capitole aux citoyens. *Apparuit tribunis*, dit Tite-Live [4], *nisi oculos quoque hominum liberassent ab tanti memoria decoris, numquam fore, in præoccupatis beneficio animis, vero crimini locum.... Ibi crimen valuit* [5], etc. Chacun sait combien l'éloquence des Gracques causa de troubles. Celle de Catilina mit la république dans le plus grand péril. Mais cette éloquence ne tendoit qu'à persuader, et à émouvoir les passions : le bel-esprit n'y étoit d'aucun usage. Un déclamateur fleuri n'auroit eu aucune force dans les affaires.

---

[1] *Bell. Catil.* n. 8.

Chez les Romains, les plus habiles étoient les plus occupés : on ne séparoit point les exercices de l'esprit de ceux du corps. Plus jaloux de bien agir que de bien parler, tout homme de mérite aimoit mieux faire des actions qu'on pût louer, que de raconter celles des autres. DOTTEVILLE.

[2] TIT LIV. *Hist.* lib. VI, cap. XVIII.

[3] Jusques à quand méconnoîtrez-vous donc votre force, tandis que la brute a l'instinct de la sienne? Ne pouvez-vous du moins supputer votre nombre?..... Je me persuaderois que, combattant pour votre liberté, vous y mettriez un peu plus de courage que ceux qui ne combattent que pour leur tyrannie..... Ne compterez-vous jamais que sur moi seul? Assurément je ne manquerai jamais à pas un de vous. DUREAU DE LA MALLE.

[4] *Hist.* lib. VI, cap. XX.

[5] Les tribuns virent clairement que tant que les yeux des Romains seroient captivés par la vue d'un monument si glorieux pour Manlius, la préoccupation des souvenirs si glorieux pour Manlius, la préoccupation d'un si grand bienfait prévaudroit toujours contre la conviction de son crime..... Alors les inculpations restèrent dans toute leur force, etc. DUREAU DE LA MALLE.

Rien n'est plus simple que Brutus, quand il se rend supérieur à Cicéron, jusqu'à le reprendre et à le confondre : « Vous demandez, » lui dit-il [1], la vie à Octave : quelle mort seroit » aussi funeste? Vous montrez, par cette de- » mande, que la tyrannie n'est pas détruite, » et qu'on n'a fait que changer de tyran. Re- » connoissez vos paroles. Niez, si vous l'osez, » que cette prière ne convient qu'à un roi à » qui elle est faite par un homme réduit à la » servitude. Vous dites que vous ne lui deman- » dez qu'une seule grâce ; savoir, qu'il veuille » bien sauver la vie des citoyens qui ont l'es- » time des honnêtes gens et de tout le peuple » romain. Quoi donc ! à moins qu'il ne le » veuille, nous ne serons plus? Mais il vaut » mieux n'être plus que d'être par lui. Non, je » ne crois point que tous les dieux soient dé- » clarés contre le salut de Rome, jusqu'au » point de vouloir qu'on demande à Octave la » vie d'aucun citoyen, encore moins celle des » libérateurs de l'univers..... O Cicéron ! vous » avouez qu'Octave a un tel pouvoir, et vous » êtes de ses amis! Mais, si vous m'aimez, pou- » vez-vous désirer de me voir à Rome lorsqu'il » faudroit me recommander à cet enfant afin » que j'eusse la permission d'y aller? Quel est » donc celui que vous remerciez de ce qu'il » souffre que je vive encore? Faut-il regarder » comme un bonheur, de ce qu'on demande » cette grâce à Octave plutôt qu'à Antoine?.... » C'est cette foiblesse et ce désespoir, que les » autres ont à se reprocher comme vous, qui » ont inspiré à César l'ambition de se faire » roi.... Si nous nous souvenions que nous » sommes Romains..... ils n'auroient pas eu » plus d'audace pour envahir la tyrannie, que » nous de courage pour la repousser.... O ven- » geur de tant de crimes, je crains que vous » n'ayez fait que retarder un peu notre chute ! » Comment pouvez-vous voir ce que vous avez » fait? etc. »

Combien ce discours seroit-il énervé, indécent et avili, si on y mettoit des pointes et des jeux d'esprit? Faut-il que les hommes chargés de parler en apôtres recueillent avec tant d'affectation les fleurs que Démosthène, Manlius et Brutus ont foulées aux pieds? Faut-il croire que les ministres évangéliques sont moins sérieusement touchés du salut éternel des peuples, que Démosthène ne l'étoit de la liberté de sa patrie, que Manlius n'avoit d'ambition pour séduire la multitude, que Brutus n'avoit de

---

[1] Apud CICER. *Epist. ad Brutum, Epist.* XVI.

courage pour aimer mieux la mort qu'une vie due au tyran?

J'avoue que le genre fleuri a ses grâces; mais elles sont déplacées dans les discours où il ne s'agit point d'un jeu d'esprit plein de délicatesse, et où les grandes passions doivent parler. Le genre fleuri n'atteint jamais au sublime. Qu'est-ce que les anciens auroient dit d'une tragédie où Hécube auroit déploré ses malheurs par des pointes? La vraie douleur ne parle point ainsi. Que pourroit-on croire d'un prédicateur qui viendroit montrer aux pécheurs le jugement de Dieu pendant sur leur tête, et l'enfer ouvert sous leurs pieds, avec les jeux de mots les plus affectés?

Il y a une bienséance à garder pour les paroles comme pour les habits. Une veuve désolée ne porte point le deuil avec beaucoup de broderie, de frisure et de rubans. Un missionnaire apostolique ne doit point faire de la parole de Dieu une parole vaine et pleine d'ornemens affectés. Les païens mêmes auraient été indignés de voir une comédie si mal jouée.

> Et ridentibus arrident, ita flentibus adflent
> Humani vultus. Si vis me flere, dolendum est
> Primùm ipsi tibi; tunc tua me infortunia lædent,
> Telephe, vel Peleu : malè si mandata loqueris,
> Aut dormitabo, aut ridebo. Tristia mœstum
> Vultum verba decent [1].

Il ne faut point faire à l'éloquence le tort de penser qu'elle n'est qu'un art frivole, dont un déclamateur se sert pour imposer à la foible imagination de la multitude et pour trafiquer de la parole : c'est un art très-sérieux, qui est destiné à instruire, à réprimer les passions, à corriger les mœurs, à soutenir les lois, à diriger les délibérations publiques, à rendre les hommes bons et heureux. Plus un déclamateur feroit d'efforts pour m'éblouir par les prestiges de son discours, plus je me révolterois contre sa vanité : son empressement pour faire admirer son esprit me paroîtroit le rendre indigne de toute admiration. Je cherche un homme sérieux, qui me parle pour moi, et non pour lui; qui veuille mon salut, et non sa vaine gloire.

[1] HORAT. de Art. poet. v. 101-106.
> On rit avec les fous; près des infortunés
> On pleure; tant l'exemple a de force et de charmes!
> Pleurez, si vous voulez faire couler mes larmes.
> Acteurs qui retracez des héros malheureux,
> Je ris ou je m'endors au milieu de vos jeux,
> Si le style contraste avec le personnage :
> Le style doit changer ainsi que le visage.
> Le chagrin paroît-il sur le front de l'acteur?
> Il faut que son discours respire la douleur. DARU.

L'homme digne d'être écouté est celui qui ne se sert de la parole que pour la pensée, et de la pensée que pour la vérité et la vertu. Rien n'est plus méprisable qu'un parleur de métier, qui fait de ses paroles ce qu'un charlatan fait de ses remèdes.

Je prends pour juges de cette question les païens mêmes. Platon ne permet dans sa république aucune musique avec les tons efféminés des Lydiens; les Lacédémoniens excluoient de la leur tous les instrumens trop composés qui pouvoient amollir les cœurs. L'harmonie qui ne va qu'à flatter l'oreille n'est qu'un amusement de gens faibles et oisifs, elle est indigne d'une république bien policée. elle n'est bonne qu'autant que les sons y conviennent au sens des paroles, et que les paroles y inspirent des sentimens vertueux. La peinture, la sculpture, et les autres beaux-arts, doivent avoir le même but. L'éloquence doit, sans doute, entrer dans le même dessein; le plaisir n'y doit être mêlé que pour faire le contre-poids des mauvaises passions, et pour rendre la vertu aimable.

Je voudrois qu'un orateur se préparât longtemps en général pour acquérir un fonds de connoissances, et pour se rendre capable de faire de bons ouvrages. Je voudrois que cette préparation générale le mît en état de se préparer moins pour chaque discours particulier. Je voudrois qu'il fût naturellement très-sensé, et qu'il ramenât tout au bon sens; qu'il fît de solides études; qu'il s'exerçât à raisonner avec justesse et exactitude, se défiant de toute subtilité. Je voudrais qu'il se défiât de son imagination, pour ne se laisser jamais dominer par elle, et qu'il fondât chaque discours sur un principe indubitable dont il tireroit les conséquences naturelles.

> Scribendi rectè sapere est principium et fons.
> Rem tibi Socraticæ poterunt ostendere chartæ,
> Verbaque provisam rem non invisa sequentur.
> Qui didicit patriæ quid debeat, et quid amicis, etc. [1].

D'ordinaire, un déclamateur fleuri ne connoît point les principes d'une saine philosophie, ni ceux de la doctrine évangélique pour perfectionner les mœurs. Il ne veut que des phrases brillantes et que des tours ingénieux. Ce qui lui

[1] HORAT. de Art. poet. v. 309-312.
> Le bon sens des beaux vers est la source première.
> Poètes, de Socrate apprenez à penser,
> Vous parviendrez sans peine à vous bien énoncer.
> L'écrivain qui connoît les sentimens d'un frère,
> Les droits de l'amitié, la tendresse d'un père, etc. DARU.

manque le plus est le fond des choses ; il sait parler avec grâce sans savoir ce qu'il faut dire ; il énerve les plus grandes vérités par un tour vain et trop orné.

Au contraire, le véritable orateur n'orne son discours que de vérités lumineuses, que de sentimens nobles, que d'expressions fortes et proportionnées à ce qu'il tâche d'inspirer ; il pense, il sent, et la parole suit. « Il ne dépend point » des paroles, dit saint Augustin [1], mais les » paroles dépendent de lui. » Un homme qui a l'ame forte et grande, avec quelque facilité naturelle de parler et un grand exercice, ne doit jamais craindre que les termes lui manquent ; ses moindres discours auront des traits originaux, que les déclamateurs fleuris ne pourront jamais imiter. Il n'est point esclave des mots, il va droit à la vérité, il sait que la passion est comme l'âme de la parole. Il remonte d'abord au premier principe sur la matière qu'il veut débrouiller ; il met ce principe dans son premier point de vue ; il le tourne et le retourne, pour y accoutumer ses auditeurs les moins pénétrans ; il descend jusqu'aux dernières conséquences par un enchaînement court et sensible. Chaque vérité est mise en sa place par rapport au tout : elle prépare, elle amène, elle appuie une autre vérité qui a besoin de son secours. Cet arrangement sert à éviter les répétitions qu'on peut épargner au lecteur ; mais il ne retranche aucune des répétitions par lesquelles il est essentiel de ramener souvent l'auditeur au point qui décide lui seul de tout.

Il faut lui montrer souvent la conclusion dans le principe. De ce principe, comme du centre, se répand la lumière sur toutes les parties de cet ouvrage ; de même qu'un peintre place dans son tableau le jour, en sorte que d'un seul endroit il distribue à chaque objet son degré de lumière. Tout le discours est un ; il se réduit à une seule proposition mise au plus grand jour par des tours variés. Cette unité de dessein fait qu'on voit, d'un seul coup d'œil, l'ouvrage entier, comme on voit de la place publique d'une ville toutes les rues et toutes les portes, quand toutes les rues sont droites, égales en symétrie. Le discours est la proposition développée ; la proposition est le discours en abrégé.

Denique sit quodvis simplex duntaxat et unum [2].

[1] *De Doct. christ.* lib. IV, n. 61 : p. 90.
[2] Horat. *de Art. poet.* v. 23.

Il faut que tout ouvrage, à l'unité fidèle,
De la simplicité nous offre le modèle.   Daru.

Quiconque ne sent pas la beauté et la force de cette unité et de cet ordre, n'a encore rien vu au grand jour ; il n'a vu que des ombres dans la caverne de Platon [1]. Que diroit-on d'un architecte qui ne sentiroit aucune différence entre un grand palais dont tous les bâtimens seroient proportionnés pour former un tout dans le même dessein, et un amas confus de petits édifices qui ne feroient point un vrai tout, quoiqu'ils fussent les uns auprès des autres ? Quelle comparaison entre le Colisée et une multitude confuse de maisons irrégulières d'une ville ? Un ouvrage n'a une véritable unité que quand on ne peut rien en ôter sans couper dans le vif.

Il n'a un véritable ordre que quand on ne peut en déplacer aucune partie sans affoiblir, sans obscurcir, sans déranger le tout. C'est ce qu'Horace explique parfaitement :

. . . . nec lucidus ordo.
Ordinis hæc virtus erit et venus, aut ego fallor,
Ut jam nunc dicat jam nunc debentia dici,
Pleraque differat, et præsens in tempus omittat [2].

Tout auteur qui ne donne point cet ordre à son discours ne possède pas assez de matière ; il n'a qu'un goût imparfait et qu'un demi-génie. L'ordre est ce qu'il y a de plus rare dans les opérations de l'esprit : quand l'ordre, la justesse, la force et la véhémence se trouvent réunis, le discours est parfait. Mais il faut avoir tout vu, tout pénétré et tout embrassé, pour savoir la place précise de chaque mot : c'est ce qu'un déclamateur, livré à son imagination et sans science, ne peut discerner.

Isocrate est doux, insinuant, plein d'élégance ; mais peut-on le comparer à Homère ? Allons plus loin : je ne crains pas de dire que Démosthène me paroît supérieur à Cicéron. Je proteste que personne n'admire Cicéron plus que je le fais : il embellit tout ce qu'il touche, il fait honneur à la parole, il fait des mots ce qu'un autre n'en sauroit faire ; il a je ne sais combien de sortes d'esprit ; il est même court et véhément toutes les fois qu'il veut l'être, contre Catilina, contre Verrès, contre Antoine. Mais on remarque quelque parure dans son discours : l'art y est merveilleux, mais on l'entrevoit :

[1] Voyez une note, à ce sujet, dans la *Lettre* VIe *sur la Religion*, ci-dessus, t. premier.
[2] Hor. *De Art. poet.* v. 41-44.

Choisit-on bien ? on trouve avec facilité
L'expression heureuse, et l'ordre, et la clarté.
L'ordre à mes yeux, Pison, est lui-même une grâce ;
L'esprit judicieux veut tout voir à sa place.   Daru.

l'orateur en pensant au salut de la république, ne s'oublie pas et ne se laisse pas oublier. Démosthène paroît sortir de soi, et ne voir que la patrie. Il ne cherche point le beau, il le fait sans y penser; il est au-dessus de l'admiration. Il se sert de la parole comme un homme modeste de son habit pour se couvrir. Il tonne, il foudroie; c'est un torrent qui entraîne tout. On ne peut le critiquer parce qu'on est saisi; on pense aux choses qu'il dit, et non à ses paroles. On le perd de vue; on n'est occupé que de Philippe qui envahit tout. Je suis charmé de ces deux orateurs; mais j'avoue que je suis moins touché de l'art infini et de la magnifique éloquence de Cicéron, que de la rapide simplicité de Démosthène.

L'art se décrédite lui-même; il se trahit en se montrant. « Isocrate, dit Longin [1], est » tombé dans une faute de petit écolier.... Et » voici par où il débute : *Puisque le discours a* » *naturellement la vertu de rendre les choses* » *grandes petites, et les petites grandes; qu'il* » *sait donner les grâces de la nouveauté aux* » *choses les plus vieilles, et qu'il fait paroître* » *vieilles celles qui sont nouvellement faites....* » Est-ce ainsi, dira quelqu'un, ô Isocrate, » que vous allez changer toutes choses à l'é- » gard des Lacédémoniens et des Athéniens ? » En faisant de cette sorte l'éloge du discours, » il fait proprement une exorde pour avertir » ses auditeurs de ne rien croire de ce qu'il va » dire. » En effet, c'est déclarer au monde que les orateurs ne sont que des sophistes, tels que le Gorgias de Platon et que les autres rhéteurs de la Grèce, qui abusoient de la parole pour imposer au peuple.

Si l'éloquence demande que l'orateur soit homme de bien, et cru tel, pour toutes les affaires les plus profanes, à combien plus forte raison doit-on croire ces paroles de saint Augustin sur les hommes qui ne doivent parler qu'en apôtres! « Celui-là parle avec sublimité, » dont la vie ne peut être exposée à aucun mé- » pris. » Que peut-on espérer des discours d'un jeune homme sans fonds d'étude, sans expérience, sans réputation acquise, qui se joue de la parole, et qui veut peut-être faire fortune dans le ministère, où il s'agit d'être pauvre avec Jésus-Christ, de porter la croix avec lui en se renonçant, et de vaincre les passions des hommes pour les convertir?

Je ne puis me résoudre à finir cet article sans dire un mot de l'éloquence des Pères. Certaines personnes éclairées ne leur font pas une exacte justice. On en juge par quelque métaphore dure de Tertullien, par quelque période enflée de saint Cyprien, par quelque endroit obscur de saint Ambroise, par quelque antithèse subtile et rimée de saint Augustin, par quelques jeux de mots de saint Pierre-Chrysologue. Mais il faut avoir égard au goût dépravé des temps où les Pères ont vécu. Le goût commençoit à se gâter à Rome peu de temps après celui d'Auguste. Juvénal a moins de délicatesse qu'Horace; Sénèque le tragique et Lucain ont une enflure choquante. Rome tomboit : les études d'Athènes même étoient déchues quand saint Basile et saint Grégoire de Nazianze y allèrent. Les raffinemens d'esprit avoient prévalu. Les Pères, instruits par les mauvais rhéteurs de leurs temps, étoient entraînés dans le préjugé universel : c'est à quoi les sages mêmes ne résistent presque jamais. On ne croyoit pas qu'il fût permis de parler d'une façon simple et naturelle. Le monde étoit, pour la parole, dans l'état où il seroit pour les habits, si personne n'osoit paroître vêtu d'une belle étoffe sans la charger de la plus épaisse broderie. Suivant cette mode, il ne falloit point parler, il falloit déclamer. Mais si on veut avoir la patience d'examiner les écrits des Pères, on y verra des choses d'un grand prix. Saint Cyprien a une magnanimité et une véhémence qui ressemble à celle de Démosthène. On trouve dans saint Chrysostôme un jugement exquis, des images nobles, une morale sensible et aimable. Saint Augustin est tout ensemble sublime et populaire; il remonte aux plus hauts principes par les tours les plus familiers; il interroge, il se fait interroger, il répond; c'est une conversation entre lui et son auditeur : les comparaisons viennent à propos dissiper tous les doutes : nous l'avons vu descendre jusqu'aux dernières grossièretés de la populace pour la redresser. Saint Bernard a été un prodige dans un siècle barbare : on trouve en lui de la délicatesse, de l'élévation, du tour, de la tendresse et de la véhémence. On est étonné de tout ce qu'il y a de beau et de grand dans les Pères, quand on connoît les siècles où ils ont écrit. On pardonne à Montaigne des expressions gasconnes, et à Marot un vieux langage : pourquoi ne veut-on pas passer aux Pères l'enflure de leur temps, avec laquelle on trouveroit des vérités précieuses et exprimées par les traits les plus forts?

Mais il ne m'appartient pas de faire ici l'ouvrage qui est réservé à quelque savante main; il me suffit de proposer en gros ce qu'on peut

---

[1] *Du Subl.* ch. xxxi.

attendre de l'auteur d'une excellente Rhétorique. Il peut embellir son ouvrage en imitant Cicéron par le mélange des exemples avec les préceptes. « Les hommes qui ont un génie pénétrant et rapide, dit saint Augustin [1], profitent plus facilement dans l'éloquence en lisant les discours des hommes éloquens, qu'en étudiant les préceptes mêmes de l'art. » On pourroit faire une agréable peinture des divers caractères des orateurs, de leurs mœurs, de leurs goûts et de leurs maximes. Il faudroit même les comparer ensemble, pour donner au lecteur de quoi juger du degré d'excellence de chacun d'entre eux.

V.

PROJET DE POÉTIQUE.

Une Poétique ne me paroîtroit pas moins à désirer qu'une Rhétorique. La poésie est plus sérieuse et plus utile que le vulgaire ne le croit. La religion a consacré la poésie à son usage dès l'origine du genre humain. Avant que les hommes eussent un texte d'écriture divine, les sacrés cantiques qu'ils savoient par cœur conservoient la mémoire de l'origine du monde et la tradition des merveilles de Dieu. Rien n'égale la magnificence et le transport des cantiques de Moïse; le livre de Job est un poème plein des figures les plus hardies et les plus majestueuses; le Cantique des Cantiques exprime avec grâce et tendresse l'union mystérieuse de Dieu époux avec l'ame de l'homme qui devient son épouse; les Psaumes seront l'admiration et la consolation de tous les siècles et de tous les peuples où le vrai Dieu sera connu et senti. Toute l'Ecriture est pleine de poésie, dans les endroits mêmes où l'on ne trouve aucune trace de versification.

D'ailleurs la poésie à donné au monde les premières lois : c'est elle qui a adouci les hommes farouches et sauvages, qui les a rassemblés des forêts où ils étoient épars et errans, qui les a policés, qui a réglé les mœurs, qui a formé les familles et les nations, qui a fait sentir les douceurs de la société, qui a rappelé l'usage de la raison, cultivé la vertu, et inventé les beauxarts; c'est elle qui a élevé les courages pour la guerre, et qui les a modérés pour la paix.

Silvestres homines, sacer interpresque deorum,
Cædibus et victu fœdo deterruit Orpheus,

Dictus ob hoc lenire tigres, rabidosque leones :
Dictus et Amphion, Thebanæ conditor arcis,
Saxa movere sono testudinis, et prece blandâ
Ducere quò vellet. Fuit hæc sapientia quondam, etc.
. . . .
Sic honor et nomen divinis vatibus atque
Carminibus venit. Post hos insignis Homerus,
Tyrtæusque mares animos in Martia bella
Versibus exacuit [1].

La parole animée par les vives images, par les grandes figures, par le transport des passions et par le charme de l'harmonie, fut nommée le langage des dieux; les peuples les plus barbares mêmes n'y ont pas été insensibles. Autant on doit mépriser les mauvais poètes, autant doit-on admirer et chérir un grand poète, qui ne fait point de la poésie un jeu d'esprit pour s'attirer une vaine gloire, mais qui l'emploie à transporter les hommes en faveur de la sagesse, de la vertu et de la religion.

Me sera-t-il permis de représenter ici ma peine sur ce que la perfection de la versification française me paroît presque impossible ? Ce qui me confirme dans cette pensée, est de voir que nos plus grands poètes ont fait beaucoup de vers foibles. Personne n'en a fait de plus beaux que Malherbe; combien en a-t-il fait qui ne sont guère dignes de lui ! Ceux même d'entre nos poètes les plus estimables qui ont eu le moins d'inégalité, en ont fait assez souvent de raboteux, d'obscurs et de languissans : ils ont voulu donner à leur pensée un tour délicat, et il la faut chercher; ils sont pleins d'épithètes forcées pour attraper la rime. En retranchant certains vers, on ne retrancheroit aucune beauté : c'est ce qu'on remarqueroit sans peine, si on examinoit chacun de leurs vers en toute rigueur.

Notre versification perd plus, si je ne me trompe, qu'elle ne gagne par les rimes : elle perd beaucoup de variété, de facilité et d'harmonie. Souvent la rime qu'un poète va chercher bien loin, le réduit à allonger et à faire

---

[1] Horat. de Art. poet. v. 391-403.

Un chantre, ami des dieux, polit l'homme sauvage,
Que nourrissoit le gland, que souilloit le carnage;
C'est lui qu'on peint charmant les affreux léopards.
Amphion d'une ville élève les remparts;
Et le luth à la main la fable le présente
Disposant à son gré la pierre obéissante.
De l'homme brut encor, premiers législateurs,
Ces sages inspirés adoucirent les mœurs.
. . . .
Ainsi des favoris des filles de Mémoire
Les noms furent dès lors consacrés par la gloire.
Après Orphée, on vit, dans les âges suivans,
De Tyrtée et d'Homère éclater les talens.
A leurs mâles accens les guerriers s'enflammèrent. Daru.

---

[1] De Doct. christ. lib. IV, n. 14 : p. 65.

languir son discours; il lui faut deux ou trois vers postiches pour en amener un dont il a besoin. On est scrupuleux pour n'employer que des rimes riches, et on ne l'est ni sur le fond des pensées et des sentimens, ni sur la clarté des termes, ni sur les tours naturels, ni sur la noblesse des expressions. La rime ne nous donne que l'uniformité des finales, qui est souvent ennuyeuse, et qu'on évite dans la prose, tant elle est loin de flatter l'oreille. Cette répétition de syllabes finales lasse même dans les grands vers héroïques, où deux masculins sont toujours suivis de deux féminins.

Il est vrai qu'on trouve plus d'harmonie dans les odes et dans les stances, où les rimes entrelacées ont plus de cadence et de variété. Mais les grands vers héroïques, qui demanderoient le son le plus doux, le plus varié et le plus majestueux, sont souvent ceux qui ont le moins cette perfection.

Les vers irréguliers ont le même entrelacement de rimes que les odes; de plus, leur inégalité, sans règle uniforme, donne la liberté de varier leur mesure et leur cadence, suivant qu'on veut s'élever ou se rabaisser. M. de La Fontaine en a fait un très-bon usage.

Je n'ai garde néanmoins de vouloir abolir les rimes; sans elles notre versification tomberoit. Nous n'avons point dans notre langue cette diversité de brèves et de longues, qui faisoit dans le grec et dans le latin la règle des pieds et la mesure des vers. Mais je croirois qu'il seroit à propos de mettre nos poètes un peu plus au large sur les rimes, pour leur donner le moyen d'être plus exacts sur le sens et sur l'harmonie. En relâchant un peu sur la rime, on rendroit la raison plus parfaite; on viseroit avec plus de facilité au beau, au grand, au simple, au facile; on épargneroit aux plus grands poètes des tours forcés, des épithètes cousues, des pensées qui ne se présentent pas d'abord assez clairement à l'esprit.

L'exemple des Grecs et des Latins peut nous encourager à prendre cette liberté: leur versification étoit, sans comparaison, moins gênante que la nôtre; la rime est plus difficile elle seule que toutes leurs règles ensemble. Les Grecs avoient néanmoins recours aux divers dialectes: de plus, les uns et les autres avoient des syllabes superflues qu'ils ajoutoient librement pour remplir leurs vers. Horace se donne de grandes commodités pour la versification dans ses Satires, dans ses Épîtres, et même en quelques Odes; pourquoi ne chercherions-nous pas de semblables soulagemens, nous dont la versification est si gênante et si capable d'amortir le feu d'un bon poète?

La sévérité de notre langue contre presque toutes les inversions de phrases augmente encore infiniment la difficulté de faire des vers français. On s'est mis à pure perte dans une espèce de torture pour faire un ouvrage. Nous serions tentés de croire qu'on a cherché le difficile plutôt que le beau. Chez nous un poète a autant besoin de penser à l'arrangement d'une syllabe qu'aux plus grands sentimens, qu'aux plus vives peintures, qu'aux traits les plus hardis. Au contraire, les anciens facilitoient, par des inversions fréquentes, les belles cadences, la variété, et les expressions passionnées. Les inversions se tournoient en grande figure, et tenoient l'esprit suspendu dans l'attente du merveilleux. C'est ce qu'on voit dans ce commencement d'églogue :

Pastorum musam Damonis et Alphesibœi,
Immemor herbarum, quos est mirata juvenca
Certantes, quorum stupefactæ carmine lynces,
Et mutata suos requierunt flumina cursus,
Damonis musam dicemus et Alphesibœi [1].

Otez cette inversion, et mettez ces paroles dans un arrangement de grammairien qui suit la construction de la phrase, vous leur ôterez leur mouvement, leur majesté, leur grâce et leur harmonie : c'est cette suspension qui saisit le lecteur. Combien notre langue est-elle timide et scrupuleuse en comparaison ! Oserions-nous imiter ce vers, où tous les mots sont dérangés ?

Aret ager, vitio moriens sitit aëris herba [1].

Quand Horace veut préparer son lecteur à quelque grand objet, il le mène sans lui montrer où il va et sans le laisser respirer :

Qualem ministrum fulminis alitem [2].

J'avoue qu'il ne faut point introduire tout-

---

[1] Virgil. *Eclog.* viii, v. 4-5.
Les chants d'Alphésibée et les chants de Damon,
Les plus harmonieux des bergers du canton,
Attiroient les troupeaux loin de leurs pâturages,
Ils rendoient attentifs même les loups sauvages,
Et des fleuves charmés ils retardoient le cours.
Ma muse à son tour répétera toujours
Et les chants de Damon et ceux d'Alphésibée. La Rochef.

[2] *Eclog.* vii, v. 57.
Dans nos champs dévorés de soif et de chaleur
En vain l'herbe mourante implore la fraîcheur. Tissot.

[3] Hor. *Od.* lib. iv, *Od.* iii, v. 1.
Tel que le noble oiseau ministre du tonnerre. Daru.

à-coup dans notre langue un grand nombre de ces inversions ; on n'y est point accoutumé, elles paroîtroient dures et pleines d'obscurité. L'ode pindarique de M. Despréaux n'est pas exempte, ce me semble, de cette imperfection. Je le remarque avec d'autant plus de liberté, que j'admire d'ailleurs les ouvrages de ce grand poète. Il faudroit choisir de proche en proche les inversions les plus douces et les plus voisines de celles que notre langue permet déjà. Par exemple, toute notre nation a approuvé celles-ci.

> Là se perdent ces noms de maîtres de la terre,
> . . . .
> Et tombent avec eux d'une chute commune
> Tous ceux que leur fortune
> Faisoit leurs serviteurs [1].

Ronsard avoit trop entrepris tout-à-coup. Il avoit forcé notre langue par des inversions trop hardies et obscures ; c'étoit un langage cru et informe. Il y ajoutoit trop de mots composés, qui n'étoient point encore introduits dans le commerce de la nation : il parloit français en grec, malgré les Français mêmes. Il n'avoit pas tort, ce me semble, de tenter quelque nouvelle route pour enrichir notre langue, pour enhardir notre poésie, et pour dénouer notre versification naissante. Mais, en fait de langue, on ne vient à bout de rien sans l'aveu des hommes pour lesquels on parle. On ne doit jamais faire deux pas à la fois ; et il faut s'arrêter dès qu'on ne se voit pas suivi de la multitude. La singularité est dangereuse en tout : elle ne peut être excusée dans les choses qui ne dépendent que de l'usage.

L'excès choquant de Ronsard nous a un peu jetés dans l'extrémité opposée : on a appauvri, desséché et gêné notre langue. Elle n'ose jamais procéder que suivant la méthode la plus scrupuleuse et la plus uniforme de la grammaire : on voit toujours venir d'abord un nominatif substantif qui mène son adjectif comme par la main ; son verbe ne manque pas de marcher derrière, suivi d'un adverbe qui ne souffre rien entre deux ; et le régime appelle aussitôt un accusatif, qui ne peut jamais se déplacer. C'est ce qui exclut toute suspension de l'esprit, toute attention, toute surprise, toute variété, et souvent toute magnifique cadence.

Je conviens, d'un autre côté, qu'on ne doit jamais hasarder aucune locution ambiguë ; j'irois même d'ordinaire, avec Quintilien, jusqu'à éviter toute phrase que le lecteur entend, mais qu'il pourroit ne pas entendre s'il ne suppléoit pas ce qui y manque. Il faut une diction simple, précise et dégagée, où tout se développe de soi-même et aille au-devant du lecteur. Quand un auteur parle au public, il n'y a aucune peine qu'il ne doive prendre pour en épargner à son lecteur ; il faut que tout le travail soit pour lui seul, et tout le plaisir avec tout le fruit pour celui dont il veut être lu. Un auteur ne doit laisser rien à chercher dans sa pensée ; il n'y a que les faiseurs d'énigmes qui soient en droit de présenter un sens enveloppé. Auguste vouloit qu'on usât de répétitions fréquentes, plutôt que de laisser quelque péril d'obscurité dans le discours. En effet, le premier de tous les devoirs d'un homme, qui n'écrit que pour être entendu, est de soulager son lecteur en se faisant d'abord entendre.

J'avoue que nos plus grands poètes français, gênés par les lois rigoureuses de notre versification, manquent en quelques endroits de ce degré de clarté parfaite. Un homme qui pense beaucoup veut beaucoup dire ; il ne peut se résoudre à rien perdre ; il sent le prix de tout ce qu'il a trouvé ; il fait de grands efforts pour renfermer tout dans les bornes étroites d'un vers. On veut même trop de délicatesse, elle dégénère en subtilité. On veut trop éblouir et surprendre : on veut avoir plus d'esprit que son lecteur, et le lui faire sentir, pour lui enlever son admiration ; au lieu qu'il faudroit n'en avoir jamais plus que lui, et lui en donner même, sans paroître en avoir. On ne se contente pas de la simple raison, des grâces naïves, du sentiment le plus vif, qui font la perfection réelle ; on va un peu au-delà du but par amour-propre. On ne sait pas être sobre dans la recherche du beau : on ignore l'art de s'arrêter tout court en deçà des ornemens ambitieux. Le mieux auquel on aspire fait qu'on gâte le bien, dit un proverbe italien. On tombe dans le défaut de répandre un peu trop de sel, et de vouloir donner un goût trop relevé à ce qu'on assaisonne ; on fait comme ceux qui chargent une étoffe de trop de broderie. Le goût exquis craint le trop en tout, sans en excepter l'esprit même. L'esprit lasse beaucoup, dès qu'on l'affecte et qu'on le prodigue. C'est en avoir de reste, que d'en savoir retrancher pour s'accommoder à celui de la multitude, et pour lui aplanir le chemin. Les poètes qui ont le plus d'essor, de génie, d'étendue de pensées et de fécondité, sont ceux qui doivent le plus craindre cet écueil

---

[1] MALHERBE, *Parap. du Ps.* CXLV.

de l'excès d'esprit. C'est, dira-t-on, un beau défaut, c'est un défaut rare, c'est un défaut merveilleux. J'en conviens; mais c'est un vrai défaut, et l'un des plus difficiles à corriger. Horace veut qu'un auteur s'exécute sans indulgence sur l'esprit même :

> Vir bonus et prudens versus reprehendet inertes,
> Culpabit duros; incomptis allinet atrum
> Transverso calamo signum; ambitiosa recidet
> Ornamenta; parum claris lucem dare coget [1].

On gagne beaucoup en perdant tous les ornemens superflus pour se borner aux beautés simples, faciles, claires et négligées en apparence. Pour la poésie, comme pour l'architecture, il faut que tous les morceaux nécessaires se tournent en ornemens naturels. Mais tout ornement qui n'est qu'ornement est de trop; retranchez-le, il ne manque rien, il n'y a que la vanité qui en souffre. Un auteur qui a trop d'esprit, et qui en veut toujours avoir, lasse et épuise le mien : je n'en veux point avoir tant. S'il en montroit moins, il me laisseroit respirer et me feroit plus de plaisir : il me tient trop tendu, la lecture de ses vers me devient une étude. Tant d'éclairs m'éblouissent; je cherche une lumière douce qui soulage mes foibles yeux. Je demande un poète aimable, proportionné au commun des hommes, qui fasse tout pour eux, et rien pour lui. Je veux un sublime si familier, si doux et si simple, que chacun soit d'abord tenté de croire qu'il l'auroit trouvé sans peine, quoique peu d'hommes soient capables de le trouver. Je préfère l'aimable au surprenant et au merveilleux. Je veux un homme qui me fasse oublier qu'il est auteur, et qui se mette comme de plain-pied en conversation avec moi. Je veux qu'il me mette devant les yeux un laboureur qui craint pour ses moissons, un berger qui ne connoît que son village et son troupeau, une nourrice attendrie pour son petit enfant; je veux qu'il me fasse penser, non à lui et à son bel esprit, mais aux bergers qu'il fait parler.

> Despectus tibi sum, nec qui sim quæris, Alexi,
> Quàm dives pecoris, nivei quàm lactis abundans :
> Mille meæ Siculis errant in montibus agnæ;
> Lac mihi non æstate novum, non frigore defit.

[1] *De Art. poet.* v. 445-448.
> D'un trait de son crayon le rigide censeur
> Efface les endroits qu'a négligés l'auteur.
> De ce vers qui se traîne il blâme la foiblesse;
> Il ne vous cache point que ce vers dur le blesse :
> Il veut qu'on sacrifie une fausse beauté,
> Qu'en un passage obscur on jette la clarté. DARU.

> Canto quæ solitus, si quando armenta vocabat,
> Amphion Dircæus in Actæo Aracyntho.
> Nec sum adeo informis; nuper me in litore vidi,
> Cùm placidum ventis staret mare [1]. . . . .

Combien cette naïveté champêtre a-t-elle plus de grâce qu'un trait subtil et raffiné d'un bel esprit !

> Ex noto fictum carmen sequar, ut sibi quivis
> Speret idem, sudet multùm, frustraque laboret
> Ausus idem : tantùm series juncturaque pollet;
> Tantùm de medio sumptis accedit honors [2] !

O qu'il y a de grandeur à se rabaisser ainsi, pour se proportionner à tout ce qu'on peint, et pour atteindre à tous les divers caractères ! Combien un homme est-il au-dessus de ce qu'on nomme esprit, quand il ne craint point d'en cacher une partie ! Afin qu'un ouvrage soit véritablement beau, il faut que l'auteur s'y oublie, et me permette de l'oublier; il faut qu'il me laisse seul en pleine liberté. Par exemple, il faut que Virgile disparoisse, et que je m'imagine voir ce beau lieu :

> Muscosi fontes, et somno mollior herba, [3] etc.

Il faut que je désire d'être transporté dans cet autre endroit :

> . . O mihi tum quàm molliter ossa quiescant,
> Vestra meos olim si fistula dicat amores !
> Atque utinam ex vobis unus, vestrique fuissem
> Aut custos gregis, aut maturæ vinitor uvæ [4] !

[1] VIRGIL. *Eclog.* II, v. 19-26.
> Tu rejettes mes vœux, Alexis, tu me fuis,
> Sans daigner seulement demander qui je suis;
> Si mon bercail est riche, et mon troupeau fertile.
> Vois nos mille brebis errer dans la Sicile,
> Leur lait, même en hiver, coule à flots argentés.
> Je répète les airs qu'Amphion a chantés
> Quand sa voix, des forêts perçant la vaste enceinte,
> Rappeloit ses troupeaux épars sur l'Aracynthe.
> Mes traits n'ont rien d'affreux; dans le cristal des flots
> Je le vis l'autre jour…… TISSOT.

[2] HORAT. *de Art. poet.* v. 240-243.
> J'unirois volontiers l'heureuse fiction
> A des sujets connus que m'offriroit l'histoire.
> Tel auteur croit pouvoir l'essayer avec gloire,
> Qui ne fait bien souvent qu'un effort malheureux :
> Tant ce travail modeste est encor périlleux;
> Tant dans l'art de la scène un goût pur apprécie
> D'un plan bien ordonné la savante harmonie ! DARU.

[3] VIRG. *Ecl.* VII, v. 45.
> Fontaines, dont la mousse environne les flots,
> Gazons, dont la mollesse invite au doux repos. LANGEAC.

[4] *Eclog.* x, v. 33-36.
> . . . . . . O que si quelques jours
> Votre luth à ces monts racontoit mes amours,
> Gallus dans le tombeau reposeroit tranquille !

Il faut que j'envie le bonheur de ceux qui sont dans cet autre lieu dépeint par Horace :

> Quà pinus ingens albaque populus
> Umbram hospitalem consociare amant
> Ramis, et obliquo laborat
> Lympha fugax trepidare rivo [1].

J'aime bien mieux être occupé de cet ombrage et de ce ruisseau, que d'un bel esprit importun qui ne me laisse point respirer. Voilà les espèces d'ouvrages dont le charme ne s'use jamais : loin de perdre à être relus, ils se font toujours redemander ; leur lecture n'est point une étude, on s'y repose, on s'y délasse. Les ouvrages brillans et façonnés imposent et éblouissent ; mais ils ont une pointe fine qui s'émousse bientôt. Ce n'est ni le difficile, ni le rare, ni le merveilleux, que je cherche ; c'est le beau simple, aimable et commode, que je goûte. Si les fleurs qu'on foule aux pieds dans une prairie sont aussi belles que celles des plus somptueux jardins, je les en aime mieux. Je n'envie rien à personne. Le beau ne perdroit rien de son prix, quand il seroit commun à tout le genre humain ; il en seroit plus estimable. La rareté est un défaut et une pauvreté de la nature. Les rayons du soleil n'en sont pas moins un grand trésor, quoiqu'ils éclairent tout l'univers. Je veux un beau si naturel, qu'il n'ait aucun besoin de me surprendre par sa nouveauté : je veux que ses grâces ne vieillissent jamais, et que je ne puisse presque me passer de lui.

> Decies repetita placebit [2].

La poésie est sans doute une imitation et une peinture. Représentons-nous donc Raphaël qui fait un tableau : il se garde bien de faire des figures bizarres, à moins qu'il ne travaille dans le grotesque ; il ne cherche point un coloris éblouissant ; loin de vouloir que l'art saute aux yeux, il ne songe qu'à le cacher ; il voudroit pouvoir tromper le spectateur, et lui faire prendre son tableau pour Jésus-Christ même transfiguré sur le Thabor. Sa peinture n'est bonne qu'autant qu'on y trouve de vérité. L'art est défectueux dès qu'il est outré ; il doit viser à la ressemblance. Puisqu'on prend tant de plaisir à voir, dans un paysage du Titien, des chèvres qui grimpent sur une colline pendante en précipice, ou, dans un tableau de Teniers, des festins de village et des danses rustiques, faut-il s'étonner qu'on aime à voir dans l'Odyssée des peintures si naïves du détail de la vie humaine ? On croit être dans les lieux qu'Homère dépeint, y voir et y entendre les hommes. Cette simplicité de mœurs semble ramener l'âge d'or. Le bon homme Eumée me touche bien plus qu'un héros de Clélie ou de Cléopâtre. Les vains préjugés de notre temps avilissent de telles beautés : mais nos défauts ne diminuent point le vrai prix d'une vie si raisonnable et si naturelle. Malheur à ceux qui ne sentent point le charme de ces vers !

> Fortunate senex, hic inter flumina nota
> Et fontes sacros frigus captabis opacum [1].

Rien n'est au-dessus de cette peinture de la vie champêtre :

> O fortunatos nimiùm, sua si bona norint [2], etc.

Tout m'y plaît, et même cet endroit si éloigné des idées romanesques :

> . . . . at frigida Tempe,
> Mugitusque boum, mollesque sub arbore somni [3].

Je suis attendri tout de même pour la solitude d'Horace :

> O rus, quando ego te aspiciam ! quandoque licebit

Que n'ai-je, parmi vous, dans un modeste asile,
Ou marié la vigne, ou soigné les troupeaux ! LANGEAC.

[1] *Od.* lib. II, *Od.* III, v. 9-13.
Sur ces bords où les pins et les saules tremblans
Aiment à marier leur ombre hospitalière,
Auprès de ce ruisseau dont les flots gazouillans
Effleurent le gazon dans leur course légère. DARU.

Là, parmi des arbres sans nombre,
T'offrant son dôme hospitalier,
Du vieux pin le feuillage sombre
Se plaît à marier son ombre
A la pâleur du peuplier.

Plus loin, la source fugitive,
Qui fuit à regret les détours
Du lit où son onde est captive,
Semble s'échapper de sa rive,
Et vouloir abréger son cours. DE WAILLY.

[2] HOR. *de Art. poet.* v. 364.

---

[1] VIRG. *Ecl.* I, v. 52 et 53.
Heureux vieillard ! ici nos fontaines sacrées,
Nos forêts te verront, sous leur sombre épaisseur,
De l'ombrage et des eaux respirer la fraîcheur. TISSOT.

[2] *Georg.* II, v. 458.
Heureux l'homme des champs, s'il connoît son bonheur, etc.
DELILLE.

[3] *Georg.* II, v. 169 et 470.
. . . . Une claire fontaine,
Dont l'onde en murmurant l'endort sous un vieux chêne ;
Un troupeau qui mugit, des vallons, des forêts. DELILLE.

Nunc veterum libris, nunc somno et inertibus horis,
Ducere sollicitæ jucunda oblivia vitæ [1]!

Les anciens ne se sont pas contentés de peindre simplement d'après nature, ils ont joint la passion à la vérité.

Homère ne peint point un jeune homme qui va périr dans les combats sans lui donner des grâces touchantes : il le représente plein de courage et de vertu ; il vous intéresse pour lui, il vous le fait aimer, il vous engage à craindre pour sa vie ; il vous montre son père accablé de vieillesse et alarmé des périls de ce cher enfant ; il vous fait voir la nouvelle épouse de ce jeune homme qui tremble pour lui, vous tremblez avec elle. C'est une espèce de trahison : le poète ne vous attendrit avec tant de grâce et de douceur, que pour vous mener au moment fatal où vous voyez tout-à-coup celui que vous aimez, qui nage dans son sang, et dont les yeux sont fermés par l'éternelle nuit.

Virgile prend pour Pallas, fils d'Évandre, les mêmes soins de nous affliger, qu'Homère avoit pris de nous faire pleurer Patrocle. Nous sommes charmés de la douleur que Nisus et Euryale nous coûtent. J'ai vu un jeune prince à huit ans saisi de douleur à la vue du péril du petit Joas. Je l'ai vu impatient sur ce que le grand-prêtre cachoit à Joas son nom et sa naissance. Je l'ai vu pleurer amèrement en écoutant ces vers :

Ah ! miseram Eurydicen animâ fugiente vocabat :
Eurydicen toto referebant flumine ripæ [2].

Vit-on jamais rien de mieux amené, ni qui prépare un plus vif sentiment, que ce songe d'Énée ?

Tempus erat quo prima quies mortalibus ægris,
. . . .
Raptatus bigis ut quondam, aterque cruento
Pulvere, perque pedes trajectus lora tumentes.
Hei mihi ! qualis erat ! quantùm mutatus ab illo

---

[1] Serm. lib. II, Sat. VI, v. 60-62.
Ô ma chère campagne! ô tranquilles demeures!
Quand pourrai-je, au sommeil donnant de douces heures,
Ou, trouvant dans l'étude un utile plaisir,
Au sein de la paresse et d'une paix profonde
Goûter l'heureux oubli des orages du monde ! DARU.

[2] VIRG. Georg. IV, v. 526 et 527.
. . . . Sa voix expirante,
Jusqu'au dernier soupir formant un foible son,
D'Eurydice en flottant murmuroit le doux nom ;
Eurydice, ô douleur ! touchés de son supplice
Les échos répétoient Eurydice, Eurydice. DELILLE.

Hectore qui redit exuvias indutus Achillis, etc.
Ille nihil, nec me quærentem vana moratur, etc. [1].

Le bel esprit pourroit-il toucher ainsi le cœur ? Peut-on lire cet endroit sans être ému ?

O mihi sola mei super Astyanactis imago!
Sic oculos, sic ille manus, sic ora ferebat;
Et nunc æquali tecum pubesceret ævo [2].

Les traits du bel esprit seroient déplacés et choquans dans un discours si passionné, où il ne doit rester de parole qu'à la douleur.

Le poète ne fait jamais mourir personne sans peindre vivement quelque circonstance qui intéresse le lecteur.

On est affligé pour la vertu, quand on lit cet endroit :

. . . Cadit et Ripheus, justissimus unus
Qui fuit in Teucris et servantissimus æqui.
Dis aliter visum [3]. . . . .

On croit être au milieu de Troie, saisi d'horreur et de compassion, quand on lit ces vers :

Tum pavidæ tectis matres ingentibus errant,
Amplexæque tenent postes, atque oscula figunt [4].

---

[1] Æneid. II, v. 268-287.
C'étoit l'heure où, du jour adoucissant les peines,
Le sommeil, grâce aux dieux, se glisse dans nos veines.
Tout-à-coup, le front pâle et chargé de douleurs,
Hector près de mon lit a paru tout en pleurs;
Et tel qu'après son char la victoire inhumaine,
Noir de poudre et de sang, le traîna sur l'arène.
Je vois ses pieds encore et meurtris et percés
Des indignes liens qui les ont traversés.
Hélas ! qu'en cet état de lui-même il diffère !
Ce n'est plus cet Hector, ce guerrier tutélaire
Qui des armes d'Achille orgueilleux ravisseur
Dans les murs paternels revenoit en vainqueur;
Ou, courant assiéger les vingt rois de la Grèce,
Lançoit sur leurs vaisseaux la flamme vengeresse.
Combien il est changé ! le sang de toutes parts
Souilloit sa barbe épaisse et ses cheveux épars.....
FONTANES.

[2] Æneid. III, v. 489-491.
O seul et doux portrait de ce fils que j'adore !
Cher enfant ! c'est par vous que je suis mère encore.
Astyanax, dans mes jours de douleur,
Votre aimable présence entretenoit mon cœur.
Voilà son air, son port, son maintien, son langage;
Ce sont les mêmes traits ; il auroit le même âge. DELILLE.

[3] Æneid. II, v. 426-428.
Riphée tombe égorgé de même,
Riphée, hélas ! si juste et si chéri des siens!
Mais le ciel le confond dans l'arrêt des Troyens.

[4] Ibid. v. 489 et 490.
Les femmes, perçant l'air d'horribles hurlemens,
Dans l'enceinte royale errent désespérées;
Au seuil de ces parvis, à leurs portes sacrées,
Elles collent leur bouche, entrelacent leurs bras.

Vidi Hecubam, centumque nurus, Priamumque per aras
Sanguine fœdantem quos ipse sacraverat ignes [1].

Arma diu senior desueta trementibus ævo
Circumdat nequicquam humeris, et inutile ferrum
Cingitur, ac densos fertur moriturus in hostes [2].

Sic fatus senior, telumque imbelle sine ictu
Conjecit [3]. . . . .

Nunc morere. Hæc dicens, altaria ad ipsa trementem
Traxit, et in multo lapsantem sanguine nati;
Implicuitque comam lævâ, dextrâque coruscum
Extulit, ac lateri capulo tenus abdidit ensem.
Hæc finis Priami fatorum; hic exitus illum
Sorte tulit, Trojam incensam et prolapsa videntem
Pergama, tot quondam populis terrisque superbum
Regnatorem Asiæ: jacet ingens littore truncus,
Avulsumque humeris caput, et sine nomine corpus [4].

Le poète ne représente point le malheur d'Eurydice sans nous la montrer toute prête à revoir la lumière, et replongée tout-à-coup dans la profonde nuit des enfers:

Jamque pedem referens casus evaserat omnes,
Redditaque Eurydice superas veniebat ad auras.
. . . .
Illa, Quis et me, inquit, miseram, et te perdidit, Orpheu?
Quis tantus furor? En iterum crudelia retro

[1] Æneid. v. 504 et 502.
J'ai vu. . . . .
Hécube échevelée errer sous les lambris;
Le glaive moissonner les femmes de ses fils;
Et son époux, hélas! à son moment suprême,
Ensanglanter l'autel qu'il consacra lui-même. DELILLE.

[2] Ibid. II, v. 509-511.
. . . . . D'une armure impuissante
Ce vieillard charge en vain son épaule tremblante;
Prend un glaive, à son bras dès long-temps étranger,
Et s'apprête à mourir plutôt qu'à se venger.

[3] Ibid. v. 544-545.
. . . . A ces mots, au vainqueur inhumain
Il jette un foible trait. DELILLE.

[4] Ibid. v. 550-558.
. . . . Meurs. Il dit; et d'un bras sanguinaire,
Du monarque traîné par ses cheveux blanchis,
Et nageant dans le sang du dernier de ses fils,
Il pousse vers l'autel la vieillesse tremblante:
De l'autre, saisissant l'épée étincelante,
Lève le fer mortel, l'enfonce, et de son flanc
Arrache avec la vie un vain reste de sang.
Ainsi finit Priam; ainsi la destinée
Marqua par cent malheurs sa mort infortunée.
Il périt en voyant de ses derniers regards
Brûler son Ilion, et crouler ses remparts.
Et ce grand potentat, dont les mains souveraines
De tant de nations avoient tenu les rênes,
Que l'Asie à genoux entouroit autrefois
De l'amour des sujets et du respect des rois,
De lui-même aujourd'hui reste méconnoissable,
Hélas! et dans la foule étendu sur le sable,
N'est plus, dans cet amas des lambeaux d'Ilion,
Qu'un cadavre sans tombe, et qu'un débris sans nom.
DELILLE.

Fata vocant, conditque natantia lumina somnus.
Jamque vale: feror ingenti circumdata nocte,
Invalidasque tibi tendens, heu! non tua, palmas [1].

Les animaux souffrans que ce poète met comme devant nos yeux, nous affligent:

Propter aquæ rivum viridi procumbit in ulva
Perdita, nec seræ meminit decedere nocti [2].

La peste des animaux est un tableau qui nous émeut:

Hinc lætis vituli vulgò moriuntur in herbis,
Et dulces animas plena ad præsepia reddunt.
. . . .
Labitur infelix studiorum atque immemor herbæ
Victor equus, fontesque avertitur, et pede terram
Crebra ferit. . . . .
Ecce autem duro fumans sub vomere taurus
Concidit, et mixtum spumis vomit ore cruorem,
Extremosque ciet gemitus: it tristis arator
Mœrentem abjungens fraternâ morte juvencum;
Atque opere in medio defixa relinquit aratra.
Non umbræ altorum nemorum, non mollia possunt
Prata movere animum, non qui per saxa volutus
Purior electro campum petit amnis [3].

[1] Georg. IV, v. 485-498.
Enfin il revenoit des gouffres du Ténare,
Possesseur d'Eurydice et vainqueur du Tartare. . . . .
Eurydice s'écrie: O destin rigoureux!
Hélas! quel dieu cruel nous a perdus tous deux?
Quelle fureur! voilà qu'au ténébreux abîme
Le barbare Destin rappelle sa victime.
Adieu: déjà je sens dans un nuage épais
Nager mes yeux éteints et fermés pour jamais.
Adieu, mon cher Orphée; Eurydice expirante
En vain te cherche encor de sa main défaillante;
L'horrible mort, jetant son voile autour de moi,
M'entraîne loin du jour, hélas! et loin de toi. DELILLE.

[2] Ecl. VIII, v. 87 et 88.
La génisse amoureuse, errante au bord des eaux,
Succombe, et sans espoir elle fuit le repos;
C'est en vain que la nuit sous nos toits la rappelle.
LANGEAC.

[3] Georg. III, v. 494-498 et 515-522.
Tout meurt dans le bercail, dans les champs tout périt;
L'agneau tombe en suçant le lait qui le nourrit;
La génisse languit dans un verd pâturage. . . . .
Le coursier, l'œil éteint, et l'oreille baissée,
Distillant lentement une sueur glacée,
Languit, chancelle, tombe, et se débat en vain. . . . .
Il néglige les eaux, renonce au pâturage,
Et sent s'évanouir son superbe courage. . . . .
Voyez-vous le taureau fumant sous l'aiguillon,
D'un sang mêlé d'écume inonder son sillon?
Il meurt; l'autre, affligé de la mort de son frère,
Regagne tristement l'étable solitaire;
Son maître l'accompagne accablé de regrets,
Et laisse en soupirant ses travaux imparfaits.
Le doux tapis des prés, l'asile d'un bois sombre,
La fraîcheur du matin jointe à celle de l'ombre,
Le cristal d'un ruisseau qui rajeunit les prés
Et roule une eau d'argent sur les sables dorés,
Rien ne peut des troupeaux ranimer la foiblesse. DELILLE.

Virgile anime et passionne tout. Dans ses vers tout pense, tout a du sentiment, tout vous en donne; les arbres mêmes vous touchent.

> Exiit ad cœlum ramis felicibus arbos,
> Miraturque novas frondes et non sua poma [1].

Une fleur attire votre compassion, quand Virgile la peint prête à se flétrir :

> Purpureus veluti cùm flos succisus aratro
> Languescit moriens [2].

Vous croyez voir les moindres plantes que le printemps ranime, égaie et embellit :

> Inque novos soles audent se gramina tutò
> Credere [3].

Un rossignol est Philomèle qui vous attendrit sur ses malheurs :

> Qualis populea mœrens Philomela sub umbra [4].

Horace fait en trois vers un tableau où tout vit et inspire du sentiment :

> . . . . . Fugit retro
> Levis juventus et decor, aridâ
> Pellente lascivos amores
> Canitie, facilemque somnum [5].

Veut-il peindre en deux coups de pinceau deux hommes que personne ne puisse méconnoître, et qui saisissent le spectateur; il vous met devant les yeux la folie incorrigible de Pâris, et la colère implacable d'Achille :

[1] *Georg.* II, v. 81 et 82.
Bientôt ce tronc s'élève en arbre vigoureux,
Et se couvrant des fruits d'une race étrangère,
Admire ces enfants dont il n'est pas le père.   DELILLE.

[2] *Æneid.* IX, v. 435 et 436.
Tel meurt, avant le temps, sur la terre couché
Un lis que la charrue en passant a touché.   DELILLE.

[3] *Georg.* II, v. 332.
Aux rayons doux encor du soleil printanier
Le gazon sans péril ose se confier.   DELILLE.

[4] *Ibid.* IV, v. 511.
Telle sur un rameau, durant la nuit obscure,
Philomèle plaintive attendrit la nature.   DELILLE.

[5] *Od.* lib. II, *Od.* XI, v. 5-8.
Déjà s'envolent nos beaux jours;
Aux grâces du printemps succède la vieillesse;
Elle a banni l'essaim des folâtres amours,
Et le sommeil facile, et la douce allégresse.   DE WAILLY.

> Quid Paris? ut salvus regnet vivatque beatus,
> Cogi posse negat [1].

> Jura neget sibi nata, nihil non arroget armis [2].

Horace veut-il nous toucher en faveur des lieux où il souhaiteroit de finir sa vie avec son ami, il nous inspire le désir d'y aller :

> Ille terrarum mihi præter omnes
> Angulus ridet. . . . . .
> . . . . . Ibi tu calentem
> Debitâ sparges lacrymâ favillam
> Vatis amici [3].

Fait-il un portrait d'Ulysse, il le peint supérieur aux tempêtes de la mer, au naufrage même, et à la plus cruelle fortune :

> . . . . aspera multa
> Pertulit, adversis rerum immersabilis undis [4].

Peint-il Rome invincible jusque dans ses malheurs, écoutez-le :

> Duris ut ilex tonsa bipennibus
> Nigræ feraci frondis in Algido,
> Per damna, per cædes, ab ipso
> Ducit opes animumque ferro.
> Non hydra secto corpore firmior, etc. [5].

Catulle, qu'on ne peut nommer sans avoir horreur de ses obscénités, est au comble de la perfection pour une simplicité passionnée :

> Odi et amo. Quare id faciam fortasse requiris.
> Nescio; sed fieri sentio, et excrucior [6].

[1] *Ep.* lib. I, *Ep.* II, v. 10-11.
Mais l'amoureux Pâris, aveugle en son délire,
Refuse son bonheur et la paix de l'empire.   DARU.

[2] *De Art. poet.* v. 122.
Implacable, bravant l'autorité des lois,
Et sur le glaive seul appuyant tous ses droits.   DARU.

[3] *Od.* lib. II, *Od.* VI, v. 13-14 et 22-24.
Rien n'égale à mes yeux ce petit coin du monde.....
Vos pleurs y mouilleront la cendre tiède encore
Du poète que vous aimez.   DE WAILLY.

[4] *Ep.* lib. I, *Ep.* II, v. 21-22.
. . . . . . Égaré sur les mers,
Et vainqueur d'Ilion, comme de la fortune,
Retrouvant son Ithaque en dépit de Neptune.   DARU.

[5] *Od.* lib. IV, *Od.* IV, v. 57-64.
Rome prend sous nos coups une force nouvelle,
Et le glaive et le feu la trouvent immortelle :
Ainsi, vainqueur du fer, l'orme étend ses rameaux.
Jamais monstre pareil n'étonna la Colchide;
L'hydre même d'Alcide
Renaissoit moins de fois sous les coups du héros.   DARU

[6] J'aime et je hais. Comment se peut-il? je l'ignore; mais je le sens, et je suis à la torture.   *Epigr.* LXXXVI.

Combien Ovide et Martial, avec leurs traits ingénieux et façonnés, sont-ils au-dessous de ces paroles négligées, où le cœur saisi parle seul dans une espèce de désespoir !

Que peut-on voir de plus simple et de plus touchant, dans un poème, que le roi Priam réduit dans sa vieillesse à baiser *les mains meurtrières* d'Achille, qui ont arraché la vie à ses enfans [1] ? Il lui demande, pour unique adoucissement de ses maux, le corps du grand Hector. Il auroit gâté tout, s'il eût donné le moindre ornement à ses paroles : aussi n'expriment-elles que sa douleur. Il le conjure par son père, accablé de vieillesse, d'avoir pitié du plus infortuné de tous les pères.

Le bel-esprit a le malheur d'affoiblir les grandes passions où il prétend orner. C'est peu, selon Horace, qu'un poème soit beau et brillant ; il faut qu'il soit touchant, aimable, et par conséquent simple, naturel et passionné :

Non satis est pulchra esse poemata ; dulcia sunto,
Et quocumque volent, animum auditoris agunto [2].

Le beau qui n'est que beau, c'est-à-dire brillant, n'est beau qu'à demi : il faut qu'il exprime les passions pour les inspirer ; il faut qu'il s'empare du cœur pour le tourner vers le but légitime d'un poème.

VI.

PROJET D'UN TRAITÉ SUR LA TRAGÉDIE.

Il faut séparer d'abord la tragédie d'avec la comédie. L'une représente les grands événemens qui excitent les violentes passions ; l'autre se borne à représenter les mœurs des hommes dans une condition privée.

Pour la tragédie, je dois commencer en déclarant que je ne souhaite point qu'on perfectionne les spectacles où l'on ne représente les passions corrompues que pour les allumer. Nous avons vu que Platon et les sages législateurs du paganisme rejetoient loin de toute république bien policée les fables et les instrumens de musique qui pouvoient amollir une nation par le goût de la volupté. Quelle devroit donc être la sévérité des nations chrétiennes contre les spectacles contagieux ! Loin de vouloir qu'on perfectionne de tels spectacles, je ressens une véritable joie de ce qu'ils sont chez nous imparfaits en leur genre. Nos poètes les ont rendus languissans, fades et douceureux comme les romans. On n'y parle que de feux, de chaînes, de tourmens. On y veut mourir en se portant bien. Une personne très-imparfaite est nommée un soleil, ou tout au moins une aurore ; ses yeux sont deux astres. Tous les termes sont outrés, et rien ne montre une vraie passion. Tant mieux ; la foiblesse du poison diminue le mal. Mais il me semble qu'on pourroit donner aux tragédies une merveilleuse force, suivant les idées très-philosophiques de l'antiquité, sans y mêler cet amour volage et déréglé qui fait tant de ravages.

Chez les Grecs, la tragédie étoit entièrement indépendante de l'amour profane. Par exemple, l'Œdipe de Sophocle n'a aucun mélange de cette passion étrangère au sujet. Les autres tragédies de ce grand poète sont de même. M. Corneille n'a fait qu'affoiblir l'action, que la rendre double, et que distraire le spectateur dans son Œdipe, par l'épisode d'un froid amour de Thésée pour Dircé. M. Racine est tombé dans le même inconvénient en composant sa Phèdre : il a fait un double spectacle, en joignant à Phèdre furieuse Hippolyte soupirant contre son vrai caractère. Il falloit laisser Phèdre toute seule dans sa fureur ; l'action auroit été unique, vive et rapide. Mais nos deux poètes tragiques, qui méritent d'ailleurs les plus grands éloges, ont été entraînés par le torrent ; ils ont cédé au goût des pièces romanesques, qui avoient prévalu. La mode du bel-esprit faisoit mettre de l'amour partout ; on s'imaginoit qu'il étoit impossible d'éviter l'ennui pendant deux heures sans le secours de quelque intrigue galante ; on croyoit être obligé à s'impatienter dans le spectacle le plus grand et le plus passionné, à moins qu'un héros langoureux ne vînt l'interrompre ; encore falloit-il que ses soupirs fussent ornés de pointes, et que son désespoir fût exprimé par des espèces d'épigrammes. Voilà ce que le désir de plaire au public arrache aux plus grands auteurs, contre les règles. De là vient cette passion si façonnée.

> Impitoyable soif de gloire,
> Dont l'aveugle et noble transport
> Me fait précipiter ma mort
> Pour faire vivre ma mémoire :
> Arrête pour quelques momens
> Les impétueux sentimens
> De cette inexorable envie,
> Et souffre qu'en ce triste et favorable jour,

---

[1] *Iliade*, liv. XXIV.
[2] Horat. *de Art. poet.* v. 99 et 100.
   Oui, ce n'est point assez des beautés éclatantes ;
   Il faut connoître aussi ces beautés plus puissantes
   Qui pénètrent nos cœurs doucement entraînés. Daru.

> Avant que de donner ma vie,
> Je donne un soupir à l'amour [1].

On n'osoit mourir de douleur sans faire des pointes et des jeux d'esprit en mourant. De là vient ce désespoir si ampoulé et si fleuri :

> Percé jusques au fond du cœur
> D'une atteinte imprévue aussi bien que mortelle,
> Misérable vengeur d'une juste querelle,
> Et malheureux objet d'une injuste rigueur [2].....

Jamais douleur sérieuse ne parla un langage si pompeux et si affecté.

Il me semble qu'il faudroit aussi retrancher de la tragédie une vaine enflure, qui est contre toute vraisemblance. Par exemple, ces vers ont je ne sais quoi d'outré :

> Impatiens désirs d'une illustre vengeance
> A qui la mort d'un père a donné la naissance,
> Enfans impétueux de mon ressentiment,
> Que ma douleur séduite embrasse aveuglément,
> Vous régnez sur mon ame avecque trop d'empire :
> Pour le moins un moment souffrez que je respire,
> Et que je considère, en l'état où je suis,
> Et ce que je hasarde, et ce que je poursuis [3].

M. Despréaux trouvoit dans ces paroles une généalogie *des impatiens désirs d'une illustre vengeance*, qui étoient les *enfans impétueux* d'un noble *ressentiment*, et qui étoient *embrassés* par une *douleur séduite*. Les personnes considérables qui parlent avec passion dans une tragédie doivent parler avec noblesse et vivacité; mais on parle naturellement et sans ces tours si façonnés, quand la passion parle. Personne ne voudroit être plaint dans son malheur par son ami avec tant d'emphase.

M. Racine n'étoit pas exempt de ce défaut, que la coutume avoit rendu comme nécessaire. Rien n'est moins naturel que la narration de la mort d'Hippolyte à la fin de la tragédie de Phèdre, qui a d'ailleurs de grandes beautés. Théramène, qui vient pour apprendre à Thésée la mort funeste de son fils, devroit ne dire que ces deux mots, et manquer même de force pour les prononcer distinctement : « Hippolyte » est mort. Un monstre envoyé du fond de la » mer par la colère des dieux l'a fait périr. Je » l'ai vu. » Un tel homme, saisi, éperdu, sans haleine, peut-il s'amuser à faire la description la plus pompeuse et la plus fleurie de la figure du dragon ?

> L'œil morne maintenant et la tête baissée,
> Sembloient se conformer à sa triste pensée, etc.
> La terre s'en émeut, l'air en est infecté,
> Le flot qui l'apporta recule épouvanté [1].

Sophocle est bien loin de cette élégance si déplacée et si contraire à la vraisemblance; il ne fait dire à Œdipe que des mots entrecoupés; tout est douleur : ἰοὺ, ἰοὺ· αἶ, αἶ· αἶ· αἶ· φεῦ, φεῦ. C'est plutôt un gémissement, ou un cri, qu'un discours : « Hélas ! hélas ! dit-il [2], tout est » éclairci. O lumière, je te vois maintenant » pour la dernière fois... ! Hélas ! hélas ! mal- » heur à moi ! Où suis-je, malheureux ? Com- » ment est-ce que la voix me manque tout-à- » coup ? O fortune, où êtes-vous allée.... ? » Malheureux ! malheureux ! je ressens une » cruelle fureur avec le souvenir de mes » maux....? O amis, que me reste-t-il à voir, » à aimer, à entretenir, à entendre avec con- » solation? O amis, rejetez au plus tôt loin de » vous un scélérat, un homme exécrable, objet » de l'horreur des dieux et des hommes....! » Périsse celui qui me dégagea de mes liens » dans les lieux sauvages où j'étois exposé, et » qui me sauva la vie ! Quel cruel secours ! je » serois mort avec moins de douleur pour moi » et pour les miens... ; je ne serois ni le meur- » trier de mon père, ni l'époux de ma mère. » Maintenant je suis au comble du malheur. » Misérable ! j'ai souillé mes parens, et j'ai eu » des enfans de celle qui m'a mis au monde ! »

C'est ainsi que parle la nature, quand elle succombe à la douleur : jamais rien ne fut plus éloigné des phrases brillantes du bel-esprit. Hercule et Philoctète parlent avec la même douleur vive et simple dans Sophocle.

M. Racine, qui avoit fort étudié les grands modèles de l'antiquité, avoit formé le plan d'une tragédie d'Œdipe suivant le goût de Sophocle, sans y mêler aucune intrigue postiche d'amour, et suivant la simplicité grecque. Un tel spectacle pourroit être très-curieux, très-vif, très-rapide, très-intéressant : il ne seroit point applaudi, mais il saisiroit, il feroit répandre des larmes, il ne laisseroit pas respirer; il inspireroit l'amour des vertus et l'horreur des crimes, il entreroit fort utilement dans le dessein des meilleures lois ; la religion même la plus pure n'en seroit point alarmée; on n'en retrancheroit que de faux ornemens qui blessent les règles.

Notre versification, trop gênante, engage souvent les meilleurs poètes tragiques à faire

---

[1] Corn. *Œdipe*, act. III, sc. 1. — [2] Corn. *Le Cid*, act. I, sc. X. — [3] Corn. *Cinna*, act. I, sc. I.

[1] Rac. *Phèd.* act. V, sc. VI. — [2] *Œdipe*, act. IV et VI.

des vers chargés d'épithètes pour attraper la rime. Pour faire un bon vers, on l'accompagne d'un autre vers foible qui le gâte. Par exemple, je suis charmé quand je lis ces mots :

> Qu'il mourût [1].

mais je ne puis souffrir le vers que la rime amène aussitôt :

> Ou qu'un beau désespoir alors le secourût.

Les périphrases outrées de nos vers n'ont rien de naturel ; elles ne représentent point des hommes qui parlent en conversation sérieuse, noble et passionnée. On ôte au spectateur le plus grand plaisir du spectacle, quand on en ôte cette vraisemblance.

J'avoue que les anciens donnoient quelque hauteur de langage au cothurne :

> An tragica desævit et ampullatur in arte [2] ?

mais il ne faut point que le cothurne altère l'imitation de la vraie nature ; il peut seulement la peindre en beau et en grand. Mais tout homme doit toujours parler humainement : rien n'est plus ridicule pour un héros dans les plus grandes actions de sa vie, que de ne joindre pas à la noblesse et à la force une simplicité qui est très-opposée à l'enflure :

> Projicit ampullas et sesquipedalia verba [3].

Il suffit de faire parler Agamemnon avec hauteur, Achille avec emportement, Ulysse avec sagesse, Médée avec fureur. Mais le langage fastueux et outré dégrade tout : plus on représente de grands caractères et de fortes passions, plus il faut y mettre une noble et véhémente simplicité.

Il me paroît même qu'on a donné souvent aux Romains un discours trop fastueux : ils pensoient hautement, mais ils parloient avec modération. C'étoit le peuple roi, il est vrai, *populum latè regem* [4] ; mais ce peuple étoit aussi doux pour les manières de s'exprimer dans la société, qu'appliqué à vaincre les nations jalouses de sa puissance :

---

[1] CORN. *Horace*, act. III, sc. VI. — [2] HORAT. *Epist.* lib. I, *Ep.* III, v. 14. — [3] HORAT. *de Art. poet.* v. 97.
Doit bannir loin de soi l'enflure et les grands mots.
DARU.

[4] VIRG. *Æneid.* lib. I, v 25.

Parcere subjectis, et debellare superbos [1].

Horace a fait le même portrait en d'autres termes.

> Imperet bellante prior, jacentem
> Lenis in hostem [2].

Il ne paroît point assez de proportion entre l'emphase avec laquelle Auguste parle dans la tragédie de Cinna, et la modeste simplicité avec laquelle Suétone nous le dépeint dans tout le détail de ses mœurs. Il laissoit encore à Rome une si grande apparence de l'ancienne liberté de la république, qu'il ne vouloit point qu'on le nommât SEIGNEUR.

> Domini appellationem et maledictum et opprobrium semper exhorruit. Cùm, spectante eo ludos, pronuntiatum esset in mimo, *O dominum æquum et bonum!* et universi quasi de se ipso dictum exultantes comprobassent ; et statim manu vultuque indecoras adulationes repressit ; et insequenti die gravissimo corripuit edicto, dominumque se posthac appellari ne a liberis quidem aut nepotibus suis, vel seriò, vel joco, passus est..... In consulatu pedibus ferè, extra consulatum sæpe adopertà sellà per publicum incessit. Promiscuis salutationibus admittebat et plebem..... Quoties magistratuum comitiis interesset, tribus cum candidatis suis circuibat, supplicabatque more soleni. Ferebat et ipse suffragium in tribu, ut unus e populo..... Filiam et neptes ita instituit, ut etiam lanificio assuefaceret..... Habitavit in ædibus modicis Hortensianis, neque laxitate neque cultu conspicuis, ut in quibus porticus breves essent..... et sine marmore ullo aut insigni pavimento conspicuæ : ac per annos ampliùs quadraginta eodem cubiculo hieme et æstate mansit..... Instrumenti ejus et supellectilis parcimonia apparet etiam nunc residuis lectis atque mensis, quorum pleraque vix privatæ elegantiæ sint..... Veste non temerè aliâ quàm domesticâ usus est, ab uxore et sorore et filia neptibusque confectâ..... Cœnam trinis ferculis, aut, cùm abundantissimè, senis, præbebat, ut non nimio sumptu, ita summâ comitate..... Cibi minimi erat, atque vulgaris ferè [3], etc.

---

[1] *Æneid.* lib. VI, v. 864.
Donne aux vaincus la paix, aux rebelles des fers.
DELILLE.

[2] *Carm. Sæcul.* v. 51.
Que le fils glorieux d'Anchise et de Vénus
  Soumette l'ennemi rebelle,
Et montre sa clémence aux ennemis vaincus. DARU.

[3] SUETON. *August.* n. 53, 55, 64, 72, 73, 74 et 76.
Il rejeta toujours le nom de SEIGNEUR, comme une injure et un opprobre. Un jour qu'il étoit au théâtre, un acteur ayant prononcé ce vers :

> O le maître clément! ô le maître équitable!

tout le peuple le lui appliqua, et battit des mains avec transport : il fit cesser ces acclamations indécentes par des gestes d'indignation. Le lendemain il réprimanda sévèrement le peuple dans un édit, et défendit qu'on l'appelât jamais du nom de Seigneur. Il ne le permettoit pas même à ses enfans ni sérieusement, ni en badinant..... Lorsqu'il étoit consul, il marchoit ordinairement à pied ; lorsqu'il ne l'étoit pas, il se faisoit porter dans une litière ouverte, et laissoit appro-

La pompe et l'enflure conviennent beaucoup moins à ce qu'on appeloit la *civilité romaine*, qu'au faste d'un roi de Perse. Malgré la rigueur de Tibère, et la servile flatterie où les Romains tombèrent de son temps et sous ses successeurs, nous apprenons de Pline que Trajan vivoit encore en bon et sociable citoyen dans une aimable familiarité. Les réponses de cet empereur sont courtes, simples, précises, éloignées de toute enflure. Les bas-reliefs de sa colonne le représentent toujours dans la plus modeste attitude, lors même qu'il commande aux légions. Tout ce que nous voyons dans Tite-Live, dans Plutarque, dans Cicéron, dans Suétone, nous représente les Romains comme des hommes hautains par leurs sentiments, mais simples, naturels et modestes dans leurs paroles; ils n'ont aucune ressemblance avec les héros bouffis et empesés de nos romans. Un grand homme ne déclame point en comédien, il parle en termes forts et précis dans une conversation : il ne dit rien de bas, mais il ne dit rien de façonné et de fastueux :

Ne, quicumque deus, quicumque adhibebitur heros,
Regali conspectus in auro nuper et ostro,
Migret in obscuras humili sermone tabernas,
Aut, dum vitat humum, nubes et inania captet.....
Ut festis [1], etc.

La noblesse du genre tragique ne doit point empêcher que les héros mêmes ne parlent avec simplicité, à proportion de la nature des choses dont ils s'entretiennent :

Et tragicus plerumque dolet sermone pedestri [2].

cher tout le monde, même le bas peuple..... Toutes les fois qu'il assistoit aux Comices, il parcouroit les tribus avec les candidats qu'il protégeoit, et demandoit les suffrages dans la forme ordinaire : il donnoit lui-même le sien à son rang, comme un simple citoyen..... Il éleva sa fille et ses petites-filles avec la plus grande simplicité, jusqu'à leur faire apprendre à filer..... Il occupa la maison d'Hortensius; elle n'étoit ni grande, ni ornée : les galeries en étoient étroites et de pierre commune; ni marbre, ni marqueterie dans les cabinets et les salles à manger. Il coucha dans la même chambre pendant quarante ans, hiver et été..... On peut juger de son économie dans l'ameublement, par des lits et des tables qui subsistent encore, et qui sont à peine dignes d'un particulier aisé.... Il ne mit guère d'autres habits que ceux que lui faisoient sa femme, sa sœur et ses filles..... Ses repas étoient ordinairement de trois services, et jamais de plus de six : la liberté y régnoit plus que la profusion..... Il mangeoit peu, et sa nourriture étoit extrêmement simple. LA HARPE.

[1] HORAT. *de Art. poet.* v. 227-232.
Ne laissez pas surtout ce grave personnage,
Ce héros ou ce dieu, que, tout-à-l'heure encor,
Nous avons admiré vêtu de pourpre et d'or,
Prendre le ton des lieux où le peuple réside,
Ou, de peur de ramper, se perdre dans le vide. DARU.

[2] *De Art. poet.* v. 95.
Souvent la tragédie, avec simplicité,
Exprime les douleurs dont l'ame est accablée. DARU.

VII.

PROJET D'UN TRAITÉ SUR LA COMÉDIE.

La comédie représente les mœurs des hommes dans une condition privée; ainsi elle doit prendre un ton moins haut que la tragédie. Le socque est inférieur au cothurne; mais certains hommes, dans les moindres conditions, de même que dans les plus hautes, ont, par leur naturel, un caractère d'arrogance :

Iratusque Chremes tumido delitigat ore [1].

J'avoue que les traits plaisants d'Aristophane me paroissent souvent bas; ils sentent la farce faite exprès pour amuser et pour mener le peuple. Qu'y a-t-il de plus ridicule que la peinture d'un roi de Perse qui marche avec une armée de quarante mille hommes, pour aller sur une montagne d'or satisfaire aux infirmités de la nature?

Le respect de l'antiquité doit être grand; mais je suis autorisé par les anciens contre les anciens mêmes. Horace m'apprend à juger de Plaute :

At nostri proavi Plautinos et numeros et
Laudavere sales, nimium patienter utrosque,
Ne dicam stulte, mirati; si modò ego et vos
Scimus inurbanum lepido seponere dicto [2].

Seroit-ce la basse plaisanterie de Plaute que César auroit voulu trouver dans Térence, *vis comica?* Ménandre avoit donné à celui-ci un goût pur et exquis. Scipion et Lélius, amis de Térence, distinguoient avec délicatesse en sa faveur ce qu'Horace nomme *lepidum* d'avec ce qui est *inurbanum*. Ce poëte comique a une naïveté inimitable, qui plaît et qui attendrit par le simple récit d'un fait très-commun :

Sic cogitabam : Hem, hic parvæ consuetudinis
Causâ mortem hujus tam fert familiariter :
Quid si ipse amasset? Quid mihi hic faciet patri?...
Effertur : imus [3], etc.

[1] HORAT. *de Art. poet.* v. 94.
Quelquefois cependant, élevant son langage,
Thalie, en vers pompeux, peint Chrémès irrité. DARU.

[2] *De Art. poet.* v. 270-274.
Nos pères, dont le goût n'étoit pas encor sûr,
Vantoient le sel de Plaute et son style assez dur;
Mais nous, qui d'un bon mot distinguons la licence,......
Nous pouvons, sans manquer de respect envers eux,
De trop de complaisance accuser nos aïeux. DARU.

[3] TERENT. *Andr.* act. 1, sc. 1.
Voici comment je raisonnois. Quoi! une foible liaison rend

Rien ne joue mieux, sans outrer aucun caractère. La suite est passionnée :

> At, at hoc illud est,
> Hinc illæ lacrumæ, hæc illa est misericordia [1].

Voici un autre récit où la passion parle toute seule :

> Memor essem! O Mysis, Mysis, etiam nunc mihi
> Scripta illa dicta sunt in animo, Chrysidis
> De Glycerio. Jam ferme moriens me vocat :
> Accessi : vos semotæ, nos soli : incipit :
> Mi Pamphile, hujus formam atque ætatem vides, etc.
> Quod ego per hanc te dextram oro, et ingenium tuum ;
> Per tuam fidem, perque hujus solitudinem
> Te obtestor, etc.
> Te isti virum do, amicum, tutorem, patrem, etc.
> . . . .
> Hanc mihi in manum dat, mors continuò ipsam occupat.
> Accepi, acceptam servabo [2].

Tout ce que l'esprit ajouteroit à ces simples et touchantes paroles ne feroit que les affoiblir. Mais en voici d'autres qui vont jusqu'à un vrai transport :

> Neque virgo est usquam, neque ego, qui illam e conspectu amisi meo.
> Ubi quæram? ubi investigem? quem percontar? quam insistam viam.
> Incertus sum. Una hæc spes est : ubiubi est diu celari non potest [3].

Cette passion parle encore ici avec la même vivacité :

> mon fils aussi sensible à la mort de cette femme ! Que seroit-ce donc s'il l'avoit aimée? Comment s'affligeroit-il s'il perdoit son père ?..... On emporte le corps; nous marchons, etc.
> LE MONNIER.

[1] TERENT. *Andr.* act. I, sc. I.
Mais, mais c'est cela même. Le voilà le sujet de ses larmes; le voilà le sujet de sa compassion. LE MONNIER.

[2] *Ibid.* sc. VI.
Que je songe à elle ! Ah ! Mysis, Mysis, elles sont encore gravées dans mon cœur les dernières paroles que m'adressa Chrysis en faveur de Glycérie. Prête à mourir elle m'appelle ; j'approche : vous étiez éloignées, nous étions seuls. Elle me dit : « Mon cher Pamphile, vous voyez sa jeunesse et sa » beauté..... C'est par cette main que je vous présente, c'est » par votre caractère et votre bonne foi, c'est par l'abandon » où vous la voyez que je vous conjure, etc..... Je vous la » donne : soyez son époux, son ami, son tuteur, son père.... » Elle met la main de Glycérie dans la mienne, et meurt. Je l'ai reçue : je la garderai. LE MONNIER.

[3] TERENT. *Eunuch.* act. II, sc. IV.
La fille est perdue, et moi aussi, qui ne l'ai pas suivie des yeux. Où la chercher? par où suivre ses pas? à qui m'informer? quel chemin prendre? Je n'en sais rien. Je n'ai qu'une espérance : en quelque endroit qu'elle soit, elle ne peut rester long-temps cachée. LE MONNIER.

> Egone quid velim?
> Cum milite isto præsens, absens ut sies ;
> Dies noctesque me ames, me desideres,
> Me somnies, me expectes, de me cogites,
> Me speres, me te oblectes, mecum tota sis :
> Meus fac sis postremò animus, quando ego sum tuus [1].

Peut-on désirer un dramatique plus vif et plus ingénu ?

Il faut avouer que Molière est un grand poète comique. Je ne crains pas de dire qu'il a enfoncé plus avant que Térence dans certains caractères ; il a embrassé une plus grande variété de sujets ; il a peint par des traits forts presque tout ce que nous voyons de déréglé et de ridicule. Térence se borne à représenter des vieillards avares et ombrageux, de jeunes hommes prodigues et étourdis, des courtisanes avides et impudentes, des parasites bas et flatteurs, des esclaves imposteurs et scélérats. Ces caractères méritoient sans doute d'être traités suivant les mœurs des Grecs et des Romains. De plus, nous n'avons que six pièces de ce grand auteur. Mais enfin Molière a ouvert un chemin tout nouveau. Encore une fois, je le trouve grand : mais ne puis-je pas parler en toute liberté sur ses défauts ?

En pensant bien, il parle souvent mal ; il se sert des phrases les plus forcées et les moins naturelles. Térence dit en quatre mots, avec la plus élégante simplicité, ce que celui-ci ne dit qu'avec une multitude de métaphores qui approchent du galimatias. J'aime bien mieux sa prose que ses vers. Par exemple, l'Avare est moins mal écrit que les pièces qui sont en vers. Il est vrai que la versification française l'a gêné ; il est vrai même qu'il a mieux réussi pour les vers dans l'Amphitryon, où il a pris la liberté de faire des vers irréguliers. Mais en général, il me paroît, jusque dans sa prose, ne parler point assez simplement pour exprimer toutes les passions.

D'ailleurs il a outré souvent les caractères : il a voulu, par cette liberté, plaire au parterre, frapper les spectateurs les moins délicats, et rendre le ridicule plus sensible. Mais quoiqu'on doive marquer chaque passion dans son plus fort degré et par ses traits les plus vifs, pour en mieux montrer l'excès et la difformité, on

[1] *Ibid.* act. I, sc. II.
Que pourrois-je désirer? Avec votre capitaine, tâchez d'en être toujours éloignée. Que jour et nuit je sois l'objet de vos désirs, de vos rêves, de votre attente, de vos pensées, de votre espérance, de vos plaisirs; soyez tout entière avec moi; enfin, que votre ame soit la mienne, puisque la mienne est la vôtre. LE MONNIER.

n'a pas besoin de forcer la nature et d'abandonner le vraisemblable. Ainsi, malgré l'exemple de Plaute, où nous lisons, *Cedo tertiam*, je soutiens, contre Molière, qu'un avare qui n'est point fou ne va jamais jusqu'à vouloir regarder dans la troisième main de l'homme qu'il soupçonne de l'avoir volé.

Un autre défaut de Molière, que beaucoup de gens d'esprit lui pardonnent et que je n'ai garde de lui pardonner, est qu'il a donné un tour gracieux au vice, avec une austérité ridicule et odieuse à la vertu. Je comprends que ses défenseurs ne manqueront pas de dire qu'il a traité avec honneur la vraie probité, qu'il n'a attaqué qu'une vertu chagrine et qu'une hypocrisie détestable : mais, sans entrer dans cette longue discussion, je soutiens que Platon et les autres législateurs de l'antiquité païenne n'auroient jamais admis dans leurs républiques un tel jeu sur les mœurs.

Enfin je ne puis m'empêcher de croire, avec M. Despréaux, que Molière, qui peint avec tant de force et de beauté les mœurs de son pays, tombe trop bas quand il imite le badinage de la comédie italienne :

Dans ce sac ridicule où Scapin s'enveloppe,
Je ne reconnois plus l'auteur du Misanthrope [1].

VIII.

PROJET D'UN TRAITÉ SUR L'HISTOIRE.

Il est, ce me semble, à désirer, pour la gloire de l'Académie, qu'elle nous procure un traité sur l'Histoire. Il y a très-peu d'historiens qui soient exempts de grands défauts. L'histoire est néanmoins très-importante : c'est elle qui nous montre les grands exemples, qui fait servir les vices mêmes des méchans à l'instruction des bons, qui débrouille les origines, et qui explique par quel chemin les peuples ont passé d'une forme de gouvernement à une autre.

Le bon historien n'est d'aucun temps ni d'aucun pays : quoiqu'il aime sa patrie, il ne la flatte jamais en rien. L'historien français doit se rendre neutre entre la France et l'Angleterre : il doit louer aussi volontiers Talbot que Duguesclin ; il rend autant de justice aux talens militaires du prince de Galles qu'à la sagesse de Charles V.

Il évite également le panégyrique et les satires : il ne mérite d'être cru qu'autant qu'il se borne à dire, sans flatterie et sans malignité, le bien et le mal. Il n'omet aucun fait qui puisse servir à peindre les hommes principaux, et à découvrir les causes des événemens ; mais il retranche toute dissertation où l'érudition d'un savant veut être étalée. Toute sa critique se borne à donner comme douteux ce qui l'est, et à en laisser la décision au lecteur après lui avoir donné ce que l'histoire lui fournit. L'homme qui est plus savant qu'il n'est historien, et qui a plus de critique que de vrai génie, n'épargne à son lecteur aucune date, aucune circonstance superflue, aucun fait sec et détaché ; il suit son goût sans consulter celui du public : il veut que tout le monde soit aussi curieux que lui des minuties vers lesquelles il tourne son insatiable curiosité. Au contraire, un historien sobre et discret laisse tomber les menus faits qui ne mènent le lecteur à aucun but important. Retranchez ces faits, vous n'ôtez rien à l'histoire : ils ne font qu'interrompre, qu'allonger, que faire une histoire, pour ainsi dire, hachée en petits morceaux, et sans aucun fil de vive narration. Il faut laisser cette superstitieuse exactitude aux compilateurs. Le grand point est de mettre d'abord le lecteur dans le fond des choses, de lui en découvrir les liaisons, et de se hâter de le faire arriver au dénouement. L'histoire doit en ce point ressembler un peu au poème épique :

Semper ad eventum festinat, et in medias res,
Non secus ac notas, auditorem rapit ; et quæ
Desperat tractata nitescere posse, relinquit [1].

Il y a beaucoup de faits vagues qui ne nous apprennent que des noms et des dates stériles : il ne vaut guère mieux savoir ces noms que les ignorer. Je ne connois point un homme en ne connoissant que son nom. J'aime mieux un historien peu exact et peu judicieux, qui estropie les noms, mais qui peint naïvement tout le détail, comme Froissard, que les historiens qui me disent que Charlemagne tint son parlement à Ingelheim, qu'ensuite il partit, qu'il alla battre les Saxons, et qu'il revint à Aix-la-Chapelle ; c'est ne m'apprendre rien d'utile. Sans les circonstances, les faits demeurent comme décharnés : ce n'est que le squelette d'une histoire.

---

[1] BOIL. *Art. poet.* chant. III.

[1] HORAT. *de Art. poet.* v. 148-150.
Le poète d'abord de son sujet s'empare :
Il nous jette au milieu de grands événemens
Nous supposant instruits de leurs commencemens.
Il bannit avec soin de son heureux ouvrage
Ce qu'il ne peut parer des grâces du langage.   DARU.

La principale perfection d'une histoire consiste dans l'ordre et dans l'arrangement. Pour parvenir à ce bel ordre, l'historien doit embrasser et posséder toute son histoire ; il doit la voir tout entière comme d'une seule vue ; il faut qu'il la tourne et qu'il la retourne de tous les côtés jusqu'à ce qu'il ait trouvé son vrai point de vue. Il faut en montrer l'unité, et tirer, pour ainsi dire, d'une seule source tous les principaux événemens qui en dépendent : par là il instruit utilement son lecteur, il lui donne le plaisir de prévoir, il l'intéresse, il lui met devant les yeux un système des affaires de chaque temps, il lui débrouille ce qui doit en résulter, il le fait raisonner sans lui faire aucun raisonnement, il lui épargne beaucoup de redites, il ne le laisse jamais languir, il lui fait même une narration facile à retenir par la liaison des faits. Je répète sur l'histoire l'endroit d'Horace qui regarde le poëme épique :

Ordinis hæc virtus erit et venus, aut ego fallor,
Ut jam nunc dicat jam nunc debentia dici,
Pleraque differat, et præsens in tempus omittat [1].

Un sec et triste faiseur d'annales ne connoît point d'autre ordre que celui de la chronologie : il répète un fait toutes les fois qu'il a besoin de raconter ce qui tient à ce fait ; il n'ose ni avancer ni reculer aucune narration. Au contraire, l'historien qui a un vrai génie choisit sur vingt endroits celui où un fait sera mieux placé pour répandre la lumière sur tous les autres. Souvent un fait montré par avance de loin débrouille tout ce qui le prépare. Souvent un autre fait sera mieux dans son jour étant mis en arrière ; en se présentant plus tard, il viendra plus à propos pour faire naître d'autres événemens. C'est ce que Cicéron compare au soin qu'un homme de bon goût prend pour placer de bons tableaux dans un jour avantageux : *Videtur tanquam tabulas bene pictas collocare in bono lumine* [2].

Ainsi un lecteur habile a le plaisir d'aller sans cesse en avant sans distraction, de voir toujours un événement sortir d'un autre, et de chercher la fin, qui lui échappe pour lui donner plus d'impatience d'y arriver. Dès que sa lecture est finie, il regarde derrière lui, comme un voyageur curieux, qui étant arrivé sur une montagne, se tourne, et prend plaisir à considérer de ce point de vue tout le chemin qu'il a suivi et tous les beaux endroits qu'il a traversés.

Une circonstance bien choisie, un mot bien rapporté, un geste qui a rapport au génie ou à l'humeur d'un homme, est un trait original et précieux dans l'histoire : il vous met devant les yeux cet homme tout entier. C'est ce que Plutarque et Suétone ont fait parfaitement. C'est ce qu'on trouve avec plaisir dans le cardinal d'Ossat : vous croyez voir Clément VIII qui lui parle tantôt à cœur ouvert et tantôt avec réserve.

Un historien doit retrancher beaucoup d'épithètes superflues et d'autres ornemens du discours : par ce retranchement, il rendra son histoire plus courte, plus vive, plus simple, plus gracieuse. Il doit inspirer par une pure narration la plus solide morale, sans moraliser : il doit éviter les sentences comme de vrais écueils. Son histoire sera assez ornée pourvu qu'il y mette avec le véritable ordre, une diction claire, pure, courte et noble. *Nihil est in historia*, dit Cicéron [1], *purâ et illustri brevitate dulcius*. L'histoire perd beaucoup à être parée. Rien n'est plus digne de Cicéron que cette remarque sur les Commentaires de César [2] :

Commentarios quosdam scripsit rerum suarum, valde quidem probandos : NUDI enim sunt, recti et venusti, omni ornatu orationis tanquam veste detractâ. Sed dum voluit alios habere parata unde sumerent qui vellent scribere historiam, INEPTIS gratum fortasse fecit qui volunt illa calamistris inurere, sanos quidem homines a scribendo deterruit [3].

Un bel-esprit méprise une histoire *nue* : il veut l'habiller, l'orner de broderie, et la *friser*. C'est une erreur, *ineptis*. L'homme judicieux et d'un goût exquis désespère d'ajouter rien de beau à cette nudité si noble et si majestueuse.

Le point le plus nécessaire et le plus rare pour un historien, est qu'il sache exactement la forme du gouvernement et le détail des mœurs de la nation dont il écrit l'histoire, pour chaque

---

[1] *De Art. poet.* v. 42-44.
L'ordre à mes yeux, Pisons, est lui-même une grâce,
L'esprit judicieux veut tout voir à sa place ;
Habile à bien choisir, préférez, rejetez,
Et montrez à propos ce que vous présentez,
Le choix du lieu, du temps, absout la hardiesse. DARU.

[2] *De claris Oratoribus*, cap. LXXV, n. 261.

[1] *De claris Oratoribus*, cap. LXXV, n. 262. — [2] *Ibid.*

[3] Il a écrit, sur ses actions, des Commentaires d'un très-grand mérite. Ils sont NUS, simples, gracieux, entièrement dépouillés des ornemens, et en quelque sorte des habits de l'art. Et tandis qu'il a voulu, par là, fournir d'autres des matériaux pour écrire une histoire, peut-être a-t-il fait plaisir aux gens sans goût qui voudront les orner de parures affectées ; mais il a tellement effrayé les hommes judicieux, qu'ils n'oseront les embellir.

siècle. Un peintre qui ignore ce qu'on nomme *il costume* ne peint rien avec vérité. Les peintres de l'école Lombarde, qui ont d'ailleurs si naïvement représenté la nature, ont manqué de science en ce point : ils ont peint le grand-prêtre des Juifs comme un pape, et les Grecs de l'antiquité comme les hommes qu'ils voyoient en Lombardie. Il n'y auroit néanmoins rien de plus faux et de plus choquant que de peindre les Français du temps de Henri II avec des perruques et des cravates, ou de peindre les Français de notre temps avec des barbes et des fraises. Chaque nation a ses mœurs très-différentes de celles des peuples voisins. Chaque peuple change souvent pour ses propres mœurs. Les Perses, pendant l'enfance de Cyrus, étoient aussi simples que les Mèdes leurs voisins étoient mous et fastueux [1]. Les Perses prirent dans la suite cette mollesse et cette vanité. Un historien montreroit une ignorance grossière s'il représentoit les repas de Curius ou de Fabricius comme ceux de Lucullus ou d'Apicius. On riroit d'un historien qui parleroit de la magnificence de la cour des rois de Lacédémone, ou de celle de Numa. Il faut peindre la puissante et heureuse pauvreté des anciens Romains.

Parvoque potentem [2], etc.

Il ne faut pas oublier combien les Grecs étoient encore simples et sans faste du temps d'Alexandre, en comparaison des Asiatiques : le discours de Caridème à Darius [3] le fait assez voir. Il n'est point permis de représenter la maison très-simple où Auguste vécut quarante ans, avec la maison d'or que Néron fit faire bientôt après :

Roma domus fiet : Veios migrate, Quirites,
Si non et Veios occupat ista domus [4].

Notre nation ne doit point être peinte d'une façon uniforme : elle a eu des changemens continuels. Un historien qui représentera Clovis environné d'une cour polie, galante et magnifique, aura beau être vrai dans les faits particuliers; il sera faux pour le fait principal des mœurs de toute la nation. Les Francs n'étoient alors qu'une troupe errante et farouche, presque sans lois et sans police, qui ne faisoit que des ravages et des invasions : il ne faut pas confondre les Gaulois polis par les Romains avec ces Francs si barbares. Il faut laisser voir un rayon de politesse naissante sous l'empire de Charlemagne; mais elle doit s'évanouir d'abord. La prompte chute de sa maison replongea l'Europe dans une affreuse barbarie. Saint Louis fut un prodige de raison et de vertu dans un siècle de fer. A peine sortons-nous de cette longue nuit. La résurrection des lettres et des arts a commencé en Italie, et a passé en France fort tard. La mauvaise subtilité du bel-esprit en a retardé le progrès.

Les changemens dans la forme du gouvernement d'un peuple doivent être observés de près. Par exemple, il y avoit d'abord chez nous des terres *saliques* distinguées des autres terres, et destinées aux militaires de la nation. Il ne faut jamais confondre les comtés *bénéficiaires* du temps de Charlemagne, qui n'étoient que des emplois personnels, avec les comtés *héréditaires*, qui devinrent sous ses successeurs des établissemens de familles. Il faut distinguer les parlemens de la seconde race, qui étoient les assemblées de la nation, d'avec les divers parlemens établis par les rois de la troisième race dans les provinces pour juger les procès des particuliers. Il faut connoître l'origine des fiefs, le service des feudataires, l'affranchissement des serfs, l'accroissement des communautés, l'élévation du tiers-état, l'introduction des clercs praticiens pour être les conseillers des nobles peu instruits des lois, et l'établissement des troupes à la solde du roi pour éviter les surprises des Anglais établis au milieu du royaume. Les mœurs et l'état de tout le corps de la nation ont changé d'âge en âge. Sans remonter plus haut, le changement des mœurs est presque incroyable depuis le règne de Henri IV. Il est cent fois plus important d'observer ces changemens de la nation entière, que de rapporter simplement des faits particuliers.

Si un homme éclairé s'appliquoit à écrire sur les règles de l'histoire, il pourroit joindre les exemples aux préceptes; il pourroit juger des historiens de tous les siècles; il pourroit remarquer qu'un excellent historien est peut-être encore plus rare qu'un grand poëte.

Hérodote, qu'on nomme le père de l'histoire, raconte parfaitement; il a même de la grâce par la variété des matières : mais son ouvrage est plutôt un recueil de relations de divers pays, qu'une histoire qui ait de l'unité avec un véritable ordre.

Xénophon n'a fait qu'un journal dans sa

---

[1] *Cyropœd.* lib. I, cap. II, etc. — [2] VIRG. *Æneid.* lib. VI, v. 843. — [3] QUINT. CURT. lib. III, cap. II.

[4] Rome ne sera bientôt plus qu'une maison : Romains, retirez-vous à Veies; pourvu que cette maison n'envahisse pas aussi Veies. SUET. *Ner.* n. 39.

Retraite des dix mille : tout y est précis et exact, mais uniforme. Sa Cyropédie est plutôt un roman de philosophie, comme Cicéron l'a cru, qu'une histoire véritable.

Polybe est habile dans l'art de la guerre et dans la politique; mais il raisonne trop, quoiqu'il raisonne très-bien. Il va au-delà des bornes d'un simple historien : il développe chaque événement dans sa cause; c'est une anatomie exacte. Il montre par une espèce de mécanique qu'un tel peuple doit vaincre un tel autre peuple, et qu'une telle paix faite entre Rome et Carthage ne sauroit durer.

Thucydide et Tite-Live ont de très-belles harangues; mais, selon les apparences, ils les composent au lieu de les rapporter. Il est très-difficile qu'ils les aient trouvées telles dans les originaux du temps. Tite-Live savoit beaucoup moins exactement que Polybe la guerre de son siècle.

Salluste a écrit avec une noblesse et une grâce singulières : mais il s'est trop étendu en peintures des mœurs et en portraits des personnes dans deux histoires très-courtes.

Tacite montre beaucoup de génie, avec une profonde connoissance des cœurs les plus corrompus : mais il affecte trop une brièveté mystérieuse; il est trop plein de tours poétiques dans ses descriptions; il a trop d'esprit; il raffine trop; il attribue aux plus subtils ressorts de la politique ce qui ne vient souvent que d'un mécompte, que d'une humeur bizarre, que d'un caprice. Les plus grands événemens sont souvent causés par les causes les plus méprisables. C'est la foiblesse, c'est l'habitude, c'est la mauvaise honte, c'est le dépit, c'est le conseil d'un affranchi, qui décide, pendant que Tacite creuse pour découvrir les plus grands raffinemens dans les conseils de l'Empereur. Presque tous les hommes sont médiocres et superficiels pour le mal comme pour le bien. Tibère, l'un des plus méchans hommes que le monde ait vus, étoit plus entraîné par ses craintes, que déterminé par un plan suivi.

D'Avila se fait lire avec plaisir; mais il parle comme s'il étoit entré dans les conseils les plus secrets. Un seul homme ne peut jamais avoir eu la confiance de tous les partis opposés. De plus, chaque homme avoit quelque secret qu'il n'avoit garde de confier à celui qui a écrit l'histoire. On ne sait la vérité que par morceaux. L'historien qui veut m'apprendre ce que je vois qu'il ne peut pas savoir, me fait douter sur les faits mêmes qu'il sait.

Cette critique des historiens anciens et modernes seroit très-utile et très-agréable, sans blesser aucun auteur vivant.

IX.

RÉPONSE A UNE OBJECTION SUR CES DIVERS PROJETS.

Voici une objection qu'on ne manquera pas de me faire. L'Académie, dira-t-on, n'adoptera jamais ces divers ouvrages sans les avoir examinés. Or, il n'est guère vraisemblable qu'un auteur, après avoir pris une peine infinie, veuille soumettre tout son ouvrage à la correction d'une nombreuse assemblée, où les avis seront peut-être partagés. Il n'y a donc guère d'apparence que l'Académie adopte ces ouvrages.

Ma réponse est courte. Je suppose que l'Académie ne les adoptera point. Elle se bornera à inviter les particuliers à ce travail. Chacun d'eux pourra la consulter dans ses assemblées. Par exemple, l'auteur de la Rhétorique y proposera ses doutes sur l'éloquence. MM. les académiciens lui donneront leurs conseils, et les opinions pourront être diverses. L'auteur en profitera selon ses vues, sans se gêner.

Les raisonnemens qu'on feroit dans les assemblées sur de telles questions pourroient être rédigés par écrit dans une espèce de journal que M. le secrétaire composeroit sans partialité. Ce journal contiendroit de courtes dissertations, qui perfectionneroient le goût et la critique. Cette occupation rendroit MM. les académiciens assidus aux assemblées. L'éclat et le fruit en seroient grands dans toute l'Europe.

X.

SUR LES ANCIENS ET LES MODERNES.

Il est vrai que l'Académie pourroit se trouver souvent partagée sur ces questions : l'amour des anciens dans les uns, et celui des modernes dans les autres, pourroit les empêcher d'être d'accord. Mais je ne suis nullement alarmé d'une guerre civile qui seroit si douce, si polie et si modérée. Il s'agit d'une matière où chacun peut suivre en liberté son goût et ses idées. Cette émulation peut être utile aux lettres. Oserai-je proposer ici ce que je pense là-dessus ?

1° Je commence par souhaiter que les modernes surpassent les anciens. Je serois charmé de voir, dans notre siècle et dans notre nation, des orateurs plus véhémens que Démosthène, et des poètes plus sublimes qu'Homère. Le monde, loin d'y perdre, y gagneroit beaucoup. Les anciens ne seroient pas moins excellens qu'ils l'ont toujours été, et les modernes donneroient un nouvel ornement au genre humain. Il resteroit toujours aux anciens la gloire d'avoir commencé, d'avoir montré le chemin aux autres, et de leur avoir donné de quoi enchérir sur eux.

2° Il y auroit de l'entêtement à juger d'un ouvrage par sa date.

> Et, nisi quæ terris semota, suisque
> Temporibus defuncta videt, fastidit et odit.....
> Si, quia Græcorum sunt antiquissima quæque
> Scripta vel optima. . . . .
> Si meliora dies, ut vina, poemata reddit,
> Scire velim pretium chartis quotus arroget annus.....
> Qui redit ad fastos, et virtutem æstimat annis,
> Miraturque nihil nisi quod Libitina sacravit.....
> Si veteres ita miratur laudatque poetas,
> Ut nihil anteferat, nihil illis comparet, errat.....
> Quòd si tam Græcis novitas invisa fuisset
> Quàm nobis, quid nunc esset vetus? aut quid haberet
> Quod legeret tereretque viritim publicus usus [1]?

Si Virgile n'avoit point osé marcher sur les pas d'Homère, si Horace n'avoit pas espéré de suivre de près Pindare, que n'aurions-nous pas perdu! Homère et Pindare mêmes ne sont point parvenus tout-à-coup à cette haute perfection : ils ont eu sans doute avant eux d'autres poètes qui leur avoient aplani la voie, et qu'ils ont enfin surpassés. Pourquoi les nôtres n'auroient-ils pas la même espérance? Qu'est-ce qu'Horace ne s'est point promis?

> Dicam insigne, recens, adhuc
> Indictum ore alio. . . . .
> Nil parvum, aut humili modo,
> Nil mortale loquar [2].

[1] HORAT. *Epist.* lib. II, *Epist.* I, v. 21-92.
. . . Tout ce qui respire, importunant ses yeux,
N'obtient de son orgueil que dédains odieux,
De ce qui respire idolâtre imbécille.....
La Grèce eut, il est vrai, des chantres révérés,
Plus antiques toujours, toujours plus admirés.....
Mais aux vers, comme au vin, si le temps donne un prix,
Faisons donc une loi pour juger les écrits ;
Sachons précisément quel doit être leur âge,
Pour obtenir des droits à notre juste hommage.....
. . . . Un homme, ennemi des vivans,
Qui juge du mérite en supputant les ans.....
Ses préjugés souvent trompent son équité :
Il s'abuse, s'il croit, admirant nos ancêtres,
Qu'ils ne peuvent trouver de rivaux ni de maîtres.....
Contre la nouveauté partageant cette envie,
Si la Grèce, moins sage, eût eu cette manie,
Où seroit aujourd'hui la docte antiquité ?
Quels livres charmeroient la triste oisiveté ? DARU.

[2] *Od.* lib. III, *Od.* XXV, v. 7, 8 ; et 17, 18.
Je dirai des choses sublimes, neuves, qu'une autre bouche

> Exegi monumentum ære perennius.
> Non omnis moriar, multaque pars mei [1], etc.

Pourquoi ne laissera-t-on pas dire de même à Malherbe ?

> Apollon a portes ouvertes, etc. [2].

3° J'avoue que l'émulation des modernes seroit dangereuse, si elle se tournoit à mépriser les anciens, et à négliger de les étudier. Le vrai moyen de les vaincre est de profiter de tout ce qu'ils ont d'exquis, et de tâcher de suivre encore plus qu'eux leurs idées sur l'imitation de la belle nature. Je crierois volontiers à tous les auteurs de notre temps que j'estime et que j'honore le plus :

> Vos, exemplaria græca
> Nocturnâ versate manu, versate diurnâ [3].

Si jamais il vous arrive de vaincre les anciens, c'est à eux-mêmes que vous devrez la gloire de les avoir vaincus.

4° Un auteur sage et modeste doit se défier de soi et des louanges de ses amis les plus estimables. Il est naturel que l'amour-propre le séduise un peu, et que l'amitié pousse un peu au-delà des bornes l'admiration de ses amis pour ses talens. Que doit-il donc faire si quelqu'ami, charmé de ses écrits, lui dit :

> Nescio quid majus nascitur Iliade [4]?

Il n'en doit pas moins être tenté d'imiter le grand et sage Virgile. Ce poète vouloit en mourant brûler son Énéide qui a instruit et charmé tous les siècles. Quiconque a vu, comme ce poète, d'une vue nette, le grand et le parfait, ne peut se flatter d'y avoir atteint. Rien n'achève de remplir son idée, et de contenter

n'a jamais proférées........ Mes chants n'auront rien de foible, rien de rampant, rien de mortel. BINET.

[1] *Ibid. Od.* XXX, v. 4-6.
Le noble monument que j'élève à ma gloire
Durera plus long-temps que le marbre et l'airain.....
De moi-même à jamais la plus noble partie
Bravera de Pluton le pouvoir odieux ;
Sans mourir tout entier je quitterai la vie. DARU.

[2] Liv. III, *Od.* XI, à la reine Marie de Méd. v. 144.

[3] HORAT. *de Art. poet.* v. 268 et 269.
Les Grecs. . . . sont nos guides fidèles ;
Feuilletez jour et nuit ces antiques modèles. DARU.

[4] Il va naître un chef-d'œuvre qui doit effacer l'Iliade.
PROPERT. lib. II, *Eleg. ult.*

toute sa délicatesse. Rien n'est ici-bas entièrement parfait :

> . . . Nihil est ab omni
> Parte beatum [1].

Ainsi quiconque a vu le vrai parfait, sent qu'il ne l'a pas égalé ; et quiconque se flatte de l'avoir égalé, ne l'a pas vu assez distinctement. On a un esprit borné avec un cœur foible et vain, quand on est bien content de soi et de son ouvrage. L'auteur content de soi est d'ordinaire content tout seul :

> Quin sine rivali teque et tua solus amares [2].

Un tel auteur peut avoir de rares talens ; mais il faut qu'il ait plus d'imagination que de jugement et de saine critique. Il faut au contraire, pour former un poète égal aux anciens, qu'il montre un jugement supérieur à l'imagination la plus vive et la plus féconde. Il faut qu'un auteur résiste à tous ses amis, qu'il retouche souvent ce qui a été déjà applaudi, et qu'il se souvienne de cette règle :

> Nonumque prematur in annum [3].

5° Je suis charmé d'un auteur qui s'efforce de vaincre les anciens. Supposé même qu'il ne parvienne pas à les égaler, le public doit louer ses efforts, l'encourager, espérer qu'il pourra atteindre encore plus haut dans la suite, et admirer ce qu'il a déjà d'approchant des anciens modèles :

> . . . . Feliciter audet [4].

Je voudrois que tout le Parnasse le comblât d'éloges :

> Proxima Phœbi
> Versibus ille facit [5]. . . . .

[1] HORAT. *Od.* lib. II, *Od.* XVI, v. 27 et 28.
Jamais, ô mon ami, le bonheur n'est parfait. DARU.

[2] *Id. de Art. poet.* v. 444.
. . . . Un esprit indocile
Admire, sans rival, sa personne et son style. DARU.

[3] HORAT. *de Art. poet.* v. 388.
. . . . Que dans un sage oubli
Votre ouvrage, dix ans, demeure enseveli. DARU.

[4] HOR. *Ep.* lib. II, *Ep.* I, v. 166.

[5] VIRGIL. *Ecl.* VII, v. 22 et 23.
Qu'il égale Codrus,
Lui, dont les vers sont dictés par Phébus. LA ROCHEF.

Pastores, hederâ crescentem ornate poetam [1].

Plus un auteur consulte avec défiance de soi sur un ouvrage qu'il veut encore retoucher, plus il est estimable :

> . . . . Hæc, quæ Varo necdum perfecta canebat [2].

J'admire un auteur qui dit de lui-même ces belles paroles.

> Nam neque adhuc Varo videor, nec dicere Cinnâ
> Digna, sed argutos inter strepere anser olores [3].

Alors je voudrois que tous les partis se réunissent pour le louer :

> Utque viro Phœbi chorus assurrexerit omnis [4].

Si cet auteur est encore mécontent de soi, quoique le public en soit très-content, son goût et son génie sont au-dessus de l'ouvrage même pour lequel il est admiré.

6° Je ne crains pas de dire que les anciens les plus parfaits ont des imperfections : l'humanité n'a permis en aucun temps d'atteindre à une perfection absolue. Si j'étois réduit à ne juger des anciens que par ma seule critique, je serois timide en ce point. Les anciens ont un grand avantage : faute de connoître parfaitement leurs mœurs, leur langue, leur goût, leurs idées, nous marchons à tâtons en les critiquant : nous aurions été peut-être plus hardis censeurs contre eux, si nous avions été leurs contemporains. Mais je parle des anciens sur l'autorité des anciens mêmes. Horace, ce critique si pénétrant, et si charmé d'Homère, est mon garant, quand j'ose soutenir que ce grand poète s'assoupit un peu quelquefois dans un long poème :

[1] VIRGIL. *Ecl.* VII, v. 25.
Bergers arcadiens ! du lierre pâlissant
Venez ceindre le front d'un poète naissant. TISSOT.

[2] VIRGIL. *Eclog.* IX, v. 26.
Mais il chantoit alors en l'honneur de Varus,
Et ses vers imparfaits n'étoient pas moins connus.
LA ROCHEF.

[3] *Ibid.* v. 35.
Et j'ose me mêler au chantre de Varus,
Comme l'oie importune, hôte des marécages,
Aux deux accords du cygne unit ses cris sauvages.
DORANGE.

[4] *Id. Eclog.* VI. v. 66.
. . . . Qu'à son aspect
Toute la cour du Dieu se lève avec respect. F. DIDOT.

> Quandoque bonus dormitat Homerus.
> Verùm opere in longo fas est obrepere somnum [1]

Veut-on, par une prévention manifeste, donner à l'antiquité plus qu'elle ne demande, et condamner Horace pour soutenir, contre l'évidence du fait, qu'Homère n'a jamais aucune inégalité ?

7° S'il m'est permis de proposer ma pensée, sans vouloir contredire celle des personnes plus éclairées que moi, j'avouerai qu'il me semble voir divers défauts dans les anciens les plus estimables. Par exemple, je ne puis goûter les chœurs dans les tragédies; ils interrompent la vraie action. Je n'y trouve point une exacte vraisemblance, parce que certaines scènes ne doivent point avoir une troupe de spectateurs. Les discours du chœur sont souvent vagues et insipides. Je soupçonne toujours que ces espèces d'intermèdes avoient été introduits avant que la tragédie eût atteint à une certaine perfection. De plus, je remarque dans les anciens des plaisanteries qui ne sont guère délicates. Cicéron, le grand Cicéron même, en fait de très-froides sur des jeux de mots. Je ne retrouve point Horace dans cette petite satire :

> Proscripti regis Rupili pus atque venenum [2].

En la lisant on bâilleroit, si on ignoroit le nom de son auteur. Quand je lis cette merveilleuse ode du même poète,

> Qualem ministrum fulminis alitem [3],

je suis toujours attristé d'y trouver ces mots : *Quibus mos unde deductus*, etc. Otez cet endroit, l'ouvrage demeure entier et parfait. Dites qu'Horace a voulu imiter Pindare par cette espèce de parenthèse, qui convient au transport de l'ode. Je ne dispute point; mais je ne suis pas assez touché de l'imitation pour goûter cette espèce de parenthèse, qui paroît si froide et si postiche. J'admets un beau désordre qui vient du transport et qui a son art caché; mais je ne puis approuver une distraction pour faire une remarque curieuse sur un petit détail, elle ralentit tout. Les injures de Cicéron contre Marc-Antoine ne me paroissent nullement convenir à la noblesse et à la grandeur de ses discours. Sa fameuse lettre à Lucceius est pleine de la vanité la plus grossière et la plus ridicule. On en trouve à peu près autant dans les lettres de Pline le Jeune. Les anciens ont souvent une affectation qui tient un peu de ce que notre nation nomme *pédanterie*. Il peut se faire que, faute de certaines connoissances que la vraie religion et la physique nous ont données, ils admiroient un peu trop diverses choses que nous n'admirons guère.

8° Les anciens les plus sages ont pu espérer, comme les modernes, de surpasser les modèles mis devant leurs yeux. Par exemple, pourquoi Virgile n'auroit-il pas espéré de surpasser, par la descente d'Énée aux enfers, dans son sixième livre, cette évocation des ombres qu'Homère nous représente [1] dans le pays des Cimmériens ? Il est naturel de croire que Virgile, malgré sa modestie, a pris plaisir à traiter, dans son quatrième livre de l'Énéide, quelque chose d'original qu'Homère n'avoit point touché.

9° J'avoue que les anciens ont un grand désavantage par le défaut de leur religion et par la grossièreté de leur philosophie. Du temps d'Homère, leur religion n'étoit qu'un tissu monstrueux de fables aussi ridicules que les contes des fées ; leur philosophie n'avoit rien que de vain et de superstitieux. Avant Socrate, la morale étoit très-imparfaite, quoique les législateurs eussent donné d'excellentes règles pour le gouvernement des peuples. Il faut même avouer que Platon fait raisonner foiblement Socrate sur l'immortalité de l'ame. Ce bel endroit de Virgile,

> Felix qui potuit rerum cognoscere causas [2], etc.

aboutit à mettre le bonheur des hommes sages à se délivrer de la crainte des présages et de l'enfer. Ce poète ne promet point d'autre récompense dans l'autre vie à la vertu la plus pure et la plus héroïque, que le plaisir de jouer sur l'herbe, ou de combattre sur le sable, ou de danser, ou de chanter des vers, ou d'avoir des chevaux, ou de mener des chariots et d'avoir des armes. Encore ces hommes et ces spectacles qui les amusoient n'étoient-ils plus que de vaines ombres ; encore ces ombres gémissoient par l'impatience de rentrer dans des corps pour recommencer toutes les misères de cette vie, qui n'est qu'une maladie par où l'on arrive à la mort ; *mortalibus ægris*. Voilà ce que l'anti-

---

[1] *De Art. poet.* v. 359 et 360.
. . . . Je ne puis que gémir
De voir quelques instans Homère s'endormir :
Mais à tout grand ouvrage on doit de l'indulgence. DACIER.
[2] *Serm.* lib. I, *Sat.* VII. — [3] *Od.* lib. IV, *Od.* IV.

[1] *Odyss.* liv. XI. — [2] *Georg.* II, v. 490.
Heureux le sage instruit des lois de la nature, etc.

quité proposoit de plus consolant au genre humain :

Pars in gramineis exercent membra palæstris [1], etc.

. . . . Quæ lucis miseris tam dira cupido [2]?

Les héros d'Homère ne ressemblent point à d'honnêtes gens, et les dieux de ce poète sont fort au-dessous de ces héros mêmes, si indignes de l'idée que nous avons de l'honnête homme. Personne ne voudroit avoir un père aussi vicieux que Jupiter, ni une femme aussi insupportable que Junon, encore moins aussi infâme que Vénus. Qui voudroit avoir un ami aussi brutal que Mars, ou un domestique aussi larron que Mercure ? Ces dieux semblent inventés tout exprès par l'ennemi du genre humain, pour autoriser tous les crimes, et pour tourner en dérision la divinité. C'est ce qui a fait dire à Longin [1] « qu'Homère a fait des dieux des hommes qui » furent au siège de Troie, et qu'au contraire, » des dieux mêmes il en a fait des hommes. » Il ajoute que « le législateur des Juifs, qui » n'étoit pas un homme ordinaire, ayant fort » bien conçu la grandeur et la puissance de » Dieu, l'a exprimée dans toute sa dignité, au » commencement de ses lois, par ces paroles : » *Dieu dit : Que la lumière se fasse; et la lu-* » *mière se fit : Que la terre se fasse ; et la terre* » *fut faite.* »

10° Il faut avouer qu'il y a parmi les anciens peu d'auteurs excellens, et que les modernes en ont quelques-uns dont les ouvrages sont précieux. Quand on ne lit point les anciens avec une avidité de savant, ni par le besoin de s'instruire de certains faits, on se borne par goût à un petit nombre de livres grecs et latins. Il y en a fort peu d'excellens, quoique ces deux nations aient cultivé si long-temps les lettres. Il ne faut donc pas s'étonner si notre siècle, qui ne fait que sortir de la barbarie, a peu de livres français qui méritent d'être souvent relus avec un très-grand plaisir. Il me seroit facile de nommer beaucoup d'anciens, comme Aristophane, Plaute, Sénèque le tragique, Lucain, et Ovide même, dont on se passe volontiers. Je nommerois aussi sans peine un nombre assez considérable d'auteurs modernes qu'on goûte et qu'on admire avec raison : mais je ne veux nommer personne, de peur de blesser la modestie de ceux que je nommerois, et de manquer aux autres en ne les nommant pas.

Il faut, d'un autre côté, considérer ce qui est à l'avantage des anciens. Outre qu'ils nous ont donné presque tout ce que nous avons de meilleur, de plus il faut les estimer jusque dans les endroits où ils ne sont pas exempts de défauts. Longin remarque [1] « qu'il faut craindre la » bassesse dans un discours si poli et si limé. Il » ajoute que le grand..... est glissant et dan- » gereux..... Quoique j'aie remarqué, dit-il en- » core, plusieurs fautes dans Homère et dans » tous les plus célèbres auteurs ; quoique je » sois peut-être l'homme du monde à qui elles » plaisent le moins, j'estime, après tout..... » qu'elles sont de petites négligences qui leur » ont échappé, parce que leur esprit, qui ne » s'étudioit qu'au grand, ne pouvoit pas s'ar- » rêter aux petites choses..... Tout ce qu'on » gagne à ne point faire de fautes, est de n'être » point repris : mais le grand se fait admirer. » Ce judicieux critique croit que c'est dans le déclin de l'âge qu'Homère a quelquefois un peu *sommeillé* par les longues narrations de l'Odyssée; mais il ajoute que cet affaiblissement *est, après tout, la vieillesse d'Homère* [1]. En effet, certains traits négligés des grands peintres sont fort au-dessus des ouvrages les plus léchés des peintres médiocres. Le censeur médiocre ne goûte point le sublime, il n'en est point saisi : il s'occupe bien plutôt d'un mot déplacé, ou d'une expression négligée; il ne voit qu'à demi la beauté du plan général, l'ordre et la force qui régnent partout. J'aimerois autant le voir occupé de l'orthographe, des points interrogans et des virgules. Je plains l'auteur qui est entre ses mains et à sa merci : *Barbarus has segetes* [1] ! Le censeur qui est grand dans sa censure se passionne pour ce qui est grand dans l'ouvrage : « il méprise, selon l'expression de Longin [2], » une exacte et scrupuleuse délicatesse. » Horace est de ce goût :

Verùm ubi plura nitent in carmine, non ego paucis
Offendar maculis, quas aut incuria fudit,
Aut humana parum cavit natura [5].

---

[1] *Æneid.* lib. vi, v. 642,
Tantôt ce peuple heureux, sur les herbes naissantes,
Exerce en se jouant des luttes innocentes.   DELILLE.

[2] *Ibid.* v. 721.
Qui peut inspirer à ces malheureux cet excès d'amour pour la vie ?

[3] *Du Subl.* ch. VII.

[1] *Du Subl.* ch. XXVII. — [2] *Ibid.* ch. VII. — [3] VIRG. *Ecl.* I, v. 72.
Un barbare viendra dévorer ces moissons!   LANCEAC.

[4] *Du Subl.* ch. XXIX. — [5] *De Art. poet.* v. 351-353.
En lisant de beaux vers, je n'oserai me plaindre
De quelque trait moins pur négligemment jeté,
Tribut que le talent paie à l'humanité.   DARU.

De plus la grossièreté difforme de la religion des anciens, et le défaut de vraie philosophie morale où ils étoient avant Socrate, doivent, en un certain sens, faire un grand honneur à l'antiquité. Homère a dû sans doute peindre ses dieux comme la religion les enseignoit au monde idolâtre en son temps : il devoit représenter les hommes selon les mœurs qui régnoient alors dans la Grèce et dans l'Asie mineure. Blâmer Homère d'avoir peint fidèlement d'après nature, c'est reprocher à M. Mignard, à M. de Troy, à M. Rigaud, d'avoir fait des portraits ressemblans. Voudroit-on qu'on peignît Momus comme Jupiter, Silène comme Apollon, Alecto comme Vénus, Thersite comme Achille ? Voudroit-on qu'on peignît la cour de notre temps avec les fraises et les barbes des règnes passés ? Ainsi Homère ayant dû peindre avec vérité, ne faut-il pas admirer l'ordre, la proportion, la grâce, la force, la vie, l'action et le sentiment qu'il a donnés à toutes ses peintures ? Plus la religion étoit monstrueuse et ridicule, plus il faut l'admirer de l'avoir relevée par tant de magnifiques images ; plus les mœurs étoient grossières, plus il faut être touché de voir qu'il ait donné tant de force à ce qui est en soi si irrégulier, si absurde et si choquant. Que n'auroit-il point fait si on lui eût donné à peindre un Socrate, un Aristide, un Timoléon, un Agis, un Cléomène, un Numa, un Camille, un Brutus, un Marc-Aurèle !

Diverses personnes sont dégoûtées de la frugalité des mœurs qu'Homère dépeint. Mais outre qu'il faut que le poète s'attache à la ressemblance pour cette antique simplicité comme pour la grossièreté de la religion païenne, de plus rien n'est si aimable que cette vie des premiers hommes. Ceux qui cultivent leur raison, et qui aiment la vertu, peuvent-ils comparer le luxe vain et ruineux, qui est en notre temps la peste des mœurs et l'opprobre de la nation, avec l'heureuse et élégante simplicité que les anciens nous mettent devant les yeux ?

En lisant Virgile, je voudrois être avec ce vieillard qu'il me montre :

Namque sub Œbaliæ memini me turribus altis,
Quà niger humectat flaventia culta Galesus,
Corycium vidisse senem, cui pauca relicti
Jugera ruris erant ; nec fertilis illa juvencis,
Nec pecori opportuna seges.
Regum æquabat opes animis ; seráque revertens
Nocte domum, dapibus mensas onerabat inemptis.
Primus vere rosam, atque autumno carpere poma ;
Et cùm tristis hiems etiam nunc frigore saxa
Rumperet, et glacie cursus fraenaret aquarum,
Ille comam mollis jam tum tondebat acanthi,
Æstatem increpitans seram zephyrosque morantes[1].

Homère n'a-t-il pas dépeint avec grâce l'île de Calypso et les jardins d'Alcinoüs, sans y mettre ni marbre ni dorure ? Les occupations de Nausicaa ne sont-elles pas plus estimables que le jeu et que les intrigues des femmes de notre temps ? Nos pères en auroient rougi ; et on ose mépriser Homère pour n'avoir pas peint par avance ces mœurs monstrueuses, pendant que le monde étoit encore assez heureux pour les ignorer !

Virgile, qui voyoit de près toute la magnificence de Rome, a tourné en grâce et en ornement de son poème la pauvreté du roi Evandre.

Talibus inter se dictis, ad tecta subibant
Pauperis Evandri, passimque armenta videbant
Romanoque foro et lautis mugire carinis.
Ut ventum ad sedes : Hæc, inquit, limina victor
Alcides subiit ; hæc illum regia cepit.
Aude, hospes, contemnere opes, et te quoque dignum
Finge Deo, rebusque veni non asper egenis.
Dixit ; et angusti subter fastigia tecti
Ingentem Æneam duxit, stratisque locavit
Effultum foliis et pelle libystidis ursæ [2].

[1] *Georg.* lib. IV, v. 125-138.
Aux lieux où le Galèse, en des plaines fécondes,
Parmi les blonds épis roule ses noires ondes,
J'ai vu, je m'en souviens, un vieillard fortuné,
Possesseur d'un terrain long-temps abandonné ;
C'étoit un sol ingrat, rebelle à la culture,
Qui n'offroit aux troupeaux qu'une aride verdure.....
Un jardin, un verger, dociles à ses lois,
Lui donnoient le bonheur qui s'enfuit loin des rois.
Le soir, des simples mets que ce Dieu voyoit naître,
Ses mains chargeoient sans frais une table champêtre.
Il cueilloit le premier les roses du printemps ;
Le premier, de l'automne amassoit les présens ;
Et, lorqu'autour de lui, déchaîné sur la terre,
L'hiver impétueux brisoit encor la pierre,
D'un frein de glace encore enchaînoit les ruisseaux,
Lui déjà de l'acanthe émondoit les rameaux :
Et du printemps tardif accusant la paresse,
Prévenoit les zéphirs, et hâtoit sa richesse. DELILLE.

[2] *Æneid.* lib. VIII, v. 359-368.
L'humble palais du Roi frappe enfin leurs regards.
Quelques troupeaux erroient dispersés dans ces plaines,
Séjour des rois du monde et des pompes romaines ;
Et le taureau mugit où d'éloquentes voix
Feront le sort du monde et le destin des rois.
Tandis que de ces lieux Achate, Evandre, Enée
Méditent en marchant la haute destinée,
On arrive au palais, où la félicité
Se plaît dans l'innocence et dans la pauvreté.
« Ce n'est pas dans ma cour que le faste réside,
» Dit Evandre : ce toit reçut le grand Alcide ;
» Des monstres, des brigands noble exterminateur ;
» Là siégea près de moi ce dieu triomphateur :
» Depuis qu'il l'a reçu, ce palais est un temple.
» Fils des dieux comme lui, suivez ce grand exemple :
» Osez d'un luxe vain fouler aux pieds l'orgueil ;
» De mon humble séjour ne fuyez point le seuil ;
» Venez, et regardez des yeux de l'indulgence
» Du chaume hospitalier l'honorable indigence. »
Il dit, et fait placer pour le roi d'Ilion
Sur un lit de feuillage une peau de lion. DELILLE.

La honteuse lâcheté de nos mœurs nous empêche de lever les yeux pour admirer le sublime de ces paroles : *Aude, hospes, contemnere opes.*

Le Titien, qui a excellé pour le paysage, peint un vallon plein de fraîcheur avec un clair ruisseau, des montagnes escarpées et des lointains qui s'enfuient dans l'horizon : il se garde bien de peindre un riche parterre avec des jets d'eau et des bassins de marbre. Tout de même Virgile ne peint point des sénateurs fastueux, et occupés d'intrigues criminelles ; mais il représente un laboureur innocent et heureux dans sa vie rustique :

Deinde satis fluvium inducit rivosque sequentes.
Et cùm exustus ager morientibus æstuat herbis,
Ecce supercilio clivosi tramitis undam
Elicit : illa cadens raucum per levia murmur
Saxa ciet, scatebrisque arentia temperat arva [1].

Virgile va même jusqu'à comparer ensemble une vie libre, paisible et champêtre, avec les voluptés mêlées de trouble dont on jouit dans les grandes fortunes. Il n'imagine rien d'heureux qu'une sage médiocrité, où les hommes seroient à l'abri de l'envie pour les prospérités, et de la compassion pour les misères d'autrui :

Illum non populi fasces, non purpura regum
Flexit. . . . . Neque ille
Aut doluit miserans inopem, aut invidit habenti.
Quos rami fructus, quos ipsa volentia rura
Sponte tulere suâ, carpsit; nec ferrea jura [2], etc.

Horace fuyoit les délices et la magnificence de Rome pour s'enfoncer dans la solitude :

Omitte mirari beatæ
Fumum et opes strepitumque Romæ [1].

. . . . . Mihi jam non regia Roma,
Sed vacuum Tibur placet, aut imbelle Tarentum [2].

Quand les poètes veulent charmer l'imagination des hommes, ils les conduisent loin des grandes villes ; ils leur font oublier le luxe de leur siècle, ils les ramènent à l'âge d'or ; ils représentent des bergers dansant sur l'herbe fleurie à l'ombre d'un bocage, dans une saison délicieuse, plutôt que des cours agitées et des grands qui sont malheureux par leur grandeur même :

Agréables déserts, séjour de l'innocence,
Où, loin des vains objets de la magnificence,
Commence mon repos et finit mon tourment ;
Vallons, fleuves, rochers, aimable solitude,
Si vous fûtes témoins de mon inquiétude,
Soyez-le désormais de mon contentement [3].

Rien ne marque tant une nation gâtée, que ce luxe dédaigneux qui rejette la frugalité des anciens. C'est cette dépravation qui renversa Rome. *Insuevit,* dit Salluste [3], *amare, potare, signa, tabulas pictas, vasa cœlata mirari..... Divitiæ honori esse cœperunt...., hebescere virtus, paupertas probro haberi..... Domos atque villas..... in urbium modum exædificatas..... A privatis compluribus subversos montes, maria constrata esse, quibus mihi ludibrio videntur fuisse divitiæ..... Vescendi causâ, terrâ marique omnia exquirere.* J'aime cent fois mieux la pauvre Ithaque d'Ulysse, qu'une ville brillante par une si odieuse magnificence. Heureux les hommes, s'ils se contentoient des plaisirs qui ne coûtent ni crime ni ruine ! C'est notre folle et cruelle vanité, et non pas la noble simplicité des anciens, qu'il faut corriger.

---

[1] *Georg.* lib. I, v. 106-110.

Qui d'un fleuve coupé par de nombreux canaux,
Court dans chaque sillon distribuer les eaux.
Si le soleil brûlant flétrit l'herbe mourante,
Aussitôt je le vois par une douce pente,
Amener du sommet d'un rocher sourcilleux
Un docile ruisseau, qui sur un lit pierreux
Tombe, écume, et roulant avec un doux murmure,
Des champs désaltérés ranime la verdure.   DELILLE.

[2] *Ibid.* lib. II, v. 495-501.

La pompe des faisceaux, l'orgueil du diadème,
L'intérêt dont la voix fait taire le sang même,
. . . . ne troublent point sa paix.
Auprès de ses égaux passant sa douce vie,
Son cœur n'est attristé de pitié ni d'envie.
Jamais aux tribunaux, disputant de vains droits,
La chicane pour lui ne fit mugir sa voix :
Sa richesse, c'est l'or des moissons qu'il fait naître ;
Et l'arbre qu'il planta, chauffe et nourrit son maître.
            DELILLE.

[1] *Od.* lib. III, *Od.* XXIX, v. 11 et 12.
Laisse à Rome, avec l'opulence,
Le bruit, la fumée et l'ennui.   DE WAILLY.

[2] *Epist.* lib. I, *Ep.* VII, v. 44 et 45.
Rome n'a déjà plus tant de charme à mes yeux ;
Mais je chéris Tibur, ma paresse, et ces lieux
Que jamais n'ensanglantent point les querelles funestes.   DARU.

[3] RACAN. — [4] *Bell. Catilin.* II. 11, 12 et 13.
La galanterie commença à s'introduire dans l'armée ; on s'y accoutuma à boire, à prendre du goût pour des statues, des tableaux, et des vases ciselés..... Les richesses commencèrent à procurer de la considération..... Là vertu languit, la pauvreté devint un opprobre.... On bâtit des palais et des maisons de campagne, que vous prendriez pour autant de villes..... Nombre de particuliers ont aplani des montagnes, ont bâti dans les mers, et semblent se jouer de leurs richesses..... On mit les terres et les mers à contribution pour fournir aux plaisirs de la table.   DOTTEVILLE.

Je ne crois point (et c'est peut-être ma faute) ce que divers savans ont cru : ils disent qu'Homère a mis dans ses poèmes la plus profonde politique, la plus pure morale et la plus sublime théologie. Je n'y aperçois point ces merveilles ; mais j'y remarque un but d'instruction utile pour les Grecs, qu'il vouloit voir toujours unis, et supérieurs aux Asiatiques. Il montre que la colère d'Achille contre Agamemnon a causé plus de malheurs à la Grèce que les armes des Troyens :

Quidquid delirant reges, plectuntur Achivi.
Seditione, dolis, scelere atque libidine, et irâ,
Iliacos intra muros peccatur, et extra [1].

En vain les Platoniciens du Bas-Empire, qui imposoient à Julien, ont imaginé des allégories et de profonds mystères dans les divinités qu'Homère dépeint. Ces mystères sont chimériques : l'Ecriture, les Pères qui ont réfuté l'idolâtrie, l'évidence même du fait, montrent une religion extravagante et monstrueuse. Mais Homère ne l'a pas faite, il l'a trouvée ; il n'a pu la changer, il l'a ornée ; il a caché dans son ouvrage un grand art, il a mis un ordre qui excite sans cesse la curiosité du lecteur ; il a peint avec naïveté, grace, force, majesté, passion : que veut-on de plus ?

Il est naturel que les modernes, qui ont beaucoup d'élégance et de tours ingénieux, se flattent de surpasser les anciens, qui n'ont que la simple nature. Mais je demande la permission de faire ici une espèce d'apologue. Les inventeurs de l'architecture qu'on nomme *gothique*, et qui est, dit-on, celle des Arabes, crurent sans doute avoir surpassé les architectes grecs. Un édifice grec n'a aucun ornement qui ne serve qu'à orner l'ouvrage ; les pièces nécessaires pour le soutenir ou pour le mettre à couvert, comme les colonnes et la corniche, se tournent seulement en grace par leurs proportions : tout est simple, tout est mesuré, tout est borné à l'usage ; on n'y voit ni hardiesse ni caprice qui impose aux yeux ; les proportions sont si justes, que rien ne paroît fort grand, quoique tout le soit ; tout est borné à contenter la vraie raison. Au contraire, l'architecte gothique élève sur des piliers très-minces une voûte immense qui monte jusqu'aux nues ; on croit que tout va tomber, mais tout dure pendant bien des siècles ; tout est plein de fenêtres, de roses et de pointes ; la pierre semble découpée comme du carton ; tout est à jour, tout est en l'air. N'est-il pas naturel que les premiers architectes gothiques se soient flattés d'avoir surpassé, par leur vain raffinement, la simplicité grecque ? Changez seulement les noms, mettez les poètes et les orateurs en la place des architectes : Lucain devoit naturellement croire qu'il étoit plus grand que Virgile ; Sénèque le tragique pouvoit s'imaginer qu'il brilloit bien plus que Sophocle ; le Tasse a pu espérer de laisser derrière lui Virgile et Homère. Ces auteurs se seroient trompés en pensant ainsi : les plus excellens auteurs de nos jours doivent craindre de se tromper de même.

Je n'ai garde de vouloir juger en parlant ainsi ; je propose seulement aux hommes qui ornent notre siècle de ne mépriser point ceux que tant de siècles ont admirés. Je ne vante point les anciens comme des modèles sans imperfections ; je ne veux point ôter à personne l'espérance de les vaincre, je souhaite au contraire de voir les modernes victorieux par l'étude des anciens mêmes qu'ils auront vaincus. Mais je croirois m'égarer au-delà de mes bornes, si je me mêlois de juger jamais pour le prix entre les combattans :

Non nostrum inter vos tantas componere lites :
Et vitulâ tu dignus, et hic [1]. . . . . .

Vous m'avez pressé, monsieur, de dire ma pensée. J'ai moins consulté mes forces que mon zèle pour la compagnie. J'ai peut-être trop dit, quoique je n'aie prétendu dire aucun mot qui me rende partial. Il est temps de me taire :

Phœbus volentem prælia me loqui,
Victas et urbes, increpuit lyrâ,
Ne parva Tyrrhenum per æquor
Vela darem [2].

Je suis pour toujours, avec une estime sincère et parfaite, monsieur, etc.

---

[1] HORAT. lib. 1, *Ep.* II, v. 14 et 15.

. . . Des fautes des rois les Grecs portent la peine.
Sous les tentes des Grecs, dans les murs d'Ilion,
Règnent le fol amour et la sédition.   DARU.

[1] VIRGIL. *Ecl.* III, v. 108 et 109.
Il ne m'appartient pas de nommer le vainqueur ;
Vous avez mérité tous deux le même honneur.

[2] HORAT. *Od.* lib. IV. *Od.* XV, v. 1-4.
Eprise de César, ma Muse allait chanter
Sa gloire et les cités qu'il joint à son empire :
Me frappant de sa lyre,
Apollon m'avertit de ne pas affronter
Un dangereux écueil sur un frêle navire.   DARU.

CORRESPONDANCE LITTÉRAIRE

DE FÉNELON

AVEC HOUDAR DE LA MOTTE,

DE L'ACADÉMIE FRANÇAISE.

I.

DE LA MOTTE A FÉNELON.

Il se montre sensible au souvenir et à l'estime de l'archevêque de Cambrai.

Paris, 28 août 1713.

Monseigneur,

Je viens de voir entre les mains de M. l'abbé Dubois[*] un extrait d'une de vos lettres où vous daignez vous souvenir de moi : elle m'a donné une joie excessive ; et je vous avoue franchement qu'elle a été jusqu'à l'orgueil. Le moyen de s'en défendre, quand on reçoit quelque louange d'un homme aussi louable, et autant loué que vous l'êtes ? Je n'en suis revenu, Monseigneur, qu'en me disant à moi-même que vous aviez voulu me donner des leçons sous l'apparence d'éloges, et qu'il n'y avoit là que de quoi m'encourager ; c'en est encore trop de votre part, Monseigneur, et je vous en remercie avec autant de reconnoissance que d'envie d'en profiter. Je me proposerai toujours votre suffrage dans ma conduite et dans mes écrits, comme la plus précieuse récompense où je puisse aspirer. J'ai grand regret à la lettre que vous m'avez fait l'honneur de m'écrire, et que je n'ai pas reçue ; je ne puis cependant m'en tenir malheureux, puisque cet accident m'a attiré de votre part une nouvelle attention dont je connois tout le prix. De grâce, Monseigneur, continuez-moi des bontés qui me sont devenues nécessaires depuis que je les éprouve.

Je suis, Monseigneur, avec le plus profond respect et le plus parfait dévouement, etc.

Votre très-humble et très-obéissant serviteur.

DE LA MOTTE.

[*] Depuis cardinal et ministre.

II.

DE FÉNELON A LA MOTTE.

Sur les défauts de la poésie française, et sur la traduction de l'Iliade en vers français, que La Motte étoit sur le point de publier.

Cambrai, 9 septembre 1713.

Les paroles qu'on vous a lues, monsieur, ne sont point des complimens ; c'est mon cœur qui a parlé. Il s'ouvriroit encore davantage avec un grand plaisir, si j'étois à portée de vous entretenir librement. Vous pouvez faire de plus en plus honneur à la poésie française par vos ouvrages ; mais cette poésie, si je ne me trompe, auroit encore besoin de certaines choses, faute desquelles elle est un peu gênée, et elle n'a pas toute l'harmonie des vers grecs et latins. Je ne saurois décider là-dessus ; mais je m'imagine que, si je vous proposois mes doutes dans une conversation, vous développeriez ce que je ne pourrois démêler qu'à demi. On m'a dit que vous allez donner au public une traduction d'Homère en français. Je serai charmé de voir un si grand poète parler notre langue. Je ne doute point ni de la fidélité de la version, ni de la magnificence des vers. Notre siècle vous aura obligation de lui faire connoître la simplicité des mœurs antiques, et la naïveté avec laquelle les passions sont exprimées dans cette espèce de tableau. Cette entreprise est digne de vous ; mais comme vous êtes capable d'atteindre à ce qui est original, j'aurois souhaité que vous eussiez fait un poème nouveau, où vous auriez mêlé de grandes leçons avec de fortes peintures. J'aimerois mieux vous voir un nouvel Homère que la postérité traduiroit, que de vous voir le traducteur d'Homère même. Vous voyez bien que je pense hautement pour vous : c'est ce qui vous convient. Jugez par là, s'il vous plaît, de la grande estime, du goût et de l'inclination très-forte avec laquelle je veux être parfaitement tout à vous, monsieur, pour toute ma vie.

Fr. Ar. Duc de Cambrai.

III.

DE LA MOTTE A FÉNELON.

Sur le même sujet.

Paris, 14 décembre 1713.

Monseigneur,

C'en est fait, je compte sur votre bienveillance, et je l'ai sentie parfaitement dans la lettre que vous m'avez fait l'honneur de m'écrire. Ainsi, Monseigneur, vous essuierez, s'il vous plaît, toute ma sincérité ; je ferois scrupule de vous déguiser le moins du monde mes sentimens. On vous a dit que j'allois donner une traduction de l'Iliade en vers français, et vous vous attendiez, ce me semble, à beaucoup de fidélité ; mais je vous l'avoue ingénuement, je n'ai pas cru qu'une traduction fidèle de l'Iliade pût être agréable en français. J'ai trouvé partout, du moins par rapport à notre temps, de grands défauts joints à de grandes beautés ; ainsi je m'en suis tenu à une imitation très-libre, et j'ai osé même quelquefois être tout-à-fait original. Je ne crois pas cependant avoir altéré le sens du poème ; et quoique je l'aie fort abrégé, j'ai prétendu rendre toute l'action, tous les sentimens, tous les caractères. Sans vouloir vous prévenir, Monseigneur, il y a un préjugé assez favorable pour moi : c'est qu'aux assemblées publiques de l'Académie française, j'en ai déjà récité cinq ou six livres, dont quelques-uns de ceux qui connoissent le mieux le poème original m'ont félicité d'un air bien sincère : ils m'ont loué même de fidélité dans mes imitations les plus hardies, soit que n'ayant pas présent le détail de l'Iliade, ils crussent le retrouver dans mes vers, soit qu'ils comptassent pour fidélité les licences mêmes que j'ai prises pour tâcher de rendre ce poème aussi agréable en français qu'il peut l'être en grec. Je ne m'étends pas davantage, Monseigneur, parce qu'on imprime actuellement l'ouvrage ; vous jugerez bientôt de la conduite que j'y ai tenue, et de mes raisons bonnes ou mauvaises, dont je rends compte dans une assez longue préface. Condamnez, approuvez, Monseigneur, tout m'est égal, puisque je suis sûr de la bienveillance. Permettez-moi de vous demander vos vues sur la poésie française. J'y sens bien quelques défauts, et surtout dans nos vers alexandrins une monotonie un peu fatiguante ; mais je n'en entrevois pas les remèdes, et je vous serai très-obligé, si vous daignez me communiquer là-dessus quelques-unes de vos lumières.

Je suis avec le plus profond et le plus tendre respect, etc.

IV.

DE FÉNELON A LA MOTTE [*].

Sur la nouvelle traduction de l'Iliade, par La Motte.

Cambrai, 16 janvier 1714.

Je reçois, Monsieur, dans ce moment votre Iliade. Avant que de l'ouvrir, j'y vois quel est votre cœur pour moi, et le mien en est fort touché. Mais il me tarde d'y voir aussi une poésie qui fasse honneur à notre nation et à notre langue. J'attends de la préface une critique au-dessus de tout préjugé ; et du poème, l'accord du parti des modernes avec celui des anciens. J'espère que vous ferez admirer Homère par tout le parti des modernes, et que celui des anciens le trouvera avec tous ces charmes dans votre ouvrage. Je dirai avec joie : *Proxima Phœbi versibus ille facit.* Je suis avec l'estime la plus forte, Monsieur, votre, etc.

V.

DE FÉNELON A LA MOTTE.

Sur le même sujet.

Cambrai, 26 janvier 1714.

Je viens de vous lire, Monsieur, avec un vrai plaisir ; l'inclination très-forte dont je suis prévenu pour l'auteur de la nouvelle Iliade m'a mis en défiance contre moi-même. J'ai craint d'être partial en votre faveur, et je me suis livré à une critique scrupuleuse contre vous : mais j'ai été contraint de vous reconnoître tout

---

[*] Cette lettre ne se trouve point, comme les précédentes et les suivantes, parmi les *Réflexions sur la Critique*, publiées en 1715 par La Motte. Elle fait partie des *Mémoires pour servir à l'histoire de la vie et des ouvrages de MM. de Fontenelle et de La Motte, par l'abbé Trublet.* 1759. 1 vol. in-12. Page 412.)

entier dans un genre de poésie presque nouveau à votre égard. Je ne puis néanmoins vous dissimuler ce que j'ai senti. Ma remarque tombe sur notre versification, et nullement sur votre personne. C'est que les vers de nos odes, où les rimes sont entrelacées, ont une variété, une grâce et une harmonie que nos vers héroïques ne peuvent égaler. Ceux-ci fatiguent l'oreille par une uniformité. Le latin a une infinité d'inversions et de cadences. Au contraire, le français n'admet presque aucune inversion de phrase; il procède toujours méthodiquement par un nominatif, par un verbe, et par son régime. La rime gêne plus qu'elle n'orne les vers. Elle les charge d'épithètes; elle rend souvent la diction forcée et d'une vaine parure. En allongeant les discours elle les affoiblit. Souvent on a recours à un vers inutile pour en amener un bon. Il faut avouer que la sévérité de nos règles a rendu notre versification presque impossible. Les grands vers sont presque toujours ou languissans ou raboteux. J'avoue ma mauvaise délicatesse; ce que je fais ici est plutôt ma confession, que la censure des vers français. Je dois me condamner quand je critique ce qu'il y a de meilleur.

La poésie lyrique est, ce me semble, celle qui a le plus de grâce dans notre langue. Vous devez approuver qu'on la vante, car elle vous fait grand honneur.

> Totum muneris hoc tui est,
> Quod monstror digito prætereuntium
>   Romanæ fidicen lyræ :
> Quod spiro, et placeo, si placeo, tuum est [1].

Mais passons de la versification française à votre nouveau poème. On vous reproche d'avoir trop d'esprit. On dit qu'Homère en montroit beaucoup moins; on vous accuse de briller sans cesse par des traits vifs et ingénieux. Voilà un défaut qu'un grand nombre d'auteurs vous envient : ne l'a pas qui veut. Votre parti conclut de cette accusation que vous avez surpassé le poète grec. *Nescio quid majus nascitur Iliade.* On dit que vous avez corrigé les endroits où il sommeille. Pour moi, qui entends de loin les cris des combattans, je me borne à dire,

> Non nostrum inter vos tantas componere lites;
> Et vitulâ tu dignus, et hic [2].

Cette guerre civile du Parnasse ne m'alarme point. L'émulation peut produire d'heureux efforts, pourvu qu'on n'aille point jusqu'à mépriser le goût des anciens sur l'imitation de la simple nature, sur l'observation inviolable des divers caractères, sur l'harmonie et sur le sentiment, qui est l'ame de la parole. Quoi qu'il arrive entre les anciens et les modernes, votre rang est réglé dans le parti des derniers.

> Vitis ut arboribus decori est, ut vitibus uvæ,
> Ut gregibus tauri, segetes ut pinguibus arvis;
> Tu decus omne tuis [1].

Au reste, je prends part à la juste marque d'estime que le roi vient de vous donner. C'est plus pour lui que pour vous que j'en ai de la joie. En pensant à vos besoins, il vous met dans l'obligation de travailler à sa gloire. Je souhaite que vous égaliez les anciens dans ce travail, et que vous soyez à portée de dire comme Horace,

> Nec, si plura velim, tu dare deneges [2].

C'est avec une sincère et grande estime que je serai le reste de ma vie, etc.

VI.

DE LA MOTTE A FÉNELON.

Sur le même sujet, et sur la dispute des anciens et des modernes.

Paris, 15 février 1714.

Monseigneur,

Quoi! vous avez craint d'être partial en ma faveur, et vous voulez bien que je le croie! Je goûte si parfaitement ce bonheur, qu'il ne falloit pas moins que votre approbation pour l'augmenter. Je ne désirerois plus, ce que je n'espère guère, que l'honneur et le plaisir de vous voir et de vous entendre. Qu'il me seroit doux de vous exposer tous mes sentimens, d'écouter avidement les vôtres, et d'apprendre sous vos yeux à bien penser! Je sens même, tant vos bontés me mettent à l'aise avec vous, que je disputerois quelquefois, et qu'à demi persuadé, je vous donnerois encore par mes instances le

---

[1] Horat. lib. IV, *Od.* IV, v. 21-24. — [2] Virg. *Ecl.* III, v. 108 et 109.

[1] Virg. *Ecl.* V, v. 32-34. — [2] Horat. lib. III, *Od.* XVI, v. 38.

plaisir de me convaincre tout-à-fait. Je ne sais pourquoi je m'imagine ce plaisir; car je défère absolument à tout ce que vous alléguez contre la versification française. J'avoue que la latine a de grands avantages sur elle : la liberté de ses inversions, ses mesures différentes, l'absence même de la rime lui donnent une variété qui manque à la nôtre. Le malheur est qu'il n'y a point de remède, et qu'il ne nous reste plus qu'à vaincre, à force de travail, l'obstacle que la sévérité de nos règles met à la justesse et à la précision. Il me semble cependant que de cette difficulté même, quand elle est surmontée, naît un plaisir très-sensible pour le lecteur. Quand il sent que la rime n'a point gêné le poète, que la mesure tyrannique du vers n'a point amené d'épithètes inutiles, qu'un vers n'est pas fait pour l'autre, qu'en un mot tout est utile et naturel, il se mêle alors au plaisir que cause la beauté de la pensée un étonnement agréable de ce que la contrainte ne lui a rien fait perdre. C'est presque en cela seul, à mon sens, que consiste tout le charme des vers; et je crois par conséquent que les poètes ne peuvent être bien goûtés que par ceux qui ont comme eux le génie poétique. Comme ils sentent les difficultés mieux que les autres, ils font plus de grâce aux imperfections qu'elles entraînent, et sont aussi plus sensibles à l'art qui les surmonte. Quant à la versification des odes, je conviens encore avec vous qu'elle est plus agréable et plus variée, mais je ne crois pas qu'elle fût propre pour la narration. Comme chaque strophe doit finir par quelque chose de vif et d'ingénieux, cela entraîneroit infailliblement de l'affectation en plusieurs rencontres; et d'ailleurs, dans un long poème, ces espèces de couplets, toujours cadencés et partagés également, dégénéreroient à la fin en une monotonie du moins aussi fatigante que celle de nos grands vers. Je m'en rapporte à vous, Monseigneur, car vous serez toujours mon juge, et je n'en veux pas d'autre dans la dispute que j'aurai peut-être à soutenir sur mon ouvrage. Cette guerre que vous prévoyez ne vous alarme point, pourvu, dites-vous, que l'on n'aille pas jusqu'à mépriser le goût des anciens. Peut-on jamais le mépriser, Monseigneur? Quoi que nous fassions, ils seront toujours nos maîtres. C'est par l'exemple fréquent qu'ils nous ont donné du beau, que nous sommes à portée de reconnoître leurs défauts et de les éviter : à peu près comme les nouveaux philosophes doivent à la méthode de Descartes l'art de le combattre lui-même. Qu'on nous permette un examen respectueux et une émulation modeste, nous n'en demandons pas davantage. Je passe sur les louanges que vous daignez me donner. Je me contente d'y admirer l'usage que vous faites des traits des anciens, plus ingénieux que les traits mêmes. C'est encore un nouveau motif d'émulation pour moi; et si je fais dans la suite quelque chose qui vous plaise, soyez sûr, Monseigneur, que ce motif y aura eu bonne part. Je suis pour toute ma vie, avec un attachement très-respectueux, etc.

VII.

DU MEME.

Sur le même sujet.

Paris, 15 avril 1714.

Monseigneur,

J'ai reçu, par la personne que j'avois osé vous recommander, de nouveaux témoignages de votre bienveillance. J'y suis toujours aussi sensible, quoique j'en sois moins surpris; car je sais que la constance des sentiments est le propre d'une ame comme la vôtre; et puisque vous avez commencé de me vouloir du bien, vous ne sauriez discontinuer, à moins que je ne m'en rende indigne; ce qui me paroît impossible, si je n'ai à le craindre que par les fautes du cœur. Je vous dois un compte naïf du succès de mon Iliade. L'opinion invétérée du mérite infaillible d'Homère, a soulevé contre moi quelques commentateurs, que je respecte toujours par leurs bons endroits. Ils ne sauroient digérer les moindres remarques, où l'on ne se récrie pas comme eux, A la merveille ! et parce que je ne conviens pas qu'Homère soit toujours sensé, ils en concluent brusquement que je ne suis jamais raisonnable. Franchement, Monseigneur, vous les avez un peu gâtés. Un de vos ouvrages, où ils entrevoient quelque imitation d'Homère, fournit de nouvelles armes à leur préjugé. Ils croient que tout l'agrément, toute la perfection de cet ouvrage, viennent de quelques traits de ressemblance qu'il a avec le poème grec; au lieu que ces traits mêmes tirent leur perfection du choix que vous en faites, de la place où vous les employez, et de cette foule de beautés originales dont vous les accompagnez toujours. La preuve de ma peusée, Monseigneur, car je crois qu'il est à propos de vous prouver à vous-même votre supériorité, c'est que, malgré les mœurs anciennes qu'on allègue toujours comme la cause de nos dégoûts injustes, votre prétendue imitation est lue tous les jours avec un nouveau plaisir par toutes sortes de personnes; au lieu que l'Iliade de madame Dacier, quoique élégante, tombe des mains malgré qu'on en ait, à moins qu'une espèce d'idolâtrie pour Homère ne ranime le zèle du lecteur. Je vais même jusqu'à croire que vous-même, avec ce style enchanteur qui n'a été donné qu'à vous, ne réussiriez à la faire lire qu'en lui prêtant beaucoup du vôtre. J'ai aussi mes partisans, Monseigneur. Vous saurez peut-être que le père Sanadon, dans sa harangue, m'a fait l'honneur outré de m'associer à vos louanges. Le père Porée, son collègue, souscrit à son approbation ; et je vous nommerois encore bien d'autres savans, si je ne craignois que ma prétendue naïveté ne vous parût orgueil, comme en effet elle pourroit bien l'être. Mes critiques n'ont encore que parlé : ce qui m'est revenu de leurs discours ne m'a point paru solide. Je ne sais s'ils me feront l'honneur d'écrire contre mes sentimens : mais je les attends sans crainte, bien résolu de me rendre avec plaisir à la raison, et de défendre aussi la vérité de toutes mes forces. N'est-ce pas grand dommage, Monseigneur, qu'il n'y ait presque ni fermeté ni candeur parmi les gens de lettres? Ils prennent servilement le ton les uns des autres; et plus amoureux de leur réputation que de la vérité, ils sont bien moins occupés de ce qu'ils devoient dire, que de ce qu'on dira d'eux. Si quelquefois ils osent prendre des sentimens contraires, c'est encore pis. On dispute, mais ce n'est pas pour rien éclaircir; c'est pour vaincre : et presque personne n'a le courage de céder aux bonnes raisons d'un autre. Pour moi, Monseigneur, qui ne suis rien dans les lettres, je me flatte d'avoir de meilleures intentions, qui seroient bien mieux placées avec plus de capacité. Je me fais une loi de dire surtout ce que je pense, après l'avoir médité sérieusement, et je me dédommagerai toujours de m'être mépris, par l'honneur de convenir de mon tort, qui que ce soit qui me le montre. Voilà bien de la morale, Monseigneur, je vous en demande pardon ; mais je ne la débite ici que pour m'en faire devant vous un engagement plus étroit de la suivre dans l'occasion.

Je suis, avec le plus profond respect, et un attachement égal, etc.

VIII.

DE FÉNELON A LA MOTTE.

Sur la dispute des anciens et des modernes.

Cambrai, 4 mai 1714.

La lettre que vous m'avez fait la grâce de m'écrire, Monsieur, est très-obligeante ; mais elle flatte trop mon amour-propre, et je vous conjure de m'épargner. De mon côté, je vais vous répondre sur l'affaire du temps présent, d'une manière qui vous montrera, si je ne me trompe, ma sincérité.

Je n'admire point aveuglément tout ce qui vient des anciens. Je les trouve fort inégaux entre eux. Il y en a d'excellens : ceux même qui le sont, ont la marque de l'humanité, qui est de n'être pas sans quelque reste d'imperfection. Je m'imagine même que si nous avions été de leurs temps, la connoissance exacte des mœurs, des idées des divers siècles, et des dernières finesses de leurs langues, nous auroit fait sentir des fautes, que nous ne pouvons plus discerner avec certitude. La Grèce, parmi tant d'auteurs qui ont eu leurs beautés, ne nous montre au-dessus des autres, qu'un Homère, qu'un Pindare, qu'un Théocrite, qu'un Sophocle, qu'un Démosthène. Rome, qui a eu tant d'écrivains très-estimables, ne nous présente qu'un Virgile, qu'un Horace, qu'un Térence, qu'un Catulle, qu'un Cicéron. Nous pouvons croire Horace sur sa parole, quand il avoue qu'Homère se néglige un peu en quelques endroits.

Je ne saurois douter que la religion et les mœurs des héros d'Homère n'eussent de grands défauts. Il est naturel que ces défauts nous choquent dans les peintures de ce poète. Mais j'en excepte l'aimable simplicité du monde naissant : cette simplicité des mœurs, si éloignée de notre luxe, n'est point un défaut, et c'est notre luxe qui en est un très-grand. D'ailleurs un poète est un peintre, qui doit peindre d'après nature et observer tous les caractères.

Je crois que les hommes de tous les siècles ont eu à peu près le même fonds d'esprit et les mêmes talens, comme les plantes ont eu le même suc et la même vertu. Mais je crois que les Siciliens, par exemple, sont plus propres à être poètes que les Lapons. De plus, il y a eu des pays où les mœurs, la forme du gouvernement et les études ont été plus convenables que celles des autres pays pour faciliter le progrès de la poésie. Par exemple, les mœurs des Grecs formoient bien mieux des poètes que celles des Cimbres et des Teutons. Nous sortons à peine d'une étonnante barbarie; au contraire, les Grecs avoient une très-longue tradition de politesse et d'étude des règles, tant sur les ouvrages d'esprit que sur les beaux-arts.

Les anciens ont évité l'écueil du bel-esprit, où les Italiens modernes sont tombés, et dont la contagion s'est fait un peu sentir à plusieurs de nos écrivains, d'ailleurs très-distingués. Ceux d'entre les anciens qui ont excellé, ont peint avec force et grâce la simple nature. Ils ont gardé les caractères; ils ont attrapé l'harmonie; ils ont su employer à propos le sentiment et la passion. C'est un mérite bien original.

Je suis charmé des progrès qu'un petit nombre d'auteurs a donnés à notre poésie; mais je n'ose entrer dans le détail, de peur de vous louer en face. Je croirois, Monsieur, blesser votre délicatesse. Je suis d'autant plus touché de ce que nous avons d'exquis dans notre langue, qu'elle n'est ni harmonieuse, ni variée, ni libre, ni hardie, ni propre à donner de l'essor, et que notre scrupuleuse versification rend les beaux vers presque impossibles dans un long ouvrage. En vous exposant mes pensées avec tant de liberté, je ne prétends ni reprendre ni contredire personne. Je dis historiquement quel est mon goût, comme un homme, dans un repas, dit naïvement qu'il aime mieux un ragoût que l'autre. Je ne blâme le goût d'aucun homme, et je consens qu'on blâme le mien. Si la politesse et la discrétion nécessaires pour le repos de la société, demandent que les hommes se tolèrent mutuellement dans la variété d'opinions où ils se trouvent pour les choses les plus importantes à la vie humaine, à plus forte raison doivent-ils se tolérer sans peine dans la variété d'opinions sur ce qui importe très-peu à la sûreté du genre humain. Je vois bien qu'en rendant compte de mon goût, je cours risque de déplaire aux admirateurs passionnés et des anciens et des modernes; mais, sans vouloir fâcher ni les uns ni les autres, je me livre à la critique des deux côtés.

Ma conclusion est qu'on ne peut pas trop louer les modernes qui font de grands efforts pour surpasser les anciens. Une si noble émulation promet beaucoup. Elle me paroîtroit dangereuse, si elle alloit jusqu'à mépriser et à cesser d'étudier ces grands originaux. Mais rien n'est plus utile que de tâcher d'atteindre à ce qu'ils ont de plus sublime et de plus touchant, sans tomber dans une imitation servile pour les endroits qui peuvent être moins parfaits ou trop éloignés de nos mœurs. C'est avec cette liberté si judicieuse et si délicate que Virgile a suivi Homère.

Je suis, Monsieur, avec l'estime la plus sincère et la plus forte, etc.

IX.

DE LA MOTTE A FÉNELON.

Sur la lettre du prélat à M. Dacier touchant les occupations de l'Académie française.

Paris, 3 novembre 1714.

Monseigneur,

C'est me priver trop long-temps de l'honneur de vous entretenir; donnez-moi, je vous prie, un moment d'audience. J'ai lu plusieurs de vos ouvrages, et vous souffrirez, s'il vous plaît, que je vous rende compte de la manière dont j'en ai été touché. M. Destouches m'a lu quantité de vos lettres, où j'ai senti combien il est doux d'être aimé de vous; le cœur y parle à chaque ligne; l'esprit s'y confond toujours avec la naïveté et le sentiment. Les conseils y sont rians sans rien perdre de leur force; ils plaisent autant qu'ils convainquent; et je donnerois volontiers les louanges les plus délicates pour des censures ainsi assaisonnées par l'amitié. M. Destouches a dû vous dire combien nous vous aimions en lisant vos lettres, et combien je l'aimois lui-même d'avoir mérité tant de part dans votre cœur.... Je passe au discours que vous avez envoyé à l'Académie française. Tout le monde fut également charmé des idées justes que vous y donnez de chaque chose; il n'appartient qu'à vous d'unir tant de solidité à tant de grâces. Mais je vous dirai que sur Homère, les deux partis se flattoient de vous avoir chacun de leur côté. Vous faites Homère un grand peintre; mais vous passez condamnation sur ses dieux et sur ses héros. En vérité, si, de votre aveu, les uns ne valent pas nos fées, et les autres nos honnêtes gens, que devient un poème rempli de ces deux sortes de personnages? malgré le talent de peindre que je trouve avec vous dans Homère, la raison n'est-elle pas révoltée à chaque instant par des idées qu'elle ne sauroit avouer, et qui, du côté de l'esprit et du cœur, trouvent un double obstacle à l'approbation? Je ne vous demande pas pardon de ma franchise, j'en ai fait vœu avec vous pour le reste de ma vie, et je suis sûr que vous m'en aimez mieux. Je vous envoie le discours que j'ai prononcé à l'Académie le jour de la distribution des prix : j'étois directeur. J'ai cru devoir traiter une matière dont il semble qu'on auroit dû parler dès la première distribution : on me l'avoit pourtant laissée depuis cinquante années; je m'en suis saisi comme d'un bien abandonné, et qui appartenoit à la place où j'étois. Le discours me parut généralement approuvé; mais j'en appelle à votre jugement : c'est à vous de me marquer les fautes qui m'y peuvent être échappées.

Je suis avec le respect le plus profond, etc.

X.

DE FÉNELON A LA MOTTE.

Sur la dispute des anciens et des modernes.

Cambrai, 22 novembre 1714.

CHACUN se peint sans y penser, Monsieur, dans ce qu'il écrit. La lettre que j'ai reçue au retour d'un voyage ressemble à tout ce que j'entends dire de votre personne. Aussi ce portrait est-il fait de bonne main. Il me donneroit un vrai désir de voir celui qu'il représente. Votre conversation doit être encore plus aimable que vos écrits : mais Paris vous retient; vos amis disputent à qui vous aura; et ils ont raison. Je ne pourrois vous espérer à mon tour, que par un enlèvement de la main de M. Destouches.

Omitte mirari beatæ
Fumum, et opes, strepitumque Romæ.
Plerumque gratæ divitibus vices [1].

Nous vous retiendrions ici comme les preux chevaliers étoient retenus par enchantement dans les vieux châteaux. Ce qui est de réel, est que vous seriez céans libre comme chez vous, et aussi aimé que vous l'êtes par vos anciens amis. Je serois charmé de vous entendre raisonner avec autant de justesse sur les questions les plus épineuses de la théologie, que sur les ornemens les plus fleuris de la poésie. Vous savez, j'en ai la preuve en main, transformer le poète en théologien. D'un côté, vous avez réveillé l'émulation pour les prix de l'Académie, par un discours d'une très-judicieuse critique et d'un tour très-élégant; de l'autre, vous réfutez en peu de mots, dans la lettre que je garde, une très-fausse et très-dangereuse notion du libre arbitre, qui impose en nos jours à un grand nombre de gens d'esprit.

Au reste, Monsieur, je me trouve plus heureux que je ne l'espérois. Est-il possible que je contente les deux partis des anciens et des modernes, moi qui craignois tant de les fâcher tous deux? Me voilà tenté de croire que je ne suis pas éloigné du juste milieu, puisque chacun des deux partis me fait l'honneur de supposer que j'entre dans son véritable sentiment. C'est ce que je puis désirer de mieux, étant fort éloigné de l'esprit de critique et de partialité. Encore une fois, j'abandonne sans peine les dieux et les héros d'Homère; mais ce poète ne les a pas faits, il a bien fallu qu'il les prît tels qu'il les trouvoit; leurs défauts ne sont pas les siens. Le monde idolâtre et sans philosophie ne lui fournissoit que des dieux qui déshonoroient la divinité, et que des héros qui n'étoient guère honnêtes gens. C'est ce défaut de religion solide et de pure morale qui a fait dire à saint Augustin [2] sur ce poète : *Dulcissimè vanus est..... Humana ad deos transferebat*. Mais enfin la poésie est, comme la peinture, une imitation. Ainsi Homère atteint au vrai but de l'art, quand il représente les objets avec grâce, force et vivacité. Le sage et savant Poussin auroit peint le Guesclin et Boucicaut simples et couverts de fer, pendant que Mignard auroit peint les courtisans du dernier siècle avec des fraises, ou des colets montés, ou avec des canons, des plumes, de la broderie et des cheveux frisés. Il faut observer le vrai, et peindre d'après nature. Les fables mêmes qui ressemblent aux contes des fées, ont je ne sais quoi qui plaît aux hommes les plus sérieux : on redevient volontiers enfant, pour lire les aventures de Baucis et de Philémon, d'Orphée et d'Eurydice. J'avoue qu'Agamemnon a une arrogance grossière, et Achille un naturel féroce; mais ces caractères ne sont que trop vrais et que trop fréquens. Il faut les peindre pour corriger les mœurs. On prend plaisir à les voir peintes fortement par des traits hardis. Mais pour les héros des ro-

[1] HOR. lib. III, *Od.* XXIX, v. 11-13.

[2] *Confess.* lib. 1, cap. XIV, n. 23 : t. 1, p. 78.

mans, ils n'ont rien de naturel; ils sont faux, doucereux et fades. Que ne dirions-nous point là-dessus, si jamais Cambrai pouvoit vous posséder? une douce dispute animeroit la conversation.

> O noctes cœnæque deûm, quibus ipse, meique,
> Ante larem proprium vescor. . . . . . .
> Sermo oritur non de villis, domibusve aüenis.....
> . . . . Sed quod magis ad nos
> Pertinet, et nescire malum est, agitamus : utrumne
> Divitiis homines, an sint virtute beati [1].

Vous chanteriez quelquefois, Monsieur, ce qu'Apollon vous inspireroit.

> Tum verò in numerum Faunosque ferasque videres
> Ludere, tum rigidas motare cacumina quercus [2].

XI.

DE LA MOTTE A FÉNELON.

Sur le même sujet.

Paris, 13 décembre 1714

MONSEIGNEUR,

Le parti en est pris, je me ferai enlever par M. Destouches, dès qu'il voudra bien se charger de moi, et j'irai me livrer aux enchantemens de Cambrai. Vous voulez bien m'y promettre de la liberté et de l'amitié. Je profiterai si bien de l'une et de l'autre, que je vous en serai peut-être incommode. Je vous engagerai à parler de toutes les choses que j'ai intérêt d'apprendre; et je ne rougirai point de vous découvrir toute mon ignorance, puisque l'amitié vous intéresse à m'instruire. Pour l'affaire d'Homère, il me semble, Monseigneur, qu'elle est presque vidée entre vous et moi. J'ai prétendu seulement que l'absurdité du paganisme, la grossièreté de son siècle, et le défaut de philosophie, lui avoient fait faire bien des fautes; vous en convenez, et je conviens aussi avec vous que ces fautes sont celles de son temps, et non pas les siennes. Vous adoptez encore le jugement que saint Augustin porte d'Homère. Il dit de ce poète, qu'il est très-agréablement frivole : le frivole tombe sur les choses, l'agréable tombe en partie sur l'expression; et puisque mes censures ne s'étendent jamais qu'aux choses, me voilà d'accord avec saint Augustin et avec vous. Mais, Monseigneur, comme une douce dispute est l'âme de la conversation, je m'attends bien, quand j'aurai l'honneur de m'entretenir avec vous, à réveiller là-dessus de petites querelles. Je vous dirai, par exemple, qu'Homère a eu tort de donner à un homme aussi vicieux qu'Achille, des qualités si brillantes, qu'on l'admire plus qu'on ne le hait. C'est, à mon avis, tendre un piège à la vertu de ses lecteurs, que de les intéresser pour des méchans. Vous me répondrez; j'insisterai; les choses s'éclairciront, et je prévois avec plaisir que je finirai toujours par me rendre. Nous passerons de là aux matières plus importantes. La raison me parlera par votre bouche, et vous connoîtrez à mon attention si je l'aime. Voilà l'enchantement que je me promets, et malheur à qui me viendra désenchanter.

Je suis, Monseigneur, avec tous les sentimens que vous me connoissez, etc.

JUGEMENT DE FÉNELON

SUR UN POÈTE DE SON TEMPS.

J'AI lu, Monsieur, avec un grand plaisir l'ouvrage de poésie * que vous m'avez fait la grace de m'envoyer. Je ne parlerois pas à un autre aussi librement qu'à vous ; et je ne vous dirai même ma pensée qu'à condition que vous n'en expliquerez à l'auteur que ce qui peut lui faire plaisir, sans m'exposer à lui faire la moindre peine. Ses vers sont pleins, ce me semble, d'une poésie noble et hardie ; il pense hautement ; il peint bien et avec force ; il met du sentiment dans ses peintures, chose qu'on ne trouve guère en plusieurs poètes de notre nation. Mais je vous avoue que, selon mon foible jugement, il pourroit avoir plus de douceur et de clarté. Je voudrois un je ne sais quoi, qui est une facilité à laquelle il est très-difficile d'atteindre. Quand on est hardi et rapide, on court risque d'être moins clair et moins harmonieux. Les beaux vers de Malherbe sont clairs et faciles comme la prose la plus simple, et ils sont nombreux comme s'il n'avoit songé qu'à la seule harmonie. Je sais bien, Monsieur, que

---

[1] HORAT. *Serm* lib. II, *Sat.* VI, v. 65-74. — [2] VIRGIL. *Ecl.* VI, v. 27 et 28.

* C'étoit, à ce que nous croyons, les Poésies choisies de J.-B. ROUSSEAU.

cet assemblage de tant de choses qui semblent opposées, est presque impossible dans une versification aussi gênante que la nôtre. De là vient que Malherbe, qui a fait quelques vers si beaux et si parfaits suivant le langage de son temps, en a fait tant d'autres où l'on le méconnoît. Nous avons vu aussi plusieurs poètes de notre nation, qui, voulant imiter l'essor de Pindare, ont eu quelque chose de dur et de raboteux. Ronsard a beaucoup de cette dureté avec des traits hardis. Votre ami est infiniment plus doux et plus régulier. Ce qu'il peut y avoir d'inégal en lui n'est en rien comparable aux inégalités de Malherbe ; et j'avoue que ma critique, trop rigoureuse, n'a presque rien à lui reprocher, et est forcée de le louer presque partout. Ce qui me rend si difficile, est que je voudrois qu'un court ouvrage de poésie fût fait comme Horace dit que les ouvrages des Grecs étoient achevés, *ore rotundo*. Il ne faut prendre, si je ne me trompe, que la fleur de chaque objet, et ne toucher jamais que ce qu'on peut embellir. Plus notre versification est gênante, moins il faut hasarder ce qui ne coule pas assez facilement. D'ailleurs la poésie forte et nerveuse de cet auteur m'a fait tant de plaisir, que j'ai une espèce d'ambition pour lui, et que je voudrois des choses qui sont peut-être impossibles en notre langue. Encore une fois, je vous demande le secret, et je vous supplie de m'excuser sur ce que des eaux que je prends, et qui m'embarrassent un peu la tête, m'empêchent d'écrire de ma main. Il n'en est pas de même du cœur ; car je ne puis rien ajouter, Monsieur, aux sentimens très-vifs d'estime avec lesquels je suis votre, etc.

POÉSIES.

ODE

A L'ABBÉ DE LANGERON.

DESCRIPTION DU PRIEURÉ DE CARENAC *.

Montagnes ** de qui l'audace
Va porter jusques aux cieux
Un front d'éternelle glace
Soutien du séjour des dieux ;
Dessus vos têtes chenues
Je cueille au-dessus des nues
Toutes les fleurs du printemps.
A mes pieds, contre la terre,
J'entends gronder le tonnerre
Et tomber mille torrens.

Semblables aux monts de Thrace,
Qu'un géant audacieux
Sur les autres monts entasse
Pour escalader les cieux,
Vos sommets sont des campagnes
Qui portent d'autres montagnes ;
Et, s'élevant par degrés,
De leurs orgueilleuses têtes
Vont affronter les tempêtes
De tous les vents conjurés.

Dès que la vermeille Aurore
De ses feux étincelans
Toutes ces montagnes dore,
Les tendres agneaux bêlans
Errent dans les pâturages ;
Bientôt les sombres bocages,
Plantés le long des ruisseaux,
Et que les zéphyrs agitent,
Bergers et troupeaux invitent
A dormir au bruit des eaux.

Mais dans ce rude paisage,
Où tout est capricieux

---

* Cette Ode a été imprimée dans l'édition du Télémaque donnée en 1747 par le chevalier de Ramsai. Fénelon la composa en 1681, pendant le séjour qu'il fit en Périgord, auprès de l'évêque de Sarlat, son oncle, qui venoit de lui résigner le prieuré de Carenac, dans le diocèse de Sarlat. Voyez l'*Hist. de Fén.* liv. 1, n. 21.
** Les montagnes du Périgord où étoit Fénelon lorsqu'il composa cette Ode.

Et d'une beauté sauvage,
Rien ne rappelle à mes yeux
Les bords que mon fleuve arrose;
Fleuve où jamais le vent n'ose
Les moindres flots soulever,
Où le ciel serein nous donne
Le printemps après l'automne,
Sans laisser place à l'hiver.

Solitude *, où la rivière
Ne laisse entendre aucun bruit
Que celui d'une onde claire
Qui tombe, écume et s'enfuit;
Où deux îles fortunées,
De rameaux verts couronnées,
Font pour le charme des yeux
Tout ce que le cœur désire;
Que ne puis-je sur ma lyre
Te chanter du chant des dieux!

De zéphir la douce haleine,
Qui reverdit nos buissons,
Fait sur le dos de la plaine
Flotter les jaunes moissons
Dont Cérès emplit nos granges;
Bacchus lui-même aux vendanges
Vient empourprer le raisin,
Et du penchant des collines
Sur les campagnes voisines
Verse des fleuves de vin.

Je vois au bout des campagnes,
Pleines de sillons dorés,
S'enfuir vallons et montagnes
Dans des lointains azurés,
Dont la bizarre figure
Est un jeu de la nature :
Sur les rives du canal,
Comme en un miroir fidèle,
L'horizon se renouvelle
Et se peint dans ce cristal.

Avec les fruits de l'automne
Sont les parfums du printemps,
Et la vigne se couronne
De mille festons pendans;
Le fleuve aimant les prairies,
Qui dans des îles fleuries
Ornent ses canaux divers,
Par des eaux ici dormantes,
Là rapides et bruyantes,
En baigne les tapis verts.

Dansant sur les violettes,
Le berger mêle sa voix
Avec le son des musettes,
Des flûtes et des hautbois.
Oiseaux, par votre ramage,
Tous soucis dans ce bocage
De tous cœurs sont effacés;
Colombes et tourterelles,
Tendres, plaintives, fidèles,
Vous seules y gémissez.

Une herbe tendre et fleurie
M'offre des lits de gazon,
Une douce rêverie
Tient mes sens et ma raison :
A ce charme je me livre,
De ce nectar je m'enivre,
Et les dieux en sont jaloux:
De la Cour flatteurs mensonges
Vous ressemblez à mes songes,
Trompeurs comme eux, mais moins doux.

A l'abri des noirs orages
Qui vont foudroyer les grands,
Je trouve sous ces feuillages
Un asile en tous les temps :
Là, pour commencer à vivre,
Je puise seul et sans livre
La profonde vérité ;
Puis la fable avec l'histoire
Viennent peindre à ma mémoire
L'ingénue antiquité.

Des Grecs je vois le plus sage *,
Jouet d'un indigne sort,
Tranquille dans son naufrage
Et circonspect dans le port;
Vainqueur des vents en furie,
Pour sa sauvage patrie
Bravant les flots nuit et jour:
O combien de mon bocage
Le calme, le frais, l'ombrage
Méritent mieux mon amour!

Je goûte, loin des alarmes,
Des Muses l'heureux loisir;
Rien n'expose au bruit des armes
Mon silence et mon plaisir.
Mon cœur, content de ma lyre,
A nul autre honneur n'aspire
Qu'à chanter un si doux bien.
Loin, loin, trompeuse fortune,

---

* Cette solitude est le prieuré de Carenac, situé sur les bords de la Dordogne.

* Ulysse.

Et toi faveur importune ;
Le monde entier ne m'est rien.

En quelque climat que j'erre,
Plus que tous les autres lieux
Cet heureux coin de la terre
Me plaît, et rit à mes yeux ;
Là, pour couronner ma vie,
La main d'une Parque amie
Filera mes plus beaux jours ;
Là reposera ma cendre ;
Là Tyrcis * viendra répandre
Les pleurs dus à nos amours.

SUR LA PRISE DE PHILISBOURG,

PAR LE DAUPHIN, FILS DE LOUIS XIV,

en 1688.

Depuis les colonnes d'Hercule,
Où le soleil éteint ses feux,
Jusques aux rivages qu'il brûle
Quand il remonte dans les cieux ;
De la zone ardente du Maure
Jusques aux glaces du Bosphore,
D'effroi les peuples sont saisis ;
Tout-à-coup un nouveau tonnerre,
En grondant, fait trembler la terre
Sous la main d'un nouveau Louis.

Philisbourg, c'est toi qu'il menace,
Par toi commencent ses hauts faits ;
N'oppose point à son audace
Ni ton rocher, ni tes marais :
Sur tes murs va tomber la foudre,
Et tes guerriers mordront la poudre
Sous les coups du jeune vainqueur ;
Frankendal, Manheim, Worms, Spire,
Bientôt ouvriront tout l'Empire
A cette rapide valeur.

Tel qu'Hippolyte en son jeune âge,
Il amusoit, dans les forêts,
Sa noble ardeur et son courage ;
Mais, lassé d'une longue paix,
Comme son père, après la gloire,
Sur les ailes de la victoire,

* Sous ce nom emprunté, Fénelon désigne l'abbé de Lan
geron, le plus cher de ses amis, à qui cette Ode est adressée.

Il vole ; et sa puissante main
Ne s'exercera dans la guerre
Qu'à purger, comme lui, la terre
Des monstres nourris dans son sein.

TRADUCTION DU PSAUME Ier.

Beatus vir, etc.

Heureux qui, loin de l'impie,
Loin des traces des pécheurs,
Dérobe sa pure vie
A cette peste des mœurs,
Et qui nuit et jour médite
La loi dans son cœur écrite.

Tel sur les rives des eaux
L'arbre voit ses feuilles vertes
De fleurs et de fruits couvertes
Orner ses tendres rameaux.
Non, non, tel n'est pas l'impie.
Comme poudre au gré des vents
Sa grandeur évanouie
Devient le jouet des ans.

De nos saintes assemblées,
Des faveurs du ciel comblées,
Il ne verra plus la paix ;
Et, dans l'horreur de son crime,
Sous ses pas s'ouvre l'abîme
Qui l'engloutit à jamais.

TRADUCTION DU PSAUME CXXXVI.

Super flumina Babylonis.

Sur les rives du fleuve, auprès de Babylone,
Là, pénétrés d'affliction,
Chacun de nous assis aux larmes s'abandonne,
Se ressouvenant de Sion.

Nos instrumens muets sont suspendus aux saules ;
Mais le peuple victorieux
Veut entendre le chant des divines paroles
Qu'en paix chantèrent nos aïeux.

Ceux qui nous ont traînés hors de Sion, loin d'elle,
Chantez, nous disent-ils, vos vers.
Hélas ! comment chanter ? cette terre infidèle
Entendroit nos sacrés concerts.

Plutôt que t'oublier, ô Sion ! ô patrie !
    Que ma langue, pour me punir,
Se sèche en mon palais ! que ma droite j'oublie,
    Si je perds ton doux souvenir !

Seigneur, au jour des tiens, au grand jour de
    ta gloire,
    Souviens-toi des enfans d'Edom.
Ils ont dit : Effacez, effacez sa mémoire ;
    En cendre réduisez Sion.

O Babylone impie, ô mère déplorable !
    Heureux qui ces maux te rendra !
Qui, traînant tes enfans hors de ton sein coupable,
    Sur la pierre les brisera !

ODE

SUR L'ENFANCE CHRÉTIENNE *.

Adieu vaine prudence,
Je ne te dois plus rien ;
Une heureuse ignorance
    Est ma science ;
Jésus et son enfance
    Est tout mon bien.

Jeune, j'étois trop sage,
Et voulois tout savoir ;
Je n'ai plus en partage
    Que badinage,
Et touche au dernier âge
    Sans rien prévoir.

Au gré de ma folie
Je vais sans savoir où :
Tais-toi, philosophie ;
    Que tu m'ennuie !

---

* Le P. de Querbeuf, en citant, dans la *Vie de Fénelon*
(page 749), les deux premières strophes de cette Ode, fait les
réflexions suivantes, qu'il ne sera peut-être pas inutile de transcrire : « Un historien, bel-esprit, mais peu exact (Voltaire),
» a voulu cependant faire mourir Fénelon en philosophe qui se
» livre aveuglément à sa destinée, sans crainte ni espérance.
» Il cite en preuve quelques vers qu'il prétend que M. de Cambrai répéta dans les derniers jours de sa maladie ; mais il n'a
» garde de faire observer que ces vers sont tirés d'un cantique
» de M. de Fénelon sur cette simplicité d'une enfance sainte
» et divine, qui renonce à la prudence humaine et aux inquiétudes de l'avenir, pour s'abandonner, sans toutes ces prévoyances inutiles, et souvent nuisibles, à la confiance dans la
» miséricorde de Dieu et dans les mérites de Jésus-Christ. »

Les savans je défie,
    Heureux les fous !

Quel malheur d'être sage,
Et conserver ce *moi*,
Maître dur et sauvage,
    Trompeur volage !
O le rude esclavage
    Que d'être à soi !

Loin de toute espérance,
Je vis en pleine paix ;
Je n'ai ni confiance,
    Ni défiance ;
Mais l'intime assurance
    Ne meurt jamais.

Amour, toi seul peux dire
Par quel puissant moyen
Tu fais, sous ton empire,
    Ce doux martyre
Où toujours l'on soupire
    Sans vouloir rien.

Amour pur, on t'ignore ;
Un rien te peut ternir :
Le Dieu jaloux abhorre
    Que je l'adore,
Si, m'offrant, j'ose encore
    Me retenir.

O Dieu ! ta foi m'appelle,
Et je marche à tâtons ;
Elle aveugle mon zèle,
    Je n'entends qu'elle ;
Dans ta nuit éternelle
    Perds ma raison.

Content dans cet abîme,
Où l'amour m'a jeté,
Je n'en vois plus la cime,
    Et Dieu m'opprime ;
Mais je suis la victime
    De vérité.

Etat qu'on ne peut peindre ;
Ne plus rien désirer,
Vivre sans se contraindre
    Et sans se plaindre,
Enfin ne pouvoir craindre
    De s'égarer.

CONTRE LA PRUDENCE HUMAINE.

RÉPONSE.

Heureux, si la prudence
N'est plus pour nous un bien !
Une docte ignorance
   Est la science
Qui, dans la sainte enfance,
   Sert de soutien.

Ce seroit être sage,
De prétendre savoir
Quel sera le partage
   Et l'avantage
Que dans le dernier âge
   On peut avoir.

O la sage folie,
D'aller sans savoir où !
Sotte philosophie,
   Je te défie
D'embarrasser la vie
   D'un heureux fou.

En cessant d'être sage
Je sors enfin de toi;
Je quitte l'esclavage
   Dur et sauvage
D'un moi trompeur, volage,
   Pour vivre en foi.

En perdant l'espérance,
On retrouve la paix;
L'amour, sans confiance
   Ni défiance,
Est l'unique assurance
   Pour un jamais.

Amour, de qui l'empire
Est rigoureux et doux;
On souffre le martyre
   Sans l'oser dire,
Quoique le cœur soupire
   Dessous tes coups.

Il vit dans cet abîme
Où l'amour l'a jeté;
Il ne voit plus de crime;
   Rien ne l'opprime,
Quoiqu'il soit la victime
   De vérité.

LETTRE A BOSSUET,

SUR LA CAMPAGNE DE GERMIGNY.

De myrte et de laurier, de jasmins et de roses,
De lis, de fleurs d'orange en son beau sein
   écloses,
Germigny se couronne, et sème les plaisirs.
Taisez-vous, aquilons, dont l'insolente rage
Attaque le printemps, caché dans son bocage;
Zéphyrs, portez lui seuls mes plus tendres sou‐
   pirs.
O souffles amoureux, allez caresser Flore;
Qu'en ce rivage heureux à jamais elle ignore
La barbare saison qui vient pour la ternir.
Loin donc les noirs frimas, loin la neige et la
   glace;
Verdure, tendres fleurs, que rien ne vous efface !
O jours doux et sereins, gardez-vous de finir !
Que par les feux naissans d'une vermeille aurore
Le sombre azur des cieux chaque matin s'y dore;
Que l'air exhale en paix les parfums du prin‐
   temps;
Que le fleuve, jaloux des beaux lieux qu'il
   arrose,
Leur garde une onde pure, et que jamais il n'ose
Abandonner ses flots aux caprices des vents.
Hiver, cruel hiver, dont frémit la nature,
Ah! si tu flétrissois cette vive peinture !
Hâtez-vous donc, forêts, montagnes d'alentour,
Défendez votre gloire, arrêtez son audace;
Tremblez, nymphes, tremblez, c'est Tempé
   qu'il menace;
Des grâces et des jeux c'est le riant séjour.

Voilà, Monseigneur, ce qu'un de mes amis vous envoie; il vous prie d'en faire part à Germigny pour le consoler dans les disgrâces de la saison. Nous avons reçu votre lettre, partie de Meaux le même jour que vous étiez parti de Paris. Nous avons senti et admiré sa diligence: On travaille à profiter de l'avis. Je saurai de M. l'abbé Fleury s'il travaille à la traduction, pour ne mettre point ma faux en moisson étrangère. Je ne sais aucune nouvelle. Ce n'en est pas une de vous dire, Monseigneur, que je suis tout ce que je dois être, et que je n'oserois dire, à cause que vous avez défendu à mes lettres tout compliment.

Paris, dimanche 7 décembre (1684 ou 1687.)

SOUPIRS DU POÈTE

POUR LE RETOUR DU PRINTEMPS.

Bois, fontaines, gazons, rivages enchantés,
Quand est-ce que mes yeux reverront vos beautés,
Au retour du printemps, jeunes et refleuries?
Cruel sort qui me tient! que ne puis-je courir?
 Creux vallons, riantes prairies,
  Où de si douces rêveries
A mon cœur enivré venoient sans cesse offrir
Plaisirs purs et nouveaux, qui ne pouvoient tarir!
Hélas! que ces douceurs pour moi semblent taries!
Loin de vous je languis, rien ne peut me guérir :
 Mes espérances sont péries,
  Moi-même je me sens périr.
Collines, hâtez-vous, hâtez-vous de fleurir
Hâtez-vous, paroissez, venez me secourir.
Montrez-vous à mes yeux, ô campagnes chéries!
Puissé-je encore un jour vous revoir, et mourir.

FABLE.

LE BOUFFON ET LE PAYSAN.

Un grand seigneur, voulant plaire à la populace,
Assembla les faiseurs de tours de passe-passe,
 Leur promettant des prix
S'ils pouvoient inventer quelque nouveau spectacle.
 Un bouffon dit : Chacun sera surpris
  En me voyant faire un miracle.
Aussitôt on accourt; tout le peuple empressé
Crie, pousse, se bat pour être bien placé.
Le bouffon paroît seul : on attend en silence.
 Il met le nez sous son manteau,
  Imite le cri d'un pourceau ;
 Et déjà tout le peuple pense
 Qu'en son sein il porte un cochon.
 Secouez vos habits, dit-on.
 Sans que rien tombe, il les secoue.
  On l'admire, on le loue.
  J'en ferai demain autant,
  S'écria d'abord un paisan.
 Qui, vous? Oui, moi. La suivante journée
  On vit grossir l'assemblée.
Chacun, se prévenant en faveur du bouffon,
De l'étourdi paisan se préparoit à rire.
Le bouffon recommence à faire le cochon,
  Derechef on l'admire.

Le paisan, comme l'autre, avoit mis son manteau
 En homme chargé d'un pourceau.
Mais qui l'eût soupçonné, voyant l'autre merveille?
Un vrai cochon pourtant étoit dans son giron;
Il le faisoit crier en lui pinçant l'oreille.
Chacun, se récriant, soutint que le bouffon
 Contrefaisoit mieux le cochon.
 On vouloit chasser le rustique ;
 Alors, en montrant l'animal,
Faut-il donc, leur dit-il, que pour juger si mal
 De juger on se pique?

SIMONIDE.

FABLE.

Un athlète vainqueur, pour chanter sa victoire,
 Offrit à Simonide un prix.
Simonide s'enferme, et l'éloge promis
Lui semble un vil sujet. Pour rehausser sa gloire,
 Il l'enrichit d'ornemens étrangers,
Peint les brillans Gémeaux de la voûte céleste;
Par leurs travaux, leurs combats, leurs dangers,
 Il tâche d'ennoblir le reste.
 L'ouvrage plut : mais, malgré ses beautés,
Les deux tiers de son prix retranchés par l'athlète,
Qui me les payera? s'écrioit le poète.
Les deux dieux, répond-il, que ta muse a chantés.
Si tu n'es point fâché, viens souper, je te prie,
 Avec tous mes parens ce soir ;
 Comme un d'entr'eux je te convie.
Pour cacher sa douleur, il va se faire voir
 Chez l'athlète à l'heure marquée.
Tout est riant, tout brille en ces riches lambris;
 Ils résonnent de mille cris.
Des mets les plus exquis la table est couronnée.
Mais, tout-à-coup, voilà qu'aux esclaves servans,
D'un air plus que mortel, deux jeunes combattans,
Tout fondans en sueur, tout couverts de poussière,
 Font entendre une voix sévère.
Que Simonide vienne, et qu'il ne tarde pas.
A peine est-il sorti, que les murs qui s'affaissent
Ecrasent en tombant la troupe et le repas;
Et les deux fils de Lède aussitôt disparoissent.
  La renommée en tous lieux,
  Par cette histoire, publie
  Que Simonide tient la vie,
  Comme en récompense des dieux.

FABLE.

LE VIEILLARD ET L'ANE.

Qui change de gouvernement
Sans nul profit change de maître.
Un timide vieillard, dans un pré faisant paître
Son âne, l'ennemi donne l'alarme au camp.
Fuyons, s'écria-t-il à la bête, autrement
Nous serons pris. Pourquoi nous enfuir de la sorte?
Dit l'animal fourrageant en repos;
Le vainqueur mettra-t-il double faix sur mes os?
Non, dit l'homme. Hé bien, que m'importe,
Reprit l'âne, par qui le bât est sur mon dos!

L'ODYSSÉE D'HOMÈRE.

PRÉCIS DU LIVRE PREMIER.

Après une invocation aux Muses, après les avoir suppliées, d'un style simple et modeste, de lui raconter les aventures du malheureux Ulysse, Homère le représente, le seul des héros qui avoient ruiné la fameuse Troie, toujours éloigné de sa patrie, toujours errant et contrarié dans son retour.

Il gémit, dit-il, il languit dans les antres de Calypso : peu sensible aux charmes de cette déesse, il ne soupire qu'après son île d'Ithaque, qu'après sa chère et constante Pénélope.

Neptune, irrité contre Ulysse, qui avoit privé de la vue le cyclope Polyphème son fils, étoit la seule divinité qui traversât son juste désir.

Minerve, profitant de l'absence du dieu de la mer, paroît dans le conseil des dieux ; elle les trouve tous assemblés dans le palais de Jupiter. Là le père des dieux se plaignoit de ce que les hommes lui attribuoient les malheurs qu'ils ne s'attiroient que par leur imprudence ou leur perversité. N'ai-je pas fait avertir Egisthe ? leur dit-il ; et sa conscience ne lui annonçoit-elle pas tous les maux qui alloient fondre sur lui, s'il trempoit ses mains dans le sang du fils d'Atrée, s'il souilloit jamais sa couche nuptiale ? Sourd à ma voix, sourd à celle de la raison, il a tout bravé ; et Oreste l'a justement immolé à sa vengeance et aux mânes de son père Agamemnon.

Il méritoit de périr, répliqua Minerve. Mais Ulysse, mais le sage et religieux Ulysse, mérite-t-il d'être si long-temps poursuivi par l'infortune ? Dieu tout-puissant, votre cœur n'en est-il point touché ? Ne vous laisserez-vous jamais fléchir ? N'est-ce pas le même Ulysse qui vous a offert tant de sacrifices sous les murs de Troie ?

Ce n'est pas moi, répondit le maître du tonnerre, qui suis irrité contre ce héros ; c'est Neptune, et vous en savez la raison. Comme il ne peut trancher le fil de ses jours, il le fait errer sur la vaste mer, et le tient éloigné de ses Etats. Mais prenons ici des mesures pour lui procurer un heureux retour. Neptune, cédant enfin, ne pourra pas tenir seul contre tous les dieux.

Envoyez donc Mercure, lui dit Minerve, envoyez promptement Mercure à l'île d'Ogygie, pour porter à Calypso vos ordres suprêmes, afin qu'elle ne s'oppose plus au départ d'Ulysse. Cependant j'irai à Ithaque pour inspirer au jeune Télémaque la force dont il a besoin : je l'enverrai à Sparte et à Pylos pour y apprendre des nouvelles de son père, et afin que par cette recherche empressée il acquière un renom immortel parmi les hommes.

Aussitôt Minerve s'élance du haut de l'Olympe, et, plus légère que les vents, elle traverse les mers et la vaste étendue de la terre. La déesse arrive à la porte du palais d'Ulysse, sous la figure de Mentès, roi des Taphiens. Dès que Télémaque l'aperçoit, empressé de remplir les devoirs de l'hospitalité, il s'avance, lui présente la main, prend sa pique pour le soulager, et lui parle en ces termes : Etranger, soyez le bienvenu, reposez-vous, prenez quelque nourriture, et vous nous direz ensuite le sujet qui vous amène.

Aussitôt Télémaque donne ses ordres, et tout se met en mouvement pour servir le prétendu roi des Taphiens.

Cependant les fiers poursuivans de Pénélope entrent dans la salle, se placent sur différens siéges, et ne paroissent occupés que de la bonne chère, que de la musique et de la danse, qui sont les agréables compagnes des festins.

Télémaque sembloit seul indifférent à tous ces plaisirs ; il n'étoit occupé que de son nouvel hôte, et lui adressant la parole, il lui dit : Mon cher hôte, me pardonnerez-vous si je vous dis que voilà la vie que mènent ces insolens ? Hélas ! reprit la déesse en soupirant, vous avez bien besoin qu'Ulysse, après une si longue absence, vienne réprimer l'insolence de ces princes, et leur faire sentir la force de son bras. Ah ! quel changement, s'il paroissoit ici tout-à-coup avec son casque, son bouclier et deux javelots, tel que je le vis dans le palais de mon père, lorsqu'il revint de la cour d'Ilus, fils de Mermérus ! Pour vous, je vous exhorte à prendre les moyens de les chasser de votre palais : dès demain appelez tous ces princes à une assemblée; là vous leur parlerez, et. prenant les dieux à témoin, vous leur ordonnerez de retourner chacun dans sa maison.

Après avoir congédié l'assemblée, vous prendrez un de vos meilleurs vaisseaux avec vingt bons rameurs, pour aller vous informer de tout ce qui concerne votre père : allez d'abord à Pylos, chez le divin Nestor, à qui vous ferez modestement des questions ; de là vous irez à Sparte, chez Ménélas, qui est revenu de Troie après tous les Grecs. Si par hasard vous entendez dire des choses qui vous donnent quelque espérance que votre père est en vie et qu'il revient, vous attendrez la confirmation de cette bonne nouvelle encore une année entière, quelque douleur que vous presse et quelque impatience que vous ayez de revenir : mais si l'on vous assure qu'il ne jouit plus de la lumière, alors vous reviendrez à Ithaque, vous lui élèverez un tombeau, vous lui ferez des funérailles magnifiques et dignes de lui, et vous donnerez à votre mère un mari que vous choisirez vous-même. Après cela, appliquez-vous à vous défaire des poursuivans ou par la force ou par la ruse ; qu'une noble émulation aiguise votre courage : armez-vous donc de sentimens généreux pour mériter les éloges de la postérité.

Mon hôte, lui répond le sage Télémaque, vous venez de me parler avec toute l'amitié qu'un bon père peut témoigner à son fils ; jamais je n'oublierai la moindre de vos paroles : mais souffrez que je vous retienne et que j'aie le temps de vous faire un présent honorable : il sera dans votre maison un monument éternel de mon amitié et de ma reconnoissance.

Le présent que votre cœur généreux vous porte à m'offrir, lui dit Minerve, vous me le ferez à mon retour, et je tâcherai de le reconnoître. En finissant ces mots, la déesse le quitte et s'envole comme un oiseau. Télémaque étonné, et se sentant animé d'une force et d'un courage extraordinaires, ne doute pas que ce ne soit un dieu qui lui ait parlé.

Il rejoint les princes ; ils écoutoient alors en silence le célèbre Phémius qui chantoit le retour des Grecs, que Minerve leur avoit rendu si funeste pour punir l'insolence d'Ajax le Locrien, qui avoit indignement profané son temple. La fille d'Icare entendit de son appartement ces chants divins : ils lui rappelèrent son cher Ulysse, et réveillèrent ses amères douleurs. Elle descendit, suivie de quelques-unes de ses femmes, et, s'arrêtant à l'entrée de la salle, le visage couvert d'un voile d'un grand éclat, et les yeux baignés de larmes, elle pria Phémius de choisir quelques sujets moins tristes, moins propres à renouveler ses chagrins.

Télémaque la reprit modestement et avec force, en l'exhortant à retourner dans son appartement et à ne se plus montrer aux poursuivans. Pénélope, étonnée de la sagesse de son fils, dont elle recueilloit avec soin toutes les paroles, se retira et continua de pleurer son cher Ulysse. Les princes, plus enflammés que jamais pour Pénélope, font retentir la salle de leurs clameurs. Télémaque prend encore la parole · Que ce tumulte cesse, leur dit-il d'un ton ferme ; qu'on n'entende plus tous ces cris : il est juste et décent d'entendre tranquillement un chantre comme Phémius, qui est égal aux dieux par la beauté de sa voix et par les merveilles de ses chants. Demain, dès la pointe du jour, nous nous rendrons tous à l'assemblée que j'indique dès aujourd'hui ; j'ai à vous parler, pour vous déclarer que, sans aucun délai, vous n'avez qu'à vous retirer : sortez de mon palais, allez ailleurs faire des festins, en vous traitant tour-à-tour dans vos maisons.

Il parla ainsi, et tous ces princes se mordent les lèvres, et ne peuvent assez s'étonner de la vigueur avec laquelle il vient de parler. Antinoüs cependant et Eurymaque voulurent lui répondre. Télémaque les écouta sans changer de contenance ni de sentiment.

Les princes continuèrent de se livrer aux plaisirs de la danse et de la musique jusqu'à la nuit ; et lorsque l'étoile du soir eut chassé le jour, ils se retirèrent chacun dans leur maison.

Télémaque monta aussi dans son appartement, tout occupé de chercher en lui-même les moyens de faire le voyage que Minerve lui avoit conseillé.

PRÉCIS DU LIVRE II.

L'AURORE commençoit à peine à dorer l'horizon, que le fils d'Ulysse se lève, prend un habit magnifique; met sur ses épaules un baudrier d'où pendoit une riche épée, et, sans perdre un moment, donne ordre à ses hérauts d'appeler les Grecs à l'assemblée. Télémaque se rend au milieu d'eux, tenant au lieu de sceptre une longue pique. Minerve avoit répandu sur toute sa personne une grâce toute divine ; les peuples, en le voyant paroître, sont saisis d'admiration.

Le héros Egyptius parla le premier ; il étoit courbé sous le poids des années, et une longue expérience l'avoit instruit. Peuples, dit-il en élevant la voix, peuples d'Ithaque, écoutez-moi. Nous n'avons vu tenir ici d'assemblée ni de conseil depuis le départ d'Ulysse ; qui est donc celui qui nous assemble ? quel pressant besoin lui a inspiré cette pensée ? Qui que ce soit, c'est sans doute un homme de bien ; puisse-t-il réussir dans son entreprise, et que Jupiter le favorise dans tous ses desseins !

Télémaque, touché de ce souhait qu'il prit pour un bon augure, se lève aussitôt, et lui adresse la parole : Sage vieillard, celui qui a assemblé le peuple n'est pas loin de vous : c'est moi, c'est le fils d'Ulysse ; c'est dans la douleur que me cause l'absence de mon père et le désordre qui règne dans son palais, que je vous ai tous appelés. Je vous en conjure au nom de Jupiter Olympien et de Thémis qui préside aux assemblées, opposez-vous aux injustices que j'éprouve et qui me ruinent. Il parle ainsi, le visage baigné de pleurs, et jette sa longue pique à terre pour mieux marquer son indignation. Le peuple en paroît ému ; les princes demeurent dans le silence. Antinoüs est le seul qui ose lui répondre :

Télémaque, qui témoignez dans vos discours tant de hauteur et d'audace, que venez-vous de dire pour nous déshonorer? Ce ne sont point les amans de la reine votre mère qui sont cause de vos malheurs; c'est Pénélope elle-même, qui n'a recours qu'à des artifices pour nous amuser. Renvoyez-la chez son père Icare; engagez-la à se déclarer pour celui de nous qu'elle choisira et qu'elle trouvera plus aimable.

Il n'est pas possible, répondit le sage Télémaque, que je fasse sortir par force de mon palais celle qui m'a donné le jour, et qui m'a nourri elle-même. Me pourrais-je mettre à couvert de la vengeance des dieux, après que ma mère chassée de ma maison auroit invoqué les redoutables Furies? Pourrois-je éviter l'indignation de tous les hommes qui s'élèveroient contre moi? Jamais un ordre si cruel et si injuste ne sortira de ma bouche.

Aussitôt il parut deux aigles dans les airs, qui planèrent quelque temps au-dessus de l'assemblée; ils sembloient arrêter leurs regards sur toutes les têtes des poursuivans, et leur annoncer la mort.

Les Grecs en furent saisis de frayeur. Le vieillard Halitherse, qui surpassoit en expérience tous ceux de son âge pour discerner le vol des oiseaux, et pour expliquer leurs présages, leur déclara que les aigles pronostiquoient le retour prochain d'Ulysse et la punition terrible des poursuivans de Pénélope.

Eurymaque lui répondit, en se moquant de ses menaces: Vieillard, retire-toi; va dans ta maison faire ces prédictions à tes enfans: je suis plus capable que toi de prophétiser et d'expliquer ce prétendu prodige. Si, en te servant des vieux tours que ton grand âge t'a appris, tu surprends la jeunesse du prince pour l'irriter contre nous, crois-tu que nous ne nous en vengerons point? Le seul conseil que je puis donner à Télémaque, c'est d'obliger sa mère à se retirer chez son père.

Ce seroit à vous à vous retirer, répondit prudemment le fils d'Ulysse. Mais je ne vous en parle plus; je vous demande seulement un vaisseau avec vingt rameurs qui me mènent de côté et d'autre sur la vaste mer: j'ai résolu d'aller à Sparte et à Pylos pour apprendre des nouvelles de mon père. Si je suis assez heureux pour entendre dire qu'il est encore en vie et en état de revenir, j'attendrai la confirmation de cette nouvelle une année entière avec toute l'inquiétude d'une attente toujours douteuse. Mais si j'apprends certainement qu'il ne vit plus, je reviendrai dans ma chère patrie, je lui élèverai un superbe tombeau, je lui ferai des funérailles magnifiques, et j'obligerai ma mère à se choisir un mari.

Dès que Télémaque eut achevé de parler, Mentor se leva; c'étoit un des plus fidèles amis d'Ulysse, celui à qui, en s'embarquant pour Troie, il avoit confié le soin de toute sa maison.

Écoutez-moi, dit-il au peuple d'Ithaque: quel est le roi qui désormais voudra être modéré, clément et juste? Il n'y a donc parmi vous personne qui se souvienne du sage et divin Ulysse, personne qui n'ait oublié ses bienfaits? Quoi! vous gardez tous un honteux silence? Vous n'avez pas le courage de vous opposer, au moins par vos paroles, aux injustices de ses ennemis?

Que venez-vous de dire, impudent Mentor? lui répliqua Léocrite; croyez-vous qu'il soit si facile de s'opposer aux poursuivans de Pénélope? Ulysse lui-même, s'il l'entreprenoit à son retour, réussiroit-il à les chasser de son palais? Vous avez donc parlé contre toute raison. Mais que le peuple se retire; et vous, Mentor, préparez avec Halitherse, votre ami et celui d'Ulysse, tout ce qui est nécessaire pour le départ de Télémaque.

Ce jeune prince sortit avec tous les autres de l'assemblée, et s'en alla seul sur le rivage de la mer: après s'être lavé les mains dans l'onde salée, il adressa à Minerve une humble et tendre prière; la déesse, touchée de sa confiance, prit la figure de Mentor, et lui dit en s'approchant de lui: Laissez là les complots et les machinations des amans insensés de votre mère; ils n'ont ni prudence ni justice; ils ne voient pas la punition terrible qui les attend. Le voyage que vous méditez ne sera pas long-temps différé; je vous équiperai un vaisseau et je vous accompagnerai: retournez donc dans votre palais, vivez avec les princes à votre ordinaire, et préparez cependant les provisions dont vous avez besoin.

Dès que Télémaque paroît, Antinoüs l'attaque, et ose le plaisanter sur le discours qu'il avoit fait à l'assemblée, et sur le projet de son voyage. Télémaque y répond avec fermeté, et même avec menace: mais les poursuivans s'en moquent, et ne songent qu'à se divertir. Le jeune prince les quitte, et va trouver Euryclée qui l'avoit élevé: il lui ordonne d'ouvrir les celliers d'Ulysse dont elle avoit la garde; et après lui en avoir demandé le secret avec serment, il communique à sa nourrice le projet de son voyage, et lui recommande de préparer en diligence le vin, la farine, l'huile et toutes les provisions dont il vouloit charger son vaisseau. Minerve, pour en faciliter le transport, ainsi que l'évasion de Télémaque, verse un doux et profond sommeil sur les paupières des poursuivans de Pénélope. On charge le vaisseau bien équipé de tout ce qui est nécessaire pour le voyage; on s'embarque; Minerve, sous la figure de Mentor, se place sur la poupe; Télémaque s'assied auprès d'elle; on délie les câbles; les rameurs se mettent sur leurs bancs; les voiles sont déployées, et le vaisseau fend rapidement le sein de l'humide plaine.

PRÉCIS DU LIVRE III.

Le soleil sortoit du sein de l'onde, et commençoit à dorer l'horizon, lorsque Télémaque arriva à la célèbre Pylos. Les Pyliens immoloient ce jour-là des taureaux noirs à Neptune. On avoit déjà goûté des entrailles et brûlé les cuisses des victimes sur l'autel, lorsque le vaisseau entra sur le port. Télémaque descendit le premier; et Minerve, sous la figure de Mentor, lui adresse ces paroles: Prince, il n'est plus temps d'être retenu par la honte; allez donc aborder Nestor avec une hardiesse noble et modeste.

Comment, répondit Télémaque, irai-je aborder le roi de Pylos? Comment le saluerai-je? Vous savez que j'ai peu d'expérience, que je manque de la sagesse nécessaire pour parler à un homme comme lui. La bienséance permet-elle à un jeune homme de faire des questions à un prince de cet âge ?

Télémaque, repartit Minerve, vous trouverez de vous-même une partie de ce qu'il faudra dire, et l'autre partie vous sera inspirée par les dieux, dans qui vous devez mettre votre confiance.

En achevant ces mots, la déesse s'avance la première : Télémaque la suit. Les Pyliens ne les eurent pas plus tôt aperçus, qu'ils allèrent au-devant d'eux. Pisistrate, fils aîné de Nestor, fut le premier qui, s'avançant, prit les deux étrangers par la main, et les plaça entre son père et son frère Thrasymède. D'abord il leur présenta une partie des entrailles des victimes, et remplissant de vin une coupe d'or, il la donna à Minerve, et lui dit : Etranger, faites votre prière au roi Neptune, car c'est à son festin que vous êtes admis à votre arrivée: vous donnerez ensuite la coupe à votre ami, afin qu'il fasse après vous ses libations et ses prières ; car je pense qu'il est du nombre de ceux qui reconnoissent les dieux, il n'y a point d'homme qui n'ait besoin de leurs secours: mais je vois qu'il est plus jeune que vous ; c'est pourquoi il ne sera point fâché que je vous donne la coupe avant lui.

Minerve voit avec plaisir la prudence et la justice de ce jeune prince ; et après avoir invoqué Neptune, elle présente la coupe à Télémaque, qui fit les mêmes supplications.

Quand la bonne chère eut chassé la faim, Nestor dit aux Pyliens : Présentement que nous avons reçu ces étrangers à notre table, nous pouvons, sans manquer à la décence, leur demander qui ils sont, et d'où ils viennent.

Télémaque répondit avec cette fermeté modeste que lui inspiroit Minerve : Nestor, fils de Nélée, et le plus grand ornement de la Grèce, vous demandez qui nous sommes. Nous venons de l'île d'Ithaque ; je suis fils d'Ulysse, qui, comme la renommée vous l'a appris, combattant avec vous a saccagé la ville de Troie. Le sort de tous les princes qui ont porté les armes contre les Troyens nous est connu. Ulysse est le seul dont le fils de Saturne nous cache la triste destinée. J'embrasse donc vos genoux pour vous supplier de m'apprendre ce que vous en savez. Que ni la compassion, ni aucun ménagement, ne vous engagent à me flatter. Si jamais mon père vous a heureusement servi de son épée ou de ses conseils devant les murs de Troie, où les Grecs ont souffert tant de maux, je vous conjure de me dire la vérité.

Que vous me rappelez de tristes objets ! lui répondit Nestor. Plusieurs années suffiroient à peine à faire le détail de tout ce que les Grecs ont eu à soutenir de maux dans cette guerre fatale : il n'y avoit pas un seul homme dans toute l'armée qui osât s'égaler à Ulysse en prudence ; car il les surpassoit tous, personne n'étoit plus fécond en ressources. Je vois bien que vous êtes son fils : vous me jetez dans l'admiration ; je crois l'entendre lui-même.

Pendant tout le temps qu'a duré le siège, le divin Ulysse et moi n'avons jamais été d'un avis différent, soit dans les assemblées, soit dans les conseils ; mais, animés d'un même esprit, nous avons toujours dit aux Grecs ce qui paroissoit devoir assurer le succès de notre entreprise.

Après que nous eûmes renversé la superbe Ilion, et partagé ses dépouilles, nous montâmes sur nos vaisseaux : la discorde et les tempêtes nous séparèrent. Je poursuivis ma route vers Pylos, et j'y arrivai heureusement avec les miens, sans avoir pu apprendre la moindre nouvelle de plusieurs de mes autres illustres compagnons : je ne sais pas même encore certainement ni ceux d'entre eux qui se sont sauvés, ni ceux qui ont péri.

Nestor lui raconte ensuite l'histoire et les malheurs de beaucoup de princes grecs ; il insiste principalement sur la fin tragique d'Agamemnon et sur la vengeance d'Oreste.

Ah ! s'écria Télémaque, je ne demanderois aux dieux, pour toute grâce, que de pouvoir me venger, comme Oreste, de l'insolence des poursuivans de ma mère. Faudra-t-il que je dévore toujours leurs affronts, quelque durs qu'ils me paroissent !

Mon cher fils, repartit Nestor, puisque vous me faites ressouvenir de certains bruits sourds que j'ai entendus, apprenez-moi donc si vous vous soumettez à eux sans vous opposer à leur violence. Si Minerve vouloit vous protéger, comme elle a protégé votre père pendant qu'il a combattu sous les murs de Troie, il n'y auroit bientôt plus aucun de ces poursuivans qui fût en état de vous inquiéter. Je n'ai garde, dit Télémaque, d'oser me flatter d'un si grand bonheur ; car mes espérances seroient vaines, quand les dieux mêmes voudroient me favoriser.

La douleur vous égare, repartit Minerve. Quel blasphème vous venez de prononcer ! Oubliez-vous donc que les dieux, quand ils le veulent, peuvent triompher de tout et nous ramener des extrémités de la terre ?

Quittons ce discours, cher Mentor, reprit alors Télémaque, il n'est plus question de mon père ; les dieux l'ont abandonné à sa noire destinée ; ils l'ont livré à la mort. Dites-moi, je vous prie, sage Nestor, comment a été tué le roi Agamemnon, où étoit son frère Ménélas, quelle sorte de piège lui a tendu le perfide Egisthe ; car il a tué un homme bien plus vaillant que lui.

Mon fils, lui répondit Nestor, je vous dirai la vérité. Il lui raconte tout ce qui est arrivé à Agamemnon depuis son départ de Troie, sa fin malheureuse, le honteux triomphe d'Egisthe et de Clytemnestre, et la mort de ces trop célèbres coupables.

Apprenez d'Oreste, ajouta-t-il en finissant, apprenez ce que vous devez faire contre les fiers poursuivans de Pénélope. Retournez dans vos Etats : mais je vous conseille et vous exhorte à passer auparavant chez Ménélas ; peut-être pourra-t-il vous dire des nouvelles de votre père ; il n'y a pas long-temps qu'il est lui-même de retour à Lacédémone.

Ainsi parla Nestor ; et Minerve, prenant la parole, dit à ce prince : Vous venez de vous exprimer à votre ordinaire avec beaucoup de raison, d'éloquence et de sagesse ; mais n'est-il pas temps que nous songions à aller prendre quelque repos ? Déjà le soleil a fait place à la nuit ; et convient-il d'être si long-temps à table, aux sacrifices des dieux ? Permettez-nous donc de retourner sur notre vaisseau. Non, non, reprit Nestor avec quelque chagrin ; il ne sera jamais dit que le fils d'Ulysse s'en aille coucher sur son bord pendant que je vivrai, et que j'aurai chez moi des enfans en état de recevoir les hôtes qui me feront l'honneur de venir dans mon palais.

Vous avez raison, sage Nestor, répondit Minerve : il est juste que Télémaque vous obéisse, il vous suivra donc, et profitera de la grâce que vous lui faites. Pour moi, je m'en retourne à notre vaisseau, pour rassurer nos compagnons, et leur donner les ordres nécessaires ; car, dans toute la troupe, il n'y a d'homme âgé que moi ; tous les autres sont des jeunes gens qui ont suivi Télémaque par l'attachement qu'ils ont pour lui. Demain vous lui donnerez un char avec vos meilleurs chevaux, et un de vos fils, pour le conduire chez Ménélas.

En achevant ces mots, la fille de Jupiter disparoît sous la forme d'une chouette. Nestor, rempli d'admiration, prend la main de Télémaque, et lui dit : Je ne doute pas, mon fils, que vous ne soyez un jour un grand personnage, puisque si jeune encore vous avez déjà des dieux pour conducteurs : et quels dieux ! c'est Minerve elle-même. Grande déesse, soyez-nous favorable : dès demain j'immolerai sur votre autel une génisse d'un an, qui n'a jamais porté le joug, et dont je ferai dorer les cornes pour la rendre plus agréable à vos yeux.

La déesse écouta favorablement cette prière : ensuite le vénérable vieillard, marchant le premier, conduisit dans son palais ses fils, ses gendres et son hôte. Il fit coucher Télémaque dans un beau lit, sous un portique, et voulut que le vaillant Pisistrate, le seul de ses fils qui n'étoit pas encore marié, couchât près de lui pour lui faire honneur.

Le lendemain, dès que l'aurore eut doré l'horizon, Nestor se leva, sortit de son appartement, et alla s'asseoir aux portes de son palais sur des siéges de pierre blanche et polie. Toute sa famille s'y rendit avec Télémaque. Quand il les vit tous rassemblés : Mes chers enfans, leur dit-il, exécutez promptement mes ordres pour le sacrifice que j'ai promis de faire à Minerve. Ils obéissent : on amène, on immole la victime. Quand les viandes furent bien rôties, on se mit à table; et des jeunes hommes bien faits présentèrent le vin dans des coupes d'or. Le repas fini, Nestor prit la parole et dit : Mes enfans, allez promptement atteler un char pour Télémaque : choisissez mes meilleurs chevaux. Tout fut prêt en un instant ; le char s'avance ; la femme qui avoit soin de la dépense y met les provisions les plus exquises. Télémaque monte le premier ; Pisistrate, fils de Nestor, se place à ses côtés, et, prenant les rênes, pousse ses généreux coursiers, qui, plus légers que le vent, s'éloignent des portes de Pylos, volent dans la plaine, et marchent sans s'arrêter.

PRÉCIS DU LIVRE IV.

Télémaque et le fils du sage Nestor arrivent à Lacédémone, qui est environnée de hautes montagnes : ils entrent dans le palais de Ménélas, et trouvent ce prince qui célébroit dans le même jour les noces de son fils et celles de sa fille ; car il marioit sa fille Hermione à Néoptolème, fils d'Achille : il la lui avoit promise dès le temps qu'ils étoient encore devant Troie. Pour son fils unique, le vaillant Mégapenthe, il le marioit à une princesse de Sparte même, à la fille d'Alector. Ménélas étoit à table avec ses amis et ses voisins. Le palais retentissoit de cris de joie, mêlés avec le son des instrumens, avec la voix et avec le bruit des danseurs.

Etéonée, un des principaux officiers de Ménélas, va demander à ce prince s'il doit dételer le char ou prier les étrangers d'aller chercher ailleurs l'hospitalité. Surpris de cette demande, Ménélas lui dit, en se rappelant ses longs voyages: N'ai-je point eu grand besoin moi-même de trouver l'hospitalité dans tous les pays que j'ai traversés pour revenir dans mes Etats ? Allez donc sans balancer, allez promptement recevoir ces étrangers et les amener à ma table. Etéonée part sans répliquer ; les esclaves dételent les chevaux, et l'on conduit les deux princes dans des appartemens d'une richesse éblouissante ; on les fait passer ensuite dans des bains; on les lave; on les parfume d'essences; on leur donne les plus beaux habits ; on les mène à la salle du festin, où ils furent placés auprès du Roi, sur de riches siéges à marche-pied ; on dressa des tables devant eux ; on leur servit dans des bassins toutes sortes de viandes, et l'on mit près d'eux des coupes d'or.

Alors Ménélas, leur tendant la main, leur parla en ces termes : Soyez les bienvenus, mes hôtes ; mangez, recevez agréablement ce que nous nous faisons un plaisir de vous offrir : après votre repas nous vous demanderons qui vous êtes, quoique votre air nous le dise déjà ; des hommes du commun n'ont pas des enfans faits comme vous.

En achevant ces mots, il leur servit lui-même le dos d'un bœuf rôti qu'on avoit mis devant lui comme la portion la plus honorable. Télémaque, s'approchant de l'oreille du fils de Nestor, lui dit tout bas, pour n'être pas entendu de ceux qui étoient à table : Mon cher Pisistrate, prenez-vous garde à l'éclat et à la magnificence de ce palais? l'or, l'airain, l'argent, les métaux les plus rares et l'ivoire y brillent de toutes parts. Quelles richesses infinies ! je ne sors point d'admiration.

Ménélas l'entendit, et lui dit : Mes enfans, dans les grands travaux que j'ai essuyés, dans les longues courses que j'ai faites, j'ai amassé beaucoup de bien que j'ai chargé sur mes vaisseaux : mais, pendant que les vents contraires me font errer dans tant de régions éloignées, et que, mettant à profit ces courses involontaires, j'amasse de grandes richesses, un traître assassine mon frère dans son palais, de concert avec son abominable femme ; et ce souvenir empoisonne toutes mes jouissances. Plût aux dieux que je n'eusse que la troisième partie des grands biens que je possède, et beaucoup moins encore, et que mon frère, et que tous ceux qui ont péri devant Ilion, fussent encore en vie ! Leur mort est un grand sujet de douleur pour moi. De tous ces grands hommes il n'y en a point dont la perte ne me soit sensible : mais il y en a un surtout dont les malheurs me touchent plus que ceux des autres. Quand je viens à me souvenir de lui, il m'empêche de goûter les douceurs du sommeil, et la table me devient odieuse : car jamais homme n'a souffert tant de peines, ni soutenu tant de travaux, que le grand Ulysse. Nous n'avons de lui aucune nouvelle, et nous ne savons s'il est en vie ou s'il est mort.

Ces paroles plongèrent Télémaque dans une vive douleur; le nom de son père fit couler de ses yeux un torrent de larmes; et, pour les cacher, il se couvrit le visage de son manteau de pourpre. Ménélas s'en aperçut; et pendant qu'il délibéroit sur les soupçons qu'il avoit que c'étoit le fils d'Ulysse, Hélène sort de son magnifique appartement: elle étoit semblable à la belle Diane, dont les flèches sont si sûres et si brillantes. Elle arrive dans la salle, considère Télémaque; puis adressant la parole à Ménélas: Savons-nous, lui dit-elle, qui sont ses étrangers qui nous ont fait l'honneur de venir dans notre palais? Je ne puis vous cacher ma conjecture: quelle parfaite ressemblance avec Ulysse! J'en suis dans l'étonnement et l'admiration; c'est sûrement son fils. Ce grand homme le laissa encore enfant quand vous partîtes avec tous les Grecs, et que vous allâtes faire une guerre cruelle aux Troyens pour moi malheureuse qui ne méritois que vos mépris. J'avois la même pensée, répondit Ménélas; voilà le port et la taille d'Ulysse; voilà ses yeux, sa belle tête.

Alors Pisistrate prenant la parole: Grand Atride, lui dit-il, vous ne vous êtes pas trompé; vous voyez devant vos yeux le fils d'Ulysse, le sage, le modeste, le malheureux Télémaque. Nestor, qui est mon père, m'a envoyé avec lui pour le conduire chez vous, car il souhaitoit ardemment de vous voir pour vous demander vos conseils.

O dieux! s'écria Ménélas, j'ai donc le plaisir de voir dans mon palais le fils d'un homme qui a donné tant de combats pour l'amour de moi! Il s'étendit ensuite sur son amitié pour Ulysse, sur les éloges que méritoient son courage et sa prudence.

Tous se mirent à pleurer, et la belle Hélène surtout. Cependant, pour tarir ou suspendre la source de tant de larmes, elle s'avisa de mêler dans le vin qu'on servoit à table, une poudre qui calmoit les chagrins et faisoit oublier tous les maux. Après cette précaution elle se mit à raconter plusieurs des entreprises d'Ulysse pendant le siège de Troie. Ménélas enchérit sur Hélène, et donna à ce héros les plus grandes louanges.

Le sage Télémaque répondit à Ménélas: Fils d'Atrée, tout ce que vous venez de dire ne fait qu'augmenter mon affliction; mais permettez que nous allions chercher dans un doux sommeil le soulagement à nos chagrins et à nos inquiétudes.

La divine Hélène ordonne aussitôt à ses femmes de dresser des lits sous un portique; elles obéissent, et un héraut y conduit les deux étrangers.

L'aurore n'eut pas plus tôt annoncé le jour, que Ménélas se leva et se rendit à l'appartement de Télémaque. Assis près de son lit, il lui parla ainsi: Généreux fils d'Ulysse, quelle pressante affaire vous amène à Lacédémone, et vous a fait affronter les dangers de la mer?

Grand roi, que Jupiter honore d'une protection spéciale, je suis venu dans votre palais, répondit Télémaque, pour voir si vous pouviez me donner quelque lumière sur la destinée de mon père. Ma maison périt, tous mes biens se consument, mon palais est plein d'ennemis; les fiers poursuivans de ma mère égorgent continuellement mes troupeaux, et ils me traitent avec la dernière insolence.

O dieux! s'écria Ménélas, se peut-il que des hommes si lâches prétendent s'emparer de la couche d'un si grand homme! Grand Jupiter, et vous, Minerve et Apollon, faites qu'Ulysse tombe tout-à-coup sur ces insolens! Ménélas raconte ensuite ses propres aventures; combien il avoit été retenu en Egypte; comment il en sortit après avoir consulté Protée; les ruses de ce dieu marin pour lui échapper; comment il se changea d'abord en lion énorme, ensuite en dragon horrible, puis en léopard, en sanglier, en fleuve, et en un grand arbre. A tous ces changemens nous ne serrions encore davantage, sans nous épouvanter, dit Ménélas, jusqu'à ce qu'enfin, las de ses artifices, il reprit sa première forme, et répondit à mes questions. Qu'il m'apprit de tristes événemens! Frappé de tout ce qu'il me racontoit, je me jetai sur le sable, que je baignai de mes larmes. Le temps est précieux, me dit alors Protée, ne le perdez pas; cessez de pleurer inutilement. Etant donc revenu à moi, je lui demandai encore ce qu'étoit devenu votre père; il me répondit: Ulysse est dans l'île de Calypso, qui le retient malgré lui, et qui le prive de tous les moyens de retourner dans sa patrie; car il n'a ni vaisseaux ni rameurs qui puissent le conduire sur les flots de la vaste mer.

Voilà tout ce que je puis vous apprendre, ajouta Ménélas: mais, cher Télémaque, demeurez encore chez moi quelque temps; dans dix ou douze jours je vous renverrai avec des présens, je vous donnerai trois de mes meilleurs chevaux et un beau char: j'ajouterai à cela une belle coupe d'or, qui vous servira à faire des libations et à vous rappeler le nom et l'amitié de Ménélas.

Fils d'Atrée, répliqua Télémaque, ne me retenez pas ici plus long-temps; les compagnons que j'ai laissés à Pylos s'affligent de mon absence. Pour ce qui est des présens que vous voulez me faire, souffrez, je vous en supplie, que je ne reçoive qu'un simple souvenir.

Ménélas, l'entendant parler ainsi, se mit à sourire, et lui dit, en l'embrassant: Mon cher fils, par tous vos discours vous faites bien sentir la noblesse du sang dont vous sortez. Je changerai donc mes présens, car cela m'est très-facile; et, parmi les choses rares que je garde dans mon palais, je choisirai la plus belle et la plus précieuse; je vous donnerai une urne admirablement bien travaillée; elle est toute d'argent, et ses bords sont d'un or très-fin; c'est un ouvrage de Vulcain même.

C'est ainsi que s'entretenoient ces deux princes. Cependant les désordres continuent dans Ithaque. Les poursuivans, instruits du départ de Télémaque, qu'ils avoient d'abord regardé comme une menace vaine, en paroissent inquiets, et, par le conseil d'Antinoüs, ils s'assemblent et forment le projet d'armer un vaisseau, et d'aller attendre le fils d'Ulysse en embuscade, pour le surprendre et le faire périr à son retour.

Pénélope, apprenant en même temps et le voyage de Télémaque et le complot qu'on venoit de tramer contre lui, se livre à sa douleur et tombe évanouie. Ses femmes la relèvent, la font revenir, l'engagent à se coucher, et Minerve lui envoie un songe qui la calme et la console.

Ses fiers poursuivans profitent des ténèbres de

la nuit pour s'embarquer secrètement : ils partent, ils voguent sur la plaine liquide, ils cherchent un lieu propre à exécuter leurs noirs desseins. Il y a au milieu de la mer, entre Ithaque et Samos, une île qu'on nomme Astéris ; elle est toute remplie de rochers, mais elle a de bons ports ouverts des deux côtés : ce fût là que les princes grecs se placèrent pour dresser des embûches à Télémaque.

LIVRE V.

L'Aurore cependant quitta le lit de Tithon pour porter aux hommes la lumière du jour. Les dieux s'assemblent. Jupiter, qui du haut des cieux lance le tonnerre, et dont la force est infinie, présidoit à leur conseil. Minerve, occupée des malheurs d'Ulysse, leur rappela en ces termes toutes les peines que souffroit ce héros dans la grotte de Calypso : Jupiter, et vous, dieux à qui appartient le bonheur de l'immortalité, que les rois renoncent désormais à la vertu et à l'humanité, qu'ils soient cruels et sacriléges, puisque Ulysse est oublié de vous et de ses sujets, lui qui gouvernoit en père les peuples dont il étoit roi. Hélas ! il est maintenant accablé d'ennuis et de peines dans l'île de Calypso ; elle le retient malgré lui ; il ne peut retourner dans sa patrie ; il n'a ni vaisseaux ni pilotes pour le conduire sur la vaste mer : et ses ennemis veulent faire périr son fils unique à son retour à Ithaque ; car il est allé à Pylos et à Sparte pour apprendre des nouvelles de son père.

Ma fille, lui répond le roi des cieux, que venez-vous de dire? N'avez-vous pas pris des mesures pour qu'Ulysse, de retour dans ses États, punisse et se venge des amans de Pénélope? Conduisez Télémaque, car vous en avez le pouvoir ; qu'il revienne à Ithaque couvert de gloire ; et que ses ennemis soient confondus dans leurs entreprises.

Ainsi parla Jupiter ; puis s'adressant à Mercure, il lui dit : Allez, Mercure, car c'est vous dont la principale fonction est de porter mes ordres ; allez déclarer mes intentions à Calypso ; persuadez-lui de laisser partir Ulysse ; qu'il s'embarque seul sur un frêle vaisseau, et que, sans le secours des hommes et des dieux, il arrive après des peines infinies, et aborde le vingtième jour dans la fertile Schérie, terre des Phéaciens, dont le bonheur approche de celui des immortels mêmes. Ces peuples humains et bienfaisans le recevront comme un dieu, le ramèneront dans ses États, après lui avoir donné de l'airain, de l'or, de magnifiques habits, et plus de richesses qu'il n'en eût apporté de Troie, s'il fût revenu chez lui sans accidens et avec tout le butin qu'il avoit chargé sur ses vaisseaux : car le temps marqué par le destin est venu, et Ulysse ne tardera pas à revoir ses amis, son palais et ses États.

Il dit, et Mercure, pour obéir à cet ordre, attache à ses pieds ces ailes avec lesquelles, plus vite que les vents, il traverse les mers et toute l'étendue de la terre : il prend son caducée dont il assoupit et réveille les hommes ; le tenant à la main il s'élève dans les airs, parcourt la Piérie, s'abat sur la mer, vole sur la surface des flots aussi légèrement que cet oiseau qui, pêchant dans les golfes, mouille ses ailes épaisses dans l'onde : ainsi Mercure étoit penché sur la surface de l'eau. Mais dès qu'il fut proche de l'île reculée de Calypso, s'élevant au-dessus des flots, il gagne le rivage, et s'avance vers la grotte où la nymphe faisoit son séjour. A l'entrée il y avoit de grands brasiers, et les cèdres qu'on y avoit brûlés répandoient leur parfum dans toute l'île. Calypso, assise au fond de sa grotte, travailloit avec une aiguille d'or à un ouvrage admirable, et faisoit retentir les airs de ses chants divins. On voyoit, d'un côté, un bois d'aunes, de peupliers et de cyprès, où mille oiseaux de mer avoient leurs retraites ; de l'autre, c'étoit une jeune vigne qui étendoit ses branches chargées de raisins. Quatre grandes fontaines, d'une eau claire et pure, couloient sur le devant de cette demeure, et formoient ensuite quatre grands canaux autour des prairies parsemées d'amaranthes et de violettes. Mercure, tout dieu qu'il étoit, fut surpris et charmé à la vue de tant d'objets simples et ravissans. Il s'arrêta pour contempler ces merveilles, puis il entra dans la grotte. Dès que Calypso l'aperçut, elle le reconnut ; car un dieu n'est jamais inconnu à un autre dieu, quelque éloignée que soit leur demeure. Il n'y trouva point Ulysse : retiré sur le rivage, ce héros y alloit d'ordinaire déplorer son sort, la tristesse dans le cœur, et la vue toujours attachée sur la vaste mer qui s'opposoit à son retour.

Calypso se lève, va au-devant de Mercure, le fait asseoir sur un siège magnifique, et lui adresse ces paroles : Qui vous amène ici, Mercure ? Je vous chéris et vous respecte ; mais je ne suis point accoutumée à vos divins messages. Dites ce que vous désirez, je suis prête à l'exécuter, si ce que vous demandez est en mon pouvoir. Mais ne permettrez-vous pas qu'auparavant je remplisse les devoirs de l'hospitalité? Cependant elle met devant lui une table, qu'elle couvre d'ambrosie, et lui présente une coupe remplie de nectar. Mercure prend de cette nourriture immortelle, et lui parle ensuite en ces termes : Déesse, vous me demandez ce que je viens vous annoncer; je vous le dirai sans déguisement, puisque vous me l'ordonnez vous-même. Jupiter m'a envoyé dans votre île malgré moi; car qui prendroit plaisir à parcourir une si vaste mer pour venir dans un désert où il n'y a aucune ville, aucun homme qui puisse faire des sacrifices aux dieux, et leur offrir des hécatombes? Mais nul mortel, nul dieu ne peut désobéir impunément au grand fils de Saturne. Ce dieu sait que vous retenez dans votre île le plus malheureux des héros qui ont combattu neuf ans contre Troie, et qui, l'ayant prise la dixième année, s'embarquèrent pour retourner dans leur patrie.

Ils offensèrent Pallas, qui souleva contre eux les vents et les flots; presque tous ont péri : la tempête jeta Ulysse sur ces rivages. Jupiter vous commande de le renvoyer au plus tôt, car sa destinée n'est pas de mourir loin de ce qu'il aime : il doit revoir sa chère patrie, et le temps marqué par les dieux est arrivé.

Calypso frémit de douleur et de dépit à ces paroles de Mercure, et s'écria : Dieux de l'Olympe, dieux injustes et jaloux du bonheur des déesses qui habitent la terre, vous ne pouvez souffrir qu'elles aiment les mortels, ni qu'elles s'unissent à eux! Ainsi, lorsque l'Aurore aima le jeune Orion, votre colère ne fut apaisée qu'après que Diane l'eut percé de ses traits dans l'île d'Ortygie. Ainsi, quand Cérès céda à sa passion pour le sage Jasion, Jupiter, qui ne l'ignora pas, écrasa de son tonnerre ce malheureux prince. Ainsi, ô dieux, m'enviez-vous maintenant la compagnie d'un héros que j'ai sauvé, lorsque seul il abandonna son vaisseau brisé par la foudre au milieu de la mer. Tous ses compagnons périrent; le vent et les flots le portèrent sur cette rive : je l'aimois, je le nourrissois; je voulois le rendre immortel. Mais Jupiter sera obéi. Qu'Ulysse s'expose donc de nouveau aux périls d'où je l'ai tiré, puisque le ciel l'ordonne. Mais je n'ai ni vaisseau ni rameur à lui fournir pour le conduire. Tout ce que je puis faire, c'est, s'il veut me quitter, de lui donner les conseils dont il a besoin pour arriver heureusement à Ithaque. Renvoyez ce prince, répliqua le messager des dieux, et prévenez par votre soumission la colère de Jupiter : vous savez combien elle est funeste.

Il dit, et prend aussitôt son vol vers l'Olympe. En même temps, la belle nymphe, pour exécuter l'ordre du maître des dieux, sort de sa grotte et va chercher Ulysse. Il étoit sur le bord de la mer; ses yeux ne se séchoient point; le jour, il l'employoit à soupirer après son retour, qu'il ne pouvoit faire agréer à la déesse; les nuits, il les passoit malgré lui dans la grotte de Calypso. Mais, depuis le lever du soleil jusqu'à son coucher; il regardoit sans cesse la mer, assis sur quelque rocher qu'il inondoit de ses larmes, et qu'il faisoit retentir de ses gémissemens.

Calypso l'aborde et lui dit : Malheureux prince, ne vous affligez plus sur ce rivage; ne vous consumez plus en regrets; je consens enfin à votre départ. Préparez-vous, coupez des arbres dans cette forêt voisine; construisez-en un vaisseau, afin qu'il vous porte sur les flots; j'y mettrai des provisions pour vous garantir de la faim; je vous donnerai des habits, et je ferai souffler un vent favorable. Enfin, s'ils l'ont résolu, ces dieux, ces dieux dont les lumières sont bien au-dessus des miennes, tu reverras ta patrie, et je ne m'y oppose plus.

O déesse, répondit Ulysse étonné et consterné de ce changement, vous cachez d'autres vues, et ce n'est pas mon départ que vous méditez, quand vous voulez que sur un vaisseau frêle et fait à la hâte je m'expose sur cette vaste mer. A peine, avec les meilleurs vents, de grands et forts navires pourroient-ils la traverser. Je ne partirai donc pas, malgré vous; je ne puis m'y déterminer, à moins que vous ne me promettiez, par des sermens redoutables aux dieux mêmes, que vous ne formez aucun mauvais dessein contre moi.

Calypso sourit; elle le flatta de la main, l'appela par son nom, et lui dit : Votre prévoyance est trop inquiète; quel discours vous venez de me tenir! J'en appelle à témoin le ciel, la terre, et les eaux du Styx par lesquelles les dieux mêmes redoutent de jurer; non, je ne forme aucun mauvais dessein contre vous, et je vous donne les conseils que je me donnerois à moi-même si j'étois à votre place : j'ai de l'équité, cher Ulysse, et mon cœur n'est point un cœur de fer; il n'est que trop sensible, que trop ouvert à la compassion.

Après avoir ainsi parlé, la déesse retourne dans sa demeure : Ulysse la suit; il entre avec elle dans sa grotte, et se place sur le siège que Mercure venoit de quitter. La nymphe lui fait servir les mets dont tous les hommes se nourrissent; elle s'asseoit auprès de lui, et ses femmes lui portent du nectar et de l'ambrosie. Quand leur repas fut fini, Calypso, prenant la parole, dit à ce prince : Illustre fils de Laërte, sage et prudent Ulysse, c'en est donc fait ; vous allez me quitter ; vous voulez retourner dans votre patrie : quelle dureté! quelle ingratitude ! N'importe, je vous souhaite toute sorte de bonheur. Ah! si vous saviez ce qui vous attend de traverses et de maux avant que d'aborder à Ithaque, vous en frémiriez ; vous prendriez le parti de demeurer dans mon île ; vous accepteriez l'immortalité que je vous offre ; vous imposeriez silence à ce désir immodéré de revoir votre Pénélope, après laquelle vous soupirez jour et nuit. Lui serois-je donc inférieure en esprit et en beauté? Une mortelle pourroit-elle l'emporter sur une déesse?

Ma tendre compagne ne vous dispute aucun de vos avantages, grande nymphe ; elle est en tout bien au-dessous de vous, car elle n'est qu'une simple mortelle. Mais souffrez que je le répète, et ne vous en fâchez pas ; je brûle du désir de la revoir ; je soupire sans cesse après mon retour. Si quelque divinité me traverse et me persécute dans mon trajet, je le supporterai ; ma patience a déjà été bien éprouvée : ce seront de nouveaux malheurs ajoutés à tous ceux que j'ai endurés sur l'onde et dans la guerre.

Il parla ainsi ; le soleil se coucha ; d'épaisses ténèbres couvrirent la terre. Calypso et Ulysse se retirèrent au fond de leurs grottes, ils allèrent oublier pour quelque temps leurs chagrins et leurs inquiétudes dans les bras du sommeil.

Dès que l'aurore vint dorer l'horizon, Ulysse prit sa tunique et son manteau : la nymphe se couvrit d'une robe d'une blancheur éblouissante, et d'une finesse, d'une beauté merveilleuse ; c'étoit l'ouvrage des Grâces : elle la ceignit d'une ceinture d'or, mit un voile sur sa tête, et songea à ce qui étoit nécessaire pour le départ d'Ulysse.

Elle commença par lui donner une hache grande, facile à manier, dont l'acier, à deux tranchans, étoit attaché à un manche d'olivier bien poli ; elle y ajouta une scie toute neuve, et le conduisit à l'extrémité de l'île, dans une forêt de grands chênes et de beaux peupliers, tous bois légers, et propres à la construction des vaisseaux. Quand elle lui eut montré les plus grands et les meilleurs, elle se retira et s'en retourna dans sa grotte. Ulysse se met à l'ouvrage ; il coupe, il taille, il scie avec l'ardeur et la joie que lui donnoit l'espérance d'un prompt retour.

Il abattit vingt arbres en tout, les ébrancha avec sa hache, les polit et les dressa. Cependant la nymphe lui porta un instrument dont il fit usage pour les percer et les assembler ; il les emboîte ensuite, les joint et les affermit avec des clous et des chevilles ; il donne à son vaisseau la longueur, la largeur, la tournure, les proportions que l'artisan le plus habile dans cet art difficile auroit pu lui donner : il dresse des bancs pour les rameurs, fait des rames, élève un mât, taille un gouvernail, qu'il couvre de morceaux de chêne pour le fortifier contre l'impétuosité des vagues. Calypso revient encore, faisant porter de la toile pour faire des voiles. Ulysse y travaille avec beaucoup de soin et de succès ; il les étend, les attache avec des cordages dans son vaisseau, qu'il pousse à la mer par de longues pièces de bois. Cet ouvrage fut fini en quatre jours ; le cinquième, Calypso le renvoya de son île, après lui avoir fait prendre le bain : elle lui fit présent d'habits magnifiques et bien parfumés, chargea son vaisseau de vin, d'eau, de vivres et de toutes les provisions dont il pouvoit avoir besoin, et lui envoya un vent favorable. Ulysse, transporté de joie, étendit ses voiles, et prenant son gouvernail, se met à conduire son vaisseau. Le sommeil ne ferme point ses paupières ; et, les yeux toujours ouverts, il contemploit attentivement les Pléiades, le Bouvier qui se couche si tard, la grande Ourse, qu'on appelle aussi le Chariot, et qui tourne toujours sur son pôle ; il fixoit surtout l'Orion, qui est la seule constellation qui ne se baigne pas dans l'Océan, et tâchoit de marcher constamment à sa gauche, comme le lui avoit recommandé Calypso.

Il vogua ainsi pendant dix-sept jours : le dix-huitième il découvrit les montagnes des Phéaciens, qui se perdoient dans les nuages. C'étoit son chemin le plus court, et cette terre sembloit s'élever comme un promontoire au milieu des flots.

Neptune, qui revenoit d'Éthiopie, du haut des monts de Solyme aperçut Ulysse dans son empire. Irrité de le voir voguer heureusement, il branle la tête, et exhale sa fureur en ces termes : Que vois-je! les dieux ont-ils changé pendant mon séjour en Éthiopie? sont-ils enfin devenus favorables à Ulysse? Il touche à la terre des Phéaciens, et c'est là le terme des malheurs qui le poursuivent ; mais, avant qu'il y aborde, je jure qu'il sera accablé de douleurs et de misères.

Aussitôt il assemble les nuages, il trouble la mer, et de son trident il excite les tempêtes.

La nuit se précipite du haut du ciel; le vent du midi, l'Aquilon, le Zéphir et Borée se déchaînent et soulèvent des montagnes de flots. Les genoux d'Ulysse se dérobent sous lui; son cœur s'abat; et, d'une voix entrecoupée de profonds soupirs, il s'écrie : Malheureux! que deviendrai-je? Calypso avoit bien raison, je ne le crains que trop, quand elle m'annonçoit qu'avant que d'arriver à Ithaque je serois rassasié de maux. Hélas! sa prédiction s'accomplit. De quels affreux nuages Jupiter a couvert la surface des eaux! Quelle agitation! quel bouleversement! les vents frémissent, tout me menace d'une mort prochaine.

Heureux, et mille fois heureux les Grecs qui, pour la querelle des Atrides, sont morts en combattant devant la superbe Ilion! Dieux! que ne me fîtes-vous périr le jour que les Troyens, dans une de leurs sorties, et lorsque je gardois le corps d'Achille, lancèrent tant de javelots contre moi! on m'auroit rendu les derniers devoirs; les Grecs auroient célébré ma gloire. Falloit-il être réservé à mourir affreusement enseveli sous les flots!

Il achevoit à peine ces mots, qu'une vague épouvantable, s'élevant avec impétuosité, vint fondre, et briser son vaisseau : il est renversé; le gouvernail lui échappe des mains, il tombe loin de son navire; un tourbillon formé de plusieurs vents met en pièces le mât, les voiles, et fait tomber dans la mer les antennes et les bancs des rameurs. Ulysse est long-temps retenu sous les flots par l'effort de la vague qui l'avoit précipité, et par la pesanteur de ses habits, pénétrés de l'eau de la mer : il s'élève enfin au-dessus de l'onde, rejetant celle qu'il avoit avalée; il en coule des ruisseaux de sa tête et de ses cheveux. Mais, tout éperdu qu'il est, il n'oublie point son vaisseau : il s'élance au-dessus des vagues, il s'en approche, le saisit, s'y retire, et évite ainsi la mort qui l'environne. La nacelle cependant est le jouet des flots qui la poussent et la ballottent dans tous les sens, comme le souffle impétueux de Borée agite et disperse dans les campagnes les épines coupées; tantôt le vent d'Afrique l'envoie vers l'Aquilon, tantôt le vent d'Orient la jette contre le Zéphir.

Leucothée, fille de Cadmus, auparavant mortelle, et jouissant alors des honneurs de la divinité au fond de la mer, vit Ulysse : elle eut pitié de ses maux; et sortant du sein de l'onde, elle s'élève avec la rapidité d'un plongeon, va s'asseoir sur son vaisseau, et lui dit : Malheureux prince, quel est donc le sujet de la colère de Neptune contre vous? il ne respire que votre ruine. Vous ne périrez pas cependant. Écoutez votre prudence ordinaire, suivez mes conseils; quittez vos habits, abandonnez votre vaisseau, jetez-vous à la mer, et gagnez à la nage le rivage des Phéaciens. Le destin vous y fera trouver la fin de vos malheurs. Prenez seulement cette écharpe immortelle, mettez-la devant vous, et ne craignez rien; vous ne périrez point, vous aborderez sans accident chez le peuple voisin. Mais dès que vous aurez touché la terre, détachez mon écharpe, jetez-la au loin dans la mer, et souvenez-vous en la jetant de détourner la tête. La nymphe cesse de parler, lui présente cette espèce de talisman, se plonge dans la mer orageuse, et se dérobe aux yeux d'Ulysse. Ce héros se trouve alors partagé et indécis sur le parti qu'il doit prendre. N'est-ce pas, s'écrit-il en gémissant, n'est-ce pas un nouveau piége que me tend la divinité qui m'ordonne de quitter mon vaisseau? Non, je ne puis me résoudre à lui obéir. La terre où elle me promet un asile me paroît dans un trop grand éloignement. Voici ce que je vais faire, et ce qui me semble le plus sûr. Je demeurerai sur mon vaisseau tant que les planches en resteront unies; et quand les efforts des vagues les auront séparées, il sera temps alors de me jeter à la nage. Je ne puis rien imaginer de meilleur. Pendant qu'il s'entretient dans ces tristes pensées, Neptune soulève une vague pesante, terrible, et la lance de toute sa force contre Ulysse. Comme un vent impétueux dissipe un amas de paille, ainsi furent dispersées les longues pièces du vaisseau. Ulysse en saisit une, monte dessus, comme un cavalier sur un cheval. Alors il se dépouille des habits que Calypso lui avoit donnés, s'enveloppe de l'écharpe de Leucothée, et se met à nager. Neptune l'aperçoit, branle la tête, et dit en lui-même : Va, erre sur la mer, tu n'arriveras pas sans peine chez ces heureux mortels que Jupiter traite si bien; je ne crois pas que tu oublies si tôt ce que je t'ai fait souffrir.

En même temps le dieu marin pousse ses chevaux et arrive à Aigues, ville orientale de l'Eubée, où il avoit un temple magnifique.

Cependant Pallas, toujours occupée d'Ulysse et de son danger, enchaîne les vents et leur ordonne de s'apaiser. Elle ne laisse en liberté qu'un souffle léger de Borée, avec lequel elle brise et aplanit les flots, jusqu'à ce que le héros qu'elle protége eût échappé à la mort en abordant chez les Phéaciens.

Pendant deux jours et deux nuits entières il

L'ODYSSÉE. LIVRE V.

fut encore dans la crainte de périr et toujours ballotté sur les eaux. Mais quand l'aurore eut fait naître le troisième jour, les vents cessèrent, le calme revint, et Ulysse, soulevé par une vague, découvroit la terre assez près de lui. Telle qu'est la joie que sentent des enfants qui voient revenir la santé à un père abattu par une maladie qui le mettoit aux abois, et dont un dieu ennemi l'avoit affligé; telle fut la joie d'Ulysse quand il aperçut la terre et des forêts. Il nage avec une nouvelle ardeur pour gagner le rivage. Mais lorsqu'il n'en fut éloigné que de la portée de la voix, il entendit un bruit affreux: les vagues qui venoient avec violence se briser contre les rochers mugissoient horriblement, et les couvroient d'écume. Il ne voit ni port, ni asile; les bords sont escarpés, hérissés de pointes de rochers, semés d'écueils. A cette vue, Ulysse succombe presque, et dit en gémissant : Hélas ! je n'espérois plus voir la terre ; Jupiter m'accorde de l'entrevoir, je traverse la mer pour y arriver, je fais des efforts incroyables, je la touche, et je n'aperçois aucune issue pour sortir de ces abîmes. Ce rivage est bordé de pierres pointues, la mer les frappe en mugissant; une chaîne de rochers forme une barrière insurmontable, et la mer est si profonde que je ne puis me tenir sur mes pieds et respirer un moment. Si j'avance, je crains qu'une vague ne me jette contre une roche pointue, et que mes efforts ne me deviennent funestes. Si je nage encore pour chercher quelque port, j'appréhende qu'un tourbillon ne me repousse au milieu des flots, et qu'un dieu n'excite contre moi quelques-uns des monstres qu'Amphitrite nourrit dans son sein ; car je n'ai que trop appris jusqu'où va le courroux de Neptune contre moi.

Dans le moment que ces pensées l'occupent et l'agitent, une vague le porte violemment contre le rivage hérissé de rochers. Son corps eût été déchiré, ses os brisés, si Minerve ne lui eût inspiré de se prendre au rocher et de le saisir avec les deux mains. Il s'y tint ferme jusqu'à ce que le flot fut passé, et se déroba ainsi à sa fureur : la vague en revenant le reprit et le reporta au loin dans la mer. Comme lorsqu'un polype s'est collé à une roche, on ne sauroit l'en arracher sans écorner la roche même ; ainsi les mains d'Ulysse ne purent être détachées du rocher auquel il se tenoit, sans être déchirées et ensanglantées. Il fut quelque temps caché sous les ondes ; et ce malheureux prince y auroit trouvé son tombeau, si Minerve ne l'eût encore soutenu et encouragé. Dès qu'il fut revenu au-dessus de l'eau, il se mit à nager avec précaution, et chercha, sans trop s'approcher et sans trop s'éloigner du rivage, s'il ne trouveroit pas un endroit commode pour y aborder. Il arrive ainsi, presque en louvoyant, à l'embouchure d'un fleuve, et trouve enfin une plage unie, douce, et à l'abri des vents. Il reconnut le courant, et adressa cette prière au dieu du fleuve : Soyez-moi propice, grand dieu dont j'ignore le nom : j'entre pour la première fois dans votre domaine, j'y viens chercher un asile contre la colère de Neptune. Mon état est digne de compassion, il est fait pour toucher le cœur d'une divinité. J'embrasse vos genoux, j'implore votre secours; exaucez un malheureux qui vous tend les bras avec confiance, et qui n'oubliera jamais la protection que vous lui aurez accordée.

Il dit, et le dieu du fleuve modéra son cours, retint ses ondes, répandit une sorte de calme et de sérénité tout autour d'Ulysse, le sauva enfin en le recevant dans son embouchure, dans un lieu qui étoit à sec. Ulysse n'y est pas plus tôt, que les genoux, les bras lui manquent ; son cœur étoit suffoqué par les eaux de la mer, il avoit tout le corps enflé, l'eau sortoit de toutes ses parties ; sans voix, sans respiration, il étoit près de succomber à tant de fatigues. Revenu cependant de cette défaillance, il détache l'écharpe de Leucothée, la jette dans le fleuve : le courant l'emporte, et la déesse s'en empare promptement. Ulysse alors sort de l'eau, s'asseoit sur les joncs qui la bordent, baise la terre, et soupire en disant : Que vais-je devenir, et que va-t-il encore m'arriver? Si je passe la nuit près du fleuve, le froid et l'humidité achèveront de me faire mourir, tant est grande la foiblesse où je suis réduit. Non, je ne résisterai pas aux atteintes de ce vent froid et piquant qui s'élève le matin sur les bords des rivières. Si je gagne cette colline, si j'entre dans l'épaisseur du bois, et que je me couche sur les broussailles, quand je serai à l'abri du froid et qu'un doux sommeil aura fermé mes yeux, je crains de devenir la proie des hôtes sauvages de la forêt. Ulysse se retira cependant après avoir bien délibéré, et prit le chemin du bois qui étoit le plus près du fleuve : il y trouve deux oliviers qui sembloient sortir de la même racine ; ni le souffle des vents, ni les rayons du soleil, ni la pluie ne les avoient jamais pénétrés, tant ils étoient épais et entrelacés l'un dans l'autre. Ulysse profite de cette retraite tranquille, se cache sous leurs branches, se fait un lit de feuilles, et il y en avoit assez pour couvrir deux ou trois hommes dans le temps le plus rude de l'hiver. Charmé de cette abondance, il se coucha au milieu de ces feuilles, et ramassant celles des environs, il s'en couvre pour se garantir des injures de l'air : comme un homme qui habite une maison écartée et loin de tout voisin, cache un tison sous la cendre pour conserver la semence du feu, de peur que, s'il venoit à lui manquer, il ne pût en trouver ailleurs ; ainsi Ulysse s'enveloppe de ce feuillage. Minerve répandit un doux sommeil sur ses paupières, pour le délasser de ses travaux, et lui faire oublier ses infortunes, au moins pour quelques heures.

LIVRE VI.

PENDANT qu'Ulysse, accablé de sommeil et de lassitude, repose tranquillement, la déesse Minerve descend dans l'île des Phéaciens. Ils habitoient auparavant les plaines de l'Hypérie auprès des Cyclopes, hommes fiers et violens, qui abusoient de leurs forces et les incommodoient beaucoup. Le divin Nausithoüs, lassé de leurs violences, abandonna cette terre avec tout son peuple, et, pour se soustraire à tant de maux, vint s'établir dans Schérie, loin de cette odieuse nation. Il construisit une ville, l'environna de murailles, bâtit des maisons, éleva des temples, partagea les terres, et après sa mort laissa son trône et ses Etats à son fils Alcinoüs, qui les gouvernoit alors paisiblement.

Ce fut dans son palais que se rendit Minerve, pour ménager le retour d'Ulysse. Elle s'approche de l'appartement magnifique où reposoit Nausicaa, fille du Roi, toute semblable aux déesses en esprit et en beauté. Elle avoit auprès d'elle deux femmes faites et belles comme les Grâces. Elles étoient couchées aux deux côtés qui soutenoient la porte. Minerve s'avance vers la princesse comme un vent léger, sous la forme de la fille de Dymante, si fameux par sa science dans la marine. Cette jeune Phéacienne étoit de l'âge de Nausicaa et sa compagne chérie. Minerve, ayant son air et sa figure, lui parle en ces termes : Que vous êtes négligente et paresseuse, ma chère Nausicaa! que vous avez peu de soin de vos plus beaux habits! le jour de votre mariage approche, vous devez prendre la plus brillante de vos robes, et donner les autres à ceux qui vous accompagneront chez votre futur époux.

Mettez donc ordre à tout, dépêchez-vous de les laver, de les approprier : cet esprit d'arrangement nous fait estimer des hommes et comble de joie nos parens. Dès que l'aurore sera levée, ne perdez pas de temps, allez laver vos vêtemens : je vous accompagnerai, je vous aiderai. Il faut mettre à cela beaucoup de diligence, car vous ne serez pas long-temps fille : vous êtes recherchée des plus considérables d'entre les Phéaciens ; et ils ne sont pas à dédaigner, puisqu'ils sont vos compatriotes, et, comme vous, d'une illustre origine. Allez dès le matin, allez promptement trouver votre père, priez-le de vous faire préparer un char et des mulets pour nous conduire, avec vos tuniques, vos voiles et vos manteaux ; les lavoirs sont très-éloignés, et il ne seroit pas convenable que nous y allassions à pied.

Après avoir ainsi parlé, Minerve disparut et vola sur le haut de l'Olympe, où l'on dit qu'est la demeure immortelle des dieux. Séjour toujours tranquille, jamais les vents ne l'agitent, jamais les pluies ne le mouillent, jamais la neige n'y tombe ; un air pur, serein, sans nuage y règne, et une clarté brillante l'environne. Là les immortels passent les jours dans un bonheur inaltérable : là se retire la sage Minerve.

L'aurore paroît, Nausicaa se réveille, elle se rappelle son songe avec étonnement : elle court pour en instruire son père et sa mère ; ils étoient dans leur appartement. La Reine, assise auprès du feu avec les femmes qui la servoient, travailloit à des étoffes de pourpre ; Alcinoüs alloit sortir, accompagné des plus considérables de la nation, pour se rendre à l'assemblée où les Phéaciens l'avoient appelé. Nausicaa s'approche du Roi son père et lui dit :

Mon père, ne me ferez-vous pas préparer votre char ? Je veux aller porter les habits dont j'ai le soin auprès du fleuve pour les y laver, car ils en ont grand besoin. Vous qui présidez dans les assemblées, vous devez en avoir de propres. Deux de vos fils sont mariés, mais il y en a trois de très-jeunes qui ne le sont pas encore ; ils veulent toujours des habits bien lavés pour paroître avec plus d'éclat aux danses et aux fêtes si ordinaires parmi nous. C'est moi qui suis chargée de tout ce détail. La pudeur ne lui permit pas de parler de son mariage.

Alcinoüs, qui pénétroit ses sentimens, lui répondit avec bonté : Ma fille, je vous donne mon char et mes mulets ; partez, mes gens auront soin de tout préparer. Aussitôt il donne ses ordres. On les exécute. Les uns tirent le char, les autres y attellent les mulets. La princesse arrive chargée de ses habits, et les arrange dans la voiture. La Reine remplit une corbeille de viandes, verse du vin dans une outre, range toutes les provisions, et quand sa fille est montée sur le char, lui donne une bouteille d'or pleine d'essences, pour se parfumer avec ses femmes en sortant du bain.

Tout étant prêt, Nausicaa prend le fouet et les rênes, pousse les mulets, qui s'avancent, et traînent, en hennissant, les vêtemens avec la princesse et les filles qui l'accompagnoient. Mais lorsqu'elles furent proche du fleuve, vers l'endroit où étoient les lavoirs toujours pleins d'une eau pure et claire comme le cristal, elles détèlerent les mulets, les poussèrent dans les frais et beaux herbages dont les bords du fleuve étoient revêtus, prirent les habits, les portèrent dans l'eau, et se mirent à les laver avec une sorte d'émulation. Quand ils furent bien nettoyés, elles les étendirent avec ordre sur les cailloux du rivage qui avoient été battus et polis par les vagues de la mer. Elles se baignent et se parfument ensuite, et dînent sur le bord du fleuve. Le repas fini, Nausicaa et ses compagnes quittent leurs écharpes pour jouer en se poussant une balle les unes aux autres. Après cet exercice, la princesse se mit à chanter. Telle qu'on voit Diane suivie de ses nymphes prendre plaisir à poursuivre des cerfs et des sangliers sur les hautes montagnes de Taygète ou d'Erymanthe, et combler de joie le cœur de Latone; car Diane s'élève de la tête entière au-dessus de ses nymphes, et quoiqu'elles aient toutes une excellente beauté, on la reconnoît sans peine pour leur reine et leur déesse : ainsi brilloit Nausicaa entre les filles qui l'accompagnoient. Lorsque l'heure de s'en retourner fut venue, on attela les mulets, on plia les robes, on les transporta sur le char, et Minerve songea à éveiller Ulysse, afin qu'il vît la princesse, et qu'elle le conduisît à la ville des Phéaciens.

Nausicaa prenant encore une balle, la pousse, pour s'amuser, à une de ses compagnes; celle-ci la manque, et la balle tombe dans le fleuve. Toutes ces filles jettent alors un grand cri. Ulysse s'éveille à ce bruit, se relève, et dit en lui-même :

O dieux ! dans quel pays suis-je donc? chez quels hommes? sont-ils sauvages, cruels et injustes? ont-ils de l'humanité? Des voix douces et perçantes de jeunes filles viennent frapper mes oreilles. Sont-ce les nymphes de ce fleuve, de ces montagnes, de ces étangs, que j'aurois entendues? Ne seroit-ce point des hommes qui parlent dans ces environs? Allons, il faut que je m'en éclaircisse. En même temps il sort de sa retraite, pénètre dans le bois, rompt une branche chargée de feuilles, afin de s'en couvrir, et s'avance. Comme un lion nourri dans les montagnes, qui se confie dans sa force et brave les orages et les tempêtes; ses yeux étincellent; il se jette sur les bœufs, sur les brebis, sur les cerfs de la campagne; la faim le conduit et l'entraîne, malgré le danger, jusque dans les bergeries mêmes : tel Ulysse cède à la nécessité ; et , quoique sans habits , il marche et se présente à Nausicaa et à ses femmes. Comme il étoit couvert de l'écume de la mer, il leur parut un spectre affreux, et elles s'enfuirent vers les endroits du rivage les plus propres à les cacher. La seule fille d'Alcinoüs attend sans s'étonner : Minerve avoit banni la crainte de son cœur, et lui avoit inspiré une noble et courageuse fermeté. Elle demeure donc tranquille. Ulysse ne savoit s'il devoit se jeter aux pieds de la princesse, ou s'il devoit la supplier de loin de lui montrer la ville et de lui donner des habits. Il prit le dernier parti, de peur que s'il alloit embrasser les genoux de Nausicaa, elle ne se mît en colère. Il lui dit donc d'une manière douce et insinuante :

Vous voyez un suppliant à vos pieds. Vous êtes une déesse ou une mortelle. Si vous habitez le ciel, je ne doute pas que vous ne soyez la belle et modeste Diane ; car, par votre air, par votre beauté, par votre taille, vous lui ressemblez. Si vous êtes mortelle, ô trois fois heureux ceux qui vous ont donné le jour ! ô trois fois heureux vos frères ! vous êtes pour eux une source de joie qui ne tarit point quand ils vous voient danser et faire l'ornement des fêtes. Mais le plus heureux de tous les hommes sera celui qui, après vous avoir comblée de présens, sera préféré à ses rivaux, et aura l'avantage de vous mener dans son palais. Mes yeux n'ont jamais rien vu de mortel semblable à vous; je suis saisi d'admiration en vous regardant. Autrefois dans l'île de Délos, près de l'autel d'Apollon, j'ai vu un jeune palmier qui s'élevoit majestueusement comme vous; car, dans un voyage qui a été bien malheureux pour moi, j'ai passé dans cette île avec une suite nombreuse ; à la vue de cet arbre, je fus étonné, je n'avois jamais vu s'élever de terre une plante semblable : ainsi suis-je frappé à votre vue, ainsi je vous admire et je crains d'embrasser vos genoux.

Vous voyez, hélas ! un homme accablé de douleur et de tristesse. Hier j'abandonnai la mer après avoir été vingt jours le jouet des tempêtes et des vents : je revenois de l'île d'Ogygie;

une divinité m'a jeté sur ce rivage. Seroit-ce pour me faire souffrir encore de la colère de Neptune? ne seroit-elle point apaisée? ce dieu me prépareroit-il de nouveaux malheurs?

O princesse, ayez compassion de moi! Après tant de maux, vous êtes la première personne que j'ose implorer : je n'ai vu, je ne connois aucun des hommes qui habitent cette contrée. Enseignez-moi le chemin de la ville ; donnez-moi un manteau pour me couvrir, car vous en avez apporté ici plusieurs. Que les dieux exaucent vos désirs, qu'ils vous donnent un mari digne de vous, et une famille où regne la concorde. Rien n'approche du bonheur d'un mari et d'une femme qui vivent dans une étroite et tendre union ; c'est le désespoir de leurs ennemis, c'est la joie de leurs amis, et c'est pour eux une source de gloire et de paix.

Nausicaa lui répondit : Malheureux étranger, votre ton et la sagesse que vous faites paroître, montrent aussi que vous n'êtes pas un homme ordinaire. Jupiter, du haut de l'Olympe, distribue les biens aux bons et aux méchans comme il le veut, et s'il vous afflige, il faut le supporter : mais puisque vous êtes venu dans nos contrées, vous ne manquerez ni d'habits, ni de tous les secours qu'on doit donner à un étranger persécuté par l'infortune. Je vous apprendrai le chemin de notre ville, et le nom de ceux qui l'habitent : ce sont les Phéaciens. Alcinoüs mon père les gouverne avec une douce et sage autorité.

Elle dit, et s'adressant aux femmes qui la suivoient, elle leur crie : Revenez, chères compagnes : pourquoi fuyez-vous à la vue de cet étranger? Le prenez-vous pour un ennemi? Non, non, il n'y a personne et il n'y en aura jamais qui ose venir porter la guerre chez les Phéaciens. Nous craignons les dieux, nous en sommes aimés, nous habitons à l'extrémité du monde, environnés de la mer, et séparés de tout commerce avec les autres humains. La tempête a jeté cet infortuné sur nos rives, nous devons en prendre soin. Les pauvres et les étrangers sont sous la protection spéciale de Jupiter : quand on ne leur donneroit que peu, ce peu lui est toujours agréable. Venez donc, donnez-lui à manger, et menez-le se baigner dans un endroit du fleuve où il soit à l'abri des vents.

A ces mots elles accourent ; et, pour obéir à Nausicaa, elles conduisent Ulysse dans un lieu commode, mettent auprès de lui une tunique et un manteau, lui donnent de l'essence dans une bouteille d'or, et lui disent de se laver dans le fleuve.

Ulysse leur parla ainsi : Belles nymphes, tenez-vous un peu à l'écart, je vous en supplie, pendant que j'ôterai l'écume de la mer qui me couvre, et que je me parfumerai ; il y a long-temps que je n'ai pu me procurer cet avantage : mais je ne me laverai pas devant vous, j'aurois honte de paroître à vos yeux dans l'état où je suis. Alors elles s'éloignent, et vont rendre compte à Nausicaa de ce qui les obligeoit à se retirer.

Cependant Ulysse se jette dans le fleuve, fait tomber en se nettoyant les ordures qui s'étoient attachées à ses cheveux, ainsi que l'écume qui avoit couvert ses épaules et tout son corps ; après s'être bien lavé, bien parfumé, il se revêt des habits magnifiques que lui avoit donnés la princesse. Minerve alors fait paroître sa taille plus grande, donne de nouvelles grâces à ses beaux cheveux, qui, semblables à des fleurs d'hyacinthe, et tombant par gros anneaux, ombrageoient ses épaules.

De même qu'un habile artisan, instruit dans son art par Minerve et par Vulcain, versant l'or autour de l'argent, en fait un chef-d'œuvre ; ainsi Minerve répand sur toute sa personne la noblesse et l'agrément. Il s'arrête fièrement sur les bords du fleuve, puis s'avance tout rayonnant de grâces et de beauté.

Nausicaa, frappée à cette vue, s'adresse à ses femmes, et leur dit : Non, ce n'est pas contre la volonté des dieux que cet inconnu est venu chez les heureux Phéaciens. D'abord son air me sembloit affreux ; à cette heure il est comparable aux immortels qui sont dans le ciel. Plût aux dieux que le mari que Jupiter me destine fût fait comme lui, qu'il voulût s'établir dans cette région, et qu'il s'y trouvât heureux! Dépêchez-vous, donnez à manger à cet étranger, il doit en avoir grand besoin. On obéit promptement, on sert devant Ulysse des viandes et du vin : il boit et mange avec l'avidité d'un homme qui depuis long-temps n'avoit pris de nourriture. Alors Nausicaa plie ses habits, les met sur le char, fait atteler ses mulets, monte sur le siège, et dit à Ulysse : Levez-vous, étranger, il est temps d'aller à la ville ; et je vous ferai conduire dans le palais de mon père, vous y verrez les plus considérables des Phéaciens. Vous me paroissez un homme sage, ne vous écartez donc pas de ce que je vais vous prescrire. Pendant que nous traverserons la campagne, suivez-moi doucement avec mes femmes. Je marcherai devant vous. La ville n'est pas éloignée, elle est environnée de hautes murailles ; un port magnifique s'étend des deux côtés, l'entrée en est étroite, les vaisseaux y sont parfaitement à l'abri des vents. Près de la place publique, autour du temple de Neptune, on voit des magasins de grandes pierres de taille, où les Phéaciens renferment tout ce qui est nécessaire à l'armement de leur marine. Ils font des cordages et polissent des rames : ils négligent les flèches et les arcs, mais ils s'occupent à construire des vaisseaux sur lesquels ils parcourent les mers les plus éloignées. Quand nous approcherons de nos murs, il faudra nous séparer, car je crains leurs discours piquans, ils aiment fort à médire ; afin que nul ne puisse dire en nous rencontrant : Qui est cet homme si beau et si bien fait, qui suit Nausicaa? où l'a-t-elle trouvé? Il sera son mari. Nous n'avons point de voisins ; il faut que ce soit quelque étranger, qui, ayant été jeté sur nos bords avec son vaisseau, a été si bien reçu d'elle. Ne seroit-ce point un dieu descendu du ciel, qu'elle prétend retenir toujours? elle préfère sans doute un tel mari qu'elle a rencontré en se promenant ; car elle méprise sa nation, et refuse sa main aux plus nobles des Phéaciens qui la recherchent. Voilà ce qu'ils diroient ; et ce qui me couvriroit de honte. En effet, je blâmerois moi-même une fille qui tiendroit une pareille conduite, et qui paroîtroit en public avec un homme à l'insu de ses parens, et avant que son mariage eût été célébré solennellement. Soyez donc attentif à ce que je vous dis, afin que mon père se presse de faciliter votre retour. Nous trouverons sur notre chemin un bois de peupliers consacré à Minerve. Il est arrosé d'une fontaine et entouré d'une très-belle prairie. Là sont les jardins de mon père, éloignés de la ville de la distance d'où peut s'entendre la voix d'un homme. Vous vous arrêterez en cet endroit, et vous y attendrez autant de temps qu'il nous en faut pour nous rendre au palais. Quand vous jugerez que nous y sommes arrivées, entrez dans la ville, et demandez la maison d'Alcinoüs mon père. Elle est facile à trouver, un enfant vous y conduiroit, car il n'y en a aucune qui l'égale en apparence et en beauté. Mais lorsque vous aurez passé la cour et gagné l'entrée du palais, traversez vite tous les appartemens jusqu'à ce que vous arriviez à celui de ma mère. Vous la trouverez auprès d'un grand feu, appuyée contre une colonne, et filant des laines couleur de pourpre. Toutes ses esclaves sont à ses côtés, ainsi que mon père, que vous verrez assis sur un trône magnifique. Ne vous arrêtez point à lui ; mais allez embrasser les genoux de ma mère, afin d'obtenir par sa protection les moyens les plus sûrs et les plus prompts de retourner dans votre pays. Si elle vous reçoit favorablement, livrez-vous à la douce espérance de revoir bientôt vos parens, vos amis et votre patrie.

En finissant ces mots, Nausicaa pousse ses mulets ; ils quittent à l'instant le rivage, ils courent, et de leurs pieds touchent légèrement la terre. Mais elle ménage les coups et conduit ses coursiers de manière qu'Ulysse et ses femmes puissent la suivre à pied. Le soleil se couche. Ulysse entre dans le bois, il s'y asseoit, et fait cette prière à la fille de Jupiter : Déesse invincible, exaucez-moi : vous ne m'avez point écouté pendant que j'étois poursuivi par la colère de Neptune ; soyez-moi aujourd'hui favorable ; faites que je sois bien reçu des Phéaciens ; faites que j'excite leur compassion. Pallas l'exauça, mais elle ne lui apparut cependant pas. Elle redoutoit le dieu de la mer, toujours irrité contre Ulysse, toujours opposé à son retour dans ses Etats.

LIVRE VII.

Ainsi prioit Ulysse : cependant Nausicaa arrive au palais de son père. Elle n'est pas plus tôt entrée dans la cour, que ses frères, beaux comme les immortels, s'empressent à l'entourer. Les uns détellent les mulets, les autres transportent ses habits. Elle monte dans son appartement, Euryméduse y allume du feu. Des vaisseaux partis d'Epire avoient enlevé cette vieille femme, et l'on en avoit fait présent à Alcinoüs, parce qu'il commandoit aux Phéaciens, et que le peuple l'écoutoit comme un oracle. Elle avoit élevé Nausicaa dans le palais de son père : alors elle étoit occupée à lui faire du feu, et à lui préparer à souper. Ulysse ne tarde point à se mettre en route pour la ville : Minerve répandit autour de lui un épais nuage, de peur que quelque Phéacien ne lui dît des paroles de raillerie, ou ne lui fît des demandes indiscrètes. Cette déesse, ayant pris la forme d'une jeune fille qui tient une cruche à la main, s'approche de lui au moment où il entre dans la ville. Ulysse la questionne en cette manière : Ma fille, ne pourriez-vous pas me conduire chez Alcinoüs, qui commande dans cette ville? Je suis étranger, je viens d'un pays fort éloigné, et je ne connois aucun des habitans de ce pays. Je vous mènerai volontiers au palais d'Alcinoüs, lui répondit Minerve : nous logeons dans son voisinage. Mais gardez le silence ; je vais marcher la première : si vous rencontrez quelqu'un, ne lui parlez point. Les Phéaciens reçoivent assez mal les étrangers, ils aiment peu ceux qui viennent des autres pays. Ils ont une grande confiance dans leurs vaisseaux, avec lesquels ils fendent les flots de la mer; car Neptune leur a donné des navires aussi légers que les airs et que la pensée.

En finissant ces mots, Minerve s'avance la première. Ulysse suit la déesse. Les Phéaciens ne l'aperçoivent pas, quoiqu'il marche au milieu d'eux. C'est que la fille de Jupiter l'avoit enveloppé d'un nuage qui le déroboit aux yeux. Le roi d'Ithaque regardoit avec étonnement le port, les vaisseaux, les places, la longueur et la hauteur des murailles. Quand ils furent arrivés tous deux à la demeure magnifique d'Alcinoüs, la déesse dit à Ulysse : Etranger, voilà le palais où vous m'avez commandé de vous mener. Vous y trouverez à table avec le Roi les principaux des Phéaciens. Entrez sans crainte. Un homme confiant réussit plus sûrement dans tout ce qu'il entreprend. Vous vous adresserez d'abord à la Reine : elle se nomme Areté, et elle est de la même maison qu'Alcinoüs. Nausithoüs étoit, comme vous le savez, fils de Neptune et de Péribée ; la plus belle de toutes les femmes, et la plus jeune fille de cet Eurymédon qui régna sur les superbes Géans. Il fit périr tous ses sujets dans les guerres injustes et téméraires qu'il entreprit ; il y périt lui-même. Neptune, devenu amoureux de sa fille, en eut Nausithoüs, qui fut roi des Phéaciens et père de Rhexenor et d'Alcinoüs. Apollon tua Rhexenor dans son palais. Il n'avoit qu'une fille qui s'appeloit Areté, et c'est elle qu'Alcinoüs a épousée. Il l'honore tellement, que nulle femme au monde n'est ainsi honorée de son mari. Ses amis, ses enfans, les peuples, ont un grand respect pour elle. On reçoit ses réponses, quand elle marche dans la ville, comme on recevroit celles d'une déesse. Elle a l'esprit excellent. Tous les différens qui s'élèvent entre ses sujets, elle les termine avec sagesse ; si vous pouvez vous la concilier et gagner son estime, espérez de voir tous vos souhaits accomplis.

Minerve, ayant ainsi parlé, disparut, quitta la Schérie ; et prenant son vol vers les plaines de Marathon, elle se rendit à Athènes et alla visiter la célèbre cité d'Erechthée.

Ulysse entre alors dans le palais : il ne peut, en y entrant, se défendre des mouvemens de surprise et de crainte qui l'agitoient. Toute la maison d'Alcinoüs jetoit un éclat semblable à celui que répand le soleil ou la lune. Les murs étoient d'airain ; autour régnoit une corniche d'azur ; une porte d'or fermoit le palais, elle tournoit sur des gonds d'argent, et étoit appuyée sur un seuil de cuivre. Le dessus étoit d'argent, et la corniche d'or. Aux deux côtés de la porte on voyoit deux chiens d'argent de la main de Vulcain : ils gardoient toujours le palais, n'étant sujets ni à la mort ni à la vieillesse. Le long des murailles il y avoit des siéges bien affermis, depuis la porte jusqu'aux coins : ils étoient garnis de tapis délicatement faits par les femmes d'Areté. Là étoient assis les plus considérables des Phéaciens. Ils faisoient un superbe festin, et célébroient une fête qui revenoit tous les ans. Sur de magnifiques piédestaux étoient des statues d'or représentant de jeunes hommes debout et tenant à la main des torches allumées pour éclairer la table du festin. Il y avoit dans le palais cinquante belles esclaves : les unes avec une grosse pierre brisoient le froment, les autres travailloient à faire des toiles. Elles étoient assises à la suite l'une de l'autre, et l'on voyoit leurs mains se remuer en même temps, comme les branches des plus hauts peupliers quand ils sont agités par les vents. Les étoffes qu'elles travailloient étoient d'une finesse et d'un éclat qu'on ne pouvoit se lasser d'admirer. L'huile, tant elles étoient serrées, auroit coulé dessus sans les pénétrer. Car autant que les Phéaciens surpassent les autres hommes dans l'art de conduire un vaisseau léger sur la vaste mer, autant leurs femmes excellent-elles dans les ouvrages de tapisserie. Minerve les a remplies d'adresse et d'industrie pour ces travaux.

De la cour on entre dans un grand jardin de plusieurs arpens : une haie vive l'entoure et le ferme de tous côtés. Il est planté de grands arbres chargés de fruits délicieux. On y voit des poiriers, des grenadiers, des orangers, des figuiers d'une rare espèce, des oliviers toujours verts : ils ne sont jamais sans fruits, ni en hiver, ni en été. Un doux zéphir entretient leur fraîcheur : il fait croître les uns et donne aux autres la dernière maturité. On voit des poires mûrir quand d'autres poires sont passées, les figues succèdent aux figues ; et l'orange, la grenade, à la grenade et à l'orange. Dans les mêmes vignes il y en a une partie sèche qu'on couvre de terre, une autre qui fleurit et qu'on découvre pour être échauffée par le soleil, une autre dont on cueille les grappes, et une autre enfin dont on presse le raisin ; on en voit qui commencent à fleurir, et à côté on en voit qui sont remplies de grains et d'un jus délicieux.

Le jardin est terminé par un potager très-bien cultivé, très-abondant en légumes de toutes les saisons de l'année. Il y a deux fontaines : l'une arrose tout le jardin en se partageant en plusieurs canaux ; l'autre va se décharger à la porte du palais, et communique les eaux à toute la ville. Tels étoient les présens que les dieux avoient faits à Alcinoüs.

Ulysse ne se lassoit point de les admirer. Après avoir contemplé toutes ces beautés, il pénètre dans le palais, et trouve les Phéaciens armés de coupes et faisant des libations à Mercure ; c'étoit les dernières du festin, et ils les réservoient pour cette divinité, afin qu'elle leur procurât le repos de la nuit qu'ils se disposoient à goûter. Ulysse, toujours couvert du nuage dont Minerve l'avoit enveloppé, s'avance sans être aperçu. Il s'approche d'Areté et l'Alcinoüs, embrasse les genoux de la Reine : aussitôt l'air obscur qui l'entouroit se dissipe. Les Phéaciens, étonnés de le voir tout-à-coup, demeurent dans le silence ; ils le regardent avec surprise : et Ulysse, tenant toujours les genoux de la Reine, lui parle en ces termes :

Ô Areté, ô fille du divin Rhexenor, après avoir échappé aux maux les plus cruels, je viens implorer votre secours, celui de votre mari et de toute cette auguste assemblée. Que les dieux vous donnent une vie heureuse ! Puissiez-vous laisser à vos enfans les richesses de vos palais et les honneurs que vous avez reçus de vos peuples ! Je vous conjure de me faire revoir bientôt ma patrie, car il y a long-temps que je souffre, éloigné de tout ce que j'aime.

Ayant ainsi parlé, il se retira contre le foyer, se tenant assis sur la cendre proche du feu : tout le monde se taisoit. Enfin le vieil Echénus, le plus sage des Phéaciens, et qui les surpassoit tous en savoir et en éloquence, prit la parole et dit :

Alcinoüs, il n'est point convenable de laisser cet étranger couché sur la cendre. Les conviés attendent vos ordres. Relevez-le donc, et faites-le asseoir sur un de ces siéges d'argent. Commandez aux hérauts de verser du vin, afin que nous fassions des libations au dieu qui lance la foudre et qui accompagne les étrangers. Que la maîtresse de l'office lui serve une table couverte des mets les plus exquis.

Alcinoüs n'eut pas plus tôt entendu ces paroles, qu'il alla prendre Ulysse par la main : il le relève, il le place à ses côtés sur un siége magnifique qu'il lui fit céder par son fils Laodamas qui étoit assis près de lui, et qu'il aimoit plus que tous ses autres enfans. Une belle esclave verse de l'eau d'une aiguière d'or sur un bassin d'argent, et donne à laver à Ulysse. Elle dresse ensuite une table ; et une autre femme, qui avoit un air vénérable, la couvre de ce qu'elle a de meilleur. Ulysse en profite avec reconnoissance. Alcinoüs prend alors la parole, et dit à un de ses hérauts : Pontonoüs, remplissez une urne de vin, et distribuez-le à tous les convives, afin que nous fassions des libations à Jupiter, le puissant protecteur des étrangers et des supplians.

Il dit : Pontonoüs obéit. Les libations finies, et chacun des convives ayant bu autant qu'il vouloit, Alcinoüs leur parla encore ainsi : Ecoutez-moi, chef des Phéaciens. Puisque le repas est fini, vous pouvez vous retirer, il en est temps, et vous pouvez vous aller jeter dans les bras de Morphée. Demain nous assemblerons un plus grand nombre de vieillards, nous traiterons notre nouvel hôte dans le palais, nous offrirons des sacrifices aux dieux, et puis nous songerons à son retour, afin que, délivré de peines et d'afflictions, il ait la consolation et la joie de voir, par notre secours, sa chère patrie, et qu'il y arrive, quelque éloignée qu'elle soit, sans éprouver rien de fâcheux dans le voyage. Lorsqu'il sera chez lui, il attendra paisiblement ce que la destinée et les Parques inexorables lui ont préparé dès le moment de sa naissance. Peut-être est-ce quelque dieu descendu du ciel qui paroît sous la figure de cet étranger. Les dieux se déguisent souvent ; ils viennent au milieu de nous quand nous leur immolons des hécatombes ; ils assistent alors à nos sacrifices, et mangent avec nous comme s'ils étoient mortels. Quelquefois on ne croit trouver qu'un voyageur, et les dieux se découvrent ; mais c'est quand nous tâchons de leur ressembler par nos vertus, comme les Cyclopes se ressemblent tous par leur injustice et par leur impiété.

Ulysse reprit aussitôt : Ayez d'autres sentimens, Alcinoüs : je ne suis en rien semblable aux dieux, ni par le corps, ni par l'esprit ; vous ne voyez qu'un homme mortel persécuté par les plus grandes et les plus déplorables infortunes. Non, et vous en conviendriez si je vous racontois les maux que j'ai endurés par l'ordre des dieux ; non, personne n'a plus souffert que celui qui réclame aujourd'hui votre bienfaisance. Mais laissons ces tristes détails : permettez que je satisfasse à la faim qui me dévore, quoique je sois noyé dans l'affliction. Il n'y a point de nécessité plus impérieuse que ce besoin. La tristesse, les pertes les plus désastreuses, les malheurs les plus opiniâtres, rien ne fait oublier de la satisfaire. Elle commande en ce moment, et je cède à son pouvoir. Mais vous, princes hospitaliers, demain, dès que l'aurore paroîtra, daignez me fournir les moyens de retourner dans ma patrie. Quelques maux que j'aie endurés, pourvu que je la voie encore, je consens à perdre la vie.

Il dit, et tous les Phéaciens applaudirent, et se promirent de seconder les désirs de cet étranger qui venoit de parler avec tant de force et de sagesse. Les libations étant donc faites, ils se retirèrent pour aller goûter les douceurs du sommeil. Ulysse demeura dans le palais; Areté et Alcinoüs ne le quittèrent point. Pendant qu'on ôtoit les tables, la Reine le fixa plus attentivement; et ayant reconnu le manteau et les habits dont il étoit revêtu, et qu'elle avoit faits elle-même avec ses femmes, elle lui adressa la parole : Etranger, permettez-moi, lui dit-elle, de vous demander qui vous êtes, d'où vous venez, qui vous a donné ces habits. Ne m'avez-vous pas dit que la tempête vous a jeté sur nos rivages?

Grande Reine, répondit le prudent Ulysse, il me seroit difficile de vous raconter les malheurs sans nombre dont les dieux m'ont accablé, mais je vais répondre à ce que vous me demandez. Très-loin d'ici, au milieu de la mer, il y a une grande île nommée Ogygie. Elle est habitée par Calypso, fille d'Atlas. C'est une puissante et redoutable déesse. Aucun dieu ni aucun homme n'a de commerce avec elle. La fortune ennemie me conduisit seul en ce lieu. Jupiter, du feu de son tonnerre, avoit brûlé mon vaisseau. Tous mes compagnons périrent à mes yeux. Dans ce péril je saisis une planche du débris de mon naufrage : neuf jours entiers je fus, sans la quitter, le jouet des flots irrités; enfin le dixième, pendant l'obscurité de la nuit, les dieux me poussèrent sur les côtes d'Ogygie. Calypso me reçut, me traita très-favorablement, m'offrit même de me rendre immortel et de me garantir de la vieillesse. Mais ses offres ne me touchèrent point. Je passai sept ans entiers auprès d'elle, arrosant tous les jours de mes larmes les habits que m'avoit donnés cette nymphe. La huitième année, contre mon attente, elle me pressa de partir : Jupiter avoit changé ses dispositions, et Mercure étoit venu lui signifier les ordres du maître des dieux et des hommes. Elle me renvoya sur un vaisseau, me fit beaucoup de présens, me donna du vin, des viandes, des habits, et fit souffler un vent favorable. Je voguai heureusement pendant dix-sept jours : le dix-huitième, je découvrois déjà les noirs sommets des montagnes de la Phéacie; mon cœur étoit transporté de joie. Hélas! je n'étois pas au terme de mes maux; Neptune m'en préparoit de nouveaux. Pour me fermer le chemin de ma patrie, il déchaîna les vents contre moi, il souleva les flots. Les vagues en courroux ne me permirent pas long-temps de demeurer sur mon frêle navire. Je l'invoquai en vain; je remplissois inutilement l'air de mes cris; un tourbillon brisa mon vaisseau, je tombai dans la mer, les vagues me poussèrent contre le rivage. Mais comme j'étois prêt à sortir de l'eau, un flot me rejeta avec violence contre d'énormes rochers. Je m'en éloignai; et nageant encore, et à force de bras et d'adresse, j'arrivai à l'embouchure du fleuve. Là je découvris une retraite sure, commode et à l'abri des vents : je gagnai la terre, où j'abordai presque sans vie. J'y repris mes esprits; et lorsque la nuit fut venue, je m'éloignai du fleuve et me couchai dans les broussailles. J'amassai des feuilles pour me couvrir, et un dieu versa un doux sommeil sur mes paupières. Je dormis toute la nuit et la plus grande partie du jour. Je ne me réveillai que lorsque le soleil étoit lui-même presque au moment de se coucher. J'aperçus alors les femmes de la princesse votre fille qui jouoient ensemble : elle paroissoit au milieu d'elles comme une déesse. Je la conjurai de me secourir; je la trouvai pleine d'humanité. Devois-je m'attendre à tant de générosité de la part d'une jeune personne que je voyois par hasard et pour la première fois? on est d'ordinaire très-inconsidéré à cet âge. Elle me fit donner des viandes, du vin, des habits, des parfums, et me fit laver dans le fleuve. Voilà la vérité pure, et tout ce que l'affliction qui me suffoque me permet de vous apprendre.

Cher étranger, reprit Alcinoüs, je serois encore plus content de ma fille, si elle vous avoit conduit elle-même avec ses femmes. Ne le devoit-elle pas, puisque c'étoit la première personne que vous rencontriez et dont vous imploriez le secours? Grand roi, répond Ulysse, ne la blâmez pas. Elle m'avoit prié de la suivre : c'est moi qui ne l'ai pas voulu, de peur qu'en me voyant avec elle, vous ne désapprouvassiez sa conduite. Des malheureux comme moi appréhendent tout.

Etranger, dit Alcinoüs, je ne suis pas porté à tant de défiance, et le parti de l'humanité me paroit toujours le meilleur. Plût à Jupiter, à Minerve et à Apollon, qu'étant tel que vous paroissez, et ayant les mêmes sentimens que vous m'inspirez, vous voulussiez épouser ma fille et demeurer avec nous! Je vous donnerois un beau palais et de grandes richesses, si vous vouliez fixer ici votre séjour. Cependant ni moi ni aucun de nos Phéaciens ne vous y retiendra malgré vous. Le dieu de l'Olympe le désapprouveroit. Demain donc, sans différer, tout sera prêt pour votre retour. Dormez en attendant, dormez avec sûreté. Mes nautonniers profiteront du temps le plus favorable pour vous ramener dans votre patrie. Ils y réussiront, dussiez-vous aller au-delà de l'Eubée, qui est, comme nous le savons, fort éloignée de nous. Quelques-uns de nos pilotes y ont déjà pénétré et conduit Rhadamanthe, lorsqu'il alla visiter Titye, le fils de la Terre. Ils le menèrent, et, malgré cette longue distance, en revinrent le même jour.

Vous connoîtrez vous-même de quelle bonté sont nos vaisseaux, et avec quelle adresse nos jeunes Phéaciens frappent la mer de leurs rames. Ainsi parla Alcinoüs. La joie se répandit dans le cœur d'Ulysse, et, s'adressant à Jupiter, il s'écria : O dieu, si Alcinoüs accomplit ce qu'il promet, sa gloire sera immortelle, et moi je reverrai ma patrie.

Vers la fin de ce doux et paisible entretien, Areté commanda à ses femmes de dresser un lit sous le beau portique du palais, et de le garnir de belles étoffes de pourpre, d'étendre dessus et dessous des peaux et des couvertures très-fines. Elles sortent aussitôt, tenant à la main des flambeaux allumés ; et quand tout fut arrangé, elles vinrent en avertir Ulysse. Il se retira, les suivit sous le superbe portique, où tout étoit préparé pour le recevoir.

Alcinoüs le quitte aussi, pour aller se reposer auprès d'Areté, dans l'appartement le plus reculé de son palais.

LIVRE VIII.

Lorsque l'aurore parut, Alcinoüs et Ulysse se levèrent, et tous deux ils sortirent pour se rendre au lieu de l'assemblée qu'on devoit tenir devant les vaisseaux. Quand ils y furent arrivés avec les Phéaciens, on s'assit sur des sièges de pierre bien polie.

Minerve prit alors la figure d'un des hérauts d'Alcinoüs ; elle alla par la ville, et, pour disposer le retour d'Ulysse, s'approchant des principaux Phéaciens, elle leur disoit : Hâtez-vous, venez au conseil, écoutez-y les prières de cet étranger qui arriva hier au palais du Roi : il a long-temps erré sur les flots de la mer, et je trouve qu'il ressemble aux immortels. Par ces paroles, Minerve les excite et leur inspire de la diligence et de l'intérêt. La place et les sièges sont bientôt remplis : tout le monde regarde avec étonnement le prudent fils de Laërte. Pallas lui avoit donné une grâce toute divine : elle le faisoit paroître plus grand et plus fort, afin que par sa taille et par son air il attirât l'estime et l'attention des Phéaciens, et pour qu'il réussit dans les jeux militaires qu'on devoit lui proposer pour éprouver sa vigueur et son adresse.

Lorsque tout le monde fut placé, Alcinoüs prit la parole et dit : Ecoutez-moi, chefs des Phéaciens : je ne connois point cet étranger ; j'ignore d'où il est venu, et si c'est de l'orient ou de l'occident ; il nous conjure de lui fournir les secours et les moyens de retourner dans sa patrie. Ne nous démentons point en cette occasion : jamais nous n'avons fait soupirer long-temps après leur retour aucun de ceux qui ont abordé dans notre île. Qu'on mette donc en mer un de nos meilleurs vaisseaux, et choisissons promptement parmi le peuple cinquante-deux jeunes gens des plus habiles à manier la rame ; qu'ils préparent tout, et qu'ils viennent ensuite dans mon palais pour y manger et se disposer à partir : je fournirai toutes les provisions nécessaires.

Pour vous, qui êtes les plus considérables des Phéaciens, venez m'aider à traiter honorablement ce nouvel hôte. Que personne ne s'en dispense, et qu'on appelle Démodocus, cet excellent musicien, qui a reçu du ciel une voix si mélodieuse, et qui charme tous ceux qui l'entendent. En finissant ces mots, le Roi se lève et marche le premier ; les autres le suivent. Un héraut va prendre Démodocus. Les cinquante-deux hommes choisis se rendent aussitôt sur le rivage, lancent à l'eau un excellent vaisseau, dressent le mât, y attachent des voiles, rangent les rames, et les lient avec des nœuds de cuir. Quand tout fut prêt, ils se rendirent au palais d'Alcinoüs. Les portiques, les cours, les salles furent bientôt remplis. Le Roi fit égorger douze moutons, huit cochons et deux bœufs. On les dépouilla, et le festin fut promptement préparé. Le héraut amène Démodocus : il étoit aveugle ; mais les Muses, qui le chérissoient, lui avoient donné une voix délicieuse. Pontonoüs le place sur un siège d'argent, au milieu des conviés, et il l'appuie contre une colonne élevée, à laquelle il attache sa lyre au-dessus de sa tête, en lui montrant comment il la pourroit prendre au besoin. Il met devant lui une table, la couvre de viandes, et pose dessus une coupe remplie de vin, afin que Démodocus pût boire quand il voudroit. Les conviés profitent de la bonne chère; et quand ils furent rassasiés, les Muses inspirèrent à leur favori de chanter les aventures et la gloire des héros les plus célèbres. Il commença par un événement qui avoit mérité l'attention des dieux mêmes : c'est la querelle fameuse survenue entre Achille et Ulysse dans le festin d'un sacrifice sous le rempart de Troie. Agamemnon paroissoit ravi que les chefs des Grecs fussent divisés. Apollon le lui avoit prédit, lorsque, prévoyant les malheurs qui menaçoient la Grèce et les Troyens, il se rendit dans le superbe temple de Python, pour y consulter l'oracle.

Démodocus ravit de joie et d'admiration tous les assistans. Ulysse, attendri, prit son manteau, l'approcha de son visage, et se cacha pour que les Phéaciens ne le vissent pas répandre des larmes. Dès que Démodocus cessoit de chanter, Ulysse essuyoit ses yeux, se découvroit le visage, prenoit une coupe et faisoit des libations aux dieux immortels. Mais lorsque les Phéaciens, charmés d'entendre ce chantre divin, le pressoient de recommencer, Ulysse recommençoit aussi à répandre des larmes, et s'efforçoit de les cacher. Aucun des conviés ne le remarqua, à l'exception d'Alcinoüs, qui avoit fait asseoir son hôte à côté de lui. Les soupirs qui lui échappoient l'avoient pénétré; et pour les faire cesser, s'adressant aux convives, il leur dit : Je crois, chers Phéaciens, que vous ne voulez plus manger, et que vous avez assez entendu de musique, qui est cependant l'accompagnement le plus agréable des festins. Sortons donc de table; montrons à cet étranger notre adresse dans les jeux et les exercices, afin que, de retour dans sa patrie, il puisse raconter à ses amis combien nous surpassons les autres nations dans les combats du ceste, à la lutte, à la course et à la danse.

Il se lève en même temps, il sort de son palais : les Phéaciens le suivent. Pontonoüs suspend à une colonne la lyre de Démodocus, le prend par la main, le conduit hors de la salle du festin, et le mène par le chemin que tenoient les Phéaciens pour aller voir et admirer les exercices qu'on venoit d'annoncer. Ils arrivèrent dans une place immense, une foule innombrable de peuple s'y étoit déjà rassemblée. Plusieurs jeunes gens alertes et très-bien faits se présentent pour disputer le prix.

C'étoient Acronée, Euryale, Élatrée, Nautès, Prumnès, Anchiale fils du constructeur Polynée, Cretmès, Pontès, Prorès, Thoon, Anabesinès, Amphiale, semblable au dieu terrible de la guerre, et Naubolide, qui, après le prince Laodamas, surpassoit tous les Phéaciens en force et en beauté. Les trois fils d'Alcinoüs se présentèrent aussi, Laodamas, Halius et le divin Clytonée. Voilà ceux qui se levèrent pour la course. On leur désigna la carrière qu'il falloit parcourir. Ils partent tous en même temps, ils volent, et font lever en courant des nuages de poussière qui les dérobent presque aux yeux des spectateurs. Mais Clytonée, plus agile qu'eux, les devance, et les laisse tout aussi loin derrière lui que de fortes mules traçant des sillons dans un champ, laissent derrière elles des bœufs pesans et tardifs.

Après la course, on vint aux pénibles exercices de la lutte. Euryale obtint la palme. Amphiale fit admirer à ses concurrens mêmes sa grâce et sa légèreté à la danse; Élatrée remporta le prix du disque, et Laodamas celui du ceste.

Après ces premiers essais, Laodamas prit la parole et leur dit : Mes amis, demandons à cet étranger s'il ne s'est point appliqué à quelques-uns de nos exercices. Il est très-bien fait; ses jambes, ses cuisses, ses mains, ses épaules marquent une grande vigueur. Il ne manque point de jeunesse, mais peut-être est-il affoibli par les grandes fatigues qu'il a essuyées. Les travaux de la mer sont, à ce que je pense, ce qui épuise le plus un homme, quelque robuste qu'il puisse être.

Vous avez raison, répond Euryale à Laodamas; j'approuve fort la pensée qui vous est venue. Allez donc, et provoquez vous-même votre hôte. A ces mots le brave fils d'Alcinoüs s'élance au milieu de l'assemblée, et parle à Ulysse en ces termes. Venez, généreux étranger, et entrez en lice si vous savez quelques-uns de nos jeux, et vous paroissez les savoir tous. Pour moi, je ne vois rien de plus glorieux pour un homme, que de réussir dans les exercices du corps. Venez donc vous éprouver contre nous. Eloignez la tristesse de votre esprit, votre départ ne sera pas longtemps différé. On a déjà lancé à l'eau le vaisseau qui doit vous porter, et vos rameurs sont tout prêts.

Le prudent Ulysse lui répondit : Laodamas, pourquoi vous moquez-vous de moi en me faisant cette proposition ? Je suis bien plus occupé de mes maux que de vos combats. Quel souvenir amer et désolant que celui de tout ce que j'ai souffert ! je ne parois ici que pour solliciter le secours dont j'ai besoin pour m'en retourner. Que le Roi, que le peuple exauce mes vœux, et je n'ai plus rien à désirer.

Euryale réplique inconsidérément : Vous ne vous êtes donc pas formé à ces combats établis chez toutes les nations célèbres ? N'auriez-vous passé votre vie qu'à courir les mers pour trafiquer ou pour piller ? N'auriez-vous commandé qu'à des matelots, et songé qu'à tenir registre de provisions, de marchandises et de profits ? Vous n'avez effectivement pas l'air et le ton d'un athlète ou d'un guerrier.

Ulysse, le regardant avec des yeux pleins d'indignation, lui dit : Jeune homme, vous vous oubliez : quel propos vous osez tenir sans me connoître ! Nous ne le voyons que trop, les dieux partagent et divisent leurs faveurs. Il est rare qu'on trouve rassemblés dans un seul homme la bonne mine, le bon esprit et l'art de bien parler. L'un manque de beauté, mais les dieux l'en dédommagent par le talent de la parole ; il se distingue et se fait admirer par son éloquence ; il parle avec assurance ; il ne lui échappe rien qui l'expose au repentir ; il s'exprime avec une douceur et une modestie qui entraînent et persuadent la multitude ; il est l'oracle des assemblées, et, dès qu'il paroît, on le suit comme une divinité. Un autre a la beauté des immortels, mais les grâces ne sont pas répandues sur ses lèvres. N'en êtes-vous pas une preuve ? Vous êtes parfaitement bien fait, et je ne vois pas que les dieux mêmes pourroient ajouter à vos avantages extérieurs. Mais vous manquez de discrétion, vous parlez légèrement, et je n'ai pu vous entendre sans colère. Non, je ne suis point ce que vous pensez, et les exercices que vous estimez tant ne me sont point étrangers. J'y excellois même dans ma jeunesse. L'âge et les revers, les fatigues de la mer et d'une longue guerre que j'ai soutenues, car il y a long-temps que le malheur me poursuit, ont épuisé mes forces. Cependant, quelque affoibli que je sois, je veux entrer en lice ; vos reproches m'ont vivement piqué ; ils ont réveillé mon courage. Il dit ; et s'avançant brusquement, sans se débarrasser même de son manteau, il prend un disque beaucoup plus grand, plus épais et plus pesant que ceux dont se servoient les Phéaciens : après lui avoir fait faire plusieurs tours avec le bras, il le pousse d'une main si forte que la pierre siffle en fendant les airs, et que plusieurs Phéaciens tombèrent étonnés de l'effort avec lequel elle fut jetée. Le disque ainsi poussé passe de très-loin les marques de ses rivaux. Minerve, sous la figure d'un homme, désigne elle-même l'endroit où le disque s'arrête, et s'écrie avec admiration qu'un aveugle le distingueroit sans peine en tâtonnant, tant il est éloigné de tous les autres. Prenez courage, ajoute la déesse ; personne ici n'ira aussi loin, personne ne pourra vous surpasser. Ulysse est étonné et ravi de trouver quelqu'un dans l'assemblée qui le favorise si hautement. Il se radoucit, et dit aux Phéaciens avec une modeste hardiesse : Que les plus jeunes et les plus robustes d'entre vous atteignent ce disque s'ils le peuvent ; je vais en lancer un autre aussi pesant et beaucoup plus loin, à ce que j'espère. Pour ce qui est des autres exercices, puisque vous m'avez défié, je consens à éprouver mes forces contre le premier qui osera me le disputer, soit au ceste, soit à la lutte ou à la course ; je ne refuse personne excepté Laodamas. Il est mon hôte ; et qui voudroit combattre contre un prince dont il a été si humainement traité ? il n'y a qu'un insensé, qui pût se permettre de disputer le prix des jeux, dans un pays étranger, à celui même qui l'a accueilli avec bonté. ce seroit la méconnoître et agir contre ses propres intérêts. Mais pour les autres braves Phéaciens, je ne refuse ni ne dédaigne aucun de ceux qui voudront éprouver mon adresse. Je puis dire que je n'en manque pas à ces sortes de jeux. Je sais aussi me servir de l'arc ; j'ai souvent frappé au milieu de mes ennemis celui que je choisissois, quoiqu'il fût environné de compagnons d'armes tenant leur arc bandé contre moi. Le seul Philoctète me surpassoit quand nous nous exercions sous les murs de Troie ; mais je crois l'emporter sur tous les autres hommes qui sont aujourd'hui sur la terre et qui se nourrissent des dons de Cérès. Je ne prétends pas au reste m'égaler aux héros qui existoient avant nous, tels qu'étoient Hercule et Eurytus d'Œchalie. Ils le cédoient à peine aux dieux mêmes. Eurytus fut puni de cette arrogante présomption, et ne parvint point à un âge avancé ; car Apollon, irrité de ce qu'il avoit eu l'audace de le défier, lui ôta la vie. Je lance une pique plus loin qu'un autre ne darde une flèche. Je craindrois seulement que quelqu'un de vous ne me surpassât à la course, car je n'ai plus de forces ; je les ai consumées à lutter pendant plusieurs jours contre les flots et contre la faim, après que mon vaisseau a été brisé par la tempête.

Ainsi parla Ulysse : personne n'osa lui rien répliquer. Le seul Alcinoüs, prenant la parole, lui dit : Cher étranger, rien de plus convenable que ce que vous venez de dire. Nous ne vous blâmons point ni de la sensibilité que vous témoignez pour les reproches si déplacés d'Euryale, ni de la proposition que vous nous faites d'essayer vos forces et votre adresse contre nous. Peut-on, sans être injuste, méconnoître votre mérite et vos talens ? Mais écoutez-moi, je vous en prie, afin qu'un jour, retiré dans vos États et conversant à table avec votre femme, vos enfans et les hôtes que vous y admettrez, vous puissiez leur raconter ce que vous avez vu chez les Phéaciens, la vie qu'ils mènent, leurs occupations, leurs amusemens, et les exercices dans lesquels ils ont constamment excellé. Nous ne sommes pas les meilleurs lutteurs du monde, ni ceux qui se servent le mieux du ceste ; mais nul peuple ne court ni n'entend la navigation comme nous. Nous aimons les festins, la musique et la danse ; nous prenons plaisir à changer souvent d'habits, à prendre le bain chaud ; nous sommes jaloux de tout ce qui rend la vie agréable et commode.

Allons donc, jeunes Phéaciens, vous surtout qui vous distinguez dans la danse, montrez à cet illustre étranger tout ce que vous savez, afin qu'à son retour il apprenne aussi à ses amis combien nous surpassons les autres peuples à la course, à la danse, dans la musique et dans l'art de conduire des vaisseaux. Que quelqu'un aille promptement chercher la lyre de Démodocus, qu'on a laissée suspendue à une colonne dans mon palais.

Ainsi parla le divin Alcinoüs : un héraut se détache aussitôt pour aller prendre cet instrument. Neuf juges furent choisis au sort pour présider aux jeux et régler tout ce qui étoit nécessaire. Ils se pressent de faire aplanir le lieu où l'on devoit danser. Le héraut arrive ; il donne la lyre à Démodocus, qui se place dans le centre. Les jeunes gens se rangent autour de lui ; ils commencent, ils frappent la terre de leur pied léger. Ulysse les regarde en applaudissant à l'agilité, à la justesse de leurs mouvemens. Démodocus chantoit sur sa lyre les amours de Mars et de Vénus, le début de cette intrigue, les présens que le dieu de la guerre fit à la déesse de la beauté, l'accueil qu'elle lui fit. Phébus en fut témoin, il en avertit Vulcain. A cette nouvelle le dieu vole dans son atelier ; il redresse son enclume, et, pour se venger, il forge des filets qu'on ne pouvoit ni rompre ni relâcher. Sa fureur contre Mars lui fait imaginer cette espèce de piége. Quand il l'eut mis en état de servir son ressentiment, il entre dans son appartement, il l'entoure de ses liens indissolubles : ils étoient comme des fils de toiles d'araignée ; nul homme, nul dieu même ne pouvoit les apercevoir, tant le travail en étoit fin et délicat. Vulcain, après avoir dressé le piége où

devoit se prendre les deux amans, annonça qu'il partoit pour Lemnos, qu'il préfère à toutes les autres contrées où on l'honore. Mars, qui l'épioit, crut légèrement qu'il s'absentoit, et court aussitôt chez la belle Cythérée...... Les mauvaises actions sont rarement impunies, s'écria un des dieux présens à cette honteuse scène. La lenteur a surpassé la vitesse : le tardif Vulcain a attrapé Mars, le plus léger de tous les dieux... Démodocus chantoit toutes ces aventures. Ulysse et les Phéaciens étoient ravis de l'entendre. Alcinoüs commanda à ses deux fils, Halius et Laodamas, de danser seuls, car nul autre n'osoit se mesurer à ces deux princes. Pour montrer leur adresse, ils se saisissent d'abord d'un ballon couleur de pourpre, brodé par les mains habiles de Polybe. L'un d'eux, se pliant et se renversant en arrière, le pousse jusqu'aux nues ; l'autre le reprend en sautant, et le repousse avant qu'il tombe à leurs pieds. Après s'être ainsi essayés, ils se mirent à danser avec une grâce et une justesse merveilleuses. Les jeunes gens qui étoient debout autour de l'enceinte battoient des mains, et tout retentissoit de leurs applaudissemens. Alors Ulysse dit à Alcinoüs : Vous aviez grande raison de me promettre d'excellens danseurs : vous tenez bien votre parole. Je ne puis vous exprimer le plaisir qu'ils me font et l'admiration qu'ils me causent.

Alcinoüs parut touché de cet éloge ; et s'adressant aux Phéaciens, il leur dit : Cet étranger me semble un homme sage et d'une rare prudence ; faisons-lui, selon l'usage pratiqué pour les hôtes d'un grand mérite, faisons-lui des présens convenables. Vous êtes ici douze princes de la nation, qui la gouvernez sous moi qui suis le treizième. Que chacun de nous lui offre un manteau, une tunique bien lavée, et un talent d'or. Apportons-les au plus vite, afin que, touché de notre générosité, ce soir il se mette à table avec plus de joie. J'exhorte aussi Euryale à l'apaiser par des excuses et par des présens, car il a manqué à la justice et aux égards qu'il lui devoit.

Il dit : tous les princes approuvent Alcinoüs, et chacun d'eux commande aussitôt à son héraut d'aller prendre les présens. Euryale lui-même, s'adressant à Alcinoüs, promet de donner à Ulysse la satisfaction qu'on exige. Il lui présente une épée d'un acier très-fin, dont la poignée est d'argent et le fourreau couvert d'un ivoire merveilleusement travaillé. J'espère, dit-il à Ulysse, que vous ne trouverez pas cette arme indigne de vous : acceptez-la, ô mon père ; et s'il m'est échappé quelques reproches que vous ne méritez pas, que les vents les emportent, et qu'ils sortent pour toujours de votre mémoire. Fassent les dieux que vous ayez bientôt la consolation de revoir votre femme et votre patrie ! N'y a-t-il pas assez long-temps que le malheur vous persécute et vous tient éloigné de tout ce qui vous aime ? Cher Euryale, repartit Ulysse, je prie les dieux de vous combler de joie et de prospérité. Puissiez-vous ne sentir jamais le besoin de cette épée ! Tout ce que vous m'avez dit est réparé par le don magnifique que vous me faites, et par les douces paroles qui l'accompagnent. En achevant ces mots, le roi d'Itaque met à son côté cette riche épée. Le soleil alloit se coucher : les autres présens arrivent, portés par des hérauts. On les dépose aux pieds d'Alcinoüs ; ses enfans les prennent et les portent eux-mêmes chez la Reine. Le Roi marchoit à leur tête. Lorsqu'ils furent arrivés dans l'appartement d'Areté, et qu'on eut placé et fait asseoir les chefs des Phéaciens, Alcinoüs dit à la Reine : Ma femme, faites apporter ici la plus belle de mes cassettes, mettez-y un beau manteau et une tunique neuve. Ordonnez à vos esclaves de faire chauffer de l'eau ; il faut faire baigner notre hôte, étaler ensuite et ranger proprement nos présens. J'espère que ce beau coup d'œil lui donnera une joie secrète, et le préparera à goûter mieux le plaisir de la table et de la musique. Pour moi, je le prie d'accepter une belle coupe d'or, afin qu'il se souvienne de moi, et qu'il fasse tous les jours des libations à Jupiter et aux autres dieux.

La Reine commande aussitôt à ses femmes de mettre un trépied sur le feu : elles obéissent, portent un grand vaisseau d'airain, le remplissent d'eau, mettent dessous beaucoup de bois. Dans un moment la flamme s'élève et l'eau commence à frémir.

Cependant Areté se fait apporter une belle cassette pour Ulysse : elle y dépose les habits, l'or, tous les présens des Phéaciens ; elle y ajoute pour elle-même une tunique et un manteau magnifique. Quand tout fut rangé avec beaucoup d'ordre, la Reine lui dit : Considérez tout ce que cette cassette renferme, mettez-y votre sceau, afin que dans le voyage on n'en dérobe rien pendant que vous dormirez dans votre vaisseau.

Le fils de Laërte, après avoir admiré tous ces riches présens, après en avoir marqué sa reconnoissance, baisse le couvercle de la cassette, et la scelle d'un nœud merveilleux dont Circé lui avoit donné le secret. On l'avertit ensuite d'entrer dans le bain ; il le trouve chaud : il en paroît ravi, car il n'en avoit point usé depuis qu'il étoit sorti de la grotte de Calypso. Alcinoüs ne lui laisse rien à désirer, et après que les femmes d'Areté l'ont fait baigner, après qu'elles lui ont prodigué les parfums les plus exquis, elles lui jettent des magnifiques habits. Ulysse quitte la salle des bains et se rend dans celle des festins. Nausicaa, dont la beauté égaloit celle des déesses mêmes, étoit à l'entrée de la salle. Dès qu'elle aperçut Ulysse, elle fut frappée d'étonnement, et lui dit : Etranger, je vous salue. Quand vous serez arrivé dans votre patrie, ne m'oubliez pas ; car je suis la première qui vous ai secouru, et c'est à moi que vous devez la vie.

Ulysse lui répondit : Belle Nausicaa, fille du grand Alcinoüs, que Jupiter me conduise auprès de ma femme et de mes amis, et je vous promets de me souvenir sans cesse de vous, et de vous adresser tous les jours des vœux comme à une déesse tutélaire à qui je dois la vie et mon bonheur.

Après ce remerciement fait à Nausicaa, Ulysse s'asseoit auprès d'Alcinoüs. On sert les viandes découpées, on mêle le vin dans les urnes : un héraut amène par la main Démodocus ; il le place au milieu des convives et contre une colonne qui lui servoit d'appui. Alors le fils de Laërte, s'adressant au héraut, prend la meilleure partie du morceau qu'on lui avoit servi par honneur, et le charge de le porter de sa part à Démodocus, et de lui dire que la tristesse qui flétrit son ame ne le rend point insensible à ses chants divins. Les chantres comme lui, ajoute Ulysse, doivent être chéris et honorés de tous les hommes. Ce sont les Muses qui les inspirent, et ils en sont les principaux favoris.

Il dit, et le héraut s'acquitte de sa commission. Démodocus est touché de cette attention. Les convives se livrent au plaisir de la bonne chère ; et quand l'abondance eut chassé la faim, Ulysse adresse la parole à Démodocus. Il n'y a point d'hommes, lui dit-il, qui méritent plus de louanges que vous. Vous êtes instruit par les Muses, ou plutôt par Apollon lui-même. Quand vous auriez été au siège de Troie, quand du moins quelques-uns de ceux qui s'y sont le plus distingués vous en auroient parlé, vous ne pourriez pas chanter d'une manière plus touchante les travaux des Grecs et tout ce qu'ils y ont fait et souffert. Mais continuez, et racontez-nous, je vous prie, l'aventure du cheval de bois que construisit Epéus avec le secours de Minerve ; de quelle manière Ulysse le fit conduire dans la citadelle, après l'avoir rempli des guerriers qui devoient saccager Ilion. Si vous réussissez à nous dépeindre ce merveilleux stratagême, je publierai partout que c'est Apollon qui vous a inspiré de si beaux chants.

Aussitôt Démodocus, saisi d'un divin enthousiasme, se met à chanter. Il commence au moment que les Grecs mirent le feu à leurs tentes, et firent semblant de se retirer sur leurs vaisseaux. Ulysse, avec plusieurs des principaux capitaines, étoit au milieu de la ville, caché dans les flancs du cheval de bois, et les Troyens ont l'imprudence de le traîner jusque dans la citadelle. Après l'y avoir placé, ils délibèrent autour de cette énorme machine, et il y eut trois avis : les uns vouloient qu'on la mît en pièces, les autres conseilloient de la précipiter du haut des remparts dans les fossés, et les troisièmes de la conserver et de la consacrer aux dieux pour les apaiser. Cet avis devoit prévaloir. Le destin avoit résolu la ruine de Troie, puisqu'il avoit permis qu'on fît entrer dans son enceinte ce colosse immense avec les guerriers qui alloient y porter la désolation et la mort. Il chante ensuite comment les Grecs, sortis des flancs de ce cheval comme d'une vaste caverne, saccagèrent la ville ; il représente leurs plus braves héros portant partout le fer et la flamme. Il dépeint Ulysse semblable au dieu Mars, et courant avec Ménélas au palais de Déiphobus ; le combat furieux et long-temps incertain qu'ils y soutinrent, et la victoire qu'ils remportèrent par le secours de Minerve. Ainsi chantoit Démodocus. Ulysse fondoit en larmes, et son visage en étoit couvert. L'attendrissement qu'il éprouvoit n'étoit pas moins touchant que celui d'une femme, qui, voyant tomber son mari combattant pour sa patrie et pour ses concitoyens, sort éperdue, et se jette en gémissant sur son corps expirant, le serre entre ses bras, et semble braver les ennemis cruels qui redoublent leurs coups et préparent à cette infortunée une dure servitude, une longue suite de misères et de travaux. Uniquement occupée de sa perte présente, elle ne déplore qu'elle, elle se lamente, elle ne songe qu'à sa douleur actuelle.

Ainsi pleuroit Ulysse. Les Phéaciens ne s'en aperçurent point : Alcinoüs, auprès de qui il étoit, fut le seul qui vit couler ses pleurs et qui entendit ses sanglots. Sensible à l'état où il lui paroissoit, il pria les convives de trouver bon qu'il fît cesser Démodocus. Ce qu'il chante, dit-il, ne fait pas la même impression de plaisir sur tous les assistans. Depuis que nous sommes à table, et que ce divin musicien s'accompagne de la lyre, mon nouvel hôte n'a cessé de pleurer et de gémir. Une profonde tristesse s'est emparée de lui ; écartons ce qui peut la causer : que Démodocus suspende ses chants, et que cet étranger partage gaiement avec nous le plaisir que nous trouvons à le traiter. Cette fête n'est que pour lui ; c'est pour lui que nous équipons un vaisseau ; c'est à lui que nous adressons des présens : un étranger, un suppliant, doivent être regardés comme frères par tout homme qui a l'ame honnête et sensible. Mais, étranger, ne refusez pas de répondre exactement à ce que je vais vous demander. Apprenez-moi le nom que votre père et votre mère vous ont donné, et sous lequel vous êtes connu de vos voisins ; car tout homme, quel qu'il soit, en reçoit un en naissant. Dites-nous quelle est votre patrie ; quelle est la ville que vous habitez, afin que nous vous y remenions sur nos vaisseaux qui sont doués d'intelligence. Car il faut que vous sachiez que les vaisseaux des Phéaciens n'ont besoin ni de pilotes ni de gouvernail pour les conduire : ils ont de la connoissance comme les hommes, et savent les chemins des villes et de tous les pays ; ils parcourent les plus longs espaces, toujours enveloppés d'épais nuages qui les empêchent d'être découverts par les pirates ou nos ennemis, et jamais ils n'ont à craindre ni les orages ni les écueils.

Je me souviens seulement d'avoir entendu dire à mon père Nausithoüs, que Neptune entreroit en colère contre nous, parce que nous devions nous charger trop facilement de reconduire tous les hommes, sans distinction, qui reclameroient notre secours, et qu'il nous menaçoit qu'un jour, pour nous punir d'avoir remené dans sa patrie un étranger qu'il n'aimoit pas, il feroit périr notre vaisseau, et que notre ville seroit écrasée par la chute d'une montagne voisine. Voilà la prédiction de ce vénérable vieillard. Les dieux peuvent l'accomplir ou la laisser sans effet, selon leur volonté : racontez-nous à présent, sans déguisement et sans crainte, quelle tempête vous a fait perdre votre route ; dans quelles contrées, dans quelles villes vous avez été ; quels sont les peuples que vous avez trouvés cruels, sauvages, injustes ; quels sont ceux qui vous ont paru humains et hospitaliers. Apprenez-nous pourquoi vous pleurez et vous soupirez quand vous entendez parler des Troyens et des Grecs. Les dieux, qui permirent la chute de cette fameuse ville, nous font trouver dans cette catastrophe de quoi les célébrer et nous instruire. Avez-vous perdu devant cette place un beau-père, un gendre, quelques autres parens encore plus proches ? y auriez-vous vu perir un ami, compagnon d'armes, sage et fidèle ! car un tel ami n'est pas moins digne qu'un frère de nos tendres et éternels regrets.

LIVRE IX.

Comment se refuser aux prières du plus juste et du plus humain des rois ? répondit Ulysse à Alcinoüs. Ne vaudrait-il pas mieux cependant entendre Démodocus, dont les chants égalent par leur douceur celui des immortels ? Non, je ne connois rien de plus agréable que de voir régner l'aisance et la joie dans tout un peuple, que de le voir goûter paisiblement les plaisirs de la table et de la musique : c'est l'image ravissante du bonheur.

Ne seroit-ce pas le troubler, ce bonheur, ne serait-ce pas réveiller tous mes chagrins, que de vous raconter l'histoire de mes malheurs ? Par où commencer ce triste récit, et par où dois-je le finir ? Car il est peu de traverses que les dieux ne m'aient fait éprouver.

Je vous dirai d'abord mon nom : daignez le retenir. Si les dieux me protégent contre les malheurs qui me menacent encore, malgré la longue distance qui sépare ma patrie de la vôtre, accordez-moi de vous demeurer toujours uni par les liens de l'hospitalité.

Je suis Ulysse, Ulysse fils de Laërte. J'ai acquis quelque réputation par mon adresse et ma prudence ; les dieux mêmes ont applaudi à mon courage et à mes succès dans la guerre. Ma patrie est l'île d'Ithaque, dont l'air est très-sain, et qui est célèbre par le mont Nérite tout couvert de bois ; elle est environnée de plusieurs autres îles toutes habitées et qui en dépendent, de Dulichium, de Samé, de Zacynthe qui n'est presque qu'une forêt. Ithaque touche pour ainsi dire au continent : elle est plus septentrionale que les autres îles ; car celles-ci sont, les unes au midi, les autres au levant. Le sol en est pierreux et peu fertile, mais on y élève des hommes braves et robustes. Tel est le lieu de ma naissance ; il y en a de plus beaux, mais il n'y en a point de plus cher à mon cœur.

J'en ai été très-long-temps éloigné. Calypso a voulu me retenir dans ses Etats et m'a offert sa main immortelle. Circé, si célèbre par ses secrets merveilleux, a tout tenté inutilement pour me fixer dans son palais enchanté. J'ai résisté à leurs promesses et à leurs charmes. Rien n'a pu me faire oublier ma patrie, mes parens et mes amis. J'ai cédé à ce sentiment si profond et si légitime : je lui ai sacrifié les honneurs, les richesses, les plaisirs, et l'immortalité même.

Mais il est temps de vous raconter mon histoire et les malheurs, qui, par l'ordre des dieux, ont traversé mon retour depuis la trop fameuse expédition de Troie. Dès que je quittai cette ville infortunée, dès que je mis à la voile, un vent furieux et contraire me poussa sur les côtes des Ciconiens, vers le mont Ismare. J'y fis une descente, je pillai et saccageai leur principale ville. Les richesses et les captifs furent partagés avec égalité, après quoi je pressai mes compagnons de partir et de se rembarquer au plus vite. Les insensés refusèrent de m'obéir, et s'amusèrent à faire bonne chère sur le rivage. Le vin ne fut point épargné ; ils égorgèrent quantité de bœufs et de moutons. Pendant ce temps-là, ce qui restoit des Ciconiens implora le secours de ses voisins. Ils étoient plus éloignés de la mer. De ces endroits bien peuplés il s'assemble une armée d'hommes plus aguerris que les premiers, beaucoup mieux disciplinés, et très-accoutumés à combattre à pied et à cheval. Ils parurent dès le lendemain en aussi grand nombre que les feuilles et les fleurs que font naître le printemps et les larmes de l'aurore. Alors tout change, les dieux se déclarent contre nous, et ce furent là nos premiers, mais non pas nos derniers malheurs.

Nos ennemis s'avancent, nous attaquent devant nos vaisseaux à coups d'épées et de javelots armés de pointes d'acier. Nous résistâmes long-temps et courageusement. Pendant tout le matin, les efforts de cette multitude ne nous ébranlèrent point ; mais quand le soleil pencha vers son déclin, nous fûmes enfoncés, et les Ciconiens eurent l'avantage sur les Grecs. Chacun de nos vaisseaux perdit six hommes, le reste se sauva, et nous nous éloignâmes précipitamment d'une plage qui nous avoit coûté tant de sang. Quand nous fûmes en pleine mer, nous nous arrêtâmes, et nous ne partîmes qu'après avoir prononcé tristement et à haute voix le nom de ceux de nos compagnons qui étoient tombés sous le fer des Ciconiens. Cette funèbre cérémonie finie, nous dirigeâmes notre marche vers Ithaque. Jupiter alors fit souffler un vent de Borée très-violent : la tempête devient furieuse, d'épais nuages nous cachent la terre et la mer, la nuit tombe en quelque sorte du ciel sur nos navires; ils sont poussés dans mille sens contraires, et ne peuvent tenir de route certaine. Les vents déchaînés déchirent nos voiles : nous nous pressons de les baisser, de les plier pour éviter la mort, et à force de rames nous gagnons une rade sûre et bien abritée. Nous y demeurâmes deux jours et deux nuits, accablés de travail et d'affliction ; mais le troisième, dès l'aurore, nous élevâmes les mâts, nous étendîmes nos voiles bien réparées, et nous nous remîmes en mer. Les pilotes, à l'aide d'un vent favorable, prirent la route la plus certaine et la plus courte. Je me flattois d'arriver bientôt, quand je me vis encore contrarié par les courans et par le souffle impétueux de Borée. En doublant le cap de Malée, je fus jeté loin de l'île de Cythère, et durant neuf jours je me vis le jouet de cette seconde tempête. Le dixième nous abordâmes au pays des Lotophages, ainsi appelés parce qu'ils se nourrissent du fruit d'une plante connue dans leur pays. Nous y mîmes pied à terre, et y puisâmes de l'eau. Mes compagnons dînèrent sur le rivage proche de nos vaisseaux. Quand ils eurent satisfait à ce besoin, j'en choisis deux avec un héraut, que je chargeai d'aller reconnoître le terrain et les hommes qui l'habitoient. Ils nous quittent et se mêlent avec les Lotophages. Ce peuple ne leur fit aucun mal, mais il leur donna à goûter du fruit du Lotos. Ceux qui en mangèrent ne songeoient plus à venir nous joindre ; ils oublioient jusqu'à leur patrie, et vouloient rester avec ces nouveaux hôtes, afin d'y vivre d'un fruit qui leur paroissoit si délicieux. Je les contraignis de revenir : malgré leurs larmes je les fis monter sur les vaisseaux; et pour prévenir leur désertion, on les y attacha aux bancs des rameurs. Je commandai à mes autres compagnons de se rembarquer promptement, de peur que quelqu'un d'entre eux, venant à goûter de ce lotos, ne voulût nous abandonner.

Ils montent sans différer, s'asseoient, et, rangés avec ordre, frappent les flots de leurs rames. Le port s'éloigne, la hauteur du rivage décroît, nous approchons de la terre des Cyclopes, hommes arrogans, injustes, et qui, se fiant au hasard, ne plantent ni ne sèment, et se nourrissent des fruits que la terre produit d'elle-même. Tout y vient sans culture, le froment, l'orge, les vignes : les pluies et la chaleur les font croître et mûrir. Ils ne tiennent point d'assemblée nationale, ne connoissent point de lois; ils n'observent aucune règle de police. Ils habitent sur le haut des montagnes ou dans des cavernes profondes ; chacun y gouverne sa famille et règne souverainement sur sa femme et sur ses enfans, sans se mettre en peine des autres.

Proche du port, et à quelque distance du continent, on trouve une île couverte de grands arbres et pleine de chèvres sauvages. Elles n'y sont point épouvantées par les chasseurs, qui, s'exerçant ailleurs à poursuivre des bêtes fauves dans les bois et sur les montagnes, ne vont jamais dans cette île inhabitée. On n'y voit donc ni bergers ni laboureurs. Tout y est inculte et sans autres habitans que ces troupeaux bêlans. Les Cyclopes ne peuvent point s'y transporter, parce qu'ils n'ont ni vaisseaux ni constructeurs qui sachent en bâtir pour aller dans d'autres pays, comme tant de peuples qui traversent les mers et vont et viennent pour leurs affaires. S'ils avoient eu des vaisseaux, ils se seroient emparés de cette île, car le sol n'en est pas mauvais, et, dans la saison, il peut porter toutes sortes de fruits. Il y a des prairies grasses et fraîches qui s'étendent le long du rivage; les vignes y seroient excellentes, on recueilleroit dans son temps de gros épis de blé : tout y annonce la fertilité. Elle a de plus un port sûr et commode ; les cables y sont inutiles : il n'y faut point jeter l'ancre ni y retenir les vaisseaux par de longues cordes. Ils y demeurent jusqu'à ce que les pilotes veuillent les en faire sortir, ou que l'haleine des vents les en chasse.

A l'extrémité du port coule une eau très-pure : sa source est dans un antre que des peupliers environnent. Nous abordâmes dans cet endroit sans l'avoir découvert. Un dieu nous y conduisit à travers les ténèbres de la nuit ; nos vaisseaux étoient entourés d'une épaisse obscurité : la lune, enveloppée de nuages, ne jetoit point de lumière. Aucun de nous n'avoit aperçu cette île, et ce fut dans le port même que nous entendîmes le bruit des flots qui, après avoir frappé le rivage, revenoient sur eux-mêmes en mugissant. Dès que nous nous sentons en lieu de sûreté, nous plions les voiles, nous descendons sur la rive, nous y dormons jusqu'au jour. Le lendemain, l'aurore à peine levée, nous regardons l'île, et nous la parcourons tout étonnés de sa beauté. Les nymphes, filles de Jupiter, firent partir devant nous des chèvres sauvages par troupeaux. Ce fut une ressource dont mes compagnons ne tardèrent pas à profiter. Ils volent chercher leurs arcs et leurs flèches suspendus dans les vaisseaux ; et, nous étant partagés en trois bandes, nous nous mettons à les poursuivre. Les dieux rendirent notre chasse heureuse. Douze vaisseaux me suivoient : je pris neuf chèvres pour chacun d'eux ; mes compagnons en choisirent dix pour le mien. Nous passâmes toute la journée à boire et à manger. Le vin ne nous manquoit pas encore : nous en avions rempli de grandes cruches quand nous pillâmes la ville des Ciconiens.

Nous découvrions aisément la terre des Cyclopes, qui n'étoit séparée de nous que par un petit trajet ; nous voyions la fumée qui sortoit de leurs cavernes, et nous entendions le bêlement de leurs troupeaux de brebis et de chèvres.

Cependant le soleil se couche : nous passons la nuit à terre, sur le bord de la mer. Quand l'aurore parut, j'assemblai mes compagnons et je leur dis : Mes amis, attendez-moi ici ; avec un seul de mes vaisseaux je vais reconnoître la terre qui est si près de nous, et les hommes qui habitent cette contrée. Je vais m'assurer s'ils sont inhumains et injustes, ou s'ils craignent les dieux et s'ils exercent l'hospitalité.

Aussitôt je monte sur mon vaisseau : mes compagnons me suivent ; ils délient les cables, s'asseoient sur les bancs et font force de rames. Lorsque nous fûmes arrivés près d'une campagne peu éloignée, nous aperçûmes dans l'endroit le plus reculé, assez près de la mer, une caverne profonde et entourée de lauriers épais. Il en sortoit le cri de plusieurs troupeaux de moutons et de chèvres, et l'on entrevoyoit tout autour une basse-cour spacieuse et creusée dans le roc. Elle étoit fermée par de grosses pierres et ombragée de grands pins et de hauts chênes. C'étoit l'habitation d'un énorme géant qui paissoit seul ses troupeaux loin des autres Cyclopes, avec qui il n'avoit nul commerce. Toujours à l'écart, il mène une vie brutale et sauvage.

Ce monstre est étonnant : il ne ressemble à aucun mortel, mais à une montagne couverte de bois qui s'élève au-dessus des autres montagnes ses voisines. Alors j'ordonnai à mes compagnons de m'attendre et de bien garder mon vaisseau. J'en choisis douze d'entre eux des plus courageux, et je m'avançai, portant avec moi une outre remplie d'un vin délicieux. Il m'avoit été donné par Maron, fils d'Évanthès et prêtre d'Apollon qu'on révère dans Ismare. Par respect et par esprit de religion, j'avois épargné ce pontife, sa femme, ses enfans, et empêché qu'on ne profanât le bois consacré à Apollon, et qu'on ne pillât la demeure du ministre de ses autels. Il me fit présent de cet excellent vin par reconnoissance, et il y ajouta sept talens d'or, une belle coupe d'argent, remplit douze grandes urnes de ce breuvage délicieux, et en fit boire abondamment à mes compagnons. Aucun de ses esclaves, aucun même de ses enfans ne connoissoit l'endroit où il étoit renfermé : lui seul, avec sa femme et la maîtresse de l'office, en avoit la clef. Quand on en buvoit chez lui, il y mettoit vingt mesures d'eau, et la coupe exhaloit encore une odeur céleste qui parfumoit toute la maison. Aussi ne pouvoit-on résister au plaisir et au désir de boire de cette liqueur, quand on l'avoit goûtée.

J'en pris une outre bien pleine, et je l'emportai avec quelques autres provisions, car j'avois une sorte de pressentiment que l'homme que j'allois chercher étoit d'une force prodigieuse et qu'il méconnoissoit également toutes les lois de l'humanité, de la justice et de la raison. En peu de temps nous arrivons dans sa caverne. Il n'y étoit pas, il avoit mené ses troupeaux aux pâturages. Nous entrons dans son antre, nous le visitons, et nous y trouvons tout dans un ordre admirable. Des corbeilles pleines de fromages, des bergeries remplies d'agneaux et de chèvres, mais séparées et différentes pour les différens âges et les différens animaux : d'un côté étoient les petits, de l'autre les plus grands, d'un autre ceux qui ne faisoient que de naître. De grands vases étoient pleins de lait caillé. Tout étoit rangé, les bassins, les terrines déjà disposés pour traire les troupeaux quand il les ramèneroit du pâturage.

Alors mes compagnons me conjurèrent de prendre quelques fromages, d'enlever quelques moutons, de regagner promptement nos vaisseaux et de nous remettre en mer. J'eus l'imprudence de dédaigner leur conseil : les dieux m'ont puni. Mais j'avois la curiosité, ou plutôt la témérité de voir ce Cyclope. Je me flattois qu'il ne violeroit pas les droits de l'hospitalité, et que j'en recevrois quelque présent. Quelle erreur ! et que sa rencontre devint funeste à quelques-uns de mes compagnons !

Nous demeurâmes donc dans la caverne ; nous y allumâmes du feu pour offrir aux dieux des sacrifices, et, en attendant notre hôte, nous mangeâmes quelques fromages. Il arrive enfin : il portoit une énorme charge de bois sec, pour préparer son souper; il la jette à terre en entrant, et cette charge tombe avec un si grand fracas, que la peur nous saisit tous, et que nous allons nous cacher dans un coin de la caverne. Polyphème y introduit ses troupeaux ; et, après avoir bouché sa demeure avec un rocher que vingt charrettes attelées des bœufs les plus forts auroient à peine ébranlé, il s'asseoit, sépare les boucs et les béliers des brebis qu'il se mit à traire lui-même. Il fait ensuite approcher les agneaux de leurs mères, partage son lait, dont il verse une partie dans des corbeilles pour en faire des fromages, et se réserve l'autre pour le boire à son souper. Tout ce ménage étant fini, il allume du feu, nous aperçoit et s'écrie : Étrangers, qui êtes-vous? d'où venez-vous? Est-ce pour le négoce que vous voguez sur la mer? Errez-vous sur les flots à l'aventure pour piller inhumainement comme des pirates et au péril de votre honneur et de votre vie? Il dit : la crainte glaça notre cœur; son épouvantable voix, sa taille prodigieuse, nous firent trembler. Cependant je me déterminai à lui répondre en ces termes : Nous sommes Grecs, nous revenons de Troie ; des vents contraires nous ont fait perdre la route de notre patrie, après laquelle nous soupirons : ainsi l'a voulu Jupiter, le maître de la destinée des hommes. Compagnons d'Agamemnon, dont la gloire remplit la terre entière, nous l'avons aidé à ruiner cette ville superbe, et à détruire cet empire florissant. Traitez-nous comme vos hôtes; faites-nous les présens d'usage : nous nous jetons à vos genoux. Respectez les dieux, nous sommes vos supplians ; souvenez-vous qu'il y a dans l'Olympe des vengeurs de ceux qui violent les droits de l'hospitalité : souvenez-vous que le maître des dieux protège les étrangers et punit ceux qui les outragent.

Malheureux, répondit cet impie, il faut que tu viennes d'un pays bien éloigné, et où l'on n'ait jamais entendu parler de nous, puisque tu m'exhortes à craindre les dieux et à traiter les hommes avec humanité. Les Cyclopes se mettent peu en peine de Jupiter et des autres immortels. Nous sommes plus forts et plus puissans qu'eux. La crainte de les irriter ne te mettra point à l'abri de ma colère non plus que tes compagnons, si mon cœur de lui-même ne se tourne à la pitié. Mais dis-moi où tu as laissé ton vaisseau : est-il près d'ici ? est-il à l'extrémité de l'île? Je veux le savoir.

Ces paroles étoient un piège qu'il me tendoit. J'opposai la ruse à la ruse, et je ne balançai pas à répondre que Neptune, qui, de son trident, soulève et bouleverse les flots, avoit brisé mon vaisseau en le poussant contre des rochers qui sont à la pointe de l'île. Les vents, lui dis-je, et les flots en ont dispersé les débris, et ce n'est que par les plus grands efforts que moi et mes compagnons nous avons conservé la vie.

Le barbare ne me répond rien, mais il étend ses bras monstrueux et se saisit de deux de mes compagnons, les écrase contre une roche comme de jeunes faons. Leur cervelle rejaillit de tous côtés, leur sang inonde la terre. Il les déchire en plusieurs morceaux, en prépare son souper, les dévore comme un lion qui a couru les montagnes sans trouver de proie. Il mange non-seulement les chairs, mais les entrailles et les os. A cette vue nous élevons les mains au ciel, nous tombons dans un affreux désespoir. Pour le Cyclope, content de ce repas détestable et de plusieurs cruches de lait qu'il avale, il se couche dans son antre et s'endort paisiblement au milieu de ses troupeaux.

Cent fois je fus tenté de me jeter sur ce monstre et de lui percer le cœur de mon épée. Ce qui me retint, ce fut la crainte de périr dans cette caverne. En effet il nous eût été impossible de repousser l'énorme rocher qui en fermoit l'ouverture. Nous attendîmes donc dans l'inquiétude et dans la douleur le retour de l'aurore. Dès qu'elle parut, dès qu'elle commença à dorer la cime des montagnes, le Cyclope allume du feu, se met à traire ses brebis, approche d'elles leurs agneaux, fait son ouvrage ordinaire, et massacre deux autres de mes compagnons, dont il fait son dîner. Il ouvre ensuite sa caverne, fait sortir ses troupeaux, sort avec eux, referme la porte sur nous avec cet horrible rocher qu'il remue avec la même aisance que si c'eût été le couvercle d'un carquois. Ce géant s'éloigne et mène ses brebis paître sur des montagnes qu'il fait retentir de l'horrible son de son chalumeau.

Renfermé dans cet antre, je méditai, avec ce qui me restoit de compagnons, les moyens de nous venger, si Minerve vouloit m'aider et m'accorder la gloire de purger la terre de ce monstre. De tous les partis qui se présentèrent à mon esprit, voici celui qui me parut le meilleur. J'aperçus une longue massue d'olivier encore vert, que le Cyclope avoit coupée pour la porter quand elle seroit sèche. Elle nous parut semblable au mât d'un vaisseau de vingt rames. Elle en avoit l'épaisseur et la hauteur. J'en coupai moi-même environ la longueur de quatre coudées, et je chargeai mes compagnons de la dégrossir et de l'aiguiser par le bout. Ils m'obéissent. Quand elle fut dans l'état où je la voulois, je la leur retirai, j'y mis la dernière main, et après en avoir fait durcir la pointe au feu, je la cachai dans l'un des grands tas de fumier dont nous étions environnés. Ensuite je fis tirer au sort, afin que la fortune choisît ceux de mes compagnons qui auroient la hardiesse de m'aider à enfoncer le pieu dans l'œil du Cyclope quand il dormiroit. Le sort tomba sur les quatre plus intrépides. Je fus le cinquième et le chef de cette entreprise dangereuse.

Cependant, vers le coucher du soleil, Polyphème revint. Il fait entrer tous ses troupeaux dans son antre. Il n'en laisse aucun à la porte, soit qu'il appréhendât quelque surprise, soit qu'un dieu le permît ainsi pour nous sauver du plus grand des dangers. Après qu'il eut fermé la caverne, il s'asseoit, trait ses brebis à son ordinaire, et quand tout fut fait, se saisit encore de deux de mes compagnons dont il fait son souper.

Dans ce moment je m'approche de lui et lui présente une coupe, en lui disant : Prenez, Cyclope, et buvez de ce vin ; vous devez en avoir besoin pour digérer la chair humaine que vous venez de manger. J'en avois sur mon vaisseau une grande provision, et je destinois le peu que j'en ai sauvé à vous faire des libations comme à un dieu, si, touché de compassion pour moi, vous daigniez m'épargner et me fournir les moyens de retourner dans ma patrie. Quelle cruauté vous venez d'exercer ! Et qui osera désormais aborder dans votre île, puisque vous traitez les étrangers avec tant de barbarie ?

Le monstre prend la coupe, la vide sans daigner me répondre, et m'en demande un second coup : Verse, ajoute-t-il, sans l'épargner, et dis-moi ton nom, pour que je te fasse un présent d'hospitalité en reconnoissance de ta délicieuse boisson. Notre terre porte de bon vin, mais il n'est pas comparable à celui que je viens de boire. C'est ce qu'il y a de plus exquis dans le nectar et dans l'ambrosie. Ainsi parla le Cyclope. Je lui versai de cette liqueur jusqu'à trois fois, et trois fois il eut l'imprudence de vider son énorme coupe. Elle fit son effet, ses idées se brouillèrent. Je m'en aperçus ; et m'approchant alors, je lui dis d'une voix douce : Vous m'avez demandé mon nom, il est assez connu dans le monde. Je vais vous l'apprendre, et vous me ferez le présent que vous m'avez promis. Je m'appelle *Personne* ; c'est ainsi que me nomment mon père, ma mère et tous mes amis. Oh bien, répliqua-t-il avec brutalité, tous tes compagnons seront dévorés avant toi, et Personne sera le dernier que je mangerai. Voilà le présent d'hospitalité que je lui destine. Il dit et tombe à la renverse ; le sommeil, qui dompte tout, s'empare de lui ; il vomit le vin et les morceaux de chair humaine qu'il avoit avalés. Je tire aussitôt du fumier le pieu que j'y avois caché, je le fais chauffer et durcir dans le feu, je parle à mes compagnons pour les soutenir et les encourager. Le pieu s'échauffe :

tout vert qu'il est, il alloit s'enflammer. Je le saisis et me fais suivre et escorter des quatre que le sort m'avoit associés. Un dieu nous inspire une intrépidité surhumaine. Nous prenons le pieu, nous l'appuyons par la pointe sur l'œil du Cyclope ; je pèse dessus, je l'enfonce et le fais tourner. Comme quand un charpentier perce une planche avec un vilebrequin, pour l'employer à la construction d'un vaisseau, il pèse sur l'instrument par-dessus, et ses compagnons au-dessous le font tourner en tous les sens avec sa courroie : de même nous agitons la pointe embrasée de cet énorme pieu, en la faisant pénétrer jusqu'au fond de l'œil du Cyclope. Le sang sort en abondance ; les sourcils, les paupières, la prunelle, deviennent la proie du feu ; on entend un sifflement horrible et semblable à celui dont retentit une forge lorsque l'ouvrier plonge dans l'eau froide une hache ou une scie ardente, pour les tremper et les endurcir. Le tison siffle de même dans l'œil de Polyphème. Le monstre en est réveillé, et pousse un cri horrible qui fait mugir les voûtes de l'antre. Nous nous retirons épouvantés. Il arrache ce bois tout dégouttant de sang, il le jette loin de lui, et appelle à son secours les Cyclopes qui habitoient sur les montagnes voisines. Ils accourent en foule à l'épouvantable son de sa voix, ils s'approchent de sa caverne et lui demandent quelle est la cause de sa douleur. Que vous est-il arrivé, Polyphème ? pourquoi ces cris affreux ? qui vous oblige à nous réveiller au milieu de la nuit, et à nous appeler à votre secours ? a-t-on attenté à votre vie ? quelque téméraire a-t-il essayé d'enlever vos troupeaux ? Hélas ! mes amis, *Personne,* répondit Polyphème du fond de son antre. Plus il leur dit *Personne,* plus ils sont trompés par cette équivoque. Si ce n'est personne, lui répètent-ils, qui vous a mis dans cet état ? vos maux viennent sans doute de Jupiter ; que pouvons-nous faire pour vous en délivrer ? Adressez-vous à Neptune ; c'est de lui, non de nous, qu'il faut attendre du secours : ainsi nous nous retirons. Je ne pus m'empêcher de rire en moi-même de l'erreur où les avoit jetés le nom que je m'étois donné. Le Cyclope en gémit, et, rugissant de rage et de douleur, il s'approche en tâtonnant de la porte de sa caverne ; il repousse le rocher qui la bouchoit, s'asseoit au milieu de l'entrée, et tient les bras étendus, dans l'espérance de nous saisir tous quand nous voudrions sortir avec ses troupeaux. Mais c'eût été s'exposer à une mort inévitable. Je me mis donc à penser au moyen d'échapper à ce danger. La crise étoit violente, il s'agissoit de la vie ; aussi y a-t-il peu de ruses et de stratagêmes qui ne me vinssent à l'esprit. Voici enfin le parti que je crus devoir prendre.

Il y avoit dans les troupeaux du Cyclope des béliers très-grands, bien nourris, couverts d'une laine violette fort longue et fort épaisse. Je choisis les plus grands, je les liai trois à trois avec les branches d'osier qui servoient de lit à ce monstre. Le bélier du milieu portoit un homme, les deux autres l'escortoient et servoient à mes compagnons de rempart contre Polyphême. Il y en avoit un d'une grandeur et d'une force extraordinaire, il marchoit toujours à la tête du troupeau ; je le réservai pour moi. Je me glissai sous son ventre, et m'y tins collé comme mes autres compagnons, en empoignant avec les deux mains son épaisse toison. Nous passâmes ainsi le reste de la nuit, non sans crainte et sans inquiétude. Enfin, quand le jour parut, le Cyclope fit sortir ses troupeaux pour les envoyer dans leurs pâturages accoutumés. Les brebis qu'on n'avoit pas eu le soin de traire, se sentant trop chargées de lait, remplissoient l'air de leurs bêlemens, et leur berger, malgré la douleur qu'il éprouvoit, passoit la main sur le dos de ses moutons à mesure qu'ils sortoient; mais jamais il ne lui vint dans la pensée de la passer sous le ventre, jamais il ne soupçonna la ruse que j'avois imaginée pour me sauver avec mes compagnons. Le bélier sous lequel j'étois sortit le dernier, et vous pouvez croire que je n'étois pas sans alarme. Il le tâta comme les autres, et surpris de sa lenteur, il la lui reproche en ces termes : D'où vient tant de paresse, mon cher bélier ? pourquoi sors-tu le dernier de mon antre ? n'est-ce point à toi à guider les autres ? n'avois-tu pas coutume de marcher à leur tête ? ne les précédois-tu pas dans les vastes prairies et dans les eaux du fleuve ? le soir ne revenois-tu pas le premier dans ton étable ? Aujourd'hui tous les autres t'ont devancé. Quelle est la cause de ce changement ? Serois-tu sensible à la perte de mon œil ? un méchant nommé *Personne* me l'a crevé avec le secours de ses détestables compagnons. Le perfide avoit pris, avant, la précaution de m'enivrer. Ah ! qu'ils en seroient tous bientôt punis si tu pouvois parler, et me dire où ils se cachent pour se dérober à ma fureur ! Je les écraserois contre ces rochers. Ah ! quel soulagement pour moi, si leur sang étoit répandu, si leur cervelle étoit dispersée dans mon antre, si je pouvois me venger des maux que m'a faits ce scélérat de Personne !

Après ce discours, qui me parut bien long, il laissa passer le bélier. Dès que nous fûmes assez éloignés de la caverne pour ne rien craindre, je me détachai le premier de dessous le bélier, j'allai délier ensuite mes compagnons, et, sans perdre de temps, nous choisîmes ce qu'il y avoit de meilleur dans les troupeaux, que nous conduisîmes avec nous jusqu'à notre vaisseau. On nous vit reparoître avec joie, on y avoit presque perdu l'espérance de nous revoir ; et quand on s'aperçut de ceux qui nous manquoient et qui avoient péri dans l'antre du Cyclope, on leur donna des larmes, on poussa des cris de regrets et de douleur. Je leur fis signe de les suspendre, de s'embarquer sans délai avec notre proie, et de s'éloigner promptement de ces tristes bords. Ils obéissent. Quand nous en fûmes à une certaine distance, mais cependant à la portée de la voix, j'élevai la mienne, et m'adressant à Polyphême, je lui criai de toute ma force : As-tu raison de te plaindre, malheureux Cyclope ? n'as-tu point abusé de tes avantages contre nous ? Nous étions foibles, sans défense ; nous réclamions les droits de l'hospitalité. Tu n'as écouté ni ce que les dieux, ni ce que l'humanité devoit t'inspirer ; tu as dévoré six de mes compagnons. Jupiter s'est vengé par ma main, et cela n'étoit-il pas juste ?

Ces reproches, qu'il entendit, l'enflammèrent de colère. Il détache de la montagne une roche énorme et la lance avec fureur jusqu'au devant de notre vaisseau : il en fut repoussé vers le rivage par le mouvement violent que causa cette masse prodigieuse en tombant dans la mer. Nous allions nous briser contre ces bords escarpés, si je n'avois paré ce malheur en me saisissant d'un aviron pour éviter ce choc furieux, et pour gagner la haute mer ; mes matelots me secondent ; dociles à mes ordres, ils font force de rames. Mais quand nous fûmes un peu avancés, je me mis à vomir encore des injures contre le Cyclope. Mes compagnons effrayés tâchent en vain de m'imposer silence. Cruel que vous êtes, me disent-ils, vous venez de nous exposer à périr ; quelle peine n'avons-nous pas eue à éviter le naufrage ? et vous provoquez encore la fureur de ce monstre ! S'il entend votre voix et vos insultes, n'est-il pas à craindre qu'il ne nous écrase, nous et nos vaisseaux, en lançant de nouveau quelque énorme quartier de roche contre nous ? Leurs remontrances ne m'arrêtèrent point. J'étois moi-même trop irrité ; je lui criai donc encore : Cyclope Polyphême, si un jour quelqu'un te demande quel est le brave qui a osé t'arracher l'œil, tu peux répondre que c'est Ulysse, roi d'Ithaque, fils de Laërte, et le destructeur des villes.

Quand il entendit mon nom, il redoubla ses cris. Les voilà donc accomplis ces anciens oracles ! dit en gémissant le barbare Polyphême : il y avoit autrefois parmi nous un nommé Telémus, fils d'Eurymus ; il excelloit dans l'art de deviner, et il a passé sa longue vie à prédire ce qui devoit nous arriver. Il m'avoit annoncé que je serois douloureusement privé de la vue par les mains d'Ulysse. Sur cette prédiction je m'attendois à voir arriver un jour dans mon antre un champion digne, par sa taille et par sa vigueur, de se mesurer à moi ; et c'est un homme petit, foible, de peu d'apparence, qui, à l'aide d'un breuvage séducteur, m'endort et me prive de la lumière. Ah ! viens, Ulysse, viens que je te fasse les présens de l'hospitalité, et que je supplie Neptune avec toi de t'accorder un prompt retour dans ta patrie. Ce dieu est mon père, il ne m'a jamais désavoué pour son fils, il peut me guérir s'il le veut, et je n'attends ce bienfait d'aucun autre dieu ni d'aucun homme.

Non, lui répondis-je, non, Neptune ne te guérira pas ; ne t'en flatte point, j'en suis sûr : et que ne le suis-je autant de t'arracher la vie et de te précipiter dans le sombre royaume de Pluton ! Polyphême, piqué de cette nouvelle insulte, lève les mains au ciel, et s'adressant à Neptune, il lui dit :

Grand dieu, qui ébranlez la mer jusque dans ses fondemens, écoutez-moi favorablement ; si si je suis votre fils, si vous êtes mon père, vengez-moi d'Ulysse, empêchez-le de retourner dans son palais ; et si les destins s'opposent au succès de ma prière, faites du moins qu'il n'y arrive de long-temps, qu'il y parvienne alors en triste équipage, sur un vaisseau d'emprunt, seul, et après avoir vu périr tous ses compagnons, et qu'il trouve enfin sa maison remplie de troubles et de désordres.

Il dit. Je n'ai que trop éprouvé par la suite que Neptune l'avoit exaucé. Le barbare aussitôt prend une roche plus grande que la première, la soulève et la lance contre nous à tour de bras. Elle tombe auprès de nous. Peu s'en fallut qu'elle ne fracassât le gouvernail ; les flots, soulevés par la chute de cette masse énorme, nous poussèrent vers l'île où nous avions laissé notre flotte très-inquiète de notre longue absence. Nous abordons enfin, nous tirons notre vaisseau sur le sable, et descendons sur le rivage. Mon premier soin fut de partager les moutons que nous avions enlevés au Cyclope. Tous mes compagnons en eurent leur part, et voulurent, d'un commun accord, me réserver et me donner à moi seul le bélier qui m'avoit sauvé. Je l'immolai, sur le bord de la mer, au maître souverain des dieux et des hommes. Il n'agréa pas sans doute ce sacrifice, car j'éprouvai bientôt de nouveaux malheurs ; je perdis mes vaisseaux et mes compagnons.

Nous passâmes le reste du jour à faire bonne chère et à boire de mon excellent vin. Quand le soleil fut couché, et que la nuit eut répandu ses sombres voiles sur la terre, nous nous endormîmes sur le rivage même : et le lendemain, au premier lever de l'aurore, je fais embarquer tout mon monde ; on délie les câbles, on se range sur les bancs, et, de nos avirons, nous fendons les flots écumeux. Nous voyons avec joie s'éloigner cette malheureuse contrée, et le souvenir des compagnons victimes de la fureur de Polyphême nous arrache encore des larmes et des regrets.

LIVRE X.

Nous abordâmes bientôt et sans accident à l'île d'Eolie, où régnoit le fils d'Hippotas, Eole, le favori des dieux. Son île est flottante, bordée de rochers escarpés, et environnée d'une mer d'airain. Ce roi a douze enfans, six garçons et six filles. Il a marié les frères avec les sœurs, et tous passent leur vie auprès de leur père et de leur mère, dans des plaisirs et des festins continuels. Le jour, on ne respire que parfums exquis, on n'entend que le son harmonieux des instrumens et que des cris de joie. La nuit, on se repose sur des tapis et dans des lits magnifiques. C'est dans ce superbe palais que nous arrivâmes. J'y fus bien accueilli : Eole me retint, et me régala pendant un mois. Il me fit plusieurs questions sur le siége de Troie, sur la flotte des Grecs et sur leur retour. Je répondis à tout, et lui racontai, pour le satisfaire, et dans le plus grand détail, nos trop célèbres aventures. Je me recommandai ensuite à lui pour mon retour, et le suppliai de m'en fournir les moyens et les facilités. Il ne me refusa point, et donna ses ordres pour me fournir tout ce qui me seroit nécessaire. Mais la grande faveur qu'il me fit, fut de me donner une outre de peau de bœuf, dans laquelle il renferma les vents qui excitent les tempêtes. Jupiter l'en a rendu le maître et le dispensateur ; il les fait souffler, il retient leur haleine, comme il lui plaît. Éole attacha lui-même cette outre au mât de mon vaisseau, et l'y assujettit avec un cordon d'argent, afin qu'il n'en échappât aucun qui me contrariât dans ma route. Il laissa seulement en liberté le Zéphir, avec le secours duquel je pouvois voguer heureusement. Mais nous ne sûmes pas profiter de cette faveur, et l'imprudence, l'infidélité de mes gens, nous mirent tous à deux doigts de notre perte. Notre navigation fut très-fortunée pendant neuf jours entiers : le dixième, nous commencions à découvrir notre chère Ithaque, nous apercevions le rivage et les feux allumés pour éclairer et guider les vaisseaux. Soit sécurité, soit fatigue, je me laissai surprendre par le sommeil. Jusqu'alors je n'avois point fermé les yeux, tenant toujours le gouvernail, et n'ayant voulu le confier à personne ; tant je désirois d'arriver sûrement et promptement. Pendant que je dormois, mes compagnons se communiquent leurs réflexions, considèrent l'outre que j'avois dans mon vaisseau, et s'imaginent qu'Éole l'a remplie d'or et d'argent. Qu'Ulysse est heureux ! disent-ils ; comme il gagne tous ceux chez qui il arrive ! comme il en est honoré ! que de riches présens il emporte chez lui ! pour nous, qui avons partagé cependant ses travaux et ses dangers, nous nous en retournons les mains vides. Voilà encore une outre dont Éole lui a fait don ; elle renferme sûrement de grandes richesses ; ouvrons-la et donnons-nous au moins le plaisir de les contempler.

Ainsi parlèrent quelques-uns de mes compagnons, ils entraînèrent les autres : tous de concert ouvrent cette outre fatale ; les vents en sortent en foule ; ils excitent une tempête furieuse qui emporte mes vaisseaux et les jette loin de ma patrie. Les cris de mes compagnons, le fracas de l'orage, me réveillent. A ce triste spectacle le désespoir s'empare de moi ; je délibère si je ne me précipiterois pas dans les flots, ou si je ne supporterois pas ce revers inattendu sans recourir à la mort. Je pris le parti de la patience, comme le plus digne de l'homme et surtout d'un héros. Je m'enveloppe donc de mon manteau et me tiens caché au fond de mon vaisseau. Les vents nous repoussèrent sur les côtes de l'Éolie dont nous étions partis. Nous descendîmes sur le rivage, nous puisâmes de l'eau, fîmes un léger repas auprès de nos vaisseaux. Après avoir satisfait à ce besoin, suivi d'un héraut et de deux de mes compagnons, je prends la route du palais d'Éole. Il étoit à table avec sa femme et ses enfans. Nous nous arrêtons à la porte de la salle : étonnés de me revoir, ils me demandent la cause de mon retour subit. Quelque dieu, nous dirent-ils, a-t-il contrarié votre navigation ? Nous vous avions donné tous les moyens d'assurer votre voyage et d'aborder heureusement dans votre ville d'Ithaque.

Hélas ! leur répondis-je dans l'amertume de mon cœur, j'ai cédé malgré moi aux charmes invincibles du sommeil ; mes compagnons en ont profité, ils m'ont trahi. Mais vous avez le pouvoir de réparer tout le mal qu'ils m'ont fait : ne me refusez pas cette grâce, je vous en conjure. Je tâchai ainsi de les attendrir par mes suppliantes paroles. Tous gardèrent le silence, à l'exception d'Éole. Sors, malheureux, me dit-il avec indignation, sors au plus vite de mes domaines. Non, je ne puis plus ni recevoir ni assister un homme à qui les dieux ont voué sans doute une haine éternelle. Retire-toi, encore une fois, puisque tu es chargé de leur colère redoutable et immortelle.

Il me renvoya ainsi de son palais, sans que mon état et mes plaintes pussent l'attendrir. Je vais rejoindre, en gémissant, les compagnons que j'avois laissés sur le rivage : je les trouve eux-mêmes abattus de fatigues et de tristesse. Nous nous remettons en mer. Hélas ! l'espérance ne nous soutenoit presque plus ; le souvenir de leur imprudence les désoloit, et nous voguons sans savoir ce que nous allons devenir. Nous marchons cependant six jours entiers ; le septième, nous arrivons à la hauteur de Lamus, capitale de la vaste Lestrigonie...... Nous nous présentons pour entrer dans le port : il est environné de rochers ; des deux côtés le rivage s'avance et forme deux pointes qui en rendent l'entrée fort étroite et peu facile ; ma flotte y pénètre cependant, et y trouve une mer tranquille. Je ne les suivis point, je m'arrêtai à l'extrémité de l'île, et j'y amarrai mon vaisseau à une grosse roche. Descendu à terre, je monte sur un lieu fort élevé, je parcours des yeux la campagne, je n'y vois aucune trace de labourage, et la fumée qui s'élève en quelques endroits me fait seulement conclure que cette terre est habitée. Pour m'en assurer davantage, je choisis deux de mes compagnons que j'envoie à la découverte, avec un héraut. Ils partent, prennent un chemin battu et par lequel les chariots portoient à la ville le bois des montagnes voisines. Près des murs, ils rencontrent une jeune fille qui alloit puiser de l'eau à la fontaine d'Artacie. C'étoit la fille d'Antiphate, roi des Lestrigons. Ils l'abordent, et lui demandent quels étoient les peuples qui habitoient cette contrée, et quel étoit le nom du roi qui les gouvernoit. Elle leur montre le palais de son père. Ils y vont avec confiance, et trouvent à la porte la femme d'Antiphate : elle étoit d'une taille énorme, et ils en furent effrayés. Elle appelle Antiphate son mari, qui étoit à la place publique,, et qui s'avance, ne respirant que leur mort. Il saisit un de ces malheureux, et le devore pour son dîner : les deux autres prennent la fuite et regagnent notre flotte. Mais ce monstre appelle les Lestrigons : ses cris épouvantables en font accourir un grand nombre, ils marchent vers le port. Ce n'étoient pas des hommes ordinaires, mais de véritables géans. Ils lancent contre nous de grosses pierres ; un bruit confus d'hommes mourans et de vaisseaux brisés s'élève de ma flotte. Les Lestrigons percent mes malheureux compagnons, les enfilent comme des poissons, et les emportent pour les dévorer. J'entends ce tumulte, je vois le danger dont je vais être menacé ; je prends mon épée, je coupe le cable qui attachoit mon vaisseau, j'ordonne à mes gens de faire force de rames pour éviter la mort cruelle qu'on venoit de faire subir à nos compagnons ; la mer blanchit sous nos efforts. Nous gagnons le large, et nous nous mettons hors de la portée des quartiers de rocher qu'on lançoit contre nous : mais les autres périrent tous dans le port ; nous nous en éloignâmes, très-affligés de leur perte, et nous arrivâmes à l'île d'Æa. Circé, aussi recommandable par la beauté de sa voix que par celle de sa figure, en est la souveraine ; c'est la sœur du sévère Æétès, et tous deux sont enfans du Soleil et de la nymphe Persa, fille de l'Océan. Un dieu sans doute nous conduisit dans le port ; nous y entrâmes sans faire de bruit, nous mettons pied à terre, et nous y passons deux jours à nous reposer, car nous étions accablés de douleur et de fatigue.

Dès l'aube du troisième jour, je prends ma lance et mon épée, et je m'avance dans la campagne pour aller à la découverte du pays, et m'assurer s'il étoit habité et cultivé. Je monte sur une éminence, je promène mes yeux de tous côtés, et j'aperçois de loin, à travers les bocages et de grands arbres, la fumée qui sortoit du palais de Circé. Mon premier mouvement fut d'y aller moi-même ; mais à la réflexion je me déterminai à retourner vers mes compagnons, afin de me faire précéder par quelques-uns d'entre eux. Un dieu, touché sans doute de la disette de vivres où nous étions, eut pitié de moi, et me fit rencontrer sur la route un cerf d'une prodigieuse grandeur, qui sortoit de la forêt voisine pour aller se désaltérer dans le fleuve : comme il passoit devant moi, je le perçai de ma lance ; il tombe en jetant un grand cri, il expire. J'accours sur lui, je lui mets le pied sur la gorge, j'arrache ma lance, je la laisse à terre, et de plusieurs branches d'osier je fais une corde de quatre coudées, dont je me sers pour lier les pieds de ce monstrueux animal ; je le charge ensuite sur mes épaules, et, à l'appui de ma lance, je marche, non sans peine, et vais rejoindre mon vaisseau. En arrivant, je jetai ma proie sur le rivage, et je dis à mes compagnons : Mes amis, nous ne sommes pas encore descendus dans le royaume de Pluton ; le jour marqué par les destins n'est point arrivé pour nous. Où est donc votre courage ? levez-vous ; je vous apporte des provisions, profitons-en, et chassons ensemble la faim qui commençoit à nous déclarer une guerre cruelle.

Mon discours les console et les ranime ; ils jettent leurs manteaux, dont ils s'étoient enveloppé la tête par désespoir ; ils accourent, regardent avec admiration cette bête énorme, et, après s'être donné le plaisir de la contempler, ils se lavent les mains et en préparent leur souper. Nous passâmes le reste du jour à boire et à manger ; et quand la nuit eut répandu ses ombres sur les campagnes, nous nous livrâmes aux douceurs du sommeil sur le rivage même, et non loin de notre vaisseau.

Le lendemain, au lever de l'aurore, j'éveillai mes compagnons : Mes chers amis, leur dis-je alors, je ne connois ni ce pays où nous avons abordé, ni sa situation ; est-il au nord, au midi, au couchant ou au levant d'Ithaque ? c'est ce que j'ignore absolument. Voyons donc ce que nous avons à faire, prenons un parti : et plaise aux dieux que nous en prenions un bon et avantageux ! J'ai déjà parcouru des yeux, de dessus une éminence, la terre qui est devant nous ; c'est une île fort basse, environnée d'une vaste mer : mais elle n'est point inhabitée ; car, à travers les arbres, j'ai entrevu un palais d'où il sortoit de la fumée.

A ces mots, qui leur firent soupçonner que je voulois les envoyer à la découverte, ils se rappelèrent, en se lamentant, les funestes aventures de Polyphème et du roi des Lestrigons ; ils ne purent retenir leurs larmes et leurs gémissemens, ressources inutiles dans la détresse où nous nous trouvions : c'est ce que je représentai ; après quoi je les partageai en deux bandes ; je donnai pour chef Euryloque à l'une de ces bandes, et je me réservai le commandement de l'autre; je jetai ensuite des billets dans un casque, afin que le sort décidât lequel d'Euryloque ou de moi iroit avec sa troupe reconnoître le pays; le sort se déclara pour Euryloque. Il part aussitôt avec ses vingt-deux compagnons, et cette séparation nous coûta à tous bien des larmes.

Ils trouvent, dans le fond d'un agréable vallon, le palais de Circé: il étoit bâti de très-belles pierres, et environné de bois. Autour de cette magnifique demeure, on voyoit errer des loups et des lions, auxquels ses enchantemens avoient fait perdre leur férocité. Ils ne se jettent donc point sur mes gens, et n'en approchent que pour les caresser: on les auroit pris pour des chiens qui attendent, en flattant leur maître, qu'il leur donne quelque douceur lorsqu'il sort de table. ces loups et ces lions en avoient la douceur et l'empressement. Cette rencontre ne laissa pas d'abord d'effrayer mes compagnons; ils avancent cependant. Arrivés à la porte, ils entendent Circé qui chantoit admirablement bien, en travaillant à un ouvrage de tapisserie avec presque autant d'adresse et de succès que Minerve ou les autres immortelles.

Politès, le plus prudent de la troupe, et celui aussi que j'estimois et que je chérissois le plus, dit aux autres pour les rassurer: N'entendez-vous pas cette voix mélodieuse? c'est une femme ou une déesse, qui, par ses doux accens, charme l'ennui et la fatigue du travail; allons à elle, parlons-lui avec confiance. Il dit: aussitôt ils élèvent la voix pour appeler. Circé quitte son ouvrage, et vient elle-même leur ouvrir la porte; elle les fait entrer: ils ont l'imprudence de se rendre à ses invitations; Euryloque seul soupçonne quelque piége, et refuse d'entrer.

La déesse fait asseoir mes compagnons sur des siéges magnifiques, et leur sert ensuite un breuvage et des mets composés de fromages, de farine et de miel, détrempés dans du vin de Pramne; elle y avoit mêlé des drogues enchantées pour leur faire oublier leur patrie. Dès qu'ils eurent goûté de ces mets empoisonnés, elle les frappe de sa baguette magique, et les enferme dans des étables. Ils sont tout-à-coup métamorphosés en pourceaux; ils en ont la tête, la voix et les soies: mais leur esprit n'éprouve aucun changement. Ils se lamentent; et Circé, pour les consoler, remplit une auge de gland et de tout ce qui sert de nourriture à ces vils animaux.

Euryloque, effrayé et consterné, revient en courant vers notre vaisseau, et nous apprend, les larmes aux yeux et le cœur pénétré de douleur, le sort déplorable de nos compagnons. Quel fut notre étonnement quand nous le vîmes triste et abattu! il vouloit parler, il ne le pouvoit pas. Nous l'interrogeons, nous le pressons de répondre; enfin, d'une voix sanglottante et entrecoupée, il me dit: Divin Ulysse, nous avons traversé ce bois selon vos ordres: dans une riante vallée nous avons trouvé un beau palais; le son d'une voix charmante s'est fait entendre à nous; c'étoit celle de Circé. Mes compagnons l'ont appelée; elle a laissé son ouvrage pour venir leur faire ouvrir les portes; ils se sont rendus malheureusement à ses perfides invitations. Plus défiant qu'eux, j'y ai résisté et je les ai attendus en dehors. Attente vaine! ils n'ont point reparu, et sans doute qu'ils ne sont plus.

A peine Euryloque eut-il fini de parler, que je pris mon épée et mes autres armes, et que je lui ordonnai de me conduire par le chemin qu'il avoit tenu. Ah! me dit-il en gémissant, je me jette à vos genoux, généreux fils de Laërte, et je vous conjure de renoncer à ce funeste dessein. N'allez point chercher la mort, et ne me forcez pas du moins de vous accompagner. Hélas! quoi que ce soit, vous ne les ramènerez sûrement pas ici. Laissez-moi donc, ou plutôt, fuyons tous au plus vite avec ce qui nous reste de nos malheureux compagnons; fuyons ce séjour redoutable, fuyons, il y va sûrement de notre vie.

Euryloque, lui répondis-je, demeurez auprès de nos vaisseaux, puisque vous le voulez; reposez-vous, profitez des provisions que nous avons: je pars, c'est un devoir pour moi de m'informer du sort de ceux qui vous ont suivi; je ne saurois y manquer.

Je quitte donc le rivage, je parcours le bois voisin; et lorsque je traversois le vallon, et que je m'approchois du palais de Circé, Mercure se présente à moi sous la forme d'un homme qui est à la fleur de la jeunesse et qui a toutes les grâces de cet âge; il me prend la main, et me dit: Où allez-vous, malheureux? quelle témérité de vous engager seul et sans connoissance dans ces routes dangereuses! ceux que vous cherchez sont dans le palais que vous voyez; l'enchanteresse Circé les y retient métamorphosés en vils pourceaux. Prétendez-vous les délivrer? Folle prétention! vous n'y réussirez jamais, et vous en augmenterez vraisemblablement le nombre. Mais non, je veux vous garantir de leur sort déplorable, j'ai pitié de vous. Voilà un antidote contre ses charmes; avec lui vous pouvez entrer avec confiance chez la déesse, il rendra tous ses enchantemens inutiles. Apprenez de moi que rien n'éga'e ses artifices et sa perfidie. Dès qu'elle vous aura introduit dans son palais, elle vous préparera un breuvage dans lequel elle vous jettera des drogues plus dangereuses que les poisons les plus mortels; mais cette boisson ne vous fera aucun mal, parce que je vous donne de quoi vous en préserver, et voici comme il faudra vous conduire : dès que vous aurez avalé le breuvage qu'elle vous aura présenté, elle vous frappera de sa baguette; mettez alors l'épée à la main; jetez-vous sur elle comme si vous vouliez lui ôter la vie; la peur la saisira; elle cherchera à vous calmer : ne rebutez pas ses offres, écoutez-les même, afin d'obtenir la délivrance de vos compagnons, et pour vous et pour eux les secours qui vous sont nécessaires; faites-la jurer ensuite, par les eaux du Styx, qu'elle n'abusera pas de votre confiance, et qu'elle ne vous rendra pas la victime de ses charmes et de ses artifices.

Après cette instruction, Mercure me mit dans la main cet antidote admirable : c'étoit une plante dont il m'enseigna les vertus; les racines en sont noires, et sa fleur a la blancheur du lait. Les dieux l'appellent *moly*. Les mortels ne peuvent que difficilement l'arracher de terre : mais les immortels font tout aisément.

En finissant ces mots, Mercure me quitte, s'élève dans les airs, s'envole dans l'Olympe. Je continuai à marcher vers le palais de Circé, l'esprit inquiet et agité : je m'arrête à la porte; j'appelle l'enchanteresse; elle m'entend, accourt et me fait entrer. Je la suis d'un air triste et rêveur. Arrivé dans une salle magnifique, elle me fait asseoir sur un siége merveilleusement travaillé, et me présente cette boisson mixtionnée dont mes compagnons avoient éprouvé les terribles effets. Je pris de ses mains la coupe d'or qui la renfermoit; je la vidai, sans aucune des suites qu'elle espéroit. Elle me frappe de sa baguette magique, en me disant d'aller rejoindre dans leur étable les malheureux qu'elle avoit transformés : je tire aussitôt mon épée, je cours sur elle comme pour l'immoler à ma vengeance. Etonnée de mon audace, Circé crie, se prosterne à mes genoux, me demande, le visage inondé de ses larmes, qui je suis, d'où je viens. Comment arrive-t-il que mes charmes ne produisent dans vous aucun changement? jamais aucun mortel n'a pu y résister : dès qu'on les touche du bout des lèvres, il faut céder à leur force. Il faut que vous ayez dans vous quelque chose de plus puissant que mon art enchanteur, ou que vous soyez le prudent Ulysse. En effet, je me rappelle que Mercure m'a prédit la visite de ce héros à son retour de Troie. Mais remettez votre épée dans le fourreau, faisons la paix, et vivons dans l'union et la confiance.

Elle me parla ainsi; mais j'étois en garde contre des avances si suspectes, et je lui répondis : Comment, Circé, puis-je compter sur vos promesses? vous avez traité mes amis très-inhumainement; si j'accepte vos offres, si je me laisse désarmer, dois-je m'attendre à un meilleur traitement? Non, je ne consentirai à rien, à moins que vous ne me juriez, par le serment redoutable aux immortels, que vous ne me tendrez aucun piége. Je le jure, répliqua-t-elle sans balancer. Je m'apaisai alors, et les armes me tombèrent des mains.

Circé avoit près d'elle, et à son service, quatre nymphes, filles des fontaines, des bois et des fleuves qui portent le tribut de leurs eaux dans la vaste mer; elles étoient d'une beauté ravissante et dignes des vœux des immortels : l'une couvre les siéges et le parquet de tapis de pourpre d'une finesse et d'un travail merveilleux; l'autre dresse une table d'argent et la couvre de corbeilles d'or; la troisième verse le vin dans des urnes et prépare des coupes; la quatrième apporte de l'eau, allume du feu et dispose tout pour le bain. J'y entrai quand tout fut prêt : l'on versa de l'eau chaude sur ma tête, sur mes épaules; on me parfuma d'essences exquises; et lorsque je ne me ressentis plus de la lassitude de tant de peines et de maux que j'avois soufferts, et que je voulus sortir de ce bain, on me couvrit d'une belle tunique et d'un manteau magnifique; après quoi j'allai dans la salle pour y rejoindre Circé. Asseyez-vous, me dit-elle; mangez, choisissez de tous ces mets ceux qui vous plaisent le plus. Je n'étois guère en état de lui obéir : mon cœur, mon esprit, ne présageoient rien que de funeste. Circé s'en aperçoit; elle s'approche de moi, elle me reproche ma tristesse : Mangez, me dit-elle : que craignez-vous? que pouvez-vous craindre après le serment que je vous ai fait? votre silence, votre réserve, me sont injurieux. Hélas! grande déesse, m'est-il possible de me livrer au plaisir de manger et de boire avant que mes compagnons soient délivrés, avant que j'aie eu la consolation de les voir de mes propres yeux? Quelle idée auriez-vous de moi? que penseriez-vous d'Ulysse? Ne le croiriez-vous pas sans honneur et sans sentiment, s'il pensoit à ce vil besoin, et qu'il oubliât ces malheureux ?

Aussitôt Circé s'arme de sa baguette, quitte la salle, ouvre elle-même la porte de ses vastes étables, et m'amène mes compagnons sous la figure de pourceaux; elle fait sur eux ses tours magiques, et les frotte d'une drogue de sa façon; ils changent de figure, leurs longues soies tombent, ils redeviennent hommes, et paroissent plus beaux, plus jeunes et plus grands qu'auparavant. Ils me reconnoissent; nous nous embrassons tendrement; notre joie éclate. Circé elle-même en paroît touchée, et me dit : Allez, Ulysse, allez à votre vaisseau, retirez-le à sec sur le rivage; cachez dans les grottes voisines vos provisions, vos richesses, vos armes, et revenez au plus vite me trouver avec tous vos compagnons.

J'obéis, je pars à l'instant, je regagne la rive, j'y trouve tout ce que j'y avois laissé de monde, plongé dans la tristesse et dans les inquiétudes. Comme de jeunes génisses s'attroupent en bondissant autour de leur mère, lorsqu'elles la voient revenir le soir des pâturages, comme rien alors ne les retient et qu'elles franchissent toutes les barrières pour courir audevant d'elle et l'appeler par leurs mugissemens; de même mes compagnons volent à ma rencontre, et me pressent avec tendresse et avec larmes : Vous voilà! me dirent-ils : que nous sommes contens! non, nous ne le serions pas davantage si nous revoyions notre chère patrie, si nous débarquions sur la terre qui nous a vus naître et où nous avons été élevés. Mais que sont devenus nos camarades? racontez-nous leur sort déplorable.

Cessez, leur répondis-je, de vous désoler; prenez courage, ils ne sont point à plaindre. Mettons notre vaisseau à l'abri des flots, cachons dans ces grottes nos agrès, nos armes, nos provisions; suivez-moi ensuite, et allons ensemble rejoindre nos amis : ils sont dans le palais de Circé parfaitement bien traités, et jouissent de la plus grande abondance.

A cette nouvelle, ils s'empressent d'exécuter mes ordres, et se disposent à m'accompagner : Euryloque cependant veut s'y opposer. Malheureux! s'écrie-t-il, vous courez à votre perte. Que pouvez-vous attendre de la perfide Circé? N'en doutez pas, elle vous transformera en pourceaux, en loups, en lions, pour garder les avenues de son palais. Pourquoi tenter cette aventure? ne vous souvenez-vous plus du Cyclope Polyphême? six de ceux qui entrèrent avec Ulysse n'ont plus reparu; leur mort cruelle ne peut-elle pas être imputée à la témérité de leur chef?

Irrité de ce reproche, j'allois m'en venger et lui abattre la tête de mon épée, malgré son alliance avec ma maison; on se mit heureusement au-devant de moi; on me pria, on me fléchit. Laissez-le ici, me dit-on, il gardera notre vaisseau, il veillera sur tout ce que nous laissons. Pour nous, nous voulons vous suivre; nous voulons voir Circé et son magnifique palais.

Nous partons aussitôt. Euryloque même nous accompagna; il craignit ma colère. Circé, pendant mon absence, avoit eu grand soin de mon monde; nous les trouvâmes baignés, parfumés, vêtus magnifiquement, et assis devant des tables abondamment servies. Cette entrevue fut des plus touchantes; tous s'embrassèrent, se parlèrent, se racontèrent leurs aventures : ce récit provoqua leurs larmes et leurs gémissemens, le palais en retentissoit; j'en étois saisi moi-même.

Circé me pria de faire cesser tous ces sanglots : Je n'ignore pas, dit-elle, tout ce que vous avez enduré de fatigues sur la mer; je sais tout ce que ces hommes inhumains et barbares vous ont fait souffrir : mais présentement profitez du repos que vous avez, prenez de la nourriture, réparez vos forces, souvenez-vous de ce que vous étiez en partant d'Ithaque, et reprenez la vigueur et le courage que vous aviez alors. Le souvenir de vos malheurs ne sert qu'à vous abattre, et à vous empêcher de goûter les plaisirs qui se présentent.

La déesse me persuada; nous nous remîmes à table, et nous y passâmes tout le jour. Notre séjour dans ce palais fut d'une année entière. La bonne chère et les plaisirs ne firent point oublier leur patrie à mes compagnons; après quatre saisons révolues, ils me firent leurs remontrances : Ne vous souvenez-vous plus de votre chère Ithaque? me dirent-ils. N'est-il pas dans l'ordre des destinées que vous ne négligiez rien pour nous procurer le bonheur de revoir nos dieux pénates?

J'eus égard à de si justes désirs, dès ce jour même presque tout consacré aux plaisirs de la table. Quand le soleil se coucha, quand la nuit eut répandu ses sombres voiles sur la terre, quand mes compagnons se furent retirés, et que je me trouvai seul avec Circé, j'embrassai ses genoux, et la trouvant disposée à m'écouter favorablement, je lui parlai en ces termes : Vous m'avez comblé de grâces, grande déesse;

j'ose cependant vous en demander une encore, et ce sera la dernière. Vous m'avez promis de favoriser mon retour, il est temps d'accomplir cette promesse : Ithaque est toujours l'objet de mes vœux. Mes compagnons ne soupirent aussi qu'après elle ; ils se plaignent du long séjour que je fais ici, et me le reprochent dès qu'ils peuvent me parler sans que vous puissiez les entendre.

Non, cher Ulysse, non, je ne prétends pas vous retenir : mais vous avez encore un royaume à visiter avant que d'arriver dans le vôtre, c'est celui de Pluton et de Proserpine : il faut que vous y alliez consulter l'ame de Tirésias le Thébain. Ce devin est aveugle ; mais en revanche son esprit est plein de lumières, et pénètre dans l'avenir le plus sombre. Il doit à Proserpine ce rare privilège, de conserver après la mort toute l'intelligence qui le rendoit si recommandable pendant la vie : les autres ombres ne sont auprès de lui que de vains fantômes.

A ces paroles, frappé comme d'un coup de foudre, je tombai sur un lit de repos, je l'arrosai de mes larmes, je ne voulois plus vivre ni voir la lumière du soleil. Enfin, revenu de mon étonnement, ou plutôt de mon désespoir, Quelle entreprise ! m'écriai-je ; qui me guidera dans ce voyage inouï ? quel est le vaisseau qui a jamais pu aborder sur cette triste rive ?

Ne vous mettez point en peine de conducteur, valeureux Ulysse ; élevez votre mât, déployez vos voiles, et tenez-vous en repos, le souffle de Borée vous fera marcher. Après avoir traversé l'Océan, vous trouverez une plage commode, bordée par les bois de Proserpine ; ce sont des peupliers, des saules, tous arbres stériles : arrêtez-vous là, c'est justement l'endroit où l'Achéron reçoit dans son lit le Phlégéthon et le Cocyte qui est un écoulement du Styx. Avancez jusqu'à la roche où est le confluent de ces deux fleuves, dont les eaux roulent et se précipitent avec fracas ; vous ne serez pas loin alors du palais ténébreux de Pluton. Creusez une fosse sur ces bords ; qu'elle soit d'une coudée en carré.

Faites-y pour les morts trois sortes de libations : la première, de lait et de miel : la seconde, de vin pur ; la troisième, d'eau où vous aurez détrempé de la farine. En faisant ces effusions, adressez des prières aux ombres des morts ; engagez-vous à leur sacrifier, à votre retour à Ithaque, une génisse qui n'aura jamais porté et qui soit la plus belle de vos troupeaux ; promettez de leur élever un bûcher, d'y jeter ce que vous avez de plus précieux, et d'immoler, en l'honneur de Tirésias en particulier, un bélier tout noir et qui soit la fleur de vos bergeries. Vos prières et vos vœux achevés, égorgez un bélier noir et une brebis noire ; vous tiendrez leurs têtes tournées du côté de l'Érèbe, et vous tournerez vos regards vers l'Océan ; vous verrez arriver en foule les ombres des morts. Pressez dans ce moment vos compagnons de dépouiller les victimes immolées, de les brûler, et d'adresser encore des prières et des vœux aux dieux infernaux, et surtout au redoutable Pluton et à la sévère Proserpine. Pour vous, tenez-vous tout auprès l'épée à la main, pour écarter les ombres, et empêcher qu'elles n'approchent du sang des victimes avant que vous ayez consulté le devin Tirésias : il ne tardera point à paroitre, et c'est de lui que vous devez apprendre la route que vous devez tenir pour arriver heureusement à Ithaque.

A peine Circé eut-elle fini de parler, que l'aurore parut sur son trône d'or : je prends mes habits ; c'étoient des présens de la déesse, et ils étoient magnifiques ; elle-même se para, prit une robe de toile d'argent et d'un travail exquis, l'arrêta avec une ceinture d'or, et se couvrit la tête d'un voile fait par les Grâces.

Je cours réveiller mes compagnons. Mes amis, vous voulez partir ; réveillez-vous donc ; le temps presse, profitons de la permission que nous en donne la déesse. Cette nouvelle les comble de joie, et ils font la plus grande diligence.

Mais, au moment du départ, j'éprouvai encore un grand malheur. Elpénor, le plus jeune de tous, et le moins sage, le moins valeureux, chaud du vin qu'il avoit bu la veille avec excès, étoit monté sur une des plates-formes du palais, pour y prendre le frais et s'y reposer à l'aise : le bruit que nous fîmes et les préparatifs de notre départ le réveillent en sursaut ; il se lève précipitamment, et, au lieu de prendre le chemin de l'escalier, il marche à demi endormi devant lui, il tombe du haut du toit, se tue, et va nous précéder sur les bords du Cocyte.

Mes compagnons s'assemblent autour de moi pour prendre mes ordres : je leur déclarai alors que leur attente alloit être trompée, qu'ils se flattoient sans doute que nous allions prendre la route d'Ithaque, mais que Circé exigeoit de moi que je fisse auparavant un autre voyage, et qu'il falloit que j'allasse tout de suite et que je tentasse de descendre dans le royaume de Pluton et de Proserpine, pour y consulter l'ombre du devin Tirésias.

Ils en furent consternés, s'arrachèrent les cheveux de douleur, et jetèrent des cris lamentables : mais tout cela étoit inutile, et il n'y avoit aucun moyen de contredire ou d'éluder les ordres de la déesse. Elle vint nous trouver au moment que nous allions nous embarquer ; elles fut témoin de leurs larmes amères, attacha dans notre vaisseau deux moutons noirs, un mâle et une femelle, et disparut sans être aperçue : car qui peut suivre et découvrir les traces d'une divinité, lorsqu'elle veut dérober sa marche aux yeux des mortels ?

PRÉCIS DU LIVRE XI.

Avec le vent favorable que nous donna Circé, et les efforts de nos rameurs, nous voguâmes heureusement et arrivâmes, vers le coucher du soleil, à l'extrémité de l'Océan : c'est là qu'habitent les Cimmériens ; une éternelle nuit étend ses sombres voiles sur ces malheureux. Nous abordâmes sur ces tristes rivages ; nous y mîmes notre vaisseau à sec, débarquâmes nos victimes, et courûmes chercher l'endroit que Circé nous avoit marqué. Nous y creusâmes une fosse, fîmes les libations ordonnées et les vœux prescrits pour les ombres : j'égorgeai ensuite les victimes sur la fosse. Nous sommes bientôt environnés de vains fantômes, qui accourent du fond de l'Erèbe ; je les écarte avec mon épée, et j'empêche qu'ils n'approchent du sang des victimes avant que je n'aie entendu la voix de Tirésias.

L'ombre d'Elpénor fut la première qui se présenta à moi : nous avions laissé son corps sans sépulture. L'empressement que nous avions de partir nous avoit fait négliger ce devoir : il s'en plaignit, et me conjura, par mon père, par Pénélope et par mon fils, de nous souvenir de lui quand nous serions arrivés dans l'île de Circé : Je sais, me dit-il, que vous y aborderez encore en vous en retournant ; brûlez mon corps avec toutes mes armes, et élevez-moi un tombeau sur le bord de la mer, afin que tous ceux qui passeront sur cette rive apprennent mon malheureux sort.

Tout-à-coup je vis paroitre l'ombre de ma mère Anticlée ; elle étoit fille du magnanime Autolycus, et je l'avois laissée pleine de vie à mon départ pour Troie. Je m'attendris en la voyant ; mais, quelque touché que je fusse, je ne la laissai point approcher avant l'arrivée de Tirésias. Je l'aperçois enfin, portant un sceptre à la main ; il me reconnut et me parla le premier. Fils de Laërte, me dit-il, pourquoi avez-vous quitté la lumière du soleil pour venir voir cette sombre demeure ? vous êtes bien malheureux ! éloignez-vous, détournez votre épée, afin que j'en boive de ce sang, et que je vous annonce ce que vous voulez savoir de moi.

J'obéis : l'ombre s'approche, boit, et me prononce ces oracles : Ulysse, vous voulez retourner heureusement dans votre patrie, un dieu vous rendra ce retour difficile et laborieux ; Neptune est encore irrité contre vous, et veut venger son fils Polyphème. Cependant, malgré sa colère, vous y arriverez après bien des travaux et des peines : mais vous passerez par l'île de Trinacrie ; vous y verrez des bœufs et des moutons consacrés au Soleil qui voit tout : n'y touchez pas, empêchez vos compagnons d'y toucher ; car si vous manquez à ce que je vous recommande, je vous prédis que vous périrez, vous, votre vaisseau et vos compagnons. Si, par le secours des dieux, vous échappez à cette tentation dangereuse, vous aurez la consolation de revoir Ithaque, mais après de longues années, et après avoir perdu tout votre monde. Vous trouverez dans votre palais de grands désordres, des princes insolens qui poursuivent Pénélope : vous les punirez. Mais après que vous les aurez sacrifiés à votre vengeance, prenez une rame, mettez-vous en chemin, et marchez jusqu'à ce que vous arriviez chez des peuples qui n'ont aucune connoissance de la marine. Vous rencontrerez en passant qui vous dira que vous portez un van sur votre épaule ; alors, sans lui faire aucune question, plantez à terre votre rame, offrez en sacrifice à Neptune un mouton, un taureau et un verrat, c'est-à-dire un pourceau mâle : offrez ensuite des hécatombes parfaites à tous les dieux qui habitent l'Olympe, sans en excepter un seul ; après cela, du sein de la mer sortira le trait fatal qui vous donnera la mort, et vous fera descendre dans le tombeau à la fin d'une vieillesse exempte de toute infirmité, et vous laisserez vos peuples heureux. Voilà tout ce que j'ai à vous prédire.

Je remercie cette ombre vénérable, et voyant ma mère triste et en silence, je lui en demandai la raison. C'est, me répondit-il, qu'il n'y a que les ombres à qui vous permettez d'approcher de la fosse et de boire du sang qui puissent vous reconnoître et vous parler.

Je profitai de cet avis. En effet, dès que ma mère eut bu, elle me reconnut et me parla en ces termes : Mon fils, comment êtes-vous venu plein encore de vie dans ce séjour de ténèbres ? Ma mère, lui répondis-je, la nécessité de consulter l'ombre de Tirésias m'a fait entreprendre ce terrible voyage. J'erre depuis long-temps, éloigné d'Ithaque, sans pouvoir y aborder. Mais vous, ma mère, comment êtes-vous tombée dans les liens de la mort ? C'est, répondit cette tendre mère, c'est le regret de ne plus vous voir, c'est la douleur de vous croire exposé tous les jours à de nouveaux périls, c'est le souvenir si touchant de vos rares qualités, qui ont abrégé ma vie. A ces mots, je voulus embrasser cette chère ombre : trois fois je me jetai sur elle, et trois fois elle se déroba à mes embrassemens.

Je vis ensuite arriver les femmes et les filles des plus grands capitaines. La première qui se présenta, ce fut Tyro, fille du grand Salmonée, et femme de Créthée, fils d'Eolus ; elle avoit eu de Neptune deux enfants, Pélias qui régna à Iolcos, où il fut riche en troupeaux, et Nélée, qui fut roi de Pylos sur le fleuve Amathus ; et de Créthée son mari, Æson, Phérès et Amythaon, qui se plaisoient à dresser des chevaux.

L'ODYSSÉE. PRÉCIS DU LIVRE XII.

Après Tyro, je vis approcher la fille d'Asopus, Antiope, qui eut de Jupiter deux fils, Zéthus et Amphion, les premiers qui jetèrent les fondemens de la ville de Thèbes, et élevèrent ses tours et ses murailles. Alcmène, femme d'Amphitryon et mère du fort, du patient et du courageux Hercule, parut après elle, ainsi que Mégare, épouse de ce héros. Je vis aussi Epicaste, mère d'OEdipe, qui, par son imprudence, commit un grand forfait en épousant son fils, son propre fils, qui venoit de tuer son père.

Après Epicaste, j'aperçus Chloris, la plus jeune des filles d'Amphion, fils de Jasius. Nélée l'épousa à cause de sa parfaite beauté ; elle régna avec lui à Pylos, et lui donna trois fils, Nestor, Chromius et le fier Périclymène, et une fille nommée Péro, qui par sa beauté et sa sagesse fut la merveille de son temps.

Chloris étoit suivie de Léda, qui fut femme de Tyndare, et mère de Castor, grand dompteur de chevaux, et de Pollux, invincible dans les combats du ceste. Ils sont les seuls qui retrouvent la vie dans le sein même de la mort.

Après Léda vint Epimédée, femme d'Aloeus : elle eut deux fils, dont la vie fut très-courte, le divin Otus et le célèbre Ephialtès, les deux plus grands et les deux plus beaux hommes que la terre ait jamais nourris ; car ils étoient d'une taille prodigieuse, et d'une beauté si grande, qu'elle ne le cédoit qu'à la beauté d'Orion : ce sont eux qui entreprirent d'entasser le mont Ossa sur l'Olympe, et le Pélion sur l'Ossa, afin de pouvoir escalader les cieux. Jupiter les foudroya pour les punir de leur audace.

Je vis ensuite Phèdre, Procris, et la belle Ariadne, fille de l'implacable Minos, que Thésée enleva autrefois de Crète. Après Ariadne, parurent Mœra, Clymène et l'odieuse Eriphile, qui préféra un collier d'or à la vie de son mari. Mais je ne puis vous nommer toutes les femmes et toutes les filles des grands personnages qui passèrent devant moi : les astres qui se lèvent m'avertissent qu'il est temps de se reposer, ou ici, dit Ulysse à Alcinoüs, dans votre magnifique palais, ou sur le vaisseau que vous m'avez fait équiper.

Arété, les Phéaciens et leur roi, parurent enchantés de tout ce que leur racontoit le fils de Laërte ; ils résolurent de lui faire de nouveaux présens, qui pussent le dédommager de ses pertes, et le pressèrent de rester encore quelques jours avec eux, et d'achever l'histoire de ses aventures et de ses malheurs.

N'auriez-vous pas vu, lui dit Alcinoüs, n'auriez-vous pas vu dans les enfers quelques-uns de ces héros qui ont été avec vous au siège de Troie, et qui sont morts dans cette expédition ?

Après que Proserpine, répliqua Ulysse, eut fait retirer les ombres dont je viens de parler, je vis arriver celle d'Agamemnon, environnée des ames de tous ceux qui avoient été tués avec lui dans le palais d'Egisthe. A cette vue je fus saisi de compassion, et, les larmes aux yeux, je lui dis : Fils d'Atrée, le plus grand des rois, comment la Parque cruelle vous a-t-elle fait éprouver son pouvoir ? Il me raconte sa fin déplorable. Vous n'avez rien à craindre de semblable de la fille d'Icarius, ajoute Agamemnon ; votre Pénélope est un modèle de prudence et de sagesse : ne souffrez pas cependant que votre vaisseau entre en plein jour dans le port d'Ithaque. Avez-vous appris quelque nouvelle de mon fils Oreste ? Je ne sais, lui répondis-je, ce qu'il est devenu.

Nous vimes alors les ombres d'Achille, de Patrocle, d'Antiloque et d'Ajax. Comment, me dit Achille, avez-vous eu l'audace de descendre dans le palais de Pluton ? Je lui en dis la raison. Mon fils, me répliqua alors Achille, suit-il mes exemples ? se distingue-t-il à la guerre, et promet-il d'être le premier des héros ? Savez-vous quelque chose de mon père ? Je n'ai appris, lui dis-je, aucune nouvelle du sage Pélée : mais pour Néoptolème, il ne cède la gloire du courage à aucun de nos héros ; il a immolé à vos mânes une infinité de vaillans hommes. A ces mots, l'ame d'Achille, pleine de joie du témoignage que je venois de rendre à la valeur de son fils, s'en retourna à grands pas dans une prairie parsemée de fleurs.

Les autres ames s'arrêtèrent pour me conter leurs peines et leurs douleurs. Mais l'ombre d'Ajax, fils de Télamon, se tenoit un peu à l'écart, toujours possédée par la fureur où l'avoit jeté la victoire que je remportai sur lui lorsqu'on m'adjugea les armes d'Achille.

Je vis l'illustre fils de Jupiter, Minos, assis sur son trône, le sceptre à la main, et rendant la justice aux morts. Un peu plus loin j'aperçus le grand Orion, encore en équipage de chasseur. Au-delà c'étoit Tityé ; deux vautours lui déchirent le foie, pour le punir de son audace. Après Tityé, je vis Tantale, plongé dans un étang, sans pouvoir se désaltérer. Le tourment si connu de Sisyphe ne me parut pas moins terrible.

Après Sisyphe, j'aperçus le grand Hercule, c'est-à-dire son image, car pour lui il est avec les dieux immortels, et assiste à leurs festins : son arc toujours tendu, et la flèche appuyée sur la corde, il jetoit des regards terribles comme prêt à tirer. Hercule me reconnut, et s'écria : Ah ! malheureux Ulysse, es-tu aussi poursuivi par le même destin qui m'a persécuté pendant la vie ? Après avoir conté ses travaux, il s'enfonce dans le ténébreux séjour, sans attendre ma réponse.

Je demeurai quelque temps encore, dans l'espérance de voir quelque autre des héros les plus célèbres, comme Thésée et Pirithoüs ; mais je craignis enfin que la sévère Proserpine n'envoyât du fond de l'Erèbe la terrible tête de la Gorgone, pour l'exposer à mes yeux. Je regagnai donc promptement mon vaisseau, et, à l'aide des rames et du vent, je m'éloignai de ces funèbres bords.

PRÉCIS DU LIVRE XII.

ARRIVÉS promptement à l'île d'Æa, nous entrons dans le port ; et dès que l'aurore eut annoncé le retour du soleil, j'envoie chercher le corps d'Elpénor, qui étoit mort le jour de mon départ. Je lui rends les honneurs funèbres, et lui élève un tombeau au haut duquel je place sa rame. A peine avions-nous achevé, que Circé arrive suivie de ses femmes et avec toutes sortes de rafraîchissemens. Reposez-vous à présent, nous dit-elle, profitez de ces provisions, demain vous pourrez vous rembarquer pour continuer votre route. Je vous enseignerai moi-même ce que vous devez faire pour éviter les malheurs où vous précipiteroit votre imprudence.

La déesse me tira à l'écart, et voulut savoir tout ce qui m'étoit arrivé dans mon voyage; je lui en fis le détail. Après quoi elle me dit : Vous avez encore d'autres dangers à courir. Vous trouverez dans votre chemin les Sirènes. Elles enchantent tous les hommes qui arrivent près d'elles. Passez sans vous arrêter, et ne manquez pas de boucher avec de la cire les oreilles de vos compagnons, de peur qu'ils ne les entendent. Pour vous, si vous avez la curiosité d'entendre sans danger ces voix délicieuses, faites-vous bien lier auparavant à votre mât, et si, transporté de plaisir, vous ordonnez à vos gens de vous détacher, qu'ils vous lient au contraire plus fortement encore.

Sorti de ce péril, vous tomberez dans un autre; vous aurez à passer devant Charybde et Scylla. Si quelque vaisseau approche malheureusement de l'un de ces deux écueils, il n'y a plus d'espérance pour lui. Le seul qui se soit tiré de ces abîmes, c'est le célèbre navire Argo, qui, chargé de la fleur des héros de la Grèce, passa par là en revenant de la Colchide; et c'est à Junon que le chef des Argonautes, Jason, dut alors son salut. De ces deux écueils l'un porte sa cime jusqu'aux cieux. Il n'y a point de mortel qui y pût monter ni en descendre. C'est une roche unie et lisse, comme si elle étoit taillée et polie. Au milieu il y a une caverne obscure dans laquelle demeure la pernicieuse Scylla. Sa voix est semblable aux rugissemens d'un jeune lion. C'est un monstre affreux ; elle a douze griffes qui font horreur, six cous d'une longueur énorme, et sur chacun une tête épouvantable avec une gueule béante garnie de trois rangs de dents. L'autre écueil n'est pas loin de là, il est moins élevé ; on voit dessus un figuier sauvage dont les branches, chargées de feuilles, s'étendent fort loin. Sous ce figuier est la demeure de Charybde, qui engloutit les flots et les rejette ensuite avec des mugissemens horribles. Eloignez-vous-en, surtout quand elle absorbe les flots; passez plutôt du côté de Scylla, car il vaut encore mieux que vous perdiez quelques-uns de vos compagnons que de les perdre tous et de périr vous-même.

Mais, lui dis-je alors, si Scylla m'enlève six de mes gens pour chacune de ses six gueules, ne pourrai-je pas m'en venger?

Ah! mon cher Ulysse, toujours tenter l'impossible, même dans l'état où vous êtes ! Toute la valeur humaine ne sauroit résister à Scylla. Le plus sûr est de se dérober à sa fureur par la fuite. Passez vite: invoquez Cratée, qui a mis au monde ce monstre horrible; elle arrêtera sa violence, et l'empêchera de se jeter sur vous. Vous arriverez à Trinacrie, où paissent des troupeaux de bœufs et de moutons; ils appartiennent au Soleil, et il en a donné la garde à Phaétuse et à Lampétie, deux nymphes ses filles qu'il a eues de la déesse Néérée. Gardez-vous de toucher à ces troupeaux, si vous voulez éviter la perte certaine de votre vaisseau et de vos compagnons.

Ainsi parla Circé : l'aurore vint annoncer le jour : la déesse reprit le chemin de son palais, et je retournai à mon vaisseau. Je donne aussitôt l'ordre pour le départ ; on lève l'ancre, et nous voguons avec un vent favorable. J'instruis alors mes compagnons des avis que Circé venoit de me donner : pendant que je les entretenois, nous arrivons à l'île des Sirènes. Nous exécutons à la lettre ce qu'on nous avoit prescrit, et nous échappons à ce premier danger; mais nous n'eûmes pas plus tôt quitté cette île que j'aperçus une fumée affreuse, que je vis les flots s'amonceler, que j'entendis des mugissemens horribles. Les bras tombent à mes compagnons, ils sont saisis de crainte, ils n'ont la force ni de ramer ni de faire aucune manœuvre. Je les presse, je les exhorte : Jupiter, leur dis-je, Jupiter veut peut-être que notre vie soit le prix de nos grands efforts ; éloignons-nous de l'endroit où vous voyez cette fumée et ces flots amoncelés. On m'obéit, mais nous nous approchions de Scylla; et pendant que nous avions les yeux attachés sur cette monstrueuse Charybde pour éviter la mort dont elle nous menaçoit, Scylla allonge son cou et enlève avec ses six gueules six de mes compagnons. Je vis encore leurs pieds et leurs mains qui s'agitoient en l'air comme elle les enlevoit, et je les entendis qui m'appeloient à leur secours. Mais ce fut pour la dernière fois que je les vis et que je les entendis : non, jamais je n'éprouvai de douleur aussi vive et aussi désolante. Nous marchions toujours cependant, et nous nous trouvâmes vis-à-vis de l'île du Soleil. J'ordonnai à mes compagnons de s'en éloigner, en leur rappelant les menaces que m'avoient faites Circé et Tirésias.

Euryloque prit alors la parole, et me dit d'un ton fort aigre : Il faut, Ulysse, que vous soyez le plus dur et le plus impitoyable des hommes. Nous sommes accablés de lassitude ; nous trouvons un port commode, un pays abondant en rafraîchissemens, et vous voulez que nous tenions la mer pendant la nuit, qui est le temps des orages et des tempêtes ! Ne vaut-il pas mieux descendre à terre, manger et dormir sur le rivage, et attendre l'aurore pour gagner le large?

Tous mes gens furent de son avis : seul contre tous, je ne pus leur résister ; mais je leur fis promettre avec serment qu'ils ne tueroient aucun des bœufs ou des moutons qu'ils trouveroient à terre. La nuit fut effectivement très-orageuse, la tempête dura un mois entier. Tant que durèrent nos provisions, on s'abstint de toucher aux troupeaux du Soleil. Mais un jour que je m'étois enfoncé dans un bois voisin pour adresser paisiblement mes prières aux dieux de l'Olympe, Euryloque profita de mon absence pour représenter à mes compagnons que la nécessité ne connoissoit point de loi, et que la faim qui les dévoroit les dispensoit du serment qu'ils avoient fait d'épargner les troupeaux du Soleil. Choisissons-en quelques-uns, leur dit-il, des meilleurs pour en faire un sacrifice aux immortels. Arrivés à Ithaque, nous apaiserons le père du jour par de riches présens. S'il a juré notre perte, ne vaut-il pas encore mieux périr au milieu des flots, que de mourir lentement de faim dans cette île déserte.

Ce pernicieux conseil fut loué et suivi. Le sacrifice étoit déjà commencé quand je revins ; je sentis en m'approchant une odeur de fumée, et je ne doutai pas de mon malheur. La belle Lampétie alla porter au Soleil la nouvelle de cet attentat. Ce dieu s'en plaignit au maître du tonnerre, et la perte de mes compagnons et de mon vaisseau fut résolue.

Quand j'eus regagné mon vaisseau, je fis à mes compagnons de sévères réprimandes ; mais le mal étoit sans remède, et ils passèrent six jours entiers à faire bonne chère. La tempête ayant cessé, pour ne point perdre de temps nous nous rembarquâmes. Dès que nous eûmes perdu l'île de vue, à peine étions-nous en pleine mer, ne voyant presque plus que le ciel et les flots, que du flanc d'un nuage obscur sortit le violent Zéphyre accompagné d'un déluge de pluie et d'affreux tourbillons. Notre navire en devient le jouet et la victime ; il nous porte dans le gouffre de Charybde. Je me prends en y entrant à ce figuier sauvage dont je vous ai parlé, je demeure suspendu à ses branches jusqu'à ce que je voie sortir de cet abîme les débris de mon vaisseau. Je me précipite sur le mât à demi brisé, et pendant neuf jours j'erre ainsi porté au gré des vents et des flots ; et le dixième jour j'aborde dans l'île d'Ogygie : Calypso, qui en est souveraine, m'y reçut et m'y traita avec bonté.

PRÉCIS DU LIVRE XIII.

Les Phéaciens écoutoient le récit des aventures d'Ulysse dans un silence d'admiration qui dura encore quand il eut cessé de parler. Enfin Alcinoüs, leur roi, prit la parole et lui dit : Je ne crois pas, prince d'Ithaque, que vous éprouviez, en sortant de mes Etats, les traverses qui vous ont tant fait souffrir. Oui, j'espère que vous reverrez bientôt votre patrie ; mais je veux réparer vos pertes, et que vous y arriviez plus riche encore que si vous emportiez le butin que vous avez fait à Troie. Nous ajouterons donc à tous nos présens chacun un trépied et une cuvette d'or.

Tous les princes applaudirent au discours d'Alcinoüs, et se retirèrent dans leurs palais pour aller prendre quelque repos. Le lendemain, dès que l'étoile du matin eut fait place à l'aurore, on offrit à Jupiter le sacrifice d'un taureau, et l'on prépara un grand festin ; Démodocus le rendit délicieux par ses chants admirables. Mais Ulysse tournoit souvent la tête pour regarder le soleil, dont la course lui paroissoit trop lente ; quand il pencha vers son coucher, sans perdre un moment, il adressa la parole aux Phéaciens, et surtout à leur roi : Faites promptement vos libations, je vous en supplie, afin que vous me renvoyiez dans l'heureux état où vous m'avez mis, et que je vous dise mes derniers adieux. Vous m'avez comblé de présens : que les dieux vous en récompensent et vous donnent toutes les vertus ! qu'ils répandent sur vous à pleines mains toutes sortes de prospérités, et qu'ils détournent tous les maux de dessus vos peuples !

Puis s'adressant à Arété, et lui présentant sa coupe pleine d'un excellent vin, il lui parla en ces termes : Grande princesse, soyez toujours heureuse au milieu de vos Etats, et que ce ne soit qu'au bout d'une longue vieillesse que vous payiez le tribut que tous les hommes doivent à la nature ! Je m'en retourne dans ma patrie comblé de vos bienfaits. Que la joie et les plaisirs n'abandonnent jamais cette demeure, et que, toujours aimée et estimée du Roi votre époux et des princes vos enfans, vous receviez continuellement de vos sujets les marques d'amour et de respect qu'ils vous doivent !

En achevant ces mots, Ulysse sort de la salle, il arrive au port : on embarque les provisions, on part, et les rameurs font blanchir la mer sous leurs efforts.

Cependant le sommeil s'empare des paupières d'Ulysse, et lui fait oublier toutes ses peines. Le vaisseau qui le porte fend les flots avec rapidité ; le vol de l'épervier, qui est le plus vite des oiseaux, n'auroit pu égaler la célérité de sa course : et quand l'étoile brillante qui annonce l'arrivée de l'aurore se leva, il aborde aux terres d'Ithaque ; il entre dans le port du vieillard Phorcys, un des dieux marins. Ce port est couronné d'un bois d'oliviers, qui, par leur ombre, y entretiennent une fraîcheur agréable ; et près de ce bois est un antre profond et délicieux, consacré aux Naïades. Ce lieu charmant est arrosé par des fontaines dont l'eau ne tarit jamais.

Les rameurs d'Ulysse entrent dans ce port qu'ils connoissoient depuis long-temps. Ils descendent à terre, enlèvent le roi d'Ithaque, l'exposent sur le rivage, sans qu'il s'éveille ; mettent tous ses habits, tous ses présens, au pied d'un olivier, hors du chemin, de peur qu'ils ne fussent exposés au pillage, si quelqu'un venoit à passer. Ils se rembarquent ensuite, et reprennent la route de Schérie.

Neptune, irrité de voir Ulysse dans sa patrie, malgré les menaces qu'il lui avoit faites et le désir qu'il avoit de l'en empêcher, s'en plaint à Jupiter. Le maître du tonnerre lui laisse toute la liberté de se venger sur les Phéaciens, et de les punir de l'accueil qu'ils avoient fait au roi d'Ithaque, et des moyens qu'ils lui avoient fournis pour revoir promptement ses Etats. Neptune, satisfait, l'en remercie ; et le fils de Saturne lui suggère la manière dont il doit exercer sa vengeance. Quand tout le peuple, lui dit-il, sera sorti de la ville pour voir arriver le vaisseau qui a transporté Ulysse dans sa patrie, et qu'on le verra s'avancer à pleines voiles, changez-le tout-à-coup en un grand rocher près de la terre, et conservez-lui la figure de vaisseau, afin que tous les hommes qui le verront soient frappés de crainte et d'étonnement : ensuite couvrez leur ville d'une haute montagne qui ne cessera jamais de les effrayer.

Neptune se rendit promptement à l'île de Schérie, et fit à la lettre ce que Jupiter venoit de lui permettre. Alcinoüs, à la vue de ce prodige, se rappela ce que lui avoit prédit son père ; il le raconta aux Phéaciens, et, après avoir solennellement renoncé à conduire désormais les étrangers qui aborderoient dans leur île, ils tâchèrent d'apaiser Neptune, en lui immolant douze taureaux choisis.

Cependant Ulysse se réveille ; il ne reconnoît pas la terre chérie après laquelle il avoit tant soupiré. Minerve avoit enveloppé ce héros d'un épais nuage qui l'empêchoit de rien distinguer; elle vouloit avoir le temps de l'avertir des précautions qu'il avoit à prendre : car il étoit important qu'il ne fût pas reconnu lui-même, ni de sa femme ni d'aucun de ses sujets, avant qu'il eût tiré vengeance des poursuivans de Pénélope. Ulysse s'écria donc en s'éveillant : Malheureux que je suis, dans quel pays me trouvé-je ? Grands dieux ! les Phéaciens n'étoient donc pas si sages ni si justes que je le pensois : ils m'avoient promis de me ramener à ma chère Ithaque, et ils m'ont exposé sur une terre étrangère.

Pendant qu'il est plongé dans ces tristes pensées, Minerve s'approche de lui sous la figure d'un jeune berger. Ulysse, ravi de cette rencontre, lui adresse ces paroles : Berger, je vous salue; ne formez pas contre moi de mauvais desseins, sauvez-moi toutes ces richesses (en lui montrant les présens qu'on avoit débarqués sur le rivage), et sauvez-moi moi-même. Je vous adresse mes prières comme à un dieu tutélaire, et j'embrasse vos genoux comme votre suppliant. Quelle est cette terre ? quel est son peuple ? Est-ce une île ? ou n'est-ce ici que la plage de quelque continent ?

Ce pays est célèbre, lui répondit Minerve; c'est une île qu'on appelle Ithaque. J'en ai fort entendu parler, dit Ulysse qui vouloit dissimuler son nom et sa joie. Il se donne même à la déesse pour un Crétois qu'une affaire malheureuse forçoit à chercher un asile loin de sa patrie. La déesse sourit de sa feinte, et le prenant par la main, elle lui parla en ces termes : O le plus dissimulé des mortels, homme inépuisable en détours et en finesse, dans le sein même de votre patrie vous ne pouvez vous empêcher de recourir à vos déguisemens ordinaires ! Mais laissons là ces tromperies. Ne reconnoissez-vous point encore Minerve qui vous assiste, qui vous soutient, qui vous a tiré de tant de dangers, et procuré enfin un heureux retour dans votre patrie ? Gardez-vous bien de vous faire connoître à personne : souffrez dans le silence tous les maux, tous les affronts et toutes les insolences que vous aurez à essuyer de la part des poursuivans et de vos sujets.

Ne m'abusez-vous pas, grande déesse? répliqua Ulysse; est-il bien vrai que je sois à Ithaque?

Vous êtes toujours le même, repartit Minerve, toujours soupçonneux et défiant. En achevant ces mots, elle dissipe le nuage dont elle l'avoit environné, et il reconnut avec transport la terre qui l'avoit nourri. Après cela, il chercha avec la déesse à mettre ses trésors en sûreté dans l'antre des Naïades, à la garde desquelles il se confia; puis il la pria de lui inspirer la même force et le même courage qu'elle lui avoit inspirés lorsqu'il saccagea la superbe ville de Priam. Je vous protégerai toujours, répondit Minerve : mais, avant toutes choses, je vais dessécher et rider votre peau, faire tomber ces beaux cheveux blonds, et vous couvrir de haillons : ainsi changé, allez trouver votre fidèle Eumée, à qui vous avez donné l'intendance d'une partie de vos troupeaux ; c'est un homme plein de sagesse, et qui est entièrement dévoué à votre fils et à la sage Pénélope. Demeurez près de lui pendant que j'irai à Sparte chercher Télémaque, qui est allé chez Ménélas pour apprendre de vos nouvelles. En finissant ces mots, elle touche Ulysse de sa baguette, et le métamorphose en pauvre mendiant; et, après avoir pris les mesures les plus propres à faire réussir les projets de vengeance du fils de Laërte, la fille de Jupiter s'envole à Sparte pour ramener Télémaque.

PRÉCIS DU LIVRE XIV.

ULYSSE s'éloigne du port où il avoit entretenu Minerve, s'avance vers sa demeure, et trouve Eumée sous des portiques qui régnoient autour de la belle maison qu'il avoit bâtie de ses épargnes. Les chiens, apercevant Ulysse sous la figure d'un mendiant, se mirent à aboyer, et l'auroient dévoré si le maître des pasteurs ne fût accouru promptement. Quel danger vous venez de courir! s'écria-t-il. Vous m'avez exposé à des regrets éternels, les dieux m'ont envoyé assez d'autres déplaisirs sans celui-là. Je passe ma vie à pleurer l'absence et peut-être la mort de mon cher maître.

En achevant ces mots, il fait entrer Ulysse, et l'invite à s'asseoir. Celui-ci, ravi de ce bon accueil, lui en témoigne sa reconnoissance avec une sorte d'étonnement. Eumée lui réplique que quand il seroit dans un état plus vil, il ne lui seroit pas permis de le mépriser. Tous les étrangers, lui dit-il, tous les pauvres sont sous la protection spéciale de Jupiter, c'est lui qui nous les adresse. Je ne suis pas en état de faire beaucoup pour eux ; j'aurois plus de liberté si mon cher maître étoit ici; mais les dieux lui ont fermé toute voie de retour. Je puis dire qu'il m'aimoit : et que d'avantages n'aurois-je pas retirés de son affection, s'il avoit vieilli dans son palais ! mais il ne vit peut-être plus.

Ayant ainsi parlé, il se pressa de servir à manger à Ulysse, et lui raconta tout ce qu'il avoit à souffrir des poursuivans de Pénélope, et avec quelle douleur il les voyoit consumer les richesses immenses du roi d'Ithaque, dont il lui fait le détail. Le prétendu mendiant demande au bon Eumée le nom de son maître, qu'il a peut-être vu dans quelques-unes des contrées qu'il a parcourues. Ah ! mon ami, répondit l'intendant des bergers, ni ma maîtresse ni son fils n'ajouteront plus de foi à tous les voyageurs qui se vanteront d'avoir vu Ulysse; on sait que les étrangers qui ont besoin d'assistance forgent des mensonges pour se rendre agréables, et ne disent presque jamais la vérité. Peut-être que vous-même, bon homme, vous inventeriez de pareilles fables si l'on vous donnoit de meilleurs habits à la place de ces haillons. Mais il est certain que l'âme d'Ulysse est à présent séparée de son corps.

Mon ami, répondit Ulysse, quoique vous persistiez dans vos défiances, je ne laisse pas de vous assurer, et même avec serment, que vous verrez bientôt votre maître de retour. Que la récompense pour la bonne nouvelle que je vous annonce soit prête; je vous demande que vous changiez ces vêtemens délabrés en magnifiques habits : mais, quelque besoin que j'en aie, je ne les recevrai qu'après son arrivée; car je hais et je méprise ceux qui, cédant à la pauvreté, ont la bassesse de recourir à des fourberies.

Eumée, peu sensible à ces belles promesses, le pria de n'en plus parler, et de ne point réveiller inutilement son chagrin. Racontez-moi, lui dit-il, vos aventures; dites-moi, sans déguisement, qui vous êtes, votre nom, votre patrie, sur quel vaisseau vous êtes venu, car la mer est le seul chemin qui puisse mener dans cette île.

Ulysse, à son ordinaire, lui bâtit une fable; il feignit d'être de l'île de Crète, fils d'un homme riche, et ajouta que l'envie de voyager lui avoit fait faire beaucoup de courses sur mer, qu'il s'y étoit enrichi; mais que, dans une expédition sur le fleuve Egyptus, ses gens, contre son intention, pillèrent les fertiles champs des Egyptiens : ils en furent punis; les habitans les massacrèrent tous, ou les firent esclaves; lui-même se rendit au Roi, qui lui sauva la vie, et, après l'avoir retenu dans son palais pendant sept ans, le renvoya comblé de richesses et de présens. Il se confia à un Phénicien, grand imposteur, qui le séduisit par de belles paroles. Je partis sur son vaisseau, dit Ulysse : une affreuse tempête me jeta sur la terre des Thesprotes. Le héros Phidon, qui régnoit dans cette contrée, me traita avec bonté et avec magnificence; pressé de m'en retourner, je m'embarquai sur un vaisseau qui partoit pour Dulichium. Le patron et ses compagnons, malgré les ordres et les recommandations de leur roi, me dépouillèrent de mes vieux habits, m'enlevèrent mes richesses, me couvrirent de ces vieux haillons, et me lièrent à leur mât. Je rompis mes liens pendant la nuit; je me jetai à la mer. et j'abordai, à la nage, près d'un grand bois où je me suis caché. C'est ainsi que les dieux m'ont sauvé des mains de ces barbares, et qu'ils m'ont conduit dans la maison d'un homme sage et plein de vertu.

Que vous m'avez touché par le récit de vos aventures! repartit Eumée : mais soit que ce soient des contes, soit que vous m'ayez dit la vérité, ce n'est point là ce qui m'oblige à vous bien traiter; c'est Jupiter, qui préside à l'hospitalité, et dont j'ai toujours la crainte devant les yeux; c'est la compassion que j'ai naturellement pour les malheureux.

Que vous êtes défiant! répondit Ulysse. Mais faisons un traité vous et moi : si votre roi revient dans ses Etats comme et dans le temps que je vous ai dit, vous me donnerez des habits magnifiques et un vaisseau bien équipé pour me rendre à Dulichium; et, s'il ne revient pas, je consens que vous me fassiez précipiter du haut de ces grands rochers.

Non, non, dit le bon Eumée, vous ne périrez pas de ma main, quoi qu'il arrive. Que deviendroit ma réputation de bonté que j'ai acquise parmi les hommes? que deviendroit ma vertu, qui m'est encore plus précieuse que ma réputation, si j'allois vous ôter la vie, et violer ainsi toutes les lois de l'hospitalité?

Mais l'heure de souper approche, mes bergers vont entrer, et je vais tout préparer et pour notre léger repas et pour le sacrifice qui doit le précéder.

Aussitôt il se met en mouvement, et, après avoir tout disposé, il demande à tous les dieux, par des vœux très-ardens, qu'Ulysse revienne bientôt dans son palais, et immole ensuite les victimes; il en fait sept parts, et en présente la plus honorable à son hôte. Celui-ci, ravi de cette distinction, lui en témoigne sa reconnoissance en ces termes :

Eumée, daigne le grand Jupiter vous aimer autant que je vous aime pour le bon accueil que vous me faites, en me traitant avec tant d'honneur, malgré l'état misérable où je me trouve.

Le souper fini, on songea à aller se coucher : Ulysse, qui craignoit le froid de la nuit, dont ses haillons l'auroient mal défendu, eut recours à un apologue pour se procurer un bon manteau. Eumée, qui l'entendit, lui en fit donner un par ses bergers, et lui prépara un bon lit auprès du feu.

PRÉCIS DU LIVRE XV.

MINERVE, qui venoit de quitter Ulysse sur le rivage d'Ithaque, se transporte à Lacédémone pour presser Télémaque de quitter la cour de Ménélas. Hâtez-vous, lui dit la déesse en l'abordant, hâtez-vous de retourner dans vos Etats. Ne savez-vous pas que vos biens y sont la proie des poursuivans avides de Pénélope? Cette reine abandonnée ne cédera-t-elle pas enfin aux sollicitations même de sa famille, qui semble décidée à accepter les offres d'Eurymaque? Prévenez ce malheur, engagez Ménélas à vous renvoyer; ne tardez pas à aller mettre ordre à vos affaires. Je vous avertis encore que les plus déterminés des poursuivans en veulent à votre vie, et qu'ils se tiennent en embuscade entre l'île de Samos et celle d'Ithaque pour vous y surprendre à votre passage. Eloignez-vous donc de ces îles, ne voguez que la nuit, mettez pied à terre au premier endroit d'Ithaque où vous aborderez ; allez trouver le fidèle Eumée, renvoyez votre vaisseau sans vous dans un de vos ports, et faites partir Eumée de son côté pour donner avis à Pénélope de votre retour.

La déesse disparoît aussitôt, et s'envole dans l'Olympe. Télémaque, empressé de lui obéir, réveille le fils de Nestor. Hâtons-nous, lui crie-t-il, hâtons-nous, mon cher Pisistrate, d'atteler notre char, et de nous mettre en chemin pour Pylos. Il est nuit encore, lui répondit le fils de Nestor; attendons le lever de l'aurore ; attendons que nous puissions remercier Ménélas, et donnez-lui le temps de faire porter dans notre char les présens qu'il vous destine.

Dès que le jour paroît, le fils d'Ulysse se lève; Ménélas l'avoit prévenu, et il entre au même instant sous le beau portique où ses hôtes avoient couché. Télémaque lui témoigne l'impatience qu'il a d'aller retrouver sa mère. Ménélas se voit après avoir exigé qu'il lui étalât les présens qu'il vouloit lui faire. Que ne consentez-vous, ajouta-t-il, à traverser la Grèce et le pays d'Argos? je vous accompagnerois avec plaisir, et il n'y a aucune de nos villes qui ne vous fît l'accueil que mérite le fils du grand Ulysse.

Grand roi, dit Télémaque, vous n'ignorez pas combien je suis nécessaire à Pénélope; vous savez le désordre que mon absence peut causer dans mon palais; souffrez donc que je vous quitte promptement. Partez donc, puisque c'est un devoir, lui répondit Ménélas; Hélène va donner ses ordres pour qu'on vous serve à manger, et, pendant ce temps-là, je vais chercher avec elle et avec mon fils Mégapenthe ce que je pourrai vous offrir de plus précieux et de plus propre à me rappeler à votre souvenir.

Ils reviennent bientôt tous trois, et Ménélas offre à Télémaque une coupe d'argent, et dont les bords sont de l'or le plus fin : c'étoit un chef-d'œuvre de l'art, et l'ouvrage de Vulcain même. Mégapenthe met ensuite à ses pieds une urne d'argent, et la belle Hélène lui présente un voile merveilleux qu'elle avoit fait elle-même. Il vous servira, lui dit-elle, cher Télémaque, à orner la princesse que vous épouserez. Le jeune prince le reçoit avec reconnoissance, et ne peut se lasser d'en admirer l'élégance et la richesse. Il monte sur son char, et dit à ses illustres hôtes en les quittant : Plaise aux dieux qu'à mon arrivée je puisse trouver mon père, et lui conter toutes les marques de bonté et de générosité dont vous m'avez comblé!

En finissant ces mots, il pousse ses coursiers, et, après avoir passé chez Dioclès, ils arrivent aux portes de Pylos. Alors Télémaque dit au fils de Nestor : Vous m'aimez, cher Pisistrate ; vous savez combien il est important pour moi d'arriver à Ithaque : souffrez donc que je me rende tout de suite à mon vaisseau. Je connois Nestor et toute sa générosité : je suis incapable de lui résister ; il voudra me retenir, et le moindre délai pourroit me devenir funeste.

Pisistrate cède à la prière de son ami ; il le mène sur le rivage : Transportons vos présens, lui dit-il, sur votre vaisseau ; montez-y vous-même ; partez sans différer ; éloignez-vous avant que mon père sache notre retour, car il viendroit lui même s'il vous savoit ici, et vous forceroit à prolonger votre séjour.

Au moment que Télémaque finissoit le sacrifice qu'il offroit à Minerve sur la poupe, pour implorer son secours, il se présente à lui un étranger obligé de quitter Argos pour un meurtre qu'il avoit commis : c'étoit un devin, descendu en droite ligne du célèbre Mélampus, qui demeuroit anciennement dans la ville de Pylos. Il y possédoit de grandes richesses et un superbe palais, que l'injustice et la violence de Nélée, son oncle, l'avoient obligé d'abandonner. Ce premier malheur le précipita dans beaucoup d'autres ; il en fait à Télémaque le triste récit : ce jeune prince en est touché, se découvre à lui, lui déclare son nom, sa patrie, consent à le recevoir sur son vaisseau, et le fait asseoir auprès de lui. On dresse le mât ; on déploie les voiles ; on se couche sur les rames ; et, à l'aide d'un vent favorable envoyé par Minerve, on fend rapidement les flots de la mer : on passe les courans de Crunes et de Chalcis ; on arrive à la hauteur de Phée ; on côtoie l'Elide près de l'embouchure du Pénée ; et alors, au lieu de prendre le droit chemin à gauche entre Samos et Ithaque, Télémaque fait pousser vers les îles appelées Pointues, qui font partie des Echinades, pour arriver à Ithaque par le côté du septentrion, et éviter par ce moyen l'embuscade qu'on lui dressoit du côté du midi, dans le détroit de Samos.

Pendant ce temps-là, Ulysse et Eumée étoient à tab'e avec les bergers. Ulysse, pour éprouver le chef de ses pasteurs, parut craindre de lui être à charge, et lui demanda le chemin de la ville pour y aller chercher de quoi vivre. Eh! bon homme, lui dit Eumée en colère, avez-vous donc envie de périr à la ville sans aucun secours ? quelle idée de vouloir vous présenter aux poursuivans, et de compter sur votre dextérité et votre adresse! Vraiment les esclaves qui les servent ne sont pas faits comme vous ; ils sont tous jeunes, beaux et très-magnifiquement vêtus. Demeurez ici, vous n'y êtes point à charge ; quand le fils d'Ulysse sera de retour, il vous donnera des habits tels que vous devez les avoir, et il vous fournira les moyens d'aller partout où vous voudrez.

Ulysse, charmé de ces marques d'affection, en remercie le bon Eumée. Il lui demande ensuite des nouvelles de sa mère, de Laërte son père, et lui fait raconter son origine à lui-même, et par quel malheur il avoit été réduit à l'esclavage. Eumée satisfit avec plaisir à toutes les demandes d'Ulysse ; et celui-ci, après l'en avoir remercié, le félicita d'être tombé entre les mains d'un maître qui l'aimoit et qui fournissoit abondamment à ses besoins.

Cependant Télémaque et ses compagnons abordent au rivage d'Ithaque. Le jeune prince descend à terre, et leur recommande de ramener le vaisseau dans le port de la capitale : Je vais seul, leur dit-il, visiter une terre que j'ai près d'ici, et voir mes bergers ; je vous rejoindrai après avoir vu comment tout s'y passe. Alors le devin Théoclymène lui demanda où il iroit, et s'il pourroit prendre la liberté d'aller tout droit au palais de la Reine. Dans un autre temps, lui répondit Télémaque, je ne souffrirois pas que vous allassiez ailleurs ; mais aujourd'hui ce seroit un parti trop dangereux. Comme il disoit ces mots, on vit voler un vautour, qui est le plus vite des messagers d'Apollon ; il tenoit dans ses serres une colombe. Théoclymène, tirant alors le jeune prince à l'écart, lui déclare que c'est un oiseau des augures, et qu'il lui prédit qu'il aura toujours l'avantage sur ses ennemis.

Que votre prédiction s'accomplisse, Théoclymène, lui répondit Télémaque, vous recevrez de moi des présens considérables ; en attendant je charge Pirée, fils de Clytius, de prendre soin de vous, et de ne vous laisser manquer d'aucune des choses que demande l'hospitalité.

Après ces mots, le fils d'Ulysse se met en chemin pour aller visiter ses nombreux troupeaux, sur lesquels le bon Eumée veilloit avec beaucoup d'attention et de fidélité.

PRÉCIS DU LIVRE XVI.

A peine Eumée aperçoit-il Télémaque, qu'il se lève avec précipitation ; les vases qu'il tenoit lui tombent des mains ; il court au-devant de son maître ; il lui saute au cou, il l'embrasse en pleurant : Vous voilà donc revenu, mon cher prince ! hélas! j'avois presque perdu l'espérance de vous revoir. Qu'alliez-vous faire à Pylos ? que j'ai craint pour vous les périls de ce voyage! Entrez, prince : vous trouverez tout dans l'ordre. Que ne venez-vous plus souvent nous visiter et nous surveiller ?

Il est important, comme vous savez, répondit Télémaque, que je me tienne à la ville, et que j'observe de près les menées des poursuivans ; mais avant que de m'y rendre, j'ai voulu vous voir, et savoir de vous si ma mère est encore dans le palais, et si elle n'a pas cédé enfin à l'importunité des princes qui l'obsèdent.

Son courage et sa fidélité ne se sont point encore démentis, mon cher fils ; Pénélope est toujours digne de vous et du divin fils de Laërte.

Télémaque entre, il aperçoit Ulysse qui veut lui céder sa place; son fils, qui ne peut le reconnoître, refuse de la prendre par respect pour les lois de l'hospitalité. Ils se mettent à table, et, après le repas, Télémaque demande quel est ce pauvre étranger. Eumée lui répète en peu de mots le roman que lui a fait Ulysse. Son fils en paroît touché, et voudroit le secourir. Mais comment, lui dit-il, vous introduire dans mon palais dans l'état où vous êtes ? il est rempli d'insolens ; je suis jeune, je suis seul contre eux tous, et il me seroit impossible de vous garantir des insultes qu'ils ne manqueroient pas de vous faire.

Ulysse, prenant la parole, lui dit : O mon cher prince, puisque vous me permettez de vous répondre, j'avoue que je souffre du récit que vous me faites des désordres que commettent sous vos yeux les poursuivans de Pénélope. N'êtes-vous pas d'âge à les contenir et à vous en venger? Que ne suis-je le fils d'Ulysse, ou Ulysse lui-même ! ou je périrois les armes à la main dans mon palais, ou j'en chasserois tous ces fiers ennemis.

Les plus grands princes des îles voisines, de Dulichium, de Samos et de Zacynthe, les principaux d'Ithaque, voilà ceux qui aspirent à la main de ma mère ; voilà ceux qui remplissent mon palais, et qui consument tout mon bien. Ulysse lui-même, tout grand guerrier qu'il est, pourroit-il, s'il étoit seul, nous en délivrer ?

Cependant, cher Eumée, courez à la ville, apprenez à ma mère mon arrivée ; dites-lui que je me porte bien : mais ne parlez qu'à elle, qu'aucun de ses amans ne le sache ; ils semeroient ma route de pièges, car ils ne cherchent qu'à me faire périr.

Eumée, pressé de partir, se met en chemin. Minerve apparoît dans ce moment à Ulysse, sans se laisser voir à son fils. Fils de Laërte, lui dit-elle, il n'est plus à propos de vous cacher à Télémaque, découvrez-vous à lui ; prenez ensemble des mesures pour faire périr ces fiers poursuivans ; comptez sur ma protection, je combattrai à vos côtés. En finissant ces mots, elle le touche de sa verge d'or, lui rend sa taille, sa bonne mine, sa première beauté, et disparoît après ce nouveau changement. Télémaque, étonné de cette métamorphose, le prend pour un dieu, et lui promet des sacrifices. Vous vous trompez, cher Télémaque, lui dit alors Ulysse ; ne me regardez pas comme un des immortels ; je suis Ulysse, je suis votre père, dont la longue absence vous a coûté tant de larmes et de soupirs. En achevant ces mots, il l'embrasse avec tendresse.

Mais Télémaque ne peut encore se persuader que c'est son père. Non, vous n'êtes point Ulysse : c'est quelque dieu qui veut m'abuser par un faux espoir. Mon cher Télémaque, réplique Ulysse, que votre surprise et votre admiration cessent ; le prodige qui vous étonne est l'ouvrage de Minerve : tantôt elle m'a rendu semblable à un mendiant, et tantôt elle m'a donné la figure d'un jeune homme de bonne mine et vêtu magnifiquement. Télémaque alors se jette au cou de son père, et l'arrose de ses larmes ; Ulysse pleure de même. Enfin, après avoir satisfait à ce premier besoin de leur tendresse mutuelle, ils s'asseoient, et Ulysse demande à son fils le nombre et la qualité des poursuivans de Pénélope, et paroît décidé à les attaquer tous. Télémaque, surpris de cette résolution, le témoigne à son père, qui lui répond qu'ils auront pour eux deux Jupiter et Minerve, et qu'avec leur secours ils seront invincibles. Ayez soin seulement, dès que je vous en donnerai le signal, de faire porter au haut du palais toutes les armes qui sont dans l'appartement bas; si les princes en paroissent surpris, dites-leur que c'est pour leur sûreté, et que vous craignez que dans le vin ils n'en abusent pour se venger des querelles si ordinaires quand on se livre aux excès de la table. Vous ne laisserez que deux épées, deux javelots et deux boucliers, dont nous nous saisirons quand nous voudrons les immoler à notre vengeance. J'ai encore une chose à vous recommander, c'est de contenir la joie que vous avez de me revoir, et de ne dire encore notre secret à personne, pas même à Laërte, pas même à Pénélope.

Mon père, répondit Télémaque, je vous obéirai, et j'espère vous faire connoître que je ne déshonore pas votre sang, et que je ne suis ni foible ni imprudent.

Pendant que le père et le fils s'entretiennent de leurs projets, Eumée arrive au palais. Pénélope en est ravie ; et la nouvelle du retour de Télémaque s'y répand avec rapidité. Les poursuivans, tristes et confus, s'assemblent, forment la résolution atroce de se défaire, par violence, de Télémaque. Pénélope, instruite par le héraut Médon de ce détestable complot, s'en plaint à ces princes, et plus particulièrement à Antinoüs, le plus violent de ses persécuteurs. Eurymaque, fils de Polybe, la rassure et lui promet sur sa tête qu'on n'attentera pas à la vie de son fils. Sur cette promesse trompeuse, la princesse, un peu calmée, se retire dans son appartement pour y pleurer son cher Ulysse.

Sur le soir, Eumée revient de son ambassade ; mais avant qu'il entre dans la maison, Minerve fait reprendre à Ulysse sa figure de vieillard et de mendiant. Télémaque, après avoir demandé des nouvelles de Pénélope, l'interroge sur tout ce qui se passoit à Ithaque, et sur le retour des princes qui l'attendoient à la hauteur de Samos. Je n'ai point eu la curiosité, répondit le chef des bergers, de m'informer de ce qui se passoit à la ville ; mais j'ai aperçu, en revenant, un vaisseau qui entroit dans le port, et qui étoit plein d'hommes armés de lances et de boucliers. Télémaque sourit ; et après avoir soupé avec son père, ils allèrent goûter les douceurs d'un paisible sommeil.

PRÉCIS DU LIVRE XVII.

Dès que la belle aurore eut annoncé le jour, le fils d'Ulysse mit ses brodequins, et, prenant une pique, il se disposa à partir pour la ville. Il recommanda, en partant, à Eumée d'y mener aussi son hôte ; car, ajouta-t-il, le malheureux état où je me trouve ne me permet pas de me charger de tous les étrangers. Prince, lui dit alors Ulysse, je ne souhaite nullement d'être retenu ici; un mendiant trouve beaucoup mieux de quoi se nourrir à la ville qu'à la campagne.

Télémaque sort, et marche à grands pas, méditant la ruine des poursuivans. En arrivant dans son palais, il pose sa pique près d'une colonne, et entre dans la salle. Pénélope, instruite de son retour, descend de son appartement; elle ressembloit à Diane et à la belle Vénus : elle embrasse son fils, elle demande des nouvelles d'un voyage qui lui a causé bien des alarmes; elle gémit, elle soupire, elle pleure. Ma mère, lui dit Télémaque, ne m'affligez pas par vos larmes; n'excitez pas dans mon cœur de tristes souvenirs : prions les dieux de nous secourir et de nous consoler; espérons tout de leur bonté.

Après cette tendre entrevue, Télémaque sort pour aller chercher son hôte Théoclymène et le mener dans son palais : il le fait baigner, parfumer, et lui donne des habits magnifiques : on leur dresse ensuite une table couverte de toutes sortes de mets. Pénélope revient dans la salle; et s'asseyant auprès d'eux avec sa quenouille et ses fuseaux, elle demande à son fils ce qu'il a appris dans son voyage. J'ai été, lui raconte-t-il, parfaitement reçu de Nestor, qui ne sait ce qu'est devenu mon père. Pour Ménélas, il assure qu'il vit encore, et qu'il a appris d'un dieu marin que Calypso le retenoit malgré lui dans son île. Puisqu'il vit encore, s'écrie Pénélope, espérons que nous le verrons. Oui, grande reine, lui dit Théoclymène, vous le verrez bientôt, il est déjà dans sa patrie, il s'y tient caché, et il se prépare à se venger avec éclat de tous les poursuivans : je prends à témoin de ce que je vous dis le grand Jupiter, cette table hospitalière, et ce foyer sacré où j'ai trouvé un asile.

Cependant Ulysse et Eumée partent pour la ville; ils rencontrent sur la route Mélanthius, fils de Dolius, qui, suivi de deux bergers, menoit les chèvres les plus grasses de tout le troupeau pour la table des poursuivans : c'étoit l'ennemi d'Eumée; et dès qu'il l'aperçut, il l'accabla d'injures ainsi que son compagnon, qui eut bien de la peine à se retenir. Non content des injures qu'il vomit contre eux, il s'approche d'Ulysse, et, en passant, lui donne un coup de pied de toute sa force. Ce coup, quoique rude, ne l'ébranla point : il retint même les mouvemens de colère qu'excitoit la brutalité de Mélanthius, et prit le parti de souffrir en silence. Pour le bon Eumée, il en fut indigné, et pria les dieux de faire revenir Ulysse pour rabaisser l'orgueil et punir l'insolence de ce domestique.

Arrivés au palais, ils s'arrêtèrent à la porte. Comment nous conduirons-nous? dit le fidèle Eumée : voulez-vous entrer le premier, et vous présenter aux poursuivans? Passez d'abord, lui dit Ulysse, je vous attendrai ici : ne vous mettez point en peine de ce qui pourra m'arriver, je suis accoutumé aux insultes; mon courage et ma patience ont été mis à bien des épreuves. Pendant qu'ils parloient ainsi, un chien qu'Ulysse avoit élevé, le reconnut et mourut de joie en le voyant.

Dès que Télémaque aperçut Eumée, il lui fit signe de s'approcher; Ulysse entre bientôt après lui, sous la figure d'un mendiant et d'un vieillard fort cassé, appuyé sur son bâton. Il s'assit sur le seuil de la porte. Minerve le poussa à aller demander l'aumône aux poursuivans, afin qu'il pût juger par là de leur caractère, et connoître ceux qui avoient de l'humanité et de la justice. Il alla donc aux uns et aux autres avec un air si naturel, qu'on eût dit qu'il n'avoit fait d'autre métier toute sa vie. Les poursuivans ne purent, en le voyant, se défendre d'un mouvement de pitié; ils lui donnèrent tous : mais Antinoüs, choqué de ce qu'on l'avoit introduit dans la salle, le reprocha durement à Eumée; et quand Ulysse s'approcha de lui, il le repoussa avec dédain. Ulysse, en s'éloignant, lui dit : Antinoüs, vous êtes beau et bien fait; mais le bon sens et l'humanité n'accompagnent pas cette bonne mine. Antinoüs, irrité de ces paroles, prend son marche-pied, le lance de toute sa force. Tous les poursuivans furent irrités des violences et des emportemens d'Antinoüs; Ulysse seul, quoique rudement frappé à l'épaule, n'en parut point ébranlé; il conjura seulement les dieux protecteurs des pauvres de punir ce jeune emporté.

Télémaque sentit dans son cœur une douleur extrême de voir son père si maltraité; il retient cependant ses larmes, de peur de trahir son secret. Pénélope, instruite de ce qui s'étoit passé, pria Apollon de punir cette impiété; car c'en étoit une à ses yeux que de maltraiter un pauvre : elle fit monter Eumée, et lui dit qu'elle vouloit voir cet étranger. Il a beaucoup voyagé, lui dit-elle, et peut-être a-t-il rencontré mon cher Ulysse. Attendez l'entrée de la nuit, réplique Eumée, pour ne pas donner d'inquiétude aux poursuivans; vous le verrez alors à votre aise : il sait beaucoup de choses; il les raconte bien, et vous ne pourrez pas l'entendre sans y prendre beaucoup d'intérêt.

PRÉCIS DU LIVRE XVIII.

Eumée étoit à peine parti, qu'on vit paroître à la porte du palais un mendiant célèbre dans Ithaque par sa gloutonnerie; car il mangeoit toujours et étoit toujours affamé. Quoiqu'il fût d'une taille prodigieuse, il n'avoit ni force ni courage : on l'appeloit Irus. En arrivant, il voulut chasser Ulysse de son poste. Retire-toi, lui dit-il, vieillard décrépit, retire-toi, ou je t'y forcerai en te trainant par les pieds.

Ulysse, le regardant d'un air farouche, lui répondit : Mon ami, je ne te dis point d'injures, je ne te fais aucun mal, je n'empêche pas qu'on ne te donne; cette porte peut suffire pour nous deux.

Grands dieux! s'écria Irus en colère, voilà un gueux qui a la langue bien pendue; si je le prends, je l'accommoderai mal.

Les princes, pour se divertir, les excitèrent, les mirent aux mains, et promirent au vainqueur une bonne récompense. Princes, leur dit Ulysse, un vieillard comme moi, accablé de calamités et de misères, ne devroit point entrer en lice avec un adversaire jeune et vigoureux; je ne m'y refuse cependant pas, pourvu que vous me promettiez de ne mettre pas la main sur moi pour favoriser Irus.

Aussitôt il se découvre; on vit avec étonnement ses cuisses fortes et nerveuses, ses épaules carrées, sa poitrine large, ses bras forts comme l'airain : Irus, en les voyant, en fut tout découragé; il fallut le traîner dans l'arène. Les voilà donc tous deux aux prises. Irus décharge un grand coup de poing sur l'épaule d'Ulysse. Celui-ci le frappe au haut du cou avec tant de force, qu'il lui brise la mâchoire et l'étend à terre : il le traîne ensuite hors des portiques ; il lui met un bâton à la main, en le faisant asseoir et lui disant : Demeure là, mon ami, et ne t'avise plus, toi qui es le dernier des hommes, de traiter les étrangers et les mendians comme si tu étois leur roi. Les princes félicitèrent Ulysse, et lui envoyèrent amplement de la nourriture.

Dans ce même moment, Minerve inspire à la fille d'Icarius, à la sage Pénélope, le dessein de se montrer aux poursuivans, afin qu'elle les repaisse de vaines espérances, et qu'elle soit plus honorée de son fils et de son mari. En arrivant dans la salle où tout le monde étoit rassemblé, elle adresse d'abord la parole à son fils : touchée du traitement qu'Antinoüs avoit fait à Ulysse, qu'elle n'avoit pas encore reconnu, elle reproche à Télémaque d'avoir souffert qu'on maltraitât, en sa présence, un étranger qui étoit venu chercher un asile dans le palais. J'en suis affligé, répondit son fils ; mais que vouliez-vous, ma mère, que je fisse seul contre tous ?

Eurymaque, s'approchant alors de Pénélope, lui parla de sa beauté, de sa taille, de sa sagesse, de toutes ses admirables qualités. Hélas! dit-elle, je ne songe plus à ces avantages depuis le jour que les Grecs se sont embarqués pour Ilion, et que mon cher Ulysse les a suivis. S'il revenoit dans sa patrie, ma gloire en seroit plus grande ; et ce seroit là toute ma beauté.

Ulysse fut ravi d'entendre le discours de Pénélope. Les poursuivans ne renoncèrent cependant pas de leur côté à leurs espérances, et firent de beaux présens à la reine d'Ithaque. La Reine les fit porter dans son appartement par ses femmes, et on passa le reste de la journée dans les plaisirs de la danse et de la musique.

Eurymaque prend querelle avec Ulysse, et lui jette à la tête un marche-pied, que celui-ci évita heureusement. Télémaque, pour en prévenir les suites, les congédie tous, et les exhorte à se retirer. Etonnés de l'air d'autorité que prend ce jeune prince, ils n'osent cependant lui résister, et le sage Amphinome, fils de Nisus, leur dit : Pourquoi maltraitez-vous cet étranger ? Laissons-le dans le palais de Télémaque, puisqu'il est son hôte ; faisons des libations, et allons goûter les douceurs du repos.

PRÉCIS DU LIVRE XIX.

Ulysse, étant demeuré seul dans le palais, prend avec Minerve des mesures pour donner la mort aux poursuivans de Pénélope. Tout plein de cette pensée, il appelle Télémaque : Ne perdons pas un moment, lui dit-il ; portons au haut du palais toutes les armes. Télémaque obéit à son père, et charge la prudente Euryclée d'empêcher les femmes de sa mère de sortir de leur appartement, tandis qu'ils les transporteroient. Son ordre fut exécuté. Le père et le fils se mettent à porter les casques, les boucliers, les épées, les lances, et Minerve marche devant eux avec une lampe d'or qui répand une lumière extraordinaire. Télémaque, surpris de ce prodige, en parle à son père, qui lui répond : Gardez le silence, mon fils, retenez votre curiosité : ne sondez pas les secrets du ciel ; contentez-vous de profiter de ses faveurs avec reconnoissance. Mais il est temps que vous alliez vous reposer : votre mère va descendre, et m'a demandé un entretien.

Pénélope paroît en effet, suivie de ses femmes. Mélantho, la plus insolente de celles qui l'accompagnoient, fâchée de trouver Ulysse dans la salle, veut l'en faire sortir, et l'accable d'injures. Pourquoi m'attaquez-vous avec tant d'aigreur ? lui répond Ulysse en la regardant avec colère. Est-ce parce que je ne suis jeune et que je n'ai que de méchants habits ? J'ai été autrefois environné de toute la magnificence qui attire les regards ; Jupiter a renversé cette grande fortune : que cet exemple vous rende plus sage ; craignez de perdre cette faveur qui vous relève au-dessus de vos compagnes.

Pénélope la reprend aussi, et lui impose silence. Elle fait asseoir Ulysse auprès d'elle, et lui demande quel est son nom, où il a pris naissance, et ce que font ses parens. Ulysse feint qu'il est de Crète ; qu'il y tenoit un rang distingué lorsque le roi d'Ithaque y a passé pour aller à Ilion : il le dépeint avec la plus grande exactitude, lui parle de l'habit qu'il portoit et de ceux qui l'accompagnoient : Il les a tous perdus, ajoute-t-il, à son retour ; et je sais qu'il a été le seul à se sauver d'une tempête excitée par la colère des dieux. Pénélope lui dépeint à son tour ses inquiétudes et le chagrin que lui cause l'absence d'Ulysse. Je suis, dit-elle, persécutée par les princes que vous voyez : mon cœur se refuse aux engagemens qu'ils me sollicitent de prendre ; de peur de les irriter, je les amuse par des espérances que je ne voudrois pas réaliser. Je leur avois promis de me décider quand j'aurois achevé de broder un grand voile ; j'y travaillois le jour, et la nuit je défaisois l'ouvrage que j'avois fait : quelques-unes de mes femmes m'ont trahie, et leur ont découvert cette innocente ruse. Je ne trouve plus d'expédient pour reculer, et je suis la plus malheureuse des femmes.

Temporisez encore, lui dit Ulysse, et ne pleurez plus ; le roi d'Ithaque est vivant : vous le verrez bientôt. Je jure, par ce foyer où je me suis réfugié, qu'il reviendra dans cette année.

Dieu veuille que ce bonheur m'arrive, comme vous me le promettez ! répondit la sage Pénélope ; mais, si j'en crois mes pressentimens, il ne reviendra pas, et personne ne pourra vous fournir les moyens de retourner dans votre patrie.

Cependant la Reine, touchée de ce que cet étranger venoit de lui raconter, ordonne à ses femmes d'en prendre soin ; de lui dresser un bon lit, de lui laver les pieds et de le parfumer d'essences. Celle, dit-elle, qui le maltraiteroit, ou qui lui feroit la moindre peine, encourroit mon indignation : les hommes n'ont sur la terre qu'une vie fort courte ; c'est pourquoi il faut l'employer à faire du bien.

Princesse, répondit Ulysse, modérez votre générosité ; je ne suis point accoutumé à tant d'égards ;

je ne souffrirai pas que ces jeunes femmes me rendent les services que vous exigez d'elles.

Recevez-les du moins, lui dit Pénélope, d'Euryclée, la nourrice de mon cher et infortuné Ulysse : vous m'avez inspiré un véritable intérêt, et de tous les étrangers qui sont venus dans mon palais, il n'y en a point qui aient marqué dans leurs discours et dans leurs actions tant de vertu et tant de sagesse. Allez donc, dit-elle à Euryclée, allez laver les pieds de cet hôte qui paroît de même âge que mon cher prince : je m'imagine qu'Ulysse est fait comme lui, et dans un état aussi pitoyable ; car les hommes dans la misère vieillissent promptement.

Ah ! s'écrie alors Euryclée, c'est son absence qui cause tous mes chagrins. Seroit-il l'objet de la haine de Jupiter, malgré sa piété ? car jamais prince n'a offert à ce dieu tant de sacrifices, ni des hécatombes si parfaites. Je vous l'avoue, pauvre étranger, malgré votre misère vous me causez de grandes agitations : je n'ai vu personne qui ressemblât à Ulysse autant que vous ; c'est sa taille, sa voix, toute sa démarche. Vous n'êtes pas la seule, lui dit Ulysse, qui ayez été frappée de cette ressemblance.

Euryclée prit alors un vaisseau ; et lorsqu'elle lui lava les pieds, elle le reconnut à une cicatrice qui lui restoit d'une blessure que lui avoit faite un sanglier sur le mont Parnasse, où il étoit allé chasser autrefois avec le fils d'Autolycus, son aïeul maternel, père d'Anticlée sa mère. Ulysse, se jetant sur elle, lui mit la main sur la bouche, et de l'autre il la tira à lui, et lui dit : Ma chère nourrice, gardez-vous de parler, vous me perdriez, et je m'en vengerois. Ah ! mon cher fils, répondit-elle, ne connoissez-vous pas ma fidélité et ma constance ? Je garderai votre secret, et je serai aussi impénétrable que la pierre la plus dure, que le fer même.

Après qu'elle eut achevé de laver les pieds d'Ulysse, et qu'elle les eut frottés et parfumés, il s'approcha du feu pour se chauffer. Alors Pénélope lui dit : Je ne vous demande plus qu'un moment d'entretien, car voilà bientôt l'heure du repos pour ceux que le chagrin n'empêche pas de goûter les douceurs du sommeil : pour moi je ne puis presque plus fermer la paupière. Comme la plaintive Philomèle pleure sans cesse son cher Ityle, qu'elle a tué par une cruelle méprise, moi-même je pleure sans cesse, et mon esprit est agité de pensées tristes et diverses : des songes cruels me tourmentent, et il faut que je vous raconte le dernier que j'ai eu. J'ai dans ma basse-cour vingt oisons domestiques que je nourris, et que j'aime à voir : il m'a semblé qu'un aigle est venu du sommet de la montagne voisine fondre sur ces oisons, et leur a rompu le cou ; puis, avec une voix articulée comme celle d'un homme, il m'a crié de dessus les créneaux de la muraille où il étoit allé se poser : Fille d'Icarius, prenez courage, ce n'est pas ici un vain songe ; ces oisons ce sont les poursuivans, et moi je suis votre mari qui viens vous délivrer et les punir.

Grande reine, reprit Ulysse, n'en doutez pas, la mort va fondre sur la tête des poursuivans ; aucun d'eux ne pourra se dérober à sa cruelle destinée.

Hélas ! dit alors Pénélope, rien de plus incertain que les songes, et je n'ose me flatter que le mien s'accomplisse. Le jour de demain est le malheureux jour qui va m'arracher de cette demeure : je vais proposer un combat dont je serai le prix ; celui qui se servira le mieux de l'arc d'Ulysse, et fera passer ses flèches dans des bagues suspendues à douze piliers, m'emmènera avec lui, et pour le suivre je quitterai ce palais si riche, où je suis venue dès ma première jeunesse, et dont je ne perdrai jamais le souvenir, même dans mes songes.

Ulysse, plein d'admiration pour la prudence de Pénélope, l'exhorte à ne pas différer de proposer ce combat ; car, lui dit-il, vous verrez plutôt votre mari de retour que vous ne verrez les poursuivans se servir de son arc et faire passer les flèches au travers de tous ces anneaux.

Que je trouve de charmes dans cette conversation ! s'écria la Reine en soupirant ; que je serois aise de la prolonger ! mais il n'est pas juste de vous empêcher de dormir : les dieux ont réglé la vie des hommes ; ils ont fait le jour pour le travail, et la nuit pour le repos. Je vais donc me coucher sur ce triste lit, témoin de mes douleurs, et si souvent arrosé de mes larmes.

En disant ces mots, elle le quitte et monte dans son magnifique appartement.

PRÉCIS DU LIVRE XX.

ULYSSE se retire dans le vestibule, et se couche sur une peau de bœuf qui n'avoit point été préparée : le sommeil ne ferma pas ses paupières ; il étoit trop occupé de trouver des moyens de se venger de ses ennemis. Cependant les femmes de Pénélope sortent secrètement de l'appartement de la Reine pour aller aux rendez-vous ordinaires qu'elles avoient avec les poursuivans. La vue de ce désordre excita la colère d'Ulysse : il délibéra s'il ne les en puniroit pas sur l'heure ; mais, à la réflexion, il s'apaisa. Supportons encore cet affront, se dit-il à lui-même ; attendons que nous ayons puni les insolens qui veulent me ravir Pénélope.

Comme il étoit dans ces agitations, Minerve descendit des cieux, et vint se placer auprès de lui. Malheureux Ulysse, pourquoi ne dormez-vous pas ? lui dit la déesse : vous vous retrouvez dans votre maison, votre femme est fidèle, et vous avez un fils tel qu'il n'y a point de père qui ne voulût que son fils lui ressemblât.

Je mérite vos reproches, grande déesse, lui répondit Ulysse ; mais je roule dans la tête de grands projets, je veux les exécuter, et j'en redoute les suites.

Vous ne comptez donc, reprit Minerve, que sur vos forces et votre prudence : ignorez-vous que je vous protége ? et douterez-vous toujours de mon pouvoir ? Dormez tranquillement, et attendez tout de mon secours : bientôt vous verrez finir les malheurs qui vous accablent.

En finissant ces mots, Minerve versa sur ses yeux un doux sommeil qui calma ses chagrins, et reprit son vol vers l'Olympe. Mais la sage Pénélope, succombant à ses peines, s'écria en gémissant : Que les dieux, témoins de mon désespoir, m'ôtent la vie, qui m'est odieuse ! qu'ils me permettent d'aller rejoindre mon cher Ulysse dans le séjour même des ténèbres et de l'horreur ! que je ne sois pas réduite à faire la joie d'un second mari !

Ulysse entendit les gémissemens de Pénélope ; il craignit d'en avoir été reconnu. Il délibéra s'il n'iroit pas se présenter à elle ; mais auparavant il lève les mains au ciel, et fait aux dieux cette prière : Père des dieux et des hommes, grand Jupiter, dirigez mes pas ; que je puisse tirer quelque bon augure des premiers mots que j'entendrai prononcer ! que je sois rassuré par quelque prodige de votre puissance !

Le dieu du ciel exauça sa prière ; il fit gronder la foudre. Une femme occupée à moudre de l'orge et du froment, étonnée d'entendre le tonnerre, quoique le ciel fût sans nuages, s'écria : Sans doute, père des dieux, que vous envoyez à quelqu'un ce merveilleux prodige ! Hélas ! daignez accomplir le désir d'une malheureuse ; faites qu'aujourd'hui les poursuivans prennent leur dernier repas dans ce palais !

Ulysse eut une joie extrême d'avoir eu un prodige dans le ciel et un bon augure sur la terre ; et il ne douta plus qu'il n'exterminât bientôt ses ennemis.

Le jour commençoit à paroître ; les femmes allument du feu, et se distribuent dans les différens offices dont elles étoient chargées. Les cuisiniers arrivent ; les pourvoyeurs leur portent des provisions. Philétius, qui avoit l'intendance des troupeaux d'Ulysse dans l'île des Céphaliens, leur mène une génisse grasse et des chèvres ; c'étoit malgré lui : il étoit attaché à son ancien maître ; il aimoit Télémaque, et voyoit avec douleur tout ce qui se passoit dans le palais.

À la vue d'un étranger couvert de haillons, il est attendri. Hélas ! dit-il, peut-être qu'Ulysse, s'il n'est pas mort, n'est pas mieux traité de la fortune. Que ne vient-il mettre fin aux désordres insupportables dont nous sommes témoins !

Rassurez-vous, lui dit alors Ulysse ; je vous jure que votre maître arrivera ici avant que vous en sortiez.

Ah ! répondit le pasteur, daigne le grand Jupiter accomplir cette grande promesse !

Les poursuivans se mettent à table. Télémaque entre dans la salle ; il y introduit Ulysse, et recommande avec autorité à tous les convives de respecter son hôte. Ils en furent étonnés ; et Ctésippe, pour braver les menaces de Télémaque, se saisit d'un pied de bœuf et le lance avec violence à la tête d'Ulysse, qui évite le coup. Son fils, en colère, lui dit qu'il est bien heureux de n'avoir pas blessé ce pauvre étranger, qu'il l'en auroit puni sur-le-champ en le perçant de sa pique. Que personne, ajouta-t-il, ne s'avise de suivre cet exemple ; je ne suis plus d'âge à souffrir de pareils excès chez moi.

Télémaque a raison, dit Agélaüs, fils de Damastor : mais, pour mettre fin à tout ce qu'il peut souffrir de nos poursuites, que ne conseille-t-il à la Reine de choisir un mari ; il n'y a plus d'espoir de retour pour Ulysse, et tous les délais de Pénélope tournent à la ruine de son fils.

Quoi qu'il m'en puisse coûter, lui répondit Télémaque, je ne contraindrai jamais ma mère à sortir de mon palais, ni à faire un choix qui peut lui déplaire.

Cependant Minerve aliène les esprits des poursuivans, et leur inspire une envie démesurée de rire. Ils avaloient des morceaux de viande tout sanglans ; leurs yeux étoient noyés de larmes, et ils poussoient de profonds soupirs avant-coureurs des maux qui les attendoient.

Le devin Théoclymène, effrayé de ce qu'il voyoit, s'écria : Ah ! malheureux ! qu'est-ce que je vois ? Que vous est-il arrivé de funeste ?

Eurymaque, s'adressant aux convives, leur dit : Cet étranger extravague, il vient sans doute tout fraîchement de l'autre monde : qu'on fasse sortir ce fou de la salle : qu'on le conduise à la place publique.

Je sortirai très-bien tout seul, répondit Théoclymène ; j'en sortirai avec grand plaisir, car je vois ce que vous ne voyez pas ; je vois les maux qui vont fondre sur vos têtes.

Tous s'écrièrent que Télémaque étoit bien mal en hôtes : l'un, dirent-ils, est un misérable mendiant, et l'autre nous donne des extravagances pour des prophéties.

Voilà les beaux propos que tenoient les poursuivans. Télémaque ne daigne pas y répondre. Mais si le dîner leur fut agréable, le souper qui le suivit ne lui ressembla pas.

PRÉCIS DU LIVRE XXI.

MINERVE inspira à Pénélope de proposer dès ce jour aux poursuivans l'exercice de tirer la bague avec l'arc d'Ulysse : il étoit suspendu, avec un carquois rempli de flèches, dans un appartement qui étoit au haut du palais, et où elle avoit renfermé les richesses et les armes de son mari. Cet arc étoit un présent qu'Iphitus, fils d'Eurytus, égal aux immortels, avoit fait autrefois à Ulysse dans le pays de Lacédémone, où ils s'étoient rencontrés dans le palais d'Orsiloque. La Reine fait porter, par ses femmes, à l'entrée de la salle, l'arc, le carquois et le coffre où étoient les bagues qui devoient servir à l'exercice qu'elle alloit proposer. Princes, leur dit-elle, puisque vous vous obstinez à demander ma main, je la donnerai à celui qui tendra cet arc merveilleux le plus facilement, et qui fera passer sa flèche dans les bagues suspendues à ces douze piliers.

Alors Télémaque, prenant la parole, dit : Je ne puis pas être simple spectateur d'un combat qui doit me coûter si cher. Non, non, comme vous allez faire vos efforts pour m'enlever Pénélope, il faut que je fasse aussi les miens pour la retenir : si je suis assez heureux pour réussir, je n'aurai pas la douleur de voir ma mère me quitter et suivre un second mari ; car elle n'abandonnera pas un fils qu'elle verra en état de suivre les grands exemples de son père.

Aussitôt il se lève, quitte son manteau et son épée, et se met lui-même à dresser les piliers et à suspendre les bagues. Il prend l'arc ensuite, il essaie trois fois de le bander ; mais ses efforts sont inutiles. Il ne désépéroit cependant pas encore, lorsqu'Ulysse, qui vit que cela pourroit être contraire à ses desseins, lui fit signe d'y renoncer.

Léodès, fils d'Enops, prit l'arc qu'avoit abandonné Télémaque, et s'efforça vainement de le bander, et prophétisa que les autres n'y réussiroient pas mieux et trouveroient la mort dans ce prétendu jeu. Antinoüs, offensé de cette prédiction, lui reprocha sa foiblesse avec aigreur, et chargea le berger Mélanthius de faire fondre de la graisse pour en frotter l'arc et le rendre plus souple et plus maniable.

Dans ce moment, Eumée et Philétius, très-attachés à Ulysse, sortent de la salle; le roi d'Ithaque les suit, se déclare à eux, leur demande s'il peut compter sur leur courage et leur fidélité, leur donne ses ordres, et leur assigne les postes qu'ils doivent occuper; ils rentrent ensuite l'un après l'autre, et trouvent Eurymaque désespéré de ne pouvoir tendre l'arc qu'il tenoit à la main. Quelle honte pour nous, s'écrioit-il, de ne pouvoir faire aucun usage de cette arme dont Ulysse se servoit si facilement!

Antinoüs, toujours confiant, lui dit : Ce n'est pas la force qui nous manque, mais nous avons mal pris notre temps; c'est aujourd'hui une grande fête d'Apollon : est-il permis de tendre l'arc? Tenons-nous aujourd'hui en repos; faisons un sacrifice à ce dieu, qui préside à l'art de tirer des flèches, et, favorisés de son secours, nous achèverons heureusement cet exercice.

Ulysse se lève alors; il applaudit au discours d'Antinoüs, et demande cependant la permission de manier un moment cet arc, pour éprouver ses forces et voir si elles sont encore entières, et comme elles étoient avant ses fatigues et ses malheurs.

Malheureux vagabond, lui dit Antinoüs irrité, ainsi que tous les poursuivans, de tant d'audace, le vin te trouble la raison : demeure en repos, ne cherche point à entrer en lice avec des hommes si fort au-dessus de toi.

Pourquoi non? dit Pénélope : cet étranger n'aspire pas sans doute à m'épouser; je me flatte qu'il n'est pas assez insensé pour se bercer d'une telle espérance.

Mais, dit Eurymaque, quelle humiliation pour nous, grande princesse, si un vil mendiant nous surpassoit en force et en adresse!

C'est votre conduite, lui répliqua la Reine, qui doit vous couvrir de confusion. Donnez-lui donc cet arc, afin que nous voyions ce qu'il sait faire; s'il vient à bout de le tendre, je lui donnerai une belle tunique, un beau manteau, des brodequins, une épée, un long javelot, et je le ferai conduire où il voudra.

Eumée remet l'arc entre les mains d'Ulysse; Pénélope se retire dans son appartement par le conseil de Télémaque, et ce jeune prince ordonne à Euryclée d'en fermer les portes, afin qu'aucune des femmes de sa mère ne puisse en sortir. Ulysse alors examine son arc, s'assure qu'il est en bon état, et soutient, sans s'émouvoir, toutes les mauvaises plaisanteries des poursuivans; il le tend ensuite, sans aucun effort, et aussi facilement qu'un maître de lyre tend une corde à boyau en tournant une cheville. Pour éprouver la corde, il la lâcha; la corde lâchée résonna, et fit un bruit semblable à la voix de l'hirondelle. Après cette épreuve, il prend la flèche, il l'ajuste sans se lever de son siége, et tire avec tant de justesse qu'il enfile les anneaux de tous les piliers. Jeune prince, dit-il ensuite à son fils, votre hôte ne vous fait point de honte; il n'a point manqué le but; je ne méritois point le mépris et les reproches des poursuivans.

En même temps il fait signe à Télémaque, qui l'entend, prend son épée, s'arme d'une bonne pique, et se tient debout près du siége de son père.

PRÉCIS DU LIVRE XXII.

ULYSSE jette ses haillons, saute sur le seuil de la porte avec son arc et son carquois, verse à ses pieds toutes ses flèches; et s'adressant aux poursuivans : Il est temps que tout ceci change de face, et que je me propose un but plus sérieux; nous verrons si j'y atteindrai, et si Apollon m'accordera cette gloire.

Il dit, et tire en même temps sur Antinoüs : il portoit à la bouche une coupe pleine de vin; la pensée de la mort étoit alors bien éloignée de lui; il tombe percé à la gorge, et inonde de sang la table de son sang. Les convives jettent un grand cri; ils se lèvent, courent aux armes : mais ils ne trouvent ni bouclier ni pique; Ulysse avoit eu la précaution de les faire enlever. Ne pouvant donc pas lui résister par la force, ils tâchent de l'intimider par des injures. Ulysse, les regardant avec des yeux terribles, se fit alors connoître. Lâches, leur dit-il, vous ne vous attendiez pas que je reviendrois des rivages de Troie, et, dans cette confiance, vous consumiez ici tous mes biens; vous déshonoriez ma maison par vos infâmes débauches, et vous poursuiviez ma femme, sans vous remettre devant les yeux ni la crainte des dieux ni la vengeance des hommes.

Il dit, et une pâle frayeur glace leurs esprits. Le seul Eurymaque eut l'assurance de lui répondre, que, s'il étoit véritablement Ulysse, il avoit raison de se plaindre, mais qu'Antinoüs étoit le plus coupable, qu'il s'en étoit vengé, et que pour eux ils étoient prêts à réparer tous les dommages qu'ils lui avoient faits.

Non, non, répliqua le roi d'Ithaque; ce ne sont pas vos biens qui pourront me satisfaire, j'en veux à votre vie; vous n'avez qu'à vous défendre ou à prendre la fuite.

Eurymaque alors tire son épée, se lance sur Ulysse; celui-ci le prévient, et lui perce le cœur d'une flèche. Amphinome tombe sous les coups de Télémaque, qui lui laisse la pique dans le corps, et avertit son père qu'il va chercher des javelots et des boucliers, et armer les deux fidèles pasteurs qu'il avoit chargés de garder les portes. Allez, mon fils, répondit Ulysse; apportez moi ces armes, j'ai encore assez de flèches pour me défendre quelque temps : mais ne tardez pas; car on forceroit enfin ce poste que je défends tout seul.

Télémaque, sans perdre un moment, monte à l'appartement où étoient les armes; il en apporte pour son père, pour lui-même, pour le fidèle Eumée et pour Philétius. Mélanthius, voyant que le fils d'Ulysse avoit négligé de fermer la porte de l'arsenal, y monte par un escalier dérobé, et en rapporte aux poursuivans des boucliers, des casques et des javelots. Ulysse, s'apercevant de la trahison de Mélanthius, et le voyant enfiler encore l'escalier dérobé, ordonne à Eumée et à Philétius de le suivre, de le saisir, de le lier, de le suspendre à une colonne de l'appartement, et de le laisser là tout en vie souffrir long-temps les peines qu'il a méritées. L'ordre est ponctuellement exécuté.

Mais les amans de Pénélope, bien armés, se préparent au combat, semblent ne respirer que le sang et le carnage. Minerve alors, sous la figure de Mentor, se joint à Ulysse, qui la reconnoit et l'exhorte à l'aider à se défendre. Les poursuivans, qui la prennent pour le véritable Mentor, cherchent à l'intimider par les plus terribles menaces. Minerve en fut indignée, et disparut après avoir encouragé Ulysse et Télémaque : mais elle rendit inutiles les efforts de leurs ennemis, et détourna tous les coups qu'ils vouloient porter au roi d'Ithaque. Il n'en fut pas de même de ceux d'Ulysse; les quatre plus braves tombèrent sous ses traits, et le reste ne tarda pas à périr victime de sa vengeance.

Le chantre Phémius, cherchant à éviter la mort, et ne pouvant l'éviter par la fuite, vint alors se jeter aux pieds d'Ulysse. Fils de Laërte, lui dit-il, vous me voyez à vos genoux, ayez pitié de moi, donnez-moi la vie. Vous auriez une douleur amère d'avoir fait périr un chantre qui fait les délices des hommes et des dieux; je n'ai eu dans mon art d'autre maître que mon génie. C'est malgré moi que je suis venu dans votre palais pendant votre absence. Pouvois-je résister à des princes si fiers, et qui avoient en main l'autorité et la force ?

Télémaque intercéda pour Phémius, et pria aussi son père d'épargner le hérault Médon, qui a pris tant de soin de son enfance. Médon, encouragé par la supplique de Télémaque, se montra alors, et sortit de dessous un siége où il s'étoit couvert d'une peau de bœuf nouvellement dépouillé. Ulysse leur accorda la vie à tous les deux, et les fit sortir de ce lieu de carnage.

Après avoir fait mordre la poussière à tous les poursuivans, il appelle Euryclée, et lui demande le nom des femmes de Pénélope qui ont participé à leurs crimes ; elles paroissent tremblantes et le visage couvert de larmes. Ulysse leur ordonne d'emporter les morts, de nettoyer la salle, et de laver les siéges et la table; après quoi, pour les punir de leur trahison et de leurs désordres, il les condamne toutes à perdre la vie.

Cette horrible exécution faite, Ulysse, pour purifier son palais, demande du feu et du soufre, et fait descendre ensuite dans la salle les autres femmes de Pénélope ; elles se jetèrent à l'envi au cou de ce prince : il les reconnut toutes, et répondit à leurs caresses par des larmes et des sanglots.

PRÉCIS DU LIVRE XXIII.

Euryclée, transportée de joie, monte à l'appartement de la Reine. Le zèle lui redonne les forces de la jeunesse ; elle marche d'un pas ferme et assuré, et dans un moment elle arrive près du lit de la princesse, et lui crie : Eveillez-vous, ma chère Pénélope, Ulysse est enfin revenu, il est dans ce palais, il s'est vengé des princes qui aspiroient à votre main.

La sage Pénélope, éveillée, lui répond dans sa surprise : Pourquoi venez-vous me tromper ? pourquoi troubler un sommeil qui suspendoit toutes mes douleurs ?

Je ne vous trompe pas, réplique Euryclée ; Ulysse est de retour; c'est l'étranger même à qui vous avez parlé, et qu'on a si maltraité dans votre maison.

Pénélope alors ouvre son cœur à la joie, saute de son lit, embrasse sa chère nourrice, et la conjure de lui dire la vérité, et de lui raconter comment on a pu se défaire en si peu de temps de tant de concurrens. Puis, retombant dans ses inquiétudes, elle lui dit : Ce sont des contes que tout ce que vous me rapportez. N'est-ce pas quelqu'un des immortels, qui, ne pouvant souffrir les mauvaises actions de ces princes, leur a donné la mort ? Pour mon cher Ulysse, il a perdu toute espérance de retour : il a perdu la vie ! Descendons néanmoins, allons trouver mon fils, et voir l'auteur de ce grand exploit.

En finissant ces mots, elle s'avance en délibérant sur la conduite qu'elle devoit tenir. La crainte de donner dans quelque piége funeste à son honneur la rendit très-réservée. Télémaque, surpris de son embarras, lui reproche sa froideur ; elle s'excuse sur le saisissement que lui cause toute cette aventure. Je n'ai, dit-elle, la force ni de parler à cet étranger, ni de le regarder ; mais s'il est véritablement mon cher Ulysse, il lui est fort aisé de se faire connoître sûrement.

Ulysse dit alors, en souriant, à Télémaque : Mon fils, donnez le temps à votre mère de m'examiner ; laissez-la me faire des questions : elle me méconnoit, parce qu'elle me voit malpropre et couvert de haillons ; elle ne peut s'imaginer que je sois Ulysse : cela changera. Pensons à nous mettre à couvert des suites que nous devons craindre de tant de princes immolés à notre vengeance ; tâchons de donner le change au public, avant que le bruit de cette expédition éclate ; mettons tout en ordre dans la maison ; prenons le bain ; parons-nous de nos plus beaux habits, que tout le palais retentisse de cris de joie et d'allégresse, et que le peuple trompé s'imagine que Pénélope a fait son choix, et vient de donner la main à un de ses prétendans.

On exécute les ordres d'Ulysse. Lui-même, après s'être baigné et parfumé, se couvre d'habits magnifiques : Minerve lui donne un éclat extraordinaire de beauté et de bonne mine. Il va se présenter à la Reine ; il s'asseoit auprès d'elle ; il lui reproche son air d'indifférence.

Prince, lui répond Pénélope, mon embarras ne vient ni de fierté ni de mépris. Vous me paroissez Ulysse : mais je ne me fie pas encore assez à mes yeux ; et la fidélité que je dois à mon mari, et ce que je me dois à moi-même, demandent les plus exactes précautions et les sûretés les plus grandes. Mais, Euryclée, allez, faites porter hors de la chambre de mon mari le lit qu'il s'est fait lui-même : garnissez-le de tout ce que nous avons de meilleur et de plus beau, afin qu'il aille prendre du repos.

Cela est impossible, répondit Ulysse, à moins qu'on n'ait scié les pieds de ce lit qui étoient attachés au plancher.

A ces mots la Reine tombe presque évanouie; elle ne doute plus que ce ne soit son cher Ulysse. Enfin, revenue de sa foiblesse, elle court à lui, le visage baigné de pleurs; et en l'embrassant avec toutes les marques d'une véritable tendresse, elle lui dit : Mon cher Ulysse, ne soyez point irrité contre moi, ne me faites plus de reproches. Depuis votre départ j'ai été dans une appréhension continuelle que quelqu'un ne vînt me surprendre par des apparences trompeuses. Combien d'exemples de ces surprises! Hélène même, quoique fille de Jupiter, ne fut-elle pas trompée? Présentement que vous m'en donnez des preuves si fortes, je vous reconnois pour mon cher Ulysse que je pleure depuis si long-temps.

Ces paroles attendrirent Ulysse, et le remplirent d'admiration pour la vertu et la prudence de Pénélope. Hélas! lui dit-il alors en soupirant, nous ne sommes pas encore à la fin de tous nos travaux; il m'en reste un à entreprendre, et c'est le plus long et le plus difficile, comme Tirésias me le déclara le jour que je descendis dans le ténébreux palais de Pluton pour consulter ce devin sur les moyens de retourner dans ma patrie.

Quel est-il? répliqua Pénélope : comment se terminera-t-il?

Heureusement, lui répondit Ulysse, et le devin m'a assuré que la mort ne trancheroit le fil de mes jours qu'au bout d'une longue et paisible vieillesse, qu'après que j'aurois rendu mon peuple heureux et florissant.

Ulysse lui raconta ensuite tout ce qu'il avoit éprouvé de malheurs, tout ce qu'il avoit couru de dangers depuis son départ de Troie : il commença par la défaite des Ciconiens; il lui fit le détail des cruautés du cyclope Polyphême, et de la vengeance qu'il avoit tirée du meurtre de ses compagnons, que ce monstre avoit dévorés; il lui raconta son arrivée chez Eole, les caresses insidieuses de Circé, sa descente aux enfers pour y consulter l'ame de Tirésias; il lui peignit les rivages des Sirènes, les merveilles de leurs chants et le péril qu'il y avoit à les entendre; il lui parla des écueils effroyables de Charybde et de Scylla, de son arrivée dans l'île de Trinacrie, de l'imprudence de ses compagnons qui tuèrent les bœufs du Soleil, du naufrage et de la mort de ses compagnons en punition de ce crime, et de la pitié que les dieux eurent de lui en le faisant aborder seul dans l'île de Calypso; il n'oublia pas les efforts de la déesse pour le retenir, ni les offres qu'elle lui fit de l'immortalité. Enfin il lui raconta comment, après tant de travaux, il étoit arrivé chez les Phéaciens, et de là à Ithaque.

Il finit là son histoire : le sommeil vint le délasser de ses fatigues; et, quand l'aurore parut, il partit pour aller embrasser son père, en ordonnant à Pénélope de se tenir dans son appartement, et de ne se laisser voir à personne.

PRÉCIS DU LIVRE XXIV.

CEPENDANT Mercure avoit assemblé les ames des poursuivans de Pénélope. Il tenoit à la main sa verge d'or, et ces ames le suivoient avec une espèce de frémissement. Arrivées dans la prairie d'Asphodèle, où habitent les ombres, elles trouvèrent l'ame d'Achille, celle de Patrocle, celle d'Antiloque, celle d'Ajax, le plus beau et le plus vaillant des Grecs après le fils de Pélée. L'ame d'Agamemnon étoit venue les joindre. Achille, lui adressant la parole, lui dit : Fils d'Atrée, nous pensions que de tous les héros vous étiez le plus chéri du maître du tonnerre; la Parque inexorable a donc tranché le fil de vos jours avant le temps?

Fils de Pélée, lui répondit Agamemnon, que vous êtes heureux d'avoir terminé votre vie sur le rivage d'Ilion! les plus braves des Grecs et des Troyens furent tués autour de vous, et jamais guerrier ne fut pleuré plus amèrement, jamais monarque ne reçut tant d'honneurs au moment de ses funérailles. La déesse votre mère, avertie par nos cris de votre mort funeste, sortit de la mer avec ses nymphes; elles environnèrent votre bûcher; et quand les flammes de Vulcain eurent achevé de vous consumer, elle nous donna une urne d'or, présent de Bacchus et chef-d'œuvre de Vulcain, pour renfermer vos cendres précieuses avec celles de votre ami Patrocle. Toute l'armée travailla ensuite à vous élever un magnifique tombeau sur le rivage de l'Hellespont. Oui, divin Achille, la mort même n'a eu aucun pouvoir sur votre nom; il passera d'âge en âge, avec votre gloire, jusqu'à la dernière postérité. Et moi, quel avantage ai-je retiré de mes travaux? J'ai péri honteusement, victime du traître Égisthe et de ma détestable femme.

Ils s'entretenoient encore, lorsque Mercure leur présenta les ames des poursuivans. Achille et Agamemnon ne les virent pas plus tôt, qu'ils s'avancèrent au-devant d'elles : ils reconnurent le fils de Mélanthée, le vaillant Amphimédon. Quel accident, lui dirent-ils, a fait descendre dans ce séjour ténébreux une si nombreuse et si vaillante jeunesse?

C'est, répondit Amphimédon, la colère d'Ulysse : nous le croyions enseveli sous les eaux; nous poursuivions la main de Pénélope : elle ne rejetoit ni n'acceptoit aucun de nous; mais elle nous faisoit de vaines et inutiles promesses, dans l'espérance que son cher et vaillant Ulysse viendroit tôt ou tard la délivrer de nos poursuites. Il est arrivé après vingt ans de courses et de travaux, et aidé de son seul Télémaque, il s'est, comme vous le voyez, cruellement vengé de notre témérité et de notre insolence.

Ah! s'écria aussitôt Agamemnon, que vous êtes heureux, fils de Laërte, d'avoir trouvé une femme si sage et si vertueuse! Quelle prudence dans cette fille d'Icarius! quelle fidélité pour son mari! La mémoire de sa vertu ne mourra jamais, et pour l'instruction des mortels, elle recevra l'hommage de tous les siècles. Pour la fille de Tyndare, elle sera le sujet de chants odieux et tragiques, et son nom sera à jamais couvert de honte et d'opprobre.

Ainsi s'entretenoient ces ombres dans le royaume

de Pluton. Cependant Ulysse et Télémaque arrivent à la campagne du vieux Laërte : elle consistoit en quelques pièces de terre qu'il avoit augmentées par ses soins et par son travail, et dans une petite maison qu'il avoit bâtie ; tout auprès l'on voyoit une espèce de ferme où logeoient ses domestiques peu nombreux qu'il avoit conservés : il avoit auprès de lui une vieille femme de Sicile, qui gouvernoit sa maison, et prenoit un grand soin de sa vieillesse dans ce désert où il s'étoit confiné. Ulysse ordonna à son fils et aux bergers qui l'accompagnoient, de se retirer dans la maison, d'y porter ses armes et d'y préparer le dîner. Pour lui, il s'avança vers un grand verger où il trouva son père seul, occupé à arracher les mauvaises herbes qui croissoient autour d'un jeune arbre : il étoit vêtu d'une tunique fort usée, portoit de vieilles bottines de cuir, avoit aux mains des gants fort épais, et sur la tête un casque de peau de chèvre.

Quand Ulysse aperçut son père dans cet équipage pauvre et lugubre, il ne put retenir ses larmes : puis, se déterminant à l'aborder, et craignant de se faire connoître trop promptement, il feignit d'être un étranger qui doutoit s'il étoit dans l'île d'Ithaque. Il lui demande donc quelle est la région où il se trouve, le félicite sur le succès de ses travaux, la propreté de son jardin, et l'abondance de légumes et de fruits qu'il lui procuroit. Vous êtes, ajouta-t-il, vêtu comme un pauvre esclave, et cependant vous avez la mine d'un roi ; que ne jouissez-vous donc du repos et des avantages que vous pourriez avoir ?

Il lui parla ensuite d'Ulysse, de l'hospitalité qu'il lui avoit donnée, des présens qu'il lui avoit faits. Hélas ! s'écria Laërte au nom d'Ulysse, mon cher fils n'est plus ! s'il étoit vivant, il répondroit à votre générosité.

Après ces mots, le vieillard tombe presque de foiblesse. Ulysse se jette alors tendrement à son cou, et lui dit : Mon père, je suis celui que vous pleurez. Si vous êtes Ulysse, ce fils si cher, répondit Laërte, donnez-moi un signe certain qui me force à vous croire.

Ulysse alors lui montre la cicatrice de l'énorme plaie que lui fit autrefois un sanglier sur le mont Parnasse, lorsqu'il alla voir son grand-père Autolycus. Si ce signe ne suffit pas, je vais vous montrer dans ce jardin les arbres que vous me donnâtes autrefois, lorsque dans mon enfance je vous les demandai. Je vous en dirai le nombre et l'espèce.

A ces mots, le cœur et les genoux manquent à Laërte ; mais revenu bientôt à lui, il s'écrie : Grand Jupiter ! il y a donc encore des dieux dans l'Olympe, puisque ces impies poursuivans ont été punis de leurs violences et de leurs injustices ! Mais ne voudroit-on pas venger leur mort ?

Ne craignez rien, répond Ulysse : allons dans votre maison, où j'ai envoyé Télémaque avec Eumée et Philétius, pour nous préparer à manger. Ils entrent : la vieille Sicilienne baigne son maître Laërte, le parfume d'essences, et lui donne un habit magnifique pour honorer ce grand jour. Dolius arrive aussi avec ses enfans : nouvelle reconnoissance très-attendrissante. On se met à table ; et à peine a-t-on dîné, qu'on apprend qu'Eupithès, à la tête des habitans d'Ithaque, qu'il avoit soulevés pour venger la mort de son fils Antinoüs, arrivoit pour attaquer Ulysse.

On prend les armes. Laërte et Dolius s'en couvrent comme les autres, quoiqu'ils soient accablés sous le poids des ans. Ulysse fait ouvrir les portes ; il sort fièrement à la tête de sa petite troupe, et dit à Télémaque : Mon fils, voici une occasion de vous distinguer, et de montrer ce que vous êtes ; ne déshonorez pas vos ancêtres, dont la valeur est célèbre dans tout l'univers.

Mon père, répondit Télémaque, j'espère que ni vous, ni Laërte, vous n'aurez point à rougir de moi, et que vous reconnoitrez votre sang.

Laërte, ravi d'entendre ces paroles pleines d'une si noble fierté, s'écrie : Quel jour pour moi ! quelle joie ! Je vois de mes yeux mon fils et mon petit-fils disputer de valeur, et se montrer à l'envi dignes de leur naissance.

Il s'avance, et, fortifié par Minerve qu'il invoque, il lance sa pique avec roideur ; elle va donner dans le casque d'Eupithès, dont elle perce et brise le crâne. Ulysse alors et son généreux fils se jettent sur la troupe, déconcertée de la mort de leur chef ; ils portent la mort dans tous les rangs, et il ne s'en seroit pas échappé un seul, si Minerve, en inspirant aux ennemis une telle frayeur que les armes leur tomboient des mains, n'eût aussi inspiré à Ulysse des sentimens de compassion et de paix. Cette déesse, sous la figure du sage Mentor, en dicta les conditions, et l'on ne songea plus qu'à les cimenter par les sacrifices et les sermens accoutumés.

FIN DU SIXIÈME VOLUME.

TABLE DES MATIÈRES

CONTENUES DANS CE VOLUME.

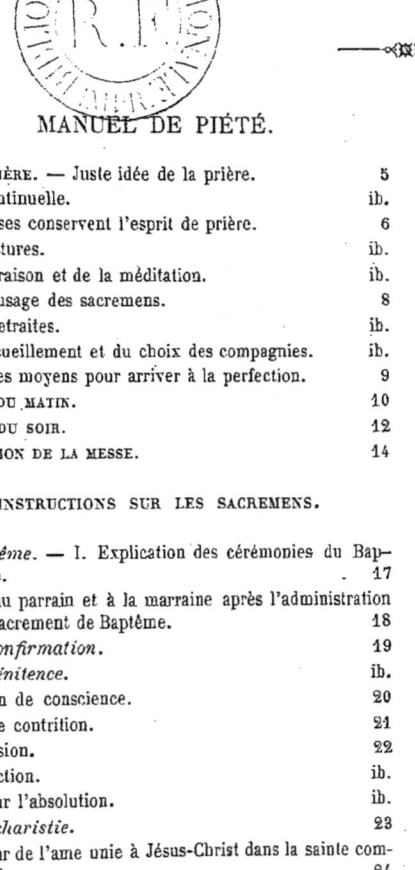

MANUEL DE PIÉTÉ.

De la prière. — Juste idée de la prière.	5
Prière continuelle.	ib.
Deux choses conservent l'esprit de prière.	6
I. Des lectures.	ib.
II. De l'oraison et de la méditation.	ib.
III. De l'usage des sacremens.	8
IV. Des retraites.	ib.
V. Du recueillement et du choix des compagnies.	ib.
Précis des moyens pour arriver à la perfection.	9
Prières du matin.	10
Prières du soir.	12
Explication de la messe.	14

INSTRUCTIONS SUR LES SACREMENS.

Du Baptême. — I. Explication des cérémonies du Baptême.	17
II. Avis au parrain et à la marraine après l'administration du sacrement de Baptême.	18
De la Confirmation.	19
De la Pénitence.	ib.
Examen de conscience.	20
Acte de contrition.	21
Confession.	22
Satisfaction.	ib.
Avis sur l'absolution.	ib.
De l'Eucharistie.	23
Bonheur de l'ame unie à Jésus-Christ dans la sainte communion.	24
Exhortation adressée au Duc de Bourgogne, au moment de sa première communion.	25
De l'Extrême-Onction.	ib.
Exhortation au malade, après qu'il a reçu ce sacrement.	26
De l'Ordre.	ib.
Du Mariage.	27

RÉFLEXIONS SAINTES POUR TOUS LES JOURS DU MOIS.

I. Sur le peu de foi qu'il y a dans le monde.	28
II. Sur l'unique chemin du ciel.	ib.
III. Sur la véritable dévotion.	29
IV. Sur les conversions lâches et imparfaites.	ib.
V. Sur le bon esprit.	30
VI. Sur la patience dans les peines.	ib.
VII. Sur la soumission et la conformité à la volonté de Dieu.	ib.
VIII. Sur les avantages de la prière.	31
IX. Sur l'attention à la voix de Dieu.	ib.
X. Sur le bon usage des croix.	32
XI. Sur la douceur et l'humilité.	ib.
XII. Sur les défauts d'autrui.	33
XIII. Sur l'unique nécessaire.	ib.
XIV. Sur la préparation à la mort.	34
XV. Sur les espérances éternelles.	ib.
XVI. Sur notre pain quotidien.	35
XVII. Sur la paix de l'ame.	ib.
XVIII. Sur les joies trompeuses.	ib.
XIX. Sur les saintes larmes.	36
XX. Sur la prudence du siècle.	ib.
XXI. Sur la confiance en Dieu.	37
XXII. Sur la profondeur de la miséricorde de Dieu.	ib.
XXIII. Sur la douceur du joug de Jésus-Christ.	38
XXIV. Sur la fausse liberté.	ib.
XXV. Sur la détermination entière à être à Dieu.	39
XXVI. Sur la capitulation qu'on voudroit faire avec Dieu.	ib.
XXVII. Sur le bon emploi du temps.	40
XXVIII. Sur la présence de Dieu.	ib.
XXIX. Sur la douceur que Dieu a pour nous.	41
XXX. Sur l'amour que nous devons avoir pour Dieu.	ib.
XXXI. Sur les sentimens de l'amour divin.	42

MÉDITATIONS SUR DIVERS SUJETS, TIRÉES DE L'ÉCRITURE SAINTE.

I. De la vraie connoissance de l'Evangile.	42
II. Du changement de la lumière en ténèbres.	43
III. Des pièges et de la tyrannie du monde.	ib.
IV. Combien peu renoncent à l'amour du monde, qui est si digne de mépris.	ib.
V. Sur la véritable paix.	ib.
VI. Que Jésus-Christ a refusé de prier pour le monde.	44
VII. Sur la fuite du monde.	ib.

VIII. Sur le même sujet. 44
IX. Que, dans la voie de la perfection, les premiers sont bien souvent atteints et devancés par les derniers. ib.
X. De l'amour du prochain. 45
XI. Que nous sommes venus pour servir les autres. ib.
XII. De la douceur et de l'humilité du cœur. ib.
XIII. De la véritable grandeur. 46
XIV. Sur qui nous devons fonder notre joie. ib.
XV. Des effets de l'Eucharistie en nous. ib.
XVI. Sur le même sujet. ib.
XVII. De la confiance en Dieu. 47
XVIII. Qu'il n'y a que Dieu qui puisse apprendre à prier. ib.
XIX. De l'amour de Dieu. ib.
XX. Sur le même sujet. ib.
XXI. Que rien ne sauroit manquer à celui qui s'attache à Dieu. 48
XXII. Que Dieu doit être l'unique portion du cœur de l'homme. ib.
XXIII. De quelle manière Dieu veut être glorifié. ib.
XXIV. De la douceur et humilité de cœur. 49
MÉDITATIONS POUR UN MALADE. 50

ENTRETIENS AFFECTIFS POUR LES PRINCIPALES FÊTES DE L'ANNÉE.

I. Pour l'Avent. 53
II. Pour le jour de saint Thomas. 54
III. Pour le jour de Noël. 55
IV. Pour le jour de saint Jean l'évangéliste. 56
V. Pour le jour de la Circoncision. 57
VI. Pour le jour de l'Epiphanie. 58
VII. Sur la Conversion de saint Paul. ib.
VIII. Sur la même fête. 60
IX. Pour le jour de la Purification. ib.
X. Pour le Carême. 61
XI. Pour le Jeudi saint. 62
XII. Pour le Vendredi saint. 63
XIII. Pour le Samedi saint. 64
XIV. Pour le jour de l'Ascension. 65
XV. Pour le jour de la Pentecôte. 66
XVI. Pour la fête du Saint-Sacrement. 67
XVII. Pour la fête de sainte Madeleine. 68
XVIII. Pour le jour de l'Assomption. 69
XIX. Pour le jour de saint Augustin. 70
XX. Pour la fête de tous les Saints. ib.
XXI. Pour la Commémoration des Morts. 71

INSTRUCTIONS ET AVIS

SUR DIVERS POINTS DE LA MORALE ET DE LA PERFECTION CHRÉTIENNE.

I. Avis à une personne du monde, sur le bon emploi du temps, et sur la sanctification des actions ordinaires. 72
II. Avis à une personne de la Cour. — Se permettre sans scrupule les divertissemens attachés à son état ; les sanctifier par une intention pure. 73
III. Avis à une personne de la Cour. — Accepter en esprit de résignation les assujettissemens de son état. 76
IV. Avis à une personne de la Cour. — Des croix attachées à un état de grandeur et de prospérité. 77
V. Avis à une personne de la Cour, sur la pratique de la mortification et du recueillement. 79
VI. Avis à une personne du monde. — Voir ses misères sans trouble et sans découragement : comment il faut veiller sur soi-même. — Remèdes contre les tentations. 80
VII. De la présence de Dieu : son utilité, sa pratique. 82
VIII. Comment il faut aimer Dieu. — Sur la fidélité dans les petites choses. 83
IX. Sur les conversions lâches. 86
X. Sur l'imitation de Jésus-Christ. 89
XI. De l'humilité. 90
XII. Sur la violence qu'un Chrétien se doit faire continuellement. 91
XIII. Sur l'histoire du Pharisien et du Publicain ; caractères de la justice pharisaïque. 92
XIV. Remèdes contre la dissipation et contre la tristesse. 93
XV. Remèdes contre la tristesse. 97
XVI. Sur la pensée de la mort. 98
XVII. Nécessité de connoître Dieu : cette connoissance est l'ame et le fondement de la solide piété. 99
XVIII. Suite du même sujet. — Dieu n'est point aimé, parce qu'il n'est point connu. 100
XIX. Sur le pur amour : sa possibilité, ses motifs. 109
XX. L'oubli de soi-même n'empêche pas la reconnoissance des bienfaits de Dieu. 116
XXI. Réalité de l'amour pur. — L'amour intéressé et l'amour désintéressé ont leur saison. 117
XXII. Ecouter la parole intérieure de l'Esprit saint ; suivre l'inspiration qui nous appelle à un entier dépouillement. 118
XXIII. Utilité des peines et des délaissemens intérieurs. — N'aimer ses amis qu'en Dieu et pour Dieu. 125
XXIV. Contre l'horreur naturelle des privations et dés dépouillemens. 127
XXV. Contre l'attachement aux lumières et aux goûts sensibles. 128
XXVI. Sur la sécheresse et les distractions qui arrivent dans l'oraison. 129
XXVII. Avis à une dame de la Cour. — Ne point s'étonner ni se décourager à la vue de ses défauts ni des défauts d'autrui. 131
XXVIII. En quoi consiste la vraie liberté des enfans de Dieu : moyens de l'acquérir. 133
XXIX. Obligation de s'abandonner à Dieu sans réserve. 134
XXX. Bonheur de l'ame qui se donne entièrement à Dieu. — Combien l'amour de Dieu adoucit tous les sacrifices. — Aveuglement des hommes qui préfèrent les biens du temps à ceux de l'éternité. 134
XXXI. Prière d'une ame qui désire se donner à Dieu sans réserve. 139
XXXII. Nécessité de renoncer à soi-même : pratique de ce renoncement. ib.

XXXIII. Suite du même sujet. 144
XXXIV. Sur la conformité à la volonté de Dieu. 146
XXXV. Recevoir avec soumission ce que Dieu fait au dehors et au dedans de nous. 148
XXXVI. Sur l'utilité et le bon usage des croix. ib.
XXXVII. Il n'y a que le pur amour qui sache souffrir comme il faut. 151
XXXVIII. La paix intérieure ne se trouve que dans un entier abandon à la volonté de Dieu. 152
XXXIX. Suite du même sujet. ib.
XL. En quoi consiste la simplicité : sa pratique et ses divers degrés. 153
XLI. Sur les amitiés particulières : combien elles sont à craindre dans les communautés. 158

Ordre ancien des chapitres de l'ouvrage intitulé : *Divers Sentimens et Avis chrétiens*; avec l'indication des endroits qui leur correspondent dans cette édition. 160

OEUVRES DE FÉNELON.

TROISIÈME CLASSE

MANDEMENTS.

I. Mandement pour le Jubilé de l'année sainte 1701. 161
II. Mandement pour le Carême de l'année 1704. 162
III. Mandement pour le Carême de l'année 1705. 163
IV. Mandement pour des prières. 1705. 165
V. Mandement pour le Carême de l'année 1706. 166
VI. Mandement pour des prières. 1706. 168
VII. Mandement pour des prières. 1706. 169
VIII. Mandement pour le Carême de l'année 1707. 170
IX. Mandement pour le Jubilé de l'année 1707. 171
X. Mandement pour des prières. 1707. 172
XI. Mandement pour le Carême de l'année 1708. 173
XII. Mandement pour des prières. 1708. 175
XIII. Mandement pour le Carême de l'année 1709. 176
XIV. Mandement pour des prières publiques, sur la stérilité. 1709. 177
XV. Mandement pour des prières. 1709. 179
XVI. Mandement pour le Carême de l'année 1710. 180
XVII. Mandement pour des prières. 1710. 181
XVIII. Mandement pour le Carême de l'année 1711. 182
XIX. Mandement pour des prières. 1711. 184
XX. Mandement pour le Carême de l'année 1712. 185
XXI. Mandement pour des prières. 1712. 187
XXII. Mandement pour le Carême de l'année 1713. 189
XXIII. Mandement qui autorise l'Institut des Ermites du diocèse de Cambrai. 191
XXIV. *Mandatum de Rituali edendo.* ib.

OEUVRES DE FÉNELON.

QUATRIÈME CLASSE.

OUVRAGES DE LITTÉRATURE.

FABLES.

I. Histoire d'une vieille Reine et d'une jeune Paysanne. 195
II. Histoire de la reine Gisèle et de la fée Corysante. 196
III. Histoire d'une jeune Princesse. 197
IV. Histoire de Florise. 198
V. Histoire du roi Alfaroute et de Clariphile. 200
VI. Histoire de Rosimond et de Braminte. 201
VII. L'Anneau de Gygès. 204
VIII. Voyage dans l'île des Plaisirs. 206
IX. La patience et l'éducation corrigent bien des défauts. 208
X. Le Hibou. ib.
XI. L'Abeille et la Mouche. 209
XII. Le Renard puni de sa curiosité. ib.
XIII. Les deux Renards. ib.
XIV. Le Dragon et les Renards. 210
XV. Le Loup et le jeune Mouton. ib.
XVI. Le Chat et les Lapins. ib.
XVII. Le Lièvre qui fait le brave. 211
XVIII. Le Singe. ib.
XIX. Les deux Souris. 212
XX. Le Pigeon puni de son inquiétude. 213
XXI. Le jeune Bacchus et le Faune. id.
XXII. Le Nourrisson des Muses favorisé du Soleil. 214
XXIII. Aristée et Virgile. ib.
XXIV. Le Rossignol et la Fauvette. 215
XXV. Le Départ de Lycon. 216
XXVI. Chasse de Diane. ib.
XXVII. Les Abeilles et les Vers à soie. 217
XXVIII. L'Assemblée des Animaux pour choisir un roi. 218
XXIX. Les deux Lionceaux. ib.
XXX. Les Abeilles. 219
XXXI. Le Nil et le Gange. ib.
XXXII. Prière indiscrète de Nélée, petit-fils de Nestor. 221
XXXIII. Histoire d'Alibée, persan. 223
XXXIV. Le berger Cléobule et la nymphe Phidile. 225
XXXV. Les Aventures de Mélésichthon. ib.
XXXVI. Les Aventures d'Aristonoüs. 228

DIALOGUES DES MORTS.

I. Mercure et Charon. 233
II. Hercule et Thésée. 234
III. Le centaure Chiron et Achille. 235
IV. Achille et Homère. 236

V. Ulysse et Achille.	237	LX. Louis XI et Charles duc de Bourgogne.	311
VI. Ulysse et Grillus.	238	LXI. Louis XI et Louis XII.	ib.
VII. Confucius et Socrate.	240	LXII. Le connétable de Bourbon et Bayard.	312
VIII. Romulus et Rémus.	245	LXIII. Henri VII et Henri VIII d'Angleterre.	313
IX. Romulus et Tatius.	246	LXIV. Louis XII et François Ier.	315
X. Romulus et Numa Pompilius.	ib.	LXV. Charles-Quint et un jeune Moine de Saint-Just.	316
XI. Xerxès et Léonidas.	248	LXVI. Charles-Quint et François Ier.	317
XII. Solon et Pisistrate.	249	LXVII. Henri III et la duchesse du Montpensier.	319
XIII. Solon et Justinien.	250	LXVIII. Henri III et Henri IV.	320
XIV. Démocrite et Héraclite.	251	LXIX. Henri IV et le duc de Mayenne.	321
XV. Hérodote et Lucien.	252	LXX. Sixte-Quint et Henri IV.	322
XVI. Socrate et Alcibiade.	253	LXXI. Les cardinaux Ximénès et de Richelieu.	323
XVII. Socrate et Alcibiade.	255	LXXII. La reine Marie de Médicis et le cardinal de Richelieu.	ib.
XVIII. Socrate, Alcibiade et Timon.	257		
XIX. Périclès et Alcibiade.	261	LXXIII. Le cardinal de Richelieu et le chancelier Oxenstiern.	326
XX. Mercure, Charon et Alcibiade.	ib.		
XXI. Denys, Pythias et Damon.	264	LXXIV. Les cardinaux de Richelieu et Mazarin.	327
XXII. Dion et Gélon.	265	LXXV. Louis XI et l'empereur Maximilien.	329
XXIII. Platon et Denys le tyran.	266	LXXVI. François Ier et le connétable de Bourbon.	331
XXIV. Platon et Aristote.	267	LXXVII. Philippe II et Philippe III d'Espagne.	332
XXV. Alexandre et Aristote.	268	LXXVIII. Aristote et Descartes.	ib.
XXVI. Alexandre et Clitus.	269	LXXIX. Harpagon et Dorante.	333
XXVII. Alexandre et Diogène.	270		
XXVIII. Denys l'ancien et Diogène.	271		
XXIX. Pyrrhon et son Voisin.	272		
XXX. Pyrrhus et Démétrius Poliorcètes.	273		

OPUSCULES DIVERS,

FRANÇAIS ET LATINS.

XXXI. Démosthène et Cicéron.	ib.		
XXXII. Cicéron et Démosthène.	274		
XXXIII. Cicéron et Démosthène.	275	I. Le Fantasque.	335
XXXIV. Marcus Coriolanus et F. Camillus.	276	II. La Médaille.	336
XXXV. F. Camillus et Fabius Maximus.	279	III. Voyage supposé, en 1690.	337
XXXVI. Fabius Maximus et Annibal.	281	IV. DIALOGUE. — Chromis et Mnasile.	338
XXXVII. Rhadamante, Caton le censeur et Scipion l'africain.	282	V. Jugement sur différens tableaux.	339
		VI. Eloge de Fabricius, par Pyrrhus son ennemi.	340
XXXVIII. Scipion et Annibal.	285	VII. Expédition de Flaminius contre Philippe, roi de Macédoine.	ib.
XXXIX. Annibal et Scipion.	ib.		
XL. Lucullus et Crassus.	286	VIII. Histoire d'un petit accident arrivé au duc de Bourgogne dans une promenade à Trianon.	341
XLI. Sylla, Catilina et César.	287		
XLII. César et Caton.	288	IX. Histoire naturelle du Ver à soie.	ib.
XLIII. Caton et Cicéron.	290		
XLIV. César et Alexandre.	291		
XLV. Pompée et César.	292	## FABULOSÆ NARRATIONES.	
XLVI. Cicéron et Auguste.	293	I. Nymphæ cujusdam vaticinium.	342
XLVII. Sertorius et Mercure.	294	II. Alibæi Persæ historia.	ib.
XLVIII. Le jeune Pompée et Ménas affranchi de son père.	295	III. Mercurii cum Æsopo colloquium.	343
XLIX. Caligula et Néron.	ib.	IV Mulieris cujusdam cum Fato colloquium.	ib.
L. Antonin-Pie et Marc Aurèle.	296	V. Lucta Herculis cum Acheloo.	344
LI. Horace et Virgile.	297		
LII. Parrhasius et Poussin.	299		
LIII. Léonard de Vinci et Poussin.	301	## FABULÆ SELECTÆ	
LIV. Léger et Ebroin.	304	## JOANNIS DE LA FONTAINE.	
LV. Le prince de Galles et Richard son fils.	ib.		
LVI. Charles VII et Jean duc de Bourgogne.	306	### E LIBRO PRIMO.	
LVII. Louis XI et le cardinal Bessarion.	307	Fabula IX. Mus urbanus et Mus rusticus.	344
LVIII. Louis XI et le cardinal Balue.	308	Fabula XI. Homo et imago ejus.	345
LIX. Louis XI et Philippe de Commines.	310	Fabula XIII. Latrones et Asinus.	ib.

TABLE DES MATIÈRES.

Fabula XIV. Simonides.	345	Fabula V. Asinus et Catellus.	359
Fabula XVII. Homo ætatis mediæ.	ib.	Fabula VI. Conflictus Murium cum Mustelis.	ib.
Fabula XVIII. Vulpes et Ciconia.	ib.	Fabula VII. Simia et Delphin.	ib.
Fabula XIX. Puer et Ludimagister.	346	Fabula VIII. Idolum.	360
Fabula XX. Gallus et Gemma.	ib.	Fabula IX. Graculus.	ib.
Fabula XXI. Crabrones et Apes.	ib.	Fabula X. Camelus et fustes errantes in aqua.	ib.
Fabula XXII. Quercus et Arundo.	ib.	Fabula XI. Rana et Mus.	ib.
		Fabula XII. Tributum animantium.	ib.
LIBER SECUNDUS.		Fabula XIII. Equus et Cervus.	361
Fabula I. Lector fastidiosus.	347	Fabula XIV. Vulpes et Hermes.	ib.
Fabula II. Rodilardus.	ib.	Fabula XV. Lupus, Capella et Hædus.	362
Fabula III. Lupus et Vulpes, Simio judice.	ib.	Fabula XVI. Lupus, Mater et Puer.	ib.
Fabula IV. Duo Tauri et Rana.	ib.	Fabula XVII. Socrates ædificans.	ib.
Fabula V. Vespertilio et duo Mustelæ.	348	Fabula XVIII. Senex et ejus filii.	ib.
Fabula VI. Avis sagitta percussa.	ib.	Fabula XIX. Oraculum et Impius.	363
Fabula VII. Canis venatica, et ejus socia.	ib.	Fabula XX. Avarus, amisso thesauro.	ib.
Fabula VIII. Aquila et Scarabæus.	ib.	Fabula XXI. Oculus Domini.	ib.
Fabula IX. Leo et Culex.	349	Fabula XXII. Alauda, ejus pulli, et agri Dominus.	364
Fabula X. Asini duo.	ib.		
Fabula XI. Mus et Leo.	ib.	LIBER QUINTUS.	
Fabula XII. Columba et Formica.	ib.		
Fabula XIII. Astrologus in puteum delapsus.	350	Fabula I. Lignator et Mercurius.	364
Fabula XIV. Lepus et Ranæ.	ib.	Fabula II. Olla lutea, et Olla ferrea.	365
Fabula XV. Gallus et Vulpes.	ib.	Fabula III. Pisciculus et Piscator.	ib.
Fabula XVI. Corvus imitans Aquilam.	ib.	Fabula IV. Auriculæ Leporis.	ib.
Fabula XVII. Pavo querens Junoni.	351	Fabula V. Vulpes curta.	366
Fabula XVIII. Felis in mulierem versa.	ib.	Fabula VI. Anus cum Ancillulis.	ib.
Fabula XIX. Leo et Asinus venantes.	ib.	Fabula VII. Satyrus et Rusticus.	ib.
Fabula XX. Testamentum ab Æsopo illustratum.	ib.	Fabula VIII. Equus et Lupus.	ib.
		Fabula IX. Arator cum filiis.	367
LIBER TERTIUS.		Fabula X. Mons pariens.	ib.
		Fabula XI. Fortuna et Puer.	ib.
Fabula I. Molendinarius, ejus filius, et asinus.	352	Fabula XII. Medici duo.	ib.
Fabula II. Membra et stomachus.	353	Fabula XIII. Gallina ova pariens aurea.	ib.
Fabula III. Lupus pastor.	ib.	Fabula XIV. Asinus gestans reliquias.	ib.
Fabula IV. Ranæ regem postulantes.	ib.	Fabula XV. Cervus et Canes in vinea.	368
Fabula V. Vulpes et Hircus.	354	Fabula XVI. Serpens et Lima.	ib.
Fabula VI. Aquila, Aper et Felis.	ib.	Fabula XVII. Lepus et Perdix.	ib.
Fabula VII. Ebriosus et ejus uxor.	ib.	Fabula XVIII. Aquila et Bubo.	ib.
Fabula VIII. Podagra et Aranea.	ib.	Fabula XIX. Leo ad bellum profecturus.	ib.
Fabula IX. Lupus et Ciconia.	355	Fabula XX. Ursus et duo Socii.	369
Fabula X. Leo prostratus ab Homine.	ib.	Fabula XXI. Asinus induens leonis pellem.	ib.
Fabula XI. Vulpes et Uvæ.	ib.		
Fabula XII. Cycnus et Coquus.	ib.	LIBER SEXTUS.	
Fabula XIII. Lupi et Oves.	356		
Fabula XIV. Leo senescens.	ib.	Fabula I. Pastor et Leo.	369
Fabula XV. Philomela et Progne.	ib.	Fabula II. Leo et Venator.	370
Fabula XVI. Mulier aquis suffocata.	ib.	Fabula III. Phœbus et Boreas.	ib.
Fabula XVII. Mustela in granarium irrepens.	ib.	Fabula IV. Jupiter et Villicus.	ib.
Fabula XVIII. Felis et Mus senior.	357	Fabula V. Parvulus Gallus, Felis, et Musculus.	371
		Fabula VI. Vulpes, Simia et Animantia.	ib.
LIBER QUARTUS.		Fabula VII. Mulus claros natales venditans.	ib.
		Fabula VIII. Senex et Asinus.	ib.
Fabula I. Leo amans.	357	Fabula IX. Cervus se in aquis intuens.	ib.
Fabula II. Pastor et Mare.	ib.	Fabula X. Lepus et Testudo.	372
Fabula III. Musca et Formica.	358	Fabula XI. Asinus dominos mutans.	ib.
Fabula IV. Hortulanus et pagi Dominus.	ib.	Fabula XII. Sol et Ranæ.	ib.

FÉNELON. TOME VI.

Fabula XIII. Rusticus et Serpens.	372
Fabula XIV. Leo ægrotans et Vulpes.	373
Fabula XV. Auceps, Accipiter et Alauda.	ib.
Fabula XVI. Equus et Asinus.	ib.
Fabula XVII. Canis, dimissâ prædâ, umbram captans.	ib.
Fabula XVIII. Auriga cœno detentus.	ib.
Fabula XIX. Circulator.	374
Fabula XX. Discordia.	ib.
Fabula XXI. Tenella Vidua.	ib.
Epilogus.	375

LIBER SEPTIMUS.

Fontanus ad dominam Montespanam.	375
Fabula I. Animalia peste laborantia.	ib.
Fabula II. Vir male conjugatus.	376
Fabula III. Mus eremita.	ib.
Fabula IV. Ardea.	ib.
Fabula V. Puella.	377
Fabula VI. Vota.	ib.
Fabula VII. Leo cum aulicis.	ib.
Fabula VIII. Vultures et Columbi.	378
Fabula IX. Carruca et Musca.	ib.
Fabula X. Mulier et Vas lacteum.	ib.
Fabula XI. Parochus et Mortuus.	379
Fabula XII. Homo sectans fortunam, et Homo fortunam in lectulo expectans.	ib.
Fabula XIII. Duo Galli.	380
Fabula XIV. Ingratus et injustus Hominum in Fortunam animus.	ib.
Fabula XV. Mulieres fatidicæ.	ib.
Fabula XVI. Felis, Mustela et Cuniculus.	381
Fabula XVII. Caput et cauda Serpentis.	ib.
Fabula XVIII. Animal in Luna.	382

E LIBRO OCTAVO.

Fabula I. Mors et Moribundus.	382
Fabula II. Quæstor et Sutor.	383
Fabula III. Leo, Lupus et Vulpes.	ib.

HISTORIÆ.

I. Apollonius Tyanæus.	384
II. Nostradamus.	ib.
III. Cardinalis Odetus Colignæus.	ib.
IV. Jacobus Albonius.	385
V. Origo pompæ solemnis apud Valencenas quotannis agitatæ.	ib.
VI. In Fontani mortem.	386
VII. Fenelonii ad serenissimum Burgundiæ Ducem Epistola.	ib.

DISCOURS DE LA POÉSIE ÉPIQUE ET DE L'EXCELLENCE DU POÊME DE TÉLÉMAQUE; par le chevalier de Ramsai. 387

LES AVENTURES DE TÉLÉMAQUE.

LIVRE PREMIER.	398
LIVRE II.	404
LIVRE III.	411
LIVRE IV.	419
LIVRE V.	425
(Livre VI de la division en XXIV livres.)	432
LIVRE VI. (VII)	436
LIVRE VII. (VIII)	445
LIVRE VIII. (IX)	454
LIVRE IX. (X)	461
(Livre XI.)	467
LIVRE X. (XII)	472
(Livre XIII.)	483
LIVRE XI.	484
(Livre XIV.)	490
LIVRE XII. (XV)	497
LIVRE XIII. (XVI)	504
(Livre XVII.)	510
LIVRE XIV. (XVIII)	517
(Livre XIX.)	524
LIVRE XV. (XX)	530
(Livre XXI.)	539
LIVRE XVI.	540
LIVRE XVII. (XXII)	546
(Livre XXIII.)	552
LIVRE XVIII. (XXIV)	557

DIALOGUES

SUR L'ÉLOQUENCE EN GÉNÉRAL, ET SUR CELLE DE LA CHAIRE EN PARTICULIER.

PREMIER DIALOGUE. Contre l'affectation de bel-esprit dans les sermons. Le but de l'éloquence est d'instruire les hommes, et de les rendre meilleurs : l'orateur n'atteindra pas ce but, s'il n'est désintéressé. 567

SECOND DIALOGUE. Pour atteindre son but, l'orateur doit *prouver*, *peindre* et *toucher*. Principes sur l'art oratoire, sur la méthode d'apprendre et de débiter par cœur les sermons, sur la méthode des divisions et sous-divisions. L'orateur doit bannir sévèrement du discours les ornemens frivoles. 579

TROISIÈME DIALOGUE. En quoi consiste la véritable éloquence. Combien celle des livres saints est admirable. Importance et manière d'expliquer l'Écriture sainte. Moyens de se former à la prédication. Quelle doit être la matière ordinaire des instructions. Sur l'éloquence et le style des Pères. Sur les panégyriques. 592

DIVERS OPUSCULES LITTÉRAIRES.

DISCOURS PRONONCÉ PAR M. L'ABBÉ DE FÉNELON, pour sa réception à l'Académie française à la place de M. Pellisson, le mardi 31 mars 1693. 606

TABLE DES MATIÈRES.

RÉPONSE DE M. BERGERET, DIRECTEUR DE L'ACADÉMIE. 609
MÉMOIRE SUR LES OCCUPATIONS DE L'ACADÉMIE FRANÇAISE. 612
PREMIÈRE PARTIE. Occupations de l'Académie pendant qu'elle travaille encore au Dictionnaire. ib.
SECONDE PARTIE. Occupations de l'Académie après que le Dictionnaire sera achevé. 614
LETTRE A M. DACIER, SECRÉTAIRE PERPÉTUEL DE L'ACADÉMIE FRANÇAISE, SUR LES OCCUPATIONS DE L'ACADÉMIE. 615
I. Du Dictionnaire. 616
II. Projet de Grammaire. ib.
III. Projet d'enrichir la langue. ib.
IV. Projet de Rhétorique. 618
V. Projet de Poétique. 625
VI. Projet d'un traité sur la Tragédie. 633
VII. Projet d'un traité sur la Comédie. 636
VIII. Projet d'un traité sur l'Histoire. 638
IX. Réponse à une objection sur ces divers projets. 644
X. Sur les anciens et les modernes. ib.

CORRESPONDANCE LITTÉRAIRE DE FÉNELON
AVEC HOUDAR DE LA MOTTE, DE L'ACADÉMIE FRANÇAISE.

LETTRE I. DE LA MOTTE A FÉNELON. Il se montre sensible au souvenir et à l'estime de l'archevêque de Cambrai. 649
II. DE FÉNELON A LA MOTTE. Sur les défauts de la poésie française, et sur la traduction de l'Iliade en vers français, que La Motte étoit sur le point de publier. ib.
III. DE LA MOTTE A FÉNELON. Sur le même sujet. 650
IV. DE FÉNELON A LA MOTTE. Sur la nouvelle traduction de l'Iliade, par La Motte. ib.
V. DU MÊME. Sur le même sujet. ib.
VI. DE LA MOTTE A FÉNELON. Sur le même sujet, et sur la dispute des anciens et des modernes. 651
VII. DU MÊME. Sur le même sujet. 652
VIII. DE FÉNELON A LA MOTTE. Sur la dispute des anciens et des modernes. 653
IX. DE LA MOTTE A FÉNELON. Sur la lettre du prélat à M. Dacier touchant les occupations de l'Académie française. 654
X. DE FÉNELON A LA MOTTE. Sur la dispute des anciens et des modernes. 655
XI. DE LA MOTTE A FÉNELON. Sur le même sujet. 656
Jugement de Fénelon sur un poète de son temps. ib.

POÉSIES.

ODE à l'abbé de Langeron. Description du prieuré de Carenac. 657
Sur la prise de Philisbourg, par le Dauphin, fils de Louis XIV, en 1688. 659
Traduction du Psaume I*er*, *Beatus vir*, etc. ib.
Traduction du Psaume CXXXVI, *Super flumina Babylonis*. ib.
Ode sur l'enfance chrétienne. 660
Contre la prudence humaine. Réponse. 661
Lettre à Bossuet, sur la campagne de Germigny. ib.
Soupirs du poète pour le retour du printemps. 662
FABLE. Le Bouffon et le Paysan. ib.
Simonide. FABLE. ib.
FABLE. Le Vieillard et l'Ane. 663

L'ODYSSÉE D'HOMÈRE.

Précis du livre premier. 663
Précis du livre II. 664
Précis du livre III. 665
Précis du livre IV. 667
Livre V. 669
Livre VI. 674
Livre VII. 677
Livre VIII. 681
Livre IX. 687
Livre X. 693
Précis du livre XI. 700
Précis du livre XII. 701
Précis du livre XIII. 703
Précis du livre XIV. 704
Précis du livre XV. 785
Précis du livre XVI. 706
Précis du livre XVII. 707
Précis du livre XVIII. 708
Précis du livre XIX. 709
Précis du livre XX. 710
Précis du livre XXI. 711
Précis du livre XXII. 712
Précis du livre XXIII. 713
Précis du livre XXIV. 714

FIN DE LA TABLE DU SIXIÈME VOLUME.

www.ingramcontent.com/pod-product-compliance
Lightning Source LLC
Chambersburg PA
CBHW071707300426
44115CB00010B/1337